SH-CZECH
CH-ENGLISH
CTIONARY

IVAN POLDAUF, JAN CAHA,
ALENA KOPECKÁ, JIŘÍ KRÁMSKÝ

TENTH REVISED EDITION

PUBLICATIONS

1998

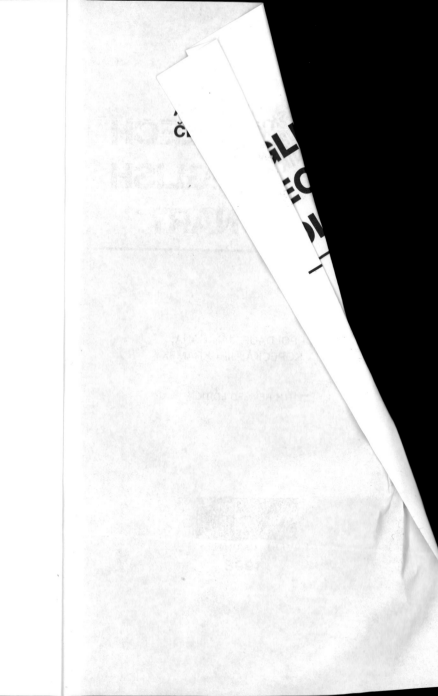

ANGLICKO-ČESKÝ ČESKO-ANGLICKÝ SLOVNÍK

IVAN POLDAUF, JAN CAHA,
ALENA KOPECKÁ, JIŘÍ KRÁMSKÝ

10. PŘEPRACOVANÉ VYDÁNÍ

PUBLICATIONS

1998

Electronic dictionary version

All dictionaries published by WD Publications are available in electronic versions.
They are delivered together with a full-featured dictionary / encyclopaedic viewer
YAP 4.0. This program, designed for Windows 3.x, Windows 3.11 and Windows 95
features:

- Browsing dictionaries the same way as the book edition
- Optionally working with entries pertaining only to chosen fields
- Quick searching of several dictionaries simultaneously
- Hyperindex text searching of dictionaries
- Copying words and translations to applications
- Creating user dictionaries

For more information or Internet online ordering, please connect to WD
Publications website at: http://ms.cmc.cz/~wdpub

WD Publications
Družstevní 1250, 250 88 Čelákovice
tel/fax 0202 891676, tel 0602 345769, E-mail wdpub@ms.cmc.cz

Tento slovník je dostupný v **Severní Americe** prostřednictvím:

Hippocrene Books

171 Madison Avenue
New York, NY 10013
USA   E-mail: Hippocre @ ix.netcom.com

Tento slovník je dostupný ve **Spojeném království** prostřednictvím:

LLEWELLYN'S

Book Marketing and Distribution
Marlborough House
159 High Street
Wealdstone, Harrow
Middlesex HA3 5EP
England   E-mail: Llewellyns @ sovereignpubs.demon.co.uk
              Teleorder: 0181 861 1626

Elektronické verze slovníků

Všechny slovníky, vydávané firmou WD Publications, jsou k dispozici v elektronické podobě. Dodávají se společně s univerzálním slovníkovým a encyklopedickým prohlížečem YAP 4.0. Tento program, určený pro Windows 3.x, Windows 3.11 a Windows 95, umožňuje:

- listovat ve slovnících stejným způsobem jako u knižního vydání
- pracovat pouze s hesly podle zvolených oborů
- rychle prohledávat i několik slovníků současně
- hledat text v určených slovnících pomocí hyperindexu
- přenášet slovíčka a překlady do aplikací
- vytvářet vlastní uživatelské slovníky

Více informací, případně on-line objednávku, najdete na internetové adrese WD Publications: http://ms.cmc.cz/~wdpub

WD Publications
Družstevní 1250, 250 88 Čelákovice
tel/fax 0202 891676, tel 0602 345769, E-mail wdpub@ms.cmc.cz

Zpracoval autorský kolektiv vedený univ. prof. dr. Ivanem Poldaufem.
Členové kolektivu Jan Caha, dr. Alena Kopecká, dr. Jiří Krámský, DrSc.
1. vydání recenzoval univ. prof. dr. Otakar Vočadlo.
9., přepracované vydání připravil dr. Jiří Krámský, Dr.Sc.,
recenzoval doc. dr. Vladimír Irgl, CSc.
10., přepracované vydání připravil PhDr. Jana Zuluetová-Cahová,
Sinclair Nicholas, M.A., Ing. Hana Krucká

Obálku navrhl Libor Havel
Sazba: Sinclair Nicholas
Vydalo nakladatelství WD Publications v Čelákovicích roku 1998
Vytiskla Těšínská tiskárna, a.s., Český Těšín
Počet stran 1072
Doporučená cena: Kč 329,-

ISBN 80-238-2215-2

círk.	církevní výraz
comp	komparativ, 2. stupeň
conj	spojka
cf.	srovnej (compare)
čín.	čínský výraz
dět.	dětský výraz
dipl.	diplomatický výraz
div.	divadelnictví
dopr.	doprava
dř.	dříve
důraz.	důrazný
e.g.	např. (for example)
ekol.	ekologie
ekon.	ekonomie
elektr.	elektrotechnika, elektronika
esp.	obzvláště (especially)
etc.	a tak dále (and so on)
euf.	eufemismus
expr.	expresívní, citový výraz
fam.	familiární, důvěrný výraz
filat.	filatelie
film.	filmařství
filoz.	filozofie
fin.	finanční
fon.	fonetika, fonologie
fot.	fotografování
fyz.	fyzika
fyziol.	fyziologie
geod.	geodézie
geol.	geologie
geom.	geometrie
hanl.	hanlivý výraz
hant.	hantýrka, odborný slang
hist.	historický výraz
hl.	hlavní, hlavně
hovor.	hovorový výraz
hromad.	hromadný
hud.	hudební věda
hvězd.	hvězdářství
chem.	chemie
imper	imperativ, rozkazovací způsob
ind.	indický
inf	infinitiv
interj	interjekce, citoslovce
ir.	irský úzus
iron.	ironický výraz
iter.	opakovací význam (iterative)
jaz.	jazykověda
jm.	jméno
karet.	karetní výraz

kniž.	knižní výraz
kosm.	kosmonautika
kuch.	kuchařství
kyb.	kybernetika
lat.	latinský
let.	letectví
lid.	lidový výraz
liter.	literární věda
log.	logika
lov.	lovectví
mat.	matematika
med.	medicína, lékařství
meteor.	meteorologie
miner.	mineralogie
motor.	motorismus
muž. jm.	mužské jméno
n.	nebo
náb.	náboženství
námoř.	námořnictví
nář.	nářeční výraz
neodb.	neodborný výraz
num	číslovka
ob.	obecný
obch.	obchodní výraz
obyč.	obyčejně
odb.	odborný výraz
opt.	optika
o.s.	oneself
ot.	otázka
pas.	pasívní
peněž.	peněžnictví
pl	plurál, množné číslo
pod.	podobně
pojišť.	pojišťovnictví
polit.	politický, politika
polygr.	polygrafie
pošt.	poštovnictví
pp	past participle
práv.	právnický výraz
pred	predikativní, přísudkové užití
prep	prepozice, předložka
préz.	prézens, přítomný čas
pron	zájmeno
přen.	přeneseně, obrazně
psych.	psychologie
pt	préteritum, past tense
rad.	radiotechnika, radiotelegrafie
raket.	raketová technika
ryb.	rybářství a rybnikářství
řidč.	řidčeji

s	substantivum, podstatné jméno
samohl.	samohláska
sg	singulár, jednotné číslo
skot.	skotský úzus
slang.	slangový výraz
souhl.	souhláska
sport.	sportovní výraz
srov.	srovnej
stav.	stavebnictví a stavitelství
stol.	století
stroj.	strojírenství
stud. slang.	studentský slangový výraz
styl.	stylistický
sup	superlativ, 3. stupeň
šach.	hra v šachy
táz.	tázací
tech.	technika
těl.	tělovýchova
textil.	textilnictví
uměl.	umělecký výraz
urč.	určení, určitý
úř.	úřední výraz
v.	viz
v	verbum, sloveso
věd.	vědecký termín
vedl.	vedlejší
voj.	vojenství
všeob.	všeobecně
vulg.	vulgární výraz
výpoč. tech.	výpočetní technika
výtv.	výtvarnictví
zahrad.	zahradnictví
záp.	zápor, záporný
zast.	zastaralý výraz, archaismus
zdrob.	zdrobnělina
zeměd.	zemědělství, agronomie
zeměp.	zeměpis
zkr.	zkratka, zkrácený, -ně
zool.	zoologie
zprav.	zpravidla
zř.	zřídka
zvl.	zvláště
zvrat.	zvratně
žel.	železnice
žen. jm.	ženské jméno
žert.	žertovný výraz
žurn.	žurnalistický výraz

Značky

| | kolmice roztíná slovo tak, že se pak v obdobné pozici ve stejném odstavci značkou ~ nebo – odkazuje k části před kolmicí
[ ]   v hranatých závorkách je uváděna výslovnost
> <   lomené ukazatele označují vid slovesa, a to tak, že na straně rozevřené je tvar nedokonavý, na straně sevřené dokonavý
><   označuje sloveso vidově neutrální, nedokonavé i dokonavé
♦   za touto značkou následují terminologická spojení, fráze, idiomy, zautomatizovaná klišé, rčení, úsloví a popř. i přísloví
=   je totéž jako, přeloží se stejně jako...
/   těsně spojuje výrazy, které lze souvztažně použít
*   odkazuje k Seznamu nepravidelných tvarů na str. 1063
●   odlišuje stejně psané slovo v jiném slovním druhu

Anglicko-česká část

A

A, a ['ei] s **1** písmeno a **2** hud. a: *A flat* as; *A sharp* ais; *A major* A dur; *A minor* a moll **3** hovor. prima ● *prep* [ə] = *on, in, at (afoot* pěšky)

a, an ['ə, ˈən; důraz. ˈei, ˈæn] *neurčitý člen* **1** jeden, nějaký často se nepřekládá **2** týž: *of an age* téhož věku ● *prep* po, za: *twice a day* dvakrát za den

aback [əˈbæk] **1** námoř. o plachtách na-, zpět, dozadu **2** vzadu ♦ *be taken* ~ být vyveden z rovnováhy

abaft [əˈbɑːft] námoř. *prep* za ● *adv* na zádi, nazad, dozadu, na záď

abandon [əˈbændən] *v* **1** opustit, zanechat **2** vzdát se čeho **3** práv. zříci se nároku (*o.s. to* na co) oddat se čemu ● s bezstarostnost, nenucenost; nevázanost **–ed** [-d] **1** opuštěný **2** oddaný, propadlý (*to* čemu) špatnosti, neřesti **3** nemravný, zpustlý **–ment** [-mənt] **1** opuštění, zřeknutí se **2** odevzdanost, oddání se (*to* čemu) **3** nenucenost, volnost i mravní **4** námoř. právo abandon

abase [əˈbeis] ponížit, pokořit (*o.s.* se) **–ment** [-mənt] ponížení, pokoření

abash [əˈbæš] **1** zahanbit, pokořit **2** zvl. pas. (*to be*) *-ed* (být) v rozpacích (*at* při; *by* čím)

abate [əˈbeit] **1** snížit (*price* cenu) **2** skoncovat s **3** práv. zrušit, pozbýt platnosti **4** zmírnit (se) **5** ustávat, polevit **–ment** [-mənt] zmenšení, snížení; zmírnění; práv. zrušení; obch. sleva, rabat

abb|acy ['æbəsi] opatství úřad, hodnost **–ess** [-is] abatyše

abbey ['æbi] opatství budova, chrám

abbot ['æbət] opat

abbreviat|e [əˈbriːvieit] zkrátit zprav. slovo **–ion** [əˈbriːviˈeišən] zkratka

ABC ['eibiːˈsiː] **1** abeceda **2** základy (*the* ~ *of biology* základy biologie)

abdicat|e ['æbdikeit] odstoupit, abdikovat; vzdát se (*the throne, the office* trůnu, úřadu) **–ion** [ˌæbdiˈkeišən] abdikace, odstoupení

abdom|en ['æbdəmen, med. æbˈdəumin] **1** med. břicho **2** zool. zadeček hmyzu **–inal** [æbˈdominəl] břišní

abduct [æbˈdakt] unést **–ion** [-kšən] únos **–or** [-ktə] únosce

aberration [ˌæbəˈreišən] úchylka, odchylka; med. anomálie; hvězd. aberace; poblouznění

abet [əˈbet] (*-tt-*) podporovat, navádět (*aided and -ed* s pomocí a z návodu) **–ment** [-mənt] napomáhání, podněcování **–tor** [-ə] podněcovatel, spoluviník

abeyance [əˈbeiəns] **1** nerozhodnost, odklad **2** práv. suspenze ♦ *in* ~ nerozhodnutý

abhor [əbˈhoː] (*-rr-*) hrozit se čeho, hnusit si co **–rence** [-ˈhorəns] **1** ošklivost, hrůza **2** ohavnost, hnus předmět **–rent** [-ˈhorənt] **1** odpudivý (*to* pro) **2** neslučitelný (*from* s)

abidance [əˈbaidəns] **1** setrvávání (*in* na, v čem) **2** dodržování (*by rules* pravidel)

abid|e* [əˈbaid] **1** být věrný (*by, with* čemu), řídit se čím, dodržovat co, trvat na **2** snést co; hovor. v záp. a ot. vystát koho, snést se s

ability [əˈbiliti] **1** schopnost, způsobilost **2** důvtip; pl nadání, talent

abject ['æbdžekt] bídný, nízký, opovrženíhodný; servilní **–ion** [æbˈdžekšən] ponížení, pokoření; bídný stav

abjuration [ˌæbdžuəˈreišən] zřeknutí se (*of* čeho)

abjure [əbˈdžuə] od-, za-, přísáhnout se, zříci se

ablative ['æblətiv] ablativ

ablaze [əˈbleiz] v plamenech, přen. planoucí (*with anger* hněvem)

able ['eibl] schopný, nadaný, dovedný: *be* ~ *to do a t..* moci, umět, dovést, být s to, schopen udělat co **~-bodied** tělesně schopný; ~ *seaman* námořník první třídy

ablution [əˈbluːʃən] *rituální* omytí, omývání obyč. pl

abnegat|e [ˈæbnigeit] vzdát se, zříci se (*a right* práva), odepřít si **–ion** [ˌæbniˈgeišən] odmítnutí, zřeknutí se

abnorm|al [æbˈnoːml] abnormální **–ality** [ˌæbnoːˈmæliti] abnormalita, odchylka, vada **–ity** [æbˈnoːməti] nepravidelnost, zrůdnost, znetvoření

aboard [əˈboːd] **1** na palubě, -u; *all ~!* nastupovat! **2** u, kolem, podél; *close ~* těsně kolem ♦ *~ (a) ship* na palubě, -u

abode [əˈbəud] *s* bydliště ● *pt* a *pp* od *abide*

abol|ish [əˈboliš] zrušit (*slavery* otroctví) **–ition** [ˌæbəˈlišən] zrušení, odstranění **–itionism** [ˌæbəˈlišənizm] abolicionismus **–itionist** [-nist] abolicionista

A-bomb [ˈeiˈbom] atomová bomba

abomin|able [əˈbominəbl] hovor. odporný, hnusný, ohavný ♦ *~ snowman** sněžný muž **–ate** [əˈbomineit] hnusit si, ošklivit si **–ation** [əˌbomiˈneišən] **1** odpor, hnus **2** ohavnost, sprostota

aborigin|al [ˌæbəˈridžənl] *a* domorodý, původní ● *s* řidč. praobyvatel, domorodec **–es** [-iːz] pl praobyvatelé; domorodci

abort [əˈboːt] **1** med. potratit **2** biol. zakrnět **3** selhat **4** výpoč. tech. zrušit **–ion** [-šən] **1** med. potrat **2** biol. zakrnění **3** nedonošený plod **4** neúspěch, fiasko **5** výpoč. tech. zrušení **–ive** [-iv] **1** med. nedonošený **2** biol. zakrslý **3** neplodný, marný, nepodařený

abound [əˈbaund] **1** oplývat (*in* čím) hojně se vyskytovat **2** hemžit se (*with* čím) špatným

about [əˈbaut] **1** kolem, dokola, okolo **2** sem tam, po **3** u (sebe), v čem **4** asi, kolem **5** o čem ♦ *all ~* všude; *be ~ to do* chystat se k, hodlat dělat; *be (up and) ~* být

vzhůru, už chodit po nemoci, *he is ~ my age* je asi mého věku; hovor. *just ~ enough* skoro dost; *be going ~* kolovat, šířit se; *I have no money ~ me* nemám s sebou žádné peníze; *~ nine (o'clock)* kolem deváté; *at ~ nine* asi v devět; *you are ~ right* máte skoro pravdu; *~ turn!* čelem vzad!; *the wrong way ~* obráceně, naruby; *what ~ it?* co je s tím?; *what ~ you?* a co ty (vy)?

above [əˈbav] *prep* **1** nad **2** číselně přes ● *adv* **1** nahoře, nahoru **2** v citaci výše, shora ♦ *~ all* především; *as ~* jak výše uvedeno; hovor. *be ~ o.s.* vytahovat se; *be ~ a p. in* vynikat nad koho v čem; *it is ~ me* to mi nejde do hlavy; *from ~* seshora, shůry; *keep* one's head ~ water* držet se nad vodou; *see ~* viz výše; *be ~ (all) suspicion* být mimo (veškeré) podezření ● *a* uvedený, zmíněný **~-board** [ˈboːd] otevřený, čestný, -ě **~-mentioned** [-ˈmenšənd] **~-named** [-ˈneimd] shora uvedený

abrade [əˈbreid] odřít kůži; obrousit

abras|ion [əˈbreižn] **1** obrušování, abraze **2** oděrka **–ive** [-siv] brusný, hrubý ● *s* brusivo, brusný materiál

abreaction [ˌæbriˈækšən] odreagování

abreast [əˈbrest] vedle sebe ♦ *four ~* čtyřstupem; přen. *keep* ~ of, with* držet krok s, jít s duchem (*the times* doby)

abridge [əˈbridž] **1** zkrátit rozsah, zestručnit **2** zbavit (*a p. of rights* koho práv) **–ment** [-mənt] **1** zkrácení, omezení **2** výtah, zkrácené znění

abroad [əˈbroːd] **1** v cizině, do -y, v zahraničí **2** ven, -ku **3** do široka ♦ hovor. *I'm all ~* jsem z toho celý pryč; *from ~* z ciziny; *get*, spread* ~* roznést se, rozšířit se

abrogat|e [ˈæbrogeit] zrušit, odstranit **–ion** [ˌæbroˈgeišən] zrušení, odstranění

abrupt [əˈbrapt] **1** náhlý, prudký **2** úsečný, strohý **3** strmý, příkrý

abscess [ˈæbsis] med. absces, vřed; hlíza

abscissa [æbˈsisə], pl -ae [-i:] geom. úsečka

abscond [əbˈskond] tajně uniknout, skrýt se

absence [ˈæbsəns] **1** nepřítomnost, absence **2** nedostatek ♦ *leave of* ~ dovolená, ~ *of mind* roztržitost

absent a [ˈæbsənt] **1** nepřítomný, chybějící **2** roztržitý ● v [æbˈsent] jen ~ *o.s. from* stranit se čeho **–ee** [ˌæbsənˈti:] někdo nepřítomný, absentér **–eeism** [-izm] absentismus **~-minded** [ˌæbsəntˈmaindid] roztržitý

absolute [ˈæbsəlu:t] a **1** absolutní, úplný, naprostý **2** nepochybný, bezpodmínečný; absolutistický **3** chem. čistý ♦ ~ *code* strojový kód; ~ *language* strojový jazyk ● s *the* ~ absolutno **–ly** [-li] **1** absolutně, naprosto **1** brit. hovor. zajisté, doopravdy

absolution [ˌæbsəˈlu:šən] **1** práv. zproštění viny **2** náb. rozhřešení

absolutism [ˈæbsəlu:tizm] absolutismus

absolve [əbˈzolv] **1** zprostit, osvobodit **2** dát rozhřešení

absorb [əbˈso:b] **1** pohlcovat, vstřebat, absorbovat; přen. strávit, zažít **2** tlumit **3** zcela zaměstnat **–ent** a pohlcující (~ *cotton* hygroskopická vata) ● s absorpční činidlo **–er** [-ə] **1** pohlcovač **2** tlumič **–ing** [-iŋ] poutavý, velmi zajímavý

absorption [əbˈso:pšən] **1** pohlcování, vstřebá(vá)ní, absorpce **2** utlumení **3** pohroužení (*in* do), zaujetí čím

abstain [əbˈstein] **1** zdržet se (*from voting* hlasování) **2** nepít alkohol **–er** [-ə] n. *total* ~ abstinent

abstemious [æbˈsti:məs] střídmý v

požívání, zdrženlivý

abstention [æbˈstenšən] zdrženlivost, zdržení se (*there were many -s* mnozí se zdrželi hlasování)

abstergent [əbˈstə:džənt] čisticí prostředek

abstersion [əbˈstə:šən] čištění

abstin|ence [ˈæbstinəns] **1** zdrženlivost **2** (*total*) ~ abstinence **–ent** [-ənt] zdrženlivý, abstinentní

abstract a [ˈæbstrækt] abstraktní, odtažitý (~ *noun* abstraktum) ● s **1** výtah, přehled **2** obch. výpis (*of account* z účtu) **3** abstraktní pojem ● v [æbˈstrækt] **1** abstrahovat, oddělit, odejmout **2** pořídit výtah, konspekt **3** odvrátit (*attention from* pozornost od) **4** odcizit, ukrást **–ed** [-id] roztržitý, zamyšlený **–edly** [-idli] teoreticky (*speaking* řečeno), abstraktně; odděleně **–ion** [æbˈstrækšən] **1** abstrahování; filoz. abstrakce **2** ~ (*of mind*) roztržitost **3** odcizení krádež

abstruse [æbˈstru:s] těžko pochopitelný, hluboký; odlehlý

absurd [əbˈsə:d] **1** absurdní, nemožný, nesmyslný **2** směšný **–ity** [-iti] absurdnost, nemožnost; nesmysl

abundance [əˈbandəns] hojnost, nadbytek **–ant** [-ənt] oplývající, hojný, bohatý (*in fish* rybami)

abuse [əˈbju:z] v **1** zneužívat **2** týrat (*a p.* koho) **3** nadávat komu ● s [əˈbju:s] **1** zneuž|ívání, -ití **2** zlořád **3** nadávka **4** špatné zacházení

abusive [əˈbju:siv] **1** hanlivý, urážlivý **2** nezákonný

abut [əˈbat] (-*tt*-) hraničit, sousedit, přiléhat (*on, against* s, k) **–ment** [-mənt] stav. **1** podpěrný pilíř **2** o-, podpěra

abuzz [əˈbaz] plný vzruchu / řečí

abysmal [əˈbizməl] propastný

abyss [əˈbis] propast **–al** [-əl] hlubinný

Abyssini|a [ˌæbiˈsinj|ə] Habeš **–an** [-ən] *a* habešský ● *s* Habešan

acacia [əˈkeišə] akát

academese [əˈkədəˈmiz] akademický styl

academic [ˌækəˈdemik] *a* **1** akademický, platónský **2** teoretický, akademický, vysokoškolský ● *s* **1** akademik platonik **2** člověk *s* vysokoškolským vzděláním **–al** [-əl] *a* akademický, vysokoškolský ● *s* pl akademický talár **–ian** [əˌkædəˈmišən] akademik člen akademie

academy [əˈkædəmi] akademie (*the Czech A~ of Sciences* Česká akademie věd)

accede [ækˈsi:d] **1** přistoupit (*to* na, k), souhlasit s **2** nastoupit (*to the throne, an office* na trůn, do úřadu)

accelerat|e [ækˈseləreit] **1** z-, u-rychlit (se) (*-ed motion* zrychlený pohyb), motor. přidat plyn **2** biol. rychlit vývoj / růst **–ion** [ækˌseləˈreišən] fyz. zrychlení, akcelerace **–or** [əkˈseləreitə] **1** urychlovač reaktoru **2** motor. akcelerátor

accent [ˈæksənt] *s* přízvuk, akcent, způsob výslovnosti ● *v* [ækˈsent] **1** přizvukovat, akcentovat **2** označit přízvukem **–uate** [ækˈsentjueit] zdůraznit, akcentovat **–ation** [ækˌsentjˈeišən] zdůraznění, akcentování

accept [əkˈsept] **1** přijmout; obch. akceptovat (*a bill* směnku) **2** u-znat (*an -ed truth* uznávaná pravda) **–able** [-əbl] přijatelný; vítaný **–ance** [-əns] přijetí; obch. akceptace (*of a bill* směnky); ak-cept(ovaná směnka) **2** souhlas (*of s*) **–ation** [ˌæksepˈteišən] běžný význam slova, výklad **–or** [əkˈseptə] obch. příjemce, akceptant směnky

access [ˈækses] **1** přístup **2** med. záchvat **3** přírůstek ♦ ~ *key* výpoč. tech. přístupový klíč ~ *scan* výpoč. tech. postupné vyhledávání dat

–ary [ækˈsesəri] *s* práv. spoluviník (*to v*) ● *a* spoluvinný **–ible** [-ˈsesəbl] přístupný, dosažitelný **–ion** [-ˈsešən] **1** přístup (*to k*) nastoupení, nástup (*to* na, do) **3** přírůstek hodnoty, přen. příspěvek (*to k,* vklad *to do*) **4** práv. při-stoupení (*to a convention* k dohodě) **–ory** [-ˈsesəri] *a* vedlejší, přídatný, průvodní ● *s* součástka; pl *-ories* příslušenství; (*dress*) ~ (módní) doplňky

accidence [ˈæksidəns] tvarosloví

accident [ˈæksidənt] **1** náhoda (*by* ~ (nešťastnou náhodou) **2** nehoda, neštěstí ♦ ~ *insurance* úrazové pojištění; *meet* with an ~ utrpět nehodu **–al** [ˌæksiˈdentl] *a* **1** ná-hodný, nahodilý **2** nepodstatný, vedlejší ● *s -s,* pl hud. posuvky

acclaim [əˈkleim] hlasitě uvítat, po-zdravit (*the winner* vítěze); pro-volávat slávu

acclamation [ˌækləˈmeišən] **1** pro-volávání slávy, ovace **2** aklamace

acclimat|e [əˈklaimət] am. = **–ize –ization** [əˈklaimətaiˈzeišən] akli-matizace, přizpůsobení (se) **–ize** [-aiz] aklimatizovat, přizpůsobit (*o.s.* se)

acclivity [əˈkliviti] stoupající svah

accommodat|e [əˈkomədeit] **1** při-způsobit (*o.s. to* se čemu) **2** opa-třit, vypomoci **3** vyhovět, uspo-kojit **4** ubytovat **5** urovnat **–ing** [-iŋ] úslužný, ochotný; vycházejí-cí vstříc **–ion** [əˌkoməˈdeišən] **1** přizpůsobení odb. akomodace **2** ubytování **3** (am. pl *-s*) služba **4** výpomoc, půjčka **5** urovnání ♦ ~ *unit* bytová jednotka

accompan|iment [əˈkampənimənt] **1** průvodní jev **2** hud. doprovod **-y** [əˈkampəni] doprovázet; spo-jit, kombinovat

accomplice [əˈkomplis] spolupa-chatel, spoluviník

accomplish [əˈkompliš] **1** dokonat, dovršit, dosáhnout **2** vytříbit, zdokonalit **–ed** [-t] hotový, do-

konalý, kvalifikovaný; vyzrálý **–ment** [mənt] **1** provedení, uskutečnění, vy-, splnění **2** výkon, výsledek znalostí, schopností
accord [əˈkoːd] s **1** souhlas, shoda **2** dohoda **3** hud. akord, souzvuk ♦ *in ~ with* ve shodě s; *of one's own ~* z vlastního popudu, dobrovolně; *out of ~ with* v rozporu s; *with one ~* jednomyslně ● *v* **1** souhlasit, shodovat se (*with* s), jít dohromady (*with* s), souznít **2** poskytnout, udělit **3** vyhovět (*a request* žádosti) ♦ *~ praise* vzdát chválu; *he was -ed a t.* dostalo se mu čeho **–ance** [-əns] shoda (*in ~ with* v souhlasu s) **–ing** [-iŋ] **1** jen *~ to* podle (*your wish* vašeho přání) **2** *~ as* podle toho jak, zdali **–ingly** [-iŋli] **1** podle toho **2** proto, tedy, tudíž
accordion [əˈkoːdjən] s akordeon, tahací harmonika ♦ *~ fold* leporelo **–ist** harmonikář
accost [əˈkost] oslovit koho bez představování, žena obtěžovat muže
account [əˈkaunt] s **1** účet, konto **2** účtování; počítání **3** zodpovědnost *bring*, *call to ~* volat k zodpovědnosti **4** zpráva, záznam, vysvětlení, popis (*of* čeho) **5** úvaha **6** zisk, výhoda **7** cena, důležitost ♦ *according to one's (own) ~* podle vlastních slov: *balance / square -s* vyrovnat účet; *by all -s* podle všeho; *~ current* běžný účet; *for ~ of* na čí účet; *give* ~ *for* vysvětlit co; *give* an ~ *for* vylíčit, podat zprávu o; *keep* -s vést účty; *make* much, little ~ of přikládat značnou, malou váhu čemu; *make* the (best) ~ of (co nejlépe) využít čeho; *of no ~* bezvýznamný; *on all -s* v každém případě; *on ~ of* pro, kvůli, následkem čeho; *on that (this) ~* z toho(to) důvodu; *on one's ~* kvůli komu; *on what ~?* z jakého důvodu?; *pay on ~* za-, platit na účet; *place*, *put*, *pass to ~ with* při-

psat na účet u; *settle an ~* vyrovnat účet; *take* *into ~* vzít v úvahu; *take* *no ~ of*, nevěnovat pozornost čemu; *an ~ with* účet u koho ● *v* **1** považovat (*o.s. se, a p.* koho) za **2** vysvětlit (*for a t.* co) **3** odpovídat se (*for a t. to a p.* komu zač); vyúčtovat komu co; přen. vyřídit, vzít si na starost **4** připadat (na) **5** *be well -ed of* mít dobrou pověst **–able** [-əbl] **1** zodpovědný (*to* komu, *for* zač) **2** vysvětlitelný **–ancy** [-ənsi] účetnictví **–ant** [-ənt] účetní, revizor účtů
accoutrements [əˈkuːtəmənts] pl voj. výstroj
accredit [əˈkredit] **1** dipl. zplnomocnit, pověřit, akreditovat **2** připisovat, přičítat
accretion [æˈkriːʃən] **1** přirůstání, růst **2** přírůstek
accrue [əˈkruː] **1** na-, přiǀrůstat, přibýt **2** vzejít (*from* z)
acculturation [əˌkalʧəˈreiʃən] převzetí jiné kultury
accumulate [əˈkjuːmjuleit] nahromadit (se), akumulovat (se) ♦ *-ing counter* výpoč. tech. sběrné počítadlo; *-ing totals* výpoč. tech. kumulované součty **–ion** [əˈkjuːmjuˈleiʃən] nahromadění, vzrůst (*of capital* kapitálu), akumulace; hromada **–ive** [-iv] kumulativní **–or** [-ə] akumulátor
accurǀacy [ˈækjurəsi] přesnost, správnost **–ate** [-it] přesný, správný
accursed [əˈkəːsid], **accurst** [əˈkəːst] hovor. sakramentský, zatracený, proklatý
accusation [ˌækjuˈzeiʃən] obvinění, (ob)žaloba ♦ *be under an ~ of* být obžalován z; *bring* an ~ *against* podat žalobu na
accusative [əˈkjuːzətiv] gram. 4. pád, akuzativ; akuzativní
accusatory [əˈkjuːzətəri] obžalovací, žalující
accuse [əˈkjuːz] ob-, vinit, obžalovat (*of* z): *the -ed* obžalovaný **–er**

[-ə] žalobce; udavač
accustom [ə|kastəm] z-, navyknout (*o.s. to* si na) ♦ *be -ed to* být zvyklý na; *get**, become**-ed to* zvyknout si na **–ed**[-d] zvyklý, navyklý
ace [|eis]**1** jednička na kostce, eso v kartách, sport, přen. eso vynikající sportovec apod. **2** maličkost ♦ *not an ~* ani zbla; *within an ~* málem, o vlásek
acerbity [ə|sə:biti] trpkost, zatrpklost, hořkost
acet|ate [|æsiteit] chem. octan, acetát (*~ rayon* acetátové hedvábí) **–ic** [ə|si:tik] octový (*~ acid* kyselina octová
acetify [ə|setifai] z-, octovatět, octově kvasit
acetylene [ə|setili:n] acetylén
ach|e[1] [|eik] s bolest tupá, trvalá ● *v* **1** bolet **2** toužit **–ing** [-iŋ] **1** bolavý, rozbolestněný **2** hovor. celý žhavý do čeho **–y** bolavý
ache[2] [|eič] písmeno h
achieve [ə|či:v] dosáhnout, docílit čeho, úspěšně provést co **–ment** [-mənt] **1** výkon, čin; úspěch, školní prospěch **2** dosažení, splnění ♦ *~ quotient* výkonnostní kvocient
achromatic [|ækrəu|mætik] achromatický, bezbarvý
acid [|æsid] a kyselý ♦ *~ rain* ekol. kyselý déšť ● *s* **1** kyselina **2** slang. LSD **~-forming** kyselinotvorný **–ic** [æ|sidik] kyselinný **~-proof** [|æsid|pru:f] **~-resistant** [|æsid ri-|zistənt] kyselinovzdorný, odolný proti kyselinám
acid|ify [ə|sidifai] okyselit, kysnout **–ity** [-iti] kyselost **–ulated** [-juleitid] nakyslý; přen. zatrpklý
ack-ack [|æk|æk] (zkr. = *antiaircraft*) voj. slang s (*~ gun*) protiletadlové dělo / dělostřelectvo, -á palba ● *a* protiletadlový
acknowledg|e [ək|nolidž] **1** při-, u|znat **2** potvrdit příjem čeho, kvitovat **~(e)ment** [-mənt] **1** u-, při-

|znání **2** obyč. pl poděkování **3** potvrzení
acme [|ækmi] vrchol dokonalosti
acne [|ækni] **1** trudovitost **2** uher
acolyte [|ækəlait] ministrant, akolyta; pomocník, průvodce
acorn [|eiko:n] žalud
acoustic [ə|ku:stik] **1** akustický **2** sluchový **–al** [-əl] akustický **–s** [-s] pl akustika
acquaint [ə|kweint] seznámit, obeznámit (*o.s. with* se s) *be -ed* znát se (*with a p.* s kým); *make** *a p. -ed with* seznámit koho s **–ance** [-əns] **1** znalost čeho, obeznámenost *with* s, známost s kým (*make** *the ~ of* n. *one´s ~* seznámit se s) **2** známý
acquiesc|e [|ækwi|es] smířit se s čím, souhlasit, podvolit se (*in* čemu) **–ence** [-əns] tichý souhlas s, podvolení se čemu **–ent** [-ənt] s-, po|volný, poddajný
acquire [ə|kwaiə] získat, nabýt; o-svojit si **–ment** [-mənt] **1** získání, dosažení, osvojení si (*of* čeho) **2** zpr. pl znalosti, dovednosti, šikovnost ♦ *-ed immunity* získaná imunita
acquisit|ion [|ækwi|zišən] **1** získání; koupě **2** přínos, zisk **3** přírůstek **–ive** [ə|kwizitiv] **1** zvídavý **2** zištný, hrabivý, nenasytný
acquit [ə|kwit] (*-tt-*) **1** zprostit čeho **2** zbavit (*of duty* povinnosti) **3** *a debt* dluh) *~ o.s.* zhostit se čeho, vést si jak *~ o.s. well* (*ill*) vést si dobře (špatně) **–tal** [-əl] osvobození, zproštění žaloby, povinnosti **–ance** [-əns] **1** zproštění závazku **2** zaplacení dluhu **3** kvitance
acre [|eikə] **1** akr (= 0,4 ha) **2** zast. pole (*God's ~* svaté pole hřbitov) **–age** [-ridž] výměra v akrech, plošná výměra
acrid [|ækrid] palčivý, štiplavý; přen. kousavý, jízlivý
acrimon|ious [|ækri|məunjəs] **1** prudký, rozhořčený **2** nerudný **–y**

[ˈækrimǝni] hořkost, zatrpklost; nerudnost

acrobat [ˈækrobæt] akrobat **–ic** [ˌækrǝuˈbætik] akrobatický (feat výkon)

across [ǝˈkros] křížem, napříč, přes, za ♦ ~ the river přes řeku; ~ the sea za moře(m)

acrostic [ǝˈkra:stik] s akrostich

act [ækt] s **1** čin, skutek; akt, pl -a **2** schválený zákon **3** div. jednání, akt; cirkusové, varietní číslo ♦ caught in the ~ přistižen při činu; An ~ of God vyšší moc; ~ of grace amnestie; ~ of war nepřátelský čin ● v **1** jednat, chovat se **2** pracovat, fungovat; působit (on nerves na nervy) **3** hrát; předstírat, hrát si na; ~ one's part dělat svou povinnost; ~ the fool dělat ze sebe blázna **4** hrát se (the play - s well ta hra se dobře hraje) ♦ ~ as zastupovat; působit jako; ~ for jednat v zastoupení; ~ on jednat podle; ~ up přehánět, zlobit, špatně fungovat **–ing** zastupující, úřadující (manager ředitel podniku)

action [ˈækšǝn] **1** čin, akce **2** jednání, činnost **3** působení **4** chod stroje, zvířete **5** děj literárního díla **6** žaloba **7** boj(ová akce) ♦ call into ~ uvést v život; go* into / break* off an ~ zahájit / zastavit boj; bring* an ~ against = take*~ ... podat žalobu na; killed in ~ zabit v boji; put* in / out of ~ spustit / zastavit stroj; ~ of damages práv. žaloba o náhradu škody

activat|e [ˈæktiveit] aktivovat, rozhýbat (se) k činnosti; učinit co radioaktivní **–ion** [ˌæktiˈveišǝn] aktivace též fyz., chem.

activ|e [ˈæktiv] **1** aktivní, činný **2** čilý, živý **3** účinný **–ity** [ækˈtiviti] **1** i pl činnost, aktivita; působení **2** zaměstnanost **3** živost, čilost; pohyblivost

act|or [ˈæktǝ] herec; činitel **–ress** [-ris] herečka

actual [ˈæktjuǝl] **1** skutečný **2** současný, nynější, aktuální **–ity** [ˌæktjuˈæliti] **1** skutečnost **2** pl fakta **3** aktualita **–ly** [-i] skutečně, vlastně

actuary [ˈæktjuǝri] pojistný matematik

actuate [ˈæktjueit] **1** pohánět, uvádět do pohybu **2** pudit **3** aktivizovat se

acumen [ǝˈkju:mǝn] bystrost, ostrovtip, postřeh

acute [ǝˈkju:t] a **1** ostrý úhel **2** naléhavý, prudký **3** kritický **4** akutní **5** bystrý, pronikavý ♦ s ostrý přízvuk, akut **–ness** [-nis] **1** ostrost **2** prudkost, akutnost (of pain bolesti) **3** bystrost, pronikavost

ad [ˈæd] hovor. inzerát (small -s malý oznamovatel)

adage [ˈædidž] průpověď, pořekadlo

Adam [ˈædǝm] Adam ♦ ~'s apple ohryzek; the old ~ lidská hříšnost

adamant [ˈædǝmǝnt] **1** nezlomitelný **2** nepoddajný, neohebný ● s adamant nesmírně tvrdá hmota

adapt [ǝˈdæpt] **1** přizpůsobit (o.s. to se čemu) **2** upravit, adaptovat **–ability** [ǝˌdæptǝˈbiliti] přizpůsobi|vost, -telnost **–able** [-ǝbl] přizpůsobi|vý, -telný **–ation** [ˌædæpˈteišǝn] **1** přizpůsobení **2** přepracování, úprava, adaptace **–er** [-ǝ] adaptér

add [ˈæd] **1** přidat, dodat **2** sčítat (~ up sečíst) **3** ~ to zvětšit ♦ ~-on memory výpoč. tech. přídavná paměť; ~ up to znamenat

addendum [ǝˈdendǝm] obyč. pl -a [-ǝ] dodatky ke knize

adder [ˈædǝ] zool. zmije

addict [ǝˈdikt] v jen ~ o.s. to oddat se, věnovat se čemu ● s [ˈædikt] **1** narkoman, toxikoman **2** fanoušek

addition [ǝˈdišǝn] **1** připojení **2** dodatek, přídavek, přírůstek **3** sčítání **4** přísada ♦ in ~ nadto, navíc; in ~ to vedle, kromě čeho

–al [-əl] dodatečný, doplňkový ♦ ~ *charge* přirážka; ~ *payment* doplatek; ~ *tax on* přirážka k dani z

additive [ˈæditiv] s přísada ● a 1 sčítací, součtový 2 přídavný, doplňkový

addle [ˈædl] v 1 vejce zkazit se 2 zprav. přen. poplést (*one's head, brain* komu hlavu) **–d** a jen *an ~ egg* záprtek, a přen. *an ~ speech* jalová řeč **–head** popleta

address [əˈdres] v 1 adresovat (*a letter, a protest to* dopis, protest komu) 2 oslovit koho, promluvit ke shromáždění ~ o.s. *to* 3 ujmout se čeho, obrátit se na ● s 1 adresa, přípis 2 projev, proslov 3 způsob projevu řeči, podání 4 zručnost, obratnost ♦ ~ *mark* výpoč. tech. adresová značka; ~ *selector* výpoč. tech. volič adres; ~ *substitution* výpoč. tech. předadresování **–ee** [ˌædrəˈsi:] adresát **–ograph** [əˈdresəgra:f] adresovací stroj

adduce [əˈdju:s] uvést (*reasons* důvody)

adenoid [ˈædinoid] a med. adenoidní, žlázovitý ● s pl med. nosní mandle

adept [ˈædept] s odborník, mistr (*in* hovor. *at* v čem) ● a zběhlý (*in* v), obratný, zkušený

adequ|acy [ˈædikwəsi] přiměřenost, adekvátnost **–ate** [-it] přiměřený, postačující, adekvátní

adher|e [ədˈhiə] 1 držet, lepit se (*to* na), lnout (k), lpět (*to* na) 2 přen. držet se (*to* koho, čeho), být stoupencem polit. strany 3 dodržovat, zachovávat **–ence** [-rəns] lpění (*to* na) věrnost (*to* čemu) **–ent** [-rənt] a 1 lnoucí, přilnavý 2 spjatý (*to* s) 3 jaz. atributivní ● s přivržený, stoupenec

adhes|ion [ədˈhi:ʒn] 1 přilnavost, odb. adheze 2 lpění (*to* na), oddanost čemu 3 med. srůst sousedních tkání **–ive** [-siv] a 1 lepkavý, přil-

navý 2 lepicí (*tape, plaster* páska, leukoplast; ~ *transparent paper tape* (bankovní) lepicí páska) ● s lepidlo **–iveness** [-sivnis] přilnavost

ad hoc [ˌædˈhak] pouze pro tento případ, ad hoc

ad hominem [ˌædˈhaməˌnem] vyhovující spíše osobním zájmům, předsudkům n. emocím než rozumu, subjektivní

adieu [əˈdju:] sbohem, adié

adipose [ˈædəˌpous] tukový, tukovitý o živočišném tuku

adjacent [əˈdžeisnt] přilehlý (*angles* úhly); sousední

adjectiv|al [ˌædžekˈtaivl] adjektivní **–e** [ˈædžiktiv] přídavné jméno, adjektivum

adjoin [əˈdžoin] sousedit (s), přiléhat (k); připojit **–ing** [-iŋ] sousední

adjourn [əˈdžə:n] 1 odložit, odročit (se) 2 hovor. odebrat se kam **–ment** [-mənt] odročení, odklad

adjudge [əˈdžadž] 1 soudně rozhodnout 2 uznat (*a p. to be guilty* koho vinným), odsoudit, prohlásit (*a t. void* co za neplatné) 3 přiřknout (*to* tomu)

adjudicat|e [əˈdžu:dikeit] soudně rozhodovat, vynést soudní nález (*upon* o čem) **–ion** [əˈdžu:diˈkeišən] soudní rozhodnutí

adjunct [ˈædžaŋkt] 1 přídavek, doplněk 2 asistent, pomocník 3 gram. rozvíjecí člen ♦ ~ *professor* am. mimořádný profesor

adjure [əˈdžuə] zapřísahat

adjust [əˈdžast] 1 přizpůsobit (*o.s* se), upravit se 2 dát do pořádku 3 upravit, seřídit, nastavit přístroj, adjustovat, regulovat 4 u-, vy|rovnat 5 pojišt. odhadnout / likvidovat škodu **–able** [-əbl] přizpůsobitelný, nast., stavitelný, regulovatelný **–ment** [-mənt] 1 přizpůsobení 2 úprava; u-, vy|rovnání, uspořádání, adjustace 3 nastavení, seřízení, regulování 4 pojišť. odhad škody při pojištění

adjutant ['ædžutənt] voj. pobočník

ad-lib ['ædlib] extempore, extemporovat; improvizovat

ad|man ['æd|mæn] reklamní textař **-mass** [-mæs] široká veřejnost ovlivňovaná reklamou

admeasure ['æd'mežə] vyměřit, přidělit

administer [əd'ministə] 1 spravovat, vést 2 vykonávat (justice spravedlnost) 3 poskytnout (relief pomoc), podat (a medicine lék) 4 přispívat (to čemu) ♦ ~ an oath to vzít koho do přísahy

administrat|ion [əd,mini'streišən] 1 správa 2 am. státní administrativa, kabinet, vláda 3 práv. správa pozůstalosti 4 (administrativní) úřednictvo 5 poskytování, udělování čeho 6 podávání léku **-ive** [-'ministrətiv] správní, administrativní **-or** [-'ministreitə] 1 správce, administrátor 2 vykonavatel 3 práv. vykonavatel závěti, správce pozůstalosti

admirable ['ædmərəbl] obdivuhodný; skvělý

admiral ['ædmərəl] admirál **-ty** [-ti] 1 úřad / hodnost admirála 2 admiralita 3 brit. The A ~ ministerstvo námořnictví ♦ First Lord of the A ~ ministr námořnictví

admir|ation [,ædmə'reišən] 1 obdiv 2 předmět obdivu **-e** [əd'maiə] obdivovat se 1 hovor. pochválit 2 am. přát si, chtít **-er** [-rə] obdivovatel, ctitel

admiss|ibility [əd,misə'biləti] přípustnost **-ible** [-'misəbl] přípustný, přijatelný **-ion** [-'mišən] 1 přístup, vstup: vstupné 2 přijetí; jmenování (to the bar veřejným obhájcem) 3 při-, do|znání

admit [əd'mit] (-tt-) 1 připustit (of co) při- u-, do|znat 2 vpustit (into dovnitř) 3 přijmout (to a school do školy) **-tance** [-əns] přístup, vstup ♦ no ~ except on business nepovolaným vstup zakázán

admix [əd'miks] při-, s|mísit **-ture** [-čə] příměs, přísada

admoni|sh [əd'moniš] 1 napomínat (against aby ne-) 2 nabádat (to k) 3 varovat (of před) 4 připomenout (of, about co) **-tion** [,ædmə'nišən] napomenutí; výtka, výstraha **-tory** [-'monitəri] varovný, výstražný

ad nauseam [,æd'no:ziəm] adv do omrzení

ado [ə'du:] 1 povyk, zmatek 2 okolky

adolesc|ence [,ædo'lesns] dospívání; jinošství **-ent** [-t] a dospívající, pubertální ● s mladík, (dospívající) dívka

adopt [ə'dopt] 1 přijmout za vlastní(ho), adoptovat 2 přijmout, zavést 3 odhlasovat, schválit (a resolution usnesení) **-ion** [-šən] 1 přijetí za vlastního, adopce 2 přijetí, schválení **-ive** [-tiv] adoptivní

ador|able [ə'do:rəbl] zbožňováníhodný; hovor. rozkošný **-ation** [,ædə'reišən] zbožňování, klanění se, vzývání **-e** [ə'do:] uctívat zbožňovat

adorn [ə'do:n] ozdobit **-ment** [-mənt] ozdoba

adrenal [ə'dri:nl] med. adrenální ♦ ~ gland med. nadledvinka

Adriatic [,eidri'ætik] Jadran; the ~ Sea Jaderské moře

adrift [ə'drift] 1 námoř. vydaný na pospas živlům, osudu 2 bez cíle, bezmocný ♦ turn up ~ vyhnat koho na ulici; be ~ být unášen, plout bezmocně

adroit [ə'droit] obratný, zručný, pohotový

adulate ['ædjuleit] pochlebovat **-ion** [,ædju'leišən] pochlebování

adult ['ædəlt] a, s dospělý (~ education osvěta, vzdělávání dospělých)

adulter|ant [ə'daltə|rənt] (nežádoucí) příměs **-ate** [reit] v falšovat, pančovat ● a [-rət] falšovaný, pančovaný **–ation** [əˈdaltəˈreišən] **1** falšování, pančování, křtění nápojů **2** falšovaný výrobek **–er** [-rə] cizoložník **–ess** [ris] cizoložnice **–ous** [-rəs] cizoložný **-y** [-i] cizoložství

adumbrate [ˈædambreit] **1** nastínit **2** předznamenat, být předznamenán

adust [əˈdast] **1** spálený, vyprahlý **2** těžkomyslný

advanc|e [ədˈvaːns] *v* **1** posunout (vpřed), postupovat **2** dělat pokroky / kariéru **3** platit předem, dát zálohu **4** zvyšovat (*prices* ceny), stoupat v ceně **5** uspíšit, urychlit **6** prosazovat **7** povýšit koho ● **s 1** postup; posuv **2** pokrok, zlepšení **3** záloha **4** zvýšení cen **5** pl pokusy o sblížení **6** povýšení ◆ **~ copy** signální výtisk; *in ~* předem, napřed; *be in ~ of* mít náskok před **–ed** [-t] **1** pokročilý **2** rozvinutý, vyspělý **3** perspektivní **4** pokrokový, moderní **5** voj. předsunutý; polní **–ement** [-mənt] **1** růst, postup, pokrok **2** podpora **3** záloha **4** povýšení

advantage [ədˈvaːntidž] **1** výhoda **2** prospěch ◆ *you have the ~ of me* nemám čest vás znát; *take* ~ of* využít čeho, vyzrát na koho; *to the best ~* co nejvýhodněji **–ous** [ˌædvənˈteidžəs] výhodný, prospěšný

advent [ˈædvənt] **1** příchod **2** advent

adventitious [ˌædvenˈtišəs] nahodilý; vedlejší; získaný

adventure [ədˈvenčə] *s* **1** dobrodružství **2** obch. spekulace ● *v* odvážit se čeho, riskovat, *o.s.* vydat se v nebezpečí **–er** [-rə] dobrodruh; spekulant **–ess** [-ris] dobrodružka **–ous** [-rəs] dobrodružný

adverb [ˈædvəːb] příslovce **–ial** [ədˈvəːbjəl] příslovečný, adverbiální

advers|ary [ˈædvəsri] protivník, sok **–ative** [ədˈvəːsətiv] jaz. odporova-

cí

advers|e [ˈædvəːs] nepříznivý, nepřátelský **–ity** [ədˈvəːsiti] protivenství, neštěstí

advert[1] [ˈædvəːt] hov. zkr. *advertisement* inzerát, reklama

advert[2] [ədˈvəːt] zmínit se (*to* o), poukázat (na); všimnout si čeho, dát výstrahu

advertis|e [ˈædvətaiz] inzerovat, hledat inzerátem (*for* co), oznámit **–ement** [ədˈvəːtismənt] **1** inzerát, oznámení **2** reklama **–er** [-ə] **1** inzerent **2** oznamovatel

advice [ədˈvais] jen sg **1** rada **2** med., práv. porada **3** zpráva, obch. návěští, avízo ◆ *as per ~* podle návěští

advisable [ədˈvaizəbl] vhodný, rozumný (*it is ~* je radno)

advis|e [ədˈvaiz] **1** poradit (*a p.* komu *on* v), *whether* zda **2** doporučit **3** varovat (*of, against* před) **4** sdělit, oznámit; obch. avizovat **–edly** [-idli] uváženě, po zralé úvaze **–er** [-ə] poradce **–ory** [-əri] poradní

advoc|acy [ˈædvəkəsi] **1** obhajoba **2** advokacie **–ate** [-ət] **1** ve Skotsku a v cizině advokát, právní zástupce **2** zastánce ● *v* [-keit] obhajovat, zastávat se čeho

adze [ˈædz] tech. teslice, tesla

Aegean [iˈdžiːən] egejský: *the ~ Sea* Egejské moře

aegis [ˈiːdžis] egida; přen. záštita

aeon [ˈiːən] dlouhý věk, éon

aerat|e [ˈeiəreit] **1** provzdušnit tekutinu, půdu **2** nasytit kysličníkem uhličitým: *-ed bread* chléb zadělávaný sodovkou; *-ed water* sodovka

aerial [ˈeəriəl] *a* **1** vzdušný **2** visutý **3** letecký ● *s* anténa

aero [ˈeərəu], pl **-s** [-z] hovor. letadlo **–batics** [ˌeərəuˈbætiks] pl letecká akrobacie **–bics** [eəˈrəubiks] pl aerobiky **–drome** [ˈeərədrəum] brit. letiště **–plane** [ˈeərəplein] brit. letadlo **–sol** [ˈeərəusol] aerosol **–space** [-speis] atmosféra, meziplanetární prostor

aesthet|e [ˈiːsθiːt] estét **–ic(al)** [iːs-ˈθetik(l)] estetický **–ics** [-s] [iːsˈθetiks] pl estetika

afar [əˈfaː] v dálce; daleko ♦ ~ off daleko, v dálce, from ~ zdaleka

affa|bility [ˌæfəˈbiliti] přívětivost **–ble** [ˈæfəbl] přívětivý, vlídný

affair [əˈfeə] 1 věc, záležitost 2 událost 3 aféra 4 milostná pletka ♦ the Department of Home Affairs ministerstvo vnitra

affect [əˈfekt] 1 působit na, dotýkat se čeho, nepříznivě ovlivnit; postihnout (by čím) 2 udělat dojem, pohnout 3 napodobit 4 používat; stavět na odiv, mít zálibu v 5 předstírat 6 přidělit fin. prostředky **–ation** [ˌæfekˈteišən] 1 afektovanost, strojenost 2 přetvářka **–ed** [-id] 1 afektovaný, strojený 2 předstíraný **–ion** [-šən] 1 cit(ový stav), afekt, hnutí mysli 2 záliba, láska 3 onemocnění 4 vlastnost **–ionate** [-šənit] milující, něžný **–ive** [-tiv] citový

affidavit [ˌæfiˈdeivit] přísežné prohlášení; obch. afidavit

affiliat|e [əˈfilieit] 1 přijmout (members za členy), kooptovat, sloučit (–ed society sesterská společnost) 2 připojit (se), přistoupit za člena, vstoupit do 3 spolčit se (with, to s) ♦ be -ed with být příbuzný s; ~ a child práv. přiřknout otcovství nemanželského dítěte (to / on komu) **–ion** [əˌfiliˈeišən] 1 přidružení, přičlenění, přijetí za člena 2 příbuzenství (on s) ♦ ~ of a p. on přiřčení otcovství komu; political -s am. politické svazky

affinity [əˈfiniti] 1 spřízněnost 2 chem. afinita, slučivost

affirm [əˈfəːm] 1 po-, tvrdit, prohlásit **–ation** [ˌæfəˈmeišən] 1 potvrzení, ujištění 2 práv. místopřísežné prohlášení **–ative** [-ətiv] a kladný, souhlasný ● s klad ♦ to reply in the ~ odpovědět kladně

affix [əˈfiks] v připojit, připevnit, přilepit; opatřit čím ● s [ˈæfiks] jaz. afix, předpona / přípona

afflict [əˈflik|t] 1 postihnout 2 trápit, sužovat **–ion** [-šən] 1 utrpení, soužení; neštěstí: deprese 2 med. nemoc

affluen|ce [ˈæfluəns] hojnost, nadbytek, blahobyt **–t** [-t] a bohatý, blahobytný, hojný ● s přítok řeky

afflux [ˈæflaks] 1 přítok, příliv 2 nával

afford [əˈfoːd] poskytnout, dát; dopřát si (I can (not) ~ (ne)mohu si dovolit, dopřát)

afforest [əˈforist] zalesnit **–ation** [æˌforiˈsteišən] zalesnění

affranchise [əˈfrænčaiz] osvobodit zprostit závazku

affray [əˈfrei] rvačka, výtržnost

affront [əˈfrant] v 1 veřejně urazit 2 čelit (~ death) ● s urážka (put* an ~ upon, offer an ~ to urazit koho)

Afghan [ˈæfgæn] s 1 Afghánec 2 afghánština, paštó ● a afghánský **–istan** [æfˈgænistæn] Afghánistán

afield [əˈfiːld] 1 na pol|i, -e 2 venku, v cizině, do ciziny ♦ too far ~ příliš daleko

afire [əˈfaiə] v ohni, v plamenech

aflame [əˈfleim] v plamenech, planoucí

afloat [əˈfləut] 1 plovoucí na vodě, vznášející se ve vzduchu 2 obch. na lodi 3 v oběhu 4 get st. ~ začínat

aflutter [əˈflatə] vzrušený, neklidný

afoot [əˈfut] 1 pěšky 2 na nohou 3 v proudu, pohybu, něco se chystá

afore [əˈfoː] námoř. na přídi **–said** [-sed] svrchu řečený, uvedený

afraid [əˈfreid] v obavách, plný strachu obyč. be ~ bát se; hovor. I am ~ bohužel

afresh [əˈfreš] nanovo, znovu

Afric|a [ˈæfrikə] Afrika **–an** [-ən] a africký ● s Afričan

Afrikaans [ˌæfriˈkaːns] afrikánština

Afrikaner [ˌæfriˈkaːnə] Jihoafričan,

Afrikánec
aft [ˈaːft] na zádi, na záď
after [ˈaːftə] *prep* **1** po, za **2** přes **3** podle (*Rembrandt*) ● *adv* **1** v|zadu, do- **2** pak, potom, později ● *conj* potom když, potom až ● *a* **1** příští **2** pozdější, následující **3** námoř. zadní ◆ ~ *all* konec konců, přece jenom; *the day* ~ *tomorrow* pozítří; ~ *a fashion* jakž takž; *time* ~ *time* opětovně; *in* ~ *years* v příštích letech; ~ *you* až po vás **~-image** výpoč. tech. snímek aktualizované stránky (reálný) **~-light** pozdější pohled na věc **–math** [-mæθ] **1** otava **2** přen. následky (*of war* války) **–noon** [ˈ-ˈ-] odpoledne; ~ *tea* svačina **–s** [-z] pl dezert, zákusek po jídle **–thought** [ˈ-θoːt] dodatečný nápad **–wards** [ˈ-wədz] později, potom
again [əˈgen] **1** zas(e), opět, znovu, po záporu víckrát už ne **2** naopak zase **3** dále, však **4** v odpověď, zpět ◆ *as much / many* ~ dvakrát tolik; *ever and* ~ občas; *once* ~ ještě jednou; *time and* ~ opětovně
against [əˈgenst] **1** proti, naproti, opřen o **2** vůči, před **3** pro případ čeho, **~-ing** že by... ◆ *as* ~ ve srovnání s; ~ *a background* na pozadí; ~ *the grain* proti srsti; *a race* ~ *time* závod s časem
agape [əˈgeip] s ústy dokořán
agate [ˈægit] achát
age [ˈeidž] s věk, stáří ◆ *be, come* of* ~ být zletilý, plnoletý; *for -es* hovor. ani nepamatuju, věčnost; *full* ~ zletilost; *old* ~ stáří; *under* ~ nezletilý ● *v* stárnout, dělat starým **–d** [-id] *atr a* letitý, starý ● *pred a* [ˈeidžd] stár kolik **–ism** [-izəm] diskriminace starých lidí mladými **–less** [-lis] nestárnoucí **–long** odvěký, dávný
agency [ˈeidžnsi] **1** působení, působnost **2** činitel, síla **3** agentura, jednatelství
agenda [əˈdžendə] pl pořad jednání,

denní pořádek
agent [ˈeidžənt] **1** činitel; agens; chem. činidlo **2** zástupce, zprostředkovatel, obchodní jednatel, agent **3** pl = *agency* ~ **-provocateur** [ˈæžaːŋprəˌvokəˈtəː] agent provokatér
agglomerat|e *v* [əˈglomәreit] nahromadit (se), nakupit (se), shluknout (se) ● *s* [-rit] **1** aglomerát **2** geol. slepenec ● *a* nakupený; sbalený **–ion** [əˌglomәˈreišən] aglomerace
agglutinat|e [əˈgluːtiˈneit] **1** slepit (se), shluknout se, sklížit (se) **2** jaz. aglutinovat ● *a* [-nit] **1** slepený, sklížený **2** shluknutý **3** jaz. aglutinující, aglutinační **–ion** [əˌgluːtiˈneišən] **1** klížení, lepení **2** srážení, shlukování **3** jaz. aglutinace **–ive** [-nətiv] **1** jaz. aglutinační (*languages* jazyky) **2** lepící, lepkavý
aggrandize [əˈgrænˌdaiz] zvětšit, zvýšit **–ment** [-dizmənt] vzrůst, zvětšení, zvýšení
aggravat|e [ˈægrəveit] **1** z-, při|tížit, zhoršit **2** hovor. dopálit, naštvat **–ion** [ˈægrəˈveišən] **1** zhoršení, zostření **2** práv. přitěžující okolnost
aggregat|e [ˈægrigət] *s* **1** úhrn, souhrn, seskupení (*in the* ~ úhrnem, celkem) **2** shluk **3** odb. soustrojí, agregát **4** mat. množina ● *a* úhrnný, celkový; nakupený, nahromaděný ● *v* [-geit] **1** shromáždit, nakupit, seskupit (se) **2** činit (úhrnem) **–ion** [ˌæriˈgeišən] **1** nahromadění **2** agregace; shluk; agregát
aggress|ion [əˈgrešən] útok, agrese **–ive** [-siv] **1** útočný, výbojný, agresivní **2** průbojný, podnikavý **–or** [-sə] útočník, agresor
aggrieved [əˈgriːvd] **1** deprimovaný **2** dotčený, ukřivděný, poškozený
aghast [əˈgaːst] zděšený, jat hrůzou

agil|e ['ædžail] hbitý, čilý, agilní **–ity** [ə|džiliti] hbitost, čilost, agilnost

agio ['ædžəu] pl **-s** [-z] **1** obch. ážio, prémie **2** = *-tage* **–tage** [-ətidž] obch. ažiotáž

agitat|e ['ædžiteit] **1** zmítat, třást; míchat **2** zneklidňovat, pobuřovat **3** uvážit **4** diskutovat **5** agitovat **–ion** [ˌædži|teišən] **1** zmítání; míchání **2** vzrušení, rozčilení **3** diskuse, debata **4** agitace **–or** [-ə] **1** agitátor **2** míchačka, mixér

agitprop ['ædžitprop] agitprop

agleam [ə|gli:m] *pred a* jasně se lesknoucí, třpytící

aglow [ə|gləu] *pred a* žhnoucí, planoucí, v plném žáru

agnail ['ægneil] záděra

agnate ['ægneit] *s, a* příbuzný z otcovy strany

Agnes ['ægnis] Anežka

ago [ǀgəu] před počítáno od přítomnosti: *long ~* dávno; *some time ~* před časem

agog [ə|gog] posedlý, chtivý (*for* po), divý (*at* z čeho), vzrušený (*with* čím)

agon|ize ['ægənˌaiz] **1** zápasit se smrtí **2** být v agónii **3** týrat, mučit, trpět **–y** [-i] **1** utrpení, muka **2** agónie, smrtelný zápas **3** křeč, výbuch ♦ brit. hovor. *~ column* oznámení v novinách ztráty, pohřešování apod.

agrarian [ə|greəriən] *a* zemědělský, agrární ● *s* agrárník, zvl. přívrženec pozemkové reformy

agree [ə|gri:] **1** souhlasit (*to a t.* s čím; *with a p.* s kým) **2** snášet se (*together* dohromady) **3** dělat dobře, svědčit (*with a p.* komu) **4** shodovat se, odpovídat (*with a t.* čemu) **5** dohodnout se (*on* o) **6** připustit **7** obch. vyrovnat (*accounts* účty) **8** odsouhlasit ♦ *I am -d* jsem srozuměn **–able** [-iəbl] **1** příjemný (*to* vůči) **2** hovor. svolný, ochotný **–ment** [-i:mənt] **1** souhlas, shoda **2** dohoda, ujednání, smlouva

agricultur|al ['ægriˌkalčərəl] zemědělský **–alist** [-ist] agronom **–e** ['ægrikalčə] zemědělství

agronom|ic(al) [ˌægrə|nomik(l)] agronomický **–ist** [ə|gronəmist] agronom **–y** [ə|gronəmi] agronomie

aground [ə|graund] na dn|o, -ě i přen., na mělčinu, -ě (*run* ~ najet na mělčinu)

agu|e ['eigju:] zimnice, přen. nervozita **–ish** [-iš] zimničný, chvějící se

ah [a:] á, och, ó

aha [a|ha:] aha!

ahead [ə|hed] *adv* **1** vpřed, do-, ku| předu **2** v-, z|předu, napřed ♦ *be ~ of* mít náskok před; hovor. *get* ~ dostat se vpřed, uspět; *go* ~ pokračovat, hovor. jen račte ● *prep* ~ *of* před

ahoy [ə|hoi] námoř. ahoj

aid ['eid] *v* na-, po|máhat, podporovat ● *s* **1** vý-, pomoc, podpora **2** pomocník **3** pomůcka ♦ *what's (all) this in ~ of ?* co tím vším sledujete?

aide-de-camp [ˌeiddə|ka:ŋ] pl *Aides* ['eidz-] voj. pobočník

ail ['eil] **1** bolet: trápit (*what -s you? co je vám?*) **2** churavět **–ing** [-iŋ] churavý **–ment** [-mənt] onemocnění, nemoc, indispozice

aileron ['eilərən] let. křidélko

aim [eim] *v* **1** za-, mířit, -cílit (*at* na) směřovat (k) **2** usilovat, snažit se (*at -ing*, am. s inf *o co*) ● *s* **1** zacílení (*take* ~ cílit, mířit) **2** záměr, úmysl **3** cíl, předmět **–less** [-lis] bezcílný, bezúčelný

ain't ['eint] = hovor. *am not;* am. též *is not, are not, hasn't, haven't*

air ['eə] *s* **1** vzduch **2** ovzduší **3** větřík **4** vzezření **5** obyč. pl strojené chování **6** melodie, nápěv; árie **7** *atr* letecký; protiletecký, protiletadlový **8** *atr* pneumatický, vzduchový; nafukovací ♦ *by ~* letadlem; *give* ~ *a p. ~* slang. dát komu vyhazov, dát kvinde; *in the ~* ve vzduchu, přen. ve hvězdách;

in the open ~ v přírodě, pod širým nebem; *be, go* on the* ~ být, dávat (se) v rozhlase; *take** ~ vyjít najevo, proniknout na veřejnost; *take* the* ~ provětrat se ● *v* **1** vyvětrat; přen. provětrat **2** stavět na odiv **~-base** [ˈeəbeis] letecká základna **~-bed** [ˈeəbed] nafukovací matrace **–borne** [-boːn] **1** dopravovaný letecky **2** voj. výsadkový **~-bridge** [ˈ-bridž] letecký / vzdušný most **–bus** [ˈ-bas] aerobus **~-conditioning** [ˈeəkənˌdišəniŋ] klimatizace **–craft** [ˈ-kraːft] sg, pl letadlo **–craft carrier** [ˈeəkraːftˌkæriə] mateřská letadlová loď **–crew** [ˈeəkruː] posádka letadla **~-cushion** [ˈeəˌkušən] nafukovací poduška, vzduchový polštář **–er** [ˈeərə] sušák na ručníky **–field** [ˈ-fiːld] letiště přistávací plocha **~-fighter** [ˈ-faitə] stíhačka ~ **force** [ˈ-foːs] vojenské letectvo **~-gun** [ˈ-gan] vzduchovka ~ **hostess** letuška, stevardka **~-ing** [ˈ-riŋ] vyvětrání *give* the room an* ~ vyvětrat pokoj; *take* an* ~ (jít) se provětrat **~-jacket** [ˈ-ˌdžækit] záchranná vesta **~-lift** [ˈ-lift] zásobování apod. letadly **–line** [ˈ-lain] letecká linka **–liner** [ˈ-lainə] linkové dopravní letadlo ~ **mail** [ˈ-meil] **1** letecká pošta **2** atr letecký (*letter* dopis) **–man*** [ˈ-mən] letec **~-minded** [ˈ-ˌmaindid] nadšený pro letectví **–plane** am. letadlo ~ **-pollution** [ˈ-ˌpoljuːšən] ekol. znečištění ovzduší **–port** [ˈ-poːt] letiště **–proof** [ˈ-pruːf] *a* vzduchotěsný ● *v* neprodyšně uzavřít **~-pump** [ˈ-pamp] vývěva **~-raid** [ˈ-reid] let. nálet **~-shaft** [ˈ-šaːft] horn. větrní jáma **–ship** [ˈ-šip] vzducholoď, **–space** [ˈ-speis] tech. vzdušný prostor **–taxi** [ˈtæksi] aerotaxi **–tel** [ˈ-tel] hotel na letišti **–tight** [ˈ-tait] vzduchotěsný ~ **-trap** [ˈtræp] vodní uzávěr stoky **–worthy** [ˈ-ˌwəði] o letadle schopný letu **–y** [-ri] **1**

vzdušný, vzduchový **2** větrný **3** lehký; hravý, živý **4** povrchní **5** povýšený **6** afektovaný
aisle [ˈail] **1** postranní loď chrámu **2** ulička mezi sedadly
aitch [ˈeič] písmeno *h*
ajar [əˈdžaː] pootevřený
akimbo [əˈkimbəu] (*with*) *arms* ~ s rukama vbok, ruce vbok
akin [əˈkin] příbuzný (*to* s), blízký (k)
Alabama [æləˈbæmə] Alabama stát v USA
alabaster [ˈæləbaːstə] alabastr, úběl
alacrity [əˈlækriti] hbitost, čilost
alarm [əˈlaːm] *s* **1** poplach, alarm (~ *-clock* budík) **2** znepokojení, obavy **3** poplašné znamení, poplachové zařízení ● *v* **1** alarmovat, varovat **2** vyplašit, vyl-, po||lekat **–ist** [-ist] panikář
alas [əˈlaːs] zast. běda!, bohužel
Alask|a [əˈlæska] Aljaška stát v USA **–an** [-ən] aljašský
Albani|a [ælˈbeinjə] Albánie **–an** [-ən] *a* albánský ● *s* **1** Albánec **2** albánština
albatross [ˈælbətros] albatros
albeit [oːlˈbiːit] zast. ačkoli, i když
albino* [ælˈbiːnəu] albín
Albion [ˈælbjən] Albion
album [ˈælbəm] album, památník
albumen [ˈælbjumin] bílek, bílkovina
albumin [ˈælbjumin] albumin **–ous** [ælˈbjuːminəs] bílkov||itý, -inný
alchem|ist [ˈælkimist] alchymista **–y** [ˈælkimi] alchymie
alcohol [ˈælkəhol] alkohol **–ic** [ˌælkəˈholic] *a* alkoholový, -ický ● *s* alkoholik
alcove [ˈælkəuv] **1** alkovna, přístěnek **2** besídka
aldehyde [ˈældihaid] aldehyd
alder [ˈoːldə] bot. olše
alderman* [ˈoːldəmən] městský radní; hist. konšel
ale [eil] anglické světlé pivo **~-house*** pivnice

aleatory [ˈeiliətəri] **1** náhodný **2** hud. aleatorický

alee [əˈli:] námoř. na závětrn|é, -ou stran|ě, -u, v závětří

alert [əˈlə:t] a **1** ostražitý, bdělý **2** čilý ● s voj. **1** (let.) pohotovost (make* ~, put* on the ~ vyhlásit pohotovost) ● v vyhlásit pohotovost pro **–ness** [-nis] s **1** ostražitost **2** čilost

Alexander [ˌæligˈza:ndə] Alexandr

alfalfa [ælˈfælfə] am. vojtěška

alga [ˈælgə] pl -ae [ˈældži:] bot. řasa

algebra [ˈældžibrə] algebra **–ic(al)** [ˌældžiˈbreiik(l)] algebraický

Algeria [ælˈdžiəriə] Alžírsko

Algiers [ælˈdžiəz] město Alžír

algol [ˈælgol] algol program. jazyk

algorithm [ˈælgəriðəm] algoritmus **–ization** [ˌælgoriðmiˈzeišən] algoritmizace

alias [ˈeiliəs] adv jinak, též ● s přezdívka alias

alibi [ˈælibai] alibi

Alice [ˈælis] Alice

alien [ˈeiljən] a cizí ● s cizinec cizí státní příslušník **–able** [-əbl] zcizitelný **–age** [-idž] cizí státní příslušnost **–ate** [-eit] odcizit (from komu) **–ation** [ˌeiljəˈneišən] **1** odcizení **2** (mental duševní) porucha

alight [əˈlait] v **1** sestoupit **2** snést se (on na); let. přistát ● pred a osvětlen; v plamenech

align [əˈlain] seřadit; vyrovnat (se), postavit (se) do jedné řady; sport. vyřídit (se) do řady **–ment** [-mənt] seřazení, vyrovnání; sport. vyřízení; přen. seskupení

alike [əˈlaik] pred a k plurálu podobný ● adv podobně, stejně

aliment [ˈælimənt] **1** jídlo, potrava **2** výživa, živobytí **–ary** [ˌæliˈmentəri] **1** zažívací (canal trakt) **2** vyživovací **–ation** [ˌælimenˈteišən] výživa, stravování, strava

alimony [ˈæliməni] výživné, alimenty; výživa

aline [əˈlain] = align

aliquot [ˈælikwot] a mat. obsažený

beze zbytku, alikvotní, poměrný (~ part alikvotní podíl) ● s alikvotní část; dělitel; fyz. vzorek radioaktivního materiálu ♦ ~ tone hud. svrchní harmonický tón

alive [əˈlaiv] **1** živ, naživu, za živa **2** tech. v chodu; elektr. pod napětím ♦ be ~ chápat, uvědomovat si (to co); hemžit se (with čím); look ~ hovor. pospěš si! hoď sebou!

alkal|i [ˈælkəlai] pl -(e)s [-z] chem. zásada **–ine** [-in] zásaditý

all [ˈo:l] a celý, veškerý ● a, s všechen, všichni, vše(chno); celek, veškerý majetek ● adv úplně, z-, do|cela ♦ above ~ především; after ~ konec konců; přesto; not at ~ vůbec ne, rádo se stalo; ~ the better tím líp; ~ but skoro; ~ but one až na jednoho; for ~ přestože, třebaže, ačkoliv; for ~ I care pro mne za mne; in ~, ~ in ~ celkem, dohromady; ~ of us my všichni; ~ at once náhle, najednou; once for ~ jednou provždy; ~ over hotov, vyřízen, celý, úplně; všude; ~ over the world na, po celém světě; ~ right dob|ře, -rá, souhlasím; v pořádku, zdráv; ~ the same přece však, přesto; he is not ~ there hovor. nemá všech pět pohromadě; ~ the time stále, po celou tu dobu; am. vždy **~-embracing** všeobsáhlý, všestranný **~-fired** ohromný, kolosální **All Fools' Day** první(ho) apríl(a) **~-inclusive** všeobsažný, celkový **~-round** celkový, všestranný **All Saints' Day**, zast. **All Hallows** Všech svatých **All Souls Day** Dušiček

allay [əˈlei] utišit, zmírnit

allegation [ˌæliˈgeišən] **1** bezdůvodné tvrzení, údaj **2** práv. výpověď

alleg|e [əˈledž] **1** vypovídat, prohlásit, tvrdit **2** uvádět (a reason za důvod) **–ed** [-d] údajný

allegiance [əˈli:džəns] věrnost, oddanost, loajalita

allegor|ic(al) [‚æli'gorik(l)] alegoric-
ký, jinotajný **–y** ['æligəri] alegorie,
jinotaj
alleluia [‚æli'lu:jə] aleluja
allergy ['ælədži] přecitlivělost, aler-
gie
alleviat|e [ə'li:vieit] zmírnit, ulehčit
–ion [ə'li:vi'eišən] zmírnění, úleva
alley ['æli] **1** alej, cesta lemovaná
zelení, pěšin(k)a v parku **2** ulička
(*blind* slepá)
alli|ance [ə'laiəns] **1** spojení, sva-
zek příbuzenský **2** příbuznost **3**
spolek, spojenectví, aliance **–ed**
[ə'laid] **1** spřízněný, příbuzný **2**
spojený **3** též ['ælaid] spojenecký
alligator ['æligeitə] zool. aligátor
alliterat|ion [ə‚litəreišən] aliterace
–ive [ə'litərətiv] aliterační
allocat|e ['æləkeit] přidělit; rozvr-
hnout **–ion** [‚ælə'keišən] **1** přidělе-
ní, rozvržení **2** úč. rozvrh čeho; pří-
děl, dotace
allocution [‚æləu'kju:šən] slavnost-
ní proslov, círk. papežská alokuce
allonge [ə'landž] obch. alonž
allot [ə'lot] (*-tt-*) **1** při-, roz|dělit, při-
kázat **2** am. zamýšlet **–ment**
[-mənt] **1** roz-, při|dělování; roz-
vržení **2** příděl **3** přidělená parce-
la ♦ ~ *holder* domkář, chalupník
allow [ə'lau] **1** dovolit (*o.s.* si), u-
možnit, nechat **2** připustit, uznat
3 am. hovor. soudit, myslit, tvrdit,
pravit **4** povolit, poskytnout (*dis-
count for* slevu na co); slevit **5** ~
o.s. dovolit si, dopřát si ♦ ~ *for*
vzít v úvahu co, počítat s čím; (*not*)
to be -ed to do (ne)smět, (ne)mo-
ci dělat; *he is -ed to be* považuje
se za **–able** [-əbl] přípustný; ~
expenses uznané náklady **–ance**
[-əns] s **1** příděl, pevný plat, ren-
ta, apanáž, kapesné **2** srážka,
sleva **3** přídavek (*family allow-
ance*) **4** odškodné **5** ohled
(*make* -(s) *for* mít ohled na, po-
čítat s čím) **6** tech. tolerance;
rozptyl, rozpětí ● *v* odměřovat
komu jídlo, dávat na příděl zboží

alloy ['æloi] *s* **1** slitina **2** příměs **3** ry-
zost ● *v* [ə'loi] **1** legovat, slévat **2**
znečistit, zkalit příměsí
allspice ['o:lspais] nové koření
allude [ə'lju:d] narážet (*to* na)
allur|e [ə'ljuə] z-, na-, při-, lákat,
svádět **–ment** [-mənt] **1** lákadlo;
vábení, pokušení, svádění **2** kou-
zlo
allus|ion [ə'lu:žn] narážka (*to* na),
zmínka (o) **–ive** [-siv] narážející
(*to* na), náznakový
alluvi|al [ə'lu:vjəl] geol. aluviální; na-
plavený **–um** [-əm] pl *-ums* [-əmz],
-a [-ə] geol. aluvium; náplav, na-
plavenina
ally [ə'lai] *v* spojit se (*with* s), připo-
jit se (*to* k), srov. *allied* ● *s* ['ælai]
spojenec
almanac ['o:lmənæk] kalendář, al-
manach
almighty [o:l'maiti] všemohoucí
almond ['a:mənd] bot. **1** mandle **2**
též *~-tree* mandloň
almost ['o:lmoust] skoro, téměř
alms [a:mz] sg i pl almužna **–giving**
dobročinnost **~-house*** chudo-
binec **–man*** ['a:mzmən], pl též
~-folk žebrák
aloft [ə'loft] **1** ve výšce, nahoře **2**
vzhůru **3** námoř. v lanoví
alone [ə'loun] **1** sám, osamělý **2** za
slovem jen, jedině ♦ *leave, let him*
~ nechte ho být, na pokoji; *let* ~
nehledě na, neřkuli, s inf natož
aby
along [ə'loŋ] *prep* podél, podle; mi-
mo, kolem; po čem ● *adv* **1** dál(e),
vpřed **2** spolu, s sebou ♦ *all* ~
dávno, od začátku; (*all*) ~ *of a p.*
vulg. kvůli komu; ~ *with* spolu / sou-
časně s **–side** [-said] *adv* těsně
vedle (*of* čeho) ● *prep* u, vedle, po
boku čeho
aloof [ə'lu:f] *v* dálce, daleko **–ness**
[-nis] neúčast, rezervovanost
aloud [ə'laud] nahlas, hlasitě
alp [ælp] **1** alpa, vysokohorská
pastvina **2** velehora **–ine** ['ælpain]
alpinský, vysokohorský

alpha [ˈælfə] písmeno alfa (a); ~ *plus* vynikající **–numeric** výpoč. tech. abecedně číslicový, alfanumerický

alphabet [ˈælfəbit] abeceda **–ic(al)** [ˌælfəˈbetik(l)] abecední (*classification* řadění)

alpin|ism [ˈælpinizm] horolezectví **–ist** [-ist] horolezec

already [ˈoːlredi] již, už

Alsa|ce-Lorraine [ˈælsæs loˈrein] Alsasko-Lotrinsko **–tian** [ælˈseišən] německý ovčák služební pes

also [ˈoːlsəu] také, též, rovněž

altar [ˈoːltə] oltář **~-piece** oltářní obraz

alter [ˈoːltə] po-, (z)měnit (se); přešít; předělat, upravit **–ation** [ˌoːltəˈreišən] změna

altercat|e [ˈoːltəkeit] hašteřit se **–ion** [ˌoːltəˈkeišən] hádka, váda

alternat|e [ˈoːltəneit] střídat (se) (*-ing current* střídavý proud) ● *a* [oːlˈtəːnit] střídavý, rezervní ♦ *on ~ days* ob den ● *s* 1 alternativa 2 am. náhradník, náměstek **–ion** [ˌoːltəːˈneišən] střídání **–ive** [-ˈtəː-nətiv] *a* alternativní, náhradní ● *s* 1 alternativa, dvojí možnost 2 možnost jedna ze dvou **–or** [ˈoːltə-neitə] elektr. střídavý generátor, alternátor

although [ˈoːlðəu] ačkoli(v), jakkoli(v), třebaže

alti|meter [ˈæltimiːtə] výškoměr **–tude** [-tjuːd] 1 výška, nadmořská výška 2 výšin|a, -y

alto* [ˈæltəu] hud.1 alt 2 altistka 3 viola 4 altsaxofon

altogether [ˌoːltəˈgeðə] 1 úplně, naprosto 2 celkem (vzato), konec konců

altru|ism [ˈæltrujizm] altruismus **–ist** [-ist] altruista **–istic** [ˌæltruˈistik] altruistický

alum [ˈæləm] kamenec

alumin|ium [ˌæljuˈminjəm] hliník, aluminium **–um** [əˈluːminəm] am. = *-ium*

alumn|a [əˈlamnə], pl **-ae** [-iː] am. absolventka univerzity n. školy **–us** [-əs], pl **-i** [-ai] am. absolvent univerzity n. školy

alveolar [ælˈviələ] *a* dásňový, alveolární ● *s* jaz. alveolára

always [ˈoːlwəiz] vždy(cky), stále; *not ~* někdy

am [ˈæm, nedůraz. ˈəm, ˈm] jsem

amalgam [əˈmælgəm] amalgám **–ate** [-eit] 1 amalgamovat (se) 2 sloučit (se); obch. fúzovat, splynout **–ation** [əˌmælgəˈmeišən] 1 amalgamace 2 splynutí, fúze 3 amalgamát 4 am. míšení ras

amass [əˈmæs] nahromadit (se), shromáždit (se)

amateur [ˈæmətəː] amatér, ochotník (*of* v; hanl. *at* přes) **–ish** [ˌæməˈtəːriš] ochotnický, amatérský

amatory [ˈæmətəri] milostný, erotický

amaze [əˈmeiz] ohromit **–ment** [-mənt] ohromení, úžas

Amazon [ˈæməzən] Amazonka řeka; žena bojovnice; amazonka mužatka

ambassad|or [æmˈbæsədə] velvyslanec **–ress** [-ris] 1 velvyslankyně 2 paní velvyslancová

amber [ˈæmbə] jantar

ambidext|er [ˌæmbiˈdekstə] *a* obouruký, vládnoucí stejně oběma rukama ● *s* 1 obouručák 2 obojetník **–erity** [-dekˈsteriti] 1 schopnost užívat stejně obou rukou, ambidextrie 2 licoměrnost, obojakost **–(e)rous** [ˌæmbiˈdekstrəs] 1 = *ambidexter a* 2 obojaký, licoměrný

ambient [ˈæmbiənt] okolní

ambigu|ity [ˌæmbiˈgjueti] 1 dvojznačnost 2 dvojsmysl **–ous** [æmˈbigjuəs] dvojznačný, nejasný

ambit [ˈæmbit] dosah, okruh; rozsah, kompetence, rámec

ambit|ion [æmˈbišən] 1 ctižádost 2 předmět ctižádosti; touha, přání **–ous** [-əs] 1 ctižádostivý 2 žádostivý (*of* čeho)

ambivalent [æmˈbivələnt] 1 rozpolcený, rozporný **2** rozkolísaný

amble [ˈæmbl] *v* **1** o koni jít mimochodem **2** jet krokem **3** loudat se ● *s* mimochod

ambrosia [æmˈbrəuzjə] ambrózie

ambul|ance [ˈæmbjuləns] **1** (~ *car*) sanitní auto, ambulance **2** polní nemocnice, lazaret **–atory** [-lətəri] pojízdní, ambulantní

ambuscade [ˌæmbəsˈkeid], **ambush** [ˈæmbuš] voj. *s* záloha, léčka ● *v* **1** číhat v záloze, ukrýt do zálohy **2** napadnout ze zálohy

amelior|ate [əˈmiːljəreit] zlepšit (se) **–ation** [əˌmiːljəˈreišən] **1** zlepšení **2** meliorace

amen [ˌeiˈmen] liturg. ˈaːˈmen] amen ♦ *give* / say** ~ *to* souhlasit s

amen|ability [əˌmiːnəˈbiləti] **1** přístupnost **2** práv. odpovědnost **–able** [əˈmiːnəbl] **1** podléhající **2** práv. odpovědný **3** přístupný, poddajný (*to* čemu)

amend [əˈmend] **1** opravit, doplnit, pozměnit **2** polepšit se **–er** [-ə] **–ment** [-mənt] pozměňovací návrh, dodatek (*an* ~ *to the constitution* dodatek k ústavě) **-s** [-z], pl náhrada škody, odškodné ♦ *make** ~ odškodnit (*for* za)

amenity [əˈmiːnəti] příjemnost, pohoda, pohodlí, půvab, krása místa, života, blaho; společenské vybavení

America [əˈmerikə] Amerika **–n** [-n] *a* americký ● *s* Američan(ka) **–nism** [-nizəm] amerikanismus

amethyst [ˈæmiθist] ametyst

ami|ability [ˌeimjəˈbiləti] roztomilost, přívětivost **–able** [ˈeimjəbl] roztomilý, přívětivý

amicable [ˈæmikəbl] přátelský

amid(st) [əˈmid(st)] uprostřed čeho, mezi čím, během, za

amiss [əˈmis] chybně, špatně, nevhod ♦ *do* a t.* ~ udělat co špatně; *take** ~ zazlívat, mít za zlé

amity [ˈæmiti] přátelské vztahy mezi státy

ammeter [ˈæmitə] ampérmetr

ammo [ˈæmou] hovor. munice, střelivo

ammoni|a [əˈməunjə] čpavek, amoniak **–acal** [ˌæməuˈnaiəkl] čpavkový, amoniakový

ammunition [ˌæmjuˈnišən] střelivo, munice

amnesty [ˈæmnisti] *s* amnestie ● *v* amnestovat, udělit amnestii

amoeb|a [əˈmiːbə], pl *-ae* [-iː] *-as* [-əs] zool. měňavka, améba

amok [əˈmok] amok; viz *amuck*

among [əˈmaŋ] mezi více: *from* ~ z; ~ *the crowd* v zástup

amongst [əˈmaŋgst] kniž. = *among*

amorous [ˈæmərəs] zamilovaný (*of* do), milostný, vášnivý

amorphous [əˈmoːfəs] beztvarý, amorfní

amortiz|e [əˈmoːtaiz] umořovat, amortizovat **–ation** [əˈmoːtiˈzeišən] umořování, amortizace

amount [əˈmaunt] *v* **1** činit, dělat, obnášet (*to* tolik) **2** rovnat se (*to* čemu) ● *s* **1** částka, obnos, suma **2** množství, rozsah

amp¹ [æmp] elektr. ampér

amp² [æmp] elektr. zesilovač

ampere [ˈæmpeə] elektr. ampér

ampersand [ˈæmpəˌsænd] *s* značka & odpovídající významu spojky a

amphetamine [æmˈfetəˌmiːn] *s* amfetamin

amphibi|an [ˌæmˈfibiən] *s* **1** obojživelník **2** obojživelné vozidlo ● *a* = **–ous** [-s] obojživelný

amphitheatre [ˈæmfiˌθiətə] amfiteatr

ampl|e [ˈæmpl] **1** rozsáhlý **2** hojný, bohatý **3** obšírný **4** prostorný **5** plný, statný **–ification** [ˌæmplifiˈkeišən] **1** zvětšení, rozšíření **2** styl. rozvedení **3** elektr. zesílení **–ifier** [-ifaiə] elektr. zesilovač **–ify** [-ifai] **1** zvětšit, rozšířit **2** styl. rozvádět **3** elektr. zesilovat

amplitude [ˈæmplitjuːd] **1** šíře, rozsah, bohatství **2** odb. amplituda, rozkmit

ampoule [ˈæmpuːl], **ampule** [ˈæmpjuːl] ampulka

amputat|e [ˈæmpjuteit] odejmout, amputovat úd, **–ion** [ˌæmpjuˈtei-šən] amputace, odnětí údu

amuck [əˈmak] jen *run* * ~ **1** být zuřivý, šílet **2** napadnout (*on, of against, with* koho / co)

amus|e [əˈmjuːz] bavit, obveselovat (*o.s.* se) ♦ ~ *one's leisure* krátit si dlouhou chvíli **–ement** [-mənt] zábava, pobavení, veselost **–ing** [-iŋ] zábavný

amyl|aceous [ˌæmiˈleišəs], **–oid** [ˈæmiloid] chem. škrobový, škrobnatý

an [ˈən, ˈn; důraz. ˈæn] **1** neurč. člen viz *a* **2** zast. = *if*

anachronism [əˈnækrənizm] anachronismus

anaem|ia [əˈniːmjə] anemie, chudokrevnost **–ic** [-mik] anemický, chudokrevný

anaesthe|sia [ˌænisˈθiːzjə] anestézie, znecitlivění **–tic** [ˌænisˈθetik] *a* anestetický ● *s* anestetikum

anagram [ˈænəgrəm] anagram, přesmyčka

anal [ˈeinəl] řitní, anální

analgetic [ˌænælˈdžetik] *a* med. analgetický, utišující bolest ● *s* analgetikum

analog|ical [ˌænəˈlodžikl], **–ous** [əˈnæləgəs] analogický, obdobný **–ue** [ˈænəlog] analogon, obdoba ~ *computer* analogový počítač **–y** [əˈnælədži] analogie, obdoba: *by* ~ analogicky

analys|e [ˈænəlaiz] analyzovat, rozebrat **–is** [əˈnæləsis], pl *-es* [-iːz] rozbor, analýza

analyst [ˈænəlist] analytik

analytic(al) [ˌænəˈlitik(l)] analytický

anamnesis [ˌænæmˈniːsis], pl *-es* [-iːz] med. anamnéz|a, -e

anarch|ic(al) [æˈnaːkik(l)] anarchický **–ism** [ˈænəkizm] anarchismus **–ist** [-ist] anarchista **–istic** [ˌænəˈkistik] anarchistický **–y** [ˈænəki] anarchie, bezvládí; zmatek

anatom|ic(al) [ˌænəˈtomik(l)] anatomický **–ist** [əˈnætəˌmist] anatom

–ize [-maiz] **1** med. roz-, pitvat **2** podrobně rozebírat **–y** [-mi] **1** anatomie **2** pitva, rozpitvání; analýza

ancest|or [ˈænsestə] předek; praotec **–ral** [ænˈsestrəl] **1** po předcích zděděný **2** geneticky předcházející **–ry** [ˈænsestri] předkové, rodový původ

anchor [ˈæŋkə] *s* kotva; záchrana, útočiště ♦ *cast* * / *weigh* ~ spustit / zvednout kotvu; *lie* * *at* ~ kotvit ● *v* za-, kotvit **–age** [-ridž] **1** kotviště **2** (za)kotvení **3** kotevní poplatek **3** poustevna **–ess** [-is] poustevnice **-et** [-ət], **–ite** [-ait] poustevník

anchovy [ˈænčəvi] sardel, ančovička

ancient [ˈeinšənt] *a* **1** starodávný, starobylý **2** starověký **3** starý **4** staromódní **5** práv. vydržený ● *s* **1** pl *the -s* staří národové **2** klasický spisovatel

ancillary [ænˈsiləri] přidružený, pomocný, služebný; doplňkový

and [ˈənd, ˈən, ˈnd, ˈn; důraz ˈænd] **1** a, i **2** a, ale ♦ ~ *circuit* výpoč. tech. součinový obvod; ~ *operation* výpoč. tech. konjunkce, logický součin

Andes [ˈændiːz] Andy

andiron [ˈændaiən] obyč. pl kozlík v krbu

Andrew [ˈændruː] Ondřej

androgynous [ænˈdradžinəs] oboupohlavní, hermafroditický, pro obě pohlaví, neurčitého pohlaví

android [ˈændroid] scifi android robot vypadající jako člověk

anecdot|e [ˈænikdəut] anekdota o někom **–ic(al)** [ˌænikˈdotik(l)] anekdotický

anemone [əˈneməni] bot. sasanka

aneroid [ˈænəroid] aneroid, kovový barometr

anew [əˈnjuː] znovu, opět

angel [ˈeindžl] **1** anděl, posel **2** slang. financiér **–ic** [ænˈdželik] andělský

anger ['æŋgə] s hněv, zlost • v rozhněvat, rozzlobit

angina [æn'džainə] angína, zvl. ~ *pectoris* ['pektəris] angína pectoris

angl|e ['æŋgl] s 1 úhel 2 roh stěny 3 hledisko, stanovisko • v 1 lovit na udici (*for* co), rybařit 2 otočit / nařídit v úhlu, šikmo 3 tendenčně překroutit 4 přejet / odbočit v úhlu, šikmo **–er** [-ə] rybář lovící na udici

Angles ['æŋglz] Anglové

Anglican ['æŋglikən] a anglikánský; am. též anglický • s anglikán

anglic|ism ['æŋglis|izm] jaz. anglicismus **–ist** [-ist] anglista

anglist ['æŋglist] anglista **–ics** [æŋ-'listiks] sg anglistika

Anglophone [ˌæŋgləu'fəun] s příslušník anglofonní země • a anglofonní

Anglo-Saxon [ˌæŋgləu'sæksn] a anglosaský • s Anglosas

angry ['æŋgri] rozhněvaný, rozzlobený ♦ *be ~ with sb* zlobit se na koho (*about, at* proč)

ang|st ['æŋst] pocit úzkosti **–uish** ['æŋgwiš] muka, trýzeň, úzkost

angular ['æŋgjulə] 1 hranatý 2 přen. kostnatý 3 úhlový **–ity** [ˌæŋgju'læ-rəti] hranatost

aniline ['ænili:n] anilín; -ový

animal ['æniml] s živočich, zvíře • a živočišný, zvířecí; animální

animat|e ['æniˌmeit] v 1 oživit (*-ed cartoon* kreslený film; *-ed nature* živá příroda) 2 povzbudit, podnítit • a [-mit] živý, čilý, jaz. životný **–ion** [ˌæni'meišən] oživení, čilost, nadšení, zaujetí, film. animace, kreslený film

animosity [ˌæni'mosəti] animozita, nepřátelství, zaujatost, odpor

animus ['æniməs] úmysl, tendence; zlá vůle, animozita

anion ['ænaiən] fyz. anion

anise ['ænis] anýz

aniseed ['ænisi:d] anýz koření

ankle ['æŋkl] kotník ♦ *~-deep* po kotníky

annalist ['ænəlist] letopisec

annal ['ænəl] letopis, anál ♦ **-s** pl (*of history*) historie

anneal [ə'ni:l] žíhat ocel; chladit sklo; ztužit

annex [ə'neks] v 1 připojit 2 obsadit, anektovat • s ['æneks] 1 přídavek, doplněk 2 přístavek, křídlo **–ation** [ˌænek'seišən] zábor, obsazení, anexe

annihilat|e [ə'naiəleit] 1 vyhladit, zničit 2 anulovat, zrušit **–ion** [ə'naiə'leišən] vyhlazení, z-, ničení (*mass ~* masové ničení)

anniversary [ˌæni'və:səri] výročí

annotat|e ['ænəuteit] 1 opatřit poznámkami, anotovat 2 dělat (si) poznámky (*on* o čem) **–ion** [ˌænəu-'teišən] 1 poznámka, vysvětlivka 2 vysvětlování

announce [ə'nauns] oznámit, ohlásit **–ment** [-mənt] oznámení, o-, pro|hlášení **–r** [-ə] (zvl. rozhlasový) hlasatel, reportér

annoy [ə'noi] obtěžovat, znepokojovat; hovor. otravovat (*be -ed* mrzet se) **–ance** [-əns] 1 obtíž, mrzutost, nepříjemnost; hovor. otrava 2 obtěžování **–ing** [-iŋ] mrzutý, protivný

annual ['ænjuəl] a 1 každo-, výroční 2 bot. jednoletý • s 1 ročenka 2 jednoletá rostlina

annu|itant [ə'nju:itənt] rentiér, důchodce **–ity** [-iti] 1 roční splátka, annuita 2 roční důchod, renta

annul [ə'nal] zrušit, odvolat **–ment** [-mənt] zrušení, storno

annular ['ænjulə] prstencov(it)ý

annunciat|e [ə'nansieit] zvěstovat **-ion** [-si'eišən] zvěstování; oznámení **–or** [-sietə] 1 hlasatel 2 signální deska, signalizátor

anod|e ['ænəud] anoda **–ic** [æ'nodik] anodový

anoint [ə'noint] cirk. pomazat

anomal|ous [ə'nomələs] odchylný, nezvyklý, anomální **–y** [-i] odchylka, odlišnost, anomálie

anon [ə'non] zast. brzo, ihned (*ever*

and ~ znovu a znovu)

anonym [ˈænənim] **1** anonym **2** pseudonym **–ity** [ˌænəˈnimətɪ] anonymita **–ous** [æˈnoniməs] anonymní

anorak [ˈænəræk] větrovka

anorexia [ˌænəˈreksɪə] chorobné nechutenství, ztráta chuti k jídlu, anorexie

another [əˈnʌðə] **1** (nějaký) jiný **2** ještě jeden (*cup of tea* šálek čaje) **3** druhý ♦ *one* ~ navzájem obyč. o více než dvou; *one after* ~ za sebou; ~ *time* jindy

answer [ˈaːnsə] **1** odpovědět (*a letter* na dopis) **2** (z)odpovídat (*for* za) **3** odpovídat, dopisovat (*to* komu, čemu) **4** reagovat (*to* na co) **5** odpovídat, vyhovovat (*the purpose* účelu) **6** podařit se, uspět, vyplatit se ♦ ~ *a p. back* odmlouvat komu; ~ *a bill* honorovat směnku; ~ *a claim* uznat pohledávku; ~ *the door, the bell* jít otevřít ● *s* **1** odpověď (*to a t.* na co); *in* ~ *to* odpovídaj|e, -íce na co **2** mat. výsledek; řešení **3** námitka (*to a change* proti obvinění); práv. žalobní odpověď **–able** [-rəbl] **1** odpovědný (*to a p. for a t.* komu za co) **2** zodpovědítelný

ant [ˈænt] mravenec

antagon|ism [ænˈtægənizm] nepřátelství, rozpor, antagonismus **–ist** [-ist] protivník, antagonista **–istic** [ænˌtægəˈnistik] protichůdný, antagonistický **–ize** [-aiz] **1** působit proti **2** popudit proti sobě, znepřátelit si

antarctic [ænˈtaːktik] *a* antarktický; jižní ♦ jen *the A*~ Antarktida

ante-bellum [ˌæntɪˈbeləm] předválečný z doby před americkou občanskou válkou

anteced|ence [ˌæntɪˈsiːdns] přednost, priorita **–ent** [-ənt] *a* předcházející (*to* čemu); předchozí, dřívější (*to* než) ● *s* **1** předcházející událost; jaz. předcházející člen apod. **2** pl antecedence, historie případu **3** první člen úměry

antechamber [ˈæntɪˌtʃeimbə] předpokoj

antedate [ˈæntɪˈdeit] antedatovat

antediluvian [ˌæntidiˈluːvjən] předpotopní člověk

antelope [ˈæntiləup] zool. antilopa

antenatal [ˌæntiˈneitl] prenatální, předporodní

antenn|a [ænˈtenə], pl *-ae* [-iː] **1** tykadlo **2** elektr. anténa

anterior [ænˈtiəriə] **1** přední **2** dřívější, předcházející

anteroom [ˈæntirum] předpokoj, čekárna; předsíň

anthem [ˈænθəm] **1** hymna (*national* ~ národní hymna) **2** chorál

anther [ˈænθə] bot. prašník

anthology [ænˈθolədʒi] výbor, antologie

Anthony [ˈæntəni] Antonín

anthracite [ˈænθrəsait] antracit

anthrax [ˈænθræks] sněť slezinná, antrax, uhlák

anthropo|centric [ˌænθrəpəˈsentrik] antropocentrický **–id** [ˈænθrəˌpoid] antropoidní opice **–logical** [ˌænθrəpəˈlodʒikl] antropologický **–logist** [ˌænθrəˈpolədʒist] antropolog **–logy** [-lədʒi] antropologie **–morphism** [ˌænθrəpəˈmoːfizm] antropomorfismus **–morphous** [-əs] antropomorfní

anti|aircraft [ˌæntiˈeəkraːft] protiletadlový, protiletecký **–biotic** [ˌæntibaiˈotik] antibiotikum **–body** [ˈæntibodi] med. protilátka

antic [ˈæntik] *a* zast. groteskní, směšný ● *s* **1** obyč. pl šprýmy, dovádění, šašky **2** zast. šašek, kašpar

antichrist [ˈæntikraist] antikrist

anticipat|e [ænˈtisipeit] **1** předjímat, anticipovat **2** předvídat, tušit **3** předejít, předbíhat **–ion** [ænˌtisiˈpeiʃən] **1** anticipace, předjímání **2** očekávání, tušení, naděje **3** placení předem ♦ *in* ~ *of a t.* očekávajíce co; *thanking you in* ~ děkujeme vám předem a. . . . **–ory**

[-əri] předběžný
anti|corrosive [ˈæntikəˈrəusiv] anti-
koroz(iv)ní **–derivative** [-diˈrivə-
tiv] výpoč. tech. neurčitý integrál
–dote [-dəut] protijed **~-fascist**
[ˌæntiˈfæšist] a protifašistický ● s
antifašista **~-imperialistic** [ˈænti-
imˌpiəriəˈlistik] protiimperialistic-
ký **–missile** [-ˈmisl] missile proti-
raketová střela
antimony [ˈæntiməni] antimon
anti|nomy [ænˈtinəmi] filoz. antino-
mie, protiklad **–pathy** [-pəθi] an-
tipatie, odpor **–pode** [ˈæntipəud]
1 protichůdce, antipod **2** pl **-s**
[ænˈtipədi:z] významem sg kraj(e) u
protinožců
antipyretic [ˌæntipaiˈretik] a antipy-
retický ● s antipyretikum
antiqua|rian [ˌæntiˈkweəriən] a sta-
rožitnický ● s = **–ry** [æntikwəri]
archeolog; starožitník, znalec
starožitností **–ted** [-eitid] **1** za-
staralý **2** staromódní
antiqu|e [ænˈti:k] a **1** starověký, an-
tický **2** staro|bylý, -dávný ● s **1** s-
tarožitnost **2** antické umění **3** po-
lygr. antikva **–ity** [-ˈtikviti] **1** staro-›
věk, antika; dávnověk **2** staro-
bylost **3** pl -ities starožitnosti
anti-Semit|e [ˈæntiˈsi:mait am. -ˈse-
mait] antisemita **–ic** [ˌæntisiˈmitik]
antisemitský **–ism** [-ˈsemitizm]
antisemitismus
anti|septic [ˈæntiˈseptik] a antisep-
tický ● s antiseptikum **–social**
[-ˈsəušəl] antisociální **–social-
ist(ic)** [ˌ-ˈsəušəlist, ˌ-ˈsəušəˈlistik]
protisocialistický **–thesis** [ænˈti-
θəsis], pl -es [-i:z] protiklad, an-
titéza **–thetic** [ˌæntiˈθetik] proti-
kladný, antitetický **–toxin** [-ˈtok-
sin] protijed, antitoxin **–union**
[-ˈju:njən] am. protiodborový **–war**
[-ˈwo:] protiválečný
antler [ˈæntlə] paroh
anus [ˈeinəs] anat. řiť
anvil [ˈænvil] kovadlina
anxi|ety [ænˈzaiəti] úzkost, starost
–ous [ˈæŋkšəs] **1** starostlivý, úz-

kostlivý, znepokojený **2** znepo-
kojivý **3** dychtivý (we are ~ to
know rádi bychom věděli)
any [ˈeni] **1** v kladné oznamovací větě ja-
kýkoliv, kterýkoliv; každý **2** v
otázce, po if, whether, without,
hardly (vůbec) nějaký; am. trochu
3 po záp. (vůbec) žádný **4** (o) tro-
chu, (o) něco, poněkud; ještě; po
záp. o nic, už (ne-) ♦ in ~ case v
každém případě, za všech okol-
ností; if ~ jestli vůbec kdo, co, jaký;
it isn't ~ good nestojí (to) za nic;
~ longer ještě déle; not ... ~ am.
ne- ... vůbec; not longer už (déle)
ne-; ~ more ještě (trochu, nějaký,
něco); at ~ rate rozhodně, v kaž-
dém případě; at ~ time kdykoliv;
I am not ~ the wiser nejsem o nic
moudřejší **–body** [ˈeniˌbodi], **–one**
[-wan] **1** někdo (~ else někdo ji-
ný) **2** po záp. nikdo **3** kdokoli; kaž-
dý **–how** [-hau] **1** jakkoliv; nějak
2 v každém případě; rozhodně,
přesto **3** po záp. nijak; za žádných
okolností **4** všelijak, ledabyle
–thing [-θiŋ] **1** cokoli, všechno **2**
něco; ~ else něco jiného **3** po záp.
nic **–way** [-wei] = **–how –where**
[-weə] **1** kdekoli, kamkoli **2** v
otázce a podmínce někde, někam **3**
po záp. nikde, nikam **–wise** [-waiz]
1 jakkoli **2** v otázce a podmínce nějak
3 po záp. nijak, vůbec
A-OK, A-Okay [ˈeiouˈkei] hovor. úpl-
ně v pořádku, dokonale v pořád-
ku
A-one, A-1 [ˈeiˈwan] hovor. prvotříd-
ní, skvělý, príma
aorta [eiˈo:tə] anat. aorta
apace [əˈpeis] rychle, spěšně
apanage [ˈæpənidž] apanáž; závislé
území držené jako apanáž
apart [əˈpa:t] **1** stranou **2** zvlášť o
sobě, odděleně ♦ ~ from nehledě
na, nemluvě o, kromě
apartheid [əˈpa:theit] apartheid,
rasová segregace hist. v již. Africe
apartment [əˈpa:tmənt] **1** brit. lu-
xusní garsoniéra, (zařízený) po-

koj v hotelu; pl -s hovor. (zařízený) byt, apartmá v hotelu n. penzionu; podnájem 2 am. byt: ~ house* moderní činžovní dům

apathy [ˈæpəθi] netečnost, apatie

apatite [ˈæpətait] miner. apatit

ape [ˈeip] s zool. opice bezocasá; hovor. nemotora ● v opičit se po, napodobit koho

Apennines [ˈæpinainz] Apeniny

aperient [əˈpiəriənt] projíma|vý, -dlo

aperture [ˈæpərčər] otvor, díra; štěrbina

ap|ex [eipeks], pl -ices [ˈæpisi:z], -exes [eipeksiz] 1 vrchol i geom. 2 hrot

aphid [ˈeifid] zool. mšice

aphi|s [eifi|s], pl -des [ˈæfidi:z] mšice

aphor|ism [ˈæfərizəm] aforismus

api|ary [ˈeipjəri] včelín –culture [-ikalčə] včelařství

apiece [əˈpi:s] za kus, každý (za)

apish [ˈeipiš] opičí, -ácký

apocalypse [əˈpokəlips] zjevení, apokalypsa

apocryph|a [əˈpokrifə] pl apokryfy, -a –al [-əl] apokryfní, podvržený; padělaný; nepravý

apolog|etic [ə͵poləˈdžetik] 1 omluvný 2 obranný –ist [əˈpolədžist] obránce, apologeta –ize [-aiz] omlouvat se (for za) –y [-i] 1 omluva (to offer a p. an ~ omlouvat se komu) 2 obrana (for čeho)

apoplectic [͵æpəuˈplektik] mrtvicový, mrtvičný

apoplexy [ˈæpəupleksi] mrtvice

aposta|sy [əˈpostəsi] odpadnutí; odpadlictví –te [-t] odpadlík

apost|le [əˈposl] apoštol –olic [͵æpəˈstolik] apoštolský

apostroph|e [əˈpostrəfi] 1 apostrofa, slavnostní oslovení 2 odsuvník, apostrof –ize [-aiz] 1 apostrofovat, slavnostně oslovit 2 opatřit apostrofem

apotheos|is [ə͵poθiˈəusis], pl -es [-i:z] zbožnění, apoteóza

appal [əˈpo:l] (-ll-) po-, z-, děsit,

po-, vy-, lekat –ling děsivý, strašlivý

apparat|us [͵æpəˈreitəs], pl -uses [-əsiz], -us [-əs] 1 zařízení, přístroj(e), aparát (state ~ státní aparát) 2 ústrojí, orgán

appar|ent [əˈpærənt] 1 zřejmý, patrný 2 zdánlivý –ition [͵æpəˈrišən] 1 zjevení, přízrak 2 náhlé objevení se

appeal [əˈpi:l] v 1 odvolat se (from od, to k, against proti) 2 dovolávat se (to a witness svědectví) 3 obrátit se (to na), žádat koho 4 apelovat na, líbit se komu ● s 1 odvolání (to k, na) 2 prosba, žádost; výzva, provolání, apel 3 působivost, působení; přitažlivost, půvab ♦ Court of A~ odvolací, apelační soud

appear [əˈpiə] 1 objevit se 2 ukázat se, vyjít najevo, tiskem 3 jevit se, zdát se 4 vystoupit na veřejnost, na jevišti; dostavit se (in court k soudu) –ance [-rəns] 1 objevení se, vystoupení 2 vydání knihy, publikace; výskyt 3 zevnějšek, vzezření, zjev 4 obyč. pl vzhled, zdání 5 zjevení, strašidlo ♦ for ~'s sake jen naoko; keep* up, save -s zachov(áv)at dekorum; to make*, put* in an ~ dostavit se

appease [əˈpi:z] 1 upokojit, u-, chlácholit; polit. dělat ústupky 2 uspokojit –ment [-mənt] 1 uklidnění 2 uspokojení 3 chlácholení, politické ústupky, smiřovačky

appella|nt [əˈpelənt] práv. odvolatel –tion [͵æpəˈleišən] pojmenování, název, jméno –tive [-tiv] jaz. apelativum, obecné podstatné jméno

append [əˈpend] přivěsit, připojit –age [-idž] 1 přívěsek, přídavek 2 příslušenství

appendicitis [ə͵pendiˈsaitis] zánět slepého střeva

append|ix [əˈpendiks], pl -ices [-isi:z], am. -ixes [-iksiz] 1 dodatek 2 slepé střevo

appertain [ˌæpəˈtein] při-, náležet (*to* k), příslušet komu; týkat se čeho
appeten|ce [ˈæpitəns], **–cy** [-si] žádostivost, chtíč
appet|ite [ˈæpitait] **1** chuť (*for* na) **2** záliba, choutka **–izer** [-aizə] aperitiv **–izing** [-aiziŋ] chutný; budící chuť; vábný, přitažlivý
applaud [əˈploːd] **1** tleskat čemu **2** schvalovat
applause [əˈploːz] **1** potlesk **2** souhlas
apple [æpl] jablko ♦ ~ *of the eye* zřítelnice oka ~ *-butter* jablečné pyré **~-cart** vozík s jablky ♦ *upset* a *p.'s* ~ udělat čáru přes rozpočet **~-pie** jablečný koláč ♦ *in* ~ *order* v nejlepším pořádku; ~ *sure* na betón **~-tree** jabloň
appliance [əˈplaiəns] zařízení, přístroj
applic|ability [ˌæplikəˈbiləti] použitelnost, vhodnost **–able** [ˈæplikəbl] použitelný, vhodný **–ant** [-ənt] žadatel, uchazeč (*for* o co) **–ation** [-keišən] **1** přiložení obkladu **2** použití, aplikace **3** med. léčebný prostředek **4** píle; pozornost **5** žádost, přihláška ♦ ~ *form* přihláška, žádost; *on* ~ na požádání
apply [əˈplai] **1** přiložit (*to* k), aplikovat na **2** použí(va)t, upotřebit **3** týkat se (*to* koho, čeho), platit (o), vztahovat se (na) **4** věnovat (*o.s.* se, *to* čemu) **5** obrátit se (*to* na), požádat koho; za-, žádat, ucházet se (*for* o co)
appoint [əˈpoint] **1** stanovit, určit **2** jmenovat, ustanovit **3** vybavit, vystrojit **4** sjednat, domluvit (si) (*a meeting* schůzku) **–ment** [-mənt] **1** jmenování, ustanovení **2** místo, úřad, funkce **3** schůzka, úmluva (*keep* / *break* the ~ (ne)přijít na schůzku) **4** nařízení, předpis **5** pl zařízení, vybavení
apportion [əˈpoːšən] roz-, při|dělit, rozvrhnout (*among* mezi) **–ment** [-mənt] roz-, při|dělení, rozvržení

apposit|e [ˈæpəzit] výstižný, přiléhavý, případný **–ion** [ˌæpəˈzišən] **1** jaz. přístavek, apozice **2** připojení, přistavení
appraisal [əˈpreizl] úřední ocenění, odhad
appraise [əˈpreiz] úředně odhadnout, ocenit (*at* na) **–ment** [-mənt] odhad(nutí)
appreci|able [əˈpriːšəbl] ocenitelný, patrný, znatelný; pozoruhodný **–ate** [-šieit] **1** o-, cenit, hodnotit; vážit si čeho **2** uvědomovat si **3** zvýšit cenu, stoupnout v ceně **–ation** [əˈpriːšiˈeišən] **1** ocenění, uznání **2** porozumění, smysl (*of* pro) **3** vděčnost, dík (*of* za co) **4** stoupnutí v ceně **–ative** [-šjətiv], **–atory** [-šjətəri] **1** vnímavý **2** vděčný
apprehen|d [ˌæpriˈhend] **1** zatknout, uvěznit **2** vnímat **3** chápat, rozumět **4** tušit; obávat se čeho **–sible** [-səbl] pochopitelný **–sion** [-šən] **1** zatčení **2** vnímání **3** chápání; pochopení **4** představa, pojem **5** obava, předtucha **–sive** [-siv] **1** chápavý, bystrý **2** obávající se (*for* o koho)
apprentice [əˈprentis] s učeň, učedník ● v dát do učení **–ship** [-šip] učení, učební doba
apprise [əˈpraiz] se-, obe|známit, informovat (*of* o)
approach [əˈprəučˈ] v **1** při-, blížit se k **2** přistoupit (*a problem* k problému) **3** obrátit se na koho, navázat styk **4** nepřípustně ovlivňovat ● s **1** přiblížení, příchod, přístupová cesta **2** přen. přístup, pojetí **3** pl kroky, sbližovací pokusy ♦ *easy, difficult of* ~ snadno, těžko přístupný **–able** [-əbl] přístupný, přátelský
approbat|e [ˈæprəubeit] am. úředně schválit **–ion** [ˌæprəuˈbeišən] schválení, souhlas
appropriat|e [əˈprəupriət] a vhodný, příslušný, přiměřený (*for* k) ● v [-eit] **1** přivlastnit si **2** vyhradit,

rezervovat, přidělit (*to, for* na co)
3 am. dotovat **–ion** [ə‚prəupriˈeišən] **1** vyhrazení **2** přivlastnění **3** am. dotace, povolená částka
approval [əˈpruːvəl] souhlas, schválení; obch. **on ~** na ukázku
approve [əˈpruːv] **1** schvalovat (*of* co), souhlasit s **2** úředně schválit, potvrdit **3** osvědčit (*o.s.* se) **4** prokázat ♦ **-d** *school* nápravné zařízení pro mladé provinilce **–r** [-ə] práv. korunní svědek
approximat|e *a* [əˈproksimət] přibližný ● *v* [-eit] při-, blížit (se) **–ion** [ə‚proksiˈmeišən] **1** přiblížení, přibližování (se) **2** přibližná hodnota; aproximace **–ive** [-ətiv] přibližný
appurtenance [əˈpəːtinəns] obyč. pl příslušenství, přináležitost(i)
apricot [ˈeiprikot] meruňka
April [ˈeiprəl] duben
apron [ˈeiprən] **1** zástěra; přikrývka na nohy **2** ochranná deska, kryt motoru **3** jevištní rampa; parkovací plocha letiště
apropos [ˈæprəpəu] *a* příhodný ● *adv* obyč. **~ of** ohledně
apt [æpt] **1** v-, pří|hodný (*for* k čemu, pro co) **2** nakloněný, náchylný, způsobilý (*to do a t.* k čemu); **~ to quarrel** svárlivý **3** *be ~ (to do)* snadno dělat, mít sklon (dělat) **4** bystrý, schopný (*at* k čemu) **–itude** [-itjuːd] **1** schopnost, pohotovost, nadání, talent **2** náchylnost, sklon
aqualung [ˈækwələŋ] potápěčský dýchací přístroj
aquamarine [‚ækwəməˈriːn] akvamarín; -ový
aquaplane [ˈækwəplein] vodní lyže
aqua|relle [‚ækwəˈrel] akvarel **–rium** [əˈkweəriəm] akvárium **–tic** [əˈkwætik] vodní (*plant, sports* rostlina, sporty)
aque|duct [ˈækwidakt] stav. vodovod **–ous** [ˈeikwiəs] **1** vodní **2** vodnatý **3** chem. vodný
aquiline [ˈækwilain] orlí (*nose* nos)

Arab [ˈærəb] *s* **1** Arab **2** arab(ský kůň) **3** *street a~* bezprizorné dítě ● *a* arabský **–ia** [əˈreibjə] Arábie **–ian** [-n] *a* arabský ● *s* Arab **–ic** [ˈærəbik] *a* arabský (*numerals* číslice) ● *s* arabština
arabesque [‚ærəˈbesk] arabeska
arable [ˈærəbl] orný (*land* půda)
arbiter [ˈaːbitə] rozhodčí, arbiter
arbitr|age [‚aːbiˈtraːž] arbitráž **–al** [-əl] *a* rozhodčí **–ament** [aːˈbi trəmənt] výrok rozhodčího soudu **–ary** [-əri] **1** libovolný **2** svévolný, despotický **–ate** [-eit] **1** rozhodnout **2** řešit smírčím řízením **–ation** [‚aːbiˈtreišən] arbitráž; smírčí řízení **–ator** [-eitə] arbitrážní rozhodčí
arbor [ˈaːbə] vřeteno, hřídel
arbore|al [aːˈboːriəl] **1** žijící na stromech **2** stromový **–ous** [-əs] **1** lesnatý **2** = *-al* **3** **–scent** [‚aːbəˈresnət] **1** stromovitý **2** rozvětvený
arbour [ˈaːbə] loubí, besídka
arc [ˈaːk] geom., elektr. oblouk **~-lamp** oblouková lampa **~-light** obloukové světlo **~ welding** obloukové svařování
arcade [aːˈkeid] **1** stav. arkáda **2** podloubí; pasáž s obchody
arcane [aːˈkein] tajemný
arch [ˈaːč] stav., med. oblouk ● *v* pře-, vy-, klenout (se) ● *a* čtverácký, šelmovský **–ed** [-t] klenutý
archaeolog|ical [‚aːkiəˈlodžikl] archeologický **–ist** [‚aːkiˈolədžist] archeolog **–y** [‚aːkiˈolədži] archeologie
archa|ic [aːˈkeiik] starobylý, archaický **–ism** [ˈaːkeiizəm] archaismus **–istic** [ˈaːkeiˈistik] archaistický
arch|angel [‚aːkˈeindžl] **1** archanděl **2** *A~* Archangelsk **–bishop** [‚aːč ˈbišəp] arcibiskup **–deacon** [‚aːč ˈdiːkn] arcijáhen **–duchess** [‚aːč ˈdačis] arcivévodkyně **–duke** [‚aːč ˈdjuːk] arcivévoda **~ –enemy** [‚aːč ˈenəmi] úhlavní nepřítel, ďabel

archer [ˈaːčə] lukostřelec, hist. lučištník **-y** [-ri] **1** lukostřelba **2** hist. lučištníci

archiepiscopal [ˈaːkiiˈpiskəpl] arcibiskupský

archipelago [ˌaːkəˈpeləˌgou] souostroví

architect [ˈaːkitekt] architekt **-ural** [ˌaːkiˈtekčərl] stavitelský **-ure** [ˈaːkitekčə] stavitelství; architektura

archiv|es [ˈaːkvaiz] pl archiv **-ist** [-kivist] archivář

arctic [ˈaːktik] *a* arktický, polární ● *s* **1** *the A* ~ Arktida **2** am. sněhula, přezůvka

ard|ency [ˈaːdənsi] kniž. žár, zápal **-ent** [-ənt] **1** žhavý, žhoucí **2** přen. vášnivý, horlivý **-our** [ˈaːd] **1** žár **2** přen. horlivost, nadšení

arduous [ˈaːdjuəs] **1** strmý **2** svízelný, pracný **3** houževnatý

are [ˈaː] ar (100 m²)

are [ˈaː; nedúraz. ˈa, ˈə] jsi, jsme, jste, jsou

area [ˈeəriə] *s* **1** plocha, prostor **2** mat. obsah **3** oblast, pásmo **4** dvorek v suterénu před domem

arena [əˈriːnə] aréna

argot [ˈaːgəu] argot, hantýrka

argue [ˈaːgjuː] **1** argumentovat (*for, against* pro, proti) **2** diskutovat, hádat se, přít se (*about* o čem) **3** prozrazovat **4** přemluvit (*a p. into*) ◆ ~ *a t. away* oddiskutovat; ~ *a p. out of* odradit koho od

argument [ˈaːgjumənt] **1** důvod, argument(ace) **2** hádka, spor, debata (*a matter of* ~ sporný bod) **3** obsah, sylabus **-ation** [ˌaːgjumenˈteišən] argumentace **-ative** [-ˈmentətiv] **1** svárlivý **2** polemický

arid [ˈærid] **1** suchý, vyprahlý **2** suchopárný **-ity** [æˈridəti] **1** vyprahlost **2** suchopárnost

aright [əˈrait] správně

arise* [əˈraiz] **1** vzniknout, vzejít (*from* z) **2** vy-, po|vstat, vystoupit, zvednout se

aristo|cracy [ˌærisˈtokrəsi] aristo-kracie, šlechta (*labour* ~ dělnická aristokracie) **-crat** [ˌæristəˈkræt] aristokrat, šlechtic **-cratic** [ˌæristəˈkrætik] **1** aristokratický **2** šlechtický

arithmetic [əˈriθmətik] aritmetika, počty **-al** [ˌæriθˈmetikl] aritmetický **-ian** [ə riθməˈtišən] počtář

Arizona [ˌæriˈzounə] Arizona stát v USA

ark [ˈaːk] archa

Arkansas stát [ˈaːkənsoː], město [aː-ˈkænsəs] Arkansas

arm [ˈaːm] *s* **1** paže, rameno; pl náručí **2** tech. rameno **3** opěradlo **4** odb. rukáv **5** obyč. pl arms [aːmz] hromad. zbraň, -ně (sg = *weapon*) **6** sg zbraň druh vojska: pěchota, jízda apod. ◆ *bear** *-s* nosit zbraň; *take** *up -s* chopit se zbraně; *to -s!* do zbraně!; *under -s* ve zbrani, v armádě; *up in -s* ve zbrani, ve vzpouře; přen. v ráži ● *v* vyzbrojit (se)

armada [ˈaːmaːdə] zast. válečné loďstvo: *the Invincible A* ~ nepřemožitelná armáda španělská z r. 1588

armadillo [ˌaːməˈdilou] zool. pásovec savec žijící v Texasu

armament [ˈaːməmənt] **1** výzbroj, vyzbrojení **2** válečná moc, vojenská moc **3** zbrojení ◆ ~ *industry* zbrojní průmysl; ~ *race* závody ve zbrojení

armature [ˈaːmətjuə] **1** pancíř, zbroj ochranná **2** armatura, kotva magnetu

armchair [ˈaːmˈčeə] křeslo

armistice [ˈaːmistis] příměří

armlet [ˈaːmlit] páska na rukáv

armour [ˈaːmə] **1** brnění, krunýř **2** pancéřování **3** skafandr ● *v* obrnit, pancéřovat (*-ed divisions* pancéřové divize) **--plate** pancéřová deska **-y** [-ri] **1** zbrojnice **2** am. zbrojovka

armpit [ˈaːmpit] podpaží

armrest [ˈaːmˌrest] opěradlo na ruku, područka

arm wrestling [ˈaːmˌresliŋ] přeta-

hování
army [ˈaːmi] vojsko, armáda ◆
standing ~ stálé vojsko; ~ *broker*, ~ *contractor* armádní dodavatel ~ *corps* [sg -koː, pl koːz] armádní sbor
aroma [əˈrəumə] vůně, aróma **-tic**
[ˌærəuˈmætik] vonný, aromatický
arose *pt* od *arise*
around [əˈraund] **1** kolem, dokola **am.** hovor. **u**, poblíž **3** am. hovor. kolem, asi **4** am. hovor. vzhůru **5** am. hovor. dozadu ◆ *all* ~ všude kolem
arouse [əˈrauz] pro-, vz|budit (se), vy-, burcovat
arraign [əˈrein] obžalovat, pohnat před soud **-ment** [-mənt] obžaloba
arrange [əˈreindž] **1** s-, u|rovnat, u-spořádat **2** s-, u|mluvit, sjednat **3** urovnat spor **4** zařídit (*for* co) **5** hud. upravit skladbu **-ment** [-mənt] **1** uspořádání, úprava **2** zařízení **3** ujednání, dohoda **4** smír, vyrovnání, urovnání sporu **5** pl (přípravná) opatření, rozhodnutí
arrant [ˈærənt] **1** prohnaný **2** vyložený (*nonsense*), úplný; dokonalý
array [əˈrei] *v* **1** sešikovat, seřadit **2** obléci, přistrojit (*o.s.* se) **3** o-, vy-, zdobit ● *s* **1** voj. šik **2** řada (*of* čeho), sbírka, soubor
arrear [əˈriə] obyč. pl **1** resty **2** nedoplatky ◆ *in* -*s with one's payment* pozadu s placením
arrest [əˈrest] *v* **1** zatknout **2** zastavit, zarazit **3** upoutat smysly ● *s* **1** zastavení, zástava (*of the heart* srdce) **2** zatčení, vazba
arriv|al [əˈraivl] **1** příchod, příjezd **2** došlé zboží **3** příchozí, host; hovor. přírůstek též do rodiny ◆ *on* ~ po příchodu **-e 1** přijet, jít, dorazit (*in, at* do) **2** dospět (*at* k), dosáhnout čeho **3** udát se **-er** [-ə] příchozí
arriviste [ˌæriˈvist] kariérista (*arriver at all costs*)
arrog|ance [ˈærəgəns] nadutost, a-

rogance **-ant** [-ənt] nadutý, domýšlivý, arogantní
arrogat|e [ˈærəugeit] **1** ~ (*to o.s.*) osobovat si právo na co **2** připisovat (*to* komu co) **-ion** [ˌærəuˈgeišən] osobování si
arrow [ˈærəu] **1** šíp **2** šipka
arsenal [ˈaːsənəl] arzenál, zbrojnice
arsenic [ˈaːsənik] *s* arzén ● *a* [aːˈsenik] arzénový
arson [ˈaːsn] žhářství
art[1] [ˈaːt] **1** výtvarné umění **2** pl *Arts* humanitní, společenské vědy **3** dovednost, obratnost **4** vychytralost, lest ◆ *the Fine Arts* krásná umění, zvl. výtvarné; *Bachelor / Master of Arts* bakalář / mistr svobodných umění; *visual* -*s* výtvarné umění; *a work of* ~ umělecké dílo **-ful** rafinovaný, chytrý, prohnaný, lstivý **-less** [-lis] **1** bezelstný; nevzdělaný, neobratný **2** nelíčený, prostý **3** neumělý, hrubý **4** neznalý
art[2] [ˈaːt] zast. jsi
arter|ial [aːˈtiəriəl] tepenní, přen. hlavní (*road*) **-y** [ˈaːtəri] tepna
artesian [aːˈtiːzjən] artézský (*well* studna)
arthritis [aːˈθraitis] med. artritida, zánětlivé onemocnění kloubů
Arthur [ˈaːθə] **1** Artur **2** král Artuš **-ian** [aːˈθjuəriən] artušovský
article [ˈaːtikl] *s* **1** článek, bod, odstavec; pl stanovy **2** článek, stať **3** předmět, kus; obch. druh zboží, artikl **4** jaz. člen ◆ *leading* ~ úvodník ● *v* **1** uvést bod za bodem, vypočítávat **2** dát do učení **3** obžalovat
articulat|e *a* [aːˈtikjulət] **1** článkovaný, členěný, artikulovaný **2** pohotový v řeči, výřečný ● *v* [-eit] **1** článkovat, členit **2** artikulovat, vyslovovat **-ion** [aːˌtikjuˈleišən] **1** členění, článkování **2** kloub, bot. kolénko **3** artikulace, zřetelná výslovnost
artifact [ˈaːtifækt] artefakt, lidský

výtvor

artific|e [ˈaːtifis] **1** lest, úskok, podraz **2** vynalézavost, dovednost **–er** [aːˈtifisə] **1** umělecký řemeslník **2** původce, tvůrce **–ial** [ˌaːtiˈfišəl] **1** umělý (*silk, teeth* hedvábí, chrup) **2** vyumělkovaný, strojený ♦ **~** *person* právnická osoba **–iality** [-fišiˈæləti] umělost, strojenost, vyumělkovanost

artillery [aːˈtiləri] dělostřelectvo **–man*** dělostřelec

artisan [ˈaːtizən] řemeslník

artist [ˈaːtist] umělec, zvl. malíř

artist|e [aːˈtist] artista **–ic** [-ik] umělecký

artwork [ˈaːtwəːk] umělecké dílo

Aryan [ˈeariən] a árijský ♦ s Arijec; árijec

as [ˈæz; nedůraz. ˈəz] **1** jak; což **2** jako **3** protože, jelikož **4** jakože (~ *I live* jakože jsem živ) **5** jak, když, zatímco **6** jakkoliv, ačkoliv, třebaže ♦ **~ ... ~** tak... jako; ~ *early* ~ *the 5th cent.* již v 5. stol.; ~ *far* ~ až k; pokud; ~ *for* pokud jde o; a konečně ve věci ...; *good* ~ skoro, téměř, vlastní; ~ *if* jako (kdy)by; ~ *it were*; ~ *late* ~ *the 9th cent.* až (teprve) v 9. stol.; ~ *long* ~ pokud; ~ *many* / *much* až kolik; obch. ~ *per* podle; ~ *regards* pokud jde o; *not so...* ~ ne-tak... jako; ~ *soon* ~ jakmile; *such...* ~ takoví, ... kteří; (takoví)... jako; takový... jak; ~ *though* jako (kdy)by; ~ *to* pokud jde o; ~ *well* rovněž, také; ~ *well* ~ jakož i; ~ *yet* (až) dosud; ~ *you were* voj. zpět!

asbestos [æzˈbestəs] azbest, osinek

ascend [əˈsend] **1** stoupat, vystupovat na **2** přen. po-, na|stoupit ♦ *to* ~ *a river* plout proti proudu **–ancy, –ency** [-ənsi] nadvláda, převaha (*over* nad) **–ant, –ent** [-ənt] a **1** stoupající **2** převládající ♦ s převaha, nadvláda (*over* nad): *in the* ~ na vzestupu

ascension [əˈsenšən] obyč. A~-*Day*

Nanebevstoupení Páně

ascent [əˈsent] **1** výstup, stoupání **2** vzestup

ascertain [ˌæsəˈtein] zjistit **–able** [-əbl] zjistitelný **–ment** [-mənt] zjištění

ascetic [əˈsetik] s asketa ♦ a též **–al** [-l] asketický **–ism** [əˈsetisizm] askeze

ascorbic [əsˈkoːbik] *acid* kyselina askorbová, vitamin C

ascribe [əˈskraib] připsat, přičítat (*to* komu, čemu)

aseptic [əˈseptik] aseptický, sterilní prostředek

ash [ˈæš] **1** bot. jasan **2** popel **3** pl popel z mrtvoly po požáru ♦ *A~ Wednesday* Popeleční středa ~ *bin*, ~ *can* popelnice na odpadky **~-pan** [-pæn] popelník **~-tray** [-trei] popelníček **–y** [-i] **1** popelový; popelem pokrytý **2** popelavý

ashamed [əˈšeimd] zahanbený ♦ *be, feel** ~ *of* stydět se za co, *for* za koho

ashen [ˈæšən] **1** jasanový **2** popelavý

ashore [əˈšoː] na břeh, -u

Asi|a [ˈeišə] Asie (~ *Minor* Malá Asie) **–an** [-ən] a asijský ♦ s Asijec **–atic** [ˌeišiˈætik] a asijský ♦ s Asiat

aside [əˈsaid] *adv* stranou, na stranu ♦ s div. poznámka stranou

asinine [ˈæsəˌnain] oslovský, hloupý

ask [ˈaːsk] **1** ptát se, zeptat se, kniž. tázat se (*about, after* na co; *for* na koho) **2** žádat (*for* o co) **3** pozvat **4** vyžadovat ♦ ~ (*a p.*) *a question* položit komu otázku

askance [əˈskæns], **–ant** [-ənt] úkosem, šikmo

askew [əˈskjuː] nakřivo, šikmo, hovor. šejdrem

aslant [əˈslaːnt] šikmo, nakřivo

asleep [əˈsliːp] **1** spící **2** přesezený, přeležený ♦ *to be* ~ spát; o noze ztrnout; *to fall** ~ usnout

asocial [eiˈsəušl] asociální

asp [æsp] zool. brejlovec egyptský malý jedovatý had

asparagus [əˈspærəgəs] chřest

aspect [ˈæspekt] 1 stránka, hledisko, aspekt 2 výraz, vzhled 3 poloha, výhled 4 jaz. slovesný vid

aspen [ˈæspən] bot. osika

asperity [æˈsperəti] 1 hrubost, drsnost (of climate podnebí) 2 přísnost, příkrost

aspers|e [əˈspaːs] 1 postříkat, pokropit svěcenou vodou 2 poplivat, pošpinit –ion [-šən] 1 pokropení svěcenou vodou 2 utrhání, hanobení (on koho)

asphalt [ˈæsfælt] s asfalt ● v asfaltovat

asphyxiation [æsˌfiksiˈeišən] dušení, asfixie

aspic [ˈæspik] rosol, aspik

aspirant [əˈspaiərənt] uchazeč (to, after, for o co)

aspirat|e [ˈæspəreit] jaz. aspirovat –ion [ˌæspəˈreišən] 1 touha 2 jaz. přídech, aspirace

aspir|e [əˈspaiə] usilovat (to, after, at o co), aspirovat na co –ing [-riŋ] ctižádostivý

ass¹ [æs] s 1 osel 2 am. vulg. slang. vůl o člověku

ass² [æs] s am. vulg. slang. 1 prdel 2 řiť 3 soulož

assail [əˈseil] 1 pře-, na|padnout, zaútočit na 2 pustit se do –able [-əbl] napadnutelný –ant [-ənt] útočník

assassin [əˈsæsin] úkladný vrah –ate [-eit] úkladně zavraždit –ation [əˈsæsiˈneišən] úkladná vražda

assault [əˈsoːlt] s 1 útok (on na) 2 pře-, na|padení 3 znásilnění ženy ● v 1 za-, útočit (na) 2 pře-, na|padnout 3 znásilnit ženu

assay [əˈsei] s zkouška ryzosti ● v zkoušet, analyzovat

assembl|e [əˈsembl] 1 shromáždit (se), svolat, sejít se 2 sestavit, s-, montovat –age [-idž] 1 shromáždění 2 sestavení, montáž –y [-i] 1

shromáždění, schůze 2 sněm, círk. synod 3 nástup, povel k nástupu; uskupení 4 montáž 5 film. střih negativu 6 kyb. zásobník 7 výpoč. tech. překlad z jazyka symbolických adres ◆ Legislative A~ zákonodárné shromáždění; ~ hall 1 školní aula 2 montážní hala; ~ shop montovna

assent [əˈsent] v souhlasit (to s čím) ● s souhlas, schválení

assert [əˈsəːt] 1 tvrdit, prohlašovat 2 prosazovat, uplatňovat (o.s. se); hanl. o.s. drát se dopředu 3 postulovat –ion [-šən] 1 výrok, tvrzení 2 prosazování –ive [-tiv] 1 rozhodný, důrazný 2 troufalý 3 souhlasící, pozitivní

assess [əˈses] 1 ocenit; odhadnout ke zdanění 2 vyměřit, stanovit (a tax, a fine daň, pokutu) 3 zdanit, am. požadovat členský příspěvek –able [-əbl] 1 zdanitelný 2 poplatný, povinný –ment [-mənt] 1 odhad, ohodnocení majetku 2 uložení, stanovení poplatku 3 zdanění, výměr daně; dávka, poplatek, daň –or [-ə] 1 daňový odhadce 2 přísedící soudu 3 likvidátor škod

asset [ˈæset] 1 úč. kladná položka, aktivum 2 výhoda, přínos, klad 3 obyč. pl jmění, majetek, aktiva 4 pozůstalostní jmění ◆ -s and liabilities aktiva a pasíva

asseverat|e [əˈsevəreit] slavnostně prohlašovat, tvrdit –ion [əˌsevəˈreišən] prohlášení; tvrzení

assidu|ity [ˌæsiˈdjuːəti] neúnavnost, vytrvalost, píle –ous [əˈsidjuəs] neúnavný, vytrvalý, pilný

assign [əˈsain] v 1 přidělit, vyhradit 2 práv. převést (to na), postoupit komu; přiřknout (a right právo) 3 určit, stanovit 4 uvést, udat 5 přičítat, připisovat; klást (to do) ● s právní zástupce, cesionář –ation [ˌæsigˈneišən] 1 ustanovení, určení 2 převedení majetku, práv; asignace 3 schůzka 4 přiřčení –ment [-mənt] 1 přidělování 2 převod, postup majetku, práv **3** postupní listina **4** stanovení, zjištění **5** am. úkol, pověření **–or** [-ə] práv. postupitel, převodce

assimilat|e [ə'siməleit] přizpůsobit (se), asimilovat (se) **–ion** [ə,simə-'leišən] přizpůsobení, asimilace; výpoč. tech. pohlcení přenosu

assist [ə'sist] **1** na-, pomáhat, přispět (*in* při čem), podporovat **2** být přítomen (*at* čemu) **–ance** [-əns] pomoc, podpora **–ant** [-ənt] *a* pomocný ● *s* **1** pomocník, asistent **2** zástupce ◆ *shop ~* prodavač(ka), příručí

assize [ə'saiz] **1** soudní zasedání, porotní soud; zvl. pl pravidelné soudní zasedání v každém hrabství **2** hist. práv. nařízení o cenách a váze zboží

associat|e [ə'səušieit] *v* **1** spojovat (se), přičlenit (se), asociovat **2** stýkat se ~ *o.s.* ztotožňovat se (*with views* s názory) ● *a* [-ət] **1** přidružený, přičleněný **2** mimořádný ● *s* **1** společník, spolupracovník, partner **2** kolega, přítel **3** mimořádný profesor **–ion** [ə,səusi-'eišən] **1** sdružení, svaz, asociace **2** sdružování; psych. asociace

asson|ance ['æsənəns] asonance **–ant** [-ənt] asonanční

assort [ə'so:t] **1** roz-, třídit, uspořádat, sestavit **2** zásobit, doplnit sklad **3** hodit se (*with* k) **–ment** [-mənt] **1** roztřídění **2** výběr, zásoba **3** obch. souprava, kolekce; sortiment

assuage [ə'sweidž] utišit, zmírnit; usmířit **–ment** [-mənt] zmírnění

assum|e [ə'sju:m] **1** předpokládat, mít za to **2** přijmout; osvojit si; vzít na sebe **3** předstírat **4** předpokládat **–ing** [-iŋ] neomalený, drzý

assumption [ə'sampšən] **1** předpoklad, domněnka **2** přijetí, osvojení si **3** převzetí, uchvácení **4** nafoukanost, povýšenost **5** A~ Nanebevzetí Panny Marie ◆ *on*

the ~ that za předpokladu, že

assurance [ə'šuərəns] **1** ujištění, záruka **2** pojištění **3** přesvědčení, důvěra, jistota **4** sebejistota, troufalost

assur|e [ə'šuə] **1** zajistit **2** ujistit (*a p. of* koho čím) **3** pojistit (*one's life with* koho na život u koho) ◆ *be, rest -ed* být ujištěn **–edly** [-ridli] jistě, nepochybně

aster ['æstə] bot. astra

asterisk ['æstərisk] *s* polygr. hvězdička * ● *v* opatřit hvězdičkou

astern [ə'stə:n] námoř. **1** vzadu, za **2** na zádi, na záď **3** zádí napřed

asthma ['æsmə] záducha, astma **–tic** [æs'mætik] *a* dýchavičný, astmatický ● *s* astmatik

astir [ə'stə:] vzhůru z postele; na nohou, v pohybu

astonish [ə'stoniš] naplnit úžasem, udivit ◆ *be -ed* být úžaslý (*at* nad) **–ment** [-mənt] úžas, údiv

astound [ə'staund] ohromit, šokovat

astrakhan [,æstrə'kæn] astrachán, perzián

astral ['æstrəl] hvězdný, astrální

astray [ə'strei] z cesty, nesprávný, mylný (*go* * ~ sejít z pravé cesty, zabloudit)

astride [ə'straid] obkročmo

astringent [ə'strindžənt] svíravý

astrolog|er [ə'strolədžə] astrolog **–ical** [,æstrə'lodžikl] astrologický **–y** [ə'strolədži] astrologie

astronaut ['æstr no:t] astronaut **–ics** ['æstrə'no:tiks] astronautika

astronom|er [ə'stronəmə] astronom **–ic(al)** [,æstrə'nomik(l)] astronomický **–y** [ə'stronəmi] astronomie, hvězdářství

astute [ə'stju:t] bystrý, prohnaný, lstivý, zchytralý

asunder [ə'sandə] od sebe, ve dví ◆ *break* * ~ rozlomit; *cut* * ~ roz-, pře-, říznout

asylum [ə'sailəm] **1** azyl, útočiště **2** domov, (*lunatic*) ~ blázinec

asymetry [æ'simətri] nesouměrnost

at [æt; nedůraz. ət] **1** místo v, na, těsně u **2** čas, stav v, o, za, při, na **3** činnost při **4** způsob ~ *a gallop* tryskem **5** cena, množství za, po **6** s adj v: *be good, clever, slow* ~ *a t.* vyznat se, být šikovný, pomalý v čem (*he is good* ~ *it* jde mu to) **7** pohyb, cíl na: *aim, look* ~ mířit, dívat se na ♦ *be* ~ dělat; *what are you* ~? copak to děláš?; ~ *the beginning* na začátku; ~ *best* v nejlepším případě; ~ *Christmas, Easter* o Vánocích, o Velikonocích; ~ *the door* u dveří; ~ *Dover* v Doveru; ~ *first* zprvu; ~ *hand* po ruce; ~ *home* doma; ~ *large* na svobodě; ~ *last* konečně; ~ *least* při nejmenším, alespoň; ~ *night* v noci; ~ *2 o'clock* ve 2 hodiny; ~ *peace* v míru; ~ *pleasure* podle libosti; ~ *present* nyní; ~ *sea* na moři, přen. v nejistotě; ~ *your service* k vašim službám; ~ *school* ve škole; ~ *table* u stolu, při jídle; ~ *that* nadto, k tomu ještě; ~ *times* občas; ~ *war* ve válce; ~ *work* při práci

ate [ˈeit] pt od *eat*

athe|ism [ˈeiθiizəm] ateismus, bezbožnost **–ist** [-ist] ateista **–istic** [ˌeiθiˈistik] ateistický

athlet|e [ˈæθliːt] atlet; borec **–ic** [ˌæθˈletik] (lehko)atletický **–ics** [-iks] pl (lehká) atletika

at-home [ətˈhəum] přijímání hostů doma (~ *day* přijímací den pro hosty)

athwart [əˈθwoːt] napříč, přes

Atlantic [ətˈlæntik] a atlantický (*Charter, Pact* charta, pakt; ~ *Ocean* Atlantský oceán) ● s jen *the A~* Atlantský oceán

atlas [ˈætləs] atlas

atmospher|e [ˈætməsfiə] atmosféra ovzduší **–ic(al)** [ˌætməsˈferik(l)] atmosférický **–ics** [-iks] rad. atmosférické poruchy; přen. atmosféra

atoll [ˈætol] atol, korálový ostrov

atom [ˈætəm] atom (~ *bomb* atomová bomba) ~ *free zone* bezato-

mové pásmo **–ic** [əˈtomik] atomický; atomov|ý (*bomb, energy* -á bomba, energie) **–ism** [-izəm] filoz. atomismus **–ist** [-ist] filoz. atomista **–istic** [ˌætəˈmistik] filoz. atomistický **–ize** [-aiz] **1** atomizovat, rozbít na atomy **2** rozprašovat **–izer** [-aizə] rozprašovač

atone [əˈtəun] **1** usmířit **2** odpykat (*for* co), odčinit co **–ment** [-mənt] **1** u-, smíření, vykoupení **2** odčinění, náprava

atrabilious [ˌætrəˈbiljəs] trudnomyslný

atroc|ious [əˈtrəuʃəs] **1** ukrutný, surový **2** hovor. odporný, hnusný **–ity** [əˈtrosəti] krutost, ohavnost, zvěrstvo; lumpárna

atrophy [ˈætrəfi] med. s atrofie, zakrnění ● v atrofovat, zakrňovat

attach [əˈtæč] v **1** připevnit, přivázat (*to* k), přilepit (na); připojit **2** získat (*to* pro), naklonit komu, čemu **3** přikládat (*blame, importance to* vinu, význam čemu **4** voj. přidělit, přikázat **5** práv. zatknout; zabavit, obstavit **6** příslušet (*to* čemu), doprovázet, lpět; ~ *o.s. to* příklonit se k, přidat se k **–ment** [-mənt] **1** připojení *to* k, upevnění; spoj(ení), vazba **2** oddanost **3** obstavení majetku **4** přikázání, přidělení **5** zatčení **6** tech. nástavec, příslušenství

attaché [əˈtæʃei] přidělenec, ataší **~-case** [-ʃikeis] příruční kufřík

attack [əˈtæk] v **1** napadnout, za-, útočit **2** postihnout nemocí apod. **3** znásilnit ženu ● s **1** útok **2** záchvat

attain [əˈtein] dosáhnout, dosahovat **–able** [-əbl] dosažitelný **–ment** [-mənt] **1** dosažení **2** obyč. pl znalosti, schopnosti

attempt [əˈtempt] v pokusit se oč, usilovat o ♦ ~ *a p.'s life* spáchat atentát na ● s pokus (*at* o co), útok (*against* proti)

attend [əˈtend] **1** navštěvovat, účastnit se čeho, chodit do, na (~

school chodit do školy) **2** dá(va)t pozor (*to* na), všímat si čeho **3** starat se, pečovat, dbát (*to* o co), vyřizovat co **4** obsluhovat (*customers, a machine* zákazníky, stroj), ošetřovat, léčit **5** o služebných posluhovat, být k ruce (*on, upon* komu) **6** do-, provázet **–ance** [-əns] **1** návštěva, účast, prezence (*at* v, při) **2** doprovod **3** obsluha (*on* koho), služba **4** ošetření, péče ♦ *hours of* ~ návštěvní doba; ~ *list* prezenční listina; *medical* ~ lékařské ošetření **–ant** [-ənt] *a* **1** do-, provázející, obsluhující **2** doprovodný ● *s* **1** průvodce, společník **2** uvaděč(ka) **3** návštěvník (*at* čeho) **4** sloužící, služba, vrátný, hlídač **5** průvodní jev **6** ošetřovatel(ka)

attent|ion [ə'tenšən] **1** pozornost, laskavost **2** ošetření, péče **3** voj. ~*!* pozor! ♦ *call, draw* a p.'s* ~ *to st.* upozornit koho na co; *come* to, stand* at* ~ postavit se do, stát v pozoru; *pay** ~ *to* věnovat pozornost komu / čemu **–ive** [-iv] **1** pozorný **2** pečlivý

attenuat|e [ə'tenjueit] **1** ztenčit, zmenšit, zředit **2** zeslabit, zmírnit ● *a* [ə'tenjuit] **1** ztenčený, zředěný **2** o-, zeslabený **–ion** [ə'tenju'eišən] **1** ztenčení; zředění **2** oslabení ♦ ~ *ratio* součinitel útlumu

attest [ə'test] **1** o-, svědčit, ověřit, legalizovat, doložit **2** vzít do přísahy, složit vojenskou přísahu **–ation** [ætə'steišən] **1** svědectví **2** osvědčení, atestace **3** ověření, legalizace **4** voj. vykonání přísahy

attic [ætik] podkroví, mansarda

attire` [ə'taiə] *v* odí(va)t (*o.s.* se) ● *s* roucho, oděv

attitude [ætitju:d] **1** postoj, držení těla **2** poměr, postoj (*towards* k)

attorney [ə'tə:ni] **1** zmocněnec, právní zástupce **2** am. obhájce, advokát ♦ *A~ General* státní korunní žalobce, generální prokurá-

tor; am. ministr spravedlnosti; *letter, warrant of* ~ plná moc listina

attract [ə'trækt] **1** přitahovat **2** vábit, lákat **–on** [-šən] **1** přitažlivost **2** půvab **3** atrakce **–ive** [-iv] **1** přitažlivý **2** půvabný, sympatický

attribute [ætribju:t] *s* **1** vlastnost **2** atribut, znak, symbol **3** jaz. přívlastek ● *v* [ə'tribju:t] přisuzovat, přičítat **–ion** [ætri'bju:šən] **1** přisuzování, přičítání **2** přisuzovaná vlastnost **3** kompetence, právo, funkce **–ive** [ə'tribjutiv] gram. přívlastkový, atributivní

attrition [ə'trišən] **1** tření, otírání, odírání **2** opotřebování, vyčerpání **3** med. oděrka ♦ *war of* ~ opotřebovací válka

attune [ə'tju:n] sladit, přen. na-, ladit

aubergine [əubəži:n] bot. baklažán

auburn [ˈo:bən] kaštanově hnědý (*hair* vlasy)

auction [ˈo:kšən] *s* dražba, aukce (*sell* by,* am. *at* ~ prodat v dražbě, vy-, dražit) **–eer** [ˌo:kšə'niə] licitátor, dražebník

audac|ious [o:'deišəs] **1** odvážný, smělý **2** drzý, nestoudný **–ity** [o:'dæsəti] **1** odvaha, smělost **2** drzost, nestydatost

audi|bility [ˌo:di'biləti] slyšitelnost **–ble** [ˈo:dəbl] slyšitelný

audi|ence [ˈo:djəns] **1** slyšení, audience **2** posluchačstvo, diváci, publikum ♦ *give** ~ popřát sluchu **–otypist** [ˌo:diəu'taipist] písař(ka) na stroji píšící podle diktafonu n. magnetofonu **–o-visual** [ˌo:djəu'vižuəl] audiovizuální

audit [ˈo:dit] *s* obch. revize účtů, bilance ● *v* revidovat, kontrolovat účty; prověřovat systém **–ion** [o:'dišən] **1** hud. audice, konkursní hra **2** slyšení, poslech **–or** [-ə] **1** revizor účtů **2** posluchač

audit|ive [ˈo:ditiv] sluchový, auditivní **–orium** [ˌo:di'to:riəm] posluchárna, hlediště, sál **–ory** [-itəri] sluchový

auger [ˈo:gə] nebozez, vrták

aught [o:t] zast., pron. cokoliv *(for ~ I care* pro mne za mne; *for ~ I know* pokud vím) ● *adv* nějak, jakkoli ● *s* nula

augment [ˈo:gmənt] **1** zvětšit, rozmnožit (se) **2** jaz. opatřit augmentem ● *s* jaz. augment **–ation** [ˌo:gmənˈteišən] **1** zvětšení, rozšíření **2** odb. přírůstek **–ative** [ˌo:gˈmentətiv] *a* **1** zvětšující **2** jaz. augmentativní ● *s* **1** jaz. augmentativní přípona **2** augmentativum

augur [ˈo:gə] *s* augur, věštec ● *v* věstit, předpovídat *(well, ill* dobré, zlé) **–y** [-juri] **1** augurská věštba **2** předtucha, znamení

August [ˈo:gəst] srpen

august [ˈo:gəst] vznešený, velebný, důstojný *Augustan age* [o:ˈgəstən] klasická doba 18. stol.

auld lang syne [ˌo:ldlæŋˈsain] skot. staré zlaté časy

aunt [a:nt] teta **–ie, –y** [-i] tetička

au pair girl [ˌəuˈpeəˌgə:l] děvče přijaté do rodiny k drobné posluze

aur|al [ˈo:rəl] ušní; sluchový **–icle** [-ikl] ušní boltec **–icular** [o:ˈrikjulə] ušní **–ist** [-ist] ušní lékař

auriferous [o:ˈrifərəs] zlatonosný

aurora [o:ˈro:rə] **1** jitřenka, úsvit **2** *A~* bohyně Aurora ♦ *~ borealis* [ˌbo:riˈeilis], *australis* [o:ˈstreilis] severní, jižní polární záře

auscultation [ˌo:skəlˈteišən] med. auskultace, vyšetření poslechem

auspic|e [ˈo:spis] **1** příznivé znamení **2** pl příznivé okolnosti; záštita, patronát ♦ *under the -s of* pod záštitou, patrona(n)cí koho **–ious** [o:ˈspišəs] příznivý, šťastný, nadějný

auster|e [oˈstiə] **1** vážný, strohý **2** prostý, střízlivý *(style* sloh) **3** asketický **–ity** [-erəti] **1** strohost, vážnost **2** prostota, střízlivost **3** úsporné opatření zvl. za války **austral** [ˈo:strəl] jižní

Austral|ia [oˈstreiljə] Austrálie **–ian** [-jən] *a* australský ● *s* Australan

Austr|ia [ˈo:striə] Rakousko **~–Hun-gary** [-ˈhaŋgəri] Rakousko-Uhersko **–ian** [-iən] *a* rakouský ● *s* Rakušan **–o-Hungarian** [ˈostrəuhaŋˈgeəriən] rakousko-uherský

autar|chy, autarky [ˈo:ta:ki] soběstačnost, autarkie **–chic, –kic(al)** [o:ˈta:kik(l)] soběstačný, autarkický

authentic [o:ˈθentik] věrohodný, spolehlivý, opravdový; původní, autenticky, pravý **–ate** [-eit] ověřit pravost, legalizovat **–tion** [o:-ˌθentiˈkeišən] ověření pravosti, legalizace **–ity** [ˌo:θenˈtisəti] hodnověrnost, pravost, autentičnost

author [ˈo:θə] **1** spisovatel(ka), autor(ka) **2** původce **–ess** [-ris] spisovatelka, autorka **–itarian** [o:-ˌθoriˈteəriən] autoritář; -ský **–itative** [o:ˈθritətiv] **1** autoritativní, panovačný **2** směrodatný, úřední **–ity** [-rəti] **1** autorita, (pravo)moc, oprávnění **2** svědectví **3** odborník, autorita **4** obyč. pl úřad(y), správa *(military -ities* vojenské úřady) **–ization** [o:ˌθəraiˈzeišən] zmocnění, oprávnění **–ize** [-raiz] **1** schválit, autorizovat **2** zmocnit, oprávnit, pověřit ♦ *A~ed Version* překlad bible z r. 1611 **–ship** [-šip] autorství

auto [ˈo:təu] am. hovor. **~–biography** [ˌo:təubaiˈogrəfi] vlastní životopis, autobiografie **–chthon** [o:ˈtokθən] praobyvatel **–clave** [-kleiv] **1** med., biol. autokláv **2** tlakový hrnec **–cracy** [o:ˈtokrəsi] autokracie, samovláda **–cratic** [ˌo:təˈkrætik] samovládný **–didact** [ˈo:tədidækt] samouk **–drome** [-drəum] automobilová dráha **–genous** [o:ˈtodžənəs] **1** autogenetický, samovolný **2** autogenní *(welding* svařování) **–graph** [ˈo:təgra:f] **1** autogram **2** vlastnoruční podpis **–mate** [ˈo:təmeit] automatizovat **–matic** [ˌo:təˈmætik] **1** samočinný, automatický **2** bezděčný **–matics** automatika **–mation** [ˌo:tə-ˈmeišən] automatizace v průmyslu

-matization [o:ˈtəmətaiˈzeišən] automatizace **-matize** [o:ˈtəmətaiz] automatizovat **-maton** [o:-ˈtomətən], pl *-a* [-ə], *-ons* [-ənz] automat člověk **-mobile** [ˈlo:təməubi:l] am. automobil **-nomous** [o:ˈtonəməs] autonomní, samosprávný **-nomy** [o:ˈtonəmi] samospráva, autonomie **-psy** [ˈlo:-təpsi] ohledání mrtvoly, obdukce **-route** [-ru:t] francouzská dálnice **-strada** [ˈlautəstra:də], pl **-strade** [stra:dei] italská dálnice

autumn [ˈlo:təm] podzim **-al** [o:-ˈtəmnəl] podzimní

auxiliary [o:ˈgziljəri] *a* pomocný ● *s* pl voj. pomocné sbory

avail [əˈveil] *v* být prospěšný; ~ *o.s.* (am. ~ *of*) vy-, po|užít čeho ● *s* 1 užitek; jen *of no* ~ k ničemu, marný, *to little* ~ k malému užitku, málo platný 2 prospěch **-able** [-əbl] 1 přístupný, dosažitelný, k dispozici; obch. disponibilní 2 platný 3 práv. přípustný, použitelný

avalanche [ˈævəla:nš] lavina

avant-garde [ˌævá:ŋˈga:d] literární avantgarda

avaric|e [ˈævəris] lakomství, hrabivost **-ious** [ˌævəˈrišəs] lakomý, skoupý, hrabivý

aveng|e [əˈvendž] pomstít; *be -ed* pomstít se; ~ *o.s.* pomstít se *(on a p. for* na kom za) **-er** [-ə] mstitel

avenue [ˈævənju:] 1 alej, stromořadí 2 zvl. am. třída, bulvár, široká ulice se stromořadím, severo-jižní třída 3 přen. cesta

aver [əˈvə:] (*-rr-*) tvrdit **-ment** [-mənt] tvrzení

average [ˈævəridž] *s* 1 průměr (*at an, on an* ~ průměrně; *up to the* ~ odpovídající průměru) 2 obch. havárie, námořní škoda ♦ *general / particular* ~ všeobecná / částečná havárie ● *a* průměrný ● *v* činit v průměru, vykonat v průměru

avers|e [əˈvə:s] *to* (jsoucí) proti, mající nechuť k **-ion** [-šən] nechuť, odpor (*to, from, for* k, vůči)

avert [əˈvə:t] 1 odvrátit 2 zabránit

aviary [ˈeivjəri] voliéra

aviat|e [ˈeivieit] létat v letadle **-ion** [ˌeiviˈeišən] letectví **-or** [-ə] letec

avid [ˈævid] chtivý, dychtivý (*of, for* čeho) **-ity** [əˈvidəti] chtivost, hrabivost

avocado [ˌævəˈka:dou] *s* bot. avokádo

avocation [ˌævəuˈkeišən] 1 vedlejší zaměstnaní; koníček 2 zvl. brit. zaměstnání, povolání

avoid [əˈvoid] 1 vyhnout se, vyvarovat se 2 práv. zbavit účinnosti **-ance** [-əns] 1 vyvarování se 2 uprázdnění úřadu 3 práv. zrušení

avoirdupois [ˌævədəˈpoiz] ~ *(weight)* soustava vah (nemetrická, brit. a am.)

avouch [əˈvauč] 1 tvrdit, prokázat 2 zaručit (se)

avow [əˈvau] při-, do|znat, netajit se ~ *o.s.* přiznat se; ospravedlnit **-al** [-əl] prohlášení, při-, doznání **-ed** [-d] 1 všeobecně uzn(áv)aný 2 zjevný, zřejmý

await [əˈweit] čekat, očekávat

awak|e* [əˈweik] *v* 1 vz-, pro|budit (se), procitnout 2 uvědomit si (*to* co) ● *a* 1 bdící 2 vědom si (*to* čeho); **-en** [-n] = *awake*

award [əˈwo:d] *v* 1 přiřknout, udělit (*prize* cenu); uložit (*fine* pokutu) 2 pas. *to be -ed a prize* dostat cenu ● *s* 1 rozhodnutí, uložení trestu, pokuty; rozsudek 2 odměna, cena (*make* an* ~ přiřknout cenu, odměnu)

aware [əˈweə] vědom si (*be* ~ *of* být si vědom čeho) **-ness** vědomí čeho, povědomí

away [əˈwei] 1 pryč, venku, nepřítomen 2 stranou, daleko, vzdálen ♦ *and* ~ a dost; *far and* ~ (*the best*) daleko (nejlepší); *right, straight* ~ rovnou, přímo, ihned; ~ *with him* pryč s ním!

awe [ˈlo:] *s* bázeň, úcta, hrůza ● *v* naplnit bázní, úctou **-some**

[-səm] děsivý, hrůzyplný **–struck**
[-strak] jatý hrůzou

awful [ˈoːful, hovor. ˈoːfl] hrozný,
strašný **–ly** [-i, hovor. -fli] hrozně,
strašně

awhile [əˈwail] (na) chvilku

awkward [ˈoːkwəd] **1** neohrabaný,
nemotorný **2** nešikovný; trapný,
nemístný

awl [ˈoːl] šídlo

awn [ˈoːn] osina klasu

awning [ˈoːniŋ] plátěná střecha, ro-
leta

awoke [əˈwəuk] pt, pp od awake

awry [əˈrai] nakřivo, křivě ♦ look ~
šilhat, dívat se úkosem

axe, am. **ax** [ˈæks] s sekyra ♦ I have
an ~ to grind with him má u mne
vroubek • v drasticky omezit

axial [ˈæksiəl] axiální (~ rotation
otáčení kolem osy)

axiom [ˈæksiəm] mat., filoz. axiom,
zásada **–atic** [ˌæksiəˈmætik] axio-
matický

axis [ˈæksis], pl -es [-iːz] osa

axle [ˈæksl] náprava kola

axon [ˈækˌsan] s axon, neurit

ay(e) [ˈai] adv zast. a lid. ano, zajisté,
dosud v dolní sněmovně a námoř. ano •
s ano při hlasování (the ayes have it
většina je pro)

azalea [əˈzeiljə] bot. azalka

Azore|an [əˈzoːriən] a azorský • s
obyvatel Azor **–s** (-z) pl Azory

Aztec [ˈæztek] s Azték

azure [ˈæžə] s azur, blankyt • a azu-
rový, blankytný

B

B, b [ˈbiː] **1** písmeno b **2** hud. h

baa [ˈbaː] o ovci v bečet • s bekot

babble [ˈbæbl] v **1** dětsky žvatlat **2**
žvanit, breptat **3** o vodě bublat • s
1 žvatlání **2** žvanění **3** bublání **–r**
[-ə] žvanil, tlučhuba

babe [ˈbeib] zast., bás. = baby (Babes
in the Wood Jeníček a Mařenka)

babel [ˈbejbl] vřava, zmatek, virvál

baboon [bæˈbuːn] **1** zool. pavián **2**

neomalenec, buran

baby [ˈbeibi] malé dítě, děťátko,
nemluvně ♦ ~ grand krátké kříd-
lo piano **~-farmer** hanl. opatrovni-
ce **–hood** [-hud] útlé dětství **–ish**
[-iš] **1** dětský **2** dětinský **–sit***
hlídat cizí dítě za úplatu **–sitter** [-ˈsi-
tə] domácí opatrovnice

baccalaureate [ˌbækəˈloːriət] baka-
laureát

baccy [ˈbæki] hovor. tabáček

bachelor [ˈbæčələ] **1** bakalář (B~ of
Arts bakalář svobodných umění)
2 starý mládenec **–hood** [-hud]
1 staromládenectví **2** bakalau-
reát

bacillus [bəˈsiləs], pl -i [-ai] bacil

back [ˈbæk] s **1** záda, hřbet **2** rub;
zadní strana; opěradlo; hřbet ruky
3 týl **4** sport. obránce, bek **5** sport.
koza • a **1** zadní **2** zpáteční,
zpětný (stroke chod) **3** dlužný,
nezaplacený, prošlý, starý, zasta-
ralý • adv **1** zpátky, zpět **2** do-
zadu; stranou (od) • v **1** opatřit
hřbetem knihu, opěradlem židli **2**
podporovat, stát za, protežovat
3 obch. indosovat (a bill směnku)
4 za-, couvat, uvést ve zpětný
chod **5** vsadit na co ~ off ustoupit
od čeho ~ out vycouvat (of z); vy-
tratit se (z); vyvléknout se (z)
~-bencher [-ˈbenčə] poslanec v
zadních lavicích, řadový člen
parlamentu **–bite*** [-bait] po-
mlouvat; pomluva **–bone** [-bəun]
páteř **~-cloth, ~-drop** div. pro-
spekt **–er** [-ə] **1** pomocník, pří-
znivec **2** dostihový sázkař **~-for-
mation** jaz. zpětné tvoření slov
–ground pozadí; něčí minulost;
prostředí, získané předpoklady
–grounder am. tiskovka **–lash 1**
mrtvý chod stroje **2** zpětný náraz,
prudká reakce **–log** rezervy, ne-
vyřízená věc, nedodělávka **–most**
[-məust] nejzadnější **–pedal**
[-ˈpedl] brzdit zpátečni brzdou **–room**
tajné pracoviště; zákulisí zvl. poli-
tické **~-seat driver** kibic **–slide***

[-'slaid] sejít na scestí, recidivovat (*into* do špatnosti) **–street** pokoutní **~-up** podpora; náhrada, rezerva **–ward** ['-wəd] 1 zpáteční, zpětný 2 zaostalý 3 opožděný, nevyvinutý **–wardness** ['-wədnis] 1 zaostalost 2 těžkopádnost 3 váhavost **–ward(s)** ['-wəd(z)] 1 do zadu, zpět 2 obráceně, pozpátku **–wash** ['-woš] rozruch, reakce na **–water** ['wo:tə] 1 stojatá voda, přen. stojaté vody, stagnace 2 vratný proud **–woods** zálesí **–woodsman*** zálesák; brit. člen sněmovny lordů zřídka docházející na zasedání

bacon ['beikn] slanina ♦ *bring home the ~* vydělat na živobytí, zaopatřit rodinu

bacterio|logical [bæk'tiəriə'lodžikl] bakteriologický (*warfare* válka) **–logy** [-'olədži] bakteriologie **bacteri|um** [bək'tiəriəm], obyč. jen pl *-a* [-ə] baktérie

bad ['bæd] comp *worse* ['wə:s], sup *worst* [wə:st] 1 špatný; zkažený (*meat* maso); ošklivý (*~ smell* zápach) 2 zlý 3 *~ for* škodlivý komu / čemu 4 nemocen, bolavý ♦ *be ~ at* nevyznat se v; *feel* ~* necítit se dobře; *go* ~* zkazit se o potravinách; *use ~ language* klít, sprostě mluvit; hovor. *not ~* docela dobrý, slušný; *be taken ~* onemocnět; *that's too ~* hovor. to je mrzuté; hloupé **–ly** [-li] 1 špatně 2 šeredně, hanebně 3 zle 4 nutně (*want ~* hovor. nutně potřebovat) ♦ *he is ~ off* daří se mu špatně **–mouth** am. slang pomlouvat

bade ['bæd] pt od bid

badge ['bædž] odznak; znak

badger ['bædžə] s zool. jezevec ● *v* zlobit, štvát, škádlit, trápit

badlands ['bæd,lændz] neúrodná půda

baffle ['bæfl] z-, mařit; z-, mást; pře-. kazit

bag ['bæg] s 1 pytel 2 taška, ka-

bel(k)a 3 lovecká brašna; přen. úlovek 4 váček 5 pl hovor. (*pair of*) *-s* gatě, kalhoty ● *v* (*-gg-*) 1 dát do tašky / brašny; plnit do pytlů 2 hovor., žert. sbalit, šlohnout 3 vy-, na|douvat se **–gy** [-i] pytlovitý; vyboulený, přen. nafouklý **–man*** [-mən] hovor. cesťák, agent

bagatelle [,bægə'tel] 1 maličkost 2 hud. bagatela

baggage ['bægidž] 1 am. zavazadla; brit. voj. bagáž 2 žert. hubatá holka, fracek

bagel ['beigəl] druh židovského pečiva, zaoblený rohlík

bag|pipe(s) ['bægpaip(s)] dudy **–piper** [-ə] dudák

bah ['ba:] bah!

bail ['beil] s práv. 1 záruka, kauce; propuštění na kauci 2 ručitel 3 přepážka ve stáji, stání 4 mělké vědro 5 oblouková rukojeť, závěs, třmen ♦ *go* ~ for a p.* zaručit se za koho *surrender one's ~* dostavit se na kauci ● *v* práv. 1 ~ (*out*) docílit propuštění na záruku 2 zaručit se 3 dát do úschovy, deponovat 4 pomoci komu z nesnází 5 vylévat člun ~ *out* let. vyskočit s padákem; vyváznout **–ment** [-mənt] práv. úschova, depozice 2 propuštění na kauci

bailie ['beili] skot. městský radní

bailiff ['beilif] 1 soudní zřízenec 2 šafář 3 hist. královský správce

bairn ['beən] skot. dítě

bait ['beit] *v* 1 štvát zvěř 2 nakrmit koně cestou 3 nalíčit, nastražit návnadu ● *s* 1 návnada 2 krmení; za stávka na krmení

bak|e ['beik] 1 péci (se) (*bread* chléb) 2 pálit, vypalovat (*bricks* cihly) **–er** [-ə] pekař **–ery** [-əri] pekařství

bakelite ['beikəlait] bakelit

balance ['bæləns] s 1 váhy 2 rovnováha; vyrovnanost 3 protiváha 4 obch. zůstatek, saldo 5 účetní rozvaha, bilance 6 hovor. *the ~* zbytek, -ky ● *v* 1 rozvážit (si) 2

u-, držet, být v rovnováze, balancovat 3 vyvážit 4 vyrovnat (an account účet), saldovat 5 kolísat **~-sheet** [-ši:t] bilance listina
balcony [ˈbælkəni] balkón
bald [ˈbo:ld] 1 holohlavý, plešatý 2 holý; lysý **-ly** [-li] otevřeně **-ness** [-nis] 1 holohlavost, plešatost 2 otevřenost
baldachin [ˈbo:ldəkin] baldachýn
balderdash [ˈbo:ldədæš] nesmysl
baldric [ˈbo:ldrik] bandalír
bale [ˈbeil] s 1 žok (of cotton, coffee bavlny, kávy) 2 bás. pohroma ● v 1 balit do žoků 2 = **bail -ful** [-fəl] zhoubný, neblahý
baleen [bəˈli:n] velrybí kostice
balk, baulk [ˈbo:k] s 1 trám, břevno 2 překážka 3 polní mez ● v 1 vyhnout se čemu, překážce 2 zabránit 3 zmařit, překazit; zklamat 4 zarazit se 5 kůň vzpínat se (at před) 6 handrkovat se
Balkan [ˈbo:lkən] a balkánský (~ Peninsula Poloostrov balkánský) **-s** [-z] Balkán(ské státy a pohoří)
ball [ˈbo:l] 1 koule; kul(ič)ka 2 míč 3 klubko nití 4 ples, lid. bál 5 pl jako sg vulg. mord o práci 6 pl kulky varlata ♦ ~ **joint** kulový kloub; keep* the ~ **rolling** snažit se, aby řeč nestála **~-bearing** [ˌbo:lˈbeəriŋ] kuličkové ložisko **~-cartridge** [ˌ-ˈ-] ostrý náboj **~-firing** [ˌ-ˈfaiəriŋ] střílení naostro **~-point** kuličkový hrot (~ pen kuličkové pero, propisovací tužka) **~-proof** neprůstřelný **~-valve** kuličkový ventil
ballad [ˈbæləd] 1 balada 2 písnička
ballast [ˈbæləst] s 1 zátěž, balast 2 žel. loživo; štět ● v zatížit
ballet [ˈbælei] balet
balloon [bəˈlu:n] s 1 balón, -ek 2 hovor. bublina, obláček text vkreslený do obláčku 3 sport. svíčka vysoký míč ● v 1 vzlétnout, vznášet se (jako) v balónu 2 vzdouvat 3 nafouknout (se)
ballot [ˈbælət] s 1 hlasovací lístek;

původně hlasovací kulička 2 tajné hlasování (second ~ užší volba) 3 losování ● v 1 tajně hlasovat 2 losovat **~-box** volební urna
ballyhoo [ˈbælihu:] barnumská reklama
balm [ˈba:m] 1 balzám 2 bot. balšám **-y** [-i] 1 balzámový, vonný 2 mírný, jemný 3 hojivý, utišující
baloney [bəˈlouni] 1 slang. kec, žvást 2 hovor. boloňský salám
balsam [ˈbo:lsəm] = **balm -ic** [-ˈsæmik] = **balmy**
Baltic (Sea) [ˈbo:ltik] Balt, Baltské moře
Balto-Slavic [ˌbo:ltəuˈsla:vik] baltoslovanský; -é jazyky
balustrade [ˌbæləˈstreid] stav. balustráda
bamboo [bæmˈbu:] s pl -s [-z] bambus ● a bambusový
bamboozle [bæmˈbu:zl] hovor. napálit, doběhnout, obalamutit
ban [ˈbæn] v (-nn-) 1 zakázat 2 sport. zakázat start ● s 1 zákaz (on čeho) 2 veřejné morální odsouzení (on čeho) 3 klatba
banal [bəˈna:l, ˈbeinəl] banální **-ity** [-ˈnæləti] banalita
banana [bəˈna:nə] banán
band [ˈbænd] s 1 pás(ek) 2 stuha 3 obruč; houžev 4 hnací řemen 5 pruh, proužek 6 rad. pásmo 7 tlupa, banda 8 kapela (brass, jazz, string ~ dechová, džezová, smyčcová kapela) ● v 1 spolčit (o.s. se) 2 s-, o|vázat páskou **-age** [-idž] s obvaz, obinadlo ● v ob-, za|vázat **~-master** kapelník **~-wagon** am. vůz s kapelou při volební kampani ♦ jump on / join the ~ přidat se k vlivné straně, jít s proudem, chytit vítr **~-width** elektr. šířka pásma kmitočtového
bandana [bænˈdænə] šátek velký pestrobarevný kapesník obvykle se vzorem
bandit [ˈbændit] bandita, gangster
bandy [ˈbændi] v odpalovat míč ♦ be bandied from mouth to mouth letět od úst k ústům; ~ a

rumour šířit pověst; ~ *words with* hádat se s ● *a* (ohnutý) do o ~-**legged** s nohama do o
bane ['bein] kletba; zhouba –**ful** [-fəl] zhoubný
bang ['bæŋ] *v* **1** udeřit (se), praštit (se) **2** bouchnout, prásknout (*a door* dveřmi), třískat **3** hovor. zbít koho, nabančit komu **4** práskat, střílet (*at* po) **5** vulg. přeříznout koho, klátit s kým ● *s* **1** bouchnutí, rána **2** výstřel, třesknutí **3** elán, říz **4** vzrušení, hec **5** slang. soulož ♦ hvězd. *big* ~ velký třesk ● *adv* hovor. přesně, rovnou ● *interj.* bum!, prásk!
banish ['bæniš] **1** vypovědět, vyhostit (*from* z); vyhnat **2** zbavit se (*fear* strachu) –**ment** [-mənt] **1** vypovědění, vyhoštění **2** vyhnanství
banister ['bænistə] obyč. pl zábradlí schodiště
banjo ['bændžəu] bendžo
bank ['bæŋk] *s* **1** banka **2** bank v kartách **3** zásoba, rezerva **4** břeh řeky **5** násep **6** písčina, mělčina **7** závěj sněhu; hradba mraků **8** svah, stráň **9** lavice **10** řada, série **11** ponk **12** elektr. sériové zapojení ♦ ~ *holiday* bankovní jako náš státní svátek; *an account with a* ~ účet u banky ● *v* **1** uložit, ukládat peníze **2** mít účet (*with* u banky), provádět bankovní obchody **3** mít bank **4** spoléhat se (*on, upon* na), počítat (s) **5** o-, hradit břehem; zahradit **6** let. naklonit (se) v zatáčce **7** uspořádat do řady ~ *up* navršit, nakupit; naložit uhlí do ohně –**able** [-əbl] bankou běžně přijímaný ~-**book** vkladní knížka –**er** [-ə] bankéř –**ing** [-iŋ] bankovnictví ♦ ~ *account* bankovní účet ~ **note** bankovka ~-**rate** úřední diskontní sazba
bankrupt ['bæŋkrəpt] *s* práv. úpadce, konkursní dlužník; bankrotář ● *a* neschopný platit, insolventní, v konkursu (*go** ~ udělat úpa-

dek; lid. přijít na mizinu **2** obraz. v koncích (*in* s čím) ● *v* **1** udělat úpadek **2** přivést na mizinu –**cy** [-si] práv. úpadek, konkurs; bankrot
banner ['bænə] *s* **1** prapor, korouhev **2** standarta **3** (~ *headline*) palcový titulek ● *a* am. hovor. vynikající
banns ['bænz] ohlášky
banquet ['bæŋkwit] *s* banket, hostina ● *v* pohostit, hodovat
bantam ['bæntəm] slepice bantamka ♦ sport. ~ *weight* bantamová váha do 112 lb 7 oz
banter ['bæntə] *s* škádlení; žert(ování) (*on* o) ● *v* škádlit, dobírat si (*on* koho); žertovat
baptism ['bæptizəm] křest (*of fire* ohněm) –**al** [-'tizməl] křestní (*name* jméno)
baptist ['bæptist] **1** křtitel **2** círk. baptista –**ery** [-ri] baptisterium
baptize ['bæp'taiz] (po)křtít
bar ['ba:] *s* **1** tyč, -ka, kovový prut; mříž v okně **2** kus mýdla; táflička čokolády **3** sochor, páčidlo **4** závora, trám **5** překážka, zábrana **6** takt, -ová čára **7** dlouhá písčina, mělčina u ústí řeky **8** přepážka **9** soud, soudní dvůr **10** *the B*~ právníci, advokacie **11** výčepní pult, výčep, bar **12** hut. ingot, houska ♦ *be called to the* ~ dostat povolení k advokátní praxi; *go** *to the* ~ stát se advokátem; *horizontal* ~ hrazda; *parallel -s* bradla ● *v* (-*rr-*) **1** zavřít (se) na závoru, zastrčit (závoru) **2** u-, zavřít, zahradit, zatarasit cestu **3** zabránit, překazit **4** hovor. nesnášet **5** práv. nepřipustit, vyloučit ● *prep* (= *barring*) mimo, kromě ~ *none* bez výjimky ~-**bell** činka velká –**maid** číšnice –**man*** výčepní, barman ~-**room** výčep, lokál
barb ['ba:b] **1** hrot šípu n. kopí **2** háček udice **3** vous ryby ♦ -*ed wire* ostnatý drát

barbar|ian [ba:'beəriən] barbarský –ic [-'bærik] barbarský –ism ['ba:-bərizəm] 1 barbarství 2 jaz. barbarismus –ity [ba:'bærəti] 1 barbarství, nelidskost 2 pl -ities [-i-tiz] zvěrstva –ous ['ba:bərəs] barbarský, nelidský, krutý

barbecue ['ba:bikju:] s 1 zvíře opékané na rožni, rožeň 2 am. piknik s opékáním masa na rožni ● v opékat celé zvíře na rožni

barbel ['ba:bl] zool. parma obecná

barbellate [ba:'bəlit] osinatý

barber ['ba:bə] holič

bard ['ba:d] bard, básník, pěvec –ic [-ik] bardský

bare ['beə] a 1 holý, nahý; nepokrytý 2 prázdný 3 prostý (majority většina) 4 zbavený (of čeho), nemající co 5 odřený, obnošený 6 pouhý ● v obnažit; přen. odhalit, odkrýt (one's heart) –faced [-feist] nestoudný, drzý –faced-ness [-feistnis] nestoudnost, drzost –foot(ed) [beə'fut(id)] bosý –headed [-'hedid] prostovlasý –ly [-li] 1 stěží, sotva 2 bídně –ness [-nis] 1 nahota 2 nuznost

barf ['ba:f] am. slang blít

bargain ['ba:gin] s 1 výhodná, nahodilá koupě, obchod 2 ujednání, dohoda ◆ into the ~ k tomu (ještě), navíc; make* a ~ dohodnout se, uzavřít obchod; levně koupit; strike* a ~ plácnout si; that's a ~ platí!, ujednáno! ● v 1 smlouvat (se), dohadovat (se) (with a p. for s kým co n. se o co) 2 počítat (for s čím)

barg|e ['ba:dž] s 1 nákladní (vlečný) člun, prám 2 zábavní bárka ● v hovor. potácet se, vrazit (into do)

bariatrics [bæri'ætriks] am. léčba obezity

bark ['ba:k] s 1 kůra stromu 2 štěkání, štěkot 3 chrchlání 4 trojstěž-ňová bárka 5 bás. koráb ● v 1 o-, loupat kůru 2 odřít kůži 3 štěkat 4 hovor. chrchlat

barley ['ba:li] ječmen ◆ peeled ~ kroupy –corn 1 ječné zrno 2 John B~ král Ječmínek

barn ['ba:n] 1 stodola 2 am. chlév, stáj 3 hanl. ratejna ~-door s vrata stodoly ● a am. selský, venkovský

barnacle ['ba:nəkəl] pyskové kleště

baro|meter [bə'romit] tlakoměr, barometr –metric(al) [bærə'met-rik(l)] barometrický

baron ['bærən] 1 baron 2 am. magnát ◆ coal ~ uhlobaron –ess [-ə-nis] baronka –et [-ənit] baronet –y [-əni] baronství

baroque [bə'rok n. bə'rəuk] a barokní ● s barok(o)

barque ['ba:k] = bark 4., 5.

barrack ['bærək] s obyč. pl kasárny ● v ubytovat (se) v kasárnách

barrage ['bæra:ž] 1 jez, přehrada 2 voj. (palebná) clona ◆ balloon ~ balónová přehrada

barrel ['bærəl] s 1 sud 2 dutá míra barel 3 tech. válec, buben 4 hlaveň ● a double -led gun dvojka ● v (-ll-) stáčet do sudů ~-organ kolovrátek, flašinet

barren ['bærən] a 1 neúrodný 2 neplodný 3 přen. jalový, prázdný ● s obyč. pl lada

barrette [bə'ret] spona do vlasů

barricade [bæri'keid] s barikáda ● v zabarikádovat

barrier ['bæriə] 1 ohrada; bariéra; mantinel 2 přen. překážka, přehrada

barring ['ba:riŋ] kromě, vyjma

barrister ['bæristə] obhájce, advokát, právní zástupce, který má právo zastupovat u soudu

barrow ['bærəu] 1 kolečko, trakař 2 dvojkolý vozík 3 archeol. mohyla

barter ['ba:tə] v vyměňovat (for za co); provozovat výměnný obchod, smlouvat ● s výměna; výměnný, kompenzační obchod

Bartholomew [ba:'θoləmju:] Bartoloměj

barytone ['bæritəun] 1 baryton 2 barytonista
basal ['beisl] základní; med. bazální
basalt [bæ'so:lt] čedič –ic [bə'so:l-tik] čedičový
bascule ['bæskju:l] tech. baskulík ♦ ~ bridge zvedací most
base ['beis] s 1 základna; opěrný bod, báze 2 základ, východisko 3 spodek; podstavec 4 chem. zásada 5 sport. startovací čára 6 výpoč. tech. bázová adresa; báze dat; základ číselný ● v založit, stavět (on, upon na čem), opírat o co, tvořit základ ● a tvořící základnu, základní, opěrný; nízký, nečestný; chatrný, podřadný; falešný; jaz. neklasický, vulgární –less [-lis] bezpodstatný, neoprávněný –ment [-mənt] 1 suterén; sklepní byt 2 stav. základy 3 podstavec, spodek –ness [-nis] nízkost, sprostota
bash ['bæš] šupa, silná rána ♦ slang. have a ~ at it slang. praštit do toho, jít na věc
bashful ['bæšfəl] stydlivý, ostýchavý
basic ['beisik] 1 základní 2 chem. zásaditý –ity [-'sisəti] chem. zásaditost
basilica [bə'zilikə] bazilika
basin ['beisn] 1 umyvadlo 2 mísa 3 nádrž, bazén 4 zeměp. povodí, poříčí 5 geol. pánev
bas|is ['beisis] pl -es [-i:z] 1 geom. základna 2 přen. základ, báze (~ and superstructure základna a nadstavba) 3 hlavní součást 4 voj. operační základna
bask ['ba:sk] slunit se
basket ['ba:skit] koš, -ík ~–ball košíková –ful [-fəl] plný koš, -ík (of čeho) –ry [-ri] 1 košíkářství 2 košíkářské zboží
Basle ['ba:l] Basilej
Basque ['bæsk] s 1 Bask 2 baskičtina ● a baskický
bas(s)-relief ['bæsri,li:f] basrelief
bass ['beis] a basový (clef klíč) ● s

1 bas, kontrabas, basa 2 ['bæs] = bast 3 ['bæs] zool. okoun
bassinet [,bæsi'net] proutěný dětský kočárek n. kolébka
bassoon [bə'su:n] fagot
bast ['bæst] lýko
bastard ['bæstəd] 1 nemanželské dítě, levoboček 2 bastard, míšenec, kříženec –y [-i] nemanželský původ
baste ['beist] 1 na-, stehovat 2 podlévat pečeni 3 nasekat, napráskat komu
bastion ['bæstiən] bašta
bat ['bæt] s 1 netopýr 2 pálka 3 = -sman 4 am. slang rána 5 hovor. tempo 6 kus cihly ● v (-tt-) od-, pálkovat –sman* pálkovač v kriketu –ter am. baseball pálkař
batch ['bæč] 1 (jedno) pečení, sádka chleba 2 várka 3 partie, řada 4 výpoč. tech. dávka –ing výpoč. tech. zpracování v dávkách
bat|e ['beit] = abate (with -ed breath se zatajeným dechem)
bath ['ba:θ] s, pl -s [-ðz] 1 lázeň, koupel (have, take* a ~ vykoupat se ve vaně) 2 vana 3 pl lázně budova ♦ ~ robe am. koupací plášť, župan ● v vykoupat (se) –room koupelna –tub am. vana
bath|e ['beið] v vy-, koupat (se) venku ● s pl -es [-z] lázeň, koupel ♦ have a ~ vykoupat se venku –er koupající se
bathing ['beiðiŋ] koupání ♦ ~ suit plavky ~-costume, ~-dress dámské plavky ~-drawers zast. pánské plavky ~-gown brit. koupací plášť
bathyscaphe ['bæθiskæf] batiskaf
batiste [bæ'ti:st] batist
batman* ['bætmən] voj. vojenský sluha
baton ['bætən] 1 hůl velitelská (Marshal's ~ maršálská hůl), obušek 2 hud. taktovka 3 štafetový kolík
battalion [bə'tæljən] prapor; lid. batalión
batten ['bætən] s podlahové prkno,

fošna, lať ● v 1 pobít, vyztužit latěmi, zabednit 2 tloustnout, hanl. týt (on z) 3 krmit (se) (of čím), hltavě jíst (on co), kochat se (in čím)

batter [ˈbætə] v 1 z-, bít, z-, tlouci 2 bušit (at na) 3 ostřelovat 4 rozbít, rozdrtit 5 přen. napadnout, ztrhat, ostře kritizovat ● s šlehané n. třené těsto

battery [ˈbætəri] 1 elektr., voj. baterie 2 práv. ublížení na těle ◆ assault and ~ násilnosti; ~ lamp brit. baterka, kapesní svítilna

battle [ˈbætl] s bitva, boj ◆ drawn ~ nerozhodná bitva; ~ dress voj. uniforma s blůzou 1 v bojovat (for za co) **~-cruiser** bitevní křižník **–field, –ground** bojiště

battlement [ˈbætlmət] cimbuří

bauble [ˈbɔːbl] cetka

bauxite [ˈbɔːksait] miner. bauxit

Bavar|ia [bəˈveəriə] Bavorsko **–ian** a bavorský ● s Bavorák

bawd [ˈbɔːd] kuplíř, -ka, prostitutka **–y** [-i] oplzlý

bawl [ˈbɔːl] hulákat, řvát

bay [ˈbei] s 1 záliv, zátoka 2 výklenek, arkýř (~ window arkýřové okno) 3 vavřín; bobkový list 4 štěkání, štěkot ◆ be at ~ lov. stavět, přen. vehnat do úzkých, držet v šachu ● v 1 štěkat, výt (at na) 2 lov. stavět (se) ● a o koni kaštanový; ~ (horse) hnědák

bayonet [ˈbeiənit] bodák, bajonet ● v pro-, bodnout bodákem ~ joint bajonetový uzávěr

bazaar [bəˈzaː] bazar

bazooka [bəˈzuːkə] pancéřová pěst

BB [ˈbiːbiː] am. diabolky náboje do vzduchovky

BB gun [ˈbiːbiːˈgan] am. vzduchovka

be* [biː] 1 být, existovat: his wife to ~ jeho nastávající; hovor. it is me to jsem já; there is, was no one there nikdo tam není, nebyl; he is come už je tu; has anyone been? byl tu někdo?; have you been to England? byl jste (už) v Anglii? 2 znamenat 3 stát: how much is this one? kolik stojí tohle? (tenhle?) 4 mít se: how are you? jak se máte? 5 ~ after a p. jít po kom namířeno (for do) 6 být, stát (by při kom) 7 být (for pro), schvalovat co 8 jet, mít, namířeno (for do) 9 ~ + inf mít povinnost, lze: am I to come? mám přijít?; where is to be had? kde se to dostane! 10 ~ + pres p = průběhové tvary: I am going (právě) jdu, jedu ale I go chodím 11 ~ + pp = trpné tvary: I am called jsem volán ◆ if it were not for us nebýt nás ~ about 1 chystat se, hodlat: we are about to leave jsme na odchodu 2 o nemoci řádit 3 být vzhůru ~ along přijít, přijet ~ down 1 klesnout 2 pře-, u|stat 3 hovor. být na mizině 4 hovor. ležet nemocen 5 mít spadeno (on na) ~ in 1 být doma, tu, na místě 2 být u moci 3 nastat 4 sport. účastnit se (for čeho) 5 čekat (what are we in for? co nás čeká?) 6 ucházet se (for o) ~ off odcházet ◆ ~ well, badly off být zámožný, chudý; ~ on být na programu; ~ out 1 nebýt doma 2 hovor. být bez práce 3 stávkovat 4 být vedle, mýlit se ~ over končit ~ up 1 vyrovnat se (to čemu) 2 vyznat se (to v) ◆ it's up to you to záleží na vás

beach [ˈbiːč] s mořský břeh, pláž ● v najet, vytáhnout loď na břeh **–wear** [-weə] plážové oblečení

beacon [ˈbiːkn] 1 strážný oheň, vatra; světelné znamení na přechodu pro chodce 2 signální věž, maják; světelná bóje

bead [ˈbiːd] 1 korálek; zrnko (růžence) 2 pl korále; růženec 3 krůpěj, bublinka v nápoji 4 lem, obruba 5 muška na hlavni

beadle [ˈbiːdl] 1 kostelník, soudní sluha 2 brit. pedel

beak [ˈbiːk] 1 zobák 2 hubička nádoby, náustek hudeb. nástroje 3 zobec lodi 4 brit. slang. kantor, profa

–er [-ə] **1** archeol. pohár (~ *people* lid zvoncových pohárů) **2** chem. kádinka

beam [ˈbiːm] *s* **1** trám, kláda, břevno **2** stav. nosník **3** námoř. palubnice **4** přen. šířka lodi **5** rameno vah **6** svazek (*of rays* paprsků) ● *v* **1** podepřít trámem **2** vysílat paprsky **3** zářit **~-ends** pl konce palubnic ♦ *be laid on one's ~* ležet na boku o lodi

bean [ˈbiːn] **1** fazole, bob **2** zrn(k)o kávové, kakaové ♦ *French -s* fazolové lusky; hovor. *full of -s* v nejlepší náladě, bujný **–feast, –o** [-əu] slavnost, povyražení

bear[1]* [ˈbeə] **1** nést, nosit **2** s-, u|nést **3** mít na sobě **4** mít (*a name* jméno) **5** strpět, snést, vydržet **6** rodit, plodit mláďata, nést plody; *borne by* zrozen z; *be born* narodit se; *born in 1960* narozen r. 1960 **7** tlačit, doléhat (*on* na) **8** opírat se (*on* o co) **9** týkat se (*on* čeho), souviset (s) **10** mít strpení (*with* s) ♦ ~ *a grudge against* nevražit na; ~ *a hand* pomoci; ~ *in mind* mít na paměti; ~ *a part* zúčastnit se (*in* čeho); ~ *resemblance* podobat se (*to* komu / čemu); ~ *witness against* svědčit proti ~ *o.s.* držet se, chovat se ~ *away* odnést si ~ *back* ustoupit, couvnout ~ *down* **1** s-, po|razit **2** prohýbat (se) **3** hnát se, mířit (*on* k) **4** tíživě dolehnout (*(up)on* na) ~ *off* odnést (si), odstranit ~ *out* potvrdit, podepřít ~ *up* **1** podporovat, povzbudit **2** statečně odolávat **3** námoř. odvrátit se od větru

bear[2] [ˈbeə] *s* **1** medvěd **2** obch. baissista, spekulant na pokles kursů ● *v* obch. spekulovat na pokles kursů

bear|able [ˈbeərəbl] snesitelný **–er** [-rə] **1** nosič **2** posel, doručitel (*payable to* ~ splatný doručiteli) **3** o stromě *it is a good, poor, ~* hodně, málo rodí **–ing** [-riŋ] **1** držení těla, chování, způsoby **2**

vztah, poměr (*on* k); stránka čeho: *in all its -s* po všech stránkách **3** strpení (*beyond all* ~ nesnesitelný) **4** pl orientace (*lose* one's -s* ztratit orientaci) **5** tech. ložisko

beard [ˈbiəd] *s* vous, -y, brad(k)a; štětiny ● *v* opatřit vousy; popadnout, troufnout si na koho, vzdorovat komu **–ed** [-id] vousatý **–less** [-lis] bezvousý

beast [ˈbiːst] **1** zvíře, šelma **2** o člověku bestie, neřád, protiva ♦ ~ *of burden* soumar; ~ *of pray* dravec, šelma; *wild* ~ div(ok)é zvíře **–ly** [-li] *a* **1** zvířecký **2** hovor. hnusný, svinský ● *adv* hovor. hnusně, ohavně

beat* [ˈbiːt] *v* **1** bít (se) do, tlouci do, bušit (*at the door* na dveře); šlehat (*against* do) **2** v-, za|tlouci (*into* do) **3** napráskat **4** sport., voj. porazit **5** předstihnout **6** *pt* a zast. *pp* od *beat* (*dead* ~ vyčerpán) ♦ ~ *about the bush* chodit okolo horké kaše; ~ *it!* am. slang. vypadni!; ~ *one's brains* lámat si hlavu (*about* čím); ~ *a drum* bubnovat; ~ *gold* tepat zlato; ~ *a path, way* razit cestu; ~ *a retreat* voj. troubit na ústup; ~ *time* udávat takt; *that -s me* to mi nejde na rozum; ~ *the wood* nadhánět (zvěř) ~ *back* odrazit ~ *down* **1** porazit, rozbít **2** srazit (*prices* ceny) **3** přen. potlačit ~ *off* odrazit ~ *out* **1** vytlouci; vymlátit obilí **2** vykovat, vytepat **3** hovor. vyřadit ze soutěže ♦ *be -en out* am. být zbitý únavou ~ *up* **1** ušlehat vejce **2** námoř. křižovat, lavírovat proti větru **3** verbovat (*for* vojáky) **4** lov. vyštvat zvěř ● *s* **1** úder, úhoz **2** bubnování **3** hud. tempo, takt **4** tlukot srdce **5** tikot hodin **6** hlídkování, obchůzka hlídky **7** revír **–en** [-ən] *pp* od *to beat*** ● *a* **1** zbitý, poražený **2** vyčerpaný, uštvaný **3** ušlehaný o vejci **4** tepaný **5** vyšlapaný, ujetý (~ *track* vyšlapaná cesta) **–er** [-ə] **1** lov. nadháněč **2** klepačka **3** metla na sníh **–ing** [-iŋ] **1** bití, výprask **2** tep srdce **3** tikání hodin **4** sport. porážka

beatif|ic [ˌbi:əˈtifik] **1** blažený **2** blahoslavený **–ication** [biˌætifiˈkeišən] círk. beatifikace **-y** [-ˈlætifai] prohlásit za blahoslaveného

beatitude [bi:ˈætitju:d] blaženost

beatnik [ˈbi:tnik] beatnik

Beatrice [ˈbiətris] Blažena

beau [ˈbəu], pl -x [-z] **1** švihák, fešák **2** milenec, kavalír

beauteous [ˈbju:tjəs] bás. lepý, luzný

beauti|ful [ˈbju:təfl] krásný **–fy** [-fai] **1** z-, krášlit **2** z-, krásnět

beauty [ˈbju:ti] **1** krása **2** kráska, krasavec ♦ ~ *parlour* salón krásy

beaver [ˈbi:və] zool. bobr; slang. bíbr, vousáč

bebop [ˈbi:bop] hud. bebop, americký džez

becalm [biˈka:m] **1** utišit **2** námoř. be -ed dostat se do bezvětří

because [biˈkoz; hovor. ˈbikəz] conj protože, poněvadž ● *prep* ~ *of* pro co, kvůli čemu

beck [ˈbek] kývnutí hlavou, prstem: *be at sb's* ~ *and call* být komu k službám

beckon [ˈbekən] ký|vat, -nout (to na)

becloud [biˈklaud] **1** zastřít mraky **2** zatemnit

becom|e* [biˈkam] **1** stát se čím **2** hodit se, slušet ♦ *what has* ~ *of him?* co se s ním stalo? **–ing** [-iŋ] **1** patřičný, vhodný **2** slušivý, elegantní

bed s **1** postel, lůžko, lože; přen. nocleh, ubytování **2** nora, pelech, hnízdo **3** záhon **4** řečiště, dno **5** geol. sloj, ložisko, vrstva **6** tech. spodek, lože ♦ ~ *and breakfast* nocleh se snídaní; ~ *and board* byt a strava; *from* ~ *and board* práv. od stolu a lože; *go* to ~ jít spát; *make* *the* ~ ustlat ● v (-dd-) uložit do postele, tech. zasadit

(*in* do), jít spát ~ **down** podeslat dobytku; ubytovat ~ **out** vysadit na záhon ~ **bug** štěnice **–chamber** brit. královská ložnice **–clothes** pl ložní prádlo **–ding** [-iŋ] **1** ložní potřeby i matrace, lůžkoviny **2** stelivo tech. podklad, lože; podezdívka **–gown** noční košile **–head** čelo postele **–rid(den)** upoutaný na lůžko ~ **rock** s geol. kamenné lože; skála; přen. základ, jádro ● *a* základní, solidní **–room 1** ložnice **2** pokoj v hotelu: *single* ~ jednolůžkový pokoj **–side** místo u lože; ~ **table** noční stolek **–sore** [-so:] proleželý **–spread** pokrývka, přehoz na postel **–stead** [-sted] postel bez lůžkovin **–time** čas ke spaní ♦ *my* ~ *is* 10 *o'clock* chodím spát v deset; *it's past* ~ už je nejvyšší čas jít spát

bedabble [biˈdæbl] pocákat, postříkat

bedaub [biˈdo:b] na-, za-, z-, mazat

beddable [ˈbedəbl] slang. sexuálně atraktivní, postelový

bedeck [biˈdek] vyzdobit

bedel(l) [ˈbi:dl, beˈdel] brit. pedel

bedew [biˈdju:] orosit

bedim [biˈdim] (-mm-) zamlžit

bedizen [biˈdaizn] vyfintit

bedlam [ˈbedləm] blázinec, zmatek

bedraggle [biˈdrægl] ucourat

bee [ˈbi:] **1** zool. včela **2** am. shromáždění sousedů ke společné práci, zábavě a soutěžím, sousedské posezení, táčky: *a quilting* ~ sousedské posezení u šití prošívaných dek ♦ *have a* ~ *in one's bonnet* mít brouka v hlavě **–hive** úl **~-line** vzdušná čára

beech [ˈbi:č] s buk ● *a* bukový

beef* [ˈbi:f] **1** hovězí (maso) **2** pl *beeves* [ˈbi:vz] vykrmený hovězí kus **3** svalstvo; síla **–eater** [-i:tə] brit. gardista královské tělesné stráže; strážce Toweru v Londýně **–steak** [-steik] biftek; plátek hovězího ~ **tea** bouillon **–y** [-i] svalnatý, silný; tělnatý

Beelzebub [biˈelzibəb] Belzebub

been [ˈbiːn, nedůraz. ˈbin) *pp* od *to be*

beep [ˈbiːp] píp např. družice; výpoč. tech. zvuková signalizace (na terminálu)

beer [ˈbiə] pivo **–house*** pivnice **–y** [-ri] **1** pivní **2** podnapilý

beet [ˈbiːt] **1** bot. řepa: *white ~, sugar ~* (řepa) cukrovka **2** am. = **-root** řepa kořen, obyč. červená **~ sugar** brit. řepný cukr

beetle [biːtl] *s* **1** zool. brouk **2** dřevěná palice, ruční beran ● *v* zatloukat palicí ● *a* převislý

befall* [biˈfoːl] přihodit se, udát se

befit [biˈfit] (*-tt-*) hodit se

befog [biˈfog] (*-gg-*) zamlžit, přen. zatemnit

befool [biˈfuːl] oklamat, obalamutit, podvádět, učinit hlupáka z koho

before [biˈfoː] *adv* **1** napřed, dopředu **2** dříve, předtím ● *prep* před o místě, pořadí, čase ● *conj* **1** v časových větách (dříve) než(li) **2** než by ♦ *be ~* vynikat nad; *carry all ~ a p.* mít ve všem štěstí; *long ~* dávno předtím; *~ long* zanedlouho; *~ now* již dříve **–hand** předem ♦ *be ~ with* být vždy o kus napřed, předejít

befoul [ˈbiˈfaul] pokálet, poskvrnit

befriend [biˈfrend] přátelsky jednat s kým, pomáhat komu

befuddle [biˈfadl] **1** zmást, poplést **2** otupit alkoholem

beg [ˈbeg] (*-gg-*) **1** žebrat (*for* o co) **2** prosit (*of a p. for* koho o co) ♦ *I ~ to differ* dovoluji si nesouhlasit (*from you* s vámi); *I ~ to be excused prosím*, abyste mě omluvil odmítnutí pozvání; *I ~ a favour of you* prosím vás o laskavost; *I ~ leave to state* dovoluji si tvrdit; *I ~ your pardon* promiňte (prosím) omluva; (jak) prosím? neporozumění; **–ging** *the question* neodb. dokazování kruhem **~ off** vyprosit pro koho zproštění, omluvit se, odříci

began [biˈgæn] *pt* od *begin*

beget* [biˈget] (*-tt-*) z-, plodit

beggar [ˈbegə] *s* **1** žebrák **2** hovor. přátelsky chlap ● *v* ožebračit (*o.s.* se) ♦ *it -s (all) description* to se nedá popsat **–ly**[-li] žebrácký **–y** [-i] žebrota, nuzota ♦ *reduce to ~* přivést na mizinu

begin* [biˈgin] **1** začít **2** vzniknout **3** být původcem, založit ♦ *do not ~ to...* zdaleka ne, ani zdaleka, vůbec **–ner** [biˈginər] **1** nováček **2** začátečník **–ning** [biˈginiŋ] začátek, počátek

begrudge [biˈgradž] **1** nepřát, nedopřát **2** dávat nerad / váhavě

beguile [biˈgail] ošidit, oklamat, podvést, podvodně obrat o co

behalf [biˈhæf] zájem, podpora, prospěch ♦ *in ~ of* v zájmu koho, *on ~ of* jménem koho

behav|e [biˈheiv] **1** za|chovat se **2** slušně se chovat **–ior** [biˈheivjə] **1** chování **2** odb. chování, fungování, reakce, fyzikální vlastnosti

behead [biˈhed] setnout / stít hlavu

behind [biˈhaind] **1** vzadu: *he followed ~* následoval vzadu **2** pozadu: *he's ~ in paying his rent* je pozadu s placením nájemného **3** dozadu ● *prep.* za: *she stood ~ me* stála za mnou ● *s* hovor. zadek, zadnice ♦ *be ~* zaostávat, nestačit; *leave ~* zapomenout, nevzít; *~ so.'s back* za zády: *she slanders him ~ his back* za zády ho pomlouvá, *be ~ the times* zaspat dobu

behold* [biˈhəuld] arch., bás. s-, patřit u-, zřít **–en** [-ən] zavázaný (*to* komu)

behoof [biˈhuːf] prospěch, užitek *in (for, to) one's ~* v čí prospěch

behove [biˈhəuv] am. **–hoove** [biˈhuːv] slušet se, patřit se, vyplatit se

being [ˈbiːiŋ] **1** bytost **2** bytí

belabour [biˈlebə] zřídit, spořádat koho (*with* čím), seřezat, spráskat

belated [biˈleitid] **1** opožděný **2** překvapený tmou

belaud [bi'lo:d] vychvalovat, vynášet (*to the skies* do nebes)

belch ['belč] **1** chrlit, soptit (*flame, smoke, insults* oheň, kouř; urážky) **2** říhat, vulg. krkat

beleaguer [bi'li:gə] obléhat, sužovat

belfry ['belfri] zvonice

Belgi|an ['beldžən] s Belgičan • a belgický **–um** [-əm] Belgie

Belgrade [bel'greid] Bělehrad

belie [bi'lai] **1** usvědčovat ze lži, neodpovídat čemu **2** zklamat

belief [bi'li:f] **1** víra (*in* v, na) **2** důvěra **3** přesvědčení ♦ *to the best of my* ~ podle mého nejlepšího přesvědčení

believe [bi'li:v] **1** věřit, důvěřovat **2** mít za to, domnívat se ♦ *he is –ed to be* je prý... **–r** [-ə] věřící

belittle [bi'litl] snižovat, podceňovat

bell ['bel] s **1** zvon, -ek **2** rolnička **3** zvonění **4** říjení ♦ *answer the* ~ jít otevřít na zazvonění; *ring* * *the* ~ zazvonit; *sound the -s* vyzvánět • v **1** opatřit zvonkem **2** zazvonit na **3** říjet **–boy** am. hotelový sluha ~ **flower** bot. zvonek ~ **founder** zvonař ~ **hop** = **–boy** ~ **metal** zvonovina ~**-ringer** zvoník

belladonna [ˌbeləˈdonə] bot. rulík

belles-lettres [ˌbel'letrə] esejistika

belletristic [ˌbelə'tristik] beletristický

bellicose ['belikəus] bojovný

belligerent [bi'lidžərənt] válčící (*powers* mocnosti), agresívní

bellow ['beləu] v bučet, řvát • s **1** bučení; řev, řvaní **2** hřmění, dunění -s [-z] pl měchy

belly ['beli] s břicho; hanl. břich • v nadouvat (se) (*sails* plachty), plazit se po břiše ~**-ache** s bolení břicha • v fňukat **–ful** [-ful] prkénko užívané při surfinku **–ful** [-ful] plný žaludek (*of* čeho), dostatek (*of* čeho), plné zuby čeho

belong [bi'loŋ] náležet (*to* komu), patřit, příslušet **–ings** [-iŋz] pl nále-

žitosti, svršky, majetek; příbuzenstvo

beloved [bi'lavd] milovaný, drahý, -á, milý, miláček, milenec

below [bi'ləu] adv dole, dolů; níže (*see* ~ viz níže) • *prep* pod

belt ['belt] s **1** pás, pásek, opasek, řemen **2** (hnací) řemen (~ *conveyer* pásový dopravník) **3** přen. pás(mo), zóna, oblast (*an asteroid* ~ asteroidový pás; *corn* ~ kukuřičné státy) ♦ *black* ~ sport. černý pás v džudo / karate • v **1** připevnit řemenem, pásem **2** opásat **3** pruhovat **4** připnout (si) řemen, na řemen **5** tech. nahodit řemen **6** spráskat páskem

bemoan [bi'məun] oplakávat, želet koho

bemuse [bi'mju:z] omámit, zmást

Ben ['ben] **1** Benjamínek (*Big* ~ zvon věžních hodin londýnského parlamentu) **2** kelt. u jm. hor štít

bench ['benč] **1** lavice, lavička **2** (pracovní) stůl řemeslníka **3** soudní stolice, lavice **4** sport. střídačka **5** křeslo ministerské, poslanecké ♦ *the* ~ *and the bar* soudcové a obhájci; *a carpenter's* ~ hoblice; *be raised to the B-* stát se soudcem ~**-mark** nivelační značka

bend* ['bend] v **1** o|hýbat (se), o-hnout (se) **2** pas *to be -t* zaměřit se (*on* na), vzít si do hlavy **3** sklonit se, podrobit se (*to / before* před) **4** námoř. uvázat, upevnit (*a rope* provaz), napnout (*a sail* plachtu) ~ **down** o-, se|hnout (se) ~ **up** zohýbat • s **1** zakřivení **2** o-, zá|hyb, zatáčka cesty, zákrut řeky **3** námoř. lanový a provazový uzel

beneath [bi'ni:θ] **1** bás. zast. = *below, under* **2** nyní obyč. jen ~ *criticism* pod vší kritiku; ~ *one's dignity* pod čí důstojnost

benediction [ˌbeni'dikšən] dobrořečení, požehnání

benefact|ion [ˌbeni'fækšən] **1** dobrodiní, dobročinnost **2** nadace,

dar **–or** [-ə] **1** dobroditelka **2** patronka
benefic|e [ˈbenifis] círk. obročí, beneficium **–ence** [biˈnefisns] dobročinnost **–ent** [biˈnefisənt] dobročinný, blahodárný **–ial** [ˌbeniˈfiʃl] **1** užitečný, prospěšný **2** práv. používající čeho **–iary** [ˌbenəˈfiʃəri] a beneficiární ● **s 1** leník, držitel prebendy **2** ekon. beneficient, uživatel akreditivu, úvěru
benefit [ˈbenifit] s **1** prospěch, užitek **2** pomoc, dávka, podpora (maternity, medical mateřská, léčebná) **3** dobrodiní ◆ ~ concert dobročinný koncert; for the ~ of v čí prospěch ● v prospívat, mít užitek
Benelux [ˈbeniləks] Benelux (~ countries země Beneluxu)
benevol|ence [biˈnevələns] **1** laskavost, shovívavost, benevolence **2** dobročinnost **–ent** [-ənt] **1** laskavý, benevolentní **2** dobročinný
Bengali, –ee [benˈgoːli] s **1** Bengálec **2** bengálština ● a bengálský
benighted [biˈnaitid] **1** překvapený nocí **2** zaostalý, nevědomý
benign [biˈnain] **1** laskavý **2** přiznivý; mírný **3** med. benigní **–ant** [biˈnignənt] laskavý, blahosklonný **–ity** [- ˈnignəti] **1** laskavost, blahosklonnost **2** med. benignita
Benjamin [ˈbendžəmin] Benjamín
bent [ˈbent] s **1** náklonnost, sklon **2** dispozice **3** stav. rámová opora lešení **4** též ~ -grass bot. psineček **5** vřesovitá pastvina, louka ◆ to the top of one's ~ až do krajnosti ● v pt & pp od bend **–wood** ohýbané dřevo
benumb [biˈnam] **1** zkřehnout (-ed by, with cold zkřehlý zimou) **2** otupit, ochromit (senses smysly)
benz|ene, –ol [ˈbenziːn, -ol] chem. benzen, -ol **–ine** [ˈbenziːn] benzín na čištění skvrn
be|queath [biˈkwiːð] odkázat v závěti **–quest** [-ˈkwest] odkaz, dědictví
berate [biˈreit] am. spílat, nadávat

bereave* [biˈriːv] přen. oloupit, zbavit (to be -d of utrpět ztrátu smrtí koho) **–ment** [-mənt] bolestná ztráta úmrtím
bereft [biˈreft] pt & pp od bereave
berry [ˈberi] **1** bobule **2** jikra **3** zrnko kávy, obilí
berserk [bəˈzəːk] **1** zběsilý, zběsile ničící **2** vyšinutý, nepříčetný ◆ go ~ dostat amok, dostat záchvat ničivého šílenství / zběsilosti
berth [ˈbəːθ] s **1** lůžko na lodi, ve spacím voze, kóje **2** kotviště, místo pro loď **3** hovor. pracovní místo, zaměstnání ● v **1** zakotvit **2** zaparkovat **3** ubytovat, uložit **4** jen pas to be -ed mít vykázané lůžko
beryl [ˈberil] miner. beryl
beseech* [biˈsiːč] naléhavě prosit (for o co)
beset* [biˈset] (-tt-) **1** obklopit, obklíčit **2** zatarasit (ways cesty) **3** sužovat, trápit **4** posázet (with čím)
beside [biˈsaid] prep **1** vedle, u **2** ve srovnání **3** = besides, prep ◆ be ~ a t. vymykat se čemu; ~ o.s. (with rage) bez sebe (zlostí); that is ~ the point to není k věci ● adv = besides, adv
besides [biˈsaidz] adv mimo to, kromě toho, nadto ● prep kromě čeho, mimo co, vedle
besiege [biˈsiːdž] obléhat
beslaver, beslobber [biˈsleivə, -ˈslobə] **1** poslintat **2** nemírně pochlebovat
besmear [biˈsmiə] umazat, pošpinit
besmirch [biˈsməːč] pošpinit
besom [ˈbiːzəm] koště, pometlo [ˈbezəm] skot. o ženě coura
besot [biˈsot] (-tt-) ohloupit, zpitomit
besought [biˈsoːt] pt a pp od beseech
bespatter [biˈspætə] **1** postříkat (with mud blátem) **2** přen. pokydat hanou, zahrnout chválou
bespeak* [biˈspiːk] **1** objednat si,

zamluvit si, zajistit si **2** vymínit si co, po-, žádat o co **3** prozrazovat

bespectacled [bi'spektəkld] obrýlený

bespoke [bi'spəuk] *pt* od *bespeak* ● *a* brit. na míru (*~ tailor* zakázkový krejčí)

besprinkle [bi'spriŋkl] pokropit, postříkat (*with* čím)

Bess ['bes] Běta, Bětuška

best [best] *a sup* od *good* nejlepší ● *adv sup* od *well* nejlépe ◆ *at ~* v nejlepším případě, nanejvýš; *do* one's (level) ~* vynasnažit se; *for the ~* s nejlepším úmyslem; *have, get* the ~ of it* vyhrát, zvítězit; *you had ~ (go) at once* nejlépe byste udělal, kdybyste (jel) hned; *hope for the ~* doufat, že to dobře dopadne; *make* the ~ of* využít čeho co nejlépe; *~ man** družba; *the ~ part of* převážná část čeho; *in one's Sunday ~* hovor. v nedělních šatech; *to the ~ advantage* co nejvýhodněji; *~-seller* knižní apod. tahák, bestseller; *to the ~ of one's knowledge / belief* podle svého nejlepšího vědomí

bestial ['bestjəl] **1** zvířecí **2** zvířecký, bestiální **–ity** [,besti'æləti] zvířeckost, bestialita

bestir [bi'stə:] (-rr-) rozhýbat, rozkývat (*o.s.* se)

bestow [bi'stəu] **1** u-, po‖ložit **2** věnovat, poskytnout (*upon* komu) **3** hovor. ubytovat, uložit (*a p. for the night* koho na noc)

bestrew* [bi'stru:] posypat, postlat, pokrý(va)t (*with* čím)

bestride* [bi'straid] sedět, stát, jet obkročmo; přen. klenout se nad

bet* [bet] *s* sázka (*make* a ~* vsadit se) ● *v* (-tt-) vsadit (*on* na) ◆ *I ~ you a shilling that* vsázím se s vámi o šilink, že; hovor. *you bet!* samozřejmě

beta ['bi:tə] písmeno beta

betake* [bi'teik] *~ o.s.* odebrat se (*to* kam) ◆ *~ o.s. to one's heels* vzít nohy na ramena

betatron ['bi:tətron] urychlovač elektronů

bethink* [bi'θiŋk] *~ o.s.* **1** rozmyslit si, se **2** rozpomenout se (*of* na), vzpomenout si na **3** vzít si do hlavy

Bethlehem ['beθlihəm] Betlém

betimes [bi'taimz] **1** časně, brzy **2** včas

betoken [bi'təukən] věstit, znamenat

betray [bi'trei] **1** zradit **2** prozradit (*o.s.* se) **3** oklamat **4** svést **–al** [-əl] zrada; proradnost

betroth [bi'trəuð] zasnoubit (*o.s. to* se s kým): *the -ed (pair)* snoubenci **–al** [-əl] zasnoubení (*~ rings* snubní prsteny)

better ['betə] *a comp* od *good* lepší ● *adv comp* od *well* lépe, líp: *you had ~ (go now)* (udělal byste n. bylo by) lépe, kdybyste (jel hned teď) ◆ *I am, he is ~* je mi, mu lépe; *get* the ~ of* přemoci, přelstít koho; *for ~ (or) for worse* za všech okolností, v dobrém i ve zlém; *he is getting ~* už se mu daří lépe; *his ~ half* jeho lepší polovice žena; *know ~* mít lepší rozum, vědět svoje; *~ off* zámožnější, bohatší; *one's -s* čí vedoucí, šéfové, zkušenější, starší; *~ part of* větší část čeho; *so much the ~* tím lépe; *think ~ of* rozmyslit si co; *think (all) the ~ of* změnit své mínění o ● *v* zlepšit *~ o.s.* polepšit si **–ment** [-mənt] **1** zlepšení, zdokonalení **2** zhodnocení nemovitosti

Betty ['beti] Bětuška

between [bi'twi:n] mezi dvěma ◆ *in ~* uprostřed; *~ ourselves* mezi námi, mezi čtyřma očima; *~ whiles* občas

betwixt [bi'twikst] zast., bás. *between*; hovor. *~ and between* tak něco uprostřed; napůl

bevel ['bevl] *s* tech. **1** úkos, sklon; sražená hrana, faseta **2** odb. pokosník ● *a* šikmý, kosý, sražený

● v (-ll-) **1** zešikmit, zkosit **2** srazit hranu, fasetovat

beverage [ˈbevəridž] nápoj

bevy [ˈbevi] **1** stádo (of roes srn), hejno ptáků **2** houf žen

bewail [biˈweil] oplakávat, naříkat pro

beware [biˈweə] jen inf a imper dát si pozor (of na), varovat (se) (~ of pickpockets! pozor na kapsáře!)

bewilder [biˈwildə] zmást **-ment** [-mənt] zmatek

bewitch [biˈwič] očarovat

beyond [biˈjond] prep **1** za (the seas za mořem), na druhé straně, na druhou stranu **2** mimo (all doubt veškerou pochybnost) **3** nad, přes: it is ~ me na to nestačím, to je nad moji chápavost ◆ ~ control nekontrolovatelný; ~ dispute nesporný, mimo diskusi; ~ endurance nesnesitelný; ~ one's grasp nepochopitelný; ~ hope beznadějný; ~ measure nadmíru; ~ possibility nemožný ● s jen the ~ onen svět

bias [ˈbaiəs] s **1** šikmý, příčný směr (cut on the ~ šikmo střižený) **2** sklon, šikmost; přen. tendence; náklonnost, zaujatost **3** špatný vliv **4** jednostrannost ● v (-s- n. -ss-) ovlivnit (he is bias(s)ed against him je proti němu zaujat)

bib [ˈbib] s slintáček ● v (-bb-) popíjet, přihýbat si **-ber** [-ə] pijan

Bible [ˈbaibl] bible ◆ ~ paper biblový papír

biblical [ˈbiblikəl] biblický

bibliograph|er [ˌbibliˈogrəfə] bibliograf **-ic(al)** [ˌbibliəuˈgræfik(l)] bibliografický **-y** [-ˈografi] bibliografie

bibliophil(e) [ˈbibliəufail] bibliofil, knihomil

bibulous [ˈbibjuləs] oddaný pití; savý (paper)

bicameral [baiˈkæmərəl] dvojkomorový (parliament parlament)

bicarbonate [baiˈka:bənit] chem. užívací soda

bicentenary [ˌbaisenˈti:nəri] a dvousetletý ● s dvousté výročí

bicker [ˈbikə] **1** hašteřit se **2** zurčet o vodě **3** kmitnout se, mihnout se

bicycle [ˈbaisikl] s jízdní kolo ● v jezdit na kole

bid* [bid] (-dd-) **1** kniž. zast. bás. poručit, přikázat **2** přát **3** přihazovat (against proti komu) **4** obch. nabízet cenu, pod(áv)at při dražbě (for zač), am. podat nabídku (for na co) ◆ ~ fair to + inf slibovat, pravděpodobně...; ~ farewell přát komu šťastnou cestu; ~ good-bye dát sbohem ● s nabídka koupě, podání v dražbě ◆ make* a ~ for sázet na, ucházet se o **-der** [-ə] kdo nejvíce nabídl v dražbě **-ding** [-iŋ] **1** nabídka koupě **2** ucházení se, úsilí **3** hovor. pozvání ◆ do* one's ~ poslechnout čího rozkazu

bide* [ˈbaid] zast., bás. = abide; dnes jen one's time čekat na příležitost

biennial [baiˈeniəl] a dvouletý ● s dvouletka dvouletá rostlina

bier [ˈbiə] máry

bifurcat|e v [ˈbaifəkeit] rozdělit (se) vidlicovitě ● a [-ət] vidlicovitě rozvětvený, rozdvojený **-ion** [ˌbaifəˈkeišən] rozvětvení, bifurkace

big [ˈbig] a (-gg-) **1** vel(i)ký prostorově **2** hovor. velký počtem, množstvím; silný (jen voice, wind, storm hlas, vítr, bouře apod.) **3** hovor. hlavní, velký, důležitý; skvělý, dobrý **4** nadutý, chlubivý ● adv **1** pořádně **2** nadutě ◆ think* ~ myslit vysoko; talk ~ chvástat se; ~ bang hvězd. velký třesk; the ~ toe palec u nohy; a ~ wig přen. velké zvíře, hlavoun

bigamy [ˈbigəmi] bigamie

bight [ˈbait] **1** smyčka provazu **2** zeměp. ohyb, zákrut; záhyb řeky, mělký záliv

bigot [ˈbigət] pobožnůstkář, náboženský fanatik **-ed** [-id] pobožnůstkářský, bigotní **-ry** [-ri] pobožnůstkářství, náboženský fanatismus

bike [ˈbaik] s hovor. jízdní kolo ● v

jezdit na kole **-way** am. stezka pro cyklisty

bikini [biˈkiːni] bikini dvoudílné plavky

bilabial [ˌbaiˈleibjəl] *a* jaz. obouretný, bilabiální ● *s* bilabiála, obouretná souhláska

bile [ˈbail] 1 žluč 2 rozmrzelost

bilge [ˈbildž] 1 břich(o) lodi, sudu 2 ~ *(water)* kal 3 hovor. tlach, žvást

biliary [ˈbiljəri] žlučový (~ *duct* žlučovod)

bilingual [baiˈliŋgwəl] dvojjazyčný

bilious [ˈbiljəs] 1 žlučníkový (*attack* záchvat) 2 přen. žlučovitý

bilk [ˈbilk] hovor. upláchnout komu bez zaplacení

Bill [ˈbil] Vilém, Vilík, Vilda

bill [ˈbil] *s* 1 návrh zákona 2 účet, faktura, účtenka; ~ *please!* platím! 3 = ~ *of exchange* 4 am. bankovka 5 oznámení, plakát, vývěska 6 seznam, soupis, výkaz 7 práv. žaloba 8 zob|ák, -ček 9 špice kotvy ♦ ~ *of entry* celní prohlášení; ~ *of exchange,* zkr. *B/E* směnka; ~ *of fare* jídelní lístek; ~ *of lading* konosament, am. též nákladní list; *move, pass, a ~* předložit, schválit návrh zákona; *parties to a ~* účastníci na směnce; ~ *of sale* kupní, zástavní smlouva; ~ *of weight* vážní lístek ● *v* 1 plakátovat, oznámit vývěskou 2 vystavit účet, fakturovat 3 předložit účet 4 (~ *and coo*) cukrovat se o ptácích **-board** am. plakátovací tabule **~-posting, ~-sticking** plakátování

billet [ˈbilit] *s* voj. ubytovací rozkaz, ubytování ● *v* voj. ubytovat

billiards [ˈbiljədz] kulečník

billion [ˈbiljən] 1 bilión 2 am. miliarda **-aire** [ˌbiljəˈneə] am. miliardář

billow [ˈbiləu] *s* 1 velká mořská vlna 2 bás. moře ● *v* vlnit se

bi-monthly [baiˈmanθli] dvouměsíční, vycházející dvakrát měsíčně, dvouměsíčník

bin [ˈbin] zásobník, bedna (na obilí, zrní), koš na odpadky, popelnice na odpadky; výpoč. tech. soubor pamětí; přihrádka

binary [ˈbainəri] binární, dvojkový; dvojitý, podvojný

bind* [ˈbaind] 1 s-, při|vázat 2 zavázat si koho 3 spoutat (*hand and foot* na rukou i na nohou) 4 ovázat, ovinout 5 o-, lemovat 6 u-cpávat, působit zácpu 7 tísnit, škrtit 8 pevně držet ♦ *be bound* být za-, vázán; mít povinnost, musit; být dlužen; jet, plout (*for* kam); vděčit (*to a p. for* komu za co); am. musit, jistě ~ *o.s.* zavázat se (*to k*) ~ *over* práv. zavázat koho slibem ~ *up* 1 svázat 2 obvázat ♦ *be bound up* být cele zaujat (*with* čím) **-er** [-ə] 1 vazač, -ka 2 samovazač 3 knihař 4 tmel, lepidlo **-ery** [-əri] vazárna **-ing** vazba knihy ● *a* závazný

bine [ˈbain] 1 úponek 2 výhonek

binge [ˈbindž] slang. mejdan, orgie ♦ *a buying ~* nákupní horečka

bingo [ˈbiŋgəu] bingo hra ● *interj.* hovor. "To je ono!"

binocular [biˈnokjulə] *a* binokulární (*vision* vidění) ● *s* pl **-s** [-z] divadelní kukátko, triedr

binomial [ˌbaiˈnəumjəl] mat. *a* binomický (*theorem* poučka) ● *s* dvojčlen

bioastronautics [ˌbaiəuˌoːstrəˈnoːtiks] bioastronautika

biochemical [ˌbaiəuˈkemikəl] biochemický

biochemistry [ˌbaiəuˈkemistri] biochemie

biodegradable [ˌbaiəudiˈgreidəbl] schopný rozkladu působením mikroorganismů

biograph|er [baiˈogrəfə] životopisec **-ical** [ˌbaiəuˈgræfikl] životopisný **-y** [-i] životopis

biolog|ical [ˌbaiəˈlodžikəl] biologický (srov. ~ *warfare*) **-ist** [baiˈolədžist] biolog **-y** [baiˈolədži] biologie

biophysics [ˌbaiəuˈfiziks] biofyzika

bioscience [ˈbaiəusaiəns] biologie

bipartite [ˌbaiˈpa:tait] **1** bot. dvoudílný **2** dvoustranný

biped [ˈbaiped] dvounohý

biplane [ˈbaiplein] let. dvojplošník

bipolar [ˌbaiˈpəulə] dvoupólový, bipolární **–ity** [ˌbaipəuˈlærəti] dvoupólovost

biquadrate [baiˈkwodrət] mat. čtvrtá mocnina

birch [ˈbə:č] s **1** bot. bříza **2** březová metla ● v zmrskat březovou metlou **–en** [-ən] březový

bird [ˈbə:d] **1** pták, ptáček **2** the ~ vypískání ◆ ~ of passage tažný pták; ~ of prey dravý pták ~'s-eye view ptačí perspektiva ~-fancier [-ˌfænsiə] **1** milovník ptactva **2** ptáčník **–ie** [-i] ptáček ~-seed ptačí zob

birth [ˈbə:θ] **1** narození **2** vznik, počátek **3** rod, původ **4** porod ◆ by ~ rodem; give* ~ to porodit koho ~ certificate rodný list ~-control antikoncepce **–day** [-dei] narozeniny ~-mark mateřské znaménko ~-place rodiště ~-rate porodnost **–right 1** právo prvorozenství **2** lidské právo

biscuit [ˈbiskit] **1** suchar, sušenka, keks, biskvit **2** am. pl cukroví vykrajované, čajové pečivo **3** am. horký vdoleček s máslem **4** biskvit nepolévaný porcelán

bisect [baiˈsekt] roz-, půlit **–ion** půlení **–or** [-ə] geom. osa úhlu, půlící čára, sečna

bishop [ˈbišəp] biskup; šach. střelec

bismuth [ˈbizməθ] vizmut

bishopric [ˈbišəprik] biskupství

bison [ˈbaisən] bizon, zubr

bit [ˈbit] hovor. **1** kousek, trošek **2** chvilka **3** drobná mince (a three-penny ~ třípence) **4** věd. jednotka informace **5** hrot, čepel, nůž, želízko hoblíku, čelist svěráku, vrtáček vkládaný **6** udidlo ◆ ~ by kousek po kousku; do* one's ~ přispět; he is a ~ of a coward je tak trochu zbabělec; not a ~ ani za mák, vůbec ne; -s and pieces zbytky, drobnosti ● v dát udidlo koni ● pp a dial. pp od bite

bitch [ˈbič] **1** fena (a ~ fox liška; a ~ wolf* vlčice) **2** nadávka čubka, běhna (son of a ~ čubčí syn) **3** am. slang. mrcha, jedubaba **4** am. slang. skuhrání stížnost **5** am. slang. potvora, otrava nepříjemná n. obtížná věc **–y** [-i] nemravný, svárlivý, zlý; am. slang. nevražívá, jedovatá žena

bite* [ˈbait] v **1** kousat **2** štíp|at, -nout; uštknout **3** s-, pálit o mrazu **4** leptat **5** zab(í)rat o stroji **6** chňapat (at po); brát o rybě ● s **1** kousnutí **2** štípnutí; uštknutí **3** zabrání ryby **4** sousto **5** hlodání bolesti

bitten [ˈbitən] pp od bite

bitter [ˈbitə] a **1** hořký; trpký **2** ostrý **3** rozhořčený, nepřátelský ● s **1** hořké pivo **2** pl hořká

bitum|en [ˈbitjumin] miner. živice, bitumen **–inous** [biˈtju:minəs] živičný (~ coal černé uhlí)

bivalent [ˈbaiˌveilənt] chem. dvojmocný; dvojhodnotový

bivalve [ˈbaivælv] škeble, ústřice

bivouac [ˈbivuæk] s tábo|r, -ření bez stanu, bivak ● v bivakovat

bi-weekly [ˌbaiˈwi:kli] čtrnáctideník

biz [ˈbiz] slang. byznys, zvl. show-business

bizarre [biˈza:] zvláštní, divný, bizarní

blab [ˈblæb] (-bb-) **1** žvanit, tlachat **2** (~ out) vyžvanit co

black [ˈblæk] a **1** černý **2** tmavý, temný **3** černošský **4** hněvivý; zlověstný (look pohled) **5** špinavý, umazaný ● s **1** čerň, černidlo; černá barva **2** černo, temnota **3** černé šaty, smutek, tmavý oblek **4** saze, skvrna; špína **5** černoch: the -s černoši ● v **1** začernit, umazat **2** vyleštit (boty) ◆ ~ belt sport. černý pás v džudo / karate; ~ box černá skříňka kontrolní elektronické zařízení; B~ Country Černý kraj ve střední Anglii; ~ currant černý rybíz; B~ English am. černošská angličtina; ~ eye podlité oko; ~

hole **1** hvězd. černá díra **2** voj. slang. díra, basa; ~ *jack* pirátská vlajka; ~ *letter* lomené písmo n. font, švabach; ~ *money* am. slang. černé příjmy; *B~ Sea* Černé moře ~ **out 1** cenzurovat **2** voj. zatemnit **–beetle** šváb **–berry** ostružina **–bird** kos **–board** školní tabule **–en** [-ən] **1** z-, černat **2** za-, o|černit - guard [blæga:d] darebák, gauner **–ing** [-iŋ] krém na obuv **~–lead** [-led] lid. tuha **–leg** brit. stávkokaz **–mail** s vydírání ● *v* vydírat **~–out** voj. zatemnění; přen. okno v paměti; celkový výpadek **–smith** kovář **–thorn** trnka keř

bladder [ˈblædə] měchýř; *football* ~ duše do míče

blade [ˈbleid] **1** list, stéblo trávy **2** čepel nože, meče **3** žiletka, čepelka **4** lopatka vesla; list vrtule **~–bone** lopatka kost

blame [bleim] *v* **1** obviňovat (*for* z), dávat vinu (za) **2** svalovat vinu (*on* na) ◆ *be to* ~ být vinen, zavinit (*for* co) ● *s* vina, obviňování **–less** [-lis] nevinný, bezúhonný **–worthy** [-wə:ði] vinný

blanch [ˈbla:nš] **1** vy-, bělit, vy-, bílit **2** zbělet **3** zblednout **4** loupat mandle ~ *over* omlouvat, lakovat na růžovo

Blanche [ˈbla:nš] Blanka

blancmange [bləˈmonž] sladký pudink

bland [ˈblænd] **1** dobromyslný, u-hlazený **2** mírný o podnebí **3** ne-dráždivý (*food* strava)

blandish [ˈblændiš] lichotit, podku-řovat komu **–ment** [-mənt] obyč. *pl* -s lichocení, lichotky

blank [ˈblæŋk] *a* **1** čistý, prázdný, nepopsaný, nevyplněný **2** obch. bianko **3** bezvýrazný, bezobsaž-ný (*look* pohled); zaražený **4** čirý, úplný ◆ ~ *verse* blankvers ● *s* **1** prázdné, vynechané místo; přen. okno v mysli, mezera, prázdnota **2** výpoč. tech. prázdný znak **3** formu-

lář **4** voj. slepá patrona

blanket [ˈblæŋkit] *s* **1** přikrývka ，pokrývka, houně, deka ● *a* am. celkový, jednotný, hromadný, paušální ◆ ~ *proof* kartáčový obtah

blare [ˈbleə] *v* troubit, vytrubovat; vřeštět o trubce; oslnivě svítit ● *s* troubení; břesk trubky; oslnivé světlo

blasphem|e [blæsˈfi:m] rouhat se **–ous** [ˈblæsfəməs] rouhavý **–y** [-i] rouhání

blast [ˈbla:st] *s* **1** náraz, nápor, zá-van, poryv, výšleh plamene **2** dmý-chání, tah; proud vzduchu ve vyso-ké peci: *in* ~ v provozu; *out of* ~ vy-haslá **3** zatroubení **4** výbuch **5** nálož trhací ● *v* **1** vyhodit do vzduchu, trhat **2** sežehnout, spá-lit mrazem, žárem **3** zničit, rozbít **4** tupit, lát **–furnace** vysoká pec

blat|ancy [ˈbleitənsi] **1** hlučnost, halas(ení) **2** dotěrnost, vlezlost **–ant** [-ənt] **1** řvavý, křiklavý, do-nebevolající **2** dotěrný, vlezlý

blather [ˈblæðə] blábolit, žvanit ne-smysly

blaze [ˈbleiz] *s* **1** plameny; plápol, žár **2** oheň, požár (*in* ~ v plame-nech) **3** zář(e), jas, třpyt **4** vý-buch (*of anger* hněvu) **5** značka v kůře stromu **6** lysina koně ● *v* **1** pla-nout, šlehat **2** zářit **3** vy-, znač-kovat; razit (*a trail* cestu) **4** ~ (*abroad*) vy-, roz|hlásit, roz|trubo-vat ~ **away 1** pustit se s vervou (*at* do) **2** pálit (*at* na) ~ **up** vzpla-nout **–r** [-ə] sportovní sako, blejzr

blazon [ˈbleizn] *s* **1** erbovní štít; erb, znak **2** popis erbu **3** výčet zásluh ● *v* **1** vymalovat erb **2** (~ *abroad*) rozhlásit

bleach [ˈbli:č] **1** bílit **2** odbarvit vlasy **–er** [-ə] **1** bělič **2** bělicí vana **3** *pl* am. sport. nekrytá tribuna

bleak [ˈbli:k] *a* **1** holý, pustý **2** vy-stavený větru, drsný, ostrý **3** smutný, bezútěšný ● *s* zool. ouk-lej

blear [ˈbliə] *a* zastřený, kalný; zrak

zamračený ● v zakalit zrak, dívat se lhostejně

bleat [bli:t] v mečet, bečet ● s mečení, bečení

bled [bled] pt a pp od **bleed**

bleed* [bli:d] 1 krvácet 2 pouštět, pustit žilou ◆ ~ to death vykrvácet

bleep [bli:p] pípání, zvuková signalizace

blemish [blemiš] v pokazit, porušit; přen. poskvrnit ● s poskvrna, vada

blend [blend] v míchat, s-, mísit (se), splývat (with s) ● s směs

bless [bles] 1 po-, žehnat 2 blahořečit, chválit 3 obdařit ◆ ~ me!, ~ my soul! pro pána (krále)! překvapení **-ed** [blesid], bás. **blest** [blest] 1 požehnaný 2 blahoslavený 3 hovor. zpropadený **-ing** [-iŋ] požehnání

blew [blu:] pt od **blow**

blight [blait] s 1 obilná sněť; plíseň, rez 2 nákaza; rána, pohroma ● v zničit, spálit; splesnivět; přen. zhatit, zruinovat **-er** [-ə] mizera, chlápek

blimp [blimp] s aerostat, hlídkový balón

blind [blaind] a 1 slepý, slepecký 2 provedený na slepo 3 nečitelný 4 nepřehledný ◆ ~ alley slepá ulička; ~ man's holiday černá hodinka ● s 1 the ~ slepci 2 roleta 3 klam, podvod 4 nástraha, léčka 5 fot. clona ● v oslepit; přen. zaslepit **-fold** [-fəuld] v zavázat oči ● a adv se zavázanýma očima **~-man's-buff** [blain(d)mænz-baf] slepá bába hra **-ness** [-nis] slepota

blink [bliŋk] v 1 mrkat (at na), mžourat 2 blikat, přehlédnout co ● s 1 mrknutí 2 bliknutí, záblesk **-er** [-ə] blikač; pl klapky na oči **-ing** [-iŋ] hovor. vulg. zatracený, mizerný

blintz [blinz] s palačinka, lívanec

blip [blip] s bod na obrazovce radaru n. jiného monitorovacího z

bliss [blis] blaho **-ful** [-ful] b

blister [blistə] puchýř

blithe, -some [blaiᵭ, -səm] b dostný, veselý

blitz [blic] s hovor. 1 blesková vá 2 těžký nálet ● v 1 bleskově z útočit 2 letecky bombardova roz-, vy|bombardovat

blizzard [blizəd] vánice, blizard

bloat [bləut] 1 nadmout, nadýmat, nafouknout 2 být nafoukaný / namyšlený 3 udit: brit. -ed herring = **-er** [-ə] uzenáč

bloated [bləutid] 1 nafoukly; nadutý 2 vypasený, vyžraný 3 ryba uzený

blob [blob] 1 kapka 2 skvrnka

bloc [blok] viz **block 7**

block [blok] s 1 špalek 2 kvádr, kostka 3 klobouková forma 4 tech. kladka; kladkovnice 5 polygr. štoček 6 brit. ~ (of flats) velký moderní činžák; am. blok domů 7 brit. blok politický, koalice 8 zábrana, překážka 9 brit. dopravní zácpa 10 med. blokáda 11 přen. pařez, tupec 12 sport. blok(ování) ● v 1 zatarasit 2 pozastavit (a bill návrh zákona) 3 med. a fin. blokovat 4 dát formu, tvarovat ◆ in ~ letters hůlkovým pásmem ~ in 1 zablokovat 2 rozvrhnout ~ out načrtnout ~ up ucpat

blockade [blokeid] s voj. blokáda (raise, run* a zrušit, prorazit blokádu) ● v provést blokádu

block-buster [blokbastə] 1 slang. úspěch, výhra, šlágr, hit 2 těžká letecká bomba

block|head [blokhed] hňup, pitomec **-house*** 1 srub 2 pevnůstka, bunkr

bloke [bləuk] chlap

blond [blond] a světlý; světlovlasý, blond ● s blondýn **-e** [blond] a světlovlasá, plavovlasá, blond ● s blondýnka, plavovláska

blood [blad] 1 krev 2 míza 3 hovor. sekáč ◆ ~ bank, group, picture,

pressure, test krevní banka, skupina, obraz, tlak, zkouška **–hound** stavěcí pes; přen. čmuchal detektiv **–less** [-lis] **1** bezkrevný **2** nekrvavý **~-poisoning** otrava krve **~-relation** pokrevní příbuzný **–shed** krveprolití **~ -thirsty** krvežíznivý **~-vessel** céva **–y** [-i] **1** krvavý, zkrvavený **2** brit. vulg. zatracený

bloom [ˈbluːm] *s* **1** květ ozdobný **2** přen. rozkvět, rozmach **3** pel na ovoci; půvab ● *v* kvést **–ing** [-iŋ] **1** kvetoucí **2** brit. zpropadený, pitomý

blossom [ˈblosəm] *s* **1** květ ovocného stromu **2** přen. rozkvět ● *v* kvést

blot [ˈblot] *s* skvrna, kaňka; přen. poskvrna, skvrna společnosti osoba ● *v* (-*tt*-) **1** pokaňkat **2** vypijákovat **3** poskvrnit **~ out 1** přeškrtat **2** vymazat, zahladit ♦ *~ one's copybook* pokazit si reputaci **–ter** [-ə] piják, psací mapa **–ting-paper** [-iŋ] piják, pijavý papír

blotch [ˈbloč] velká skvrna, kaňka

blouse [ˈblauz] **1** pracovní blůza **2** halenka, blůza

blow* [ˈbləu] *v* **1** foukat, fučet, vanout **2** na-, pro-, roz-, vy|fouknout též sklo **3** oddechnout si; funět **4** těžce oddychovat **5** puška vystřelit **6** elektr. pojistka prasknout **7** rozfofrovat peníze **8** uštvat (*a horse* koně) **9** slang. kouřit drogu ♦ *~ one's nose* vysmrkat se **~ in** zapálit vysokou pec **~ out 1** zhasit vysokou pec, svíčku **2** spálit se o pojistce **~ over** přehnat se, minout **~ up 1** vyhodit, vyletět do vzduchu; vybuchnout **2** nafouknout **3** zvětšit foto ● *s* **1** závan; fouknutí **2** oddych(nutí) **3** chlubení; slang. náfuka **4** zlost **5** rána, úder **6** rozkvět *(in (the)* ~ v (plném) roz-, květu) ● *a at a* ~ jednou ranou, naráz **–y** [-i] větrný

blubber [ˈblabə] *s* **1** brekot **2** velrybí tuk ● *v* brečet ● *a* odulý

bludgeon [ˈbladžən] *s* klacek, obu-

šek ● *v* bít, ztřískat klackem

blue [ˈbluː] *a* **1** modrý; polit. konzervativní **2** sklíčený, rozmrzelý **3** hovor. lehtivý, oplzlý, pornografický ♦ *be in a* ~ *funk* hovor. mít plné kalhoty; *once in a* ~ *moon* jednou za uherský měsíc ● *s* **1** modř **2** modřidlo, šmolka **3** modré šaty **4** pl melancholie, skleslost **5** pl *blues* ♦ *out of the* ~ zčistajasna **–bell** bot. zvonek **–berry** bot. borůvka **–bottle 1** masařka **2** chrpa **~-jacket** voj. námořník **~-print** modrotisk, modrák; přen. plán **–sman*** hráč / zpěvák blues **–stocking** hanl. modrá punčocha učená žena

bluff [ˈblaf] *v* **1** obelhat, oklamat **2** blufovat v kartách, chvástat se ● *s* **1** zastrašování **2** bluf **3** podvodník **4** kolmý útes ♦ *call a p.'s* ~ donutit koho, aby odkryl karty ● *a* **1** příkrý, strmý, srázný **2** drsně upřímný

bluish [ˈbluːiš] modravý

blunder [ˈblandə] *s* hrubý omyl, chyba, trapas, kiks ● *v* **1** klopýtat **2** hrubě chybit, z-, mýlit se **~ out** vybleptnout

blunt [ˈblant] *a* **1** tupý **2** hrubý, neotesaný ● *v* otupit

blur [ˈblə:] *v* (-*rr*-) **1** rozmazat, zakaňkat **2** zatemnit, zastřít ● *s* **1** skvrna, kaňka **2** rozmazaný zvuk

blurb [ˈblə:b] záložka přebalu knihy

blurt [ˈblə:t], ~ **out** vyhrknout, vybleptnout

blush [ˈblaš] *v* **1** za-, červenat se **2** stydět se ● *s* ruměnec ● *a at (the) first* ~ na první pohled **–er** červeň na tváři, ruměnec

bluster [ˈblastə] *v* **1** bouřit, burácet **2** zuřit, vztekat se ● *s* burácení, řev; hrozby

boa [ˈbəuə] **1** zool. hroznýš **2** boa kožišina

boar [ˈbo:] zool. kanec

board [ˈbo:d] *s* **1** prkno; deska **2** lepenka, kartón **3** jídelní stůl, tabule **4** strava **5** pl prkna jeviště **6**

výbor, rada, komise, ministerstvo (*B~ of Trade* ministerstvo obchodu) **7** okraj paluby, bok lodi ♦ *above ~* otevřeně, poctivě; *be on the ~* být členem správní rady; *on ~ (the) ship* na palub|ě, -u (lodi); *free on ~* zkr. *f.o.b.* vyplaceně až na palubu; *put* on the ~* vyhlásit na černé desce ● *v* **1** stravovat (se) (*with* u, *out* venku) **2** vstoupit na loď; nastoupit do vlaku apod. **3** zabednit ~ **out** stravovat se mimo podnik / domov ~ **up** zabednit **-er** [-ə] **1** strávník, "krk" **2** chovanec internátu, hovor. študák na intru **3** útočník na loď **4** nosič protestního plakátu **-ing** [-in] **1** stravování, strava **2** bednění **-ing-house*** penzión **-ing-school** internátní škola

boast [ˈbəust] *s* **1** vychloubání, chvástání **2** chvála (*of* či) ● *v* chlubit se (*about* čím); honosit se

boat [ˈbəut] **1** člun, loď(ka) **2** malá loď, parník **3** omáčník ● *v* jet, jezdit parníkem, na loďce ♦ *burn one's -s* spálit za sebou mosty; *go* -ing* jít na lodičky; *take* a ~ for* jet lodí do **-el** [- ˈtel] botel **~-house*** úschovna loděk **-man*** **1** majitel půjčovny loděk **2** převozník **3** bárkař **-swain** [ˈbəusən] loďmistr, slang. bocman **-train** vlak s připojením na loď

Bob [ˈbob] domácky *Robert* Bobík

bob [ˈbob] *v* (-bb-) **1** nad-, po-|skakovat, tančit **2** pohodit hlavou **3** nakrátko přistřihnout (*-ed hair* chlapecký účes) **4** sport. jezdit na bobu ● *s* **1** závaží kyvadla **2** chlapecký účes **3** ustřižený ocas koně **4** brit. slang. pl = sg šilink **5** sport. bob **6** pohození, trhnutí **~-sleigh** [-slei], **~-sled** [-sled] bob, závodní sáně

bobbin [ˈbobin] cívka, vřeteno; kaloun

bobby [ˈbobi] brit. hovor. polda **-socks**, reklamně **-sox** hovor. ponožtičky **-soxer** [-soksə] hovor.

děvče, žabec, pulec

bode [ˈbəud] věstit (*it -s well, ill to* je dobré, špatné znamení) **-ful** [-ful] zlověstný

bodice [ˈbodis] živůtek; korzet

bodily [ˈbodili] *a* tělesný, fyzický ♦ *~ injury* tělesné zranění; *~ wants* tělesné potřeby ● *adv* **1** tělesně **2** jako jeden muž, v celku

bodkin [ˈbodkin] šněrovací jehla, žengle

body [ˈbodi] **1** tělo **2** trup **3** hovor. osoba **4** těleso (*heavenly* nebeské) **5** hlavní část čeho: těleso, karosérie; text listiny; loď chrámu **6** orgán, společenstvo, korporace; sbor, kolektiv **7** souhrn, soustava ♦ *~ corporate* právnická osoba; *in a ~* hromadně, korporativně; *~ mike* am. hovor. osobní mikrofon; *~ of laws* právní řád, souhrn právních norem; *the ~ politic* státní těleso, stát; *~ stocking* ženský trikot **~-building** kulturistika **~-guard** tělesná stráž

Boer [ˈbuə] Búr

boffin [ˈbofin] slang. vědátor, koumal

boffo [ˈbofəu] brit. senzační, neobyčejně úspěšný

bog [ˈbog] močál **-gy** [-i] bažinatý

bogey = *bogy*

boggle [ˈbogl] vylekat se (*at* čím), být nejistý; zapotácet se; handrkovat se

bogie [ˈbəugi] brit. žel. podvozek

bogus [ˈbugəs] podvodný, falešný, předstíraný

bogy [ˈbəugi] strašidlo, strašák; slang. čmuchal, polda

Bohemi|a [bəuˈhi:mjə] **1** Čechy **2** bohéma **-an** [-ən] **1** bohém; -ský **2** zast. Čech; český ♦ *~ Brethren* Čeští bratři; *~ Forest* Šumava, Český les; *~ glass* české sklo, křišťál

boil [ˈboil] *v* **1** u-, vy-, vařit (se), kypět **2** vyřítit se ♦ **-ing** hot vařící; *on the ~* ve varu, *~ away* vyvařit (se) *~ down* **1** svařit (se), zahustit (se) **2** scvrknout se (*to* na) pouhý... ~ **over** překypět, nechat vzkypět ● **s 1** var **2** nežit **–er** [-ə] **1** (parní) kotel, bojler **2** ohřívač vody

boisterous [ˈboistərəs] **1** bouřlivý, divoký, prudký **2** hlučný, nespoutaný

bold [ˈbəuld] **1** smělý, neohrožený **2** drzý, troufalý **3** strmý **4** výrazný ◆ **make*** ~ **to** inf osmělit se a... **~-faced 1** drzý **2** polygr. (půl)tučný

bole [ˈbəul] kmen; pilíř; válec

boletus [bəˈli:təs] bot. hřib

boll [ˈbəul] bot. tobolka

Bolshev|ik [ˈbolšəvik] s bolševik, komunista ● a bolševický, komunistický **–ism** [-izəm] bolševismus, komunismus **–ist** [-ist] = Bolshevik

bolster [ˈbəulstə] s vycpaný podhlavník; podložka, nárazník ● v podložit (poduškou) ~ **up** podepřít

bolt [ˈbəult] s **1** závora, zástrčka; západka **2** svorník **3** blesk **4** hist. šipka **5** únik, útěk ◆ **make*** a ~ **for it** vzít nohy na ramena ● v **1** splašit se; utéci, vyběhnout, vyrazit **2** zavřít (na závoru), zastrčit (dveře) **3** z-, hltat (~ **down**) **4** sbalit do role **5** vystoupit ze strany

bomb [ˈbom] **1** puma, ruční granát **2** bomba **3** neúspěch, propadák ● v **1** bombardovat **2** hovor. vybouchnout selhat: he ~ed the exam vybouchnul u zkoušky **–er** [ˈbomə] bombardér **–let** [-lit] bombička **~-proof** neprůstřelný **~-shelter** protiletecký kryt ~ **-shell** dělostřelecký granát, bomba přen. as a ~ jako puma náhle **~-site** proluka po vybombardování

bombard [bomˈba:d] bombardovat, ostřelovat z děl **–ment** [-mənt] dělostřelecká palba

bombast [ˈbombæst] nabubřelost **-ic** [-ˈbæstik] nabubřelý

bonanza [bəuˈnænzə] bohaté rudné naleziště; zlatý důl; prosperita

bon-bon [ˈbonbon] bonbón; přen. bonbónek

bond [ˈbond] s **1** pouto, svátek **2** pl (sg zast.) pouta **3** závazek, záruka **4** dluhopis, obligace **5** vazba zdiva **6** celní závěra, celní skladiště ● v **1** vázat zdivo **2** zajistit úpisem **3** uložit zboží do celního skladiště ◆ in ~ pod celní uzávěrou; in -s v poutech; -ed goods zboží pod celní uzávěrou; -ed warehouse* celní skladiště

bond|age [ˈbondidž] nevolnictví; otroctví **–(s)man*** nevolník, otrok

bone [ˈbəun] s kost ● have a ~ to pick with so. mít si s kým co vyřídit; ~ of contention jablko sváru; make* no -s about nedělat cavyky s ● v vykostit **~-meal** kostní moučka

bonfire [ˈbonˌfaiə] hranice, vatra, oheň

bonnet [ˈbonit] **1** dětský čepeček; dámský klobouček **2** brit. kryt, kapota **3** skot. baret ◆ ~ rouge [ˌboneiˈru:ž] brit. frygická čapka

bonny [ˈboni] **1** skot. švarný **2** milý **3** zdravý

bonus [ˈbəunəs] pl -es -iz **1** prémie, přídavek **2** superdividenda, bonus

bony [ˈbəuni] kostnatý

boo [ˈbu:] vypískat řečníka

booby [ˈbu:bi] hlupák, trouba, blb, cvok **~-hatch** am. slang. cvokárna **~-trap** pekelný stroj v balíčku; past, léčka

book [ˈbuk] s **1** kniha, knížka (the B~ bible) **2** sešit; blok **3** libreto, scénář ◆ ~ jacket přebal ● v **1** zapsat, zaznamenat (si) **2** předplatit si; zajistit si **3** brit. koupit si lístek **–binder** knihař **–case** knihovna **–ing-clerk** pokladní(k) **-ing-office** brit. osobní pokladna nádražní, divadelní **–ish** [-iš] knižní **~-keeping** účetnictví **–let** [-lit] **1** knížka **2** brožur(k)a **~-maker** sázkař **–mark** záložka **–mobile** [-ˈməuˌbi:l] am. pojízdná knihovna **~-plate** ex libris **–seller**

knihkupec **–shelf*** polička na knihy, regál **–shop** brit. knihkupectví **–store** am. knihkupectví ~ **token** brit. dárková knižní poukázka **–worm** knihomol

boom [ˈbuːm] s 1 námoř. vratipeň; ráhno, bidlo 2 dunění, hukot, let. třesk motoru letadla 3 konjunktura, rozmach, vzestup, prudké stoupání cen 4 velká móda 5 úspěch • v 1 dunět, hučet 2 mít konjunkturu, prudce vzrůstat 3 dělat reklamu, kampaň

boomerang [ˈbuːməræŋ] bumerang

boon [ˈbuːn] požehnání, dobrodiní • a veselý, příjemný (*companion* společník)

boor [ˈbuə] neotesanec, hrubián

boost [ˈbuːst] v 1 hovor. vysadit na strom 2 přen. protlačit, prosazovat, propagovat, fedrovat 3 hnát vzhůru (*prices* ceny) 4 elektr. zvyšovat napětí, výkon • s 1 zvýšení cen 2 vzestup, výkyv vzhůru, konjunktura 3 prosazování koho, reklama, propagace **–er** 1 propagátor 2 retranslační stanice 3 zesilovač 4 ~ *rocket* nosná raketa

boot[1] [ˈbuːt] s 1 bota, holínka, kozačka, gumová přezůvka 2 brit. zavazadlový prostor, kufr 3 vykopnutí, vyhazov 4 zábava, legrace • v 1 vykopnout koho (*out of* z) 2 výpoč. tech. startovat počítač zavádět systém do operační paměti **–black** čistič bot ~ **disk(ette)** výpoč. tech. startovací disk(eta) **–ee** dámská kotníčková polobotka; dětská botička **–jack** zouvák **--lace** brit. tkanička **–legger** [-legə] am. slang. pašerák lihovin **--tree** kopyto, napínák

boot[2] [ˈbuːt]: *to* ~ k dobru, navíc

booth [ˈbuːð] 1 bouda, stánek 2 kiosk, budka (*voting, telephone* volební, telefonní)

booty [ˈbuːti] kořist, lup; úlovek

booze [ˈbuːz] chlastat

bop[1] [bap] v uhodit, praštit • s úder, rána

bop[2] [bap] s bop jazzový styl (viz bebop)

bo-peep [bəuˈpiːp] dět. hra na jukanou

border [ˈbɔːdə] s 1 okraj, obruba, lem 2 hranice; pohraničí (*Scottish B~*) 3 krajový záhon ◆ ~ *line* hraniční, sport. pomezní čára • v 1 ob-, roubit, o-, lemovat 2 ohraničovat, sousedit (*on, upon* s) **–er** (-rə) hraničář **–land** pohraničí, pomezí **--line** pomezní (*case* případ)

bor|**e** [ˈbɔː] v 1 pro-, vy-, vrtat 2 nudit, hovor. otravovat 3 pt od *bear* • s 1 vývrt 2 světlost, kalibr 3 vrták, nebozez 4 nuda, nudný člověk 5 přílivová vlna v řece **–er** [-rə] vrták, nebozez **–edom** [-dəm] nuda **–ing** nudný

born [ˈbɔːn] pp od *bear* • a 1 narozený, zrozený 2 rozený; vrozený: *a ~ musician* rozený hudebník, *a ~ liar* rozený lhář 3 pocházející / pramenící z čeho: *distrust ~ of experience* nedůvěra pramenící ze zkušenosti

borough [ˈbʌrə] 1 samosprávné město 2 brit. výsadní měst|o, -ečko zastoupené v parlamentu 3 am. obec v některých státech

borrow [ˈbɔrəu] vypůjčit si

Borstal [ˈbɔːstl] nápravné zařízení pro mladistvé provinilce

bosom [ˈbuzəm] 1 poprsí, ňadra 2 záňadří 3 am. náprsenka košile 4 přen. nitro; klín, lůno 5 přen. hladina moře; povrch, hlubina země ◆ ~ *friend* přítel, -kyně

boss [ˈbɔs] s 1 výrůstek, výčnělek 2 pukla, kulatý knoflík 3 hovor. šéf, bos, mistr, dozorce, předák 4 s-lang. politický předák (*big ~* šéf, bos, hlavoun, pohlavár) • v poroučet, mistrovat, dělat pána **–y** [-i] pánovitý

botan|**ic** [bəˈtænik] jen *the B~ Gardens* botanická zahrada **–ical** [-ikl] botanický **–ist** [ˈbotə-

nist] botanik **–y** ['botəni] botanika
♦ **B~** *wool* australská vlna
botch ['boč] *s* fušerská práce ● *v* hudlařit, fušovat
both ['bəuθ] *a* a *pron* oba, jeden i druhý: *~ of us / you* my / vy oba ● *conj:* *~. . . and* jak. . . tak, (i. . .) i *~-way* obousměrný, dvojcestný
bother ['boðə] *v* **1** rozrušit, mast, trápit koho **2** trápit se (*about* čím) ● *s* trápení, potíž
bottle ['botl] *s* **1** láhev, lahvička **2** sklenice kompotová ● *v* stáčet do lahví, plnit do sklenic; *-ed beer* láhvové pivo; *-ed fruit* zavařené ovoce *~ up* potlačit *~-feed* krmit dítě z láhve *~-neck* **1** hrdlo láhve **2** přen. dopravní zácpa **3** úzký profil, bolest **4** zúžení cesty
bottom ['botəm] *s* **1** dno, spodek **2** dolní část, okraj **3** úpatí, pata kopce **4** základy domu **5** sedadlo **6** hovor. zadnice **7** loď, nitro lodi **8** obyč. pl *-s* nížiny podél řek **9** pl *-s* spodky pyžama, plavek **10** námoř. kýlový prostor **11** podstata **12** nejvzdálenější bod ● *a (the) ~* na dně; přen. *v podstatě ~ up* vzhůru nohama ● *a* **1** spodní, dolní **2** nejnižší (*price* cena) **3** poslední, základní (*cause* příčina) ● *v* **1** opatřit dnem, sedadlem **2** přen. založit, postavit (*on* na čem), podložit čím **3** dostat se na kloub, dopátrat se **4** vyčerpat důl **–less** [-lis] **1** bez dna, sedadla **2** bezedný **–ry** [-ri] zástava lodi i s nákladem, zápůjčka na loď
bough ['bau] hlavní větev
bought ['bo:t] *prep* a *pp* od *buy*
bouillon ['bu:ljən] *s* hovězí vývar, bujón
boulder ['bəuldə] **1** valoun **2** bludný balvan
bounce ['bauns] *v* **1** skákat o míči **2** vynadat komu, vyjet si na koho **3** odrazit se, odskočit (*back from* od) **4** vřítit se (*into* do) **5** vyskočit (*out* ven), vyřítit se (*out of* z) **6** vychloubat se **7** vehnat, vmanévro-

vat (*a p. into* koho do čeho) **8** am. slang. vyhodit ze zaměstnání **9** slang. být vrácen nekrytý šek *~ about* poskakovat sem a tam ● *s* **1** rána, bouchnutí **2** odraz, odskok; pružnost (*of a ball* míče) **3** chvástání **4** verva ● *adv* najednou, náhle ● interj. bum, buch, bác **–er** [-ə] **1** chvastoun; lhář **2** nestoudná lež **3** hovor. sekáč **4** slang. nekrytý šek **–ing 1** kypící zdravím, nařvaný **2** chvástavý **3** nestoudný (*lie* lež)
bound¹ ['baund] *pt* a *pp* od *bind* ♦ *~ for* jedoucí kam
bound² ['baund] *s* **1** hranice, mez(e) **2** skok, odraz ♦ *out of -s* z mezí, proti řádu; zakázaný; *set* *-s* ohraničit (*to* co), klást meze čemu; *within the -s of possibility* v mezích možnosti ● *v* **1** omezovat, poutat **2** (o)hraničit **3** přiléhat (*on* k) **4** skákat, odrazit se **–ary** [-ri] hranice; sport. pomezní čára **–er** [-ə] hovor. nevychovanec, hulvát **–less** [-lis] bezmezný, neohraničený
bounden ['baundən] zast. *pp* jen *one's ~ duty* či svatá povinnost
bount|eous ['bauntiəs], **–iful** [-iful] kniž.**1** štědrý **2** hojný, bohatý **–y** [-i] **1** štědrost **2** výnos **3** dar **4** prémie; mimořádná odměna **5** subvence
bouquet [bu'kei] **1** kytice **2** aróma, vůně vína
bourbon ['bə:bən] **1** reakcionář, *atr* reakční **2** burbonka kukuřičná whisky
bourgeois ['buəžwa:] měšťák, buržoust ♦ *petty ~* maloměšťák **–ie** [,buəžwa:'zi:] buržoazie ♦ *petty ~* maloburžoazie
bourn(e) ['buən] **1** potůček **2** mez, hranice
bout ['baut] **1** kolo zápasu, šichta, zasedání **2** záchvat (*of illness* nemoci) ● *a at one ~* náraz; *~ of drinking* pitka; *this ~* tentokrát
boutique [bu'ti:k] *s* malý obchod s dárky / módním zbožím / módní-

mi doplňky

bovine [ˈbəuvain] **1** hovězí, volský **2** přen. tupý; líný

bow¹ [ˈbau] *v* **1** sklonit, sklánět (se) (*to* před kým, *beneath* pod čím), o-hýbat (se) **2** po-, klonit se **3** smeknout (na pozdrav) jen o mužích **4** (s poklonami) uvést (*in* dovnitř, *up* nahoru); vyprovodit (*out, out of* z, *down* dolů) ♦ ~ *one's assent, one's acknowledgement* uklonit se na souhlas; *one's thanks* poděkovat úklonou; *-ed down by* (*care*) zkrušený (starostmi) ● *s* po-, ú|klona ♦ *make* a p. a ~ u-klonit se komu; *make* *one's* ~ poděkovat se o herci

bow² [ˈbau] *s* **1** oblouk **2** luk **3** pl lučištníci **4** smyčec; tah (smyčcem), smyk **5** pl kružítko **6** smyčka **7** mašle, motýlek vázanka **8** u-cho košíku apod. **9** obyč. pl příď lodi **10** arkýř(ové okno) ♦ *bend*, *draw* *the* ~ napnout luk; *tie in a* ~ uvázat na smyčku ● *v* hrát (na s-myčcový nástroj); ohnout (se) **~-leg-ged** s nohama do o **-man*** **1** lukostřelec **2** veslař na přídi člunu **~-string** tětiva luku **~-window** arkýřové okno

bowdlerize [ˈbaudləraiz] expurgovat, vykuchat knihu

bowels [ˈbauəlz] pl **1** střeva, vnitřnosti **2** přen. srdce, cit

bower [ˈbauə] **1** besídka, loubí **2** bás. komnata, ložnice, budoár **-y** [-ri] *a* besídkovitý; listnatý, stinný ● *s* **1** zast. am. usedlost, dvůr **2** *the B~* ulice v New Yorku, útočiště lidí, kteří jsou na dně

bowie-knife* [ˈbəuinaif] am. dlouhý lovecký nůž

bowl [ˈbəul] *s* **1** polokulovitá mísa, miska **2** široká váza **3** kniž. pohár, číše **4** kvas, pitka **5** hlavička (*of a pipe* dýmky) **6** (šišatá n. excentrická am. zavěšená) koule **7** pl hra v bowls ● *v* **1** hrát bowls **2** koulet; honit (*one's hoop* obruč) **~ a-long** frčet, ujíždět; fičet; klouzat

o lodi **~ out 1** vyrazit, vyhodit **2** porazit **~ over** vyřídit, položit koho, vyvést z konceptu

bowler [ˈbəulə] buřinka, tvrďák

bowsprit [ˈbəusprit] námoř. čelen

bow-wow [ˌbəuˈwəu] *interj.* haf haf ● *s* **1** štěkání **2** dět. pejsek

box [ˈboks] *s* **1** krabi|ce, -čka, kazeta, dóza; bednička; dárkový balíček **2** schránka, pouzdro, truhlík **3** pokladnička **4** div. lóže **5** box v kavárně **6** stání ve stáji, box, kóje pro auta; poštovní přihrádka **7** kozlík **8** budka **9** polygr. přihrádka kasy **10** políček: jen ~ *on the ear* facka, pohlavek **11** zimostráz, buxus ♦ *Christmas* ~ vánoční dárek ● *v* **1** dávat, balit do krabic(e) **2** ustájit koně **3** brit. uložit doklad u soudu **4** boxovat **5** zpolíčkovat: jen ~ *the ear(s)* na-, z|pohlavkovat, nafackovat ~ *up* **1** zabalit do krabice **2** vtěsnat (*in* do) **–calf** chrómová teletina **–er** [-ə] boxer, sport. i druh psa **~-office** div. pokladna; kasovní úspěch atr kasovní

boxing [ˈboksiŋ] box, -ování **B~-day** brit. den sv. Štěpána, druhý vánoční svátek **~-gloves** pl boxerské rukavice **~-match** pěstní, boxerský zápas **~-weight** boxerská váha

boy [ˈboi] **1** hoch, chlapec: *old* ~ kamaráde! **2** fam. dobrý kluk **3** zřízenec, sluha, boy **~-cousin** bratranec **~-friend** přítel, kamarád **–hood** [-hud] **1** chlapectví **2** chlapci **–ish** [-iš] **1** chlapecký **2** klukovský **~-scout** skaut

boycott [ˈboikət] *s* bojkot ● *v* bojkotovat

bra [ˈbra:] podprsenka

brace [ˈbreis] *s* **1** spon(k)a, svorka **2** tech. výztuha, vz-, pod|pěra o-pora; též *-s*, pl zubní rovnátko **3** *a pair of -s* šle **4** pl = sg po číslovce pár, -ek (*five* ~ *of partridges* pět párů koroptví) **5** polygr., mat. složená závorka ♦ ~ *and bit* truhlářský kolovrátek; svidřík ● *v* **1** připevnit, napnout, utáhnout; podepřít; vyztužit; pevně opřít (on o) **2** dotírat, naléhat **3** am. zaujmout pevný postoj **4** sepnout dohromady **5** námoř. natáčet plachtu ◆ ~ *o.s. up*, ~ *one's energies* sebrat se, napnout (všechny) své síly

bracelet ['breislit] s **1** náramek **2** pl **-s** slang. želízka, pouta

brachial ['breikjəl] med. pažní

brachycephalic [ˌbrækikəˈfælik] krátkolebý

bracken ['brækən] bot. vysoké kapradí, hasivka orličí

bracket ['brækit] s **1** stav. konzola, nosič, podpěra **2** sklápěcí polička **3** závorka (*round -s, square -s*), svorka **4** hovor. skupina, třída ● v **1** dát do závorek **2** spojit svorkou; uvést pohromadě **3** voj. zastřelovat cíl

brackish ['brækiš] *water* brakická, poloslaná voda

bradawl ['brædo:l] šídlo

brag ['bræg] s chvástání, chlouba ● v (*-gg-*) chvástat se, chlubit se (*of* čím) ● a am. vynikající

braggart ['brægət] s **1** chvastoun ● a chvástavý, chvastounský

Brah|min, -man ['bra:min, 'bra:mən] bráhman, am. přen. intelektuál, učený pedant **-ic(al)** [ˌ-'minik(l)] bráhmanský **-ism** [-minizəm] bráhmanismus

braid ['breid] s **1** cop **2** stužka **3** tkanice, lemovka; prýmek ● v **1** plést vlasy, kvítí, splétat **2** lemovat, premovat **3** proplétat se

braille ['breil] s slepecké písmo ● v psát, tisknout, slepeckým písmem

brain ['brein] **1** mozek **2** pl mozeček jídlo **3** obyč. pl rozum, inteligence; *man* of *-s* inteligentní člověk ◆ *blow* out a p's *-s* prohnat komu kulku hlavou; *have a t. on the ~* mít čeho plnou hlavu; ~ (s) trust mozkový trust **~-drain** odliv mozků **~-fag** brit. duševní vyčerpanost **~-fever** zápal moz-

kových blan **-less** [-lis] hloupý, neinteligentní ~ **power** vědecko-výzkumné kádry, vědecká a tech. inteligence **~-sick** duševně chorý, pomatený **-wave** brit. hovor. náhlý nápad **-work** duševní práce **-y** [-i] inteligentní, nápaditý

braise ['breiz] dusit maso

brake ['breik] s **1** brzda **2** houští **3** kapradí ◆ *put* on, *apply the* ~ použít brzdy, za-, brzdit ● v brzdit **-man*** am., **-sman*** brit. brzdař

braless ['bra:lis] bez podprsenky

bramble ['bræmbl] bot. ostružiník, ostružina (~ *jelly* ostružinové želé) **-berry** ostružina plod

bran ['bræn] otruby

branch [bra:nš] s **1** vět|ev, -évka **2** výpoč. tech. větvení programu **3** obor vědní; odvětví **4** pobočka, filiálka **5** odbočka cesty, potrubí **6** rameno řeky ◆ *root and* ~ od základu, naprosto ● v **1** obyč. ~ *out, forth* vyhnat větve, rozvětvovat se **2** obyč. ~ *out, off away* odbočovat, odbíhat, oddělovat se (*from* od) ~ *out* rozvětvovat se; přen. větvit se, rozrůstat se, rozbíhat se, rozvíjet (se) **-y** [-i] větevnatý

brand ['brænd] s **1** oharek **2** cejch; vypálené znamení **3** cejchovačka **4** obchodní značka; druh, jakost zboží ● v **1** vypálit znamení; značkovat dobytek **2** vtisknout (*on one's memory* do paměti) **3** označit (*a p. as a liar* koho za lháře) **~-new** zbrusu nový

brandish ['brændiš] hrozivě mávat (*a sword* mečem)

brandy ['brændi] brandy, koňak

brash ['bræš] s drť, (drobný) štěrk ● a am. hovor. drzý **~-ice** ledová tříšť

brass ['bra:s] **1** mosaz **2** *the* ~ dechové nástroje, plechy; hovor. uniformované veličiny **3** hovor. drzost, nestoudnost **4** pamětní deska **5** brit. slang. prachy ◆ ~ *band* dechová kapela; ~ *farthing* zlámaná grešle; *get down to* ~ *tacks* jít na kořen věci; ~ *hat* oficír **–y** [-i] **1** mosazný **2** mosazně žlutý **3** vřeštivý, břeskný **4** halasný, křiklavý **5** drzý, nestoudný

brasserie [ˈbræsəri] pivnice, jídelna v restauraci

brassiére [ˈbræsiə] podprsenka

brat [ˈbræt] hanl. spratek, fracek

bravado [brəˈvɑːdəu], pl -(e)s [-z] bravura, bravurní kousek ♦ out of ~ z bravury

brave [ˈbreiv] a **1** statečný, udatný **2** odvážný čin **3** zast. skvělý, nádherný ● s am. indiánský válečník ● v **1** vzdorovat, čelit **2** statečně snášet ♦ ~ it out vzdorně si počínat **–ry** [-ri] **1** udatnost, odvaha **2** okázalost, nádhera

bravo [ˌbrɑːˈvəu] interj. výborně!, bravo! ● s najatý vrah, bandita

brawl [ˈbrɔːl] s hádka, výtržnost ● v **1** hádat se, povykovat **2** voda hučet **–er** [-ə] výtržník

brawn [ˈbrɔːn] **1** sval, maso; přen. svalová síla **2** vepřový rosol, huspenina **3** hrubá pracovní síla **–y** [-i] **1** svalnatý **2** silný, statný

bray [ˈbrei] s hýkání ● v **1** hýkat **2** vřeštět o trubce **3** roztlouci, rozetřít

brazen [ˈbreizn] **1** mosazný **2** tvrdý, kovový **3** žlutý **4** břeskný **5** drzý ~ out drze se tvářit ♦ ~ it out drze zapírat **~-faced** [feist] drzý, nestoudný

Brazil [brəˈzil] Brazílie **–ian** [-ljən] a brazilský ● s Brazilec; brazilská portugalština

breach [ˈbriːč] s **1** porušení, přestoupení (of the law zákona) **2** pře-, z|rušení, roztržka, rozpor **3** trhlina, mezera **4** voj. průlom ♦ stand* in the ~ čelit nejprudšímu náporu; nést všechnu odpovědnost ● v prolomit; voj. udělat průlom; porušit

bread [ˈbred] **1** chléb **2** živobytí ♦ ~ and butter chléb s máslem; ~ job výdělečná činnost **~-board** prkénko na krájení chleba ~ **-crumb 1** střída chleba **2** pl drobty; strouhaná houska ~

-winner 1 živitel **2** prostředek k živobytí

breadth [ˈbretθ] **1** šířka, šíře **2** plocha, rozloha **3** velkorysost ♦ ~ in behaviour hanl. dovolené, neomalené chování; ~ of mind velkomyslnost; ~ of views rozhled **–ways, –wise** našíř, po šířce

break* [ˈbreik] v **1** z-, lámat (se), zlomit (se), přetrhnout (se), rozbít (se) (against o co) **2** polámat se **3** porušit, nedodržet **4** zmírnit (fall pád) **5** z-, krotit, drezírovat (a horse koně) **6** propuknout **7** přivodit, učinit úpadek **8** vloupat se (into do) **9** dát se (do) **10** prorazit, proniknout (through čím, skrz co) **11** (za)nechat (with čeho) **12** rozejít se (with s) **13** hud. rozložit akord ~ **away 1** vytrhnout se, přen. uprchnout (from komu) **2** nechat, zbavit se (from čeho) **3** rozejít se (from s) ~ **down 1** strhnout (a wall zed); vyrazit **2** rozdrtit, zlomit (resistance odpor) **3** obch. rozepsat, specifikovat **4** zhroutit se o zdraví, plánech **5** tech. selhat, mít defekt ~ **forth 1** vyšlehnout **2** vypuknout **3** propuknout (into v) ~ **in 1** vloupat se **2** plést se do věci **3** vylomit, vyrazit **4** krotit, drezírovat **5** zvykat (to čemu) **6** přerušit (on, upon koho), plést se (do) **7** vrazit (on, upon ke komu), vyrušit (koho) ~ **off 1** u-, od|lomit (se) **2** pře-, z|rušit **3** odmlčet se ~ **out 1** pro-, vy|puknout; vybuchnout **2** uprchnout (of prison z vězení) ~ **through 1** prolomit **2** překonat ~ **up 1** rozbít (se), rozmlátit (se) **2** rozehnat, rozprášit **3** rozpustit (an assembly shromáždění), rozejít (se) **4** chem. rozbít **5** chátrat o lidech **6** končit školu ♦ ~ an appointment nepřijít na schůzku; hovor. be (slang. stony) broke být bankrot, na mizině; ~ camp zvednout tábor; hovor. go* broke zkrachovat; ~ even vyjít (bez zbytku, přen. i bez zisku); ~

(new) ground zorat úhor, přen. připravit půdu pro; ~ *into pieces* rozbít (se) na kusy; ~ *the law* porušit zákon; ~ *loose* utrhnout se, utéci; ~ *open* vy‖lomit, -páčit, vloupat se do; ~ *the peace* porušit veřejný pořádek; ~ *one's word* nedodržet slovo ● s **1** zlomení; zlomenina **2** otvor; průlom **3** přestávka **4** přelom, změna, zvrat **5** přerušení **6** sport. faleš míče **7** am. zhroucení cen **8** polygr. východ(ová řádka) **9** hovor. šance ♦ *the ~ of day* rozbřesk, úsvit **–able** [-əbl] rozbitný, křehký **–age** [-idž] **1** rozbití **2** obch. sleva za poškození zboží **3** z-, lom **–away** odpadnutí, odtržení; sport. rychlý start **~–down 1** zhroucení **2** tech. havárie, porucha, defekt **3** obch. specifikace, rozpis **–even** [-i:vn] rozvážný, vyrovnaný **–neck** krkolomný **–through** průlom, nečekaný objev n. pokrok **–up 1** roz‖pad, -klad **2** rozdělení, rozdrobení **–water** vlnolam

breakfast ['brekfəst] s snídaně ♦ *have, eat* one's ~* snídat ● *v* snídat

breast ['brest] s prs(a), ňadro; hruď ● *a child* at the ~* kojenec; *make* a clean ~ of* upřímně přiznat; ~ *stroke* sport. prsa v plavání ● *v* čelit čemu **~–high** po prsa **–work** voj. předprseň

breath ['breθ] **1** v-, vý-, dech **2** (zá)van **3** přen. duch, život ♦ *below / under one's ~* šeptem; *draw* one's ~* nadechnout se; *hold*, catch* one's ~* zatajit dech; *take* ~* oddechnout si **–less** [-lis] **1** udýchaný, bezdechý, nedýchající **2** bezvětrný **–taking** uvádějící v úžas

breathe ['bri:ð] **1** dýchat **2** vy-, od‖dechnout si **3** zadýchat (se) **4** šeptat **5** vanout; foukat hud. nástroj **6** přen. očernit

bred ['bred] *pt* a *pp* od *breed*

breech ['bri:č] **1** zast. zadnice **2** pl

-es ['bričiz] (krátké n. jezdecké) kalhoty **~–loading** *gun* zadovka

breed* ['bri:d] **1** rodit, plodit **2** kniž. vychov(áv)at (*an Englishman born and bred* Angličan rodem i vychováním) **3** chovat, pěstovat (*animals* zvířata) **4** přen. plodit ● *s* **1** plemeno, rasa, rod **2** druh, typ o lidech **–er** [-ə] pěstitel, chovatel ♦ ~ *reactor* množivý reaktor **–ing** [-iŋ] **1** pěstování, chov **2** vy-, chování, způsoby **3** fyz. množení paliva v jaderném reaktoru

breez‖e ['bri:z] s **1** vánek, větřík **2** hovor. potyčka, hádka **3** škvára **4** střeček, ovád ● *v* (~ *along*) fičet **–y** [-ž] **1** větrný **2** svěží, jadrný jazyk; bodrý, žoviální

brethren ['breðrin] pl zast. a bás. od *brother*

Breton ['bretən] a bretonský ● s **1** Bretonec **2** bretonština

brevet ['brevit] voj. s **1** dekret, diplom, patent **2** voj. vyšší titulární hodnost ● *v* udělit titulární hodnost

brevier [brəˈviə] petit písmo

brevity ['brevəti] krátkost, stručnost

brew ['bru:] **1** vařit pivo; ~ *tea* uvařit, udělat čaj **2** chystat se (*there is a storm -ing* žene se bouřka) ● *s* uvařený nápoj, várka **–er** [-ə] sládek **–ery** [-əri] pivovar

briar ['braiə] viz brier

brib‖e ['braib] s úplatek ● *v* u-, pod-, do‖plácet **–able** [-əbl] úplatný **–er** [-ə] úplatkář **–ery** [-əri] úplatkářství ♦ *open to ~* úplatný

bric-á-brac ['brikəbræk] drobné bezcenné starožitnosti

brick ['brik] s **1** cihla **2** kostka (*box of -s* stavebnice) **3** hovor. pašák ● am. *face ~* = brit. *facing- ~* obkládačka; *refractory ~* ohnivzdorná cihla ~ **in**, ~ **up** zazdít **~–clay** cihlářský jíl **~–kiln** cihlářská pec **–layer** [-ˌleiə] zedník **–maker** cihlář **–work** cihlové zdivo, obez-

dívka
bridal [ˈbraidl] s bás. svatba; svatební hostina ● a svatební (veil závoj)
bride [ˈbraid] nevěsta **–groom** ženich
brides|maid [ˈbraidzmeid] družička **–man*** družba
bridge [ˈbridž] s 1 most; lávka 2 kapitánský můstek 3 med. můstek 4 kobylka houslí 5 bridž karetní hra ◆ ~ of boat pontonový most ~ **over** přemostit; přen. překlenout **~-head** voj. předmostí
bridle [ˈbraidl] 1 uzda 2 přen. omezení, kontrola ◆ give* a horse the ~ popustit koni uzdu ● v 1 dát uzdu koni 2 držet na uzdě (one's tongue, ambitions jazyk, ctižádost) 3 nést hlavu vzhůru 4 (~ up) pohodit hlavou, zvednout hlavu vzdorně
brief [ˈbriːf] a 1 krátký 2 stručný, úsečný ● s 1 círk. breve 2 práv. výtah ze žaloby vypracovaný práv. poradcem (solicitorem) pro práv. zástupce (baristera) 3 brit. a ~ soudní případ 4 instrukce ◆ ~ case aktovka; hold* a ~ for zastávat se koho; in ~ krátce (řečeno) ● v 1 práv. vzít si za práv. zástupce, dát nutné informace práv. zástupci 2 instruovat **–ing** [-iŋ] krátká informace (např. novinářům)
brier, briar [ˈbraiə] 1 bryerka dýmka 2 vřes 3 trnitý keř ◆ B~ rose = dog-rose
brig [ˈbrig] briga
brigade [briˈgeid] s 1 brigáda (tank, voluntary tanková, dobrovolná) 2 oddíl: a fire ~ požární sbor, požárníci ● v 1 utvořit brigádu, oddíl 2 zařadit do brigády
brigadier [ˌbrigəˈdiə] 1 brit. brigádník 2 (am. ~ general) brigádní generál 3 brigadýr, vedoucí brigády
brigand [ˈbrigənd] s lupič, bandita
bright [ˈbrait] a 1 jasný, lesklý, zářivý, blýskavý 2 pestrý 3 veselý, šťastný 4 čirý 5 bystrý, chytrý,

pohotový ● adv jasně **–en** [-ən] (~ up) naleštit, dodat lesku; vyjasnit (se); rozveselit (se); oživit **–ness** [-nis] 1 jas, lesk 2 bystrost, chytrost 3 skvělost, nádhera
brilli|ance, –ancy [ˈbriljəns, -si] 1 záře, lesk, třpyt 2 skvělost 3 brilantní výkon **–ant** [-ənt] a 1 zářivý, třpytivý, svítivý 2 skvělý, oslnivý, brilantní ● s bril(i)ant
brim [ˈbrim] s 1 okraj 2 střecha klobouku ● v (-mm-) naplnit až po okraj ~ **over** přetékat, překypovat (with čím) **–ful** [ˌbrimˈful] plný (of čeho), oplývající (čím), kypící (of health zdravím)
brindle(d) [ˈbrindl(d)] strakatý na hnědém základě, skvrnitý
brine [ˈbrain] 1 slaná voda 2 bás. mořská sláň 3 bás. slzy
bring* [ˈbriŋ] 1 při-, nést, při-, vést; nosit 2 vynášet zisk 3 přimět ~ **about** způsobit, přivodit ~ **back** připomenout, přivést na mysl ~ **down** 1 srazit ceny 2 se-, za|střelit ~ **forth** 1 rodit; o zvířeti vrhnout 2 způsobit ~ **forward** 1 před|ložit, -nést 2 převést zůstatek ~ **in** 1 vynášet zisk 2 předložit návrh zákona 3 vynést rozsudek 4 vydělávat 5 předvést, zatknout ~ **off** 1 zachránit, vyprostit 2 hovor. zvládnout ~ **on** přivodit, způsobit ~ **out** 1 uvést do společnosti 2 vydat tiskem 3 vysvětlit, ukázat ~ **over** získat pro ~ **round** přivést k sobě ~ **through** 1 dostat z nesnází 2 dostat z toho, zachránit nemocného ~ **to** 1 přivést k sobě z mdlob 2 zastavit (se) ~ **up** 1 vychov(áv)at 2 (vy)zvracet 3 práv. obvinit, postavit před soud 4 zakotvit, zastavit 5 upozornit na, dát k úvaze ◆ ~ to bear použít, uplatnit; ~ a t. home to a p. přesvědčit koho o čem; důkladně objasnit komu co; ~ to light odhalit; ~ to pass vyvolat, způsobit; ~ to senses přivést k rozumu

brink ['briŋk] po-, o-, kraj **–man-ship** politika na pokraji války

briquet(te) [bri'ket] briketa

brisk ['brisk] a **1** živý, čilý, energický **2** svěží (*air* vzduch) **3** výrazný, perlivý, ostrý ● *v* ~ **up 1** osvěžit, oživit **2** drásavě dolehnout (*upon* na)

brisket ['briskit] hovězí hrudí

bristl|e ['brisl] s štětina ● *v* na-, ježit (se) **–y** [-i] štětinatý, ježatý

Britain ['britən] Británie (*Great ~* Velká B. (= Anglie, Skotsko, Wales, Severní Irsko)

Britannic [bri'tænik] jen *His / Her ~ Majesty* Jeho / Její Britské Veličenstvo

briticism ['britisizəm] am. = *Britishism*

British [britiš] a britský ● the ~ *Isles* Britské ostrovy; *the ~ Empire* Britská říše ● *s* jen *the ~* Britové **-er** [-ə] am. rozený Brit **B~ism** brit. briticismus

Briton ['britən] **1** hist. Brit **2** Brit, Angličan

Brittany ['britəni] Bretoňsko, Bretaň

brittle ['britl] křehký **–ness** [-nis] křehkost

broach ['brəuč] s roženĕ ♦ ~ *spire* jehla věže, věžička stanová ● *v* **1** narazit sud, načít láhev **2** zavést řeč na **3** ryba, ponorka vynořit se

broad ['bro:d] a **1** široký, širý **2** jasný, zřetelný **3** přibližný, povšechný **4** obsáhlý, značný **5** hrubý **6** tolerantní, liberální (*views* názory) **7** ohroublý (*joke* vtip) **8** dialektický (*accent* přízvuk) ● *adv* úplně, široce **~–brimmed** se širokou střechou **–cast** s **1** rozhlas **2** vysílání, pořad, relace ● *v* **1** vysílat rozhlasem **2** sít rozhozem ● *a* **1** vysílaný rozhlasem **2** setý rukou **–caster 1** vysílač **2** osoba účinkující v rozhlasu **3** širokoseci stroj **–casting** vysílání (~ *station* rozhlasová stanice) **–cloth** černé plátno jemné, klot **–en** rozšiřovat

(se) **~–gauge** široký rozchod **~–gauged** širokorozchodný **~–glass** tabulové sklo **–ly** [-li] **1** široko, široce **2** úplně **3** všestranně **~–minded** snášenlivý, liberální **–ness** [-nis] **1** hrubost, ohroublost **2** šířka

Broadway ['bro:dwei] hlavní třída v New Yorku

Brobdingnag ['brobdiŋnæg] země obrů v Gulliverových cestách

brocade [brə'keid] brokát **–ed** [-id] brokátový

broccoli ['brakəli] s bot. brokolice

brochure ['brəušə] odb. brožura

brogue ['brəug] **1** hrubý střevíc; sportovní polobotka **2** nářeční, zvl. irská výslovnost

broil ['broil] s **1** hádka, spor, rvačka **2** velký žár, vedro **3** grilované maso ● *v* **1** péci maso na ohni n. roštu **2** péci se (na slunci) **–er** [-ə] **1** gril **2** brojler mladé kuře na grilování

brok|e ['brəuk] *pt,* zast. bás. *pp* od *break* **–en** [-ən] *pp* od *break*

broker ['brəukə] **1** bankovní agent **2** brit. komisionář, zprostředkovatel, dohodce, překupník, makléř; jednatel **3** brit. vetešník **–age** [-ridž] provize

bromide ['brəumaid] bromid

bronchial ['broŋkjəl] průduškový

bronchitis [broŋ'kaitis] zánět průdušek

bronco ['braŋkou] s am. divoký koník

bronze ['bronz] s bronz ● *v* **1** opálit se do bronzova **2** bronzovat

brooch ['brəuč] brož

brood ['bru:d] s **1** mláďata **2** potomstvo z jedné matky včel **3** přen. rodina, rod ● *v* **1** sedět na vejcích **2** dumat, být zamyšlen (*over* nad) **3** přen. vznášet se (*over* nad), ležet (*on* na) **~–hen** kvočna

brook ['bruk] s potok ● *v* snést, strpět (zprav. jen ~ *no delay* nesnést odklad) **–let** [-lit] potůček

broom ['bru:m] **1** koště **2** bot. janovec

broth [ˈbroθ] vývar, bujón

brothel [ˈbroθl] bordel

brother [ˈbraðə], pt -s, zast. *breth-ren* [ˈbreðrin] **1** bratr **2** pl obyč. *brethren* (spolu) bratr, člen bratrstva **3** krajan **4** kamarád, kolega **–hood** [-hud] **1** bratrství **2** bratrstvo **~-in-law** [ˈbraðərinlo:] pl -s-in-law švagr **–ly** [-li] bratrský

brought [ˈbro:t] pt a pp od *bring*

brow [ˈbrau] **1** obyč. pl obočí; čelo ♦ *knit one's -s* svraštit čelo **2** sráz skály, čelo hory **–beat*** zastrašit

brown [ˈbraun] a **1** hnědý; kaštanový **2** opálený ♦ ~ *paper* balicí papír; ~ *ware* kameninové zboží ● s hněď, hnědá barva ● v natřít na hnědo, zhnědnout, opálit (se) **–ish** [-iš] nahnědlý, hnědavý

browse [ˈbrauz] s výhonky, pupeny, listí ● v **1** okusovat, spásat **2** listovat, probírat se (*on* v čem)

bruis|e [ˈbru:z] s modřina, podlitina, boule ● v **1** pohmoždit, udělat modřinu **2** otlouci (se) o ovoci **–er** slang. boxer; am. rváč

brunette [bru:ˈnet] bruneta

brunt [ˈbrant] hlavní nápor, útok (zvl. *bear* the* ~ snést útok)

brush [ˈbraš] s **1** kartáč, -ek **2** štětka, štětec; smeták **3** kartáčování **4** přestřelka, srážka, šarvátka **5** ohon, ocas, chvost ● v **1** vykartáčovat (si) **2** vyčistit (si) kartáč(k)em **3** zavadit, otřít se (*against* o) ~ *aside* / *away* zavrhnout, zamítnout ~ *off* **1** smést, oprášit **2** odbýt koho ~ *over* lehce přetřít, přemalovat ~ *up* okartáčovat; přen. zopakovat si **–wood** podrost, chrastí

brusque [ˈbrusk] příkrý, prudký, bryskní

Brussels [ˈbraslz] Brusel ♦ ~ *sprouts* růžičková kapusta

brutal [ˈbru:tl] **1** zvířecký, surový **2** slang. otravný **3** krutý, nesnesitelný **–ity** [-ˈtæləti] zvířeckost, brutalita

brute [ˈbru:t] s zvíře, hovado, přen. bestie ● a zvířecký, hrubý, tupý

bub(ba) [bab(ə)] am. kámo, brácho

bubble [ˈbabl] s bublin(k)a ● v bublat (*out* z) **~-car** miniauto s průhlednou střechou ~ *gum* žvýkací guma ~ *over* překypovat (*with* čím)

bubo [ˈbju:bəu] -es [-z] med. zánět mízních uzlin

bubonic [bju:ˈbonik] dýmějový (*plague* mor)

buccaneer [ˌbakəˈniə] bukanýr, pirát

Bucharest [ˈbju:karest] Bukurešť

buck [ˈbak] s **1** zool. jelen, srnec, daněk, sob samec; ramlík, kozel **2** švihák, hejsek **3** am. slang. dolar **4** koza na řezání dříví; těl. přeskok přes kozu ● v **1** skákat, vyhazovat všemi čtyřmi kůň **2** vypínat se, vykračovat si **3** vzepřít se (*at* / *against* čemu) **4** dodat odvahy komu ♦ *be, feel* greatly, much -ed* hovor. být pořádně rozkurážený ~ *off* shodit (jezdce) ~ *up* hovor. hodit sebou **–skin** jelenice, semiš, pl jelenicové kalhoty

bucket [ˈbakit] **1** kbelík, vědro, okov **2** tech. koreček ♦ ~ *lift* korečkový, kapsový výtah

Buckingham [ˈbakiŋəm] ~ *Palace* Buckinghamský královský palác

buckle [ˈbakl] s přezka, spona ● v **1** zapínat (na) přezku **2** ohýbat se, kroutit se tlakem ~ *to* dát se do čeho

buckram [ˈbakrəm] knihařské plátno

buckwheat [ˈbakwi:t] bot. pohanka

bucolic [bju:ˈkolik] pastýřský, bukolický

bud [ˈbad] s pupen; očko; poupě ♦ *be in* ~ pučet, rašit; *nip in the* ~ zničit v zárodku ● v (*-dd-*) **1** pučet, rašit **2** roubovat, očkovat ♦ **–ding** *artist* nadějný umělec

Buddh|a [ˈbudə] Buddha **–ism** [-izəm] buddhismus **–ist** [-ist] buddhista

buddy [ˈbadi] am. hovor. kamarád(íček), hoch

budge [badž] 1 hnout se 2 ustoupit

budget [ˈbadžit] rozpočet ♦ *pass the ~* odhlasovat rozpočet **–ary** [-əri] rozpočtový

Budweiser [ˈbadwaizə] budějovické pivo

buff [ˈbaf] 1 buvolí, hovězí kůže 2 hnědožlutá barva

buffalo [ˈbafələu] 1 buvol 2 voj. obojživelný tank

buffer [ˈbafə] nárazník

buffet [ˈbafit] 1 rána, úder 2 druh kredence 3 [ˈbufei] bufet ● *v* 1 udeřit 2 zápasit (*with the waves* s vlnami)

buffoon [bəˈfu:n] šašek, klaun; šprýmař

bug [ˈbag] 1 štěnice 2 am. hovor. jakýkoli hmyz 3 hovor. nečekaná drobná závada, moucha 4 „štěnička" mikrofon 5 vada, porucha ♦ *big ~* hovor. velké zvíře

bugaboo [ˈbagəbu:], **bugbear** [-beə] strašidlo, bubák

buggy [ˈbagi] s am. 1 kočár: *a horse and ~* kůň a kočár 2 kočárek: *a baby ~* dětský kočárek

bugle [ˈbju:gl] s voj. trubka, polnice ● *v* troubit

build* [ˈbild] *v* 1 stavět, budovat 2 hovor. dát dohromady, sesadit (*a coat* kabát) 3 vestavět, zasadit (*into* do) 4 stavět (*on, upon* na čem), spoléhat se (na) ~ *in* vestavět ~ *up* 1 zazdít 2 vy-, budovat, -tvořit (si); sestavit; dělat komu reklamu 3 upevnit (*one's health* si zdraví) 4 dokola obestavět ● *s* 1 styl, sloh stavby 2 tělesná konstrukce **–er** [-ə] stavitel; přen. budovatel

building [ˈbildiŋ] budova, stavba ♦ *~ land, ground, site* stavební pozemek, staveniště **--lease** pronájem stavebního pozemku **--society** brit. stavební družstvo

build-up [ˈbildap] budování; propracování; rozvoj, růst

built [ˈbilt] *pt* a *pp* od *to build*

bulb [ˈbalb] 1 cibulka rostliny 2 žárovka **–ous** [-əs] cibulovitý

Bulgari|a [ˈbalgeəriə] Bulharsko **–an** [-ən] s 1 Bulhar, -ka 2 bulharština ● *a* bulharský

bulg|e [ˈbaldž] s výduť, boule; břicho sudu; přen. přechodný vzrůst ● *v* vydouvat se, vyboulit se **–ing** [-iŋ] vypouklý, vydutý; přeplněný

bulk [ˈbalk] s 1 množství, objem, rozměr, velikost 2 lodní náklad nebalený ♦ *the ~ of* převážná část čeho; *break* the ~* začít vyloďovat; *in ~* volně sypaný, ložený, ve velkém; *atr* celkový; *a ~ viscosity* celková viskozita ● *v* 1 zdát se, jevit se (*large* velký); přen. být důležitý 2 zjistit přesnou váhu 3 kupit, shrnout ♦ *~ buying* skupování, velkonákup *~ out* nadout, být zbytnělý *~ up* 1 nabýt, vydou(va)t se 2 dostoupit (*to* částky) **–head** přepážka, pažení v lodním prostoru **–y** [-i] 1 objemný, rozměrný 2 neskladný

bull [ˈbul] s 1 býk 2 haussista, spekulant na vzestup 3 (papežská) bula ● *a ~ elephant, whale* sloní, velrybí samec ● *v* 1 vyhánět kursy cenných papírů nahoru 2 spekulovat na vzestup cenných papírů **–dog** buldok **–dozer** [-dəuzə] buldozer

bullet [ˈbulit] kulka, střela **--proof** neprůstřelný

bulletin [ˈbulitin] bulletin (*news ~* přehled zpráv)

bullion [ˈbuljən] 1 neražený kov mincovní (*gold ~* zlato v prutech) 2 hodnota raženého kovu

bullock [ˈbulək] vykleštěný býk; vůl

bully [ˈbuli] s 1 (najatý) rváč, násilník, zvl. žák týrající spolužáky 2 sport (vhazování) buly 3 skrumáž při rugby 4 (*též ~ beef*) konzervované hovězí ● *a* slang. ohromný, prima ● *v* 1 surově týrat, terorizovat zvl. spolužáky 2 sport. vhazovat buly

bulrush [ˈbulraš] sítina

bulwark [ˈbulwək] **1** val, opevnění **2** přen. ochrana, záštita **3** molo, vlnolam

bum [ˈbam] s **1** zadek **2** am. slang tulák, vandrák, flákač **3** tah, flám ● a mizerný ● v (-mm-) **1** toulat se, flákat se **2** am. žebrat na kom; vyžírat koho **–mer 1** am. zaháleč **2** slang. propadák např. film

bumble-bee [ˈbamblbi:] zool. čmelák

bump [ˈbamp] v **1** uhodit (one's head against se do hlavy o co), narazit (into do čeho) **2** námoř. narazit, najet na **3** dát hobla **4** kodrcat (along po) **~ off** am. slang oddělat, odkráglovat koho ● s **1** naráz, (dutý) úder; srážka **2** boule **3** hrbol **4** degradace **5** překážka, nesnáz ● interj. bum! **–y** [-i] **1** hrbolatý **2** kodrcavý

bumper [ˈbampə] **1** plná / vrchovatá číše **2** nárazník auta ● vynikající, skvělý, znamenitý, úspěšný

bumpkin [ˈbampkin] bambula, balík

bumptious [ˈbampšas] namyšlený, domýšlivý, drzý

bun [ˈban] sladká šiška; buchta; brioška ♦ cross ~ jidášek

buna [ˈbu:n] chem. buna

bunch [ˈban, ˈbanš] s **1** trs, chomáč; (~ of flowers) kytice; svazek **2** slang. parta ● v svázat do kytice

bundle [ˈbandl] s ranec, uzel; balík, otýpka, svaze(če)k ● v **1** sbalit, svázat (in do) **2** nacpat (into do) **3** svázat do rance ~ **in** na-, ve-|cpat; ~ **out, off 1** klidit se **2** vyhnat, vypakovat koho ~ **up 1** zachumlat (se) **2** svázat do uzlu, balíku, s-, za|balit

bung [ˈban] s zátka sudu, čep ● v za-, zátkovat ~ **up 1** zanést odtokem **2** ucpat (se)

bungalow [ˈbaŋgələu] chata přízemní s verandou, bungalov

bungl|e [ˈbaŋgl] v zbřídit, zpackat

● s hudlařina **–er** [-ə] packal, břídil

bunk [ˈbaŋk] **1** pryčna, kavalec, palanda **2** slang. kecy ♦ do* a ~ vzít roha

bunker [ˈbaŋkə] **1** bunkr **2** golf písková překážka **3** nesnáz

bunkum [ˈbaŋkəm] žvást, kecy

bunny [ˈbani] I dět. králíček **2** servírka v nočním podniku **3** slang. zajíček dívka

bunting [ˈbantiŋ] **1** zool. strnad **2** praporovina, vlajky **3** hromad. vlajkosláva, vlajková výzdoba

buoy [ˈboi] s bóje; plovák ● v (též ~ out) označit bójí ~ **up** držet nad vodou **–ancy** [-ənsi] **1** vzplývavost, vznosnost **2** fyz. vztlak **3** lehkost, svižnost, bujnost, živost **–ant** [-ənt] **1** vzplývavý, vznosný **2** lehký, svižný, **3** ceny vzestupný

bur [ˈbə:] **1** bot. lopuch bodlak **2** brit. přen. o člověku štěnice, neodbyta

burden [ˈbə:dn] s **1** náklad; břímě, tíha **2** režijní náklady, režie **3** nosnost, tonáž ● v **1** naložit náklad **2** zatížit **–some** tíživý, obtížný

burdock [ˈbə:dok] bot. lopuch

bureau [ˈbjuərəu] pl -s n. -x [-z] s **1** brit. kancelářský psací stůl; sekretář **2** úřadovna, kancelář **3** am. odbor, kancelář **5** výbor; polit. byro **6** am. prádelník se zrcadlem

bureau|cracy [bjuəˈrokrəsi] byrokracie **–crat** [ˈbjuərəukræt] byrokrat **–cratic** [ˌbjuərəuˈkrætik] byrokratický **–cratism** [ˌbjuərəuˈkrætizəm] byrokratismus

burette [bjuəˈret] chem. byreta

burgeon [ˈbə:dž n] s poupě, výhonek ● v rašit, pučet

burger [ˈbə:gə] am. karbanátek

burgess [ˈbə:džis] měšťan

burgl|e [ˈbə:gl] **1** vloupat se **2** vyloupit **–ar** [-ə] lupič **–ary** [-əri] vloupání, loupež

Burgundy [ˈbə:gəndi] **1** Burgundsko **2** b~ burgundské (víno)

burial [ˈberiəl] pohřeb **–ground**

hřbitov; archeol. pohřebiště
burl [ˈbəːl] s chuchvalec ● v text. česat sukno
burlap [ˈbəːˌlæp] s pytlovina, hrubá tkanina
burlesque [bəːˈlesk] a burleskní, fraškovitý ● s burleska, parodie ● v parodovat
burly [ˈbəːli] statný, rozložitý
Burmese [bəːˈmiːz] a barmský ● s pl = sg 1 Barmánec 2 barmština
burn* [ˈbəːn] v 1 hořet 2 po-, pře-, pro-, v-, pálit 3 vy|pálit, -palovat (bricks cihly) 4 spalovat (uranium uran), topit (oil naftou) 5 svítit (candle svíčkou) 6 pálit, žhnout 7 vpálit (into do); přen. vtisknout (si) (do) ♦ ~ to death upálit ~ away 1 hořet 2 shořet ~ down 1 vyhořet; vypálit 2 dohořívat ~ low dohořívat ~ out 1 vyhořet 2 vypálit 3 dohořet ~ up 1 spálit 2 vzplanout **-er** [-ə] hořák, kahan **-ing** [-iŋ] 1 žhavý, ohnivý 2 palčivý (question otázka) 3 zahanbující, ostudný 4 stopa horký
burnish [ˈbəːniš] leštit kov
burnt [bəːnt] pt a pp od burn
burp [bəːrp] v krkat ● s krknutí
burr [ˈbəː] v ráčkovat ● s 1 ráčkování 2 roztřepený řez 3 vrčení, hučení 4 kolo kolem měsíce **~-drill** zubařský vrtáček
burrow [ˈbarəu] s doupě, nora ● v 1 vy-, hrabat (si) doupě 2 žít v doupěti 3 přen. zahrabat se (into do čeho)
burst* [bəːst] v 1 puknout, prasknout 2 pro-, roz|trhnout (se), prolomit (se) 3 vrazit (in do) 4 vpadnout, vtrhnout (into do, upon na) 5 roz-, pro-, puknout (se), puknout (into v), vybuchnout ~ a-sunder 1 rozlomit se 2 rozskočit se ~ forth 1 vyřítit (se), vy|razit -trysknout 2 pro-, vy|puknout, vybuchnout ~ in 1 prudce otevřít, vyrazit 2 vybuchnout v řeči ~ open 1 vy|razit, -lomit 2 rozletět se ~ out 1 vyrazit ze sebe 2

vybuchnout (into v) 3 nemoc, válka vypuknout ~ up 1 vybuchnout 2 hovor. položit se o firmě, vybouchnout ● s 1 prasknutí, prasklina 2 výbuch 3 poryv větru, bouře 4 propuknutí; záchvat
bury [ˈberi] 1 pohřbít, pochovat 2 u-, s|krýt; ~ o.s. in pohřížit se do **-ing** [-iŋ] beetle zool. hrobařík **-ing-ground** pohřebiště, hřbitov
bus [ˈbas] autobus ♦ go* by ~ jezdit autobusem; take* a ~ jet autobusem; miss the ~ zmeškat autobus, přen. promeškat příležitost
bush [ˈbuš] 1 keř, křovisko, křoví 2 austr. buš křovinatá pustina 3 vích u vinárny ♦ ~ telegraph šeptanda **-man*** 1 Křovák 2 austr. pionýr **~-ranger** [ˈbušˈreindžə] austr. bandita **-y** [-i] 1 křovinatý 2 hustý, chundelatý
bushel [ˈbušl] bušl (= 36,3 litr)
business [ˈbiznis] 1 obchod, podnik, živnost 2 povinnost, záležitost, řízení, věc 3 fuška námaha 4 branže, řemeslo ♦ ~ connections obchodní styky; do* ~ with a p. obchodovat s kým; get* the ~ schytat to; give* the ~ zpěrovat; go* about one's ~ jít si po svém; go* into ~ začít obchodovat, dělat obchodní kariéru; have ~ with a p. mít s kým řízení; a line of ~ branže obor; a matter of ~ obchodní záležitost; he means ~ ! myslí to vážně!; mind one's own ~ starat se o své; on ~ v obchodní záležitosti; ~ transaction obchodní případ **~-like** 1 obchod|ní, -nický 2 praktický 3 seriózní **-man*** obchodník
buskin [ˈbaskin] koturn
busman* [ˈbasmən] autobusák
bust¹ [ˈbast] bysta, poprsí **~-bodice** živůtek, podprsenka
bust² [ˈbast] slang. v 1 praštit, vrazit jednu komu 2 rozbít, zlomit 3 zkrachovat 4 shodit degradovat; oddělat, zruinovat 5 zkrotit koně 6 zašít zatknout ● s 1 řacha, úder

2 zkrachovaná existence 3 flám 4 am. bankrot 5 zašití, polic. razie

bustle ['basl] *v* 1 honit se, přičiňovat se 2 popohánět, pobízet ~ **about, up** chvátat, mít naspěch; pospíšit si ● *s* spěch, shon, chvat

busy ['bizi] *a* 1 zaměstnaný, zaneprázdněný 2 pilný, pracovitý 3 rušný 4 všetečný, šťouravý ● *v* zaměstnávat (*o.s.* se) **-body** šťoura, všetečka **-ness** [-nis] horlivá činnost

but ['bat, 'bət] 1 ale, (a)však 2 jen, sotva 3 aspoň (*you can* ~ *try it* můžete to aspoň zkusit) 4 vyjma, kromě; ne-li (*no one* ~ *me* nikdo kromě mne; *nothing* ~ *misery* nic jen / než bídu) 5 ~ *that* kdyby se n. inf slovesa *I'd come with you* ~ *that I'm so busy* šel bych s vámi, kdybych nebyl n. nebýt tak zaneprázdněn 6 aby ne: *no man is so old* ~ *that he may learn* nikdo není tak starý, aby se nemohl učit 7 že: *I have no doubt* ~ *that all will come right* nepochybuji, že všechno dobře dopadne 8 kdo by ne-: *no one* ~ *knows that* nikdo, kdo by nevěděl 9 *I cannot* ~... nemohu jinak než..., musím... (*I cannot* ~ *admire him* musím se mu obdivovat, mohu se mu jen...) ♦ *all* ~ málem, téměř; ~ *for* nebýt čeho; *the last* ~ *one* předposlední; ~ *then* ale naproti tomu; ~ *yet* ale přesto, přece

butch ['buč] slang. 1 „drsňák" 2 lesbička v úloze muže

butcher ['bučə] *s* řezník ● 1 porážet dobytek 2 masakrovat, (vy)-vraždit **-y** [-ri] 1 řeznictví 2 jatky, porážka

butler ['batlə] vrchní sluha, sklepmistr

butt ['bat] *s* 1 pažba, kolba 2 patka, silnější konec nástroje 3 terč, terčový násep 4 obyč. pl střelnice 5 cíl, přen. terč vtipu 6 (velký) sud, káď ● *v* nabrat na rohy ~ **in** rušit,

skákat do řeči

butter ['batə] *s* 1 máslo 2 pomazánka ● *v* 1 na-, mazat máslem 2 omastit máslem 3 přen. mazat med kolem úst **~-bean** bot. fazol obecný **-cup** pryskyřník **~-fingered** ['fiŋgəd] nešikovný **-fly** motýl **-ine** [-ri:n] umělé máslo **-milk** podmáslí **-y** [-ri] *s* spíže v koleji ● *a* máselný

buttock ['batək] obyč. pl zadek, hýždě

button ['batən] *s* 1 knoflík; tlačítko; západka, závora 2 -*s*, sg. (hotelový) poslíček ● *v* 1 (~ **up**) zapnout; zapínat se 2 přišít knoflík(y) **-hole** *s* 1 knoflíková dírka 2 květ(ina) na klopě ● *v* dělat knoflíkové dirký, držet za knoflík, zdržovat, nechtít pustit koho

buttress ['batris] *s* opěrný pilíř; přen. opora ● *v* podepřít pilířem

buxom ['baksəm] baculatý, plnoštíhlý

buy* ['bai] *v* 1 koupit, nakupovat 2 přen. zaplatit za ~ **off** 1 vyplatit koho 2 zbavit se koho za peníze ~ **out** vyplatit koho z podílu ~ **over** podplatit ~ **up** skoupit ● *s* koupě **-er** ['baiə] kupující, kupec; nákupčí

buzz ['baz] *v* 1 bzučet, hučet 2 zavolat bzučákem 3 svištět, fičet 4 am. slang. brnkout komu ● *s* 1 bzukot 2 hukot, šum, šepot 3 am. cirkulárka **-er** [-ə] 1 bzučák 2 tovární siréna

buzzard ['bazəd] zool. káně

by ['bai] *prep* 1 místo: u, vedle: ~ *the seaside* u moře 2 čas a) v, za, při: ~ *day* ve dne; ~ *night* v, za noci; ~ *moonlight* při měsíčku b) o: *older* ~ 8 *years* o 8 let starší 3 termín: do ~ 2 *o'clock* do 2 hod; *Sunday* do neděle 4 sled: po, za: *day* ~ *day* den po dni, den za dnem; ~ *twos* po dvou 5 pohyb: a) přes: *go*** ~ *Hull, the fields* jet přes H., přes pole b) po: ~ *the road* po silnici 6 původce: a) od: *a* *novel* ~ *Dickens* román od D-e; b) sedmým pádem: *written* ~ *D.* napsaný D-em **7** prostředek: a) sedmým pádem: ~ *plane, post, steam, force, bus, tram, train, boat* letadlem, poštou, parou n. parníkem, násilím, autobusem, tramvají, vlakem, lodí b) příslovcem: ~ *wire* telegrafický c) po: ~ *land, sea* po zemi, vodě **8** srovnání: podle; ~ *the voice* podle, po hlasu; ~ *my watch* podle mých hodinek **9** poměr: *ten* ~ *five 10 x 5* délka krát šířka **10** míra: po: ~ *dozens* po tuctech **11** zaklínání: při: ~ *Jove!* hovor. na mou pravdu! ● *a* (též *bye*) **1** vedlejší **2** postranní ● *adv* **1** nablízku: *nobody was* ~ nikdo nebyl nablízku **2** kolem, mimo: *pass* ~ jít kolem **3** (stranou): *put* ~ odložit stranou ◆ ~ *and* ~ co nevidět, zanedlouho; ~ *far (the best)* zdaleka (nejlepší); *take* ~ *the hand* vzít za ruku; ~ *and large* vcelku, celkem vzato; *little* ~ *little* poznenáhlu, pozvolna; ~ *now* do nynějška; *(all)* ~ *one self* (úplně) sám; ~ *your kind permission* s vaším laskavým svolením; ~ *request of* na žádost čí; *stand* ~ *a p.* stát při kom; ~ *the* ~ n. *bye* mimochodem; ~ *then* do té doby, zatím; ~ *way of* jako(žto); ~ *the way* mimochodem; *west* ~ *north* severozápadně

by|-election [ˈbaiilekšən] doplňovací volby **–gone** *a* minulý ● *s* byvší člověk; *-s,* pl minulost; *-s are -s* co je pryč, to je pryč **~-law, bye-law** místní n. interní zařízení **~-line 1** vedlejší činnost n. výrobek **2** novinový podtitulek, drobná zpráva **~-pass 1** pomocná tryska plynového spotřebiče **2** vnější okruh dopravní **-path** postranní pěšina n. přen. cestička **~-product** [ˈ-ˌ-] vedlejší výrobek, vedlejší produkt **~-road** vedlejší cesta, odbočka **–stander** [ˈ-ˌstændə] divák **–street** vedlejší /

postranní ulice **~-way 1** vedlejší, postranní cesta, zkratka **2** odlehlá oblast vědní **–word** průpověď, přen. symbol, heslo ◆ *be a ~ for* být příslovečný pro

by-and-by [ˌbaiəndˈbai] budoucnost

bye-bye [ˌbaiˈbai] *s* dět. **go** * *to* ~ jít hajat ● *interj.* [ˈbaiˈbai] hovor. pápá!, nazdar!

byte [bait] *s* výpoč. tech. slabika (8 bit), bajt

Byzanti|ne [biˈzæntain] byzantský **–um** [-iəm] Byzanc

C

C, c [ˈsi:] **1** písmeno c **2** hud. C
C 1 chem. C uhlík **2** římská číslice C (100) **3** am. slang. stovka, stodolarovka **4** třetí jakosti **5** škol. am. trojka

cab [ˈkæb] **1** (*taxi-*) ~ *taxi* **2** drožka **3** am. klec výtahu ● *v* (*-bb-*) hovor. ~ *it* jet drožkou / taxíkem **–by** [-i] hovor., **–man** * **1** taxikář **2** drožkář **~-rank, ~-stand** stanoviště drožek, taxíků

cabal [kəˈbæl] *s* obyč. polit. **1** intriky, čachry **2** klika ● *v* (*-ll-*) **1** kout pikle, intrikovat **2** klikařit

cabana [kəˈbaːnə] am. **1** přenosná plátěná kabina **2** lehká rekreační chata

cabaret [ˈkæbərei] kabaret

cabbage [ˈkæbidž] zelí; kapusta **–head** hlávka zelí **~-lettuce** hlávkový salát **~-rose** růže stolistá

cab(b)ala [ˈkæbələ] kabala

cabin [ˈkæbin] **1** kajuta **2** chatrč, bouda **3** brit. žel. hradlo ● *v* **1** bydlet v chatrči **2** přen. vtěsnat, uzavřít (*in* do)

cabinet [ˈkæbinit] **1** studovna, kabinet **2** kabinetka, fotografie **3** skříňka se zásuvkami, sekretář **4** *C~* vláda, kabinet ◆ *C~ Councill* a) brit. hist. ministerská rada b) zasedání vlády; brit. *C ~ Minister,* am. *C~ Member* člen vlády **~-maker**

truhlář

cable [ˈkeibl] s **1** kabel **2** lano **3** = ~ *gram* (*by* ~ telegraficky do zámoří) ● *v* **1** připoutat lanem **2** kabelovat (*to a p.* komu) **~-car** kabina lanové dráhy **~-gram** kabelogram **~railway** lanová dráha ~ **TV** kabelová televize

cablet [ˈkeiblit] kablík do 25 cm obvodu

caboodle [kəˈbuːdl] s hovor. hromada ♦ *the whole* ~ / *kit &* ~ všechno, sakum prásk, sakum pakum

caboose [kəˈbuːs] **1** kamna na vaření v přírodě **2** am. služební vůz nákladního vlaku

cabotage [ˈkæbətaːž] kabotáž, pobřežní plavba

ca'cany viz *canny*

cacao [kəˈkaːəu] **1** ~ (*bean*) kakaový bob **2** ~ (*-tree*) kakaovník

cache [ˈkæš] úkryt, ukryté zásoby, cennost apod.

cachexia [kəˈkeksiə], **cachexy** [-i] med. kachexie, celková sešlost

cackle [ˈkækl] s **1** kdákání **2** husí a přen. štěbetání **3** chichot ● *v* **1** kdákat **2** o huse a přen. štěbetat **3** za-, chichtat se

cacophon|ous [kəˈkofənəs] nelibozvučný **-y** [-i] nelibozvuk, kakofonie

cactaceous [ˈkækteišəs] kaktusovitý

cact|us [ˈkæktəs], pl *-uses* [-əsiz], kniž. *-i* [-ai] bot. kaktus

cad [ˈkæd] klacek; hulvát

cadastral [kəˈdæstrəl] katastrální (*map* mapa)

cadaverous [kəˈdævərəs] mrtvoln|ý, -ě bledý

caddie, caddy [ˈkædi] **1** v golfu nosič holí **2** krabička s čajem

cadenc|e [ˈkeidəns] kadence, spád **-ed** [-t] rytmický

cadet [kəˈdet] **1** kadet **2** (nej)mladší syn, bratr

cadg|e [ˈkædž] *v* **1** hovor. podomně obchodovat, hauzírovat **2** žebrat, loudit **-er** [-ə] **1** podomní obchodník **2** žebrák; loudil

cadre [ˈkaːdə] **1** kádr **2** rámec; schéma ♦ *allocation of* -s rozmístění kádrů

caecum [ˈsiːkəm], pl *caeca* [ˈsiːkə] med. slepé střevo

Caesar [ˈsiːzə] **1** Caesar **2** císař římský **-ean, -an** [siˈzeəriən] císařský (*birth, operation* řez)

caesura [siˈzjuərə] bás. césura, překrývka

café [ˈkæfei] **1** kavárna; brit. lidová abstinentní restaurace **2** am. bar, kabaret **3** [kəˈfei] bílá káva ♦ ~ *au lait* [kəˌfeiuˈlei] bílá káva, ~ *noir* [kəˌfeiˈnwaː] černá káva

caffein(e) [ˌkæfiːn] s kofein

cafeteria [ˌkæfiˈtiəriə] vl. am. automat, bufet

caff [ˈkæf], **cafe** [ˈkæfi, ˈkæf] slang. kafírna

cage [ˈkeidž] s **1** klec **2** těžní klec **3** kabina zdviže **4** tech. koš **5** sport. koš, branka ● *v* **1** zavřít (do klece) **2** sport. vsítit, dát branku

cagey [ˈkeidži] opatrný, mazaný

caisson [kəˈsuːn] **1** muniční vůz **2** stav. keson

cajole [kəˈdžəl] kašulírovat; přimět lichocením; klamat

cake [ˈkeik] s **1** bochánek, dort **2** am. keks **3** placka, vdolek **4** pokrutiny **5** kus, kousek (*of* čeho) ~ *of cheese* bochník sýra; ~ *of soap* kus mýdla ● *v* spéci (se), slepit (se)

calamit|ous [kəˈlæmitəs] nešťastný neblahý **-y** [-i] **1** pohroma, kalamita **2** neštěstí, bída **-y-howler** sýček o člověku, škarohlíd

calcareous [kælˈkæriəs] vápen|ný, -itý, -atý

calc|ification [ˌkælsifiˈkeišn] z-, vápenatění **-ify** [ˈkælsifai] z-, vápenatět

calcite [ˈkælsait] vápenec

calculat|e [ˈkælkjuleit] **1** počítat (*on, upon* s čím; *for* na), vypočítávat; kalkulovat **2** pas. *be* -*ed for* být určen pro **3** am. počítat myslit **-ed** [-id] záměrný, úmyslný; vypočítavý **–ing** vypočítavý **–ing** **-machine** počítací stroj **–ion** [ˌkælkjuˈleišn] **1** počítání, vypočítávání **2** výpočet; kalkulace **3** uvažování **–or** [-ə] **1** početní tabulky **2** počítací stroj, kalkulačka **3** počtář, kalkulant

calcul|us [ˈkælkjuləs] pl *-i* [-ai], mat. obyč. *-uses* [-əsiz] **1** mat. počet (the differential) ~ diferenciální počet) **2** med. kámen, kamínek

Caledonian [ˌkæliˈdəunjən] kaledonský, skotský

calendar [ˈkælində] kalendář

calender [ˈkælində] tech. s kalandr, leštička ● v kalandrovat, hladit; lisovat

calf* [ˈkaːf] **1** tele **2** teletina **3** velká plovoucí kra **~-love** telecí láska v pubertě

calibrate [ˈkælibreit] kalibrovat

calibre [ˈkælibə] **1** ráže, kalibr **2** světlost **3** hodnota, kvalita **4** formát, význam

calico [ˈkælikəu] kaliko, kartoun

Californ|ia [ˌkæliˈfoːnjə] Kalifornie **–ian** [-jən] kalifornský

caliper am. = Calliper

caliph [ˈkælif] kalif

cal|ix [ˈkeiliks], pl *-ices* [-isiːz] kalich

calk [ˈkoːk] s ozub, -ec podkovy ● v **1** ozubit, opatřit ozuby **2** o-, kopírovat **3** = caulk

call [ˈkoːl] v **1** volat (for help o pomoc); svolat (a meeting schůzi) **2** zavolat (a doctor, a taxi lékaře, taxík); (komu) telefonicky **3** vyzvat (on, upon a p. koho) **4** povolat (a p. to koho za) **5** požádat (for o co), vyžadovat co **6** nazývat, po-, jmenovat **7** odhadnout, předpovědět **8** zahájit, otevřít **9** přijít (at one's home ke komu) **10** stavit se, zajít (for pro koho) **11** navštívit (on a p. koho), zajít, stavit se u **12** stavět se kde o lodi **13** vzbudit (at 6 o'clock v 6 hodin) ◆ ~ attention to upozornit na co; ~ into being, existence vyvolat v život, vytvořit; ~ to know přijít se

zeptat; ~ to mind vzpomenout si; ~ a p. names nadávat komu; ~ to order volat k pořádku, am. svolat (schůzi); ~ the roll zjišťovat prezenci; ~ a strike vyhlásit stávku ~ **away** od-, za|volat (to k čemu) ~ **forth** **1** vyžádat si **2** vynaložit ~ **in 1** zavolat (a doctor lékaře) **2** stáhnout z oběhu ~ **off** odvolat co ~ **out** zavolat (the fire brigade požárníky) ~ **over** (names) zjišťovat prezenci, vyvolávat ~ **up 1** zavolat, zatelefonovat komu **2** předvolat, povolat k vojenské službě **3** vyvolat představu ● **1** za-, volání **2** výzva **3** signál **4** (telefonický) hovor (give me a ~ zavolej mi) **5** návštěva (make* a ~ on a p. zajít ke komu, vykonat návštěvu u koho) **6** zastávka kde **7** upomínka (on money o peníze); nárok (on one's time na či čas) **8** zjišťování prezence **9** povolání (to a chair za profesora, to arms do zbraně), připuštění za obhájce **10** zejména v otázce / záporu nutnost, potřeba, závazek, povinnost (there's no ~ for you to worry nemusíte si dělat starosti) ◆ at ~ na požádání; ~ of nature nucení na stranu; have a close ~ am. uniknout jen o vlásek; pay* a ~ hovor. jít na stranu; roll ~ zjišťování prezence; trunk ~ meziměstský hovor; be within ~ být dosažitelný **~-back** stažení vadného výrobku z trhu **~-box** telefonní budka **–er** [-ə] návštěvník, návštěva **~-girl** prostitutka objednávaná telefonicky **~-in** am. rozhl., tel. volná tribuna **–ing** [-iŋ] povolání ◆ ~ card am. vizitka

calligraphy [kəˈligrəfi] krasopis, kaligrafie

calliper [ˈkælipə] pl obyč. -s n. ~ compasses odpichovátko; posuvné měřítko

callisthenics [ˌkælisˈθeniks] rytmika pro dívky

callous [ˈkæləs] **1** mozolovitý **2**

bezcitný, otrlý
callow [ˈkæləu] neopeřený
callus [ˈkæləs] pl -e,s [-iz] med. mozol
calm [ˈkaːm] a tichý, klidný; bezvětrný ● s ticho, klid, bezvětří ● v uklidnit, utišit ~ *down* utišit se
calor|ie, -y [ˈkæləri] kalorie **–imeter** [ˌkæləˈrimitə] kalorimetr
calorific [ˌkæləˈrifik] tepelný, výhřevný
calumniat|e [kəˈlamnieit] ostouzet, pomlouvat koho **–ion** [kəˌlamni-ˈeišn] hanobení, ostouzení **–or** [-ˈlamnieitə] nactiutrhač
calumny [ˈkæləmni] pomluva
calve [ˈkaːv] o-, telit se
Calvin|ism [ˈkælvinizəm] kalvínství **–ist** [-ist] kalvinista **–istic** [ˌkælvi-ˈnistik] kalvínský
caly|x [ˈkeiliks] pl -ces, -yes [-siːz, -ksiz] bot. kalich
cam [ˈkæm] tech. vačka; vačkový kotouč
camber [ˈkæmbə] tech. vzepětí, průhyb, prohnutí do stran; sklon silnice
Cambodia [kæmˈbəudjə] Kambodža
Cambridge [ˈkeimbridž] univerzitní město v Anglii; město v USA
came [ˈkeim] pt od *come*
camel [ˈkæml] velbloud **~'s-hair** a z velbloudí srsti
camellia [kəˈmiːljə] bot. kamélie
cameo [ˈkæmiəu] pl -s kamej, lit. medailonek
camera [ˈkæmərə] (fotografický) aparát; kamera ♦ ~ *processor* mikrofilmová kamera s vyvoláváním **–man*** kameraman, fotoreportér
camiknick(er)s [ˈkæmiˌniks, -ˌnikəz] brit. kalhotové kombiné
camomile, ch- [ˈkæməmail] bot. heřmánek
camouflage [ˈkæmuflaːž] voj. s maskování, kamufláž ● v zamaskovat
camp [ˈkæmp] s tábor; tábořiště; kempink; slang. banalita, staromódnost ♦ *pitch a* ~ rozbít tá-

bor; *strike*, *break** (up) ~ strhnout tábor ● v tábořit, utábořit (se) ~ *-bed* skládací lehátko, polní lůžko **–er** [-ə] táborník; kempingový vůz **–ing** táboření, kemping **–ing site** kempink **~-meeting** am. náboženské shromáždění pod širým nebem
campaign [kæmˈpein] s 1 válečné tažení 2 kampaň ● v účastnit se válečného tažení
camphor [ˈkæmfə] chem. kafr
campus [ˈkæmpəs] pl -es [-iz] am. školní areál prostranství mezi hlavními školními budovami a přilehlými hřišti, školní prostory, přen. vysoká škola, univerzita, kolej
can¹ [kæn] s 1 konev 2 plechovka 3 am. konzerva ● v (-nn-) 1 nalít do konve 2 am. a hovor. konzervovat ve skle n. v plechovkách
can² [kæn, nedůraz. kən, kn, před následujícím k-, g- kň] v 3 sg can; inf opisem *be able - I can* umím, dovedu, mohu ♦ *I can lift (the table)* uzvednu (ten stůl); *I cannot help -ing* nemohu si pomoci, abych ne-
Canad|a [ˈkænədə] Kanada **–ian** [kəˈneidjən] a kanadský ● s Kanaďan
canal [kəˈnæl] průplav, kanál **–ize** [ˈkænəlaiz] 1 vykopat průplav 2 splavnit, regulovat 3 přen. usměrnit
canard [kæˈnaːd] novinářská kachna
canary [kəˈneəri] zool. též **~-bird** kanár, -ek
canasta [kəˈnæstə] karet. kanasta
cancel [ˈkænsl] v (-ll-) 1 pře-, vy-|škrtnout, přerazítkovat, přetisknout 2 odvolat, zrušit, anulovat, vymazat ~ *out* krátit (se), rušit (se) ● s 1 škrt 2 (*a pair* of) -s proštipovací kleště 3 hud. odrážka **–lation** [ˌkænsəˈleišən] 1 škrtnutí, škrt 2 odvolání, zrušení, storno
cancer [ˈkænsə] 1 med. rakovina 2

hvězd. *C~* **Rak –ous** [-rəs] **1** rakovinný **2** trpící rakovinou

candelabra [ˌkændiˈlaːbrə] *s* velky rozvětvený svícen; lustr

candid [ˈkændid] upřímný, otevřený, nezaujatý, nestranný ♦ *~ camera* skrytá kamera

candid|acy [ˈkændidəsi] am. kandidatura **-ate** [-ət] kandidát **-ature** [-əčə] kandid|atura, -ování

candied [ˈkændid] kandovaný

candle [ˈkændl] **1** svíčka **2** svíčka, kandela dř. jednotka svítivosti

Candlemas [ˈkændlməs] Hromnice

candour [ˈkændə] **1** otevřenost, upřímnost **2** nestrannost

candy [ˈkændi] *s* **1** bez pl kandovaný cukr **2** am. bonbón, cukrovinka ● *v* kandovat

cane [ˈkein] *s* **1** třtina; hromad. rákos *(sugar ~* cukrová třtina) **2** rákoska, hůl **3** hůlka vycházková **4** tyčinka vosku, skla **5** osnova hedvábí ● *v* **1** vyplést rákosem **2** nasekat rákoskou *~ sugar* třtinový cukr

canine [ˈkeinain] psí; psovitý ♦ *~ (tooth)* [časteji ˈkænain] špičák

canister [ˈkænistə] **1** plechovka, plechová krabice **2** sud, barel

canker [ˈkæŋkə] *s* **1** rakovina stromů, sněť květů **2** sněť, rez **3** přen. zhouba, zkáza ● *v* **1** rozežírat **2** snětivět, chátrat

cannery [ˈkæneəri] am. konzervárna

cannibal [ˈkænibl] lidožrout, kanibal **-ize** [-aiz] přen. vykuchat stroj

cannibis [ˈkænəbis] bot. konopí, kanabis; hašiš

cannon [ˈkænən] *s* **1** poněkud zat. dělo; kanón **2** dělostřelectvo **3** brit. karambol kulečníkový ● *v* střílet, ostřelovat z děla **2** brit. udělat karambol na kulečníku **~-fodder** potrava pro děla, hovor. kanónenfutr

cannonade [ˌkænəˈneid] *s* kanonáda, dělostřelba ● *v* ostřelovat z děl

cannot [ˈkænot] zápor od can[2]

canny [ˈkæni] *a* **1** skot. chytrý, mazaný **2** brit. šetrný **3** obezřelý, rozvážný

canoe [kəˈnuː] *s* kanoe ● *v* jet v kánoi **-ing** [-iŋ] kanoistika **-ist** [-ist] kanoista

canon [ˈkænən] **1** církevní zákon (*~ law* církevní právo) **2** kanovnický **-ize** [ˈkænənaiz] prohlásit za svatého

canopy [ˈkænəpi] baldachýn

cant [ˈkænt] *s* **1** úkol **2** ú-, s|klon **3** hrana, roh **4** smýknutí, stočení **5** frázovitá řeč; hantýrka **6** bědování ● *v* **1** naklonit (se) **2** žebravě kňourat, naříkat **3** frázovitě tlachat

can't [ˈkaːnt] hovor. = *cannot*

cantaloup(e) [ˈkæntəluːp] ananasový meloun

cantankerous [kænˈtæŋkərəs] **1** nevrlý, mrzutý **2** hašteřivý, svárlivý **3** zvíře, věc vzdorovitý, tvrdohlavý

cantata [kænˈtaːta] hud. kantáta

canteen [kænˈtiːn] **1** kantýna; závodní kuchyně / jídelna **2** polní láhev **3** jídelní miska

canter [ˈkæntə] *s* drobný klus ● *v* jet drobným klusem, klusat

canticle [ˈkæntikl] **1** chvalozpěv **2** pl *the C-s* Šalamounova Píseň písní

cantilever [ˈkæntiliːvə] stav. konzolový nosník, krakorec

canto* [ˈkæntəu] zpěv část básně

canton [ˈkæntən] *s* kanton ● *v* [kænˈton] též *~ out* rozdělit na kantony [kænˈtuːn] voj. ubytovat vojsko **-ment** [kænˈtuːnmənt] obyč. voj. **1** ubytování vojska **2** voj. trvalé ubytovací prostory

Canuck [kəˈnak] kanadský Francouz

canvas [ˈkænvəs] **1** plátno; kanafas **2** plachtovina; stanová látka **3** námoř. plachty, plachtoví ♦ *under ~* voj. pod stany; námoř. s napjatými plachtami

canvass [ˈkænvəs] *v* **1** agitovat, získávat hlasy / zakázky **2** pro-, diskutovat, prohovořit ● *s* = *-ing* **-er** [-ə] **1** (předvolební) agitátor **2** am.

skrutátor **–ing** [-iŋ] (předvolební) agitace; nábor

canyon [ˈkænjən] kaňon

caoutchouc [ˈkaučuk] kaučuk

cap [ˈkæp] s **1** čep|ice, -ička; čapka, akademický biret (~ *and gown* univerzitní talár) **2** čepeček **3** víko; víčko, klobouček ● *v* (*-pp-*) **1** udělit (akademickou) hodnost **2** přikrýt (víčkem) **3** smeknout (*to* před) **4** přetrumfnout

cap|ability [ˌkeipəˈbiləti] schopnost, způsobilost **–able** [ˈkeipəbl] schopný, způsobilý

capacious [kəˈpeišəs] prostorný; prostranný, objemný

capacit|ate [kəˈpæsiteit] **1** uschopnit, kvalifikovat **2** oprávnit **3** práv. zmocnit **–y** [-ti] **1** kapacita; nosnost lodi **2** schopnost; nadání; chápavost **3** postavení, úřad, funkce; výkon *in... ~ jako(žto)* kdo **4** práv. oprávnění (*be in ~* být oprávněn) ◆ *defence ~* brannost; *fighting ~* bojeschopnost

cape [ˈkeip] **1** kapuce, kápě **2** pláštěnka, pelerína **3** zeměp. mys ◆ *C~ Town* Kapské Město

caper [ˈkeipə] s po-, skok (*cut* -s* skotačit) ● *v* po-, vy|skakovat, skotačit

capias [ˈkeipiæs] práv. zatykač

capillar|ity [ˌkæpiˈlærəti] fyz. vzlínavost, kapilarita **–y** [kəˈpiləri] fyz. a kapilární (~ *action* vzlínání) ● s kapilára, vlásečnice

capital [ˈkæpitl] s **1** velké písmeno; verzálka **2** hlavní město **3** kapitál (*make* ~ out of* vytlouci kapitál z) **4** hlavice sloupu ● *a* **1** hlavní (*city* město), velký (*letter* písmeno) **2** hovor. skvělý, znamenitý **3** hrdelní (*crime* zločin); ~ *punishment* trest smrti **4** kapitálový (*goods, investment* zboží, investice) ◆ ~ *expenditure,* též *-s,* pl investiční výdaje; ~ *goods* výrobní / investiční statky **–ism** [-əlizm] kapitalismus **–ist** [-əlist] kapitalista; *atr* kapitalistický **–ize** [-əlaiz] **1**

kapitalizovat, financovat **2** vytloukat kapitál **3** psát s velkým začátečním písmenem

capitalistic [ˌkæpitəˈlistik] kapitalistický

capitol [ˈkəpitl] s **1** Kapitol **2** *The ~* sněmovna Kongresu USA

capitulat|e [kəˈpitjuleit] vzdát se, kapitulovat **–ion** [kəˌpitjuˈleišn] kapitulace

capo [ˈkeipou] s hud. kapodastr na kytaru

capon [ˈkeipən] kapoun

caprice [kəˈpriːs] rozmar, vrtoch

capricious [kəˈprišəs] rozmarný, vrtošivý

Capricorn [ˈkæprikoːn] hvězd. Kozoroh

capsize [kæpˈsaiz] pře-, z|vrhnout (se)

capstan [ˈkæpstən] naviják, vratidlo

capsule [ˈkæpsjuːl] **1** anat. pouzdro **2** bot. tobolka **3** odb. kapsle **4** chem. odpařovací miska **5** kabina kosmonauta

captain [ˈkæptin] kapitán

caption [ˈkæpšən] **1** titul, hlavička, záhlaví **2** text pod obrázkem, legenda **3** film. titulek **4** upoutávka ve výkladě

captious [ˈkæpšəs] **1** záludný, úskočný **2** šťouravý, rýpavý, pedantský

captivat|e [ˈkæptiveit] upoutat, okouzlit **–ion** [-ˈveišən] zaujetí, okouzlení

captiv|e [ˈkæptiv] s zajatec ● *a* zajatý ◆ ~ *balloon* upoutaný balón; *be taken ~* být zajat **–ity** [kæpˈtivəti] zajetí

capture [ˈkæpčə] s **1** zajmutí, dopadení **2** dobytí, zmocnění se **3** zajatec, kořist ● *v* **1** zajmout **2** dobýt město **3** ukořistit

car [ˈkaː] vůz **1** vůz auto; tramvajový, nákladní; am. žel. vůz, vagón vůbec, brit. jen speciální **2** gondola balónu **3** kabina výtahu, letadla ◆ *by ~* autem **–man*** **1** vozka **2** povozník

carafe [kəˈræf] karafa

caramel [ˈkærəmel] 1 karamel 2 karamela

carapace [ˈkærəˌpeis] s zool. vnější krunýř: *turtle's* ~ vnější krunýř želvy

carat [ˈkerət] s karát

caravan [ˈkærəvæn] 1 karavan 2 maringotka, komediantský / cikánský vůz 3 brit. obytný přívěs **–ner** [-nə] 1 kdo cestuje / bydlí v obytném přívěsu 2 člen karavany

caravanserai [ˌkærəˈvænsərai] karavanseráj

caraway [ˈkærəwei] *(seed)* kmín

carbide [ˈka:baid] chem. karbid

carbine [ˈka:bain] karabina

carbohydrate [ˌka:boˈhaidreit] s uhlohydrát, uhlovodan

carbon [ˈka:bən] 1 chem. uhlík 2 ~ *(copy)* průklep ♦ ~ *dating* archeol. určení stáří předmětu radiokarbonovou metodou; ~ *dioxide* [daiˈoksaid] kysličník uhličitý; ~ *monoxide* [monˈoksaid] kysličník uhelnatý **~-paper** uhlový papír, karbon **–ate** [-it] uhličitan

carboniferous [ˌka:bəˈnifərəs] bohatý na uhlík / uhlí; uhlíkový, uhelnatý

carbuncle [ˈka:baŋkl] med., klenot. karbunkl

carburetter, –or [ˌka:bjuˈretə] tech. karburátor

carc|ass, –ase [ˈka:kəs] 1 (poražený) kus u řezníka (am. ~ *meat* čerstvé, nekonzervované maso) 2 zdechlina, mršina

card [ˈka:d] s 1 karta *(play at -s* hrát karty) 2 lístek; pohlednice; navštívenka 3 děrný štítek 4 kartón 5 větrná růžice kompasu 6 hovor. podivín ♦ ~ *catalogue* lístkový katalog; ~ *device* děrnoštítkové zařízení; ~ *index* kartotéka; ~ *processing* děrnoštítkové zpracování dat; ~ *punching* děrování štítků ● v opatřit kartičkou, zaznamenat na kartu; am. sport. skórovat **–board** lepenka, kartón

~-carrying mající členskou legitimaci strany **–ing-machine** text. česací stroj, mykadlo

cardiac [ˈka:diˌæk] a srdeční: ~ *arrest* srdeční záchvat, ~ *muscle* srdeční sval

cardigan [ˈka:digən] pletená vesta na zapínání; svetr

cardinal [ˈka:dinl] a hlavní, základní *(~ points* světové strany) ● s kardinál

cardio|accelerator [ˌka:diəuək ˈseləreitə] zrychlovač srdeční činnosti **–megaly** [-ˈmegəli] zbytnění srdce

care [ˈkeə] s 1 starost, péče *(of* o) 2 zájem, pozornost ♦ *take**~ *(of)* dávat pozor na, starat se o; *Glass! With ~!* pozor, sklo! ● v 1 pečovat, starat se *(for* o) 2 dbát, stát, zajímat se *(for, about* o) 3 mít rád *(for* koho) ♦ *I don't ~* je mi jedno, nestarám se, nechci, nebaví mne **–free** [-fri] bezstarostný, lehkovážný **–ful** dbalý *(for* čeho); pečlivý; opatrný *(of* na) ♦ *be ~* dej(te) pozor **–less** [-lis] 1 bezstarostný 2 nedbalý, neopatrný; nedbající *(of* na co) **–lessness** [ˈ-lisnis] bezstarostnost, nedbalost **–taker** [ˈ-teikə] správce domu, vrátný ♦ ~ *government* úřednická vláda **–worn** [ˈ-wo:n] ustaraný

careen [kəˈri:n] odklánět se; kymácet, potácet, kodrcat se

career [kəˈriə] s 1 povolání, zaměstnání 2 životní dráha, osudy; kariéra 3 rychlost, rozběh ● v hnát se, honit se **–ist** [-rist] kariérista

caress [kəˈres] s mazlení, laskání ● v 1 mazlit se, laskat 2 lichotit

caret [ˈkærət] polygr. vynechávka v rukopise

cargo [ˈka:gəu] náklad lodní

carhop [ˈka:hop] am. hovor. číšník / servírka v motorestu

Caribbean [ˌkæriˈbe:ən] karibský *(the ~ Sea* Karibské moře) carib|ou, –oo [ˈkæribu:] sev. am. karibu

caricatur|e [ˈkærikəˈtjuə] s karikatura • v karikovat –ist [-rist] karikaturista

carillon [ˈkæriljən] zvonková hra

Carinthia [kəˈrinθiə] Korutany

carious [ˈkeəriəs] zkažený, kariózní (tooth zub)

carmine [ˈka:main] s karmín • a karmínový

carnage [ˈka:nidž] krveprolití, masakr

carnal [ˈkə:nl] tělesný, smyslný, sexuální

carnation [ka:ˈneišn] bot. karafiát

carnival [ˈka:nivl] 1 karneval, masopust 2 veselí

carnivorous [ka:ˈnivərəs] masožravý

carol [ˈkærəl] s koleda • v (-ll-) zpívat koledy

Carolina [ˌkærəˈlainə] Karla, Karolina též am. stát

carous|e [kəˈrauz] s pitka, hýření • v popíjet –al [-əl] pitka, hýření

carp [ˈka:p] s zool. kapr • v naříkat, stěžovat si (at na); šťourat do ♦ -ing criticism, tongue kousavá kritika, špičatý jazyk

Carpathian [ka:ˈpeiθjən] karpatský (~ Mountains Karpaty)

carpent|er [ˈka:pəntə] s tesař • v provozovat tesařinu –ry [-ri] 1 tesařina 2 přen. struktura stavby

carpet [ˈka:pit] s koberec • v 1 pokrýt (kobercem) 2 hovor. zavolat (si) koho na kobereček

carriage [ˈkæridž] 1 kočár 2 podvozek; vozík psacího stroje; lafeta děla 3 brit. žel. osobní vůz, vagón 4 držení (of head, body držení hlavy, těla), vystupování 5 odhlasování, schválení ♦ a ~ and pair kočár s párem koní –able [-əbl] sjízdný --forward nevyplaceně --free vyplaceně --way vozovka

carrier [ˈkæriə] 1 povozník; doručovatel; posluha 2 dopravce; do-

pravní společnost 3 poštovní holub 4 tech. nosič 5 bacilonosič ♦ ~ wave rad. nosná vlna --pigeon poštovní holub

carrion [ˈkæriən] mršina

carrot [ˈkærət] bot. mrkev, karotka ♦ the stick and ~ policy politika cukru a biče

carry [ˈkæri] 1 nést (o.s. se), nosit 2 vézt, vozit, svážet; dopravit, -ovat 3 zavést 4 postavit, zřídit, provést až kam 5 přen. hnát (to excess do krajnosti), dojmout, umělecké dílo zapůsobit 6 vystačit nač, pro 7 voj. dobýt, zmocnit se 8 získat na svou stranu, strhnout 9 prosadit, schválit, odhlasovat 10 nést střelnou zbraň 11 uveřejnit noviny 12 úč. zapsat, zanést (to kam) 13 přinášet s sebou 14 vysílat rozhlasem 15 protahovat vyprávění 16 voj. vzdát poctu zbraní 17 mysl. sledovat stopu ♦ ~ all before o.s. zdolat všechny překážky, zvítězit na celé čáře; ~ authority mít váhu / vliv; ~ the can nést veškerou odpovědnost; ~ conviction působit přesvědčivě (to na); ~ the day zvítězit; ~ into effect uskutečnit, provést; ~ weight mít váhu / vliv ~ away 1 odvézt 2 námoř. loď ztratit ráhnoví a lanoví 3 přen. unést (by čím) ~ forward účet. převést ~ off 1 odvést násilím 2 vyžádat si životy 3 získat cenu ~ on 1 pokračovat 2 provozovat (business obchod) 3 dovádět, dělat scény ~ out provést, uskutečnit; obch. vyřídit (an order zakázku) ~ over 1 účet. převést 2 získat koho ~ through 1 protlačit, prosadit 2 dokončit --cot přenosný košík na dítě --on příruční zavazadlo do letadla

cart [ˈka:t] s 1 kára 2 dvojkolový vozík 3 dvojkolový kočár, ruční vozík • v 1 vozit, rozvážet 2 jezdit s voz|íkem, -em --horse tažný kůň --load fůra čeho ~ road, –way polní cesta –wright kolář

cart|age ['ka:tidž] 1 dovoz, rozvážka, svoz 2 dopravné povozem –er [-ə] povozník; vozka

cartel [ka:'tel] 1 obch. kartel 2 písemná výzva k souboji 3 písemná dohoda o výměně zajatců

cartilag|e ['ka:tilidž] chrupavka –i-nous [ˌka:ti'lædžinəs] chrupavčitý

carton ['ka:tən] 1 lepenková krabice 2 lepenka

cartoon [ka:'tu:n] 1 kartón, skica; obyč. politická kresba, karikatura 2 (animated) ~ kreslený film –ist [-ist] karikaturista

cartridge ['ka:tridž] 1 náboj, patrona (blank ~ slepý náboj) 2 fot. kazeta 3 vložka do kuličkové tužky

carv|e ['ka:v] 1 vy-, řez(áv)at, vy-, tesat 2 rozkrájet, dranžírovat, porcovat maso –er [-ə] 1 řezbář, sochař 2 kráječ masa –ing [-iŋ] vyřezávání, řezba –ing-knife dranžírovací nůž

cascade [kæ'skeid] kaskáda, stupňovitý vodopád

case ['keis] s 1 případ, věc 2 práv. případ; pře, proces; práv. důvod, hovor. argument(y) 3 stav, situace 4 bedna, skříň 5 kufřík, kufr 6 pouzdro, kazeta 7 vitrína 8 povlak polštáře 9 (sazečská) kasa 10 tech. plášť, kryt; obezdívka 11 jaz. pád ♦ have a good ~ mít naději na kladný výsledek sporu; in any ~ rozhodně; in ~ aby ne, v tom případě, v případě, že; just in ~ pro ten případ; in ~ of v případě, že; ~ of need podpůrná adresa na směnce; that's not the ~ není tomu tak ● v 1 dát do pouzdra, zabalit (in do) 2 potáhnout 3 tech. obložit, obezdít –book 1 práv. kniha precedenčních případů 2 med. kniha pacientů ~-hardened [ha:-dənd] 1 cementovaný; kalený o-cel 2 otrlý, otupělý ~-law precedenční právo

casemate ['keismeit] 1 galerie v opevnění, bunkr 2 pancéřová komora pro lodní dělo 3 kasemata

casement ['keismənt] okenní křídlo; ~ window křídlové okno

cash ['kæš] s (hotové) peníze, hotovost, pokladna ♦ ~ on delivery zkr. C.O.D. na dobírku; out of ~ bez peněz; to pay ~ platit hotově; ~ price cena za hotové; ~ register [-'redžistə] kontrolní pokladna ● v dostat / platit hotově; in-kasovat ~-and-carry hotové placení a odvoz ~-book pokladní kniha ~-flow pohyb hotovosti

cashew ['kæ'šu:] oříšek kešú

cashier [kæ'šiə] s pokladník ● v [kə'-] propustit; voj. degradovat; odmítnout

cashmere [kæš'miə] kašmír

casing [keisiŋ] 1 pouzdro, obal 2 bednění 3 plášť pneumatiky 4 rám okna, dveří 5 obložení, obezdívka 6 am. parfemování tabáku a-pod.

cask ['ka:sk] sud, soudek –et [-it] 1 kazeta, etui 2 urna pohřební 3 am. rakev

Caspian ['kæspiən] kaspický

casserole ['kæsərəul] 1 kastrol; rendlík skleněný, porcelánový s pokličkou 2 jídlo v rendlíku

cassette [kə'set] kazeta na film n. magnetofonový pásek

cassock ['kæsək] klerika, sutana

cast* ['ka:st] v 1 hodit, házet, vrhat, metat 2 shodit parohy 3 svléci kůži 4 vrhnout mladé 5 ustavit, propočítat 6 div. obsadit úlohy; přidělit úlohu 7 od-, lít 8 práv. odsoudit (k náhradě) 9 námoř. lavírovat, rozvázat lano 10 vyřadit; propustit (vojáka) ♦ ~ anchor spustit kotvu; ~ ashore vyvrhnout na břeh; ~ iron litina; ~ lots metat los; ~ loose uvolnit (se); ~ a vote dát hlas, volit ~ about hledat, pátrat (for po) ~ away 1 od-, za|hodit 2 ztroskotat ~ down 1 sklíčit, deprimovat 2 sklopit oči ~ off 1 od-, roz-, vázat, uvolnit; zapudit syna **2** odložit oděv (~ *-off clothes* odložené šaty) **3** zakončit, ubrat pletení ~ **up 1** spočítat **2** vyvrhnout **3** vyhodit do výše ● s **1** vrh, hod **2** tech. odlitek; otisk **3** div. obsazení, herecký soubor **4** uspořádání díla, druh, typ **5** tvar, vzhled **6** vlasec **7** součet **8** rys, vlastnost, ražení **9** odstín, zabarvení **–away 1** zavrženec, vyvrhel **2** trosečník **–ing-vote** rozhodující hlas **~-iron** litinový; přen. **~-iron discipline** železná kázeň, vůle

caste [ˈkaːst] kasta ♦ *lose* * ~ ztratit prestiž

castigat|e [ˈkæstigeit] **1** trestat, kárat **2** ostře kritizovat **3** vylepšit knihu **–ion** [ˌkæstiˈgeišən] **1** potrestání **2** ostrá kritika **3** vylepšení literárního díla

castle [ˈkaːsl] **1** hrad; zámek **2** šach. věž ♦ *-s in Spain* vzdušné zámky

castor [ˈkaːstə] **1** bobr; pižmo, bobří kožešina **2** sypátko **3** kolečko pod nábytkem ♦ ~ *oil* ricinový olej; ~ *sugar* práškový cukr

castrate [kæˈstreit] vyklestit, kastrovat

casual [ˈkæžjuəl] **1** náhodný **2** příležitostný *(labourer* dělník) **3** hovor. nedbalý, lhostejný **4** hovor. neformální, nenucený **5** neurčitý, přibližný **–ty** [-ti] **1** nehoda, neštěstí **2** pl ztráty, oběti mrtví i ranění **3** sg zraněný, mrtvý, oběť nehody

cat [ˈkæt] **1** kočka (*-call* pískání, výtržnost na schůzi) **2** = ~- *o'nine-tails* devítiocasá kočka, důtky **–'s-eye 1** miner. kočičí oko **2** odrazové sklo podél vozovky **–'s-paw** nastrčený člověk, něčí nástroj

cataclysm [ˈkætəklizəm] kataklyzma, přen. pohroma, zkáza

catacomb [ˈkætəkəum] obyč. pl katakomby

catafalque [ˈkætəfælk] katafalk

catalogue [ˈkætəlog] s seznam, katalog ● v katalogizovat; zapsat do seznamu

catalys|is [kəˈtælisis] pl *-es* [-iːz] katalýza

catalyz|e [ˈkætəˌlaiz] katalyzovat **–er** [-ə] katalyzátor

catapult [ˈkætəpalt] s **1** katapult **2** prak ● v **1** katapultovat **2** střílet prakem

cataract [ˈkætərækt] **1** vodopád **2** med. šedý zákal

catarrh [kəˈtaː] katar

catastrophe [kəˈtæstrəfi] katastrofa

catch* [ˈkæč] v **1** chytit, po-, lapit, dopadnout, předstihnout **2** dohonit **3** stihnout vlak **4** za-, přistihnout (*o.s.* se) **5** zasáhnout střelou **6** uchopit, sevřít **7** zachytit (se), u-, váznout *(at a t.* chytat se čeho, lapat po čem **8** chopit se (*an opportunity* příležitosti) **9** dostat, chytit nemoc **10** slyšet, rozumět, pochopit **11** upoutat pozornost ♦ *caught in the act* přistižen při činu; *be caught in the rain* být zastižen deštěm; ~ *one's breath* popadat dech, zatajit dech; ~ *cold* nastudit se; ~ *a p.'s eye* upoutat čí pozornost; ~ (*on) fire* chytit; ~ *hold of* chopit se čeho; ~ *it* hovor. schytat co, dostat co; ~ *me (doing it)!* ani nápad!; ~ *sight of* zahlédnout koho, co ~ **on 1** hovor. chytit se (*to* čeho), chopit se **2** hovor. chytit, mít úspěch **3** am. pochytit, porozumět ~ **up 1** popadnout **2** pochytit co **3** chytat za slovo, skákat do řeči **4** dohonit (*with* koho) ● s **1** chycení, chytání **2** úlovek, lov **3** sňatková partie **4** úryvek řeči **5** záchytka **6** západka **7** háček, chybička, úskok (*there's a* ~ *in it* v tom je nějaký háček; ~ *question* škol. chyták, chytačka) **~-as-catch--can** rvačka beze všech pravidel **~-fly** silenka svazčitá **–ing** [-iŋ] **1** nakažlivý **2** chytlavý **3** působivý, přitažlivý **–ment** [-mənt] jímka ♦ ~ *basin* úvodí **–penny** [ˈ-ˌ-] **1** brak, šmejd **2** bezcenný **–pole, –poll** [-pəul] hist. dráb **–word** heslo **–y** [-i] **1** co dovede chytnout **2** lákavý, přitažlivý **3** proměnlivý (*wind* vítr), nestálý **4** záludný, lstivý

catech|ism [ˈkætikizəm] katechismus **–ize** [-aiz] **1** katechizovat **2** vyptávat se; vyslýchat

categor|ical [ˌkætiˈgorikl] kategorický; rozhodný **–y** [ˈkætigəri] kategorie

catenation [ˌkætiˈneišn] výpoč. tech. zřetězení souborů

cater [ˈkeitə] obstarávat potraviny (*for* pro), postarat se o jídlo n. zábavu pro, uspokojovat, ukájet, hovět (*for*) ♦ *public -ing* společné stravování **–er** [-rə] **1** proviantní nákupčí **2** dodavatel

caterpillar [ˈkætəpilə] **1** housenka **2** housenkový pás **3** pásové vozidlo ♦ *~ tractor* pásový traktor

caterwaul [ˈkætəwoːl] vřeštět; rvát se jako kočky

catfish [ˈkætfiš] s sumcovitá ryba

catgut [ˈkætgat] struna střevová

cathar|sis [kəˈθɑːsis] **1** katarze, očista **2** med. pročišťování **–tic** [-tik] **1** med. čisticí lék, purgativum **2** čistící, purgativní

cathedral [kəˈθiːdrəl] katedrála, dóm, chrám

Cath|erine [ˈkæθərin], ir. **–leen** [-liːn] Kateřina

cathode [ˈkæθəud] fyz. katoda

catholic [ˈkæθəlik] a **1** všeobecný, velkorysý, liberální **2** katolický (*C~ Church* -á církev) ♦ s katolík **–ism** [kəˈθolisizəm] katolicismus, katolictví **–ize** [kəˈθolisaiz] pokatolič(t)it (se)

cation [ˈkætaiən] chem. kation

catkin [ˈkætkin] jehněda, kočička

cattle [ˈkætl] hovězí dobytek **~-lifter** [-liftə] / **~-rustler** [-raslə] zloděj dobytka **~-pen** dobytčí ohrada **~-shed** chlév **~-show** výstava dobytka

Caucas|ian [koːˈkeizjən] a kavkazský ♦ s Kavkazan **–us** [ˈkoːkəsəs] Kavkaz

caucus [ˈkoːkəs] **1** brit. místní výbor politické strany **2** am. předvolební porada politických vůdců **3** stranická klika, mašinérie

caudal [ˈkoːdl] ocasní

caught [ˈkoːt] pt a pp od *catch*

cauldron [ˈkoːldrən] velký kotel

cauliflower [ˈkoliˌflauə] bot. květák

caulk [ˈkoːk] u-, těsnit, kalfatrovat

caus|al [ˈkoːzl] příčinný, kauzální **–ality** [koːˈzæləti] příčinnost, kauzalita **–ative** [ˈkoːzətiv] a kauzativní ♦ s jaz. kauzativum

cause [ˈkoːz] **1** příčina **2** důvod **3** práv. spor, proces, pře **4** čí věc ♦ *~ of action* důvod žaloby; *plead one's ~* hájit čí věc; *show* ~* uvést důvody ve sporu ♦ v **1** z-, působit, vyvolat, být příčinou **2** dát udělat **3** přimět koho **–less** [-lis] bezdůvodný

causeway [ˈkoːzˌwei], **causey** [-i] **1** zvýšená cesta přes mokřinu (*~ of timber* hať) **2** zvýšená lávka u zaplavované silnice **3** hráz; navigace **4** cesta dlážděná valouny

caustic [ˈkoːstik] a **1** žíravý, leptavý (*~ soda* louh sodný) **2** přen. zžíravý, kousavý, uštěpačný ♦ s žíravina

cauter|ize [ˈkoːtərˌaiz] leptat; vypalovat ránu **–y** [-i] med. **1** kauter **2** kauterizace

caution [ˈkoːšən] s **1** obezřelost, opatrnost **2** výstraha, varování **3** záruka, kauce **4** hovor. strašn|ý člověk, -á věc ♦ v varovat (*against* před; *not to* aby ne) **–ary** [-əri] varovný, výstražný

cautious [ˈkoːšəs] opatrný

cavalcade [ˌkævəlˈkeid] kavalkáda

cavalier [ˌkævəˈliə] s **1** kavalír **2** jezdec, kavalerista ♦ a **1** nonšalantní **2** arogantní, velkopanský, pyšný

cavalry [ˈkævəlri] voj. jízda **–man*** kavalerista

cave [ˈkeiv] s **1** jeskyně, sklep; kaverna **2** brit. polit. frakce ♦ v **1** brit. utvořit frakci **2** zř. vyhloubit **~ in 1**

zavalit se, propadnout se strop, zřítit se o zemině **2** přen. zhroutit se, vzdát se, kapitulovat **-man***, **~-dweller** jeskynní člověk; přen. primitiv

cavern ['kævən] jeskyně; dutina **-ous** [-əs] **1** plný dutin **2** jeskyňovitý **3** vpadlý tváře **4** med. kavernózní **5** rozsáhlý, obsáhlý

caviar(e) ['kævia:] kaviár

cavil ['kævil] přen. rýt (*at, about* do), šťourat, vrtat, hledat hnidy na

cavity ['kævəti] dutina

cavort [kə'vo:t] am. hovor. dovádět

caw ['ko:] *interj.* krá ● *s* krákání vran ● *v* krákat

cayenne [kei'en] též ~ *pepper* paprika koření, cayenský pepř

cayman ['keimən], pl -*s* [-z] zool. kajman, aligátor

CD ['si:'di:], **compact disc, compact disk** ['kompækt'disk] *s* hovor. cédéčko, kompaktní deska se zvukovou nahrávkou

CD player ['si:di:,pleiər] *s* přehrávač kompaktních desek

CD ROM ['si:'di:,rom] *s* výpoč. tech. zkr. *R*(ead) *O*(nly) *M*(emory) pouze pro čtení dat na kompaktní desce

cease ['si:s] *v* pře-, u|stat, zastavit (se) ● *s* jen *without* ~ bez přestání **-less** [-lis] ustavičný

cedar ['si:də] bot. cedr

cede ['si:d] po-, od|stoupit; práv. cedovat

ceiling ['si:liŋ] **1** strop; přen. strop, horní mez; maximální cena **2** dostup střely letadla

celandine ['seləndain] bot. vlaštovičník

celebr|ate ['selibreit] **1** slavit, oslavovat **2** velebit, vynášet **3** círk. celebrovat, sloužit mši **-ated** [-id] proslulý, slavný **-ation** [,seli 'breišən] **1** oslava **2** círk. celebrování mše **-ity** [si'lebrəti] proslulost: veličina, osobnost

celerity [si'lerəti] rychlost

celery ['seləri] bot. celer zahradní

celestial [si'lestjəl] *a* nebeský (The

C~ Empire Nebeská říše Čína) ● *s* nebešťan

celib|acy ['selibəsi] celibát, bezženství **-ate** [-ət] žijící v celibátu, celibátní

cell [sel] **1** cela, kobka **2** biol., polit. buňka **3** elektr. článek; *dry* ~ baterie, suchý článek **4** chem. kyveta

cellar ['selə] sklep **-age** [-ridž] **1** sklepní prostory, sklepy **2** uložení ve sklepě **3** sklepné

cell|o*, **'cell|o** ['čeləu] = *violoncello* (violon)cello **-ist** [-ist] (violon)cellista

cello|phane ['seləfein] celofán **-tape** izolepa

cellular ['seljulə] **1** buněčný **2** komůrkovitý **3** pórovitý ♦ ~ *radio* am. radiotelefonní systém pro auta ~ **phone** [-foun] *s* mobilní telefon, celulární telefon

cellul|oid ['seljul|oid] celuloid **-ite** [-ait] *s* chem. celulitida nahromaděný tuk na stehnech žen **-ose** [-əus] chem. buničina, celulóza

Celt ['kelt] Kelt **-ic** [-ik] *a* keltský ● *s* keltština

cement [si'ment] *s* **1** cement **2** tmel ● *v* **1** za-, cementovat **2** s-, tmelit (se), zpevnit **3** tech. nauhličovat, cementovat **-ation** [,si:men'teišən] **1** tmelení **2** tech. nauhličování, cementace, povrchové tvrzení

cemetery ['semətri] hřbitov

cenotaph ['senəta:f] kenotaf (*the C~* pomník padlým v Londýně)

cens|e ['sens] pálit kadidlo, okuřovat **-er** [-ə] kadidelnice

censor ['sensə] *s* cenzor ● *v* cenzurovat **-ial** [sen'so:riəl] cenzorský **-ious** [sen'so:riəs] přehnaně přísný, kritický, zatracující **-ship** ['sensəšip] cenzura

census ['sensəs] sčítání lidu

cent ['sent] **1** am. cent 1/100 dolaru **2** *per* ~ procento: *5 per* ~ 5%; *3 per -s* tříprocentní cenné papíry; *at* ~ *per* ~ profit se 100% ziskem centau|r ['sento:] kentaur **-ry** [-ri] zeměžluč

centen|arian [ˌsentiˈneəriən] stoletý člověk **-ary** [senˈtiːnəri] a stoletý (~ *anniversary* sté výročí) ● s sté výročí **-nial** [-ˈtenjəl] a stoletý ● s sté výročí

centesimal [senˈtesiməl] setinný

centi|grade ['sentigreid] stostupňový (~ *thermometer* teploměr Celsiův): 30° C (= *degrees* ~) 30° C (= Celsia) **-gramme** centigram 1/100 g **-litre** centilitr 1/100 l **-metre** centimetr **-pede** [-piːd] stonožka

centner ['sentnə] lehký cent (= 50 kg); *double* ~ metrický cent

central ['sentrəl] 1 ú-, střední, centrální (~ *heating* ústřední topení) 2 ústřední *(committee* výbor) **-ism** [-trəlizəm] centralismus: *democratic* ~ demokratický centralismus **-ization** [ˌsentrəlaiˈzeišən] centralizace **-ize** [-trəlaiz] soustředit (se), centralizovat (se)

centre ['sentə] s 1 střed 2 středisko, centrum 3 ústředí, centrála ◆ sport. ~ *forward* střední útočník; ~ *of gravity* těžiště ● v 1 soustředit (se) 2 být středem čeho 3 sport. centrovat

centrifug|e ['sentrifjuːdž] odstředivka **-al** [-ˈtrifjugl] odstředivý, centrifugální ◆ ~ *machine* odstředivka

centripetal [senˈtripitl] dostředivý, centripetální

centuple ['sentjupl] a stonásobný ● v násobit stem

century ['senčəri] století

ceramic [siˈræmik] a keramický ● s pl keramika

cereal ['siəriəl] a obiln|í, -ý ● s obilnina; -s, pl obilí

cerebral ['seribrəl] mozkový

cerebro-spinal [ˌseribrəuˈspainəl] mozkomíšní, cerebrospinální

ceremon|ial [ˌseriˈməunjəl] a obřadn|í, -ý, ceremoniální ● s ceremonie; obřad **-ious** [jəs] 1 = -ial

a 2 obřadný, slavnostní, formální **-y** ['seriməni] 1 obřad, ceremonie 2 (společenské) formality, etiketa ◆ *stand* up(on)* ~ trvat na formalitách, hovor. dělat okolky; *without* ~ bez okolků

certain ['səːtən] 1 jistý, zaručený, spolehlivý; pred jist 2 určitý 3 nějaký, jakýsi (a ~ *Mr Hill* nějaký p. H.) ◆ *he is* ~ *to come* jistě přijde; *for* ~ jistě; *be* ~ *of* být si jist čím; *make* * ~ *of* ověřit si co **-ly** [-li] jistě, zajisté, určitě **-ty** [-ti] jistota: *for a* ~ určitě, zcela jistě 2 jistý vítěz v dostizích

certificat|e s [səˈtifik|ət] vy-, o| svědčení, potvrzení, stvrzenka, průkaz ◆ a *birth, death, marriage* ~ rodný, úmrtní, oddací list; a *health* ~ lékařské vysvědčení; ~ *of origin* osvědčení o původu ● v [-keit] potvrdit, dát o-, vy| svědčení, aprobovat **-ed** [-eitid] aprobovaný, promovaný, zkoušený **-ion** [ˌsəːtifiˈkeišən] osvědčení, potvrzení; ověření

certify ['səːtifai] osvědčit, ověřit, potvrdit

certitude ['səːtitjuːd] jistota

cervical ['səːvikl] krční

cessation [səˈseišən] zastavení, přerušení čeho, skončení

cession ['sešən] práv. postup, odstoupení, cese **-ary** [-šənəri] práv. postupník

cesspool ['sespuːl] žumpa

cetace|an [siˈteiˈšjən] a kytovitý ● s kytovec **-ous** [-jəs] kytovitý

chafe [čeif] v 1 třít (se) (on, *against* oč), mnout (si) *(hands* ruce) 2 o-, roze-, dřít 3 popudit, dohřát ● s 1 odřenina 2 podráždění, hněv

chaff [čaːf] s 1 plevy 2 řezanka 3 hovor. škádlení, vtipkování ● v hovor. dobírat si, dělat si legraci, vtipkovat

chaffter [ˈčæfə] v kniž. smlouvat, handrkovat se ● s smlouvání, handrkování

chaffinch [ˈčæfinč] brit. pěnkava

chagrin [ˈšægrin] s starost, mrzutost, zklamání ● v rozzlobit, zarmoutit; zklamat; urazit

chain [ˈčein] s 1 řetěz, řetízek 2 pl pouta 3 řetězec 4 filiální prodejna ◆ ~ -armour, mail kroužkové brnění; ~ bridge řetězový most; chem. ~ reaction řetězová reakce ● v uvázat na řetěz, přikovat (to k) –ed zřetězený ~-stitch řetízkový steh ~-store am. filiálka

chair [ˈčeə] 1 židle; křeslo (take* a ~ sednout si) 2 (profesorská) stolice 3 předsednictví; předseda ◆ be in the ~ předsedat; take* the ~ ujmout se předsednictví, předsedat –man* předse|da, -dkyně –person am. předse|da, -dkyně –woman* předsedkyně nikoli v oslovení

chaise [ˈšeiz] lehký kočár ◆ ~ longue šezlong pohovka

chalcedony [kælˈsedəni] miner. chalcedon

chalice [ˈčælis] círk. kalich

chalk [ˈčo:k] s 1 křída 2 značka křídou 3 tenis lajna ◆ by a long ~, by long -s zdaleka (ne) ● v 1 nakřídovat 2 napsat, nakreslit křídou ~ out načrtnout, nastínit ~ up zapsat výsledek hry –y [-i] 1 křídový 2 nakřídovaný 3 nakreslený křídou

challeng|e [ˈčælindž] s 1 výzva (to fight k boji) 2 vyzvání 3 výzva k řešení; složitý problém, těžký úkol 4 práv. vyloučení (porotce) ● v 1 vyzvat, vyzývat (to fight k boji) 2 voj. žádat heslo 3 práv. vznést námitku (to proti); odmítnout 4 vyžadovat, dovolávat se 5 vybídnout (criticism ke kritice) 6 kriticky rozebrat, vypořádat se s ~ cup sport. pohár –ing 1 podnětný, náročný 2 vyzývavý

chamber [ˈčeimbə] 1 komora zbraně, orgánu 2 sněmovna 3 kancelář 4 pl práv. úřadovna, byt svobodného 5 -s pl kancelář soudce n. advokátů ◆ audience ~ audienční síň; C~ of Commerce obchodní komora; ~ music komorní hudba; ~ practice soukromá praxe advokáta; trial at -s neveřejné soudní líčení –lain [-lin] komorník; Lord C~ of England nejvyšší komoří anglický (div. cenzor) –maid pokojská, panská ~-pot nočník

chameleon [kəˈmi:ljən] zool. chameleon

chamfer [ˈčæmfə] s tech. úkos, zkosená hrana souměrně ● v zkosit, srazit hranu

chamois [ˈšæmwa:] 1 zool. kamzík 2 [ˈšæmi] jelenice, semiš též ~ leather

chamomile viz camomile

champ [ˈčæmp] 1 žvýkat, chroupat pící 2 hrýzt (bits udidlo) 3 skřípat zuby 4 rozšlapat ◆ ~ the bit 1 kůň hrýzt uzdu 2 hořet netrpělivostí

champagne [šæmˈpein] šampaňské, sekt

champion [ˈčæmpjən] s 1 bojovník 2 sport. přeborník, mistr, šampión 3 vítěz poctěný první cenou též o zvířatech ● v bojovat za –ship [-šip] 1 sport. mistrovství, přebornictví 2 vítězství

chance [ˈča:ns] s 1 náhoda 2 naděje, vyhlídka (of na) 3 šance, příležitost 4 riziko ◆ by (the merest) ~ (čirou) náhodou; game of ~ hazardní hra; the main ~ osobní prospěch; on the ~ v případě; take* one's ~ zkusit štěstí, am. risknout to ● v 1 náhodou (se stát): I -d to be náhodou jsem byl 2 setkat se (upon s), narazit (na) 3 hovor. riskovat: let's ~ it riskněme to

chancel [ˈča:nsl] oltářní prostor

chancell|ery, –ory [ˈča:nsələri] 1 kancléřství 2 kancelář vyslanectví –or [-ə] 1 kancléř 2 první tajemník vyslanectví 3 čestný rektor univerzity ◆ brit. Lord (High) C~ of the Exchequer kancléř pokladu ministr financí –orship [-əšip] kancléřství

chancelry [ˈča:nsəlri] = chancellery

chancery ['ča:nsəri] **1** kancelář, kancléřství **2** listinný archív ♦ *in ~ sport.* v kleštích; *a ward in ~* svěřenec kancléřského soudu opatrovnického soudu

chancy ['ča:nsi] hovor. náhodný, riskantní

chandelier [ˌšændəˈliə] lustr

chandler ['ča:ndlə] zast. **1** svíčkař **2** hokynář

change ['čeindž] *s* **1** změna **2** vy-, střídání, výměna **3** C~ burza **4** *(small)* ~ drobné **5** peníze nazpět **6** převlečení (též ~ *of clothes*) **7** přestup(ování) v dopravě ♦ *for a* ~ pro změnu; *give* * ~ *for 1 pound* dát na libru zpátky ● *v* **1** z-, měnit (se) *(from z, into* v) **2** vy-, měnit (si) *(for* zač); vy-, střídat (se) **3** proměnit *(into* v) **4** přesed|at, -nout *(at... for* v... směrem na) **5** roz-, vy-, s|měnit ve směnárně ♦ *all ~!* všichni vystupovat!; ~ *colour* měnit barvu; ~ *hands* změnit majitele; ~ *one's clothes* převléci se; ~ *one's mind* z-, měnit názor, rozmyslit si co; ~ *sides* přejít do opačného tábora **–able** [-əbl **1** proměnlivý **2** vrtkavý, nestálý **–ful** [-ful] bás. **1** měnivý **2** vrtkavý **–less** [-lis] neměnný, stálý **–ling** [liŋ] podvržené dítě

changing-room ['čeindžiŋrum] převlékárna, šatna

channel ['čænl] *s* **1** průliv **2** kanál v písčinách v ústí řeky **3** koryto, plavební dráha **4** žlábek, drážka, vrub **5** anat. kanálek **6** přen. cest|a, -y, postup ♦ *The (English)* C~ Lamanšský průliv; *C~ Islands* Normandské ostrovy; ~ *iron* tvarové U-železo, korýtkové železo; *new -s for investment* nové investiční možnosti; *traffic -s* dopravní spoje; *through official -s* úřední cestou ● *v (-ll-)* **1** brázdit, rýhovat **2** razit si, vyhloubit si (*a course* tok) **3** přen. vést, usměrňovat

chant ['ča:nt] *s* **1** chvalozpěv **2** kostelní zpěv, gregoriánský chorál, píseň **3** monotonní prozpěvování **4** skandované volání ● *v* **1** bás. pět; opěvovat **2** monotonně prozpěvovat **3** skandovat

chao|s ['keios] chaos **–tic** [keiˈotik] chaotický

chap {['čæp] *s* **1** hovor. chlápek, mládenec, člověk **2** puklina, trhlina **3** obyč. pl huba, tlama ● *v (-pp-)* rozpraskat (se), roz-, pukat zvl. o kůži

chapel ['čæpl] **1** kaple **2** modlitebna, sbor

chaperon ['šæpərəun] *s* gardedáma, hovor. garde ● *v* dělat garde, doprovázet

chaplain ['čæplin] **1** kaplan **2** kurát

chaplet ['čæplit] **1** věnec, vínek **2** zkrácený růženec **3** archit. růžencová ozdoba sloupu

chapter ['čæptə] **1** kapitola **2** kapitula ♦ *the ~ of accidents* řetěz nehod; osud

char ['ča:] *s* **1** brit. hovor. posluhovačka, uklízečka **2** = *chare s* **3** hovor. čaj ● *v (-rr-)* **1** pálit uhlí **2** zuhelnatět **3** = *chare v*

character ['kærəktə] **1** písmeno, znak; písmo; kód, šifra **2** rys **3** charakter, povaha **4** pověst, jméno **5** popis **6** pracovní vysvědčení zaměstnavatele, posudek **7** postavení, hodnost **8** známá osobnost **9** postava literární, osoba divadelní **–istic** ['kærəktəˈristik] *a* příznačný, charakteristický (*of a p.* pro koho) ● *s* **1** příznačný, charakteristický rys, znak **2** charakteristika logaritmu **–ization** [ˌkærəktəraiˈzeišən] charakterizace **–ize** ['kærəktəraiz] charakterizovat **–less** ['kærəktəlis] bezcharakterní, bezvýrazný

charade [šəˈra:d] šaráda

charcoal ['ča:kəul] **1** dřevěné uhlí; *animal* ~ živočišné uhlí **2** kreslířský uhel

chare ['čeə] *s* **1** příležitostná práce **2** pomoc v domácnosti, posluha

3 pl úklid ● **v 1** provádět příležitostné práce **2** posluhovat **3** hovor. uklízet

charge [ˈčaːdž] s **1** nálož, náboj **2** tech. vsázka, náplň **3** břemeno, zatížení **4** cena, poplatek, taxa **5** obyč. pl náklady, útraty, výlohy, režie **6** služba, úkol; pověření **7** péče (of o co), dohled (na), dozor (nad) **8** svěřenec; círk. sbor, věřící **9** pří-, roz|kaz, nařízení **10** napomenutí, poučení porotcům **11** obvinění **12** výpad, útok, napadení **13** voj. znamení k útoku (sound the ~ zatroubit k útoku) ◆ at one's own ~ na vlastní útraty; be in ~ of mít na starosti co, být pověřen čím; be in on's ~ být komu svěřen; bring*, lay*, a ~ against vinit, obžalovat koho; extra ~ obch. zvláštní poplatek; free of ~ bezplatný, zdarma; give* a p. in ~ uvěznit koho; give* a t. in ~ dát komu co na starost; lay* to one's ~ klást komu za vinu; on a ~ of na základě obvinění z; petty -s drobná vydání; take* ~ of vzít si na starost co; take* a p. in ~ vzít koho do vazby; to the ~ of a p. na čí útraty ● **v 1** naplnit, nacpat, nasytit (with čím) **2** nabít (a gun, a battery pušku, baterii) **3** pověřit (with čím) **4** přikázat **5** ob-, vinit (a p. with koho z) **6** svalovat (on na), přičítat čemu **7** poučit (the jury porotu) **8** tvrdit (that že) **9** u-valit na koho, co poplatek **10** počítat, hovor. brát, obch. účtovat (for za) (how much do you ~ for it? kolik za to počítáte, chcete?) **11** účtovat komu, zatížit, debitovat koho, připsat (on account na účet) **12** voj. za-, útočit na; vrhnout se na **–able** [-əbl] **1** žalovatelný, zdanitelný, podrobený dani, poplatku **2** uvalitelný (on na) **3** člověk připadající na obtíž (to komu)

charger [ˈčaːdžə] zavážeč pece, nabíječka akumulátoru, zásobník zbraně

chariot [ˈčæriət] s hist. válečný n. závod-ní vůz, lehký kočár

charisma [kəˈrizmə] s **1** círk. charizma dar Ducha svatého **2** přen. osobní kouzlo, vůdcovský talent

charit|able [ˈčærit|əbl] **1** dobročinný, charitativní **2** shovívavý, blahovolný **–y** [-i] **1** láska k bližnímu, dobrota **2** dobročinnost, štědrost **3** shovívavost, blahovůle **4** dobročinný ústav **5** milodar ◆ ~ school škola pro nemajetné; Brother / Sister of ~ milosrdný bratr, milosrdná sestra

charlatan [ˈšaːlətən] šarlatán **–ry** [-ənri] šarlatánství

Charl|ey, –ie [ˈčaːli] hovor. Karl|ík, -íček

Charlotte [ˈšaːlət] Karla

charm [ˈčaːm] s **1** půvab, kouzlo, šarm, vnada **2** zaříkadlo, kouzlo **3** přívěsek; amulet ● **v 1** okouzl|it, -ovat (be -ed být okouzlen, nadšen) **2** o-, za|čarovat, zaklít **–ing** [-iŋ] okouzlující, půvabný

charnel-house* [ˈčaːnlhaus] kostnice

chart [ˈčaːt] s **1** námořní mapa; mapa **2** tabulka, diagram, graf ● **v 1** zmapovat **2** naplánovat, navrhnout

charter [ˈčaːtə] s **1** výsadní listina, patent, privilegium, charta **2** zakládací listina **3** pronájem lodi / letadla, smlouva o pronájmu ◆ The Great C~ Velká listina svobod z r. 1215; The People's C~ Lidová charta chartistů z r. 1838-1848; United Nations C~ charta Spojených národů ● **v 1** udělit výsadu, právo **2** najmout si loď, letadlo, autokar ◆ -ed accountant diplomovaný účetní **–er** [-rə] obch. nájemce lodi **~-party** obch. smlouva o pronájmu lodi

Chart|ism [ˈčaːtizəm] chartismus **–ist** [-ist] chartista

chartreuse [šaːˈtrəːz] **1** chartreuska likér **2** žlutozelená barva

charwoman* [ˈčaːˌwumən] brit. posluhovačka; uklízečka

chary [ˈčeəri] **1** opatrný **2** bedlivý (of nač), obezřelý **3** vybíravý (about v) **4** skoupý (of na co)

chase [ˈčeis] v **1** honit, lovit, štvát **2** stíhat, pronásledovat nepřítele **3** zahnat **4** rýt, tepat do kovu ● s **1** lov, hon **2** stíhání, honba, pronásledování **3** honební revír **4** honební právo **5** štvaná zvěř; stíhaná loď ♦ give* ~ pronásledovat; honit se za (kým, čím)

chasm [ˈkæzəm] **1** rokle, strž, rozsedlina, průzor **2** propast též přen. **3** mezera

chassis [ˈšæsi], pl [-z] pl = sg šasi

chast|e [ˈčeist] **1** cudný **2** střízlivý o slohu **–ity** [ˈčæstəti] **1** cudnost **2** střízlivost slohu

chast|en [ˈčeisn] **1** trestat **2** tříbit, zjemnit styl **–ise** [ˈčæstaiz] trestat bitím; kárat, tepat **–isement** [ˈčæstizmənt, am. čæsˈtaizmənt] potrestání, trest, výprask

chat [ˈčæt] v (-tt-) po-, povídat (si), po-, hovořit (si) ● s povídání, pohovor, beseda ♦ have a ~ popovídat si; for a ~ na kus řeči

chattel [ˈčætl] movitost; obyč. pl -i

chatter [ˈčætə] v **1** štěbetat, švitořit **2** brebentit, klábosit, tlachat **3** jektat zuby **4** drnčet o stroji **5** kulomet štěkat ● s **1** štěbetání, švitoření **2** brebentění, klábosení **–box 1** žvanil, tlachal **2** povídálek; drbna, štěbetalka

chatty [ˈčæti] povídavý, hovorný

chauffeur [ˈšəufə] řidič, šofér

chauvin|ism [ˈšəuvinizm] **1** šovinismus **2** nadřazenost jednoho sexu nad druhým **–ist** [-ist] šovinista **–istic** [šəuviˈnistik] šovinistický

cheap [ˈči:p] a laciný, levný ● adv lacino, levně ♦ dirt ~ hovor. za babku; on the ~ lacino **–ness** [-nis] láce

cheat [ˈči:t] v **1** ošidit (out of o) **2** podvádět ● s hovor. švindl; podvod(ník)

check [ˈček] v **1** dát šach **2** zastavit (se), zarazit (se) **3** pře-, z-,

kontrolovat, řezkoušet, ověřit **4** zadržet slzy, ovládnout, potlačit hněv **5** am. dát si co do šatny; podat zavazadlo na nádraží ~ in zapsat se např. v hotelu ~ off zatrhnout, od-, za|škrtnout ~ out odhlásit se např. v hotelu ~up ověřit, zkontrolovat ● s **1** šach ve hře **2** zatržení **3** kontrola, revize, ověření (on čeho) **4** překážka, omezení, zdržení; přen. brzda; zásah (on do); přerušení **5** dozor, dohled (on nad) **6** voj. odražení, porážka **7** stvrzenka, známka do úschovny; útržek lístku, podací lístek na zavazadlo, am. žeton při hře **8** kostka vzorek **9** sport. bodyček **10** am. = cheque šek ♦ give* a ~ zarazit, překazit; in ~ v šachu; přen. na uzdě, pod dohledem; suffer, sustain a ~ být zadržen, zabržděn; voj. být odražen ● interj. šach! **–ed** [-t] kostkovaný **–er** [-ə] am. = chequer **–ered** am. = chequered **~-in** vstupní kontrola **–list** kontrolní seznam **–mate** [ˈčekmeit] s šachmat, hovor. mat ♦ give* ~ dát mat ● v dát mat **~-out** výstupní kontrola **~-point** kontrolní bod / místo **~-up** kontrola, zdravotní prohlídka

cheddar [ˈčedə] s čedar druh sýra

cheek [ˈči:k] **1** tvář, kniž. líce **2** hovor. drzost ♦ (with one's) tongue in (one's) ~ ironicky **–y** [-i] hovor. drzý

cheep [ˈči:p] s pípání ptáka; pištění myši ● v pípat; pištět

cheer [ˈčiə] v **1** potěšit, povzbudit **2** pozdravovat, vítat, provolávat slávu **3** pobízet; posílat, štvát (on na) ~ up **1** vzpružit **2** vzmužit se (he -ed up when... vzpružilo ho to, když...) ● s **1** dobrá, veselá mysl; nálada **2** pohoštění, hostina **3** pokřik, provolávání slávy (~s! na zdraví) ♦ be of good ~ buď(te) dobré mysli; three -s trojnásobný pokřik např. hip, hip, hurá; zast., bás. what ~? jak se vede? **–ful** [-ful] **1** veselý (face tvář) **2** radostný, pří-

jemný (*day* den), srdečný (*conversation* rozhovor) **–y** [-ri] bodrý
cheerio [ˌčiəriˈəu] brit. **1** nazdar!, ahoj! při loučení **2** na zdraví!
cheese [ˈčiːz] sýr **~–cake** tvarohový koláč **~–monger** [ˈčiːzˌmʌŋgə] sýrař **~–paring** [ˈčiːzˌpeəriŋ] skrblictví
che(e)tah [ˈčiːtə] s zool. gepard
chef [ˈšef] vrchní kuchař
chemical [ˈkemikl] a chemický ● s obyč. pl chemikálie
chemis|e [šəˈmiːz] košile dámská **–ette** [šemiˈzet] živůtek
chemist [ˈkemist] **1** chemik **2** brit. drogista; lékárník **–ry** [-ri] chemie
chequ|e [ˈček] šek ♦ *bearer* ~ šek na doručitele; *crossed* ~ křížovaný šek; *draw* a ~ vystavit šek; a ~ *for...* šek na; *order* ~ šek na řad; *traveller's* ~ cestovní šek **–er** [-ə] brit. **1** kostkovaný vzorek; šachovnice, kostkování **2** kontrolor **3** kámen, kostka v dámě **4** pl dáma hra **–ered** [-əd] **1** kostkovaný, čtverečkovaný **2** pestrý; proměnlivý
cherish [ˈčeriš] **1** mít v lásce koho, co, chovat, opatrovat, starat se o **2** chovat, mít v sobě; kojit se čím
cherry [ˈčeri] bot. třešně; višně plod i strom **~–tree** třešeň, višeň
cherub [ˈčerəb], pl **-s**, **-im** [-z, -im] **1** cherub, -ín **2** výtv. andělíček
Cheshire [ˈčešə] hrabství v Anglii
chess [ˈčes] šachy hra **~–board** šachovnice **–man*** (šachová) figur(k)a
chest [ˈčest] **1** bedna **2** truhla; prádelník; pokladna **3** skříň, -ka **4** hruď, prsa; odb. hrudník **5** tech. komora ♦ ~ *of drawers* prádelník; *medicine* ~ lékárnička
chestnut [ˈčesnət] **1** bot. kaštan; -ová barva **2** hovor. vousatý vtip ♦ *sweet, Spanish* ~ jedlý kaštan
cheviot [ˈčeviət] ševiot látka
chew [ˈčuː] **1** žvýkat **2** hovor. přemýšlet (*upon, over* o), uvažovat o **–ing-gum** [ˈčuiŋgam] žvýkací guma

Chicago [šiˈkaːgəu] město v USA
chicanery [šiˈkeinəri] šikanování; překrucování zákona, právnické kličky
Chicano [čiˈkaːnou] s Američan mexického původu
chick [ˈčik] kuře, kuřátko; ptáčátko, pískle; slang. zajíček, kotě dívka **–en** [-in] kuře **–en-and-egg** dilematický pokud jde o prioritu **–en-pox** plané neštovice
chicory [ˈčikəri] **1** bot. čekanka **2** cikorka
chid [ˈčid] pt a pp od *chide*
chide* [ˈčaid] plísnit, hádat se
chief [ˈčiːf] s **1** náčelník, pohlavár **2** předák, vůdce, hlava **3** velitel oddílu **4** přednosta, představený, hovor. šéf ● a vrchní, nejvyšší, hlavní, nejdůležitější **–ly** [-li] hlavně, především
chieftain [ˈčiːftən] náčelník, vůdce, pohlavár
chiffon [ˈšifon] šifón látka
chilblain [ˈčilblein] oznobenina, omrzlina **–ed** [-d] oznobený, omrzlý
child* [ˈčaild] dítě ♦ *from a* ~ od maličká; ~*'s play* přen. dětská hračka; *with* ~ těhotná **–birth** [-bəːθ] porod **–hood** [-hud] dětství **–ish** [-iš] **1** dětský **2** hanl. dětinský **–less** [-lis] bezdětný **–like** [-laik] dětský **–proof** bezpečný před dítětem **–ren** [ˈčildrən] pl k *child*
chill [ˈčil] s **1** chlad, zima; mrazení **2** nachlazení ♦ *catch* a* ~ nastydnout; *take* the* ~ hovor. nechat odrazit, přihřát ● v z-, mrazit (*-ed* promrzlý); *-ed meat* mrazené maso **–y** [-i] **1** mrazivý, chladný **2** prochladlý **3** zimomřivý **4** přen. chladný (*to* k) ● adv mrazivě
chime [ˈčaim] s zprav. pl **1** vyzvánění, zvonková hra, zvony hud. nástroj **2** harmonie, soulad ● v **1** bít do zvonu, zvonit **2** odbíjet čas **3** odří-

kávat, mlít ~ **in 1** souznít, připojit se **2** shodovat se (*with* s) **3** hovor. vmísit se do hovoru

chim|era, –aera [kaiˈmiərə] chiméra

chimney [ˈčimni] **1** komín **2** cylindr lampy **~-corner** koutek u krbu **~-pot 1** komínový nástavec **2** hovor. klobouk cylindr **~-sweep(er)** kominík

chimpanzee [ˌčimpənˈziː] šimpanz

chin [čin] brada

China []čainə] Čína ♦ ~ *town* čínská čtvrť **~-man* 1** hanl. Číňan **2** podání v kriketu

china [ˈčainə] **1** čínský porcelán **~-clay** kaolín **~-closet** příborník **~-ware** porcelánové zboží

chine [čain] **1** kuch. hřbet pečeně **2** brit. strž, rokle

Chinese [čaiˈniːz] *a* čínský (~ *lantern* lampión) ● *s* **1** pl = sg Číňan: *the* ~ Číňané **2** čínština

chink [čiŋk] *s* **1** štěrbina, puklina, spára **2** cinkání **3** hovor. žert. prašule peníze ● *v* **1** cinkat **2** ucpat

chintzy [ˈčintsi] *a* **1** nevkusný, pouťový, levný **2** vyzdobený barevně potištěným kartounem

chip [čip] *s* **1** odřezek, tříska dřeva; odštěpek kamene; střepina skla **2** o-dražený kousek skla aj. **3** pl hovor. smažené brambůrky, pomfrity **4** elektr. čip mikroprocesorová destička ♦ *not to care a* ~ ani za mák se nestarat ● *v* (-*pp*-) **1** otlouci (se), od-, u|razit (se), odštípnout (se), prasknout **2** dělat třísky **3** vyklubat se (*shell* ze skořápky) **4** tence krájet brambory: *-ped potatoes* = *chips*

chiropody [kiˈropədi] pedikúra

chirp [ˈčaːp] *v* **1** cvrlikat, švitořit **2** cvrkat o cvrčku ● *s* cvrlikání, švitoření, cvrkot cvrčka

chirrup [ˈčirəp] *v* **1** cvrlikat, štěbetat; klokotat o slavíku **2** mlasknout na koně ● *s* **1** štěbetání, cvrlikání; klokot **2** cvrlikání cvrčka

chisel [ˈčizl] *s* dláto, rydlo ● *v* (-*ll*-)

tesat; rýt, dlabat

chit [ˈčit] **1** mrně, škvrně **2** žába, žabka děvče

chit-chat [ˈčitčæt] povídání, tlachání

chival|rous [ˈšivəl|rəs] rytířský **–ry** [-ri] rytířstvo

chive [ˈčaiv] pažitka

chlor|ic [ˈkloːrik] chlorečn|ý *(acid* kyselina -á) **–ide** [-raid] chlorid **–ous** [-rəs] chloritý

chlorosis [kləˈrəusis] blednička

chloroform [ˈklorəfoːm] *s* chloroform ● *v* uspat, chloroformovat

chlorophyll [ˈklorəfil] chlorofyl

chock [ˈčok] *s* (podložní) špalek, klín ● *v* (~ *up*) zaklínat **~-full** [ˌ-ˈful] na-, pře|cpaný, přeplněný

choc-ice [ˈčokais] brit. hovor. eskymo v čokoládě

chocoholic [ˌčokəˈholik] am. milovník čokolády

chocolate [ˈčoklət] *s* **1** čokoláda **2** čokoládový bonbón ● *a* čokoládový

choice [ˈčois] *s* **1** volba (*have no* ~ nemít na vybranou) **2** výběr ♦ *at* ~ na vybranou; *for* ~ nejraději, zvláště; *have one's* ~ vybrat si ● *a* vybraný (*fruit* ~ -é ovoce)

choir [ˈkwaiə] **1** pěvecký sbor **2** kůr

choke [ˈčəuk] **1** dusit (se) **2** škrtit (se), rdousit ~ **down** přen. spolknout, potlačit ~ **off** odradit od, umlčet ~ **up** ucpat; zajíknout se, dostat trému

choler|a [ˈkolərə] cholera **–ic** [-ik] cholerický, prchlivý

chomp [ˈčamp] hlučně žvýkat, chroustat

choose* [ˈčuːz] **1** z-, volit (si), vy-b(í)rat (si) **2** rozhodnout se **3** chtít, přát si

choosy [ˈčuːzi] vybíravý

chop [ˈčop] *v* (*pp*-) **1** štípat, sekat **2** rozsekat na drobno, rozkouskovat **3** sport. čopovat **4** vítr změnit směr **5** přen. obrátit na čtyráku ♦ ~ *and change* točit se po větru, kolísat, měnit (se), střídat (se) ~ **down**

porazit strom ~ **off** useknout ~ **up** objevit se náhle ● s **1** pečeť, listina **2** povolení, pas (grand ~ proclení) **3** obchodní značka: hovor. first, second ~ první, druhá jakost **4** sport. čop, čopovaný míč **5** tnutí, seknutí **6** kotleta **7** zčeření vln **-per** [-ə] sekáček; hovor. vrtulník **-py** [-i] zčeřený vodní hladina

choral [ˈkoːrəl] a hud. sborový –(e) [koˈraːl] chorál, pěvecký sbor

chord [ˈkoːd] **1** bás. přen. struna **2** geom. tětiva **3** hud. akord ♦ spinal ~ mícha; vocal -s hlasivky

chore [čoː] = chare s **1**, **2** v

choreograph|er [ˌkoriˈoɡrəfə] choreograf **-y** [-i] choreografie

chorister [ˈkoristə] **1** sborový zpěv|ák, -ačka **2** am. předzpěvák

chorus [ˈkoːrəs] **1** pěvecký sbor; chór **2** sbor skladba **3** refrén ♦ in ~ sbor|ově, -em **~-singer** chóris-t|a, -ka operní

chos|e [ˈčəuz] pt od choose **-en** [-n] pp od choose

chow[1] [čau] s čaučau čínský špic

chow[2] [čau] s slang. žvanec ● v žrát

Christ [ˈkraist] Kristus

christen [ˈkrisn] po-, křtít **-ing** [-iŋ] křest

Christ|endom [ˈkrisndəm] křesťanstvo **-ian** [-tjən] s **1** křesťan **2** Kristián ● a **1** křesťanský **2** křestní (name jméno) **-ianity** [ˌkristiˈænəti] křesťanství **-ina** [-ˈtiːnə] **-ine** [iːn] Kristýna

Christmas [ˈkrisməs] Vánoce: ~ Day první svátek vánoční; ~ Eve Štědrý den **~-box** brit. vánoční dárek obv. pro listonoše ap. **~-tree** vánoční stromek

chromatic [krəuˈmætik] chromatický

chrome [ˈkrəum] chróm; -ový barva (~ yellow)

chromium [ˈkrəumjəm] chem. chróm **~-plated** [ˌkrəumjəmˈpleitid] po-, chromovaný

chromolithograph [ˌkrəuməuˈliθəgraːf] chromolitografická reprodukce **-y** [ˌkrəuməuliˈθoɡrəfi] chromolitografie

chromosome [ˈkrəuməsəum] chromozóm

chronic [ˈkronik] chronický; vleklý

chronicl|e [ˈkronikl] s kronika ● v zaznamenat, zapsat **-er** [-ə] kronikář

chrono|logical [ˌkronəˈlodžikl] chronologický **-logy** [krəˈnolədži] chronologie **-meter** [-ˈnomitə] chronometr

chrysanthemum [kriˈsænθəməm] chryzantéma

chubby [ˈčabi] buclatý

chuck [ˈčak] s **1** tech. sklíčidlo, podpěrný klín **2** trhnutí, pohození **3** slang. the ~ vyhazov **4** obyč. v 5. p. zlatíčko! ● v **1** upnout do sklíčidla **2** mrsknout, pohazovat **3** dělat puť puť na drůbež **4** mlaskat na koně ~ **away** zahodit, promarnit ~ **out** vyhodit koho ~ **up** praštit (one's job prací); ~ **up** the sponge vzdát zápas; hodit flintu do žita

chuckle [ˈčakl] v **1** pochichtávat se, usmívat se spokojeně **2** kvokat **3** voda bublat ● s **1** pochechtávání, chichot **2** kvokání **3** bublání

chug [ˈčaɡ] v **1** bafat, supět: the old engine ~ged along starý motor zabafal **2** vypít na ex: he ~ged the beer vypil to pivo na ex

chum [ˈčam] hovor. kamarád ● v (-mm-) bydlit spolu ~ **up** skamarádit se (with s) **-my** [-i] hovor. a kamarádský ● s = chum

chump [ˈčamp] **1** špalek **2** brit. ~ (chop) vysoká skopová kotleta **3** hovor. palice hlava (off his ~ praštěný)

chunk [ˈčaŋk] **1** špalek dřeva, masa atd., skrojek chleba **2** pořádný kus **3** ohořelý kus **-y** [-i] am. hovor. podsaditý, ořezkovitý

church [ˈčəːč] **1** kostel, chrám **2** C~ církev ♦ Broad C~ liberální směr v církvi; C~ of England anglikánská církev; Established C~ státní církev; go* to ~ chodit do

kostela; *High C~* episkopální
směr v církvi; *C~ militant* církev
bojující **~~goer** [ˌ-ˈɡəuə] pravidelný
návštěvník kostela **–man*** horlivý
návštěvník kostela, věřící **~~rate**
církevní dávka **–warden** [ˌ-ˈwoː-
dən] kurátor **–y** [-i] církevnický
–yard [-jaːd] hřbitov u kostela
churl [ˈčəːl] neotesanec, hulvát
churn [ˈčəːn] s máselnice ● v 1
stloukat máslo 2 (~ *up*) čeřit, pě-
nit
chute [ˈšuːt] 1 slap, peřeje 2 pro-
pust 3 skluz, -avka 4 hovor. padák
ciao [ˈčau] hovor. čau, ahoj
cicada [siˈkaːdə] cikáda
cicatr|ice, odb. **–ix** [ˈsikatris, -iks] pl
-ices [-isiz, ˌsikəˈtraisiːz] jizva
cicatrization [ˌsikətraiˈzeišən] med.
zajizvení rány
cicatrize [ˈsikətraiz] zajizvit (se)
cider [ˈsaidə] jablečný mošt
cigar [siˈɡaː] doutník **–et** am., **–ette**
[siɡəˈret] cigareta
cinch [sinč] s 1 sedlový řemen 2
hovor. pevné uchopení 3 hovor.
hračka, moucha, malina lehká věc
● v 1 připevnit, utáhnout 2 hovor.
posichrovat si, zajistit si
cinder [ˈsində] 1 tech. škvára 2 o-
harky 3 pl žhavý popel
Cinderella [ˌsindəˈrelə] Popelka
cine|camera [ˈsinikæmərə] ruční
kamera **~~film** kinofilm **~~pro-
jector** [ˈsiniprəˌdžektə] filmová
promítačka
cinema [ˈsinəmə] kino, biograf
cinemact|or [ˈsinimæktə] am. slang
kinoherec **–ress** [-ris] am. slang ki-
noherečka
cinemagoer [ˈsinəməˌɡəuə] návš-
těvník kina
cinematic [ˌsiniˈmætik] filmový
cinematograph [ˌsinəˈmætəɡraːf]
kinematograf **–ic** [ˌsinəmætəˈɡræ-
fik] kinematografický **–y** [ˌsinə-
məˈtoɡrəfi] kinematografie
cinephile [ˈsinəfail] filmový fanou-
šek
cinerama [ˌsinəˈraːmə] kruhové pa-

noramatické kino
cinerary [ˈsinərəri] popelový (~ *urn*
urna)
cinnabar [ˈsinəbaː] rumělka, cinobr
cinnamon [ˈsinəmən] 1 skořice 2
skořicovník
cinq(ue)foil [ˈsiŋkfoil] stav. pětilist
cipher [ˈsaifə] s 1 nula 2 arabské
číslice 3 šifra, šifrování; šifrova-
ná zpráva 4 monogram ● v 1 po-
čítat 2 za-, šifrovat ~ **out** vy-
kalkulovat
circa [ˈsəːkə] *prep* asi, kolem, zhru-
ba
circadian [səːˈkeidjən] biol. denní,
periodický
circle [ˈsəːkl] s 1 kruh; kružnice 2
kroužek, kolo 3 koloběh (*of the
seasons* ročních dob) 4 okruh ♦
dress ~ div. první balkón; *do* the
grand ~* těl. udělat veletoč;
square the ~ provést kvadraturu
kruhu; *upper ~* div. druhý balkón;
vicious ~ bludný kruh ● v 1 za-
kroužkovat 2 kroužit, obíhat
(*round, about* kolem) 3 objet,
obeplout **–let** [-it] kroužek
circuit [ˈsəːkit] 1 obvod, okruh 2
oběh; obchůzka; turné 3 okružní
cesta 4 soudní okres 5 el. okruh
♦ *short ~* el. krátké spojení **–ous**
[səˈkjuitəs] jdoucí, vedený oklikou,
zdlouhavý, rozvláčný
circular [ˈsəːkjulə] a 1 kruhov|ý, -itý
2 okružní (*tour* cesta) ♦ *~ letter*
oběžník; *~ saw* cirkulárka ● s o-
běžník
circulat|e [saˈkjuleit] 1 obíhat, ko-
lovat, cirkulovat 2 mat. periodicky
se opakovat 3 uvádět do oběhu,
rozšiřovat **–ing** [-iŋ] oběžný (*cap-
ital* kapitál) ♦ *~ decimal* perio-
dický zlomek; *~ library* okružní
knihovna; *~ medium* oběživo
–ion [ˌsəːkjuˈleišən] 1 oběh (*of
blood, money, news* krve, peněz,
zpráv); cirkulace 2 náklad novin
–or [-ə] 1 šiřitel zpráv 2 mat. pe-
riodická funkce
circum|cise [ˈsəːkəmsaiz] obřezat

–cision [ˌ-sižn] obřízka **–ference** [səˈkemfərəns] geom. obvod **–ferential** [səˌkemfəˈrenšl] obvodový **–flex** [ˈsəːkemfleks] průtažný (accent přízvuk) **–fluent** [səˈkemfluənt] obtékající **–fuse** [ˈsəːkemˈfjuːz] oblévat, obklopovat (round, about co) **–jacent** [ˌsəːkemˈdžeisənt] okolní **–locution** [ˌsəːkemləˈkjuːšən] opis **–locutory** [ˌsəːkemˈlokju təri] opisný **–navigate** [ˌsəːkemˈnævigeit] obeplout **–scribe** [ˈsəːkemskraib] **1** obkroužit; o-hraničit; omezit **2** obklopovat **3** geom. opsat **4** formulovat, definovat **–scription** [ˌsəːkemˈskripšən] **1** omezení, mez **2** obrys **3** vymezená oblast **4** vymezení, definice **5** geom. opsání **6** kruhový nápis **–spect** [ˈsəːkemspekt] obezřetný **–spection** [ˌsəːkemˈspekšən] obezřetnost **–stance** [ˈsəːkemstəns] **1** okolnost **2** podezře|ní, -lá okolnost **3** detail **4** událost **5** poměry **6** náhoda, osud **7** obřadnost ♦ depend on -s záviset na okolnostech; in easy, good, flourishing -s v příznivých, dobrých, skvělých poměrech; in bad, reduced, straitened -s ve špatných, omezených, stísněných poměrech; under the -s za těchto okolností **–stantial** [ˌsəːkemˈstænšl] a **1** obšírný, podrobný **2** nahodilý, vedlejší; práv. ~ evidence nepřímý důkaz ● s pl **1** podrobnosti **2** vedlejší, nepodstatné (rysy, vlastnosti) **–vent** [ˌsəːkemˈvent] **1** obejít, obklíčit **2** obelstít, podvést

circus [ˈsəːkəs] **1** cirkus **2** brit. kruhové náměstí

cisalphine [sisˈælpain] předalpský

cistern [ˈsistən] vodní nádrž, cisterna; splachovací nádržka klozetu

citadel [ˈsitədəl] citadela, pevnost

cit|e [ˈsait] **1** citovat, uvést **2** předvolat **–ation** [-ˈeišən] **1** citace **2** citát **3** círk., práv. předvolání, obsílka

citizen [ˈsitizn] občan **–ship** [-šip] občanství

citric [ˈsitrik] chem. citrónový (~ acid kyselina)

citron [ˈsitrən] **1** bot. citroník **2** velký citrón

citrous [ˈsitrəs] citrusový

citrus [ˈsitrəs] citrus

city [ˈsiti] **1** brit. samosprávné **město** obyč. sídlo biskupa **2** am. **město** velké, důležité ♦ ~ council městská rada: ~~man* brit. finančník, bankovní úředník

civic [ˈsivik] **1** občanský, civilní **2** městský, komunální **–s** občanská výchova předmět

civil [ˈsivil] **1** občanský (law, marriage, war právo, sňatek, válka) **2** civilní **3** zdvořilý, ochotný ♦ ~ defence civilní obrana; the C~ Service státní služba; a ~ servant státní úředník; ~ engineering pozemní stavitelství **–ian** [siˈviljən] a civilní ● s civilista **–ity** [-ˈviləti] zdvořilé chování, laskavost **–ization** [ˌsivilaiˈzeišən] civilizace, kultura; vzdělání **–ize** [ˈsivilaiz] civilizovat (se)

civ(v)ies [ˈsiviz] pl hovor. civil šaty

clack [ˈklæk] s **1** klepání, klapot **2** klapka **3** brebentění ● v **1** brebentit, tlachat **2** kdákat **3** klapat **~~valve** zpětný ventil; klapka

clad [ˈklæd] pp od clothe oblečen, oděn

claim [ˈkleim] v **1** činit si, uplatňovat nárok (to na co) **2** žádat, vymáhat, hlásit se o co, reklamovat **3** vyžadovat, žádat si (attention pozornost) **4** tvrdit, prohlašovat ● s **1** požadavek, nárok (to, on na) **2** právo (to na co) **3** pohledávka **4** tvrzení **5** am., austr. přidělený dílec půdy ♦ lay* ~ to činit si, uplatnit právní nárok na co ; put* in a ~ for, set* up a ~ to uplatnit nárok na co **–ant** [-ənt] **1** kdo si činí nárok (on na) **2** obch. reklamující strana

clairvoy|ance [kleəˈvoiəns] jasno|

zření, -zřivost **–ant** [-ənt] *a* jasnozřivý, jasnovidný ● *s* jasnovidec

clam [ˈklæm] jedlá škeble

clamant [ˈkleimənt] **1** halasný **2** křiklavý **3** naléhavý

clamber [ˈklæmbə] **1** šplhat, lézt **2** škrábat se na (*a ladder* žebřík)

clam|orous [ˈklæmərəs] **1** hlučný **2** křiklavý **–our** [-ə] křik, povyk; lomoz, hluk ● *v* **1** křičet, hlučet, lomozit **2** strhnout pokřik (*against* proti) **3** hlučně se dožadovat (*for* čeho), protestovat (*against* proti) **~ down** ukřičet koho **~ for** křikem se dožadovat čeho

clamp [ˈklæmp] *s* **1** svěrák, svorka, upínadlo, skoba, kramle **2** překážka **3** krecht **4** větší přísnost (*on* na) ● *v* **1** sevřít, upnout svěrákem **2** násilím uvalit (*on* na) **~ down on** *a t.* zarazit co, potlačit, zakázat

clan [ˈklæn] skot. klan; kmen, rod; klika

clandestine [klænˈdestin] tajný

clang [ˈklæŋ] *s* zvuk zvonu; třesk zbraní; břesk trubky ● *v* **1** zvučet; zvonit; vřeštět **2** rozezvučet **–er** [-ə] bota chyba **–our** [-gə] hlahol zvonů; řinkot, lomoz, vřava

clank [ˈklæŋk] řinčení ● *v* řinčet, chřestit

clap [ˈklæp] *v* (*-pp-*) **1** ~ (*one's hands* rukama) tleskat **2** plácat (*one's wings* křídly) **3** poplácat (*on the back* po zádech) **4** nasadit, za-, při|klapnout ● *s* **1** tleskání, potlesk **2** klapot **3** plácnutí, plácaní, klepnutí, plesknutí **4** srdce zvonu **5** úder hromu **–ped-out** slang. utahaný, vyplivnutý **–per** [-ə] **1** srdce zvonu **2** klapačka **3** řehtačka

claptrap [ˈklæptræp] laciný trik; fráze; švindl

claque [ˈklæk] klaka

claret [ˈklærət] červené víno

clarify [ˈklærifai] **1** vy-, o-, pro|čistit (se) **2** ob-, vy|jasnit; zjednodušit

clarinet [ˌklæriˈnet] klarinet **–ist** [-ist] klarinetista

clarion [ˈklæriən] *s* středověká trubka ● *a* pronikavý, křiklavě jasný: *a ~ call for change* pronikavé volání po změně

clarity [ˈklærəti] jasnost

clash [ˈklæš] *v* **1** třesknout, zařinčet **2** srazit se, střetnout se; udeřit **3** kolidovat **4** tlouci se o barvách **5** být v rozporu, dostat se do rozporu ● *s* **1** třesk, řinkot **2** srážka; přen. střetnutí, konflikt

clasp [ˈklaːsp] *v* **1** sepnout přezkou, sponou **2** sevřít, svírat; obejmout ◆ **~ one's hands** sepnout ruce; **~** (*a p.'s*) *hand* stisknout komu ruku ● *s* **1** přezka, spona **2** sepětí, sevření **3** objetí

class [ˈklaːs] *s* **1** třída; vyučovací hodina, pl vyučování **2** voj., am. univ. ročník, semestr ◆ *bourgeois* **~** buržoazní třída; *evening* -es večerní kursy; *the middle* **~** střední třída buržoazie; *take* a* **~** brit. dostat vyznamenání ve škole; *take* -es* chodit na, brát hodiny z předmětu; *the -es* vyšší třídy společenské; *travel first* **~** cestovat 1. třídou; *working* **~** dělnická třída ● *v* klasifikovat, třídit, zařadit (*with / among* k / mezi) **~-book** třídní kniha **~-conscious** třídně uvědomělý **~-consciousness** třídní uvědomění **–fellow, –mate** spolužák **–man*** [-mæn] student s vyznamenáním **–room** třída i místnost **~-struggle, ~ war** třídní boj

classic [ˈklæsik] klas|ik, -ický **–al** [-əl] klasický

classic|ism [ˈklæsisizəm] klasicismus **–ist** [-ist] klasicista

classif|ication [ˌklæsifiˈkeišən] třídění, klasifikace **–y** [ˈklæsifai] třídit, klasifikovat

clatter [klætə] *v* **1** klapat, drncat **2** brebentit; skot. klevetit ● *s* **1** klap|ání, -ot **2** brebentění; skot. kleveta

clause [ˈkloːz] **1** jaz. větný člen,

(hlavní n. vedlejší) věta 2 doložka, klauzule *(most favoured-nation* ~ doložka nejvyšších výhod)
clavicle [ˈklævikl] klíční kost
claw [ˈklo:] *s* 1 dráp, pařát, pazour 2 klepeto raka ● *v* 1 roz-, po|drápat; rozsápat 2 poškrábat (se)
clay [ˈklei] jíl; hlína **–ey** [-i] jílovitý
clean [ˈkli:n] *a* 1 čistý 2 čistotný 3 bezúhonný *(life* život) 4 naprostý, úplný ● *adv* 1 úplně, nadobro 2 čistě ● *v* vy-, o- čistit (si) ~ **down** důkladně vyčistit; vyhřebelcovat ~ **out** vyklidit, vyprázdnit, vybrakovat ~ **up** uklidit byt **~-cut** ostře řezaný; přen. ostrý, přesný; výrazný, vyhraněný **–er** [-ə] čistič; *the -'s* chemická čistírna; *take* to the -'s* odnést do čistírny
clean|liness [ˈklenlinis] čistota, čistotnost **–ly** [-li] *a* čistotný, cudný ● *adv* [ˈkli:nli] čistě; cudně
cleanse [ˈklenz] am. a kniž. *= clean v*
clear [ˈkliə] *a* 1 jasný; čirý, čistý, průhledný 2 zřetelný; zřejmý 3 bystrý, dobrý *(sight* zrak) 4 nevinný, čistý; netto 5 volný *(road* cesta) 6 celý, celkový 7 prostý, zbavený *(of* čeho) ◆ *be ~ about* mít jasno; *make* (o.s.)* ~ ujasnit (si) ● *adv* 1 jasně 2 úplně ◆ *get* ~ away* upláchnout; *go* ~ through* proletět čím ● *v* 1 vy-, o|čistit 2 sklidit *(the table* se stolu) 3 vyprázdnit, vyklidit *(streets* ulice); uvolnit trať; vybrat schránku 4 odstranit, odklidit 5 zbavit (se), zprostit *(of* viny) 6 vyjasnit (si) 7 vy-, roz-, jasnit se 8 vy-, mýtit les 9 obch. pro-, vy|clít; odbavit loď 10 vyřídit co 11 obch. zapravit dluh; zúčtovat 12 obch. docílit čistý zisk 13 obch. vyprodat 14 těsně minout, vyhnout se 15 sport. přeskočit, vzít překážku ◆ ~ *the decks* námoř. připravit loď k boji; *not to ~ one's expenses* nekrýt náklady; ~ *the ground* vyčistit půdu; ~ *the harbour* opustit přístav, vyplout; ~ *one's throat* od-

kašlat si; ~ *the way* udělat cestu ~ **away** 1 odstranit 2 sklidit se stolu 3 mlha rozplynout se ~ **on** 1 zbavit se čeho 2 rozprodat 3 zmizet ~ **out** 1 u-, vy|klidit 2 odbavit loď 3 klidit se, zmizet 4 hovor. pustit žilou komu, finančně vyčerpat ~ **up** 1 objasnit, vyřešit 2 u-, s|klidit, uvést do normálního stavu, dát do pořádku **–ance** [-rəns] 1 vyklizení, vyprázdnění; vybírání schránky 2 mýtina, paseka 3 obch. zúčtování 4 pro-, vy|clení; odbavení lodi 5 ~ *(certficate)* celní průkaz 6 mezera; tech. světlost, vůle ◆ ~ *sale* brit. výprodej **–ing** [-riŋ] 1 vy-, ob|jasnění 2 odstranění 3 mýtina, paseka 4 odúčtovací řízení, zúčtování; ~ *house** zúčtovací banka **–ly** [-li] 1 jasně, zřetelně 2 samozřejmě **–ness** [-nis] 1 jasnost, průzračnost 2 zřetelnost; ostrost 3 přen. průchodnost cesty **~-sighted** [ˌ-ˈ-] bystrozraký **–way** brit. silnice (na které platí zákaz zastavení)
cleat [kli:t] *s* sport. hřebíky na tretrách
cleav|e* [ˈkli:v] 1 štípat (se), rozštěpit, rozštípnout (se), rozetnout 2 přen. rozevřít se 3 lpět, lnout **–age** [-idž] 1 rozštěp, -ení 2 miner. štěpnost 3 štípání 4 hovor. rýha mezi ňadry **–er** 1 štípačka, řeznický sekáček 2 skalnatý hřeben vystupující z ledovce n. sněhového pole
clef [ˈklef] hud. klíč
cleft [ˈkleft] *s* 1 rozštěp 2 puklina, štěrbina 3 rozsedlina ● *pt* a *pp* od *cleave*
clem|ency [ˈklemənsi] shovívavost, mírnost **–ent** [-ənt] shovívavý, mírný
clench [ˈklenč] *v* 1 ohnout hřebík; za-, nýtovat 2 zatnout, sevřít; chytit se do křížku, v boxu zaklínit se 3 po-, u|tvrdit ● *s* 1 ohnutí konce hřebíku, zanýtování 2 sevření, stisknutí

Cleopatra [kliəˈpætrə] Kleopatra

clergy [ˈkləːdži] duchovenstvo **–man*** duchovní obyč. anglikánský, kněz

clerical [ˈklerikəl] a 1 duchovenský; kněžský; klerikální 2 písařský (error chyba) ● s klerikál **–ism** [-izəm] klerikalismus

clerk [ˈkləːk] 1 pod-, úředník; písař; kancelista 2 duchovní anglikánské církve, laický úředník farnosti 3 am. prodavač, příručí

clever [ˈklevə] 1 chytrý, bystrý 2 obratný, dovedný; důmyslný 3 vychytralý, mazaný

clew [ˈkluː] 1 zámotek 2 am. = clue

cliché [ˈklišei] 1 polygr. štoček 2 otřelá fráze, klišé

click [ˈklik] s 1 cvaknutí 2 mlasknutí 3 odb. západka ● v 1 cvaknout 2 mlasknout 3 klapat, fungovat 4 mít úspěch

client [ˈklaiənt] 1 klient 2 zákazník ♦ ~ state zákaznický stát

clientéle [ˌkliːáŋˈtel], **–ele** klientela

cliff [ˈklif] útes, strmá stěna, sráz

climate [ˈklaimit] podnebí, klima, přen. ovzduší **–ic** [-ˈmætik] klimatický

climax [ˈklaimæks] 1 bás. klimax 2 nejvyšší stupeň; přen. vyvrcholení

climb [ˈklaim] v 1 (~ up) vy-, lézt, vy-, šplhat (se) na; slézat horu 2 pnout se 3 let. stoupat ~ **down** slézt, sestupovat; přen. hovor. ustoupit, kapitulovat ~ **up** vylézt, vyšplhat se ● s šplhání, stoupání, výstup **~-down** ústup, kapitulace **–er** [-ə] 1 (horo)lezec; přen. šplhoun 2 popínavá rostlina 3 šplhavec pták **–ing-irons** pl sport. stoupací železa, mačky

clinch [ˈklinč] 1 = clench 2 sport. klinč, držení soupeře box 3 am. slang. vášnivé objetí

cling* [ˈkliŋ] 1 lepit se, lnout (to k), držet se koho, lpět na 2 lnout (together k sobě) **–y** [-i] přilnavý; lepivý

clinic [ˈklinik] klinika **–al** [-əl] klinický

clink [ˈkliŋk] v cinkat, zvonit ● s cinkání, -ot, zazvonění **–er** [-ə] 1 zvonivka, kabřinec cihla 2 škvára, slínek 3 hřebík s ohnutým koncem

clinometer [klaiˈnomitə] svahoměr

clip [ˈklip] s 1 stříž, stříhání 2 ú-, od-, výˈstřižek ♦ he hit* him a ~ hovor. střihl mu jednu ● v (-pp-) 1 stříhat, vystřihnout 2 proštípnout lístek 3 useknout, zkrátit 4 zmalovat, zbít **–per** [-ə] 1 střihač, ořezávač 2 pl malé nůžky; štípačky; strojek na vlasy 3 clipper, dálkové letadlo **–ie** [-i] hovor. průvodčí autobusu žena **–ping** [-iŋ] výstřižek z novin; odstřižek

clique [ˈkliːk] klika, parta

cloak [ˈkləuk] s pláštěnka, plášť; přen. příkrov, pláštík ● v přen. zastřít, přikrýt (pláštěm) **~-room** šatna, úschovna

clobber [ˈklobə] slang ohoz, kvádro

cloche [ˈkloš] 1 skleněný zvon, poklop 2 zvonovitý klobouk

clock [ˈklok] s 1 hodiny 2 hovor. taxametr 3 píchačky ♦ by the ~ podle hodin; what o'~ is it? kolik je hodin? put* the ~ back postrčit hodiny zpět; the ~ is slow / loses hodiny jdou pozadu ● v 1 píchat (in, on příchod; out, off odchod) 2 slang stopnout **–wise** ve směru hodinových ručiček **~-work** hodinový stroj; like ~ jako hodinky přesně

clod [ˈklod] 1 hrouda 2 tupec **–dish** [-iš] hroudovitý; tupý

clog [ˈklog] 1 kláda na krku, na noze 2 dřevák 3 přen. břemeno, zátěž ● v 1 překážet, zatěžovat 2 přeplnit, přeplácat 3 ucpat (se) 4 zanášet se 5 srazit se

cloister [ˈkloistə] 1 klášter 2 křížová chodba, ambit **–ral** [-rəl] klášterní

clone [ˈkləun] biol. s klon ● v rozmnožovat se nepohlavní cestou

close [ˈkləus] a 1 těsný, úzký; přiléhavý **2** blízký, důvěrný **3** hustý, hustě psaný, sloh zhuštěný, úsečný **4** dusný, těžký vzduch, tíživý **5** nerozhodný *(game* hra) **6** přesný, věrný *(copy* opis); bedlivý *(attention* pozornost); přísný *(analysis* rozbor) **7** fon. zavřený **8** uzavřený, mlčenlivý **9** na peníze opatrný, lakomý **10** vzácný, drahý ♦ *be ~ about it* nemluv o tom; *~ to home* adresný; *~ majority* těsná většina; *in ~ order* v sevřených řadách; *at ~ quarters* zblízka; *~ season, time* brit. doba hájení, chránění; *a ~ shave* vyholení; těsný únik ● *adv* [kləus] **1** blízko *(by, to* u), těsně (u), nedaleko (od), hned (u) **2** málem, skoro, téměř *(~ on / upon / a hundred* téměř sto) **3** hustě **4** přesně **5** pevně ♦ *cut* hair ~* ostříhat vlasy dohola; *fit ~* přesně padnout; *keep* ~* uchovat v tajnosti; *lie* ~* skrývat; *press a p. ~* tvrdě zacházet s kým; *run* a p. ~* sport. těsně doběhnout za kým; *shave ~* vyholit; *~ shut* pevně, hermeticky uzavřený ● *v* [kləuz] **1** u-, zavřít (se) **2** skončit (se), uzavřít **3** sevřít (se) **4** zahradit, naplnit, ucpat **5** srazit *se (with* s nepřítelem) **6** dohodnout se *(with* s), uzavřít obchod (s) ♦ *-d circuit* výpoč. tech. uzavřený obvod; *~ the ranks* s-razit řady; přen. semknout se *~ about* obklopit *~ down* zavřít závod, školu, zastavit provoz; skončit vysílání *~ in* **1** zavřít v, do **2** noc nast(áv)at, den krátit se **3** obklíčit *(upon* koho) *~ up* **1** ucpat, zahradit, uzavřít (se); rána zacelit se **2** skončit **3** srazit se v řady *~ with* přijmout *(an offer* nabídku) ● *s* [kləuz] **1** konec, zakončení, závěr **2** spojení **3** zápas [kləus] **4** ohrada, ohražené místo **5** školní hřiště ♦ *bring* to a ~* dovést ke konci, uzavřít *~-fisted* [kləus|fistid] lakotný *~-fitting* [kləus-] přiléhavý o šatech *~-grain-*

ed [kləus|greind] hustý o dřevu *–ly* [kləusli] **1** podrobně, důkladně **2** přísně, přesně **3** těsně *~-up* [kləusap] film detail, -ní záběr
closet [klozit] *s* **1** komora, kabinet, studovna; salónek **2** skříň, šatník ● *a* soukromý, tajný ● *v* uzavřít k soukromému hovoru
closure [kləužə] *s* **1** konec; skončení debaty **2** u-, závěr ● *v* uzavřít
clot [klot] *s* **1** chuchvalec, sedlina **2** slang. moula ● *v* (*-tt-)* **1** srazit (se zvl. o krvi), sesednout se, hroudovatět **2** přecpat, přeplácat
cloth [klɔθ] *s* **1** látka, sukno **2** plátno ♦ *lay* the ~* prostřít na stůl
clothe* [kləuð] obléknout, o-, šatit, opatřit *(with* čím)
clothes [kləuðz] *pl* **1** šaty **2** *(bed) ~* ložní prádlo *~-line* šňůra na prádlo *~-pin, ~-peg* kolíček *~-wringer* ždímačka
clothier [kləuðiə] obchodník s látkami, obchodník s pánskou konfekcí
clothing [kləuðiŋ] oděv, šaty ♦ *~ industry* oděvní průmysl; *men's ~* pánská konfekce; *ready-made ~* konfekční oděvy; *women's ~* dámská konfekce
cloud [klaud] *s* **1** oblak, mrak; mračno **2** skvrna; zákal tekutiny **3** opocení ● *v* **1** zahalit, zatemnit **2** zastínit, zastřít **3** mramorovat; *~ over* zatáhnout se mraky *–burst* průtrž mračen *–ed* [-id] **1** zatažený, zamračený **2** zatemněný **3** zakalený, žíhaný, mramorovaný **4** opocený *–less* [-lis] bezoblačný, bezmračný *–y* [-i] **1** zamračený, oblačný **2** zakalený **3** temný, chmurný; mlhavý **4** přen. nejasný
clout [klaut] *s* **1** hadr, utěrka **2** pl vulg. hadry **3** hovor. rána rukou, štulec **4** hovor. «slovo", vliv ● *v* **1** záplatovat **2** okovat boty **3** dát štulec
clove[1] [kləuv] **1** hřebíček koření **2** stroužek česneku
clove[2] *pt* od *cleave*

cloven [ˈkləuvn] *pp* od *cleave*
clover [ˈkləuvə] jetel ♦ *be / live in (the)* ~ mít se dobře, mít na růžích ustláno
clown [ˈklaun] šašek, kašpar, klaun
cloy [ˈkloi] 1 přesytit; přecpat (se) 2 unavovat *(with* čím)
club [ˈklab] *s* 1 klub; kroužek 2 klacek, hůl, palice, kyj; hokejka 3 pl kříže karty ♦ *golf* ~ golfová hůl; *Indian* ~ kužel ● *v (-bb-)* 1 u-, bít, tlouci 2 sjednotit, spojit se, utvořit klub; dát (se) *(together* dohromady) 3 složit se *(for* na co) **~-bed** [-d] kyjovitý **~-law** pěstní právo **~-room** klubovna **-shaped** kyjovitý
cluck [ˈklak] *v* kvokat ● *s* kvokání
clue [ˈkluː] 1 klubko 2 přen. nit, klíč; vodítko, stopa; legenda křížovky apod. 3 výpoč tech. bod zastavení
clump [ˈklamp] *s* chumáč, shluk, skupinka; trs; nahromadění, masa 2 hovor. rána, úder 3 druhá podrážka ● *v* 1 dupat 2 nahromadit (se), naházet 3 přibít ještě jednu podrážku 4 hovor. praštit do
clumsy [ˈklamzi] nemotorný, neohrabaný
clung [ˈklan] *pt* a *pp* od *cling*
clunk [ˈklaŋk] *s* lupnutí; žblunknutí **-er** [-ə] *s* auto stará herka, rachotina, starý krám: *bought a* ~ *for fifty dollars* koupil si starou herku za padesát dolarů **-y** [-i] *a* hovor. rozklepaný, rozhrkaný: *a* ~ *old machine* starý rozklepaný stroj
cluster [ˈklastə] *s* 1 chomáč, shluk 2 skupina 3 roj včel, hrozen, trs ● *v* 1 růst v hroznech, v chomáčích 2 nakupit se, nahromadit se *(round* kolem) **-ing** výpoč. tech. seskupování sad záznamů
clutch [ˈklač] *v* 1 pevně sevřít; uchopit 2 chytit *(at* za co), chňapat (po); chytat se *(at a straw* stébla) ● *s* 1 spár, pazour 2 uchopení, sevření 3 motor. spojka, pedál spojky 4 hnízdo vajec, kuřat ♦ *make* *a* ~ *at a t.* sáhnout po čem

clutter [ˈklatə] *s* zmatek, chaos, nepořádek; změť; duch na obrazovce ● *v* 1 rozházet 2 na-, u-, pře|cpat 3 zaneřádit
coach [ˈkauč] *s* 1 kočár; dostavník 2 žel. osobní vůz, vagón 3 dálkový autobus; autokar 4 univerzitní preceptor 5 sport. trenér, kouč ● *v* 1 soustavně připravovat ke zkoušce, trénovat koho 2 zast. jet kočárem n. dostavníkem **~-box** kozlík kočáru **-man*** kočí
coagul|ate [kəuˈægjul|eit] chem. srážet (se), koagulovat (se) **-ant** [-ənt] chem. srážedlo, koagulátor **-ation** [ko|ægjuˈleišən] sraženina, koagulace
coal [ˈkəul] *s* uhel, kus uhlí; hromad. uhlí ♦ *bituminous* ~ černé uhlí; *carry* -*s to Newcastle* nosit dříví do lesa; *live* -*s* řeřavé uhlí ● *v* 1 nabrat uhlí 2 zásobit (se) uhlím 3 spálit na uhel **~-bed** = ~-seam **~-black** černý jako uhel **~-carrier** uhelná loď **~-factor** brit. uhlíř ~-**field(s)** uheln|á pánev, -ý revír **~-gas** svítiplyn **~-mining** [-mainiŋ] těžba uhlí **~-mine**, **~-pit** uhelný důl, jáma **~-scuttle** uhlák **~-seam** uhelné ložisko **~-tar** kamenouhelný dehet
coal|esce [ˌkəuəˈles] 1 srůst 2 spojit se, splynout, sjednotit se 3 polit. u-, tvořit koalici **-escence** [ˌ-ˈlesns] 1 srůstání 2 splynutí, sjednocení **-ition** [ˌ-ˈlišən] 1 splynutí, sloučení 2 polit. koalice
coars|e [ˈkoːs] 1 obyčejný *(furniture* nábytek); prostý *(fare* strava) 2 hrubý; drsný 3 sprostý **-en** [-n] 1 zhrubnout 2 činit hrubým **~-grained** [-greind] hrubozrnný **-ness** [-nis] drsnost; hrubost
coast [ˈkəust] *s* 1 mořský břeh, pláž, pobřeží 2 am. sáňkařská dráha, sjezd, "sešup" na sáňkách n. na kole bez šlapání ● *v* 1 plout kolem pobřeží 2 sjíždět bez motoru, "sešupem" na sáňkách n. na kole **-al** [-l] pobřežní **-er** [-ə] pobřežní loď

–guard pobřežní policie **–ing** [-iŋ] pobřežní plavba; ~ *trade* pobřežní obchod, kabotáž **–line** pobřežní čára **–wise** adv podél pobřeží ● *a* pobřežní

coat ['kəut] s **1** kabát, plášť, sako; dámský kabátek (~ *and skirt* kostým) **2** povlak, potah, obložení, nátěr, omítka, kůra **3** přen. pokrývka, plášť **4** zvířecí kožich; opeření **5** fyziol. blána; výstelka ♦ ~ *of arms* erb; ~ *of mail* drátěná košile ● v **1** obléci (si) kabát **2** natřít, pokrýt; povléci **–ee** [-i:] voj. blůza, kabát **–ing** [-iŋ] **1** natěr **2** povlak, potah; omítka **3** kabátová látka **~-tail** [-teil] šos

coax ['kəuks] u-, pře|mluvit; uchlácholit; vymámit

cob ['kob] **1** labuťák **2** kus uhlí **3** lepenice, vepřovice **4** kukuřičný klas **5** těžký hřebec nízký **6** bochníček chleba **7** lískový ořech

cobalt ['kəubo:lt] kobalt ♦ ~ *blue*, *bomb* kobaltová modř, bomba

cobb|e ['kobl] s **1** ~ (-*stone*) valoun, kočičí hlava **2** pl kostka uhlí ● v **1** dláždit kočičími hlavami **2** příštipkovat **3** přen. s|lepit, sesmolit **–er** [-ə] **1** příštipkář, švec **2** packal **3** am. ledový koktejl **4** pl brit. bláhová řeč, nesmysl, hovadina

cobol ['kəu'bol] počítačový jazyk

cobra ['kəubra] zool. brejlovec, kobra

cobweb ['kobweb] pavučina; síť, spleť

coca ['kəukə] koka **~-cola** [-kəulə] koka-kola

cocaine [kəu'kein] kokain

coc|cus ['kokəs], pl -*ci* [-ai] biol. kokus

cochineal ['kočini:l] **1** košenila **2** šarlat

cock ['kok] s **1** kohout; sameček **2** tech. kohoutek **3** kupka sena ♦ ~ *of the school* kápo školy, třídy; ~ *of the walk / roost* hlavní osoba, kohout na smetišti; *that ~ won't*

fight hovor. to nepůjde ● v **1** vztyčit (se), vykračovat si, naparovat se **2** posunout stranou **3** natáhnout kohoutek zbraně, uzávěrku foto **4** ohrnout vzhůru ♦ ~ *the ears* za-, stříhat ušima; ~ *the eye* (šibalsky) mrknout na koho; *-ed hat* hist. třírohý klobouk; ~ *the hat* nasadit si klobouk na stranu; ~ *the nose* ohrnovat nos **~-a-doodle-doo** [ˌkokədu:dl'du:] kikiriki ● v kokrhat **~-a-hoop** [-ə'hu:p] v povznesené náladě **~-crow(ing)** kuropění **~-eyed** [-aid] hovor. šilhavý **~-fighting** ['faitiŋ] kohoutí zápas, -y **~-horse** koníček hra ♦ *ride* ʼ *a* ~ jezdit na koníčku **~-sure 1** zcela jistý *(of / about* čím) **~-tailed** [-teild] **1** s useknutým ocasem; neplnokrevný kůň **2** se vztyčeným ocáskem pes

cockade [kə'keid] kokarda

cockatoo [ˌkokə'tu:] zool. papoušek kakadu

cockboat ['kokbəut] pracovní člun

cockchafer ['kokˌčeifə] zool. chroust

cockerel ['kokərl] mladý kohoutek

cockle ['kokl] **1** koukol **2** námel **3** srdcovka mlž

cockney ['kokni] rodilý Londýňan, koknej ♦ *a* ~ *dialect* lidová londýnská angličtina, koknejština

cockpit ['kokpit] **1** kohoutí aréna **2** přen. bojiště **3** námoř. kokpit **4** let. kabina pilota **5** sport. sedadlo závodníka

cockroach ['kokrəuč] zool. šváb

cocktail ['kokteil] **1** koktejl míchaný alkoholický nápoj **2** předkrm z mořských ryb ♦ ~ *dress* koktejlové šaty; ~ *party* koktejlová společnost

cocky ['koki], **cocksy** ['koksi] hovor. domýšlivý, nafoukaný

coco, cocoa ['kəu'kəu], pl -*s* [-z], též **~-tree, ~-nut tree** kokosová palma **~-nut** [-kənat] kokosový ořech

cocoa ['kəukəu] kakao; ~ *bean* kakaový bob

cocoon [kəˈkuːn] 1 zámotek, kokon 2 ochranné pouzdro

cod [ˈkod] obyč. pl = sg treska ♦ ~ *liver oil* rybí tuk

coddle [ˈkodl] v rozmazlovat ● s hovor. rozmazlenec, bábovka

code [ˈkəud] s 1 práv. zákoník, kodex 2 telegrafní kód ● v kódovat ♦ ~ *switching* přepínání kódu z jednoho jazyka na jiný

cod|ex [ˈkəudeks] pl -*ices* [-isiːz] kodex

codger [ˈkodžə] hovor. fotr, strejc, podívín

codicil [ˈkodisil] práv. kodicil, dovětek

cod|ification [ˌkodifiˈkeišən] kodifikace -ify [ˈkodifai] kodifikovat

codswallop [ˈkodzwoləp] slang. nesmysl(y), pitomost(i)

co-ed [ˌkəuˈed] am. hovor. studentka koedukované školy

co-education [ˌkəuedjuˈkeišən] koedukace -al [-šənl] koedukační

coefficient [ˌkəuiˈfišənt] koeficient, součinitel

coerc|e [kəuˈeːs] do-, při|nutit *(into* k) -ible [-sibl] stlačitelný plyn -ion [-šən] donucení, nátlak -ive [-siv] donucovací

coeval [kəuˈiːvəl] a 1 současný *(with* s) 2 stejného věku ● s současník, vrstevník

co-exist [ˌkəuigˈzist] současně existovat *(with* s) -ence [-əns] koexistence *(peaceful ~* mírové soužití)

coffee [ˈkofi] káva *(black, white* černá, bílá)* ~-bean* kávové zrno *~-cup* kávový šálek *~-grounds* pl kávová sedlina *~-house*, ~-palace* kavárna *~-mill* kávový mlýnek *~-pot* kávová konvice *~-room* jídelna v hotelu *~-set* kávová souprava *~-stall* kávový stánek na ulici

coffer [ˈkofə] 1 truh|la, -lice, skříňka, kazeta 2 obyč. pl fondy, pokladna 3 deska v táflování; obložení, bednění; plovoucí dok *~-dam*

keson

coffin [ˈkofin] rakev

cog [ˈkog] s 1 zub kola 2 vačka, o-zub, čep ● v *(-gg-)* 1 ozubit 2 předválcovat ingot na blok 3 začepovat 4 falšovat kostky, švindlovat -ged [-d] ozubený *~-wheel* ozubené kolo *(~ railway* zubatka)

cog|ency [ˈkəudžənsi] 1 neúprosnost 2 přesvědčivost, pádnost, působivost -ent [-ənt] 1 závazný 2 přesvědčivý, pádný, průkazný

cogit|able [ˈkodžitəbl] myslitelný -ate [-teit] 1 uvažovat, přemýšlet 2 zamýšlet, vymýšlet si 3 filoz. myslit -ation [ˌ-teišən] 1 uvažování, přemýšlení 2 pl myšlenky, úvahy 3 (schopnost) myšlení -ative [-tətiv] 1 myslící, usuzující, uvažující 2 přemýšlivý 3 zamyšlený

cognac [ˈkonjæk] koňak

cognate [ˈkogneit) příbuzný

cognit|ion [kogˈnišən] pozná(vá)ní -ive [ˈkognitiv) poznávací *(faculty* schopnost)

cogniz|e [kogˈnaiz] filoz. poznávat -able [ˈkognizəbl] 1 poznatelný 2 práv. podléhající soudní pravomoci -ance [-əns] 1 poznání, vědomí, (po)vědomost 2 práv. (soudní) pravomoc, příslušnost, kompetence 3 znamení erbovní ♦ *be beyond one's ~* nespadat do čí kompetence; *fall within one's ~* spadat do čí kompetence; *have ~ of* znát co, mít vědomost o čem; *take* ~ of* úředně vzít na vědomí -ant [-ənt] 1 znalý *(of* čeho), informovaný o 2 poznávající 3 práv. příslušný

cognomen [kogˈnəumen] 1 příjmení 2 přízvisko

cohabitation [ˌkəuhæbiˈteišən] manželské soužití; soulož

coheir [ˌkəuˈeə] spoludědic -ess [-ris] spoludědička

coher|e [kəuˈhiə] 1 souviset 2 lnout k sobě 3 hodit se k sobě, shodovat se -ence [-rəns] 1 soudržnost 2 souvislost, spojitost, koherence **–ent** [-rənt] **1** souvislý, spojitý **2** soudržný, koherentní **–er** [-rə] rad. koherer

cohes|ion [kəuˈhiːʒn] soudržnost, koheze **–ive** [-siv] přilnavý, soudržný, kohezní *(force* síla)

coil [ˈkoil] *v* svinout (se) **–up** svinout (se), stočit (se) ● *s* **1** kotouč provazu, kolo drátu, role **2** el. cívka **3** prstenec **4** spirálov(it)é vinutí, závit

coin [ˈkoin] *s* mince, peníz(e) ● *v* razit *(money, a new word* peníze, nové slovo) **–age** [-idž] **1** ražba, právo razit mince **2** hromad. mince **3** měna, oběživo **4** výmysl, nové slovo, výtvor **–er** [-ə] **1** razič mincí **2** penězokaz **3** tvůrce nových slov

coincid|e [ˌkəuinˈsaid] **1** shodovat se, krýt se **2** (časově) spadat v jedno **–ence** [kəuˈinsidəns] (časová, náhodná) shoda **–ent** [-ənt] časově shodný, současný

coition [kəuˈišən], **coitus** [ˈkoitəs] koitus, soulož

coke [ˈkəuk] *s* **1** koks **2** (koka-)kola **3** slang. omamná droga; koks, kokain ● *v* **1** koksovat **2** slang. fetovat **--oven** koksovací pec

cola [ˈkəulə] bot. kola

colander [ˈkaləndə] *s* cedník ● *v* (pro)cedit

colchicum [ˈkolčikəm] bot. ocún

cold [ˈkəuld] *a* **1** studený, chladný **2** přen. upjatý, zdrženlivý, chladný, lhostejný **3** nudný, fádní **4** am. legální **5** nepřipravený, improvizovaný **6** bezbranný ◆ *I am* ~ je mi zima; *in* ~ *blood* chladnokrevně; ~ *colour* studená barva; ~ *comfort* špatná útěcha; *I feel** ~ je mi zima; *get**, *grow** ~ chladnout; *make** *one's blood run* ~ postrašit, poděsit koho; *give** *a p. the* ~ *shoulder* ignorovat koho; ~ *storage*, ~*store* chladírna; *throw** ~ *water on a p.* přen. dát komu studenou sprchu ● *s* **1**

chlad, zima **2** rýma, nastuzení ◆ *catch**, *take** *(a)* ~ nastydnout, dostat rýmu; *have a* ~ být nastuzen, mít rýmu **--blooded** [ˌ-ˈbladid] **1** studenokrevný **2** chladnokrevný **--hearted** nelítostný, nemilosrdný **-ness** [-nis] zima; chlad **--shoulder** ignorovat

coleslaw [ˈkəulsloː] am. zelný salát

colic [ˈkolik] kolika

collaborat|e [kəˈlæbəreit] **1** spolupracovat **2** hanl. kolaborovat **–ion** [kəˌlæbəˈreišən] **1** spolupráce **2** hanl. kolaborace **--ionist** [kəˌlæbəˈreišənist] hanl. kolaborant **–or** [kəˈlæbəreitə] spolupracovník

collage [kəˈlaːž] *s* koláž

collagen [ˈkalədžən] *s* biol. kolagen

collaps|e [kəˈlæps] *s* zřícení; přen. zhroucení; med. kolaps ● *v* zhroutit se, dostat kolaps; sklapnout (se) **–ible** [-əbl] **1** sklápěcí, skládací *(boat* člun) **2** zasunovací

collar [ˈkolə] *s* **1** límec *(stiff; soft* tvrdý, měkký) **2** obojek psa **3** chomout koně **4** stuha, řetěz řádu **5** tech. objímka **6** uzená krkovička ● *v* **1** chytit za límec **2** přivázat; dát ohlávku **3** svinout maso ◆ ~ *stud* knoflíček do límce **--bone** klíční kost **--work** koňská dřina

collate [koˈleit] **1** kriticky po-, s| rovnat *(with* s); kolacionovat **2** polygr. snášet archy **3** ustanovit duchovního do úřadu

collateral [koˈlætərəl] *a* **1** vedlejší, průvodní odb. kolaterální **2** souběžný, současný **3** pocházející z vedlejší linie ● *s* **1** příbuzný po vedlejší linii **2** záruka

collation [koˈleišən] **1** porovnání; kolacinování **2** ověřený opis **3** obsazení uprázdněného církevního úřadu **4** polygr. snášení archů **5** svačina

colleague [ˈkoliːg] kolega

collect [kəˈlek|t] **1** sebrat **2** vybrat ze schránky, vyzvednout zavazadla, dojít si pro **3** inkasovat **4** shromáždit (se), hromadit (se) **5** soustředit (*o.s.* se) **–ion** [-šən] **1** sbírání, sběr **2** vybírání, vyzvednutí; inkaso **3** sbírka **4** obch. kolekce, souprava **5** soustředění myšlenek

collectiv|e [kəˈlektiv] *a* **1** kolektivní **2** společný, všeobecný, souhrnný, hromadný ♦ ~ *agreement* kolektivní smlouva; ~ *argument* kolektivní dohoda; ~ *farm* kolchoz, zemědělské družstvo; ~ *liability* společné ručení; ~ *noun* hromadné podstatné jméno; ~ *ownership* společenské vlastnictví; ~ *security* kolektivní bezpečnost ♦ *s* kolektiv **–ism** [kəˈlektivizəm] kolektivismus **–ity** [ˌkolekˈtiviəti] **1** kolektivnost **2** kolektiv, masa **3** kolektivita **–ize** [kəˈlektivaiz] kolektivizovat **–ization** [kəˌlektivaiˈzeišən] kolektivizace

collector [kəˈlektə] **1** sběratel **2** výběrčí; inkasista **3** elektr. kolektor; odb. sběrač, sběrací elektroda

college [ˈkolidž] **1** univerzitní kolej zařízení vyučovací i obytné; am. vysoká škola, univerzita **2** vyšší odborná škola akademie **3** střední škola kolej (*Eton* C~ Etonská kolej) **4** hist. kolegium ♦ ~ *dues* kolejné; ~ *lecturer* univerzitní docent; ~ *tutor* univerzitní asistent **–er** [-ə] žák koleje (zvl. Etonské) **–ian** [kəˈlidžjən] člen koleje, student **–iate** [kəˈli:džiət] **1** kolegiální **2** univerzitní

collide [kəˈlaid] **1** srazit se **2** střetnout se; kolidovat

collie [ˈkoli] zool. skotský ovčák, kolie pes

collier [ˈkoljə] **1** horník, havíř, uhlokop **2** uhelná loď **3** námořník na uhelné lodi **4** zast. uhlíř **–y** [jəri] uhelný důl, šachta

colline|ar [koˈlinjə] geom. ležící na téže přímce, kolineární **–ation** [ˌkoˌliniˈeišən] výpoč. tech. kolineace

collision [kəˈližn] **1** srážka **2** střetnutí, kolize

collocat|e [ˈkoləukeit] **1** umístit **2** uspořádat **–ion** [ˌkoləuˈkeišən] **1** rozložení, uspořádání, umístění **2** jaz. kolokace

collodion [kəˈləudjən] kolódium

colloid [ˈkoloid] *a* koloidní ● *s* koloid **–al** [kəˈləudl] koloidní

colloquial [kəˈləukwiəl] hovorový **–ism** [-izəm] hovorový výraz, kolokvialismus

colloquy [ˈkoləkwi] rozhovor, diskuse

collotype [ˈkoləutaip] polygr. světlotisk

collusion [kəˈlu:žn] **1** tajná úmluva, dohoda **2** práv. koluze

Cologne [kəˈləun] **1** Kolín nad Rýnem **2** c~ *water* kolínská voda

colon [ˈkəulən] **1** dvojtečka **2** tračník, tlusté střevo

colonel [ˈkə:nl] plukovník

colonial [kəˈləunjəl] *a* koloniální, osadní ● *s* = *colonist* **–ism** [-izəm] kolonialismus

colon|ist [ˈkolənist] obyvatel kolonie, osadník **–ization** [ˌkolənaiˈzeišən] kolonizace **–ize** [-aiz] **1** kolonizovat, osídlit **2** usadit se **–izer** [-aizə] kolonizátor **–y** [-i] kolonie, osada

colonnade [ˌkoləˈneid] sloupořadí, kolonáda

colophony [koˈləfəni] kalafuna

Colorado beetle [ˌkolərəːdəuˈbi:tl] zool. mandelinka bramborová

coloration [ˌkaləˈreišən] za-, z|barvení

coloratura [ˌkolərəˈtuərə] koloratura

colorimeter [ˌkaləˈrimitə] kolorimetr

colossal [kəˈlosl] kolosální, obrovský

coloss|us [kəˈlos|əs] pl -i [-ai] n. -uses [-əsis] kolos

colour [ˈkalə] *s* **1** barva (*oil, water* olejová, vodová); zabarvení **2** zdání (*of truth* pravdy) **3** záminka **4** kolorit, barvitost **5** vitalita, životnost **6** tmavá pleť **7** pl barvy **8**

pl **barvy** = prapor, vlajka ♦ *paint a t. in bright, dark* -s líčit co růžově, černě; *gentleman*, lady of ~* iron. barevn|ý, -á; *get* one's* -s stát se členem sport. družstva ve škole; *give* a false ~ to* falešně líčit; *join the* -s vstoupit do armády; *lose* ~* zblednout; *off ~* hovor. nebýt ve své kůži; *the ~ problem* rasová otázka; *stick* to one's* -s být věren svému přesvědčení, názoru ● *v* **1** o-, na-, z-, barvit; zkreslit **2** přen. zabarvit **3** přehnat *~ up* začervenat se **–able** [-rəbl] **1** přijatelný **2** předstíraný **3** nepravý **~-bearer** praporečník **~-blind** barvoslepý, am. rasově snášenlivý **~-box** skříňka s barvami **–ed** [-d] **1** barevný, z-, barvený **2** přikrášlený **3** předstíraný **4** zkreslený, tendenční ♦ *~ (man*)* am. barevný, černoch **–ist** [-rist] kolorista **–less** [-lis] bezbarvý **–man*** obchodník s barvami **-y** [-ri] obch. vybarvený chmel, káva

colporteur [ˈkol̩poːtə] kolportér

colt[1] [ˈkəult] kolt, revolver

colt[2] [ˈkəult] **1** hříbě **2** zelenáč **–sfoot** podběl

columbar|ium [ˌkoləmˈbeəriəm] pl *-ia* [-iə] kolumbárium

Columbia [kəˈlambiə] Kolumbie

columbine [ˈkoləmbain] **1** bot. orlíček **2** holubičí **3** C~ kolombína

column [ˈkoləm] **1** sloup **2** sloupec; rubrika; kolona **3** voj. oddíl, kolona ♦ *fifth ~* pátá kolona **–ar** [kəˈlamnə] **1** sloupovitý **2** sloupcový, tabelární **–ed** [-d] **1** sloupový **2** sloupcový **–ist** [-nist] slang. sloupkař, fejetonista

colza [ˈkolzə] řepka **~-oil** řepkový olej

coma [ˈkəumə] **1** med. kóma **2** ohon komety

comb [ˈkəum] *s* **1** hřeb|en, -ínek **2** hřebínek kohouta **3** česadlo, hřeblo **4** paprsek **5** plástev, voština ● *v* **1** česat **2** hřebelcovat **3** vochlovat **4** místo pročesat *~* **out** pročesat

combat [ˈkombæt] *s* boj ● *v* bojovat *(with* s, *a p. / t.* proti) **–ant** [-ənt] *a* bojující ● *s* bojovník; frontový voják **–ive** [-iv] bojovný

combin|able [kəmˈbainəbl] kombinovatelný **–ation** [ˌkombiˈneišən] **1** kombinování **2** kombinace **3** spolčování **4** sdružení, hanl. spolčení **5** chem. sloučenina **6** pl brit. kalhotové kombiné **7** motocykl s přívěsným vozíkem **8** číselná kombinace, heslo zámku ♦ *~ room* kolejní sborovna **–ative** [ˈkombinətiv] kombinační **–atorial** [-ˈtoː riəl] mat. kombinatorický

combine *v* [kamˈbain] spojit (se), sloučit (se); kombinovat ● *s* [ˈkombain] **1** obch. koncern; kombinát **2** *~ harvester* kombajn

combust|ible [kəmˈbast|əbl] *a* **1** hořlavý, spalitelný **2** přen. vznětlivý ● *s* hořlavina **–ion** [-čən] **1** hoření, vznícení **2** spalování ♦ *spontaneous ~* samovznícení

come* [ˈkam] **1** přijít, přicházet, dostavit se; přijet, přijíždět **2** přijít, dostat se *(at* na co, k); náhodou narazit *(across* na); sehnat, získat *(by* co) **3** vrhnout se *(at* na), napadnout, zaútočit **4** pocházet, vzejít *(from, of* z) **5** vstoupit *(into* do, dovnitř) **6** účastnit se *(into* čeho), připojit se k čemu **7** dojít, dospět *(to a compromise* ke kompromisu) **8** stát se, přihodit se *(to* komu); *~ what may* ať se stane cokoliv **9** přijít *(to o.s.* n. *to one's senses* k sobě, k rozumu) **10** ujmout se *(to* vlády apod.) **11** podlehnout *(under* čemu) **12** spadat *(under* pod), patřit (do) **13** vzklíčit, vzejít o semenu; vyrazit se na těle **14** u-, dělat se o rosolu, másle **15** hovor. dělat, představovat koho, co **16** *inf (which is) to ~* který má přijít; *(in years to ~* v příštích letech; *things to ~* věci budoucí) **17** dosáhnout čeho **18** podařit se **19**

přijít na trh, být na prodej ♦ ~ *of age* stát se zletilým; ~ *amiss* přijít nevhod; ~ *into blossom, flower* rozvít se, rozkvést; ~ *into effect, force* vejít v platnost; ~ *into existence* vzniknout; ~ *into fashion* přijít do módy; ~ *into fortune* zdědit; ~ *into use* vejít v užívání; ~ *life,* ~ *death* na život a na smrt; *lightly ~, lightly go* lehce nabyl, lehce pozbyl; ~ *near* přiblížit se; ~ *to pass* přihodit se; ~ *right* dobře dopadnout; ~ *running* přiběhnout; ~ *to see,* ~ *and see* navštívit koho; ~ *to an agreement* dohodnout se; ~ *to an end* skončit; ~ *to light* vyjít na světlo; ~ *to pieces* rozbít se; ~ *to a standstill* zastavit se; ~ *to terms* dohodnout se; ~ *true* splnit se; ~ *untied* rozvázat se **~ about** stát se, dojít k čemu; otočit se vítr, loď **across** hra, herec prosadit se, mít úspěch; slang. vyrukovat *(with* s*) (money),* cálovat dluh, promluvit svědek **~ along 1** jít (s sebou, *with* s kým), hovor. pospíšit si: *imper* (tak) pojď spěchej! honem! **2** dohodnout se **3** hovor. prospívat, dařit se **~ away 1** odejít **2** oddělit se, odpadnout **~ back 1** vrátit se **2** přijít na smysl, vytanout; přijít k sobě **~ by** jít, jet kolem **~ down 1** sestoupit, slézt; táhnout se dolů *(to* k) **2** zřítit se; padnout **3** upadat, klesnout **4** dochovat se **5** redukovat se *(to* na) **6** hovor. *(handsomely)* ukázat se, být štědrý **7** obořit se *(on* na) **8** hovor. klopit *(with the money* peníze) **~ forth** vyjít ven **~ forward** vystoupit; objevit se **~ in 1** vejít, vstoupit (~ *in!* am. dále!) **2** stoupat o přílivu **3** přijet **4** sport. umístit se *(third* jako třetí) **5** začínat **6** přicházet do módy **7** dostat se k moci **8** *(useful, handy)* hodit se, být dobrý *(to a p.* komu, *for* k čemu) **9** zdědit co **~ off 1** odejít **2** s-, v-, u|padnout, utrh-

nout se knoflík **3** barva opadat, sejít **4** vzdát se čeho **5** konat se **6** dopadnout, skončit (se) **~ on 1** jít dále, postupovat **2** spěchat *(imper* spěchej! honem! no tak!) **3** vystoupit o herci **4** hovor. dělat pokroky; růst **5** nast(áv)at, blížit se **6** přijít na pořad **~ out 1** vyjít, vyjet; vycházet; vypadávat **2** vstoupit *(on strike* do stávky) **3** div. vystoupit (poprvé), debutovat **4** vyrážet o listí, nemoci **5** vyjít najevo **6** přen. vyjít ven *(with* s čím); prozradit co **~ over 1** přejít, přeplavit se přes, přijít *(from* z) **2** přejít ke komu **3** přihodit se **4** hovor. cítit se *(faint, ill* sláb, nemocen) **5** hovor. obloudit **~ round 1** obejít co **2** stavit se, zajít ke komu **3** vracet se, (opět) nastat **4** z-, měnit (se) **5** sebrat se; vzpamatovat se **~ under 1** podléhat, podlehnout čemu **2** spadat pod, patřit do **~ up 1** při-, jít nahoru **2** přijít, vstoupit (na univerzitu) n. *(to* kam) **3** vyšvihnout se **4** vynořit se, objevit se **5** před-, při|stoupit *(before* před) **6** vzejít, vyrazit **7** vyrovnat se, odpovídat *(to* čemu) **8** dohonit *(with* koho) **~-at-able** [-ˈætəbl] hovor. přístupný, dosažitelný **~-back** návrat na scénu **~-down** [ˈ-] úpadek

comed|ian [kəˈmiːdjən] **1** komik; komediant **2** autor veseloher **~y** [ˈkomədi] veselohra, komedie

comely [ˈkamli] vzhledný, příjemný, hezký

Comenius [kəˈmeinjəs] Komenský

comer [ˈkamə] příchozí *(late* ~ pozdní p.), nováček

comet [ˈkomit] kometa

comfort [ˈkamfət] *v* **1** po-, u|těšit **2** posílit, osvěžit ● *s* **1** útěcha **2** pohodlí; komfort **3** am. prošívaná pokrývka **~-able** [-ˈtəbl] **1** pohodlný, klidný, příjemný **2** povzbudivý **3** finančně dobře zajištěný **4** útěšný slova ♦ *make* o.s. ~ udělat si pohodlí, zařídit se jako doma **~er**

[-ətə] **1** utěšitel **2** brit. vlněná šála **3** brit. šidítko **4** am. prošívaná pokrývka **-less** [-ətlis] bezútěšný

comfrey [ˈkamfri] bot. kostival

comic [ˈkomik] a komický; komediální; humoristický (~ *strip* humoristický seriál v novinách) ● **s 1** komik **2** komično **3** časopis uvěřejňující comics **-al** [-l] směšný, komický, žertovný **-alness** [ˌkomiˈkælnis] komičnost, směšnost

comity [ˈkomiti] **1** zdvořilost **2** dorozumění, shoda (*of nations* mezi národy)

comma [ˈkomə] čárka; *inverted -s* uvozovky

command [kəˈmaːnd] v **1** poručit, nařídit, roz-, při|kázat **2** velet komu **3** přen. ovládat, kontrolovat (*o.s. se*) **4** mít k dispozici **5** vy-, po|žadovat; vzbuzovat; zasloužit si ◆ ~ *attention* vynutit si pozornost; *~ing officer* velící důstojník; *these articles* ~ *a ready sale* toto zboží se snadno prodává; *the window -s a fine view* z tohoto okna je krásný výhled ● **s 1** rozkaz **2** velení **3** ovládání **4** voj. velitelství **5** rozhled (*of* na) ◆ *at one's* ~ k dispozici komu; *be in* ~ *of* velet čemu; *have at one's* ~ ovládat; *supreme* ~ vrchní velení; *take** ~ (*of*) převzít velení (nad) **-ant** [ˌkomənˈdænt] velitel **-eer** [ˌ-ˈdiə] **1** brát na vojnu **2** rekvírovat

commander [kəˈmaːndə] **1** velitel **2** velitel lodi hodností pod kapitánem **3** hist. komtur **4** komandér řádu **~-in-chief** [-rinˈčiːf] vrchní velitel

command|ery [kəˈmaːndəri] hist. komturství; voj. komandantura **-ment** [-mənt] přikázání (*the Ten C~s* Desatero) **-o*** [-əu] voj. úderný oddíl, komando

commemorat|e [kəˈmeməreit] připomínat; slavit, oslavovat **-ion** [kəˌmeməˈreišən] oslava památky (*in* ~ *of* na památku čeho) **-ive** [kəˈmemərətiv] **1** pamětní (*coin* mince) **2** ~ *of* na památku čeho

commence [kəˈmens] kniž. začít; zahájit **-ment** [-mənt] kniž. počátek, zahájení

commend [kəˈmend] **1** svěřit **2** po-, s|chválit, vychvalovat **3** poručit, poroučet (*o.s. to* se do čí ochrany) **-able** [-əbl] chvalitebný **-ation** [ˌkomenˈdeišən] **1** chvála **2** doporučení **-atory** [koˈmendətəri] doporučující (*letter* dopis; písemné doporučení), pochvalný

commensur|able [kəˈmenšərəbl] **1** mat. souměřitelný; dělitelný beze zbytku **2** úměrný (*to* čemu) **-ate** [-ət] úměrný

comment [ˈkoment] s **1** poznámka, komentář **2** kritika ● v **1** opatřit komentářem, komentovat (*upon* co) **2** kritizovat **-ary** [-məntəri] výklad, komentář (*on* k čemu) **-ator** [ˈkomənteitə] komentátor, reportér sport. utkání

commerc|e [ˈkomə:s] obchod, obchodování (*Chamber of C~* Obchodní komora) **-ial** [kəˈmə:šl] a obchodní, komerční; ~ *law, school, traveller, treaty* obchodní právo, škola, cestující, smlouva ● s hovor. cesťák **-ialize** [kəˈmə:šəlaiz] komercializovat

commie, Commie [ˈkaːmi] s hovor. komouš

commiserat|e [kəˈmizəreit] **1** po-, litovat, soucítit (*with* s kým) **2** kondolovat (*with* komu) **-ion** [kəˌmizəˈreišən] soucit, politování

commissar|iat [ˌkomiˈseəriət] **1** voj. intendance, intendanční služba; proviant **2** hist. komisariát **-y** [ˈkomisəri] **1** komisař **2** voj. zásobovací důstojník

commission [kəˈmišən] s **1** pověření, zplnomocnění, plná moc **2** úkol, poslání; příkaz; komise **3** obch. příkaz k prodeji / nákupu **4** obch. provize, zprostředkovatelská odměna **5** komise, komitét **6** jmenování důstojníkem; důstojnický patent, dekret **7** s-, páchání (of a crime zločinu) ♦ ~ *business* obchod na provizi; *get* a, one's,* ~ být jmenován důstojníkem; *in* ~ 1 v pověření 2 o lodi v pohotovosti, v provozu 3 hovor. připraven do práce; ~ *merchant* komisionář; -ed *officer* důstojník; *non-*-ed *officer* poddůstojník; *goods on* ~ zboží v komisi; na provizi ● *v* 1 z(plno)mocnit; pověřit čím 2 pověřit velením důstojníka na lodi 3 vyzbrojit loď ~-agency [-ı-] komisionářství ~-agent [-ı-] komisionář, jednatel –aire [kəˌmišəˈneə] 1 veřejný posluha 2 vrátný v divadle aj. –er [kəˈmišənə] 1 komisař 2 člen komise ♦ *High C~* vysoký komisař; ~ *of police* policejní ředitel

commissure [ˈkomiˌsjuə] anat. spoj, šev

commit [kəˈmit] (-tt-) 1 svěřit, odevzdat (o.s. se, to komu, čemu) 2 spáchat co, dopustit se čeho 3 dát / poslat kam soudním příkazem ♦ ~ *to memory* naučit se nazpaměť; ~ *to paper, writing* napsat; *be -ted to prison* být poslán do vězení; ~ *a p. for trial* odevzdat koho soudu; ~ *o.s.* 1 zavázat se (to k) 2 angažovat se –ment [-mənt] 1 svěření (se), odevzdání 2 (order of) ~ příkaz k uvěznění 3 vazba, uvěznění 4 předložení komisi 5 závazek, dluh 6 věrnost (to čemu) 7 angažovanost –tal [-l] 1 = -ment 1, 3, 5 2 spáchání 3 pohřbení, pohřeb

committee 1 [kəˈmiti] výbor, komise, komitét 2 [ˌkomiˈti:] práv. kurátor, opatrovník ♦ *C~ of Ways and Means* rozpočtový výbor

commode [kəˈməud] prádelník

commodious [kəˈməudjəs] pohodlný, prostorný

commodity [kəˈmodəti] druh zboží, komodita

commodore [ˈkomədo:] námoř., voj. komodor

common [ˈkomən] a 1 společný,

obecný 2 veřejný 3 běžný; obecní 4 obyčejný, prostý 5 hrubý, sprostý ♦ ~ *carrier* veřejný dopravce; *by* ~ *consent* se všeobecným souhlasem; ~ *denominator* mat. společný jmenovatel; ~ *divisor* mat. společný dělitel; ~ *fraction* mat. obecný zlomek; ~ *law* zvykové právo; ~ *market* společný trh; ~ *measure* mat. společná míra; ~ *sense* prostý, zdravý rozum; ~ *soldier* prostý voják ● *s* 1 obecní pozemek, pastvina; hist. občina ♦ *right of* ~ právo pást na obecním 2 společné; *have a t. in* ~ mít co společné; *have nothing in* ~ *with* nemít nic společného s –alty [-əlti] obecný lid; většina, jádro –er [-ə] brit. 1 prostý občan, muž z lidu 2 univerzitní student (bez stipendia) –place s samozřejmost; otřepaná fráze, klišé ● *a* samozřejmý, otřepaný, všední –s [-z] pl 1 prostý lid 2 třetí stav, měšťanstvo 3 společné jídlo, -ný stůl, denní strava ♦ *the House of C~* brit. dolní sněmovna –wealth [-welθ] lidové společenství, republika; *the British C~ of Nations* Britské společenství národů; *the C~ of Australia* Austrálie, Australský svaz

commotion [kəˈməušən] 1 zmítání, bouře 2 zmatek, výtržnost, vzpoura 3 med. otřes

communal [ˈkomjunl] 1 obecní 2 společný, veřejný

commune [ˈkomju:n] s hist. komuna; obec (the *C~ of Paris* pařížská komuna) ● *v* [kəˈmju:n] 1 důvěrně hovořit 2 am. přijímat, účastnit se sv. Večeře Páně

communic|able [kəˈmju:nik|əbl] 1 sdělitelný 2 nakažlivý –ate [-eit] 1 sdělit, oznámit (to komu) 2 přenášet nemoc 3 být ve styku, spojit se (with s), dorozumívat se (by čím) 4 udělit / přijímat svátost oltářní –ation [kəˌmju:niˈkeišən] 1 přenášení, sdělování 2 sdělení, zpráva 3 spojení, komunikace; styk 4 *-s*, pl spoje, hromadné sdělovací prostředky ♦ ~ *cord* žel. záchranná brzda; ~ *theory* teorie komunikace **–ative** [kə‑ˈmjuːnɪ kətiv] 1 sdílný, hovorný 2 sdělovací

communion [kəˈmjuːnjən] 1 společenství 2 přijímání (~ *in one kind* pod jednou, ~ *in both kinds* pod obojí) ♦ ~ *table* stůl Páně

communiqué [kəˈmjuːnɪkeɪ] úřední zpráva, sdělení

commun|ism [ˈkɒmjunɪzəm] komunismus **–ist** [-nɪst] s komunista ● a komunistický; *C~ Party* *-á* strana **–istic** [ˌ-ˈnɪstɪk] = -*ist* a

community [kəˈmjuːnəti] 1 společenství (*of goods, interests* majetku, zájmů) 2 shoda, totožnost 3 družnost, společenský styk 4 obec, stát

commut|e [kəˈmjuːt] 1 proměnit, vyměnit (si) co (*for, into* za co) 2 změnit, zmírnit trest (*into* za) 3 hovor. mít předplatní lístek, dojíždět do zaměstnání **–able** [-əbl] zaměnitelný **–ation** [ˌkɒmjuːˈteɪ šən] 1 záměna; výměna, změna 2 dojíždění do práce a zpět 3 práv. ~ (*of (a, one's) sentence* zmírnění trestu) 4 elektr. přepínání ♦ ~ *ticket* am. dělnická jízdenka, předplatní lístek **–tivity** [-ˈtɪvəti] záměnnost, komutativnost **–ator** [ˈkɒmjuːteɪtə] elektr. komutátor **–er** [kəˈmjuːtə] am. držitel předplatního lístku

compact [kɒmpækt] 1 smlouva, dohoda 2 pudřenka 3 výlisek z kovového prášku ● a [ˈkɒmpækt] 1 kompaktní, pevný, hustý 2 hutný sloh 3 skloubený 4 složený (*of* z) ~ *disc* / *disk* [-ˈdɪsk] s kompaktní deska se zvukovou nahrávkou, hovor. cédéčko

companion [kəmˈpænjən] 1 druh, společník; lid. kumpán 2 spolucestující; souputník 3 placená společnice 4 protějšek; druh|ý,

-á věc z páru 5 průvodce kniha **–able** [-əbl] druhý, přátelský **–ship** [-šɪp] společnost; společenství; společenský styk

company [ˈkʌmpəni] 1 společnost 2 návštěva, hosté 3 skupina, shromáždění 4 voj. rota ♦ *be good, poor, bad* ~ být dobrým, nevalným / špatným, společníkem; *in* ~ *(with)* spolu, s; *insurance* ~ pojišťovna; *joint stock* ~ akciová společnost; *keep** ~ *with* stýkat se, udržovat přátelství s; chodit s kým; *keep** *a p.* ~ dělat komu společnost; brit. *Limited (Liability)* C~ společnost s ručením omezeným; *part* ~ *with* rozejít se s; *ship's* ~ celá posádka lodi; *shipping* ~ lodní společnost

compar|able [ˈkɒmpərəbl] srovnatelný (*to* s) **–ative** [kəm ˈpærətiv] a 1 srovnávací (*anatomy, philology* anatomie, filologie); ~ *degree* jaz. druhý stupeň, komparativ 2 poměrný ● *s* = ~ *degree*

compar|e [kəmˈpeə] v 1 s-, po|rovnat (*with* s) 2 přirovn(áv)at (*to* k) 3 jaz. stupňovat 4 srovnávat se, rovnat se ♦ (*as*) *-ed with* ve srovnání s; ~ *notes* vyměnit si dojmy, názory ● *s* srovnání: *beyond (past, without)* ~ nevy-, nes|rovnateln|ý, -ě **–ison** [-ˈpærɪsn] 1 s-, po|rovnání 2 jaz. stupňování ♦ *bear*, *stand** ~ snést srovnání: *beyond* ~ nesrovnatelný; *by* ~ při srovnání; *in* ~ *with* ve srovnání s

compartment [kəmˈpɑːtmənt] 1 oddělení, přihrádka 2 žel. oddelení, kupé

compass [ˈkʌmpəs] s 1 kompas, buzola (*points of the* ~ světové strany) 2 obvod, dosah 3 okruh, prostor 4 rozsah 5 pl (*a pair of -es*) kruž|ítko, -idlo ● v 1 obklopit, obklíčit 2 duševně obsáhnout, pochopit 3 dosáhnout, získat 4 usilovat, ukládat o co 5 zahnout 6 ohnout se ~ *card* větrná růžice

compassion [kəmˈpæšən] slitování, soucit (*on* s) **–ate** [-ənət] soucitný

compat|ibility [kəm‚pætə|biləti] slučitelnost **–ible** [-‚pætəbl] slučitelný

compatriot [kəm|pætriət] krajan

compeer [kom|piə] **1** člověk rovný (of komu) *(have no ~* nemít sobě rovna) **2** druh; kamarád

compel [kəm|pel] (*-ll-*) **1** při-, do-|nutit (*to* k), vynutit si co (*I am -led* jsem nucen, musím) **–ling** [-iŋ] nepřekonatelný, neúprosný; neodolatelný; závažný, přesvědčivý

compend|ency [kəm|pendənsi] spojitost, soudržnost **–ious** [-iəs] hutný, stručný **–ium** [-iəm] stručný přehled, souhrn, kompendium

compensat|e [|kompenseit] **1** kompenzovat, vyrovnat (se) **2** nahradit, vyvážit (*for* co) **3** odškodnit (*a p. for* koho zač) **–ion** [‚kompen|seišən] **1** vyrovnání, kompenzace **2** náhrada, odškodnění (*for* za co) ◆ *~ deals* kompenzační obchody; *~ trade* kompenzační obchod(ování) **–or** [-ə] kompenzátor, korektor **–ory** [kəm|pen-|sətəri] náhradní, vyrovnávací, kompenzační

compere [kompeə] *s* konferenciér ● *v* konferovat program

compete [kəm|pi:t] soutěžit (*with* s kým, *in* v čem, *for* o co), konkurovat; ucházet se (*for* o co)

compet|ence [|kompitəns], **–ency** [-i] **1** schopnost, zručnost **2** způsobilost, kompetence, příslušnost **3** biol. schopnost bakterií podstoupit genetickou transformaci **4** dostatečné prostředky **–ent** [-ənt] **1** oprávněný, kompetentní, způsobilý, příslušný **2** postačující, přiměřený **3** schopný, vhodný

competit|ion [‚kompi|tišən] **1** soutěž, konkurence (*for* o co) **2** konkurs **3** sport. závodění, závod ◆ *be in ~ with* soutěžit s; *meet* ~*

konkurovat, čelit konkurenci; *unfair ~* nekalá soutěž **–ive** [kəm-|petit|iv] **1** soutěž|ivý, -ní **2** obch. konkurenční ◆ *~ examination* konkursní zkouška **–or** [-ə] **1** účastník soutěže, konkursu, spoluuchazeč, konkurent **2** obch. konkurent

compil|e [kəm|pail] sestavit, složit, kompilovat **–ation** [‚kompi|leišən] sestavení **–er** [kəm|pailə] kompilátor

complac|ence [kəm|pleis|ns], **–ency** [-nsi] **1** sebeuspokojení **2** uspokojení, spokojenost, potěšení **–ent** [-nt] u-, spokojený

compl|ain [kəm|plein] stěžovat si; stýskat (si) (*of* na) **–aint** [-eint] **1** stížnost **2** am. práv. žaloba **3** potíž; nemoc, stesk pacienta

complais|ance [kəm|pleizəns] úslužnost, ochota, vlídnost **–ant** [-nt] ochotný, úslužný, povolný

complement [|komplimənt] *s* **1** doplněk **2** za-, do|vršení, do-, na-|plnění **3** (plný) počet, plné obsazení **4** doplňkov|á barva, -ý úhel ● *v* [-ment] doplnit **–ary** [‚kompli|mentəri] doplňkový (*angle* úhel), komplementární (*colours* barvy)

complet|e [kəm|pli:t] *a* **1** úplný, kompletní, naprostý **2** hotový, dokončený **3** hovor. dokonalý ● *v* **1** doplnit, dokončit; doručit **2** splnit **3** vyplnit (*~ the form* formulář) **–ion** [-šən] **1** dokončení **2** doplnění; dovršení, ukončení **3** vyplnění (*of a wish* přání) **4** podepsání smlouvy

complex [|kompleks] *a* **1** složený (*~ fraction* zlomek), komplexní **2** složitý, spletitý ◆ *~ sentence* gram. souvětí podřadné ● *s* souhrn, celek; komplex (*inferiority ~* komplex méněcennosti) **–ity** [kəm|pleksəti] složitost, spletitost

complexion [kəm|plekšən] **1** pleť (*fair, dark* světlá, tmavá) **2**

vzhled, vzezření; tvářnost, aspekt, charakter věci

compli|ance [kəmˈplaiəns] **1** shoda, harmonie **2** vyhovění, splnění **3** poddajnost, ochota, servilnost (in ~ with podle) **–ant** [-ənt] poddajný, ochotný, povolný, servilní

complic|acy [ˈkomplikəsi] složitost, komplikovanost **–ate** [-eit] komplikovat **–ated** [-eitid] složitý, komplikovaný **–ation** [ˌkompliˈkeišən] komplikace

complicity [kəmˈplisəti] spoluvina (in na)

compliment [ˈkomplimənt] s **1** pocta, poklona, počest **2** pl pozdrav, poručení (to komu) **3** blahopřání (of the season vánoční, novoroční) ● v [-ment] **1** blaho-, přát (on k) **2** udělat poklonu **3** poctít (with čím) **–ary** [ˌ-ˈmentəri] zdvořilostní (close zakončení dopisu) ♦ ~ copy volný výtisk; ~ ticket čestná, volná vstupenka

comply [kəmˈplai] **1** vyhovět (with čemu) **2** poddat se, přizpůsobit se

component [kəmˈpəunənt] a tvořící součást, jednotlivý, dílčí; ~ part složka, součástka ● s složka, komponenta

comport [kəmˈpo:t] shodovat se (with s), odpovídat čemu ~ o.s. chovat se

compos|e [kəmˈpəuz] **1** skládat, tvořit; složit, sepsat, vytvořit **2** pas. skládat se (of z) **3** hud. komponovat; zhudebnit **4** uspořádat, upravit **5** polygr. sázet **6** urovnat, uklidnit (o.s. se), utišit (o.s. se) **–ed** [-d] klidný, vyrovnaný, soustředěný **–er** [-ə] **1** hud. skladatel, komponista **2** uklidňovatel **–ing-machine** polygr. sázecí stroj

compos|ite [ˈkompəzit] a **1** složený; smíšený **2** stav. kombinovaný sloh **3** složnokvětý ● s složenina, smíšenina, komposit **–ition** [ˌ-ˈzišən] **1** skládání, komponování **2** složení; sestavení **3** skladba,

kompozice **4** polygr. sázení, sazba **5** tech. kompozice **6** narovnání, dohoda; kompromis **7** vyrovnání (with creditors s věřiteli) **–itor** [kəmˈpozitə] polygr. sazeč

compost [ˈkompost] kompost

composure [kəmˈpəužə] klid, vyrovnanost

compote [ˈkompəut] kompot

compound [kəmˈpəund] v **1** smíchat (se) **2** složit, skládat **3** urovnat spor **4** dohodnout se **5** vyrovnat se (with creditors s věřiteli) **6** přistoupit na vyrovnání, na smír **7** upustit od stíhání ● a [ˈkom-] **1** složený; smíšený, kombinovaný **2** složitý (fracture zlomenina, fraction zlomek) **3** tech. sdružený, kompaundní ♦ ~ interest složitý úrok; ~ sentence souvětí souřadné; ~ word složené slovo, kompozitum ● s [ˈkom-] **1** směs, odb. izolační směs, tmel; kompaundní stroj **2** složení **3** chem. sloučenina **4** složené slovo, kompozitum **5** izolace, separace ve vězení n. koncentračním táboře

comprehen|d [ˌkompriˈhen|d] **1** pochopit **2** obsáhnout, obsahovat, zahrnovat **–sible** [-səbl] pochopitelný, srozumitelný **–sion** [-šen] **1** chápání, chápavost **2** zahrnutí **3** významový rozsah, šíře (of wide ~ obsáhlý) **4** log. obsah pojmu **–sive** [-siv] **1** vyčerpávající, úplný **2** zahrnující (of co) **3** chápavý **4** škola jednotný ♦ ~ faculty chápavost, vnímavost; ~ insurance sdružené pojištění; ~ knowledge obsáhlé znalosti; ~ school brit. všeobecná střední škola

compress [kəmˈpres] v **1** stlačit **2** zhutnit, zestručnit styl ● s [ˈkom-] **1** obvaz **2** obklad **–ibility** [kəmˌpresəˈbiləti] stlačitelnost **–ible** [-ˈpresəbl] stlačitelný **–ion** [-ˈprešən] **1** stlačení, komprese **2** zhutnění stylu **3** přen. potlačení, útlak **–or** [-ˈpresə] kompresor

comprise [kəmˈpraiz] zahrnovat;

obsahovat, skládat se z

compromise [ˈkɒmˈprəmaiz] *s* dohoda, kompromis • *v* 1 uzavřít kompromis 2 ustoupit, u-, dělat ústupky (*with* komu) 3 kompromitovat (*o.s.* se)

compuls|ion (kəmˈpalˈšən) donucení, nátlak **–ory** [-sari] 1 povinný (*education* školní docházka), nucený (*labour* práce) 2 donucovací

compunction [kəmˈpaŋkšən] hryzení svědomí, výčitka; skrupule

comput|e [kəmˈpju:t] vypočítat (*at ...figures* na...míst), vykalkulovat (*at* na, *that* že); pracovat s komputerem **–able** [-əbl] vypočítatelný **–ation** [ˌkompjuˈteišən] počítání, výpočet ♦ *beyond* ~ nevypočítatelný **–er** [-ə] počítač, komputer **–erese** [-əriːz] strojový jazyk **–erize** [-əraiz] vybavit počítačem, zavést výpočetní techniku, uložit do paměti počítače

comrade [ˈkɒmreid] 1 kamarád 2 polit. soudruh, komunista **–ly** [-li] soudružský **–ship** [-šip] kamarádství; polit. soudružství

comsat [ˈkɒmsæt] zkr. *communications satellite* telekomunikační družice

con [ˈkɒn] *v* (-nn-) 1 (~ *over*) odříkávat, dřít nazpaměť 2 námoř. řídit kormidelníka 3 am. napálit, obalamutit • *adv* (= *contra* proti): *pro and* ~ pro a proti • *s* (hlas) proti **–ning-tower** námoř. velitelská věž

conat|ion [kəuˈneišən] filoz. chtění **–ive** [ˈkəunətiv] filoz. volní

concatenation [kɒnˌkætiˈneišən] sřetězení; spojení

concave [ˌkɒnˈkeiv] vydutý; opt. konkávní

conceal [kənˈsiːl] 1 skrýt (*o.s.* se), ukrýt 2 zatajit **–ment** [-mənt] 1 utajování, zatajení 2 ukrytí 3 úkryt

concede [kənˈsiːd] 1 uznat, připustit 2 povolit, přiznat

conceit [ˈkənsiːt] 1 domýšlivost,

ješitnost 2 příznivé mínění (*of* o) 3 dobrý nápad **–ed** [-id] domýšlivý, ješitný

conceiv|e [kənˈsiːv] 1 počít, zplodit, otěhotnět 2 pojmout (*an idea* myšlenku); vymyslit, vytvořit, koncipovat 3 představit si (*of* co), pochopit 4 formulovat, koncipovat text 5 předpokládat **–able** [-əbl] myslitelný

concentrat|e [ˈkɒnsəntreit] *v* soustředit (se) (*on* na), koncentrovat (se) • *s* chem. koncentrát **–ion** [ˌkɒnsənˈtreišən] 1 soustřeďování 2 soustředění, koncentrace ♦ ~ *camp* koncentrační tábor, hovor. koncentrák **–or** [-ˈtreitə] tech. koncentrátor

concentric [kɒnˈsentrik] soustředný, koncentrický **–ity** [ˌkɒnsənˈtriseti] soustřednost

concept [ˈkɒnsept] log. pojem; (obecná) představa **–ion** [kənˈsepšən] 1 pojetí, koncepce; pojem (*of* o), představa o 2 početí 3 chápání 4 nápad ♦ *in my* ~ podle mého názoru

conceptual [kənˈseptjuəl] pojmový

concern [kənˈsaːn] *v* týkat se, jít o, zajímat koho; dotýkat se čeho ♦ *as* -*s* pokud jde o; *as far as I am* -*ed* pokud se týče mne; *be* -*ed* mít zájem na; být znepokojen; týkat se čeho, podílet se na; být zapleten (*in* do); účastnit se (*in* čeho); *I am* -*ed to state* s politováním musím konstatovat; *the parties, persons* -*ed* zájemci; *To (all) whom it may* ~ Všem, jichž se to týká na doporučeních, potvrzeních atd. ~ *o.s.* zajímat se, starat se (*with, in, about* o), plést se (do), znepokojovat se (čím) • *s* 1 vztah, zájem, účast 2 záležitost, věc 3 starost 4 podnik, obchod, firma, koncern **–ing** [-iŋ] *a* týkající se • *prep* o; pokud jde o **–ment** [-mənt] 1 důležitost 2 zájem

concert [ˈkɒnsəːt] *s* 1 shoda, soulad; *in* ~ ve shodě 2 [ˈkɒnsət] koncert • *v* [ˈkənsəːt] vzájemně (se) dohodnout, sjednat **~-hall** koncertní síň

concertina [ˌkonsəˈtiːnə] koncertina, chromatická tahací harmonika, akordeon

concerto* [kənˈčeətəu] koncert hudební skladba

concess|ion [kənˈse|šən] **1** ústupek, úleva, výhoda **2** koncese **–ive** [-siv] jaz. připouštěcí

conch [ˈkoŋk] ulita, lastura

conciliat|e [kənˈsilieit] **1** získat si přízeň **2** usmířit (se) **–ion** [-ˌsili ˈeišən] usmíření, smír ♦ *Court of ~* smírčí soud **–or** [-ˈsilieitə] prostředník **–ory** [-ˈsiliətəri] smířlivý

concis|e [kənˈsais] stručný **–ness** [-nis] stručnost

conclave [ˈkonkleiv] círk. konkláva

conclud|e [kənˈkluːd] **1** s-, u-, za-|končit **2** usuzovat, učinit závěr **3** uzavřít (*a treaty* smlouvu) **–ing** [-iŋ] závěrečný, poslední

conclus|ion [kənˈkluːžn] **1** závěr, zakončení, konec **2** rozhodnutí **3** uzavření, sjednání ♦ *bring* the ~ učinit závěr; *aforegone ~* to se dalo čekat; *in ~* na závěr **–ive** [kənˈkluːsiv] konečný, rozhodný, nezvratný

concoct [kənˈkokt] **1** u-, s|vařit; smísit **2** vymyslit; zosnovat zločin **–ion** [konˈkokšən] **1** odvar, šlichta **2** namíchání; směs **3** výmysl; z-, osnování

concomitant [kənˈkomitənt] *a* průvodní (*circumstances* jevy) • *s* průvodní jev

concord [ˈkonkoːd] **1** shoda, svornost, soulad **2** hud. harmonie **–ance** [kənˈkoːdəns] **1** shoda **2** konkordance **–ant** [-nt] **1** souhlasný, ve shodě s **2** harmonický

concourse [ˈkonkoːs] **1** sběh, srocení, dav, tlačenice **2** shluk, souběh **3** veřejné prostranství, shromaždiště, nádražní hala

concrete [ˈkonkriːt] *a* **1** konkrétní **2** hmatatelný, skutečný **3** betono-

vý • *s* **1** konkrétní věc **2** jaz. konkrétum **3** beton **4** surový cukr ♦ *in the ~* konkrétně, podrobně; *reinforced ~* železobeton • *v* **1** [kənˈkriːt] ztuhnout **2** [ˈkonkriːt] vy-, betonovat **3** konkretizovat **4** **–ness** [-nis] konkrétnost

concretion [kənˈkriːšən] **1** srůstání, srůst **2** geol. konkrece **3** med. konkrement, kámen

concubine [ˈkankjuˌbain] *s* konkubína, souložnice

concupiscence [kənˈkjuːpisəns] *s* chlípnost, chtíč, smyslnost

concur [kənˈkəː] (*-rr-*) **1** sbírat se, vyskytovat se současně **2** souhlasit, shodovat se **3** spolupůsobit **4** práv. střetnout se, zasahovat do sebe, kolidovat **–rence** [-ˈkarəns] **1** sbíhání (*the point of ~* průsečík) **2** souběh (*of circumstances* okolností), střetnutí, návaznost, kolize **3** souhlas **4** geom. průsečík **–rent** [-ˈkarənt] *a* **1** souběžný; současný **2** geom. sbíhavý **3** spolupůsobící **4** souhlasný, shodný • *s* průvodní okolnost

concussion [kənˈkašən] otřes (*of the brain* mozku)

condemn [kənˈdem] **1** odsoudit (*to death* k smrti); zavrhnout, odmítnout, usvědčit **2** zabavit loď **3** prohlásit za nepouživatelné **–ation** [ˌkondemˈneišən] **1** odsouzení; zavržení; odmítnutí **2** zabarvení **–atory** [-ˈdemnətəri] odsuzující

condens|able [kənˈdensəbl] zhustitelný, kondenzovatelný, zkapalnitelný **–ation** [ˌkondenˈseišən] **1** chem. zkapalnění, srážení, kondenzace **2** zhušťování **3** zestručnění **–e** -[-ˈdens] **1** zhustit (se), srážet (se), zkapalnit, kondenzovat (se) **2** stlačit (*air* vzduch) **3** opt. soustředit (*rays* paprsky) **4** zestručnit **–er** [-densə] obch. kondenzátor **–ery** [-ˈdensəri] továrna na kondenzované mléko

condescend [ˌkondiˈsend] **1** snížit

se *(to k)* **2** chovat se blahosklonně *(to k, vůči)* ♦ ~ *upon particulars* skot. pouštět se do podrobností, šířit se o **–ing** [-iŋ] **1** blahosklonný **2** povýšený *(manner způsob)*

condescension [ˌkondiˈsenšən] blahosklonnost

condiment [ˈkondimənt] koření

condition [kənˈdišən] **1** podmínka; předpoklad; stav, postavení, okolnost; pl situace **2** chem. skupenství **3** am. škol. reparát ♦ *change one's* ~ vstoupit do manželského stavu; *living -s* životní podmínky; *on / under ~ that* s, pod podmínkou, že; *on no* ~ za žádných okolností; *out of* ~ ve špatné kondici; *sales -s* prodejní podmínky ● v **1** podmiňovat, určovat, stanovit podmínku **2** vymínit si **3** obch. zkoušet jakost vlny ap. **4** upravit; dostat do dobré kondice ♦ *be -ed* am. škol. dostat reparát; *be -ed by* být podmíněn čím; *(un)-ed reflex / response* (ne)podmíněný reflex **–al** [-ənl] **1** podmíněný **2** jaz. podmiňovací

condol|e [kənˈdəul] projevit soustrast *(with komu, on the death* k úmrtí) **–ence** [-əns] projev soustrasti, soustrast, kondolence

condom [ˈkandəm] kondom, prezervativ

condominium [ˌkondəˈminiəm] kondominium

condon|e [kənˈdəun] odpustit, prominout **–ation** [ˌkondəuˈneišən] odpuštění, prominutí

condor [ˈkondo:] zool. kondor

conduc|e [kənˈdju:s] vést, přispívat *(to k)* **–ive** [-iv] přispívající, nápomocný *(to komu, čemu)*

conduct [ˈkondakt] s **1** vedení, řízení **2** chování **3** výt. provedení, traktování ● v [kənˈdakt] **1** vést, řídit; provádět návštěvníky **2** dovést, doprovodit **3** hud. dirigovat **4** fyz. být vodičem, vést *(heat* teplo) **–ible** [-ˈdaktəbl] fyz. vodivý

–ion [-ˈdakšən] vedení; i fyz. **–ive** [-ˈdaktiv] fyz. vodivý **–ivity** [ˌkondakˈtivəti] fyz. vodivost **–or** [-ˈdaktə] **1** průvodčí; am. konduktér vlaku **2** hud. dirigent **3** fyz. vodič **4** průvodce turistů **–ress** [-ˈdaktris] **1** průvodkyně **2** průvodčí **3** hud. dirigentka

conduit [ˈkondit, elektr. též -juit, -wit] **1** potrubí, vedení, vodovod **2** kanál k uložení potrubí n. vedení **3** přen. průchod, cesta

cone [ˈkəun] **1** kužel *(oblique* šikmý) **2** odb. kónus; kuželka kohoutu, šiška **3** čípek na sítnici **4** kornoutek zmrzliny

confabulate [kənˈfæbjuleit] hovořit, povídat si

confection [kənˈfekšən] **1** cukroví; komplot **2** konfekční šaty dámské zprav. pláštěnka, přehoz **–er** [-ənə] cukrář **–ery** [-nəri] **1** cukrovinky **2** cukrářství, cukrárna

confeder|acy [kənˈfedərəsi] **1** spolčení, spiknutí, komplot **2** konfederace, svaz **–ate** [-ˈfedərət] a spolčený; konfederovaný *(the C~ States of America* hist. Konfederace amerických států) ● s **1** spojenec **2** am. hist. konfederát ● v [-ˈfedəreit] **1** spojit (se), spolčit se **2** utvořit konfederaci **–ation** [-ˌfedəˈreišən] konfederace

confer [kənˈfə:] *(-rr-)* **1** udělit, propůjčit *(on komu)* **2** poradit se, konferovat *(on o)* **–ence** [ˈkonfərəns] porada, konference **–ment** [-ˈfə:mənt] udělení, propůjčení *(of a title, degree* titulu, hodnosti)

confess [kənˈfes] **1** vyznat (se) **2** přiznat (se) *(to k)* **3** uznat, dosvědčit **4** vy-, zpovídat (se) *(a t. z* čeho) **–ion** [-fešən] **1** přiznání **2** cirk. vyznání *(of faith* víry) **3** zpověď **–ional** [-fešənl] a zpovědní; konfesijní ● s zpovědnice **–or** [-ˈfesə] **1** vyznavač *(Edward the C~* Eduard Vyznavač) **2** zpovědník

confetti [kənˈfeti:] konfety

confidant [ˌkonfiˈdænt] důvěrník **-e** [-] důvěrnice

confid|e [kənˈfaid] **1** svěřit (to komu) **2** důvěřovat komu **-ence** [ˈkonfidəns] **1** důvěra, spolehnutí **2** jistota, odvaha, smělost, drzost **3** pevné přesvědčení **4** důvěrnost; důvěrné sdělení ♦ in (strict) ~ (přísně) důvěrně; vote of ~ otázka důvěry při hlasování v parlamentě **-ent** [-ənt] a **1** důvěř|ivý, -ující (in v), spoléhající se (in na) **2** sebejistý; drzý ● s důvěrník **-ential** [ˌkonfiˈdenšl] **1** důvěrný (information zpráva) **2** hodný důvěry ♦ ~ clerk prokurista

configuration [kənˌfigjuˈreišən] **1** utváření, uspořádání, postavení hvězd. **2** konfigurace, sestava

confin|e [kənˈfain] v **1** omezit (o.s. to se nač) **2** upevnit, s-, u|poutat **3** zavřít, uvěznit (in v) **4** omezit (to na) **5** pas. být v šestinedělí ♦ -ed to bed upoután na lůžko ● s [ˈkonfain] pl pomezí, pokraj; hranice **-ement** [-ˈfainmənt] **1** trest na svobodě, vězení: close, solitary ~ samovazba; psychiatric. samotka **2** omezení (to na) **3** pobyt doma n. na lůžku **4** šestinedělí, slehnutí

confirm [kənˈfəːm] **1** potvrdit co **2** upevnit, utvrdit, posílit koho (in v) **3** schválit, ratifikovat **4** konfirmovat; biřmovat

confirmand [kənˈfəːmənd] konfirmand; biřmovanec před úkonem

confirm|ation [ˌkonfəˈmeišən] **1** potvrzení; schválení **2** dotvrzení; důkaz, svědectví **3** konfirmace; biřmování **-ative** [kənˈfəːmətiv], **-atory** [kənˈfəːmətəri] potvrzující, průkazný **-ed** [ˈkənfəːmd] **1** zatvrzelý, nenapravitelný, notorický **2** zastaralý, nevyléčitelný o nemoci **3** konfirmovaný; biřmovaný **-ee** [ˌkonfəˈmiː] konfirmand; biřmovanec

confiscat|e [ˈkonfisˌkeit] zabavit, z-, konfiskovat **-ion** [-ˈkeišən]

konfiskace, zabavení

conflagration [ˌkonfləˈgreišən] **1** velký požár **2** konflagrace

conflict [ˈkonflikt] srážka, spor, konflikt ♦ in ~ with v rozporu s ● v [kənˈflikt] **1** střetnout se **2** odporovat si, být v rozporu

conflu|ence [ˈkonfluəns] **1** s(ou)tok, přen. splývání **2** nával **3** sběh, shluk **-ent** [-ənt] a stékající se s; přen. sbíhající se horstva; slévající se vyrážka; splývavý ● s přítok

conflux [ˈkonflaks] = confluence

conform [kənˈfoːm] **1** přizpůsobit (se o.s.), podřídit (se), utvořit (to podle) **2** řídit se (to the rules pravidly) **3** círk. přijmout státní náboženství **-able** [-əbl] **1** odpovídající (to čemu) **2** povolný, poslušný **3** slučitelný (with s), souhlasný (to s) **-ation** [ˌkonfoˈmeišən] **1** přizpůsobení, souhlas **2** tvar, struktura, stavba **-ity** [kənˈfoːməti] souhlas, shoda, přizpůsobení; podobnost

confound [kənˈfaund] **1** zmást, zmařit plán **2** splést si **3** uvést do rozpaků ♦ be -ed žasnout; ~ [konˈfaund] it! k sakru!; a -ed long time zpropadeně dlouho

confraternity [ˌkonfrəˈtəːnəti] bratrstvo

confront [kənˈfrant] **1** stát před čím, tváří v tvář čemu **2** postavit proti čemu **3** konfrontovat (with s); s-, po|rovnávat **-ation** [ˌkonfranˈteišən] konfrontace, konfliktová situace

confus|e [kənˈfjuːz] z-, mást, poplést; get* -ed s-, po|plést si (všechno) **-ion** [-žən] zmatek, nepořádek, vřava; záhuba, zničení

confut|e [kənˈfjuːt] **1** vyvrátit **2** usvědčit z omylu **3** umlčet **-ation** [ˌkonfjuˈteišən] vyvracení; vyvrácení

congeal [kənˈdžiːl] **1** zmrazit **2** z-, mrznout **3** z-, tuhnout

congenial [kənˈdžiːnjəl] **1** kongeniálni; příbuzný, sourodý 2 vhodný, vyhovující; příjemný, sympatický **-ity** [-ˌdži:niˈælǝti] sourodost, kongeniálnost, sympatičnost

congenital [kǝnˈdženitl] vrozená vada

conger [ˈkoŋgǝ] zool. mořský úhoř

congeries [konˈdžiǝri:z] pl = sg snůška, nakupení

congest [kǝnˈdžest] **1** nahromadit; přeplnit **2** med. překrvit (se) **-ion** [-čǝn] **1** med. překrvení **2** zácpa dopravní

conglomerat|e [kǝnglomǝrǝt] a slepený, nesourodý, hustě nakupený ● v [-reit] **1** nahromadit (se), nakupit (se) **2** rojit se o včelách **-ion** [kǝnˌglomǝˈreišǝn] změť, nahromadění, konglomerát

Congolese [ˌkoŋgǝˈli:z] s pl = sg Konžan ● a konžský

congratul|ant [kǝnˈgrætjulǝnt] gratulant **-ate** [-ˈgrætjuleit] blahopřát, gratulovat (a p. on komu k) **-ation** [-ˌgrætjuˈleišǝn] blahopřání, gratulace **-ator** [-ˈgrætjuleitǝ] gratulant **-atory** [ˈgrætjulǝtǝri] blahopřejný

congregat|e [ˈkoŋgrigeit] shromažďovat (se) **-ion** [ˌkoŋgriˈgeišǝn] **1** shromažďování **2** shromáždění, sbor **-ional** [ˌkoŋgriˈgeišǝnl] kongregační, bohoslužebný

congress [ˈkoŋgres] **1** sjezd, kongres **2** am. C~ americký kongres **-ional** [koŋˈgrešǝnl] kongresový

Congressman* [ˈkoŋgresmǝn] am. člen Kongresu, poslanec

congru|ence [ˈkoŋgruǝns] obd. shoda, kongruence **-ent** [-ˈgru:ǝnt], **-ous** [-ǝs] **1** shodný **2** souhlasný **3** kongruentní **-ity** [-ˈgru:ǝti] shoda, kongruence **2** přiměřenost

conic [ˈkonik] kuželový|ý, -itý, kónický (~ section kuželosečka) **-al** [-l] = conic

conifer [ˈkonifǝ] jehličnatý strom **-ous** [kǝuˈnifǝrǝs] jehličnatý

conjectur|e [kǝnˈdžekčǝ] s dohad, odb. konjektura ● v **1** dohadovat se, usuzovat **2** navrhnout jako konjekturu **-al** [-rǝl] konjekturální, založený na dohadu

con|join [kǝnˈdžoin] spojit (se) **-joint** [ˈkondžoint] spojený, sjednocený, společný

conjugal [ˈkondžugl] manželský **-ity** [ˌkondžuˈgælǝti] manželský stav

conjugat|e [ˈkondžugeit] v **1** jaz. časovat **2** biol. konjugovat ● a [-git] **1** biol., mat. konjugovaný **2** jaz. etymologicky příbuzný **-ion** [ˌ-ˈgeišǝn] spojení; jaz. časování, konjugace

conjunct [kǝnˈdžaŋkt] **1** spojený, připojený **2** společný **-ion** [-šǝn] **1** spojení, kombinace **2** časová shoda okolností **3** hvězd. konjukce **4** jaz. spojka ♦ in ~ with společně, ve spojení s **-iva** [ˌkondžaŋkˈtaivǝ] anat. spojivka **-ive** [-tiv] a **1** spojovací, pojivý **2** spojený **3** společný **4** jaz. spojkový, konjunktivní ● s jaz. konjunktiv **-ivitis** [kǝnˌdžaŋktiˈvaitis] med. zánět spojivek **-ure** [-čǝ] **1** shoda okolností **2** spojení, kombinace **3** konjunktura

conjur|e [kǝnˈdžuǝ] **1** zapřísahat, zaklínat **2** [ˈkandžǝ] čarovat, kouzlit, provádět kejkle ♦ ~ into existence přičarovat; a name to ~ with jméno, které dělá divy ~ up vykouzlit **-ation** [ˌkondžuǝˈreišǝn] zaklínání **-er**, **-or** [ˈkandžǝrǝ] kouzelník, kejklíř **-ing** [ˈkandžǝriŋ] a kouzelnický (trick kousek) ● s kouzelnictví

conk [kaŋk] v hovor. ubalit, dát jednu do nosu ~ out hovor. **1** ztratit vědomí, omdlít **2** selhat, pokazit se

connate [ˈkoneit] vrozený (ideas ideje)

connatural [kǝˈnæčrǝl] vrozený (sense of smysl pro)

connect [kǝˈnekt] v **1** spojit, (with s) **2** při-, za|pojit (to k) ♦ be -ed ve spojení; být zapleten (with do);

zapůsobit, prosadit se; *be well -ed* mít vlivné příbuzné; *~ to earth* elektr. uzemnit; *-ing link* pojítko; *-ing rod* ojnice; spojka, předložka, zájmeno

conne|ction, –xion [kə'nekšən] 1 spoj|ení, -itost 2 souvislost, kontext 3 poměr (*with* s kým) 4 přípoj, spojení 5 zákaznictvo 6 obch. styk 7 příbuzný: pl příbuzenstvo 8 círk. vyznání, církev 9 klientela

conniption [kə'nipšən] s hovor. též ~ *fit* záchvat vzteku, hysterie

conniv|e [kə'naiv] 1 mlčky schvalovat, tajně spolupracovat, přimhouřit oko (*at* nad), přihlížet 2 jednat v tajném dorozumění (*with* s), spiknout se, intrikovat –ance [-əns] shovívavost (*at* k), tichý souhlas, přimhouření oka

connoisseur [,konə'sə:] znalec

connot|e [ko'nəut] mít vedlejší význam, současně znamenat –ation [,konəu'teišən] vedlejší význam, implikace, významová konotace

connubial [kə'nju:bjəl] manželský

conquer ['koŋkə] přemoci, zvítězit, podrobit si, dobýt –or [-rə] dobyvatel; vítěz: *William the C~* Vilém Dobyvatel

conquest ['koŋkwest] 1 výboj 2 podrobení, dobytí, vítězství 3 dobyté území ♦ *The (Norman) C~* (normanský) zábor

consanguin|eous [,konsæŋ'gwiniəs] pokrevný –ity [-əti] pokrevenství

conscien|ce ['konšəns] svědomí ♦ *for ~' sake* k uspokojení svědomí; *kvůli* –tious [,konši'enšəns] svědomitý ♦ *~ objector* odpůrce vojenské služby z důvodů svědomí –tiousness [-šəsnis] svědomitost

conscious ['konšəs] 1 vědom(ý) (si) 2 sebevědomý ♦ *be ~ of* být si vědom čeho, uvědomovat si co –ness [-nis] vědomí, povědomí (*class ~* třídní uvědomění)

conscribe [kən'skraib] zř. odvést na vojnu

conscript ['konskript] a odvedený na vojnu ● s branec ● v [kən'skript] odvést na vojnu –ion [-'skripšən] branná povinnost, odvod

consecrat|e ['konsikreit] vy-, po-, za|světit (to čemu) –ion [,-'kreišən] po-, vy|svěcení

consecut|ion [,konsi'kju:šən] 1 logický sled 2 jaz. souslednost (*of tenses* časů) –ive [kən'sekjutiv] 1 po sobě jdoucí; následný 2 jaz. účinkový (*clause* věta) ♦ ~ *number* pořadové číslo

consensus [kən'sensəs] souhlas, konsensus

consent [kən'sent] v souhlasit (*to* s) ● s souhlas, svolení ♦ *by mutual ~* po vzájemné dohodě; *silence gives ~* kdo mlčí, souhlasí; *with one ~* jednomyslně –ient [-šənt] 1 jednomyslný 2 souhlasný 3 srozuměný

consequ|ence [,konsi'kwens] 1 následek 2 důsledek logický 3 důležitost, závažnost, dosah 4 důstojnost ♦ *in ~ (of)* v důsledku (čeho); *a person of ~* významná osobnost –ent [-kwənt] 1 výsledný, vyplývající (*on, upon* z toho), následující (z) 2 důsledný –ential [,-'kwenšəl] 1 vyplývající, výsledný 2 důležitý; nafoukaný –ently ['konsikwəntli] následkem toho, tedy

conservat|ion [,konsə'veišən] 1 zachování (*of energy* energie) 2 péče o ochranu přírody 3 šetření –ism [kən'sə:vətizm] konzervatismus –ive [-vətiv] a 1 konzervativní 2 umírněný, opatrný ● s konzervativec

conservat|oire [kən'sə:vətwa:] konzervatoř mimo Anglii –ory [-ri] 1 skleník zahradní 2 konzervatoř

conserve [kən'sə:v] v 1 uchovat, zachov(áv)at 2 konzervovat ovoce ● s obyč. pl zavařenina, džem

consider [kən'sidə] 1 uvážit, uvažovat, vzít v úvahu **2** považovat (*a p. to be* koho za); mít za to **3** prohlížet si pozorně **4** předpokládat **–able** [-ˈrəbl] **1** značný **2** významný, důležitý **–ate** [-ˈsidərət] **1** šetrný, pozorný, ohleduplný **2** rozvážný **–tion** [-ˌsidəˈreišən] **1** úvaha, uvažování **2** zřetel **3** ohled (*for* na) **4** taktnost, šetrnost **5** práv. úhrada, odměna, úplata ♦ *alleged* ~ údajný důvod; *for a* ~ za úplatu, na základě čeho; *in* ~ *of* se zřetelem k, na; *leave* out of* ~ nevzít v úvahu; *on no* ~ za žádných okolností; *out of* ~ *to* z ohledu na; *take* into* ~ vzít v úvahu **–ing** [-riŋ] vzhledem k okolnostem ~ *his age* na svůj věk

consign [kənˈsain] **1** odevzdat, svěřit; vydat čemu **2** zaslat do komise; podat k přepravě **3** složit / deponovat peníze **–ation** [ˌkonsaiˈneišən] **1** složení, deponování peněz **2** zaslání zboží ♦ *to the* ~ *of* na adresu čí **–ee** [ˌkonsaiˈni:] příjemnce zboží, adresát **–ment** [-ˈsainmənt] **1** odevzdání, vydání čemu **2** zaslání zboží **3** zásilka, konsignace ♦ ~ *note* nákladní list; *on* ~ do komise **–or** [-ˈsainə] odesílatel zboží, deponent peněz

consist [kənˈsist] **1** záležet, spočívat (*in* v) **2** skládat se, sestávat (*of* z) **3** shodovat se (*with* s) **–ence** [-ns] **1** hustota kapalin **2** soudržnost, tuhost, konzistence **3** důslednost **–ency** [-nsi] **1** = -*ence* **2** souhlas, shoda **3** důslednost **–ent** [-ənt] **1** shodný, souhlasný **2** pevný, konzistentní **3** důsledný ♦ *be* ~ *with* shodovat se s

consistory [kənˈsistəri] konzistoř **consol|e** [kənˈsəul] utěšit ● *s* [ˈkonsəul] *s* **1** konzola **2** ovládací panel **–ation** [ˌkonsəˈleišən] útěcha ♦ ~ *prize* cena útěchy **consolidat|e** [kənˈsolideit] **1** upevnit, konsolidovat (se) **2** spojit, sloučit **3** ekon., práv. sjednotit (se)

4 ztuhnout ♦ *-ed annuities* = *consols* **–ion** [-ˌsoliˈdeišən] **1** zpevnění, zhuštění, ztuhnutí **2** upevnění, konsolidace **3** spojení, sloučení **4** ekon., práv. sjednocení, unifikace

consols [ˈkonsəlz] *pl* brit. konsolidační státní dluhopisy

conson|ance [ˈkonsənəns] **1** souzvuk, konsonance **2** shoda, soulad ♦ *in* ~ *with* ve shodě s, podle **–ant** [-ənt] *a* **1** souhlasný, shodný **2** hud. konsonantní ● *s* souhláska, konsonant **–antal** [ˌkonsəˈnæntəl] souhláskový, konsonantický

consort [ˈkonsoːt] *s* manžel, -ka ♦ *the prince* ~ manžel panující královny ● *v* [kənˈsoːt] **1** obcovat (*with* s) **2** shodovat se

consortium [kənˈsoːtjəm] konsorcium

conspectus [kənˈspektəs] konspekt

conspicuous [kənˈspikjuəs] **1** nápadný, zřejmý **2** dobře viditelný **3** význačný

conspir|e [kənˈspaiə] **1** spiknout se **2** osnovat co **–acy** [-ˈspirəsi] spiknutí **–ator** [-ˈspirətə] spiklenec

constable [ˈkɒnstəbl] **1** strážník; policejní komisař **2** zast. velitel pevnosti

constabulary [kənˈstæbjuləri] policie

Constance [ˈkonstəns] **1** Kostnice **2** Konstancie ♦ *Lake (of)* ~ Bodamské jezero

constan|cy [ˈkonstənsi] *s* stálost, vytrvalost; věrnost **–t** [-nt] *a* **1** neustálý, soustavný, ustavičný: *feels* ~ *pain* zakouší ustavičnou bolest, ~ *talking* neustálé mluvení **2** věrný: *a* ~ *friend* věrný přítel ● *s* **1** stálá / neproměnná veličina **2** mat. konstanta **–tly** [-ntli] *adv* neuˈstále, pořád ♦ *in spring it rains* ~ na jaře neustále prší, *she is* ~ *nagging* neustále popichuje

Constantinople [ˌkonstæntiˈnəupl]

Cařihrad, Istanbul, Konstantino-
pol
constellation [ˌkonstəˈleišən] sou-
hvězdí, konstelace
consternation [ˌkonstəˈneišən] o-
hromení, zděšení, konsternace
constipation [ˌkonstipeišən] zácpa
constitu|ency [kənˈstitjuənsi] **1** vo-
ličstvo **2** volební obvod **3** hovor.
předplatitelé; zákaznictvo **-ent**
[-ənt] a **1** základní (parts složky),
podstatný **2** zakládající (member
člen) **3** volební **4** ústavodárný
(assembly, power shromáždění,
moc) • s **1** zmocnitel **2** volič **3**
konstituující složka, člen
constitut|e [ˈkonstitju:t] **1** ustano-
vit, jmenovat **2** ustavit, založit **3**
dát právní formu **4** tvořit, vytvá-
řet **-ion** [ˌ-ˈtju:šən] **1** ustanovení,
uzákonění **2** složení **3** tělesná
soustava, konstituce, přirozе-
nost **4** státní soustava **5** ústava,
konstituce **-ional** [ˌ-ˈtju:šənl] a **1**
vrozený, přirozený **2** ústavní,
konstituční • s hovor. zdravotní
procházka **-ive** [ˈkonstitju:tiv]
konstitutivní, ustavující; podstat-
ný, základní
constraint [kənˈstreint] **1** donuce-
ní, nátlak **2** stísněnost; rozpaky,
zábrana
constrict [kənˈstrikt] **1** stisknout,
s-, u|táhnout **2** sevřít, zúžit **-ion**
[-šən] sevření, stažení, stisknutí;
zmenšení, zábrana
construct [kənˈstrakt] **1** stavět,
postavit, vy-, z|budovat **2** kon-
struovat **3** vy-, tvořit **4** geom. se-
strojit **-ion** [-šən] **1** stavba, kon-
strukce **2** výstavba, budování **3**
výtvor **4** jaz. vazba **5** geom. sestro-
jení **6** výklad, smysl ♦ econom-
ic, housing ~ hospodářská, by-
tová výstavba; put* a good, bad
~ on dá(va)t správný, nesprávný
význam čemu; under, in the
course of ~ ve stavbě **-ive** [-tiv]
1 stavební, konstrukční **2** tvo-
řivý, konstruktivní (criticism kriti-

ka) **3** logicky vy-, od|vozený **-or**
[-tə] konstruktér, stavitel
construe [kənˈstru:] **1** jaz. překládat
slovo za slovem; rozebírat větu **2**
jaz., pas. pojit se (with s) **3** vyložit,
vykládat, interpretovat; chápat **4**
logicky vyvozovat
consul [ˈkonsəl] konzul **-ar** [-julə]
konzulský, konzulární **-ate** [-ju-
lət] konzulát
consult [kənˈsalt] **1** poradit se (up-
on, about o), konzultovat **2** podí-
vat se (with do, na) **3** brát ohled
♦ -ing room ordinace **-ant** [kən-
ˈsaltənt] uživatel příručky, slovníku,
konzul|tant, -tující odborník **-a-
tion** [ˈkonsalteišən] porada, kon-
zultace **-ative** [-tətiv] poradní
consum|e [kənˈsju:m] **1** strávit, zni-
čit; vy-, s|potřebovat **2** sníst, z-,
konzumovat **3** sužovat, trápit
-er [-ə] spotřebitel, konzument
♦ ~ goods, price spotřební zbo-
ží, cena **-erism** [kənˈsju:məri-
zəm] **1** ochrana zájmů spotřebi-
telů **2** konzumnost společnosti
consummat|e v [ˈkonsəmeit] do-
vršit, dokončit • a [kənˈsamit]
suverénní, dokonalý **-ion** [-ˈmei-
šən] **1** dovršení, dokončení **2** cíl,
vyvrcholení
consumpt|ion [kənˈsampšən] **1**
spotřeba **2** strávení, zničení (by
fire ohněm) **3** souchotiny, lid. ú-
bytě **-ive** [-tiv] a **1** stravující,
ničivý **2** spotřebitelský **3** sou-
chotinářský • s souchotinář
contact [ˈkontækt] s **1** styk, kon-
takt; dotyk **2** elektr. spojení, kon-
takt **3** am. osobní styk, -y **4** zpro-
středkovatel **5** známost **6** infor-
mátor ♦ point of ~ styčný bod •
v [kənˈtækt] **1** vejít ve styk, stýkat
se **2** navázat obchodní styk s
contagi|on [kənˈteidžən] nákaza
-ous [-əs] nakažlivý, infekční
contain [kənˈtein] **1** obsahovat **2**
ovládnout, zkrotit **3** ovládnout
(o.s. se), zdržet (se) **4** geom. svírat
úhel **5** mat. být dělitelný, obsažen

contaminate 129 contort

beze zbytku **–er** [-ə] **1** obal, nádoba **2** kontejner, přepravní skříň **–erize** [- əraiz] kontejnerizovat **–ment** [-mənt] **1** omezení, kontrola **2** politika zadržování

contaminat|e [kən'tæmineit] **1** znečistit, kontaminovat, smísit **2** přen. poskvrnit; nakazit, infikovat **–ion** [-ˌtæmi'neišən] **1** znečištění **2** přen. poskvrna; infikování, zamoření **3** nakažení, nákaza **4** jaz. kontaminace

contemplat|e [kontampleit] **1** pozorovat; filoz. zírat, kontemplovat **2** rozjímat, uvažovat, přemýšlet (o) **3** očekávat **4** zamýšlet **–ion** [ˌ-'pleišən] **1** hloubání, uvažování; filoz. zírání, kontemplování **2** pozorování **3** rozjímání, přemítání, kontemplace (on o) **4** očekávání **5** záměr ♦ in ~ v plánu **–ive** [kontempleitiv] kontemplativní, rozjímavý

contempora|neous [kənˌtempə-reinjəs] současný **–ry** [-'tempərəri] a současný, soudobý, moderní, dnešní ● s současník, vrstevník

contempt [kən'tempt] opovržení ♦ ~ of court urážka soudu, úmyslné nedostavení se k soudu **–ible** [-əbl] opovrženíhodný **–uous** [-juəs] pohrdavý, opovržlivý, opovrhující (of čím)

contend [kən'tend] **1** zápasit (for o co) **2** přít se (about o co), tvrdit co

content [kontənt] s **1** pl -s obsah co je uvnitř (láhve, knihy) **2** obsah na rozdíl od formy **3** objem **4** [kən'tent] spokojenost; pl kladné hlasy ♦ (table of) -s obsah v knize; to one's heart's ~ co srdce / hrdlo ráčí ● a [kən'tent] **1** spokojený **2** ochotný ● v uspokojit ~ o.s. spokojit se **–ed** [-id] spokojený **–ment** spokojenost, uspokojení

content|ion [kən'tenšən] **1** svár, spor, hádka; soupeření **2** tvrzení **–ious** [-əs] **1** svárlivý **2** sporný

contest [kən'test] v **1** soutěžit, zá-

vodit, bojovat (for a prize o cenu) **2** popírat, protestovat **3** práv. vést při (with, against s) ● s [kontest] zápas, utkání, soutěž

context [kontekst] souvislost, kontext

context|ual [kən'tekstjuəl] kontextový **–ure** [-čə] **1** vazba, stavba **2** složení, struktura; pletivo

contigu|ity [ˌkonti'gjuəti] **1** psych. styčnost, kontiguita **2** dotyk, kontakt **–ous** [kən'tigjuəs] přilehlý, blízký

contin|ence [kontinəns] zdrženlivost [-ənt] a **1** zdrženlivý **2** střídmý, umírněný ● s **1** pevnina; světadíl **2** the C~ Evropa pro Angličana **–ental** [ˌkonti'nentəl] a pevninský, kontinentální (~ climate vnitrozemské podnebí) ● s obyvatel pevniny, Evropan

conting|ency [kən'tindžənsi] **1** nahodilost, kontingence **2** možnost, eventualita **3** nepředvídaná skutečnost **4** nahodilá událost **–ent** [-ənt] a **1** nahodilý, kontingentní **2** možný, nejistý, případný, eventuální **3** podmíněný (on čím) **4** podružný ● s **1** náhoda, eventualita **2** kontingent; kvóta **3** skupina, sport. družstvo, tým

continu|al [kən'tinjuəl] ustavičný, neustálý **–ance** [-'tinjuəns] **1** trvání, setrvání **2** pokračování seriálu **3** pobyt **4** am. odročení **–ation** [-ˌtinju'eišən] **1** pokračování **2** trvání **3** brit. burza report

continu|e [kən'tinju:] **1** pokračovat (in v) **2** se-, vy-, trvat (v), zůstat **3** práv. odročit **4** geom. prodloužit **5** pas. být ponechán (in office v úřadě) ♦ to be -ed seriál pokračování příště; ~ to do / doing dále dělat **–ity** [ˌkonti'nju:əti] **1** souvislost, nepřetržitost, kontinuita **2** film. scénář **–ous** [-juəs] souvislý, nepřetržitý; spojitý (function funkce) **–um** [-juəm] odb. kontinuum

contort [kən'to:t] pře-, z|kroutit (se), zkomolit **–ion** [-šən] po-, z|kroucení, zkomolenina

contour [ˈkontuə] obrys, kontura; ~ *line* vrstevnice; ~ *map* vrstevnicový plán

contra [ˈkontrə] *prep* proti ● *s* 1 argument proti 2 druhá strana účtu

contraband [ˈkontrəbænd] 1 pašované zboží 2 podloudnictví 3 ~ *(of war)* (válečný) kontraband

contrabass [ˌkontrəˈbeis] hud. kontrabas

contracep|tion [ˌkantrəˈcepšən] antikoncepce **–tive** [-tiv] antikoncepční

contract [ˈkontrækt] *s* smlouva, kontrakt; smluvní poměr ● *v* [kənˈtrækt] 1 uzavřít smlouvu, smluvit, dohodnout se 2 uzavřít sňatek, přátelství 3 chytit nemoc; osvojit si zvyk; brát na sebe; nadělat dluhy 4 stahovat (se), smršťovat se 5 zúžit, zmenšit (se) **–ile** [kənˈtræktail] s-, v|tažitelný **–ion** [-šən] 1 stažení, zmenšení, zúžení, smrštění, kontrakce 2 uzavření smlouvy 3 jaz. stažené slovo, zkratka **–or** [-tə] 1 podnikatel; dodavatel; kontrahent 2 svěrač sval **–ual** [-tjuəl] smluvní

contradict [ˌkontrəˈdikt] 1 popřít 2 odporovat *(each other* si) **–ion** [-šən] 1 popření; rozpor, protiklad; log. contradictio in adiecto **–ory** [-təri] 1 log. kontradiktorický 2 odporující *(to* komu, čemu), protikladný

contradistin|ction [ˌkontradiˈstiŋkšən] rozlišení protikladem ♦ *in* ~ *to* v protikladu k, na rozdíl od **–guish** [-gwiš] od-, roz|lišovat *(from* od)

contralto [kənˈtræltəu] kontraalt

contraption [kənˈtræpšən] hovor. výmysl, dobře vymyšlená věc

contrapunt|al [ˌkontrəˈpantl] hud. kontrapunktický **–ist** [ˈkontrəpantist] kontrapunktik

contrari|ety [ˌkontrəˈraiəti] 1 protikladnost, neslučitelnost 2 proti-

klad (k), opak 3 log. kontrérnost 4 nepřízeň **–wise** [ˈkontrəriwaiz] obráceně, naopak

contrary [ˈkontrəri] *a* 1 opačný, protikladný 2 log. kontrérní 3 [kənˈtreəri] svéhlavý, paličatý ♦ ~ *to* proti čemu ● *adv* proti ● *s the* ~ opak ♦ *by -ies* naopak, opačně; *on the* ~ naopak; *to the* ~ opačn|ý, -ě

contrast [kənˈtræst] *v* 1 porovnat, kontrastovat, být v rozporu s 2 stavět proti sobě ● *s* [ˈkontra:st] 1 kontrast, opak 2 rozpor, protiklad

contraven|e [ˌkontrəˈvi:n] 1 jednat proti zákonu, porušovat, být v rozporu s, příčit se čemu 2 popřít, dementovat **–tion** [ˌ-ˈvenšən] porušení, přestoupení

contribut|e [kənˈtribju:t] přisp|ět, -ívat *(to* k; na) **–ion** [ˌkontriˈbju:šən] 1 přispění 2 příspěvek 3 kontribuce **–or** [-tə] přispěvatel, spolupracovník čeho

contrit|e [ˈkontrait] kajíc|í, -ný **–ion** [kanˈtrišn] kajícnost

contriv|e [kənˈtraiv] 1 vymyslit (se), vynalézt 2 provést, vyrobit; dokázat, umět 3 hanl. z- osnovat, kout pikle **–ance** [-əns] 1 vynalézavost, důmysl 2 vynález, zařízení 3 úmysl, záměr; úskok, rafinovaný plán, machinace

control [kənˈtrəul] *v* (-*ll*-) 1 ovládat *(o.s.* se), potlačit; řídit, upravit 2 kontrolovat ● *s* 1 dohled, dozor *(over* nad) 2 vláda, kontrola *(over* nad), řízení čeho 3 pl řízení, řídicí zařízení, rozvodná deska ♦ *beyond* ~ neovladatelný, nekontrolovatelný; bez dozoru; *exchange* ~ devizová kontrola; *get* a t. *under* ~ zvládnout se; *government* ~ vládní dozor; *have / keep* *under* ~ kontrolovat, ovládat; *lose* ~ *of (o.s.)* neovládnout (se); ~ *signal* ovládací / řídicí signál; ~ *room* elektr. rozvodna; *under* ~ pod kontrolou, pod kompetencí

–lable [-əbl] **1** řiditelný **2** kontrolovatelný **–ler** [-ə] **1** kontrolor, revizor **2** elektr. řídící spínač, regulátor, kontrolér

controvers|ial [ˌkontrəˈvəːʃəl] **1** sporný **2** diskutabilní, polemický **3** hašteřivý **–y** [ˈkontrovəːsi] spor, polemika, diskuse, kontroverze ♦ *beyond* ~ nesporn|ý, -ě

controvert [ˈkontrəvəːt] **1** popírat, vyvracet **2** přít se o, polemizovat o

contumac|ious [ˌkontjuːˈmeiʃəs] **1** neposlušný **2** práv. nedostavivší se k soudu **–y** [ˈkontjuməsi] **1** neposlušnost, vzpurnost **2** práv. nedostavení se k soudu

contumel|ious [ˌkontjuːˈmiːljəs] urážlivý **–y** [ˈkontjuːmli] urážka, pohana

contus|e [kənˈtjuːz] pohmoždit **–ion** [-žn] pohmožděnina

conundrum [kəˈnandrəm] hádanka

convalesc|e [ˌkonvəˈles] zotavit se **–ence** [-əns] rekonvalescence, zotavení **–ent** [-ənt] *a* zotavující se ● *s* rekonvalescent

convect|ion [kənˈvekšən] fyz. proudění, konvekce tepla **–or** [-tə] konvektor, cirkulátor teplého vzduchu

convene [kənˈviːn] **1** shromáždit se; sejít se **2** svolat (*a meeting* schůzi) **3** předvolat (*before* před)

conveni|ence [kənˈviːnjəns] **1** výhoda, vý-, v|hodnost **2** potřeba **3** obyč. pl vymoženosti, zařízení **4** brit. též *public* ~ veřejná toaleta, záchodek ♦ *at your earliest* ~ při nejbližší příležitosti, co nejdříve; ~ *food* konzervovaná a jinak upravená potravina **–ent** [-ənt] vhodný, příhodný, vyhovující (*to / for* komu)

convent [ˈkonvənt] klášter ženský

convent|ion [kənˈvenšən] **1** shromáždění, konference, konvent **2** dohoda, úmluva **3** konvence, společenská zvyklost **–ional** [-šənl] **1** konvenční **2** smluvní

converg|e [kənˈvəːdž] konvergovat, sbíhat se **–ence** [-əns], **–ency** [-ənsi] konvergence, sbíhání **–ent** [-ənt] konvergentní, sbíhavý

convers|e [kənˈvəːs] *v* hovořit, konverzovat, bavit se ● *s* [ˈkonvəːs] **1** rozmluva **2** styk, kontakt ● *a* obrácený, opačný **–able** [kənˈvəːsəbl] **1** hovorný **2** družný, společenský **–ant** [-ənt] zběhlý (*in* v), obeznámený (*with* s) **–ation** [ˌkonvəˈseišən] roz-, hovor, konverzace **–ational** [ˈkonvəˈseišənl] **1** hovorný, družný **2** roz-, hovorový, konverzační **–ely** [ˈkonvəːsli] obráceně **–ion** [kənˈvəːšən] **1** z-, pře|měna **2** log. obrat soudu **3** ekon., jaz. konverze **4** převod, přepočítávání **5** adaptace, přestavba **6** práv. rušení držby; zašantročení **7** círk. obrácení, konverze

convert [kənˈvəːt] *v* **1** z-, pře|měnit **2** ekon., jaz. konvertovat **3** círk. obrátit, konvertovat (*be -ed* přestoupit) (*to* na) **4** log. obrátit soud **5** převést, přepočítat **6** směnit **7** práv. rušit držbu **8** hut. zkujňovat, konvertovat **9** práv. konvertovat dluh, pojistku **10** upravit, adaptovat ● *s* [ˈkonvəːt] círk. konvertita **–er** [-tə] tech., elektr. konvertor **–ible** [-əbl] *a* **1** zaměnitelný **2** přeměnitelný, přizpůsobitelný, mnohoúčelný, s odklápěcí střechou **3** ekon. směnitelný, konvertibilní ● *s* automobil s odklápěcí střechou

convex [ˈkonveks] vypouklý, konvexní

convey [kənvei] **1** dopravit, transportovat **2** sdělit, vyřídit **3** vyslovit, tlumočit **4** fyz. vést, rozvádět **5** práv. převést (*to* na), připsat komu **6** poskytovat, dávat **–ance** [-əns] **1** do-, pře|prava, převoz **2** sdělování, přenášení **3** dopravní prostředek, povoz **4** práv. převod (-ní listina), odstup **5** fyz. vedení, rozvádění **–er** [-ə] transportér

convict [kənˈvikt] *v* usvědčit (*of* z);

odsoudit ● s [ˈkonvikt] trestanec **-ion** [-šən] **1** usvědčení **2** výrok o vině **3** přesvědčování ◆ carry ~ znít přesvědčivě; previous -s, pl trestní rejstřík

convinc|e [kənˈvins] přesvědčit (of o; o.s. se) **-ing** [-iŋ] přesvědčivý

convivial [kənˈviviəl] stolní, pohostinný; družný, veselý, žoviální **-ity** [-ˌviviˈæləti] pohostinnost; družnost, veselí, žoviálnost

convocation [ˌkonvəˈkeišən] **1** svolání **2** shromáždění **3** brit. círk. synod **4** vědecká rada

convoke [kənˈvəuk] svolat

convolut|e [ˈkonvəluːt] a složený, s-, za|vinutý ● s závit **-ed** [-luːtid] = convolute a **-ion** [ˌ-ˈluːšən] ● a s-, za|vinutý ● s závit

convolvulus [kənˈvolvələs] bot. svlačec

convoy [ˈkonvoi] v doprovázet konvojem ● s **1** konvoj **2** kolona

convuls|e [kənˈvals] **1** zachvátit křečí **2** přen. zmítat se křečovitě **-ion** [-šən] **1** obyč. pl křeče **2** přen. záchvat smíchu, zlosti **3** pl nepokoje, vření **-ive** [-siv] křečovitý

cony [ˈkəuni] zool. králík i kožešina

coo [ˈkuː] v vrkat; cukrovat (se); ◆ bill and ~ vrkat a cukrovat se ● s vrkání

cook [ˈkuk] **1** vařit (se), též ~ up **2** péci se, pražit se **3** vymyslit si, přen. upéci **4** hovor. zfalšovat **5** slang. zruinovat ● s kuchař, -ka; ~-book am. = -ery-book kuchařská kniha **-er** [-ə] **1** sporák, vařič **2** nádoba na vaření, kotel **3** ovoce na vaření, zavařování **4** padělatel **-ery** [-əri] kuchařství; ~-book kuchařská kniha ~-**house*** lodní / polní kuchyně **-ie**, **-y** [-i] am. sušenka, keks **-ing** [-iŋ] kuchyň, vaření; ~-range, ~ -stove plotna, sporák ~ -shop veřejná kuchyně / jídelna **-y** [-i] **1** hovor. kuchařka **2** = -ie

cool [ˈkuːl] a **1** chlad|ný, -ivý; svěží **2** klidný, rozvážný **3** upjatý, chlad-

ný **4** neomalený, drzý **5** celý, rovný ◆ as ~ as a cucumber **1** studený jako psí čumák **2** klidný jako Angličan; get* ~ ochladit se; keep ~! jen klid!; in ~ blood chladnokrevně; ~ cheek drzost ● s chlad; chládek ● v (~ down) ochladit (se), osvěžit (se); z-, o-|chladnout **-ing** [-iŋ] s chlazení ● a chladivý ~-**headed** chladnokrevný

cool|ie, **-y** [ˈkuːli] kuli

coon [ˈkuːn] **1** am. zool. mýval **2** přen. slang. negr pohrdlivě ~-song černošská píseň **3** syčák, chytrák

coop [ˈkuːp] s **1** kukaň **2** kurník, výběh ● v dát do kukaně, do kurníku, do výběhu ~ up / in nacpat do kurníku / klece **-er** [-ə] bednář **-erage** [-əridž] bednářství

co-op [ˈkəuop] hovor. družstvo, družstevní podnik

cooperat|e [kəuˈopəreit] spolupracovat **-ion** [-ˌopəˈreišən] **1** spolupráce, součinnost **2** družstvo: farmers', handicraft, housing and building ~ zemědělské, řemeslnické, stavební družstvo **-ive** [-ˈopərətiv] a **1** spolupracující, kooperativní **2** družstevní: ~ society spotřební družstvo; ~ store konzum ● s družstvo **-or** [-ˈopəreitə] **1** spolupracovník **2** družstevník

co-opt [kəuˈopt] kooptovat **-ation** [ˌkəuopˈteišən] kooptace

co-ordin|al [kəuˈoːdinl] souřadnicový **-ate** [-ət] a **1** téhož řádu **2** jaz. souřadn|ý (clauses -é větné členy) ● s souřadnice ● v [-ineit] koordinovat, uspořádat **-ation** [kəuˌoːdiˈneišən] koordinace, uspořádání

coot [ˈkuːt] zool. lyska

cop [ˈkop] s **1** cívka **2** slang. zkr. = copper **4** ● v slang chytit, čapnout ◆ ~ it schytat to, slíznout to, dostat

copartner [ˌkəuˈpaːtnə] společník,

spolupodílník **–ship** [-šip] podílnictví

cope [ˈkəup] s 1 círk. pluviál 2 přen. plášť, klenba 3 kryt zdi, krycí deska, naddveřní oblouk ♦ ~ *of heaven* nebeská klenba ● v 1 překlenout; přikrýt, zahalit jako pláštěm 2 umět se vypořádat (*with* s) 3 zvládnout (*with* co), vyrovnat se (s)

copeck [ˈkəupek] kopějka

Copenhagen [ˌkəupnˈheign] Kodaň

copious [ˈkəupjəs] hojný, vydatný, bohatý

copper [ˈkopə] s 1 měď 2 měděná mince, hovor. měďák penny, cent 3 kotel, měděnec 4 slang. policajt, polda ● v pomědit, pobít mědí **–plate** mědirytina ~ *writing* kaligrafické písmo

coppice [ˈkopis] podrost, mlází

copra [ˈkoprə] kopra

copse [ˈkops] brit. = *coppice*

copul|a [ˈkopjulə] jaz. spona, kopula **–ate** [-leit] pářit se, souložit **–ation** [ˌ-ˈleišən] 1 spojení 2 kopulace, soulož, páření

copy [ˈkopi] s 1 opis, kopie 2 výtisk separát 3 sešit, číslo časopisu 4 předloha, vzor 5 polygr. rukopis 6 námět 7 formát dopisního papíru ♦ *fair* ~ čistopis; *rough* ~ koncept ● v 1 opisovat 2 napodobit 3 o-, kopírovat 4 reprodukovat **~-book** sešit **–ist** [-ist] 1 opisovač 2 napodobitel **–right** s autorské, nakladatelské právo ● a chráněný autorským právem ● v chránit autorským / nakladatelským právem **~-writer** reklamní textař

coquet, -te [kəuˈket] s koket(k)a ● v (-*tt*-) koketovat **–ry** [ˈkəukitri] koket|ování, -érie **–tish** [-tiš] koketný

coral [ˈkorəl] korál

corbel [ˈko:bəl] stav. konzola, krakorec

cord [ˈko:d] s 1 provázek, motouz 2 provaz, lano 3 elektr. šňůra 4 sáh dřeva 5 text. kord ♦ *spinal* ~ mícha; *umbilical* ~ pupeční šňůra; *vocal* -s hlasivky ● v 1 (~ *up*) s-, pře|vázat (provazem) 2 srovnat dřevo do sáhů **–age** [-idž] námoř. lanoví **–less** [-lis] na baterie, bateriový

cordial [ˈko:djəl] a 1 srdečný, upřímný 2 posilující nápoj; likér **–ity** [ˌko:diˈæləti] 1 srdečnost, upřímnost 2 přátelský poměr

cordon [ˈko:dn] 1 kordón policie; strom 2 řádová stužka 3 stav. římsa

corduroy [ko:dəroi] 1 manšestr 2 pl hovor. manšestráky ♦ ~ *road* am. povalová cesta

core [ˈko:] s 1 jaderník; ohryzek 2 odb. jádro 3 přen. vnitřek, morek ● v vykrajovat

Corea [kəˈriə] Korea **–n** [-n] korejský ● s Korejec, korejština; častější *Korea(n)*

Coriolanus [ˌkoriəˈlenəs] Koriolán(us)

cork [ˈko:k] s 1 korek 2 zátka 3 splávek ♦ ~ *jacket* plovoucí vesta ● v zazátkovat **–screw** vývrtka **–y** [-i] 1 korkový 2 hovor. živý, čiperný, bujný, dovádivý

cormorant [ˈko:mərənt] 1 zool. kormorán 2 nenasyta; hltavec

corn [ˈko:n] s 1 obilí 2 zrn|o, hromad. -í 3 am. (*Indian*) ~ kukuřice 4 skot. oves 5 kuří oko ● v nasolit maso: -*ed beef* hovězí konzerva **–bread** am. kukuřičný chléb **~-chandler** zast. maloobchodník s obilím **–crake** chřástal polní **~-exchange** plodinová burza **–flakes** pl pražené kukuřičné vločky **–flour** kukuřičná / rýžová mouka **–flower** chrpa **~-laws** obilní zákony proti dovozu do Anglie 1361 až 1846

cornea [ˈko:niə] rohovka

cornel [ˈko:nəl] bot. dřín

cornelian [ko:ˈni:ljən] miner. karneol

corner [ˈko:nə] s 1 roh, kout 2 nároží 3 zakoutí, kout, -ek 4 sport. rohový kop 5 hledisko 6 obch.

spolčení spekulantů skupujících zboží ♦ *cut* off a* ~ říznout roh; *drive* a p. into a* ~ vehnat koho do úzkých; *hole and ~ transactions* obchody pod rukou; *done in a ~* provedený potají; *a tight ~* prekérní situace; *turn the ~* v úzkých za roh ● *v* 1 vehnat do úzkých 2 tvořit úhel 3 motor. vzít zatáčku 4 obch. skoupit zboží, vyhnat ceny **~-stone** základní, přen. úhelný kámen

cornet [ˈkoːnit] **1** hud. kornet, roh **2** kornout

cornice [ˈkoːnis] **1** římsa **2** převis sněhový

Cornish [ˈkoːniš] *a* cornwallský ● *s* cornwallština

cornucopia [ˌkoːnjuˈkəupjə] roh hojnosti, hojnost

corny [ˈkoːni] **1** obiln|ý, -atý **2** vousatý vtip

corolla [kəˈrolə;] bot. okvětí, koruna

corona [kəˈrəunə], pl *-ae* [-iː] **1** hvězd. koróna **2** anat., bot. korunka **3** kruhový chrámový lustr

coronary [ˈkorənəri] věnčitý *(artery* tepna): ~ *thrombosis* [θrəmˈbəusis] trombóza věnčitých tepen

coronation [ˌkorəˈneišən] korunovace

coroner [ˈkorənə] koroner, ohledač mrtvol

coronet [ˈkorənit] **1** šlechtická korunka **2** čelenka **3** korunka koňského kopyta

corporal [ˈkoːpərəl] *a* **1** tělesný *(punishment* trest) **2** osobní ● *s* desátník, kaprál **-ity** [ˌkoːpəˈrælətі] pl hmotné potřeby

corporat|e [ˈkoːpərət] **1** korporační, statutární **2** korporativní, společný ♦ *body* ~, ~ *body* právnická osoba, korporace; ~ *town* statutární město **-ion** [ˌkoːpəˈreišən] **1** společenství **2** společnost, společenstvo, sdružení, korporace **3** zastupitelstvo *(municipal* ~ městské z.) **4** hovor. pandéro **5** am. obchodní n. akciová společnost

corporeal [koːˈpoːriəl] **1** tělesný **2** hmotný, fyzický **3** práv. movitý

corps [sg ˈkoː, pl ˈkoːz] pl = sg armádní sbor

corpse [ˈkoːps] mrtvola

corpul|ence [ˈkoːpjuləns], **-ency** [-ənsi] tělnatost, otylost **-ent** [-ənt] tělnatý, otylý

corpusc|le [ˈkoːpasl] **1** tělísko, med. krvinka **2** korpuskule **3** atom. elektron **-ular** [koːˈpaskjulə] korpuskulární **-ule** [koːˈpaskjuːl] = *corpuscle*

corral [koːˈraːl] *s* am.**1** dobytčí ohrada **2** vozová hradba ● *v (-ll-)* **1** srazit ve vozovou hradbu **2** uzavřít do ohrady

correct [kəˈrekt] *a* **1** správný **2** přesný **3** bezvadný, korektní ● *v* **1** oprav|it, -ovat, korigovat **2** napravit omyl **3** po-, kárat, napomenout **4** po-, trestat **-ion** [-šən] **1** oprava, korektura **2** napravení, náprava **3** nápravné opatření, trest ♦ *house* of* ~ káznice **-ive** [-tiv] *a* opravný, nápravný ● *s* korektiv **-ness** [-nis] **1** správnost **2** přesnost **3** bezvadnost **-or** [-tə] opravce, reformátor, korektor ♦ brit. polygr. ~ *of the press* tiskárenský korektor

correlat|e [ˈkorəleit] *s* korelát, souvztažný pojem ● *v* stát ve vzájemném vztahu **-ion** [ˌkorəˈleišən] korelace, souvztažnost **-ive** [kəˈrelətiv] korelativní, souvztažný

correspond [ˌkoriˈspond] **1** odpovídat *(with, to* čemu), shodovat se, souhlasit (s) **2** rovnat se čemu **3** korespondovat, dopisovat (si) **-ence** [-əns] **1** shoda, souhlas **2** písemný styk, korespondence ♦ *teach* by* ~ vyučovat dálkově **-ent** [-ənt] dopisovatel, korespondent

corridor [ˈkoridoː] **1** chodba **2** chodbička ~ *train* průchodní vlak jako u nás **3** galerie **4** polit. koridor **5** kuloár **6** průsek

corrigend|um [ˌkoriˈdžendəm], pl -a
[-ə] oprava tiskové chyby
corroborat|e [kəˈrobəreit] potvrdit;
podepřít, doložit; upevnit **–ion**
[-ˌrobəˈreišən] potvrzení: dosvěd-
čení; zpevnění; podepření **–ive**
[kəˈrobərətiv] potvrzující
corro|de [kəˈrəud] **1** rozež|rat, -írat
2 geol. rozrušovat, korodovat **3**
šeptat **–sion** [-žən] **1** rozežírání,
rozrušování **2** odb. koroze **3** lep-
tání **–sive** [-siv] **1** korozivní **2** ro-
zežírající; ničivý **3** leptavý
corrugat|e [ˈkorugeit] **1** svraštit
(se) **2** zvrásnit (se) ♦ *-ed iron,*
card board vlnit|ý plech, -á le-
penka **–ion** [ˌ-ˈgeišən] **1** svrašté-
ní, zvrásnění **2** rýha; vrása
corrupt [kəˈrapt] a **1** zkažený, shni-
lý **2** úplatný, korumpovaný **3** po-
rušený text ♦ *~ practices* úplat-
kářství ● v **1** narušit, zkazit **2**
podplatit, korumpovat **3** zkomo-
lit text **–ible** [-əbl] **1** podléhající
zkáze **2** úplatný **–ion** [-šən] **1**
rozklad, hnití, rozpad **2** mravní
zkaženost **3** úplatnost
corsage [koˈsa:ž] **1** živůtek šatů **2**
am. květina na šaty
corsair [ˈkoˈseə] korsár
cors|et [ˈkoˈsit] korzet, šněrovačka
–let, –elet [-lit] **1** korzelet, šněro-
vačka **2** krunýř **3** hruď
cortege [ˌkoˈtəˈžei] družina, svita,
doprovod
cort|ex [ˈkoˈteks], pl **–ices** [-isi:z] **1**
kůra mozková **2** bot. kůra stromu
–ical [-ikl] kortikální, korový
corundum [kəˈrandəm] korund
coruscate [ˈkorəskeit] třpytit se,
blyštit se
corvette [koːˈvet] námoř. korveta
corvine [ˈkoːvain] **1** havraní **2** hav-
ranovitý
corymb [ˈkorim] bot. chocholík
cosecant [ˌkəuˈsiːkənt] mat. kose-
kans
cosh [ˈkoš] obušek, klacek
cosign [ˌkouˈsain] v **1** podepsat se
jako ručitel **2** spolupodepsat; ta-

ké přijmout, schválit
cosine [ˈkəusain] mat. kosinus
cosmeti|c [ˈkozmetik] kosmetický
přípravek **–(ci)ze** [-(is)aiz] přikrášlit
cosmic [ˈkozmik] kosmický, ves-
mírný
cosmo|drome [ˈkozmədrəum] ruský
kosmodrom **–gony** [-ˈmogəni]
kosmogonie **–logy** [-ˈmolədži]
kosmologie **–naut** [-noːt] ruský
kosmonaut **–nautics** [-ˈnoːtiks]
ruská kosmonautika
cosmo|politan [ˌkozməˈpolitən] a
kosmopolitní, světa znalý ● s
kosmopolita, světoobčan **–polit-**
ical [ˌkozməupəˈlitikl] kosmopoli-
tický
cosmos [ˈkozmos] vesmír, kosmos
Cossack [ˈkosæk] kozák
cost* [ˈkost] v **1** stát: ~ *what it may*
ať to stojí co stojí **2** kalkulovat ●
s **1** cena, náklady, výklady **2** obyč.
pl útraty, výdaje ♦ *at all -s, at any*
~ za každou cenu; *at the ~ of* za
cenu čeho; *the ~ of living,* living
-s životní náklady; ~ *price* nákup-
ní, výrobní cena; *to one's ~* k
vlastní škodě **--effective** [-iˈfek-
tiv] efektivní vzhledem k vynalo-
ženým nákladům **--push** [-puš]
inflation inflace následkem růstu
nákladů
costal [ˈkostl] žeberní
coster [ˈkostə], **costermonger**
[ˈ-ˌmangə] brit. pouliční prodavač
ovoce n. zeleniny n. ryb
costly [ˈkostli] nákladný, drahý
costume [ˈkostjuːm] s kostým, kroj
♦ *~ jewellery* bižutérie ● v **1** o-
blíci do histor. kostýmů, kostýmo-
vat **2** opatřit kostým, navrhnout
kostým
cosy [ˈkəuzi] útulný, pohodlný; opa-
trný
cot [ˈkot] **1** lůžko lehké n. visuté **2** dět-
ská postýlka **3** = *cote*
cotangent [kəuˈtændžənt] mat. ko-
tangens
cote [ˈkəut] kotec; chlívek, kurník
coterie [ˈkəutəri] kotérie; klika

cottage [ˈkotidž] **1** chalupa **2** rodin-ný domek **3** chata, vilka

cotton [ˈkotn] **1** bavlna **2** bavlník **3** bavlněná látka **4** bavlnka nit ♦ absorbent ~ vata; ~ industry ba-vlněný průmysl **~-mill** přádelna **~-plant** bavlník **~-spinner** přad-lák, přadlena ~ **wool** surová ba-vlna, vata **~-yarn** bavlněná příze

couch [ˈkauč] s **1** divan, pohovka, gauč; lehátko **2** brloh, pelech zvířete ● v **1** uložit (se) na lože, od-počívat **2** založit kopí **3** sklonit hlavu, krčit se **4** vyjádřit (in words slovy), formulovat **5** číhat v zálo-ze **6** vrstvit, rozprostírat

cougar [ˈkuːgə] zool. puma

cough [ˈkof] s kašel ● v kašlat ♦ give* a (slight) ~ zakašlat ~ **up** vykašlat

could [ˈkud, nedůraz. ˈkəd] podmiňo-vací způsob a pt od can

couldn't [ˈkudnt] = could not

coulisse [kuːˈliːs] obyč. pl **1** kulisa **2** tech. vodicí žlábek

coulomb [ˈkuːlom] elektr. coulomb

council [ˈkaunsl] **1** rada: city ~ městská rada; privy ~ státní ra-da; works' ~ dílenská / závodní rada **2** círk. koncil **-lor** [-lə] člen rady, radní

counsel [ˈkaunsl] **1** rada **2** záměr, konzultace **3** porada **4** právní zá-stupce **5** rada člen diplomatické mise **6** hromad. advokáti, poradci ♦ keep* one's own ~ tajit své ú-mysly, nemluvit; King's, Queen's C~ korunní, královský rada ● v (-ll-) radit (se) **-lor** [-lə] **1** porad-ce, rádce **2** ir., am. advokát

count[1] [ˈkaunt] **1** počítat (to ten do desíti; from, to od, do; on s čím); am. počítat, myslit **2** spočítat (si) **3** považovat **4** počítat se, být důležitý, znamenat ♦ ~ as počí-tat za; not -ing nepočítaje, vyjma; ~ for much (little) (ne)stát za mnoho ~ **down** odpočítávat dobu k odpálení ~ **in** započítat ~ **out** od-počítat ~ **over** přepočítat ~ **up**

sečíst, spočítat ● s **1** sčítání, součet, počet **2** uvažovaná věc, bod žaloby **3** sport. odpočítávání v boxu; skóre ♦ keep* (lose) * ~ of (ne)dopočítat se čeho **-able** [-əbl] počítatelný **-ing-house*** zast. účtárna

count[2] [ˈkaunt] hrabě mimo Velkou Bri-tánii

countenance [ˈkauntənəns] s **1** vzezření; tvář **2** duševní klid **3** po-vzbuzení: přízeň ♦ keep* (one's) ~ zachovat vážnost; lose* ~ ztra-tit klid; put* out of ~ přivést do rozpaků, vyvést z míry ● v po-vzbuzovat, podporovat; schva-lovat, tolerovat

counter [ˈkauntə] s **1** pult **2** pře-pážka, okénko **3** žeton, «marka» **4** kostka v dámě, pěšák v šachu ● a opačný, zpětný; kontrolní ● adv obráceně, opačně; ~ to proti ● v čelit, odporovat

counteract [ˌkauntəˈrækt] působit proti, rušit, paralyzovat **-ion** [ˌ-ˈrækšən] odpor, protiakce, opo-zice

counter|-attack [ˈkauntərəˌtæk] s protiútok ● v pro-, vést protiútok **~-balance** s protiváha ● v vyvá-žit **-charge** protižaloba **~-claim** protinárok **~-clockwise** [ˌ-ˈ-] pro-ti směru hodinových ručiček **~-espionage** [ˌkauntərˈespjənaːž] kontrašpionáž **-feit** [-fit] a **1** pa-dělaný **2** předstíraný ● s padě-lek; napodobenina ● v **1** padě-lat; napodobit **2** předstírat **-foil** kontrolní útržek **-mand** [ˌ-ˈ-] v od-volat, zrušit ● s odvolání, zrušení **-march** [ˈ-ˌ-] s zpáteční pochod, ústup ● v **1** ustoupit **2** pochodo-vat nazpět **-mine** [ˈ-ˌ-] s podkop ● v udělat podkop (pod) **-pane** pokrývka na postel **-part** protějšek **-point** kontrapunkt **-poise** s **1** protiváha **2** vyrovnávací závaží ● v vyvážit **~-reformation** [ˈ-refəˈmeišən] protireformace **~-re-volution** [ˈ-revəˌluːšən] kontrarevoluce **–sing** s 1 voj. strážní heslo 2 spolupodpis • v spolupodepsat **–stroke** protiúder **–vail** vyrovnat **–work** [l-̗-] v 1 působit, pracovat proti 2 zhatit, zmařit • s voj. protiopevnění

countess [ˈkauntis] hraběnka

countless [ˈkauntlis] nespočetný

country [ˈkantri] 1 země; kraj 2 the ~ venkov ♦ ~ dance lidový tanec **~-house*** venkovské sídlo **–man*** 1 venkovan 2 krajan ~ **–side** venkov **–woman*** 1 venkovanka 2 krajanka

county [ˈkaunti] 1 brit. hrabství 2 am. a ir. kraj, distrikt

coup [ˈku:] úder, rána; ráz ♦ ~ d'état [ˈku:deiˈta:] státní převrat

coupé [ˈku:pei] 1 kupé dvousedadlové auto 2 brit. poloviční kupé

coupl|e [ˈkapl] s 1 pár, dvojice (a married ~ manželé) 2 pl = sg párek zvířat 3 pár, několik (of pounds liber) • v 1 pojit (se), spojovat (se) o dvou 2 kuplovat vozy 3 s-, párovat 4 pářit se **–et** [-it] dvojverší

coupon [ˈku:pon] 1 ústřižek, kupón, bon 2 bod u přídělového lístku

courage [ˈkaridž] odvaha: take*, pluck up ~ dodat si odvahy **–ous** [kəˈreidžəs] odvážný, udatný

courier [ˈkuriə] 1 kurýr 2 vedoucí turist. skupiny

course [ˈko:s] s 1 běh, průběh 2 směr, kurs 3 tok 4 závodní dráha 5 postup, metoda, možnost 6 kurs učební 7 kúra léčebná 8 chod jídla 9 turnus 10 kurs měny 11 lov. štvan|í, -ice 12 vrstva, řada cihel apod. ♦ in due ~ v pravý čas; it is in ~ of construction právě se staví; in the ~ of během, při; as a matter of ~ samozřejmě; of ~ přirozeně, ovšem; run* its ~ mít svůj normální průběh; let* things take their ~ nechat věcem jejich přirozený průběh • v 1 lov. honit, štvát, přen. stíhat 2 proudit, pulsovat 3 hnát se, prohánět se na koni

court [ˈko:t] s 1 dvůr domu, brit. činžovní blok s travnatým dvorem 2 nádvoří hradu ap. 3 dvorana, sál 4 královský dvůr 5 soud(ní dvůr) 6 dvorec; hřiště 7 řídící orgán, ředitelství, vedení 8 pozornost, dvoření ♦ clear the ~ vyklidit soudní síň; ~ of appeal apelační soud; ~ martial, pl courts martial stanný, válečný soud; out of ~ mimosoudn|í, -ě; take* a p. to ~ žalovat koho • v 1 ucházet se o co; o ženu dvořit se 2 předcházet si koho, lákat, přitahovat 3 přivolávat, říkat si o **–eous** [ˈko:tjəs] dvorný; zdvořilý **–esan**, **–ezan** [ˌko:tiˈzæn] kurtizána **–esy** [kəˈtəsi] zdvořilost, laskavost ♦ by the ~ of s laskavým svolením koho **–ier** [ˈko:tjə] dvořan **–ly** [ˈko:tli] a 1 uhlazený, elegantní; dvorský 2 formální, podlézavý • adv uhlazeně **~-martial** [ˌko:tˈma:šəl] odsoudit před stanným soudem **–ship** [ˈko:tšip] námluvy ~ **shoes** lodičky **–yard** dvůr, dvorek, nádvoří

cousin [ˈkazn] bratranec; sestřenice; second ~ druhý bratranec, sestřenice

coutur|e [ku:ˈtjuə] krejčovské umění **–ier** [ku:ˈtjuəriei] krejčí

cove [ˈkəuv] 1 malá zátoka, malý záliv 2 zákoutí 3 stav. výkružek 4 slang. chlápek, patron

covenant [ˈkavənənt] s slavnostní smlouva • v uzavřít slavnostní smlouvu, zavázat se komu

cover [ˈkavə] v 1 krýt (si); při-, za|krýt (o.s. se) 2 pokrýt; potáhnout (with leather kůží); polepit; obalit 3 zaplavit 4 s-, za|krýt, zastřít 5 namířit (a p. with na koho čím), ostřelovat 6 urazit (a distance vzdálenost) 7 obsahovat, zahrnovat 8 zpracovávat n. obhospodařovat oblast; obsluhovat 9 ovládat, kontrolovat 10 fin. pokrýt, uhradit 11 referovat, napsat reportáž, být zpravodajem n. reportérem **12** karty přebít **13** zaskočit (for za) **14** am. začlenit (into do) ♦ ~ up one's tracks zakrýt čí stopy ~ in zasypat ~ over zakrýt (a hole díru) ~ up při-, za|krýt (se) ● s **1** pokrývka; ubrus, povlak, potah **2** obal; obálka, deska knihy **3** uzávěr, víko, víčko; příklop **4** poklička **5** obch. kryt; rezervní fond; záruka **6** úkryt, skrýše **7** plášť, pláštík; záminka ♦ break* ~ zvěř vyrazit z úkrytu; from ~ to ~ od začátku do konce; get* under ~, take* ~ s-, u|krýt se; under ~ of pod ochranou (night noci), pod záminkou čeho; under the same ~ v příloze; under separate ~ ve zvláštní obálce **–age** [-əridž] **1** ekon., pojišť. krytí: gold ~ krytí zlatem **2** působení, dosah, pole působnosti **~-girl** půvabná žena na obálce časopisu **–ing** [-riŋ] **1** obal, kryt **2** pokrývka, potah; krytina; obložení **–let** [-əlit] ložní pokrývka; přehoz

covert [ˈkavət] s **1** úkryt; houští **2** přen. pláštík, maska ● a skrytý; podvědomý

covet [ˈkavit] toužit závistivě po, horoucně si přát **–ous** [-əs] **1** žádostivý (of čeho) **2** chamtivý, chtivý

covey [ˈkavi] hejno obyč. koroptví

cow [ˈkau] s kráva **–boy** am. pasák krav, kovboj **–girl** am. pasačka krav **~-herd** brit. ošetřovatel krav **–hide** hovězí useň **~-pox** kravské neštovice **–slip** brit. prvosenka

coward [ˈkauəd] s zbabělec ● a zbabělý **–ice** [-is] zbabělost **–ly** [-li] zbabělý; -e

cower [ˈkauə] krčit se

cowl [ˈkaul] **1** kutna **2** kápě, kukla

cox [ˈkoks] hovor. = coxswain

coxcomb [ˈkokskaum] chvastoun, hejsek

coxswain [ˈkokswein] kormidelník

coy [ˈkoi] **1** ostýchavý, upejpavý **2** nesdílný

coyote [ˈkoiəuti] zool. kojot; přen. sketa

cozen [ˈkazn] kniž. oklamat, ošidit

cozy = cosy

crab [ˈkræb] s **1** zool. krab **2** hvězd. C~ Rak **3** kočka jeřábu, vratidlo **4** plané jablko **5** mrzout **6** obv. the ~s nákaza muňkami, filckami ♦ catch* a ~ sport. chytat raka zabírat hluboko veslem ● v (-bb-) hovor. zostudit **–bed** [-id] **1** styl, rukopis kostrbatý **2** mrzutý, rozmrzelý **3** zamotaný; nesrozumitelný

crack [ˈkræk] v **1** třesknout, prásknout; lupnout **2** puknout, prask|nout, -at **3** narazit, hovor. nakřápnout; rozbít **4** rozlousknout též ořech, rozluštit **5** hlas lámat se; mutovat **6** tech. krakovat naftu ♦ ~ a bottle porazit láhev vypít; ~ fingers lusk|nout, -at prsty; ~ a joke vykládat, utrousit vtip ~ on **1** námoř. nabrat plnou rychlost **2** hovor. uhánět ~ up **1** nabourat (se) **2** vychvalovat koho ● s **1** prásknutí, rána; lupnutí **2** třesk, břesk **3** trhlina, puklina **4** pl novina **5** vada **6** mutování **7** potrhlost **8** blázen, cvok ♦ in a ~ v tu ránu; the crack of dawn brzy ráno; the crack of doom přen. konec světa ● a hovor. bezva **–ed** [-t] **1** puklý, prasklý; rozpukaný **2** pošramocený **3** hovor. praštěný, střelený **4** křaplavý hlas **–er** [-ə] obyč. pl **1** prskavka; třaskavá žabka **2** am. sušenka **3** pl n. nut-~ louskáček **–le** [-l] v **1** praskat **2** louskat ● s práskání **–y** [-l] **1** popraskaný **2** křehký **3** hovor. střelený, praštěný

cradle [ˈkreidl] s **1** kolébka **2** vidlice telefonu, hrabice kosy ● v **1** kolébat, houpat v náručí **2** vy-, chovat **3** položit sluchátko **4** sekat hrabicí

craft [ˈkraːft] **1** dovednost, obratnost **2** řemeslo; živnost **3** lstivost, prohnanost, úskočnost **4** hromad. (small) ~ malé plavidlo **~sman*** **1** řemeslník **2** umělec **–s-**

manship [-smənšip] dovednost, umění **-y** [-i] prohnaný, zchytralý

crag [kræg] **1** útes **2** skalisko, úskalí **–ged** [-id], **–gy** [-i] **1** strmý **2** skalnatý, rozeklaný

crake [ˈkreik] zool. chřástal

cram [ˈkræm] (-*mm*-) **1** cpát (si), nacpat (se), napěchovat (*into* do) **2** škol. slang na-, hustit, na-, biflovat, narvat, na-, šrotit

cramp [ˈkræmp] s **1** (am. obyč. pl) křeč **2** kramle **3** svěrák ● v **1** postihnout křečí **2** ochromit **3** (~ up) stěsnat, vecpat **4** spojit kramlí **–ed** [-t] **1** úzký, omezený, sevřený **2** stěsnaný **3** křečovitý

crampons [ˈkræmpəns] **1** stupačky **2** náledníky

cranberry [ˈkrænbəri] bot. brusinka, klikva

crane [ˈkrein] s jeřáb ● v **1** zvedat jeřábem **2** natahovat krk ~ *at* hovor. zarazit se před překážkou

crani|al [ˈkreinj|əl] lebeční **–um** [-əm] pl -*a* [-ə] med. lebka

crank [ˈkræŋk] s **1** klika **2** zalomená hřídel **3** zákrut **4** ztřeštěnost, mánie **5** potřeštěnec ● v **1** klikatit se, vinout se **2** film. točit **3** (~ up) natočit (*an engine* motor) ● a **1** námoř. vratký **2** rozhrkaný **–y** [-i] **1** marodivý **2** vratký **3** porouchaný, rozviklaný **4** potrhlý, výstřední **5** křivolaký

cranny [ˈkræni] skulina, puklina

crap [ˈkræp] **1** vulg. hovno (bez pl) **2** slang. kec(y), blbost(i) ◆ *cut the ~* nekecej, neblbni

crape [ˈkreip] **1** krep, flór **2** smuteční páska

crapulence [ˈkræpjuləns] nestřídmost, nemírnost, opilství

crash [ˈkræš] v **1** třesknout; zaburácet **2** řítit se (*through* kudy) **3** zřítit se, havarovat **4** vrazit (*into* do), najet (na) **5** narazit (*on* na), nabourat auto **6** přen. zhroutit se, zkrachovat ~ *in* prolomit se ● s **1** rána, třesk, -ot, praskot, řinčení; zaburácení hromu **2** zřícení,

havárie **3** pád, zhroucení; krach **4** výpoč. tech. **kolize** struktur ◆ ~ *helmet* ochranná přilba motoristy ● *a* nárazový, urychlený; radikální; prioritní **–worthy** [-wə:ði] odolný proti nárazu auto, letadlo

crass [ˈkræs] hrubý, omezený, hloupý; hovor. naprostý

crate [ˈkreit] **1** dopravní klec; basa **2** proutěný obal

crater [ˈkreita] kráter, jícen

cravat [ˈkrəˈvæt] zast. nákrčník

crave [ˈkreiv] **1** vyprošovat si, vyžádat si **2** dychtit (*for* po), být žádostivý

craven [ˈkreivn] a zbabělý ● s zbabělec

craving [ˈkreiviŋ] touha (*for* po)

craw [ˈkro:] vole ptáků

crawfish [ˈkro:fiš] = *crayfish*

crawl [ˈkro:l] v **1** plazit se, vléci se **2** hemžit se čím **3** plavat kraulem ◆ *make* a p. ~ nahnat komu husí kůži ● s **1** lezení, plazení **2** sport. *the* ~ kraul **–er 1** sport. kraulař **2** pl šatičky pro batole

crayfish [ˈkreifiš] rak

crayon [ˈkreiən] s **1** pastelová tužka **2** výtv. pastel ● v kreslit pastelkou

craz|e [ˈkreiz] v pomátnout (se) ● s přen. bláznění, posedlost, móda **–ed** [-d] pobláznění **–y** [-i] **1** bláznivý, blázen (*about* do) **2** zchátralý, sešlý ◆ ~ *pavement* mozaiková dlažba z nestejně velkých kamenů

creak [ˈkri:k] v skřípat, vrzat ● s za-, vrzání, za-, skřípání **–y** [-i] vrzavý, skřípavý

cream [ˈkri:m] s **1** smetana **2** krém, pasta **3** přen. smetánka; vrchol (*of* čeho) ● v **1** sbírat smetanu **2** ustát se **3** dát smetanu do **–ery** [-əri] mlékárna **–y** [-i] smetanový; krémový

creas|e [ˈkri:s] s **1** puk **2** pomačkání ● v **1** z-, mačkat (se): *badly -ed* hrozně zmačkaný **2** nažehlit: *well -ed* nažehlený

creat|e [kriːˈeit] **1** stvořit **2** vy-, tvořit **3** jmenovat šlechticem **4** řádit, vyvádět **–ion** [-šən] **1** stvoření **2** tvoření, tvorba; vznik **3** módní výtvor, kreace **4** scéna hádka **–ive** [-tiv] tvořivý, tvůrčí; vyvolávající (*of* co) **–or** [-tə] **1** stvořitel **2** tvůrce **–ure** [ˈkriːčə] **1** stvoření, tvor, bytost **2** výtvor **3** nestvůra, kreatura

creden|ce [ˈkriːdəns] víra, důvěra ♦ *give* ~ *to* důvěřovat komu; *letter of* ~ pověřovací list **–tials** [-ˈdenšlz] pověřovací listy

credible [ˈkredəbl] **1** věrohodný **2** důvěryhodný

credit [ˈkredit] *s* **1** víra, důvěra, dobrá pověst, kredit **2** obch. úvěr, kredit **3** zásluha (*of* o co); čest **4** zůstatek ve prospěch **5** úč. strana «dal» ♦ *add to one's* ~ přidat cti komu; *allow* ~ povolit, dát úvěr; *be to one's* ~ být komu ke cti; *do* a p. ~, *do* ~ *to* a p. dělat komu čest; *extend* ~ prodloužit úvěr, poskytnout úvěr (*to* komu); *give,* *grant* a p. ~ povolit, dát komu úvěr; *give* ~ *to* věřit komu; *letter of* ~ akreditiv; ~ *note* dobropis; *on* ~ na úvěr; *put*, *place* ~ *in* dávat víru čemu *put* *pass to one's* ~ připsat komu ve prospěch; ~ *sales* prodej na úvěr ● *v* **1** připsat ve prospěch (*a p. with* komu co), kreditovat (koho čím) **2** dát na úvěr **3** věřit, mít důvěru v **–able** [-əbl] chvályhodný **–or** [-ə] **1** věřitel **2** úč. strana «dal» účtu

credo [ˈkriːdəu] krédo

credul|ity [kriˈdjuːləti] důvěřivost, lehkověrnost **–ous** důvěřivý, lehkověrný

creed [kriːd] **1** vyznání víry, krédo **2** přesvědčení

creek [kriːk] **1** brit. úzká zátoka **2** brit. přístavní útulek **3** am. potok, říčka **4** *be up the* ~, *be up shit* ~ *without a paddle* mít problémy, dostat se do nesnází

creep [kriːp] *v* **1** lézt, plazit se **2** vplížit se, vkrást se, vloudit se (*into* do) **3** loudat se ♦ *make* one's flesh ~ nahnat komu husí kůži ~ *away* odplížit se ● *s* hovor. *give* a p. the -s nahnat komu husí kůži **–er** [-ə] popínavá rostlina

cremat|e [kriˈmeit] zpopelnit, pohřbít žehem **–ion** [-šən] kremace, pohřeb žehem **–orium** [ˌkreməˈtoːriəm], pl *-oriums* [-oːriəmz], *-oria* [-oːriə], **–ory** [ˈkremətəri] krematorium

Creole, c~ [ˈkriːəul] kreol, -ka

creosote [ˈkriəsəut] chem. kreozot

crépe [kreip] krep ♦ ~ *de Chin* [ˌ-dəˈšiːn] krepdešín; ~ *rubber* přírodní, surová guma; ~ *paper* krepový papír

crept [krept] *pt* a *pp* od *creep*

crepuscular [kriˈpəskjulə] soumračný, zšeřelý

crescent [ˈkresnt] *s* **1** srpek, půlměsíc **2** polokruhovitá ulice ● *a* **1** půlměsícový **2** rostoucí měsíc

cress [kres] bot. řeřicha též jako příloha

crest [krest] **1** hřebínek **2** chochol **3** hřeben vlny **4** šlechtická korunka, erbovní přilba **–fallen** [ˌ-ˈfoːlən] se spadlým hřebínkem, schlíplý, sklíčený

creataceous [kriˈteišəs] křídový

Cret|e [kriːt] Kréta ostrov **–an** [-ən] *a* krétský ● *s* Kréťan

cretin [ˈkretin] kretén, blbec

cretonne [kreˈton] kreton

crevasse [kriˈvæs] rozsedlina

crevice [ˈkrevis] štěrbina, trhlina

crew [kruː] *s* **1** posádka **2** mužstvo, osazenstvo; pracovní četa, parta, skupina; obsluha **3** hanl. sebranka, spřež ● *v* pt od *crow*

crib [krib] *s* **1** jesle, jesličky; krmelec **2** dětská postýlka **3** srub, chatrč **4** místnůstka; horn. výdřeva **5** drobná krádež **6** šalování **7** škol. hovor. tahák ● *v* (-*bb*-) **1** vecpat **2** opatřit jeslemi, krmelcem **3** hovor. podvádět při zkouškách **4** vykrádat autory, plagovat

cricket [ˈkrikit] 1 cvrček 2 kriket
crier [ˈkraiə] 1 vyvolávač 2 křikloun
crim|e [ˈkraim] zločin, zločinnost; přen. hřích –inal [ˈkriminəl] s zločinec • a 1 zločinný 2 trestní –inate [ˈkrimineit] 1 obvinit ze zločinu 2 usvědčit (o.s. se) ze zločinu 3 odsuzovat jako zločin –inologist [ˌkrimiˈnolədžist] kriminolog –inology [ˌkrimiˈnolədži] kriminologie
Crime|a [kraiˈmiə] Krym –an [kraiˈmiən] krymský
crimp [ˈkrimp] s verbíř • v 1 verbovat 2 kadeřit, napalovat vlasy 3 plisovat, obroubit, lemovat
crimson [ˈkrimzn] a karmínový • v 1 zrudnout 2 rudě zbarvit
cringe [ˈkrindž] krčit se, hrbit se (to před)
crinkle [ˈkriŋkl] v zkroutit (se), prohýbat (se) • s záhyb, zatáčka
crinoline [ˈkrinəli:n] krinolina
cripple [ˈkripl] s mrzák • v 1 zmrzačit 2 přen. ochromit; zbavit (of čeho)
crisis [ˈkraisis], pl -ses [-si:z] krize
crisp [ˈkrisp] a 1 křehký, chrupavý sníh 2 kadeřavý 3 ostrý vzduch 4 rázný 5 jiskřivý, perlivý • v 1 kadeřit (se), kroutit (se) 2 praskat, šustit, křupat 3 ztuhnout (with frost mrazem) • s pl brit. smažené bramborové lupínky
criss-cross [ˈkriskros] a křížkový • adv křížem krážem
criteri|on [kraiˈtiəriən], pl -a [-ə] kritérium, měřítko
critic [ˈkritik] kritik –al [-kl] kritický –ism [-sizəm] kritika, posudek –ize [-saiz] kritizovat, posuzovat
critique [kriˈti:k] 1 umělecká kritika, recenze 2 kritika slovesný druh
croak [ˈkrəuk] 1 skřehotat, kuňkat 2 krákorat –er [-ə] škarohlíd, sýček
Croat [ˈkrəuət] Chorvát –ia [krəuˈeišjə] Chorvátsko –ian [-ˈišjən] a chorvátský • s chorvátština
crochet [ˈkrəušei] s háčkování • v háčkovat

crock [ˈkrok] s 1 hliněný hrnec, džbán 2 stará rachotina auto 3 herka 4 hovor. lidská troska, ruina • v 1 dát do hliněné nádoby 2 též ~ up pohmoždit, vyřadit –ery [-əri] nádobí z kameniny a porcelánu ·
crocodile [ˈkrokədail] zool. krokodýl
crocus [ˈkrəukəs] bot. krokus, šafrán
croft [ˈkroft] 1 záhumenek 2 políčko –er [-ə] chalupník
crone [ˈkrəun] babizna
crony [ˈkrəuni] kamarád
crook [ˈkruk] s 1 hůl, berla 2 hák 3 zákrut 4 hovor. darebák podvodník • v ohýbat (se) –ed [-id] 1 křivý, zkřivený, deformovaný 2 ohnutý 3 pokřivený, 4 nepoctivý, nečestný
croon [ˈkru:n] broukat si; pobrukovat si polohlas|em, -ně; zpívat, prozpěvovat
crop [ˈkrop] s 1 úroda, žeň, sklizeň, výnos (často pl) 2 celá kůže n. useň 3 vole ptáka, žaludek člověka, krk 4 rukojeť, násada; jezdecký bičík 5 krátký zástřih vlasů 6 odřezek, odstřižek • v (-pp-) 1 ostříhat nakrátko, zkrátit 2 okousat, spást trávu 3 kupírovat 4 osekat, ořezat 5 osít, osázet 6 sklízet, dávat úrodu ~ out horn. vycházet na povrch o žíle ~ up 1 objevit se, vynořit se 2 = ~ out; come * a -per [-ə] seknout sebou, kiksnout; pohořet
croquet [ˈkrəukei] kroket hra
croquette [krəuˈket] kroketa
crosier, -z- [ˈkrəužə] biskupská / opatská berla
cross [ˈkros] s 1 kříž, -ek; přen. kříž 2 křížení 3 kříženec 4 křižování • v 1 z-, křížit 2 pokřižovat (o.s. se) 3 přejít, přejet, přeplout, překročit 4 potkat (each other se) 5 protínat se, zkřížit, překřížit 6 přeškrtnout 7 odporovat 8 překazit, zhatit 9 napadnout komu:

the idea -ed me **10** náhodou potkat ♦ ~ *a cheque* křižovat šek; ~ *one's fingers, keep** *one's fingers -ed* držet palec; ~ *one's mind* přijít komu na mysl; ~ *purposes* nedorozumění; ~ *reference* (vzájemný) odkaz ● *a* **1** šikmý, příčný; křížem **2** jen *atr* opačný, protivný **3** vzájemný **4** hovor. mrzutý; rozzlobený *(with* na koho) **5** průběžný, typický ● *adv* napříč **~-bar** sport. břevno **~-beam** nosník **~-bow** [-bəu] kuše, samostříl **–bred** křížený **–breed** *s* míšenec; křeženec ● *v* křížit **~-check 1** zkontrolovat **2** sport. provádět kroščekink **~-country** přespolní *(race* běh) **~-examination** [ˈkrosigˌzæmiˈneišən] křížový výslech **~-examine** [ˌ-igˈzæmin] podrobit křížovému výslechu **~-eyed** šilhavý dovnitř **~-fire** křížová palba **–ing** [-iŋ] **1** křižování **2** přeplavba **3** křížení **4** křižovatka **5** přechod **6** průsečík **7** křížová klenba **~-legged** [-legd] se zkříženýma nohama **~-question** [ˌ-ˈ-] = ~ *-examine* **~-road** rozcestí **~-section** [ˌ-ˈ-] příčný řez; průřez i přen. **~-stitch** křížový steh **–wise** [-waiz] křížem **–word** *(puzzle)* křížovka

crotch [ˈkroč] rozsocha, vidlice **–et** [-it] **1** čtvrťová nota **2** vrtoch **3** háček

crouch [ˈkrauč] **1** při-, s-, krčit se **2** hrbit se

croup [ˈkruːp] **1** med. difterický krop **2** zadek, kříž koně

crouton [ˈkruːtan] kousek smažené housky v salátu nebo polévce

crow [ˈkrəu] *s* **1** vrána **2** = **~-bar 3** kokrhání **4** jásot, výskání o děcku ● *v** **1** kokrhat **2** výskat o děcku **3** jásat *(over* nad) **~-bar** sochor

crowd [ˈkraud] *s* **1** zástup, dav **2** hovor. parta **3** spousta, moře čeho ● *v* **1** nacpat **2** mačkat se, hemžit se **3** v-, tlačit (se), cpát (se) *(in, into* do, *through* kudy) **4** pře-

plnit, přecpat *(with* čím) ~ **out** vytlačit ~ **round** shluknout se, tísnit se kolem **–ed** [-id] nabitý, přeplněný

crown [ˈkraun] *s* **1** koruna **2** věnec **3** korunka květu, zubu **4** temeno **5** dýnko ♦ *succeed, relinquish the* ~ stát se králem, vzdát se koruny ● *v* **1** korunovat **2** o-, věnčit **3** dovršit ♦ *to* ~ *all* na dovršení všeho; *that -s all!* to je vrchol!

crucial [ˈkruːšəl] rozhodný, -ující, kritický

crucible [ˈkruːsibl] **1** chem. kelímek **2** přen. zkouška ohněm

crucif|ix [ˈkruːsifiks] kříž, krucifix **–ixion** [ˌ-ˈfikšən] ukřižování **–y** [-fai] ukřižovat

crud [krad] *s* hovor. **1** škraloup špíny **2** slizoun, odporný člověk

crude [ˈkruːd] **1** surový *(oil* nafta) **2** hrubý; nezpracovaný **3** nestrávený, nezažitý **4** nezralý plod

cruel [ˈkruəl] krutý; nelidský **–ty** [-ti] krutost, ukrutnost

cruet [ˈkruːit] karafa **~-stand** stojánek na ocet a olej

cruis|e [ˈkruːz] *v* **1** křižovat, plavit se z místa na místo; prostitutka šlapat chodník **2** pojíždět, popojíždět, objíždět a hledat: *teenagers* ~*ing for girls* mladíci objížděli a hledali dívky ● *s* **–er** [-ə] křižník

crumb [ˈkram] *s* **1** střída, střídka **2** drob|ek, -eček; pl strouhanka ● *v* **1** na-, drobit **2** obalit strouhankou

crumb|le [ˈkrambl] drobit (se) **–ly** [-li] drobivý

crumpet [ˈkrampit] lívanec

crumple [ˈkrampl] zmačkat (se), zmuchlat (se); zlomit, zničit ~ **up 1** zmačkat (se) **2** rozdrtit **3** zhroutit se

crunch [ˈkranč] *v* chroupat, chroustat, křoupat; roz-, drtit ● *s* **1** chroupání **2** slang. kritický moment

crusad|e [kruːˈseid] *s* křížová výprava ● *v* účastnit se křížové výpravy, vést křižácké tažení **–er** [-ə] křižák

crush [ˈkraš] v **1** roz-, drtit, roz-, mačkat **2** z-, mačkat (se) **3** vecpat, vtlačit (se) *(into* do) **4** protlačit se *(into* do) **~ down** rozdrtit **~ out** vymačkat, vytlačit **~ up** z-, rozmačkat ● s rozdrcení; tlačenice, nával **–ing** [iŋ] drtivý, zdrcující

crust [ˈkrast] s **1** kůrka **2** škraloup **3** strup **4** zool. krunýř ◆ **~ of the earth** zemská kůra ● v **1** pokrýt korou, škraloupem **2** okorat **–y** [-i] **1** kornatý, okoralý **2** popudlivý, nerudný

crustacean [kraˈsteišjən] s korýš a korýšovitý

crutch [ˈkrač] berla, přen. podpora

crux [kraks], pl **-es** [-iz] základní problém, podstata

cry [ˈkrai] v **1** křičet, volat *(for help* o pomoc); prosit **2** vyvolávat, vykřikovat **3** plakat, brečet *(over* nad) ◆ **~ craven** vzdát se; **~ one's eyes / heart** vyplakat si oči; **~ halves** požadovat polovinu čeho; **~ havoc** spustit poplach; **~ wolf** dělat planý poplach; **~ over spilt milk** pozdě bycha honit **~ down** snižovat, zlehčovat **~ off** odvolat **~ out** vykřiknout **~ up** vynášet, vychvalovat ● s **1** vý-, křik; volání **2** pokřik, -ování **3** vyvolávání zboží **4** pláč, nářek ◆ **within ~** na doslech

crypt [ˈkript] krypta

crypto* [kriptəu] tajný člen, přívrženec

cryptogam [ˈkriptəugæm] tajnosnubná rostlina

cryptogram [ˈkriptəugræm] kryptogram

crystal [ˈkristəl] s **1** miner. krystal **2** křišťál(ové sklo) ● a **1** krystalový *(set* přijímač) **2** křišťálový **–line** [ˈkristəlain] **1** krystalický **2** přen. křišťálový **–lization** [-laiˈzeišən] krystalizace **–lize** [-əlaiz] vy-, krystalizovat *(into* v)

cub [ˈkab] **1** lištička; medvídě, lvíče, tygří mládě **2** mladík, klacek **3** začátečník, učedník

cub|**e** [ˈkju:b] s **1** krychle **2** kostka **3** mat. třetí mocnina; **~ root** třetí odmocnina ● v **1** umocnit na třetí **2** vypočítat krychlový obsah **3** dláždit kostkami **–ic** [-ik] kubický, třetího stupně **–ical** [-ikl] krychlový

cubism [ˈkju:bizəm] kubismus

cubit [ˈkju:bit] loket = 18-22 coulů

cuckold [ˈkakəld] s paroháč ● v nasadit parohy

cuckoo [ˈkuku:] s kukačka, přen. cvok ● interj kuku; **~ cry** kukání

cucumber [ˈkju:kambə] okurka

cud [ˈkad] žvanec; **chew the ~** přen. probírat se vzpomínkami

cuddle [ˈkadl] **1** chovat v náručí; obejmout, muchlat se, mazlit se; hýčkat **2** přitulit se

cudgel [ˈkadžəl] kyj, klacek ◆ **take* up the -s for** přen. lámat kopí, bít se za

cue [kju:] **1** div. narážka **2** podnět, pokyn **3** cop **4** tágo

cuff [ˈkaf] s **1** manžeta **2** facka ● v dát facku

cuirass [kwiˈræs] kyrys **–ier** [ˌkwirəˈsiə] kyrysník

cuisine [kwiˈzi:n] kuchyň způsob vaření

culinary [ˈkalinəri] kuchařský; kuchyňský

cull [ˈkal] kniž.**1** trhat kvítí **2** vybrat; vyřadit **3** probrat

culminat|**e** [ˈkalmineit] vrcholit, kulminovat **–ation** [ˌ-ˈneišən] vrcholení, kulminace

culpable [ˈkalpəbl] trestuhodný

culprit [ˈkalprit] **1** práv. obžalovaný **2** viník

cult [ˈkalt] kult

cultivat|**e** [ˈkaltiveit] **1** obdělávat půdu **2** šlechtit **3** pěstovat **4** věnovat péči čemu **–ion** [ˌ-ˈveišən] **1** obdělávání půdy **2** šlechtění **3** pěstování **4** kultivovanost **–or** [ˈ-veitə] **1** zemědělec **2** pěstitel **3** tech. pluh, kultivátor

cultur|e [ˈkalčə] **1** kultur|a, -nost, vzdělanost **2** pěstování **3** obdělávání půdy **–al** [-rəl] kulturní **–ed** [-əd] vzdělaný, kultivovaný

culvert [ˈkalvət] **1** propustek, překlenutá stoka **2** podzemní vedení pro kabel

cumb|er [ˈkambə] *v* **1** bránit, překážet **2** obtížit, pře-, za|těžovat ● *s* břemeno, přítěž **–ersome** [-ə-səm] **–rous** [ˈkambrəs] nešikovný, těžkopádný, nemotorný

cum(m)in [ˈkamin] bot. kmín luční

cumulat|e [ˈkju:mjuleit] hromadit (se) **–ive 1** narůstající, stoupající **2** kumulativní

cuneiform [ˈkju:nifo:m] *a* klínový ● *s* klínové písmo

cunning [ˈkaniŋ] *a* **1** zchytralý, prohnaný, mazaný **2** am. hovor. milý **3** dovedný ● *s* **1** prohnanost, zchytralost **2** dovednost

cunt [kant] *s* slang obsc. kunda, píča

cup [ˈkap] *s* **1** šálek **2** sport. a přen. pohár **3** číše, anat. číška **4** bot. a círk. kalich ♦ *my ~ of tea* můj typ, moje věc ● *v* (-pp-) nastavit dlaně k pití, k uchu **–ful** [-ful] šálek (of čeho)

cupboard [ˈkabəd] kredenc, skříň

Cupid [ˈkju:pid] Kupid, Amor

cupidity [ˌkjupidəti] chamtivost

cupola [ˈkju:pələ] kopule, báň

cuppa, cupper [ˈkapə] brit. slang. šálek čaje

cupr|eous [ˈkju:pr|iəs] měděný **–ic** [-ik] měďnatý

curable [ˈkjuərəbl] vyléčitelný

curat|e [ˈkjuərət] zástupce faráře, vikář **–or** [-ˈreitə] **1** ředitel, kustod muzea **2** skot., práv kurátor, opatrovník **3** brit. člen kuratoria vysoké školy

curb [ˈkə:b] *s* **1** podbradník koňského postroje, přen. uzda **2** roubení studny, obrubník, kraj chodníku ● *v* držet na uzdě, krotit, potlačovat; roubit, obezdít

curd [ˈka:d] tvaroh, sražené mléko **–le** [-l] srazit se **–y** [-i] sražený, sedlý; tvarohovitý

cure [ˈkjuə] *s* **1** lék (*for* proti) **2** léčba, vyléčení; kúra, dieta **3** duchovní péče **4** vulkanizace **5** konzumování, sušení ● *v* **1** vy-, léčit **2** nakládat, nasolovat, udit **3** vulkanizovat

curfew [ˈkə:fju:] **1** zákaz vycházení z domu, policejní hodina za stanného práva

curi|osity [ˌkjuəri|ˈosəti] **1** zvědavost; všetečnost **2** zvláštnost, kuriozita, rarita **–ous** [-əs] **1** zvědavý **2** zvláštní, podivný ♦ *I am ~ to know* rád bych věděl

curl [ˈkə:l] *s* **1** kadeř **2** kroužek dýmu **3** závitek, spirála, vinutí ● *v* **1** kadeřit, natáčet vlasy **2** vinout se **3** čeřit vodu ♦ *~ one's lips* ohrnovat rty *~ up* **1** zkroutit (se) **2** sport. zhroutit se **–ing-irons**, **–ing-tongs** [-iŋˌaiənz, -iŋtɔŋz] kulma

curmudgeon [ka:ˈmadžən] bručoun, mrzout

currant [ˈkarənt] **1** rybíz **2** hrozinka

curr|ency [ˈkarənsi] **1** oběh, kurs **2** oběživo, měna **3** přen. rozšíření; životnost **4** atr valutový, devizový, měnový **–ent** [-ənt] *a* běžný, tento (*week* týden) ● *s* **1** proud (*alternating, direct* střídavý, jednosměrný) **2** tah, směr, tendence **3** sklon

curriculum [kəˈrikjuləm] osnovy školní, studijní plán ♦ *~ vitae* [ˈvai-ti:] lat. c.v., životopis

currier [ˈkariə] koželuh

curry [ˈkari] hřebelcovat koně ♦ *~ favour with a p.* podlízat komu

curs|e [ˈkə:s] *s* **1** kletba **2** klení **3** rouhání ● *v* **1** proklínat **2** klít **3** rouhat se **–ed** [-id] proklatý, zatracený

cursor [ˈkə:sər] *s* výpoč. tech. kurzor **–y** [-ri] zběžný, letmý

curt [ˈkə:t] úsečný, strohý; zhuštěný

curtail [kə:ˈteil] **1** zkrátit **2** oklestit, snížit

curtain [ˈkə:tən] *s* **1** záclona, závěs **2** opona **3** (*~ call*) vyvolávání před oponou 4 clona, příčka, přepážka ♦ *behind the* -s v zákulisí; *draw** *the* -s, za|táhnout záclony; ~ *of fire* palebná přehrada ● *v* opatřit záclonou / oponou ~ *off* oddělit záclonou / oponou / přepážkou ~-**raiser** předehra

curts|y, -ey [ˈkəːtsi] pukrle ● *v* = *drop a* ~ udělat pukrlátko

curv|e [ˈkəːv] *s* 1 křivka 2 zakřivení 3 zatáčka, ohyb 4 geom. křivítko ● *v* 1 zakřivit 2 zatáčet se ~**-a**ture [-əčə] 1 z(a)křivení, ohyb 2 oblouk ♦ ~ *of field* fyz. zakřivení pole

cush|ion [ˈkušən] *s* poduška, polštář, -ek ● *v* 1 usadit na poduš-k|u, -y 2 zmírnit, potlačit 3 vypolštářovat, vycpat ~**y** [ˈkuši] hovor. nenáročný, pohodlný: *a* ~ *job* nenáročná práce

cusp [kasp] geom. vrchol

cuspidor [ˈkaspidoː] am. plivátko

cuss [kas] *v* klít

custard [ˈkastəd] vaječný krém, pudink

custod|ian [kaˈstəudjən] 1 am. správce budovy 2 opatrovník 3 poručník 4 dozorce, hlídač ~**y** [-tədi] 1 opatrování, péče 2 poručnictví 3 soudní vazba

custom [ˈkastəm] 1 zvyk, obyčej 2 práv. zvyklost; obch. uzance 3 pl clo; celnice 4 obch. klientela, zákaznictvo, zákaznická přízeň *(withdraw** one's* ~ *from* přestat nakupovat u) 5 atr am. zakázkový ♦ (-s) *duty* clo; -s *examination* celní prohlídka; -s *free* cla prostý; -s *officer* celní úředník; *pass through the* -s být celně odbaven ~-**house** celnice

custom|ary [ˈkastəməri] obvyklý ~**er** [-ə] zákazník

cut [kat] *v* (-tt-) 1 řezat (se), krájet (se); stříhat (se); sekat; rýt; tesat; brousit sklo (a *t.* -s *well* něco se řeže atd. dobře) 2 kácet strom, štípat dříví 3 prořezávat se o zubech 4 roz|řezat, -krájet, -stříhat, -sekat,

-štípat *(into pieces* na kusy) 5 vy|řezat, -sekat, -tesat, -rýt *(in* v; *into* do) 6 ukrojit (si), uříznout (si); oříznout, rozřezat knihu; nastříhat na šaty; sestříhovat film; posekat o-bilí; vykopat příkop; prorazit tunel 7 dotýkat se čeho, za hrnovat 8 švihnout; geom. protínat se; snímat karty; sport. řezat míč 9 omezit, zkrátit; snížit ceny 10 hovor. mazat, letět, hnát se *(after* za) 11 hovor. ulejvat se z čeho, nechodit na; nedostavit se; ignorovat, nevšimnout si koho 12 hovor. namířit si to *(across* přes) 13 pro|říznout, -seknout *(through* co) 14 seknout, tnout *(at* po) 15 přen. zhatit, z-, ničit 16 vskočit *(into* do řeči) 17 porazit, kácet stromy 18 frézovat, vyřezat 19 přetít, přerušit 20 rozpojit 21 nahrát na desku ♦ ~ *a caper* vesele si poskočit; ~ *a corner* říznout zatáč|ku, pl řezat -ky, přen. brát to hlava nehlava bezohledně jednat; ~ *dead* ignorovat, ani si nevšimnout; ~ *adrift* přerušit, opustit; osamostatnit se; ~ *a poor figure* udělat špatný dojem; ~ *it fine* hovor. vyčíhnout si to; ~ *loose* odříznout se, oprostit se; ~ *the record* brit. zlomit rekord; ~ *and run* hovor. vzít nohy na ramena; ~ *short* přerušit, zkrátit ~ **away** 1 odříznout 2 vzít do zaječích ~ **down** 1 porazit, skácet strom 2 srazit koho, skolit koho, zabít 3 sříznout; přen. radikálně omezit, snížit 4 zkrátit ~ **in** 1 skákat do řeči 2 vrazit 3 naskočit, zapnout se ~ **off** 1 uříznout, ustřihnout 2 přerušit spojení 3 odpojit plyn 4 odříznout armádu 5 přen. sklátit, skosit koho 6 *with a shilling* vydědit, odbýt koho 7 hovor. říznout *(a corner* zatáčku) ~ **out** 1 vystřihnout (si) 2 nastříhat na šaty 3 vyříznout (si) *(of z)* 4 zbavit se soupeře 5 odříznout loď od přístavu 6 hovor. vypustit detail 7 nechat, přestat 8 vyhodit ze sedla, vypíchnout soka

9 odpojit vůz **10** kart. vypadnout ze hry **11** motor vysadit **12** ztratit se spěšně ~ **under** obch. podbízet, prodat pod cenou ~ **up 1** roz-|řezat, -krájet, -stříhat, -sekat **2** voj. rozbít, zničit **3** strhat kritikou **4** postihnout (*badly* zle) **5** ~ *up rough* hovor. udělat rámus **6** ~ *up well* hovor. nechat po sobě pořádný majetek ● **s 1** říznutí, stříhnutí, seknutí, škrábnutí šleh(nutí) **2** řez(ná rána); sek, sečná rána **3** výkop v zemi; miner. vryp **4** řízek, plátek masa; tříska, špona kovu; výnos stříže; těžba dřeva **5** výbrus; rytina, ve složenině -ryt; střih módní; tvar **6** zkratka cesty; sestřih filmu **7** přen. špička (*at* na koho) **8** omezení personálu, restrikce; snížení cen, platů **9** sport. řezaný míč; snímání karet **10** hovor. nechození na, ulejvání se z; nevšímání, ignorování ♦ *that's a ~ above me* na to nestačím; *give* a p. the ~ (*direct*) hovor. ani si nevšimnout, ignorovat koho; *a hair* ~ stříhání vlasů; *a short* ~ zkratka, nadjížďka, nadcházka **~-away** žaket **~-back 1** film, telev. retrospektiva **2** snížení, redukce **3** surfing obrácení prkna zpět k hřebenu vlny **~-down** snížení, restrikce, omezení, redukce **~-off** vzatý za vzorek, namátkový, určitý **~-out** elektr. automat(ický vypínač) **-ter** [-ə] **1** řezač, stříhač; kráječ kůže **2** fréza **3** šalupa **-ting** [-iŋ] **1** vý-, prů|kop **2** řezání, braní třísky; tříska **3** novinový výstřižek **4** ústřižek, vzorek

cutaneous [kju:'teinjəs] kožní

cute ['kju:t] hovor. mazaný, šikovný, am. roztomilý

cuticle ['kju:tikl] pokožka

cutlass ['katləs] krátká šavle, tesák, mačeta

cutler ['katlə] nožíř, brusič **-y** [-ri] **1** nožířství **2** nožířské zboží

cutlet ['katlit] kotleta, řízek; karbanátek, kroketa

cuttle ['katl] zool. obyč. ~ *-fish* sépie

cyanide ['saiə̩naid] kyanid

cybernetic [̩saibə'netik] kybernetický **-ian** ['saibə:nə'tišən] kybernetik **-s** [-s] kybernetika

cycl|e ['saikl] *s* **1** cyklus **2** jízdní kolo ● *v* je(zdi)t na kole **-ery** [-əri] am. obchod s jízdními koly **-ic(al)** [-ik(l)] cyklický **-ing** [-iŋ] cyklistika **-ist** [-ist] cyklista

cyclone ['saikləun] cyklón, smršť

cyclop(a)edia ['saiklə'pi:djə] = *encyclop(a)edia*

cyclostyle ['saikləstail] *s* cyklostyl ● *v* na-, cyklostylovat

cylind|er ['silində] válec; cylindr; bubínek revolveru **-rical** [si'lindrikl] válcovitý, bubnovitý

cymbal ['simbəl] činel, obyč. pl *-y*

cymbalo ['simbələu], pl -s [-z] dulcimer strunný nástroj

cyme ['saim] bot. vrcholík

Cymric ['kimrik] kymerský, kymerština

cynic ['sini|k] *a* filoz. *C*~ kynický ● *s* **1** filoz. *C*~ kynik **2** cynik **-al** [-kl] cynický **-ism** [-sizəm] cynismus

cypress ['saiprəs] cypřiš

Cypr|ian [sipriən], **-iote** [-əut] *a* kyperský ● *s* Kypřan **-es** ['saiprəs] Kypr

cyrillic [si'rilik] cyrilský: ~ *alphabet* cyrilice

cyst ['sist] med. cysta **-itis** [-'taitis] med. zánět močového měchýře

cytology [sai'tolədži] cytologie

czar ['za:] car **-evitch**, **-evich** [-rəvič] carevič **-ina** [-'ri:nə] carevna

Czech ['ček] *s* **1** Čech, -ška **2** čeština ● *a* český (*The* ~ *Republic* Česká republika)

Czecho-Slovak ['čekəu'sləuvak] česko-slovenský

Czechoslovakia [̩čekəusləu'va:kiə] hist. Československo

D

D, d [ˈdi:] **1** písmeno d **2** hud. d

'd = hovor. *had* n. *would* (*he'd* [ˈhi:d] = *he had* n. *he would*)

d- [ˈdæm, ˈdæš] = *damn, dash*

dab[1] [ˈdæb] s **1** rychlý dotyk, ťuknutí **2** nasazení barvy, přetření, postříknutí ♦ *v* (*-bb-*) **1** ťuknout **2** nanést barvu, přetřít **3** postříknout, navlhčit

dab[2] [ˈdæb] hovor. znalec, machr (*at* na co)

dabble [ˈdæbl] **1** postříkat, pocákat **2** šplíchat (se) **3** «dělat" do čeho (*in, at*), fušovat **–r** [-ə] fušér, amatér

dachshund [ˈdæksənd] s jezevčík

dad [ˈdæd], **–dy** [-i] hovor. tatínek, táta

daff [ˈda:f] *aside* odklidit z cesty, bagatelizovat

daffodil [ˈdæfədil] bot. narcis

daft [ˈda:ft] zvl. skot. hloupý, rozpustilý

dagger [ˈdægə] **1** dýka **2** polygr. křížek

dago [ˈdeigəu] am. slang. hanlivá přezdívka Italů

dahlia [ˈdeiljə] bot. jiřina

daily [ˈdeili] s **1** deník (*the -ies* denní tisk) **2** hovor. (*~ servant / girl*) posluhovačka ● *a* denní ♦ *~ bread* živobytí; *~ rate* denní sazba, inzertní sazba pro všední dny ● *adv* denně

dainty [ˈdeinti] s lahůdka, pochoutka ● *a* **1** chutný, vybraný **2** vybíravý

dairy [ˈdeəri] **1** mlékárna **2** mlékařství ♦ *~ butter* čajové máslo; *~ cattle* dojnice; *~ produce* mléčné výrobky; *~ works* mlékárna **–ing** mlékárenství **–maid** dojička **–man*** zaměstnanec mlékárny; dojič

daisy [ˈdeizi] **1** bot. sedmikráska, chudobka **2** slang. prima kus **--chain** věneček ze sedmikrásek

dale [ˈdeil] bás. údolí ♦ *over hill and ~* přes hory a doly

dally [ˈdæli] **1** pohrávat si v myšlenkách, koketovat, flirtovat **2** lelkovat **3** vytáčet se (*with a p.* komu)

dam [ˈdæm] s **1** hráz, násep **2** údolní přehrada ● *v* (*-mm-*) za-, pře|hradit

damage [ˈdæmidž] s **1** škoda, poškození **2** *-s,* pl odškodné ♦ *~ action, action for -s* žaloba za náhradu škody; *cause / inflict ~* způsobit škodu; *~ to goods* poškození zboží; *claim for* (*in*) *-s* nárok na náhradu škody; *give* no *-s* nepřiznat odškodné; *make* good the *~* napravit, nahradit škodu ● *v* poškodit ♦ *-d value* cena poškozeného zboží **–able** poškoditelný

dame [ˈdeim] dáma, paní před jménem, v čestném titulu

damn [ˈdæm] *interj.* zaklení: *~ !* zatraceně! ♦ *~ it!, ~ you!, ~ the rain!* hrom do toho! ● *v* **1** zatratit, proklít, odsoudit **2** odmítnout, chladně přijmout **–ation** [dæmˈnei-šən] věčné zatracení **–ed** [-d] (někdy psáno d-d) *a* zatracený, proklatý ● *adv* zatraceně, proklatě

damp [ˈdæmp] s **1** vlhko(st) **2** sklíčenost, deprese ● *a* **1** vlhký, navhlý **2** neslaný nemastný ● *v* **1** navlhčit **2** přidusit, při-, u|tlumit **3** vzít odvahu, deprimovat *~-down* ztlumit **–en** am. *damp* **–er 1** dusítko, tlumič **2** šoupátko v kamnech **3** morous, kdo / co deprimuje **4** vlhčidlo, kropič **5** am. slang. chlebová placka, druh podplamenice **–ness** vlhkost **--proof** nepropouštějící vlhkost

damsel [ˈdæmzəl] s zast. slečna, milostslečna, panna, děva, dívka: *a ~ in distress* slečna v nouzi

dance [ˈda:ns] s tanec ♦ *lead* a p. *a ~* dát komu co proto ● *v* tančit ♦ *~ to a p.'s tune / piping* tančit podle toho, jak někdo píská **–r** [-ə] tanečník, tanečnice

dandelion [ˈdændilaiən] bot. pampeliška

dandruff [ˈdændraf] lupy

dandy [ˈdændi] s švihák, světák; hejsek, floutek • a 1 světácký, švihácký 2 hovor. báječný, prima

Dane [ˈdein] Dán

danger [ˈdeindžə] nebezpečí (of čeho, to pro co) ♦ in ~ ohrožený, v nebezpečí; ~ sign výstražné znamení; signal is at ~ znamení je na «stát» na trati **–ous** [-rəs] nebezpečný

dangle [ˈdæŋgl] 1 houpat se, kývat se 2 klátit nohama

Danish [ˈdeiniš] s dánština • a dánský

dank [ˈdæŋk] zatuchle vlhký

Danube [ˈdænju:b] Dunaj

dapper [ˈdæpə] elegantní

dare* [ˈdeə] v 1 troufat si, odvážit se 2 vyzvat ♦ I ~ say n. I -say snad, nejspíš (asi), bezpochyby • s výzva **–devil** [-devl] s odvážlivec • a odvážný

daring [ˈdeəriŋ] s smělost • a smělý

dark [ˈda:k] s 1 tma, tmavá barva, stín 2 soumrak 3 nejasnost, nevědomost ♦ leave* a p. in the ~ nechat koho v nevědomosti • a 1 tmavý, temný, šerý 2 snědý 3 zlý, zlověstný 4 tajemný ♦ ~ ages temný středověk; D~ Continent Afrika; it is getting ~ stmívá se; ~ horse nečekaný favorit; ~ room fot. temná komora **–en** [-ən] 1 zatemnit 2 ztmavnout 3 stmívat se 4 vyblednout vzpomínka **–ness** [-nis] 1 tma, temnota 2 zatemnělost, nejasnost **–y, –ey** [-i] hovor. černoch

darling [ˈda:liŋ] s miláček • a milovaný; drahý často za podst. jm.

darn [ˈda:n] s vyspravené místo • v látat, spravovat **–ing-ball** hříbek na látání **–ing-needle** látací jehla

dart [ˈda:t] s 1 šipka, lehký oštěp 2 žihadlo • v 1 házet čím, mrskat, mrštit, vrhnout 2 vyrazit / letět jako šipka

dash [ˈdæš] s 1 úder, rána 2 úprk 3 čára, ležatá čárka 4 pomlčka 5 tah, škrt pera 6 črta 7 prudký útok, výpad 8 elán, verva, odvaha 9 skvrna, kapka, cáknutí barvy, střik do koktailu 10 trest; příměs nápoje 11 am. běh na krátkou vzdálenost ♦ at one ~ naráz; cut* a ~ budit rozruch, dělat ohromný dojem • v 1 rozbít (se), roztříštit (se) 2 mrštit, vrhnout (se) 3 (vy)řítit se proti, uhánět, pádit 4 prudce narazit (at na) 5 vrazit (in dovnitř, into do) 6 vyrazit (out of z) 7 nanést barvu, zabarvit 8 zmařit naději 9 pokořit, zchladit odvahu 10 postříkat 11 přimísit, přidat 12 podtrhnout čárou ♦ ~ it! euf. = damn it!; -ed line přerušovaná čára ~ **down** rychle načrtnout, nahodit ~ **off** 1 rychle odjet 2 vychrlit, vysypat ze sebe **~-and-dot line** čerchovaná čára **–board** 1 blatník 2 deska s přístroji, palubní deska **–ing** 1 temperamentní, řízný 2 skvělý, neodolatelný

data [ˈdeitə] viz datum

data base [ˈdeitəˌbeis] s výpoč. tech. databáze

datamation [ˌdeitəˈmeišən] výpoč. tech. automatické zpracování informací / dat

data-processing [ˌdeitəˈprəusəsiŋ] výpoč. tech. zpracování informací / dat v počítači

date¹ [ˈdeit] s 1 datum 2 doba, období, lhůta 3 trvání, čas 4 schůzka, rande ♦ after ~ od data vystavení; bear* ~ být datován; closing ~ datum uzávěrky; expiration ~ datum skončení platnosti; out of ~ 1 zastaralý, staromódní 2 propadlý, promlčený; go* out of ~ zastarat, vyjít z módy; ~ of posting datum odeslání; ~ stamp datumové razítko; by the ~ stated v udaném termínu; of this ~ dnešní; up to ~ moderní,

časový, ažur; **bring*** a t. *up*
(*down*) *to* ~ zmodernizovat • *v* **1**
datovat **2** datovat se, pocházet
ze kdy **3** am. hovor. dát si, mít
schůzku / rande ♦ ~ *in advance*
antedatovat; *recess without* ~
odročit na neurčito • **back 1**
zpětně datovat, antedatovat **2**
sahat do, pocházet z (*to*) ~ **for-
ward** datovat dopředu, postda-
tovat

date² [deit] bot. datle **~-palm**
[pa:m], **~-tree** datlovník

datum [ˈdeitəm], obyč. pl *data* [ˈdeitə]
1 údaj; danost, fakt **2** pl geod.
nulová n. výchozí rovina ♦ *data
bank* [ˈdeitəbæŋk] výpoč. tech. sou-
bor informací uložených v pamě-
ti počítače; *data acquisition* sběr
dat; *data display module* modul
zobrazení dat; *current data* běž-
né údaje; *research data* data
zjištěná průzkumem; *statistical
data* statistické údaje

daub [ˈdo:b] mazat **~er** [-ə] mazal
~ing [-iŋ] mazanice

daughter [ˈdo:tə] dcera **~-in-law**
snacha

daunt [ˈdo:nt] zastrašit

dauntless [ˈdo:ntlis] nebojácný

davenport [ˈdævənˌpo:t] *s* pohovka,
divan, rozkládací gauč

Davy Jones [ˈdeiviˈdžounz] *s* duch
moře [?]

Davy Jones's locker [ˈdeiviˈdžou-
nzˈlakər] *s* dno moře pohřebiště ztro-
skotaných lodí a utonulých námořníků

dawdle [ˈdo:dl] lelkovat, okounět

dawn [ˈdo:n] *s* svítání, rozbřesk,
úsvit • *v* rozednívat se, rozbřes-
knout se

day [ˈdei] **1** den **2** svítání, rozed-
nění **3** často pl dny, doba, časy **4**
vítězství ♦ *the* ~ *after tomorrow*
pozítří; *all* ~ (*long*) po celý den;
the ~ *before yesterday* předevčí-
rem; *in broad* ~ za bílého dne; *by*
~ ve dne; ~ *by* ~ denně, den co
den; *every other* ~ obden; *from* ~
to ~ ze dne na den; ~ *and night*

ve dne v noci; *one of these* ~s teď
někdy, brzy; *the other* ~ onehdy,
nedávno; *some* ~ jednou v bud.;
up to this ~ až do dneška; *work-
ing* ~ pracovní, všední den
~-book obch. deník **~-break** roz-
břesk **~-care** péče o děti během
dne **~-dream** snít s otevřenýma
očima **~-labourer** nádeník **~-light**
denní světlo, bílý den ♦ *by* ~ za
dne; *in broad* ~ za bílého dne; ~
saving time letní čas **~-long** celo-
denní; *in the* **~-time** ve dne

daze [ˈdeiz], **dazzle** [ˈdæzl] omámit,
oslnit, oslepit leskem

deacon [ˈdi:kən] *s* diákon, jáhen

deactivate [diˈæktiˌveit] *v* zneškod-
nit; deaktivovat

dead [ˈded] *s* mrtvý • *a* **1** mrtvý,
zemřelý **2** odumřelý; uschlý,
suchý list **3** stojatý, nehybný voda
4 matný barva **5** slepý okno **6** hlu-
boký spánek **7** neplodný, jalový **8**
fádní, nudný **9** úplný, naprostý,
hrobový ticho **10** elektr. bez prou-
du, vypnuty ♦ ~ *cat* ostrá kritika:
~ *centre* mrtvý bod; ~ *colour* zá-
kladní barva; ~ *drunk* opilý na
mol; ~ *march* smuteční pochod;
~ *letter* nedoručitelný dopis; *at a*
~ *stand* bez nejmenšího hnutí •
adv zcela, úplně ♦ ~ *slow* jeďte
krokem **~en** [-ən] **1** umrtvit **2**
ztlumit zvuk **3** způsobit odumře-
ní, smrt **~line** [-lain] krajní lhůta,
nejzazší mez, poslední termín,
uzávěrka **~lock** [-lok] mrtvý bod,
uváznutí na mrtvém bodě **~ly** [-li] **1**
smrtelný, mrtvolný **2** vražedný ~
pan [-pæn] *s* bezvýrazný / tupý
pohled • *v* hledět bezvýrazně,
tupě ~ **stock** [ˌ-ˈstok] mrtvý in-
ventář ~ **weight** [ˈ-weit] mrtvá
váha, vlastní hmotnost

deaf [def] hluchý ♦ ~ *and dumb*
hluchoněmý; ~ *as a post* hluchý
jako pařez **~en** [-ən] ohlušit
~ness [-nis] hluchota

deal [ˈdi:l] *s* **1** část, díl, množství **2**
rozdání karet; úděl, osud **3** ob-

chodní jednání, transakce, uzavřený obchod **4** dohoda, domluva **5** jednání, zacházení s kým **6** prkno, fošna **7** jedlové n. smrkové dřevo ♦ *a good / great ~ of* hodně; *think* a great ~ of a p.* mít o kom vysoké mínění ● *v** **1** rozdělovat, rozdávat též karty **2** uštědřit, zasadit ránu **3** obchodovat (*in a t.* s čím) **4** jednat (*with a p.* s kým), pojednávat (*with o*) **-er** [-ə] **1** ten, kdo rozdává např. karty, crupier **2** obchodník (*in* s čím) ♦ *retail ~* obchodník v drobném; *wholesale ~* obchodník ve velkém **-ing** jednání, obchod, transakce

dealt [ˈdelt] viz *deal**

dean [ˈdiːn] děkan i univerzitní

dean's list [ˈdiːnzˈlist] s periodicky vydávaný seznam studentů vysoké školy, kteří dosáhli vysoké akademické hodnosti

dear [ˈdiə] s drahoušek, miláček ● a drahý, milý ♦ *D ~ Sir* Vážený pane v dopise; *for ~ life* ze všech sil ● adv draze ♦ *it will cost you ~* to ti přijde draho ● interj jemine! (= *~ me!, oh ~ !*) **-ly** velice, vroucně **-ness** drahota **-th** [ˈdəːθ] nouze, nedostatek; zast. drahota

death [ˈdeθ] **1** smrt **2** náb. věčné zatracení ♦ *that'll be the ~ of me* to mě přivede do hrobu; *he bores me to ~* strašně mě nudí; *~ duties* dědické poplatky; *~ penalty* trest smrti; *~ tax* pozůstalostní daň; *natural / violent ~* přirozená / násilná smrt **~-mask** posmrtná maska **~-rate** úmrtnost **~-roll** počet zabitých

debacle [diˈbaːkl] s debakl, katastrofa, zhroucení, rozvrat, zmatek

debar [diˈbaː] vyloučit, zabránit

debark [diˈbaːk] vylodit se **-ation** [ˌdibaːˈkeišən] vylodění

debase [diˈbeis] **1** snížit, zhoršit kvatitu, znehodnotit **2** padělat mince **-ment 1** znehodnocení, zlehčení **2** padělání

debate [diˈbeit] s debata, diskuse;

úvaha ● *v* diskutovat, debatovat, uvažovat

debauch [diˈboːč] *v* **1** zkazit mravně, pokazit **2** zkorumpovat ● *s* hýření, prostopášný život, orgie **-ery** [diˈboːčəri] s hýření, zhýralost; zpustlý život, sexuální nevázanost, orgie

debilitate [diˈbiliteit] *v* oslabit, zeslabit

debit [ˈdebit] s **1** dluh, debet, pasivum **2** dlužnická n. debetní strana účtu, strana "má dáti" přen. ● *v* **1** zapsat na stranu «má dáti», debitovat **2** zapsat komu na vrub částku, zatížit účet koho částkou

debonaire [ˌdebəˈneər] a **1** milý, dobře vychovaný, mající dobré způsoby, zdvořilý, šarmantní **2** nonšalantní, nenucený, bezstarostný

debrief [diːˈbriːf] *v* vyslechnout hlášení koho **-ing** [diːˈbriːfiŋ] ● *v* podávání hlášení, hlášení

debris [ˈdebriː] trosky

debt [ˈdet] dluh; zadluženost ♦ *be in ~* být zadlužen **-or** dlužník

debug [diːˈbʌg] (*-gg-*) am. odhmyzit, přen. odstranit zavady; výpoč. tech. vychytat / odstranit chyby, ladit program

debunk [diːˈbʌŋk] odhalit podstatu čeho

decade [ˈdekeid] desetiletí

decal [ˈdiːˌkæl] s obtisk

decanter [diˈkæntə] s stolní láhev, dekantér, karafa

decapitate [diˈkæpəˌteit] *v* stít, gilotinovat, utnout hlavu komu, dekapitovat

decathlon [diˈkæθlən] sport. desetiboj

decay [diˈkei] s **1** rozklad, úpadek **2** hnití **3** radioaktivní rozpad ● *v* kazit (se), rozkládat (se)

decease [diˈsiːs] s skon, úmrtí ● *v* zesnout, skonat ♦ *the -d* zesnulý, nebožtík

deceit [diˈsiːt] **1** podvod, klam, lest **2** práv. úmyslné uvádění v omyl **3**

podvodné jednání **–ful** [-ful] **1** podvodný **2** klamný

deceive [di|si:v] podvádět, klamat

December [di|sembə] prosinec

decen|cy ['di:sənsi] slušnost, slušné vystupování **–t** [-t] **1** slušný, mravný **2** patřičný, ucházející

decentraliz|ation [di:ˌsentrelai|zei|šən] decentralizace **–e** [di|sentrəlaiz] decentralizovat

decepti|on [di|sepšən] podvod, klamání **–ve** [-tiv] podvodný, klamný, ošidný

decide [di|said] **1** rozhodnout (se) **2** usnést (se) (*upon* na čem, *for, in favour of* pro, *against* proti, *between* mezi) **–d** [-id] rozhodný **–dly** [-idli] rozhodně, určitě ♦ *most* ~ zcela určitě

decimal ['desiml] desetinný ♦ ~ *code* desetinné třídění; ~ *system* desetinná soustava

decipher [di|saifə] dešifrovat, rozluštit

decisi|on [di|sižn] **1** rozhodnutí, nález, usnesení **2** rozhodnost, pevnost ♦ *take* * *a* ~ *on a t.* rozhodnout o čem **–ve** [di|saisiv] rozhodný, rozhodující

deck [dek] *s* **1** paluba lodi **2** slang. země, půda ● *v* vyzdobit ~ **chair** lehátko

declaim [di|kleim] **1** brojit, bouřit proti **2** deklamovat, přednášet

declar|ation [ˌdeklə|reišən] **1** pro-, vy|hlášení **2** žaloba **3** deklarace **4** oznámení, ohlášení ♦ *customs* ~ celní prohlášení; ~ *of taxes* daňové přiznání; ~ *under oath* přísežné prohlášení; ~ *of war* vyhlášení války; ~ *on word of honour* čestné (místopřísežné) prohlášení **–atory** [di|klærətəri] výslovný, určitý **–e** [di|kleə] **1** pro-, vy|hlásit; tvrdit **2** oznámit veřejně slavnostně **3** uznat úředně **4** vyslovil se (*for* pro, *against* proti), vyjádřit se **5** podat celní prohlášení, proclít, podat daňové přiznán ♦ *have you anything to* ~? máte něco k

proclení?; ~ *a t.* (*null and*) *void* prohlásit co za neplatné; ~ *war* vypovědět válku

declassify [ˌdi:|klæsifai] zrušit tajnost spisu, odtajnit

declension [di|klenšən] **1** jaz. skloňování **2** = *decline*

decline [di|klain] *s* **1** ubývání, pokles, sestup, úpadek **2** svah, sklon ♦ *price* ~ pokles cen ● *v* **1** ohnout; odvést stranou, odbočit **2** jaz. skloňovat **3** upadat, slábnout, klesat; znehodnotit **4** svažovat se; chýlit se ke konci, ubývat **5** zdvořile odmítnout

decode [di:|koud] *v* rozluštit, dekódovat, dešifrovat

decolonization [ˌdi:kolənai|zeišən] dekolonizace

decompose [ˌdi:kəm|pəuz] chem. rozložit (se)

decompress [ˌdi:kəm|pres] *v* **1** navyknout pracovníka na normální tlak **2** výpoč. tech. rozbalit, dekomprimovat soubor **3** snížit tlak čeho, odstranit tlak n. kompresi kde

decontaminate [ˌdi:kən|tæmineit] asanovat

decorat|e ['dekəreit] **1** vy-, zdobit; byt malovat **2** dekorovat, vyznamenat **–ion** [ˌdekə|reišən] **1** o-, vý|zdoba; malba bytu **2** vyznamenání, řád **–ive** ['dekərətiv] **1** ozdobný, dekorativní **2** dekorační **–or** [-ə] malíř pokojů

decoy ['di:koi] *s* vnadidlo, návnada ● *v* v-, na-, lákat, vnadit; práv. svést ženu

decrease [di:|kri:s] úbytek, zmenšení, snížení cen ♦ ~ *in value* snížení hodnoty ● *v* [di|kri:s] ubývat, zmenšovat (se)

decree [di|kri:] *s* dekret, výnos, nařízení, předpis ♦ *issue a* ~ vydat výnos, nařídit ● *v* nařídit, vydat výnos, rozhodnout

decrepit [di|krepit] vetchý, sešlý

dedicat|e ['dedikeit] zasvětit, věnovat **–ion** [ˌdedi|keišən] věnování, zasvěcení deduce [di¹dju:s] dedukovat, vy-, od|vodit, usuzovat

deduct [di¹dakt] odpočítat, odečíst, srazit ♦ charges -ed po odečtení výloh –ion [-šən] 1 srážka, odečtení 2 sleva 3 dedukce, závěr

deed [¹di:d] 1 skutek, čin 2 listina úřední ♦ draw* up a ~ vyhotovit listinu

deem [¹di:m] kniž. 1 mínit, usuzovat 2 považovat

deep [¹di:p] a 1 hluboký 2 tmavý, sytý barva 3 záludný, úskočný ♦ ~ freezer mrazicí skříň ● adv hluboko --drawn z hloubi vycházející –en [-ən] prohloubit --freeze [¸-¹fri:z] mraznička, mrazicí skříňka –ly [-li] hluboce --rooted [¸-¹ru:tid] hluboko zakořeněný ~ space [¸-¹speis] kosmický prostor ~ structure [¸-¹strakčə] jaz. hloubková struktura

deer [¹diə] 1 vysoká zvěř 2 jelen (pl deer) --park [¹-pa:k] obora --skin [¹-skin] jelenice

deface [di¹feis] znetvořit, zohavit; počmárat; zamazat; přerazítkovat

defalcat|e [¹di:fælkeit] zpronevěřit –ion [¸di:fæl¹keišən] zpronevěra

defam|ation [¸defə¹meišən] pomluva –e [di¹feim] pomluvit, očernit

default [di¹fo:lt] s 1 nedostavení se k soudu 2 neplnění závazku, neplacení 3 zmeškání, opominutí, prodlení ♦ in ~ of a t. z nedostatku čeho, nebude-li...; make* ~ (in) být v prodlení (s čím) ● v 1 neplnit závazky, neplatit dluh 2 promeškat lhůtu; nedostavit se k soudu

defeat [di¹fi:t] s 1 porážka 2 zmaření ● v 1 porazit, přemoci, zvítězit nad 2 zmařit 3 zrušit, prohlásit za neplatné –ist [-ist] poraženec, defetista

defecate [¹defə¸keit] v vyprázdnit střeva, vyprázdnit se stolicí

defect [¹di:fekt] nedostatek, chyba,

vada ● v [di¹fekt] zběhnout, dezertovat –ion [di¹fekšən] zběhnutí –ive [-iv] vadný, nedokonalý, jaz. neúplný

defence [di¹fens] 1 obrana 2 práv. obhajoba 3 pl -s opevnění

defend [di¹fend] 1 hájit (se), obhajovat (se) 2 chránit –ant [-ənt] (ob)žalovaný –er [-ə] obránce, obhájce

defens|e [di¹fens] s obrana –ive [-iv] a obranný

defer [di¹fə:] (-rr-) 1 odložit 2 zdráhat se, otálet 3 podrobit se –ence [¹defərəns] 1 úcta, ohled 2 podrobení se –ential [¸defə¹renšl] uctivý –ment [di¹fə:mənt] odklad vojenské služby

defian|ce [di¹faiəns] 1 otevřený odpor, vzdor 2 vyzývavost 3 výzva ♦ in ~ of (na)vzdor čemu –t [-t] vzdorný

deficien|cy [di¹fišənsi] 1 nedostatek 2 nedokonalost, vada 3 schodek, manko, deficit –t [-t] 1 nedostatečný, trpící nedostatkem (in čeho) 2 méněcenný

deficit [¹defisit] s nedostatek, schodek, manko, deficit

defile [di¹fail] v poskvrnit, pokálet, znesvětit, znečistit, zneuctít

define [di¹fain] 1 definovat, formulovat, ohraničit 2 vymezit, přesně popsat 3 charakterizovat

definit|e [¹definit] 1 určitý, jistý, pevný 2 výslovný, nahodilý; výrazný –ion [¸defi¹nišən] 1 definování, vymezení 2 vysvětlení, definice, určení pojmu 3 jasnost, jakost zvuku –ive [di¹finitiv] 1 konečný, rozhodný, definitivní 2 určovací, omezovací

deflat|e [di¹fleit] 1 vypumpovat plyn, vypustit vzduch 2 omezit, redukovat 3 snížit stav oběživa, provést deflaci –ion [-šən] 1 vypuštění vzduchu 2 deflace měny

deflect [di¹flekt] odklonit (se), odbočit, odchýlit (se) –ion [-šən] odklonění, odbočení, odchylka;

ohyb, průhyb nosníku

deform [di'fo:m] znetvořit ♦ *-ed* pokroucený, znetvořený **-ation** [di:fo:'meišen] znetvoření **-ity** [di-'fo:meti] **1** znetvoření **2** ohavnost

defraud [di'fro:d] **1** podvést, ošidit **2** zpronevěřit **-er** [-ə] podvodník

deft [deft] *a* hbitý, obratný, zručný

defunct [di'faŋkt] *a* zašlý, zaniklý

defuse [,di:'fju:z] **1** zneškodnit bombu **2** zmírnit

defy [di'fai] **1** vyzvat **2** vzdorovat, vzpírat se čemu, neuposlechnout **3** pohrdat čím

degauss [,di:'gaus] odmagnetizovat, vymazat magnetický záznam

degrad|ation [,degrə'deišən] **1** sesazení, degradace **2** ponížení **-e** [di'greid] **1** sesadit, zbavit hodnosti / úřadu **2** připravit o čest / důstojnost **3** pokořit **4** degenerovat (*into* v)

degree [di'gri:] **1** stupeň ve všech významech **2** akademická hodnost ♦ *by -s* postupně; *to an extreme ~* v nejvyšším stupni; *in some ~* jaksi, poněkud; *take* one's ~* promovat

deif|ication [,di:əfi'keišən] *s* **1** prohlášení za boha, zbožnění **2** přen. zbožnění **-y** [di:ə,fai] *v* **1** prohlásit za boha, zbožnit **2** považovat za boha **3** přen. zbožnit, idealizovat

deign [dein] u-, ráčit (se)

deinitialization [di:,inišiəlai'zeišən] výpoč. tech. desaktivace, uvolnění zařízení

deity [di:iti] *s* **1** božství, božská podstata **2** božstvo

deject [di'džekt] sklíčit, deprimovat **-ion** [-šən] sklíčenost, deprese

delay [di'lei] *s* odklad, průtah, prodlení ♦ *~ in delivery* opožděné dodání; *without ~* bezodkladně, bez prodlení ● *v* **1** odložit, po-, zdržet **2** váhat, otálet

delectable [di'lektəbəl] *a* rozkošný, utěšený, potěšující

delegat|e ['deligət] *s* **1** delegát, zástupce **2** vyslanec, posel, zplnomocněnec ● *v* ['deligeit] **1** vyslat, delegovat **2** pověřit, zplnomocnit **3** postoupit, přidělit komu / čemu **-ion** [,deli'geišən] **1** delegování **2** zplnomocnění **3** postoupení, přenesení, přidělení **4** delegace ♦ *~ of powers* zplnomocnění

delet|e [di'li:t] *v* škrtnout; vymazat **-erious** [,deli'tiəriəs] *a* škodlivý, zhoubný **-tion** [di'li:šən] *s* **1** škrtnutí, vymazání **2** škrt, škrtnuté slovo n. místo [viz delete]

deli ['deli] *s* hovor. lahůdky, pochoutky, delikatesy, lahůdkářské zboží

deliberat|e [di'libərət] **1** úmyslný, záměrný **2** opatrný **3** dobře uvážený ● *v* [di'libəreit] **1** uvažovat **2** radit se, rokovat **-ely** [-li] po zralé úvaze, záměrně, úmyslně **-ion** [di,libə'reišən] **1** úvaha, uvážení **2** zprav. porada, diskuse **-ive** [-iv] poradní

delic|acy ['delikəsi] **1** jemnost, křehkost, citlivost, delikátnost **2** lahůdka, vybraná pochoutka **3** vybíravost v jídle **4** ohleduplnost **-ate** [-t] **1** jemný, citlivý, křehký, choulostivý **2** vybraný, velmi chutný, lahodný **-atessen** [,delikə-'tesn] **1** pl lahůdky **2** sg lahůdkářství **-ious** [di'lišəs] **1** lahodný, výtečný, chutný **2** rozkošný

delight [di'lait] *s* potěšení, rozkoš, radost; požitek ♦ *take* ~ in a t.* **1** mít radost / potěšení z čeho ● *v* **1** po-, těšit se **2** roz-, za|radovat (se), působit radost ♦ *I am -ed to* (*hear...*) rád (slyším...), s potěšením (se dovídám...) **-ful** [-ful] rozkošný

delimit [di'limit] *v* stanovit hranice čeho, vymezit, ohraničit, delimitovat **-er** [di'limitə] *s* výpoč. tech. znak označující začátek n. konec souboru dat

delineate [di'lini,eit] *v* **1** podrobně n. živě vykreslit, zobrazit **2** nakreslit, narýsovat, načrtnout

delinquen|cy [di'liŋkwənsi] **1** trestné jednání, přečin, delikt **2** zločinnost, kriminalita **3** porušení povinnosti ♦ *juvenile ~* zločinnosl mladistvých **–t** [-t] provinilec

delirious [di'liəriəs] *a* **1** třeštící, blouznící, delirantní **2** přen. šílený, šílící, bláznivý: *we were ~ with joy* šíleli jsme radostí

deliver [di'livə] **1** doručit poštu, odevzdat; vy-, pře|dat **2** vy-, o|svobodit (*from* od), zbavit (*of* tíživého); **3** vyřídit zprávu **4** pronést řeč **5** zasadit ránu **6** hodit, podat míč **7** provést útok **8** pomoci při porodu (*of* dítěte) (*be -ed of* porodit ♦ *~ a passenger* dopravit cestujícího; *be -ed* (*on...*) k dodání (*...kdy*); *be -ed to the addressee only* doručit do vlastních rukou ~ **over** / **up** odevzdat, pře-, vy|dat **–ance** [-rəns] *pas* vy-, o|svobozen ● s prohlášení **–y** [-ri] **1** osvobození **2** dodávka, roznáška, rozvážka, doručování **3** podání míče **4** pronesení řeči, přednes **5** porod ♦ *cash on ~*, am. *collect on ~* splatno při dodání, na dobírku; *~ fee* doručné; *home ~* dodávka do domu; *personal ~* do vlastních rukou; *place of ~* místo dodání; *special ~* spěšné doručení; *terms of ~* dodací podmínky

delu|de [di'lu:d] oklamat, podvést **–ion** [-žn] **1** podvod, klam **2** sebeklam, přelud **–sive** [-siv] klamný

delve [delv] *v* **1** vyhledávat, prozkoumávat **2** pátrat, probádat

demand [di'ma:nd] **1** požadavek, pohledávka **2** nárok (*on* na) **3** poptávka (*for, after* po) ♦ *it is in great ~* je po tom velká poptávka, jde to na odbyt; *it is in little ~* to se málo žádá; *fill* / *meet a ~* uspokojit poptávku; *supply meets ~* nabídka kryje poptávku ● *v* žádat, dožadovat se; po-, vy|žadovat; dotazovat se

demarcation [ˌdi:ma:'keišən] **1** o-hraničení, vymezení **2** vytýčení hranic ♦ *line of ~* demarkační, hraniční čára

demean [di'mi:n] snížit, zhoršit *~ o.s.* snížit se, zadat si **–our** [-ə] chování, způsoby

demi- ['demi-] polo-

demob [di:'mob] (*-bb-*) = *demobilize* [di:'məubilaiz] demobilizovat

democra|cy [di'mokrəsi] demokracie ♦ *People's D~* lidová demokracie **–t** ['deməkræt] demokrat **–tic(al)** [ˌdemo'krætik(l)] demokratický

demolish [di'moliš] **1** strhnout, zbourat, zničit **2** hovor. zbaštit **–tion** [ˌdemə'lišən] zbourání, demolice

demonstrat|e ['demənstreit] **1** ukázat **2** projevit, dát najevo **3** předvádět, demonstrovat **–ion** [ˌdemən'streišən] **1** ukázání, názorná ukázka **2** pro-, do|kázání, vysvětlení; projev, manifestace **3** předvedení, demonstrování, demonstrace **–ionist** [-šənist] demonstrant **–ive** [di'monstrətiv] **1** jaz. ukazovací zájmeno **2** objasňující, průkazný **3** projevující se **4** okázalý

demur [di'mə:] *s* námitka, protest; váhání ● *v* (*-rr-*) namítat (*to* proti), vyjádřit pochybnosti

demystify [ˌdi:'mistifai] demystifikovat

den ['den] doupě, brloh

denazi|fy [di:'na:tsifai] denacifikovat **–fication** ['di:ˌna:tsifi'keišən] denacifikace

denial [di'naiəl] **1** odepření, odmítnutí **2** záporná odpověď, popření

denigrate ['deniˌgreit] *v* **1** očernit, pošpinit, pomluvit, zostudit **2** začernit, zbarvit do černa

denim ['denim] *s* **1** kepr, džínsovina **2** pracovní kalhoty, montérky, kombinéza ● *a* keprový, džínsový

denizen ['denizən] *s* **1** častý návštěvník *of* čeho **2** obyvatel, starousedlík

Denmark [ˈdenmɑːk] Dánsko

denominat|e [diˈnomineit] pojmenovat **–ion** [diˈnomiˈneišən] **1** pojmenování **2** hodnota známky, mince **3** vyznání náb. **–or** [-ə] jmenovatel ve zlomku *common* ~ společný jmenovatel i přen.

denot|ation [ˌdiːnəuˈteišən] označení, význam **–e** [diˈnəut] **1** označit **2** znamenat

denounce [diˈnauns] **1** udat, denuncovat **2** veřejně odsoudit, obžalovat **3** vypovědět smlouvu

dens|e [ˈdens] **1** hustý **2** nechápavý **–ity 1** hustota **2** fyz. hutnost

dent [ˈdent] zářez, vrub **–al** [-l] zubní **–ifrice** [ˈdentifris] zubní prášek, ústní voda **–ist** zubní lékař **–istry** zubní lékařství **–ition** [-ˈišən] med. chrup **–ure** [ˈdenčə] umělý chrup

denuclearize [ˌdiːˈnjuːkliəraiz] zbavit jaderných zbraní

denude [diˈnjuːd] obnažit; geol. denudovat

denunciation [diˌnansiˈeišən] **1** udání, denunciace **2** veřejná obžaloba **3** vypovězení smlouvy

deny [diˈnai] **1** po-, zapřít **2** popírat, odmítat **3** odepřít (*o.s.* si)

deodorant [diːˈəudərənt] dezodorizační prostředek, dezodorant

de-orbit [ˌdiːˈoːbit] stáhnout družici z oběžné dráhy

depart [diˈpɑːt] **1** odejít, odjet, odcestovat **2** zemřít (*this life*) **3** odbočit, odchýlit se **–ment 1** rezort, obor působnosti **2** oddělení, odbor **3** vysokoškolský ústav, dř. seminář, nyní u nás katedra **4** am. ministerstvo ♦ *employment / personnel / staff* ~ osobní oddělení; *head of* ~ vedoucí oddělení **–mental** [ˌdiːpɑːtˈmentl] odborový, týkající se odboru, oddělení **–ure** [-čə] **1** odjezd, odchod **2** od-, ú|chylka ♦ *flight* ~ odlet; ~ *from the rule* odchylka od pra-

vidla, výjimka

depend [diˈpend] **1** záviset, být závislý (*upon, on* na) **2** spoléhat (na co) ♦ *it -s whether / if...* přijde na to, záleží na tom, zda... **–able** [-əbl] spolehlivý **–ence** [-əns] **1** závislost ((*up*)*on* na) **2** spolehnutí chorobný návyk ((*up*)*on* na) **–ency** [-ənsi] **1** závislost **2** kolonie, država **–ent** a **1** závislý (*on, upon* na) **2** spoléhající (na co) ● s příslušník rodiny

depict [diˈpikt] vylíčit, zobrazit

deplane [diˈplein] am. vystoupit z letadla

deplet|e [diˈpliːt] vyprázdnit, vyčerpat **–ion** [-šən] **1** vyprázdnění, vyčerpání **2** spotřebování podstaty

deplor|able [diˈploːrəbl] politováníhodný, žalostný **–e** [diˈploː] želet, naříkat, hluboce litovat

deploy [diˈploi] *v* **1** rozvinout, rozestavit, rozmístit síly **2** rozvinout se, rozestavit se, rozmístit se, zaujmout bojové postavení

de-pollute [ˌdiːpəˈluːt] ekol. zbavit prostředí znečistění

depose [diˈpəuz] **1** sesadit **2** přísežně vypovídat

deposit [diˈpozit] *s* **1** vklad **2** zástava, záruka, záloha **3** soudní úschova, depozitum, deponát **4** nános, sedlina, usazenina ● *v* **1** uložit, dát do úschovy, deponovat **2** vložit **3** naplavit **–ion** [ˌdepəˈzišən] **1** uložení, dání do úschovy **2** složení zálohy apod., deponování **3** prohlášení, výpověď zvl. písemná **4** sesazení **5** sedlina **–or** [diˈpozitə] vkladatel **–ory** [diˈpozitəri] **1** úschovna, depozitář; trezor **2** am. knihovna státních publikací

deport [diˈpoːt] *v* **1** vykázat, vypovědět nežádoucí osobu ze země; poslat do vyhnanství **2** deportovat, násilím odvléci **3** chovat se

depot [ˈdepəu] **1** skladiště **2** am. nádraží

deprav|e [diˈpreiv] zkazit morálně

–ity [di'prævəti] mravní zkaže-
nost, zpustlost

depreciat|e [di'pri:šieit] **1** snížit ce-
nu, znehodnotit (se), klesnout v
ceně **2** podceňovat **–ion** [di,pri:-
ši'eišən] **1** snížení ceny, pokles v
ceně **2** znehodnocení, devalvace
měny **3** amortizace

depress [di'pres] **1** stlačit, snížit **2**
zeslabit, pokořit **3** sklíčit, depri-
movat, zbavit odvahy **–ion** [-šən]
1 snížení, pokles, stlačení **2** pro-
láklina, důlek **3** skleslost, de-
prese, ochablost **–ive** [-siv] tís-
nivý, depresívní

depriv|ation [,depri'veišən] **1** zba-
vení čeho **2** ztráta, nedostatek **3**
sesazení z úřadu, zbavení hodnos-
ti **–e** [di'praiv] **1** zbavit (a p. of a
t. koho čeho), připravit koho o co **2**
sesadit z úřadu, zbavit hodnosti ♦
-ed children bezprizorné děti

depth [depθ] **1** hloubka **2** hlubina

deput|ation [,depju'teišən] depu-
tace, delegace **–e** [di'pju:t] dele-
govat, pověřit **–ize** ['depjutaiz]
zastupovat **–y** ['depjuti] **1** zá-
stupce, náměstek **2** poslanec mi-
mo Velkou Británii ♦ *Chamber of
D~ies* poslanecká sněmovna mi-
mo Velkou Británii; *~ minister* námés-
tek ministra; *~ speaker* místopřed-
seda sněmovny

derail [di'reil] vykolejit **–ment**
[-mənt] vykolejení

derange [di'reindž] uvést v nepořá-
dek, rozrušit; pokazit **–ment**
[-mənt] porucha, nepořádek,
zmatek

deration [,di:'ræšən] zrušit přídělo-
vý systém

Derby ['da:bi] **1** derby každoroční koň-
ské dostihy v Epsomu **2** ['də:bi] am.
tvrďák, buřinka

derelict ['derilikt] *s* **1** věc bez ma-
jitele **2** opuštěná loď, plovoucí
vrak **3** vyděděnec, vyvrhel ● *a*
opuštěný, bez pána

deri|de [di'raid] vysmívat se **–sion**
[di'rižn] po-, vý|směch **–sive** [di-
'raisiv] výsměšný

deriv|ation [,deri'veišən] **1** odvozo-
vání, odvozenina, derivace **2** pů-
vod **–e** [di'raiv] **1** odvozovat **2**
pocházet (*from* od) **–ative** [di-
'rivətiv] odvozený, nepůvodní

dermatitis [,də:mə'taitis] dermati-
tis, zánět kůže

derogat|e ['derogeit] **1** zlehčovat,
snižovat **2** klesnout v ceně **3** u-
bírat **4** ponížit se, zadat si **–ion**
[,derə'geišən] **1** poškození, ublí-
žení **2** zlehčení, zmenšení, sní-
žení **3** práv. derogace **–ory** [di-
'rogətəri] **1** nesrovnávající se (*to*
s) škodlivý **2** ponižující, zlehču-
jící, utrhačný

derrick ['derik] jeřáb otočný, sloupový
n. trojnožkový; vrtná věž

descend [di'send] **1** sestoupit **2**
svažovat se, klesat **3** pocházet
(*from* z, od) **4** udeřit, zaútočit,
přepadnout **–ant** [-ənt] potomek;
následovník

descent [di'sent] **1** sestup, spád,
svah **2** původ, rod **3** útok, ná-
jezd, razie, vpád

descramble [,di:'skræmbl] výpoč.
tech. dekódovat

descri|be [di'skraib] **1** popsat, vylí-
čit **2** mat. opsat kružnici **–ption**
[dis'kripšən] **1** popis, vylíčení **2**
opsání křivky **3** označení, pojme-
nování **4** druh, typ ♦ *choice -s*
vybrané druhy **–ptive** [dis'kriptiv]
popisný **–ptor** [dis'kriptə] *s* poč.
identifikátor položky v informačním sys-
tému

desert[1] [di'zə:t] zásluha

desert[2] ['dezət] *s* poušť ● *a* ne-
obydlený, pustý ● *v* [di'zə:t] **1** o-
pustit **2** zběhnout, dezertovat
–er [di'za:tə] zběh, dezertér **–ion**
[di'zə:šən] zběhnutí, dezerce

deserv|e [di'zə:v] zasloužit si, být
hoden čeho **–ing** čeho zasloužilý

design [di'zain] *s* **1** desén, vzor,
vzorek **2** návrh, projekt **3** ná-
črtk, nákres, kresba **4** schéma,
rozvržení **5** konstrukční typ **6** zá-

měr, úmysl, plán; úskok 7 osnova, libreto výstavy ♦ ~ *engineer* konstruktér ● *v* 1 načrtnout, nakreslit 2 vytvářet 3 navrhovat, projektovat, konstruovat 4 označit, určit 5 plánovat, zamýšlet

designat|e [ˈdezignit] *a* dezignovaný, nastávající ● *v* [ˈdezigneit] 1 označit, jmenovat 2 určit, stanovit **–ion** [ˌdezigˈneišən] 1 označení 2 určení, jmenování, název

design|edly [diˈzainidli] úmyslně, záměrně **–er** [-ə] 1 navrhovatel, návrhář, konstruktér 2 vzorkař 3 film., div. výtvarník **–ing** [-iŋ] záludný, intrikánský

desir|able [diˈzaiərəbl] žádoucí, vhodný **–e** [diˈzaiə] *s* touha (*for* po), přání ● *v* toužit, přát si, být žádostiv **–ed** [-d] žádoucí **–ous** [-s] žádostivý, přející si (*of* co)

desist [diˈzist] upustit (*from* od), ustat (*in* v)

desk [ˈdesk] 1 psací stůl 2 pult, přepážka 3 sekce; redakce 4 recepce hotelu

desktop publishing [ˈdesktopˈpablišiŋ] *s* výpoč. tech. hardwerové a softwerové zařízení, které umožňuje zpracovávat počítačovou grafiku včetně jejího výstupu ve vysoké kvalitě

desolat|e [ˈdesələt] *a* 1 opuštěný, pustý 2 bezútěšný, beznadějný, skličující ● *v* [ˈdesəleit] zpustošit, vyplenit **–ion** [ˌdesəˈleišən] 1 zpustošení 2 bezútěšnost

despair [disˈpeə] *s* zoufalství ● *v* zoufat si (*of* nad) **–ing** zoufalý

despatch [disˈpæč] v. *dispatch*

desperat|e [ˈdespərət] 1 zoufalý, ze zoufalosti nebezpečný 2 hrozný čas, počasí ♦ *-ly in love with a p.* k smrti zamilovaný do koho **–ion** [ˌdespəˈreišən] zoufalství

despicable [diˈspikəbəl] *a* opovrženíhodný, ohavný, mrzký, bídný

despise [diˈspaiz] pohrdat, opovrhovat kým / čím

despite [diˈspait] *s* opovržení, zloba ● *prep.* vzdor čemu, přesto,

že **–ful** [-ful] zlomyslný, potměšilý

despoil [diˈspoil] vyplenit, oloupit (*of* o co)

desponden|cy [diˈspondənsi] malomyslnost, skleslost **–t** [-t] malomyslný, skleslý

dessert [diˈzə:t] desert ovoce / zákusek

destin|ation [ˌdestiˈneišən] 1 určení 2 místo určení, cíl cesty ♦ *reach the ~* dosáhnout místa určení, dojít na místo určení **–e** [ˈdestin] určit **–y** [ˈdestini] osud

destitut|e [ˈdestitju:t] 1 jsoucí bez prostředků 2 nuzný, trpící nedostatkem (*of* čeho) 3 postrádající, zbavený čeho ♦ *the market is ~ of a t.* něco není vůbec na trhu **–ion** [ˌdestiˈtju:šən] 1 chudoba, bída 2 nedostatek, nouze

destroy [diˈstroi] zbořit, zničit; zabít **–er** [-ə] torpédoborec

destructi|on [diˈstrakšən] zničení, zkáza **–ve** [-tiv] ničivý, bořivý, destruktivní

desultory [ˈdesəltəri] přelétavý, povrchní, těkavý; nesoustavný

detach [diˈtæč] 1 oddělit, odtrhnout 2 odeslat **–able** [-əbl] oddělitelný **–ed** [-t] 1 stojící o samotě, oddělený 2 objektivní **–ment** [-mənt] 1 oddělení, odtržení, odpojení 2 voj. detašovaná jednotka 3 objektivita, nezainteresovanost

detail [ˈdi:teil] *s* 1 podrobnost, jednotlivost, detail 2 tech. součást ♦ *in ~* podrobně, jednotlivě ● *v* 1 podrobně uvést, vylíčit 2 vyčlenit, přidělit **–ed** [-d] podrobný

detain [diˈtein] z(a)držet; držet ve vazbě

detect [diˈtekt] objevit, odhalit **–ion** [-šən] objevení, odhalení **–ive** [-tiv] *s* detektiv ● *a* detektivní ♦ *~ story* detektivka **–or** [-tə] detektor

détente [deiˈtá:ŋt] uvolnění mezinárodního napětí

detention [di'tenšən] **1** zadržení, zbavení **2** věznění, vazba **3** trest «po škole» **4** práv. detence ♦ ~ *on remand* vyšetřovací vazba

deter [di'tə:] (-*rr*-) odstrašit

detergent [di'tə:dž nt] čistící, prací / prostředek; saponát

deteriorat|e [di'tiəriəreit] zhoršit (se), zkazit (se) **–ion** [di¡tiəriə'reišən] zhoršení, zkažení, degenerace rasy ♦ ~ *of air quality* ekol. zhoršení kvality ovzduší

determin|ate [di'tə:minət] určitý, vymezený; rozhodný **–ation** [di¡tə:mi'neišən] **1** rozhodování, rozhodnutí **2** odhodlanost, rozhodnost **3** směr, tendence **–e** [di'tə:min] určit, stanovit, udat; rozhodnout (se) (*on, upon* a t. o čem); práv. vymezit **–ed** [-d] rozhodný, odhodlaný

deterrent [di'terənt] zastrašovací prostředek

detest [di'test] ošklivit si **–able** [-əbl] ohavný **–ation** [¡di:te'steišən] ošklivost (*of* z, před)

dethrone [di'θrəun] sesadit panovníka

detonat|e ['detəneit] vybuchnout **–ion** [¡detə'neišən] výbuch

detour ['di:¡tuə] *s* **1** oklika, objížďka **2** zajížďka, odbočka ● *v* učinit okliku, jít / jet oklikou *round* kolem; odklonit vozidlo od směru, poslat objížďkou kolem; vyhnout se čemu

detract [di'trækt] ubrat, zkrátit; zlehčit (*from* co)

detriment ['detrimənt] škoda, újma ♦ *to the* ~ *of* a t. na újmu čeho; *without a* ~ *to* a t. bez újmy čeho **–al** [¡detri'mentl] škodlivý, zhoubný ♦ ~ *effects* škodlivé účinky

detrition [di'trišən] obrušování, obrus

deuce ['dju:s] **1** hovor. ďas, čert **2** dvojka v kartách / kostkách **3** shoda v tenise ♦ *the* ~ *take it!* vzal to čert!; *why, what the* ~...? proč u sta hromů...?; *the* ~ *of a fellow* čer-

tovský chlapík **–d** [-t] zatra(cené)

devalu|ation [¡divælju'eišən] devalvace **–e** [¡di:'vælju:] devalvovat

devastat|e ['devəsteit] zpustošit **–ion** [¡devə'steišən] zpustošení

develop [di'veləp] **1** vy-, roz|vinout (se) **2** am. odhalit, ukázat **3** vyjít najevo, objevit se **4** rozvést, rozpracovat **5** nemoc v sobě (vy)pěstovat **6** fot. vyvolat **–er** [-ə] **1** fot. vývojka **2** vývojový projektant **–ing** rozvojový ♦ ~ *countries* rozvojové země **–ment** [-mənt] **1** vý-, roz|voj **2** vy-, roz|vinutí **3** výzkum(ná práce), projektování a konstrukce prototypu **4** (*housing* ~) sídliště **5** fot. vyvolání

deviat|e [di'vieit] od-, u|chýlit se, odbočit (*from* od) **–ion** [¡di:vi'eišən] od-, ú|chylka; deviace **–ion- ist** [¡di:vi'eišənist] polit. úchylkář

device [di'vais] **1** plán, záměr **2** nápad, vynález **3** vynalézavost **4** prostředek, zařízení, přístroj **5** znak, znamení, devíza ♦ *fire fighting* ~ protipožární zařízení; *safety* ~ bezpečnostní opatření

devil ['devl] **1** ďábel, čert **2** zlý člověk ♦ *a poor* ~ chudák; *what the* ~*!* co u čerta...! **–ish** ['devliš] **1** ďábelský, čertovský **2** pekelný ohromný **–ry** ['devlri] ďábelský kousek, darebáctví

devious ['di:viəs] **1** odchylný **2** zcestný, mylný **3** křivolaký

devise [di'vaiz] *s* odkaz čeho ● *v* **1** vymyslet, navrhnout **2** práv. odkázat **–r** [-ə] navrhovatel, osnovatel

devoid [di'void] postrádající, prostý (*of* čeho)

devolution [¡di:və'lu:šən] práv. převedení pravomoci na ♦ ~ *of property on death* práv. rozdělení majetku při úmrtí

devolve [di'volv] **1** připadnout (*to* a p. komu); předat (a t. (*up)on* a p. komu co)

devot|e [di'vəut] věnovat, zasvětit ♦ **–ed** věnovaný, zasvěcený,

oddaný ~ *o.s.* věnovat se **–ion**
[-šən] oddanost, péče; zbožnost
–ional [-šənl] zbožný, devocio-
nální
devour [di'vauə] pohltit, zničit
devout [di'vaut] **1** zbožný; vroucný
2 oddaný
dew ['dju:] *s* rosa; orosení ● *v* **1**
orosit **3** *it* -*s* padá rosa **–lap** lalok
zvířete **–y** [-i] orosený, rosný
dexter|ity [dek'sterəti] obratnost,
bystrost **–ous** ['dekstərəs] obrat-
ný, bystrý
diabetes [,daiə'bi:ti:z] med. cukrov-
ka
diabolic(al) [,daiə'balik(l)] *a* **1** přen.
ďábelský, pekelný **2** ďábelský,
pekelný, satanský
diacritical [,daiə'kritikl] *a* jaz. rozli-
šovací, diakritický ~ **mark** [,daiə-
'kritikl'ma:k] *s* rozlišovací / diakri-
tické znaménko
diadem ['daiə,dem] *s* **1** čelenka,
diadém **2** královská moc n. dů-
stojnost
diagnos|e ['daiəg,nous] *v* určit, po-
psat; diagnostikovat, rozpoznat
chorobu, určit diagnózu **–is** [,dai-
əg'nousis] *s* **1** med. diagnóza, roz-
poznání **2** biol. určení, popsání,
klasifikace druhu **–tic** [,daiəg'nas-
tik] *a* **1** diagnostický, rozpozná-
vací **2** sloužící k rozpoznání *of* če-
ho, charakteristický **–tics** [,daiəg-
'nastiks] *s* diagnostika
diagonal [dai'ægənl] *a* úhlopříčný,
diagonální, šikmo pruhovaný ● *s*
1 úhlopříčka, diagonála **2** šikmé
pruhování; keprová vazba **3** šik-
má zlomková čára (/)
diagram ['daiəgræm] diagram, graf,
nákres, schéma
dial ['daiəl] *s* **1** ciferník, sluneční
hodiny **2** telefonní kotouč, čísel-
ník ● *v* (-*ll*-) vytočit číslo
dialect ['daiəlekt] nářečí, dialekt
–ic(al) [,daiə'lektik(l)] dialektický
♦ ~ *materialism* dialektický ma-
terialismus **–ics** [,daiə'lektiks]
dialektika

dialogue ['daiəlog] rozhovor, dia-
log
diameter [dai'æmitə] průměr
diamond ['daiəmənd] **1** diamant **2**
kosočtverec **3** karet. káro
diaper ['daiəpə] *s* dětská plena,
plenka ● *v* dát n. vyměnit plenu,
převinout
diaphragm ['daiəfræm] anat. bráni-
ce, přepážka
diarrhoea [,daiə'riə] průjem
diary ['daiəri] **1** deník **2** zápisník,
kapesní kalendář
dice ['dais] *s pl od die* hrací kostky ●
v hrát v kostky
Dick ['dik] Ríša zdrob. od Richarda
dick[1] [dik] *s* am. slang. detektiv, čmu-
chal
dick[2] [dik] *s* vulg. am. slang. penis,
frantík
dickens ['dikənz] *s* hovor. čert, ďas:
you frightened the ~s out of me
ty jsi mě k smrti vyděsil
dicky ['diki] *a* am. slang. společensky
nevhodný, uhozený
dictat|e [dik'teit] diktovat **–ion**
[-šən] diktát **–or** [-tə] diktátor **–o-
rial** [,diktə'to:riəl] diktátorský
–orship [dik'teitəšip] diktatura
diction ['dikšən] dikce, styl; před-
nes, výslovnost
dictionary ['dikšənəri] slovník
did ['did] *pt od* do
didactic [di'dæktik] didaktický,
poučný, pedantský **–s** [-s] didak-
tika
die[1] ['dai] **1** pl *dice* hrací kostka **2** pl
dies lisovadlo, razidlo, matrice ♦
the ~ is *cast* kostky jsou vrženy
~-casting lití pod tlakem (též
pressure ~ -*casting*)
die[2] ['dai] (*dying*) u-, ze|mřít (*of* na)
~ **away** doznívat, tichnout, zani-
kat, hasnout, dohořívat ~ **off** = ~
out vymřít
diet ['daiət] *s* **1** strava, dieta **2**
sněm, parlament ● *v* předepsat,
držet dietu **–ary** [-əri] dietní
differ ['difə] **1** lišit se, být různý
(*from* od) **2** neshodovat se, být v

rozporu (*from* s) **–ence** [ˈdifrəns]
1 rozdíl, odlišnost **2** neshoda,
rozpor **3** schodek, manko ♦ *it
makes* a* (*great*) ~ na tom záleží,
to má značný význam; *it doesn't
make* any* ~ to nevadí, to neroz-
hoduje **–ent** [ˈdifrənt] rozdílný,
odlišný (*from* od) **–ential** [ˌdifə-
ˈrenšl] *s* **1** rozdíl, diference **2** tech.
diferenciál ● *a* diferenční; med.,
mat. diferenciální **–entiate** [ˌdifə-
ˈrenšieit] **1** odlišit **2** lišit se

difficult [ˈdifikəlt] **1** obtížný, ne-
snadný **2** nepoddajný, neukáz-
něný **–y** [-i] **1** potíž, obtíž, nesnáz
2 nesnadnost ♦ *be in -ies* být v
nesnázích; ~ *in hearing* n. *being
heard* špatná slyšitelnost: *meet**
(*with*) *-ies* narazit na obtíže; *with*
~ stěží

diffiden|ce [ˈdifidəns] nedůvěři-
vost; ostych **–t** [-t] nedůvěřivý,
ostýchavý (*of a p.* ke komu)

diffus|e [ˈdifjuːz] *v* rozšířit (se) světlo,
zprávu apod., rozlévat (se), rozptýlit
(se) ● *a* [-s] **1** rozptýlený **2** mno-
homluvný, rozvláčný **–ion** [diˈfjuː-
žn] rozšíření, rozptyl, difúze

dig* [ˈdig] *v* **1** kopat; rýt, vrtat **2**
vrtat se v čem **3** rýpat do žeber **4**
slang. baštit koho, žrát co ● *s* rýp-
nutí (*in the ribs* do žeber, *at a p.*
do koho poznámkou) **–ger** [-ə] **1** ko-
pač **2** (*gold* ~) zlatokop **3** slang.
Australan **–ging** [-iŋ] **1** kopání,
vrtání **2** *-s,* pl důl; zlatonosné
pole; brit. hovor. podnájem

digest [ˈdaidžest] **1** krátký obsah,
resumé, výtah z čeho **2** sbírka zá-
konů apod. **3** pravidelný literární
přehled ● *v* [daiˈdžest] **1** (s)trávit,
zažívat **2** podat resumé / pře-
hled, shrnout **–ible** [diˈdžestəbl]
stravitelný **–ion** [diˈdžeščən] trá-
vení, zažívání **–ive** [diˈdžestiv] *s*
zažívací prostředek ● *a* podpo-
rující trávení / zažívání

digit [ˈdidžit] **1** prst **2** šířka prstu **3**
číslice ♦ *of two -s* dvoumístný,
dvouciferný, na dvě desetinná

místa **–al** [-l] číslicový, digitální ~
computer číslicový počítač ~ *in-
put* číslicový vstup ~ *notation*
číslicový zápis

digni|fy [ˈdignifai] poctít, vyzname-
nat **–fied** [-d] důstojný **–tary**
[-təri] hodnostář **–ty** [-ti] důstoj-
nost, hodnost

digress [daiˈgres] odbočit, uchýlit
se **–ion** [-šən] odbočka, odchyl-
ka

dike [ˈdaik] **1** příkop, hráz; násep **2**
geol. žíla

dilapidate [diˈlæpiˌdeit] *v* nechat
chátrat, zničit, zruinovat **–d** [diˈlæ-
piˌdeitid] *a* polorozpadlý, na
spadnutí, zchátralý, zanedbaný;
zničený, zruinovaný

dilat|e [ˈdaiəˌleit] *v* **1** roztáhnout
(se), rozšířit (se), otevřít (se) do
široka, dilatovat **2** šířit se, ze
široka vykládat (*up*)*on* o **–ed**
[ˌdaiəˈleitid] *a* roztažený, rozšíře-
ný, do široka otevřený, dilatova-
ný **–or** [ˌdaiəˈleitə] *s* dilatátor

dilemma [diˈlemə] těžké rozhodo-
vání, rozpaky

diligen|ce [ˈdilidžəns] píle, přičin-
livost **–t** [-t] pilný, přičinlivý

dill [ˈdil] bot. kopr

dilly-dally [ˈdilidæli] hovor. mařit čas,
váhat (*over* s)

dilut|e [daiˈljuːt] *a* (roz)ředěný ● *v*
(roz)ředit **–ion** [-šən] **1** rozředění
2 roztok

dim [ˈdim] *a* (*-mm-*) kalný, nejasný,
mdlý; tupý, omezeny ♦ *take* a ~
view of* dívat se pesimisticky na
● *v* (*-mm-*) zakalit, zamlžit, za-
clonit **--out** zatemnění za války

dime [ˈdaim] deseticent am. mince

dimension [diˈmenšən] rozměr

dimin|ish [diˈminiš] **1** zmenšit (se)
2 hud. snížit tón **3** omezit, redu-
kovat **4** pokořit **–ution** [ˌdimi-
ˈnjuːšən] **1** zmenšení, úbytek **2**
hud. snížení tónu, diminuce

dimple [ˈdimpl] *s* důlek, dolíček,
jamka v obličeji, na povrchu

din|e [ˈdain] obědvat / večeřet, pohostit jídlem **–er** [-ə] **1** kdo obědvá / večeří **2** am. jídelní vůz **–ing-cart** jídelní vůz **–ing-hall** jídelna ve škole apod. **–ing-room** jídelna v bytě

ding [ˈdiŋ] uhodit; překonat; zvonit, vyzvánět **~-dong** [-doŋ] *a* se střídavým průběhem ● *interj* bim bam

dinghy [ˈdiŋi] *s* malý člun

dinky [ˈdiŋki] *a* hovor. malý, maličký, mrňavý, bezvýznamný

dinner [ˈdinə] hlavní jídlo dne oběd / večeře ◆ *farewell* ~ večeře na rozloučenou **~-jacket** brit. smoking **~-time** obvyklý čas oběda / večeře

dip [ˈdip] *v* (*-pp-*) **1** s-, na|močit (se) **2** ponořit (se) **3** nabírat **4** sklonit vlajku, zbraň **5** přelétnout knihu **6** tlumit světla **7** sklánět se, svažovat se ● *s* **1** ponoření, s-, na|močení **2** hovor. krátká koupel **3** sklon, úhel sklonu, sklonění / stažení vlajky **4** lojová svíčka **5** pokles cen **6** lžíce čeho **7** omáčka, pomazánka **8** káď, sud **9** am. slang kapsář

diphteria [difˈθiəriə] záškrt

diploma [diˈpləumə] diplom **–cy** [-si] diplomacie **–t** [ˈdipləmæt] diplomat **–tic** [ˌdipləˈmætik] diplomatický **–tist** [diˈpləumətist] diplomat

dipper [ˈdipə] **1** potápěč **2** brit. nábož. hovor. baptista **3** naběračka ◆ *the Great* / *Big D~* am. Velký vůz souhvězdí

dire [ˈdaiə] *a* **1** strašný, strašlivý, hrozivý **2** naléhavý, nutný, zoufalý; krajní, extrémní

direct [ˈdirekt, daiˈrekt] *a* přímý ◆ ~ *current* stejnosměrný proud ● *v* **1** zamířit, obrátit co kam **2** udat směr, ukázat cestu **3** vést koho **4** řídit **5** adresovat **6** nařídit, dát pokyn k vyřízení ◆ *as -ed* podle pokynů ● *adv* přímo **–ion** [-šən] **1** řízení, správa čeho **2** směr **3** adresa **4** příkaz **5** pokyn, návod,

směrnice ◆ *in the absence of -s* nejsou-li dány směrnice; *"D~ To Be Followed"* «Povinný směr jízdy» silniční značka; ~ *finder* rádiový zaměřovač; *in the* ~ *of* směrem do, k; ~ *indicator* ukazatel směru; *from the opposite* ~ z protisměru; ~ *sign* směrová tabulka / značka; *-s for use* návod k použití **–ive** [-tiv] *s* příkaz, směrnice ● *a* **1** řídící, vedoucí **2** ukazující cestu **3** směrodatný **–ly** [-li] *adv* **1** přímo, rovněž **2** okamžitě, ihned ● *conj* hned jak, jakmile **–or** [-tə] **1** ředitel, člen správní rady n. představenstva **2** filmový režisér **3** am. studijní poradce **4** dělostřelecký zaměřovač ◆ *acting* ~ úřadující předseda správní rady, vrchní ředitel; *assistant* ~ asistent režie; *board of -s* správní rada [-rət] **–orate** [-rət] **–orship** [diˈrektəšip] ředitelství, představenstvo **–orial** [ˌdirekˈto:riəl, ˌdairekˈto:riəl] ředitelský, vedoucí, řídící; režijní **–ory** [diˈrektəri] *s* **1** vodítko, ukazatel **2** adresář **3** ředitelství ◆ *telephone* ~ telefonní seznam **–ress** [-tris] ředitelka, představená, vedoucí

dirigible [ˈdiridžəbl] *s* řiditelná vzducholoď ● *a* řiditelný

dirt [ˈdə:t] špína, nečistota; am. hlína **~-cheap** «za babku», skoro zadarmo **–y** [-i] **1** špinavý **2** sprostý ◆ ~ *business* lumpárna

dis|ability [ˌdisəˈbiləti] **1** slabost **2** neschopnost; invalidita **3** nevýhoda, handicap ◆ *a person under* ~ osoba nezpůsobilá...; ~ *pension* invalidní důchod **–able** [disˈeibl] **1** oslabit, zbavit způsobilosti **2** učinit nezpůsobilým (*from, for* k) **3** oslabit, zneškodnit **4** výpoč. tech. dezaktivovat, blokovat zařízení ◆ *-d* neschopný; *-d person* invalida **–ablement** [disˈeiblmənt] neschopnost; zmrzačení; invalidita

disadvantage [ˌdisədˈva:ntidž] nevýhoda, nedostatek, škoda ♦ *take* a p. at a ~* využít něčí nevýhody **–ous** [ˌdisdva:n'teidžəs] nevýhodný

disagree [ˌdisə'gri:] **1** nesouhlasit (*with* s, *about* v), neschvalovat **2** nesvědčit, nejít k duhu (*with a p. komu*) **–able** [ˌdisə'griəbl] nepříjemný **–ment** [-mənt] nesouhlas, neshoda, různost názorů

disallow [ˌdisə'lau] neuznat, nepřipustit, zamítnout, vetovat

disappear [ˌdisə'piə] zmizet **–ance** [-rəns] zmizení

disappoint [ˌdisə'point] zklamat (*in, with, at* v); zmařit **–ment** [-mənt] zklamání

disapprov|al [ˌdisə'pru:vl] nesouhlas, neschválení **–e** [ˌdisə'pru:v] neschválit, zamítnout (*of a t.* co)

disarm [dis'a:m] odzbrojit **–ament** [dis'a:məmənt] odzbrojení

disarrange [ˌdisə'reindž] uvést ve zmatek, přeházet

disast|er [di'za:stə] pohroma, katastrofa, neštěstí **–rous** [-rəs] katastrofální

disavow [ˌdisə'vau] popřít, neuznat, distancovat se od **–al** [-əl] popření

disband [dis'bænd] v rozpustit organizovanou skupinu, demobilizovat; organizovaná skupina rozejít se, rozpadnout se, rozběhnout se, rozprchnout se, rozptýlit se

disbar [dis'ba:] v vyřadit *from* z (činnosti)

disbelie|f [ˌdisbi'li:f] **1** nevíra **2** nedůvěra, pochybnost **–ve** [-v] nevěřit, pochybovat

disburse [dis'bə:s] vydat, uhradit, vyrovnat (*~ a bill*) **–ment** [-mənt] **1** výplata, vyplacená částka **2** pl *-s* výlohy, útraty, náklady

disc v. *disk*

discard [dis'ka:d] vyřadit, odložit; propustit koho; pustit z hlavy

discern [di'sə:n] rozeznat, rozlišit; poznat, postřehnout **–ible** [-əbl] rozeznatelný, zřejmý **–ing** [-iŋ]

bystrý

discharge [dis'ča:dž] s **1** vy-, s||žení nákladu, vykládka **2** vyložené zboží **3** osvobození z obžaloby, zproštění **4** vykonání povinnosti, splnění závazku **5** zaplacení dluhu, vyrovnání **6** zastávání úřadu **7** propuštění z místa **8** vypouštění, výtok vody, hnisu **9** elektr. vybití; výboj **10** výstřel ♦ *~ of duty* výkon povinnosti; *~ tube* výbojka; *~ of a water pollutant* ekol. vypouštění látky znečišťující vodu ● v **1** vy-, s||žit náklad **2** osvobodit, zprostit obžaloby **3** odstranit, zbavit se **4** vykonat, splnit povinnost **5** zaplatit dluh **6** zastávat úřad **7** propustit z místa **8** vypustit, nechat vytéci, vylít **9** elektr. vybít **10** vystřelit, vypálit **11** (též *~ itself*) řeka vlévat se ♦ *-ed bill* proplacená směnka; *-ing gear* vykládací zařízení

disciple [di'saipl] žák, následovník

discipline ['disiplin] s **1** kázeň, disciplína **2** výcvik, výchovný prostředek ● v **1** vést ke kázni, u-káznit **2** vy-, cvičit

disclaim [dis'kleim] **1** zříci se čeho, vzdát se (nároku na co) **2** po-, za||přít, dementovat; neuznat **–er** [-ə] **1** odvolání, popření, dementi **2** práv. zřeknutí se práva, vzdání se nároku

disclos|e [dis'kləuz] **1** odkrýt, odhalit, objevit **2** prozradit **3** uveřejnit, uvést ve známost **–ure** [-žə] **1** odkrytí, odhalení **2** prozrazení

discomfort [dis'kamfət] s **1** nepohodlí **2** neklid, sklíčenost, starost ● v znepokojit

discompos|e [ˌdiskəm'pəuz] znepokojit **–ure** [-žə] znepokojení

disconcert [ˌdiskən'sə:t] vyvést z míry, rozrušit

disconnect [ˌdiskə'nekt] **1** oddělit, roz-, od||pojit **2** vypnout, přerušit spojení ♦ *-ed* řeč nesouvislý, spojení přerušovaný **–ion** [-šən] **1** roz-, od||pojení **2** vypnutí, přerušení spojení

discontent [ˌdiskən'tent] s nespokojenost ● a = **-ed** [-id] nespokojený

discontinu|ance [ˌdiskən'tinjuəns] přerušení, zastavení, práv. vzetí zpět žaloby **-e** [ˌdiskən'tinju:] přerušit, zastavit **-ity** [ˌdiskənti'nju-əti] nesouvislost; přerušení, mezera **-ous** [ˌdiskən'tinjuəs] nesouvislý

discord ['disko:d] s 1 neshoda, nesvár, konflikt 2 hud. disonance, disharmonie; disharmonický akord ● v [dis'ko:d] 1 různit se, nesouhlasit 2 hud. neladit, disonovat **-ant** [-ənt] 1 neshodující se, nesouhlasný 2 hud. disonantní, disharmonický

discothéque [ˌdiskə'tek] diskotéka

discount ['diskaunt] 1 diskont, eskont 2 srážka, skonto, rabat; sleva ♦ at a ~ pod nominále / se slevou; bank of ~ eskontní banka; ~ (house*) maloobchod prodávající pod cenou / se slevou ● v [též di'skaunt] 1 diskontovat, eskontovat 2 odpočítat, srazit 3 podceňovat; snížit 4 přen. předvídat

discourage [dis'karidʒ] 1 od-, z|razovat, srážet (from od) 2 vadit, bránit čemu, nechat se odradit, ztratit odvahu **-ment** [-mənt] zrazování, srážení, zastrašování

discourse [di'sko:s] řeč, proslov, přednáška, psané pojednání ● v rozmlouvat (on, upon, about o), pojednávat

discover [di'skavə] odkrýt, objevit, vypátrat **-y** [-i] objev, objevení

discredit [dis'kredit] s 1 špatná pověst 2 nevěrohodnost, pochybnost, nedůvěra ● v 1 pochybovat o věrohodnosti, nevěřit, podezírat 2 diskreditovat, poškodit dobrou pověst

discreet [di'skri:t] 1 rozvážný, opatrný 2 diskrétní, taktní

discrepan|cy [di'skrepənsi] rozpor,

nesouhlas **-t** [-t] odlišný (from od)

discrete [di'skri:t] oddělený, jednotlivý

discretion [di'skreʃən] 1 rozvaha, opatrnost, obezřetnost 2 volné uvážení, volnost v jednání; vlastní úsudek, rozum 3 rezervovanost, zdrženlivost, taktnost ♦ at a p.'s ~ podle libosti, podle něčí vůle; duties and -s povinnosti a práva; use one's own ~ jednat podle svého dobrého zdání **-ary** [-əri] ponechaný volnému uvážení

discriminat|e [di'skrimineit] 1 rozlišovat (between mezi, from od) 2 rozdílně nakládat (against a p. s kým), diskriminovat **-ion** [diˌskrimi'neišən] 1 rozlišovaní 2 rozdílné zacházení, diskriminace 3 rozlišovací schopnost, postřeh ♦ racial ~ rasová diskriminace **-ory** [di'skriminətəri] rozlišující; diskriminující, diskriminační

discus ['diskəs] sport. disk

discuss [dis'kas] 1 hovořit (a t. o), pro-, jednat, pro-, diskutovat 2 hovor. pochutnávat si s požitkem na čem **-ion** [-šən] pro-, jednání, diskuse, debata

disdain [dis'dein] s pohrdání, přezírání ● v pohrdat

disease [di'zi:z] choroba, nemoc

disembark [ˌdisim'ba:k] vylodit (se) jen cestující **-ation** [ˌdisimba:'keišən] vylodění

disembowel [ˌdisim'bauəl] vykuchat

disengage [ˌdisin'geidʒ] 1 vy-, z|prostit (se) (from a t. z čeho), zbavit 2 uvolnit, odepnout 3 voj. odpoutat se od nepřítele ♦ **-d** volný, zproštěný závazku **-ment** [-mənt] 1 uvolnění, z-, vy|proštění 2 mocenské odpoutání; neangažovanost (atomic ~ vytvoření bezatomového pásma)

disfavour [dis'feivə] nesouhlas (for s), odpor; nepřízeň, nemilost

disfigure [dis'figə] znetvořit, zohyzdit

disfranchise [ˌdis'frænčaiz] zbavit volebního práva n. občanských práv **-ment** [-čizmənt] zbavení práv, svobod n. výsad

disgrace [dis'greis] **1** hanba, ostuda **2** nemilost ● v způsobit hanbu, zostudit **-ful** [-ful] hanebný, ostudný

disgruntled [dis'grantld] a rozladěný, špatně naložený at a t., with a p. kvůli / pro, nabručený, naježený na, nespokojený s

disguise [dis'gaiz] s **1** přestrojení **2** zamaskování **3** předstírání ● v **1** přestrojit **2** za-, maskovat, zastřít

disgust [dis'gast] s **1** ošklivost, hnus (at, for k) **2** odpor, zklamání ● v naplnit odporem, zhnusit **-ing** [-iŋ] odporný, hnusný

dish ['diš] s **1** mísa **2** jídlo, chod ♦ standing ~ obvyklý námět k hovoru ● v **1** dát do mísy **2** (~ up) servírovat, předložit k jídlu ~ **cloth** utěrka na nádobí **~-clout** cuchta

dishevel [di'ševl] v **1** přehazet, rozházet **2** rozcuchat vlasy, pocuchat, zmuchlat, smuchlat oděv **-(l)led** [di'ševəld] a **1** neuspořádaný, přeházený **2** neupravený, nepořádný

dishonest [dis'onist] nepoctivý, nečestný **-y** [-i] nepoctivost, nečestnost

dishonour [dis'onə] s **1** hanba, o-studa, zostuzení **2** obch. neproplacení šeku, nezaplacení směnky ● v **1** zneuctít, znásilnit; potupit **2** obch. nezaplatit **-able** [-rəbl] potupný; beze cti, nečestný

disillusion [ˌdisi'lu:žən] v zbavit iluzí, rozčarovat, otevřít oči komu ● s dezoluze, vystřízlivění, rozčarování, zklamání **-ment** [ˌdisi'lu:-žənmənt] s dezoluze, vystřízlivění, rozčarování, zklamání

disincentive [ˌdisin'sentiv] a odrazující ● s brzdící prostředek, brzda

disinclin|ation [ˌdisinkli'neišən] ne-

ochota, nechuť (for, to k) **-e** [ˌdis-in'klain] naplnit nechutí

disinfect [ˌdisin'fekt] dezinfikovat **-ion** [-šən] dezinfekce

disinherit [ˌdisin'herit] vydědit (of z)

disintegrate [dis'integreit] rozložit se v součástky, rozpadnout se **-ion** [dis,intig'reišən] rozpad, rozklad; desintegrace

disinterested [dis'intrəstid] **1** nezainteresovaný, nestranný, nezaujatý **2** nezištný

disintoxicate [ˌdisin'toksikeit] detoxikovat

disjoin [dis'džoin] rozdělit (se); rozpojit (se)

disjoint [dis'džoint] **1** rozdělit (se), rozkouskovat **2** vykloubit (se) **2** rozdranžírovat kuře **3** vy-, roz|pojit

disjunction [dis'džaŋkšən] **1** oddělení, odloučení **2** vy-, roz|pojení

disk ['disk] **1** kotouč, disk **2** častěji disc, gramofonová deska ♦ ~ jockey konferenciér hudby z desek, diskžokej ♦ ~ camera am. disková kamera; ~ drive výpoč. tech. disketová jednotka pro čtení dat z disků; floppy ~ výpoč. tech. disketa, disk; hard ~ výpoč. tech. pevný disk **-ette** [di'sket] s výpoč. tech. disketa, pružný disk

dislike [dis'laik] s odpor, nelibost ● v nemít rád, mít odpor k čemu ♦ I ~ it nelíbí se mi to

dislocat|e ['disləkeit] **1** přesunout **2** uvést v nepořádek, ve zmatek, na-, roz|rušit **3** vymknout **-ion** [ˌdislə'keišən] **1** přemístění, přestavení **2** zmatek, narušení **3** vymknutí

dismal ['dizməl] ponurý, bezútěšný, chmurný, tísnivý

dismantle [dis'mæntl] **1** zbavit čeho **2** strhnout, zbourat, odstranit **3** rozebrat, roz-, de|montovat

dismay [dis'mei] s strach, zděšení, úlek ● v polekat, poděsit

dismember [dis'membə] rozkouskovat, rozebrat, rozmontovat **-ment** [-mənt] rozkouskování, roztrhání na kusy

dismiss [dis'mis] **1** propustit **2** zapudit manželku **3** pustit z mysli; odmítnout zabývat se čím **4** práv. zamítnout projednání čeho **5** rozejít se, mít rozchod **–al** [-əl] **1** propuštění **2** zapuzení manželky **3** odbytí čeho **4** práv. od-, za|mítnutí

dismount [,dis'maunt] **1** sestoupit z koně **2** od-, de|montovat

disobedien|ce [,disə'bi:djəns] neposlušnost, neuposlechnutí **–t** [-t] neposlušný

disobey [,disə'bei] neuposlechnout, být neposlušný

disoblig|e [,disə'blaidž] **1** nevyhovět komu, být neochotný (a p. ke komu) **2** způsobit nepříjemnost komu **3** urazit koho **–ing** [-iŋ] neochotný, neúslužný

disorder [dis'o:də] s **1** nepořádek **2** porušení pořádku, výtržnost **3** zdravotní porucha ♦ mental ~ duševní porucha ● v **1** uvést v nepořádek, ve zmatek **2** způsobit zdravotní poruchu **–ed 1** jsoucí v nepořádku **2** zkažený žaludek **3** duševně nemocný **–ly 1** [-li] nepořádný **2** neukázněný, vzpurný, výtržnický

disparity [dis'pærəti] nestejnost, nerovnost, disparita

dispatch [dis'pæč] **1** odeslání, odbavení **2** poselství; depeše **3** rychlé vyřízení **4** odpravení, usmrcení **5** urychlení, spěch ♦ ~ note průvodka; place of ~ místo odeslání ● v **1** odeslat, vypravit, odbavit **2** odpravit, zabít **3** rychle vyřídit, vybavit **4** popohnat, urychlit ♦ -ing post-office odesílací poštovní úřad **–er** [-ə] odesílatel, am. žel. výpravčí; dispečer **–ing** [-iŋ] ústřední řízení, dispečink

dispel [dis'pel] (-ll-) rozptýlit strach, nejistotu

dispens|able [di'spensəbl] postradatelný **–ary** [-əri] **1** lékárna zvl. pokladenská a pro chudé **2** am. prodej-

na lihovin v některých jižních státech **–ation** [,dispən'seišən] **1** povolení, zproštění závazku **2** při-, roz|dělování **3** vedení, správa **4** dispens, úleva **5** zřeknutí se **–e** [di'spens] **1** rozdělovat, udělit dispens **2** připravit lék **3** osvobodit, zprostit, vyjmout **4** obejít se (with bez čeho); netrvat na, vzdát se, zříci se

dispers|e [dis'pə:s] **1** rozptýlit (se), roztrousit (se); rozejít se; rozprášit **2** rozehnat **–er** [-ə] zařízení na vylévání n. vysypávání obsahu z obalu: sypátko, rozprašovač apod. **–ion** [-šən] **1** rozptyl, rozptýlení **2** rozehnání

displace [dis'pleis] **1** přemístit, přestavit, přesunout **2** odstavit, vytlačit **3** sesadit, propustit ze zaměstnání ♦ ~ by evidence vyvrátit důkazem; -d person bezdomovec, vysídlenec, odsunutá osoba **–ment** [-mənt] **1** přemístění, přestavení **2** výtlak vody, lodi; ponorový prostor **3** odstranění, vytlačení **4** sesazení z funkce, nahrazení **5** vymknutí **6** výtlak lodi **7** vysídlení, odsun

display [dis'lei] s **1** vystavení k prohlídce, předvedení, přehlídka, výstavka **2** stavění na odiv, předvádění se; okázalý projev, okázalost; nádherná podívaná **3** kyb. displej, zobrazovací jednotka ● v **1** ukazovat, projevovat **2** vyložit pro podívanou, na prodej **3** stavět na odiv, blýskat se čím ♦ ~ models předvádět modely **–man*** aranžér výkladů

displeas|e [dis'pli:z] znelíbit se komu ♦ be -d at a t. být nespokojen s, rozmrzelý nad čím **–ure** [dis'pležə] nelibost; nemilost

dispos|able [di'spəuzəbl] sloužící pouze k jednomu použití, nerecyklovatelný, použitelný; dosažitelný **–al** [-l] **1** volné nakládání (of s) **2** rozdělení, přidělení **3** dispozice, dispoziční právo, libovolné právo, libovolné použití 4 likvidace, vyřízení 5 odstranění ♦ *be at a p.'s* ~ být komu k dispozici; *right of* ~ dispozični právo **–e** [di'spəuz] 1 uspořádat, zařídit 2 naklonit, naladit, získat 3 použít (*of* čeho), disponovat čím, 4 prodat zboží 5 zbavit se čeho, z-, likvidovat (*of* koho); vyřídit, oddělat **–ed** [-d] nakloněný, ochotný (*to, for* k) ♦ *well* (*ill*) ~ dobře (špatně) naladěný **–ition** [‚dispə'zišən] 1 rozmístění, sestavení, uspořádání; dispozice, dispoziční právo 2 sklon, snaha, náchylnost 3 likvidace, odvoz 4 povaha; nálada, rozpoložení 5 předání, prodej

disproportionate [‚disprə'po:šənət] nepřiměřený, nepoměrný

disprove [dis'pru:v] vyvrátit důvod

disput|able [di'spju:təbl] sporný **–e** [di'spju:t] s hádka, spor, rozepře ♦ *beyond* (*all*) ~ nade vší pochybnost; *in* ~ sporný; *matter in* ~ sporná záležitost ● *v* 1 hádat se, přít se 2 pochybovat 3 oponovat, popírat, upírat komu co, snažit se zmařit 4 usilovat, bojovat

disqualify [dis'kwa:li‚fai] *v* 1 učinit n. prohlásit nezpůsobilým *for / from* pro 2 diskvalifikovat, vyřadit n. vyloučit 3 odebrat právo k

disregard [‚disri'ga:d] s 1 nevážnost 2 bezohlednost ● *v* nevěnovat pozornost, nevšímat si, nebrat na vědomí ♦ *-ing a t.* nehledě na, bez ohledu na

disreput|able [dis'repjutəbl] mající špatnou pověst; vykřičený **–e** [‚disri'pju:t] špatná pověst, hanba

disrespect [‚disri'spekt] nevážnost **–ful** [-ful] neuctivý, nezdvořilý

disrupt [dis'rapt] 1 roztrhat, rozervat 2 rozvrátit, rozumět **–ion** [dis'rapšən] 1 roztržení, prasknutí, trhlina 2 rozpad, rozklad, rozvrat 3 rozkol

dissatis|faction ['dis‚sætis'fəkšən] nespokojenost **–fy** [‚dis'sætisfai]

1 neuspokojit 2 znepokojit

dissect [di'sekt] 1 rozřezat, rozčlenit; rozebrat 2 roz-, pitvat **–ion** [di'sekšən] 1 rozkrajování, krájení 2 pitva

dissent [di'sent] s 1 různost názorů, rozpor 2 rozkol ● *v* být jiného názoru, neshodovat se **–er** [-ə] 1 ten, kdo nesouhlasí; am. odpůrce, opozičník 2 náb. odpadlík od anglikánské církve

dissimilar [di'similə] nepodobný, rozdílný **–ity** [‚disimi'lærəti] nepodobnost, různost

dissipat|e ['disipeit] 1 rozehnat, rozptýlit (se) 2 promarnit, mrhat čím 3 zpustle žít, hýřit ♦ *-d* zpustlý, prostopášný **–ion** [‚disi'peišən] 1 rozptýlení 2 utrácení, mrhání 3 zpustlý život 4 elektr. rozptyl

dissociat|e [di'səušieit] 1 odloučit 2 rozdělit ~ *o.s.* distancovat se (*from* od) **–ion** [di‚səusi'eišən] 1 odloučení 2 rozložení; chem. rozklad

dissolute ['disəlu:t] zhýralý, zpustlý

dissolution [‚disə'lu:šən] 1 rozpuštění, zrušení, likvidace 2 rozložení v součástky

dissolve [di'zolv] 1 rozpustit (se) 2 rozplynout (se), zmizet 3 odstranit; zrušit, likvidovat, anulovat 4 rozluštit **–nt** [-ənt] rozpouštědlo

dissuade [di'sweid] z-, od|razovat

distan|ce ['distəns] vzdálenost, dálka ♦ *at a* ~ opodál, v jisté vzdálenosti, «od těla» ● *a* dálkový ♦ ~ *call* meziměstský telefonní hovor **–t** [-t] 1 vzdálený 2 chladný; odměřený, povýšený

distemper [dis'tempə] s 1 malba temperou 2 nepokoj politický n. sociální 3 psinka 4 nemoc ● *v* 1 rozladit, rozrušit 2 malovat temperovými barvami 3 vyvolat nepokoj ♦ *-ed* pomatený, churavý

distil [di'stil] (*-ll-*) destilovat, odkapávat, kanout

distill|ation [‚disti'leišən] destilace **–ery** [di'stiləri] lihovar; výroba lihovin

distinct [di'stiŋkt] **1** zřetelný, jasný **2** odlišný (*from* od) **3** rozhodný, výrazný **–ion** [di'stiŋkšən] **1** rozlišení **2** odlišnost, rozdíl **3** vyznamenání **4** vynikající úroveň **5** distingovanost **–ive** [di'stiŋktiv] **1** rozeznávací, rozlišovací **2** typický, příznačný **3** distingovaný **4** jaz. distinktivní

distinguish [di'stiŋgwiš] **1** rozeznávat, rozlišovat, dělat rozdíl **2** vyznačovat **3** vyznamenat ♦ *-ed* (*by*) významný, vyznamenávající se čím, vynikající čím; *-ing mark* rozlišovací znamení, značka; *-ing sign* mezinárodní poznávací značka vozidla

distort [di'sto:t] **1** po-, z|kroutit, zkřivit **2** překroutit, zkreslit **–ion** [di'sto:šən] **1** po-, z|kroucení, zkřivení **2** překroucení, zkreslení, deformování, deformace **–ionist** [-ist] **1** akrobat, «hadí muž" **2** karikaturista

distract [di'strækt] **1** odvrátit pozornost **2** rozrušit, zneklidnit, pomást ♦ *-ed* roztržitý, smyslů zbavený **–ion** [di'strækšən] **1** odvrácení pozornosti, rozptýlení **2** zábava **3** rozrušení; zmatek **4** šílenství **5** neshoda

distress [di'stres] *s* **1** úzkost, strach **2** neštěstí, nouze, tíseň **3** vyčerpání **4** zabavení, exekuce ♦ *in* ~ v tísni, v krajní nouzi; **~-gun** [di'stresgan] poplachové dělo **~-rocket** [di,stres'rokit] signální poplachová raketa ~ **signal** [di,stres'signəl] nouzový signál (SOS) na znamení o pomoc na lodi v nebezpečí

distribut|e [di'stribju:t] **1** rozdělit, rozdat, roznést, rozeslat **2** rozložit, rozprostřít, rozmístit **3** roztřídit **4** roz-, šířit, distribuovat **5** odbýt zboží; provozovat obchod **6** rozmetat sazbu **7** nanášet barvu **–ion** [,distri'bju:šən] **1** rozdělení; roznesení, rozvoz **2** roztřídění **3**

rozšíření, distribuce **4** prodej, odbyt **5** rozmetání sazby **–ive** [-tiv] rozdělující, rozvrhující; distribuční

district [distrikt] *s* **1** okres (am. také volební), obvod **2** kraj, oblast **3** městská čtvrť ● *a* okresní ♦ *Lake d~* jezerní oblast v severozápad. Anglii

distrust [di'strast] *s* nedůvěra ● *v* nedůvěřovat

disturb [di'stə:b] **1** po-, vy|rušit **2** znepokojit, vzrušit **3** pomást **–ance** [-əns] **1** vy-, rušení **2** zmatek, výtržnost **3** roz-, pře|házení **4** porušení, porucha **5** práv. rušení držby

ditch [′dič] *s* příkop ● *v* **1** vést příkop, vykopat **2** am. vykolejit vlak, vjet do příkopu **3** odhodit, dát do starého železa, pustit k vodě **4** am. slang. ulít, ukrýt

dive* [′daiv] *s* **1** ponoření se, potopení **2** skok / let střemhlav **3** pelech; krčma ● *v* **1** ponořit se, potápět se **2** hluboko vniknout; zahloubat se (*into* do) **3** střemhlav slétnout **~-bomber** [′daiv-bombə] hloubkové bombardovací letadlo **–r** [-ə] potápěč

diverge [dai'və:dž] rozcházet se, rozbíhat se **–nce** [-əns] **1** rozbíhání se **2** ú-, od|chylka

divers|e [dai'və:s] **1** rozmanitý, různého druhu **2** rozdílný **–ify** [-sifai] střídat, obměňovat **–ion** [-šən] **1** odvracení **2** přivedení (*of* čeho *into* do / na), odklonění; zahrnutí do **3** rozptýlení, zábava ♦ (*traffic*) ~ objížďka **–ity** [-səti] rozmanitost, různost

divert [dai'və:t] **1** odvést, odklonit (se), odvrátit, odchýlit (se) **2** rozptýlit, pobavit

divid|e [di'vaid] *v* **1** roz-, dělit (*into* v, na, by čím) **2** oddělit (*from* od) **3** rozcházet se (*upon* v) **4** (dát) hlasovat (*on* o) ♦ mat. *6 -ed by 2 is 3* 6 děleno 2 jsou 3; *3 will not ~ into 10* 10 není dělitelno 3; *-ing* *line* rozhraní • *s* vodní předěl, rozvodí

divine [diˈvain] *s* duchovní kněz • *a* boží, božský • *v* věstit, předvídat

divis|ible [diˈvizəbl] roz-, dělitelný **–ion** [diˈvižn] **1** dělení **2** rozdělení **3** dělící čára, hranice **4** oddělení, odbor, oddíl **5** mat. dělení **6** hlasování v parlamentě **7** voj. divize **8** obvod, úsek, okres ♦ ~ *of labour* dělba práce

divorce [diˈvo:s] *s* rozvod, odloučení • *v* **1** rozvést manželství **2** trvale odloučit, odtrhnout

divulge [daiˈvaldž] pro-, vy|zradit

dizz|y [ˈdizi] závratný; mající / působící závrať ♦ *I feel* ~ mám závrať **–iness** [-nis] závrať

do¹ [ˈdu:] **1** dělat, činit, konat **2** správně u-, při|pravit jídlo **3** uklidit pokoj **4** ~ *one's hair* učesat se **5** pořídit, vyhotovit opis, napsat, vypracovat **6** o věci posloužit, konat službu **7** obchod dařit se, prospívat, mít úspěch, mít se (*well /* *badly* dobře / špatně) **8** stačit; hodit se (*it will* ~ *to* postačí) **9** hrát roli (*he* -es *Hamlet* hraje Hamleta; ~ *not* ~ *the polite* nehraj si na slušného) **10** hovor. prohlédnout si, navštívit město, muzeum **11** vyřešit problém, příklad **12** zacházet (*by a p.* s kým), chovat se ke komu **13** dělat (*for a p.* komu co, *for a house-keeper* dělat hospodyni) **14** zkazit vyhlídky (*for a p.* komu), znemožnit, oddělat koho, do-, od|dělat (*for a t.* co), zničit šaty apod. **15** překládat (*into* do) **16** vyloučit, vyhodit co z čeho **17** ošidit, připravit (*a p. out of a t.* koho o co) **18** jednat (*with a p.* s kým), stýkat se s kým **19** spokojit se, smířit se (*with a t.* s čím) **20** obejít se (*without a t.* bez čeho) **21** vyřídit, obstarávat **22** studovat, učit se **23** vyplatit se **24** pohostit, starat se ♦ ~ *one's best* vynasnažit se; ~ *one's bit* přijít se svou troškou do mlýna; ~

business uzavírat obchody; ~ *credit* dělat čest; ~ *favour* prokázat laskavost; *I am done for* jsem «oddělaný", zničený, hotový, vyčerpaný; *it will* ~ *you good* to ti udělá dobře; *it will* ~ *you no harm* to ti neublíží; *how* ~ *you* ~? při představování těší mě; *I have done* skončil jsem (*I have done reading* dočetl jsem); *have done!* přestaň, nech toho!; ~ *justice, right* učinit po právu; ~ *shopping* obstarat nákupy; *there's nothing -ing* nic se neděje; ~ *a p. a good turn* prokázat komu dobro; *what's to be done?* co dělat?; ~ *a p. wrong* ukřivdit komu ~ **away** *with a t.* odstranit co, zbavit se čeho, skoncovat s čím, sprovodit co ze světa ~ **in 1** am. zničit, vyčerpat, vyřídit **2** slang. oddělat, odkráglovat ~ **off 1** svléci, sejmout **2** odebrat ~ **on 1** obléci **2** přidělat ~ **out** dát do pořádku, uklidit ~ **over 1** přemalovat, přetřít **2** hl. am. předělat **3** vulg. přeříznout ženu ~ **up 1** vyčerpat, unavit **2** o-, s-, u|pravit, načesat vlasy; vyleštit boty **3** zabalit ~-**it-your-self** domácí kutilství

do² [ˈdu:] **1** slang. švindl, podvod **2** hovor. zábava, švanda **3** podíl ♦ *fair* -'s poctivě dělit!

docile [ˈdasil] *a* **1** poddajný, povolný, poslušný; materiál tvárný **2** učenlivý

dock [ˈdok] *s* **1** dok; přístavní bazén, přístaviště **2** lavice obžalovaných • *v* dopravit, vjet do doku, být v doku **–er** [-ə] dokař, přístavní dělník **–yard** [-ja:d] brit. loděnice válečného loďstva

doctor [ˈdoktə] *s* lékař, doktor • *v* **1** provozovat lékařskou praxi, léčit **2** upravit, adaptovat **3** též ~ *up* z-, falšovat účet, bilanci

document [ˈdokjumənt] *s* **1** dokument, listina, spis **2** doklad, průkaz • *v* doložit, opatřit doklady

–ary [ˌdokjuˈmentəri] **1** písemně doložený **2** dokumentární

dodge [ˈdodž] s vytáčka, úskok; hovor. vynález, nápad ● v **1** uskočit, uhnout (se) **2** vyhýbat se povinnosti, vytáčet se

doe [dou] s srna, laň; samice antilopy, koza, králíce apod.

dog [ˈdog] **1** pes **2** chlapík; mizera, neřád **3** odb. zarážka, západka, upínka, třmen, háček, skoba, skobový hřeb; kramle ♦ **go* to the –s** přijít vniveč; **it's raining cats and –s** prší jen se leje ● v (**-gg-**) jít v patách n. po stopě **~-fox** [ˈ-foks] lišák **–ged** [-id] tvrdošíjný, umíněný **~-kennel** [ˈ-kenl] psí bouda **~-rose** [ˈ-rəuz] šípková růže

doily [ˈdoili] s ubrousek, podložka pod skleničku, vázu, zákusky apod.

doing [ˈduːiŋ] v činnost, aktivita, akce: **it's worth ~** to je záslužná činnost ♦ **it is all your ~** to všechno jste způsobil vy, to je všechno vaše vina; **it will take a lot of ~** to bude stát hodně námahy

doldrums [ˈdouldrəmz] s **1** nečinnost, klid, stagnace; deprese, stísněnost, sklíčenost **2** rovníkové pásmo tišin, bezvětrné pásmo

dole [ˈdəul] **1** podpora v nezaměstnanosti **2** rozdělování **3** almužna ♦ **be on the ~** pobírat podporu v nezaměstnanosti **–ful** [ˈ-ful] žalostný, smutný

doll [ˈdol] panenka, loutka

dollar [ˈdolə] dolar ♦ **~ area** dolarová oblast

dollop [ˈdoləp] flák, kus; příměs

dolly [ˈdoli] **1** dět. panenka **2** ruční pračka **3** odb. tlouk na drcení rudy; vozík, ještěrka vozík **4** hovor. kočka dívka

dolphin [ˈdolfin] s delfín

dolt [doult] s hlupák, hňup, tupec, pitomec

domain [dəˈmein] **1** doména, panství **2** pole působnosti, obor

dome [ˈdəum] s **1** báň, kupole **2** dóm **3** tech. kryt motoru, kapota **4** archit. hlavice ● v klenout se, vyboulit (se)

domestic [dəˈmestik] s **1** sluha, služebná **2** pl **-s** hrubší bavlněné stolní a ložní prádlo ● a **1** domácí; používaný v domácnosti **2** soukromý **3** krotký **4** tuzemský, vnitrostátní **5** domácký, rodinný **–ate** [-eit] zdomácnět; ochočit

domicil|e [ˈdomisail] domov, bydliště, sídlo **–ed** bytem, usedlý **–iary** [ˌdomiˈsiljəri] domácí; domovní ♦ **~ search** domovní prohlídka

domina|nt [ˈdominənt] s převládající složka; dominanta (i hud.) ● a převládající **–te** [ˈdomineit] ovládat, vládnout (**over** nad) **–tion** [ˌdomiˈneišən] nadvláda

dominion [dəˈminjən] **1** nadvláda, převaha **2** polit. dominium

domino [ˈdaminou] s obdélníková kostička ve hře domino **~ effect** s domino efekt, nakažlivý vliv, řetězová reakce

donat|e [dəuˈneit] zvl. am. darovat **–ion** [-šən] darování, dar

done [ˈdan] pp od **do**

donkey [ˈdoŋki] osel **~-boiler** pomocný kotel **~-engine** pomocný parní stroj

donor [ˈdəunə] dárce zvl. krve

donut, dough nut [ˈdounat] s am. kobliha

doom [ˈduːm] s **1** osud **2** záhuba **3** trestní rozsudek **4** soudný den ● v **1** odsoudit **2** odsoudit k záhubě

door [ˈdoː] dveře; brána ♦ **answer the ~** jít otevřít; **next ~** vedle; **out of -s** venku, v přírodě; **show* a p. the ~** ukázat komu dveře; **sliding ~** posuvné dveře; **within -s** doma **~-keeper** domovník, vrátný **~-mat** rohožka **~-plate** štítek na dveřích **~-step** práh **–way** vchod ♦ **in the ~** ve dveřích

dope [ˈdəup] s **1** nátěr, lak na letadla, mazání na lyže **2** narkotikum, dro-

ga 3 hovor. důvěrná informace ● v
brát / podávat narkotikum / dro-
gy, dopovat (se)

dorm [ˈdoːm] s hovor. viz **dormitory**

dormant [ˈdoːmənt] 1 spící, dříma-
jící 2 nevyužitý, nepoužitý, latent-
ní možnosti ◆ lie* ~ nic nevynášet,
ležet ladem; ~ partner tichý
společník

dormitory [ˈdoːrməˌtoːri] s 1 stu-
dentská kolej, studentský do-
mov, svobodárna 2 společná ložni-
ce, dormitář

Dorothy [ˈdorəθi] Dorota

dose [ˈdəuz] s dávka ● v dávkovat,
dávat po dávkách

dot [ˈdot] s 1 bod; tečka 2 mrně,
špunt ● v (-tt-) 1 vy-, tečkovat 2
rozhodit, posít 3 slang. vrazit ko-
mu jednu ◆ -ted line tečkovaná
čára; sea -ted with ships moře
poseté loďmi **--and-dashed** line
čerchovaná čára

dot|age [ˈdəutidž] stařecké dětin-
ství **-e** [ˈdəut] 1 být už dětinský 2
zbláznit se (on do)

double [ˈdabl] s 1 dvojnásobné
množství, dvojnásobek 2 dvojník
3 trik, úskok 4 div. náhrada,
záskok 5 dvoulůžkový pokoj 6
dvouhra v tenisu 7 ostrý zákrut řeky
klička při útěku ● a 1 dvojnásobný
2 dvojí, dvojitý 3 falešný, obojet-
ný ● v 1 zdvojnásobit (se) 2
zdvojit (se) 3 dvojmo složit 4
hrát dvojníka 5 div. dublovat, stří-
dat roli 6 dabovat film 7 obeplout
8 opakovat údery 9 uskočit stra-
nou 10 kličkovat při útěku ~ **up** ho-
vor. odrovnat koho ● adv dvojmo
--bass basa, kontrabas **--bed-
ded** dvojlůžkový **--breasted**
dvouřadový kabát **--cross** pod-
vádět, napálit **--dealer** obojet-
ník, falešník **--dealing** obojet-
nost, falešnost ~ **deck(ed)** dvou-
palubní loď, patrový autobus
--decker loď s dvěma paluba-
mi, patrový autobus **--edged** d-
vojsečný **--entry** podvojný (~

book-keeping podvojné účet-
nictví) **--faced** obojetný **--fea-
ture** programme dvojprogram
--line dvojitě podšít **--lock** zam-
knout na dva západy **--meaning**
dvojsmyslný **–ness** dvojitost o-
bojetnost, pokrytectví **--track**
dvoukolejná trať

doubt [ˈdaut] s 1 pochyba, nejisto-
ta 2 obava ◆ in ~ na pochybách;
no ~ bezpochyby, nesporně;
there is no ~ about it o tom není
pochyb; without ~ bezpochyby ●
v pochybovat, nedůvěřovat **–ful**
[ˈ-ful] 1 pochybný 2 nejistý, ne-
určitý **–less** [ˈ-lis] nepochybný

douche [duːš] s 1 sprej n. tekutina
sloužící k mytí vagíny 2 sprcha
proud vody 3 sprcha aplikace sprchy ●
v o|sprchovat (se)

dough [ˈdau] 1 těsto 2 am. slang.
prachy **–nut** kobliha

dove [ˈdav] holub, holubice **--co-
lour** sivá barva **--cot** holubník
–tail s tech. rybina ● v zapadat
přesně do sebe

down [ˈdaun] s 1 obyč. pl -s duna,
písečná pahorkatina 2 prachové
peří; chmýří 3 obrat štěstěny
(obyč. ups and -s zvraty štěstěny)
◆ have a ~ on a p. mít svrchu na
koho ● a 1 klesající, sestupný,
svažující se dolů 2 v hotovosti,
hotový 3 podnik zavřený ◆ ~
draught spodní tah v kamnech; ~
and out uštvaný, vyřízený, zniče-
ný; ~ platform nástupiště pro
vlaky z Londýna; ~ train vlak z
Londýna ● v 1 snížit 2 srazit k
zemi, uzemnit; přinutit k sestupu
3 sestřelit letadlo 4 přehlasovat 5
obrátit, hodit do sebe ◆ ~ tools
seknout s prací ● adv dole, dolů
◆ ~ ! lehni! rozkaz psovi; be ~ být
deprimován, být na dně; be ~
one shilling být o šilink levnější;
be ~ upon a p. být přísný na ko-
ho; ~ to the ground od podlahy,
důkladně; ~ payment placení ho-
tovými; the wind is ~ vítr se utišil;

~ *with fever* upoután na lože horečkou; ~ *with him!* pryč s ním!; *worn* ~ opotřebovaný, obnošený • *prep* **1** dolů po čem **2** na dolní části čeho ♦ ~ *the hill* s kopce; ~ *the river* po proudu, po řece; *situated* ~ *the Thames* ležící na dolním toku Temže; ~ *town* do města; *up and* ~ nahoru a dolů podél čeho; ~ *the wind* po větru **–cast** s větrací šachta v dole • *a* **1** sklopený zrak sklíčený **–er** [-ə] **1** pijan **2** am. slang. fenmetrák **–fall 1** pád, zhroucení **2** liják **–hearted** sklíčený, skleslý **–hill** s svah; sklon ♦ ~ *of life* sklonek života • *a* se svahem, svažující se • *adv* z kopce ♦ ~ *runs* lyžařské sjezdové dráhy **–pour** [-po:] liják **–range** [ˌ-ˈreindž] am. za letu rakety **–right** a přímý; naprostý, vyložený • *adv* přímo, bez okolků, briskně **–stairs** dole pod schody, dolů po schodech **–stream** po proudu **–swing** golf švihnutí holí směrem k míčku; pokles **–ward(s)** [-wəd(z)] *a* **1** dolů směřující, sklánějící se, sestupný **2** ponurý • *adv* dolů, přen. z kopce, do záhuby

dowry [ˈdauri] **1** věno **2** nadání

doze [ˈdəuz] s dřímota • *v* dřímat, klímat

dozen [ˈdazn] tucet ♦ *baker's* / *long* ~ třináct koblihy; dobrá váha

drab [dræb] *a* **1** přen. šedý, jednotvárný, bezvýrazný, monotónní, pustý, nudný **2** světle n. olivově hnědý • *s* **1** tlustá vlněná tkanina světlehnědé barvy **2** světle n. olivově hnědá barva

drachm [ˈdræm] = *dram*

draft [ˈdra:ft] s **1** nárys, návrh **2** náčrt, koncept **3** vystavení směnky; vydaná směnka **4** výplata, vyzvednutí peněz z banky **5** výtlak, ponor lodi **6** voj. obvod, branná povinnost; komando • *v* **1** načrtnout, narýsovat **2** zkoncipovat, sestavit, navrhnout **3** povolat k voj.

službě, odvést **4** auto jet v závěsu **–sman*** **1** návrhář, projektant **2** kreslíř

drag [ˈdræg] s **1** vlečná síť, nevod **2** brány stroj **3** vidle na hnůj **4** lodní hák **5** těžké sáně, kočár **6** vlek; valník **7** brzda, zarážka; přítěž **8** zpomalená rychlost **9** projekce ♦ *~-chain* řetěz na kola, přen. překážka • *v* (*-gg-*) **1** vléci, vláčet, táhnout **2** vléci se **3** prohledat řečiště háky ♦ ~ *one's feet* loudat se, přen. přešlapovat ~ **about** vléci se unaveně ~ **in** hovor. zatáhnout do hovoru ~ **on** vléci se nudně ~ **out** zbytečně protahovat, táhnout se ~ **up** špatně vychovat **–net** vlečná síť, nevod

dragon [ˈdrægən] drak **~-fly** vážka

dragoon [drəˈgu:n] s dragoun • *v* násilím přinutit (*into* k)

drain [ˈdrein] s **1** odvodňovací stoka, příkop; odvodňovací roura **2** odpad; odtok, kanál **3** odvodnění, drenáž **4** kapka nápoje, lok, hlt • *v* **1** vysušit, odvodnit **2** odvádět, odčerpat; odkapat, odsát, vyprázdnit **3** odtékat, vyprázdňovat se **4** vyčerpat, vysát **5** vyschnout, odvodnit se **–age** [-idž] **1** odvodnění **2** kanalizace

drake [ˈdreik] zool. kačer

dram [ˈdræm] **1** jednotka hmotnosti 1,772 g **2** doušek nápoje

drama [ˈdra:mə] divadelní hra, drama; dramatičnost **–tic** [drəˈmætik] **1** dramatický, divadelní **2** vzrušující, neuvěřitelný **–tist** [ˈdræmətist] dramatik **–tize** [ˈdræmətaiz] dramatizovat

drank [ˈdræŋk] *pt* od *drink*

drap|e [ˈdreip] *v* **1** přikrýt, zahalit **2** am. zavěsit záclony **3** *o.s.* zahalit se (*in* do) • *s* **1** z-, řasení **2** pl závěsy, draperie **3** am. záclony **–er** [-ə] obchodník s textilem **–ery** [-əri] **1** obchod se suknem **2** sukno **3** draperie, závěs

drastic [ˈdræstik] *a* **1** drastický: *a* ~ *change* drastická změna **2** krutý

draught [ˈdra:ft] s 1 tah 2 doušek, lok 3 průvan 4 tažení 5 zátah, úlovek ryb 6 ponor lodi, výtlak 7 = *draft* 8 pl -s dáma hra ♦ *at a ~* jedním douškem, naráz; *beasts of ~* tažná zvířata; *~ beer* čepované pivo; *~ horse* tahoun kůň ● v = draft **–man*** = *draftsman*

draw [ˈdro:] s 1 tah, vlečení 2 tah, slosování, loterie 3 osud, los 4 nerozhodná hra, remíza 5 kus / předmět, který táhne 6 záludná otázka, chyták 7 sport. vylosování ● v* 1 táhnout; přitáhnout uzdu přitahovat, při-, lákat 2 vyvolat potlesk 3 vést kam, zpět 4 vytáhnout co z koho; dedukovat 5 vylouhovat trest, vykuchat kuře 6 čepovat, stáčet 7 nabrat dech 8 čerpat, vybrat vodu 9 na-, kreslit; na-, rýsovat; malovat, líčit co 10 (též ~ **up**) sepsat, koncipovat, navrhnout, sestavit, vyhotovit 11 vystavit šek; často with~ vydat směnku 12 vybrat peníze z banky 13 losovat 14 vytáhnout zub, hřebík 15 zatáhnout záclonu 16 pro-, na|tahovat drát 17 vytlačovat, mít ponor ♦ *-ing account* osobní / běžný účet; *~ attention to a t.* upozornit na co; *~ blood* pustit žilou, dát co proto; *~ breath* nadechnout se; *chimney -s well* komín má dobrý tah; *~ claims to a t.* uplatňovat nároky na co; *~ conclusions* dospět k závěrům; *~ a copy* pořídit opis; *~ documents* vystavit doklady; *~ to an end* spět ke konci; *~ fire* odvést pozornost *(from* od); *~ a game* remizovat, skončit hru nerozhodně; *~ a line at a t.* netrpět co, stanovit mez čemu ~ **away** 1 odtáhnout (se), odstoupit *(from* od) 2 odvrátit pozornost 3 předběhnout, předjet 4 odčerpat ~ **back** stáhnout zpět, odradit ~ **down** 1 stáhnout 2 přivolat, způsobit 3 dostat 4 vyčerpat ~ **in** 1 zlákat, navnadit 2 nadcházet večer 3 krátit se den ~

near blížit se ~ **off** odvolat, stáhnout (se), odstoupit ~ **on** 1 obléci, navléci, obout 2 přivodit, způsobit 3 přiblížit se ~ **out** 1 vozidlo vyjet 2 prodloužit (se den) natahovat co (*to ~ the discussion out*) 3 vytáhnout co z koho 4 přimět k řeči ~ **up** 1 vytáhnout, vysunout 2 sestavit, načrtnout, koncipovat, pořídit zápis 3 dotahovat, dohánět při závodě 4 rozestavit 5 zastavit (se), předjet kam **–back** 1 újma *(from* v) 2 stinná stránka, nevýhoda 3 navrácené clo **–bridge** zvedací most **–ee** [-i:] směnečný dlužník **–er** [-ə] 1 výstavce šeku, vydatel, trasant směnky 2 kreslíř 3 [dro:] zásuvka 4 pl -s [dro:z] dlouhé spodky; prádelník 5 tahoun **–ing** 1 = v. draw 2 tah, táhnutí 3 kreslení; kresba 4 nákres, návrh, náčrtek 5 vydávání směnky ♦ *out of ~* špatně nakreslený, se špatnou perspektivou **–ing-board** kreslicí / rýsovací prkno **–ing-pin** brit. napínáček **–ing-room** 1 přijímací pokoj, salón; recepce, přijetí u dvora 2 am. salónní kupé vagónu

drawn [ˈdro:n] pp od *draw*

dread [ˈdred] s děs, hrůza ● v děsit se, bát se **–ful** hrozný, strašný ♦ *penny ~* kniha

dream [ˈdri:m] s sen, snění ● v* zdát se, snít *(of* o)

dreary [ˈdriəri] chmurný, pustý, bezútěšný

dredg|e [ˈdredž] s 1 plovoucí rypadlo 2 vlečná síť ● v 1 hloubit, bagrovat řečiště 2 vylovit vlečnou sítí 3 posypat, poprášit moukou ♦ *-ing boat* bagrovací loď **–er** 1 bagr, říční rypadlo 2 sypátko

drench [ˈdrenč] zmáčet, promočit **–er** [-ə] hovor. liják

dress [ˈdres] s 1 oblečení, oblékání, oděv 2 šaty dámské / dětské 3 přen. šat, háv ♦ *evening ~* večerní toaleta; frak; *full ~* parádní oblek / uniforma ● a 1 šatový 2 parádní, obřadní • v 1 obléci (se) 2 upravit i vlasy, jídlo apod. 3 vyzdobit, aranžovat 4 uspořádat, srovnat 5 obvázat, ošetřit ránu 6 prořezat keř 7 oškubat kuře 8 seřadit (se), vyrovnat (se) v řadě ♦ ~ your ranks! seřadit!; ~ a shop-window upravit výlohu ~ **down** 1 sjet koho 2 vyhřebelcovat koně ~ **out** vystrojit (se) ~ **up** 1 vystrojit se, vyparádit se 2 přestrojit se ~ **circle** [sə:kl] první balkón ~ **coat** frak **–er** 1 aranžér (window ~ aranžér výloh) 2 brit. kredenc 3 am. prádelník 4 toaletní stolek 5 asistent chirurga 6 odb. upravovací nástroj, rovnač 7 garderobiér(ka) **–ing** 1 oblékání 2 úprava, výzdoba 3 ošetření rány, obvaz 4 nádivka; omáčka apod. 5 apretura látky 6 hnojivo 7 mořidlo na obilí **–ing-case** toaletní necesér **–ing-gown** brit. župan **–ing-room** oblékárna; šatna **–ing-table** toaletní stolek **–maker** švadlena, dámský krejčí **–rehearsal** [l-ri‚ha:sl] div. generální zkouška **~–shield** [-ši:ld] potítko **–y** 1 nastrojený, vyfiknutý 2 módní, elegantní

drew [ldru:] pt od draw

dribble [ldribl] 1 kapat, odkapávat 2 sport. driblovat míč, puk

drift [ldrift] s 1 unášení proudem / větrem 2 odchýlení ze směru následkem bočních proudů 3 proud 4 rozhodný vliv, směr, celková tendence 5 závěj, nános 6 vichr, liják 7 hlavní účel, záměr, cíl 8 sklon, sesun půdy 9 štola v dole 10 let. snesení větrem • v 1 unášet, hnát 2 být hnán, poháněn větrem, vodou 3 nahromadit (se) **~–ice** ledová tříšť **~–wood** naplavené dříví

drill [ldril] s 1 vrták, vrtačka, svidřík 2 výcvik, drezúra 3 secí stroj 4 vysetý řádek, brázda • v 1 vrtat 2 cvičit, podrobit výcviku 3 sít do řádků **–ing-machine** vrtačka

drink* [ldriŋk] s 1 nápoj 2 napití, doušek 3 brit. pitka ♦ have a ~ napít se • v* pít ♦ ~ deep zhluboka se napít; ~ to a p.'s health pít na čí zdraví; this wine -s well to víno se dobře pije; -ing water pitná voda ~ **down** vypít; zapít co ~ **in** vsát, hltat ~ **off** vypít naráz, vyprázdnit ~ **out** vypít ~ **up** vpít, vyprázdnit **–able** s pl nápoje • a pitný

drip [ldrip] s 1 kapání, kapka 2 okap • v (-pp-) 1 kapat, téci 2 mokvat

driv|e* [ldraiv] s 1 jízda vozem, vyjížďka, projížďka 2 jízdní dráha, vozovka, brit. cesta pro vozy zvl. výjezd z domu, garáže apod. 3 slavnostní jízda, průvod 4 výpad nepřítele, ve sportu 5 sport. prudký úder, drajv 6 náhon stroje, pohon 7 úsilí, průbojnost, hnací síla 8 akce; nábor, kampaň 9 úsilí, snaha, tendence ♦ arms ~ horečné zbrojení • v* 1 jet / vézt a sám řídit 2 řídit auto apod. 3 jet (the car -s well vůz jede dobře) 4 hnát, pohánět 5 nadhánět, zatlačit, zahnat zvěř, nepřítele 6 energicky prosazovat 7 nutit 8 prorazit, pro-, vy|vrtat 9 mířit (at t. na co), narážet na co v hovoru 10 přejet (over a p. koho) 11 sport. odpálit míč 12 plavit dříví ♦ ~ a business provozovat obchod; ~ a good bargain udělat dobrý obchod; -ing belt hnací řemen; ~ to despair dohnat k zoufalství; -ing licence vůdčí list; ~ a p. mad dohnat k šílenství; ~ the nail zatlouci hřebík; commit a -ing offence dopustit se dopravního přestupku; -ing power hnací síla; -ing test řidičská zkouška; -ing wheel hnací kolo ~ **away** 1 zahnat 2 odjet ~ **back** zahnat zpět, přen. zatlačit ~ **in** 1 zatlouci hřebík, zašroubovat 2 vehnat, zajet dovnitř ~ **off** odjet, golf odpálit míček ~ **up** 1 vyhnat do výše ceny 2 zajet (to k) **~-in** restaurace, kino, prodejna apod. pro motoristy, kteří zůstanou sedět ve voze **–er** [-ə] **1** řidič, šofér; vozka **2** poháněč; honec **3** hnací kolo ♦ ~'s *certificate / licence* vůdčí list **–way 1** soukromá příjezdová cesta k domu, garáži apod. **2** cesta pro dobytek, hnanou zvěř

drivel [ˈdrivl] *v* **1** slintat; pouštět hlen z nosu **2** žvanit hloupě, dětinsky, říkat hlouposti ● *s* **1** slina, sliny **2** žvanění, žvást, hloupé řeči

drizzle [ˈdrizl] *s* mrholení, mžení ● *v* mrholit, mžít

drone [droun] *s* **1** trubec **2** lenoch, příživník, parazit **3** bzučení, bzukot, hučení, hukot, vrčení ● *v* **1** hučet, tupě bzučet **2** jednotvárně mumlat, drmolit **3** lenošit; dřímat, podřimovat

drool [ˈdruːl] slintat; mluvit nesmyslly, pronášet uslintané řeči

droop [druːp] *v* **1** spustit, svěsit, sklopit víčka **2** po|klesnout, poklesávat, sklesnout **3** přen. po-|klesnout, sklesnout; být poklesly, být svěšený ● *s* sklonění, sklon; klesání; sklánění; poklesnutí, pokles, povadnutí

drop [ˈdrop] *s* **1** kapka, krůpěj **2** pád **3** padací dveře, propadliště **4** pokles cen **5** kapání **6** pl kapky lék **7** meziaktová opona **8** pří-, za|věsek ozdoba **9** spád, svah **10** vsuvní otvor poštovní schránky, schránka **11** drops, bonbón **12** propustné napětí tranzistoru, vývod kabelu ♦ *dead* ~ mrtvá schránka; ~ *letter* am. dopis v místě ● *v* (*-pp-*) **1** padat, klesat **2** upustit; hodit **3** kapat, ukápnout **4** u-trousit, pronést **5** přestat s čím, nechat čeho; ustat **6** napsat, poslat řádku **7** vysadit z provozu; vyložit balíky **8** polykat hlásky, slabiky **9** snížit, ztišit hlas; sklopit oči **10** shodit; přen. hodit přes palubu **11** vyjet si (*on a p.* na koho) **12** vrhnout jehňata **13** skolit, zabít, sestřelit **14** sport. poslat k zemi box;

vhodit míč do koše **15** seskočit padákem ♦ ~ *anchor* zakotvit; ~ *the curtain* spustit oponu; ~ *a hint* dát pokyn; ~ *it!* nech toho!; ~ *a line* napsat pár řádků; ~ *the matter* upustit od věci; ~ *a work* ztratit slovo ~ **away** odjet, odcestovat; odcházet jeden po druhém ~ **behind** zůstat pozadu, zaostávat ~ **down** upadnout; přepadnout ~ **in 1** vhodit **2** zaskočit, navštívit ~ **off 1** vystoupit **2** klesat, upadat **3** usnout, zesnout ~ **out 1** vypadnout, vystoupit z vozidla **2** odpadnout **3** odejít ze studia pro neprospěch ~ **through** propadnout, neuspět ~ **out** odpadávání ze studia **–per** kapátko **–ping 1** kapání **2** trus **–scene 1** meziaktová opona **2** finále, závěrečná scéna

drought [draut] sucho, vyprahlost

drove [ˈdrəuv] *s* **1** stádo **2** houf, dav ● *pt* od *drive* **–r** [-ə] honák

drown [draun] **1** utopit (se) **2** po-, za|topit **3** hasit vápno **4** překrýt, přehlušit; potlačit

drows|e [ˈdrauz] dřímat, klímat **–y** [-i] ospalý, netečný

drudge [ˈdradž] dřít se, lopotit se **–r** [-ə] dříč **–ry** [-əri] dřina, lopota

drug [ˈdrag] *s* **1** droga; jed **2** lék; lékárnické zboží **3** neprodejné zboží, ležák ♦ *the* ~ *habit* drogový návyk ● *v* (*-gg-*) **1** otrávit, omámit **2** podávat / brát narkotika **3** umrtvit, anestezovat **–gist 1** drogista; lékárník **2** am. majitel drugstoru **–store** [-stoː] am. drogerie s prodejem novin a časopisů, cigaret, psacích potřeb, cukrovinek, a podávající jednoduché občerstvení, automat, bufet

drum [ˈdram] *s* **1** buben, bubínek (s pl žestě) **2** bubeník **3** ušní bubínek **4** plechový soudek, barel; kotel **5** am. slang. prázdná plechovka ● *v* (*-mm-*) bubnovat **–mer 1** bubeník **2** am. obchodní cestující, agent

drunk [ˈdraŋk] **1** *pp* od *drink* **2** opilý **3** zpitý (*of joy* radostí) **–ard** opilec **–en** opilý **–enness** opilost

dry [ˈdrai] *a* **1** suchý **2** vyschlý, vyprahlý **3** hovor. žíznivý **4** am. prohibiční, nealkoholický, abstinentní **5** nudný, suchopárný, holý **6** ostrý, jasný, nestranný **7** chladný, nevlídný, úsečný ♦ ~ *cow* nedojící kráva; ~ *dock* suchý dok; ~ *farming* am. hospodaření na vyprahlých územích; ~ *measures* duté míry pro obilí apod., netekuté zboží; *"To Be Kept Dry"* «Uschovat v suchu!» ● *v* **1** sušit, o-, vy|sušit **2** o-, vy|schnout, vyprahnout ~ *up* **1** vysušit, utřít **2** vyschnout; vyvanout zápach **3** zastavit, přerušit **4** zapomenout text role **5** ztratit řeč **6** slang. držet hubu **~~clean** chemicky čistit **~~cleaner's** chemická čistírna **~~cure** sušit maso a tak konzervovat **~~dock** dát loď do suchého doku k opravě ~ *goods* **1** am. textilie a střižní zboží **2** sypké zboží **–ing-plant** sušárna **–ness** sucho(st) **~~nurse** chůva nikoli kojná **~~point** *s* suchá jehla ● *v* rýt suchou jehlou **~~rot** **1** hniloba dřeva **2** mravní rozklad, zkáza **~~salt** [ˈdraiˌso:lt] = ~ *-cure* **–salter** [ˈ-ˈso:lt] **1** (velko)obchodník chemikáliemi **2** obchodník léky, konzervami, chemikáliemi a potřebami pro domácnost **~~shod** suchou nohou

dual [ˈdjuəl] dvojný, dvojí, dvojitý

dub [ˈdab] (*-bb-*) *v* **1** pasovat na rytíře **2** titulovat, jmenovat **3** dabovat film **–bing** [-iŋ] dabování filmu

dubious [ˈdjubiəs] pochybný, nejistý, váhavý **–ness** nejistota, pochybnost

duch|ess [ˈdačis] vévodkyně **–y** [-i] vévodství

duck [ˈdak] *s* **1** zool. kachna **2** hovor. drahoušek **3** plachtovina; silné plátno (*pl* *-s* kalhoty ze silného plátna) **4** hovor. obojživelný vojenský vůz **5** ponoření hlavy pod vodu **6** slang. chlápek, podivín ♦ *lame* ~ smolař, vyřízená / odbytá veličina ● *v* **1** ponořit (se), strčit hlavu pod vodu **2** uhnout hlavou, vyhnout se čemu **–ling** kachňátko **–y** drahoušek

duct [ˈdakt] **1** kanál, kanálek **2** roura, vedení; vodovod **3** anat. trubice, vývod **–ile** [-ail] tažný, ohebný

dud [ˈdad] *s* **1** nevybuchlá střela / puma **2** nula kdo nesplnil očekávání, ztroskotanec **3** hovor. *pl* **~s** hadry šaty, saky paky

dude [duːd] *s* **1** hovor. měšťák, paďour; turista na Dalekém západě, host na turistickém ranči **2** hovor. švihák, frajer, elegán **3** hovor. kámoš ~ **ranch** [ˈduːdˌrænč] *s* turistický ranč na americkém Dalekém západě s kovbojskými atrakcemi

due [ˈdjuː] *s* **1** příslušný díl, odměna, právo **2** dluh **3** *pl* *-s* poplatky, dávky; členský příspěvek ● *a* **1** patřičný, náležitý, dlužný **2** splatný **3** způsobený (*to* a *t. čím*) **4** oprávněný; přiměřený **5** s inf *be* ~ musit, mět s inf ♦ ~ *bill* splatný účet; ~ *care* náležitá péče; ~ *date* termín splatnosti; *we are in* ~ *receipt of...* správně jsme obdrželi...; *in* ~ *time* v pravý čas; *he is* ~ *to speak tonight* má mluvit dnes večer; *I am* ~ *there tomorrow* mám tam být zítra; *the train is* ~ *at six* vlak má přijet v šest; *it is* ~ *to* (*bad weather*) je to způsobeno (špatným počasím); *this discovery is* ~ *to Newton* za tento objev vděčíme Newtonovi ● *adv* rovnou, přímo, přesně ♦ ~ *east* přímo na východ

duffle [ˈdafl] **1** měkká vlněná houňovitá látka **2** am. výstroj např. pro kempink ~ **bag** pytel např. na kempink ~ **coat** teplý vlněný tábornický kabát

dug [ˈdag] *pt* a *pp* od *dig* **~~out** **1** sport. kryt v zákopech **2** kánoe z vyhloubeného kmene

duke [¹dju:k] vévoda

dull [¹dal] *a* **1** tupý **2** hloupý, těžkopádný **3** matný, bezvýrazný, nudný **4** mdlý, mrtvý, stagnující *období,* váznoucí *obchod* **5** kalný, pochmurný *počasí,* bez větru ● *v* otupit (se), zakalit (se) **–ness 1** nechápavost, zabedněnost **2** tupost, otupělost **3** hloupost **4** stagnace

dullsville [¹dalzvil] slang. nuda, nudné místo

duly [¹dju:li] správně, v pořádku, náležitě, řádně

dumb [¹dam] **1** němý **2** mlčenlivý **3** am. pitomý ♦ *it struck me ~ to* mě zarazilo, z toho jsem oněměl **~-bell 1** činka **2** am. slang. hlupák, debil **–fond** ohromit **~-show** němohra, pantomima **~-waiter** přenosný otočný servírovací stolek

dummy [¹dami] *s* **1** panák / panna ve výloze, figura **2** atrapa, div. maketa **3** nastrčená věc / osoba **4** dumlík ● *a* **1** nepravý, fingovaný **2** nastrčený

dump [¹damp] *s* hromada, skládka; výpoč. tech. výpis z paměti ● *v* **1** složit *zboží,* vysypat *smetí* **2** odhodit *břímě,* zbavit se *čeho* **3** prodávat zboží na zahraničním trhu za dumpingové ceny **–ing** ztrátový vývoz, dumping **–y** krátký skládací deštník

dumpling [¹dampliŋ] nok, knedlík

dun [¹dan] *s* neodbytný věřitel ● *v* (*-nn-*) upomínat *o peníze*

dunce [dans] *s* tupec, tupohlavec, hlupák, mezek

dune [du:n] *s* duna, písečný přesyp

dung [¹daŋ] *s* hnůj ● *v* po-, hnojit

dungarees, pl [¹daŋgəri:z] kombinéza, pracovní oděv

dunk [¹daŋk] am. namáčet (si) chléb, pečivo

duodenum [ˌdju:əuˈdi:nəm] anat. dvanácterník

dupe [¹dju:p] *s* **1** hlupák *oběť podvodníka* **2** pirátská kopie *filmu* ● *v* pod-

vést, napálit

duplicat|e [¹dju:plikət] **1** duplikát, přesná kopie **2** náhradní díl ● *a* dvojí, dvojmo; rezervní ♦ *in ~* dvojmo ● *v* [dju:plikeit] **1** zdvojit, zdvojnásobit **2** vyhotovit dvojmo, vydat / napsat dvakrát **3** o-, kopírovat, rozmnožit **–or** [¹dju:plikeitə] rozmnožovací stroj

duplicity [dju:ˈplisəti] dvojakost, neupřímnost

dura|bility [ˌdjuərəˈbiləti] trvanlivost **–bles** [-blz] pl zboží dlouhodobé spotřeby **–tion** [ˌdjuəˈreišən] trvání, stálost ♦ *be of long ~* trvat dlouho, být trvanlivý; *for the ~ of...* po dobu...

during [¹djuəriŋ] během, za *o čase*

dusk [¹dask] šero, soumrak

dust [¹dast] *s* prach ● *v* **1** vy-, o-, prášit, vyklepat **2** po-, roz|prášit **~-bin** popelnice **~-bowl** am. suchopár **~-cover** přebal *knihy,* potah *nábytku* **–er** prachovka, rozprašovač; sypátko **~-jacket** přebal *knihy* **~-man*** popelář **~-proof** bezprašný, zajištěný proti vnikání prachu **–y** zaprášený, prašný, přen. otřelý

Dutch [¹dač] *s* **1** holandština **2** *the D~* Holanďané ● *a* holandský **–man*** Holanďan

duti|able [¹dju:tiəbl] podléhající clu **–ful** věrný, poslušný, oddaný, uctivý

duty [¹dju:ti] **1** povinnost **2** služba, výkon **3** uctivost, úcta, oddanost, respekt **4** clo **5** poplatek, dávka, daň ♦ *free of ~* beze cla; *go* on ~* nastoupit službu; *be on ~* mít službu; *be off ~* být mimo službu **~-free** beze cla **~-paid** procleno

dwarf [¹dwo:f] *s* trpaslík ● *a* zakrnělý, miniaturní **–ed** zakrnělý **–ish** zakrslý, trpasličí

dwell* [¹dwel] **1** bydlet, po-, pře|bývat **2** rozhovořit se ((*up*)*on* a *t.* o čem) zdržet se, prodlévat u čeho **3** prodlít (*on* na) *tónu* **–er** obyvatel

–ing obydlí **–ing-house*** obytný dům **–ing unit** bytová jednotka

dwelt [ˈdwelt] *pt* a *pp* od *dwell*

dwindle [ˈdwindl] ubývat, zmenšovat se, ztrácet se; cena snižovat se

dye [ˈdai] *s* barva, barvivo ● *v* barvit

dying [ˈdaiiŋ] viz **1** *die* **2** *dye*

dyke [ˈdaik] **1** = *dike* **2** slang. lesbička

dynami|c [daiˈnæmik] dynamický **–sm** [ˈdainəmizm] dynamismus

dynamo* [ˈdainəməu] dynamo

dynasty [ˈdainəsti] *s* dynastie

dysentery [ˈdisənˌteəri] *s* med. úplavice, dyzentérie

E

E, e [iː] **1** písmeno e **2** hud. e

each [ˈiːč] každý zvl. z urč. počtu ◆ ~ *of us* každý z nás; *they cost a penny ~* každý stojí penny; ~ *other* jeden druhého, navzájem

eager [ˈiːgə] **1** chtivý, netrpělivý (*for, after, about* čeho) **2** horlivý, dychtivý **–ness** dychtivost, horlivost

eagle [ˈiːgl] **1** orel **2** am. zlatý desetidolar **~-owl** [ˌiːglˈəul] výr **–t** [-it] mladý orel

ear [ˈiə] **1** ucho **2** sluch **3** poutko, ouško **4** klas ◆ *be all -s* napjatě poslouchat: *an ~ for music* hudební sluch; *give* / lend* an ~ to* dopřát sluchu; *were your -s burning?* neznělo ti v uších? mluvilo se o tobě; *over head and -s* až po uši; *prick up one's -s* stříhat ušima, napjatě poslouchat **~-ache** [-eik] bolest v uších **~-drum** ušní bubínek **~-phone** sluchátko **–ring** náušnice *within* **–shot** na doslech **~-trumpet** naslouchátko pro nedoslýchavé **~-wax** ušní maz **–wig** škvor

earl [ˈəːl] hrabě

early [ˈəːli] *a* **1** časný, raný, brzký **2** počáteční, první ◆ *an ~ bird* catches the worm ranní ptáče dál doskáče; ~ *return* rychlý obrat; ~ *riser* ranní ptáče; *write at your earliest convenience* napište co nejdříve ● *adv* časně, brzy ◆ *as ~ as* již kdy; ~ *in 1900* počátkem r.1900

earmark [ˈiəmaːk] **1** značkovat ovce **2** vybrat a poznačit, vyčlenit

earn [ˈəːn] **1** vydělat si **2** zasloužit si **–ings** pl výdělek

earnest [ˈəːnist] *s* **1** opravdovost, vážnost **2** záruka **3** předzvěst, signál ◆ *in ~* dooopravdy; *I am in ~* myslím to vážně ● *a* **1** vážný, opravdový **2** naléhavý

earth [ˈəːθ] *s* **1** země, půda, hlína **2** země(koule), svět **3** nora, brloh, doupě lišky **4** uzemnění ◆ *why on ~?* proč u všech všudy?; *run* to ~* uštvat lišku, vehnat do úzkých, sledovat až ke zdroji ● *v* **1** uzemnit **2** zahrabat (se) do země **3** přikrýt zemí **4** uštvat lišku, zahnat do doupěte, vyslídit ~ *up* okopat brambory **–en** hliněný, kameninový **–enware** hrnčířské zboží, kamenina **–ing** uzemnění **–ly 1** pozemský, světský **2** smyslný ◆ *it's of no ~ use* nemá to vůbec cenu, smysl **–quake** [-kweik] zemětřesení **–y 1** zemitý, světský **2** bez zábran, přízemní, hrubý, pozemský

ease [ˈiːz] *s* **1** pohoda, klid **2** prázdná chvíle, volno **3** ulehčení **4** nenucenost **5** snadnost ◆ *at ~* pohodlně, přirozeně; *he is quite at his ~* je zcela spokojený; *ill at ~* nesvůj; *set* at ~* uspokojit; *stand at ~!* pohov!; *take* one's ~* pohovět si ● *v* **1** ulehčit čemu, zmírnit bolest **2** uklidnit **3** uvolnit ~ *away* povolit provaz, kabát **–ful** [-ful] **1** uklidňující **2** pokojný, klidný **–fulness** pokoj, klid

easel [ˈiːzl] malířský stojan

easement [ˈiːzmənt] **1** úleva **2** práv. služebnost, právo průchodu přes cizí majetek easiness [ˈiːzinis] **1** snadnost **2** nenucenost **3** lhostejnost, lajdáctví

east [ˈiːst] s východ (*Near, Middle, Far E~* Blízký, Střední, Dálný Východ) ● *a* východní v zeměp. jménech ● *adv* na východ (*of* od) **–erly** východní **–ern** východní, orientální **–ward(s)** [-wəd(z)] na východ, k východu (směřující)

Easter [ˈiːstə] Velikonoce ♦ ~ *egg* kraslice

easy [ˈiːzi] **1** snadný; pohodlný **2** bez bolesti **3** klidný **4** nenucený, přirozený **5** blahobytný **6** pomalý, povlovný, plynulý **7** obch. chabý, klidný o trhu ♦ *in ~ circumstances* v dobrých poměrech; *free and ~* přirozený, nenucený; *make your mind ~ !* netrap se!; *take* it ~* brát věci na lehkou váhu, nepřipouštět si starosti, nedělat si těžkou hlavu **~-chair** lenoška, křeslo **~-going** bezstarostný, lehkomyslný; líný, nedbalý

eat* [ˈiːt] **1** jíst **2** žrát **3** rozežrat, zničit, strávit ♦ *~ one's words* odvolat vlastní slova *~ away* roze-, u|žírat; jíst s chutí *~ off* krmit; sníst, sežrat *~ out* **1** vyjíst, spást **2** stravovat se mimo domov; *~ one's heart out* užírat se, trápit se *~ up* **1** sníst, sežrat **2** strávit, spotřebovat **–able** s poživatina, potravina, jídlo ● *a* jedlý **–er 1** jedlík (*big, hearty ~*) **2** poživač čeho **3** jedlé syrové ovoce **–ing-house*** jídelna

eaves [ˈiːvz] pl okap **–drop** (*-pp-*) poslouchat tajně za dveřmi

ebb [ˈeb] s **1** odliv **2** úbytek, úpadek ♦ *~ and flow* odliv a příliv ● *v* **1** odlévat se, téci zpět **2** ubývat, klesat

ebony [ˈebəni] s **1** eben; ebenová barva **2** černoch

ebulli|ence, **–ency** [iˈbaljəns(i)] vzkypění; elán **–ent** [-t] kypící, překypující temperamentní **–tion**

[ˌebəˈliʃən] vzkypění (*of anger* zlosti)

eccentric [ikˈsentrik] s **1** tech. výstředník **2** výstřední člověk ● *a* **1** tech. výstředníkový, mat. výstředný **2** výstřední **–ity** [ˌeksənˈtrisəti] výstřednost, excentricita

ecclesiastic [iˌkliːziˈæstik] duchovní, kněz **–al** [-l] církevní, duchovní, kněžský

echelon [ˈeʃəlon] **1** voj. stupňovitý sled, formace **2** skupina, složka **3** stupeň organizace

echo [ˈekəu] s ozvěna ● *v* **1** ozývat se (*with* čím) **2** opakovat po kom **3** odrážet zvuk **~-sounder** [-saundə] ozvěnový hloubkoměr, echolot

eclip|se [iˈklips] s zatmění ● *v* **1** zatemnit (se) **2** zastínit, zatlačit do pozadí, převýšit **3** zatmít se slunce, měsíc **-t** ● *s* [-tik] ekliptika ● *a* ekliptický

eco|catastrophy [ˌiːkəukəˈtæstrəfi] ekologická katastrofa **–logy** [iːˈkolədži] ekologie **–sphere** [ˈiːkəsfiə] ekosféra **–system** [-sistəm] ekosystém

econom|ic [ˌiːkəˈnomik] hospodářský (*situation* situace), ekonomický **–ical** [-l] šetrný, hospodárný, spořivý **–ics** [-s] pl politická ekonomie, ekonomika **–ist** [iːˈkonəmist] národohospodář, ekonom **–ize** [iˈkonəmaiz] **1** šetřit **2** dobře hospodařit **–izer** [iˈkonəmaizə] tech. ohřívač vzduchu, vody **–y** [iˈkonəmi] **1** dobré hospodaření, hospodářství **2** hospodárnost, hospodárné uspořádání **3** úspornost, úspora ♦ *~ class* ekonomická / turistická třída v letadle; *controlled ~* řízené hospodářství; *political ~* politická ekonomie

ecstasy [ˈekstəsi] s vytržení, nadšení, rozrušení, rozčilení, prudký záchvat, extáze

eddy [ˈedi] s malý vír vodní, větrný, kouřový ● *v* vířit, hemžit se *~ current* elektr. vířivý proud, Foucaultův proud

edge ['edž] *s* **1** ostří, břit, ostrý okraj **2** hrana; o-, kraj, lem **3** o-řízka knihy **4** horský hřeben **5** ostrá příchuť **6** prudkost, elán **7** výhoda, převaha, náskok ♦ *be on the ~* být krajně podrážděný; am. *have the ~ on a p.* mít vrch nad kým ● *v* **1** na-, ostřit, na-, brousit **2** o-, vroubit, o-, lemovat **3** protáhnout (se), prodloužit (se) ♦ *-d* s ostřím, ostrý; *~ one's way* proplétat se; *~ into society* protlačit se do společnosti *~ in* vsunout (se), vpašovat *~ off* srazit hrany, zúžit *~ out* vytlačit z pole, z dráhy, z postavení, z funkce *~ up / upward* pomalu stoupat (*prices* ceny) **–less** [-lis] tupý, bez ostří **--tool** řezátko, rydlo **–ways, –wise** hranou, bokem, ze strany

edg|ing ['edžiŋ] **1** lemování, okraj, obruba **2** broušení **–y** [-i] **1** ostrý též obrysy **2** popudlivý, podrážděný, kousavý

edible ['edibl] *s* poživatina ● *a* jedlý, poživatelný

edict ['i:dikt] nařízení, vyhláška, edikt

edif|ication [,edifi'keišən] poučení, osvěta **–ice** ['edifis] budova **–y** ['edifai] povznést, poučit ♦ *edifying* poučný, výchovný, osvětový

edit ['edit] **1** vydat knihu, redigovat noviny, upravit text **2** sestříhat film **–ion** [i'dišən] **1** vydání knihy **2** náklad knihy, novin **3** sestřih filmu **–or** [-ə] **1** vydavatel **2** redaktor **3** střihač filmu **4** střihačský stůl **–orial** [,edi'to:riəl] *s* úvodník v novinách ● *a* **1** vydavatelský **2** redakční **3** textový **–or-in-chief** šéfredaktor **–orship** [- šip] **1** redigování, redaktorování **2** redakce

educat|e ['edjukeit] vychovávat, vzdělávat **–ion** [,edju'keišən] **1** výchova, vzdělání, školství **2** drezúra, výcvik též zvířat **3** pedagogika ♦ *board of ~* školní rada;

Ministry of E~ ministerstvo školství **–ional** [,edju'keišənl] výchovný ♦ *~ film* výchovný film **–or** [-ə] vzdělavatel **–ion(al)ist** [-nist, -nəlist] pedagog

educ|e [i'dju:s] **1** vyvinout, do-, vy|vodit (*from* z) **2** chem. vyluhovat, extrahovat **–ible** [-əbl] odvoditelný

educt [i'dakt] **1** chem. výtažek **2** log. důsledek, závěr

Edward ['edwəd] Eduard

eel ['i:l] **1** zool. úhoř **2** octové kvasinky

e'er ['eə] bás. = *ever*

eerie ['iəri:] *a* tajemný, tajuplný, záhadný; nahánějící hrůzu, děsivý, strašidelný

efface [i'feis] **1** vy-, s|mazat, zahladit, zničit **2** zastínit koho **3** *o.s.* ustoupit do pozadí **–able** [-əbl] vy-, s|mazatelný **–ment** vymazání, zahlazení

effect [i'fekt] *s* **1** účinek, účinnost, vliv **2** výsledek, dojem, efekt **3** provedení **4** úspěch **5** účel, smysl **6** pl hotovost, movitost ♦ *bring to ~, carry into ~* provést; *calculated to ~* vypočítaný na efekt; *give* * *to* uskutečnit, realizovat; uvést v platnost; *in ~* vskutku; *of no ~* bez účinku, marný; *take* * *~* nabýt platnosti; mít účinek ● *v* **1** provést, vykonat **2** uskutečnit, uzavřít pojištění **–ive** [-iv] **1** účinný, působivý **2** vhodný, uspokojivý **3** výkonný, schopný **4** aktivní ve voj. službě **5** fakticky, jsoucí po ruce **–ual** [-juəl] účinný, úspěšný, faktický; závazný **–uate** [-jueit] vykonat, provést

effemina|cy [i'feminəsi] zženštilost **–te** [-ət] *a* **1** zženštilý **2** rozkošnický, smyslný ● *v* [-eit] zženštit

effervesce ['efə'ves] **1** šumět, bublat, pěnit **2** kvasit, kypět **3** překypovat **–nce** [-əns] šumění; kypění **–nt** [-nt] šumivý, překypující

efficac|ious [,efi'keišəs] účinný, působivý **–ity** [ˌefiˈkæsəti], **–y** [ˈefikəsi] účinnost, působivost

efficien|cy [iˈfišənsi] **1** schopnost, výkonnost, zdatnost **2** efektivita, účinnost **–t** [-t] **1** zdatný; schopný, výkonný **2** účinný; vhodný, účelný

effigy [ˈefidži] zpodobení, obraz, podobizna

effloresce [ˌefloˈres] **1** rozkvést **2** chem. vykvétat, hornina zvětrávat **3** krystalizovat o soli **–nce** [-əns] **1** doba květu, rozkvět **2** zvětrání **3** krystalizování **–nt** [-nt] **1** roz-, pro|kvétající, vyrážející **2** zvětrávající

effluen|ce [ˈefluəns] **1** výtok, výron **2** vyzařování, emanace **–t** [-t] s výtok; odpadní voda ● a vytékající

effort [ˈefət] **1** úsilí, námaha **2** hovor. výkon, práce; projev **–less** bez námahy, snadný; nenucený, samozřejmý

effrontery [iˈfrantəri] drzost, nestoudnost

effulgen|ce [iˈfaldžəns] zář, lesk **–t** [-t] zářivý

effuse[1] [iˈfju:s] bot. rozprostřený; škeble zející

effus|e[2] [iˈfju:z] rozlévat, šířit atmosféru **–ion** [iˈfju:žn] rozlévání; výlev citový **–ive** [-ziv] **1** citem přetékající, přílišný, přemrštěný **2** geol. efuzívní

egalitarian [iˈgæliˈteəriən] rovnostářský **–ism** [-izm] rovnostářství

egg [ˈeg] s **1** vejce, vajíčko **2** slang. bomba, mina **3** stud. slang. koule **4** slang. chlápek, chlap ♦ a bad ~ mizera; zkažené vejce něco co páchne, nepoctivost; buttered -s míchaná vejce na másle; fried -s sázená vejce, volská oka; a good ~ báječný člověk / věc; hard-boiled -s vejce na tvrdo; in the ~ v počátečním stadiu; have all one's -s in one basket vsadit vše na jednu kartu; poached -s ztracená vejce; scrambled -s mícha-

ná vejce; soft-boiled -s vejce na měkko ● v **1** pokrýt / ozdobit vejci **2** ponoukat (a p. on to a t. koho k čemu) **~-cup** kalíšek na vejce **~-dance** tanec mezi vejci, obtížný úkol **~-flip**, **~-nog** vaječný koňak **~-head** hovor. intelektuál **~-plant** baklažán, lilek **~-shaped** vejčitý **~-shell** vaječná skořápka **~-whisk** metla na šlehání vajec

eglantine [ˈegləntain] bot. planá růže

ego|ism [ˈegəuizəm] sobectví **–ist** [-ist] sobec **–istic(al)** [ˌegəuˈistik(ə)l] sobecký, egoistický **–tism** [-tizəm] samolibost, sobectví

egregious [iˈgri:džəs] nechvalně známý, pověstný; mimořádný, pozoruhodný; vyložený blázen, omyl

egress [ˈi:gres] východ; výběh pro domácí zvířata **–ion** [iˈgrešən] vycházení, východ, odchod

Egypt [ˈi:džipt] Egypt **–ian** [iˈdžipšən] s Egypťan ● a egyptský

eider [ˈaidə] zool. kajka **~-down 1** kajčí peří **2** přikrývka z kajčího peří

eight [ˈeit] **1** osm **2** osmička **3** osmiveslice **–een** [ˌeiˈti:n] osmnáct **–eenth** [ˌeiˈti:nθ] osmnáctý **–h** [-θ] a osmý **~s** osmina **–ieth** [-iiθ] osmdesátý **~-race** závod osmiveslic **–y** [-i] osmdesát

Eire [ˈeərə] Irská republika

either [ˈaiðə], am. [ˈi:ðə] a a pron **1** jeden ze dvou, ten nebo onen **2** kterýkoli ze dvou ♦ at ~ end was a lamp na každém konci byla lampa; ~ of you can go jeden z vás dvou může jít ● adv n. conj ~ – or buď – nebo; not ~ ani ne, také ne; ~ come in or go out buď pojď dovnitř nebo jdi pryč; if you do not go, I shall not ~ nepůjdete-li vy, nepůjdu ani já

ejaculat|e [iˈdžækjuleit] **1** vyrážet slova **2** vystříknout semeno **–ion** [iˌdžækjuˈleišən] **1** výkřik, zvolání

2 vystříknutí, ejakulace

eject [i'džekt] vyhnat, vypudit z vlastnictví, nuceně vystěhovat; sesadit z funkce; vyhazovat hlínu; let. být katapultován **–ion** [-šen] 1 vypuzení z vlastnictví, vyhnání, nucené vystěhování; sesazení z funkce 2 vyhazování 3 let. katapultování **–or** [-te] 1 vypuzovatel 2 tech. vyhazovač, ejektor

eke [i:k] dodat, doplnit, prodloužit ~ **out** 1 nastavit (with čím) 2 šetřit čím, rozumně hospodařit 3 nuzně se protloukat (~ out one's living)

elaborat|e [i'læberet] a 1 z-, vy|pracovaný, důkladný 2 nákladný, komplikovaný • v [i'læbereit] pro-, vy|pracovat, podrobně rozpracovat; podrobně se vyslovit **–ion** [i,læbe'reišen] podrobné zpracování

elapse [i'læps] čas uplynout

elastic [i'læstik] s prádlová guma, lastex • a pružný, ohebný, gumový ♦ ~ limit mez pružnosti **–ity** [,elæs'tiseti] pružnost, ohebnost

elat|e [i'leit] a hrdý, povznesený • v naplnit radostí, povznést, učinit hrdým (with na) ♦ -d by naplněný pýchou nad čím / z čeho **–ion** [-šen] povznesená nálada; psych. euforie

Elbe [elb] Labe

elbow ['elbeu] s 1 loket 2 ohbí, koleno potrubí 3 opěradlo lenošky ♦ at one's ~ po ruce; more power to your ~! na zdraví!; out at -s otrhaný, ošumělý; up to the -s v pilné práci • v strkat / rýpat loktem ♦ ~ one's way (in, out) protlačit se, razit si cestu (dovnitř, ven) **~-grease** dřina **~-room** dostatečný prostor, volné pole

elder[1] ['elde] a comp starší o dvou osobách, zprav. členech jedné rodiny (he is my ~ je starší než já, my ~ brother můj starší bratr) • pl -s 1 starší lidé (our -s lidé starší než my) 2 starší církve **–ly** [-li] (po)star-

ší, obstarožný, staromódní

elder[2] ['elde] bot. černý bez **~-berry** bot. bezinka

eldest ['eldist] a sup nejstarší srov. elder (he is our ~ je z nás nejstarší, my ~ brother můj nejstarší bratr

elect [i'lekt] s vyvolenec • a vy-, z|volený, vybraný ♦ bride ~ vyvolená (nevěsta) • v 1 z-, vy|volit 2 dát přednost **–ion** [-šen] volba ♦ general ~ všeobecné volby **–ioneer** [i,lekše'nie] agitovat před volbami, shánět hlasy **–ioneering** volební kampaň, agitace **–ive** [-tiv] 1 volební 2 volený 3 volitelný, fakultativní **–or** [-te] 1 volič, volitel 2 hist. kurfiřt ♦ list of -s volební seznam **–oral** [-terel] volební (roll / register volební seznam) **–orate** [-terit] voličstvo **–ress** [-tris] volička

electri|c [i'lektrik] elektrický **–cal** [-kl] elektrický, elektrotechnický **–cally** [-keli] elektricky **–cian** [,ilek'trišen] elektrotechnik, elektrikář **–city** [,ilek'triseti] elektřina **–fication** [i,lektrifi'keišen] 1 elektrizace 2 elektrifikace **–fy** [-fai], **–ze** [i'lektraiz] 1 elektrizovat 2 elektrifikovat

electro|cute [i'lektrekju:t] popravit na elektrickém křesle **–cution** [i,lektre'kju:šen] 1 poprava na elektrickém křesle 2 zabití elektrickým proudem **–de** [i'lektreud] elektroda **–lier** [i,lektreu'lie] elektrický lustr **–lyse** [-laiz] rozložit elektrickým proudem **–lysis** [,ilek'trolisis] elektrolýza **–magnet** [i,lektreu'mægnit] elektromagnet **–meter** [,ilek'tromite] elektroměr **–n** [-n] elektron **–nic** [,ilek'tronik] s (~ tube) elektronka • a elektronový, elektronický **–nics** [,ilek'troniks] pl elektronika **–plate** [-pleit] elektrolyticky pokovovat

elegan|ce ['eligens] elegance, vytříbený vkus **–t** [-t] 1 elegantní, vkusný, úpravný, uhlazený 2 am.

módní, prvotřídní

elegy [ˈelidži] elegie, žalozpěv

element [ˈelǝmǝnt] **1** prvek, podstatná součást **2** živel, pralátka **3** pl -s základy vědy, umění **–al** [ˌelǝˈmentl] **1** živelný, primitivní **2** základní **–ary** [ˌelǝˈmenteri] **1** základní, elementární **2** jednoduchý, prostý ♦ ~ *school* základní škola

elephant [ˈelǝfǝnt] **1** zool. slon **2** velký formát papíru **–ine** [ˌelǝˈfæntain] **1** sloní, nemotorný **2** obrovský

elevat|e [ˈelǝveit] **1** (po)zvednout **2** povýšit **–ed** [-id] **1** vyvýšený **2** nachmelený, rozjařený **3** vy-, z|výšený ♦ ~ *railway* nadzemní dráha; ~ *wireway* lanová dráha, lanovka **–ion** [ˌelǝˈveišǝn] **1** zdvižení **2** vyvýšení, výška; vyvýšenina, pahrbek **3** stoupání **4** náměr děla **5** vysoké postavení, povýšení **6** nárys **7** med. otok, bulka **8** povznesení mysli, radostná nálada **–or** [-ǝ] **1** tech. zdvihadlo, dopravník na obilí apod. **2** anat. zdvihač sval **3** výškové kormidlo **4** am. zdviž, výtah

eleven [iˈlevn] jedenáct, sport. jedenáctka **–th** [-θ] jedenáctý

elf* [ˈelf] **1** skřítek **2** diblík **3** pidimužík, prcek **–in** [-in], **–ish** [-iš] s skřítek, prcek ● a skřítkový, uličnický **~-struck** [-strak] očarovaný

elicit [iˈlisit] **1** vylákat (*a t. from a p.* co z koho) **2** zjistit (*a t. from a t.* co z čeho) **3** vyžadovat **–ation** [iˌlisiˈteišǝn] vylákání

eligib|ility [ˌelidžǝˈbilǝti] **1** (z)volitelnost **2** způsobilost, kvalifikace ♦ ~ *to holiday* nárok na dovolenou **–le** [ˈelidžǝbl] **1** volitelný **2** vhodný, žádoucí

eliminant [iˈliminǝnt] anat. eliminant, výslednice

eliminat|e [iˈlimineit] **1** vypustit, odstranit, eliminovat **2** chem., sport. vyloučit, mat. vypustit, vynechat **3** ignorovat otázku **–ion** [iˈlimiˈneišǝn] vypuštění, vyloučení, odstranění, eliminování

Elizabeth [iˈlizǝbǝθ] Alžběta **–an** [iˌlizǝˈbi:θǝn] alžbětinský

elk [ˈelk] zool. los

ell [ˈel] loket míra = 45 inches

ellip|se [iˈlips] elipsa **–tic(al)** [-tik(l)] eliptický

elm(tree) [ˈelm(tri:)] bot. jilm

elocution [ˌelǝˈkju:šǝn] řečnický přednes, deklamace; řečnické umění **–ary** [-ǝri] řečnický

elongat|e [ˈi:longeit] prodloužit (se) **–ion** [ˌi:longˈgeišǝn] **1** prodloužení, pokračování **2** hvězd. elongace

elope [iˈlǝup] utéci (o ženě) z domova, od manžela **–ment 1** útěk **2** dobrovolný únos

eloquen|ce [ˈelǝkwǝns] výmluvnost **–t** [-t] výmluvný

else [ˈels] a jiný za táz. a neurč. záj. ● adv jinde, jinam; jinak, sice; ještě ♦ *nobody* ~ nikdo jiný; *somewhere* ~ někde jinde; *what* ~ co ještě **–where** [-weǝ] někde jinde, někam jinam

elucidat|e [iˈlu:sideit] objasnit, vysvětlit **–ion** [iˌlu:siˈdeišǝn] objasnění, vysvětlení **–ory** [-tǝri] objasňovací ♦ ~ *note* vysvětlivka

elu|de [iˈlu:d] **1** vyhnout se, uniknout, vykroutit se **2** vytřít zrak komu **3** obejít nařízení, zákon **4** vzpírat se, přesahovat chápání **–sion** [-žn] vytáčka, únik, obejití zákona **–sive** [-siv] **1** vytáčející se, vyhýbavý **2** unikající, prchavý

'em [ǝm] = *them*

emaciat|e [iˈmeišieit] **1** způsobit zhubnutí koho, zhubnout **2** vyčerpat, vymrskat půdu **–d** [-id] vyzáblý, vychrtlý **–ion** [iˌmeišiˈeišǝn] vyhublost, vychrtlost

E-mail [ˈi:ˌmeil] s poč. zkr. e(lectronic) mail elektronická pošta uskutečňovaná prostřednictvím počítačů

emanat|e [ˈemǝneit] vyzařovat, vycházet, linout se, proudit **–ion** [emǝˈneišǝn] proudění, vyzarování, emanace **–ive** [-iv] vyzařující, emanační

emancipat|e [i'mænsipeit] osvobodit (se), zrovnoprávnit, emancipovat (se) **–ion** [imænsi'peišən] osvobození, emancipace

emasculat|e [i'mæskjulit] *a* 1 vykleštěný 2 zženštilý ● *v* [i'mæskjuleit] 1 vykleštit 2 zženštit 3 seškrtat text, oslabit 4 ochudit jazyk **–ion** [i,mæskju'leišən] 1 vykleštění, kastrace 2 zeslabení 3 zženštilost 4 seškrtání textu

embalm [em'ba:m] *v* 1 na|balzamovat 2 prosytit pachem; provonět, nasytit vůní 3 uchovat v paměti, zachránit před zapomněním

embank [im'bæŋk] sevřít do břehů n. hrází, regulovat řeku **–ment** 1 násep 2 nábřeží

embargo [em'ba:gəu] *s* 1 zákaz vjezdu lodí 2 zákaz obchodu, obchodní blokáda 3 zabavení cizího majetku pro stát ♦ *be under an ~* podléhat embargu; *lay* on an ~* uvalit embargo ● *v* 1 zakázat obchod n. lodní dopravu, uvalit (obchodní) blokádu 2 zabavit pro státní potřebu zboží, loď

embark [im'ba:k] 1 naložit na loď nalodit (se) *(for* do) 2 pustit se *(on, in* do čeho) 3 angažovat koho *(in* v) **–ation** [,emba:'keišən] 1 nakládání na loď, nalodění 2 zahájení, započetí (on čeho)

embarrass [im'bærəs] 1 uvést do rozpaků, po-, z|mást 2 překážet 3 uvést do finančních nesnází 4 ztížit, zkomplikovat otázku **–ed** 1 *v* rozpacích 2 zadlužený, bez peněz **–ment** 1 rozpaky 2 těžkosti, též finanční, zdravotní potíže 3 překážka, závada

embassy ['embəsi] velvyslanectví

embattle [im'bætl] seřadit do bitvy, sešikovat

embed [im'bed] pevně zasadit, zapustit; usadit se

embellish [im'beliš] 1 okrášlit, vyzdobit 2 přikrášlit příběh **–ment** 1

výzdoba, okrasa 2 příkrasa

ember(s) ['embə(z)] obyč. pl žhavý popel, řeřavé uhlí

embezzle [im'bezl] zpronevěřit, defraudovat **–ment** zpronevěra, defraudace **–r** defraudant

embitter [im'bitə] 1 (roz)trpčit, rozhořčit 2 dát hořkost čemu **–ment** rozhořčení

emblem ['embləm] *s* znak, symbol, odznak ● *v* symbolizovat **–atic(al)** [,embli'mætik(l)] emblémový, symbolický

embod|iment [im'bodimənt] ztělesnění **–y** [-i] 1 ztělesňovat 2 vtělit, včlenit *(in* do) 3 mít v sobě, obsahovat 4 srazit se *(into* v)

embolden [im'bouldən] dodat odvahy komu

embosom [im'buzəm] 1 přivinout k hrudi 2 obklopit, zahalit, skrýt *(in* kde, *with* čím) **–ed** uzavřený *(in* do čeho), obklopený *(with* čím) stromy, kopci

emboss [im'bos] 1 vytepat, zpracovat do vypouklého tvaru 2 vyrazit, vytlačit znak na papíře ♦ **–ed** *seal* plastická, reliéfová pečeť **–ing** reliéfní tisk

embouchure [,obu'šuə] 1 ústí řeky, údolí 2 hud. náustek; nátisk

embrace [im'breis] *s* objetí ● *v* 1 obejmout (se) 2 chopit se čeho, uvítat nabídku 3 zahrnovat, obsahovat 4 pojmout okem, myslí **–ment** objetí **–ry** [-ri] podplacení, úplatek

embranchment [im'bra:nčmənt] (roz)větvení

embrasure [im'breižə] 1 výklenek okna, dveří 2 střílna

embroider [im'broidə] 1 vyšívat 2 přikrášlit vyprávění **–y** [-ri] 1 vyšívání, výšivka 2 přikrášlení

embroil [im'broil] 1 uvést ve zmatek 2 zaplést do sporu **–ment** 1 zmatek 2 spor

embryo [embriau] zárodek ♦ *in ~* v zárodku, nevyvinutý

embus [im'bas] (-ss-) naložit / nasednout do motorového vozidla

emerald [ˈemərəld] smaragd ♦ *E~ Isle* Irsko

emerge [iˈməːdž] **1** vynořit se **2** vyjít najevo **3** objevit se náhle **4** vyvinout se, vyplynout (*from* z) **–ncy** [-ənsi] nepředvídaný případ, naléhavá potřeba, stav nouze, pohotovost ♦ ~ *brake* záchranná brzda; ~ *call* tísňové volání telef.; ~ *exit* nouzový východ; *for -ncies* pro případ potřeby; *in case of* ~ v případě nutnosti; ~ *landing* nouzové přistání; ~ *man** náhradník; ~ *ration* železná zásoba; ~ *relief work* práce jako nouzová podpora v nezaměstnanosti; ~ *services* pohotovostní oddíly; ~ *set* náhradní, nouzové zařízení **–nt** [-ənt] **1** vynořující se, vznikající **2** nenadálý, naléhavý

emery [ˈeməri] smirek ♦ ~ *paper* s-mirkový papír

emigra|nt [ˈemigrənt] vystěhovalec, emigrant **-te** [-eit] vystěhovat (se), emigrovat **-tion** [ˌemiˈgreišən] vystěhovalectví, emigrace

Emily [ˈemili] Emilie

eminen|ce [ˈeminəns] **1** věhlas, vysoké postavení **2** vynikající osobnost, prominent **3** *E~* Eminence titul kardináta **4** vyvýšenina **-t** [-t] vynikající, významný (*in, for* čím) ♦ **-ly** ve vysoké míře, pozoruhodně

emission [iˈmišən] **1** vyzařování tepla, světla **2** fin. emise, vydání **3** fyz. vysílání, emise ♦ ekol. ~ *limitations* omezení emisí; ~ *standards* emisní normy; ~ *reduction* snížení emisí

emit [iˈmit] (*-tt-*) **1** vysílat, vyzařovat teplo, světlo **2** dávat do oběhu peníze **3** vycházet (*from* odkud) **-ter** [-tə] zářič, emitor

emolument(s) [iˈmoljumənt(s)] zisk, příjem, plat, výdělek

emotion [iˈməušən] **1** pohnutí, vzrušení **2** dojetí, cit, emoce **-al** [-əl] **1** citový **2** vzrušivý, emocionální

empathy [ˈempəθi] s schopnost vcítit se / vžít se do duševních stavů druhého, do uměleckého díla, vcítění, empatie

emperor [ˈempərə] císař

empha|sis [ˈemfəsis], pl *-ses* [-siːz] **1** důraz **2** přízvuk **–size** [-saiz] zdůrazňovat **–tic** [imˈfætik] důrazný

emphysema [ˌemfiˈsiːm] med. rozedma plic

empire [ˈempaiə] **1** říše **2** císařství **3** empír výtv. sloh

emplacement [imˈpleismənt] umístění; palebné postavení

employ [imˈploi] **1** zaměstnávat koho **2** (po)užít, upotřebit (*in, on, for, about* na co) **-ee** [ˌemploiˈiː] zaměstnanec **-er** [-ə] zaměstnavatel **-ment 1** zaměstnání **2** zaměstnanost **3** (po)užití

emporium [emˈpoːriəm] **1** obchodní středisko **2** tržnice, tržiště **3** am. obchodní dům

empower [imˈpauə] zplnomocnit, zmocnit

empress [ˈempris] císařovna

empty [ˈempti] *a* **1** prázdný **2** hovor. hladový, lačný **3** pustý, neobydlený **4** jalový, nicotný ● *s* prázdný obal ● *v* **1** vyprázdnit (se) **2** vypouštět, vybírat, vysypat, vylít **3** vlévat *se* (*into* do) **--handed** s prázdnýma rukama, s nepořízenou

emul|ate [ˈemjuleit] závodit, soupeřit s kým, hledět se komu vyrovnat; napodobit, imitovat **–ation** [ˌemjuˈleišən] soutěžení, soupeření; napodobování **–ous** [-əs] **1** závodící, soupeřící s kým, snažící se komu vyrovnat **2** ctižádostivý, dychtivý (*of* po čem)

enable [iˈneibl] **1** umožnit komu udělat co, zmocnit koho **2** učinit schopným (*for* k), dávat možnost

enact [iˈnækt] **1** nařídit, ustanovit **2** uzákonit **3** sehrát roli na jevišti, v životě **–ment** uzákonění; nařízení

enamel [i'næml] s 1 smalt 2 e- mailová malba 3 glazura 4 zubní sklovina ● v (-ll-) 1 smaltovat 2 malovat na emailu, pestře pomalovat 3 na-, lakovat

enamour [i'næmə] zprav. *pas be -ed* být zamilován (*of / with* do)

encamp [in'kæmp] utábořit (se) **–ment** tábor, táboření

encapsulate [in'kæpsə‚leit] v 1 o-, za|pouzdřit (se); obalit, zahrnout *in* čím 2 přen. zhustit, shrnout, zestručnit, heslovitě vyjádřit myšlenku

encase [in'keis] uzavřít do pouzdra

encash [in'kæš] inkasovat **–ment** inkaso(vání)

enchain [in'čein] 1 spoutat 2 kniž. upoutat zájem

enchant [in'ča:nt] okouzlit **–ment** okouzlení, kouzlo

enchilada [enčə'la:də] s am. enčaláda srolovaná tortilla naplněná směsí masa a sýra a politá pálivou omáčkou z feferonek

encipher [in'saifə] zašifrovat, zakódovat

encircle [in'sa:kl] obklíčit

enclasp [in'kla:sp] sevřít, obejmout

enclos|e [in'kləuz] 1 obehnat, o- hradit plotem 2 uzavřít 3 přiložit do dopisu ♦ **–ed** v příloze **–ure** [-žə] 1 příloha dopisu 2 ohrazení, oplocení, ohrada, plot 3 obora

encode [en'kəud] zakódovat **–r** [-ə] kodér

encompass [in'kampəs] 1 obklopit 2 obsahovat

encore [aŋ'ko:] *interj* opakovat! ● v dožadovat se na kom opakování

encounter [in'kauntə] s 1 setkání 2 utkání, srážka 1 v setkat se 2 utkat se

encourage [in'karidž] povzbuzovat, podporovat **–ment** povzbuzení, podpora

encroach [in'krauč] neprávem zasahovat (*upon, on* do), dopustit se přehmatu **–ment** neoprávněný zá-

sah, přehmat

encumb|er [in'kambə] 1 být přítěží komu, za-, ob|tížit 2 překážet 3 zatarasit 4 zatížit dluhem, zadlužit **–rance** [-rəns] 1 břemeno, zatížení nemovitosti, hypotéka 2 překážka 3 zadlužení 4 rodinný příslušník, dítě ♦ *without* ~ bezdětný, bez závazku

encyclopedia [in‚saiklou'pi:diə] s naučný slovník, encyklopedie

end ['end] s 1 konec 2 zakončení, mez 3 špička 4 část města, končina 5 pl *-s* zbytky 6 výsledek, závěr 7 zánik, smrt 8 účel, cíl, smysl 9 sport. polovina hřiště, «strana" ♦ *be at an* ~ být u konce; *get* hold of the wrong ~ of the stick* vzít věc za špatný konec; *get* the dirty ~ of the stick* hovor. dostat tu nejhorší práci; *in the* ~ posléze; *go* (in) off the deep* ~ přehnat to, riskovat, rozlobit se; *keep* one's* ~ *up* dobře si počínat; *at a loose* ~ nezaměstnaný; *make* both -s meet* vystačit s příjmem; *a means to an* ~ prostředek k cíli; *no* ~ (*of*)... veliký, velice; *to no* ~ bezvýchodně, marně; *odds and -s* zbytky a odpadky, drobota; *for three weeks on* ~ po tři týdny nepřetržitě; *placed* ~ *to* ~ podél; *put* an ~ to a t.* skoncovat co, udělat přítrž čemu; *stand* on* ~ stát zpříma; *his hair stood on* ~ vlasy se mu zježily hrůzou; *the* ~ *of the table* čelo stolu; *he is at the* ~ *of his tether* je bezradný, je v koncích; *to the* ~ *that...* za tím účelem, aby...; *turn* ~ *for* obrátit naruby; *to what* ~? k jakému účelu?; *be at one's wit's* ~ být s rozumem v koncích; *begin* at the wrong* ~ vzít co za nepravý konec ● v 1 u-, za-, s- končit 2 skoncovat, učinit přítrž 3 postavit dnem vzhůru 4 znamenat konec pro 5 dát konci k sobě ♦ *he -ed by doing it* nakonec to udělal; *all is well that -s well* konec dobrý, všechno dobré ~ *off,* ~ *up* za-, s-, u|končit; uzavřít

endanger [in'deindžə] ohrozit

endear [in'diə] učinit drahým, získat oblibu / přízeň; ~ *o.s.* získat si oblibu / přízeň

endeavour [in'devə] *s* snaha, úsilí ● *v* snažit se, usilovat *(after, to do* o co)

end|ing ['endiŋ] **1** zakončení, konec **2** smrt **3** gram. koncovka **–less** nekonečný ♦ ~ *band* nekonečný pás

endorse [in'do:s] **1** indosovat, převést směnku rubopisem **2** podepsat na rubu, žírovat **3** napsat, poznamenat na rubu **4** potvrdit, sehválit; hlásit se k čemu **–ment 1** idosament, rubopis **2** převod rubopisem, žiro **–r** [-ə] indosant, převodce

endow [in'dau] **1** obdařit, vybavit, nadat *(with* čím) **2** pojistka nabýt splatnosti **–ment** nadace, věnování, dotace

endue [in'dju:] **1** obdařit, vybavit koho *(with* čím) **2** obléci (si)

endur|able [in'djuərəbl] snesitelný **–ance** [-rəns] **1** vytrvalost, trpělivost snášet co; snášení **2** odolnost, schopnost **–e 1** strpět, snést co **2** přetrvat

enema ['enəmə] *s* **1** klystýr, klyzma **2** klystýrová stříkačka

enemy ['enəmi] nepřítel

energ|etic(al) [‚enə'džetik(l)] **1** rázný, pevný, energický **2** činný, aktivní **–ize** ['enədžaiz] dodat energii komu / čemu, zaktivizovat, oživit **–y** ['enədži] energie, síla; ráznost, důraznost

enfeeble [in'fi:bl] o-, ze|slabit **–ment** oslabení, zesláblost

enfold [in'fəuld] **1** zabalit **2** obejmout **3** pře-, o|hnout **4** přijmout

enforce [in'fo:s] **1** vnutit komu co **2** vymáhat, vynutit na kom **3** uplatnit **4** prosadit, uvést v platnost zákon **–ment 1** vynucení **2** provedení

zákona **3** vykonání rozsudku

enfranchise [in'frænčaiz] **1** udělit volební právo **2** osvobodit **–ment** [-izmənt] **1** udělení volebního práva **2** osvobození

engage [in'geidž] **1** zaměstnat, zaměstnávat **2** zamluvit si **3** zavázat se slibem, zasnoubit se **4** najmout, zjednat **5** zabývat se **6** ručit **7** upoutat, okouzlit **8** voj. nasadit do akce, utkat se s **9** tech. zapadat *(a t. with a t.* do); zařadit, zapojit soukolí, páku **–d 1** zaměstnaný *(with* čím) **2** obsazený **3** zadaný, zasnoubený ♦ *be* ~ *(in)* být zaměstnán, pracovat (kde), provozovat (co), *the line is* ~ linka je obsazena v telef. **–ment 1** závazek, povinnost, úmluva **2** zasnoubení **3** schůzka, pozvání, úmluva **4** zaměstnání **5** zapojení **6** voj., sport. srážka, utkání, střetnutí, bitva **7** tech. záběr ozubených kol; spuštění motoru ♦ *fulfill one's -s* dostát svým závazkům; *performance of -s* splnění závazků; *without* ~ nezávazně

engine ['endžin] **1** motor, stroj **2** parní stroj, lokomotiva **3** požární stříkačka **4** nástroj, prostředek **~-driver** strojvůdce **~-hall**, **~-plant**, **~-room** strojovna

engineer [‚endži'niə] *s* **1** inženýr, technik **2** strojník **3** am. strojvůdce **4** voj. ženista **5** strůjce, organizátor ● *v* **1** stavět, konstruovat, montovat **2** hovor. provádět machinace, zosnovat, přivodit co **–ing** [-riŋ] *s* **1** strojírenství **2** inženýrství, technika ● *a* inženýrský, technický ♦ ~ *shop* strojnická dílna; ~ *steel* konstrukční ocel; ~ *works* strojírenský závod

enginery ['endžinəri] stroje, strojní zařízení

England ['iŋglənd] Anglie

English ['iŋgliš] *s* **1** angličtina **2** *the* ~ Angličané ● *a* anglický ● *adv* anglicky **–man*** Angličan **–woman*** Angličanka

engrained [in'greind] **1** nepolepšitelný, nenapravitelný **2** zakořeněný, zarytý

engrav|e [in'greiv] **1** vy-, rýt **2** hluboko vtisknout (*on one's memory* do paměti) **–er** [-ə] rytec **–ing** **1** rytí, rytectví **2** rytina **3** grafický list otisk rytiny

engross [in'grəus] **1** strhnout na sebe pozornost, upoutat pozornost **2** opsat na čisto **3** skoupit ve velkém, monopolizovat, ovládnout **–ment 1** vyhotovení čistopisu **2** skoupení k ovládnutí trhu

engulf [in'galf] pohltit; polknout, pozřít

enhance [in'ha:ns] **1** zvýšit, zvětšit cenu, moc, vystupňovat **2** zkrášlit **3** přehnat **–ment 1** zvýšení, vzestup, vystupňování **2** přehánění

enigma [i'nigmə] hádanka, záhada **–tic** [,enig'mætik] záhadný

enjoin [in'džoin] **1** přikázat, uložit komu co **2** am. úředně zakázat

enjoy [in'džoi] **1** těšit se čemu z čeho **2** spokojeně užívat, požívat, trávit **3** zažít, zakusit ♦ *~ confidence* požívat důvěry; *I -ed my dinner* oběd mi chutnal; *~ oneself* dobře se bavit / mít; *~ a good reputation* těšit se dobré pověsti; *how did you ~ the trip?* jak se vám líbil výlet? **–ment 1** požitek, radost **2** po-, užívání, držba

enlarge [in'la:dž] **1** zvětšit též fot., rozšířit **2** zvětšit se **3** šířit se v řeči (*upon* o čem), rozpovídat se **–ment 1** zvětšení, rozšíření **2** fot. zvětšenina

enlighten [in'laitn] **1** poučit, informovat, objasnit (*a p. on a t.* komu co) **2** bás. osvítit **–ment** osvícení, osvěta; poučení

enlist [in'list] odvést / dát se odvést k vojsku **2** zanést, zapsat **3** získat, zajistit si čí podporu **4** angažovat se (*in* v) **–ment 1** voj. odvod **2** zařazení, zapsání **3** vojenská služba

enmity ['enməti] nepřátelství

enormous [i'no:məs] ohromný

enough [i'naf] dost ♦ *I have had ~* už mám dost; *~ and to spare* více než dost; *sure ~!* zajisté!

enquir|e [in'kwaiə], **–y** [-ri] viz inquir|e, -y

enrage [in'reidž] rozzuřit, dohnat k šílenství

enregister [in'redžistə] napsat do seznamu, zaznamenat

enrich [in'rič] obohatit **–ment** obohacení; pohnojení; výzdoba; úprava rudy

enroll [in'rəul] (*-ll-*) **1** zapsat do seznamu **2** protokolovat *~ o.s.* dát se odvést k vojsku **–ment** zápis, záznam; nábor

ensign ['ensain, námoř. 'ensn] **1** prapor, vlajka **2** odznak, distinkce, hodnost **3** hist. praporečník

enslave [in'sleiv] zotročit **–ment** zotročení; otroctví

ensue [in'sju:] **1** následovat **2** vzniknout, vyplynout (*from, on* z)

ensure [in'šuə] zajistit, zabezpečit (*against, from* proti)

entail [in'teil] mít za následek, znamenat

entangle [in'tæŋgəl] *v* **1** zamotat, zaplést *in* do **2** přen. zamotat, zaplést **3** zamotat se, zaplést *in* do; dostat se do nesnází

enter ['entə] **1** vstoupit, vejít (*the room* do místnosti) **2** vniknout **3** připadnout, přijít na mysl **4** přihlásit (se), dát (se) zapsat **5** poznamenat, na-, za|psat **6** (*up / on*) začít, na-, v|stoupit, ujmout se svých povinností ♦ *~ an appearance* práv. vyjádřit souhlas s vedením soudní pře, dostavit se k soudu / úřadu; *~ into correspondence* navázat písemný styk; *~ into details* rozvádět podrobnosti; *~ into an engagement* zavázat se; *~ for a race* přihlásit se k závodům; *~ a lawsuit* práv. podat žalobu; *~ one's name* zapsat se; *~ a protest* podat protest, ohradit se ~ **up** zapsat, vyplnit záznamy

enterpris|e [ˈentəpraiz] **1** podnik **2** podnikavost, elán **–ing** podnikavý, průbojný

entertain [ˌentəˈtein] **1** hostit, přijímat hosty **2** udržovat, pěstovat **3** po-, bavit **4** obírat se čím, chovat co v hlavě, uvážit co **–er** konferenciér **–ing** zábavný **–ment 1** zábava, obveselení **2** estráda **3** po-, hoštění, společenský večírek

enthrall [inˈθroːl] v upoutat, fascinovat, okouzlit, očarovat

enthrone [inˈθroun] v dosadit na trůn, přen. povýšit, vyzvednout

enthusias|m [inˈθjuˈziæzəm] nadšení (for, about pro) **–tic** [inˌθjuːziˈæstik] nadšený

entice [inˈtais] v z|lákat, nalákat, přitahovat, poutat pozornost; uvést v pokušení

entire [inˈtaiə] naprostý, úplný; celý **–ly 1** úplně, zcela **2** jenom **–ty** [-ti] celistvost, celek, úplnost

entitle [inˈtaitl] **1** dát právo, opravňovat (to k) **2** opatřit názvem, pojmenovat **3** titulovat

entity [ˈentiti] **1** bytost **2** hovor. věc, předmět **3** filoz. entita

entrails [ˈentreilz] pl vnitřnosti, přen. útroby, nitro

entrain [inˈtrein] naložit / nastoupit do vlaku; určit, modifikovat

entrance [ˈentrəns] **1** vstup, vchod, vjezd **2** nastoupení místa **3** převzetí majetku **4** vystoupení na jeviště **5** nástup, začátek ♦ ~ **duty** dovozní clo; ~ **examination** přijímací zkouška; ~ **fee**, ~ **money** vstupné, zápisné; "NO E~" Vstup zakázán!

entrance² [inˈtraːns] uvést do vytržení

entreat [inˈtriːt] snažně prosit (a p. for a t. koho o co) **–y** [-i] naléhavá prosba

entrench [inˈtrenč] v **1** pevně usadit, etablovat, utvrdit, definitivně zavést, pevně zakotvit, hluboce zakořenit in v **2** rušivě zasahovat (up)on do, rušit **3** vykopat zákop; obehnat n. chránit (se) zákopem, zakopat (se)

entrepreneur [ˌentrəprəˈnəː(r)] **1** podnikatel, provozovatel **2** zprostředkovatel

entrust [inˈtrast] **1** svěřit (a t. a p. komu co) **2** pověřit (a p. with a t. koho čím)

entry [ˈentri] **1** vstup, vjezd, vchod, přístup **2** zápis, záznam; údaj, heslo slovníku, zařazení (into do) **3** příjem peněz, účetní položka **4** přihláška, seznam např. závodníků **5** celní prohlášení ♦ **bookkeeping by double** (single) ~ podvojné (jednoduché) účetnictví; **customs** ~ celní záznam, celní prohlášení; ~ **fee** přihlašovací poplatek; **journal** ~ zápis v deníku; **make*** ~ zapsat, poznamenat, vstoupit (into do); "No E~" Vstup / Vjezd zakázán; No E~ **sign** zákaz vjezdu dopravní značka; ~ **visa** vstupní vízum

enumerate [iˈnjuːməreit] s-, vy-|počítat, vyjmenovat **–ion** [iˈnjuːməˈreišən] výčet, vypočítávání; sčítání lidu

envelop [inˈveləp] **1** zabalit **2** obklopit **–e** [ˈenvələup] **1** dopisní obálka **2** obal; tělesná schránka; zábal **3** povlak, kryt

envenom [inˈvenəm] napustit jedem, otrávit

envi|able [ˈenviəbl] záviděníhodný **–ous** [-əs] závistivý (of na)

environ [inˈvaiərən] obklopit **–ment 1** okolí **2** prostředí, vnější podmínky životní **–mental** [inˌvaiərənˈmentl] ekol. týkající se životního prostředí ♦ ~ **control** kontrola životního prostředí; ~ **impact** dopad na životní prostředí; ~ **protection** ochrana životního prostředí **–s** [inˈvaiərənz] pl okolí

envisage [inˈvizidž] **1** představovat si živě, počítat s čím **2** uvažovat o čem, zamýšlet co 3 čelit čemu

envoy [ˈenvoi] 1 velvyslanec 2 posel, delegát

envy [ˈenvi] s 1 závist 2 předmět závisti ● v závidět

enwrap [inˈræp] (-pp-) o-, za|balit

epic [ˈepik] s 1 epická báseň, epos 2 přen. epos ● a epický; impozantní

epidemic [ˌepiˈdemik] s epidemie ● a epidemický, nakažlivý –al epidemický

epidermis [ˌepiˈdəːmis] biol. epiderm, pokožka

epilepsy [ˈepilepsi] s epilepsie, padoucnice

episode [ˈepisəud] s epizoda

epoch [ˈiːpok] období, epocha ~-making epochální, převratný

equable [ˈekwəbl] stejnoměrný, vyrovnaný, klidný

equal [ˈiːkwəl] a 1 rovný, stejný, rovnající se (to, with a t. čemu) 2 stačící na co 3 klidný, vyrovnaný zápas ● s osoba n. věc rovná jiné osobě n. věci ♦ he has no ~ nemá sobě rovného ● v (-ll-) rovnat se čemu, být roven –itarian [iːkwəliˈteəriən] rovnostář –ity [iˈkwoləti] rovnost –ization [ˌiːkwəlaiˈzeišən] vyrovnání –ize [-aiz] 1 vyrovnat (se) též sport. 2 postavit na roveň

equat|ion [iˈkweišən] 1 vyrovnání 2 mat. rovnice –or [-tə] rovník –orial [ˌekwəˈtoːriəl] rovníkový

equilibr|ate [ˌiːkwiˈlaibreit] vyrovnat, uvést v rovnováhu –ium [ˌiːkwiˈlibriəm] rovnováha

equip [iˈkwip] (-pp-) vybavit, opatřit, vystrojit, vyzbrojit (with čím) –ment 1 výstroj, výzbroj 2 vybavení, zařízení ♦ accessory ~ pomocné zařízení; camping ~ potřeby pro táboření; first-aid ~ lékárnička první pomoci; laboratory ~ laboratorní vybavení; signalling ~ signalizační zařízení

equit|able [ˈekwitəbl] spravedlivý, poctivý, slušný –y [-ti] 1 spravedlnost, poctivost, slušnost 2 právo obyčejové 3 pl -ies cenné papíry ♦ in ~ po právu, spravedlivě

equivalen|ce [iˈkwivələns] rovnocennost –t [-t] s ekvivalent, protihodnota ● a 1 rovnocenný 2 odpovídající čemu 3 mající stejný význam, ekvivalentní

equivoc|al [iˈkwivəkəl] 1 dvojsmyslný, obojetný 2 neurčitý, nejistý 3 pochybný, problematícky –ation [iˌkwivəˈkeišən] dvojznačnost; neurčitost, nejasnost; vytáčky

era [ˈiərə] éra, věk, doba, období; letopočet

eradicate [iˈrædiˌkeit] v 1 přen. vymýtit, vykořenit, vyhladit, vyhubit 2 vytrhnout z kořene, vykořenit, vymýtit

erase [iˈreiz] 1 vyškrabat, vymazat 2 zlikvidovat, oddělat

ere [eə] zast., bás. dříve než ♦ ~ long zakrátko; ~ now dříve, kdysi

erect [iˈrekt] a vzpřímený, vztyčený ● v 1 vzpřímit, vztyčit, ztopořit se penis, klitoris 2 vystavět, zřídit, založit, ustavit 3 tech. smontovat, instalovat 4 sestavit horoskop –ion [-šən] 1 vztyčení, vzpřímení 2 postavení, zřízení 3 ztopoření 4 instalace 5 budova, stavba

ergonomics [ˌaːgəˈnomiks] ergonomika

Ernest [ˈəːnist] Arnošt

erode [iˈrəud] 1 rozhlodat, rozrušit 2 vymlít, erodovat 3 rozpadnout se

erosion [iˈrəužn] 1 nahlodání, narušení 2 vymílání, eroze

erotic [iˈrotik] erotický, milostný, smyslný

err [əː] 1 chybovat 2 být nepřesný 3 hřešit

errand [ˈerənd] 1 pochůzka, posílka 2 vzkaz, poselství ♦ go* / run* (on) -s dělat poslíčka, chodit na pochůzky ~-boy poslíček

errant [ˈerənt] 1 bloudící, bludný,

potulný **2** pobloudilý **3** přen. dobrodružný **4** zvíře zaběhlý

erratic [iˈrætik] **1** bludný **2** nevypočitatelný **3** nepravidelný, proměnlivý, nestálý **4** výstřední, podivínský ♦ ~ *block* geol. bludný balvan

erroneous [iˈrəunjəs] mylný, klamný; chybný, nepřesný

error [ˈerə] **1** chyba, mýlka **2** omyl, přehmat **3** přestupek, hřích ♦ ~ *analysis* rozbor chyb; ~ *in calculation* početní chyba; *in* ~ omylem; *be in* ~ mýlit se

Erse [ˈəːs] irština, horalská gaelština

erudit|e [ˈerudait] učený **–ion** [ˈeruˈdišən] učenost, erudice

erupt [iˈrapt] **1** sopka vybuchnout, začít soptit **2** vyrazit, vyšlehnout **3** chrlit **4** zuby prořezávat se **–ion** [-šən] **1** výbuch i přen. **2** vyrážka **–ive** [-tiv] **1** vybuchující, sopečný **2** vyrážkový

escalat|e [ˈeskaleit] vystupňovat útok **–ion** [-šən] vystupňovaní

escalator [ˈeskəleitə] pohyblivé schody

escap|e [iˈskeip] s **1** únik, útěk **2** vyváznutí **3** unikání plynu **4** výpusť, výlevka ♦ ~ *clause* úniková klauzule; *that was a narrow* ~ vyvázl jen tak tak, jen o vlásek ● *v* **1** uniknout, utéci **2** plyn unikat **3** tekutina vytékat **4** vyváznout, ujít trestu **5** raketa dosáhnout únikové rychlosti ♦ ~ *notice* ujít pozornosti **–ee** [ˌiskei ˈpiː] uprchlík

eschew [isˈču:] vyhnout se, vystříhat se

escort [ˈeskɔ:t] s doprovod původně ozbrojený, eskorta ● *v* [iˈskɔ:t] doprovázet; eskortovat

escutcheon [iˈskačən] erb, štít

Eskimo [ˈeskiməu] s Eskymák; eskymáčtina ● *a* eskymácký

especial [iˈspešl] **1** (ob)zvláštní (*–ly* zvláště) **2** výborný

espionage [ˌespiəˈnɑ:ž] vyzvědačství, špionáž

espy [iˈspai] postřehnout

Esq. = Esquire [iˈskwaiə] vážený pán v adrese za příjmením, dnes zast.

essay [ˈesei] s **1** esej, pojednání, stať, kompozice **2** pokus, zkouška ● *v* [əˈsei] pokusit se; vyzkoušet

essence [ˈesns] **1** podstata **2** výtažek, tresť **3** voňavka

essential [iˈsenšl] s **1** hlavní věc, nezbytná záležitost **2** pl *-s* elementární fakta, základy ● *a* podstatný, hlavní, nezbytný ♦ ~ *oil* prchavý, éterický olej

establish [iˈstæbliš] **1** z-, řídit, založit **2** usta(no)vit, zavést, nastolit, zjednat postavení **3** potvrdit **4** zjistit, pevně stanovit **5** informovat o, uvést do **6** zestátnit církev **7** rostlina ujmout se, zdomácnět ~ *o.s.* usadit se, zařídit se **–ed** zavedený, uznávaný, platný; vžitý ♦ *the E~ Church* státní anglikánská církev v Anglii **–ment 1** usta(no)vení, založení **2** zákonné / státní zřízení (a jeho instituce) **3** instituce, organizace **4** sídlo **5** firma, závod, podnik **6** domácnost **7** ústav **8** početní stav vojska **9** zjištění, konstatování **10** ujmutí se, zdomácnění rostliny ♦ *branch* ~ poboční závod; *peace* (*war*) ~ mírový (válečný) stav branných sil

estate [iˈsteit] **1** (velko)statek, nemovitosti **2** pozemkový majetek, jmění **3** stav, hodnost **4** (*housing* ~) sídliště ♦ *personal* (*real*) ~ movitý (nemovitý) majetek

esteem [iˈsti:m] s vážnost, úcta ● *v* **1** vážit si **2** pokládat za co

estimat|e s [ˈestimit] **1** odhad, ocenění **2** předběžný výpočet **3** pl rozpočet, návrh rozpočtu ● *v* [ˈestimeit] **1** ocenit, odhadnout (*at* na) **2** udělat předběžný rozpočet, předběžně vypočítat **3** usoudit ♦ *expenditure -s* návrh rozpočtových výdajů **–ion** [ˌestiˈmeišən] **1** názor, mínění **2** ocenění, od-

had **3** úcta, vážnost
estuary [ˈestjuəri] ústí řeky do moře
etch [ˈeč] leptat **–ing** lept
etern|al [iˈtə:nl] věčný **–ity** [-əti] věčnost
ether [ˈi:θə] éter
ethic|al [ˈeθikl] etický **–s** [-s] etika
Ethiopia [ˌi:θiˈəupjə] Etiopie **–n** s Etiopan ● a etiopský
etymology [ˌetiˈmolədži] etymologie
eulogy [ˈju:lədži] vychvalování, chvalořečení
Europe [ˈjuərəp] Evropa **–an** [ˌjuərəˈpiən] s Evropan ● a evropský ◆ ~ *Economic Community* Evropské hospodářské společenství
evacu|ate [iˈvækjueit] **1** vyprázdnit střeva **2** vyklidit, vystěhovat (se) **–ation** [iˌvækjuˈeišən] **1** vyprázdnění **2** vyklizení, vystěhování, evakuace **–ee** [iˌvækjuˈi:] evakuovaná osoba
evade [iˈveid] **1** vyhnout se (*answer* odpovědi) **2** obejít zákon, vytáčet se **3** uniknout pozornosti
evaluat|e [iˈvæljueit] ocenit, ohodnotit, určit hodnotu; mat. vyčíslit **–ion** [iˌvæljueišən] ocenění, ohodnocení
evangeli|c(al) [ˌi:vænˈdželik(l)] evangelický **–st** [iˈvændžəlist] evangelista
evaporat|e [iˈvæpəreit] **1** vypařovat se **2** nechat vypařit, odpařit, dehydrovat **3** hovor. zmizet (jako pára), vytratit se; zemřít **–ion** [iˌvæpəˈreišən] **1** vypařování **2** postupné mizení
evasi|on [iˈveižn] vyhnutí se, vytáčka, výmluva **–ve** [-siv] vyhýbavý
Eve [ˈi:v] Eva
eve [ˈi:v] předvečer ◆ *on the* ~ *of...* v předvečer čeho; *Christmas E*~ Štědrý večer; *New Year's E*~ Silvestr
even [ˈi:vn] a **1** rovný **2** hladký, plochý; pobřeží nečlenitý **3** stejný **4** sudý **5** souměrný, stejnoměrný **6** klidný, vyrovnaný **7** rovný,

zaokrouhlený ◆ *be* ~ *with* být si kvit s kým; *of* ~ *date* stejného data; ~ *number* sudé číslo ● v s-, vy|rovnat ● adv **1** dokonce, i **2** právě, zrovna ◆ ~ *as* právě když; *not* ~ ani; ~ *though* i kdyby; ~ *too well* až příliš dobře
evening [ˈi:vniŋ] večer ◆ ~ *dress* večerní úbor; frak; ~ *party* večírek; ~ *star* večernice
event [iˈvent] **1** událost, případ, eventualita **2** sportovní disciplína, závod ◆ *at all* ~*s* rozhodně, v každém případě; *in the* ~ *of his coming* jestliže přijde; *it's quite an* ~ je to skutečná událost **–ful 1** významný, závažný **2** rušný, bohatý událostmi
eventua|l [iˈvenčuəl] konečný, výsledný **–lity** [iˌvenčuˈæləti] možný výsledek, poslední eventualita **–lly** konečně, nakonec **–te** [-eit] **1** vést (*in a t.* k čemu), mít za následek **2** am. uskutečnit se **3** končit (*in* čím)
ever [ˈevə] **1** kdy, vůbec někdy **2** po *than* kdy jindy, kdy předtím **3** jakkoli **4** vůbec, i jen ◆ *as soon as* ~ *I can* jakmile jen budu moci; ~ *after* (*since*) stále od té doby; *for* ~ navždy, pořád, věčně; *hardly* ~ skoro nikdy; ~ *so* (*so much*) sebe více, velmi **–green** s **1** věčně zelený strom / keř, jehličnatý strom **2** stále populární píseň evrgrýn ● a stále zelený, přen. stále oblíbený **–lasting** s **1** bot. trvalka **2** věčnost ● a **1** věčný, ustavičný **2** bot. trvalý **–more** navždy, věčně
every [ˈevri] každý ◆ ~ *other day* každý druhý den, obden; ~ *third day* = ~ *three days* každý třetí den; ~ *now and then* občas, někdy; ~ *once in a while* občas, tu a tam, chvílemi; ~ *so often* příležitostně, občas; ~ *way* v každém směru **–body** každý člověk **–day** každodenní, všední **–man*** průměrný člověk **–one** každý člověk **–thing** všechno **–where** všude

evict [i'vikt] soudně vystěhovat, soudně vyklidit, násilím vypudit **–ion** [-šən] soudní vystěhování, vyklizení

eviden|ce ['evidəns] s **1** důkaz **2** doklady, doličná věc **3** svědectví **4** svědek ♦ *bear* / *furnish* / *give* ~ *to a t.* dosvědčit co; *in* ~ viditelný, zřejmý ● v dokázat, dosvědčit ♦ *be* –*d by* být prokázáno čím **–t** [-t] očividný, zřejmý **–tial** [-šl] průkazný, dokazující (*of co*)

evil [i:vl] s zlo, špatnost; hřích ● a* **1** zlý, špatný, odporný ● adv zle, špatně

evinc|e [i'vins] jasně ukázat **–ible** prokazatelný

evoke [i'vəuk] vyvolávat vzpomínky apod.

evolution [i:vəˈluːšə|n] **1** vývoj, evoluce **2** mat. odmocňování **3** voj. změna postavení, manévr **4** otáčka motoru **–al** [-ənl], **–ary** [-ənri] vývojový, evoluční

evolve [i'volv] vyvíjet (se), rozvíjet (se)

ewe [iju:] zool. ovce bahnice

ewer ['juə] džber, konev

exacerbate [ig'zæsə,beit] v **1** zjitřit spor, bolest, nemoc; přen. rozdírat, aktivovat, obnovit **2** po|dráždit

exact [ig'zækt] a přesný, exaktní ♦ ~ *sciences* exaktní vědy ● v vyžadovat, vymáhat, vynucovat (*a t. from a p.* co od koho) **–ing** náročný **–ion** [ig'zækšən] vymáhání, vyžadování, přemrštěný požadavek **–itude** [-itju:d], **–ness** [-nis] přesnost **–ly 1** přesně **2** v odpovědi zcela správně **3** vlastně (*what* ~ *is he doing?*)

exacta [ig'zæktə] am. sázka na pořadí při dostizích

exaggerat|e [ig'zædžəreit] přehánět, nadsazovat **–ion** [ig,zædžə'reišən] přehánění, nadsázka **–ive** [-iv] přehnaný

exalt [ig'zo:lt] **1** vynášet, velebit, povznést **2** vyzvednout, zdůraz-

nit, povýšit

exam = zkr. z *examination*

examin|ation [ig,zæmi'neišən] **1** zkouška **2** vyšetřování, výslech **3** prohlídka **4** prů-, vý|zkum ♦ *cross* ~ křížový výslech; *go* * *in for* n. *sit** (*for*) *an* ~ jít ke zkoušce; *fail in the* ~ propadnout u zkoušky; *medical* ~ lékařská prohlídka; *pass an* ~ udělat zkoušku; *undergo** *an* ~ podrobit se zkoušce **–e** [ig'zæmin] **1** prohlížet, zkoumat **2** bádat (*into* o) **3** vyptávat se (*on* na co), zkoušet (*in* z) **4** vyšetřovat; vyslýchat ♦ *-ing body* zkušební komise; *-ing magistrate* vyšetřující úředník **–er** [ig'zæ,minə] **1** zkoušející, examinátor **2** vyšetřovatel **3** kontrolor

example [ig'za:mpl] příklad, vzor ♦ *for* ~ například; *set** *a good* ~ *to a p.* dávat dobrý příklad komu; *without* ~ bezpříkladný

exasperat|e [ig'zæspəreit] **1** podráždit, popudit, zlobit **2** vyprovokovat **3** zhoršit ♦ –*ed at a t.* rozzloben na co; –*ed by a t.* rozhněván čím **–ion** [ig,zæspə'reišən] **1** podráždění, zlost **2** obtíž, nesnáz

excavat|e ['ekskəveit] vyhloubit, vykopat **–ion** [,ekskə'veišən] **1** hloubení, kopání **2** výkop, vykopávka **3** jáma, hlubina **–or** rypadlo, exkavátor

exceed [ik'si:d] **1** překročit, převyšovat míru **2** vynikat (*in* v), předčit **–ingly** neobyčejně, mimořádně

excel [ik'sel] (*-ll-*) **1** předčít, vyznamenat se (*in, at* v) **2** vynikat **–lent** ['eksələnt] znamenitý, výborný

except [ik'sept] v **1** vyloučit, vyjmout **2** mít námitky (*against* proti) ● *errors* –*ed* s vyhrazením omylu, za omyl se neručí ● prep kromě, leda, s výjimkou, vyjma ♦ *we all failed* ~ *Charles* s výjimkou Karla jsme všichni propadli; ~ *for* nehledě k, až na ●

conj leda že, leč že ♦ ~ *he is born again* leda(že) by se znovu narodil **–ing** kromě, s výjimkou **–ion** [ik'sepšən] **1** výjimka (*to, from* z) **2** námitka ♦ *take** ~ *to* namítat proti; *with the* ~ *of* s výjimkou čeho **–ional** [-šənl] výjimečný, neobyčejný

excerpt ['eksəpt] *s* výpisek, výňatek, citát *from* z

excess [ik'ses] **1** přemíra **2** přebytek, rozdíl **3** nestřídmost ♦ *carry to* ~ přehánět; ~ *expense* nadměrné náklady; ~ *fare* příplatek na jízdné; *in* ~ *of* více než, nad...; ~ *postage* trestné porto; ~ *profit* nadměrný zisk; *to* ~ přes míru, příliš; ~ *weight of baggage* nadměrná hmotnost zavazadel, nadváha **–ive** nadměrný, přehnaný, přílišný, krajní

exchange [iks'čeindž] *s* **1** výměna (*for* za co) **2** směnka **3** kurs valut **4** burza **5** výměna peněz **6** brit. telefonní ústředna ♦ ~ *agreement*, ~ *arrangement* devizová dohoda, ujednání; ~ *broker* devizový makléř; ~ *clearing* devizové zúčtování; ~ *list* kurzovní list; ~ *value* směnná hodnota; *at the* ~ *of* za kurs; *automatic* ~ automatická telefonní ústředna; *bill of* ~ směnka; *by way of* ~ výměnou; *foreign -s* valuty, devizy; *in* ~ *for* výměnou za; *rate of* ~ přepočítací (devizový) kurs; *stock* ~ burza cenných papírů; *toll* ~ mimoměstská ústředna pro bližší okruh v okolí velkoměsta; *trunk* ~ meziměstská ústředna ● *v* **1** vyměnit (*for* za) **2** zaměnit, vystřídat co čím **3** vyměnit si vzájemně, směnit; opětovat pozdrav **4** být přemístěn vojsko **–able** vyměnitelný, směnitelný

exchequer [iks'čekə] státní pokladna ♦ *Chancellor of the E~* britský ministr financí; *Department of the E~* britské ministerstvo financí; ~ *bill* státní poklad-

niční poukázka (brit.)

excise [ek'saiz] vyříznout, odstranit ● *s* [eksaiz] spotřební daň, nepřímá daň (*on* z)

excite [ik'sait] **1** rozčilit, podráždit **2** podnítit, vzbudit **–ment 1** rozčilení **2** rozruch, vzrušení

exclaim [iks'kleim] **1** zvolat, vykřiknout **2** protestovat, bouřit (*against / at / (up) on* proti)

exclamation [,eksklə'meišən] zvolání, výkřik, ostrý protest (*against* proti) ♦ ~ *mark, note of* ~, am. ~ *point* vykřičník

exclu|de [iks'klu:d] vyloučit (*from* z), nepřipouštět; zadržovat **–sion** [-žn] vyloučení, odepření vstupu přistěhovalce do země **–sive** [-siv] **1** výhradní, výlučný **2** exkluzívní **3** vybíravý **4** nepřístupný, rezervovaný, povýšenecký **5** úplný, naprostý ♦ ~ *of* s vyloučením čeho, bez, mimo **–sively** výlučně, s výhradou (*of* čeho)

excretion [ek'skri:šən] vyměšování **–ory** [-təri] vyměšovací

excruciating [ik'skru:ši,eitiŋ] *a* **1** mučivý, nesnesitelný **2** krajní, extrémní, nesmírný

exculpat|e ['ekskalpeit] zprostit viny, osvobodit, exkulpovat **–ion** ['ekskal'peišən] ospravedlnění, očištění od viny, exkulpace

excursion [iks'kə:šən] **1** výlet, zájezd, exkurze **2** odbočka od tématu ♦ ~ *train* výletní vlak **–ist** [-ist] výletník

excuse [iks'kju:s] *s* omluva ♦ *in* ~ *of a t.* na omluvu čeho; *make* one's* ~ omluvit se ● *v* [iks'kju:z] **1** omluvit **2** prominout, odpustit ♦ ~ *me!* promiňte!

execrate ['eksi,kreit] *v* **1** hrozit se koho / čeho, hnusit si, vyjadřovat odpor k **2** klít

execut|e ['eksikju:t] **1** vyřídit, provést plán, objednávku **2** předvést, přednést skladbu **3** popravit **4** vyhotovit; uvést v platnost podpisem **5** zhotovit **6** vykonávat, zastávat

–ion [ˌeksiˈkju:šən] **1** provedení uskutečnění, realizace **2** přednes skladby **3** vykonání rozsudku, poprava **4** zabavení, exekuce **–ioner** [ˌeksiˈkju:šənə] popravčí, kat **–ive** [igˈzekjutiv] s **1** výkonná moc, exekutiva **2** vedoucí úředník, řídící / vedoucí pracovník podniku ● a výkonný, prováděcí ♦ ~ body výkonný orgán

exempl|ar [igˈzemplə] vzor **–ary** [-əri] **1** vzorný, příkladný **2** výstražný **–ification** [ig,zemplifiˈkeišən] **1** doložení příkladem, příklad **2** ověřený opis **–ify** [-ifai] **1** doložit příkladem, dokázat, osvětlit na příkladu **2** opsat, pořídit ověřený opis

exempt [igˈzempt] a vyňatý z, osvobozený (from od), zproštěný čeho ● v vyjmout z, osvobodit od, zprostit čeho **–ion** [-šən] **1** vynětí, osvobození, zproštění **2** daňová úleva

exercise [ˈeksəsaiz] s **1** cvičení **2** písemný úkol **3** používání, užití; provozování čeho **4** tělesný pohyb **5** vykonávání, výkon ♦ compulsory ~ povinná sestava; floor ~, free-standing -s prostná; optional ~ volná sestava ● v **1** cvičit (se) **2** používat, vykonávat, zastávat **3** zaměstnávat; dělat starost komu **4** círk. zúčastnit se exercicií **5** – o.s. cvičit se (in v), trénovat ♦ ~ an influence on a p. vykonávat vliv na koho

exert [igˈzə:t] projevit, vykonávat vliv ~ o.s. namáhat se, snažit se **–ion** [-šən] námaha, úsilí

exhale [eksˈheil] v **1** vydechovat **2** vypařovat se

exhaust [igˈzo:st] s výfuk, odvod páry ● v **1** vyčerpat **2** vyprázdnit, vypumpovat **3** vysílit, vymrskat půdu **4** vyfukovat **5** ústit, proudit (into do) **–ed** [-tid] **1** vyčerpaný **2** vzduchoprázdný **–ion** [-čn] **1** vyčerpání, vypumpování **2** vyfukování, výfuk **3** vyčerpání, vysílení

–ive [-tiv] vyčerpávající, důkladný, úplný

exhibit [igˈzibit] s **1** vystavený předmět, exponát **2** výstava **3** práv. předloženi soudu, doličná věc ● v **1** ukázat, dát najevo, projevit **2** vystavit **–ion** [ˌeksiˈbišən] **1** projev, ukázka **2** výstava **3** brit. stipendium ♦ hold* an ~ uspořádat / konat výstavu **–ioner** [ˌeksiˈbišənə] brit. stipendista **–or** [-ə] vystavovatel

exhilarat|e [igˈziləreit] v **1** osvěžit, vzpružit: the cold water ~d us chladná voda nás osvěžila **2** rozveselit, dát radostnou náladu komu **–ting** [-reitiŋ] a radostný; osvěžující; rozveselující **–tion** [-reišən] s **1** veselí, veselost, rozjařenost, radostná nálada **2** rozveselování; osvěžování

exhume [iksˈju:m] exhumovat

exigen|ce, **–cy** [ˈeksidžəns(i)] **1** naléhavý případ, nezbytnost **2** požadavek, potřeba **–t** naléhavý, vyžadující (of co)

exiguous [egˈzigjuəs] nepatrný

exile [ˈeksail] s **1** vyhnanství, exil **2** emigrant, vyhnanec ● v poslat do vyhnanství

exist [igˈzist] existovat **–ence** [-əns] bytí, existence **–ent**, **–ing** **1** existující **2** nynější, současný

existentialis|m [ˌegziˈstenšəlizəm] existencionalismus **–t** [-list] existencionalistický

exit [ˈeksit, ˈegzit] s **1** východ odkud; výjezd z dálnice: highway ~ výjezd z dálnice **2** odchod pryč **3** odchod z jeviště, ze scény ● v odejít, vyjít

exonerate [igˈzonəreit] očistit (from od), ospravedlnit

exorbitan|ce [igˈzo:bitəns] přehnanost **–t** přehnaný, přemrštěný

exotic [igˈzotik] a **1** exotický, cizokrajný **2** neobvyklý, nápadný **3** striptýzový ● s striptérka

expan|d [ikˈspænd] **1** rozšířit (se), rozpínat (se), rozvinout (se) **2** šířit se v řeči, stát se hovorným **~~-abi-lity** [-dəˈbiləti] výpoč. tech. rozšiřitelnost systému **–der** [-ə] 1 rozpínač, pérový sílič svalů 2 elektr. expandér **–se** [-s] rozloha, prostor **–sibility** [ikˌspænsəˈbiləti] 1 rozpínavost 2 rozšíření, rozmach, rozvoj **–sive** [-siv] 1 rozpínavý 2 obsáhlý, širý 3 sdílný, hovorný **–siveness** [-sivnis] 1 rozpínavost, šíře 2 sdílnost

expatiate [ekˈspeišieit] široce mluvit (*on, upon* o)

expatriate [eksˈpætrieit] zbavit státního občanství, vypovědět z vlasti ~ *o.s.* 1 emigrovat 2 vzdát se státního občanství **–ation** [eksˌpætriˈeišən] zbavit se státního občanství, expatriace; vypovědět z vlasti

expect [ikˈspekt] 1 očekávat, čekat 2 hovor. předpokládat, domnívat se **–ancy** [-ənsi] 1 očekávání, naděje, vyhlídka 2 těhotenství **–ant** [-ənt] s čekatel, uchazeč ● a čekající, očekávající rodinu, očekávaný; budoucí, případný ◆ ~ *mother* budoucí matka **–ation** [ˌekspekˈteišən] 1 očekávání 2 domněnka 3 pl -s naděje, vyhlídky (do budoucna) ◆ *against, beyond all* ~ nade vše očekávání; *come* to up to -s* splnit / odpovídat očekávání

expedien|ce, –cy [iksˈpiːdiəns(i)] vhodnost, účelnost; osobní prospěch **–t** s 1 vhodný prostředek, pomoc z nouze 2 trik ● a účelný, vhodný, prospěšný

expedit|e [ekspidait] 1 urychleně vyřídit, urychlit, uspíšit 2 odeslat 3 provést **–ion** [ˌekspiˈdišən] 1 výprava, expedice vědecká, válečná 2 jízda, cesta 3 rychlé vyřízení; spěch, chvat **–ionary** [ˌekspiˈdišənəri] expediční **–ious** [ˌekspiˈdišəs] rychlý, spěšný, promptní

expel [ikˈspel] (*-ll-*) 1 vypudit, vyhnat 2 vyloučit ze školy 3 vypuzovat, vytlačovat

expen|d [ikˈspend] 1 vydat, vynaložit 2 spotřebovat, vyčerpat **–dable** [-dəbl] postradatelný **–diture** [-dičə] 1 výdaj; vydání 2 náklad, útraty **–se** [-s] 1 výdaj, vydání 2 (pl -ses) náklady, výlohy útraty ◆ *at my* ~ na můj náklad; *at the* ~ *of...* na útraty, na úkor, za cenu...; *working* -s režie **–sive** [-siv] drahý, nákladný

experience [ikˈspiəriəns] s 1 zkušenost(i) 2 zážitek 3 praxe 4 pohlavní zkušenost ● *v* 1 zažít, z(a)kusit 2 ze zkušenosti poznat, dožít se **–d** zkušený, zběhlý (*in* v)

experiment [ikˈsperimənt] s 1 pokus, experiment 2 vědecká aparatura (často pl) ● *v* dělat pokusy (*on, with* s), experimentovat **–al** [ekˌsperiˈmentl] pokusný, experimentální

expert [ˈekspəːt] s odborník, znalec (*at, in* v, na) ◆ *mining* ~ důlní odborník; ~ *testimony* znalecká výpověď ● *a* odborný, zkušený, zručný **–ise** [ˌekspəːˈtiːz] 1 odborná znalost 2 odborný posudek, expertíza

expiate [ˈekspieit] odčinit, odpykat si

expiration [ˌekspiˈreišən] 1 uplynutí, vypršení lhůty 2 zánik, konec 3 vydechnutí ◆ *the* ~ *of a lease* vypršení nájemní smlouvy

expir|e [ikˈspaiə] 1 lhůta uplynout vypršet, propadnout 2 zaniknout; zemřít 3 vydechnout **–y** [-ri] u-, plynutí, vypršení platnosti, lhůty; vydechnutí

explain [ikˈsplein] vysvětlit, vyložit ~ *o.s.* ospravedlnit se

explanat|ion [ˌekspləneišən] vysvětlení, výklad **–ory** [ikˈsplænətəri] vysvětlovací ◆ ~ *note* vysvětlivka

explicit [ikˈsplisit] 1 výslovný, jasný 2 určitý 3 zřetelný

explode [ikˈspləud] 1 vybuchnout, explodovat 2 přen. prudce se rozvinout, rozrůst 3 přen. vyhodit do povětří, vyvrátit

exploit [ˈeksploit] s hrdinský čin ●
v [ikˈsploit] **1** využít, využitkovat
2 vykořisťovat **3** těžit nerosty **–a-
tion** [ˌeksploiˈteišən] **1** vykořisťo-
vání **2** vykořisťování, využití **3**
těžba zemědělská, nerostů

explor|ation [ˌekspləˈreišən] prů-
kum, probadání **–e** [ikˈsplo:]
prozkoumat, probádat **–er** [ikˈsp-
lo:rə] **1** badatel **2** cestovatel

explosi|on [ikˈspləužn] výbuch, ex-
ploze, přen. prudký vzrůst, ex-
ploze ◆ the population ~ popu-
lační exploze **–ve** [ikˈspləusiv] s
výbušnina, třaskavina ● a vý-
bušný, třaskavý, přen. prudký vzrůst

exponent [ekˈspəunənt] exponent,
představitel **–iate** [ˌekspəˈnen-
šieit] umocňovat

export [ˈekspo:t] s **1** vývoz **2** pl cel-
kový vývoz; vývozní zboží ● v
[ikˈspo:t] vyvážet, exportovat **–a-
tion** [ˌekspo:ˈteišən] vývoz, ex-
port **–er** [ˌekˈspo:tə] vývozce, ex-
porter

expos|e [ikˈspəuz] **1** vystavit účin-
kům, pohledu **2** odhalit, demaskovat
3 vystavit; odkrýt, ukázat **4** fot.
exponovat **5** vydat nebezpečí **6** od-
halit tajemství, podvodníka **7** ~ o.s. vy-
stavit se, odhalit se, obnažit se
–ition [ˌekspəˈzišən] **1** výklad,
vysvětlení, pojednání, stať **2** vý-
stava **3** předvedení **4** fot. expo-
zice **–ure** [ikˈspəužə] **1** vystavení
čeho, čemu, nějakému působení **2**
odhalení, **3** nechráněná poloha
4 fot. expozice, osvit **5** odhalení,
obnažení těla **6** geol. výchoz ◆ ~
meter expozimetr

expound [ikˈspaund] vynaložit, ob-
jasnit

express [ikˈspres] s **1** rychlý posel
2 rychlík ● a **1** výslovný, speciál-
ní **2** spěšný, expresní ◆ ~ train
rychlík ● v **1** vyjádřit, vyslovit **2**
vymačkat šťávu **3** am. poslat
spěšně ~ o.s. vyjádřit se, vyslovit
se ● adv spěšně **–ion** [-šən] **1**

vyjádření, výraz **2** vzezření **3** vy-
mačkání

expressionis|m [ikˈsprešənizəm]
expresionismus **–t** [-ist] expre-
sionista

expropriat|e [eksˈprəuprieit] vy-
vlastnit **–ion** [eksˌprəupriˈeišən]
vyvlastnění.

expulsion [ikˈspalšən] vyhnání, vy-
loučení, vypuzení

expurgate [ˈekspəˌgeit] v očistit od
závadných míst zejm. obscénních,
expurgovat, z|cenzurovat

exquisite [ˈekskwizit] **1** vybraný,
znamenitý **2** bystrý sluch **3** silný
bolest

ex-serviceman* [ˌeksˈsə:vismən]
bývalý voják, veterán

extend [ikˈstend] **1** prodloužit, roz-
šířit **2** natáhnout **3** prokázat, po-
skytnout **4** táhnout se, rozpro-
stírat se (to až kam)

extension [ikˈstenšən] **1** prodlou-
žení, prolongace lhůty, směnky **2**
rozšíření, roztažení, zvětšení **3**
vedlejší telefonní stanice, telefonní
klapka, linka **4** nástavba, pří-
stavba; nástavec, prodlužovací
šňůra **5** prodloužená policejní
hodina **6** univ. přednášky pro ve-
řejnost **–er** [-ə] výpoč. tech. doplňu-
jící znak **–ave** [-siv] **1** ob-, roz-
|sáhlý, značný **2** široký, rozšířený

extent [ikˈstent] **1** rozsah, rozloha
2 mez(e), hranice; míra, stupeň **3**
plocha ◆ to a certain ~ do jisté
míry, poněkud; to a great ~ do
značné míry, velmi, značně

extenuating [ekˈstenjueitiŋ] ~ cir-
cumstances polehčující okolnos-
ti

exterior [ekˈstiəriə] s **1** (ze)vnějšek
2 exteriér ● a vnější

exterminat|e [ikˈstə:mineit] vyhla-
dit **–ion** [ikˌstə:miˈneišən] vyhla-
zení

external [ekˈstə:nl] **1** vnější, zevní
2 zahraniční obchodní styky **–s** [-z] **1**
(ze)vnějšek, zdání **2** vnější, po-
družné okolnosti

extinct [ik'stiŋkt] **1** vyhaslý oheň, sopka **2** zemřelý, mrtvý; vyhynulý **3** neplatný směnka **–ion** [-šən] **1** u- hašení, vyhasnutí **2** vyhynutí, vy- mření, zánik **3** splacení, umoření dluhu, amortizace

extinguish [ik'stiŋgwiš] **1** uhasit o- heň **2** zahladit, zrušit, anulovat **–er** [-ə] zhášedlo, zhasínač ♦ *fire ~* hasicí přístroj

extol [ik'stəul] vychvalovat, vyná- šet

extort [ik'sto:t] **1** vynutit, vymámit **2** vydírat **3** vykonstruovat si **–ion** [-šən] vyděračství **–ionate** [-šə- nət] vyděračský **–ioner** [-šənə] vyděrač

extra ['ekstrə] *s* **1** co není zahrnuto do běžné ceny **2** *pl* **-s** vedlejší, mimořádné výlohy / příjmy / po- platky ♦ *a* vedlejší, zvláštní, mi- mořádný ♦ *adv* mimo, zvlášť

extract ['ekstrækt] *s* **1** výtah, výpis z knih **2** výtažek ♦ *v* [ik'strækt] **1** vytáhnout, vytrhnout zub **2** dobý- vat, těžit nerosty, vylisovat šťávu **3** pořídit výtah z knih **4** vymámit, vy- dobýt co / na kom **5** odvodit zá- sadu *(from z)* **6** mat. odmocnit **–ion** [ik'strækšən] **1** vytažení zubu, vyjmutí; vyluhování; těžba **2** vý- tažek **3** původ **4** mat. odmocnění

extradit|e ['ekstrədait] práv. vydat stíhanou osobu **–ion** [,ekstrə'dišən] práv. vydání zejm. zločince státu, kde spáchal čin ♦ *treaty of ~* smlouva o vydání

extramural [,ekstrə'mjuərl] **1** mi- moměstský **2** dálkový studium ♦ *~ student* posluchač dálkového studia

extraneous [ek'streinjəs] **1** cizí, vnější **2** nepatřící *(to* k)

extraordinary [ik'stro:dənri] mimo- řádný, neobvyklý, pozoruhodný

extravagant [ik'strævəgənt] **1** pře- hnaný cena **2** nemírný, rozhazo- vačný

extrem|e [ik'stri:m] *s* **1** krajnost, extrém, nejvyšší stupeň **2** krajní potřeba ♦ *a* **1** nejvzdálenější, krajní, nejkrajnější **2** nejvyšší, v nejvyšším stupni **–ely** [-li] neoby- čejně, velmi **–ist** [-ist] extremista, radikál **–ity** [ik'streməti] **1** konec, krajnost **2** nejkrajnější mez, nej- vyšší stupeň, vrchol (též pl) **3** kon- četina

extricate ['ekstrikeit] **1** vyprostit, vymotat **2** odlišit **3** chem. uvolnit

extrude [ek'stru:d] **1** vystrčit, vysu- nout **2** stroj. vytlačovat profily, trubky apod.

exuberan|ce [ig'zju:bərəns] **1** ne- vázanost, bujnost **2** přehnanost **3** bohatost **4** med. zbytnění, bu- jení **–t** [-t] **1** bohatý, hojný **2** pře- kypující, bujný **3** neukázněný

exude [ig'zju:d] vypocovat (se)

exult [ig'zalt] jásat *(at, in, over* nad)

eye ['ai] **1** oko **2** pohled, zrak **3** zřetel, pozornost **4** ucho jehly **5** poutko, ouško **6** bot. očko, pupen ♦ *all my ~* nesmysl!; *be all -s* mít oči všude; *catch* a p.'s ~* upou- tat čí pozornost; *cry one's -s out* vyplakat si oči; *see* with half an ~* vidět na první pohled; *have an ~ for* mít smysl pro; *have an ~ to* dávat pozor na; *have one's -s about one* mít oči v hrsti; *in my -s* podle mého mínění; *keep* an ~ on* nepustit z očí; *make* -s at a p.* dívat se zamilovaně na koho; *mind your ~!* dej si pozor!; *my ~!* slang. houby; no nazdar!; *open one's -s* kulit oči, zírat; *-s right (left, front)!* vpravo (vlevo, přímo) hleď!; *see* ~ to ~ with a p.* mít naprosto shodný názor s kým; *set* -s on* u- přít zrak na; *strike* the ~* bít do očí, být nápadný; *be up to the -s in work* mít práce až nad hlavu; *view with a friendly (jealous) ~* dí- vat se přátelsky (se žárlivostí); *with an ~ to* se zřetelem na ♦ *v* hltat očima, změřit očima, pozo- rovat **~ appeal** [,aiə'pi:l] přitažli- vost pro oko, pohlednost **–ball** oční bulva **–brow** [-brau] obočí

~~catcher poutač reklama **–glasses** pl skla brýle **–lash** řasa **–let** [-lit] **1** očko, ouško, poutko **2** otvor, kukátko ve dveřích **–lid** oční víčko **~~liner** maskara, štěteček na malování obočí **–shot** dohled ♦ *out of ~* z dohledu; *within ~* na dohled **–sight** zrak **–sore** ostuda na pohled **~~tooth*** zub špičák **–wink** mrknutí oka **–witness** očitý svědek

F

F, f [ˈef] **1** písmeno f **2** hud. f
fable [feibl] s **1** bajka, pohádka **2** výmysl, lež ● *v* bájit
fabric [ˈfæbrik] **1** tkanina, látka, pletivo **2** struktura, konstrukce **3** stavba, budova **–able** [-əbl] zhotovitelný **–ate** [-eit] **1** stavět, postavit, s-, montovat **2** vyrábět sériově **3** vymýšlet **4** fabrikovat, padělat **–ation** [ˌfæbriˈkeišən] **1** výmysl, výplod **2** zřízení, stavba **3** výroba **4** padělek
fabulous [ˈfæbjuləs] bájný, vybájený
facade [fəˈsaːd] s **1** přetvářka, maska, zdání **2** fasáda, průčelí budovy
face [ˈfeis] s **1** obličej, tvář **2** výraz, vzezření, zevnějšek **3** drzost, opovážlivost **4** povrch, plocha **5** přední část / strana; líc látky; čelo, čelní stěna, průčelí, fasáda **6** ciferník **7** jmenovitá částka účtu **8** elektr. stínítko obrazovky ♦ *~ of affairs* stav věcí; *~ of cloth* lícová strana látky; *he had the ~ to tell me...* byl tak drzý, že mi řekl...; *in (the) ~ of* navzdory, přes; *in (the) ~ of a p.* vůči komu, před kým; *in the ~ of day* otevřeně; *look a p. in the ~* podívat se komu do očí; *make* a ~ n. -s* dělat grimasy; *on the ~ of it* na první pohled, prakticky; *pull a long ~* protáhnout obličej; *put* a new ~ on* změnit tvářnost; *put* on*

one's ~ nalíčit se; *set* one's ~ against* postavit si hlavu; *show* one's ~* ukázat se, objevit se kde; *~ to ~* tváří v tvář, o samotě, drze; *~ to ~ communication* videotelefonní styk; *to my ~* mně do očí; *wear* a long ~ = pull a ong ~* ● *v* **1** dívat se do tváře, tváří v tvář **2** postavit se obličejem n. čelem k **3** stát, sedět, ležet proti **4** postavit se komu, čelit čemu, vydržet, přestát co **5** musit počítat s čím *(the problem that -s us* problém, který před námi vyvstává, s kterým musíme počítat) **6** vést kam **7** pokrýt, omítnout, ohodit, obložit čím **8** sport. utkat se s; hrozit komu / čemu **9** voj. otočit se *(left ~* vlevo v bok!; *about ~* čelem vzad!) **10** stroj. obrábět / soustružit čelo ♦ *~ the consequences* počítat s, připravit se na následky; *-ing the engine* ve směru jízdy; *room -ing the street* pokoj do ulice **~ about** voj. cvičit obraty, udělat «čelem vzad" **~ down** pohledem zarazit, umlčet koho, zastrašit **~ out** postavit se směle proti **~ up to** a t. vyrovnat se s čím **~ card** v kartách figura **~~cloth** žínka na mytí **~~guard** chránič obličeje, ochranná maska **–less** anonymní **~~lifting** plastická operace n. kosmetická úprava obličeje; přen. oprava fasády **~~mask** pleťová maska **~~off 1** sport. buly **2** přen. konfrontace, střetnutí **–r 1** rána do obličeje **2** nenadálá nesnáz **~~value** nominále, běžná hodnota
facetious [fəˈsiːšəs] bodrý, nejapně vtipný; kluzký
facial [ˈfeišl] obličejový; povrchový
facile [ˈfæsail] snadný, hladký; povrchní; poddajný, povolný
facilit|ate [fəˈsiliteit] usnadnit **-y** [-i] **1** snadnost, lehkost **2** obratnost, dovednost **3** poddajnost, přístupnost **4** vybavení, příslušenství **5** zvl. pl zařízení, celkové vybavení **6** pl materiální možnost(i)

(*for* / *of* k)

facing [ˈfeisiŋ] *s* 1 viz *face v* 2 oblo-
žení, potah 3 čelní stěna, čelo 4
lemování, výložka, obruba 5 voj.
obrat ● *a* výložkový, lemovkový

facsimile [fækˈsiməli] *s* 1 faksimile,
věrná reprodukce 2 viz fax 3 viz
fax ● *a* věrně reprodukovaný,
duplikovaný

fact [ˈfækt] 1 skutečnost, fakt 2
trestný čin, skutek 3 zprav. pl práv.
skutková podstata ♦ *in* ~ ve
skutečnosti, vskutku; *matter of* ~
skutečnost; *as a matter of* ~
vlastně; *in point of* ~ vlastně

faction [ˈfækʃən] frakce, klika

factor [ˈfæktə] 1 činitel 2 zprostřed-
kovatel, komisionář, agent **–ial**
[-ˈtoːriəl] mat. faktoriál **–ing** [-riŋ]
mat. rozklad na součinitele

factory [ˈfæktəri] 1 továrna 2 hist.
faktorie

factual [ˈfækčuəl] faktický, skuteč-
ný, konkrétní

faculty [ˈfækəlti] 1 schopnost 2 fa-
kulta 3 am. profesorský sbor fakul-
ty 4 brit. hovor. lékaři, doktoři 5 do-
vednost, nadání, vlohy, schop-
nosti 6 círk. povolení, dispens

fad [ˈfæd] bláznivý nápad **–dist** [-ist]
střeštěnec, snob

fade [ˈfeid] 1 z-, vadnout, uvadat,
nechat zvadnout, nechat vyrud-
nout / vyblednout 2 barva vy-,
blednout, vyrudnout 3 zvolna
mizet, ztrácet působivost, ztrá-
cet se, unikat ~ **away** zmizet,
stárnout, odkvétat ~ **in** film. roz-
tmívat se

fag [ˈfæg] *v* (*-gg-*) dřít (se), brit. po-
sluhovat starším ● *s* 1 dřina 2
brit. posluhující spolužák 3 slang.
retka cigareta 4 am. slang. teplouš,
buzik

faggot [ˈfægət] *s* 1 otep, svazek 2
brit. sekaná pečená játra, játrový
karbanátek 3 hanl. coura 4 slang.
teplouš 5 hut. paket ● *v* svázat v
otep, hut. paketovat svářkovou ocel

fail [ˈfeil] *v* 1 povolit, ochabnout,

slábnout, chřadnout 2 chybět,
scházet, nedostávat se (*a p.* ko-
mu) 3 selhat, nezdařit se, nepo-
vést se, nemít úspěch 4 nedo-
stavit se, nepřijít 5 propadnout ve
škole 6 udělat úpadek 7 zklamat,
nechat na holičkách 8 opome-
nout, zanedbat ♦ *a t. -s* něčeho
se nedostává ● *s without* ~ zcela
určitě **–ing** *s* 1 v. fail 2 chyba, ne-
dostatek ● *prep* při nedostatku
čeho ♦ ~ *reply* neobdržíme-li od-
pověď; ~ *this* nestane-li se tak; ~
which v opačném případě, jinak;
~ *whom* místo něho, na jeho místě
~-proof [-pruːf] zabezpečený
proti poruchám **~-safe** zajištěný
proti selhání **~-safety** zajiště-
nost proti selhání **–ure** [-jə] 1
nezdar, selhání, neúspěch, pro-
hra 2 opominutí, zanedbání 3
nedostatek (*his* ~ *to* inf to, že (on)
ne...) 4 propadnutí při zkoušce ♦
he is a ~ zklamal, končí s nez-
darem; *engine* ~ porucha mo-
toru; *turn out a* ~ nezdařit se
–less [-lis] bezporuchový provoz

faint [ˈfeint] *s* mdloba ● *a* 1 slabý,
mdlý, chabý 2 bázlivý, nesmělý 3
práv. bezpředmětný ● *v* 1 omdlít
2 zeslábnout **~-heart** zbabělec
~-hearted bázlivý, zbabělý

fair¹ [ˈfeə] pravidelný trh, veletrh, pouť

fair² [ˈfeə] *a* 1 světlý, blond 2 sluš-
ný, poctivý, čestný, spravedlivý 3
hezký, krásný 4 čistý, jasný, bez-
vadný 5 bezúhonný, zachovalý 6
přijatelný, přiměřený, ucházející
7 dobrý, pěkný 8 čitelný, úprav-
ný ♦ ~ *copy* čistopis; ~ *game*
lovná zvěř; *by* ~ *means* poctivě,
slušně; ~ *play* poctivá hra, slušné
jednání; ~ *weather* pěkné počasí
● *adv* 1 slušně, poctivě 2 čistě,
jasně 3 hezky, pěkně ♦ *play* ~
hrát poctivě, jednat čestně
~-faced hezký **~-haired** světlo-
vlasý, blond **–ly** 1 slušně, zcela,
dosti 2 docela 3 doslova
~-minded spravedlivý **–ness** 1

slušnost, poctivost, upřímnost **2** světlost vlasů, pleti **~-sized** dost veliký **~-spoken** zdvořilý, uctivý

fairy [ˈfeaəri] *s* víla; skřítek ● *a* čarovný, pohádkový **~-tale** pohádka

faith [ˈfeiθ] **1** víra, důvěra **2** věrnost **3** čestný slib, dané slovo **4** spolehlivost, záruka **5** náboženství, vyznání ◆ *he has broken ~ with me* nedostál danému slovu; *in good ~* poctivě, čestně **–ful 1** věrný, stálý **2** spolehlivý, poctivý, svědomitý **3** závazný ◆ *Yours -ly* s úctou v dopise **–fulness** věrnost, svědomitost **–less** nevěrný; nevěřící

fake [ˈfeik] *s* **1** padělek, napodobenina, imitace **2** novinářská kachna, výmysl **3** sport. klamný pohyb **4** šarlatán ● *v* falšovat, padělat

falcon [ˈfoːlkən] sokol

fall [ˈfoːl] *s* **1** pád **2** svah, spád, sestup **3** úbytek, pokles, klesání **4** am. podzim **5** pl vodopád ● *v** **1** padat, s-, u|padnout **2** klesat, poklesnout **3** zřítit se, rozpadat se **4** upadnout mravně **5** padnout, zahynout **6** noc nastávat **7** vítr utišit se, opadnout, ustat **8** přijít, připadnout (*on Monday* na pondělí) **9** řeka vlévat se **10** sklopit (se), snést (se) **11** rozpadat se (*into* na), sestávat z **12** spadat (*with / in* do) **13** přepadnout (*on* koho) v bitvě, udeřit na **14** pustit se (*on at.* do čeho) **15** připadnout, přijít (*up, on* na), dostat nápad **16** zamilovat se náhle (*for do*) **17** slang. naletět (*for* na) **18** slang. nechat se sbalit / zašít ◆ *~ asleep* usnout; *~ ill* onemocnět; *~ in love with* zamilovat se do; *~ to pieces* rozpadnout se na kusy; *~ short of* nedosáhnout čeho, zůstat pozadu; *a victim to* stát se obětí čeho; *~ away* **1** odpadnout **2** klesnout *~* **back** ustoupit, zůstat pozadu ◆ *~ back upon* uchýlit se k *~* **behind** zůstávat poza-

du *~* **in 1** zřítit se, propadnout se **2** smlouva vypršet, stát se splatným **3** spadat vjedno, shodovat se **4** voj. seřadit se **5** náhodou se setkat (*with* s) **6** souhlasit (*with* s) *~* **off 1** spadnout **2** opadávat, ochabnout **3** odpadávat (*from* od), odcizit se **4** upadat, zhoršit se *~* **out 1** vypadávat (*hair* vlasy) **2** pohádat se, znesvářit se **3** stát se, přihodit se **4** dopadnout (*well* dobře) **5** voj. vykročit z řady, mít rozchod *~* **through** propadnout, skončit fiaskem *~* **to** začít, pustit se do

fallac|ious [fəˈleišəs] klamný, chybný **–y** [ˈfæləsi] **1** klam, falešná představa, nesprávný názor **2** klamný závěr

fallen [ˈfoːlən] *pp* od *fall*

fall-out [ˈfoːlaut] **1** radioaktivní spad **2** vedlejší produkt **3** přen. dopad

fallow [ˈfæləu] *s* úhor ● *a* ležící ladem

false [ˈfoːls] **1** falešný, nesprávný **2** klamný, nepravdivý **3** nevěrný **4** nesprávný, neplatný **5** špatný, chybný ◆ *~ alarm* planý poplach; *~ bottom* dvojité dno; *~ key* paklíč; *~ oath* křivá přísaha; *play a p. ~* falešně se zachovat vůči komu; *~ step* chybný krok, přestupek; *swear* ~* křivě přísahat **–hood 1** nepravda, lež **2** podvod, faleš

falsif|ication [ˌfoːlsifiˈkeišən] **1** padělání, falšování **2** padělek, falsifikát **–y** [ˈfoːlsifai] padělat, falšovat

falter [ˈfoːltə] **1** potácet se **2** zajíkat se, koktat **3** ochabovat, slábnout ● *s* zajíkání, zaváhání

fame [ˈfeim] **1** sláva, věhlas **2** (dobrá) pověst

familiar [fəˈmiljə] **1** důvěrný, dobře známý **2** obeznámený (*with* s) **3** rodinný **4** všední, běžný, obyčejný; neformální, familiární, nenucený **–ity** [fəˌmiliˈærəti] **1** důvěrnost, nenucenost, familiárnost **2** obeznámenost **3** všednost, běžnost

family ['fæməli] **1** rodina **2** dům **3** odb. rod, čeleď, třída, druh ♦ ~ name příjmení; in a ~ way bez obřadností, jako doma; in the ~ way v jiném stavu těhotná; ~ room am. obývací pokoj

famine ['fæmin] **1** hladomor **2** velký nedostatek

famish ['fæmiš] **1** vyhladovět koho **2** hovor. hladovět

famous ['feiməs] proslulý, slavný, pověstný (for čím), vynikající, skvělý

fan[1] ['fæn] s **1** vějíř **2** ventilátor, větrák ● v (-nn-) **1** ovívat **2** rozdmychat, roznítit

fan[2] ['fæn] fanoušek, nadšený přívrženec

fanatic [fə'nætik] s fanatik ● a fanatický

fanciful ['fænsifl] **1** smyšlený, imaginární **2** nadaný představivostí **3** bizarní, podivný

fanc|y ['fænsi] s **1** fantazie, obrazotvornost **2** představa, domněnka **3** zalíbení, náklonnost **4** vrtoch, nápad **5** výplod fantazie ♦ take* a ~ to a t. oblíbit si co ● a **1** ozdobný, zdobený **2** přepychový, luxusní, módní **3** fantastický, vymyšlený **4** umělecký **5** pestrý, vzorovaný **6** výběrový, prvotřídní **7** podivínský, svérázný ● v **1** mít zálibu v čem **2** přestavovat si, domnívat se ♦ -ied domnělý, ceněný, v oblibě **~-ball** maškarní ples **~-dress** maškarní kostým ~ **goods** módní zboží galantérie, bižutérie apod. **~-work** vyšívání, výšivka

fang ['fæn] zub tesák

fantas|tic [fæn'tæstik] **1** fantastický, neskutečný **2** prapodivný, zvláštní **-y** ['fæntəsi] **1** fantazie **2** hovor. fantazírování **3** vrtoch

far* ['fa:] a **1** daleký, vzdálený **2** vzdálenější, druhý ze dvou ♦ F~

East Dálný Východ; ~ side vzdálená strana ● adv **1** v otáz. a záp. daleko **2** nesmírně ♦ as ~ as the bridge až k mostu; as ~ as I know pokud vím; by ~ zdaleka; ~ from doing so ani zdání, že by to udělal; he is ~ from well daří se mu velmi špatně; so ~ až dosud **~-away** vzdálený, daleký **~-between** řídký, jednou za uherský měsíc **~-out** přehnaně moderní **~-reaching** dalekosáhlý **~-seeing**, **~-sighted** dalekozraký, prozíravý

farc|e ['fa:s] fraška **-ical** [-ikl] fraškovitý

fare ['feə] **1** jízdné **2** cestující, pasažér **3** strava, jídlo ♦ bill of ~ jídelní lístek **-well** s rozchod, rozloučení ♦ bid* a p. ~ dát komu sbohem; ~ dinner večeře na rozloučenou ● interj sbohem!

farinaceous [,færi'neišəs] mouč|ný, -natý, škrobovitý

farm ['fa:m] s **1** hospodářství, statek, farma **2** pronájem, hist. pacht ♦ ~ co-op zemědělské družstvo; ~ hand zemědělský dělník; ~ machinery zemědělské stroje ● v **1** hospodařit **2** obdělávat **3** najmout ~ out dát dítě do výchovy, zadat práci **4** vymrskat půdu, **-er** **1** rolník, zemědělec **2** hospodář, farmář **3** nájemce, pachtýř **4** placený pečovatel o děti **5** křupan, nemotora

fart [fa:t] s hovor. vulg. **1** prd, pšouk **2** slang. prďola: he's an old ~ je to starý prďola ♦ let / cut a ~ uprdnout se; ~ around flákat se, blbnout ● v prdět

farther ['fa:ðə] v. far: **1** vzdálenější **2** dále

farthest ['fa:ðist] v. far: **1** nejvzdálenější, nejzazší **2** nejdále

farthing ['fa:ðiŋ] halíř, vindra

fascinat|e ['fæsineit] okouzlit, fascinovat **-ing** kouzelný, úchvatný **-ion** [,fæsi'neišən] okouzlení

fascis|m ['fæšizəm] fašismus **-t**

[-st] *s* fašista ● *a* fašistický

fashion [ˈfæšən] **1** způsob **2** móda **3** tvar, podoba, střih **4** vysoké společenské postavení ♦ *be all the* ~ být v módě; *come* into* ~ stát se moderním; *in (the)* ~ moderní, módní, v módě; *latest* ~ poslední móda; *out of* ~ vyšlý z módy, nemoderní; *set* the* ~ u-dávat módu ● *v* **1** zpracovat, utvářet **2** modelovat, dát tvar **–able 1** módní **2** moderní **3** elegantní, exkluzívní

fast[1] [ˈfaːst] *a* **1** pevný **2** rychlý **3** barva trvanlivý, stálý ♦ ~ *train* rychlík ● *adv* **1** pevně, těsně **2** rychle ♦ ~ *food* rychlé občerstvení; *be* ~ *asleep* n. *sleep** ~ tvrdě spát; ~ *beside* / *by* hned vedle; *hold* ~! drž pevně!, nepovol!; *my watch is* ~ hodinky se mi předbíhají; *take** ~ *hold of* pevně držet

fast[2] [ˈfaːst] *s* půst ● *v* postit se

fasten [ˈfaːsn] **1** u-, při|pevnit **2** zavřít (se) **3** upnout pozornost, upřít zrak (*upon* na co) **4** držet se čeho, přilnout, chytit **5** zatnout zuby, zakousnout se **6** zámek zabrat, zapadnout **7** zavírat se **–er** [-ə] **1** spona, sponka **2** spínač **3** patentní uzávěr ♦ *zip* ~ (patentní) zdrhovadlo, zip

fastidious [fəˈstidiəs] vybíravý, mlsný

fat [ˈfæt] *s* tuk ♦ *the* ~ *is in the fire* už je pozdě ● *a* (*-tt-*) **1** tlustý, tučný, vykrmený **2** půda úrodný, bohatý **3** významný ♦ *~-corrected milk* egalizované mléko ● *v* (*-tt-*) vykrmit (se) **–ten** [-ən] **1** vykrmit **2** ztloustnout

fat|al [ˈfeitl] **1** osudný, neblahý **2** smrtelný **3** nevyhnutelný, prorocký **–ality** [fəˈtæləti] **1** osudnost, fatalita **2** neštěstí, smrtelná nehoda, smrt **–e** [ˈfeit] **1** osud **2** zhouba, zkáza **–eful** osudný

father [ˈfaːðə] otec **–hood** otcovství **~-in-law** tchán **–land** otčina

fathom [ˈfæðəm] *s* sáh míra = 1,829 m ● *v* **1** měřit hloubku čeho **2** vyzkoumat, vybádat

fatigue [fəˈtiːg] *s* únava ● *v* unavit, vyčerpat

fatuous [ˈfætjuəs] hloupý, zpozdilý, pošetilý

faucet [ˈfɔːsit] *s* kohout, kohoutek, pípa

fault [ˈfɔːlt] **1** chyba, vada **2** omyl, nedopatření **3** vina, přestupek, hřích **4** tenis chybné podání **5** geol. rozsedlina, zlom ♦ *find** ~ *with* vinit koho; *in* ~ vinen; *with all* ~*s* prodat zboží jak stojí a leží **–less** bezvadný **–y** [-i] chybný, nedokonalý

favour [ˈfeivə] *s* **1** přízeň, náklonnost **2** laskavost, přátelská služba, projev přízně **3** prospěch, zájem, výhoda **4** výsada, privilegium **5** dárek na památku **6** obdržený dopis ♦ *be in* ~ *with* požívat čí přízně; *be in great* ~ těšit se poptávce po zboží; *by (the)* ~ *of...* laskavostí...; *s laskavým svolením...; do* a p. a* ~ prokázat komu laskavost; *in* ~ *of* ve prospěch čeho; zast. *your* ~ váš ctěný dopis ● *v* **1** poctít (*with* čím), prokázat přízeň **2** podporovat koho **3** přát komu, favorizovat **4** podobat se komu **5** oděv dobře jít k, slušet **–able** příznivý, výhodný **–ed** účastný výhod ♦ *most* ~ *s* největšími výhodami; *well* ~ pěkného zevnějšku **–ite** [-rit] *s* **1** oblíbenec, miláček **2** favorit ● *a* oblíbený **–itism** [-ritiz m] protekcionářství

fawn[1] [fɔːn] *v* podlézat, lichotit, vtírat se

fawn[2] [fɔːn] *s* **1** koloušek, srneček **2** světle žlutohnědá barva

fax [fæks] *s* **1** fax, faxová zpráva: *he received a* ~ *from the company* dostal od společnosti fax **2** hovor. fax, faxovací přístroj ● *v* faxovat, odfaxovat: *I'll* ~ *you the information* pošlu ti informace faxem

fear [ˈfiə] s strach (*of* z, před) ♦ *for* ~ *of* z obavy před; *no* ~! nemějte strach!, ale kdepak!; *there is no* ~ *of...* nehrozí nebezpečí... ● *v* bát se **–ful 1** hrozný, strašný **2** bázlivý, bojící se **–less** nebojácný, beze strachu

feasible [ˈfiːzəbl] proveditelný

feast [ˈfiːst] s **1** svátek **2** hostina, banket **3** požitek ● *v* **1** hodovat **2** pohostit **3** přen. kochat se (*up-on* čím)

feat [ˈfiːt] velký čin; výkon

feather [ˈfeðə] s pero, peří ● *v* **1** opeřit, ozdobit (se) peřím **2** růst jako peří **3** vystříhat vlasy do ztracena **4** inkoust, barva rozpíjet se **5** pes větřit **~-bed** s peřina ● *v* (*-dd-*) **1** rozmazlovat **2** zaměstnávat přebytečné pracovní síly **3** subvencovat **–ing** opeření, peří **–weight** pérová váha v boxu

feature [ˈfiːčə] **1** obyč. pl *-s* rys obličeje, tah, vzezření **2** význačný rys, charakteristická stránka **3** am. přitažlivá osobnost / vlastnost **4** hlavní část / bod programu, nejdůležitější článek, obraz atd. v novinách apod. **5** pravidelná rubrika v časopise ♦ ~ *film* / *picture* hlavní film; *latest* ~ poslední novinky ● *v* **1** uvést na význačném místě **2** charakterizovat, být nápadným rysem čeho **3** uvést / vystupovat v hlavní roli **4** zdůraznit, věnovat nápadné místo / pozornost čemu **–less** nevýrazný, jednotvárný

February [ˈfebruəri] únor

fed [ˈfed] *pt* a *pp* od *feed*

federa|cy [ˈfedərəsi] spolek, federace **–l** [-l] spolkový, federální **–l–ize** [-laiz] spojit (se) ve spolkový stát **–tion** [ˌfedəˈreišən] svaz, federace ♦ *World F~ of Trade Unions* Světová odborová federace

fee [ˈfiː] s **1** poplatek, (členský) příspěvek, zápisné **2** vstupné (= *entrance* ~) **3** odměna, honorář,

palmáre ♦ *additional* ~ přirážka; *annual* ~ roční poplatek ● *v* **1** honorovat **2** zaplatit poplatek **3** dát zpropitné

feeble [ˈfiːbl] slabý, mdlý **~-minded** [ˌ-ˈmaindid] slabomyslný, prostoduchý

feed [ˈfiːd] s **1** krmivo, píce **2** přívod, přítok, přísun materiálu **3** přívodní n. napájecí zařízení ● *v* * **1** krmit, pást, živit, stravovat **2** pást se, žrát, jíst, živit se **3** zásobovat **4** přivádět, přisunovat materiál ♦ ~ *the market* zásobovat trh; *-ing bottle* láhev pro kojence ~ *down*, ~ *off* spást trávu ~ *up* vykrmit (se), ztloustnout ♦ *be fed up with a t.* mít čeho až po krk **–back** zpětná vazba **–er 1** krmič(ka) **2** jedlík, žrout **3** krmítko **4** dětská láhev **5** slintáček **6** přítok **7** přisunovací n. napájecí zařízení; zásobní vedení; transportér, podavač, dopravník, napáječ ♦ ~ *line* přípojná trať

feel [ˈfiːl] s cit, hmat; hmatový dojem, omak ● *v* * **1** cítit, pociťovat vnímat, zakoušet **2** cítit se, připadat si **3** ohmatat, sáhnout na co **4** hmatem hledat; přen. postupovat obezřetně **5** voj. prozkoumat ♦ ~ *for* mít soucit s; *a t. makes itself felt* něco se projevuje, uplatňuje vliv; ~ *sure of* být jist čím; *a felt want* citelný nedostatek **–er 1** tykadlo hmyzu i přen., čidlo **2** voj. zvěd **–ing** s **1** cítění, (po)cit **2** nálada **3** sympatie **4** pohnutí, vzrušení, rozčilení **5** názor na **6** tušení (*of* čeho) ● *a* citlivý, procítěný

feet [ˈfiːt] pl od *foot*

feign [ˈfein] předstírat, přetvařovat se

felicit|ate [fəˈlisiteit] blahopřát (*a p. on a t.* komu k čemu) **–ation** [fəˌlisiˈteišən] blahopřání **–ous** [-əs] vhodný, šťastně volený

fell[1] [ˈfel] *pt* od *fall*

fell[2] [ˈfel] kůže, srst, rouno

fell[3] ['fel] kácet, porážet; obšít, zapošít

fellow ['feləu] 1 druh, společník, kamarád 2 člověk, chlapík 3 odborný asistent na vysoké škole, člen univerzitní koleje 4 člen vědecké společnosti 5 bližní 6 spolu- 7 jeden kus z páru, jemu rovný ♦ *I have only one glove, I have lost the* ~ mám jen jednu rukavici, druhou jsem ztratil **~-citizen** spoluobčan **~-countryman*** krajan **-ship** 1 družnost, kamarádství, společnost 2 spoluúčast (*in* v) 3 společenský styk, přátelství 4 členství 5 odborní asistenti na vys. škole; odborná asistentura 6 společenství, svaz, spolek **~-student** spolužák **~-traveller** 1 spolucestující 2 sympatizující s hnutím, souputník **~-worker** spolupracovník

felon ['felən] těžký zločinec **-y** těžký zločin

felt ['felt] 1 *pt* a *pp* od *feel* 2 plst

female ['fi:meil] s 1 samice 2 práv. osoba ženského pohlaví ● a 1 ženský 2 samičí ♦ ~ *connector* tech. zásuvka; ~ *screw* matka šroubu

feminine ['feminin] ženský

fen ['fen] močál, bažina

fence ['fens] s 1 ohrada, plot 2 slang. přechovávač kradeného; místo, kde se přechovává kradené zboží 3 šerm ● v 1 ohradit, oplotit 2 hájit, chránit 3 obchodovat s kradeným 4 šermovat

fender ['fendə] nárazník; ochranná mříž krbu

ferment ['fə:mənt] s kvas ● v [fə:-'ment] kvasit

fern ['fə:n] kapradina

feroc|ious [fə'rəušəs] divoký, dravý **-ity** [fə'rɔsəti] divokost, zuřivost

ferris-wheel ['feriswi:l] pouťové ďáblovo kolo

ferroconcrete [,ferəu'kɔŋkri:t] železobeton

ferry ['feri] s 1 převoz, přívoz 2 převozní pramice, prám 3 letecká linka ♦ *railway* ~ železniční trajekt ● v převážet přes vodu, přepravit letadlem, dopravit letecky **~-boat** převozní člun, pramice, trajektová loď **-man*** převozník

fertil|e ['fə:tail] úrodný, plodný **-ity** [fə:'tiləti] úrodnost, plodnost **-ization** [,fə:tilai'zeišən] zúrodnění, oplodnění **-ize** ['fə:tilaiz] zúrodnit, oplodnit **-izer** ['fə:tilaizə] umělé hnojivo

ferv|ency ['fə:vənsi] žár, vroucnost **-ent** [-ənt] ohnivý, vroucí, žhnoucí, vášnivý **-our** ['fə:və] 1 žár, vroucnost 2 horlivost, opravdovost

fester ['festə] v hnisat, přen. hlodat, hrýzt; propuknout; rozjitřit; bolet ● s hnisající rána, hnis

festiv|al ['festivəl] s 1 svátek, -ky 2 slavnost, festival ● a slavnostní, sváteční ♦ *musical* ~ n. ~ *of music* hudební festival **-e** ['festiv] 1 slavnostní 2 radostný **-ity** [fe'stivəti] 1 veselí, slavnost 2 slavnostní nálada 3 pl -ties slavnostní pořad

festoon [fe'stu:n] s girlanda ● v ověnčit, vyzdobit

fetch ['feč] 1 přinést, dojít (si) pro, přivést 2 hovor. strhnout, upoutat, přivábit, dojmout 3 zasadit, uštědřit ránu 4 nabrat dech 5 dosáhnout, vykonat 6 vynést kolik ~ up 1 zastavit se 2 hovor. přijít, dostavit se 3 dostat se kam, dovést a t. co to kam 4 brit. hovor. zvracet **-ing** poutavý, přitažlivý, vábný

féte ['feit] slavnost

fetish ['fi:tiš] fetiš

fetter ['fetə] s pouto ● v s-, poutat

fetus viz *foetus*

feud ['fju:d] 1 svár, krevní msta 2 hist. léno **-al** feudální **-alism** [-əlizəm] feudalismus

fever ['fi:və] horečka **-ed** v horečce, vzrušený **-ish** [-riš] horečný, zimničný

few [ˈfju:] s pl málo, nemnoho ● a ~ několik (málo)

fiancé [fiˈá:ŋsei] snoubenec –e snoubenka

fiasco* [fiˈæskəu] fiasko

fiat [ˈfaiət] 1 rozkaz, nařízení 2 schválení, úřední souhlas 3 libovůle ◆ ~ money am. nekryté bankovky

fib [fib] s malá nevinná lež, výmysl ● v vymýšlet si

fibr|e [ˈfaibə] 1 vlákno, žilka, nitka 2 papírová lepenka, fíbr 3 složení, povaha, ráz –ous [-rəs] vláknitý

fickle [ˈfikl] vrtkavý, nestálý

ficti|on [ˈfikšən] 1 výmysl, smyšlenka 2 beletrie, románová literatura 3 fikce ◆ science ~ utopistický román; ~ weekly románový týdeník –onal [-l] neskutečný, fiktivní –tious [fikˈtišəs] 1 vymyšlený, fiktivní, domnělý 2 románový

fiddle [ˈfidl] s 1 hovor. skřipky, housle 2 slang. švindl, podfuk ◆ ~! nesmysl!; fit as a ~ čilý jako rybička ● v 1 hrát na housle 2 slang. šidit, podvádět ~ about lelkovat –r [-ə] houslista –stick s smyčec ● interj povídali, že mu hráli! nesmysl!

fidelity [fiˈdeləti] věrnost

fidget [ˈfidžit] s 1 nervózní neklid 2 nervóza, nervózní člověk ● v 1 neklidně se vrtět, neposedět, šít sebou 2 být nepokojný, dělat si těžkou hlavu 3 znervózňovat

fiduciary [fiˈdju:šiəri] s důvěrník, zmocněnec ● a svěřený, svěřenský

field [ˈfi:ld] 1 pole ve všech významech oblast, terén 2 hřiště; závodiště 3 hráči, peloton 4 pozadí, podklad 5 otevřená plocha, letiště 6 televize snímek, am. půlsnímek ◆ coal ~ uhelná pánev, revír; ~ of vision zorné pole ~ events [ˈfi:ldiˌvents] lehkoatletické disciplíny ~~glass polní dalekohled, triedr

–istor [-ist] unipolární tranzistor

fiend [ˈfi:nd] ďábel –ish [-iš] ďábelský

fierce [ˈfiəs] divoký, krutý

fiery [ˈfaiəri] 1 ohnivý, žhoucí 2 zápalný, hořlavý 3 zanícený, vznětlivý, vroucí 4 prchlivý

fiesta [fiˈestə] s svátek, slavnost

fifteen [ˌfifˈti:n] patnáct

fifth [ˈfifθ] pátý ◆ ~ column pátá kolona

fifty [ˈfifti] padesát ~~fifty napůl

fig [ˈfig] 1 fík 2 oděv, háv 3 stav, forma tělesná 4 dlouhý nos 5 tretka

fight [ˈfait] s 1 boj, zápas 2 rvačka 3 bojovnost ◆ ~ to a finish boj až do konce ● v* 1 bojovat, bít se, zápasit 2 prát se, rvát se 3 potírat, hubit 4 vybojovat, utkat se –er 1 bojovník, zápasník 2 rváč 3 stíhačka letadlo

figment [ˈfigmənt] s smyšlenka, výmysl, výtvor, výplod: a ~ of your imagination výplod tvé fantazie

figur|ative [ˈfigjurətiv] obrazný, přenesený; ozdobný, květnatý –e [ˈfigə] 1 číslice, cifra 2 obraz, obrazec, vzorec, diagram 3 podoba, tvar 4 postava 5 osobnost 6 figura 7 značka, symbol 8 vzor, model 9 počet, suma, cena 10 pl -s počty; krasobruslení povinné cviky ● v 1 znázornit, zobrazit 2 představit si (též ~ to o.s.) 3 očíslovat 4 vzorovat, vyzdobit 5 vystupovat, figurovat 6 počítat 7 přijít k závěru, usoudit 8 tanec dělat figury 9 am. zamýšlet, plánovat ~ out vypočítat ~ up spočítat –e-skating krasobruslení

filament [ˈfiləmənt] vlákno, žhavicí vlákno –ary [-əri] vláknitý, nitkovitý ◆ ~ transistor vláknový tranzistor

file [ˈfail] s 1 navlékací drát, šňůra, nit 2 kartotéka, rejstřík, archiv 3 pořadač dopisů, šanon 4 uspořádané písemnosti, desky, fascikl 5 soubor informací 6 řada, pořadí, šik

7 pilník ♦ *be on (the)* ~ být v seznamu, registrován; *Indian* ~ n. *single* ~ jednoduchá řada, husí pochod; *march in* ~ pochodovat v zástupu ● *v* **1** zařadit do evidence, registrovat, zapsat, protokolovat; za-, u-, ložit **2** podat si žádost **3** defilovat, jít v řadě za sebou **4** stroj. pilovat

filial [ˈfiljəl] synovský, dceřiný

fill [ˈfil] s náplň, výplň ● *v* **1** plnit, na-, vy-, s|plnit **2** zaplombovat zub **3** nasytit **4** zaujímat místo **5** u-, za|cpat, nahradit, zastupovat **6** zásobit **7** nadívat maso **8** zastávat, nastoupit místo **9** ustanovit, jmenovat ♦ ~ *a demand* uspokojit poptávku; ~ *avacancy* obsadit uprázdněné místo ~ **in 1** doplnit, vepsat **2** vyplnit ~ **out 1** zesílit, přibývat, rozšířit **2** plně rozvinout **3** vyplnit formulář ~ **up 1** naplnit (se) **2** vyplnit formulář **3** zabírat čas **4** zásobit se benzinem, natankovat **–er 1** výplň, náplň **2** vycpávka **3** plnicí stroj **–ing** s náplň, násyp, ucpávka, vyplnění, výplň, zubní plomba, nádivka ● *a* plnicí, vyplňující, vyplňovací ♦ ~ *station* am. benzinová čerpací stanice

fillet [ˈfilit] **1** stuha, páska, proužek **2** kuch. filé

film [ˈfilm] **1** film **2** blána, povlak, tenká vrstvička ♦ ~ *library* filmotéka **–stock** neexponovaný film **~-strip** filmový pás ● *v* filmovat, natáčet

filter [ˈfiltə] s filtr ● *v* **1** filtrovat **2** prosáknout, proniknout

filth [ˈfilθ] špína, svinstvo; obscénnost, pornografie; lump; děvka **–y** [-i] špinavý; nepoctivý, obscénní

filtrat|e [ˈfiltreit] filtrovat **–ion** [filˈtreiʃən] filtrování, filtrace

fin [ˈfin] ploutev

final [ˈfainl] a **1** konečný, poslední, závěrečný **2** definitivní, koncový ♦ ~ *clause* jaz. účelová věta ● *s*

1 sport. finále **2** (též pl -s) závěrečné zkoušky **3** brit. hovor. poslední vydání novin -e [fiˈnɑːli] hud. finále **–ist** [ˈfainəlist] sport. finalista **–ity** [faiˈnæləti] **1** konečnost, definitivnost, neodvolatelnost, právoplatnost **2** účelovost **–ly** [ˈfainəli] posléze, nakonec

financ|e [ˈfainæns] s finance, peněžní prostředky (též pl -s) ● *v* financovat, poskytnout / získávat finanční prostředky **–ial** [-šl] peněžní, finanční **–ier** [faiˈnænsjə] finančník

finch [ˈfinč] zool. pěnkava

find* [ˈfaind] **1** nalézt, najít; přijít na co **2** objevit, zpozorovat, vypatrat **3** shledávat jakým, čím, pokládat za **4** poskytovat potřebné (*a t., a p. in* komu co) ♦ ~ *against (for) the accused* rozhodnout v neprospěch (ve prospěch) obžalovaného; *all found s* celým zaopatřením; ~ *favour with a p.* n. *in the eyes of a p.* dojít přízně u koho; ~ *fault with a p.* vytýkat chyby komu; ~ *a p. guilty* uznat koho vinným, odsoudit; *I* ~ *it difficult* zdá se mi to těžké; ~ *useful* shledávat užitečným, vhodným; ~ *one's way* dostat se kam ~ *o.s.* **1** octnout se **2** obstarat si ~ **a p. out** nenajít koho doma ~ **out 1** zjistit, vypátrat **2** odhalit, prokouknout kohu **3** rozluštit hádanku ● *s* vzácný nález **–er 1** nálezce **2** tech. hledáček **–ing 1** nález, objev **2** dobrozdání **3** rozsudek, výrok, nález poroty **4** pl -s zjištění, výsledky zkoumání, závěry

fine¹ [ˈfain] s **1** pokuta **2** práv. hist. odstupné ♦ *in* ~ úhrnem ● *v* pokutovat

fine² [ˈfain] a **1** jemný, ušlechtilý, vybraný, uhlazený **2** pěkný, hezký, krásný **3** čistý, ryzí kov **4** skvělý, znamenitý **5** o operu ostrý **6** statný atlet ♦ ~ *arts* krásná umění; ~ *chemicals* čisté chemikálie; *he is a* ~ *fellow!* to je mi čistý ptáček!

● *adv* skvěle, výborně, pěkně ●
s krásné počasí ● *v* (též ~ **down,
off**) čistit; zjemňovat **–ness** 1
jemnost 2 skvělost, nádhera 3
květnatost stylu 4 ryzost kovu 5
znamenitost 6 čistota **–ry** [-əri]
paráda

finesse [fiˈnes] finesa; obratnost

finger [ˈfiŋgə] *s* 1 prst 2 tech. ručič-
ka ♦ ~ *tip* špička prstu; ~ *wave*
vodová ondulace ● *v* 1 dotknout
se prstem, ukázat na 2 ohmatat, u-
chopit 3 brát úplatky 4 hud. hrát v
určitém prstokladu; opatřit prs-
tokladem 5 am. slang. špiclovat 6
hovor. šlohnout, ukrást **~-board**
klávesnice **~-mark** otisk prstů
~-nail nehet na ruce **~-post**
ukazatel cesty **~-print** otisk prs-
tů **~-stall** kožený / gumový prst
chránítko **~-tip** špička prstu (*have
a t. at one's -s* mít v malíčku)

finish [ˈfiniš] *s* 1 konec, závěr 2 do-
hotovení, konečná úprava 3 o-,
pro|pracování, provedení, jakost
povrchu 4 uhlazenost, vybrouše-
nost 5 konečný nátěr, lak, apretura
6 sport. finiš ● *v* 1 u-, do|končit,
dodělat 2 dorazit, hovor. dobít (též
~ *off*) 3 skončit (se) 4 provést
–ing konečná úprava ♦ ~ *school*
škola pro dívky; ~ *touches* po-
slední úpravy

finite [ˈfainait] konečný

Finland [ˈfinlənd] Finsko

Finn [ˈfin] Fin **–ish** *s* finština ● *a* fin-
ský

fir [ˈfə:] bot. jedle **~-cone** jedlová
šiška

fire [ˈfaiə] *s* 1 oheň 2 požár 3 žár,
zápal, odvaha 4 topení; topné
zařízení, krb, kamna; topeniště 5
střelba, palba ♦ *catch** ~ vznítit
se, chytit; *be on* ~ hořet; *lay* a* ~
připravit zátop; *make* a* ~ rozdě-
lat oheň; *open* ~ zahájit palbu; ~
precaution / *prevention* požární
zábrana; *risk of* ~ nebezpečí po-
žáru; *set* a t. on* ~ zapálit; *take**
~ vznítit se, chytit; *under* ~ v

ohni, ostřelovaný ● *a* 1 požární 2
palebný ● *v* 1 zapálit; výbušnina
chytit, vzplanout 2 rozohnit (se),
rozpálit (se), nadchnout (se) 3
vyhodit z místa, propustit 4 pálit
cihly 5 pálit, střílet (*at, upon* na) ♦
~ ! pal! ~ *off* vystřelit, vypálit ránu
~ *up* 1 vzplanout hněvem 2 za-
pálit v peci **~-alarm** požární za-
řízení, poplach **~-arm** (obyč. pl *-s*)
střelná zbraň **~-brigade** (proti)-
požární sbor **~-clay** šamot
~-cock požární hydrant **~-en-
gine** požární stříkačka **~-escape**
nouzové schodiště, žebřík **~-ex-
tinguisher** hasicí přístroj
~-fighting protipožární **~-fly** s-
vatojánská muška **~-insurance**
protipožární pojistka **~-main**
požární vodovod **–man*** 1 topič
2 požárník, hasič **–place** krb
–proof ohnivzdorný, žáruvzdor-
ný **~-resisting** ohnivzdorný
~-screen zástěna proti žáru **~-side**
domácí krb, domov **–wood** pa-
livové dříví **–works** ohňostroj

firm [ˈfə:m] *s* firma, podnik ● *a* 1
pevný, tuhý 2 odhodlaný, roz-
hodný 3 stálý 4 solidní ● *v*
zpevnit, ztužit **–ware** [-weə] elektr.
mikroprogramové vybavení

firmament [ˈfə:məmənt] nebeská
klenba, nebe

first [ˈfə:s] *a* první ● *adv* nejprve,
předně, za prvé ♦ *at* ~ zpočátku;
~ *of all* především; ~ *aid* první
pomoc; *go** ~ jet první třídou; ~
lady první dáma v oboru n. manželka
prezidenta; ~ *name* křestní jméno; ~
night premiéra; *the* ~ onen, dříve
zmíněný; ~ *thing* především, hned
~-born prvorozený **~-class** prv-
ní tříd|y, -ou, prvotřídní **~-hand** z
první ruky, přímý **–ly** za prvé
~-rate prvotřídní, prvořadý

firth [ˈfə:θ] mořská zátoka, fjord;
ústí řeky

fish* [ˈfiš] *s* 1 ryba 2 hovor. člověk
chlápek ♦ *a pretty kettle of* ~
pěkná kaše; *an odd* ~ n. *a queer*

~ podivín, výstřední člověk; *a ~ story* vylhaná historka; *drink like a ~* pít jako duha; *drunk as a ~* opilý jako slíva ● *v* chytat ryby ◆ *~ in troubled waters* lovit v kalných vodách **~-bait** vnadidlo **–er, –erman*** rybář **–ery** rybářství ~ **eye** širokoúhlá čočka **~-hook** udice **–ing** rybolov ◆ *~ industry* rybářský průmysl; *~ rod* rybářský prut; *~ tackle* rybářské náčiní / potřeby **–monger** obchodník s rybami **~-pond** rybník **–y 1** rybí **2** rybnatý **3** hovor. podezřelý, pochybný

fiss|ile [ˈfisail] štěp(itel)ný **–ion** [ˈfišən] štěpení **–ionable** [ˈfišənəbl] štěpný **–ure** [ˈfišə] *s* **1** štěrbina, puklina **2** rozštěpení **3** rozkol, roztržka ● *v* roz-, štěpit (se)

fist [ˈfist] **1** pěst **2** hovor. ruka, pracka

fit [ˈfit] *s* **1** záchvat, nával **2** padnutí oděvu **3** střih, fazóna **4** tech. seřízení, smontování; lícování ● *a* (*-tt-*) **1** vhodný, způsobilý, schopný, správný, slušný **2** v dobré formě / kondici **3** připraven ◆ *it is not ~* nesluší se; *be ~ for a t.* hodit se k čemu ● *v* (*-tt-*) **1** hodit se (*a t.* k čemu) **2** padnout oděv **3** vybavit, vystrojit **4** zkoušet šaty u krejčího **5** přizpůsobit, upravit **6** učinit schopným **7** vybavit, vystrojit **8** změřit, vzít míru ◆ *~ in place* umístit, ustavit ~ **in** hodit se, dobře zapadat ~ **on** zkoušet si šaty ~ **out**, ~ **up** vybavit, opatřit, vypravit **–ness** vhodnost, způsobilost, zdraví **~-out** hovor. vybavení, výbava **–ted** hodící se (*to* na, k) **–ter** montér, instalatér ◆ *tool ~* seřizovač **–ting** *s* **1** zkouška u krejčího **2** obyč. pl *-s* vybavení, výstroj, zařízení, potřeby **3** montování **4** úprava **5** stroj. armatura kotle, slícování, montáž **–ting-room, –ting-shop** montovna

five [ˈfaiv] pět ◆ *F~ Year Plan* pě-

tiletka **~-and-ten-cents** am. jednotkový obchod

fix [ˈfiks] **1** při-, u|pevnit **2** upřít zrak, pozornost **3** upoutat pozornost **4** pevně stanovit, určit **5** hl. am. zařídit, dát do pořádku, upravit **6** trvale se usadit **7** rozhodnout se, ustanovit se (*upon* na) **8** fixovat barvu; fot. ustálit; chem. vázat **9** slepit **10** vtisknout **11** o-, s|pravit, dát dohromady, sestavit **12** usadit koho, zkrotit, ztrestat **13** podplatit **14** slang. oddělat, zabít ~ **up** zařídit, zorganizovat, dát do pořádku **–ed 1** pevný, upevněný **2** ustálený **3** nehybný, vestavěný **4** fixní, stálý **5** chem. vázaný **6** finančně zabezpečený, zámožný **7** am. zfalšovaný ◆ *~ star* stálice; *well ~* am. zámožný **–ture** [-čə] **1** připevněný předmět **2** tech. upínací přípravek, upínadlo

fizz [ˈfiz] hovor. šampus

fizzle out [ˈfizlaut] utrpět fiasko, neuspět

flab [ˈflæb] *s* **1** faldy, sádlo na břiše **2** nadbytečné polštáře, vycpávka **–by** [ˈflæbi] *a* **1** splasklý, ochablý, měkký **2** slabý, bez vůle, nijaký, neslaný nemastný **3** nafouknutý

flabbergast [ˈflæbəˌɡæst] *v* ohromit, udivit, vyvést z míry **–ed** [ˈflæbəˌɡæstid] *a* udivený, ohromený; *a ~ audience* ohromené obecenstvo

flaccid [ˈflæsid] *a* měkký, ochablý, schlíplý

flag [ˈflæɡ] *s* **1** vlajka, prapor **2** dlažební kostka **3** výpoč. tech. příznak, indikátor; návěst přenos dat ● *v* (*-gg-*) **1** ozdobit vlajkou / vlajkami **2** signalizovat vlajkami / pažemi **3** dláždit **4** pozbývat mysli, ochabovat; sklíčit **–ship** vlajková loď

flagrant [ˈfleigrənt] křiklavý, do očí bijící, flagrantní

flail [ˈfleil] *s* cep ● *v* mlátit obilí

flair [ˈfleə] dobrý čich, hovor. nos (*for* pro)

flak [ˈflæk] **1** protiletadlové dělostřelectvo **2** přen. am. ostrá kritika

flake [ˈfleik] *s* **1** vločka **2** tenká vrstva, plátek **3** jiskra; chomáček ♦ *corn* -*s* kukuřičné vločky ● *v* **1** tvořit vločky, chomáče, šupiny **2** vrstvit se ~ **off** loupat se

flamboyant [flæmˈboiənt] *a* **1** smělý, odvážný **2** zdobný, ozdobený, okázalý, nádherný **3** flamboyantní, plamenný

flame [ˈfleim] *s* plamen ● *v* plápolat, planout –**proof 1** odolný proti plamenům **2** nevýbušný ~-**thrower** [ˈfleimˌθrəuə] plamenomet

Flanders [ˈflɑ:ndəz] *pl* Flandry, Vlámsko

flange [ˈflændʒ] *s* příruba, obruba, lem ● *v* opatřit přírubou; ohýbat okraj plechu; obroubit, olemovat

flank [ˈflæŋk] **1** bok **2** úbočí, svah **3** křídlo armády

flannel [ˈflænl] **1** flanel **2** *pl* flanelové kalhoty

flap [ˈflæp] *s* **1** plácnutí, plesknutí, mávnutí **2** co volně visí: chlopeň, klopa apod. **3** tech. klapka, záklopka **4** hovor. rozčilení (*get* * *into a* ~ rozčilit se) ● *v* (-*pp*-) **1** plesknout, mávat, třepotat (se) **2** vyhodit do vzduchu a obrátit omeletu **3** sklopit střechu klobouku **4** stále hovořit, panikařit –**per 1** plácačka **2** kachňátko, koroptvička **3** políček **4** žabec **5** slang. plovtev ruka

flare [ˈfleə] *s* **1** záře, vzplanutí **2** signalizační světlo, světelná raketa ● *v* **1** plápolat **2** vzdouvat se **3** rozšiřovat se ~ **up** jasně vzplanout ~-**path** osvětlená přistávací dráha ~-**up** vzplanutí, výbuch

flash [ˈflæš] *s* **1** záblesk, zablesknutí; blesk **2** vyšlehnuvší plamen, vzplanutí **3** blesková zpráva, depeše **4** okamžitý nápad **5** fot. bleskové světlo, blesk **6** am. hovor. baterka ● *a* **1** nevázaný, bujný **2** efektní, křiklavý, výstřední **3** padělaný; zlodějský **4** náhlý, prud-

ký ● *v* **1** vzplanout, zablesknout se **2** vrhat / odrážet světlo **3** vyzařovat, vysílat světlo **4** prudce zapálit, vznítit, způsobit výbuch **5** signalizovat světlem **6** hnát se, letět **7** náhle napadnout (*upon* komu) –**back** film. retrospektivní záběr ~**ing** *s* blýskání, záblesk, probleskování ● *a* blýskající, probleskující ~-**lamp 1** důlní lampa s reflektorem **2** baterka ~-**fight 1** světelný záblesk, signalizační světlo **2** signálová baterka **3** elektr. blikající indikátor ~-**point** teplota, bod vznícení –**y 1** třpytivý, blýskavý **2** povrchní **3** prudký, prchlivý

flask [ˈflɑ:sk] polní láhev

flat [ˈflæt] *s* **1** plocha **2** rovina **3** zvl. brit. byt **4** hud. béčko, tón b ● *a* (-*tt*-) **1** plochý, rovný, hladký **2** nádoba mělký **3** nudný, všední, fádní **4** nečinný **5** mrtvý obchod apod. **6** hovor. naprostý, jasný **7** hud. o půl tónu nižší **8** jednoduchý, paušální **9** nápoj zvětralý **10** fot. nekontrastní ♦ ~ *denial* rázné popření; *a* ~ *lie* hrubá lež; *a* ~ *price* jednotná cena ● *adv* **1** ploše, na plocho **2** přímo, zdola ♦ *lie** ~ ležet jak široký tak dlouhý; ~ *and plain* bez okolků; *I tell you* ~ řeknu vám bez obalu ~-**foot** * plochá noha ~-**iron** žehlička ~-**roofed** *s* plochou střechou –**ten** [-n] zploštit (se), vyrovnat, srovnat se zemí; roz-, drtit, zničit, zlomit; hud. snížit o půl tónu

flatter [ˈflætə] lichotit –**y** [-ri] lichocení, lichotka

flatulence [ˈflætjuləns] nadýmání, plynatost

flaunt [ˈflo:nt] **1** chlubit se **2** předvádět se **3** mávat, třepotat se

flavour [ˈfleivə] *s* **1** chuť, vůně **2** příchuť, aroma; druh zmrzliny ● *v* dodat příchuti, ochutit, okořenit –**ed** *s* příchutí; vonný

flaw [ˈflo:] *s* **1** puklina, trhlina **2** kaz, vada, chyba **3** náraz větru ● *v* **1**

poškodit 2 prasknout

flax [ˈflæks] len **–en** lněný, šedožlutý

flay [ˈflei] odřít, stáhnout kůži; přen. vzít na hůl; ztrhat kritizovat; surově zbít

flea [ˈfliː] zool. blecha

fleck [ˈflek] **1** skvrna **2** zrníčko, vločka

flection [ˈflekʃən] viz *flexion*

fled [ˈfled] *pt* a *pp* od *flee*

flee* utéci, uprchnout

fleece [ˈfliːs] s **1** vlna, rouno **2** beránky oblaka ● v **1** odírat, obrat o co **2** zř. ostříhat ovci

fleet [ˈfliːt] s **1** loďstvo; flotila i letadel **2** vozový park autobusů atd. **3** brit. zátoka ● a mělký, půda lehký

Flem|ing [ˈflemiŋ] Vlám **–ish** [-iš] s vlámština ● a vlámský

flesh [ˈfleš] **1** maso (kromě ryb a drůbeže) jen živých tvorů **2** tělo, tělesnost; smysly **3** dužina ovoce **4** tělesná váha, tloušťka ♦ *all* – všechno tělesné / lidské; *go* the *way of all* – zemřít; *one's own* – *and blood* blízcí příbuzní **–ings** pl trikot tělové barvy **–ly 1** tělesný **2** lidský, pozemský **3** smyslný **–y** masitý, tučný; smyslný

flew [ˈfluː] *pt* od *fly*

flex [ˈfleks] s **1** ohnutí, ohyb **2** přívodová šňůra, kabel ● v ohnout (se) **–ibility** [ˌfleksəˈbiləti] ohebnost, poddajnost, pružnost **–ible** [-əbl] **1** ohebný, poddajný, pružný **2** snadno manipulovatelný **–ion** [ˈflekʃən] **1** ohýbání, ohnutí, ohyb **2** jaz. flexe

flick [ˈflik] s švihnutí, cvakání ● v švihnout, prásknout – *off* odehnat **–er** s **1** mihotání, blikání **2** pl -s slang. film ● v míhat se, kmitat, plápolat **––knife** [-naif] vystřelovací nůž

flier [ˈflaiə] letec, pilot

flight [ˈflait] **1** let **2** létání **3** tah, roj ptáků, mračno hmyzu **4** výbuch, vzlet citu **5** prolétnutá vzdálenost **6** řada schodů (– *of stairs*) **7** letecká linka **8** útěk ♦ – *of capital*

únik kapitálu; *connecting* – letecký přípoj; – *departure* odlet; *put* to – dát se na útěk **––mechanic** letecký / palubní mechanik

flimsy [ˈflimzi] s **1** průklepový papír **2** slang. papír, hadr, bankovka **3** slang. telegram, depeše ● a tenký, křehký, slabý; povrchní

flinch [ˈflinč] couvnout, ustoupit (*from* před), ucuknout bolestí (*from* před)

fling [ˈfliŋ] s **1** hod, vrh **2** rána, kopnutí koně **3** skotský tanec **4** pošklebek ● v* **1** hodit; mrštit, praštit **2** vyřítit se (*out of* z) **3** o koni vyhazovat – *away* za-, od|hodit, uprchnout – *open* prudce (se) otevřít – *out* **1** vyrazit odkud, vyřítit se **2** vyjet si na koho, kopnout (*at* a t. po čem) **3** prohodit slovo – *up* vy-, za|hodit; sprásknout ruce, praštit čím

flint [ˈflint] křemen, pazourek ♦ – *for lighters* kamínek do zapalovačů

flip side [ˈflipsaid] **1** druhá strana gramofonové desky **2** přen. protějšek

flippant [ˈflipənt] prostořeký, neuctivý

flirt [ˈfləːt] s flirt ● v flirtovat, pohrávat si (*with* s), koketovat

flit [ˈflit] (-*tt*-) poletovat; bás. stále měnit bydliště

float [ˈfləut] s **1** vor **2** plovák **3** plovoucí přístaviště, přístavní můstek ● v **1** plout **2** vznášet se **3** tanout na mysli **4** zaplavit vodou **5** spustit na vodu loď **6** uvést v chod, do oběhu, založit obchod **7** zpráva šířit (se), kolovat **8** přecházet, fluktuovat, kolísat ♦ – *a company* založit obchodní společnost; – *a loan* vypsat půjčku; – *timber* plavit dříví **–ing** s plování, plavení ● a **1** plovoucí, plovací **2** jsoucí v oběhu **3** stěhující se z místa na místo, přechodný; v pohybu, měnící se; pojízdný ♦ –

capital oběžný kapitál; ~ *dock* plovoucí dok; ~ *ice* ledová tříšť

flock ['flok] s 1 stádo, hejno 2 zástup 3 chomáč vlny ● v 1 shluknout se do stáda, nahrnout se kam 2 plnit chomáči

floe ['fləu] kra, plovoucí led

flog ['flog] (-gg-) 1 mrskat, bičovat, napráskat 2 přen. tepat, ostře kritizovat 3 motor klepat 4 vybičovat 5 vymrskat 6 slang. prodat 7 hovor. střelit prodat 8 slang. pobít zvítězit

flood ['flʌd] s 1 zátopa, záplava, povodeň 2 příliv 3 příval, proud světla, slz ● v zaplavit, zatopit ~-gate stavidlo -tide příliv

floor ['flo:] s 1 podlaha 2 podlaží, poschodí 3 zasedací síň sněmovny 4 spodní hranice, minimální mzda / cena ◆ *be at the* ~ n. *get* the ~ n. *have / take* the ~ zúčastnit se debaty; *ground* ~ přízemí; ~ *show* varietní program na tanečním parketu ● v 1 položit podlahu 2 srazit / poslat k zemi 3 vyvést z konceptu, usadit 4 posadit ve škole pro neznalost látky 5 položit na podlahu ◆ ~ *the paper* odpovědět na všechny otázky písemně -ing [-riŋ] podlaha, podlahový materiál

flop ['flop] slang. propadák neúspěšný film, hra -py ['flopi] a schlíplý, měkký, visící; ~ *disk* pružný disk, disketa

flora ['flo:rə] flóra, květena, vegetace

florin ['florin] 1 dř. dvoušilink 2 hist. florin, zlatý

florist ['florist] květinář, -ka

flotation [flou'teišn] s plutí, plavání, vznášení se, vyplývání

flotsam ['flotsəm] připlavené věci

flounce ['flauns] s karnýr, volán ● v trhat sebou, zmítat se; furiantsky jít

flounder ['flaundə] plácat se, zmítat se; přen. z-, vrtat, splést co

flour ['flauə] s 1 mouka 2 prášek ● v posypat / zaprášit moukou

flourish ['flʌriš] v 1 vzkvétat 2 dařit se, prosperovat 3 mávat, hrozit čím 4 chlubit se čím 5 dosáhnout vrcholu činnosti atd. 6 ozdobně psát ◆ s 1 ozdobný tah písma 2 fanfára -ing 1 kvetoucí, vzkvétající 2 prosperující

flow ['fləu] s 1 tok, proud 2 příval, hojnost 3 příliv 4 výlev citu 5 rozplývání, rozpíjení barev 6 menstruace ◆ ~ *production* plynulá výroba ● v 1 téci, plynout 2 krev proudit, obíhat 3 splývat, volně spadat, vlnit se 4 kniž. přetékat, oplývat (*with* a t. čím) -chart [-ča:t] vývojový diagram

flower ['flauə] s 1 květ, květina, rozkvět 2 výběr, výkvět ● v 1 kvést 2 přivést do květu, rozkvést 3 vyzdobit květinami ~-bed květinový záhon ~-pot květináč ~-show výstava květin

flown ['fləun] pp od fly

flu ['flu:] chřipka

fluctuat|e ['flakčueit] 1 kolísat 2 měnit se 3 fluktuovat -ion [‚flakču'eišən] 1 kolísání, stoupání a klesání, výkyv 2 vlnění 3 fluktuace

fluen|cy ['fluansi] plynulost -t [-t] 1 plynulý, plynný 2 tekoucí, tekutý

fluffy ['flafi] chmýřovitý, chlupatý

fluid ['flu:id] s tekutina ● a tekutý

fluke ['flu:k] trefa

flung ['flaŋ] pt a pp od fling

flush ['flaš] s 1 příval, proud vody 2 kniž. vzkypění, síla, svěžest 3 zardění 4 vyrašení, růst ● a 1 hojný, bohatý, mající dostatek, oplývající 2 rovný, ve stejné rovině (*with* s) 3 ruměný ● v 1 zardít se 2 vyrašit 3 vzrušit, naplnit pýchou 4 za-, vy|rovnat 5 s-, pro-, vy|pláchnout; zavodnit

flute ['flu:t] s flétna ● v hrát na flétnu

flutter ['flatə] s 1 třepetání, chvění 2 vzrušení, neklid ● v 1 třepetat (se), chvět se, kmitat se 2 vzrušit (se)

flux ['flaks] **1** proudění, plynutí, tok **2** výtok, výron **3** neustálá změna

fly¹ ['flai] **1** moucha **2** tech. setrvačník, nepokoj u hodinek, lopatka, vahadlo **3** šířka praporu, volný konec praporu **4** kompasová růžice **5** poklopec kalhot, jazyk boty **~-weight** sport. muší váha

fly²* ['flai] **1** létat **2** vy-, pře-, letět, prchat, míjet **3** vlát, poletovat **4** vypustit do vzduchu; nechat vlát; vyvěsit vlajku **5** prasknout, rozlétnout se na kusy **6** prchat před čím **7** ztratit se, zmizet **8** pilotovat letadlo, dopravit letadlem ♦ F~ing Dutchman Bludný Holanďan, strašidelná loď; ~ a kite pouštět draka; the door flew open dveře se prudce otevřely **–ing-boat** hydroplán **–ing-field** letiště **–ing-squad** ['flaiiŋskwod] policejní pohotovostní oddíl ~ **past** letecká přehlídka **~-wheel** setrvačník

foal ['foul] hříbě

foam ['foum] pěna

foc|al ['foukəl] ohniskový ♦ ~ point ohnisko **–us** [-əs] s pl foci ['fousai] ohnisko (out of ~ zkreslený) ● v soustředit (se)

fodder ['fodə] s krmivo ● v krmit

foe ['fou] nepřítel

foetus ['fi:təs] biol. plod, zárodek

fog ['fog] s mlha ● v (-gg-) zamlžit, zmást koho **~-bound** zahalený v mlze, uvázlý v mlze **–gy** mlhavý, zamlžený **~-lamp** mlhovka

foil ['foil] s **1** fólie **2** fleret ● v **1** pokrýt fólií **2** zmařit, překazit

fold ['fould] s **1** záhyb, fald **2** ohyb, přeložení; lom ● v **1** složit, pře-, za|hnout **2** s-, o|vinout; zahalit ♦ ~ one's arms založit ruce; ~ing bed skládací postel; -ed in mist zahalený mlhou **–er 1** skládač, falcovač **2** skládací stroj **3** skládanka, leporelo, leták, prospekt

folio ['fouliəu] foliant

folk ['fouk] pl (často, zvl. am. též -s) lidé ♦ ~ art lidové umění; ~ costume národní kroj; ~ dance lidový ta-

nec **–lore** [-lo:] folklór, folkloristika **~-song** lidová píseň

follow ['folou] **1** následovat, jít za (a t. čím), pronásledovat; nastoupit po **2** sledovat co, řídit se čím **3** pocházet, vyplývat, být patrno **4** chápat, pochopit **5** uposlechnout **6** zaměstnávat se čím, věnovat se čemu, studovat co ♦ as -s jak následuje, takto, tímto způsobem; it -s z toho vyplývá; ~ the track jít po stopě ~ on pokračovat v čem ~ up sledovat **–er** stoupenec, přívrženec; odb. hnaná součástka **–ing 1** v. follow ● s **1** přívrženci, stoupenci **2** odběratelé, zákazníci

folly ['foli] bláhovost, pošetilost

foment [fou'ment] rozdmychávat, podněcovat

fond ['fond] něžný, milující ♦ be ~ of a p. mít koho rád; be ~ of doing a t. rád dělat něco **–le** [-l] laskat, hýčkat, mazlit se

font¹ [font] kropenka; křtitelnice

font² [font] typ písma, znaková sada

food ['fu:d] **1** potrava, jídlo **2** krmivo **3** strava ~ **stamp** am. potravinová poukázka pro chudé **~-stuffs** [-stafs] potraviny **~-supply** [l-sə-lplai] zásobování, přísun potravin

fool ['fu:l] s **1** blázen, hlupák, pošetilec **2** idiot **3** hist. šašek ♦ All F~s Day am. April F~s Day prvního apríla; ~'s errand vyvedení aprílem; make* a ~ of a p. dělat si blázny z koho; make* a ~ of oneself dělat se směšným ● v **1** dělat hloupého **2** žertovat, tropit si šprýmy **3** ošidit, oklamat **–ish** pošetilý, bláhový **–proof** snadno ovladatelný a bezporuchový, spolehlivý

foot* ['fut] s **1** noha od kotníku dolů **2** chodidlo punčochy **3** stopa míra = 30,5 cm **4** úpatí, pata, spodek **5** voj. pěchota **6** základ, podklad, podloží geologické ♦ at the ~ of a t. na úpatí, na konci čeho; on ~ pěšky;

set* a t. on ~ uvést v pohyb ● *v* **1** kráčet, jít (pěšky) **2** za-, tančit **3** zaplatit **4** hovor. nakopnout koho **~-and-mouth** *disease* slintavka a kulhavka **–ball 1** kopací míč **2** kopaná **~-brake** nožní brzda **~-bridge** most pro pěší, lávka **–ing 1** též **–hold** pevné místo k stání, opora **2** stav, postavení **3** základ, úroveň **4** uchycení se **5** stav. pata zdi, sloupu **6** součet sloupce cifer **–lights** div. světla rampy **–man* 1** lokaj **2** pěšák **–mark** šlépěj, stopa **–note** poznámka pod čarou **~-passenger** chodec, pěší **–path** cesta pro pěší, pěšina **–print** šlépěj, stopa **–step 1** krok **2** šlépěj **3** stupátko **–wear** [-weə] obuv

for [ˈfoː, ˈfə] *prep* **1** pro **2** za **3** čas po, na **4** o (*ask, care*) **5** do směr (*leave, part*) **6** k účel **7** z důvodu **8** co se týče, pokud jde o **9** přes, navzdory ◆ ~ *ever* navždy; *once (and)* ~ *all* jednou provždy; ~ *the first time* poprvé; ~ *the present* n. ~ *the time being* prozatím; ~ *the sake of...* kvůli...; ~ *heaven's sake!* proboha!; ~ *want* n. ~ *lack of...* z nedostatku...; *not* ~ *the world* za nic na světě; *I know it* ~ *certain* vím to určitě; ~ *all that* přesto, nicméně; *as* ~*...* co se týče...; *but* ~*...* nebýt...; *what* ~ *?* proč?; ~ *example* n. ~ *instance* například; *if it were not* ~*...* nebýt...; ~ *sale* na prodej ● *conj* neboť

forasmuch as [fərəzˈmatʃəz] ježto, jelikož; vzhledem k tomu, že

forbade [fəˈbæd] *pt* od *forbid*

forbear* [fəˈbeə] **1** zdržet se **2** zanechat, zdržet se čeho **–ance** [-rəns] trpělivost, shovívavost

forbid* [fəˈbid] **1** zakázat **2** nedovolit, překazit **–den** [-n] *pp* od *forbid* **–ding** odporný, ohavný, odpudivý; odstrašující, nahánějící hrůzu

forbore [fəˈboː] *pt* od *forbear*

forborne [fəˈboːn] *pp* od *forbear*

forc|e [ˈfoːs] *s* **1** síla, moc, násilí **2** platnost **3** působnost, účinnost **4** pl -s ozbrojené síly, branná moc, armáda **5** síla ve fyzice **6** donucení **7** význam slova, věty ◆ *allied -s* spojenecká vojska; *by* ~ násilím; *come* into* ~ nabýt účinnosti; *be in* ~ být v platnosti ● *v* **1** přinutit, přimět **2** vnutit, vynutit **3** z-, u|rychlit, uspíšit **4** prorazit s čím, přemoci **5** násilím otevřít **6** přetěžovat stroj **7** znásilnit ~ **down** stlačit ~ **up** vyhnat do výše **–ed 1** (vy)nucený **2** povinný **3** silácký ◆ ~ *landing* nouzové přistání **–eful** mocný, působivý **–ible 1** mocný, působivý **2** násilný, nucený

ford [ˈfoːd] brod

fore [ˈfoː] *s* přední část lodi, příď; přední noha ● *a* přední ● *adv* vpředu

forearm [ˈfoːraːm] předloktí

foreboding [foːˈbəudiŋ] předtucha

forecast [ˈfoːkaːst] *s* předpověď (*weather* ~ předpověď počasí) ● *v** [foːˈkaːst] **1** předpovídat **2** předvídat

forefather [ˈfoːˌfaːðə] předek

forefinger [ˈfoːˌfiŋgə] ukazováček

forego* [foːˈgəu] předcházet ◆ *foregone conclusion* předem učiněný závěr

foreground [ˈfoːgraund] popředí **–ing** [-iŋ] přednostní zpracování

forehand [ˈfoːhænd] tenis forhend

forehead [ˈforid] čelo

foreign [ˈforin] cizí; zahraniční, mezistátní ◆ ~ *currency,* ~ *exchange* valuty, devizy; *F*~ *Office* brit. ministerstvo zahraničí; ~ *policy* zahraniční politika; *F*~ *Secretary* ministr zahraničí; ~ *trade* zahraniční obchod **–er** cizinec

foreman* [ˈfoːmən] **1** předák **2** dílovedoucí, mistr **3** první porotce

foremost [ˈfoːməust] *a* nejpřednější, první ● *adv* nejprve, napřed

forenoon [ˈfoːnuːn] dopoledne

forensic [fəˈrensik] *medicine* soudní lékařství

forerunner [ˈfoːˌranə] předchůdce

foresaw [foːˈsoː] *pt* od *foresee*

foresee* [foːˈsiː] předvídat

foreseen [foːˈsiːn] *pp* od *foresee*

foreshadow [foːˈšædəu] být předzvěstí čeho, dávat tušit

foresight [ˈfoːsait] předvídání, prozíravost

forest [ˈforist] rozsáhlý les, prales **–ry** 1 lesnictví 2 lesní hospodářství

forestall [foːˈstoːl] předejít čemu

foretell* [foːˈtel] předpovědět; být předzvěstí čeho

foretold [foːˈtəuld] *pt* a *pp* od *foretell*

forever [foːˈevə] *adv* 1 věčně, stále, pořád, nekonečně 2 neustále, nepřetržitě

forewent [foːˈwent] *pt* od *forego*

foreword [ˈfoːwəːd] předmluva

forfeit [ˈfoːfit] *s* 1 propadnutí, propadlá věc, ztráta 2 pokuta, trest, zástava ● *a* propadlý ● *v* 1 ztratit, pozbýt 2 propadnout 3 platit pokutu 4 pykat **–ure** [-čə] 1 propadnutí, ztráta; odnětí, konfiskace, zabavení 2 pokuta, zástava 3 propadnutí, promlčení práva

forgave [fəˈgeiv] *pt* od *forgive*

forg|e [foːˈdž] kovárna ● *v* 1 kovat 2 kout, vymýšlet 3 padělat ♦ *-ed steel* kovaná ocel **–ery** [-əri] 1 padělání 2 padělek **–ing** 1 kování 2 výkovek 3 padělek

forget* [fəˈget] zapomenout **~-me- -not** pomněnka **–ful** [-fəl] zapomnětlivý

forgive* [fəˈgiv] 1 odpustit, prominout 2 slevit **–ness** odpuštění, ochota prominout n. promíjet

forgiven [fəˈgivn] *pp* od *forgive*

forgot [fəˈgot] *pt* od *forget*

forgotten [fəˈgotn] *pp* od *forget*

fork [foːk] *s* 1 vidlička 2 vidle 3 vidlice ● *v* rozbíhat se, větvit se

forlorn [fəˈloːn] ztracený, opuštěný

form [foːm] *s* 1 tvar, podoba, forma, figura, tvary 2 formalita 3 tiskopis, formulář, blanket 4 zvyklost, chování 5 úprava, způsob, uspořádání 6 školní lavice 7 třída ♦ *application* ~ tiskopis přihlášky; *he is in* ~ je ve formě ● *v* 1 (u)tvořit 2 formovat (se), utvářet (se), formulovat 3 sestavit, zorganizovat 4 seřadit (se), uspořádat **–al** formální; oděv společenský; člen církve matrikový; metodický, přesný, symetrický **–ality** [foːˈmæləti] formalita **–ation** [foːˈmeišən] 1 tvoření, utváření 2 útvar, formace, seřazení

former [ˈfoːmə] *s* 1 formující činitel 2 tvarovač 3 odb. navíjecí / kopírovací šablona 4 brit. žák ● *a* dřívější, dříve jmenovaný ♦ *the* ~ – *the latter* první–druhý, onen–tento **–ly** dříve, kdysi

formidable [ˈfoːmidəbl] hrozivý, strašný; impozantní

formula [ˈfoːmjulə] formule; vzorec; formulace; recept

formulat|e [ˈfoːmjuleit] formulovat, stylizovat **–tion** [ˌfoːmjuˈleišən] *s* formulace

forsake* [fəˈseik] opustit

forsaken [fəˈseikn] *pp* od *forsake*

fort [foːt] *s* pevnost, pevnůstka, opevnění ♦ *hold the* ~ pohlídat podnik, udržet domácnost v chodu

forth [foːθ] dále, vpřed, ven, pryč ♦ *and so* ~ a tak dále **–coming** nastávající, ohlášený, chystaný **–with** ihned, neprodleně

fortieth [ˈfoːtiiθ] čtyřicátý

fortif|ication [ˌfoːtifiˈkeišən] opevnění, pevnost **–y** [ˈfoːtifai] 1 opevnit 2 upevnit, posílit

fortitude [ˈfoːtitjuːd] statečnost, odvaha, pevná mysl

fortnight [ˈfoːtnait] čtrnáct dní **–ly** *s* čtrnáctideník ● *a* čtrnáctidenní

fortress [ˈfoːtris] pevnost

fortuit|ous [foːˈtjuitəs] nahodilý, náhodný **–y** [-i] nahodilost, náhoda

fortunate [ˈfoːčnət] šťastný **–ly** naštěstí

fortune [ˈfoːčn] **1** štěstí, zdar **2** o- sud, náhoda **3** bohatství, jmění ♦ make* a ~ zbohatnout; make* one's ~ udělat štěstí; marry a ~ bohatě se oženit / provdat ~-**teller** věštec, -kyně, hadač(ka)

forty [ˈfoːti] čtyřicet ♦ ~ winks zdřímnutí, šlofík

forward [ˈfoːwəd] s útočník v kopa- né ● a **1** přední, předsunutý **2** pokročilý, časný **3** pokrokový, ra- dikální **4** perspektivní **5** horlivý, čilý **6** ochotný, připravený **7** aro- gantní, troufalý ● adv vpřed, ku- předu, v / do popředí ♦ ~ march! pochodem vchod! ● v **1** doručit, dopravit, poslat **2** odeslat **3** u- rychlit **4** podporovat –**er** doprav- ce, speditér –**ing** zasílatelství –**ing agent** zasílatel, speditér –**ing firm** zasílatelství –**s** [-z] v. forward adv

fossil [ˈfosil] s zkamenělina ● a zkamenělý –**ize** [-aiz] zkamenět

foster [ˈfostə] živit, podporovat, vy- chovávat ~ **up** vychovat –**er** pěstoun ~-**daughter** schovanka ~-**father** pěstoun ~-**mother** **1** pěstounka **2** inkubátor ~-**parent** pěstoun(ka) ~-**son** schovanec

fought [ˈfoːt] pt a pp od fight

foul [ˈfaul] s chyba, rána proti pra- vidlům ve sportu; koš. osobní chyba ● a **1** odporný, hnusný **2** ošklivý, protivný **3** hnilobný, shnilý; špinavý, kalný, nečistý **4** zkažený **5** sprostý, oplzlý, hrubý **6** ne- čestný, nepoctivý, nefér **7** zlý, mi- zerný **8** lano zapletený, zauzlený ♦ play a p. ~ jednat nepoctivě s kým; ~ weather škaredé počasí

found[1] [ˈfaund] pt a pp od find

found[2] [ˈfaund] **1** založit, zřídit **2** odlévat kov –**ation** [ˌfaunˈdeišən] **1** založení, zřízení **2** základ **3** na- dace **4** podklad, opodstatnění **5** odb. základ, železniční podklad, ba- revný nátěr –**er** s **1** zakladatel **2** s- lévač ● v **1** zchromnout **2** poto- pit se, ztroskotat **3** zhroutit se,

rozpadnout se –**ry** [-ri] slévárna

fountain [ˈfauntin] **1** fontána, kaš- na **2** pramen, zřídlo **3** nádržka na tekutiny, rezervoár **4** zdroj, původ ~-**head** zdroj ~-**pen** plnicí pero

four [ˈfoː] čtyři ~-**seater** čtyřsedad- lové auto ~-**stroke** čtyřtaktní mo- tor

fourteen [ˌfoːˈtiːn] čtrnáct –**th** [-θ] čtrnáctý

fourth [ˈfoːθ] čtvrtý

fowl [ˈfaul] slepice / kohout, kuře pl -s drůbež

fox [ˈfoks] zool. liška, přen. lišák –**y** [- i] lišácký

fraction [ˈfrækšən] zlomek, část, ú- lomek –**al** [ˈfrækšənl] **1** zlomkový, dílčí **2** lomený **3** nepatrný ♦ ~ line zlomková čára

fracture [ˈfrækčə] zlomenina, lom

fragil|e [ˈfrædžail] křehký –**ity** [frə- ˈdžiləti] **1** křehkost **2** slabost

fragment [ˈfrægmənt] **1** fragment, zlomek; úlomek, střepina, střep; část **2** kousek; chvilička –**ary** [-əri] zlomkovitý

fragran|ce [ˈfreigrəns] vůně –**t** [-t] vonný

frail [ˈfreil] křehký, útlý, slabý; mrav- ně labilní; pomíjivý –**ty** [-ti] křeh- kost, slabost, mravní labilita; pomíjivost

frame [ˈfreim] s **1** konstrukce, stav- ba **2** kostra, lešení **3** složení, se- stavení **4** řád **5** rám, rámec **6** (of mind) stav, nálada **7** v televizi půl- snímek brit., snímek am. ● v **1** se- stavit, koncipovat, (z)formulovat **2** stavět, sestrojit **3** tvořit, utvá- řet **4** přizpůsobit **5** nastrojit co (na koho); falešně obvinit, zfalšo- vat volby **6** zarámovat ~-**up** fa- lešné obvinění –**work** **1** kostra, rámec **2** struktura, stavba, sys- tém

France [ˈfraːns] Francie

Frances [ˈfraːnsis] Františka

franchise [ˈfrænčaiz] **1** volební prá- vo **2** výsada, licence, koncese

Francis [ˈfraːnsis] František –**can**

[frænˈsiskən] s františkán • a
františkánský

francophone [ˈfrænkəufəun] franko-
fonní, francouzsky mluvící

Frank [frænk] Franta

frank [frænk] a 1 upřímný 2 otev-
řený, přímý • v frankovat dopis

frankfurt(er) [ˈfrænkfət, -fə:tə] párek
uzenina

frankincense [ˈfrænkinˌsens] kadid-
lo

frantic [ˈfræntik] šílený

fratern|al [frˈta:nl] bratrský –ity
[-əti] bratrství, bratrstvo –ize
[ˈfrætənaiz] bratřit se, přátelit se

fraud [ˈfro:d] 1 podvod, klam, lest
2 hovor. podvodník –ulent [-ju-
lənt] podvodný

fraught [ˈfro:t] naložený, plný (with
čeho)

fray [ˈfrei] s cár • v třepit (se)

freak [ˈfri:k] 1 vrtoch, nápad 2 zrů-
da 3 slang. hippie; toxikoman –ish
podivínský; zrůdný, abnormální

freckle [ˈfrekl] piha –d [-d] pihovatý

Frederic [ˈfredrik] Bedřich

free [ˈfri:] a 1 svobodný, volný 2
dobrovolný 3 bezplatný, zdarma
4 vyplacený 5 prostý (of čeho),
zbavený (from čeho) 6 štědrý,
marnotratný 7 drzý, neomalený
8 chem. nesloučený ♦ ~ London
vyplaceně do Londýna; ~ on
board vyplaceně na palubu lodi;
~ of charge, ~ of cost zdarma,
bezplatně; ~ of duty beze cla; ~
and easy nenucený, přirozený; ~
entrance-card volná vstupenka;
~ from care bez starosti; ~ from
fear beze strachu; ~ fight volný
zápas; ~ hand volná ruka, svo-
boda jednání; ~ lance pracovník
na volné noze; ~ port svobodný
přístav; run* ~ běžet naprázdno;
set* ~ propustit, osvobodit; ~ of
tax bez daně, osvobozený od
daně; you are ~ to... nic vám ne-
brání, abyste...; ~ trade svobod-
ný obchod bez cel a omezení • v 1
osvobodit, vyprostit 2 propustit

na svobodu 3 uvolnit, učinit pří-
stupným cestu 4 vyzařovat, vydá-
vat –dom [-dəm] 1 svoboda, vol-
nost 2 otevřenost, upřímnost 3
lehkost 4 nevázanost 5 volný
přístup; právo ♦ ~ of speech svo-
boda projevu ~-handed štědrý
–holder 1 vlastník pozemku 2
držitel úřadu n. hodnosti ~-lance
[ˈfri:la:ns] neodvislý politik, novi-
nář ~-spoken otevřený, mluvící
od plic –way dálnice

freez|e [ˈfri:z] 1 mrznout 2 zmrz-
nout; ztuhnout 3 zmrazit, nechat
zmrznout 4 zadržet, vázat peníze,
ceny, ustálit, stabilizovat 5 film
vytvořit «mrtvolku" ♦ ~ to death
zmrznout; ~ wages úředně stabi-
lizovat mzdy –er mrazicí skříň,
mraznička –ing ledový, mrazivý,
mrazící –ing-point bod mrazu

freight [ˈfreit] s 1 náklad 2 doprava
3 dopravné • v naložit –age
[-idž] dopravné, dovozné –er 1
nákladní loď / letadlo 2 zasílatel

French [ˈfrenč] s 1 the F~ Fran-
couzi 2 francouzština • a fran-
couzský ♦ take* ~ leave zmizet
po anglicku; ~ horn lesní roh; ~
window francouzské okno, za-
sklené dveře místo okna –man*
Francouz –woman* Francouzka

frenzy [ˈfrenzi] šílenství, zuřivost

frequen|cy [ˈfri:kwənsi] 1 častost,
frekvence 2 četnost, častý vý-
skyt 3 kmitočet, frekvence ve fyzi-
ce –t [-t] a 1 častý, hojný 2 ob-
vyklý, běžný • v [friˈkwent] často
navštěvovat

fresh [ˈfreš] 1 čerstvý, svěží 2 nový,
nejnovější 3 svěží 4 prádlo čistý,
vypraný 5 živý 6 nezkušený 7
prostořeký, drzý 8 hovor. podna-
pilý 9 upravený ♦ ~ water slad-
ká voda –en občerstvit (se), o-
svěžit (se)

fret [ˈfret] (-tt-) užírat se, přen. (~ and
fume) vztekat se, «prskat"

friar [ˈfraiə] žebravý mnich

friction [ˈfrikšən] 1 tření 2 třenice,

napětí
Friday [ˈfraidi] pátek ♦ *Good F~* Velký pátek
fridge [ˈfridž] hovor. lednička
friend [ˈfrend] **1** přítel, -kyně *(boy ~* přítel, kamarád; *girl ~* přítelkyně, kamarádka; *pen- ~ p.* s kterým / -rou si dopisujeme) **2** stoupenec, příznivec **3** známý, -á ♦ *make* -s with a p.* spřátelit se s kým **-liness** přátelskost, přátelství **-ly** přátelský ♦ *be on ~ terms with a p.* být v přátelském poměru s kým **-ship** přátelství
fright [ˈfrait] leknutí, zděšení **-en** [-n] polekat, poděsit **-ful** strašný, hrozný
frigid [ˈfridžid] **1** studený, ledový **2** frigidní, pohlavně chladný **-ity** [friˈdžidəti] **1** chlad, mrazivost **2** pohlavní chladnost, frigidita
frill [ˈfril] *s* **1** varhánek, volán, volánek, karnýr, nabírání **2** parádička, kudrlinka, luxusní položka
fringe [ˈfrindž] *s* **1** třáseň, třepení **2** okraj, lem, ohruba **3** ofina ● *v* o- zdobit třásněmi, olemovat
frivol|ity [friˈvoləti] lehkomyslnost **-ous** [ˈfrivələs] lehkovážný, lehkomyslný
fro [ˈfrəu] *to and ~* sem a tam, nahoru a dolů
frock [ˈfrok] **1** šaty dětské, dámské **2** halena; plášť
frog [ˈfrog] žába **-man*** žabí muž potápěč
frolic [ˈfrolik] *s* veselost, legrace, rozpustilost ● *a* veselý, rozpustilý ● *v* žertovat, dovádět **-some** = *frolic a*
from [ˈfrom, ˈfrəm] od, z ♦ *~ -to* od n. z - do; *~ place to place* z místa na místo; *~ time to time* občas; *~ top to toe* od hlavy k patě; *hear* ~ a p.* dostat zprávy od koho; *far ~ saying...* ani zdání, že by řekl...; *~ before* zpředu; *~ behind* zezadu
front [ˈfrant] *s* **1** čelo, tvář **2** přední strana, průčelí **3** přední část **4** voj. fronta **5** náprsenka **6** příče-

sek **7** přední část těla, břicho ♦ *in ~ of* před místně; *show* a bold ~* směle n. drze se postavit ● *a* přední, frontální ♦ *~ view* pohled zpředu ● *v* **1** postavit se komu, čelit **2** stát čelem naproti čemu, shlížet, vést kam **3** stát tváří v tvář komu **4** obrátit se čelem k **5** pokrýt, obložit (*with* čím) **6** zastupovat (*for* koho / co) **7** konfrontovat (*with* s) **-age** [-idž] průčelí, fasáda **-al** [-l] **1** čelní **2** přední, průčelí **~ door** domovní dveře **~-gate** hlavní vchod, hlavní brána **-ier** [-jə] **1** hranice **2** am. pomezí, pohraničí **3** am. posunující se oblast záboru, přen. vývoje vědy apod. *~ page* titulní strana **-ward** [-wəd] vedoucí vpřed, směrem vpřed
frontispiece [ˈfrantispi:s] frontispis
frost [ˈfrost] **1** mráz **2** mrazivé chování, lhostejnost **3** hovor. nezdar, krach, propadák **~-bite** omrzlina **~-bitten** omrzlý, oznobený **~-bound 1** zamrzlý **2** zastavený kvůli mrazu **-y** mrazivý
froth [ˈfrɒθ] *s* **1** pěna **2** jalovost, žvást ● *v* pěnit **-y 1** pěnivý, zpěněný **2** jalový, povrchní
frown [ˈfraun] *s* zamračený pohled ● *v* mračit se, kabonit se
froze [ˈfrəuz] *pt* od *freeze*
frozen [ˈfrəuzn] *pp* od *freeze*
frugal [ˈfru:gl] skromný, hospodárný, šetrný
fruit [ˈfru:t] *s* **1** plod, ovoce **2** pl *-s* plody, plodiny; druhy ovoce **3** pl *-s* zisk, výnos, příjem **4** výsledek ♦ *~ juice* ovocná šťáva ● *v* nést plody **-erer** [-ərə] ovocnář **-ful** plodný, úrodný, úspěšný, bohatý (*in, of* čím) **-less** neplodný, marný **~-tree** ovocný strom
fruition [fruˈišən] uskutečnění, splnění
frustrat|ion [fraˈstreišən] **1** zmaření čeho, nezdar **2** pocit marnosti **-e** [-t] **1** zmařit **2** zklamat **3** znechutit

fry[1] [¹frai] potěr

fry[2] [¹frai] smažit **-ing-pan** pánev pekáč ♦ *fall* out of the ~ (and) into the fire* dostat se z bláta do louže, z deště pod okap

fuck [¹fak] šoustat (*a p.*, *with* s), vysrat se na ♦ *~ it!* do prdele!

fuel [¹fjuəl] *s* 1 palivo 2 pohonná látka ♦ *add ~ to the fire* přilévat oleje do ohně; *liquid ~* tekuté palivo; *solid ~* pevné palivo; *~ oil* palivový olej, palivová nafta ● *v* (*-ll-*) 1 zásobit palivem n. pohonnými látkami, natankovat 2 podporovat

fugitive [¹fju:džitiv] *s* uprchlík ● *a* 1 prchající, uprchlý 2 kočovný 3 prchavý 4 podléhající zkáze 5 dočasný

fulcrum [¹falkrəm] otočný bod páky

fulfil [ful¹fil] (*-ll-*) vy-, s|plnit, vykonat ♦ *~ the plan* splnit plán **-ment(s)** plnění, vykonání

full [¹ful] *s* plná míra; vrchol: úplněk ● *a* 1 plný 2 vrchovatý 3 hojný, bohatý 4 zaplněný, obsazený 5 najedený, sytý 6 úplný, kompletní, dokonalý ♦ *~ age* plnoletost; *~ daylight* bílý den; *in ~ dress* ve večerním úboru; *~ enough* až dost; *in ~* úplně, nezkráceně; *at ~ length* 1 dopodrobna, obšírně 2 jak široký tak dlouhý; *~ moon* úplněk; *be ~ of oneself* překypovat sebevědomím; *payment in / at ~* zaplacení celé částky; *~ powers* plná moc; *at ~ speed* plnou rychlostí; *~ steam ahead!* plnou parou vpřed!; *~ time* nezkrácená pracovní doba; *to the ~* úplně; *~ up* přeplněný (*~ up!* obsazeno!) ● *adv* skot. = *very* **--aged** plnoletý **--blooded** [-bladid] čistokrevný **--dress** večerní / společenský úbor **--grown** vzrostlý, zralý **--length** v životní velikosti **--stop** tečka za větou **-y** zcela, plně **-y-fashioned** tvarovaný (*stockings* punčochy)

fumble [¹fambl] tápat, šmátrat

fum|e [¹fju:m] *s* 1 kouř, dým 2 pára, výpar 3 vzkypění, hněv ● *v* 1 vypařovat se, kouřit 2 vykuřovat, dezinfikovat 3 vzkypět **-igate** [-igeit] vykuřovat **-igation** [¸fju:-mi¹geišən] vykuřování, dezinfekce **-ing** *s* dýmání ● *a* dýmající, dýmový

fun [¹fan] žert, švanda, legrace ♦ *I am only in ~* jenom žertuji; *for ~* žertem, z legrace; *make* ~ of a p.* dělat si legraci z koho

function [¹faŋkšən] *s* 1 funkce, úřad, povolání 2 výkon funkce 3 fungování, činnost 4 slavnost, večírek, recepce ● *v* 1 působit, fungovat 2 vykonávat funkci, úřadovat **-al** [-l] funkční **-ary** [-əri] funkcionář

fund [¹fand] *s* 1 zásoba, rezerva, fond 2 kapitál, peněžní prostředky, hotovost (často pl *-s*) 3 pl *-s* státní půjčky, dluhopisy apod., cenné papíry, akcie ● *v* 1 krýt kapitálem, financovat 2 založit fond, uložit kapitál ve fondech 3 nahromadit **-amental** [¸fandə-¹mentl] *s* základ, zásada; zprav. *-s* pl základy; hud. základní tón / akord ● *a* základní, podstatný, elementární

funer|al [¹fju:nərəl] *s* pohřeb, pohřební průvod ● *a* pohřební, smuteční **-eal** [fiju¹niəriəl] pohřební

fungible [¹fandžibl] práv. nahraditelný, zastupitelný, zaměnitelný

fungus [¹faŋgəs], pl *fungi* [¹faŋgai, ¹fandžai] houba

funicular [fju:¹nikjulə] lanový (*~ railway* lanová dráha)

funnel [¹fanl] 1 nálevka, trychtýř 2 lodní komín

funny [¹fani] 1 komický, žertovný, legrační 2 podivný, zvláštní **--bone** brňavka ~ **farm** slang. cvokhaus

fur [¹fə:] *s* 1 kožešina 2 kožich 3 kotelní kámen; usazenina 4 povlak na jazyku • v (-rr-) 1 podšít, podložit kožešinou 2 pokrýt (se) kotelním kamenem 3 povléci jazyk **~-cap** kožešinová čepice, beranice **~-coat** kožich **–red** [-d] potažený jazyk **–rier** [ˈfəriə] kožešník ♦ ~ *industry* kožešnický průmysl **–ry** [ˈfə:ri] kožešinový, kožešinou pokrytý, chlupatý

furbish [ˈfə:biš] vyleštit ~ up obnovit, osvěžit

furious [ˈfjuəriəs] zuřivý, divoký, šílený; fanatický

furl [ˈfə:l] svinout, stáhnout (a svázat); svinout se

furlong [ˈfə:loŋ] délková míra = 1 / 8 míle, 220 yardů, 201 metrů

furlough [ˈfə:ləu] voj. dovolenka

furnace [ˈfə:nis] pec, topeniště ♦ *blast* ~ vysoká pec

furnish [ˈfə:niš] 1 vybavit, opatřit, dodat 2 zařídit (*with* čím) ♦ ~ *proof* prokázat, podat důkaz **–ed** 1 zařízený, s nábytkem 2 opatřený, vybavený 3 zaslaný **–er** dodavatel nábytku **–ing** zařízení domu apod.

furniture [ˈfə:ničə] 1 nábytek 2 vybavení, příslušenství 3 obsah, zásoba

furrow [ˈfarəu] 1 brázda 2 rýha, drážka 3 hluboká vráska • v 1 z-, brázdit 2 rýhovat

further [ˈfə:ðə] a comp od far 1 další 2 vzdálenější, odlehlejší 3 ten druhý, onen ♦ ~ *particulars* bližší podrobnosti; *till* ~ *order* až do dalších rozkazů; *until* ~ *notice* až na další • adv dále, kromě toho • v podporovat, fedrovat **–ance** [-rəns] podpora, fedrování **–more** dále ještě, mimo to **–most** a nejvzdálenější, nejodlehlejší • adv nejdále

furthest [ˈfə:ðist] a sup od far nejvzdálenější • adv nejdále ♦ *at the* ~ nejpozději

furtive [ˈfə:tiv] kradmý, tajný

fury [ˈfjuəri] zuřivost, zběsilost ♦ *he works like* ~ pracuje jako běs

fus|e [ˈfju:z] s 1 pojistka elektrická 2 roznětka, rozbuška 3 zapalovač • v 1 roztavit (se), rozpustit (se) 2 kovy, firmy sloučit (se) 3 způsobit krátké spojení **–ion** [-žn] 1 tavení 2 roztok 3 splynutí, fúze ♦ ~ *bomb* vodíková bomba; **~-point** teplota / bod tavení

fuselage [ˈfju:zila:ž] trup letadla

fuss [ˈfas] s povyk, zbytečný rozruch, nervozita, zmatek • v 1 dělat mnoho povyku (*about* kvůli) 2 dělat si starosti, dělat paniku 3 obtěžovat, znervózňovat 4 naříkat, protestovat **~-pot** hovor. pedant; panikář **–y** 1 nervózní, podrážděný 2 rušný, čilý 3 vyparáděný 4 úzkostlivý

fusty [ˈfasti] 1 zatuchlý, plesnivý 2 staromódní, zkostnatělý

futil|e [ˈfju:tail] 1 marný, zbytečný 2 nepatrný, nicotný **–ity** [fju:ˈtiləti] 1 marnost 2 nicotnost

future [ˈfju:čə] s 1 budoucnost 2 pl -s termínový, lhůtový obchod; zboží na termín ♦ *in* ~ pro příště • a budoucí gram. často ~ *tense* budoucí čas ~ **perfect** [-ˈpə:fikt] s gram. předbudoucí čas

fuzzy [ˈfazi] 1 chmýřovitý, roztřepaný 2 obraz, zvuk rozmazaný, neostrý 3 zmatený 4 podroušený 5 kudrnatý

G

G, g [ˈdži:] 1 písmeno g 2 hud. g

gab [ˈgæb] s hovor. 1 žvanění 2 slang. huba ♦ *stop your* ~ drž hubu; *the gift of the* ~ dobrá vyřídilka • v (-bb-) hovor. tlachat **–ble** [-l] s tlachání, drmolení • v breptat, štěbetat, tlachat, drmolit

gabardine, gaberdine [ˈgæbədi:n] 1 gabardén látka 2 gabardénový plášť / oblek

gable [ˈgeibl] lomenice, štít

gad[1] [ˈgæd] jé!, jémine ♦ *by* ~, *begad* pró pánakrále!

gad[2] [ˈgæd] s špičák, bodec • v

(-*dd*-) **1** lámat bodcem kámen, pohánět bodcem dobytek **2** potulovat se nečinně (~ *about*) ♦ *on the ~* na toulkách –*about* tulák ~-*bee*, ~-*fly* střeček, ovád

gadget [ˈgædžit] **1** čudlík, součástka, zařízení stroje apod.; cerepetička **2** trik, finta

gaff¹ [ˈgæf] brit. slang. nesmysl, blbost ♦ *blow* the ~* vyžvanit tajemství

gaff² [ˈgæf] *s* harpuna ● *v* lovit harpunou ryby –*er* [-ə] **1** hovor. starý brach, strejda **2** předák, dílovedoucí **3** am. hlavní elektrikář ve film. studiu **4** am. kritika

gag [ˈgæg] *s* **1** roubík do úst **2** gag, hercova improvizace na jevišti; tvůrčí nápad, vtipná pointa **3** brit. ukončení debaty v parlamentě **4** trik, podfuk **5** harpuna **6** řeznický hák **7** námoř. vratiráhno **8** povrchové opotřebení ● *v* (-*gg*-) **1** zacpat ústa, umlčet **2** ukončit debatu v parlamentě **3** improvizovat na jevišti, gagovat **4** podvést koho **5** zvracet, dusit se **6** hovor. dělat si legraci –*ger* [-ə] **1** improvizátor **2** podvodník ~-*man** autor gagů

gage [ˈgægə] brit. slang. přiblblý, senilní

gage [ˈgeidž] *s* **1** zástava **2** výzva k boji **3** poloha lodi směrem k větru **4** ryngle ● *v* dát do zástavy, zastavit

gaggle [ˈgægl] *s* hejno hus, hanl. i ženských ● *v* kdákat, kejhat, štěbetat

gai|ety [ˈgeiəti] veselost; pl veselí, zábava –*ly* [-li] vesele

gain [ˈgein] *s* zisk, výnos, pl příjem, výtěžek z obchodu, vymoženosti, úspěchy ● *v* **1** získat, vydělat; dosáhnout, dobýt; zajistit si **2** hodinky předbíhat se **3** dohánět (*on, upon* koho); sahat až k moři; získat předstih před kým ♦ přibrat na váze **5** zvyšovat se, růst **6** (~ *over*) přesvědčit, přimět ♦ ~ *the ear of* dojít sluchu u koho; ~ *ground* nabýt převahy, dostat se

do popředí; ~ *the day* zvítězit; ~ *the upper hand* nabýt vrchu, zvítězit –*er* [-ə] výherce, ten kdo má zisk n. výhodu –*ful* [-fəl] výnosný, výdělečný –*ings* [-iŋz] pl výdělek, výnos –*less* [-lis] nevýnosný –*say** zast. bás. odporovat (*a t.* čemu), popírat co

gait [ˈgeit] (způsob) chůze, držení těla; krok, chod –*er* [-ə] kamaše

gala [ˈgeilə] *s* slavnostní událost, slavnostní představení ● *a* slavnostní, gala

gala|ctic [gəˈlæktik] hvězd. galaktický; med., chem. mléčný –*xy* [ˈgæləksi] **1** hvězd. mléčná dráha, galaxie **2** skvělá společnost krásných žen, talentů apod.

galantine [ˈgælənti:n] studené maso (upravené a ve vlastním rosolu)

gale [ˈgeil] **1** vichřice, bouře **2** vánek **3** bot. voskovník **4** nájemné, pachtovné

galena [gəˈli:nə] miner. leštěnec olověný, galenit

gall¹ [ˈgo:l] **1** žluč **2** přen. hořkost, trpkost **3** drzost, nestydatost ♦ *dip one's pen in* ~ psát zahořkle ~-*bladder* [-ˌblædə] žlučník ~-*pipe* [-ˌpaip] žlučovod ~-*stone* [-ˌstəun] žlučový kámen

gall² [ˈgo:l] *s* **1** odřenina, opruzenina **2** duševní trýzeň, trápení osoba n. věc ztrpčující mysl **3** holé místo na poli, v porostu ● *v* **1** odřít, oprudit **2** trápit (se), trýznit, týrat

gall³ [ˈgo:l] biol. hálka, cecidie, výrůstek na stromě způsobený hmyzem, zejm. duběnka

gallant [ˈgælənt] *s* **1** švihák **2** záletník, milovník ♦ *play the ~ with* flirtovat s kým, dělat kavalíra komu ● *a* **1** statečný, odvážný **2** skvělý, nádherný **3** dvorný, galantní **4** ušlechtilý, šlechetný **5** záletný ● *v* dvořit se, dělat kavalíra dámě –*ry* [-ri] **1** chrabrost, udatnost **2** dvornost, galantnost, rytířskost **3** záletnictví **4** dotěrnost vůči ženě

gallery [ˈgæləri] **1** galerie, ochoz;

kruchta, kůr **2** chodba, štola v dole **3** diváci na galerii **4** am. fotografický ateliér, studio

galley [ˈgæli] **1** hist. galéra, galej velká veslice **2** lodní kuchyně **3** polygr. sazebnice **--proof** sloupcový obtah, -á korektura

gallon [ˈgælən] galon dutá míra = 4,5 l

galloon [gəˈluːn] kaloun, lemovka, prýmek

gallop [ˈgæləp] s trysk, cval; jezdecká dráha ● v **1** jet tryskem, hnát se **2** rychle odříkat, odemlít **3** tryskem dopravit / doprovázet ◆ *~ing consumption* rychlé souchotiny **–ade** [-eid] kvapík tanec **–er** [-ə] **1** voj. pobočník **2** lehké polní dělo

gallows [ˈgæləuz] sg šibenice **~-bird** šibeničník **~-tree** šibenice

galore [gəˈlɔː] hojnost, habaděj

galosh [gəˈlɒʃ] galoše, přezůvka

galvan|ic [gælˈvænik] **1** galvanický **2** náhlý; násilný **3** galvanizující **–ism** [ˈgælvənizəm] galvanismus **–ize** [ˈgælvənaiz] galvanizovat

gambl|e [ˈgæmbl] s **1** hazardní hra **2** riskantní podnik ● v **1** hrát hazardně **2** riskovat **3** vsadit si (*on* na), spekulovat na ~ **away** prohrát, prohazardovat **–er** [-ə] hazardní hráč, karbaník **–ing** [-iŋ] karban **–ing house*** herna, kasino

gambol [ˈgæmbl] s dovádění, poskakování ● v (*-ll-*) dovádět, poskakovat

game [ˈgeim] s **1** hra, zápas, utkání, partie hry **2** vtip, žert, legrace **3** úskok, trik, spády **4** stav hry v tenise **5** lovná zvěř, zvěřina **6** skóre **7** styl hry; kondice **8** milostná hra, pohlavní styk ◆ *make* ~ of tropit si žerty z; *speak* in ~ mluvit žertem; *what a* ~! to je legrace!; *have the* ~ in one's hands být si jist úspěchem, mít výhru jistou; *play the* ~ hrát poctivou hru, jednat poctivě; *play a good* ~ at cards hrát dobře karty; *the* ~ is up vše je ztraceno; *the* ~ is not worth the candle nestojí to za námahu; *the* ~ is yours vyhrál jsi; *fair* ~ chovná lovná zvěř; *forbidden* ~ divoká lovná zvěř ● a **1** statečný **2** odhodlaný, ochotný (*for* k) **3** honební, lovný ◆ *I'm quite* ~ *for a long walk* souhlasím s dlouhou procházkou; *I'm* ~! jsem pro!, souhlasím!, jdu s vámi! ● v hrát o peníze ◆ *gaming-house*** herna **~-acts** pl zákony na ochranu zvěře **~-bag** lovecká brašna **~-cock** bojovný kohout **–keeper** [-kiːpə] hajný **~-laws** pl honební zákony **~-licence** [-laisəns] honební lístek **–some** [-sam] hravý, dovádivý, rozpustilý **–ster** [-stə] hráč, karbaník

gamete [gæˈmiːt] biol. gameta

gamma [ˈgæmə] písmeno gama

gammer [ˈgæmə] kmotra, babka

gammon [ˈgæmən] s **1** uzená šunka **2** hovor. podvod, humbuk ● v **1** udit **2** mluvit nesmysly, plácat, kecat **3** podvést, obalamutit, přetvařovat se ● interj nesmysl!

gamut [ˈgæmət] hud. stupnice, škála

gander [ˈgændə] **1** zool. houser **2** pitomec, ťululum

gang [ˈgæŋ] s **1** oddíl, četa, parta např. pracovní **2** tlupa, gang **3** souprava nářadí ● v **1** skot. jít **2** hovor. spolčovat se **3** parta napadnout, zaútočit na **4** uspořádat, urovnat si nářadí **5** sestavit osoby do party **–er** [-ə] předák party **–land** zločinecké podsvětí **–ling** [-liŋ] vyčouhlý, vytáhlý **–ster** [-stə] člen tlupy, gangster

gangle [ˈgæŋgl] klátit se

gangrene [ˈgæŋgriːn] gangréna, sněť

gangway [ˈgæŋwei] s **1** ulička mezi sedadly, chodbička **2** visuté schůdky **3** lodní můstek **4** horn. lezné oddělení ◆ *the members below the* ~ opozice v brit. parlamentě ● interj uvolněte cestu!, ustupte!

gaol ['džeil] brit. vězení (= *jail*)

gap ['gæp] **1** otvor, díra ve zdi, v křoví **2** mezera **3** průrva, trhlina **4** diference, rozpor např. v názorech **5** přestávka, pauza **6** schodek, deficit

gape ['geip] s **1** zívání **2** civění **3** mezera **4** trhlina, průrva ● v **1** otvírat široce ústa **2** zet, pukat **3** zírat zvědavě (*at* na), civět, čumět s otevřenými ústy **4** zívat –**r** [-ə] čumil, zevloun

garage ['gæra:ž, 'gæridž, am. gə'ra:ž] s garáž ● v garážovat

garb ['ga:b] oděv, háv, kroj např. národní

garbage ['ga:bidž] **1** kuchyňské odpadky **2** smetí literární brak **4** bezvýznamná data

garble ['ga:bl] **1** překroutit, zkomolit fakta **2** přebrat

garden ['ga:dn] s zahrada (pl = obyč. veřejně přístupná, j. *botanical, zoological -s*) ● v **1** zahradničit **2** pěstovat **3** proměnit v zahradu **~-city** zahradní město –**er** [-ə] zahradník **~-party** [-,pa:ti] garden party, zahradní slavnost **~-plot** zahradní parcela **~-stuff** zahradní zelenina a ovoce **~-suburb** [-səbə:b] vilová čtvrť

gargle ['ga:gl] s kloktadlo ● v kloktat

gargoyle ['ga:,goil] s **1** archit. chrlič **2** bizarní ornament tvaru nějaké postavy **3** obluda, šereda, ošklivec

garish ['gæriš] oslnivě jasný, okázalý, křiklavý

garland ['ga:lənd] s věnec, girlanda ● v o-, věnčit

garlic ['ga:lik] česnek

garment ['ga:mənt] **1** oděv, šat (pl -s šaty) **2** korzet, podvazkový pás

garner ['ga:nə] s bás. sýpka, sbírka ● v plnit zásobami, shromažďovat

garnet ['ga:nit] miner. granát

garni|sh ['ga:niš] s **1** ozdoba, o-krasa **2** o-, zdobení, garnýrování **3** pohoštění, plácnutí se přes kapsu ● v **1** o-, zdobit **2** obložit ozdobně jídlo, garnýrovat –**ture** [-čə]
1 příslušenství, garnitura, výstroj, vybavení **2** ozdoba, obložení jídla

garret ['gærət] **1** podkrovní místnost **2** půdní byt

garrison ['gærisn] s posádka ● v **1** opatřit posádkou ♦ *garrisoned* posádkou

garrul|ity [gæ'ru:ləti] povídavost, žvanivost –**ous** ['gæruləs] upovídaný, žvanivý

garter ['ga:tə] s podvazek ♦ *Order of the G~* podvazkový řád ● v upevnit podvazkem

gas ['gæs] s **1** plyn **2** am. motorový benzín **3** povídání, tlachání ♦ *step on the ~* přidat plyn v autě ● v (-ss-) **1** zaplynovat, zamořit plynem; otrávit plynem **2** napadnout plynem (*be gassed* být otráven plynem) **3** hovor. kecat, balamutit **~-bag** **1** nádrž na plyn **2** kecal, žvanil **~ bracket** [-,brækit] plynová roura s hořákem **~-burner** [-,bə:nə] plynový hořák –**eous** ['gæsjəs] plynový **~-fitter** [-,fitə] instalatér plynu –**holder** [-,həuldə] plynojem –**ify** [-ifai] zplynovat **~-jet** plynový hořák –**light** [-lait] plynové světlo, plynová lampa –**main** hlavní plynové potrubí –**man*** **1** zaměstnanec plynárny, který měří plyn a vybírá poplatek **2** instalatér plynovodu **3** majitel plynárny **~-mask** [-ma:sk] plynová maska **~-meter** [-,mi:tə] plynoměr **~ pedal** [-,pedl] akcelerátor –**sy** [-i] **1** plynový, obsahující plyn **2** hovor. planý, rozvláčný, nabubřelý **~-tight** [-tait] plynotěsný **~-works** plynárna

gash ['gæš] s sečná rána, šrám ● v roz-, seknout, roze-, tnout

gaso|line ['gæsəli:n] am. benzín –**meter** [gæ'somitə] plynojem

gasp ['ga:sp] s těžký dech, lapání po dechu ● v těžce dýchat, lapat (*for* po) dechu, vzduchu

gastri|c [ˈgæstrik] žaludeční **–tis** [gæˈstraitis] med. žaludeční katar

gat [ˈgæt] am. slang. bouchačka revolver

gate [ˈgeit] s 1 brána, branka 2 vrata, vrátka, vchod 3 vodní vrata 4 vstupné 5 ulice se jménem ● v 1 brit. nechat po škole 2 opatřit bránou 3 elektr. vrátkovat, hradlovat informace **~-keeper** [-kiːpə], **–man*** vrátný, hlídač **~-money** [-ˌmani] vstupné **~-post** [-pəust] sloup u vrat ♦ between you and me and the ~ v přísné důvěrnosti **–way** 1 brána 2 průchod, průjezd 3 dopravní centrum

gather [ˈgæðə] s pl -s zřasení, záhyby látky ● v 1 shromáždit (se), shrnout 2 sklízet obilí, sbírat plody, česat ovoce 3 sebrat sílu, koncentrovat myšlenky, úsilí 4 nabrat dech 5 podebrat se o ráně 6 nabrat látku 7 zvětšovat se, narůstat ♦ ~ from usoudit z čeho, dozvědět se od koho; as far as I can ~ pokud o tom mohu soudit; ~ ground šířit se pověst; ~ head nabýt síly, vystupňovat se; vřed podebrat se; povstání dozrát; ~ strength nabýt síly; ~ way zvyšovat, nabývat rychlost **–up** sesbírat, urovnat; sebrat myšlenky; sevřít v náručí **–er** [-rə] sběrač, česač **–ing** [-riŋ] 1 shromáždění, schůze 2 hnisající otok, vřed 3 sklizeň

gaud [ˈgoːd] tretka, cetka **–y** [-I] a křiklavý, vyfintěný, okázalý

gauge [ˈgeidž] s 1 míra, norma, cejch 2 rozsah a kalibr, ráže pušky 4 tloušťka drátu, plechu 5 rozchod kolejí 6 námoř. poloha lodi vzhledem k větru 7 zkušební / měřicí přístroj 8 měřítko, kritérium ♦ take* the ~ of odměřit co; have the weather ~ of mít výhodnou polohu vzhledem k ● v 1 z-, vy-, pře-, od|měřit, cejchovat 2 odhadnout, posoudit 3 namíchat 4 přitesat

Gaul [ˈgoːl] 1 Galie 2 Gal

gaunt [ˈgoːnt] hubený, vyzáblý **–let**

[-lit] dlouhá rukavice ♦ throw* down the ~ hodit rukavici (to komu), vyzvat k boji; pick up, take* up the ~ zvednout rukavici, přijmout výzvu k boji

gauz|e [ˈgoːz] 1 tyl, flór, gáza látka 2 jemné drátěné pletivo 3 slabá mlha **–y** [-i] tenký, řídký, zamlžený

gavel [ˈgævəl] s 1 kladívko předsednické, dražební, soudcovské 2 zednické kladivo ● v použít předsednického kladiva

gave [ˈgeiv] pt od give

gawk [ˈgoːk] hlupák, ťulpas **–y** [-i] neohrabaný, nešikovný

gay [ˈgei] 1 veselý, čilý 2 živý, křiklavý barva 3 rozmařilý, nemorální **–ness** [-nis] veselost, živost

gaze [ˈgeiz] s upřený pohled ♦ stand* at ~ upřeně pohlížet ● v upřeně se dívat, zírat (at, on na)

gazebo [gəˈziːbou] s 1 vyhlídkový pavilón, rozhledna 2 letní dům, zahradní pergola, zahradní podloubí

gazelle [gəˈzel] s zool. gazela

gazette [gəˈzet] s úřední list, úřední oznámení ● v úředně oznámit v úředním listě **–er** [ˌgæziˈtiə] zeměpisný slovník / rejstřík

gear [ˈgiə] s 1 nářadí, výstroj, potřeby 2 pohon, hnací ústrojí n. kolo soukolí, chod stroje 3 v autě záběr, rychlost 4 koňský postroj 5 výstroj letadla / lodi 6 slang. vysoká úroveň, vejška ♦ in ~ v chodu, zapnut; out of ~ vypnut; high / low ~ vysoký / nízký převod kola; starting ~ startér; am. landing ~ podvozek; stearing ~ řízení; ~ drive pohon ozubenými koly ● v 1 opatřit ozubeným převodem 2 zabírat, přesně zapadat (into do) 3 osedlat koně 4 za-, řadit rychlost (~ up, down) 5 vystrojit, uvést do pohotovosti ♦ -ed engine motor s převodem **~-box**, **~-case** převodovka, rychlostní skříň **~-change** řazení rychlosti **~-cutter** fréza na ozubení **~-cutting**

obrábění ozubených kol **–ing**
[-riŋ] pohon, převod **~-lever**
řadicí pedál

geek [gi:k] s **1** am. slang. blbec, otra-
pa **2** pouťový kejklíř

geese ['gi : s] pl od *goose*

geezer ['gi:zə] s am. slang. často old ~
starý paprika, divný patron, starý
malicherný člověk

gelatin ['dželətin] s **1** želatina **2**
kuch. rosol, huspenina

geld ['geld] vyklestit, vykastrovat
zvíře **–ing** [-iŋ] kleštěnec

gelid ['dželid] ledový, mrazivý

gem ['džem] s drahokam ● v
(-mm-) **1** posázet drahokamy **2**
dostávat pupence, očka

geminat|e ['dželeminit] a zdvojený ●
v [dželemineit] zdvojit ♦ bot. *gemi-
nated* podvojný **–ion** [dželemi'nei-
šən] zdvojení

Gemini ['dželeminai] hvězd. Blíženci

gen ['džen] voj. slang. všeobecné in-
formace

gender ['džendə] jaz. rod

gene ['dži:n] biol. gen

general ['dženərəl] s generál ● a **1**
všeobecný, obecný **2** obyčejný **3**
hlavní, generální **4** celkový ♦ *in
~, in a ~ way* obvykle, povšechně
vzato; *he spoke only in ~ terms*
mluvil jen všeobecně, neurčitě; ~
practitioner praktický lékař; ~
service všeobecná branná po-
vinnost; ~ *election* všeobecné
volby; ~ *strike* generální stávka;
~ *public* široká veřejnost; ~ *staff
of the army* generální štáb; G~
Post Office hlavní pošta; ~ *ser-
vant* děvče pro všechno; *-ly
speaking* všeobecně vzato **–issi-
mo*** [dženərə'lisiməu] vrchní ve-
litel; generalissimus **–ity** [dženə-
'ræləti] **1** všeobecnost, obecné
tvrzení, vágnost **2** všeobecná
platnost, použití **3** zprav. pl pře-
vážná většina **4** pl *-ies* všeobecná
tvrzení **–ization** [dženərəlai'zei-
šən] zevšeobecnění **–ize** [-aiz]
zevšeobecnit **~-purpose** [-pə:-

pəs] univerzální

generat|e ['dženəreit] **1** biol. plodit
2 vyrábět elektřinu, teplo **3** mat.
opsat křivku **4** jaz. generovat **–ion**
[dženə'reišən] **1** tvoření, vytvá-
ření **2** biol. plození **3** generace,
pokolení **4** mat., geom. opsání křiv-
ky **5** jaz. generování ♦ *rising ~*
mladá generace **–ive** [-iv] plodí-
cí, plodný **–or** [-ə] **1** ploditel **2**
generátor

generic [dži'nerik] **1** rodový, dru-
hový, generický **2** název obecně
použitelný

gener|osity [dženə'rosəti] velko-
myslnost, šlechetnost, štědrost
–ous [-rəs] **1** velkomyslný, šle-
chetný, štědrý **2** plných tvarů,
bujný **3** hojný **4** ušlechtilý vino

genesis ['dženisis] geneze, vznik,
původ

genetic [dži'netik] genetický **–s** [-s]
pl genetika

Geneva [dži'ni:və] Ženeva

genial ['dži:njəl] **1** žoviální, bodrý,
společenský **2** mírný, teplý pod-
nebí **–ity** [dži:ni'æləti] žoviálnost,
bodrost; mírnost podnebí

genie ['dži:ni] s džin

genitals ['dženitlz] pl vnějši pohlav-
ní orgány

genitive ['ženitiv] gram. genitiv, dru-
hý pád

genius ['dži:njəs] **1** pl *genii* [-ai]
strážný duch osoby, místa, duch jazy-
ka, národa, doby **2** pl *geniuses* [-əsiz]
nadání, talent; nadaný člověk,
génius

Genoa ['dženəuə] Janov

genre ['ža:nrə] s **1** typ, kategorie **2**
žánr

gent ['džent] vulg., žert. a v nápisech =
gentleman

gent|eel [džen'ti:l] iron. uhlazený,
nóbl **–eelism** [-'ti:lizəm] falešný
eufemismus **–ile** [džentail] s **1**
osoba nežidovské rasy **2** am. ne-
mormonský ● a nežidovský, po-
hanský **–ility** [džen'tiləti] iron.
vznešenost, uhlazenost

gentle [ˈdžentl] **1** mírný, jemný, lahodný **2** krotký *zvíře*; mírně tekoucí; klidný, mírumilovný **3** laskavý *čtenář, oslovení autora v předmluvě knihy* **4** herald. majicí právo nosit erb **–folk** [-fauk] vznešení lidé, šlechta, panstvo **–man* 1** pán; *brit.* člověk žijící z bezpracného důchodu **2** džentlmen, vzdělaný, uhlazený a ušlechtilý muž **3** vznešený, urozený člověk ♦ **-men's agreement** nepsaná dohoda **–manlike** [-mənlaik] **1** uhlazený **2** urozený **–ness** [-nis] jemnost, mírnost, laskavost; lahodnost

gentry [ˈdžentri] **1** venkovská šlechta *bez titulu* **2** zámožné vrstvy, panstvo

genuine [ˈdženjuin] pravý, ryzí **–ness** [-nis] ryzost, nefalšovanost

genus [ˈdžiːnəs], *pl* **genera** [ˈdženərə] rod, druh

geograph|ic(al) [ˌdžiəˈgræfik(l)] zeměpisný **–y** [džiˈogrəfi] zeměpis

geolog|ic(al) [džiəˈlodžik(l)] geologický **–y** [džiˈolədži] geologie

geomet|er [džiˈomitə] geometr **–ric(al)** [ˌdžiəˈmetrik(l)] geometrický **–ry** [džiˈomitri] geometrie

George [ˈdžoːdž] Jiří **–ia** [-iə] **1** Georgie *stát v USA* **2** Gruzie **3** žen. jm. **–ian** [-iən] *s* **1** rodák z Georgie **2** Gruzínec ● *a* **1** georgijský **2** gruzínský **3** georgiánský *(z doby krále Jiřího poč. 20. stol.)*

geostationary [ˌdžiːəuˈsteišənəri] geostacionární

geranium [džiˈreinjəm] bot. pelargónie, muškát, čapí nůsek

germ [džəːm] *s* **1** zárodek, klíček **2** bakterie ♦ = **~ warfare** bakteriologická válka ● *v* klíčit, pučet **~-free** [-friː] sterilní, čistý

German [ˈdžəːmən] *s* **1** Němec **2** němčina ● *a* německý ● *adv* německy **–ic** [džəˈmænik] germánský **g-ize** [-aiz] germanizovat, poněmčovat **G-y** [-i] Německo

germane [džəːˈmein] podstatný, vztahující se přímo (*to* k, na)

germicidal [ˌdžəːmiˈsaidl] dezinfekční

germinat|e [ˈdžəːmineit] klíčit, nechat vzklíčit **–ion** [ˌdžəːmiˈneišən] klíčení

gerrymander [ˈdžerimændə] *s* **1** libovolné rozdělení volebních obvodů, manipulace ve volebním obvodu **2** přen. falšování, švindl ● *v* **1** libovolně rozdělit volební obvody **2** přen. zfalšovat, švindlovat

gerund [ˈdžerənd] jaz. gerundium

gestation [džeˈsteišən] těhotenství

gesticulat|e [džeˈstikjuleit] gestikulovat, dělat posuňky **–ion** [ˌdžestikjuˈleišən] gestikulace, posuňky

gesture [ˈdžesčə] gesto, gestikulace

get* [ˈget] (*-tt-*) **1** dostat, obdržet, získat **2** obstarat (si), sehnat, opatřit (si), dojít pro **3** uchopit (*by the hand* za ruku) **4** hovor. vehnat *koho* do úzkých **5** připravit *oběd* **6** pohnout, přimět (*to do a t.* udělat co) **7** zplodit *co* **8** vzít si (*a wife ženu*) **9** stát se (~ *wiser* zmoudřet) **10** přijít, dostat se *kam* **11** rozumět (*do you ~ me?* rozumíte mi?) **12** chopit se (*at a t.* čeho); vyzvědět *co* **13** získat (*at a t.* co) **14** tropit si žerty (*at a p.* z koho) **15** ~ *behind a p.* am. podporovat *koho* **16** ~ *into* obléci si (*clothes* šaty); dostat se *kam* **17** zvykat si (*into a t.* na co) **18** ~ *on* sednout na *kolo, koně* **19** ~ *out of* dostat se z, vyvléknout se z, vymknout se *čemu* **20** ~ *over* překonat *co*, získat (si) *koho* **21** ~ *over* jít, jet *kam* **22** ~ *over a t.* dokončit *něco* (práci) **23** ~ *to* přijít, dostat se *kam* ♦ *I have got = I have: she has got a new dress* má nové šaty; *I have got to = I have to* musím: *you have got to learn* musíš se učit; *get a t. done* dát si udělat *co*: *she got her hair cut* dala si ostříhat vlasy; ~ *by heart* naučit se zpaměti; ~ *going* vyrazit, dát se do toho; ~ *ready* připravit (se); ~ *tired* unavit se; *it is getting dark* stmívá se; ~ *colder* ochladit se; ~ *a cold* nachladit se; *he is getting better* daří se mu lépe; ~ *the best of it* nabýt vrchu, vyhrát; ~ *accustomed / used to* zvyknout si nač; *I got the thing on the brain* stále na to myslím; ~ *to know* (*to hear, to learn*) dovědět se; ~ *rid of* zbavit se čeho; ~ *hold of* zmocnit se čeho; ~ *possession of* zmocnit se čeho; ~ *asleep* usnout; ~ *married* oženit se; *it's getting on my nerves* jde mi to na nervy; *he got hurt* zranil se; *he got killed* zabil se; ~ *with child* otěhotnět; ~ *it into one's head* vzít si do hlavy; ~ *it* dostat co proto, slíznout si to; *I can't ~ to do it* nemohu to udělat; ~ *done with* skoncovat s, dokončit co; ~ *out of one's mind* zapomenout; *he got out of bed on the wrong side* má špatnou náladu, špatně se vyspal; ~ *on one's* feet nabýt sebedůvěry ~ **about 1** jezdit / chodit po návštěvách, bavit se **2** začít znovu chodit po nemoci **3** = ~ *abroad* zpráva rozšířit se ~ **across 1** přejet / přeletět / přeplout **2** hovor. vysvětlit, objasnit **3** být srozumitelný **4** osvědčit se ~ **ahead** *of a p.* dostat se dopředu, mít úspěch ~ **along** dařit se, postupovat, vystačit s příjmem ◆ ~ *along without a p.* obejít se bez koho; ~ *along with you!* koukej zmizet, jdi do háje, nech toho ~ **away 1** uniknout, dostat se pryč **2** mít úspěch (*with* s čím) ~ **back 1** vrátit se **2** dostat zpět ~ *back at a p.* pomstít se komu ~ **down 1** sestoupit, slézt **2** sundat ~ **in 1** sklidit úrodu **2** vstoupit, nastoupit; dostat se dovnitř **3** přijet vlak **4** inkasovat **5** vyhrát volby ~ **off 1** vystoupit, slézt **2** odejít, odejet **3** odložit, svléci (*clothes* šaty) **4**

zbavit se, odklidit **5** uniknout **6** být zproštěn obžaloby, ujít trestu **7** zamilovat se (*with* do) **8** jít spát **9** sestoupit **10** vyrazit, startovat ~ **on 1** obléci si **2** *I am -ing on* daří se mi, vycházím (*well* dobře) **3** mít úspěch **4** snášet se (*with* s) **5** nasednout, nastoupit **6** pokračovat v cestě **7** dařit se, dobře prospívat, mít úspěch **8** stárnout ~ **out 1** vystoupit **2** odejít **3** vydat publikaci ~ **over 1** mít za sebou **2** ujasnit (se) ~ **through 1** projít, prorazit **2** dokončit úspěšně ~ **together 1** shromáždit se **2** am. radit se **3** dohodnout se ~ **up 1** vstát z postele **2** sednout na koně **3** vítr, oheň zesílit **4** organizovat, zařídit, připravit **5** vypravit, vybavit div. hru **6** naučit se, nastudovat

get|-at-able [getˈætəbl] přístupný **–away** [ˈgetəwei] útěk, únik **–ting** [-iŋ] výdělek, zisk **~-together** shromáždění společenské **~-up 1** úprava knihy, hry **2** ranní vstávání **3** hovor. inciativa, aktivita

gewgaw [ˈgjuːgoː] tretka

geyser [ˈgaizə] gejzír, [ˈgiːzə] brit. průtokový ohřívač vody

ghastly [ˈgaːstli] **1** strašný, příšerný **2** sinalý

gherkin [ˈgəːkin] bot. okurka nakládačka

ghetto* [ˈgetəu] ghetto, židovská čtvrť

ghost [ˈgəust] duch, strašidlo ◆ *not a ~ of a chance* vůbec žádná naděje **–ly** [-li] **1** strašidelný **2** náb. duchovní **~-writer** skutečný pisatel projevů apod.

ghoul [guːl] s **1** zlý duch, démon **2** vykradač hrobů, olupovač mrtvol **3** zvrhlík

GI [ˈdžiːˈai] s pl GIs, GI's am. voják armády Spojených států, americký voják, vojín, vojenský veterán ● a vojenský

giant [ˈdžaiənt] s obr ● a obrovský

gibber [ˈdžibə] drmolit, brebentit

–ish ['džibəriš] drmolení, plácání, hatmatilka; neužitečná informace

gibbet ['džibit] s 1 šibenice 2 smrt oběšením 3 výložník jeřábu ● v oběsit; přen. pranýřovat

gibbous ['gibəs] 1 vypouklý; hrbatý 2 hvězd. v poslední čtvrti (*the moon is ~*)

gibe ['džaib] s posměch, úšklebek ● v 1 posmívat se (*a p., at a p.* komu) 2 am. souhlasit (*with* s)

giblets ['džiblits] pl husí drůbky

Gibraltar [dži'bro:ltə] Gibraltar

gidd|iness ['gidinis] 1 závrať 2 nestálost, lehkomyslnost 3 vyparáděnost **–y** [-i] 1 trpící závratí 2 závratný výška, působící závrať 3 bezmyšlenkovitý 4 těkavý, nestálý, povrchní ♦ *I am ~* mám závrať, točí se mi hlava

gift ['gift] s 1 dar 2 talent, nadání ● v obdarovat ♦ *gifted* nadaný

gig ['gig] 1 gig, lehký dvoukolový jednospřežní kočár 2 text. česací stroj 3 vidlice na chytání ryb, háčky 4 am. angažmá džezového zpěváka

gigabit ['gigəbit] s poč. miliarda (10⁹) bitů

gigabyte ['gigəbait] s poč. miliarda (10⁹) slabika (8 bit)

gigantic [džai'gæntik] obrovský, ohromný, gigantický

giggle ['gigl] s hihňání, chichtot ● v hihňat se, chichotat se

gild* ['gild] 1 pozlatit 2 ozdobit 3 přikládat význam čemu ♦ *guilded, gilt youth* zlatá mládež; *~ the pill* osladit hořkou pilulku **–ing** [-iŋ] pozlacení

Giles ['džailz] Jiljí

gill¹ ['gil], obyč. pl **-s** [-z] 1 žábry 2 podbradek, lalok 3 strž

gill² ['džil] gill 1 / 4 pinty = 0,12

gilt ['gilt] pt a pp od *gild* ● s pozlacení, pozlátko **--edged** [-edžd] se zlatou ořízkou; prvotřídní

gimcrack ['džimkræk] s tretka ● a 1 bezcenný, nicotný 2 provizorní, chatrný

gimlet ['gimlit] nebozez

gimmick ['gimik] slang. trik, kejkle k upoutání pozornosti, chyták, úskok, lest; vtipný nápad

gin ['džin] s 1 pálenka jalovcová, borovička (*~ fizz* gin s citronovou šťávou) 2 past, oko 3 zdvihadlo, rumpál 4 stroj na čištění bavlny ● v (-nn-) 1 chytat do ok 2 vyzrňovat bavlnu

ginger ['džindžə] s 1 zázvor 2 elán, verva, švih 3 červenavě žlutá barva ● v 1 kořenit zázvorem 2 (*~ up*) pobídnout, povzbudit **--ale** [,džindžə'eil] **--beer** [,-'biə] zázvorové pivo **–bread** perník **–ly** [-li] opatrný v pohybu, bázlivý, nesmělý **–y** [-ri] 1 zázvorový 2 kořeněný, ostrý

gipsy ['džipsi] cikán, -ka

giraffe [dži'ra:f] žirafa

gird* ['gə:d] 1 opásat (se), přepásat 2 obklíčit město, obklopit 3 vybavit, opatřit (*with power, strength* mocí, posilou) 4 pasovat na rytíře 5 *~ at a p.* dobírat si koho, vysmívat se komu **–er** [-ə] trám, nosník, traverza **–le** [-l] s 1 pás, opasek 2 podvazkový pás, bokovka 3 anat. kostní pletenec (*pectoral, pelvic* ~ hrudní, pánevní pletenec) ● v 1 o-, pře|pásat 2 obklíčit

girl ['gə:l] 1 dívka, děvče 2 služka 3 milá 4 pouliční holka ♦ *~ friend* přítelkyně; *~ scout* skautka **–hood** [-hud] dívčí věk **–ish** [-iš] dívčí

girt [gə:t] pt a pp od *gird* ● s obvod ● v 1 opásat 2 měřit pas, obvod

girth ['gə:θ] s 1 popruh, podbřišník koně 2 obvod koule, válce 3 objem kolem pasu 4 rozměry, velikost ● v 1 opásat, popruhem připevnit 2 měřit v pase, změřit obvod

gist ['džist] podstata, jádro věci

give¹* ['giv] 1 dát 2 věnovat, zasvětit (*to* čemu), darovat, udělit 3 pře-, po|dat, odevzdat 4 vést kam (*on, upon* na, do: *the windows ~*

upon the garden okna vedou do zahrady) **5** vyhlásit, zveřejnit **6** nastavit (*to* čemu) **7** přiřknout (*to* komu) **8** uvést hosta **9** vyřídit pozdrav **10** mít děti (*to* s) **11** dávat, plodit **12** vynést rozsudek **13** zobrazit, vylíčit **14** přednést, recitovat **15** prezentovat se **16** dělat, činit kolik **17** dělat komu starosti ♦ ~ *a cry* vykřiknout; ~ *evidence* dosvědčit; ~ *me a hand with it* pomoz mi s tím; ~ *a judgement* vynést rozsudek; ~ *my kind regards to him* pozdravujte ho ode mne; ~ *offence, pain* urazit, způsobit bolest; ~ *a kick* kopnout; ~ *a jump* vyskočit; ~ *a song* zazpívat; *I am given to understand* jak se dovídám; *I was given to understand that...* bylo mi dáno na srozuměnou, že...; ~ *ear to a p.* popřát sluchu komu; ~ *ground* ustoupit; ~ *rise to* způsobit co; ~ *birth to* porodit, vést k čemu; *under the given conditions* za daných okolností; ~ *way* ustoupit, povolit ~ **away 1** dát pryč, rozdat, předat, odevzdat cenu **2** vzdát se čeho **3** prozradit ♦ ~ *away for lost* považovat za ztracené ~ **back 1** vrátit **2** ustoupit **3** odseknout ostře odpovědět ~ **forth** vysílat rozhlasem, uveřejnit, oznámit ~ **in 1** vzdát se, podlehnout **2** předložit, podat žádost **3** povolit, ustoupit **4** prohlásit, proklamovat ~ **off** vypouštět páru ~ **out 1** vyčerpat se **2** docházet, ubývat **3** oznámit, rozšířit zprávy, tvrdit ~ **over 1** odevzdat **2** přestat, polevit **3** vzdát se, zanechat zvyku ~ **up 1** vzdát se, zanechat čeho **2** vydat zbraň, voják vzdát se ~ **o.s. up** oddat se (*to* čemu)

give² [ˈgiv] poddajnost, pružnost

give-and-take kompromis, vzájemné ústupky

giver [ˈgivə] dárce

gizmo [ˈgizmou] *s pl* **gizmos** slang. taková ta věc, věcička, «vyná-

lez", čudlík apod.

gizzard [ˈgizəd] *s* **1** druhý žaludek ptáků **2** předžaludek některých bezobratlovců např. žížal, měkkýšů a ryb

glabrous [ˈgleibrəs] anat., bot. hladký, holý

glaci|al [ˈgleišəl] ledový, ledovcový **–er** [ˈglæsjə] ledovec

glad [ˈglæd] **1** rád, potěšený (*of, at* nad, z) **2** radostný, veselý, potěšující ♦ *I am* ~ *to see you* těší mě, že vás vidím **–den** [-n] potěšit **–ly** [-li] rád, ochotně **–ness** [-nis] radost, veselí **–some** [-səm] radostný, potěšující

glade [ˈgleid] světlina, holina v lese

glamour [ˈglæmə] zvláštní kouzlo, půvab ♦ ~ *girl* krasavice, fotomodelka **–ous** [-rəs] kouzelně krásný

glance [ˈglaːns] *s* **1** rychlý pohyb, záblesk, třpyt **2** letmý pohled (*at into, over* na) ♦ *at a* ~, *at the first* ~ na první pohled ● *v* **1** rychle pohlédnout (*at* na) **2** sklouznout, šikmo se odrazit **3** zářit, třpytit se, lesknout se **4** zběžně projít (*over* co, čím) přehlédnout co **5** ironicky se zmínit **6** podívat se letmo (*at* na) ~ **off, away, aside** odrazit se, odskočit (*from* od), sjet, sklouznout

gland [ˈglænd] **1** žláza **2** tech. těsnicí obal ucpávky **–ers** [-əz] vozhřivka

glar|e [ˈgleə] *s* **1** oslnivý třpyt, lesk, záře **2** upřený, zlobný pohled **3** přesvětlení obrazovky ● *v* **1** oslnivě zářit, třpytit se **2** upřeně zlobně hledět **3** civět (*at, on* na) **–ing** [-rin] **1** oslňující **2** křiklavý, řvavý **3** sršící zlobou

Glasgow [ˈglaːsgəu] Glasgow největší město a přístav ve Skotsku

glasphalt [ˈglæsfoːlt] skleněný asfalt

glass [ˈglaːs] *s* **1** sklo **2** sklenice **3** předmět ze skla: tlakoměr, teploměr, barometr, dalekohled, kukátko, mikroskop, zrcadlo, okenní tabule **4** *pl* **-es** [-iz] brýle ♦ *cut* ~

broušené sklo; *frosted, ground ~* neprůsvitné sklo; *magnifying ~* zvětšovací sklo ● *v* zasklít, lesknout se, odrážet, zrcadlit **~-blower** [-ˌbləuə] foukač skla, sklář **~-cutter** [-ˌkatə], **~-grinder** [-ˌgraində] brusič skla **–ful** [-ful] sklenice čeho míra **–house*** 1 skleník 2 sklárna **–ware** skleněné zboží **–works** sklárna **–y** [-i] 1 sklovitý, skelný 2 hladký jako sklo 3 odhodlaný, energický 4 povrchní

glaucoma [glo:ˈkəumə] med. glaukom, zelený oční zákal

glaz|e [ˈgleiz] *s* glazura, poleva, lesk ● *v* 1 zasklít 2 opatřit glazurou, polít polevou ♦ *-ed paper* lesklý papír; *-ed tile* obkládačka **–ier** [-iə] sklenář **–ing** [-iŋ] poleva, glazura **–y** [-i] glazurovaný, lesklý

gleam [ˈgli:m] *s* 1 třpyt, lesk 2 záblesk ● *v* třpytit se, zářit

glean [ˈgli:n] 1 sbírat klasy, fakta 2 paběrkovat

glee [ˈgli:] 1 hlučné veselí, radost 2 sborový zpěv, sborová píseň bez doprovodu

glen [ˈglen] úzké údolí, rokle, strž

glib [ˈglib] 1 nenucený, ukvapený, planý 2 hladký, líbivý, prázdný (*~ phrases*) 3 jazyk hbitý, mrštný, hladký, výmluvný

glide [ˈglaid] *s* klouzání, klouzavý let, plachtění ● *v* 1 klouzat, klouzavě plynout, běžet, letět 2 plachtit 3 nepozorovaně plynout **–r** [-ə] kluzák, větroň

glimmer [ˈglimə] *s* 1 blikání, záblesk 2 zdání, ponětí ● *v* slabě zářit, mihotat se

glimpse [ˈglimps] *s* 1 záblesk, kmit, třpyt 2 letmý pohled, zběžné zahlédnutí ● *v* letmo zahlédnout

glint [ˈglint] *s* záblesk, třpyt, lesk ● *v* třpytit se, lesknout se

glisten [ˈglisn] lesknout se, třpytit se

glitch [glič] *s* 1 krátkodobá změna v chování, malý technický problém, zádrhel 2 elek. falešný elektronický signál způsobený momentálním zvýšením napětí v elektrické síti 3 astron. náhlá změna doby otáčení neutronové hvězdy

glitter [ˈglitə] *s* třpyt, lesk ● *v* třpytit se

glitzy [ˈglitsi] *a* hovor. okázalý, přemrštěně výstřední

gloat [ˈgləut] pást se očima, myslí (*over, upon* na)

glob [glab] *s* kopeček; kapička, kapénka; skvrna

globe [ˈgləub] 1 koule 2 zeměkoule 3 glóbus **~-flower** [-flauə] bot. úpolín **~-trotter** [-ˌtrotə] světoběžník

gloom [ˈglu:m] *s* 1 tma, temno 2 sklíčenost, smutek, zádumčivost, deprese ● *v* 1 být zasmušilý, zádumčivý 2 obloha mračit se, ztmavět 3 šeřit se, stmívat se **–y** [-i] 1 temný, chmurný 2 sklíčený, trudnomyslný

glorif|ication [glo:rifiˈkeišən] oslavení, oslava, glorifikace **–y** [ˈglo:rifai] oslavovat, velebit

glor|ious [ˈglo:riəs] slavný, nádherný, překrásný, úžasný **–y** [-i] 1 sláva, nádhera 2 pýcha 3 vrchol moci / štěstí 4 svatozář ● *v* 1 jásat (*in* nad) 2 být hrdý (*in* na)

gloss [ˈglos] *s* 1 lesk, lesklý povrch 2 klamné zdání 3 vysvětlivka, poznámka ● *v* 1 vyleštit 2 opatřit poznámkami **–ary** [-əri] glosář **–y** [-i] lesklý, hladký

glott|al [ˈglotl] hlasivkový, glotální **–is** [-is] hlasivková štěrbina

Gloucester [ˈglostə] angl. město

glove [ˈglav] rukavice ♦ *throw* down the ~* vyzvat k boji; *take* up the ~* přijmout vyzvání; *it fits like a ~* padne to jako ulité; *handle without -s* jednat bez obalu; *be hand and ~ with a p.* být s kým jedna ruka

glow [ˈgləu] 1 žár 2 ruměnec 3

šťastný pocit ● *v* **1** sálat **2** žhnout, planout (*with* čím); zrudnout **~-worm** [-wo:m] světluška
glower [ˈglauə] mračit se (*at* na)
gloze [ˈgləuz] přikrášlovat, mírnit, zastírat (*over* co)
glue [ˈglu:] *s* klih ● *v* klížit (se), lepit (se) **-y** [-i] klihovitý, lepkavý
glum [glam] *a* **1** otrávený, jsoucí v depresi **2** zamračený, zachmuřený, zasmušilý
glut [ˈglat] *s* nadbytek, hojnost, přesycení trhu ● *v* (-tt-) přeplnit, přecpat; nasytit se, nacpat se
glutinous [ˈglu:tinəs] klihovitý, lepkavý
glutton [ˈglatn] žrout, nenasyta **-ize** [-aiz] hltat **-ous** [-əs] žravý, nenasytný (*of* čeho) **-y** [-i] žravost, nenasytnost
G-man* [ˈdži:mæn] am. hovor. tajný policista, příslušník, agent FBI
gnar‖led [ˈna:ld], **-ly** [-li] sukovitý, drsný, samorostlý
gnash [ˈnæš] skřípat (*one's teeth* zuby)
gnat [ˈnæt] komár
gnaw [ˈno:] **1** hlodat, hryzat **2** přen. hrýzt, hlodat **3** rozežírat, rozleptávat **-er** [-ə] hlodavec
gneiss [ˈnais] geol. rula
gnome [ˈnəum] **1** skřítek, trpaslík **2** průpověď, gnóma
go*1 [ˈgəu] **1** jít, jet, cestovat **2** odejít, odjet **3** pohybovat se **4** cesta vést **5** mít své místo, dávat se kam, patřit kam **6** melodie znít **7** být běžný, platný, možný; bývat **8** postupovat sam, vyvíjet se **9** dostat jaký obrat, mít jaký výsledek **10** uplynout čas; uniknout, ujít, zmizet; být utracen peníze **11** prasknout, zřítit se **12** dostat se, být přiřknut komu **13** být obsažen (*5 -es into 60 twelve times* 5 je obsaženo v 60 dvanáctkrát) **14** mít rozsah platnosti, sahat kam **15** stát se jen o nežádoucím stavu (~ *mad* zbláznit se, ~ *blind* oslepnout) **16** ~ *about a place* chodit

po **17** pustit se (*about a t.* do čeho) **18** ~ *at a p.* napadnout koho, vzít energicky do ruky **19** zboží prodávat se (*at* po) **20** ~ *behind a t.* ověřit si co **21** řídit se (*by a t.* čím) **22** ~ *for a t.* stát za co (*it -es for nothing* nestojí to za nic, *it -es for little* stojí to za málo); prodávat se za co **23** ~ *for a p.* napadnout koho **24** ~ *into a place* vejít; vstoupit do zaměstnání, armády; navštěvovat společnost, účastnit se **25** ~ *into a t.* oblékat se do čeho **26** ~ *through a t.* projít, projet čím; proniknout čím; prodělat co; probírat co, zkoumat co **27** ~ *towards a t.* přispívat k čemu **28** ~ *upon a t.* opřít se o co **29** ~ *with a p.* jít s kým, souhlasit s kým **30** hodit se (*with a t.* k čemu) **31** ~ *without a t.* být bez čeho; obejít se bez, odříci si co **I am going to...** chystám se, hodlám, zamýšlím...; *he is going to be a doctor* bude lékařem o bud. ději, který se již nyní připravuje ~ **+ -ing** význam. slovesa být stále zejména o nepříjemném stavu: *why do you ~ burning your fingers?* proč si chceš pořád pálit prsty? ◆ ~*!* teď!, začněte!; ~ *it!* jen do toho!, držte se!; *who goes there?* kdo tam? volání hlídky; *the story -es* říká se; *-ing fifteen* v patnácti letech; *a -ing concern* prosperující podnik; *he is gone* odešel, je mrtev; *a week is already gone* již uplynul týden; *it has just gone six* právě odbilo šest; *far gone* pokročilý nemoc; *as times ~* za dnešního stavu věcí; *as far as that -es* co se toho týče; *as the world -es* jak už to ve světě bývá; ~ *to the bottom* klesnout ke dnu; *I'll ~ bail* ručím za to, dám za to krk; ~ *by air* letět; ~ *by the name...* být znám pod jménem...; *the machine -es by steam* stroj se pohání parou; *eggs ~ cheap now* vejce jsou teď levná; ~ *contrary* jednat proti čemu; ~ *far* jít daleko, šířit se, přivést to daleko; ~ *and fetch a t.* jít pro; ~ *in fear of* strachovat se; ~ *free, unpunished* vyváznout (bez trestu); ~ *hot and cold* mít záchvaty horečky n. studu; ~ *hungry* hladovět; ~ *to pieces* rozbít se; ~ *and / to see* jít navštívit; ~ *to the bar, to sea, on the stage* stát se advokátem, námořníkem, hercem; *there -es my hat!* klobouk mi uletěl!; *there -es another pound!* zase jedna libra pryč!; *the book went through ten editions* kniha měla deset vydání; *her hat does not ~ with her dress* klobouk jí nejde k šatům; ~ *with child* čekat rodinu; ~ *slow* nepřetrhnout se; ~ *with the tide* n. *times* plout s proudem, jít s dobou; ~ *halves / shares with a p.* dělit se kým; ~ *wrong* zabloudit, zmýlit se, zkazit se ~ **ahead** postupovat vpřed, dělat pokroky (~*! začni! dělej!*) ~ **along** doprovázet (*with* co, koho) ♦ ~ *along with you!* jdi si po svých! ~ **back** vrátit se ♦ ~ *back on / from one's word* nedodržet slovo ~ **by** jít kolem ~ **down 1** sejít, sjet **2** spadnout, zřítit se; klesnout *ke dnu, v ceně,* po|klesnout *na mysli* **3** sahat až (*to* kam), být připomínán **4** být polknut, *přen.* být přijat **5** hodit se, vyhovovat **6** mít úspěch **7** odejít z koleje / univerzity **8** horšit se, upadat; onemocnět ~ **in 1** vejít **2** pustit se do *toho* **3** věnovat se (*for* čemu), pěstovat *co* **4** podrobit *se* (*for* čemu, *zkoušce*), přihlásit se **5** rozhodně hlasovat (*for* pro co), zastávat *názor* ~ **off 1** odejít **2** jít na odbyt **3** vybuchnout, *puška* spustit, vystřelit, třesknout **4** začít, zahájit **5** vyjet *z koleji* **6** *bolest* utišit se **7** zhoršit se **8** zdařit se, odbýt se *jak* **9** usnout; zemřít ~ **on 1** jet, jít dál **2** pokračovat (*she went on talking* mluvila dále, *he went on with his*

work pokračoval ve své práci) **3** trvat **4** natáhnout, obléci **5** ubíhat *čas* **6** dařit se **7** chovat se *jak* ♦ *he went on to say* pokračoval ~ **out 1** vyjít, vyjet (si) **2** vyhasnout **3** chodit do společnosti **4** stávkovat **5** odejít z domu (*kam*) *do zaměstnání* **6** zastarat, vyjít z módy **7** *am.* povolit, prasknout ~ **over 1** přejít, přeplout, přeletět, překročit **2** být odložen (*until* na) **3** přejít na stranu (*to* čeho), přejít k ~ **round 1** jít okolo, oklikou **2** zajít, zastavit se *na návštěvu* **3** *peníze, potrava* (vy)stačit pro všechny **4** *zpráva* kolovat, obíhat ~ **through** pokračovat dále, dokončit (*with a t. co*), být schválen, uskutečnit se ~ **together** hodit se, jít k sobě, ladit ~ **under 1** podlehnout, udělat úpadek **2** potopit se ~ **up 1** jít nahoru, stoupat *i o cenách, tlakoměru* **2** jet *do hlavního města* **3** vyletět do povětří **4** *brit.* jít na vysokou školu **5** kandidovat (*for* na)

go² [ˈgəu] **1** chod, průběh **2** švih, říz, duch **3** móda **4** příhoda, nadělení **5** pokus **6** *hovor.* úspěch, trhák **7** dávka, porce *jídla* **8** příležitost **9** onemocnění (*of čím*) ♦ *full of* ~ energický; *a pretty* ~ pěkné nadělení; *a rum* ~ podivná příhoda; *have a* ~ *at it* pokuste se o to; *it's the* ~ tak to svět chce; *it's no* ~ nejde to, je to marné; *be on the* ~ být na nohou, mít plno práce

goad [ˈgəud] *s* **1** osten, bodec **2** pobídka ● *v* pohánět (*bodcem*), pobízet

go-ahead [ˈgəuəhed] *a* podnikavý, dravý, energický ● *s* souhlas, povolení

goal [ˈgəul] **1** cíl **2** *sport.* branka, gól **~-keeper** brankář

go-as-you-please [ˌgəuəzjuːˈpliːz] **1** nespoutaný *pravidly*, volný **2** *sport.* volný styl

goat [ˈgəut] **1** *zool.* koza **2** kozinka **3**

am. obětní beránek 4 slang. trouba, pitomec ◆ he-~, billy-~ kozel, she-~, nanny-~ koza; play the ~ dělat ze sebe kašpara –ee [-iː] kozí bradka –ish [-iš], -y [-i] kozí, jako kozel

go-cart v. go-kart

gobble [ˈgobl] **1** hltavě jíst, hlučně polykat **2** hudrovat –dygook [ˌ-diˈguk] úřed. a odb. žargon –r [-ə] **1** hltoun **2** hovor. krocan

go-between [ˈgəubiˈtwiːn] **1** prostředník **2** kuplíř(ka)

goblet [ˈgoblit] pohár, číše

goblin [ˈgoblin] skřítek, šotek

go-by [ˈgəubai] přehlédnutí, ignorování koho

God [ˈgod] Bůh křestanský, ◆ G~ willing dá-li Bůh; G~ forbid Bůh uchovej **g-child*** kmotřenec **g-father** kmotr **g-forsaken** [-fəˈseikn] Bohem opuštěný, zapomenutý, pustý, zastrčený; zanedbaný, zbědovaný **g-less** [-lis] bezbožný **g-ly** [-li] zbožný **g-mother** kmotra **g-speed** [ˌ-ˈspiːd] pozdrav na rozloučenou provázej tě Bůh!

god [ˈgod] bůh pohanský, bůžek –dess [ˈgodis] bohyně

goer [ˈgəuə] **1** chodec **2** běhoun kůň

gofer, go-fer [ˈgoufə] s hovor. poslíček, zaměstnanec, který kromě normálních povinností dělá pochůzky

go-getter [ˌgəuˈgetə] hovor. průbojný člověk, kariérista

goggle [ˈgogl] vyvalovat, třeštit oči ~-box hovor. televize –s [-z] ochranné brýle

go-go [ˈgəugəu] a **1** báječný **2** riskující, spekulující ● s tanec na diskotéce

going [ˈgəuin] s **1** chůze **2** chod, pohyb ● a **1** v chodu, jdoucí **2** dokonalý, prosperující **2** moderní **3** jsoucí, existující ~-s-on [ˌ-zˈon] chování

goitre [ˈgoitə] vole, struma

go-kart [ˈgəukaːt] sport. motokára

gold [ˈgəuld] s **1** zlato **2** zlatová

barva žlutohnědá ● a zlatý –beater [ˈ-ˌbiːtə] zlatotepec –brick **1** cihla zlata **2** slang. bezcenná věc, šunt ~-digger [ˈ-ˌdigə] zlatokop –en [-n] zlatý, pozlacený, zlatavý ◆ ~ age zlatý věk; ~ calf zlaté tele; G~ Fleece zlaté rouno; ~ mean zlatá střední cesta; ~-mouthed výmluvný; ~ wedding zlatá svatba; win* ~ opinions získat si hlubokou úctu ~-fever zlatá horečka ~-field naleziště zlata, zlatonosné pole –finch stehlík ~-foil, ~ leaf* pozlátko, zlatá fólie ~-mine zlatý důl ~-rush zlaté opojení –smith zlatník ~-washing rýžování zlata

golf [ˈgolf] golf ◆ ~ links golfové hřiště ~-club golfová hůl –er [-ə] hráč golfu

golly [ˈgoli] interj hovor. jémine!, jeminánku!, jemináčku!

golosh [gəˈloš] brit. = galosh

gooey [ˈguːi] a hovor. **1** lepkavý, lepivý, mazlavý **2** přesládlý, sentimentální, limonádový, ucintaný

goof [guf] s hovor. **1** trdlo, vejr, šašek **2** hloupá chyba, bota ● v **1** udělat hloupou chybu / botu ~ around **1** ubíjet čas, lelkovat, okounět **2** blbnout; ~ off ubíjet čas, lelkovat ~ up zkazit, zbodat –y a hloupý, pitomý, blbý, potrhlý, praštěný

gonad [ˈgonæd] biol. gonáda

gone [ˈgon] pp od go

gong [ˈgon] s **1** gong **2** slang. metál ● v **1** za-, zvonit **2** řídit gongem provoz

gonorrhoea [ˌgonəˈriə] kapavka

good* [ˈgud] **1** dobrý **2** hodný, laskavý **3** léčivý **4** prospěšný, zdravý **5** úrodný půda **6** spolehlivý, schopný platit **7** platný mince, zákon **8** důkladný, pořádný, spořádaný, náležitý **9** značný, velký ◆ be ~ at být obratný v čem, vynikat, vyznat se v čem; as ~ as téměř, vlastně; in ~ earnest zcela vážně; make* a t. ~ napravit, nahradit co, splnit slib, uskutečnit; dokázat tvrzení; upevnit své postavení; am. *make** ~ osvědčit se; ~ *for nothing* bezcenný; *be* ~ *for a hundred pounds* stát za sto liber; *for* ~ navždy, nadobro; *what is it* ~ *for?* nač to je?; *what* ~ *is it?* k čemu to je dobré?; *be* ~ *for a t.* souhlasit s, být pro co; *a* ~ *deal* hodně; *a* ~ *many* mnozí; *(all) in* ~ *time* (všechno) v pravý čas; ~ *speed* štěstí, úspěch; ~ *turn* oplátka, laskavost; *say* a* ~ *word for* přimluvit se za koho, doporučit koho; *so far so* ~ tak dalece je vše v pořádku; *things are in* ~ *train* věci se vyvíjejí dobře; *take* a t. on* ~ *part* nezazlívat, nemrzet se pro co; *give* a* ~ *beating to a p.* pořádně nařezat komu; ~ *luck!* hodně štěstí!: ~ *man!,* am. ~ *for you!* výborně!; *have a* ~ *mind to do a t.* mít (velkou) chuť udělat co; ~ *sense* zdravý rozum; *G~ Friday* Velký pátek

good² ['gud] **1** dobro, blaho **2** prospěch, zisk ♦ *what is the* ~ *of it?* co to pomůže?; *he is no* ~ není k ničemu; *that's no* ~ *to* nemá smysl; *he is after* n. *up to no* ~ má něco za lubem; *it will do you* ~ to vám prospěje; *to the* ~ k dobru, ušetřený **–s** [-z] pl **1** statky, majetek **2** zboží **3** svršky, domácí nářadí ♦ ~*-train* brit. nákladní vlak

good|-bye [ˌgudˈbai] sbohem **~-for-nothing** [ˈgudfəˌnaθiŋ] budižkničemu **~-humoured** [ˌ-ˈhjuːməd] v dobré náladě **–ish** [-iš] dost dobrý, ucházející **~-looking** hezký **–ly** [-li] **1** hezký, pohledný **2** slušný, značný *částka* **–man* 1** zast. hospodář **2** manžel, domácí pán **~-natured** [ˌ-ˈneičəd] dobromyslný **–ness** [-nis] dobrota, laskavost ♦ *for* ~ *sake!* proboha! **~-tempered** [ˌ-ˈtempəd] veselé nálady, povahově vyrovnaný **–wife*** paní domu, hospodyně **–will** [ˌ-ˈwil] **1** dobrá vůle, přátel-

ství **2** ochota k spolupráci *(*~ *mission)* **3** náklonnost, přízeň ke komu; pověst firmy **4** zákaznictvo *(of a house* firmy*)* **–y** [-i] **1** hovor. dobrotisko **2** pl *-ies* hovor. dobroty, sladkosti **3** zast. tetka, kmotra

goon ['guːn] am. lid. **1** neurvalec, hulvát **2** najatý rváč, provokatér zejm. proti dělnickým organizacím **3** hňup, ťulpas

goose* ['guːs] **1** zool. husa **2** hlupák ♦ *all his geese are swans* dělá z husy labuť; *kill the* ~ *that lays golden eggs* zaškrtit slepici která snáší zlatá vejce **–berry** [guzbəri] angrešt **~-file** husí pochod **~-flesh, ~-skin** husí kůže ze zimy **~-quill** husí brk na psaní **~-step** voj. parádní krok

gore ['goː] s **1** sražená / sedlá krev **2** klín(ek), cvikl v látce **3** sférický trojúhelník, klínovitý pozemek ● *v* **1** vsadit klínek **2** nabrat na rohy

gorge ['goːdž] **1** roklina, strž **2** hrdlo, jícen **3** spolknutá potrava, obsah žaludku **4** předprseň hradby; zadní vchod **5** pevná návnada na ryby ♦ *my* ~ *rises at it* dělá se mi z toho nanic ● *v* polykat, hltat, cpát (se), přecpat (se)

gorgeous ['goːdžəs] nádherný, oslnivý

gorilla [gəˈrilə] **1** gorila **2** am. vojenský potentát

gosh ['goš] kruci!, sakra!

goshawk ['gošoːk] zool. jestřáb

gosling ['gozliŋ] house

gospel ['gospl] evangelium ♦ ~ *oath* přísaha na bibli; ~ *truth,* ~ *true* svatá pravda, pravda pravdoucí

gossamer ['gosəmə] s **1** babí léto **2** tenký gáz ● *a* lehoučký

gossip ['gosip] s **1** povídálek, babská huba **2** klepy, drby, klevety ● *v* povídat si, tlachat, klevetit **–y** [-i] klevetivý

got ['got] pt a pp od *get*

Gothic ['goθik] s **1** gótština **2** goti-

ka • *a* 1 gótský 2 gotický ♦ ~
letter švabach

gotten ['gotn] zast. am. *pp* od get

gouge ['gaudž] *s* 1 žlábkové dláto
2 am. žlábkování, rýhování 3 am.
slang. vydírání, podvod • *v* 1 dla-
bat dlátem 2 vydloubnout 3 am.
napálit

gourd ['guəd] tykev, dýně, turek

gout ['gaut] 1 dna, pakostnice 2
krůpěj, kapka –y [-i] *a* stižený
dnou • *s* přezůvka, sněhule

govern ['gavən] 1 řídit, ovládat 2
panovat, vládnout 3 pojit se s
mluv. pádem –ance [-əns] 1 vláda,
vládnutí 2 vládní moc, autorita
–ess [-is] vychovatelka –ment
[-mənt] 1 vláda státu 2 panování
(*of, over* nad) 3 správa čeho, ve-
dení 4 vládní forma 5 ústavní
právo 6 jaz. shoda ♦ *puppet* ~
loutková vláda –or [-ə] 1 vladař,
panovník 2 místodržitel, guver-
nér 3 velitel pevnosti, posádky 4 ře-
ditel 5 tech. regulátor otáček 6
slang. šéf, starý

gown ['gaun] 1 šaty zvl. dámské 2
župan 3 úřední roucho, talár,
plášť chirurga ♦ *town and* ~ město
(= nestudenti) a univerzita v Oxfordu a
Cambridgi; *cap and* ~ univerzitní u-
niforma –sman* [-zmən] 1 soud-
ce, advokát 2 studující

grab ['græb] *s* 1 shrábnutí, vy-
fouknutí čeho 2 tech. chapadlo ♦
have the ~ *on a p.* mít výhodu
proti komu • *v* (-bb-) 1 shráb-
nout, urvat 2 náhle uchopit,
chňapnout (*at* po) 3 hovor. dopad-
nout, zatknout koho

grace ['greis] *s* 1 milost, přízeň,
odpuštění 2 půvab, gracie, šarm
3 zdvořilost, slušnost 4 laska-
vost 5 modlitba před jídlem, po jídle 6
milost, slitování 7 ozdoba, okra-
sa 8 hud. ozdoba trylek apod. 9 obch.
lhůta z milosti odklad splátky apod. ♦
with a good, bad ~ ochotně,
zdráhavě: *be in a p.'s good* ~ být
v přízni u koho; *act of* ~ skutek

milosti; *say** ~ pomodlit se před a
po jídle • *v* 1 o-, zdobit 2 poctít
(*with* čím), vyznamenat –ful[-ful] 1
půvabný 2 uhlazený, vybraný
–fulness [-fulnis] půvabnost, ele-
gance, šarm –less [-lis] 1 nepů-
vabný 2 neřestný, zkažený, bez-
božný

gracious ['greišəs] 1 milostivý, do-
brotivý, laskavý, vlídný 2 půvab-
ný ♦ *good* ~*!* dobrotivé nebe!
–ness [-nis] 1 půvab 2 laska-
vost, vlídnost

gradat|e [grə'deit] 1 odstupňovat 2
pozvolna odstínit barvy, tóny –ion
[-šən] 1 (od)stupňování, pone-
náhlý postup, gradace 2 pozvol-
né odstínění barev, tónů 3 jaz. ablaut

grad|e ['greid] 1 stupeň, hodnost 2
křížení zvířat 3 svah 4 odstín 5 am.
školní stupeň; pl základní (obecná)
škola 6 am. školní třída, ročník 7
am. škol. známka 8 etapa 9 pra-
covní zařazení, funkce ♦ *on the
down* ~ na nakloněné ploše; *on
the up* ~ stoupající; *make** *the* ~
dosáhnout toho, o co jsme se pokusi-
li • *v* 1 odstupňovat, třídit 2 u-
rovnat terén, zplanýrovat 3 am.
známkovat 4 pozvolna přechá-
zet, odstínit barva 5 křížit zvířata
–ient [-iənt] *s* 1 svah, sklon, spád
2 vzestup n. klesání terénu, teploměru,
ru, barometru • *a* stoupající n. klesa-
jící cesta

gradu|al ['grædžuəl] postupný, po-
zvolný –ate [-ət] *s* 1 graduovaný
absolvent univerzity; am. i absol-
vent střední školy 2 chem. odměrka
se stupnicí ♦ [-eit] *v* 1 dosáh-
nout akademické hodnosti, pro-
movat 2 am. připustit k promoci 3
am. absolvovat, kvalifikovat se
(*as* jako), vyučit se 4 opatřit stup-
nicí, měřítkem 5 dělit na stupně,
(od)stupňovat, odstínit 6 kon-
centrovat roztok ♦ *graduated
measuring-glass* odměrka se
stupnicí –ation [-'eišən] 1 (od)-
stupňování, (roz)dělení na stup-

ně, kalibrování 2 promoce, udělení akademické hodnosti; am. i absolvování, maturita 3 tech. zahuštění, gradování

graft [ˈgraːft] s 1 roub, roubovaný strom 2 med. transplantovaná tkáň, transplantace 3 úplatkářství, korupce; úplatky 4 plná lopata hlíny ● v 1 roubovat (on, in na co), pevně připojit 2 med. transplantovat 3 vštípit, vpravit do hlavy 4 am. brát úplatky, kořistit, dělat lumpárny

grain [ˈgrein] 1 obilí, zrní 2 zrno, zrnko 3 zrnitost 4 vlákno příze, chlup 5 jádro dřeva 6 grán 0,006 gramu 7 povaha, nátura 8 pl mláto 9 povrch ♦ without a ~ of love bez nejmenší stopy lásky; in ~ v jádře, veskrze, ryze; dyed in ~ stálobarevný, stoprocentní; with the ~ po vlasu, po srsti; against the ~ proti srsti ● v 1 zrnit (se) 2 žilkovat, mramorovat **~-side** líc kůže **-y** [-i] zrnitý, drsný

gramma|r [ˈgræmə] mluvnice ♦ ~ school střední škola v Anglii **-rian** [grəˈmeəriən] gramatik **-tical** [grəˈmætikl] mluvnický

gramme, gram [ˈgræm] gram

gramophone [ˈgræməfəun] gramofon

granary [ˈgrænəri] 1 sýpka, obilnice 2 obilná komora o kraji, zásobárna

grand [ˈgrænd] 1 veliký, důležitý 2 hlavní 3 velkolepý, vznešený 4 hovor. skvělý, ohromný, znamenitý ♦ ~ total celkový součet **-child** [-tʃaild] vnouče **-dad** dědeček **-daughter** vnučka **-eur** [ˈgrændʒə] velikost, vznešenost **-father** dědeček **-mother** babička **-parents** pl prarodiče dědeček a babička **-son** [-sən] vnuk

grange [ˈgreindʒ] 1 statek, hospodářství 2 am. zemědělské družstvo 3 zast. špýchar

granite [ˈgrænit] žula

granny [ˈgræni] babička, stařena, bába

grant [ˈgraːnt] s 1 povolení, propůjčení, udělení 2 postoupení, přidělení čeho 3 postoupený pozemek apod. 4 přídavek, podpora, dotace ♦ ~-in-aid přídavek, podpora ● v 1 poskytnout, povolit, propůjčit, udělit 2 vyhovět čemu 3 uznat, připustit ♦ -ing, -ed dejme tomu, připusťme; take* for -ed považovat za samozřejmé, předpokládat

granul|ar [ˈgrænjulə] zrnitý **-ate** [-leit] zrnit (se) **-ated** [-leitid] zrnitý papír, sklo **-ation** [ˌ-ˈleiʃən] zrnění **-e** [ˈgrænjuːl] zrníčko **-ous** [-əs] zrnitý

grape [ˈgreip] zrnko vína ♦ a bunch of -s hrozen; sour -s kyselé hrozny i přen. **~-fruit** grapefruit, grep ovoce **~-shot** kartáčová střela **~-sugar** [ˈ-ˌʃugə] hroznový cukr **~-vine** 1 vinná réva 2 šeptanda

graph [ˈgræf] s graf, diagram ● v vyznačit grafem **-ic(al)** [-ik(l)] 1 grafický 2 názorný, živě líčený 3 nápadný, křiklavý **-ing** [-iŋ] sestavování grafů

grapnel [ˈgræpnəl] víceramenná kotva; hist. hákovací kotvice

grapple [ˈgræpl] s 1 lodní hák 2 hmat, sevření v zápase 3 rvačka ● v 1 zaháknout 2 pevně se chytit 3 pustit se do rvačky s kým 4 tápat (about po) 5 hledat (for co)

grasp [ˈgraːsp] s 1 pevné uchopení, sevření 2 chápavost, ovládání předmětu 3 dosah ♦ it is beyond my ~ 1 je to nad mé možnosti, není to v mé moci 2 přesahuje to moje chápání; it is within my ~ 1 je to v mých možnostech 2 mohu to docela dobře pochopit; have a t. / p. within one's ~ mít co / koho na dosah ruky ● v 1 pevně uchopit (at co) 2 pochopit, porozumět čemu 3 dychtivě sáhnout (at / for po) ♦ ~ the nettle popadnout býka za rohy pustit se do něčeho odvážně **-ing** [-iŋ] lakotný, chamtivý

grass ['gra:s] s **1** tráva **2** trávník **3** pastvina **4** elektr. elektrický šum **5** marihuana ♦ *out at* ~ na pastvě, nezaměstnaný, na dovolené; *send* to* ~ vyhnat na pastvu, srazit k zemi; *go* to* ~ jít se pást, být sražen k zemi ● *v* **1** osít trávou **2** bělit prádlo na trávníku **3** srazit koho k zemi **4** vytáhnout rybu na břeh; sestřelit ptáka **5** slang. prásknout, udat koho **–hopper** [-ˌhopə] kobylka luční **–land** lučiny, pastviny **~-plot** trávník **~ widow(er)** [-ˈwidəu(ə)] slaměná vdova (vdovec) **–y** [-i] travnatý

grate [greit] s mřížka krbu, rošt; přen. krb ● *v* **1** zamřížovat **2** opatřit roštem **3** strouhat, rozetřít **4** skřípat (*one's teeth* zuby) **5** vrzat, skřípat dveře **6** drásat, dráždit sluch, nervy **–r** [-ə] struhadlo, škrabátko, rašple

grateful ['greitful] **1** vděčný **2** příjemný věc **–ness** [-nis] **1** vděčnost **2** příjemnost

gratif|ication [ˌgrætifiˈkeišən] **1** uspokojení, potěšení; ukojení vášně, požitek **2** odměna, dar **3** spropitné, úplatek **–y** ['grætifai] **1** uspokojit, potěšit, vyhovět přání **2** odměnit **3** podplatit ♦ *-ing* potěšitelný, radostný

grating ['greitiŋ] s mřížoví, mřížka ● *a* skřípavý, pronikavý, drásavý

gratis ['greitis] zdarma

gratitude ['grætitju:d] vděčnost

gratuit|ous [grəˈtju:itəs] **1** dobrovolný, bezplatný, poskytovaný zdarma **2** nezasloužený, bezdůvodný, svévolný urážka, lež **–y** [-i] **1** spropitné **2** odměna, prémie

grave[1] ['greiv] **1** vážný, seriózní, slavnostní **2** [gra:v] přízvuk těžký, tón hluboký **3** barva tlumený

grave[2] ['greiv] s hrob ● *v* **1** zast. pohřbít **2** vrýt, vštípit (*on, in mind* do mysli) **~-clothes** [-kləuðz] pl rubáš **~-digger** [-ˌdigə] hrobník **–r** [-ə] rydlo **–stone** náhrobní ká-

men **~-yard** [-ja:d] hřbitov

gravel ['grævl] s **1** štěrk **2** med. ledvinové / močové kamínky ● *v* (*-ll-*) **1** štěrkovat **2** uvést do rozpaků **–ly** [-i] štěrkovitý

gravit|ate ['græviteit] obíhat, tíhnout (*to*(*wards*) k), být přitahován (*towards* k čemu), stále se vracet k **–ation** [ˌ-ˈteišən] gravitace, přitažlivost; přen. tíhnutí **–y** [-ti] **1** důležitost, závažnost **2** přitažlivost, tíže **3** slavnostní ráz, vážnost ♦ *specific* ~ měrná tíha; *centre of* ~ těžiště; *force of* ~ přitažlivost

gravy ['greivi] šťáva z masa, omáčka

gray ['grei] am. = **grey –ling** zool. lipan ryba

graze[1] [greiz] s škrábnutí ● *v* **1** škrábnout (se), lehce se dotknout **2** lehce odřít

graz|e[2] ['greiz] pást (se) **–ier** [-iə] chovatel dobytka **–ing** [-iŋ] pastva, pastvina

greas|e ['gri:s] **1** sádlo, mastnota, tuk **2** mazadlo, kolomaz ● *v* ['gri:z] **1** namazat, promazat **2** podmazat koho, podplatit **–er** [-zə] **1** lodní strojník **2** mazanice **–y** [-zi] **1** mastný, umaštěný **2** kluzký, oplzlý

great ['greit] **1** velký **2** vysoký věk **3** důležitý, významný **4** mocný, slavný, skvělý, nádherný **5** šlechetný, velkomyslný ♦ *no* ~ *matter* nic důležitého; ~ *looks* hrdý pohled; *be* ~ *at* vynikat čím, v čem; *a* ~ *deal, a* ~ *many* velmi mnoho; *G~ Powers* velmoci; *G~ Britain* Velká Británie **–coat** [-kəut] zimník **~-grand(child*, father** etc.**)** pra(vnuk, -děd atd.) **–ly** [-li] velice, značně **2** vznešeně **–ness** [-nis] velikost

Grecian ['gri:šən] řecký ♦ ~ *knot* řecký uzel v týle, účes; ~ *nose* řecký nos

Gree|ce [gri:s] Řecko **–k** ['gri:k] s **1** Řek **2** řečtina ● *a* řecký ♦ ~ *gift* danajský dar; *it is all* ~ *to me* je to pro mne španělská vesnice

greed [ˈgriːd], **–iness** [-inis] hltavost, lakota, chtivost, hrabivost **–y** [-i] lačný (of, for čeho), chamtivý, hrabivý

green [ˈgriːn] s 1 zeleň; vegetace 2 trávník, pažit; vesnická náves; travnaté hřiště 3 pl -s zelenina 4 mládí, síla, průbojnost ● a 1 zelený 2 svěží, nový 3 nezkušený, nevyzrálý 4 chorobný 5 závistivý 6 čerstvý, nazahojený ♦ **~-eyed** žárlivý; **~food** 1 zelená píce 2 zelenina; **~** goose* mladá husička; **~** light zelená v dopravě, též přen. vhodná příležitost ● v 1 zazelenat se 2 barvit na zeleno **–er** [-ə] slang. zelenáč **–ery** [-əri] zeleň, vegetace **–fly** mšice **–gage** [-geidž] ryngle **–grocer** [ˈ-ˌgrəusə] zelinář **–horn** nezkušený nováček, zelenáč **–house*** skleník **–ish** [-iš] nazelenalý **G-land** Grónsko **–ness** [-nis] 1 zeleň, svěžest 2 nezkušenost **~-room** společenská místnost, hovorna herců **–sickness** [-siknis] bledinička **–wood** [-wud]zelený les, listnatý les v létě

Greenwich [ˈgrinidž] Greenwich obec na okraji Londýna, kudy prochází nultý poledník

greet [ˈgriːt] pozdravit, přivítat **–ing** [-iŋ] pozdrav

Gregory [ˈgregəri] Řehoř

grenad|e [griˈneid] granát **–ine** [ˈgrenədin] 1 špikované frikandó v rosolu 2 hedvábná látka 3 sirup z granátových jablek

grew [ˈgruː] pt od grow

grey [ˈgrei] s 1 šeď 2 kalné světlo dne 3 šedobílý kůň 4 fádní člověk, anonym ● a 1 šedý, šedivý 2 nebílený prádlo 3 ponurý, šerý 4 fádní, anonymní ♦ **~** matter šedá hmota mozková ● v zešednout **–beard** 1 stařec 2 hliněný džbán 3 bot. vousy sv. Ivana **–hound** chrt **–ish** [-iš] našedlý, prošedivělý **–lag, -goose*** divoká husa

grid [ˈgrid] 1 rozvodná síť, elek-

trická / železniční síť 2 mříž, mřížka; rošt ♦ **~** tension / voltage napětí rozvodné sítě

griddle [ˈgridl] s plochá pánev na rožnění, lívanečník ● v péci na ploché pánvi, rožnit **~-cake** lívanec, placka

gride [ˈgraid] s skřípot ● v skřípat

gridiron [ˈgridaiən] 1 gril, rošt, pánev 2 soustava podpěr, zařízení na spouštění kulis apod. 3 roštové kyvadlo 4 rozvinutí námořní formace 5 am. železniční apod. síť 6 am. fotbalové hřiště

grie|f [ˈgriːf] zármutek, hoře, žal **–vance** [-vəns] stížnost, rozhořčení, zlost **–ve** [-v]1 způsobit zármutek / žal / bol 2 rmoutit (se), trápit (se) **–vous** [-vəs] 1 bolestný, bolestivý 2 zlý, mrzký 3 žalostný, ubohý

grill(e) [ˈgril] mřížoví, mříž

grill [ˈgril] s 1 rošt na opékání, rožeň 2 = **~** -room 3 grilovaný pokrm ● v 1 opékat na rožni 2 slang. vzít ná skřipec, podrobit křížovému výslechu **~-room** gril jídelna / restaurace, v níž se podávají minutky

grim [ˈgrim] (-mm-) 1 ponurý, pochmurný, odpuzující, příšerný 2 nelítostný, krutý ♦ old Mr G~ zubatá s kosou; hold* on like **~** death držet se zuby nehty; **~** humour šibeniční humor

grimace [griˈmeis] s 1 grimasa, úšklebek 2 přetvářka ● v dělat grimasy

grim|e [ˈgraim] s zažraná špína ● v ušpinit, zamazat **–y** [-i] špinavý, umazaný

grin [ˈgrin] s úšklebek, vycenění zubů ● v (-nn-) šklebit se, cenit zuby (at nač) ♦ **~** and bear it snést to klidně

grind [ˈgraind] s 1 drcení, mletí; broušení 2 brit. zdravotní procházka 3 am. dříč, šprt 4 namáhavý závod 5 am. slang. kroucení zadkem při tanci ● v 1 rozmělnit (se)mlít, rozemlít 2 (na)brousit 3

~ *down* mučit, utlačovat **4** dřít studovat **5** rozdrtit **6** vyrábět jako na běžícím pásu ♦ ~ *one's teeth* skřípět zuby **–er** [-ə] **1** brusič **2** stolička zub **3** brit. stud. slang nalejvák **4** drtič, stoupa **–ery** [-əri] **1** brit. obuvnické potřeby **2** brusírna **–stone** brus

gringo [ˈgriŋgəu] gringo bílý cizinec v Latinské Americe

grip [ˈgrip] **1** sevření, stisk, hmat, chvat **2** panství (*of* nad) **3** ovládání čeho **4** rukojeť, držadlo, svěradlo, upínadlo **5** pochopení (*of* čeho), porozumění čemu ♦ *come* to -*s* dojít ke rvačce; *in the* ~ *of fever* ve spárech horečky; *get* a *good* ~ pevně uchopit (*on* co); *have a good* ~ **1** dobře chápat (*of* co) **2** plně zaujmout (*on* koho) ● *v* (-*pp*-) **1** pevně uchopit, sevřít **2** upoutat pozornost ~**-brake** klešťová brzda

gripe [ˈgraip] *s* **1** pl -*s* kolika, svírání **2** rukojeť **3** remcání, nadávání **4** zast. sevření, stisk ● *v* **1** sevřít, uchopit **2** podráždit, naštvat **3** vnitřnosti svírat, mít koliku **4** hlad trápit

grisly [ˈgrizli] odporný, hrozný, strašlivý

grist [ˈgrist] **1** melivo **2** am. dávka, snůška ♦ *it brings* ~ *to the mill* vynáší to; *that is* ~ *to his mill* to je voda na jeho mlýn

gristl|e [ˈgrisl] chrupavka **–y** [-i] chrupavčitý

grit [ˈgrit] **1** štěrk, hrubý písek **2** hrubozrný pískovec **3** zrnitost kamene **4** hovor. pevná povaha, charakter, vytrvalost, elán **5** pl -*s* krupky, krupice; odpad při broušení; drobný štěrk ● *v* (-*tt*-) skřípat, vrzat; posypat hrubým pískem

grizzl|e [ˈgrizl] **1** fňukat **2** runcat, naříkat si (*about* na) **3** šedivět **–ed** [-d] našedlý, prošedivělý **–y** [-i] *s* medvěd severoamerický ● *a* našedlý, prošedivělý

groan [ˈgrəun] *s* (po)vzdech, sten ●

v **1** sténat, vzdychat **2** toužit (*for* po)

groat [ˈgrəut] haléř, vindra ♦ *it is not worth a* ~ nestojí to ani za zlámanout greši; *I don't care a* ~ nestojím o to ani trochu

groats [ˈgrəuts] pl ovesné krupky

grocer [ˈgrəusə] obchodník potravinami **–y** [-i] obchod potravinami, koloniál

grog [ˈgrog] *s* grog ● *v* (-*gg*-) pít grog **–gy** [-i] **1** nachmelený **2** vrávoravý, klopýtavý o koni **3** otřesený

groin [ˈgroin] **1** slabina, tříslo **2** genitálie, hl. varlata **3** stav. žebro klenby

groom [ˈgru:m] *s* **1** čeledín, pacholek **2** páže **3** ženich ♦ **–sman*** mládenec na svatbě ● *v* **1** obsluhovat, hřebelcovat koně **2** am. připravit se ke kandidatuře na úřad **3** hezky (se) upravit, dát (se) do pořádku; vypulírovat, vytříbit

groove [ˈgru:v] *s* **1** rýha, žlábek, drážka **2** vyjetá kolej **3** zvyk ● *v* (vy)žlábkovat ♦ -*d cardboard* vlnitá lepenka

grope [ˈgrəup] **1** tápat, hmatat (*for, after* po čem) **2** ohmat(áv)at

gross [ˈgrəus] *s* **1** celek, celková částka, celkový kapitál **2** veletucet ● *a* **1** tlustý, otylý **2** hrubý **3** sprostý **4** přibližný, všeobecný **5** bujný, hustý **6** neprůhledný **7** necitlivý, otupělý **8** očividný **9** plný cena, celkový, brutto (váha) **–ness** [-nis] **1** hrubost, sprostota, neotesanost, oplzlost **2** tloušťka, otylost **3** neomluvitelnost **4** otupělost **5** bujnost vegetace **6** hustota mlhy **7** tělesnost, smyslnost **8** nechápavost

grotesque [grəuˈtesk] *s* groteska ● *a* groteskní, absurdní

grotto [ˈgrotəu] jeskyně, sluj zvl. umělá

grouch [ˈgrauč] *v* bručet, brblat, stěžovat si, reptat, nadávat ● *s* **1** nabručenost, mrzutá nálada **2** stížnost, nevole **3** bručoun, ~rzout **–y** [ˈɡrauči] a nabručený, mrzutý, nevrlý, mrzoutský, rozmrzelý

ground¹ [ˈɡraund] pt a pp od grind

ground² [ˈɡraund] s 1 půda, země, terén 2 dno 3 základní barva; podklad 4 základna, báze 5 zbytky, usazenina kávová 6 důvod, příčina, motiv 7 místo, území 8 pozemek, pole; pl -s polnosti 9 elektr. uzemnění 10 hřiště 11 pl -s park(y)* ♦ on public -s z veřejných důvodů; on the ~ of z důvodu, protože; gain ~ nabývat vliv; lose* ~ ztrácet vliv; hold* / keep* / maintain / stand* one's ~ neustoupit, stát na svém; give* ~ ustoupit; fall* to the ~ padnout, nezdařit se; forbidden ~ zakázaný předmět; ~ personnel, ~ crew pozemní personál; landing ~ letištní plocha; ~ defence pozemní obrana; above ~ nadzemní, živý ● a zool. pozemní pták, žijící v doupěti zvíře; bot. zakrslý, plazivý rostlina ● v 1 položit na zem 2 vyučovat základům (to be well -ed in mít dobré základy v), obeznámit s 3 založit (on na čem) 4 dát základní nátěr, podmalovat 5 vytáhnout loď na břeh, zahnat na mělčinu; be -ed ztroskotat 6 elektr. uzemnit 7 stáhnout k zemi, složit na zem 8 zakázat start, diskvalifikovat ~ **floor** [-floː] přízemí ♦ get* in on the ~ stát se plnoprávným členem akciové společnosti ~ **glass** fot. matnice **–ing** [-iŋ] vyučování základům, základy **–less** [-lis] bezdůvodný **–ling** [-liŋ] 1 grundle, mřenka ryba 2 návštěvník přízemí divadla 3 člověk bez vkusu **~–nut** podzemnice olejná **~–plan** půdorysný plán **~–plot** stavební parcela **~–rent** nájemné z pozemku **~–water** podzemní voda, spodní voda při stavbě **~–work** 1 základy i přen. 2 podklad 3 zemní práce

group [ɡruːp] s 1 skupina 2 eskadra letadel 3 mat. grupa ♦ ~ captain kapitán letectva ● v seskupit (se), (u)tvořit skupinu

grove [ɡrəuv] háj, lesík

grovel [ˈɡrovl] (-ll-) plazit se před, lízat paty komu **–ler** [-ə] patolízal

grow* [ɡrəu] 1 růst 2 přibývat, přibrat 3 stát se (~ dark stmívat se, ~ old zestárnout, ~ well uzdravit se, ~ worse zhoršit se) 4 pěstovat rostliny 5 nechat si narůst plnovous 6 ~ into one / together srůst 7 ~ upon a p. vejít komu do krve, stát se zvykem ♦ ~ into (out of) fashion přijít do (vyjít z) módy; -ing weather příznivé počasí ~ **on** pěstovat rostliny ~ **out** of use vyjít z obyčeje, ~ of one's clothes vyrůst ze šatů ~ **over** zarůst ~ **together** srůst ~ **up** vy-, do|růstat, dospívat **–er** [-ə] 1 pěstitel 2 pěstitelská rostlina **–n** [-n] dospělý, vzrostlý **–n-up**, pl -n-ups dospělý člověk

growl [ɡraul] s za-, bručení, za-, vrčení ● v za-, bručet, za-, vrčet **–er** [-ə] 1 bručoun 2 zast. hovor. drožka

grown [ɡrəun] pp od grow

growth [ɡrəuθ] 1 vzrůst, růst 2 porost, vegetace 3 plodina, plod; výrobek 4 nádor, výrůstek 5 produkce, výroba, pěstování, původ 6 výsledek, důsledek

grub [ɡrab] s 1 larva, ponrava, červ 2 nevychovanec, umouněnec 3 hovor. jídlo, bašta, žrádlo ● v (-bb-) 1 hrabat, slídit (for po čem) 2 vyplet, vyhrabat (~ up) 3 lopotit se (~ away) 4 hovor. jíst, baštit, žrát -by [-i] špinavý, umouněný

grudge [ɡradž] s nevole, zášť ● v 1 nepřát 2 skrblit čím 3 nerad dávat, zdráhat se povolit **–ingly** [-iŋli] nerad, zdráhavě, váhavě

gruel [ɡruəl] s ovesná kaše have / get* / take* one's ~ dostat svůj díl; give* a p. his ~ potrestat, zbít, potřít koho ● v (-ll-) vyčerpat, zničit, potřít koho

gruesome ['gru:səm] příšerný

gruff ['graf] nevrlý, mrzutý; hrubý, drsný hlas **-ness** [-nis] mrzutost, drsnost

grumble ['grambl] **1** vrčet, bručet, reptat (*at, about* nač) **2** rachotit hrom **-r** [-ə] bručoun, reptal, kverulant

grumpy ['grampi] nabručený, nevrlý

grungy ['grandži] *a* slang. ubohý stav prošlapaný, opotřebovaný, vybydlený, zaneřáděný, zašlý

grunt ['grant] **1** (za)chrochtání ● v (za)chrochtat; reptat, remcat

guarant|ee ['gærən'ti:] *s* **1** záruka **2** ručitel, garant **3** rukojmí ● v **1** ručit (*for* za koho) **2** zajistit, (o)chránit (*against* proti) **-or** [ˌgærənˌto:] ručitel za dluh; rukojmí **-y** [gærenti] ručení, záruka; ručitel

guard ['ga:d] *s* **1** obrana, ochrana **2** stráž, hlídka **3** garda, tělesná stráž **4** průvodčí brit. jen vlaku **5** hlídač, strážné mužstvo **6** střeh **7** ochranné zařízení ♦ *advanced* (*rear*) ~ přední (zadní) hlídka; *be on* ~, *keep** ~ být na stráži; *mount* ~ jít na stráž; *relieve* ~ vystřídat stráž; *put** *a p. on his* ~ varovat koho; *off one's* ~ neobezřelý ● v **1** střežit, chránit (*from, against* před), hlídat **2** držet se zpátky, dávat si pozor **3** ovládat, kontrolovat ♦ *-ed language* opatrná řeč **--boat** strážný člun **--chain** řetízek k hodinkám, šperku **-ed** [-id] obezřelý, opatrný **--house** strážnice, vězení **-ian** [-ən] **1** strážce, dozorce, hlídač **2** poručník, opatrovník **-ianship** [-ənšip] poručnictví, ochrana **--rail** ochranné zábradlí **-room** strážnice **-ship** = *guardianship* poručnictví, ochrana **-sman*** [-zmən] gardista

gudgeon ['gadžən] **1** zool. řízek ryba

2 ťulpas, ťululum **3** tech. čep

guerrilla [gə'rilə] **1** ~ (*war*) partyzánská válka **2** partyzán

guess ['ges] **1** hádání, hrubý odhad **2** tušení ● v **1** hádat (též s *at: guess (at) the result*), odhadovat **2** tušit ♦ am. *I* ~ myslím, jsem si jist **-ingly** [-iŋli] odhadem, od oka **-work** hádání, dohady

guest ['gest] host ♦ *paying* ~ platící host v soukromé domácnosti **--chamber** pokoj pro hosty **--house*** penzión

guffaw [ga'fo:] *s* řehot, chechtot ● v (roz)řehtat se

Guiana [gai'ænə] Guyana

guida|ble ['gaidəbl] řiditelný **-nce** [-ns] vedení; řízení, dozor; poradenství

guide ['gaid] *s* **1** vůdce, průvodce též kniha **2** vodítko ● v **1** vodit, provázet, být průvodcem **2** řídit ♦ *-d missiles* zbraně řízené na dálku **-board** návěstí **--book** [-buk] průvodce kniha (*to London* Londýnem) **--post** [-pəust] ukazatel směru; přen. vodítko, charakteristický znak

guild [gild] spole|k, -čenstvo, bratrstvo ♦ *the G~ Hall* londýnská radnice

guile ['gail] lstivost, podlost **-ful** [-fl] podlý, úskočný **-less** [-lis] bezelstný, nevinný, naivní

guilt ['gilt] vina, pocit viny **-less** [-lis] **1** nevinný (*of* čím) **2** neznalý, neobeznámený s čím **-y** [-i] **1** vinný (*of* čím) **2** provinilý ♦ *find* a p.* ~ uznat koho vinným; *plead* ~ přiznat se k vině; *plead not* ~ nepřiznat se k vině

Guinea ['gini] Guinea

guinea ['gini] hist. guinea stará anglická zlatá mince v hodnotě 21 šilinků **--fowl**, **--hen** perlička drůbež **--pig 1** zool. morče **2** pokusná osoba v lékařství, přen. pokusný králík

guise ['gaiz] **1** vzezření **2** ústroj **3** maska, přestrojení **4** záminka ♦ *under the* ~ *of* pod záminkou guitar [gi¹ta:] kytara

gulf [¹galf] s 1 záliv, zátoka 2 jícen, propast 3 vír ♦ G~ Stream Gofský proud ● v pohltit

gull [¹gal] s 1 zool. racek 2 ťululum, ťulpas ● v 1 podvést, oklamat 2 svest (into k čemu) –ible [¹galəbl] a lehkověrný, důvěřivý, naivní

gullet [¹galit] 1 hltan, jícen, chřtán 2 rokle, strž 3 zubova drážka pily 4 stav. pomocný výkop

gully [¹gali] 1 rokle, průrva 2 odtok, kanál; odpad 3 velký řeznický nůž

gulp [¹galp] s doušek, polknutí ♦ at a ~ jedním douškem ● v spolknout (obyč. ~ down) též slzy, vztek

gum [¹gam] s 1 dáseň 2 guma (chewing ~ žvýkačka) 3 klovatina, lep 4 oční sliz 5 apretování, apretura textilie ♦ ~ arabic arabska guma ● v (-mm-) 1 klovatinou natřít / slepit (~ down, together, up) 2 vylučovat klovatinu; lepit se –my [-i] 1 lepkavý, gumovitý 2 oteklý kotník ~-tree gumovník

gumption [¹gampšən] hovor. vynalézavost, podnikavost, chytrost, elán, kuráž

gun [¹gan] 1 střelná zbraň, puška 2 dělo 3 am. pistole, revolver 4 rozprašovač s jedem proti hmyzu ♦ big, great ~ velké «zvíře», «kanón»; stick* / stand* to one's -s pevně vytrvat, uhájit své místo; son of a ~ všivák ● v (-nn-) 1 vyzbrojit dělem / děly 2 střílet puškou 3 šlápnout na plyn motoru 4 zastřelit 5 prozkoumat 6 am. ~ for a p. hnát se za kým ~-barrel hlaveň ~-boat dělový člun ♦ ~ diplomacy diplomacie dělových člunů ~-carriage lafeta děla ~-cotton střelná bavlna ~-man* 1 ozbrojený civilista, střelec 2 am. pistolník, zabiják –ner [-ə] dělostřelec, střelec –powder střelný prach ♦ he has not invented ~ nemá shůry dáno; ~ plot spiknutí z 5. list. 1605 v Londýně, které vedl Guy Fawkes –shot

1 výstřel 2 dostřel ~-stock pažba

gurgle [¹gə:gl] s bublání ● v bublat, zurčet

gush [¹gaš] s proud, výron, výlev slz, slov ● v 1 (vy)řinout se, (vy)razit proudem (~ out, forth) 2 překypovat o citech, ronit 3 rozplývat se dojetím

gusset [¹gasit] 1 klínek, cvikl v látce 2 výztužný ocelový plech

gust [¹gast] 1 prudký závan, náraz větru 2 záplava kouře, deště 3 výbuch vášně, nálady ♦ ~ wind nárazový vítr –y [-i] nárazový, prudký, bouřlivý

gut [¹gat] s 1 střevo (blind ~ slepé střevo) 2 pl vnitřnosti 3 vulg. pl panděro, břicho, přen. žravost 4 úzký průchod, úžina; úzká ulička 5 pl lid. kuráž ● v (-tt-) 1 vykuchat 2 vyloupit, vyrabovat 3 zničit, zpustošit vnitřek něčeho, o požáru 4 pořídit výtah, excerpovat

gutter [¹gatə] s 1 okap 2 stoka 3 žlábek, rýha 4 kanálová stružka, rigol, přen. ulice ● v 1 (vy)žlábkovat 2 proudit, řinout se 3 kapat o svíčce, kanout ~-bred vyrostlý na ulici ~-press senzační plátek

Guy [¹gai] Vít

guy [¹gai] s 1 lano, řetěz 2 hastroš, strašák 3 hovor. člověk, chlap ● v 1 tropit si žerty 2 parodovat

guzzle [¹gazl] 1 žrát, chlastat 2 prožrat, prochlastat peníze

gym [¹džim], –nasium [džim¹neizjəm] tělocvična ~-nast [-næst] cvičenec, gymnasta –nastic [džim¹næstik] gymnastický, tělocvičný –nastics [džim¹næstiks] gymnastika ~ squad, ~ team družstvo gymnastů

gynaecolog|ical [͵gainikə¹lodžikl] gynekologický –ist [͵-¹kolədžist] gynekolog, ženský lékař –y [͵-¹koladži] gynekologie, ženské lékařství

gypsum [¹džipsəm] sádra

gypsy [¹džipsi] = gipsy

gyrat|e [¹džaiərit] a bot. vinoucí se,

úponkovitý, otáčivý ● v [ˌdžaiˈreit] kroužit, otáčet se **-ion** [ˌdžaiə-ˈreišn] kroužení, otáčení **-ory** [džaiərətəri] krouživý, otáčivý; doprava okružní

gyro|graph [ˈdžaiərəugraːf] přístroj zaznamenávající kroužení **-compass** [-kampəs] gyrokopický kompas **-plane** gyroplán, autogyra, vírník **-scope** gyroskop, volný setrvačník

H

H, h [ˈeič] *s* písmeno h
ha [ˈhaː] *interj* ha! cha!
haberdasher [ˈhæbədæšə] obchodník galanterním zbožím **-y** [-ri] galantérie
habiliments [həˈbilimənts] oděv i žert. roucho úřední
habilitate [həˈbiliteit] **1** am. vybavit pro práci **2** financovat dùl **3** odít **4** habilitovat se na univerzitě
habit [ˈhæbit] **1** zvyk, obyčej **2** duševní dispozice (*of mind*) **3** tělesná konstituce, habitus **4** bot., zool. růst **5** hábit ◆ *be in the ~ of doing* dělávat, mít ve zvyku něco dělat ● *v* **1** obléci, vystrojit **2** zast. obývat **-able** [-əbl] obyvatelný **-at** [-æt] **1** biol. lokalita **2** naleziště **-ation** [ˌhæbiˈteišən] **1** bydlení, obývání **2** bydliště **-ual** [həˈbitjuəl] **1** obyklý **2** navyklý ◆ *a ~ drunkard* notorický piják **-uate** [həˈbitjueit] zvyknout (*to* na) **-ude** [ˈhæbitjuːd] návyk; zvyk
hack [ˈhæk] *s* **1** zaseknout, udělat zářez **2** rozsekat na kousky **3** hákovat, obracet zem, přeorávat **4** kopnout do holeně při ragby **5** pokašlávat **6** často používat **7** pronajmout **8** jet, jezdit na koni **9** zkomolit ● *s* **1** krumpáč, motyka **2** koktání, zadrhování **3** pokašlávání **4** ragby kopnutí do holeně **5** nájemní kůň / drožka, přen. nádeník
hackle [ˈhækl] *s* **1** drhlen, vochlice

2 peří na krku kohouta ◆ *with his -s up* načepýřený ● *v* **1** vochlovat **2** rozsekat
hackney [ˈhækni] **1** jízdní / tažný kůň **2** námezdník **3** am. drožka (*~-coach*), taxík **-ed** [ˈhæknid] otřepaný, všední, banální
hack-saw [ˈhæksoː] pilka na kov
had [ˈhæd, ˈhəd] *pt, pp* od *have*
haddock [ˈhædək] zool. treska
haemal [ˈhiːməl] med.**1** krevní, cévní **2** ventrální
haemorrhage, hem- [ˈheməridž] krvácení
haft [ˈhaːft] rukojeť, držadlo
hag [ˈhæg] čarodějnice, babizna ◆ *~ ridden* trápení noční můrou
haggard [ˈhægəd] *a* **1** divokého vzhledu; vychrtlý **2** divoký, nezkrotný ● *s* neochočený sokol
haggis [ˈhægis] skot. skopová tlačenka s ovesnou moukou, jí se horká
haggle [ˈhægl] **1** handrkovat se, smlouvat **2** (o)sekat, (o)pižlat
Hague [ˈheig], *The ~* Haag
hail¹ [ˈheil] *s* krupobití, kroupy ● *v* **1** *it -s* padají kroupy **2** prudce lít, pršet **--stones** kroupy **--storm** krupobití
hail² [ˈheil] *v* **1** po-, zdravit **2** přivolat **3** pocházet (*from* z) ● *s* **1** pozdrav **2** zavolání ● *interj* ať žije!, zdar!, sláva! ◆ *H~ Mary* Zdrávas, Maria
hair [ˈheə] vlas(y), chlup(y), vous, srst, žíně ◆ *against the ~* proti srsti; *comb a p.'s ~ for him* přísně vyplísnit koho; *keep your ~ on!* nerozčiluj se!; *lose* one's ~* oplešatět; *let* down ~* rozpustit vlasy; *make* a p.'s ~ stand on end* způsobit, že někomu vstávají vlasy hrůzou; *not turn a ~* ani brvou nehnout **--breadth** [-bredθ] šířka vlasu (*~ escape* únik o vlásek) **--brush** [-braš] kartáč na vlasy **--cloth** žíněná látka **--cut** ostříhání vlasů, styl účesu **--do** [-duː] účes **--dresser** [-ˌ] kadeřník, -nice **-less** bezvlasý **--line** vlasec;

vlasová čárka **~~-pin** vlásnička
~~-shirt žíněná košile **~~-splitter**
[ˈ-ˌ] puntičkář **~~-spring** vlasové
pero v hodinkách **~~-stroke** vlasový
tah při psaní, tisku **-y** [-ri] vlasatý,
chlupatý
halberd, -rt [ˈhælbəd -t] halapartna
-ier [ˌhælbəˈdiə] halapartník
halcyon [ˈhælsiən] s zool. ledňáček
● a pokojný, klidný (~ days po-
kojné dny)
hale [ˈheil] zdravý, statný
half* [ˈhaːf] s 1 polovina 2 pololetí,
semestr, pololetí 3 sport. half, zá-
ložník ♦ ~ and ~ napůl; ~ pay
snížený plat; better ~ žert. man-
želka; cry halves dožadovat se
stejného podílu; cut* in ~ rozpů-
lit; do* a thing by halves dělat ně-
co polovičatě; go* halves rozdělit
se stejným dílem ● a poloviční ♦
~ a crown dř. hodnota půl koruny
tj. 2 1/2 šilinku (= 12 1/2 nových penci); ~ a
pound půl libry; ~ an hour půl
hodiny ● adv polovičatě, napolo
♦ a **~~-cooked** potato nedo-
vařený brambor; ~ dead napolo
mrtvý; not ~ (good enough for
you) ani zdaleka ne (dost dobré
pro tebe); I don't ~ like it at all ani
zdaleka se mi to nelíbí; not ~ bad
docela dobrý, slušný **~~-back**
sport. záložník **~~-baked** [ˌ-ˈbeikt] 1
nedopečený, nedovařený 2 hovor.
nedomyšlený 3 přihlouplý **~~-bin-
ding** [ˈ-ˌ] polovazba **~~-breed** mí-
šenec **~~-crown** dř. půlkoruna 2
1/2 šilinku (= 12 1/2 nových penci)
~~-finished product polotovar
~~-hearted polovičatý; nesmělý
~~-hose [ˌ-ˈ] ponožka **~~-mast** [ˌ-ˈ]:
at ~ do půl žerdi **-penny** [ˈheipni]
půlpence **~~-scholar** [ˈ-ˌskolə] ne-
douk **~~-seas-over** [ˌhaːfsiːzˈəuvə]
slang. střísknutý, podnapilý **~~-sov-
ereign** [ˌ-ˈsovrin] dř. zlatá půllibra
~~-step půltón **~~-time** 1 poločas
2 polodenní zaměstnání **~~-vol-
ley** sport. halfvolej, odehrání míče těs-
ně po odrazu **-way** a střední, polo-

vičatý ♦ ~ house* 1 hostinec u-
prostřed mezi dvěma místy 2
přen. mezistanice; kompromis ●
adv na půl cesty, -ě, uprostřed
cesty; přen. středem **~~-wit** hlupák
halibut [ˈhælibət] zool. platýs
hall [ˈhoːl] 1 dvorana, hala, sál 2
(před)síň 3 jídelna v anglických kole-
jích, kolej 4 panské sídlo spolkový
dům, velká budova ♦ Old Town
H~ Staroměstská radnice **~~-mark**
s punc ● v puncovat
hallo(a) [həˈləu] interj, s 1 haló 2
nazdar, ahoj 3 hleďme, no ne ● v
1 volat haló 2 říci nazdar, ahoj ko-
mu
halloo [həˈluː] interj, s 1 hola! 2 v.
hallo 1, 3 ● v 1 volat haló!, po-
křikovat 2 volat na psa
hallow [ˈhæləu] posvětit, uctívat
Hallow|een [ˌhæləuˈiːn] předvečer
Všech svatých **-mas** [-mæs]
Všech svatých
hallucination [həˌluːsiˈneišən] ha-
lucinace, přelud
halo [ˈheiləu] 1 kruh kolem slunce n.
měsíce 2 svatozář
halt [ˈhoːlt] s 1 zastávka na pochodu,
cestě 2 hl. brit. zastávka tratě želez.,
autob. ● v 1 zastavit (se) 2 pozdr-
žet, oddalovat, váhat **-er** s 1 o-
hlávka 2 oprátka 3 podprsenka
plavek ● v 1 dát ohlávku 2 vložit
oprátku, pověsit
halve [ˈhaːv] 1 rozpůlit, rozpoltit 2
zkrátit, snížit na polovinu 3 stav.
plánovat
halves [ˈhaːvz] pl od half
halyard, halfiard, haulyard [ˈhæl-
jəd] námoř. provaz na zvedání a
spouštění, zdviž
ham [ˈhæm] 1 stehno 2 pl zadnice 3
šunka 4 div., hovor. šmírák, radio-
amatér **~~-fisted** nemotorný, ne-
šikovný
hamburger [ˈhæmbəːgə] hamburgr,
karbanátek
hamlet [ˈhæmlit] samota, víska
hammer [ˈhæmə] s 1 kladivo, bu-
char 2 kohoutek pušky ♦ ~ and

tongs heverem, vší silou; *bring* *under the* ~ prodat v dražbě; *come* *under the* ~ přijít na buben; *throwing the* ~ vrh kladivem; *power* ~ buchar ● *v* **1** bušit kladivem, kovat **2** vrážet, vtloukat (*a t. into* do) **3** dorážet (*at* na) ~ **in** vtloukat do hlavy ~ **out** vymyslit, sestrojit; prodiskutovat ~~**cloth** přikrývka na kozlík vozu ~~**head** zool. žralok kladivoun

hammock [ˈhæmək] hamar, visuté lůžko; síťová houpačka

hamper[1] [ˈhæmpə] *s* překážka ● *v* **1** spoutat (*-ed by prejudice* spoután předsudky) **2** překážet

hamper[2] [ˈhæmpə] nůše, koš

hamster [ˈhæmstə] zool. křeček

hamstring [ˈhæmstriŋ] *s* **1** podkolenní šlacha **2** přen. omezení, kontrola ● *v* zmrzačit, ochromit

hand [ˈhænd] *s* **1** ruka **2** přední noha zvířat **3** ručička hodin; ukazatel **4** strana, část; směr **5** schopnost, zručnost; styl **6** dílo **7** rukopis, písmo **8** pracovní síla, dělník, lodník **9** karty v ruce; hráč v karty **10** balíček, svazek, trs ◆ *all -s* celá posádka; *at* ~ po ruce, blízko; *at first* ~ z první ruky; *at no* ~ nikterak; *at the* ~ *of* prostřednictvím; *be* ~ *in glove with* být jedna ruka s; *by* ~ ručně, za ruku; *change -s* měnit majitele, jít z ruky do ruky; *come* *to* ~ být doručen; těl. *cupped* ~ ruka sevřená v «mističku» (plavání); *from good -s* z dobrého pramene; *get* *the upper* ~ nabýt vrchu; *give* *one's* ~ dát ruku, slíbit manželství; *have a* ~ *in* mít prsty / účast v; *in* ~ k dispozici, v přípravě, pod kontrolou; *lay* *-s on* vztáhnout ruku na, sehnat; *lend* *a* ~ pomoci; *not to lift a* ~ nehnout prstem; *live from* ~ *to mouth* žít z ruky do úst; *off* ~ bez přípravy, na místě; *on* ~ v majetku, po ruce, na krku, na skladě; *on all -s* po všech stránkách; *on the one (other)* ~

na jedné (druhé) straně; *out of* ~ přímo z ruky, ihned; *get* *out of* ~ vymknout se z rukou, spustit se; *play a good* ~ dobře hrát; *play into another p.'s -s* hrát někomu do noty, jít komu na ruku; *put* *in* ~ dát se do práce; *shake* *-s with* podat ruku komu; *strike* *-s* plácnout si; *take* *in* ~ vzít do ruky, pokusit se, podniknout, řídit; *try one's* ~ *at* pokusit se o co; *he can turn his* ~ *to anything* vyzná se ve všem; *write* *a fair* ~ pěkně psát; *-s off!* ruce pryč!; nedotýkat se; *-s up!* ruce vzhůru!; ~ *in* ~ ruku v ruce; *your letter, yours to* ~ obch. váš dopis jsme obdrželi ● *v* **1** podat, odevzdat **2** pomoci (*into, out of carriage* do, z vozu) **3** dodat **4** předat, odkázat **5** námoř. podkasat plachtu ◆ ~ *in one's cheeks* zemřít ~ **down** odkázat ~ **in** předložit, podat (*one's resignation* rezignaci) ~ **on** převést, dát dál, předat ~ **out** rozdávat, roznášet, rozvážet ~ **over** předat, podat ~~**bag** příruční vak, kabelka –**ball 1** míč **2** házená ~~**barrow** [ˈ-ˌbærəu] kolečko, vozík ~~**bell** ruční zvonek –**bill** plakát; leták –**book** příručka, rukověť ~~**cart** ruční vozík –**cuffs** [-kafs] pouta ~~**feed** ruční posuv, ruční podávání –**ful** hrst ~~**glass 1** ruční zrcátko **2** čtenářská lupa –**grip 1** stisk ruky **2** držadlo, rukojeť, pažba –**print** otisk ruky

handi|cap [ˈhændikæp] *s* **1** handicap, dostihy s výhodou **2** překážka **3** tělesná vada ● *v* (*-pp-*) **1** způsobit komu nevýhodu, handicapovat **2** vyrovnat rozdíl –**capped** [-kæpt] tělesně postižený –**craft** [-kraːft] řemeslo, zručnost –**work** ruční práce

handkerchief [ˈhæŋkəʧif] kapesník

handl|e [ˈhændl] *v* **1** dotkout se, uchopit, ohmatat **2** pojednávat **3** ovládat; být ovládán, manipulovat, zacházet (*a t. s* čím) **4** zařídit

5 am. vést, obchodovat s čím **6** jednat (*a p.* s kým) (*kindly* laskavě) **7** traktovat ● **s 1** rukojeť, násada, topůrko **2** ucho nádoby, klika, střenka nože **3** záminka ◆ *starting* ~ roztáčecí klika u auta **–ing** zacházení, manipulace; obsluha ◆ *bull* ~ těl. ovládání míče (koš.)

hand-out [ˈhændaut] leták, prospekt, rozdávaný oficiální text, am. též věcné dary chudým

hand-picked [ˌhændˈpikt] výběrový

handsel, hansel [ˈhænsəl] *s* **1** dar při nějaké příležitosti, zejm. na Nový rok **2** závdavek, počinek ● *v* **1** dát závdavek **2** darovat na Nový rok **3** zahájit, první zkusit, užít poprvé

handrail [ˈhændreil] zábradlí

hands-off [ˌhændzˈof] neangažovaný

handsome [ˈhænsəm] **1** hezký, pěkný **2** příjemný

hands-on [ˌhændzˈon] praktický

handwriting [ˈhændˌraitiŋ] rukopis písmo

handy [ˈhændi] **1** zručný **2** příhodný, vhodný, jsoucí po ruce **3** námoř. snadno řiditelný loď ◆ *come** *in* ~ hodit se **~-dandy** [ˌ-ˈ-] dětská hra hádání, v které ruce je předmět **~-man*** údržbář, dělník; domácí kutil

hang* [hæŋ] *v* **1** viset, po-, za|věsit **2** oběsit **3** naklánět **4** ověsit, ozdobit **5** svěsit, sklopit **6** viset **7** být pověšen **8** naklánět se, sklánět se **9** být zavěšen (*the door -s on its hinges* dveře jsou zavěšeny ve veřejích) **10** vznášet se **11** záviset **12** podpírat se, lnout, lpět **13** být nejistý, váhat, nedbat ◆ *I'll be -ed, if...* ať visím, jestli...; *go** ~ jít k čertu; ~ *fire* nespustit, opozdit se, přen. vléci se; mít dlouhé vedení; ~ *one's head* svěsit hlavu; *he -s in the balance* je to s ním zlé, nejisté; ~ *heavy* (*on one's hands*) pomalu plynout o času, vléci se; ~ *loose* zůstat klidný, relaxovat; ~ *on hand* nejít na odbyt; ~ *it!* čert to vem! ~ *around* potloukat se, okounět ~ *back* zůstávat pozadu, loudat se, váhat ~ *behind* zůstávát pozadu, loudat se ~ *down* svěsit ~ *on* nepouštět se, vytrvat, nepovolit ~ *out* **1** za-, po|věsit, viset ven, vyvěsit z okna **2** odložit na neurčito **3** vydržet, vystačit **4** flákat se ~ *together* držet pohromadě, souviset ~ *up* pověsit, sluchátko zavěsit; zdržet koho ● *s* **1** poklesnutí, ochablost **2** způsob zavěšení **3** převislost **4** zaváhání **5** těl. vis ◆ *get* the* ~ *of* dostat se čemu na kloub; *not a* ~ lid. ani za mák, vůbec ne ~ *glider* kluzák **~-loose** vysoce neformální, relaxovaný **–up** slang. problém, trabl

hangar [ˈhæŋə] *s* hangár ● *v* umístit v hangaru

hang|er [ˈhæŋə] **1** věšák, háček, poutko, ramínko na šaty **2** lovecký tesák **3** brit. zalesněný svah **~-er-on** [ˌ-ˈ-] nohsled **–ing** *a* **1** visící, visutý **2** svažující se **3** závěsný **4** hrdelní (*crime* zločin) ● *s* **1** poprava oběšením **2** pl tapety, čalouny **3** sklon, svah **–man*** kat **–over** kocovina

hank [hæŋk] **1** přadeno příze **2** námoř. závěsný prstenec, stěhový jezdec

hanker [ˈhæŋkə] bažit, toužit (*for, after* po)

hanky [ˈhæŋki] hovor. kapesník

hanky-panky [ˌhæŋkiˈpæŋki] lid. **1** hokus-pokus **2** čachry, techtle mechtle

hansel viz *handsel*

hansom [ˈhænsəm] dvoukolý kočár s kozlíkem vzadu

hap [hæp] zast. náhoda **~-hazard** [ˌhæpˈhæzəd] náhoda

happen [ˈhæpən] **1** stát se, udát se, přihodit se **2** ~ + inf náhodou být, znát apod. (*I -ed to meet him* náhodou jsem ho potkal) ◆ *as it -s* náhodou ~ *along* zaskočit kam **–ing 1** událost; dění **2** zaranžované dění hapenink

happy [ˈhæpi] **1** šťastný **2** zdařilý, vhodný **~-go-lucky** [ˌhæpigəuˈlaki] nazdařbůh

harangue [həˈræŋ] s **1** proslov, řeč **2** kázání, domluvy **3** hádka ● v **1** slavnostně řečnit **2** kázat, domlouvat, kárat

harass [ˈhærəs] týrat, znepokojovat, sekýrovat **~-ment** trápení, sužování, znepokojování, útrapa

harbinger [ˈhaːbindžə] hist. herold, hlasatel, posel

harbour [ˈhaːbə] s **1** přístav **2** přístřeší, útulek ● v **1** poskytnout útulek, přen. chovat v mysli **2** kotvit v přístavu **~-age** [-ridž] přístaviště; útulek, přístřeší

hard [haːd] a **1** tvrdý, pevný **2** vytrvalý, otužilý **3** usilovný, pilný **4** nepříjemný, drsný **5** zatvrzelý **6** strnulý, přísný; odpuzující (style sloh) **7** silný **8** hrubý **9** krutý, bezcitný, nelítostný **10** nestoudný, drzý **11** škodlivý zdraví **12** odolný, rezistentní **13** jaz. neznělý ◆ ~ labour nucená práce; ~ of hearing nedoslýchavý; ~ luck smůla; ~ to please vybíravý; ~ up v peněžní tísni ● adv **1** intenzívně, pracně **2** pilně **3** přísně **4** nesnadno **5** těsně, blízko (~ by) ◆ be ~ put to it být na tom zle, být v nesnázích; be ~ up for být v rozpacích; press ~ for horlivě se domáhat; it is raining ~ prudce prší; ~ upon těsně k, blízký, v patách ● s hovor. káznice trest **~-board** hobra **~-boiled** natvrdo vařený **~-core** skalní (opposition opozice) ~ **disk** výpoč. tech. pevný disk **~-earned** [ˌ-ˈəːnd] těžce vydělaný **~-featured** [ˌ-ˈfiːčəd] tvrdých rysů **~-hat** stoupenec tvrdé linie **~-headed** [ˌ-ˈhedid] praktický **~-hearted** [ˌ-ˈhaːtid] necitelný, krutý ~ **line** [ˌ-ˈlain] tvrdá linie **~-liner** [ˈhaːdlainə] zastánce tvrdé linie **~-ness** tvrdost **~-set 1** nasazený o vejcích **2** pevný, tvrdý, tvrdošíjný **3** hladový **~-ship**

strast, útrapy **~-ware** [-weə] **1** železářské zboží **2** hotové výrobky, komplex zařízení a jeho části **3** am. zbraň / zbraně **4** též computer ~ technické vybavení počítače

hard|en [haːdn] **1** u-, za|tvrdit, kalit **2** ztvrdnout, **3** otužit se **4** zpevnit se **~-ening** furnace kalicí pec -ening shop kalírna

hardihood [ˈhaːdihud] **1** neohroženost, smělost, odvaha **2** síla, energie

hardly [ˈhaːdli] **1** tvrdě, krutě, těžce **2** stěží, sotva, skoro ne **3** příkře **4** nerad

hardy [ˈhaːdi] **1** neohrožený, otužilý, vytrvalý **2** silný, robustní

hare [heə] zajíc ◆ ~ and hounds hra na stopaře; hold* / run* with the ~ and run* / hunt with the hounds držet s oběma stranami **~-bell** bot. zvonek ~ -brained pošetilý, lehkomyslný; splašený **~-lip** zaječí pysk

haricot [ˈhærikəu] **1** skopové ragú **2** fazol

hark [haːk] zast. naslouchat ◆ ~! slyšte! ~ back **1** vracet se po stopě **2** zavolat psy zpátky **3** vrátit se k předmětu rozmluvy **~-en** viz hearken

harlequin [ˈhaːlikwin] harlekýn, šašek

harlot [ˈhaːlət] běhna **~-ry** smilstvo, prostituce

harm [haːm] s **1** poškození, škoda **2** ublížení, úraz **3** zlo ● v poškodit, ublížit **~-ful** škodlivý **~-less** neškodný, nevinný

harmon|ic [haːˈmonik] a odb. hud. harmonický, souzvučný ● s harmonický tón **~-ica** [-ikə] **1** harmonika **2** zvonková hra, tyče v orchestru, vyladěné sklenice **~-ious** [haːˈməunjəs] harmonický, libozvučný **~-ium** [haːˈməunjəm] harmonium **~-ize** [ˈhaːmənaiz] **1** být harmonický, sladit, přivést v soulad (with s) **2** hud. harmonizovat **~-y** [ˈhaːməni] **1** harmonie, souzvuk **2** soulad ◆ bring* into ~ uvést v soulad

harness [ˈha:nis] *s* **1** postroj **2** pracovní výstroj **3** zbroj, brnění **4** padákový postroj ◆ *in* ~ v práci; *go* in double* ~ oženit se, provdat se ● *v* **1** zapřáhnout **2** využít

harp [ha:p] *s* harfa ● *v* **1** hrát na harfu **2** stále narážet v hovoru (*on*, *upon* na) **–er**, **–ist** harfeník

harpoon [ha:ˈpu:n] *s* harpuna ● *v* harpunovat

harpsichord [ˈha:rpsiˌko:d] *s* cembalo

harridan [ˈhæridən] babizna

harrowing [ˈhærouiŋ] *a* mučivý, trýznivý, drásavý

harry [ˈhæri] **1** pustošit, plenit **2** napadat; trýznit, sužovat; sekýrovat

harsh [ha:š] **1** drsný, hrubý **2** ostrý, pronikavý hlas **3** trpký, kyselý o chuti

hart [ha:t] zool. jelen

harum-scarum [ˌheərəmˈskeərəm] *a* lid. hr hr, splašený, ztřeštěný ● *s* ztřeštěnec, blázen

harvest [ˈha:vist] *s* žně, úroda ● *v* sklízet, mít žně ◆ *festival* díkůvzdání za sklizeň **–er** žnec; žací stroj **~-home** dožínky **–man*** žnec

has 3 sg. préz. od *have*

has-been [ˈhæzbi:n] **1** odbytá veličina **2** pl *-s* minulost

hash [ˈhæš] *s* **1** haše, prejt **2** pouhý odvar **3** hovor. (udělat z něčeho) guláš ◆ *make* a* ~ *of* zpackat co ● *v* rozsekat maso na drobno

hasp [ˈha:sp] **1** petlice; spona **2** vřeteno

hassle [ˈhæsl] hovor. *s* hádka, spor; zmatek, potíž ● *v* am. slang. obtěžovat, nadávat komu

hassock [ˈhæsək] **1** poduška klekátka **2** chomáč trávy

hast|e [ˈheist] spěch, chvat ◆ *act in* ~ jednat ukvapeně; *make** ~ pospíšit si **–en** [ˈheisn] **1** spěchat, pospíchat **2** urychlit; po-

bídnout ke spěchu **–y 1** spěšný, rychlý **2** ukvapený (*judgement* úsudek) **3** prchlivý

hat [ˈhæt] klobouk ◆ *top, high* ~ cylindr; *opera* ~ klak, sklápěcí cylindr; *raise the* ~ *to* smeknout před; *talk through one's* ~ slang. mluvit nesmysly **~-band** páska klobouku

hatch¹ [ˈhæč] **1** podávací okénko **2** námoř. poklop otvoru v palubě **3** padací dveře **4** stavidlo

hatch² [ˈhæč] *s* **1** líhnutí, líheň kuřat apod. **2** mládě ◆ *-es, catches, matches and dispatches* rubrika narozeni, zasnoubení, sňatků a úmrtí v novinách ● *v* **1** sedět na vejcích, vysedět **2** osnovat (*a plot* spiknutí) **3** (vy)líhnout se

hatch [ˈhæč] *v* šrafovat ● *s* šrafa, šrafování

hatchet [ˈhæčit] sekyrka ◆ *bury the* ~ zakopat válečnou sekyru; *take* up the* ~ vypovědět boj; *throw* the* ~ přehánět; *throw* the helve after the* ~ nasadit čemu korunu, dovršit škodu

hate [ˈheit] *v* nenávidět; protivit si ● *s* **1** nenávist **2** předmět nenávisti **–ful** protivný; odporný

hath [ˈhæθ] zast. 3 os. sg. préz. od *have*

hatred [ˈheitrid] nenávist (*of* k)

hatter [ˈhætə] kloboučník

haughty [ˈho:ti] nadutý, domýšlivý, povýšený

haul [ˈho:l] *v* **1** táhnout, vléci (*at, upon* za); dopravovat těžký náklad (kamióny) na velké vzdálenosti **2** námoř. změnit kurs lodi **3** měnit se o směru větru ◆ ~ *down one's flag / colours* přen. vzdát se; ~ *upon the wind* otočit loď k větru ● *s* **1** tah, zátah sítě **2** úlovek **3** transportér **4** přeprava (kamióny) na velké vzdálenosti **5** náklad **–age** [ˈho:lidž] doprava, dopravné po ose **–er** [-ə] přepravce

haunch [ˈho:nč] **1** bok **2** kýta **3** hýždě

haunt [ˈho:nt] *v* **1** často navštěvovat, vyhledávat **2** obtěžovat návštěvami, obcházet **3** pronásledovat, znepokojovat **4** zdržovat se **5** strašit kde ● s **1** navštěvované n. oblíbené místo **2** doupě, brloh **3** krmítko zvěře

have* [ˈhæv] **1** mít **2** mít v majetku, držet, vlastnit **3** muset (we have to leave musíme odejít) **4** dostat, obdržet **5** vědět, znát (he has no Greek nezná řecky) **6** vyjádřit, napsat (as Plato has it jak napsal Platón) **7** porazit ve hře, v argumentu ◆ ~ done with přestat; ~ in mind mít na mysli; let him ~ it! dej mu to!, vraž mu jednu!; he will ~ it tvrdí; ~ a shave oholit se; I had the book bound dal jsem si svázat knihu; you had better go měl bys raději jít, udělal bys lépe, kdybys šel ~ in předvolat, pozvat ~ on mít na sobě ~ out vytáhnout, vytrhnout ~ up zavolat si koho, volat k odpovědnosti, žalovat u soudu (for pro)

haven [ˈheivn] **1** přístav **2** útočiště (~ of rest)

haversack [ˈhævəsæk] voj. brašna, chlebník

havoc [ˈhævək] zpustošení, zničení ◆ make* a ~ of, play ~ in zpustošit

Hawaiian [həˈwaːjən] s Havajec, havajština ● a havajský

haw [hoː] bot. hložinka plod hlohu

hawfinch [ˈhoːfinč] zool. dlask

haw-haw [ˈhoːhoː] interj hahá! ● s hlučný smích, chechtot

hawk[1] [hoːk] s zool. jestřáb též přen., luňák, sokol ● v **1** lovit pomocí sokolů **2** vznášet se, kroužit jako sokol **–er** sokolník **–ish** jestřábí, dravý

hawk[2] [ˈhoːk] chrchlat, odkašlávat

hawk[3] [ˈhoːk] nabízet na prodej, provozovat podomní obchod **–er** podomní obchodník

hawse [ˈhoːz] námoř. část lodní přídě s otvory pro kotevní lana **–r** vlečné lano

hawthorn [ˈhoːθoːn] bot. hloh

hay [ˈhei] **1** seno **2** přen. plody, užitek ◆ make* ~ sušit seno; make* ~ of udělat z toho kůlničku na dříví **–cock** kupka sena **--fever** [ˈ-ˌ] senná rýma **--fork** vidle na seno, podávky **–stack** stoh sena ◆ look for a needle in a –stack přen. hledat jehlu v kupce sena

hazard [ˈhæzəd] s **1** hra v kostky, hazardní hra **2** náhoda **3** riziko, nebezpečí, odvážný kousek ◆ at all -s za každou cenu; run* the ~ of odvážit se čeho ● v odvážit se, riskovat, dát v sázku **–ous** [-əs] hazardní, nebezpečný

haz|e [ˈheiz] s mlha, opar ● v zamlžit, zakrýt kouřem

hazel [ˈheizl] s **1** bot. líska, lískový ořech **2** ořechová barva ● a ořechový, světle hnědý **--nut** [-nat] lískový ořech

hazy [ˈheizi] **1** mlhavý **2** neurčitý, nejasný

H-bomb [ˈeičbom] vodíková bomba

he [ˈhiː] on ◆ ~ who ten kdo ● s samec (... is a he, **--goat** kozel)

head [ˈhed] s **1** hlava; magnetická hlava **2** představený, vedoucí; pan vrchní **3** hlavička hřebíku; stroj. příčník kovacího lisu, beran buchar **4** osoba, jednotlivec **5** kus (six ~s of cattle šest kusů dobytka) **6** horní listy, květy **7** zdroj, pramen **8** vodní nádrž pro mlýn apod. **9** čelo průvodu, popředí; čestné n. předsednické místo **10** rozum, vtip **11** titul, kapitola, nadpis, záhlaví **12** síla tlaku **13** hlávka (of cabbage zelí) **14** hud. blána bubnu **15** námoř. přední část lodi **16** podzemní chodba v dolech **17** velitelské postavení (at the ~ of v čele) **18** předhoří, mys **19** účetní položka **20** vrchol, krize; vyvrcholení, uzrání hnisavé rány ◆ taller by a ~ vyšší o hlavu; I cannot make ~-(s) or tail(s) of it nerozumím tomu (ani za mák); by the ~ and *ears* / *by* ~ *and shoulders* přitáhnout za vlasy násilně; *beat* *a p.'s ~ off* úplně potřít; *he would eat* *a p.'s ~ off* ten by člověka vyjedl; *come* *to a* ~ dospět do kritického stadia; *from* ~ *to foot* od hlavy k patě; *gain* ~ nabýt vrchu; *get* *to the* ~ stoupnout do hlavy; *keep* *one's* ~ zachovat rozvahu; *keep* *one's* ~ *above water* přen. udržovat se nad vodou, nezadlužit se; *lay* / *put* *-s together* dát hlavy dohromady, radit se; *lose* *one's* ~ přen. ztratit hlavu; *off one's* ~ potřeštěný; *over* ~ průměrně; *over* ~ *and ears* až po uši; ~ *over heels* střemhlav; *per* ~ na hlavu, za kus; *put* *a t. in* / *out of a p.'s* ~ někomu něco nasadit do (vyhnat z) hlavy; *he was promoted over a p.'s* ~ přeskočil koho v postupu; *take* *a t. into one's* ~ vzít si něco do hlavy; *talk a p.'s* ~ *off* umluvit koho; *he talks over our -s* mluví tak, že na to nestačíme ● *a* hlavní, čelný ● *v* 1 opatřit hlavičkou 2 přistřihnout větve 3 být v čele, postavit (se) do čela, jít v čele, velet 4 překážet, bránit 5 začínat (*with* čím) 6 nadepsat čím 7 zelenina hlávkovat 8 jít určitým směrem, směřovat 9 pramenit ♦ ~ *the ball* sport. střílet hlavou **–ache** [ˈhedeik] 1 bolení hlavy 2 hlavolam **–crash** [-kræš] zřítit se střemhlav **~-dress** 1 pokrývka hlavy 2 úpravy hlavy, účes **–er** 1 skok střemhlav 2 žací stroj 3 vazák cihla 4 sport. hlavička (kopaná) **~-gear** [-giə] pokrývka n. úprava hlavy **–ing** záhlaví, nadpis **–lamp** světlomet, reflektor auta **–land** 1 předhoří, mys 2 souvraf na konci brázd **~-light** čelní světlo auta, lokomotivy ap. **~-line** titulek v novinách **–long** střemhlav, zbrklý **–man* ** předák, vedoucí **–master** [ˌ-ˈ-], **–mistress** [ˌ-ˈ-] brit. ředitel(ka) školy **–most** nejpřednější **~-office** ústředna **–phones** [-fəunz] slu-

chátka **~-piece** [-pi:s] 1 přilba 2 chytrá hlavička 3 ozdobné záhlaví kapitoly **~-quarters** [ˌ-ˈ-] hlavní stan vrchního velitelství, ustředí ~ **shop** obchod s potřebami pro narkomany **–sman* ** kat **–spring** pramen **–stall** ohlávka **–stock** stroj. vřeteník (soustruhu) **–stone** 1 náhrobní kámen 2 základní kámen **–strong** svéhlavý, ukvapený **–waiter** vrchní číšník **~-waters** prameny **–way** 1 pokrok (*make* ~ postoupit) 2 výška klenby n. oblouku 3 interval mezi dvěma vlaky na téže trati **–wind** protivítr **–word** záhlaví **–y** 1 prudký, útočný 2 opojný, stoupající do hlavy

heal [ˈhi:l] hojit, léčit (se) **~-all** všelék

health [ˈhelθ] 1 zdraví, zdravotní stav, atr zdravotnický 2 přípitek na zdraví ♦ ~ *insurance* nemocenské pojištění **~-resort** lázně, letovisko **–y** [ˈhelθi] zdravý

heap [hi:p] s hromada, kupa ● *a* ~ *of people* spousta lidí; *-s of times* spousta času; *he is -s better* je mu mnohem lépe ● *v* 1 hromadit, nakupit (~ *up riches* bohatství) 2 naložit (*with goods* zbožím) ♦ ~ *coals of fire on a p.'s head* odměnit zlé dobrým a tak zahanbit

hear* ** [ˈhiə] 1 slyšet 2 po-, na|slouchat 3 vy-, za|slechnout, dostat zprávu, dopis (*from* od), dovědět se ♦ práv. ~ *a case* projednávat případ; ~ *a p. out* vyslechnout koho; ~ *a witness* vyslechnout svědka **–er [-rə] posluchač, náhodný svědek

heard [ˈhə:d] pt a pp od *hear*

hearing [ˈhiəriŋ] 1 slyšení, poslech; audience 2 sluch 3 výslech ♦ *hard of* ~ nahluchlý; *within* ~ v doslechu; *give* *a p. a fair* ~ nestranně koho vyslechnout

hearken [ˈha:kən] kniž. naslouchat pozorně (*to* komu)

hearsay [ˈhiəsei] doslech

hearse [ˈhəːs] 1 pohřební vůz 2 trojramenný svícen

heart [ˈhaːt] 1 srdce 2 hruď 3 nitro 4 mysl, duše, duch 5 cit(ovost) 6 podstata 7 odvaha 8 temperament 9 drahoušek (*sweet-~*) ♦ *after one's own ~* podle vlastního přání; *at ~* v jádře, na srdci; *at the bottom of one's ~* v hloubi duše; *break* one's ~* zdrtit, hluboce zarmoutit; *by ~* zpaměti; *cry one's ~ out* usedavě plakat; *from one's ~* upřímně; *give* / lose* one's ~* zamilovat se do: *have the ~* mít to srdce něco udělat; *have one's ~ in one's mouth* mít malou dušičku; *in one's ~* tajně; *lose* ~* ztratit odvahu; *near to one's ~* drahý komu; *out of ~* skleslý na mysli; *pluck up* n. *take* ~* sebrat odvahu, zmužit se; *his ~ sunk into his boot* lid. má dušičku v kalhotech, ztratil odvahu; *set* ~ upon* usmyslit si co; *speak* one's ~* mluvit ze srdce; *take* a t. to ~* vzít si něco k srdci: *wear* one's ~ upon one's sleeve* všechno vyžvanit; *win* one's ~* získat něčí lásku; *with all one's ~* ze srdce, z duše; *~ and hand* nadšeně; *~ and soul* ze všech sil, energicky; *the ~ of the matter* jádro věci; *to one's ~'s content* co srdce ráčí **–ache** [ˈhaːteik] úzkost, starost **~-beat** [-biːt] tlučení srdce, tep, puls, přen. vzrušení **~('s)-blood** [-blad] život **~-breaking** srdcelomný **~-broken** zdrcený **~-burn** pálení žáhy **~-burning** nevole, nenávist, zášť **–en** [-n] dodat odvahy, povzbudit **~-felt** srdečný, upřímný **–ily** 1 srdečně 2 přehojně 3 úplně, docela **–iness** srdečnost **–less** [-lis] bezcitný, tvrdý **~-rending** srdcervoucí **–s-ease** [-iːz] maceška **~-sore** zarmoucený **~-strings** hluboké city ♦ *play on* (*tear at, touch*) *a p.'s ~* působit na city koho

hearth [ˈhaːθ] ohniště, krb

hearty [ˈhaːti] 1 srdečný 2 silný, zdravý 3 jídlo vydatný

heat [ˈhiːt] s 1 žár, horko, vedro 2 vášeň, vřelost, hněv 3 horlivost, zápal, zanícení pro 4 doba páření, říje 5 sport. kolo soutěže, rozběh, rozskok, rozplavba 6 am. slang. policie ♦ *~ treatment* tepelné zpracování, zušlechťování oceli; *at a ~* rázem ● *v* vytápět, roztopit; rozpálit (se), rozehřát (se) **–er** zahřívač, topné těleso, žhavicí vlákno **~-stroke** úžeh **~-wave** tepelná vlna

heath [ˈhiːθ] 1 lada, vřesoviště 2 bot. vřes (též **~-bell**) **~-berry** borůvka **~-cock** zool. tetřívek

heathen [ˈhiːðn] pohan

heather [ˈheðə] vřes, vřesoviště ♦ *set * the ~ on fire* způsobit zmatek, neklid; *take* to the ~* stát se vyhnancem

heating [ˈhiːtiŋ] topení ♦ *~plant* teplárna; *central ~* ústřední topení

heave* [ˈhiːv] *v* 1 zvedat těžké předměty 2 námoř. hodit (*the lead* olovnici), měřit hloubku 3 vzdouvat (*breast* prsa) 4 námoř. táhnout (*at rope* za provaz), vléci loď 5 usilovat (*at* o) 6 páčit 7 zvedat se, vzdouvat se, dmout se; těsto kynout 8 napínat se, namáhat se 9 těžce oddychovat, lapat po vzduchu 10 námoř. otočit loď proti větru 11 zvracet, vrhnout ♦ *anchor* zvednout kotvu, vyplout; *~ a sight* hluboce vzdechnout; *~ in sight* stát se viditelným; *~ down* obrátit loď na bok *~ forth* vyrazit ze sebe *~ out* napnout (*a sail* plachtu) *~ to* zastavit loď ● *s* 1 zvedání 2 náraz 3 vydouvání, vzdouvání, dmutí 4 dávení 5 vodorovná rudná sloj, žíla 6 pl dýchavičnost, záducha koní

heaven [ˈhevn] nebe, nebesa **–ly** nebeský, božský

heaver [ˈhiːvə] sochor, zvedák, páčidlo

heav|iness [ˈhevinis] tíha, váha **-y** [ˈhevi] a **1** těžký **2** obtížný **3** obtížený, hojný, bohatý o úrodě **4** těžkopádný (*gait* chůze, *style* sloh) **5** vážný, důležitý, významný **6** těhotná **7** hloupý **8** nepřístupný **9** pomalý, loudavý **10** prudký (*rain* déšť) **11** těžko stravitelný **12** dmoucí se, rozbouřený (sea moře) ♦ ~ *duty* stroj. těžký provoz, velké zatížení, velký výkon; ~ *expenses* obrovské výdaje; ~ *industry* těžký průmysl; ~ *losses* těžké ztráty; ~ *news* smutná zpráva; ~ *sky* zamračená obloha; ~ *spar* baryt; ~ *sound* hluboký zvuk ● s **1** *heavies*, pl voj. těžká jízda / dělostřelectvo / letadla / tanky **2** boxer těžké váhy **3** div. role hovor. zloduch, špaťák **-y-hearted** [ˌ-ˈhaː-tid] těžkomyslný **-y-weight** sport. těžká váha

Hebrew [ˈhiːbruː] s **1** Hebrejec, Izraelec, Žid **2** hebrejština

heck [ˈhek] hovor. kruci, hernajs

heckle [ˈhekl] provokovat, obtěžovat

hectic [ˈhektik] a hektický, souchotinářský; přen. horečný, rušný ● s **1** horečka **2** souchotiny **3** hektik, souchotinář

hecto|graph [ˈhektəugraːf] hektograf, rozmnožovací stroj **-litre** [ˈ-ˌliːt] hektolitr

hector [ˈhektə] nahánět strach, sekýrovat; chvástat se

hedge [ˈhedž] s **1** živý plot **2** přen. překážka, hranice, zeď, ohrada; opatrnická politika ♦ *come* *down on the wrong side of the ~* vsadit na špatnou kartu ● v **1** ohradit živým plotem **2** stříhat živý plot **3** zabezpečit se proti ztrátě **4** vyhýbat se kompromitování, neangažovat se **~-business** druh termínového obchodu **-hog** zool. ježek **-row** [-rəu] živý plot **~-sparrow** [ˈ-ˌ] zool. pěvuška modrá

heed [ˈhiːd] v dbát, dát pozor na co, všimnout si čeho ● s pozor(nost), zřetel ♦ *give** / *pay** ~ *to* všimnout si čeho, věnovat pozornost; *take** ~ *of* mít se na pozoru **-ful** pozorný, obezřetný **-less** nepozorný, nedbalý

heehaw [ˌhiːˈhoː] **1** hýkání osla **2** řehot

heel [ˈhiːl] s **1** pata, opatek, podpatek, přen. bota utlačitele **2** zadní kopyto **3** ostruha **4** pata, patka punčochy, smyčce **5** zadní část, konec, pata stěžně **6** patka, skrojek chleba, sýra ♦ *at* ~, *at*, *on*, *upon*, *one's* -s v patách komu; *down at* ~ ušlapaný, sešlý; *head over* -s vzhůru nohama; *kick up one's* -s srazit patky, stát v pozoru; *take** *to one's* -s, *show** *a clean pair of* -s vzít nohy na ramena, utéci; *turn on one's* -s obrátit se zády ● v **1** opatřit patou; dát čemu podpatek, ostruhu **2** naklonit (se) na bok o lodi **3** dotknout se patou **4** kopnout míč patou **5** honit, být komu v patách **~-tap 1** příštipek na podpatku **2** nedopitek ve sklenici

hefty [ˈhefti] hovor. **1** pádný, řízný **2** statný, houževnatý

heifer [ˈhefə] jalovice

heigh [ˈhei] hej!, hola! **~-ho** [ˌheiˈhəu] hej, hola!

height [ˈheit] **1** výška **2** výšina, vrchol **-en** zvýšit (se), zvětšit (se)

heinous [ˈheinəs] ohavný, hnusný

heir [ˈeə] dědic **-ess** [ˈeəris] dědička **-loom** věc stále děděná v rodině, dědictví **-ship** dědický nárok

held pt a pp od **hold**

heliborne [ˈhelibɔːn] dopravovaný vrtulníkem

helical [ˈhelikl] spirálovitý, šroubovitý

hefices [ˈhelisiːz] pl od *helix*

helicopter [ˈhelikɔptə] vrtulník, helikoptéra

helilift [ˈhelilift] dopravovat vrtulníkem

helipad [ˈhelipæd] startovací a přistavací plocha vrtulníků

helistop [ˈhelistop] vrtulníkové letiště

helium [ˈhiːljəm] hélium

helix [ˈhiːliks], pl -xes [-ksiːz], -ces [ˈhelisiːz] **1** spirála, závitnice **2** vnější závit ucha

hell [hel] peklo **–ish** pekelný

Hellen|e [ˈheliːn] Helén, Řek **–ic** [heˈliːnik] a helénský ● s klasická řečtina **–ize** [ˈhelinaiz] helénizovat, pořečtit

hello [heˈləu] halo!, nazdar!

helm [helm] s **1** páka kormidla, kormidlo **2** přen. řízení, kormidlování ◆ take* the ~ převzít vedení ● v kormidlovat, řídit **–et** [-it] přilba, helma **–sman*** kormidelník

helminth [ˈhelminθ] hlíst

help [help] v **1** pomoci, přispět **2** zabránit, napravit **3** posloužit (to komu) jídlem, servírovat jidlo ◆ I can't ~ that nemohu za to; I cannot ~ remarking musím poznamenat; ~ yourself (to) poslužte si, vezměte si; ~ a p. on with a t. pomoci komu s čím ● s **1** pomoc **2** prostředek, pomůcka **3** pomocník, -ice **4** pomocnice v domácnosti, posluhovačka **5** am. personál **6** porce jídla ◆ by the ~ of pomocí koho, čeho **–er** pomocník, -ice **–ful** nápomocný, užitečný **–ing** porce jídla **–less** bezmocný **–mate** [-meit] pomocník, společník, -ice, družka, manželka

helter-skelter [ˌheltəˈskeltə] adv lid. o překot, horempádem ● a překotný

helve [helv] násada, topůrko

hem [hem] s lem, obruba, okraj ● v (-mm-) olemovat, obroubit ~ in, about, round uzavřít, obklíčit

hem² [hem] interj hm ● s po-, od|kašlávání ◆ v (-mm-) udělat ehm, odkašlat si, rozpačitě pokašlávat

he-man* [ˈhiːmæn] hovor. pořádný chlap

hemisphere [ˈhemisfiə] polokoule

hemlock [ˈhemlok] bot. bolehlav

hemorrhage viz haemorrhage

hemorrhoids, haem- [ˈheməroidz] pl hemoroidy, zlatá žíla

hemp [hemp] konopí **–en** konopný **–kiln** pazderna **–seed** konopné semeno

hen [hen] **1** zool. slepice **2** ptačí samička **–bane** [-bein] bot. blín **–coop** malý kurník **–roost** hřad **–pecked** pod pantoflem

hence [hens] **1** odtud **2** od té doby **3** proto **–forth, –forward** od nynějška, nadále

henchman* [ˈhenʧmən] lokaj, nohsled, přisluhovač

hepatic [hiˈpætik] jaterní

her [həː, nepřízv. ˈhə, ˈə] **1** ji, tu, jí **2** její

herald [ˈherəld] s hlasatel, herold ● v slavnostně uvést, ohlásit, oznámit **–ic** [heˈrældik] heraldický **–ry** [-ri] **1** erbovnictví, heraldika **2** erby **3** publicita

herb [həːb] bylina, rostlina **–aceous** [həːˈbeiʃəs] bylinný **–age** [ˈhəːbidʒ] **1** rostlinstvo, tráva **2** práv. právo pastvy **–alist** [ˈhəːbəlist] bylinář **–arium** [həːˈbeəriəm] herbář **–ivorous** [həːˈbivərəs] býložravý **–orize** [ˈhəːbəraiz] sbírat byliny, botanizovat

herd [həːd] s stádo ● v **1** žít v stádu **2** sdružovat se **3** sehnat do houfu / stáda **4** pást **–er** pasák **–sman*** pastýř

here [hiə] **1** zde, tu **2** sem **3** čas. tu ◆ ~ and there tu a tam; ~'s to při přípitku na zdraví!; look ~ podívejte (se), pohleď, hleď; from ~ odtud **–about(s)** tady někde blízko, v sousedství **–after 1** dále, v dalším **2** v budoucnosti **–at** [ˌ-ˈ-] tím, přitom **–by** [ˌ-ˈ-] **1** tímto (způsobem), takto **2** v příloze

heredit|able [hiˈreditəbl] dědičný **–ary** [hiˈreditəri] dědičný, zděděný; odvěký **–y** dědičnost

here|in [ˌhiəˈrin] v tom, na tomto místě **–inafter** [ˌhiərinˈaftə] dále, níže v dokumentu **–into** [ˌhiərˈintu] sem dovnitř **–of** [ˌhiərˈov] práv. tohoto dokumentu, z toho

here|sy [ˈherəsi] kacířství **–tic** [-tik] kacíř **–tical** [hiˈretikl] kacířský

here|to [ˌhiəˈtu:] k tomu **–tofore** [ˌhiətuˈfo:] dotud; dříve **–unto** [ˌhiərənˈtu:] odtud **–upon** [ˌhiərəˈpon] potom, nato **–with** [ˌ-ˈ-] 1 tím, tímto 2 přiloženě

herit|able [ˈheritəbl] dědičný **–age** [-idž] dědictví

hermetic(al) [həˈmetik(əl)] a 1 hermetický, hermeticky uzavřený, utěsněný, vzduchotěsný 2 neovlivnitelný

hermit [ˈhə:mit] poustevník **–age** [-idž] poustevna **~-crab** rak poustevníček

hernia [ˈhə:niə] med. kýla

hero [ˈhiərəu] hrdina **–ic(al)** [hiˈrəuik(l)] hrdinný **–ine** [ˈherəuin] hrdinka **–ism** [ˈherəuizəm] hrdinství

heron [ˈherən] zool. volavka

herpes [ˈhə:pi:z] lišej, opar

herring [ˈheriŋ] zool. slaneček, sleď ♦ **red ~** falešná stopa

hers [ˈhə:z] její užito samostatně

herself [hə:ˈself] 1 ona sama, jí samé, ji samu 2 zvratné she cut ~ řízla se

hesit|ance, –ancy [ˈhezitəns(i)] váhavost **–ate** [ˈheziteit] váhat, rozpakovat se **–ation** [ˌheziˈteišən] váhání

hetero [ˈhetərəu] různopohlavní

heterodox [ˈhetərədoks] jinověrný, bludařský

heterogene|ity [ˌhetərəudžiˈniəti] různorodost **–ous** [ˌhetərəuˈdži:njəs] různorodý, nestejnorodý

hew* [ˈhju:] 1 sekat, tesat, štípat 2 porážet stromy 3 am. dodržovat (to), neuchylovat se (to) ♦ ~ one's way proklestit si cestu; ~ to pieces rozsekat na kusy ~ **down** setnout ~ **off** odseknout **–er** 1

drvoštěp 2 kameník 3 rubač

hey [ˈhei] interj hej!

hi [ˈhai] interj hovor. pozdrav ahoj

heyday [ˈheidei] květ mládí; rozkvět

hiatus [ˌhaiˈeitəs] s 1 mezera v prostoru, čase, v řadě 2 jaz. hiát 3 anat. oddělení, otvor, trhlina

hibern|al [haiˈbə:nl] kniž. zimní **–ate** [ˈhaibəneit] přezimovat **–ation** [ˌhaibəˈneišən] přezimování

hiccough, hiccup [ˈhikəp] s škytavka ● v škytat

hick [ˈhik] s am. hovor. venkovský strejc, balík, buran ● a balíkovský, prosťáčský

hickey [ˈhiki] s am. hovor. cucflek

hickory [ˈhikəri] bot. bílý ořech

hid [ˈhid] pt, pp od hide

hidden [ˈhidn] pp od hide

hide¹ [ˈhaid] s 1 useň, kůže 2 hist. lán 80–120 akrů ♦ save one's own ~ zachránit svou vlastní kůži ● v hovor. napráskat komu **~-bound** kožený, úzkoprsý

hide² [ˈhaid] v 1 skrýt (se) 2 zakrývat, zastírat 3 zatajit ♦ hidden reserves skryté, utajené rezervy ● s úkryt **~-and-seek** hra na schovávanou

hideous [ˈhidiəs] škaredý; ohavný, hnusný

hiding [ˈhaidiŋ] hovor. výprask

hierarch [ˈhaiəra:k] hierarcha, velekněz **–y** hierarchie

hieroglyph [ˈhaiərəglif] hieroglyf

hi-fi [ˈhaiˌfai] = high fidelity

higgle [ˈhigl] handrkovat se (for, about o)

higgledy-piggledy [ˌhigldiˈpigldi] páté přes deváté

high [ˈhai] a 1 vysoký, vyvýšený 2 horní 3 hlavní 4 značný 5 vznešený 6 hluboký o znalosti 7 důležitý 8 vážný, těžký (crime zločin) 9 silný 10 prudký, rozbouřený 11 chlubivý, nadutý, domýšlivý 12 přemrštěný 13 luxusní, přepychový 14 maso zamřelý ♦ ~ colour zardění; ~ jinks hlučné veselí; H~ Mass velká mše; ~

noon pravé poledne; ~ *opinion* of příznivé mínění o; ~ *school* am. střední škola; ~ *season* hlavní sezóna; ~ *spirits* povznesená nálada; ~ *tea* pozdní svačina; ~ *tide* vodní stav příliv; ~ *treason* velezrada; ~ *words* prudká slova; ~ *and mighty* nadutý, zpupný, vyzývavý; *the* ~ *sea* širé moře; *with a* ~ *hand* pánovitě, nadutě; -*est common factor / divisor* největší společný dělitel; *ride* the* ~ *horse* chovat se arogantně ● *adv* vysoko; ve výšce, do výšky ◆ *drink** ~ nemírně pít; *play* ~ hrát o velkou cenu; *run** ~ vzdouvat se o citech, moří ● *s* **1** výška, výšina **2** výsost **3** oblast vysokého barometrického tlaku, tlaková výše **–ball** am. whisky se sodou **~–born** urozený **~–bred** urozený, ušlechtilý **~–brow** blazeovaný, nade vše povznesený (člověk), intelektuál **~–day** svátek **~–falutin(g)** [ˌhaifə-ˈluːtin, -iŋ] hovor. velkohubý, bombastický **~–fidelity** *a* s velmi věrnou reprodukcí ● *s* deska n. zařízení vysoce kvalitní reprodukce **–flier, –flyer** [ˌ-ˈflaiə] ctižádostivec **~–flown** výstřední, bombastický **~–grade** vysoce jakostní **~–handed** [ˌ-ˈ] pánovitý **~ jump** skok vysoký **–land** [ˈhailənd] *s* vysočina; *the H-s,* pl Skotská vysočina ● *a* horský, horalský **–lander** obyvatel vysočiny, horal; *H~* obyvatel Skotské vysočiny **–light** *v* vyzdvihnout do popředí, upozornit na ● *s* věc / osoba ve středu pozornosti, zlatý hřeb čeho **–ly 1** vysoce, vysoko **2** příznivě **3** vznešeného rodu (~ *descended*) **~–minded** [ˌ-ˈ] velkomyslný **–ness 1** výsost titul **2** vysokost, vznešenost **~–powered** [ˌ-ˈ] intenzívní; motor vysoce výkonný ~ **rise** věžák **~–road** [-ˈrəud] hlavní silnice **~–speed** *steel* rychlořezná ocel **~–spirited** [ˌ-ˈ] odvážný, hrdý ~ **steel** ušlechtilá ocel **~–strung**

[ˌ-ˈstraŋ] nervózní, přecitlivělý **~–tension** [ˌ-ˈ] *current* proud o vysokém napětí **–way** silnice **–wayman*** lupič

highjack [ˈhaidžæk] přepadnout vozidlo, unést hl. letadlo

hik|e [ˈhaik] *v* hovor. potulovat se, pěstovat pěší turistiku **–er** výletník, turista

hilar|ious [hiˈleəriəs] veselý, rozjařený **–ity** [hiˈlærəti] veselost, bujnost

hill [ˈhil] *s* **1** vrch, kopec, pahorek **2** hromádka, krtina ◆ *down* ~ z kopce; *up* ~ do kopce ● *v* dělat kopečky, hrobkovat, řádkovat **–ock** [ˈhilək] kopeček, hromádka **–y** kopcovitý, pahorkatý

hilt [ˈhilt] *s* jílec, držadlo ● *v* opatřit jílcem, držadlem

him [ˈhim] jemu, jej, ho

himself [himˈself] **1** on sám, sebe sama **2** zvratné *he hurt* ~ zranil se; *he came to* ~ přišel k sobě; (*all*) *by* ~ sám

hind¹ [ˈhaind] zool. laň

hind² [ˈhaind] zadní **–sight** zpětný pohled

hinder [ˈhində] překážet; za-, bránit (*from v*)

hindmost [ˈhaindməust] nejzadnější, nejposlednější

hindrance [ˈhindrəns] překážka

Hindu [ˌhinˈduː] *s* **1** Hind **2** Ind ● *a* hindský, hinduistický **–stani** [ˌhinduˈstani] *s* hindustánština, Hindustánec ● *a* hindustánský

hinge [ˈhindž] *s* závěs dveří, stěžej, pant, čep, přen. stěžejní bod ● *v* **1** otáčet se (*on, upon* na); zavěsit dveře **2** záviset, záležet

hint [ˈhint] *s* pokyn, narážka (*drop a* ~ poznamenat jako mimochodem) ◆ *take* a* ~ dovtípit se ● *v* dát na srozuměnou, dát pokyn; narážet (*at* na)

hinterland [ˈhintælænd] zázemí

hip¹ [hip] *s* kyčel, bok ◆ *beat** ~ *and thigh* bít hlava nehlava; *have on the* ~ mít v hrsti ● *v* (-*pp*-)

vymknout kyčel **~-bath** [-ba:θ] sedací lázeň **~-bone** kyčelní kost **~-huggers** [-hagəz] pl am. bederní kalhoty

hip² [ˈhip] šípek plod

hip³ [ˈhip] melancholie, splín, zádumčivost **–ped** melancholický, zádumčivý

hip⁴ [ˈhip], **~, hurrah** hip, hip, hurá

hippie, hippy [ˈhipi], pl *hippies* hippie, hipík

hippodrome [ˈhipədrəm] aréna, cirkus

hippopotam|us [ˌhipəˈpotəməs], pl *-uses* [-əsiz], *-i* [-ai] zool. hroch

hipshot [ˈhipšot] stržený v kyčlích

hipster¹ [ˈhipstə] am. slang. hippie, hipík

hipster² [ˈhipstə] a bederní kalhoty, sukně ● s **1** bederní sukně **2** pl *-s* bederní kalhoty

hire [ˈhaiə] s **1** nájemné, mzda **2** najímání ♦ *on ~* k pronajmutí; *~ purchase* koupě na splátky ● v najmout, zjednat **~ out** pronajmout **–ling** námezdník, prodejný člověk **~-purchase** *system* splátkový obchod

his [ˈhiz] jeho

hiss [ˈhis] v syčet ● s syčení, sykot

hist [ˈhist] *interj* ticho!, tiše!, pst!

histocompatibility [ˌhistəukampætəˈbiləti] tkáňová snášenlivost

histology [hisˈtolədži] histologie

histor|ian [hiˈstoːriən] dějepisec **–ic(al)** [hiˈstorik(l)] dějinný, historický **–y** [ˈhistəri] **1** dějiny **2** historická hra **3** historka, příběh

histrion [ˈhistriən] komediant, herec **–ic** [ˌhistriˈonik] komediantský, herecký

hit* [ˈhit] v (*-tt-*) **1** uhodit, udeřit, zasadit ránu **2** zasáhnout též přen. **3** trefit, vystihnout **4** narazit (*on, upon, against* na), připadnout (na) **5** uhodnout **6** srazit se s **7** souhlasit, hodit se ♦ *~ below the belt* udeřit pod pas jednat nepoctivě; *~ the nail on the head* trefit hřebík na hlavičku, přijít věci na

kloub; *-ting power* úderná síla armády *~ off* výstižně popsat,,načrtnout, napodobit *~ it off* pěkně se v něčem shodovat, hodit se (*with* k) *~ out* rozdávat rány, bít hlava nehlava ● s **1** rána, náraz **2** srážka **3** zásah, trefa, přen. úspěch, šlágr **4** pádná poznámka; (dobrý) nápad **5** šťastná náhoda **6** slang. dávka narkotika *~* **man*** slang. najatý vrah

hitch [ˈhič] v **1** postrkovat, posunovat (se) trhavě **2** upevnit, zavěsit, zaháknout **3** chytit se, uváznout **4** lid. souhlasit **5** cestovat autostopem ● s **1** klička, smyčka **2** u-, váznutí, trhnutí **3** kulhání **4** překážka, zastavení **–hike** [ˈhičhaik] cestovat (auto)stopem

hither [ˈhiðə] *adv* sem ♦ *~ and thither* sem a tam ● a přední, bližší, tento **–most** nejbližší **–to** [ˌ-ˈ-] dotud, až do dneška **–ward(s)** sem

hive [ˈhaiv] s úl ● v **1** dát do úlu **2** bydlit společně **3** nahromadit *~* **off** vyčlenit jako vedlejší podnik n. do vedlejšího podniku

hives [ˈhaivz] pl vyrážka, plané neštovice; střevní katar

ho [ˈhəu] *interj* hej!, hola!

hoagie, hoagy [ˈhəugi], pl *hoagies* velký sendvič

hoar [ˈhoː] ojíněný **~-frost** jinovatka

hoard [ˈhoːd] s **1** hromada, zásoba **2** poklad ● v *~ up* na-, hromadit, dělat si zásoby, křečkovat; tezaurovat peníze **–ing 1** hromadění zásob **2** plakátová tabule ♦ *~ spree* nakupovací horečka, křečkování

hoarse [ˈhoːs] **1** drsný, chraplavý o zvuku **2** chraptivý, sípavý

hoax [ˈhəuks] s podvod, smyšlenka, nejapný žert ● v tropit si žerty **–er** šprýmař

hob [ˈhob] **1** výčnělek krbu **2** stroj. odvalovací fréza, závitník, šnek

hobble [ˈhobl] v **1** kulhat, belhat **2** omezovat, zdržovat **3** svázat koni přední nohy **4** hatit, rušit ● **s 1** belhání, kulhání **2** pouto, provaz, řemen (na spoutání koně) **3** lid. nesnáz, brynda

hobby [ˈhobi] **1** koníček, záliba **2** zool. ostříž **~-horse** hlava koně na holi hračka

hobgoblin [ˈhobgoblin] skřítek, šotek

hob|nail [ˈhobneil] cvoček **–nob** v (-bb-) kamarádit se ● s společná pitka, potlach, pokec

hobo* [ˈhəubəu] **1** am. tulák, tramp **2** potulný dělník

hock¹ [ˈhok] bílé rýnské víno

hock² [ˈhok] hlezno koňské nohy

hockey [ˈhoki] hokej ♦ ~ *stick* hokejka **–ist** [ˈhokiist], **~-player** hokejista

hocus [ˈhəukəs] **1** klamat, podvádět **2** omámit drogami **~-pocus** [ˌ-ˈpəukəs] hokus-pokus

hod [ˈhod] truhlík na maltu **~-man*** zednický podavač, přen. nádeník

hodge-podge [ˈhodžpodž] = *hotch-potch*

hoe [ˈhəu] s motyka ● v kopat, okopávat

hog [ˈhog] s **1** vepř am. a zvl. vykleštěný na výkrm **2** mladá ovce před první stříží **3** přen. prase o člověku, chamtivec ♦ *go* the whole ~ důkladně udělat; ~ *in armour* neohrabanec ● v (-gg-) **1** krátce ostříhat **2** hrbit hřbet **–get** [ˈhogit] brit. jednoroční nestříhaná ovce **–gish** svinský, žravý **–shead** [ˈhogzhed] **1** velký sud **2** míra pro tekutiny 238,5 l **–wash** [-woš] pomyje, šlichta, brynda; kecy

hoist [ˈhoist] v zvednout, vytáhnout pomocí kladky, vztyčit (*the flag* vlajku) ● s výtah, zdviž, kladkostroj

hoity-toity [ˌhoitiˈtoiti] hovor. a nevázaný, rozpustilý ● interj láry fáry!

hold* [ˈhəuld] v **1** držet, podržet **2** udržet (se) (*by* čeho); zadržet, zastavit **3** obsahovat **4** být majetníkem, mít **5** přidržet k, uvázat (*to* k) **6** mít (~ *no prejudice* nemít

předsudek), obsahovat, mít v sobě, pojmout **7** považovat **8** zachovávat **9** lpět (*by, to* na, k) **10** vy-, se|trvat, nepovolit **11** být platný, platit (*the rule -s in all cases* pravidlo platí ve všech případech) **12** snášet **13** zaujmout, upoutat pozornost **14** domnívat se, věřit **15** slavit výročí ♦ ~ *good* platit, být v platnosti, trvat; ~ *hard* dost!; ~ *meetings* konat schůze; ~ *your tongue!* drž hubu!; ~ *in esteem* mít v uctivosti, ctít; ~ *one's breath* zatajit / zadržet dech; ~ *liable* postihovat; ~ *an office* vykonávat úřední funkci; ~ *responsible* činit zodpovědným; ~ *true* být pravdivý; ~ *water* **1** netéci, být nepromokavý **2** obstát při zkoušce, osvědčit se ~ *back* držet se stranou, váhat ~ *down* **1** sklonit, svěsit hlavu **2** omezit, stlumit **3** hovor. podržet si **4** držet koho při zemi, přen. utlačovat **5** udržovat na nízké úrovni **6** držet se (*to* čeho) ~ *forth* vykládat ze široka, řečnit ~ *in* držet se v mezích, ovládat se; držet v šachu, zavřít ~ *off* zdržovat, odkládat ~ *on* vytrvat ~ *out* **1** snášet, vytrvat **2** natáhnout, podat **3** nabídnout ~ *over* odkládat ~ *together* táhnout dohromady ~ *up* **1** podporovat, podpírat; vztyčit **2** obstát **3** ukázat, vyložit **4** přepadávat zvl. na silnici ● s **1** uchopení, držení, sevření **2** držadlo; nádoba **3** úkryt **4** vězení (*put* a *man in* ~ uvěznit koho) **5** chycení, polapení **6** důvod, právo **7** podpora **8** hud. pauza; koruna **9** námoř. lodní prostor **10** vliv (*on, over* na) **11** odklad v počítání při vypouštění rakety ♦ *lay* / *get* / *take* ~ *of* zmocnit se čeho, uchopit co **~-all** brašna **~-back** **1** překážka **2** zarážka dveří **3** zadržení výplaty **–er** **1** držitel, majitel **2** majitel směnky, šeku (~ *of shares* akcionář) **3** držadlo, držák, zásobník;

kuřácká špička **–fast 1** opěrný bod, opora **2** svěrák **3** skoba do zdi **4** kotevní deska zalitá do cementu **–ing** držba země, pozemek; pl *-s* majetek, zásoba ♦ *~ company* holdingová společnost; *~ device* upínadlo

hole ['həul] *s* **1** jáma, díra **2** brloh **3** vada, kaz (*pick -s in* hledat hnidy v) **4** slang. brynda, šlamastika, kaše ♦ *make* a ~ in* přen. udělat díru do ● *v* **1** udělat otvor do **2** vrtat tunel **3** zahrát míč do díry **~-and-corner** skrytý, tajný, ilegální; bezvýznamný **–y** ['həuli] hovor. děravý, dírkovaný

holiday ['holədi] **1** svátek; volno, dovolená **2** pl prázdniny ♦ *appointed -s* uznané svátky; *make* / take* ~* jít na dovolenou; *bank ~* brit. dny pracovního klidu (kromě neděli), státní svátky, am. dny, kdy mají banky zavřeno

holiness ['həulinis] svatost, posvátnost

hollo(a) ['holəu] *interj* hola!, hej!

hollow ['holəu] *a* **1** dutý; pokleslý **2** prázdný **3** hladový **4** planý **5** neupřímný, falešný ● *adv* dutě, naprázdno ♦ *beaten ~* poražen na hlavu ● *s* **1** dutina, jáma **2** roklina, údolí, úvoz **3** kanál, stoka, nádrž ● *v* vy-, hloubit (*out*) **~-eyed** [-aid] s vpadlýma očima **~-hearted** [-ha:tid] neupřímný **~-ware** nádobí

holly ['holi] bot. cesmína

holm ['həum] bot. dub cesmínový

holm(e) ['həum] ostrůvek v řece, jezeru

holocaust ['holəko:st] **1** často **The H~** holocaust genocida evropských Židů nacisty během druhé světové války **2** zápalná oběť **3** úplná zkáza, zničení

holster ['həulst] kožené pouzdro na pistoli

holy ['həuli] svatý, zbožný ♦ *H~ Roman Empire* svatá říše římská; *~ rood* krucifix; *H~ Saturday* Bílá sobota; *H~ Thursday* Zelený čtvrtek; *~ Willie* pobožnůstkářství; *H~ Writ / Bible* Písmo svaté, bible

homag|e ['homidž] hold, slib věrnosti, vazalství **–er** [-džə] vazal, nevolník

home ['həum] *s* **1** domov; příbytek **2** útulek, sanatorium **3** domovina, vlast **4** jednotlivá rodina ♦ *at ~ in* **1** zběhlý v **2** zdomácnělý: *at ~ to* doma pro koho (*be... přijímat návštěvy); be / feel* / make* o.s. at ~* udělat si pohodlí, cítit se jako doma; *~ defence* domobrana; *H~ Office* brit. ministerstvo vnitra ● *a* **1** domácí, bytový **2** rodný **3** tuzemský, vnitřní **4** případný, trefný ● *adv* **1** domů **2** na místo určení **3** sport. do cíle **4** námoř. k lodi ♦ *bring* charge ~ to* usvědčit koho; *come* ~ to* uvědomit si; *speak* ~ to the point* mluvit k věci; *strike* ~* tít do živého; *take* ~* vzít si k srdci ● *v* vrátit se domů **~-bred** domácí **~-brewed** [-ˌbru:d] doma vařený nápoj **–coming** příchod / návrat domů **–less** bez domova **–ly** domácí, jednoduchý, prostý **–made** domácí, doma dělaný, tuzemský **~-rule** samospráva **–sick** tesknící po domově **–spun** [-span] doma předený; domácí, prostý, jednoduchý **–stead** [-sted] hospodářství, usedlost **–work** domácí práce, úkol(y)

homicid|e ['homisaid] **1** zabití, vražda **2** vrah **–al** [ˌhomiˈsaidl] vražedný, zabíječský

homily ['homili] homilie, kázání

hominization [ˌhominiˈzeišən] polidštění

hominy ['homini] am. kukuřičná kaše

homogene|ity [ˌhoməudžəˈnieti] stejnorodost **–ous** [ˌhoməˈdži:njəs] stejnorodý

homonym ['homənim] jaz. homonymum

homophile [ˈhəuməfail] homose-
xuál

hone [ˈhəun] s brousek na břitvu ● v
1 ostřit, obtahovat na brousku 2
stroj. honovat, vy-, brousit

honest [ˈonist] čestný, poctivý; u-
přímný **–y** čestnost, poctivost, u-
přímnost

honey [ˈhani] s 1 med 2 sladkost 3
miláček ● v 1 osladit medem 2
sladce, medově mluvit 3 podlé-
zat, lichotit **~-bee** zool. včela
obecná **–comb** [-kəum] plástev
medu **–ed**, **honied** [ˈhanid] sla-
zený medem, lichotivý **–moon**
líbánky **–suckle** [ˈ-ˌsakl] bot. zimo-
lez

honkie, **honk(e)y** [ˈhaŋki:], pl -ies
am. slang. běloch

honour [ˈonə] s 1 čest 2 zprav. též pl
-s, pocta, **–y** 3 počestnost 4 slá-
va 5 dobré jméno 6 hodnost,
důstojnost 7 pl vyznamenání,
čestný titul 8 uctění hostí 9 pl
karet. trumfy 10 obch. přijetí směnky
♦ debt of ~ čestný dluh; do* /
pay* -s to vzdát komu poctu; I
have the ~ to inform you dovolu-
ji si Vám sdělit; military -s vojen-
ské pocty; do* the -s of the table
mít čest pozvat ke stolu; in ~ of
na počest koho; be on one's ~ to
(do) být morálně zavázán; upon
my ~ na mou čest; word of ~
čestné slovo ● v 1 ctít, mít v úc-
tě, vážit si 2 vzdát čest 3 hono-
rovat směnku ♦ ~ a draft on pre-
sentation vyplatit směnku na
předložení **–able** [ˈonərəbl 1 cti-
hodný, vznešený, výtečný 2 po-,
čestný **–ary** [ˈonərəri] čestný

hood [ˈhud] s 1 kapuce, kápě 2 če-
pec 3 příklop, víčko; am. kapota;
ochranný kryt 4 kukla, chránítko
● v pokrýt, opatřit kapucí, zahalit
–lum [-lam] am. chuligán

hoodwink [ˈhudwiŋk] oklamat, o-
šálit; házet písek do očí

hoof* [ˈhu:f] 1 kopyto, pazneht 2
žert. noha ● v 1 slang. nakopnout

koho, vykopnout (~ out) 2 jít pěšky

hook [ˈhuk] s 1 hák; skoba 2 há-
ček, udice 3 přen. smyčka, klička;
past 4 hud. praporeček u noty 5
zákrut řeky 6 zeměp. kosinka ♦ by
~ or by crook právem či neprá-
vem, tak či onak; on one's own ~
slang. na vlastní vrub ● v 1 ohnout
(se) 2 zaháknout (se) 3 ukrást 4
chytit na udici ♦ ~ it slang. za-
hnout za roh **–ed** zahnutý, há-
kovitý **–er** slang. šlapka, kurva
~-nosed se skobovitým nosem

hooligan [ˈhu:ligən] chuligán **–ism**
chuligánství

hoop [ˈhu:p] s 1 obruč 2 kolo na
hraní 3 prsten 4 bubínek na vyšívání
5 pl krinolína ● v 1 upevnit ob-
ručemi 2 napnout na ráмеček
výšivku 3 dát čemu tvar oblouku 4
sport. dát koš **–ing-cough** [-iŋkof]
černý kašel

hoopoe [ˈhu:pu:] zool. brit. dudek

hoot [ˈhu:t] v hulákat, hlasitě volat,
houkat (at na) ● s 1 houkání 2
zavrčení, zamručení **–er** houkač-
ka, klakson, siréna

hooves [ˈhu:vz] pl od hoof

hop¹ [hop] v (-pp-) 1 poskakovat,
hopsat 2 hovor. skočit si do tance ●
s 1 poskok 2 hovor. hopsání, trsá-
ní, večírek, mejdan ♦ ~, step and
jump trojskok

hop² [ˈhop] 1 bot. chmel rostlina 2 pl
-s chmel plodina **~-garden** chmel-
nice **~-pole** chmelová tyč

hope [ˈhəup] s naděje ♦ past / be-
yond ~ beznadějný ● v 1 doufat
(in v) 2 mít naději (for v) ♦ ~
against ~ zoufale doufat **–ful**
plný naděje, nadějný **–fully** dou-
fejme **–less** beznadějný, zoufalý

hopper [ˈhopə] 1 skokan, skákavý
hmyz 2 násypka ve mlýně 3 člun
odvážející bláto při bagrování 4 česač
chmele 5 splachovadlo

hopscotch [ˈhopskoč] dětská hra
nebe, peklo, ráj

horde [ˈho:d] horda, dav, zástup

horizon [həˈraizn] obzor, přen. perspektiva **–tal** [ˌhoriˈzontl] vodorovný, horizontální

horn [hoːn] s **1** roh, paroh; rohovina **2** tykadlo, chocholka, hřebínek **3** houkačka auta ♦ *draw* in one's -s* zatáhnout růžky, ochabnout v činnosti, polevit v horlivosti; *take* the bull by the -s* chytit něco za pravý konec; *French ~* lesní roh; *hunting ~* lovecká trubka; *~ of plenty* roh hojnosti ● v opatřit rohy, nasadit parohy **~-beam** bot. habr **–et** [ˈhoːnit] zool. sršeň **–pipe** [-paip] námořnický tanec **~-rimmed** s kostěnými obroučkami **~-swoggle** [ˈhoːnzwogl] am. slang. napálit, vzít na hůl **–y 1** rohov(it)ý **2** mozolovitý, ztvrdlý

horrendous [hoˈrendəs] a úděsný, strašný

horrible [ˈhorəbl] hrozný, strašný, odporný

horr|ific [hoˈrifik] hrůzný, strašný **–ify** [-ifai] poděsit

horror [ˈhorə] **1** hrůza, zděšení, strach (*of* před) **2** (*~ film*) filmový horor

hors d'oeuvre [ˌoːˈdəːv] studený n. teplý předkrm

horse [hoːs] s **1** kůň **2** pl voj. jízda **3** kozlík **4** sport. kůň ♦ *to ~* na koně! povel; *the ~ and foot* jízda a pěchota; *~ of another colour* něco jiného; *dark ~* neočekávaný vítěz, přen. záhadný člověk; *flog a dead ~* přen. mrhat energií; *look a gift ~ in the mouth* přen. dívat se darovanému koni na zuby; *long ~* těl. kůň na dél; *long ~ unpommeled sideways* těl. kůň na šíř bez madel; *mount / ride* the high ~* chovat se nadutě, povýšeně; *~ chestnut* koňský kaštan; *put* the cart before the ~* obrátit naruby, dělat něco obráceně; *side ~* těl. kůň na šíř; *take* ~* jet koňmo ● v **1** poskytnout komu koně, dát koně, zapřáhnout koně **2** sednout, posadit na koně **3** nést na zá-

dech **4** pokrýt, obskočit klisnu **5** hovor. honit koho v práci **6** vulg. šoustat *on* **~-back** koňmo **~-cloth** [-kloθ] koňská houně **~-collar** [ˈ-ˌ] chomout **~-fly** zool. ovád **~-hair** žíně **–man*** jezdec **–manship** jezdectví **~-meat** koňské maso **~-play** vyvádění, hrubé žerty **~-power** [ˈ-ˌ] koňská síla **~-race** koňské dostihy **~-radish** [ˈ-ˌ] bot. křen **~-shoe** [-ʃuː] podkova **~-whip** s bič na koně ● v mrskat bičem **~-woman*** jezdkyně

hortat|ive, **–ory** [ˈhoːtətiv, -əri] napomínající, upomínací

horticulture [ˈhoːtikalčə] zahradnictví

hos|e [ˈhəuz] **1** odb. obch. punčochy, stávkové zboží **2** hadice ● v postříkat hadicí **–ier** [ˈhəuziə] **1** punčochář **2** obchodník se stávkovým zbožím **–iery** [-iəri] stávkové zboží; pletárna

hospit|able [ˈhospitəbl] **1** pohostinný **2** příznivý **–al** nemocnice **–ality** [ˌhospiˈtæləti] pohostinství

host¹ [ˈhəust] dav, množství

host² [həust] hostitel; konferenciér; zř. hostinský ♦ *reckon without one's ~* přen. dělat účet bez hostinského **–ess** [-is] hostitelka; hosteska; v letadle letuška, stewardka

host³ [ˈhəust] hostie

hostage [ˈhostidž] rukojmí; zástava

hostel, **–ry** [ˈhostəl(ri)] studentský domov, studentská kolej, noclehárna pro mládež

hostil|e [ˈhostail] nepřátelský **–ity** [hoˈstiləti] **1** nepřátelství **2** pl nepřátelská akce, válečný stav

hostler v. *ostler*

hot [ˈhot] a **1** horký **2** ostrý, štiplavý o vůni; ostře kořeněný **3** vášnivý, náruživý **4** hněvivý, prudký, prchlivý **5** vzrušený **6** výborný **7** čerstvý o zprávě **8** horlivý **9** hud. silně synkopovaný, improvizovaný džez **10** slang. žádaný, jdoucí na dračdračku o zboží ♦ ~ *dog* am. slang. párek, vuřt v housce; ~ *line* 1 horká linka (např. mezi hlavami států) 2 linka důvěry; ~ *pants* slang. minišortky; ~ *working* zpracování / tváření za tepla; *blow* ~ *and cold* kolísat; *in* ~ *pursuit* těsně v patách ● *v* ohřát, vytopit ~-*bed* pařeniště ~-*blooded* [ı-ıbladıd] horkokrevný -*dog* (-*gg*-) předvádět se ~-*headed* [-hedıd] prudký, ukvapený ~-*house** skleník ~-*rolled steel* ocel válcovaná za tepla ~-*spur* prchlivec ~-*water-bottle* [ıhotıwo:təıbotl] ohřívací láhev

hotch-potch [ıhočpoč] míchanice, mišmaš

hotel [həuıtel] hotel ♦ ~ *trade* / *business* / *industry* hotelnictví **-ier** [-jə] hoteliér

hound [ıhaund] *s* 1 lovecký pes 2 padouch, lump, mizera ● *v* honit, štvát ♦ ~ *on to* dohnat k

hour [ıauə] 1 hodina 2 přen. doba ♦ *after* -*s* mimo úřední hodiny, po úředních hodinách; *labour* -*s* hodiny jednicové práce; *machine* -*s* strojové hodiny; *office* -*s* úřední hodiny; *overtime* -*s* přesčasové hodiny; *standard* -*s* normohodiny; *working* -*s* odpracované hodiny ~-*glass* přesýpací hodiny ~-*hand* hodinová ručička **-ly** *adv* každou chvíli, často ● *a* hodinový

house* [ıhaus] *s* 1 dům 2 domácnost, domov, rodina; dynastie 3 sněmovna 4 divadlo, obecenstvo 5 lid. burza (*the H~*) 6 internát, univerzitní kolej 7 obchodní dům, firma ♦ *H~ of Commons* dolní sněmovna; *H~ of Lords* horní sněmovna; *enter the H~* stát se členem parlamentu; ~ *of call* zprostředkovatelna práce; *keep** ~ starat se o domácnost; *keep** *open* ~ mít vždy dům otevřený, být pohostinný; *keep** *the* ~ nevycházet z domu; *throw** *the* ~ *out of the window* div

nevylítnout z kůže ● *v* [ıhauz] 1 ubytovat (se), bydlit (*in* v) 2 uskladnit v domě 3 zabudovat, zamontovat ~-*boat* obytná loď ~-*breaker* [ı-ıbreikə] bytový lupič ~-*breaking* [ı-ıbreikıŋ] vloupání do bytu ~-*dog* hlídací pes ~-*fly* zool. moucha domácí -*hold* domácnost; dům, rodina; služebnictvo -*holder* hlava rodiny, hospodář ~-*maid* služebná ~-*matin* [ı-ıma:tın] zool. jiřička ~-*warming party* večírek nově usazené domácnosti -*wife** 1 [-waif] hospodyně; paní domu 2 [ıhazif] krabice na šití, jehelníček

housing [ıhauzıŋ] 1 útulek, přístřeší, úkryt; bydlení 2 kryt motoru 3 obch. skladné 4 námoř. část stěžně pod palubou ♦ *the* ~ *problem* / *question* bytový problém / otázka

hove [ıhəuv] *pt, pp* od *heave*

hovel [ıhovl] *s* kolna, chatrč ● *v* (-*ll*-) dát do kolny

hover [ıhovə] 1 vznášet se (*over, about* nad) 2 potulovat se, zdržovat se, postávat 3 skrčit se -*craft* sg i pl vznášedlo

how [ıhəu] 1 jak? (~ *far is it*? jak daleko je to?) 2 proč? 3 zač? (~ *is corn*? zač je obilí?) 4 jakže?, co? ♦ ~ *are you*? jak se máte? -*ever* [hauıevə] jakkoli, nicméně, leč, ale

howdy [ıhaudi] *interj* am. hovor. nazdar, ahoj

howitzer [ıhauitsə] houfnice

howl [ıhaul] *v* 1 výt, skučet 2 naříkat (*at, over* pro) ● *s* vytí, skučení -*er* hovor. kiks, bota

howsoever [ıhausəuıevə] jakýmkoli způsobem, do jakékoli míry

hoy [ıhoi] *interj* hoj! ● *s* menší nákladní loď

hoyden [ıhoidən] uličnice

hub [ıhab] náboj kola, přen. osa dění, střed pohybu; jádro cívky, zdířka

hubbub [ıhabab] 1 hluk, hřmot 2

zmatek

hubby ['habi] hovor. mužíček

huckle ['hakl] kyčel **~-backed** hrbatý **–berry** am. borůvka

huckster ['hakstə] **1** podomní obchodník **2** prodejný, zištný člověk, čachrář

huddle ['hadl] v **1** naházet bez ladu a skladu **2** (s)choulit se, (s)krčit se **3** dělat spěšně, nepořádně (~ a job through odbýt práci) **4** naházet na sebe (on clothes šaty) **5** dát hlavy dohromady ~ **up** sflikovat, záplatovat ● s **1** hromada, dav **2** zmatek

hue[1] ['hju:] barva, odstín

hue[2] ['hju:] and cry **1** křik, pokřik zvl. při pronásledování zločince **2** výzva k dopadení zločince

huff ['haf] **1** těžce oddychovat **2** pouštět hrůzu na, láteřit **3** urazit koho **4** vzít figurku při dámě ● s rozmrzelost, podrážděnost **–ish**, **–y** ['hafiš, -i] podrážděný, rozzlobený, nedůtklivý

hug ['hag] v (-gg-) **1** obejmout, sevřít, laskat, milovat **2** držet se těsně (the shore u břehu); lpět na ~ o.s. blahopřát si (on, for k) ● s objetí; stisk, zápasnický hmat

huge ['hju:dž] ohromný, obrovský

hugger-mugger ['hagə'magə] brit. s **1** tajnůstkářství **2** zmatek, chaos ♦ in ~ spěšně a tajně ● a **1** tajný **2** zmatený ● adv **1** tajnůstkářsky, potajmu **2** zmateně ● v držet v tajnosti, ututlat, jednat potajmu, dělat zmatek

hulk ['halk] **1** vyřazená loď sloužící za skladiště **2** pl vězeňská loď **3** masa, hmota **–ing**, **–y** mohutný, neohrabaný

hull ['hal] s **1** lusk **2** slupka **3** námoř. trup lodi ● v **1** oloupat, vyloupnout **2** zasáhnout trup lodi torpédem apod.

hullaballoo [ˌhaləbə'lu:] vřava, rámus, kraval

hullo ['hə'ləu] interj halo!, ale, ale

hum ['ham] interj hm! ● v (-mm-) **1**

bzučet **2** brit. vulg. smrdět ● s **1** bzukot, mumlání **2** brit. vulg. smrad **–ming-bird** ['hamiŋbə:d] zool. kolibřík

human ['hju:mən] a lidský ♦ H~ Immunodefficiency Virus med. virus lidské imunodeficience virus, způsobující selhání imunity (HIV); ~ interest zainteresovanost; ~ relations osobní vztahy v podniku, mezilidské vztahy; ~ touch citlivost pro cizí osudy ● s člověk, lidská bytost

human|e [hju:'mein] lidský, lidumilný, humánní **–ism** ['hju:mənizəm] humanismus **–itarian** [hju:ˌmæni'teəriən] humanitní, společenskovědní **–ity** [hju:'mænəti] **1** lidství, lidskost **2** lidstvo **3** pl lidské vlastnosti **4** pl klasická literatura

humankind ['hju:mən'kaind] lidstvo

humble ['hambl] a **1** pokorný, skromný **2** nízký, ponížený ♦ eat* ~ pie kát se, jít do sebe ● v ponížit, pokořit **~-bee** zool. čmelák **~-plant** netýkavka

humbug ['hambag] s **1** balamucení, podvod **2** podvodník ● v (-gg-) podvést, obalamutit (out of o)

humdrum ['hamdram] jednotvárný, nudný, všední

humer|us ['hju:mərəs], pl **-i** [-ai] kost pažní

humid ['hju:mid] vlhký **–ity** [hju:'midəti] vlhkost

humili|ate [hju:'milieit] ponížit, pokořit **–ation** [ˌhju:mili'eišən] ponížení, pokoření **-ty** [hju:'miləti] pokora

hummock ['hamək] **1** pahorek, homole **2** ledový hřeben

humongous, **humungous** [hju'maŋgəs] a hovor. obrovitánský, hrozitánský

humour ['hju:mə] s **1** humor, nálada, náladovost **2** biol. šťáva těla **3** pl vrtochy ♦ out of ~ mrzutý; be in ~ of (for) mít chuť k; ill ~ špatná nálada ● v dělat komu pomyšlení, dělat ústupky, přizpůsobit se **–ist** [-rist] čtverák, humorista, podivín

hump [ˈhamp] hrb **–back** hrb, hrbáč **–backed, –ed** hrbatý

humus [ˈhju:məs] prsť, humus

hunch [ˈhanč] v nahrbit (se), o-, se|hnout se • s 1 hrb 2 pořádný kus, flák ♦ have a ~ that am. mít nos, že; tušit, že **–back** hrbáč

hundred [ˈhandrəd] sto, stovka **–fold** stonásobný, -ě **–th** [-θ] stý, setina **–weight** [-weit] centýř (100 lb)

hung [ˈhaŋ] pt, pp od **hang**

hung(-)up [ˈhaŋap] slang. 1 poblázněný (on čím) 2 nadšený 3 posedlý (on čím) 4 naštvaný, otrávený

Hungar|ian [haŋˈgeəriən] a maďarský • s 1 Maďar 2 maďarština **–y** [ˈhaŋgəri] Maďarsko

hunger [ˈhaŋgə] s 1 hlad 2 silná touha (for, after po) ♦ die of ~ zemřít hlady; satisfy one's ~ ukojit hlad • v hladovět, lačnět (for po); týrat hladem **~-march** hladový pochod **~-strike** hladovka

hungry [ˈhaŋgri] hladový, lačný ♦ I am ~ as a hunter / am. horse mám hlad jako vlk

hunk [ˈhaŋk] velký kus, důkladný flák, klín

hunkers [ˈhaŋkəz] brit. zadnice, zadek

hunks [ˈhaŋks] hovor. skrblík

hunt [ˈhant] s 1 hon, lov 2 shon 3 smečka 4 honitba, honební revír 5 lovecká družina, lovci • **out, up** vypátrat, objevit • v 1 lovit, honit 2 štvát zvěř 3 pronásledovat 4 pátrat (after, for po), shánět ♦ ~ high and low usilovně hledat **–er** 1 lovec 2 lovecký pes, kůň **–ing** lov, honba **–ing-ground** loviště, revír

hurdle [ˈhə:dl] s 1 hať, košatina 2 překážka na závodech 3 pl plot z prouteného pletiva • v 1 skákat přes překážky 2 oplotit

hurl [ˈhə:l] v mrštit, metat, hodit (at po) • s hod, vrh

hurly-burly [ˈhə:li‚bə:li] vřava, lomoz

hurrah, hurray [huˈra:, huˈrei] interj hurá!

hurricane [ˈharikən] vichřice, uragán **~-deck** námoř. bouřková paluba

hurry [ˈhari] v 1 spěchat, mít naspěch 2 pohánět, hnát 3 jednat ve spěchu ~ up pospíšit si • s spěch, chvat ♦ be in a ~ spěchat, mít naspěch **~-scurry** [‚-ˈskari] s překotný spěch, zmatek • adv chvatně, překotně

hurt* [ˈhə:t] v 1 zranit 2 po-, škodit 3 ublížit 4 hovor. bolet ♦ it -s působí bolest, škodí • s 1 poranění 2 ublížení 3 škoda **–ful** škodlivý

hurtle [ˈhə:tl] 1 pádit, hnát se 2 narazit (against na) 3 mrštit, hodit

husband [ˈhazbənd] s manžel, choť ♦ ship's ~ lodní hospodář, správce lodi • v hospodařit **–man*** hospodář, rolník **–ry** hospodářství, hospodaření, rolnictví, zemědělství

hush [ˈhaš] v u|konejšit (a baby to sleep dítě k spánku), utišit (se) ~ up ututlat aféru • s ticho • interj tiše!

husk [ˈhask] s slupka, lusk • v loupat **–y** slupkovitý 2 chraptivý 3 am. zdatný

Husky [ˈhaski] 1 eskymácký pes 2 Eskymák 3 eskymáčtina

hussar [huˈza:] husar

Hussite [həˈsait] s husita • a husitský

hussy, huzzy [ˈhazi] pochybná ženština, drzá žába

hustings [ˈhastiŋz] řečnická zvl. volební tribuna

hustle [ˈhasl] v 1 strkat, tlačit (se) 2 nutit (into do) 3 lid. mrsknout sebou, pospíšit si • s 1 čilý ruch 2 tlačenice

hut [ˈhat] s 1 chatrč, bouda 2 barák pro vojsko • v (-tt-) ubytovat vojsko v barácích

hutch [hač] **1** truhlík na praní rudy, truhla na zrní n. mouku **2** králíkárna **3** bouda **4** pekařské necky

hyacinth [ˈhaiəsinθ] bot. hyacint

hyaline [ˈhaiəlin] **1** skelný, křišťálový **2** tech. průhledný

hybrid [ˈhaibrid] a hybridní, kříženený ● s kříženec, hybrid, bastard

hydra [ˈhaidrə] **1** hydra **2** přen. nezmar

hydr|ant [ˈhaidrənt] hydrant, vodovodní kohout **–ate** [ˈhaidreit] hydrát ♦ ~ of lime hašené vápno

hydrargyrum [haiˈdra:džirəm] rtuť

hydraulic [haiˈdro:lik] hydraulický, kapalinový ♦ ~ brake / recoil hydraulická brzda; ~ power plant vodní elektrárna; ~ press hydraulický lis

hydro* [ˈhaidrau] vodoléčebný ústav

hydrofoil [ˈhaidrəufoil] křídlový člun, mořská raketa

hydrogen [ˈhaidrədžən] chem. vodík ♦ ~ bomb vodíková bomba

hydro|phobia [ˌhaidrəfəubiə] **1** hydrofobie **2** vzteklina **–plane** [ˈhaidrəplein] hydroplán **–skimmer** am. vznášedlo

hyena, hyaena [haiˈi:nə] zool. hyena **~–dog** šakal

hygien|e [ˈhaidži:n] zdravověda; hygiena **–ic** [haiˈdži:nik] zdravotní (conditions stav) **–ist** [haiˈdži:nist] hygienik

hygrometer [haiˈgromitə] vlhkoměr

hymen [ˈhaimən] med. panenská blána **–eal** [ˌhaimeˈni:əl] svatební

hymn [him] s chvalozpěv, chorál, hymnus ● v velebit zpěvem, zpívat chorály **~–book** kancionál, zpěvník

hyp [hip] brit. lid. zkr. = hypochondria

hype¹ [haip] brit. slang. s **1** narkoman, feťák **2** injekční stříkačka na drogu ● v vzrušit, vyhecovat

hype² [haip] slang. s **1** vracení nesprávné částky peněz při placení **2** reklamní trik, tahák ● v dávat nesprávně nazpět, podfouknout koho

hyperacidity [ˌhaipərəˈsiditi] překyselenost

hyperbol|a [haiˈpə:bələ] hyperbola **–e** [haiˈpəbəli] nadsázka

hypercritical [ˌhaipəˈkritikl] nadmíru kritický

hyperopic [ˌhaipəˈrəupik] dalekozraký

hypersonic [ˌhaipəˈsonik] nadzvukový

hypertension [ˌhaipəˈtenšən] hypertenze, vysoký krevní tlak

hyphen [ˈhaifən] gram. spojovací / rozdělovací čárka ● v označit, rozdělit čárkou

hypno|sis [hipˈnəusis] hypnóza **–tic** [-ˈnotik] hypnotický

hypo [ˈhaipəu] brit. lid. hypochondrie; injekční stříkačka **–chondriac** [ˌhaipəuˈkondriæk] hypochondr

hypocrisy [hiˈpokrəsi] pokrytectví **–crite** [ˈhipəkrit] pokrytec **–critical** [ˌhipəuˈkritikl] pokrytecký

hypodermic [ˌhaipəuˈdə:mik] podkožní (needle injekční stříkačka)

hypotenuse [haiˈpotinju:s] geom. přepona

hypothec [haiˈpoθik] brit. hypotéka **–ate** [-eit] **1** zaručit **2** zatížit hypotékou

hysteria [hiˈstiəriə] hysterie **–ics** [hiˈsteriks] pl záchvat(y) hysterie

I

I¹, i [ˈai] písmeno i

I² [ˈai] já

iamb|ic [aiˈæmbik] a jambický ● s jambický verš **–us** [-əs] jamb

ibex [ˈaibeks] kozorožec

ice [ˈais] s **1** led **2** zmrzlina (~ cream) ~ accretion námraza; cut* no ~ nepadat na váhu ● v proměnit (se) v led, opatřit ledem, polevou; dát k ledu, zledovatit, zmrazit **–berg** plovoucí ledovec

~-boat 1 saně hnané plachtami **2** = *ice-breaker* **~-bound** sevřený ledem **~-box** am. lednička **~--breaker** [-͵-] ledoborec **~-field** ledové pole **~-float**, **~-floe** [-fləut, -fləu] ledová kra **~-hockey** (lední) hokej **~-house*** ledárna **~-man*** am. ledař **~-out** tání ledu **~-pack** ledový zábal **~-pudding** [͵-͵-] polárkový dort **~-rink** kluziště

Iceland ['aislənd] Island **–er** Islanďan **–ic** [-ˈlændik] *a* islandský ● *s* islandština

icicle ['aisikl] rampouch

icing ['aisiŋ] **1** poleva **2** led.hokej zakázané uvolňování

icon ['aikon] ikona **–oclasm** [ai'konəklæzm] obrazoborectví

icy ['aisi] ledový

I'd = *I would* n. *I had*

idea [ai'diə] **1** idea, myšlenka, pojem **2** ponětí **3** nápad, představa **4** úmysl, plán

ideal [ai'diəl] *a* ideální, ideový, myšlenkový ● *s* ideál **–ist** idealistka **–istic** [ai͵diəˈlistik] idealistický **–ize** [-aiz] idealizovat

ident|ical [ai'dentikl] totožný, identický **–ification** [ai͵dentifiˈkeišən] identifikace ♦ *~ mark* poznávací značka **–ifier** [-ifaiə] identifikátor **–ify** [-fai] ztotožnit (*o.s.* se), zjistit totožnost, shodnost ♦ *~ card* / *book* občanský průkaz; *~ papers* osobní doklady; *~ disk* voj. identifikační destička

ideological [͵aidiəˈlodžikl] ideologický **–logue** [ai'diolog] polit. ideolog **–logy** [͵aidiˈolodži] ideologie

idiocy ['idiəsi] idiotství, blbost

idiom ['idiəm] idiom, ustálené rčení, jazyková zvláštnost

idiot ['idiət] idiot, blbec **–ic(al)** [͵idiˈotikl] slabomyslný, blbý

I'll ['ail] = *I will*

idle ['aidl] *a* **1** zahálející, nečinný **2** neužitečný, planý; zbytečný, nepotřebný **3** zahálčivý **4** jalový ♦ *lie** *~* ležet bez užitku; *the ma-*

chines stand ~ stroje zahálejí, stojí nevyužity, mají prostoj; *~ capacity* nevyužitá výrobní kapacita; *~ current* elektr. jalový proud; *~ fellow* lenoch; *~ pulley* volná řemenice, vodicí kladka; *~time* ztrátový čas; *~ wheel* náhradní, bezpečnostní kolo ● *v* **1** zahálet **2** běžet naprázdno *~ away* prozahálet **–ness 1** zahálka, nečinnost **2** lenost **–r** lenoch, zaháleč

idol ['aidl] modla, obraz **–ater** [ai'dolətə] zbožňovatel **–atress** [ai'dolətris] zbožňovatelka **–atrous** [ai'dolətrəs] modlářský **–atry** [ai'dolətri] modlářství **–ize** ['aidəlaiz] zbožňovat koho, kořit se komu

idyl ['aidil] idyla, selenka **–lic** [ai'dilik] idylický

if ['if] **1** jestliže, -li **2** kdyby **3** zdali **4** kéž **5** i když

igneous ['igniəs] ohnivý, žhavý

ignis fatuus [͵ignisˈfætjuəs], pl *ignes fatui* [͵igniːzˈfætjuai] bludička

ignit|e [ig'nait] zapálit (se), vznítit (se), žhnout **–er** [ig'naitə] roznětka **–ition** [ig'nišən] zapálení, vznícení

ignoble [ig'nəubl] nečestný, nepoctivý; sprostý

ignomin|ious [͵ignəuˈminiəs] potupný, zahanbený **–y** [ig'nomini] potupa, hanba

ignoramus [͵ignəˈreiməs] hlupák, ignorant **–ance** ['ignərəns] neznalost, nevědomost **–ant** ['ignərənt] nevědoucí, neznalý (*of* čeho) **–e** [ig'noː] **1** nevšímat si, nedbat čeho, ignorovat **2** práv. zamítnout

ilex ['aileks] bot. **1** cesmina **2** dub křemelák

ilk ['ilk] hovor. *the same ~* stejná n. jedna branže

I'll ['ail] = *I will*

ill ['il] *a* **1** nemocný, churavý pred. **2** zlý, špatný **3** nešťastný **4** škodlivý ● *adv* špatně, stěží ● *s* zlo, neštěstí, škoda; nemoc, bolest

♦ ~ *blood* zlá vůle; *behave* ~ chovat se špatně; *I am* ~ *at case* je mi nevolno; *speak** ~ *of* mluvit špatně o; *he was taken* ~ onemocněl **~-bred** nevychovaný **~-favoured** ohyzdný **~-mannered** [ˌ-ˈ-ˈ] nezpůsobilý **~-nature** [ˌ-ˈneičə] zlovůle, potměšilost **~-tempered** [ˌ-ˈ-ˈ] mrzutý, nevrlý **~-treat** špatně zacházet s kým **~-treatment** [ˌ-ˈ-ˈ] špatné zacházení (*of* s)

illegal [iˈli:gl] nezákonný **-ity** [ˌili:-gæləti] nezákonnost

illegible [iˈledžəbl] nečitelný

illegitimate [ˌiliˈdžitimət] a nemanželský ● s nemanželské dítě

illiberal [iˈlibərəl] nesvobodomyslný; úzkoprsý, skoupý

illicit [iˈlisit] nezákonný, zakázaný ♦ ~ *trade* černý obchod

illimitable [iˈlimitəbl] neobmezený

illiteracy [iˈlitərəsi] analfabetismus, negramotnost **-ate** [iˈlitərit] negramotný

illness [ˈilnis] **1** nemoc **2** špatnost

illogical [iˈlodžikl] nelogický

illuminate [iˈlju:mineit] **1** osvětlit, opatřit iluminací **2** objasnit **3** ozdobit iniciálkami **-ion** [iˈlju:miˈneišən] **1** osvětlení **2** objasnění **3** osvícení **4** iluminování, výzdoba ručně malovanými iniciálkami a drobnomalbami **-ive** [-iv] osvětlovací; ilustrační **-or 1** osvětlovač **2** iluminátor, malíř iniciálek apod.

illumine [iˈlju:min] = *illuminate*

illusion [iˈlu:žən] přelud, klam, iluze **-ive** [iˈlu:siv], **-ory** [-əri] klamný, matoucí, iluzorní

illustrate [ˈiləstreit] **1** vysvětlit, objasnit **2** ilustrovat **-ion** [ˌiləˈstreišən] **1** znázornění, objasnění **2** ilustrace

illustrious [iˈləstriəs] vynikající, proslavený, známý

I'm = *I am*

image [ˈimidž] *s* **1** obraz **2** socha **3** dojem, představa; přen. celková koncepce **4** symbol, podoben-

ství; podoba ● *v* vyobrazit **-ry** [ˈimidžəri] **1** obrazy, sochy, řezby; zpodobení štětcem, ilustrace **2** představa (*of* o), obraz čeho **3** odraz, zrcadlení; optický, akustický obraz

imaginable [iˈmædžinəbl] představitelný **-ary** [-əri] domnělý, pomyslný, imaginární **-ation** [iˌmædžiˈneišən] obrazotvornost, představivost, fantazie **-ative** [-ətiv] představivý, mající fantazii, nápaditý **-e** [iˈmædžin] představit si; domnívat se, myslit si

imbecile [ˈimbəsil] slabomyslný, imbecilní **-ity** [ˌimbəˈsiləti] slabomyslnost, slabost duševní

imbibe [imˈbaib] **1** vsát, napojit se **2** hovor. nemírně pít, nasávat

imbue [imˈbju:] **1** napojit, napustit **2** zbarvit

imitate [ˈimiteit] napodobit, imitovat **-able** [ˈimitəbl] napodobitelný **-ation** [ˌimiˈteišən] napodobení, imitace **-ative** [-iv] zvukomalebný, napodobující **-ator** [-ə] napodobitel, imitátor

immaculate [iˈmækjulət] neposkvrněný

immaterial [ˌiməˈtiəriəl] nehmotný, nepodstatný

immature [ˌiməˈtjuə] nezralý, předčasný **-ity** [ˌiməˈtjuərəti] nezralost, předčasnost

immeasurable [iˈmežərəbl] neměřitelný, nezměrný

immediate [iˈmi:djət] bezprostřední, neodkladný, okamžitý **-ly** ihned, okamžitě

immemorial [ˌiməˈmorial] nepamětný, pradávný

immense [iˈmens] nesmírný, ohromný, nezměrný **-ity** [iˈmensəti] nezměrnost, ohromnost

immerse [iˈmə:s] **1** ponořit (se) (*in* v) **2** uvrhnout (*in debts* do dluhů) ~ *o.s.* ponořit se (*in study* do studia) **-ion** [iˈmə:šən] **1** ponoření, ponor **2** hvězd. vstup do stínu ♦ ~ *heater* ponorný ohřívač immigr|ant ['imigrənt] přistěhovalec **–ate** ['imigreit] přistěhovat se **–ation** [,imi'greišən] přistěhovalectví

immin|ence ['iminəns] hrozba **–ent** nastávající, bezprostředně hrozící

immobile [i'məubail] nehybný

immoderate [i'modərət] nemírný, nepřiměřený

immodest [i'modist] neskromný; neslušný, nestydatý

immolat|e ['iməuleit] obětovat **–ion** [,imo'leišən] obětování, oběť

immoral [i'morəl] nemravný **–ity** [imə'ræləti] nemravnost

immort|al [i'mo:tl] a nesmrtelný ● s nesmrtelná bytost **–ality** [,imo:-'tæləti] nesmrtelnost **–alize** [i'mo:-təlaiz] zvěčnit **–elle** [,imo:'tel] bot. slaměnka

immovable [i'mu:vəbl] a nehybný, pevný; neochvějný; nemovitý ● s pl nemovitosti

immun|e [i'mju:n] vyňatý (*from* z); bezpečný, odolný, imunní **–ity** [i'mju:nəti] odolnost; osvobození od daní, výsada; nedotknutelnost, imunita

immure [i'mjuə] uvěznit, uzavřít (*o.s. up* se); zazdít

imp ['imp] s 1 šotek, čertík, rarášek 2 nezbeda ● v zesílit co, posílit

impact [im'pækt] v vtlačit, nacpat; mít vliv ((*up*)*on* na) ● s ['impækt] náraz; vliv, účinek (*on* na)

impair [im'peə] narušit, zhoršit (*friendly relations among nations* přátelské vztahy mezi národy)

impale [im'peil] 1 narazit na kůl koho 2 napíchnout

impalpable [im'pælpəbl] nehmatatelný, nepostižitelný

impart [im'pa:t] 1 udělit, propůjčit; předat, dát část 2 sdělit, oznámit

impartial [im'pa:šl] nestranný (*to* k) **–ity** [im,pa:ši'æləti] nestrannost

impass|able [im'pa:səbl] neschůdný, nesjízdný **–e** [im'pa:s] 1 slepá cesta, ulička 2 bezvýchodná situace / pozice

impassion [im'pæšən] hluboce rozrušit **–ed** vášnivý, mocně vzrušený

impassive [im'pæsiv] necitelný, apatický

impaste [im'peist] 1 obalit těstem, uhníst v těsto 2 zpevnit 3 nanášet štětcem hustě barvu

impati|ence [im'peišəns] netrpělivost, odpor, nechuť **–ent** netrpělivý (*at, under* nad), nedočkavý (*for* čeho); nedůtklivý (*with* na)

impawn [im'po:n] dát do zástavy

impeach [im'pi:č] 1 obvinit, obžalovat z velezrady apod. (*of, with* kým, z čeho) 2 brát v pochybnost **–able** [-əbl] obvinitelný, trestný, zodpovědný (*for* za) **–ment** 1 pochybnost(i) (*of* o) 2 obžaloba, obvinění z velezrady

impeccable [im'pekəbl] bez hříchu, bezúhonný, dokonalý

impecunious [,impi'kju:njəs] bez peněz, chudý

impedance [im'pi:dəns] elektr. impedance, zdánlivý odpor

imped|e [im'pi:d] zdržovat, bránit, překážet **–iment** [im'pedimənt] 1 překážka 2 závada 3 pl voj. zavazadla

impel [im'pel] v (*-ll-*) hnát, pohánět **–lent** a hnací ● s hnací síla, popud **–ler** 1 poháněč 2 vodní pumpa

impend [im'pend] 1 vznášet se hrozivě (*over* nad) 2 hrozit **–ence** [im'pendəns] hrozivá blízkost **–ing** 1 hrozící 2 nastávající, budoucí

impenetr|ability [im,penitrə'biləti] nep_roniknutelnost **–able** [im'penitrəbl] neproniknutelný, nepropustný; nevyzpytatelný

impenitent [im'penitənt] zatvrzelý, nekajícný

imperative [im'perətiv] a rozkazovačný, přen. kategorický ● s jaz. rozkazovací způsob, imperativ; přen. příkaz, závazné pravidlo

imperceptible [ˌimpəˈseptəbl] nepostřehnutelný
imperfect [imˈpə:fikt] *a* 1 nedokonaly, neúplný 2 jaz. imperfektní ● *s* jaz. imperfektum **–ion** [ˌimpə:-ˈfekšən] nedokonalost, vada
imperial [imˈpiəriəl] *a* 1 císařský 2 svrchovaný 3 říšský 4 velkolepý, skvělý ● *s* 1 císařský vous, bradka 2 truhlík na zavazadla na střeše kočáru, zavazadlový prostor v nástavci na autobusu 3 imperiál formát papíru **–ism** [-izəm] imperialismus **–ist** imperialista
imperious [imˈpiəriəs] velitelský, naléhavý
imperil [imˈperil] ohrozit
imperishable [imˈperišəbl] nehynoucí, nezničitelný
impermeable [imˈpə:mjəbl] nepropustný, nepromokavý
imperson|al [imˈpə:sənl] *a* neosobní ● *s* jaz. neosobní sloveso **–ate** [-eit] zosobnit, personifikovat, herecky ztvárnit
impertin|ence [imˈpə:tinəns] neslušnost, drzost **–ent** nemístný, neslušný, drzý, impertinentní
imperturbable [ˌimpə:ˈtə:bəbl] klidný, chladnokrevný
impervious [imˈpə:viəs] 1 nepropustný (~ *to rain* nepromokavý) 2 nepřístupný, lhostejný
impetigo [ˌimpiˈtaigəu] lišej, vyrážka, impetigo
impetu|osity [imˌpetjuˈosəti] prudkost **–ous** [imˈpetjuəs] prudký, vášnivý
impetus [ˈimpitəs] 1 hybná síla, hybný moment, hnací síla 2 popud **~-wheel** setrvačník
impiety [imˈpaiəti] bezbožnost
impinge [imˈpindž] 1 udeřit, narazit (*upon, on* na) 2 neprávem zasahovat (*upon a p.'s authority* do něčí autority) **–ment** 1 srážka, náraz 2 působení, vliv
impious [ˈimpiəs] bezbožný
impish [ˈimpiš] rozpustilý, šelmovský

implac|able [imˈplækəbl] nesmiřitelný **–ability** [imˌplækəˈbiləti] nesmiřitelnost
implant [imˈplɑ:nt] zasadit, vštípit implantovat
implement [ˈimplimənt] *s* 1 nástroj 2 pl náčiní, nářadí ● *v* [ˈimpliment] vykonat, provést **–or** [ˌimpliˈmentə] realizátor
implicat|e [ˈimplikeit] 1 zaplést 2 mít za následek, podmiňovat 3 implikovat, zahrnout (*in* do) **–ion** [ˌimpliˈkeišən] zapletení, důsledek, implikace
implicit [ˈimplisit] zahrnutý, vyplývající (*in* z), implicitní, samozřejmě předpokládaný
implode [imˈpləud] též jaz. implodovat
implore [imˈplo:] zapřísahat, úpěnlivě prosit (*a p.'s help* o něčí pomoc)
imply [imˈplai] 1 zahrnovat v sobě, obsahovat, implikovat 2 znamenat, nutně vést k závěru
impolite [ˌimpəˈlait] nezdvořilý
imponderable [imˈpondərəbl] nezvažitelný, nezměřitelný
import [imˈpo:t] *v* dovážet; znamenat; výpoč. tech. importovat soubor ● *s* [ˈimpo:t] 1 dovoz 2 význam 3 důležitost 4 pl dovezené zboží
import|ance [imˈpo:təns] důležitost, význam ♦ *attach ~ to* přikládat čemu důležitost **–ant** důležitý, závažný **–ation** [ˌimpo:ˈteišən] 1 dovoz 2 dovážený předmět
importer [imˈpo:tə] dovozce
importun|ate [imˈpo:tjunət] naléhavý, dotěrný **–e** [imˈpo:tju:n] naléhavě žádat; dotírat na koho, obtěžovat **–ity** [ˌimpo:ˈtju:nəti] neodbytnost, dotěrnost
impos|e [imˈpəuz] 1 uvalit, uložit (*a tax* daň) 2 vnutit 3 imponovat 4 ošidit (*upon* koho) 5 využitkovat 6 polygr. sázet typy ♦ *~ an economic blockade on* uvalit hospodářskou blokádu na **–ing** velkolepý,

impozantní **–ition** [ˌimpəˈzišən] **1** círk. kladení rukou k žehnání **2** poplatek, dávka, clo **3** břímě **4** podvod **5** písemný trest ve škole **6** přen. přehnaný požadavek

imposs|ibility [imˌposəˈbiləti] nemožnost **–ible** [imˈposəbl] nemožný

impost [imˈpəust] **1** pata oblouku **2** poplatek, daň

impost|er [imˈpostə] podvodník **–ure** [-ˈposčə] podvod

impot|ence [ˈimpətəns] nemohoucnost, slabost; impotence **–ent** nemohoucí, slabý; impotentní

impound [imˈpəund] **1** zavřít dobytek do ohrady **2** zabavit, konfiskovat

impoverish [imˈpovəriš] ochudit, ožebračit **–ment** zbídačení, ochuzení, ožebračení; vymrskanost půdy

impractic|able [imˈpræktikəbl] neuskutečnitelný, nepraktický, nesjízdný **–al** nepraktický

imprecat|e [ˈimprikeit] **1** proklínat **2** přivolávat co (upon na) **–ion** [ˌimpriˈkeišən] **1** proklínání, kletba **2** prosba, modlitba

impregn|ate [ˈimpregneit] v **1** oplodnit, obtěžovat **2** nasytit; napustit, impregnovat ● a [imˈpregnit] těhotná **–ation** [ˌimpregˈneišən] **1** oplodnění, otěhotnění **2** nasycení, napuštění, impregnace

impress [imˈpres] v **1** vtlačit, vtisknout, provést kartáčový otisk **2** učinit silný dojem, imponovat **3** ovlivnit, vštípit, vnutit **4** zabavit **5** vymáhat **6** naverbovat na vojnu, rekvírovat ● s [ˈimpres] **1** vtlačení **2** otisk, razítko **3** dojem **4** ráz, osobitý znak **5** násilný odvod **–ion** [imˈprešən] **1** dojem **2** otištění, vtisknutí **3** otisk (of fingers prstů) **4** vydání knihy ze sazby **–ive** [-ˈpresiv] působivý, impozantní

imprest [ˈimprest] půjčka, závdavek, zálohování

imprint [imˈprint] v **1** vtisknout (on na) **2** vyrazit, vyznačit, orazítkovat **3** biol. vštípit do paměti o zvířatech (on, in do, na) ● s [ˈimprint] **1** otisk; známka **2** tiráž **3** pečeť, stopa

imprison [imˈprizn] uvěznit **–ment** uvěznění, trest na svobodě

improb|ability [imˌprobəˈbiləti] nepravděpodobnost **–able** [imˈprobəbl] nepravděpodobný

impromptu [imˈpromptu:] a improvizovaný, nepřipravený ● adv improvizovaně, spontánně

improp|er [imˈpropə] nepravý (fraction zlomek); nevhodný, nepatřičný, neslušný **–riety** [ˌimprəˈraiəti] nevhodnost, neslušnost

improve [imˈpru:v] **1** zlepšit (se), vzdělávat, školit koho, přen. dělat komu kázání **2** zdokonalit (upon co) **3** využít příležitosti **4** opravit **5** am. zvýšit se, stoupnout **–ment** zlepšení, zdokonalení; využitkování; meliorace; zvýšení cen, přírůstek (in v) **–r 1** zlepšovatel **2** volontér **3** zlepšovací prostředek

improvid|ence [imˈprovidəns] neprozřetelnost **–ent 1** neprozřetelný **2** lehkomyslný

improvis|ation [ˌimprəvaiˈzeišən] improvizace **–e** [ˈimprəvaiz] improvizovat

imprudent [imˈpru:dənt] nerozumný, neprozřetelný

impud|ence [ˈimpjudəns] nestydatost, drzost **–ent** nestydatý, drzý

impugn [imˈpju:n] napadnout slovy, vyjádřit pochyby o, vzít v potaz pravdivost

impuissant [imˈpju:isənt] nemohoucí, slabý

impuls|e [ˈimpals] s **1** popud, podnět (to, towards k) **2** náraz, tlak ♦ ~ (n. impulsive) turbine stroj. rovnotlaká turbina, akční turbina **–ive** [imˈpalsiv] **1** podnětný **2** hnací (force síla) **3** vznětlivý, impulzívní

impunity [imˈpju:nəti] beztrestnost

impur|e [im'pjuə] nečistý; necudný **–ity** [-rəti] nečistota; necudnost
imput|ation [,impju'teišən] přičítání viny, obvinění **–e** [im'pju:t] připisovat, klást za vinu (*to* komu)
in [in] prep v(e), u, při, na; do, z; za, od; pro, podle ♦ ~ *Europe, England,* ~ *London* o velkých městech n. o městech, kde mluvčí bydlí, jinak *at;* ~ *the house,* ~ *a pond,* ~ *a crowd* v domě, v rybníce, v davu; ~ *the street* na ulici; ~ *mourning* ve smutku; ~ *white* v bílém; *blind* ~ *one eye* slepý na jedno oko; *not one* ~ *a hundred* ani jeden ze sta; *cut** ~ *halves* rozpůlit; *believe* ~, *trust* ~ věřit, doufat v; *fall** ~ *love* zamilovat se; *put** *hands* ~ *one's pockets* strčit ruce do kapes; *throw** ~ *the fire* hodit do ohně; ~ *compensation for* v náhradu za; ~ *any case* v každém případě; ~ *earmost* vážně; ~ *effect,* ~ *fact* vlastně, vskutku; ~ *English* anglicky; ~ *a hurry* spěšně; ~ *this manner* takto; ~ *the morning* ráno; ~ *place of* místo čeho; ~ *his praise* k jeho chvále, cti; ~ *short* zkrátka; ~ *store* na skladě; ~ *time* včas ~ *truth* vpravdě; ~ *turn* střídavě; ~ *waiting* k ruce, pohotově; ~ *no way* nikterak; ~ *writing* písemně; ~ *order that* (n. *to* inf) aby; ~ *so far as* pokud; ~ *that* poněvadž, ježto ● *adv* **1** dovnitř **2** uvnitř; přen. u moci; sport. na řadě ♦ *come** ~! vstupte!; *send** *him* ~! pošlete ho dovnitř; *the Liberals were* ~ liberálové byli u vesla; *be* ~ *with* být zadobře s, být dlužen; *be* ~ *for* hlasovat pro, být v pěkné situaci; *put** *a notice* ~ dát zprávu do novin; *the train is* ~ vlak přijel ● *s the ins* lidé u moci, sport. strana, která je na řadě; *the ins and outs* spletité detaily **~-and-out** *card* kontrolní / návštěvní lístek z vrátnice n. propustka
inability [,inə'biləti] neschopnost

(*to* k)
inaccessib|le [,inæk'sesəbl] nepřístupný **–ility** ['inæk,sesə'biləti] nepřístupnost
inaccur|acy [in'ækjurəsi] nepřesnost **–ate** [in'ækjurət] nepřesný
inact|ion [in'ækšən] nečinnost, zahálka **–ivate** [in'æktiveit] vyřadit; zrušit, zničit **–ive** [in'æktiv] nečinný, líný
inadequ|acy [in'ædikwəsi] nepřiměřenost **–ate** [in'ædikwət] nepřiměřený, nedostatečný
inadmissible [,inad'misəbl] nepřípustný
inadvert|ence [,inəd'və:təns], **–ency** [-ənsi] nepozornost, přehlédnutí; nepředloženost
inalienable [in'eiljənəbl] nezcizitelný, nezadatelný
inamor|ate [in,æmə'ra:təu] milenec **–ata** [in,æmə'ra:tə] milenka
inane [i'nein] **1** prázdný **2** hloupý **3** nesmyslný
inanimate [in'ænimət] neživý, neživotný; neoduševnělý, bezduchý
inapplicable [in'æplikəbl] neupotřebitelný
inappropriate [,inə'prəupriət] nevhodný, nepatřičný
inapt [in'æpt] neschopný, neobratný, nevhodný **–itude** [in'æptitju:d] nevhodnost, neschopnost, neohrabanost
inarticulate [,ina:'tikjulət] neartikulovaný, nesouvislý; nejasný, nezřetelný; nesrozumitelný
inasmuch as [,inəz'mačəz] do té míry, že; tak, že; pokud
inattent|ion [,inə'tenšən] nepozornost, nevšímavost **–ive** [-tiv] nepozorný
inaudible [in'o:dəbl] neslyšitelný
inaugur|al [i'no:gjurəl] zahajovací, nástupní; uvádějící **–ate 1** uvést v úřad **2** zahájit **3** slavnostně otevřít **–ation** [i,no:gju'reišən] uvedení v úřad; zahájení, počátek
inauspicious [,ino:'spišəs] neblahý, nešťastný

inborn [ˌinˈboːn] vrozený

inbred [inˈbred] vrozený

incalculable [inˈkælkjuləbl] nevypočítatelný

incandescent [ˌinkænˈdesnt] do běla rozžhavený, jasně zářící; žhavící; skvělý

incantation [ˌinkənˈteišən] zaklínání, zaříkávání; kouzelnictví

incapab|le [inˈkeipəbl] neschopný (*of* čeho), nezpůsobilý (k čemu) **–ility** [inˌkeipəˈbiləti] neschopnost, nezpůsobilost

incapac|itate [ˌinkəˈpæsiteit] činit neschopným, nezpůsobilým (*for* pro) **–ity** [ˌinkəˈpæsəti] neschopnost, nezpůsobilost

incarcerate [inˈkaːsəreit] uvěznit

incarnat|e [inˈkaːnit] *a* vtělený ● *v* [inˈkaːneit] vtělit (se), zosobnit, dát tvar **–ion** [ˌinkaːˈneišən] vtělení

incaut|ion [inˈkoːšən] neobezřetnost **–ious** [inˈkoːšəs] neobezřetný

incendi|arism [inˈsendjərizəm] žhářství; buričství, štvaní **–ary** [-əri] *a* žhářský, paličský ♦ ~ *bomb* zápalná bomba ● *s* žhář, palič; štváč

incense[1] [inˈsens] popudit, podráždit

incense[2] [ˈinsens] *s* kadidlo ● *v* pálit kadidlo; navonět jako kadidlem

incentive [inˈsentiv] *a* rozněcující, dráždivý ♦ ~ *wage* (*payment*) pobídkový plat, premiová mzda ● *s* podnět, popud, pobídka; *material –s* hmotná zainteresovanost

in-centre [ˈinsentə] geom. střed kružnice vepsané

incertitude [inˈsəːtituːd] *s* **1** nejistota **2** absence sebedůvěry; pochybnost **3** nedostatek bezpečnosti; nestabilita

incept|ion [inˈsepšən] počátek **–ive** [-tiv] počáteční; jaz. počínavý

incessant [inˈsesnt] neustálý, ustavičný

incest [ˈinsest] krvesmilství

inch [ˈinč] **1** palec, coul = 2,54 cm **2** malá částečka, kousek **~-worm** [ˈ-ˌwəːm] zool. píďalka ♦ *by -es* po kousku; *every ~* úplně; *to an ~* do poslední nitky

inchoat|e [ˈinkəueit] počáteční, neúplný **–ive** [ˈinkəueitiv] **1** počáteční **2** jaz. počínavé sloveso

incidence [ˈinsidəns] **1** výskyt **2** dopad (*on* na), působení **3** fyz. dopad (*angle of ~* úhel dopadu) **4** příchod, výskyt **5** náraz, zásah

incident [ˈinsidənt] *a* **1** vyskytující se; nahodilý, náhodný **2** příslušný, vlastní (*to* čemu) **3** vedlejší **4** fyz. dopadající světlo ● *s* případ, příhoda, událost, incident epizoda, vedlejší věc **–al** [ˌinsiˈdentl] nahodilý, vedlejší, neplánovaný

incinerat|e [inˈsinəreit] shořet na popel, zpopelnit **–ion** [inˌsinəˈreišən] zpopelnění **–or** [-eitə] spalovací pec, spalovna odpadků

incipient [inˈsipiənt] počáteční, začínající

in-circle [ˈinsəːkl] geom. kružnice vepsaná

incis|e [inˈsaiz] vřezat, vrýt **–ion** [inˈsižn] zá-, řez, vrub; řezná rána, jizva **–ive** [inˈsaisiv] ostrý, řízný ♦ ~ *teeth* řezáky **–or** [inˈsaizə] přední zub, řezák

incitation [ˌinsaiˈteišən] podněcování

incite [inˈsait] podněcovat, navádět (*to* k), vyvolat co **–ment** popud, (po)dráždění, podněcování

incivility [ˌinsiˈviləti] nezdvořilost, nevychovanost

inclement [inˈklemənt] nevlídný, přísný, krutý; drsný počasí, podnebí

inclin|able [inˈklainəbl] nakloněný, náchylný (*to* k); příznivý; sklápěcí, naklápěcí **–ation** [ˌinkliˈneišən] **1** naklonění, náklonnost **2** odchylka **3** sklon, svah **–e** [inˈklain] *v* **1** na-, klonit(se), chýlit se **2**

svažovat se ♦ ~ *one's ear* popřát sluchu, vyslyšet; *-ed plane* nakloněná rovina; *be / feel* -ed* být nakloněn ● s svah, sklon, nakloněná rovina, hom. svážná

inclose v. *enclose*

includ|e [in|klu:d] **1** zahrnovat, obsahovat **2** geom. svírat úhel **–ing** včetně čeho

inclus|ion [in|klu:žn] zahrnutí, implikace, započítávání **–ive** [in|klu:siv] uzavírající; zahrnující (*of* v sobě); celkový, kompletní; včetně

incognit|o [in|kognitəu], fem. *-ta* a, adv na zapřenou, inkognito ● s inkognito, osoba vystupující inkognito

incoheren|ce, –cy [,inkəu|hiərəns(i)] nesoudržnost, nesouvislost

incombustible [,inkəm|bastəbl] nespalitelný

income [|inkəm] příjem ♦ *gross, full ~* hrubý příjem; *national ~* národní důchod; *net ~* čistý příjem; *~ duty / tax* daň z příjmu

incoming [|in,kamiŋ] **1** již nastávající, příští **2** přijíždějící

incommensurable [,inkə|menšərəbl] nesouměřitelný

incommod|e [,inkə|məud] obtěžovat **–ious** [-jəs] nepohodlný; neskladný **–ity** [-modəti] nepohodlí, obtíž

incommunicable [,inkə|mju:nikəbl] nesdělitelný, nesdílný

incommunicado* [inkə,mju:ni|ka:dəu] izolovaný; držený v samovazbě

incommutable [,inkə|mju:təbl] nezměnitelný, nezaměnitelný

incomparable [in|kompərəbl] nesrovnatelný

incompatible [,inkəm|pætəbl] neslučitelný (*with* s)

incompet|ence, –ency [in|kompitəns(i)] nepříslušnost, neoprávněnost **–ent** nepříslušný, neoprávněný

incomplete [,inkəm |pli:t] neúplný

incomprehens|ible [,in,kompri|hensəbl] nepochopitelný **–ion** [-šən] nepochopení

incompressible [,inkəm|presəbl] nestlačitelný

inconceivable [,inkən|si:vəbl] nepochopitelný

inconclusive [,inkən|klu:siv] neprůkazný, bezvýchodný

incondensable, incondensible [,inkən|densəbl] a nezhustitelný, nesrážlivý

incondite [in|kandait] a špatně sestavený, slátaný; hrubý

inconformity [,inkən|fo:məti] neslučitelnost, nepodobnost

incongru|ity [,inkoŋ|gru:əti] **1** nesrovnalost, neshoda **2** neslučitelnost **3** protismyslnost, rozpornost **4** mat. inkongruence **–ous** [in|koŋgruəs] **1** neslučitelný (*with* s) **2** odporující si, protismyslný **3** nevhodný **4** mat. inkongruentní

inconsequ|ence [in|konsikwəns] nedůslednost **–ent** nedůsledný, odporující si **–ential** [-ənšl] bezvýznamný

inconsider|able [,inkən|sidərəbl] bezvýznamný **–ate** [-sidərət] **1** nerozvážný, zbrklý, ukvapený **2** nešetrný, bezohledný **–ation** [|inkən,sidə|reišən] **1** nerozvážnost **2** bezohlednost

inconsist|ence, –ency [,inkən|sistəns(i)] **1** neslučitelnost, nedůslednost **2** nesrovnalost **–ent** neslučitelný, nesouhlasný, nedůsledný ♦ *the action is ~ with* opatření je v rozporu s

inconsolable [,inkən|səuləbl] neutěšitelný

inconspicuous [,inkən|spikjuəs] **1** nenápadný, nerozeznatelný **2** nepatrný, bledý

inconst|ant [in|konstənt] nestálý, vrtkavý **–ancy** nestálost, vrtkavost

inconsumable [,inkən|sju:məbl] nestravitelný, nezničitelný ohněm

incontestable [ˌinkənˈtestəbl] nesporný

incontinent [inˈkontinənt] nezdrženlivý zvl. pohlavně; neschopný udržet moč n. stolici

incontrovertible [inˌkantrəˈvəːtəbl] nezpochybnitelný, nevyvratitelný

inconveni|ence [ˌinkənˈviːnjəns] s nepohodlí, obtíž, nesnáz, překážka ♦ put* a p. to ~ působit komu nesnáz ● v obtěžovat –ent nepohodlný; obtížný; nevhodný

inconvertible [ˌinkənˈvəːtəbl] nesměnitelný

inconvincible [ˌinkənˈvinsəbl] nepřesvědčitelný

incorpor|ate [inˈkoːpərət] a připojený, přičleněný ● v [inˈkoːpəreit] 1 při-, vtělit (se) 2 utvořit organizaci, založit společnost, sloučit (se), fúzovat 3 přijmout za člena –ated [inˈkoːpəreitid] tvořící akciovou společnost, zapsaný v knihách –eal [ˌinkoːˈpoːriəl] nehmotný, netělesný

incorrect [ˌinkəˈrekt] nesprávný, chybný, nevhodný

incorrigible [inˈkoridžəbl] nenapravitelný

incorrupt|ible [ˌinkəˈrapəbl] 1 nezkazitelný 2 neúplatný –ion [ˌinkəˈrapšən] 1 nezkaženost

increase [inˈkriːs] v růst, vzrůstat; množit (se), přibývat; zvětšit (se) ♦ ~ one's pace přidat do kroku ● s [ˈinkriːs] 1 vzrůst, přibývání, přírůstek 2 plodina ♦ ~ in value přírůstek hodnoty; on the ~ vzrůstající, na vzestupu –ingly (stále) více a více

incred|ible [inˈkredəbl] neuvěřitelný –ulous [inˈkredjuləs] nedůvěřivý

increment [ˈinkrimənt] přírůstek, výtěžek, výnos

incriminate [inˈkrimineit] obvinit ze zločinu

incrustation [ˌinkrasˈteišən] povlečení, povlak, inkrustace, obkládání; kůra

incubat|e [ˈinkjubeit] sedět na vejcích –ion [ˌinkjuˈbeišən] 1 sezení na vejcích, líhnutí 2 med. inkubace –or umělá líheň; med. inkubátor

incubus [ˈinkjubəs] upír, můra

inculcat|e [ˈinkalkeit] neustále opakovat, hlásat, vštípit (on upon komu) –ion [ˌinkalˈkeišən] vštípení, příkaz

incumb|ency [inˈkambənsi] 1 povinnost, závazek 2 prebenda, obročí –ent a 1 ležící, spočívající (on na) 2 povinný ● s držitel obročí

incur [inˈkəː] (-rr-) 1 vydat se nebezpečí 2 přivodit si ♦ ~ debts nadělat dluhy; ~ losses utrpět ztráty

incurable [inˈkjuərəbl] nevyléčitelný

incursion [inˈkəːšən] vpád, nájezd

incurve [inˈkəːv] ohnout (se), zakřivit (se)

indebted [inˈdetid] zadlužený (to komu), zavázaný (to komu for za co)

indec|ency [inˈdiːsənsi] neslušnost –ent neslušný, nemravný

indecipherable [ˌindiˈsaifərəbl] nerozluštitelný, nečitelný, nepochopitelný

indecis|ion [ˌindiˈsižn] nerozhodnost –ive [-saisiv] nerozhodný

indeclinable [ˌindiˈklainəbl] nesklonný

indecorous [inˈdekərəs] nevhodný, nemístný, neslušný, nezpůsobný

indeed [inˈdiːd] adv vskutku, opravdu, ovšem, jistě ● interj to snad ne!, ale, ale!

indefatigable [ˌindiˈfætigəbl] neúnavný

indefeasible [ˌindiˈfiːzəbl] nedotknutelný, nezadatelný

indefensible [ˌindiˈfensəbl] neobhajitelný, neudržitelný

indefin|able [ˌindiˈfainəbl] nevymezitelný, nedefinovatelný –ite [inˈdefinit] neurčitý, neomezený

indelible [inˈdelibl] nesmazatelný,

nezahladitelný

indelic|acy [in'delikəsi] nešetrnost, netaktnost, hrubost **–ate** [in'de-likət] nešetrný, netaktní, hrubý

indemn|ification [in‚demnifi'kei-šən] 1 odškodnění, odškodné 2 pojištění proti škodě **–ify** [in'demnifai] odškodnit, pojistit (*from* proti) **–ity** [in'demnəti] 1 beztrestnost 2 náhrada, odškodnění ♦ *letter of ~ revers* při lodním nákladu

indent [in'dent] *v* 1 zoubkovat, oddělit zoubkováním 2 zohýbat, promáčknout 3 vyhotovit dvojmo 4 učinit objednávku 5 vtlačit, vtisknout 6 polygr. vysadit řádku dále od kraje ● *s* ['indent] 1 vrub, zářez, vroubkování 2 dlužní úpis, smlouva 3 objednávka v zahraničním obchodě 4 tiskopis, vzor **–ation** [‚inden'teišən] zoubkování; odsazení textu **–ure** [in'dentšə] *s* dokument, smlouva zvl. mezi učněm a zaměstnavatelem ♦ *take* up, be out of one's -s dokončit vyučení ● *v* 1 uzavřít smlouvu 2 dát do učení

independ|ence [‚indi'pendəns] nezávislost (*on* / *of* / *from* na), samostatnost **–ency** [-ənsi] nezávislý stát **–ent** nezávislý (*on* / *of* / *from* na, od); samostatný, finančně nezávislý **I~ Day** Den nezávislosti, 4. červenec, státní svátek USA

indescribable [‚indi'skraibəbl] nepopsatelný

indestructible [‚indi'straktəbl] nezničitelný

indertermin|able [‚indi'tə:minəbl] neurčitelný ♦ ~ *expenses* nenormovatelné náklady **–ate** [-ət] neurčitý, nejistý; planý

index ['indeks] *s* 1 ukazatel, ručička v tisku 2 seznam, rejstřík, index 3 ukazováček (~ *finger*) 4 mat. pl *indices* ['indisi:z] mocnitel, exponent ● *v* opatřit rejstříkem, zapsat do seznamu; rozdělit; pootočit ♦ ~ *card* lístek kartotéky;

~ *head* stroj. dělicí přístroj, dělicí hlava; ~ *plate* obsluhovací štítek na stroji, dělící kotouč **–er** indexovač

Indi|a ['indjə] Indie ♦ ~ *paper* průklepový papír; ~ *rubber* kaučuk, guma, pryž; ~ *rubber stamp* gumové razítko **–an** *a* 1 indický 2 indiánský ♦ ~ *cane* bambusová třtina; ~ *club* sport. kužel; ~ *corn* brit. kukuřice; ~ *file* husí pochod; ~ *ink* tuš; ~ *summer* babí léto, druhá míza ● *s* 1 Ind 2 (*Red* ~) Indián

indic|ate ['indikeit] 1 o-, na|značit, nepřímo ukázat; jevit 2 med. indikovat o nemoci **–ating** *lamp* signální žárovka, indikační lampa **–ation** [‚indi'keišən] označení, údaj; znamení, indikace; náznak ♦ *letter of* ~ průkazní dopis **–ative** [in'dikətiv] *a* svědčící (*of* o) ● *s* jaz. indikativ, oznamovací způsob **–ator** udavatel, ukazovatel, indikátor

indices v. *index*

indict [in'dait] práv. obvinit, obžalovat (*of* z) **–able** trestný, žalovatelný **–ment** práv. obvinění, (ob)žaloba

indiffer|ence [in'difərəns] lhostejnost, netečnost **–ent** lhostejný, netečný (*to* k); bezvýznamný, průměrný; chem. neutrální ♦ ~ *gas* netečný plyn

indig|ence ['indidžəns] nouze, chudoba **–ent** nuzný, chudý, potřebný (*of* čeho)

indigenous [in'didžənəs] domorodý

indigest|ed [‚indi'džestid] 1 nestrávený 2 neuvážený, nepromyšlený **–ible** [-əbl] nestravitelný **–ion** [-sčn] špatné trávení; neuspořádanost, zmatenost

indign|ant [in'dignənt] rozhořčený (*at* na) **–ation** [‚indig'neišən] rozhořčení **–ity** [in'dignəti] potupa, urážka

indirect [‚indi'rekt] nepřímý ♦ ~ *bill*

domicilovaná směnka; ~ *costs* režijní náklady; ~ *drive* nepřímý pohon; ~ *speech* nepřímá řeč

indiscernible [ˌindiˈsəːnəbl] nerozeznatelný, nevnímatelný

indiscre|et [ˌindiˈskriːt] nerozvážný, nediskrétní **–tion** [ˌindiˈskreʃən] 1 netaktnost, indiskrétnost 2 nerozvážnost

indiscriminate [ˌindiˈskriminət] nerozlišující, bez rozdílu; smíchaný, zmatený

indispensable [ˌindiˈspensəbl] nepostradatelný, nezbytný

indispos|e [ˌindiˈspəuz] učinit neschopným (*for* k), znechutit; odvrátit (*from* od, *towards* k) **–ed** 1 lehce nemocen, churavý, indisponovaný 3 nepříznivý (*towards* čemu) **–ition** [ˌindispəˈziʃən] 1 churavost, nevolnost 2 odpor, nechuť (*to* k)

indisputable [ˌindiˈspjuːtəbl] nesporný, nepopíratelný

indissoluble [ˌindiˈsɔljubl] nerozvazatelný, nezrušitelný; trvalý; nerozpustný

indistinct [ˌindiˈstiŋkt] nezřetelný, nejasný, neurčitý

indistinguishable [ˌindiˈstiŋgwiʃəbl] nerozeznatelný

individual [ˌindiˈvidjuəl] *a* jednotlivý, osobitý, individuální ● s jednotlivec, jedinec **–ity** [ˌindiˌvidjuˈæləti] 1 individualita, svéráznost 2 pl osobní záliby **–ize** [-aiz] individualizovat

indivisible [ˌindiˈvizəbl] nedělitelný, nedílný

indocile [inˈdəusail] neučenlivý, nevychovatelný; tupý

indoctrinate [inˈdɔktrineit] očkovat (*a p.* komu with co), hustit, cpát, vštěpovat ideologii, školit, dát základní výcvik

Indo-European [ˌindəuˌjuərəˈpiːən] indoevropský

indol|ence [ˈindələns] netečnost; lenost, lhostejnost **–ent** 1 netečný 2 líný, lhostejný 3 med. nebolestivý

indomitable [inˈdɔmitəbl] nezkrot(itel)ný, nezdolný

indoor [ˈindɔː] vnitřní, domácí, domovní **–s** [inˈdɔːz] doma, uvnitř; dovnitř

indorse v. *endorse*

indubitable [inˈdjuːbitəbl] nepochybný

induce [inˈdjuːs] 1 pohnout, přimět 2 způsobit 3 odvodit, uzavírat z jednotlivostí, postupovat induktivně 4 fyz. indukovat **–ment** pohnutka, popud, stimul

induct [inˈdakt] uvést (*into office* do úřadu), dosadit; zasvětit (*a p.* koho *into* do) **–ion** [inˈdakʃən] 1 uvedení, dosazení, zasvěcení ((*in*)*to* do) 2 úvod 3 biog., mat., fyz. indukce 4 nasávání, vpuštění páry, plynu ♦ ~ *generator, motor* asynchronní generátor, motor; ~ *pipe* nasávací roura **–ive** způsobující (*of* co); induktivní, indukční (*resistence* odpor) **–or** induktor, indukční cívka

indulg|e [inˈdaldʒ] 1 hovět (si) 2 dát volný průchod (*a t.* čemu), neomezovat se (zvl. v pití) 3 oddávat se (*in* čemu), dopřát (si) co 4 obch., poshovět např. v placení **–ence** [-əns] 1 shovívavost, poshovění 2 požitek, záliba (*of, in* v) 3 obch. poshovění např. v placení 4 odpustky **–ent** shovívavý, dopřávající si

indurate [ˈindjuəreit] zatvrdit, ztvrdnout, zocelit (*to* proti)

industr|ial [inˈdastriəl] průmyslový ♦ ~ *school* polepšovna, am. průmyslová škola **–ialist** 1 průmyslník 2 pracovník v průmyslu **–ious** [əs] přičinlivý, snaživý, pilný, pracovitý **–y** [ˈindastri] 1 píle, přičinlivost 2 průmysl

inebri|ate [iˈniːbriət] *a* opilý ● v [iˈniːbrieit] opít **–ety** [ˌiniˈbraiəti] opilost, opilství

ineffable [inˈefəbl] nevýslovný

ineffective [ˌiniˈfektiv] *a* 1 neúčinný, nepůsobivý; bezvýsledný **2** bezmocný, neschopný

ineffectual [ˌiniˈfekčuəl] a **1** bezvýsledný, neúspěšný; marný **2** neschopný

ineffi|cacious [ˌinefiˈkeišəs] neúčinný **–cacy** [inˈefikəsi], **–ciency** [ˌiniˈfišənsi] neúčinnost, nepůsobivost **–cient** [ˌiniˈfišənt] neúčinný, nepůsobivý; neschopný

inelег|ance [inˈeligəns] neuhlazenost **–ant** neuhlazený

ineligible [inˈelidžəbl] nevolitelný, nežádoucí; neschopný vojenské služby

ineluctable [ˌiniˈlaktəbl] a nevyhnutelný; neúprosný

inept [iˈnept] hloupý, nejapný, nevhodný

inequality [ˌiniːˈkwoləti] nerovnoměrnost, nerovnost

inequ|itable [inˈekwitəbl] nespravedlivý **–ity** [inˈekwəti] nespravedlnost

ineradicable [ˌiniˈrædikəbl] nevykořenitelný

inert [iˈnəːt] nehybný, nečinný, líný **–ia** [iˈnəːšiə] **1** fyz. setrvačnost **2** ochablost **3** liknavost, netečnost

inescapable [ˌiniˈskeipəbl] nevyhnutelný, nepopíratelný

inestimable [inˈestiməbl] neocenitelný

inevitab|le [inˈevitəbl] nevyhnutelný **–ility** [inˌevitəˈbiləti] nevyhnutelnost

inexact [ˌinigˈzækt] nepřesný **–itude** [-itjuːd] nepřesnost

inexcusable [ˌinikˈskjuːzəbl] neomluvitelný

inexhaustible [ˌinigˈzoːstəbl] nevyčerpatelný

inexorable [inˈeksərəbl] neúprosný

inexpedient [ˌinikˈspiːdiənt] nevýhodný, bezúčelný

inexpensive [ˌinikˈspensiv] nenákladný, laciný

inexperience [ˌinikˈspiəriəns] nezkušenost

inexpert [inˈekspəːt] nekvalifikova-

ný; nezkušený

inexplicable [ˌinikˈsplikəbl] nevysvětlitelný

inexplicit [ˌinikˈsplisit] neuvedený výslovně, neurčitý, nejasný

inexpress|ible [ˌinikˈspresəbl] nevyjádřitelný, nevýslovný **–ive** [-ˈpresiv] nic neříkající, bezvýrazný

inexpugnable [ˌinikˈspagnəbl] nepřemožitelný, nedobytný, nezvratný

inextinguishable [ˌinikˈstiŋgwišəbl] neuhasitelný

inextricable [inˈekstrikəbl] nevyprostitelný; neřešitelný

infallible [inˈfæləbl] neomylný

infam|ous [ˈinfəməs] potupný, bezectný, hanebný **–y** [-i] hanba, hanebnost; práv. zbavení čestných občanských práv

infancy [ˈinfənsi] dětství

infant [ˈinfənt] dítě, nezletilec **–icide** [inˈfæntisaid] **1** vražda dítěte **2** vrah dítěte **–ile** [-ail] **1** dětský (*paralysis* -á obrna) **2** infantilní, v počátečním stadiu, mladý

infantry [ˈinfəntri] pěchota ♦ *mounted* ~ motorizovaná pěchota **–man*** pěšák

infarct [ˈinfaːkt] infarkt

infatuate [inˈfætjueit] pobláznit, zaslepit (*with* čím)

infeasible [inˈfiːzəbl] neproveditelný

infect [inˈfekt] **1** nakazit, zamořit, infikovat **2** práv. podrobit obstavení, trestu, pokutě **–ion** [-ˈfekšən] nákaza, infekce **–ious** [-ˈfekšəs] nakažlivý, infekční

infecund [inˈfekənd] neplodný

infelicitous [ˌinfiˈlisitəs] nešťastný; nemístní, netaktní; vadný, chybný

infer [inˈfəː] (-rr-) vy-, odvozovat (*from* z), činit závěry, usuzovat **–ence** [ˈinfərəns] odvození, závěr, domněnka, hypotéza

inferior [inˈfiəriə] a **1** dolní, nižší; horší jakosti, podřadný **2** podří-

zený • s podřízená osoba **–ity**
[in,fiəri'orəti] **1** podřízenost **2**
horší jakost, podřadnost **3** pocit
méněcennosti ♦ ~ *complex*
komplex méněcennosti
infern|al [in'fənl] pekelný, ďábelský
♦ ~ *machine* pekelný stroj **–o***
[-əu] peklo
infertile [in'fə:tail] neúrodný
infest [in'fest] zamořit (*with insects*
hmyzem)
infidel ['infidəl] *a* nevěřící, nevěrec-
ký • s nevěrec **–ity** [,infi'deləti]
nevěra ♦ *conjugal* ~ manželská
nevěra
infiltrate ['infiltreit] vnikat, prosa-
kovat, infiltrovat
infinit|e ['infinit] *a* nekonečný • s
nekonečno **–ive** [in'finitiv] jaz. in-
finitiv **–ude**, **–y** [in'finitju:d, -i]
nekonečnost, nesmírnost, ne-
sčíslnost
infirm [in'fə:m] slabý, neduživý,
vetchý; váhavý, pochybný, ne-
podložený **–ary** [in'fə:məri] ošet-
řovna **–ity** [-əti] slabost, chu-
ravost; tělesná vada; poklesek
infix [in'fiks] *v* **1** upevnit, pevně za-
razit (*in* do); vštípit v mysl **2** jaz.
vložit do slova • s ['infiks] jaz. vlo-
žená hláska, infix
inflam|e [in'fleim] **1** zapálit (se),
vznítit (se) **2** popudit **3** vzrušit
(se) **4** med. zanítit (se) **–mable**
[in'flæməbl] zápalný, hořlavý (*gas*
plyn); vznětlivý **–mation** [,inflə-
'meišən] zapálení, vzplanutí; med.
zánět, zápal **–matory** [in'flæmə-
təri] **1** med. zánětlivý **2** rozněcující
3 pobuřující (*speech* řeč)
inflat|e [in'fleit] **1** nafouknout, na-
hustit **2** vyhnat do výše ceny **3**
nafouknout *se* (*with pride* pý-
chou) **4** zaplavit oběživem **5** vý-
poč. tech. rozšiřovat soubor **–ion**
[in'fleišən] **1** nafouknutí **2** nadu-
tost **3** inflace
inflect [in'flekt] **1** ohýbat **2** jaz.
skloňovat (se), časovat (se) **–ion**,
–ional v. *inflexion, inflexional*

inflexible [in'fleksəbl] **1** neohebný,
nepoddajný **2** neochvějný, tvrdo-
šíjný, umíněný **3** nezměnitelný,
strnulý
inflexion [in'flekšən] jaz. ohýbání ča-
sování, skloňování, flexe; modulace
hlasu **–al** [-əl] jaz. ohýbací, sklo-
ňovací, flektivní
inflict [in'flikt] **1** uložit, uvalit pokutu,
trest (*upon, on* na) **2** zasadit ránu,
způsobit bolest **3** vnucovat (*o.s.*
se) (*upon* komu) **–ion** [in'flikšən] **1**
postižení (*of* čím), trampota **2** u-
valení trestu
in-flight ['inflait] prováděný za letu
inflow ['infləu] vtékání, vtok, přítok
influ|ence ['influəns] s **1** vliv, úči-
nek (*on, upon, over, with* na), pů-
sobení **2** autorita • v ovlivňovat,
mít vliv; přimět **–ential** [,-'enšl]
vlivný
influenza [,influ'enzə] chřipka
influx ['inflaks] **1** vtok, přítok, ústí **2**
nával (*into* do), přen. příliv čeho
info ['infou] s hovor. informace
inform [in'fo:m] **1** zpravit, oznámit,
informovat (*well -ed* dobře zpra-
vený) **2** denuncovat (*against* ko-
ho) **–al** [in'fo:ml] neformální,
nespolečenský úbor, neoficiální **–ant**
informátor **–atics** [,-'mætiks] sg i pl
informatika **–ation** [,info'meišən]
1 informace, zpráva, **–y 2** vědo-
mosti, znalosti **3** práv. udání, žalo-
ba ♦ *lodge / lay* ~ *against* (*with*)
udat koho (u); *gather* ~ vyptávat
se **–ative** [-ətiv] poučný, informa-
tivní **–er** udavač, denunciant;
špicl
infraction [in'frækšən] porušení pra-
vidla
infra-red [,infrə'red] infračervený
infrangible [in'frændžəbl] nezlom(i-
tel)ný, neporušitelný
infrasound ['infrəsaund] infrazvuk
infrastructure ['infrə'strakčə] **1** voj.
systém základen se zařízením
jako stálý základ obrany **2** ekon. infra-
struktura
infrequent [in'fri:kwənt] řídký, ne-

obvyklý, vzácný

infringe [in'frindž] přestoupit zákon; zasahovat neprávem (*up(on*) do); porušit právo **-ment** přestoupení zákona; zasahování do cizích práv; porušení (*of* čeho) práva

infuriate [in'fjuərieit] rozzuřit

infus|e [in'fju:z] **1** nalít; spařit čaj **2** vnuknout, vštípit (*into* do) mysli **3** naplnit (*with* čím) **4** napustit (*in*), vsáknout (*itself* se *into* do), nasáknout **-ion** [-'fju:žn] **1** nalití, nálev; namočení **2** odvar, tresť **3** vnuknutí

ingathering [in'gæðəriŋ] sklizeň, žeň; shromáždění

ingenious [in'džinjəs] duchaplný, důmyslný; vynalézavý

ingen|uity [,indži'nju:əti] důmysl, duchaplnost **-uous** [-'dženjuəs] otevřený, upřímný; bezelstný, prostý

ingest [in'džest] *v* pozřít, přijímat potravu, spolknout

ingle ['iŋgl] oheň v krbu, krb **~-nook** koutek u krbu

ingoing ['ingouiŋ] vcházející ♦ ~ *letters* došlé dopisy

ingot ['iŋgət] **1** houska železa, ingot **2** slitek drahého kovu **~-iron** houskové železo **~-mould** kokila na odlévání ingotů

ingrained [in'greind] hluboko zakořeněný, nenapravitelný, zatvrzelý

ingrate ['in'greit] *s* nevděčník

ingratiat|e [in'greišieit] zavděčit se, získat si oblibu (*o.s. with* u) **-ing** půvabný, milý, sympatický

ingratitude [in'grætitju:d] nevděk

ingredient [in'gri:diənt] součást, složka, přísada

ingress ['ingres] přístup, vstup

in-group ['ingru:p] zasvěcenci, zájmová skupina

ingrowing ['in,grouiŋ] zarůstající do masa (nehet)

ingurgitate [in'gə:džiteit] zhltnout, spolknout, pozřít

inhabit [in'hæbit] obývat **-ant** oby-

vatel **-ation** [in,hæbi'teišən] obývání, sídlení

inhale [in'heil] vdechovat

inhere [in'hiə] vězet, tkvít, být vlastní čemu **-ence** [-rəns] stav vlastní čemu, inherence **-ent** [-rənt] základní, podstatný; vrozený; vězící (*in* v), inherentní

inherit [in'herit] zdědit (*of, from* po); ujmout se dědictví **-able** dědičný **-ance 1** dědictví, pozůstalost **2** úděl **-or** dědic **-ress** [-ris], práv. **-rix**, pl **-rices** [-risiz] dědička

inhibit [in'hibit] překážet, bránit (*from* v); mařit, zamezit, potlačit **-ion** [,inhi'bišən] zákaz; zábrana, překážka; med. útlum; výpoč. tech. blokování

inhospitable [in'hospitəbl] ne(po)-hostinný

in-house [in'haus] (vnitro)podnikový

inhuman [in'hju:mən] nelidský, krutý **-ity** ['inhju:'mænəti] nelidskost, krutost

inhum|ation [,inhju'meišən] pohřbení **-e** [in'hju:m] pohřbít

inimical [i'nimikl] nepřátelský

inimitable [i'nimitəbl] nenapodobitelný

iniqu|itous [i'nikwitəs] nespravedlivý; neřestný, zkažený **-ity** špatnost, hanebnost, zločinnost

initi|al [i'nišl] *a* počáteční (*stress* napětí) ● *s* počáteční písmeno, iniciálka, pl monogram, parafa ● *v* (*-ll-*) podepsat začátečními písmeny, parafovat **-alize** [i'nišiəlaiz] nastavit (počítač) na výchozí pozici nebo hodnotu **-ate** [i'nišieit] uvést, zasvětit (*into* do); zahájit, počít; přijmout do klubu ap. **-ation** [i,niši'eišən] uvedení, zasvěcení; zahájení, započetí **-ative** [-ətiv] *a* počáteční, úvodní ● *s* iniciativa ♦ ~ *motion* iniciativní návrh; *take** *the* ~ chopit se iniciativy

inject [in'džekt] vstříknout, dát in-

jekci (*into* do), naplnit tekutinou
(*with*) **–ion** [-šən] **1** vstříknutí, in-
jekce **2** navedení družice na o-
běžnou dráhu; doba n. místo vy-
puštění ♦ ~ *moulding* stroj. (in-
jekční) vstřikování **–or** vstřikovací
tryska, proudové čerpadlo
injudicious [ˌindžu:ˈdišəs] neroz--
vážný, nerozumný
injuction [inˈdžaŋkšən] příkaz, na-
řízení soudní
injur|e [ˈindžə] **1** poškodit, ublížit **2**
zranit (*one 's leg* si nohu) **–ious**
[inˈdžuəriəs] **1** urážlivý **2** škodlivý
–y [-ri] **1** bezpráví, křivda **2** ško-
da **3** zranění
injustice [inˈdžastis] nespravedl-
nost, křivda ♦ *you do* him an ~
křivdíte mu
ink [iŋk] *s* inkoust; barva na razítka,
čerň tiskařská ● *v* označit černí /
inkoustem, pošpinit inkoustem
~-bottle, **~-pot**, **~-stand**, **~-well**
kalamář
inkling [ˈiŋkliŋ] **1** náznak **2** nápo-
věď **3** tušení, zdání
inlaid [inˈleid] vykládaný ♦ ~ *floor*
vykládaná podlaha, intarzie
inland [ˈinlənd] *s* vnitrozemí ● *a*
vnitrozemský; domácí, tuzemský
(*trade* obchod, *duty* clo) ● *adv*
do vnitrozemí **–er** vnitrozemec
inlay* [inˈlei] *v* vykládat, dýhovat
zdobit vykládanou prací, intarzo-
vat ● *s* **1** [ˈinlei] vykládaná práce,
intarzie **2** med. inlej v zubu
inlet [ˈinlet] **1** přístup, vchod **2** zá-
toka, záliv **3** vložka **4** sací ventil
♦ ~ *pipe* přívodní trubka; ~
steam vstupní pára
inmate [ˈinmeit] nájemník, podná-
jemník; obyvatel; chovanec
inmost [ˈinməust] nejvnitřnější
inn [in] hospoda, hostinec zájezdní
♦ *I~s of Court* právnické společ-
nosti v Londýně podobné koleji
~-keeper [ˈin,ki:pə] hostinský
innate [iˈneit] vrozený, přirozený
innavigable [iˈnævigəbl] nesplavný
inner [ˈinə] *a* vnitřní, skrytý ♦ ~

tube duše pneumatiky ● *s* vnitřek;
sport. spojka v kopané **–most** nej-
vnitřnější
inning [ˈiniŋ] inning, směna mužstev v
baseballu, softballu **–s** [ˈiniŋz] sg i pl **1**
odpal doba, po kterou je mužstvo na
pálce v baseballu, softballu **2** období
politické strany u moci
innoc|ence [ˈinəsəns] nevinnost,
prostota **–ent** *a* **1** nevinný (*of*
čím), neškodný, bez poskvrny;
bezelstný **2** volný, zbavený (*of* če-
ho), bez (*windows* ~ *of glass* lid.
okna bez skla) ● *s* **1** neviňátko **2**
prosťáček ♦ *Innocents' Day* círk.
Mláďátek
innocuous [iˈnokjuəs] neškodný
innovat|e [ˈinəuveit] zavádět novo-
ty, změny, inovovat **–ion** [ˌinəu-
ˈveišən] novota; zlepšovací ná-
vrh, inovace **–or** zlepšovatel,
novátor ♦ ~ *methods* novátor-
ské metody
innoxious [iˈnokšəs] neškodný
innuendo [ˌinjuːˈendəu] narážka,
špička
innumerable [iˈnjuːmərəbl] ne-
sčíslný, nespočetný
innutritious [ˌinjuːˈtrišəs] nevýživný
inoculat|e [iˈnokjuleit] **1** na-, očko-
vat (*a disease into, upon* a p. ně-
komu nemoc) **2** roubovat **–ion**
[i,nokjuˈleišən] **1** očkování **2** rou-
bování ♦ *protective* ~ ochranné
očkování
inodorous [inˈəudarəs] bez vůně
inoffensive [ˌinəˈfensiv] neurážlivý,
neškodný
inoperative [inˈopərətiv] nepůsobi-
vý, neúčinný, zvl. o zákonech, nepro-
duktivní
inopportune [inˈopətjuːn] nevčas-
ný, nevhodný
inordinate [inˈoːdinət] nezřízený,
nevázaný; nemírný, nadměrný
inorganic [ˌinoːˈgænik] neústrojný,
neorganický
input [ˈinput] *s* **1** příkon, přísun suro-
vin **2** vklad informací ♦ ~ *trans-
former* vstupní transformátor ●

v* vložit, být vložen do počítače
inquest ['inkwest] práv. pátrání, soudní vyšetřování, zjištění (příčiny) smrti ♦ *coroner's* ~ ohledání mrtvoly
inquietude [in'kwaiətju:d] neklid, nepokoj
inquir|e [in'kwaiə] 1 vyšetřovat (*into* něco), pátrat 2 tázat se, dotazovat *se* (*of a p. , for, after, concerning a t.* někoho na něco) ♦ **-ed** *for* hledaný o zboží **–y** [-ri] 1 dotaz, informace (~ *office* informační kancelář) 2 vyšetřování, pátrání 3 obch. poptávka po zboží formou korespondenční 4 zkoumání (*into* čeho), bádání
inquisit|ion [,inkwi'zišən] 1 pátrání, vyšetřování 2 výslech 3 inkvizice **–ive** [in'kwizitiv] pátrající (*about, after, into, of, to* po), zvědavý, zvídavý **–or** [in'kwizitə] vyšetřovatel, inkvizitor
inroad ['inrəud] nájezd, vpád
inrush ['inraš] příval, nával
insalubrious [,insə'lu:briəs] nezdravý
insan|e [in'sein] duševně chorý, šílený **–itary** [in'sæniteəri] *a* nehygienický **–ity** [in'sænəti] *s* duševní choroba, šílenství
insati|able [in'seišjəbl] nenasytný, neukojitelný, dychtící (*of* po) **–ate** [-ət] nenasytný (*of* čeho), neukojitelný
inscrib|e [in'skraib] 1 napsat na, zapsat (*in* do), vytesat, vyrýt 2 vepsat, nadepsat (*on, in* do, co) 3 označit, popsat (*with* čím) 4 věnovat (*to* komu), připsat 5 vkreslit ♦ **-ed** *circle* kružnice vepsaná
inscription [in'skripšən] 1 nápis, nadpis 2 přípis, věnování knihy
inscrutable [in'skru:təbl] nevyzpytatelný
inseam ['in,si:m] *s* vnitřní šev
insect ['insekt] hmyz **~-eater** hmyzožravec **–icide** [in'sektisaid] odhmyzovač
insecur|e [,insi'kjuə] nejistý **–ity**

[-rəti] nejistota
inseminate [in'semineit] oplodnit, inseminovat
insensi|ble [in'sensəbl] 1 neznatelný, nepostřehnutelný 2 necitlivý, nevnímavý 3 netečný 4 nevědomý (*of, to, how* čeho), bez vědomí ♦ *become** ~ pozbýt vědomí **–tive** [-itiv] necitlivý (*to* k), nevnímavý
insentient [in'senšənt] bez citu, neživý příroda
inseparable [in'sepərəbl] neoddělitelný, nerozlučný
insert [in'sə:t] *v* vložit, vpravit, vsunout (*in, into* do); zařadit, uvést ● *s* ['insə:t] 1 vložka 2 zvláštní příloha novin, čas., knihy **–ion** [in'sə:šən] 1 vložení, vřazení; jednotlivé uveřejnění 2 vsuvka, vložka 3 inzerát, reklama 4 doložka smlouvy 5 těl. úpon
inset* [in'set] *v* vložit ● *s* ['inset] vložka
inshore [in'šo:] blízký břehu
inside ['in'said] *s* 1 vnitřek (~ *diameter* vnitřní průměr, světlost; ~ *of a coat* podšívka kabátu) 2 podstata 3 vnitřní strana 4 důvěrné informace, informovaná osoba, zasvěcenec ● *adv* uvnitř; doma, v domě ● *prep* uvnitř, v (~ *of*) ♦ ~ *out* naruby; ~ *plant* vnitropodnikový ● *a* vnitřní, interní; důvěrný, spolehlivý **–r** zasvěcenec
insidious [in'sidiəs] zákeřný, zrádný; úskočný, vychytralý
insight ['insait] 1 proniknutí (*into* do) 2 rozhled, vhled
insignia [in'signiə] *pl* odznaky hodnosti, úřadu, insignie
insignific|ance, –ancy [,insig'nifikəns, -i] bezvýznamnost **–ant** bezvýznamný
insincere [,insin'siə] neupřímný
insinuat|e [in'sinjueit] 1 namlouvat, činit narážky, naznačit, nadhodit; insinuovat 2 vpravit, zavést (*into* do) ~ *o.s.* proniknout,

protlačit se; vlichotit se v přízeň **–ion** [inˌsinjuˈeišən] **1** náznak, narážka v řeči (*make* -s against a p.* činit narážky na koho), insinuace **2** vlichocení se, našeptávání **3** nařknutí, insinuace

insipid [inˈsipid] **1** bez chuti, nijaký, nanicovatý **2** mdlý, fádní **–ity** [ˌinsiˈpidəti] **1** nanicovatost **2** fádnost, banalita

insist [inˈsist] trvat (*on, upon* na); klást důraz na, tvrdit, opírat se o; naléhat, mermomocí chtít (*on his going* aby šel) **–ence** [-əns] naléhání, důraz (*on* na); trvání ((*up*)*on* na)

insobriety [ˌinsəuˈbraiəti] nestřídmost, opilství

insofar [ˌinsəuˈfa:] natolik (*as* že)

insolation [ˌinsəuˈleišən] **1** slunění, léčba sluncem **2** úžeh, úpal

insol|ence [ˈinsələns] nestoudnost, drzost **–ent** [ˈinsələnt] nestoudný, drzý

insoluble [inˈsoljubl] nerozpustný; neřešitelný, nerozluštitelný

insolvable [inˈsolvəbl] nerozřešitelný

insolv|ency [inˈsolvənsi] platební neschopnost **–ent** *a* neschopný platit ● *s* insolventní dlužník

insomnia [inˈsomniə] nespavost

insomuch [ˌinsəuˈmač] *that* do té míry že, takže

inspect [inˈspekt] dohlížet, mít dozor; prohlédnout (si), prozkoumat **–ion** [-šən] dozor, dohled, inspekce; prohlídka ◆ ~ *lamp* montážní lampa; *post up for public* ~ vyvěsit k veřejnému nahlédnutí **–or** inspektor, dozorce

inspir|ation [ˌinspəˈreišən] **1** vdech(nutí) **2** vnuknutí, inspirace **–e** [inˈspaiə] **1** vdechovat **2** vnuknout **3** nadchnout (se), inspirovat (*with* čím) **–it** [inˈspirit] dodat ducha, nadšení, povzbudit (*to* k)

instability [ˌinstəˈbiləti] **1** nestálost, vrtkavost **2** vratkost

install [inˈsto:l] **1** slavnostně uvést

(*in an office* v úřad), nastolit **2** instalovat, zařídit (*electric light* elektrické světlo) **3** *o.s.* zařídit se **–ation** [ˌinstəˈleišən] instalace, zařízení

instal(l)ment [inˈsto:lmənt] **1** dosazení, instalace **2** splátka (*pay* by -s* platit splátkami) **3** dodávka po částech

inst|ance [ˈinstəns] *s* **1** příklad (*for* ~ například); případ **2** příležitost (*in the first* ~ nejprve) **3** naléhavá prosba, žádost; výzva **4** soudní instance (*court of first* ~ soud první instance) ● *v* uvést jako příklad, ilustrovat, citovat, doložit **–ant** *a* **1** naléhavý, okamžitý **2** přímý **3** nynější, běžný **4** určený k rychlé přípravě **5** uspěchaný **6** současný, běžný ● *s* **1** okamžik **2** běžný měsíc (zkr. *inst.*) ◆ *on the* ~, *this* ~ okamžitě; ~ *replay* opakovaný (obvykle zpomalený) záběr (např. v televizi) **–antaneous** [ˌinstənˈteinjəs] okamžitý

instead [inˈsted] místo koho / něho a- pod. (~ *of going* místo, aby šel)

instep [ˈinstep] nárt

instigat|e [ˈinstigeit] ponoukat, podněcovat, štvát **–ion** [ˌinstiˈgeišən] ponoukání, podněcování **–or** [ˈinstigeitə] podněcovatel, štváč, provokatér

instil(l) [inˈstil] **1** nakapat (*into* do) **2** vštípit (*into* do)

instinct [ˈinstiŋkt] pud, instinkt, vnuknutí **–ive** [-iv] pudový, instinktivní

institut|e [ˈinstitju:t] *v* zařídit, ustanovit, založit; určit, dosadit (*a p. to / into* koho do) ● *s* **1** řád, předpis **2** ústav, vědecká společnost, institut, am. katedra univerzitní; seminář **–ion** [ˌinstiˈtju:šən] **1** ustanovení, nařízení **2** zařízení **3** zákon, statut **4** ústav **5** učení, výchova **6** učená společnost **–ional** [ˌinstiˈtju:šənl] instituční, institucionální **–ionalize** [ˌinstiˈtju:šənəlaiz] **1** institucionalizovat

2 uzavřít do ústavu pro duševně choré
instruct [in'strakt] učit, vyučovat; dávat návod, instrukci, poučit, informovat **–ion** [in'strakšən] 1 vyučování, výuka 2 poučení, lekce 3 nařízení, předpis, instrukce ♦ *follow -s* řídit se směrnicemi, návodem, příkazy; *operating -s* provozní služební předpisy, směrnice **–ional** instruktážní **–ive** [-iv] poučný **–or** učitel, instruktor
instrument ['instrumənt] 1 nástroj, přístroj 2 úřední listina, právní dokument ♦ ~ *board* přístrojová deska; ~ *transformer* měřící transformátor; *measuring* ~ stroj. měřicí přístroj, měřidlo; *stringed (wind) -s* smyčcové (dechové) ná stroje; *-s of production* (n. *productive -s*) výrobní prostředky **–al** [,instru'mentl] 1 nástrojový, pomocný 2 ~ *case* jaz. 7. pád 3 hud. instrumentální ♦ *be ~ in* (*to, towards*) být nápomocen při, sloužit k **–ality** [,-'tæləti] 1 prostřednictví 2 působení (*by the ~ of* působením čeho) 3 prostředník **–ation** [,instrumen'teišən] 1 hud. instrumentace 2 užití nástrojů, zacházení s nástroji; vybavení pří-, ná|stroji, používání přístrojů
insubordinat|e [,insə'bo:dnit] neposlušný **–ion** [,insa,bo:di'neišən] neposlušnost, nekázeň, porušení subordinace
insufferable [in'safərəbl] nesnesitelný
insuffici|ency [,insə'fišənsi] nedostatečnost **–ent** nedostatečný, nezpůsobilý
insular ['insjulə] ostrovní **–ity** [,insju'lærəti] 1 ostrovní poloha, zulárnost 2 (úzkoprsá) omezenost
insulat|e ['insjuleit] odloučit, izolovat **–ion** [,insju'leišən] odloučenost, osamocenost, izolace **–or** elektr. izolátor
insult [in'salt] *v* urazit; pohanět ● *s*

['insalt] urážka; hana
insuperable [in'sju:pərəbl] nepřemožitelný, nepřekonatelný
insupportable [,insə'po:təbl] nesnesitelný
insur|able [in'šuərəbl] pojistitelný (*interest* zájem) **–ance** [-əns] pojištění, pojistka ♦ *make* / effect* ~ pojistit; ~ *policy* pojistka; *old age* ~ starobní pojištění; *workmen's compensation* ~ dělnické úrazové pojištění; ~ *broker* pojišťovací agent; ~ *certificate* pojišťovací nóta; ~ *company* pojišťovací společnost, pojišťovna; *contributory* ~ připojištění **–e** [in'šuə] pojistit (se) (*against* proti) ♦ ~ *against all risks* pojistit proti všem rizikům **–ed** pojištěnec **–er** pojišťovatel
insurg|ency [in'sə:džənsi] vzpoura, povstání **–ent** *a* vzbouřený, povstalý ● *s* vzbouřenec, povstalec
insurmountable [,insə'mauntəbl] nepřekonatelný
insurrection [,insə'rekšən] vzpoura, povstání
insusceptible [,insə'septəbl] neschopný (*of* čeho), odolný (*to* proti)
intact [in'tækt] nedotčený, neporušený
intake ['inteik] 1 vtok do roury 2 vzdušný kanál v dolech 3 náhlé zúžení roury 4 přijaté osoby / věci, nábor 5 celek získaná z bažiny 6 med. nasávání
intangible [in'tændžəbl] nehmatatelný, neurčitý, vágní
integer ['intidžə] 1 mat. celé číslo 2 nedílný celek
integr|al ['intigrəl] *a* celý, úplný, nedílný, integrální ♦ ~ *numbers* mat. čísla celá ● *s* 1 celek 2 mat. integrál **–ate** [-eit] tvořit komplex, nedílný celek, integrovat, začlenit (*into* do) (*-d circuit* integrovaný okruh) **–ity** [in'tegrəti] 1 celistvost, integrita, neporušenost 2 bezúhonnost, čestnost

integument [in'tegjumənt] obal, kůže

intellect ['intəlekt] intelekt, rozum, schopnost usuzování; vzdělanci; přen. mozek osoba vynikající inteligence **-ion** [ˌintə'lekšən] uvažování; myšlenka, pojem **-ual** [ˌintə'lekčuəl] a rozumový, duševní; rozumný ● s intelektuál, vzdělanec

intellig|ence [in'telidžəns] **1** rozum, porozumění; inteligence, vzdělanost **2** zpráva, informace, výměna informací, špionáž **3** přen. mozek osoba vynikající inteligence ♦ ~ *agency* zpravodajská agentura; ~ *bureau* výzvědná služba; ~ *department* zpravodajské oddělení: ~ *officer* důstojník zpravodajské služby; ~ *quotient* inteligenční kvocient, IQ; ~ *service* výzvědná služba; *give** ~ *of* dát zprávu o **-encer** zpravodaj, špión **-ent** **1** vzdělaný, inteligentní, rozumný **2** soudný, uvážený **3** obratný, zběhlý (*of* v) **-entsia** [inˌtelidˈžentsiə] inteligence jako vrstva **-ible** [-əbl] srozumitelný, pochopitelný (*to* komu)

intemper|ance [in'tempərəns] nestřídmost, nemírnost; neukázněnost **-ate** [in'tempərət] nestřídmý, nemírný, prudký

intend [in'tend] **1** zamýšlet, hodlat, mít úmysl **2** určit (*for* k) **-ed** [-id] a **1** zamýšlený, úmyslný **2** určený (*for* k) ● s hovor. nastávající snoubenec, snoubenka

intendant [in'tendənt] intendant, vrchní správce

intens|e [in'tens] prudký, silný; napjatý pozornost, chtivý, náruživý **-ify** [-ifai] zesílit, zintenzívnět **-ity** [-iti] **1** síla, intenzita **2** napětí **3** prudkost **4** náruživost ♦ *grow** *in* ~ zostřovat se **-ive** intenzívní ♦ ~ *care unit* med. jednotka intenzívní péče, zkr. JIP

intent [in'tent] **1** napjatý, soustředěný **2** dychtivý, mající zřetel (*on*

k) **3** oddaný (*on pleasure* rozkoši) ● s záměr, úmysl ♦ *to all -s and purposes* prakticky, abych tak řekl **-ion** [-šən] záměr; účel, cíl **-ional** [-'tenšənl] úmyslný, záměrný

inter [in'tə:] (*-rr-*) pohřbít

interact ['intərækt] s meziaktí, mezihra ● v [ˌintər'ækt] vzájemně na sebe působit **-ion** [-šən] vzájemné působení, ovlivňování

interbreed* [ˌintə'bri:d] křížit (se) navzájem

intercede [ˌintə'si:d] prostředkovat: zakročit ve prospěch; přimlouvat se (*with a p. for* u koho za)

intercept [ˌintə'sept] v **1** zastavit, zadržet **2** přerušit spojení **3** zachytit zprávu **4** zabránit **5** mat. určit přímku dvěma body ● s ['intəsept] geom. úsek na přímce ♦ *cut* off equal -s* vytínat stejné úseky **-ion** [-šən] zachycení, zadržení; odposlouchávání zpráv; let. obranný útok stíhačky **-or 1** lapač, sifon **2** stíhačka

intercession ['intə'sešən] zakročení, přímluva

interchange [ˌintə'čeindž] v vzájemně (si) vyměnit, střídat (se), zaměnit ● s výměna, záměna; mimoúrovňová křižovatka **-able** [-əbl] střídavý, zaměnitelný

intercity [ˌintər'siti] a meziměstský

intercom ['intəkom] systém komunikace zvl. v letectví; závodní dispečink

intercommun|icate [ˌintəkə'mju:nikeit] vzájemně se stýkat **-ication** vzájemný styk **-ion** vzájemný styk mezi náboženskými organizacemi **-ity** vzájemnost, společenství statků; koexistence

interconnection [ˌintəkə'nekšən] propojení, spřažení

intercourse ['intəko:s] **1** styk **2** pohlavní styk

intercrural [ˌintəkruərəl] anat. mezistehenní

intercurrent [ˌintə'karənt] zasahující, vracející se v přestávkách nemoc, komplikující, přidružený (*infection* nákaza)

interdependence [ˌintədiˈpendəns] vzájemná závislost

interdict [intadikt] s zákaz; klatba • v [ˌintəˈdikt] zakázat, vyloučit (*from* z), dát do klatby

interest [ˈintərəst] s 1 zájem; účast, zainteresovanost, podíl (*in* v) 2 obchod 3 výhoda, prospěch 4 vliv (*with* u) 5 úrok(y), zisk 6 zájmová skupina 7 poutavost, zajímavost; důležitost, význam 8 pl zájmy ♦ *in the* ~ *of truth* v zájmu pravdy; *make* an ~ *with* ucházet se o přízeň u; *put* out to ~ uložit na úroky; *rate of* ~ úroková míra; *simple* (*compound*) ~ jednoduché (složené) úrokování; *take* ~ *in* zajímat se o • v zainteresovat, vzbudit zájem ♦ *be -ed in* zajímat se o **-ing** zajímavý, interesantní

interfac|e [ˈintəfeis] 1 meziplocha 2 přen. styčná plocha, styčné body 3 výpoč. tech. propojení, propojovací mezičlánek, interface

interfere [ˌintəˈfiə] 1 zasahovat (*with* do); plést se (*with* do), vrtat se v; obtěžovat koho, pokoušet se znásilnit ženu 2 překážet 3 narážet (*with* na) **-ence** [-rəns] 1 zasahování (*with* do), bránění 2 ovlivnění, vzájemné působení 3 křížení např. zájmů

interfuse [ˌintəˈfjuːz] smíchat (se) (*with* s); prosáknout, proniknout

interim [ˈintərim] s 1 mezivláda 2 interval, mezidobí • a prozatímní, předběžný ♦ ~ *custody* zajišťovací vazba

interior [inˈtiəriə] a vnitřní • s vnitřek ♦ *Minister* / *Secretary of the* I~ ministr vnitra

interject [ˌintəˈdžekt] vložit, vsunout slova **-ion** [-šən] 1 zvolání 2 jaz. citoslovce

interlace [ˌintəˈleis] proplétat, protkat, prokládat

interlard [ˌintəˈlɑːd] prošpikovat

interleave [ˌintəˈliːv] prokládat listy (*with* čím), prokládat tiskové archy

interline [ˌintəˈlain] v vepsat mezi řádky • s mezinárodní linka **-ar** [ˌ-ˈliniə] meziřádkový

interlock [ˌintəˈlok] proplétat (se), spojit (se) navzájem, zapadat do sebe; blokovat **-ing** *plant* žel. zabezpečovací zařízení

interlocut|ion [ˌintələuˈkjuːšən] rozmluva **-or** [-tə] účastník rozmluvy

interlop|e [ˌintəˈləup] plést se do čeho, míchat se **-er** 1 vetřelec 2 obchodník na černo

interlude [ˈintəluːd] mezihra

intermarry [ˌintəˈmæri] navzájem se ženit, vdávat

intermeddle [ˌintəˈmedl] plést se, vměšovat se (*with* do)

intermedi|ary [ˌintəˈmiːdjəri] a zprostředkující • s prostředník **-ate** [ˌintəˈmiːdjət] a mezilehlý, (pro)-střední; přechodný ♦ ~ *product* meziprodukt, polotovar • s 1 prostředník 2 meziprodukt 3 předběžná zkouška • v [ˌintəˈmiːdieit] zprostředkovat

interment [inˈtəːmənt] pohřbení, pohřeb

interminable [inˈtəːminəbl] nekonečný

intermission [ˌintəˈmišən] přerušení, přestávka; meziaktová hudba

intermit [ˌintəˈmit] (-*tt*-) přerušit, ustat **-tent** občasný, střídavý (*current* proud)

intermix [ˌintəˈmiks] míchat (se) **-ture** [ˌintəˈmiksčə] smíšenina, příměs

intern [inˈtəːn] v internovat, zadržet loď, podezřelou osobu • s internovaná osoba; am. sekundární lékař, ordinář, praktikující sestra, postgraduální pracovník **-al** vnitřní, domácí ♦ ~ *combustion engine* spalovací motor; ~ *diagonal* tělesová úhlopříčka **-ee** [ˌintəːˈniː] in-

ternovaný člověk **–ment** internace ♦ ~ *camp* internační tábor
international [ˌintəˈnæšənl] *a* mezinárodní ● *s* sport. internacionál; internacionála (též *Internationale*); mezinárodní utkání sport.
internet [ˈintərˌnet] *s* poč. internet celosvětová počítačová informační síť využívající telefonních linek pro elektronickou komunikaci
interpellat|e [inˈtə:pəleit] interpelovat **–ion** [inˌtə:pəˈleišən] interpelace
interplanetary [ˌintəˈplænitəri] meziplanetární *(rocket* raketa)
interplay [ˌintəˈplei] souhra; mezihra
interpolat|e [inˈtə:pəuleit] vkládat, vložit slova do textu, interpolovat **–ion** [inˈtə:pəuˈleišən] interpolace
interpos|e [ˌintəˈpəuz] **1** položit *(between* mezi), vsunout **2** zprostředkovat; míchat se *(between* mezi) **3** skákat do řeči **4** vložit se do, zakročit **–ition** [ˌintəpəˈzišən] zprostředkování, intervence, zakročení
interpret [inˈtə:prit] **1** vyložit, vysvětlit **2** tlumočit **3** umělecky interpretovat, předvést **–ation** [inˌtə:priˈteišən] výklad; popularizace; tlumočení, převod; inteprtace, vyhodnocení **–er** vykladač; tlumočník
interrelationship [ˌintəriˈleišənšip] vzájemný vztah
interrogat|e [inˈterəugeit] tázat se, vyslýchat **–ion** [inˌterəuˈgeišən] vyptávání, výslech ♦ ~ *point, mark* otazník **–ive** [ˌintəˈrogətiv] *a* tázací ● *s* jaz. tázací slovo, zájmeno, příslovce
interrupt [ˌintəˈrapt] pře-, rušit **–ion** [ˌi-ˈrapšən] (pře)rušení **–or** elektr. přerušovač
intersect [ˌintəˈsekt] protínat (se **–ing** *lines* různoběžky **–ion** [ˌi-ˈsekšən] průsečík, průřez ♦ ~ *of loci* průsečík geometrických míst

interspace [ˌintəˈspeis] *s* meziprostor, mezera ● *v* proložit tisk
intersperse [ˌintəˈspə:s] v|trousit, rozhodit, promíchat
interstellar [ˌintəˈstelə] mezihvězdný
interstice [inˈtə:stis] mezera, skulina
inter|twine, –twist [ˌintəˈtwain, -ˈtwist] proplést (se)
interval [ˈintəvl] **1** přestávka, interval **2** mezera ♦ *at -s* občas
interven|e [ˌintəˈvi:n] **1** přihodit se, přijít *(between* mezi), zasahovat *(in* do) **2** přihodit se mezitím **3** ležet, být *(between* mezi) **4** zakročit; intervenovat **–tion** [ˌi-ˈvenšən] **1** zakročení, zásah **2** zprostředkování **3** přímluva **4** intervence
interview [ˈintəvju:] *s* schůzka; rozmluva, interview ● *v* mít schůzku, interview *(a p.* s kým)
interweave* [intəˈwi:v] protkat (se), proplést (se) navzájem
intersonal [ˌintəˈzəunl] mezipásmový
intestate [inˈtestət] bez závěti
intestine [inˈtestin] *a* **1** vnitřní **2** domácí ● *s* pl střeva
intim|acy [ˈintiməsi] důvěrnost, intimnost; intimní styk **–ate** [inˈtimət] *a* důvěrný; intimní ● *v* [ˈintimeit] oznámit, dát na srozuměnou, naznačit **–ation** [ˌi-ˈmeišən] náznak, pokyn
intimidate [inˈtimideit] zastrašit
into [ˈintu, ˈintə] do, v, na; k(u) ♦ ~ *the bargain* návdavkem; *go*~ the garden* jít do zahrady; *look ~ the matter* prozkoumat věc; *get* ~ trouble* dostat se do nesnází; *come* ~ property* získat majetek; *burst* ~ tears* dát se do pláče; *grow* ~ a habit* stát se zvykem; *bring* ~ being* dát vznik čemu; *break* ~ pieces* rozbít na kusy; *come* ~ force* vstoupit v platnost; *he's deeply ~ plants* má hluboký zájem o rostliny; *seduce*

~ *crime* svést k zločinu

intoler|able [in'tolərəbl] nesnesitelný **-ance** nesnášenlivost **-ant** nesnášenlivý

inton|ate ['intəuneit] zanotovat, intonovat **-ation** [,intəu'neišən] intonace **-e** [in'təun] v. *intonate*

intoxic|ant [in'toksikənt] a opojný • s opojný nápoj **-ate** [-eit] opít, opojit, opájet **-ation** [in,toksi'keišən] opilost, opojení; otrava

intractable [in'træktəbl] nepoddajný, nezkrotný, neovladatelný

intramuscular [,intrə'maskjulə] mezisvalový

intransigent [in'trænsidžənt] nekompromisní, radikální

intransitive [in'trænsitiv] jaz. nepřechodný

intrepid [in'trepid] neohrožený

intric|acy ['intrikəsi] spletitost, složitost; nejasnost **-ate** ['intrikət] spletitý, složitý; nejasný

intrigu|e [in'tri:g] v 1 kout pikle, intrikovat 2 zapřádat milostné pletky 3 pletichařit, intrikovat 4 zaujmout, zmást • s 1 pleticha, úklad 2 milostná (zá)pletka **-ing** 1 interesantní 2 poutavý, úchvatný 3 netušený

intrinsic(al) [in'trinsik(l)] vnitřní; podstatný, skutečný

introduc|e [,intrə'dju:s] 1 uvést (*into* do), zavést (kde) 2 představit (*to* komu) 3 zahájit 4 předložit osnovu zákona **-tion** [,i-'dakšən] 1 představení osoby 2 uvedení, úvod, předmluva 3 doporučení (*letter of* ~) **-tory** [,i-'dəktəri] úvodní

introspection [,intrəu'spekšən] introspekce, sebepozorování

introvert [,intrəu'və:t] v obrátit do sebe mysl, city • s ['introuvə:t] introvert člověk

intrud|e [in'tru:d] 1 vetřít se, tlačit (se) (*into* do), vtěsnat (se) 2 vnucovat (se) (*upon* komu) **-er** vetřelec

intru|sion [in'tru:žn] vnikání; dotěr-

nost **-sive** [-siv] dotěrný, neodbytný

intuit|ion [,intju:'išən] intuice **-ive** [in'tju:itiv] intuitivní

intumescence [,intju:'mesns] zduření, otok

inundate ['inandeit] zaplavit

inure [i'njuə] 1 přivyknout (*to* čemu), otužit (proti) 2 práv. nabýt platnosti

inutility [,inju:'tiləti] neužitečnost

invad|e [in'veid] v-, na-, pře|padnout, vtrhnout do země, přestoupit, porušit (*rights* práva) **-er** nájezdník, vetřelec

invalid 1 ['invəli:d] a invalidní, tělesně postižený; churavý 2 [in'vælid] neplatný • v 1 činit, stát se neschopným 2 propustit z činné služby • s invalida **-ate** [in'vælideit] zrušit platnost ♦ ~ *the election* prohlásit volbu za neplatnou **-ity** [,invə'lidəti] 1 invalidita, pracovní neschopnost 2 neplatnost

invaluable [in'væljuəbl] neocenitelný

invariable [in'veəriəbl] a neproměnný, stálý • s mat. konstanta

invas|ion [in'veižn] 1 vpád, invaze 2 med. záchvat nemoci **-ive** [in'veisiv] invazní, útočný

invective [in'vektiv] urážka, potupa; invektiva

inveigh [in'vei] prudce napadnout (*against* koho)

inveigle [in'vi:gl] obalamutit, svést

invent [in'vent] 1 vynalézt 2 vymyslit si **-ion** vynález; výmysl **-ive** vynalézavý **-ory** ['invəntri] s 1 inventář, soupis, katalog 2 am. zásoba zboží, rezerva • v dělat inventuru, inventovat

invers|e [in'və:s] a obrácený ♦ ~ *ratio* nepřímý poměr • s pravý opak, zvrat, obrat **-ion** [in'və:šən] obrácení, obrat, inverze; zvrat

invert [in'və:t] v převrátit • s ['invə:t] homosexuál **-ebrate** [-ə-

brət] *a* **1** zool. bezobratlý **2** přen.
bezpáteřný ● *s* **1** zool. bezobratlý
živočich **2** bezpáteřný člověk,
bezpáteřník **–ed** [-id] obrácený
naruby; mat. inverzní ♦ ~ *com-
mas* uvozovky

invest [in'vest] **1** odít (*in* do, *with*
čím) **2** zahalit **3** udělit, propůjčit
moc, nadat (*with* čím) **4** uložit,
investovat kapitál **5** obklíčit město
♦ ~ *with full powers* zplnomoc-
nit

investig|ate [in'vestigeit] zkoumat,
vyšetřovat **–ation** [in,vesti'gei-
šən] výzkum; vyšetřování **–ator**
badatel; vyšetřovatel

investment [in'vestmənt] **1** inves-
tice (~ *fund* investiční fond) **2**
propůjčení úřadu **3** oblečení, oděv
4 obležení, obklíčení

inveter|acy [in'vetərəsi] zakořeně-
nost; umíněnost **–ate** [-ət] zasta-
ralý, zakořeněný, zatvrzelý; chro-
nický

inviable [in'vaiəbl] *a* **1** neprovedi-
telný: *an ~ plan* neproveditelný
plán **2** neschopný přežít, ne-
schopný života, neschopný růstu
n. vývoje

invidious [in'vidiəs] budící závist,
záviděníhodný; nenáviděný, bu-
dící nevůli, zlý

invigorate [in'vigəreit] posilnit, o-
svěžit; oživit

invincib|ility [in,vinsə'biləti] nepře-
možitelnost **–le** [-əbl] nepřemoži-
telný; nezdolný; nezvratný, nevy-
vratitelný

inviol|able [in'vaiələbl] neporušitel-
ný, nedotknutelný **–ability** [-'bilə-
ti] neporušitelnost, nedotknutel-
nost (*of person* osobní) ♦ ~ *of
letters* listovní tajemství

invisible [in'vizəbl] neviditelný

invitation [,invi'teišən] pozvání;
výzva

invit|e [in'vait] **1** pozvat **2** vyzvat,
přen. lákat, svádět **3** (po)vzbuzo-
vat **4** vyvolat (*attack* útok) **–ing**
svůdný; vybízející, příjemný, lá-

kavý

invocation [,invəu'keišən] vzývání,
invokace

invoice ['invois] *s* účet, faktura ● *v*
poslat / předložit účet, účtovat

involuntary [in'vələn,teəri] *a* **1** ne-
dobrovolný **2** neúmyslný, nechtě-
ný ♦ ~ *muscle* vůlí neovládaný
sval

involution [,invə'lu:šən] **1** zavinutí,
spletitost, zamotanost **2** svitek **3**
mat. umocnění **4** záplatka **5** an-
gažovanost

involve [in'volv] **1** zabalit, svinout **2**
zahrnout **3** obsahovat **4** zaplést
(*in* do), komplikovat **5** zapojit do,
implikovat **6** mat. umocnit ♦ **-d** *in
debt* zadlužený **–ment 1** za-
hrnutí, obsažení **2** finanční tíseň
3 komplikovaná záležitost **4** za-
pojení, angažovanost; spoluod-
povědnost

invulnerable [in'vʌlnərəbl] nezra-
nitelný

inward(s) ['inwəd(z)] *adv* vnitřně,
dovnitř ● *a* **1** vnitřní **2** duševní,
niterný **3** obeznámený (*with* s) ●
s **1** pl vnitřek, vnitřnosti **2** duše
–ly uvnitř, tajně **–ness** [-nis] ni-
ternost, duchovnost

inweave* [in'wi:v] vetkat, vplést

inwrought [in'ro:t] vetkaný, vyšitý,
bohatě zdobený

iod|ate ['aiədeit] jodičnan **–ide** [aid]
jodid **–ine** ['aiədi:n] jód **–oform**
[ai'odəfo:m] jodoform

ion ['aiən] ion **–ization** [,aiənai'zei-
šən] ionizace

irascible [i'ræsəbl] zlostný, popud-
livý

irate [ai'reit] zlostný, rozzlobený

Ireland ['aiələnd] Irsko

Irene [ai'ri:n] Irena

iridiscent [,iri'desnt] hrající duho-
vými barvami

iris ['aiəris] **1** kosatec **2** duhovka

Irish ['aiəriš] *a* irský ● *s* **1** *the ~*
Irové **2** irština **–man*** Ir

irk ['ə:k] zlobit, mrzet, nudit **–some**
[-səm] mrzutý, nudný

iron [ˈaiən] s 1 železo 2 žehlička 3 pl želízka pouta 4 plech, tvarová o-cel ♦ cast ~ litina; pig ~ surové železo; scrap ~ šrot; sheet ~ bílý plech; soft ~ kujné železo; soldering ~ pájedlo; wrought ~ svářková ocel ● a železný, kovový (voice hlas) ● v 1 okovat železem 2 spoutat okovy 3 (vy)žehlit 4 pobít železem ♦ ~ ration železná dávka / zásoba; ~ sections tvarová ocel; ~ dust železné piliny ~-bound železem pobitý, okovaný ~-clad pancéřový ~-foundry [ˈ-ˌ-] slévárna ~-stone železná ruda ~-works železárna

iron|ical [aiˈronikl] ironický ~y [ˈaiə-rəni] ironie, úsměšek

ironmonger [ˈaiənˌmʌŋgə] železář ~y [-ri] železářství, železné zboží

irradiate [iˈreidieit] 1 ozářit, osvětlit; zazářit (with čím) 2 osvítit duchovně

irrational [iˈræšənl] nerozumný, iracionální

irreclaimable [ˌiriˈkleiməbl] nenapravitelný; půda neobdělávatelný

irreconcilable [iˈrekənsailəbl] nesmiřitelný, neslučitelný

irrecoverable [ˌiriˈkʌvərəbl] nenahraditelný, nenapravitelný; nenávratný

irredeemable [ˌiriˈdi:məbl] neumořitelný (debt dluh); nedobytný, nevypověditelný renta; nenapravitelný, beznadějný

irrefragable [iˈrefrəgəbl] nezvratný, nesporný

irrefutable [iˈretjutəbl] nevyvratitelný

irregular [iˈregjulə] 1 nepravidelný 2 nesoustavný, nespořádaný, nevázaný 3 protiprávní ~ity [-ˈlæ-rəti] 1 nepravidelnost 2 nevázanost, výstřednost 3 nezvyklost; podvodnost, podvod

irrelev|ance, ~ancy [iˈreləvəns(i)] irelevance, nezávažnost ~ant irelevantní, bezvýznamný, neangažovaný

irreligion [ˌiriˈlidžn] nevěrectví, bezbožnost

irremediable [ˌiriˈmi:djəbl] 1 nezhojitelný 2 nenapravitelný

irremovable [ˌiriˈmu:vəbl] neodstranitelný, nesesaditelný

irreparable [iˈrepərəbl] nenapravitelný

irrepressible [ˌiriˈpresəbl] nepotlačitelný, nezkrotný

irreproachable [ˌiriˈprəučəbl] bezúhonný, bezvadný

irresistible [ˌiriˈzistəbl] neodolatelný

irresolute [iˈrezəlu:t] nerozhodný, váhavý

irrespective [ˌiriˈspektiv] nemající zřetel, bez ohledu (of na)

irrespons|ible [ˌiriˈsponsəbl] nezodpovědný ~ibility [ˈiriˌsponsə-ˈbiləti] nezodpovědnost ~ive [ˌiri-ˈsponsiv] nereagující (to na)

irretrievable [ˌiriˈtri:vəbl] nenahraditelný; nenapravitelný

irrever|ence [iˈrevərəns] neuctivost, neúcta ~ent neuctivý

irreversible [ˌiriˈvə:səbl] nezvratný, neodvolatelný, nezrušitelný

irrevocable [iˈrevəkəbl] neodvolatelný

irrigat|e [ˈirigeit] zavodnit, zavlažit ~ion [ˌiriˈgeišən] zavodnění, irigace

irrit|ability [ˌiritəˈbiləti] popudlivost, vznětlivost ~able vznětlivý, popudlivý ~ant a dráždivý ● s med. dráždidlo ~ate [-eit] (po)dráždit, popudit ~ation [ˌiriˈteišən] podráždění, popuzení

irruption [iˈrʌpšən] vpád, vtrhnutí

is [iz] jest, je

isinglass [ˈaizingla:s] vyzí klih

Islam [ˈizla:m] islám ~ic [izˈlæmik] islámský, muslimský

island [ˈailənd] ostrov ~er ostrovan

isle [ail] ostrov ve jménech ~t [ˈailit] ostrůvek

isobar [ˈaisəuba:] meteor. izobara

isolat|e [ˈaisəleit] izolovat, odloučit, oddělit ~ing switch elektr. odpojovač **–ing valve** odpojovací ventil **–ion** [ˌ-ˈleišən] osamocení, odloučení; izolovanost, izolace

isotope [ˈaisətəup] izotop

Israel [ˈizreiəl] Izrael **–i** [izˈreili] izraelský

issue [ˈišju:, ˈišu:] s **1** vytékání, výtok, východ, výstup **2** ústí trubice, řeky **3** vydání bankovek **4** výsledek, zakončení **5** předmět rozmluvy, otázka; problém, sporný bod **6** potomek, potomstvo **7** uveřejnění, číslo novin, náklad publikace, přen. várka **8** voj. vládní příděl **9** výnos **10** východisko ◆ *we are at ~* naše názory se liší; *bring* to a successful ~* šťastně provést; *join ~ with* pustit se do sporu s; *the matters at ~* sporné věci; *try ~* nechat dojít k rozhodnutí ● *v* **1** vycházet, vytékat **2** vynořit se **3** pocházet, vyplývat (*from* z) **4** mít výsledek **5** vydat bankovky, směnku, rozkaz, knihu **6** dát do oběhu **7** končit (*in* čím) **8** vyslat **9** práv. pocházet rodem (*from* z)

isthmus [ˈisməs] mořská úžina

it [ˈit] ono, to ◆ *who is ~ ?* kdo je to?; *it's me* (n. zast. *it is I*) to jsem já; *it isn't (particularly) me* to není můj typ, moje gusto; *go ~!* slang. jen do toho!

Ital|ian [iˈtæljən] *a* italský ● *s* Ital, italština **-y** [ˈitəli] Itálie

italics [iˈtæliks] pl kurzíva

itch [ˈič] s **1** svědění, svrbění, svrab (*~ mite* zákožka svrabová) **2** zálusk, laskominy (*for* na) ● *v* svědit, svrbět **2** dělat si laskominy (*after* na)

item [ˈaitəm] *adv* také, rovněž ● *s* **1** článek, člen **2** položka **3** bod, detail **4** krátký článek, odstavec **–ization** [ˌaitəmaiˈzeišən] rozpis do položek **–ize** [-aiz] detailně vypočítat / rozvrhnout; rozepsat

iter|ate [ˈitəreit] opakovat **–ative** [-ətiv] opakovací

itiner|acy, –ancy [iˈtinərə(n)si] cestování, putování; kočování **–ant**

a cestující, potulný; kočovný ◆ *~ trade* ambulantní obchod **–ary** **1** cesta **2** cestovní plán **3** průvodce kniha **4** cestovní deník, itinerář

its [its] *a* přivlastňovací zájmeno: *the dog wagged its tail* pes mával ocasem

it's = *it is, it has*

itself [itˈself] sebe, samo sebe ◆ *of ~* samo od sebe; *by ~* samo sebou

itty-bitty [ˈitiˈbiti], **itsy-bitsy** [ˈitsiˈbitsi] *a* hovor. mrňavý

I've = *I have*

ivied [ˈaivid] obrostlý břečťanem

ivory [ˈaivəri] s **1** slonovina **2** barva slonoviny, bělost ◆ *black ~* afričtí černoši; *ivories* slang. kostky, kulečníkové koule; klávesnice ● *a* vyrobený ze slonoviny

ivy [ˈaivi] břečťan

J

J, j [ˈdžei] písmenoj

jab [ˈdžæb] *v* (*-bb-*) **1** rýpnout, šťouchnout **2** bodnout **3** srazit (*into* do) ● *s* rýpnutí, bodnutí, hovor. injekce

jabber [ˈdžæbə] *v* brebentit

jack [ˈdžæk] s **1** *J~* Honza, Jenda, Jeník **2** námořník **3** chlap, pacholek **4** janek **5** tajtrlík **6** stojánek, dřevěná koza **7** zouvák **8** roh při hře v kuželky **9** rumpál **10** zdvihák, hever **11** otáčeč rožně **12** kožený měch na nápoje **13** mladá štika **14** sameček u některých zvířat **15** lodní vlajka **16** karet. spodek **17** slang. prachy **18** drvoštěp ◆ *every man ~* každý (jedinec), kdekdo; *before you could say J~ Robinson* než bys řekl švec ● *v* **1** zvedat heverem **2** lid. zvýšit ceny **3** pozvednout morálku, kázeň **4** hovor. zvednout mandle komu **~-a-dandy** frajer **~-boot** vysoká bota nad kolena **~-in-the-box** hračka pérový panáček v krabičce

~~knife* 1 zavírák, křivák **2** sport. skok do vody schylmo **~~of-all-trades** všeumělec **~~o'-lantern** [ˈdžekəuˈlæntən] bludička **~~plane** uběrák, hoblík **~~pudding** paňáca, tatrman **~~tar** [ˌ-ˈ] námořník **~~towel** ručník na váleček

jackal [ˈdžækəl] zool. šakal

jackanapes [ˈdžækəneips] fouňa, uličník

jackass [ˈdžækæs] osel, hlupák

jackdaw [ˈdžækdo:] kavka

jacket [ˈdžækit] **1** sako, kabát **2** přebal vázané knihy **3** izolační vrstva kotle **4** kožíšek zvířat ♦ *dust a p.'s ~* dát komu na frak; *potatoes boiled in their -s* brambory vařené ve slupce, na loupačku

Jacob's *ladder* [ˌdžeikəbzˈlædə] **1** bibl. Jákobův žebřík **2** provazový žebřík; korečkový výtah **3** bot. jirnice modrá ♦ *~ 's staff* stativ pro měřičský kompas **–ite** [-ait] jakobita přívrženec vypuzených Stuartovců

jade [ˈdžeid] *s* **1** herka **2** miner. nefrit, ledvinec **3** hanl. ženská, holka, žába, baba, mrcha ● *v* udřít (se), utahat (se)

jag [ˈdžæg] *s* ostrý skalní útes; zub pily; díra; slang. špička, opice ● *v* (-gg-) **1** zoubkovat, vroubkovat **2** přen. bodat (*at* do)

jaguar [ˈdžægjuə] zool. jaguár

jail [ˈdžeil] *s* vězení ● *v* uvěznit **~~bird** kriminálník **–er** žalářník

jalop(p)y [ˈdžæləpi] am. kraksna

jam [ˈdžæm] *v* (-mm-) **1** z-, mačkat, napěchovat, stlačit **2** vklínit (se) **3** zatarasit, (za)blokovat (se), ucpat (se) **4** rušit rozhlas **5** rozdrtit, pohmoždit ● *s* **1** zavařenina, džem **2** dopravní zácpa **3** *-s*, pl neformální oblečení; druh plavek

jamb [ˈdžæm] **1** sloupek zárubně; pažení dveří, oken, ostění **2** stojka, sloupek, vzpěra u krbu

jamboree [ˌdžæmbeəˈri:] **1** hovor. veselice **2** mezinárodní sjezd skautů

James [ˈdžeimz] Jakub

Jane [ˈdžein] Jana, Johana

jangle [ˈdžæŋgl] **1** řinčet, hřmotit **2** hašteřit se

janitor [ˈdžænitə] am. správce domu, vrátný, domovník; školník

January [ˈdžænjuari] leden

japan [džəˈpæn] **1** *J~* Japonsko **2** lak ● *v* (-nn-) lakovat, natírat šelakem **J–ese** [ˌdžæpəˈni:z] *a* japonský ● *s* Japonec, -nci; japonština

jar¹ [ˈdža:] *v* (-rr-) **1** skřípat, vrzat **2** být v nesouladu (*with, against* s) **3** hádat se, hašteřit se **4** jít na nervy **5** otřást čím **6** chvět se, třást se ● *s* **1** skřípot, vrzání **2** hádka, spor, nesouhlas **3** náraz; otřes, šok

jar² [ˈdža:] **1** kameninový hrnec, nádoba **2** zavařovací sklenice **3** láhev

jargon [ˈdža:gən] hantýrka, žargon

jasmin(e), jessamine [ˈdžæsmin, ˈdžæsəmin] bot. pravý jasmín

jasper [ˈdžæspə] jaspis

jaundic|e [ˈdžo:ndis] žloutenka **–ed 1** stižený žloutenkou **2** nenávistný

jaunt [ˈdžo:nt] *v* jít na výlet ● *s* výlet, vycházka **–y** veselý, okázalý, bezstarostný; slušivý

javelin [ˈdžævlin] oštěp

jaw [ˈdžo:] *s* **1** čelist, dáseň **2** pl čelisti svěráku; chapadla; jícen; vrata; vstup do údolí **3** vulg. tlama, huba (*hold* your ~* drž hubu!) **4** popovídání **5** hovor. kázání, levity **6** vulg. žvanění, kecy ● *v* hovor. **1** mlátit hubou, kecat **2** kárat, dělat kázání, číst levity **3** uchopit chapadly, čelistmi n. drapákem **4** seřvat koho, nadávat (*about* kvůli) ♦ *~ clutch* čelisťová spojka; *~ crusher* čelisťový drtič; *~ spanner* stavitelný klíč **~~bone** čelist **~~breaker** [ˈ-ˌ] hovor. jazykolam

jay [ˈdžei] **1** sojka **2** mluvka **3** slang. hlupáček **~~walker** neukázněný chodec

jazz [ˈdžæz] džez ● *v* **1** hrát džez **2**

tančit při džezu **3** holdovat džezu **4** zdžezovat **~-band** džezový orchest

jealous [ˈdželəs] žárlivý (*of* na); závistivý; nedůvěřivý **–y** [-si] žárlivost; starostlivost

jeans [ˈdži:nz] pl džín(s)y kalhoty, texasky

jeep [ˈdži:p] džíp

jeer [ˈdžiə] v posmívat se • s posměšek, úšklebek

jejune [džiˈdžu:n] **1** hubený, suchý **2** jalový, prázdný **3** nezkušený, neinformovaný

jelly [ˈdželi] želé, rosol, huspenina **~-fish** medúza

jemmy [ˈdžemi] páčidlo, hasák

jenny [ˈdženi] **1** pojízdný jeřáb **2** spřádací stroj (*spinning-~*)

jeopard|ize [ˈdžepədaiz] **1** ohrozit (*public security* veřejnou bezpečnost) **2** riskovat **–y** [ˈdžepədi] nebezpečí, riziko

jer¹ [ˈdža:k] v **1** škubnout, trhnout (sebou) **2** trhaně vyrazit **3** dát štulec **4** mrštit, (vy)hodit • s trhnutí, škubnutí, náraz, štulec ♦ *with a ~* rázem; *by ~s* trhaně, škubaně

jerk² [ˈdža:k] nakrájet na plátky hovězí maso a sušit je na slunci

jerkin [ˈdžə:kin] krátký kožený kabátec, kazajka bez rukávů

jerky [ˈdžə:ki] **1** přerývaný, trhavý **2** sloh kostrbatý

jerry-built [ˈdžeribilt] chatrně, narychlo stavěný

jersey [ˈdžə:zi] pletený kabátek, svetr; látka žerzej

jessamine v. *jasmin(e)*

jest [ˈdžest] s žert, šprým ♦ *in ~* žertem; *make* ~ of* tropit si žerty z • v žertovat, tropit si žerty (*at* z) **–er** šašek

Jesuit [ˈdžezjuit] jezuita; pokrytec **–ical** [-ikl] jezuitský

Jesus [ˈdži:zəz] v. Ježíš

jet¹ [ˈdžet] gagát, černý jantar **~-black** černý jako uhel

jet² [ˈdžet] s **1** proud vody, trysk **2** nátrubek, hořák; tryska **3** též ~

engine proudový / tryskový motor ♦ *~ air pump* proudová vývěva; *~ boat* proudový člun; *~ engine* proudový / tryskový motor; *~ foil* vznášedlo; *~ propulsion* proudový pohon; *~ set* mezinárodní smetánka • v (*-tt-*) tryskat, vystřikovat, vyrazit proudem; stav. vyčnívat o římse apod.; cestovat proudovým letadlem

jetsam [ˈdžetsam] práv.**1** lodní náklad vhozený do moře k odlehčení lodi **2** zboží vyvržené na břeh, trosečné zboží

jettison [ˈdžetisn] s **1** vhození části nákladu do moře **2** = *jetsam* • v hodit přes palubu náklad

jetty [ˈdžeti] přístavní hráz, molo, vlnolam

Jew [ˈdžu:] s Žid ♦ *~'s harp* židovská harfa • v hovor. handrkovat se, lichvařit **–ess** [ˈdžu:is] Židovka **–ish** [ˈdžu:iš] a **1** židovský **2** hovor. jidiš • s hovor. jidiš

jewel [ˈdžu:əl] klenot, skvost **–ler** klenotník **–(le)ry** [-ri] klenoty, klenotnictví

jib [ˈdžib] s **1** kosatka plachta **2** rameno jeřábu ♦ *cut of his ~* jeho vzhled • v (*-bb-*) **1** jankovatět, plašit se **2** otočit plachtu **3** hovor. nechtít, odmítat (*at doing a t.*) **~-door** tapetové dveře

jibe [ˈdžaib] v. *gibe*

jiff(y) [ˈdžif(i)] hovor. okamžíček, vteřinka

jig [ˈdžig] v (*-gg-*) **1** hopsat **2** tančit džig; křepčit **3** propírat rudu • s **1** džig irský tanec i hudba **2** tech. přípravek k obrábění, vodicí šablona **3** hor. propírací zařízení **–ger 1** tanečník džigu **2** malá míra tekutiny, štamprle, hlt **3** námoř. malý kladkostroj; vratiplachta

jiggle [ˈdžigl] trhavě pohybovat, pohupovat čím

jigsaw [ˈdžig₁so:] s pila vykružovačka ~ **puzzle** [ˈdžigso:ˌpazəl] skládanka, skládačka rozřezaný obrázek

jillion [ˈdžiljən] s nepředstavitelné

množství
jilt [ˈdžilt] s koketka, záletnice ● v 1 koketovat 2 dát komu košem, kvinde, pustit k vodě
Jim Crow [ˌdžimˈkrəu] am. slang. černoch, přen. černošská otázka, diskriminace
jimmy [ˈdžimi] páčidlo
jingle [ˈdžiŋgl] v cinkat ● s 1 cinkot 2 cinkátko, rolnička 3 dvoukolový krytý vůz
jingo [ˈdžiŋgəu] válečný štváč, šovinista ◆ by ~ ! na mou věru!
jinks [ˈdžiŋks]: high ~ pitka, hýření
jitter|bug [ˈdžitəbag] 1 moderní groteskní tanec 2 (též -s) člověk nervóza, panikář **–y** [-ri] nervózní
jiu-jitsu [džjuːˈdžitsu] v. ju-jitsu
jive [ˈdžaiv] s 1 džajv druh džezové hudby, tanec 2 žargon džezových hudebníků a fanoušků 3 prázdné povídání, blábol ● v 1 hrát, tančit džajv 2 hovořit nesmysly, plácat
Joan [ˈdžəun] Jana, Johanka
job¹ [ˈdžob] s 1 námezdní, vydělečná práce; pracovní příležitost, zaměstnání, místo 2 kus v práci, obrobek 3 lid. záležitost 4 machinace, protekce / a bad ~ ošklivá věc / situace; a good ~ štěstí; make* a good ~ of it udělat to dobře; do* his ~ for him zničit ruinovat ho; odd -s podělkování; work by the ~ pracovat v úkolu ● v (-bb-) 1 konat práci, pracovat v úkolu 2 podělkovat, dělat obchůzky 3 lichvařit, zpronevěřit 4 dohazovat práci, pronajímat 5 kupovat ve velkém **–ber 1** dohazovač; obchodník, komisionář 2 politický pletichář 3 příležitostný pracovník **~-hopping** fluktuace **~-work** práce v úkolu
job² [ˈdžob] v (-bb-) píchnout, bodnout (at do) ● s bodnutí
jobbery [ˈdžobəri] 1 korupce 2 makléřství
jockey [ˈdžoki] s žokej ● v klamat, šidit; vmanévrovat (a t. co into kam), manipulovat

jocose [džəˈkəus] žertovný, rozmarný, šprýmovný
jocular [ˈdžokjulə] žertovný, rozmarný
jocund [ˈdžokənd] veselý, rozmarný **–ity** [džəuˈkandəti] veselost, rozmarnost
joey [ˈdžəui] brit. slang. třípence
jog [ˈdžog] v (-gg-) 1 (po)šťouchnout, popíchnout, drcnout do 2 kodrcat, drncat 3 osvěžit (a p.'s memory něčí paměť), upozornit koho 4 klusat, běžet ● s 1 šťouchnutí, rýpnutí 2 štulec, náraz 3 volný klus **–gle** [ˈdžogl] v strkat, lomcovat, klátit se ● s lomcování, postrkování **~-trot** lehký poklus
John [ˈdžon] 1 Jan 2 j~ am. hovor. toaleta klozet
join [ˈdžoin] 1 spojit; připojit (se), přidat se, jít (s kým) 2 účastnit se (in doing čeho) 3 linie spojit se, setkat se, vlévat se do sebe 4 vstoupit do organizace, přihlásit se 5 utkat se (in battle v bitvě) ◆ ~ the river vlévat se do řeky; ~ the army nastoupit vojenskou službu; ~ the Liberal Party vstoupit do liberální strany **–er** truhlář **–ery** truhlářství, truhlářské práce
joint [ˈdžoint] s 1 spojení, skloubení; styk, styčník; kloub, spára 2 kýta, kolínko 3 slang. hospoda, výčep ◆ brazed pájený spoj (natvrdo); firm ~ pevný spoj; (non-) removable ~ (ne)rozebíratelný spoj; overlapping ~ přeplátovaný spoj; permanent ~ spoj pevný; threaded ~ spoj šroubový; universal ~ kardanový kloub, univerzální kloub; out of ~ vymknutý, přen. v nepořádku; weld ~ svarový spoj ● a 1 spojený 2 společný, spolu- ◆ ~ action společná akce, spolupráce; ~ voting-paper společná kandidátka ● v 1 spojit, skloubit 2 zapadat do sebe **~-heir** [ˈdžointeə] spoludědic **–ing** spojování, utěsňování, spá-

rování **-ly** společně ♦ ~ *and severally* obch. rukou společnou a nerozdílnou **~-owner** spolumajitel **~-stock** akciový kapitál (*~-stock company* akciová společnost) **-ure** [ˈdžoinčə] výměnek vdovský

joist [ˈdžoist] stropní nosník, trám

jok|e [ˈdžəuk] s žert, vtip ● v žertovat **-er** 1 šprýmař 2 slang. vtipný nápad, trik 3 karet. žolík 4 slang. chlápek, člověk

joll|ification [ˌdžolifiˈkeišən] hovor. veselí, švanda **-ify** [ˈdžolifai] roz-, veselit se **-ity** veselost

jolly [ˈdžoli] a 1 veselý, v povznesené náladě 2 hovor. radostný, příjemný 3 dovádivý ● *adv* hovor. saframentsky, tuze, moc

jolt [ˈdžəult] v strkat (se) ● s drcnutí, náraz

jonquil [ˈdžoŋkwil] druh narcisu

jostle [ˈdžosl] v strkat, tlačit se, tahat se (*with* s, *for* o co) ● s strkání, tlačenice; srážka

jot [ˈdžot] s 1 jota 2 tečka ● v (*-tt-*) stručně napsat, (*~ down*) poznamenat (si)

journal [ˈdžəːnl] 1 deník 2 noviny, žurnál, časopis 3 lodní deník 4 čep ložiska **-ese** [ˌdžəːnəˈliːz] hovor. novinářský jazyk **-ist** novinář

journey [ˈdžəːni] cesta ♦ *undertake**, *perform a* ~ podniknout cestu **-man*** tovaryš, přen. nádeník

joust [džaust] s hist. klání, rytířský turnaj ● v 1 účastnit se klání 2 utkat se

jovial [ˈdžəuvjəl] veselý, žoviální **-ity** [ˌdžəuviˈæləti] veselost, žoviálnost

jowl [ˈdžəul] 1 čelist, sanice 2 tvář, líčko (*cheek by* ~ těsně u sebe) 3 lalok 4 podbradek

joy [ˈdžoi] radost **-ful**, **-ous** [-əs] veselý, radostný **-stick** [ˈ-ˌstik] am. slang. 1 řídící páka letadla, páka ručního řízení 2 poč. pákový ovladač, joystick páka používaná pro počí-

tačové hry

jubil|ant [ˈdžuːbilant] jásavý **-ate** [-leit] jásat **-ation** [ˌdžuːbiˈlešən] jásot **-ee** [ˈdžuːbiliː] 1 padesáté výročí, jubileum 2 jásot, slavnosti, oslavy

Juda|ic [džuːˈdeiik] židovský **-ism** [ˈdžuːdeiizəm] židovství

judge [džadž] s 1 soudce 2 znalec 3 přen. rozhodčí ● v 1 odsoudit 2 soudit (*of* o; *by* podle), posoudit 3 odhadnout 4 považovat za **-ment** 1 soud, rozsudek 2 posudek, mínění (*in my* ~ podle mého mínění), ocenění ♦ *the last* ~ poslední soud; ~ *seat* soudcovská stolice, soudní tribunál

judicature [ˈdžuːdikəčə] soudcovská pravomoc, jurisdikce, soudnictví, soud

judici|al [džuːˈdišl] 1 soudní, justiční, zákonný 2 kritický ♦ ~ *murder* justiční vražda **-ary** [džuːˈdišiəri] 1 soudnictví, justice 2 soudcovský sbor **-ous** [-əs] rozumný, kritický, soudný; rozvážný

judo [ˈdžuːdəu] džudo **-ist**, **-man*** džudista

Judith [ˈdžuːdiθ], **Judy** [ˈdžuːdi] Jitka

jug[1] [ˈdžag] 1 džbán 2 slang. vězení, basa, díra **-ful** džbán obsah

jug[2] [ˈdžag] slavičí tlukot

juggl|e [ˈdžagl] v 1 provozovat kejkle, žonglovat 2 balamutit, podvádět ● s 1 kejkle 2 balamucení, podvod **-er** kejklíř; podvodník **-ery** kejklířství

Jugoslavia [ˌjuːgəuˈslaːvjə] = *Yugoslavia*

jugul|ar [ˈdžagjulə] a krční, hrdelní ● s krční žíla **-ate** 1 podřezat hrdlo 2 zaškrtit 3 přen. rázně zarazit

juic|e [ˈdžuːs] 1 šťáva; džus 2 hovor. šťáva pohonná látka / energie **-y** 1 šťavnatý 2 hovor. vlhký, mokrý 3 barvitý, zajímavý

jujitsu, **jujutsu** [džuːˈdžitsu] džiudžitsu

juke-box ['džu:kboks] hudební automat na gramofonové desky, hrací skříň

julep ['džu:lep] osvěžující nápoj

July [džu'lai] červenec

jumble ['džambl] v naházet na hromadu (~ up), přeházet (se), promíchat (se); jít v nepořádku, drát se ● s míchanice, zmatek; harampádí **~-sale** [-seil] prodej partiového zboží

jumbo ['džambou] s kolos, gigant ● a obrovitý, obrovský, obří

jump ['džamp] v 1 skočit, skákat 2 napadnout (*on* koho) 3 radostně přijmout (*at* co) 4 přeskočit, vynechat 5 vyrazit, vrhnout se ((*up*) *on* na) 6 stoupnout (*v ceně* 7 souhlasit (*with* s) 8 vyšvihnout se ♦ ~ **the queue** předbíhat ve frontě ~ **across** přeskočit ~ **aside** u-skočit ~ **down** seskočit ~ **in** vskočit, naskočit ~ **up** vyskočit ● s 1 skok 2 náskok 3 prudký vzestup *cen* 4 *pl slang.* delirium tremens 5 *voj.* zdvih hlavně 6 výstupek *zdi* ♦ *center* ~ *těl.* rozskok (*koš.*); *high* ~ skok do výšky; ~ *suit* výsadkářská kombinéza **-er** 1 skokan 2 námořnická blůza 3 dámské šaty 4 skalní vrtačka 5 *hovor.* revizor 6 *námoř.* přídavné lano

junct|ion ['džaŋkšən] 1 spojení, spojka 2 železniční křižovatka, uzel, stanice ♦ ~ *box* elektr. kabelová spojka, odbočnice **-ure** ['džaŋkčə] 1 styčný bod, spoj(ení), kloub 2 sběh událostí, situace, kritický bod *v průběhu věcí*

June ['džu:n] červen

jungle ['džaŋgl] džungle

junior ['džu:njə] a 1 mladší (*to* než) 2 podřízený, vedlejší ● s mladší n. podřízená osoba, žert. synátor

juniper ['džu:nipə] *bot.* jalovec

junk[1] ['džaŋk] džunka *čínská lodice*

junk[2] ['džaŋk] 1 odpad, smetí 2 veteš; sběrné suroviny 3 *námoř.* na-solené maso 4 velký kus, špalek 5 harampardí 6 *hovor.* brak, kýč **-et** [-it] s 1 *hovor.* rozhuda 2 hostina, hody 3 piknik, výlet **-ie, -y** [-i] s *am. slang.* 1 narkoman *zvl. užívající heroin,* feťák 2 fanda: *a TV* ~ televizní fanda ~ *mail* [-,] s nevyžádaný reklamní materiál zasílaný poštou *n.* roznášený do schránek **~-yard** [-,] s smetiště, skládka; hřbitov starých automobilů ● v hodovat

juridic(al) [džuə'ridik(l)] soudní, právní, právnický

jurimetrics [,džuəri'metriks] aplikace vědeckých metod na právní problémy

juris|consult ['džuəriskən,salt] právní poradce, znalec, právník **-diction** [-'dikšən] jurisdikce, soudní úřady **-prudence** [-,pru:dəns] právní věda

jur|ist ['džuərist] právník **-or** [-rə] porotce **-y** [-ri] 1 porota 2 *těl.* sbor rozhodčích

just ['džast] a 1 spravedlivý 2 správný 3 oprávněný 4 pravdivý 5 přesný ● adv právě (~ *so* právě tak, *but* ~ právě jen); jen; téměř, bezmála, skoro ♦ ~ *by* hned vedle; ~ *now* právě nyní

justi|ce ['džastis] 1 spravedlnost 2 správnost, spravedlivost 3 oprávněnost 4 soudce ♦ *in* ~ podle práva; *court of* ~ soud; *administer* ~ vykonávat spravedlnost, soudit; *bring*[*] *a p. to* ~ pohnat *koho* před soud; ~ *of the peace* smírčí soudce; *do*[*] ~ konat spravedlnost, být spravedlivý k, plně využít *čeho,* plně ocenit (*to* co) **-ciary** [džə'stišiəri] justiciár, soudce

justi|fiable ['džastifaiəbl] ospravedlnitelný **-fication** [,džastifi-'keišən] ospravedlnění **-fy** ['džastifai] 1 ospravedlnit, oprávnit 2 *polygr.* vyrovnat *tisk, sloupce*

jut ['džat] v (*-tt-*) vyčnívat ● s výčnělek, výstupek

jute [ˈdžuːt] juta
juvenil|e [ˈdžuːvənail] nedospělý, mladistvý; určený pro mládež **–ity** [ˌdžuːvəˈniləti] mladistvost mládí
juxtaposition [ˌdžakstəpəˈzišən] postavení vedle sebe, juxtapozice

K

K, k [ˈkei] písmeno k
kail, kale [ˈkeil] skot. **1** kapusta **2** kapustová n. zeleninová polévka **–yard** zelinářská zahrádka u domu ◆ **~ school** skotští romanopisci píšící skotským nářečím a líčící život prostého lidu
kaleidoscop|e [kəˈlaidəskəup] kaleidoskop **–ic(al)** [kəˌlaidəˈskopik(l)] kaleidoskopický
kangaroo [ˌkæŋgəˈruː] zool. klokan ◆ **~ closure** zkrácení parlamentní debaty
kaolin [ˈkeiəlin] kaolin
kaon [keian] fyz. mezon K
kart [ˈkaːt] sport. motokára
Kate [ˈkeit] Katka, Katuška, Kačenka
Katherine [ˈkæθrin] Kateřina
katydid [ˈkeitiˌdid] zool. sarančе
kayak [ˈkaiæk] kajak
keck [ˈkek] **1** dávit se **2** **~ at** ošklivit si, hnusit si
kedge [ˈkedž] s (též **~ anchor**) přenosná kotva ● v manévrovat lodí pomocí lana připoutaného k přenosné kotvě, plout s vlečenou kotvou
keel [ˈkiːl] s **1** lodní kýl **2** bás. loď **3** bot. člunek ◆ **be on an even ~** loď být vyvážen; o lidech být vyrovnaný, neztratit hlavu ● v obrátit kýlem vzhůru **~ over** překotit (se), převrhnout (se)
keen [ˈkiːn] **1** ostrý **2** pronikavý, řezavý zvuk, bolest, zima **3** velký, silný hlad, chuť, konkurence **4** horlivý, nadšený (on, for) **5** (dy)chtivý, žádostivý, posedlý (on, for), poblázněný **6** bystrý zrak, postřeh **7** dů-

vtipný, bystrý člověk **8** břitký vtip, kritika **9** prohnaný, lstivý **10** brit. cena výhodný, nízký ◆ **~ as mustard** nadšený; **he is (dead) ~ on her** bere na ni, je do ní celý pryč **~-set** hladový, lačný (for)
keep* [ˈkiːp] v **1** mít trvale; držet, vlastnit **2** být stále kde, v jakém stavu, stále se držet **3** zaměstnávat koho **4** provozovat obchod, vést hotel, chovat, držet si drůbež **5** vydržovat (si) koho **6** přidržet koho (at k čemu); stále se zabývat (čím) **7** střežit, hájit **8** (po)nechat (si); zachovat tajemství, dostát slibu, slovu; držet se (to čeho); nechat (to o.s. si pro sebe) **9** slavit svátek **10** udržovat; vést účty, deník **11** vydržet, uchovat se potraviny **12** zdržovat se doma, nevycházet; vyhýbat se (from čemu) **13** zadržet, zatajit (from před) **14** zachránit (a p. koho from před) **15** vést zboží **16** zůstat mimo (out of), vystříhat se **17** mít se jak ◆ **~ hold of** mít ve vlastnictví; **~ in mind** pamatovat si; **~ silent / quiet** mlčet; **~ a p. company** dělat komu společníka; **~ company with a girl** chodit s dívkou; **~ one's temper** ovládat se; **how are you -ing now?** jak se vám teď daří?; **~ time** jít správně hodinky, být přesný; **~ a p. waiting** nechat čekat koho; **~ abreast of (with)** udržovat se na výši, na úrovni; **~ at one's disposal** mít k dispozici; **~ going** udržovat v chodu; **~ house** vést domácnost / dům; **~ the house** nevycházet z domu; **~ one's distance** nepřibližovat se; **~ on good terms with a p.** být s kým zadobře; **~ one's eye on** dohlížet na: **~ a t. in view** mít co na mysli; **~ cool** zachovat klid; **~ one's feet** udržet se na nohou; **~ to oneself** vyhýbat se společnosti; **~ clear of** vyhnout se čemu; **~ one's countenance** zachovat vážnost, zdržet se smíchu; **~-ing** stále něco dělat (it kept snowing

stále sněžilo); ~ *in touch with* být s kým ve spojení; "*K~ off the grass*" "Vstup na trávník zakázán!"; ~ *out of sight of* skrývat (se) před; "*K~ to the left*" "Choďte / Jezděte vlevo!" ~ **away 1** nepřijít **2** nenechat koho vstoupit n. se přiblížit **3** vyhýbat se (*from* čemu), držet se stranou ~ **back** z(a)držet, zůstat opodál; zatajit (*from* před) ~ **down** držet dole, tlačit dolů; potlačovat; uhasit oheň ~ **in 1** nechat si pro sebe, potlačit city **2** nechat po škole **3** zůstat uvnitř **4** udržovat oheň **5** opatřit penězi **6** být zadobře (*with* s) ~ **off** nepouštět blíž, odvrátit; nepřibližovat se ~ **on** stále něco dělat; nechat (si) na sobě ~ **out** zůstat / být venku, nevstupovat ~ **under** držet v područí, ovládnout, uhasit požár ~ **up** držet (se) (na výši), udržovat v chodu, v dobrém stavu; držet krok (*with* s); neselhat, nepodlehnout; udržovat korespondenci ◆ ~ *up appearances* udržovat zdání; ~ *it up!* vydrž!, nepovol! ● *s* **1** obživa živobytí, strava **2** hist. hradní věž; pevnost, tvrz ◆ *in good* ~ v dobrém stavu; am. *for -s* stále, navždy **–er** [-ə] **1** dozorce, kustod, kurátor **2** hajný **3** ve složeninách majitel, držitel **4** ošetřovatel choromyslných **5** ochranný prsten **6** trvanlivé ovoce / zelenina **–ing 1** vlastnictví **2** opatrování, úschova **3** udržování v chodu, údržba **4** péče **5** obživa, jídlo ◆ *be in* (*out of*) ~ *with* být (nebýt) v souhlase s čím **–ing-room** obývací pokoj **–sake 1** dárek na památku **2** almanach, ročenka

keg [ˈkeg] soudek

Kelt, –ic = *Celt, -ic*

kelp [ˈkelp] *s* hnědá mořská řasa, chaluha

ken [ˈken] *s* dosah poznání, chápání ● *v* (*-nn-*) skot. znát, vědět

kennel [kenl] *s* **1** psí bouda **2** psí smečka **3** *-s*, pl psinec **4** brloh, díra **5** stoka, kanál ● *v* (*-ll-*) **1** žít (jako) v psí boudě **2** strčit do boudy, chovat v boudě; nechat bydlet v díře **3** přen. držet na řetězu, ovládat

Kentucky [kenˈtaki] Kentucky stát v USA

Kenya [ˈkiːnjə] Keňa

kept [ˈkept] *pt* a *pp* od *keep*

kerb [ˈkəːb] obrubník chodníku, roubení studny **–stone** obrubní kámen

kerchief [ˈkəːčif] šátek na hlavu

kerf [ˈkəːf] **1** (zá)řez, (za)říznutí **2** odřezek, odstřižek

kernel [kəːnl] *s* **1** jádro pecky; zrno obilné, též přen. **2** ztvrdlá dužina ovoce ● *v* (*-ll-*) tvořit zrno, dozrávat v zrno

kerosene [ˈkerəsiːn] petrolej k svícení / topení

kestrel [ˈkestrəl] zool. poštolka

ketchup [ˈkečəp] kečup, protlak

kettle [ˈketl] **1** kotlík **2** konvice na vaření vody ◆ iron. *a pretty ~ of fish* pěkné nadělení! **–drum 1** zprav. *-s*, pl hud. kotle, tympány **2** velká odpolední čajová společnost **–drummer** bubeník **–holder** látková chňapka **–smith** kotlář

key [ˈkiː] *s* **1** klíč(ek) i přen. a tech. **2** klíčová pozice **3** klíč k rozluštění čeho **4** hud. tónina; tón **5** tech. klín, svorník, čípek **6** klávesa, klapka ◆ *under lock and ~* zamčený; *get* / have the ~ of the street* muset spát na ulici; *a golden* (*silver*) ~ úplatek; *the power of the ~* papežská autorita ● *v* **1** zaklínovat, stáhnout čepem apod. (*in, on*) **2** hud. naladit **3** opatřit klávesami **4** zamknout na klíč **5** tónovat malbu ~ **up 1** vyšroubovat ceny **2** povzbudit, podnítit **3** zvýšit nabídku **–bar** typová páka psacího stroje **–board** klávesnice, klaviatura; **–hole** klíčová dirka **--industry** klíčový průmysl ~ **layout** uspořádání klávesnice ~ **lockout**

blokování klávesnice ~ **man*** vedoucí osobnost **–note** základní tón **~~ring** kroužek na klíče ~ **signature** [ˈsignəčə] **1** hud. předznamenání **2** rozhlasová znělka **–stone 1** stav. závěrný klenák **2** přen. základní princip **–word** klíčové slovo

khaki [ˈkɑ:ki] s **1** khaki látka **2** -s, pl oděv z látky khaki, khaki uniforma ● a khaki olivově šedý

kick [ˈkik] s **1** kopnutí, kopanec; sport. kop, výkop **2** hráč kopané **3** zpětné trhnutí pušky **4** hovor. odpor, protest **5** slang. vykopnutí ze zaměstnání **6** slang. vzrušení, hec **7** energie, jiskra, šmrnc ♦ **more -s than halfpence** více ústrků než laskavosti ● v **1** kopnout, sport. kopat; vstřelit branku **2** vyhazovat o koních **3** trhat o pušce **4** hovor. stavět se proti, odporovat (against proti, at čemu) **5** střelná zbraň mít zpětný úder ♦ lid. ~ **the bucket** = zemřít; ~ **one's heels** muset čekat; ~ **against the pricks** marně se vzpírat ~ **about 1** kopat sem tam **2** hovor. okopávat koho ~ **around 1** přehlížet koho **2** slang. pohrávat si **3** potloukat se ~ **back 1** zpětně se odrazit **2** zaplatit za zprostředkování prodeje **3** am. hovor. uvolnit se, odpočinout si ~ **in** pro-, roz|kopnout ~ **off** sport. provést výkop ~ **up** a row vyvolat výtržnost **–er** [-ə] **1** kopavý kůň **2** sport. střelec v kopané **~–off** výkop míče **–shaw 1** lahůdka **2** maličkost, drobnůstka

kid [ˈkid] s **1** kůzle **2** kozinka **3** hovor. děcko, mrňous **4** vědro, škopek **5** pl -s kozinkové rukavice ♦ am. my ~ **brother** můj mladší bratr; **~–glove** jemná rukavice ● a zhýčkaný, vyhýbající se práci ● v (-dd-) **1** vrhnout kůzlata **2** dělat si legraci z, chtít napálit koho **3** vulg. zbouchnout ženu **–dy** hovor. dítě **–nap** (-pp-) unést dítě, osobu;

ukrást

kidney [ˈkidni] **1** ledvina **2** ledvinka jídlo **3** kniž. povaha, typ, druh ♦ a **man* of that ~, of the right ~** člověk toho druhu; ~ **bean** vlašská fazole, červený bob; ~ **potatoes** rohlíčky brambory ~ **stone** ledvinový kámen

kilderkin [ˈkildəkin] půlsoudek též míra (18 galonů = 81,83 l)

kill [ˈkil] **1** zabít (be killed in war padnout), skolit, usmrtit **2** porazit dobytek **3** zničit, zruinovat **4** odb. neutralizovat barvu, kyselinu **5** vypnout proud **6** působit bolest **7** tenis dát eso **8** hovor. učinit hluboký dojem **9** hovor. umrtvit, usadit, vyvést z míry ♦ ~ **two birds with one stone** zabít dvě mouchy jednou ranou ~ **off** vyvraždit **–er** [-ə] zabiják, vrah **–ing** s **1** zabíjení, vraždění **2** am. báječný úspěch ● a **1** smrtící, vražedný **2** hovor. neodolatelný pohled **3** hovor. fantastický **~–time** kratochvíle

kiln [ˈkiln] pec, sušárna; (brick-~) cihelna; (lime-~) vápenka **~–dry** sušit v peci

kilo* [ˈki:ləu], **–gram(me)** [ˈkiləugræm] kilo(gram) **–metre** [ˈkiləuˌmi:tə] kilometr **–watt** kilowatt

kilt [ˈkilt] kilt, krátká skládaná sukně skotský mužský kroj **–ed** [-id] oblečen do skotské sukně **–er** [-ə] s pořádek ♦ **be out of ~** začínat mít poruchy, nebýt v pořádku **–ie** [-i] skotský voják

kin [ˈkin] s **1** rod, rodina **2** příbuzenstvo, příbuzní ● a **1** příbuzný **2** stejnorodý, téhož druhu ♦ **he is ~ to us** je naším příbuzným; **near of ~** blízce příbuzný; **his next of ~** jeho nejbližší příbuzný, -ní

kind [ˈkaind] s **1** druh, odrůda, třída; rod **2** jakost **3** v. kind of ♦ **nothing of the ~** nic takového; **coffee of a ~** jakás takás káva; **(pay*) in ~** (platit) v naturáliích; **repay* in ~** oplatit stejným způsobem ● *a* **1** laskavý **2** přátelský ◆ *it is ~ of you* to je od vás laskavé; *be so ~ as to...* / *be ~ enough to...* buďte tak laskava...; *with ~ regards to* s přátelským pozdravem komu **~-hearted** [¸-ˈhaːtid] dobrosrdečný, laskavého srdce **-liness** [-linis] vlídnost **-ly** [-li] *a* **1** dobrotivý, vlídný, laskavý **2** mírný, příznivý počasí ● *adv* laskavě **-ness** [-nis] laskavost, dobrota

kindergarten [¸kindəˈgaːtən] mateřská škola, školka

kindl|e [ˈkindl] **1** zapálit (se), roz-, vz|nítit (se) **2** roz-, pod|něcovat, rozdmychovat vášeň, cit **3** nadchnout se **-ing** třísky na podpal

kind of [ˈkaindəv] **1** jaksi, abych tak řekl **2** za ukaz., táz. a zápor. výrazy o kvalitě jaký, takový ◆ *what ~ of tree is this?* jaký je to strom?; *this is the ~ of thing I meant to* je taková věc, jakou jsem myslel; *I ~ of expected it* tak trochu jsem to čekal

kindred [ˈkindrid] *a* **1** příbuzenství, spřízněnost **2** příbuzenstvo, příbuzní, rodina ● *a* příbuzný, stejnorodý

kinetic [kaiˈnetik] pohybový **-s** [-s] pl kinetika nauka o pohybu

king [ˈkiŋ] *s* král též v šachu, kartách ◆ *K~'s Bench* vrchní soudní dvůr; *K~'s English* spisovná angličtina; *~'s evil* skrofulóza ● *v* **1** vládnout **2** učinit králem **~-consort** manžel vládnoucí královny **~-cup** bot. blatouch **-dom** [-dəm] **1** království **2** říše, oblast ◆ *United K~* Spojené království; *animal, vegetable, mineral ~* říše živočišná, rostlinná, nerostná **-fisher** zool. ledňáček **-ly** královský

kink [ˈkiŋk] *s* **1** smyčka, klička, uzel **2** míšní křeč **3** vrtoch, svérázný nápad ● *v* tvořit smyčky, kroutit se do kliček **-y** uzlovitý; bujný; hovor. výstřední, podivínský, zvrácený; sexy

kins|folk [ˈkinzfəuk], pl příbuzní **-ship** [-šip] příbuzenství **-man*** [-zman] mužský příbuzný **-woman*** příbuzná

kiosk [ˈkiːosk] **1** kiosk, stánek **2** telefonní budka

kipper [ˈkipə] *s* **1** losos sameček v době tření **2** uzený losos, slaneček apod. ● *v* nasolit a udit ryby

kirk [ˈkəːk] skot. kostel ◆ *the K~ of Scotland* skotská církev **-man*** člen skotské církve

kiss [ˈkis] *s* **1** polibek, hubička **2** dotek koulí v kulečníku ● *v* **1** líbat (se), políbit (se) **2** dotknout se koule v kulečníku ◆ *~ a p. good night* políbit koho na dobrou noc; *~ the dust* plazit se, podrobit se; *~ hands* políbit ruku panovníkovi; *~ the rod* lézt ke křížku **~-and-ride** (*system*) parkování u stanice na okraji města **~-in-the-ring** hra na hubičky **-proof** neslíbatelný rtěnka

Kit [ˈkit] Kryštůfek

kit [ˈkit] **1** kadečka, bečka **2** obsah torny např. vojenské **3** cestovní, sportovní apod. výstroj **4** řemeslnická výstroj, nářadí **5** kotě **6** zast. housličky **~-bag** vojenský apod. pytel, torna

kitchen [ˈkičin] kuchyně **-er** [-ə] kuchyňský sporák **-ette** [¸kičiˈnet] čajová kuchyňka **~ garden** [¸-ˈgaːdən] zelinářská zahrada **~-maid** pomocnice v kuchyni **~ physic** [-fizik] vydatné jídlo **~-stuff** [-staf] materiál na vaření, zelenina apod. **~-range** [-reindž] sporák

kite [ˈkait] **1** luňák **2** hrabivec **3** papírový drak **4** lid. fingovaná směnka ◆ *fly* *a ~* pouštět draka; *~ balloon* voj. upoutaný pozorovací balón

kith [ˈkiθ]: *~ and kin* známí a příbuzní

kitt|en [ˈkitn] *s* kotě ● *v* okotit se; koketovat **-ish** [-iš] hravý jako kotě

kittle [ˈkitl] lechtivý, choulostivý

Kitty [ˈkiti] Katuška

knack [ˈnæk] **1** zručnost (*at* v čem) **2** fígl, dovednost, fortel **3** dar, schopnost ♦ *have the ~ of it* vědět jak / kudy na to **–er** [-ə] **1** pohodný, ras **2** kupec starých domů, lodí, bouraček apod. **–ery** [-əri] **1** rasovna, pohodnice **2** koupě bouračky **–y** [-i] zručný, dovedný

knap [ˈnæp] (*-pp-*) roztloukat kámen kladivem **–sack** tlumok, batoh, torna

knar [na:r] *s* boule na stromě nebo v dřevě, v. *knot*

knav|e [ˈneiv] **1** darebák, lump **2** spodek v kartách **–ery** [-əri] darebáctví, lumpárna **–ish** darebácký, rošťácký **–ishness** darebáctví, podlost

knead [ˈni:d] **1** zadělat na těsto, hníst, válet těsto, hlínu **2** masírovat svaly **3** přen. modelovat, utvářet myšlenku **–ing-trough** [-iŋtrof] díže

knee [ˈni:] *s* koleno i tech. ♦ *on one's -s* na kolenou; *bring* a p. *to his -s* přimět koho, aby se podrobil; *go* down / *fall* / *drop on one's -s* pokleknout (*to* / *before* před) ● *v* **1** lézt po kolenou, dotknout se kolenem **2** hovor. vyboulit (se) kalhoty v kolenou **– bend** (po)dřep **–breeches** krátké kalhoty ke kolenům, golfky **–cap 1** kolenní jablko kost **2** nákolenice, chránič kolen **–deep** [ˌ-ˈdi:p] až po kolena **–joint** kolenní kloub **–pan** čéška kost

kneel* [ˈni:l] klečet; pokleknout

knell [ˈnel] *s* **1** zvonění umíráčkem, hrany **2** zlověstná zpráva ● *v* **1** zvonit hrany, umíráčkem **2** znít zlověstně

knelt [ˈnelt] *pt* a *pp* od *kneel*

knew [ˈnju:] *pt* od *know*

knicker|bockers [ˈnikəbokəz] pumpky, sportovní kalhoty pod kolena **–s** [-z] zkr. z *knickerbockers* **1** pumpky **2** kalhotky

knick-knack [ˈniknæk] tretka, hrač-ka, suvenýr

knife* [ˈnaif] *s* nůž ♦ *play a good ~ and fork* rád a dobře jíst ● *v* **1** krájet, bodat nožem **2** kriticky (se)řezat, vyřídit **–edge** ostří nože **–grinder** brusič nožů **–rest** podložka pod servírovací nůž

knight [ˈnait] *s* **1** rytíř **2** šachový kůň, jezdec ● *v* pasovat na rytíře **–age** [-idž] rytířstvo **–errant** [ˌ-ˈerənt] středověký potulný rytíř **–hood** [-hud] rytířský stav, rytířství **–liness** rytířskost **–ly** rytířský, přen. kavalírský, dvorný

knit* [ˈnit] **1** plést jehlicemi **2** spojovat spojit (se) **3** srůst ♦ *~ the brows* svraštit obočí *~ up* vyplést, spravit vypletením; smontovat **–ter 1** pletař(ka) **2** pletací stroj **–ting** *machine* pletací stroj **–ting-needle** pletací drát, jehlice **–wear** [-wea] pletené zboží **–work** stávkové zboží

knives [ˈnaivz] *pl* k *knife*

knob [ˈnob] *s* **1** knoflík vypínače, zásuvky, otáčivý knoflík u dveří místo kliky **2** homole, pahrbek; boule, bulka **3** kousek cukru, uhlí ♦ *tuning ~* vyladovací knoflík ● *v* (*-bb-*) **1** opatřit knoflíkem **2** vyboulit **–stick** hůl s knoflíkem

knock [ˈnok] *s* úder, rána; zaklepání; klepání motoru; kritická připomínka ● *v* **1** klepat, tlouci, bušit (*at the door, on the window pane* na dveře, na okenní tabuli) též o motoru **2** vrazit (*against* do), srazit se (s), narazit (nač) **3** slang. kritizovat **4** udivit, omráčit, překvapit ♦ *~ on* / *in the head* uderit do hlavy; zlikvidovat, zmařit *~ about* **1** otloukat koho **2** nešetrně zacházet **3** protloukat se životem, světem, potulovat se *~ down* **1** srazit k zemi; sestřelit **2** přiklepnout v dražbě **3** zlikvidovat, eliminovat **4** hovor. prudce snížit ceny **5** obch. rozebrat stroj před transportem *~ in* zatlouci *~ off* **1** srazit; nechat čeho, praštit s čím **2** rychle vyřídit, rychle složit báseň **3** odrazit, odečíst **4** slang. oddělat, zabít **5** v dražbě přiklepnout **6** slang. čmajznout, stopit **7** dostat, získat **8** vulg. přeříznout ženu ♦ ~ *one's head off* snadno překonat, vyřídit koho ~ **out 1** rychle vytvořit; vytlouci, vyrazit; vyklepat dýmku **2** box. knokautovat **3** vyvést z konceptu ~ **together** srazit (se) ~ **under** podrobit (se) ~ **up 1** vyburcovat klepáním **2** slang. zbouchnout děvče **3** vyčerpat se, zhroutit se **4** potlouci, zřídit ranami **5** chvatně dát dohromady, udělat, zařídit

knock|about [ˈnokəbaut] *s* **1** fraška, burleska **2** komik, klaun ● *a* **1** hlučný, divoký **2** potloukajíci se, osamělý **3** všední, štrapáční **4** hlučný, dovádivý **5** fraškovitý **~-down 1** úder, sražení k zemi **2** snížení cen **3** montovaný kus ● *a* **1** zdrcující úder **2** minimální cena **–er** [-ə] **1** klepadlo u dveří **2** permoník skřítek ♦ lid. *up to the ~* důkladný, -ě, pořádný, -ě **~-kneed** [-niːd] *s* nohama do X **~-out 1** box. knokaut **2** hovor. senzace **3** eso, číslo člověk

knoll [ˈnəul] pahorek, kopeček

knot [ˈnot] *s* **1** uzel, smyčka **2** námoř. uzel, mořská míle **3** nesnáz, obtíž, problém (*Gordian ~* gordický uzel) **4** pupenec, kolínko rostliny, suk na stromě, hrbol **5** svazek, balík ● *v* (*-tt-*) **1** zavázat na uzel **2** tvořit uzly, zauzlit se **3** spojit, proplést **4** zesukovatět, tvrdnout **~-grass** [-graːs] bot. truskavec ptačí **–ty 1** zauzlený, uzlovitý, sukovitý **2** nesnadný, problematický

knout [ˈnaut] knuta

know* [ˈnəu] *v* **1** vědět; znát **2** poznat, rozeznat **3** dozvědět se ♦ *I knew him at once* hned jsem ho poznal; ~ *right from wrong* rozeznat správné od nesprávného; *do you ~ how to play tennis?* umíte hrát tenis?; *come* to ~ do-

zvědět se; *he came to be known* stal se známým; *I ~ him by sight* znám ho od vidění; ~ *by heart* umět nazpaměť; ~ *for certain* vědět jistě; ~ *by name* znát podle jména; *as far as I ~* pokud vím; *not that I ~ of* ne, pokud vím; *I'll let* you ~ vzkážu vám, oznámím vám to; *I ~ what's what* vidím tomu na kloub, mám o tom svůj názor; *you ought to ~ better* to bys měl přece vědět ● *s: be in the ~* být zasvěcen, dobře zpraven **–able** [-əbl] poznatelný **~-how** zvl. am. fortel, šikovnost, dovednost a zručnost, informovanost, souhrn vědomostí, znalost technické dokumentace, dosažená úroveň technologie / vědy **–ing 1** významný **2** znalý, zkušený, chytrý, mazaný **2** módní, elegantní **–ingly 1** znalecky **2** vědomě, úmyslně

knowledge [ˈnolidž] vědomost(i), znalost(i), vědění (*of* čeho) ♦ *it came to my ~* dozvěděl jsem se o tom; *not to my ~* ne pokud vím **–able** [-əbl] dobře informovaný, znalecký; vědomý, chtěný

known [ˈnəun] *pp* od *know*

knuckle [ˈnakl] *s* kotník na prstě, kloub, koleno zvířete ● *v* uhodit, klepnout kotníkem do, třít kotníky ~ **down**, ~ **under** podrobit se **–bones** pl **1** články prstů **2** hra s kůstkami zprav. ovčími **–duster** boxer spojené železné prsteny s trny **~-joint** kloubový spoj

knut [ˈnat] **1** lid. švihák **2** sekáč

kobold [ˈkobəuld] skřítek

kodak [ˈkəudæk] *s* kodak fotoaparát ● *v* fotografovat kodakem

kohlrabi [ˌkəulˈraːbi] brukev, kedluben, -ny

kook [ˈkuːk] am. slang. výstředník **–y** [-i] výstřední; prudce elegantní

kraut [kraut] *s* **1** kyselé zelí **2** často **K~** hanl. slang. němčour, skopčák, fric

Kremlin [ˈkremlin] Kreml

krill [kril] s mořští korýši
Ku-Klux-Klan [ˌkju:klaksˈklæn] Kukluxklan rasistická organizace

L

L,l [ˈel] písmeno l
lab [ˈlæb] hovor. laboratoř
label [ˈleibl] s 1 štítek, visačka, nálepka 2 pojmenování ● v (-ll-) označit / opatřit vinětou, štítkem, visačkou
laboratory [ləˈborətəri] laboratoř
laborious [ləˈbo:riəs] 1 lopotný, pracný 2 těžkopádný sloh 3 pracovitý
labour [ˈleibə] s 1 práce, námaha 2 pracovní síly, pracující, kádry, dělnictvo 3 porodní bolesti (be in ~ pracovat k porodu) ♦ compulsory ~ nucená práce; direct ~ jednicová mzda; division of ~ dělba práce; hard ~ káznice, nucené práce; proceeds of ~ výtěžek práce; (un)skilled ~ (ne-)kvalifikovaná práce, dělnictvo; slave ~ otrocká práce; socially necessary ~ společensky nutná práce; ~ costs mzdové náklady; ~ displacement by machinery vytlačování dělnictva stroji; ~ force pracovní síla; ~ gang pracovní četa; ~ hours pracovní hodiny; L~ Party dělnická strana v Británii; ~ power pracovní síla u strojů; ~ rate mzdová sazba; ~ service pracovní povinnost; ~ stoppage zastavení práce; ~ theory of value pracovní teorie hodnoty; ~ turn-over fluktuace zaměstnanců ● v 1 pracovat, lopotit se 2 usilovat (for o) 3 pracovat k porodu, přen. být v riskantní situaci, v nejistotě 4 trpět (under čím) 5 razit cestu, prodírat se **–ed** [ˈleibəd] pracný, lopotný; strojený, šroubovaný (style sloh) **–er** [ˈleibərə] pracovník, dělník zvl. zemědělský **–ite** [ˈleibrait] člen Labour Party **~-saving** usnadňující práci

labyrinth [ˈlæbirinθ] labyrint, bludiště
lace [ˈleis] s 1 tkanice do bot, šňůra 2 krajka, -ovina, -ky 3 prýmek, lemovka 4 výpočet. tech. zaváděcí část magnet. pásky ● v 1 upevnit tkanici, za-, šněrovat 2 ozdobit krajkami, olemovat 3 provléci tkanici (through čím) 4 vylepšit nápoj alkoholem 5 hovor. napráskat komu
lacerat|e [ˈlæsəreit] roz-, trhat, roz-, sápat **–ion** [ˌ-ˈreišən] 1 roz-, drásání 2 tržná rána, natržení
laches [ˈleičiž] práv. opomenutí, zanedbání
lachrym|al [ˈlækriml] slzavý, slzný **–ation** [ˌ-ˈmeišən] slzení, pláč **–atory** [-ˈmətəri] slzný (gas plyn) **–ose** [-ˈməus] plačtivý, uslzený
lack [ˈlæk] s nedostatek, potřeba ● v 1 nedostávat se, chybět 2 být bez, postrádat ♦ ~ a quorum nebýt schopný usnášet se **–luster** [-ˌlastə] a jsoucí bez lesku, bezvýrazný, matný, bezduchý
lackadaisical [ˌlækəˈdeizikl] lhostejný, bez zájmu; strojený, přepjatý
lackey [ˈlæki] pl též -ies lokaj
laconic [ləˈkonik] málomluvný, lakonický
lacquer, lacker [ˈlækə] s jemný lak ● v na-, lakovat
lacrimal [ˈlækriml] slzní (~ gland slzní žláza)
lactation [lækˈteišən] laktace, kojení
lad, –die, –dy [ˈlæd(i)] hoch, mladík; milý
ladder [ˈlædə] 1 žebřík 2 brit. puštěné oko na punčoše
lad|e* [ˈleid] naložit, obtížit, břemenem ♦ bill of -ing konosament
ladify = ladyfy
ladle [ˈleidl] s sběračka ● v nabírat sběračkou **–ful** plná sběračka čeho
lady [ˈleidi] 1 dáma, paní 2 L~ lady šlechtický titul 3 žena 4 milenka 5 Our L~ Panna Maria ♦ L~ chapel

mariánská kaple; *L~ Mayoress* žena lordmayora; *L~ Day* Zvěstování P. Marie **~~bird** am. **~~bug** zool. sluníčko sedmitečné, beruška **–fy** udělat z někoho dámu; chovat se jako k dámě, oslovovat koho Lady **~~in waiting 1** dvorní dáma **2** těhotná žena **~~killer** žert. dobyvatel ženských srdcí **–like** chovající se jako dáma **~~love** milenka **–ship** [-šip]: *your, her ~* paní hraběnka apod. též iron. dáma **~~slipper** [-slipə] bot. střevíčník obecný **–'s-maid** komorná **~~smock** bot. řeřicha luční

lag¹ [ˈlæg] *v* (-gg-) **1** loudat se, zpožďovat se **2** izolovat tepelně ♦ *~ behind* opozdit se, zaostávat za kým, čím ● *s* **1** loudání **2** zpoždění přílivu aj., zaostávání **3** mezera, pauza **4** slang. recidivista

lag² [ˈlæg] *v* (-gg-) slang. dopadnout, uvěznit ● *s* trestanec, kriminálník

lager [ˈlaːgə] *(beer)* ležák pivo

laggard [ˈlægəd] loudal, váhal

lagoon [ləˈguːn] laguna

laid [ˈleid] *pt, pp* od *lay³*

laid-back [ˈleidˈbæk] *a* hovor. uvolněný, neformální, bezstarostný

lain [ˈlein] *pp* od *lie²*

lair [ˈleə] brloh, doupě

laird [ˈleəd] skot. zeman, statkář

laity [ˈleiiti] laici, stav světský

lake [ˈleik] jezero, velký rybník **~~dwelling** jezerní kolová stavba

lamasery [ˈlaːməseri] lamaistický klášter

lamb [ˈlæm] *s* jehně, beránek ● *v* vrhnout jehňata **–kin** jehňátko **–like** mírný, jako beránek

lambaste [læmˈbeist] *v* slang. **1** zbít, nařezat, namlátit, vyšlehat **2** lát, vyhubovat, nadávat; ostře zkritizovat

lambent [ˈlæmbənt] plápolavý, olizující plamen; jiskřivý; duchaplný

lame [ˈleim] *a* **1** chromý, kulhavý *(of, in a leg* na nohu) **2** neuspokojivý, nepřesvědčivý ● *v* zchromit, zmrzačit ♦ *~ duck* **1** chromá

kachna **2** hovor. chudinka **3** hovor. zmetek **4** zkrachovaná existence

lamell|a [ləˈmelə], pl *-ae* [-liː] lupínek, lístek, lamela

lament [ləˈment] *v* bědovat, naříkat *(for, over* pro) ● *s* **1** nářek, bědování **2** žalozpěv **–able** [ˈlæməntəbl] politováníhodný, žalostný **–ation** [ˌlæmənˈteišən] bědování, pláč, nářek

lamin|a [ˈlæminə], pl též *-ae* [-iː] plátek, lupínek, destička; bot. čepel **–ate** [-eit] *v* štípat, tepat, válcovat do lupínků, laminovat ● *s* [-ət] laminát

lamp [ˈlæmp] lampa, žárovky, svítidlo ♦ *smell* of the ~* mít zřejmé rysy pracnosti; *~ black* lampová čerň; *~ lighter* lampář; *~ post* kandelábr; *~ socket* objímka žárovky **~~chimney** cylindr lampy

lampoon [læmˈpuːn] *s* hanopis ● *v* zesměšnit hanopisem **–er** [-ə], **–ist** [-ist] *s* hanopisec, pamfletista

lamprey [ˈlæmprei] *s* zool. často *~ eel* mihule

lanc|e [ˈlaːns] *s* oštěp, kopí ● *v* **1** probodnout kopím **2** med. otevřít, udělat incizi **–er 1** kopiník **2** pl tanec hulán **–et** [-it] med. skalpel

land [ˈlænd] *s* **1** země, půda **2** pevnina, souš **3** pozemek **4** statek ♦ *dry ~* souše; *by ~* po souši; *~ of promise* zaslíbená země; *houses and -s* statky; *own ~* vlastnit pozemky ● *v* **1** přistát **2** vyhodit rybu na břeh **3** přen. vyhrát, získat cenu **4** vlepit políček, dát ránu **5** vylodit (se), přistát o letadle **6** doskočit, dopadnout na zem, hovor. dostat se kam, skončit kde **7** dát komu co proto, dát se do koho **–ed** [-id] vlastnící pozemky, pozemkový, agrární ♦ *~ interests* zemědělské zájmy **–er** [-ə] přistávací modul **–holder** majitel (držitel) pozemku, statkář **–ing** přistání, vylodění ♦ *~ boat* vyloďovací člun; *~ charges* vyloďovací poplatky; ~ **gear** podvozek; _forced_ ~ nouzové přistání **~~place** přístaviště **–ing-stage** přístavní můstek **~~jobber** [ˈlændɪdžobə] spekulant s pozemky **–lady** [ˈlændɪleidi] **1** statkářka **2** domácí paní **3** hostinská **–lord 1** statkář **2** domácí pán **3** hostinský **~~lubber** [ˈ-ˈlabə] námoř. člověk neznalý námořnického života, "pozemní krysa" **~~mark** mezník, hraniční kámen **~~owner** majitel půdy, statkář **–scape** [ˈlænskeip] krajina, terén **~~service** pozemní služba vojenská **–slide** [ˈlænslaid] **1** sesouvání půdy, lavina **2** velký přesun hlasů ve volbách (~ _victory_ přesvědčivé vítězství) **~~slip** brit. sesouvání země **~~survey** [ˈ-ˌsəvei] zeměměřičství **~~tax** pozemková daň

lane [ˈlein] **1** postranní ulička ve městě, cesta mezi živými ploty na venkově, dráha jednotlivého běžce, proud, pruh vozovky **2** špalír

language [ˈlæŋgwidž] **1** jazyk **2** řeč, mluva **3** slovní zásoba

langu|id [ˈlæŋgwid] **1** mdlý, malátný, slabý **2** loudavý, apatický **–ish** [ˈlæŋgwiš] **1** umdlévat, ztrácet sílu, chřadnout **2** nýt, umírat touhou **–or** [ˈlæŋgə] **1** otupělost, malátnost, únava **2** nečinnost, stagnace **3** nehybnost, dusno

lank [ˈlæŋk] **1** hubený, vytáhlý **2** rovný, zplihlý (_hair_ vlasy) **–iness** [-inis] s vytáhlost, vyčouhlost **–y** [ˈleiŋki] a vysoký, hubený, jsoucí samá ruka samá noha

lantern [ˈlæntən] **1** lucerna, svítilna **2** maják **3** stav. lucerna kopule

lanyard [ˈlænjəd] námoř. tenké lano návlečné

lap¹ [ˈlæp] s **1** klín **2** okraj, cíp oděvu **3** překlopek, chlopeň, lalok ucha; přesah, překrytí **4** úsek (_of the journey_ cesty) **5** stůčka **6** úsek trati, sport. jedno kolo na závodní dráze **7** starost, péče ● v (-_pp_-) **1** překlopit, zahnout, složit látku **2** zabalit, svinout **3** držet v náručí, v klíně **4** přečnívat (_over_) **–belt** příčný bezpečnostní pás v autu **~~dog** domácí psíček

lap² [ˈlæp] s lapovací kotouč ● v (-_pp_-) zabrušovat, lapovat **–ping** _machine_ lapovací stroj

lapel [ləˈpel] s klopa

lapful [ˈlæpful] plný klín (_of_ čeho)

lapidary [ˈlæpidəri] a **1** vrytý, vtesaný do kamene **2** lapidární **3** jako kámen, kamenný ● s brusič drahokamů

lappet [ˈlæpit] cíp, chlopeň, lalůček

lapse [ˈlæps] s **1** chyba, omyl, selhání (_of memory_ paměti) **2** poklesek **3** upadnutí, zabřednutí (_to_ do) **4** práv. propadnutí práva ● v **1** u-, padnout (_into_ do), upadat mravně **2** opominout, zanedbat **3** o uprázdněném připadnout (_to_ komu) **4** uplynout, minout (_away_), zaniknout, zmizet **5** upadnout v zapomenutí ~ **back** upadnout do původního špatného stavu

larcen|ous [ˈla:sinəs] práv. zlodějský **–y** [ˈla:sni] práv. krádež

larch [ˈla:č] bot. modřín

lard [ˈla:d] s škvařené vepřové sádlo ● v **1** (pro)špikovat **2** prošpikovat řeč cizími slovy apod. **–er** [ˈla:də] spižírna na maso apod. **–ing-pin** špikovačka **–y** [ˈla:di] sádelnatý

large [ˈla:dž] **1** velký **2** značný **3** rozsáhlý, prostorný **4** velkorysý, liberální ♦ _on a_ ~ _scale_ = _in_ ~ ve velkém; _at_ ~ **1** volně, podrobně, detailně, ze široka, obecně, paušálně **2** na svobodě **3** neurčitě **4** nazdařbůh **5** celkově; ~ _intestine_ tlusté střevo **~~hearted** štědrý, velkomyslný **–ly** do značné míry, převážně (a v. ~) **~~minded** [ˈ-ˌmaindid] svobodomyslný, liberální **~~scale** [-skeil] ve velkém měřítku **~~sized** [-saizd] _newspaper_ noviny velkého formátu

lark [ˈla:k] s **1** zool. skřivan **2** legrace, šprým ● v žertovat, dělat si legraci, škádlit koho

larva [ˈlaːvə], pl **-vae** [-viː] larva
larynx [ˈlæriŋks] hrtan, larynx
lascivious [ləˈsiviəs] oplzlý, laṣcivní
lase [ˈleiz] fyz. vysílat laserový paprsek **-r** [-ə] laser
lash [ˈlæš] s **1** švihnutí, rána bičem **2** bič, metla **3** přen. šleh, posměch **4** v. *eyelash* ● v **1** bičovat, mrskat, švihat **2** pohánět bičem **3** vyhazovat o koni **4** plísnit **5** připoutat (*down, on, together, to* k), přivázat **6** rozpřáhnout se, mávnout rukou, ocasem **7** šlehat o dešti **-ing 1** mrskání, zbičování **2** námoř. uvazovací lano **3** pl hojnost (*of* čeho) **--up** hovor. improvizace
lass, -ie [ˈlæs(i)] děvče, milá
lassitude [ˈlæsitjuːd] únava, malátnost
lasso* [læˈsuː] s laso ● v chytat lasem
last [ˈlaːst] a **1** poslední **2** minulý, předešlý **3** nejnepatrnější ♦ ~ *but not least* v neposlední řadě; ~ *day* soudný den; *at* ~ konečně; ~ *but one* předposlední ● adv posledníně, naposled, nakonec ● s **1** poslední zmíněná osoba, věc, tento poslední jmenovaný **2** poslední den / chvilky života **3** poslední zmínka **4** trvání **5** vytrvalost **6** konec, závěr ● v **1** trvat **2** vy-, stačit **3** vydržet ~ *out* vydržet až do **-ing** trvalý, stálý **-ly** nakonec, na závěr
latch [ˈlæč] s závora, petlice, západka (*in the* ~ na petlici), patentní zámek s klíčem i pro západku ● v zavřít na západku **--key** [ˈlæčkiː] patentní klíč, klíč od domovních dveří
late [ˈleit] a **1** pozdní, opožděný **2** zesnulý, nebožtík, -žka **3** bývalý, dřívější **4** nedávný ♦ *be* ~ *for* přijít pozdě do, k, na; *of* ~ nedávno; *of* ~ *years* v posledních letech; *it is getting* ~ připozdívá se ● adv pozdě ♦ *as* ~ *as* až do; ~ *in the day* s křížkem po funuse **-comer** [ˈ-ˌkamə] opozdilec **-ly** nedávno,

v poslední době **-ness** opožděnost
lateen [læˈtiːn] námoř. ~ *sail* latinská trojúhelníková plachta
lat|ency [ˈleitənsi] utajenost, skrytost **-ent** utajený, skrytý, latentní ♦ ~ *reserve* skrytá (utajená) rezerva
later [ˈleitə] a pozdější, novější ● adv později (~ *on*)
lateral [ˈlætərəl] postranní, poboční, příčný
latest [ˈleitist] a **1** nejposlednější **2** nejnovější, poslední, čerstvý ♦ *at* (*the*) (*very*) ~ nejpozději
lath [ˈlaːθ] lať, lišta **-y** [-i] laťkovitý; vyčouhlý, útlý
lathe [ˈleið] s **1** soustruh **2** hrnčířský kruh ♦ ~ *hand* soustružník; *central* ~ hrotový soustruh; *turret* ~ revolverový soustruh ● v soustružit
lather [ˈlæðə] s pěna z mýdla ● v **1** namydlit; pěnit (se) **2** hovor. napráskat, zmydlit
Latin [ˈlætin] a latinský ● s latina **-ize** [-aiz] polatinštit
latitude [ˈlætitjuːd] **1** zeměpisná šířka **2** volnost, liberálnost **3** rozvláčnost
latrine [ləˈtriːn] latrína
latter [ˈlætə] **1** druhý ze dvou, tento, ten druhý **2** pozdější **3** nedávný, poslední ♦ *the former... the* ~ onen... tento **--day** moderní, nejnovější **-ly** později, nakonec
lattice [ˈlætis] s ozdobné / nosné mřížoví ● v za-, mřížovat **--work** mřížoví
laud [ˈloːd] s chvála ● v náb. velebit **-able** [ˈloːdəbl] chvályhodný, chvalitebný
laudanum [ˈlodnəm] opiová tinktura, opium
laudation [loˈdeišən] chvalořeč(ení)
laugh [ˈlaːf] v vy-, smát se (*at* komu, čemu), vysmívat se ♦ ~ *in* / *up one's sleeve* smát se pod vousy; ~ *on the wrong side of one's*

mouth spíš brečet než se smát ~ **away** / **off** odbýt smíchem co ~ **down** odbýt smíchem koho, vysmát se komu ● s smích **–able** [-əbl] směšný **–er** smíšek **–ing** a smavý ♦ *no ~ matter* nic k smíchu, vážná věc; ~ *stock* terč posměchu ● s smích **–ter** [ˈla:ftə] smích, předmět smíchu

launch [ˈlo:nč] v 1 spustit loď na vodu 2 vy-, mrštit, vypálit, vyslat střelu, vypustit družici 3 vypuknout (~ *out, into* v) 4 zahájit (*an attack on* útok na) 5 prudce vyrazit, vyletět, startovat 6 vydat se na moře ~ *forth, out* vydat se za čím ♦ ~ *a loan* vypsat půjčku ● s 1 spuštění na vodu 2 vypuštění, odpálení, start rakety

laund|er [ˈlo:ndə] vyprat, omýt, očistit **–(e)ret(te)** [ˈlo:ndəret] samoobslužná prádelna, pradlenka **–ress** [ˈlo:ndris] pradlena **–ry** [-ri] 1 prádelna 2 špinavé n. vyprané prádlo ♦ ~ *list* seznam prádla pro prádelnu, dlouhý a podrobný seznam (*of* čeho)

laureate [ˈlo:riət] ověnčený vavřínem básník, laureát ♦ *poet* ~ dvorní básník

laurel [ˈlorəl] s 1 bot. vavřín 2 vavřínový věnec 3 bobkový list 4 am. rododendron ♦ *reap, win* ~s získat věnec vítězství; *rest on one's* ~s spát na vavřínech; *look to one's* ~s hledět si udržet své přednostní postavení ● v (-ll-) korunovat vavřínem

lava [ˈla:və] láva

lavatory [ˈlævətəri] 1 toaleta s umývárnou (*public* ~ veřejný záchodek) 2 umyvadlo zapuštěné ve zdi

lavender [ˈlævəndə] bot. levandule

lavish [ˈlæviš] a plýtvající čím, nešetřící (*of, with* čím): štědrý, opulentní ● v plýtvat, rozhazovat peníze

law [ˈlo:] 1 (zákon)nost, zákon(ný stav); právo 2 právní věda, určité právo ♦ *at* ~ u soudu; *court of* ~ soud; *give* the ~ *to a p.* poruč-

níkovat koho; ~ *of supply and demand* zákon nabídky a poptávky; ~ *of value* zákon hodnoty; *go* to ~ jít k soudu; *lynch* ~ soudce lynch; *martial* ~ stanné právo; *read* ~ studovat práva; *take* the ~ *into one's own hands* vzít zákon do vlastních rukou; *violate a* ~ porušit zákon; *workmen's compensation* ~ zákon o dělnickém úrazovém pojištění **--abiding** poslušný zákonů **–breaker** [ˈlo:ˌbreikə] rušitel zákona **–ful** zákonitý, právoplatný **–suit** [-sju:t] soudní proces

lawn [ˈlo:n] 1 trávník 2 textil. kment **--mower** [ˈlo:nˌməuə] žací strojek na trávu **--tennis** [ˌ-ˈ-] tenis

lawyer [ˈlo:jə] právník, advokát

lax [ˈlæks] 1 uvolněný, volný 2 nedbalý, nevšímavý **–ative** [ˈlæksətiv] a 1 med. projímavý 2 uvolněný ● s projímadlo

lay¹ [ˈlei] píseň, báseň; lyrický n. ptačí zpěv

lay² [ˈlei] laický; světský

lay³ [ˈlei] v klást, po-, s-, u|ložit; umístit, usadit; složit 2 potlouci obilí 3 srazit, zbít, seřezat (*about* koho) 4 uložit pokutu, určit povinnost 5 dát do daného stavu 6 předložit pokrm; k úvaze (*before* komu) 7 vznést (*claim* požadavek) 8 nastražit, políčit 9 učinit udání 10 nést, snášet vejce 11 vsadit se (~ *a wager* uzavřít sázku) ♦ ~ *bare* obnažit, odhalit; ~ *blows,* ~ *it on a p.* , ~ *into a p.* dávat to komu; ~ *one's bones* složit kosti, zemřít; ~ *to a p.'s charge* / *door* vinit z čeho: ~ *the foundations of* položit základy, počít; ~ *great store upon* vážit si čeho; ~ *hands on* vložit ruku na, vkládat ruce na, chopit se, zmocnit se čeho, sehnat; ~ *one's heart* / *plans bare* odkrýt, odhalit své srdce, plány; ~ *to heart* klást na srdce; ~ *hold on* (*of*) uchopit co, zmocnit se, využít čeho; ~ *one's hopes on* skládat naděje v; ~ *the table* prostřít; ~ *under contribution* donutit k přispění; ~ *under necessity* donutit; ~ *under obligation* zavázat si; ~ *open* odhalit, vysvětlit; ~ *siege to* obléhat; ~ *stress / emphasis / weight on* zdůraznit; ~ *table / cloth* prostřít; ~ *waste* zpustošit ~ **aside, by** odložit co, nechat čeho, ušetřit ~ **down 1** složit **2** vzdát se **3** obětovat, vsadit **4** zakreslit; stanovit, určit, formulovat ~ **in 1** zásobit se čím **2** hovor. seřezat koho ~ **on 1** zasadit ránu **2** uložit daň, pokutu **3** nanášet barvu **4** zavádět elektřinu, plyn, vodovod **5** ~ *it on thick* (n. *with a trowel*) mazat komu med kolem úst, lichotit ~ **out 1** vystavit, vyložit **2** plánovitě rozvrhnout, vytyčit pozemek, práci **3** slang. oddělat, zabít, vyřadit ~ **o.s. out** dát si záležet ~ **up 1** hromadit, ukládat, střádat **2** vyřadit loď; zadržet doma (*be laid up* být upoután na lůžko, musit ležet) ● s **1** poloha, položení; směr, umístění, rozložení, pozice **2** pole působnosti, obor zaměstnání, branže, odvětví obchodu, oblast zájmů **3** podíl na zisku **-er** [ˈleiə] **1** vrstva **2** nosnice **3** křiženec

lay⁴ [ˈlei] pt od *lie²*

layabout [ˈleiəˈbaut] hovor. povaleč flákač

lay-by [ˈleibai] **1** odpočivadlo při silnici **2** vedlejší kanál

layette [leiˈet] výbavička pro novorozeně

layman* [ˈleimən] laik

lay-off [ˈleiof] dočasné vysazení pracovníka z práce

layout [ˈleiaut] **1** nákres, přen. záměr; plán, projekt **2** vybavení **3** rozvržení, úprava pozemku n. tisku, vytyčení cesty ♦ ~ *man** návrhář, grafik: ~ *tools* rýsovací nářadí

layover [ˈleiouvə] s krátká zastávka na cestě zvl. při cestě veřejným dopravním prostředkem, mezipřistání

laziness [ˈleizinis] lenost

lazy [ˈleizi] líný, pomalý, nečinný ♦ ~ *eye* tupozrakost **~-bed** bramborový záhon **~-bones** hovor. lenoch **~-tongs** pl nůžkové kleště

leach [ˈliːč] v loužit (se) ● s výluh

lead¹ [ˈled] s **1** olovo **2** olovnice **3** olůvko, tuha **4** pl brit. olověný kryt střechy **5** polygr. proklad ♦ *cast* / *heave* the ~ vrhnout / vytáhnout olovnici; *black* ~ tuha; *white* ~ běloba; ~ *pencil* tužka ● v **1** zalít olovem **2** polygr. proložit řádky **3** měřit olovnicí **4** opatřit olověným krytem **5** zasadit do olova **-en** [ˈledn] **1** olověný **2** těžký jako olovo **3** bezvýznamný **4** mdlý, tupý, umrtvující

lead² [ˈliːd] v **1** vést, vodit **2** am. řídit, dirigovat **3** jít / být v čele; v kartách vynášet **4** pohnout, přimět **5** mířit (*a blow at* ránu na) **6** karet. vynést ♦ ~ *captive* zajmout; ~ *a p. a dance* dát komu co proto, prohnat koho; ~ *the dance* přen. hrát prim; ~ *a p. a life* prohánět koho; ~ *by the nose* přen. vodit za nos; ~ *the way* jít napřed, v čele, razit cestu; *be led to wrong conclusions* dát se svést k nesprávným závěrům ~ **along** vést, lákat ~ **astray** svést z cesty, na scestí ~ **away** svádět, odvádět ~ **off 1** počít, zahájit rozhovor **2** odvést **3** mít vedení v závodě ~ **on** zavést, zlákat ~ **up** směřovat (*to* k) ● s **1** vedení, vůdcovství **2** vynášení v kartách, přen. příklad **3** vodní náhon **4** šňůra na vedení psa **5** hlavní role, herec mající hlavní roli **6** elektrické vedení, šňůra **7** vodítko, tip (*for* pro) **8** řemínek, řetízek na psa, koně ♦ *take* the ~ ujmout se vedení, udávat tón; ~ *time* doba nutná k realizaci; *have the* ~ mít přednost **-er** [ˈliːdə] **1** vůdce, vedoucí; favorit; první housle; hud. dirigent **2** náruční kůň **3** obch. hlavní předmět obchodu **4** úvodník **5** hud. vedoucí hlas / hráč **6** práv. právní zástupce, advokát **–ership** [ˈliː-dəšip] vůdcovství **~-in** [ˈliːdin] svod **–ing** s vedení ● a vedoucí, vůdčí, čelný ♦ ~ *article* úvodník; ~ *case* precedens; ~ *light* prominent; ~ *question* sugestivní otázka ~ *strings* dětské kšíry **~-off** [ˌliː-dˈof] hl. am. počátek, zahájení, start **~-screw** vodicí šroub soustruhu

leaf [ˈliːf] **1** list, lupen; plátek kovu **2** křídlo dveří **3** deska rozkládacího stolu **4** zub ozubeného kola ♦ *be in* ~ zelenat se, mít listí; *burst into* ~ rašit; *take* a* ~ *out of a p.'s book* vzít si někoho za vzor **~-brass** lístková mosaz **–age** [ˈliːfidž] listoví, lupení **–let** [-lit] **1** lístek, lupínek **2** leták **–y** listnatý, lístkovitý

league [ˈliːg] **1** liga, svaz (*L~ of Nations* Společnost národů) **2** míle

leak [ˈliːk] s díra, štěrbina ● v téci, propouštět vodu, být děravý ~ **out** unikat; proniknout na veřejnost **–age** [-idž] **1** vytékání, unikání **2** tečení nádoby, ucházení **3** přen. prosakování, únik zpráv, vyzrazování **4** náhrada za množství vytéklé kapaliny; lekáž, výtratné **–proof** [-pruːf] těsný, nepropustný **–y 1** děravý **2** lid. žvanivý

lean* [ˈliːn] v **1** opírat se (*against, on* o), spočívat (*on* na) **2** naklánět se, nahýbat se (*over* nad, přes) **3** spoléhat se (*upon* na) **4** klonit se, být nahnutý **5** být nakloněn (míněni, osobě), mít sklon, inklinovat ~ *out* vyklánět se ~ **over** předklonit se ♦ ~ *over backwards* div se nepřetrhnout horlivostí, přehánět to ● s **1** odklon, sklon, svah **2** libové maso ● a **1** hubený **2** libový maso **3** neúrodný **~-to** stav. přístavek, kolna u domu

leant [ˈlent] pt a pp od *lean*

leap* [ˈliːp] v kniž. skákat, přeskočit ● s **1** kniž. skok **2** věc, která se má přeskočit ♦ *by -s and*

bounds rychle, mílovými kroky **~-frog** s skok přes ohnutá záda druhého ● v přeskakovat **~-year** [-jə:] přestupný rok

leapt [ˈlept] pt a pp od *leap*

learn* [ˈlə:n] **1** na-, učit se (*from, of* od) **2** poznat, zjistit **3** dovědět se ♦ ~ *by heart* učit se nazpaměť **–ed** [ˈlə:nid] učený, sečtělý, vzdělaný **–ing** učení se (*of* čemu), učenost, vzdělanost ♦ *the new* ~ renesance; ~ *machine* vyučovací stroj

learnt [ˈlə:nt] pt a pp od *learn*

lease [ˈliːs] v pronajmout ● s **1** pro-, nájem **2** nájemní smlouva ♦ *a new* ~ *of life* nový život; *let* (out) on* ~ pronajmout **–hold** nájem, pacht, nájemný statek **–holder** nájemce, pachtýř

leash [ˈliːš] s **1** šňůra na psa **2** smečka; tři psi apod. ● v uvázat, držet na šňůře; přen. krotit

least [ˈliːst] a nejmenší ● s nejmenší částka, množství, cena ♦ ~ *common denominator* (*multiple*) nejmenší společný jmenovatel (*násobek*); *line of* ~ *resistance* směr nejmenšího odporu; *at* ~ alespoň; *in the* ~ přinejmenším **–ways, –wise** alespoň

leather [ˈleðə] s **1** kůže **2** kožený předmět **3** slang. míč **4** pl koženky, kamaše ● v **1** potáhnout kůží **2** lid. spráskat, přetáhnout řemenem **~-dresser** [-ˌ-] koželuh **-ette** [ˌleðəˈret] koženka **~-head** slang. blbec, idiot **–ing** výprask **–n** kožený **–y** jako kůže, tuhý, kožnatý

leave* [ˈliːv] v **1** za-, nechat, někde zapomenout; zůstavit, odkázat **2** opustit, odejít **3** přestat, vynechat **4** dovolit **5** svěřit **6** odejít, odejet (*a place* odkud, *here* odsud), odebrat se (*for do*) **7** nechat, minout **8** zbývat, zbýt **9** být, dělat, činit při počítání ♦ *this -s me cool* to mne nechává chladným; ~ *alone* nechat být, neobtěžovat; *–ing alone* natož aby; *be* *well left* být dobře opatřen; ~ *one's card on a p.* vykonat u koho formální návštěvu; (*the goods*) ~ *much to be desired* (zboží) zdaleka neuspokojuje; *have* (*got*)... *left* zbývá co komu; ~ *hold of* pustit; ~ *in the lurch* nechat v bryndě; ~ *open* vystavit (*to attacks* útokům, záchvatům); *there is*... *left* zbývá co ~ **off** přestat, ustat (*doing, work* v práci), povolit, ochabnout, opustit, odložit ~ **out** vynechat, opomenout ● *s* 1 povolení 2 dovolená 3 rozloučení ♦ *by your* ~ s vaším dovolením; *beg* ~ žádat o dovolení; *take* ~ jít na n. vzít si dovolenou; *take* *one's* ~ rozloučit se; *ticket of* ~ dovolenka ~**-taking** roz-, loučení

leaven [ˈlevn] *s* kvasnice ● *v* 1 za-, kvasit 2 přen. okořenit

leaves pl k *leaf*

leavings [ˈliːviŋz] zbytky, odpadky

lecher [ˈleče] smilník –**ous** [-rəs] smilný –**y** [ˈlečəri] smilstvo, smilnost

lecture [ˈlekčə] *s* 1 přednáška 2 domluva, napomenutí ● *v* 1 přednášet (*on* o) 2 dělat komu kázání –**r** [ˈlekčərə] (*senior* ~) docent –**rship** docentura, lektorát

led [ˈled] *pt* a *pp* od *lead[2]*

ledge [ˈledž] 1 lišta, římsa 2 převislé skalisko

ledger [ˈledžə] 1 hlavní kniha 2 ležatý náhrobní kámen 3 příčný trám lešení ♦ *post an entry into the* ~ zanést položku do hlavní knihy ~**-bait** [-beit] návnada rybářská

lee [ˈliː] závětří

leech [ˈliːč] pijavice též přen.

leek [ˈliːk] 1 bot. pór(ek) zahradní 2 velšský národní znak

leer [ˈliə] *v* dívat se po očku, chtivě pošilhávat ● *s* pohled úkosem, chtivý / lstivý pohled

leeward [ˈliːwəd] *a, adv* v n. do závětří ● *s* závětrná strana

left[1] [ˈleft] *pt, pp* od *leave*

left[2] [ˈleft] *a* levý ● *adv* vlevo ● *s* levá strana, levé křídlo, polit. levice ♦ *to* (*the*) ~ vlevo (*of* od) ~**-hand** levý, levostranný ~**-handed** 1 dělaný levačkou, levý 2 morganatický 3 neohrabaný, nešikovný 4 pochybný, problematický 5 levotočivý –**ism** [ˈleftizəm] polit. levičáctví –**ist** *a* levicový ● *s* levičák –**overs** [ˌ-ˈəuvəz] pl zbytek, přebytek; přežitek ~**-wing** *socialist* levicový socialista

leg [ˈleg] *s* 1 noha 2 kýta 3 rameno kružidla, nůžek, trojúhelníku 4 sloupek do boty 5 nohavice 6 etapa, kolo závodu 7 přímý úsek dálkového letu ♦ *give* *a p. a* ~ *up* pomoci komu nahoru (*do vozu*), poskytnout podporu; *he has not a* ~ *to stand on* nemá oporu pro své tvrzení; *on one's last* -*s* v posledním tažení; *pull a p.'s* ~ hovor. obalamutit koho; *shake* *a* ~ skočit si; *show* *a* ~ vylézt z postele; *stand on one's own* -*s* stát na vlastních nohou; *stretch one's* -*s* jít se projít; *walk a p. off his* -*s* utahat koho ● *v* (*-gg-*) ~ *it* = *take* *to one's* -*s* vzít nohy na ramena

legacy [ˈlegəsi] odkaz, dědictví

legal [ˈliːgl] zákonný, právní ♦ *take* ~ *proceedings* / *steps* soudně stíhat; ~ *remedy* opravný prostředek –**ity** [liˈgæləti] zákonitost, zákonnost –**ization** [ˌliːgəlaiˈzeišən] legalizace, úřední ověření –**ize** [-aiz] uzákonit, úředně ověřit

legate [ˈlegit] legát

legation [liˈgeišən] 1 vyslanectví 2 delegace

legend [ˈledžənd] 1 legenda 2 pověst 3 nápis, podtext –**ary** legendární

leggings [ˈlegiŋz] vysoké kamaše, legíny

legible [ˈledžəbl] čitelný

legion [ˈliːdžən] 1 legie (*Foreign L*~ cizinecká legie) 2 celé regimenty, velký počet, množství –**ary** [-əri] a legionářský • s legionář

legislat|e [ˈledžisleit] vy-, dávat zákony **–ion** [ˌ-ˈleišən] zákonodárství **–ive** [-ətiv] a zákonodárný • s legislatura **–or** [-ə] zákonodárce **–ure** [-čə] zákonodárný sbor, legislatura

legitim|acy [liˈdžitiməsi] zákonnost **–ate** [-ət] a 1 legitimní, zákonný 2 uznávaný 3 rozumný • v [-eit], **–(at)ize** [-(ət)aiz] uzákonit, legalizovat, legitimovat

legum|e(n) [ˈlegjuːm, liˈgjuːmen] 1 lusk 2 luštěnina **–inous** [leˈgjuːminəs] luštěninový

Leicester [ˈlestə] angl. město

leisure [ˈležə] volná chvíle, volný čas; volno, prázdno ♦ ~ suit domácí oděv; be at ~ mít kdy, volno; at your ~ kdy se vám hodí **–ly** [-li] volný, nenucený

lemming [ˈlemiŋ] s zool. lumík

lemon [ˈlemən] citrón ♦ ~ squash brit. citrónová šťáva se sodovkou **–ade** [ˌleməˈneid] citronáda

lend* [ˈlend] 1 půjčit 2 půjčovat na úrok 3 poskytnout, udělit ♦ ~ a hand pomoci; ~ an ear popřát sluchu; ~ (and) lease půjčka a pronájem ~ o.s. propůjčit se (to k); hodit se (to k, pro)

length [ˈleŋθ] 1 délka 2 kus provazu apod. 3 vzdálenost 4 trvání ♦ go* all -s dovést věc až do konce; the horse won by three -s kůň zvítězil o tři délky; keep* a p. at arm's ~ přen. držet koho od těla; at ~ konečně; obšírně, detailně (též at full, great, some ~) **–en** [-ən] prodloužit (se) **–wise** [-waiz] adv, a podél, podélný, po délce **–y 1** dlouhý 2 lid. vytáhlý 3 zdlouhavý, nudný

leni|ence, –ency [ˈliːnjəns(i)] shovívavost, mírnost **–ent** shovívavý, mírný

Leninism [ˈleninizəm] leninismus

len|itive [ˈlenitiv] med. utišující prostředek **–ity** [-əti] mírnost, shovívavost

lens [ˈlenz] 1 optická čočka, objektiv 2 anat. čočka oka ♦ ~ speed světelnost objektivu; contact lenses kontaktní čočky

lent [ˈlent] pt, pp od lend

Lent [ˈlent] půst před Velikonocemi **–en** [-ən] postní

lenticular [lenˈtikjulə] čočkovitý

lentil [ˈlent(i)l] i pl čočka luštěnina

Leo [ˈliːəu] souhvězdí Lva

leopard [ˈlepəd] zool. leopard

leotard [ˈliːəˌtaːd] s 1 často pl ~s baletní trikot 2 pl ~s punčochové kalhoty

leper [ˈlepə] malomocný

leprechaun [ˈleprəˌkan] s v irských pohádkách skřítek, mužíček

lepr|osy [ˈleprəsi] malomocenství, lepra **–ous** [-əs] malomocný

lesbian [ˈlezbiən] lesbička

lesion [ˈliːžn] zranění

less [ˈles] a 1 menší 2 horší, podřadný, druhotný • adv méně • s menší množství • prep méně, bez ♦ no ~ o nic menší

lessee [leˈsiː] nájemce, pachtýř

lessen [ˈlesn] zmenšit (se), též přen.

lesser [ˈlesə] menší ♦ L~ Bear Malý medvěd; ~ circulation med. malý oběh **––known** méně známý

lesson [ˈlesn] 1 lekce, úkol, cvičení 2 vyučovací hodina 3 přednáška 4 círk. čtení z bible ♦ give* / take* ~ dávat / brát hodiny; read* a p. a ~ dát komu ponaučení, napomenutí

lessor [leˈsoː] práv. pronajímatel

lest [ˈlest] aby ne

let* [ˈlet] 1 nechat, dovolit 2 pronajmout 3 připustit (into k), zasvětit do tajemství; zasadit, zapustit (into do) 4 způsobit ♦ ~ alone 1 nechat na pokoji, nezasahovat 2 neřku-li, natož; ~ fall upustit; nechat jít, propustit, vzdát se; ~ go! pusťte!; ~ me have dejte mi; ~ a p. hear / know informovat koho; ~ loose uvolnit; ~ pass / slip promeškat / propást; to ~ k pronajmutí; ~ us... opisuje 1.

os. pl. imper. **~ down 1** snížit, spustit **2** zklamat, podvést **3** nechat na holičkách **~ in** vpustit; zapustit; přivodit nesnáz **~ off** odpálit pušku; dát najevo; zprostit slibu, trestu; nechat uniknout, propustit bez trestu **~ out** vypustit (~ *the cat out of the bag* vybreptat to) **~ through** nechat projít **~ up** hovor. přestat

lethal [ˈliːθl] smrtelný, smrtonosný, vražedný; osudný

lethargy [ˈleθədži] **1** strnulost, letargie **2** netečnost, lhostejnost

let's = *let us*

letter [ˈletə] s **1** dopis **2** písmeno, litera, přen. doslovný smysl **3** pl literatura, písemnosti (*man* of *-s* literát, učenec) ♦ **~ of advice** návěstí; **~ of attorney** plná moc; **~ of credit** akreditiv; **-s of credence** n. **-s credential** pověřovací listiny; **~ of hypothecation** zástavní list; **~ stock** neregistrované cenné papíry ● v označit písmeny / slovy; popisovat technický výkres **~-box** schránka na dopisy **~-perfect** [ˌ-ˈpəːfikt] znající úlohu slovo od slova **~-set** polygr. suchý ofset **~-ed** sečtělý, vzdělaný

Lettic [ˈletik], **Lettish** [ˈletiš] a lotyšský ● s lotyština

lettuce [ˈletis] bot. locika, hlávkový salát

let-up [ˈletap] přerušení, přestávka

leucocyte [ˈljuːkəusait] biol. leukocyt

levant [liˈvænt] ztratit se bez zaplacení *L ~* Levanta

Levantine [ˈlevəntain] a levantský ● s Levantinec

levee[1] [ˈlevi, ləˈviː] **1** násep, val, zátopová hráz **2** am. říční nábřeží **3** am. ulička lásky

levee[2] [ˈlevi, ləˈvei] hist. ranní audience

level [ˈlevl] s **1** vodováha, libela, nivelační přístroj **2** rovina; hladina **3** úroveň ♦ *on a ~ with* v jedné rovině s; *dead ~* přímá rovina; *~*

crossing žel. úrovňový přejezd; *price ~* cenová hladina; *~ gauge* manometr, stavoznak ● a vyrovnaný ♦ *one's ~ best* seč člověk je, co může ● v (-*ll*-) **1** postavit na roveň (*with* s), vyrovnat, přizpůsobit (*to* k), nivelizovat **2** snížit (*wages* mzdy) **3** srovnat (*with the ground* se zemí) **4** vzít na mušku (*at, against* co), zamířit (na co) **~ up** zvýšit **~-headed** [ˌ-ˈhedid] duševně vyrovnaný **-ling** vyrovnání, nivelizace

lever [ˈliːvə] páka, sochor ♦ *~ arm* rameno páky; *~ press* pákový lis; *~ shears* pákové nůžky; *reversing ~* páka pro zpětný chod **-age** [ˈliːvəridž] pákový převod, pákoví *~ watch* [-woč] kotvové hodinky

leveret [ˈlevərit] mladý zajíc

levigate [ˈlevigeit] rozmělnit, rozetřít

Levi's, Levis, levis [ˈliːˌvaiz] s levisky, džín(s)y druh kalhot

levitat|e [ˈleviteit] vznášet se **-ion** [ˌleviˈteišən] vznášení se, levitace

levity [ˈleviti] **1** fyz. lehkost **2** lehkovážnost

levy [ˈlevi] s **1** vybírání poplatků, cla; exekuce **2** odvody vojska ● v **1** vybírat daň **2** odvádět k vojsku

lewd [ljuːd] oplzlý, pornografický

lexical [ˈleksikl] slovní, slovníkový

lexicon [ˈleksikn] slovník klasických jazyků

liabilit|y [ˌlaiəˈbiləti] **1** ručení **2** závazek **3** náchylnost **4** pl finanční závazky, dluhy ♦ *accept ~* vzít na sebe zodpovědnost; *meet ~ -ies* dostát závazkům; *~ for enlistment / service* odvodní / branná povinnost

liable [ˈlaiəbl] povinný; zodpovědný (*for* za); podrobený (*to* čemu); náchylný (*to* k) ♦ *be ~ to* **1** odpovídat komu **2** *~ to...* podléhat, snadno se... (*he is ~ to catch cold* snadno se nachladí); *hold* *~* činit zodpovědným, postihovat

liais|e [liˈeiz] hovor. navázat, udržovat spojení, dělat spojku **–on** [li-ləizən] **1** spojení intimní **2** fon. vázání slov **3** voj. styk ♦ ~ *officer* styčný důstojník

liar ['laiə] lhář(ka)

lib [lib] s hovor. *liberation*: *women's ~ movement* hnutí za osvobození žen

libation [lai'beišən] úlitba, hovor. popíjení

libel ['laibl] s **1** nactiutrhání, pomluva **2** hanopis ● *v* (*-ll-*) hanobit tiskem **–lous** [-əs] hanlivý

liberal ['libərəl] a **1** osvícený, svobodomyslný, liberální **2** šlechetný **3** štědrý **4** hojný **5** volný (*translation* překlad) ♦ ~ *arts* svobodná umění; ~ *education* vyšší humanitní vzdělání ● s liberál **–ism** [-izəm] liberalismus **–ity** [,libə'ræləti] liberálnost, štědrost; plnost

liberat|e ['libəreit] osvobodit (*from* od), propustit na svobodu **–ion** [,libə'reišən] osvobození **–or** ['libəreitə] osvoboditel

libertin|age ['libətinidž] prostopášnost **–e** ['libəti:n] **1** prostopášník **2** zast. volnomyšlenkář **–ism** [-tinizəm] **1** prostopášnictví **2** zast. volnomyšlenkářství

liberty ['libəti] **1** svoboda, volnost **2** dovolení **3** výsada ♦ ~ *of conscience* svoboda svědomí; ~ *of press* svoboda tisku; *take* the ~ to do* n. *of doing* dovolit si; *take* -ties with a p.* příliš si na koho dovolovat

libidinous [li'bidinəs] smyslný, chlípný

Libra ['laibrə] hvězd. Váhy

librar|ian [lai'breəriən] knihovník **–y** ['laibrəri] knihovna ♦ *record ~* diskotéka půjčovna desek

lice ['lais] pl k *louse*

licen|ce ['laisəns] **1** povolení, licence **2** řidičský průkaz **3** libovůle; prostopášnost, nevázanost; *gun ~* zbrojní průkaz **–se** udělit povolení zvl. k čepování lihovin

licentious [lai'senšəs] bezuzdný, nevázaný; prostopášný; nemravný

lichen ['laikən] **1** bot. lišejník **2** med. lišej

lick ['lik] v **1** lízat, olizovat **2** slang. zbít, spráskat, natřít to komu **3** slang. spěchat, mazat ♦ *this -s me* nad tím mi zůstává rozum stát; ~ *the dust* lízat prach, být přemožen; ~ *into shape* vypiplat, utvářet povahu ● s **1** lízání, líznutí **2** lehký nátěr **3** špetka **4** rána, přetření holí **5** slang. krok **–er-ish, liquorish** ['likəriš] mlsný, chtivý (*after* čeho); nenasytný **–ing 1** lízání **2** hovor. výprask, nářez **--spittle** patolízal

licorice, liquorice ['likəris] lékořice, sladké dřevo

lid ['lid] víčko, poklička ♦ *put* the ~ on* být vrcholem všeho

lie¹ ['lai] s lež ♦ *white* ~ nevinná lež; *give* a p. the* ~ vinit koho ze lži; *tell* a* ~ lhát ● *v* (*is lying*) lhát ♦ *you are lying through your teeth / throat* v hrdlo lžeš; *he -s like a dog / rug* lže jako když tiskne

lie²* ['lai] v (*lying*) **1** ležet; spočívat (*in* v) **2** prostírat se **3** tábořit **4** být (*in prison* ve vězení) **5** být pod ochranou, v moci (*under* čeho) ♦ ~ *in ambush* číhat; ~ *at anchor* kotvit; ~ *on the bed one has made* jak si kdo ustele, tak si lehne; ~ *on hand* nejít na odbyt; ~ *in wait* číhat v záloze; ~ *waste / fallow* ležet ladem ~ *about* povalovat se ~ *by* ležet u, ležet ladem ~ *down* **1** u-, lehnout (si), slehnout **2** ležet **3** podrobit se, přijmout bez odporu porážku (*take* it lying down*) ~ *in* **1** o rodičce slehnout **2** přeležet si ~ *on* držet se dále od břehu ~ *over* být odložen (*until* na) ~ *up* **1** zůstat ležet **2** zůstat v úkrytu **3** loď uchýlit se do doku ● s **1** poloha terénu, svah **2** úkryt, skrýš **3** slepá kolej

liege [ˈliːdž] *a* lenní; věrný, oddaný ● *s* vazal; lenní pán **–man*** vazal

lien [ˈliːən] *práv.* právo zástavní, retenční

lieu [ˈljuː]: *in ~ of* místo čeho

lieutenant [lefˈtenənt, *am.* ˈluː-], *námoř.* [leˈtenənt] **1** *brit.* nadporučík, *námoř.* poručík **2** náměstek ◆ *~ colonel* podplukovník

life* [ˈlaif] **1** život **2** životopis **3** osoba pojištěná na život **4** doživotní vězení **5** *atr* (celo)životní, doživotní (*peer* neděličný pér) ◆ *come* / bring* to ~* přijít k sobě, vzpamatovat se; *lose* / save / lay* down one's ~* ztratit, zachránit, položit život; *put* into ~* uskutečnit; *run* for ~* běžet jakoby šlo o život; *take* one's own ~* vzít si život: *for ~* doživotně; *as large as ~* v životní velikosti; *to the ~* podle skutečnosti; *migratory ~* kočovnictví; *upon my ~* na mou duši; *~ annuity* doživotní renta **~-belt** záchranný pás **–boat** záchranný člun **~-guard** [-gaːd] **1** plavčík na plovárně **2** tělesná garda **–less** bez života, mrtvý **–line** záchranné lano **–long** celoživotní **~-preserver** [ˈlaifpriˌzəːvə] **1** ochranná bóje, záchranný pás / kazajka / člun **2** *slang.* kyj, pendrek **~-saver** [ˈ-ˌseivə] zachránce života **~-sentence** [ˈ-ˌ] rozsudek na doživotí **~-size(d)** [ˌ-ˈsaiz(d)] v životní velikosti **~-time** život, běh života **~-work** životní dílo

lift [ˈlift] *v* vy-, zvednout; vykopat; dobývat brambory, řepu **2** povznést (se), zvedat se; kosmeticky upravit (*the face*) **3** přerušit, přestat **4** *sport.* liftovat míč **5** *hovor.* ukrást z uzávěry, vykrást (*from* dílo autora) **6** vytrhnout (*out of* z kontextu) **7** *am.* zvýšit ceny, daně **8** zatknout **9** sejmout otisky prstů ◆ *~ one's hand* přísahat *~ up one's heel* kopnout; *~ up one's horn* dívat se spatra, zvysoka, pohrdat; *~ up one's voice* pozvednout hlas, vykřiknout ● *s* **1** (po)zvednutí, stoupnutí hlasem; stoupající tendence **2** břímě, tíha; *let.* vztlak **3** pomoc, podpora **4** *brit.* zdviž, výtah **5** svezení (*give* a p. a ~* svézt koho) **–er 1** zdvihák **2** vyorávač brambor, řepy **–ing 1** zdvihání **2** vyorávání řepy **3** kosmetická úprava ◆ *~ capacity* nosnost; *~ power* zdvihací síla, vztlak; *~ weight* vzpírání

liga|ment [ˈligəmənt] **1** pouto **2** *anat.* vazivo, šlacha **–ture** [ˈligəčə] **1** páska, obvaz **2** *hud.* ligatura, vázání not **3** *polygr.* slitek **4** *med.* podvázání

light [ˈlait] *s* **1** světlo **2** úsvit, rozbřesk **3** osvětlení, objasnění, osvícení **4** *pl* plíce zvířecí **5** oheň zápalky **6** okénko, světlík **7** *pl* zraky **8** *pl* světla rampy ◆ *the ~ is on* je rozsvíceno; *come* to ~* vyjít na světlo, přijít na svět; *bring* to ~* odhalit; *~ filter* světelný filtr; *stand* in ~* zaclánět; *throw* / shed* ~ upon* vrhnout světlo na, vysvětlit; *in the ~ of these facts* ve světle těchto faktů ● *a* **1** světlý **2** lehký **3** snadný **4** nepatrný, malý **5** nestálý, povrchní **6** rozpustilý, bujný; chlípný, nečistý **7** nečetný, nehustý **8** nezřetelný, nejasný ◆ *~ ashes* popílek; *~ athletics* lehká atletika; *~ horse* lehká kavalerie; *~ industry* lehký průmysl; *make* ~ of* brát na lehkou váhu; *~ of belief* lehkověrný ● *adv* lehce ● *v** **1** osvětlit (se), zapálit (se); roz-, zaǀžehnout, vznítit se **2** sestoupit, nastoupit (*from, off* z, *on, upon, at, in* do, na) **3** spočinout **4** spadnout, padnout rána **5** náhodou přijít *~ up* rozsvítit se, rozzářit se, zapálit si **–en** [ˈlaitn] **1** blýskat se **2** ozářit, zjasnit; osvítit duševně **3** uǀlehčit, zbavit; ztratit na váze **4** rozradostnit, potěšit (se) **–er 1** rozsvěcovač, zapalovač **2** *námoř.*

nákladní člun **~-headed** [ˌ-ˈhedid] trpící závratí; nezodpovědný; frivolní **~-hearted** [ˌ-ˈhɑːtid] veselý **–house*** maják **–ing** osvětlení **–ning** blesk ♦ ~ *arrester* hromosvod; ~ *conductor* / rod bleskosvod **–some** [ˈlaitsəm] 1 půvabný, elegantní 2 veselý 3 osvětlený, světlý **–weight** [ˈlaitweit] lehká váha v boxu **~-year** světelný rok

ligneous [ˈligniəs] dřevěný, dřevnatý

lignite [ˈlignait] hnědé uhlí, lignit

likable = *likeable*

like [ˈlaik] *a* 1 stejný, podobný 2 shodný, stejný 3 am. hovor. pravděpodobný s inf s to ♦ *and the* ~ apod.; *in* ~ *manner* stejným / podobným způsobem; ~ *signs* mat. obojí znaménka plus i minus; *what is he* ~ ? jak vypadá, co je zač?; *look* ~ vypadat jako ● *prep* jako ● *s* 1 podobná osoba, věc, protějšek; *the -s of me* hovor. lidé jako já 2 *one's -s and dislikes* záliby a věci, které se protiví ● *v* 1 *I ~ it* líbí se mi to 2 (mít) rád ♦ *if you* ~ líbí-li se vám: *I should* ~ *to know* rád bych věděl **–able** sympatický **–lihood** [-lihud] pravděpodobnost ♦ *in all* ~ pravděpodobně **–ly** [-li] *a* pravděpodobný; vhodný, slibný ♦ *he is not* ~ *to come* pravděpodobně nepřijde ● *adv* pravděpodobně **–n** [ˈlaikn] připodobnit, srovnávat (*to* s) **–ness** podoba, obraz **–wise** [-waiz] 1 podobně 2 také, rovněž

liking [ˈlaikiŋ] záliba, zalíbení (*for*, *to* pro, v), chuť, sympatie ♦ *is it to your* ~ ? je to po tvé chuti?

lilac [ˈlailək] *s* bot. šeřík, bez ● *a* fialový, šeříkový

lilaceous [ˌliliˈeišəs] liliovitý

lilt [ˈlilt] veselý rytmus / popěvek ● *v* zpívat rytmicky, pohybovat se rytmicky

lily [ˈlili] bot. lilie ♦ ~ *of the valley* konvalinka

limb [ˈlim] 1 úd 2 hlavní větev 3 výběžek pohoří 4 neposeda, uličník ♦ ~ *of the law* rameno spravedlnosti strážník

limber [ˈlimbə] *a* ohebný, pružný ● *v* zvláčnět, procvičit svaly

limbo* [ˈlimbəu] 1 předpeklí 2 vězení 3 opuštěnost, pustota 4 místo zapomnění

lime[1] [ˈlaim] *s* 1 vápno 2 lep ● *v* 1 vápnit 2 namazat lepem, chytit na lep **–kiln** vápenka **–fight** 1 Drummondovo světlo 2 reflektor 3 světlo ramp(y)

lime[2] [ˈlaim] bot. limetta

lime[3] [ˈlaim] bot. lípa

limerick [ˈlimrik] *s* limerick pětiřádková vtipná a nesmyslná rýmovačka

limit [ˈlimit] *s* 1 hranice, mez, limit 2 pl ohraničené území, pozemky ♦ ~ *gauge* mezní kalibr; ~ *of elasticity* mez pružnosti; ~ *switch* koncový vypínač ● *v* omezit, ohraničit, limitovat **–ation** [ˌlimiˈteišən] vy-, o|mezení, ohraničení, deliminace ♦ *have one's -s* být omezený na duchu **–ed** [-id] 1 omezený 2 obch. s ručením omezeným

limousine [ˈlimuːziːn], hovor. **limo** [ˈlimou] limuzína

limp [ˈlimp] *a* 1 skleslý, schlíplý 2 mdlý, chabý ● *v* kulhat ● *s* kulhání

limpet [ˈlimpit] zool. přílepka, mořský plž, přen. klíště

limpid [ˈlimpid] čirý, průzračný

linchpin [ˈlinčpin] zákolník

linden [ˈlindn] bot. kniž. (~ *-tree*) lípa

line [ˈlain] *s* 1 čára, přímka; linka; tah 2 šňůra, provaz, rybářský vlasec 3 pl hranice statku apod., přen. majetek, bohatství, osud, životní úděl 4 potrubí 5 linka, vedení telegrafní, telefonní 6 řada 7 obrys, kontura; rys(y), tah 8 pl plán, nárys 9 řádka tisková, psaná, obrazovky 10 verš, pl báseň, herecká role 11 krátký dopis, pár řádků 12 pl lid. oddací list (*marriage -s*) 13 linie, rod, rodokmen, rodina 14 trať; dráha 15 odvětví průmyslu, obchodu, obor 16 voj. řadové vojsko; zákop; linie bitevní 17 polit. linie 18 sortiment zboží 19 zaměstnání 20 pojišťovací riziko ♦ *assembly* ~ montážní linka; *domestic* ~ vnitrostátní linka; *draw* the* ~ vymezit; *hard -s* těžký život; *main (battle)* ~ hlavní bojová linie; *by rule and* ~ nachlup; ~ *of action* způsob jednání; ~ *of communication, traffic* ~ dopravní cesta; ~ *of force* silová čára; ~ *production* proudová výroba; ~ *of sight* zorný paprsek; ~ *voltage* síťové napětí; *come* / bring* into* ~ souhlasit, spolupracovat, připojit se, přimět k spolupráci, k souhlasu; *he comes of a good* ~ pochází z dobré rodiny; *read* between the -s* číst mezi řádky; *toe the* ~ podrobit se, poslechnout; *a t. in (out of) one's own* ~ co zajímá (nezajímá), co se týká (netýká) koho ● *v* 1 nalinkovat, nakreslit 2 utvořit špalír, lemovat; ~ **(up)** seřadit (se), tvořit řadu, postavit se do fronty (*for* na) 3 vroubit 4 obsadit 5 vyložit vnitřní stěny, vyplnit 6 potáhnout, podšít 7 vyložit drahokamy 8 ohradit pozemek, ohraničit ~ **out** rozestavit se n. stát v řadě ~ **through** přeškrtnout **–age** [ˈliniidž] rod, rodina, rodokmen **–al** [ˈliniəl] v přímé linii **–ament** [ˈliniəmənt] charakteristický rys v obličeji **–ar** [ˈliniə] přímočarý, lineární ♦ ~ *measure* délková míra; ~ *measuring instrument* délkové měřidlo; ~ *programming* lineární programování **–man*** 1 am. nosič tyče při vyměřování 2 opravář telegrafních linek 3 traťmistr 4 am. kopaná útočník **~-up** seřazení u startu; raport

linen [ˈlinin] *s* prádlo ● *a* lněný

liner [ˈlainə] 1 parník zaoceánský 2 pravidelné dopravní letadlo

linesman* [ˈlainzmən] sport. pomezní rozhodčí

linger [ˈliŋgə] *v* 1 otálet, váhat 2 loudat se 3 vléci se, protahovat se, nebrat konce 4 stále odkládat ~ **away, out** promarnit čas

lingerie [ˈlaːnžəˌrei] *s* luxusní prádlo, prádélko

lingo* [ˈliŋgəu] hatmatilka, hantýrka

lingu|al [ˈliŋgwəl] jazykový **–ist** [ˈliŋgwist] 1 polyglot 2 lingvista **–istician** [ˌ-ˈlišən] lingvista **–istic** [liŋˈgwistik] jazykov(ědn)ý **–istics** [liŋˈgwistiks] jazykověda, lingvistika

liniment [ˈlinimənt] mast, mazání

lining [ˈlainiŋ] 1 podšívka, podsazení 2 obruba, lemování 3 obd. obložení, obklad, potah; izolace 4 vyzdívka 5 stroj. výstelka ložiska

link [ˈliŋk] *s* 1 článek řetězu 2 kloub, spojka; (*cuff-, sleeve-~*) manžetový knoflík 3 spojovací článek 4 smolná pochodeň 5 očko při pletení ● *v* spojit, utvořit řetěz / řadu; připojit (*to* k); být zapojen (*on, in, to* k, v, do, na) **–age** [ˈliŋkidž] zapojení, vazba, páková

links [ˈliŋks] *pl* 1 skot. písčité pahorky na pobřeží 2 golfové hřiště

linnet [ˈlinit] zool. stehlík, konopka, čečetka

lino(leum) [ˈlainəu, liˈnəuljəm] linoleum

linotype [ˈlainətip] polygr. linotyp řádkový sázecí stroj

linseed [ˈlinsiːd] lněné semeno

lint [ˈlint] cupanina

lintel [ˈlintl] stav. překlad

liny [ˈlaini] označený čarou, čárovitý; vrásčitý

lion [ˈlaiən] 1 zool. lev 2 vynikající osobnost, veličina ♦ ~ *-'s mouth* jáma lvová **~-ess** [ˈlaiənis] lvice **~-hearted** [ˌ-ˈhaːtid] srdnatý **~-ize** [-aiz] 1 dělat (z koho) "lva salónu" 2 ukazovat pamětihodnosti

lip [ˈlip] *s* 1 ret, pysk 2 okraj, hubička nádoby **3** hlavní břit vrtáku **4** slang. drzosť, nestoudnost ♦ *curl one's* ~ ohrnovat ret; *hang* one's* ~ tvářit se zkroušeně; *keep* a stiff upper* ~ zatnout zuby, nepovolit; *lick / smack one's* -s olizovat se ● *v* (-pp-) **1** dotknout se rty čeho **2** za-, šeptat **3** obd. opatřit nádobu hubičkou ● *a* retní **~-deep** povrchní, neupřímný **~-reading** čtení ze rtů **~-salve** [-sa:v] mast na rty, přen. med kolem pusy **~-service** neupřímná chvála n. podpora pouze slovy **-stick** rtěnka

liquefy [ˈlikwifai] zkapalnit, rozpustit (se)

liqueur [liˈkjuə] likér

liquid [ˈlikwid] *a* **1** kapalný; tekutý; vodnatý; přen. jasný, zvučný; kolísavý **2** obch. likvidní pohledávka ● *s* **1** kapalina **2** fon. likvida **-ate** [-eit] **1** likvidovat **2** vyrovnat účet **3** zrušit, vyřídit **-ation** [ˌlikwiˈdeišən] **1** likvidace **2** vyřízení, zrušení

liquor [ˈlikə] **1** tekutina, mok **2** lihovina ♦ *in* (*the worse for*) ~ podnapilý **-ice** v. *licorice* **-ish** v. *lickerish*

lisp [lisp] *v* šeplat, šišlat ● *s* šišlání, šelest

lissom(e) [ˈlisəm] křehký, svižný; pružný, poddajný

list¹ [list] *s* **1** obruba, okraj, lem **2** proužek, pruh, páska **3** seznam, ceník, inventář **4** peněž. kursovní list ● *v* **1** olištovat, pobít lištami **2** zeměd. hrobkovat **3** omítnout dřevo **4** lid. naverbovat **5** zapsat, sestavit do seznamu

list² [list] *s* sklon lodi, budovy, plotu apod. ● *v* naklánět se k jedné straně

listen [ˈlisən] **1** po-, na|slouchat (*to* čemu, komu) **2** dávat pozor ~ *in* poslouchat rozhlas **-er** [ˈlisənə] posluchač

listless [ˈlistlis] netečný, přen. zvadlý

lit *pt* a *pp* od *light*

liter|acy [ˈlitərəsi] gramotnost **-al**

[-əl] doslovný; přesný **-ary** [-əri] literární **-ature** [ˈlitərečə] literatura

lithe [laið] pružný, mrštný

lithograph [ˈliθəugraːf] *v* litografovat ● *s* litografie **-y** litografie, kamenotisk

Lithuanian [ˌliθjuˈeinjən] *a* litevský ● *s* **1** Litevec **2** litevština

litig|ant [ˈlitigənt] *a* práv. vedoucí spor ● *s* sporná strana **-ate** [-eit] vést spor, soudit se **-ation** [ˌlitiˈgeišən] vedení sporu, spor

litmus [ˈlitməs] lakmus

litre [ˈliːtə] litr

litter [ˈlitə] *s* **1** smetí, odpadky **2** stelivo **3** humus **4** vrh zvířat **5** nosítka ● *v* **1** zanechat odpadky **2** poházet **3** vrhnout mláďata **~-bag** hl. am. plastikový pytel na odpadky **~-bin** nádoba na odpadky

little [ˈlitl] *a* **1** malý, maličký; mladý **2** krátký čas, událost ♦ *his* ~ *ones* jeho děti, mláďata; ~ *finger / toe* malíček; ~ *thing* maličkost ● *adv* málo, trochu ♦ *ever so* ~ sebe méně ● *s* maličkost, trocha ♦ *a* ~ poněkud **~-go** brit. hovor. předběžná zkouška pro B. A. v Cambridgi

littoral [ˈlitərəl] pobřežní, přímořský

liturgy [ˈlitəːdži] liturgie

livable [ˈlivəbl] obyvatelný; snesitelný; příjemný

live¹ [liv] **1** žít **2** živit se (*of*, (*up*)*on* čím) **3** bydlit (*with* u) **4** trvat v paměti **5** přežít nebezpečí o lodi **6** žít, zažít ♦ ~ *from hand to mouth* žít z ruky do úst; ~ *up to one's principles* žít podle zásad; ~ *to see* dožít se čeho; ~ *on / by one's wits* živit se hlavou ~ **down** přežít, životem překonat ~ **in** bydlet v podniku ~ **out 1** přežít **2** prožít **3** bydlet mimo podnik

live² [laiv] **1** živý, živoucí **2** žhavý, žhnoucí **3** živý, jasný barva **4** pod proudem (*wire* drát) **5** přímý přenos ♦ ~ *ammunition / cart-*

ridges ostré střelivo; ~ *coal* žhavé uhlí; ~ *parts* elektr. součásti pod proudem **–lihood** [-lihud] živobytí **–ly** [-li] živý, oživený, plný života

liven [ˈlaivən] oživit, obveselit (též ~ **up**)

liver [ˈlivə] játra **~–fluke** [-fluːk] motolice ovčí **–ish** [-riš] **1** mající nemocná játra **2** podrážděný, mrzutý, nevrlý **3** melancholický

livery [ˈlivəri] **1** livrej **2** příděl píce, obrok **3** ošetřování koní **4** půjčovna koní, vozů, člunů ap. **5** deputát **6** práv. odevzdání čeho

lives [ˈlaivz] pl k *life*

livestock [ˈlaivstok] dobytek; živý inventář

livid [ˈlivid] sinalý, nafialovělý

living [ˈliviŋ] s **1** živobytí, život **2** brit. cirk. prebenda ♦ *make* one's* ~ vydělat si na živobytí ● *a* živý, živoucí ♦ ~ *death* beznadějná bída; ~ *language* živý jazyk; ~ *wage* existenční minimum **~–room** obývací pokoj

lizard [ˈlizəd] zool. ještěrka

Lloyd's [ˈloidz] Lloyd volné sdružení individuálních pojistitelů zabývajících se námořním pojištěním

lo [ˈləu] *interj* zast. hle!, viz!

load [ˈləud] s **1** náklad, břímě **2** nálož, náboj **3** výpoč. tech. zavádění programu **4** zatížení **5** pracovní úvazek **6** hovor. pl spousta čeho ● *v* **1** naložit **2** zatížit **3** nabíjet (*a gun* pušku) **4** přecpat (*with* čím) **5** pančovat víno **6** opatřit, zahrnout (*with* čím) **7** výpoč. tech. zavést program ~ *up* **1** naložit na vůz **2** nacpat se jídlem **–ed** skrývající v sobě nebezpečí **–er 1** mechanická lopata **2** výpoč. tech. zaváděcí program **–ing** nakládání, zatížení ♦ ~ *area* ložná plocha; ~ *capacity* nosnost **~–shedding** vypínání elektrické sítě **–stone** magnetovec

loaf¹* [ˈləuf] **1** bochník **2** homole cukru; přen. kokos **3** hlávka zelí **4**

hromádka; sekaná

loaf² [ˈləuf] potloukat se, flákat se **–er** [ˈləufə] flákač, povaleč, lenoch; **–s** pl mokasíny

loam [ˈləum] hlína, jíl, prsť

loan [ˈləun] s **1** půjčka **2** půjčování ● *v* půjčit, am. též půjčit si

loath, loth [ˈləuθ] pouze pred. neochotně, nerad **–e** [ˈləuð] hnusit si, ošklivit si **–ing** ošklivost, hnus **–some** [ˈləuðsəm] hnusný, odporný

loaves [ˈləuvz] pl k *loaf*

lob [ˈlob] (*-bb-*) **1** jít, pohybovat se těžce n. nemotorně **2** sport. lobovat vrátit míč vysokou křivkou

lobby [ˈlobi] s **1** předsíň, foyer, kuloár, hotelová hala **2** volební místnost v brit. parlamentu **3** polit. nátlaková skupina ovlivňující poslance ● *v* ovlivňovat poslance, osobně interpelovat poslance v parlamentě

lobe [ˈləub] lalok, chlopeň **–d** lalokovitý list

lobster [ˈlobstə] zool. mořský rak, humr

local [ˈləukl] *a* místní, lokální ● *s* **1** lokálka **2** místní organizace **3** místní občan **–ity** [ləuˈkæləti] určité místo, poloha; naleziště, lokalita; orientační smysl **–ize** [-aiz] lokalizovat, koncentrovat (se) (*on* na) zaměřit pozornost

locat|e [ləuˈkeit] **1** zjistit / určit místo čeho **2** umístit, situovat, usadit se **–ion 1** umístění **2** zjištění **3** pozemek **4** práv. pronájem

loch [ˈloch] skot. **1** jezero **2** záliv, fjord

lock [ˈlok] s **1** zámek **2** uzávěr pušky **3** med. izolace **4** zdymadlo **5** kadeř, chomáč **6** stroj. závlačka ♦ ~ *chamber* plavidlová komora ● *v* **1** zamknout; zamykat se **2** zavřít (*in, into* do) **3** zaklesnout (se) **4** přen. sevřít úbočími, do křížku **5** investovat kapitál **6** přemoci **7** zabrzdit **8** zavěsit se do sebe **9** zaplést se do čeho **10** opatřit zdymadly, (nechat loď) proplout zdymadly **11** stroj. blokovat, pojistit matrici ♦ *-ed at the elbows* napnutý v loktech ~ **in** zamknout ~ **out** zavřít komu před nosem, přen. propustit dělníky ~ **up** u-, zamknout, ukrýt, znepřístupnit, zavřít do vězení, blázince **–age** [ˈlokidž] **1** projetí lodi zdymadlem **2** poplatek za použití zdymadla **–er** uzamykatelná skříňka **–et** [ˈlokit] brož, medailón **~–out 1** výluka **2** výpoč. tech. blokování, uzamknutí **–smith** zámečník **~–up 1** zavírací doba budovy **2** vězení, vazba **3** mrtvý kapitál **4** polygr. zlomení sazby

loco|motion [ˌləukəˈməušən] **1** změna místa **2** pohyb **3** hnací síla **4** cestování **~–motive** [ˌləukəˈməutiv] *a* pohyblivý, pojízdný ● *s* **1** (*loco**) lokomotiva **2** sborové povzbuzování závodníka, hráče

locust [ˈləukəst] **1** zool. kobylka, saranče **2** zool. cikáda **3** bot. svatojánský chléb **4** bot. akát

locution [ləˈkju:šən] **1** rčení, idiom **2** styl řeči

lode [ˈləud] **1** brit. strouha, tok **2** brit. rudná žíla **–star** polárka, přen. vůdčí zásada **–stone** v. *loadstone*

lodg|e [ˈlodž] *s* **1** zahradníkův domek; lovecká chata **2** zednářská lóže **3** vigvam **4** doupě bobra, vydry **5** (*porter's* ~) vrátnice ● *v* **1** ubytovat **2** sloužit za úkryt **3** brit. mít na bytě, být v podnájmu **4** spát, noclehovat **5** usazovat, ukládat; zasadit **6** utlouci obilí (*be -d polehnout*) **7** dát / přijmout do opatrování **8** útočit **9** přednést stížnost **10** umístit, zasadit ránu **11** vložit do rukou (*with* koho) **12** uložit peníze (*with* kde) **13** uváznout **–er** nocležník, brit. podnájemník **–ing 1** nocleh, byt **2** pl rezidence **3** pl podnájem ♦ ~ *and board* celé zaopatření **–(e)ment 1** ukládání, nános **2** přístřeší,

ubytování **3** voj. pevná pozice, držení pozice **–inghouse*** ubytovna, noclehárna

loft [ˈloft] *s* **1** půda; podkroví **2** seník **3** kůr **4** am. horní patro obchodního domu **5** holubník; hejno holubů **6** kůr ● *v* **1** vyrazit míč vysoko **2** vyrazit, odstranit rázem překážku **3** umístit holuby v holubníku **4** vyslat na oběžnou dráhu **–iness** [ˈloftinis] výška; vznešenost, pýcha **–ing** kopaná jemný oblouk, "načechraná" přihrávka **–y 1** vysoký, vznosný **2** vznešený **3** pyšný, arogantní

log [ˈlog] **1** kláda, poleno, špalek (též přen. *sleep** *like a* ~ spát jako špalek) **2** námoř. log přístroj **3** záznam v lodním deníku **4** lodní, palubní deník ♦ *in the* ~ hrubý, neotesaný **~–book** lodní deník ~ **cabin** [ˈ-ˌkæbin] srub

logarithm [ˈlogəriðəm] logaritmus

loggerhead [ˈlogəhed] litinová koule na tavení dehtu; ponorný ohřívač ♦ *be at* -s být na štíru (*with* s, *over* pro); *come** *to* -s dostat se do sporu (*with* s)

logic [ˈlodžik] logika, logičnost **–al** logický **–ian** [ləuˈdžišən] logik

logistics [ləuˈdžistiks] *s* i pl logistika voj. nauka o týlové organizaci přesunů, ubytování a zásobování vojska

logoff [ˈlogof] výpoč. tech. zrušení odhlášení relace na terminálu n. siť

log-rolling [ˈlogˌrəuliŋ] hovor. jánabráchismus

loin [ˈloin] **1** maso ledvina **2** hlavně pl bedra **~–cloth** bederní pokrývka

loiter [ˈloitə] loudat se, lelkovat **–er** [-rə] loudal

loll [ˈlol] **1** volně viset, klátit se **2** vyplazovat jazyk **3** protahovat (se), líně (se) opírat (*against* o co) **4** hovět si, povalovat se

lollipop [ˈlolipop] hovor. lízátko

London [ˈlandən] Londýn **–er** [ˈlandənə] Londýňan

lone [ˈləun] kniž. **1** osamělý, jediný **2**

málo navštěvovaný **–ly** osamělý, sám **–some** [ˈləunsəm] osamělý, opuštěný

long[1] [ˈloŋ] *a* **1** dlouhý **2** velký (*person* člověk) **3** starý zvyk, dávný vzpomínka **4** zdlouhavý, vleklý ♦ *he has a ~ arm* má velkou moc; ~ *drink* ředěný alkoholický nápoj; *in the ~ run* nakonec; *by a ~ chalk* zdaleka; *of ~ standing* dávný; ~ *odds* malá pravděpodobnost; ~ *dozen* třináct; ~ *finger* ukazováček; ~ *jump* skok daleký; ~ *measure* délková míra; (*for*) *a ~ time* dlouho; ~ *wall* porubní stěna ● *adv* dlouho v ot. a záp.: dlouze ♦ *all day ~* po celý den; ~ *ago*, ~ *since* dávno; ~ *before* dlouho předtím; *be ~ (in) –ing* dlouho s inf; *before ~* zanedlouho; *so / as ~ as* pokud jen, pokud ~ *~ago* vzdálená minulost **~~bow** [-bəu] středověký luk ♦ *draw* the ~ hovor. přehánět, prášit **~~distance** dálkový, meziměstský, předpověď počasí dlouhodobý **~~headed** [ˌ-ˈhedid] předvídavý **~~life** dlouhodobý; štrapáční **~~lived** [-livd] dlouhověký **–play(ing)** dlouhohrající **~~shore** pobřežní **–sighted** [-saitid] dalekozraký; přen. pronikavý **~~term** dlouhodobý **–ways**, **–wise** *a, adv* po délce

long[2] [ˈloŋ] toužit (*for* po) **–ing** touha

longevity [lonˈdʒevəti] dlouhý život, dlouhověkost

longitud|e [ˈlondʒitju:d] zeměpisná délka **–inal** [ˌlondʒiˈtju:dinl] podélný

loo [ˈlu:] hovor. klozet

look [ˈluk] *v* **1** hledět, dívat se (*at* na; *on* na co, na koho jak) **2** vyhlížet, vypadat (*it* -*s like snow* bude asi sněžit) **3** směřovat, vést **4** brát v úvahu (*at* co); starat se, pečovat (*that* aby, *after* o) **5** ~ *for a t.* hledat; vyhlížet, očekávat **6** ~ *into a t.* prozkoumat, vyšetřit ♦ ~ *before you leap* dvakrát měř, jed-

nou řež; ~ *alive* pospěš si; *it* -*s to be* zdá se; ~ *black* dívat se hněvivě; ~ *blue* vyhlížet nespokojeně, stísněně; ~ *daggers at* vrhat hněvivé pohledy na; ~ *here* hleď; ~ *sharp* pospíšit si; ~ *for trouble* říkat si o nesnáze ~ **about** dívat se kolem, ohlížet se, rozhlížet se (*for* po), obhlédnout situaci, hlídat; zkoumat ~ **at** kouknout / dívat se na ~ **back** ohlížet se (*upon*, *to* na) ~ **down** shlížet (*up / on* na); přen. dívat se spatra ~ **forward** těšit se (*to* na), očekávat ~ **in 1** zastavit se na chvilku, zaskočit (*on* ke) ~ **on 1** přihlížet **2** *with a p.* číst z knihy spolu s někým dalším ~ **out 1** vyhlížet (z čeho n. *for* koho) **2** dávat pozor, být připraven (*for* na) **3** vyhlédnout, vybrat **4** poskytovat výhled (*on*, *over* na) ~ **over** přehlédnout, prozkoumat ~ **round** rozhlédnout se ~ **through** prohlédnout si ~ **up 1** vzhlédnout **2** navštívit **3** vyhledat (koho n. co v knize apod.) **4** obch. zlepšit se v ceně, prosperitě **5** *to a p.* vzhlížet k, zbožňovat koho; ~ *a p. up and down* měřit si koho ● *s* **1** pohled **2** (o lidech též ; -*s pl*) vzhled **3** módní linie **-er-in** [ˌluˈkərˈin] pl *lookers-in* televizní divák **–er-on** [ˌlukərˈion] pl *lookers-on* divák / diváci **–ing-glass** [ˈlukiŋgla:s] zrcadlo **~~in 1** nahlédnutí, letmý pohled **2** krátká návštěva **3** sport. krátká přihrávka hráči, který běží napříč ke středu hřiště **~~out 1** pozorovatelna, vyhlídka **2** hlídání, číhaná ♦ *be on the ~ for* hledat koho, co

loom [ˈlu:m] *s* **1** tkalcovský stav **2** první náznak země ● *v* nejasně se rýsovat, vyvstávat ♦ ~ *large* čnít v temnu, v mlze

loony [ˈlu:ni] blázen, cvok

loop [ˈlu:p] *s* **1** smyčka, klička **2** zátočina **3** let. looping, přemet **4** žel. vedlejší trať ● *v* **1** upevnit smyčkou **2** dělat smyčku **3** probíhat oklikou **4** kličkovat **5** let. dělat loopingy **–hole** [-həul] průhled ve zdi, střílna; přen. zadní vrátka

loose [ˈluːs] *a* **1** uvolněný, volný, nespojitý **2** kyprý, sypký **3** vratký, viklavý zub **4** nepřesný, neurčitý **5** rozvláčný **6** nepořádný uvolněných mravů ♦ *have ~ bowels* mít průjem; *at a ~ end* bez zaměstnání; *have a screw ~* mít o kolečko víc; *leave* at ~ ends* nechat nedoděláno; *play fast and ~* chovat se bezohledně; *~ fish* zhýralec; *~ thinker* lehkomyslník ● *v* **1** uvolnit **2** od-, roz|vázat, odpoutat **3** vystřelit šíp, vypálit ránu

loosen [ˈluːsn] uvolnit (se), rozviklat (se); zkypřit

loot [ˈluːt] *s* kořist, plen ● *v* plenit, drancovat, rabovat

lop [ˈlop] *v* (*-pp-*) **1** oklestit, přistřihnout, prořezat stromy **2** viset schlíple ● *s* klestí (ze stromů *-pings*, pl) **~-ear** [-iə] převislý boltec **–sided** [ˌ-ˈsaidid] naklánějící se k jedné straně

lope [ˈləup] klusat

loquac|ious [ləuˈkweišəs] povídavý, hovorný **–ity** [ləuˈkwæsəti] povídavost

lord [ˈloːd] **1** pán **2** L~ Pán, Kristus, Bůh **3** lord **4** magnát ♦ *L~'s day* den Páně, neděle; *L~'s Prayer* Otčenáš; *L~'s supper* večeře Páně, přijímání svátosti; *the* (*House of*) *L~s* Horní sněmovna; *L~ Chamberlain* (*of the Household*) lord komoří; *L~ Chancellor* lord kancléř; *L~ Chief Justice* Nejvyšší sudí; *L~ Mayor* starosta některých velkých měst v Anglii a v Irsku (*L~ Provost* Edinburku); *L~ of the Bedchamber* lord komorník; *L~ of the Flies* Belzebub **–ly** panský, lordský; pyšný **–ship** lordstvo, lordství

lore [ˈloː] lidová tradice

lorry [ˈlori] brit. nákladní vůz / auto

los|e* [ˈluːz] **1** ztratit, pozbýt **2** zba-

vit se čeho **3** prohrát **4** prodělat **5** stát koho co **6** propást; zmeškat vlak **7** pozdit se hodiny ♦ *~ face* blamovat se; *-ing game* ztracená hra; *get* lost* ztratit se; *~ heart* ztratit odvahu; *~ one's heart* zamilovat se do koho; *~ temper* ztratit rozvahu; *~ sight of* pustit ze zřetele; *it is lost upon him* to se ho ani netkne; *~ One's way* zabloudit (*in speculations* do úvah) *~ o.s.* ztratit se, pohroužit se **–er** [ˈluːzə] smolař, ztroskotanec; prohrávající (strana), poražený

loss [ˈlos] ztráta, škoda; prohra, porážka ♦ *at a ~* v rozpacích; *~ of wages* ušlá mzda

lost [ˈlost] *pt* a *pp* od *lose* **1** ztracený (*to* pro koho), vyplýtvaný, (*on* na koho) **2** odešlý; zbloudilý **3** ponořený (*in thoughts* v myšlenky) ♦ *~ motion* mrtvý chod

lot [ˈlot] *s* **1** los(ování) **2** osud, úděl **3** podíl **4** hovor. množství, mnoho (*a ~ n. -s of people* mnoho lidí, *the ~* to všechno, ti všichni) **5** brit. taxa **6** stavební místo, pozemek **7** cháska lidí **8** partie zboží ♦ *draw* / cast* -s* losovat; *he is a bad ~* je mizera; *the ~ fell upon me* los padl na mne; *in one ~* vcelku; *~ manufacture* sériová výroba; *throw* / cast* in one's ~ with* sdílet osud s ● *adv* velmi mnoho

loth v. *loath*

lotion [ˈləušən] vymývací prostředek, roztok; pleťová voda

lottery [ˈlotəri] loterie **~-wheel** kolo štěstěny

lotus [ˈləutəs] bot. lotos

loud [ˈlaud] *a* **1** hlasitý **2** křiklavý *adv* hlasitě **~-speaker** [ˌ-ˈspiːkə] tlampač

lounge [ˈlaundž] *v* lenošit, hovět si ● *s* **1** lenošení, povalování **2** lenoška **3** hala v hotelu ♦ *~ (suit)* brit. pánský (vycházkový) oblek

lous|e* [ˈlaus] veš **–y** [ˈlauzi] zavšivený, všivý

lout [ˈlaut] klacek, hrubec
lovable [ˈlʌvəbl] roztomilý, líbezný
love [ˈlʌv] s 1 láska (of for, to, towards a p. ke komu: for, to a t. k čemu) 2 milenka, miláček; roztomilý člověk, -lá věc 3 amor 4 (srdečný) pozdrav 5 sport. nula, nic (~ game hra, kdy soupeř je bez bodů) ◆ (not) for ~ or money žádným způsobem, za nic na světě; be in ~ with být zamilován do koho; fall* in ~ with zamilovat se do koho; give* my ~ to... pozdravuj ode mne...; make* ~ to namlouvat si koho, dvořit se ● v 1 milovat, mít velmi rád, mít zálibu v 2 velmi rád dělat, vidět apod. **~-affair** [ˈlʌvəˈfeə] milostná pletka **–less** bez lásky **~-letter** milostný dopis **–liness** 1 krása, nádhera 2 hovor. příjemnost 3 am. roztomilost **–lorn** [-loːn] opuštěný milenkou, -cem **–ly** roztomilý, líbezný, krásný **~-making** 1 námluvy 2 milostná hra, milování **~-match** sňatek z lásky **–r** milenec, milenka **–sick** láskou roztoužený **~-token** [ˈ-ˌtəukən] dárek z lásky **–y** [ˈlʌvi] miláček
low¹ [ˈləu] a 1 nízký, malý postavou 2 (též -er) zeměp. dolní 3 hluboký výstřih apod. 4 v bídném stavu, ubohý, chatrný, mizerný 5 sklíčený, malomyslný, deprimovaný 6 tichý 7 sprostý, vulgární 8 jednoduchý, skromný (L~ Church anglikánská církev bez důrazu na organizační stránku a obřady) 9 ničemný 10 podřadný kvalita, špatný ◆ bring* ~ ponížit koho, snížit (cenu); feel* ~ být sklíčen, slabý; lay* ~ zvrátit; ~ profile nerozhodné stanovisko; váhavec; ~ relief basreliéf; ~ tide vodní stav odliv; have ~ opinion of mít nevalné mínění o; in ~ water na suchu, na mizině ● s 1 dolní mez, nejnižší úroveň 2 první rychlost auta 3 nejnižší triumf 4 tlaková níže ● adv 1 nízko, hluboko 2 nuzně 3 tiše 4 la-

cino ◆ be laid ~ 1 být zabit 2 být sražen k zemi, svržen 3 být přemožen, zdolán 4 být upoután na lůžko ◆ run* ~ nedostávat se o zásobách **~-born** nízkého původu, neurozený **~-bred** špatně vychovaný, vulgární **–brow** [-brəu] hovor. nevzdělaný, nekultivovaný (člověk) **~-down** a bídný, nečestný ● s am. interně známá fakta **–land** nížina **~-level** attack hloubkový útok **~-level-bomb** bombardovat při hloubkovém letu **–ly** nízko postavený; skromný, pokorný **~-pressure** turbine nízkotlaká turbína **~-spirited** [ˌləuˈspiritid] malomyslný, sklíčený **~-water** mark značka nejnižšího stavu vody; přen. kritický stav poklesu, deprese
low² [ˈləu] s bučení ● v bučet
lower [ˈləuə] a (comp od low) nižší, dolní, spodní ◆ ~ deck dolní paluba; L~ House Dolní sněmovna ● v 1 snížit (se); redukovat tělesnou váhu 2 pokořit, ponížit (se) 3 degradovat 4 ztišit
lower² v. lour
loyal [ˈloiəl] věrný, oddaný **–ty** věrnost, oddanost ◆ ~ bonus věrnostní přídavek
lozenge [ˈlozindʒ] 1 v heraldice kosočtverec, diamantový vzorec 2 pokroutka, karamela
lubber [ˈlʌbə] nemotora, klacek
lubric|ant [ˈluːbrikənt] mazadlo **–ate** pro-, mazat **–ation** [ˌluːbriˈkeišən] mazání [-eitə] 1 mazadlo, maznička 2 mazač strojník **–ity** [luːˈbrisəti] kluzkost; přen. oplzlost
lucent [ˈluːsnt] zářivý, jasný
lucerne [luːˈsəːn] brit. vojtěška
lucid [ˈluːsid] 1 jasný, srozumitelný; bás. zářivý 2 světelný 3 přen. průzračný **–ity** [luːˈsidəti] jasnost, přehlednost
Lucifer [ˈluːsifə] 1 Lucifer, Satan 2 jitřenka
luck [ˈlʌk] náhoda, osud ◆ bad, ill

~ smůla, neštěstí; *(good)* ~ štěstí; *be off one's* ~ mít smůlu; *in* ~ šťastný; *for* ~ pro štěstí; *out of* ~ nemající štěstí; *have the / no* ~ (ne)mít štěstí; *try one's* ~ zkusit štěstí **–ily** *adv* naštěstí *(for* pro) **–y** *a* šťastný, příznivý, úspěšný ♦ *you('re a)* ~ *dog* ty máš ale štěstí

lucrative [ˈlu:krətiv] výnosný

lucre [ˈlu:kə] zisk, výdělek

ludicrous [ˈlu:dikrəs] směšný

lug [ˈlag] *s* **1** brit. skot. ucho **2** brit. výstupek jako zarážka, držadlo **3** lid. vlečení, škubání ● *v* (-gg-) **1** vléci, táhnout **2** škubat *(at* za, čím)

luggage [ˈlagidž] brit. zavazadlo, zavazadla, kufry

lugubrious [lu:ˈgu:briəs] žalostný, truchlivý

lukewarm [ˈlu:kwo:m] **1** vlažný **2** netečný

lull [ˈlal] *v* utišit (se); uspat, ukolébat ● *s* období klidu v bouři atd., přestávka

lullaby [ˈlaləbai] ukolébavka

lumbago* [lamˈbeigəu] bolest v kříži, houser, ústřel

lumbar [ˈlambə] anat. bederní

lumber¹ [ˈlambə] *s* **1** haraburdí **2** am. stavební dříví, brit. hrubě tesané ● *v* nepořádně naházet, přecpat, zatarasit; am. těžit dříví, brit. hrubě otesat **~-room** komora

lumber² [ˈlambə] **1** pohybovat se těžce, vléci se **2** rachotit, hřmotit

lumin|ary [ˈlu:minəri] *a* světelný ● *s* **1** světelné těleso, světlo **2** významná osobnost **–ous** [-əs] světelný, svítící, jasný, průzračný

lump [ˈlamp] *s* **1** kus, hrouda, těžké sousto; boule **2** velké množství, hromada **3** hovor. hromotluk, vazba ♦ *in the* ~ celkem; ~ *sugar* kostkový cukr; ~ *sum* celková suma, paušál ● *v* **1** shrnout, dát dohromady **2** řadit v celek **3** (~ *along)* těžce kráčet; ~ **down 1** dosednout **2** šmahem vzít **3** vsadit vše *(on* na) **4** hroudovatět **–ing** (po)řádný **–ish** těžkopádný;

masívní **–y** chuchvalcovitý, hrudkovitý; těžkopádný ♦ *you may* ~ *it* vzít to jak to je; ~ *water* zčeřená voda

lun|acy [ˈlu:nəsi] šílenství **–ar** [-ə] měsíční ♦ ~ *module* měsíční modul **–arnaut** [ˈlu:nəno:t] kosmonaut, který se účastní letu na měsíc **–atic** [-ətik] *a* šílený, pomatený ♦ ~ *fringe* výstřední skupina hnutí, fanatikové ● *s* blázen ♦ ~ *asylum* blázinec

lunch [ˈlanč], kniž. *luncheon* [ˈlanč] *s* lehký oběd, přesnídávka ● *v* obědvat, svačit

lung [ˈlaŋ] **1** plicní lalok **2** pl plíce

lunge [ˈlandž] *s* **1** náhlý výpad v šermu **2** skok ● *v* **1** učinit výpad **2** vyhodit, kopnout o koni

lunge [ˈlandž] dlouhá otěž, lonže užívaná při tréninku

lupine [ˈlu:pain] *a* vlčí, přen. divoký ● *s* [ˈlu:pin] bot. vlčí bob

lurch [ˈla:č] *s* prudké naklonění lodi, nahnutí na bok ♦ *leave** *a p. in the* ~ nechat koho na holičkách, v bryndě ● *v* kymácet se, nahnout se bokem loď

lure [ˈluə] *s* vnadidlo, vábnička ● *v* lákat *(into, away)*, vábit

lurid [ˈljuərid] **1** smrtelně bledý, sinalý **2** odporný, zlověstný **3** křiklavý, senzační

lurk [ˈla:k] **1** číhat *(for* na) **2** skrývat se *(in* v, *under* pod, *about* u, kolem) **3** unikat pozornosti; krást se **–ing-place** úkryt, doupě

luscious [ˈlašəs] přesládlý, mdle sladký

lush [ˈlaš] *a* bujný o trávě apod. ● *s* slang. likér

lust [ˈlast] *s* **1** tužba, žádost **2** rozkoš **3** smyslná žádost, chlípnost, chtíč ♦ ~ *of conquest* dobyvačnost ● *v* bažit *(after, for* po) **–ful** chlípný, žádostivý **–y** bujarý

lustr|e [ˈlastə] **1** lesk, třpyt **2** zářivá krása **3** svícen lustru, křišťálový lustr **4** listr látka **–ous** [ˈlastrəs] **1** lesklý, třpytný **2** vynikající, skvělý

lute¹ [ˈluːt] s loutna ● v hrát na loutnu

lute² [ˈluːt] s tmel, kyt ● v zakytovat, zatmelit

Lutheran [ˈluːθərən] a luteránský ● s luterán

luxur|iant [lagˈzjuəriənt] 1 přehojný 2 bujný 3 květnatý sloh **–iate** [-eit] 1 bujet 2 žít v přepychu, rozkoši, rozmařilosti 3 dařit se **–ious** [-riəs] bujný, rozmařilý **–y** [ˈlakšəri] přepych ♦ ~ tax daň z přepychu

lyceum [laiˈsiəm] lyceum, humanitní akademie

Lycra, lycra [ˈlaikrə] s lycra název polyuretanového vlákna a tkaniny na dámské prádlo a plavky

lye [ˈlai] louh

lying [ˈlaiiŋ] v. lie **~-in** šestinedělí

lymph [ˈlimf] lymfa, míza, šťáva

lynch [ˈlinč] lynčovat

lynx [ˈliŋks] zool. rys

Lyons [ˈlaiənz] 1 Lyon 2 brit. restaurace a čajovny

lyr|e [ˈlaiə] lyra **–ic** [ˈlirik] a lyrický ● s lyrická skladba, pl lyrika **–ical** [ˈlirikl] lyrický

M

M, m [ˈem] písmeno m

ma [maː] s hovor. mami, mamka

ma'am [ˈmæm] místo madam paní oslovení

macabre [məˈkaːbrə] a 1 děsivý, hrůzný, strašidelný 2 morbidní 3 vztahující se k tanci smrti

macadam [məˈkædəm] makadam vozovka

macaroni [ˌmækəˈrəuni] makaróny

macaw [məˈkaː] s 1 zool. papoušek ara 2 bot. palma strom makao

machete [məˈšeti] s mačeta

mace [ˈmeis] 1 palice, palcát 2 žezlo 3 muškátový květ 4 am. slzný dávivý plyn **~-bearer** [-ˌbeərə] pedel

macerate [ˈmæsəreit] 1 máčet, nakládat 2 vyluhovat (se) 3 nechat koho zhubnout

machination [ˌmækiˈneišən] pletichaření, machinace

machine [məˈšiːn] s 1 stroj 2 mašinérie 3 velký obraz ♦ boring ~ vrtačka; broaching ~ protahovací stroj; drilling ~ vrtačka; forming ~ tvářecí stroj; milling ~ frézka; planing ~ hoblovací stroj; voting ~ volební mašinérie ● v obrábět, vyrobit strojně **–able** [-əbl] strojově zpracovatelný **~-adjuster** seřizovač stroje **~-gun** s strojní puška, kulomet ● v střílet z kulometu na **~-made** strojový **~-tool** obráběcí stroj **~-works** strojírna

machinery [məˈšiːnəri] stroje; soustrojí, mašinerie

machinist [məˈšiːnist] strojník

machismo [məˈčiːzməu] am. mužnost

macho [ˈmaːčəu] am. robustní chlap

mack [ˈmæk] hovor. = mackintosh

mackerel [ˈmækrəl] zool. makrela

mackintosh [ˈmækintoš] 1 nepromokavý plášť 2 nepromokavá látka

macramé [ˈmækrəˌmei] s mřížové krajky, krajky macramé

macro [ˈmækrou] s poč. makro příkaz začleněný do zdrojového jazyka, který má být nahrazen definovanou posloupností příkazů téhož zdrojového jazyka **~ key** s poč. makro klávesa spouštějící sérii příkazů, většinou v kombinaci s klávesou alt nebo ctrl **–cosm** [-kozəm] makrokosmos; vesmír **–structure** [-strakčə] makrostruktura

macula [ˈmækjulə], pl **-ae** [-iː] skvrna na slunci, v kůži, v nerostu

mad [ˈmæd] a (-dd-) 1 šílený 2 ztřeštěný, potrhlý 3 zuřivý (after, about, for, on, na), vzteklý (dog pes) 4 zbláznění (on, about do) 5 nadšený čím ♦ drive* ~ dohnat k šílenství; go* ~ zbláznit se ● v (-dd-) zř. (z)bláznit **~-doctor** zast. psychiatr **–house*** blázinec **–man*** šílenec **–woman*** šílená

žena
madam [ˈmædəm] dáma, paní
madcap [ˈmædkæp] ztřeštěnec
madden [ˈmædn] dohnat k šílenství / zuřivosti
made [ˈmeid] pt, pp od make
madness [ˈmædnis] šílenství; bláznovství; zuřivost
maecenas [miːˈsiːnəs] mecenáš
maelstrom [ˈmeilstrəm] 1 vodní vír 2 divoký proud událostí
mafi|a [ˈmæfiə, am. maːˈfiə] mafie **-oso** [ˌmaːfiːˈəusəu], pl mafiosi [ˌmaːfiːˈəusiː] mafián
magazine [ˌmægəˈziːn] 1 sklad(iště) střeliva, zásob 2 zásobník pušky 3 časopis
Magdalen(e) [ˈmægdəlin] koleje v Oxfordu a Cambridgi [ˈmoːdlin] Magdaléna
maggot [ˈmægət] s červ, larva
magi [ˈmeidʒai] pl v. magus
magic [ˈmædʒik] s magie, kouzlo, kouzelnictví ● a též **-al** magický, kouzelný ♦ ~ lantern laterna magica **-ian** [məˈdʒišən] kouzelník, čaroděj
magist|erial [ˌmædʒiˈstiəriəl] 1 mající moc, autoritativní 2 úřednický 3 panovačný **-ate** [ˈmædʒistreit] 1 úředník pro občanské záležitosti 2 smírčí soudce
magnanim|ity [ˌmægnəˈniməti] velkodušnost **-ous** [mægˈnæniməs] velkodušný
magnate [ˈmægneit] velmož, magnát
magnesium [mægˈniːzjəm] magnézium, hořčík
magnet [ˈmægnit] magnet **-ic(al)** [mægˈnetik(l)] magnetický ♦ ~ chuck magnetická upínací deska; ~ needle magnetická střelka **-ism** [-izəm] magnetismus **-ize** [-aiz] 1 (z)magnetizovat 2 upoutat, okouzlit 3 hypnotizovat
magneto* [mægˈniːtəu] tech. magneto; induktor ♦ ~ ignition magnetoelektrické zapalování
magnific|ence [mægˈnifisəns] vel-

kolepost, nádhera **-ent** [mægˈnifisənt] velkolepý, nádherný, pozoruhodný
magnif|y [ˈmægnifai] 1 zvětšovat (-ying lense zvětšovací sklo, lupa) 2 zveličovat, přehánět 3 velebit, vychvalovat **-ier** [ˈmægnifaiə] 1 zvětšovatel 2 velebitel 3 zvětšovací čočka, lupa
magnitude [ˈmægnitjuːd] 1 hvězd. velikost 2 důležitost 3 mat. veličina
magnolia [mægˈnəuljə] bot. magnólie
magnum [ˈmægnəm] tuplák, velká dvoulitrová láhev
magpie [ˈmægpai] 1 straka 2 mluvka, treperenda 3 přen. zloděj 4 předposlední kruh terče, ¿ásah do něho
magslip [ˈmægslip] elektr. bezkontaktový selsyn pro střídavý proud
ma|gus [ˈmeigəs], pl **-gi** [-dʒai] kouzelník, mág ♦ the (three) Magi tři králové
mahara|ja(h) [ˌmaːhəˈraːdʒə] mahárádža **-nee** [-niː] mahárání
mahogany [məˈhogəni] mahagon, přen. jídelní stůl
maid [ˈmeid] 1 dívka, panna 2 (old ~) stará panna 3 služebná ♦ ~ of honour dvorní dáma; ~ of all work děvče pro všechno **--servant** [ˈmeidˌsəːvənt] služebná
maiden [ˈmeidn] s 1 dívka, panna 2 zast. služebná 3 panna skotská gilotina 4 kůň, který ještě nikdy nevyhrál závody ● a 1 panenský, dívčí (name) 2 nedotčený, nevyzkoušený, první **-head, -hood** [-hed, -hud] panenství
mail[1] [ˈmeil] s pošta, am. též došlá pošta ♦ by the same ~ současně, zároveň; by the first ~ nejbližší poštou; air ~ letecká pošta; ~ box am. schránka na dopisy; ~ order objednávka poštou; ~ (train) poštovní vlak ● v zvl. am. dát na poštu, poslat poštou **--car**,

~-cart, **~-coach** am. poštovní vůz **-man*** am. poštovní doručovatel, pošťák

mail² [ˈmeil] s krunýř, pancíř ♦ *coat of ~* drátěná košile ● *v* obrnit **-ed** obrněný, pancéřový ♦ *~ fist* železná ruka, přen. fyzická moc

maim [ˈmeim] zmrzačit, zkomolit

main [ˈmein] s 1 hlavní rozváděč, kanál, potrubí apod. 2 pl elektr. hlavní vedení, síť 3 síla, moc (*with might and ~*) 4 bás. širé moře 5 kohoutí zápas ♦ *in / for the ~* v podstatě ● *a* 1 hlavní, základní 2 mocný, silný ♦ *~ deck* hlavní paluba **-land** pevnina **-mast** hlavní stožár **-spring** pero hodin, hnací síla **-stay** námoř. hlavní stěh; přen. hlavní podpora **-top** námoř. hlavní stěžňový koš

maint|ain [menˈtein] 1 udržovat; vydržovat koho; vydržet 2 pokračovat, provádět 3 tvrdit, zastávat názor 4 podporovat ~ **o.s.** živit se **-enance** [ˈmeintənəns] 1 udržování, údržba, zachování 2 hájení, podpora ♦ *~ of rights* zachování práv; *~ scheme* zásobovací plán; *~ shop* údržbářská dílna

maitre d' [ˌmeitrəˈdi:] s vrchní číšník

maize [ˈmeiz] kukuřice

majestic(a)l [məˈdʒestik(l)] skvělý, vznešený, majestátní

majesty [ˈmædʒəsti] 1 velkolepost, majestátnost 2 majestát ♦ *His M~* Jeho Veličenstvo

major [ˈmeidʒə] *a* 1 větší, závažnější 2 většinový (*vote* hlas) 3 plnoletý, zletilý 4 am. hlavní studijní obor 5 hud. durový 6 vynikající ♦ *the ~ part* většina ● *s* 1 člověk vyšší hodnosti úřední, nadřízený 2 am. hlavní studijní obor 3 práv. plnoletá osoba 4 voj. major (*~ general* brigádní generál) **-ity** [məˈdʒɔrəti] 1 většina 2 voj. hodnost majora 3 plnoletost, dospělost ♦ *~ leader* vůdce parla-

mentní většiny; *~ rule* rozhodování většinou hlasů **~-medical** am. forma nemocenského pojištění

make* [ˈmeik] *v* 1 u-, dělat; u-, vařit, šít, stlát 2 sestavit, zhotovit; vystavit listinu, dávat zákony 3 vysvětlit si (*of* co), rozumět čemu 4 přinutit, přimět 5 získat, vydělat peníze 6 způsobit, přivodit; ztropit 7 námoř. rozeznat 8 hovor. stihnout 9 představovat co, být čím 10 odhadovat 11 přispívat (*for* k), vést k 12 za-, útočit (*for* na) 13 zamířit, směřovat (*for, towards* k) 14 potvrdit (*for a view* názor) ♦ *~ an abatement / a reduction* obch. slevit; *~ amends* odškodnit; *~ as if* (*as though*) předstírat, že; *~ believe* předstírat; *~ the best of* využít; *~ bold* troufat si; *~ no bones about, of* lid. nedělat žádné okolky s; *~ a clean breast of* přiznat co; *it does not ~ any difference* na tom nezáleží; *~ do with* vypomoci si; *~ an example of* příkladně potrestat koho; *~ fast* upevnit; *~ free* dovolovat si; *~ a fire* připravit oheň; *~ friends* spřátelit se; *~ fun, game of* žertovat o; *~ good* 1 osvědčit se, mít úspěch 2 a t. napravit, nahradit; *~ a hash of* zkazit; *~ haste* pospíšit si; *~ hay* sušit seno, přen. kout železo; *~ head* čelit, postavit se na odpor (*against* čemu, komu); *not ~ head or tail of it* nevyznat se v tom; *~ inquiries* dotazovat se; *~ it* am. 1 mít úspěch 2 souložit; *~ a p. learn* přinutit koho k učení; *~ light of* zlehčovat; *~ little of* nevážit si, nic si nedělat z; *~ love to* namlouvat si koho; *~ merry* veselit se; *~ much of* vážit si, dělat si mnoho z; *~ a night of it* táhnout to do rána; *~ peace* uzavřít mír; *~ a proposal* navrhnout; *~ ready* připravit se; *~ sail* 1 napnout plachtu 2 nastoupit plavbu; *~ o.s. scarce* ztratit se; *~*

sure přesvědčit se, ujistit se, zajistit si; ~ *true* zarovnat, seřídit; ~ *use of* použít čeho; ~ *water* močit; ~ *way* uvolnit cestu, postoupit, razit cestu (*for* komu) ~ **away 1** odkvapit **2** ukrást, odklidit (*with* co) **3** zbavit se (*with* čeho) **4** mrhat (*with* čím), utrácet ~ **off** utéci, zmizet, "odprejsknout": ukrást a utéci (*with* s); hovor. promarnit (*with* peníze) ~ **out 1** vyhotovit, napsat, vyplnit (*list* seznam, *document* dokument, *cheque* šek) **2** pracně sestavit, složit **3** přijít na co, rozluštit rukopis **4** rozeznat zrakem **5** chtít dokázat **6** slang. udělat si to, souložit (*with* s) ~ **over 1** postoupit (*to* komu), převést vlastnictví na, darovat komu **2** am. předělat; přešít oblek ~ **up 1** tvořit, skládat **2** vymyslit, vynalézat **3** zabalit, upevnit **4** sestavit, nakoncipovat; uspořádat, dát dohromady (*a train of cars* kolonu vozů) **5** na-, líčit **6** uspořádat svatbu, sazbu v sloupce, stránky do tisku **7** urovnat hádku **8** ucházet se (*to a p.* o čí přízeň) **9** činit dohromady (*a required sum* žádanou částku), představovat celek **10** doplnit, nahradit (*for a loss* ztrátu) ♦ ~ *up one's mind* rozhodnout se; ~ *up the books* obch. uzavřít knihy ● *s* **1** provedení, struktura, tvar **2** povaha, vlastnost; typ, tvar, druh, značka **3** výroba, výrobek **4** elektr. zapojení **5** karet. míchání karet **6** polygr. lámání sazby, grafická úprava **7** kosmetické prostředky, -á úprava ♦ ~ *and break* elektr. zapínání a vypínání, přerušovač **~-believe** [ˈmeikbiˈliːv] *s* předstírání, kamufláž ● *a* předstíraný, fiktivní **–fast** námoř. *s* bójka ● *v* uvázat, spojit **–r** tvůrce, výrobce, producent, zhotovitel; stvořitel **–shift** pomoc z nouze, nouzový prostředek, provizórium **~-up 1** u-

způsobení, konstituce, povahové ustrojení **2** líčení, malování; líčidla, kosmetické přípravky **3** uspořádání, zevnějšek, ilustrace apod. **4** polygr. zlomení sazby, grafická úprava **~-up** *weight* vývažek, protiváha

making [ˈmeikiŋ] **1** dělání, zhotovení, výroba **2** složení, struktura **3** pl hovor. výdělek, zisk **4** pl podstatné vlastnosti **5** am. hovor. materiál pro výrobu **6** vývoj

malachite [ˈmæləkait] malachit

mal|adapted [ˌmæləˈdæptid] *a* nepřizpůsobivý, špatně se adaptující **–adjustment** [ˌmæləˈdžastmənt] špatné přizpůsobení; špatná úprava / seřízení **–administer** [ˌmælədˈministə] špatně spravovat / řídit **–adroit** [ˌmæləˈdroit] neobratný, neohrabaný; netaktní

malady [ˈmælədi] nemoc, choroba

malaise [mæˈleiz] malátnost, zneklidněnost

malapropism [ˈmæləpropizəm] nesprávné užívání cizích slov ze snobismu

malaria [məˈleəriə] malárie

malcontent [ˈmælkənˌtent] *a* nespokojený ● *s* nespokojenec

male [ˈmeil] *a* mužský, samčí, mužný ● *s* muž, samec **~-screw** šroub příslušný k matici

malediction [ˌmæliˈdikšən] prokletí, zlořečení

malefaction [ˌmæliˈfækšən] zločin, trestný čin

malevolent [məˈlevələnt] zlovolný, zlomyslný

malfeasance [mælˈfiːzəns] zneužití, přestoupení zákona

malformation [ˌmælfəˈmeišən] deformace, zrůda

malfunction [mælˈfaŋkšən] selhání, špatná funkce

malice [ˈmælis] zášť, potměšilost **–ious** [məˈlišəs] zlomyslný, potměšilý

malign [məˈlain] *a* **1** zlý, zlomyslný **2** škodlivý **3** zákeřný, zhoubný

choroba **1** v tupit **–ancy** [məˈlig-nənsi], **–ity** [məˈlignəti] zlomyslnost, škodolibost; zášť
malinger [məˈliŋgə] simulovat předstírat nemoc, ulejvat se **–er** [-rə] simulant
mall [mɔ:l] s **1** obchodní pasáž, obchodní centrum, nákupní středisko **2** ulice s obchody jen pro chodce **3** široká alej, stromořadí, promenáda
mallard [ˈmælə:d] s zool. kachna divoká
malleable [ˈmæliəbl] kujný, poddajný ♦ ~ *iron* temperovaná litina **–ize** [-aiz] temperovat litinu
mallet [ˈmælit] palice, palička
mallow [ˈmæləu] bot. sléz
malnutrition [ˌmælnju:ˈtrišən] podvýživa
malodorous [mælˈəudərəs] páchnoucí
malpractice [ˌmælˈpræktis] **1** práv. zanedbání povinné péče **2** práv. zneužití úřední moci **3** lajdáctví **4** pl **-s** praktiky
malt [ˈmɔ:lt] s slad ● v sladovat (se) ♦ **~-house*** sladovna
maltreat [ˌmælˈtri:t] špatně zacházet, týrat **–ment** špatné zacházení
maltster [ˈmɔ:ltstə] sladovník
malversation [ˌmælvəˈseišən] zpronevěra
mamma¹ [məˈma:, am. ˈma:mə] maminka
mamm|a² [ˈmæmə], pl **-ae** [-i:] prsní žláza (= **–ary** [-əri] *gland*) **–al** [ˈmæməl] savec **–afia** [mæˈmeiljə] pl savci **–ogram** rentgenový snímek prsů
mammon [ˈmæmən] mamon
mammoth [ˈmæməθ] mamut
mammy [ˈmæmi] **1** mami **2** am. černá chůva
man* [ˈmæn] s **1** člověk, osoba **2** muž **3** pl lidstvo **4** manžel **5** sluha **6** zaměstnanec **7** vysokoškolák ♦ *every ~ jack* kdekdo; *~ in the street* prostý člověk; *~ of letters*

učenec, literát; *~ of straw* strašák; *~ of the world* člověk světa znalý ● v (-*nn*-) **1** opatřit posádkou (-*ned flights to planets*) **2** vzmužit se **~-at-arms** ozbrojenec **~-hour** normohodina **–hunt** honička na člověka **~-of war** válečná loď
manacle [ˈmænəkl] s pouto ● v spoutat
manag|e [ˈmænidž] **1** řídit, vést, spravovat **2** ovládat, vládnout nástrojem **3** hospodařit **4** spořádat jídlo **5** za-, řídit **6** svést, zvládnout co, umět si pomoci, dosáhnout účelu, uspět **–ement 1** obratné řízení, správa **2** vedení, ředitelství **–er** [-ə] správce, ředitel, manažér **–eress** [-əris] ředitelka **–ing** *board* výkonný řídící orgán společnosti **–ing** *clerk* obchodvedoucí, disponent
mandarin [ˈmændərin] s **1** M~ mandarínská čínština, pekingská čínština, standartní hovorová čínština **2** vysoce postavený byrokrat **3** mandarín **4** mandarínka strom / ovoce ● a **1** mandarínský **2** vybroušený; vznešený
mandate [ˈmændeit] mandát; mandátní území
mandible [ˈmændibl] anat. dolní čelist, kusadlo
mandoline [ˌmændˈli:n] hud. mandolína
mandrel [ˈmændrəl] **1** vřeteno soustruhu **2** jádro formy **3** průbojník
mane [ˈmein] hříva
manege, manége [mæˈneiž] jezdecká škola, výcvik koně
maneuver [məˈnu:və] s **1** manévr **2** často pl **~s** manévry, vojenské cvičení **3** cvik **4** změna směru letu, jízdy apod. **5** manévrování ● v **1** manévrovat, uskutečnit vojenské cvičení **2** zahnout, změnit směr **3** vmanévrovat (se); snažit se získat výhodu
manful [ˈmænful] mužný, rozhodný
manganese [ˈmæŋgəni:z] mangan

mang|e [ˈmeindž] prašivina **-y** 1 prašivý 2 ošumělý

manger [ˈmeindžə] žlab, koryto, jesle

mangle [ˈmæŋgl] s mandl • v 1 mandlovat, válet 2 zmrzačit, zkomolit, znetvořit

manhandle [ˈmænˌhændl] 1 řídit lidskou silou 2 hrubě zacházet

manhole [ˈmænhəul] průlez, poklop v podlaze n. ve střeše

manhood [ˈmænhud] 1 mužnost, mužství 2 všichni mužští občané státu n. země 3 dospělost

mani|a [ˈmeinjə] 1 zuřivost 2 vášeň, mánie **-c** [-æk] šílenec, maniak; nadšenec

manicure [ˈmænikjuə] s 1 manikúra 2 manikér(ka) • v dělat (si) manikúru

manifest [ˈmænifest] a pevný, patrný • v 1 vyhlásit, prohlásit 2 projevit (o.s. se), ozřejmit, dokázat 3 zaznamenat v lodním seznamu 4 manifestovat 5 zjevit se o duchu • s 1 lodní seznam 2 manifest, prohlášení **-ation** [ˌ-ˈsteišən] projev, manifestace; zjevení, materializace **-o*** [ˌmæniˈfestəu] prohlášení, manifest

manifold [ˈmænifəuld] a rozmanitý, různý, mnohonásobný, mnohotvárný • v rozmnožit (a letter dopis) • s 1 rozmnožená kopie, průklep, průpis 2 rozdělovací potrubí, sběrné potrubí 3 cyklostyl 4 mat. agregát

manikin [ˈmænikin] 1 mužíček, skřítek 2 rozkládací model lidského těla 3 figurína, krejčovská panna

manipulat|e [məˈnipjuleit] 1 zacházet s, počínat si, manipulovat 2 zpracovat koho **-ion** [məˌnipjuˈleišən] 1 zacházení (of s) 2 zpracování, manipulace ♦ financial -s finanční machinace

mankind [mænˈkaind] 1 lidstvo 2 [ˈmænkaind] mužské pohlaví, muži

manlike [ˈmænlaik] podobný člově-

ku; mužný, jako muž

manliness [ˈmænlinis] mužnost; statečnost

manly [ˈmænli] mužný; mužský; odhodlaný, statečný

mannequin [ˈmænikin] s 1 manekýn / manekýn(k)a 2 figurína ve výkladní skříni 3 modelka, model

manner [ˈmænə] 1 obyčej, zvyk 2 způsob, styl 3 pl chování, způsoby 4 kniž. druh ♦ in, after, this ~ takto, tímto způsobem; in a ~ do jisté míry **-ed** způsobný ♦ ill ~ nezvedený, nemravný **-ism** manýra v literatuře, umění **-ly** způsobný, uhlazený

manoeuvre [məˈnu:və] v. maneuver

manor [ˈmænə] manské panství, velkostatek; venkovský zámek

manpower [ˈmænpauə] pracovní síla, lidský potenciál

manservant [ˈmænˌsə:vənt] sluha

mansion [ˈmænšən] 1 příbytek, sídlo 2 panský dům

manslaughter [ˈmænˌslo:tə] zabití

mantel [ˈmæntl] výklenek krbu **~-piece** [-pi:s] římsa krbu

mantis [ˈmæntis] s zool. kudlanka ♦ praying ~ kudlanka nábožná

mantle [ˈmæntl] s 1 pláštěnka 2 plášť přístroje 3 povlak, potah 4 punčoška plynového hořáku • v 1 zastřít, zahalit (se) pláštěm, skrýt (se) 2 zbarvit se ruměncem

mantrap [ˈmæntræp] past (na záškodníky)

manual [ˈmænjual] a ruční ♦ ~ labour manuální, fyzická práce • s 1 rukojeť, příručka 2 voj. cvičení v zacházení s puškou 3 hud. manuál, klávesnice

manufact|ory [ˌmænjuˈfæktəri] továrna, závod, dílna **-ure** [ˌmænjuˈfækčə] s 1 výroba, tvorba 2 výrobek 3 manufaktura • v 1 vyrábět (out of z) 2 fabrikovat 3 vymýšlet si ♦ -ing engineer provozní inženýr; -ing line provozní linka; -ing schedule výrobní plán **-urer** [-ˌfækčərə] výrobce

manumit [ˌmænjuˈmit] (-tt-) osvobodit, propustit z otroctví

manure [məˈnjuə] v po-, hnojit ● s hnůj

manuscript [ˈmænjuskript] rukopis

many [ˈmeni] a mnoho, mnozí ◆ how ~ kolik; ~ a time mnohdy; ~ of us mnozí z nás; as ~ as you like tolik, kolik chceš ● s mnoho lidí, před of mnozí, mnohé atd.; the ~ mnozí, většina, množství; a great ~ velmi mnoho ~-sided [ˌmeniˈsaidid] mnohostranný

map [ˈmæp] s mapa; plán ◆ ~ of small (medium) scale generální (speciální) mapa ● v (-pp-) zakreslit na mapě, mapovat; výpoč. tech. promítnout do souboru ~ out načrtnout podrobný plán, mapovat ~-ping mapování

maple [ˈmeipl] bot. javor

mar [ˈma:] (-rr-) mařit, kazit, zničit

maraud [məˈro:d] loupit, plenit ~er záškodník

marble [ˈma:bl] s 1 mramor 2 pl díla z mramoru 3 kulička na hraní; pl hra v kuličky ● v mramorovat ~-slab [-slæb] mramorová deska

March [ˈma:č] březen ◆ as mad as a ~ hare úplně pobláznený

march[1] [ˈma:č] v 1 pochodovat; kráčet, jít 2 ujít, urazit 3 vést koho rázným krokem ● s 1 pochod 2 krok zvl. vojenský 3 postup 4 tažení ◆ dead ~ smuteční pochod; ~ past slavnostní přehlídka ~ing pochodování ◆ ~ orders rozkaz k pochodu do boje

march[2] [ˈma:č] s hist. pomezí, marka ● v hraničit (with, upon s)

marchioness [ˈma:šənis] markýza

mare [ˈmeə] klisna, kobyla

margarine [ˌma:džəˈri:n] margarín (hovor. marge [ˈma:dž])

margin [ˈma:džin] s 1 okraj, lem 2 obch. záloha, rezerva 3 dolní mez; rozpětí (of profit zisku) 4 minimální zisk, výdělek; rozdíl mezi kupní a prodejní cenou ● v 1 nechat okraj, tvořit okraj, lemovat, obroubit 2 opatřit poznámkami na okraji ~al okrajový, na okraji, mezní ◆ ~ land málo výnosná půda ~alia [ˌma:džiˈneiljə] pl okrajové poznámky

margrave [ˈma:greiv] markrabě

marguerite [ˌma:gəˈri:t] bot. kopretina

marigold [ˈmærigəuld] bot. měsíček

marihuana [ˌmæriˈhwa:nə] bot. marihuana

marinade [ˌmæriˈneid] marinovat, rosolovat

marin|e [məˈri:n] a 1 mořský 2 námořní 3 lodní ● s 1 loďstvo 2 příslušník námořní pěchoty 3 pl námoř. pěchota 4 výtv. moře, mořská krajina ~er [ˈmærinə] námořník

marionette [ˌmæriəˈnet] loutka

marital [ˈmæritl] manželský

maritime [ˈmæritaim] námořní, přímořský, pobřežní

marjoram [ˈma:džərəm] majoránka

mark [ˈma:k] s 1 cíl, terč (hit* the ~ trefit se, miss the ~ minout se cílem, též fall* short of the ~) 2 znamení, symbol; známka, rys; čára startu, ponoru 3 stopa, skvrna 4 zast. mez, hranice 5 význam (a fellow of no ~ bezvýznamný člověk) 6 velikost, druh, jakost 7 vinĕta, značka 8 znaménko, znak 9 bod při hodnocení; známka z chování 10 hist. marka ◆ below the ~ pod úrovní; make* one's ~ vyznamenat se ● v 1 označit; poznamenat si 2 určit 3 vyznačovat 4 všimnout si čeho, věnovat čemu pozornost, dbát na 5 zaznamenat body získané ve hře, o-, známkovat 6 dát najevo, vyjádřit 7 kopaná hlídat hráče 8 určit hodnotu, přesnost 9 být charakteristický, charakterizovat koho ◆ ~ time pochodovat na místě, i přen. přešlapovat ~ down snížit cenu ~ off označit, oddělit ~ out vyznačit, vytyčit, určit (for k) ~ up zvýšit cenu ~ed [-t] výrazný, zřetelný ~edly [-idli] výrazně, zřetelně **–er 1** ukazovatel **2** značkovač; markér kulečníku **3** návěštidlo; osvětlovací raketa **4** pamětní deska **5** záložka v knize **6** značka

market ['ma:kit] s **1** trh, tržiště **2** obchod ◆ *black* ~ černý trh; *come* into the* ~ přijít na trh (zboží); *find* a* ~ *for* nalézt odbyt pro; *money* ~ peněžní trh; *put* on the* ~ dát na trh (zboží); *ready* ~ rychlý odbyt; *well supplied* ~ dobře zásobený trh ● *v* obchodovat **–able** [-əbl] prodejný, tržní **–eer** [ˌma:ki'tiə] trhovec ◆ *black* ~ keťas, šmelinář **–ing 1** nákup(y) **2** tržní zboží **3** ekon. marketink **--place** tržiště, trh **--price** tržní cena

marking ['ma:kiŋ] **1** označení **2** zbarvení peří, kůže apod. **3** značkování ◆ ~ *machine* značkovací stroj **--off** *table* rýsovací deska

marksman* ['ma:ksmən] střelec

marl ['ma:l] s **1** slínové hnojivo **2** slín ● *v* hnojit

marmalade ['ma:məleid] pomerančová / citrusová zavařenina

marmot ['ma:mət] zool. svišť

maroon [mə'ru:n] s **1** kaštanová barva **2** třaskavá raketa **3** marón pův. uprchlý černoch **4** osoba vysazená na pustý břeh ● *v* **1** vysadit na pustý břeh **2** zanechat bez pomoci

marque ['ma:k] práv. právo zajímací

marquee [ma:'ki:] velký polní stan

marquess, **marquis** ['ma:kwis] markýz

marriage ['mæridž] **1** manželství **2** sňatek **3** mariáš ◆ *civil* ~ občanský sňatek; *give* (take*) in* ~ dát (vzít si) za manželku / manžela; *licence of* ~ povolení k sňatku; ~ *articles* svatební smlouva **–able** schopný vstoupit v manželství, na vdávání / ženění

married ['mærid] ženatý, vdaná *get** ~ oženit se, vdát se; ~ *life* manželství

marrow ['mærəu] morek, dřeň, jádro ◆ *vegetable* ~ tykev **--bone** morková kost

marry ['mæri] **1** oženit (se s kým), vdát (se za koho) (v. *married*) **2** oddat

marsh ['ma:š] mokřina, bažina, bahno **--mallow** [ˌ-'-] **1** bot. ibišek **2** druh cukroví původně z kořene ibišku; turecký med **--marigold** [ˌ-'-] bot. blatouch

marshal ['ma:šl] s **1** maršál **2** brit. práv. soudní písař **3** ceremoniář **4** am. šerif, šéf policie ● *v* (*-ll-*) **1** uspořádat, seřadit vojsko, fakta apod. **2** slavnostně uvést (*into* do) **–ling** *yard* seřaďovací nádraží

Marshall Plan [ˌma:šl'plæn] Marshallův plán

marsupial [ma:'sju:pjəl] a zool. vačnatý ● s vačnatec

mart ['ma:t] **1** bás. trh, tržiště **2** dražební síň **3** obchodní dům

marten ['ma:tin] zool. kuna

martial ['ma:šl] vojenský, válečnický ◆ ~ *law* stanné právo

Martian ['ma:šən] Marťan

martin ['ma:tin] zool. jiřička

martyr ['ma:tə] s mučedník (*to* čeho) ● *v* u-, mučit **–dom** [-dəm] mučednictví

marvel ['ma:vl] s div, zázrak ● *v* (*-ll-*) divit se, žasnout (*at, that, how, why* nad, že, jak, proč) **–lous** ['ma:vələs] podivuhodný, nádherný, úžasný

Marx|ian [ma:ksian] marxistický **–ist** [ma:ksist] s marxista ● *a* marxistický **--Leninist** marxleninský

marzipan ['ma:tsəˌpæn] s marcipán z mletých mandlí, vajec a cukru

mascot ['mæskət] talisman

masculine ['mæskjulin] a **1** mužský, mužný **2** jaz. mužského rodu ● *s* jaz. mužský rod

mash ['mæš] s **1** míchanina, směsice, kaše **2** pomyje, šlichta **3** bramborová kaše ● *v* **1** roz-, mačkat, rozemlít, utřít na kaši (*-ed potatoes* bramborová kaše)

2 poplést hlavu (*on a p.* komu), flirtovat

mask [¹maːsk] *s* maska ♦ *tear* the ~ off* strhnout komu masku, odhalit koho ● *v* maskovat (se), přestrojit (se)

mason [¹meisn] *s* 1 zedník, kameník 2 *M~* svobodný zednář ● *v* zdít **–ry** 1 zednická práce 2 zdivo 3 *M~* svobodné zednářství

masque [¹maːsk] 1 maškaráda 2 maska hra **–rade** [ˌmæskəˡreid] maškarní ples, maškaráda

mass¹ [¹mæs] mše ♦ *high (low)* ~ velká (tichá) mše

mass² [¹mæs] *s* 1 hmota 2 masa spousta, množství 3 hlavní část 4 pl lid(ové masy) *atr* davový, masový ♦ *he is a* ~ *of bruises* je samá modřina ● *a* 1 hmotný 2 hromadný, masový ♦ ~ *media* hromadné sdělovací prostředky, masmédia; ~ *meeting* tábor lidu; ~ *organization* masová organizace; ~ *production* hromadná výroba ● *v* 1 nahromadit 2 voj. soustředit, koncentrovat (*troops* vojsko)

massacre [¹mæsəkə] *s* krveprolití, řež, masakr ● *v* povraždit, masakrovat

massage [¹mæsaːž] *s* masáž ● *v* masírovat

masscult [¹mæskalt] = *mass culture* masově rozšiřovaný

mass|eur / **-euse** [¹mæˡsə:(z)] masér(ka)

massive [¹mæsiv] pevný, důkladný, masivní, impozantní

massless [¹mæslis] fyz. mající nulovou hodnotu

mast¹ [¹maːst] stožár, stěžeň

mast² [¹maːst] krmivo z bukvic, žaludů

master [¹maːstə] *s* 1 pán (*be ~ of one's time* být pánem svého času) 2 mistr 3 učitel, středoškolský profesor 4 zaměstnavatel, pán 5 přednosta koleje 6 mladý pán titul 7 předseda koleje, korporace ap. 8 mistr výtvarník, jeho dílo 9 akademický

titul: M.A. = *M~ of Arts* 10 kapitán obchodní lodi 11 výpoč. tech. hlavní program; předloha; matrice tisková ● *a* hlavní; vedoucí, vůdčí, vládnoucí ● *v* přemoci, podrobit, ovládnout, zvládnout; rozřešit **~-at-arms** velitel lodní policie **–ful** 1 mistrovský, mistrný 2 panovačný, násilnický **–hood** mistrovství **~-key** univerzální klíč **–ly** mistrovský, dokonalý **–mind** génius, kapacita, spiritus agens **–piece** mistrovské dílo, veledílo **–ship** mistrovství **~-stroke** mistrovský kousek **–y** [-ri] zběhlost, rutina, mistrovství

mastic [¹mæstik] tmel, mastix

masticat|e [¹mæstikeit] žvýkat, hníst **–ion** [ˌmæstiˡkeiʃən] žvýkání, hnětení **–or** hnětací stroj **–ory** anat. žvýkací

mastiff [¹mæstif] mastif, tarač pes

mat [¹mæt] *s* 1 rohož(ka), podlahová krytina 2 chomáč (*of hair* vlasů); cucky 3 prostírací apod. podložka, deska pod vázy apod. 4 přen. hustý koberec 5 pytlovina ● *v* (-*tt*-) 1 pokrýt rohoží 2 zcuchat, zmotat (se)

match¹ [¹mæč] sirka, zápalka; doutnák ♦ ~ *box* krabička zápalek

match² [¹mæč] *s* 1 sobě rovný partner, protějšek, člen páru 2 sňatek, partie sňatková, manželství 3 zápas, partie hry ♦ *be more (than a)* ~ *for* být lepší než; *find* / meet* one's* ~ najít si sobě rovného ● *v* 1 provdat (se), oženit (se) 2 postavit soka (*against* proti) 3 soupeřit 4 rovnat se, hodit se **–less** [-lis] nevyrovnatelný **~-maker** 1 dohazovač 2 sport. promotér 3 výrobce zápalek

mate¹ [¹meit] *s* 1 kamarád, druh v práci 2 druh, družka manželé 3 námoř. důstojník obchodního loďstva ♦ ~ *'s receipt* obch. potvrzení lodního důstojníka o naloděné zboží ● *v* 1 spojit (se) manželstvím (*with* s) 2 pářit se

mate² [ˈmeit] *s* mat ● *v* dát mat

material [məˈtiəriəl] *a* **1** hmotný, materiální; tělesný, osobní **2** podstatný, důležitý ● *s* **1** hmota, látka (*raw ~* surovina) **2** materiál **3** pl potřeby **–ism** [-izəm] materialismus **–ist** *a* materialistický ● *s* materialista **–ize** [-aiz] zhmotnit; uskutečnit (se), realizovat (se)

matern|al [məˈtə:nl] mateřský **–ity** [-əti] mateřství ♦ *~ hospital / home* porodnice; *~ clothes, dress, gown* šaty pro nastávající matky

math [ˈmæθ] = *mathematics*

mathemat|ic(al) [ˌmæθ(i)ˈmætik(l)] matematický **–ician** [ˌmæθ(i)məˈtišən] matematik **–ics** [ˌmæθ(i)ˈmætiks] matematika

matinée [ˈmætinei] odpolední představení / koncert

matriarch|al [ˈmeitria:kl] matriarchální **–y** [ˈmeitria:ki] matriarchát

matricide [ˈmeitrisaid] matkovražda, matkovrah

matriculat|e [məˈtrikjuleit] zapsat, imatrikulovat (se) **–ion** [məˌtrikjuˈleišən] zápis, imatrikulace

matrimon|ial [ˌmætriˈməunjəl] manželský **–y** [ˈmætriməni] manželství

matrix [ˈmeitriks], pl *-xes* [-ksi:z], *-ces* [-si:z] matrice, forma

matron [ˈmeitrən] **1** vdaná paní; matróna **2** vrchní sestra v nemocnici, hospodářka

matter [ˈmætə] *s* **1** hmota, látka, podstata, základ **2** předmět, věc, otázka, záležitost **3** pl materiály, dokumenty **4** důvod (*of, for* pro) **5** pl události **6** hnis, výměšek ♦ *~ of course* samozřejmá věc; *~ of fact* skutečnost (*as a...* vlastně); *it's no ~* na tom nezáleží; *what is the ~ with you?* co je vám?; *in the ~ of* pokud jde o; *money -s* peněžní záležitosti; *printed ~* tiskopis, tiskovina ● *v* **1** záležet na čem (*it does not ~* na tom nezáleží), mít význam **2** hnisat **--of fact** věcný, suchý

matting [ˈmætiŋ] **1** rohožovina, rohož(ka) **2** hrubá tkanina **3** matný povrch

mattock [ˈmætək] krumpáč

mattress [ˈmætris] žíněnka, matrace ♦ *spring ~* pérová drátěnka

matur|e [məˈtjuə] *a* **1** zralý, dospělý **2** splatný směnka ● *v* **1** uzrát, dospět **2** nechat uzrát **3** obch. stát se splatným o směnce; splatnost projít, vypršet **–ity** [məˈtjuərəti] **1** zralost, dospělost **2** obch. splatnost

matutinal [ˌmætjuˈtainl] ranní, časný

maudlin [ˈmoːdlin] sentimentální, plačtivý, ubrečený

maul [ˈmoːl] *s* kyj, palice ● *v* z-, mlátit, pohmoždit, zle zřídit; strhat kritikou **~-stick** malířská hůlka

maunder [ˈmoːndə] mumlat, bručet si

Maundy Thursday [ˌmoːndiˈθə:zdi] Zelený čtvrtek

mauve [ˈməuv] světle fialový, slézový

maw [ˈmoː] zvířecí žaludek, bachor

mawkish [ˈmoːkiš] **1** protivně nasládlý, mdlý, přen. limonádový **2** nezdravě sentimentální, přecitlivělý

max [mæks] *s* hovor. zkr. *maximum* ● *v* hovor. často *~ out* využít do poslední kapky

maxilla* [mækˈsilə] anat. horní čelist

maxim [ˈmæksim] mravní zásada; mravní sentence, rčení **–um** [ˈmæksiməm], pl *-a* [-ə] maximum *atr* maximální ♦ *~ range* voj. donosnost

May [ˈmei] květen, máj ♦ *~ beetle, ~ chafer* zool. chroust; *~ bush / tree* bot. hloh; *~ Day* První máj; *~ Day procession* prvomájový průvod; *~ fly* jepice; *~ pole* "máj(ka)"

may* [ˈmei] moci, smět ♦ *it ~ be true* snad je to pravda; *~ you be happy!* kéž jsi šťasten! **-be** [-bi] možná, snad

mayhem [ˈmeihəm] hist. zmrzačení

mayo ['meiəu] s hovor. v. *mayonnaise*
mayonnaise ['meiə,neiz] majonéza
mayor ['meə] starosta **–alty** [-rəlti]
starostenství **–ess** [-ris] starost-
ka
maze ['meiz] s bludiště; zmatek ● v
zmást, poplést; bloudit
mazurka [mə'zə:kə] mazurka
mazy ['meizi] matoucí, křivolaký
me ['mi:] mne, mě, mně, mi ♦ *dear
~!* proboha!, pro pána krále!
mead ['mi:d] **1** bás. luh, lučina **2**
medovina
meadow ['medəu] louka **~-sweet**
bot. tavolník
meagre ['mi:gə] **1** hubený, vyzáblý
2 nuzný, skrovný
meal ['mi:l] **1** denní jídlo **2** brit. jed-
notlivé dojení **3** hrubá, zvl. ovesná
mouka, šrot **4** porce jídla, krmení
–y 1 moučn|ý, -atý **2** grošovaný
3 zamoučený, poprášený **4** těs-
tovitý, bledý **–y-mouthed** lico-
měrný, pokrytecký, opatrnický
mean¹* ['mi:n] **1** mít v úmyslu, za-
myšlet; chtít říci **2** značit, zname-
nat **3** určit (*for* pro, k) ♦ *~ well /
ill to, by* myslit to dobře / špatně,
mít dobré / špatné úmysly s; *~
business* myslit to vážně
mean² ['mi:n] a **1** nízký, spodní **2**
hanebný, podlý, sprostý **3** lid. am.
protivný, mizerný, lakomý, zlý,
malicherný; špatně naložený, in-
disponovaný **4** zahanbený **5** odb.
pro-, střední, průměrný ♦ *no ~*
nevšední; *~ proportional n. geo-
metric ~* střední geometrická ú-
měrná ● *s* **1** střed, prúměr, střed-
ní cesta (*golden ~*) **2** pl vnitřní
členy úměry
meander [mi'ændə] s zákrut,
meandr ● v točit (se), vinout (se)
meaning ['mi:niŋ] význam, smysl;
úmysl **–ful** mající význam, vý-
znamný **–less** bezvýznamný
means ['mi:nz] sg i pl prostředek,
-dky; majetek ♦ *~s of circulation*
oběživo; *~ of life* životní pro-
středky; *by all ~* rozhodně, určitě;

by no ~ nikterak; *by ~ of* pomocí
čeho; *~ test* průzkum majetkových
poměrů
meant ['ment] *pt* a *pp* od *mean¹*
meantime ['mi:ntaim] n. *in the ~*
mezitím, zatím
measl|es ['mi:zlz] pl spalničky ♦
German ~ zarděnky **–y** [-i] ne-
mocný spalničkami; ubohý, mr-
zácký
measur|e ['meʒə] s **1** míra, měřít-
ko, rozsah **2** výměr **3** rytmus,
takt **4** zast. tanec zvl. pomalý **5** pl ge-
ol. ložisko, vrstvy **6** opatření, krok
7 měřice **8** mat. společný dělitel **9**
metrum ♦ *clothes made to ~* ša-
ty šité na míru; *linear ~* délková
míra; *set* -s to* omezit; *take* a
p's ~ n. the ~ of a p's foot* ocenit
něčí charakter a schopnosti; *take*
-s* podniknout opatření; *beyond
n. out of ~* nadmíru; *greatest
common ~* nejvyšší společný dě-
litel ● v **1** změřit, vzít míru (*for*
na) **2** ocenit, odhadnout, odmě-
řit, přeměřit, přejít po ♦ *~ one's
strength with* měřit se s; *a p. with
one's eye* přeměřit koho zrakem;
-ing instrument měřidlo; *adjust-
able -ing instrument* nastavitelné
měřidlo; *fixed -ing instrument*
pevné měřidlo; *ultimate -ing in-
strument* velmi přesný měřící pří-
stroj *~ off* odměřit *~ out* naměřit
–eless nezměrný **–ement 1** mě-
ření **2** míra, výměra
meat ['mi:t] **1** maso z dobytka **2** zast.
pokrm **3** námět k přemýšlení ♦ *~
and potatoes* **1** maso s brambo-
ry **2** slang. základ **~-chopper**
[-,čopə] sekáček **–less** bezmasý
~-market [-,-] masný trh **~-sau-
sage** [-,sosidž] klobása **–y 1** ma-
sitý **2** vydatný **3** obsažný, zá-
važný, pádný
meatus [mi'eitəs] anat. vývod, prů-
chod
mechan|ic, –ical [mi'kænik(l)] **1**
mechanický, strojový **2** automa-
tický, bezděčný ♦ *~ engineer*

strojní inženýr **–ic, –ician** [ˌmekə-ˈnišən] mechanik, strojník **–ics** mechanika **–ism** [ˈmekənizəm] ústrojí, zařízení **–ization** [ˌmekə-naiˈzeišən] mechanizace **–ize** [ˈmekənaiz] mechanizovat

medal [ˈmedl] *s* medaile ● *v* (*-ll-*) vyznamenat medailí **–lion** [miˈdæljən] medailón

meddle [ˈmedl] míchat se, plést se, vměšovat se (*in, with, the internal affairs* do vnitřních záležitostí) **–r** [ˈmedlə] všetečka **–some** [ˈmedlsəm] všetečný

mediagenic [ˌmiːdjəˈdženik] atraktivní pro masové sdělovací prostředky

medial [ˈmiːdjəl] **1** pro-, střední, mediální **2** průměrný

median [ˈmiːdjən] *a* pro-, střední, středový ● *s* mat. střední hodnota; geom. těžnice

mediat|e [ˈmiːdiət] *a* zprostředkovaný, nepřímý ● *v* [ˈmidieit] zprostředkovat **–ion** [ˌ-ˈeišən] zprostředkování **–or** [ˈmiːdieitə] prostředník, přímluvčí

medicaid [ˈmedikeid] am. bezplatná lékařská péče pro zchudlé občany

medic|al [ˈmedikl] lékařský ♦ *~ inspection room* nemocniční revír; *~ man** hovor. lékař, doktor **–ament** [meˈdikəmənt] lék, medikament **–ate** [-eit] **1** namíchat lék **2** léčit

medicinal [meˈdisinl] léčivý

medic|ine [ˈmedsin] **1** lék, medicína **2** lékařství ● *v* léčit, podávat léky **–ineman*** kouzelník primitivních kmenů **–o*** [ˈmedikəu] medik

medieval [ˌmediˈiːvl] středověký

mediocr|e [ˌmiːdiˈəukə] prostřední **–ity** [ˌmiːdiˈokrəti] prostřednost

meditat|e [ˈmediteit] **1** přemýšlet, uvažovat, rozjímat **2** zamýšlet, plánovat **–ion** [ˌmediˈteišən] hloubání, meditace

mediterranean [ˌmeditəˈreinjən] **1** středozemský, středozemní **2**

M~ Sea Středozemní moře

medium [ˈmiːdjəm] *s* pl *-a* [-ə], *-ums* [-əmz] **1** prostředek **2** prostředí **3** medium spiritistické **4** střední jakost, průměr **5** pl *mass -a* sdělovací prostředky ● *a* střední, průměrný ♦ *at a ~* průměrně; *by, through the ~ of* prostřednictvím, pomocí čeho; *ship of ~ displacement* loď střední velikosti

medlar [ˈmedlə] bot. mišpule

medley [ˈmedli] míchanina, směs, všehochuť

medullary [meˈdaləri] morkový, dřeňový *~ substance* dřeň

meed [ˈmiːd] bás. zasloužená odměna

meek [ˈmiːk] mírný, poddajný; pokorný **–ness** pokora

meet* [ˈmiːt] *v* **1** potkat; sejít se s **2** setkat se (*with an obstacle* s překážkou) **3** přijít ve styk, poznat, seznámit se s **4** jít komu naproti **5** čelit čemu **6** uhradit, vyrovnat, zaplatit (*a debt* dluh) **7** vyhovět, splnit ♦ *~ the demand* obch. uspokojit poptávku; *~ an engagement* obch. dostát závazku; *~ with a refusal* být odmítnut; *~ one's wishes* vyhovět komu; *make* both ends ~* vyjít s penězi ● *s* shromaždiště, sraz lovců, cyklistů apod. **–ing 1** setkání, schůzka, dostaveníčko **2** schůze, shromáždění ♦ *general factory ~* celozávodní schůze; *freedom of ~* svoboda shromažďovací **–inghouse*** modlitebna **–ing-place** shromaždiště **–ing-point** průsečík přímek

mega|bit [ˈmegəbit] milión bitů **–buck** [-bak] am. slang milión dolarů **–death** [-deθ] smrt jednoho miliónu lidí jednotka úmrtnosti v nukleární válce **–phone** [-fəun] megafon, tlampač **–ton(ne)** [-tan] megatuna

melancholy [ˈmelankəli] *s* těžkomyslnost, zádumčivost, melancholie ● *a* melancholický, zádumčivý

mélée ['melei] rvačka, šarvátka, zmatek

melio|rate ['mi:liəreit] zlepšit se **–ration** [ˌ-ˈreišən] **1** zlepšení **2** zeměd. meliorace

melli|ferous [meˈlifərəs] medonosný **–fluent** [meˈlifluənt], **–fluous** [meˈlifluəs] sladký jako med

mellow ['meləu] a **1** vyzrálý, náležitě měkký, kyprý **2** zralý, sladký, šťavnatý **3** plný, čistý o zvuku **4** lahodný **5** jemný, něžný o mysli **6** podnapilý ● v zjemnit, zkypřit, vyzrát

melodic [miˈlodik] melodický

melodious [miˈləudjəs] melodický, libozvučný

melodram|a ['meləuˌdra:mə] melodram, melodrama **–atic** [ˌmeləudrəˈmætik] melodramatický

melody ['melədi] melodie, nápěv

melon ['melən] meloun

melt* ['melt] **1** tát **2** rozpustit (se), roztavit; smíchat **3** rozplynout se, mizet **4** into a t. přejít v, splývat v co **5** změknout srdce, city, dojmout (se, at čím) ~ into tears rozplývat se v slzách ~ **away** mizet **–ing** ['meltiŋ] a rozcitlivělý, dojemný ● s tavení, tavba **–ing- -house*** tavírna **–ing-iron** [-aiən] pájka **–ing-pot** tavicí kelímek, tavicí kotel (i přenes. např. o USA, nejrůznější rasy a národnosti); pánev sklářská

member ['membə] **1** člen **2** úd, orgán **–ship** [-šip] členství, členstvo

membran|e ['membrein] blána, mázdra ♦ winking ~ mžurka **–ous** blanitý ♦ ~ sac anat. plodové obaly

memoirs ['memwa:z] pl **1** (vlastní) životopis, memoáry, paměti **2** (auto)biografie

memorable ['memərəbl] památný, pamětihodný

memorandum [ˌmeməˈrændəm] **1** záznam **2** pamětní spis, memo-

randum **3** neformální obchodní dopis

memorial [miˈmo:riəl] a pamětní ● s **1** památník, pomník **2** pamětní spis

memorize ['meməraiz] memorovat

memory ['meməri] **1** paměť též samočinného počítače **2** památka **3** vzpomínka ♦ in ~ of na památku koho; call to ~ upamatovat se

men ['men] pl od man

menace ['menəs] s **1** hrozba **2** nebezpečí ● v hrozit

menagerie [miˈnædžəri] zvěřinec

mend ['mend] v **1** spravit, opravit, záplatovat **2** zlepšit (se) **3** zotavit se ♦ ~ one's pace zrychlit krok; ~ or end napravit nebo skoncovat nadobro, buď anebo ● s správka, oprava ♦ on the ~ zlepšující se o zdraví

mendac|ious [menˈdeišəs] lživý, nepravdivý **–ity** [menˈdæsəti] lživost, prolhanost

mendic|ant ['mendikənt] a žebravý ♦ ~ friar žebravý mnich ● s žebrák, žebravý mnich **–ancy** [-ənsi] žebravost

menial ['mi:njəl] **1** podřadný, nekvalifikovaný práce **2** služebný osoba, otrocký

meningitis [ˌmeninˈdžaitis] zápal mozkových blan

menopause ['menəupo:z] med. klimakterium, přechod

menses ['mensi:z] pl měsíčky, menstruace

menstrual ['menstruəl] **1** menstruační **2** hvězd. měsíční

menstruat|e ['menstrueit] menstruovat **–ion** [ˌ-ˈeišən] menstruace

mensur|able ['menšurəbl] **1** změřitelný **2** hud. rytmický **–ation** [ˌmensjuəˈreišən] měření, měřičství

mental ['mentl] duševní (labour práce), mentální, vnitřní; hovor. potrhlý ♦ ~ arithmetic počítání z hlavy; ~ patient duševně chorý

–ity [men'tæləti] duševní založení, mentalita

mention ['menšən] s zmínka ♦ *make* a ~ of* zmínit se o ● *v* zmínit se o ♦ *don't ~ it to* nestojí za řeč!: *not to ~* neřku-li

mentor ['mento:] rádce, instruktor

menu ['menju] menu, jídelní lístek

mephitic [me'fitik] smrdutý

mercantile ['mə:kəntail] obchodní, kupecký ♦ ~ *marine* obchodní loďstvo

mercenary ['mə:sinəri] *a* 1 námezdní, žoldácký 2 zištný ● *s* žoldák

mercer ['mə:sə] obchodník s látkami **–y** [-ri] obchod s textilním zbožím

merchandise ['mə:čəndaiz] *s* zboží ● *v* obchodovat

merchant ['mə:čənt] *s* obchodník, kupec ● *a* obchodní ♦ ~ *marine / navy* obchodní loďstvo; ~ *service* služba v obchodním loďstvu **–man***, **–ship** obchodní loď

merci|ful ['mə:siful] milosrdný **–less** [-lis] nemilosrdný

mercurial [mə:'kjuəriəl] 1 rtuťový 2 těkavý, prchavý 3 živý, pohyblivý ♦ ~ *air pump* rtuťová vývěva

mercury ['mə:kjuri] 1 rtuť 2 *M~* Merkur 3 přen. posel ♦ ~ *vapour lamp* rtuťová výbojka

merc|y ['mə:si] milosrdenství, soucit; milost; šťastná okolnost ♦ ~ *killing* hovor. euthanasie; *cry for ~* prosit o milost; *have ~ upon* mít slitování s; *thankful for small -ies* spokojen s málem

mere ['miə] pouhý, obyčejný **–ly** pouze, toliko

meretricious [,meri'trišəs] křiklavý, nápadný

merg|e ['mə:dž] spojit (se), splynout (*in* s), slučovat (se), fúzovat ♦ *-ing congress* slučovací sjezd **–er** 1 splynutí 2 práv. fúze

meridian [mə'ridiən] *a* polední, vrcholný ● *s* 1 poledník 2 kulminační bod 3 duševní obzor

meridional [mə'ridiənl] 1 jižní, jihoevropský 2 poledníkový

meringue [mə'ræŋ] pusinka cukroví

merit ['merit] *s* 1 zásluha (*wages according to ~* mzda podle zásluhy) 2 cena, hodnota; přednost 3 pl jádro, podstata, důvody ♦ *make* a ~ of* klást si za zásluhu ● *v* zasloužit si (*reward* odměnu, *punishment* potrestání) **–orious** [,meri'to:riəs] zasluhující chválu, chvályhodný

meritocracy [,meri'tokrəsi] meritokracie, vláda "elity"

merlin ['mə:lin] zool. ostříž

mermaid ['mə:meid] mořská panna

merriment ['merimənt] veselí, veselost

merry ['meri] veselý, rozjařený ♦ *make* ~* veselit se; *make* ~ over* dělat si žerty z ~ *andrew* [ændru:] šašek **~-go-round** ['merigəu,raund] kolotoč **~-making** veselice

mesh ['meš] *s* 1 oko sítě 2 smyčka 3 též *-es* pl síťovina, síťoví 4 záběr stroje 5 přen. nástraha ♦ ~ *connection* elektr. spojení do kruhu, spojení do trojúhelníku ● *v* 1 chytit (se) do sítě 2 (~ *in*) zabírat o stroji

mesial ['mi:zjəl] med. středový, střední

meson ['mi:zon] fyz. mezon

mesoscale ['mesəu'skeil] středně velký

mess ['mes] *s* 1 porce jídla, jídlo 2 porce kaše 3 zmatek 4 nepořádek, chlívek 5 směs 6 jídelna společná 7 stolní společnost; společné stolování ♦ *make* a ~ of* zpackat co ● *v* 1 splést, zpackat; udělat zmatek, zamotat (se) 2 podávat jídlo ve společné kuchyni / kantýně 3 lid. zmotat, zasvinit 4 chodit na stravu (*at, in* kam) ~ **about** 1 hudlařit, fušovat 2 flákat se **–mate** [-meit] spolustolovník

messag|e ['mesidž] 1 poselství,

sdělení, zpráva, vzkaz 2 voj. hlášení
messenger ['mesindžə] 1 posel, poslíček 2 elektr. nosné lano
Messiah [mi'saiə] Mesiáš
messieurs [mes'jə:] pánové
Messrs ['mesəz] = *messieurs*
messy ['mesi] v nepořádku, špinavý
met *pt* a *pp* od *meet*
metabolism [me'tæbəlizəm] metabolismus
metacarpal [,metə'ka:pl] anat. kost záprstní
metal ['metl] *s* 1 kov 2 štěrk podlože 3 pl kolejnice 4 roztavená sklovina 5 rudná žíla; hlušina 6 polygr. sazba ♦ ~ *plating* pokovování; ~ *removal* ubírání kovu při obrábění; ~ *spraying* stříkání kovů, metalizace; ~ *work(ing)* kovodělná práce; ~ *worker* kovodělník ● *v* (*-ll-*) opatřit, potáhnout kovem; štěrkovat silnici **-lic** [mi'tælik] kovový **-lurgy** ['metələ:dži] hutnictví
metalanguage [,metə'læŋgwidž] metajazyk
metamorph|ic [,metə'mo:fik] metamorfický **-ose** [,metə'mo:fəuz] přeměnit (se) **-osis** [,metə'mo:fəsis], pl *-oses* [-si:z] metamorfóza, proměna
metaphor ['metəfə] metafora
metaphysics [,metə'fiziks] metafyzika
metatarsal [,metə'ta:sl] anat. nártní
meteor ['mi:tjə] meteor **-ologic** [,-rə'lodžik] meteorologický **-ology** [-'rolədži] meteorologie
meter ['mi:tə] měřidlo, počitadlo; měřič, hodiny ♦ ~ *maid* hlídačka parkoviště
methinks* [mi'θiŋks] zast. zdá se mi
method ['meθəd] 1 metoda, způsob 2 metodičnost, systematičnost **-ical** [mi'θodikl] metodický **-ism** [-izəm] metodismus **-ist** 1 metodik 2 metodista **-ology** [,meθə'dolədži] 1 metodolo-

gie 2 metodika
methought [mi'θo:t] pl, v. *methinks*
meths ['meθs] brit. hovor. denaturovaný líh
meticulous [mi'tikjuləs] pedantský, úzkostlivý, puntičkářský
metr|e ['mi:tə] 1 metr 2 metrum **-ic** ['metrik] metrický ♦ ~ *system* metrická soustava **-ical** ['metrikl] metrický; měřičský **-icate** [-i-keit], **-icize** [-isaiz] zavést, převést na metrickou soustavu
metropol|is [mi'tropəlis] metropole **-itan** [,metrə'politən] *a* metropolitní ♦ ~ *police* londýnská policie ● *s* 1 obyvatel metropole 2 metropolita
mettle ['metl] 1 povaha, temperament 2 odvaha 3 vytrvalost 4 bujnost, nadšení ♦ *be on one's* ~ mít všech pět pohromadě **-some** [-səm] odvážný, temperamentní
mew¹ ['mju:] zool. racek
mew² ['mju:] *s* 1 klec pro sokoly 2 pl sokolnická kolna, dnes ulička 3 ohrada, posada ● *v* 1 zavřít do klece, do vězení, ve škole 2 zast. shazovat paroží; pelichat
mew³ ['miau] *v* mňoukat ● *s* mňoukání
mewl ['mju:l] vrnět o dítěti
Mexic|an ['meksikən] *s* Mexičan ● *a* mexický **-an Spanish** ['-'spæniš] *s* mexická španělština **-o** ['meksikou] *s* Mexiko
mezzanine ['mezəni:n] mezanin, mezipatro
miaow, miaul [mi:'əu, mi'əul] *v* mňoukat ● *s* mňoukání
mica ['maikə] slída
mice ['mais] pl od *mouse*
microbe ['maikrəub] mikrob
micro|cosm ['maikrəukozəm] mikrokosmos **-dot** 1 slang. miniaturní pilulka vysoce koncentrovaného LSD 2 fot. mikrotečka **-fiche** [-fi:š] pl i sg okénko mikrofilmu **-form** s materiál na výrobu mikrosnímků ● *v* fotografovat na mikrofilm **-me-**

ter [maiˈkromitə] mikrometr **mi-niaturization** [ˈmaikrəuˌminjəčə-raiˈzeišən] mikrominiaturizace **–phone** [ˈmaikrəfəun] mikrofon **–processor** [-ˈprəusesə] mikroprocesor **–routine** [-ruːˈtiːn] výpoč. tech. mikroprogram **–scope** [ˈmaikrəskəup] mikroskop, drobnohled **–scopical** [ˌmaikrəˈskopikl] mikroskopický **–scopy** [maiˈkroskəpi] mikroskopie **–wave 1** fyz. mikrovlna **2** hovor. (spis. ~ *oven*) mikrovlnná trouba

mid [ˈmid] pro-, střední ♦ ~ *brain* střední mozek **–day** poledne **–i** midišaty **–land 1** střední oblast země, kraje **2** pl střední hrabství Anglie **–most** [-məust] **1** přesně střední **2** nejdůvěrnější **–night** [-nait] půlnoc **–noon** [-nuːn] pravé poledne **–range** [-reindž] střední rozsah **–riff** bránice **–ship** námoř. prostřední část lodi **–shipman*** lodní poddůstojník **–summer** letní slunovrat **–way** ležící uprostřed cesty **–winter** zimní slunovrat

middle [ˈmidl] a střední, prostřední ● s střed, prostředek ♦ ~ *course, way* střední cesta; ~ *age* střední věk; *the M~ Ages* středověk; *in the ~ of* uprostřed čeho; ~ *ear* střední ucho; ~ *finger* prostředník ● v **1** zvl. námoř. složit uprostřed **2** sport. přihrát míč středu **~-aged** [ˌ-eidžd] středního věku **~-class** měšťácký **–man* 1** prostředník **2** zprostředkovatel; překupník

middling [ˈmidliŋ] a prostřední; průměrný, druhořadý ● s pl zboží druhé jakosti

midg|e [ˈmidž] zool. komár **–et** [-it] trpaslík, skrček

midst [ˈmidst]: *in the ~ of* uprostřed, mezi; *in our ~* v našem středu, mezi námi ● *prep* uprostřed

midwife* [ˈmidwaif] porodní asistentka **–ry** [ˈmidwifəri] porodnictví

mien [ˈmiːn] kniž. vzezření, vzhled, tvářnost

miff [mif] s hovor. **1** rozladění, špatná nálada, mrzutost **2** neshoda, hádka ● v rozladit někoho, způsobit mrzutost, dotknout se koho, naštvat

might¹ [ˈmait] pt od *may*

might² [ˈmait] moc, síla **–y** mocný, silný; ohromný, mohutný; vynikající

mignonette [ˌminjəˈnet] bot. rezeda

migraine [miˈgrein] migréna

migr|ant [ˈmaigrənt] a stěhovavý, tažný ● s stěhovavý pták, rostlina apod. **–ate** [ˈmaigreit] stěhovat se, táhnout **–ation** [maiˈgreišən] stěhování, tah ptáků

mike¹ [ˈmaik] v slang. lelkovat, zahálet, flákat se ● s flákání

mike² [ˈmaik] hovor. mikrofon

milage [ˈmailidž] **1** délka, vzdálenost v mílích **2** mílovné, poplatek za míli

milch [ˈmilč] dávající mléko, dojný

mild [ˈmaild] **1** jemný **2** mírný, klidný, uhlazený **3** měkký (*steel* ocel)

mildew [ˈmildjuː] s plíseň ● v z-, plesnivět

mile [ˈmail] míle 1609 m **–age** v. *milage* **–post** [-pəust] milník ukazatel vzdálenosti **–stone** [-stəun] milník

milit|ant [ˈmilitənt] bojov(n)ý, bojující; útočný **–arization** [ˌmilitəriˈzeišən] militarizace **–arism** [-ərizəm] militarismus **–arist** [-ərist] militarista **–ary** [-əri] a vojenský ♦ ~ *intervention* ozbrojená intervence; ~ *service* vojenská služba; ~ *surgeon* vojenský lékař ● s *the ~* vojáci, vojsko **–ate** [-eit] obyč. přen. bojovat, zápasit (*against* s) **–ia** [miˈlišə] milice **–iaman*** milicionář

milk [ˈmilk] s mléko ● v **1** dojit, odsávat, odebírat **2** odřít o peníze, vy-, mámit peníze, vykořisťovat **3** slang. vykrást; odposlouchávat telegrafické n. telefonické zprávy

–er 1 dojič(ka) **2** dojnice **~-float** mlékařský vůz **–maid** dojička **–man*** mlékař **–sop 1** baba, strašpytel **2** mazánek **~-tooth*** mléčný zub **–y 1** mléčný (*M~ Way* Mléčná dráha) **2** dávající mléko, dojivý **3** mírný, poddajný

mill ['mil] *s* **1** mlýn(ek) **2** továrna (*cotton* ~ přádelna); válcovna, papírna (*paper* ~) **3** válcovací trať, válcovací stolice, *též rolling* ~ **4** slang. pěstní zápas ♦ *saw* ~ pila ● *v* **1** mlít, drtit **2** vroubkovat mince **3** valchovat **4** válcovat, frézovat, drážkovat **5** bít se pěstmi **6** ušlehat čokoládu **7** chodit dokola jako dobytek u žentouru **~-board** silná lepenka **–er** mlynář **–ing** frézování; mletí; drcení ♦ *end* ~ frézování čelní frézou; *face* ~ rovinné frézování; *thread* ~ frézování závitů; ~ *cutter* fréza; ~ *machine* frézka **~-race** mlýnský náhon **–stone** mlýnský kámen **~-wheel** mlýnské kolo

millenium [mi'leniəm] tisíciletí, přen. zlatý věk

millepede, milli- ['milipi:d] zool. stonožka

millesimal [mi'lesiml] *a* tisící, tisícinový ● *s* tisícina

millet ['milit] bot. proso

milliard ['milja:d] brit. miliarda

millimetre [mili,mi:tə] milimetr

milliner ['milinə] modistka **–y** [-əri] **1** kloboučnické zboží **2** modiství

million ['miljən] milión **–aire** [,miljə'neə] milionář **–airess** [-'neəris] milionářka

milt ['milt] mlíčí **–er** mlíčňák ryba

mim|e ['maim] **1** mimus **2** mim **3** šašek **4** napodobení **–ic** ['mimik] *a* mimický ● *v* (*mimicked, mimicking*) v. *mime* v ● *s* šašek ● *v* napodobit; gestikulovat

mimeo ['mimiəu] cyklostylovaný text **–graph** [-gra:f] *s* cyklostyl ● *v* rozmnožovat na bláně apod.

mimosa [mi'məuz] bot. mimóza

min|acious, –atory [mi'neišəs, mi'netəri] kniž. hrozivý

minc|e ['mins] *v* **1** roz-, sekat na drobno **2** potlačit, potlačeně drolit / trousit slova **3** afektovaně kráčet / mluvit **4** cupitat, hupkat ♦ *not* ~ *matters* n. *one's words* říci na plná ústa ● *s* sekaná **–e-meat** ['minsmi:t] sladkosti zapečené do **–epie** koláč jako náš biskupský chlebíček **–ing** afektovaně roztomilý, přemrštěný **–ing-machine** strojek na maso

mind ['maind] *s* **1** mysl, paměť, rozum (*have* / *keep** / *bear* in* ~ mít na mysli, na paměti; *bring** / *call to* ~ připamatovat; *go** / *pass out of* ~ vypadnout z paměti, být zapomenut) **2** mínění (*speak* one's* ~, *tell* a p. one's* ~, *give* him a piece of one's* ~ říci komu své mínění) **3** chuť, vkus **4** přání, žádost **5** filoz. myšlení, duch, vědomí, intelekt ♦ *make* up one's* ~ rozhodnout se; *be of a* ~ n. *of one* ~ souhlasit; *be in two* -s váhat; *change one's* ~ změnit mínění, rozmyslit si; *to one's* ~ podle přání; *state of* ~ duševní stav, nálada ● *v* **1** dbát, hledět (si), všimnout si, dát pozor na, hlídat **2** poslouchat (*parents* rodiče) **3** pečovat o **4** lid. vzpomínat si ♦ ~ *your own business* hleď si svého; *never* ~ nevadí; *if you don't* ~ pokud nemáte nic proti; *would you* ~ *ringing the bell?* nezazvonil byste laskavě?; ~ *one's P's and Q's* dát si pozor na zdvořilé chování; ~ *the step!* pozor (na) schod! **–ed:** *be* ~ mít sto chutí **–ful** dbalý, pamětlivý (*of, to* do čeho) **–less** neinteligentní

mine¹ ['main] můj, má, mé užito samostatně

mine² ['main] *s* **1** důl, báň **2** přen. studnice, zdroj **3** voj. podkop **4** mina ● *v* **1** pod-, kopat, dolovat **2** za-, minovat **~-field** minové pole **–r** [-ə] horník **~-sweeper**

minolovka
mineral [ˈminərəl] s 1 nerost, minerál 2 hovor. minerálka ● a nerostný, minerální **–ogist** [ˌminəˈrælədžist] mineralog **–ogy** [ˌminəˈrælədži] mineralogie
mingle [ˈmiŋgl] 1 s- mísit (se), pomíchat (se) 2 zamíchat se (among mezi)
mini [ˈmini] něco velmi malého: minisukně, miniauto, minipočítač atd. **–ature** [ˈminjəčə] miniatura, drobnomalba **–bike** [ˈ-ˌbaik] malý motocykl s nízkým rámem, malými koly a zvýšenými řídítky **–bus** [-bas] mikrobus **–golf** minigolf **–sub** [-sab] miniponorka
minikin [ˈminikin] a 1 afektovaný 2 maličký, droboulinký ● s mrňous, drobeček
minim [ˈminim] 1 hud. půlová nota 2 pl minimové mnišský řád 3 částečka; zakrslík 4 nejmenší dutá míra 1/60 drachmy 5 tah perem **–al** [-əl] velmi malý, minimální ◆ ~ art minimální umění **–ize** [-aiz] 1 srazit na minimum, minimalizovat 2 podceňovat **–um** [ˈminiməm], pl -a [-ə] minimum, atr minimální
mining [ˈminiŋ] hornictví ◆ ~ apprentice hornický učeň
minion [ˈminjən] 1 oblíbenec, miláček 2 přisluhovač
miniskirt [ˈminiskə:t] minisukně
minister [ˈministə] s 1 duchovní, kněz presbyteriánské n. nekonformistické církve 2 vyslanec 3 ministr (~ plenipotentiary zplnomocněný ministr; prime ~ ministerský předseda) ● v poskytnout pomoc, přispět (to a p. komu); být duchovní **–ial** [ˌminisˈtiəriəl] 1 ministerský, vládní 2 vyslanecký 3 círk. pastorský
ministr|ation [ˌminiˈstreišən] 1 péče 2 náboženská péče, ministrování **–y** 1 ministerstvo 2 úřad vyslance 3 vláda, kabinet 4 duchovní úřad, duchovenstvo 5

prostřednictví (of čeho)
mink [miŋk] zool. mink, norek
minnow [ˈminəu] zool. mřínek, střevle
minor [ˈmainə] a 1 menší 2 mladší 3 minoritní, menšinový (vote hlas) 4 škol. am. vedlejší předmět 5 hud. moll (~ third malá tercie) 6 podružný ◆ ~ arc menší oblouk kruhu děleného tětivou; ~ axis vedlejší osa elipsy ● s 1 nezletilec 2 škol. vedlejší předmět, běh 3 log. vedlejší premisa 4 hud. mollová stupnice, malý interval 5 minorita, františkán
minority [maiˈnorəti] 1 menšina (national ~ národnostní menšina) 2 nezletilost
minster [ˈminstə] chrám, katedrála
minstrel [ˈminstrəl] 1 minstrel 2 pěvec lásky, básník
mint [mint] s 1 mincovna 2 velká částka peněz 3 přen. dílna (nature's ~ dílna přírody) 4 přen. pramen, zdroj 5 bot. máta peprná ● v 1 razit peníze 2 vytvořit **–age** [ˈmintidž] ražené peníze, ražba, ražení; ráz, druh
minus [ˈmainəs] prep méně, minus, bez ● a 1 minusový, záporný 2 negativní ● s 1 záporné znaménko, záporná hodnota 2 nedostatek
minute[1] [ˈminit] s 1 minuta 2 okamžik 3 memorandum, koncept, výtah 4 pl protokol, zápis ◆ take* down the -s sepsat protokol ● v 1 zjistit přesný čas 2 sepsat, protokolovat 3 poznamenat si, načrtnout **~-hand** minutová ručička **–ly** každou minutu
minute[2] [maiˈnju:t] drobný, nepatrný; přesný, podrobný **–ly** úzkostlivě, puntičkářsky přesně
minutiae [maiˈnju:šii:] pl podrobnosti, detaily
minx [miŋks] hubatá ženská
mirac|le [ˈmirəkl] 1 zázrak, div 2 středověká náboženská hra ◆ to

a ~ kupodivu dobře –ulous [mi-ˈrækjuləs] zázračný, podivuhodný

mirage [ˈmira:ž] fata morgána

mire [ˈmaiə] s bláto, kal; močál, bažina ● v 1 zablátit (se); bořit se do bláta 2 dostat do nesnází koho **3** pošpinit též přen.

mirk [ˈma:k] v. *murk*

mirror [ˈmirə] s zrcadlo ● v zrcadlit se

mirth [ˈmə:θ] veselí, veselost

miry [ˈmaiəri] blátivý, zablácený

misadjustment [ˌmisəˈdžastmənt] nesprávné nastavení přístroje, stroje

misadventure [ˌmisədˈvenčə] nehoda

misaligmnent [ˌmisəˈlainmənt] vychýlení z přímého směru, nevyrovnanost

misalliance [ˌmisəˈlaiəns] mezaliance

misanthrop|e [ˈmizənθrəup] misantrop –y [miˈzænθrəpi] misantropie

misapply [ˌmisəˈplai] nesprávně (po)užít

misapprehend [ˈmisˌæpriˈhend] nepochopit

misappropriate [ˌmisəˈprəuprieit] zpronevěřit

misbecoming [ˌmisbiˈkamiŋ] nevhodný, nepatřičný; neslušný

misbehaviour [ˌmisbiˈheivjə] špatné / neslušné chování

misbeliever [ˌmisbiˈli:və] nevěrec, bludař

miscalculate [ˌmisˈkælkjuleit] špatně vypočítat, přepočítat se

miscall [misˈko:l] v 1 nazvat nesprávným jménem, nesprávně nazvat, nesprávně pojmenovat 2 sport. špatně odpískat, špatně rozhodovat ● s [ˈmisˌko:l] sport. špatné rozhodnutí rozhodčího

miscarriage [ˌmisˈkæridž] 1 potrat; přen. zmetek 2 nedoručení pošty 3 špatné uspořádání

miscegenation [ˌmisidžiˈneišən] míšení plemen

miscellan|eous [ˌmisiˈleinjəs] roz-

manitý, různý –y [miˈseləni] směs, rozmanitost

mischance [misˈča:ns] nehoda, neštěstí

mischie|f [ˈmisčif] 1 škoda, zlo 2 neplecha –vous [ˈmisčivəs] darebný, rozpustilý, zlomyslný, škodolibý; škodlivý

misconceive [ˌmiskənˈsi:v] špatně pochopit, nechápat

misconduct [ˌmiskənˈdakt] špatně se chovat; špatně hospodařit ● s [misˈkondakt] 1 špatné chování 2 cizoložství

miscount [misˈkaunt] špatně spočítat, přepočítat se

miscreant [ˈmiskriənt] 1 ničema, zlosyn 2 zast. nevěrec

misdeed [misˈdi:d] špatný čin, zločin

misdemeanour [ˌmisdiˈmi:nə] 1 práv. přečin, přestupek 2 poklesek

misdiagnosis [misˌdaiəgˈnəusis], pl -ses [-si:z] chybná diagnóza

misdoing [misˈduiŋ] = *misdeed*

miser [ˈmaizə] lakomec –able [ˈmizərəbl] bídný, ubohý, ničemný –y [ˈmizəri] bída, nouze; neštěstí

misfeasance [misˈfi:zəns] práv. zneužití úřední moci

misfire [misˈfaiə] s 1 vynechání, selhání střelné zbraně, motoru, vynechávání motoru 2 přen. neúspěch ● v 1 zbraň, motor apod. selhat 2 přen. minout se cílem, jít vedle

misfit [ˈmisfit] s 1 špatně padnoucí část oděvu 2 člověk, který se nehodí pro svou práci / do svého prostředí, ztracenec ● v špatně padnout oděv 2 nehodit se do svého prostředí, nezapadnout někam

misfortune [misˈfo:čn] neštěstí

misgiving [misˈgiviŋ] obava, pochybnost; zlé tušení

misgovern [misˈgavən] špatně vládnout

misguide [misˈgaid] svést, zavádět

mishandle [misˈhændl] špatně /

hrubě zacházet (*a p.* s kým)

mishap [ˈmishæp] nehoda, nešťastná náhoda

misinform [ˌmisinˈfoːm] špatně informovat

misinterpret [ˌmisinˈtəːprit] chybně vysvětlit

misjudge [misˈdžadž] špatně po-, soudit; podceňovat, zmýlit se v úsudku

miskey [ˈmiskiː] výpoč. tech. špatně zapsat na klávesnici

mislay* [misˈlei] založit kam

mislead* [misˈliːd] svést, zavést, u-vést v omyl

mismanage [misˈmænidž] špatně řídit / vést / spravovat

misnomer [misˈnəumə] nevhodné pojmenování, špatné označení

misog|amist [miˈsogəmist] s nepřítel / odpůrce žen n. manželství **–amy** [-ˈsogəmi] s misogamie, odpor k ženám n. manželství **–ynist** [-ˈsoːdžinist] s nepřítel žen, misogyn **–gyny –gyny** [-ˈsoːdžini] nenávist k ženám, misogynství, misogynie

misorient [misˈoriənt] am., **misorientate** [misˈoriənteit] brit. dezorientovat

misplace [misˈpleis] dát na nepravé místo, chybně umístit; zmýlit se ve volbě

misprint [ˈmisprint] tisková chyba

misprision [misˈprižn] práv. **1** přehlédnutí, nedbalost **2** přehmat, zneužití úřední moci **3** zatajení (*of treason* zrady)

mispronounce [ˌmisprəˈnauns] nesprávně vyslovit

misquote [ˌmisˈkwout] v špatně citovat

misread* [misˈriːd] chybně číst, nesprávně vykládat

misrepresent [ˈmisˌrepriˈzent] **1** nesprávně vylíčit **2** špatně zastupovat

miss [ˈmis] **1** chybit (se), minout se (*one's mark* cíle) **2** propást, vynechat, opominout **3** potřebovat, postrádat; stýskat (se) po **4**

nemít úspěch, nepodařit se ♦ ~ *a train* zmeškat vlak **–ing** chybějící; pohřešovaný, nezvěstný ♦ *be* ~ chybět, scházet; ~ *link* chybějící článek, skok v argumentaci

Miss [ˈmis] **1** titul u jména slečna **2** am. již. paní **3** miss, zvl. v obchodě slečna; dívka, slečinka

misshap|e [misˈšeip] znetvořit, deformovat **–en** znetvořený

missile [ˈmisail] řízená střela; raketa

mission [ˈmišən] **1** poslání, poselstvo, mise **2** vyslanectví **3** misie **–ary** [-əri] a misijní ● s misionář

missive [ˈmisiv] dopis zvl. úřední

misstate [misˈsteit] nesprávně u-vést

mist [ˈmist] mlha, za|mlžení, opar

mistake* [miˈsteik] v **1** nesprávně pochopit, špatně rozumět, zmýlit se **2** chybit **3** omylem pokládat, zaměnit (~ *James for John* Jakuba za Honzu) ♦ *he is mistaken* mýlí se ● s chyba, omyl ♦ *by* ~ omylem

mister [ˈmistə] lid. pán

mistletoe [ˈmisltəu] bot. jmelí

mistook [misˈtuk] pt od *mistake*

mistreat [misˈtriːt] = *maltreat*

mistress [ˈmistris] **1** paní, velitelka, majitelka **2** učitelka **3** milenka

mistrust [misˈtrast] s nedůvěra (*of, in* k) ● v nedůvěřovat **–ful** nedůvěřivý (*of* k)

misty [ˈmisti] mlhavý, zamžený, nejasný

misunderstand* [ˌmisandəˈstænd] neporozumět **–ing** neporozumění, nedorozumění

misusage [misˈjuːzidž] zneužití, špatné zacházení

misuse [misˈjuːz] v **1** užít nesprávně, zneužít **2** špatně nakládat s ● s [misˈjuːs] nesprávné užití, zneužití

mite [ˈmait] **1** maličkost, troška **2** drobeček zvl. o dítěti ♦ *not a* ~ ani zbla

mitigat|e [ˈmitigeit] zmírnit, utišit ♦

~ *pain* zmírnit bolest **–ing** *circumstances* práv. polehčující okolnosti

mitre [ˈmaitə] mitra

mittens [ˈmitnz] pl palčáky rukavice; boxerské rukavice ♦ *get* the ~ **1** dostat košem **2** být propuštěn

mix [ˈmiks] *v* **1** s|míchat (*with* s), mísit (se) **2** stýkat *se* (*with* s) ♦ *they do not* ~ *well* nesnášejí se dobře ~ **up** promíchat ♦ *be* **-ed** *up* být zapleten (*in*, *with* do) ● *s* míchání, smíšenina, směs **–ed 1** smíchaný, smíšený **2** zmatený ♦ ~ *school* koedukační škola **–ture** [ˈmiksčə] **1** (s)míchání **2** smíšenina, směs(ice)

mizzen [ˈmizn] námoř. zadní stěžeň, křížový stěžeň

mizzle [ˈmizl] **1** mrholit, mžít **2** lid. vzít roha, zmizet

mnemonics [niˈmoniks] mnemotechnika

moan [ˈməun] *s* nářek, sténání ● *v* sténat, bědovat, naříkat

moat [ˈməut] příkop hradní

mob [ˈmob] *s* **1** chátra, lůza **2** dav, zástup ● *v* (*-bb-*) **1** srocovat se, obklopit davem **2** hromadně napadnout, dotírat dav

mobile [ˈməubail] *a* pohyblivý, pojízdný; proměnlivý ● *s* **1** rybičky, mobil, cinkátka zavěšené figurky z fólie, skla atp., jimiž pohybuje vzduch **–ity** [məuˈbiləti] pohyblivost **–ization** [ˌməubilaiˈzeišən] mobilizace **–ize** [ˈməubilaiz] z|mobilizovat

mocha [ˈməukə] moka

mock [ˈmok] *v* **1** posmívat se, tropit si žerty (*at* z) **2** podvádět, klamat **3** zesměšňovat ● *s* **1** "fraška", výsměch **2** napodobení ● *a* nepravý, falešný **–ery 1** výsměch, úšklebky **2** předmět výsměchu **3** napodobení pohrdlivé, kejklířství **4** paskvil, fraška **–ing-bird** zool. drozd mnohohlasý

mod [ˈmod] slang. **1** frajer(ka), sekáč; výtržník **2** nejposlednější výstřední móda

modal [ˈməudl] log., jaz. modální, způsobový **–ity** [məuˈdæləti] **1** způsob, prostředek, metoda **2** log. modalita, jaz. modálnost

mode [ˈməud] **1** způsob; móda **2** log. modus

model [ˈmodl] *s* **1** model, vzor **2** modelka, manekýnka ● *v* (*-ll-*) **1** modelovat, vytvořit (*after*, *on*, *upon* podle) **2** sloužit za model, dělat manekýnku, předvádět oděv ● *a* **1** vzorný **2** vzorový

moderate [ˈmodərət] *a* mírný, umírněný; prostřední; střední jakosti, průměrný ● *s* umírněný člověk ● *v* [ˌmodəreit] **1** mírnit (se), krotit (se) **2** řídit diskusi; konferovat **–ion** [ˌmodəˈreišən] umírněnost; zmírňování **–or** [ˈmodəreitə] **1** fyz. zpomalovač **2** předseda zkušební komise **3** zprostředkovatel **4** regulátor lampy **5** moderátor v rozhlase n. televizi

modern [ˈmodən] *a* moderní ● *s* moderní člověk **–ize** [-aiz] modernizovat

modest [ˈmodist] **1** skromný, nesmělý, prostý **2** umírněný **3** žena cudný **–y 1** skromnost **2** umírněnost **3** cudnost ženská

modicum [ˈmodikəm] malé množství, špetka

modification [ˌmodifiˈkeišən] upravení, uzpůsobení; pozměnění, modifikace **–y** [ˈmodifai] **1** upravit, pozměnit **2** jaz. přehlasovat

modular [ˈmodjulə] modulový **–ate** [-eit] hud. a fyz. přizpůsobit, regulovat, modulovat **–ation** [ˌmodjuˈleišən] modulace **–us** [-əs] pl též *-i* [-ai] fyz., mat. modul

Mohammedan [məuˈhæmidən] *a* mohamedánský ● *s* mohamedán

moiety [ˈmoiəti] práv. poloviční podíl

moist [ˈmoist] vlhký, mokrý **–en** [ˈmoisn] navlhčit (se) **–ure** [moisčə] vlhkost **–urize** [ˈmoisčəraiz] navlhčit

molar [ˈməulə] anat. molár, stolička zub

molasses [məuˈlæsiz] sg **1** melasa **2** sirup

mold v. **mould**

mole¹ [məul] zool. krtek **~~bill** krtina **~~skin 1** krtčí kožešina **2** moleskin, pl manšestráky

mole² [ˈməul] mateřské znaménko

mole³ [ˈməul] molo, přístavní hráz

molec|ular [məuˈlekjulə] chem. molekulární **–ule** [ˈmolikjuːl] molekula

molest [məuˈlest] obtěžovat **–ation** [ˌməuleˈsteišən] obtěžování

mollify [ˈmolifai] **1** uchlácholit, upokojit **2** změkčit vousy **3** zmírnit požadavky

mollusc [ˈmoləsk] měkkýš

molly-coddle [ˈmoliˌkodl] s zženštilec, padavka ● v hýčkat, rozmazlovat

molten [ˈməultən] **1** roztavený **2** rozžhavený **3** odlitý

mom [ˈmom] am. hovor. maminka

moment [ˈməumənt] **1** okamžik, chvilka, moment **2** závažnost, důležitost ◆ *to the* ~ přesně; *at a* ~'s *notice* v nejkratší lhůtě, ihned; *at the* ~ právě **–ary** [-əri] okamžitý; přechodný, chvilkový **–ous** [məuˈmentəs] závažný, důležitý, významný **–um** [məuˈmentəm] s **1** fyz. hybnost **2** přen. hybná síla, pohybová energie

monarch [ˈmonək] panovník, vládce, monarcha **–ic(al)** [moˈnaːkik(l)] monarchistický **–y** monarchie

monast|ery [ˈmonəstəri] klášter **–ic** [məˈnæstik] klášterní

Monday [ˈmandi] pondělí

monetary [ˈmanitəri] peněžní ◆ ~ *incomes* (peněžní) důchody

money [ˈmani] **1** peníze **2** pl jednotlivé mince, bankovky ◆ ~ *capital* peněžní kapitál; ~ *form of value* peněžní forma hodnoty; *make** ~ vydělat si, z|bohatnout; *paper* -s papírové peníze, bankovky **~~bag 1** váček na peníze **2** pl bohatství, boháči **~~box** po-

kladnička **–ed** [ˈmanid] bohatý, zámožný **~~grubber** [ˈmaniˌgrabə] hrabivec **~~lender** [ˈ-] lichvář **~~maker 1** vydělávající hodně peněz **2** výnosný podnik **~~market** [ˈ-ˌ] peněžní trh **~~order** [ˈ-ˌ] peněžní poukázka

monger [ˈmangə] obchodník zprav. jen ve složeninách: *war-*~ válečný štváč aj.

Mongol [ˈmongol] **1** Mongol **2** *m*~ mongoloidní člověk

mongoose [ˈmonˌguːs] zool. promyka indická, mangusta indická, mungo

mongrel [ˈmangrəl] **1** psisko, voříšek **2** bastard

monit|ion [məuˈnišən] **1** výstraha, varování (*of* před) **2** práv. předvolání, obsílka k soudu **–or** [ˈmonitə] s **1** třídní dohlížitel **2** monitor televizní, obrněná válečná loď **3** zool. varan **4** odposlouchávač zahraničního rozhlasu **5** radioaktivní detektor **6** elektr. monitor ● v monitorovat rozhlas n. televizní vysílání; tech. kontrolovat práci stroje **–ory** [ˈmonitəri] varovný, výstražný

monk [mank] mnich **–hood** [-hud] mnišství **–ish** [-iš] mnišský

monkey [ˈmanki] s **1** zool. opice přen. též o člověku **2** nezbeda, dareba **3** voj. beran ● v **1** opičit se **2** zahrávat si (*with* s) **~~jacket** [ˈ-ˌdžækit] námořnická kazajka **~~nut** burský oříšek **~~wrench** [-renč] francouzský klíč

mono|chromatic [ˌmonəkrəuˈmætik] jednobarevný **–chrome** [-krəum] monochróm

monocle [ˈmonəkl] monokl

monogamy [məˈnogəmi] monogamie

mono|gram [ˈmonəgræm] monogram **–lith** [-liθ] monolit **–lithic** [ˌmonəˈliθik] jednolitý **–logue** [-log] samomluva, monolog **–mial** [məˈnəumiəl] mat. jednočlen **–phthong** [-fθoŋ] fon. jednoduchá hláska **–plane** [-plein] jednoplošník **–polist(ic)** [mə'nopəlist-(ik)] monopolní, monopolistický **–polize** [mə'nopəlaiz] získat monopol, monopolizovat **–poly** [mə'nopəli] monopol; monopolní společnost **–syllable** ['monə'siləbl] jednoslabičné slovo **–theism** [ˌmənəu'θi:izəm] jednobožství, monotheismus **–tonous** [mə'notənəs] jednotvárný, monotónní **–tony** [mə'notəni] jednotvárnost, monotonie **–type** ['monətaip] polygr. monotyp literní sázecí stroj

monsoon [mon'su:n] monzun

monst|er ['monstə] zrůda, netvor **–rous** ['monstrəs] zrůdný, nestvůrný, ohromný; hrůzný

month ['manθ] měsíc kalendářní ♦ *this day ~* ode dneška za měsíc **–ly** a 1 měsíční 2 menstruační ● s 1 měsíčník 2 pl menstruace, měsíčky

monument ['monjumənt] pomník, památník, památka stavitelská **–al** [ˌmonju'mentl] 1 památný, význačný, obrovský 2 pomníkový, monumentální

moo ['mu:] v bučet ● s bučení

mooch ['mu:č] slang. flákat se, žebrat, vyjídat, využívat koho

mood ['mu:d] 1 jaz. způsob, modus 2 nálada 3 pl náladovost **–y** náladový, mrzutý, těžkomyslný

moon ['mu:n] měsíc, luna ♦ *once in a blue ~* jednou za uherský měsíc **--bound** směřující / letící k Měsíci **--bug** měsíční modul **--calf*** [-ka:f] jelimánek, hlupák **–craft** měsíční loď **–flight** let na Měsíc **–light** [-lait] měsíční světlo **–man*** kosmonaut na Měsíci **–port** odpalovací rampa pro rakety na Měsíc **–probe** [-prəub] měsíční sonda **–rise** [-raiz] východ měsíce ~ **rover** měsíční vozítko, lunochod **–set** západ měsíce **–shine** [-šain] 1 svit měsíce 2 smyšlenky, nesmysly 3 am. pašované lihoviny **–struck**

[-strak] pomatený, «praštěný», sentimentální

moor ['muə] s pustina zvl. slatina, vřesoviště ● v námoř. přivázat loď ke břehu, zakotvit loď; připoutat balón ke stožáru **–cock** zool. tetřeví kohout **–game** tetřívci **–hen** tetřeví slepice; vodní slípka

moor|age ['muəridž] 1 zakotvení 2 poplatek za zakotvení lodi **–ings** pl ['muərinz] kotviště lodí

moose ['mu:s] zool. los americký

moot ['mu:t] s 1 práv. diskuse studentů práv 2 hist. shromáždění zemanů ● v rokovat, debatovat o ● a sporný, diskutabilní ♦ *that is a ~ question* to je sporná otázka

mop ['mop] s 1 mop, stěrač prachu na holi 2 tampón 3 hovor. kštice 4 vlasatec ♦ ~ *and mow* grimasa, úsměšek ● v (-pp-) 1 utírat mopem 2 dělat grimasy ~ **up** lid. 1 stírat, pořádně zatočit 2 zhltnout, shrábnout zisk 3 zlikvidovat, rozprášit; zlomit odpor

mope ['məup] v 1 být sklíčen, soužit se 2 nudit se, chovat se pasívně ● s 1 apatický člověk 2 zprav. *the -s* pl apatie

moped ['məuped] moped

moraine [mə'rein] geol. moréna

moral ['morəl] a mrav|ní, -ný, morální ● s 1 mravní ponaučení, morálka 2 pl mravnost **–e** [mə'ra:l] morálka **–ist** ['moralist] mravokárce **–ity** [mə'ræləti] 1 etika 2 morálka, mravnost 3 zprav. pl mravní zásady 4 moralita středověká alegorická hra **–ize** [-aiz] umravňovat, moralizovat

morass [mə'ræs] kniž. bažina, bahnisko

Moravia [mə'reivjə] Morava **–n** a moravský ● s 1 Moravan 2 český bratr

morbid ['mo:bid] chorobný **–ity** [mo:'bidəti] chorobnost

mordant ['mo:dənt] a 1 kousavý, jízlivý 2 tech. žíravý, leptavý ● s mořidlo; leptavá kyselina; lepidlo

more [ˈmo:] *a, adv* více ♦ *no* ~ už (víckrát) ne; *the... the better* čím více, tím lépe; *once* ~ ještě jednou; *so much the* ~ tím spíše; *two* ~ ještě dva **–over** [mo:ˈrəuvə] nadto, mimoto

morgue [ˈmo:g] márnice; novin. archív

moribund [ˈmoriband] umírající, jsoucí na umření

morning [ˈmo:niŋ] ráno, jitro ♦ *in the* ~ ráno; ~ *star* jitřenka

morocco [məˈrokəu] 1 marokén, safián 2 M~ Maroko

moron [ˈmo:ron] debil, blbec

morose [məˈrəus] mrzutý, bručivý, nevrlý

morpheme [ˈmo:fi:m] jaz. morfém

morphine [ˈmo:fi:n] morfium

morphology [ˈmo: folədži] morfologie

morrow [ˈmorəu] 1 kniž. zítřek 2 zast. ráno

morsel [ˈmo:sl] sousto; pamlsek

mortal [ˈmo:tl] *a* 1 smrtelný 2 osudný 3 smrtelně vážný, hrozný, děsný ● *s* smrtelník **–ity** [mo:-ˈtæləti] 1 smrtelnost 2 úmrtnost

mortar [ˈmo:tə] *s* 1 malta 2 voj. moždíř, minomet ● *v* 1 omítnout maltou 2 ostřelovat z moždíře

mortgage [ˈmo:gidž] *s* zástava, hypotéka ● *v* 1 dát na hypotéku 2 zastavit

mortice [ˈmo:tis] v. *mortise*

mortician [mo:ˈtišən] am. majitel pohřebního ústavu

morti|fication [ˈmo:tifiˈkeišən] 1 umrtvení těla, askeze 2 odumírání též tkáně těla 3 sněť 4 pokoření, ponížení **–fy** [-fai] 1 umrtvit tělo, vášně 2 dotknout se něčích citů, pokořit 3 snětivět

mortise [ˈmo:tis] *s* 1 dlab 2 drážka ● *v* 1 upevnit čepem, začepovat 2 zapustit do dlabu

mortuary [ˈmo:tjuari] *s* márnice ● *a* pohřební, smuteční

mosaic [məˈzeiik] *s* mozaika ● *v* mozaikovat

Moscow [ˈmoskəu] Moskva

Moses [ˈməuziz] Mojžíš

mosey [ˈməuzi] *v* hovor. 1 loudat se, flákat se 2 hnout sebou, zdrhnout, rychle zmizet

Moslem, Muslim [ˈmozlem, ˈmazlim] muslim, mohamedán

mosque [ˈmosk] mešita

mosquito [məsˈki:təu] zool. komár, moskyt

moss [ˈmos] 1 bot. mech, lišejník 2 rašeliniště, bažina **~-grown** omšelý, zarostlý mechem též přen.

most [ˈməust] *a* největší, nejčetnější ● *adv* nejvíce, největší měrou ● *s* většina, největší počet ♦ *at* ~ nanejvýše; *for the* ~ *part* hlavně, obvykle, většinou; *make* the ~ *of* využitkovat, vážit si **-ly** většinou, nejvíce

mote [ˈməut] prášek, smítko

motel [məuˈtel] motel

moth [ˈmoθ] mol, můra **~-ball** kulička proti molům, přen. ochranný povlak **~-eaten** [-ˌi:tn] moly rozežraný; zchátralý

mother [ˈmaðə] *s* 1 matka 2 abatyše 3 umělá líheň ♦ M~'s Day Den matek; ~ *of pearl* perleť; ~ *tongue* mateřština ● *v* 1 být matkou, starat se jako matka 2 přiznat se k **–board** výpoč. tech. základní deska **–hood** [-hud] mateřství **~-in-law** [ˈmaðərinlo:], pl **–s-in-law** tchyně **-ly** mateřský

motif [məuˈti:f] motiv umělecký

motion [ˈməušən] *s* 1 pohyb, chod 2 hnutí duševní 3 návrh na shromáždění 4 vyprazdňování střev, stolice ♦ ~ *picture* am. film; *lift* ~ pohyb oběma rukama zespod koš.; *set* / *put* *in* ~ uvést v chod ● *v* pokynout komu kam **–less** nehybný, bez hnutí

motivate [ˈməutiveit] odůvodnit, podložit, motivovat; poskytnout námět, dát popud

motive [ˈməutiv] *s* pohnutka, motiv ● *a* hybný, hnací ♦ ~ *power* / *force* hybná síla

motley ['motli] *a* pestrý, strakatý ● *s* **1** strakatina, pestrost **2** hist. strakatý oblek šaška

moto-cross ['məutəukros] sport. motokros

motor ['məutə] *s* motor ● *v* jet / dopravovat autem **–boat** motorový člun **~-car** brit. auto **~-cycle** [-,saikl] motocykl **~-drive** motorový pohon **–ed** motorizovaný **~-home** [-həum] am. kempinkový vůz **–ing** motorismus, mototuristika **–ist** motorista **–way** brit. dálnice

mottle ['motl] skvrna, skvrnitost

motto ['motəu] heslo, moto

mouch ['mu:č] v. *mooch*

mould ['məuld] *s* **1** prsť, ornice **2** zemina **3** tvar, forma, kokila, kadlub **4** rámec, kostra **5** rys zvl. vlastnost **6** vzor **7** plíseň **8** rezavá skvrna ● *v* **1** hníst **2** utvářet, modelovat (*upon* podle), zformovat (*out of* z) **3** zdobit modelováním / vyřezáváním **4** plesnivět **–er** *s* **1** hut. formovač, -ka **2** formovatel ● *v* tlít, rozpadávat se, puchřet **–ing 1** hnětení, utváření, modelování; lisování, výlisek **2** stav. římsa, vlys, lišta **–y** plesnivý, rozpadávající se

moult ['məult] pelichat

mound ['məund] *s* **1** hromada **2** kopec **3** násep, val **4** mohyla ● *v* nakupit (se), navršit

mount ['məunt] *s* **1** hora užívá se předjménem (*Mount Everest*), zkr. Mt.; vrch **2** výstupek na dlani **3** pasparta, orámování **4** jezdecký kůň; dopravní prostředek **5** podklad **6** krycí sklíčko mikroskopu **7** ozdobné kovové části různých předmětů, zasazení do kovu **8** montáž **9** osedlání koně, jízda na koni, zvl. závodní **10** podvozek, lafeta **11** nasednutí na koně, výstup na horu **12** opěra, podložka ● *v* **1** stoupat (~ *up*), vystoupit, vylézt, nasednout (*a horse* na koně) **2** kupit se (*debts* dluhy) **3** vztyčit (*a statue* *on its pedestal* sochu na podstavec) **4** upevnit, připevnit, namontovat **5** opatřit čím, zasadit drahokam do kovu, zarámovat **6** ukázat se v šatech **7** voj. připravit do postavení, být vyzbrojen; zahájit ofenzívu **8** inscenovat hru **9** pokrýt, obskočit samici ♦ ~ *guard* jít na hlídku, nastoupit stráž (*over* nad); ~ *a gun* postavit dělo do palebné pozice

mountain ['mauntin] **1** hora (~ *chain* horský řetěz) **2** pl pohoří **3** hromada čeho **–eer** [,maunti'niə] **1** horal **2** horolezec **–ous** [-əs] hornatý

mounted ['mauntid] **1** na koni, jízdní (*police* policie) **2** namontovaný

mourn ['mo:n] truchlit (*at* nad, *for* pro), naříkat **–er** truchlící **–ful** truchlivý **–ing 1** smutek, truchlení **2** smuteční šaty

mouse* ['maus] *s* **1** myš(ka) **2** slang. podlité oko, monokl **3** výpoč. tech. myš u počítače ● *v* ['mauz] **1** chytat myši **2** shánět se po, pilně hledat **~-ear** ['mausiə] jestřábník **–trap** [-træp] past na myši

m(o)ustache [mə'sta:š] knír(ek) též zool., knírek, vousy

mouth ['mauθ] *s* **1** ústa, huba, tlama **2** ústí, otvor, hrdlo láhve, náústek hudebního nástroje ♦ *my ~ waters* sliny se mi sbíhají na co; *down in the ~* sklíčený; *laugh on the wrong side of one's ~* v. *laugh;* *make* a ~ ušklíbat se ● *v* ['mauð] **1** mít hubu (*at* na koho); mluvit nabubřele o **2** vzít do úst, dotknout se ústy, sníst **3** žvýkat **4** ušklíbat se **–ful** plná ústa, sousto **~-organ** ['mauθ|o:gən] foukací harmonika **–piece** [-pi:s] **1** hubička, náústek; mikrofon **2** mluvčí, orgán

movable ['mu:vəbl] *a* pohyblivý ♦ ~ *feast* pohyblivý svátek ● *s* **1** movitý majetek, movitost **2** pl movitosti

move ['mu:v] *v* **1** hýbat (se), pohybovat (se), posouvat; přeložit pracovníka, přesunout vojenské jednotky 2 stěhovat se 3 přimět, pohnout 4 pobouřit, podráždit 5 navrhnout, doporučit 6 dojmout 7 žádat, dovolávat se (for čeho) 8 med. vyprázdnit (the bowels střeva) 9 obch. prodávat se 10 postupovat ~ in přistěhovat se ~ off odtáhnout ~ out vystěhovat se ● s 1 pohyb, hnutí 2 pře-, stěhování 3 tah na šachovnici –ing 1 pohyblivý, hnací 2 dojemný ♦ ~ belt hnací řemen; ~ picture film

movement [ˈmuːvmənt] 1 pohyb 2 hnutí polit. apod. 3 vyprázdnění střev 4 hud. rytmus, tempo ♦ independence ~ hnutí za nezávislost; national-liberation ~ národně osvobozenecké hnutí; peace ~ mírové hnutí

movie [ˈmuːvi] am. hovor. 1 hraný film 2 biograf budova 3 pl kino filmové představení

mow[1] [ˈməu] kupa sena, stoh

mow[2] [ˈməu] žnout, kosit trávu ~ down skosit, sklátit; zlikvidovat –er [ˈməuə] 1 žnec 2 stroj na kosení trávy, žací stroj –ing machine žací stroj

mow(e)[3] [ˈməu] ušklíbat se ♦ mop and ~ dělat grimasy

Mr(.), Mrs(.) [ˈmistə, ˈmisiz] pan, pane; paní titul v oslovení Mr Smith, Mrs Smith

Ms(.) [miz] s zdvořilé oslovení ženy, které neodráží její stav; používá se před příjmením

much [mač] a, adv mnoho, mnohem; při slovese a při "like", "alike" velmi; téměř, skoro ● s mnoho, hodně (toho), velká část (of čeho) ♦ how ~? kolik?; as ~ as tolik jak; as ~ again (more) ještě jednou tolik; he is not ~ of a (scholar) není příliš dobrý (žák, badatel); by ~ mnohem; ~ the same thing téměř totéž

mucilage [ˈmjuːsilidž] lepidlo, klíh, arabská guma

muck [mak] s 1 hnůj 2 bláto, hovor. špína, svinstvo ● v 1 po-, hnojit 2 potřísnit, zašpinit 3 zaneřádit, zasvinit; (~ up) zmrvit –er [ˈmakə] 1 slang. těžký pád 2 slang. am. hulvát, hrubec ♦ come* a ~ praštit sebou; go* a ~ hovor. troufnout si; praštit se přes kapsu ~-rake s chutí se hrabat ve špíně; odhalovat zlořády / korupci

mucous [ˈmjuːkəs] sliznatý ♦ ~ membrane sliznice

mucus [ˈmjuːkəs] med. hlen, sliz

mud [mad] s bláto, bahno ● v (-dd-) zablátit ~-guard [-gaːd] blatník

muddle [ˈmadl] v zmotat, splést; zkalit vodu; otupit alkoholem ● s zmatek ~-headed [-hedid] praštěný, popletený

muddy [ˈmadi] 1 zablácený, blátivý 2 zakalený, nejasný 3 pomatený

muff [maf] s 1 rukávník 2 nemotora, nemehlo, trdlo 3 hudlařina ● v hudlařit, zpackat ♦ ~ coupling objímková spojka

muffin [ˈmafin] čajové pečivo teplý vdolek s máslem

muffl|e [ˈmafl] zahalit, zachumlat, ovázat; (u)tlumit –er [ˈmaflə] 1 šála na krk 2 zast. pl palcové rukavice boxerské 3 am. tlumič, dusítko

mufti [ˈmafti] civil oblečení

mug [mag] s 1 džbánek, hrneček 2 slang. huba, držka 3 brit. blbec, trdlo ● v (-gg-) slang. vtloukat do hlavy, dřít na zkoušky, šprtat

muggy [ˈmagi] teplý, vlhký, dusný (weather počasí)

mugwump [ˈmagwamp] am. chytráček, oportunista, člověk nad všechno povznesený; hlavoun

mulatto* [ˈmjuːlætəu] mulat

mulberry [ˈmalbəri] bot. moruše strom i plod

mulch [malč] zapařená sláma, chlévská mrva

mul|e [ˈmjuːl] mezek –eteer [ˌmjuːliˈtiə] mezkař –ish paličatý, tvrdohlavý

mull [ˈmal] s **1** slang. svinčík, bordel **2** skot. v zeměpis. názvech mys **3** skot. tabatěrka **4** mul, gáza ● v **1** svařit, osladit a okořenit víno / pivo **2** slang. zmrvit, zfušovat **3** slang. lehce omámit **4** loudat se s **5** am. dumat

mulligrubs [ˈmaligrabz] pl lid. **1** duševní skleslost **2** bolesti v břiše

multi|cellular [ˌmaltiˈseljulə] mnohobuněčný **–farious** [ˌ-ˈfeəriəs] rozmanitý **–fold** mnohonásobný **–form** mnohotvárný **–lateral** [ˌ-ˈlætərəl] mnohostranný, multilaterální **–millionaire** [ˌ-miljəˈneə] multimilionář **~~national** state mnohonárodnostní stát **–nomial** [ˌ-ˈnəumjəl] mat. mnohočlen **~~plate** clutch lamelová spojka **~~purpose** víceúčelový **~~seat** vícesedadlový, vícemístný **~~shift** vícesměnný **~~stage** vícestupňový (rocket raketa)

multi|ple [ˈmaltipl] a mnohonásobný ● s násobek **–plication** [ˌmaltipliˈkeišən] násobení **–plicity** [ˌ-ˈplisəti] mnohonásobnost **–plier** [-plaiə] násobitel **–ply** [-plai] násobit, množit (se)

multitude [ˈmaltitju:d] **1** velké množství, spousta **2** dav, zástup

mum[1] [ˈmam] interj tiše!, pš! ◆ ~'s the word ani muk

mum[2] [ˈmam] hovor. maminka

mumble [ˈmambl] mumlat

mumbo jumbo [ˌmambəuˈdžambəu] **1** hantýrka, žargon **2** marná práce / snaha

mummer [ˈmamə] **1** bručoun **2** maškara **3** herec v němohře **-y** [-ri] pantomima, mumraj, maškaráda

mummy[1] [ˈmami] brit. hovor. maminka

mummy[2] [ˈmami] s mumie ● v mumifikovat

mumps [ˈmamps] pl příušnice; brit. otrávená nálada

munch [ˈmanč] žvýkat, žmoulat

mundane [ˈmandein] světský

Munich [ˈmju:nik] Mnichov ◆ ~ Agreement mnichovská dohoda

municipal [mju:ˈnisipl] městský, obecní **–ity** [mju:ˌnisiˈpæləti] městský úřad; samosprávná obec

munific|ence [mju:ˈnifisns] velkomyslnost, štědrost **–ent** [-nt] štědrý

muniments [ˈmju:nimənts] průkazní doklady, právní nároky

munition [mju:ˈnišən] s střelivo ● v opatřit střelivem

mural [ˈmjuərəl] nástěnný ● s nástěnná malba

murder [ˈmə:də] s vražda ● v za-, vraždit **–er** [-rə] vrah **–ous** [-rəs] vražedný

mure [ˈmjuə] uzavřít ve zdech, uvěznit ~ up obezdít

murky [ˈma:ki] temný, šerý; zakouřený, zamlžený; zašlý

murmur [ˈmə:mə] s **1** mumlání **2** za-, reptání **3** bzukot; šumot, zurčení ● v **1** mumlat, reptat (at, against na, proti) **2** šumět, bzučet

murrain [ˈmarin] dobytčí mor

musc|le [ˈmasl] sval (pulled ~ namožený sval) **–ular** [ˈmaskjulə] svalnatý, silný

Muscovite [ˈmaskəuvait] a **1** moskevský **2** zast. ruský ● s **1** Moskvan **2** zast. Rus

musculature [ˈmaskjuləčə] svalstvo

Muse [ˈmju:z] Múza

muse [ˈmju:z] v dumat, uvažovat (on, upon o) ● s dumání, přemýšlení

museum [mjuˈziəm] muzeum

mush [ˈmaš] **1** kaše **2** rušení rozhlasových stanic

mushroom [ˈmašru:m] s **1** houba plodnice **2** hřib atomového mraku ● v sbírat houby; šířit se rychle, houbovitě

music [ˈmju:zik] **1** hudba **2** noty **~~box** am.= musical box **–al** a hudební ◆ ~ box hrací skříňka ●

s muzikál **~-hall** [-ho:l] varieté, kabaret **–ian** [mjuːˈziʃən] hudebník

musk [ˈmask] **1** pižmo **2** pižmová vůně **~-rat** zool. ondatra pižmová **–y** pižmový

musket [ˈmaskit] mušketa **–eer** [ˌmaskiˈtiə] mušketýr

Muslim [ˈmazlim] v. *Moslem*

muslin [ˈmazlin] mušelín

mussy [ˈmasi] lid. am. zaneřáděný

Mussulman [ˈmaslmən], pl *-mans*, někdy *-men* mohamedán

must¹* [ˈmast] *v* musit: *I ~ not* nesmím ● *s* nezbytnost

must² [ˈmast] **1** mošt **2** plíseň, ztuchlina

mustache [ˈmastæʃ] *s* knír, též zool., knírek, vousky

mustard [ˈmastəd] hořčice

muster [ˈmastə] *v* shromáždit (se) k přehlídce, provést přehlídku; sebrat odvahu, sílu ● *s* přehlídka, shromáždění, přen. sbírka ♦ *pass ~ obstát*

musty [ˈmasti] plesnivý, zatuchlý

mutable [ˈmjuːtəbl] proměnlivý, nestálý

mutation [mjuːˈteiʃən] změna; biol. mutace

mute [ˈmjuːt] *a* němý ● *s* **1** němý člověk, nemluva **2** statista; najatý truchlič **3** hud. dusítko **4** fon. neznělá hláska

mutilat|e [ˈmjuːtileit] zmrzačit, zkomolit **–ion** [ˌmjuːtiˈleiʃən] zmrzačení, zkomolení

mutin|eer [ˌmjuːtiˈniə] *s* vzbouřenec **–y** [ˈmjuːtini] *s* vzpoura, vzbouření ● *v* vzbouřit se

mutt [ˈmat] hovor. moula, trouba

mutter [ˈmatə] mumlat, reptat

mutton [ˈmatn] skopové maso **~-chop** [-čop] skopová kotleta

mutual [ˈmjuːčuəl] vzájemný **–ity** [ˌ-ˈlæləti] vzájemnost

muzak [ˈmjuːzæk] am. nepřetržitý proud tiché reprodukované hudby, hudební kulisa

muzzle [ˈmazl] čenich; náhubek;

ústí, hlaveň (*of a gun* děla) ● *v* nasadit náhubek, umlčet

muzzy [ˈmazi] otupělý alkoholem; nudný, jednotvárný; nejasný

my [ˈmai] můj

myope [ˈmaiəup] odb. krátkozraký člověk

myriad [ˈmiriəd] bás. myriáda

myrrh [ˈmaː] myrha

myrtle [ˈmaːtl] myrta; brčál

myself [maiˈself] já sám, se, sebe, mně, mě

myster|ious [misˈtiəriəs] tajemný, záhadný **–y** [ˈmisteri] **1** tajemství, mystérium **2** kult **3** = *miracle²* **4** pl náb. mystérium, svátost oltářní

myst|ic [ˈmistik] *a* mystický, záhadný, okultní ● *s* mystik **–icism** [ˈmistisizəm], mysticismus **–ique** [miˈstiːk] mystika; záhada pro neodborníka

mystif|ication [ˌmistifiˈkeiʃən] mystifikace **–y** [ˈmistifai] mystifikovat, zatemnit

myth [ˈmiθ] mýtus; báje **–ical** [ˈmiθikl] mýtický, vybájený **–ology** [miˈθolədži] mytologie, bájesloví

N

N, n [ˈen] písmeno n

nab [ˈnæb] (*-bb-*) hovor. sebrat zatknout; chňapnout; čapnout; ukrást

nacre [ˈneikə] perleť

nag¹ [ˈnæg] kobylka, koník; herka

nag² [ˈnæg] *s* rýpání, sekýrování; rejpal ● *v* (*-gg-*) **1** sekýrovat, otravovat **2** rý(pa)t (*at* do) **–ger** [-ə] nenechavec, otrava, rejpal

nail [ˈneil] *s* **1** hřebík; cvo(če)k **2** nehet; dráp ♦ *fight* tooth and ~* bránit se zuby nehty; *as hard as -s* **1** zdravý jako řípa **2** neoblomný, cynický; *hit* the ~ (right) on the head* trefit hřebík na hlavičku; *pay* on the ~* vysázet na dřevo ● *v* **1** přibít, přen. přesně zasadit, umístit **2** pobít (cvočky) **3** upřít (*eyes* oči) **4** slang. seknout, štípnout **5** nachytat koho ~ **up** zatlouci, přibít (*to* na, k); chytit za slovo; ~ *one's colour to the mast* stát pevně za svým; ~ *to the counter* přibít na pranýř ~ **brush** kartáček na nehty ~**-varnish** lak na nehty

naive [na:ˈiːv], **naive** naivní

naked [ˈneikid] **1** nahý **2** holý **3** prostý, pouhý **4** bezbranný **5** nechráněný, nekrytý **6** neosedlaný kůň **-ness** [-nis] **1** nahota **2** pustota

namby-pamby [ˌnæmbiˈpæmbi] **1** sladký, sentimentální, limonádový **2** neslaný nemastný, vlažný **3** zženštilý

name [ˈneim] *s* jméno ♦ *assumed* ~ pseudonym; *in the* ~ *of the law* jménem zákona; *to call a p.* -*s* nadávat komu ● *v* **1** pojmenovat, nazvat (*after*, am. *for* po) **2** jmenovat (*for* kým) **3** vyjmenovat **4** zmínit se o, říci co **5** brit. napomenout poslance ♦ ~ -*s* prozradit jména pachatelů; ~ *one's price* říci (si) cenu ~**-day** jmeniny, svátek **-less** [-lis] **1** bezejmenný **2** nejmenovaný **3** nevýslovný **-ly** [-li] totiž ~**-plate** štítek na dveřích **-sake** [-seik] jmenovec

Nancy [ˈnænsi] *s* Anka, Andul(k)a ● *a* n~ zženštilý; teplý

nanny [ˈnæni] *s* **1** nána, chůva, babi(čka) **2** = ~-**goat** koza, -ička ● *v* chovat se jako chůva, rozmazlovat

nanometer [ˈnænəˈmiːtə] nanometr jedna biliontina metru

nap[1] [ˈnæp] **1** zdřímnutí, hovor. šlofík **2** vlas látky ● *v* (*-pp-*) **1** zdřímnout si **2** tipovat vítěze ♦ *take*[*] / *catch*[*] *a p.* -*ping* překvapit, přistihnout koho

nap[2] [ˈnæp] karetní hra Napoleon

napalm [ˈneipaːm] napalm ♦ ~ *bomb* napalmová bomba

nape [ˈneip] týl

naptha [ˈnæfθə] nafta, ropa, zemní olej

napkin [ˈnæpkin] **1** ubrousek **2** plenka **3** am. dámská vložka

Naples [ˈneiplz] Neapol

nappy [ˈnæpi] plenka

narcissus [naːˈsisəs] pl -*us*(*es*) [-əs, (iz)], -*i* [-ai] bot. narcis

narco|sis [naːˈkəusis] narkóza **-tic** [-ˈkotik] *a* narkotický, uspávací, omamný ● *s* narkotikum

nark [ˈnaːk] *v* slang. píchnout to na koho; donášet na koho ● *s* **1** detektiv z protinarkotického oddělení **2** policejní špicl, práskač, donašeč

narrat|e [nəˈreit] vypravovat, vy-, líčit **-ion** [nəˈreišən] vyprávění, vypravování **-ive** [ˈnærətiv] *s* příběh, vyprávění ● *a* **1** výpravný, epický **2** vyprávěcí **-or** [nəˈreitə] vypravěč, komentátor

narrow [ˈnærəu] *a* **1** úzký **2** omezený, úzkoprsý **3** zevrubný ♦ *have a* ~ *escape* jen tak tak uniknout: *a* ~ *majority* těsná většina ● *s* úžina, soutěska; úzký průchod ● *v* **1** (~ *down*) z-, úžit (se) **2** omezit **3** přimhouřit ~ *gauge* úzkokolejný ~**-minded** [-ˈmaindid] úzkoprsý, malicherný

nasal [ˈneizl] *a* **1** nosní **2** jaz. nosový, nazální ● *s* jaz. nosovka; nazála

nascent [ˈnæsnt] rodící se; vznikající ♦ ~ *state* stav zrodu

nasturtium [nəˈstəːšəm] bot. řeřicha

nasty [ˈnaːsti] *a* **1** šeredný, ošklivý, odporný, nechutný **2** protivný **3** nestoudný, sprostý **4** podlý, špinavý ● *s* protiva, ohavnost

natal [ˈneitl] **1** týkající se narození (~ *day*, *place* den, místo narození) **2** bás. rodný **-ity** [neiˈtæləti] porodnost

natch [ˈnæč] slang. na beton, jasan

nation [ˈneišən] národ, lid, stát ~**-wide** [-waid] celonárodní

nation|al [ˈnæšənl] *a* **1** národní; (celo)státní **2** národnostní (*minority*, menšina) **3** vlastenecký ♦ ~ *emblem* státní znak; ~ *enterprise* národní podnik ● *s* státní příslušník **–alism** [ˈnæšnəlizəm] vlastenectví, nacionalismus **–alist** [-əlist] vlastenec; nacionalista **–alistic** [ˌnæšnəˈlistik] vlastenecký; nacionalistický **–ality** [ˌnæšəˈnæləti] národnost **–alization** [ˌnæšnəlaiˈzeišən] znárodnění **–alize** [ˈnæšnəlaiz] znárodnit

nativ|e [ˈneitiv] *a* **1** rodný, rodilý **2** domorodý **3** přírodní; přirozený **4** domácí ♦ ~ *parish* domovská obec; ~ *place* rodiště ● *s* **1** rodák **2** domorodec **–ity** [nəˈtivəti] narození

natter [ˈnætə] hovor. **1** breptat, kecat **2** hubovat na koho

natty [ˈnæti] **1** fešácký; elegantní **2** šikovný

natural [ˈnæčrəl] *a* **1** přirozený **2** přírodní **3** v-, rozený **4** nemanželský ♦ ~ *childbirth* bezbolestný porod; ~ *detector* sděl. tech. krystalový detektor; ~ *gas* zemní plyn; ~ *gender* jaz. přirozený rod; ~ *ground* panenská půda; ~ *history* přírodopis; ~ *philosophy* fyzika; ~ *science* přírodní věda; ~ *selection* přírodní výběr; ~ *statics* atmosférické poruchy ● *s* **1** blbeček, idiot **2** vhodná role jako šitá na koho **3** hud. odrážka **–ist** [-əlist] přírodopisec **–ize** [-əlaiz] **1** zdomácnět, -it, naturalizovat (se) **2** aklimatizovat se **3** vysadit do volné přírody

natur|e [ˈneičə] **1** příroda **2** povaha, přirozenost; vlastnost **3** druh **4** charakteristika, směr ♦ *better* ~ lepší stránka povahy; *by* ~ od přírody; *draw* from* ~ kreslit podle přírody; *in the* ~ *of* (myšlený) jako; *pay* one's debt to* ~ zemřít; *state of* ~ prvotní stav **–ism** [-rizəm] holdování přírodě, naturismus; nudismus

naught [ˈnoːt] am. = *nought*

naughty [ˈnoːti] nezbedný, rozpustilý, nezvedený ♦ *be* ~ zlobit

nause|a [ˈnoːsjə] **1** zvedání žaludku **2** odpor, ošklivost **–ate** [-sieit] **1** zvedat žaludek **2** hnusit si, ošklivit si

nautical [ˈnoːtikl] **1** námořní, plavební, navigační **2** námořnický

naval [ˈneivl] námořní, lodní

nave [ˈneiv] **1** hlavní loď chrámu **2** náboj kola

navel [ˈneivl] pupek; střed

navig|able [ˈnævigəbl] **1** splavný **2** schopný plavby **–ate** [-eit] **1** plout, plavit se po **2** řídit loď, letadlo **–ation** [ˌnæviˈgeišən] plavba **–ator** [-eitə] navigátor

navvy [ˈnævi] **1** brit. kopáč, nádeník **2** (*steam*) ~ rypadlo

navy [ˈneivi] **1** (válečné) loďstvo **2** (~ *blue*) námořnická modř ♦ ~ *cut* jemně řezaný tabák

nay [ˈnei] zast. **1** nikoliv **2** nuže **3** ba

Nazi [ˈnaːci], pl *-s* [-z] nacista *atr* nacistický **–sm** [-zəm] nacismus

near [ˈniə] *a* a *adv* **1** blízký; -o; nedaleko **2** hovor. bezmála, málem, skoro; téměř přesně **3** šetrný, -ě **4** levý ● *prep.* u; k(e); před ♦ ~ *by* vedle, těsně u; *to draw** ~ blížit se; *far and* ~ široko daleko ● *v* blížit se **–by** [bai] am. sousední **–ly** [-li] **1** skoro, téměř **2** velmi **3** blízce ♦ *not* ~ zdaleka ne **~-sighted** [ˌniəˈsaitid] krátkozraký

neat [ˈniːt] *a* **1** úpravný, úhledný, elegantní **2** krásný, pěkný **3** dovedný **4** čistý, nezředěný **5** pořádkumilovný ● *s* hromad. hovězí dobytek

nebbish [ˈnebiš] žalostně nešťastný

nebul|a [ˈnebjulə] mlhovina **–ous** [-əs] **1** nebulární, mlhovinový **2** přen. mlhavý

necess|ary [ˈnesəsəri] *a* nutný, nezbytný, nevyhnutelný ● *s* pl nezbytnosti (*of life* životní) **–itate** [niˈsesiteit] vynutit si, vyžadovat; nutně vést k **–ity** [niˈsesəti] **1** nutnost, nezbytnost **2** nouze ♦ *of* ~ nevyhnutelně

neck [ˈnek] **1** krk, šíje; vaz **2** hrdlo nádoby, výstřih šatů **3** krkovička **4**

drzé čelo, troufalost **–lace** [-lis]
náhrdelník **~-line** [-lain] výstřih
–tie [-tai] vázanka **–wear** [-weə]
obch. vázanky a šátky na krk

nectar [ˈnektə] nektar

need [ˈniːd] v 1 potřebovat 2 muset
♦ *I ~ not* nemusím; *that -s no
saying* netřeba říkat ● s 1 potře-
ba 2 požadavek 3 nutnost 4
nouze ♦ *to be in ~ of* potřebovat
co; *if ~ be* bude-li třeba ● adv
zast.: nyní jen *needs must* nutně
musí **–ful** [-fl] a nutný, potřebný
● s 1 nezbytnost 2 slang. nutná
věc; hotovost peníze **–less** [-lis]
zbytečný; *~ to say* samozřejmě
–y [-i] potřebný, nuzný

needle [ˈniːdl] s 1 jehla; jehlice 2
jehlička stromu 3 háček na háčkování;
žengle 4 ručička přístroje, střelka
kompasu ● v šít, vyšívat; vpicho-
vat, dávat injekci; popíchnout,
veštvat **~-bath** prudká sprcha
~-book, **~-case** [-keis] jehelní-
ček **–work** [-wəːk] šití; vyšívání;
výšivka

ne'er [ˈneə] bás. = *never*

nefarious [niˈfeəriəs] hanebný, zlo-
činný

negat|e [niˈgeit] popírat, negovat
–ion [-šən] popření, negace **–ive**
[ˈnegətiv] a záporný, negativní ●
s 1 zápor, záporná odpověď, tvr-
zení, hodnota 2 jaz. záporka 3 fot.
negativ 4 opak, opozice ● v 1
od-, za|mítnout 2 popřít 3 z-,
mařit 4 vetovat 5 anulovat

neglect [niˈglekt] v 1 zanedb(áv)at
2 přehlížet, nevšímat si 3 opomi-
nout, zapomenout ● s 1 zanedb-
b(áv)ání, opomenutí 2 přehlížení,
nevšímavost (of vůči) 3 nedba-
lost

neglig|ence [ˈneglidžəns] 1 nedba-
lost 2 nenucenost **–ent** [-nt]
nedbalý **–ible** [-əbl] zanedbatel-
ný

negoti|able [niˈgəušjəbl] 1 obch.
převoditelný, obchodovatelný,
prodejný 2 sjízdný, splavný,

schůdný **–ate** [-šieit] 1 vyjed-
n(áv)at; sjednat 2 prodat; pře-
vést 3 inkasovat 4 zdolat **–ation**
[ni‚gəušiˈeišən] 1 vyjednávání,
jednání 2 obch. prodej, převod 3
zdolání překážky

Negr|o* [ˈniːgrəu] černoch **–ess**
[-is] černoška **–itude** [-itjuːd] afric-
ké černošství

neigh [ˈnei] v řehtat, ržát ● s řehtá-
ní, ržání

neighbour [ˈneibə] s soused ● v
sousedit (upon s) **–hood** [-hud] 1
sousedstv|í, -o 2 blízkost 3 o-
bec, sídliště ♦ *in the ~ of* kolem,
asi **–ing** [ˈneibəriŋ] sousední, o-
kolní

neither [naiðə, am. ˈniːðə] žádný z
obou; ani jeden, ani druhý ♦ *~
(do) I* já také ne(dělám); *~... nor*
ani... ani

Nell [ˈnel], **Nellie**, **Nelly** [-i] Helenka

nematode [ˈniːmə‚təud] s zool. hlíst,
hlístice

neocolonialism [‚niːəukəˈləuniəliz-
əm] neokolonialismus

neologism [niːˈolədžizəm] jaz. neo-
logismus, novotvar

neon [ˈniːən] neon (~ *light*, *sign*
neonové světlo, neonová rekla-
ma)

nephew [ˈnevjuː] synovec

nerd [nəːd] slang. šprt, knihomol

nerv|e [ˈnəːv] s 1 nerv 2 pl nervozi-
ta 3 odvaha; hovor. drzost 4 bot.
žilka, žebro listu 5 bás. sval, šlacha
♦ *get* on one's -s* jít na nervy ●
v dodat (o.s. si) odvahy **–eless**
[-lis] 1 malátný, chabý 2 chlad-
nokrevný 3 bezmocný 4 nevý-
razný 5 bez nervů n. žilek **–ous**
[-əs] 1 nervový 2 nervózní; úz-
kostlivý 3 energický styl 4 sval-
natý **–y** [-i] 1 nervózní 2 hovor.
drzý 3 kaučuk pružný

nest [ˈnest] s 1 hnízdo, hnízdečko
2 sada, souprava; svazek trubek
♦ *~ of drawers* skřínka se zásuv-
kami; *take* a ~* vybrat hnízdo ● v
1 hnízdit 2 vybírat hnízda

nestl|e ['nesl] **1** uvelebit se **2** přitisknout se, přitulit se (against, close to k) **–ing** ['nestliŋ] holátko, pískle

net ['net] s **1** síť, -ka **2** síťovina **3** síťová taška **4** síťka na vlasy **5** tenis míč odpálený do sítě ● a čistý, netto ● v (-tt-) **1** lovit, provádět výlov sítí **2** přen. ulovit koho **3** síťkovat **4** přikrýt sítí **5** tenis zahrát míč do sítě **6** docílit čistý zisk **–ting** [-iŋ] pletivo, síť **–work** [-wə:k] síť elektr., dopravní apod.; výpoč. tech. přenosový článek; obvod

nether ['neðə] zast. spodní, dolejší ◆ ~ garments kalhoty; ~ word podsvětí, peklo

Netherlands, the ['neðələndz] Nizozemí, Holandsko

nettle ['netl] s bot. kopřiva ● v **1** se-, šlehat kopřivami **2** po-, dráždit; zlobit, rozčilovat ~ o.s. spálit se (o kopřivě) **~-rash** med. kopřivka

neural ['njuərəl] nervový

neuralgia [njuə'rældžə] neuralgie

neuro|sis [njuə'rəusis], pl -ses [-si:z] neuróza **–tic** [-'rotik] a neurotický ● s neurotik **–psychic** [-'saikik] neuropsychický

neuter ['nju:tə] a **1** jaz. středního rodu **2** jaz. nepřechodný **3** bezpohlavní ◆ stand* ~ být neutrálni ● s **1** jaz. neutrum **2** jaz. nepřechodné sloveso **3** bezpohlavní jedinec **4** kastrované zvíře **5** neutrál

neutral ['nju:trəl] a **1** neutrální **2** bezpohlavní **3** elektr. nulový ● s neutrál; nulový bod **–ity** [-'træləti] neutralita **–ize** [-trəlaiz] **1** prohlásit neutrálním **2** neutralizovat

never ['nevə] **1** nikdy **2** vůbec ne, ani ne- ◆ ~ again, ~ more už nikdy (ne-); ~ mind! nevadí!; ~ so (much) sebe (víc); ~ so much as (nikdy) ani ne-; ~ the better o nic lepší **~-never** hovor. splátkový obchod

nevertheless [,nevəðə'les] přesto, přesto však, nicméně, avšak

new ['nju:] a **1** nový **2** čerstvý **3** jaz. současný ● adv ve složeninách nově, znovu; právě **–comer** [-,kamə] příchozí, přistěhovalec; nováček; přen. o věci objev **~-fangled** [nju:'fæŋgld] módní, hypermoderní

Newfoundland ['nju:fənd,lænd] Newfoundland

new-fashioned [-'fæšənd] hypermoderní, moderní **–ly 1** nedávno **2** znovu **3** nově ~ **Testament** Nový zákon ◆ a ~ married couple novomanželé = pl **–lyweds**

news ['nju:z] se slovesem v sg zpráv|a, -y, novink|a, -y ◆ a piece of ~ novinka; ~ flash světelné noviny; ~ film zpravodajský film; ~ headlines přehled zpráv; what's the ~? co je nového? **~-agent** [-,ei-džnt] brit. prodavač novin **~-boy** am. kamelot **~-bulletin** brit. = **–cast** am. hovor. rozhlasové zprávy **–dealer** am = news-agent **~-man*** novinář **–paper** ['nju:s,peipə] noviny **–peak** ['nju:spi:k] novojazyk, propagandistický jazyk **–print** novinový papír **~-reel** film aktuality **~-stand** ['nju:z,stænd] novinový stánek **–y** [-i] a plný zpráv / novinek; klepavý ● s am. kamelot

newt ['nju:t] zool. čolek, mlo

New Zealand [nju:'zi:lənd] Nový Zéland

next ['nekst] a příští, další, následující, nejbližší ● adv příště, po druhé, potom, dále ● prep ~ (to) vedle, u, hned po ◆ live ~ door bydlet ve vedlejším domě / bytě; ~ to nothing skoro, takřka nic; ~ of kin nejbližší příbuzní; ~ time příště (až) **~-door** a **1** sousední, vedlejší **2** nejbližší **3** hraničící (to s) ● adv hned vedle

nib ['nib] pero; špička, nožička pera

nibble ['nibl] **1** oštipovat, okusovat; brát o rybě **2** pást se (at na) **3** občas si ukousnout (at co) **4** nesměle se strefovat poznámkami (*at* do); oťukávat co

nice [ˈnais] **1** příjemný, milý **2** hezký, pěkný **3** vybíravý, úzkostlivý **4** kultivovaný **5** přesný **6** chutný ♦ ~ *and* (*sweet*) pěkně (sladký) **-ty** [-əti] **1** příjemnost **2** přesnost; jemnost **3** vybíravost **4** choulostivost ♦ *to a* ~ na chlup; přesně

niche [ˈnič] *s* **1** výklenek **2** místečko, koutek ● *v* **1** postavit do výklenku přen. schovat se

Nicholas [ˈnikələs] Mikuláš

Nick [ˈnik] čast. *Old* ~ rarach, satanáš

nick [ˈnik] *s* **1** vrub, zářez **2** okamžik ♦ *in the* (*very*) ~ *of time* v pravý čas; jako na zavolanou ● *v* **1** udělat vrub, zaříznout **2** vylomit (se) **3** uchopit, chytit (*a train* vlak) ♦ *in the* ~ *of time* v pravý čas, přesně se strefit časově

nickel [ˈnikl] *s* **1** nikl **2** am. niklák 5 c. mince ● *v* (*-ll-*) po-, niklovat

nick-nack [ˈniknæk] v. *knick-knack*

nickname [ˈnikneim] *s* přezdívka ● *v* přezdívat komu

nicotine [ˈnikəti:n] nikotin

nictitate [ˈniktiˌteit] mžourat, mrkat

nicy [ˈnaisi] brit. dět. lízátko, pamlsek

niece [ˈni:s] neteř

Nigeri|a [naiˈdžiəriə] Nigérie **-an** [-ən] *a* nigérijský ● *s* Nigérijec

niggard [ˈnigəd] lakomec, skrblík **-ly** [-li] lakomý, skoupý

nigger [ˈnigə] hanl. negr ♦ ~ *in the woodpile / fence* am. slang. zakopaný pes; *work like a* ~ dřít jako kůň

niggle [ˈnigl] brit. nimrat se, piplat se

nigh [ˈnai] zast. bás. blízko (*to* u)

night [ˈnait] **1** noc **2** soumrak, večer ♦ *all* ~ (*-long*) po celou noc; *at* ~ v noci; *by* ~ za noci; *first* ~ premiéra; *last* ~ včera večer; *make* a ~ *of it* pro-, flámovat celou noc **-cap 1** noční čepička **2** sklenička likéru, vína na noc **--clothes** pl noční úbor **--club**

bar, noční podnik **-ly** [-li] *a* noční ● *adv* v noci **-mare** [-meə] noční můra; těžký sen, přen. hrůza **--owl** přen. noční pták, sůva **--school** večerní škola **--shift** noční směna **--shirt** noční košile **--suit** pyžama

nightingale [ˈnaitiŋgeil] zool. slavík

nil [ˈnil] sport. nula: *three* (*goals*) *to* ~ 3:0

Nile [ˈnail] Nil

nimble [ˈnimbl] **1** mrštný, čiperný, hbitý **2** bystrý

nincompoop [ˈninkəmpu:p] blbeček, ňouma

nine [ˈnain] **1** devět **2** devítka ♦ *the N-* múzy; *a* ~ *days' wonder* senzace dne; (*up*) *to the* -s až do aleluja; výborně **-fold** devateronásobný; -ě **-pins** kuželky **-teen** [ˌ-ˈti:n] devatenáct ♦ *talk* ~ *to the dozen* mít řeči jako vody **-teenth** [ˌ-ˈti:nθ] *a* devatenáctý ● *s* devatenáctina **-tieth** [tiiθ] devadesátý **-ty** [-ti] devadesát ♦ *the -ies* devadesátá léta

ninny [ˈnini] pitomec, husa

ninth [ˈnainθ] *a* devátý ● *s* devítina

Nip [ˈnip] am. hovor. Japonec

nip [ˈnip] *v* **1** štípnout; rafnout zuby **2** uštípnout (*a t., off* co) **3** stisknout, přiskřípnout (se, si) **4** spálit o mrazu, přen. zarazit, utlumit **5** hovor. štípnout ukrást; lapnout **6** zavdat si **7** kousnout (*on* do) ♦ ~ *in the bud* udusit v zárodku; ~ **a-long** pelášit, natírat si to ~ **in 1** hopnout dovnitř **2** skočit do řeči ~ **off** zdrhnout, ztratit se ● *s* **1** štípnutí; rafnutí **2** skřípnutí **3** chlad, mrazík; řezavá zima **4** špetka, štipec ♦ *take* a* ~ *of a t.* líznout si čeho

nipper [ˈnipə] **1** lakomec, držgrešle **2** pl *a pair of* -*s* štípací kleště **3** pl slang. manžety pouta **4** pl skřipec **5** klepeto raka **6** brit. slang. kluk, ulič|ník, -nice **7** doušek, lok

nipple [ˈnipl] **1** prsní bradavka; struk, cecík **2** dudlík na láhev

Nipponese [ˌnipəˈniːz] *a* japonský ● *s* pl = sg Japonec
nippy [ˈnipi] *a* **1** kousavý **2** čiperný, mrštný **3** ostrý, řízný **4** mrazivý, štípavý ● *s* hovor. servírka
nit [ˈnit] **1** hnida **2** slang. pitomec, vůl **3** fyz. nit jednotka jasu **~-pick** [ˈ-ˌpik] *v* hovor. hledat na něčem hnidy **~-picky** [ˈ-ˌpiki] *a* hnidopišský
nitrate [ˈnaitreit] chem. dusičnan
nitre [ˈnaitə] chem. ledek
nitrogen [ˈnaitrədžən] dusík
nitty [ˈniti] přitroublý **~-gritty** [-ˈgriti] podrobnosti
nitwit [ˈnitwit] trouba, pitomec
no [ˈnəu] **1** ne, nikoliv **2** žádný ♦ ~ *doubt* bezpochyby; ~ *longer*, ~ *more* již ne; ~ *one* nikdo; ~ *sooner... than* sotvaže, jakmile...; už...; ~ *such* nic takového; *the* -es hlasy proti **~-account** am. bezcenný
Noah [ˈnəuə] Noe ♦ ~'s *ark* archa Noemova, také dětská hra na Noema
nob [ˈnob] *s* slang. kotrba, palice ● *v* praštit přes hlavu
nobble [ˈnobl] slang.**1** sbalit **2** podplatit, podmazat koho **3** znemožnit závodního koně
nobility [nəuˈbiləti] **1** šlechta **2** ušlechtilost
noble [ˈnəubl] *a* **1** ušlechtilý (*metal* kov) **2** urozený **3** vznešený **4** vzácn|ý (*earths* -é zeminy) **5** nádherný, skvělý ● *s* šlechtic **-man*** šlechtic
nobody [ˈnəubədi] nikdo
nocturnal [nokˈtəːnl] noční
nod [ˈnod] *v* (*-dd-*) **1** při-, kývnout, kynout hlavou **2** kývat se; naklánět se **3** klímat, tlouci špačky ♦ *-ding acquaintance* známost od vidění ● *s* **1** při-, kývnutí; přitakání, souhlas, poklona (*on the* ~ s mlčenlivým souhlasem) **2** klímání; dřímota
noddle [ˈnodl] pokyvovat hlavou
nod|e [ˈnəud] **1** uzel vlny **2** kolínko trávy **3** uzlina, ganglie **4** zápletka

-ose [ˈnəudəus] uzlinatý
nodul|e [ˈnodjuːl] **1** uzlina; uzlík, hlízka **1** geol. pecka **3** bot. kolénko, uzlina, nodus **-ated** [ˈjuleitid] uzlinatý
noggin [ˈnagin] **1** slang. kokos, kebule hlava **2** malý hrneček, korbílek, vědérko
nois|e [ˈnoiz] *s* **1** hluk, rámus, lomoz **2** zvuk **3** poruchy v signálu, šum ● *v* rozhlásit ♦ *it was -ed* (*abroad*) that říkalo se, rozšířila se pověst, že **-eless** [-lis] nehlučný **-y** [-i] hlučný
noisome [ˈnoisəm] **1** škodlivý, nezdravý **2** smrdutý **3** nechutný, odporný
nomad [ˈnəuməd] *s* kočovník, nomád ● *a* kočovný
nomenclature [nəuˈmenklətʃə] názvosloví, terminologie
nomin|al [ˈnominl] **1** jmenný (*index* rejstřík) **2** nominální **3** jmenovitý **-ate** [-eit] **1** navrhnout (za kandidáta) **2** jmenovat **-ation** [-eišən] **1** navržení za kandidáta **2** jmenování **-ative** [-ətiv] *a* **1** jaz. nominativní **2** jmenovaný ● *s* první pád, nominativ
non|addition [ˌnonəˈdišən] nepřidání **~-aggression** [ˌnonəgˈrešən] neútočení ♦ ~ *pact* pakt o neútočení **~-aligned** [ˌ-əˈlaind] neangažovaný **~-availability** [ˌnonəˈveiləˈbiləti] nedostatek **~-combatant** [-ˈkombətənt] neúčastný boje **~-commissioned** [ˌnonkəˈmišənd] *officer* poddůstojník **~-committal** [ˌ-kəˈmitl] vyhýbav|ý (*reply* -á odpověď) **~-conductor** [-kənˈdaktə] nevodič **~-conformist** [ˌ-kənˈfoːmist] nekonformista **~-creasing** [ˌ-ˈkriːsiŋ] nemačkavý **-drinker** [-driŋkə] abstinent **~-essential** [ˌ-iˈsenšl] *a* nepodstatný ● *s* pl nepodstatná věc **~-feasance** [-ˈfiːzns] zanedbání (povinné péče) **~-ferrous** [-ˈferəs] neželezný, barevný (*metal* kov) **~-interfer-**

ence [-ˌintəˈfiərəns] nevměšování, nezasahování **~~intervention** [-ˈintəˈvenšən] nevměšování **~~party** [-ˈpa:ti] politicky neorganizovaný, bezpartijní **~~proliferation** nešíření atomových zbraní **~~smoker** [-ˈsməukə] nekuřák **~~stop** a, adv přímý, bez zastávky (train vlak) **~~suit** [-sju:t] zamítnutí žaloby **~~union** [-ˈju:njən] odborově neorganizovaný **~~unionist** odborově neorganizovaný pracovník

nonage [ˈnəunidž] nezletilost

nonary [ˈnəunəri] devítkový soustava

nonchal|ance [ˈnonšələns] nenucenost, nonšalance **~ant** [-ənt] nenucený, nonšalantní

Nonconformist [ˌnonkənˈfo:mist] nonkonformista

nondescript [ˈnondiskript] nepopsatelný

none [ˈnan] žádný, ani jeden, nikdo ♦ ~ the better, worse, more o nic lepší, horší, víc; ~ the less přesto **~such** v. nonsuch

nonentity [nəˈnentəti] 1 nebytí 2 fikce 3 nic, nula bezvýznamný člověk

nonpareil [ˈnonpərel] a nesrovnatelný ● s polygr. nonparej

nonpartisan [ˌnanˈpa:tizən] a 1 nestranný, neangažovaný zejm. politicky: a ~ committee nestranný výbor 2 objektivní 3 nestranický, nadstranický

nonplus [nonˈplas] s rozpaky ♦ at a ~ v rozpacích ● v (-ss-) přivést do rozpaků

nonsens|e [ˈnonsəns] nesmysl **~ical** [nonˈsensikl] nesmyslný

nonsuch, am. **none-** [ˈnansač] jedinečný, nevyrovnatelný; eso, unikát

noodle [ˈnu:dl] 1 trulant 2 kokos, kebule hlava 3 nudle

nook [ˈnuk] 1 ústranní 2 kout, -ek

noon [ˈnu:n] poledne ♦ at ~ v poledne **~day** poledne **~tide** [-taid] poledne

noose [ˈnu:s] s 1 smyčka; oprátka,

oko 2 manželské jho ● v [ˈnu:z] chytit do smyčky / oka 2 zadrhnout smyčku, oko

nor [ˈno:] 1 ani 2 a ne-, (a) také ne ♦ neither... ~ ani... ani

norm [ˈno:m] 1 norma (firm, soft tvrdá, měkká) 2 úroveň ♦ push up one's ~ zpevnit (si) normu

normal [ˈno:ml] a 1 normální, pravidelný 2 kolmý ● s 1 kolmice; normála 2 normál ♦ ~ school am. učitelský ústav **~ization** [ˌno:məlaiˈzeišən] normalizace **~ize** [-laiz] normalizovat

Norman [ˈno:mən] s 1 hist. Norman 2 Normanďan 3 normanština ● a normanský

Norse [ˈno:s] a severský, skandinávský ● s 1 norština 2 stará norština, severština 3 the ~ (staří) Norové, hist. Seveřané **~man*** [-mən] hist. Seveřan, Nor

north [ˈno:θ] s 1 sever 2 severák ● a severní ● adv na sever (of od), k severu ♦ the N~ Star Polárka, Severka **~east** [no:θˈi:st] severovýchod, -ní, -ně **~eastern** [no:θˈi:stən] severovýchodní

northern [ˈno:ðən] severní ♦ ~ lights polární záře **~er** [-ə] Seveřan, obyvatel severu v USA **~most** [-məust] nejsevernější

Northman* [ˈno:θmən] Seveřan, Viking

north|ward [ˈno:θwəd] na sever, severní **~west** [-west] severozápad, -ní, -ně **~western** [-ˈwestən] severozápadní

Norway [ˈno:wei] Norsko

Norwegian [no:ˈwi:džn] a norský ● s Nor 2 norština

nose [ˈnəuz] s 1 nos 2 čenich 3 ústí roury, děla 4 příď 5 výstupek 6 brit. vůně, pach ● v 1 čenichat, větřit 2 strkat nos (into do) 3 strkat čumákem, lísat se čumákem 4 rozrážet příď **~ out** vyčenichat, vyslídit **~dive** střemhlavý let ~ **job** slang. plastická operace nosu ● v letět střemhlav **~~gay**

voníčka, kytička

nosey [ˈnəuzi] v. *nosy*

nostalgia [nosˈtældžiə] touha, nostalgie

nostril [ˈnostril] nozdra

nostrum [ˈnostrəm] lektvar; zázračný prostředek

nosy [ˈnəuzi] 1 nosatý 2 slídivý 3 voňavý 4 páchnoucí ♦ *N~ Parker* všetečka

not [ˈnot], **n't** [ˈnt, ˈn] ne, nikoliv ♦ *I believe / think* / suppose ~* myslím, že ne: ~ *but what / that* ačkoliv, jakkoliv, třebaže; ~ *too well* jakž takž

notable [ˈnəutəbl] *a* 1 význačný, pozoruhodný, vynikající 2 smutně proslulý 3 chem. zjistitelný ● *s* prominent, notábl

notar|y [ˈnəutəri] ~ *public* notář **–ial** [nəuˈteəriəl] notářský

notation [nəuˈteišən] 1 notace 2 záznam, poznámka 3 skica 4 notové písmo 5 matematická symbolika

notch [ˈnoč] *s* 1 zářez, vrub 2 am. soutěska ● *v* udělat zářez, vrub

not|e [ˈnəut] *s* 1 nota; tón; přen. klávesa, struna 2 poznámka; záznam 3 krátký dopis 4 diplomatická nóta 5 úpis, poukázka 6 bankovka 7 známka, znak, znamení, znaménko 8 notička v novinách 9 význam (*of ~* významný) ♦ *circular ~* oběžník; ~ *of exclamation* vykřičník (!); ~ *of interrogation* otazník (?); *make* a ~* poznamenat si; *take* ~* všimnout si; *take* a ~* poznamenat si ● *v* 1 všimnout si, věnovat pozornost 2 poznamenat (si) ~ **down** zapsat (si) **–ed** [-id] slavný, proslulý; vyhlášený o zboži **–book** [ˈnəutbuk] zápisník, notes **–less** [-lis] 1 nenápadný 2 nepozorovaný 3 nemelodický **–paper** dopisní papír **–worthy** [ˈnəutˈwəːði] pozoruhodný

nothing [ˈnaθiŋ] nic ♦ ~ *but* nic než; *come* to ~* přijít nazmar; ~ *doing* hovor. nic naplat, nedá se

nic dělat; *for ~* pro nic za nic, zadarmo; *good for ~* budižkničemu; *make* ~ *of* nic si nedělat z, nedokázat pochopit **–ness** [-nis] 1 nicota; nic 2 nicotnost; prázdnota

notice [ˈnəutis] *s* 1 oznámení; vyhláška; notička, zpráva 2 výpověď ze zaměstnání, z bytu 3 předběžné upozornění, poznámka 4 pozornost, povšimnutí ♦ *bring* to ~* všimnout si; *give* ~* oznámit, informovat; dát výpověď; *take* ~* všimnout si; *till further ~* až na další ● *v* 1 všimnout si, zpozorovat 2 zmínit se, upozornit na 3 dát výpověď 4 psát noticky **–able** [-əbl] 1 pozoruhodný 2 nápadný, patrný **~–board** vývěsní tabule; výstražná tabulka

notifiable [ˈnəutifaiəbl] podléhající hlášení

notif|ication [ˌnəutifiˈkeišən] oznámení, o-, hlášení **–y** [ˈnəutifai] oznámit, o-, hlásit (*of* co)

notion [ˈnəušə] 1 ponětí, potucha 2 představa, nápad, dojem 3 pojem 4 názor 5 chuť 6 pl am. drobná galanterie **–al** [-ənl] 1 pojmový, spekulativní 2 pomyslný

notorious [nəuˈtoːriəs] 1 dobře známý 2 smutně známý / proslulý

notwithstanding [ˌnotwiθˈstændiŋ] *prep* přes ● *adv* přesto, nicméně ● *conj* ~ (*that*) přestože, ačkoliv

nought [ˈnoːt] nula ♦ *bring* / come* to ~* přivést / přijít nazmar

noun [ˈnaun] jaz. podstatné jméno

nourish [ˈnariš] 1 živit 2 dodávat živiny půdě **–ing** [-iŋ] výživný **–ment** [-mənt] 1 pokrm, potrava 2 výživa

novel [ˈnovl] 1 román 2 práv. novela ● *a* nový, nebývalý **–ette** [ˌnoveˈlet] novela **–ist** [ˈnovəlist] romanopisec **–ty** [-lti] 1 novinka 2 novota, novost

November [nəuˈvembə] listopad

novice [ˈnovis] 1 nováček 2 círk.

novic(ka)

now ['nəu] **1** teď, nyní; právě **2** ihned **3** (no) tak, tedy ♦ ~, ~! no tak, no tak!; ~...~ hned...hned; (every) ~ and again / then občas; by ~ teď už; up to / till / until ~ doposud; ~ then tak tedy, no tak (dělej)! **–adays** [-ədeiz] v nynější době, nyní

no|where ['nəuweə] **1** nikde **2** nikam ♦ ~ near zdaleka ne **–wise** [-waiz] nijak, nikterak

noxious ['nokšəs] škodlivý, zhoubný

nozzle ['nozl] tryska; hubice

n't ['nt, ǝn] v. not

nuance [nu'a:ns] jemný rozdíl, nuance; odstín

nub ['nab] **1** kostka, ořech **2** zbytek **3** jádro, podstata **4** uzlík

nuclear ['nju:kliə] jaderný, nukleární

nucleonics [,nju:kli'oniks] jaderná fyzika

nucle|us ['nju:kliəs], pl -i [-ai] fyz. jádro

nud|e ['nju:d] a **1** nahý, holý **2** tělové barvy ● s umělecký akt **–ity** [-iti] **1** nahota **2** malířský akt, nahotina

nudge ['nadž] šťouchnout loktem

nugatory ['nju:gətəri] nicotný, bezcenný

nugget ['nagit] valoun zlata

nuisance ['nju:sns] **1** nepříjemnost, obtíž **2** nepřístojnost, zlořád **3** protiva ♦ be a ~ být na obtíž; commit no ~ znečišťování tohoto místa se zakazuje

nuke [nu:k] s hovor. **1** atomová bomba, atomovka **2** atomová elektrárna, atomovka ● v použít atomové bomby proti

null ['nal] **1** neplatný **2** nulový **3** bezvýznamný ♦ ~ and void práv. neplatný; ~ set nulová množina **–ify** [-ifai] zrušit, prohlásit za neplatné, anulovat **–ity** [-əti] **1** neplatnost **2** úplné nic

numb ['nam] a zkřehlý; ztuhlý,

ztrnulý ● v zbavit citu, znecitlivět; ochromit

number ['nambə] s **1** číslo **2** číslice **3** počet, množství **4** pl -s mnoho, číselná převaha **5** kus děvče **6** kus oděvu, výtvor, artikl ♦ a back ~ staré číslo, přen. vyřazená veličina; No. 10 (Downing Street) britské předsednictvo vlády; a ~ of řada čeho ● v **1** o-, číslovat **2** čítat **3** spočítat, sečíst **4** počítat (among mezi) **–less** [-lis] nesčetný

numer|able ['nju:mərəbl] zř. počitatelný **–al** [-rl] s číslovka ● a číselný ♦ ~ character číslice **–ator** [-əreitə] čitatel **–ical** [nju:'merikl] číselný, numerický **–ous** [-rəs] **1** po-, četný **2** rytmický

numismatics [,nju:miz'mætiks] numizmatika

numskull ['namskal] přen. trouba, mamlas

nun ['nan] jeptiška

nunnery ['nanəri] ženský klášter

nuptial ['napšəl] a svatební ● s obyč. pl -s svatba

nurse ['nə:s] s **1** ošetřovatel(ka) **2** (dry ~) chůva **3** (wet ~) kojná ● v **1** ošetřovat **2** dělat chůvu; hýčkat, laskat; houpat / muchlat v rukou **3** kojit **4** pěstovat, chovat, opatrovat ♦ nursing bottle dětská láhev; ~ one's cold léčit se z nastuzení **~-child*** svěřenec **~-maid** guvernantka, bona **–ry** [-ri] **1** dětský pokoj **2** zahrad. školka **3** sádka **4** přen. semeniště, školící pracoviště ♦ day ~ dětský pokoj; jesle; ~ rhyme dětská říkanka; ~ school mateřská školka

nurs(e)ling ['nə:sliŋ] **1** kojenec **2** odchovanec

nurture ['nə:čə] s **1** potrava, jídlo **2** výchova ● v **1** živit **2** vychov(áv)at, dát na vychování

nut ['nat] s **1** ořech; přen. oříšek, jádro problému **2** matice šroubu **3** slang. kokos, kebule **4** slang. cvok **5** hud.

pražec; žabka ♦ be (dead) -s on
být celý zfanfrněný do; for -s pro
legraci; not for -s ani za nic;
that's -s to him to je něco pro
něho ● v (-tt-) obyč. jen go -ting
chodit na oříšky ~-cracker(s)
[ˈnatˌkrækə(z)] louskáček **–meg**
[-meg] muškátový ořech **–shell**
skořápka (ořechu) ♦ in a ~ v
kostce

nutri|ent [ˈnjuːtriənt] a výživný;
živící, živný ● s živina **–ment**
[-mənt] potrava **–tion** [njuːˈtrišən]
výživa **–tious** [ˈnjuːtrišəs] výživný
–tive [-tiv] 1 výživný 2 živný 3
vyživovací

nutty [ˈnati] 1 oříškov|ý, -é chuti 2
jadrný 3 slang. praštěný 4 slang.
celý zfanfrněný (upon do koho)

nuzzle [ˈnazl] 1 rýt (rypáčkem) 2
čenichat 3 rýt (nosem) (at, a-
gainst do) 4 otírat se o

nylon [ˈnailən] 1 nylon 2 pl -s nylon-
ky

nymph [ˈnimf] 1 nymfa, víla, rusal-
ka 2 nymfa; kukla hmyzu

O

O,o [ˈəu] s 1 písmeno O 2 nula jako
telef. číslo 3 prefix irských jmen: O'Con-
nor ● interj ó

O' místo of

oaf* [ˈəuf] nemehlo; vrták, trouba

oak [ˈəuk] bot. dub ~-apple, ~-ball,
~-cone duběnka **–en** dubový
–let, –ling doubek ~-tree dub

oakum [ˈəukam] koudel

oar [ˈoː] veslo ♦ pair ~ dvouvesli-
ce; four ~ čtyřveslice; put* in
one's, have an ~ in every man's
boat plést se do všeho; rest on
one's -s odpočívat na vavřínech
–sman* veslař **–swoman*** ves-
lařka

oas|is [əuˈeisis], pl -es [-iːz] oáza

oat [ˈəut], obyč. -s pl oves **–meal**
[-miːl] ovesná mouka / kaše

oath [ˈəuθ], pl -ths [-ðz] přísaha,
za-, klení ♦ by, on ~ pod přísa-

hou; take* / make* / put* a p. on
~ vzít koho pod přísahu

oaves [ˈəuvz] pl od oaf

obdurate [ˈobdjurət] zatvrzelý

obedi|ence [əuˈbiːdjəns] posluš-
nost **–ent** poslušný, oddaný

obeisance [əuˈbeisəns] 1 úcta,
hold 2 podrobení se 3 úklona,
pukrle

obelisk [ˈobəlisk] obelisk

obes|e [əuˈbiːs] otylý, obézní **–ity**
[əuˈbisəti] otylost, obezita

obey [əˈbei] poslouchat, podrobit
se

obfuscat|e [ˈobfaskeit] 1 zatemnit
2 zmást **–ion** [ˌ-ˈkeišən] zmatení
pojmů, zmatek

obiit [ˈəubiit] zemřel

obituary [əuˈbitjuəri] 1 nekrolog 2
přen. labutí píseň 3 matrika ze-
mřelých ♦ ~ notice úmrtní ozná-
mení v novinách, parte

object [ˈobdžikt] 1 předmět 2 účel,
cíl ● v [əbˈdžekt] namítat, mít ná-
mitky (to, against proti), protes-
tovat **–ion** [əbˈdžekšən] námitka,
nesouhlas, protest; vada ♦
make* an ~ to namítat: I have no
~ nic proti tomu nenamítám
–ionable [əbˈdžekšnəbl] proble-
matický, nežádoucí **–ive** [əb-
ˈdžektiv] a 1 předmětný 2 vnější,
objektivní ● s 1 cíl, účel 2 objek-
tiv 3 jaz. předmětový pád **–ive-
ness** [əbˈdžektivnis], **–ivity** [ˌob-
džekˈtivəti] objektivnost, nestran-
nost

objurgat|e [ˈobdžəːgeit] plísnit **–ion**
[ˌ-ˈgeišən] vy-, plísnění

oblat|e [ˈobleit] a geom. zploštělý u
pólů ● s círk. oblát **–ion** [əuˈblei-
šən] 1 náb. obětování při mši 2 círk.
oblace, oběra

obligat|e [ˈobligeit] zavázat k čemu,
uložit za povinnost (to do) **–ion**
[ˌ-ˈgeišən] 1 závazek, povinnost
2 závaznost 3 úpis, dluhopis ♦
meet* the delivery ~ splnit do-
dávkovou povinnost **–ory** [oˈblig-
ətəri] povinný, závazný

oblig|e [əˈblaidž] **1** zavázat, být zavázán **2** přinutit **3** vyhovět, vypomoci **4** přispět k zábavě ♦ *be -d* musit; *I am much -d* děkuji; *could you ~ me with a pound?* mohl bys mi půjčit libru? **-ing** úslužný, ochotný

obliqu|e [əˈbliːk] **1** kosý, šikmý **2** jaz. nepřímý (*case* pád) **-ity** [əˈblikwəti] **1** kosost, křivolakost **2** zvrácenost mravní

obliterate [əˈblitəreit] vymazat, vyhladit

oblivi|on [əˈbliviən] zapomenutí ♦ *Act* n. *Bill of O~* amnestie; *fall* into ~* upadnout v zapomnění **-ous** [əˈbliviəs] zapomnětlivý, zapomínající (*be ~ of* zapomínat na)

oblong [ˈoblɔŋ] a podlouhlý, obdélný|ý, -íkový ♦ s obdélník

obloquy [ˈobləkwi] utrhání na cti, pomluva

obnoxious [əbˈnokšəs] **1** zast. závadný, škodlivý **2** nepřístojný, nepřijatelný

oboe [ˈəubəu] hoboj

obscen|e [əbˈsiːn] neslušný, oplzlý **-ity** oplzlost

obscur|ant(ist) [obˈskjuərənt(ist)] tmář, zpátečník **-antism** [-izəm] tmářství **-ation** [ˌobskjuəˈreišən] zatemnění, zahalení

obscure [əbˈskjuə] a **1** temný **2** nejasný, nezřetelný **3** neviditelný **4** bezvýznamný, nenápadný **5** neznámý, skrytý ● v **1** zatemnit, zastínit, zahalit **2** skrýt **3** učinit nejasným

obsecration [ˌobsiˈkreišən] úpěnlivá prosba, vzývání

obsequies [ˈobsikwiz] pl pohřební obřad

observ|ance [əbˈzəːvəns] **1** zachovávání, dodržování, plnění **2** předpis **3** obyčej, zvyk **4** círk. obřad, rituál, řeholní pravidla **-ant** pozorný, všímavý **-ation** [ˌobzəˈveišən] pozorování, sledování, zkoumání **-atory** [əbˈzəːvətri] hvězdárna, observatoř

observ|e [əbˈzəːv] **1** z-, pozorovat, sledovat, po-, všimnout si **2** poznamenat (*on* k), komentovat **3** plnit **4** slavit, světit neděli, zachovávat **5** konat pozorování ♦ *~ the time* být přesný; *~ silence* být tiše **-er** pozorovatel

obsess [əbˈses] posednout mysl **-ion** [əbˈsešən] posedlost

obsolete [ˈobsəliːt] zastaralý

obstacle [ˈobstəkl] překážka ♦ *~ race* překážkový závod

obstetric [obˈstetrik] porodnický **-ion** [ˌobsteˈtrišən] porodník, pl *-s* porodnictví

obstin|acy [ˈobstinasi] zatvrzelost, umíněnost, urputnost **-ate** [-ət] tvrdošíjný, neústupný, zatvrzelý, urputný

obstreperous [əbˈstrepərəs] a **1** hlučný **2** divoký, neukázněný, trucovitý

obstruct [əbˈstrakt] **1** zahradit, zatarasit **2** překážet, zabraňovat **-ion** [-šən] překážka

obtain [əbˈtein] **1** získat, obdržet **2** převládat, být v módě

obtrude [əbˈtruːd] vnucovat (se) (*on* komu)

obtrus|ion [əbˈtruːžn] vtírání, vnucování (se) (*upon* komu) **-ive** [-siv] dotěrný

obtuse [əbˈtjuːs] **1** tupý, otupělý **2** hloupý ♦ *~ angle* tupý úhel

obverse [ˈobvəːs] líc mince

obviate [ˈobvieit] odstranit nebezpečí, překážku, vyhnout se čemu, zabránit čemu

obvious [ˈobviəs] (samo)zřejmý

occasion [əˈkeižn] s **1** příležitost **2** příčina, důvod **3** záminka **4** možnost ♦ *there is no ~ to be angry* není důvodu k hněvu; *on ~* v případě nutnosti; *rise* to the ~* být na výši situace, osvědčit se, vytáhnout se ● v zavdat příčinu; přimět **-al** příležitostný, občasný

occident [ˈoksidənt] západ **-al** [ˌoksiˈdentl] západní

occipital [okˈsipitl] anat. týlní

occlude [əˈkluːd] v 1 uzavírat, o-kludovat, zneprůchodnit 2 stisknout zuby, skousnout **–sion** [-žən] ● s 1 uzavření, zablokování 2 skus zubů 3 jaz. závěr při tvoření závěrových hlásek **–sive** [-siv] a uzavírající, uzavírací, blokující, okluzní ● s nosovka, nazála

occult [oˈkalt] okultní, tajný, tajemný, záhadný **–ism** [ˈokəltizəm] okultismus

occupant [ˈokjupənt] držitel, okupant

occupation [ˌokjuˈpeišən] 1 zaměstnání, povolání 2 držení 3 zabrání, obsazení, okupace ♦ army of ~ okupační armáda **–al** týkající se povolání; okupační ♦ ~ disease choroba z povolání; ~ therapy pracovní lékařství

occupy [ˈokjupai] 1 zabrat, obsadit vojensky, okupovat 2 bydlit, obývat 3 zaměstnat, zaneprázdnit ~ o.s. zaměstnávat se 4 rozkládat se kde

occur [əˈkəː] (-rr-) 1 přihodit se, stát se 2 přijít na mysl, napadnout **–rence** [əˈkarəns] 1 výskyt 2 událost

ocean [ˈəušən] oceán **–ic** [ˌəušiˈænik] oceánský **–aut** [-oːt] podmořský badatel

ochre [ˈəukə] okr

o'clock v. clock

octagon [ˈoktəgən] osmiúhelník

octane [ˈoktein] chem. oktan (~ number)

octave [ˈokteiv] 1 círk. oktáv 2 osmiřádkový verš 3 [ˈoktiv] hud. oktáva 4 osma (an ~ of oarsmen veslařská osma

octavo* [okˈteivəu] oktáv, osmerka

October [okˈtəubə] říjen

octopus [ˈoktəpəs] zool. chobotnice

ocul|ar [ˈokjulə] a oční, zrakový, vizuální ● s okulár **–ist** oční lékař

odd [ˈod] 1 lichý (~ numbers lichá čísla); nerovný 2 jednotlivý 3 náhodný; nezahrnutý v počtu, přebytečný, zbylý 4 příležitostný (job práce), výpomocný 5 neobsazený 6 volný čas 7 zvláštní, výstřední, neformální 8 nemanželský ♦ ~ and even sudá lichá hra; forty ~ přes 40; twelve pounds ~ něco přes 12 liber **–ity** 1 zvláštnost, podivnost, podivínství 2 podivín **–ments** pl zbytky, maličkosti, harampádí

odds [ˈodz] pl 1 nerovnost, nestejný počet; rozdíl 2 šance, pravděpodobnost, možnost výhry; výhoda (the ~ on that horse winning is ten to one šance, že ten kůň vyhraje, je deset ku jedné) 3 spor, svár (be at ~ with být ve sporu s) 4 převaha (against ~ proti) ♦ ~ and ends zbytky, drobnosti; the ~ are that je jisto, že; have the ~ of a p. mít převahu nad; take* ~ přijmout výhodu **~-on** [-ˈon] mírně nadějný

ode [ˈəud] óda

odious [ˈəudjəs] nenáviděný, odporný

odium [ˈəudjəm] opovržení, hanba, ódium

odometer [ouˈdomitə] tachometr

odorous [ˈəudərəs] vonný

odour [ˈəudə] (zá)pach, vůně; přen. příchuť ♦ be in good ~ být dobře zapsán u koho

oesophagus [iːˈsofəgəs] jícen

of [ˈov, ˈəv] od, ze: o, po; na; před ♦ because ~, for the sake ~, on account ~ pro; by means ~ pomocí; built ~ stavěný z; blind ~ an eye slepý na jedno oko; hard ~ hearing nedoslýchavý; in case ~ v případě; in spite ~ přes; instead ~ místo čeho; irrespective ~ bez ohledu na; ~ necessity nutně; the fear ~ strach před

off [ˈof] adv 1 pryč, odtud 2 do konce 3 úplně 4 zrušen (be ~ nebýt k dispozici, nekonat se; být slabý) 5 vypnut(o) (the light is ~ světlo je vypnuto) ♦ ~ and on tu a tam; we are ~ now právě odjíždíme / odcházíme; *day ~* volný den; *~ with you!* kliď se!; *he is well ~* daří se mu dobře; *hands ~!* ruce pryč! ● *prep* od, ze; v dohledu, blízko pobřeží; s jakou nevýhodou ◆ *be ~ duty* nebýt ve službě; *in a street ~ the Strand* někde v ulici blízko Strandu ● *a* 1 vzdálený, vedlejší, postranní 2 volný 3 smolný 4 podřadný 5 náruční, pravý ◆ *~ season* okurková sezóna

offal ['ofəl] 1 odpadky, zbytky 2 droby

off-camera ['ofkəmərə] *adv, a* z dosahu filmové n. televizní kamery, v soukromém životě

offence [ə'fens] 1 urážka 2 přestupek, zločin; hřích 3 pohoršení 4 útok ◆ *give** *(take**) *~* urazit (se); *no ~* nic ve zlém

offend [ə'fend] 1 urazit 2 pochybit 3 dopustit se přestupku, provinit se, prohřešit se **–er** [-ə] viník, provinilec

offensive [ə'fensiv] *a* 1 útočný, výbojný, ofenzivní 2 urážlivý, hrubý 3 nepříjemný, odporný ● *s* ofenzíva, útok

offer ['ofə] *v* 1 nabídnout 2 obětovat 3 namítat 4 přednést, uvést 5 vyskytovat se 6 poskytnout 7 skýtat ◆ *~ one's hand* nabídnout ruku k pozdravu, k sňatku ● *s* 1 nabídka, oferta 2 nabídka k sňatku ◆ *make** *an ~* nabídnout

offhand [o:f'hænd] *adv* 1 spatra, bez přípravy, okamžitě ● *a* 1 nepřipravený 2 nedbalý 3 neformální

office ['ofis] 1 úřadovna, kancelář; podnik, dílna; ordinace 2 úřad círk. oficium, breviář; bohoslužba 4 služba, zaměstnání 5 pl příslušenství v domě ◆ *branch ~* pobočka; *Foreign O~* ministerstvo zahraničí; *head ~* ústředí, centrální kancelář; *Home O~* ministerstvo vnitra

officer ['ofisə] 1 důstojník 2 strážník, policista 3 referent, vedoucí pracovník, vedoucí oddělení, celní úředník ◆ *~ of the day* službu konající důstojník

official [ə'fišl] *a* úřední ● *s* vyšší státní úředník **–alese** [ə'fišə'li:z] úřední sloh **–ate** [-šieit] 1 círk. celebrovat bohoslužbu 2 fungovat (*as* jako)

officious [ə'fišəs] příliš úslužný, dotěrný

off|ing ['ofiŋ] širé moře, obzor **~-licence** výčep s právem čepovat přes ulici **~-limits** pl hranice sektoru apod. **–print** separát(ní otisk) **~-putting** 1 odkladný 2 zarážející **–scourings** ['of,skəuəriŋz] odpadky, přen. spodina **~-season** mrtvá sezóna **–set** *s* 1 výhonek 2 ohyb, odstupek u zdi 3 protiúčet 4 ofsetový tisk ● *v** 1 vyvážit, vynahradit 2 tisknout ofsetem **–shoot** odnož **–side** [of-'said] vnější strana **–spring** potom|ek, -stvo; výsledek **~-stage** jsoucí v zákulisí

off-the|-peg [,ofðə'peg] konfekční oděv **~-record** důvěrný, neprotokolovaný; tajný o spisech **~-shelf** předem připravený, hotový, běžně v prodeji **~-wall** bizarní, fantastický, velmi neobvyklý, velmi nekonvenční

off-white [of'wait] špinavě bílý

oft ['o:ft] zast., **often** ['ofn] často ◆ *more often than not* dost často, spíše

ogle ['əugl] vrhat zamilované pohledy

ogre ['əugə] obr, lidožrout

oh ['əu] *interj* ó!, ach!

ohm ['əum] ohm, jednotka elektrického odporu

oil ['oil] *s* 1 olej 2 brit. petrolej, nafta 3 olejová barva 4 lichocení, mazání medu kolem úst ◆ *crude ~* surový olej, ropa, nafta; **palm-~** 1 palmový olej 2 podmazání úplatek; *pour ~ on the flame* přen. přilévat oleje do ohně; *pour ~ on* *the waters* utišit,urovnat věc; *strike** ~ am. narazit na naftu: přen. zakopnout o štěstí ● *v* na-, mazat, na-, olejovat ♦ ~ *one's hand* podmazat, podplatit; ~ *one's tongue* lichotit ~~**cake** olejnice **–can** olejnička **–cloth** voskované plátno ~~**colour** [ˈ-ˌ] olejová barva **–ed** slang. namazaný opilý ~~**field** naftové pole ~~**painting** [-ˈ] olejomalba **–skin** voskované plátno ~~**stone** olejný brousek ~~**well** ropný vrt **–y 1** olejnatý, mastný **2** podlézavý, lichotivý

ointment [ˈointmənt] mast na pleť

O.K. = *all right* = **okay** [əuˈkei] hovor. *a, adv* prima, fajn ● *v* schválit

old [ˈəuld] *a* **1** starý; zkušený, zběhlý **2** obrovský, senzační (po *good, grand, high*) **3** dávný, zašlý ♦ ~ *age* stáří; ~ *age pension / insurance* starobní důchod / pojištění; ~ *boy* **1** kamarád **2** absolvent urč. škoty; ~ *hand* zkušený člověk; ~ *maid* stará panna; ~ *woman** **1** přen. baba o muži **2** stará manželka ♦ *grow** ~ stárnout; ~ *lady* **1** stará manželka, dáma **2** matka; ~ *man** **1** stařec **2** starý manžel, pán, otec **3** oslovení hochu, kamaráde ● *s: of* ~ v dávných dobách; *from of* ~ odedávna; *the* ~ staří lidé ~~**fashioned** [-ˈ] staromódní

oldster [ˈəuldstə] staroch, stařík

olfact|ion [olˈfækšən] čich, čichání **–ory** [olˈfæktəri] čichový

oligarchy [ˈoligəːki] oligarchie

olive [ˈoliv] *s* bot. oliva ● *a* olivový, olivové barvy ~~**branch** olivová ratolest míru ~~**oil** olivový olej

Olympiad [əuˈlimpiæd] olympiáda

Olympic games [əuˈlimpikˈgeimz] Olympijské hry

omega [ˈəumigə] omega řecké písmeno; přen. poslední slovo

omelet(te) [ˈomlit] omeleta; svítek

omen [ˈəumen] znamení, předzvěst

ominous [ˈominəs] zlověstný, osudný

omission [əˈmišən] opominutí, zanedbání; vynechání

omit [əˈmit] (*-tt-*) vynechat, opominout, zanedbat; zapomenout

omnibus [ˈomnibəs] autobus, omnibus, dostavník ♦ ~ *train* lokálka vlak; ~ *volume* souborný svazek

omnipotent [omˈnipətənt] všemohoucí

omnipresent [ˌomniˈprezənt] všudypřítomný

omniscient [omˈnisiənt] vševědoucí

omnivorous [omˈnivərəs] všecko hltající, hltavý, žravý

on [ˈon] *prep* na, ve; za, při; podle ♦ ~ *the table* na stole; ~ *foot* pěšky; ~ *board* na palubě čeho; ~~*board* kosm. palubní; ~ *a sudden* náhle; ~ *high* tam nahoře; ~~*line* jsoucí na výrobní lince, zapojený na počítač / síť; ~ *my part* co se mne týče; ~ *my conscience* na mé svědomí; ~ *good* terms* za dobrých podmínek, (být) zadobře s kým; ~ *the contrary* naopak; ~ *the instant* najednou: bezprostředně; ~ *time* včas, přesně; ~ *the minute* na minutu (přesně); ~ *sale* na prodej; *live* ~ *annuity* žít z důchodu; *draw* a cheque* ~ *a bank* vystavit šek na banku: ● *adv* dále; na programu (*Macbeth is* ~ hraje se Macbeth); v sázce; hovor. ochoten ♦ *and so* ~ a tak dále

once [ˈwans] *adv* **1** jednou **2** kdysi, druhdy ♦ ~ *for all* jednou provždy, definitivně; *at* ~ ihned; *at* ~... *and*... zároveň... i...; ~ *more* ještě jednou; ~ *in a way* tu a tam; *more than* ~ více než jednou, víckrát; ~ *upon a time* kdysi; *all at* ~ **1** náhle **2** všichni najednou, společně, unisono ● *conj* jakmile (jednou) ● *a* bývalý, dřívější

one [ˈwan] *a* **1** jeden **2** jediný **3** člověk; kdosi, někdo **4** sám **5** nějaký, jakýsi ♦ *they were made* ~ byli oddáni; *become** ~ spojit se, sjednotit se; *in the year* ~ kdysi dávno předtím; *Aeneid, book* ~ první kniha Aeneidy; *it is all* ~ *to me* je mi to všechno jedno; ~ *and all* společně a nerozdílně; ~ *by* ~, ~ *after another* po jednom, jeden po druhém; ~ *with another průměrně*; *(the)* ~ *the other* jeden ... druhý; ~ *another* jeden druhého, navzájem; *many a* ~ mnoho lidí; *any* ~ kdokoliv; *every* ~ každý; *no* ~ nikdo, žádný ● *s* jedna, jednička; fanda **–ness** [ˈwannis] **1** jednota, jednotnost **2** shoda, identita, totožnost **–self** [-ˈ] sám, sebe, se **~-sided** [-ˈsaidid] jednostranný **~-way** jednosměrný o dopravě

onerous [ˈonərəs] obtížný, těžký

onion [ˈanjən] cibule ♦ ~ *dome* věžní báň

onlooker [ˈonˌlukə] divák

only [ˈəunli] *a* jediný ♦ *one and* ~ jeden jediný ● *adv* pouze, toliko, jen(om); teprve; *not* ~ nejen; ~ *too* příliš ● *conj* **1** ale **2** kromě případu, že **3** jenže **4** až na to, že *(~ that)*

onset [ˈonset] **1** útok **2** začátek

onslaught [ˈonsloːt] útok, přepadení

onto [ˈontu] zvl. am. nahoru na, až k

onus [ˈəunəs] práv. břímě; vina, ostuda

onward [ˈonwəd] *adv* **1** kupředu, napřed **2** dále, budoucně ● *a* kupředu směřující *-s = onward*

ooze [uːz] *s* **1** bahno, bláto, kal; bažina **2** sliz **3** tříselnice **4** mokvání ● *v* **1** prosakovat, mokvat **2** proklubat se *(~ out, away)*

opacity [əuˈpæsəti] **1** temnota **2** neprůhlednost, neprůsvitnost

opal [ˈəupəl] opál

opaque [əuˈpeik] neprůhledný, neprůsvitný, matný, nejasný

open [ˈəupn] *a* **1** otevřený **2** volný, nechráněný, přístupný **3** veřejný *(ballot, discussion* veřejn|é volby, -á diskuse) **4** náchylný **5** nekrytý,

holý **6** základní, přirozený **7** přímý, upřímný, nezaujatý **8** *(~-handed)* štědrý **9** zapojený mikrofon ♦ ~ *classroom* otevřená třída neformální systém základního vzdělání; ~ *routine* výpoč. tech. otevřený program; *bring* a t. into the* ~ zveřejnit; *in the* ~ pod širým nebem, v přírodě; *the door flew** ~ dveře se otevřely, rozletěly; *keep* an* ~ *house* být pohostinný; *keep* one's mouth* ~ být lačný čeho, být chtivý, hltavý; *lay** ~ odhalit; *receive with* ~ *arms* přijmout s otevřenou náručí; *with* ~ *eyes* s otevřenýma očima ● *s* volný prostor, krajina, příroda, venek ● *v* **1** otevřít (se), odemknout **2** odkrýt, odhalit **3** začít mluvit, zahájit, *(debate* debatu) **4** sdělit **5** rozevřít (se) **6** mít premiéru hra **7** vypínat el. proud ♦ ~ *a business* začít obchod; ~ *a passage* voj. vynutit si průchod; ~ *fire* zahájit palbu ~ **out 1** přidat plyn **2** hovor. vyklopit ze sebe ~ **up 1** zpřístupnit, odkrýt **2** odhalit; s ničím se neskrývat, «roztát» **3** otevřít si podnik

open|cast *coal-mining* povrchová těžba uhlí **~-eared** pozorný **~-eyed** [ˌ-ˈ-] bdělý, bedlivý **~-heart** med. prováděný za použití umělého srdce **–ing** *s* **1** otvor **2** průlom; úvod, počátek **3** zahájení **4** pracovní příležitost, volné místo **5** vernisáž, premiéra ● *a* zahajovací, otvírací *(~ time)*; projímavý **~-minded** [ˌ-ˈ-] nezaujatý **~-mouthed** [ˌ-ˈ-] *s* otevřenými ústy, přen. žhavý do čeho; halasný, hltavý

opera [ˈopərə] opera **~-glass** divadelní kukátko **~-hat** cylindr, klak ~ **window** okénko na každé zadní části panelů auta

operat|e [ˈopəreit] **1** fungovat, pracovat **2** působit, zabrat o léku **3** operovat *(on* koho, co) **4** obsluhovat *(a machine* stroj) **5** spekulovat na burze **6** vysílat rozhlas **7** ří-

dit, organizovat **–ion** [ˌopəˈreišən]
1 působení, činnost; fungování;
síla **2** výkon **3** pracovní postup,
obsluha stroje, manipulace **4** ope-
race **5** platnost, účinnost **6** spe-
kulace, transakce ♦ *put* into ~*
uvést do provozu **–ional** [-ˈrei-
šənl] **1** provozní **2** operační ♦ *~
costs* provozní náklady; *~ train-
ing* provozní praxe **–ive** [opərə-
tiv] *a* **1** platný, účinný **2** práv. med.
operativní **3** praktický ● *s* dělník,
mechanik **–or 1** operátor, opera-
tér, dělník u stroje **2** telefonist|a,
-ka; telegrafist|a, -ka **3** kamera-
man **4** telegrafní tyč **5** šofér, pi-
lot **6** dopravce **7** spekulant **8** ve-
doucí podniku
operatic [ˌopəˈrætik] operní
operetta [ˌopəˈretə] opereta
opiate [ˈəupiət] opiát, narkotikum
opine [əˈpain] kniž. mínit, domnívat
se
opinion [əˈpinjən] mínění, názor, ú-
sudek; odborný posudek ♦ *in my ~*
podle mého mínění; *be of ~*
mínit, soudit; *a matter of ~* věc
názoru **–ated** [-eitid] umíněný
opium [ˈəupjəm] opium
opponent [əˈpəunənt] odpůrce,
protivník; oponent
opportun|e [ˈopətju:n] příhodný,
vhodný, případný **–ism** opor-
tunismus **–ist** oportunista **–ity**
[ˌopəˈtjunəti] příležitost, příznivá /
vhodná doba ♦ *seize / take* /
embrace an ~* chopit se příleži-
tosti
oppose [əˈpəuz] **1** postavit se proti
komu / čemu, čelit komu / čemu **2** od-
pírat, vzdorovat ♦ *be -d to* opo-
novat komu / čemu
opposit|e [ˈopəzit] *a* **1** protější **2**
protilehlý, opačný **3** opoziční ♦
~ number partner, kolega v jiném
podniku ● *s* **1** protiklad, opak **2**
zast. protivník ● *adv, prep* naproti
–ion [ˌopəˈzišən] **1** odpor, opozi-
ce **2** kontrast, protiklad **–ionist**
opoziční

oppress [əˈpres] utiskovat, utlačo-
vat; trápit, týrat, deptat **–ion**
[əˈprešən] **1** tlak **2** potlačování,
útlak, útisk (*colonial ~* koloniální
útisk) **3** sklíčenost **–ive** utiskující,
skličující, tyranský **–or** utiskova-
tel, tyran
opprobrious [əˈprəubriəs] ostudný,
urážlivý
opt [ˈopt] volit (*for a candidate* kan-
didáta), optovat *~ out* rozhod-
nout se k neúčasti
optic, –al [ˈoptik(l)] oční, zrakový,
optický **–ian** [opˈtišən] optik **–s**
optika
optim|ism [ˈoptimizəm] optimis-
mus **–ist** [optimist] optimista **–is-
tic** [ˌoptiˈmistik] optimistický **–um**
s optimum ● *a* optimální
option [ˈopšən] volba, přání **–al**
[ˈopšənl] nepovinný, dobrovolný,
volitelný školní předmět
opulent [ˈopjulənt] bohatý, hojný,
opulentní; výnosný
or [ˈo:] nebo, či; *either... ~* buď...
anebo
orac|le [ˈorəkl] **1** věštba **2** věštec **3**
věštírna **–ular** [oˈrækjulə] proroc-
ký, věštecký; nejasný, tajemný
oral [ˈo:rəl] *a* ústní ♦ *~ cavity* ústní
dutina ● *s* hovor. ústní zkouška
orange [ˈorindž] *s* pomeranč ● *a*
pomerančový, oranžový **–ade**
[ˌorinˈdžeid] oranžáda
oration [o:ˈreišən] slavnostní řeč
orator [ˈorətə] řečník **–y** [ˈorətəri] **1**
círk. oratoř **2** řečnictví
oratorio [ˌorəˈto:riəu] hud. oratorium
orb [ˈo:b] **1** kruh, koule; nebeské těle-
so **2** oční bulva
orbit [ˈo:bit] *s* **1** anat. oční důlek **2**
oběžná dráha, orbit(a); jeden oběh
3 obruba oka ptačího **4** sféra vlivu
● *v* létat po oběžné dráze
orchard [ˈo:čad] ovocný sad
orchestr|a [ˈo:kistrə] orchestr **–al**
[o:ˈkestrəl] orchestrální
orchid, orchis [ˈo:kid, ˈo:kis] bot. or-
chidej
ordain [o:ˈdein] **1** určit, ustanovit **2**

vysvětit na kněze
ordeal [oːˈdiːl] **1** boží soud **2** tvrdá zkouška, soužení, muka
order [ˈoːdə] *s* **1** řád, hodnostní stupeň, stav; věd. řád, druh, skupina **2** uspořádání, řád náboženský, společenský **3** pořadí, posloupnost, pořádek **4** postup **5** nařízení, příkaz, instrukce **6** zřízení, pravidlo **7** zakázka, objednávka ♦ *be out of ~* nefungovat, špatně pracovat; *holy -s* svěcení; *money / postal ~* peněžní / poštovní poukázka; *by ~* podle rozkazu; *in good ~* v dobrém pořádku; *out of ~* v nepořádku; *made to ~* zhotovený na objednávku; *in ~ to aby...*; *~-of-the-day* denní rozkaz; *a tall ~* velké požadavky ● *v* **1** řídit, spravovat **2** přikázat, nařídit **3** objednat (si) **4** seřadit, uspořádat **5** velet, rozkazovat *~ about* sekýrovat **-less** nepořádný **-ly** *a* uspořádaný, systematický, metodický; voj. ordonanční ● *s* **1** ordonance **2** sanitář **3** metař, počišťovač
ordinal [ˈoːdinl] *a* řadový číslovka ● *s* číslovka řadová
ordinance [ˈoːdinəns] **1** pravidlo; předpis, nařízení **2** náb. obřad, ustanovení svátosti
ordinary [ˈoːdinəri] *a* obyčejný, běžný, normální; řádný ● *s* **1** jakákoli běžná věc / činnost **2** círk. biskup ordinář **3** denní jídlo v hostinci **4** hostinec **5** rituál kniha obřadních předpisů ♦ *in ~* na systemizovaném místě
ordination [oːdiˈneišən] **1** utřídění, klasifikace **2** vysvěcení na kněze
ordnance [ˈoːdnəns] **1** těžké dělostřelectvo **2** arzenál **3** voj. kartografie
ordure [ˈoːdjuə] výkaly; hnůj, bahno, svinstvo
ore [oː] ruda
organ [ˈoːgən] **1** ústrojí, orgán **2** varhany; flašinet **~-grinder** [-ˌ] flašinetář, kolovrátkář **-ic** [oːˈgæ-

nik] organický **-ism** organismus **-ist** varhaník
organization [ˌoːgənaiˈzeišən] organizace
organiz|e [ˈoːgənaiz] organizovat, uspořádat, zařídit, upravit **-er** organizátor
organ|-loft kůr **~-stop** varhanní rejstřík
orgasm [ˈoːgæzəm] orgasmus
orgy [ˈoːdži] orgie
orient[1] [ˈoːriənt] orient **-al** [ˌoːriˈentl] východní, orientální **-alist** [oːriˈentəlist] orientalista **-ation** [ˌoːrienˈteišən] orientace
orient[2] [ˈoːrient], řidč. **-ate** [oːrienˈteit] orientovat (se); obrátit se tváří k východu **-eering** sport. orientační závod
orifice [ˈoːrifis] otvor, ústí; jícen propasti
origin [ˈoːridžin] zdroj, původ, počátek **-al** [əˈridžənl] *a* původní, počáteční, prvotní, originální ● *s* originál **-ate** [əˈridžineit] **1** dát čemu vznik, začít **2** pramenit, povstat, vzniknout (*from, in* z, *with, from a person* od koho) **3** zboží pocházet **-ation** [əˌridžiˈneišən] původ, počátek **-ator** [əˈridžineitə] původce; odesílatel
ornament [ˈoːnəmənt] *s* ozdoba, okrasa, dekorace ● *v* ozdobit, okrášlit **-al** [ˌoːnəˈmentl] ozdobný, dekorativní **-ation** [ˌoːnəmenˈteišən] zdobení, výzdoba
ornate [ˈoːneit] ozdobený, vyšperkovaný; květnatý sloh
ornithology [ˌoːniˈθolədži] ornitologie
orphan [ˈoːfn] *s* sirotek ● *a* osiřelý **-age** [ˈoːfənidž] **1** siroba, osiřelost **2** sirotčinec
orthodox [ˈoːθədoks] ortodoxní, pravověrný; pravoslavný **-y** pravověrnost; pravoslaví
orthography [oːˈθogrəfi] ortografie pravopis
orthotics [oːˈθotiks] med. protetika
oscillat|e [ˈosileit] kmitat, oscilovat

–ion [ˌosiˈleišən] kmitání, chvění, oscilace **–or** oscilátor

osier [ˈəužə] bot. vrba, vrboví; vrbový prut

osmosis [ozˈməusis] osmóza

osprey [ˈospri] **1** zool. orlovec říční **2** volavčí péro na klobouk

ossify [ˈosifai] ztvrdnout na kost, zkostnatět

osten|sible [osˈtensəbl] předstíraný, zdánlivý; význačný, okázalý **–sory** [-səri] monstrance **–tation** [ˌostenˈteišən] stavění na odiv, okázalost **–tatious** [ˌostenˈteišəs] ostentativní, nápadný

ostler [ˈotslə] podkoní v hostinci

ostracize [ˈostrəsaiz] vyobcovat; ignorovat; zbavit se čeho

ostrich [ˈostrič] zool. pštros

other [ˈaðə] jiný, druhý, ostatní; ~ people jiní lidé, the ~ people ostatní lidé; -s jiní; the -s ostatní; each ~ n. one another jeden druhého, navzájem; every ~ day obden; the ~ day onehdy; on the ~ hand na druhé straně; no ~ nikdo jiný; some time or ~ jednoho krásného dne; some one or ~ ten či onen; ~ things being equal kdyby jinak bylo všechno stejné **–ness** odlišnost, rozdílnost **–wise** [ˈaðəwaiz] **1** jinak **2** sice **–wordly** [ˈaðəˌwəːldli] týkající se onoho světa, tajuplný

otter [ˈotə] zool. vydra

ottoman [ˈotəmən] otoman, pohovka

ought¹ [ˈoːt] pomocné sloveso: I ~ to do it měl bych to udělat; it ~ not to be allowed nemá se to dovolovat

ought² [ˈoːt] = aught

ought³ [ˈoːt] nespr. nula

ouch [auč] interj au!, auvej!

ounce [ˈauns] unce (28, 35 gr)

our [ˈauə] náš, naše, samostatně -**s** ♦ in ~ midst v našem středu; this book is -s tato kniha je naše; -s is a large family naše rodina je velká **–self 1** označuje jedinou osobu: pl -selves [ˌauəˈself, -vz] **1** (my) sa-

mi **2** zvratně se, sami sebe ♦ we will see to it ourselves sami se o to postaráme

ousel [ˈuːzl] zool. kos

oust [ˈaust] vypudit, vystrnadit, zbavit (se) (of čeho)

out [ˈaut] adv **1** venku, ven, z domu, vně **2** pryč **3** mimo **4** v koncích, na rozpacích **5** veřejně, jasně ♦ he is ~ není doma, je na svobodě, byl vyloučen, sešel z cesty, mýlí se; she is ~ už přišla do společnosti; they are ~ rozhádali se; miners are ~ horníci stávkují; the book is ~ kniha vyšla; the fire is ~ oheň vyhasl; the ball is ~ míč je mimo hru; the time is ~ čas vypršel; speak* ~ mluvit bez obalu; ~ and ~ skrz naskrz; ~ with him! ven s ním! ● prep am. = out of v. dále ● s **1** vynechávka v tisku **2** míč poslaný mimo hřiště (do autu) **3** pl poražená politická strana, opozice ~ of **1** z, ze **2** kromě, mimo, bez (I am ~ of došel mi...) ♦ ~ of the way z cesty; ~ of curiosity ze zvědavosti; ~ of wool z vlny; ~ of breath udýchaný; ~ of control neovladatelný; ~ of danger mimo nebezpečí; ~ of date zastaralý; ~ of doubt nepochybně; ~ of fashion nemoderní; ~ of favour v nemilosti; ~ of hand z ruky, ihned; ~ of health nemocný; ~ of hearing z doslechu; ~ of hope beznadějný; ~ of love z lásky; ~ of mind zapomenutý, nepamětný; ~ of one's mind / senses pomatený; ~ of order nefungující, přeházený; mimo provoz; ~ of print rozebrán o knize: ~ of service mimo provoz; ~ of temper mrzutý; ~ of use vyšlý z užívání, neužívaný; ~ of tune rozladěný; ~ of way odlehlý; get* ~ of one's way jít komu z cesty; keep* ~ of the way držet se stranou, stranit se

outbalance [autˈbæləns] převažovat

outbid* [aut'bid] nabídnout více při dražbě; předražit nabídku v bridži

outbreak ['autbreik] 1 výbuch, vzplanutí 2 propuknutí 3 vzpoura, násilí

outbuilding ['autbildiŋ] přístavba, přístavek, hospodářské stavení

outburst ['autbə:st] výbuch, vzplanutí

outcast ['autka:st] s vyvrženec, psanec ● a vyvržený, vyděděný

outcome ['autkam] výsledek

outcrop ['autkrop] geol. výchoz vrstvy, přen. neočekavaný výskyt, propuknutí, výbuch

outcry ['autkrai] 1 vý-, křik 2 vyvolávání při dražbě, dražení

outdated ['autdeitid] staromódní

outdo* [aut'du:] překonat, předčit

outdoor ['autdo:] venku, venkovní, ve volné přírodě **–s** venku, v přírodě

out|er ['autə] sup -ermost, -most ze-, vnější; krajní

outfall ['autfo:l] 1 ústí řeky 2 odtok, výtok

outfit ['autfit] 1 výstroj, vybavení 2 am. hovor. parta **–er** obchodník šatstvem

outflow ['autfləu] odtékání, průtok; přen. odliv, únik

outgrow* [aut'grəu] přerůst, vyrůst ze šatů **–th** [-θ] 1 výsledek 2 výplod, produkt 3 výrůstek

outhouse* ['authaus] hospodářské stavení; záchod mimo dům

outing ['autiŋ] výlet

outlandish [aut'lændiš] zahraniční; zvláštní, exotický; zapadlý

outlast [aut'la:st] přečkat, přežít

outlaw ['autlo:] s psanec, vyhnanec ● v postavit mimo zákon, učinit psancem

outlay ['autlei] výdaj, náklad

outlet ['autlet] 1 výpust, výtok, strouha 2 výfuk 3 odpad, odtok 4 průchod, vůle 5 výběh pro drůbež 6 odbytiště, prodejna, obchod 7 ventil možnost vybití energie 6 elektr. zdířka

outline ['autlain] s 1 obrys, kontura, náčrt 2 pl hlavní rysy / zásady ● v narýsovat, načrtnout, navrhnout, předvést ♦ ~ tasks vytyčit úkoly

outlive [aut'liv] přežít koho, co, přetrvat

outlook ['autluk] 1 vyhlídka, výhled 2 rozhled, filoz. názor **~-tower** rozhledna

outlying ['autlaiiŋ] odlehlý, vzdálený

outmachine [,autmə'ši:n] mít materiální převahu

outmaneuver [,autmə'nu:və] vymanévrovat

outmoded [aut'məudid] zastaralý

outnumber [aut'nambə] převýšit počtem

out-of-the-way [,autəvðə'wei] odlehlý

out-patient ['aut,peišənt] ambulantní pacient

outpost ['autpəust] předsunutá hlídka; přen. avantgarda

outpour [aut'po:] v vylít ● s ['autpo:] výlev; tok

output ['autput] 1 výkon 2 produkt 3 objem výroby, celková produkce, těžba 4 tvorba, dílo 5 výstup u přístroje

outrage ['autreidž] s 1 těžká urážka, potupa 2 násilí, ukrutnost 3 vztek, rozhořčení 4 znásilnění, zprznění (on koho), též přen. ● v 1 hrubě urazit, potupit 2 rozzuřit 3 znásilnit, zprznit **–ous** [aut'reidžəs] násilnický, urážlivý, hrubý, ohavný, odporný; nesnesitelný

outran pl od outrun

outreach [aut'ri:č] přesahovat

outride* [aut'raid] předčit v jízdě; přestát

outrigger [aut'rigə] 1 strážná loď 2 trámy n. jiné opatření vysunuté přes okraj lodi, též u domu 3 podpěra vesla

outright ['autrait] adv 1 přímo, rovnou 2 najednou, okamžitě ● a přímý, úplný, naprostý; jednoznačný, celý; upřímný, otevřený

outrode pt od *outride*

outrun* [aut'ran] předběhnout, předstihnout; vymknout se čemu ♦ ~ *a player* uvolnit se košíková

outset ['autset] počátek, úvod

outshine* [aut'šain] přezářit, zastínit; předstihnout

outside [aut'said] *s* 1 vnější strana, venek; ze-, vnějšek 2 vnější vzhled, povrch 3 pl vnější archy rysu papíru 4 kraj 5 sport. křídlo ♦ *at the ~* nejvýše ● *a* 1 vnější, zevnější 2 nejvyšší 3 krajní (*seat*) 4 zahraniční, cizí 5 nejvýše pravděpodobný ● *adv* 1 vně, ven, venku 2 skoro, málem ♦ *be ~* být málo pravděpodobný ● *prep* nad, mimo, za

outsider [aut'saidə] 1 nezasvěcenec 2 outsider kůň / člověk nemající naději na vítězství v závodech 3 přen. společensky nemožný člověk; hovor. černá ovce

outskirts ['autskə:ts] pl okraj města, periférie

outsleep* [aut'sli:p] zaspat

outsmart [aut'sma:t] přechytračit

outspoken [aut'spəukn] vyslovený; otevřený, přímý

outstanding [aut'stændiŋ] 1 nápadný, vynikající, význačný 2 nedodělaný, nevykonaný, nezaplacený dluh 3 [aut,stændiŋ] vyčnívající pl -*s* nevyrovnané pohledávky

outstretched [aut'strečt] roztažený

outstrip [aut'strip] (-*pp*-) předběhnout, předstihnout

outvote [aut'vəut] přehlasovat

outward ['autwəd] *a* 1 vnější 2 viditelný ♦ ~ *beauty* tělesná krása ~ *form* vzhled; *to ~ seeming* zřejmě ● *adv* ven, vně, navenek ● *s* 1 ze-, vnějšek, vzhled 2 pl vnější svět **–ly**, **–s** vně, zvenčí, na povrchu

outweigh [aut'wei] převažovat nad

outwit [aut'wit] (-*tt*-) přelstít koho, vyzrát na kom

outworn ['autwo:n] obnošený

ouzel v. *ousel*

oval ['auvl] *a* vejčitý, oválný ● *s* ovál, elipsa

ovary ['auvəri] 1 anat. vaječník 2 bot. semeník

ovation [əu'veišən] ovace

oven ['avn] pec, kamna, trouba na pečení **~-ready** *goods* polotovary **–ware** ohnivzdorné nádobí

over ['əuvə] *prep* nad, přes; za, po; u, při; o, do; pro, proti ♦ *be all ~ a p.* být do koho celý pryč; ~ *head and ears* až po uši; *all ~ India* po celé Indii: *travel ~ Europe* cesta po Evropě; *sit* ~ *the fire* sedět u ohně, nad ohněm; *go* ~ *to sleep* ~ *one's work* usnout nad prací; *he reigns* ~ *twenty million(s)* vládne nad 20 milióny; *she has no command* ~ *herself* neovládá se; ~ *the way* naproti; *can you stay* ~ *Wednesday?* můžete se zdržet přes středu? ● *adv* nad, přes, příliš, kolem, opětně, u konce, hotov ♦ *all* ~ zcela, úplně u konce; *all the world* ~ po celém světě; ~ *again* znovu, opět; ~ *and above* nadto, mimo to; *it is* ~ je po všem, je konec; ~ *and* ~ opět a opět; *school is* ~ je po škole, po vyučování; *be* ~ být po čem; *get* ~ ~ dostat se přes; *give* ~ ~ odevzdat, předat; *look* ~ přehlížet; *read* ~ ~ znovu přečíst; *think* ~ *the matter* ~ rozmyslit, znovu uvážit (věc) ● *a* horní, vyšší; nadbytečný; přesčasový; přílišný ● *s* pl -*s* přebytky, přídavky

overachiever [,əuvərə'či:və] student dosahující nečekaně dobrých výsledků

overact [,əuvər'ækt] přehrát; přehánět, nadsazovat

overall ['auvaro:l] *s* 1 pracovní plášť 2 pl kombinéza, montérky ● *a* vše zahrnující, celkový, paušální

overawe [,əuvər'o:] zastrašit

overbalance [ˌəuvəˈbæləns] převážit (se)

overbear* [ˌəuvəˈbeə] přemoci, podrobit si –ing [-riŋ] zpupný, pánovitý; převažující

overboard [ˈəuvəboːd] přes palubu

overbook [ˌəuvəˈbuk] přebukovat prodat více než je k dispozici

over|bore, –borne pt, pp od overbear

overburden [ˌəuvəˈbəːdn] přetížit

overburn [ˌəuvəˈbəːn] přepálit

overcame pt od overcome

overcast* [ˌəuvəˈkaːst] 1 zastínit, zatáhnout (se) 2 zamračit se 3 zapošít, obnitkovat

overcharge [ˌəuvəˈčaːdž] přetížení; přirážka; přeplatek, předražení;

overcoat [ˈəuvəkəut] svrchník

overcolour [ˌəuvəˈkalə] nadsazovat, přehánět

overcome* [ˌəuvəˈkam] překonat, přemoci

overcrop [ˌəuvəˈkrop] (-pp-) vymrskat půdu

overcrowded [ˌəuvəˈkraudid] přecpaný, přeplněný

overdo* [ˌauvəˈduː] 1 přepéci, převařit 2 přecpat 3 přehánět 4 přecenit sílu, vyčerpat

overdraft [ˌəuvədraːft] přetažení konta

overdraw* [ˌəuvəˈdroː] 1 obch. přetáhnout konto 2 přehánět

overdress [ˌəuvəˈdres] 1 fintit se 2 obléci se příliš slavnostně

overdub [ˌəuvəˈdab] nahrát znovu na magnet. pásek se záznamem

overdue [ˌəuvəˈdjuː] 1 dávno splatný, vypršelý o splatnosti 2 zpožděný o vlaku

overestimate [ˌəuvəˈestimeit] přecenit

overexpose [ˌəuvəriksˈpəuz] přeexponovat

overfeed* [ˌəuvəˈfiːd] překrmit, přecpat (se)

overfill [ˌəuvəˈfil] přeplnit

overflow* [ˌəuvəˈfləu] v zaplavit, přetékat ● s [ˌəuvəˈfəlu] 1 zápla-

va, přetékání 2 nadbytek, hojnost

overful|l [ˌəuvəˈful] přeplněný –filment [ˌəuvəfulˈfilmənt] překročení (of the plan by plánu o)

overgrew pt od overgrow

overground [ˈəuvəgraund] pozemní, povrchový

overgrow* [ˌəuvəˈgrəu] přerůst, zarůst –th [ˈəuvəgrəuθ] 1 bujný růst, přerůstání 2 porost

overhand [ˈəuvəhænd] 1 shora, s paží zdviženou nad rameno 2 sport. rána s paží zdviženou nad ramenem

overhang* [ˌəuvəˈhæŋ] viset, vznášet se nad čím, přesahovat

overhaul [ˌəuvəˈhoːl] v důkladně vyšetřit lékař, zevrubně prohlédnout, rozebrat, předhonit, dohonit, uvolnit, popustit lano ● s [ˈəuvəhoːl] generální oprava

overhead [ˈəuvəhed] adv nad hlavou, ponořit (se) úplně celý i s hlavou ● a 1 horní, visutý 2 režijní ♦ ~ costs / charges režijní výrobní náklady, režie

overhear* [ˌəuvəˈhiə] zaslechnout, tajně vyslechnout

overheat [ˌəuvəˈhiːt] přetopit, přehřát

overhung pt, pp od overhang

overjoy [ˌəuvəˈdžoi] velice rozradostnit, uchvátit radostí

overkill [ˈəuvəkil] nadměrně velká ničivá síla

overlai|d, –n pt, pp od overlay

overland [ˈəuvəlænd] a po souši, pozemní ● adv [ˌəuvəˈlænd] po zemi

overlap [ˌəuvəˈlæp] v (-pp-) překrývat, přesahovat, částečně se krýt, dublovat se s ● s [ˈəuvəlæp] přesah, překrývání: stroj. přeplátování

overlay* [ˌəuvəˈlei] pokrýt vrstvou obložit; potáhnout; zalehnout dítě

overleaf [ˌəuvəˈliːf] adv na druhé straně listu

overleap* [ˌəuvəˈliːp] přeskočit

overlive [ˌəuvəˈliv] přežít
overload [ˌəuvəˈləud] přetížit
overlook [ˌəuvəˈluk] 1 přehlédnout prohlédnout, prozkoumat 2 prominout 3 nedbat 4 čnět nad
overlord [ˈəuvələːd] nejvyšší pán, suverén
overly [ˈəuvəli] trochu moc
overman* [ˈəuvəmæn] předák, parťák
overmaster [ˌəuvəˈmaːstə] přemoci, ovládat
overmatch [ˌəuvəˈmæč] převyšovat silou
overmen pl od overman
overnight [ˌəuvəˈnait] a celonoční
● adv přes noc
overpass [ˌəuvəˈpaːs] v 1 překročit 2 přejít, minout; přehlédnout 3 nedbat, vynechat ● s [ˈəuvəpaːs] přejezd přes dálnici
overplay [ˌəuvəˈplei] one's hand zbytečně riskovat
overplus [ˈəuvəplas] přebytek, nadbytek
overpower [ˌəuvəˈpauə] přemoci, zdolat
overproduction [ˌəuvəprəˈdakšən] nadvýroba, nadprodukce
overran pt od overrun
overrate [ˌəuvəˈreit] přecenit
overreach [ˌəuvəˈriːč] o.s. 1 přečnívat, přesahovat 2 přenáhlit se, přepočítat se 3 bez o.s. obelstít, ošidit
override* [ˌəuvəˈraid] 1 schvátit koně jízdou 2 koňmo přejet člověka 3 projet krajinou 4 přen. přehlížet, nedbat na 5 přečnívat o zlomené kosti –ing prvořadý, základní; povýšený
overrule [ˌəuvəˈruːl] zamítnout, zvrátit, zrušit platnost ustanovení; přemoci, zvítězit nad
overrun* [ˌəuvəˈran] v 1 rychle zabrat, okupovat 2 zamořit 3 zatopit, zaplavit, přetékat, přen. přesahovat 4 předstihnout ● s [ˈəuvəran] přesah; polygr. přetisk
oversaw pl od oversee

oversea [ˌəuvəˈsiː] zámořský –s za moře, za mořem, v zámoří, do zámoří
oversee* [ˌəuvəˈsiː] dohlížet –r [ˈəuvəsiə] dozorce
overset* [ˌəuvəˈset] 1 přivést z rovnováhy 2 zvrátit ujednání, ustanovení
overshadow [ˈəuvəˈšædəu] zastínit
overshoot* [ˌəuvəˈšuːt] překročit moc, přestřelit; předstihnout ve střelbě
oversight [ˈəuvəsait] přehlédnutí, nedopatření; dozor (of na)
oversize [ˈəuvəsaiz] nadměrná velikost
overskip [ˌəuvəˈskip] (-pp-) přeskočit, přejít bez povšimnutí
oversleep* [ˌəuvəˈsliːp] zaspat
overspill [ˈəuvəspil] mimoměstské osídlení přebytku městského obyvatelstva
overstate [ˌəuvəˈsteit] přehánět, nadsazovat –ment přehánění, nadsázka
overstep [ˌəuvəˈstep] (-pp-) překročit
overstrain [ˌəuvəˈstrein] v 1 přepínat, přehánět 2 přepracovat se ● s [ˈəuvəstrein] přepětí, přílišná námaha
overt [ˈəuvəːt] zjevný, veřejný, otevřený
overtake* [ˌəuvəˈteik] 1 předhonit: předstihnout, předjet 2 potkat 3 překvapit 4 přebít kartu
overtax [ˌəuvəˈtæks] zatížit příliš daněmi / požadavky
overthrow* [ˌəuvəˈθrəu] v 1 převrhnout, převrátit, porazit, skácet 2 podvrátit, zničit; učinit převrat 3 přehodit cíl ● s 1 svržení (of the dictator diktátora) 2 [ˈəuvəθrəu] převrat 3 porážka 4 zničení
overtime [ˈəuvətaim] a přesčasový ● s (i adv) práce přesčas; sport. nastavený čas
overtook pt od overtake
overture [ˈəuvətjuə] 1 předběžné jednání, nabídka 2 hud. předehra

overturn [ˌəuvəˈtəːn] *v* **1** převrhnout, převrátit **2** zrušit ● *s* [ˈəuvətəːn] politický převrat; převrácení
overweening [ˌəuvəˈwiːniŋ] domýšlivě drzý, samolibý, arogantní
overweight [ˈəuvəweit] nadváha
overwhelm [ˌəuvəˈwelm] **1** spolknout, zaplavit, zasypat **2** přemoci, podrobit, zdrtit **3** ohromit, zalykat se čím **-ing** ohromující, drtivý, naprostý ♦ ~ *majority* drtivá většina
overwork [ˌəuvəˈwəːk] přetížit (se) prací, přepracovat se; ozdobit, přeplácat ● *s* **1** příliš namáhavá práce **2** [ˈəuvəwəːk] práce přesčas
ovule [ˈəuvjuːl] biol. vajíčko, ovulum
ovum [ˈəuvəm] biol. vajíčko
owe [ˈəu] být zavázán (*a p. a t.* komu zač), být povinen, být dlužen, dlužit
owing [ˈəuiŋ] dlužný, splatný ♦ ~ *to* vzhledem k, následkem, kvůli
owl [ˈaul] zool. sova **-et** [ˈəulit] sovička **-ish** soví **~-light** šero, soumrak
own [ˈəun] *a* **1** vlastní **2** drahý, milý ♦ *my* ~ já sám; *be one's* ~ *man* být svým vlastním pánem; *come* into *one's* ~ přijít si na své, do vlastního; *hold* *one's* ~ zachovat důstojnost, držet se; *he has nothing of his* ~ nemá vlastní majetek ● *v* **1** mít, vlastnit **2** znát se, hlásit se k čemu jako svému, připustit, doznat, uznat – **up** hovor. vyznat se z poklesku **-er** vlastník, majitel **-er-driver** řidič vlastního vozu **-ership** vlastnictví
ox* [ˈoks] zool. vůl, dobytče **~-eye** velké oko lidské ♦ ~ *daisy* bot. kopretina **~-fly** zool. střeček **-hide** hovězí useň **-lip** bot. prvosenka vyšší
Oxfam [ˈoksfæm] dobročinné hnutí proti hladu ve světě
oxid|e [ˈoksaid] kysličník, oxid **-ize** [ˈoksidaiz], **-ate** [-eit] okysličovat

(se)
Oxonian [okˈsəunjən] *a* oxfordský ● *s* Oxforďan, oxfordský student
oxygen [ˈoksidžən] kyslík
oyer [ˈoiə] brit. práv. soudní vyšetřování, trestní řízení
o yes, oyes, oyez [əuˈjes] *interj* brit. slyšte! zvolání soudního sluhy před důležitým prohlášením
oyster [ˈoistə] zool. ústřice
ozone [ˈəuzəun] ozón

P

P, p [piː] písmeno p ♦ *mind one's P's and Q's* dávat pozor na své chování
pabulum [ˈpæbjələm] *s* odbor. **1** strava, potrava, výživa, krmivo; výživný roztok **2** žert. dílko, nudná četba, nezáživně učený; literární brak
pac|e [ˈpeis] *s* **1** krok; chůze **2** rychlost, tempo ♦ ~ *for* ~ krok za krokem; *go* the* ~ **1** chvátat **2** žít rozmařile; *keep** ~ *with* držet krok s; *put* a p. through his* -s na místě přezkoušet ● *v* **1** kráčet **2** měřit vzdálenost kroky, vyzkoušet rychlost čeho **~-maker** med. kardiostimulátor; hovor. sport. špilmachr
paci|fic [pəˈsifik] **1** mírumilovný, pokojný **2** pacifický **-fication** [ˌpæsifiˈkeišən] **1** sjednání míru, smíření **2** uklidnění, pacifikace **-fist** [ˈpæsifist] pacifista **-fism** [ˈpæsifizəm] pacifismus **-fy** [ˈpæsifai] **1** smířit **2** utišit, upokojit, pacifikovat
pack [ˈpæk] *s* **1** balík, žok **2** svazek, ranec **3** smečka, stádo, hejno, houf, dav **4** sběř, lůza **5** balíček karet **6** plovoucí led, ledová tříšť **7** ledový zábal; kosmetická maska **8** spousta ● *v* **1** za-, balit **2** složit **3** naložit, konzervovat maso, ovoce **4** rychle odeslat **5** míchat karty **6** dát zábal **7** utvořit smečku **8** obsadit přívrženci **9** naplnit, nacpát,

napakovat **–age** [ˈpækidž] **1** balík **2** agregát, komplex **3** souhrn podmínek n. **podkladů** pro jednání **–aged** [-idžd] souhrnný; zabalený v balíčku ♦ ~ *tour* zájezd **–er 1** balič **2** majitel balírny n. konzervárny, velkoobchodník **–et** balíček **–et-boat** [ˈpækitbəut] poštovní loď **~-horse** soumar **–ing 1** zabalení, obal(ová technika) **2** konzervování **3** tech. těsnění, ucpávka **–ing-needle** [ˈ-ˌ] jehla na zašívání pytlů, košíkářská jehla **–ing-paper** [ˈ-ˌ] obalový papír

pact [ˈpækt] smlouva, pakt

pad¹ [ˈpæd] (*-dd-*) šlapat ♦ ~ *one's way off* odcházet

pad² [ˈpæd] *s* **1** psací podložka, polštářek na razítka **2** měkké sedlo **3** vycpávka, těsnění, čalounění; odpalovací rampa **4** blok na psaní **5** sport. nárazník **6** šlapka běhu např. zajíce **7** literární „vata" **8** slang. kutě ● *v* (*-dd-*) vycpat, vyložit / podložit vatou **–ding** vycpávka, vatování

paddle [ˈpædl] *s* **1** pádlo **2** lopatka vodního kola **3** jeden ráz pádlem ● *v* **1** pádlovat **2** brouzdat se ve vodě **3** pleskat, plácat **4** batolit se **5** am. pohlavkovat **~-wheel** lopatkové koleso parníku

paddock [ˈpædək] ohrazené pastvisko u hřebčince, u závodních stájí n. u závodní dráhy

Paddy [ˈpædi] *s* am. slang. hanl. Irčan přezdívka ~ **wagon** hovor. policejní / zelený anton policejní vůz

paddy [ˈpædi] *s* často *rice* ~ rýžové pole

padlock [ˈpædlok] visací zámek

pagan [ˈpeigən] *s* pohan

page¹ [ˈpeidž] *s* strana, stránka knihy ● *v* stránkovat, listovat

page² [peidž] *s* hist. páže, sluha, v hotelu apod., liftboy ● *v* am. vyvolat hosta

pageant [ˈpædžənt] **1** živý obraz, alegorický průvod **2** skvělá podí-

vaná, divadlo **–ry** [-ri] vnější pompa, slavnostní podívaná

pagin|al [ˈpædžinl] stránkový **–ation** [ˌpædžiˈneišən] stránkování

pah [ˈpaː] *interj* výraz znechucení n. nevole pf, fuj

paid [ˈpeid] *pt* a *pp* od *pay* ♦ ~ *holidays* placená dovolená

pail [ˈpeil] vědro, kbelík, džber

pain [ˈpein] *s* **1** bolest **2** pl námaha ♦ *take** *-s* usilovat, přičinit se; *under / on ~ of death* pod trestem smrti ● *v* působit bolest, bolet **–ed** bolestivý, dotčený **–ful 1** bolestivý, trapný **2** namáhavý, obtížný **–less** [ˈpeinlis] bezbolestný **–staking** [ˈpeinˌsteikiŋ] pilný, horlivý, přičinlivý ● s přičinlivost

paint [ˈpeint] *s* **1** barva, lak **2** nátěr **3** líčidlo **4** malba ● *v* **1** malovat, natírat **2** zobrazit **3** přen. líčit, popisovat **4** líčit (se) ♦ ~ *in oil* malovat olejovými barvami **–brush** štětec

paint|er [ˈpeintə] malíř, natěrač **–ing 1** malování, malířství **2** malba, obraz **3** líčidlo; nátěr

pair [ˈpeə] *s* pár, dvojice ♦ *a ~ of scissors* nůžky ● *v* **1** s-, párovat **2** hovor. oženit se, vdát se; pářit (se)

paisley [ˈpeizli] *s* kašmírový vzor

pajamas [pəˈdžaːməz] v. *pyjamas*

pal [ˈpæl] hovor. kamarád, partner, komplic

palace [ˈpælis] palác

palat|able [ˈpælətəbl] chutný, přijatelný **–al** patrový; jaz. palatální **–e** [ˈpælit] **1** patro (*hard, soft* tvrdé, měkké) **2** chuť **3** přen. vkus, estetický cit

pale¹ [ˈpeil] *a* bledý, mdlý, nevýrazný ♦ *look* ~ vypadat bledý; *grow** ~ zblednout ● *v* z-, blednout, vyblednout **–face** bílá tvář, běloch

pale² [ˈpeil] **1** kůl, plot **2** mez, hranice ♦ *within the ~ of probability* v mezích pravděpodobnosti

Palestine [ˈpælistain] Palestina

palette [ˈpælit] paleta **~-knife** stěrka, špachtle

palimony [ˈpæliˌmouni] s odstupné, výživné, alimenty při rozchodu druha a družky

paling [ˈpeiliŋ] kolový / tyčkový plot, ohrada

palisade [ˌpæliseid] palisáda, plot z kůlů

pall[1] [poːl] 1 kněžské pallium, pokrývka rakve 2 přen. plášť **~-bearer** [ˈpoːlˌbeərə] nosič příkrovu při pohřbu, pohřební zřízenec nesoucí rakev; člen čestné stráže kráčející vedle rakve při pohřbu

pall[2] [poːl] 1 vyprchávat 2 zmalátnět, otupět 3 ztratit půvab (on pro koho), omrzet koho, znechutit se komu

pallet [ˈpælit] 1 paleta 2 hrnčířský kotouč, hrnčířská špachtle 3 slamník, kavalec, pryčna 4 záklopa píšťaly

palliate [ˈpælieit] 1 zmírnit chorobu 2 omlouvat, zlehčovat

pallid [ˈpælid] bledý, sinalý

pallor [ˈpælə] bledost, sinalost

palm[1] [paːm] s 1 dlaň 2 píď ♦ grease one's ~ podmazat koho ● v 1 ukrýt v ruce 2 dotknout se dlaní 3 podstrčit (on komu) 4 podmazat **-istry** [-istri] hádání z ruky

palm[2] [paːm] palma, palmová ratolest; přen. (palma) vítězství ♦ P~ Sunday Květná neděle **-y** [ˈpaːmi] 1 palmový 2 vítězný, úspěšný, šťastný

palpable [ˈpælpəbl] hmatatelný; zjevný, patrný

palpitate [ˈpælpiteit] 1 tlouci, bušit o srdci 2 třást se, chvět se **-ion** [ˌpælpiˈteišən] tlukot, bušení srdce

palsy [ˈpoːlzi] s ochrnutí, obrna ● v ochromit

palter [ˈpoːltə] 1 vykrucovat se 2 handrkovat se, smlouvat

paltry [ˈpoːltri] ubohoučký, špatný, bezcenný

pamper [ˈpæmpə] příliš hovět, hýčkat

pamphlet [ˈpæmflit] brožurka, leták, prospekt

pan [pæn] s pánev, pekáč ● v (-nn-) 1 připravovat na pánvi 2 rýžovat zlatý písek ~ out mít úspěch, vyjít **~cake** lívanec, omeleta, palačinka

panacea [ˌpænəˈsiə] univerzální lék, všelék

panache [pəˈnæš] verva, švih, šmrnc; honosnost

panchreston [pænˈkrestən] univerzální teze

pancreas [ˈpæŋkriəs] slinivka břišní

pandemonium [ˌpændiˈməunjəm] 1 peklo 2 divoký zmatek, vřava

pander [ˈpændə] s kuplíř, -ka ● v provozovat kuplířství, přen. hovět choutkám

pane [pein] 1 okenní tabule 2 čtverec, pole šachovnice 3 políčko ve vzoru 4 výplň dveří

panegyric [ˌpæniˈdžirik] chvalořeč, chvalozpěv

panel [ˈpænl] s 1 výplň 2 čelní deska 3 vložený dílec na šatech 4 seznam porotců, porota, seznam odborníci / účastníci kvizu 5 skot. obžalovaný 6 vysoký, úzký formát fotografie ♦ ~ doctor pokladenský lékař ~ discussion panelová diskuse ● v (-ll-) 1 vykládat, ozdobit výplněmi, táflovat 2 zdobit šaty vloženými díly, kombinovat 3 osedlat mezka apod.

pang [pæŋ] prudká tělesná n. duševní bolest, bodnutí, píchnutí; soužení

panic [ˈpænik] a panický ● s panika, zděšení; poplach ♦ war ~ válečná hysterie, panika ● v (panicked, panicking) panikou zachvátit n. být zachvácen **~-monger** [ˈpænikˌmaŋgə] panikář **~-stricken** [-] vyděšený, zpanikařený; panický

pannier [ˈpæniə] 1 koš, -ík soumarů 2 obruče, vyztužení krinolíny, honzík

sukně
panorama [ˌpænəˈrɑːmə] panoráma, celkový pohled
pansy [ˈpænzi] **1** bot. maceška **2** hovor. teplouš homosexuál
pant [ˈpænt] v **1** těžce oddychovat, supět **2** vzdychat (for, after po) **3** tlouci o srdci; chvět se ♦ ~ for breath popadat dech ● s těžký dech, supění
pantaloons [ˌpæntəˈluːnz] pl pantalóny
pantechnicon [pænˈteknikn] brit. skladiště nábytku; (~ van) nábytkový vůz
pantheism [ˈpænθiːizəm] panteismus
pantheon [ˈpænθiːən] panteon
panther [ˈpænθə] zool. levhard, pardál, panter
panties [ˈpæntiz] dámské, dětské kalhotky spodní, punčochové kalhoty (pl pantie-tights), pantie-belt návlek
pantomime [ˈpæntəmain] němohra, brit. divoká harlekináda dětská vánoční hra
pantry [ˈpæntri] spižírna
pants [ˈpænts] pl am. hovor. kalhoty, brit. dlouhé spodky ♦ capri ~ přiléhavé dámské kalhoty
pantsuit [ˈpæntsjuːt] kalhotový kostým
pantyhose [ˈpæntihəuz] pl a sg punčocháče
panzer [ˈpæncə] obrněný vůz
pap [ˈpæp] kaše
papa [paˈpɑː] tatínek, taťka
pap|acy [ˈpeipəsi] papežství **–al** [ˈpeipl] papežský
papaya [pəˈpaiə] bot. papája
paper [ˈpeipə] s **1** papír **2** bankovky; cenný papír **3** jedny noviny **4** článek, pojednání, otázky písemné zkoušky **5** tapeta **6** pl spisy, dokumenty, doklady, listiny, akta ♦ blotting ~ piják; weekly ~ týdeník; ~ currency bankovky, oběživo ● v **1** zabalit do papíru **2** pokrýt, obložit papírem **3** vytapeto-

vat **–back** a brožovaný ● s brožura **~-hanger** [ˈl-] tapetář **~-hangings** [ˈl-] pl papírové tapety, tapetování **~-mill** papírna, stoupa ~ **money** [ˈl-] bankovky **~-weight** těžítko
papilla [pəˈpilə] anat. bradavka
papist [ˈpeipist] papeženec
par [ˈpɑː] stejná hodnota; rovnost, pari(ta) ♦ ~ value obch. nominále, nominální hodnota; at (below) ~ za (pod) nominální hodnotu, pod pari; up to ~ přiměřený
parable [ˈpærəbl] podobenství
parabola [pəˈræbələ] parabola
parachut|e [ˈpærəʃuːt] padák ♦ ~ troops výsadkové vojsko **–ist** výsadkář, parašutista
parade [pəˈreid] s **1** stavění na odiv **2** voj. přehlídk|a; -ová pláň **3** pobřežní promenáda ● v **1** stavět na odiv **2** voj. přehlížet, vykonat přehlídku, pochodovat při přehlídce
paradigm [ˈpærədaim] jaz. vzor, paradigma
paradise [ˈpærədais] ráj
paradox [ˈpærədoks] paradox
paraffin [ˈpærəfin] parafín
paragon [ˈpærəgən] vzor, model
paragraph [ˈpærəgrɑːf] s **1** odstavec, paragraf **2** žurn. krátký článek, notička ● v rozdělit na odstavce
parakeet [ˈpærəˌkiːt] s zool., druh malého papouška
paralegal [ˌpærəˈliːgəl] s advokátův asistent se speciálním výcvikem
parallel [ˈpærəlel] a **1** rovnoběžný, souběžný **2** stejný, shodný, odpovídající ♦ ~ bars bradla ● s **1** rovnoběžka **2** rovnoběžné postavení **3** podob|ná věc, -ný člověk; obdoba, paralela ● v (-ll-) **1** vést rovnoběžně **2** srovnávat, podobat se **–ism 1** rovnoběžnost, souběžnost **2** podobnost, obdoba **–ogram** [ˌ-ˈlelogræm] rovnoběžník
paralys|e [ˈpærəlaiz] **1** ochromit,

ochrnout 2 paralyzovat **–is** [pə-ˈrælisis], pl **-es** [-iːz] ochrnutí, obrna, paralýza

parameter [pəˈræmitə] 1 mat. parametr 2 přen. charakteristika

paramount [ˈpærəmaunt] svrchovaný, nejvyšší; prvořadý

parapet [ˈpærəpit] 1 parapet 2 hradba, zeď 3 ochranné lešení, zábradlí terasy, mostu 4 voj. přední ochranný val

paraphernalia [pærəfəˈneiljə] pl osobní majetek, příslušenství

paraphrase [ˈpærəfreiz] parafráze, převypravování

parasit|e [ˈpærəsait] cizopasník, příživník, parazit **-ic** [ˌpærəˈsitik] cizopasný

parasol [ˈpærəsɒl] slunečník

parathyroid [ˌpærəˈθairoid] anat. příštítný ◆ ~ *gland* příštítná žláza

paratroop|er [ˈpærətruːpə] parašutista **-s** výsadkové oddíly

parcel [ˈpaːsl] s 1 balík, balíček 2 zast. kousek 3 parcela (*of land* půdy) 4 hejno, stádo, banda ◆ ~ *post* balíková pošta; *by* -s po kouscích ● v (*-ll-*) rozkouskovat, rozdělit ~ **up** zabalit

parch [ˈpaːč] pražit, sušit (se), vyprahnout; okorat

parchment [ˈpaːčmənt] pergamen

pardon [ˈpaːdn] s odpuštění, prominutí trestu, milost ◆ *general* ~ amnestie; *I beg your* ~! promiňte, prosím! ● v prominout, odpustit, dát milost **-able** odpustitelný, prominutelný

pare [ˈpeə] okrájet, oloupat; ostříhat nehty ◆ ~ *to one's quick* říznout do vlastního masa **-er** [ˈpeərə] okrajovač, škrabka nůž **-ings** pl slupky, hobliny

parent [ˈpærənt] 1 rodič, otec, matka 2 pl rodiče 3 zdroj, průvodce ◆ ~-*teacher association* (*P.T.A.*) rodičovské sdružení **-age** [-idž] rod, původ **-al** [pəˈrentl] rodičovský **-hood** [-hud] rodičovství

parenthes|is [pəˈrenθisis] pl **-es**

[-iːz] 1 vsuvka 2 závorka kulatá

parget [ˈpaːdžit] s ozdobná omítka; štukatura ● v omítat, štukovat

pariah [ˈpæriə] pária

parietal [pəˈraiitl] a 1 anat. temenní 2 univerzitní ● s temenní kost

Paris [ˈpæris] Paříž **–ian** [pəˈrizjən] u pařížský ● s Pařížan

parish [ˈpæriš] farnost ◆ *go** *on the* ~ být živen obcí ● a farní ◆ ~ *church* farní kostel; ~ *clerk* kostelník; ~ *register* farní matrika **–ioner** [pəˈrišənə] farník **--pump** úzce lokální, lokálpatriotický

parity [ˈpærəti] rovnost, stejnost; shoda, parita

park [ˈpaːk] s 1 park, sady 2 parkoviště (též *car* ~) 3 zámecký park, obora ● v 1 změnit v park / oboru 2 parkovat vůz **–ing** (lot) parkoviště ◆ *no* ~ zákaz parkování; ~ *meter* parkovací hodiny automat **--site** parkovací prostor

parlance [ˈpaːləns] způsob řeči, žargon, hantýrka

parley [ˈpaːli] vyjednávání podmínek příměří

parliament [ˈpaːləmənt] parlament ◆ *interim* ~ prozatímní národní shromáždění **–arian** [ˌpaːləmenˈteəriən] parlamentář; brit. hist. stoupenec parlamentu v občanské válce **–ary** [ˌpaːləˈmentəri] parlamentní ◆ ~ *majority* parlamentní většina

parlour [ˈpaːlə] salón; salónek v restauraci ◆ ~ *games* společenské hry **--maid** brit. služebná, panská

parochial [pəˈreukjəl] farní, obecní; přen. zápecnický, provinční

parody [ˈpærədi] s parodie, karikatura ● v parodovat, karikovat

parole [pəˈreul] s 1 voj. čestné slovo zajatce 2 voj. heslo velitelů stráže 3 vyšetřování na svobodě ● v propustit na čestné slovo

parotid [pəˈrotid] příušní ◆ ~ *gland* příušní žláza

paroxysm [ˈpærəksizəm] prudký záchvat (*of rage* hněvu, *of laugh-*

ter smíchu)

parquet [ˈpaːkei] s parketová podlaha ● *v* parketovat

parricide [ˈpærisaid] **1** otcovrah **2** otcovražda **3** vlastizrada, vlastizrádce

parrot [ˈpærət] s papoušek ● *v* papouškovat

parry [ˈpæri] *v* odrazit ránu, čelit, odvrátit ● s odražení rány; papírování

pars|e [ˈpaːz] jaz. udělat větný rozbor **–ing** [-iŋ] větný rozbor

parsimon|y [ˈpaːsiməni] šetrnost, skoupost, lakomství **–ious** [ˌpaːsiˈmənjəs] šetrný, skoupý, lakomý

parsley [ˈpaːsli] bot. petržel

parsnip [ˈpaːsnip] bot. pastinák

parson [ˈpaːsn] farář, pastor, duchovní **–age** [ˈpaːsnidž] fara

part [ˈpaːt] s **1** část **2** úkol, úloha; záležitost **3** součást(ka) **4** povinnost, služba **5** podíl, účastnictví **6** pl končiny **7** pl genitálie **8** hud. hlas; part **9** zast. pl vlohy ♦ *for my ~* co se mne týče; *for the most ~* většinou; *in ~* částečně; *in -s* po částech; *~ by ~* kousek po kousku; *be ~ and parcel* tvořit podstatnou část; *spare ~* náhradní díl; *take* ~ in* účastnit se *čeho*; *take* the ~ of / with* stranit, podporovat; *take* in ill / bad ~* mít za zlé, vyložit ve zlém; *~-tim(e work)er* částečně zaměstnaný dělník ● *v* **1** rozdělit (se) **2** rozloučit se, rozejít se (*with / from* s kým) **3** hovor. být ochoten platit ♦ *~ one's hair* rozčísnout (si) vlasy

partake* [paːˈteik] **1** podílet se, účastnit se (*in, of* na) **2** pojíst, popít (*of* čeho) **3** mít nádech (*of* čeho), „páchnout" po čem

partial [ˈpaːšl] **1** částečný **2** nakloněný, zaujatý, stranící komu ♦ *be ~ to* mít rád co **–ity** [ˌpaːšiˈæləti] **1** zaujatost **2** náklonnost (*for, of* k)

participat|e [paːˈtisipeit] účastnit se (*in* čeho), podílet se (na čem) **–ion** [paːˌtisiˈpeišən] účastnictví

participle [ˈpaːrtisipl] jaz. příčestí

particle [ˈpaːtikl] **1** částečka, trocha **2** jaz. částice

particular [paːˈtikjulə] a **1** jednotlivý, zvláštní; podrobný **2** důkladný **3** přesný, puntičkářský (*about* v) **4** vybíravý **5** intimní, blízký ♦ *be ~ in / about* být přesný / puntičkářský v, dát si záležet na, dbát na; *make* ~* učinit patrným ● s **1** podrobnost, detail **2** pl podrobnosti ♦ *in ~* zvláště, zejména; *go* into -s* zacházet do podrobností **–ity** [pəˌtikjuˈlærəti] zvláštnost, osobitost, individualita; přesnost, preciznost **–ize** [pəˈtikjuləraiz] jít do podrobností, blíže určit, specifikovat **–ly** zvláště, zejména

parting [ˈpaːtiŋ] **1** rozloučení, rozchod **2** pěšinka ve vlasech **3** (*~ of the ways*) rozcestí

partisan [ˌpaːtiˈzæn] **1** straník, přívrženec **2** ve vých. Evropě partyzán **–ship** fanatické stranění; partyzánství

partition [paːˈtišən] s **1** rozdělení **2** přepážka, příčka, přihrádka **3** výpoč. tech. segment, úsek paměti ♦ *~ of the world* rozdělení světa ● *v* rozdělit, oddělit, přehradit (*~ off*)

partner [ˈpaːtnə] s **1** společník, partner **2** účastník, podílník **3** druh, družka **4** manžel, -ka **5** taneční partner, -ka ♦ *silent ~* obch. tichý společník; *be a ~ in* mít podíl v ● *v* spojit (se), svést dohromady, udělat společníkem **–ship** spoluúčast (*in* na), společenství, společnost obchodní

partook [paːˈtuk] pt od partake

part-owner [ˈpaːtəunə] spoluvlastník

partridge [ˈpaːtridž] zool. koroptev

parturition [ˈpaːtjuərišən] porod

party [ˈpaːti] **1** společnost **2** večírek, malá slavnost **3** strana smluvní, politická **4** účastník ♦ *general ~ meeting* celostranická schůze; *be a ~ to / in* být účasten čeho; ~ *affiliation* stranická příslušnost; ~ *girl* prostitutka; ~ *line* linie strany **~-liner** [ˈ-] horlivý straník **~-spirit** [ˈ-ˈ] stranictví, stranickost, stranická disciplína

parvenu [ˈpaːvənjuː] parvenu, povýšenec

pascal [pəsˈkal] pascal jednotka tlaku vzduchu

pash [ˈpæʃ] hovor. vášeň, zbožňování

pass¹ [ˈpaːs] **1** po-, minout **2** přijít, přejet (*frontier* hranici), předjíždět, jít (*by* mimo) **3** vynechat, opominout **4** kolovat, šířit, rozšiřovat **5** přihodit se, stát se **6** zemřít **7** být převážen z místa na místo **8** měnit se **9** zaniknout **10** projít, přehlédnout **11** schválit, být schválen zákon **12** složit zkoušku **13** nehrát při hře, pauzírovat **14** překonat, předstihnout **15** přestát, přetrpět **16** strávit čas, zimu **17** podat, přihrát míč **18** poslat **19** vynést, vyhlásit (*sentence* rozsudek) **20** platit, být pokládán (*for* za) **21** zapsat **22** zaúčtovat **23** vyslovit, sdělit názor ♦ ~ *an offer* nepřijmout návrh; ~ *a bill* schválit zákon; ~ *the buck* provádět obezličku; ~ *a law* vydat zákon; ~ *a business* uzavřít obchod; ~ *the ball* podat míč; *bring* ~ *to* ~ způsobit; *come* ~ *to* ~ přihodit se, stát se ~ **away** pominout, zemřít ~ **by** jít mimo, míjet; přehlédnout, ignorovat ~ **in** vejít; předat, předložit šek bance ~ **off** minout; vydávat (*o.s.* se); probíhat, udát se; něco udat, (*upon* komu) vpálit; něco zatušovat ~ **on** přejít, předat, přihrát ~ **out** úspěšně absolvovat; odcházet, mizet z dohledu; omdlít, zemřít ~ **over** přejít; předat, odevzdat; pominout mlčením ~ **through** projít čím, zakusit co ~ **up** am. zříci se koho

pass² [ˈpaːs] **1** složení zkoušky, zkouška **2** průvodní list, propust-

ka, pas **3** volná vstupenka / jízdenka **4** let, přelet, nálet **5** výpad v šermu, kolmá přihrávka míče **6** hovor. obtěžování děvčete **7** kritický stav **8** průsmyk, soutěska; úžina; propust ♦ *give the* ~ propustit **–able** [ˈpaːsəbl] **1** schůdný, sjízdný **2** běžný **3** platný **4** průměrný, prostřední **–book** nákupní knížka, kontrolní bankovní knížka **–key** univerzální klíč **–word** heslo

passage [ˈpæsidž] **1** průchod, přechod, průjezd, přejezd, přeplavba **2** převoz, jízdné, převozné; přeprava; místo na lodi **3** cesta lodí n. letadlem, plavba, let **4** chodba **5** přecházení, chůze, jízda **6** pl výměna názorů, potyčka, polemika **7** pasáž z textu ♦ *bird of* ~ stěhovavý pták; ~ *of arms* potyčka

passenger [ˈpæsindžə] **1** cestující, pasažér **2** (*foot-~*) chodec **3** slang. flákač za nějž ostatní pracují **~-boat** osobní parník **~-train** osobní vlak

passer-by [ˈpaːsəbai] kolemjdoucí

passing [ˈpaːsiŋ] *a* **1** jdoucí mimo **2** nestálý, přechodný, pomíjející **3** povrchní, zběžný ● *s* **1** chod, chůze **2** přechod, průchod **3** schválení **4** smrt **5** tenis prohoz ♦ *in* ~ mimochodem **~-bell** umíráček

passion [ˈpæʃən] **1** vášeň, žádost, chtíč **2** hněv, vztek **3** nadšení, náruživost **4** pašije **–ate** [ˈpæʃənit] **1** vášnivý, prudký **2** naléhavý **~-flower** [ˈ-] bot. mučenka **~-play** pašijová hra

passiv|e [ˈpæsiv] *a* trpný, pasívní ♦ ~ *resistance* trpný odpor ● *s* jaz. trpný rod, pasívum **–ity** [pæˈsivəti] trpnost, pasívita

pass|port [ˈpaːspoːt] cestovní pas

past [ˈpaːst] *a* minulý, uplynulý ♦ ~ *master* uznávaný odborník ● *prep, adv* pryč, mimo, kolem, za, po, přes, nad, bez ♦ *half* ~ *three* půl čtvrté; ~ *danger* mimo nebezpečí; ~ *all doubts* beze vší pochyby; ~ *belief* neuvěřitelný; ~ *comprehension* nepochopitelný; ~ *endurance* / *bearing* nesnesitelný; ~ *hope* beznadějný; ~ *shame* nestoudný ● *s* minulost ♦ *heritage of the* ~ dědictví minulosti

pasta [ˈpaːstə] *s* 1 těsto na výrobu italských těstovin 2 hotové a uvařené těstoviny

paste [ˈpeist] *s* 1 těsto 2 lepidlo, pasta 3 keramická směs 4 štras, pasta, sklo k imitaci drahokamů ● *v* 1 při-, na-, lepit (*up, on, down, together*) 2 zřezat koho ~ **up** zalepit **–board** lepenka

pastel [pæˈstel] *s* pastel, pastelová barva ● *a* [ˈpæstl] pastelový

pasteurization [ˌpæstəraiˈzeišən] pasterizace

pasties [ˈpeistiːz] pl malé ozdoby kryjící hroty ňader

pastille [ˈpæstil] 1 tableta, pastilka 2 františek

pastime [ˈpaːstaim] zábava

pastor [ˈpaːstə] pastor **–al** [-rəl] *a* pastýřský, pastorální ● *s* 1 pastýřská hra, zpěv, báseň 2 pastýřský list

past participle [ˈpæstˈpaːtisipl] gram. příčestí minulé: *fixed car* o-*pravené* auto

past perfect [ˈpæstˈpəˈfikt] gram. předminulý čas slovesný: *I had been to America several times before I moved there* už jsem byl v Americe několikrát než jsem se tam přestěhoval

pastry [ˈpeistri] pečivo, moučník **~-cook** cukrář

past tense [ˈpæsˈtens] gram. minulý čas slovesný: *I ate it* jedl jsem to

pasturage [ˈpaːstjuridž] 1 pastva, pastvina 2 pastvinářství

pasture [ˈpaːsčə] *s* pastva, pastvina ● *v* pást (se), spást, vyhánět na pastvu

pasty [ˈpeisti] *a* těstový ● *s* maso zapečené do těsta

pat [ˈpæt] *s* 1 za-, po|klepání, plesknutí 2 ždibec, špetka ♦ ~ *of butter* hrudka másla ● *v* (*-tt-*) zlehka poklepat (*on the back* po zádech) ● *adv* právě vhod ♦ ~ *to the time* právě včas

patch [ˈpæč] *s* 1 záplata, náplast 2 kousek 3 příštipek 4 políčko, záhonek 5 skvrna ♦ ~ *test* med. kalmetizace ● *v* 1 záplatovat 2 zašít, spravit, slátat ~ **up** 1 spíchnout 2 spravit, urovnat hádku **–ery** [ˈpæčəri] 1 záplatování 2 slátanina **–work** slátanina, fušeřina

patent [ˈpeitənt] *a* 1 zjevný, patrný, zřejmý 2 patentovaný, výsadní, diplomovaný ♦ *letters* ~ výsadní list ● *s* výsada, dekret, patent, diplom ● *v* patentovat ♦ ~ *leather* lakovaná kůže; ~ *shoe* lakýrka

patern|al [pəˈtəːnl] otcovský **–ity** otcovství

path [ˈpaːθ], pl [ˈpaːðz] 1 cest(ič)ka, stezka, pěšina 2 závodní dráha **–finder** naváděč, průkopník, stopař **–less** neschůdný

pathetic [pəˈθetik] patetický, cituplný, dojímavý

pathology [pəˈθolədži] patologie

pathos [ˈpeiθos] patos

pati|ence [ˈpeišəns] trpělivost **–ent** *a* trpělivý (*of* s) ● *s* pacient, nemocný

patriarch [ˈpeitriaːk] patriarcha

patrician [pəˈtrišən] patricij

patrimony [ˈpætriməni] dědictví, dědičný statek; církevní majetek

patriot [ˈpeitriət] vlastenec **–ic** [ˌpætriˈotik] vlastenecký **–ism** vlastenectví

patrol [pəˈtrəul] *s* hlídka, patrola ♦ ~ *torpedo boat* hlídkový torpédový člun ● *v* hlídkovat, patrolovat

patron [ˈpeitrən] 1 příznivec, o-chránce, patron (*of the school* školy) 2 zákazník pravidelný **–age**

[ˈpætrənidž] **1** záštita, patronát **2** zákaznictvo **3** blahovůle **–ize** [ˈpætrənaiz] **1** chránit, prokazovat přízeň **2** podporovat, přát komu **3** jednat s někým blahosklonně **–izing** [ˈpætrənaizin] blahosklonný

patten [ˈpætn] dřevák

patter [ˈpætə] s **1** drmolení, repetění **2** hantýrka, argot **3** pleskání **4** ťápání, capání ● v **1** repetit **2** plácat, pleskat **3** cupitat ◆ ~ *prayers* drmolit modlitby

pattern [ˈpætən] s **1** vzor, -ek, model **2** charakter, typ **3** soustava **4** televizní monoskop **5** imitovat, kopírovat **6** obkreslit, udělat podle vzoru, modelovat **7** ozdobit vzorem

patty [ˈpæti] paštička

paucity [ˈpo:səti] nepatrnost, malý počet, málo

paunch [ˈpo:nč] **1** velké břicho **2** bachor

pauper [ˈpo:pə] nemajetný člověk **–ism** [-rizəm] nemajetnost, chudoba **–ize** [-raiz] ochudit, ožebračit

pause [ˈpo:z] s **1** přestávka, pauza **2** oddech ● v **1** ustat, udělat přestávku **2** prodlévat (*upon* na)

pave [ˈpeiv] **1** dláždit **2** připravovat, razit cestu (*the way for* komu, čemu) **–r** dlaždič **–ment** dlažba, dláždění; brit. chodník, am. vozovka

pavilion [pəˈviljən] **1** pavilón, besídka **2** velký stan

paw [ˈpo:] s **1** tlapa, packa **2** hovor. škrabopis **3** hrabání koně ● v hrabat nohou; drápat, škrabat; ohmatávat

pawl [ˈpo:l] západka

pawn [ˈpo:n] s **1** zástava **2** pěšák v šachu ◆ *at, in* ~ v zástavě ● v zastavit, dát do zástavy **–broker** [ˈ-ˌ-] majitel zastavárny **–ship** zastavárna

pay* [ˈpei] **1** za-, platit (*for* co, za co) komu / koho, práci, dluh; pykat (*for* za) **2** věnovat např. pozornost **3** odvést, odevzdat, vrátit peníze **4** doplatit (*for* na), vypít si co **5** vyplácet se, rentovat se, vynášet, nést **6** námoř. nadehtovat ◆ ~ *attention to* věnovat pozornost komu, čemu; ~ *a visit* / *call* navštívit; ~ *one's way* žít bez dluhů ~ *away* **1** vyplatit **2** námoř. (též ~ *out*) popustit lano ~ *down* zaplatit hotově, na dřevo ~ *in* učinit vklad ~ *off* **1** vyplatit **2** revanšovat se **3** vyplatit se ~ *out* vyplatit, iron. oplatit, odvděčit se ~ *up* splatit ● *s* splacení, plat, mzda **–able** [ˈpeiəbl] splatný ◆ ~ *on delivery* splatný při doručení na dobírku **~-day** den výplaty **–ee** [peiˈi:] příjemce poukazem apod. **–er** [ˈpeiə] plátce, směnečník **–ing** výhodný, výnosný ◆ ~ *guest* nájemník **–load** [ˈpeiləud] **1** ekon. prodejné zatížení **2** užitečné zatížení, užitečný náklad kosmické lodi **3** mzdové náklady **–master** [ˈ-ˌ-] voj. pokladník **–ment 1** placení, platba, placený obnos **2** výplata **3** plat, mzda **4** splátka ◆ *means of* ~ platidlo; *on* ~ po zaplacení; *stop* ~ zastavit výplatu **~-on** záloha **~-roll** výplatní listina ◆ *be off the* ~ být propuštěn

pea [ˈpi:] bot. hrách, hrášek, pl hrách pokrm, zelené lusky ◆ *be as like as two* -*s* podobat se jako vejce vejci; *sweet* -*s* bot. hrachor

peace [ˈpi:s] mír, pokoj, klid, pořádek ◆ *at* ~ v míru; ~ *at any price* mír za každou cenu; ~ *call* mírová výzva; ~ *fighter* bojovník za mír; ~ *treaty* mírová smlouva; *break* the* ~ porušit mír; *champion of* ~ bojovník za mír; *dove of* ~ holubice míru; *justice of (the)* ~ smírčí soudce; *keep* the* ~ pokojně se chovat, zachovat mír; *maintain* ~ zachovat mír; *make** ~ zjednat pokoj, mír; *make* one's* ~ *with* smířit se s: *partisan of* ~ obránce míru; *World P~ Council* Světová rada míru **–able** pokojný, klidný, mírumilovný **–ful** = *-able;* ~ *co-existence* mírové soužití; ~ *cooperation* mírová spolupráce **–maker** mírotvůrce **–nik** am. slang. obránce míru **~-offering** [ˈ-ˌ] smírčí oběť **~-pipe** dýmka míru

peach[1] [ˈpiːč] **1** bot. broskev **2** slang. kůstka, štramanda **~-brandy** [ˈ-ˌ] broskovice **~-tree** bot. broskvoň

peach[2] [ˈpiːč] slang. donášet, žalovat, prásknout, udat (*against, (up)on* na)

pea|cock [ˈpiːkok] zool. páv **–hen** pávice

peak [ˈpiːk] **1** vrchol, temeno; špička též křivky odběru **2** štítek čepice **3** přen. nejvyšší bod, maximum ♦ ~ *output* špičkový výkon

peal [ˈpiːl] *s* **1** vyzvánění, zvonění **2** hlahol, rachot (*of thunder* hromu) ● *v* **1** znít, vyzvánět (*bells*) **2** rachotit, hlaholit

peanut [ˈpiːnat] arašíd, bursky oříšek

pear [ˈpeə] hruška **~-tree** bot. hrušeň

pearl [ˈpəːl] *s* perla; perleť; polygr. perlička ● *v* **1** vykládat perlami **2** perlit se **3** lovit perly **4** dát, mít perlový lesk **~-oyster** [ˈ-ˌ] zool. perlorodka **~-shell** perlorodka

peasant [ˈpezənt] rolník, sedlák ♦ *middle* ~ střední rolník **–ry** rolnictvo

pease-pudding [ˈpiːspudiŋ] hrachová kaše

pea|shooter [ˈpiːˌšuːtə] bouchačka **~-soup** [ˌpiːˈsuːp] hrachová polévka **~-souper** hustá městská mlha

peat [ˈpiːt] rašelina **–bog** rašeliniště

pebble [ˈpebl] oblázek, oblý kamínek

peccadillo [ˌpekəˈdilou] hříšek, malý poklesek, škraloup

peck[1] [ˈpek] **1** dutá míra 9,09 l. **2** spousta

peck[2] [ˈpek] **1** klovat, zobat, ďobat **2** rýpat se v jídle **3** popichovat (*at*

koho) ~ **out** vyklovat, vyzobat **–er 1** klovavý pták **2** vulg. am. slang. penis **–ish** hovor. hladový

pectoral [ˈpektərəl] *a* prsní, hrudní ● *s* prsní štít

peculat|e [ˈpekˈjuleit] zpronevěřit peníze **–ion** [ˌ-ˈleišən] zpronevěra peněz

peculiar [piˈkjuːljə] **1** vlastní (*to* komu, čemu), příznačný **2** podivný, zvláštní (*flavour* příchuť) **–ity** [piˌkjuːliˈærəti] zvláštnost, příznačnost

pecuniary [piˈkjuːnjəri] peněžní

pedagog|ic [ˌpedəˈgodžik(l)] pedagogický **–ue** [ˈpedəgog] pedagog, vychovatel **–y** [ˈpedəgodži] pedagogika; vyučování, učitelství

pedal [ˈpedl] *s* nožní páka, pedál ● *v* (*-ll-*) šlapat (pedály) kola, varhan

pedant [ˈpedənt] pedant **–ic(al)** [piˈdentik(l)] pedantický, puntičkářský

peddl|e [ˈpedl] **1** provozovat podomní obchod, prodávat v drobném **2** zabývat se malichernostmi, roznášet klepy **–ing** jsoucí k ničemu

pedestal [ˈpedistl] podstavec, pata sloupu, sloup, opora

pedestrian [piˈdestriən] *a* pěší ♦ ~ *precinct* pěší zóna ● *s* chodec

pediculosis [ˌpidikjuˈləusis] zavšivenost

pedicure [ˈpedikjuə] pedikúra

pedigree [ˈpedigriː] *s* **1** rodokmen **2** odvození slova **3** původ ● *a* čistokrevný

pedlar [ˈpedlə] podomní obchodník, přen. roztrušovač **–y** [-ri] podomní obchod, drobné zboží

pedometer [piˈdomitə] krokoměr

peduncle [piˈdaŋkl] bot. stopka

pee [ˈpiː] hovor. čurat

peek [ˈpiːk] kouknout, mrknout (*at* na)

peel [ˈpiːl] *s* **1** slupka, kůra **2** lopata pekařská, slévárenská ● *v* loupat (se) **–ings** bramborové slupky

peen [pi:n] s nos kladiva ● v vykle-pávat svár

peep[1] [pi:p] v 1 po-, vy|kukovat (at po), nahlédnout, nakouknout (into do) 2 kradmo se dívat ● s kradmý pohled ◆ ~ of dawn / day rozbřesk ~-hole 1 štěrbina 2 průzor, hledítko ~-show kukátko

peep[2] [pi:p] v pípat, típat ● s pípání, pípot

peer[1] [piə] 1 druh, osoba stejného stavu, rovný 2 šlechtic, člen sněmovny lordů, pair ~-age [ˈpiəridž] hodnost paira, pairství

peer[2] [piə] 1 zírat, civět (into, at do, na); vykukovat 2 objevit se, ukázat se

peevish [ˈpi:viš] nevrlý, mrzutý, popudlivý, vzpurný

peg [ˈpeg] s 1 kolík, čep, flok; klínek; věšák 2 zátka sudu 3 přen. záminka 4 brit. lok alkoholického nápoje, truňk ◆ off the ~ konfekční; a square ~ in a round hole co je na nepatřičném místě, pěst na oko; take* one down a ~ or two srazit komu hřebínek ● v (-gg-) 1 flokovat, připevnit čepy 2 obch. zabránit poklesu / vzestupu akcií koupí n. prodejem za danou cenu 3 provrtat 4 vykolíčkovat 5 strefit se (at do) ~ away pracovat o sto šest ~ down 1 připevnit kolíkem 2 uvázat; omezit ~ out slang. zkrachovat, chcípnout ~-leg dřevěná noha, protéza

Pekingology [ˌpi:kiŋˈolədži] znalost čínské politiky

pelican [ˈpelikan] zool. pelikán

pellet [pelit] 1 kulička z papíru, chleba 2 pilulka 3 brok

pell-mell [pelˈmel] adv, a, s páté přes deváté

pellucid [peˈlju:sid] průhledný, průzračný; jasný sloh

pelt[1] [pelt] kůže ovčí, kožešina

pelt[2] [pelt] 1 napadnout, házet na (at) 2 bušit, tlouci 3 ostřelovat, bombardovat kamením apod. (at co) 4 uhánět, upalovat

pelvis* [ˈpelvis] pánev

pen [ˈpen] s 1 péro 2 přen. spisovatel ● v (-nn-) spisovat, koncipovat, psát ~-friend přítel(kyně) z dopisování ~-friendship dopisování si za hranice –holder [ˈ-ˌ] nasádka –knife* perořízek –man* krasopisec; spisovatel –manship krasopis, kaligrafie ~-name pseudonym

pen[2] [ˈpen] s 1 kotec, posada, malá ohrada pro dobytek, drůbež 2 ohrádka pro malé dítě 3 ponorkový kryt ● v (-nn-) zavřít do ohrady

penal [ˈpi:nl] trestní ◆ ~ offence přestupek; ~ servitude trest káznice –ize [ˈpi:nəlaiz] pokutovat –ty [ˈpenlti] trest, pokuta ◆ ~ area pokutové území; ~ kick pokutový kop; ~ shot 1 trestné střílení v led. hokeji 2 trestný hod v košíkové

penance [ˈpenəns] pokání ◆ do* ~ kát se (for za)

pence [ˈpens] pl od penny

penchant [ˈpa:nša:ŋ] sklon, náklonnost (for k)

pencil [ˈpensl] s 1 tužka 2 zast. štěteček 3 výtvarný rukopis 4 kužel paprsků ● v (-ll-) 1 malovat, kreslit tužkou 2 poznamenat tužkou

pendant [ˈpendənt] 1 přívěsek, medailónek, náušnice 2 doplněk, protějšek, pendant 3 lustr

pendent [ˈpendənt] 1 visící, zavěšený, převislý 2 očekávající vyřízení

pending [ˈpendiŋ] a nevyřízený, očekávající vyřízení, nerozhodnutý, hrozící ● prep během (these negotiations těchto jednání), za, až do (his return jeho návratu)

pendul|ate [ˈpendjuleit] kývat se –ous [-əs] zavěšený, visící, kývající se –um [-əm] 1 kyvadlo 2 kolísavý člověk

penetr|ate [ˈpenitreit] proniknout, vniknout –ating pronikavý, bystrý –ation [ˌ-ˈtreišən] průnik, proniknutí

penguin ['peŋwin] zool. tučňák

penicillin [,peni'silin] penicilín

peninsul|a [pi'ninsjulə] poloostrov **–ar** poloostrovní

penis ['pi:nis] pl též *penes* ['pi:ni:z] pyj, penis

penit|ence ['penitəns] pokání, kajícnost **–ent, –ential** ['penitənt, ,peni'tenšl] kajícný **–entiary** [,peni'tenšəri] polepšovna, káznice

pennant ['penənt] praporek, vlajka

penny ['peni], pl *pennies* jednotlivé mince n. pence v sumě (zkr. p) **1** penny, pence **2** am. cent **3** peníz, peníze **4** maličkost ♦ *turn an honest ~* přivydělat si **~-a-liner** pisálek **–weight** jednotka váhy (24 gránů asi 1,56g) **–wort** pupečník **–worth** a za penny, přen. za groš

pension ['penšən] s **1** důchod, penze **2** penze v hotelu ♦ *old-age ~* starobní důchod ● *v* platit důchod; (~ *off*) dát do výslužby, penzionovat **–able** pod penzí **–ary, –er** penzista, důchodce

pensive [pensiv] zamyšlený, snivý, vážný

penstock ['penstok] koryto stavidla, propust

pent ['pent] u-, za-, se|vřený; potlačovaný

pentagon ['pentəgən] **1** pětiúhelník **2** *P ~* am. Pentagon ministerstvo obrany **–al** [pen'tægənl] pětiúhelníkový

pentathlon [pen'tæθlən] sport. pětiboj

penthouse* ['penthaus] přístřešek, přístavek, kolna, am. ateliérový byt

penultimate [pi'naltimit] a předposlední ● s předposlední slabika

penumbra [pi'nambrə] polostín

penurious [pi'njuəriəs] nuzný, skoupý, lakomý

penury ['penjuri] nouze, chudoba; nedostatek

peony ['piəni] bot. pivoňka

people ['pi:pl] s lid, národ (jako pl)

lidé ♦ *working ~* pracující lid; *of all ~* zrovna ● *v* zalidnit

pep ['pep] am. slang. říz, verva, elán, «šťáva"

pepper ['pepə] s **1** pepř **2** přen. šleh ♦ *take* ~ *in the nose* dopálit se ● *v* **1** opepřit **2** někomu řádně zasolit **–box, ~-caster, ~-castor** [,-'ka:stə] pepřenka **–mint** máta peprná **–y** [-ri] **1** peprný **2** zlostný, prudký, horkokrevný

per ['pə:] prep za, ze, pomocí ♦ ~ *annum* ročně; ~ *bearer* po doručiteli; ~*cent: 10 ~cent* 10 procent; ~ *head* na jednotlivce; ~ *order* na objednávku; ~ *post / rail* poštou / drahou; ~ *return* obratem; ~ *steamer* parníkem; ~ *week* týdně

perambulat|e [pə'ræmbjuleit] projít (se), obejít, vozit v kočárku **–ion** [pə,ræmbju'leišən] **1** obchůzka, procházka **2** inspekce, inspekční zpráva **–or** [pə'ræmbjuleitə] brit. dětský kočárek

perceiv|e [pə'si:v] vnímat, chápat **–able** [pə'si:vəbl] vnímatelný, chápatelný, postřehnutelný

percentage [pə'sentidž] celkové procento, procentní sazba

percept|ible [pə'septəbl] (roze)znatelný, patrný, zřejmý **–ion** [pə'sepšən] **1** vnímání, představa, pojem **2** vnímavost **–ive** vnímavý, chápavý, citlivý

perch ['pə:č] s **1** bidélko, hřad **2** měřičská tyč **3** předmět na zvýšeném místě **4** zool. okoun říční ● *v* **1** sedět na bidélku o ptácích **2** postavit / položit na zvýšeném místě

perchance [pə'ča:ns] zast. snad, možná, náhodou

percipient [pə'sipiənt] vnímavý, chápavý

percolat|e ['pə:kaleit] procedit; prosakovat; louhovat **–ion** [,pə:-kə'leišən] procezení **–or 1** perkolátor **2** překapávač kávy

percussion [pə'kašən] **1** náraz, úder 2 otřes 3 med. poklep 4 bicí nástroje

perdition [pə'dišən] záhuba, zatracení

peregrination [ˌperigri'neišən] chození, putování

peremptory [pə'remptəri] rázný, nekompromisní, rozhodný; určitý; zásadní; autoritářský

perennial [pə'renjəl] a 1 stálý, trvalý; celoroční 2 bot. víceletý, trvalý ● s bot. trvalka ◆ hardy ~ stálý oříšek, věčný problém

perfect [ˈpə:fikt] a 1 dokonalý, bezvadný 2 naprostý, úplný 3 přesný ● s jaz. perfektum ● v [pə'fekt] dokončit, zdokonalit **–ion** [pə'fekšən] 1 dokonalost, úplnost 2 pl přednosti

perfid|ious [pə:'fidiəs] zrádný, věrolomný **–y** [ˈpə:fidi] věrolomnost, zrada

perforat|e [pə:'fəreit] proděravit (se), provrtat, prodírkovat, perforovat; prolamovat, členit **–ion** [ˌpə:fə'reišən] dírkování, perforace **–or** dírkovač(ka)

perforce [pə'fo:s] chtě nechtě

perform [pə'fo:m] 1 vykonat, provést, splnit slib 2 předvádět, hrát úlohu 3 zastávat úřad **–ance** 1 provedení 2 výkon 3 představení, hra **–er** 1 umělec, herec, akrobat 2 vykonavatel

perfum|e s [ˈpə:fju:m] 1 vůně 2 voňavka ● v [pə'fu:m] navonět **–er** [pə'fju:mə] voňavkář **–ery** [pə'fju:mari] 1 voňavkářské zboží 2 pl parfumerie, voňavkářství

perfunctory [pə'faŋktəri] povrchní zběžný

pergola [ˈpə:gələ] besídka, loubí

perhaps [pə'hæps] snad

periheli|on [ˌperi'hi:ljən], pl -a [-ə] přísluní

peril [ˈperil] s nebezpečí ◆ you do it at your ~ činíte to na vlastní nebezpečí, riziko ● v (-ll-) ohrozit **–ous** [-əs] nebezpečný, riskantní

perimeter [pə'rimi:tə] obvod

period [ˈpiəriəd] 1 období, doba 2 tečka 3 větná perioda 4 pl měsíčky, menstruace **–ic(al)** [ˌpiəri'odik(l)] periodický **–ical** časopis

periosteum* [ˌperi'ostiəm] anat. okostice

periphery [pə'rifəri] obvod

periphras|is [pə'rifrəsis] pl -es [-i:z] opis **–tic** [ˌperi'fræstik] opisný ◆ ~ conjugation opisná konjugace

periscope [ˈperiskəup] periskop

perish [ˈperiš] za-, hynout, zemřít (with, of na); zahubit, zničit **–able** pomíjející; podléhající zkáze

peristyle [ˈperistail] sloupořadí

peritoneum [ˌperitəu'ni:əm] pobřišnice

periwig [ˈperiwig] paruka

perjur|e o.s. [ˈpə:džə] křivě přísahat **–ious** [pə'džuəriəs] křivopřísežný **–y** [-ri] křivá přísaha

perk [ˈpə:k] 1 vypínat se, naparovat se 2 oživnout, oživit

perks [ˈpə:ks] = perquisites

perky [ˈpə:ki] zpupný, drzý; elegantní; energický

perm [ˈpə:m] hovor. s trvalá ondulace ● v naondulovat

permanen|cy [ˈpə:mənənsi] trvalost, -lé zařízení, místo **–t** [ˈpə:mənənt] stálý, trvalý

perme|ate [ˈpə:mieit] prostoupit, pronikat **–ation** [ˈpə:mi'eišən] prostoupení, pronikání

permiss|ible [ˈpə:misəbl] přípustný **–ion** [-šən] povolení, svolení

permit [pə'mit] v (-tt-) 1 povolit 2 dovolit, připustit (též of) ● s 1 povolení, dovolenka; propustka 2 odběrní povolení; vizum, hist. výjezdní doložka

permut|ation [ˌpa:mju:'teišən] 1 obměna 2 mat. permutace **–e** [pə'mjut] obměňovat, permutovat

pernicious [pə:'nišəs] zhoubný

peroration [ˌpərə'reišən] 1 závěr řeči 2 dlouhá řeč

peroxide [pə'roksaid] kysličník ◆ ~ blonde odbarvená blondýnka perpendicular [ˌpəːpənˈdikjulə] *a* svislý, kolmý ● *s* kolmice

perpetrat|e [ˈpəːpitreit] dopustit se čeho, spáchat **–or** pachatel

perpetu|al [pəˈpetjuəl] ustavičný, neustálý, věčný **–ate** [-eit] zvěčnit **–ity** [ˈpəːpiˈtjuəti] **1** věčnost **2** práv. nezcizitelný majetek ◆ *for* / *in* ~ na věčné časy

perplex [pəˈpleks] zmást, poplést, uvést do rozpaků **–ed** pomatený, zmatený; rozpačitý **–ity** zmatek, popletenost

per pro. = *perprocurationem* = *by proxy* prostřednictvím zástupce, zmocněnce, v zastoupení, per procura

perquisite [ˈpəːkwizit] **1** přídavek na vedlejší výdaje, naturálie **2** výsada, privilegium

perron [ˈperon] **1** přístupové schodiště **2** terasa před vchodem

perry [ˈperi] hruškový mošt

perse [ˈpəːs] šedomodrý

persecut|e [ˈpəːsikjuːt] **1** perzekvovat, pronásledovat **2** obtěžovat, trápit (*with* čím) **–ion** [ˌpəːsiˈkjuːʃən] pronásledování, perzekuce **–er** pronásledovatel

persever|ance [ˈpəːsiˈviərəns] vytrvalost **–e** [ˈpəːsiˈviə] vytrvat (*in*, *with* v)

persist [pəˈsist] setrvat, vytrvat, trvat (*in* na) **–ence**, **–ency 1** vytrvalost, trvání **2** naléhavost, neodbytnost **–ent** vy-, trvalý, neodbytný

person [ˈpəːsn] osoba ◆ *in* ~ osobně; *not a* ~ ani živá duše; *for my own* ~ pokud mne se týče **–able** pohledný, hezký **–age** [ˈpəːsnidž] **1** osobnost **2** div. postava **–al** osobní, vlastní, **–ality** [ˌpəːsəˈnæləti] osobnost (~ *cult*) **–alize** [ˈpəːsənəlaiz] zaměřit osobně, adresně **–alty** [ˈpəːsnlti] movitý majetek **–ate** představovat, ztělesňovat

personif|ication [pəːˌsonifiˈkeiʃən] zosobnění, personifikace **–y** [pəːˈsonifai] zosobňovat, personifikovat

personnel [ˌpəːsəˈnel] osazenstvo, personál, kádry

perspective [pəˈspektiv] *a* perspektivní ● *s* perspektiva, výhled, hledisko; rozhled

perspex [pəːˈspeks] plexisklo

perspicac|ious [ˌpəːspiˈkeisəs] bystrý, důvtipný **–ity** [ˌ-ˈkæsəti] bystrost, ostrovtip

perspicuous [pəˈspikjuəs] **1** zřetelný, zjevný, jasný **2** člověk otevřený

perspir|ation [ˌpəːspəˈreiʃən] pocení, pot **–e** [pəˈspaiə] potit se

persuade [pəˈsweid] **1** přemluvit (*into doing* k) **2** přesvědčit (*of* o) **3** přimět

persuas|ion [pəˈsweižn] přemlouvání, přesvědčování, přesvědčení; žert. kategorie lidí **–ive** [-ˈsweisiv] přesvědčivý

pert [ˈpəːt] drzý, smělý; čiperný

pertain [pəˈtein] při-, náležet, týkat se (*to* čeho)

pertinacious [ˌpəːtiˈneisəs] tvrdošíjný, neústupný, umíněný

pertinent [ˈpəːtinənt] přiměřený, případný, týkající se (*to* čeho)

perturb [pəˈtəːb] zmást, splést, rozrušit **–ation** [ˈpəːtəˈbeišən] **1** zmatek **2** hvězd. perturbace

peruse [pəˈruːz] pečlivě pročíst, prohlédnout, prostudovat

pervade [pəˈveid] proniknout, prostoupit

pervasion [pəˈveižn] proniknutí, prostoupení

pervers|e [pəˈvəːs] **1** zvrácený, zvrhlý **2** svéhlavý, neústupný **–ion** [pəˈvəːšən] **1** převrácení, překroucení **2** náb. poblouznění **3** zvrhlost, perverze **–ity** zvrácenost, zvrhlost, perverzita

pervert [pəˈvəːt] *v* **1** svést ke zlému **2** překroutit **3** zneužívat čeho ● *s* [ˈpəːvəːt] **1** odpadlík **2** zvrhlík; homosexuál

pervious [ˈpəːviəs] **1** prostupný, proniknutelný **2** přijatelný, přístupný

pessim|ism [ˈpesimizəm] pesimismus **-ist** pesimista

pesky [ˈpeski] a hovor. otravný, tíživý; ohavný, hnusný

pest [ˈpest] **1** neřád, otrava člověk **2** neplecha **3** pl -s škodlivý hmyz a drobní škůdci **-er** otravovat, obtěžovat, trápit **-icide** [-isaid] pesticid **-iferous** [pesˈtifərəs] morový, zhoubný, nakažlivý **-ilence** [ˈpestiləns] mor, nákaza **-ilent(ial)** [ˈpestilənt, ˌpestiˈlenšl] morový, nakažlivý, zhoubný

pestle [ˈpesl] s zast. palička hmoždíře ♦ mortar and ~ hmoždíř s paličkou ● v tlouci v hmoždíři

pet¹ [ˈpe] s **1** miláček, mazlíček **2** oblíbené domácí zvíře ♦ ~ name důvěrná přezdívka, zdrobnělina ● v (-tt-) mazlit se s **~-napping** [ˈpetˌnæpiŋ] am. krádež domácího zvířete

pet² [ˈpet] mrzutost, špatná nálada ♦ be in a ~ být mrzutý; take* the ~ at... mít co za zlé

petal [ˈpetl] okvětní lístek

peter (out) [ˈpi:tə] jít do ztracena, ztrácet se

petit-bourgeois [pəˌti:ˈbuəžwa:] maloburžoazní

petite [pəˈti:t] drobná, útlá žena

petition [piˈtišən] s naléhavá prosba, petice ● v žádat, prosit (for o) **-er 1** prosebník, žadatel **2** žalobce o rozvod

petrel [ˈpetrəl] zool. buřňák; přen. kazimír

petrifaction [ˌpetriˈfækšən] zkamenění; zkamenělina

petrify [ˈpetrifai] zkamenět; ztuhnout

petrol [ˈpetrəl] brit. benzín ♦ ~ pump / filling station čerpací benzínová stanice

petroleum [piˈtrəuljəm] ropa, nafta

petticoat [ˈpetikəut] **1** spodnička **2** pl -s dětské sukýnky **3** žena, «sukně»

pettifog [ˈpetifog] (-gg-) hádat se o slovíčko; právník mít bezvýznamnou praxi **-ger 1** břídil, žabař; pedant **2** pokoutní advokát **-ging** malicherný

pettiness [ˈpetinis] malichernost, maličkost

pettish [ˈpetiš] nedůtklivý, mrzutý, nevrlý

pettitoes [ˈpetitəuz] pl vepřové nožičky jídlo; dětské nožičky

petty [ˈpeti] drobný, nepatrný, malicherný, triviální ♦ ~ bourgeoisie drobná buržoazie; ~ officer poddůstojník námořní **~-bourgeois** [ˌ-ˈbuəžwa:] **1** maloburžoazní **2** maloměšťák

petul|ance, -ancy [ˈpetjuləns(i)] netrpělivost, nevrlost, nedůtklivost **-ant** netrpělivý, nevrlý, nedůtklivý

pew [ˈpju:] kostelní lavice

pewit, peewit [ˈpi:wit] zool. čejka

pewter [ˈpju:tə] cín; cínová nádoba

phalange [ˈfælændž] v. phalanx

phalanx [ˈfælæŋks] válečný šik, falanga; článek prstu

phantas|m [ˈfæntæzəm] přelud, přízrak **-y** [-əsi] fantazie

phantom [ˈfæntəm] přízrak, fantóm, zjevení

pharisee [ˈfærisi:] farizej

pharyngitis [ˌfærinˈdžaitis] zánět hltanu

pharmaceuti|cal [ˌfa:məˈsju:tikl] farmaceutický **-cs** pl léčiva

pharmacology [ˌfa:məˈkolədži] farmakologie

pharmacy [ˈfa:məsi] **1** lékárnictví **2** lékárna

pharos [ˈfeəros] maják

pharynx [ˈfæriŋks] hltan

phase [ˈfeiz] s fáze měsíce ♦ propulsive ~ záběrová fáze při plavání ● v fázovat, rozvrhnout **-out** postupné zastavení prací

pheasant [ˈfeznt] zool. bažant **-ry** bažantnice

phenomen|on [fəˈnominən] pl -a [-ə] **1** úkaz, jev **2** fenomén ♦ intermediate ~ meziljev, přechodný

jev
phial ['faiəl] lahvička, ampulka
philanderer [fi'lændərə] záletník
philanthrop|ic [ˌfilən'θropik] lidumilný **–ist** [fi'lænθrəpist] lidumil **–y** [fi'lænθrəpi] lidumilnost
philatel|y [fi'lætəli] filatelie **–ist** filatelista
philharmonic [ˌfilɑː'monik] a filharmonický ● s filharmonie
philistine ['filistain] šosák, filistr
philolog|ical [ˌfilə'lodžikl] filologický, jazykovědný **–ist** [fi'lolədžist] filolog **–y** [fi'lolədži] filologie, jazykověda
philosoph|er [fi'losəfə] filozof **–ic(al)** [ˌfilə'sofik(l)] filozofický **–ize** [fi'losəfaiz] filozofovat hloubat, přemýšlet **–y** 1 filozofie 2 základní teorie, principy 3 přírodní (a teoretické) vědy
philtre ['filtrə] nápoj lásky
phlegm ['flem] 1 hlen 2 netečnost, lhostejnost, flegma **–atic** [fleg'mætik] netečný, lhostejný, flegmatický
phlox ['floks] bot. flox, plaménka
Phoenician [fi'nišiən] a fénický ● s Féničan; féničtina
phonate ['fəuneit] vytvářet hlásky
phone ['fəun] hovor. s telefon ● v telefonovat
phonem|e ['fəuniːm] foném **–ic** [fəu'niːmik] fonémický, fonémový
phonetic [fəu'netik] a fonetický, zvukový ● s pl fonetika **–ian** [ˌfəuni'tišən] fonetik **–ist** [fəu'netisist] fonetik
phon(e)y ['fəuni] am. hovor. padělaný, falešný, podezřelý, předstíraný
phonograph ['fəunəɡrɑːf] fonograf, am. gramofon
phonolog|y [fəu'nolədži] fonologie **–ical** [ˌfəunə'lodžikl] fonoický
phonorecord ['fəunəuˌrekoːd] fonologický záznam
phosphate ['fosfeit] fosfát
phosphoresce [fosfə'res] fosforeskovat, světélkovat
phosphorus ['fosfərəs] fosfor
photocell ['fəutəusel] fotobuňka

photo finish [ˌfəutəu'finiš] souboj u cílové pásky u dostihů
photo|(graph) ['fəutəu, ˌfəutə'ɡrɑːf] s fotografie obrázek ● v fotografovat **–er** [fə'toɡrəfə] fotograf **–ic** [ˌfəutə'ɡræfik] fotografický **–y** [fə'toɡrəfi] fotografie umění **–master** fotomatrice **–setting** polygr. fotosazba **–stat** [-stæt] fotostat(ická kopie)
phrase ['freiz] s rčení, fráze ● v vyjádřit slovy, stylizovat ústně **–ologi-cal** [ˌfreiziə'lodžikl] frazeologický **–ology** [ˌfreizi'olədži] frazeologie, dikce
phrenology [fri'nolədži] frenologie
phthis|ical ['θaisikl] souchotinářský **–is** ['θaisis] souchotiny
phut ['fʌt] brit. prásk ♦ go* ~ prasknout, kiksnout, být kaput
physic ['fizik] s 1 hovor. medicína, lék 2 pl fyzika ● v dávat léky, léčit **–al** ['fizikl] 1 fyzikální 2 fyzický, tělesný ♦ ~ training (PT) am. ~ education (P.E.) tělesná výchova, tělocvik **–ian** [fi'zišən] lékař **–ist** ['fizisist] 1 fyzik 2 filoz. materialista
physiognom|ic(al) ['fiziə'nomik(l)] fyziognomický **–y** [ˌfizi'onəmi] 1 výraz tváře, fyziognomie 2 vulg. ksicht 3 ráz, povaha
physiology [ˌfizi'olədži] fyziologie
physique [fi'ziːk] tělesná konstituce; charakter; vzhled
pianist ['pjænist] pianist(k)a
piano* ['pjænəu] piano, (grand ~ křídlo), klavír ♦ upright ~ pianino **–la** [pjæ'nəulə] mechanické piano, pianola
pick ['pik] v 1 vzít, sebrat 2 šťárat, dlabat 3 párat se, nimrat se 4 zobat, sbírat, škubat, trhat, česat; jen si ďobnout (at čeho) 5 vybírat, obírat, okrást, zasednout si (na koho) 6 dobírat si (at, on koho) 7 obrat; okousat, ohryzat; rozebrat ♦ ~ one's teeth šťárat se v zubech; ~ a lock vypáčit zámek; ~ a quarrel vyvolat hád-

ku; ~ *one's words* vážit slova; ~
holes in hledat hnidy, kritizovat;
~ *acquaintance* udělat si zná-
most; ~ *to pieces* rozebrat, strhat
kritikou; ~ *pockets* vykrádat kap-
sy; ~ *peas* přebírat hrách; ~ *sides*
rozdělit hráče do dvou skupin; ~
speed nabrat rychlost; ~ *wool*
česat vlnu; ~ *and chose** vybírat
pečlivě ~ **off** oškubat, otrhat; od-
střelit ~ **out 1** vybírat (si); roze-
znat; pochopit smysl **2** barevně
odstínit **3** na klavíru vyťukat ~ **up**
1 zvednout, sebrat ze země **2** se-
brat se, zotavit se, zvednout se **3**
za-, chytit, zadržet, zatknout; po-
chytit; nabýt, získat, přibírat
(*passengers* cestující) **4** opět na-
jít / nabýt; nabírat rychlost, přen.
oživit se **5** seznámit se náhodně
● s **1** krumpáč, špice **2** párátko
3 výběr, volba **–axe** krumpáč
–ed zahrocený, vybraný **–er 1**
špice, krumpáč **2** sběrač, česáč
–ing 1 vybírání **2** pl zbytky, pa-
běrky **–lock 1** paklíč **2** kasař,
lupič **–pocket** [ˌ-ˈ] kapesní zloděj
~-up 1 gramofonová přenoska **2**
přejímaný program **3** svezení autem;
přibrání cestujících **4** zotavení; žert.
životobudič **5** am. dodávka vůz
picket [ˈpikit] s **1** kůl, tyčka **2** rou-
bík, flok **3** předsunutá n. vnitřní
hlídka, pl, proti stávkokazům; protest-
ní hlídka; střídající se demonstrant
● v **1** upevnit kůlem, roubíkem **2** po-
stavit hlídky n. na hlídku, stát
hlídkou; hlídkovat na protest
pickle [ˈpikl] v naložit okurky apod.
● s **1** lák **2** mořidlo na kov **3** ho-
vor. dareba **4** pl naložená zelenina
5 přen. nepořádek, bordel ◆ *be in*
a nice / pretty ~ být v pěkné
bryndě **-d** a naložený do láku,
nakládaný
picnic [ˈpiknik] s piknik, přen. hračka
snadná věc; psina; slang. trapas ● v
udělat si piknik, jít na piknik
pico|gram [ˈpaikəuˌgræm] pikogram
trilióntina gramu **–second** pikose-

kunda
pictorial [pikˈtoːriəl] a malířský, o-
brázkový, ilustrovaný ● s obráz-
kový časopis
picture [ˈpikčə] s **1** obraz, zobra-
zení; věrná podoba, zosobnění **2**
pl brit. *the -s* kino ◆ *be in the ~* být
zasvěcen; ~ *palace* / *theatre* ki-
no; *sit* of one's ~* dát se malovat
● v vy-, líčit, zobrazit, představit
si v duchu; (z)filmovat **~-book** ob-
rázková kniha **~-gallery** [ˌ-ˈ] ob-
razárna ~ **postcard** [ˌ-ˈ] pohled-
nice **~-writing** [ˌ-ˈ] obrázkové
písmo, hieroglyfy
picturesque [ˌpikčəˈresk] malebný,
živý
picturize [ˈpikčəraiz] zfilmovat
piddl|e [ˈpidl] v hovor. **1** prdelkovat
kolem, mrnit se, piplat se s něčím **2**
zacházet nešetrně, ničit **–ing**
[ˈpidliŋ] a hloupý, malicherný, ne-
patrný, bezvýznamný, směšný
pidgin [ˈpidžin] **1** *P~ English* lámaná
angličtina užívaná zejména Číňany **2**
vlastní píseček, hovor. věc, záleži-
tost
pie[1] [ˈpai] **1** sekané maso zape-
čené v těstě; zvl. am. ovocný koláč
2 dětská bábovička ◆ *have a fin-*
ger in the ~ mít v tom prsty, být
do toho zapleten
pie[2] [ˈpai] zool. straka
piebald [ˈpaiboːld] strakatý, grošo-
vaný
piece [ˈpiːs] s **1** kus, kousek **2**
parcela, pozemek **3** štůček **4**
mince, peníz **5** jednotlivý exemplář
6 obraz, dílo, skladba literární, hu-
dební, hra **7** figurka ve hře **8** slang.
(místo ~ *of flesh*) kost, kůstka,
kočka o ženě **9** střelná zbraň, kus,
dělo ◆ *by the ~* od kusu; ~ *of*
cake hračka snadná věc; *a crown a*
~ kus po koruně; *fall* to -s* roz-
padnout se; *give* a person a ~ of*
one's mind vyčinit komu; *go* to -s*
zhroutit se; *take* to -s* rozebrat;
tear* to -s roztrhat na kusy ● v **1**
často ~ *out* doplnit, ucelit **2** často

~ together dát dohromady, složit, spojit v celek (*on, to*) **3** často **~ up** našívat, látat **~-goods** pl kusové, metrové zboží **–meal** *adv* kus po kuse, postupně **~-rate** úkolová sazba **–work** úkolová práce

pied ['paid] strakatý, pestrobarevný

pier ['piə] **1** molo, vlnolam, přístavní hráz **2** promenáda a přístaviště na umělém můstku **3** pilíř **–age** ['piəridž] poplatek za užívání mola

pierc|e ['piəs] **1** probodnout, provrtat **2** prorazit **3** proniknout (*into* do) **–ing** ['piəsin] **1** pronikavý, ostrý; průrazný **2** třeskutý

piety ['paiəti] zbožnost, úcta, pieta

piffle ['pifl] *v* slang. blbnout, žvanit ● s žvanění

pig ['pig] s **1** zool. vepř, prase **2** protiva, otrava o člověku **3** hltoun, žrout **4** slitek surového kovu **5** stroužek citrónu ♦ *buy* * *a ~ in a poke* kupovat zajíce v pytli; *drive* * *one's -s to a fine / pretty market* ostrouhat kolečka, utřít hubu ● *v* (*-gg-*) **1** prasit (se) **2** (*~ it*) žít jako v chlívku **3** chlemtat **~-headed** [¡-¡] svéhlavý, umíněný **~-iron** houskové železo **–ling** selátko **–nut** lanýž **~-sticking** lov divokých prasat **–sty** ['pigstai] prasečí chlívek, přen. svinčík **–tail 1** cop **2** smotek tabáku

pigeon ['pidžin] s zool. holub; přen. trouba, vrták ● *v* ošidit **–hole** s **1** oddíl v holubníku **2** přihrádka ● *v* dát do šuplíku, odložit ad akta; rozškatulkovat, zařadit **~-loft** holubník

piggery ['pigəri] veprín

piggish ['pigiš] **1** prasečí **2** hltavý, žravý **3** paličatý

piggy ['pigi] prasátko (*~ bank* jako pokladnička)

piggybacking ['pigi¡bækin] am. doprava plných nákladních přívěsů po železnici

pigment ['pigmənt] pigment barvivo

pigmy ['pigmi] v. *pygmy*

pike ['paik] s **1** kopí, píka **2** hrot, špička **3** závora přes silnici, šraňk **4** štika ● *v* probodnout kopím; slang. mazat, vypadnout **–man*** rubač uhlí

pilchard ['pilčəd] zool. placka

pile ['pail] s **1** hromada, kupa **2** vlastní «kulička», kapitál, peníze **3** pohřební hranice; milíř **4** blok budov **5** elektrický článek, suchá baterie; atomový reaktor **6** kůl, pilota **7** vlas látky **8** pl hemoroidy ● *v* hromadit, nakupit **~ up** nahromadit, složit na hromadu, navršit (se) **~-driver** [¡-¡] beranidlo **~-up** řetězová srážka aut

pilfer ['pilfə] krást v drobném, vykrádat zásilky **–er** ['pilfərə] zlodějíček, vykradač zásilek **–age** ['pilfəridž] drobná krádež, vykrádání zásilek

pilgrim ['pilgrim] s poutník ● *v* putovat **–age** [-idž] pouť, putování

pill ['pil] **1** pilulka (*the ~* antikoncepční), kulička; přen. protiva **2** pl kulečník **–head** slang. narkoman

pillar ['pilə] sloup, pilíř ♦ *from ~ to post* od čerta k ďáblu **~-box** brit. schránka na dopisy

pillion ['piljən] tandem sedadlo

pillory ['piləri] s pranýř ♦ *put* * *in the ~* postavit na pranýř ● *v* pranýřovat

pillow ['piləu] s poduška, polštář ♦ *consult one's ~* vyspat se na to ● *v* položit na polštář, podložit poduškou **~-case, ~-slip** povlak na polštář

pilot ['pailət] s kormidelník, lodivod, pilot ● *atr* pilotní, přen. průkopnický; průzkumný ● *v* řídit loď / letadlo, být pilotem; am. protlačit manévrováním přijetí zákona **~-light** zapalovací plamínek, kontrolní žárovka

pilule ['pilju:l] pilulka, tableta

pimp ['pimp] kuplíř, pasák

pimpernel ['pimpənel] bot. bedrník

pimple ['pimpl] trud, uher; puchýřek

pin [ˈpin] *s* **1** špendlík, spínadlo; jehlice, brož **2** roubík **3** kolík, zarážka, závlačka **4** cvok, flok **5** čípek **6** slang. jedenáctky nohy **7** kuželka **8** váleček na těsto **9** soudek 4,5 galonů ♦ *-s and needles* brnění, mravenčení; *be in a merry ~* být dobře naladěn; *I don't care a ~* nedbám ani za mák ● *v* (*-nn-*) přišpendlit, sepnout; připíchnout, připevnit; zavřít do ohrady; přišít komu co ♦ *~ one's face on / upon* pevně spoléhat na; *~ a story on a p.* věšet komu bulíky na nos *~* **down** přitisknout; přimět, přidržet; připevnit *~* **up** *a gown* podkasat si šaty spínadly **–ball** forbes hrací automat **~–cushion** jehelníček **~–head** špendlíková hlavička; člověk prázdná makovice **–holder** kenzan, «ježek» pro ikebanu **~–point** vytyčovat špendlíkem, přen. přesně určit, fixovat, exaktně bombardovat **~–up** *s* obraz oblíbené n. slavné osoby (zvl. hezké dívky) připevněný na stěnu ● *a* původní, atraktivní o dívce

pinafore [ˈpinəfɔ:] zástěr(k)a

pincers [ˈpinsəz] *pl* **1** klíštky, štípací kleště **2** klepeta

pinch [pinč] *v* **1** štípat **2** při-, skřípnout **3** tisknout, tlačit o botě **4** sklíčit, soužit **5** přivést do úzkých **6** slang. štípnout, ukrást **7** lakotit, skrblit ● *s* **1** štípnutí, stisknutí, sevření **2** tlak **3** nouze, bída **4** špetka ♦ *be at a ~* být v úzkých; *with a ~ of salt* s rezervou, *cum grano salis* **–ing** *a* **1** hlodavý, ostrý, svíravý **2** štípavý **3** skoupý ● *s* **1** svírání **2** skrblictví

pinchbeck [pinčbek] *s* **1** tombak druh mosazi **2** napodobenina ● *a* nepravý, falešný

pine[1] [ˈpain] bot. sosna, borovice; pinie **–apple** [ˈ-] ananas **~–cone** borová šiška **~–tree** = *pine[1]* **–wood** bor(ový les), borové dře-

vo

pine[2] [ˈpain] **1** trápit se (*at* nad) **2** toužit (*after, for, to do* po) *~* **away** hynout žalem

ping-pong [ˈpiŋpoŋ] stolní tenis

pinion [ˈpinjən] *s* **1** peruť, křídlo **2** brk, pero **3** pastorek ozubené kolečko ● *v* přistřihnout křídla; spoutat

pink[1] [ˈpiŋk] *s* **1** růžová barva **2** bot. karafiát, hvozdík **3** vrchol (*of elegance* elegance) ♦ *in the ~ of condition* v nejlepším stavu; *the ~ of health* dokonalé zdraví ● *a* růžový, přen. polit. mírně levý **–o** hovor. hanl. komouš, komunista ● *a* hanl. rudý sovětský, komunistický, socialistický

pink[2] [ˈpiŋk] **1** probodnout (*with sword* mečem) **2** ozdobně dírkovat

pinna [ˈpinə] **1** ušní boltec **2** ploutev

pinnacle [ˈpinəkl] *s* **1** věžička **2** vrchol ● *v* **1** tvořit, opatřit, ozdobit věžičkou **2** tvořit vrchol

pint [ˈpaint] pinta = 0,5 litru **-a** [-ə] hovor. půllitr mléka

pioneer [ˌpaiəˈniə] *s* **1** průkopník, pionýr **2** zákopník, ženista ♦ *~ unit* pionýrský oddíl ● *v* **1** razit cestu **2** sloužit jako zákopník n. v pracovním praporu **3** objevovat, zkoumat; propagovat

pious [ˈpaiəs] zbožný, nábožný; chvályhodný

pip[1] [ˈpip] tipec nemoc drůbeže

pip[2] [ˈpip] **1** jádro jablka ap. **2** hvězdička / pecka distinkce **3** oko na kostce, kartě apod.

pip[3] [ˈpip] (*-pp-*) **1** otrávit koho, zkazit komu náladu; vyhodit při zkoušce, vyloučit hlasováním **2** vyzrát na koho

pip [ˈpip] (za)pípnutí čas. signálu

pip|e [ˈpaip] *s* **1** trubice, trubka, roura; píšťala **2** fistulka **3** zpěv ptáka **4** dýmka **5** vinný sud = 105 galonů **6** *pl* dudy ● *v* **1** pískat na píšťalu, hrát na trubku **2** pípat, pištět **3** o-, zdobit lemovkou **4** o-zdobit dort polevou **5** vést potrubím ~ **down** ztichnout, přen. krotit se ~**-dream** fantazie **–er** pištěc, dudák ♦ *pay* the* ~ platit útratu, moci si poručit **–ing** a **1** písklavý **2** ~ *hot* vařící ● *s* **1** pískání **2** trubky, potrubí **3** lemování **4** ozdoba z polevy na dortu **–line** dálkový naftovod / ropovod; spojení, linka **–lining** výpoč. tech. zřetězené zpracování **–work** potrubí

piqu|ancy [|pi:kənsi] pikantnost **–ant** pikantní

pique [|pi:k] *s* hněv, zlost, dopal; dotěrnost ● *v* **1** dráždit, popudit **2** rozhněvat **3** vzbudit zvědavost, zájem ~ *o.s. on / upon a t.* chlubit se čím

piquet [pi|ket] piket karetní hra

piracy [|paiərəsi] **1** pirátství **2** patisk, plagiát **3** ilegální vysílání

pirat|e [|paiərit] *s* **1** pirát **2** nakladatelský pirát **3** pirátská rozhlasová stanice ● *v* **1** loupit na moři **2** neoprávněně tisknout **–ic(al)** [pai|rætik(l)] pirátský

pirouette [|piruet] pirueta

piscatory [|piskətəri] rybářský

piss [|pis] vulg. chcát ♦ *take a* ~ chcát; *be ~ed (off)* být nasraný; ~ *so. off* nasrat rozčílit někoho

pistil [|pistil] pestík

pistol [|pistl] *s* pistole ♦ *rapid-fire* ~ rychlopalná pistole ● *v* (*-ll-*) zastřelit pistolí

piston [|pistn] píst **~-rod** ojnice, táhlo

pit [|pit] *s* **1** jáma, díra **2** šachta **3** brit. parter, přízemí v divadle za křesly **4** prohlubeň, dolí(če)k **5** past zakrytá jáma v zemi na divokou zvěř **6** motor. karter **7** montážní jáma **8** krecht; pařeniště ● *v* (*-tt-*) **1** hodit do jámy, krechtovat, silážovat **2** postavit do zápasu (*against* proti) **3** nadělat důlky **4** dolíčkovatět

pit-(a)-pat [|pitə|pæt] *adv* ťuk, ťuk, tyk tak ● *s* ťukání, klepot

pitch¹ [|pič] *s* smůla ● *v* vysmolit

pitch² [|pič] *s* **1** brit. stanoviště **2**

hod, hození **3** množství zboží na trhu **4** kymácení lodi **5** výška, stupeň, intenzita **6** svah, sklon, spád **7** tech. rozteč zubů, závitu, stoupání vrtule **8** brit. hřiště ♦ *queer the* ~ *for one* předem zmařit něčí plány; *at the same* ~ v téže výšce; *shout at the* ~ *of one's breath* křičet z plna hrdla; ~ *and pay* peníze na prkno ● *v* **1** rozbít stan, tábor, utábořit se **2** postavit, zřídit stánek, branku **3** mrštit, hodit **4** vystavit zboží na prodej **5** dláždit **6** hud. intonovat, naladit, nasadit určitou výšku **7** slang. vyprávět **8** dopadnout (*on one's head* na hlavu, *into* do) **9** lod' kymácet se **10** hovor. dát se, pustit se (*into* do koho) ranami, slovy apod. **11** trefit (*upon* na co), padnout náhodou na

pitch|blende [|pičblend] smolinec **~-dark** tma jako v pytli

pitcher [|piča] **1** džbán, korbel **2** nadhazovač při baseballu **3** brit. stánkař

pitchfork [|pičfo:k] **1** vidle, podávky **2** hud. ladička

pitchy [|piči] smolný, černý jako smůla

pit coal [|pitkaul] hlubinné uhlí

piteous [|pitiəs] žalostný, bědný

pitfall [|pitfo:l] past, léčka

pith [|piθ] **1** jádro, morek, dřeň **2** síla, energie; podstata **–y** jadrný, dřeňový; obsažný

piti|able [|pitiəbl] žalostný, politováníhodný **–ful** soucitný, budící soucit; bídný **–less** nelítostný, nemilosrdný

pitman* [|pitman] havíř

pittance [|pitans] **1** malá mzda / penze **2** troška, maličkost

pituitary [pi|tju:itari] slizový ♦ ~ *gland* podvěsek mozkový

pity [|piti] *s* soucit, útrpnost; lítost ♦ *it is a* ~ *to* je škoda; *have* ~ *on* slitovat se nad; *take** ~ *of* slitovat se nad ● *v* litovat, mít útrpnost

pivot [|pivət] *s* **1** otočný čep, kolík

2 přen. osa, střed, stěžejní bod; sport. střední útočník, pivotman; obrátka košíková ● v opatřit čepem, otáčet se na čepu apod.

pizzazz [pəˈzæz] am. slang. šmrnc, příležitost; elán, vitalita

placard [ˈplækɑːd] s plakát ● v plakátovat

placate [pləˈkeit] u-, smířit (si konkurenta výkupným)

place [ˈpleis] s 1 místo, prostor 2 atmosféra místa, vhodné místo 3 prostranství, náměstí 4 bydliště, sídlo 5 poloha, postavení, umístění 6 úřad, služba 7 úřední povinnost ◆ in ~ of místo čeho; in some ~ někde; in / out of ~ (ne)příhodný, (ne)vhodný; in the first ~ především; give* ~ to udělat místo, ustoupit; take* ~ konat se; take* the ~ of zastupovat koho ● v 1 umístit, postavit, položit 2 ustanovit do úřadu, jmenovat, opatřit místo 3 uložit, deponovat, investovat peníze 4 uznat (for za) 5 zaúčtovat ◆ ~ a contract uzavřít obchod; be -d umístit se v dostizích **-man*** veřejný pracovník, který hájí něčí pozice **-ment** u-, roz|místění kádrů, investice kapitálu

placid [ˈplæsid] klidný, mírný **-ity** [plæˈsidəti] klidnost, mírnost

plagiar|ism [ˈpleidžjərizəm] plagiát(orství) **-ist** plagiátor **-ize** plagovat

plague [ˈpleig] s 1 mor, epidemie 2 hovor. zlořád, trápení 3 pohroma 4 mračno, spousta, záplava 5 náhlý výskyt něčeho nepříjemného ● v 1 morem nakazit, zamořit 2 trápit, soužit **-y** [ˈpleigi] hovor. morový, nepříjemný; zatracený, sakramentský

plaid [ˈplæd] pléd; kostovaná skotská látka

plain [plein] a 1 jasný, srozumitelný 2 obyčejný, prostý, normální, jednoduchý 3 otevřený, upřímný 4 nevzorovaný, nevybarvený 5 hladký 6 nehezký o tváři ◆ ~ dealing otevřené jednání; ~ clothes občanský oděv, civil (~ clothes man* tajný); in ~ terms prostě; make* ~ uhladit ● s planina, rovina, nížina ~ field rovina **--hearted** prostoduchý, dobrosrdečný, upřímný **--spoken** [-ˈ-] přímý, otevřený

plaint [ˈpleint] brit. žaloba, podání **-iff** [ˈpleintif] žalobce **-ive** [pleintiv] žalostný, tklivý, lkavý

plait [ˈplæt] s 1 záhyb 2 cop, pletenec ● v 1 skládat v záhyby 2 plést, splétat

plan [ˈplæn] s 1 plán, nárys 2 záměr, projekt, postup ◆ production ~ výrobní plán ● v (-nn-) nakreslit, načrtnout plán, dělat plány, plánovat, projektovat ◆ -ned economy plánované hospodářství **-ning** plánování

plane¹ [ˈplein] s 1 rovina, plocha (inclined ~ nakloněná rovina) 2 úroveň, stupeň 3 křídlo letadla 4 letadlo ● a rovný, plochý ● v plachtit, letět letadlem

plane² [ˈplein] s hoblík ● v uhladit hoblovat, srovnat (away, down)

plane³ [ˈplein] bot. platan (~ tree)

planeside [ˈpleinsaid] bok letadla

planet [ˈplænit] 1 oběžnice, planeta 2 ornat **-arium** [ˌplæniˈteəriəm] planetárium **-ary** oběžnicový **-ology** [ˌplæniˈtolədži] planetologie

plank [ˈplæŋk] s 1 fošna, deska 2 bod politického programu 3 přen. opora, sloup ● v pokrýt prkny, zabednit ~ **down** vypláznout peníze **--bed** pryčna

plant [ˈplɑːnt] s 1 rostlina, sazenice 2 úroda 3 strojní zařízení 4 dílna, závod, podnik, továrna 5 nastrčený špeh v gangu, falešná stopa 6 policejní dozor ◆ complete industrial ~ investiční celek; in ~ rostoucí; lose* ~ odumřít; miss ~ nevyklíčit; war industrial ~ zbrojní podnik ● v 1 zasadit rostlinu, ránu **2** založit **3** vštípit, upevnit (*in*, *on* v, na) **4** postavit na, umístit, vložit, vrhnout do **5** nechat na holičkách, opustit **6** osadit, osídlit **7** nastrčit špeha **~-louse*** zool. mšice

plantain [ˈplæntin] **1** bot. jitrocel **2** druh banánovníku; banán

plantation [plænˈteišən] **1** sad, plantáž **2** hist. osada, kolonie

planter [ˈplɑːntə] **1** sadař **2** osadník **3** plantážník **4** sázecí stroj

plaque [ˈplɑːk] plaketa **–ette** [plæˈket] malá plaketa

plash¹ [ˈplæš] *s* **1** louže, kaluž **2** šplouchnutí ● *v* šplíchat, stříkat

plash² [ˈplæš] proplétat živý plot

plasm [ˈplæzəm] plazma **–atic** [plæzˈmætik] plazmatický

plaster [ˈplɑːstə] *s* **1** náplast **2** omítka **3** – *of Paris* sádra ● *v* **1** omítnout **2** dát náplast **3** dát do sádry **4** polepit **5** zasypat střelami, ranami **–er** štukatér

plastic [ˈplæstik] *a* plastický, výtvarný ● *s* plastik **–ity** [plæsˈtisəti] plastičnost, poddajnost

plat [ˈplæt] **1** kousek půdy, parcela **2** am. plán (srov. *plot*)

plat|e [ˈpleit] *s* **1** deska též fotografická, plát, plotna **2** talíř, při sbírce miska **3** mísa, tác, podnos **4** tabule skla, tabulka se jménem, nápisem, číslem **5** brnění, pancíř **6** patro uměleho chrupu **7** brit. nádobí, příbory, stříbro **8** pohár cena ● *v* **1** pokrýt pláty, pancéřovat, obrnit **2** pokovovat, postříbřit, pocínovat **~-basket** [|-,] košík na příbory **~-cover** [|-,] poklička **~-glass** tabulové sklo **–ing** pokovování galvanické; kovový povlak, oplechování **–layer** [-laiə] brit. traťový dělník **~-mark** punc

plateau [ˈplætəu] náhorní plošina

platform [ˈplætfoːm] **1** stupínek, vyvýšená plošina, terasa **2** nástupiště **3** plochá střecha **4** půdorys **5** rampa, řečniště **6** platforma **7** am. program politické strany ◆ ~

ticket perónka

platinum [ˈplætinəm] platina

platitud|e [ˈplætitjuːd] otřepaná fráze, samozřejmost, mělkost **–i-nous** [ˌplætiˈtjuːdinəs] triviální, otřepaný, frázovitý

Plato [pleiˈtəu] Platón **–nic** [pləˈto-nik] platónský, platonicky **–nist** [ˈpleitənist] platonik

platoon [pləˈtuːn] voj. rota

platter [ˈplætə] am. dřevěná mísa

plaudits [ˈploːdits] pl potlesk, aplaus

plausib|ility [ˌploːzəˈbiləti] přijatelnost, možnost **-le** [ˈploːzəbl] přijatelný, možný

play [ˈplei] *v* **1** volně (se) pohybovat **2** hrát (si), pohrávat (si), předstírat co **3** hrát na, spustit nástroj **4** dovádět, laškovat, pohrávat si milostně, mazlit se; žertovat **5** využívat (*on*, *upon* čeho) **6** zamířit tak, aby něco dopadlo (*on* na) **7** hrát hru, film, představovat **8** střílet (*on*, *upon* na) **9** zasahovat (*on* co) ◆ ~ *ball* hrát poctivou hru, jít spolu; ~ *at cards* hrát karty; ~ *a part* hrát úlohu; ~ *fair* hrát / jednat slušně, poctivě; ~ *foul* hrát / jednat neslušně, nepoctivě; ~ *into a p.'s hands* hrát komu do ruky; ~ *the fool* dělat se hloupým; ~ *for time* hrát o čas; ~ *tricks* provozovat žerty; ~ *upon words* hrát si se slovy; ~ *it on*, ~ *it low on*, ~ *it (low) down on* chovat se sprostě, nečestně ~ *away* prohrát peníze ~ **down 1** snižovat význam čeho **2** hrát jako pro horší publikum ~ **off** stavět (*person against another* koho proti komu), stavět do špatného světla, hrát si na koho ~ **out** plně vyhrát, hrou vyjádřit; *-ed out* vyčerpaný, obnošený, opotřebovaný, nemoderní ~ **up** hrát s vervou, účastnit se hovoru / jednání; přehrávat; chovat se hanebně ~ **up** *to* přihrávat, nahrávat, lichotit ● *s* **1** hra **2** představení, divadlo **3** lehký pohyb, hra vln apod. **4** milostná hra **5** sport. zpracování míče, přihrávka **6** volnost, vůle ♦ *fair* ~ slušná hra, poctivé jednání; *foul* ~ nepoctivá hra, nepoctivé jednání; *at* ~ při hře; *in* ~ žertem; ~ *on words* slovní hříčka; *bring* into* ~ použít: *give* free* ~ *to* povolit uzdu čemu; *held-ball* ~ rozskok košíková **–at** dělat tyjátr, «filmovat" **–back** dodatečné sladění zvuku s obrazem **–book** sport. kniha diagramů fotbalové hry **–boy** playboy, flamendr **–er 1** hráč **2** herec **–fellow** [ˈ-ˌ] kamarád z dětství **–ful 1** hravý **2** laškovný, žertovný **–goer** [ˈ-ˌ] návštěvník divadla **–ground** hřiště **–house*** divadlo **–ingcards** pl hrací karty **–mate** = **–fellow** **~-off** rozhodující utkání **–thing** hračka **–wright** [ˈpleirait] dramatik

plaza [ˈplaːzə] náměstí; tržiště

plea [ˈpliː] **1** námitka, důvod, argument **2** obhajoba **3** pře, proces, soud **4** výmluva **5** žádost, prosba (*for* o)

plead [ˈpliːd] **1** vést při, soudit se **2** hájit (se) před soudem (*a t.* čím) **3** prosit (*for* za) ♦ ~ *guilty* přiznat vinu; ~ *at the bar* zastupovat, být advokátem; ~ *one's cause* zastupovat při; ~ *ignorance* vymlouvat se na nevědomost; ~ *not guilty* popírat vinu; ~ *sickness* předstírat nemoc **–er** obhájce **–ing 1** přelíčení, proces **2** obhajoba **3** prosba

pleasant [ˈpleznt] příjemný, veselý; živý; zábavný **–ness 1** příjemnost **2** veselost, živost **–ry** veselost, žert(ovnost), legrace

please [ˈpliːz] **1** líbit se **2** uspokojit **3** potěšit, udělat radost **4** být příjemný **5** ráčit, chtít ♦ ~ *yourself* poslužte si; *it -ed him* zlíbilo se mu, uráčil se; *if you* ~ prosím, račte; *I shall be -ed to do it* s potěšením (n. rád) to učiním; *ring the bell, ~!* zazvoňte, prosím!

–ing příjemný, roztomilý, půvabný

pleasurable [ˈpleʒərəbl] příjemný, rozkošný

pleasure [ˈpleʒə] s **1** potěšení, radost, rozkoš **2** libost, příjemnost, zalíbení **3** požitek, pochoutka **4** přání; rozhodnutí ♦ *at* ~ dle libosti; *with* ~ s radostí; *give** ~ těšit; *take** ~ *in* mít zálibu v, těšit se z čeho; *your* ~? co ráčíte?; *we have* ~ *in sending you* s potěšením vám zasíláme; *man* of* ~ prostopášník ● *v* **1** líbit se **2** působit radost, zavděčit se; posloužit **3** působit rozkoš, užívat rozkoší, bavit se **~-ground** zábavní park

pleat [ˈpliːt] s plisé, skládání ● *v* plisovat

plebeian [pliˈbiːən] a plebejský, sprostý ● *s* plebejec

plebiscit(e) [ˈplebisit] hlasování, plebiscit

pledg|e [ˈpledʒ] s **1** záruka, zástava, ručení **2** přípitek **3** slib, závazek ♦ *give** n. *put* in* ~ dát do zástavy; *hold* in* ~ mít v zástavě; *keep* the* ~ dodržet slib; *sign / take* the* ~ slíbit / složit slib zvl. abstinence ● *v* **1** dát do zástavy **2** ručit **3** slíbit **4** připít ♦ ~ *one's word of honour* dát své čestné slovo; ~ *o.s.* zavázat se **–er** ručitel

plenary [ˈpliːnəri] plenární, valný ♦ ~ *assembly / session* valné shromáždění, zasedání

plenipotentiary [ˌplenipəˈtenʃəri] a zplnomocněný ● *s* zplnomocněný vyslanec

plenitude [ˈplenitjuːd] plnost, hojnost

plentiful [ˈplentiful] hojný, bohatý; vydatný, úrodný

plenty [ˈplenti] spousta, hojnost, nadbytek ♦ ~ *of* mnoho; ~ *of time* dost času; *horn of* ~ roh hojnosti; *in* ~ hojně

plenum [ˈpliːnəm] plénum

pleur|a [ˈpluərə] pohrudnice **–isy** [ˈpluərisi] zánět pohrudnice

pliab|le [ˈplaiəbl] ohebný; poddajný, povolný **–ility** [ˌplaiəbiləti] ohebnost; pružnost, poddajnost

pliant [ˈplaiənt] = *pliable*

pliers [ˈplaiəz] pl kleště na ohýbání drátu

plight [ˈplait] v 1 slíbit, dát slovo 2 zaručit se (~ *one's word* / *honour* zaručit se slovem / ctí) ● s 1 vážná situace, nepříznivý stav 2 dané slovo 3 zasnoubení ♦ *housing* ~ bytová tíseň

plink [pliŋk] v kovové cinknutí / zazvonění

plod [ˈplod] (*-dd-*) 1 těžce kráčet, plahočit se 2 dřít se, namáhat se, úmorně pracovat 3 pilně studovat, dřít

plonk [ˈploŋk] žuchnout, zadunět

plop [plap] v 1 žblunknout, žbluňknout 2 svalit se, praštit sebou, kecnout sebou

plosive [ˈplousiv] a jaz. výbuchový souhláska, ražený ● s výbuchová / ražená souhláska, exploziva

plot [ˈplot] s 1 parcela 2 děj, zápletka, obsah děje 3 promyšlený plán, záměr 4 pleticha, úklad, spiknutí; komplot ♦ *counter-revolutionary* ~ kontrarevoluční spiknutí ● v (*-tt-*) 1 nakreslit plán 2 strojit úklady (*against* proti), osnovat spiknutí 3 vymyslet zápletku **–ter** spiklenec, pletichář **–ting** *instrument* rýsovadlo

plough [ˈplau] s 1 pluh, rádlo 2 zoraná země, oranisko 3 propadnutí, vyhazov ● v 1 orat, rozrýt 2 brázdit hladinu o lodi 3 brit. slang. nechat propadnout kandidáta při zkoušce 4 nabourat se ♦ ~ *the sand* marně se namáhat; ~ *the waves* brázdit vlny, hladinu ~ **up** přeorat **~-boy** pohůnek **~-land** ornice **–man*** oráč **–share** radlice

plover [ˈplavə] zool. kulík

plow [ˈplau] am. = *plough*

pluck [ˈplak] s 1 škubnutí, trhnutí 2 škubanec 3 brit. propadnutí při zkoušce 4 drůbky, kořínek 5 kuráž ● v 1 oškubat ptáka, přen. obrat o peníze, podvést při hře 2 u-, vy|trhnout, trhat 3 brit. nechat propadnout při zkoušce 4 škubat, cukat, cloumat (*at* čím) ~ **down** strhnout ~ **up** *one's heart* / *spirits* / *courage* dodat si kuráže **-y** [ˈplaki] kurážný

plug [ˈplag] s 1 kolík, klínek; zátka, čep, ucpávka, čípek 2 svíčka motoru 3 elektr. zástrčka, banánek 4 výpusť, klozetové splachovadlo 5 vložka zámku 6 ležák neprodejná kniha 7 dříč 8 reklama, vychvalování ● v (*-gg-*) 1 ucpat kolíkem / čípkem; zazátkovat 2 slang. odprásknout 3 slang. udeřit pěstí 4 am. hovor. vulg. propagačně utloukat ~ **away** pachtit se (*at* s čím) ~ **in** zastrčit do zásuvky el., zapojit **–board** výpoč. tech. programová deska, propojovací panel

plum [ˈplam] 1 švestka, slíva 2 přen. hrozinka, mandle 3 dobrá věc, lepší část ♦ ~ *brandy* slivovice **~-cake** koláč s hrozinkami n. švestkami ~ **pudding** [ˈl-] hrozinkový vánoční pudink ~ **tree** bot. švestka strom

plumage [ˈpluːmidž] peří

plumb [ˈplam] s 1 olovnice 2 závaží hodin ● a kolmý, přímý; rovný, přen. vyložený ● adv 1 kolmo 2 přímo, přesně 3 vyloženě ● v 1 sondovat, měřit hloubku 2 být kolmý, udělat kolmým 3 vypátrat 4 (za)plombovat 5 pracovat jako klempíř **–er** klempíř, instalatér **–ing** instalace; instalatérství **~-rule** kolmice; krokvice

plumbago [plamˈbeigəu] tuha, grafit

plume [ˈpluːm] s 1 péro, peří 2 chochol ● v 1 ozdobit peřím 2 tříbit (si) peří ~ *o.s.* 1 vyfintit se 2 gratulovat si (*on* k)

plummet [ˈplamit] olovnice

plump [ˈplamp] a 1 kyprý, buclatý 2

přímý, jednoznačný ● *v* 1 cpát, krmit 2 zakulatit se 3 nadmout (se) 4 praštit, žuchnout ● *adv* zpříma, rovnou ● *s* rána, bouchnutí

plumy [ˈpluːmi] pernatý, opeřený; prachový

plunder [ˈplandə] *v* loupit, plenit ● *s* kořist, plen(ění); am. domácí svršky **-er** [-rə] plenitel

plung|e [ˈplandž] *v* 1 ponořit (se) 2 vrhnout se, pustit *se* (*into* do) 3 prudce vyrazit, (vy)řítit se 4 hnát se 5 sklánět se, prudce klesat ● *s* 1 ponoření, potopení 2 pád 3 vyhazování, kopání 4 nesnáze, rozpaky **-er** potápěč

plunk [ˈplaŋk] am. odprásknout

pluperfect [pluːˈpəːfikt] předminulý čas, plusquamperfektum např. *he had been dead for several hours when the doctor arrived* už byl mrtev několik hodin před příjezdem doktora

plural [ˈpluərəl] *a* množný ● *s* množné číslo, plurál **-ist** [ˈpluərəlist] mnohoobročník, pluralista **-ity** [pluəˈræləti] 1 mnohost, množství, pluralita 2 mnohoobročnictví

plus [ˈplas] *prep* plus ● *a* 1 přídatný 2 mat. ryz. kladný, plus **--fours** [plasˈfoːz] pumpky

plush [ˈplaš] *s* plyš; pl lokajské kalhoty ● *a* = *plushy* 2 **-y** [ˈplaši] 1 plyšový 2 prachový; nóbl, luxusní

plutocr|acy [pluːˈtokrəsi] plutokracie **-at** [ˈpluːtəkræt] plutokrat **-atic** [ˌpluːtəˈkrætik] plutokratický

pluvial, pluvious [ˈpluːvjəl, pluːviˈəs] dešťový, deštivý

ply [ˈplai] *s* 1 záhyb; dýha, vrstva 2 pramen lana 3 obrat, tendence, sklon ● *v* 1 pilně pracovat na čem 2 mistrně vládnout čím 3 zásobovat potravinami apod. 4 vnucovat se komu 5 pravidelně jezdit (*between* mezi) 6 naléhat, dorážet (*with questions* otázkami) **-wood** pře-

kližka

pneumatic [njuːˈmætik] *a* pneumatický, plněný vzduchem ◆ ~ *dispatch* potrubní pošta; ~ *tyre* pneumatika ● *s* 1 pneumatika 2 pl nauka o plynech

pneumonia [njuːˈməunjə] zápal plic

poach[1] [ˈpauč] u-, vařit vejce bez skořápky

poach[2] [ˈpauč] 1 rozdupat zem 2 pytlačit 3 nepoctivě získat výhodu při závodech **-er** pytlák

pock [ˈpok] neštovice, slang. sifl syfilis **--marked** poďobaný

pocket [ˈpokit] *s* 1 kapsa 2 žok chmele, vlny 3 ložisko rudy ◆ *empty* ~ člověk bez peněz; *be in* ~ mít peníze, vydělat si, získat; *be out of* ~ být bez peněz, prodělat; *she has him in her* ~ má ho v hrsti ● *v* 1 dát, strčit do kapsy 2 skrýt 3 přivlastnit si nepoctivě, shrábnout peníze 4 zapomenout na, potlačit city ◆ ~ *one's pride* potlačit pýchu, pokořit se **--book** 1 náprsní taška, tobolka 2 zápisník, kniha do kapsy **--handkerchief** [ˌ-ˈ-] kapesník **--knife*** kapesní nůž **--money** [ˈ-ˌ-] kapesné

pod [ˈpod] *s* 1 lusk 2 tobolka, šešule 3 zámotek, kokon 4 narkotizovaná cigareta ● *v* (*-dd-*) 1 tvořit, nést lusky 2 loupat hrách 3 bachratět žena

podgy [ˈpodži] zavalitý, otylý

podunk [ˈpəuˌdaŋk] *a* am. slang. malý, mrňavý, zanedbatelný, nepodstatný, nedůležitý

poem [ˈpəuim] báseň

poet [ˈpəuit] básník, pěvec **-ess** [pəuitis] básnířka **-ic(al)** [pəuˈetik(l)] básnický **-ics** [pəuˈetiks] pl poetika **-ry** básnictví; básně

poign|ancy [ˈpoinənsi] štiplavost, kousavost; dráždivost; naléhavost **-ant** 1 dráždivý, štiplavý 2 ostrý, pronikavý, bodavý 3 bolestný, dojímavý 4 přiléhavý, věcný

point [ˈpoint] *s* **1** bod, tečka **2** špička parohů, hrot, bodec **3** ostří, průraznost, pointa **4** článek, položka **5** ostroh, mys **6** stupeň, stadium **7** věc, předmět, otázka **8** vlastnost, cíl **9** rydlo **10** okamžik **11** brit. výhybka **12** vyšívání **13** sport. přespolní běh **13** elektr. zástrčka ◆ *at ~* hotov, uchystán; *at all -s* po každé stránce, dokonale; *~ by ~* krok za krokem; *in ~ of* pokud jde o; *to the ~* k věci; *be up(on) the ~ of doing a thing* už už chtít něco udělat; *bring* to a ~* skoncovat; *come* to the ~* dostat se k věci; *gain one's ~* dosáhnout svého; *make* a ~ of* předsevzít si, uložit si za povinnost; *see* the ~* chápat smysl, pointu; *speak* to the ~* mluvit k věci; *stick* to the ~* držet se věci; *stand* up -s* přísně posuzovat; *at the ~ of death* blízek smrti; *it is come to that ~* tak daleko to dospělo; *~ of intersection of two lines* průsečík dvou přímek; *it is his strong ~* je to jeho silná stránka; *~ of departure* východisko; *exclamation ~* am. vykřičník; *~ of conscience / honour* věc svědomí / cti; *~ of time* určitá doba; *~ of view* hledisko ● *v* **1** opatřit hrotem, zahrotit, zaostřit; ořezat tužku **2** zpracovat hrotem, bodcem **3** směřovat, mířit; ukázat prstem, po-, ukazovat (*at* k) **4** vyplnit maltou drážky mezi cihlami, udělat tečky a čárky *~ out* po-, ukázat na, vytknout, upozornit, uvést *~-blank* [-ˈ-] *a* přímý, rozhodnutý ● *adv* rovnou, přímo, naprosto, úplně *~-duty* [ˈ-ˌ-] dopravní služba policisty *~-ed* ostrý, špičatý, pádný; kousavý *~-er* **1** ukazatel **2** ručička přístroje **3** ukazovátko **4** narážka **5** stavěcí pes *~-less* **1** tupý, neúčinný **2** nesmyslný **3** bez vtipu

pointsman* [ˈpointsmən] brit. výhybkář, dopravní strážník

poise [ˈpoiz] *s* **1** rovnováha **2** postoj, držení těla **3** duševní rovnováha ● *v* **1** udržovat (se) v rovnováze, balancovat; držet hlavu **2** rovnoměrně zatížit **3** viset ve vzduchu **4** přichystat se *~-d* připraven košíková

poison [ˈpoizn] *s* **1** jed **2** otrava ◆ *~ pen* anonym ● *v* **1** otrávit; zkazit, nakazit *~-er* travič *~-gas* otravný plyn *~-ous* otravný, jedovatý

poke¹ [ˈpəuk] nář. pytel ◆ *buy* a pig in a ~* kupovat zajíce v pytli

poke² [ˈpəuk] *v* **1** pro-, hrabat (se) **2** šťourat se (*at* v), strkat (*do*) **3** vrazit, strčit, rýpat (*in, into* do), vrtat, šťourat **4** tropit si (*fun at* žerty z) ◆ *~ one's head* skrčit hlavu; *~ a p. in the ribs* šťouchnout koho do žeber; *don't ~ your nose into my affairs* nestrkej nos do mých záležitostí; *~ (o.s. up) at home* válet se za pecí; *~ the fire* prohrabat oheň *~ about* být zvídavý *~ away* schovat, zašantročit ● *s* **1** štulec, šťouchnutí **2** široká krempa ženského klobouku *~-r* **1** pohrabáč **2** poker hra v karty *~-r-faced* tvářící se nonšalantně a neproniknutelně *~-y* těsný, malý; ubohý, mizerný

polar [ˈpəulə] polární, točnový *~-ity* [pəuˈlærəti] polarita *~-ize* [ˈpəuləraiz] polarizovat

pole¹ [ˈpəul] **1** tyč, bidlo, žerď, kláda, sloup **2** oj **3** měřická tyčka, míra *~-axe* *s* halapartna; řeznická sekyra; širočina ● *v* radikálně oklestit, omezit *~-cat* brit. zool. tchoř *~ jump(ing)* skok o tyči

pole² [ˈpəul] pól; točna *~-star* polárka

polemic [poˈlemik] *a* polemický ● *s* **1** polemika **2** polemik **3** pl polemizování

polemology [ˌpəuleموˈlodži] studium konfliktu mezi národy

police [pəˈliːs] *s* policie (zprav. jako pl)

● *v* 1 chránit, kontrolovat policejně, opatřit policií 2 udržovat pořádek kde, kontrolovat, dozírat na **–court** policejní soud **–man*** strážník **~-office** brit. policejní ředitelství **~-station** strážnice, komisařství

policlinic [ˌpoliˈklinik] poliklinika

policy[1] [ˈpolisi] 1 politika, vláda 2 chytrost, prozíravost

policy[2] [ˈpolisi] pojistka

polio [ˈpəuliəu] 1 dětská obrna 2 člověk postižený dětskou obrnou (plně **–myelitis** [-maiəˈlaitis]) **–virus** [-ˈvairəs] virus dětské obrny

polish [ˈpoliš] *v* 1 na-, leštit, u-, hladit 2 lesknout se 3 dodat elegance čemu. krášlit, zdobit **~ off** rychle dokončit, dotáhnout **~ up** naleštit; propilovat ● *s* 1 hlazení, hladkost 2 lesk 3 politura 4 uhlazenost, vytříbenost 5 leštidlo, krém na boty

Polish [ˈpəuliš] *a* polský ● *s* polština

polite [pəˈlait] zdvořilý; uhlazený; kultivovaný **–ness** zdvořilost; uhlazenost, kultivovanost

politic [ˈpolitik] 1 prozíravý, rozvážný 2 cílevědomý ♦ *the body* **~** stát **–al** [pəˈlitikl] politický; vládní, státní ♦ **~** *economy* národní hospodářství **–ian** [ˌpoliˈtišən] politik, státník; am. partajník, politikář **–ize** [poˈlitisaiz] (z)politizovat **–s** pl 1 politika, státověda 2 politické přesvědčení, politická příslušnost 3 praktická politika ♦ *talk* **~** politizovat

polity [ˈpoləti] politické zřízení, státní zřízení

polka [ˈpolka] 1 polka 2 pletená blůza **~ dot** 1 puntík na puntíkované látce 2 puntíkovaná látka

poll [ˈpəul] *s* 1 volby, sčítání hlasů při volbách 2 účast na hlasování 3 počet hlasů ve volbách 4 průzkum veřejného mínění 5 výpoč. tech. výzva terminálu k vysílání zpráv ♦

go* to the **-s** jít k volbám; *a heavy* **~** velká účast při volbách ● *v* 1 uříznout korunu stromu, rostliny 2 hlasovat (*for* pro), volit 3 obdržet hlasy při volbách, sčítat hlasy **~-tax** daň z hlavy

pollard [ˈpoləd] 1 zvíře, které shodilo parohy 2 bezrohý dobytek 3 strom s uříznutou korunou 4 otruby, šrot

pollen [ˈpolin] *s* pyl ● *v* opylit

pollinate [ˈpolineit] opylit

pollut|e [pəˈluːt] 1 poskvrnit, znečistit 2 znesvětit, zneuctít **–ion** [-ˈluːšən] 1 poskvrnění 2 zneuctění, znesvěcení 3 ekol. znečištění

polo [ˈpəuləu] pólo hra

poltergeist [ˈpoltəgaist] hlomozící strašidlo

poltroon [polˈtruːn] zbabělec, baba

polyanthus [ˌpoliˈænθəs] bot. prvosenka

polychromy [ˈpolikrəumi] polychromie

polygam|ous [poˈligəməs] polygamický **–y** [poˈligəmi] mnohoženství, polygamie

polyglot [ˈpoliglot] mnohojazyčný

polygon [ˈpoligən] mnohoúhelník

Polynesian [ˌpoliˈniːzjən] *a* polynéský ● *s* Polynésan

polymerize [ˈpolimeraiz] chem. polymerizovat

polyp [ˈpolip] 1 zool. polyp mořské zvíře 2 = -*us* [-əs], pl -*uses* [-əsiz], -*i* [-ai] nádor, polyp

polytechnic [ˌpoliˈteknik] *a* polytechnický ● *s* (**~** *school*) polytechnika

polytheism [ˈpoliθiːizəm] mnohobožství, polyteismus

pomade [pəˈmaːd], **pomatum** [pəˈmeitəm] pomáda

pomegranate [ˈpomˌgrænit] bot. granátové jablko

pommel [ˈpaml] *s* 1 hruška jílce 2 přední rozsocha sedla ● *v* (-*ll-*) udeřit jílcem, tlouci pěstmi

pomp [ˈpomp] pompa, okázalost, nádhera **–osity** [pomˈposəti]

pompéznost, okázalost, nabubřelost **-ous** ['pompəs] **1** pompézní, okázalý **2** nabubřelý sloh
pond ['pond] rybní(če)k
ponder ['pondə] uvažovat, přemítat (on, upon, over o) **-able** ['pondərəbl] **1** zvažitelný **2** závažný, hodnotný **-ables** pl materiální věci **-ous** ['pondərəs] těžký, těžkopádný sloh
pong ['poŋ] smrad **-y** smradlavý
pontiff ['pontif] papež, biskup, pontifex
pontific|al [pon'tifikl] a papežský, biskupský, pontifikální; přen. bohorovný, neomylný, okázalý ● s círk.**1** pontifikát **2** pl pontifikálie **-ate** [-it] círk. pontifikát
pontoon[1] [pon'tu:n] ponton, mostní člun; převozní pramice
pontoon[2] [pon'tu:n] jedenadvacet karetní hra
pony ['pəuni] pony malý kůň
poodle ['pu:dl] pudlík
pooh ['pu:] interj nesmysl! hlouposti! **~-pooh** [pu:'pu:] vyjádřit pohrdání, zlehčovat
pool[1] ['pu:l] s **1** louže, kaluž **2** tůň, hlubina v řece **3** přehradní jezero **4** plavecký bazén ● v **1** tvořit tůně **2** horn. podrubat
pool[2] ['pu:l] s **1** karetní bank **2** kulečníková hra **3** obchodní kartel, zájmová skupina, skupina odborníků **4** společný fond **5** zásoba, rezerva; krevní banka **6** sázka (football ~) ● v **1** vložit do společného fondu, být podílníkem na zisku **2** organizovat obchodní kartel **3** spojit a znovu rozdělit
poop[1] ['pu:p] **1** lodní záď
poop[2] hovor. kakání, hovínko ● v **1** hovor. kakat **2** hovor. utahat, vyčerpat, unavit **~ out** skončit kvůli vyčerpání n. lenosti
poor ['puə] **1** chudý, nuzný **2** ubohý, nešťastný **3** špatný **4** nízký, sprostý **5** chabý, chatrný **6** neúrodný **7** bezvýznamný; the ~

chudí, chudina ◆ **~** little thing ubožátko **-boy** přiléhavý žebrovaný svetr **~-house*** chudobinec **~-law** chudinský zákon **-ly** adv špatně, chabě, mízerně ● a churavý, índisponovaný **~-mouth** am. fňukat, naříkat na chudobu **-ness 1** chudobnost, nuznost **2** chatrnost **3** nedostatečnost
pop[1] ['pop] v (-pp-) **1** bouchnout třesknout, vystřelit **2** vyhoupnout se, vyčnívat **3** vytasit se **4** náhle přijít, vklouznout (in do) **5** mrštit **6** brit. slang. dát do frcu do zastavárny **7** am. pražit kukuřici až praskne **8** brát (drogy) ústně n. injekcí hovor. ◆ **~** the question vyslovit se, požádat o ruku **~ forth** vylétnout **~ off** prásknout do bot, upláchnout; vybuchnout; natáhnout bačkory zemřít ● s **1** třesknutí, bouchnutí **2** šumivý nápoj, šampaňské apod. **3** brit. slang. frc, zastavárna **-corn** pražená kukuřice **-gun** bouchačka, vzduchovka
pop[2] ['pop] hovor. lidový koncert, moderní masová hudba, populární deska, lidovka, estráda
pop[3] ['pop] tatínek
pop|e ['pəup] **1** papež **2** pop ◆ **~'s** nose biskup drůbeže **-ish** papeženský, katolický
poplar ['poplə] bot. topol
poplin ['poplin] popelín látka
poppa ['pa:pə] s hovor. táta, tatínek, tatíček
poppy ['popi] bot. **1** mák **2** opium ◆ dwarf / red **~** planý / vlčí mák; **~** head makovice
populace ['popjuləs] lid. dav
popul|ar ['popjulə] lidový, populární, oblíbený ◆ **~** front lidová fronta; **~** science film populárně vědecký film **-arity** [,popju'lærəti] obliba, popularita **-arize** [-raiz] popularizovat **-ate** ['popjuleit] zalidnit, osídlit; obývat co **-ation** [,popju'leišən] **1** lidnatost **2** obyvatelstvo **-ous** lidnatý, zalidněný
porcelain ['po:slin] porcelán

porch [ˈpo:č] **1** krytý vchod, přístřešek **2** am. veranda

porcupine [ˈpo:kjupain] zool. dikobraz

pore¹ [ˈpo:] pór; potní dírka

pore² [ˈpo:] být zabrán do studia, hloubat, úporně myslit (*upon, at na*)

pork [ˈpo:k] vepřové maso ◆ ~ *chop* vepřová kotleta **–er** krmník **–ling** podsvinče

porn [ˈpo:n], **porno** [ˈpo:nə] = hovor. *pornography*

porn|ography [po:ˈnogrəfi] pornografie **–y** slang. pornografický

porous [ˈpo:rəs] pórovitý

porphyry [ˈpo:firi] porfyr

porridge [ˈporidž] brit. ovesná kaše ◆ *keep* one's breath to cool one's ~ nechat si rozumy pro sebe

porringer [ˈporindžə] miska, talířek

port¹ [ˈpo:t] přístav ◆ *clear a* ~ vyplout z přístavu

port² [ˈpo:t] **1** skot. městská brána **2** okénko, světlík v boku lodi

port³ [ˈpo:t] s postoj, držení těla, vystupování ● v (~ *arms*) držet zbraň napříč před tělem

port⁴ [ˈpo:t] levý bok lodi

port⁵ [ˈpo:t] portské víno

portable [ˈpo:təbl] přenosný

portage [ˈpo:tidž] **1** doprava po souši mezi dvěma splavnými toky **2** dopravné

portal [ˈpo:tl] portál, vchod ◆ ~ *vein* vrátnice žíla

portend [po:ˈtend] být předzvěstí čeho, hrozit čím

portent [ˈpo:tent] zlé znamení, předzvěst **–ous** [po:ˈtentəs] zlověstný; pozoruhodný

porter¹ [ˈpo:tə] brit. vrátný ◆ *porter's lodge* vrátnice

porter² [ˈpo:tə] **1** nosič **2** porter silné černé pivo **~-house*** am. pivnice, jídelna původně středisko nosičů

portfolio [po:tˈfəuljəu] **1** mapa, sloha **2** úřad ministra, portefeuille, portfej **3** am. seznam akcií dlužních úpisů / investic

porthole [ˈpo:thəul] okénko, světlík v boku lodi

portico* [ˈpo:tikau] sloupoví

portion [ˈpo:šən] s **1** část, díl, podíl; útržek jízdenky; porce **2** úděl, los **3** věno ● v roz-, dělit; porcovat: dát věno ~ *out* podělit (*to* koho)

portly [ˈpo:tli] **1** tělnatý **2** statný **3** usedlý, důstojný

portmanteau [po:tˈmæntəu] brit. skládací vak

portrait [ˈpo:trit] podobizna, portrét **–ist** [ˈpo:tritist] portrétista **–ure** [ˈpo:tričə] **1** portrétování, vypodobnění **2** portrét

portray [po:ˈtrei] portrétovat, zobrazit **–al 1** zobrazení, vypodobnění **2** portrétování, portrét

pose¹ [ˈpəuz] v **1** klást, položit (*claim* požadavek) **2** předložit otázku **3** umístit, postavit **4** stavět se, vydávat se (*as friend* za přítele) ◆ ~ *for one's portrait* sedět modelem ● s držení těla, postoj; póza

pose² [ˈpəuz] přivést do úzkých

poser [ˈpəuzə] těžký problém

posigrade [ˈpəusigreid] kosm. raketa pohánějící ve směru letu

posit [ˈpozit] postulovat

position [pəˈzišən] s **1** postavení, poloha **2** postoj názor na věc **3** hodnost **4** místo, postavení **5** voj. strategické postavení **6** okénko v přepážce úřadu ◆ *be in a* ~ mít možnost, být s to; *entry* ~ zasunutí ruky do vody plavání; ~ *warfare* zákopová válka ● v umístit; určit polohu

positive [ˈpozitiv] a **1** pozitivní, kladný **2** určitý; nesporný **3** jistý, rozhodný **4** vyložený, naprostý, absolutní **5** praktický **6** hovor. přímý **7** skálopevný přesvědčení ● s pozitiv

positivism [ˈpozitivizəm] pozitivismus

posse [ˈposi] policejní oddíl; dav

possess [ˈpəzes] **1** mít, vlastnit **2**

ovládat, posednout (-*ed by* / *with
the idea* posedlý myšlenkou) 3 ~
a p. *of* učinit pánem (-*ed of* ma-
jící co) ~ *o.s.* ovládnout, zmocnit
se (*of* čeho), opanovat se **–ing**
classes majetné třídy **–ion** [pə-
ˈzešən] 1 držení, majetek 2 po-
sedlost 3 zaujatost 4 pl bohats-
tví, državy ♦ *be in* ~ *of* mít; *get**
in ~ *of* zmocnit se, dostat, u-
jmout se; *hold** *in* ~ mít v držení;
*put** *in* ~ dát v držení **–ive 1**
vlastnický, majetkový 2 jaz. při-
vlastňovací **–or** vlastník, majitel
possibility [ˌposəˈbiləti] možnost
possibl|e [ˈposəbl] možný ♦ *as
soon as* ~ co nejdříve **–y** možná,
snad
post¹ [ˈpəust] *s* pošta ♦ *by* ~ brit.
poštou; *by return of* ~ obratem
pošty ● *v* 1 jet poštou, poslat
poštou 2 brit. dát dopis na poštu,
vhodit do poštovní schránky 3 pospí-
chat 4 zapsat účetní položku 5 zařa-
dit ~ *away* odbýt, rychle vyřídit ~
up 1 instruovat, podat nejnovější
zprávy 2 brit. spěchat 3 doplnit
účetní knihu, přenést **–age** [-idž]
poštovné ♦ ~ *stamp* poštovní
známka **–al** poštovní (*order* pou-
kázka) ♦ ~ *card* am. korespon-
denční lístek **~–bag** brit. poštovní
pytel **~–boy** poslíček, listonoš
–card korespondenční lístek /
pohlednice **~–chaise** [-šeiz],
~–coach poštovní dostavník
–code brit. poštovní směrovací
číslo **~–free** brit. vyplaceně,
franko **–man*** listonoš, poštovní
doručovatel **–mark** poštovní
razítko **–master** poštmistr (*P* ~
General ministr pošt) **~–office**
[ˈ-] poštovní úřad, pošta
post² [ˈpəust] *s* 1 kůl, sloup(ek),
tyč; podpěra 2 geol. stojka 3 sport.
meta, post košík. ● *v* 1 (~ *up*) vy-
lepit, plakátovat 2 zveřejnit; u-
veřejnit jméno pohřešované lodi,
neúspěšních studentů ♦ *well -ed*
dobře informován

post³ [ˈpəust] *s* 1 voj. stanoviště
stráže apod. 2 přikázané místo, služba
3 tábor, pevnost ♦ *last* ~ večer-
ka ● *v* vyslat na stanoviště
postdate [pəustˈdeit] postdatovat
poster [ˈpəustə] 1 plakát 2 lepič
plakátů
posterior [posˈtiəriə] *a* pozdější;
zadní ● *s* též pl zadek
posterity [posˈterəti] potomstvo
postgraduate [pəustˈgrædjuit] *a*
postgraduální ● *s* postgraduální
student, aspirant
posthumous [ˈpostjuməs] pohrob-
ní, posmrtný
postmortem [ˈpəustˌmoːtem] *a* 1
posmrtný 2 hovor. dodatečný ● *s*
posmrtná prohlídka, přen. doda-
tečný rozbor
postpone [pəustˈpəun] odložit, od-
ročit **–ment** odklad, odložení
postscript [ˈpəustskript] 1 douška,
dodatek 2 poč. často ~ **font** písmo
definované v rámci jazyka postscript a
určené pro tisk na tiskárně kompatabilní se
systémem postscript
postulate [ˈpostjuleit] *v* 1 žádat,
požadovat, postulovat 2 před-
pokládat ● *s* [ˈpostjulit] předpo-
klad, postulát
posture [ˈposčə] *s* držení těla, po-
stavení; postoj; situace; stav ● *v*
1 zaujmout určitý postoj 2 figu-
rovat
post-war [pəustˈwoː] poválečný ♦
~ *boom* poválečná konjunktura
pot [ˈpot] *s* 1 hrnec, zavařovací skle-
nice, konvice; kovový džbánek;
nádobka, kořenáč ♦ *-s and pans*
nádobí; *big* ~ «velké zvíře», důle-
žitá osoba; *go** *to (the)* ~ slang.
zkrachovat, zhoršit (se), pokazit
(se); *make** *the* ~ *boil* udržet se
nad vodou ● *v* (*-tt-*) 1 dát do hrn-
ce, naložit do zavařovačky 2 zasadit
do kořenáče 3 posadit dítě na noč-
ník 4 udělat výtah z čeho 5 střelit
na slepo, bez míření, zblízka za-,
střelit (*at* koho) 6 popadnout; za-
jistit **~–belly** panděro; břicháč

~-boiler [ˈl-] zakázková, výdělečná umělecká práce; výdělečný umělec **~-boy** číšník, pikolík **~hat** buřinka **–head** poživač marihuany **~-herb** jedlá bylina **~-hole** výmol **~-house*** pivnice putyka **~ lid** poklička **–luck** «co dům dal» jídlo ♦ *come* and take* ~ with us* přijďte, ale musíte vzít zavděk tím, co máme **~-roast** dušené maso; dusit maso **~-shot** výstřel zblízka

potable [ˈpəutæbl] žert. *a* pitný ● *s* pl nápoje, žert. pitivo

potash [ˈpotæš] draslo, potaš

potassium [pəˈtæsjəm] draslík

potation [pəuˈteišən] pití, pl pitka

potato [pəˈteitəu] brambor

pot|ency [ˈpəutənsi] síla, moc **–ent** mocný, silný, přesvědčivý, pádný

potentate [ˈpəutənteit] mocnář, vladař

potential [pəˈtenšl] možný, potenciální **–ity** [pəˌtenšiˈæləti] možnost, potenciálnost

potion [ˈpəušən] lok, dávka nápoje léku

potter [ˈpotə] *s* hrnčíř ● *v* 1 ledabyle pracovat, šťourat se 2 (*~ about*) sem a tam šukat 3 promarnit čas apod. **–y** [-ri] 1 hrnčířství 2 hrnčířské zboží, keramika

potty [ˈpoti] *s* dětský nočníček ● *a* malý, titěrný; nafoukaný

pouch [pauč] *s* vak, mošna, brašna na náboje, pytlík na tabák ● *v* 1 dát do vaku 2 sebrat 3 brit. slang. dát tuzér **–like** vakovitý

poult [pəult] pulard kuře **–erer** [-ə-rə] drůbežář

poultice [ˈpəultis] *s* obklad, placka křenová ● *v* přiložit obklad

poultry [ˈpəultri] drůbež **~ farm** drůbežárna **~-house*** kurník

pounce [pauns] *s* 1 dráp, pařát 2 střelmé slétnutí, uchvácení ● *v* snést se, vrhnout se na co, uchvátit (*upon* koho, co)

pound¹ [ˈpaund] libra váha, peníze **–age** poplatek

pound² [ˈpaund] *s* ohrada pro dobytek; garáž ● *v* (*~ up*) uzavřít do ohrady

pound³ [paund] 1 roz-, tlouci na prášek v moždíři 2 rozmlátit, roztlouci (*to pieces* na kusy) 3 (*~ along*) vléci se 4 (*~ away*) bušit (*at do*), drtit, dupat, dusat **–er** [ˈpaundə] 1 palička 2 librový kus

pour [ˈpo:] 1 lít (se) 2 sypat (se) 3 téci, proudit 4 silně pršet, lít ♦ *the river -s itself into the sea* řeka se vlévá do moře; *~ cold water on* ochladit nadšení; *-ing rain* liják *~ down* lít se *~ forth* vylévat *~ in* hrnout se *~ out* vylévat, vychrlit

pout [ˈpaut] *v* ohrnout nos, špulit rty ● *s* našpulení

poverty [ˈpavəti] chudoba, bída; nedostatek (*of, in* čeho) **~-stricken** [ˈl-] chudobný, ubohý

powder [ˈpaudə] *s* 1 prach, prášek, pudr 2 střelný prach, přen. hnací síla, razance ● *v* 1 rozdrtit, rozetřít na prášek (*-ed sugar* práškový cukr) 2 posypat, poprášit, napudrovat (se) ♦ *it is not worth ~ and shot* nestojí to za jediný výstřel, nestojí to za námahu **~-box** pudřenka **~ metallurgy** prášková metalurgie **~-puff** labutěnka **~-room** dámská toaleta **–y** prachový, sypký

power [ˈpauə] *s* 1 moc, síla 2 mocnost, velmoc 3 plná moc (*of, attorney* zástupce) 4 lid. spousta, množství (*of people* lidí) 5 fyz. schopnost, kapacita, energie, mat. mocnina ♦ *the Great P~s* velmoci; *a ~ of people* velké množství lidí; *the party in ~* strana u moci; *merciful -s!* milosrdné nebe!; *the -s that be* vyšší, směrodatná úřední místa; *buying / purchasing ~* kupní síla; *labour ~* pracovní síla; *come* into ~* dostat se k moci ● *a* 1 motorový, mechanický 2 energetický 3 velmocenský ● *v* elektrifikovat; vybavit / pohánět motorem **~~current** [ˈ-ˌ-] proud o vysokém napětí **–ful** mocný, vlivný, silný **–less** bezmocný, neschopný **~~loom** mechanický stav tkalcovský **~~station** [ˈ-ˌ-] elektrárna

pox [ˈpoks] **1** neštovice **2** hovor. syfilis

practic|ability [ˌpræktikəˈbiləti] proveditelnost; použitelnost; sjízdnost, schůdnost **–able** [ˈpræktikəbl] proveditelný, možný; sjízdný, schůdný

practical [ˈpræktikl] **1** praktický **2** účelný **3** výkonný **4** skutečný ♦ ~ joke kanadský žertík **–ly 1** v praxi, prakticky **2** skutečně, téměř

practic|e [ˈpræktis] **1** praxe; cvičení; vý-, cvik **2** zkušenost; zvyk **3** postup, vykonávání **4** náboženský život **5** klientela ♦ in ~ ve formě; v praxi; out of ~ ze cviku; z formy; put* in (to) ~ uskutečnit **–ian** [prækˈtišən] praktik

practise [ˈpræktis] **1** vykonávat, provozovat v praxi, praktikovat; provádět **2** cvičit (se), trénovat **3** ukládat (on o) **4** ~ (up)on chtít využít, oklamat

practitioner [prækˈtišənə] (general ~) praktický lékař; legal ~ právní zástupce

pragmat|ic(al) [prægˈmætik(l)] pragmatický, účelný, věcný **–ism** [ˈprægmətizəm] pragmatismus

Prague [ˈpra:g] s Praha ● a pražský

prairie [ˈpreəri] prérie, step

praise [ˈpreiz] v chválit, velebit ● s chvála, pochvala **–ful** pochvalný; zast. chvályhodný **–worthy** [ˈpreizwə:ði] chvályhodný

praline [ˈpra:li:n] pražený oříšek v cukru

pram 1 [ˈpræm] hovor. brit. dětský kočárek **2** [ˈpra:m] námořní pramice

prance [ˈpra:ns] v vzpínat se o koni ● s **1** vzepnutí, skok **2** poska-

kování, tancování

prank¹ [ˈpræŋk] žert, šprým **–ful –ish** žertovný, šprýmovný **–ster** [-stə] šibal, rošťák

prank² [ˈpræŋk] (~ out) vyzdobit, vyfintit (se)

prat|e [preit] v žvanit ● s žvanění, žvást **–er** žvanil, tlachal

prattl|e [ˈprætl] v žvatlat, žvanit ● s žvatlání **–er** žvanil

prawn [ˈpro:n] zool. garnát

pray [ˈprei] **1** prosit, žádat (for o) **2** modlit se (to k, for za) **–er** [ˈpreiə] prosebník **–er** [ˈpreə] modlitba, prosba ♦ Lord's P~ modlitba Páně; say one's -s (po)modlit se **–er-book** modlitební kniha **–erful** zbožný **–ing-wheel** budhistický modlicí mlýnek

preach [ˈpri:č] kázat; zvěstovat; napomínat ~ **down** shazovat koho ~ **up** vychvalovat **–er** kazatel **–ment** domluva, kázáníčko

preamble [priˈæmbl] preambule, úvodní formule

preanalysis [ˌpri:əˈnæləsis], pl -ses [-si:z] předběžná analýza

precarious [priˈkeəriəs] nejistý, riskantní

precaution [priˈko:šən] **1** opatrnost **2** opatření bezpečnostní, preventivní ♦ take* -s against učinit opatření proti; use -s počínat si opatrně **–ary** bezpečnostní

preced|e [priˈsi:d] **1** předcházet **2** mít přednost **–ence** [-] přednost, priorita **2** služební stáří ♦ hold* the ~ mít přednost; live* ~ dát přednost **–ent** a [priˈsi:dənt] předchozí, předešlý ● s [ˈpresidənt] předchozí případ, precedenc

precept [ˈpri:sept] **1** poučka, pravidlo **2** daňový výměr, předpis; písemný příkaz k provedení voleb **–or** [priˈseptə] učitel, preceptor

precinct [ˈpri:siŋkt] **1** posvátné místo, enkláva **2** am. volební / policejní okres **3** pl okolí, sousedství, areál **4** hranice

precious ['prešəs] **1** drahocenný, vzácný; cenný (~ *stone* drahokam) **2** výborný **3** vyumělkovaný styl **4** hovor. (po)řádný, povedený

precipice ['presipis] sráz

precipit|ance, –ancy [prisipitans(i)] překotnost, kvap **–ate** *v* [-eit] **1** srazit, shodit, svrhnout **2** přen. uvrhnout (*into* do) **3** uspíšit **4** chem. srážet (se) ● *a* [pri|sipitit] **1** střemhlavý **2** ukvapený, zbrklý, překotný ● *s* chem. sraženina **–ation** [pri‚sipi|teišən] **1** sražení **2** ukvapenost, unáhlenost **3** srážky dešťové **–ous** [pri|sipitəs] **1** srázný, strmý **2** prudký

précis ['preis] výtah, konspekt

precis|e [pri|sais] **1** přesný, správný **2** úzkostlivý, pedantický **–ely** právě (přesně) tak, ano **–eness 1** přesnost, určitost **2** ostrost, zřetelnost **–ion** [pri|sižn] přesnost, jemnost ◆ ~ *engineering* přesné strojírenství

preclu|de [pri|klu:d] **1** vyloučit, zamezit **2** zabránit čemu **–sive** [-siv] vylučující (*of* co), preventivní

precoc|ious [pri|kəušəs] předčasný, předčasně zralý **–ity** [-|kosəti] předčasná zralost

preconceive [‚pri:kən|si:v] napřed si učinit představu; předjímat

preconception [‚pri:kən|sepšən] předsudek

preconcert [‚pri:kən|sə:t] předem dohodnout, zařídit

precursor [pri|kə:sə] předchůdce předzvěst

pred|acious [pri|deišəs] dravý o zvířatech **–atory** ['predətəri] **1** loupeživý, bezohledný **2** dravý, dravčí o zvířatech

predate [pri:|deit] antedatovat

predecessor ['pri:disesə] **1** předchůdce **2** předek

predestinat|e [pri:|destineit] *v* předurčit ● *a* [pri|destinit] předurčený **–ion** [pri:‚desti|neišən] předurčení, predestinace

predestine [pri:|destin] = *predestinate*

predetermin|ation [‚pri:di‚tə:mi|neišən] předurčení **–e** [‚pri:di|tə:-min] předurčit, napřed rozhodnout / stanovit

predic|able ['predikəbl] přisouditelný, vypovídatelný **–ament** [pri|dikəmənt] **1** tvrzení, výrok **2** log. kategorie, třída **3** nesnáz, tíseň **–ate** *v* ['predikeit] tvrdit (*of, about* o), vypovídat, přisoudit ● *s* ['predikit] **1** výrok, tvrzení **2** jaz. přísudek **–ation** [‚predi|keišən] **1** tvrzení **2** výpověď **3** kázání **4** jaz. predikace **–ative** [pri|dikətiv] jaz. přísudkový, predikativní

predict [pri|dikt] předpovědět **–ion** [pri|dikšən] předpověď

predilection [‚pridi|lekšən] zvláštní záliba (*for* pro)

predispos|e [‚pri:dis|pəuz] učinit náchylným (*to* k) **–ition** [pri:‚dis-pə|zišən] náchylnost (*to* k)

predomin|ance [pri|dominəns] převaha (*over* nad), nadvláda **–ant** převládající **–ate** mít převahu (*over* nad), převládat

pre-eminence [pri:|eminəns] přednost (*in* v), výtečnost

preen [pri:n] **1** pták čistit, rovnat, čechrat peří **2** rovnat, srovnávat, urovnávat, uhlazovat oděv

prefab ['pri:fæb] prefabrikovaný dům, panelák

prefab(ricate) [pri:|fæbrikeit] hovor. prefabrikovat, vyrábět dílce domů **–ion** [pri:‚fæbri|keišən] výroba hotových dílců domů

preface ['prefis] *s* předmluva, úvod ● *v* **1** opatřit předmluvou **2** uvést, zahájit

prefatory ['prefətəri] úvodní

prefect ['pri:fekt] prefekt

prefer [pri|fə:] (-rr-) **1** dávat přednost (*to* před), mít raději (než) **2** předložit, přednést, navrhnout (*statement, information, to a p.* zprávu, informace komu) **3** povýšit ◆ ~ *a charge against* vznést žalobu proti **–able** [ˈprefərəbl] výhodnější, lepší (to než) **–ence** [ˈprefərəns] přednost, priorita, záliba **–ential** [ˌprefəˈrenšl] přednostní, preferenční (shop družstevní obchod) **–ment** 1 povýšení, povznesení 2 čestné postavení

prefix [ˈpriːfiks] jaz. předpona, prefix

preform [priːˈfoːm] v předtvarovat
● s předlisek

pregn|ancy [ˈpregnənsi] těhotenství **–ant** 1 těhotná (přen. with čím) 2 myšlenkově bohatý, výstižný, výrazný, pregnantní 3 plný

prehension [priˈhenšən] chápavost

prehistoric [ˌpriːhisˈtorik] předhistorický

prejudic|e [ˈpredžudis] s předsudek (against proti), zaujetí (in favour of pro); újma ♦ to the ~ of na úkor čeho: without ~ nezaujatě, nestranně ● v vyvolat zaujetí pro n. proti, naplnit předsudkem; po-, škodit **–ial** [ˌpredžuˈdišl] 1 předpojatý 2 škodlivý, na újmu (to čeho)

prelate [ˈprelit] prelát

preliminary [priˈliminəri] a 1 předběžný, úvodní 2 přípravný ● s 1 úvod, příprava 2 přijímací zkouška 3 sport. kvalifikační zápas 4 pl předběžné kroky, předběžně články úmluvy

prelude [ˈpreljuːd] s předehra (of to k), úvod, ● v být předehrou, hrát předehru

premarital [priːˈmæritl] a předmanželský, předsvatební

premark [ˈpriːmaːk] výpoč. tech. předtištěná značka

premature [ˈpremətʃə] 1 předčasný 2 ukvapený, unáhlený 3 nedonošený

premeditat|e [priːˈmediteit] napřed uvážit, promyslit **–ed** promyšlený, záměrný

premier [ˈpremjə] a první ● s brit.

ministerský předseda, am. ministr zahraničí

premise[1] [ˈpremis] 1 premisa, předpoklad 2 pl prostory domu i s příslušenstvím

premise[2] [priˈmaiz] předeslat, předem postulovat

premium [ˈpriːmjəm] 1 odměna, cena, prémie 2 pojistné 3 náhrada 4 fin. ážio

premolar [priːˈməulə] třenový, premolární zub

premonit|ion [ˌpriːməˈnišən] předběžné varování, výstraha, předtucha **–ory** [priˈmonitəri] varovný, výstražný

premotion [priˈməušən] božské vnuknutí, determinování

prenotion [priˈnəušən] předsudek předpojatost

preoccupation [priːˌokjuˈpeišən] 1 předpojatost, předsudek 2 dřívější držba 3 obsazení místa předem 4 roztržitost

preoccup|y [priːˈokjupai] napřed obsadit, zaujmout **–ied** zabrán do myšlenek, roztržitý

prep [ˈprep] brit. slang. 1 domácí příprava, úkoly 2 přípravka škola

prepaid [priːˈpeid] předplacený, napřed vyplacený, porta prostý, franko

preparat|ion [ˌprepəˈreišən] 1 příprava 2 preparát 3 palebná příprava **–ive** [priˈpærətiv] přípravný **–ory** [priˈpærətəri] přípravný (committee výbor, school přípravka), předběžný

prepare [priˈpeə] 1 připravit (si), chystat (se) (for k, na) 2 zvrat. připravit se **–dness** [-peədnis] připravenost, pohotovost

prepay [priːˈpei] napřed zaplatit, předplatit, frankovat dopis

prepense [priˈpens] úmyslný, záměrný ♦ in malice ~ ve zlém úmyslu

preponder|ance [priˈpondərəns] převaha **–ant** [-ənt] převážný, převládající (over nad) **–ate** převládat, mít převahu

preposition [ˌprepəˈzišən] jaz. předložka

prepossess [ˌpri:pəˈzes] 1 nadat, inspirovat, naplnit (*with* čím) 2 učinit dobrý dojem **–ing** (*with* čím) přitažlivý, okouzlující, půvabný **–ion** [ˌpri:pəˈzešən] zaujatost, sklon (*to, towards* k)

preposterous [priˈpostərəs] nesmyslný, pošetilý, absurdní

prerequisite [pri:ˈrekwizit] předběžný / základní požadavek, předpoklad

prerogative [priˈrogətiv] neodvolatelné právo

presage [ˈpresidž] *s* předzvěst, znamení, předtucha ● *v* předpovídat, věštit, tušit

presbyter [ˈprezbitə] presbyter, starší církve **–ian** [ˌprezbiˈtiəriən] *a* presbyteriální ● *s* presbyterián **–y** [-ri] presbytář

prescience [ˈprešiəns] předvídavost, předtucha

prescribe [priˈskraib] 1 nařídit, stanovit 2 předepsat lék

prescript [ˈpri:skript] předpis, nařízení, ustanovení **–ion** [priˈskripšən] 1 lékařský předpis, recept 2 práv. vydržené právo, promlčení zločinu 3 nařízení, stanovení **–ive** [priˈskriptiv] 1 předpisující, nařizovací 2 zvykový

pre|selection [ˌpri:siˈlekšən] elektr. předvolba **–selector** [-siˈlektə] předvolič

presence [ˈprezns] 1 přítomnost osoby, věci, výskyt věci 2 osobní prezentace, vzezření, postava, zevnějšek ◆ ~ *of mind* duchapřítomnost; *a man of no* ~ neimponující člověk **~-chamber** [-ˌ-] audienční síň

present[1] [ˈpreznt] *a* 1 přítomný 2 nynější, tento ◆ ~ *money* pohotové peníze, hotovost ● *s* přítomnost; jaz. přítomný čas ◆ *at* ~ nyní; *for the* ~ prozatím

present[2] [ˈpreznt] dar ◆ *make* a* ~

darovat

present[3] [priˈzent] 1 představit (se) 2 předvést, ukázat; předložit / podat žádost 3 obdařit (*with* čím), darovat (*a t. to a p.*), poskytovat pohled 4 udat, (ob)žalovat 5 zamířit (*arms at* zbraň na) 6 dávat hru, hrát ● ◆ ~ *a bill* předložit směnku (*for acceptance* k přijetí); ~ *arms!* k poctě zbraň!; ~ *one's compliments* / *regards* / *respects* vyřídit obdiv, pozdravení, úctu **–able** slušný, reprezentativní, dar vhodný; žalovatelný

presentation [ˌprezenˈteišən] 1 uvedení, představení u dvora 2 podání, předvedení; návrh 3 darování, dar, věnování 4 doporučení 5 prohlášení; popis ◆ *letter of* ~ doporučovací list; *on* ~ při předložení

presentiment [priˈzentimənt] předtucha

presently [ˈprezntli] za chvíli, brzy; am. v této době

presentment [priˈzentmənt] 1 obžaloba, formální předložení 2 podání úlohy, předvedení díla 3 zobrazení, obraz, portrét 4 divadelní představení

present participle [ˈpreznt ˈpa:tisipəl] gram. přechodník přítomný, příčestí přítomné, přítomné participium: např. *is skiing* lyžující

present perfect [ˈpreznt ˈpə:fikt] gram. přítomné perfektum: např. *have written* mít napsaný

present tense [ˈpreznt ˈtens] přítomný čas slovesný: např. *she plays* ona hraje

preserv|ation [ˌprezəˈveišən] zachování, udržení (*of peace* míru) **–ative** [priˈzə:vətiv] *a* ochranný (*against* proti), konzervační ● *s* konzervační prostředek; ochrana

preserve [priˈzə:v] *v* 1 uchovat, zachovat, konzervovat 2 chránit (*from* před), hájit zvěř 3 nakládat, zavařovat ● *s* 1 zavařenina, džem 2 obora, revír, přen. hájems-

tví **3** pl ochranné sklo
preside [priˈzaid] předsedat (*over* komu, čemu)
presid|ency [ˈprezidənsi] předsednictví, prezidentství **–ent 1** předseda **2** prezident (am. též banky, společnosti) **3** rektor koleje / univerzity **–ential** [preziˈdenšl] předsednický, prezidentský
presoak [priˈsəuk] namáčecí prostředek
presort [priˈsoːt] předem roztřídit
press [ˈpres] s **1** tlak, nátlak povinností, stisk **2** tlačenice, dav **3** naléhavost **4** tisk (*freedom of the ~* svoboda tisku); noviny; přijetí v novinách **5** tiskárna, tiskařství **6** skříň, šatník ve zdi **7** lis, lisování; lisovna **8** rekvizice **9** záhyb, puk ◆ *at ~, in the ~* v tisku; *send* to the ~* dát do tisku; *~ campaign* tisková kampaň; *~ stunt* senzace ● v **1** s-, tisknout, zatížit **2** svírat, tísnit (*be -ed for* nemít dost čeho), tlačit (se), přitisknout k sobě **3** lisovat **4** potlačovat **5** nutit, naléhat (*upon* na), být naléhavý, urgovat, vnucovat (se), usilovat (*for* o co), naléhat na co **6** žehlit **7** násilně odvádět k vojsku ◆ *-ed work-piece* výlisek **~ down** stlačit **~ out** vymačkat **~ up** vytlačit **~ button** [ˈ-] **1** tlačítko **2** patentka **–ing** naléhavý **–man*** žurnalista **~-mark** signatura knihy **~-office** tiskové středisko **~-proof** poslední kartáčový obtah, náhled **~-room** strojovna tiskárny
pressure [ˈprešə] **1** tlak; stisknutí; tíha **2** nátlak (*put* ~* vykonávat nátlak), útisk **3** krajní nutnost, tíseň ◆ *under ~* pod nátlakem; *work at high ~* pracovat naplno: *~ die-casting* lití pod tlakem; *~ welding* svařování tlakem **~-group** nátlaková skupina, klika **~-height** tlaková výše
pressurize [ˈprešəraiz] vyrovnat tlak v kabině
prestig|e [presˈtiːž] prestiž **–ious**

[-əs] renomovaný
prestressed [priːˈstrest] předpjatý (*concrete* beton)
presum|able [priˈzjuːmbl] pravděpodobný **–e** [priˈzjuːm] **1** předpokládat, domnívat se **2** domýšlet si **3** troufat si, opovážit se **4** spoléhat se, nadužívat (*on, upon* čeho)
presumpt|ion [priˈzampšən] **1** domněnka, předpoklad, pravděpodobnost **2** sebevědomí, troufalost **–ive** [-tiv] domnělý, pravděpodobný **–uous** [priˈzamptjuəs] troufalý, drzý
presuppos|e [ˌprisəˈpəuz] předpokládat, domnívat se **–ition** [ˌpriːsapəˈzišən] předpoklad, domněnka
pre-tax [priːˈtæks] před zdaněním
pre-teen [priːˈtiːn] nedospělý 10-12 let
pretence [priˈtens] záminka (často pl) předstírání; nárok ◆ *under the ~ of helping* pod záminkou pomoci
pretend [priˈtend] **1** předstírat **2** činit si neprávem nároky (*to* na), domáhat se čeho, ucházet se o co, o čí ruku; troufat si na co **–er** ucházeč (*to* o), žadatel, nápadník trůnu, pretendent
preten|sion [priˈtenšən] neoprávněný nárok (*to* na) **–tious** [-šəs] **1** domýšlivý, sebevědomý **2** okázalý, snobský
preterite [ˈpretərit] a minulý ● s jaz. minulý čas, préteritum
pretermit [ˌpriːtəˈmit] (*-tt-*) o-, pominout; přerušit, dočasně zastavit
preternatural [ˌpriːtəˈnæčrəl] nadpřirozený
pretext [ˈpriːtekst] záminka, výmluva
pre-treat [priːˈtriːt] předběžně zpracovat
pretty [ˈpriti] a pěkný, hezký; roztomilý ◆ *a ~ kettle of fish* pěkná kaše ● s drahoušek, miláček ● adv do jisté míry, dosti; pěkně ◆

~ *much* hodně, velmi mnoho; ~ *well* dosti dobře

pretzel ['pretsl] preclík

prevail [pri'veil] 1 převládat, nabývat vrchu (*over* nad) 2 vítězně obstát (*against, over* proti) 3 být běžný, trvat 4 přemluvit (*on, upon* koho) **–ing** běžný, obecný

preval|ence ['prevələns] převládání, rozšíření **–ent** ['prevələnt] 1 převládající; módní 2 běžný, zavedený

prevaricat|e [pri'værikeit] vykrucovat se **–ion** [pri,væri'keišən] vykrucování, vytáčky

prevent [pri'vent] předejít, zabránit (*from* čemu, v čem) **–ion** [pri'venšən] 1 zabránění, zamezení 2 předcházení, prevence **–ive** *a* ochranný, preventivní ● *s* ochranný prostředek

pre-view [pri'vju:] předpremiéra

previous ['pri:vjəs] předešlý, předchozí ◆ ~ *question* navrh na ukončení diskuse; ~ *to* dříve než **–ly** předešle, dříve

pre-war [pri:'wo:] předválečný

prey [prei] *s* kořist; přen. oběť ◆ *bird of* ~ dravec; *fall* a* ~ padnout za kořist ● *v* **1** živit se lupem, kořistit 2 okrádat 3 mít zhoubný vliv (*upon* na co)

price ['prais] *s* cena ◆ *selling* ~ prodejní cena; *fall in* -*s* pokles cen; ~ *control* cenová kontrola; ~ *reduction* snížení cen; *above, beyond, without* ~ neocenitelný; *at any* ~ za každou cenu; *set* a* ~ *upon* vypsat cenu na ● *v* ocenit, stanovit cenu **~-current** [-,], **~-list** ceník **~-cut** snížení cen **–less** neocenitelný; slang. báječný, legrační

prick¹ ['prik] **1** pro-, píchnout, pro-, bodnout 2 brnět, svrbět 3 vytéčkovat obrys 4 uhánět na koni **5** označit, zaškrtnout ◆ ~ *for sheriff* jmenovat šerifem ~ *out* přesazovat, přepichovat rostliny ~ *up one's ears* nastavovat uši, zbys-

třít pozornost

prick² ['prik] **1** hrot, osten 2 bodnutí 3 vulg. slang. čurák, hajzl, parchant 4 vulg. slang. penis ◆ ~ *of conscience* výčitka n. hryzení svědomí **–er** šídlo, bodec **–le** *s* osten, trn ● *v* píchat, svědit **–ly** 1 trnitý 2 bodavý, pichlavý

pride ['praid] *s* **1** pýcha; hrdost (*in* na co) 2 nadutost, domýšlivost ◆ *in the* ~ *of his years* v nejlepším věku; *take* in* být pyšný na; ~ *of the morning* ranní mlha / rosa; ~ *of place* čestné místo; nadutost, arogance ● *v* ~ *o.s. on a t.* chlubit se, pyšnit se čím

priest ['pri:st] kněz, duchovní **–craft** kněžská politika **–hood** [-hud] kněžství

prig ['prig] *s* **1** puntičkář v řeči 2 slang. zloděj ● *v* (-*gg-*) slang. štípnout, ukrást **–gish** ['prigiš] puntičkářský, pedantický; samolibý

prim ['prim] **1** pedantský, formální 2 přepjatý 3 upejpavý, ostýchavý

primacy ['praiməsi] prvenství, primát

prima|ry ['praiməri] **1** základní, prvořadý 2 primární, elementární; **–rily** v první řadě ◆ ~ *chain, shaft* hnací řemen n. hřídel; ~ *colour* základní barva; ~ *school* první stupeň základní školy

primate ['praimət] primas, arcibiskup

prime ['praim] *a* **1** první, přední 2 hlavní, základní 3 nejlepší jakosti 4 prvotní, původní, primární ◆ ~ *minister* ministerský předseda ● *s* **1** počátek 2 úsvit, jaro, ráno, mládí 3 květ, rozkvět (*of life* života) 4 nejlepší část, druh 5 mat. prvočíslo ● *v* **1** opatřit; vybavit, naplnit, napojit 2 informovat 3 dát spodní nátěr, podmalovat, podbarvit 4 nastřikovat

primer ['praimə] **1** slabikář, přen. základy nauky 2 roznětka 3 ['primə] garmond druh písma

primeval [praiˈmiːvl] pravěký, prehistorický
priming [ˈpraimiŋ] 1 střelný prach na pánvičce n. místo doutnáku, nálož 2 nátěrová základní barva
primitive [ˈprimitiv] a 1 prvotní, původní 2 primitivní, naivní 3 prvobytný 4 základní; neodvozený 5 staromódní ♦ ~ accumulation původní akumulace; ~ communal system prvobytně pospolný řád ● s 1 primitiv 2 jaz. základní tvar 3 předrenesanční malba / malíř 4 základní barva
primogeniture [ˌpraiməuˈdženičə] (právo) prvorozenství
primp [primp] zdobit, parádit, přikrašlovat; na-, fintit (se)
primrose [ˈprimrəuz] bot. petrklíč ♦ ~ path cesta rozkošnictví
primula [ˈprimjulə] bot. primulka
prince [ˈprins] 1 princ; kníže, vladař 2 cizí vysoký šlechtic; magnát ♦ P~ Royal n. P~ of Wales korunní princ; -'s feather bot. laskavec –dom [-dəm] knížectví –ly knížecí, nádherný, vznešený
principal [ˈprinsəpl] a hlavní, základní, přední ● s 1 hlava, šéf, představený, ředitel koleje 2 hlavní viník; představitel(ka) hlavní role 3 stoliční sloup krovu 4 hlavní věc, jádro 5 jistina, kapitál 6 zmocnitel, příkazce –ity [ˌprinsəˈpæləti] knížectví
principle [ˈprinsəpl] základ, podstata, princip, zásada ♦ on ~ zásadně, ze zásady
print [ˈprint] s 1 tisk tištění 2 tisk, otisk, kopie, reprodukce; stopa, šlépěj 3 typy, tisk(ací písmeno) 4 tisk, kartoun 5 am. tiskoviny, časopisy ♦ in ~ v tisku; out of ~ rozebraný o knize; in cold ~ černé na bílém; lie like ~ lhát jako když tiskne ● v 1 po-, vy-, v-, o-, tisknout 2 uveřejnit 3 psát tiskacími písmeny 4 tisknout vzory na látky 5 vtlačit 6 dělat kopie z negativu ♦ -ed matter brit. tiskovina –er 1

tiskař, typograf 2 výpoč. tech. tiskárna ♦ ~'s devil tiskařský učeň –ing tisk, tiskařství –ing-ink tiskařská čerň –ing-machine tiskařský lis –ing-office tiskárna –ing-press tiskařský lis --out kyb. výstup, výsledná soustava, tabelační papír --seller [ˈ-ˌ] prodavač reprodukcí --works kartounka
prior [ˈpraiə] a dřívější, předešlý; přednostní ♦ ~ to dříve než, před ● s převor –ess [-ris] převorka –itize [-itaiz] zařadit v pořadí priority, dát přednost –ity [praiˈorəti] priorita, přednost v pořadí (to před), v jízdě ♦ ~ road silnice s předností v jízdě –y [-ri] převorství
prism [ˈprizəm] hranol –atic [prizˈmætik] hranolový, prizmatický
prison [ˈprizn] s vězení, žalář ♦ put* in ~ uvěznit ● v bás. uvěznit –er [ˈpriznə] vězeň; zajatec ♦ ~ at the bar obžalovaný; ~ of state politický vězeň; ~ of war válečný zajatec; take* ~ zajmout
prissy [ˈprisi] a 1 afektovaný, škrobený, upjatý úzkostlivě korektní 2 nedůtklivý, hovor. cimprlich 3 zženštilý, překultivovaný
pristine [ˈprisˌtiːn] a 1 čistý, svěží, zachovalý 2 starý, původní, primitivní
privacy [ˈpraivəsi] soukromí ♦ in ~ soukromě
private [ˈpraivit] a 1 soukromý (dealer podnikatel), privátní 2 důvěrný ♦ ~ eye soukromý detektiv; in ~ důvěrně, tajně; this is for your ~ ear to je důvěrné; ~ school soukromá škola; ~ view vernisáž ● s 1 brit. prostý vojín 2 pl přirození, genitálie
privateer [ˌpraivəˈtiə] korzárská loď, korzár
privat|ion [praiˈveišən] 1 nedostatek 2 strádání, nouze 3 degradování –ism [ˈpraivitizəm] žití pro sebe, v soukromí –ive [ˈprivətiv]

privativní; záporný

privet ['privit] ptačí zob

privilege ['privilidž] s výsada, privilegium ♦ ~ of parliament parlamentní imunita ● v nadat výsadou –d privilegovaný

privy ['privi] a tajný; skrytý, soukromý ♦ ~ parts genitálie; P~ Council brit. tajná rada; ~ seal tajná pečeť; Lord P~ Seal lord strážce tajné pečeti ● s 1 účastník (to čeho), spoluzájemce 2 zast. am. suchý záchod

prize[1] ['praiz] s 1 odměna, cena čestná, ideální 2 výhra, zisk, nejlepší kus ● a výtečný, vynikající ● v vysoce si cenit, vážit si ~-fighter profesionální boxer ~-winner vítěz, nositel ceny, laureát

prize[2] ['praiz] námořní kořist; zajatá loď ♦ make* ~ of ukořistit co

pro[1] [prəu] adv ve prospěch ● s 1 důvod pro, kladná stránka, klad 2 osoba n. skupina jsoucí / hovořící ve prospěch / pro, zastánce ♦ pros and cons klady a zápory, důvody pro a proti

pro[2] ['prəu] hovor. profik profesionál

prob|ability [,probə'biləti] pravděpodobnost ♦ in all ~ nejspíše –able ['probəbl] pravděpodobný

probat|e ['prəubit] soudní prozkoumání závěti –ion [prə'beišən] 1 zkouška, zkušební doba, lhůta 2 podmíněné propuštění ♦ on ~ na zkoušku –ional [prə'beišənl] 1 novic, kdo si odbývá zkušební dobu 2 podmíněně propuštěný

prob|e ['prəub] s kosmická sonda ● v prozkoumat, sondovat

probity ['prəubati] bezúhonnost, čestnost

problem ['probləm] 1 problém 2 úloha k řešení 3 sporná otázka, záhada –atic(al) [,problə'mætik(l)] problematický, pochybný

procedur|e [prə'si:džə] postup, procedura –al [-rəl] procedurální

proceed [prə'si:d] v 1 postupovat; kráčet kupředu, postoupit 2 pokračovat v řeči 3 pocházet, povstávat (from z) 4 jednat 5 vést při, soudně zakročit (against proti) 6 přejít (to k) 7 brit. promovat, studovat (to na) ♦ a rule -s pravidlo platí; ~ to business přistoupit k jednání / řízení; ~ with a case zavést soudní řízení ● s pl výnos, výtěžek –ing 1 jednání, řízení, postup 2 pl soudní řízení / rokování ♦ civil -s civilní řízení; disciplinary -s disciplinární řízení; legal -s soudní řízení; take* / institute -s against zahájit soudní kroky proti

process[1] ['prəusis] s 1 postup, prů-, běh 2 proces, spor, soudní řízení 3 med. výrůstek ♦ in ~ of time během doby; social and political ~ sociální a politické dění; ~ control řízení postupu práce; ~ laboratory provozní laboratoř; ~ of social production společenský výrobní proces ● v 1 zavést soudní řízení 2 zpracovat ♦ -ed cheese tavený sýr –ing výroba, postup výroby, zpraco(vá)vání –or zpracovatel, procesor

process[2] [prə'ses] lid. jít průvodem, procesím

procession [prə'sešən] s 1 průvod 2 procesí ● v jít průvodem, procesím

proclaim [prə'kleim] 1 pro-, vy|hlásit, provolat 2 vyhlásit výjimečný stav

proclamation [,proklə'meišən] provolání, výzva, proklamace

proclivity [prə'klivəti] náklonnost, náchylnost, sklon

procrastinate [prəu'kræstineit] odkládat ze dne na den, otálet

procre|ate ['prəukrieit] plodit –ation [,prəukri'eišən] plození množení –ative [-eitiv] plodný, rozmnožovací

proctor ['proktə] 1 brit. proktor, univerzitní úředník s disciplinární mocí 2 právní zástupce u církevních soudů

procur|able [prə'kjuərəbl] opatřitelný, k dostání **-ation** [ˌprokjuəˈreišən] **1** opatření, obstarání **2** plnomocenství, zastupování **3** obch. prokura **4** provize **5** kuplířství **-ator** [ˈprokjuəreitə] zástupce, plnomocník, skot. prokurátor **-e** [prəˈkjuə] **1** obstarat, opatřit, získat **2** zabývat se kuplířstvím **-er** [prəˈkjuərə] **1** opatřovatel, dodavatel **2** kuplíř **-ess** [prəˈkjuəris] kuplířka

prod [ˈprod] (*-dd-*) **1** dloubnout prstem **2** podněcovat, pobízet ♦ ~ *the ball along* poslat / kopnout míč fotbal

prodigal [ˈprodigl] *a* marnotratný, hýřivý (*of* čím) ● *s* marnotratník **-ity** [ˌprodiˈgæləti] marnotratnost, hýřivost

prodig|ious [prəˈdidžəs] **1** podivuhodný, úžasný **2** nesmírný, ohromný, abnormální **3** zázračný, fenomenální **-y** [ˈprodidži] **1** zázrak, div **2** zázračné dítě, zázračný člověk, fenomén

produc|e [prodjuːs] *s* **1** výrobek, produkt **2** výtěžek, výnos, těžba, výroba, produkce **3** výsledek práce, úsilí **4** produkty zemědělské ● *v* [prəˈdjuːs] **1** předvést; předložit (*tickets* lístky); vyndat, vytáhnout **2** vyrobit, napsat knihu, brit. režírovat hru **3** geom. prodloužit **4** přinášet, vyvolávat, plodit, pěstovat, těžit ♦ ~ *a play* uvést hru na jevišti; ~ *a profit* nést zisk; ~ *on the line* vyrábět pásově **-er** [prəˈdjuːsə] výrobce (*small* ~ malovýrobce), producent; brit. režisér, am. divadelní podnikatel **-ible** [prəˈdjuːsəbl] vytvořitelný; vykazatelný, předložitelný

product [ˈprodakt] **1** výrobek, produkt **2** výsledek, ovoce, plod **3** mat. součin **-ion** [prəˈdakšən] **1** výroba, produkce **2** výnos **3** předvedení **4** dílo, výtvor **5** inscenace hry, brit. režie hry ♦ *small commodity* ~ malovýroba zboží; *small-scale* ~ malovýroba; *cost*

of ~ výrobní náklady **-ive** [prəˈdaktiv] **1** výrobní **2** plodný, úrodný; výnosný, produktivní **3** tvořivý, tvůrčí ♦ ~ *forces* výrobní síly **-ivity** [ˌprodakˈtivəti] produktivita, výnosnost

profan|ation [ˌprofəˈneišən] znesvěcení, profanace **-e** [prəˈfein] *a* **1** světský, znesvěcený, profánní **2** rouhavý ● *v* znesvětit, zneuctít, rouhat se čemu, profanovat **-ity** [prəˈfænəti] rouhání, znesvěcení, klení

profess [prəˈfes] **1** vyznat, přiznat (se) **2** vyjádřit, osvědčit **3** hlásit se k **4** vydávat se za, předstírat **5** zavázat se (*to* k) **6** provozovat řemeslo, praxi **7** přednášet na univerzitě **-ed** veřejně hlásaný, zjevný; samozvaný **-ion** [-ˈfešən] **1** hlásání; vyznání **2** ujištění, prohlášení **3** vyšší povolání, profese, stav **4** náboženské vyznání **5** řeholní slib ♦ *by* ~ povoláním **-ional** [-ˈfešənl] *a* stavovský, profesionální ● *s* profesionál

professor [prəˈfesə] profesor brit. jen univerzitní

proffer [ˈprofə] nabídnout

proficient [prəˈfišənt] dovedný, zběhlý, dokonalý (*in, at* v)

profile [ˈprəufail] *s* profil, žurn. medailónek ♦ *in* ~ z profilu ● *v* nakreslit z profilu

profit [ˈprofit] *s* **1** zisk, prospěch **2** pl zisk, výtěžek ♦ ~ *and loss account* účet zisků a ztrát, účet hospodářského výsledku; *clear* / *net* ~ čistý zisk; *gross* ~ hrubý zisk; *derive* ~ *from* mít prospěch z ● *v* **1** mít prospěch / zisk, těžit (*from* z), vydělávat na **2** přinést užitek, být k užitku **3** prospět **4** získat (*by* čím), profitovat z **-able** výnosný, užitečný, prospěšný **-eer** [ˌprofiˈtiə] keťas, šmelinář **-eering** šmelina

proflig|acy [ˈprofligəsi] prostopášnost, rozmařilost **-ate** [-it] *a* prostopášný, rozmařilý ● *s* prostopášník, rozmařilec

profound [prəˈfaund] hluboký, důkladný, pronikavý

profundity [prəˈfandəti] hloubka, důkladnost

profus|e [prəˈfjuːs] oplývající (of čím); hojný, štědrý; hýřící, přepychový **–ion** [-žn] 1 hojnost, nadbytek 2 štědrost 3 přepych

progenit|or [prəuˈženitə] pra-, předek, předchůdce, původce **–ure** [prəuˈdženičə] zplození potomstva, potomstvo

progeny [ˈprodžəni] 1 potomstvo 2 potomek, přen. plod

prognos|is [progˈnəusis] pl -es [-iːz] 1 předpověď 2 med. prognóza **–ticate** [-ˈnostikeit] předpovídat **–tication** [progˌnostiˈkeišən] předpovídání; příznak; předzvěst

program [ˈprəugræm] kyb. program počítače **–atics** nauka o programování **–mer** programátor samočinných počítačů

programme [ˈprəugræm] 1 program, plán, cíl 2 učební osnova 3 taneční pořádek

progress [ˈprəugres] s 1 pokrok, postup 2 běh, chod 3 cesta, turné ● v [prəˈgres] 1 postupovat 2 dělat pokroky 3 pohybovat se z místa na místo 4 dařit se **–ion** [prəˈgrešən] 1 postup, pokrok 2 mat. řada **–ive** [prəˈgresiv] postupující, vzestupný; pokrokový

prohibit [prəˈhibit] zakázat, zabránit (from komu v), zamezit **–ion** [ˌprəuiˈbišən] zákaz, prohibice **–ive, –ory** prohibiční

project [prəˈdžekt] v 1 navrhnout, projektovat 2 vrhat, házet 3 vyčnívat, vybíhat 4 promítat ● s [ˈprodžekt] projekt, plán

projectile [prəuˈdžektail] a vrhací, metací; hnací; střelný ● s střela, projektil, raketa, torpédo

project|ion [prəˈdžekšən] 1 projekt, plán 2 průmět; promítání 3 hod, metání 4 výběžek 5 transmutace, přeměna **–or** [-tə] 1 pro-

jektant 2 promítací přístroj, projektor 3 voj. plynomet

prolapse [ˈprəulæps] med. výhřez

prolet|arian [ˌprəuleˈteəriən] a proletářský ● s proletář **–ariat** proletariát

proliferat|e [prəuˈlifəreit] prudce se množit, rozrůstat se; šířit; vypěstovat **–ion** bujení, obnovování; rychlé množení / šíření

prolific [prəˈlifik] plodný; bohatý (of, in na co, čím)

prolix [ˈprəuliks] rozvláčný

prologue [ˈprəulog] s prolog ● v uvést / napsat prolog

prolong [prəuˈloŋ] prodloužit **–ation** [ˌprəuloŋˈgeišən] prodloužení, prolongace

promenade [ˌpromiˈnaːd] s promenáda ● v 1 promenovat, procházet se 2 provázet

promimence, –ency [ˈprominəns(i)] 1 výtečnost, vynikající postavení 2 výčnělek, výstupek 3 prominent, papaláš **–ent** 1 vynikající, vyčnívající 2 přední, vedoucí 3 nápadný 4 význačný

promiscu|ity [ˌpromisˈkjuːəti] 1 promíšenost; směsice 2 promiskuita, volný pohlavní styk **–ous** [prəˈmiskjuəs] 1 promíšený, různorodý 2 smíšený, bez rozdílu (zvl. pohlaví) 3 promiskuitní, nevážící se ničím v pohlavním styku

promis|e [ˈpromis] s 1 slib 2 příslib, naděje ♦ breach of ~ nedodržení slibu manželství; keep* one's ~ dostát slovu; of good ~ slibný; the land of ~ zaslíbená země; a work of ~ slibné dílo ● v slíbit ♦ ~ well být slibný **–ing** nadějný, slibný **–sory** [-əri] slibující, obsahující závazek ♦ ~ note úpis, vlastní směnka

promontory [ˈpromontri] předhoří, mys

promot|e [prəˈməut] 1 podporovat, fedrovat; hájit zájmy 2 podněcovat zřízení čeho 3 povýšit (to na) **–er** 1 podporovatel 2 zakladatel obchodní společnosti **–ion** [-šən] **1** podpora **2** podněcování **3** povznesení **4** propagace, reklama

prompt [ˈprompt] a okamžitý, pohotový; hbitý ♦ ~ *cash* / *payment* placení v hotovosti; ~ *day* den splatnosti ● *v* **1** div. napovídat, suflovat **2** navádět, poštvat **3** pobídnout, podnítit **~-book** nápovědní kniha **~-box** nápovědní budka **–er** nápověda **–itude**, **–ness** pohotovost; hbitost **–ly** ihned, pohotově

promulgat|e [ˈproməlgeit] vyhlásit **–ion** [ˌproməlˈgeišən] vyhlášení, oznámení

prone [ˈprəun] **1** ležící čelem k zemi; natažený **2** náchylný (*to* k) **3** svažitý, příkrý ♦ ~ *to anger* prchlivý

prong [ˈproŋ] vidle; bodec, špice vidlí, vidličky

pronominal [prəuˈnominl] jaz. zájmenný

pronoun [ˈprənaun] jaz. zájmeno

pronounce [prəˈnauns] **1** vyslovovat: vyjádřit (se) **2** prohlásit **–d** vyslovený; výrazný, zřetelný **–ment** prohlášení

pronunciation [prəˌnansiˈeišən] výslovnost

proof [ˈpruːf] *s* **1** důkaz, doklad, svědecký protokol **2** zkumavka, přen. obsah alkoholu **3** obtah, korektura **4** zkouška ♦ *in ~ of it* na důkaz toho; *learn* by* ~ učit se ze zkušenosti; *put* to the* ~ podrobit zkoušce ● *a* **1** vyzkoušený, osvědčený **2** pevný, neprostupný, impregnovaný **3** vzdorující, odolný (*against* čemu) **4** bezpečný (*against* před) **5** obsahující určité procento alkoholu ● *v* impregnovat; udělat korekturu **~-copy**, **~-sheet** korektura

prop[1] [ˈprop] *s* podpěra; opora ♦ *be a* ~ *for* podporovat co ● *v* (*-pp-*) podepřít, přen. opírat (*o.s. upon* se o co)

prop[2] [ˈprop] = *propeller, proper-*

ty[2], *propaganda*

propagand|a [ˌpropəˈgændə] propaganda, nábor **–ist** propagandista

propag|ate [ˈpropəgeit] **1** rozšiřovat (se); propagovat **2** plodit, rozplozovat, rozmnožovat se **–ation** [ˌpropəˈgeišən] **1** propagace **2** rozmnožování **–ator** propagátor

propel [prəˈpel] *v* (*-ll-*) pohánět, hnát ♦ *-ling pencil* šroubovací tužka **–ler 1** lodní šroub **2** vrtule ♦ ~ *shaft* kloubový hřídel

propensity [prəˈpensəti] sklon (*to, for* k)

proper [ˈpropə] **1** vlastní, náležitý, řádný, pořádný **2** správný, pravý **3** hovor. hotový, řádný **4** vhodný, slušný ♦ ~ *channel* služební postup; ~ *fraction* pravý zlomek

propertied [ˈpropətid] majetný

property [ˈpropəti] **1** majetek, vlastnictví, pozemkový majetek, nemovitost **2** pl divadelní rekvizity **3** vlastnost ♦ *a man* of* ~ boháč; *devoid of all* ~ nemajetný, zbavený majetku; *private* ~ soukromé vlastnictví; ~ *man** rekvizitář; *real* ~ nemovitý majetek

prophase [ˈprəufeiz] biol. profáze

prophe|cy [ˈprofisi] proroctví **–sy** [-sai] prorokovat, věštit

prophet [ˈprofit] prorok **–ess** [-is] věštkyně **–ic(al)** [prəˈfetik(l)] prorocký **–ize** [-aiz] prorokovat

prophylactic [ˌprofiˈlæktik] *a* profylaktický, ochranný ● *s* ochranný prostředek

propinquity [prəˈpiŋkwiti] blízkost, příbuznost

propiti|ate [prəˈpišieit] usmířit **–ous** [-ˈpišəs] příznivý, blahovolný

proponent [prəˈpounənt] *s* **1** zastánce návrhu, bojovník *of* za **2** navrhovatel, proponent

proportion [prəˈpoːšən] *s* **1** poměr vzájemný, míra **2** pl rozměry, proporce **3** úměrnost **4** poměrná část, podíl ♦ in ~ to v poměru k; in ~ as podle toho, jak; in due ~ úměrný; out of ~ to příliš velký na; rule of ~ trojčlenka; bear* a ~ to být úměrný k; ~ in gross output podíl na celkové výrobě ● v uvést do vzájemného poměru, rozdělit poměrně **-al** [prə'po:šənl] úměrný **-ate** [prə'po:šənit] úměrný

proposal [prə'pəuzl] 1 návrh (for na), podání 2 nabídka k sňatku ♦ make* / offer a ~ of navrhnout, nabídnout

propos|e [prə'pəuz] 1 navrhnout, předložit 2 mít v úmyslu, zamýšlet 3 ucházet se (to o koho, o čí ruku), učinit komu nabídku k sňatku 4 pronést přípitek (to komu) **-ition** [ˌpropə'zišən] 1 tvrzení, mat. věta 2 slang. věc, záležitost, problém, 3 nemravný návrh

propound [prə'pəund] předložit, navrhnout k řešení

propriet|ary [prə'praiətəri] a vlastnický; patentovaný, speciální ♦ ~ medicine specialita lék ● s 1 vlastníci, majitelé 2 vlastnictví **-er** vlastník, majitel ♦ landed ~ statkář; private ~ soukromý vlastník **-ress** [-ris] majitelka **-y** 1 vhodnost 2 slušnost, způsobnost, korektnost 3 pl společenská pravidla, dekorum

propulsion [prə'palšən] pohon

prorog|ation [ˌprəurə'geišən] odročení **-ue** [prə'rəug] odročit

prosa|ic [prəu'zeik] prozaický **-ist** ['prəuzeist] prozaik

proscribe [prəu'skraib] zavrhnout; prohlásit za psance, vypovědět, proskribovat

proscription [prəu'skripšən] zavrhování; vypovězení, proskripce

prose ['prəuz] s próza ● v 1 psát prózou 2 žvanit, mlít

prosecut|e ['prosikju:t] 1 žalovat, pohnat před soud (for z čeho) 2 konat (inquiry vyšetřování, studies studie) 3 pokračovat v bádání,

dále provádět, pěstovat, provozovat (trade obchod) **-ion** [ˌprosi'kju:šən] 1 žaloba, soudní stíhání, trestní řízení 2 výkon, pěstování, provozování 3 pokračování (of v) **-or** žalobce, prokurátor ♦ public ~ státní zástupce

proselyt|e ['prosilait] prozelyta, nově obrácený na víru, novověrec **-ize** ['prosilitaiz] získávat stoupence, obracet na víru

prosod|ic [prə'sodik] prozodický **-y** ['prosədi] prozódie

prospect ['prospekt] s 1 výhled, rozhled 2 vyhlídka, naděje, šance (of na) 3 slibné místo, slibný materiál, pravděpodobný zákazník; klient; kandidát ♦ have in ~ mít naději na ● v [prəs'pekt] pátrat (for po), hledat zlato, pokusně kutat, geol. prozkoumávat, sondovat **-ive** [prə'spektiv] budoucí, očekávaný, případný, in spe **-or** [prə'spektə] zlatokop, prospektor **-us** [prə'spektəs] pl -uses [-əsiz] prospekt, leták, program kursu

prosper ['prospə] dařit se, dobře prospívat, vzkvétat, prosperovat; mít úspěch; pomoci **-ity** [pro'sperəti] blahobyt, prosperita, rozkvět **-ous** [-rəs] 1 prospívající, zdárný, úspěšný, prosperující 2 příznivý 3 bohatý

prostate ['prasˌteit] s anat. předstojná žláza, prostata

prosthe|sis [pras'θi:səs] s med. protetika **-tic** [pras'θetik] a protetický

prostitut|e ['prostitju:t] s prostitutka ● v prostituovat (o.s. se) **-ion** [ˌprosti'tju:šən] prostituce

prostrat|e ['prostreit] a 1 ležící, natažený tváří k zemi 2 pokořený, přemožený 3 vysílený ● v [pro'streit] položit, povalit, vrhnout (o.s. se) na zem **-ion** [pro'streišən] 1 přemožení, poražení, šok 2 pokoření (se), ponížení 3 sklíčenost

prosy [ˈprauzi] **1** prozaický **2** rozvláčný, nudný

protagonist [prəuˈtægənist] hlavní osoba dramatu, protagonista

protect [prəˈtekt] **1** chránit (*from*, *against* před), krýt **2** obch. honorovat směnku **–ion** [prəˈtekšən] **1** ochrana **2** obch. krytí směnky ♦ *a draft will find** (*meet** *with*) *due ~* směnce se dostane náležitého krytí **–ive** ochranný ♦ *~ screen* ochranná clona **–or 1** ochránce, protektor; živitel družky **2** chránítko **–orate** [-ərit] protektorát

protégé(e) [ˈprəutežei] chráněnec, chráněnka

protein [ˈprəuˌtiːn] *s* chem. bílkovina, protein

protest [ˈprəutest] *s* protest, ohrazení *se* ♦ *under ~ -s* ohrazením; *enter a ~* ohradit se, protestovat; *~ for non-payment* obch. protest pro neplacení ● *v* [prəˈtest] protestovat (*against*, am. *a t.* proti), ohrazovat se, mít námitky ♦ *~ a bill* protestovat směnku **–ant** [ˈprotəstənt] *a* protestantský ● *s* protestant **–antism** [proteˈstəntizəm] protestantismus **–ation** [ˌprəutesˈteišən] **1** ohrazení se, odpor (*against* proti) **2** tvrzení, ujištění

protocol [ˈprəutakol] protokol

proton [ˈprəuton] proton

protoplasm [ˈprəutəplæzəm] protoplazma

prototype [ˈprəutətaip] prototyp, původní vzor

protract [prəˈtrækt] **1** protahovat, prodlužovat **2** rýsovat **–ed** prodloužený; zdlouhavý **–ion 1** prodlužování, průtahy **2** rýsování **–er 1** úhloměr **2** natahovač sval

protrude [prəˈtruːd] **1** vystrčit, vysunout (se) **2** vyčnívat, vystupovat **3** vypláznout jazyk

protrusion [prəˈtruːžn] výčnělek, vysunutí

protuber|ance [prəˈtjuːbərəns] **1** výčnělek, pahorek **2** tabulka, nádor, výrůstek **–ant** [prəˈtjuːbərənt] vyčnívající (*above* nad); vysunutý; nápadný

proud [ˈpraud] **1** hrdý (*of* na), pyšný, nadutý **2** bujný kůň **3** domýšlivý **4** impozantní, nádherný ♦ *~ flesh* hojící se tkáň kolem rány

prov|e [ˈpruːv] **1** dokázat **2** vyzkoušet, přezkoušet zbraň, polygr. obtáhnout **3** ukázat se (být čím), osvědčit se jako **4** ověřit ♦ *~ true* potvrdit se; *~ false* ukázat se nesprávným, falešným **–en** [ˈpruːvn] zvl. am. = **–ed**

provenance [ˈprəuvinəns] původ, provenience ♦ *settle the ~ of* zjistit původ čeho

provender [ˈprovində] **1** píce **2** žert. proviant, potraviny

proverb [ˈproveb] přísloví **–ial** [prəˈvəːbjəl] příslovečný

provid|e [prəˈvaid] **1** opatřit (se), připravit, obstarat **2** poskytnout možnost, učinit opatření (*for* pro, *against* proti), zajistit **3** opatřit (*with* čím), zásobit (se) (*with* čím) **4** ~ *that* uložit za povinnost, nakázat; *~ against* zabránit **–ed** n. **–ing** (*that*) za předpokladu n. pod podmínkou, že **–ence** [ˈprovidəns] prozřetelnost, prozíravost **–ent** [ˈprovidənt] prozíravý **–ential** [ˌproviˈdenšl] **1** božskou prozřetelností způsobený **2** příhodný, šťastný **–er** [prəˈvaidə] opatřovatel, chlebodárce, dodavatel; dárce

provinc|e [ˈprovins] **1** provincie, venkov **2** obor, oblast, sféra **–ial** [prəˈvinšl] *a* provinciální, venkovský ● *s* venkovan

provision [prəˈvižn] *s* **1** opatření, ustanovení např. zákona **2** pl zásoby, potraviny, píce ♦ *make** *-s against* učinit opatření proti ● *v* zásobit potravinami **–al** pro-, zatímní

provis|o* [prəˈvaizəu] výhrada ♦ *with usual ~* s obvyklou výhradou; *on the ~ that* jestliže **–ory**

[prə'vaizəri] podmínečný; přechodný

provocat|ion [ˌprovə'keišən] provokace, podnět **–ive** [prə'vokətiv] a provokativní (*of*), vyzývavý; podnětný ● *s* dráždidlo

provok|e [prə'vəuk] 1 popudit, vydráždit, provokovat 2 podbídnout 3 přimět (*to, into doing* k) 4 pohoršit 5 vyvolat, způsobit **–ing** vyzývavý, provokační

provost ['provəst] 1 představený koleje v Oxfordu, Cambridgi, skot. starosta města 2 hist. probošt

prow ['prəu] lodní příď

prowess ['prauis] statečnost, hrdinství; dovednost

prowl ['praul] 1 číhat na, slídit po kořisti 2 chodit, potulovat se

proxim|ate ['proksimit] nejbližší, bezprostřední **–ity** [prok'siməti] blízkost, sousedství ♦ ~ *of blood* pokrevenství **–o** ['proksiməu] zast. příštího měsíce

proxy ['proksi] 1 zastupování 2 plná moc 3 zástupce, zmocněnec ♦ *by* ~ v zastoupení

prud|e ['pru:d] prudérní člověk zvl. žena **–ery** prudérie **–ish** projevující prudérii, prudérní

prud|ence ['pru:dəns] rozšafnost, opatrnost **–ent** rozšafný, moudrý, opatrný

prune ['pru:n] *s* švestka, slíva sušená ● *v* 1 prořezávat, klestit stromy 2 omezit, snížit

prurient ['pruəriənt] chlípný, vilný; chorobně zvědavý

pry ['prai] 1 slídit, pátrat 2 přen. strkat nos (*into* do) ♦ ~ *open* vypáčit

psalm ['sa:m] žalm **–ist** žalmista

psalter ['so:ltə] žaltář

pseudonym ['sju:dənim] pseudonym **–ous** [sju:'doniməs] píšící pod pseudonymem

pshaw ['pšo:] *interj* pah!, bodejť!

psor|a ['pso:rə] prašivina, svrab **–iasis** [pso'raiəsis] med. lupenka

psych [saik] slang. zkr. psychologie

● *v* slang. ~ **out** ztratit n. podlomit vůli **–e** ['saiki] *s* 1 duch, duše, psýcha 2 P~ řec. mytol. Psýché milá Erotova **–ed** [saikt] *a* slang. být naladěn, být psychicky připraven

psychedelic [ˌsaiki'delik] psychedelický, halucinogenní droga

psychiat|rist [sai'kaiətrist] psychiatr **–ry** [sai'kaiətri] psychiatrie

psychic(al) ['saikik(l)] 1 psychický, duševní 2 -*ic* okultní, = -*otic*

psychoactive [ˌsaikəu'æktiv] působící na psychiku

psycholog|y [sai'kolədži] psychologie **–ist** psycholog

psychotic [sai'kotik] psychotický, psychotik

pub ['pab] hovor. hostinec, hospoda

puberty [pju:'bəti] dospívání, puberta

pubesc|ence ['pju:besns] dospívání, ochmýření **–ent** dospívající

pubis ['pju:bis] pl též *pubes* [-i:z] anat. kost stydká

public ['pablik] *a* veřejný ♦ *in* ~ veřejně; *make** ~ uveřejnit, rozhlásit; ~ *cash* státní hotovost; ~ *economist* národní hospodář; ~ *holiday* státní svátek; ~ *house** brit. hostinec; ~ *law* mezinárodní právo; ~ *library* veřejná knihovna; ~ *nursery* dětská opatrovna / družina; ~ *prosecutor* veřejný žalobce; ~ *relations* informace, informační středisko, styk s veřejností; ~ *school* am. státní střední škola, brit. soukromá střední škola ● *s* obec; veřejnost; obecenstvo, publikum; lid, národ; hovor. hospoda **–an** [-ən] 1 brit. hostinský 2 hist. výběrčí cla, publikán **–ation** [ˌ-'-] vydání, uveřejnění, vyhlášení; publikace, spis

public|ist ['pablisist] publicista **–ity** [pab'lisəti] 1 obecná známost pozornost veřejnosti, publicita 2 propagace, reklama ♦ *give** ~ *to* zveřejnit **–ize** [-saiz] uvést v obecnou známost

publish ['pabliš] uveřejnit, vydat

tiskem, publikovat **–er** vydavatel, nakladatel

puck¹ [ˈpak] šotek, skřítek

puck² [ˈpak] puk, touš

pucker [ˈpakə] *v* nakrčit, (s)vraštit (se), skládat (se) v záhyby ♦ ~ *one's brow* krčit čelo; ~ *one's lips* špulit ústa ● *s* **1** záhyb, nabírání **2** vrásky

pud [ˈpud] hovor. nákyp, sladkost

pudding [ˈpudiŋ] **1** pudink, nákyp **2** jelito (*black ~*), jitrnice (*white ~*), klobása, tlačenka ♦ ~ *face* hovor. kulatý hloupý obličej; ~ *head* hlupák, trouba; ~ *stone* slepenec

puddle [ˈpadl] *s* louže, kaluž; přen. chlívek nepořádek ● *v* **1** patlat se, válet se v blátě **2** hníst jíl s pískem **3** míchat tavené železo, pudlovat **4** vymazat betonem

pudgy [ˈpadži] *a* udělaný, zavalitý, podsaditý

puerile [ˈpjuərail] dětinský, dětský **–ity** [pjuəˈriləti] dětinskost

puerperium [pjuərˈpiːriəm] med. šestinedělí

puff [ˈpaf] *s* **1** vydechnutí; vy-, fouknutí; závan **2** lehké pečivo, lístkové pečivo / těsto **3** labutěnka **4** příčesek **5** prošívaná pokrývka **6** nabírání látky **7** nafouknutá pochvala v novinách, dryáčnická reklama ● *v* **1** vy-, fouknout; bafat (*at* z); funět, supět; dýmat **2** nafouknout (se) **3** dělat dryáčnickou reklamu **4** kašlat (*at* na), nafukovat se nad **5** oslavně žvanit **6** zvednout cenu při dražbě ♦ *-ed eyes, lips* oteklé oči, odulé rty ~ *away* dýmat (*at* z); odfouknout ~ *out* nafouknout (se), vyfouknout, sfouknout ~ *up* nadmout (se); vychválit dryáčnicky ♦ *-ed up* nafoukaný, nadutý **~-box** pudřenka **–ery** dryáčnická reklama **~-paste** pečivo z máslového těsta **~-stone** tuf **–y** [ˈpafi] **1** nafouklý, otylý **2** nabubřelý **3** krátkodechý, udýchaný **4** korpulentní

pug [ˈpag] **1** mopslík **2** brit. malá posunovací lokomotiva **~-nose** tupý nos

pugil|ism [pjuːˈdžilizəm] boxování, box

pugnac|ious [pagˈneišəs] bojovný **–ity** [-ˈnæsəti] bojovnost

puke [ˈpjuːk] hovor. blití, zvracení, zvratky ● *v* blít, zvracet, vrhnout

pule [ˈpjuːl] vrnět, kňourat

pull [ˈpul] *v* **1** tahat, za-, táhnout (za co); trhat i s kořenem, škubat (*at* za) **2** vléci, cloumat **3** stisknout **4** udržet na uzdě **5** táhnout se, vléci se **6** vochlovat **7** strhat kritikou **8** získat; udělat zátah **9** opírat se do vesla, veslovat, mít kolik vesel **10** obtáhnout udělat otisk ♦ ~ *one's ears*, ~ *a p. by the ear* vytahat koho za uši; ~ *to* / *in pieces* **1** roztrhat **2** strhat kritikou; ~ *up a good heart* dodat si odvahy; ~ *a good oar* být dobrým veslařem; *a person's leg* / *nose* tahat někoho za nohu, dělat si dobrý den, vodit za nos; ~ *a face* dělat posunky ~ **about** cloumat, hrubě zacházet ~ **apart** roztrhat (se) ~ **back** zarazit, zastavit ~ **down 1** strhnout **2** zkazit náladu **3** snížit ceny ~ **in 1** vtáhnout **2** vjet do stanice (o vlaku), přirazit k chodníku **3** zastavit se (*at* u koho) ~ **off 1** stáhnout, svléknout, zout, smeknout **2** vyhrát ~ **on** natáhnout, obléci si ~ **out 1** vytáhnout, prodloužit **2** vyjet ze stanice (o vlaku); zařadit se mezi jedoucí; odrazit vesly; odstěhovat se ~ **over** přetáhnout si přes hlavu, navléci si ~ **through** dostat (se) z čeho, vyváznout ~ **together** táhnout za jeden provaz ~ *o.s.* *together* sebrat se, uzdravit se ~ **up 1** vytáhnout, vytrhnout **2** zakřiknout **3** zabrzdit koně, zpomalit, zastavit, zajet s vozem **4** sjet koho ♦ ~ *up an old habit* vykořenit starý zvyk ~ *o.s.* *up* krotit se, držet se ● *s* **1** (za)táhnutí, škubnutí, trhnutí **2**

táhlo, rukojeť 3 náraz, ráz 4 tahanice, zápas 5 doušek, tah 6 obtah 7 zabrání veslem 8 pomoc, vliv, protekce

pullet [ˈpulit] mladá slepice

pulley [ˈpuli] kladka; řemenice

pull-in [ˈpulin] parking u silnice

pull-on [ˈpulon] navlékací přes hlavu ~-**out** vlepená příloha

pullover [ˈpulˌəuvə] svetr, pulovr

pull-up [ˈpulap] 1 prudké zastavení 2 zájezdní hostinec, motorest

pulmonary [ˈpalmənəri] plicní ♦ ~ artery plicní tepna; ~ circulation malý krevní oběh

pulp [ˈpalp] s 1 dužnina ovoce 2 dřeň, morek 3 papírová drť, kaše ♦ ~ magazine laciný časopis; to ~ napadrť ● v 1 vyjmout dužninu, dřeň z čeho 2 roztlouci ve stoupě na kaši, dát do stoupy –**er** stoupa –**ous**, –**y** kašovitý, dužnatý

pulpit [ˈpulpit] kazatelna, tribuna; přen. možnosti k zveřejnění vlastního názoru

pulsar [ˈpalsəː] hvězd. pulsar

pulsat|e [palˈseit] 1 bít, tepat též přen. 2 chvět (se), pulzovat –**ion** [-šən] tepot, tlukot srdce

pulse[1] [ˈpals] puls ♦ feel* one's ~ zjistit tep

pulse[2] [ˈpals] zprav. pl luštěniny

pulver|ization [ˌpalvəraiˈzeišən] 1 rozetření na prach, rozmělnění 2 zkáza, demolování –**ize** [ˈpalvəraiz] 1 rozetřít na prach 2 rozmělnit, rozdrtit 3 demolovat, rozbít 4 rozpadnout se v prach; rozprašovat

puma [ˈpjuːma] zool. puma

pumice [ˈpamis] s též ~-**stone** pemza ● v drhnout, čistit, hladit pemzou

pump[1] [ˈpamp] s pumpa ● v 1 pumpovat, čerpat 2 foukat, dmýchat 3 srdce bušit 4 vyzvídat ♦ ~ dry úplně vyčerpat ~ up / hard / tight nahustit ~ out, up napumpovat vodu ~-**room** vřídelní lázeňská dvorana

pump[2] [ˈpamp] taneční střevíc, lodička

pumpkin [ˈpampkin] bot. dýně, tykev

pun [ˈpan] s slovní hříčka ● v (-nn-) dělat slovní hříčky

punch[1] [ˈpanč] s 1 šídlo, vrták; průbojník 2 razidlo 3 punc 4 štípačky kleště na jízdenky 5 dírkovač ● v 1 probíjet, děrovat 2 štípat lístky 3 šťouchat, bodat holí -(**ed**) card děrný štítek ~-**up** slang. rvačka, hádka

punch[2] [ˈpanč] 1 punč, grog; bowle 2 společnost při punči

punch[3] [ˈpanč] 1 zavalitý krátkonohý pony 2 P~ paňáca, kašpárek

puncheon [ˈpančən] 1 krátký sloupek 2 = punch[1] 3 kvasný sud; dutá míra 72 n. 84 gal.

punctate [ˈpaŋkteit] tečkovaný

punctilious [paŋkˈtiliəs] puntičkářský

punctu|al [ˈpaŋktjual] 1 přesný, dochvilný 2 podrobný 3 geom. bodový –**ality** [ˌpaŋktjuˈæləti] přesnost, dochvilnost –**ate** [ˈpaŋktjueit] 1 opatřit rozdělovacími znaménky 2 přerušit řeč výkřiky apod. 3 zdůraznit –**ation** [ˌpaŋktjuˈeišən] interpunkce

puncture [ˈpaŋkčə] s pro-, píchnutí zvl. pneumatiky, díra ● v 1 propíchnout, dírkovat 2 píchnout pneumatiku

pundit [ˈpandit] učenec, vědátor

pung|ency [ˈpandžensi] pichlavost; štiplavost, ostrost, pronikavost –**ent** pichlavý, ostrý; pronikavý, čpavý, dráždivý

punish [ˈpaniš] 1 po-, trestat 2 dát komu / čemu co proto 3 týrat, mučit –**able** trestný, trestuhodný –**ment** potrestání, trest ♦ capital ~ trest smrti

punitive [ˈpjuːnitiv] trestající, trestný

punk [paŋk] s 1 slang. mladý povaleč, padouch, rošťák, výtržník

2 mládě, nováček, začátečník **3** troud; zápalná hubka ● *a* hovor. **1** pankový, ve stylu panku: ~ *rock* pankový rock **2** blbý, špatný, ubohý, mizerný, uhozený

punt¹ [ˈpant] *s* brit. pramice, člun ● *v* pohánět pramici, odstrkávat (se) bidlem

punt² [ˈpant] **1** sázet v karetní hře **2** hovor. vsadit na koně **3** kopnout míč před dopadem

puny [ˈpjuːni] maličký, mrňavý

pup [ˈpap] *s* štěně ♦ *in* ~ březí; *sell** *a p. a* ~ napálit koho ● *v* (*-pp-*) vrhnout štěňata

pupil [ˈpjuːpl] **1** žák, žákyně **2** schovanec **3** zřítelnice, pupila **–age** [-idž] dětství, žákovství, přen. nezletilost **–(l)ary 1** žákovský **2** zřítelnicový

puppet [ˈpapit] loutka též přen., (*glove* ~) maňásek ♦ ~ *government* loutková vláda **~-show** loutkové divadlo

puppy [ˈpapi] **1** štěně **2** hejsek

purblind [ˈpəːblaind] **1** téměř slepý, slabozraký **2** těžko chápavý, přihlouplý

purchasable [ˈpəːčəsəbl] prodejný; podplatitelný

purchas|e [ˈpəːčəs] *s* **1** koupě, nákup **2** práv. nabytí majetku osobním zásahem **3** roční výnos půdy **4** páka, kladka aj. **5** mech. záběr **6** výhodné postavení ♦ *grain* ~ výkup obilí ● *v* **1** koupit **2** vykoupit si **3** námoř. zdvihnout kotvu rumpálem ~ **out** skoupit; nahradit **–er** kupec, zákazník **–ing** *power* kupní síla

pure [ˈpjuə] **1** čistý, ryzí, nesmíšený **2** čistokrevný **3** úplný, naprostý, čirý, průzračný **4** nezkažený **–ly** pouze, zcela

purée [ˈpjuərei] polévka z pasírované zeleniny a masového vývaru

purgat|ive [ˈpəːgətiv] *a* **1** očišťující **2** projímavý ● *s* projímadlo **–ory** očistec

purge [ˈpəːdž] *v* **1** očistit (*from* od),

provést čistku **2** očistit se (*of, from* z), ospravedlnit se **3** dát projímadlo **4** mít průjem ● *s* **1** projímadlo **2** čistka

puri|fication [ˌpjuərifiˈkeišən] očišťování **–fier** čisticí stroj **–fy** [-fai] o-, čistit (*of, from* od)

puritan [ˈpjuəritən] puritán

purity [ˈpjuərəti] **1** čistota, čirost **2** neposkvrněnost **3** čistokrevnost

purl¹ [ˈpəːl] obruba, porta, lemovka; smyčkování ● *v* obroubit portou

purl² [ˈpəːl] *v* zurčet, bublat ● *s* zurčení, bublání

purler [ˈpəːlə] hovor. velká rána; šipka, skok; pád z koně ♦ *fetch a* ~ ubalit komu jednu

purloin [pəˈloin] odcizit

purple [ˈpəːpl] *s* **1** purpur, nach **2** pl červenka vepřů; rez obilí ● *a* nachový ♦ ~ *patch* květnatá n. sentimentální pasáž lit. díla ● *v* nachově zbarvit, zrudnout

purport [ˈpəːpət] *s* **1** význam, smysl, obsah řeči, dokumentu **2** účel ● *v* mít smysl, znamenat

purpose [ˈpəːpəs] *s* **1** účel, smysl **2** cíl, záměr; tendence lit. díla ♦ *for that* ~ za tím účelem; *on* ~ úmyslně, schválně; *to the* ~ účelný; *to no* ~ bezúčelně, marně; *to some* ~ s určitým úspěchem; *of set* ~ úmyslně; *answer / serve the* ~ of vyhovovat; *he is wanting in* ~ neví, co chce ● *v* mít v úmyslu, zamýšlet **–ful** směřující k cíli, záměrný **–less** bezúčelný **–ly** úmyslně, záměrně

purr [ˈpəː] *v* příst o kočce, vrnět, broukat si ● *s* předení kočky

purse [ˈpəːs] *s* **1** peněženka, tobolka, měšec **2** peníze, suma, cena ♦ *public* ~ státní pokladna; *make* a* ~ sebrat peníze ● *v* ~ **up** sešpulit **–r** účetní na lodi **~-string** tkanice měšce ♦ *hold* the -s* držet měšec, mít vládu nad pokladnou; *tighten, loosen, the -s* utáhnout, uvolnit měšec

pursu|ance [pəˈsju:əns] sledování, provádění (*of plan* plánu) ♦ *in ~ of* následkem čeho **–ant** to podle čeho, ve shodě s čím

pursu|e [pəˈsju:] **1** pronásledovat, stíhat **2** usilovat o co **3** hnát se (*after* za) **4** soustavně konat, pěstovat, provozovat **–er** pronásledovatel

pursuit [pəˈsju:t] **1** pronásledování stíhání **2** pokračování, provádění **3** snaha **4** obírání se, zábava, studie, práce, činnost ♦ *be in hot ~ of the enemy* ostře pronásledovat nepřítele; *~ plane* am. stíhačka

pursy [ˈpə:si] dýchavičný, otylý

purvey [pəːˈvei] opatřit, obstarat, zásobovat (*for* co, čím) **–ance** zásobování, dodávka zásob **–or** dvorní nákupčí

purview [ˈpə:vju:] **1** dosah, hranice, meze **2** rozsah ♦ *within the ~ of* v mezích čeho

pus [ˈpas] hnis **–sy** [ˈpasi] *a* hnisavý, plný hnisu [viz pus]

push [ˈpuš] *v* **1** strkat, tlačit (se) **2** posunovat, pohánět **3** stavět na oči; obtěžovat, dotírat, naléhat na koho, urgovat **4** snažit se, přičinit se ♦ *~ too far* přehánět; *~ one's question* naléhat na odpověď; *~ one's way* proklestit si cestu; *I am -ed for money / time* jsem v peněžní / časové tísni **~ aside, away** odstrčit **~ back** odstrčit, zatlačit **~ down** zastrčit, stlačit **~ forward** postrčit **~ off** odstrčit (se), odrazit od břehu **~ on** hnát se, pospíchat **~ out** vystrčit; pučet **~ through** dokončit, prosadit ● *s* **1** náraz, (po)strčení **2** úder, útok **3** podnik, úsilí, snaha **4** podnikavost **5** nátlak **6** protekce (srov. *pull*) ♦ *at one ~* jedním rázem; *bring* a matter to the last ~* hnát věc do krajnosti; *get* the ~* slang. dostat vyhazov; *make* a ~* hodit sebou; udělat nápor **~bike** jízdní kolo **~ bolt**

závora **~button** [ˈ-ˌ] knoflík zvonku **~cart** vozíček **–er** posunovač, posunovací zařízení; průbojný chlapík; vulg. holka **–ing** podnikavý; snaživý, rázný **–ful** průbojný, podnikavý **–over** am. snadný soupeř / problém

pusillanim|ity [ˌpjuːsiləˈniməti] bojácnost, nerozhodnost **–ous** [ˌpjuːsiˈlæniməs] bojácný, nerozhodný

puss¹ [pus] *s* číča, čiči kočka

puss² [pus] *s* **1** hovor. ksicht, držka **2** hovor. huba

pussy [ˈpusi] *s* **1** číča, čiči, čičinka kočka **2** obsc. am. slang. píča, kunda **–foot** *s* tichošlápek

pustule [ˈpastjuːl] puchýřek

put¹ [ˈput] **1** dát kam; klást, položit; dopravit kam; dovést kam; umístit kam **2** postavit; posadit **3** vsadit (kolik, *on* na) **4** předložit (*before, to* komu) **5** vyjádřit co jak, přeložit / převést (*into* do) **6** napsat co kam **7** vrhat (*the weight* koulí) **8** vrazit, vehnat dýku, kulku **9** postrčit hodiny, měřidlo **10** připojit, přidat **11** připřáhnout (*to* k) **12** uvést kam na trh, do nějakého stavu (*right* do pořádku, *wrong* pokazit) **13** vymknout (*out of* z); stáhnout z pořadu; připravit o co, zbavit čeho **14** podrobit koho (*through* čemu) **15** přikázat, nařídit ♦ *~ to account* připsat na účet; *~ the blame on a p.* svádět vinu na koho; *~ a p. to the blush* přivést koho do rozpaků, zahanbit; *~ one's brain / mind to a t.* věnovat se čemu, zaměstnávat se, zabývat se čím; *~ out of countenance* připravit o rozvahu; *~ a p. in courage* dodat komu odvahy; *~ to death* usmrtit; *~ out of doors* vyhodit (ze dveří); *~ an end to* skoncovat s, učinit čemu konec; *~ fair* dělat se pěkným; *~ in fear* nahnat strach; *~ to light* obrátit na útěk; *~ one's foot into* vměšovat se, plést se do; *~ in force* uvést v platnost; *~ in hand* uvést do chodu; ~ *the hand to* přiložit ruku k; *he was hard ~ to it* měl co dělat, aby; ~ *in a hole* přivést do nesnází; ~ *out of humour* zkazit komu náladu; ~ *in jail* uvrhnout do vězení; ~ *in motion* uvést do pohybu; ~ *in / out of order* dát do pořádku, spravit / pokazit, rozbít; ~ *on paper* napsat; ~ *yourself in her place* vžijte se do její situace; ~ *into port* vplout do přístavu; ~ *a p. in possession of* opatřit komu co; ~ *in practice* uskutečnit; ~ *to press / print* dát do tisku; ~ *in prison* uvěznit; ~ *a question* položit otázku; ~ *a question to the vote* dát o otázce hlasovat; ~ *into a rage* rozhněvat; ~ *in repair* o-, s|pravit; ~ *a saddle on a horse* osedlat koně; ~ *to sale* dát do prodeje; ~ *to shame* zahanbit; ~ *to silence* umlčet; ~ *to sleep* uložit ke spánku; ~ *out of temper* rozčílit; ~ *to test / trial* podrobit zkoušce, zkoušet; ~ *to torture* mučit; ~ *on the track of* přivést na stopu čeho; ~ *to use* vy-, užít; ~ *out of the way* odklidit z cesty; ~ *wise* slang. informovat koho; *I ~ you to that...* přenechávám vám, abyste... ~ **about 1** rozšířit, roztrousit pověst **2** obrátit (se), otočit (se) loď ~ **across** prosadit; uplatnit; přesvědčivě vyložit; provést ~ **aside 1** odstrčit, odložit **2** odstranit ~ **away 1** odložit; propustit, dát pryč **2** spořádat, sníst, vypít, zkonzumovat **3** dát stranou **4** koho odklidit, odstranit **5** slang. dát do frcu v zastavárně ~ **back 1** vrátit (se), dát na místo, do původního stavu, ručičky postrčit nazpátek **2** vrátit se; plout zpátky **3** zadržet příval apod. ~ **by 1** vyhnout se čemu **2** dát stranou, našetřit (si) **3** vymluvit se komu ~ **down 1** na-, s|táhnout, složit, položit **2** snížit; omezit **3** uhasit, potlačit; pokořit; "shodit", umlčet **4** napsat, připsat (*to* čemu) **5** zaznamenat, za-

psat **6** pokládat (*for, as* za) **7** letadlo přistát **8** vycvičit psa **9** hovor. zblajznout ♦ ~ *one's foot down* dupnout si; ~ *down to a p.'s account* připsat na čí účet; ~ *prices down* snížit ceny ~ **forth 1** natáhnout, vystrčit ruku **2** vynaložit, vyvinout např. energii, projevit **3** předložit, přednést, vytasit se s **4** vyplout (*to sea, upon the sea* na moře) **5** podporovat **6** vyrážet, klíčit, pučet, rašit **7** uveřejnit ~ **forward 1** ukázat **2** postrkovat, pomáhat **3** vystoupit s čím navrhnout co **4** urychlit; postrčit hodiny ~ **in 1** vsadit, vstrčit **2** uvést do úřadu; předložit soudu **3** loď zastavit se na čas, vplout do přístavu **4** připojit **5** vložit, hovor. věnovat část, investovat **6** ucházet se (*for* o zvolení apod.) ♦ ~ *in an appearance* objevit se; ~ *in a (good) word for a p.* ztratit za koho slovo ~ **off 1** odplout **2** čas. odložit **3** odložit (si), svléci, zout **4** odbýt koho (*with* čím) **5** zrazovat koho (*from* z) **6** "vpálit" (*upon* komu) ♦ ~ *off doubts, fears* odložit pochyby, obavy; *we are sorry to ~ you off today* dnes vám musíme bohužel odříci; *her face -s me off* její tvář mě odpuzuje; ~ *off on a long journey* vydat se na dlouhou cestu ~ **on 1** nasadit **2** ob-, nav|léci, obout; nalíčit tvář **3** přibrat; přidat **4** přisadit si (*on a horse* na koně) **5** uvést na scénu, inscenovat, přen. sehrát **6** uložit, uštědřit **7** tyranizovat; nasadit, zapřáhnout do práce **8** nasadit, zavést spoj, vyvinout tlak ap., uplatnit **9** nabývat, tloustnout **10** přehánět, zveličovat **11** *a p. on to a t.* přivést koho na stopu čeho, pomoci komu pochopit co ♦ ~ *on airs and graces* chovat se afektovaně; *his modesty is all ~ on* jeho skromnost je předstíraná; ~ *on flesh / weight* přibrat na váze; ~ *it on* přehrávat, přehánět to; ~ *on* *the pace* přidat do kroku ~ **out 1** vyndat, vystrčit (*of* z), vytáhnout, vyložit náklad; dávat z domu práci **2** zhasnout **3** vymknout, přen. rozhněvat, pobouřit, otrávit, rozčílit, vyvést z konceptu **4** produkovat, vyrábět, přen. vyvíjet úsilí **5** půjčit peníze **6** od-, vy|plout (*to sea* na moře) **7** uveřejnit ~ **over 1** posunout; přenést; přeložit, odložit napříště **2** přepravit; přeplout **3** prosadit přijetí ~ **through 1** prostrčit, prorazit **2** provést, vykonat ♦ ~ *me through* (*to*) telefonicky mě spojte (s) ~ **to** zapřáhnout ~ **together 1** dát dohromady; složit, spojit; zhotovit, připravit ♦ ~ *two and two together* spočítat si to ~ **up 1** zvednout, zvýšit ceny **2** vyvěsit; vykasat **3** postavit, přen. zbudovat **4** navádět, ponoukat (*to* k), pobízet **5** a *p. up to a t.* otevřít komu oči, aby viděl... **6** poskytnout nocleh, uložit ke spaní **7** zavařit, naložit, konzervovat **8** zabalit; zastrčit meč **9** uvést na scénu, uspořádat **10** ubytovat; zarazit, ubytovat se (*at* kde) **11** podat žádost, předložit, navrhnout **12** vystavit na odiv **13** předem smluvit, nastrojit (*put-up job* podfuk) **14** klidně snést (*with* co), smířit se s, spokojit se s **15** natočit si vlasy ♦ ~ *a p.'s back up* dohrát, dopálit; ~ (*up*) *for sale* prodávat; ~ *up the shutters* stáhnout roletu, zavřít krám, přen. nechat obchodu

put² [ˈput] **1** házení, vrhání kladivem, koulí **2** úmluva o nabídce a koupi cenných papírů

putative [ˈpjuːtətiv] domnělý, údajný

put-off [ˈputof] odklad; výmluva

put-on [ˈputon] slang. podfuk

putre|faction [ˌpjuːtriˈfækʃən] hnití, hniloba **–factive** hnijící **–fy** [ˈpjuːtrifai] hnít, kazit se **–scence** [pjuːˈtresns] zahnívání, hniloba

–scent [pjuːˈtresnt] zahnívající

putrid [ˈpjuːtrid] **1** hnijící, shnilý, stuchlý **2** zkažený **–ity** [pjuːˈtrideti] hniloba, shnilost

putsch [ˈpuč] puč, převrat

putt [pat] *v* golf zahrát blízko jamky; doklepnout / přiklepnout (míček) do jamky

puttee [ˈpati] ovinovačka

putty [ˈpati] *s* sklenářský tmel, kyt ● *v* za-, tmelit, kytovat

puzzl|e [ˈpazl] *s* **1** hádanka **2** rozpaky, zmatek, ♦ *crossword* ~ křížovka ● *v* uvést do rozpaků, zmást, poplést ~ **out** rozluštit **–er** nesnadný problém

py|gmy, pi- [ˈpigmi] **1** trpaslík **2** zákrsek

pyjamas [pəˈdžaːməl] pl pyžama

pylorus* [paiˈloːrəs] anat. vrátník

pyramid [ˈpirəmid] pyramida **–al** [piˈræmidl] jehlancovitý, pyramidový

pyre [ˈpaiə] pohřební hranice k spálení mrtvoly **–tic** [paiˈretik] horečnatý

pyrotechnics [ˌpaiərəuˈtekniks] pyrotechnika

python [ˈpaiθən] **1** zool. hroznýš **2** věštec **–ess** [-is] věštkyně **–ic** [paiˈθonik] věštecký

pyx [ˈpik] **1** monstrance, ciborium **2** schránka na mince v mincovně

Q

Q, q [ˈkjuː] písmeno q

qua [ˈkwei] jakožto

quack [ˈkwæk] *v* **1** kvákat o kachně **2** mastičkařit **3** kurýrovat ● *s* **1** kvákání **2** mastičkář, šarlatán ♦ ~ *doctor* mastičkář; ~ *remedy* dryák **–ery** [-əri] dryáčnictví, šarlatánství, mastičkářství ~~~ *interj* kač kač ● *s* dět. kačenka

quad [ˈkwod] hovor. = *quadrangle* 2

quadragenarian [ˌkwodrədžiˈneəriən] *a* čtyřicetiletý ● *s* čtyřicátník

quadrangle [ˈkwoˌdræŋgl] **1** čtyřúhelník, čtverhran (obyč. čtverec

n. **obdélník) 2** brit. čtvercové **nádvoří** obklopené budovami, v univerzitních kolejích

quadrangular [kwoˈdræŋgjulə] čtyřúhelníkový, čtverhranný; obdélníkový

quadrant [ˈkwodrənt] odb. kvadrant, čtvrtina kružnice, kruhu

quadraphonic [ˌkwadrəˈfanik] a kvadrofonický

quadrat|e [kwoˈdreit] **1** přizpůsobit **2** být shodný, odpovídat (with čemu) **–ic** [kwoˈdrætik] a krychlový, kvadratický ● s kvadratická rovnice, rovnice 2. stupně

quadrature [ˈkwodrəčə] kvadratura (of the circle kruhu)

quadrennial [kwoˈdreniəl] čtyřletý, čtyřletní

quadriennium [ˌkwodriˈeniəm] čtyřletí

quadricentennial [ˌkwodrisenˈtenjəl] a čtyřstoletý ● s **1** čtyřsté výročí **2** oslava čtyřstého vyročí

quadriceps [ˈkwodriˌseps] anat. čtyřhlavý sval stehenní

quadrilateral [ˌkwodriˈlætərəl] a čtyřstranný; čtyřboký ● s **1** čtyřúhelník **2** hist. pevnostní čtyřúhelník

quadrille [kwoˈdril] čtverylka; čtverečkovaný

quadrillion [kwoˈdriljən] kvadrilion

quadrinomial [ˌkwodriˈneumiəl] mat. a čtyřčlenný ● s čtyřčlen

quadripartite [ˌkwodriˈpa:tait] čtyřdílný, čtyřstranný

quadriplegia [ˌkwadrəˈpli:džiə] med. kvadriplegie úplné ochrnutí těla od krku dolů

quadrivalent [kwoˈdrivələnt] chem. čtyřmocný

quadroon [kwoˈdru:n] kvadron, quarternon čtvrtinový míšenec; kříženec, bastard

quadruped [ˈkwodruped] s čtvernožec ● a čtvernohý **–al** [kwoˈdrupedl] čtvernohý

quadrupl|e [ˈkwodrupl] a **1** čtyřnásobný **2** čtyřčtvrteční (time takt)

♦ ~ **bond** chem. čtverná vazba; the Q~ Alliance Čtyřdohoda ● s čtyřnásobek ● v zečtyřnásobit, násobit čtyřmi **–et** [-it] čtyřče, obyč. pl čtyřčata

quadruplicate [kwoˈdru:plikeit] v **1** = quadruple **2** vyhotovit čtvermo ● a [-it] čtyřnásobný (proportion, ratio poměr) ● s pl čtyři opisy, vyhotovení (in ~ čtvermo, ve čtyřech opisech)

quaff [ˈkwa:f] v pít zhluboka, lokat ~ **off** vy-, prázdnit (cup číš) ● s (hluboký) doušek, lok

quag [ˈkwæg] bažina, slatina **–gy** [-i] bažinatý

quagmire [ˈkwægmaiə] bažina, močál

quail [ˈkweil] s zool. křepelka ● v **1** ochab|nout, -ovat, umdlévat, ztratit odvahu (to, before před) **2** degenerovat

quaint [ˈkweint] **1** přitažlivý, poutavý **2** podivný, zvláštní, prapodivný

quake [ˈkweik] v chvět se, třást se (for / with fear / cold strachem / zimou) ● s hovor. zemětřesení Q-er [-ə] kvaker (původně hanl.) název člena ‹‹Společnosti přátel''

qualif|ication [ˌkwolifiˈkeišən] **1** omezení, výhrada, bližší určení; podmínka **2** způsobilost, kvalifikace, oprávnění **3** ohodnocení **–y** [kwolifai] **1** ohodnotit, kvalifikovat, učinit způsobilým; získat způsobilost **2** vyjádřit, blíže určit, vymezit, podmínit **3** označit **4** zmírnit **5** smísit nápoj

qualit|ative [ˈkwolitətiv] kvalitativní, jakostní **–y** [-i] **1** jakost, kvalita **2** vlastnost **3** ctnost, přednost **4** žert. honorace **5** zast. stav, postaveni **6** exkluzívní časopis

qualm [ˈkwo:m] **1** nevolnost, nanic, mdlo, záchvat **2** -s, pl výčitky (of conscience svědomí) **3** pl -s pochybnost, nejistota **–ish** [-iš] nesvůj ♦ I am ~ je mi nanic, mdlo; cítím nevolnost

quandary [ˈkwondəri] obtížná situace; rozpaky, zmatek, bezradnost

quantify [ˈkwontifai] kvantitativně určit, kvantifikovat

quant|itative [ˈkwontitətiv] kvantitativní **–itatively** [-itətivli] kvantitativně, co do množství **–ity** [-ati] 1 kvantita, množství 2 mat. veličina 3 jaz. délka, kvantita **–um** [-əm] množství, kvantum ♦ ~ theory kvantová teorie

quantize [ˈkwontaiz] fyz. kvantovat

quarantine [ˈkworənti:n] s karanténa ● v dát do karantény

quark [ˈkwa:k] 1 fyz. quark 2 otazník v telegramu

quarrel [ˈkworəl] s spor, hádka, rozepře, svár ♦ have no ~ with nemít nic proti; pick / seek* a ~ vyvolávat / vyhledávat hádku; take* up a p.'s ~ přidat se na čí stranu ● v (-ll-) 1 po-, hádat se, zne-, svářit se (for, about oč, pro) 2 mít něco (with proti) ♦ ~ with one's bread and butter být sám proti sobě **–some** [-səm] hádavý, svárlivý, hašteřivý

quarry [ˈkwori] s 1 lom 2 pramen, zdroj informací 3 kořist, úlovek 4 kosočtvercová tabulka skla, čtvercová dlaždice ● v 1 lámat kámen 2 přen. dobývat, těžit, dolovat, hledat 3 dláždit lomovými dlaždicemi

quart 1 [ˈkwo:t] kvart = 1/4 galonu = 2 pinty = 1,13 l. 2 [ˈka:t] kvarta v šermu, kartách

quarter [ˈkwo:tə] s 1 čtvrtina 2 čtvrt, -hodina 3 čtvrť (městská, měsíce) 4 čtvrtletí, kvartál 5 čtvrtka zvířete; obilí = 8 bušlů = 28 lb, am. 25 lb = 290,9 l. 6 am. čtvrťák, čtvrtdolar 25 centů, 7 (světová) strana; končina 8 pl byt, obydlí, ubikace, tábor 9 pl místa, kruhy společnosti 10 pl postavení 11 levá záď lodi, letadla 12 milost: give*, ask for ~ dát, žádat o

milost 13 hovor. běh na čtvrt míle ♦ a bad ~ of an hour těžká, nepříjemná chvíle; at close -s v těsné blízkosti; live in close -s žít v těsném, přelidněném bytě; from every ~ n. all -s ze všech stran; from the highest -s z nejvyšších míst / kruhů; a ~ of one am. = to one; a ~ past one čvrt na dvě; a ~ to one třičtvrtě na jedno; take* up one's -s with ubytovat se u ● v 1 rozdělit na čtyři díly; rozčtvrtit 2 ležet posádkou; ubytovat vojsko; bydlet 3 křižovat (the sea moře) **–age** [-ridž] 1 čtvrtletní plat, daň, splátka, důchod ap. 2 ubytování, ubikace vojska **~-day** kvartál(ní den) **~-deck** 1 ubytovací paluba 2 důstojnictvo lodi **–ly** [-li] a čtvrtletní; kvartální ● adv čtvrtletně; kvartálně ● s čtvrtletník časopis **–master** [ˈ-ˌma:stə] voj. 1 proviantní důstojník 2 ubytovatel **–staff** obuch. obušek **~-tone** čtvrttón

quartet, brit. obyč. **–te** [kwoːˈtet] 1 kvartet skladba 2 kvarteto hud. těleso

quarto* [ˈkwoːtəu] kvart formát, zkr. 4to, 4°

quartz [ˈkwoːts] křemen

quasar [ˈkweisə] hvězd. kvasar

quash [ˈkwoš] 1 práv. zastavit, zrušit 2 hovor. potlačit, rozdrtit

quatercentenary [ˌkwætəsenˈtiːnəri] 400. výročí

quatern|ary [kwəˈtaːnari] a 1 chem. kvartérní 2 geol. Q~ čtvrtohorní, kvartérní 3 čtyřkový číslo ● s 1 čtveřice 2 geol. Q~ čtvrtohory, kvartér **–ion** [-jən] 1 čtyřka, čtveřice, sada 2 polygr. kvatern, kvaterna

quatrain [ˈkwotrein] čtyřverší

quatrefoil [ˈkætrəfoil] stav. čtyřlist

quaver [ˈkweivə] hud. s 1 osmin|a, -ová nota 2 tremolo / vibrato ● v 1 chvět se 2 tremolovat

quay [ˈkiː] nábřeží, přístavní hráz **–age** [-idž] 1 nábřežné 2 přístavní, nábřežní prostory

queasy [ˈkwiːzi] **1** neklidný, nejistý **2** žaludek podrážděný; zvedající se žaludek, nutící k dávení **3** odporný **4** přecitlivělý, příliš úzkostlivý; vybíravý v jídle

queen [ˈkwiːn] s královna; šachy dáma ♦ ~ bee včelí královna; brit. ~'s weather slunečno ● v **1** učinit královnou **2** šachy udělat si královnu ♦ ~ it hrát primadonu, vytahovat se

queer [ˈkwiə] a **1** po-, divný, podivínský; výstřední **2** podezřelý, pochybný **3** nesvůj, v nepořádku **4** brit. slang. stříknutý **5** hovor. teplý homosexuální ♦ I feel ~ nejsem ve své kůži; in Q~ street ve slepé uličce, v tísni ● v hovor. zbodat, zmrvit ♦ ~ a p.'s pitch udělat komu čáru přes rozpočet

quell [ˈkwel] bás. potlačit, uklidnit, přemoci, zmírnit

quench [ˈkwenč] **1** přen. u-, hasit (fire, thirst oheň, žízeň); zhasit (light světlo) **2** zničit, potlačit **3** za-, kalit ocel –less [-lis] bás. neuhasitelný

quern [ˈkwəːn] ruční mlýnek na obilí n. pepř ~-stone žernov

querulous [ˈkweruləs] **1** hádavý, kverulantský; fňukavý **2** hašteřivý

query [ˈkwiəri] s **1** otázka, dotaz, daný problém **2** polygr. otazník ♦ raise a ~ vznést dotaz ● v **1** žádat vysvětlení, položit otázku, dotázat se **2** klást otazník (za)

quest [ˈkwest] s **1** hledání (of, for čeho), pátrání (po) **2** hist. výprava rytířská ♦ be in ~ of hledat co; hist. být na výpravě za ● v **1** hledat (after, for co), pátrat (po) **2** hist. jet na výpravu **3** lov. slídit; stopovat ~ about slídit (po potravě) ~ out vyhledávat co

question [ˈkwesčn] s **1** otázka **2** věc, záležitost **3** pochybnost, námitka ♦ Q~! k věci!; to snad ne!; beyond (all) ~ mimo (veške-

rou) pochybnost; call in ~ vznést námitku proti, vyslovit pochybnost o; postavit před soud; posoudit; come* into ~ přicházet v úvahu; in ~ dotyčný, zmíněný; be out of the ~ nepřicházet v úvahu, být vyloučen; out of ~, past ~ nepochybně; pop the ~ ženich vyslovit se, požádat o ruku; put* a ~ to a p. dát komu otázku; put* the ~ dát hlasovat; raise the ~ nadhodit otázku; without ~ bezesporu ● v **1** ptát se, po-, ze|ptat se, vyptávat se **2** pochybovat, vzít v pochybnost, považovat za pochybné **3** vyslýchat, podrobit výslechu **4** zkoumat, bádat –able [-əbl] sporný, pochybný, problematický –er [-ə] tazatel, -ka ~-mark gram. otazník ~-master vedoucí kvizu, moderátor ~-time doba pro dotazy

questionnaire [ˌkwestiəˈneə] dotazník

queue [ˈkjuː] s **1** fronta lidí **2** cop mužský **3** hud. praporek noty ♦ form a ~ postavit se do fronty; jump the ~ předbíhat ve frontě ● v **1** obyč. ~ up postavit se do fronty (for na) **2** stát ve frontě **3** plést cop

quibble [ˈkwibl] s **1** vytáčka, překrucování, slovní hříčka, dvojsmysl **2** chytání za slovo ● v hrát si se slovíčky, slovíčkařit ~-away vytáčet se, vykrucovat se

quick [ˈkwik] a **1** rychlý, spěšný, mrštný, pohyblivý, těkavý **2** bystrý, pohotový, vnímavý; čilý, přen. živý **3** prudký (temper, fire povaha, oheň), ostrý **4** vlak zrychlený ♦ be ~! pospěš, -te si!; a ~ child bystré dítě; the ~ and the dead živí a mrtví; ~ to learn učenlivý, kdo se rychle učí; ~ to understand chápavý, kdo rychle chápe ● adv rychle ♦ to the ~ do živého –en [-n] **1** oživit; ožít **2** u-, z|rychlit (se), uspíšit **3** podnítit ~-firing [-ˌfaiəriŋ] rychlopalný (gun dělo)

~~**freeze** prudce zmrazit potraviny **–ie** [-i] slang. kvaltovka, narychlo natočený film apod., minutka, stručná zpráva; rychlovka **–lime** pálené, nehašené vápno ~~**match** doutnák **–ness** [-nis] **1** rychlost, chvatnost **2** vznětlivost **3** bystrost, čilost, živost **–sand** odb. tekoucí písek, kuřavka **–set 1** živý plot obyč. hlohový **2** křoví **3** sazenice ~~**sighted** [-ˈsaitid] bystrozraký **–silver** rtuť **–step** [-step] **1** quickstep **2** (~ step) vojenský krok ~~**witted** [-ˈwitid] bystrý, pohotový, inteligentní

quid [ˈkwid] pl = sg **1** žvanec tabáku **2** slang. zlaťák

quiddity [ˈkwidəti] **1** podstata, esence **2** jemný rozdíl; malichernost; výstřednost

quiesc|ence [kwaiˈesns] klid, nečinnost **–ent** [-nt] klidný, nehybný

quiet [ˈkwaiət] a **1** tichý, mírný **2** klidný, v klidu, nerušený **3** nenápadný, zdrženlivý **4** neformální ♦ be / keep* ~ být zticha, mlčet; keep* a t. ~ uchovat v tajnosti; on the ~ tajně ● s **1** ticho **2** klid, pokoj ♦ at ~ v klidu ● v uklidnit, utišit ~ **down** uklidnit se, utišit se **–en** [-n] lid. brit. = quiet (down) v **–ness** [-nis] **1** po-, klid **2** tichost **3** nenápadnost, zdrženlivost

quiet|ude [ˈkwaiitjuːd] = quietness **–us** [-ˈiːtəs] **1** zúčtování, vyrovnání **2** konec smrt **3** život v ústraní

quiff [ˈkwif] brit. patka vlasů; vpředu ježek účes

quill [ˈkwil] s **1** pero, peří **2** brk **3** osten ježka / dikobraza **4** cívka **5** tech. dutý hřídel **6** hud. rákosová píšťala ♦ ~ pen brkové péro ● v **1** nabírat do záhybů **2** navíjet na cívku ~~**driver** [-ˌdraivə] hanl. škrabák

quilt [ˈkwilt] s prošívaná přikrývka, deka ● v **1** prošívat, vatovat **2** v-, za|šít (in do čeho) **3** brit. spíchnout kompilovat ♦ ~ one's jacket

brit. vyprášit komu kalhoty

quinary [ˈkwainəri] pětkový, pětičlenný

quince [ˈkwins] bot. kdoule

quincentenary [ˌkwinsenˈtiːnəri] a, s = quingentenary

quingentenary [ˌkwindženˈtiːnəri] a pět(i)setletý ● s pětisté výročí

quinine [kwiˈniːn] chinin

quinquagenar|ian [ˌkwiŋkwədžiˈneəriən] a padesátiletý ● s padesátník **–y** [-džiːnəri] a padesátiletý ● s padesáté výročí

quinquenni|al [kwiŋˈkweniəl] a pětiletý ● s pětiletí **–um** [-əm] pětiletí

quins [ˈkwinz] hovor. paterčata

quinsy [ˈkwinzi] zánět mandlí, angína

quint [ˈkwint] **1** hud. kvinta **2** E struna na houslích **–al** [-tl] cent ve Francii a Španělsku **–essence** [kwinˈtesns] kvintesence

quintet, brit. **-te** [kwinˈtet] **1** kvintet skladba **2** kvinteto soubor

quintupl|e [ˈkwintjupl] a **1** pětinásobný **2** hud. pětičtvrteční ● s pětinásobek ● v zpětinásobit **–et** [-it] paterče

quip [ˈkwip] s **1** vtipná poznámka, špička, šleh, úštěpek **2** šprým, vtip, fórek **3** slovíčkaření ● v vtipkovat, utahovat si z

quire [ˈkwaiə] **1** kniha papíru **2** (tiskový) arch

quirk [ˈkwəːk] **1** vtip, vtipná poznámka; vytáčka **2** manýra, způsob **3** kudrlinka, klička písma **4** kosočtverečná tabulka skla

quirt [ˈkwəːt] am. s dlouhý pletený bič ● v švihat tímto bičem

quisl|e [ˈkwizl] hovor. kolaborovat s okupanty **–ing** [-iŋ] quisling, kolaborant, zrádce

quit* [ˈkwit] v (-tt-) **1** opustit, odejít, odjet z **2** od-, platit za, vyrovnat **3** jít od toho, praštit s tím **4** am. přestat s čím, nechat čeho ♦ ~ hold of pustit co; notice to ~ výpověď ● a zbaven, prost (of čeho) ♦ *be, get** ~ *of* zbavit se čeho **-ter** [-ə] hovor., slang. srab, hasič, ulejv|ák, -ka **-ting-time** [kwitiŋ'taim] am. konec práce doba

quitclaim ['kwitkleim] vzdání se nároku / práva

quite ['kwait] docela, zcela, úplně; nadobro, fakticky ♦ *oh, ~; ~ so* to se rozumí! to se ví!; ~ *a few* dost, hodně

quits ['kwits] kvit, vyrovnán, -o ♦ *be ~* být si kvit (*with* s); *cry ~* přerušit soutěž / zápas s nerozhodným výsledkem

quittance ['kwitəns] **1** odplata; odměna **2** osvobození od **3** stvrzenka, kvitance

quiver[1] ['kwivə] *v* **1** chvět se; třást se (*with fear* strachem) **2** třepetat (*wings* křídly) ● *s* **1** za-, chvění, třesení **2** rozechvění

quiver[2] ['kwivə] toulec

quixot|ic [kwik'sotik] donkichotský **-ism** [-sətizəm] donkichotství

quiz ['kwiz] *s* **1** kviz **2** fór, žert, legrace z koho, bouda **3** am. ústní n. orientační zkouš|ka, -ení, test **4** vtipálek ♦ *~ master* konferenciér kvizu ● *v* brit. **1** střílet si z, dělat si dobrý den z **2** am. vyptávat se **3** am. ústně n. orientačně zkoušet **4** dívat se pobaveně / arogantně **-zical** [-ikl] **1** zvláštní, divný **2** šprýmovný, žertovný; škádlivý, potutelný **3** směšný **4** tázavý, zvídavý; am. kritický

quod ['kwod] *s* brit. slang. basa vězení ● *v* sedět za mřížemi, bručet v base

quoin ['koin] **1** rohový / úhelný kámen **2** roh zdi **3** stav. klenák **4** podpěrný klín pro dělo

quoit ['koit] **1** kroužek k házení **2** pl kroužky hra

quondam ['kwondæm] bývalý, někdejší

quorum ['kwo:rəm] kvorum

quota ['kwəutə] kvóta; kontingent; příděl

quot|able ['kwəutəbl] stojící za

zmínku **-ation** [kwəu'teišən] **1** citát, citace **2** cenová nabídka **3** kurs(ovní záznam) ♦ *~ marks* uvozovky **-e** ['kwəut] *v* **1** citovat **2** dovolávat se **3** uvést, udat; zaznamenat cenu, kurs ● *s* gram. uvozovky jedny

quoth ['kwəuθ] zast. jen 1. a 3. sg *pt* děl, vece

quotidian [kwo'tidiən] každodenní; obvyklý

quotient ['kwəušənt] podíl; kvocient

R

R, r ['a:] pismeno r

rabbet ['ræbit] *s* drážka, žlábek, rýha ● *v* žlábkovat, drážkovat

rabbi ['ræbai] rabín **-nical** [rə'binikl] rabínský

rabbit ['ræbit] **1** králík **2** am. zajíc **~-hutch** králíkárna **~-warren** [l-,worin] země provrtaná doupaty

rabble ['ræbl] sběř, chátra, lůza **~-rouser** [l-,rauzə] demagogický agitátor, demagog

rabid ['ræbid] zuřivý, vzteklý pes ♦ *be ~ on* hněvat se na **-ness** zuřivost, vzteklost

rabies* ['reibi:z] vzteklina

raccoon [ræ'ku:n] *s* zool. mýval americký

rac|e [reis] *s* **1** dostih, závod **2** běh slunce, života, o závod **3** druh, rod, plémě, potomstvo, rasa **4** náhon, strouha **5** žlábek, drážka ♦ *arms ~* závody ve zbrojení ● *v* běžet o závod, závodit, hnát se **-e-course, -e-ground** závodiště **-er** závodní vůz, jezdec, kůň **-e-horse** závodní kůň **-ial** ['reišl] **1** rasový **2** národnostní ♦ *~ discrimination* rasová diskriminace **-ism** ['reisizəm] rasismus **-ing** běh o závod, dostihy **~-boat** závodní člun **~-car** závodní auto ~ **circuit** dostihová dráha **~-driver** automobilový závodník

rack [ˈræk] s **1** police, věšák **2** síť na zavazadla **3** skřipec na mučení **4** hrazda **5** žebřina, brlení **6** lešení; koza, kozlík, jesle **7** ozubení, ozubený segment ♦ ~ *car* am. žel. vagón na přepravu aut; *put* ∗ *to the* ~ natáhnout na skřipec ● *v* **1** položit na polici **2** napínat, natahovat **3** lámat mučit, trápit **4** utiskovat, vydírat, přemrštit (*the value* cenu), zvýšit daně **5** vymrskat půdu **6** snášet muka **7** táhnout o mracích **–er 1** mučitel, kat **2** překrucovač práva **3** kdo stáčí víno n. jiné nápoje **4** přístroj na stáčení vína apod.

racket [ˈrækit] s **1** raketa, pálka **2** lyže sněžnice **3** vřava, rámus, kravál, vzrušení, spěch **4** am. trik, vydírání, vyděračství, šmelina **5** nápor ♦ *stand the* ~ *of* vydržet, co si člověk nadrobil; *go* ∗ *on the* ~ jít si zařídit; *make* ∗ (n. *kick up*) *a* ~ ztropit povyk ● **1** odrážet, odpalovat míč **2** am. vydírat **3** hýřit **4** hřmotit, rámusit **–eer** [ˌrækiˈtiə] am. vyděrač, gangster

racoon [rəˈku:n] v. *raccoon*

racquet, racket [ˈrækit] raketa

racy [ˈreisi] **1** jadrný, pikantní **2** svérázný, osobitý, typický **3** (~ *of the soil*) zemitý

radar [ˈreidɑ:] radar ~ **trap** [-ˈtræp] s hovor. radarová past

raddle [ˈrædl] s červený okr ● *v* natřít, kreslit červeným okrem

radi|al [ˈreidiəl] paprskovitý **–ance** [-əns] zář, záření, lesk, oslňující pohled / krása **–ant** *a* **1** jasný, zářící, sálající **2** paprskovitý **3** oslňující **4** radostný ● *s* bod / předmět vyzařující paprsky; ohnisko **–ate** [ˈreidieit] **1** zářit, vyzařovat **2** šířit (se) paprskovitě, rozšiřovat co **3** vysílat rozhlasem / televizí **–ation** [ˌreidiˈeišən] záření, vyzařování, sálání, radiace; vysílání **–ator** [-eitə] radiátor, topné těleso; chladič auta

radical [ˈrædikl] *a* **1** radikální, dů-

kladný, zásadní **2** základní, podstatný **3** mat. odmocninový **4** jaz. kmenový, kořenný ● *s* **1** kořen, základ **2** polit. radikál **3** mat. odmocninová značka **–ism** radikalismus

radio [ˈreidiəu] *s* radio, rozhlas ● *v* vysílat rozhlasem **–active** [-ˈ-] radioaktivní **–gram** gramoradio **–locate** [ˌreidiəuˈləuˈkeit] zaměřit letadlo rádiem **–logy** [ˈreidiˈolədži] radiologie

radish [ˈrædiš] bot. ředkvička

radium [ˈreidjəm] rádium

radi|us [ˈreidjəs] pl *-i* [-ai] **1** paprsek **2** poloměr, rádius; dosah, dolet **3** kost vřetenní

radi|x [ˈreidiks] pl *-ces* [-si:z] **1** jaz. kořen slova **2** odmocnina, základ

raff [ˈræf] v. *riff-raff* **–ish** zpustlý, vyžilý

rafle [ˈræfl] věcná loterie

raft [ˈrɑ:ft] s prám, pramice, vor ● *v* **1** dělat vory, plavit dříví **2** řídit vor **–er 1** krokev, podval **2** vorař

rag [ˈræg] **1** hadr, cár, onuce **2** otrhanec, dareba **3** drobek **4** pl hadry šaty **5** studentská recese, merenda, (~ *day*) majáles **6** slang. bulvární plátek ♦ *cram / spread* ∗ *every* ~ vytáhnout všechny plachty; *chew the* ~ hovor. blafat, kecat **~-and-boneman** ∗ [ˌrægənˈbəunmæn] hadrář

ragamuffin [ˈrægəˌmafin] otrhanec, obejda, syčák

rage [ˈreidž] s **1** hněv, vztek, zuřivost **2** bláznění nadšení (*for* pro) **3** vášeň **4** vrchol módy ♦ ~ *of hunger* zuřivý hlad ● *v* zuřit (*against*, *at* na)

ragged [ˈrægid] **1** otrhaný, rozedraný **2** roztřepený, nerovný, drsný **3** zarostlý

ragout [ˈrægu:] ragú

ragstone [ˈrægstəun] hrubozrnný pískovec

ragtime [ˈrægtaim] synkopovaná hudba zvl. černošská

raid [ˈreid] **1** nájezd, vpád, útok,

nálet 2 šťára, razie ● v přepadnout, udělat nájezd
rail¹ [ˈreil] s 1 kolej, -nice 2 příčka závora 3 žebřina 4 mříž, mantinel 5 zábradlí, pažení 6 doprava železnicí ◆ go* by ~ jet vlakem; go* off the -s přen. vést si výstředně; sliding ~ výhybka ● v 1 ohradit mříží / zábradlím / plotem 2 položit kolejnice 3 cestovat / poslat dráhou **–ing** zábradlí, o-, hrazení **–man*** [-mən] = railwayman **–road** s am. železnice ● v am. v-, vy|manévrovat koho **~-shifter** [ˈ-ˌ] výhybkář
rail² [ˈreil] v spílat, hubovat, posmívat se ● s zool. chřástal **–er** posměváček **–lery** [-ləry] škádlení, úšklebky, vtipkování ◆ turn into ~ obrátit v žert
railway [ˈreilwei] železnice, dráha ◆ ~ accident železniční neštěstí; ~ carriage železniční vůz; ~ network železniční síť **–man*** [-mən] železničář **~-station** [ˈ-ˌ] nádraží **~-track** trať vrchní stavba žel.
raiment [ˈreimənt] roucho
rain [ˈrein] s déšť ● v pršet ◆ it -s cats and dogs leje jako z konve **–bow** duha **–fall** vodní srážky **~-gauge** [-geidž] dešťoměr **–proof** nepromokavý **–wear** nepromokavý oděv **–y** deštivý
raise [ˈreiz] v 1 po-, zvednout, povznést 2 vystavět, zřídit 3 vy-, pěstovat (wheat pšenici) 4 podporovat 5 způsobit, vyvolat 6 vzbudit 7 am. vychovat 8 vytáhnout, povýšit 9 zvýšit daně, teplotu 10 opatřit, sbírat, najímat do vojska 11 způsobit kynutí 12 vypsat daně 13 navázat rádiový styk 14 mat. umocnit ◆ ~ Cain / hell řádit; ~ a dust zvířit prach, vyvolat vřavu, zatemnit, způsobit nesnáz; ~ affection vzbudit lásku; ~ cattle chovat dobytek; ~ one's glass to pozvednout číši k přípitku; ~ one's voice pozvednout hlas, mluvit hlasitě ve hněvu; ~ from the dead

vzkřísit; ~ money sehnat peníze; ~ taxes vybírat daně; ~ the siege upustit od obléhání; ~ prices zvýšit ceny; ~ a sedition způsobit vzbouření; ~ spirits vyvolat duchy; ~ the question vznést otázku; ~ a quarrel způsobit hádku; ~ sheep chovat ovce; where was he -d? am. kde se narodil a byl vychován? ~ o.s. povznést se, vyšvihnout se ~ up zdvihnout, pobouřit ● s am. zvýšení platu
raisin [ˈreizn] hrozinka
rake¹ [ˈreik] s 1 hrábě 2 pohrabáč 3 sklon, šikmá plocha, sešikmené hlediště ● v 1 hrabat, přehrabovat 2 (~ together / up) shromáždit, sehnat 3 (~ over) prošťárat, prohledat, vyslídit, pátrat 4 naklánět se vzad ◆ ~ a ship with fire zasypat loď palbou ~ away / off odhrabat, odklidit ~ out prohrábnout oheň ~ up vyhrabávat staré věci, schrastit, splašit
rake² [ˈreik] zpustlík, flamendr **–ish** zhýralý, prostopášný
rally¹ [ˈræli] v 1 znovu (se) sebrat, shromáždit (se), manifestovat 2 obch. stoupnout v ceně, zotavit se o trhu ● s 1 zotavení, vzpamatování 2 soustředění po boji 3 tenis rychlá výměna míčů 4 shromáždění, sraz; sjezd, slet, manifestace 5 zotavení trhu
rally² [ˈræli] posmívat se, dělat si legraci
ram [ˈræm] s 1 zool. beran, skopec 2 buchar, palice ● v (-mm-) 1 zatlouci, zarazit 2 hodit, nacpat, narazit (one's hat over one's ears klobouk přes uši) 3 přen. (vtloukat komu (Latin into a p's head latinu do hlavy) ◆ ~ one's head against the wall vrazit hlavou do zdi
rambl|e [ˈræmbl] v 1 chodit, toulat se, bloudit 2 nesouvisle mluvit / psát, blouznit ● s toulka, procházka **–er** 1 tulák, poběhlík 2 popínavá růže **–ing** 1 potulný, těkavý, nestálý 2 neuspořádaný 3

popínavý

rambunctious [ræm'baŋkšəs] *a* divoký, bouřlivý, hlučný, rozkřičený; neurvalý, sprostý, hulvátský

ram|ification [ˌræmifi'keišən] **1** rozvětvení **2** rodokmen **–ify** ['ræmifai] rozvětvovat (se)

ramm|er ['ræmə] beran, dusadlo **–ish 1** beranovitý, kozlovitý **2** smrdutý **3** chlípný

ramp ['ræmp] *v* **1** stát na zadních, stavět se na zadní nohy **2** zuřit, vztekat se, řádit **3** vinout se *o rostlině*, pnout se **4** opatřit rampou ● *s* **1** svah **2** rampa **3** zvýšená krajnice **4** vymáhání dluhu

rampage [ræm'peidž] *v* divoce pobíhat, zuřit ● *s* zuření, běsnění

ramp|ancy ['ræmpansi] bujnost, útočnost, zuřivost **–ant 1** v heraldice stojící na zadních nohou **2** útočný, bujný, přebujelý ♦ ~ *arch* stav. kobylí hlava, stoupající oblouk

rampart ['ræmpa:t] *s* **1** val, násep, šance; opevnění **2** záštita ● *v* obehnat valem

ramshackle ['ræm'šækl] na spadnutí *dům,* zchátralý

ran ['ræn] *pt od run*

ranch [ra:nč] ranč, dobytčí farma

rancid ['rænsid] žluklý **–ity** [ræn'siditi] žluklost

rancour ['ræŋkə] zahořklost, zášť

random ['rændəm] *s* náhoda ♦ *at* ~ namátkově, nazdařbůh ● *a* nepravidelný, náhodný, namátkový **–ization** [-i'zeišən] *výpoč. tech.* náhodné rozdělování

randy ['rændi] chlípný

rang ['ræŋ] *pt od ring*

rang|e ['reindž] *s* **1** řada, série **2** rozsah, dosah, akční rádius, dostřel, vzdálenost **3** pásmo *hor* **4** *vlnové* pásmo *v rádiu* **5** místo, prostor, areál, lokalita **6** střelnice **7** *kuchyňský* sporák **8** paleta, rejstřík **9** rozpětí, výkyv **10** baterie *strojů* ♦ *give* free ~ dát volný průchod; *within* ~ v dostřelu; *out of* ~ mimo dostřel ● *v* **1** se-, za-, řa-

dit (se), sestavit, roztřídit **2** nařídit, zaměřit, mít dostřel **3** potulovat se, těkat (*over, along, through* po, kolem) **4** sahat, prostírat se, rozkládat se **5** nalézat se, vyskytovat se *o zvířatech, rostlinách* **6** pohybovat se mezi *o cenách* ~ **o.s.** **1** *with a p.* / *t.* postavit se na *čí* stranu, stranit *komu / čemu* **2** usadit se *k spořádanému životu* **–e-finder** [-ˌ-] dálkoměr, hledáček **–er 1** *brit.* královský lesník, *am.* lesník **2** *pl* jízdní policie

rank ['ræŋk] *s* **1** řada, pořadí **2** přední místo **3** hodnost, šarže **4** šik **5** stanoviště *aut* **6** postavení *společenské,* vrstva ♦ ~ *and file* řadoví vojáci, obyčejní lidé, členstvo ● *v* **1** se-, řadit (se), spořádat, stavět po bok (*with* čemu), sešikovat (se) **2** roz-, třídit **3** mít vyšší hodnost **4** náležet (*among* mezi), kvalifikovat se (*with* mezi) ● *a* **1** bujný, zamořený *plevelem* **2** žluklý, smrdutý, zatuchlý **3** *zast.* chlípný **4** odporný, vyložený, zlý **5** jedovatý **~-badge** výložka

ransack ['rænsæk] **1** prohledat **2** vyplenit, vybrakovat

ransom ['rænsəm] *s* výkupné, výkup; výpalné ● *v* vykoupit *ze zajetí, z otroctví*

rant ['rænt] *s* řečnění, tiráda, chvástavost ● *v* mluvit bombasticky, deklamovat

ranuncul|us [rə'nʌŋkjuləs] *pl* -*uses* [-əsiz], -*i* [-ai] *bot.* pryskyřník

rap ['ræp] *s* klepnutí, klepání, ťukání ♦ ~ *session* organizovaná neformální diskuse; *it does not matter a* ~ nezáleží na tom ani za mák ● *v* (-*pp*) klepnout, ťuknout (*at, on* na); *přen.* klepnout přes prsty ♦ ~ *out an oath* vyrazit ze sebe kletbu

rapacious [rə'peišəs] **1** dravý **2** chtivý, hltavý, žravý **3** hrabivý, lakotný

rape[1] ['reip] *s* **1** únos, loupež **2** znásilnění ♦ *commit a* ~ znásil-

nit; ~ *of the forest* lesní pych ● *v*
1 unést, uloupit 2 znásilnit

rape² [ˈreip] bot. řepka olejka ♦ ~
oil řepkový olej; ~ *seed* řepkové
semeno

rapid [ˈræpid] *a* 1 rychlý 2 prudký,
dravý 3 příkrý, srázný ● *s* pl peře-
je **–ity** [rəˈpidəti] 1 rychlost,
prudkost 2 sráz 3 chvat 4 ka-
dence

rapier [ˈreipiə] rapír, bodlo **~–fish**
zool. mečoun **~–thrust** 1 bodnutí
rapírem 2 přen. slovní šleh

rapper [ˈræpə] 1 am. zpěvák rap hudba
2 brit. klepátko

rapprochement [ræˈprošmɑːŋ] na-
vázání přátelských styků mezi státy

rapt [ˈræpt] uchvácený, zaujatý (*in*
čím) **–ure** [-čə] vytržení, zanícení
–urous [ˈræpčərəs] úchvatný

rare [ˈreə] 1 řídký 2 am. nedovařený
3 vzácný, neobyčejný, výjimečný
–faction [ˌreəriˈfækšən] roz-, ře-
dění **–fy** [ˈreərifai] 1 rozředit (se)
2 zjemnit **–ness**, **–rarity** [-rəti] 1
řídkost 2 vzácnost, drahocen-
nost

rascal [ˈrɑːskl] lump, darebák **–ity**
[rɑːsˈkæləti] lumpárna, darebáctví

rash¹ [ˈræš] prudký, ukvapený, ne-
předložený

rash² [ˈræš] osutina, vyrážka

rasher [ˈræšə] plátek slaniny

rasp [ˈrɑːsp] *v* 1 o|pilovat, o|škra-
bat, o|rašplovat 2 skřípat 3 drá-
sat nervy ● *s* 1 rašple 2 skřípání,
vrzání

raspberry [ˈrɑːzbəri] bot. malina

rasper [ˈrɑːspə] rašple, struhadlo

rat [ˈræt] *s* zool. krysa; přen. krysa,
zrádce, přeběhlík, stávkokaz, u-
davač ♦ *-s!* sakra!; *smell* a ~ ně-
co tušit, čichat čertovinu; *moun-
tain* ~ zool. svišť; ~ *fink* am. hovor.
zrádná krysa ● *v* (*-tt-*) 1 zradit
společnou věc, plán apod., jednat
podle, nechat na holičkách 2
lovit krysy

ratable [ˈreitəbl] 1 ocenitelný, zhod-
notitelný 2 zdanitelný

rataplan [ˌrætəˈplæn] bubnování

rat-catcher [ˈrætˌkæčə] krysař

ratch [ˈræč] *v.* ratchet

ratchet [ˈræčit] 1 ozubená tyč /
segment 2 hřebenové kolečko v
hodinách 3 rohatka, kotva

rate¹ [ˈreit] *s* 1 poměr; stupeň, tří-
da 2 taxa, sazba; cena, ocenění
3 míra, podíl, úměra, měřítko 4
daň 5 rychlost, tempo 6 spád ♦
at any ~ za každou cenu; *at a
high* ~ draze; *at a low* ~ lacino; ~
of interest úroková míra; ~ *of
profit* výnosnost; ~ *of exchange*
kurs valut; *buy* / sell* at a high* ~
kupovat / prodávat draze; *ex-
cess baggage* ~ poplatek za za-
vazadlo nad váhu; *talk at a high*
~ mluvit zvysoka ● *v* 1 cenit (si),
odhadnout, klasifikovat 2 vymě-
řit poplatek / taxu / daň, zdanit 3
zaměřit, určit účelově **~–payer**
poplatník

rate² [ˈreit] hubovat, plísnit

rather [ˈrɑːðə] spíše, raději; poně-
kud, dost ♦ *the* ~ *that* tím spíše,
že; ~*!* jasně! samo!; *I would / had*
~ raději bych; *it was* ~ *bad* bylo
to dost zlé

ratif|ication [ˌrætifiˈkeišən] schvále-
ní, ratifikace **–y** [ˈrætifai] schválit,
potvrdit, ratifikovat smlouvu

rating [ˈreitiŋ] 1 předpis daní, od-
had 2 třída lodi podle tonáže atd. 3 pl
hodnostní pořadí lodních důstojníků
4 brit. školený námořník 5 hodno-
cení

ratio [ˈreišiəu] mat. poměr

ratiocinate [ˌrætiˈosineit] logicky u-
važovat

ration [ˈræšən] *s* dávka, porce, pří-
děl ● *v* přidělovat na lístky **–al**
rozumový, racionální **–ality** [ˌræə-
šəˈnæləti] rozumnost **–alize** [ˈræ-
šənəlaiz] vysvětlit, jednat racio-
nálně **–ing** přídělový systém

rattle [ˈrætl] *v* 1 chrastit, rachotit,
lomozit, drnčet 2 s rachotem se
pohybovat / padat / ujíždět 3
žvanit, kecat 4 vyjet si na koho 5

repetit, odříkávat **6** hovor. polekat, zmást, uvést do rozpaků **~ along** hrčet kolem ● **s 1** chřestot, rachot **2** řehtačka, chřestítko **3** žvanění, kecání **4** žvanil **~-head** zabedněnec **~-snake** zool. chřestýš **~-trap** rachotina o starém autu

rat-trap [ˈrættræp] past na krysy

raucous [ˈroːkəs] chraptivý; nevázaný

raunch [ˈroːnč] hulvátství

ravage [ˈrævidž] v zpustošit ● s zpustošení

rave [ˈreiv] **1** zuřit, vztekat se **2** blouznit (of, about o)

ravel [ˈrævl] v (-ll-) (s)motat, zaplést (se) **~ out** rozplést (se) rozmotat (se) ● s zámotek, motanice

raven[1] [ˈreivn] zool. havran

raven[2] [ˈrævn] **1** hltat, požírat **2** pustošit, plenit **~ous** [ˈrævinəs] **1** žravý, hltavý, hladový **2** dravý

ravine [rəˈviːn] strž, úvoz, úval

ravish [ˈræviš] **1** unést, uloupit, uchvátit **2** okouzlit **3** zprznit, znásilnit **~ing** úchvatný, nádherný

raw [ˈroː] **1** syrový **2** hrubý, drsný **3** surový, nezpracovaný **4** «zelený», nezkušený **5** odřený, opruzený **6** rána živý, otevřený **7** počasí sychravý ♦ **~ material** surovina ● s odřenina, živá rána **~-boned** kost a kůže

ray [ˈrei] s **1** paprsek, záblesk **2** polopřímka **3** bot. koukol **4** zool. rejnok ♦ **Roentgen / Xrays** rentgenové paprsky ● v paprskovitě vybíhat, vyzařovat

rayon [ˈreian] s **1** umělé / viskózové hedvábí **2** látka z umělého hedvábí

raze [ˈreiz] **1** srovnat (to the ground se zemí) **2** z kořene vyvrátit, vyhladit

razor [ˈreizə] břitva **~-blade** čepelka, žiletka **~-edge** [ˈreizəredž] ostří nože, přen. kritická situace **~-strop** obtahovací řemen

razzia [ˈræziə] loupežný vpád

razzle-dazzle [ˈræzlˌdæzl] slang. pit-

ka, flám

re [ˈri] práv., obch. ve věci, týkající se

reach [ˈriːč] v **1** sahat (after, for po); prostírat se, rozkládat se **2** dosáhnout, docílit **3** dorazit, dostat se kam, proniknout **4** postačit **5** podat **6** sundat (~ down) ● s **1** dosah **2** natažení, rozpětí **3** část toku mezi dvěma ohyby **4** duševní obzor, rozhled **5** kompetence **6** dohled, doslech; dostřel **7** srozumitelnost ♦ **within ~** na dosah; **beyond one's ~, out of ~** mimo dosah, nedosažitelný

react [riˈækt] **1** vzájemně / zpětně působit, reagovat **2** voj. podniknout protiútok **~ion** [riˈækšən] **1** zpětné působení, reakce **2** rad. zpětná vazba **3** zpátečnictví (political ~ politická reakce) **~ionary** [riˈækšənəri] a reakční ● s politický zpátečník, reakcionář **~ive** působivý, reaktivní **~or** [-ə] reaktor

read[1]* [ˈriːd] **1** číst; číst si **2** učit se, studovat **3** předčítat, přednášet **4** číst korekturu **5** uhodnout, předpovídat z čeho, dekódovat **6** zjistilt stav **7** doklad znít, platit **8** vykládat, vysvětlovat ♦ **~ aloud** číst nahlas; **~ for an examination, for honours** studovat ke zkoušce, na doktorát; **~ a p.'s hand** číst komu z ruky; **~ a p. a lesson** udělat komu kázání; **the thermometer -s...** teploměr ukazuje... **~ out** číst nahlas **~ over** přečíst, prohlédnout **~ through** přečíst **~ up** důkladně prostudovat **~able** čitelný, čtivý **~er 1** čtenář **2** brit. univerzitní profesor **3** korektor **4** čítanka **5** odčítač stavu měřidla

read[2] [ˈred] sečtělý, zběhlý (in v)

read|ily [ˈredili] **1** ochotně, bez váhání **2** snadno **~iness** pohotovost, ochota, úslužnost **~y 1** hotový, připravený **2** pohotový **3** ochotný **4** obratný, hbitý, rychlý ♦ **~ apprehension** dobrá chápavost; **~ money** hotové peníze;

pay* ~ *money* platit hotově; ~ *at hand* po ruce; ~ *to please* úslužný; *get** ~ připravit (se); *make** ~ uchystat, připravit (se) ● *adv* napřed, předem, pohotově ● *s* lid. hotové peníze, hotovost ● *v* připravit (se) **–y-made** [ˌ-ˈ-] konfekční

reading [ˈriːdiŋ] **1** čtení, četba **2** výklad, interpretace **3** přednáška **4** sečtělost **5** stroj. údaj přístroje ♦ **~-book** čítanka **~-room** čítárna

readjustment [ˌriːəˈdžæstmənt] přepracování, přizpůsobení, znovunastavení přístroje

readmit [ˌriːədˈmit] (*-tt-*) znovu připustit

reaffirm [ˌriːəˈfəːm] opět ujistit

reagent [riːˈeidžənt] chem. činidlo, reagens

real [ˈriːəl] **1** skutečný, reálný **2** pravý, opravdový **3** přirozený **4** upřímný **5** věcný, podstatný **6** nemovitý **7** mat. reálný **–ism** realismus **–ist** realista **–istic** [riəˈlistik] realistický **–ity** [riːˈæləti] skutečnost, realita ♦ *objective* ~ objektivní realita **–ization** [ˌriəlaiˈzeišən] **1** uskutečnění, realizace **2** zpeněžení **–ize 1** uskutečnit, realizovat, uvědomit si **2** zpeněžit **3** nahromadit majetek **4** prodat majetek **–ly** opravdu, skutečně

realm [ˈrelm] království, říše

realtor [ˈriəltə] am. majitel realitní kanceláře

realty [ˈriəlti] nemovitost

ream¹ [ˈriːm] rys papíru (480 archů)

ream² [ˈriːm] zvětšit otvor v kovu **–er** [ˈriːmə] výstružník

reap [ˈriːp] žnout, sklízet **–er 1** žnec, žnečka **2** žací stroj **–ing** žeň, žatva, sklizeň **–ing-hook** srp **–ing-machine** žací stroj

reappear [ˌriːəˈpiə] opět se objevit

rear¹ [ˈriə] *s* **1** zadní voj **2** zadní část, záď; pozadí; týl, zázemí ♦ *in the* ~ vzadu ● *a* zadní **~-admiral** kontradmirál **~-guard** zadní voj ♦ ~ *action* ústupový boj

–ward(s) [-wəd(z)] dozadu

rear² [ˈriə] **1** chovat dobytek **2** vychovávat **3** postavit, vztyčit **4** plašit se koň **5** vzdělávat půdu

rearmament [riːˈɑːməmənt] znovuvyzbrojení ♦ *moral* ~ náboženské hnutí s moderní propagandou

rearrange [ˌriːəˈreindž] znovu uspořádat, přerovnat, přeskupit

reason [ˈriːzn] *s* **1** důvod, příčina, pohnutka **2** rozum; smysl **3** úsudek, soud, logika **4** právo, oprávnění ♦ *by* ~ *of* z důvodu, pro; *by* ~ *that* protože; *bring** a *p. to* ~ přivést koho k rozumu; *hear** (n. listen to) ~ dát si říci; *do** ~ učinit po vůli; *speak** ~ mluvit rozumně ● *v* **1** logicky myslit, usuzovat **2** domlouvat (*with* komu), diskutovat **3** vymlouvat komu (*out of* co) ~ *out* promyslit **–able 1** rozumný **2** slušný, mírný, snesitelný **3** přiměřený, levný **–ing 1** usuzování, soud, úvaha, logické myšlení **2** důvod **–less** nesmyslný, bezdůvodný, nelogický

reassure [ˌriːəˈšuə] znovu ujistit, uklidnit

rebate [riˈbeit] *v* **1** slevit **2** dělat drážky, žlábkovat ● *s* [ˈriːbeit] **1** srážka, sleva, rabat **2** žlábkování

rebel [riˈbel] *v* (*-ll-*) (vz)bouřit se (*against* proti) ● *s* [ˈrebl] vzbouřenec ● *a* odbojný **–lion** [riˈbeljən] povstání, vzpoura **–lious** [riˈbeljəs] odbojný ♦ ~ *spirit* rebelantský duch

rebirth [riːˈbəːθ] znovuzrození, obrození

reborn [riːˈbɔːn] znovuzrozený

rebound¹ [riˈbaund] *v* odrazit (se), odskočit ● *s* **1** odraz, zpětný náraz **2** sport. odražený míč, kotouč

rebound² [riːˈbaund] převázaný

rebuff [riˈbaf] *v* **1** odmrštit **2** odříci, odmítnout ♦ ~ *the aggressive forces* zadržet agresivní síly ● *s* **1** odmrštění **2** zadržení, odmítnutí

rebuild* [riːˈbild] znovu vystavět,

přestavět, obnovit
rebuke [ri'bju:k] v pokárat ● s pokárání, důtka ♦ give* a ~ pokárat; without ~ bezúhonný
rebus ['ri:bəs] rébus
rebut [ri'bat] (-tt-) 1 odrazit 2 vyvrátit 3 odmítnout
recalcitrance [ri'kælsitrəns] tvrdohlavost, vzpurnost
recall [ri'ko:l] v 1 zavolat zpět, odvolat 2 připomenout (si) 3 vzít si zpět dar ● s 1 zavolání zpět 2 odvolání, zrušení ♦ beyond, past ~ neodvolatelný, zapomenutý
recant [rikænt] odvolat názor / výrok, zříci se přesvědčení
recap [ri:'kæp] v (-pp-) 1 protektorovat pneumatiku 2 hovor. shrnout ● s 1 nový protektor pneumatiky 2 hovor. shrnutí
recapitulat|e [,ri:kə'pitjuleit] rekapitulovat, shrnout **–ion** [,ri:kəpitju-'leišən] rekapitulace, shrnutí
recapture [ri:'kæpčə] znovu získat
recast* [ri:'ka:st] 1 přelít, přetavit; přetvořit 2 přepočítat 3 div. nově obsadit hru
recede [ri'si:d] 1 ustoupit (into the background do pozadí), couvat 2 vzdát se (from čeho) 3 svažovat se 4 ztrácet na ceně
receipt [ri'si:t] s 1 příjem, obdržení 2 kvitance, potvrzenka 3 tržba, finanční výnos ♦ be in ~ of obdržet, přijmout ● v napsat stvrzenku
receive [ri'si:v] 1 přijmout, obdržet 2 přijmout hosta, svátost 3 vyslechnout prosbu 4 utrpět, musit snést 5 připustit 6 uznávat 7 přechovávat kradené 8 podpírat, nést 9 náb. jít k přijímání ♦ ~ a loss utrpět ztrátu; ~ upon credit dostat na dluh **–r** 1 příjemce, výběrčí 2 rad. přijímač 3 sluchátko 4 prozatímní správce, komisař 5 schránka, nádrž 6 přechovávač, překupník
recency ['ri:snsi] novost, současnost, čerstvost
recension [ri'senšən] redakce, přepracování textu; přehled
recent ['ri:snt] nedávný, nový, moderní
receptacle [ri'septəkl] 1 nádržka, nádoba 2 lůžko rostliny
recept|ion [ri'sepšən] 1 přijetí, příjem 2 vnímání, chápání 3 recepce ♦ ~ area sběrná oblast evakuovaných **–ionist** [-šənist] recepční úředník / úřednice, sekretář(ka), sestra u příjmu pacientů **–ive** [-tiv] vnímavý **–ivity** [,risep'tivəti] vnímavost **–or** biol. čidlo
recess [ri'ses] s 1 přerušení, přestávka 2 ústup, odchod 3 prázdniny soudu / parlamentu 4 zákoutí, úkryt 5 výklenek ● v odročit **–ion** [ri'sešən] 1 ustoupení 2 odchod 3 výklenek, nika 4 úpadek, krize, deprese **–ional** [ri'sešənl] a 1 prázdninový 2 círk. závěrečný ● s círk. závěrečná píseň pobožnosti
recipe ['resipi] recept; návod
recipient [ri'sipiənt] příjemce
reciproc|al [ri'siprəkl] a 1 vzájemný, obapolný 2 střídavý ● s mat. převrácená, reciproká hodnota **–ate** [ri'siprəkeit] 1 vzájemně na sebe působit 2 střídat se 3 oplatit (with čím), revanšovat se 4 stroj. konat přímočarý, vratný pohyb **–ation** [ri,siprə'keišən] 1 vratný pohyb 2 vzájemná výměna 3 oplátka **–ity** [,resi'prosəti] 1 vzájemnost, reciprocita 2 vzájemná výměna
recit|al [ri'saitl] 1 vypravování, odříkávání, recitování 2 recitál, koncert sólisty **–ation** [,resi'teišən] přednes, recitace **–ative** [,resitə'ti:v] recitativ **–e** [ri'sait] 1 přednášet, recitovat 2 uvést ve výčtu
reckless ['reklis] bezstarostný, nedbající (of čeho), bezohledný
reckon ['rekn] 1 počítat (with s), spočítat si (~ up) 2 cenit, odha-

dovat **3** považovat (*for* za) **4** skládat účty **5** am. myslit (si) **6** vypořádat se **7** spoléhat se (*upon, on* na) ♦ ~ *without one's host* dělat účet bez hostinského **–ing** počítání, účtování, odplata ♦ *be out in one's* ~ přepočítat se, zklamat se; *make** ~ *of* dbát na co, vážit si čeho

reclaim [riˈkleim] *v* **1** požadovat zpět, reklamovat **2** zkrotit, ochočit, napravit **3** civilizovat, (re)kultivovat půdu **4** opět nabýt, získat ● *s beyond / past* ~ ztracený **–able** [riˈkleiməbl] **1** kultivovatelný **2** nenapravitelný

reclamation [ˌrekləˈmeišən] **1** reklamace **2** napravení, rekultivace

recline [riˈklain] **1** položit (se), ležet, naklonit (se) **2** opírat (se), spočívat (*upon* na), odpočívat vleže **3** spoléhat se (*upon* na)

recluse [riˈkluːs] *a* odloučený ● *s* samotář, poustevník

recognition [ˌrekəgˈnišən] uznání, poznání **–izable** [ˈrekəgnaizəbl] poznatelný **–izance** [riˈkognizəns] zř. **1** závazek před úřadem **2** záruka soudní, kauce **–ize** [reˈkəgnaiz] **1** znovu poznat **2** uznat též právně **3** připustit (*that* že)

recoil [riˈkoil] *v* **1** ucouvnout, uskočit, odskočit **2** zaleknout se (*from* čeho) **3** puška trhnout, kopat mít zpětný náraz **4** odvrátit se s odporem **5** odejít, uchýlit se ● *s* **1** odskok, odražení, zpětný odraz **2** trhnutí **3** couvnutí **~~liquid** brzdová kapalina

recollect[1] [ˌrekəˈlekt] **1** rozpomenout se **2** o.s. upamatovat se, soustředit se **–ion** [ˌrekəˈlekšən] vzpomínání, rozjímání; vzpomínka

recollect[2] [ˌriːkəˈlekt] znovu sebrat, znovu shromáždit

recombinant [ˌriːˈkæmbənənt] *s* biol. geneticky rekombinovaný organismus ~ **DNA** [ˈdiːenˌei] *s* biol. rekombinovaná DNA

recommend [ˌrekəˈmend] **1** doporučit (*as, for, that...* jako, pro, že...) **2** odporučit péči **–ation** [ˌrekəmenˈdeišən] doporučení ♦ *letter of* ~ doporučující list

recompense [ˌrekəmpens] *v* odměnit, odškodnit, nahradit ● *s* odměna, odplata; náhrada, odškodné

reconcile [ˈrekənsail] **1** u-, smířit (*to, with* s) **2** urovnat spor, uvést v soulad **–iation** [ˌrekənsiliˈeišən] u-, smíření, smír

recondite [ˈrekondait] **1** temný, nejasný **2** těžko srozumitelný **3** málo známý **–ion** [ˌriːkənˈdišən] důkladně opravit, znovu vybavit loď; přeškolit

reconnaissance [riˈkonisns] průzkum ♦ *armed* ~ ozbrojený průzkum; ~ *group / unit* předzvědný oddíl; ~ *plane* výzvědné letadlo

reconnoitre [ˌrekəˈnoitə] prozkoumávat, zjišťovat před akcí

reconquer [ˈriːkoŋkə] znovu dobýt

reconsider [ˌriːkənˈsidə] znovu uvážit

reconstruct [ˌriːkənˈstrakt] přestavět, rekonstruovat **–ion** [-šən] přestavba, rekonstrukce

reconversion [ˌriːkənˈvəːšən] přebudování podniku na mírovou výrobu

record [riˈkoːd] **1** zapsat, zaznamenat (si), nahrát **2** uchovat v paměti **3** reprodukovat z nahrávky ● *s* [ˈrekoːd] **1** záznam, zápis, nahrávka (*gramophone* ~ gramofonová deska) **2** protokol **3** pl paměti, archiv **4** sport. rekord ♦ *-s of time* letopisy; *keeper of -s* archivář; *on* ~ zapsaný, úřední; *off the* ~ neprotokolovaný, neúřední; *have a good / bad* ~ mít dobrou / špatnou pověst **–er** [riˈkoːdə] **1** zapisovatel **2** archivář **3** kronikář **4** nahrávací přístroj, magnetofon, video kamera **5** soudce městský **–ing** zvukový záznam, nahrávka

recount[1] [riˈkaunt] obšírně vyprá-

vět; vypočítávat
re-count² [ri:ˈkaunt] přepočítat
recoup [riˈku:p] kompenzovat, dát náhradu; získat zpět; zotavit se po ztrátě
recourse [riˈko:s] 1 opora, útočiště 2 postih, obch. rekurs ♦ *have ~ to* uchýlit se k
recover¹ [riˈkavə] 1 znovu nabýt, získat 2 objevit 3 refundovat 4 nahradit ztracený čas 5 soudně získat 6 uzdravit se, zotavit se *(from z)* ♦ *~ a loss / damage* dostat náhradu za ztrátu / škodu; *~ one's feet / legs* postavit se na nohy po pádu *~ o.s.* vzpamatovat se, zotavit se **–y** [-ri] 1 znovunabytí, náhrada 2 uzdravení, rekonvalescence 3 vyrovnání letadla 4 obnova 5 soudní vymáhání
re-cover² [ri:ˈkavə] znovu pokrýt, znovu potáhnout
recreat|e [ˈrekrieit] 1 osvěžit, rekreovat se 2 (po)bavit **–ion** [ˌrekriˈeišən] 1 osvěžení, zotavení, rekreace 2 obveselení, zábava ♦ *~ ground* hřiště **–ive** zábavný, rekreační
recriminat|e [riˈkrimineit] vzájemně (se) obviňovat, rekriminovat **–ion** [riˌkrimiˈneišən] vzájemné obviňování, rekriminace
recrudescence [ˌri:kruˈdesns] opětovné propuknutí
recruit [riˈkru:t] *v* 1 odvádět na vojnu, verbovat 2 posílit, (z)rekreovat (se) 3 doplnit ♦ *~ the fire* přiložit na oheň; *~ one's flesh* přibrat na váze, tloustnout ● *s* branec, nováček **–ing** odvod, nábor **–ment** odvádění, verbování; nábor
rectang|le [rekˈtæŋgl] pravoúhelník **–ular** [rekˈtæŋgjulə] pravoúhlý, obdélníkový
rectif|ier [ˈrektifaiə] usměrňovač proudu, detektor **–ication** [ˌrektifiˈkeišən] 1 napravení, oprava 2 rektifikace 3 elektr. detekce **–y** [-ai] 1 narovnat, napravit, zlepšit

2 opravit *(a mistake* chybu) 3 chem. rafinovat
rector [ˈrektə] skot. ředitel střední školy; zahraniční rektor; správce některé koleje; brit. farář **–y** brit. fara
rectum [ˈrektəm], pl -*ums* [-əmz], -*a* [-ə] konečník
recumb|ency [riˈkambəsi] poloha vleže **–ent** ležící, odpočívající
recuperat|e [riˈkju:pəreit] zotavit se, vzpamatovat se finančně; znovu nabýt **–ion** [-ˈreišən] 1 zotavení, rekreace 2 znovu|nabytí, -dosažení
recur [riˈkə:] (-*rr*) 1 vracet se, utéci se *(to* k) 2 opět napadnout myšlenka 3 opět se vyskytnout, objevit **–rence** [riˈkarəns] 1 návrat 2 hledání východiska 3 opakování **–rent** [riˈkarəənt], **–ring** [-riŋ] vracející se, znovu se vyskytující ♦ *~ decimal* periodický zlomek
recycle [ri:ˈsaikl] *v* 1 recyklovat 2 recirkulovat 3 znovu vybavit, znovu přizpůsobit novému užití / funkci
red [ˈred] *a* 1 červený, rudý; ryšavý 2 radikální, socialistický, komunistický ♦ hist. *Red Army* Rudá armáda; *~ cell* červená krvinka; *Red Cross* Červený kříž; *~ currants* bot. rybíz; *~ herring* uzený sleď *(draw* *a ~ herring across the track* odvést pozornost); *Red Indian* Indián; *~ jelly* krevní koláč; *~ lead* suřík, rumělka; *~ plague* růže nemoc; *~ pestilence* úplavice; *~ robin* zool. červenka; *~ tape* úřední šiml; *paint* *1* líčit narůžovo 2 obrátit vzhůru nohama, rozvířit; *grow* *~* rdít se ● *s* 1 červeň, červená barva 2 ruměnec 3 červené šaty ♦ *the Reds* Rudí **–bird** zool. hejl **~-blooded** [-ˈ] am. silný, energický, chrabrý **–brick** brit. vysoká škola novějšího data **~-haired** [red-ˈheəd] ryšavý, rudovlasý *caught ~-handed* dopaden při činu **~-hot** 1 do ruda rozžhavený 2

vášnivý, zuřivý **3** energický **4** vychvalovaný **5** zpráva nejnovější **~-letter** day svátek

redact [ri'dækt] z|redigovat **–ion** [ri'dækšən] **1** redakce **2** nové vydání **–or** [-ə] redaktor, vydavatel

redden ['redn] červenat (se), rdít se (at nad) ♦ ~ with shame rdít se studem

reddish ['rediš] načervenalý, zarudlý

redeem [ri'di:m] **1** vykoupit, osvobodit **2** odpykat, napravit škodu i křivdu, smířit **3** splatit, zaplatit, umořit **4** splnit slib **5** nahradit ♦ ~ one's crime pykat za zločin **–er** vykupitel, spasitel

redemption [ri'dempšən] **1** vykoupení, spasení **2** záchrana **3** umoření, amortizace **4** splnění slibu **5** náhrada, kompenzace

redeployment [,ri:di'ploimənt] racionalizace výroby

rediffusion [,ri:di'fju:žn] **1** rozhlas po drátě, veřejný rozhlas **2** televizní přenos

redintegrat|e [re'dintigreit] obnovit, znovu sjednotit **–ion** [re,dinti'greišən] obnovení, opětné sjednocení

redivision [,ri:di'vižn] znovurozdělení

red|man* [redman], **–skin** rudoch, Indián

redolent ['redəulənt] (libo)vonný

redouble [ri'dabl] zdvojnásobit (se)

redoubt [ri'daut] reduta, pevnůstka **–able** strašný, obávaný

redound [ri'daund] **1** přispět (to one's credit, advantage přispět k dobré pověsti, k výhodě), přičítat se **2** mít zpětný vliv (on na)

redraw* [ri:'dro:] vydat návratnou směnku; překreslit

redress¹ [ri'dres] v **1** napravit, odčinit křivdu **2** upravit, opravit ♦ ~ the balance obnovit rovnováhu ● s **1** náprava **2** náhrada, kompenzace ♦ give* ~ přispět ku pomoci, napravit škodu / křivdu

redress² [ri:'dres] převléci (se); převázat ránu

red tape [,red'teip] byrokracie úřední šiml

red-tapis|m ['red,teipizəm] úřední šiml **–t** byrokrat, ouřada

reduc|e [ri'dju:s] **1** zmenšit, snížit, zeslabit, (z)redukovat **2** zlevnit, snížit **3** podmanit (si) **4** podřídit, přinutit **5** převést, přeměnit, proměnit (to v) **6** uvést v jiný stav, med. napravit **7** degradovat **8** snažit se zhubnout **9** rozmělnit, rozdrtit ♦ ~ costs of production snížit výrobní náklady; ~ in rank voj. odejmout hodnost; ~ a rule to practice uplatnit pravidlo v praxi; ~ to disc:ipline přivést ke kázni; ~ to ashes spálit na popel; ~ to nothing zničit; at -ed prices za snížené ceny; -ed circumstances bídné poměry, chudoba; ~ to slavery zotročit; ~ to poverty uvrhnout v chudobu **–ible** [-əbl] **1** zjednodušitelný, redukovatelný **2** přemožitelný **–tion** [ri'dakšən] **1** snížení, zmenšení, redukce **2** přeměna **3** srážka, sleva, pokles cen **4** podrobení, podmanění **5** rozmělnění, rozpuštění **6** uvedení do správné polohy

redund|ance, –ancy [ri'dandəns(i)] hojnost, přebytečnost; odb. redundance; nadbytek **–ant 1** přebytečný **2** zbytečný **3** hojný, oplývající

reduplicat|e [ri'djuplikeit] zdvojit, zdvojnásobit **–ion** [ri,dju:pli'keišən] zdvojení, reduplikace

red weed [red'wi:d] bot. vlčí mák

re-echo [ri:'ekəu] znovu se ozývat ozvěnou; opakovat

reed [ri:d] **1** rákos **2** píšťala **3** hud. jazýček **4** bás. šíp ♦ a broken ~ nespolehlivý člověk, «třtina» **~-pipe** ['ri:dpaip] šalmaj **~-stop** varhanní rejstřík

re-edify [ri:'edifai] **1** znovu zbudovat **2** přen. obnovit

re-educat|e [ri:'edjukeit] převychovat **-ion** [ri:₁edjuˈkeišən] převýchova

reef¹ [ˈri:f] 1 útes, úskalí, rif 2 nános písku u moře 3 žíla rudy

reef² [ˈri:f] s námoř. skasávací pruh plachty • v svinout plachty **-er** [-ə] marihuanová cigareta

reek [ˈri:k] s dým, výpar, zápach • v 1 kouřit, čadit 2 pařit se 3 páchnout, čpět, být prosáklý (of tobacco tabákem, with snobbery snobstvím)

reel [ˈri:l] s 1 cívka filmu, filmový pás, brit. cívka vůbec 2 moták, naviják 3 vrávorání 4 přen. vřava, zmatek 5 skotský tanec ♦ off the ~ hbitě • v 1 namotávat, navíjet 2 kobylka cvrkat ♦ my brain -s motá se mi hlava, mám závrať ~ off 1 odmotávat, odvíjet 2 odříkávat jako když bičem mrská

re-elect [₁ri:iˈlekt] znovu zvolit

re-enforce [₁ri:inˈfoːs] znovu vynutit, obnovit

re-engage [₁ri:inˈgeidž] 1 znovu najmout 2 obnovit boj, smlouvu

re-enter [ri:ˈentə] znovu vstoupit, nastoupit (in do), vícenásobně použít **--entrant** [ri:ˈentrənt] vydutý úhel pevnostního valu

re-examine [₁ri:igˈzæmin] přezkoušet

re-exchange [₁ri:iksˈčeindž] zpětná směnka

ref [ˈref] = referee

refection [riˈfekšən] občerstvení

refectory [riˈfektəri] refektář, jídelna

refer [riˈfəː] (-rr-) 1 odkázat, poukázat (to na) 2 odvolávat se (to na), přednést k rozhodnutí komu 3 upozornit na co, zmínit se o 4 předat 5 přičítat komu / čemu 6 vztahovat se (to na), týkat se čeho 7 narážet (to na co) ~ o.s. to a p. dovolávat se koho, obrátit se na koho **-ee** [₁refəˈri:] 1 rozhodčí 2 ručitel 3 sport. rozhodčí, soudce **-ence** [ˈrefrəns] 1 postoupení věci k vyřízení 2 odkaz (to na) 3 vztah (to k), zře-

tel 4 osvědčení, posudek, reference 5 narážka, zmínka, odvolání (to na co, ke komu) 6 odkaz(ovací znaménko) v knize 7 obrácení se na, nahlédnutí do knihy; reference 8 ručitel, garant ♦ cross ~ odkaz v knize na jinou stránku; ~ library příruční knihovna; book of ~ příručka; in / with ~ to s ohledem na / pokud jde o; make* ~ to zmínit se o; without ~ to bez ohledu na

referendum [₁refəˈrendəm] veřejné hlasování, referendum

refill [ri:ˈfil] v znovu naplnit • s [ˈri:fil] náhradní náplň

refin|e [riˈfain] 1 přečistit; vy-, tříbit (se); rafinovat; zjemnit, zušlechtit 2 zlepšit, zdokonalit **-ed** 1 vytříbený, uhlazený, kultivovaný 2 strojený, rafinovaný 3 přesný **-ement** 1 jemnost, vytříbenost 2 uhlazenost 3 strojenost 4 rafinovanost 5 zlepšení **-ery** rafinerie

refit [ri:ˈfit] (-tt-) opravit, znovu seřídit; přezbrojit

reflect [riˈflekt] 1 odrážet světlo, zrcadlit (se) 2 odrazit se, ohnout se zpět 3 přemýšlet, uvažovat (on, upon o) 4 nepříznivě se odrážet, vrhat špatné světlo (on, upon na) **-ion** [-šən] 1 odraz (theory of ~ teorie odrazu), zrcadlení, reflex 2 přemítání, úvaha 3 nepříznivý odraz 4 pohana ♦ cast* -s on přen. vrhat špatné světlo na; on ~ po uvážení **-ive** 1 odrážející, zrcadlící 2 přemítavý, přemýšlivý **-or** 1 reflektor 2 předmět / osoba odrážející názory, předsudky apod.

reflex [ˈri:fleks] a 1 reflexívní, bezděčný 2 zaměřený zpět, introspektivní • s 1 reflex; odraz světla, odlesk, odražené světlo, obraz v zrcadle 2 výraz **-ion** [riˈflekšən] = reflection **-ive** [riˈfleksiv] jaz. reflexívní, zvratný • s reflexivum

reflux [ˈri:fleks] odtok, odliv, zpětný

tok

reform [ri'fo:m] v zlepšit, napravit, přetvořit, reformovat ♦ ~ *the currency* reformovat měnu • s přetvoření, oprava, reforma ♦ *agrarian* (*land*) ~ zemědělská (pozemková] reforma **–ation** [ˌrefə-'meišən] přetvoření, reforma ♦ *the R~* reformace **–atory** [ri'fo:-mətəri] polepšovna **–er** reformátor

refract [ri'frækt] fyz. lámat světlo **–ion** [ri'frækšən] lom světla **–or** refraktor dalekohled **–ory** a neústupný, tvrdošíjný, vzpurný, ohnivzdorný • s ohnivzdorná látka

refrain[1] [ri'frein] zdržet se (*from* čeho)

refrain[2] [ri'frein] refrén

refresh [ri'freš] občerstvit, osvěžit ~ *o.s.* **1** osvěžit se **2** občerstvit se **–er** *course* opakovací kurs **–ment** občerstvení, osvěžení

refriger|ant [ri'fridžərənt] a osvěžující, chladící • s chlazený nápoj **–ate** o-, chladit, (z)mrazit **–ation** [riˌfridžə'reišən] chlazení, mražení **–ator** [ri'fridžəreitə] lednička, chladnička

refuel [ri'fjuəl] (-*ll*-) doplnit palivo ♦ *-ling station* čerpací stanice

refug|e ['refju:dž] **1** útulek, útočiště; ochranná chata v horách **2** chodníček, refýž **3** záchrana, spása ♦ *take* ~ uchýlit se o pomoc, utéci se **–ee** [ˌrefju'dži:] utečenec, uprchlík

refulg|ence, –ency [ri'faldžəns(i)] lesk, třpyt, záře **–ent** třpytivý, zářivý, lesklý

refund [ri:'fand] nahradit, vrátit peníze, refundovat, splatit

refusal [ri'fju:zl] odmítnutí, odepření ♦ *give* a ~ dát košem; *meet* *with* a ~ dostat košem, být odmrštěn

refuse [ri'fju:z] v odmítnout, neschválit, přen. nechtít, neuposlechnout • s ['refju:s] odpad-

(ky), smetí

refut|able ['refjutəbl] vyvratitelný **–ation** [ˌrefu:'teišən] vyvrácení **–e** [ri'fju:t] vyvrátit

regain [ri'gein] znovu získat, znovu nabýt

regal ['ri:gl] královský; nádherný

regale [ri'geil] v bohatě pohostit, počastovat, hodovat, přen. lahodit • s **1** hostina, hody **2** občerstvení

regalia [ri'geiliə] pl královské odznaky, korunovační klenoty

regard [ri'ga:d] v **1** dívat se, hledět, pohlížet **2** dbát, mít ohled na co **3** týkat se **4** chovat se ke komu, vážit si **5** považovat (*as za*) ♦ *as -s* pokud se týče; **–ing** s ohledem na, pokud jde o • s **1** pohled utkvělý **2** zřetel, pozornost **3** úcta, vážnost **4** vztah, ohled **5** (*kind -s*) pl pozdrav, poručení (*give* him *my -s* pozdravuj ho) ♦ *in ~ of* vzhledem k; *with ~ to* pokud se týče; *have a great ~ for* velmi se vážit; *pay* ~ *to* mít zřetel k **–ful** pozorný (*of* k), uctivý **–less** nemající ohled (*of* na), nedbající (*of* čeho), nepozorný

regatta [ri'gætə] regata veslařský závod

regency ['ri:džənsi] vladařství, vláda regenta (zvl.1811-1820)

regenerat|e v [ri'džənəreit] obrodit (se), znovuzrodit (se), obnovit (se) • a [ri'džənərit] znovuzrozený, obrozený **–ion** [riˌdžənə'reišən] znovuzrození, obrození

regent ['ri:džənt] s vladař, regent • a vládnoucí místo krále

reggae ['regei] druh rockové hudby

regicide ['redžisaid] **1** královražda **2** královrah

régime [rei'ži:m] režim, vládnoucí systém, vláda

regimen ['redžimen] **1** med. dieta, životospráva **2** jaz. rekce

regiment ['redžimənt] pluk **–al** [ˌredži'mentl] a plukovní • s pl plukovní uniforma **–ation** [ˌredžimən'teišən] usměrňování, reglementace

region [ˈriːdžn] s **1** krajina **2** oblast, kraj **3** přen. sféra, obor **4** med. krajina ♦ *border* ~ pohraničí; *lower -s* peklo; *upper -s* nebesa **–al** krajinný, krajový; oblastní, krajský

register [ˈredžistə] s **1** seznam, rejstřík **2** záznam, zápis **3** registr, rejstřík u varhan **4** hud. rejstřík hlasový, nástroje apod. **5** regulátor **6** záklopka **7** šoupátko u kamen ♦ ~ *office* spisovna, registratura; *class* ~ třídní kniha ● v zapsat (se) do seznamu, zaznamenat, zaprotokolovat, registrovat; hlásit se policejně ♦ ~ *a letter* poslat dopis doporučeně (*a -ed letter* rekomando) ~ **o.s.** zapsat se do volebního seznamu

registr|ar [ˌredžiˈstraː] registrátor, univerzitní notář, sňatkový matrikář **–ation** [ˌ-ˈtreišən] zapsání, záznam, registrace ♦ ~ *number* matrikulační číslo **–y** [ˈredžistri] **1** zápis, registrace **2** rejstřík, seznam **3** vývěsková služba **4** podatelna

regnant [ˈregnant] vládnoucí, panující ♦ *Prince R~* princ vladař

regress [ˈriːgres] s návrat, krok nazpět; pokles; práv. regres ● v [riˈgres] vracet se **–ion** [riˈgrešən] **1** zpětný pohyb, krok zpět **2** návrat **3** obrat křivky **4** mravní úpadek **–ive** [riˈgresiv] zpětný

regret [riˈgret] s **1** lítost; žal, politování **2** odmítavá odpověď ♦ *express* ~ *for* vyslovit politování nad ● v (*-tt-*) litovat, želet, mrzet se (*that* pro, že) **–ful** lítostivý, politováníhodný **–table** [-əbl] politováníhodný; nežádoucí

regroup [riːˈgruːp] přeskupit

regular [ˈregjulə] a **1** pravidelný; řádný, pořádný, správný **2** hovor. vyložený, hotový **3** círk. řádový, řeholní **4** z povolání ♦ ~ *army* pravidelné vojsko; ~ *officer* aktivní důstojník; ~ *slave* úplný ot-

rok; ~ *soldier* voják z povolání; ~ *people* řádní lidé ● s **1** řádový kněz, řeholník **2** pl řadové vojsko **–ity** [ˌregjuˈlærəti] pravidelnost **–ize** [-raiz] uvést do pořádku, zavést řád do; uzákonit

regulat|e [ˈregjuleit] **1** řídit, regulovat **2** uspořádat, usměrnit, zpravidelnit **–ion** [ˌregjuˈleišən] **1** seřízení **2** nařízení, směrnice **3** pravidlo, předpis **4** pl nařízení, předpisy, stanovy **–or** regulátor

regurgitation [riˌgaːdžiˈteišən] zvracení, dávení

rehabilitat|e [ˌriːəˈbiliteit] ospravedlnit, rehabilitovat **–ion** [ˌriːəˌbiliˈteišən] rehabilitace

rehears|al [riˈhəːsl] nácvik, divadelní zkouška; výčet ♦ *dress* ~ generální zkouška **–e** nacvičovat, mít zkoušku, opakovat

reign [ˈrein] v vládnout, panovat (*over* nad) ● s panování, vláda

reimburse [ˌriːimˈbəːs] na-, hradit, krýt výdaje **–ment** náhrada, úhrada

rein [ˈrein] s uzda, otěž ♦ *give* *-s* popustit uzdu; *draw* ~ zastavit koně, přen. utáhnout uzdu; *assume the -s of government* ujmout se vlády ● v držet na uzdě, ovládat, krotit

reindeer [ˈreindiə] zool. sob

reinforce [ˌriːinˈfoːs] posílit, zesílit ♦ *-d concrete* železobeton **–ment** posila, zesílení

reinless [ˈreinlis] bezuzdný

reinstall [ˌriːinˈstoːl] opět dosadit do úřadu

reinstate [ˌriːinˈsteit] **1** uvést do dřívějšího stavu **2** znovu zavěsit **3** uzdravit

reinterpretation [ˌriːinˌtəːpriˈteišən] přehodnocení

reiterat|e [riːˈitəreit] znovu opakovat **–ion** [riːˌitəˈreišən] opětovné opakování

reject [riˈdžekt] od-, za|mítnout **–ion** [riˈdžekšən] **1** zamítnutí **2** vyřazené zboží, zmetky **3** pl výkaly 4 med. odmítnutí těla přijmout transplantovaný orgán

rejoic|e [ri'džois] **1** radovat se, těšit se (*in, at, that* z) **2** způsobit radost **–ings** veselí, radovánky

rejoin [ri'džoin] **1** práv. podat repliku **2** odvětit, odpovědět **–der** [-də] práv. odpověď, replika

re-join [ri:'džoin] znovu (se) spojit n. připojit k

rejuven|ate [ri'džu:vineit] omladit (se) **–ation** [ri,džu:vi'neišən] omlazení

relapse [ri'læps] *v* znovu upadnout do nemoci, atd. ● s recidiva

relat|e [ri'leit] **1** vypravovat **2** uvádět ve vztah (*to, with* k) **3** vztahovat se (*to* k), být v poměru k, týkat se čeho **–ed** příbuzný (*to* s) **–ion** [-šən] **1** vztah, poměr, relace, souvislost **2** příbuzenství **3** vyprávění, popis **4** příbuzný, -á **5** práv. oznámení prokurátorovi **6** práv. zpětná platnost **7** pl pohlavní styky ◆ *in* ~ *to* pokud jde o, co se týká čeho; *-s of production* výrobní vztahy / poměry **–ive** ['relətiv] *a* **1** poměrný, relativní **2** vztahující se k **3** příbuzný **4** jaz. vztažný, relativní ● s **1** příbuzný **2** jaz. vztažné zájmeno **–ivity** [,relə'tivəti] relativnost, relativita

relax [ri'læks] **1** povolit, uvolnit (se) **2** z-, mírnit, polevit **3** rozptýlit (se) **4** zotavit se ◆ ~ *the bowels* odlehčit si tělesně; *a -ed throat* med. katar hrtanu **–ation** [,ri:læk-'seišən] **1** uvolnění, povolení **2** odpočinek, zábava, rekreace, zotavení, povyražení **3** částečné prominutí trestu apod.

relay [ri:'lei] s **1** čerstvá přípřež **2** nová směna **3** přenos, relé **4** sport. štafeta (~ *race*) ● *v* **1** opatřit převáděčem, relé **2** přenášet rozhlasem **3** pracovat na směny **4** běžet štafetu **5** sport. přihrát

release [ri'li:s] *v* **1** propustit, uvolnit, osvobodit **2** vypustit balón **3** uvést film v premiéře **4** povolit u-

veřejnění zprávy **5** zprostit, zbavit (*from* čeho) **6** dát do distribuce / prodeje ◆ ~ *one's right* vzdát se svého práva ● s **1** propuštění, osvobození **2** zbavení, zproštění **3** práv. převod, postoupení, nájemní smlouva **4** odjišťovač stroje, zástrčka; spoušť **5** cenzurní povolení **6** shazování pum **7** uvedení do kin **8** med. uvolnění

relegate ['religeit] **1** vypovědět, poslat do vyhnanství **2** propustit, degradovat **3** odevzdat k vyřízení **4** předat, postoupit

relent [ri'lent] **1** obměkčit se, mírnit se **2** povolit, ochabnout **–less** nepovolný, neúprosný, vytrvalý, houževnatý

relev|ance, –ancy ['relivəns(i)] závažnost, relevance **–ant 1** důležitý, závažný **2** relevantní **3** týkající se (*to* čeho)

reli|able [ri'laiəbl] spolehlivý **–ability** [ri,laiə'biləti] spolehlivost **–ance** [ri'laiəns] spolehnutí, důvěra (*on, upon* v) ◆ *place* ~ *in* spoléhat se na

relic ['relik] **1** památka, relikvie **2** pl pozůstatky, zbytky

relief[1] [ri'li:f] **1** ulehčení, úleva **2** podpora, (vý)pomoc **3** směna, střídání stráže, střídající stráž ◆ ~ *attacks* odlehčovací útoky ~ *works* nouzové práce

relief[2] [ri'li:f] reliéf, kontrast

relieve [ri'li:v] **1** u-, od|lehčit **2** pomoci, přispět **3** osvobodit **4** vystřídat stráž **5** zprostit, zbavit (*of* čeho) ◆ ~ *one's feelings* ulevit svým citům; ~ *a person of his money* okrást koho o peníze

religi|on [ri'lidžn] náboženství **–onize** [-aiz] **1** projevovat náboženskou horlivost **2** přivést k náboženství, obrátit na víru **–ous** [ri-'lidžəs] *a* **1** náboženský, zbožný; řádový **2** svědomitý ● s mnich, jeptiška

relinquish [ri'linkwiš] opustit, zanechat; upustit od, zříci se

relish [ˈreliš] *v* **1** mít chuť, pochutnat si **2** libovat si, pochvalovat si **3** líbit se, zamlouvat se (*with* komu) ● *s* **1** příjemná chuť, příchuť, říz, aroma **2** pochoutka, chuťovka **3** přen. přitažlivost, záliba (*for* v)

reluct|ance, –cy [riˈlaktəns(i)] odpor, nechuť (*against* k), neochota, fyz. magnetický odpor **–ant** neochotný, odporující

rely [riˈlai] spoléhat (se) (*on, upon* na)

remain [riˈmein] *v* zbývat, zůstat, trvat ● *s* pl zbytky, pozůstatky **–der** [-də] **1** ostatek, zbytek **2** majetkové právo nástupní

remak|e* [riˈmeik] *v* předělat, přepracovat ● *s* **1** nové zpracování starého filmu **2** elektr. samovolné propojení spojky

remand [riˈmaːnd] poslat zpět do vyšetřovací vazby ♦ ~ *home* nápravné zařízení pro mladistvé, polepšovna

remark [riˈmaːk] *s* poznámka, připomínka, komentář ♦ *worthy of* ~ pozoruhodný; *make* a* ~ poznamenat ● *v* **1** zpozorovat, všimnout si **2** podotknout, poznamenat, dělat poznámky, komentovat (*upon, on* o) **–able** pozoruhodný, nápadný

remarr|iage [riˈmæridž] nový sňatek **–y** [riˈmæri] znovu (se) oženit, vdát

remed|iable [riˈmiːdiəbl] vyléčitelný **–ial 1** hojivý, léčivý **2** nápravný **–iless** [ˈremidilis] **1** nezhojitelný **2** nenapravitelný **3** neodvratný **–y** [ˈremidi] *s* **1** lék, prostředek **2** pomoc (*against, for* proti) **3** náprava, odstranění vady ♦ *past* ~ nenapravitelný ● *v* napravit, odstranit

remember [riˈmembə] **1** pamatovat (si), rozpomenout se na **2** zmínit se o, připomenout **3** dát spropitné (*the waiter* číšníkovi)

remembrance [riˈmembrəns] **1** vzpomínka, památka (*of* na) **2** paměť, pamětní spis **3** pl pozdravy ♦ *bear* in* ~ chovat v paměti; *call to* ~ vzpomenout si; *come* to* ~ přijít na mysl; *put* in* ~ připomenout

remilitarize [riːˈmilitəraiz] remilitarizovat

remind [riˈaind] upomenout (*of* na), připomenout (*of, to do, that, how* komu co) **–er** připomínka, upomínka obchod. dopis

reminisc|ence [ˌremiˈnisns] **1** vzpomínka **2** filoz. rozpomínání, anamnéza **3** pl liter. vzpomínky, paměti **–ent** připomínající (*of* co)

remiss [riˈmis] **1** nedbalý, povrchní, líný **2** ochablý, uvolněný **–ible** prominutelný **–ion** [riˈmišən] **1** prominutí, odpuštění **2** polevení, pokles **3** med. remise, dočasné zmizení projevů nemoci

remit [riˈmit] (*-tt-*) **1** prominout, odpustit **2** polevit **3** odevzdat, předat k vyjádření **4** práv. vrátit **5** poslat zpět **6** odeslat; poukázat peníze **7** podrobit (*to* čemu) **8** odložit **–tance** [-təns] **1** odeslání **2** poukaz peněz, odeslaný obnos **3** úhrada **–tee** [ˌremiˈtiː] příjemce poukázaných peněz **–tent** a střídavý ● *s* střídavá horečka **–ter** poukazce

remnant [ˈremnənt] zbytek

remodel [riːˈmodl] (*-ll-*) přetvořit přepracovat

remonstr|ance [riˈmonstrəns] stížnost, protest, rozklad **–ate** [reˈmonstreit] protestovat (*against* proti, *with* u koho, *on* / *upon* *matter* o věci), dělat výčitky

remorse [riˈmoːs] výčitka / hryzení svědomí, lítost, soucit ♦ *without* ~ nelítostně, bezcitně **–ful** kajícný **–less** nemilosrdný, zatvrzelý; nelítostný, krutý

remote [riˈməut] vzdálený, odlehlý ♦ ~ *control* řízení na dálku; *not the -st* ani nejmenší

remount[1] [riːˈmaunt] voj. **1** náhradní

kůň, remonta 2 čerstvé koně pro jezdecký pluk

remount² [ri:ˈmaunt] **1** znovu vystoupit, vylézt na **2** znovu nasednout na koně **3** znovu namontovat

remov|able [riˈmu:vəbl] odstranitelný, sesaditelný **–al** [riˈmu:vl] **1** odstranění, přemístění, pře-, stěhování **2** přeprava, stěhování **3** demontáž **4** zavraždění **–e** v **1** odstranit (se), odklidit **2** vzdálit (se) **3** od-, pře-, stěhovat (se) **4** propustit, zbavit místa, vyloučit ze školy **5** odstranit, zavraždit ♦ ~ one's hat smeknout; ~ the cork vytáhnout zátku z láhve ● s **1** další chod jídla **2** stupeň, krok **3** postoupení do vyšší třídy **4** koleno, pokolení ♦ give* a p. a ~ odstrčit koho **–ed 1** vzdálený příbuzný, odlehlý **2** odstraněný **3** odloučený **4** soukromý

remuner|ate [riˈmju:nəreit] odměnit, zaplatit, nahradit; vynášet komu **–ation** [ri,mju:nəˈreišən] odměna, remunerace; náhrada **–a-tive** [riˈmju:nərətiv] výnosný

renaissance [rəˈneisəns] **1** R~ renesance epocha **2** v. renascence

renal [ˈri:nl] med. ledvinový ♦ ~ calculus ledvinový kámen

rename [ri:ˈneim] přejmenovat

renascence [riˈnæsns] **1** renesance **2** obrození, obnovení

rend* [ˈrend] **1** rozštípnout, rozseknout, rozpoltit **2** přen. rvát srdce, city apod. **3** pukat, roz-, štěpit **4** trhat se o mracích ♦ ~ from odtrhnout; ~ one's hair rvát si vlasy

render [ˈrendə] **1** splácet, oplatit (good for evil dobré za zlé) **2** vydat (fortress pevnost) **3** učinit co čím, vykonat, provést **4** předložit účty **5** vyjádřit, vystihnout, vylíčit **6** přeložit (from English into Czech z angličtiny do češtiny) **7** přednést, zahrát **8** nahodit malbu ♦ ~ an account of popsat, vylíčit; ~ useless učinit zbytečným;

~ the meaning vysvětlit; ~ help pomoci; ~ reason udat příčinu; ~ thanks vzdát díky; ~ tribute složit hold **–ing** [-riŋ] **1** překlad, převod **2** zpodobení, vyobrazení, reprodukce **3** provedení, přednes

rendezvous [ˈrondivu:] místo srazu, shromaždiště

renegade [ˈrenigeid] odpadlík, odrodilec, renegát

renege, renigue [riˈni:g] **1** karty nectít **2** am. hovor. švindlovat při čem

renew [riˈnju:] **1** obnovit (se), oživit **2** opravit, renovovat **3** prolongovat (bill směnku) **–al** obnova, prolongace

renounce [riˈnauns] **1** zříci se, odříci se **2** zapřít **3** vypovědět smlouvu **4** nectít barvu v kartách

renovat|e [ˈrenoveit] obnovit **–ion** [,renəuˈveišən] obnovení

renown [riˈnaun] sláva, proslulost, věhlas **–ed** [-d] slavný, proslulý, věhlasný

rent¹ [ˈrent] trhlina, rozsedlina, škvíra; roztržka

rent² [ˈrent] s nájemné, činže, pachtovné ♦ ground ~ pozemková renta; money ~ peněžní renta; ~ in produce naturální renta ● v (pro)najmout (at za) **–al** nájemné **~-charge** dědičné nájemné **–er** nájemce, pachtýř; pronajímatel

rent³ [ˈrent] pt a pp od rend

renunciation [ri,nansiˈeišən] odřeknutí se, vzdání se

reopen [ri:ˈəupn] **1** znovu otevřít **2** opět zahájit

reorganiz|ation [ri:,o:gənaiˈzeišən] reorganizace **–e** [ri:ˈo:gənaiz] reorganizovat

rep¹ [ˈrep] zkr. **1** = reprobate **2** = repetition **3** = repertory (theatre)

rep² [rep] žebrovaná látka čalounická, ryps

repair [riˈpeə] v **1** opravit, spravit **2** nahradit, odčinit **3** podrazit boty, zašít ● s **1** oprava, úprava, správka **2** dobrý stav **3** zlepšení zdravotního stavu ♦ *in good* ~ v dobrém stavu; *out of* ~ ve špatném stavu; *under* ~ ve správce

repar|able [ˈrepərəbl] napravitelný **–ation** [ˌrepəˈreišən] **1** oprava **2** náhrada, odškodné, reparace ♦ ~ *loan* reparační půjčka

repartee [ˌrepaːˈtiː] *s* odseknutí pádná odpověď ● *v* odseknout, pádně odpovědět

repartition [ˌriːpaːˈtišən] znovurozdělení

repast [riˈpaːst] **1** jídlo, pokrm **2** denní jídlo

repatriat|e [riːˈpætrieit] poslat zpět do vlasti, repatriovat **–ion** [ˌriːˈpætriˈeišən] repatriace

repay* [riːˈpei] oplatit, splatit, nahradit, odškodnit **–ment** oplácení, splátka, odplata, odměna

repeal [riˈpiːl] *v* odvolat, zrušit ● *s* odvolání, zrušení

repeat [riˈpiːt] **1** opakovat, opětovat **2** reprodukovat, recitovat **–edly** [-ədli] opět a opět

repel [riˈpel] (**-ll-**) **1** zahnat, odrazit útok **2** odehnat od sebe **3** zamítnout **–lent** a odpudivý ● *s* odpuzující prostředek

repent [riˈpent] litovat, kát se (*of* z) **–ance** [-əns] lítost, pokání

repercussion [ˌriːpəːˈkašən] **1** zpětný odraz, ohlas, dopad **2** ozvěna **3** pl reakce

repertoire, repertory [ˈrepətwaː, ˈrepətəri] repertoár ♦ *-tory theatre* divadlo s širším repertoárem

repetition [ˌrepiˈtišən] opakování

rephrase [riˈfreiz] znovu / jinak formulovat

repine [riˈpain] **1** mrzet se, soužit se **2** stěžovat si (*at, against* na), reptat

replace [riˈpleis] **1** dát na původní místo, znovu dosadit, přeložit **2** nahradit (*by* kým), vytlačit **3** položit sluchátko **–ment 1** náhrada **2** přeložení, znovudosazení ♦ ~ *part* náhradní součástka

replant [riːˈplaːnt] znovu zasadit,

přesadit

replenish [riˈpleniš] opět (se) naplnit (*with* čím)

replet|e [riˈpliːt] plný (*with* čeho), naplněný; sytý **–ion** [riˈpliːšən] naplněnost, nasycenost, přecpání; uspokojení

replic|a [ˈreplikə] replika; kopie obrazu, faksimile **–ate** udělat kopii

reply [riˈplai] *v* odpovědět, odvětit (*upon, to* na) ● *s* odpověď ♦ *in* ~ *to* odpovídajíce na

report [riˈpoːt] *v* **1** podat zprávu, hlásit; oznámit, referovat **2** rozšířit pověst **3** přednést **4** být novinovým zpravodajem **5** napsat do novin zprávu (*on, upon* o), dělat reportáž **6** střelit, dát ránu **7** ohlásit se **8** pořídit zápis ze schůze ♦ *it is -ed* povídá se; *I shall* ~ *you* budu na tebe žalovat ● *s* **1** zápis, záznam **2** zpráva, referát **3** dobrozdání **4** rána, výstřel, třesk **5** školní vysvědčení ♦ *there is a* ~ *that* říká se, že; *make** ~ podat zprávu; *have an ill* ~ mít špatnou pověst **–age** [ˌrepoːˈtaːž] reportáž **–er 1** zpravodaj, reportér, komentátor **2** referent **–ing** zpravodajství

repos|al [riˈpəuzl] zast. vložení důvěry **–e** [riˈpəuz] *v* **1** ležet, položit (se), uložit (se) k odočinku, odpočívat **2** uklidnit **3** spočívat, záležet (*on, upon* na) ♦ ~ *one's trust in* skládat důvěru v ● *s* odpočinek, klid

repository [riˈpozitəri] **1** schránka **2** skladiště **3** místo pohřbení **4** přen. zdroj, studna, pramen **5** důvěrník

reprehend [ˌrepriˈhend] kárat, napomínat

reprehens|ible [ˌrepriˈhensəbl] zasluhující pokárání **–ion** [ˌ-ˈhenšən] pokárání, domluva

represent [ˌrepriˈzent] **1** představovat, znázorňovat, ztělesňovat **2** vylíčit, vypodobnit, popisovat **3** zastupovat (*a p. at the meeting* koho na schůzi) **4** hrát, pojmout roli **5** tvrdit, prohlašovat, vydávat se za **6** reprezentovat **–ation** [ˌ-ˈteišən] **1** představení, zpodobnění, znázornění **2** vylíčení, výklad **3** zastoupení, zastupování **4** zastupitelství **5** ohrazení, protest **6** symbol, znak **–ative** [ˌ-ˈzentətiv] a **1** představující, typický, reprezentativní **2** zastupující (of koho, co) **3** zastupitelský, poslanecký ● s **1** vzor, typ, představitel **2** zástupce **3** am. poslanec **4** obchodní zástupce **5** delegát

repress [riˈpres] potlačit **–ion** [riˈprešən] potlačování, represe; ovládnutí

reprieve [riˈpriːv] v **1** odložit výkon trestu, dát milost **2** dopřát oddech ● s **1** lhůta **2** odklad **3** milost, omilostnění

reprimand [ˌrepriˈmaːnd] s pokárání, důtka ● v udělit důtku

reprint [riːˈprint] v znovu otisknout ● s dotisk, otisk, separát

reprisal [riˈpraizl] odveta, represálie

reproach [riˈprəuč] v vytýkat, vyčítat, kárat (for, with pro) ● s **1** výčitka, výtka, důtka **2** hana; hanba, potupa ◆ without ~ bezúhonný **–ful** káravý, urážlivý, hanlivý

reprobate [ˈreprobeit] v zavrhnout, odsoudit, zatratit ● a zavržený, zatracený; hanebný ● s zpustlík, hříšník, zatracenec

reproduc|e [ˌriːprəˈdjuːs] reprodukovat opakovat, reprodukovat (se), množit (se), znovu prožít, napodobovat, rozplozovat (se) **–tion** [ˌriːprəˈdakšən] reprodukce, rozmnožování; obnova; kopírování, kopie ◆ ~ of capital reprodukce kapitálu

reprography [riːˈprogrəfi] reprografie

reproof [riˈpruːf] výtka, důtka, domluva

reprove [riˈpruːv] po-, kárat

reptile [ˈreptail] a plazivý; plazí ● s plaz, přen. padouch

republic [riˈpablik] republika **–an** a republikánský ● s republikán

repudiat|e [riˈpjuːdieit] **1** zapudit manželku **2** odmítnout, nepřevzít, neuznat (obligation závazek, debt dluh) **3** vypovědět pojistku **4** odvrátit útok **–ion** [riˌpjuːdiˈeišən] **1** zapuzení, rozvod **2** od-, zavržení, neuznávání, nepřevzetí **3** vypovězení pojistky **4** odvrácení útoku

repugn|ance, –ancy [riˈpagnəns(i)] **1** rozpor, konflikt **2** neslučitelnost (of between, with, in s) **3** odpor, ošklivost, nechuť (to, against k) **–ant 1** odporný, odporující (to čemu) **2** protivící se (to komu / čemu), nesrovnatelný (with s)

repuls|e [riˈpals] v odrazit, zahnat; odmrštit, odmítnout ● s **1** zahnání odpůrce **2** odražení **3** odmítnutí ◆ meet* with (n. suffer) a ~ dostat košem, být odmítnut **–ion** [-ˈpalšən] odpor, nechuť; odpudivost **–ive** odpudivý, odporný

reput|able [ˈrepjutəbl] těšící se dobré pověsti, vážený, ctěný **–ation** [ˌrepjuˈteišən] **1** vážnost, úcta **2** reputace, pověst, jméno **–e** [riˈpjuːt] v vážit si, ctít ● s dobré jméno, všeobecné mínění; pověst, věhlas, úcta **–ed** [riˈpjuːtid] předpokládaný **–edly** [riˈpjuːtidli] údajně

request [riˈkwest] s **1** prosba, žádost **2** poptávka (for po) ◆ much in ~ velice hledaný; by ~ podle přání, na žádost; ~ stop zastávka na znamení ● v žádat (leave o dovolení), požadovat

requiem [ˈrekwiəm] rekviem, zádušní mše

require [riˈkwaiə] **1** žádat, požadovat (of od) **2** vyžadovat, potřebovat **–ment** požadavek, potřeba ◆ meet* the -s **1** vyhovět požadavkům **2** být potřeba

requisit|e [ˈrekwizit] *a* potřebný, nutný; požadovaný ● *s* potřeba **-ion** [ˌrekwiˈzišən] *s* **1** žádost, vyzvání **2** vymáhání, zabavení, rekvizice **3** pohledávka ● *v* dožadovat se; zabavit, rekvírovat

requital [riˈkwaitl] **1** odplata, odveta **2** náhrada, odškodnění

requite [riˈkwait] odměnit se (*with, for* čím, za), oplatit, odškodnit

rerun* [ˈriːˌran] *s* znovu uvedený starý film, repríza, opakování

rescind [riˈsind] odvolat, zrušit

rescission [riˈsižn] odvolání, zrušení; odstoupení

rescue [ˈreskjuː] *v* zachránit (*from* před), osvobodit; vyprostit; znovu se zmocnit ● *s* záchrana, vysvobození; pomoc k útěku; dobytí zpět

research [riˈsəːč] *s* bádání, zkoumání, výzkum; pátrání (*after, for*) ♦ ~ *worker* badatel, výzkumník ● *v* vyšetřovat; zkoumat, bádat **-er** výzkumník, badatel

resect [riˈsekt] provést resekci **-ion** [-ˈsekšən] resekce

reseda [riˈsiːdə] bot. rezeda

resegregation [riːˌsegriˈgeišən] obnovení rasové segregace

resembl|ance [riˈzembləns] podobnost, podoba (*to, between, of* s) **-e** podobat se čemu

resent [riˈzent] neschvalovat, nést nelibě **-ful** nelibě nesoucí, rozmrzelý, hovor. naštvaný **-ment** nelibost, odpor, rozmrzelost

reservation [ˌrezəˈveišən] **1** výhrada, výminka **2** zamluvení, rezervace, zajištění místa, pokoje v hotelu ● (*seat*) ~ *ticket* místenka

reserv|e [riˈzəːv] *v* **1** zachovat uschovat; zamluvit, rezervovat (si) **2** vyhradit (si) **3** odročit, určit ● *s* **1** zásoba, rezerva **2** záloha **3** výhrada, výjimka **4** zamlčení; rezervovanost, obezřetnost **5** přírodní rezervace ♦ *buried* ~ ekon. tichá rezerva; *hidden* ~ skrytá

rezerva; *observe* ~ zachovat rezervovanost; *publish with all* ~ uveřejnit bez záruky; *without* ~ bezvýhradně; ~ *officer* záložní důstojník; ~ *troops* záložní jednotky **-ed 1** zdrženlivý, rezervovaný **2** skromný **3** zamluvený (*seats* ˌsedadla) **-ist** rezervista

reservoir [ˈrezəvwaː] nádrž(ka)

reset* [riːˈset] znovu vsadit, přesadit; polygr. přesázet

resettlement [riːˈsetlmənt] znovuosídlení

reshape [riːˈšeip] přestavět, přetvořit, dát nový tvar

reshuffle [riːˈšafl] přeskupení, výměna křesel ve vládě

reside [riˈzaid] **1** bydlit (*at, in* v), zdržovat se, usadit se **2** spočívat (*in* v) o moci

resid|ence [ˈrezidəns] **1** sídlo, bydliště, byt **2** am. kolej, internát ♦ *have one's* ~ bydlit; *take* up *one's* ~ usadit se **-ent** *a* bydlící, usedlý ● *s* **1** usedlík **2** rezident britský polit. úředník **-ential** [ˌreziˈdenšl] **1** domovní **2** usedlý, domácí **3** obytný **4** vilový, panský **5** místní ♦ ~ *halls* studentské koleje

residu|al [riˈzidjuəl] *a* pozůstalý, zbylý; zbytkový ● *s* zbytek, rozdíl **-ary** = *residual* a **-e** [rezidjuː] zůstatek, zbytek

resign[1] [riˈzain] **1** vzdát se čeho ve prospěch jiného, odstoupit, abdikovat, podat demisi, rezignovat **2** postoupit, vzdát se **3** oddat se (*to* čemu), podrobit se **-ation** [ˌrezigˈneišən] odstoupení z úřadu; odevzdanost, rezignace

resign[2] [riːˈsain] opět podepsat

resili|ence [riˈziliəns] pružnost **-ent** pružný, přen. přizpůsobivý

resin [ˈrezin] **1** pryskyřice, smola **2** kaučuk (~ *elastic*) **-ous** [-əs] pryskyřičný

resist [riˈzist] **1** klást odpor, odporovat; protivit se, vzpírat se, bránit se **2** překážet **3** odolat, ubránit se **4** protivit se **-ance**

[-əns] **1** odpor, překážka (~ *movement* hnutí odporu) **2** odboj **3** elektr. nevodivost, odpor ♦ *offer* ~ odolávat, klást odpor; *take* the line of least* ~ jít směrem nejmenšího odporu **–ible** odolný, schopný klást odpor **–less** bezbranný; neodolatelný

resoluble [ˈrezoljubl] rozložitelný, rozpustný

resolut|e [ˈrezaluːt] odhodlaný, rozhodný, pevný **–ion** [ˌ-ˈluːšən] **1** rozložení, rozklad **2** roz-, řešení (*of a problem* problému) **3** rezoluce, usnesení **4** rozhodnutí **5** odhodlanost **6** předsevzetí ♦ *come to a* ~ rozhodnout se; *pass a* ~ usnést se

resolv|e [riˈzolv] *v* **1** rozpustit (se), rozložit, analyzovat **2** vysvětlit, vyjasnit, rozřešit **3** rozhodnout (se) (*upon, on* o) **4** přimět **5** usnést se (*upon* na) ♦ ~ *a doubt* odstranit pochybnost; *be -ed into tears* rozplývat se v slzách ● *s* **1** rozhodnutí **2** usnesení, rezoluce **3** odhodlání **4** předsevzetí **–ed** odhodlaný; rozhodnutý **–ent** rozpouštědlo

reson|ance [rezanans] rezonance, ozvěna **–ant** ozvučný, rezonantní

resort [riˈzoːt] *v* **1** uchýlit se, odebrat se (*to* k) **2** docházet kam, navštěvovat koho ♦ ~ *to a policy of war* uchýlit se k politice války ● *s* **1** jediné útočiště **2** návštěva, docházka **3** oblíbené místo rekreace **4** východisko z nouze, jediná možnost **5** instance ♦ *health* ~ lázně; *in the last* ~ v krajním případě, z nouze

resound [riˈzəund] **1** zvučet, ozývat se, rozléhat se (*with* čím) **2** vzbudit senzaci, mít ohlas, šířit se **–ing** senzační

resource [riˈsoːs] **1** východisko, jediná možnost **2** poslední útočiště **3** pl zásoby, zdroje, prostředky **4** rekreace, zábava, kratochvíle, koníček **5** vynalézavost, pohoto-

vost, vtipnost, nápaditost **–ful** vynalézavý

respect [riˈspekt] *s* **1** ohled, zřetel **2** vážnost, úcta, respekt **3** stranění, stranictví **4** pl pozdrav ♦ *with* ~ *to, in* ~ *of* vzhledem k, pokud jde; *in all -s* v každém ohledu; *in my* ~ podle mého mínění; *in every* ~ v každém ohledu; *in many -s* v mnohém ohledu; *in some* ~ poněkud, jaksi; *pay* -s to* složit komu poklonu; *show** ~ *to* mít v úctě; *give* him my -s* vyřiď mu mé poručení ● *v* **1** vážit si, ctít **2** dbát, mít zřetel k **–ability** [riˌspektəˈbiləti] úctyhodnost, váženost **–able** [riˈspektəbl] úctyhodný; slušný, iron. nóbl **–ful** uctivý **–ing** pokud jde, co se týká **–ive** **1** vztahující se, příslušný, náležitý **2** vlastní, dotyčný **3** jednotlivý **–ively** a to, samostatně, jednotlivě, každý jinak

respir|ation [ˌrespəˈreišən] dýchání, vdech a výdech, respirace **–atory** [riˈspaiərətəri] med. dýchací, respirační **–e** [riˈspaiə] **1** dýchat, vdechovat **2** oddechnout si, nabrat odvahu

respite [ˈrespait] *s* **1** posečkání, odročení, odklad trestu **2** oddych, přestávka, úleva ● *v* **1** odložit, odročit **2** ulevit komu **3** dát milost odsouzenému k smrti

resplend|ence, –ency [riˈsplendəns(i)] zář, lesk; jiskření **–ent** zářivý, lesklý; jiskřivý

respond [riˈspond] odpovídat, reagovat (*to* na) **–ent** **1** obhájce teze **2** při rozvodu žalovaný

respons|e [riˈspons] **1** odezva, odpověď **2** reakce **3** citlivost přístroje **4** stav. polosloup **–ibility** [riˌsponsəˈbiləti] **1** odpovědnost, ručení, záruka **2** am. schopnost placení **–ible** **1** odpovědný (*for* za) **2** uvážlivý **3** závažný **4** hodný úvěru, solventní **–ive** citlivý (*to* na), reagující, vnímavý

rest [ˈrest] *s* **1** odpočinek, klid, po-

review [ri'vju:] *v* **1** (opět) prohlédnout; posoudit, napsat posudek o knize ap., recenzovat **2** konat přehlídku **3** opakovat učivo **4** prohlížet, kontrolovat ● *s* **1** přezkoumání, revize **2** posudek, kritika, recenze knihy ap. **3** časopis revue, show, estráda **4** voj. a přen. přehlídka **5** opakování učiva **6** revize rozsudku **–er** posuzovatel, recenzent, kritik

revile [ri'vail] spílat, nadávat

revis|al [ri'vaizl] prohlídka, revize **–e** [ri'vaiz] *v* přehlédnout, zopakovat; opravit, zrevidovat, přepracovat ● *s* druhá korektura **–ion** [ri'vižn] **1** přehlédnutí opakování; oprava, revize **2** přepracované vydání

reviv|al [ri'vaivl] obrození; oživení zájmu **–alist** [-list] obrozenec **–e** oživit, obnovit; (vz)křísit; ekon. vzpamatovat se

revoc|able [revəkabl] odvolatelný **–ation** [,revə'keišən] odvolání, zrušení, stornování

revoke [ri'vəuk] **1** odvolat **2** zrušit

revolt [ri'vəult] *v* **1** vzbouřit se (a-gainst proti) **2** odpadnout (*from* od) **3** pociťovat, vzbuzovat odpor ● *s* **1** odboj, vzpoura, vzbouření **2** odpor, nechuť ♦ *rise* in ~* vzbouřit se

revolution [,revə'lu:šən] **1** převrat, revoluce **2** oběh, otáčení, kroužení, obrátka **–ary** a odbojný, revoluční ● *s* revolucionář **–ize** [-aiz] způsobit převrat, zrevolucionovat

revolv|e [ri'volv] **1** otáčet (se), obíhat, točit (se) **2** přemítat, uvažovat (*problems* o problémech) **–er** revolver **–ing** otočný, otáčivý

revue [ri'vju:] revue hra, kabaret

revulsion [ri'valšən] **1** med. rozehnání, odvedení bolesti **2** náhlý obrat, prudká změna citová, distancování se (*from* od)

reward [ri'wo:d] *v* odměnit (se) ● *s* odměna, odplata **–ing** prospěš-

ný, užitečný

rewrite* [,ri:'rait] *v* přepsat, přepracovat, revidovat ● *s* nová verze; am. článek, reportáž, zpráva

rhapsody ['ræpsədi] rapsódie

rhesus ['ri:səs] med. Rh-faktor

rhetor|ic ['retərik] řečnictví **–ical** [ri'torikl] řečnický **–ician** [,retəri-šən] řečník

rheumat|ic [ru:'mætik] revmatický **–ism** ['ru:mətizəm] revmatismus

rhinitis [rai'naitis] med. rýma

rhinoceros [rai'nosərəs] zool. nosorožec

rhizome ['raizəum] bot. oddének

rhododendron [,rəudə'dendrən] bot. alpská růže, rododendron

rhomb ['rom] kosočtverec **–oid** ['romboid] kosodélník

rhubarb ['ru:ba:b] bot. reveň, re-barbora

rhym|e, rim|e ['raim] s rým, verš ● *v* rýmovat (se), veršovat **–er**, **–ester** [-ə, -stə] veršotepec

rhythm ['riðəm] rytmus, tempo **–ical** ['riðmikl] rytmický

rib ['rib] s žebro ♦ *poke a p. in the* *-s* šťouchnout koho do žeber ● v (-bb-) **1** opatřit žebry, žebrovat **2** slang. dobírat si koho, utahovat si

ribald ['ribəld] s sprosťák, nemrava ● a sprostý, oplzlý **–ry** sprosťáctví, oplzlost

ribbing ['ribin] žebroví

ribbon ['ribn] **1** stuha, stužka, páska do psacího stroje **2** pentle **3** proužek, lem **4** lišta **5** pl lid. opraté pl cáry, hadry

rice ['rais] rýže

rich ['rič] **1** bohatý (*in* na), zámožný **2** oplývající (*in* čím), úrodný, plodný, hojný **3** tučný o jídle, sytý barvě **4** skvostný, drahý, vzácný humorný, legrační ● *s the ~* boháči **–es** ['ričiz] pl bohat **–ness 1** bohatost, bohatství plnost **3** úrodnost, plodnost

rick ['rik] stoh zastřešený, krytá kupa

rick|ets ['rikits] pl med. křivice **–** ['rikiti] **1** křivičný, rachitick

koj **2** spánek **3** zastávka, přestávka, oddech, pohov **4** smrt **5** zbytek, ostatek **6** podpěra, podstavec **7** úkryt, skrýš, útulek, noclehárna, hostinec **8** podložka ♦ *~ home* zotavovna; *for the ~* ostatně; *go** / *retire to ~* jít spát; *have* / *take* a ~* odpočinout si; *set* at ~* upokojit; *lay* to ~* pohřbít ● *v* **1** odpočívat, hovět si, ležet, spát **2** opřít (se), utkvět, spočívat (*on, upon* na) **3** dopřát odpočinku, posilnit odpočinkem; podepřít, nechat spočinout **4** spoléhat (*upon* na) **5** upokojit se **6** upokojit, utišit **7** zůstat, být ♦ *~ on one's oars* přen. hovět si po namáhavé práci; *it -s with you* to záleží na vás **–ing-place** místo odpočinku, odpočivadlo na schodech

restaurant ['restəro:ŋ] restaurace

restful ['restful] klidný, pokojný, u-klidňující

restiff ['restif] v. *restive*

restitution [,resti'tju:šən] obnovení; náhrada, odškodnění

restive ['restiv] svéhlavý, tvrdošíjný, jankovitý kůň; neústupný

restless ['restlis] nepokojný, neklidný

restorat|ion [,restə'reišən] **1** obnovení, znovuzřízení, restaurace (např. Stuartovců r. 1660) **2** uzdravení, zotavení **–ive** [ri'sto:rətiv] a obnovující, posilňující ● *s* posilující prostředek

restore [ri'sto:] **1** uvést do původního stavu, renovovat, znovuzřídit, obnovit, restaurovat **2** na-, vrátit **3** uzdravit (*to health*)

restrain [ri'strein] **1** překážet (*from* v) **2** krotit, držet na uzdě **3** zdržovat (*from* od) **4** omezit **5** uvěznit, zavřít

restraint [ri'streint] **1** zadržení, brzdění, omezování, bránění **2** kontrola **3** nátlak **4** nucený pobyt v ústavu **5** umírněnost, zdrženlivost, ukázněnost, rezerva **6** výrazová střízlivost ♦ *without ~* ne-

omezeně, bez nátlaku; *under ~* pod dozorem

restrict [ri'strikt] omezit (*to* na) **–ion** [-'strikšən] omezení, zákaz; zmenšení, restrikce; výhrada **–ive 1** omezující **2** med. stahovací

result [ri'zalt] *v* **1** vyplývat (*from* z) **2** mít za následek (*in* co), končit (*in victory* vítězstvím) ● *s* výsledek, závěr ♦ *in ~* následkem čehož **–ant** a výsledný ● *s* **1** výslednice **2** chem. reakční zplodina

resume [ri'zju:m] **1** znovu začít, znovu se chopit, znovu nabýt, znovu se ujmout **2** pokračovat **3** shrnout, rezumovat

résumé ['rezju:mei] shrnutí, souhrn

resumption [ri'zampšən] **1** opětovné nabytí, převzetí čeho **2** opětné zahájení

resurface [ri:'sə:fəs] obnovit povrch čeho; dát nový povrch čemu, vydláždit

resurgen|ce [ri'sə:džəns] opětné vzkříšení, obnova **–t** [-t] znovupovstávající, oživující, obnovující

resurrect [rezə'rekt] vzkřísit, vstát z mrtvých; exhumovat **–ion** [-šən] zmrtvýchvstání, vzkříšení

resuscitat|e [ri'sasiteit] oživit, křísit **–ion** [ri,sasi'teišən] vzkříšení; ožití; obnova

retail [ri:'teil] *v* prodávat v malém ● *s* ['ri:teil] maloobchod ♦ *by ~* v malém; *buy** (*at*) *~* kupovat v malém; *~ dealer* maloobchodník **–er 1** maloobchodník **2** vypravěč

retain [ri'tein] **1** po-, za-, držet **2** podržet v paměti **3** mít, najít si, platit si (*a barrister* advokáta) **–er 1** nádržka, schránka **2** plná moc, smlouva **3** závdavek advokátovi **4** hist. sloužící, vazal, přívrženec

retaliat|e [ri'tælieit] **1** odplatit stejným; sáhnout k represáliím **2** uložit odvetné clo na dovážené zboží **–ion** [ri,tæli'eišən] odplata, odveta, represálie **–ory** [-təri] odvetný

retard [ri'ta:d] **1** zdržovat, zpomalovat, zpožďovat vývoj čeho, retardovat 2 zpožďovat se **–ation** [ˌriːtaːˈdeišən] zpoždění, zpomalení, opoždění ve vývoji

retch [ˈreč] zvracet

retell* [riːˈtel] převyprávět, znovu vyprávět, opakovat

retent|ion [riˈtenšən] 1 zadržení 2 vězení, vazba 3 med. zácpa, chorobné zadržování moče 4 paměť **–ive** [riˈtentiv] zadržující, zadržovací ♦ ~ memory dobrá / věrná paměť

retic|ence [ˈretisns] 1 nesdílnost, málomluvnost 2 zamlklost, mlčenlivost **–ent** 1 nesdílný, málomluvný 2 zamlklý

retic|le [ˈretikl] síťka, vláknová mřížka **–ular** [riˈtikjulə] síťový, mřížkovitý **–ulate** [riˈtikjuleit] mřížkovat, síťkovat **–ule** [ˈretikjuːl] 1 dámská taštička 2 nitkový kříž, vláknová mřížka

retin|a [ˈretinə], pl **–as** [-əs], **–ae** [-iː] sítnice

retinue [ˈretinjuː] družina, suita

retir|e [riˈtaiə] v 1 odejít, odebrat se 2 ustoupit, odvolat vojsko 3 odejít do ústraní, do výslužby 4 penzionovat 5 jít spát ● s znamení k ústupu, ústup **–ed** 1 žijící v ústraní, ve výslužbě 2 skrytý, tajný ♦ ~ pay penze **–ement** 1 odchod do výslužby; důchod, penze 2 soukromí, ústraní 3 voj. ústup 4 stažení bankovky 5 proplacení, vyplacení **–ing** uzavřený, samotářský; nenápadný, slušný ♦ ~ pay penze

retold pt a pp k retell

retort [riˈtoːt] v 1 oplatit stejným 2 odseknout, ostře odvětit 3 žíhat v křivuli ● s 1 odveta 2 odpověď, odseknutí 3 křivule **–ion** [-ˈtoːšən] 1 otočení se dozadu 2 odveta 3 odseknutí

retouch [riːˈtač] opravit, retušovat

retrace [riˈtreis] 1 stopovat, sledovat dozadu 2 opět přehlédnout, zrekapitulovat 3 vrátit se (one's steps / way stejnou cestou)

retract [riˈtrækt] vzít nazpět; s-, za-,

v|táhnout (se), odřeknout se bludu **–able** 1 vtažitelný 2 odvolatelný **–ion** [-šən] odtažení, odvolání

retread [riːˈtred] protektorovat pneumatiku ● s protektor

retreat [riˈtriːt] s 1 ústup 2 ústraní, útočiště, útulek 3 zátiší, soukromí 4 voj. čepobití, večerka ● v 1 ustoupit, couvnout 2 vzdálit se

retrench [riˈtrenš] 1 snížit plat, omezit, zredukovat 2 opatřit zákopem / záseky 3 zkrátit (literary work literární dílo) 4 seškrtat výdaje, šetřit 5 voj. zakopat se

retribut|ion [ˌretriˈbjuːšən] 1 odplata, pomsta 2 odškodnění **–ive** [riˈtribjutiv] odvetný, trestající, kárný; mstící

retriev|al [riˈtriːvl] 1 získávání, hledání 2 náprava 3 záchrana 4 výpoč. tech. vyhledávání dat v paměti počítače **–e** [riˈtriːv] v 1 znovu nabýt, opět dostat 2 obnovit, oživit 3 nahradit, vrátit 4 zachránit (from z) 5 napravit (error chybu), rehabilitovat 6 výpoč. tech. vyhledávat data v paměti počítače 7 vyoperovat 8 aportovat o psu ● s beyond / past ~ ztracený, ten tam

retroact [ˌretrəuˈækt] mít zpětný účinek **–ion** [-ˈækšən] zpětné působení; elektr. zpětná vazba, reakce

retrocede [ˌretrəuˈsiːd] navrátit území; ustupovat

retro|-engine [ˌretrəuˈendžin] brzdicí raketa **--fire** [-ˈfaiə] zažehnutí brzdicí rakety **--reflector** [-riˈflektə] odražeč laserových paprsků

retrograde [ˈretrəugreid] a zpětný, obrácený, retrográdní ● v hvězd. ustupovat, couvat

retrogression [ˌretrəuˈgrešən] 1 zpětný vývoj 2 biol. degenerace

retrospect [ˈretrəuspekt] pohled zpět, retrospektiva **–ion** [ˌretrəuˈspekšən] pohled zpět / do minulosti, retrospektiva **–ive** [ˌretrəu-

ˈspektiv] retrospektivní, práv. mající zpětnou účinnost

retry [riˈtrai] obnovit proces s

return [riˈtəːn] v 1 na-, vrátit (se) 2 obrátit (se) 3 odpovědět na, odvětit 4 podat zprávu 5 přinést, doručit 6 oznámit 7 volit 8 oplatit, nahradit ♦ ~ a visit oplatit návštěvu; ~ like for like oplatit stejné stejným; ~ one's love opětovat něčí lásku ● s 1 návrat, navrácení 2 obch. obrat, návratka 3 oplátka 4 odplata, odveta 5 odpověď 6 výkaz, zpráva úřední; hlášení, přiznání k dani 7 (~ ticket) brit. zpáteční lístek 8 zvolení (for za) 9 (často pl) výnos, výtěžek 10 pl výsledek voleb 11 opětovný záchvat, recidiva 12 ohyb, zákrut 13 elekt. zpětné vedení 14 sport. vrácení, odpálení míče; return tenis ♦ in ~ navzájem; in ~ for za; answer by ~ of post odpovědět obratem pošty; many happy -s blahopřeji; ~ match odvetný zápas

reunion [riːˈjuːnjən] 1 opětné sjednocení, shledání 2 zasedání, schůze; sešlost rodinná

reunite [riːjuːˈnait] 1 opět (se) spojit, sjednotit 2 sejít se

rev [ˈrev] s obrátka, otáčka ● v (-vv-) roztočit ~ up roztočit se, túrovat

re-vamp [riːˈvæmp] slang. obnovit, vylepšit, vyštafírovat

revanchism [rəˈvaːnšizəm] revanšismus

reveal [riˈviːl] odhalit, zjevit; pro-, vy-, zradit ~ o.s. ukázat se, vyjít najevo

reveille [riˈvæli] voj. budíček

revel [ˈrevl] v (-ll-) hýřit, veselit se; oddávat se (in čemu) ● s hlučná zábava, hýření, hodování **–ler** [ˈrevlə] hýřil, prostopášník **–ry** hýření, veselí, hlučná zábava; orgie

revelation [ˌreviˈleišən] odhalení, zjevení; prozrazení

revenge [riˈvendž] v 1 pomstít (se)

(for za, upon na) 2 oplatit (on, upon komu) ♦ 1 pomsta 2 oplátka, odveta, revanš ♦ take* / have ~ on, upon pomstít se na **–ful** mstivý, pomstychtivý

revenue [ˈrevinjuː] 1 důchod, státní příjmy 2 finanční úřad ♦ public -s státní důchody; board of -s finanční komora

reverberat|e [riˈvəːbareit] odrážet (se), ozývat se, znít ozvěnou; tavit **–ion** [riˌvəːbəˈreišən] ozvěna, odraz; tavení

rever|e [riˈviə] u-, ctít, vážit si, mít v úctě **–ence** [ˈreverəns] úcta, vážnost (of, for, to k) ♦ hold* in ~ mít ve vážnosti ● v ctít, vážit si **–end** [reverənd] a ctihodný, velebný, důstojný ● s důstojný pán před jménem duchovního (zkr. the Rev.) **–ent** [ˈreverənt] uctivý

revers|al [riˈvəːsl] 1 zvrat, obrat 2 práv. zrušení rozsudku **–e** [riˈvəːs] a obrácený, opačný; zpětný, odvrácený, zpáteční; spodní, rubový ● v 1 obrátit na ruby, překlopit 2 změnit, vyměnit 3 dát opačný směr 4 práv. zvrátit, zrušit ♦ ~ the course of events zvrátit běh událostí ● s 1 rub, opak 2 protiva 3 zvrat, obrat, střídání 4 neúspěch, porážka 5 zpětný chod, zpáteční rychlost ♦ the ~-side zadní strana; suffer a ~ být poražen v bitvě, utrpět porážku; have ~-es utrpět finanční ztrátu **–ible** [-əbl] 1 zrušitelný, odvolatelný 2 film. inverzní 3 oboustranný látka 4 obratitelný, zvratný **–ion** [riˈvəːšən] 1 práv. navrácení majetku původnímu vlastníku, právo na navrácení majetku 2 zvrat 3 biol. atavismus 4 důchod na přežiti

revert [riˈvəːt] 1 vrátit se do původního stavu 2 vrátit se k řeči, přijít znovu na mysl 3 odvrátit oči 4 práv. připadnout zpět v čí majetek 5 opět zdivočet

revet [riˈvet] (-tt-) obezdít, betonovat

vratký, roztřesený
ricochet ['rikəšei] v odskočit, odra-
zit se o kulce ● s odražená střela;
odskočení, odraz
rid* ['rid] (-dd-) zbavit (of čeho) ◆
get* ~ of zbavit se čeho **–dance**
['ridəns] zbavení (se), odstranění
◆ *good ~* dobře, že je pryč,
chválabohu, že je ten tam **–den**
(-pp-) od *ride* ◆ *~ by fears* posed-
lý strachem
riddle¹ ['ridl] s hádanka ● v 1 mlu-
vit v hádankách 2 luštit hádanky
riddle² ['ridl] s síto, řešeto ● v 1
prosívat, přen. prověřovat 2 pro-
střílet jako řešeto
rid|e* ['raid] v 1 jet, jezdit (*on
horseback* na koni, koňmo; *on
bicycle* na kole), vézt (se) (*on* na),
vznášet se, nechat se unášet 2
projíždět čím 3 plavit se 4 řídit
koně (*at* kam) 5 kotvit loď, být
zakotven 6 spočinout (*on* na) 7
trápit, soužit 8 buzerovat 9 vsa-
dit sázku 10 přečnívat 11 samec
pokrývat 12 džez improvizovat ◆
~ a ford přebrodit na koni řeku; *~ a
horse / bicycle* jet na koni / kole;
~ the country projíždět zemí; *~ a
race* zúčastnit se dostihů; *~ for a
fall* jet / jednat lehkomyslně; *~ a
horse to death* uhnat koně; *~ the
high horse* naparovat se; *~ a free
horse to death* nadužívat něčí do-
broty; *~ the whirlwind* krotit roz-
vratné síly; *he -s a child on his
back* hraje si s děckem na koníč-
ky; *the country -s well* krajinou
se dobře jede *~ about* objet, ob-
jíždět *~ away* odjet, odjíždět *~
down* sjet, sjíždět; dohnat, pře-
dejet; uhnat (*a horse* koně); ro-
zehnat (*a mob* dav) *~ out* projet
(*a storm* bouři); provést (*a plan*
plán), prorazit s čím; ujet, urazit *~
over* hladce vyhrát *~ up* vybočit,
vyjet z obvyklých kolejí ● s 1 jíz-
da, vyjížďka (*go*for a ~* vyjet si) 2
jezdecká cesta zvl. lesem **–er** 1 jez-
dec, též tech. řidič motocyklu 2

dodatková klauzule k předloze zá-
kona n. k jiné právní listině 3 list vlo-
žený do spisu, vložka 4 pl trámy,
pláty k zesílení mezipalubí 5 přirozený
průvodní rys n. důsledek 6 mat.
zásadní úlohy 7 peněž. změna klau-
zulí pojistky; přívěsek, alonž
směnky
ridg|e ['ridž] s 1 hřbet, hřeben, pá-
teř (*~ of a roof* hřeben střechy; *~
of the nose* hřbet nosu) 2 vrchol,
hřeben hory, pohoří, předěl 3 hrů-
bek brázdy ● v 1 brázdit 2 hrbit,
svraštit 3 oborávat, okopávat;
sázet do hrůbků *~ up* vyorat
brázdy **~-tile** prejz
ridicul|e ['ridikju:l] s posměch, vý-
směch ◆ *put* a ~ upon, turn in-
to ~* uvést v posměch; *fall* into ~*
zesměšnit se ● v zesměšnit, po-
smívat se **–ous** [ri'dikjuləs] směš-
ný
riding ['raidiŋ] a jízdní, jezdecký ●
s 1 jízda 2 travnatá cesta pro jezd-
ce zvl. lesem 3 hist. klání, turnaj 4
hist. slavnostní průvod ◆ *Little
Red R~ Hood* Červená karkulka;
take* a ~ projet se **~-breeches**
[-] jezdecké kalhoty **~-master**
~-mistress [-] učitel, -ka jízdy
na koni
rife ['raif] 1 častý, bohatý (*with* na);
nákaza hojně se vyskytující 2 vše-
obecně známý ◆ *grow* / wax ~*
být stále častější
rifl-raff ['rifræf] lůza, chátra; hadry,
krámy
rifl|e [raifl] v 1 obrat, oloupit, vyple-
nit 2 žlábkovat hlaveň ručnice 3 stří-
let ručnicí ● s 1 ručnice, puška 2 pl
střelci, pěchota **–e-barrel** hlaveň
ručnice **–eman*** střelec, ostro-
střelec **–e-shot** výstřel, dostřel z
pušky; dobrý střelec **–ing** žláb-
kování ručnicové hlavně
rift ['rift] s trhlina, puklina, rozsedli-
na ● v roztrhnout, puknout, ští-
pat (se)
rig ['rig] v (-gg-) 1 vystrojit loď, opa-
třit loď lanovím, smontovat letadlo

2 upravit, urovnat, zařídit ~ *out*, *up* vystrojit ~ **up** narychlo postavit, smontovat ● *s* 1 žert, vtip, fór 2 výstroj lodi, letadla 3 výbava, výzbroj 4 souprava 5 am. kočár 6 podvodná manipulace, trik **–ger** 1 mechanik letecký 2 ráhnař **–ging** 1 lanoví a plachtoví lodi 2 seřízení draka letounu 3 výstroj, vybavení

right [ʹrait] *a* 1 pravý, rovný, přímý (*a ~ angle* pravý úhel) 2 správný (*~ use of words* správné užití slov), vhodný, náležitý 3 zdravý 4 skutečný, opravdový 5 vnější, lícní 6 pravicový, reakční ♦ *be ~* mít pravdu; *are you* (*all*) *~ now?* je vám nyní dobře?; *get* ~* uspořádat, napravit, osvědčit se; *set* / put* ~* uspořádat, napravit; *he is all ~* 1 daří se mu dobře, je v pořádku 2 má pravdu; *~ hand* pravá ruka, pravice; *~ side* (*of cloth*) líc látky; *~ side up* na líc ● *s* 1 právo (*to work* na práci), o-právnění, spravedlivý nárok 2 pravda 3 pravice, pravá ruka, pravá strana 4 *the -s* politická pravice, pravičáci ♦ *in the ~* v právu; *have a ~ to* mít právo na; *by ~* právem; *stand* on one's -s* stát na svém právu; *do* a p. ~* učinit komu po právu; *to the ~* vpravo; *by ~ of merit* zaslouženě ● *adv* 1 správně, pořádně 2 přímo, rovnou 3 vpravo 4 právě 5 lid. hrozně, moc 6 úplně, docela 7 velmi, ohromně ♦ *~ in the middle* právě uprostřed; *~ you are* správně; (*it*) *serves him ~* dobře mu tak; *~ enough!* naprosto správně!; *eyes ~!* vpravo hleď!; *~ turn!* vpravo v bok!; *~ away* ihned; *come* ~* vydařit se; *go* ~* dařit se; *put* / set* ~-s*, na-, o|pravit ● *v* 1 vzpřímit (se), narovnat (*o.s.* se), postavit (se) 2 dopomoci k právu *~ o.s.* domoci se práva 3 dát do pořádku 4 pravdivě informovat ♦ *~ one's honour* obhájit svou čest, na-

pravit svou pověst **–down** pravý, nefalšovaný; úplně, naprosto **–eous** [ʹraičəs] spravedlivý, čestný, poctivý **–eousness** [ʹraičəsnis] spravedlnost, poctivost **–ful** spravedlivý, oprávněný; zákonitý, právoplatný **~-handed** [ˌ-ʹ-] 1 pravotočivý 2 jsoucí na pravé straně **–ist** politický pravičák **–ly** plným právem, správně, patřičně **~-minded** [ˌ-ʹ-] poctivý, přímý, spravedlivý **–ness** 1 přímost 2 spravedlnost 3 správnost **~-wing** pravicový

rigid [ʹridžid] 1 tuhý, neohebný, strnulý 2 přísný, nesmlouvavý **–ity** [riʹdžidəti] 1 tuhost, pevnost, strnulost 2 přísnost, nesmlouvavost

rigmarole [ʹrigmərəul] blábolení, žvanění

rigor [ʹraigo:] med. 1 třesavka, zimnice 2 ztuhnutí těla po smrti

rigour [ʹrigə] 1 přísnost, krutost 2 tuhost, drsnost počasí 3 nevlídnost 4 důkladnost 5 rigoróznost 6 pl přísná opatření

rigorous [ʹrigərəs] 1 přísný, rigorózní 2 tvrdý, drsný 3 krutý

rill [ril] potůček

rim [ʹrim] okraj, obruba, lem, rámec

rime[1] [ʹraim] *s* jíní, jinovatka ● *v* ojí-nit

rime[2] = *rhyme*

rimer [ʹraimə] v. *reamer*

rind [ʹraind] *s* 1 kůra; kůže slaniny 2 slupka, obal ● *v* o-, loupat

ring[1] [ʹriŋ] *s* 1 prsten; prstenec, kroužek; kruh na vodě, pod očima 2 zápasiště, ring, aréna 3 okraj, o-bruba 4 skupina, kroužek, klika, gang 5 bot. letokruh ♦ *flying -s* těl. kruhy; *seal*(*ing*) *~* pečetní prsten; *wedding ~* snubní prsten ● *v* 1 o-, za-, kroužkovat 2 objet, obklíčit 3 kroužit o dravci 4 navléknout prsten 5 předvádět, cvičit v aréně **~-dove** zool. hřivnáč **~-finger** [ˌ-ˌ] prsteník **~-leader** [ˌ-ˌ] vůdce vzbouřenců **–let** [-lit] 1 prstýnek **2** prstenec vlasů, kadeř

ring²* [ˈriŋ] **1** za-, zvonit (čím), znít, zvučet **2** vyzvánět (to, for k), hlaholit (with čím) **3** cinknout **4** hlásat, vytrubovat **5** hodiny odbíjet ♦ ~ *the bell* zazvonit, hovor. vyhrát to; ~ *false* znít falešně, ~ *in one's ears* znít v uších; ~ *the knell of* odzvonit čemu ~ **off** odzvonit telefonem ~ **up** zatelefonovat komu, přivolat **-er 1** zvoník **2** táhlo zvonku **3** liška běhající v kruhu **4** sport. kroužek, který dopadne na kolík

rink [ˈriŋk] *s* kluziště

rins|e [ˈrins] (~ **out**) vypláchnout, (~ **out, away**) vymáchat ~ **down** spláchnout **-ing 1** propláchnutí, vymáchání, proprání **2** přeliv na vlasy

riot [ˈraiət] *s* **1** shluk, povyk; srocení, výtržnost **2** povstání, pozdvižení, vzbouření **3** hýření; prostopášnost ♦ *run** ~ popustit uzdu řeči / chování, spustit se, řádit ● *v* **1** hýřit **2** srocovat se, tropit výtržnosti **-er 1** hýřil, prostopášník **2** buřič **-ous** [ˈraiətəs] **1** hýřivý, prostopášný **2** vzpurný, buřičský

rip¹ [rip] *v* (-pp-) **1** roz-, párat (se), trhat (se), vytrhnout, vyrvat **2** řítit se, letět, uhánět ~ **off** odtrhnout (se), odpárat, am. slang. (o)krást ~ **open, up** rozpárat, roztrhnout se, rozjitřit (wound ránu, sorrow zármutek) ~ **out** vytrhnout (se), vypárat; (vy)chrlit ze sebe ~ **up** rozpárat ● *s* **1** roztržení **2** trhlina **3** rozparek **--cord** odjišťovací lanko padáku

rip² [ˈrip] **1** herka, mrcha **2** ničema, flamendr

rip|e [ˈraip] *a* zralý, dospělý (for pro) ● *v* **1** zrát, dospívat **2** činit zralým **-en 1** zrát, dospívat **2** činit zralým

ripper [ˈripə] **1** trhací stroj **2** slang. chlapík, sekáč

ripple¹ [ˈripl] *s* **1** vlnka, z-, vlnění,

čeření ● *v* **1** vlnit se, čeřit se **2** dělat vlnky

ripple² [ˈripl] *s* drhlen, vochlice ● *v* vochlovat

rise* [ˈraiz] *v* **1** vstávat, povstat; vzpřímit se, vzepnout se, zdvihnout se **2** vystupovat, zdvihat se (above nad), vycházet **3** povstávat, vznikat, počínat; vyvěrat (from, in z, v) **4** stoupat, vzrůstat **5** povstat, vzbouřit se (against, on proti) **6** rozmnožit se **7** těsto kynout **8** vůně linout se **9** loď objevit se nad obzorem; vidět, jak se co objeví nad obzorem **10** chytit rybu **11** sněm odročit se **12** povznést se, umět se vyrovnat (to s) **13** dosáhnout vyšší úrovně, přivést to (to až na) ♦ ~ *again*, ~ *from the dead* vstát z mrtvých; ~ *from table* vstát od stolu, od jídla; ~ *up early* vstát časně; ~ *in arms* povstat ve zbrani; ~ *against aggression* vzbouřit se proti útlaku; ~ *to order* přikročit k dennímu pořádku; *barometer / river* -s tlakoměr / řeka stoupá; *prices* ~ ceny stoupají; *river* -s *from a spring* řeka vzniká z pramene; *spirits* ~ nálada stoupá; *stomach* -s žaludek se zvedá; *tree* -s *28 ft* strom dosahuje výšky 28 stop; *the wind is rising* vítr se zvedá; ~ *in the world* někam to dotáhnout ● *s* **1** povstání, pozdvižení, zdvih **2** stoupání **3** výšina, svah **4** vznik, původ, počátek **5** zdražení; zvýšení platu; společný vzestup **6** vzkříšení **7** povýšení, vzrůst, pokrok **8** východ slunce **9** (vy)kynutí těsta **10** vzestup cen na burze ♦ *prices are on the* ~ ceny stoupají; ~ *in the prices* vzestup cen; ~ *in the standard* vzestup úrovně; *give** ~ *to* vyvolat, způsobit; *speculate on a* ~ spekulovat na vzestup

risen [ˈrizn] *pp* od *rise*

risible [ˈrizibl] mající náklonnost k smíchu, směšný, legrační

rising [ˈraiziŋ] *a* rostoucí, nastupující ● *s* **1** vzpoura, povstání **2** vzkříšení z mrtvých, **3** původ, počátek **4** kvašení; kvasnice **5** nežit, uher

risk [ˈrisk] *s* nebezpečí, riziko ◆ *at one's own* ~ vlastní nebezpečí; *run* the* ~ vydat se v nebezpečí, riskovat; *take* the* ~ *of* riskovat ● *v* riskovat, dávat v sázku **-y** odvážný; riskantní

risqué [risˈkei] *a* odvážný, choulostivý, lascivní, košilatý

rissole [ˈrisəul] karbanátek

rite [ˈrait] obřad

ritual [ˈritjuəl] *a* rituální ● *s* rituál, obřad

ritzy [ˈritsi] *a* hovor. přepychový, luxusní, hogofogo

rival [ˈraivl] *s* sok(yně), soupeř(ka); konkurent ● *v* (*-ll-*) soupeřit **-ry** soupeření, soupeřství

rive* [ˈraiv] štípat, rozštěpit, rozpoltit, urvat; drásat city

riven *pp* od rive

river [ˈrivə] řeka, proud ◆ *down (up) the* ~ po (proti) proudu; *sell* a p. down the* ~ slang. nechat koho ve štychu **-ain** [ˈrivərein], **-ine** [ˈrivərain] po-, říční **--basin** koryto řeky, povodí řeky **--bed** [ˌ-ˈ-] řečiště

rivet [ˈrivit] *s* nýt, skoba ● *v* **1** (s)nýtovat, upevnit **2** upoutat pozornost (*upon* na) **-ing** *a* ohromující, fantastický ● *s* nýtování ◆ ~ *machine* nýtovací stroj, nýtovačka

rivulet [ˈrivjulit] potůček

roach [ˈrəuč] **1** zool. šváb **2** am. slang. špaček, vajgl marihuanové cigarety

road [ˈrəud] **1** silnice, cesta, dráha **2** rejda, kotviště ◆ *be on the* ~ být na cestách; am. být obchodním cestujícím; *take* the* ~ vydat se na cestu **–block** zátaras, přen. překážka **--fence** zábradlí při silnici **--hog** postrach silnic **–manship** motor. řidičská zručnost **--metal** silniční podklad, spodek, štěrk ~ **roller** silniční

válec **–side** okraj silnice **–stead** [ˈrəudsted] námoř. rejda **–ster** [ˈrəudstə] **1** dvousedadlové otevřené auto **2** loď kotvící v rejdě **3** kůň n. jízdní kolo schopné jízdy na silnicích **4** zkušený cestující **5** tulák **–way** vozovka **–worthy** [ˈ-] pojízdný

roam [ˈrəum] *v* potulovat se, chodit; těkat (*about*) ● *s* toulka

roan [ˈrəun] *a* grošovaný ● *s* **1** grošovaný kůň **2** safián

roar [ˈro:] *v* **1** řvát **2** hučet, hulákat **3** burácet **4** chroptět kůň **5** řvát smíchy ● *s* **1** řvaní, řev **2** hučení, hulákání **3** rachot, burácení, přen. bouře ◆ *set* in a* ~ rozesmát **–ing 1** bouřlivý, řvoucí **2** prohýřený **3** báječný ◆ ~ *health* znamenité zdraví

roast [ˈrəust] *v* **1** péci na ohni, pražit (se), opékat (se) **2** hovor. zesměšnit, setřít ● *s* **1** pečeně **2** pečení **3** am. zesměšnění ◆ *rule the* ~ vládnout; *stand the* ~ být terčem vtipů ● *a* pečený (~ *beef* hovězí pečeně) **–er 1** pečicí trouba **2** pražička kávy; pražírna **3** selátko na pečení **4** brambor na pečení ~ *meat* pečeně

rob [ˈrob] (*-bb-*) oloupit (*of* o) **–ber** lupič **–bery** loupež

robe [ˈrəub] roucho, róba ◆ *the gentlemen of the long* ~ právníci, soudcové, soudní úředníci; *the long* ~ talár, kutna, sutana

robin [ˈrobin] zool. čermák, červenka; am. drozd stěhovavý

robot [ˈrəubot] robot, automat **–ics** [rəuˈbotiks] robotová technika

robust [rəuˈbast] silný, statný, robustní

rochet [ˈročit] rocheta

rock[1] [ˈrok] **1** skála, útes **2** hornina (*moon* ~) **3** am. kámen, balvan **4** tvrdý bonbón, hovor. led v nápoji **5** pl slang. drahokamy ◆ *be on the* -*s* být na mizině **--cork** osinek **--crystal** křišťál **–ery** brit. skalka v zahradě **--garden** skalka, alpínum ~-**oil** ropa ~-**salt** sůl kamenná –**y** 1 skalnatý, am. kamenitý 2 am. těžký, těžko

rock² ['rok] 1 kolébat (se) 2 viklat (se); houpat (se), potácet se 3 otřást (*earthquake -s a house* zemětřesení otřásá domem) 4 prohýbat se smíchy –**er** 1 kolébač 2 am. houpací židle 3 rockový zpěvák / hudebník, -á píseň

rocket ['rokit] s raketa ♦ ~ *bomb* raketová bomba ● *v* vyletět do výše, prudce stoupat –**ry** raketová technika, závody v raketovém zbrojení

rocking ['rokiŋ] kolébání, houpání ~-**chair** houpací židle ~-**horse** houpací kůň

rock'n'roll [,rokn'rəul] rokenrol

rococo [rə'kəukəu] rokoko

rod ['rod] 1 prut; hůl, tyč; táhlo 2 míra = 4,6 m ♦ ~ *aerial* tyčová anténa; *make* a ~ *for one's own back* přen. uplést si na sebe bič; *give* a p. the ~ nařezat rákoskou komu; *kiss the* ~ trpně se podrobit; *I have a* ~ *in pickle for him* má u mne vroubek ~-**horse** náruční kůň

rode ['rəud] *pt* v. *ride*

rodent ['rəudənt] hlodavec

rodomontade [,rodəmon'ta:d] s chvástání ● *v* chvástat se

roe¹ ['rəu] zool. (~ *deer*) srnčí zvěř –**buck** srnec

roe² ['rəu] jikry ♦ *soft* ~ mlíčí ~-**stone** vápenec jikernatý

rogation [rəu'geišən] modlitba, litanie

rogu|e ['rəug] s 1 darebák, rošťák 2 pobuda, tulák ● *v* toulat se –**ery** darebáctví, šibalství –**ish** darebácký, šibalský, rošťácký

roisterer ['roistərə] hýřil, chvastoun

role ['rəul] herecká úloha, role

roll ['rəul] s 1 role, svitek; válec, štůček 2 seznam, katalog, listina (*of heroes* hrdinů), prezenční listina 3 zápis, matrika, rejstřík 4 rulička, cívka, špulka; vrkoč (*of hair* vlasů) 5 špička pečivo 6 rolované maso; veka 7 kulička másla 8 houpání, kolébání lodi, kolébavá chůze 9 pl spisy, archív (*master of the -s* brit. státní archivář); brit. seznam advokátů 10 (za)burácení, bouření 11 víření bubnů, bubnování 12 koulení, válení; valení ve vlnách, příboj 13 ohrnutí límce apod. 14 trylkování ♦ *call the -s* číst seznam přítomných; *western* ~ těl. skok valivý bočný ● *v* 1 koulet (se), válet, valit se 2 vinout (se), zavinout; koulet očima 3 srolovat, stočit, ovázat 4 bubny vířit 5 balit 6 dunět 7 dmout se 8 válcovat 9 stočit si cigaretu 10 sunout, od-, pře-, stěhovat na válcích 11 dát se do pohybu 12 pojíždět, rolovat ♦ ~ *one's eyes* koulet očima; –**ed** *steel* válcovaná ocel ~ **along** ubíhat, valit se ~ **back** snížit ceny pomocí státní subvence ~ **up** svinout (se) –**bar** ocelová výztuž ve střeše auta ~-**call** čtení listiny přítomných –**er** 1 kladka; váleček, roletová tyč, silniční válec 2 povijan, obvaz 3 natáčka na vlasy 4 valoun 5 vysoká dlouhá vlna ♦ ~ *skate* kolečková brusle; ~ *towel* nekonečný ručník

rollicking ['rolikiŋ] hlučně veselý, žoviální

rolling ['rəuliŋ] 1 kymácení, válení, točení kolem podélné osy 2 válcování 3 let. pojíždění ~-**board** vál ~-**chair** židle na kolečkách ~-**mill** válcovna plechu ~-**pin** váleček na těsto ~-**press** polygr. rotačka ~-**stock** vozový park; materiál k válcování

roly-poly [,rəuli'pəuli] vařený závin

Roman ['rəumən] *a* římský ● s Říman ♦ ~ *Catholic* římsko-katolický, římský katolík

roman-á-clef [ro,ma:na'klei] klíčový román

romance [rə'mæns] s 1 středověká povídka, romance, dobrodružný román 2 románský jazyk 3 romantika, dobrodružství 4 láska, milostný poměr ● a 1 dobrodružný, romantický 2 románský jazyk

Roman|esque, –ic [,rəumə'nesk, -'mænik] a románský ● s románský sloh **–ize** ['rəumənaiz] pořímštit, pokatoličtit **r~tic** [rə'mæntik] a romantický, dobrodružný ● s romantik **r~ticism** [rə'mæntisizəm] roman|tismus, -tika

romp ['romp] s 1 skotačení 2 rozpustilé děvče, uličnice ● v dovádět, skotačit

rood ['ru:d] 1 krucifix, velký kříž 2 1/4 akru

roof ['ru:f] s střecha ● v pokrýt střechou, zastřešit **–er** 1 pokrývač 2 brit. hovor. děkovný dopis odjíždějícího hosta

rook[1] ['ruk] s 1 zool. havran polní 2 falešný hráč ● v falešně hrát, obrat, oškubat **–ery** hnízdiště ptáků, přen. doupata chudiny

rook[2] ['ruk] věž v šachu

rookie ['ruki] am. voj. slang. bažant, zelenáč

room ['ru:m] s 1 místnost, pokoj; pl am. podnájem, byt 2 místo, prostor 3 vůle, možnost ◆ single, double ~ jedno-, dvoulůžkový pokoj; make* ~ for udělat místo komu; in one's ~, in the ~ of místo koho ● v am. bydlit v podnájmu **–er** am. nájemník **–y** prostorný

roost ['ru:st] s hřad, žert. kutě; ložnice ◆ at ~ na hřadu, v posteli ● v sedět na hřadě, usednout na hřad; připravit (se) k spánku **–er** am. kohout

root ['ru:t] s 1 kořen 2 původ, počátek 3 základ, zdroj 4 kořen slova 5 mat. odmocnina 6 úpatí (of a mountain) ◆ square (cubic / cube) ~ druhá (třetí) odmocnina; get* at the ~s of things dostat se na kořen věci; take* / strike* ~

zapustit kořeny ● v 1 zakořenit (se), ujmout se, zasadit 2 (~ **up**, **out**) vykořenit, vymýtit 3 slang. fandit (for komu), dělat (do koho) **–let** [-lit] kořínek

rope ['rəup] 1 provaz, lano 2 smyčka, oprátka 3 the -s provazy ringu ◆ ~ **of onions** pletenec cibule; **be on the high** ~ hovor. vypínat se, nadýmat se; know* the -s vyznat se; show* the -s ukázat, jak na to ● v (~ **in**) upevnit provazem, (~ **off**) zatáhnout provazem ~ **in** podvést **--dancer** [-,-] provazochodec **--ladder** [-,-] provazový žebřík

rorty, raughty ['ro:ti] slang. fajn, bašta

rosary ['rəuzəri] 1 záhon růží, růžová zahrada 2 růženec modlitba

rose[1] ['rəuz] s 1 bot. růže; růžice 2 kropáč, kropítko, cedník ◆ under the ~ tajně, důvěrně; without the ~ bez obalu; gather -s přen. hledat potěšení; no ~ without a thorn není růže bez trní **–ate** ['rəuziit] růžový též přen. **--bush** růžový keř **--laurel** [-,-] bot. oleandr **–mary** bot. rozmarýn **--rash** kopřivka **--water** [-,-] 1 růžová voda 2 poklonkování **--window** [-,-] růžicové okno

rose[2] ['rəuz] pt od rise

rosette [rəu'zet] růžice, rozeta

rosin ['rozin] s kalafuna ● v nakalafunovat

roster ['rəustə] seznam, soupis; voj. rozpis služeb

rostrum ['rostrəm] 1 řečniště 2 zobák

rosy ['rəuzi] růžový

rot ['rot] v (-tt-) hnít, tlít ~ **away** upadat ~ **off** uhnívat; slang. zvorat, kecat ● s 1 hniloba, tlení 2 plíseň 3 slang. kecy ◆ don't talk ~ nekecej!

rota ['rəutə] seznam; střídáni směny

rotary ['rəutəri] a otáčející se; točivý, otočný, rotační ● s 1 ro-

tačka 2 am. kruhová křižovatka
rotat|e [rəu'teit] otáčet se, kroužit, střídat (se) **–ion** [-šən] otáčení, rotace, pravidelné střídání ♦ *by /in ~* po řadě, střídavě; *~ of crops* střídání plodin
rote [rəut] rutina, zvyk ♦ *by ~* zpaměti, ze zvyku
rotten [rotn] **1** shnilý, zetlelý, zpráchnivělý **2** zkažený **3** na spadnutí **4** bezcenný **5** mizerný ♦ *grow* *~* nahnívat
rotter [rotə] slang. dareba, prevít, hajzl
rotund [rəu'tand] okrouhlý, oblý, obtloustlý; zvučný, sytý hlas **–ity** okrouhlost, oblost; obtloustlost; přen. plnost, dokonalost
rouble [ru:bl] rubl
rouge [ru:ž] *a* červený, rudý ● *s* růž, rtěnka ● *v* na-, líčit (se)
rough [raf] *a* **1** hrubý, drsný **2** nerovný, kostrbatý **3** chlupatý, ježatý **4** bouřlivý (*sea* moře) **5** neotesaný, nekultivovaný, neurvalý; nezdvořilý, sprostý **6** necitelný **7** nepořádný **8** nouzový (*bandage* obvaz), prozatímní **9** přibližný, celkový **10** na hrubo opracovaný ♦ *~ and ready* zhruba udělaný, od oka, přibližný; hrubý člověk; *in the* *~* zhruba; *~ calculation* přibližný rozpočet; *~ diamond* nebroušený diamant, též přen. o člověku; *~ draft / copy* koncept ♦ *have a* *~ time* lid. být postižen ● *v* **1** na ostro okovat **2** zdrsnit **3** cuchat **4** zhruba vypracovat **5** drsně zacházet **~-cast** *s* **1** hrubý náčrt, nákres **2** hrubá omítka ● *a* hrubě omítnutý ● *v* **1** zhruba omítnout **2** zhruba narýsovat plán **~-draw** * zhruba načrtnout **–en** [rafn] zhrubnout; zdrsnit **~-hew** * [-] zhruba otesat **–ly** zhruba, přibližně; surově (*~ speaking* zhruba) **~-rider** [-] jezdec na nezkroceném koni, cvičitel koní **~-shod** na ostro okovaný kůň

roulette [ru:let] ruleta
round [raund] *a* **1** kulatý, oblý, kruhovitý, okružní **2** plný, celý; zaokrouhlený **3** hrubý, přibližný **4** nelomený oblouk **5** boubelatý **6** hbitý **7** přímý, otevřený, upřímný **8** zvučný, sytý **9** pořádný, důkladný ♦ *make* * *~* zaokrouhlit: *in a* *~ manner* bez obalu; *~ dealing* čestné jednání; *~ glass* duté sklo; *a* *~ number* zaokrouhlené číslo; *a* *~ sum* slušná částka; *a* *~ trip* am. zpáteční / okružní cesta ● *s* **1** kruh, kolo, prsten(ec), kružnice, kruhovitost **2** náboj **3** obrátka **4** kolový tanec **5** pravidelná trasa, cesta **6** pl po-, ob|chůzka, objížďka **7** salva **8** příčel **9** kolo hry **10** okruh, cyklus **11** celá řada **12** (kolo)běh **13** voj. patrola, hlídka ♦ *go* * *the* *~* vykonat obchůzku; *the daily* *~* denní koloběh; *serve out a* *~ of...* nalít všem kolem stolu...; *story goes the* *~* pověst koluje ● *adv*, *prep* kolem, dokola; po (řadě), u (*~ the table* kolem, u stolu), za (*~ the corner* za rohem), oklikou; zase zpět; přen. při sobě; vesměs ♦ *all* *~* kolem dokola; *~ about* kolem; *all the year* *~* po celý rok; *sleep* * *the clock* *~* spát plných dvanáct hodin; *ask* *~* pozvat; *come* * *~* **1** zajít ke komu **2** přijít k sobě; *show* * *a p.* *~* provést koho; *turn* *~* obrátit se, otočit se; *walk* *~* obcházet ● *v* **1** zakulatit (se), zaobalit (se), zaokrouhlit číslo **2** obejít, objíždět, obeplout **3** zahnout za **4** obklopovat **5** obrátit (se) jiným směrem **6** dokončit, dovršit **7** vybrousit styl **8** donášet (*on* na koho) **9** odseknout (*on* komu) *~ off* zakulatit, zaokrouhlit, ucelit *~ up* sehnat stádo, přen. provést zátah **–about** *a* nepřímý, s oklikami; rozvláčný; baculatý ● *s* **1** křižovatka s kruhovým objezdem **2** oklika **3** tanec dokola **4** pl okolky **5** brit. kolotoč **~-house** * **1**

hist. vězení ve věži 2 námoř. záďová nástavba **–log** kulatiny **–ly** bez obalu, bez okolků, přímo **~– shouldered** vysedlých, kulatých zad **–sman*** pochůzkář **~ table** kulatý stůl **~-up** zátah, razie; přehled

rouse [ˈrəuz] **1** vyburcovat (*up, out, of from* z, *to* k), vyplašit **2** stupňovat se **3** vyvolat, rozpoutat, rozvášnit **4 ~** *o.s.* v|zmužit se

roustabout [ˌrəustəˈbaut] am. přístavní dělník

rout [raut] *s* **1** sběh, srocení, zmatek **2** sběř, sebranka **3** množství **4** zmatený útěk, pohroma, zkáza ♦ *put* ***to ~** zahnat na útěk ● *v* **1** zahnat na útěk **2** vyhnat **3** rozdrtit, roznést ♦ *~ a deviation* vymýtit úchylku

rout|e [ˈruːt] *s* **1** předepsaná cesta, trasa **2** trať **3** voj. cestovní rozkaz ● *v* určit, směrovat **–ing** stroj. **1** příprava práce **2** pracovní postup **3** obrysové frézování; *~ man** stroj. postupář

routine [ruːˈtiːn] obvyklý postup, běžná praxe, rutina; fráze; macha

rov|e¹ [ˈrəuv] potulovat se, bloudit **–er 1** tulák, větroplach **2** skaut **3** pirát **4** auto

rove² *pt* k rive

row¹ [ˈrəu] řada ♦ *in a ~* v řadě: *set* ***in a ~** postavit do řady

row² [ˈrəu] veslovat

row³ [ˈrau] hovor. *s* povyk, hádka, kraval; průšvih; huba ♦ *make*, *kick up a ~* ztropit výtržnost ● *v* vyhubovat, setřít

rowan [ˈrəuən] bot. jeřáb; jeřabina

rowdy [ˈraudi] *s* rváč, darebák, hulvát ● *a* neurvalý, sprostý, hulvátský

row|er [ˈrəuə] veslař **–ing** veslování **–lock** [ˈrolok] veslová vidlice

royal [ˈroiəl] královský ♦ *the blood ~* královská rodina **–ist** roajalista, monarchista **–ty** [-ie] **1** královská hodnost, koruna; království **2**

dolovací poplatek **3** pl královská rodina **4** autorský honorář

rub [ˈrab] *v* (*-bb-*) **1** třít, dřít; (vy)drhnout; osušovat, frotýrovat **2** (o)dřít (se), drhnout, otírat, utírat, cídit **3** mnout (si) **4** hladit, leštit, brousit **5** protloukat se (*through* čím) ♦ *~ one's hands* mnout si ruce, radovat se; *~ shoulders with* důvěrně se stýkat s; *~ the wrong way* jít komu proti srsti, dráždit koho **~ down** osušit, vyfrotýrovat; masírovat: obrousit **~ off, out** utřít, vy-, s-, mazat **~ up 1** vycídit, vyleštit **2** osvěžit **3** utřít těsto **4** brit. slang. onanovat ● *s* **1** tření, drhnutí; masáž **2** nerovnost půdy **3** překážka, obtíž, komplikace **4** důtka, výtka **5** brus **6** posměch ♦ *there's the ~* tu to vězí **–ber 1** kaučuk, guma **2** utěrka, hadr **3** uběrák, pilník **4** brus, brusič **5** cídič **6** zápas, hra, robber ve whistu **7** hokej puk **8** pl am. galoše **–ber-neck** *s* čumil ● *v* moci si krk vykroutit, očumovat

rubbish [ˈrabiš] **1** smetí, odpadky, rum **2** nesmysl, hovadina, blbost

rubble [ˈrabl] **1** stav. rum, suť **2** hrubý štěrk **3** rumiště

rubella [ruˈbelə] med. spalničky

rubicund [ˈruːbikənd] červenavý, červenolící, zardělý

rubric [ˈruːbrik] **1** červeně n. jinak význačně psaná pasáž, rubrika; oddíl, odstavec, záhlaví **2** pořádek bohoslužebný

ruby [ˈruːbi] *s* rubín ♦ *oriental ~* pravý rubín ● *a* rubínový, nachový

ruck [ˈrak] **1** záhyb, vráska **2** peloton závodníků

rucksack [ˈraksæk] batoh, ruksak

ruckus [ˈrakəs] *s* am. hovor. bengál, binec, brajgl hluk, stížnost

rudder [ˈradə] **1** kormidlo **2** směrovka **3** směrnice, zásada

rudd|iness [ˈradinis] rudost, červenost **–y 1** zdravě červený, ruměný **2** brit. slang. zatracený

rude [ˈruːd] **1** hrubý, drsný **2** prostý, nevzdělaný **3** drzý, surový, sprostý, nevychovaný **4** přímý, otevřený **5** chmurný **6** pevný o zdraví

rudiment [ˈruːdimənt] **1** základ, začátek **2** zakrnělý orgán **3** pl základy **–ary** [ˌruːdiˈmentəri] základní, počáteční

rue [ˈruː] v litovat ● s lítost **–ful** smutný, žalostný

ruff [ˈraf] **1** okruží, krejzlík **2** zool. límec, náprsenka, peří na krku **3** trumfování **4** zool. holub korunáč

ruffian [ˈrafjən] surovec, rváč, lotr

ruffle [ˈrafl] v **1** shrnout, nakrčit; rozcuchat, zčeřit, načechrat **2** rozčílit, (po)dráždit **3** skládat, sbírat, nadrhnout, nabrat, plisovat **4** zamotat **5** čeřit se o moři **6** třepat se, vlát **7** plát, plápolat **8** vyvést z klidu, (po)dráždit **9** vytahovat se **10** (za)obroubit volánem ● s **1** zvlnění, (z)čeření **2** okruží, krejzlík; volán; plachetka hub

rug [ˈrag] **1** houně, pokrývka **2** předložka koberec

rugby [ˈragbi] sport. ragby

rugged [ˈragid] **1** drsny, hrbolatý, nerovný, rozeklaný **2** těžký, namáhavý **3** robustní, masívní, solidní **4** prostý, domácí **5** mrzutý **6** nevybroušený styl

rugger [ˈragə] slang. ragby

ruin [ˈruin] s **1** zřícení; zkáza, pád, záhuba **2** troska, zřícenina **3** zkažení, morální pád ♦ bring* to ~ zničit; fall* to -s propadnout zkáze, rozpadnout se ● v zničit, rozpadnout se **–ous** [-əs] sešlý, na spadnutí; nebezpečný, zhoubný

rul|e [ˈruːl] s **1** pravidlo, norma; předpis, nařízení; řád, obyčej, zvyklost **2** vláda, panování **3** pravítko **4** pořádek **5** pl směrnice **6** početní úkon ♦ as a ~ zpravidla; by ~ podle předpisu; ~ of proportion n. ~ of three trojčlenka; bear* ~ vládnout; world ~ světovláda; be on the ~ být ve stadiu porad o parlamentní předloze ● v **1** vládnout, panovat (over nad) **2** úředně rozhodnout, stanovit **3** ovládat, krotit **4** linkovat (lines linky) **5** mít běžnou hodnotu ~ out vyloučit jako neplatné **–er 1** vladař **2** pravítko, měřítko **–ing** a vládnoucí, panující ● s soudní / úřední rozhodnutí, nález

rum[1] [ˈram] rum; koktejl

rum[2] [ˈram], **rummy** [ˈrami] brit. slang. podivný, zvláštní; nepříjemný

Rumani|a [ruːˈmeinjə] Rumunsko **–an** a rumunský ● s Rumun, rumunština

rumble [ˈrambl] v **1** rachotit, dunět **2** žaludek kručet **3** brit. slang. prokouknout ● s **1** rachot, dunění **2** sedadlo vzadu ve voze

rumin|ant [ˈruːminənt] a přežvýkavý ● s přežvýkavec **–ate 1** přežvykovat **2** přemítat, uvažovat (over, about, of, on o) **–ation** [ˌruːmiˈneišən] **1** přežvykování **2** přemítání, uvažování

rummage [ˈramidž] v pro-, hledat mezi, šťourat ● s **1** důkladná prohlídka **2** krámy, haraburdí, veteš ♦ ~ sale **1** prodej zbytků **2** dobročinný bazar

rummer [ˈramə] velká číše

rummy [ˈrami] karetní hra rummy

rumour [ˈruːmə] s pověst, řeči ● v he is -ed to inf prý **~~mongering** [ˈ-] am. šeptanda

rump [ˈramp] zadek zvířete; kýta (~ steak zadní hovězí)

rumple [ˈrampl] **1** svraštit **2** zmačkat, zmuchlat; rozcuchat vlasy

rumpus [ˈrampəs] hovor. kravál

run* [ˈran] v **1** běžet, utíkat, pádit; hnát se, uhánět, kvapit, klusat; zaběhnout kam **2** běhat (after za kým), stát o koho; pronásledovat koho **3** pohybovat se, jezdit, jet; spěchat, pospíchat **4** cesta vést **5** čas ubíhat **6** otáčet se (upon, on kolem čeho) **7** pře-, pro|běhnout, přelétnout (over, through přes, skrz), přejet (over koho) **8** jet, jezdit čím, běhat po čem 9 v-, na|razit (*across, against, into, upon* na koho, *one's head against a t.* hlavou do čeho) 10 tát, téci, roztékat se, rozpouštět se; být vlhký, mokvat, kapat; oplývat čím; být v žilách (*in* čích) 11 trvat, probíhat; platit, obíhat 12 stát se (*into* čím); dosáhnout délky, vydání; narůst (*to*) dosáhnout, vyjít s penězi (*to* na co) 13 dělat (*up to* kolik) 14 upadnout (*into* v) 15 vyrůstat, měnit se 16 hra dávat se, opakovat se 17 znít číst se 18 mít kurs / cenu, dosahovat částky 19 vystavovat se čemu, vydávat se v co (*a risk, risks* riziku) 20 pašovat 21 provléci, prostrčit, navléknout co (*in* do) 22 mít sklon (*to* k) 23 vrazit co n. čím (*into, against* do) 24 kandidovat (*for* za) 25 vyčerpat zásobu (*out of* čeho) 26 řídit podnik; provozovat 27 řídit, vládnout 28 pořádat, organizovat 29 prodávat 30 udělat run na banku 31 polygr. vytisknout 32 ujet, urazit vzdálenost 33 dopravovat, vozit 34 promítat film 35 výpoč. tech. provádět výpočet, zpracovávat program ♦ *one's blood -s cold* krev tuhne; *cut and ~ = ~ for it* utéci, zdejchnout se; *~ the danger of* riskovat, že; *~ into debts* zadlužit se; *~ dry* vyschnout, dojít, vyčerpat se; *~ to earth* vypátrat; *~ errands* dělat pochůzky; *~ hard* dotírat; *~ one's head against the wall* chtít prorazit hlavou zeď; *~ high* vysoko stoupat, bouřit se, kypět, přiostřit se; *~ a horse* pohánět koně; *~ low* menšit se, ubývat; *~ mad* zbláznit se; *~ messages = ~ errands; ~ by a name* být znám pod jménem; *~ off the rails* vyjet z kolejí; *~ a race, races* běžet o závod; *~ to seed* zakládat na semeno, dívka být na ocet; *~ short* zásoby docházet; *~ a temperature* hovor. mít horečku; *~ wild* zdi-

vočet, zplanět ~ **about** běhat, pobíhat ~ **away** utéci (*from the matter* od věci); splašit se (*with a t. s* čím, též nechat se unést čím); unést (*with* co), odcizit, přen. sežrat hodně peněz, žrát čas ~ **down** 1 odjet z města 2 hodiny dojít 3 dohnat koho 4 přemoci, skolit; srazit se s kým 5 vyčerpat, spotřebovat 6 znevážit, sjet ~ **in** 1 v-, za|běhnout, zaskočit na návštěvu (*to a p.*) 2 zaběhávat stroj 3 přen. fedrovat uchazeče ~ **off** 1 utéci; odbočit 2 rychle odříkat, odemlít 3 vyhnat 4 odstartovat ~ **on** běžet dál, pokračovat, postupovat; mlít svou ~ **out** vyběhnout; dokončit závod; vypršet; unikat, vytékat; vyčnívat, táhnout se ~ **o.s. out** uhnat se, vyčerpat se ~ **over** přejet; přetéci, překypět; přeběhnout, zopakovat si ~ **through** 1 probodnout, proklát mečem 2 utratit, promrhat 3 vlak projíždět ~ **up** 1 běžet nahoru, stoupat 2 jet do města 3 sport. umístit se jako druhý 4 nadělat, navršit; vyhnat do výše cenu 5 stupňovat; vynášet, vychvalovat 6 sečíst ● *s* 1 běh; průběh, postup; oběh, trvání 2 souvislý kus, délka 3 krátký zájezd 4 spád; jízda; cesta, plavba 5 směr, trať, trasa 6 tok, proud; rytmus 7 řada repríz, opakování 8 povaha, typ, druh zboží 9 průměr, celkové založení 10 sběh, poprask; nápor; prudký pokles cen, tlaku; run na banku; poptávka (*for, on* po) 11 skupina, hejno; hat zvěře, ryb; stádo 12 výběh domácích zvířat 13 volné použití 14 proud, proudění 15 kanál, strouha 16 série 17 test 18 let. rozjezdová dráha 19 móda, trend 20 vzpoura, odboj ♦ *the common ~ of men* průměrní lidé; *in the long ~* nakonec; *have a good ~* prospívat, dařit se; *~ of the mill* nic neobyčejného zvláštního; *have one's own ~* provést svou

–about malé auto, vozítko
–away uprchlý, na útěku; zradivší ● s 1 splašený kůň 2 uprchlík
~–down restrikce, redukce počtu ozbrojených sil **~–up** těl. rozběh
rune [ˈruːn] 1 runa 2 přel. magický znak
rung¹ [ˈraŋ] příčel žebříku
rung² [ˈraŋ] pt a pp od ring
runner [ˈranə] 1 běhoun, běžec, sprintér 2 posel, doručovatel 3 běženec, uprchlík 4 ratolest, výhonek 5 tech. běžec, mlýnský kámen 6 sanice 7 pašerák 8 zool. chřástal 9 rychlá loď **~–up** [ˌ-ˈ] druhý za vítězem
running [ˈraniŋ] a běžící; tekoucí, proudící; vlhký nos, oči, hnisavý rána; za údaji časové délky za sebou, v jednom kuse, průběžný ● s 1 běh, chod 2 tok 3 průběh ♦ ~ account běžný účet; ~ fight ústupový boj; ~ fire nepřetržité ostřelování; **~–dog** hanl. nohsled; ~ hand plynulý rukopis; ~ jump skok s rozběhem; ~ knot volná smyčka; ~ shoe sport. tretra; ~ speed provozní rychlost; ~ water tekoucí voda
runt [ˈrant] zakrslík, drobné plemeno ovcí, skotu
runway [ˈranwei] rozjezdová dráha
rupture [ˈrapčə] s 1 protržení, trhlina 2 kýla 3 roztržka 4 voj. průlom ● v protrhnout (se), puknout; přivodit (si) kýlu
rural [ˈruərəl] venkovský, selský
ruse [ˈruːz] 1 lest, úskok 2 pl voj. klamné zemní práce
rush¹ [ˈraš] v 1 vrhat (se), hnát (se) překotně, pohánět 2 pádit, kvapit; řítit se, prudce přejet přes něco 3 pospíchat s čím 4 přepadnout, zmocnit se, ztéci 5 kopaná (za)útočit ~ forth vyrazit ~ in vběhnout, vrazit do pokoje ♦ ~ in upon a p. dát se do koho ~ out vyběhnout, vyhrnout se ● s 1 běh, úprk 2 přískok 3 zteč, přepad 4 náraz 5 shon, ruch, hluk 6 náhlý

příjemný pocit vyvolaný drogou ♦ ~ hour dopravní špička
rush² [ˈraš] sítí
rusk [ˈrask] suchar
russet [ˈrasit] červenohnědý
Russ|ia [ˈraša] Rusko **–ian** [ˈrašən] a ruský ● s Rus; ruština
rust [ˈrast] 1 rez 2 sněť, plíseň ♦ gather ~ rezivět, plesnivět **–y** rezavý, plesnivý ♦ grow* ~ rezivět
rustic [ˈrastik] a 1 venkovský 2 hrubý, drsný 3 prostý 4 neohrabaný ● s neotesanec, hrubec **–ate** [-eit] 1 žít na venkově, poslat na venkov 2 dočasně vyloučit z vysoké školy
rustle [ˈrasl] v šustit, šelestit ● s šustot, šelest
rut¹ [ˈrat] s vyjetá kolej, stopa, brázda ● v (-tt) vyjezdit koleje, nadělat rýhy
rut² [ˈrat] říje ● v (-tt) říjet **r–tish** říjící, chlípný, smyslný
ruthless [ˈruːθlis] nelítostný, nemilosrdný; bezcitný, krutý
rye [ˈrai] bot. žito ♦ ~ bread žitný chléb **~–grass** bot. jílek

S

S, s [ˈes] písmeno S
sabbath [ˈsæbəθ] sobota, šábes sváteční den Židů; neděle
sabbatical [səˈbætikl] year sedmý rok volna vysokoškolského učitele
sable [ˈseibl] s 1 zool. sobol 2 pl smuteční oděv ● a černý, chmurný
sabotage [ˈsæbəta:ž] s sabotáž ● v sabotovat
saboteur [ˈsæbətə:] sabotér
sabre [ˈseibə] šavle ● v tít šavlí
sac [ˈsæk] biol. váček
saccade [sæˈka:d] kmitání oka
saccharin(e) [ˈsækərin] sacharín
sacerdotal [ˌsæsəˈdəutl] kněžský
sack¹ [ˈsæk] s 1 pytel, vak 2 měch, měšec 3 sako (~ coat) ♦ give* / get* the ~ dát / dostat výpověď ♦ hovor. vyhodit, propustit z práce

~~cloth *and* *ashes* známky velkého osobního zármutku –ing pytlovina

sack² ['sæk] *v* vydrancovat, vyloupit ● *s* drancování, loupení –ing loupení, plenění; plen

sacral¹ ['seikrəl] svátostní, bohoslužebný

sacral² ['seikrəl]: ~ *bone* křížová kost

sacrament ['sækrəmənt] svátost

sacred ['seikrid] 1 posvěcený, zasvěcený 2 posvátný, svatý 3 církevní 4 nedotknutelný

sacrific|e ['sækrifais] *v* obětovat, zasvětit (*to* komu) ● *s* oběť, obětování –ial [ˌsækri'fiʃl] obětní

sacrileg|e ['sækrilidž] svatokrádež –ious [ˌ-'lidžəs] svatokrádežný

sacristy ['sækristi] sakristie

sacrum ['seikrəm] *pl* sacra ['seikrə] anat. křížová kost

sad ['sæd] (-dd-) 1 smutný, truchlivý 2 skličující 3 nevykynutý 4 mrzutý 5 mdlý, temný o barvě 6 hovor. hotový, vyslovený –den ['sædn] 1 zarmoutit (se), truchlit (*at* nad), zesmutnět 2 temně zabarvit, ztlumit barvy

saddle ['sædl] *s* 1 sedlo 2 hřbet maso 3 horské sedlo 4 stroj. ložní sáně; suport soustruh ● *v* 1 osedlat 2 naložit ◆ ~ *a p. with a t., a t.* (*up*) *on a p.* uvalit poplatek, povinnost ~~bag sedlová brašna; kobercovina –r sedlář –ry sedlářství ~~horse jezdecký kůň

sadism ['sædizəm] sadismus

safari [sæ'fa:ri] lovecká výprava v Africe

safe [ˌseif] *a* 1 bezpečný, jistý (*from* před) pred v pořádku, bez rizika 2 spolehlivý, důvěryhodný 3 neriskující, opatrný ◆ ~ *and sound* živ a zdráv; ~ *keeping* úschova svěřeného; *to be on the* ~ *side* pro jistotu ● *s* 1 bezpečnostní schránka, trezor 2 spižírna ~~conduct [-'] průvodní list, glejt –cracker [ˌ-ˌkrækə] kasař ~

guard *s* 1 záruka 2 pojistná matice šroubu 3 zast. glejt ● *v* zajistit, (o)chránit

safety ['seifti] 1 jistota, bezpečí; bezpečnost, často *atr* bezpečnostní, pojistný 2 pojistka střelné zbraně 3 zast. jízdní kolo ◆ *play for* ~ 'neriskovat ~~belt bezpečnostní pás –cock pojistný kohoutek ~ **fuse** zápalnice; elektr. pojistka ~ **lamp** havířský kahan ~ **lock** bezpečnostní zámek ~ **match** zápalka ~~pin zavírací špendlík ~ **razor** holicí přístroj na čepelky ~~valve pojistná záklopka

saffron ['sæfrən] bot. šafrán

sag ['sæg] *v* (-gg-) 1 prohýbat se, pronášet se tíhou, sedat se 2 (po)klesnout 3 propadat se 4 přen. polevit ● *s* 1 sednutí, prohnutí 2 průvěs, zborcení 3 pokles cen

saga ['sa:gə] sága

sagac|ious [sə'geišəs] ostrovtipný, bystrý –ity [sə'gæsəti] ostrovtip, prozíravost

sage¹ ['seidž] *a* moudrý ● *s* mudřec, mudrc

sage² ['seidž] bot. šalvěj

sago ['seigəu] ságo

said ['sed] *pt, pp* od say

sail ['seil] *s* 1 lodní plachta; plachtoví 2 plachetní loď; (*pl* ~) plavidlo 3 plavba 4 křídlo větrného mlýna ◆ *main* ~ hlavní plachta; *be under* ~ plavit se; *lower* ~ stáhnout plachty, vzdát se; *set** ~ rozvinout plachty, odplout ● *v* 1 plavit se, plout (*for* do) 2 řídit loď; spustit si loďičku ◆ *plain -ing* snadná věc ~ **in** hovor. pustit se do ~~cloth plachtovina –er plachetnice –ing-ship, –ing-vessel plachetnice –or [-ə] námořník, plavec ~ **plane** větroň ~~yard ráhno

saint ['seint, 'sənt, 'sn] svatý ● *s* ['seint] světec ● *v* ['seint] prohlásit za svatého –ed posvěcený, svatý ~~ess [-is] světice –ly svatý, zbožný

sake [ˈseik]: *for the* ~ *of* pro, kvůli; *for your* ~ kvůli tobě

salable [ˈseiləbl] prodejný, na prodej

salac|ious [səˈleišəs] chlípný, oplzlý **–ity** [səˈlæsəti] chlípnost, oplzlost

salad [ˈsæləd] salát s dresink **~–dressing** [ˈ-ˌ] dresink, nálev **~–oil** olivový olej na salát

salamander [sæləˈmændə] zool. mlok, salamandr

salam|e, -i [səˈlaːmi] salám

salary [ˈsæləri] plat, služné

sale [ˈseil] (od)prodej; zprav. pl odbyt; dražba ♦ *clearance* ~ výprodej za nízké ceny; *for / on* ~ na prodej; *have ready* ~ jít dobře na odbyt; *-s crisis* odbytová krize **–man***, **–woman*** prodavač, prodavačka, obchodní cestující **–smanship** umění prodávat

salient [ˈseiljənt] *a* **1** vybíhající, vyčnívající, vystupující **2** vynikající, nápadný **3** kniž. tryskající ● *s* **1** výběžek, výčnělek **2** vypuklý úhel

saline [ˈseilain] solný ● *s* [səˈlain] solný pramen, solné ložisko; solný roztok

saliv|a [səˈlaivə] slina **–ate** [ˈsæliveit] nadměrně slinit

sallow [ˈsæləu] *a* nezdravě zažloutlý ● *s* bot. vrba, vrbový prut

sally [ˈsæli] *s* **1** výpad **2** stav. výstupek **3** vtipný nápad / poznámka **4** příval, výbuch (*of passion* vášně) ● *v* **1** učinit výpad **2** vyrazit na výlet, vypadnout odněkud někam

salmon [ˈsæmən], pl *salmon* [ˈsæmən] zool. losos ♦ ~ *peals* mladí lososi; ~ *radish* bot. ředkvička

saloon [səˈluːn] **1** společenská místnost, hala, salón; oddíl první třídy **2** kryté auto **3** am. výčep, pivnice, hospoda **4** brit. železniční salónní vůz **5** salón provozovna, soukromá střelnice

salt [ˈsoːlt] *s* **1** sůl **2** slánka **3** ostrost, štiplavost **4** vtip ♦ *an old* ~ zkušený námořník; *take* it with a pinch / grain of* ~ brát to "cum grano salis", s rezervou; *the* ~ *of the earth* přen. sůl země pracovitý lid ● *a* **1** slaný, solený, solný **2** jadrný, zemitý, pikantní vtip, anekdota **3** palčivý, hořký **4** námořní **5** slang. účet mastný ● *v* osolit, nasolit ~ **down 1** nasolit **2** hovor. ulít, stopit **~–box**, **~–cellar** [ˈ-ˌ] slánka **~–mine** [ˈsoːltmain] solný důl **~–works** = *saltern*

saltation [sælˈteišən] **1** poskakování, hopsání; křepčení, tanec **2** náhlá změna / přechod

saltern [ˈsoːltən] solivarna, solivar

saltpeter [ˈsoːltˌpiːtə] ledek, salnytr

salty [ˈsoːlti] solný, slaný

salubrious [səˈluːbriəs] zdravý, zdraví prospěšný

salut|ary [ˈsæljutəri] zdravý, zdravotní; prospěšný **–ation** [ˌ-ˈteišən] pozdrav, pozdravení **-e** [səˈluːt] **1** (po)zdravit **2** salutovat, vzdát poctu

salvage [ˈsælvidž] **1** záchrana **2** zachráněné zboží **3** náhrada **4** sběr odpadových surovin **5** pojišť. vratka

salvation [sælˈveišən] záchrana; spása, spasení ♦ *S~ Army* Armáda spásy

salve [ˈsælv] zachránit loď

salver [ˈsælvə] tácek přinášený služebnictvem, podnos

salvo* [ˈsælvəu] **1** salva **2** práv. výhrada

same [ˈseim] *pron* týž, táž, též ● *a* jednotvárný, stejný, týž ● *adv* spolu, zároveň ♦ *at the* ~ *time* zároveň; *the very* ~ právě ten, týž; *it is all the* ~ *to me* je mi to jedno; *all the* ~ přes to, přese všechno; *just the* ~ právě takový, přesto; *much the* ~ bezmála takový

samovar [ˌsæməuˈvaː] samovar

samp|le [ˈsaːmpl] *s* vzor, vzorek,

ukázka ● *v* dát za vzor, ukázat vzorky, zkoušet vzorky, (vy)zkoušet jakost, prohlížet, vybírat si ukázky; dělat namátkový průzkum **–er** vzorník; vzorkař

sanat|ive, –ory [ˈsænətiv, -əri] hojivý, léčivý **–orium** [ˌ-ˈtoːriəm], pl **–ria** sanatorium, ozdravovna

sancti|fication [ˌsæŋktifiˈkeišən] posvěcení, zasvěcení **––fy** [-fai] posvětit, zasvětit **–monious** [ˌ-ˈməunjəs] pobožnůstkářský **–mony** [-məni] pobožnůstkářství

sanct|ion [ˈsæŋkšən] s schválení, sankce ◆ *give** ~ potvrdit, schválit ● *v* potvrdit, schválit; sankcionovat, uzákonit; dovolit, souhlasit **–ity** svatost, bohabojnost **–uary** [ˈsæŋktjuəri] 1 svatyně 2 azyl, útočiště; rezervace zvěře 3 sanktuarium v kostele

sand [ˈsænd] s 1 písek 2 pl píščina, mělčina 3 am. hovor. odvaha, cílevědomost ● *v* posypat pískem **–bag** pytel písku **–bank** píščina, mělčina **–glass** přesýpací hodiny **–paper** [ˈ-ˌ] skelný papír **–stone** pískovec **--storm** písečná bouře, samum

sandal [ˈsændl] sandál, opánek; pásek u obuvi

sandman [ˈsændmæn] Hajaja, uspavač

sandwich [ˈsænwidž] sendvič, proložená žemle apod. ~ **bar** automat, bufet ~ **course** teoretický kurs spojený s praxí **--man*** nosič reklam ~ **shop** bufet

sandy [ˈsændi] písečný; pískový, -ově žlutý, červenožlutý

sane [sein] *a* 1 duševně zdravý 2 rozumný, logický

sanforize [ˈsænfəraiz] učinit nesrážlivým, sanforizovat

sang [ˈsæŋ] pt od *sing*

sanguinary [ˈsæŋgwinəri] krvavý, krvežíznivý

sanguine [ˈsæŋgwin] *a* 1 krvavý, krevnatý 2 horkokrevný 3 krvavě rudý 4 plný naděje, optimistický

● *s* krvavá barva; červená hlinka ● *v* krvavě zbarvit, zakrvavět **–ous** [sænˈgwiniəs] 1 krvavý, krevnatý 2 horkokrevný, sangvinický

sanitarium [ˌsæniˈteəriəm] *s* am. sanatorium, ozdravovna **–ary** [-təri] zdravotnický **–ation** [ˌ-ˈteišən] zdravotnická zařízení, asanace, hygienická zařízení **–ize** [ˈsænitaiz] asanovat; přen. vylepšit **–y** zdravý rozum, rozumnost; vyrovnanost

sank pt od *sink*

sap¹ [ˈsæp] *s* 1 podkop, podkopávání zdraví, autority 2 brit. slang. dříč, dřina ● *v* (*-pp-*) 1 podkopat, podrýt 2 ničit důvěru 3 škol. slang. dřít

sap² [ˈsæp] *s* šťáva, míza ● *v* (*-pp-*) vysát, zbavit mízy, zeslabit

sapling [ˈsæpliŋ] mladý stromek; přen. výrostek

saponaceous [ˌsæpəuˈneišəs] mýdlový

sapper [ˈsæpə] zákopník, sapér

sapphire [ˈsæfaiə] *s* 1 safír 2 modř ● *a* safírový

sapp|iness [ˈsæpinis] 1 šťavnatost 2 chutnost 3 život, čilost **–y** 1 šťavnatý, plný mízy 2 svěží, silný

sarcas|m [ˈsaːkəzəm] sarkasmus, kousavost, jedovatost **–tic** [saːˈkæstik] sarkastický, kousavý, jedovatý

sarcopha|gus [saːˈkofəgəs] pl též *-gi* [-gai] sarkofág

sardine [saːˈdiːn] zool. sardinka

sardonic [saːˈdonik] sardonický, zatrpklý, cynický

sartorial [saːˈtoːriəl] krejčovský

sash¹ [ˈsæš] *s* šerpa ● *v* opásat šerpou

sash² [ˈsæš] posuvny okenní rám ◆ ~ *window* posouvací okno

sass [ˈsæs] *s* hovor. odmlouvání ● *v* odmlouvat **–y** [ˈsæsi] *a* hovor. 1 odmlouvavý, drzý 2 kypící zdravím 3 módní, prudce elegantní

sat [ˈsæt] pt, pp od *sit*

satan [ˈseitən] satan, ďábel **–ic** [səˈtænik] satanský, ďábelský

satchel [ˈsæčl] školní brašna

satcom [ˈsætkom] **1** komunikační družice **2** středisko pro sledování družic

sate [ˈseit] nasytit, ukojit, uspokojit **–less** nenasytný

sateen [səˈtiːn] satén látka

satellite [ˈsætəlait] **1** polit. satelit stát, satelitní město **2** hvězd. družice, satelit

satiate [ˈseišieit] nasytit, uspokojit **–ation** [ˌ-ˈeišən] nasycení **–ety** [ˈseišiəti] **1** přesycení, sytost **2** omrzelost

satin [ˈsætin] hedvábný satén, atlas

satire [ˈsætaiə] satira **–ic** [səˈtirik], **–ical** [-ikl] satirický **–ist** [ˈsætərist] satirik **–ize** [ˈsætəraiz] satirizovat

satisfaction [ˌsætisˈfækšən] **1** uspokojení, spokojenost **2** zadostiučinění, satisfakce (demand ~ žádat zadostiučinění) **–factory** [ˌ-ˈfæktəri] uspokojivý, dostatečný **–fied** [-faid] spokojený **–fy** [-fai] **1** uspokojit, vyhovět, učinit zadost **2** ukojit **3** přesvědčit (of; that o) ♦ ~ one's hunger ukojit hlad ~ o.s. přesvědčit se

saturate [ˈsæčəreit] nasytit, saturovat; prosáknout, napouštět, impregnovat (with čím) **–ion** [ˌ-ˈreišən] nasycení, saturace

Saturday [ˈsætədi] sobota

satyr [ˈsætə] satyr

sauce [ˈsoːs] **1** omáčka **2** hovor. drzost **–epan** [-pən] kastrol, pánvička **–er** talířek pod číší n. pod koflík ♦ flying ~ létající talíř **–y** [-i] **1** drzý, rozpustilý; nestydatý **2** lid. fešný

sauerkraut [ˈsauəkraut] kyselé zelí

saunter [ˈsoːntə] v loudat se, courat se ● s loudání, nedbalá / líná chůze

sausage [ˈsosidž] **1** salám **2** klobása, jitrnice; uzenka

savage [ˈsævidž] a divoký, surový, hrubý; krutý, brutální ● s divoch;

surovec ● v (po)kousat a (po)dupat o koni

savanna(h) [səˈvænə] step, savana

savant [ˈsæˈvaːnt] s učenec, vědec

save[1] [ˈseiv] **1** zachránit (from před) **2** chránit, zachovat **3** náb. spasit **4** ušetřit (si), u-, spořit, střádat **5** stihnout, chytit **6** sport. zabránit porážce, brance ♦ ~ time ušetřit čas; ~ appearance zachovat zdání; ~ one's breath mlčet; ~ one's face zachovat (si) reputaci; ~ one's longing vyplnit něčí touhu; ~ing your reverence s prominutím **~-all 1** usazovací jáma, nádrž **2** hist. trn ve svícnu **3** nář. lakomec **4** nář. kombinéza

save[2] [ˈseiv] prep. conj kromě, vyjma; (~ that) ledaže

saver [ˈseivə] **1** zachránce **2** spořitel, šetřil **3** úsporné zařízení

saving[1] [ˈseiviŋ] a **1** spásonosný **2** zachraňující **3** vyhrazující ● s **1** záchrana **2** zpráv. pl úspora **–s-bank** spořitelna

saving[2] [ˈseiviŋ] prep, conj kromě vyjma; (~ that) ledaže

saviour [ˈseivjə] spasitel, zachránce

savour [ˈseivə] s pří-, chuť, pikantnost ● v (o)chutnat; mít (při)chuť, zavánět (of čím); pochutnat si **–y** [-ri] a chutný, pikantní ● s chutný předkrm, zákusek

saw[1] [ˈsoː] pt od see

saw[2] [ˈsoː] s **1** pila, pilka **2** rčení pořekadlo, průpověď ♦ circular, band, frame ~ cirkulárka, pásovka, rámovka ● v* řezat pilou **–dust** piliny

sawn [ˈsoːn] pp od saw[2] v

sawyer [ˈsoːjə] **1** dřevorubec, dělník na pile **2** am. strom spadlý do vody **3** zool. brouk tesařík

saxifrage [ˈsæksifridž] bot. lomikámen

Saxon [ˈsæksn] s Sas ● a saský **–y** Sasko

saxophone [ˈsæksəfəun] saxofon

say* [ˈsei] v **1** říci, říkat **2** prohlásit

tvrdit **3** vyjádřit slovy **4** (po)modlit se ♦ *that is to ~* to jest...; *not to ~* neřku-li; *it is said* n. *they ~* říká se, povídá se; *you don't ~ so!* ale jděte!; *I ~!* jářku!; *~ over again* o-pakovat; *~ mass* sloužit mši *~ on!* pokračujte! *~ out* upřímně říci ● *s: have one's ~* říci své; *have a (no) ~ in the matter* mít (nemít) do toho co mluvit; *~ one's ~* řici své **-ing** rčení, pořekadlo, přísloví; slavný výrok ♦ *as the ~ing goes* jak se říká **~-so** hovor. ujištění, tvrzení; výrok; pravomoc

scab [skæb] **1** svrab **2** strup **3** stávkokaz **-bed**, **-by** strupovitý, přen. všivý

scabbard [ˈskæbəd] pochva, pouzdro

scabies [ˈskeibiːz] svrab

scabrous [ˈskeibrəs] **1** hrbolatý, drsný **2** o tématu nevhodný, oplzlý, nemravný

scaffold [ˈskæfəld] **1** lešení **2** popraviště **-ing** lešení

scag [skæg] am. slang. heroin

scal|able [ˈskeiləbl] vyjádřitelný stupnicí, měřitelný; (o)loupatelný; vařitelný **-ar** [ˈskeilə] fyz. skalár veličina

scald [skoːld] *v* **1** o-, pařit (se) **2** vařit mléko ● *s* opařenina, skvrnitost, flekatost ovoce

scale[1] [skeil] *s* miska, váhy (obyč. pl: *a pair of -s*) ♦ *hold* the -s even* nestranně posuzovat; *throw* (argument etc.) into the ~* hodit na váhu, ovlivnit; *turn the ~* způsobit rozhodující obrat ● *v* vážit (se) **~-beam** rameno váhy

scale[2] [skeil] *s* **1** šupina **2** slupka **3** zubní kámen, kotelní kámen **4** střenka nože **5** hut. okuje ● *v* **1** oloupat (se), potáhnout (se), zbavit šupin **2** odstranit zubní / kotelní kámen **3** lístkovat; loupat (se), rozštípnout (se)

scale[3] [skeil] *s* **1** stupnice, škála **2** míra, stupeň **3** příčel žebříku **4** schodiště ♦ *~ of map* měřítko

mapy; *on a large ~* ve velkém měřítku, široce; *on a small ~* v malém měřítku, skromně; *on reduced ~* ve zmenšeném měřítku ● *v* **1** slézat žebřík, vystoupit **2** zjistit měřítko, proměřit; odstupňovat; zmenšit, zvětšit v určitém měřítku **~ down** snížit **~ up** zvýšit

scallawag [ˈskæləwæg] v. *scallywag*

scallion [ˈskæljən] *s* bot. **1** výhonky cibule **2** pór pravý, česnek, šalotka **3** šalotka, pórek

scallop [ˈskoləp] *s* **1** zool. hřebenatka **2** lastura, mušle ● *v* **1** vařit / péci na lasturách **2** vroubkovat, zoubkovat

scallywag [ˈskæliwæg] slang. **1** spratek, zakrslík **2** darebák, lotr

scalp [skælp] *s* kůže na hlavě, skalp ● *v* skalpovat **-el** [-əl] skalpel

scaly [ˈskeili] šupinatý

scam [skæm] am. slang. švindl

scamp [skæmp] *s* ničema, rošťák ● *v* odfláknout práci

scamper [ˈskæmpə] *v* pelášit ● *s* cval, trysk, úprk

scampi [ˈskæmpi] pl krevety

scan [skæn] (*-nn-*) **1** prohlížet pečlivě **2** v televiznim přenosu rozkládat obraz na body, snímat **-ner** výpoč. tech. scanner zařízení pro snímání předloh

scandal [ˈskændl] ostuda, pohoršení, skandál; pomluvy, klepy ♦ *lie* under a ~* být rozkřičen, mít špatnou pověst; *raise a ~* vzbudit pohoršení **-ize** [-aiz] pohoršovat, budit pohoršení **-monger** [-maŋgə] klepna, drbna **-ous** [-əs] ostudný, skandální

scant [skænt] řidč. = **-y** skrovný, sporý, skoupý

scapegoat [ˈskeipgəut] obětní beránek

scapegrace [ˈskeipgreis] lenoch, dareba

scapala [skæpjulə] anat. lopatka

scar[1] [skaː] *s* jizva ● *v* (*-rr-*) zjizvit (se), zahojit se

scar² ['ska:] skalisko, útes, sráz
scarce [skeəs] vzácný, řídký **–ly** sotva, stěží; před any(-) skoro žádný **–ness** vzácnost, nedostatek
scarcity ['skeəsəti] nedostatek, nouze
scare ['skeə] v postrašit, polekat ~ **away** zaplašit ~ **up** splašit, schrastit ● s panika **–crow** strašák, hastroš **–monger** [-maŋgə] panikář
scarf* [ska:f] s 1 šátek na krk, šerpa, vázanka 2 kosý řez ● v spojit, sešít kosým řezem
scarify ['skeərifai] 1 rozrývat 2 med. učinit zářezy, skarifikovat 3 zjizvit 4 dělat zářezy do kůry 5 zdeptat kritikou
scarlatina [,ska:lə'ti:nə] spála
scarlet ['ska:lit] s červeň, šarlach ● a šarlachový, červený ◆ ~ **fever** spála; ~ **hat** kardinálský klobouk; ~ **oak** bot. dub křemelák
scarp ['ska:p] s stěna příkopu upevnění, škarpa ● v 1 skopat stěnu příkopu 2 odříznout ostrým řezem
scat¹ [skæt] v hovor. zmizet, vypadnout
scat² [skæt] s hud. sketování zpívání džezové melodie na slabiky bez určitého významu
scathing ['skeiðiŋ] sžíravý, kousavý
scatter ['skætə] v rozptýlit (se), rozházet, roztrousit (se) ● s 1 rozptyl, rozsev 2 rozložení, distribuce **–brained** roztržitý, pomatený
scavenge ['skævindž] 1 mést, být metařem 2 zamořit výfukovými plyny **–r** 1 metař 2 zvíře živící se zdechlinami
scenario [si'na:riəu] scénář, operní libreto
scen|e ['si:n] s 1 scéna, dějiště 2 výjev, výstup 3 hra, úloha 4 kulisa, dekorace 5 krajina **~–dock** kulisárna **–ery** 1 scenérie, výjev 2 dekorace, kulisy, výprava **–ic**

scénický, jevištní, divadelní **~–painter** [l-,] malíř dekorací **~–shifter** [l-,] kulisář
scent ['sent] s 1 vůně, zápach 2 čich, větření 3 stopa zvěře 4 známka, zdání, náznak ◆ on the ~ na stopě ● v 1 čichat 2 větřit 3 navonět 4 přen. tušit, předvídat ~ **out** vyčenichat **–ed** navoněný; vonící, vonný
sceptic ['skeptik] a skeptický ● s skeptik **–al** skeptický **–ism** [-sizəm] skepticismus
sceptre ['septə] žezlo **–d** žezlem vládnoucí, panovnický
schedule ['šedju:l] s 1 list, seznam; cedule, tabulka 2 am. jízdní řád 3 termín 4 formulář 5 práv. doložka, příloha zákona ◆ ahead of the ~ před stanovenou lhůtou; air ~ letový řád; wage ~ mzdový řád, tarif ● v 1 uvést v seznamu 2 zavést, zařadit do jízdního řádu
schematic [ski'mætik] schematický
schem|e ['ski:m] s 1 zobrazení, nákres, diagram 2 plán, projekt 3 řád, systém 4 přehled, seznam 5 schema ◆ lay* -s strojit úklady ● v 1 dělat plány, plánovat 2 navrhovat 3 pletichařit **–er** 1 navrhovatel 2 pletichář, intrikán
schism ['sizəm] rozkol, schizma **–atic** [siz'mætik] a rozkolnický ● s rozkolník
schist ['šist] geol. břidlice krystalická **–ose** ['šistəus] břidličnatý
schizophren|ic [,skizəu'frenik] schizofre|nický, -nik **–ia** [,-'fri:njə] schizofrenie
schlep(p) ['šlep] v am. vtáčet se ● s am. slang. moula, trouba
schlock ['šlok] am. slang. laciný, fórový **–meister** [-maistə] am. slang. vetešník, kšeftař
schmear ['šmiə] slang. krámy
s(c)hmock ['šmak] am. slang. hlupák, naivka
scholar ['skolə] 1 učenec 2 stipendista 3 školák **–ly** učený; vědecký **–ship** 1 stipendium 2 uče-

nost, vzdělanost
scholastic [skəˈlæstik] *a* **1** školský, žákovský, učitelský **2** scholastický ● *s* scholastik
school [ˈskuːl] *s* **1** škola **2** vyučování **3** brit. vysokoškolská specializace **4** hist. zkušební síň ♦ *a ~ of painting* malířská škola; *select ~* výběrová škola; *nursery ~* mateřská škola; *high ~* škola druhého stupně; *national ~* brit. základní škola; *public ~* v. *public; secondary ~* všeob. vzděl. škola druhého stupně; *technical ~* průmyslovka; *a ~ of fish* hejno ryb; *put* to ~* poslat do školy ● *v* cvičit, školit, trénovat **~-boy** školák **–days** školní léta **~-fee** školné **~-fellow** [-ˌ-] spolužák **~-girl** školačka **–ing 1** vyučování, výcvik, školení; školní vzdělání **2** výcvik koně **–master** [-ˌ-] ředitel školy, učitel **–mate** spolužák **–mistress** [-ˌ-] ředitelka školy, učitelka **–room** učebna **~-time** vyučovací doba, vyučování; školní léta
schooner [ˈskuːnə] **1** škuner **2** am. vysoká pivní sklenice
schwa [šwɑ:] *s* ə symbol fonetické abecedy; [ə] zvuk, který představuje
sciatica [saiˈætikə] med. ischias
science [ˈsaiəns] **1** (přírodní) věda **2** ovládání, znalost též odborná **3** sport. zručnost, obratnost ♦ *~ fiction* dobrodružná literatura s vědeckými prvky: *man* of ~* vědec
scient|ific [ˌsaiənˈtifik] vědecký **–ist** vědec
sci-fi [ˈsaifai] hovor. vědecko-fantastický
scintillate [ˈsintileit] jiskřit, sršet
scion [ˈsaiən] **1** štěp, roub **2** potomek
sciss|ible [ˈsisəbl], **–ile** [-il] štěpný, štípatelný **–ion** [ˈsišən] rozštěpení, řezání, řez
scissors [ˈsizəz] pl nůžky; sport. skok střižmo nůžky
scler|osis [sкliəˈrəusis] kornatění

–otic [-ˈrotik] *a* zkornatělý, sklerotický ● *s* oční bělmo, skléra
scoff¹ [ˈskof] *v* posmívat se (*at* komu) ● *s* **1** posměch, úšklebek **2** předmět posměchu **–er** posměváček
scoff² [ˈskof] slang. *s* bašta, žrádlo ● *v* žrát, zhltnout; štípnout vykrást
scold [ˈskəuld] *v* plísnit, peskovat, vadit se (*at* s) ● *s* vadivá žena, štěkna **–ing** plísnění, hubování
sconce [ˈskons] **1** pevnůstka, bunkr **2** nástěnný svícen
scone [ˈskon] čajový koláček, sladký bochánek
scoop [ˈskuːp] *s* **1** naběračka, lopatka **2** vybrané místo, dolík **3** naběrák, nabírání, vybrání **4** slang. dobrý úlovek, velký zisk, terno; zvláštní zpráva novin, «sólokapr» ● *v* **1** (*~ out*) vyhloubit, vydlabat **2** (*~ up*) vybrat lopatkou, vyprázdnit **3** hovor. vypálit rybník; shrábnout
scoot [ˈskuːt] slang. uhánět, upalovat, mazat, letět **–er 1** koloběžka **2** skútr
scope [ˈskəup] **1** rozhled duševní, rozsah, šíře **2** obor, pole působnosti; možnosti **3** uplatnění **4** dosah, dostřel
scorch [ˈskoːč] **1** popálit (se), sežehnout **2** slang. ujíždět velkou rychlostí, «natírat» to
score [ˈskoː] *s* **1** vrub, zářez, rýha, drážka **2** účet, útrata **3** dvacet, dvacítka **4** příčina (*on the ~ of* pro, kvůli) **5** partitura **6** sport. počet bodů, skóre, počet zásahů; stav zápasu, výsledek **7** pl množství **8** úspěšný zásah do debaty **9** podlitina, pruh **10** scénická hudba **11** košíková koš ♦ *~-s of time* velmi často; *pay* the ~* platit účet, přen. něco komu oplatit; *pay* off old ~-s* odplatit komu zlé: *make* a ~ off one's own bat* učinit něco bez pomoci jiných; *upon what ~?* z jaké příčiny?; *upon the ~ of friendship* na základě přá-

telství • *v* **1** vroubkovat, činit zářezy, rýhovat **2** připsat na účet, připočítat, napsat na vrub (*up, against* komu) **3** vyznačit čárami **4** rozepsat partituru **5** bodovat; zaznamenat bod, skórovat **6** mít úspěch, vyhrát **7** slang. (na)kupovat drogy ~ **off** slang. usadit ~ **out** vyškrtnout ~ **up** připsat k dluhu

scorn [ˈskoːn] *v* **1** pohrdat, opovrhovat **2** považovat za nedůstojné ♦ *I would ~ to do it* styděl bych se to udělat • *s* pohrdání, opovržení, posměch, předmět posměchu **-ful** opovržlivý, pohrdlivý

scorpion [ˈskoːpjən] zool. štír

scotch [ˈskoč] *v* **1** pohmoždit, zmrzačit, zmařit **2** podložit klínem • *s* klín na podložení

Scotch [ˈskoč] *a* zř. skotský (*rye, terrier, whisky* žitná, teriér, viska) ♦ ~ *broth* kroupová polévka; ~ *collops* plátky masa s cibulí • *s* **1** zř. skotština **2** skotská whisky **-man*** Skot

Scotland [ˈskotlənd] Skotsko

Scottish [ˈskotiš] skotský

scoundrel [ˈskaundrəl] lotr, darebák, padouch

scour [ˈskauə] *v* **1** vy-, drhnout, prát, čistit **2** od-, s|plavit proudem **3** vypláchnout, pročistit střeva, vymýt **4** odstranit **5** vymlít **6** (vy)hřebelcovat koně **7** běžet, letět **8** pro-, hledat ♦ ~ *the sea* dělat námořní průzkum • *s* **1** vydrhnutí, vyčištění **2** propláchnutí **3** odmašťovač

scourge [ˈskəːdž] *s* bič, metla, pohroma • *v* sužovat

scout [ˈskaut] **1** zvěd, špeh **2** hlídka, stráž **3** výzvědná loď **4** skaut, junák ♦ ~ *work* výzvědná služba • *v* **1** jít na zvědy, vyzvídat **2** odmítnout s posměchem

scowl [ˈskaul] *v* mračit se (*at, on* na) • *s* mračení, škaredění

scrag [ˈskræg] *s* **1** vyžle, skrček **2** zákrsek **3** podkrčí, odřezky masa

• *v* (-*gg*-) slang. vzít za krk, zakroutit komu krkem **-gy** [-gi] rozeklaný, vyzáblý

scram [ˈskræm] (-*mm*-) zmizet, vypadnout

scramble [ˈskræmbl] *v* **1** lézt po čtyřech, drápat se, drát se kam **2** tahat se, rvát se (*for* o co) **3** rozhodit mince **4** (*eggs* vejce) **5** táhnout se na všechny strany **6** výpoč. tech. zakódovat • *s* **1** tahanice, rvačka (*for* o co) **2** škrábání se kam, lezení po čtyřech **3** hromada **4** terénní závod motocyklů

scrap [ˈskræp] *s* **1** kousek, žďibec **2** útržek, odřezek, šrot **3** výstřižek z novin **4** pl odřezky, odpad(ky) **5** pl zbytky; škvarky ♦ ~ *of paper* cár papíru; ~ *iron* šrot; ~ *collecting* sběr odpadu; *have a* ~ slang. bojovat; *I don't care a* ~ *to* mi je fuk • *v* (-*pp*-) **1** dát do šrotu, hodit do smetí **2** vyřadit **3** vypéci škvarky **--book** kniha k nalepování výstřižků **-py** rozkouskovaný, nesouvislý **--heap** smetiště

scrap|e [ˈskreip] *v* **1** o-, vy-, škrabat; odřít **2** za-, skřípat **3** vrzat na co, šumařit **4** šoupnout nohou při pokloně, šoupat se o co **5** na-, u-, šetřit, u-, škudlit ♦ ~ *acquaintance* příležitostně se seznámit; ~ *a living* pracně shánět živobytí ~ **out** vyškrabat, vyhrabat ~ **through** probrat se, prolézt (*an examination* u zkoušky) • *s* **1** škrabání, škrábnutí; skřípání; hlasité šoupání; škrt pera **2** škrabka **3** malér, průšvih **4** bitka ♦ *get* into -*s* dostat se do nesnází; *a bow and a* ~ neumělá poklona **--penny** [-ˌ-] držgrešle **-er** **1** škrabka **2** stěrač **3** vrzal na housle **4** držgrešle **-ings** odpadky, smetí

scratch [ˈskræč] *v* **1** po-, škrábat, po-, drápat; po-, drbat (se) **2** škrtat **3** vzdát zápas ~ **about** / **for** shánět ~ **out** vyškrábat; vy-, pře-, škrtnout ~ **through** vy-, pře-, škrtnout ● s **1** škrábnutí, šrám, rýha **2** škrtnutí (of the pen perem), škrábanice **3** startovací čára ◆ a ~ collection spěšně provedená sbírka; not up to ~ ne tak dobrý jako obvykle; old ~ čert, ďábel; start from ~ začít od nuly, od píky ● a narychlo sehnaný **–y 1** naškrábaný o psaní **2** rozskřípaný o peru **3** štípavý, kousavý **4** sport. nesehraný o mužstvu **5** narychlo sehnaný

scrawl ['skro:l] v čmárat ● s čmáranice, klikyháky

scrawny ['skro:ni] šlachovitý, vychrtlý

scream ['skri:m] v křičet, vřískat, ječet ◆ ~ with laughter řvát smíchy ● s **1** vý-, křik; jekot, vřískot **2** slang. legrace, sranda

screech ['skri:č] v za-, vřískat, za-, skřípat ● s za-, vřísknutí, za-, skřípání **~-owl** zool. sova pálená, sýček

screen ['skri:n] s **1** zástěna, plenta, přepážka s mříží, stínítko **2** promítací plátno, televizní obrazovka **3** záštita, ochrana **4** řešeto; filtr; elektr. mřížka **5** košíková clona rozehrávačů ● v **1** zaclonit, zastínit, elektr. stínit kabel **2** chránit, krýt **3** promítat na plátno **4** prosévat, třídit **5** podrobit důkladné prohlídce, prověřit **6** (z)filmovat **7** obsadit do filmové role **8** rentgenovat **–play** scénář **–writer** scénárista

screw ['skru:] s **1** šroub, závit; lodní šroub, vrtule **2** vývrtka **3** tlak, zkroucení **4** špetka **5** herka **6** šejdíř **7** pl palečnice **8** strážník **9** am. slang. šukání **10** brit. slang. mzda, plat ◆ female ~ šroubová matice; male ~ vřeteno šroubu; there is a ~ loose někde to vázne; have a ~ loose mít o kolečko víc ● v **1** šroubovat, otáčet (se) **2** utiskovat, utlačovat **3** přitáhnout šroub, stisknout, zmáčknout **4** vynutit něčí souhlas (out of a p.)

5 vydírat, vy-, ždímat, vzít na hůl **6** lakotit **7** mučit palečnicí **8** am. slang. šukat ~ **down** přišroubovat ~ **in** zašroubovat ~ **out** vyšroubovat ~ **up** při-, za-, vy-, šroubovat; vyhnat ceny ◆ ~ up one's courage dodat (si) odvahy **–driver** šroubovák **~-jack** šroubový hever; přímidlo chrupu **~-propeller** ['l-] lodní šroub, vrtule ~ **thread** [θred] šroubový závit

scribble ['skribl] v na-, škrábat, psát nečitelně; dělat do literatury ● s škrábanice, klikyháky **–r** škrabal, pisálek

scribe ['skraib] **1** písař, kopista **2** starožidovský zákoník

scrimmage ['skrimidž] s šarvátka, potyčka ● v dostat se do šarvátky

scrimp [skrimp] v **1** nemístně šetřit, škudlit **2** odměřovat, lakotit **3** držet zkrátka

script ['skript] **1** psané písmo, rukopis, kurzíva **2** originál dokumentu **3** text projevu, scénář filmu **4** brit. písemná práce při zkoušce ◆ ~ girl pomocnice scénáristy **–ural** ['skipčərəl] biblický, písemný **–ure** [-čə], též the -s, pl Písmo svaté, bible **~-writer** scénárista

scrofula ['skrofjulə] skrofulóza

scroll ['skrəul] svitek pergamenu, role, závitek; seznam

scrotum ['skrəutəm], pl -ta anat. šourek

scrounge ['skraundž] vymáčknout co z koho, štípnout co **–r** poberta, gauner

scrub ['skrab] v (-bb-) **1** drhnout kartáčem **2** vy-, gruntovat **3** lékař mýt si ruce před operací ● s **1** am. druhé / druhořadé mužstvo / hráč **2** křoví, podrost **3** zákrsek; zakrslík **4** vy-, drhnutí kartáčem **–bing-brush** rejžák na drhnutí **–by 1** zakrslý **2** zarostlý houštím **3** am. ošumělý, zchátralý

scruff ['skraf] zátylek; škraloup

scrummage ['skramidž] sport. skrumáž

scrumptious [ˈskrampšəs] slang. prima, skvělý, báječný

scrunch [ˈskranč] rozmačkat, rozšlapat; chrastit pod nohama

scruple [ˈskru:pl] s 1 ohled, pochybnost, úzkostlivost 2 skrupule 3 20 zrn lékárnické váhy, 1/3 drachmy 4 zast. špetka ● v být v rozpacích, rozpakovat se, váhat

scrupul|osity [ˌskru:pjuˈlosəti] úzkostlivost, puntičkářství **–ous** [ˈskru:pjuləs] úzkostlivý, puntičkářský, svědomitý

scrutin|ize [ˈskru:tinaiz] 1 zkoumat podrobně 2 pečlivě prohlížet **–y** 1 podrobné zkoumání, pečlivá prohlídka 2 zkoumavý pohled 3 sčítání hlasů při volbách

scuba [ˈskju:bə] akvalung

scud [ˈskad] (**-dd-**) uhánět; klouzavě letět ◆ s letět střela scud

scuff [ˈskaf] o-, šoupat nohama

scuffle [ˈskafl] s rvačka, šarvátka ● v rvát se, prát se

scull [ˈskal] krátké veslo (dvě na osobu) **–er** 1 člun, loďka 2 veslař

scullery [ˈskaləri] umývárna nádobí ◆ ~ maid / girl myčka nádobí

sculp|tor [ˈskalptə] sochař **–ture** [-čə] s 1 sochařství 2 skulptura, plastika ● v vyřezávat, rýt, tesat; být sochařem; ozdobit skulpturami

scum [ˈskam] s 1 pěna, šlem 2 špína, kal ◆ the ~ of the earth lidská spodina ● v (**-mm-**) pěnit; sbírat pěnu **–my** 1 pěnovitý, vylučující pěnu, pokrytý pěnou 2 hovor. hrubý, sprostý, bezcenný

scumble [ˈskambl] v tlumit barvy, temperovat ● s krycí barva

scupper [ˈskapə] palubní odtok; okapová roura

scurf [ska:f] lupy **–y** lupovitý, šupinatý

scurril|ity [skəˈriləti] sprostota, oplzlost **–ous** [ˈskariləs] sprostý, oplzlý

scurry [ˈskari] cupitat, utíkat, pelášit

scurvy [ˈskə:vi] a hanebný, mrzký, bídný ● s kurděje

scutcheon [ˈskačən] s 1 štítek se jménem 2 záklopka klíčové dírky 3 = escutcheon

scuttle¹ [ˈskatl] s cupitání, rychlá chůze, útěk ● v chvátat pryč, utíkat z nebezpečí, pelášit

scuttle² [ˈskatl] s 1 lodní otvor s poklopem v lodním boku 2 uhlák ● v provrtat loď úmyslně, potopit loď otevřením záklopek, přen. zničit vlastní práci

scythe [ˈsaið] s kosa ● v po-, kosit

sea [ˈsi:] 1 moře, oceán 2 vlna, vlnobití 3 spousta (of čeho) ◆ across the ~ přes moře, za moře(m); by ~ po moři; go* to ~ stát se námořníkem; main ~ širé moře; heavy ~ rozbouřené moře; the high -s širé moře; put* to ~ vyplout na moře; we are all at ~ on this subject nevíme si rady v této věci; head the ~ plout proti vlnám; stand* out to ~ vyrazit na moře **--air** mořský vzduch ~ **bank** mořský břeh ~ **bear** lední medvěd **--bird** mořský pták **–board** 1 námořní loď 2 záchranný člun **--borne** mořem dopravovaný po moři, obchod vedený po moři **--breeze** mořský vánek **--calf*** zool. tuleň ~ **coast** mořské pobřeží **--cow** zool. mrož **--dog** 1 zool. tuleň 2 zool. druh menšího žraloka, ostroun 3 mořský vlk starý námořník **–farer** [ˈsi:ˌfeərə] námořník, mořeplavec **–faring** [ˈsi:ˌfeəriŋ] námořnický, mořeplavecký **--gauge** lodní ponor; hlubinná sonda **--grass** [ˈ-ˌ-] mořská řasa **--gull** zool. racek ~ **lion** zool. lvoun **--wall** mořská hráz, vlnolam **–worthy** [ˈ-ˌ-] schopný plavby

seal¹ [ˈsi:l] s 1 pečeť; vyražený znak, cejch, plomba 2 pečetidlo, razítko 3 utěsnění, těsný uzávěr 4 sifon ◆ put* / set* one's ~ up-

on zapečetit, zpečetit; potvrdit ● *v* **1** opatřit pečetí, vtisknout pečeť; za-, s|pečetit **2** (~ **up**) těsně uzavřít, pře-, za|lepit, zaletovat, zacementovat **3** dokázat (*with* čím) **4** označit za..., cejchovat, určit **–ing** pečetění **–ing-wax** pečetní vosk **--ring** pečetní prsten

seal² ['si:l] zool. tuleň, lachtan ♦ ~ *blubber*, ~ *oil* tulení tuk **–er** loď na lov tuleňů **–ing** lov tuleňů **–skin** tulení kůže

seam ['si:m] **1** šev **2** jizva, šrám **3** spára, rozsedlina **4** sloj, žíla v hornině **–less** bezešvý **–stress** ['semstris] švadlena **--welding** stroj. švové svařování **–y 1** mající švy **2** zjizvený ♦ *the ~ side* (*of life*) rub (života)

seaman* ['si:mən] námořník

séance ['seiɑ:ns] seance spiritistická

sea|plane ['si:plein] hydroplán **–port** [-po:t] mořský přístav

sear, sere ['siə] *a* suchý, zvadlý ● *v* **1** sežehnout, spálit **2** vypálit znamení **3** prudce opéci **4** zatvrdit srdce

search ['sə:č] *v* hledat (*for* koho, co), pátrat (po); zkoumat, prohlížet, prohledat; bádat (*after* v), vyšetřovat (*into* co) ~ *out* vyhledat, vyzkoumat ● *s* **1** hledání **2** pátrání (*for, of* po) **3** důkladná prohlídka ♦ *be in ~ of* pátrat po; *the right of ~* právo prohlídky neutrální lod **–er 1** hledač, vyšetřovatel **2** hledáček mikroskopu **3** med. sonda **–ing** pátravý, pronikavý; důkladný **–fight** reflektor, světlomet

sea|shell ['si:šel] lastura, mušle **–shore** mořské pobřeží **–sick** postižený mořskou nemocí **–side** brit. mořské pobřeží

season ['si:zn] *s* **1** roční doba, období, sezóna **2** vhodná doba ♦ *in ~* včas; *out of ~* v nepravý čas; *for a ~* na čas; *~'s greetings* pozdrav k svátkům; *peak ~* špičková sezóna ● *v* **1** dát / nechat uležet, vyzrát **2** ochutit, okořenit,

zpříjemnit **3** mírnit; přizpůsobit (se) otužit (se) aklimatizovat (se) ♦ *~ with sugar* sladit; *~ with salt* solit **–able** včasný, vhodný, přiměřený určité roční době **–al** sezónní **–ing 1** koření **2** koření, ochucovací prostředek **--ticket** předplatní jízdenka / vstupenka, permanentka

seat ['si:t] *s* **1** sedadlo; poslanecké křeslo, sport. sedačka; místo k sezení **2** sídlo **3** tech. sedlo **4** vstupenka na sedadlo **5** způsob sezení **6** zadnice kalhot ♦ *the ~ of government* sídlo vlády; *change one's ~* přestěhovat se; *take* a / *one's ~* posadit se; *~ of war* ohnisko války ● *v* **1** opatřit sedadly **2** posadit (*-ed* sedící); usadit **3** kalhoty vysadit **4** umístit, zaujímat, pojmout (*this hall -s 500 people* tato síň pojme 500 sedících lidí) **5** zajistit volbu ♦ *be -ed!* seďněte si!

sebaceous [si'beišəs] anat. tukový

secant ['si:kənt] sečna

secede [si'si:d] odloučit se (*from* od), vystoupit z, odejít z

secession [si'sešən] odpadnutí; odchod, secese

seclude [si'klu:d] odloučit (*from* od)

seclusion [si'klu:žn] odloučení; o- samělost, ústraní

second ['seknd] *a* **1** druhý **2** druhotný, druhořadý **3** další, podřadný **4** horší než (to) ♦ *he is ~ to none* s nikým si nezadá; *~ ballot* užší volba; *~ in command* zástupce velitele; *~ lieutenant* podporučík ● *s* **1** vteřina, sekunda **2** sekundant **3** člověk n. věc v pořadí druhý (-á) ● *v* **1** být druhý **2** podporovat návrh, pomáhat, sekundovat **3** voj. přeložit, odvelet **–ary** [-əri] sekundární, druhotný, podružný; podřaděný, odvozený ♦ *~ school* střední škola (od 11 let výše, ~ *modern school* škola nového typu, ve vyšších třídách specializovaná) ●

s pověřenec, delegát **~-best** druhý nejlepší **–hand** obnošený, starý, použitý; antikvární **-ly** za druhé **~-rate** [¹-₋] druhořadý, prostřední **~-rater** [₋-⁰] druhořadá loď hovor. i o člověku

secrecy [¹si:krəsi] **1** tajemství, tajnost **2** diskrétnost ♦ in ~ tajně

secret [¹si:krit] a **1** tajný **2** skrytý ● s tajemství ♦ be in the ~ být zasvěcen do tajemství; in ~ tajně; ~ ballot tajné volby; top ~ přísně tajné; ~ parts přirození, genitálie; ~ service tajná služba, rozvědka **-ary** [¹sekrətəri] tajemník ♦ Foreign S~ brit. ministr zahraničí; general ~ generální tajemník; S~ of State am. ministr zahraničí

secret|e [si¹kri:t] **1** skrýt, zatajit **2** vyměšovat, vylučovat **-ion** [si¹kri:šən] **1** vyměšování, vylučování; výměšek **2** přechovávání kradených věcí **-ive** mlčenlivý, tajnůstkářský

sect [¹sekt] sekta **-arian** [sek¹teəriən] a sektářský ● s sektář

section [¹sekšən] **1** úsek, část, oddíl **2** řez; řezání, odříznutí **3** průřez, profil **4** pitva **5** odbor **6** (~ mark) paragraf **7** vrstva, společenská n. přírodní skupina ♦ privileged ~ kasta **-al 1** oddílový, sektorový **2** průřezový **3** profilový

sector [¹sektə] **1** kruhová (of sphere kulová) výseč **2** úsek, sektor ♦ distributive ~ distribuční sektor

secular [¹sekjulə] a **1** věkovitý, staletý **2** světský **3** volnomyšlenkářský ● s laik, světský kněz **-ize** [-raiz] zesvětštit, sekularizovat

secur|e [si¹kjuə] a bezpečný, jistý (against, from před); zajištěný ● v **1** zabezpečit, zajistit (from před) **2** opevnit **3** uzavřít **4** zatknout, uvěznit **5** opatřit, poskytnout ♦ ~ a vein podvázat tepnu, zastavit krvácení **-ity** [-rəti] **1** bezpečí, jistota **2** bezstarostnost

3 ochrana **4** zástava, záruka **5** pl cenné papíry, obligace ♦ S~ Council Rada bezpečnosti; stand* ~ for a p. zaručit se za koho

sedan [si¹dæn] **1** nosítka **2** am. sedan auto

sedat|e [si¹deit] usedlý, klidný **-ive** [¹sedətiv] a utišující, uklidňující ● s uklidňující prostředek

sedentary [¹sedntəri] **1** sedavý **2** stálý, usedlý **3** sedící

sedge [¹sedž] ostřice, třtina, rohoží

sediment [¹sedimənt] sedlina, usazenina, kal

sediti|on [si¹dišən] **1** podněcování ke vzpouře, pobuřovaní **-ous** [si¹dišəs] pobuřující, štvavý

seduc|e [si¹dju:s] svádět **-er** svůdce **-tion** [si¹dakšən] **1** oklamání, svedení, svádění **2** pokušení **-tive** [si¹daktiv] svůdný, vábný, lákavý

sedul|ity [si¹dju:ləti] píle, přičinlivost; vytrvalost **-ous** [¹sedjuləs] pilný, přičinlivý; vytrvalý

see¹ [¹si:] stolec, diecéze ♦ the Holy S~ Svatá stolice

see² [¹si:] **1** vidět; s-, patřit **2** pozorovat **3** ~ to a t., (to it) that starat se, dbát o co (hleď ať), postarat se (to it, about o co, after o) **4** poznat **5** navštívit; přijmout návštěvu **6** vyprovodit; provést (through čím); ~ a p. through a t. postarat se, aby překonal co ve zdraví, prosadit v čem, stát při kom až do konce čeho **7** chápat, rozumět (I ~ aha, you ~ víte); nahlížet, uvážit **8** zakusit, zažít; zkusit **9** prozkoumat (into co) ♦ I'll ~ you home doprovodím vás domů; well, I'll ~ dobře, uvážím to; go* to ~ jít na návštěvu; let* me ~ ukažte, počkejte; ~ red vidět rudě; ~ things mít vidění; ~ one's way to (doing n. to do) být schopen co vykonat; be -ing you, ~ you later, soon, tomorrow atd. nashledanou ~ **off** vyprovodit koho k odjezdu ~

out vyprovodit (ven); provést do konce; dožít se konce ~ through prokouknout ♦ ~ a t. through 1 dopomoci čemu k úspěchu, dočkat se šťastného výsledku čeho 2 přečkat –ing that protože

seed ['si:d] s semeno, zrno, setba ♦ ~ drill řádkovací secí stroj; ~ money dotace na zřízení podniku; run* to ~ 1 zakládat na semeno, sbírat semena z plodu 2 osévat 3 zbavit zrn, vysemenit (se) –er secí stroj; odpeckovač –ling semenáč ~-plot semeniště, záhon –ing-machine secí stroj –sman* semenář ~-time čas setí –y 1 semenný 2 hovor. sešlý, ošumělý 3 brit. churavý, nesvůj

seek* ['si:k] 1 hledat, shánět se (after, for po) 2 snažit se, usilovat (a t., to do o) 3 ucházet se (after, for o), požadovat 4 žádat (of, for o) ~ through prohledat

seem ['si:m] zdát se ♦ it -s zdá se –ing zdánlivý, domnělý –ly 1 úhledný 2 slušný, způsobný 3 náležitý

seen ['si:n] pp od see

seep [si:p] prosakovat

seer ['siə] věštec, jasnovidec

seesaw ['si:so:] s houpačka z prkna uprostřed podepřeného ● v houpat se ● adv nahoru dolů

seethe* ['si:ð] vařit (se), vřít, kypět

segment ['segmənt] část, úsek, výsek, úseč, segment –al [seg-|mentl] úsekový, úsečový, segmentový

segregat|e ['segrigeit] v 1 oddělit, odloučit (se) 2 tech. segregovat, odměšovat 3 provádět politiku rasové segregace ● a ['segrigit] oddělený –ion [,segri|geišən] 1 oddělení, odloučení 2 tech. segregace, odměšování 3 polit. segregace, apartheid

seine ['sein] s kruhová vlečná síť ● v zatahovat sítí, lovit

seism|ic ['saizmik] seizmický –o-graph ['seizməgra:f] seizmograf

seiz|e ['si:z] 1 uchopit, popadnout; za-, u|chvátit 2 chopit se (upon čeho) 3 zmocnit se, dobýt, vzít 4 zabavit, (z)konfiskovat, znárodnit 5 zajmout, zatknout 6 nemoc zachvátit 7 stroj. zadřít se, zaseknout se ♦ -ed with zachvácen čím –or konfiskátor –ure ['si:žə] 1 uchopení, držba, zmocnění se 2 zabavení, konfiskace, znárodnění 3 zadření, zaseknutí 4 záchvat nemoci

seldom ['seldəm] zřídka, málokdy

select [si|lekt] v vybrat, vyvolit ● a vybraný, exkluzívní ♦ ~ school výběrová škola –ion [-kšən] volba, výběr, selekce ♦ natural ~ přirozený výběr –ive [-tiv] výběrový ♦ ~ assembly výběrová montáž –ivity [,silək|tivəti] selektivita rádia

selenium [si|li:njəm] selén

self* ['self] 1 sám, sama, samo 2 vlastní já 3 týž, tentýž 4 vlastní ~-abuse [,selfə|bju:s] sebeprznění, onanie –active, –acting [-|] samočinný, automatický ~-assertion [-|] snaha po sebeuplatnění ~-centred egocentrický, sobecký ~-command [,selfkə-|ma:nd] sebeovládání ~-complacency [,selfkəm|pleisnsi] samolibost ~-conceit ['selfkən|si:t] ješitnost, domýšlivost ~-confidence ['self,konfidəns] sebedůvěra ~-conscious [-|konšəs] vědomý sám sebe, nesvůj ve společnosti, rozpačitý ~-contained ['selfkən|teind] uzavřený, rezervovaný; soběstačný ~-criticism [,-|] sebekritika ~-dealing [,-|] sebezvýhodnění ~-deceit [,selfdi|si:t] sebeklam ~-defence [,selfdi|fens] sebeobrana ~-denial [,selfdi|naiəl] sebezapření ~-destruct [-dis|trakt] zničit sama sebe ~-determination ['selfdi,tə:mi|neišən] sebeurčení ~-esteem sebeúcta ~-evident [-|] samozřejmý ~-examination

['selfig₁zæmi'neišən] sebeanalýza
~-excitation [self₁eksi'teišən]
elektr. samobuzení **~-govern-
ment** [-'] samospráva **~-help** [-₁]
svépomoc **~-importance** [₁self-
im'po:təns] domýšlivost, nadu-
tost **~-interest** [-'] sobeckost
~-love [-'] sebeláska **~-made** [-']
vlastnoručně vyrobený, domácí
~-opinion [₁selfə'piniən] umíně-
nost, paličatost **~-possessed**
[₁selfpə'zest] **1** duchapřítomný **2**
ovládající se, klidný **~-preserva-
tion** [self₁prezə:'veišən] sebezá-
chova **~-propelling** [₁selfprə'pel-
iŋ] samohybný **~-regard** [₁selfri-
'ga:d] sebeúcta, vlastní zájem
~-reliance [₁selfri'laiəns] sebe-
důvěra, sebejistota **~-replicat-
ing** [-'] reprodukující sám sebe
~-sacrifice [-'] sebeoběť **~-same**
právě týž, táž, též **~-satisfaction**
[self₁sætis'fækšən] samolibost
~-service [-'] samoobsluha ♦ ~
restaurant samoobslužná res-
taurace **~-slaughter** [-'] sebe-
vražda **~-styled** [-'] samozvaný
~-sufficient [₁selfsə'fišənt] sobě-
stačný; samolibý **~-supplier**
[₁selfsə'plaiə] samozásobitel
~-taught samoucký **~-will** [-']
tvrdohlavost, umíněnost
selfish ['selfiš] sobecký **–ness** so-
bectví, zištnost
sell* ['sel] *v* **1** prodat, prodávat; am.
též dělat reklamu čemu / komu **2** jít
na odbyt **3** vést obchod **4** zapro-
dat **5** am. vydrážit reklamou k
přání mít (*on* co) (*be sold on a t.*
být celý blázen do čeho) **~ off**,
out vyprodat ♦ ~ *out one's own
nation* zaprodat vlastní národ ~
up vyprodat zboží v dražbě ● *s*
hovor. **1** zklamání **2** hovor. podfuk,
"bouda" **–er 1** prodávající **2** am.
úspěšná kniha ♦ *good* (*bad*) ~
věc, která jde dobře (špatně) na
odbyt; *best* ~ nejžádanější kniha
seltzer (*water*) ['seltsə] minerálka
selvage ['selvidž] *s* tovární obruba

látky; lem ● *v* obroubit
selves ['selvz] pl od *self*
semantics [si'mæntiks] sémantika
semaphore ['seməfo:] semafor
semblance ['sembləns] zdání, po-
doba ♦ *have a ~ of honesty*
předstírat počestnost
semester [si'mestə] pololetí, se-
mestr
semi– ['semi-] prefix značící polo ♦ ~
annual [-₁] pololetní **~-circle** [₁-'']
polokruh **~-circular** [₁-'] polokru-
hový **–colon** ['-'] středník **~-con-
ductor** [₁-kən'daktə] polovodič
~-detached [₁semidi'tæčt] *house**
dvojdomek **–final** [₁-'] semifinále
~-literacy [₁-'] pologramotnost
–log semilogaritmický **~-month-
ly** [₁-'] čtrnáctideník
seminar ['semina:] seminář na uni-
verzitě **–y** [-nəri] **1** semeniště **2** se-
minář kněžský
Semit|e ['si:mait] semita **–ic** [si'mi-
tik] semitský
semi|tone ['semitəun] půltón
–vowel [₁-'] polosamohláska
senat|e ['senit] senát **–or** ['senətə]
senátor
send* ['send] poslat; roze-, ode-,
vy|slat; seslat ♦ ~ *a p. crazy /
mad* pobláznit; ~ *flying* **1** hodit **2**
porazit na hlavu, rozprášit; ~
word vzkázat ~ **away** odeslat;
propustit, odbýt ~ **down** brit. vy-
loučit z univerzity ~ **forth** vyrá-
žet, vyhánět, vysílat ~ **off 1** ode-
slat **2** vyprovodit koho ~ **up 1** po-
slat nahoru; zdvihat **2** vyhnat do
výše; vyhodit do povětří **3** od-
halit podvod **–er 1** odesílatel, za-
sílatel **2** rádiový vysílač **–ing** o-
deslání, poslání, zásilka **~-off** [-']
rozloučení, vyprovození; odstar-
tování; dobrý začátek **~-up** paro-
die
senil|e ['si:nail] stařecký **–ity** [si'ni-
ləti] stařeckost, senilita
senior ['si:njə] *a* starší (*to* než) ♦ ~
officer služebně starší důstojník
● *s* **1** stařešina, senior **2** (~

man*) posluchač 4. ročníku na univerzitě

senna [ˈsenə] bot. senes

sensation [senˈseišən] **1** čití, vnímání, vjem **2** cit, dojem **3** rozruch, senzace **–alism** [senˈseišənəlizəm] senzacechtivost

sense [ˈsens] s **1** smysl (*of* pro) **2** po-, cit **3** zdravý rozum, vtip, důvtip **4** vědomí (*of* čeho) **5** význam, smysl **6** obsah, přehled, výtah ♦ *common ~* zdravý rozum; *in a ~* v jistém smyslu; *make* ~* dávat smysl, být rozumný; *speak* good ~* mluvit rozumně; *I cannot see the ~ of it* nechápu, jaký to má význam; *be out of one's -s* nemít všech pět pohromadě; *it stands to ~* to dá rozum ● *v* **1** cítit **2** tušit **–less** [-lis] **1** jsoucí v bezvědomí **2** nesmyslný **3** necitelný ♦ *fall* ~* omdlít

sensibility [ˌsensiˈbiləti] citlivost, vnímavost; přecitlivělost **–ible 1** vnímatelný smysly **2** citlivý **3** rozumný ♦ *be ~ of* být si vědom čeho **–itive** [ˈsensitiv] **1** citlivý (*to* na), přecitlivělý **2** vnímavý **3** nedůtklivý **–orial** [senˈsoːriəl], **–ory** [ˈsensəri] smyslový

sensual [ˈsensjuəl] smyslový **–ity** [ˌsensjuˈæləti] smyslnost, senzualita **–ize** [-laiz] dráždit, činit smyslným

sensuous [ˈsensjuəs] smyslový, smyslný

sent [ˈsent] *pt, pp* od send

sentence [ˈsentəns] s **1** věta **2** průpověď **3** rozsudek, ortel ● *v* odsoudit (*to* k)

sententious [senˈtenšəs] **1** jadrný, pregnantní **2** krasořečný, banálně aforistický **3** bombastický

sentient [ˈsənšənt] cítící, vnímající

sentiment [ˈsentimənt] **1** cítění; cit **2** citovost, sentimentálnost **3** mínění, názor, smýšlení **–al** [ˌsentiˈmentl] **1** citový, sentimentální, přecitlivělý **2** dojímavý **–ality** [ˌsentimənˈtæləti] přecitlivělost, sentimentalita, sentimentální myšlenka

sentinel, sentry [ˈsentinl, ˈsentri] stráž, hlídka ♦ *on ~* na stráži; *keep* ~* stát na stráži

sentry-box [ˈsentriboks] strážní budka

separable [ˈsepərəbl] oddělitelný **–ability** [ˌsepərəˈbiləti] oddělitelnost **–ate** *a* [ˈseprit] oddělený, jednotlivý; samostatný, separátní ● *s* pl jedna část dvoudílného dámského oděvu ● *v* [ˈsepəreit] oddělit (se), rozloučit (se), odloučit (se) **–ation** [ˌ-ˈreišən] **1** oddělení, odloučení **2** třídění, rozlišování; odtržení **3** odloučení, odštěpení **4** rozluka, rozvod manželství **–atist** [-rətist] separatista **–ator** [-reitə] **1** oddělovač, třídič **2** odstředivka

sepia [ˈsiːpjə] barva sepia

sepsis [ˈsepsis] sepse, otrava krve

September [sepˈtembə] září

septennial [sepˈtenjəl] sedmiletý

septic [ˈseptik] septický, hnisavý; rozežíravý

septuagenarian [ˌseptjuədžiˈneəriən] *a* sedmdesátiletý ● *s* sedmdesátník

septum [ˈseptəm] anat. přepážka

sepulchral [ˈsiːpalkrəl] hrobový, pohřební

sepulchre [ˈsepalkə] hrob, hrobka

sepulture [ˈsepalčə] pohřební, pohřeb

sequel [ˈsiːkwl] **1** následek (*to* čeho) **2** pokračování kapitoly **3** dodatek, doslov, dohra ♦ *in ~ to* následkem toho; *in the ~* jak se ukázalo; *by ~* postupně

sequence [ˈsiːkwans] **1** posloupnost pořadí, sled **2** následek, důsledek **3** jaz. souslednost ♦ *~ of tenses* jaz. časová souslednost; *in ~* po sobě, postupně **–ent 1** následující, druhý **2** výsledný, logicky vyplývající (*to, on, upon* z) **–ential** [siˈkwenšl] pl antikoncepční pilulky užívané v určitém pořadí

seques|ter [si'kwestə] **1** oddělit, odloučit (*oneself* se) **2** zabavit **–trate** [-treit] zabavit, zkonfiskovat **–trator** [ˌsi:kwəs'treitə] sekvestor, vnucený správce

serenade [ˌseri'neid] s serenáda • v zahrát serenádu

serendipity [ˌserən'dipəti] vrozené štěstí

seren|e [si'ri:n] a jasný, klidný, vyrovnaný • s jasné nebe, klidné moře **–ity** [si'renəti] jasnost, klid; vyrovnanost

serf ['sə:f] nevolník, otrok **–dom** [-dəm] nevolnictví, otroctví

serge ['sə:dž] serž látka

sergeant ['sə:džənt] rotmistr, seržán, seržant

serial ['siəriəl] a řadový, sériový • s seriál, literární dílo vycházející na pokračování **–ization** [-ai'zeišən]

series ['siəri:z], pl series řada, série

serious ['siəriəs] **1** vážný, opravdový **2** nenápadný, střízlivý • be ~ myslit to vážně **–ness** vážnost, opravdovost; důležitost; střízlivost, nenápadnost

serjeant ['sə:džənt] = sergeant

serjeant-at-arms [ˌsə:džəntət-'a:ms] parlamentní pořadatel, královský ceremoniář

serjeant-at-law [ˌsə:džəntət'lo] brit. hist. práv. vysoce postavený právník

sermon ['sə:mən] s kázání, promluva • v kázat, přen. řečnit **–ize** [-aiz] kázat, řečnit

serous ['siərəs] med. serózní tekutý

serpent ['sə:pənt] had **–ine** [-ain] a **1** hadí, hadovitý **2** točený, vinoucí se **3** jedovatý; zrádný, falešný • s **1** miner. serpentin, hadec **2** tech. spirála • v vinout se, klikatit se

serrat|e ['serit] zoubkovaný, vroubkovaný **–ion** [-šən] zoubkování, vroubkování

serried ['serid] semknutý, v hustých řadách

serum ['siərəm] sérum

servant ['sə:vənt] sluha, služka ♦ civil ~ státní / veřejný zaměstnanec; ~ girl, ~ maid služka; public ~ státní úředník; státní / veřejný zaměstnanec

serve ['sə:v] **1** sloužit, posluhovat **2** posloužit, pomoci **3** podávat jídlo, obsluhovat u stolu, u pultu; dodávat (a p. with komu co) **4** konat vojenskou službu, vojákovat **5** zastávat úřad, vykonávat funkci, plnit úkol (as, for jako, pro) **6** zásobovat **7** sport. podávat, servírovat míč **8** doručit úřední listinu (on komu) **9** tech. opřádat kabel ♦ that will ~ to postačí; (that) -(s) him right dobře mu tak, to mu patří; ~ the (n. one's) turn hodit se do krámu, uspokojit; ~ one's time odbýt si službu, přizpůsobit se okolnostem, odsedět si (a sentence trest): ~ a trick vyvést nějaký kousek ~ in, up nosit, podávat na stůl ~ out oplatit komu **–ry** přípravna (a výdejna) jídel

service ['sə:vis] s **1** služba, práce; provoz stroje **2** služba; bohoslužba **3** obsluha; opravna, servis; údržba, správkárna **4** dopravní, lodní, letecká linka **5** zdvořilost, úslužnost **6** sport. podání, servis **7** stolní souprava, příbor, servis **8** vojenská služba; (pl the fighting -s), branná moc **9** úřady **10** (bus, railway ~) doprava **11** doručení úř. listiny ♦ at your ~ k vašim službám; in active ~ ve službě; be of ~ to být komu užitečný; do* / render a ~ prokázat službu; ~ flat hotelový byt; give* ~ sport. servírovat; civil ~ státní služba; divine ~ služby boží; home ~ brit. služba ve vlasti (protiklad: foreign ~ brit. služba v zahraničí); ~ conditions tech. provozní podmínky / poměry; ~ instructions tech. provozní předpisy, návod k obsluze; ~ *life* životnost stroje; ~ *modul* kosm. servisní modul; *public* ~ veřejné služby; *see** ~ získat zkušenosti jako voják n. námořník; ~ *trades* služby ● *v* poskytovat údržbářské a opravářské služby; obsluhovat; zásobovat náhradními součástkami; zásobovat zprávami **–able 1** prospěšný, užitečný **2** solidní, štrapační

servil|e [ˈsəːvail] **1** otrocký, podlízavý **2** služebný **–ity** [səˈviləti] otrockost, podlézavost

servitude [ˈsəːvitjuːd] otroctví, nevolnictví ♦ *penal* ~ trest žaláře, káznice

servo-motor [ˈsəːvəuˌməutə] servomotor

session [ˈseʃən] **1** schůze, konference, zasedání **2** am. a skot. pololetí, semestr ♦ *be in* ~ zasedat; *have / hold** *a* ~ konat schůzi

set* [ˈset] *v* (*-tt-*)**1** dát někam, položit, postavit; rozestavit **2** sestavit (*a paper* test), nastavit, nalíčit (*a trap* past) **3** předložit (*before* komu), přiložit, připravit, přičinit (*to* k) **4** na-, v-, za|sadit (*to* na, *in* do) **5** při-, u|vést (*in order* do pořádku, *in motion* do pohybu, *laughing* rozesmát) **6** se-, na|řídit přístroj, hodinky, budík **7** udávat cenu, módu, tempo; opatřit, označit cenou; vypsat cenu na koho **8** brousit pilu, obtáhnout břitvu **9** posázet (*with* čím) **10** polygr. sázet **11** dát se (*about, to* do) **12** upínat naději (*on, upon*) **13** vkloubit, napravit **14** dát za vzor, uložit za úkol, předložit k řešení **15** vyrovnat (*a t. against a t.* co čím) **16** poštvat (*against, on* na, proti) **17** jmenovat, dosadit (*a p. over a p.*) **18** upřít se (*on, upon* na) **19** předem připravit, (předem) určit, (u)stanovit **20** upravit vlasy do vln, namačkat **21** uložit se, ustálit se též počasí; sednout se, srazit se; tuhnout **22** zapadnout o slunci apod. **23** šaty sedět, padnout **24** vyrazit, vydat se na cestu (*for* do) ♦ ~ *one's cap at a p.* políčit na ženicha; ~ *at ease* uklidnit; ~ *by the ears* rozhádat; ~ *close* sázet hustě; ~ *at defiance* vzdorovat; ~ *an example* být příkladem; ~ *eyes on* vidět, spatřit; ~ *a p. on his feet* **1** postavit koho na nohy **2** přen. postavit koho na vlastní nohy finančně; ~ *a fine upon a p.* uložit komu pokutu; ~ *a t. on fire* (n. *fire to a t.*) zapálit; ~ *foot on a t.* stoupnout na co; ~ *free* osvobodit, pustit na svobodu; ~ *going* uvést do pohybu, rozhýbat; ~ *one's heart / mind on* zamanout si na; ~ *at liberty* osvobodit; ~ *right* napravit, srovnat, uspořádat, *a p.* vyvést z omylu; ~ *to rights* spravit; ~ *sail* vyplout; ~ *to sale* vystavit na prodej; ~ *on shore* vysadit na břeh; ~ (*store / much*) *by a t.* mít velké mínění o čem; ~ *to music* zhudebnit; ~ *the table* prostřít stůl; ~ *one's teeth* zatnout zuby; ~ *one's wits to* změřit svůj důvtip/um s ~ **o.s.** rozhodnout se, dát se do ~ **about** rozšířit pověst ~ **apart** dát stranou, oddělit; vyjmout, vyhradit ~ **aside 1** dát stranou, odstrčit **2** zrušit **3** nedbat na **4** šetřit ~ **away** odstavit, odložit ~ **back 1** překazit, zvrátit **2** odstavit, odstrčit ~ **by** dát, nechat si stranou ~ **down 1** složit **2** napsat; připisovat **3** předepsat, stanovit **4** vykládat si (*as* jako) **5** porazit, zdolat **6** pokládat (*as* za) vidět koho v ~ **forth 1** vyhlásit, vyložit **2** vyrazit, vydat se na cestu ~ **in 1** nastat, vzniknout, dostavit se **2** začít, dát se do toho **3** směřovat k pevnině proud **4** pevně se usadit, zakotvit ~ **off 1** vyrazit, vydat se na cestu, odstartovat **2** způsobit, aby se lépe vyjímal **3** *a p.* rozvázat komu jazyk, rozesmát koho ~ **on** napadnout; mít, přimět k činnosti ~ **out 1** vyrazit, vydat se na cestu **2** rozhodnout se, chtít **3** vydat knihu **4** vyložit na prodej **5** okrášlit, ozdobit, loď vypravit **6** směřovat od pevniny proud **7** polygr. prostrkat ~ **to 1** dát se do toho (do jídla, do práce) **2** pustit se do sebe ~ **together** s-estavit ~ **up 1** vztyčit; vystavit; vylepit; zveřejnit, přijít se svou teorií **2** založit, zřídit, zařídit obchod, začít něco; zavést někoho do podnikání, zásobit (in, with čím); živit se podnikáním **3** nastavit, seřídit, zmontovat **4** vyvolat, způsobit **5** spustit, zdvihnout pokřik **6** polygr. vysázet **7** vrátit zdraví komu, osvěžit **8** povzbudit **9** nastavit, seřídit hodinky ◆ ~ up a flag rozvinout vlajku; ~ up for... dělat ze sebe; for o.s. zařídit se pro sebe ● **s 1** řada **2** soubor, sbírka, mat. množina **3** sada, souprava, garnitura, komplet **4** scéna, inscenace **5** nahrávací studio **6** spřežení **7** parta, společnost **8** sazenice **9** bás. západ slunce **10** směr větru, proudu, tendence; zaměření, tíhnutí, sklon **11** uspořádání, celkový vzhled **12** (úprava a) držení hlavy; padnutí šatů **13** stolní souprava; div. sestavená scéna; rozhl., televiz. přijímač **14** zařízení, agregát **15** sport. sada, set ◆ a ~ of teeth chrup; condiment ~ stojánek s nádobkami na koření **~-back** nezdar **~-down** odseknutí slovem, "nos" **~-off** [-ˈ] **1** kontrast **2** kompenzace, vyrovnání **3** zkrášlující doplněk, ozdoba, pozadí **4** ústupek zdi **~-out** [-ˈ] **1** uspořádání **2** vybavení **3** vyložení, výstavka zboží **4** příprava, začátek **5** servis **~-piece** pracná paráda, jemně vypracované dílo ~ **screw** stavěcí šroub **~-square** trojúhelník rýsovací pomůcka **~-to** [ˌsetˈtuː] šarvátka, potyčka **~-up 1** držení těla **2** struktura **3** situace **4** seřízení stroje **5** scéna film **6** rozmístění v rozhl. n. televiz. studiu **7** zá-

běr, šot **8** sport. nahrávka na smeč **9** opatření

settee [seˈtiː] krátká pohovka s opěradlem

setter [ˈsetə] **1** seřizovač, montér **2** sazeč **3** skladatel autor hudebního doprovodu **4** stavěcí pes **5** fot. ustalovač **~-on** [ˌ-ˈ] podněcovatel; útočník

setting [ˈsetiŋ] **1** sázení, kladení **2** seřízení, nastavení přístroje **3** uspořádání **4** polygr. sazba **5** rozvádění pily **6** západ slunce **7** zhudebnění **8** lůžko drahokamu **9** divadelní výprava **10** prostředí, umístění **~-rule**, **~-stick** polygr. sázecí stroj, sázítko **~-up** nastavení, seřízení stroje

settle [ˈsetl] **1** pevně uložit **2** (~ **down**) usadit (se); umístit se; osídlit, kolonizovat **3** vyřešit spor. **4** uspořádat, (~ **up**) vy-, zaǀřídit; ustanovit, určit **5** (~ **up**) vyrovnat (a debt dluh); vyrovnat se **6** pročistit víno **7** dohodnout se (on na) **8** (~ **down**) snést se **9** (~ **down**) ustálit se (to na), soustředit se **10** doživotně věnovat (on komu) **11** odpočívat, spočinout **12** sednout si, usadit se, klesnout na dno ◆ ~ at the bottom usadit se na dně; that -s the matter / question tím je to vyřešeno; ~ to sleep uložit se k spánku **–ement 1** osídlení; osada, kolonie **2** usazení, uspořádání, úprava, urovnání **3** vyrovnání účtu **4** sesedání půdy, zdiva **5** sedlina, kal **6** dohoda, úmluva, smlouva o převodu majetku ◆ make* a ~ vyrovnat se; in ~ of account k úhradě účtu **–er 1** osadník, kolonista **2** slang. rozhodný úder, usazení koho argumentem **–ing** zúčtování, klíring na burze

seven [ˈsevn] sedm **–fold** sedmeronásobný **–teen** [ˌ-ˈtiːn] sedmnáct **–th** [ˈsevnθ] sedmý; sedmina; hud. septima **–tieth** [-tiiθ] sedmdesátý **–ty** [-ti] sedmdesát

sever [ˈsevə] **1** rozdvojit, oddělit,

odloučit (se) **2** odseknout **3** roztít; roztrhnout, prasknout, přetrhnout (se) **4** rozlišovat **5** práv. postupovat odděleně

several ['sevrəl] **1** několik, více **2** rozličný, různý; vlastní, zvláštní **3** samostatný, jednotlivý, příslušný ♦ ~ *times* několikrát **-ly** každý zvlášť, jednotlivě **-ty** individuální držba

severance ['sevərəns] rozdělení, odloučení, oddělení ♦ ~ *pay* odstupné, odškodné

sever|e [si'viə] **1** přísný **2** drsný, krutý, zlý, počasí též bouřlivý **3** těžký, silný **4** střízlivý sloh **5** kousavý poznámka **6** vážný, strohý **7** úplný, naprostý **-ity** [si'verəti] **1** přísnost **2** tvrdost **3** strohost, střízlivost

sew* ['səu] se-, u-, ob|šít ~ *in* všít, přišít ~ *on* přišít ~ *together* sešít ~ *up* **1** zašít **2** slang. utahat

sewage ['sju:idž] splašky, odpadní vody ♦ ~ *works* kanalizační stanice

sewer[1] ['səuə] šička, švadlena

sewer[2] ['sjuə] *s* stoka, kanál ● *v* kanalizovat **-age** ['sjuəridž] kanalizace

sewing ['səuiŋ] **1** šití **2** pl nitě **--machine** šicí stroj **--press** sešívací lis knihařský

sewn *pp* od *sew*

sex ['seks] pohlaví, sex, sexuálnost, nově též pohlavní styk; penis, vulva ♦ ~ *appeal* pohlavní přitažlivost; ~ *bomb* sex bomba; *the fair* ~ krásné pohlaví; *the sterner* ~ silnější pohlaví; *have* ~ souložit

sexagenarian [ˌseksədžiˈneəriən] šedesátník

sexism ['seksizəm] diskriminace podle pohlaví

sextant ['sekstant] šestina kružnice, sextant

sexton ['sekstn] **1** kostelník **2** hrobník

sex|ual ['seksjuəl] pohlavní, sexu-

ální ♦ ~ *intercourse* / *commerce* pohlavní styk, koitus; ~ *relations* pohlavní styk **-y** [-i] pohlavně dráždivý, silně erotický, plný sexu

shab|biness ['šæbinis] **1** ošumělost, otrhanost **2** darebáctví, sprostota **3** lakomost **-by 1** ošumělý, otrhaný **2** darebný, podlý **3** lakotný

shack ['šæk] am. chatrč, dřevěná chata, bouda

shackle ['šækl] *s* **1** článek řetězu, spona **2** tech. závěs listové pružiny **3** pl pouta, okovy ● *v* spoutat; vázat, brzdit

shade ['šeid] *s* **1** stín; odstín **2** stínítko, clona **3** am. roleta **4** duch, přízrak **5** zátiší, skryt **6** pl am. tmavé brýle ♦ *throw** / *put** *into the* ~ zastínit ● *v* **1** stínit, zastínit **2** stínovat **3** chránit před světlem ~ *off* (nechat) přecházet v odstín o barvě

shadow ['šædəu] *s* **1** vržený stín **2** pl přítmí, temno **3** náznak, zdání **4** přelud, duch **5** ochrana, záštita ● *v* **1** (~ *forth*) nastiňovat, naznačovat, rýsovat (se) **2** světlo vytvořit stín, zahalit stínem **-y** stinný; šerý; temný, tmavý

shady ['šeidi] **1** stinný; temný, nezřetelný **2** pochybný, podezřelý

shaft ['ša:ft] **1** kopí, dlouhý šíp; přen. střela **2** držadlo, násada **3** peň, dřík; osa ptačího pera **4** sloup, obelisk **5** kmen stromu **6** oj, ojnice; hřídel **7** pestík **8** šachta **9** komín ♦ *a* ~ *of light* paprsek světla **--horse** náruční kůň **-ing** tech. hřídelové vedení, transmise

shaggy ['šægi] **1** chundelatý **2** zarostlý **3** hrubý, neotesaný **4** zmatený

shah ['ša:] hist. perský šach

shak|e* ['šeik] *v* **1** o-, třást (se), chvět se **2** třepat, lomcovat čím, vytřepat koberec **3** mávat; hrozit pěstí, holí **4** viklat (se), kolísat, potácet se **5** praskat, pukat **6** svíjet se smíchy, rozesmát **7** trylkovat ♦ ~ *hands with* potřást si rukama; ~ *one's head* (*over, at*) vrtět hlavou (nad) ~ **down 1** se-, třást **2** sesednout se, uvelebit se; sžít se **3** prošacovat **4** obrat ~ **off** setřást, zbavit se ~ **out 1** vytřást **2** rozvinout vlajku ~ **up 1** zamíchat třepáním **2** natřást podušky **3** zatřást kým **4** reorganizovat ● *s* **1** po-, třesení, o|třes **2** roztřesenost, pl třesavka **3** potřesení hlavou **4** trylek **5** puklina, trhlina mezi letokruhy **6** chvilka ♦ *in two* -*s* velmi brzy, za okamžik; *all of a* ~ rozechvělý **~-down** [-ʹ] provizorní lůžko na zemi **-en** *pp* v. *shake* **~-up 1** chatrč **2** důkladná reorganizace **3** pozdvižení **-y 1** chatrný, vratký, kolísavý **2** nejistý, nepevný **3** třesoucí se, roztřesený

shale [šeil] *s* geol. **1** jílovitá břidlice **2** lupek

shall [ʹšæl, ʹšəl, ʹšl] pomocné sloveso; *pt, cond should* mám, jsem povinen ♦ *I* ~ *go* půjdu; ~ *I go?* mám jít?; *I should go* šel bych; *he says we should go* říká, že bychom měli jít

shallow [ʹšæləu] *a* **1** mělký, povrchní, slabý **2** triviální, všední ● *v* změlčit se, učinit mělkým ● *s* mělčina **~-brained** [-ʹ-] mělký duševně, omezený

sham [ʹšæm] *a* napodobený, falešný, předstíraný, fingovaný ♦ ~ *fight* předstíraný boj ● *s* klam, podvod; napodobenina, imitace, náhražka; simulant ● *v* (-*mm*-) oklamat, podvést, předstírat, simulovat; dělat (se) (*dead* mrtvým)

shamble [ʹšæmbl] belhat(se), šmajdat, pajdat

shambles [ʹšæmblz] sg **1** jatky **2** trosky, rumiště **3** zmatek, bordel

shame [šeim] *s* **1** hanba, stud **2** ostuda ♦ *for* ~ *!* hanba!, styď se!; *put* * *to* ~ zahanbit; *think* * *it a* ~ (*to do it*) považovat za hanbu (udělat to) ● *v* zahanbit, zostudit koho

~-faced ostýchavý **-ful** hanebný, ostudný; nestydatý **-less** nestoudný, nestydatý

shampoo [ʹšæmʹpu:] *v* mýt (si) vlasy šamponem ● *s* (u)mytí hlavy, šamponování; šampon

shamrock [ʹšæmrok] bot. bílý jetel, trojlístek ir. národní květina

shank [ʹšæŋk] **1** holeň **2** noha **3** nožka houby, stonek **4** troubel **5** tyč, rameno **6** vřeteno, dřík klíče, sloupu, kotvy **7** násada; čep kola ♦ ~ *cutter* tech. stopková fréza **-ing** tech. tváření, profilování ♦ ~ *machine* vodorovná obrážečka

shan't [ʹša:nt] = *shall not*

shanty[1] [ʹšænti] chatrč, bouda, chýše

shanty[2] [ʹšænti] námoř. popěvek

shape [ʹšeip] *s* **1** tvar, podoba **2** forma, kadlub, model **3** postava, fantóm **4** kostým herce **5** pl tech. tvarová ocel ♦ *of the newest* ~ nejnovější předmět ● *v* **1** tvořit (se); tvarovat, utvářet, formovat, obrábět **2** vystavět, dát dohromady **3** dopadat, vyvíjet se ♦ -*d iron* tvarová ocel **-less** beztvárný, beztvarý, neformný **-ly** pěkných tvarů, pěkně rostlý, souměrný

shard [ša:d] *s* střep

share [ʹšeə] *s* **1** díl, podíl (*in the commodities* na zboží) **2** akcie ♦ *fall* * *to one's* ~ připadnout komu; *go* * -*s with* spravedlivě se dělit; *take* * *in* podílet se na ● *v* **1** dělit (se), rozdělit (si mezi sebe) **2** mít účast, podílet se (*in* na) **-holder** [-ʹ-] akcionář

shark [ʹša:k] *s* **1** zool. žralok **2** lichvář, podvodník **3** am. kabrňák ● *v* **1** podvádět, vydírat, příživničit **2** hltat

sharp [ʹša:p] *a* **1** ostrý, špičatý **2** řízný, rázný; prudký nápor; hbitý, rychlý krok **3** přísný; velký pozor **4** bystrý, chytrý **5** mazaný, prohnaný **6** hud. o půltón vyšší **7** jízlivý, uštěpačný ♦ *look* ~ přičinit se: *at two o'clock* ~ přesně za dvě hodiny ♦ *s* 1 ostří, břit, špička 2 ostrá jehla 3 tón zvýšený o půltón 4 hud. křížek 5 hovor. podvodník, am. hovor. znalec ● *v* 1 podvádět, šidit, hrát falešně 2 zvýšit o půltón ~-edged ostrohranný –en 1 na-, brousit; zahrotit (se); ořezat 2 povzbudit 3 zostřit se situace 4 zvýraznit 5 zvýšit o půltón –ener [-nə] 1 brusič 2 brus, brousek 3 ořezávátko –er podvodník, falešný hráč ~-eyed bystrozraký ~-shooter [-ˌ] ostrostřelec ~-witted [-ˈ] o-strovtipný

shatter [ˈšætə] 1 rozbít (se), roztříštit (se) 2 roztrousit 3 otřást zdravím, nervy

shav|e [ˈšeiv] *v* 1 holit (= *o.s.* se) 2 ořezat, ohoblovat, okrájet 3 přen. obrat, okrást, ošidit 4 proklouznout ● *s* 1 (o)holení 2 škrabka 3 tech. poříz 4 řízek 5 ošizení, podvod 6 únik o vlásek ♦ *have a* ~ o-holit se –er 1 holič 2 škrabač, ořezávač 3 holicí strojek 4 lump, gauner 5 hovor. mladík, holobrádek 6 vydřiduch, lichvář –ing 1 holení 2 pl hoblovačky –ing-brush štětka na holení

shawl [ˈšo:l] šátek, přehoz, šál

she [ˈši:] *pron* ona ♦ ~ *herself* ona sama ● *s* žena; samice ♦ ~-cousin [-ˈ] sestřenice; ~ *friend* přítelkyně ~-goat [-ˈ] koza

sheaf* [ˈši:f] snop; otep; svazek ● *v* vázat do snopů

shear* [ˈšiə] *v* o-, stříhat ● *s* 1 stříhání, střih, stříž ovcí 2 pl velké nůžky (*a pair of-s*) ♦ ~ *steel* svářková ocel –ing 1 stříhání, střih, stříž ovcí 2 pl odstřižky ♦ ~ *machine* strojní nůžky; ~ *strength* pevnost ve střihu (ve smyku)

sheath [ˈši:θ] pl –s [ˈši:ðz] pochva, pouzdro, kryt; prezervativ –e [ˈši:ð] 1 strčit do pochvy; opatřit pochvou, pouzdrem 2 přen. po-

hroužit 3 zatáhnout drápy 4 povléci, potáhnout 5 obednit, šalovat

sheave [ˈši:v] *s* 1 lanová kladka 2 text. cívka ● *v* vázat do snopů

shed¹ [ˈšed] 1 bouda, kolna, přístřešek 2 hangár, garáž, remíza, vozovna

shed² [ˈšed] *v* (-dd-) 1 ronit slzy, prolévat krev 2 ztrácet, shazovat listí, parohy; zbavovat se postupně 3 šířit kolem sebe ♦ ~ *light on* osvětlit co

sheen [ˈši:n] lesk, lesklá tkanina

sheep* [ˈši:p] 1 zool. ovce 2 ovčí kůže 3 nesmělý člověk, bačkora ♦ *black* ~ prašivá ovce; *cast* / make* ~'s eyes at* vrhat zamilované pohledy; ~'s *clothing* beránčí roucho ~-fold, ~-pen ovčinec ~-ish nesmělý, ostýchavý, trpný, neohrabaný ~-shearing [-ˌ] stříž ovcí –skin ovčí kůže, beránek

sheer [ˈšiə] *a* 1 pouhý, vyložený, naprostý 2 čirý, ryzí; textil průsvitný 3 strmý, příkrý ● *adv* 1 úplně, přímo, naprosto 2 příkře, srázně ● *v* ~ *off* odchýlit se od kursu loď, odbočovat, vyhnout se

sheet [ˈši:t] *s* 1 arch papíru 2 prostěradlo (i vnitřní pokrývka) 3 vodní ap. plocha 4 tabule skla, kus plechu 5 námoř. plachetní lano ♦ *-s of rain* lijavec ● *v* 1 povléknout (*a bed* postel) 2 pokrýt, obkládat, oplechovat 3 upevnit plachtu ♦ ~ *copper* desková měď; ~ *glass* tabulové sklo; ~ *lightning* blýskavice; ~ *metal* tabulový plech ~ *anchor* náhradní kotva, poslední naděje –ing 1 véba, ložní prádlo 2 materiál k válcování, válcovaný tovar 3 bednění, šalování

shelf* [ˈšelf] 1 police 2 plošina útesu ♦ *on the* ~ odstavený, odložený ad acta

shell [ˈšel] *s* 1 lastura, škeble 2 krovka, krunýř, pouzdro 3 granát, šrapnel **4** rakev vnitřek **5** pouzdro s výbušninou, koš meče, plášť u přístrojů **6** am. patrona, náboj **7** stav. kostra domu, skořepina **8** brit. důstojnická blůza ● *v* **1** loupat (*off* se), louskat **2** ostřelovat granáty ~ **out** slang. vysolit, vypláznout peníze **~-proof** odolný proti bombám a granátům **~-work** výzdoba z lastur

shellac [šə'læk] šelak
shellfish ['šelfiš] korýš, měkkýš
shelter [šeltə] *s* **1** útulek, přístřeší **2** útočiště (*from* před) **3** kryt, zákop ● *v* chránit, krýt, skrývat (se), hledat ochranu **–less** bez přístřeší
shelve[1] ['šelv] **1** postavit na polici **2** opatřit regály **3** přen. dát ad acta, opustit plán, odložit vyřízení ap.
shelve[2] ['šelv] mírně se svažovat
shenanigan [šə'nænigən] *s* hovor. vylomenina, opičárna, šaškárna; podfuk, lumpárna
shepherd ['šepəd] *s* pastýř, ovčák ● *v* hnát ovce; pečlivě vést n. pořádat, provázet, dělat manažera, duchovně vést **–ess** [-is] pastýřka
sherbet ['šə:bət] šerbet nápoj, ovocná šťáva
sheriff ['šerif] **1** brit. nejvyšší úředník hrabství **2** am. šerif, soudce **–dom, –ship** úřad šerifa
shield ['ši:ld] *s* **1** štít **2** přen. ochrana, záštita **3** kryt, clona; plášť kabelu ● *v* chránit, skrývat (*from* před) **~-bearer** [-,-] štítonoš
shift[1] [šift] **1** pře, po|sunout (se) **2** vinout se **3** (z)měnit (se), (za)měnit za, střídat (se); předat z ruky do ruky, vyměnit si **4** přerovnat **5** přesadit, odstranit **6** protloukat se, ~ *for o.s.* postarat se sám o sebe **7** zaujmout novou pozici **8** řadit rychlosti u auta ◆ ~ *the sails* přestavit plachty ~ **away, off** pře-, od|sunout, odstrčit, odstranit; zmizet po anglicku ~ **out** vysunout, vypnout ~ **round** obrátit

shift[2] [šift] **1** změna místa n. polohy, otočení, posunutí **2** prostředek, pomůcka, pomoc z nouze, náhražka; úskok, trik **3** zeměd. střídání plodin, výměna **4** směna (*night* ~ noční směna) **5** zlom, zborcení, sesun žíly v dolech ◆ *make*[*] ~ hledět si pomoci n. vyjít; *make*[*] ~ *to live* hledět se uživit: *he is put to his last -s* dospěl až k nejhoršímu **–less** bezradný, neschopný **–y** [-i] **1** vynalézavý, nápaditý **2** prohnaný, rafinovaný
shilling ['šiliŋ] (zkr. *s, sh*) šilink (do r. 1971)
shilly-shally ['šili,šæli] *a* nerozhodný, váhavý ● *s* nerozhodnost, váhání ● *v* kolísat, váhat
shimmer ['šimə] *v* třpytivě svítit, mihotat se; lesknout se ● *s* mihotavé světlo, blikání
shimmy ['šimi] am. shimmy druh tance
shin ['šin] *s* holeň ● *v* (*-nn-*) **1** šplhat (*up*) **2** zkopat koho **3** am. mazat, utíkat
shindy ['šindi] kraval, bengál
shine ['šain] *v*[*] **1** svítit, třpytit se; o-, roz-, zářit **2** lesknout se **3** (vy)leštit, (vy)cídit ● *s* **1** svit, lesk, třpyt, záře **2** jasné počasí **3** slang. bengál, brajgl
shingle ['šiŋgl] *s* **1** šindel **2** am. firemní štít **3** oblázkový břeh ● *v* **1** pokrýt šindelem **2** krátce ostříhat vlasy
shin|ing ['šainiŋ] jasný, zářivý **–y** jasný, lesklý, oblýskaný
ship ['šip] *s* loď ◆ *on board* ~ na loď, na lodi, na palubě ● *v* (*-pp-*) **1** nakládat na loď, nalodit; dopravovat **2** jet lodí, plout, plavit (se) **3** (dát se) najmout za plavce; najmout posádku **4** upevnit, zasadit na lodi, uložit do lodi **5** obch. a am. poslat, dodat ~ **away** odeslat **~-broker** [-,-] lodní agent **~-builder** [-,-] stavitel lodi, loďař **~-carriage** [-,-] lodní náklad **–mate** spolunámořník, lodník **–ment** lodní zásilka; lodní doprava; am.

odeslání, zásilka **--owner** [ˈ-ˌ] vlastník lodi, rejdař **–per** lodní zasílatel, speditér; dopravní obal **–ping 1** lodní doprava / zásilka **2** náklad, nakládání **3** loďstvo ♦ ~ documents přepravní doklady **–ing-agent** [ˈ-ˌ] lodní jednatel **–shape** dobře uložený, přen. v pořádku **--way** skluz v suchém doku, lodní trasa **–wreck** [ˈšiprek] s ztroskotání lodi, lodní vrak ● v ztroskotat; zničit **–wright** [ˈšiprait] lodní tesař, loďař **–yard** [ˈšipja:d] loděnice

shire [ˈšaiə] hrabství, okres

shirk [ˈšaːk] v vyhýbat se práci, povinnosti ● s = shirker **–er** lenoch, ulejvák

shit [šit] obsc. v srát ● s **1** hovno **2** sraní, sračky **3** přen. sračka **4** srágory, kecy **5** pl the **~s** sračka průjem ● interj do prdele!

shiver [ˈšivə] v **1** za-, chvět (se), rozechvět (se), za-, třást (se) **2** chvět se, třepetat se ve větru

shoal [šoul] s **1** mělčina **2** písčina

shock[1] [šak] s **1** úder, rána **2** duševní otřes, leknutí **3** náraz, otřes, rána **4** přen. otřes; otřesení důvěry; pohoršení **5** med. šok mohutný otřes organismu ● v **1** dát ránu elektrickou **2** vyděsit, šokovat, způsobit otřes, otřást kým **3** narazit, prudce se srazit

shock[2] [šak] s **1** přen. kupa, halda, stoh; pačes, kštice, chundel, chomáč vlasů **2** panák, mandel obilí obyčejně ze dvanácti snopů

shod [ˈšod] pt, pp od shoe

shodden [ˈšodn] pp od shoe

shoddy [ˈšodi] s šmejd látka; odpad, podřadné zboží, brak ● a chatrný, podřadný, šmejdový; ošumělý ♦ ~ goods zmetky

shoe [ˈšu:] s **1** střevíc, am. bota **2** podkova **3** bota, botka sloupu, piloty apod. **4** tech. kovová bota, patka **5** patka nohy nábytku **6** plášť pneumatiky **7** špalík brzdy, zarážka pod kolo ♦ that's another pair of -s to

je jiná věc; be in another person's -s být na místě někoho jiného; place a person in the -s of another person ustanovit někoho na něčí místo ● v* obout; okovat; podkovat ♦ be well shod chodit pěkně obutý; ~ the goose chytat lelky **–black**, **--boy** čistič bot **--blacking** [ˈ-ˌ] leštidlo na obuv **–horn** lžíce na obouvání **--knife*** knejp **--lace** = ~-string **–maker** obuvník, švec **--nail** cvoček **--string 1** šněrovadlo **2** am. drobet; nepatrný, jen tak tak

shone [ˈšon] pt, pp od shine

shoo away [ˈšu:] zaplašit

shook [ˈšuk] pt od shake

shoot* [ˈšu:t] v **1** střílet (at na), vy-, (dead n. to death) za|střelit; vypálit **2** vyrazit; hnát (se), přeletět, proběhnout (along, past podle), řítit se **3** vyklopit, vysypat **4** točit, filmovat **5** vysílat, vyrážet; zastrčit západku **6** kmitnout se, mihnout se **7** tryskat; pučet, rašit, klíčit, rychle růst **8** vystřelovat bolest **9** táhnout se, dosahovat, trčet, zdvihat se (out, up) **10** (one's lips) ohrnout rty **11** udělat snímek **12** sport. střílet na branku ♦ ~ a bridge podplout mos; ~ a line slang. chvástat se ~ **ahead** vyrazit vpřed ~ **down** sestřelit ~ **forth** vyrazit; vyklíčit ~ **off** vystřelit, vypálit ~ **out** vyhodit, vymrštit; vyčnívat; vyrazit ~ **up 1** tryskat; letět do výše; vyrážet, růst **2** tyčit se **3** terorizovat střelbou ● s **1** zast. výstřel, rána **2** odstřel, střelba, střílení, odpálení rakety **3** výhonek, odnož **4** slap **5** nakloněná plocha, skluzný žlab, skluzavka, smyk **6** střelec, honec **7** revír **–er** střelec **–ing 1** střílení, střelba **2** revír **3** honitba ♦ ~ star létavice, meteor

shop [ˈšop] s **1** zvl. brit. krám, obchod **2** dílna **3** řemeslo ♦ all over the ~ všude, sem tam; engineering ~ strojnická dílna; talk ~ mluvit odborně n. o svých záležitostech ● *v (-pp-)* nakupovat, jít nakupovat; prodávat **–floor** dílna; tovární dělnictvo **–keeper** [ᴵ-] kramář, obchodník **~-lifter** krámský zloděj **–per** nakupující, zákazník **–ping** nakupování ◆ *go* / be ~* nakupovat; *~ bag* nákupní taška; *~ center* am. obchodní středisko ve městě **~-steward** brit. závodní důvěrník **~-walker** [ᴵ-] dozorčí služba *~* **window** výklad, výloha **~-worn** am. zboží partiový, poškozený

shore[1] [ᴵšo:] s **1** břeh, pobřeží **2** podpěra ● *v ~ up* podepřít podpěrou

shore[2] [ᴵšo:] *pt* od *shear*

short [ᴵšo:t] *a* **1** krátký; malý, nízký **2** krátkodobý **3** nedostatečný, neúplný, omezený **4** úsečný, stručný **5** sporý, skoupý **6** pečivo křehký **7** silný, řízný o lihovině ◆ *in ~* zkrátka; *be ~ of* nemít čeho dost; *come* / fall* ~* nedostačit, neuspokojit; *~ circuit* krátké spojení; *~ commons* nedostatečné stravování; *cut* ~* zkrátit; *~ cut* nadcházka; *~ fuse* am. prchlivost; *be ~ in experience* nemít dostatek zkušeností; *be ~ of hands* nemít dostatek pracovníků; *be ~ with a p.* mluvit stroze s; *bring** n. *pull up ~* zarazit, přerušit; *for ~* zkráceně; *keep* ~* držet zkrátka; *nothing ~ of* téměř; *run* ~* nevystačit *(of* s*)*; *stop ~* náhle se zastavit, přestat; *~ story* povídka; *turn ~* náhle se obrátit; *~ of sight* krátkozraký ● *s* **1** krátká slabika **2** obch. baissista **3** obch. krátkodobý dluhopis **4** panák lihoviny **5** pl krátké kalhoty, šortky **–age** [-idž] nedostatek, manko ◆ *housing ~* bytová tíseň **–coming** nedostatek **–en** zkrátit (se) **–hand** těsnopis **~-lived** [-livd] přechodný, krátce žijící / trvající **–ly 1** zakrátko, brzy **2** zkrátka, stroze **~-run** *production* malo-

sériová výroba **~-sighted** [ᴵ-ᴵ] krátkozraký **~-spoken** [ᴵ-ᴵ] úsečný **~-tempered** [ᴵ-ᴵ] popudlivý, prchlivý **~-term** krátkodobý **~-wave** *transmitter* krátkovlnný vysílač

shot[1] [ᴵšot] *s* **1** výstřel, rána, odpálení **2** zásah, trefa **3** dostřel **4** (pl ~) náboj, kulka, brok **5** střelec určité dokonalosti **6** účet v hostinci **7** vrh rybářskou sítí, zátah **8** prohození tkalcovského člunku **9** dávka, injekce **10** film. záběr, šot **11** poznámka **12** sport. prudký kop / hod **13** bot. výhonek ◆ *have a ~ at it* slang. pokusit se o to; *small ~* broky; *big / great ~* koule; *~ peening* stroj. brokování; *roll / chest ~* koš. střelba obouruč trčením od prsou ● *v (-tt-)* **1** nabíjet střelnou zbraň **2** zatížit broky **~-gun** brokovnice

shot[2] [ᴵšot] *pp, pt* od *shoot* ● *a* měňavý ◆ *~ silk* šanžán

should [ᴵšud, ᴵšad, ᴵšt] *pt, cond* od *shall* prostředek k opisu konjunktivu **~-be** rádoby, požadovaný

shoulder [ᴵšəuldə] *s* **1** rameno; plece **2** pl bedra, záda **3** plecko **4** úbočí hory **5** krajnice silnice ◆ *reverse ~* protinatočení (lyže); *shrug one's -s* pokrčit rameny ● *v* vzít na sebe, převzít; protlačit se *(through* čím) **~-blade** lopatka kost **~-strap** ramínko prádla, voj. nárameník

shout [ᴵšaut] *v* pokřikovat, křičet *(at* na), řvát ● *s* po-, křik, volání

shove [ᴵšav] *v* strkat (se), šoupat *~ off* odrazit s lodí ● *s* strčení, rýpnutí, šťulec

shovel [ᴵšavl] *s* lopata ● *v (-ll-)* házet lopatou *~ up* nahromadit *(money* peníze)

show* [ᴵšəu] *v* **1** ukazovat, stavět na odiv; vystavovat, odhalovat **2** dát najevo, prozrazovat, značit **3** osvědčit, prokázat **4** předvádět, projevit (se), dokázat **5** ukazovat se, dělat se, stavět se **6** dovést, doprovodit koho 7 vyčnívat, koukat 8 uvádět hru, promítat film ♦ ~ a clean pair of heels ukázat paty; ~ mercy dát milost, slitovat se ~ in uvést návštěvu ~ off vystavit na odiv, chlubit se ~ out doprovodit ke dveřím, přen. vyprovodit koho ~ round provést koho ~ up 1 odhalit koho 2 být přítomen (at při), dostavit se ● s 1 odiv, podívaná 2 představení, divadlo 3 nádhera, okázalost, sláva 4 přehlídka, výstava; podívaná, revue, estráda, karneval, cirkus, atrakce, show 5 možnost, šance ♦ for ~ okázale, na odiv; make* a ~ of chlubit se, dělat se, stavět se; make* a fine ~ skvěle vypadat; dumb ~ němohra ~-business divadelní, filmové podnikání ~-boat am. 1 loď komediantů 2 slang. kdo se snaží upoutat pozornost ~-case vitrina ~-down rozhodující zkouška, boj, zúčtování –man* 1 producent, režisér 2 majitel kina / cirkusu 3 vystavovatel 4 showman ~-room výstavní síň ~-window [¹-﹐] am. výkladní skříň

shower [¹šauə] s liják, přeháňka; prška ● v lít, silně pršet ~-bath sprcha –y [-ri] přeháňkový

shown [¹šəun] pp od show

showy [¹šəui] okázalý, nápadný

shrank [¹šræŋk] pt od shrink

shrapnel [¹šræpnl] šrapnel

shred* [šred] v (-dd-) rozřezat / roztrhat na kousky ● s kousek; odřezek, odstřižek; cár, hadr ♦ tear* to -s roztrhat na cucky –der [-ə] skartovací stroj

shrew [¹šru:] 1 zlá žena, dračice 2 (též -mouse*) zool. rejsek

shrewd [¹šru:d] chytrý, bystrý; oprávněný

shriek [¹šri:k] ječet, křičet, vřískat

shrift [¹šrift]: give* a p. a short ~ zatočit s někým

shrill [¹šril] a pronikavý, ostrý ● v ječet, vřískat

shrimp [¹šrimp] s 1 zool. garnát mořský krab 2 hovor. skrček ● v lovit garnáty

shrine [¹šrain] 1 schránka s ostatky 2 kaple, svatyně 3 hrobka světce

shrink* [¹šriŋk] 1 zmenšovat se, scvrknout se, srazit se, seschnout se 2 ustoupit (from od, před) 3 podlehnout, zhroutit se (under pod) ~ up srazit se ♦ ~ up one's shoulders pokrčit rameny –age [-idž] srážení, smrštění, sesychání dřeva ~-wrap s smršťovací fólie ● v (-pp-) balit do smršťovací fólie

shrivel [¹šrivl] (-ll-) scvrkat se, svraštit (se)

shroud [¹šraud] s 1 rubáš 2 přen. plášť 3 ochrana ● v 1 zahalit, odít rubášem 2 po-, krýt

shrub [¹šrab] zákrsek, křoví –by [¹šrabi] křovinatý

shrug [¹šrag] (-gg-) po-, krčit rameny

shrunk [¹šraŋk] pt, pp od shrink ♦ ~ ring tech. zděř –en zakrnělý

shudder [¹šadə] v o-, třást se, za-, chvět se hrůzou ● s zachvění, roztřesení hrůzou

shuffle [¹šafl] v 1 šoupat nohama, štrachat se 2 vytáčet se, vymlouvat se 3 promíchat 4 míchat karty 5 neohrabaně se oblékat / svlékat ~ off setřást, odmítnout, zbavit se ● s 1 šoupání, šoupavý krok 2 míchání karet 3 lest, úskok, podfuk –ing úskočný, lstivý, nepoctivý

shun [¹šan] (-nn-) vyhýbat se, stranit se –pike s am. okresní silnice ● v jet po okresní silnici –piker am. ten, kdo jezdí po okresních silnicích (vyhýbá se hlavní silnici, dálnici)

shunt [¹šant] v 1 přesunout na jinou kolej 2 elektr. přepnout ● s 1 přesunutí 2 přepínač 3 přípojka kolej, výhybka 4 nehoda při automobilových závodech ♦ ~ motor derivační motor *-ing station* se-řaďovací nádraží

shut* [ˈšat] *v* (-*tt-*) **1** zavřít (se), zamknout, zatarasit **2** vyloučit (*from z*) **~ down** stáhnout roletu, zavřít obchod, zastavit práci **~ off 1** zarazit, vypnout proud **2** vyloučit (*from z*) **3** přerušit telefonní hovor, zavěsit **~ out** zahradit, vyloučit **~ up 1** zamknout, zavřít **2** umlknout; umlčet ♦ **~** *up!* vulg. mlč!, drž hubu! ● *s* **1** (u)závěr, (u)zavření **2** víko, záklopka, o-kenice **3** svár, šev trubky **~-down** zastavení práce **–ter 1** okenice **2** fot. uzávěrka **3** klapka **4** bednění

shuttle [ˈšatl] *s* **1** tkalcovský člunek **2** am. kyvadlový vlak, -á doprava **3** kosm. raketoplán ● *a* kyvadlový v dopravě

shy [ˈšai] *a* **1** plachý, ostýchavý **2** opatrný **3** podezíravý **4** zapadlý **5** pochybný **6** špatně rostoucí ● *v* **1** plašit se o koních **2** lekat se **3** uhnout (*at* před) **4** lid. hodit (*at* na) ● *s* pl plašení koně

sib [ˈsib] rod **–ling** sourozenec

sibilant [ˈsibilant] *a* sykavý, sykavkový ● *s* sykavka hláska

sibling [ˈsibliŋ] *s* sourozenec

sic[1] [sik] *adv* tak, takto, sic

sic[2], **sick** [sik] *v* poštvat, pustit ● *interj* chyť, trhej, vem si

siccative [ˈsikətiv] tech. sušidlo, sikativ

sick [ˈsik] **1** zejm. am. nemocný, churavý **2** nezdravý, chorobný, zvrácený **3** pobledlý, zažloutlý **4** sklíčený, smutný ♦ *fall* / grow* ~* onemocnět; *be ~* **1** zvracet **2** am. být nemocen; *be ~ of* být přejeden, přesycen, hovor. mít čeho dost (*až po krk*), být otráveny z / čím; *be ~ for* toužit po, stýskat se po; *~ certificate* am. lékařské vysvědčení; *it makes* me ~* dělá se mi z toho nanic **~-bed** lůžko nemocného **~-benefit** nemocenské **–en 1** onemocnět, ochuravět (*of* čím), způsobit onemocnění **2** vy-

volávat hnus (*a p.* v kom), znechutit **3** jevit příznaky (*for* čeho) **~-leave** [ˈsikliːv] zdravotní dovolená **~-nurse** ošetřovatelka nemocných, sestra **~-out** organizovaná pracovní neschopnost forma stávky

sickle [ˈsikl] srp **~-shaped** srpovitý

sickly [ˈsikli] chorý, neduživý, bledý, mdlý

sickness [ˈsiknis] **1** choroba, nemoc **2** zvracení ♦ *~ insurance* nemocenské pojištění

side [ˈsaid] *s* **1** strana, bok, stěna skříně apod., bočnice, postranice (*též ~ plate*) **2** svah, stráň **3** krajina **4** břeh řeky, pobřeží **5** politická strana **6** stránka, rys ♦ *~ by ~* bok po boku, vedle sebe; *put* on ~* chovat se hrdě; *speak* on a p.'s ~* mluvit v něčí prospěch; *take* ~ with a p.* stranit komu: *on the other ~* na druhé straně; *the wrong ~ up* vzhůru nohama ● *v* **1** stranit, podporovat (*with* koho) **2** kráčet / stát na čí straně, rovnat se komu **–board** bufet nábytek, kredenc **~-car** přívěsný vozík motocyklu **~-dish** příkrm **~-dress** přihnojit **~-face** profil **~-glance** pohled úkosem **–long** kosý, šikmý, postranní; nedůvěřivý **~-note** o-krajová poznámka **~-splitter** [ˈsaidˈsplitə] švanda **~-table** servírovací stolek

sidereal [saiˈdiəriəl] hvězdný

side|view [ˈsaidvjuː] pohled z profilu **–walk** am. chodník **–ways** stranou, bokem

siding [ˈsaidiŋ] výhybka, vedlejší kolej; tovární vlečka

sidle [ˈsaidl] jít, pohybovat se bokem **~ up** *to* přikrást se, přitočit se k

siege [ˈsiːdž] obležení, obléhání *lay* ~ to a town* oblehnout město; *raise the ~* upustit od obléhání

sieve [ˈsiv] síto, řešeto

sift [ˈsift] **1** prosívat **2** tříbit **3** prověřovat, kádrovat **–er** sítko, sypátko, prosívadlo

sigh ['sai] v 1 vzdychat, toužit (after, for po) 2 kvílet o větru 3 želet, naříkat ● s po-, vzdech

sight ['sait] s 1 zrak; pohled, podívaná 2 zaměření, zamíření 3 pl mířidla u děla 4 okénko, hledí 5 předložení směnky ♦ at ~ 1 na pohled 2 obch. na viděnou; at first ~ na první pohled; by ~ od vidění; in ~ of v dohledu; out of ~ z dohledu; the ~ of a gun muška pušky; catch* ~ of zahlédnout: come* in ~ ukázat se; have in ~ mít v úmyslu; play at ~ hrát z listu; see* the -s prohlédnout si památky; a ~ of money spousta peněz ● v 1 spatřit, zahlédnout, zpozorovat; zpozorně se dívat, prohlížet si 2 na-, mířit 3 opatřit měřidly, průzorem **–ing** zaměřování, nastřelování; pozorování **–less** nevidomý, slepý **–ly** úhledný, pěkný **~–seeing** prohlídka pamětihodností

sign ['sain] s 1 znamení 2 znak, značka 3 štít vývěsní, odznak 4 firma 5 pokynutí, pokyn 6 podpis 7 bibl. zázrak, znamení 8 mat. znaménko 9 med. příznak, reflex ♦ ~ of exclamation vykřičník; ~ of interrogation otazník; ~ of quotation uvozovka ● v 1 označit, poznamenat 2 podepsat 3 dát znamení, naznačit (l -ed to Mr X. to come naznačil jsem p. X., aby přišel) ♦ ~ one's name podepsat se; ~ and seal schvalovat ~ off končit rozhlasové vysílání ~ on (dát se) najmout k práci; ohlásit začátek rozhlasového vysílání **–board**, **~–post** ukazatel směru **~–off** ['sainof] konec rozhlasového vysílání

signal ['signl] s návěští, znamení, signál ● a vynikající, pozoruhodný; rozlišovací ● v (-ll-) dát znamení / signál, signalizovat **–ize** [-aiz] signalizovat; vyznačit, vytýčit **–ler**, **–man*** signalista; signalizační zařízení

signat|ory ['signətəri] a signatární ● s signatář **–ure** ['signəčə] 1 podpis, parafa, šifra 2 hud. předznamenání; rozhl. znělka 3 polygr. archová značka

signet ['signit] pečeť

signif|icance, **–icancy** [sig'nifikəns(i)] význam, významnost ♦ ~ level hladina významnosti **–icant** významný **–ication** [,signifi'keišən] 1 označení, oznámení 2 význam, důležitost **–icative** [,signi'fikətiv] mající smysl, významný **–y** ['signifai] 1 znamenat; o-, značit, dát najevo 2 mít význam

sil|ence ['sailəns] s mlčení, ticho; pominutí mlčením ♦ keep* ~ mlčet, zachovat mlčení; pass over in ~ pominout mlčením; put* to ~ umlčet ● v umlčet, utišit **–encer** ['sailənsə] tlumič výfuku **–ent** mlčící; klidný, tichý, němý, bezhlučný

silic|a ['silikə] křemen **–ious** [si'lišəs] křemenitý **–on** [-ən] křemík **–osis** [,sili'kəusis] silikóza

silk ['silk] 1 hedvábí, hedvábné šaty 2 pl hedvábné látky n. zboží **–en** 1 hedvábný 2 jemný, měkký 3 změkčilý, zženštilý 4 sladký, úlisný ♦ ~ hat cylindr **~–worm** zool. bourec **–y** hedvábný; měkký, jemný, hebký; sladký, lichotný

sill ['sil] práh ♦ window ~ okenní římsa

silly ['sili] a pošetilý, zpozdilý, hloupý ● s hlupáček, trouba, trdlo

silo* ['sailəu] silo, zásobník

silt ['silt] s kal, náplav, bahno ● v ucpat (se) bahnem

silver ['silvə] s stříbro, stříbrné peníze n. nádobí ● v po-, stříbřit **~–mine** stříbrný důl **~–mounted** [-,-] zasazený do stříbra **–smith** stříbrník, stříbrotepec **–y** [-ri] 1 stříbřitý 2 stříbrozvuký

simil|ar ['similə] podobný **–arity** [,simi'lærəti] podobnost **–e** [s'mili] přirovnání, podobnost **–itude**

[si'militju:d] podobnost, podoba; srovnání, přirovnání

simmer ['simə] zvolna (se) vařit, vřít též přen.

simper ['simpə] v culit se ● s culení, samolibý úsměv

simple ['simpl] a 1 jednoduchý 2 prostý 3 prostoduchý, hloupý 4 nelíčený, nestrojený, přirozený 5 mat. prvního stupně rovnice ● s 1 prostá věc, prosťáček 2 léčivá bylina **~-hearted** [ˌ-ˌ] prostosrdečný **~-minded** [ˌ-ˌ] prostoduchý

simpleton ['simpltən] naivka, hlupák, blbeček

simpli|city [sim'plisəti] jednoduchost, prostota, naivnost **~-fication** [ˌsimplifi'keišən] zjednodušení **~-fy** ['simplifai] zjednodušit, usnadnit

simul|ant ['simjulənt] biol. podobající se (of čemu) **~-ate** předstírat, napodobit, simulovat **~-ation** [ˌsimju'leišən] napodobení, přetvářka, simulování **~-ator** [-eitə] simulátor

sin ['sin] s hřích, prohřešek, přestupek (against proti) ● v (-nn-) (z)hřešit (against proti) **~-ful** hříšný **~-ner** hříšník

since ['sins] adv od té doby ● conj 1 od té doby, co 2 ježto, poněvadž ● prep od (~ the morning od rána)

sincer|e [sin'siə] upřímný, opravdový, ryzí **~-ity** [-serəti] upřímnost

sine ['sain] mat. sinus

sinecure ['sainikjuə] sinekura, výnosný úřad

sinew ['sinju:] 1 šlacha, sval 2 pl svalstvo, síla, houževnatost

sing* [siŋ] zpívat (of o), opěvovat ◆ ~ small zpívat jinou, zkrotnout ~ out zahlaholit

singe ['sindž] v sežehnout, připálit (se) ● s připálenina, přiboudlina

sing|er ['siŋə] zpěvák **~-ing** zpěv **~-ing-bird** zpěvavý pták **~-ing-master** (-mistress) [ˌ-ˌ] učitel, -ka zpěvu

singl|e ['siŋgl] a 1 jednoduchý, jediný, jednotlivý; prostý 2 samotný, osamělý 3 svobodný ● s sport. dvouhra, singl ● v 1 rozdělit jednotlivě 2 vybrat, vyhledat ~ out vybrat (si) **~-breasted** [ˌ-ˌbrestid] jednořadový kabát **~-celled** [-seld] anat. jednobuněčný **~-engined** [ˌ-ˌendžind] jednomotorový ~ **entry** book-keeping jednoduché účetnictví **~-handed** [ˌ-ˌ] užívající jen jedné ruky, bez pomoci, sám **~-hearted** [ˌ-ˌ] upřímný ~ **line** elektr. jednoduché vedení **~-minded** [ˌ-ˌ] soustředěný, cílevědomý **~-phase** jednofázový **~-track** jednokolejný

singlet ['siŋglit] tílko, tričko **~-on** ['siŋgltən] 1 unikát 2 jediné mládě 3 mat. množina obsahující jediný prvek

singsong ['siŋsoŋ] monotónní přednes

singular ['siŋgjulə] a 1 jednotlivý 2 zvláštní, neobyčejný, pozoruhodný 3 jednoduchý, jedinečný 4 odlišný, neobvyklý 5 jaz. jednotný, singulárový ● s jaz. jednotné číslo; jednotlivec **~-ity** [ˌsiŋgju'lærəti] 1 jedinečnost, mimořádnost 2 zvláštnost, podivnost 3 odlišnost

Sinhalese [ˌsinə'li:z] a sinhálský ● s 1 Sinhálec 2 sinhálština

sinister ['sinistə] 1 neblahý, zlý, zlověstný 2 erb. levý 3 zlomyslný, nekalý ◆ ~ look zlý pohled

sink* ['siŋk] 1 klesat, klesnout, sedat si, padat 2 zanikat, přestávat, umírat 3 potopit (se), tonout 4 snižovat (se), ubývat; vsáknout se 5 prorážet 6 vyhloubit, vykopat (a well studnu) 7 zatajit, ukrýt 8 ignorovat 9 vrazit, pohroužit dýku ◆ we are sunk jsme u konce, na dně; ~ eyes sklopit oči; ~ in years stárnout; ~ money zpronevěřit peníze ~ **down** potopit se, utonout ~ **into** pomalu vnikat, pronikat ~ **under** klesnout, podlehnout ● s **1** stoka, kanál, žumpa **2** lodní ponor, dno **3** umyvadlo ve zdi; mycí dřez **4** propadliště **5** pelech, doupě **6** jezírko **–ing 1** potopení **2** vyčerpanost **3** výlevka ♦ ~ *fund* umořovací jistina / fond

Sinn Fein [šin'fein] Sinn Fein irské nacionalistické hnutí

sinology [si'nolədži] sinologie

sinter ['sintə] s spečenec, sintrovaná ruda ● v spékat, sintrovat

sinu|ate ['sinjuət] bot. zvlněný, vykroužený o listu **–osity** [,sinju'osəti] **1** klikatost, točitost **2** zákrut **–ous** [-əs] vinoucí se, vlnitý, klikatý

sinus ['sainəs] záhyb, záliv, sinus; dutina

Sioux ['su:], pl *Sioux* ['su:z] Sioux člen indiánského kmene

sip ['sip] v (-pp-) srkat ● s usrknutí, hlt

siphon ['saifn] **1** násoska **2** sifon

sir ['sa:] **1** pane oslovení **2** Sir před vlastním jménem označuje nižší šlechtický titul

sire ['saiə] s **1** oslovení králů (*Sire!* Vaše Veličenstvo!) **2** bás. otec, předek **3** odb. samec ● v zplodit

siren ['saiarin] **1** mořská panna, Siréna **2** siréna **3** svůdnice

sirloin ['sə:loin] svíčková pečeně

sissy ['sisi] s **1** bábovka, bázlivec, zbabělec **2** zženštilý chlapec / muž

sister ['sistə] sestra **--in-law** ['sistərinlo:], pl *-s-in-law* švagrová **–hood** [-hud] sesterstvo; skupina, parta **–ly** sesterský

sit* ['sit] (-tt-) **1** sedět **2** zasedat, radit se (*on* o) **3** umět sedět (*a horse* na koni) **4** sedět na vejcích **5** zastupovat (*for* co) v parlamentě **6** padnout, sedět (*the coat -s well* kabát padne dobře) **7** skládat zkoušku (*a t. , for a t.* z čeho, *for a t.* na, pro) **8** zastávat funkci (*as* koho) **9** spočívat (*on, upon* na)

10 vydržet až do konce čeho **11** poslouchat přednášky (*under* koho) **12** udělat kázání (*on / up-on* koho) ♦ ~ *in judgement* zasedat u soudu, soudit; ~ *on a jury* (*committee*) být členem poroty (výboru); ~ *tight* slang. trvat na svém, lpět; ~ *well with* být příjemný komu ~ **back** sedět nečinně, dát si pohov ~ **down** sednout si, posadit se; pustit se (*to* do); nechat si líbit, snášet (*under* co) ~ **in** opatrovat dítě zaměstnaným rodičům ~ **up** vzpřímit se, posadit se napřímením ♦ ~ *up late* sedět do noci **–com** hovor. situační komedie rozhlasová, televizní **--down** *strike* stávka vsedě **--in** okupační protestní akce

sitcom ['sit,kam] s hovor. televizní situační komedie s magnetofonovým záznamem smíchu a potlesku obecenstva

site ['sait] **1** poloha, umístění **2** dějiště **3** stavební / montážní místo ♦ *burial* ~ pohřebiště; *launching* ~ odpalovací rampa

sitting ['sitiŋ] **1** sezení, zasedání **2** sezení na vejcích **3** sedadlo **--room** obývací pokoj

situat|e ['sitjueit] umístit **–ed** položený **–ion** [,sitju'eišən] **1** postavení, poloha **2** situace **3** místo, zaměstnání

six ['siks] šest; šestka **–fold** [-fəuld] šesteronásobný **–pence** [-pəns] šest pencí, půlšilink, po r. 1971 2 1/2 pence **–penny** [-peni] v ceně šesti pencí ~ **score** dvě kopy **--shooter** [-'] šestiranovka **–teen** [-'] šestnáct **–teenth** [-'ti:nθ] šestnáctý **–th** ['siksθ] šestý **–tieth** [-tiiθ] šedesátý **–ty** šedesát

sizable ['saizəbl] poměrně velký, značný, rozměrný

siz|e ['saiz] s **1** velikost, míra, objem **2** formát, rozměr, rozsah, číslo **3** stav, vlastnost **4** lepidlo, klih, maz; apretura ● v **1** roztřídit, seřadit podle velikosti, dimenzovat **2** klížit, škrobit **3**

obrobit na přesný rozměr, kalibrovat ♦ ~ *up a situation* odhadnout situaci **-y** klihovitý, lepkavý

sizzle [ˈsizl] hovor. škvířit se, syčet, prskat

skat|e [skeit] *v* bruslit ● pl s brusle **--board** krátká kolečková lyže, skateboard **-er** bruslařka **-ing** bruslení ♦ *figure* ~ krasobruslení; *speed* ~ rychlobruslení **--ring** kluziště

skedaddle [skiˈdædl] *v* hovor. vzít roha, vzít do zaječích, vzít nohy na ramena, utéci

skein [ˈskein] přadeno; přen. motanice, spleť, zmotané klubko

skelet|on [ˈskelətn] **1** kostra **2** základ; kádr **3** kostroun **4** výtah ♦ ~ *key* paklíč n. univerzální klíč **-al** [ˈskelətl] kosterní, skeletní

skelp [ˈskelp] pásová ocel

skeptic am., v. *sceptic*

sketch [ˈskeč] *s* **1** náčrtek, skica, črta **2** koncept **3** studie; skeč, krátká hra ● *v* načrtnout, nakreslit, nastínit **--book** náčrtník **-y** náčrtkovitý; letmý, povšechný; náznakový

skew [ˈskju:] šikmý, kosý **-bald** strakatý, grošovaný **-er** špejle; jehlice, bodec

ski [ˈski:] *s* pl též *ski* [ˈski:] n. *skies* [ˈski:z] lyže ♦ *edged* **-s** lyže s hranami **-wear** [ˈskiweə] lyžařské oblečení

skid [ˈskid] *s* **1** řetězová brzda, brzdící špalík, zarážka **2** podpěrný trám **3** smyk ● *v* (**-dd-**) **1** smekat se, klouzat; sklouznout **2** podepřít **3** (za)brzdit **4** dostat smyk

skiff [ˈskif] malý otevřený člun poháněný vesly, plachtou či motorkem

skiffle [ˈskifl] hud. skiffle rytmický zpěv doprovázený kytarou a jinými hud. nástroji

skilful [ˈskilful] dovedný, obratný, zručný

skill [ˈskil] obratnost, dovednost, zručnost **-ed** zručný, odborný; kvalifikovaný

skim [ˈskim] *s* **1** pěna **2** smetana,

sbírané mléko ● *v* (**-mm-**) **1** sebrat pěnu, smetanu **2** letmo se dotknout, přelétnout zrakem **3** zběžně číst **4** am. zatajit (příjem) v souvislosti s daňovým přiznáním ~ *milk* sbírané mléko **-mer 1** sběračka **2** sběrač pěny **3** odstředivka na mléko **4** zool. zoboun

skimp [ˈskimp] skrblit

skin [ˈskin] *s* **1** kůže, pokožka **2** kožešina, kožich **3** slupka, kůra, obal **4** měch na víno **5** lakomec, podvodník **6** slang. setření ♦ *get** *under a p.'s* ~ dostat se komu pod kůži, citlivě koho zasáhnout ● *v* (**-nn-**) stáhnout kůži, oloupat, odřít (si) **2** (~ *off*) stáhnout šaty **3** odizolovat vodič **4** (~ *over*) pokrýt (se) koží, potáhnout se **5** slang. setřít **-flick** pornografický film **-flint** skrblík **-ner 1** kožišník **2** stahovač kůží **3** gauner **-ny** hubený, vyzáblý; lakotný **-ny-dip** am. slang. koupání bez plavek

skip [ˈskip] *v* (**-pp-**) **1** skákat, poskakovat **2** přeskakovat text při čtení ~ *over* přeskočit ● *s* **1** poskok **2** přeskočení, vynechávka **3** důlní klec **4** sklopný vozík **--frog** skákačka hra **-per 1** skokan **2** plavčík, loďař **3** kapitán obchodní lodi **-ping** skákání **-ping-rope** švihadlo

skirmish [ˈskə:miš] *s* šarvátka, potyčka ● *v* utkat se v potyčce

skirt [ˈskə:t] *s* **1** sukně **2** lem, okraj, obruba, hranice **3** šos **4** hovězí bránice **5** chlopeň sedla **6** slang. ženská, holka, kost ● *v* **1** (o)lemovat, obroubit **2** jít, pohybovat se po okraji čeho **3** plout podél břehu

skit [ˈskit] **1** šprým, žert **2** satira, burleska, parodie **-tish 1** jankovitý kůň **2** koketní, náladový, zábavný o ženě

skittle [ˈskitl] **1** kuželka **2** pl hra v kuželky ● *s* slang. nesmysl!, blbost! **--alley** [ˈ-], **--ground** kuželník

skive ['skaiv] odřezávat, krájet tence např. kůži; štípat kůži; slang. ulejt se

skulk ['skalk] uhýbat, skrývat se

skull ['skal] lebka **–cap** přiléhavá čapka

skunk ['skaŋk] **1** zool. am. tchoř **2** slang. podlec, mizera, ničema

sky ['skai] **1** obloha, nebe, blankyt **2** podnebí, počasí ♦ ~ *colour* blankyt **~-blue** [-'] blankytný **–diving** [-ˌdaiviŋ] seskok se zpožděným otevřením padáku **–ey** ['skaii] vzdušný, nebeský **–jack** v unést letadlo ● s únos letadla **–lark** zool. skřivan **–light** vikýř, světlík **–line** městská silueta **~-rocket** ['-ˌ] vyhnat ceny nahoru, rychle stoupat **–scraper** ['-ˌ] mrakodřap, výškový dům **–way** am. dálnice na viaduktech

slab ['slæb] **1** deska, plát **2** tabulka čokolády **3** skrojek, plátek, řízek **4** prkno, fošna **5** cementový koberec betonové podlahy **6** tech. ploska **–bing** tech. rovinné frézování

slack ['slæk] a **1** ochablý, uvolněný; mdlý, malátný, unavený **2** nepozorný, nedbalý **3** mírný vítr **4** pomalý, klidný ♦ *grow* ~* ochabnout, povolit; *~ lime* hašené vápno; *~ water* stojatá voda ● s **1** uhelný prach, mour **2** důl **3** pl volné kalhoty **4** mrtvá sezóna, mrtvý chod stroje **5** volný konec lana **6** pomalost **7** hovor. přestávka, oddech **8** časová tolerance **9** tech. vůle, mezera **–en 1** ochabnout, povolit **2** ubývat **3** rozpouštět se **4** jít pomalu na odbyt **5** (~ **up**) zpomalit jízdu **6** (~ **off**) uvolnit lano **7** hasit vápno, žízeň ♦ *~ one's leg* zpomalit krok **–er** flink, ulejvák

slag ['slæg] struska, škvára ♦ *~ concrete* struskový beton

slain ['slein] pp od *slay*

slake [sleik] **1** ukojit, utišit žízeň **2** smáčet **3** zvětrávat **4** hasit vápno

slalom ['sla:ləm] (*race*) sport. slalom

slam ['slæm] v (-*mm*-) **1** bouchnout, prásknout dveřmi **2** přebít, obehrát v kartách ● s **1** bouchnutí, prásknutí **2** přebití trumfy

slander ['sla:ndə] s pomluva ● v pomluvit **–ous** [-rəs] pomlouvačný, utrhačný

slang ['slæŋ] hovorová řeč, slang **–y** hovorový, slangový

slank ['slæŋk] pt od *slink*

slant ['sla:nt] a kosý, příčný, šikmý ● v (s)klonit, sklánět se, svažovat se, ležet šikmo ● s **1** svah, sklon **2** am. názor **3** lomítko **–ing** svažující se, kosý, šikmý

slap ['slæp] v (-*pp*-) plácnout, plesknout, pohlavkovat ● s plácnutí, plesknutí, pohlavek, facka ● adv náhle, rovnou, přímo **–jack** am. lívanec, palačinka **–stick 1** plácačka **2** (~ *comedy*) harlekináda, taškařice, fraška; gag, fór

slash ['slæš] v **1** bičovat, mrskat **2** posekat, rozčesat, rozpárat, rozdrásat **3** práskat bičem **4** prudce srazit, snížit, přen. strhat kriticky ● **1** seknutí, rána bičem **2** rozparek **3** prudké snížení cen

slat ['slæt] s lať žaluzie, příčka v posteli ● v (-*tt*-) udělat z latěk; tvořit pruhy; udeřit; zavřít žaluzii

slat|e ['sleit] s **1** břidlice **2** břidlicová tabulka (též **~-board**) **3** am. předběžný seznam, návrh obsazení ♦ *have a clean ~* přen. mít čistý štít ● v **1** krýt břidlicí **2** seřezat; vyčinit, vyhubovat **3** am. navrhnout obsazení **~-pencil** [-'] rydlo, pisátko **~-quarry** břidlicový lom **–er** pokrývač **–y** břidlicový

slattern ['slætən] coura, nepořádná ženská **–ly** nepořádný, rozcuchaný

slaughter ['slo:tə] v **1** porážet dobytek **2** hromadně vraždit, masakrovat, zabíjet ● s **1** porážka dobytka **2** vraždění, masakr, krveprolití, řež **~-house*** jatky

Slav ['sla:v] s Slovan ● a slovanský

slave ['sleiv] s otrok, otrokyně ● v

zotročit; dřít (se) (for, at na)
~-driver [ˈ-ˌ] dozorce nad otroky,
otrokář
slaver¹ [ˈsleivə] s **1** otrokář **2** otrokářská loď **-y** [-ri] otroctví
slaver² [ˈslævə] s **1** slina **2** servilní lichocení ● v **1** slintat **2** podlézat, vtírat se **3** prahnout (after po)
slave|-ship [ˈsleivšip] otrokářská loď **~-trade** obchod s otroky **-y** [ˈsleivi], pl slaveys [ˈsleiviz] slang. služtička
Slavic [ˈslævik] am. = Slavonic
slavish [ˈsleiviš] otrocký
Slavonic [sləˈvonik] a slovanský ● s slovanština
slaw [slo:] zelný salát
slay* [ˈslei] zavraždit, zabít
sleazy [ˈsli:zi] chatrný, tenoučký; ubohý, ucouraný
sled, sledge¹ [ˈsled, ˈsledž] sáně
sledge² [ˈsledž] perlík (též **~-hammer**)
sleek [ˈsli:k] a **1** uhlazený, ulízaný; úhledný **2** úlisný **3** aerodynamický ● v uhladit, ulízat vlasy
sleep* [ˈsli:p] v **1** spát **2** poskytnout nocleh **3** uspat ● on both ears spát klidně **~ around** hovor. dívka dát každému, spát s každým **~ away** zaspat co **~ off** vyspat se z čeho ● s spánek, spaní ● go* to usnout; a dog's **~** lehký spánek **-er 1** spáč **2** spací vůz **3** brit. pražec
sleeping [ˈsli:piŋ] a spící ● S~ Beauty Šípková Růženka ● s spaní **~-bag** spací pytel **~-car, ~-carriage** [ˈ-ˌ] spací vůz **~ partner** tichý společník obch. **~ pill** prášek pro spaní **~-room** am. ložnice
sleep|less [ˈsli:plis] bezesný; bdělý **-y** ospalý, přen. netečný ● make* **~** uspat **-yhead** [ˈsli:pihed] hovor. ospalec
sleet [ˈsli:t] s plískanice ● v pršet se sněhem nebo s kroupami
sleeve [ˈsli:v] **1** rukáv **2** obal, ob-

jímka, trubice; úzký průliv ◆ have a t. up one's **~** mít něco za lubem; laugh in one's **-s** vysmát se komu za zády; turn up one's **-s** hrnout si rukávy **~-coupling** [ˈ-ˌ] objímková spojka
sleigh [ˈslei] v. sled
sleight [ˈslait] úskok, trik, lest **~-of-hand** kejkle, kouzelnický trik
slender [ˈslendə] **1** štíhlý, útlý **2** malý, slabý, křehký
slept [ˈslept] pt, pp od sleep
sleuth-hound [slu:θˈhaund] **1** stopař pes **2** am. detektiv
slew [ˈslu:] pt od slay
slic|e [ˈslais] s **1** krajíc; řízek, plátek; přen. drobný kousek **2** servírovací nůž, lopatka **3** špachtle ● v rozřezat, krájet na tenké kousky
slick [ˈslik] v. sleek
slid [ˈslid] pt a pp od slide
slide* [ˈslaid] v **1** klouzat (se), nechat proklouznout **2** lehce přejít (over přes) **3** vyklouznout **4** podstrčit **5** zvolna klesat ◆ **~** into an error upadnout v omyl **~ by** proklouznout **~ off** stáhnout ● s **1** proklouznutí; skluzavka, klouzačka; smyk **2** diapozitiv **3** krycí sklíčko **4** šoupátko, pérko, spona do vlasů **5** destička **6** tech. saně suportu **7** beran lisu ◆ land **~ 1** posunutí půdy **2** velké volební vítězství; **~** carrier rámeček na diapozitivy; **~** gauge posuvné měřítko; **~** rest tech. suport; **~-rule** logaritmické pravítko; **~-valve** gear šoupátkový rozvod parního stroje **-r 1** klouzač **2** šoupátko **3** tech. saně
sliding [ˈslaidiŋ] klouzající, skluzný; nestálý, letmý ◆ **~** pencil šroubovací tužka; **~** rail výhybka; **~** roof sklápěcí střecha auta; **~** rule logaritmické pravítko; **~** weight posuvné závaží
slight [ˈslait] a **1** nepatrný, nevelký **2** štíhlý, tenký **3** nezávažný **4** povšechný, povrchní ● s neváž-

nost, podceňování, ignorování ♦ *make** ~ *of a thing* nevážit si, pohrdat ● *v* **1** pohrdat, nevážit si, přezírat, podceňovat **2** am. odbýt, odfláknout práci

slily, slyly ['slaili] chytře, úskočně

slim ['slim] **1** tenký, štíhlý **2** nepatrný **3** zchytralý, mazaný

slim|e ['slaim] sliz, hlen **–y** sliznatý

sliness v. *slyness*

sling ['sliŋ] *s* **1** oko, smyčka **2** gumový prak **3** páska (*his arm was in a* ~ měl paži v pásce) **4** závěsný řemen, páska ● *v** **1** házet prakem, vrhat, mrštit, střílet **2** zavěsit, přehodit přes rameno **3** box prudce vyrazit ♦ ~ *mud at* přen. pomlouvat, házet špínu na koho ~ **up** vytáhnout **–er** hist. prakovník **–shot** am. gumový prak

slink* ['sliŋk] *v* **1** plazit se, plížit se (*by* mimo), krást se **2** předčasně vrhnout mláďata ● *s* zmetek, nedonošené dobytče ~ **away, off** vykrást se, odplížit se

slip ['slip] *v* (*-pp-*) **1** u-, vy- pro-|klouznout; vloudit se (*into* do), vykrást *se* (*out of* z) **2** mihnout se, uniknout **3** přeřeknout se, podříci se; chybovat **4** plynout, míjet **5** podstrčit; zastrčit závoru **6** předčasně vrhnout mládě **7** spustit kotvu, vypustit střelu **8** dostat smyk, přen. mít skluz, táhnout se do dalšího období ♦ ~ *open* vycházet, jít vzhůru, vyrážet, provalit se; *let** ~ pustit ~ **away** proklouznout, vykrást se ~ **off** utrhnout, stáhnout, svléci ~ **on** hodit na sebe šaty ~ **out** vy-, pro|klouznout ~ **up** klopýtnout ● *s* **1** u-, vy-|klouznutí, smeknutí; skluz, smyk **2** přeřeknutí **3** poklesek, omyl, selhání, nedopatření **4** proužek papíru, sloupcová korektura **5** řemen na psa **6** dětská zástěrka **7** odnož, sazenice **8** hráz, příkrý břeh **9** kombiné, životek; pl spodky bez nohavic, slipy **10** mezikulisí **11** povlak polštáře ♦ *a* ~ *of a girl*

mladá dívka; ~ *of the pen, tongue* přepsání, přeřeknutí; ~ *of the press* tisková chyba; *get* the* ~ dostat košem; *give* the* ~ u-pláchnout **–page** [-idž] plánovací skluz **–ring** ['slipriŋ] elektr. sběrací kroužek **~-road** odlehčovací silnice **~-shod** mající sešlapané střevíce, nedbalý **~-shoe** sešlapaný střevíc **~-slop 1** tlachání, cancy **2** slabý nápoj, brynda, břečka **3** limonáda **~-stream** vrtulový proud, vír vzduchu za autem

slipper ['slipə] **1** trepka, pantofel **2** smykadlo vozíku **–y 1** kluzký, hladký, smekavý **2** nestálý, nejistý **3** těžko pochopitelný **4** úskočný

slit* ['slit] *v* (*-tt-*) rozříznout, rozpárat, rozštěpit se ● *s* štěrbina, skulina, zářez, rozparek; průzor ♦ ~ *trenches* úzké zákopy, příkop

slither ['sliðə] hovor. šoupat se, plazit se

sliver ['slivə] *v* štěpit (se), nakrájet na plátky ● *s* tříska, štěpina, plátek; přen. drobet, kousíček; zdání; stopa

slobber ['slobə] *s* slina, slintání ● *v* slintat ~ **jacket 1** slintáček **2** slinta(l) **–y** uslintaný, vlhký

sloe ['sləu] bot. trnka

slog ['slog] (*-gg-*) **1** tvrdě zasáhnout míč pálkou, pěstí **2** dřít se, lopotit se, mořit se

slogan ['sləugən] heslo

sloop [slu:p] šalupa ♦ ~ *of war* korveta

slop ['slop] *s* pl *-s* **1** břečka, bahno **2** pomyje, špína **3** moč, výkaly **4** pl *-s* široké kalhoty námořnické **5** pl konfekční šaty ● *v* (*-pp-*) rozlít (se), vy-, po|bryndat **~-basin** miska na zbytky tekutin **~-pail** ['sloppeil] vědro na odpadky, na pomyje

slop|e ['sləup] *s* sklon, svah ● *v* sklánět (se), svažovat se ♦ ~

arms! na rámě zbraň! **–ing** skloněný, svažující se, šikmý

slop|py ['slopi] **1** pobryndaný, mokrý, špinavý **2** nedbalý, nepořádný **3** dojemný, ufňukaný **~-shop** prodejna levné konfekce

slosh ['sloš] zbít, nařezat

slot ['slot] **1** štěrbina, skulina, škvíra **2** drážka **3** programový blok **4** stopa zvěře **~-machine** automat na mince

sloth ['sləuθ] **1** lenost, loudavost **2** zool. lenochod **–ful** lenivý, loudavý

slotter ['slotə] stroj. svislá obrážečka

slouch ['slauč] *v* **1** hrbit se, krčit se **2** věšet hlavu **3** sklonit střechu klobouku ● *s* **1** shrbená chůze, svěšení hlavy **2** ohrnutí, sklopení klobouku **3** lenost, pohodlnost

slough[1] ['sləu] louže, bláto, bahnisko **–y** blátivý, bahnitý

slough[2] ['slaf] *s* **1** svlečená hadí kůže **2** strup **3** opuštěný zvyk, vlastnost apod. ● *v* loupat se, svléci kůži

Slovak ['sləuvæk] *s* **1** Slovák **2** slovenština ● *a* slovenský **–ia** [sləu'vækjə] Slovensko **–ian** [sləu'vækjən] = *Slovak*

sloven ['slavn] lajdák, lempl, coura **–ly** lajdácký, nedbalý, zanedbaný, ucouraný

Sloven|e [sləu'vi:n] *s* Slovinec; slovinština ● *a* slovinský **–ia** [-iə] Slovinsko

slow ['sləu] *a* **1** pomalý, zdlouhavý, loudavý, liknavý **2** pozvolný, mírný **3** těžkopádný, natvrdlý **4** zpožďující se **5** vleklý nemoc **6** mírný **7** pomalu reagující **8** hovor. fádní, nudný, k ničemu ◆ the *clock is* ~ hodiny jdou pozadu; ~ *of speech* nevýmluvný; ~ *virus* med. latentní virus ● *v* zadržet, zpomalit, zvolnit, jít pozdě hodiny ~ **down** zpomalit ● *adv* pomalu, zvolna **–coach** loudal **~-witted** [-,] pomalu chápavý **~-worm** zool.

slepýš

sludge ['sladž] bláto, bahno, kal

slug ['slag] *s* **1** zool. slimák **2** brok, sekané olovo **3** hovor. úder pěstí **4** ospalec ● *v* (*-gg-*) **1** lenošit, povalovat se **2** nabít broky vzduchovku **–gard** ['slagəd] lenoch, loudal **–gish 1** loudavý **2** lenivý, netečný

sluice ['slu:s] *s* stavidlo, splav, vrata splavu / jezu, zdymadlo ● *v* opatřit stavidlem, proudit stavidlem, vypustit stavidlem; vylít, vytékat

slum ['slam] *s* **1** brloh, obydlí chudých **2** špinavá ulička ● *v* (*-mm-*) navštěvovat slums

slumber ['slambə] *s* dřímota, spánek ● *v* dřímat, spát

slump ['slamp] *v* propadnout, probořit se; poklesnout v ceně ● *s* náhlý pokles cen na burze; sednutí, propadnutí

slung ['slaŋ] *pt, pp* od *sling*

slunk ['slaŋk] *pt, pp* od *slink*

slur ['slə:] *v* (*-rr-*) **1** vyslovovat splývavě, nezřetelně **2** psát nečitelně, škrabat **3** vázat noty **4** lehce přejít bez zmínky ● *s* **1** skvrna, hana **2** nadávka, pošpinění **3** hud. legato **4** splývavá výslovnost **5** klikyhák ◆ *put** *a* ~ *upon a p.* očernit koho

slurp [slə:p] *v* srkat hlučně, pít v malých doušcích / po lžičkách

slush ['slaš] **1** rozbředlý sníh, čvachtanice **2** mazadlo **3** tech. papírovina **4** cementová kaše **5** am. slang. podmazání; falešná bankovka **6** přen. limonáda o četbě **–y** rozbředlý; kýčovitý

slut ['slat] **1** coura, děvka, běhna **2** žert. holčina, žába

sly ['slai] úskočný, lstivý, chytrý ◆ *on the* ~ pokradmu; **–boots** tichošlápek **–ness** lstivost, zchytralost

smack[1] ['smæk] *v* **1** mlaskat **2** chutnat (*of* čím) **3** plesknout; prásknout bičem **4** dát (*a p.'s face* komu) facku ● *s* **1** chuť, příchuť

2 mlasknutí 3 plácnutí, prásknutí 4 mlaskavá hubička 5 am. slang. heroin **–er** 1 facka, plesknutí 2 mlaskavá pusa 3 rána bičem 4 ohromná věc, výstavní kus ♦ *-ing both feet down on the floor* dopad snožmo košíková

smack² [ˈsmæk] malá rybářská šalupa

small [ˈsmoːl] 1 malý, nepatrný 2 slabý, útlý, tenký 3 pokořený, ponížený 4 malicherný, zlý 5 lid. obyčejný, drobný ♦ *the ~ of the back* kříž zad; *~ beer* nula o člověku, bezvýznamná věc; *~ change* drobné; *~ fry* potěr; *~ money* drobné peníze; *~ shot* broky; *~ talk* všední hovor; *~ wine* lehké víno; *look ~* být v úzkých; *make* a p. feel ~* uvést do rozpaků, pokořit; *think* no ~ beer of oneself* být domýšlivý **~~arms** pěchotní zbraně **~ holder** brit. malorolník **–ish** [-iš] pomenší **~~lot** *production* malosériová výroba **–pox** neštovice **~~scale** v malém měřítku ♦ *~~scale production* malovýroba

smalt [ˈsmoːlt] kobaltová modř, šmolka

smart [ˈsmaːt] *a* 1 štiplavý, kousavý 2 bolestivý 3 prudký, ostrý, řízný 4 živý, čiperný 5 bystrý, chytrý 6 čilý, svěží 7 veselý 8 uhlazený, vystrojený, fešácký 9 hezký, pěkného vzhledu, elegantní (*clothes* šaty) 10 luxusní, hypermoderní 11 výpoč. tech. terminál programovatelný ♦ *the ~ set* lidé vybraného vkusu; *~ bomb* am. voj. slang. řiditelná bomba; *~ money* bolestné ● *v* 1 cítit ostrou bolest, bolet, působit bolest 2 pykat (*for* za co) ● *s* palčivá bolest, trýzeň **–en** vystrojit, vyfintit (se)

smash [ˈsmæš] *v* 1 rozbít (se), roztříštit, rozdrtit, zničit 2 obch. učinit úpadek 3 proklestit cestu (*through* čím) 4 vrazit (*into* do) 5 sport.

smečovat ● *s* 1 třesk, rozbití, roztříštění, zničení 2 srážka 3 sport. smeč **–ing** brit. hovor. báječný, nádherný, prima

smattering [ˈsmætəriŋ] 1 povrchní znalost (*he doesn't have a ~ of knowledge* nemá o tom ani páru 2 špetka, trocha (*a ~ of applause* slaby potlesk)

smear [ˈsmiə] *s* skvrna ● *v* namazat olejem, zašpinit; pomluvit **–y** [-ri] za-, u-, mazaný; umaštěný

smell* [ˈsmel] *v* čichat, větřit, čenichat; vonět, páchnout (*of* čím) ♦ *~ bad* zapáchat; *~ good / sweet* vonět; *~ a rat* mít podezření **~ out** vyčenichat, vypátrat ● *s* 1 čich 2 zápach, pach, vůně ♦ *a bad ~* zápach **–er** 1 čmuchal 2 slang. frňák 3 silná rána zvl. do nosu

smelt¹ [smelt] *pt, pp* od smell

smelt² [ˈsmelt] *v* tavit rudu ● *s* tavba rudy **–er** tavič **–ery** tavírna, huť **–ing** tavba rudy; natavování **–ing-furnace** [-ˌ] tavicí pec **–ing-house*** tavírna, huť

smidgen, smidgin [ˈsmidžən] *s* hovor. ždibec, troška, špetka

smile [ˈsmail] *v* usmívat se (*upon* čemu, *at* na) ● *s* úsměv

smirch [ˈsmaːč] *v* 1 počernit, zamazat 2 očernit jméno

smirk [ˈsmaːk] culit se

smit [ˈsmit] *pt, pp* od smite

smite* [ˈsmait] bás. *v* 1 udeřit, uhodit 2 srazit 3 trápit, hryzat 4 rozbít 5 postihnout, zachvátit 6 potrestat ♦ *~ a p. hip and thigh* porazit koho na hlavu; *smitten with* za-, u|chvácen čím, žert. zamilovaný do ● *s* rána, úder

smith [ˈsmiθ] kovář

smithereens [ˌsmiðəˈriːnz] pl kousky, padrť ♦ *break* into ~* rozbít na padrť

smith|ery [ˈsmiðəri] 1 kovárna 2 kovářství **–y** [ˈsmiði] kovárna

smitten [ˈsmitn] *pp* od smite

smock [ˈsmok] dětské šatečky na hraní, pracovní šaty **~~frock** pracovní halena

smog ['smɔg] smog, hustá mlha nasycená kouřem a plyny

smoke ['sməuk] *s* **1** kouř, dým, čmoud **2** zakouření ♦ *hang** / *dry in the ~* udit; *from ~ into smother* z deště pod okap ● *v* **1** vy-, kouřit, podkuřovat, (za)čadit, bafat **2** hasit si to *~ out* vykouřit **~-box** dýmnice lokomotivy **~-dry** udit **~-flue** [-flu] kouřovod **–less** bezdýmný, nezakouřený **–r 1** kuřák **2** kuřácký vůz, -é oddělení **~-room** kuřárna **~-screen** kouřová clona **~-stack** tovární komín

smoky ['sməuki] zakouřený

smolder ['sməuldə] *v. smoulder*

smooth ['smu:ð] *a* **1** hladký, uhlazený, rovný **2** tón měkký, jemný **3** příjemný; vlídný **4** klidný, plynulý chod stroje **5** bez vláken, vlasu apod. ● *v* **1** (*~ out, down*) uhladit, urovnat **2** přen. vyžehlit **3** zmírnit, zjemnit **4** lahodit, lichotit **5** získat, naklonit si *~ away* odstranit *~ over* omlouvat **~-bore** hladká hlaveň **~-faced 1** hladce oholený **2** přen. úlisný

smote ['sməut] *pt* od *smite*

smother ['smʌðə] *v* **1** u-, dusit (se) **2** potlačit, přemoci **3** (*~ up*) utlumit, ututlat **4** úplně pokrýt (*with* čím) ● *s* **1** dým, prach **2** doutnání, doutnavý oheň ♦ *keep* in ~* dusit

smoulder ['sməuldə] *v* doutnat, čadit ● *s* dým

smudge[1] ['smʌdž] *s* šmouha, skvrna ● *v* **1** zašpinit **2** přen. pomluvit, osočit

smudge[2] ['smʌdž] am. dusivý kouř, ohníček na zahánění moskytů apod.

smug ['smʌg] **1** čisťounký, upravený **2** domýšlivý, samolibý, blazeovaný

smuggl|e ['smʌgl] pašovat (*in, out, off, over* do, z, přes) **–er** podloudník, pašerák **–ing** podloudnictví

smut ['smʌt] *s* **1** saze, kopt **2** sněť obilná **3** oplzlost ● *v* (*-tt-*) **1** zakoptit, začadit, umazat od sazí **2** snětivět **–ty 1** začazený **2** špinavý, ukoptěný **3** oplzlý **3** snětivý o obilí

snack ['snæk] lehké jídlo, zákusek, zakousnutí, přesnídávka ♦ *go* -s with* dělit se s **~-bar, ~-counter** automat, bufet, snack-bar

snag ['snæg] **1** pahýl zubu **2** pařez **3** kmen / větev v korytu řeky **4** neočekávaná nesnáz, překážka, závada **–gy** plný pařezů a stromů o řece

snail ['sneil] zool. hlemýžď **~-clover** [-,] bot. vojtěška **~-wheel** šnekové kolečko

snak|e ['sneik] zool. had **–y** [sneiki] **1** hadovitý, kroutící se **2** plný hadů

snap ['snæp] (*-pp-*) *v* **1** lapat, chňapat, rafat **2** ulomit (se), ukousnout; vyškubnout (se) **3** puknout **4** zaklapnout, cvaknout, prásknout bičem, střelit **5** fotografovat momentku, udělat snímek **6** odseknout, obořit se **7** rychle zařídit ♦ *~ one's fingers* luskat prsty *~ off* ukousnout *~ out* odseknout *~ to* zaklapnout *~ up* polapit; obořit se, odbýt, odseknout ● *s* **1** chňapnutí **2** ulomení **3** momentka, snímek **4** kousnutí **5** bouchnutí, prásknutí **6** pérová západka, uzávěr **7** hokej příklep ♦ *at one* jedním rázem; *a cold ~* náhlá studená vlna počasí; *merry ~* čtverák, filuta; *take* a ~ of* vyfotografovat koho / co **–dragon** bot. hledík **–pish, –py** kousavý, chňapavý pes; prostořeký, kousavý, nevrlý, popudlivý **–sack** vak, tlumok **–shot** fotografický snímek, momentka

snar|e ['sneə] *s* oko, léčka, past ● *v* chytit do oka

snarl [sna:l] *v* **1** pes vrčet, bručet (*at* na) **2** člověk vrčet, bručet (*at* na) ● *s* zavrčení, zabručení

snatch ['snæč] *v* **1** chňapnout **2**

zhltnout (*a meal* jídlo) **3** vrhnout se (*at* na), unést, uloupit ~ **up** polapit ● *s* **1** chňapnutí **2** útržek, úryvek **3** chvíle, okamžik ◆ *get* ~ *a* ~ *of sleep* zdřímnout si **-y** úryvkovitý, nesouvislý

snazzy [ˈsnæzi] *a* hovor. fajnový, prima, epesní; přepychový

sneak [ˈsniːk] **1** plížit se, přikrást se **2** podlézat (*to* komu) **3** tajně nosit, pašovat **4** tajně udělat **5** hovor. donášet, žalovat ve škole ~ **away, off** odkrást se, odtáhnout ● *s* **1** hovor. patolízal, baba, bačkora **2** hovor. žalobník, udavač **-ing** plíživý; tajný; potměšilý; mizerný

sneer [ˈsniə] *v* ušklíbat se; posmívat se, vysmát se, dobírat si (*at* koho) ● *s* úsměšek, úšklebek, posměch

sneeze [ˈsniːz] *v* **1** kýchat **2** hovor. vykašlat se (*at* na) ● *s* kýchnutí

snick [ˈsnik] zářez

snicker [ˈsnikə], **snigger** [-gə] *v* **1** hihňat se (*at* čemu) **2** za-, řehtat ● *s* hihňání, řehot

snide [snaid] *a* lehce posměšný, jedovatý, jízlivý, uštěpačný

sniff [ˈsnif] *v* **1** funět; větřit, čenichat, čmuchat; ohrnovat nos **2** vdechnout nosem, popotahovat ● *s* funění; čmuchání, čenichání **-y** hovor. páchnoucí; přen. nafoukaný, povýšený

snip [ˈsnip] *v* (*-pp-*) ustřihnout, ušmiknout ● *s* **1** uříznutí, ustřižení **2** ústřižek **3** podíl **4** slang. tutovka, **5** slang. krejčí **-pet** [ˈsnipit] **1** výstřižek, kousek **2** úryvek **-pings** pl odřezky, odstřižky

sniper [ˈsnaipə] odstřelovač, střelec ze zálohy, záškodník

snitch [snič] *v* slang. prásknout, shodit *on* koho, píchnout to *na* ● *s* práskač

snivel [ˈsnivl] *v* (*-ll-*) **1** fňukat, kňourat **2** popotahovat nosem, mít rýmu ● *s* **1** kapička u nosu, smrk **2** fňukání **-ler** fňukal

snob [ˈsnob] **1** snob, nadutec **2** brit.

zast. prostý člověk **-bery** snobství

snooker [ˈsnuːkə] druh kulečníkové hry

snoop [snuːp] *v* hovor. špehovat, pátrat, vyzvídat, čmuchat, šmírovat, strkat nos do cizích věcí ● *s* špicl, čmuchal, fízl, očko zejm. detektiv **-y** a čmuchající, pátrající, šmírující

snoot [snuːt] *s* hovor. **1** frňák **2** náfuka, snob **-y** a hovor. **1** nafoukaný, povýšený, arogantní **2** snobský

snooze [ˈsnuːz] zdřímnout si

snore [ˈsnoː] *v* chrápat ● *s* chrápání

snorkel [ˈsnoːkl] *s* vzdušnice, šnorkel, šnorchl, dýchací trubice ● *v* potápět se, plavat pod vodou pouze s dýchací trubicí

snort [snoːt] *v* **1** frkat **2** šňupat

snot [ˈsnot] lid. kapička u nosu, smrk **-ty** usmrkaný; sprostý

snout [ˈsnəut] čenich, čumák, rypák; zobák

snow [ˈsnəu] *s* **1** sníh **2** slang. heroin ● *v* sněžit **-all** sněhová koule **~-bound** zapadlý sněhem **~-drift** závěj **-drop** bot. sněženka **-flake** sněhová vločka; bot. bledule jarní **-man*** (*-mm-*) sněhulák ◆ *abominable* ~ sněžný muž **-mobile** [ˈsnəuməbail] motorové saně **~-shoe** sněžnice **~-slide, ~-slip** sněhová lavina **-white** sněhobílý **Snow White** Sněhurka **-y** sněžný, sněhobílý, bělostný; zasněžený

snub[1] [ˈsnab] *v* (*-bb-*) **1** plísnit, setřít **2** ignorovat ● *s* **1** usazení, setření **2** ignorování

snub[2] [ˈsnab] tupý, krátký; postava podsaditý ◆ ~ *nose* tupý nos

snuff [ˈsnaf] *s* **1** šňupací tabák, šňupec **2** oharek, ohořelý knot **3** slivky ◆ *take* a ~ šňupat; *take* ~ *at, take* ~ *in* ~ mrzet se nad; *in a* ~ dopálený ● *v* **1** šňupat **2** ustřihnout knot, uhasit svíčku

snuffle [ˈsnafl] *v* čenichat, čmuchat, funět; huhňat ● *s* funění, huhňání, fňukání

snug [ˈsnag] *a* **1** útulný, příjemný, pohodlný, **2** skrytý, chráněný ♦ *lie* ~ hovět si ● *v* (-*gg*-) hovět si **–gle** [ˈsnagl] přitulit se ♦ ~ *down in bed* hovět si v posteli ~ *up* zachumlat se

so [ˈsəu] **1** tak, a tak, takto, takhle, tím způsobem, tedy **2** hovor. (tak,) že n. aby **3** tak ano, budiž (~ *be it*) **4** tak, to tedy (*lt was cold yesterday. So it was.* Včera byla zima. To tedy byla / to je tedy pravda.) **5** asi tolik ♦ *not* ~... *as* ne tak... jako; *and* ~ *on* a tak dále; ~ *far* doposud; ~ *far as* pokud; ~ *much* tolik; ~ *long* familiárně nazdar, nashledanou, ahoj; ~ *long as* pokud; ~ *much as* jakkoli; ~ *to say* takřka; *how* ~? jak to?

soak [ˈsəuk] *v* **1** pro-, na-, sáknout, namočit, promočit (se) **2** rozpustit, impregnovat **3** louhovat (se) **4** prohřívat **5** nasávat pít ● *s* **1** sání, vsáknutí, promočení **2** napuštění, impregnování **3** chlast, chlastání, ochlasta **–er** hovor. ochlasta **~–ing** *furnace* hlubinná pec

soap [ˈsəup] *s* mýdlo ● *v* mydlit **~–boiler** [ˈ-ˌ] mydlář **~–bubble** [ˈ-ˌ] mýdlová bublina **–stone** mastek **–suds** [ˈsəupsadz] pl mydliny **~–wort** bot. mydlice **–y** mýdlov|ý, -itý, namydlený

soar [ˈsoː] *v* vznášet se, vysoko poletovat; prudce stoupat ● *s* vysoký let, kroužení

sob [ˈsob] *v* (-*bb*-) vzlykat, štkát ● *s* vzlykání, štkaní

sober [ˈsəubə] **1** střízlivý, přen. střídmý **2** rozvážlivý, klidný, usedlý ● *v* vystřízlivět, přivést k vystřízlivění

soccer [ˈsokə] fotbal

soci|ability [ˌsəuʃəˈbiləti] družnost, společenskost **–able** [ˈsəuʃəbl] *a* družný, společenský ● *s* **1** otevřená trojkolka **2** pohovka **3** am. večírek

social [ˈsəuʃl] společenský, sociální; družný ♦ ~ *class* společenská třída; ~ *climber* kariérista; ~ *democrat* sociální demokrat; ~ *democratic party* sociálně demokratická strana ● *s* společenský večírek **–ism** [-izəm] socialismus **–ist** *a* socialistický ● *s* socialista **–ist-bound** směřující k socialismu **–ite** [ˈsəuʃəlait] prominent **–ization** [ˌsəuʃəlaiˈzeišən] socializace ♦ ~ *of labour* zespolečenštění práce **–ize** [-aiz] socializovat, zespolečenštit

society [səˈsaiəti] **1** společnost **2** družstvo, spolek

sociolinguistics [ˌsəusjəliŋˈgwistiks] sociolingvistika

sociolog|ical [ˌsəusjəˈlodžikl] sociologický **–y** [ˌsəusiˈolədži] sociologie

sock [ˈsok] **1** ponožka **2** vložka do boty **3** slang. rána, herda **–er** v. *soccer* **–et** [-it] **1** dutina **2** anat. kloubní jamka **3** důlek oční **4** objímka žárovky **5** zásuvka ve zdi, telefonu apod. **6** hrdlo trubky, nátrubek ♦ ~ *plug* elektr. vidlice zásuvky, zástrčka

socle [ˈsokl] **1** pata podstavce **2** podezdívka

sod¹ [ˈsod] zast. *pt, pp* od *seethe*

sod² [ˈsod] drn

soda [ˈsəudə] **1** soda **2** sodovka

sodden [ˈsodn] zast. (od *seethe*) *a* **1** promočený, nasáklý **2** nepropečený, mazlavý **3** těstovitý chléb, napuchlý **4** tupý vlivem alkoholu, těžkopádný **5** ohavný

sodium [ˈsəudjəm] sodík

soever [səuˈevə] vůbec kdy (*who-* kdokoli; *what-* cokoli)

sofa [ˈsəufə] pohovka, sofa

soft [ˈsoft] **1** měkký, hebký, jemný; vláčný **2** něžný, mírný **3** zženštilý **4** poddajný, přizpůsobivý **5** laskavý **6** slabý ♦ ~ *currency* měkká měna; ~ *drink* nealkoholický nápoj; ~ *goods* textilie; ~ *rock* druh rokenrolu; ~ *roe* mlíčí; ~ *sex* něžné pohlaví **–bound** *v* měkké vazbě kniha **–en** ['sofn] **1** (z)měkčit, měknout; zjemnit, zmírnit (se), povolit **~ up** zdemoralizovat **–ish** naměklý; zženštilý **~-land** měkce přistát **–ling** zženštilec **–ware** kultura počítače, programové vybavení, software; pomocné nástroje; programová stránka technologie

soggy ['sogi] *a* **1** mokrý, namočený, promočený **2** mazlavý, nepropečený **3** tupý, těžkopádný, bezduchý

soil ['soil] *s* **1** půda, země, prsť **2** špína, pošpinění, skvrna **3** odpad, splašky ● *v* umazat, pošpinit (se)

soirée ['swa:rei] večírek

sojourn ['sondžən] *s* dočasný pobyt ● *v* zdržovat se, bydlet (*in* v, *at* u, *among* mezi)

solace ['soləs] *s* útěcha ● *v* potěšit (se), zmírnit zármutek

solar ['səulə] sluneční ◆ **~** *pannel* panel slunečních baterií; **~** *year* sluneční rok

sold ['səuld] *pt, pp* od *sell*

solder ['soldə] *s* pájka ● *v* pájet, letovat **–ing** pájení na měkko ◆ **~** *copper* pájedlo; **~** *iron* páječka

soldier ['səuldžə] voják, vojín ◆ *go** / *enlist for a* **~** dát se na vojnu; *private, common* **~** prostý vojín; *old* **~** veterán **–like** vojácký **–y** [-i] vojáci hovor. o vojsku

sole¹ ['səul] jediný, sám, prostý **–ly** ['səulli] jenom, pouze

sole² ['səul] *s* **1** chodidlo **2** podešev, podrážka **3** spodek, přen. základy **4** plaz pluhu, patka ● *v* podrazit obuv

sole³ ['səul] zool. mořský jazyk ryba ◆ *Dover* **~** plotice

solecism ['solisizəm] chyba, prohřešek

solemn ['soləm] slavnostní, slavný; velebný, vážný; pompézní ◆ **~** *truth* svatá pravda **–ity** [sə'lemnəti] slavnostní ráz, vážnost,

obřadnost **–ize** [-naiz] slavit, oslavovat, celebrovat obřad; zvážnět

solicit [sə'lisit] **1** žádat, snažně prosit (*of* koho, *for* o co) **2** povzbudit, vybídnout **3** doprošovat se, vnucovat se, obtěžovat o prostitutkách **4** am. agitovat **–ation** [sə'lisi'teišən] naléhavá žádost, prosba **–or** [sə'lisitə] **1** žadatel **2** právní zástupce **3** am. pojišťovací agent, obchodní cestující **–ous** [-əs] **1** snažný, úzkostlivý **2** starostlivý (*about, for* o) **3** usilovný ◆ *be* **~** bedlivě dbát **–ude** [-ju:d] starost, starostlivost, péče; úzkost, strach

solid ['solid] *a* **1** pevný; celistvý; hutný, masívní **2** důkladný, solidní **3** spolehlivý, solventní **4** určitý **5** důležitý, závažný, vážný **6** krychlový, kubický ◆ **~** *fuel* tuhé palivo ● *s* zrno, granule; pevné těleso, tuhá látka; stav. plné zdivo; **~-state** fyz. týkající se n. využívající vlastností pevných látek

solidarity [ˌsoli'dærəti] společné ručení, solidarita, vzájemnost

solid|ify [sə'lidifai] **1** (z)tuhnout, upevnit (se); zhutnit (se) **2** krystalizovat **3** přen. (z)konzolidovat, sjednotit **–ity** [sə'lidəti] **1** pevnost, hustota, tuhost; hmotnost, masívnost **2** důkladnost, řádnost; spolehlivost **3** schopnost úvěru **4** kubický obsah

soliloqu|y [sə'liləkvi] samomluva **–ize** [-aiz] vést samomluvu

solitaire [ˌsoli'teə] **1** šperk s jedním drahokamem **2** pasiáns karetní hra pro jednu osobu

solitary ['solitəri] *a* osamělý, opuštěný; sám; ojedinělý, jedinečný ● *s* samotář; samovazba

solitude ['solitju:d] osamělost, samota

solo* ['səuləu] sólo **–ist** sólista

solstice ['solstis] slunovrat

solub|ility [ˌsolju'biləti] **1** rozpustnost **2** roz-, řešitelnost **–le** ['sol-

jubl] **1** rozpustný **2** roz-, řešitelný
solution [sə'lu:šən] **1** roztok, rozpuštění **2** roz-, řešení **3** med. oddělení dvou částí od sebe

solv|ability [ˌsolvə'biləti] **1** rozluštitelnost **2** rozpustitelnost **–able** ['solvəbl] **1** rozpustitelný **2** roz-, řešitelný **3** zast. solventní **–e** ['solv] rozřešit, rozluštit **–ency** platební schopnost **–ent** *a* **1** rozpouštějící **2** objasňující **3** přen. rozkladný **4** schopný placení, solventní ● *s* **1** rozpouštědlo **2** rozkladný činitel **3** řešení, východisko

sombre ['sombə] temný, pochmurný, zasmušilý

some ['sam] nějaký, některý; trochu, něco ♦ ~ *20 minutes* asi 20 minut; *to* ~ *extent* do jisté míry **–body**, **–one** někdo, kdosi **–day** někdy **–how** nějak, jaksi; tak či onak, jakkoli

somersault ['saməso:lt] kotrmelec, přemet

some|thing ['samθiŋ] něco, cosi ♦ ~ *like* něco jako **–time** kdysi, někdy **–times** někdy, časem, druhdy **–what** poněkud, trochu, jaksi, cosi **–where** kdesi, někde, někam

somnambul|ism [som'næmbjulizəm] náměsíčnost **–ist** náměsíčník

somniferous [som'nifərəs] uspávající

somnol|ence ['somnələns] spavost, ospalost **–ent** spavý, ospalý

son ['san] syn **~-in-law** ['saninlo:], pl *sons-in-law* zeť

sonar ['səuna:] odposlouchávací přístroj pro odrazy zvuků pod vodou

sonata [sə'na:tə] hud. sonáta

song ['soŋ] píseň, zpěv; báseň ♦ *buy* * *for a* ~ koupit za babku **~-bird** zpěvavý pták **~-book** zpěvník **–ster** ['soŋstə] **1** zpěvák **2** písničkář, pěvec, básník **3** zpěvavý pták **–stress** ['soŋstris]

zpěvačka

son|ic ['sonik] zvukový **–ation** fyz. ultrazvukové vibrace

sonnet ['sonit] sonet, znělka

sonny ['sani] synku, chlapče oslovení

sonobuoy ['səunəboi] shazovaná zvuková bóje

sonor|ity [sə'norəti] zvučnost **–ous** [sə'no:rəs] zvučný, halasný, sonorní styl plný, bohatý

soon ['su:n] brzo ♦ *as* ~ *as* jakmile; *the -er the better* čím dříve tím lépe; *no -er... than* sotvaže... již ..., jakmile..., ihned; *at the -est* co nejdříve; *I would -er die than do it* raději bych zemřel než to udělal

soot ['sut] saze, kopt

sooth ['su:θ] zast. pravda ♦ *in* ~ vpravdě **–e** ['su:ð] **1** mírnit **2** u-, konejšit, upokojit **3** ochladit **4** lichotit **–er** ['su:ðə] **1** šidítko, dudlík **2** utěšitel **3** utěšující řeč, uklidňující prostředí **–say** [su:θ'sei] věštit, hádat **–sayer** [su:θ'seiə] věštec, jasnovidec

sooty ['suti] sazovitý, koptový, začouzený; čadivý

sop ['sop] *s* **1** namočený kousek chleba, namočené sousto **2** hovor. bačkora, strašpytel **3** úplatek ● *v* (-*pp*-) namočit chléb aj., promočit (se)

soph|ism ['sofizəm] sofismus **–ist** sofista **–isticate** [sə'fistikeit] oklamat sofistikou, překroutit **–isticated** znalý světa, rafinovaný, intelektuálský, překultivovaný **–istry** ['sofistri] sofistika

sophomore ['sofəmo:] am. student univerzity v 2. roce studií

soporific [ˌsəupə'rifik] *a* uspávací ● *s* uspávací droga

soppy ['sopi] nasáklý, namočený, čvachtavý, rozměklý

sopran|o * [sə'pra:nəu] pl též *-i* [-i:] soprán

sorcer|er ['so:sərə] kouzelník, čaroděj **–y** [-ri] kouzelnictví, čarodějnictví

sordid [ˈsoːdid] **1** špinavý **2** nízký, sprostý **3** lakomý

sore [ˈsoː] *a* **1** bolavý **2** bolestivý, citlivý **3** hovor. uražený, navztekaný, naštvaný **4** citlivý **5** nedůtklivý ◆ *a ~ throat* bolení v krku ● *s* **1** bolavé místo, bolák, vřed **2** bolest **3** rána, zranění **4** pl bolesti, trampoty **–ly** tuze, zle; bolestně, žalostně

sorghum [ˈsoːɡəm] *s* bot. **1** čirok cukrový **2** čirok; čirok obecný

sorority [səˈrɔːrəti] *s* dívčí spolek, dívčí klub v koleji / na universitě

sorrow [ˈsorəu] *s* **1** žal, zármutek, smutek **2** utrpení, trápení **3** bolest, starost (*for, over, at* o) ● *v* rmoutit se (*at, over* nad), trápit se, truchlit (*after, for* pro) **–ful** [ˈsorəuful] **1** zarmoucený **2** žalný, bolný **3** zarmucující, tragický

sorry [ˈsori] zarmoucený; smutný, truchlivý; litující (*for, about* čeho); ubohý ◆ *I am ~* je mi líto; *I am ~ for you* lituji vás; *I am ~ to say* bohužel

sort [ˈsoːt] *s* **1** druh, typ, forma **2** velikost, značka **3** hovor. člověk, chlap **4** pl tiskařské typy ◆ *a ~ of* jakýsi; *in some ~* poněkud: *out of -s* rozladěný; *put* * *out of -s* rozmrzet; *nothing of the ~* nic takového; *something of the ~* něco takového; *that ~ of* takový, tenhle ● *v* **1** roztřídit, uspořádat **2** jít druhově dohromady *~ out* vytřídit ◆ *~ of* [ˈsoːtə] trochu, tak nějak, jaksi

sortie [ˈsoːti] **1** výpad z obleženého města **2** voj. úkolový let

sot [ˈsot] opilec, ochlasta **–tich** [ˈsotiš] opilý, ožralý

sough [ˈsəu] *s* skučení větru ● *v* **1** skučet, fičet **2** chrápat, funět

sought [ˈsoːt] *pt, pp* od *seek* **~-after** vyhledávaný, žádoucí

soul [ˈsəul] duše ◆ *upon my ~* na mou duši; *with all my ~* z celé duše; *not a ~* ani živá duše, nikdo; *poor ~* ubožák **–ful** odu-

ševnělý **–less** [ˈsəullis] **1** bezduchý **2** neosobní **3** přízemní **4** malátný **5** krutý

sound¹ [ˈsaund] **1** zdravý **2** věrný, spolehlivý, čestný **3** pořádný, důkladný **4** hluboký spánek **5** práv. platný, zákonitý

sound² [ˈsaund] *s* **1** olovnice **2** sonda ● *v* **1** zkoumat, vyšetřovat, měřit olovnicí, sondovat **2** vyšetřovat stetoskopem, **3** vyzvídat (*on, about, as to*)

sound³ [ˈsaund] **1** úžina, průliv **2** rybí měchýř

sound⁴ [ˈsaund] *s* **1** zvuk, hlas; **2** šum nerčitý **3** ráz, odstín, podtext **4** jaz. hláska ◆ *~ detection apparatus* odposlouchávací přístroj ● *v* **1** zvučet, znít; hlaholit, ozývat se **2** zdát se ◆ *~ the retreat* troubit k ústupu; *~ the charge* troubit k útoku; *~ engineer* mixér zvuků; *~ projector* zvukový promítací přístroj; *~ track* zvukový záznam na filmu; *~ truck* rozhlasový vůz **~-film** zvukový film **~-wave** zvuková vlna

sounding¹ [ˈsaundiŋ] zvučný, hlasný, znějící **~-board** ozvučná deska

sounding² [ˈsaundiŋ] **1** měření olovnicí, sondování **2** hloubka **~-lead** [-led] olovnice

soup [ˈsuːp] polévka ◆ *clear ~* vývar; *thick ~* hustá polévka **~-plate** hluboký talíř

sour [ˈsauə] *a* **1** kyselý, trpký **2** zkysaný, sražený **3** nevlídný, zahořklý **4** počasí sychravý ● *v* **1** okyselit **2** zahořknout, zatrpknout **3** zkysat

source [ˈsoːs] **1** zdroj, pramen **2** původ, příčina ◆ *~ language* výchozí jazyk

souse [ˈsaus] *v* **1** namočit, naložit do nálevu **2** nasolit **3** přelít tekutinou (*over* co) **4** nasávat, chlastat ● *s* **1** lák **2** naložené maso **3** ponoření do vody; máčení **4** ochlasta

south ['sauθ] s jih ● a jižní ● adv ~-east ['sauθi:st] jihovýchodní –erly, –ern ['saðəli, 'saðən] jižní –erner ['saðənə] obyvatel jihu –ing ['sauðiŋ] 1 směřování k jihu, jižní směr 2 záporná svislá souřadnice –most nejjižnější ~-paw sport. levák –ward ['sauθwəd] jižní, ležící na jih ~-west jihozápadní ~-wester ['sauθ'westə] 1 jihozápadní vítr 2 rybářský nepromokavý klobouk

souvenir ['su:vəniə] památka, upomínka; vzpomínka

sovereign ['sovrin] a 1 nejvyšší 2 svrchovaný, neomezený, absolutní ◆ ~ power svrchovaná moc ● s panovník, vladař, suverén; sovereign anglická librová zlatá mince –ty svrchovanost, suverenita

soviet, Soviet ['səuviet] hist. s 1 sovět (Supreme ~ Nejvyšší sovět) 2 občan Sovětského svazu ● a sovětský ◆ ~ Union Sovětský svaz; Union of ~ Socialist Republics Svaz sovětských socialistických republik (název státu od 1922 do 1991)

sow¹ ['səu] o-, sít, rozsévat; přen. rozšiřovat

sow² ['sau] zool. svině, prasnice ~-bread bot. brambořík

sow|er ['sauə] rozsévač secí stroj

sown ['səun] pp od sow

spa ['spa:] léčivé lázně

spac|e ['speis] 1 prostor, místo 2 lhůta, doba 3 mezera, proklad v tisku 4 vesmír, kosmos, atr kosmický ◆ ~ flight let do vesmíru; ~ station kosmická stanice ● v polygr. proložit, dělat mezery –borne instalovaný v kosmické lodi n. družici –ecraft kosmická loď –eman* kosmonaut –e-woman* kosmonautka –ing 1 vzdálenost, odstup 2 rozteč nýtů 3 polygr. prokládání, proklad –ious ['speišəs] prostorný, prostranný

spade ['speid] 1 rýč 2 pl piky karty ◆

call a ~ a ~ mluvit bez obalu, nazvat věc pravým jménem –ful plný rýč čeho

Spain ['spein] Španělsko ◆ castles in ~ vzdušné zámky, větrné mlýny

span ['spæn] s 1 rozpětí 2 píď, přen. chvilka 3 tech. rozteč 4 spřežení ◆ for a ~ nakrátko ● v (-nn-) 1 přepnout, překlenout (with čím) 2 měřit na pídě, vyměřovat 3 klenout se nad

spangle ['spæŋgl] s cetka, flitr ● v ozdobit flitry; posít (jako) hvězdami

Spaniard ['spænjəd] Španěl(ka)

spaniel ['spænjəl] křepelák lovecký pes

Spanish ['spæniš] a španělský ● s španělština

spank ['spæŋk] v plácnout dlaní; naplácat na zadek; pobízet koně; ho-vor. hnát si to –er ['spæŋkə] hovor. 1 rychlý kůň 2 něco velmi krásného n. nápadného; pašák, výstavní kus

spanner ['spænə] (též adjustable ~) francouzský klíč ◆ throw a ~ into the works sabotovat, zkřížit něčí plány

spar ['spa:] s 1 krokev 2 bidlo, vzpěra, trám, ráhno 3 závora 4 živec 5 zápas v boxu; kohoutí zápas 6 hovor. slovní potyčka ● v (-rr-) 1 opatřit bidlem, závorou apod., podepřít 2 boxovat tréningově, zápasit; rvát se v kohoutím zápase 3 hádat se

spar|e [speə] v 1 u-, šetřit, uspořit 2 obejít se bez (can you ~ me some change můžeš mi dát pár drobných, obejdeš se bez nich?), dát, věnovat 3 ušetřit (from čeho) 4 udělit milost ◆ to ~ nazbyt ● a 1 spořivý, šetrný; šetřící (of) 2 s-porý, hubený, skrovný 3 přebytečný, zbývající; náhradní, záložní ◆ ~ parts náhradní součástky; ~ time volný čas; ~ wheel náhradní kolo ● s náhradní díl motor. –ing střídmý; malý, omeze-

ný
spark [ˈspaːk] *s* **1** jiskra **2** trocha, kousek **3** cetka **4** elegán, švihák ● *v* jiskřit (se), zapalovat jiskrou ~ **off** roz-, pod|nítit **~-coil** indukční cívka **~-ignition** [ˌspaːk-igˈniʃən] *engine* výbušný motor **–ish** [-iš] **1** veselý, živý **2** vyfintěný, vystrojený **–le** [ˈspaːkl] *s* **1** jiskra, cetka **2** třpyt, jiskření ● *v* **1** jiskřit (se) **2** sršet jiskry **3** perlit se o víně **–ler 1** světluška, prskavka **2** šumivé víno **3** třpytka; jiskrné oko **–let** [-lit] **1** jiskřička **2** drobek, cetka **3** bombička do sifonu **–ling** jiskřivý, jiskrný, šumivý **~-plug, –ing-plug** zapalovací svíčka motoru **–s**, sg. radista
sparrow [ˈspærəu] zool. vrabec **~-bill** cvoček **~-hawk** zool. krahujec
sparse [spaːs] roptýlený, řídký
Spartan [ˈspaːtən] *s* Sparťan ● *a* spartský
spasm [ˈspæzəm] křeč **–odic** [spæzˈmodik] křečovitý
spat[1] [spæt] *pt, pp* od *spit*
spat[2] [spæt] *s* potěr ústřic ● *v* (-tt-) vytírat se ústřice
spat[3] [spæt]: pl *-s* kamaše, psí dečky
spate [speit] náhlá povodeň, prudký liják; spousta
spatial [ˈspeišl] prostorový, kosmický
spatter [ˈspætə] **1** po-, prskat n. stříkat (*with* čím), pokropit **2** pošpinit, zostudit **–dashes** jezdecké kamaše
spatula [ˈspætjulə] pl též *-ae* [-iː] (s)těrka, špachtle
spawn [spoːn] *s* **1** potěr, jikry **2** podhoubí **3** zplozenec, výplod ● *v* **1** plodit **2** třít se o rybách **–er** jikrnáč
speak* [spiːk] **1** pro-, mluvit (*to, with* s) **2** přimlouvat se (*for* za); ~ *for o.s.* mluvit za sebe **3** říci, pravit, hovořit, vyslovit **4** řečnit (*on, upon* o) ◆ ~ *by the book*

mluvit, jako když tiskne, mluvit z papíru; ~ *the truth* mluvit pravdu; ~ *one's mind* říci své mínění; ~ *volumes* mluvit za celé svazku; ~ **out** mluvit hlasitě, bez obalu, otevřeně ~ **up** mluvit nahlas, ozvat se **~-easy** [ˈspiːkiːzi] am. slang. prodejna lihovin v době prohibice **–er 1** mluvčí, řečník **2** předseda Dolní sněmovny **–erphone** [-fəun] kombinace mikrofonu a reproduktoru **–ies** pl slang. divadelní hry **–ing** mluvení, mluva, řeč ◆ ~ *likeness* živá podoba **–ing-trumpet** [ˈ-ˌ] hlásná trouba, megafon **–ing-tube** dorozumívací trouba na lodi
spear [spiə] *s* kopí, oštěp ● *v* **1** pro-, bodnout kopím **2** vypučet
special [ˈspešl] *a* zvláštní, speciální; neobyčejný; odborný ◆ ~ *steel* slitinová n. legovaná ocel ● *s* zvláštní vydání novin, zvláštní vlak apod.; speciál letadlo **–ist** [ˈspešəlist] specialista, odborník **–ity** [ˌspešiˈæləti] **1** zvláštnost, specialita **2** záliba **3** předmět specializace **–ize 1** specializovat (se), být odborníkem **2** přesně vymezit, specifikovat
species [ˈspiːšiːz] sg i pl druh, odrůda
specific [spiˈsifik] *a* specifický, zvláštní; určitý; charakteristický ● *s* zvláštnost, specifikum, specifický lék **–ation** [ˌspesifiˈkeišən] specifikace, zevrubný výčet; výkaz, údaj
specify [ˈspesifai] zevrubně udat, výslovně uvést, zpřesnit, specifikovat
specimen [ˈspesimən] ukázka, zkušební vzorek, výstavní kus
specious [ˈspiːšəs] lákavý, ošemetný, klamný; svůdný
speck [spek] *s* skvrna, flíček, smítko ● *v* poskvrnit, potřísnit **–le** [ˈspekl] *s* skvrna, flíček ● *v* potečkovat (*-led* skvrnitý)
spectacle [ˈspektəkl] **1** velká podí-

vaná, divadlo **2** pl brýle (též *a pair of-s*) **~-case** pouzdro na brýle **–d** nosící brýle, obrýlený **~-snake** zool. brejlovec

spectacular [spek'tækjulə] nápadný, okázalý, efektní, divadelní

spectator [spek'teitə] divák

spectr|al ['spektrəl] **1** nehmotný, duchový, strašidelný **2** spektrální **–e** ['spektə] zjevení, duch, strašidlo **–oscope** ['spektrəskəup] spektroskop **–um** [-əm], pl *-a* [-ə] spektrum, vidmo, přen. škála možností

speculat|e hloubat (o), přemýšlet; spekulovat (*on, upon, about* o) **–ion** [ˌspekju'leišən] hloubání, přemýšlení; úvaha, spekulace **–ive** ['spekjulətiv] hloubavý, přemýšlivý; spekulativní **–or** hloubavec, spekulant

speculum ['spekjuləm] **1** lékařské zrcátko **2** zrcadlo dalekohledu

sped ['sped] *pt, pp* od *speed*

speech ['spi:č] řeč, mluva, jazyk ♦ *make* a ~ pronést řeč, řečnit **–ify** [-ifai] řečnit, žvanit **–less** němý, oněmělý

speed ['spi:d] s **1** rychlost (*at full ~* plnou rychlostí) **2** fot. citlivost filmu, expozice ♦ *make* ~ přispíšit si; *bid* *him good* ~ přát mu bezpečnou cestu; *wish a person good* ~ přát komu hodně úspěchů ● *v* popohnat, urychlit ♦ **–well** mít úspěch, dařit se: ~ *badly* n. *ill* nedařit se ~ **up** urychlit **~-change box** převodová / rychlostní skříň **~-lever** rychlostní / řadicí páka vozidla ~ **limit** nejvyšší dovolená rychlost **–ometer** [spi'domitə] rychloměr, tachometr **~-read*** rychle přečíst **–way** **1** plochá dráha trať i závod **2** am. dálnice, pruh pro rychlá vozidla **–well** bot. rozrazil **–y** rychlý, brzký, okamžitý

spell1* ['spel] **1** hláskovat **2** správně psát, číst (se) **3** znamenat **–ing** pravopis **–ing**-book slabi-

kář

spell2 ['spel] *v* okouzlit, očarovat ● *s* kouzlo, zaříkávání, zaklínadlo **–bound** okouzlený, očarovaný

spell3 ['spel] **1** období, doba, chvilka **2** střídání, směna v práci ♦ *cold* ~ období chladna, studená vlna ● *v* vy-*-*, střídat

spelt1 ['spelt] *pt, pp* od *spell*

spelt2 ['spelt] bot. pšenice špalda

spelunk|er [spə'laŋkə] s jeskyňář, speleolog **–king** s průzkum jeskyní, speleologie

spend* ['spend] **1** s-, trávit čas **2** vydat peníze, utratit **3** vyčerpat (se) **4** vyzuřit se ♦ ~ *one's breath* mluvit do větru; ~ *a penny* jít na stranu **–ing** nákupy **–ing-money** am. kapesné **–thrift** marnotratník

spent ['spent] *pt, pp* od *spend*

sperm ['spə:m] sperma **–aceti** [ˌspə:mə'seti] tuk z vorvaně **–atic** [spə:'mætik] spermatický **~-whale** zool. vorvaň

spew, spue ['spju:] dávit (se), zvracet

sphenoid ['sfi:noid] klínový

spher|e ['sfiə] **1** koule **2** nebeská klenba, sféra **3** hvězda, planety **4** působiště, obor, okruh zájmů **–ic, –ical** ['sferik(l)] kulovitý, kulový, sférický **–oid** [-roid] sféroid

sphincter ['sfiŋktə] anat. svěrač

sphinx ['sfiŋks] sfinga

spic|e ['spais] s **1** koření; příchuť ♦ *have a* ~ *of* zavánět, chutnat po ● *v* okořenit (*with* čím) **–ery** [-əri] koření **–y** kořeněný, kořenný, aromatický; pikantní, erotický

spick-and-span [ˌspikən'spæn] zbrusu nový

spider ['spaidə] **1** zool. pavouk **2** třínožka ~ *hole* voj. okop odstřelovače ~ *web* pavučina

spied ['spaid] *pt, pp* od *spy*

spigot ['spigət] čep, pípa, kohoutek

spik|e ['spaik] s **1** špička, hrot, bodec, hřeb **2** klas **3** volejbal smeč ● *v* upevnit, opatřit bodcem, pobít hřeby, přibít ♦ ~ *up a gun* zaklínovat dělo, přen. ~ *a p.'s guns* zatrhnout, překazit čí plány **–elet** [ˈspaiklit] klásek **–y 1** hrotitý, špičatý **2** kousavý o poznámce **3** brit. zatvrzelý, zarytý

spill¹* [ˈspil] *v* **1** rozlít, vylít (se) **2** vyklopit, rozsypat (se) **3** spadnout, shodit z koně **4** kápnout božskou, vyžvanit ♦ ~ *blood* prolít krev ● *s* **1** rozlití **2** cákanec, kapka **3** pád jezdce, vyklopení **4** prudký pokles ceny

spill² [ˈspil] tříska, kolíček, stočený papír na zapalování (fidibus)

spilt *pt, pp* od *spill*

spin* [ˈspin] *v* (-*nn*-) **1** u-, příst **2** roz-, točit (se), kroužit, vířit **3** vy-, soustruhovat **4** hmyz snovat, soukat **5** vykládat, vymýšlet si ♦ ~ *a top* honit káču ~ *out* rozpřádat, protahovat vyprávění; s-, trávit, spotřebovat ● *s* předení, víření, točení **~-off** am. vedlejší produkt

spinach [ˈspinidž] špenát

spinal [ˈspainl] páteřní, míšní ♦ ~ *column* páteř; ~ *cord, marrow* mícha; ~ *lap* lumbální punkce

spindle [ˈspindl] *s* **1** vřeteno **2** přeslen **3** bot. stopka **4** stopka **5** trn, závlačka, hřídel ● *v* pučet, růst, vyhánět do výšky **~-shanks** dlouhán, čahoun

spin|-drier [ˈspinˌdraiə] prací odstřeďivka **–out** motor. opuštění jízdní dráhy v zatáčce

spine [ˈspain] páteř; hřbet; trn, osten **–less** bezpáteřní; bezobratlý; podlízavý

spinn|er [ˈspinə] **1** přadlák, přadlena **2** spřádací stroj **3** zool. snovací bradavka **4** třpytka **5** zool. lelek kozodoj **6** odstředivka pračky **–eret** [ˈspinərət] zool. snovací bradavka **–ing-factory, –ing-mill** přádelna **–ing-wheel** kolovrat

spinster [ˈspinstə] svobodná žena, stará panna

spiny [ˈspaini] **1** ostnatý **2** přen. trni-

tý, obtížný

spiracle [ˈspairəkl] zool. průduch

spiral [ˈspaiərəl] *a* spirálový, spirálovitý, šroubový, šroubovitý; točitý ● *s* závitnice, spirála **~-staircase** [ˈl-ˌ] točité schody

spirant [ˈspaiərənt] spiranta, třená souhláska

spire [ˈspaiə] *s* **1** spirála **2** jehlan, hrot **3** tenký sloup **4** štíhlá špičatá věž **5** vrchol **6** stéblo trávy **7** jazyk plamene ● *v* **1** ostře vybíhat, pnout se do výše **2** vinout se spirálovitě, tvořit spirálu **3** vyrážet, klíčit

spirit [ˈspirit] *s* **1** duch **2** strašidlo, přízrak **3** duchaplnost **4** líh, lihovina **5** živost; mysl, nálada **6** statečnost, odvaha **7** nadání, důvtip ♦ *be in* -*s* být dobře naladěn; *in high* -*s* v dobré náladě; *in low* -*s* ve špatné náladě, sklíčený; *recover one's* -*s* sebrat se; *give* *a p., put* into -*s* dodat mysli, rozveselit ● *v* **1** oživit, oduševnit **2** (~ *up*) povzbudit, dodat mysli ~ *away* unést, odnést **–ed** duchaplný, živý, čilý, horlivý; rázný, odvážný ♦ *high* ~ veselý; *low* ~ sklíčený **–ism** spiritismus **–ual** [-juəl] *a* **1** duchovní; duševní **2** církevní ● *s* spirituál černošská duchovní píseň **–ualist** [ˈspiritjuəlist] spiritualista **–uality** [ˌspiritjuˈæləti] duchovno(st), duševno(st) **–uous** [-juəs] alkoholický

spirt [ˈspəːt] v. *spurt*

spiry [ˈspaiəri] **1** zašpičatělý **2** točitý

spit¹* [ˈspi] *v* (-*tt*-) **1** plivat (*at* na) **2** prskat **3** mžít, mrholit ~ *out* vyplivnout; vy-, chrlit ● *s* slina, plivnutí

spit² [ˈspit] *v* (-*tt*-) nabodnout na rožeň, probodnout ● *s* **1** rožeň, bodec **2** zeměp. kosa **3** hloubka rýče

spite [ˈspait] *s* zášť, zloba ♦ *in* ~ *of* přes(to) ● *v* zlobit, otravovat, dělat něco naschvál **–ful** zlomyslný, nevraživý

spitfire ['spitfaiə] 1 rapl, třeštidlo, dračice 2 co chrlí oheň např. sopka, dělo

spittle ['spitl] slina, chrchel

spittoon ['spi'tu:n] brit. plivátko

spiv ['spiv] flink, pásek, flákač

splash ['splæš] v 1 šplouchat (se), po-, stříkat, pocákat, cákat (on na) 2 rozstřikovat 3 přebrodit se 4 naznačit, nahodit ● s 1 šplouchnutí, cáknutí 2 šplíchanec 3 skvrna 4 senzace, atrakce 5 hovor. pudr ♦ interj plesk!, žbluňk! ♦ ~ headline palcový titulek ~-board blatník ~-down přistání kosmické lodi do moře ~-y blátivý, zablácený, pocákaný; hovor. senzační, atraktivní

splatter ['splætə] 1 šplouchat (se) 2 drmolit

splay ['splei] v sešikmit, zkosit; rozšířit, roztáhnout ♦ ~ out rozbíhat se, směřovat ven ● s rozšíření, roztažení; zkosení ~-foot med. ploská noha ~-mouth křivá huba

spleen ['spli:n] 1 slezina 2 nevrlost, nevlídnost; podrážděnost, splín

splend|id ['splendid] skvělý, velkolepý; slavný, vynikající ~-our ['splendə] nádhera, lesk, skvělost; pompa

splenetic [spli'netik] nevrlý, mrzutý

splenic ['splenik] slezinný

splice ['splais] v 1 splétat podélně, spojovat 2 nastavit provaz, desku 3 slang. oddat snoubence (get* -d praštit do toho oženit se) ● s splétání podélné, spojení, vázání; hovor. svatba

splint ['splint] s dlaha, dýha ● v dát do dlah; odštěpit se

splinter ['splintə] s tříska, štěpina, úlomek; detail ● v roz-, štípat (se) na třísky ~-bar brit. příční kočáru k podpírání pružin ~-proof glass netříštivé sklo ~-y [-ri] třískovitý, štěpinovitý, úlomkovitý; špičatý, jehlicovitý

split* ['split] v (-tt-) 1 štípat, rozštěpit, roztrhnout (se), puknout, pukat 2 roztříštit 3 rozdělit se rovným dílem 4 rozdělit si akcie 5 rozplést lano 6 chem. štěpit 7 loď ztroskotat 8 zředit ♦ ~ hairs hledat hnidy; ~ one's sides with laughing pukat smíchem; my head is -ting div se mi hlava nerozskočí ~ on slang. vykecnout ● s 1 rozštěpení, trhlina, puklina 2 rozkol, frakce ♦ ~ bearing dělené ložisko; ~ pin závlačka

splodge ['splodž] v. splotch

splotch ['sploč] skvrna, kaňka

splurge [splə:dž] v 1 rozhazovat peníze, utrácet; řádit, flámovat 2 stavět na odiv, pyšnit se ● s 1 velké nákupy; velká pitka, velký flám 2 chlubení, vychloubání, honění, vytahování; luxus, extravagance

spoil* ['spoil] v 1 zkazit (se), zničit, zpustošit 2 svést, znásilnit 3 krájet, porcovat 4 slang. oddělat, zabít 5 rozmazlovat 6 sport. tříštit hru ● s 1 lup, kořist 2 plenění 3 též pl -s získané jmění, majetek, poklad 4 pl zejm. am. funkce, úřady, výhody ♦ -s system systém stranického obsazování úřadů ~-age [-idž] makulatura ~-t pt, pp od spoil

spoke[1] ['spəuk] pt od speak

spoke[2] ['spəuk] paprsek kola; příčel žebříku ♦ put* a ~ in his wheel přen. zatrhnout mu to

spoken ['spəukn] pp od speak

spokesman* ['spəuksmən] mluvčí

spoliation [,spəuli'eišən] vyloupení, plenění; vydírání

spong|e ['spandž] s 1 houba mycí 2 pórovité, piškotové těsto / pečivo 3 přen. příživník, parazit ● v 1 utřít, smazat houbou, zahladit 2 (~ up) vsát, vlít do sebe 3 přiživovat se, týt (upon z) ♦ throw* up the ~ vzdát zápas ~-cake piškotový dort ~-y 1 houbovitý, pórovitý 2 nasáklý, mokrý

sponsor [ˈsponsə] s 1 kmotr 2 patron 3 práv. rukojmí ♦ stand* ~ být kmotrem ● v ručit za, být komu patronem, podporovat (popř. financovat) koho –ship patronát

spontane|ity [ˌspontəˈniːəti] nenucenost, samovolnost, spontánnost –ous [sponˈteinjəs] samovolný, nenucený, spontánní

spoof [spuːf] s 1 legrace (of z), parodie na, karikatura koho / čeho 2 smyšlenka, žert ● v 1 utahovat si z, parodovat, karikovat, dělat si legrácky z 2 napálit, převézt, vodit za nos

spook [ˈspuːk] hovor. strašidlo; am. slang. špión

spool [ˈspuːl] s cívka, špulka, vřeteno ● v navíjet, soukat –er stroj na navíjení drátu na cívky

spoon [ˈspuːn] s 1 lžíce 2 třpytka 3 slang. hlupák; zamilovaný blázen ● v 1 nabrat lžicí 2 lovit ryby na třpytku 3 slang. zamilovaně bláznit ♦ ~ drift mořská pěna ~-feed* krmit (po lžičkách, přen. propagandou) –ful lžíce čeho, troška –y slang. 1 zpozdilý, pitomý, praštěný 2 zamilovaný bláz* nivě, zabouchnutý (on, upon do)

sporadic [spəˈrædik] ojedinělý, řídký, sporadický

spore [ˈspoː] výtrus rostlin

sport [ˈspoːt] s 1 hra, zábava, rekreační činnost 2 sport (souhrnně pl -s) 3 biol. mutace, hříčka, zrůda 4 sportovec, fanda 5 hovor. dobrý kamarád, kámoš 6 pl lehkoatletické závody ♦ make* ~ of dělat si legraci; in ~ žertem ● v 1 hrát (si), zahrávat si (with s), žertovat, bavit (se) 2 sportovat 3 biol. mutovat 4 okázale nosit –ful hravý, veselý, žertovný, zábavný –ing sportovní, lovecký; slušný, fér; mutační –ive [-iv] hravý, žertovný, veselý; chlípný; sportovní –sman* 1 sportovec 2 lovec –smanlike sportovní –smanship sportovní chování

spot [ˈspot] s 1 bod, místo 2 skvrna, bradavička 3 trocha, kousíček 4 pepita, puntíkovaná látka ♦ ~ facing stroj. zarovnávání; on the ~ na místě, ihned; a ~ trochu; pay* ~ cash platit hotově, na dobírku; without a ~ bez poskvrny ● v (-tt-) 1 poskvrnit, umazat (se), tečkovat 2 hovor. odkrýt, vystopovat, vypátrat –light světelný kužel, bodový reflektor –less bez poskvrny, neposkvrněný –ted skvrnitý, kropenatý –ty skvrnitý, tečkovaný, strakatý ~-welder [-ʰ-] bodová svářečka

spouse [ˈspəuz] choť

spout [ˈspaut] s 1 hubička u nádoby; odpadová trubice, okap, žlab 2 trysk, proud, vřídlo ● v 1 stříkat, tryskat, chrlit vodu 2 slang. chrlit ze sebe, deklamovat 3 slang. dát do zastavárny 4 mít / dát hubičku, opatřit hubičkou konev, opatřit chrličem

sprain [ˈsprein] v vyvrtnout si ● s vyvrtnutí, výron

sprang [ˈspræŋ] pt od spring

sprat [ˈspræt] šprot

sprawl [ˈsproːl] 1 protáhnout si nedbale údy vleže, rozvalovat se 2 lézt, plazit se, vléci se; osada rozlézat se

spray [ˈsprei] s 1 haluz, větev, ratolest 2 vodní tříšť, sprška 3 rozstřikovač, rozprašovač 4 postřik, sprej ● v postřikovat, rozprašovat ~-gun, –er rozprašovač, postřikovač –ing stříkání, postřikování ♦ metal ~ stříkání kovů, metalizace

spread* [ˈspred] v 1 roztáhnout, rozestřít, rozvinout 2 pokrýt, rozprostřít, povléci 3 potáhnout, namazat (with čím) ♦ ~ the cloth prostřít na stůl; ~ butter on bread namazat chléb máslem ● s 1 roz-, šíření 2 rozpětí křídel 3 rozloha, rozsah 4 pokrývka obyč. prachová 5 hovor. hostina, hody ~ eagle am. nabubřele vlastenecký, bombastický **~-over** [¹-ᵢ] rozvrh práce

spree [ˈspri:] dovádění, pitka, flám

sprig [ˈsprig] **1** větvička, ratolest, haluz **2** flok, hřebíček bez hlavičky **3** potomek, ratolest, spratek

sprightly [ˈspraitli] čilý, živý, veselý; bujný

spring* [ˈspriŋ] v **1** vy-, skočit, přeskočit **2** prýštit, pramenit, tryskat; pocházet (from z) **3** pučet, růst **4** povstávat, nastávat **5** vyhnat, vyplašit **6** objevit, odhalit **7** trhat, explodovat **8** napnout **9** bortit se o dřevu **10** vyplašit bažanta **11** pobídnout do trysku koně **12** kráva být březí, vemeno nalévat se **13** hovor. špendýrovat **14** hovor. pumpnout (a p. koho for o) ♦ ~ a leak puknout, proděravět; ~ a light rozžít světlo; ~ into existence náhle vzniknout ● s **1** skok **2** zřídlo, zdroj, pramen, studánka **3** jaro **4** pero, zpruha **5** pružný pohyb, pružnost **6** původ, počátek **7** motiv, pohnutka **8** trhlina, prasklina **9** pateční čára ♦ ~ suspension pérování auta ~ balance [-ᵢ] pružinové váhy **~-board** pérový můstek, lyžařský můstek **~-cleaning** jarní úklid, gruntování **~-dividers** [ˌspriŋdiˈvaidəz] pružinové odpichovací kružítko **-time** jaro, jarní čas **-y** pružný, elastický

springe [ˈsprindž] oko, smyčka

springer [ˈspriŋə] **1** skokan **2** stav. pata oblouku, žebro střechy **3** zool. gazela **4** druh psa španěl **5** kuřátko na smažení **6** nadháněč

springle [ˈspriŋgl] v. springe

sprinkl|e [ˈspriŋkl] v pokropit, postříkat, posypat (with čím), poprášit; přen. prošpikovat; mrholit, mžít ● s přeprška, přeháňka; poprašek **-er** **1** kropáč; rozprašovač; sypátko **2** roztroušená hrstka **3** kropicí vůz **-ing 1** pokropení **2** špetka, hrstka **3** poprašek

sprint [ˈsprint] s sprint běh na krátkou vzdálenost ● v běžet, závodit na krátké trati **-er** sprinter závodník na krátké trati

sprit [ˈsprit] **1** tyč k pohánění člunu **2** námoř. čelen, plachetní rozpěra **3** bot. klíček, výhonek

sprite [ˈsprait] duch, skřítek, víla

sprocket [ˈsprokit] **1** zub ozubeného kola **2** raketové kolečko ♦ ~ wheel ozubené kolo

sprout [ˈspraut] v pučet, vyrážet ● s **1** výhonek **2** mladík, výrostek ♦ Brussels -s bot. pl růžičková kapusta

spruce [ˈspru:s] a úpravný; fešný ● v vystrojit (se), vyparádit (se)

sprung [ˈspraŋ] pt, pp od spring

spry [ˈsprai] živý, čilý, hbitý, bystrý

spud [ˈspad] s **1** zahradnický nůž, rýček; plecí stroj **2** pl slang. brambory ● v (-dd-) zkypřit půdu, okopávat

spum|e [ˈspju:m] s pěna ● v pěnit (se) **-ous** [-əs] pěnivý, pěnový

spun [ˈspan] pt, pp od spin

spunge [ˈspandž] zast. v. sponge

spunk [ˈspaŋk] **1** odvaha, kuráž **2** hněv, prchlivost **-y** odvážný, prchlivý, vzteklý; živý, energický

spur [ˈspə:] s **1** ostruha **2** osten, bodec **3** podpěra, výběžek zdi **4** spojovací bašta **5** popud, podnět ♦ set* -s to pobídnout ostruhami koně; win* one's -s vydobýt si ostruhy; ~ gearing čelní soukolí, čelní převod ● v (-rr-) **1** dát ostruhy, pobídnout ostruhami, popohnat **2** povzbudit, pobízet **3** jet tryskem, hnát se **4** dát ostruhy komu

spurious [ˈspjuəriəs] nepravý, podvržený; předstíraný, strojený

spurn [ˈspə:n] zavrhnout, odmítnout (at co); pohrdnout

spurt [ˈspə:t] v nasadit finiš, spurtovat, vyvinout úsilí ● s **1** okamžik **2** krátký rozkvět, vzplanutí, náhlý vzestup, výbuch energie **3** sport. spurt, finiš

sputnik ['sputnik] umělá družice, sputník

sputter ['spʌtə] v 1 prskat, vyprsknout 2 brebentit, drmolit ● s 1 prskot, vyprsknutí 2 brebentění, drmolení

sput|um ['spju:təm], pl -a [-ə] chrchel

spy ['spai] s vyzvědač, špeh ● v 1 pátrat, vyzvídat, špehovat 2 zkoumat (into co) ~ **out** vyslídit, vyzvědět ~-**boat** výzvědný člun –**glass** skládací dalekohled

squabble ['skwabl] v hádat se maličerně, škorpit se about / over o, haštěřit se, pouštět se / dát se do sebe pro maličkost ● s hlasitá malicherná hádka, haštěření, škorpení, handrkování, slovní potyčka

squad ['skwod] 1 voj, rota, četa 2 skupina 3 košíková družstvo –**ron** [-rən] eskadra

squal|id ['skwolid] špinavý, sešlý; bídný, mizerný; sprostý –**or** ['skwolə] špína, bída

squall[1] ['skwo:l] 1 náraz, nápor větru 2 bouře –**y** bouřlivý, větrný; nárazovitý

squall[2] ['skwo:l] s výkřik, jekot; hádka ● v křičet o dítěti –**er** křikloun

squalor ['skwo:lə] s špinavost, špína, zaneřáděnost, neřád, nečistota; sešlost, zchátralost; nechutnost, odpornost, hrubost, sprostota

squander ['skwondə] mrhat, utrácet –**er** [-rə] marnotratník

square ['skweə] a 1 čtvercový, čtverečný; pravoúhlý; plošný 2 hranatý, čtyřhranný 3 poctivý, otevřený 4 přiměřený, vhodný 5 zavalitý, ramenatý 6 přímý 7 přesný 8 příkrý, ostrý ♦ a ~ dealing poctivé jednání; a ~ meal dobré jídlo; ~ iron čtvercová ocel; ~ number číslo umocněné na druhou; ~ root odmocnina; ~ sails ráhnové plachty; get* ~ with

creditors vyrovnat se s věřiteli ● s 1 čtverec 2 náměstí 3 úhelník, trojúhelník, příložník 4 čtverhran pěchoty 5 dvojmocnina 6 slang. šosák, paďour 7 tabulka skla 8 kostka 9 pole šachovnice ♦ bring* to a ~ umocnit, povýšit na druhou; on the ~ 1 v pravém úhlu 2 čestně, otevřeně, na rovinu ● v 1 učinit čtvercovým n. čtyřrohým 2 uvést v soulad, být v souladu, seřídit, usměrnit 3 povýšit na druhou, umocnit 4 hovor. podplatit 5 postavit se statečně (up to čemu) ~ **up** to, with vypořádat se s, též splatit dluhy (I've -d him vyrovnal jsem se s ním) ♦ ~ accounts with přen. vyřídit si účty s; ~ well podařit se

squash[1] ['skwoš] s bot. tykev

squash[2] ['skwoš] v 1 rozmačkat (se) 2 hovor. usadit, setřít ● s 1 rozmačkání 2 něco měkkého; nezralé ovoce; kaše, kašovitá hmota 3 tlačenice, nával 4 nápoj z vymačkané šťávy, sirup 5 sport. skwoš

squat ['skwot] v (-tt-) 1 posadit se na bobek, sedět na bobku 2 usadit se bezprávně ● s sezení na bobku, dřep; malé ložisko rudy –**ter** 1 am. nezákonný osadník, farmář 2 samozvaný nájemník 3 australský pěstitel ovcí

squaw ['skwo:] indiánská žena, squaw

squawk [skwo:k] za-, vřeštět, za-, kvíkat; slang. dělat kraval

squeak ['skwi:k] v kvičet, pištět ● s za-, kvičení, pískot ♦ give* a ~ zakvičet; I had a narrow ~ unikl jsem o vlas –**er** 1 křikloun 2 ptačí mládě, pískle 3 holoubátko 4 brit. mladý čuník, sele 5 slang. práskač, udavač

squeal ['skwi:l] v 1 za-, řičet, zaječet 2 za-, skřípat 3 slang. prásknout, udat (on koho) ● s za-, vřeštění; slang. kraval, binec

squeamish ['skwi:miš] slabého ža-

ludku, choulostivý, vyběravý
squeegee [skwi:'dži:] gumový stírač
podlahy paluby n. fot. desky
squeez|e [ˈskwi:z] *v* **1** vy-, mačkat
(*out of, from* z), stlačit **2** stisknout ruku, stáhnout spoušť **3** protla
čit se (*in, into, past, through* do,
čím) **4** lisovat ● *s* **1** vy-, mačkání,
stisknutí, zmáčknutí, stlačení **2**
otisk **3** ekon. finanční tíseň **–er** lis,
mačkadlo na citróny, ždímačka
squelch [ˈskwelč] *s* čvachtání ● *v*
1 rozmáčknout **2** lid. čvachtat **3**
umlčet ironickými poznámkami, setřít
squib [ˈskwib] *s* **1** rachejtle, žabka
2 satira, hanopis, šleh ● *v* (*-bb-*)
psát satiry; napadnout hanopisem;
vyprsknout; poskakovat
squid [skwid] *s* zool. chobotnice,
oliheň
squint [ˈskwint] *v* šilhat, pošilhávat
(*at* po), dívat se úkosem ● *s* **1**
šilhání **2** pohled úkosem **3** sklon,
náklonnost **~-eyed** šilhavý, závistivý
squire [ˈskwaiə] **1** venkovský
šlechtic, statkář **2** hist. panoš **3**
průvodce dámy, kavalír **4** hovor. nápadník, amant
squirm [ˈskwə:m] kroutit (se), svíjet
se; být dotčen
squirrel [skwirl] zool. veverka **~
cage 1** klec pro veverky **2** elektr.
klecové vinutí, klec
squirt [ˈskwə:t] *v* stříkat, tryskat ● *s*
1 vy-, stříknutí; trysk vody **2** stříkačka **3** hovor. hejsek; prcek, mrně **4** slang. tryskáč
squish [skwiš] hovor. **1** zmáčknout,
rozmáčknout, přimáčknout, rozplácnout, rozšlápnout **2** čvachtat
● *s* čvachtání
stab [ˈstæb] *s* bodnutí ◆ **~** *in the
back* **1** úkladná rána **2** pomluva
● *v* (*-bb-*) **1** bodat, pro-, bodnout
2 oklepat zeď ◆ **~** *in the back*
zákeřně napadnout; pomluvit
stabil|ity [stəˈbiləti] stálost **–ization** [ˌsteibilaiˈzeišən] stabilizace
–ize [ˈsteibilaiz] zpevnit (se), sta

bilizovat (se)
stable [ˈsteibl] *a* stálý, ustálený;
vytrvalý ● *s* stáj, konírna; přen.
družstvo, tým ● *v* ustájit **~-boy,
~-man*** stájník
stack [ˈstæk] *s* stoh, kupa, halda,
hromada; hranice dříví, cihel apod.,
komín lokomotivy parníku; šachta
vysoké pece; police, regál na knihy ● *v*
1 narovnat na hromadu **2** nechat
kroužit v různých výškách letadla **~
up** *wood* vyrovnat dříví do sáhů
stadium [ˈsteidjəm] závodiště, stadión
staff [ˈsta:f] **1** hůl, tyč, berla **2** opora **3** žerď **4** voj. štáb **5** sloka **6**
učitelský sbor **7** personál **8** hud.
notová osnova (pl **staves**) ◆ *levelling* ~ nivelační lať; *medical* ~
lékařský personál; ~ *officer* štábní důstojník; ~ *college* válečná
škola; ~ *training* závodní školení;
~ *turnover* fluktuace zaměstnanců; *waiting* ~ obsluhující personál
stag [ˈstæg] **1** zool. jelen **2** bulík **3**
burzovní spekulant ◆ ~ *party*
pánská společnost, "pánská jízda" **–beetle** zool. roháč **–flation**
[-ˈ] ekonomická stagnace **–hound**
zool. chrt
stage [ˈsteidž] *s* **1** jeviště **2** stanice
expedice, dostavníku **3** stupeň, stav **4**
lešení **5** místo odpočinku, oddechu po cestě **6** etapa, fáze, stadium **7** úsek cesty **8** zastávka,
stanice ◆ *enter the* ~ vystoupit
na scéně; *go* on *the* ~ jít k divadlu ● *v* **1** inscenovat, režírovat
2 pořádat **3** postavit lešení **4** odstupňovat **5** cestovat dostavníkem **~-coach** dostavník ~
fright tréma ~ **manager** [-ˌ] inspicient, režisér **–r** zkušený muž,
praktik ~ **right** provozovací právo
stagger [ˈstægə] *v* **1** potácet se,
vrávorat **2** za-, kolísat, váhat **3**
překvapit, ohromit, šokovat **4** uvést v pochybnost, zviklat **5** u-

spořádat střídavě, rovnoměrně rozložit ● s 1 zavrávorání, zakolísání 2 pl motolice 3 pl závrať **–er** [-r] ohromující otázka, věc, událost

staging [ˈsteidžiŋ] kosm. oddělení stupně rakety

stagn|ancy [ˈstægnənsi] stát, hnít o vodě; ustrnout, stagnovat **–ation** [ˈstægneišən] 1 stojatost, močálovitost, hniloba 2 váznutí, ustrnutí, stagnace

staid [ˈsteid] 1 klidný, usedlý 2 rozvážlivý, rozmyslný

stain [ˈstein] a skvrna, flek; přen. po-, skvrna, kaz, vada; hanba ● v 1 potřísnit, poskvrnit 2 z-, barvit 3 z-, hanobit, z-, diskreditovat 4 mořit dřevo ♦ -ed glass barevné sklo **–less** bez poskvrny, ryzí; nerez ♦ ~ steel antikorózní ocel

stair [ˈsteə] 1 schod 2 pl schody, schodiště (**–case,** am. **–way**) 3 přístavní můstek, schůdky

stake [ˈsteik] s 1 kůl, sloup 2 pranýř, hranice 3 sázka 4 hmotný zájem ♦ at ~ v sázce ● v 1 dát v sázku 2 podepřít, upevnit, přivázat ke kůlu; nabodnout na kůl 3 odvážit se, vsadit (on na), riskovat 4 podpořit hmotně

stalact|ical [stəˈlæktikl] krápníkový **–ite** [ˈstæləktait] krápník, stalaktit

stalagmite [ˈstæləgmait] krápník, stalagmit

stale [ˈsteil] a 1 zvětralý, vyčichlý, žluklý 2 okoralý chléb 3 propadlý šek 4 starý, otřepaný, opotřebovaný, vyčerpaný 5 odpočatý ♦ grow* ~ vyčichnout, zvětrat ● v 1 vyčichnout, zvětrat 2 ztvrdnout, okorat 3 unavit, omrzet 4 močit o koních ● s dobytčí moč **–mate** [-meit] šach. mat **–ness** 1 ztvrdlost, okoralost, žluklost 2 zvětralost, vyčpělost 3 ztuchlost 4 otřepanost, banálnost 5 práv. propadnutí 6 vyčerpanost, přetrénovanost 7 nedotrénovanost

stalk¹ [ˈstoːk] s 1 lodyha, stonek, stéblo 2 stopka vinné sklenky

stalk² [ˈstoːk] s 1 důstojná chůze; plížení se za zvěří ● v 1 (along) vykračovat si 2 přikrást se ke zvěři, stopovat

stall [ˈstoːl] s 1 stání, box v konírně n. v chlévě; pochva na prst 2 stánek tržní 3 křeslo v kostele, brit. v divadle 4 výklenek pro horníka v dole ● v 1 dát do stáje, chovat ve stáji, ustájit 2 mít na krmníku, vykrmovat 3 nastolit do úřadu 4 opatřit křesly 5 zůstávat trčet, zastavovat se, vynechávat 6 rozdělit stáj na stání **~-fed** vykrmený

stallion [ˈstæljən] hřebec

stalwart [ˈstoːlwət] a 1 statný, silný 2 odvážný, rozhodný ● s oddaný straník

stamen [ˈsteimen] bot. tyčinka

stamina [ˈstæmina] životní síla, vitalita, odolnost

stammer [ˈstæmə] v koktat ● s koktání, koktavost

stamp [ˈstæmp] v 1 dupat, 2 o-, razítkovat 3 lisovat plechy 4 razit mince 5 o-, kolkovat, o-, frankovat 6 označit (as za), značkovat, cejchovat 7 drtit, krušit ~ **out** potlačit ● s 1 dupnutí 2 razítko, o-tisk, cejch 3 kolek, poštovní známka, přen. pečeť 4 razidlo 5 drtič, stoupa 6 stroj. zápustkový buchar ♦ ~ duty kolkovné

stampede [stæmˈpiːd] úprk stáda; panika; masové hnutí

stamping [ˈstæmpiŋ] 1 výlisek 2 lisování plechu 3 ražení 4 razítkování, puncování 5 drcení **~-mill** stoupa

stance [ˈstæns] postoj, postavení, pozice

stanchion [ˈstaːnšən] podpěra železná, nosník, sloup

stand* [ˈstænd] v 1 stát 2 postavit (se), zůstat stát 3 být, stát (by při kom), dodržet (slib), řádně plnit / zastávat (to co), neopouštět, trvat (on, upon na), to it that na tom, že **4** mít výšku **5** (~ *good*) platit, být v platnosti **6** člověk, ceny stát si jak, věci mít se jak **7** znamenat (*for* co), být charakterizován (*for* čím), brit. kandidovat (*for* za), stavět se (za co) **8** pes stavět se **9** strpět co, vystát koho **10** obstát v čem, snést, vydržet **11** dát komu co, na své útraty, zaplatit za koho **12** stát koho (*in* kolik) ♦ ~ *a chance* mít vyhlídku; ~ *at ease!* voj. pohov!; ~ *in a p.'s light* zaclánět komu; ~ *on end* vstávat hrůzou; ~ *fair* dařit se, mít úspěch; ~ *fair for a t.* mít naději nač; ~ *godfather* být kmotrem; ~ *one's ground* obstát, udržet se; ~ *to lose / win* mít jistou prohru / výhru; ~ *in need of* mít čeho zapotřebí; ~ *proof* obstát ve zkoušce; *it -s to reason* to se rozumí samo sebou; ~ *sentry* stát na stráži; ~ *sponsor* být patronem; ~ *trial* podrobit se zkoušce; ~ *all hazard* odvážit se všeho; ~ *the loss* hradit škodu; ~ *a p. in good stead* hodit se, posloužit; ~ *still* zastavit se, stát, nehýbat se **~ aloof / apart** vyhýbat *se* (*from* čemu) **~ aside** stát stranou, nezúčastnit se **~ away** odplout loď **~ back** po-, od|stoupit **~ by** přihlížet jako divák, být připraven přispět **~ clear** držet se stranou (*of* čeho) **~ forth** vystoupit, ukázat se **~ in** zaskočit (*for* za) **~ in** with být zadobře s **~ off 1** udržovat odstup, stát opodál / stranou **2** odstavit, dočasně propustit zaměstnance **~ out** vyčnívat, vystupovat; trvat (*for* na), usilovat o co, vzpírat se (*against* čemu) **~ over** odložit, být odložen **~ to** připravit se **~ up** vstát, povstat, zdvihnout se, vystupovat; postavit se (*for* za), zastat se; postavit se (*to* odpůrci), odolat čemu, nechat čekat; jít tančit (*with* s) ● *s* **1** stání, místo **2** zastavení; pře-, za|stávka (též

na zájezdu), nečinnost, klid **3** podstavec, stojan, věšák, police **4** stativ mikroskopu **5** podpěra, kozlík **6** stánek výstavní **7** tribuna, stupínek **8** stanoviště drožek **9** stav porostu **10** sestava, souprava **11** postavení **12** am. lavice svědků ♦ *be at a* ~, *come* * *to a* ~ zastavit se, být na rozpacích; *bring* * *to* ~ zastavit jednání; *make* * *a* ~ postavit se (*for* za co), postavit se na odpor (*against* čemu); *put* * *a p. to a* ~ uvést koho do rozpaků; *take* * *one's* ~ postavit se, bazírovat (*on* na) **~-alone** samostatný **–by 1** vý-, pomoc, záloha, rezerva **2** náhražka **3** spolehlivý pomocník, opora ♦ ~ *motor* výpomocný motor **~-in** film statista; dvojník, dubl; náhradník **–ing** stojatý; stálý, pevný ● *s* **1** stání, místo **2** postavení, jméno, reputace **3** místo k stání ♦ *of old* ~ dávný; *of the same* ~ současný; ~ *jump* skok z místa **~-off 1** vyrovnání **2** nerozhodná hra **3** ~ *bomb* raketa středního doletu typu vzduch-země **~-offish** udržující odstup, rezervovaný **~-patter** am. konzervativec **~-point** hledisko, stanovisko, stanoviště **~-still** za-, pře|stávka; klid, mrtvý bod **~-up** stojatý límec; pěstní potyčka

standard [ˈstændəd] *s* **1** korouhev, standarta **2** vzor, model, standard; měřítko, kritérium, norma **3** podstavec; stojan **4** určitý poměr, pravidlo ♦ *living* ~ n. ~ *of living* životní úroveň; ~ *gauge* **1** žel. normální rozchod **2** porovnávací kalibr ● *a* standardní, normální, běžný, uznaný, směrodatný; standardizovaný **–ize** standardizovat, typizovat

stank [ˈstæŋk] *pt* od *stink*

stanza [ˈstænzə] strofa, stance, oktáva

staple [ˈsteipl] *s* **1** očko petlice, svorka, sponka, drátek sešívačky **2**

hlavní součástka / odvětví / plodina / surovina **3** běžné zboží **4** vlákno (ba)vlny apod. **5** jakost vlákna **6** přen. hlavní myšlenka ♦ *cotton of long / short ~* dlouhá / krátká bavlna; ~ *commodity / goods* hlavní / základní / nejvýznamnější zboží; ~ *trade* skladový obchod ● *v* **1** sešít drátky **2** roztřídit (ba)vlnu **-r** sešívačka

star [ˈstaː] *s* **1** hvězda, hvězdička, přen. osud **2** vynikající herec n. herečka «hvězda" **3** zlatý hřeb výstavy **4** pl šťastná hvězda, osud **5** elektr. hvězdicové spojení ♦ *fixed ~* stálice; *flying / shooting ~* létavice ● *v* (*-rr-*) **1** opatřit hvězdou / hvězdičkou / hvězdami **2** zazářit jako hvězda, vyniknout **3** dát / hrát hlavní roli **4** vystupovat v čem **-board** [ˈstaːbəd] pravý bok lodi **~-connection** [ˌstaːkəˈnekšən] elektr. spojení do hvězdy **~-crossed** narozený pod nešťastnou hvězdou **-dom** postavení, charakter umělecké / sportovní hvězdy, svět hvězd **-let** [-lit] «hvězdička" **-quake** hvězd. řada rychlých změn ve tvaru hvězdy **~-spangled** [ˈ-ˌ] posetý hvězdami, hvězdnatý

starch [ˈstaːč] *s* **1** škrob **2** upjatost, škrobenost ● *v* škrobit **-y** **1** škrobený **2** upjatý, odměřený **3** škrobovitý, moučný o jídle

star|e [ˈsteə] *s* **1** strnulý pohled, civění **2** vyvalené oči ● *v* **1** upřeně se dívat, civět **2** jevit se, bít do očí ♦ *~ down* n. *out of countenance* zmást upřeným pohledem **-ing** **1** upřený, strnule hledící **2** nápadný, křiklavý barva

star|fish [staːfiš] zool. hvězdice **-gazer** [ˈ-ˌ] žert. hvězdář

stark [staːk] *a* **1** úplný, naprostý, čirý, holý **2** tuhý, pevný, tvrdý, přísný; pustý, prázdný, holý, věcný **-ers** [ˈstaːkəz] brit. slang. **1** úplně nahý **2** zcvoklý

star|less [ˈstaːlis] bezhvězdný

-light svit hvězd ~ **lighting** silně omezené osvětlení ulic **-lit** o-světlený pouze hvězdami, hvězdnatý

starling [ˈstaːliŋ] zool. špaček

starry [ˈstaːri] hvězdnatý; zářící **~-eyed** **1** mající zářící oči **2** zasněný, romantický

start [ˈstaːt] *v* **1** začít (*doing* n. *to do*); uvést v chod, spustit stroj, dát do oběhu, nastartovat **2** vyjet, vyběhnout; vydat se na cestu, vyrazit (*on* na) **3** trhnout sebou, vyrazit, vyskočit (*up*); polekat (se) **4** odstartovat ♦ *his eyes -ing out of his head* s očima na stopkách ~ **back** uskočit, u-stoupit ~ **off** dát se do pohybu, vyrazit; začít ~ **out** hovor. dát se (*-ing* do) ~ **up** **1** začínat, prudce vyletět **2** objevit se náhle **3** uvést v chod stroj, nastartovat ● *s* **1** trhnutí, škubnutí, leknutí **2** uvedení v chod, spouštění stroje **3** rozběh (*in life, of a p.* proti komu); začátek cesty; start, vzlet letadla **4** spuštění motoru **5** náskok v závodu **6** sport. účast v závodě, závod **7** popud, podnět ♦ *by -s* škubavě; *get* the ~ of a p.* získat náskok před, předstihnout; *by fits and -s* nepravidelně **-er** **1** startér; spouštěč **2** závodník **3** předkrm

starting [ˈstaːtiŋ] natáčení, spouštění, uvedení v chod ♦ *~ position* výchozí poloha ~ *time* doba rozběhu motoru **~-crank** natáčecí klika **~-gate** dostihy startovní stroj ~ **gear** motor. první rychlost **~-point** východisko **~-post** startovní čára

startle [ˈstaːtl] překvapit, polekat **-r** překvapení; poplašná zpráva

starv|ation [staːˈveišən] vy-, hladovění **-e** **1** vy-, hladovět (*for* po čem), umřít hlady **2** u-, mořit hladem **3** dychtit, prahnout **-eling** hladovějící, podvyživený, hubený; bědný, ubohý

stash [stæš] *v* hovor. ulít, ulejt, scho-

vat, zašantročit ● **s 1** místo úkrytu cennostī / peněz **2** něco ulitého / schovaného / zašantročeného
stasis ['steisis], pl *stases* ['steisi:z] med. neprůchodnost, stase
state ['steit] s **1** stav, postavení, okolnost **2** hovor. strašný stav **3** rozpoložení **4** biol. vývojové stadium **5** pozice, situace **6** pl = *Estates* zemské stavy **7** stát **8** panství **9** nádhera, pompa, paráda **10** ušlechtilé držení těla ◆ ~ *apparatus* státní aparát; ~ *call* oficiální návštěva; *S~ Department* am. ministerstvo zahraničí; ~ *farm* státní statek; *lie* in* ~ být vystaven na katafalku; *live in great* ~ vést nádherný život ● *v* uvést, popsat, vyjádřit, specifikovat, konstatovat **–liness** nádhera, vznešenost, okázalost **–ly** vznešený, impozantní, okázalý; důstojný **–ment 1** výpověď, tvrzení **2** údaj **3** výkaz, přehled **4** zpráva, prohlášení **5** výpoč. tech. příkaz, instrukce **6** specifikace ◆ ~ *of account* výpis z účtu **~-owned** státní státem vlastněný **–room 1** reprezentační pokoj / sál **2** reprezentační pokoj na lodi **3** žel. vládní salónek na nádraží **–sman*** státník, politik **–smanship** státnictví
static, –al ['stætik(l)] statický pl -s statika **–ize** ['stætisaiz] výpoč. tech. převádět dynamická data na statická
station ['steišən] s **1** postavení společenské; stanoviště, místo **2** stanice, nádraží **3** působiště **4** bot., zool. místo výskytu ◆ *breeding* ~ chovatelská stanice; *-s of the cross* křížová cesta; *filling* ~ am. benzínová pumpa; *electric power* ~ elektrárna; *pumping* ~ čerpací stanice, vodárna ● *v* **1** ubytovat, umístit **2** vykázat místo, působiště **–ary** [-nəri] nehybný, pevný, nepřenosný **~-house*** ['steišənhaus] strážnice **~-mas-**

ter [-ˌ-] brit. náčelník stanice
stationer ['steišənə] papírník **1** papírnictví **2** papírnické zboží
statistic, –al [stə'tistik(l)] statistický **–ian** [ˌstætis'tišən] statistik pl **–s** statistika (sg věda)
stator ['steitə] stator
statuary ['stætjuəri] s **1** sochy; sochařství **2** sochař, kameník ● *a* sochařský
statue ['stætju:] socha **–tte** [ˌstætjuet] soška
stature ['stæčə] postava, vzrůst
status ['steitəs] společenské postavení, věhlas, prestiž
statut|e ['stætju:t] **1** práv. zákon, nařízení **2** statut, stanovy (pl) **–ory** práv. zákonný, statutární
staunch ['sto:nč, 'sto:nš] spolehlivý, věrný, oddaný, horlivý
stave ['steiv] *v* vylomit dužinu; udělat díru do, načít ~ **in** narazit, promáčknout ~ **off** odvrátit, zmařit ● *s* **1** dužina sudu **2** skruž **3** strofa **4** hud. notová osnova **5** příčel žebříku, trnož
stay ['stei] *v* **1** zůstat (*the night* na noc), zdržet se **2** pro-, dlít, čekat (*for* na) **3** odložit, zastavit, zarazit **4** podepřít **5** utišit (hlad), uhasit (žízeň) ◆ ~ *the course* vydržet závod do konce; ~ *put* hovor. ani se nehnout; *come* to* ~ usadit se natrvalo; získat uznání, zdomácnět ~ **away** nedostavit se, nevracet se ~ **on** zůstat, setrvat, nevzdalovat se ~ **out** zůstat venku, vydržet do konce; chybět ve škole ~ **up** být vzhůru ● *s* **1** zastavení, zastávka, dočasný pobyt **2** prodlení **3** odklad **4** stálost, vytrvalost **5** přen. brzda **6** podpěra, opora **7** pl kostice do korzetu ◆ *keep* at a* ~ držet na uzdě **~-down** stávka horníků, kteří odmítli vyfárat z dolů **–er** vytrvalec; podporovatel
stead ['sted]: *in my* ~ = *instead of me*; *stand* in* (*good*) ~ prospět, pomoci; *be of no* ~ být k ničemu

–fast [-fa:st] pevný, stálý, vytrvalý **–iness** pevnost, stálost, vytrvalost **–y** a pevný; stálý, rovnoměrný, neochvějný ● **v 1** upevnit (se), ustálit (se) **2** uklidnit (se) **~-state** hvězd. věčný, se stále se vytvářející hmotou ve vesmíru

steak [ˈsteik] řízek masa ◆ *Hamburg ~* karbanátek

steal* [ˈsti:l] **1** krást **2** (~ **away**) potají si vzít, přivlastnit, uloupit **3** vplížit se **4** propašovat **5** přebrat, přetáhnout (zákazníky) **6** přijít nepozorovaně (*over, upon* na) *~ a march on a p.* nepozorovaně předstihnout, předejít koho; *~ the show* sklidit za jiného úspěch, vypálit komu rybník **–th** [-stelθ] tajnost, tajné jednání ◆ *by ~* kradmo **–thy** [ˈstelθi] tajný, nepozorovaný, kradmý

steam [ˈsti:m] s **1** pára **2** přen. hovor. elán, chuť ◆ *get* up ~* hovor. přidat páry; *be at full ~* pracovat plnou parou ● **v** vařit v páře, pařit; vypařovat (se); jet / plout plnou parou *~ away* vypařovat se **–boat** parník **~-boiler** [ˈ-ˌ] parní kotel **~-cylinder** [ˈ-ˌ] parní válec **~-engine** [ˈ-ˌ] parostroj **–er** parník **~-gauge** manometr **~-hammer** [-ˈ] parní buchar **~-navigation** paroplavba **~-roller** [ˈ-ˌ] parní válec **–ship** paroloď **~-tug** vlečný parník

stearin [ˈstiərin] stearín

steed [ˈsti:d] oř

steel [ˈsti:l] s ocel ◆ *cast / refined ~* litá ocel; *strip ~* pásková ocel; *structural ~* konstrukční ocel ● **a** ocelový ◆ *~ casting* ocelový odlitek; *~ wool* drátěnka na podlahu, nádobí apod. ● **v** zocelit, zatvrdit (*one's heart* své srdce) **~-clad** obrněný **~-foundry** [ˈ-ˌ] slévárna oceli **~ works** ocelárna **–yard** mincíř, přezmen **–y** ocelový, tvrdý, zatvrzelý

steep [ˈsti:p] a **1** příkrý, strmý **2** rychlý **3** přehnaný požadavek, cena ● **s** svah, sráz ● **v** na-, máčet, macerovat; zaplavovat; polít (*in* čím)

steeple [ˈsti:pl] kostelní věž se špičkou **–chase** dostihy s překážkami, přespolní překážkový běh

steer[1] [ˈstiə] kormidlovat, řídit auto loď; vést, mířit, brát se (*for* kam) **–age** [-ridž] **1** poddajnost kormidla **2** mezipalubí **–er** [-rə] kormidelník **–ing-wheel** volant **–sman*** kormidelník

steer[2] [ˈstiə] volek, býček

steinbock [ˈstainbok] zool. alpský kozorožec

stelar [ˈstelə] hvězdnatý, hvězdný

stem [ˈstem] s **1** stonek, lodyha; kmen **2** řapík, stopka, nožka kalíšku, noty **3** příď lodi **4** kmen rodu, rod, jaz. kmen slova **5** překážka, zarážka ● **v** (*-mm-*) **1** zbavit stopek **2** ucpat, utěsnit, zastavit proud vody **3** razit si cestu **4** am. pocházet, pramenit (*from, in* z) **5** lyžování vysunout do přívratu ◆ *~ the tide* plout proti proudu

stench [ˈstenč] zápach **~-trap** sifon kanalizace

stencil [ˈstensl] šablona malířská, blána cyklostylu

stenograph [ˈstenogra:f] **1** těsnopisný znak **2** těsnopisný záznam **–er** [steˈnogrəfə] těsnopisec **–ic** [ˌstenəˈgræfik] těsnopisný **–y** [stəˈnogrəfi] těsnopis

step[1] [ˈstep] v (*-pp-*) **1** kráčet, jít, vykročit; šlapat **2** za-, tančit (~ *it*), stepovat **3** měřit na kroky **4** kůň jít rychle **5** udělat stupně, odstupňovat, stoupat / klesat **~ aside** odstoupit, ustoupit **~ back** ucouvnout, ustoupit **~ down** sejít, sestoupit **~ forth** vykročit, vystoupit **~ in** zakročit; vstoupit, zaskočit na návštěvu **~ out** odejít **~ over** překročit **~ up 1** vystoupit, jít nahoru **2** zvýšit, urychlit **3** udělat pokrok ● **s 1** krok **2** stupeň v hodnosti **3** schod, stupátko **4** příčel žebříku **5** šlépěj, kročej 6 přen. pokrok, postup ♦ ~ by ~ krok za krokem; *take* -s* podniknout kroky; *tread* in a p's -s* kráčet v šlépějích koho; ~-**ladder** (n. *a pair of -s*) štafle –**ping-up** *of production* vystupňování výroby

step-² ['step-] nevlastní –**child, –brother, –father, –mother** nevlastní dítě, bratr, otec, matka = macecha

steppe ['step] step

stereo ['steərio] *s* stereofonní zařízení / aparatura, stereo –**phonic** [-'fonik] stereofonní –**scope** [-skəup] stereoskop –**type** [-taip] **1** polygr. stereotyp **2** šablona, manýra, stereotyp

steril|e ['sterail] neúrodný, neplodný, jalový –**ity** [ste'riləti] neúrodnost, neplodnost –**ize** ['sterilaiz] učinit neplodným, sterilizovat

sterling ['sta:liŋ] šterlinkový ♦ ~ *area* šterlinková oblast; *a pound* ~ libra šterlinků

stern¹ ['stə:n] **1** vážný, přísný **2** tuhý kázeň; krutý

stern² ['stə:n] **1** lodní záď **2** zadní část, zadek; ocas, oháňka psa ♦ ~ *foremost* pohyb nazpět, couvání –**most** nejzadnější

stern|um ['stə:nəm] pl -*a* [-ə] hrudní kost

stethoscope ['steθəskəup] stetoskop

stevedore ['sti:vido:] lodní nakládač

stew ['stju:] *s* **1** dušené maso n. zelenina **2** brit. sádka na ryby **3** hovor. nepokoj, zmatek ♦ *be in a* ~ být v úzkých; *go* into a* ~ vzrušovat se ● *v* **1** dusit (se), ovoce kompotovat **2** slang. biflovat, šprtat, dřít se ♦ -*ed fruit* kompot

steward ['stjuəd] **1** správce, šafář **2** lodní / palubní číšník, stevard **3** správce zásob v koleji, klubu, člen pořádajícího výboru ♦ *Lord High S~* nejvyšší sudí; *Lord High S~ of the King's Household* nejvyšší

hofmistr –**ess** [-is] letuška, stevardka –**ship** správcovství

stick¹* ['stik] **1** přilepit (se), nalepit (se) (*in, to, on, upon* do, na) **2** za-, strčit, vrazit (*into, in* do), probodnout, nabodnout; zapíchnout, porazit vepře **3** vězet; lnout, lpět (*by* na); uváznout; přilepit se **4** zdržet se; pozastavit se, váhat (*at* nad) **5** držet se (*to* čeho) ♦ *he -s at nothing* nemá skrupule, neštítí se ničeho ~ **on 1** pevně se držet v sedle **2** pevně si narazit čepici **3** vnucovat se **4** připočíst k účtu ♦ ~ *a stamp on* nalepit známku ~ **out** vystrčit; napřáhnout; trčet, vyčnívat, vyvstávat; vypláznout (*one's tongue* jazyk); vytrvale žádat (*for* co) ~ **over** *with* posázet zapíchanými věcmi, polepit ~ **together** táhnout za jeden provaz ~ **up 1** trčet, vyčnívat **2** zmást **3** slang. držet v šachu, přepadnout ♦ ~ *up for a p.* zastat se koho –**er 1** osten, trn **2** bodlo **3** zapichovač vepřů **4** lepič plakátů **5** člověk, který zůstane dlouho na návštěvě **6** reklamní nálepka –**ing-plaster** náplast

stick² ['stik] **1** hůl; klacek; kmen, kláda; prut, suchá větvička; tyč **2** násada **3** tyčinka vosku apod. **4** taktovka **5** lid. škrobený člověk **6** výprask, nářez

stickler ['stiklə] tvrdošíjný zastánce (*for* čeho), puntičkář, pedant; těžký problém, oříšek

sticky ['stiki] lepkavý, přilnavý; vlhký, dusný; nepříjemný

stiff ['stif] **1** tuhý, ztuhlý **2** toporný **3** strnulý, utkvělý **4** přísný, nepřístupný, odměřený **5** škrobený, upjatý –**en** ['stifn] **1** ztuhnout, vyztužit, zatvrdnout **2** naškrobit **3** zatvrdit se **4** být nepřístupný ~-**necked** zatvrzelý, svéhlavý; formální

stifle ['staifl] u-, za|dusit (se); utlumit; potlačit

stigma ['stigmə] pl -*s, -ta* [-tə] **1**

znamení, jizva 2 skvrna na charakteru 3 blizna **–tize** [-taiz] stigmatizovat, označit, ocejchovat
stile [ˈstail] 1 schůdky přes plot 2 svislý vlys dveří
stiletto [stiˈletəu] dýka; bodec na vyšíváni ~ *heels* jehlové podpatky, jehly
still [ˈstil] *a* 1 tichý, klidný, pokojný 2 nehybný 3 stálý počasí ♦ ~ *birth* potrat ● *adv* tiše, klidně; stále, ještě, dosud ● *s* 1 ticho, klid 2 destilační přístroj 3 palírna, lihovar ● *v* 1 utišit (se), uklidnit (se) 2 překapat, destilovat **~-born** mrtvě narozený ~ *life* zátiší obraz **~-room** 1 destilovna, palírna 2 spižírna 3 přípravna kávy, čaje apod. v hotelu
stilt [ˈstilt] *s* 1 pl chůdy 2 tenkozobec pták 3 ker. trojnožka, koník ● *v* chodit na chůdách **–ed** 1 vyvýšený jako na chůdách 2 bombastický, nabubřelý sloh 3 afektovaný
stimul|ant [ˈstimjulənt] povzbuzující prostředek, dráždidlo **–ate** [-eit] povzbudit, podráždit (*to* k) **–ation** [ˌstimjuˈleišən] podráždění, povzbuzení **–ative** [-ətiv] dráždivý, povzbuzující **–ator** dráždidlo, stimulans **–us** [-əs], pl *-i* [-ai] popud, podnět; med. stimulans
sting* [ˈstiŋ] *v* 1 bodat, píchat 2 uštknout, dát žihadlo 3 působit, cítit palčivou bolest, bolet 4 podráždit ● *s* 1 žihadlo 2 bodnutí, píchnutí, štípnutí 3 hryzání, pálení 4 pointa vtipu; šleh 5 výčitka
stingy [ˈstindži] skoupý, lakomý
stink* [ˈstiŋk] *v* páchnout, smrdět (*of* čím) ● *s* odporný zápach, smrad **–ard** [-əd] smraďoch
stint [stint] *v* omezovat, skrovně odměřovat; skrblit čím ● *s* 1 mez, hranice, omezení 2 úkol, příděl ♦ *without any* ~ neomezeně
stipend [ˈstaipend] příjem, plat, důchod **–iary** [staiˈpendjəri] *a*

placený, honorovaný ● *s* brit. státem placený soudní úředník
stipple [ˈstipl] tečkovat
stipulat|e [ˈstipjuleit] 1 vyhradit si (*for* co) 2 umluvit (si), ujednat **–ion** [ˌstipjuˈleišən] úmluva, dohoda; výhrada
stir [ˈstə:] *v* (*-rr-*) 1 hýbat (se), po-, hnout (se) 2 míchat čím 3 šťourat, prohrabovat oheň 4 povzbudit, podráždit, podněcovat 5 vstát, odejít 6 rozhýbat, rozčeřit 7 být aktivní, činit se 8 podněcovat, vyprovokovat 9 vzbuzovat 10 dojmout 11 reagovat (*to* na) ♦ ~ *a p. into action* zaktivizovat koho ~ *up* vyvolat, pobouřit, roznítit ● *s* 1 hnutí, pohyb 2 neklid, rozruch 3 pobouření 4 prohrabání ohně 5 podnět, impuls ♦ *make* a great* ~ nadělat mnoho hluku; *raise a* ~ způsobit vzbouření **~-about** 1 ovesná kaše 2 rozruch 3 všetečka
stirrup [ˈstirəp] třmen
stitch [ˈstič] *v* šít, sešívat, stehovat, pro-, štepovat ● *s* 1 steh 2 bodnutí, píchnutí ♦ *drop a* ~ pustit oko při pletení; *get* a* ~ mít píchání v boku; *he has not a dry* ~ *on him* nemá na sobě ani nitku suchou; *keep* a p. in* -*es* rozesmát někoho až puká smíchy; *take* -es out of a wound* med. brát stehy; *take* up a* ~ nabrat oko při pletení
stoat [ˈstəut] zool. lasice hranostaj
stochastic [stoˈkæstik] mat. náhodný, stochastický
stock [ˈstok] *s* 1 zásoba, sklad, inventář, materiál na skladě 2 kmen, peň, pařez 3 špalek, břevno, kláda 4 kůl, hůl 5 podložka, podpora, držadlo 6 rod, původ 7 kapitál, vklad; akcie; jistina, základní jmění 8 nákrčník, límec 9 bot. fiala 10 cenný papír, akcie 11 pl kopyta do bot 12 palice parukářská 13 pl klády mučidlo 14 dobytek (~ *raising* chov dobytka) 15 masový výtažek 16 tuhá

vázanka, plastrón **17** pečicí trouba **18** sériový automobil **19** bot. brukev ♦ *in* ~ v zásobě, na skladě; *he is of good* ~ pochází z dobré rodiny; *a laughing* ~ terč posměchu; *foot* ~ stroj. koník dělicího přístroje; *take up* ~ dělat inventuru; *-s and bonds* cenné papíry; *basic* ~ *of words* základní slovní fond; ~ *exchange* burza ● *v* **1** opatřit násadou **2** dát do klády **3** opatřit, zásobit (se) **4** ukládat, mít na skladě **5** osít, zalesnit **6** pást dobytek **7** svážet klády **8** znovu obrůstat strom

stockade [stoˈkeid] tyčkový plot, palisáda

stock|broker [stokˈbrəukə] makléř **–dove** zool. doupňák holub **–fish** zool. treska **~-holder** [ˈ-ˌ] akcionář

stocking [ˈstokiŋ] punčocha **~-frame, ~-loom** *machine* pletací stroj

stock|jobber [ˈstokˌdžobə] spekulant s akciemi **–pile** železná zásoba **~-still** nehybný **~-taking** [ˈstokˌteikiŋ] **1** inventura **2** zjištění stavu (*of* čeho)

stocky [ˈstoki] zavalitý, podsaditý

stock|yard [ˈstokjaːd] ohrada pro dobytek na tržišti **~-whip** býkovec

stodgy [ˈstodži] těžký, nestravitelný (též přen.)

stoic [ˈstəuik] *a* stoický ● *s* stoik **–al** [ˈstəuikl] stoický **–ism** [ˈstəuisizəm] stoicismus

stoke [stəuk] **1** přikládat, topit **2** hovor. ládovat, cpát se **–hold** lodní kotelna **–hole** předtopeniště **–r** topič

stole [stəul] *pt* od *steal* **–n** [-ən] *pp* od *steal*

stolid [ˈstolid] nechápavý, tupý; netečný **–ity** [stoˈlidəti] nechápavost, tupost; netečnost

stomach [ˈstamək] *s* **1** žaludek, břicho **2** chuť k jídlu **3** chuť (*for* k), nálada na ♦ *give* ♦ *a* ~ dělat chuť ● *v* **1** sníst, strávit **2** spolknout urážku **–ic** [stoˈmætik] *a* žalu-

deční ● *s* žaludeční lék

stomp [stamp] *v* prudce šlapat, dupat na / po, ušlapat, udupat, zašlapat, kráčet energicky

stone [stəun] *s* **1** kámen **2** brit. váha 14 liber **3** pecka ovoce, jádro **4** kroupa **5** náhrobní kámen **6** mlýnský kámen **7** brus, brousek **8** litografická deska **9** dlažební kostka **10** med. žlučový / ledvinový / močový kamínek ● *a* kamenný ♦ ~ *age* doba kamenná; *at a -'s throw* co by kamenem dohodil; *cast** / *throw** *-s at* hanobit koho: *leave** *no* ~ *unturned* vynaložit největší úsilí; nenechat kámen na kameni *mark with a white* ~ zaznamenat jako šťastný den ● *v* **1** kamenovat **2** vyzdít, vydláždit kameny **3** vypeckovat **4** obtáhnout nůž na brousku **~-blind** úplně slepý **~-blue** šmolka **~-break** bot. lomikámen **~-break-er** [ˈ-ˌ] štěrkař **~-cast** vzdálenost co by kamenem dohodil **~-cut-ter** [ˈ-ˌ] kameník; brusič **~-dead** [stəunˈded] úplně mrtvý **~-fruit** peckoviny **–mason** [-ˈ] kameník **–ware** kameninové zboží

stony [ˈstəuni] **1** kamenný, tvrdý, peckovitý **2** zkamenělý **3** bezcitný

stood [stud] *pt, pp* od *stand*

stoodge [stuːdž] panák, poskok; nastrčená loutka; špicl

stool [stuːl] **1** stolička, stolec, trůn **2** stolice vyprazdňování střev **3** výhonek **4** podstavec, základ ● *v* **1** nasazovat na kořen, vyhánět **2** tvořit stoličku **3** vyprázdnit se

stoop [stuːp] **1** sehnout (se), sklonit (se), nahrbit se **2** snížit se, pokořit (se) **3** přen. snížit se (*to* k) **4** zneužívat

stop [stop] *v* (*-pp-*) **1** zastavit (se), zadržet, zarazit **2** zahradit, zablokovat **3** zacpat (~ *up*), ucpat (se), zasádrovat, zatmelit **4** zazátkovat **5** stisknout **6** potlačit, zamezit (*from* čemu); upustit od čeho **7** přestat, ustat **8** zastavit se ♦ ~ *dead* náhle se zastavit; ~ *short* přestat; ~ *a tooth* zaplombovat zub; ~ *a wound* zastavit krvácení rány ~ **away** *from* nejít kam ~ **by**, *in the way* zastavit na cestě ~ **off**, **over** am. přerušit cestu ● s **1** zastávka, zastavení; překážka, přerušení **2** odpočinek, pobyt **3** přestání, konec **4** interpunkční znaménko, tečka **5** klapka hudebního nástroje, rejstřík **6** tech. zarážka, narážka, doraz **7** fot. clona **8** přehrada, jez **9** uzávěr, zátka **10** zacpání, utěsnění, ucpávka **11** zubní plomba ♦ *give* a ~* zastavit; *make* a ~* zastavit se; *put* a ~ to* zastavit, učinit přítrž čemu; *side ~* zastavení bokem košíková **–cock** uzavírací kohoutek **~–gap** [ˈstɒpgæp] dočasná výpomoc, náhrada; zátka **~–go** *signs* hovor. pouliční světelné signály **~–light** brzdové světlo **~–valve** uzavírací ventil **~–watch** stopky hodinky

stope [ˈstəup] *s* horn. porub ● *v* rubat

stop|page [ˈstɒpidž] **1** zastavení, zadržení **2** zacpání, zácpa **3** překážka, zatarasení **4** dopravní zácpa **5** zaseknutí náboje **6** stávka **–per** zátka **~–press** (*news*) brit. zprávy došlé těsně před uzávěrkou

storage [ˈstɔːridž] **1** uložení, uskladnění; skladiště **2** skladné **3** výpoč. tech. paměť počítače, ukládání do paměti ♦ ~ *battery* akumulátor; *cold ~* chladírna; ~ *heater* tepelný akumulátor

store [ˈstɔː] *s* **1** zásoba, materiál, rezerva **2** hromada, sklad **3** spousta **4** skladiště **5** pl vojenské zásoby **6** brit. obchodní dům **7** am. krám, obchod ♦ *in ~* v zásobě, na skladě; *in ~ for* přichystán pro; *keep* a t. in ~* mít v zásobě; *set* great ~ on* značně cenit, vážit si ● *v* **1** na-, hromadit

2 opatřit, vyzbrojit (*with* čím) **3** (~ *up*) zásobit **4** uložit, uskladnit; výpoč. tech. ukládat do paměti **–house*** skladiště **–keeper** [ˈ-ˌ] skladník; am. maloobchodník

storey, **story** [ˈstɔːri] podlaží

storied [ˈstɔːrid] **1** vyzdobený obrazy z historie n. z pověstí **2** proslavený, legendární; historický

stork [ˈstɔːk] zool. čáp

storm [ˈstɔːm] *s* **1** bouře, bouřka **2** vichřice **3** záplava, příval **4** prudký útok (*of* na) ♦ *a ~ in tea cup* přen. bouře ve sklenici vody; *take* by ~* vzít útokem, ztéci, dobýt **~–beaten** [ˈ-ˌ] bouří zmítaný **–bound** loď zadržený bouří **~–troops** úderné jednotky, hist. oddíly SA **–y** bouřlivý, rozbouřený; věštící bouři

story [ˈstɔːri] **1** povídka, pohádka **2** příběh, vypravování, žurn. příspěvek **3** výmysl **4** = *storey* poschodí **~–book** kniha pohádek **~–teller** [ˈ-ˌ] pohádkář, povídkář; vypravěč anekdot; prášil

stout [ˈstaut] *a* **1** silný, tlustý **2** statný, udatný **3** houževnatý **4** rozhodný, důrazný **5** pevný, bezpečný, spolehlivý **6** nekompromisní ● *s* silné černé pivo **~–hearted** [ˈ-ˌ] smělý, odvážný

stove [ˈstəuv] *s* **1** kamna, kamínka, sporák **2** brit. zahrad. skleník ● *v* pěstovat ve skleníku

stow [ˈstəu] **1** uložit do lodě, naložit vůz, loď **2** svinout, sbalit **3** uschovat, uložit, uskladnit **4** brit. slang. přen. nechat čeho ~ **away** odklidit uschováním; přen. hovor. jídlo spořádat **–age** [-idž] **1** uskladnění **2** uložení zboží do lodi, kontejneru **3** lodní prostor **4** skladné **–away** černý pasažér na lodi

straddle [ˈstrædl] *v* **1** rozkročit se, stát rozkročmo, sedět obkročmo **2** roztahovat se **3** am. hovor. nemíchat se do sporu; sedět na dvou židlích ● *s* hovor. sport. skok valivý

čelný
strafe [ˈstraːf] **1** prudce bombardovat **2** slang. zjet koho

straggl|e [ˈstrægl] **1** jít roztroušeně, trousit se **2** odchýlit se, odtrhnout se **3** ležet roztroušeně **4** nepravidelně se vinout **5** růst nepravidelně; bujet **–er** opozdilec; výhonek

straight [streit] **1** rovný, přímý (~ line přímka) **2** tvář vážný **3** přímý, otevřený, slušný, čestný **4** řádný, poctivý **5** uklizený, spořádaný **6** logický **7** ryzí **~-arrow** [-ˌærəu] am. přímý, čestný **–away** ihned **–en** narovnat (se), natáhnout **–forward** [-ˈ] přímý, otevřený, poctivý **~-iron** pásová ocel **~-out** am. hovor. úplný; rovný, upřímný

strain [strein] v **1** napnout, natáhnout **2** tisknout, mačkat **3** cedit, filtrovat **4** namáhat (se), přepínat, usilovat (after o) ● s **1** napnutí, napětí **2** deformace **3** záliba, náklonnost, vloha **4** nápěv, melodie **5** náběh (of k) **6** námaha, vypětí **7** rod, druh, chov **8** způsob **9** pl ráz, tendence **10** pocit ◆ be upon the high ~ mluvit zvysoka **–er 1** cedník, filtr **2** napínadlo **3** výztuha **4** sací koš

strait [streit] a úzký, těsný, intimní ● s **1** pl mořská úžina, průliv **2** pl tíseň, nesnáz ◆ be in -s být v úzkých; drive* a p. to -s přivést koho do úzkých **–en** stísnit finančně ~ **jacket** [-ˈ], **~-waist-coat** [-ˈ] svěrací kazajka

strand¹ [strænd] s břeh, pobřeží ● v uváznout na mělčině

strand² [strænd] pramen lana

strang|e [streindž] **1** cizí, neznámý; podivný, zvláštní, nezvyklý **2** překvapující, neobyčejný **3** zdrženlivý **–er 1** cizinec **2** neznámý člověk, cizí host **3** nezasvěcený člověk **4** práv. nezúčastněný ◆ be a ~ to a t. nerozumět věci

strangle [ˈstrængl] uškrtit, za-, rdousit **–hold** smrtící stisk /

sevření
strangulat|e [ˈstrængjuleit] zaškrtit tepnu, střevo **–ion** [ˌ-ˈleišən] za-, u-, při-, škrcení

strap [stræp] s **1** řemen, pás, popruh **2** ramínko prádla ◆ ~ iron pásová ocel; razor ~ obtahovací řemen ● v (-pp-) řemenem nařezat, spráskat; na řemenu obtáhnout ~ **up** zalepit náplastí **-hang*** držet se řemene **–hanger** [ˈ-ˌ] pasažér držící se řemene **–less** bez ramínek **–ping** a veliký, urostlý, kolohnátský ● s **1** řemení **2** výprask **3** med. fixace náplastí

stratagem [ˈstrætidžəm] lest, úskok
strateg|ical [strəˈtidžikl] strategický **–y** [ˈstrætidži] strategie; úskok, taktika

stratification [ˌstrætifiˈkeišən] zvrstvení, vrstevnatost

stratosphere [ˈstrætəusfiə] stratosféra

stratum [ˈstreitəm], pl -a [-ə] vrstva

straw [stro:] **1** sláma, stéblo, brčko **2** slamák **3** maličkost ◆ be quite of ~ být zcela pomaten; catch* at a ~ přen. chytat se stébla; that's the last ~ to přestává všechno, to už je vrchol; man* of ~ strašák, nespolehlivý člověk; pick ~ konat marnou práci; stumble at a ~ urazit se maličkostí **–berry** bot. červená jahoda **~-coloured** slámově žlutý **~-cutter** řezačka ~ **hat** slaměný klobouk ~ **mattress** slamník ~ **pulp** slámovina ~ **rope** slaměný provazec, pletené povříslo

stray [strei] v **1** za-, bloudit **2** zavést na scestí, zatoulat se ● s **1** zbloudilé dobytče **2** člověk bez domova, ztracené dítě **3** zatoulaná věc **4** rozptyl **5** brit. společná pastvina ● a **1** zaběhlý; pobloudilý **2** náhodný, sporadický ◆ ~ currents elektr. bludné proudy

streak [stri:k] s pruh, proužek, žíla nerostu; rys charakteru; okamžik, záblesk; vryp nerostu ● *v* **1** pruhovat, proužkovat **2** mihnout se **–y 1** pruhovaný **2** prorostlý maso **3** přen. hovor. nestálý, měnlivý

stream [ˈstriːm] *s* proud, tok, příval; směr studia ♦ *down* ~ po proudu; *up* ~ proti proudu ● *v* **1** proudit, téci, řinout se **2** proletět a zářit **3** letět v proudu, táhnout **4** prolévat, ronit slzy **5** třepetat se, plápolat, vlát **6** hodit do vody **7** rýžovat, prát rudu **–er 1** vlajka vlající ve větru, fábor **2** světelný paprsek, severní záře **3** elektr. trsový výboj **4** senzační titulek přes první stránku novin **–let** potůček, stružka **–line** *s* tech. proudnice ● *v* **1** dát proudnicový tvar **2** urychlit proces, učinit produktivnějším **3** usměrnit **–lined** proudnicový, aerodynamický

street [ˈstriːt] ulice ♦ *on the* **-s** živící se prostitucí **~-car** am. tramvaj ♦ ~ *line* am. pouliční dráha **~-cleaning** *machine* stroj na čištění ulic **~-sweeper** [ˈ-ˌ] metař; stroj na zametání ulic **–walker** [ˈ-ˌ] prostitutka, hovor. šlapka

strength [ˈstreŋθ] síla, moc; pevnost ♦ *on the* ~ *of* na základě, kvůli, pro **–en** [ˈstreŋθən] posílit, upevnit; zesílit

strenuous [ˈstrenjuəs] usilovný, snaživý; houževnatý, vytrvalý; vyčerpávající, velice náročný; tvrdý, tuhý

streptomycin [ˌstreptəuˈmaisin] streptomycin

stress [ˈstres] *s* **1** důraz, tlak, napětí **2** důležitost, váha argumentu **3** přízvuk **4** zátěž, med. stres **5** nepřízeň, nepohoda **6** nesnáz ♦ *lay* ~ *on* klást důraz na; ~ *disease* přepracovanost ● *v* **1** zdůrazňovat **2** akcentovat, dát přízvuk na **3** fyz. namáhat

stretch [ˈstreč] *v* **1** natáhnout, napnout **2** táhnout se, rozprostírat se **3** přehánět ♦ ~ *a point* za-

cházet do krajností, vyjít vstříc ~ o.s. protáhnout se ● *s* **1** natažení, roztažení, rozpětí **2** rozsah, rozloha **3** vypětí, námaha **4** nadsazení, překročení, zneužití práva ♦ *at a* ~ jedním rázem; *put* upon the* ~ natáhnout na skřipec **–er 1** natahovač, rozpínač **2** nosítka pro raněné **3** malířský rám **4** opěradlo pro nohy veslaře **5** běhoun zdiva **6** slang. přehnané tvrzení, nadsázka, lež **~-nylon** pružný nylon **~-out** am. natahování rozhl. n. televizního programu ~ *pants* dámské šponovky ~ *stockings* dámské pružné punčochy **–y** pružný, elastický

strew* [ˈstruː] rozházet, rozsypat, roz-, trousit, sít

strewn [ˈstruːn] *pp* od *strew*

stria [ˈstraiə], pl *-ae* [ˈstraiiː] rýha, žlábek, brázda, vroubek

stricken [ˈstrikn] po-, stižený, sklíčený

strict [ˈstrikt] **1** přísný **2** určitý, přesný **–ly** *speaking* přesně řečeno **–ure** [ˈstrikčə] **1** přísný soud, kritická poznámka **2** med. zúžení **3** omezovací nařízení ♦ *intestinal* ~ med. zauzlení střev

stride* [ˈstraid] *v* **1** kráčet dlouhými kroky **2** překročit **3** stát / sedět rozkročmo ● *s* velký krok, rozkročení

strident [ˈstraidnt] pronikavý, ostrý zvuk; barva křiklavý

strife [ˈstraif] svár, spor

strike* [ˈstraik] *v* **1** udeřit, uhodit (*at* na, po, *on* do) **2** mrštit, praštit (*against* po čem) **3** vrazit, narazit (*on, into, against* na co), dopadnout (*on, upon* na) **4** vrazit, probodnout **5** useknout, uříznout **6** odbočit, zahnout **7** překvapit **8** kout, razit peníze **9** křesat oheň, škrtnout **10** spustit vlajku apod. **11** napadnout o myšlence, připadnout komu **12** stávkovat (*for* za co) **13** (~ *root*) ujmout se, zakořenit (se) **14** zasáhnout, postihnout **15**

odbočit, vyrazit **16** vyrovnat **17** učinit dojem na ♦ *the clock* *-s* hodiny bijí; ~ *a p. all of a heap* vyřídit koho; ~ *a balance* **1** udělat uzávěrku **2** dosáhnout rovnováhy; ~ *a bargain* udělat obchod; ~ *a battle* svést bitvu; ~ *blind* oslepit; ~ *dead* usmrtit; ~ *deaf* ohlušit; ~ *dumb* oněmět; ~ *flag* vzdát se; ~ *to the ground* srazit k zemi; ~ *a light* rozsvítit, rozškrtnout sirku; ~ *oil* objevit naftu na svém pozemku, přen. náhodně zbohatnout; ~ *sail* stáhnout plachty ~ **aside** odrazit stranou ~ **back** odrazit, odplatit úder ~ **down** porazit, srazit, zabít ~ **home** trefit se, zasáhnout ~ **in** (with) vpadnout (do řeči), přerušit řeč, přidat se (k), souhlasit (s) ~ **off** utnout hlavu; vydat se na cestu; vyškrtnout; zlevnit; snadno napsat, vysypat z rukávu ~ **out 1** vydat se, vyrazit **2** vymyslet, udělat **3** začít energicky plavat, rozmáchnout se **4** vést úder, vyrazit (*at* proti) **5** vyškrtnout **6** být bezúspěšný, hovor. vybouchnout ♦ ~ *out for o.s.* zařídit se pro sebe ~ **through 1** prorážet, prosvítat **2** pro-, pře|škrtnout ~ **up** spustit píseň, zahrát ♦ ~ *up an acquaintance* splašit známost; ~ *up a bargain* plácnout si, uzavřít koupi ● *s* **1** stávka **2** úder, uhození; útok zvl. letecký **3** bití hodin **4** am. náhlý úspěch, velký úlovek ♦ *be on* ~ stávkovat **~-breaker** [ˈl-ˌ] stávkokaz **–breaking** [ˈl-ˌ] stávkokazectví **–er 1** přitloukač **2** kladívko bicích hodin **3** harpunář, harpuna **4** stávkující **5** zápalník zbraně **–ing** překvapující, nápadný, pozoruhodný, okouzlující **–ing-distance** [ˈl-ˌ] dostřel, dosah **string** [ˈstriŋ] *s* **1** provaz, provázek, motouz; tkanice, šňůra **2** struna **3** pl smyčcové nástroje, hráči na ně **4** vlákno, nerv **5** pl podmínky

daru apod. ♦ *pull the* *-s* manipulovat s lidmi ● *v** **1** potáhnout strunami, naladit **2** navlékat na šňůru, ověsit, ozdobit **3** přen. (**up**) napínat **4** postupovat v řadě **4 (together)** seřadit, sečlánkovat **5** hovor. být oběšen, viset **stringent** [ˈstrindʒənt] **1** ostrý, štiplavý **2** naléhavý **3** přísný, tvrdý **4** přesný, ukázněný **stringy** [ˈstriŋi] **1** vláknitý; šlachovitý; lepkavý **strip** [strip] *v* (*-pp-*) **1** stáhnout, svléknout, sundat **2** vzít, odejmout, zbavit (*of* čeho) **3** oloupat, odřít, otrhat ♦ ~ *to the skin* odřít až na kůži ~ **off** svlékat se (jako) při striptýzu ● *s* **1** proužek, pásek **2** kreslený seriál **3** lišta, laťka **4** tiskové pásmo s obrázky **5** voj. nábojový pás **6** pásová ocel (~ *iron*) **~-tease** [-tiːz] striptýz **strip|e** [ˈstraip] *s* barevný pruh, proužek, prýmek ● *v* proužkovat **–ed** pruhovaný, žíhaný **stripling** [ˈstripliŋ] výrostek, mladík **stripped** [ˈstript] nahý, holý **strive*** [ˈstraiv] **1** snažit se, namáhat se; usilovat, pokoušet se (*for*, *after* o) **2** závodit (*for* o) **3** zápasit **–n** [ˈstrivn] *pp* od *strive* **strobe light** [ˈstrəubˌlait] *s* přerušované bleskové světlo **strode** [ˈstrəud] *pt* od *stride* **stroke** [ˈstrəuk] *s* **1** úder, rána; úhoz **2** kus práce, ukázka, tah **3** tep pulsu **4** rys, tah, črta **5** mrtvice **6** veslař strok, tech. zdvih, doba cyklu motoru **7** přen. rukopis **8** šikmá zlomková čára **9** pohlazení **10** tempo plavání ♦ *crawl* ~ kraul; *butterfly* ~ motýlek při plavání; *give* the finishing* ~ dát správné zakončení, vylepšit, vypilovat co; *on the* ~ přesně, včas ● *v* **1** pohladit **2** udávat ostatním tempo veslem, strokovat ♦ ~ *the wrong way* hladit proti srsti, dráždit

stroll [ˈstrəul] v **1** procházet se **2** potulovat se • s procházka **–ing** *company* kočující divadelní společnost

strong [ˈstroŋ] **1** silný, statný, mocný **2** energický **3** platný, úspěšný **4** výrazný, nápadný **5** odolný (*under* proti) **6** vyzbrojený **7** zakořeněný **8** horlivý, skalní ♦ ~ *drink* alkoholický nápoj; ~ *hand* moc, násilí; ~ *suit* karet. dobrá barva, přen. silná stránka **–hold** pevnost **~-minded** [ˈ-] rozhodný **–point 1** voj. opěrný bod **2** silná stránka, přednost **~-room** trezor

strop [ˈstrop] s řemen na obtahování břitvy • v (-pp-) obtahovat na řemenu břitvu

strophe [ˈstrofi] sloka, strofa

strove [ˈstrəuv] pt od *strive*

strow [ˈstrəu] zř. = *strew*

strown [ˈstrəun] pp od *strow*

struck [ˈstrak] pt, pp od *strike*

structur|al [ˈstrakčərəl] strukturální **–e** [ˈstrakčə] **1** složení, struktura **2** konstrukce **3** stavba, budova

strudel [ˈstru:dl] štrůdl, jablečný závin

struggle [ˈstragl] v **1** bojovat, zápasit; mlátit sebou, vzpírat se **2** razit si cestu **3** namáhat se, usilovat • s **1** zápas, boj, potyčka **2** spor ♦ *class* ~ třídní boj ~ **in**, **through**, **up** prodírat se

strum [ˈstram] v brnkat (na) • s brnkání

strumpet [ˈstrampit] děvka

strung [ˈstraŋ] pt, pp od *string* ~ **out** am. slang. zesláblý požíváním drog

strut[1] [ˈstrat] (-tt-) pyšně si vyšlapovat, naparovat se

strut[2] [strat] s trám, podpora, \vzpěra • v (-tt-) vyztužit vzpěrou

strychnine [ˈstrikni:n] strychnin

stub [ˈstab] s **1** pařez, pahýl **2** kořen zubu **3** am. kontrolní část šeku **4** oharek, špaček cigarety, doutníku **5** zbytek, špaček tužky **6** hřeb bez hlavičky **7** pero s tupou špičkou • v (-bb-) **1** vymýtit, vysekat **2** za-

máčknout cigaretu **3** přen. spálit si prsty ♦ ~ *one's toe* narazit si prst, ukopnout si palec

stubble [ˈstabl] strniště ♦ ~ *goose** podškubaná husa; ~ *ploughed under* podmítka ~*feeding* pasení na strništi ~*field* strniště

stubborn [ˈstabən] tvrdohlavý, neústupný, nepovolný

stubby [ˈstabi] pahýlovitý, podsaditý

stucco [[ˈstakəu] štukatura

stuck [ˈstak] pt, pp od *stick* ~*up* nafoukaný

stud[1] [ˈstad] s **1** cvoček, ozdobný knoflík / hřeb; závrtný šroub **2** brit. knoflíček do náprsenky / límce **3** sloupek k přibití plochy **4** pahýl **5** výčnělek **6** tech. trn, čep, svorník • v (-dd-) hustě pobít, přen. posít

stud[2] [ˈstad] stáj, chov; chovné n. závodní koně ~*farm* hřebčinec ~*horse* plemenný hřebec

stud|ent [ˈstju:dənt] **1** student **2** badatel (*of* v čem), učenec ♦ *-s' hostel* studentská kolej **–ied** [ˈstadid] záměrný, promyšlený; sčetlý, zběhlý **–io** [ˈstju:diəu] ateliér **–ious** [ˈstju:djəs] pilný, přičinlivý, dbalý (*of* čeho); vědecký; záměrný **–y** [ˈstadi] s **1** učení, studium, (vhodný) předmět studia **2** snaha, úsilí **3** zamyšlení **4** pracovna, studovna **5** studie, rozbor, kresba, náčrt apod. • v **1** učit se, studovat, zkoumat **2** přemýšlet, hloubat; snažit se, usilovat **3** hledět si

stuff [ˈstaf] s **1** látka, materiál, textil **2** brit. vlněná látka **3** radioaktivní látka **4** veteš, krámy, hadry, odpadky **5** hovor. nesmysly, cancy **6** nářadí, nádobí **7** základ, podklad **8** papírovina **9** dobytče **10** nádivka **11** am. slang. marihuana, heroin ♦ *don't give me that* ~ nechoďte mi s takovým nesmyslem • v cpát (se), napěchovat (*with*, *in* čím, do), vycpat, nadívat ♦ *-ed shirt* nafoukanec **–ing 1** nádivka 2 vycpávka, těsnění 3 koudel na vycpávku **-y 1** zatuchlý, dusný, nevětraný **2** nudný **3** omezený, zkostnatělý **4** hovor. mrzutý

stultify [ˈstʌltifai] učinit absurdním, zesměšnit; (z)mařit, (z)ničit ~ *o.s.* blamovat se

stum [stʌm] mošt, mladé víno

stumble [ˈstʌmbl] *v* **1** klopýtnout; narazit (*upon* na) **2** u-, dělat chybu **3** zadrhávat při řeči **4** mást ● *s* klopýtnutí, poklesek, přehmat, omyl **-ing-block** kámen úrazu, překážka

stump [ˈstʌmp] *s* **1** pahýl, pařez **2** výstupek, provizorní řečnická tribuna **3** pl slang. jedenáctky nohy **4** brankova tyč v kriketu **5** košťál **6** nedopalek, oharek ● *v* **1** porazit, vykácet; osekat **2** uvést do rozpaků **3** agitovat, řečnit **4** těžce našlapovat, belhat se **-er** obtížná otázka, úkol **-y** ouřezkovitý, podsaditý

stun [ˈstʌn] (*-nn-*) omráčit, ohromit

stung [ˈstʌŋ] *pt, pp* od sting

stunk [ˈstʌŋk] *pt, pp* od stink

stunt¹ [ˈstʌnt] bránit vzrůstu, nechat zakrnět

stunt² [ˈstʌnt] hovor. vrcholný výkon dovedný kousek, akrobacie, reklamní senzace, šlágr

stupefy [ˈstjuːpifai] otupit

stupid [ˈstjuːpid] hloupý, tupý, necitelný **-ity** [stjuːˈpidəti] hloupost, tupost

stupor [ˈstjuːpə] omráčení, strnulost, tupost; apatie

sturd|iness [ˈstəːdinis] statnost, robustnost; houževnatost, důkladnost **-y** silný, statný, robustní; houževnatý, důkladný

sturgeon [ˈstəːdʒn] zool. jeseter

stutter [ˈstʌtə] *v* koktat, zajíkat se, breptat ● *s* koktání

sty¹ [ˈstai] prasečí chlívek, přen. díra ● *v* zavřít do chlívku

sty², **stye** [ˈstai] ječné zrno na oku

styl|e [ˈstail] *s* **1** sloh, styl; vystupování ve společnosti; způsob; druh **2** rydlo, pisátko **3** rafije, ručička slunečních hodin **4** čnělka **5** letopočet, kalendář **6** titul při oslovení **7** módní směr, model ● *v* **1** nazývat, oslovovat, titulovat **2** dodat svérázné rysy; navrhovat vnější formu, formulovat, stylizovat **-ish** stylový; vkusný, módní

styptic *pencil* [ˈstiptik] kamencová tyčinka

suable [ˈsjuːəbl] žalovatelný

suasion [ˈsweiʒn] domluva, přesvědčování

suave [ˈsweiv] lahodný, jemný; příjemný, zdvořilý

subacid [sʌbˈæsid] nakyslý

subaltern [ˈsʌbˌaltəːn] *a* podřízený, nižší ● *s* nižší důstojník

subaqueous [sʌbˈeikwiəs] podvodní, podmořský

subcommittee [ˈsʌbkəˈmiti] podvýbor, subkomise

subcompact [sʌbˈkɔmpækt] malé dvoudveřové auto

subconscious [sʌbˈkɔnʃəs] podvědomý **-ness** podvědomí

subcutaneous [ˌsʌbkjuːˈteinjəs] podkožní

subdivi|de [ˌsʌbdiˈvaid] dále rozdělit **-sion** [ˈsʌbdiˌviʒn] pododdělení

subdue [sʌbˈdjuː] **1** podmanit, podrobit **2** zmírnit, zeslabit, ztišit ◆ *-d light* tlumené světlo

subgroup [ˈsʌbgruːp] odb. **1** podskupina **2** mat. podgrupa

subject [ˈsʌbdʒikt] *a* **1** poddaný, podřízený **2** vystavený, přístupný, náchylný (*to* k) ◆ ~ *country* závislá země; ~ *to* s podmínkou, že ● *s* **1** předmět, věc, subjekt **2** osoba, případ **3** jaz. podmět **4** poddaný ◆ ~ *matter* námět, téma, látka ● *v* [sʌbˈdʒekt] **1** podrobit, podmanit **2** vystavit (*to criticism* kritice] **3** z-, působit (*to* co), zavinit **-ion** [sʌbˈdʒekʃən] podrobení, podřízenost; útlak; závislost (*to* na) **-ive** [sʌbˈdʒektiv] subjektivní, osobní

subjoin [sab'džoin] připojit, přidat, dodat

subjugat|e ['sabdžugeit] podrobit (si) **–ion** [ˌ-'geišən] podrobení, útlak, závislost

subjunctive [sab'džaŋktiv] konjunktiv

sublet* [sab'let] (*-tt-*) dát do podnájmu, dále propachtovat

sublim|ate ['sablimeit] *v* **1** sublimovat **2** přeměnit (se), vy-, tříbit (se) • *s* ['sablimit] sublimát **–ation** [ˌsabli'meišən] **1** přeměna, vy-, tříbení **2** sublimace **–e** [sa'blaim] *a* **1** vznešený, velebný, úžasný **2** dokonalý, mimořádný, pozoruhodný • *s the* ~ velebnost, vznešenost • *v* **1** vy-, tříbit (se), zušlechtit **2** sublimovat (se) **–ity** [sə'blimeti] vznešenost, velebnost, majestátnost

submachine-gun [ˌsabmə'ši:ngən] samopal, automat

submarine ['sabməri:n] *a* podmořský • *s* ponorka

submer|ge [sab'mə:dž] ponořit (se), potopit (se); zaplavit, zatopit vodou ◆ *-ged tenth* chudina **–sion** [-šən] ponoření, zatopení, zátopa

submiss|ion [sab'mišən] pokora; podrobení se, rezignace **–ive** [-'misiv] poslušný, pokorný; poddajný

submit [sab'mit] (*-tt-*) **1** podrobit (se); pokořit se **2** vzdát se **3** uznat, konstatovat **4** předložit důkaz, fakta

subordinat|e *a* [sə'bo:dnit] **1** podřazený, podřízený **2** jaz. podřadný • *v* [sə'bo:dineit] podřadit, podřídit **–ion** [sə'bo:dineišən] **1** podřazenost **2** podřízenost, subordinace

suborn [sə'bo:n] navést, podplatit, svést ke křivému svědectví

subpoena [sab'pi:na] *s* práv. obsílka • *v* předvolat k soudu

subsatellite [sab'sætəlait] vedlejší

družice

subscrib|e [sab'skraib] **1** podepsat (se), (*to, a t.* co, (se) na co) upsat (se), předplatit si, odebírat **2** plně souhlasit (*to s*) **–er** podepsaný; předplatitel, abonent

subscription [sab'skripšən] **1** podpis svědecký **2** upisování podílů **3** předplatné, subskripce

subsequent ['sabsikwənt] následující (*to* za), další

subserv|e [sab'sə:v] sloužit čemu **–ience, –iency** [-ians(i)] podřízenost; podlézavost, servilnos **–ient** [-iənt] podřízený; užitečný; podlézavý, servilní

subsid|e [sab'said] **1** klesat **2** ubývat, přestávat **3** sedat se o půdě **4** uklidnit se **–iary** [sab'sidjəri] pomocný, podpůrný; přiřazený, přidělený; vedlejší **–ize** ['sabsidaiz] subvencovat **–y** ['sabsidi] podpora, příspěvek, subvence

subsist [sab'sist] **1** být, existovat, trvat **2** živit se **3** vydržovat **4** spočívat, záležet **–ence** [-əns] živobytí, existence ◆ *gain one's* ~ vydělat si na živobytí; *means of* ~ životní prostředky

subsonic [sab'sonik] podzvukový (*speed* rychlost)

substance ['sabstəns] **1** podstata, jádro **2** hmota, látka, substance **3** jmění, majetek **4** výživnost, vydatnost **5** podstatný obsah knihy ◆ *in* ~ v podstatě, hlavně; *man* * *of* ~ zámožný člověk

substant|ial [sab'stænšl] **1** podstatný, značný; solidní, důkladný **2** přesvědčivý, oprávněný **3** vyživný, vydatný o jídle **4** zámožný **–iality** [sabˌstænši'æləti] **1** podstatnost **2** hmatatelnost, hmotnost **3** pádnost, váha **4** solidnost, masívnost **5** bohatost, vydatnost **–iate** [-šieit] **1** uskutečnit **2** práv. dokázat, dosvědčit, odůvodnit **–ive** ['sabstəntiv] *a* existenciální, bytostný, podstatný samostatný • *s* gram. podstatné jméno

substitut|e [ˈsabstitjuːt] v nahradit, podstrčit ● s 1 náhradník, zástupce 2 náhrada 3 náhradní součástka, náhražka **–ion** [ˌsabstiˈtjuːʃən] náhrada, zastoupení, substituce

subsume [sabˈsjuːm] zahrnovat, subsumovat

subtenant [sabˈtenənt] podnájemník

subtend [sabˈtend] geom. ležet proti úhlu, oblouku; přepínat

subterfuge [ˈsabtəfjuːdž] vytáčka, úskok

subterranean, –ous [ˌsabtəˈreinjən, -s] podzemní

subtitle [ˈsabˌtaitl] s 1 podtitul, podtitulek 2 film: dialogový titulek, podtitulek, mezititulek v němém filmu

subtle [ˈsatl] 1 jemný, útlý, subtilní 2 důvtipný, bystrý 3 lstivý 4 tajemný 5 zákeřný **–ty** [-ti] 1 jemnost povahy, mravů, úsudku 2 pronikavost, důvtipnost, bystrost, lstivost 3 puntičkářství 4 zákeřnost

subtopia [sabˈtəupiə] hanl. rozlezlý okraj města

subtract [sabˈtrækt] odčítat (from od) **–ion** [-kšən] odčítání **–ive** odčítací

subtrahend [ˈsəbtrəhend] mat. menšitel

suburb [ˈsabəːb] předměstí **–an** [səˈbəːbən] předměstský ♦ residential ~ vilová čtvrť na okraji města **S-ia** [səˈbəːbjə] okrajové čtvrti, předměstí; obyvatelé předměstí; život na předměstí

subvention [sabˈvenšən] subvence, podpora

subver|sion [sabˈvəːšən] podvracení, zkáza **–sive** [-ˈvəːsiv] podvratný **–t** [-ˈvəːt] podvracet, zničit

subway [ˈsabwei] 1 brit. podchod 2 am. podzemní dráha

succeed [sakˈsiːd] 1 podařit se, mít úspěch (in v) 2 následovat (to po), být nástupcem koho 3 zdědit (to co)

success [sakˈses] úspěch, zdar; úspěšný člověk ♦ bad / ill ~ smůla, nezdar, neúspěch; meet* with bad ~ potkat se s nezdarem **–ful** úspěšný, zdárný **–ion** [-ˈsešən] 1 pořadí, řada; postup, posloupnost 2 následnictví 3 potomci **–or** [-ˈsesə] nástupce, následník

succinct [sakˈsiŋkt] krátký, úsečný, jadrný sloh

succour [ˈsakə] s pomoc v nouzi, přispění ● v přispět, přispěchat na pomoc, pomoci

succulent [ˈsakjulənt] šťavnatý, dužnatý

succumb [səˈkam] podlehnout, ustoupit (to před), vzdát se

such [ˈsač] takový ♦ ~ another právě takový; at ~-and-~ time kdysi; ~ like things takové, podobné věci; as ~ jako takový, -í

suck [ˈsak] v 1 sát 2 vysát, využít (out, of koho, čeho) 3 cucat, lízat 4 kojit 5 pít slámkou 6 srkat 7 slang. vulg. být strašný, mít hroznou kvalitu ~ in vsát ~ out vysát, vyčerpat ~ up vsát ● s 1 sání, cucání 2 kojení 3 cucnutí, líznutí 4 slang. šplhoun 5 slang. švindl, bouda ♦ give* ~ kojit **–er** 1 kojenec 2 násoska 3 hovor. zelenáč 4 výhonek **–ing-bag** cumel **–ing-bottle** [-ˌ] sací láhev **–ing-pig** sele **–ing-pump** pumpa na zdviž **–le** [ˈsakl] kojit **–ling** kojenec, mládě

suction [ˈsakšən] 1 sání, nasávání, savost 2 tech. sací zařízení 3 brit. nasávání alkoholu **~–fan** ventilátor **~–pump** sací čerpadlo

sudden [ˈsadn] náhlý, nenadálý, neočekávaný; prudký ♦ on a ~, of a ~, all of a ~ náhle, znenadání

sudorific [ˌsjuːdəˈrifik] a vzbuzující pocení ● s med. lék pro pocení

suds [ˈsadz] pl mydliny ♦ be in the ~ být namydlený, být v úzkých

sue [ˈsjuː] 1 domáhat se soudně, žalovat (for za náhradu čeho) 2 ucházet se, žádat (*for* o co)

suede [ˈsweid] glazé kůže n. rukavice

suet [ˈsjuit] lůj **-y** lojovitý, tučný

suffer [ˈsafə] **1** trpět (*from* čím) **2** snést, vystát **3** dovolit, nechat ♦ ~ *change* změnit se; ~ *defeat* utrpět porážku; ~ *losses* utrpět ztráty **-able** [-rəbl] snesitelný; dovolený **-ance** [-rəns] svolení; s-, trpění **-ing** utrpení

suffic|e [səˈfais] po-, do-, stačit (*for* komu) **-iency** [səˈfišənsi] **1** dostatečnost, postačitelnost **2** dostatek (*of* čeho) **-ient** [səˈfišənt] dostatečný, dostačující

suffix [ˈsafiks] s gram. přípona ● v [səˈfiks] připojit jako příponu

suffocat|e [ˈsafəkeit] u-, dusit (se) **-ion** [safəˈkeišən] u-, dušení

suffrag|e [ˈsafridž] hlas volební, volební právo ♦ *equal* ~ rovné volební právo **-ette** [ˌsafrəˈdžet] sufražetka bojovnice za volební právo pro ženy **-ist** [ˈsafrədžist] bojovník za volební právo

suffuse [səˈfju:z] zalít, zaplavit barvou, světlem, slzami

sugar [ˈšugə] **1** cukr **2** přen. lichocení **--basin** [-ˌ], **--box** cukřenka **--beet** bot. cukrovka ♦ ~ *harvester* kombajn na sklízení cukrovky **--candy** [-ˌ] cukrkandl **--cane** bot. cukrová třtina **--coat 1** natřít cukrovou polevou **2** přen. osladit, ocukrovat **--house*** cukrovar **--loaf*** homole cukru **--refinery** rafinérie cukru **--shell** lžička na cukr **--tongs** klíšťky na cukr **-y 1** cukrový **2** sladký **3** lichotivý

suggest [səˈdžest] **1** navrhnout, dát komu podnět **2** vnuknout, vsugerovat **3** naznačit **-ion** [səˈdžesčn] **1** návrh **2** vnuknutí, podnět; pokyn, náznak **3** psych. sugesce **-ive 1** připomínající (*of* co), naznačující, podnětný, sugestivní **2** svůdný, podmanivý

suicid|al [sjuˈsaidl] sebevražedný

-e [sjusaid] sebevražda **-ology** [ˌsju:saiˈdolədži] studium sebevražd

suit [ˈsju:t] s **1** oblek, úbor **2** plavky **3** souprava, výbava, výstroj **4** ucházení se o ruku, žádost, prosba, petice **5** pře soudní **6** průvod, družina, suita **7** barva karty jedné barvy ♦ *bring* a* ~ *against* žalovat koho; *follow* ~ **1** přiznat barvu **2** přizpůsobit se ● v **1** přiléhat, hodit se, vyhovovat **2** slušet, padnout **3** přizpůsobit (*to* čemu) **4** obléci **5** zvrat. vybrat si ♦ *that -s my purpose* to se mi hodí **-able** vhodný, přiměřený ♦ *be* ~ *to* / *for* hodit se k, pro, souhlasit s **--case** kufřík **-ing** látka na oblek

suite [ˈswi:t] **1** družina, průvod **2** soubor, souprava **3** hud. suita **4** apartmá v hotelu

suitor [ˈsju:tə] **1** nápadník, ctitel **2** žadatel **3** práv. žalobce

sulk [ˈsalk] v být rozmrzelý, mít špatnou náladu ● s špatná nálada **-y** rozmrzelý, rozdurděný

sullen [ˈsalən] **1** zasmušilý, mrzutý, mrzoutský **2** tvrdohlavý, vzdorný **3** pochmurný, neblahý **4** těžkopádný, pomalý **5** melancholický

sully [ˈsali] bás. poskvrnit, pošpinit

sulphate [ˈsalfeit] síran

sulphide [ˈsalfaid] sirník

sulphur [ˈsalfə] síra **-ate** [-reit] siřit **-eous** [salˈjuəriəs] sírový, sirný **-etted** [ˈsalfjuretid] sloučený se sírou ♦ ~ *hydrogen* sirovodík **-ic** [salˈfjuərik] sírový **-ous** [ˈsalfərəs] siřičitý

sultan [ˈsaltən] sultán **-a** [salˈta:nə] **1** sultánova matka, žena, dcera; sultánka **2** [salˈta:nə] hrozinka sultánka **--flower** [-ˌ] bot. chrpa zahradní

sultry [ˈsaltri] parný, dusný

sum [ˈsam] s **1** součet **2** částka, obnos **3** celek, suma **4** sumář stručný obsah ♦ *in* ~ celkem, stručně řečeno; ~ *total* úhrn, součet; ~ *frequency* součtový kmitočet ● v

(-*mm*-) shrnout **–mand** [-mænd]
mat. sčítanec **–marize** [-əraiz]
shrnout, udělat stručný obsah,
stručně vyjádřit **~ up** rekapitulovat
summary [ˈsaməri] *a* souhrnný ● *s*
souhrn, résumé; výtah, přehled
summer [ˈsamə] *s* léto ◆ **~** *lightning* blýskání na časy; *Indian* **~**
babí léto ● *v* **1** s-, trávit léto **2**
chovat, pást přes léto **~-house***
altán letní sídlo **–time** léto, letní
čas
summit [ˈsamit] **1** vrchol, -ek **2** vyvrcholení **3** (**~** *conference*) konference na nejvyšší úrovni
summon [ˈsamən] **1** vyzvat **2**
obeslat, předvolat ◆ **~** *a meeting* svolat schůzi **~ up** povolat,
přen. **~ up** *courage* sebrat odvahu
–s *s*, sg předvolání, obsílka ● *v*
obeslat
sumptu|ary [ˈsamptjəuri] *laws* zákony proti přepychu **–ous** [-əs]
nákladný, přepychový
sun [ˈsan] *s* slunce; sluneční svit ◆
in the **~** na slunci; *see** *the* **~** být
naživu ● *v* (-*nn*-) slunit se **~-bath**
sluneční lázeň **–beam** sluneční
paprsek **–blind** brit. roleta, žaluzie **~-blinkers** [-ˈ] brýle proti
slunci **–bow** [-bəu] duha v prýštící
vodě **–burnt** opálený, osmahlý
~-dial sluneční hodiny **–down**
západ slunce **–flower** [-ˈ] bot.
slunečnice **~-glasses** brýle proti
slunci **–ny** [-i] slunný, zářivý; radostný
sundae [ˈsandi] zmrzlinový pohár
Sunday [ˈsandi] neděle ◆ **~** *best*
sváteční šaty; **~** *school* nedělní
škola; *month of* **-**s přen. strašně
dlouho; *on* **-**s každou neděli; **~**
out volná neděle
sundry [ˈsandri] *a* všeliký, různý ◆
all and **~** všichni, nejrůznější lidé
● *s* pl rozličné zboží, směs; drobnosti
sung [ˈsaŋ] *pp* od *sing*
sunk [ˈsaŋk] *pp* od *sink*

sun|rise [ˈsanraiz] východ slunce
–roof 1 terasa ke slunění **2** motor.
posuvná střecha **–set** západ
slunce **–shade 1** stínítko proti
slunci **2** fot. sluneční clona **3** pl
sluneční brýle **–shine** sluneční
záře **~-spot** sluneční skvrna
~-stroke úžeh **~-tanned** opálený **–up** am. východ slunce **–ward**
k slunci obrácený **–wise** ve směru pohybu slunce
sup [ˈsap] *v* (-*pp*-) **1** srkat, jíst lžicí
2 večeřet, dát k večeři ● *s* doušek, lok
super [ˈsju:pə] **1** statista **2** nadpočetný člověk **3** přespočetná věc
4 obch. slang. zboží nejlepší kvality
superabund|ance [ˌsju:pərəˈbandəns] nadbytek **–ant** nadbytečný
superadd [ˌsju:pərˈæd] ještě přidat
superannuat|e [ˌsju:pəˈrænjueit]
dát do výslužby **–ion** [ˌsju:pəˌrænjuˈeišən] výslužba, penze
superb [sju:ˈpə:b] **1** nádherný,
skvostný **2** vynikající, jedinečný
3 luxusní, nádherný **4** zool. krásně zbarvený
superbuster [ˌsju:pəˈbastə] hvězd.
obří kupa galaxií
supercargo [ˈsju:pəyˈka:gəu] lodní
zprostředkovatel / komisionář,
průvodce lodního nákladu na lodi
supercharg|e [ˈsju:pəča:dž] přetížení; přílišné nabití **–er** plnicí
dmychadlo
supercilious [ˌsju:pəˈsiliəs] povýšený, pohrdlivý, arogantní
supercooling [ˌsju:pəˈku:liŋ] přechlazení
superego [ˌsju:pəˈi:gəu] psych. nad-
-já, psychoanalyticky pojaté
svědomí
superficial [ˌsju:pəˈfišl] povrchní
–ity [ˌsju:pəˈfišiˈæləti] povrchnost
superficies [ˌsju:pəˈfiši:z] povrch,
vnější stránka
superfine [ˌsju:pəˈfain] zvláště
jemný, prvotřídní zboží
superfinish [ˌsju:pəˈfiniš] tech. přehlazování

superflu|ity [ˌsju:pəˈfluəti] nadbytek, hojnost **–ous** [sju:ˈpə:fluəs] nadbytečný, zbytečný

superheat [ˈsju:pəhi:t] přehřát ♦ *-ed steam* přehřátá pára

superhuman [ˌsju:pəˈhju:mən] nadlidský

superimpose [ˌsju:pərimˈpəuz] položit nač, na-, vrstvit

superintend [ˌsju:pərinˈtend] dohlížet, spravovat; být vedoucím **–ence** [ˌsju:pərinˈtendəns] vedení, řízení, kontrola **–ent** vedoucí, vrchní dozorce, inspektor, správce

superior [sjuˈpiəriə] *a* **1** lepší, vyšší, hořejší **2** vznešenější, nadřazený **3** kvalitnější **4** silnější **5** přednostní **6** obch. výběrový, špičkový ♦ *~ force* převaha; *be ~ to* být povznesen nad, být lepší / kvalitnější než ● *s* představený, nadřízený **–ity** [sju:ˌpiəriˈorəti] **1** převaha **2** nadřazenost, nadřízenost ♦ *game marksmanship ~* košíková dokonalé ovládání hry

superlative [sjuˈpə:lətiv] *a* vynikající, superlativní ● *s* jaz. superlativ

superman* [ˈsju:pəmæn], pl *-men* [-men] nadčlověk

supermarket [ˈsju:pəˌma:kit] velká prodejna se samoobsluhou potraviny, domácí potřeby

supernatural [ˌsju:pəˈnæčrəl] nadpřirozený

supernumerary [ˌsju:pəˈnju:mərəri] *a* přespočetný ● *s* přespočetný člověk, -á věc; pomocník, statista

superscript [ˈsju:pəˌskript] **1** nadepsání, nadpis **2** mat. horní index, mocnitel, exponent ● *a* **1** nadepsaný **2** napsaný nahoře **–ion** [ˌ-ˈskripšən] nadpis; adresa

supersede [ˌsju:pəˈsi:d] **1** nahradit, vyměnit za, sesadit **2** odložit na pozdější dobu **3** práv. zastavit řízení

supersonic [ˌsjupəˈsonik] let. nadzvukový

superstar [ˈsjupəsta:] superhvězda

superstiti|on [ˌsju:pəˈstišən] pověra **–ous** [-əs] pověrčivý

superstructure [ˈsju:pəˌstrakčə] **1** nástavba **2** nadstavba

supertax [ˈsju:pətæks] brit. daň z vyšších příjmů

supervene [ˌsju:pəˈvi:n] objevit se, nastat, přihodit se po něčem jiném, následovat

supervis|e [ˈsju:pəvaiz] dozírat, dohlížet **–ion** [ˌsju:pəˈvižn] dozor, inspekce **–or** dozorce, dohližitel; kontrolor, inspektor; vedoucí, ředitel; umělecký vedoucí; am. starosta

supine [sju:ˈpain] *a* ležící naznak, hovící si; netečný, líný ● *s* [sju:ˈpain] jaz. supinum

supper [ˈsapə] večeře ♦ *have / take* * po-, večeřet, navečeřet se

supplant [səˈpla:nt] nahradit, vytlačit, odstranit

supple [ˈsapl] *a* **1** ohebný, pružný **2** hladký, plynulý **3** povolný, poddajný ● *v* **1** učinit n. stát se povolným **2** vycvičit koně

supplement [ˈsaplimənt] *s* **1** doplněk, dodatek **2** zásoba **3** příloha novin ● *v* doplnit **–al, –ary** [ˌsapliˈmentl, -əri] doplňkový, dodatkový ♦ *~ angle* výplňkový úhel

suppliant [ˈsapliənt] *a* prosebný ● *s* prosebník

supplic|ate [ˈsaplikeit] snažně prosit **–ation** [ˌsapliˈkeišən] snažná prosba **–atory** [-kətəri] prosebný

supply [səˈplai] *v* **1** opatřit, dodat, zásobovat **2** vy-, nahradit, doplnit **3** zastupovat ● *s* **1** zásobování, zásoba **2** doplněk, dodatek **3** příspěvek **4** dodávka **5** pl materiál, potraviny, zásoby **6** státní rozpočet schválený ♦ *~ and demand* poptávka a nabídka; *~ column* přísunová kolona; *~ bin* zásobník; *~ line* přívodní vedení n. potrubí

support [sə'po:t] *v* **1** podepřít, o-
přít **2** podporovat, posílit, vzpru-
žit **3** vydržovat, živit **4** pomáhat,
přispívat **5** udržovat, zachovat **6**
nést, snášet ~ o.s. živit se ● *s* **1**
podpora **2** podpěra, nosník, pod-
stavec **3** pomoc **4** podporovatel,
opora **5** výživné; obživa ◆
speak* in ~ of hájit co; ~ *unit* voj.
záložní jednotka **–er 1** podpírač;
podporovatel; přispěvatel **2** stra-
ník, stoupenec **3** štítonoš **4** su-
spenzor, podpěra, konzola **–ing**
programme kratší doplňkové fil-
my; **–ing** *structure* nosná kon-
strukce; **–ing** *timber work* výdře-
va tunelu

suppos|e [sə'pəuz] **1** předpokládat
2 domnívat se **3** připustit ◆
that's to be -ed to se rozumí sa-
mo sebou; *let us* ~ n. *-ing* dejme
tomu **–tion** [ˌsapə'zišən] dom-
něnka předpoklad **–itional** [ˌsa-
pə'zišənl] hypotetický, domnělý
–itory [sə'pozitəri] čípek

suppress [sə'pres] **1** potlačit **2** za-
mlčet, zatajit **–ion** [sə'prešən] **1**
potlačení **2** zamlčení, zatajení
–ant tlumicí prostředek **–or 1**
potlačitel, zatajitel **2** rad. filtr, tlu-
mivka

suppurate ['sapjuəreit] z-, hnisat
–ion [ˌsapjuə'reišən] hnisání

supranational [ˌsju:prə'næšənl]
nadnárodní

supra-renal [ˌsju:prə'ri:nl] anat. nad-
ledvinkový ◆ ~ *gland* nadledvin-
ka

suprem|acist [sju'premǝsist] *s* ra-
sista, zastánce teorie o nadřa-
zenosti zejm. rasové **–acy** [-ǝsi]
svrchovanost, autorita **–e** [-'pri:m]
vrchní, nejvyšší

surcharge [sa:'ča:dž] *v* přetížit;
předražit, přecenit; uložit n. vy-
máhat větší poplatek / přirážku ●
s ['sə:ča:dž] **1** předražení, pře-
cenění **2** přetížení **3** daňová při-
rážka **4** přetisk známky **5** pokuta **6**
elektr. nadměrný náboj

surd ['sə:d] *a* **1** mat. iracionální **2** fon.
neznělý ● *s* **1** mat. iracionální čís-
lo **2** fon. neznělá souhláska

sure ['šuə] **1** jistý, bezpečný **2** spo-
lehlivý **3** zaručený **4** opodstat-
něný **5** pevný, solidní, neomylný
◆ *be ~* zajisté, určitě; *be ~ of* být
si jist čím; *he is ~ to come* jistě
přijde; *make* ~ of* ujistit se čím,
ověřit si; *as ~ as* tak jistě jako
(že); ~ *enough* určitě **–ly** jistě, be-
ze vší pochyby, rozhodně **–ty** zá-
ruka, ručitel

surf ['sə:f] příboj

surface ['sə:fis] *s* povrch, plocha,
rovina ◆ *of* n. *on the ~* na po-
vrchu, povrchní ● *v* **1** vyrovnat,
vyhladit, upravit povrch **2** čelně o-
brábět **3** vynořit se o ponorce **4**
opatřit zvláštním povrchem, ná-
těrem; povléci ◆ ~ *area* plocha
povrchu; ~ *finish* tech. povrchová
úprava; ~ *load* tech. jednotkové
zatížení; ~ *pressure* tech. měrný
tlak, povrchový tlak; ~ *treatment*
tech. povrchová úprava; *running ~*
lyžování skluznice

surfeit ['sə:fit] *v* přejíst (se), pře-
cpat (se), příliš krmit (on čím) ● *s*
přesycení, přecpání; opití; pře-
míra, nadbytek

surge [sə:dž] *s* vysoká vlna,
vzdouvání vln ● *v* vlnit se, dmout
se; tryskat; pulzovat; vzkypět

surg|eon [sa:džan] chirurg **–ery**
['sə:džəri] **1** chirurgie **2** ordinace
–ical chirurgický ◆ ~ *boot* / *shoe*
ortopedická bota

surly ['sə:li] mrzutý, nevrlý, hrubý

surmise [sə:'maiz] tušit, dohado-
vat se ● *s* ['sə:maiz] **1** dohad,
domněnka **2** podezření

surmount [sə'maunt] překonat ne-
snáze, přemoci; převyšovat, tyčit
se

surname ['sə:neim] *s* příjmení; pří-
zvisko ● *v* dát přízvisko

surpass [sə:'pa:s] **1** překonat,
předčit **2** převyšovat **3** vyniknout
nad

surplice ['sə:plis] rocheta

surplus ['sə:pləs] **1** přebytek, nadbytek **2** obch. zisk **3** am. kapitálová rezerva, rezervní fond společnosti

surpris|e [sə'praiz] v **1** překvapit, nachytat **2** voj. přepadnout ● s **1** překvapení, úžas **2** voj. přepadení ◆ take* a p. by ~ zaskočit, překvapit **–ing** překvapující, neobyčejný

surreal [sə'riəl] a neskutečný, fantaskní, bizarní **–ism** [sə'riəlizəm] s umělecký směr surrealismus 1925-40 v Evropě, .40 léta v USA **–istic** [sə,riə'listik] a surrealistický

surrender [sə'rendə] v vzdát (se), kapitulovat, vydat; odevzdávat zemědělské produkty ● s vzdání se, složení zbraní, kapitulace

surreptitious [,sarəp'tišəs] **1** podvodný, podloudný **2** kradmý, tajný **3** nedovolený, neautorizovaný **4** nepůvodní, vložený

surrogate ['sarəgit] **1** zástupce biskupa **2** náhrada, náhradník **3** am. civilní soudce

surround [sə'raund] obklopit, obklíčit, obehnat **–ing** okolní, kolemstojící **–ings** pl **1** okolí **2** životní podmínky, prostředí

surtax ['sə:tæks] daňová přirážka

surveillance ['sə:veiləns] dozor, dohled

survey [sə:'vei] **1** podrobně si prohlédnout, pro-, zkoumat **2** přehlédnout, přehlížet **3** udělat přehled, souhrn, posudek, statistiku; odhadnout **4** vyměřovat, mapovat **5** provést inventuru ● s ['sə:vei] **1** přehled, souhrn **2** dozor **3** prohlídka **4** vyměřování, mapování **5** náčrt, snímek; plán **6** inventura; inspekce; odhad **–or** [sə:'veiə] **1** zeměměřič, geometr **2** dozorce, inspektor **3** úřední odhadce

surviv|e [sə'vaiv] přežít, přečkat, zůstat na živu; přetrvat **–al** [-əl] **1** přežití **2** pozůstatek

suscept|ibility [sə,septə'biləti] **1**

vnímavost, citlivost **2** choulostivost, náchylnost **–ible** [-əbl] vnímavý, citlivý; přístupný (to čemu) ◆ be ~ of another interpretation připouštět ještě jiný výklad

suspect [sə'spekt] v **1** podezřívat, nedůvěřovat **2** obávat se, tušit **3** mít dojem, domnívat se ● s ['səspekt] podezřelý člověk

suspend [sə'spend] **1** zavěsit, upevnit **2** vznášet se, viset **3** odložit, odročit; přerušit, zastavit **4** suspendovat, zbavit funkce, hodnosti **–er 1** věšák **2** odročitel, odkladač **3** pl brit. podvazky ◆ ~ belt podvazkový pás, am. šle

suspens|e [sə'spens] **1** odročení, odklad **2** dočasné zastavení, přerušení **3** napětí, očekávání **4** suspenze **5** nejistota, nerozhodnost ◆ be n. rest in ~ být v pochybnostech; keep* in ~ **1** nechat v nejistotě, nerozhodnuto **2** neakceptovat směnku **–ion** [-šən] **1** zavěšení, závěs **2** odročení, odklad, zastavení **3** napětí, očekávání **4** suspenze; vyhození, vyřazení **5** odebrání řidičského průkazu ◆ ~ bridge visutý most **–ive** [-'pensiv] odkladný; nejistý; pochybný; dočasný (veto zákaz); dobrodružný **–ory** [-'pensəri] podpěrný, závěsný; práv. odkladný

suspici|on [sə'spišən] podezření (of z); tušení, dohad; nedůvěra (of k) **–ous** [-əs] **1** podezřelý **2** podezíravý, nedůvěřivý

sustain [sə'stein] **1** udržovat, podpírat, nést **2** podporovat, živit **3** pomáhat **4** utrpět (a defeat porážku) **5** tvrdit, odůvodnit **6** schválit, souhlasit, uznat u soudu ◆ ~ a check setkat se s neúspěchem; ~ a note vydržet tón

sustenance ['sastinəns] výživa, potrava, životbytí

suture ['sju:čə] **1** šev **2** med. steh, sešití

suzerain ['su:zərein] lenní pán,

vrchnost **-ty** svrchovanost; vazalský stát, vazal

swab ['swob] s mop n. hadr na utírání

swaddl|e ['swodl] v zavinout do plenek, zabalit **-ing-clothes** pl 1 plenky 2 přen. pouta

swage ['sweidž] tech. zápustka ke kování profilů ♦ ~ *hammer* zápustkový buchar; ~ *head* opěrná hlava nýtu

swagger ['swægə] v pyšně si vykračovat; vychloubat se, chvástat se ● s 1 pyšná chůze 2 naparování, chvástání

swain ['swein] 1 chasník, šohaj 2 nápadník

swallow[1] ['swoləu] zool. vlaštovka

swallow[2] [swoləu] v 1 polykat, hltat, pozřít 2 brát za bernou minci 3 odvolat řečené 4 polykat slova ~ **down** polknout; zamlčet ~ **up** spolknout, přen. pohltit ● s 1 hlt, lok, polknutí 2 jícen, hltan **~-tail** 1 vlaštovčí ocas 2 (též pl) frak

swam ['swæm] pt od *swim*

swamp ['swomp] s bažina ● v zaplavit, zatopit; zasypat, zavalit

swan ['swon] zool. labuť **~-song** labutí píseň

swank ['swæŋk] slang. s naparování, chvástání ● a elegantní, fešný (též **-y**) ♦ ~ *hotels* navenek honosné hotely

swap ['swop] (**-pp-**) hovor. přepřahat, přen. vyměnit si (*for* za)

sward ['swo:d] pažit, drn, trávník

swarf ['swo:f] odštěpky, třísky

swarm ['swo:m] s 1 hejno, roj 2 spousta, dav 3 kupa, halda 4 oblak, mrak 5 voj. rojnice ● v 1 rojit se 2 hemžit se (*with* čím) 3 proudit, hrnout se 4 chytit roj 5 film. obraz třást se

swarthy ['swo:ði] snědý; tmavohnědý odstín

swash [swoš] 1 vychrstnout vodu 2 cákat (se), spláchnout **-buckler** [-ˌ] chvastoun, prášil; dobro-

družný román / film

swastika ['swostikə] svastika, hákový kříž

swat [swat] v 1 udeřit, praštit 2 zamáčknout, rozmáčknout, připlácnout hmyz ● s prudký úder

swath ['swo:θ] pokos; pás, pruh

swathe ['sweið] obvázat, zavinout; zahalit

sway ['swei] v 1 kývat (se), houpat (se) 2 kolébat (se), ohýbat (se); kolísat 3 vládnout, ovládat 4 mávat, točit (se) ● s 1 mávnutí, rozmáchnutí, kymácení 2 nadvláda, moc 3 přen. vliv, zajetí 4 přen. rozhodující slovo, váha 5 přen. vystupování ♦ *bear** ~ vládnout

swear* ['sweə] v 1 přísahat (*to, on* na), odpřísáhnout (*to a* t.) 2 klít, nadávat (*at* komu) 3 zapřísáhnout (se, koho), dát čestné slovo ~ **in** vzít do přísahy ● s nadávka, kletba; přísaha

sweat ['swet] s 1 pot, pocení 2 hovor. dřina, fuška ● v 1 potit se 2 lopotit se, dřít 3 svářet kov 4 odřít minci 5 uhnat koně 6 vykořisťovat dělníky ♦ **-ed** *labour* těžká práce za nízkou mzdu

sweater ['swetə] 1 svetr 2 vykořisťovatel 3 hovor. dřina, fuška

Swed|e ['swi:d] 1 Švéd, **-ka** 2 s bot. tuřín **-en** [-dn] Švédsko **-ish** a švédský ● s švédština

sweep* ['swi:p] v 1 mést, zametat 2 vyčistit (*of* od) 3 převalit se, vléci (se) 4 zasáhnout, dotknout se lehce, shodit, smést 5 vlnit se, vlát, vinout se 6 rychle (se) uvést 7 rychle přejet 8 majestátně se pohybovat 9 rázem odstranit, zrušit 10 zrakem přelétnout 11 voj. ostřelovat, kosit, čistit 12 zachvátit, zuřit 13 zaplavit, zatopit vlna 14 letět obloukem 15 vítr vát, vanout ♦ ~ *from the sight* zmizet z očí ~ **away** odmést, odstranit ~ **by** mihnout se kolem ~ **over** hnát se, valit se přes ● s 1 zametání, vymetání 2 metař, počišťovač 3 vzlet, rozmach; gesto **4** mávnutí, máchnutí **5** rána, úder **6** tah, tlak **7** drtivé vítězství **8** vlečka **9** kominík **10** pl smetí **11** zatáčka cesty **12** veslo **13** křídlo větrného mlýna **14** nálet **–er 1** metař, zametací vůz **2** kominík **3** stírač auta **–ing** a **1** rychlý, prudký **2** paušální, všeobecný **3** pronikavý, dalekosáhlý, drastický ● s pl smetí **–stake** celková sázka

sweet ['swi:t] a **1** sladký, lahodný, příjemný; vonný **2** dobrý **3** jemný **4** vlídný, něžný, roztomilý ● s **1** sladkost; lahodnost; příjemnost **2** pl cukroví, sladkosti **3** brit. moučník, dezert **4** miláček **5** brit. bonbón **6** pl klady, výhody, radosti, plody **–bread** brzlík **–en** osladit, zpříjemnit; zmírnit, zjemnit; osvěžit; zúrodnit půdu; slang. podmazat **–heart**, **–ie** [-i] miláček **–ing** sládě jablko ~ **john** bot. hvozdík bradatý **–meat** bonbón **–ness** [-nis] **1** sladkost **2** čerstvost **3** voňavost **4** příjemnost, něžnost **5** roztomilost **6** laskavost, mírnost **7** sentimentálnost **8** obratnost, zkušenost **9** poslušnost **10** poddajnost

swell* ['swel] v **1** dmout se; otékat, otéci **2** nabobtnat, nadmout (se) **3** přesahovat, přibývat, zvětšovat se, stupňovat se **4** rozvodnit se **5** kypět **6** stoupat, růst ~ **out** bubřet, nadýmat se ● a **1** skvělý **2** hovor. pěkně oblečený, elegantní **3** slang. senzační, fantastický, bašta, prima ● s **1** puchnutí, otékání **2** dmutí, nadýmání **3** vzdouvání moře **4** vyvýšenina, pahorek **5** hud. zesilování, crescendo **6** hovor. sekáč, machr, kanón **–ing 1** otok **2** vyvýšenina **3** bobtnání dřeva

swelter ['sweltə] umdlévat horkem, hodně se potit

swept ['swept] pt, pp od sweep

swerve ['swə:v] v odchýlit (se), uhnout ● s **1** úchylka **2** sport. falšo-

vaný míč

swift ['swift] a rychlý, hbitý, čilý, pohotový ● s **1** zool. rorýs **2** zool. ještěrka **3** bystřina **~-footed** [-'] rychlonohý **~-winged** rychlokřídlý

swill ['swil] v nasávat, chlastat; vypláchnout ● s **1** pomyje, splašky **2** pitka, chlast

swim* ['swim] v (-mm-) **1** plavat, plout; pře-, plavit **2** mít závrať, točit se (my head -s točí se mi hlava) **3** přen. tonout, topit se **4** být zalit (with tears slzami) ◆ ~ with the tide / stream jít s proudem ● s za-, plavání ◆ be in the ~ být zasvěcen do **–mer** plavec; zool. plovavý pták; tech. plovák **–ming** plovací; zaplavený, plný slz **–ming-bath** plovárna

swindl|e ['swindl] v podvést, ošidit (out of o), vylákat ● s podvod, švindl **–er** podvodník, lump

swine* ['swain] vepř, nadávka svině, lotr **–herd** pasák vepřů

swing* ['swiŋ] v **1** houpat (se), kývat se **2** roz-, kývat se **3** zatočit, kroužit, otáčet **4** kráčet svižně, pochodovat **5** kolísat **6** slang. viset, houpat se ◆ ~ the lead předstírat práci ● s **1** kývání, houpání **2** točení, otáčení **3** švih **4** rozmach, ráz, rytmus **5** rytmická chůze **6** houpání, houpačka **7** podnět, popud **8** vzlet **9** létací dveře **10** odpočinek, volno ~ **bridge** [-'] otočný most **~-by** pl a sg kosm. změna dráhy kosmické lodi ~ **door** [-'] létací dveře **–er 1** kdo / co se houpá **2** slang. aktivní moderní člověk; sekáč **~-wheel** [-'wi:l] setrvačník **~-wing** letadlo s měnitelným úhlem křídla

swingle ['swiŋgl] v potěrat len ● s potěrák

swipe ['swaip] s **1** páka pumpy aj. **2** tvrdý úder, rána **3** podkoní, štolba **4** dlouhý doušek ● v slang. am. uděřit, napálit míč

swirl ['swə:l] s vír ● v vířit, kroužit

swish [ˈswiš] *s* **1** za-, svištění, šustot **2** metla, prut; rána metlou ● *v* **1** švihat prutem, mrskat, bít metlou **2** svištět ~ **off** odseknout, utnout

Swiss [ˈswis] *a* švýcarský ● *s* (pl ~) Švýcar, -ka

switch [ˈswič] *s* **1** rákoska **2** výhybka **3** vypínač, přepínač **4** falešný cop **5** přesun investic ● *v* **1** mrskat, šlehat, švihat, přen. tlouci **2** přehodit výhybku **3** převést na jinou kolej, posunovat ~ **off** vypnout, odpojit, zhasnout ~ **on** zapnout, zapojit, rozsvítit ~ **out** elektr. vypojit, vypnout ~ **over** elektr. přepojit, přepnout –**back** brit. horská dráha; horská serpentina –**board** přepojovač, rozvodná deska, ústředna telefonní –**man*** výhybkář

Switzerland [ˈswicələnd] Švýcarsko

swivel [ˈswivl] **1** obrtlík **2** otočný čep **3** poutko **4** voj. točna děla **5** tech. prošlupové zařízení stavu ~ *chair* otáčecí židle

swob [ˈswob] v. *swab*

swollen [ˈswəuln] *pp* od *swell*

swoon [ˈswuːn] *v* omdlít ● *s* mdloba

swoop [ˈswuːp] *v* **1** snést se, vrhnout se střemhlav na kořist **2** přepadnout, unést (*on, upon* koho) ~ **up** popadnout, uchvátit ● *s* **1** uchvácení **2** střelmé slétnutí ptáka na kořist **3** razie **4** let. nálet střemhlav ♦ *at* / *with a* ~ rázem, najednou

swop [ˈswop] v. *swap*

sword [ˈsoːd] meč, šavle ♦ *draw** / *sheathe the* ~ tasit / zastrčit (do pochvy) meč; *dueling* ~ kord; *put* to the* ~ pobít, vyvraždit ~~**cut** sečná rána mečem –**fish** zool. mečoun ~~**flag** bot. kosatec ~~**hilt** jílec meče ~~**law** válečné právo ~~**lily** bot. mečík ~~**play** šermování

swore [ˈswoː] *pt* od *swear*

sworn [ˈswoːn] *pp* od *swear*

swot [ˈswot] *v* (-*tt*-) brit. šprtat, dřít (~ **up** na) ● *s* **1** dření, dřina **2** dříč, šprtoun

swum [ˈswam] *pp* od *swim*

swung [ˈswaŋ] *pt, pp* od *swing*

sybarite [ˈsibərait] požitkář, sybarita

sycamore [ˈsikəmo:] bot. smokvoň, též druh javoru

sycoph|ancy [ˈsikəfansi] patolízalství –**ant** patolízal

syllab|ic [siˈlæbik] jaz. slabičný –**le** [ˈsiləbl] slabika; přen. slůvko –**us** [ˈsiləbəs] výtah, souhrn, sylabus

syllogism [ˈsilədžizəm] sylogismus, úsudek

symbol [ˈsimbl] symbol, znak, značka –**ic**, –**ical** [simˈbolik(l)] symbolický –**ization** [ˌsimbəlaiˈzeišən] znázornění, symbolizace, symbolický výklad / význam –**ize** [-aiz] znázornit, symbolizovat

symmetr|ical [siˈmetrikl] souměrný –**ize** [ˈsimitraiz] učinit souměrným –**y** [ˈsimitri] souměrnost, symetrie

sympath|etic [ˌsimpəˈθetik] **1** soucitný, účastný **2** souhlasný **3** vhodný, příznivý **4** příjemný –**ize** [ˈsimpəθaiz] soucítit, mít pochopení (*with* pro) –**y** [ˈsimpəθi] soucit, účastenství (*for* s), pochopení (*with* pro)

symphon|ic [simˈfonik] symfonický –**y** [ˈsimfəni] symfonie

symposium [simˈpəuziəm] **1** konference, symposium **2** hostina, pitka **3** soubor esejů, sborník

symptom [ˈsimptəm] příznak, symptom

synagogue [ˈsinəgog] synagoga

synchroflash [ˈsiŋkrəuflæš] fotografický přístroj s bleskovým světlem

synchromesh [ˈsiŋkrəumeš] ~ *gear* synchronizovaný ozubený převod

synchron|ic, –**acal** [siŋˈkronik(l)] současný, synchronický –**ize**

['siŋkrənaiz] být / učinit současným, synchronizovat **-izer** ['siŋkrənaizə] synchronizátor **-ous** ['siŋkrənəs] synchronní, současný

synchrotron ['siŋkrəutron] synchrotron

syncop|e ['siŋkəpi] **1** synkopa **2** med. mdloba **-ated** [-eitid] synkopovaný **-ation** [,siŋkə'peišən] **1** hud. synkopa, synkopování; synkopovaná hudba **2** jaz. synkopace, synkopování

syndicalism ['sindikalizəm] syndikalismus

syndicate ['sindikit] **1** syndikát **2** sdružení, oborový podnik, konsorcium **3** tisková agentura

synod ['sinəd] církevní sněm, synod **-ical** [si'nodikl] synodní

synonym ['sinənim] jaz. souznačné slovo, synonymum **-ous** [si'noniməs] souznačný, synonymní

synop|sis [si'nopsis] pl **-ses** [-si:z] přehled, synopse **-tical** [si'noptikl] synoptický, přehledný

syntactic, -al [sn'tæktik(l)] skladebný, syntaktický

syntax ['sintæks] skladba, syntax

synthe|sis ['sinθəsis] sloučení, syntéza **-tic, -tical** [sin'θetik(l)] syntetický **-tics** [sin'θetiks] pl umělé hmoty zvl. textil.

syphilis ['sifilis] syfilis, příjice

syphon ['saifn] v. siphon

Syri|ac ['siriæk] a starosyrský ● s stará syrština **-an** ['siriən] a syrský ● s syrština, Syřan

syringa [si'riŋgə] bot. šeřík

syringe ['sirindž] s stříkačka ● v stříkat, vystřikovat

syrup ['sirəp] sirup

system ['sistim] soustava, systém ♦ *electoral* ~ volební řád; *first, second, signalling* ~ první, druhá, signální soustava **-atic** [,siti'mætik] soustavný, systematický **-atize** [-ətaiz] soustavně uspořádat **-ic** systémový, systemický ♦ ~ *circulation* anat. velký oběh

krevní **-s engineering** rozpracování komplexní soustavy, systémové inženýrství

systol|e ['sistəli] med. srdeční stah, systola **-ic** systolický

T

T, t ['ti:] písmeno t ♦ *to a T* na puntík (přesně), podrobně

tab ['tæb] s **1** poutko **2** voj. červená výložka na límci **3** chránítko uší u čepice **4** hovor. štítek, tabulka **5** am. hovor. účet; cena, náklady **6** hovor. tabletka **7** hovor. tabulátor psacího stroje ● v (-*bb*-) zachytit zvl. v tabulce

tabby ['tæbi] **1** moaré tkanina s leskem **2** zvl. mourovatá kočka **3** klepna, drbna **4** hovor. stará panna

tabernacle ['tæbənækl] **1** (svato)-stánek **2** archa úmluvy **3** hanl. modlitebna **4** ozdobný výklenek

table ['teibl] s **1** stůl **2** deska **3** tabulka **4** přehled **5** dlaň v chiromantii **6** plošina; náhorní rovina **7** stav. ozub plátu, římsa **8** tech. upínací deska ♦ *at* ~ u stolu, při jídle; *under the* ~ **1** pod rukou, na černo **2** zpitý pod obraz; *clear the* ~ sklidit se stolu; *keep* a good* ~ dobře vařit; *lay* on the* ~ am. odložit ad acta; *lay* / spread* the* ~ prostřít na stůl; *if the* -s *were turned* kdyby tomu bylo opačně ● v **1** položit na stůl, brit. předložit k projednání **2** am. odložit ad acta **3** dělat přehledy **4** spojovat prkna v desky **5** tabelovat **6** dát jíst, nakrmit **~-cloth** [-kloθ] ubrus **~-lamp** stolní lampa **~-land** náhorní planina **~-linen** [-ɪ-] stolní prádlo **~-money** voj. stravné, příspěvek na reprezentaci **~-spoon** polévková lžíce **~-talk** [-to:k] hovor u stolu **~-tennis** [-ɪ-] stolní tenis

tableau ['tæbləu], pl -x [-z] **1** obraz, scéna **2** živý obraz

tablet ['tæblit] **1** tabulka, des(tič)ka **2** tabletka

tabloid ['tæbloid] **1** souhrn, přehled **2** noviny malého formátu, plátek

taboo [tə'buː] tabu

tabouret ['tæbərit] **1** taburet, stolička **2** vyšívací rám

tabular ['tæbjulə] **1** tabulkový, deskový **2** rovný, plochý

tabulat|e [tæbjuleit] **1** sestavit do tabulky **2** shrnout **3** zarovnat, vyhladit na plocho ♦ *-ing card* děrný štítek; *-ing machine* tabulátor na děrné štítky

tachometer [tæ'komitə] tachometr, rychloměr

tacit ['tæsit] tichý (*consent* souhlas)

taciturn ['tæsitəːn] **1** mlčenlivý, nemluvný **2** zachmuřený

tack ['tæk] *s* **1** připínáček **2** hrubý steh; *pl* stehování **3** námoř. halže, halžový roh plachty **4** námoř. výhodný obrat lodi **5** linie, směr **6** jídlo, strava ♦ *hold* ~ pevně držet; *go* on a wrong ~ dát se špatným směrem; *come* down to brass -s slang. jít věci na kloub; ~ *welding* stehové svařování ● *v* **1** (~ **down, together**) připíchnout, přibít **2** přidat, dodat (*to, on to*) **3** (~ **together**) sešpendlit **4** (~ **about**) křižovat, lavírovat s lodí, v chování **5** (~ **together**) dát dohromady, slepit

tackle ['tækl] *s* **1** kladkostroj **2** vratidlo **3** námoř. lanoví **4** nářadí **5** naviják **6** postroj koně **7** sport. křídelní útočník **8** slang. bašta jídlo ● *v* **1** vyřídit si to **2** pustit se (*a t.* do), vypořádat se s, vyřídit co **3** absolvovat, prostudovat **4** sport. bránit ve hře útočníkovi, zadržet útočícího hráče ♦ *-ed stair* provazový žebřík **–ing 1** lanoví **2** náčiní **3** postroj koně **4** kladkostroj

tacky ['tæki] lepkavý, mazlavý o barvě

tact ['tækt] takt(nost), vkus, jemný cit **–ful** taktní **–ical** taktický **–it-ian** [tæk'tišən] taktik **–ics** *pl* taktika

tad ['tæd] am. hovor. malé množství, drobet, špetka, trocha: *add only*

a ~ *more salt* přidej jen špetku soli

tadpole ['tædpəul] zool. pulec

taffy ['tæfi] am. = toffee

tag ['tæg] *s* **1** smyčkové poutko u boty apod. **2** návlečka tkaničky **3** visačka např. s adresou, cenovka **4** volný *n.* roztřepený konec, špička ocasu, přívěsek **5** závěrečný proslov **6** banální citát, refrén **7** hra na honičku ● *v* (*-gg-*) **1** opatřit poutkem, přívěskem; připevnit, přibít, přivěsit, přidělat (*to, on to* k) **2** slátat verše **3** věšet se komu na paty; běhat (*after* za)

tail [teil] *s* **1** ocas **2** konec, vnější koutek oka, spodek, zadek čeho **3** drdol vlasů **4** nožka / krček noty **5** doprovod **6** ostruha křídla **7** doznívání **8** omezení v dědické posloupnosti **9** *pl* orel rub mince **10** *pl* hovor. frak **11** stopa **12** patka lyže ♦ *turn* ~ prásknout do bot; *I can't make head or* ~ *of it* nevyznám se v tom ● *v* **1** připevnit, spojit **2** odstraňovat konečky apod. **3** připevnit koncem / konci **4** jít *n.* jet v patách (*after a p., a p.* za), jeden těsně za druhým, stopovat ~ **in** zapustit trám **–coat** frak **–ing 1** zapuštěný konec cihly **2** zadina, podřadná ruda apod. **~–fight** zadní světlo **–stock** koník soustruhu

tailor ['teilə] *s* krejčí ♦ ~'*s goose* krejčovská žehlička ● *v* šít šaty, krejčovat; přen. upravit, přizpůsobit; oblékat elegantně **~–made 1** šitý na zakázku krejčím **2** přen. přizpůsobený **3** dobře padnoucí, elegantní **4** hovor. strojový o cigaretě

taint [teint] *s* **1** skvrna **2** nákaza, mravní zkáza **3** zlo, úhona **4** korupce ● *v* **1** na-, kazit (se) (*with* čím), zamořit **2** poskvrnit, mravně (se) zkazit **–less** neposkvrněný, čistý; nezkažený

take [teik] *v* **1** brát, vzít; uchopit, popadnout (*by* za) **2** chytit přistihnout; za(u)jmout; za-, u|chvátit koho; dobýt, získat **3** zabrat, u-jmout se, fot. vyjít **4** přijmout nabídku, sázku; smířit se s čím; chopit se čeho **5** od-, do|nést, -vést, -vézt **6** potřebovat k provedení, zabírat čas, dát práci **7** zvl. am. odbírat, předplácet si **8** najmout si taxi apod., jet čím; dát si, jíst, pít **9** udělat (si) poznámku, foto, skok; brit. skládat zkoušku; podniknout cestu apod. **10** pokládat (for za), domnívat se (it that že) **11** chápat, pochopit **12** zjistit měřením n. dotazem **13** přeskočit **14** odebrat se kam, vyhledat útulek **15** přijímat jak co / koho **16** dát se (to do čeho, na co), oblíbit si co **17** ubírat (from na čem) **18** probrat (a p. through a t. co s kým) **19** vyvést se (after po kom) **20** jaz. mít vazbu, pojit se s ♦ ~ account of, a t. into account, počítat s; ~ an action against vznést žalobu proti; ~ advantage of zne-, vy|užít čeho, využitkovat co; ~ advice **1** poradit se **2** řídit se radou; ~ aim mířit, cílit; ~ the air **1** vzlétnout **2** vyjít najevo; ~ a bath vykoupat se; ~ a breath vydechnout; ~ the chair předsedat; ~ one's chance využít příhodné chvíle (of a...); ~ cold nachladit se; ~ concern in mít zájem o, sdílet se s; ~ a p. into one's confidence svěřit se komu; ~ into consideration vzít v úvahu; ~ one's degree absolvovat vysokou školu; ~ delight in kochat se čím, mít radost z; ~ a diet jíst dietně; ~ a disease onemocnět; ~ a drive projet se, vyjet si; ~ effect zapůsobit, mít účinek, nabýt platnosti; ~ an example from vzít si příklad z; ~ exception mít výhrady (to k); ~ a fancy to pojmout náklonnost k, oblíbit si co; ~ fire chytit, vznítit se; ~ one's fortune pokusit se o štěstí; ~ it from me ujišťuji vás; ~ a glance at podívat se na; ~ it for granted pokládat za samozřejmé; ~ in hand vzít

pořádně do ruky, do práce; ~ one's life in one's hands nasadit život, riskovat; ~ harm přijít k úrazu; ~ head postavit si hlavu; ~ into one's head vzít si do hlavy; ~ heart odhodlat se; ~ a t. to heart vzít si co k srdci; ~ a heavy toll of způsobit těžké ztráty čemu; ~ heed to dbát na; ~ to one's heels vzít nohy na ramena; ~ a hint dát si říci řídit se náznakem; ~ hold of zmocnit se, chopit se; ~ it ill of a p. zazlívat komu; he took ill onemocněl; ~ interest in zajímat se o; ~ it that... rozumět tomu tak, že...; ~ a jest rozumět žertu; ~ a journey podniknout cestu; ~ it kindly of a p. být komu zavázán; ~ kindly to přilnout ke komu, mít rád koho; ~ leave of rozloučit se s; ~ leave **1** jít na dovolenou **2** = ~ the liberty; ~ lessons chodit na hodiny (of na co); ~ the liberty of dovolit si co; ~ liberties dovolovat si příliš; ~ a liking oblíbit si; ~ a line = ~ a view; ~ a look podívat se; ~ measures učinit opatření; ~ measure(ment)s for vzít míru na co ~ the mickey out of dělat si legraci z; ~ one's name from jmenovat se po; ~ a nap zdřímnout si; ~ notice of všimnout si, zpozorovat; ~ an oath složit přísahu; ~ (it) (up)on one to inf jmout se; ~ offence urazit se; ~ orders být vysvěcen na kněze; ~ it out of a p. **1** vyčerpat, utahat koho **2** zchladit si na kom žáhu, vyřídit koho; ~ pains přičinit se; ~ part in zúčastnit se čeho; ~ part with zastat se; ~ pity on, of slitovat se nad; ~ place **1** konat se **2** přihodit se (došlo k...); ~ (a) pleasure in mít radost / potěšení z; ~ possession of zmocnit se; ~ precedence mít přednost; ~ pride in být pyšný na co; ~ a p. prisoner zajmout, uvěznit koho; ~ a resolution odhodlat se; ~ revenge on, of pomstít se na; ~ rank with nezadat si s; ~ *a ride* vyjet si v sedle; ~ *root* ujmout se, zakořenit (se); ~ *a run* vyběhnout si, rozběhnout se; ~ *a / one's seat* posadit se; ~ *a shame* zastydět se; ~ *ship* vstoupit na loď, jet lodí; ~ *sides* stranit; ~ *snuff* šňupat; ~ *steps* učinit opatření; ~ *by surprise* překvapit; ~ *a survey* rozhlédnout se; ~ *a p. to task* vyčinit komu; ~ *thought* rozmyslet si to; ~ *one's time* nepospíchat, dát si na čas; ~ *the trouble of* obtěžovat se; ~ *a turn* projít se, projet se; o-brátit se; ~ *turns* střídat se; ~ *a... view* mít... názor; ~ *a walk* vyjít si na procházku, projít se; ~ *the wall* jít po čestné straně; ~ *a p. to wife* vzít si za ženu; ~ *a p. with one* uchvátit koho; ~ *a p. at word* vzít za slovo; ~ *my word for it* u-jišťuji vás; ~ *a t. in writing* sepsat, zapsat **~ aback** zarazit, vzít dech ~ **amiss** zazlívat, horšit se pro ~ **apart** rozebrat, rozmontovat ~ **aside** vzít stranou ~ **asunder** rozebrat, rozložit ~ **away** odejmout, odstranit, vzít (*from* komu) ~ **back** vzít zpátky, přen. odvolat ~ **down 1** sejmout, sundat, sestřelit **2** stavbu strhnout **3** na-, za|psat, zachytit písemně **4** spolknout **5** ponížit **6** předhonit ve škole ◆ ~ *a p. down a peg or two* shodit, setřít koho ~ **in 1** přijímat do domácnosti, brát si domů, u-vést ke stolu **2** důvěřivě přijmout, ujmout se **3** vnímat **4** zahrnovat, obsahovat; pojmout kolik **5** založit látku, vinout plachtu **6** napálit **7** brit. odbírat **8** ~ *in with a p.* přidat se ke komu ~ **off 1** sejmout, odložit oděv, sundat klobouk = smeknout (*one's hat to* před kým) **2** od-|nést, -vést, -vézt **3** odečíst **4** ubrat, upít **5** karikovat **6** odrazit se, let. startovat, odlepit se ~ **on 1** brát na sebe **2** zaměstnat **3** zabrat **4** tropit povyk, vyvádět **5** oddávat se (*with* čemu) ~ **out 1**

vyjmout, vybírat **2** vy|nést, -vést, -vézt, vzít **3** odstranit **4** nechat (si) vystavit ◆ ~ *it out of a p.* utahat koho ~ **over** převzít ~ **up 1** zdvihnout **2** nasát, nabrat, přibrat, nechat nastoupit cestující; vypůjčit si **3** popadnout, uchopit **4** zabrat, zajmout **5** sebrat, za-tknout **6** převzít **7** ujmout se koho **8** začít živnost, s prací, tématem **9** navázat na co, pokračovat v čem **10** přerušit koho **11** zachytit, upevnit **12** vybrat se, polepšit se **13** ~ *up with* **1** *a p.* blíže se seznámit s **2** *a t.* oddat se čemu **3** *a t.* musit vzít za vděk, spokojit se s ◆ ~ *up arms* chopit se zbraní; ~ *up a challenge* přijmout vyzvání na souboj n. **výzvu** k soutěži ● **s 1** úlovek **2** film. záběr **3** polygr. dílo **4** výtěžek ze vstupného, tržba **5** chápavost **6** nepřerušovaná nahrávka **7** úryvek, pasáž **8** brit. pacht **9** med. srůst **~-in** podvod, humbuk **–n** [-n] *pp* od *take*

take|-off ['teikof] **1** odraz při skoku **2** hovor. napodobení, karikování **3** odlepení letadla, vzlet **4** odraziště **5** odběr energie **~-over** převzetí zvl. neprosperující společnosti; **převrat ~-up 1** napínač **2** odběrák **3** zdvihání, napínání

taking ['teikiŋ] *a* **1** atraktivní, příjemný **2** hovor. nakažlivý ● **s 1** zabrání, zajetí; převzetí **2** dobytí, zmocnění se čeho **3** pl tržba **4** film. natáčení **5** hovor. vzrušení **6** záchvat **7** úlovek

talc ['tælk] mastek **–um** *powder* zásyp, pudr

tale ['teil] **1** vypravování; povídka, pověst, pohádka; zpráva **2** zast. počet **–bearer** [-] klepař, donašeč

talent ['tælənt] **1** nadání, talent **2** talent řecký peníz

tales ['teili:z] práv. **1** náhradníci porotců **2** seznam porotců, jmenovací / delegační listina porotců

talisman ['tælizmən] talisman

talk [ˈtoːk] v **1** hovořit, mluvit, zmínit se (to, with s; of, about o) **2** rozprávět, rozmlouvat (to, with s) **3** přemluvit (into k) **4** vymluvit (out of) **5** dělat narážky (at na) **6** žvanit ♦ ~ business mluvit úředně; ~ the hind leg off a donkey hovor. vymámit na jalové krávě tele; ~ nonsense mluvit nesmysly; ~ to the purpose mluvit k věci; ~ shop vést odborný rozhovor ~ away mluvit do nekonečna ~ back odmlouvat ~ down umluvit, ukecat ~ up mluvit otevřeně; chválit v rozhovoru ● s **1** řeč, rozhovor, mluvení; rozmluva, proslov **2** klepy, drby **3** povídačka, plané řeči **4** přednáška –ative hovorný, povídavý, ukecaný –er **1** mluvčí **2** mluvka, žvanil **3** dobrý společník

tall [ˈtoːl] **1** vysoký a přitom celkem štíhlý **2** slang. hovor. přehnaný ♦ a ~ story báchorka –boy brit. vysoký prádelník; vysoká sklenka na víno; komínový nástavec

tallow [ˈtæləu] lůj ~-chandler svíčkař –y [-i] lojovitý, lojovaný

tally [ˈtæli] s **1** zast. vrubovka, počet **2** vrub, zářez **3** tabulka se jménem, označením apod. **4** kontrolní duplikát / ústřižek ● v **1** udělat vroubek, zaznamenat, počítat, účtovat **2** souhlasit, shodovat se s

talmud [ˈtælmud] talmud

talon [ˈtælən] **1** dráp, spár **2** talón u cenných papírů; v kartách

tambour [ˈtæmbuə] bubínek též vyšívací –ine [ˌtæmbəˈriːn] tamburína ~-work vyšívání řetízkovým stehem

tame [ˈteim] a **1** krotký, ochočený **2** poslušný **3** neškodný **4** nevýbojný, nevýrazný, všední **5** hovor. obdělávaný ● v z-, krotit, ochočit; podrobit si –less nezkrotný, divoký

tamp [ˈtæmp] utěsnit nálož; upěchovat, nacpat –ing těsnění; pěchování –ion [ˈtæmpiən] čep

tamper [ˈtæmpə] **1** pouštět se (with do), plést se do, fušersky pracovat s **2** tajně se smlouvat, podplatit (with koho) **3** porušovat, falšovat text **4** pančovat nápoj **5** kurýrovat (with co)

tampon [ˈtæmpən] s med. tampón ● v tamponovat

tan [ˈtæn] s **1** tříslo **2** snědost; žlutohnědá barva ● v (-nn-) **1** vydělávat kůži; přen. seřezat **2** opálit (se) ~-bark tříslo ~-yard koželužna

tandem [ˈtændəm] s tandem ● adv, a jeden za druhým zapřažení koně

tang [ˈtæŋ] s **1** bodec, hrot kovový; u-dice; jazýček pro rukojeť apod. **2** říz, příchuť **3** charakteristická stopa **4** lomoz, cinkot ● v zvonit, lomozit; udeřit o sebe

tangent [ˈtændʒənt] a dotýkající se, tangenciální ● s tečna, tangenta

tangerine [ˌtændʒəˈriːn] s **1** mandarinka **2** oranžová barva, barva mandarinky

tangible [ˈtændʒəbl] hmatatelný; hmotný; zřejmý, opodstatněný

tangle [ˈtæŋgl] v zaplést (se), zamotat (se) ● s **1** spleť, motanice **2** zmeť, zmatek **3** hovor. hádka

tango* [ˈtæŋgəu] tango

tank [ˈtæŋk] s **1** tank **2** nádržka, cisterna, vodojem lokomotivy ● v plnit nádrže, tankovat ~-destroyer [ˌ-diˈstroiə] protitankové dělo ~ engine [ˌ-ˈ-] tendrová lokomotiva

tankard [ˈtæŋkəd] cínová konvice, korbel

tanker [ˈtæŋkə] **1** cisternová loď, tankovací letadlo **2** voj. tankista

tanner [ˈtænə] **1** koželuh **2** brit. slang. šestipence –y koželužství, koželužna

tannic [ˈtænik] tříslový ♦ ~ acid kyselina tříslová

tannin [ˈtænin] tanin, kyselina tříslová

tantalize [ˈtæntəlaiz] mučit, trápit nadějemi

tantamount [ˈtæntəməunt] stejný,

rovnající se (*to* čemu)

tantrum ['tæntrəm] hovor. špatná nálada, vztek

tap¹ ['tæp] v (-*pp*-) **1** ťuknout, klepnout (do čeho, čím *against* o co) **2** za-, klepat (na dveře) **3** vybrat, zvolit (*for* do funkce) **4** příštipkovat ● s **1** ťuknutí, klepnutí, zaklepání, poklep **2** signál v kasárnách, am. večerka **3** ždibec **4** stepovací tanec

tap² ['tæp] v (-*pp*-) **1** čepovat, stáčet pivo, víno **2** načít sud, řeč; vypumpovat **3** proniknout do čeho a těžit, vstoupit ve spojení s **4** slang. pumpnout koho (*for* o) **5** načít **6** elektr. odvést elektřinu, připojit odbočku **7** med. provést punkci **8** strom naříznout **9** odpíchnout vysokou pec **10** odposlouchávat telefonní rozhovory **11** stroj. řezat vnější závit ● s **1** brit. kohoutek, pípa, čep **2** stáčení **3** pivnice, výčep **4** odsávání kapaliny **5** elektr. odbočka **6** odpichový otvor vysoké pece **7** stroj. závitník

tape ['teip] **1** tkanice, kaloun, stuha **2** měřicí pásmo; páska cílová, telegrafní apod. **3** lemovka **4** lepicí páska, izolepa **5** děrovaná páska **6** magnetofonový pásek ♦ *red ~* úřední šiml; *~ player* kazetový přehrávač; *~ recorder* magnetofon ● v o-, s|vázat tkanicí, slepit páskou; nahrát na magnetofonový pásek

taper ['teipə] s **1** vosková svíčka **2** kužel **3** zúžení, zahrocení ● a zužující se, zašpičatělý, kuželovitý ● v zužovat (se), (*~ off, be -ed off*) vybíhat do špičky ♦ *~ reamer* kuželový výstružník

tapestry ['tæpistri] čaloun, goblén

tapeworm ['teipwɔ:m] zool. tasemnice

tapis ['tæpi:] *be* n. *come* upon *the ~* být n. přijít na pořad jednání, být na tapetě

tappet ['tæpit] tech. zdvihátko ventilu

taproom ['tæpru:m] brit. výčep, nálevna

tar ['ta:] s **1** dehet; kolomaz **2** hovor. námořník (též *jack ~*) ♦ *a touch of the ~ brush* příměs černošské krve ● v (-*rr*-) dehtovat ♦ *~ and feather* hist. pomazat dehtem a obalit peřím za trest *~ on* přen. očernit

tardy ['ta:di] **1** pomalý, liknavý **2** pozdní

tare¹ ['teə] bot. vikev, podle Bible koukol

tare² ['teə] tára, váha obalu

target ['ta:git] **1** terč, přen. cíl **2** malý štít **3** směrné číslo (*~ figure*), úkol, plán **4** jehněčí pečeně **5** antikatoda ♦ *overall ~* celkový plán; *set* the *~* stanovit plán; *~ language* cílový jazyk

tariff ['tærif] **1** sazba, tarif; clo **2** sazebník, brit. ceník v restauraci ♦ *protective ~* ochranné clo; *preferential ~* preferenční clo

tarmac [ˌta:mæk] hovor. letecká rozjezdová dráha

tarn ['ta:n] oko horské jezírko

tarnish ['ta:niš] v zakalit (se), poskvrnit, zbavit lesku, ztratit lesk ● s **1** vyrudlá barva **2** ztráta lesku, zakalení **3** skvrna

tarpaulin [ta:ˈpo:lin] dehtované plátno, nepromokavá látka, vozová plachta

tarry¹ ['tæri] kniž. **1** meškat; zdržovat se, otálet **2** očekávat, čekat (*for* na)

tarry² ['ta:ri] nadehtovaný

tart¹ ['ta:t] ostrý, trpký, kyselý ♦ *a ~ reply* ostrá, kousavá odpověď

tart² ['ta:t] **1** brit. ovocný koláč, cukrářský zákusek **2** slang. kůstka o ženě, coura, děvka

tartan ['ta:tan] tartan vlněná kostkovaná látka, pléd

tartar ['ta:tə] **1** vinný kámen **2** zubní kámen **–ic** [ta:ˈtærik] vinný ♦ *~ acid* kyselina vinná

Tartar, Tatar ['ta:tə] **1** Tatar **2** barbar, divoch **3** tatarština ♦ *catch*

a ~ špatně pochodit, narazit (přen.)

task ['ta:sk] *s* **1** úloha, úkol **2** práce, dílo **3** problém **4** penzum práce ● *v* uložit úkol, zaměstnat, zatěžovat prací (*with*), přetěžovat **–master 1** kdo zadává těžké úkoly **2** plantážník, ras **3** úkolář **4** dělník v úkolu

tassel ['tæsl] střapec ♦ ~ *of a book* hedvábná záložka do knihy

tast|e ['teist] *v* **1** o-, ochutnat, okusit, zkusit **2** mít (při)chuť, chutnat (*of po čem*) **3** odb. ochutnávat, degustovat ● *s* **1** chuť, příchuť **2** záliba **3** vkus **4** ždibec, trocha, malý doušek, kapka k ochutnávání **5** záliba **6** styl, trend, móda **7** slušné chování ♦ *he has a ~ for* má rád, má smysl pro; *give* a ~ *dát* ochutnat, okusit; *take* a ~ ochutnat, okusit; *to my* ~ podle mé chuti; *in good* ~ vkusný; *out of* ~ nevkusný, nechutný **–er 1** ochutnávač **2** nakladatelský lektor **3** koštěrská číška **4** pipeta, koštýř **–eful** chutný, vkusný; slušný **–eless** bez chuti, nevkusný **–y 1** chutný **2** slang. vkusný; pikantní **3** vulg. prima, fajn

tatterdemalion [ˌtætədəmeiljən] rozedranec

tatters ['tætəz] *pl* hadry, cáry

tatting ['tætiŋ] **1** tkaní krajek **2** tkané krajky

tattle ['tætl] *v* žvanit, kecat, klepat ● *s* žvanění, klepy

tattoo [tə'tu:] *s* **1** večerka, hud. čepobití **2** tetování ♦ *beat* the *devil's* ~ = ● *v* **1** bubnovat prsty **2** tetovat

taught ['to:t] *pt, pp* od *teach*

taunt ['to:nt] *v* **1** dobírat si koho, posmívat se komu (*with* pro) **2** vyčítat ● *s* posměch, úštěpek, "špička", výčitka

taut ['to:t] námoř. **1** utažený, napjatý provaz **2** v dobrém stavu o lodi, schopný plavby

tautology [to:'tolədži] tautologie

tavern ['tævən] krčma, výčep

taw ['to:] *v* vydělat kůži ● *s* **1** mramorová kulička **2** hra kuličky

tawdry ['to:dri] blýskavý, lesklý, "laciný"; naparáděný, pompézní

tawny ['to:ni] tříslově zbarvený, žlutohnědý

tax ['tæks] *s* **1** daň; taxa, poplatek **2** zátěž, břemeno; přílišný požadavek (*on, upon* na) ♦ *land* ~ pozemková daň; ~ *in kind* naturální daň ● *v* **1** zdanit, uložit komu daň, poplatek **2** odhadnout (*at* na), ocenit **3** vyčítat komu (*with* co), vinit (*with* z) **4** činit nároky na **5** přepínat, za-, pře|těžovat **–able** zdanitelný **–ation** [tækˈseišən] **1** odhad **2** daně, zdanění **3** příjem z daní **4** určení poplatků **--payer** poplatník **--sheltered** požívající daňové úlevy

taxi ['tæksi] *s* taxi ● *v* **1** jet taxíkem **2** pojíždět, rolovat o letadle ~(-)**cab** taxík **--dancer** placená tanečnice v baru **--driver, –man** taxikář **--meter** taxametr **–plane** aerotaxi **--rank** stanoviště autotaxi

tea ['ti:] *s* **1** čaj **2** svačina **3** čajový dýchánek **4** růže čajová ● *v* **1** pít čaj, svačit **2** napájet čajem, podávat čaj **--bag** sáčkovaný čaj **--board** čajový podnos **--break** přestávka na svačinu **--caddy** krabička na čaj **--cake** brit. čajové pečivo **--cloth 1** čajový ubrus **2** utěrka na nádobí od čaje ~ **cup** čajový šálek **--house** čajovna ~ **kettle** ['ti: ketl] konvice (na vodu) na čaj **--plant** čajovník **--pot** konvice na čaj **--room** čajovna **--service** ['ti:ˌsə:vis], **--set, --things** *pl* čajový příbor **--shop** čajovna, kavárna, cukrárna **–spoon** čajová n. kávová lžička **--tray** čajový podnos **--urn** [-ə:n] samovar **--waggon** [⊦] čajový servírovací stolek na kolečkách

teach ['ti:č] učit, vyučovat ♦ *I will* ~ *him* (*not*) *to meddle in my affairs* já mu dám míchat se do mých záležitostí **–able** učenlivý, poučitelný **–er** učitel(ka) **~–in** školení, seminář **–ing** učení, výuka; doktrína, nauka

teak [ˈtiːk] týkové dřevo

team [ˈtiːm] **1** družstvo, mužstvo; četa, pracovní brigáda, skupina, kolektiv, tým **2** potah, spřežení **–ster** [ˈtiːmstə] vozka **–work** kolektivní práce čety, věd. týmová práce

tear¹* [ˈteə] v **1** roz-, trhat (se), rvát (se) **2** trhat, škubat **3** hnát se, pádit ♦ ~ one's hair přen. rvát si vlasy; ~ to pieces roztrhat na kusy ~ **asunder** roztrhat ~ **down** strhnout, zbourat ~ **up** roztrhat, vytrhat, vyrvat ● s trhlina, díra; úprk, kvalt ♦ at full ~ plnou rychlostí; fair wear and ~ přiměřené opotřebování

tear² [ˈtiə] slza ♦ burst* into -s propuknout v pláč; in -s uplakaný; shed* -s prolévat slzy; **~–gas** slzný plyn; ~ **smoke** slzotvorný plyn **–ful** uslzený, slzavý; smutný, truchlivý

tease [ˈtiːz] v **1** česat vlnu, vochlovat **2** soužit, trápit; škádlit, dobírat si **3** otravovat koho (for kvůli), dráždit, stále dorážet a uvádět v napětí ● s šprýmař, rejpal

tea|sel, –zel, –zle [ˈtiːzl] v česat sukno ● s soukenická štětka; česačka

teaser [ˈtiːzə] **1** reklamní ukázka filmu **2** div. sufita **3** striptérka

teat [ˈtiːt] **1** prs(ní bradavka) **2** vemeno **3** dudlík

technetronic [ˌteknəˈtronik] technicko-počítačový

techn|ical [ˈteknikl] technický, odborný **–icalities** [ˌtekniˈkælitiz] pl = **–ics 1 –ician** [tekˈnišən] technik **–ics 1** technické podrobnosti a termíny **2** technologie **–ique** [tekˈniːk] technika umělecké práce n. výroby způsob n. postup práce; zručnost **–ological** [ˌteknəˈlodžikl] technologický **–ologist** [tekˈnolədžist] technolog, provozní technik **–ol-**

ogy [tekˈnolədži] technika, technologie

technicolor [ˈtekniˌkalə] barevná fotografie filmová

tectonic [tekˈtonik] stavební, tektonický

ted [ˈted] (-dd-) obracet seno

Teddy bear [ˈtedibeə] medvídek hračka, brit. ~ boy chuligán

ted|ious [ˈtiːdiəs] nudný, fádní; obtížný, únavný **–ium** [ˈtiːdiəm] nuda

tee [ˈtiː] **1** písmeno t; předmět tvaru T **2** podložka v golfu **3** sport. cíl **4** elektr. odbočná spojka

teem [ˈtiːm] hemžit se (with čím), oplývat; vylévat např. kov, formu

teen [ˈtiːn] zkr. = teen-age, teenager **–age** [ˈtiːneidž] týkající se mládeže od 13 do 19 let **~-ager** chlapec / děvče od 13 do 19 let, pl dospívající mládež pl **–s** léta mezi 13. a 19. rokem ♦ she is in her ~ není jí ještě dvacet

teeny [ˈtiːni] v. tiny

teeter [ˈtiːtə] v **1** za|vrávorat, za-, roz|kymácet (se), balancovat **2** houpat se na prkně podepřeném uprostřed; kolísat ● s **1** houpačka uprostřed podepřené prkno; houpání **2** za|vrávorání, za|kymácení, balancování **~-totter** [ˈ-ˌtatə] s houpačka uprostřed podepřené prkno

teeth [ˈtiːθ] pl od tooth **–e** [ˈtiːð] dostat zuby

teetotal [teːˈtəutl] **1** abstinentní **2** hovor. naprostý, úplný **–ler** abstinent

telecast [ˈtelikaːst] televizní vysílání

telecommunication [ˌtelikəˈmjuːniˌkeišən] telekomunikace dálkový styk

telecontrol [ˈtelikənˌtrəul] dálkové řízení

telefilm [ˈtelifilm] film vysílaný televizí, televizní film

telegram [ˈteligræm] telegram

telegraph [ˈteligraːf] s telegraf ● v telegrafovat ♦ ~ pole telegrafní

tyč **–ic** [ˌteliˈgræfik] telegrafický **–ist** [tiˈlegrəfist] telegrafista **–y** [tiˈlegrafi] telegrafie
telemetry [tiˈlemitri] dálkové měření, telemetrie
teleology [ˌteliˈolədži] teleologie
telepathy [tiˈlepəθi] telepatie
telephon|e [ˈtelifəun] s telefon ● v telefonovat ◆ ~ *exchange* telefonní ústředna; ~ *receiver* telefonní sluchátko; ~ *set* telefonní přístroj **–ic** [ˌteliˈfonik] telefonický **–ist** [tiˈlefənist] telefonist(k)a **–y** [tiˈlefəni] telefonie
teleprint [ˈteliprint] sdělit dálnopisem **–er** [ˈteliˌprintə] dálnopisný přístroj, dálnopis
telerecording [ˈteliriˌkoːdiŋ] televizní záznam
telescop|e [ˈteliskəup] s dalekohled ● v zasunout (se) do sebe **–ic** [ˌtelisˈkopik] **1** dalekohledný, teleskopický **2** zasouvací
telescreen [ˈteliskriːn] televizní obrazovka
teletype [ˈtelitaip] dálnopis, teletyp
teletype|setter [ˌteliˈtaipˌsetə] polygr. dálkový sázecí stroj **–writer** am. dálnopis, teletyp
teleview [ˈtelivjuː] sledovat, dívat se na televizi, vidět v televizi **–er** [-ə] televizní divák
televis|e [ˈtelivaiz] vysílat televizí **–ion** [ˈteliˌvižn] televize **–or** [ˈtelivaizə] televizor
telex [ˈteleks] dálnopis
tell* [ˈtel] **1** říci, povědět komu (*of*, *about* o) **2** vypravovat (*of*, *about* o) **3** poznat, zjistit; spočítat hlasy; rozeznat (*A from B*) **4** hovor. píchnout to (*on* na) **5** za-, působit (*on* na), projevit se ◆ *I cannot* ~ nevím; ~ *fortune* věštit; ~ *lies* lhát; *never* ~ *me* to mi nenamluvíte; *you're -ing me* to vím taky; ~ *tales* (*out of school*) nenechat si to pro sebe; *it -s a table* to už něco říká; ~ *a tale* slang. naříkat, lamentovat ~ **abroad** roznést, prozradit ~ **apart** rozlišit, rozeznat ~

off 1 odpočítat, vyčlenit pro zvláštní úkol (*for*) **2** sjet koho ◆ *get* told off* dostat vynadáno ~ **over** přepočítat **–er 1** vypravěč **2** skrutátor, sčítač hlasů ve sněmovně; pokladník v bance; **–tale** [-teil] **1** klepna, donašeč, udavač, přen. zrádná věc / okolnost **2** ochranné signální zařízení ● *a* žvanivý, zrádný prozrazující něco, signální ◆ ~ *lamp* kontrolní žárovka
telly [ˈteli] hovor. televize
telpher [ˈtelfə] vozík elektrické visuté dráhy
temerity [tiˈmerəti] odvážnost, neohroženost, troufalost, drzost
temper [ˈtempə] v **1** mírnit, zjemňovat, modifikovat **2** připravit mísením a hnětením, při-, u|způsobit (*to* k) **3** popouštět ocel **4** hud. temperovat **5** sladit (*to* s), naladit podle ● *s* **1** temperament, povaha; nálada **2** zlost, vztek **3** patřičná směs **4** konzistence, tvrdost a pružnost ◆ *good* (*bad*) ~ dobrá (špatná) nálada; *quick* ~ prchlivost; *out of* ~ rozzlobený; *keep* one's* ~ mírnit se; *lose* one's* ~ ztratit trpělivost; ~ *hardening* tech. umělé stárnutí **–ament** [ˈtempərəmənt] povaha, letora, temperament **–ance** [ˈtempərəns] střídmost, umírněnost; abstinence **–ate** [ˈtempərət] střídmý, mírný, klidný **–ature** [ˈtemprəčə] teplota (*run* a* ~ dostat teplotu) ◆ ~ *drop* pokles teploty
tempest [ˈtempist] **1** vichřice, bouře **2** vřava, zmatek **3** večírek **–uous** [temˈpestjuəs] bouřlivý, rozbouřený
template [ˈtemplit] s **1** šablona, vzornice **2** biol. chemický vzor
temple¹ [ˈtempl] spánek, skráň
temple² [ˈtempl] chrám
temporal¹ [ˈtempərəl] spánkový
temporal² [ˈtempərəl] **1** časový, dočasný; vezdejší **2** světský (*lords* ~ světští členové sněmovny lordů) **–ity** [ˌtempəˈræləti] obyč.

pl církevní statky

temporary [ˈtempərəri] *a* dočasný, prozatímní, přechodný, provizorní ● *s* přechodně přijatý zaměstnanec

temporization [ˌtempəraiˈzeišən] vyčkávání, získávání času, odklady **–ize** [ˈtempəraiz] **1** získávat čas, odkládat **2** jednat oportunisticky, přizpůsobit se

tempt [ˈtempt] **1** pokoušet **2** popouzet, pohánět (*to, for* k) **3** svádět ke zlému, lákat **–ation** [temˈteišən] pok(o)ušení, lákání **–er** pokušitel, svůdce **–ing** *a* svůdný, vábný, lákavý ● *s* návnada, vábení, pokušení **–ress** svůdkyně

ten [ˈten] *num* deset ● *s* desítka ♦ ~ *times* desetkrát

tenable [ˈtenəbl] udržitelný, obhajitelný

tenacious [tiˈneišəs] **1** pevně lnoucí, nerozlučný, soudržný **2** tuhý, houževnatý **3** nepovolný, lpějící (*of* na), urputný, zavilý ♦ *a* ~ *memory* dobrá paměť **–ity** [tiˈnæsəti] **1** pevnost, soudržnost, přilnavost **2** houževnatost

tenancy [ˈtenənsi] nájem, držba, nájemní lhůta **–ant** [ˈtenənt] nájemník, nájemce

tench [ˈtenš] *zool.* lín

tend [ˈtend] **1** mít sklon, směřovat, cílit **2** hlídat; dávat pozor na, dohlížet na, pečovat o, hledět si čeho **3** mít za následek, vést (*to* k) **4** *mat.* konvergovat **5** obsluhovat stroj **6** sloužit **7** doprovázet jako sluha **–ency** [ˈtendənsi] **1** směr, sklon, tendence **2** snaha **3** záměr **4** tendenčnost **5** *obch.* nálada trhu **–entious** [tenˈdenšəs] tendenční

tender¹ [ˈtendə] **1** jemný, měkký **2** něžný, útlý; křehký **3** choulostivý **4** ožehavý ♦ make* ~ obměkčit **–foot** *am.* nováček **~-hearted** [ˈ-ˌ-] útlocitný **–loin** *am.* **1** jemná svíčková **2** zábavní oblast New vorku a jiných měst

tender² [ˈtendə] *s* **1** nabídka zvl. písemná, oferta **2** *legal* ~ platidlo ● *v* nabízet (*one's services* služby, *resignation* rezignaci) **–ing** *procedure* nabídkové řízení

tender³ [ˈtendə] **1** ošetřovatel(ka), pečovatel(ka) **2** *am.* mechanik **3** ten'dr **4** zásobovací loď n. nádržka

tendon [ˈtendən] šlacha ♦ ~ *of Achilles* Achillova pata

tendril [ˈtendril] úponka

tenement [ˈtenimənt] **1** obytný dům, byt **2** bydliště **3** najatý pozemek, nemovitost **4** nájem, držba **~-house*** bídný činžák

tenet [ˈtenet] zásada, princip, doktrína

tenfold [ˈtenfəuld] desateronásobný, -ě **–ner** [ˈtenə] desítka bankovka

tennis [ˈtenis] tenis (*též lawn-*~) **~-ball** tenisový míček **~-court** tenisové hřiště ~ **shoes** *s* tenisky

tenon [ˈtenən] čep

tenor [ˈtenə] **1** běh života, směr, ráz **2** smysl, obsah **3** *hud.* tenor, tenorista **4** *práv.* doslovný opis, kopie **5** doba platnosti směnky

tense¹ [ˈtens] napjatý, natažený

tense² [ˈtens] *jaz.* čas

tensile [ˈtensail] **1** natažitelný **2** tažný (*force* síla) ♦ ~ *strength* pevnost v tahu

tensiometer [ˌtensiˈomitə] *fyz.* **1** tahoměr **2** tenziometr

tension [ˈtenšn] *s* napětí; napínání ● *v* napnout **–or** [ˈtensə] napínač svalů

tent [ˈtent] *s* stan ● *v* **1** bydlit ve stanu **2** přikrýt stanem; opatřit přístřeší **3** bydlet **4** *med.* tampon **~-peg** stanový kolík

tentacle [ˈtentəkl] tykadlo

tentative [ˈtentətiv] *a* zkusmý, pokusný; provizorní ● *s* zkusmá teorie

tenter [ˈtentə] **1** *textil.* napínací rám **2** bidlo k sušení **–hook** napínací háček ♦ *be on* -*s* být jako na trní

tenth ['tenθ] *a* desátý ● *s* desetina

tenu|ity [te'nju:əti] **1** tenkost, řídkost **2** prostota, jednoduchost **–ous** ['tenjuəs] tenký, jemný; hubený; řídký; nepodstatný

tenure ['tenjuə] **1** definitiva učitele **2** držení, držba, užívání věci **3** úřední období; zastávání / výkon úřadu ◆ ~ *of office* úřad

tepid ['tepid] vlažný **–ity** [te'pidəti] vlažnost

tercentenary [,tə:sen'ti:nəri] *a* třistaletý ● *s* tříste výročí

term ['tə:m] **1** doba, čas, lhůta **2** běh (např. trimestr, semestr); soudní období **3** termín, název, slovo **4** podmínka **5** pl okolnosti, podmínky, požadavky **6** mat. člen ◆ ~ *of life* doživotí; *in general -s* všeobecně řečeno; *bring* * *to -s* přimět k povolnosti; *come* * *to -s* dohodnout se, povolit, souhlasit; *make* * *-s* dohodnout se; *I am on good -s with him* jsem s ním zadobře; *we are not on speaking -s* nemluvíme spolu; *on usual -s* za obvyklých podmínek; *on -s of intimacy* důvěrně; *upon any -s* stůj co stůj, za každou cenu ● *v* nazvat, pojmenovat

termagant ['tə:məgənt] *a* svárlivý, haštěřivý ● *s* saň, xantipa o ženě

termin|al ['tə:minl] *a* **1** hraniční, mezní, konečný, koncový **2** termínový **3** kvartální, semestrální ● *s* **1** konec, mez **2** svorka elektrického vedení **3** jaz. koncovka **4** konečná stanice autobusu, aerolinií am. žel. **5** pololetní, čtvrtletní n. semestrální zkouška **6** špička hromosvodu **–ate** ['tə:mineit] ukončit (se), omezit, ohraničit; přestat **–ation** [,-'neišən] **1** omezení, mez, ohraničení **2** konec, ukončení **3** jaz. koncovka **4** výsledek, závěr **5** vypršení smlouvy **–ology** [,-'nolədži] terminologie, názvosloví **–us** [-əs], pl *-i* [-ai], *-uses* [-əsiz] **1** brit. konečná stanice dráhy **2** hranice, mez

termite ['tə:mait] zool. všekaz, termit

tern ['tə:n] **1** zool. malý mořský racek **2** trojice, terno

ternary ['tə:nəri] *a* potrojný ● *s* trojice, trojka

terrace ['terəs] *s* **1** terasa; plochá střecha **2** brit. ulice zvl. na svahu **3** stupeň **4** zelený pruh uprostřed vozovky ● *v* terasovitě uspořádat

terracotta [,terə'kotə] terakota

terrain ['terein] terén; sféra

terrapin ['terəpin] *s* zool. severoamerická želva

terrene [te'ri:n] zemský, pozemský

terrestrial [ti'restrial] *a* po-, zemský, po-, zemní ● *s* pozemšťan

terrible ['terəbl] strašný, hrozný, příšerný

terrier[1] ['teriə] zool. teriér

terrier[2] ['teriə] pozemková kniha

terri|fic [tə'rifik] hrozný, strašlivý **–fy** ['terifai] poděsit, postrašit

territor|ial [,teri'to:riəl] *a* územní, teritoriální, místní ◆ ~ *army* domobrana ● *s* domobranec, záložník **–y** ['teritəri] území, oblast, teritorium; výlučné území obchodního zástupce

terror ['terə] **1** hrůza, zděšení **2** postrach (*to* čeho) **3** útisk, teror, hrůzovláda, násilí **4** hovor. uličník **5** hovor. přízrak, utrpení ◆ *reign of* ~ hrůzovláda; *strike* * *into* ~ nahnat komu strach **–ist** [-rist] terorista **–ize** [-raiz] terorizovat **~-stricken**, **~-struck** zděšený

terse ['tə:s] hutný, lapidární, střízlivý sloh

tertiary ['tə:šəri] **1** třetího stupně n. řádu **2** třetihorní

tess|ellated ['tesileitid] mozaikový (*pavement* dláždění) **–era** [te'sərə], pl *-erae* [-əri:] kostka mozaiky

test ['test] *s* pokus, zkouška, test ◆ *acceptance* ~ přijímací zkouška; *blood* ~ krevní zkouška; *check* ~ kontrolní zkouška; *driving* ~ řidičská zkouška; *nuclear weapons* -s pokusy s jadernými zbraněmi; *put* to the* ~ podrobit zkoušce; *stand* the* ~ obstát při zkoušce; *take* the* ~ složit přísahu; ~ **ban** zákaz nukleárních zkoušek ● *v* vy-, zkoušet ~ **glass** zkumavka ~ **-match** ligový zápas ~ **-paper** [ˈtestˌpeipə] chem. reagenční papírek ~ **room** zkušebna, laboratoř ~ **-tube** zkumavka ~ **type** tabulka ke zkoušení ostrosti zraku ~ **word** klíč

testament [ˈtestəmənt] závěť, poslední vůle ♦ *the Old / New T~* Starý / Nový zákon

testat|e [ˈtestit] *a* zanechavší závěť ● *s* zůstavitel závěti **-or** [teˈsteitə] zůstavitel závěti **-rix** [teˈsteitriks], pl -rices [-risi:z], -rixes [-riksiz] zůstavitelka závěti

testicle [ˈtestikl] varle

testi|fication [ˌtestifiˈkeiʃən] osvědčení, důkaz **-fy** [ˈtestifai] 1 potvrdit, dosvědčit (*to* co) 2 svědčit (*against* proti)

testimon|ial [ˌtestiˈməunjəl] 1 potvrzení, osvědčení, posudek, reference 2 zvláštní odměna, děkovný list 3 důkaz, doklad **-y** [ˈtestiməni] 1 svědectví (*to* čeho), výpověď před soudem 2 zákon 3 veřejné vyznání viny 4 desatero ♦ *bear* ~ to* svědčit

testy [ˈtesti] nedůtklivý, popudlivý

tether [ˈteðə] *s* 1 pastevní provaz 2 přen. dosah, moc, síla, možnost ♦ *be at the end of one's ~* být u konce svých sil ● *v* přivázat na provaz

tetra|gon [ˈtetrəgən] čtyřúhelník **-gonal** [teˈtrægənl] čtyřúhelníkový **-bedron** [ˌtetrəˈhedrən] čtyřstěn

tetter [ˈtetə] *s* lišej, ekzém

Teuton [ˈtjuːtn] Teuton, Germán **-ic** [tjuːˈtonik] *a* teutonský, germánský ● *s* germánština

text [ˈtekst] 1 text, pasáž; téma 2 am. ~ **-book** příručka, učebnice **-ual** [ˈjuəl] textový, doslovný

textile [ˈtekstail] *a* textilní ● *s* pl textilní zboží, textilie

texture [ˈteksčə] 1 struktura 2 podstata, jádro 3 povaha látky 4 tkanivo, textura látky 5 fládr, textura dřeva

Thames [ˈtemz] Temže ♦ *he will never set the ~ on fire* nikdy neudělá díru do světa

than [ðæn, ðən, ðn] *conj* než, nežli ♦ ~ *that* než aby

thank [θæŋk] *v* po-, děkovat (*for* za) ♦ ~ *you for nothing* děkuji nechci; *I will* ~ *you to* inf buď tak hodný a... ● *s* pl dík, poděkování ♦ *give* -s* vzdát díky; *return -s* poděkovat **-ful** [ˈθæŋkfəl] vděčný **-less** nevděčný; nezasluhující díky **-sgiving** [ˈθæŋksgiviŋ] díkůvzdání ♦ *T~ Day* am. Den díkůvzdání

that [ðæt] *pron*, pl *those* 1 ten, ta, to 2 tamten, tenhle, onen; ono ♦ ~ *is to say* totiž; ~*'s right* to je správné; *what of ~?* co na tom?; ~ *way* tímto způsobem, tak; tamtudy ● *a* 1 [ðət] který, jenž 2 hovor. [ðæt] takový, tak veliký ● *adv* hovor. tak, takhle ♦ ~ *far* tak daleko; ~ *much* tolik, tou měrou, tak; ~ *long* tak dlouho ● *conj*. [ðæt, ðət] že, aby, když; *in* ~ v tom, že; *so* ~ tak, že

thatch [θæč] *s* došek, došková střecha ● *v* pokrýt došky

thaumaturg|e, **-ist** [ˈθoːmətəːdž, -ist] divotvůrce **-ic** [ˌθoːməˈtəːdžik] divotvorný **-y** divotvorství, kouzlo, magie

thaw [θoː] *v* roz-, tát, rozehřát (se), roz-, tavit (se) ● *s* tání, obleva, rozmrazení

the, před samohl. [ði:], před souhl. [ðə] 1 člen určitý 2 ten, ta, to 3 *adv the... the* čím... tím ♦ ~ *less* tím méně; *(so much)* ~ *worse for you* tím hůře pro tebe

theatr|e [ˈθiətə] 1 divadlo 2 dějiště, jeviště (přen.) 3 velká vysokoškolská posluchárna 4 kino 5 operační sál ♦ ~ *of the absurd* absurdní divadlo **–ical** [θiˈætrikl] *a* divadelní, herecký; efektní, strojený ● *s* pl divadelní umění, kostýmy, dekorace

thee [ˈði:] v. *thou*

theft [θeft] krádež, zlodějství

their [ˈðeə], v absolutním postavení **–s** [ˈðeəz] jejich

the|ism [θiːizəm] teismus **–ist** [θiː-ist] teista

them [ˈðəm]1 jim, je; v. *they* 2 lid. [ðem] = *those*

themselves [ðəmˈselvz] pl (oni) sami; (oni, ony, ona) se, sebe

then [ˈðen] *adv* pak, potom; tenkrát, tehdy, někdy ● *a* tehdejší ◆ *since* ~ od té doby; *till* ~ až do té doby

thence [ˈðens] zast. odtamtud, proto ◆ ~ *it follows* z toho plyne **–forth**, **–forward** od té doby, od té chvíle, (na)dále

theodolite [θiˈodəlait] teodolit

theolog|ian [θiəˈləudžjən] teolog **–y** [θiˈolədži] teologie, bohosloví

theorem [θiərəm] poučka, zásada

theor|etic(al) [θiəˈretik(l)] teoretický **–ist** [θiərist] teoretik **–ize** [θiə-raiz] teoretizovat **–y** [θiəri] teorie; domněnka, myšlenka, nápad

theosophy [θiˈosəfi] teosofie

therapeutic [θerəˈpjuːtik] terapeutický, léčebný pl **–s** terapie

there [ˈðeə] 1 tam, tu 2 v tom ◆ ~ *it is!* hle, tu je to!; ~ *you are* zde to máte; *from* ~ tam odtud; *near* ~ tu nablízku **–abouts** nablízku, tam někde, tak nějak, asi tolik **–after** potom **–at** na tom, při tom, proto **–by** tím, takto **–fore** proto (tedy); pročež **–from** zast. od toho, z toho **–in** zast. v tom **–inafter** dále, níže v textu **–into** zast. do toho, tam **–of** zast. z toho, o tom **–on** zast. na to, na tom **–to**, **–unto** zast. k tomu, mimoto **–under** pod tím **–upon** kniž. následkem toho, nato **–with** zast. s tím, vtom **–withal** zast. mimo to, nadto

therm|al [θəːml] teplý o vřídle; tepelný ◆ ~ *unit* jednotka tepla; ~ *power station* tepelná elektrárna; ~ *springs* horká vřídla **–ocouple** [θəːməuˈkapl] termoelektrický článek **–oelectric** [θəːməuiˈlektrik] termoelektrický **–ometer** [θəˈmomitə] teploměr **–ostat** [θəːməstæt] termostat **–onuclear** [θəːməˈnjuːkliə] termonukleární **–os** [θəːmos] (*flask*) termoska

thesaurus [θiˈsoːrəs] oborově uspořádaný slovník, encyklopedie, tezaurus, pokladnice

these [ˈðiːz] pl, v. *this*

thes|is [θiːsis], pl **-es** [-iːz] teze, tvrzení; disertační n. diplomová n. doktorská práce

thews [θjuːz] pl 1 svaly 2 síla duševní i tělesná

they [ˈðei] oni, ony, ona

thick [θik] *a* 1 tlustý, silný 2 hustý; kalný, neprůhledný 3 dusný, nedýchatelný 4 těžkopádný; hloupý, tupý 5 častý 6 přeplněný (*with* čím), plný čeho, hojný, početný 7 nezřetelný 8 poloslepý, nahluchlý ◆ *be* ~ *of speech* huhňat; *lay* ~ *it on* ~ poklonkovat; *speak* ~ zadrhovat v hovoru; ~ *soup* bílá zeleninová polévka; *a bit* (n. *rather* n. *a little*) ~ přehnaný; *as* ~ *as thieves* hovor. scuchnutý ● *s* 1 houští 2 hovor. blbec 3 hustota, nejhustší místo ◆ *in the* ~ *of* uprostřed boje apod.; *through* ~ *and thin* za všech okolností ● *adv* tlustě, hustě **–en** 1 ztloustnout, zhoustnout 2 zahustit **–et** [θikit] houští, křoví **--head** blbec **–ness** 1 tloušťka, výška 2 hustota, vrstva **–set** 1 hustě posázený 2 podsaditý, robustní **--skinned** *a* s hroší kůží též přen. **--skulled** natvrdlý

thie|f* [θiːf] zloděj(ka) **–ve** [θiːv] krást **–very** [θiːvəri] zlodějství, zloděna, krádež **–vish** zlodějský

thigh [θai] stehno **--bone** stehenní kost

thimble [θimbl] náprstek **–ful** náprstek čeho **–rig** hazardní hra • v (-gg-) podvádět

thin [θin] (-nn-) a 1 tenký 2 hubený; skrovný, nepatrný 3 poloprázdný (theatre -é divadlo) 4 průhledný (excuse -á výmluva) 5 řídký (hair -é vlasy) ♦ through thick and ~ za všech okolností • v 1 řídnout, hubenět, zeslabit; ztenčit; roz-, ředit 2 zjemnit (se) 3 jednotit řepu, sazenice **~-bodied** hubený **–ner** [θinə] ředidlo **~-skinned** [θin'skind] mající tenkou kůži; citlivý

thine [ðain] v. thy

thing [θiŋ] 1 věc, předmět 2 záležitost 3 pl nádobí, nářadí, svršky, osobní věci, záležitost, hovor. všechno ♦ poor ~ ubožák; the very ~ právě to; no such ~ nic takového; a ~ of a man nicotný člověk; little -s maličkosti; I am not feeling at all the ~ není mi dobře; know* a ~ or two mít za ušima, něco znát; make* a good ~ of profitovat z; (that's just) the ~ (to je) to pravé

thingamy, thingummy [θiŋəmi], **thingumbob** [θiŋəmbob] tentononc

think* [θiŋk] 1 myslit (of na), přemýšlet (about, over o), uvažovat (on, upon o) 2 pokládat co za co, považovat 3 pamatovat (of na) 4 domnívat se, předpokládat 5 hodlat, zamýšlet ♦ ~ better of rozmyslet si; I should ~ so to si myslím; ~ light of nedbat o co; ~ likely mít za možné; ~ long toužebně čekat; ~ much starat se, rozmýšlet se; ~ much of vážit si; ~ little n. nothing of nemít vysoké mínění o, nepřikládat váhu čemu; ~ no small beer of o.s. myslit si o sobě bůhvíco; ~ a t. proper pokládat za vhodné, přípustné ~ **out** promyslet ~ **over** přemýšlet **–able** myslitelný **–er** myslitel **–ing** a myslící, přemýš-

livý • s myšlení, uvažování; názor, úsudek ♦ to my ~ podle mého mínění

think-tank [θiŋktæŋk] středisko znalců / odborníků

third [θə:d] a třetí • s třetina **–ly** za třetí

thirst [θə:st] s 1 žízeň 2 přen. velká touha, žádost • v žíznit; prahnout (after, for po) **–y** žíznivý, vyprahlý; toužící

thir|teen [θəti:n] třináct **–teenth** [ˌ-'ti:nθ] třináctý **–tieth** [-tiiθ] třicátý **–ty** třicet

this [ðis] tento, tato, toto (pl these) ♦ ~ and that ten a onen; ~ day dnes; ~ day fortnight ode dneška za 14 dní; ~ once tentokrát; ~ way tudy; long before ~ dávno předtím

thistl|e [θisl] bot. bodlák skot. národní květina **–y** bodlákovitý, zarostlý bodláčím

thither [θiðə] zast. tam ♦ hither and ~ sem a tam

tho' [ðəu] v. though

thong [θoŋ] řemen, žíla biče

thor|ax [θo:ræks] anat. hrudník, torax **–acic** anat. hrudní

thorn [θo:n] trn, osten, trní ♦ be / sit* on ~s být jako na trní; black ~ bot. trnka; white ~ bot. hloh **–y** trnitý, bodlavý

thorough [θarə] a důkladný, naprostý, úplný, dokonalý • adv veskrz **–bred** čistokrevný, ušlechtilý **–fare** [-feə] průchod, průjezd; dopravní tepna **–going** [-'gəuiŋ] nekompromisní, důkladný **~-paced** [-peist] úplně cvičený o koni, naprostý, stoprocentní

those [ðəuz] pl, v. that

thou [ðau] zast. n. bás. ty, tebe

though [ðəu] ač, ačkoli, byť i, přece, přes to, nicméně; ..., ~ sice ♦ as ~ jakoby, kdyby; what ~ ať si, co na tom

thought [θo:t] s 1 myšlenka (of na); úvaha 2 myšlení; přemýšlení, (za)hloubání, uvažování 3 mínění, názor **4** nápad, úmysl **5** starost **6** *a* ~ trochu ♦ *on first -s* na první pohled; *on second* ~ po zralém uvážení; *upon, with a* ~ mžikem; *want of* ~ bezmyšlenkovitost; *give** ~ *to* věnovat péči, pozornost čemu; *have no* ~ nenapadnout; *a penny for your -s* načpak asi myslíš? ● *pt* a *pp* od *think* **-ful 1** přemýšlivý, zamyšlený **2** pozorný, pečlivý **3** starostlivý **-less 1** bezmyšlenkovitý **2** nerozvážlivý **3** bezohledný

thousand [ˈθauzənd] **1** tisíc **2** tisícovka ♦ ~ *times* tisíckrát **-th** [ˈθauzənd] tisící

thraldom [ˈθrɔːldəm] otroctví, poroba

thrall [ˈθrɔːl] *s* poddaný, otrok ● *v* zotročit

thrash, thresh [ˈθræš, ˈθreš] **1** mlátit obilí **2** spráskat, z-, bít ~ *out* vymlátit; ~ *out a question* probrat, prodiskutovat otázku **-er 1** bijec, rváč **2** mlatec, mlátička **-ing 1** mlácení **2** výprask **-ing-floor** mlat **-ing-machine** mlátička

thread [ˈθred] *s* **1** nit, vlákno **2** pramének, paprsek **3** závit šroubu, chod závitu **4** červená nit **5** žití, nit života **6** am. slang. hadry šaty ♦ ~ *gauge* závitový kalibr; ~ *milling* frézování závitů; ~ *milling machine* frézka na závity ● *v* **1** navléknout (nit) **2** provléci se, protáhnout se **3** stroj. řezat závit **-bare** [ˈθredbeə] ošumělý; otřepaný; chudý, ubohý

threat [ˈθret] hrozba (*of war* války), výhrůžka ♦ *there is a* ~ *of rain* hrozí déšť **-en** [ˈθretn] hrozit, vyhrožovat (*with* čím)

three [ˈθriː] tři, trojka **~-decker** loď o třech palubách; přen. trilogie **-dimensional** [ˌθriː-diˈmenšənl] *a* třírozměrný, trojrozměrný, plastický, prostorový, stereoskopický **-fold** [-fəuld] trojnásobný **~-master** [ˈ-ˈ-] trojstěžník **-pence** [ˈθre-

pns] brit. dř. tři pence, třípencová mince (též *threepenny bit*) **~-phase** [ˈθriːfeiz] třífázový **-score** [ˈθriːˈskɔː] šedesát, kopa **~-shift** *operation* třísměnný provoz **~-stage** [ˌ-ˈ-] třístupňový **~-wheeler** [ˌ-ˈ-] tříkolka

thren|etic(al) [θreˈnetik(l)] smuteční, pohřební **-ody** [ˈθrenədi] smuteční / pohřební píseň

thresh [ˈθreš] v. *thrash*

threshold [ˈθrešəuld] práh u vchodu i přenes. ♦ *on / at the* ~ *of a new century* na prahu nového století

threw [ˈθruː] *pt* od *throw*

thrice [ˈθrais] kniž. třikrát

thrift [ˈθrift] **1** šetrnost, hospodárnost **2** úspory **3** lakomství **4** bot. trávnička **-y 1** hospodárný, šetrný (*of*) **2** prosperující

thrill [ˈθril] *v* **1** rozechvět, otřást, vzrušit (se); pohnout **2** chvět se, třást se ● *s* **1** silné pohnutí, vzrušení **2** roze-, chvění, nadšení **3** napínavost, senzace **-er** napínavá četba, hra, detektivka **-ing** napínavý, vzrušující

thrive* [ˈθraiv] **1** dařit se, prospívat, rozkvétat, bujet **2** mít úspěch **-n** [ˈθrivn] *pp* od *thrive*

thro' [ˈθruː] v. *through*

throat [ˈθrəut] jícen, hrdlo ♦ *give* a p. the lie in his* ~ říci komu do očí, že lže; *lie* in one's* ~ lhát jako když tiskne **-y** hrdelní, chraptivý

throb [ˈθrob] *v* (-*bb*-) bít, tlouci o srdci, tepat, bušit; chvět se; stroj pravidelně jít ● *s* tlukot srdce, tep; rozechvění; chod stroje

throes [ˈθrəuz] *pl* **1** bolesti zvl. porodní **2** smrtelný zápas ♦ *in the -s of* v zápalu čeho, zmítaný čím

throne [ˈθrəun] *s* trůn; přen. moc, vláda ♦ *ascend / mount the* ~ nastoupit na trůn ● *v* dosadit na trůn, vládnout

throng [ˈθroŋ] *v* tlačit (se), mačkat se, cpát se ● *s* tlačenice, zástup, dav; spousta

throstle [ˈθrosl] zool. drozd

throttle [θrotl] *s* **1** tech. škrticí klap-
ka **2** regulátor lokomotivy **3** motor.
přívěra karburátoru; přišlápnutí ply-
nu ● *v* dusit, rdousit, škrtit **~-lev-
er** [-ˌ] plynový pedál **~ pedal** ply-
nový pedál **~-valve** [θrotlˌvælv]
škrticí klapka n. ventil
through [θruː] skrz(e), čím; pro,
kvůli, ze; am. časově až do... včetně
♦ *he got ~ his examinations*
prošel při zkouškách; *~ fear* ze
strachu; *it was all ~ you that we
were late* kvůli vám jsme přišli
pozdě; *I am ~* jsem s ním hotov,
am. jsem spojen telefonicky; *~ line*
přímé spojení drahou; *~ train* přímý
vlak **–out** [-ˈ] veskrze, úplně, do-
cela; všude, po celé(m) **–put**
výkonnost, výrobní kapacita;
výpoč. tech. propustnost dat **–way**
dálnice
throve [θrəuv] *pt* od **thrive**
throw¹* [θrəu] *v* **1** házet, hodit,
vrhat, mrštit, am. úmyslně zahodit,
prohrát **2** kroužit na hrnčířském kruhu,
soustruhovat **3** spřádat **4** srazit k
zemi **5** vyhodit ze sedla **6** vrhnout
mláďata **7** promítnout **8** vystřelit
(*into space* do vesmíru) **9** prudce
stočit (*car*) **10** chrlit (*smoke*) ♦ *~
dust in a p's eyes* přen. sypat komu
písek do očí; *~ open* prudce,
dokořán otevřít; *~ a party, a dinner*
hovor. pořádat hostinu; *~ light on
the matter* vysvětlit věc; *~ into
the shade* zastínit **~ about** roz-
hazovat **~ away** zahodit; pro-
marnit **~ back** *to* zvrhnout se po
~ down srazit, odmrštit **~ in**
utrousit poznámku, dodat, připo-
jit, přihodit ♦ *~ in one's lot with*
sdílet osud s **~ off 1** odhodit, od-
ložit; odmrštit, zahnat, zbavit se
2 složit, napsat, improvizovat **~
out 1** vyhodit **2** zamítnout **3**
vyvést z konceptu, vyrušit **4**
předstihnout **5** přistavit křídlo bu-
dovy apod. **6** naznačit veřejně **~-
over 1** nechat na holičkách, dát
košem, opustit, zavrhnout **2**

zrušit **3** odmítnout uznat **~ up 1**
vyhodit do výšky, vytáhnout na-
horu, vysunout **2** vyvrhnout, (vy)-
dávit **3** vzpažit **4** poskytnout **5**
vyčítat (*to* komu) **6** vyčítat (*to* ko-
mu) **7** am. upozornit na chybu **8**
vzdát se úřadu
throw² [θrəu] *s* **1** vrh, hod (*at a
stone's ~* co by kamenem do-
hodil), dohoz **2** hrnčířský kruh **3**
promítací vzdálenost **4** dámský
přehoz, šál **5** lehká přikrývka **6** za-
sunutí spojky **–er** vrhač, soukač;
hrnčíř **~-in** fotbal vhazování
thrown [θrəun] *pp* od **throw**
thru [θruː] am. = **through**
thrum¹ [θram] *s* **1** třáseň **2** vlákno,
cupaná nit, hrubá příze ● *v*
(*-mm-*) ozdobit třásněmi
thrum² [θram] *v* (*-mm-*) brnkat na
housle apod., bubnovat prsty
thrush [θraš] bot. drozd; med. zážer,
afty
thrust* [θrast] *v* **1** vrazit, vstrčit,
vbodnout (*into* do), zapíchnout **2**
vrhnout, mrštit, vyhodit, vypudit
(*from* z) **3** tlačit (se), cpát (se) **4**
učinit výpad (*at* proti), dotírat na
5 prorazit si cestu ♦ *~ one's nose
in* přen. strkat nos do **~ down** sra-
zit **~ forth** vystrčit **~ in** vrazit,
vecpat **~ on** postrčit, drát se **~
out** vystrčit, vyrazit, napřáhnout
ruku; vypláznout jazyk **~ through**
probodnout ● *s* **1** strčení, štulec
2 bodnutí, úder **3** výpad (*at* na),
nápor **4** tech. tlak **5** záběr při plavání
~ stage vysunuté jeviště
thruster [θrastə] **1** kariérista **2** po-
mocná raketa
thud [θad] *s* bouchnutí, žuchnutí ●
v (*-dd-*) bouchnout, žuchnout
thug [θag] lupič, hrdlořez, bandita
thumb [θam] *s* palec ruky ♦ *under
the ~ of* pod vlivem, v područí ko-
ho; *by rule of ~* podle oka; *-s up!*
prima! ● *v* ohmatat, pošpinit, u-
šmudlat; vrazit palec, ukázat pal-
cem **~-latch** západka ovládaná
palcem **~-mark** otisk palce

~-nail a miniaturní • s nehet na palci ♦ ~ *sketch* drobnokresba **~-print** otisk palce **~-stall** ochranný návlek na palec **–tack** am. napínáček

thump [θamp] s 1 herda, úder, rána, štulec, žďuchanec 2 temná rána, temný úder, bouchnutí, žuchnutí; dupot • v 1 bouchat do 2 bouchnout, žuchnout čím 3 srdce bušit, tlouci, poskočit 4 za|dupat **–ing** [θampiŋ] a hovor. 1 obrovský, veliký 2 fantastický, senzační, obrovský, kolosální

thunder [θandə] s hrom; (za)hřmění, dunění • v hřmít, bít o hromu, dunět, přen. hromovat ♦ *steal* a p's ~ vzít komu vítr z plachet **–bolt** blesk; náhlý úder, neočekávané neštěstí, rána, pohroma **–clap** zahřmění; hromová zpráva **–ing** hovor. hromský, senzační **–storm** bouřka, hromobití **–stroke** úder hromu **–struck** zasažený bleskem, ohromený

Thursday [θə:zd(e)i] čtvrtek

thus [ðas] takto, tak; tedy ♦ ~ *far* potud; ~ *much* tolik

thwack [θwæk] = *whack*

thwart [θwo:t] v zkřížit plány, překazit, zmařit • s sedadlo veslaře

thy, thine [ðai, ðain] zast. tvůj, tvá, tvé

thyme [taim] bot. tymián ♦ *wild* ~ bot. mateřídouška

thyroid [θairoid] med. štítný ♦ ~ *gland* štítná žláza

thyself [ðai'self] zast. ty sám; sama sebe, se

tiara [ti'a:rə] tiára

tibia [tibiə] s anat. holeň, holenní kost

tic [tik] med. tik mimovolné škubání svalu

tick¹ [tik] s úvěr, dluh ♦ *buy* on ~ kupovat na úvěr • v dát úvěr

tick² [tik] povlak, cícha **–ing** cíchovina

tick³ [tik] v tikat o hodinkách • s 1 tikot 2 odškrtávací značka

tick⁴ [tik] zool. klíště

ticket [tikit] s 1 lístek, vstupenka, jízdenka 2 los 3 cedulka, oznámení, stvrzenka 4 pokutní lístek 5 štítek, cenovka, formulář 6 brit. navštívenka 7 am. kandidátní listina 8 am. program strany • v opatřit lístkem, etiketou, označit cenovkou, přivěsit lístek, vydávat lístky ♦ *air, passenger* ~ letenka ~ **collector** [tikitkə'lektə] průvodčí, výběrčí lístků ~ **office** [tikit,ofis] výdejna jízdenek, předprodej vstupenek **~-porter** [-,] výběrčí jízdenek

tickl|e [tikl] lechtat, vy-, dráždit obraznost; být lechtivý; pobavit **–er** 1 dráždidlo 2 choulostivý problém **–ish** 1 lechtivý 2 choulostivý

tick-tack [tiktæk] v. *ticktock*

ticktacktoe [tiktæk,tou] piškvorky hra

ticktock [tik,tak] s tikání, tikot hodin

tidal [taidl] přílivový

tibdit [tibdit] v. *titbit*

tide [taid] s 1 příliv a odliv 2 změna, střídání ♦ *high, low* ~ příliv, odliv; ~ *of the movement* rozmach hnutí • v 1 plout po proudu 2 vyplouvat s odlivem, připlouvat s přílivem 3 plynout, proudit 4 překonat (*over* a t. něco)

tidiness [taidinis] úhlednost, spořádanost, čistota

tidings [taidiŋz] pl zpráva, noviny

tidy [taidi] a 1 úhledný, úpravný 2 hovor. dost velký, značný, pořádný • s 1 potah židle 2 skříňka na drobnosti • v pěkně uspořádat, uklidit, upravit (o.s. se)

tie [tai] v (*tying*) 1 vázat (se), svázat, pojit (se), udělat uzel, zavázat (si) 2 nutit, omezovat 3 hrát nerozhodně 4 polit. mít stejný počet hlasů ~ **down** svázat ♦ ~ *o.s. down to a duty* uložit si povinnost ~ **up** svázat dohromady; přivázat psa; pověsit; lemovat; dlouhodobě investovat, uložit peníze; překážet, zadržet; zakotvit • s 1 vázanka, mašle, nákrčník 2 páska, stuha 3 uzel, klička 4 am. šněrovadlo 5 svazek, pouto; závazek 6 hud. vázání not, ligatura 7 vazník stavby, am. pražec 8 sport. nerozhodn|á hra, -ý výsledek 9 polit. stejný počet odevzdaných hlasů ♦ social ~ společenský vztah

tier¹ ['taiə] vazač

tier² ['taiə] řada, pořadí; vrstva; rejstřík

tierce 1 ['tə:s] sled tří karet 2 ['tiəs] sud o obsahu 42 gallonů 3 ['tiəs] tiers v šermu

tiff ['tif] hovor. 1 doušek, hlt 2 mírná hádka, slovní potyčka

tiffany ['tifəni] hedvábný tyl

tiffin ['tifin] lehké jídlo, přesnídávka, oběd

tiger ['taigə] 1 tygr 2 rváč, hulvát –**ish** [-riš] tygří; surový

tight ['tait] a 1 těsný, přiléhavý 2 neprodyšný, pevný 3 nevyvratitelný 4 hovor. ožralý, nadraný ♦ in a ~ place / corner v úzkých • s pl trikot artistů, punčochové kalhoty; televizní záběr zblízka • adv těsně –**en** [-n] utěsnit, přitáhnout, utáhnout si opask –**ener** [-nə] utahovač, utěsňovač, napínací řemen ~–**fisted** skoupý –**rope** ['taitrəup] lano provazochodců

tigress ['taigris] tygřice

tile ['tail] s 1 dlaždice; kachlík 2 taška na střeše 3 tvárnice 4 drenážní trubka • v 1 po-, krýt taškami, dlaždicemi, vykachlíkovat 2 vázat mlčením ~–**klin** cihelna –**r** 1 výrobce tašek, cihlář 2 pokrývač 3 pec na pálení tašek

till¹ ['til] prep (až) do • conj dokud ne; až ♦ not... ~ teprve (až, když); ~ now posud; ~ then (až) do té doby

till² ['til] v obdělávat půdu • s 1 jílovitá půda, jíl 2 zásuvka na peníze v obchodě –**age** ['tilidž] orba, rolnictví –**er** 1 oráč, rolník 2 odnož, výhonek 3 kypřič půdy, kultivátor 4 páka kormidla, řídící páka

tilt¹ ['tilt] v 1 nachýlit (se), převrhnout (se), překotit (se) 2 vrhnout se, vtrhnout (into do) 3 klát kopím, mečem, dotírat (against na) • s 1 nahnutí, nachýlení 2 klání 3 bodnutí, úder, zásah 4 ostrá kritika čeho ♦ at full ~ vší silou –**er** 1 hist. bojovník, rytíř 2 vyklápěč, výklopník

tilt² ['tilt] s plachta • v opatřit plachtou

tilth ['tilθ] 1 orba, rolnictví 2 obdělávaná půda

tilt-yard ['tiltja:d] 1 kolbiště 2 horn. odval

timber ['timbə] 1 stavební dříví 2 trám, kláda, žebro lodi 3 stromy, lesy ~–**headed** ['timbəhedid] slang. hloupý –**ing** [-riŋ] roubení; vyztužení dřevem, výdřeva –**wood** stavební dříví –**work** tesařská práce; dřevěná konstrukce ~–**yard** sklad dříví

timbre ['tæmbə] témbr, zabarvení tónu

timbrel ['timbrəl] tamburína

time ['taim] s 1 čas, (také pl) doba, trvání; lhůta 2 takt 3 vhodná chvíle, příležitost 4 pl časy, chvíle, události 5 éra, epocha ♦ against ~ o závod s časem; any ~ vždy, kdykoli; ~ and again opět a opět; at no ~ nikdy; at one ~ kdysi; at the same ~ zároveň; at a ~ najednou; all that ~ tehdy; at -s občas; beat* ~ udávat takt; before one's ~ předčasně, dříve; behind one's ~ pozdě; ~ bomb časovaná bomba; by the ~ jakmile, až; the first ~ poprvé; for the second ~ po druhé; from ~ to ~ čas od času; from ~ immemorial n. out of mind od nepaměti; have a good ~ užívat, veselit se; high ~ nejvyšší čas; in ~ včas; in due ~ v pravý čas; in no ~ v mžiku; in ~ with v taktu, v souhlasu s; *keep** ~ **1** dodržovat takt, rytmus **2** být dochvilný; *labour* ~ pracovní doba; *more than* ~ nejvyšší čas; *next* ~ příště (až); *on* ~ načas, přesně; *out of* ~ **1** v nesprávný čas, v nevhodnou dobu **2** mimo takt **3** pozdě; *to* ~ v pravý čas; *once upon a* ~ jednou, kdysi; *many a* ~, *many -s* mnohokrát, častokrát; *pass the* ~ *of day with* pozdravit se s; *some* ~ *or other* někdy v budoucnosti; *three -s two make six* třikrát dvě je šest; ~ (*is up*) čas vypršel; *this* ~ tentokrát; *this* ~ *last year* právě před rokem; *yield to the -s* vyhovovat době; *my watch keeps good (bad)* ~ mé hodinky jdou dobře (špatně); *what* ~ *is it? what is the* ~? kolik je hodin? ● *v* **1** na-, časovat **2** změřit čas **3** udávat, dodržovat tempo ~ *off* odložit co na jinou dobu; **~-fuse** [-fu:z] voj. časový zapalovač **~-honoured** [ˈtaimˈonəd] starodávný, starobylý **–keeper** [ˈ-ˌ] časoměřič **~-killing** [ˈ-ˌ] kratochvilný **~-lag** zpožďování **–ly** včasný, příhodný **~-piece** [-pi:s] přenosné hodiny **–r** časoměřič **~-recorder** kontrolní / píchací hodiny **~-server** [ˈ-ˌ] oportunista **~-sharing** současné použití ústředního počítače více uživateli na různých pracovištích **~-switch** [-swič] časový spínač; schodištní vypínač **–table** [ˈ-ˌ] rozvrh hodin, jízdní řád ~ **test** vytrvalostní zkouška **~-trial** časová kontrola **~-work** hodinová práce, akord **~-worn** časem opotřebovaný; starý, pradávný; zastaralý

timid [ˈtimid] bázlivý, plachý **–ity**, **–ness** [ˈtimidəti, -nis] bázlivost, plachost; váhavost, opatrnost

timing [ˈtaimiŋ] **1** měření n. vypočítání času **2** časování **3** načasování, auto seřízení zapalování **4** regulace rychlosti **5** sport. souhra

timorous [ˈtimərəs] bázlivý, bojácný, ustrašený

tin [ˈtin] s **1** cín, bílý plech **2** brit. plechovka, konzerva **3** slang. prachy ● *v* (-*nn*-) **1** po-, cínovat **2** brit. konzervovat **–foil** staniol **~-opener** [ˈtinˈəupənə] brit. otvírač konzerv **~-plate** po-, cínovat galvanicky ~ **solder** cínová pájka ~ **soldier** cínový vojáček **~-smith** klempíř

tincture [ˈtiŋkčə] s **1** tinktura (*of iodine* jodová) **2** výtažek **3** příměs; příchuť **4** zabarvení, nádech ● *v* o-, za|barvit, dát slabý nádech (*with* čeho)

tinder [ˈtində] troud **~-box** troudník, křesadlo

tine [ˈtain] zub, špice, ozubec

ting [ˈtiŋ] *v* zvonit, cinkat ● *s* zvonění, cinkot

tinge [ˈtindž] *v* **1** zabarvit **2** dát nádech ● *s* zabarvení, příměs, nádech

tingle [ˈtiŋgl] **1** zvonit, znít v uších **2** vzrušit, být nervózní **3** chvět se, tetelit se

tinker [ˈtiŋkə] s **1** brit. kotlář, klempíř potulný; dráteník **2** fušer **3** fušovaní **4** pivní politik ● *v* **1** spravovat kotle **2** (~ *up*) záplatovat, drátovat **3** fušovat (*at* co)

tinkle [ˈtiŋkl] *v* za-, cinkat, za-, zvonit; kecat, drbat ● *s* cinkot; kecání, drbání

tinman* [ˈtinmən] klempíř

tinny [ˈtini] **1** cínový **2** přen. plechový zvuk, laciný **3** brit. slang. prachatý

tinpot [ˈtinpot] s **1** cínový korbel **2** nádoba na roztavený cín ● *a* laciný, fórový (též **–ty**)

tinsel [ˈtinsl] s cetka, pozlátko ● *v* (-*ll*-) vyzdobit cetkami

tint [ˈtint] s odstín barvy, zbarvení, nádech; přen. stopa, zdání ● *v* **1** za-, barvit (se) **2** barevně tónovat **3** udělat (si) přeliv

tiny [ˈtaini] malinký, mrňavý, drobounký

tip¹ [ˈtip] *s* **1** špička, hrot šípu; cíp **2** péro, štětka na klobouku **3** vlepená příloha **4** okování hole ♦ *the -s of the fingers* konečky prstů; *I have it on the ~ of my tongue* přen. mám to na jazyku ● *v* (-pp-) opatřit špičkou; opakovat

tip² [ˈtip] *v* (-pp-) **1** nahnout (se), překotit (se), zvrhnout (se) **2** ťuknout, nadzvednout klobouk **3** slang. hodit do sebe; přihrát komu co **4** (~ **out**) vyklopit (se) **5** brit. vysypat odpadky **6** sport. tipovat komu vítěze **7** dát spropitné, tuzér ♦ *~ a p. the wink* slang. dát áčko komu; *~ a p.'s hands* podplatit koho; *~ the scale* převažovat *~* **down** srazit, porazit *~* **off** dát výstrahu *~* **over, up** pře-, klopit ● *s* **1** spropitné, tuzér **2** sport. tip(ování) **3** ťuknutí, postrčení **4** překocení **5** skládka odpadků **6** recept, návod **7** trik, fortel ♦ *at a ~* náraz **~~cart, –ping-cart** výklopný vůz **~~off** pokyn, znamení, upozornění **~~up** sklápěcí, sklopný

tippet [ˈtipit] šála, pelerína

tippl|e [ˈtipl] *v* popíjet, chlastat ● *s* pití, chlast **–er** pijan

tipsy [ˈtipsi] opilý; vrávoravý ♦ *get* ~* nachmelit se

tip|toe [ˈtiptəu] *s* špička prstu nohy; *on ~* na, po špičkách ● *v* (*tiptoeing*) jít po špičkách, stát na špičkách **–top** [ˌtipˈtop] vrchol, nejvyšší bod; hovor. prvotřídní věc **~~up** *seat* sklápěcí sedadlo

tirade [taiˈreid] tiráda ♦ *break* into a ~* spustit tirádu

tire¹ [taiə] **1** unavit (se) **2** nabažit se (*of* čeho) ♦ *be -d of* mít dost (po krk) čeho **–less** neúnavný **–some** [ˈtaiəsəm] **1** únavný **2** nudný **3** protivný

tire² [taiə] *s* **1** obruč kola **2** pneumatika, plášť (*flat ~* splasklá pneumatika) ● *v* nasadit obruč, pneumatiku **~~casing** [-keisiŋ] plášť pneumatiky **~~pump** hustilka **~~tube** duše pneumatiky

tiro*, tyro* [ˈtaiərəu] nováček, začátečník

'tis [ˈtiz] = *it is*

tissue [ˈtišu:] **1** tkanina, tkáň, přen. předivo (*of lies*) **2** hedvábný papír **3** papírový kapesník **4** uhlový papír, karbon

tit¹ [ˈtit] **1**. struk, cecík **2** vulg. bradavka prsu, koza prs

tit² [ˈtit] zool. sýkora

tit³ [ˈtit]: *~ for tat* půjčka za oplátku

titan|ic [taiˈtænik] obrovský, titánský **–ium** [taiˈteinjəm] chem. titan

titbit [ˈtitbit] lahůdka, pa-, mlsek

tithe [ˈtaið] desetina; kousek

titillat|e [ˈtitileit] po-, lechtat, po-, šimrat **–ion** [-leišən] po-, lechtání, vzrušování; dráždidlo

titivate [ˈtitiveit] hovor. upravit (se), vyfintit (se)

titlark [ˈtitla:k] zool. liduška

title [ˈtaitl] *s* **1** název, titul **2** nadpis, záhlaví **3** právní nárok **4** ryzost zlata vyjádřená karáty ● *v* **1** titulovat, nazývat, oslovovat; opatřit titulkem **2** propůjčit titul **~~page** titulní stránka, list **~~role** titulní role

titmouse* [ˈtitmaus] zool. sýkorka

titter [ˈtitə] *v* chichtat se, hihňat se ● *s* chichtot, hihňání

tittle [ˈtitl] tečka nad i, puntík ♦ *to a ~* na puntík; *not a ~* ani za mák **~~tattle** [ˈ-ˌtætl] *s* tlach, žvást; tlachal, žvanil

tittup [ˈtitap] (-pp-) dovádět, poskakovat

titular [ˈtitjulə] titulární, podle jména, nominální

to před samohl. [ˈtu], před souhl. [ˈtə] *prep* **1** k, ke, ku **2** do **3** na **4** až k, až na **5** ve **6** pro **7** vedle **8** podle **9** proti **10** s, se ♦ *the house looks ~ the south* dům je obrácen k jihu; *~ his shame* k jeho hanbě; *he was sentenced ~ death* byl osouzen k smrti; *~ a p.'s face* do očí; *~ the letter* do písmene; *~ the last* do posledka; *~ the end* do konce; *~ your cost* na vaše útraty; *~ my mind* podle mého mínění; ~ *a great degree* velkou měrou; *as ~* pokud se týče; *that is nothing ~ you* do toho ti nic není; *there is nothing ~ him* nic na něm není; *~ come* příští; ~ *hand* v dosahu, přišel o dopisu; ~ *let* k pronajmutí; ~ *my knowledge* pokud vím; ~ *perfection* dokonale; ~ *taste* podle chuti / vkusu; ~ *the point* k věci ● *pred* ['tu:] přivřený; zapřažený; při vědomí; v práci ● *adv* ['tu:] do toho, kupředu ♦ ~ *and fro* sem a tam

toad ['təud] **1** zool. ropucha **2** odporný člověk, bídák ♦ ~ *in a hole* hovězí zapečené v těstě **~-eater** [-ˌiːtə] patolízal **–stool** bot. muchomůrka **–y** s patolízal ● *v* lichotit, pochlebovat

toast ['təust] *s* **1** topinka, -ky **2** přípitek **3** oslavenec **4** předmět obdivu ♦ *drink* a ~* připít na zdraví ● *v* **1** opékat (se), hřát (o. s. se) **2** připíjet komu na zdraví **–er 1** opékač topinek **2** kdo pronáší přípitek **–master** [-ˌ-] ceremoniář při hostině

tobacco [tə'bækəu] tabák **–nist** [tə'bækənist] trafikant **~-pipe** dýmka **~-pouch** váček na tabák

toboggan [tə'bogən] *s* sáňky ● *v* jezdit na sáňkách

tocsin ['toksin] přen. zvonění na poplach

today [tə'dei] *adv* dnes ● *s* dnešek

toddle ['todl] *v* batolit se ● *s* **1** batolení **2** hovor. = **–r** batole

toddy ['todi] **1** palmové víno **2** punč, grog

toe ['təu] *s* **1** prst u nohy **2** pazour, špička kopyta, obuvi, punčochy, nástroje **3** úpatí svahu **4** patka klenby **5** sběh předních kol auta ♦ *from top to ~* od hlavy k patě; *turn up one's -s* slang. natáhnout bačkory, zemřít ● *v (toeing)* **1** opatřit špičkou **2** jít po špičkách **3** vykopnout, dotknout se špičkou nohy **4** přidělat špičky punčoch ♦ ~ *the line*

1 držet linii, podrobit se **2** dotknout se špičkou nohy startovní čáry

toffee ['tofi] brit. karamela

together [tə'geðə] **1** dohromady, společně **2** současně **3** v jednom tahu **4** spolu, zároveň ♦ ~ *with* spolu s, zároveň s, kromě, právě tak jako

toggle ['togl] *s* **1** roub, roubík lana; vazák, zkracovací řetěz s háčkem a kroužkem **2** závlačka, olivka ~ **switch** *s* **1** pákový vypínač elektrického obvodu **2** výpoč. tech. klávesa n. kombinace dvou kláves, která ovládá určitou funkci

toil ['toil] *s* **1** lopota, dřina **2** plahočení ● *v* **1** lopotit se **2** trmácet se, pachtit se **3** plahočit se **–er** dělník, nádeník **–worn** udřený, utahaný

toilet ['toilit] **1** toaleta, ústroj **2** toaletní stolek (též **~-table**) **3** šatna, garderóba **4** am. koupelna **5** klozet **~-paper** toaletní papír **~-set** toaletní souprava, toaletní potřeby

toils ['toilz] pl osidla, tenata

toke ['təuk] am. slang. šlukovat marihuanovou cigaretu

token ['təukn] **1** projev, znamení (*in ~ of*), důkaz, doklad **2** upomínka, památka **3** výměnná známka, žeton **4** kupón, bon, ústřižek ♦ *by (the) ~* na důkaz toho; ~ *money* mince kryté zlatem **–ism** [-izəm] markýrování povinností

told ['təuld] *pt* a *pp* od **tell**

toler|able ['tolərəbl] snesitelný; přípustný; dost slušný **–ance** ['tolərəns] **1** snášenlivost, trpělivost, vytrvalost **2** tech. tolerance, dovolená úchylka **–ant** snášenlivý, trpělivý (*of*) **–ate** snášet, s-, trpět **–ation** [ˌ-'reišən] snášení; snášenlivost, shovívavost, ohleduplnost

toll[1] ['təul] *s* **1** poplatek za místo n. průjezd; mýtné, mostné **2** přen. oběti, ztráty ♦ *road ~* silniční nehody; *take** ~ *of* nechat si část pro sebe; *take* heavy* ~ *of* vyžádat si těžké ztráty / oběti ● *v* platit / vybírat / ukládat clo **~-bar, ~-gate** mýtné; závora; průjezd na dálnici, kde se platí **~-cable** telefonní kabel v okolí města **~-call** telefonický hovor do okolí města **–house*** celnice

toll² ['təul] *v* vyzvánět (*a p., for a p.* komu) ● *s* vyzvánění

tom [tom] **1** *T~* Tomík (~, *Dick and Harry* kdekdo) **2** samec (*-cat* kocour) **3** *long* ~ dlouhé lodní dělo ♦ *Tom Thumb* Paleček; *Peeping Tom* zvědavec

tomahawk ['tomәhoːk] tomahavk

tomato [tә'maːtəu] bot. rajské jablíčko, rajče

tomb ['tuːm] *s* **1** hrob, hrobka **2** náhrobek **3** přen. smrt ● *v* pohřbít (jako) do hrobky

tomboy ['tomboi] uličnice, divoška

tome ['təum] svazek, tlustospis

tomfool ['tomfuːl] šašek, tajtrlík

tommy ['tomi] **1** brit. britský vojín (*Tommy Atkins*) **2** trubkový klíč **3** potraviny místo mzdy **~-gun** am. samopal, automat **–rot** slang. blbina; záložník povolaný do služby **~-shop** kantýna

tomorrow [tә'morәu] *adv* zítra ● *s* zítřek

ton ['tan] tuna (také dutá míra; např. lodi = 100 krychlových stop)

tonal ['təunl] tónový **–ity** [təu'nælәti] tonalita

tone ['təun] *s* **1** tón, zvuk, hlas **2** důraz, přízvuk, intonace **3** tónování **4** med. tonus **5** charakter, postoj, styl **6** odstín ● *v* **1** naladit **2** udat tón **3** tónovat **4** sladit barvy, harmonizovat **5** zbarvit (se) **6** ladit, jít dohromady (*with* s) ~ *down* ztlumit, zmírnit ~ *up* zesílit, zvýšit tón, sílu čeho

tongs ['tonz] pl uchopovací n. tvarovací kleště (též *pair of ~*)

tongue ['tan] **1** jazyk; řeč, mluva **2** jazýček, špice, čep **3** zeměpis.

kosa **4** srdce zvonu, jehlice spony ♦ *dirty* ~ potažený jazyk; *have a ready* ~ být výřečný; *hold* / keep* one's* ~ mlčet; *wag one's* ~ žvanit, kecat; *shoot** ~ *at* vypláznout jazyk na; *mother* ~ mateřský jazyk **~-bone** jazylka **~-tied** [-taid] neschopen slova, nemluvný

tonic ['tonik] ● *a* **1** silový (*accent* přízvuk), napjatý **2** posilující lék, nápoj **3** hud. tonický ● *s* **1** posilující lék, nápoj n. pleťový prostředek **2** přízvučná slabika **3** hud. tónika **4** vlasové tonikum

tonight, to-night [tә'nait] dnes večer

tonnage ['tanidž] **1** tonáž, lodní prostor **2** tonážní poplatky

tonsil ['tonsil] anat. mandle **–litis** [.tonsi'laitis] zánět mandlí

tonsure ['tonšә] tonzura

tontine [ton'tiːn] tontina druh skupinového pojištění

too ['tuː] **1** příliš **2** také, též, ještě, rovněž, nadto, navíc **3** hovor. velice, moc

took ['tuk] *pt* od *take*

tool ['tuːl] *s* **1** nástroj, náčiní **2** pl výstroj, výzbroj **3** obráběcí stroj **4** polygr. razidlo, ražba **5** rydlo ● *v* **1** obrábět **2** ozdobit ručně **3** otesat dlátem kámen **4** slang. jet s koňmi, s vozem ♦ ~ *bag* montážní brašna; *cutting* ~ obráběcí nástroj; ~ *filter* stroj. seřizovač; *machine* ~ obráběcí stroj třískový; **~-post** nožový držák n. suport; ~ *setter* seřizovač

toot ['tuːt] *v* houkat, troubit ● *s* za-, houkání

tooth* ['tuːθ] **1** zub **2** teeth ['tiːθ], pl donucovací prostředek **3** ozub **4** drsnost povrchu papíru ♦ *set of teeth* chrup; ~ *and nail* zuby nehty; *armed to the teeth* ozbrojen po zuby; *cast* it in his teeth* vyčítat mu to; *show* the teeth* cenit zuby; *escape by the skin of one's teeth* uniknout o vlas; *have a* *sweet* ~ být mlsný; *in the teeth of* přes, navzdory komu; *lie in / through one's teeth* v hrdlo lhát; *set* one's teeth on edge* vyvolávat odpor, jít na nervy; *teeth of the wind* řezavý vítr; *third molar* ~ zub moudrosti **–ache** [-eik] bolení zubů **--brush** [-braš] kartáček na zuby **–ful** doušek, lok **--paste** [-peist] zubní pasta **--powder** [-ˌpaudə] zubní prášek **–pick** párátko **–some** chutný; atraktivní, sexy ~ **wheel** [-wi:l] ozubené kolo

tootle [ˈtu:tl] **1** pískat **2** prázdně žvanit

top¹ [ˈtop] *s* **1** vršek; vrchol(ek), hořejšek **2** kryt, svršek obuvi, nať rostliny **3** záhlaví, přen. hlava, vysoce postavený člověk, primus, klasa, kanón, eso ♦ *from* ~ *to toe* od hlavy k patě; ~ *hat* cylindr; *on* ~ n. *on the* ~ *of,* nadto, kromě toho ● *a* **1** atr vrcholný, prima, kvalitní **2** horní, hořejší; nejvyšší ♦ ~ *secret* přísně tajné, státní tajemství i přen. ● *v (-pp-)* **1** završit; vyvrcholit **2** být na špičce, být v čele **3** převyšovat, přečnívat **4** useknout nať n. vršek stromu **5** (~ **off, up)** dovršit, (~ **up)** dolít **6** mít výšku **7** překonat, předčit; přelstít (*upon* koho) **--boots** shrnovací vysoké boty, holínky **–coat 1** svrchník, převlečník **2** vrchní nátěr, krycí barva **–gallant** [ˌtop-ˈgælənt] námoř. plachta nadkošová **--heavy** [-ˌhevi] **1** snadno překotitelný, vratký **2** ekon. přeinvestovaný, překapitalizovaný

top² [ˈtop] vlk dětská hračka; **káča** hračka ♦ *sleep* like a* ~ spát jako dudek

top|e [ˈtəup] *v* chlastat ● *s* doušek **–er** pijan

topic [ˈtopik] předmět hovoru, námět **–al 1** místní **2** aktuální, časový

top|knot [ˈtopnot] **1** kadeř, pačes **2** mašle **3** chocholka **–mast**

[-ma:st] námoř. košová čnělka **–most** nejvyšší **–notch** [-noč] hovor. bezvadný, prima, prvotřídní

topography [təˈpografi] místopis

topper [ˈtopə] **1** co je navrchu, krycí deska apod. **2** hovor. chlapík **3** hovor. cylindr **4** dámské paleto

topple [ˈtopl] **1** kymácet se, naklánět se **2** (~ **down)** skácet (se), svalit (se) **3** (~ **over)** překotit (se)

topsyturvy [ˌtopsiˈtə:vi] vzhůru nohama, páté přes deváté

torch [ˈto:č] **1** pochodeň **2** hořák, pájecí lampa ♦ *electric* ~ kapesní elektrická svítilna, baterka

tore [ˈto:] *pt* od *tear*

torment [ˈto:mən] mučení, trápení, muka ● *v* [to:ˈment] mučit, trápit, soužit

torn [ˈto:n] *pp* od *tear*

tornado [to:ˈneidəu] orkán, vichřice, tornádo

torpedo [to:ˈpi:dəu] *s* **1** torpédo **2** zool. rejnok elektrický **3** am. trhací patrona ♦ ~ *carrying aircraft* torpédové letadlo; ~ *craft* torpédovka ● *v* torpédovat též přen., např. plán

torp|id [ˈto:pid] strnulý, mdlý, chabý, apatický, tupý **–idity** [to:ˈpideti] strnulost, ochablost; tupost, apatie **–or** [ˈto:pə] strnulost, apatie

torque [ˈto:k] **1** fyz. točivý moment **2** kroucený náhrdelník

torrent [ˈtorənt] bystřina, dravý proud, přen. záplava **–ial** [təˈrenšl] proudící, prudký; vášnivý, divoký

torrid [ˈtorid] vyprahlý, suchý (*zone* pásmo); vášnivý

torsion [ˈto:šən] z-, kroucení, torze; krut

torso* [ˈto:səu] torzo

tort [ˈto:t] bezpráví; delikt

tortoise [ˈto:təs] zool. sladkovodní želva **--shell** [ˈto:təsˌšel] želvovina

tortu|osity [ˈto:tjuˈoseti] křivolakost (též přen.), křivost **–ous** [ˈto:tjuəs] **1** klikatý **2** postranní **3** komplikovaný **4** neupřímný, obojaký

tortur|e ['to:čə] s muka, mučení; ú-trpné právo ♦ *put* to the ~* předat útrpnému právu ● *v* mučit, trápit; překroutit, změnit **–ing**, **–ous** [-rəs] mučivý

Tory ['to:ri] **1** hist. tory **2** konzervativec

tosh ['toš] volovina, blbost

toss ['tos] *v* **1** hodit, vrhnout, mrštit **2** zmítat (se), třást (se) **3** přehazovat, obracet seno **4** rozbouřit, znepokojovat **5** pohodit nedbale **6** rozhodnout spor vyhozením mince, losovat **7** *o.s.* házet sebou, převalovat se na loži **8** přetřásat v řeči ♦ *~ one's head* pohodit hlavou; *~ in mind* přemítat; *~ a business* uvážit záležitost, věc *~ off* rychle udělat; hodit do sebe, rázem vypít *~ up* pohodit hlavou; vyhodit minci ● *s* **1** hození, hod; pohození (*of the head* hlavou) **2** házení mince, los(ování) **3** brit. vyhození ze sedla **~-up** hovor. nejistá věc

tot ['tot] *s* **1** mrně, prcek **2** hovor. doušek, panák **3** kousek, ždibec **4** součet ♦ *~ lot* malé hřiště pro děti ● *v ~ up* (*-tt-*) dělat dohromady (*to* kolik), sečíst; zrekapitulovat

total ['təutl] *a* celkový, úhrnný; totální ● *s* celek, úhrn ● *v* (*-ll-*) **1** sečíst **2** dělat dohromady (*up to* kolik) **–itarian** [,təutæli'teəriən] totalitní **–itarianism** [,təutæli'teəriənizəm] totalitářství **–ity** [təu'tæləti] celek, celost, totalita **–izator** ['təutəlaizeitə] totalizátor **–ize** [-aiz] **1** shrnout v celek **2** užít totalizátoru při sázce

tote ['təut] am. hovor. nosit, mít u sebe; přenášet, převážet

totem ['təutəm] totem

totter ['totə] kymácet se, potácet se, motat se; třást se

touch ['tač] *v* **1** dotknout se, dotýkat se (také *at* lodí kde; *on, upon* tématu) **2** dosáhnout až kam **3** ochutnat **4** dojmout, působit na

koho **5** zasáhnout, nakazit **6** slang. pumpnout koho (*for* o co) **7** učinkovat na, pozměnit **8** týkat se **9** rovnat se komu (*for, in* v čem) zbarvit ♦ *~ the glasses* připít si; *~ one's hat* pozdravit; *it -ed me to the heart* to mě dojalo; *he is* (*slightly*) *-ed* je (trochu) ťuknutý; *~ wood* musím to zaklepat *~ down* let. dotknout se země *~ off* **1** načrtnout **2** odpálit nálož *~ up* upravit, retušovat, dát konečnou podobu ● *s* **1** dotek, dotknutí; ohmatání **2** hmat, pocit **3** pokus, zkouška **4** tah ve tváři **5** hra, způsob hry, styl **6** črt perem **7** pokyn **8** barva, nádech, nátěr **9** tah, dotyk štětcem, úhoz na klávesy **10** nedostatek, chyba **11** příchuť **12** styk, spojení **13** špetka ♦ *be in ~ with* stýkat se s; *keep* in ~ with* být ve styku s; *he has a light* (*firm*) *~ on the piano* má lehký (pevný) úhoz; *give* a ~* dotknout se; *put* to the ~* podrobit zkoušce; *stand* to the ~* obstát ve zkoušce; *last ~* poslední úprava výrobku **~-and-go** *a* choulostivý, riskantní ● *s* letmý dotek; riskantní situace **~-body**, **~-corpuscle** ['tač,ko:pasl] hmatové tělísko **~-down** let. přistání **~-hole** zápalný kanálek děla **–ing** dojemný **–last** dětská hra "na dotýkanou" **~-needle** [-,-] zkušební jehla ke zkoušení drahých kovů **–stone** probířský kámen, bazaník **~-wood** troud, choroš; druh hry **–y** nedůtklivý, přecitlivělý

tough ['taf] *a* **1** tuhý, houževnatý, nepoddajný, odolný **2** nesnadný, obtížný **3** tvrdý, přísný, nepříjemný **4** am. rabiátský **–en** ['tafn] ztužit, zpevnit; zahustit

toupee [tu:'pei] *s* částečná paruka, tupé, příčesek

tour ['tuə] *s* **1** cesta, výlet, túra, turné (*of* po) **2** zájezd **3** okružní jízda **4** turnus, směna ♦ *~ de force* husarský kousek ● *v* objíždět po **–ist** [-rist] turista **–ism** [-rizəm] turistika, cestovní ruch

tournament ['tuənəmənt] turnaj, soutěž

tousle ['tauzl] rozcuchat vlasy, udělat nepořádek

tout ['taut] *v* **1** lákat zákazníky **2** vydávat (*a p. / t. as* koho / co za) **3** špehovat ● *s* dryáčník

tow¹ ['təu] koudel

tow² [ˌtəu] *v* vléci, mít ve vleku loď, havarovaný vůz, odtáhnout ● *s* vlečení, vlek, závěs; lyžařský vlek ◆ *take* / have in / on ~* přen. mít, vzít, do vleku; řídit, převzít péči o **–age** ['tauidž] (poplatek za) vlek, vlečení, remorkáž **–away** am. odtažení auta špatně zaparkovaného ~ **boat** vlečný člun, remorkér **~-path, –ing-path** navigace

toward(s) [tə'wo:d(z)] směrem k; vůči, k; pro

towel ['tauəl] *s* ručník, utěrka ◆ *throw* in the ~* hodit ručník do ringu, vzdát se ● *v* (-*ll-*) **1** utírat (se) ručníkem **2** slang. nařezat **~-rack** věšák na ručníky

tower ['tauə] *s* věž ◆ *~ crane* věžový jeřáb; *~ wagon* montážní vůz s lešením ● *v* tyčit se, čnět (*above* nad), vznášet se, vynikat nad **–ing** [-riŋ] vysoko se tyčící, ohromný, bezmezný

town ['taun] město (bez the hlavní město) ◆ *in ~* ve městě; *out of ~* na venkově; *man* about ~* švihák, světák; *paint the ~ red* roztočit to o flámu; *~ clerk* obecní tajemník; *~ council* městská rada; *~ councilor* městský radní; *~ hall* brit. radnice **–sfolk** ['taunzfəuk] měšťané **–ship** městečko, vesnice, dvorec **–sman*** měšťan, spoluobčan **–speople** obyvatelé města

toxic ['toksik] jedovatý, otravný, toxický

toy ['toi] *s* **1** hračka, přen. hříčka **2** koníček, rozmar **3** milenka ● *v* pohrávat si; nimrat se

trac|e¹ ['treis] *s* **1** stopa, známka **2** kresba, skica **3** plán, nákres **4** špetka ● *v* **1** nakreslit, načrtnout **2** kopírovat podložené **3** stopovat, (*~ up*) přijít na stopu, vysledovat **~ back** sledovat zpět **~ out** vytyčit, odb. trasovat **–er 1** sledovač **2** izotopový indikátor **3** kopírovací zařízení **4** technický kreslič **–ery** [-əri] kružba gotického okna **–ing** kolorování, kopie na průsvitný papír, výkres na průsvitném papíře ◆ *~ paper* průsvitný papír na obkreslování, pauzovací papír

trace² ['treis] postraněk; táhlo

track ['træk] *s* **1** stopa, brázda **2** dráha, trať, kolej pár kolejnic, šířka vozidla, rozchod kol **3** vozová cesta, úvoz **4** pás traktoru, tanku **5** sport. závodní dráha **6** kurs, trať ◆ *~ and field* am. lehká atletika; *make* -s* slang. odběhnout, vzít do zaječích; *make* -s for* slang. sledovat, pronásledovat; *turn-out ~* výhybka na silnici, vedlejší cesta; *beaten ~* **1** vyjetá cesta, kolej **2** obvyklý způsob; *in the ~ of* ve stopách koho; *on the ~ of* na stopě čeho; *off the ~* na nepravé stopě n. cestě; *~ record* rekordní listina ● *v* **1** sledovat, stopovat **2** vléci loď na laně taženém po břehu **3** jet ve stejné stopě **4** mít rozchod kol ◆ *~ gauge* ['geidž] rozchod kolejí **~ down** vystopovat a chytit **~ out** vyšlapat, vyjezdit cestu, trasovat

tract¹ ['trækt] **1** oblast, krajina **2** rozsáhlá plocha **3** med. trakt

tract² ['trækt] traktát, pojednání, spis **–ability** [ˌtræktə'biləti] povolnost, poslušnost; tvárnost **–able 1** povolný **2** učenlivý, tvárný **–ion** ['trækšən] **1** vlečení, tažení, tah **2** tažná síla, zápřež **3** pohon, trakce **–or** ['træktə] traktor ◆ *~ driver* traktorista

trade ['treid] *s* **1** obchod **2** živnost, řemeslo, řemeslník **3** obor, branže **4** námořní doprava **5** výměna zboží, obchodní jednání **6** zákazníci **7** zprav. pl pasát ♦ *jack of all - s* všeumělec; *domestic / home ~* vnitřní obchod; *holiday / travel ~* cestovní ruch; *retail ~* obchod v malém; *board of ~* obyč. am. obchodní komora; *~ outlet* odbytiště; *~ union* odborová organizace ● *v* **1** obchodovat (*with* s kým, *in* s čím) **2** vyměňovat zboží (*for* za), kšeftovat (*in* s) **3** zbožím prodávat se **4** těžit (*on* z) **5** zneužívat politickou moc *~ off* **1** dát výměnou **2** střídat (se) *~ mark* obchodní značka, ochranná známka *~ name* zákonem chráněné jméno firmy, výrobku *~~off* **1** porovnání **2** kompromis, dohoda **3** změna, výměna *~r* **1** (koloniální) obchodník **2** obchodní loď *~sman** řemeslník, (malo)obchodník

tradition [trə'dišən] tradice *~al* [trə'dišənl] tradiční

traduce [trə'dju:s] pomlouvat, zesměšňovat

traffic ['træfik] *s* **1** obyč. podloudný obchod, obchodování (*in* s čím) **2** doprava, ruch **3** provoz, styky **4** čachrování (*in* s) **5** výměna (*in* čeho) **6** vysílání **7** signál, sdělení ● *v* (*-icked, -icking*) **1** obchodovat podloudně, kšeftovat (*in* s čím) **2** směňovat (*for* za) **3** chodit, jet, cestovat **4** jednat, dohadovat se **5** handrkovat se **6** specializovat se (*in* na)

tragedian [trə'dži:djən] tragéd, autor tragédií

trag|edy ['trædžidi] tragédie *~ic, ~ical* ['trædžikl] tragický *~icomedy* [,trædži'komidi] tragikomedie

trail ['treil] *v* **1** vléci (se), táhnout (se) **2** vláčet (se) **3** plazit se o rostlině **4** vyšlapávat **5** nanosit (*dirt in the house* bláto do domu) **6** vinout se **7** klestit cestu **8** zapřáhnout do vleku ● *s* **1** vlečka **2** ocas, ohon **3** stezka, pěšina **4** stopa **5** plazivá rostlina ♦ *~ car*

přívěsný vůz, trajler *~er* **1** přívěsný vozík; vlek, vlečňák, trajler (*~ bike* lehký terénní motocykl) **2** plazivá rostlina **3** ukázka nového filmu

train ['trein] *v* **1** pěstovat, cvičit (se), trénovat (*for* na), vychovávat **2** vyvazovat rostlinu **3** zamířit dělo (*on, upon* na) **4** jet vlakem **5** táhnout se, courat **6** protahovat časově *~ off* střela zbloudit ● *s* **1** vlak **2** družina, průvod **3** vlečka, ohon **4** sled událostí **5** sled, pochod, průběh **6** zápalná čára vedoucí k náloži střel. prachu **7** tech. válcovací trať ♦ *~ of thought* myšlenkový pochod; *in the ~ of* v patách čemu; *go* by ~* jet vlakem; *put* in ~* uvést v chod *~ee* [trei'ni:] **1** cvičenec **2** učeň, frekventant **3** am. rekrut *~er* cvičitel, trenér *~~oil* velrybí tuk

training ['treiniŋ] trénink, výcvik, výchova *~~college* učitelský ústav *~~ground* cvičiště *~~ship* cvičná loď

traipse [treips] *s* flákání, plouhání ● *v* fliňkat se, plouhat se

trait ['treit] charakteristický rys, zvláštnost

trait|or ['treitə] zrádce *~orous* [-rəs] zrádný *~ress* [-ris] zrádkyně

trajectory ['trædžiktəri] dráha střely, komety, trajektorie

tram ['træm] *s* **1** tramvaj, pouliční dráha **2** (*~~car*) tramvaj vůz **3** důlní vůz **4** kolejnice ● *v* (*-mm-*) jet tramvají *~~line, ~~way* brit. trať pouliční dráhy

trammel ['træml *s* **1** síť **2** spinka na nohy koně **3** hák nad ohništěm **4** elipsograf, křivítko **5** pl zátěž, pouta **6** tyčové kružítko ● *v* (*-ll-*) **1** (*~ up*) brzdit, překážet, bránit **2** chytat do sítě, (s)poutat

tramp ['træmp] *v* **1** kráčet těžce, dupat, šlapat, jít pěšky **2** plahočit se, potulovat se **3** am. trempovat ● *s* **1** těžký krok, dupot **2** dlouhá chůze, plahočení **3** poutník, tulák, pobuda, tramp **4** slang. běhna, děvka **5** nákladní parník *nevázaný na určitou trať*

trample ['træmpl] *v* **1** dupat, šlapat po (*underfoot* po-, u|šlapat) **2** pošlapat ● *s* dupot, dusot

tramway (line) v. *tram-line*

trance ['tra:ns] **1** vytržení, extáze, trans **2** med. strnutí ♦ *be in a ~* být u vytržení

tranquil ['træŋkwil] klidný, pokojný **–lity** [,træŋ'kwiləti] klid, pokoj **–lize** [-aiz] uklidnit, utišit

transact [træn'zækt] jednat, provádět, vyřizovat; obchodovat (~ *business*) **–ion** [-šən] **1** vyřizování, provádění **2** obchod, transakce **3** pl zpráva *tištěná*, pojednání; zápisy *společnosti*, protokol **4** práv. smír, dohoda

transalpine [,trænz'ælpain] zaalpský

transatlantic [,trænzət'læntik] zaoceánský, transatlantický

transceiver [træn'si:və] am. kombinace vysílacího a přijímacího rozhlasového přístroje

transcend [træn'send] **1** přesahovat, předčit **2** překročit, přestoupit **3** předstihnout **–ence, –ency** [-əns(i)] překročení, přesahování; vyniknutí; transcendentno **–ent** převyšující, mimořádný, transcendentní **–ental** [,trænsən'dentl] *a* transcendentní, abstraktní, nadpřirozený; temný, zmatený ● *s* transcendentalista

tran|scribe [træn'skraib] **1** přepsat, opsat **2** napsat, zaznamenat **3** přeložit **4** přenášet *záznam* **5** nahrát *na pásek* **6** udělat *hudební* transkripci **–script** ['trænskript] opis, kopie **–scription** [-kripšən] **1** opis, přepis **2** vysílání ze záznamu **3** jaz. přepis *výslovnosti*

transduce [trænz'dju:s] přeměnit, převést

transearth [trænz'ə:θ] kosm. směřující k Zemi

transept ['trænsept] příčná *chrámová*

loď

transfer [træns'fə:] (*-rr-*) **1** přenést, přemístit (se), přeložit **2** přepsat jinam, obtisknout **3** práv. postoupit **4** poukázat *peníze* **5** přesídlit **6** změnit **7** am. přesednout (*to* do) ● *s* ['trænsfə] **1** přemístění, odevzdání, přenos, převod **2** odsun, přeložení **3** opsání **4** doprava **5** obtisk **6** ekon. poukázání, převod, transfer **7** přestupní lístek ♦ *~ ink* litografická tuš, čerň; *~ paper* litografický papír; *~ relay* přepínací relé **–able** [træns'fərəbl] přenosný, nahraditelný **–ence** ['trænsfərəns] **1** přenos, přemístění **2** práv. postoupení, cese

transfiguration [,trænsfigju'reišən] proměna, přeměna **–figure** [træns'figə] proměnit, přetvořit

transfix [træns'fiks] **1** probodnout, provrtat **2** ochromit **3** přen. proměnit (*to, into* v)

transform [træns'fo:m] přetvořit, přeměnit (se) **–ation** [,trænsfə'meišən] přetvoření, proměna **–er** [træns'fo:mə] transformátor

transfus|e [træns'fju:z] **1** přelít, přenést **2** med. provést transfúzi *krve* **3** přen. nalít do hlavy **–ion** [-'fju:žn] **1** přelití **2** med. transfuze

transgress [træns'gres] překročit, přestoupit (*zákon*); zhřešit **–ion** [-'grešən] přestoupení, přestupek, hřích **–or** [-'gresə] přestupník, hříšník

transient ['trænziənt] přechodný, pomíjející

transistor (*radio* or *set*) [træn'zistə] tranzistor(ový přijímač)

transit ['trænzit] průchod, průjezd, přechod, tranzit ♦ *~ duty* průvozní clo **–ion** [træn'zišən] přechod ♦ *~ period* přechodné období; *~ stage* přechodný stupeň **–ional** [-'sižnl] přechodný **–ive** [trænsitiv] jaz. přechodný **–ory** [-əri] pomíjející, přechodný, dočasný

translat|e [træns'leit] **1** přeložit (*in-*

to do) **2** přenést, přesadit **3** vyložit, vysvětlit; kódovat **–ion** [-leišən] **1** překlad, přeložení **2** přenesení, přesazení, přenos, translace **3** kódování **–or** [trænsǀleitə] překladatel

transliterate [trænzǀlitəreit] přepsat

transloading [trænzǀləudiŋ] překládání zboží

translocation [ˌtrænzləuǀkeišən] přemístění, změna místa

translucǀence [trænzǀlu:səns] průsvitnost **–ent** průsvitný, průhledný; prosvěcující

transmarine [ˌtrænzməǀri:n] zámořský

transmigration [ˌtrænzmaiǀgreišən] přestěhování ♦ ~ *of souls* stěhování duší

transǀmission [trænzǀmišən] **1** přenášení, přenos, rozhlasové vysílání **2** sdělování, podání **3** převod, transmise **4** med. infekce ♦ ~ *housing* převodová skříň **–mit** [trænzǀmit] *v* (-*tt*-) **1** odeslat, doručit, předat **2** propouštět (*heat* teplo, *light* světlo) **3** vysílat rozhlasem **4** přenést chorobu **–mitter** [trænzǀmitə] **1** vysílač **2** přenašeč

transmogrify [trænzǀmogrifai] proměnit (jako) kouzelným proutkem

transmutǀation [ˌtrænzmju:ǀteišən] proměna, přeměna **–e** [-ǀmju:t] přeměnit, přetvořit

transoceanic [trænzˌəušiǀənik] zaoceánský, zámořský

transom [ˈtrænsəm] příčný trám, traverza, příčka, nosník

transparǀence, –ency[1] [trænsǀpeərəns(i)] průsvitnost **–ency**[2] transparent; diapozitiv; polygr. průsvitná předloha; film. zadní projekce **–ent 1** průhledný, průsvitný **2** otevřený, upřímný

transpirǀation [ˌtrænspiǀreišən] vypařování **–e** [trænsǀpaiə] **1** vypařovat (se), potit se **2** vyjít najevo, rozšířit se **3** vulg. stát se

transplant [trænsǀpla:nt] přesadit, přenést, přestěhovat **–ation** [ˌtrænspla:nǀteišən] přesazení, transplantace

transport [trænsǀpo:t] *v* **1** přepravit, dopravit **2** uchvátit, okouzlit ● *s* [ˈtrænspo:t] **1** doprava, převoz, transport **2** dopravní loď **3** výbuch hněvu, vytržení **–ation** [ˌtrænspo:ǀteišən] doprava; am. jízdné, jízdenka **–er 1** přepravce **2** dopravní letoun **3** těžké nákladní auto

transposǀe [trænsǀpəuz] **1** přemístit, přesadit **2** hud. transponovat **–ition** [ˌtrænspəǀzišən] přemístění, přesunutí, přestavení; transpozice

trans-ship [trænsǀšip] (-*pp*-) přeložit z lodi na loď, am. i jinak **–ment** překlad z lodi na loď

transubstantiatǀe [ˌtrænsabǀstænšieit] nábož. přepodstatnit (se) **–ion** [ˈtrænsabˌstænšiǀeišən] nábož. transubstanciace, přepodstatnění

transversal [trænzǀvə:sl] *a* příčný, kosý ● *s* geom. příčka

trap [ˈtræp] *s* **1** past; léčka **2** poklop, padací dveře **3** sifon v potrubí **4** bryčka **5** pl hovor. hadry, kvádro; zavazadla, svršky ♦ *lay*[*] *a* ~ *for* nalíčit na ● *v* (-*pp*-) **1** chytit do pasti; líčit na zvěř, nalákat **2** opatřit pastí, poklopem, sifonem **3** pevně chytit, uvěznit **~-door** [ˈtræpdo:] **1** padací dveře, propadliště **2** poklop

trapes v. *traipse*

trapezǀe [trəˈpi:z] visutá hrazda **–ium** [-jəm] **1** lichoběžník **2** am. různoběžník **–oid** [ˈtræpizoid] **1** různoběžník **2** am. lichoběžník

trapper [ˈtræpə] traper, lovec kožešinové zvěře

trappings [ˈtræpiŋz] pl **1** čabraka **2** ozdoby, okrasa

trash [ˈtræš] *s* **1** brak, šmejd; odpadky **2** klestí; dřť **3** nesmysl, kec ● *v* oklestit; am. slang. svévolně zničit **–y** bezcenný

trauma [ˈtro:mə] *s* **1** med. rána, zranění, poranění, úraz **2** psych. duševní otřes, nervový / traumatický šok, trauma **–tize** [l-ˌtaiz] *v* **1** med. poranit organizmus **2** psych. způsobit trauma n. traumatizovat

travail [trəˈveil] *s* kniž. **1** porodní bolesti **2** těžká práce, dřina, robota **3** muka, trýzeň, agonie

travel [ˈtrævl] *v* (-*ll*-) **1** cestovat **2** urazit vzdálenost, procestovat zemi **3** pohybovat se **4** být obchodním cestujícím **5** dopravovat se **6** šířit se **7** přehlédnout, přejít **8** stýkat se; sympatizovat (*with* s) ● *s* **1** cestování, cesta **2** let, plavba **3** pl cesty, cestopis **4** tech. pohyb, chod, dráha ◆ *foreign ~* zahraniční cestovní ruch; *internal / domestic ~* domácí cestovní ruch **–ler** cestovatel, cestující ◆ *tip a p. a ~* někomu věšet bulíky na nos **–ling** *a* cestující ● *s* cestování ◆ *~ crane* pojízdný jeřáb; *~ staircase* pohyblivé schody **–ogue** [ˈtrævəlog] ilustrovaný cestopis, cestopisný film

traverse [ˈtrævəːs] *a* příčný, šikmý ● *s* **1** příčný směr **2** příčka, příčný trám, traverza **3** pohyb napříč n. podél **4** námoř. klikatý směr lodi **5** práv. popření obžaloby **6** překážka **7** vytáčka, výmluva **8** odměr **9** otočení kolem čepu **10** příčel žebříku ● *v* **1** položit, pohybovat se napříč **2** zkřížit, ležet křížem **3** projít n. jet, procestovat, křižovat **4** projednat, prodiskutovat předmět **5** uhýbat **6** překazit, přerušit; odporovat, mít námitky, popírat tvrzení **7** sport. přetraverzovat **8** natočit dělo

travesty [ˈtrævisti] travestie, parodie

trawl [ˈtroːl] *v* lovit ryby vlečnou sítí ● *s* vlečná síť

tray [ˈtrei] podnos, tác; miska

treacher|ous [ˈtræčərəs] zrádný, věrolomný, nespolehlivý **–y** zrada, proradnost; podvod, lest

treacle [ˈtriːkl] brit. **1** sirup **2** melasa

3 přen. nasládlost

tread* [ˈtred] *v* **1** šlapat, kráčet, jít **2** udusat **3** pářit se o ptačím samečku ◆ *~ on the heels of a p.* přen. šlapat komu na paty **~ down** (*under foot*) zašlápnout; u-, se- šlapat, dupat, potlačit **~ in** udupat, udusat **~ out** zašlapat oheň; vymačkávat šlapáním hrozny ● *s* **1** šlápnutí, krok, chůze **2** páření samce ptáků **3** stupeň schodů **4** stezka **5** podešev, podrážka **6** vzdálenost mezi pedály kola **7** běhoun pneumatiky, protektor **8** očko ve vejci **9** příčel žebříku

treadle [ˈtredl] šlapátko, pedál ◆ *~ press* šlapací tiskařský lis

treason [ˈtriːzn] zrada (*to* čeho) *high ~* velezrada **–able** [-əbl] vlastizrádný

treasur|e [ˈtrežə] *s* poklad, bohatství; vzácnost; přen. pokladnice ● *v* chovat jako poklad v paměti, považovat za cenné **–er** [-rə] pokladník **~-trove** [-trəuv] práv. nález v úkrytu, v zemi **–y** [-ri] **1** pokladnice **2** státní finanční správa ◆ *Department of the T~* ministerstvo financí *~ bench* ministerská lavice v britské Dolní sněmovně *~ bill* krátkodobá pokladniční poukázka *~ note* **1** brit. státovka **2** am. pokladniční poukázka

treat [ˈtriːt] *v* **1** jednat, zacházet, nakládat s **2** zpracovat, upravit **3** ošetřovat co, léčit (*a p. for* koho na) **4** častovat, hostit (*a p. to* koho ho čím) **5** podrobit chemickému působení **6** vyjednávat, smlouvat (se) **7** pojednávat (*of* o) **8** projednat, prodiskutovat **9** pokládat (*as* za) **10** pozvat (*to* na pohoštění), pohostit ● *s* požitek, radost, zábava; pohoštění ◆ *stand* a *p.* – platit za koho společnou útratu **–ise** [ˈtriːtiz] pojednání **–ment** **1** zacházení, nakládání s **2** léčba **3** hoštění, častování **4** tech. zpracování, úprava **5** film, televize námět **–y** **1** smlouva

2 ujednání, dohoda ♦ *peace ~* mírová smlouva; *~ of alliance* spojenecká smlouva; *be in ~ with* vyjednávat s

treble ['trebl] *a* **1** trojitý **2** hud. diskantový **3** ostrý, pronikavý ● *s* **1** trojnásobek **2** hud. soprán, diskant ● *v* ztrojnásobit (se)

tree ['tri:] **1** strom **2** kopyto na boty **3** plužní nosník ♦ *family ~* rodokmen; *at the top of the ~* přen. na vrcholu kariéry; *up a ~* v úzkých ● *v* **1** zahnat na strom **2** posázet stromy **3** opatřit nosníkem **4** narazit na kopyto **~-creeper** [-ˌ-] zool. šoupálek **~-frog** zool. rosnička

trefoil ['trefoil] jetel, trojlístek

trek ['trek] *v* (*-kk-*) **1** cestovat na voze taženém voly **2** stěhovat se **3** táhnout vůz ● *s* cestování s volskými potahy, cesta od jedné zastávky k druhé, stěhování

trellis ['trelis] *s* **1** odr, odra na podpírání révy **2** dřevěná, drátěná mříž, mřížka, mřížoví

trembl|e ['trembl] *v* **1** třást se, chvět se (*with anger* hněvem, *at the thought* při pomyšlení) **2** bát se (*for his safety* o jeho bezpečnost) ♦ *his life -s in the balance* jeho život visí na vlásku ● *s* chvění, třesení ♦ *all of a ~* hovor. rozechvěný **-er** elektr. Wagnerovo kladívko, elektrický zvonek

tremendous [tri'mendəs] hrozný, strašný; ohromný

tremor ['tremə] třesení, chvění; strach, vzrušení

tremulous ['tremjuləs] **1** chvějící se, třesavý **2** bázlivý, plachý **3** citlivý (*to* na)

trench ['trenč] *v* **1** vykopat příkop, dělat zákopy **2** žlábkovat dřevo apod. **3** (*~ down, along*) prokopat se **4** obehnat zákopy **5** zasahovat (*in, on, upon* do); hraničit (*upon a t.* s čím) ● *s* příkop, zákop ♦ *~ mortar* voj. minomet

trenchant ['trenčənt] břitký, ostrý,

rázný; kousavý

trencher[1] ['trenčə] zákopník

trencher[2] ['trenčə] okřín, dřevěná mísa n. prkénko na krájení chleba **–man*** jedlík; příživník

trend ['trend] *v* směrovat, mít tendenci, sklon (*towards* k) ● *s* směr vývoje, trend, celková tendence; módní směr; rys; běh, chod **-y** hypermoderní, určující tón, směr

trepan[1] ['tri'pæn] *s* trepan ● *v* (*-nn-*) trepanovat lebku

trepan[2] ['tri'pæn] vábit, svádět (*into* k), z-, lákat, oklamat

trepidation [ˌtrepi'deišən] chvění, znepokojení

trespass ['trespəs] *v* **1** překročit, přestoupit (*against law* zákon) **2** prohřešit se, provinit se (*against* proti) **3** činit si neodůvodněné nároky (*upon, on* na), nadužívat čeho **4** dopustit se přehmatu, pychu ● *s* **1** přestupek, přečin **2** práv. rušení držby **3** rušení domovního klidu **4** zneužití (*on, upon* čeho) **-er** přestupník; rušitel držby; hříšník

tress ['tres] **1** kadeř, cop **2** pl vrkoče **-y** kadeřavý, copatý

trestle ['tresl] podstavec, trnož, kozlík

trevet v. **trivet**

trey ['trei] trojka karta

triad ['traiəd] **1** trojice **2** hud. trojzvuk

trial ['traiəl] **1** pokus, zkouška **2** trápení, mučení **3** soudní přelíčení, stání, výslech ♦ *on ~* **1** na zkoušku **2** ve vazbě; *make* a ~ of* učinit zkoušku s, zkusit; *stand* one's ~* být soudně stíhán; *~ load* tech. zkušební zatížení; *~ order* objednávka na zkoušku

triang|le ['traiæŋgl] **1** trojúhelník **2** hud. triangl ♦ *~ of forces* trojúhelník sil **-ular** [trai'æŋgjulə] trojúhelníkový, trojhranný **-ulation** [traiˌæŋgju'leišən] triangulace

trib|al ['traibl] kmenový **-e** ['traib]

kmen; třída lidí; rod, čeleď **–es-man*** [traibzmən] člen kmene

tribulation [ˌtribjuˈleišən] soužení, trýzeň, strast

tribunal [traiˈbju:nl] soudní dvůr, tribunál

tribune [ˈtribju:n] 1 tribun 2 tribuna ve francouzské sněmovně 3 biskupský stolec

tributary [ˈtribjutəri] a 1 poplatný 2 poddaný 3 přispívající 4 přítokový ● s 1 poplatník, poplatný stát n. vladař 2 poddaný, vazal 3 přítok

tribute [ˈtribju:t] 1 daň, poplatek 2 hold, úcta

tricar [ˈtraika:] motorová tříkolka

trice¹ [trais] okamžik ♦ in a ~ v okamžiku

trice² [trais] námoř. (~ **up**) vytáhnout lanem na břeh a uvázat

triceps [ˈtraiseps] trojhlavý sval, triceps

trick [trik] s 1 úskok, šprým, darebnost 2 podvod, trik 3 zvláštnost 4 zvláštní zvyk, způsob, manýra 5 zdvih, štych v kartách ♦ he has a ~ of má ve zvyku; that will do the ~ to splní účel; play a p. a ~ vyvést komu nějaký kousek ● v klamat, podvádět, ošidit (out of o) ~ **out, up** vystrojit, vyšňořit **–ery** [-əri] podvod, klam, lest **–ish** lstivý, úskočný, uličnický

trickle [ˈtrikl] v crčet, kanout ● s crčení, kanutí; stružka, čůrek **––down** theory ekonomická teorie doporučující státní subvence

trick|ster [ˈtrikstə] podvodník, šibal, šotek **–sy** 1 prohnaný 2 hravý, šprýmovný 3 podivný, zvláštní 4 obtížný, choulostivý

tricky [ˈtriki] 1 lstivý, úskočný, prohnaný, rafinovaný 2 složitý, důmyslný 3 nespolehlivý 4 ožehavý, delikátní

tricolour [ˈtrikələ] trikolóra

tricycle [ˈtraisikl] trojkolka

trident [ˈtraidənt] trojzubec

triennial [traiˈenjəl] a tříletý ● s 1

tříletá rostlina 2 třetí výročí

trier [ˈtraiə] zkoušeč, výzkumník; zkouška; soudce, rozhodčí

trifl|e [ˈtraifl] s 1 maličkost, hloupost; trocha 2 hříčka, žert hud. aj. 3 brit. piškotový moučník zalitý vínem ● adv : a ~ trochu ● v 1 zahrávat si (with s) 2 lehkovážně se chovat 3 žertovat, špásovat ~ **away** promarnit čas, peníze **–ing** nepatrný, bezvýznamný, nicotný

trig [trig] v (-gg-) brit. podepřít klínem ~ **up** 1 zaklínit 2 (~ **up, out**) vyfintit ● s překážka, zarážka, klínová podložka, klín ● a (-gg-) elegantní, upravený **–ger** spoušť, kohoutek pušky apod.

trigonometr|ical [ˌtraigənəˈmetrikl] trigonometricky **–y** [ˌtrigəˈnomitri] trigonometrie

trijet [ˈtraidžet] letadlo s třemi tryskovými motory

trilateral [traiˈlætərəl] trojstranný, trojboký

trill [tril] s trylek ● v trylkovat

trillion [ˈtriljən] brit. trilion, am. bilion

trilogy [ˈtrilədži] trilogie

trim [trim] a (-mm-) upravený, dobře seřízený; spořádaný, elegantní ● v (-mm-) 1 upravit, ozdobit, obroubit 2 dát do pořádku, přichystat loď k plavbě 3 hovor. vyčinit, "vypucovat" koho 4 obrat, okrást 5 o-, za|střihnout 6 otesat, ohoblovat 7 zkrátit, zredukovat 8 podélně vyvážit loď / letadlo 9 přen. být neutrální, oportunní ~ **up** vystrojit (o.s. se) ● s 1 úprava, ozdoba 2 výstroj, výzbroj 3 pohotovost, dobrý stav 4 rovnováha, (podélné) vyvážení letadla ♦ in good ~ v dobrém stavu **–mer** [ˈtrimə] 1 začišťovač, zauhlovač 2 nakladač 3 řezačka na papír 4 ostřihovač, ořezávač 5 střihač(ka) 6 aranžér 7 zahradnické nůžky **–ming** 1 ozdoba šatů 2 krajkový lem, obruba 3 pl odřezky 4 pl příloha jídla, obloha

trinitrotoluene [traiˌnaitrəuˈtoljuin]

trinitrotoluen
trinity ['triniti] trojice
trinket ['triŋkit] ozdůbka, cetka, tretka
trio ['triəu] trio
triode ['traiəud] rad. trioda
trip ['trip] v (-pp-) **1** cupitat, poskakovat; jít tanečním krokem **2** udělat chybu, klopýtnout **3** převrhnout (se) **4** převrátit ráhno; dostat se pod vodu; vytrhnout kotvu ~ **up 1** podrazit komu nohy **2** přistihnout při chybě ● s **1** výlet, cesta, vyjížďka **2** klopýtnutí, zakopnutí, chybný krok **3** podtržení **4** cupot; taneční krok
tripartite [trai'pa:tait] trojdílný, trojstranný
tripe ['traip] **1** droby, drštky, vulg. pl střeva, břicho **2** slang. šmejd, šunt, bezcenná věc
triplane ['traiplein] trojplošník
tripl|e ['tripl] a trojitý, trojnásobný ◆ ~ *jump* sport. trojskok ● v ztrojnásobit **-et** ['triplit] **1** trojice, trojče **2** hud. triola **3** tříčočkový objektiv **-icate** ['triplikət] trojitý, trojnásobný, trojdílný ◆ *in* ~ v trojím vyhotovení ● v ['triplikeit] ztrojnásobit **-icity** [tri'plisəti] ztrojnásobenost; trojice, trio
tripod ['traipod] třínožka, stativ
tripper ['tripə] brit. **1** hovor. výletník, turista **2** tanečník **3** tech. přepínač, vypínač
trisect [trai'sekt] rozdělit na tři stejné části **-ion** [-'sekšən] rozdělení na tři stejné části; trisekce úhlu
trite ['trait] otřepaný, všední
triturate ['tritjureit] rozetřít na prášek, rozmělnit, rozžvýkat
triumph ['traiəmf] s **1** vítězosláva, triumf **2** velká radost, nadšení ● v **1** triumfovat **2** zvítězit (*over* nad) **3** jásat, plesat **-al** [trai'əmfl] vítězný, vítězoslavný, triumfální
trivet ['trivit] trojnožka ◆ *right as a* ~ zcela v pořádku, zdravý jako řípa
trivial ['triviəl] **1** triviální, všední,

obyčejný **2** nepatrný, bezvýznamný **-ity** [,trivi'æləti] **1** triviálnost, banálnost **2** všední záležitost, drobnost **3** nepodstatná poznámka
trochee ['trəuki] trochej
trod ['trod] pl od *tread* **-den** ['trodn] pp od *tread*
troll ['trəul] v **1** prozpěvovat si **2** lovit ryby vlečením návnady **3** dát kolovat láhev **4** válet (se) ● s **1** válení **2** třpytka **3** hud. kánon **4** lehká žena
trolley ['troli] **1** brit. drezína; postrkovaný vozík; servírovací stolek; výklopný vozík **2** kladka na tyči **3** trolejbus ~ **bus** ['trolibas] brit., **~-car** am. tramvaj **~-line** trolejové vedení
trollop ['troləp] coura, děvka, fuchtle
trombone [trom'bəun] pozoun, trombón
troop ['tru:p] s **1** tlupa, banda, houf **2** voj. četa, baterie **3** pl vojsko (*raise* -s sebrat vojsko) ● v **1** (~ **up, together**) shromažďovat se **2** stýkat se, sdružovat se, jít v davu, valit se **3** (~ **off, away**) hovor. odtáhnout, odprejsknout **~-carrier** [-,kæriə] voj. transportér, let. vojenský transportní letoun **-er 1** kavalerista; tankista **2** jezdecký kůň **3** dopravní loď s vojskem **4** výsadkář ◆ *swear* like a* ~ klít jako dlaždič **-ship** vojenská dopravní loď
trophy ['trəufi] **1** trofej **2** památka, připomínka
tropic ['tropik] **1** obratník **2** pl tropy, tropické pásmo **-al 1** tropický **2** obrazný
trot ['trot] v (-tt-) cválat, klusat ~ **out** předvést, pochlubit se čím ● s **1** (po)klus, cval, rychlá chůze **2** pl brit. vulg. běhavka, sračka **3** vulg. kurva ◆ *at a* ~ klusem
trotter ['trotə] **1** klusák **2** pl vařené jehněčí n. vepřové nožičky
trouble ['trabl] v **1** obtěžovat (se);

trápit, sužovat **2** rozvířit, zakalit **3** znepokojovat **4** namáhat se (*about for* o) **5** mít potíže • *s* **1** nesnáz, obtíž, starost **2** nepříjemnosti, mrzutost **3** soužení, trápení **4** potíž, nemoc **5** porucha **6** politické nepokoje ♦ *ask n. look for* ~ říkat si o nepříjemnosti; *get* * *into* ~ mít nepříjemnost; *give* * ~ způsobit nesnáz, obtěžovat; *take* * *the* ~ namáhat se **~-free** tech. bezporuchový **~-gang** opravářská četa **–maker** buřič, výtržník **~-shooter** opravář, údržbář **–some** znepokojující, rušivý; obtížný, namáhavý

trough [ˈtrof] **1** žlab, koryto **2** necky **3** díže ♦ ~ *of the sea* údolí vlny

trounce [ˈtrəuns] zbít, ztýrat; vynadat komu, setřít koho

troupe [ˈtruːp] herecká společnost

trousers [ˈtrauzəz] *pl* **1** kalhoty dlouhé **2** nohavice

trousseau [ˈtruːsəu] výbava nevěsty

trout [ˈtraut] zool. pstru|h, -zi

trowel [ˈtrəuəl] **1** zednická lžíce **2** zahradnická lopata

truant [ˈtruːət] *a* **1** chodící za školu **2** líný, zahálčivý • *s* ulejvák, absentér ♦ *play* ~ ulejvat se, chodit za školu

truce [ˈtruːs] **1** příměří **2** oddech, klid ♦ *keep* * ~ zachovat příměří; ~ *talks* jednání o příměří

truck[1] [ˈtrak] *v* vyměňovat zboží, kramařit • *s* **1** výměna, výměnný obchod **2** drobné zboží **3** hovor. veteš, šmejd **4** hovor. nesmysl, blbina ♦ *have no* ~ *with* nemít co činit s; ~ *system* placení mzdy zbožím

truck[2] [ˈtrak] *s* **1** nákladní vůz / auto, brit. i vagón otevřený **2** kára na zavazadla **3** žel. podvozek • *v* dopravovat vozem, károu atd.

truckle [ˈtrakl] podlézat, chovat se servilně (*to* ke komu)

truculent [ˈtrakjulənt] divoký, brutální

trudge [ˈtradž] vléci se, plahočit se

true [ˈtruː] *a* **1** pravdivý, opravdový; pravý **2** přesně odpovídající, věrný **3** správný, spolehlivý **4** oprávněný **5** skutečný, ryzí ♦ *the* ~ *heir* zákonný dědic; *come* * ~ vyplnit se; *hold* * ~ platit, zůstat v platnosti • *v* tech. seřídit, za-, vy-|rovnat, přesně zhotovit; přesoustružit **~(-)blue** pravověrný, skalní; pravý **~-born** čistokrevný **~-heartedness** [-ˈhɑːtidnis] čestnost, věrnost

trufle [ˈtrafl] bot. lanýž

truly [ˈtruːli] věrně; opravdu, skutečně; správně; pravdivě

trump [ˈtramp] *s* **1** trumf **2** hovor. číslo, sekáč • *v* přebít trumfem, přetrumfnout ~ *up* vymyslit si (*excuse* výmluvu)

trumpery [ˈtrampəri] *s* **1** zbytečnosti, šmejd, cetky **2** nesmysl, hec • *a* bezcenný, neopodstatněný

trumpet [ˈtrampit] *s* **1** trubka, trumpeta **2** trouba hlásná **3** (za)troubení ♦ *blow* * *one's own* ~ chválit sám sebe; *sound the* ~ zatroubit **–er** trubač

truncat|e [ˈtraŋkeit] osekat, oklestit, zkomolit strom, tělo, kužel **–ion** [traŋˈkeišən] zkomolení, zkrácení

truncheon [ˈtranšən] **1** brit. obušek **2** hůl maršálská, žezlo

trundle [ˈtrandl] *s* **1** valivé kolečko **2** trakař • *v* valit (se), kutálet (se)

trunk [ˈtraŋk] **1** kmen stromu, peň **2** trup **3** chobot **4** hlavní železniční apod. linka **5** kufr **6** koryto **7** hlavní kanál n. koryto řeky **8** hlavní vedení n. potrubí **9** *pl* pánské trenýrky, plavky **~-road** hlavní silnice, dopravní tepna

truss [ˈtras] *v* **1** podepřít trámem **2** svázat do otýpek, sešněrovat; podvázat, podkasat • *s* **1** podpěrný trám, nosič střechy, mostu apod. **2** otep **3** stav. krokevnice **4** kýlní pás

trust [ˈtrast] *s* **1** víra, důvěra, spolehnutí **2** závazek **3** péče, ochrana **4** zástava, depozitum **5** obch. trust, společnost, kartel **6** svěřenství, svěřenec ♦ *give* ~ to*, *put* ~ in* skládat důvěru v; *give* upon ~* dávat na úvěr; *go* upon ~* brát na úvěr; *put* a p. in ~ with* svěřit komu co ● v **1** důvěřovat (*in*, *on*, *to* v), doufat, svěřit se (*with* s) **2** svěřit (*with* co) **3** spoléhat (se) na **4** dát na úvěr (*for*) **5** odvážit se, dovolit si **~-deed** svěřenecký zápis, záruka **-ee** [tras'ti:] **1** poručník, člen správní rady, kurátor **2** pl správní rada, kuratorium (též *board of-s*) **-eeship** [tras'ti:šip] **1** svěřenství **2** opatrovnictví **-ful** důvěřivý **-worthy** důvěryhodný, spolehlivý

truth [tru:θ] **1** pravda, pravdivost **2** skutečnost; věrnost obrazu **3** tech. přesnost, soustřednost ♦ *in / of a ~* vskutku, opravdu; *be out of ~* tech. házet o hřídeli; *to tell the ~* n. *~ to tell* po pravdě řečeno **-ful** pravdivý, pravý; pravdomluvný člověk

try [trai] v **1** podrobit zkoušce, zkusit co / koho **2** zakusit **3** vyšetřovat, vyslýchat **4** projednávat u soudu, rozhodnout při **5** snažit se, pokusit se o co ♦ *~ one's hand at* pokusit se o; *one's utmost* všemožně se přičinit *~ on* zkusit šaty; *~ it on* zkoušet, kam až to půjde *~ out* **1** vyzkoušet **2** přepouštět tuk; rafinovat rudu, rybí tuk ● s pokus, zkouška ♦ *have a ~* udělat zkoušku, pokus (*at*, *for* s) **-ing** jdoucí na nervy, úmorný, namáhavý **~-out** zkouška, vyzkoušení; zkušební výstup

tsar v. *czar*

tub [tab] s **1** káď, škopek, vědro, putna **2** bečka **3** díže **4** necky **5** vana **6** dřevěný květináč **7** hanl. necky pomalá loď ● v (*-bb-*) **1** koupat (se) ve vaně **2** zasadit do dřevěného květináče **3** v bednit šachtu **-by** [tabi] štoudvovitý; obtloustlý, korpulentní

tube [tju:b] **1** trouba, roura; rourka **2** trubice, hadice **3** potrubí **4** tuba **5** zkumavka **6** úzká sukně **7** brit. podzemní dráha v tunelech **8** rad. am. elektronka **9** am. slang. bedna televizor ♦ *tyre ~* duše do pneumatiky **-less** bezdušový (pneumatika) ♦ *~ tyre* bezdušová pneumatika

tuber [tju:bə] **1** hlíza **2** med. nádor **3** pl brambory **-cle** [tju:bəkl] nádor, bulka, tuberkule **-cular**, **-culous** [tju'ba:kjulə, -kjuləs] **1** tuberkulózní **2** nádorový **-ose** a [tju:bərəus] hlíznatý ● s [tju:bəreuz] bot. tuberóza **-culosis** [tju-ˌbə:kju'ləusis] tuberkulóza

tub-thumper [tabˌθampə] davový řečník n. kazatel; demagog, frazér

tub|ular [tju:bjulə] trubkovitý; dutý ♦ *~ brick* dutá cihla; *~ railway* podzemní dráha v tunelech **-ule** [-ju:l] trubička, rourka

tuck [tak] v **1** zdrhnout, nabrat, podkasat; vyhrnout, vykasat rukávy **2** přivázat **3** zastrčit **4** zahradit vodu **5** vecpat, napěchovat **6** hovor. hodit do sebe, ládovat do sebe pokrm *~ away* odložit stranou *~ in* slang. spořádat, zbaštit *~ up* podkasat, za-, vy|hrnout; slang. pověsit (*a criminal* zločince) ● s **1** záložka, sámek, nabírání látky **2** shrnutí, zdrhnutí **3** zastrčení **4** zasunovací chlopeň na obalu knihy **5** zkrácení, škrt **6** škol. slang jídlo, pamlsky **-er**[1] nabíraná náprsenka, náprsní šátek

tucker[2] [takə] (*~ out*) am. utahat

Tuesday [tju:zd(e)i] úterý

tuft [taft] s **1** chomáč, trs, chocholka **2** střapec **3** (kozí) bradka vous ● v **1** třepit (se) **2** utvořit chomáč

tug [tag] v (*-gg-*) **1** trhat, škubat, silně tahat (*at* za) **2** vléci loď ● s **1** tahání, škubnutí **2** námaha, dřina **3** těžký boj **4** vlečné lano, vlečný parník ♦ *~ of war* sport. přetahování lanem; *give* a ~ at* škubnout čím **–boat** remorkér

tuition [tjuˈišən] **1** vyučování **2** (*~ fee*) školné

tulip [ˈtjuːlip] bot. tulipán

tulle [ˈtjuːl] tyl látka

tumble [ˈtambl] *v* **1** svalit se, skácet se; překotit (se), (*~ down*) shodit, sundat, sestřelit **2** kutálet se **3** porazit, povalit **4** zmačkat, zválet **5** dělat kotrmelce **6** klopýtat **7** řítit se, valit se **8** náhodou narazit (*in, into, upon* na) **9** pochopit (*to* co) **10** prudce poklesnout ceny **11** brit. přizpůsobit se (*to* čemu) **12** převrátit *~ in* **1** zaklínit, zapasovat **2** slang. jít na kutě *~ out* vyklopit (se) *~ over* překotit se; zakopnout ● *s* **1** pád, zřícení se, přemet **2** zmatek, nepořádek **3** prudký pokles (*in* čeho) **–down** na spadnutí **–r** [ˈtamblə] **1** kejklíř, akrobat **2** sklenice bez nožky **3** čep kohoutku, západka zámku **4** elektr. páčkový spínač (též *switch*) **5** čisticí buben na odlitky **6** zool. holub kotrlák

tumbril [ˈtambril] brit. kára

tumefy v. *tumify*

tumid [ˈtjuːmid] **1** oteklý, opuchlý **2** přen. nabubřelý **–ity** [tjuːˈmidəti] **1** opuchlost, naběhlost **2** přen. nabubřelost, bombastičnost

tumify [ˈtjuːmifai] napuchnout, otéci

tummy [ˈtami] fam. žaludek, bříško

tumour [ˈtjuːmə] otok, nádor

tumut [ˈtjuːmalt] **1** vřava, hluk **2** poplach, pobouření, srocení **3** záchvat **–uous** [tjuːˈmaltjuəs] bouřlivý, prudký

tun [ˈtan] káď, velký sud, bečka

tuna [ˈtuːnə] *s* zool. tuňák obecný

tune [ˈtjuːn] *s* **1** nápěv, melodie; píseň, písnička, popěvek **2** intonace, naladění **3** shoda, soulad ♦ *out of ~* rozladěný, falešně; *in ~* naladěný, správně; *change one's ~* změnit tón, zpívat jinou; *to the ~ of* až kolik peněz ● *v* **1**

naladit **2** zhudebnit **3** přizpůsobit (se), být ve shodě (*with* s) **3** zanotovat (si), prozpěvovat (si) *~ in* vyladit rádio *~ out* ignorovat **–er 1** ladič **2** ladička **3** zpěvák

tungsten [ˈtaŋstn] wolfram

tunic [ˈtjuːnik] **1** tunika **2** halenka **3** anat., zool., bot. obal, blána **4** voj. blůza ♦ *~ shirt* sportovní košile

tuning [ˈtjuːniŋ] **1** (vy)ladění **2** naladění, nálada **3** zvuk ♦ *~ knob* ladicí knoflík **~-fork** ladička

tunnel [ˈtanl] *s* podzemní chodba, tunel ● *v* prokopat tunel, tunelovat ♦ *~ vision* úzkoprsost, malichernost

tunny [ˈtani] zool. tuna, tuňák

tup [ˈtap] **1** zool. beran, kozel **2** tech. padací beran

turban [ˈtəːban] turban

turbid [ˈtəːbid] **1** kalný **2** zamlžený; nejasný, temný **3** přen. zmatený **–ity** [təːˈbidəti] kalnost, zamlženost, přen. zmatenost

turbine [ˈtəːbin] turbína ♦ *air, steam ~* vzdušná, parní turbína; *back pressure ~* protitlaková turbína; *impulse ~* rovnotlaká turbína; *low pressure ~* nízkotlaká turbína; *reaction ~* přetlaková turbína

turbo|fan [ˌtəːbəuˈfæn] tech. turboventilátor **–jet** [-ˈdžet] *engine* proudový motor **–prop**(elled) turbovrtulový **–pump** turbočerpadlo

turbot [ˈtaːbət] zool. kambala

turbul|ence, –ency [ˈtəːbjuləns(i)] nepokoj, zmatek, bouřlivost, nespoutanost; turbulence **–ent** bouřlivý, nespoutaný, vířivý; turbulentní

turd [ˈtəːd] *s* **1** vulg. hovno **2** vulg. otrava, syčák nepříjemný člověk, hovňousek

tureen [təˈriːn] mísa na polévku

turf* [ˈtaːf] *s* **1** drn **2** v Irsku rašelina **3** dostihová dráha **4** koňské dostihy ● *v* **1** pokrýt drnem **2** slang. (*~ out*) vyhodit koho / co **–y 1**

drnový, drnovitý **2** rašelinový **3** dostihový

turgid [ˈtəːdžid] **1** opuchlý **2** bombastický sloh **–ity** [taːˈdžidəti] napuchlost, otok; bombastičnost

Turk [ˈtəːk] Turek, Turkyně ♦ *turn* ~ poturčit se **–ey** [-i] Turecko **–ish** a turecký ♦ ~ *towel* froté ručník ● *s* turečtina

turkey [ˈtəːki] **1** zool. krocan, krůta **2** ranec **3** am. slang propadák hra **4** am. hovor. bačkora, baba zbabělec

turmoil [ˈtəːmoil] nepokoj, vřava, zmatek

turn [ˈtəːn] *v* **1** o-, točit (se), otáčet, obrátit (se), obracet **2** odvrátit (se), odchýlit (se); uchýlit se (*to* k) **3** přeložit, přehnout, zahnout; klonit se **4** změnit (se) (*to* v), stávat se jakým **5** vy-, soustruhovat **6** zformovat, vypulírovat, vypilovat **7** přeložit (*into* do) **8** (~ *sour*) zkysnout **9** pustit se (*to* do) **10** procházet *se* (*about* po) **11** točit *se* (*about* kolem) **12** vzepřít se (*against* proti) **13** změnit (se) **14** přen. záviset (*on* na) **15** uchýlit se (*to* k) **16** věnovat se čemu **17** obracet se (*to* k) ♦ *everything -s on his answer* vše závisí na jeho odpovědi; ~ *one's back* obrátit se zády (*on* k); ~ *bankrupt* zkrachovat; ~ *one's coat* obrátit na čtyráku; ~ *the corner* zahnout za roh; *not to* ~ *a hair* nehnout ani brvou; ~ *a p.'s head* zatočit komu hlavou, způsobit závrať; ~ *loose* pustit, propustit; ~ *pale* zblednout; ~ *a p. round one's finger* otočit si koho kolem prstu; ~ *the scales* definitivně rozhodnout; ~ *short* náhle se obrátit, zarazit; ~ *sick* onemocnět; ~ *the tables on a p.* odplatit to komu; ~ *tail* utéci; ~ *traitor* zradit ~ **about** obrátit (se) ~ **away** odvrátit (se); odehnat, propustit; odchýlit se ~ **back** vrátit se; zahnat ~ **down 1** odmítnout (*an offer* nabídku) **2** obrátit naruby, zahnat, přehnout **3**

přitáhnout, přivřít plyn **4** rozestlat postel **5** stáčet se dolů, klesat **6** odmítnout nabídku **7** osoustružit ~ **in 1** zahnout do domu **2** složit dovnitř, zabalit **3** ohnout dovnitř **4** elektr. zapnout **5** zastavit se, zdržet se **6** hovor. jít spát ~ **off 1** propustit sluhu **2** elektr. vypnout, zhasnout **3** zarazit vodu, plyn **4** přerušit **5** vysoustružit **6** vytvořit epigram, dílo, vyrábět **7** zakroutit komu krkem, slang. pověsit zločince **8** slang. oddat párek, slang. přestat poslouchat ~ **on 1** spustit vodu, plyn apod. **2** elektr. zapnout, rozsvítit **3** fetovat ~ **out 1** vyhnat **2** zahnout ven, obrátit lícem navrch **3** vylít, vysypat, vyprázdnit kapsy **4** hovor. vylézt z postele; (vy)hrnout se, vyjít, vyrazit něco vidět n. ke konání povinnosti **5** vyjít; dopadnout, ukázat (se) jakým / čím **6** osvědčit se **7** vyrábět ve velkém **8** vyhodit **9** svrhnout vládu **10** vypnout, zhasnout **11** vysoustružit ~ **over 1** převrátit; obrátit list **2** investovat peníze **3** poukázat, odkázat **4** otáčet se; docílit obrat **5** prodávat a kupovat; doplňovat sklady **6** reorganizovat **7** nastartovat motor ♦ ~ *over in one's mind* přemítat v mysli o ~ **round** obrátit (se) čelem vzad, otočit se; změnit smýšlení ~ *to* dát se do toho ~ **up 1** obrátit vzhůru, též kartu; vyhrnout, převrátit; vyorat **2** objevit se náhle, přijít **3** stát se, nastat **4** hovor. zvedat žaludek komu **5** zesílit rádio **6** opustit **7** zabít ● *s* **1** otočení, otáčka, obrat, obrátka **2** ohyb, záhyb; ovinutí **3** procházka, projížďka **4** číslo na scéně **5** změna, střídání, řada, pořadí (*by* -*s* střídavě) **6** příležitost **7** služba, pomoc **8** výhoda, prospěch **9** tendence, sklon, náklonnost; rozmar **10** letora, založení, povaha **11** nadání, talent **12** hovor. leknutí, šok **13** pl měsíčky **14** hud. obal **15** účet, potřeba **16** obrat zboží ve skladu **17** brit. střední cena ♦ *good* ~ dobrá služba; ~ *of mind* nálada, rozmar; *at every* ~ při každé příležitosti; ~ *and* ~ *about, by, in* -s střídavě, po řadě; *it is your* ~ je řada na tobě; *do* a p. a good* ~ posloužit komu; *done to a* ~ dokonale udělaný; *parallel* ~ lyžování snožný smyk; *put** -s *upon a p.* vyvádět komu kousky; *serve a p.'s* ~ hodit se do krámu, přijít komu vhod; *snowplow* ~ lyžování oblouk v pluhu; *step* ~ lyžování obrat s úkrokem; *take* a* ~ **1** vyjít si **2** změnit se **3** zahrát jednu hru; *take** -s střídat se **~-bench** hodinářský soustruh **~-buckle** [⸰-⸰] napínadlo **~-coat** přeběhlík, odpadlík **–down** *collar* přehnutý límec **–er** soustružník **–ery 1** soustruhované zboží **2** soustružnictví **–ing 1** otáčení, rotace; otočka, závit **2** roh ulice, zatáčka **3** soustruhování **4** pl třísky soustružnické **–ing-in** [⸰-⸰] záložka oděvu **–ing-lathe** [-leið] soustruh **–ing-point** bod obratu, krize

turnip ['tə:nip] bot. tuřín, vodnice

turn|key ['tə:nki:] žalářník **~-out 1** výhybka na silnici **2** vyjití do ulic; hovor. sešlost **3** ekvipáž **4** objem výroby **–over** [⸰-⸰] obchodní obrat **–pike** [-paik] mýto **~-round** obrátka lodi v přístavu **~-screw** šroubovák **–stile** turniket; průchozí vrátka v plotě, znemožňující únik větším zvířatům **~-table** [⸰-⸰] žel. točna **~-up 1** zvednutá střecha klobouku **2** záložka nohavice **3** hovor. rvačka **4** překvapení

turpentine ['tə:pəntain] terpentýn

turpitude ['tə:pitju:d] podlost, hanebnost, zvrhlost

turquoise ['tə:kwa:z] tyrkis

turret ['tarit] **1** vížka **2** voj. otočná n. střelecká věž **3** revolverová hlavice soustruhu (též ~ *head*) ♦ ~ *lathe* revolverový soustruh

turtle ['tə:tl] zool. mořská želva

turtledove ['tə:tldav] zool. hrdlička

turtleneck ['tə:tl‚nek] s rolák límec (*a* ~ *sweater* rolák svetr)

Tuscan ['taskən] *a* etruský, toskánský ● *s* etruština, toskánština **–y** Toskán|a, -sko

tusk ['task] špička, kel

tussle ['tasl] rvačka, zápas

tussock ['tasək] chomáč trávy

tutel|age ['tju:tilidž] poručnictví, opatrovnictví; individuální výuka **–ary** [-əri] poručenský, strážný

tutor ['tju:tə] s **1** vychovatel **2** domácí učitel, brit. tutor, univerz. pedagogický vedoucí studentské skupiny ● *v* **1** učit, vychovávat, školit, být domácím učitelem **2** ovládat (*o. s. se*) **–ial** [tju'to:riəl] *a* vychovatelský, učitelský ● *s* brit. výuka prováděná tutorem ♦ ~ *classes* osvětové večerní kursy, konzultační doučování **–ship** vychovatelství, učitelství; přen. poručnictví

tuxedo [tak'si:dəu] am. smokink

TV, tv, T.V., t.v. ['ti:'vi:] s televize ~ *dinner* s ochranná známka pro mražené jídlo v alobalu, připravované k jídlu pouhým ohřátím ~ *set* s televizor

twaddle ['twodl] s žvanění, tlachání ● *v* žvanit, tlachat

twang ['twæn] **1** (za)brnknutí na strunu **2** nosová výslovnost

'twas ['twoz] = *it was*

tweak ['twi:k] *v* **1** štípnout **2** zatahat (*by the nose* za nos) ● *s* **1** štípnutí **2** zatahání

tweed ['twi:d] tvíd skotská vlněná látka

'tween ['twi:n] zast. bás. = *between*

tweet ['twi:t] *v* pípat, čirikat ● *s* pípání, čirikání **–er** ['twi:tə] s elek. malý reproduktor pro tóny o vysokých frekvencích

tweezers ['twi:zəz] pl pinzeta

twelfth ['twelfθ] *a* dvanáctý ● *s* dvanáctina ♦ *T~ night* předvečer svátku Tří králů (*Epiphany*)

twelve ['twelv] num dvanáct ● *s* dvanáctka **–month** [-manθ] brit. lid. rok

twent|ieth [ˈtwentiiθ] a dvacátý ● s dvacetina **–y** num dvacet ● s dvacítka

'twere [ˈtwəː] = it were

twice [ˈtwais] dvakrát

twiddle [ˈtwidl] v točit (se), kroutit (se) ♦ ~ one's thumbs přen. nic nedělat, lelkovat

twig [ˈtwig] s ratolest, haluz, proutek ● v (-gg-) hovor. všimnout si, rozumět, pochopit

twilight [ˈtwailait] soumrak, šero

twill [ˈtwil] s kepr, rýhovaná látka ● v tkát keprovou technikou

'twill [twil] bás. = it will

twin [ˈtwin] dvojče ♦ ~ engine dvoumotorový stroj; ~ set dvojčata vesta a svetřík

twin|e [ˈtwain] v 1 točit, soukat, skát 2 dělat motouz 3 plést, vít věnec 4 ovázat, ovinout 5 splétat se, vinout se ● s 1 motouz, provázek 2 točení, kroucení, splétání 3 text. skaní **–er** skací stroj

twinge [ˈtwindž] v hryzat svědomí s 1 bodavá bolest 2 hryzení svědomí

twinkle [ˈtwiŋkl] v 1 třpytit se, mžikat, blikat 2 kolébat se ● s mžik, mihnutí; blikání

twirl [twəːl] v točit (se), kroutit (se), vinout se, navíjet na cívku ● s 1 rychlé otáčení, kroužení 2 zákruta, otočka 3 kvedlání

twist [ˈtwist] s 1 překroucení, zkroucení 2 pokřivení povahy 3 provázek, motouz, lano 4 kornout, závitek; svitek, smotek 5 vánočka; pletýnka, houska 6 zákrut cesty, přen. pokřivenina, zvrácený sklon 7 brit. druh koktejlu 8 hovor. apetýt 9 tanec twist 10 sport. stočení, faleš 11 spirála 12 odchylka, vyšinutí 13 text. skaní, osnovní příze ♦ ~ of the wrist přen. obratnost, dovednost ● v 1 plést, točit (se), kroutit (se), soukat, motat 2 skát 3 zamotat (se), zaplést (se) 4 svázat, ovinout 5 proplést 6 překroutit (the mean-ing of words smysl slov) 7 trápit, týrat 8 tančit twist **–er** 1 kroutič, skáč 2 provazník 3 soukadlo, motovidlo 4 hovor. gauner 5 problém, hlavolam 6 též tongue ~ jazykolam **–ing** 1 kroucení 2 text. skrucování, skaní ♦ ~ moment krouticí moment

twit [ˈtwit] v (-tt-) kárat, vyčítat; vysmívat se, utahovat si ● s posměch, legrace

twitch [ˈtwič] v 1 trhnout (at čím) 2 zatahat za šos 3 škubat sebou ● s škubnutí, trhnutí; křeč

twitter [ˈtwitə] v cvrlikat, šveholit ● s 1 cvrlikání, šveholení 2 hovor. vzrušení

'twixt [ˈtwikst] zast. bás. = betwixt

two [ˈtuː] num dvě, dva ● s dvojka, dvojice ♦ by -s po dvou; in ~ ve dví; in a day or ~ za pár dní **~-cleft** bot. rozštěpený **~-edged** [-edžd] dvojsečný **~-fold** dvojnásobný **–pence** [ˈtapəns] dvě pence (staré n. nové) **–penny** [ˈtapəni] dvoupencový; laciný, bezvýznamný **~-phase** elektr. dvoufázový **~-ply** [-plai] dvojnásobný, dvojitý **~-seater** [ˌ-ˈsiːtə] dvousedadlový vůz **~-shift** operation provoz na dvě směny **~-sided** [ˌ-ˈsaidid] dvoustranný **–some** [-səm] sport. dvouhra **~-speed** dvourychlostní **~-stage** dvoustupňový

tycoon [ˈtaikuːn] hovor. obchodní magnát

tying v. tie

tympan|ic [timˈpænik] bubínkový **–um** [ˈtimpənəm] 1 anat. bubínek ušní 2 tympanon sloupu

type [ˈtaip] s 1 typ, hlavní znak druhu 2 vzor, model 3 ražba, otisk 4 lite|ra; -ry, tisk ♦ in ~ vysázený; appear in ~ vyjít tiskem ● v 1 zjistit typ 2 předznamenat, symbolizovat 3 psát na psacím stroji 4 být typem čeho 5 vysadit tiskem **–writer** [-raitə] psací stroj

typhoid ['taifoid] s břišní tyfus ● a tyfový ♦ ~ *fever* tyfus
typhoon [tai'fu:n] smršť, tajfun
typhus ['taifəs] skvrnitý tyfus
typ|ical ['tipikl] typický, příznačný (*of* pro) **–ify** ['tipifai] 1 sloužit za vzor 2 zosobňovat, být / vyjádřit symbolem **–ist** ['taipist] písařka na stroji
typograph|er [tai'pogrəfə] typograf **–ic**, **–ical** [ˌtaipə'græfik(l)] typografický **–y** typografie
tyrann|ical ['tirænikl] tyranský, krutovládný **–ize** ['tirənaiz] tyranizovat (*over* koho) **–izer** ['tirənaizə] krutovládce **–y** ['tirəni] tyranie
tyrant ['taiərənt] tyran
tyre ['taiə] brit. v. *tire*[2]
tyro ['taiərəu] nováček, začátečník
tzar v. *czar*

U

U, u ['u:] písmeno u; cokoli co má tvar U ● a mající tvar U; brit. charakteristický pro vyšší třídy
ubiquit|ous [ju:'bikwitəs] všudypřítomný **–y** všudypřítomnost
U-boat ['ju:bəut] ponorka
udder ['adə] 1 vemeno 2 cecek
ufology [ju:'folədži] ufologie studium neidentifikovatelných předmětů
uglify ['aglifai] zohyzdit
ugly ['agli] 1 ošklivý, ohyzdný, šeredný, ohavný 2 nepříjemný, odporný 3 hrozivý, varovný 4 zlý, hašteřivý 5 bouřlivý
Ugr|ian ['u:griən] a uherský ● s Uher, Ugrofin
uhlan ['u'la:n] hulán
Ukrain|e [ju:'krein], *the* Ukrajina **–ian** ['ju:kreinjən] a ukrajinský ● s 1 Ukrajinec 2 ukrajinština
ulcer ['alsə] vřed **–ation** [ˌalsə'reišən] 1 tvoření vředů 2 vřed, vředovitost **–ous** [-rəs] vředovitý; přen. zkažený, prohnilý
ulster ['alstə] převlečník, hubertus
ulterior [al'tiəriə] 1 zadní 2 další, vzdálenější; skrytý

ultimat|e ['altimət] 1 nejvzdálenější, poslední 2 nejzazší 3 hlavní, základní **–um** [ˌalti'meitəm], pl **–ums** [-əmz], **-a** [-ə] ultimátum, přen. poslední slovo
ultimo ['altiməu] adv zast. předcházejícího měsíce (zkr. *ult.*)
ultra ['altrə] krajní, extrémní, za hranice jdoucí **–critical** [ˌ-'-] hyperkritický **–marine** [ˌaltrəməri:n] ultramarínový **–modern** ultramoderní **–montane** [ˌ-'-] 1 zaalpský 2 ultramontánní 3 jsoucí n. bydlící jižně od Alp **–red** infračervený **–short** *waves* rad. velmi krátké vlny **–sonic** [ˌ-'-] nadzvukový **–violet** [ˌ-'-] ultrafialový
ulul|ate ['ju:ljuleit] hlasitě bědovat; křičet, řvát **–ation** [ju:lju'leišən] hlasité bědování, křik, řev
umbel ['ambəl] bot. okolík **–ate** [-eit] bot. okoličnatý
umber ['ambə] s umbra ● a umbrový, tmavohnědý ● v obarvit na tmavohnědo
umbilical [ˌam'bilikəl] a pupeční ♦ ~ *cord* pupeční šňůra ● s kosm. spojovací lano kosmonauta s kosmickou lodí
umbrag|e ['ambridž] 1 dotčenost, pocit urážky 2 bás. stín stromů ♦ *give** ~ nemile se dotknout **–eous** [am'breidžəs] snadno popudlivý
umbrella [am'brelə] 1 deštník 2 voj. krycí letecká ochrana, krycí palba **~-stand** stojánek na deštníky
Umbrian ['ambriən] a umbrijský ● s 1 Umbrijec 2 umbrijština
umpire ['ampaiə] rozhodčí, soudce
un- ['an-] ne-, bez-
un|abashed [ˌanə'bæšt] nestydící se, nepřivedený do rozpaků **–able** [an'eibl] neschopný, nezpůsobilý **–abridged** [ˌanə'bridžd] nezkrácený, úplný **–accountable** [ˌanə'kauntəbl] 1 neodpovědný 2 nevysvětlitelný, záhadný **–account-ed-for** [ˌanə'kauntidfo:] nevysvětlený **–accustomed** [ˌanə'kas-

təmd] nezvyklý, zvláštní **–adulterated** [ˌanədaltəreitid] pravý, ryzí, nefalšovaný **–advised** [ˌanədˈvaizd] neobezřelý, ukvapený, nerozvážný **–affected** [ˌanəˈfektid] nedotčený, přirozený, opravdový, upřímný **–aided** [ˌanˈeidid] a bez pomoci **–alloyed** [ˌanəˈloid] nesmíšený, čistý, ryzí **~American** [ˌanəˈmerikən] *Activities Committee* Výbor pro vyšetřování neamerické činnosti

unanim|ity [ˌjuːnəˈniməti] jednomyslnost, shoda **–ous** [juːˈnæniməs] jednomyslný

un|arm [ˌanˈaːm] odzbrojit **–armed** neozbrojený; bezbranný **–ary** [ˈjuːnəri] chem. jednosložkový **–assisted** [ˌanəˈsistid] jsoucí bez pomoci, bez podpory **–assuming** [ˌanəˈsjuːmiŋ] nenáročný, skromný **–attached** [ˌanəˈtætʃt] 1 nikomu nepřidělený, volný, jsoucí k dispozici 2 nestíhaný pro dluhy 3 voj. mimo činnou službu **–attended** [ˌanəˈtendid] nenavštívený; neprovázený, opuštěný; neobsluhovaný; nestřežený

un|availing [ˌanəˈveiliŋ] marný, zbytečný **–avoidable** [ˌanəˈvoidəbl] nevyhnutelný, neodstranitelný **–aware** [ˌanəˈwee] nevědomý (*of* čeho) **–awares** [ˌanəˈweez] znenadání, neočekávaně, náhle

un|backed [ˌanˈbækt] 1 neosedlaný kůň 2 nezkrocený 3 nepodporovaný 4 nepodporovaný sázkami outsider **–baked** [ˌanˈbeikt] nedopečený; nezralý **–balanced** [ˌanˈbælənst] 1 nevyrovnaný (*mind* mysl) 2 nevyvážený 3 obch. nevyrovnaný (*account* účet), ekon. nevyrovnaný, nevyvážený rozpočet **–bar** [ˌanˈbaː] (*-rr-*) odstrčit závoru, otevřít **–bear*** [ˌanˈbeə] uvolnit, povolit uzdu **–becoming** [ˌanbiˈkamiŋ] neslušivý; nevhodný; neslušný **–befriended** [ˌanbiˈfrendid] bez přátel, bez pomoci **–belief** [ˌanbiˈliːf] nevíra, skepse **–believer** [ˌanbiˈliːvə] nevěřící **–belt** [ˌanˈbelt] odpásat **–bend*** [ˌanˈbend] 1 povolit, uvolnit (se); duševně pookřát, roztát 2 spustit se 3 narovnat, zmírnit, osvobodit (*from* z)

un|bent [ˌanˈbent] pt, pp od *unbend* **–bias(s)ed** [ˌanˈbaiəst] nepředojatý, nestranný **–bind*** [ˌanˈbaind] od-, roz|vázat; uvolnit **–blemished** [ˌanˈblemiʃt] bezúhonný, neposkvrněný **–bodied** [ˌanˈbodid] odhmotněný, netělesný, bez těla **–bolt** [ˌanˈbeult] odstrčit závoru, uvolnit, otevřít; odšroubovat **–boned** [ˌanˈbeund] vykostěný, bez kostí **–bonneted** [ˌanˈbonitid] nepokrytý, prostovlasý **–bore** pt od *unbear* **–born** [ˌanˈboːn] nenarozený **–borne** pp od *unbear* ● a nenesený **–bosom** [ˌanˈbuzəm] odhalit; svěřit tajemství, vyznat **–bound** [ˌanˈbaund] pt, pp od *unbind* ● a nevázaný; nesvázaný, nespoutaný, volný **–bundle** [ˌanˈbandl] rozdělit do jednotlivých obchod. transakcí ceny zboží a služeb **–brace** [ˌanˈbreis] odstranit podpěry, přen. oslabit **–braid** rozplést cop **–breakable** nerozbitný **–bridled** [ˌanˈbraidld] bezuzdný, divoký, nespoutaný **–broken** [ˌanˈbreukn] nerozbitý, neporušený, celý; nepřekonaný rekord; nezkrocený, nezaježděný kůň; nepřerušovaný, nepřetržitý **–burden** [ˌanˈbəːdn] ulehčit si, vyznat se z, přiznat se **–button** [ˌanˈbatn] rozepnout (se), udělat si pohodlí, přen. odhodit zábrany; dešifrovat

un|cage [ˌanˈkeidʒ] pustit z klece **–called-for** [ˌanˈkoːldfo] nevhodný, neodůvodněný, nemístný **–canny** [ˌanˈkæni] tajuplný, zlověstný; ďábelský **–cared-for** [ˌanˈkeədfoː] zanedbaný; neukázněný **–case** [ˌanˈkeis] vyjmout z obalu, vybalit zboží **–certain** [ˌanˈsəːtn] nejistý, neurčitý, nestálý, nespolehlivý, pochybný, proměnlivý **–chain** [an'čein] pustit z řetězu, osvobodit **–challenged** [,an-'čælinžd] bez námitek, nenapadnutý; nevyzvaný na souboj **–charitable** [,an'čæritəbl] krutý, nemilosrdný **–church** [,an'čə:č] vyloučit z církve, exkomunikovat

unciform ['ansifo:m] bot. hákovitý

un|circumcised [,an'sə:kəmsaizd] neobřezaný **–civil** [,an'sivl] nezdvořilý **–clasp** [,an'kla:sp] vyvléknout; rozepnout sponku

uncle [aŋkl] strýc

unclean [,an'kli:n] 1 nečistý, špinavý 2 necudný, nestoudný **–clench** [,an'klenč] uvolnit (se), násilím otevřít zaťatou pěst **–cloak** [,an'kləuk] svléknout (si) plášť; odhalit **–close** [,an'kləuz] otevřít (se); zjevit, odhalit **–clothe** [,an'kləuð] svléci, odstrojit **–clouded** [,an'klaudid] bezmračný **–clutch** [,an'klač] uvolnit ze sevření, vyhodit spojku u auta

un|coil [,an'koil] rozvinout (se) **–committed** [,ankə'mitid] 1 neangažovaný 2 výpoč. tech. ~ chip nepropojený čip **–common** [,an'komən] nezvyklý, pozoruhodný, význačný **–communicative** [,ankə'mju:nikativ] nesdílný, uzavřený **–concern** [,ankən'sə:n] nezájem **–concerned** [,ankən'sə:nd] bezstarostný, nezajímající se **–conditional** [,ankən'dišənl] bezpodmínečný **–confined** [,ankən'faind] neohraničený, nespoutaný **–conscious** [,an'konšəs] nevědomý, bez vědomí **–controllable** [,ankən'trəuləbl] neovladatelný **–controlled** [,ankən'trəuld] neovládaný, bezuzdný **–cord** [,an'ko:d] rozvázat **–cork** [,an'ko:k] odzátkovat **–couple** [,an'kapl] odpojit, rozpojit **–couth** [an'ku:θ] hrubý, neuhlazený, neotesaný **–cover** [an'kavə] odkrýt, obnažit, odhalit **–create** [,ankri:'eit] zničit **–crown** [,an'kraun] zbavit koruny, sesadit

unct|ion ['aŋkšən] 1 po-, mazání 2 posvěcení 3 mast 4 náboženská vroucnost 5 chuť, verva, gusto 6 rozplývání se nadšením, lichocení ♦ extreme ~ poslední pomazání **–uosity** [,aŋktju'osəti] 1 mastnost, tučnost 2 falešný patos **–uous** ['aŋktjuəs] 1 mastný 2 falešně patetický, přemrštěný 3 mazlavý

un|cultivated [an'kaltiveitid] neobdělávaný, nepěstovaný **–curb** [,an'kə:b] uvolnit uzdu koni, popustit uzdu čemu **–curl** [,an'kə:l] narovnat (se) **–dated** [,an'deitid] bez data, nedatovaný **–daunted** [,an'do:ntid] neohrožený; nezkrocený **–deceive** [,andi'si:v] vyvést z klamu, zbavit iluzí **–defended** [,andi'fendid] nehájený, bez obrany **–defiled** [,andi'faild] neposkvrněný, čistý **–deniable** [,andi'naiəbl] nepopíratelný, nesporný

under ['andə] prep pod; v, ve; za ♦ ~ age nezletilý, nedospělý; ~ an assumed name pod přijatým jménem; ~ an obligation zavázán; ~ fire v palbě; ~ other conditions za jiných podmínek; ~ pain of death pod trestem smrti; ~ pretence of pod záminkou; ~ repair ve správce; speak* ~ one's breath šeptat; the country prospered ~ his rule země vzkvétala za jeho vlády; ~ way v proudu ● a pod-, spodní, nižší ● adv dole, dolů **–achiever** [,andərə'či:və] student podávající výkon neodpovídající jeho schopnostem **–bid*** [,-'-] (-dd-) podbízet **–bought** [,andə'bo:t] pt, pp od underbuy **–bred** [,-'-] nevzdělaný, zvíře horšího plemene **–bridge** ['andəbridž] žel. podjezd **–brush** ['andəbraš] podrost **–buy*** [,andə'bai] kupovat pod cenou **~-capacity** operation nevyužívání výrobní kapacity **–carriage** [,andə'kæridž] podvozek **–charge** [,andə'ča:dž] 1 počítat pod cenou 2 nedostatečně nabít baterii **–classman*** am. nováček v koleji **–clothes** [ˌandəˈkləuðz] pl spodní prádlo **–croft** krypta, podzemní místnost **–current** spodní proud **–cut*** [ˌ-ˈ-] v (-tt-) 1 podseknout, podebrat 2 podemlít břeh 3 podbízet, pracovat za nižší plat 4 prodávat za nižší cenu 5 podsoustružit 6 podrubat ● s [ˈandəkat] 1 podseknutí 2 podemletí břehu 3 podsoustružení 4 podrubání 5 svíčková 6 box. spodní hák **–developed** [ˌandədiˈveləpt] málo vyvinutý, zaostalý **–did** pt od **underdo** **–ditch** odvodnit drény **–do*** [ˌ-ˈ-] nedodělat, nedovařit, nedopéci **–dog** 1 smolař 2 strana poražená n. podřizující se **–done** pp od **underdo** ● a nedovařený, nedopečený **–estimate** [ˌ-ˈ-] nedocenit, podceňovat **–expose** [ˌandərikspəuz] podexponovat **–fed** pt, pp od **underfeed** ● a podvyživený **–feed*** [ˌ-ˈ-] 1 nedostatečně (se) živit 2 tech. přikládat spodem **–foot** [ˌ-ˈ-] adv pod nohama, u nohou, na zemi **–go*** [ˌ-ˈ-] 1 podstoupit, snášet, (vy)trpět 2 odvážit se čeho, podrobit se čemu **–gone** pp od **undergo** **–graduate** [ˌandəˈgrædjuət] vysokoškolák **–ground** [ˈandəgraund] a podzemní ● s podzemní dráha ● [ˌandəˈgraund] adv pod zem(í), tajně ♦ go* ~ přejít do ilegality **–growth** podrost **–hand** [ˌandəˈhænd] a 1 tajný, lstivý, podvodný 2 sport. odspodu se svěšeným předloktím ● [ˌandəˈhænd] adv pod rukou; tajně, podvodně, lstivě; sport. zespoda **–hung** [ˌandəˈhaŋ] vyčnělý, vysedlý čelist **–lay*** [ˌ-ˈ-] podložit, podepřít **–lease** podnájem **–let*** [ˌ-ˈ-] (-tt-) dát v podnájem pod cenou **–lie*** [ˌ-ˈ-] (-lying) 1 ležet pod čím 2 být základem, tvořit základ 3 být předmětem čeho **–line** podtrhnout, podškrtnout

underling [ˈandəliŋ] 1 něčí poskok,

podřízený 2 podúředník
underlying v. **underlie**
under|manned [ˌandəˈmænd] trpící nedostatkem pracovníků **–mine** [ˌandəˈmain] podkopat, podminovat
undermost [ˈandəməust] a nejspodnější ● adv nejspodněji
undernourish [ˌandəˈnariš] nedostatečně živit
under|paid [ˌandəˈpeid] pt, pp od **underpay** **–pass** [ˈandəpa:s] podjezd, podchod **–pay*** [ˌandəˈpei] nedostatečně platit **–pin** [ˌ-ˈ-] (-nn-) 1 podezdít 2 podložit, podepřít zeď **–pinning** stav. podpěra **–plot** vedlejší zápletka **–populated** [ˌ-ˈ-] málo zalidněný **–pressure** [ˌ-ˈ-] podtlak **–privileged** [ˌ-ˈ-] nerovnoprávný národ **–prize** [ˌ-ˈ-] podcenit **–production** [ˌandəprəˈdakšən] podprodukce **–prop** [ˌ-ˈ-] (-pp-) podepřít **–quote** [ˌ-ˈ-] podbízet, nabízet za nižší cenu **–rate** [ˌ-ˈ-] podcenit **–score** [ˌ-ˈ-] podtrhnout **–sea** podmořský **~-secretary** [ˌ-ˈ-] zástupce ministra **–sell*** [ˌ-ˈ-] prodávat pod cenou **–set*** [ˌ-ˈ-] (-tt-) podložit **–shot** 1 mající vystouplé zuby n. čelist 2 poháněný vodou **–sign** [ˌ-ˈ-] podepsat **–signed** podepsaný **–sized** [ˌ-ˈ-] podprůměrné velikosti, malý, pod míru
understand* [ˌandəˈstænd] 1 rozumět, porozumět 2 chápat, pochopit 3 umět, znát 4 usuzovat (by z), soudit, vyvozovat 5 dovídat se ♦ I was given to ~ bylo mi dáno na srozuměnou; make* o.s. understood dorozumět se **–ing** s 1 porozumění, pochopení 2 rozum, inteligence 3 shoda, dohoda 4 znalost 5 význam ♦ come* to an ~ dohodnout se; (up)on the ~ that pod podmínkou, že ● a chápavý, rozumný, inteligentní
under|state [ˌandəˈsteit] 1 neudat všechna fakta, neuvést v plném rozsahu 2 zmírnit, zeslabit

–**statement** příliš nízký údaj, skromné označení **–stood** *pt, pp* od *understand* **–study** [ˈ-ˌ] v studovat hru jako náhradník ● *s* náhradník, záskok

undertak|e* [ˌandəˈteik] **1** vzít na sebe odpovědnost, podniknout **2** provést **3** odvážit se, pustit se do **4** zaručit *se (for* za) **5** hovor. být majitelem pohřebního ústavu **–er 1** [ˌandəˈteikə] zř. podnikatel, ručitel **2** [ˈandəˌteikə] obstaravatel pohřbů, majitel / zaměstnanec pohřebního ústavu **–en** *pp* od *undertake* **–ing 1** [ˌandəˈteikiŋ] podnikání; závazek, záruka **2** [ˈandəˌteikiŋ] pohřební ústav

under|tenant [ˌandəˈtenənt] podnájemník **~-the-counter** *a, adv* pod pultem, na černo **–tone** spodní tón **–tow** spodní protiproud **–value** [ˌ-ˈ-] podcenit, odhadnout pod cenu **–wear** spodní prádlo **–went** *pt* od *undergo* **–whelm** nechat chladným, nenadchnout **–wood** podrost, mlází **–world** podsvětí **–write*** podepsat, pojistit **–written, –wrote** *pp* a *pt* od *underwrite*

un|designing [ˌandiˈzainiŋ] neúmyslný, bezelstný **–desirable** [ˌandiˈzaiərəbl] nežádoucí **–did** *pt* od *undo*

undies [ˈandiz] *pl* hovor. dámské spodní prádlo

undine [ˈandiːn] rusalka

un|disguised [ˌandisˈgaizd] nelíčený, neskrývaný, opravdový **–disputed** [ˌandiˈspjuːtid] nesporný **–disturbed** [ˌandiˈstəbd] nerušený, nevyvedený z klidu **–do*** [ˌ-ˈ-] **1** uvolnit, otevřít **2** rozluštit **3** odčinit, zrušit, anulovat **4** zničit, zkazit **5** rozebrat, odmontovat **–dock** [ˌ-ˈ-] **1** lod vyplout z doku **2** kosm. odpojit (se) **–done** [ˌ-ˈ-] *pp* od *undo* ● *a* neučiněný, nehotový; zničený **–doubtedly** [anˈdautidli] nepochybně **–dreamt-of** [anˈdremtɔv] netušený; o čem se ani

nesnilo **–dress** [ˌ-ˈ-] *v* **1** svléci, odstrojit (se) **2** přen. odhalit, objasnit **3** sejmout obvaz ● *s* domácí n. všední oděv **–due** [ˌ-ˈ-] **1** nenáležitý, nepatřičný **2** nemístný, neobvyklý **3** nepřípustný **4** dosud ne splatný

undulat|e [ˈandjuleit] roz-, vlnit (se) **–ion** [ˌandjuˈleišən] **1** z-, vlnění **2** vlna **3** hud. tremolo

un|duly [anˈdjuːli] nenáležitě, nemístně **–dutiful** nedbalý, neuctivý

un|earned [anˈəːnd] nezasloužený, bezpracný **–earth** [ˌ-ˈ-] **1** vytáhnout ze země, exhumovat **2** vynést na světlo **3** objevit, odkrýt **–earthly** [ˌ-ˈ-] nadpozemský, nadpřirozený **–easy** [ˌ-ˈ-] neklidný, nepokojný, nepříjemný; chování upjatý **–economic** [ˌanˌiːkəˈnomik] nehospodárný **–employed** [ˌanimˈploid] nezaměstnaný **–employment** [ˌanimˈploimənt] nezaměstnanost **–encumbered** [ˌaninˈkambəd] nezadlužený **–enterprising** [ˌanˈentəpraiziŋ] nepodnikavý **–equal** [ˌ-ˈ-] nestejný, rozdílný, nevyrovnaný, nestejnoměrný **–equalled** [ˌ-ˈ-] bezpříkladný, ojedinělý **–equivocal** [ˌaniˈkwivəkl] nesporný, jasný **–erring** [ˌ-ˈ-] neomylný; spolehlivý, jistý **–even** [ˌ-ˈ-] **1** nerovný, nestejný **2** hrbolatý **3** lichý o číslech **–exampled** [ˌanigˈzaːmpld] bezpříkladný **–exceptionable** [ˌanikˈsepšənəbl] bezvadný, vynikající; nenapadnutelný **–expected** [ˌanikˈspektid] neočekávaný, nepředvídaný

un|failing [anˈfeiliŋ] spolehlivý, neomylný, jistý; nezlomný; nevyčerpatelný **–fair** [ˌ-ˈ-] nepoctivý, nespravedlivý, nepřiměřený, nekalý **–fasten** [ˌ-ˈ-] uvolnit (se), odvázat (se), rozepnout **–fathomable** [ˌ-ˈ-] bezedný, nezměrný, nevyzpytatelný **–feeling** [ˌ-ˈ-] bezcitný, necitlivý **–feigned** [ˌ-ˈ-] nelíčený, o-

pravdový, upřímný **–fetter** [ˌ-ˈ]
zbavit pout, osvobodit **–fettered**
[ˌ-ˈ] nespoutaný, svobodný **–fin-
ished** [ˌ-ˈ] **1** nehotový **2** tech. ne-
obrobený **–fit** [ˌ-ˈ] neschopný (for
čeho), nezpůsobilý (for k) **–fix** [ˌ-ˈ]
uvolnit, oddělat **–flappable** [ˌanˈ-
ˈflæpəbl] nevzrušený, klidný
–fledged [ˌ-ˈ] neopeřený, přen.
nezkušený, nezralý **–fold 1** [ˌ-ˈ]
rozvinout **2** otevřít se **3** [ˈ-ˈ] zjevit,
odhalit, vyložit **–foreseen** [ˌan-
fo:ˈsi:n] nepředvídaný **–forget-
table** [ˌanfəˈgetəbl] nezapome-
nutelný **–fortunate** [ˌ-ˈ] nešťast-
ný, politováníhodný **–fortunately**
[ˌ-ˈ] naneštěstí, bohužel **–found-
ed** [ˌ-ˈ] nezaložený, bez základu,
bezdůvodný **–friendly** [ˌ-ˈ] nepřá-
telský, nepříznivý (for, to pro, če-
mu) **–frock** [ˌ-ˈ] zbavit kněžské
hodnosti **–furl** [ˌ-ˈ] rozvinout (se)
–unfurnished [ˌ-ˈ] nezařízený
pokoj, nezásobený (with čím)
un|gainly [-ˈ] nemotorný, neobratný
–gallant [ˌ-ˈ] nezdvořilý, nega-
lantní; nestatečný **–gear** [ˌ-ˈ] **1**
sejmout postroj koně **2** vypnout
pohon **–genial** [ˌ-ˈ] nesympatický,
nepříjemný, neprospěšný **–get-
at-able** [ˌangetˈætəbl] nepřístup-
ný **–glue** [ˌ-ˈ] (-glueing) odlepit
(se), rozklížit (se) **–godly** [ˌ-ˈ] bez-
božný, hříšný **–governable** [ˌ-ˈ]
neovladatelný, bezuzdný, ne-
zkrotný, divoký **–grateful** [-ˈ]
nevděčný **–grounded** [ˌ-ˈ] **1** bez-
důvodný **2** elektr. neuzemněný
–grudging [ˌ-ˈ] nezávidějící, o-
chotný, srdečný **–guarded** [ˌ-ˈ]
nestřežený, neopatrný
unguent [ˈangwənt] mast
ungulate [ˈangjuleit] a kopytnatý ●
s kopytnatec
unhand [ˌanˈhænd] pustit **–iness**
neohrabanost; těžkopádnost
–some [ˌanˈhænsəm] **1** nehezký,
ošklivý **2** nezdvořilý **–y** neobrat-
ný; nevhodný
un|hang* [ˌ-ˈ] sejmout obrazy, záclony,

vysadit dveře **–happy** [-ˈ] nešťast-
ný **–harmed** [ˌ-ˈ] bez úrazu **–har-
ness** [ˌ-ˈ] vypřáhnout, odstrojit
koně **–healthy** [ˌ-ˈ] **1** nezdravý **2**
škodlivý, závadný mravně **–heard-
of** [ˌ-ˈ] neslýchaný **–heeded** [ˌ-ˈ]
nepovšimnutý **–hinge** [ˌ-ˈ] **1** vy-
sadit ze závěsů **2** rozbít, pro-
lomit **3** rozrušit, pomást **–hitch**
[ˌ-ˈ] **1** odpojit, odvázat **2** vypřá-
hnout koně **–holy** [ˌ-ˈ] bezbožný,
zlý **–hook** [ˌ-ˈ] vyháknout, rozep-
nout háček u šatů **–hoped-for** [ˌ-ˈ]
neočekávaný **–horse** [ˌ-ˈ] **1** vy-
hodit ze sedla **2** vypřáhnout koně
–house [ˌanˈhauz] vyhnat z do-
mu, zbavit přístřeší **–human** [ˌ-ˈ]
nadlidský, nadzemský **–hung** pt,
pp od unhang ● a nezavěšený
–hurt [ˌ-ˈ] nezraněný, nedotčený
uniaxial [ˌju:niˈæksiəl] jednoosý
unicameral [ˌju:niˈkæmərəl] jedno-
komorový
unicellular [ˌju:niˈseljulə] biol. jedno-
buněčný
unicorn [ˈju:niko:n] jednorožec
uni|fication [ˌju:nifiˈkeišən] sjedno-
cení **–fy** [ˈju:nifai] sjednotit
uniform [ˈju:nifo:m] a jednotný,
stejný, stejnoměrný ● s unifor-
ma, stejnokroj ● v uniformovat,
obléci do stejnokroje; sjednotit
–ity [ˌju:niˈfo:məti] jednotnost;
stejnoměrnost; jednotvárnost
unilateral [ˌju:niˈlætərəl] jednostran-
ný
un|imaginable [ˌaniˈmædžinəbl]
nepředstavitelný, nemyslitelný
–impeachable [ˌanimˈpi:čəbl]
bezúhonný, zcela spolehlivý
–important [ˌanimˈpo:tənt] nedů-
ležitý **–improved** [ˌanimˈpru:vd]
nezlepšený o zdraví **–intelligible**
[ˌaninˈtelidžəbl] nesrozumitelný
–intentional [ˌaninˈtenšənl] ne-
úmyslný, bezděčný **–interested**
[ˌ-ˈ] nezajímající se, nezúčastně-
ný, lhostejný **–interrupted** [ˈan-
ˌintəˈraptid] nepřerušený, nepře-
tržitý **–inviting** [ˌaninˈvaitiŋ] ne-

vábný, odpuzující

union [ˈjuːnjən] **1** spojení **2** jednota, sjednocení **3** unie, svaz, konfederace **4** brit. státní vlajka (*U~ Jack*) **5** manželský svazek **6** shoda, soulad **7** dohoda **8** chudinský okres **9** pivní káď ♦ *~ suit* kalhotové kombiné; spodní oděv; *trade ~* odborová organizace

uni|phase [ˈjuːnifeiz] jednofázový **-polar** [ˌjuːniˈpəulə] jednopólový

unique [juːˈniːk] jedinečný

uni|sex [ˈjuːniseks] jsoucí pro muže i ženy **-sexual** [ˌjuːniˈseksjuəl] jednopohlavní, stejný pro muže i ženy

unison [ˈjuːnisn] **1** hud. unisono **2** přen. soulad, harmonie **3** shoda, jednota

unit [ˈjuːnit] **1** jednotka **2** tech. zařízení, agregát ♦ *~ load* jednotkové zatížení **-arian** [ˌjuːniˈteəriən] jednotný, jednotkový, nečleněný

unit|e [juˈnait] spojit (se), sjednotit (se), sloučit (se), srůst **-ed** sjednocený, spojený ♦ *~ front* jednotná fronta; *U~ Kingdom* Spojené království; *U~ States* Spojené státy

unity [ˈjuːniti] **1** jednotnost, jednota **2** soulad, shoda **3** svornost

univalent [juːˈnivələnt] chem. jednomocný

universal [ˌjuːniˈvɜːsl] *a* všeobecný (*~ suffrage* všeobecné volební právo), univerzální, světový ● *s* log. **1** všeobecná propozice **2** všeobecnina, univerzálie **-ity** [ˌjuːnivəˈsæləti] všeobecnost **-ize** [-aiz] zevšeobecnit

univers|e [ˈjuːnivəs] **1** vesmír **2** svět **3** uzavřený systém vědy apod. **-ity** [ˌjuːniˈvɜːsiti] univerzita

un|join [anˈdʒoin] rozpojit **-joint** [anˈdʒoint] rozebrat na články n. dílce **-just** [ˌ-ˈ-] nespravedlivý **-kempt** [anˈkempt] **1** neučesaný, neupravený **2** nehlazený, neleš-

těný **3** zanedbaný, nepořádný

un|knit* [anˈnit] (*-tt-*) rozplést, rozmotat **-knowing** [ˌ-ˈ-] neznalý, nevědomý (*of* čeho) **-known** [ˌ-ˈ-] *a* neznámý ● *s* mat. neznámá (= x) **-lace** [ˌ-ˈ-] rozšněrovat **-lade*** [ˌ-ˈ-] složit náklad, vyložit zboží **-laden** *pp* od *unlade* **-laid** *pt, pp* od *unlay* ● *a* neprostřený **-latch** [ˌ-ˈ-] otevřít (se) **-lawful** [ˌ-ˈ-] nezákonný **-lay*** [ˌ-ˈ-] námoř. rozplést, rozmotat provaz **-learn*** [ˌ-ˈ-] odnaučit se **-learned** [ˌ-ˈ-] neučený, nevědomý **-learnt** *pt, pp* od *unlearn* **-leash** [ˌ-ˈ-] **1** pustit z řemene psa **2** rozpoutat

unless [anˈles] jestliže ne, kdyby ne, ledaže (by), leč (by)

un|lettered [ˌanˈletəd] negramotný, nevzdělaný, neškolený **-like** [ˌ-ˈ-] nepodobný, na rozdíl od **-likely** [-ˈ-] nepravděpodobný **-limber** [-ˈ-] voj. vypřáhnout dělo **-limited** [-ˈ-] neomezený, neohraničený, naprostý **-lined** [ˌ-ˈ-] bez podšívky **-link** [ˌ-ˈ-] rozpojit (se) **-load** [ˌ-ˈ-] **1** složit břímě **2** vylodit **3** vyjmout náboj z pušky **4** obch. prodavat ve velkém, zbavit se akcií **5** vysypat ze sebe, svěřit se **-lock** [ˌ-ˈ-] odemknout **-looked-for** [anˈluktfoː] neočekávaný, nenadálý **-loose** [ˌ-ˈ-] uvolnit **-lucky** [-ˈ-] nešťastný, neblahý, smolařský **-machined** [ˌanməˈʃiːnd] tech. neobrobený, hrubý **-made** *pt, pp* od *unmake* ● *a* neudělaný ap. **-make*** [ˌ-ˈ-] **1** zničit, zmařit **2** odvolat, sesadit **3** změnit **-man** [ˌ-ˈ-] (*-nn-*) **1** učinit nemužným, zženštilým **2** vykleštit **3** zbavit posádky **-mannered** [ˌ-ˈ-] hrubý, nevychovaný **-mask** [ˌ-ˈ-] sejmout (si) masku, odhalit **-meaning** [-ˈ-] bezvýrazný, nesmyslný **-meant** [ˌ-ˈ-] nezamýšlený, neúmyslný **-mistakable** [ˌanmiˈsteikəbl] neklamný, jasný, zřejmý **-mitigated** [-ˈ-] **1** nezmírněný, hrozný; celý **2** úplný, stoprocentní, dokonalý

–moor [ˌ-ˈ] zdvihnout kotvy **–moved** [ˌ-ˈ] nepohnutý, pevný, klidný **–muffle** [ˌ-ˈ] odhalit (se), odmaskovat (se) **–muzzle** [ˌ-ˈ] **1** sundat košík psu **2** zbavit závazku mlčení **–nail** [ˌ-ˈ] zbavit hřebíků, otevřít **–nerve** [ˌ-ˈ] enervovat, ochromit, zdeptat **–noticed** [ˌ-ˈ] nepovšimnutý, přezíraný

un|numbered [ˌanˈnʌmbəd] nečíslovaný, nesčíslný **–objectionable** [ˌanəbˈdžekšənəbl] nezávadný, přijatelný **obtrusive** [ˌanəbˈtru:siv] nevtíravý, nenápadný **–opposed** [ˌanəˈpəuzd] přijímaný bez odporu **–owned** [ˌ-ˈ] nevlastněný, bezprizorný

un|pack [ˌanˈpæk] vy-, roz|balit **–paid** [ˌ-ˈ] nezaplacený, neplacený, bezplatný **–palatable** [-ˈ] nechutný, nepříjemný **–paralleled** [-ˈ] jedinečný, bezpříkladný **–people** [-ˈ] vylidnit **–person** [-ˈ] politická mrtvola **–pick** [-ˈ] rozpárat šaty **–pin** [-ˈ] (-nn-) odšpendlit, uvolnit, odepnout **–plait** [-ˈ] rozplést vlasy **–pleasant** [-ˈ] nepříjemný **–pointed** [-ˈ] **1** bez hrotu **2** bez interpunkce **–political** [ˌanpəˈlitikl] nepolitický **–practised** [-ˈ] necvičený, nevyzkoušený **–precedented** [-ˈ] bezpříkladný, nebývalý **–prejudiced** [-ˈ] nepředpojatý **–premeditated** [ˌanpriˈmediteitid] předem neuvážený, improvizovaný **–prepared** [ˌanpriˈpeədú] nepřipravený **–prepossessed** [anˌpri:pəˈzest] nezaujatý, nepředpojatý **–pretending** [ˌanpriˈtendiŋ], **–pretentious** [ˌanpriˈtenšəs] neokázalý, skromný, nenáročný **–priced** [-ˈ] neoznačený cenou **–principled** [-ˈ] bezzásadový, nemravný **–productive** [ˌanprəˈdaktiv] neproduktivní, nevýnosný **–prompted** [-ˈ] samovolný, neovlivněný **–propitious** [ˌanprəˈpišəs] nepříznivý **–provided** [ˌanprəˈvaidid] neopatřený, nevyzbrojený, nepřipravený

un|qualified [anˈkwolifaid] nekvalifikovaný, neodborný, neoprávněný **–questionable** [-ˈ] nesporný, nepochybný **–quiet** [-ˈ] neklidný, nepokojný, znepokojený

un|raised [anˈreizd] nepovznesený, bez vzletu **–rationed** [anˈræšənd] nejsoucí na příděl, volný **–ravel** [-ˈ] (-ll-) **1** rozmotat, rozplést vlákna **2** rozluštit **–ready** [-ˈ] nepřipravený, nehotový **–real** [-ˈ] neskutečný, zdánlivý **–reason** [-ˈ] nerozum, bláhovost; šílenství; zmatek **–reasonable** [-ˈ] nerozumný, nesmyslný; přemrštěný **–reel** [-ˈ] od-, roz|vinout (se) **–regenerate** [ˌanriˈdženərət] neobrácený, nekající se, hříšný; zatvrzelý **–reined** [-ˈ] bezuzdný **–relenting** [ˌanriˈlentiŋ] nepoddajný, bezcitný; neochabující **–remitting** [ˌanriˈmitiŋ] nepolevující, vytrvalý **–required** [ˌanriˈkwaied] nežádaný, nevyžádaný **–requited** [ˌanriˈkwaitid] neopětovaný o lásce **–reserve** [ˌanriˈzə:v] otevřenost, upřímnost **–rest** [-ˈ] nepokoj, neklid, vzrušení **–restrained** [anriˈstreind] nevázaný, bezuzdný, nespoutaný, živelný **–riddle** [-ˈ] rozluštit, vysvětlit **–righteous** [-ˈ] nespravedlivý, nepoctivý; hříšný, bezbožný **–ripe** [-ˈ] **1** nezralý **2** nedozrálý, nehotový **–rivalled** [-ˈ] nevyrovnaný **–rivet** [-ˈ] roz-, od|nýtovat **–robe** [-ˈ] odstrojit (se) **–roll** [-ˈ] **1** rozvinout (se), rozbalit **2** odvíjet (se) **–root** [-ˈ] vykořenit, vyhladit, vyhubit

un|ruffled [anˈrafld] hladký, klidný, nevzrušený **–ruly** [-ˈ] nepoddajný, svévolný; vzpurný; neovladatelný, divoký

un|saddle [anˈsædl] vyhodit ze sedla, odsedlat **–said** [-ˈ] pt, pp od unsay ● a nevyslovený, nenečený **–say*** [-ˈ] vzít zpět, odvolat výrok **–scalable** [-ˈ] nezlezitelný **–scale**

[-ˈ] zbavit šupin n. kotelního kamene; přen. otevřít oči komu **–schooled** [-ˈ] neškolený, nezkušený **–scramble** [-ˈ] dešifrovat **–screw** [-ˈ] roz-, vy | šroubovat (se) **–scrupulous** [-ˈ] nesvědomitý, bezohledný **–seal** [-ˈ] rozpečetit dopis; přen. rozvázat jazyk **–seam** [-ˈ] rozpárat **–searchable** [-ˈ] nevyzpytatelný **–seasonable** [ˈ-ˌ] nevhodný, nevčasný **–seat** [-ˈ] **1** vyhodit ze sedla **2** sesadit **–seemly** [-ˈ] neslušný **–seen** [-ˈ] neviděný, nespatřený; neviditelný; nepřipravený **–serviceable** [-ˈ] nepoužitelný, neschopný **–settle** [-ˈ] rušit, zviklat (se); rozrušit, zaváhat **–settled** [-ˈ] **1** neusazený, neklidný, pohnutý **2** neobydlený **3** nevyřešený **4** nevyrovnaný **5** nezaplacený **–shackle** [-ˈ] vyprostit z pout, zbavit okovů **–shaken** [-ˈ] neotřesený, neochvějný, pevný **–shapely** [-ˈ] znetvořený **–shaven** [-ˈ] neoholený **–sheathe** [-ˈ] vytáhnout z pochvy, tasit meč **–sheltered** [-ˈ] nechráněný, bez přístřeší **–ship** [-ˈ] (-pp-) **1** odstranit z lodi, vyložit **2** námoř. vyvěsit veslo **–shod(den)** [-ˈ] neokovaný, neobutý **–shorn** [-ˈ] neostříhaný **–shrinkable** [-ˈ] nesrážející se plátno **–shrinking** [-ˈ] neváhající, pevný; nebojácný **–sighted** [-ˈ] nejsoucí v dohledu; bez míření, bez mušky **–sightly** [-ˈ] škaredý, nehezký **–skilled** [-ˈ] necvičený, nezkušený, nekvalifikovaný **–sleeping** [-ˈ] bdělý **–sling*** [-ˈ] **1** sejmout ručnici **2** námoř. uvolnit ze smyčky **–slung** pt, pp od unsling **–solder** [-ˈ] rozletovat, rozpojit **–solvable** [-ˈ] neřešitelný **–sophisticated** [ˌansəˈfistikeitid] **1** nefalšovaný; ryzí, pravý **2** jednoduchý, prostý, nezkušený **–sound** [-ˈ] **1** nezdravý, nemocný, nepříčetný **2** vadný, kazový zboží **3** zlý, špatný člověk **4** chybný, nesprávný, falešný;

nejistý, nespolehlivý **5** nehluboký o spánku **6** zkažený, nahnilý **–sparing** [-ˈ] **1** nemilosrdný **2** štědrý, neomezený **3** neúnavný **–speak*** [-ˈ] odvolat výrok **–speakable** [-ˈ] nevyslovitelný, nevýslovný; nepopsatelně ohavný **–spoke** pt od unspeak **–spoken** pp od unspeak ● a nevyslovený, pouze vyrozumívaný **–stable** [-ˈ] nestalý, nestabilní, vratký, kolísavý, vrtkavý; nepravidelný **–stick*** [-ˈ] odlepit (se), odtrhnout; odpoutat (se) **–stinted** [-ˈ] neomezený, bezvýhradný **–stop** [-ˈ] (pp-) vytáhnout zátku, uvolnit, otevřít **–strap** [-ˈ] (-pp-) odepnout, uvolnit, sejmout řemen, pásek **–string*** [-ˈ] rozvázat, uvolnit, vyvléci ze šňůry **–strung** [-ˈ] ochablý, malátný, nervózní, povolený o nervech; nemající struny **–stuck** pt, pp od unstick **–studied** [-ˈ] nenucený, přirozený **–substantial** [ˌansəbˈstænšl] nehmotný; bezobsažný; křehký, lehký jídlo **–substantiated** [ˌansəbˈstænšieitid] neopodstatněný **–successful** [ˌansakˈsesfəl] neúspěšný **–succoured** [-ˈ] bez přispění **–sure** [-ˈ] nejistý pochybný **–surpassable** [ˌansəˈpa:sbl] nepřekonatelný **–swathe** [-ˈ] sejmout obvaz, vyjmout z plen **–swayed** [-ˈ] neovlivněný **–swear*** [-ˈ] odvolat, odpřisáhnout co **–swerving** [-ˈ] neúchylný, neochvějný **–swore** pt od unswear **–sworn** pp od unswear **–symmetric(al)** [ˌansiˈmetrik(l)] nesouměrný **–sympathetic** [anˌsimpəˈθetik] nesoucítící, bez pochopení, nesympatický

un|tack [anˈtæk] vytáhnout připínáčky n. cvočky z **–tainted** [-ˈ] nepotřísněný, čistý, bezúhonný **–tangle** [-ˈ] rozmotat, vyprostit, vyřešit situaci **–taught** pt, pp od unteach ● a ne(na)učený, přirozený **–teach*** [-ˈ] odnaučit **–tenable** [-ˈ] neudržitelný **–thinking** [-ˈ]

nemyslící, bezmyšlenkovitý **–thought-of** [-ˈ] neočekávaný, netušený **–thread** [-ˈ] **1** vyvléknout nit **2** proklestit si cestu **–thrifty** [-ˈ] nehospodárný **–tie** [-ˈ] (*untying*) rozvázat (se), uvolnit; rozřešit, ujasnit

until [ənˈtil] *–till*

un|timely [ənˈtaimli] *a* **1** časově nevhodný **2** předčasný **3** bezohledný ● *adv* předčasně, nepříhodně

unto [ˈantu] *prep* zast. bás. = *to* (ve všech případech, ne však před infinitivem, kde nemůže nahradit *to*)

un|told [ənˈtəuld] **1** nevyprávěný, neřečený, nevýslovný **2** nesčíslný, nespočetný **–touchable** [-ˈ] nedotknutelný **–touched** [-ˈ] **1** nedotčený, neprozkoumaný **2** neporušený, původní **3** neredigovaný **4** nepředstižený **5** fot. neretušovaný **–tried** [-ˈ] nezkušený, nevyzkoušený; práv. ne(od)souzený **–troubled** [-ˈ] nerušený, klidný **–true** [-ˈ] nepravdivý, lživý, nečestný, nepřesný **–truth** [-ˈ] nepravda, lež, výmysl **–tuck** [-ˈ] popustit sámky, narovnat, rozložit **–tune** [-ˈ] rozladit **–tutored** [-ˈ] neučený, neškolený; prostý, přirozený **–twine** [-ˈ] rozplést (se, rozmotat (se), zrušit **–twist** [-ˈ] rozplést (se), rozmotat (se); zmařit

un|used [ənˈjuːzd] neužitý; [ənˈjuːst] nezvyklý **–usual** [-ˈ] neobvyklý, neobyčejný, zvláštní **–utterable** [-ˈ] nevýslovný

un|vaccinated [ˌənˈvæksineitid] neočkovaný **–valued** [-ˈ] neoceněný, bezvýznamný **–varnished** [-ˈ] nenalakovaný, nepřikrášlený, holý **–veil** [-ˈ] zvednout závoj, odhalit (se), ukázat **–ventilated** [-ˈ] nevětraný **–voiced** [-ˈ] **1** nevyslovený **2** jaz. neznělý

un|warrantable [ənˈworəntəbl] neospravedlnitelný, neudržitelný **–warranted** [-ˈ] nezaručený, ne-

jistý, neospravedlněný **–washed** [-ˈ] nemytý, nepraný **–watered** [-ˈ] nezavodněný, nezalitý, neředěný vodou **–wearying** [-ˈ] neúnavný **–weave*** [-ˈ] rozplést, rozmotat **–wed** *mother* svobodná matka **–weighted** [ˌ-ˈ] nezatížený, nezvážený, neuvážený **–welcome** [-ˈ] nevídaný **–well** [-ˈ] *pred* nezdravý, churavý **–wieldy** [-ˈ] těžkopádný, nepoddajný **–wind*** [ənˈwaind] **1** odvinout (se), odtočit, odmotat, rozmotat **2** sejmout obvaz **3** přen. odvíjet se **–wise** [-ˈ] nemoudrý **–wonted** [-ˈ] nezvyklý **–workable** [-ˈ] nezpracovatelný, nepoužitelný, nefungující; plán neproveditelný **–worthy** [-ˈ] **1** nehodný, nezasluhující si (*of* čeho) **2** nehodný (*of* koho) **3** hanebný, nepěkný **4** bezcenný **–wound** [ənˈwaund] nenatažený, uvolněný **–wove** *pt* od *unweave* **–woven** *pp* od *unweave* **–wrap** [-ˈ] (*-pp-*) rozbalit **–wrought** [-ˈ] **1** nezpracovaný **2** neobrobený **3** surový **–yielding** [-ˈ] tuhý, nepoddajný, neústupný; přen. rozhodný **–yoke** [-ˈ] zbavit (se) jha, osvobodit (se); přen. přestat pracovat

up [ˈap] *a, prep, adv* do, nahoru, vzhůru, nahoře, na; u sloves **1** zcela, vy- (*eat*, drink*, burn*, dry ~* vyjíst, vypít, vypálit, vysušit) **2** na místo (*hang ~*) ♦ *hands ~!* ruce vzhůru!; *tide is coming ~* nastává příliv; *water came ~ to his chin* voda mu vystoupila až k bradě; *he lives ~ to his income* utratí všechen příjem; *be ~ to* stačit na; *~ to this day* až dodnes; *as far ~ as Aberdeen* na sever až do Aberdeenu; *run* ~ to town* zaskočit si do města; *~ the river* proti proudu řeky; *~ the street* ulicí, po ulici nahoru; *corn is ~* obilí je vysoko v ceně; *he ran ~ the hill* běžel do kopce; *stand* / get* ~* vstát; *come* ~* přistoupit; *~ the wind* proti větru; *he is ~* je vzhůru, vstal; *what is ~?* co se stalo?; *he is well ~ in mathematics* vyzná se v matematice; *it is ~ to you* to záleží na vás; *it is not ~ to much* nestojí to za mnoho; *speak* ~* mluvit hlasitě; *it is all ~ with him* je to s ním beznadějné; *be hard ~ for money* být v peněžní tísni; *~ front* 1 upřímný 2 napřed; *~ with* na stejné výši s; *~ with it!* jen do toho!; *~ and down* nahoru a dolů ● s 1 stoupání, svah, vyvýšenina 2 směr nahoru 3 vlak, autobus ap. jedoucí do města n. nahoru 4 stoupnutí cen 5 pl lidé nahoře 6 pl konjunktura ◆ *-s and downs* pohyby nahoru a dolů; střídavé štěstí; zvlněný terén **~-and-coming** [ˌʌpənˈkamiŋ] am. podnikavý, energický

upbraid [ʌpˈbreid] vyčítat, kárat (*with, for* kvůli, pro)

up|bringing [ˈʌpˌbriŋiŋ] výchova **–cast** s 1 vrh, vrhání 2 větrací šachta ● a zdvižený **–country** [-ˈ] a ležící ve vnitrozemí, místní; hanl. venkovský ● s vnitrozemí ● adv do vnitrozemí **–date** [ʌpˈdeit] s nejnovější informace ● v aktualizovat, zmodernizovat **–grade** 1 stoupání, svah 2 výpoč. tech. nahradit novým hardwarem / softwarem **–heaval** [ʌpˈhiːvl] 1 (vy)zdvižení, vzedmutí 2 sociální otřes, hnutí, převrat **–heave** [ʌpˈhiːv] zdvihnout (se), vzdout (se) **–beld** [-ˈ]| pt, pp od uphold **–bill** [-ˈ] s svah, kopec, stoupání ● a vyvýšený, stoupající, namáhavý, pracný **–hold*** [-ˈ] 1 podpírat, nadnášet 2 podporovat, udržovat, pomáhat **–holster** [-ˈ] vy-, čalounovat **–holsterer** [-ˈ] čalouník **–holstery** [-ˈ] 1 čalounictví 2 čalounická práce 3 vycpávka, vypolštářování **–keep** u-, vy|držování, údržba **–land** vysočina **–lift** [ʌpˈlift] v pozdvihnout, povznést, povzbudit; zlepšit ● s [ˈʌplift] 1 zvedání, vyvýšení 2 zlepšení,

zvýšení životní úrovně 3 mravní povznesení (často iron.), moralizování ◆ *~ pressure* vztlak **–manship** vytahování se na někoho **–most** nejvyšší, nejvrchnější

upon [əˈpon] prep v. též on na, nad, v, při, po, o ◆ *~ the day* v ten den; *once ~ a time* kdysi, jednou; *~ his arrival* při jeho příchodu; *~ my honour* na mou čest

upper [ˈʌpə] a vrchní, hořejší (*~ lip, storey* horní ret, patro) ◆ *have / get* the ~ hand* vést, ovládat; *the U~ House* horní sněmovna ● s svršek boty **~-class** týkající se vyšších tříd **~-cut** box. horní rána na bradu **–most** nejhořejší, vrchní

uppity [ˈʌpiti], **uppish** [ˈʌpiš] hovor. domýšlivý, arogantní

upright [ʌpˈrait] a 1 svislý, kolmý, stojatý, přímý 2 [ˈʌprait] poctivý, čestný, spravedlivý ● s 1 kolmost, svislost 2 něco, co stojí zpříma, kolmý sloup, sport. stojan na skok 3 pl kopaná brankové tyče 4 *~ piano* pianino 5 geol. stojatá vrása

upris|e* [ʌpˈraiz] v 1 vstát, povstat 2 stoupat 3 vzniknout 4 vzbouřit se 5 vstát z mrtvých ● s [ˈʌpraiz] 1 stoupání 2 východ slunce 3 svah 4 vznik **–ing** 1 povstání, vzpoura 2 stoupání

uproar [ˈʌproː] vřava, zmatek ◆ *set* in an ~* uvést ve zmatek, pobouřit **–ious** [ʌpˈroːriəs] hlučný, hlomozný; bouřlivý, hurónský

uproot [ʌpˈruːt] vyvrátit z kořene, vykořenit

uprose pt od uprise

upset [ʌpˈset] a 1 zmatený, rozčilený 2 převrácený, převržený, skácený 3 mající žaludeční potíže ● v (-tt-) 1 převrhnout (se), skácet (se) 2 roz-, rušit 3 způsobit nevolnost 4 zvítězit 5 porušit rovnováhu ● s 1 převržení, překocení 2 vzrušení, výstup, zmatek, převrat 3 prohra favorita 4 nevolnost 5 techn. pěchování, pěchovací přístroj

upshot [ˈapʃot] výsledek, konec; závěr

upside [ˈapsaid] vrchní část n. strana **~-down** [-ˈ] vzhůru nohama, naruby (přen.)

upstair [apˈsteə] jsoucí nahoře (v patře), patřící nahoru **-s** [-z] nahoře, nahoru po schodech; do / ve vzduchu, ve výši, do výše

upstanding [apˈstændiŋ] 1 stojící zpříma 2 poctivý, bezúhonný

upstart [ˈapstaːt] povýšenec, zbohatlík

upstate [ˈapsteit] am. ze severní části státu

upstream [apˈstriːm] proti proudu

upstroke [ˈapstrəuk] 1 tah perem nahoru 2 zdvih pístu

upsurge [ˈapsəːdʒ] vzestup (of production výroby)

upswing [ˈapswiŋ] vzestup (in consumption spotřeby)

uptight [ˈaptait] 1 vyděšený 2 nervózní, naštvaný 3 přen. škrobený 4 jsoucí ve finančních nesnázích

up-to-date [ˌaptəˈdeit] dovedený do dneška, současný, moderní, ažúr

uptown [apˈtaun] do města ● a [ˈaptaun] bydlící / ležící v hořejší části města

upturn [apˈtəːn] v obrátit (se) ● s [ˈaptəːn] obrácení, obrat k lepšímu, k vyšším cenám atd.

upvalue [ˈapˈvæljuː] nadhodnotit

upward [ˈapwəd] adv nahoru, vzhůru, nad, přes, nadto ● a směřující n. pohybující se vzhůru **-s** 1 nahoru, vzhůru 2 nahoře 3 více, nadto 4 do vnitrozemí 5 do města

uranium [juˈreinjəm] uran **-ous** [ˈjuərənəs] uranový

urban [ˈəːbən] městský **-e** [əːˈbein] zdvořilý, uhlazený, dvorný **-ity** [əːˈbænəti] zdvořilost, dvornost **-ize** urbanizovat

urchin [ˈəːtʃin] 1 uličník, výrostek 2 zool. mořský ježek

urea [ˈjuəriə] močovina

urethra [juəˈriːθrə] pl též -rae [-riː] močová trubice

urge [əːdʒ] 1 naléhat 2 pobízet, hnát (se) 3 tvrdit, stát na svém 4 namáhat se, usilovat (for o) 5 vést důkazy (against proti) 6 zdůrazňovat **-ency** [ˈəːdʒənsi] naléhavost, nutnost **-ent** naléhavý, nutný

urinal [ˈjuərinl] nádoba na moč; záchodek **-ary** a močový ● s vojenská latrína **-ate** [-neit] močit **-e** [ˈjuərin] moč **-ous** močový

urn [əːn] 1 urna, popelnice 2 přen. hrob 3 samovar, kávostroj

ursine [ˈəːsain] medvědovitý

us [as, s] pron nás, nám ♦ all of ~ my všichni

usability [ˌjuːzəˈbiləti] použitelnost

usage [ˈjuːzidʒ] 1 (po)užívání 2 zvyk, zvyklost; úzus 3 zacházení

usance [ˈjuːzəns] 1 zvyklost, uzance 2 úrok 3 obch. směneční lhůta 4 výnos, zisk, příjem

use [juːz] v 1 po-, užívat, upotřebit 2 spotřebovat 3 jednat, zacházet, chovat se (k) pt: used to [ˈjuːstə] mít ve zvyku ♦ ~ language mluvit sprostě ~ up 1 spotřebovat 2 vyčerpat 3 upotřebit ● s [juːs] 1 užití, používání, upotřebení; funkce 2 zvyk, zvyklost, obyčej, praxe 3 užitečnost 4 práv. výhoda, užitek, výnos 5 obřad(y), liturgie 6 smysl 7 hovor. pochopení ♦ in ~ užívaný, obvyklý; of no ~ neužitečný, nepotřebný; out of ~ zastaralý; make* ~ of upotřebit, užít čeho; have no ~ for nepotřebovat **-d** 1 [juːzd] použitý, ojetý, obnošený 2 [juːst] zvyklý (to čemu) ♦ get* ~ to zvyknout si na ~ up upotřebovaný, použitý; omrzelý **-ful** [ˈjuːsful] 1 užitečný, výhodný, platný 2 hovor. schopný ♦ ~ load užitečné zatížení **-less** [ˈjuːslis] neužitečný, neprospěšný, zbytečný **-r** [ˈjuːzə] 1 po-, uživatel, spotřebitel

2 užívací právo

usher [ˈašə] s **1** uvaděč(ka), biletář(ka) **2** brit. hant. podučitel ● v (~ in) uvádět v divadle

usual [ˈjuːžuəl] obvyklý, obyčejný ◆ as ~ jako obyčejně

usur|er [ˈjuːžərə] lichvář **–ious** [juˈzjuəriəs] lichvářský **–y** [-ri] lichva, lichvářství

usurp [juˈzəːp] násilím uchvátit, uzurpovat **–ation** [juːzəːˈpeišən] uchvácení **–er** uchvatitel, uzurpátor

utensil [juˈtensl] nástroj, nádoba, pl potřeby pro domácnost

uter|us [ˈjuːtərəs], pl -i [-ai] děloha

utilitarian [ˌjuːtiliˈteəriən] utilitářský, prospěchářský **–ism** prospěchářství

util|ity [juˈtiləti] **1** užitečnost, užitek **2** štěstí, blaho **3** pl am akcie podniků poskytujících veřejné služby (elektř., plyn., vod.) ◆ ~ goods jednotné zboží; public -ies podniky poskytující veřejné služby **–ize** [ˈjuːtilaiz] zužitkovat, využít, upotřebit; zpracovat

utmost [ˈʌtməust] a **1** nejzazší, nejvzdálenější, krajní **2** nejvyšší, největší ● s nejvyšší míra, stupeň, vrchol ◆ do* one's ~ všemožně se přičinit, udělat vše, co je v lidských silách

Utopia [juːˈtəupjə] utopie **–n** utopistický

utri|cle [ˈjuːtrikl] váček **–cular** [juːˈtrikjulə] váčkov|ý, -itý

utter [ˈʌtə] a **1** úplný, naprostý **2** konečný, bezvýjimečný, bezvýhradný **3** dokonalý **4** čirý, holý ● v **1** vyjádřit, vyslovit, pronést **2** odhalit **3** dát do oběhu (money peníze) **–ance** [ˈʌtərəns] **1** projev, promluva **2** výslovnost, dikce **3** výkřik **4** dávání do oběhu **–ly** úplně, naprosto, zcela **–most** [ˈʌtəməust] nejzazší

uvul|a [ˈjuːvjulə] čípek **–ar** čípkový, uvulární

uxorious [ʌkˈsoːriəs] oddaný své manželce; jsoucí pod pantoflem

V

V, v [ˈviː] **1** písmeno v **2** am. hovor. pětka pětidolarovka

vac [ˈvæk] hovor. zkr. **1** = vacation prázdniny **2** vacuum cleaner lux

vac|ancy [ˈveikənsi] **1** volné místo **2** uprázdnění **3** volný pokoj v hotelu **4** nezastavěná parcela, proluka **5** prázdnota, vakuum **6** bezmyšlenkovitost **7** mezera **–ant** [-ənt] **1** prázdný; přen. bezvýrazný; tupý, nečinný **2** volný, uprázdněný; neobsazený, neobydlený

vacat|e [vəˈkeit] **1** uprázdnit, uvolnit (se) **2** vyklidit; vyprázdnit **3** zrušit **4** vzdát se (úřadu) **–ion** [-šən] **1** uprázdnění, uvolnění; odchod (of office z úřadu) **2** prázdniny (the long ~ velké p.) **3** am. dovolená, volno, prázdno **–ionist** [-šnist] am. kdo je na dovolené, rekreant

vaccin|e [ˈvæksiːn] vakcina, očkovací látka **–ate** [-ineit] očkovat **–ation** [ˌvæksiˈneišən] očkování

vacillat|e [ˈvæsileit] **1** kolísat **2** váhat **–ion** [ˌvæsiˈleišən] **1** váhání, váhavost, nerozhodnost **2** kolísání

vacu|ous [ˈvækjuəs] **1** prázdný; bezvýrazný, tupý, planý **2** (vzducho) prázdný **–um** [-əm], pl -ums [-əmz] n. -a [-ə] **1** vakuum, vzduchoprázdno **2** pl -ums hovor. vysavač ◆ ~ bottle = ~ flask; ~ cleaner vysavač; ~ fan ventilátor; ~ flask termoska; ~ pump vývěva; ~-tube elektronka

vagabond [ˈvægəbənd] a potulný, tulácký, toulavý, bludný ● s **1** tulák, poběhlík, vagabund **2** hovor. flákač, flink, povaleč ● v hovor. potloukat se, potulovat se

vagary [ˈveigəri] rozmar, vrtoch, nesmyslný nápad

vagin|a [vəˈdžainə] též -ae [-iː] anat.

pochva, vagina

vagr|ancy [ˈveigrənsi] **1** potulování, potulka **2** tuláci, pobudové **3** rozmar **4** přen. roztěkanost, duševní neklid **–ant** [-ənt] *a* **1** potulný, bludný; kočující; stěhovavý pták **2** rozmarný, vrtkavý ● *s* tulák, pobuda

vague [ˈveig] **1** nejasný, nezřetelný **2** neurčitý, obecný, mlhavý, vágní **3** povrchní

vain [ˈvein] **1** zbytečný, marný **2** nepodstatný **3** prázdný, lichý **4** domýšlivý, pyšný (*of* na) ♦ *in* ~ marně, nadarmo **–glorious** [ˌ-ˈglo:riəs] **1** zpupný **2** chvástavý, chlubivý **–glory** [-ˈglo:ri] **1** domýšlivost, marnivost **2** okázalost

valance [ˈvæləns] krajková záclonka, draperie

vale[1] [ˈveil] údolí ♦ *this* ~ *of tears* toto slzavé údolí

vale[2] [ˈveili] vale, sbohem **–diction** [ˈvæliˈdikʃən] rozloučení, slovo na rozloučenou

valence, –y [ˈveiləns(i)] chem. mocenství, valence

valentine [ˈvæləntain] **1** valentinka milostné n. žertovné psaníčko n. pohlednice poslaná na den sv. Valentina, 14. února **2** vyvolený, milý

valerian [vəˈliəriən] bot. kozlík lékařský

valet [ˈvælit, am. væˈlei] *s* komorník, sluha ● *v* obsluhovat, být komorníkem; starat se o obleky

valetudinar|ian [ˌvælitjuːdiˈneəriən] *a* **1** churavý, neduživý **2** hypochondrický ● *s* **1** invalida **2** rekonvalescent **3** hypochondr **–y** [-ˈtjuːdinəri] churavý, stonavý, neduživý

valiant [ˈvæljənt] statečný, udatný

valid [ˈvælid] **1** platný; právoplatný **2** oprávněný, odůvodněný, přesvědčivý **3** pevný (*health* zdraví) **4** zast. mocný, silný **–ate** [-eit] **1** potvrdit, uznat platným, ratifikovat, legalizovat **2** ověřit (si) **–ity**

[vəˈlidəti] platnost ♦ *of* (*no*) ~ (ne)platný

valise [vəˈliːz] (cestovní) taška; torna u sedla

valley [ˈvæli] **1** údolí **2** úžlabí střechy

valor|ize [ˈvæləraiz] zhodnotit, valorizovat **–ous** [-əs] srdnatý, chrabrý

valour [ˈvælə] bás. chrabrost, srdnatost

valu|able [ˈvæljuəbl] *a* cenný, hodnotný; drahocenný ● *s* obyč. pl cennosti, šperky, cenné papíry **–ation** [ˌ-ˈeišən] ocenění, o-, hodnocení, odhad **–ator** [-eitə] **1** odhadce **2** výpoč. tech. valuátor vstupní zařízení s číselnou hodnotou

value [ˈvæljuː] *s* cena; hodnota ♦ *of no* ~ bezcenný ● *v* **1** o-, hodnotit, o-, cenit **2** cenit si (*at* za) **–less** [-juːlis] bezcenný

valve [ˈvælv] **1** záklopka, ventil **2** elektronka; výbojka **3** anat. chlopeň srdce

vamose [vəˈməus], **vamoose** [vəˈmuːs] am. slang. zmiznout, plavat

vamp [ˈvæmp] *s* **1** svršek, am. nárt boty **2** příštipek, záplata **3** slátanina **4** hud. improvizovaný doprovod, krátká předehra / mezihra **5** hovor. vamp, žena-upír, svůdnice ● *v* **1** dát nový svršek na obuv, příštipkovat, flikovat **2** hud. improvizovat doprovod **3** hovor. svádět **4** vycucat si z prstu **– up** **1** slátat, slepit, dát dohromady ze starého nové **2** hud. improvizovat doprovod

vampire [ˈvæmpaia] **1** upír; přen. vydřiduch **2** též ~ *bat* zool. vampýr netopýr **3** div. malé propadliště

van [ˈvæn] *s* **1** předvoj; avantgarda **2** uzavřený vůz, dodávka; stěhovací vůz nákladní **3** maringotka **4** promývací lopata **5** promývání rudy (na lopatě) ♦ *delivery* ~ brit. dodávkov|ý vůz, -é auto; *furniture* ~ stěhovací / nábytkový vůz; *goods* ~ žel. krytý nákladní vůz, lid. hytlák; *guard's* ~ služební vůz;

lead* _the_ ~ jít, táhnout v čele; _luggage_ ~ brit. zavazadlový vůz ● _v_ (-_nn_-) **1** dopravovat stěhovacím vozem **2** promývat (na lopatě)

vandal [ˈvændəl] vandal **-ic** [vænˈdæ-lik] vandalský **-ism** [-izəm] vandalství

vane [ˈvein] **1** korouhvička **2** větrník, -ička **3** lopatka turbíny, vrtule **4** křídlo větrného mlýna **5** průzor, vizírka **6** prapor ptačího pera **7** pero šípu

vanguard [ˈvænɡɑːd] předvoj, avantgarda

vanilla [vəˈnilə] bot. vanilka

vanish [ˈvæniš] **1** z-, vy-, mizet; pominout; rozplynout se, vyprchat; vyblednout **2** mat. dát jako zbytek nulu ◆ -_ing cream_ pleťový krém; -_ing point_ úběžník

vanity [ˈvænəti] **1** marnost, malichernost **2** domýšlivost, ješitnost, kniž. marnivost ◆ ~ _bag_ taštička s toaletními potřebami

vanquish [ˈvæŋkwiš] **1** porazit, přemoci koho **2** zvítězit, vyhrát nad **3** přen. potlačit

vantage [ˈvɑːntidž] = _advantage_ výhoda **--ground** výhodné postavení

vapid [ˈvæpid] **1** pivo zvětralý, vyčichlý **2** nudný, prázdný

vapor|ization [ˌveipəraiˈzeišən] vypařování **-ize** [ˈveipəraiz] vypařovat, -it (se), pro-, měnit (se) v páru **-izer** [-raizə] odparka, odpařovák, výparník; karburátor **-ous** [-əs] **1** výparový, plný páry; mající povahu páry **2** mlhavý, pokrytý oparem

vapour [ˈveipə] s **1** pára, vodní pára **2** výpar **3** aerosol **4** výmysl, přelud, fantazie ● v **1** vypař|ovat, -it (se) **2** naparovat se, chvástat se, nafukovat se **-y** [-ri] mlžný, mlhavý; zamlžený

vari|able [ˈveəriəbl] a **1** pro-, měnlivý; nestálý, kolísavý **2** obyč. odb. proměnný **3** meteor. proměnlivý **4** tech. nastavitelný, regulovatelný ◆ ~ _capital_ variabilní kapitál; ~ _quantity_ proměnná veličina ● _s_ proměnná (veličina, hvězda) **-ance** [-əns] **1** změna, variace; kolísání **2** od-, ú|chylka, rozdíl, různost, diference **3** rozpor, neshoda, hádka, spor ◆ _at_ ~ (_with_) v neshodě, v rozporu s **-ant** [-ənt] a různý, odlišný ● s varianta **-ation** [ˌ-ˈeišən] **1** změna, kolísání; střídání (_in_ čeho) **2** úchylka, výkyv; různost, variace **-colour-ed** [ˈ-ˌkaləd] různo-, pestrobarevný **-ed** [-d] **1** rozmanitý, rozličný, různý **2** odlišný **3** pestrý; změněný, proměnlivý

varicella [ˌværiˈselə] med. plané neštovice

varicose [ˈværikəus] med. varikózní, městkový ◆ ~ _ulcer_ bércový vřed; ~ _veins_ křečové žíly

variegate [ˈveəriɡeit] zpestřit, obohatit **-d** [-id] pestrý, různo-, pestro|barevný

vari|ety [vəˈraiəti] **1** rozmanitost; mnohotvárnost **2** různost, rozdíl **3** druh; odb. odrůda, varieta **4** varieté ◆ a ~ _of_ (_reasons_) různé (důvody); am. ~ _store_ jednotkový obchod; ~ _show_ varietní představení, estráda **-form** [ˈveərifoːm] různotvarý **-ous** [-əs] **1** různý, rozmanitý, rozličný **2** pestrý, různobarevný **3** jednotlivý, některý **4** pro-, měnlivý **-ous-purpose** univerzální stroj

variola [vəˈraiələ] med. pravé neštovice

varix [ˈveəriks] obyč. pl -_ices_ [ˈværi-siːz] med. žilní městky

varlet [ˈvɑːlit] hist. páže, sluha

varmint [ˈvɑːmint] nář. n. am.**1** škodná **2** vulg. havěť, chamraď; neřád **3** žert. rošťák

varnish [ˈvɑːniš] s **1** fermež, lak; nátěr **2** přen. lesk; dojem, vzhled **3** uhlazenost **4** am. rychlíkový autobus, zrychlený vlak ● v **1** na-, fermežovat n. lakovat **2** přen. dodat lesku, postavit do příznivého světla; zastřít

varsity [ˈvaːsiti] hovor. = *university*

vary [ˈveəri] **1** z-, měnit (se) **2** kolísat; střídat (se) **3** lišit se, odchylovat se, různit se (*from* od)

vascular [ˈvæskjulə] **1** cévní **2** cévnatý

vase [vaːz] váza

vaseline [ˈvæsiliːn] vazelína

vassal [ˈvæsəl] **1** vazal **2** poddaný **3** bás. otrok **–age** [-idž] **1** vazalství **2** přen. otroctví

vast [vaːst] **1** ohromný, nesmírný **2** širý, rozsáhlý, rozlehlý

vat [væt] káď, sud; vana

vaticination [ˌvætisiˈneišən] **1** proroctví, věštba **2** věštění

vaudeville [ˈvəudəvil] **1** vaudeville veselohra se zpěvy a tanci **2** am. varieté, estráda

vault [vɔːlt] s **1** klenba **2** sklepení; sklep **3** trezor **4** hrobka **5** přeskok ● v **1** s-, pře-, za-, klenout (se) **2** přeskočit **–ing** [-iŋ] **1** klenutí **2** přeskakování ◆ ~ *horse* těl. kůň nářadí

vaunt [vɔːnt] v chlubit se, chvástat se (*of* čím, over nad) ● s chlubení, chvástání

've [v] = *have*

veal [viːl] telecí maso

vector [ˈvektə] s odb. vektor; průvodič ● v navádět letadlo

vedette [viˈdet] jízdní hlídka

veer [viə] v **1** o-, stáčet se, měnit směr **2** přen. točit se, měnit se **3** popouštět (lano) ● s obrat, o-, točení

vegan [ˈviːgən, viːdžən] vegetarián

veget|able [ˈvedžitəbl] s **1** obyč. pl zelenina **2** rostlina ● a rostlinný **–al** [-tl] **1** rostlinný **2** zeleninový, zelinářský **–arian** [ˌvedžiˈteəriən] s vegetarián ● a vegetářský, vegetariánský **–ate** [-teit] **1** živořit, vegetovat **2** růst **–ation** [ˌvedžiˈteišən] **1** rostlinný život, růst **2** rostlinstvo, vegetace **3** přen. vegetování **–ative** [-tətiv] **1** rostlinný, vegetační **2** růstový, vegetativní (i přen.)

vehemen|ce [ˈviːiməns] **1** prudkost, vehemence **2** zápal **3** úpornost **–t** [-t] **1** prudký, vehementní **2** mohutný, silný **3** úporný **4** vášnivý, živý

vehicle [ˈviːikl] **1** dopravní prostředek, vůz, auto **2** pojidlo **3** fyz. nosič **4** med. přísada, vehikulum ◆ *space* ~ kosmická loď

veil [veil] s **1** závoj **2** círk. velum, rouška **3** círk. opona **4** přen. pláštík ◆ *take* * *the* ~ vstoupit do kláštera ● v **1** zahalit (se); zastřít **2** nosit závoj **–ing** [-iŋ] **1** závojovina **2** záclona, závěs **3** závoj, clona **4** zahalení, zastření

vein [vein] **1** žíla **2** žilka i přen. žilkování, vlákno dřeva **3** způsob, ráz **4** povaha, rys **5** talent **6** nálada, dobrá kondice ◆ *I am not in the* ~ *for it* nemám na to náladu **–ed** [-d] **1** žilkovaný **2** žilnatý **–ing** [-iŋ] žilkování **–y** [-i] **1** žilnatý **2** žilkovaný

velar [ˈviːlə] fon. a zadopatrový, velární ● s zadopatrová hláska, velára

vellum [ˈveləm] **1** pergamen jemný **2** velín

veloci|pede [viˈlosipiːd] zast. velociped **–ty** [-ti] rychlost

velours [vəˈluə] **1** velur; -ový klobouk **2** samet; aksamit

velum [ˈviːləm], pl *vela* [viːlə] anat. měkké patro

velvet [ˈvelvit] samet; aksamit **–een** [ˌ-ˈtiːn] **1** bavlněný samet, velvet, manšestr **2** pl manšestrovky, přen. zelenokabátník hajný **–y** [-ti] sametový, též přen.

venal [ˈviːnl] prodejný, úplatný; zkorumpovaný **–ity** [viːˈnæləti] prodejnost, úplatnost; zkorumpovanost

vend [vend] obyč. práv. prodávat v drobném ◆ *-ing machine* prodejní automat **–er** [-ə] **1** prodavač obyč. pouliční **2** prodejní automat **–or** [-ɔː] **1** práv. a am. prodávající; prodavač **2** prodejní automat

vendetta [venˈdetə] krevní msta,

vendeta

veneer [vɪˈnɪə] s **1** dýha, fornýr **2** obklad zdi **3** přen. pozlátko ● v **1** dýhovat **2** obkládat **3** přen. zatušovat vadu

vener|able [ˈvenərəbl] **1** ctihodný, úctyhodný **2** posvátný **3** starobylý **–ate** [-reit] ctít, uctívat **–ation** [ˌvenəˈreišən] **1** úcta (of, for k) **2** ctění, uctívání **–ator** [-reitə] ctitel

venereal [vɪˈnɪərɪəl] venerický, pohlavní (disease nemoc)

Venetian [vɪˈniːšən] a benátský ♦ ~ blind žaluzie ● s Benátčan

Venezuel|a [ˌvenəˈzweilə] Venezuela **–an** [-ən] a venezuelský ● s Venezuelan

venge|ance [ˈvendžəns] pomsta, msta ♦ take* ~ on a p. po-, mstít se komu; with a ~ hovor. ažaž, až dost **–ful** [-ful] **1** pomstychtivý **2** mstivý; mstící se

venial [ˈviːnjəl] odpustitelný, lehký hřích

Venice [ˈvenis] Benátky

venison [ˈvenzn] zvěřina

venom [ˈvenəm] jed, přen. jedovatost, zloba **–ous** [-əs] jedovatý; nenávistný

venous [ˈviːnəs] **1** žílový, žilní (blood krev) **2** žilnatý **3** žilkovaný (leaf list)

vent [ˈvent] s **1** otvor, díra **2** průchod; ventil, ventilace **3** průduch plynu **4** jícen; ústí **5** řitní otvor ryb apod. **6** zápalný otvor děla **7** rozparek ♦ find* ~ ventilovat, nalézt průduch (in v, for pro); give* ~ dát průchod (to čemu) ● v **1** opatřit n. unikat průduchem **2** dát průchod (at čemu) **3** ulevit (one's heart srdci, o.s. si) **4** projevit (itself se) **5** vylít si (hněv on, at na) **6** ústit

ventilat|e [ˈventileit] **1** pro-, vy-, větrat, ventilovat **2** okysličovat krev **–ion** [ˌ-ˈleišən] **1** pro-, vy-, větrání, ventilace **2** přen. ventilování (of a question otázky) **–or**

[-leitə] větrák, ventilátor

ventral [ˈventrəl] odb. břišní

ventricle [ˈventrikl] komora mozková, srdeční

ventriloquist [venˈtriləkvist] břichomluvec

ventur|e [ˈvenčə] s **1** odvážný / riskantní / hazardní podnik **2** riziko, sázka **3** zř. náhoda ♦ at a ~ nazdařbůh; joint ~ společný podnik se zahraniční účastí ● v **1** riskovat, dát v sázku **2** odvážit se, troufat si (on na); dovolit si, zkusit (at, on co) **3** spekulovat **–esome** [-səm] odvážný; hazardní, riskantní **–ous** [-rəs] am. venturesome

venue [ˈvenju:] práv. místo činu, konání čeho **2** práv. příslušný soud ♦ change the ~ změnit projednávací soud

Venus [ˈviːnəs] Venuše

veraci|ous [vəˈreišəs] pravdomluvný, pravdivý; poctivý, upřímný **–ty** [-ræsəti] pravdomluvnost, pravdivost, pravda

veranda(h) [vəˈrændə] veranda

verb [ˈvə:b] gram. sloveso

verbal [ˈvə:bl] **1** slovní; hanl. slovíčkářský **2** ústní **3** doslovný **4** textový **5** jaz. slovesný **–ism** [-bəˈlizəm] slovíčkářství, verbalismus **–ize** [-bəlaiz] **1** vyjádřit slovy, formulovat **2** jaz. verbalizovat (se), změnit ve sloveso

verbal noun gram. podstatné jméno slovesné

verbatim [vəˈbeitim] adv doslovně, slovo za slovem ● a doslovný

verbiage [ˈvə:biidž] mnohomluvnost, záplava slov

verbos|e [vəˈbəus] mnohomluvný, verbalistický **–ity** [-osəti] mnohomluvnost, verbalismus

verd|ancy [ˈvə:dənsi] **1** zeleň **2** přen. zelenost, nezkušenost, nezralost **–ant** [-ənt] **1** zelený; zelenající se **2** přen. nezkušený, nezralý

verdict [ˈvə:dikt] **1** práv. rozsudek,

výrok (porotců) **2** mínění, názor

verdigris ['və:digris] měděnka **–ed** [-t] pokrytý měděnkou

verdure ['və:džə] zeleň **–less** [-lis] jsoucí bez zeleně

verg|e ['və:dž] s **1** o-, po-, kraj **2** obruba záhonu **3** okruh, obvod, okrsek **4** místo, prostor **5** hist. berla, hůl jako symbol **6** vřeteno; přen. vřetenky, špindlovky hodinky ♦ ~ of life sklonek života; on the ~ of na pokraji čeho ● v **1** hraničit, sousedit (on s), nemít daleko (do) **2** být na pokraji (on čeho) **3** táhnout se, sklánět se **4** předcházet (on, into v) **–er** [-ə] **1** berlonoš, pedel **2** uvaděč v kostele, kostelník

veri|fication [ˌverifi'keišən] **1** ověření, verifikace **2** přezkoušení, prověrka **–fy** ['verifai] **1** ověřit (si), potvrdit **2** přezkoušet, prošetřit, prověřit **–ly** [-li] vpravdě

verisimil|ar [ˌveri'similə] pravděpodobný **–itude** [ˌ-si'militju:d] pravděpodobnost

verit|able ['veritəbl] opravdový, pravdivý; pravý, skutečný **–y** [-i] **1** pravda, pravdivost, skutečnost **2** věrnost

vermeil ['və:meil] a rumělkový ● s **1** rumělka **2** pozlacené stříbro n. bronz ● v zruměnit

vermicelli [ˌvə:mi'seli] dlouhé vlasové nudle

vermicul|ar [və:'mikjulə] červovitý **–ation** [ˌvə:mikju'leišən] **1** červovitý pohyb, kroucení **2** ozdoba **3** napadení červy, červotočina

vermilion [və'miljən] rumělka

vermin ['və:min] obyč. sg = pl **1** obtížný, drobný hmyz, havěť, škodná, škůdci **2** přen. chamraď, lůza, verbež, sebranka

vermouth ['və:məθ] vermut

vernacular [və'nækjulə] a **1** jazyk domácí, rodný, místní **2** nářeční, dialektický ● s **1** jazyk. mateřský, národní, místní **2** nářečí, dialekt **3** lidový / hovorový jazyk

vernal ['və:nl] jarní **–ization** [ˌ-nəlai'zeišən] jarovizace **–ize** ['və:nə-laiz] jarovizovat obilí

vernier ['və:njə] tech. nonius

veronica [vi'ronikə] bot. rozrazil

versatil|e ['və:sətail] **1** vše-, mnoho|stranný; přizpůsobivý **2** proměnlivý; vrtkavý **3** odb. otočný **–ity** [ˌ-'tiləti] **1** vše-, mnoho|strannost; přizpůsobivost **2** pro-, měnlivost; vrtkavost **3** odb. otáčivost

vers|e ['və:s] s **1** verš **2** poezie ● v z-, veršovat **–ed** [-t] zkušený, zběhlý, verzírovaný **–ification** [ˌ-ifi'keišən] **1** veršování **2** metrum, versifikace **–ify** [-ifai] z-, básnit; z-, veršovat

version ['və:šən] **1** převod, překlad **2** verze, znění; redakce **3** med. obrácení dělohy, plodu

verso* ['və:səu] **1** zadní strany listu; rub mince **2** levá stránka knihy

versus ['və:səs] proti, versus

vert [və:t] s **1** konvertita, odpadlík **2** lesní porost ● v odpadnout od víry, konvertovat

vertebr|a ['və:tibrə] pl **-ae** [-i:] **1** obratel **2** pl páteř **-al** [-əl] obratlový, páteřní ♦ ~ column odb. páteř **-ate** [-ət] a **1** mající obratle, páteř, patřící mezi obratlovce **2** přen. organický, dobře vystavěný ● s pl **-a** [ˌ-'bra:tə] obratlovec

vert|ex ['və:teks], pl **-ices** [-isi:z] **1** vrchol **2** temeno **3** hvězd. nadhlavník, zenit **4** krajní uzel teorie grafů **-ical** [-ikl] a **1** svislý, vertikální; stojatý **2** vrcholový ● s **1** svislice, vertikála **2** svislá rovina **3** vertikální kruh teodolitu **4** výškový / vrcholový úhel

vertig|o* ['və:tigəu] med. závrať **-inous** [-'tidžinəs] **1** otáčivý, točivý **2** závraťový, působící závrať **3** závratný

vervain ['və:vein] bot. sporýš lékařský

verve ['və:v] verva, zápal, elán

very ['veri] adv, a **1** velmi, hovor. moc **2** právě; hned **3** dokonalý, úplný, skutečný **4** pravý, samý; i ♦ *in the ~ act of doing* právě když dělal; *at the ~ beginning / end* na samém začátku / konci; *the ~ best thing you can do to* nejlepší, co můžete udělat; *in ~ deed* doopravdy, opravdu; *~ much* (used) velmi (užívaný); *the ~ next* hned příští; *my ~ own* zcela můj vlastní; *the ~ same* právě týž, stejný; *in ~ truth* skutečně, opravdu; *this ~* tento samý, právě tento; *~ well* velmi dobře, no tak tedy dobře

vesicate ['vesikeit] med. tvořit / působit / puchýř(e), puchýřovatět

vesicle ['vesikl] odb. **1** váček; měchýřek **2** puchýřek **3** dutina

vesper ['vespə] **1** *V~* Večernice **2** pl nešpory **3** pl večerní modlitba, klekání **–tine** [-tain] odb. večerní

vespiary ['vespiəri] vosí hnízdo

vessel ['vesl] **1** nádoba **2** plavidlo, loď; letadlo ♦ *blood -s* krevní cesty; *the weaker ~* přen. křehká nádoba žena; *~ of wrath* přen. nádoba hněvu

vest ['vest] *s* **1** nátělník, tričko **2** am. pánská vesta, dámská vestička **3** živůtek **4** hist. kazajka **5** círk. roucho ● *v* **1** udělit, svěřit, propůjčit **2** bás. odít (se) ♦ *-ed interest / right* nezadatelné právo **–ee** [-'ti:] vestička **~-pocket** kapesní, malý

vestibule ['vestibju:l] **1** vestibul, chrámová předsíň **2** am. plošina vagónu **3** med. vestibulum ♦ *~ train* am. = *corridor train*

vestige ['vestidž] stopa, pozůstatek

vestment ['vestmənt] roucho; háv, hábit; círk. ornát

vestry ['vestri] **1** sakristie **2** kaple, učebna, konferenční sál při kostele **3** schůze anglikánské farní rady ♦ brit. *general / common ~* schůze farní; *select ~* schůze farní rady **~-book** farní matrika **~-clerk** brit. účetní farnosti **–man*** člen farní rady, starší

vestur|e ['vesčə] **1** práv. porost mimo stromy **2** práv. výnos pastvin

vet ['vet] *s* **1** hovor. zvěrolékař, veterinář **2** am. = *veterán* ● *v* (-*tt*-) **1** jít k zvěrolékaři **2** (dát se) prohlédnout; prohlédnout a vyspravit **3** přečíst, posoudit redakčně **4** prozkoumat, prošetřit

vetch ['več] bot. vikev, hrachor

veteran ['vetərən] **1** brit. vysloužilec, veterán **2** am. demobilizovaný voják

veterinar|ian [ˌvetəri'neəriən] = *veterinary* **s –y** ['vetərinəri] *a* zvěrolékařský, veterinářský ● *s* zvěrolékař, veterinář

veto ['vi:təu] *s* veto ♦ *~ power* právo veta; *put* / place / set* a ~ on* vetovat co ● *v* **1** vetovat; vznést námitku **2** zakázat

vex ['veks] **1** soužit (se), trápit (se); obtěžovat; hovor. otravovat, dožírat **2** pronásledovat, šikanovat **3** mrzet se, zlobit se (*with* na koho) **4** dráždit **5** přetřásat (*a question* otázku) **–ed** [-t] rozmrzelý (*at* čím) ♦ *~ question* sporná otázka

vexati|on [vek'seišən] **1** trápení, soužení **2** pronásledování, šikanování **3** mrzutost, rozmrzelost, roztrpčenost **–ous** [-əs] **1** nepříjemný, otravný **2** nesnesitelný člověk **3** práv. kverulantský

via ['vaiə] cestující přes, via

viable ['vaiəbl] životaschopný

viaduct ['vaiədəkt] viadukt

vial ['vaiəl] nádobka, fióla ♦ *pour out -s of wrath* hovor. vylít si zlost (*on* na)

viands ['vaiəndz], pl potraviny; lahůdky

viaticum [vai'ætikəm] **1** círk. viatikum **2** cestovné **3** potraviny na cestu

vibrant ['vaibrənt] **1** chvějící se, kmitající, vibrující **2** hud. kmitající; zvučný, sytý **3** přen. kypící, pulzující **4** vervní, energický

vibraphone ['vaibrəfəun] vibrafon

vibrat|e [vai'breit] **1** chvět se, třást se **2** fyz. roz-, kmitat (se), vibrovat

3 kývat, komíhat 4 rozechvívat 5 prochvívat (*through* čím), pronikat (*to* do) 6 hud. znít, rezonovat 7 odměřovat čas 8 vysílat chvění 9 střásat beton **–ing** [-tiŋ] 1 vibrační 2 kmit|ající, -avý, -ací **–ion** [-šən] 1 chvění, otřásání 2 fyz. kmitání, vibrování 3 kývání 4 kmit; kyv; otřes; záchvěv 5 kolísání **–ional** [-šənl] vibrační ♦ ~ *number* kmitočet **–ory** [ˈvaibrətəri] vibrační; chvějivý; kmitavý, kývavý

viburnum [vaiˈbaːnəm] bot. kalina

vicar [ˈvikə] vikář, farář ♦ V~ of Christ náměstek Kristův papež; V~ General generální vikář **–age** [-idž] fara, vikářství

vicari|ate [vaiˈkeəriət] vikariát, vikářství **–ous** [-əs] zástupný, zastupitelský; pověřený

vice[1] [ˈvais] s 1 neřest, zlořád 2 zlozvyk, nectnost 3 chyba, vada, kaz 4 prostituce 5 svěrák • v upnout (do svěráku)

vice[2] [ˈvais] s hovor. ~-chancellor, ~-president apod. náměstek, zástupce • prep [ˈvaisi] na-, místo ♦ ~ versa [ˌvaisiˈvəːsə] naopak, obráceně **~-admiral** [ˌvaisˈædmərəl] viceadmirál **~-chairman*** [ˌ-ˈ-] místopředseda **~-chancellor** [ˌ-ˈ-] vicekancléř, rektor univerzity **~-governor** [ˌ-ˈ-] místoguvernér **~-president** [ˌ-ˈ-] viceprezident; místopředseda **~-regal** [ˌ-ˈ-] místokrálovský **~-roy** [ˈvaisroi] místokrál

vicin|age [ˈvisinidž] 1 (nejbližší) okolí; sousedství 2 blízkost 3 sousedstvo **-ity** [viˈsinəti] 1 blízkost 2 okolí; sousedství (to, with čeho)

vicious [ˈvišəs] 1 zpustlý, nemravný, neřestný, hříšný; zvrácený 2 zlomyslný, zlý 3 nechvalný (habit zvyk) 4 chybný, vadný 5 zkažený vzduch, voda ♦ ~ circle začarovaný / bludný kruh

vicissitude [viˈsisitjuːd] 1 proměnlivost 2 pl změny osudu, střídavé

štěstí 3 zast. bás. (pravidelné) střídání

victim [ˈviktim] oběť ♦ fall* a ~ to a t. stát se obětí čeho **–ization** [ˌ-aiˈzeišən] 1 obětování 2 pronásledování **–ize** [-aiz] 1 obětovat 2 pas. být obětí (by koho); být pronásledován (kým) 3 pronásledovat, šikanovat 4 podvést, oklamat

victor [ˈviktə] vítěz

Victori|a [vikˈtoːriə] Viktorie **–an** [-ən] a viktoriánský • s viktoriánec **–anism** [-ənizəm] viktoriánství, upjatost a prudérie

victor|ious [ˈvik toːriəs] vítězný **–y** [ˈviktəri] vítězství ♦ fain a ~ over zvítězit nad

victual [ˈvitl] s 1 zast. n. nář. jídlo; pokrm 2 pl nář. n. hovor. potraviny • v (-ll-) 1 zásob|it, -ovat potravinami (o.s. se) 2 nakládat zásoby potravin 3 zast. stravovat se **–ler** [-ə] 1 dodavatel 2 hospodský 3 zásobovací loď

video [ˈvidiəu] am. obrazový; televizní ♦ ~ cartridge / cassette videokazeta • am. televize, video; videokazeta **–player** [ˈ-ˌpleiə] videopřehrávač **–tape** [-teip] videopásek

vie [ˈvai] (vying) závodit, soutěžit

Vienn|a [viˈena] Vídeň **–ese** [ˌviəˈniːz] a vídeňský • s pl = sg 1 Vídeňák 2 vídeňský dialekt

Vietnam [ˌvjetˈnæm] Vietnam **–ese** [ˌvjetnəˈmiːz] a vietnamský • s pl = sg Vietnamec

view [ˈvjuː] s 1 pohled (of na); obraz, obrázek 2 roz-, vý|hled, vyhlídka (of na) 3 názor, náhled, stanovisko, představa, pochopení 4 přehled (of čeho) 5 úmysl, záměr, účel, cíl 6 zřetel (to k), ohled (na) 7 dohled 8 podívaná (over na) 9 vzhled 10 prohlídka 11 návštěva, inspekce 12 pl -s, televizní programy ♦ angle of ~ zorný úhel; come* in ~ of objevit se, ukázat se (před očima); field of ~ zorné pole; *get* ~ of* spatřit co; *have -s upon* spadeno na; *hold* the ~* zastávat názor; *in ~* **1** v dohledu, před očima **2** na zřeteli, na mysli **3** zamýšlený; *in ~ of* se zřetelem k; *in the ~ of* před zraky, v dohledu koho; *in one's ~* **1** podle názoru koho **2** vulg. *= with a ~ to; keep* in ~* mít (stále) na zřeteli; *lose* ~ of* ztratit z dohledu koho / co; *on ~* **1** k nahlédnutí **2** vystavený; přístupný; *point of ~* hledisko, stanovisko; *take* -s* fot. udělat snímky; *take* a ~ of* **1** prohlédnout si co **2** utvořit si názor o; *take* the long ~* myslet daleko dopředu; *with a ~ to, with the ~ of* s úmyslem, za účelem; aby ● *v* **1** po-, dívat se, hledět (*the future* do budoucnosti) **2** prohl|ížet, -édnout (si); ohlédnout; přehlížet vojsko; ohledat mrtvolu **3** považovat za; posuzovat **4** prozkoumat **5** uvažovat o **–er** [-ə] **1** dozorce, dohlížitel **2** televizní divák **3** důlní **4** čtecí přístroj **–finder** [l-,] fot. hledáček **–less** [-lis] **1** bás. neviditelný **2** am. duchaprázdný, nemyslivý **–point** hledisko **–y** [-i] hovor. **1** podivínských názorů, podivínský; fantasta **2** vzhledný, líbivý, efektní, sekáčský

vigil [ˈvidžil] **1** bdění **2** obyč. pl vigilie **3** svatvečer; předvečer ◆ *keep* a ~ over* bdít u **–ance** [-ləns] **1** bdění **2** bdělost, ostražitost **3** med. nespavost ◆ *~ committee* **1** am. výbor bdělosti **2** = brit. *watch committee* **–ant** [-lənt] bdělý, ostražitý **–ante** [ˌvidžiˈlænti] am. člen výboru bdělosti

vignette [viˈnjet] **1** typografická ozdoba v záhlaví n. na titulu **2** fot. hlavička bez pozadí **3** ozdoba, dekorace; drobnomalba, miniatura **4** liter. medailónek, obrázek

vigorous [ˈvigərəs] **1** silný, pevný, velký, důkladný **2** prudký, intenzívní, mohutný **3** statný, rázný,

energický

vigour [ˈvigə] **1** síla, energie **2** ráznost, pádnost **3** prudkost, živost **4** práv. platnost

viking [ˈvaikiŋ] Viking ● *a* vikingský

vile [ˈvail] **1** hovor. hnusný, odporný **2** ničemný, hanebný **3** sprostý **4** závadný, mrzký, nemravný **5** bídný, podřízený

vilify [ˈvilifai] **1** hanobit, tupit, pomlouvat **2** zast. s-, po|nižovat, zlehčovat

villa [ˈvilə] vila; venkovské sídlo; rodinný dům

village [ˈvilidž] vesnice, ves, am. městys ◆ *~ green* náves **–r** [-ə] vesničan

villain [ˈvilən] **1** ničema, darebák, lotr, padouch **2** žert. neřád, mizera **–ous** [-əs] **1** ničemný, mizerný, lotrovský **2** hovor. odporný, hnusný **–y** [-i] ničemnost, darebáctví

vim [ˈvim] hovor. elán, verva

vinaceous [vaiˈneišəs] révový, vínový, -ě červený

vinaigrette [ˌviniˈgret] s octový dresink / nálev

vindic|able [ˈvindikəbl] ospravedlnitelný **–ate** [-keit] **1** ospravedlnit, obhájit (*o.s.* se) **2** uchránit, ubránit **3** potvrdit, prokázat správnost; zbavit viny, rehabilitovat **4** práv. požadovat zpět; dělat si nárok **5** pomstít **–ation** [ˌ-ˈkeišən] obrana, obhajoba, ospravedlnění, zbavení viny, rehabilitace; potvrzení správnosti / platnosti **–ative** [-kətiv] obyč. jen *= justice* trestající spravedlnost **–atory** [-kətəri] **1** obranný, obhajobný **2** trestní, sankční

vindictive [vinˈdiktiv] **1** ospravedlňující **2** zast. trestný, retribuční

vine [ˈvain] **1** bot. réva **2** am. popínavá rostlina **3** úponek ◆ *wild ~* bot. psí víno **–dresser** [l-,dresə] vinař **~-grower** pěstitel vína, vinař **–yard** [ˈvinjəd] vinice, vinohrad

vinegar [ˈvinigə] s ocet ● *v* kropit, potírat octem, nakládat do octa;

okyselit octem **–y** [-ri] **1** kyselý **2** vznětlivý

vini|culture [ˈvinikalčə] vinařství **–ferous** [viˈnifərəs] vinorodý

vinous [ˈvainəs] **1** vinný (*fermentation* kvašení) **2** vínový barva **3** opilý, podroušený

vint|age [ˈvintidž] **1** vinobraní **2** výběr(ové víno), ročník **–ager** [-idžə] česač hroznů **–ner** [-nə] obchodník vínem; vinař

viny [ˈvaini] révový, vinný, vinorodý

viola [ˈviˈəulə] **1** hud. viola **2** [ˈvaiələ] bot. fiala, viol(k)a; maceška

violaceous [ˌvaiəˈleišəs] fial(k)ový

violat|e [ˈvaiəleit] **1** po-, z-, rušit, přestoupit zákon, prohřešit se proti **2** znesvětit, zhanobit; znásilnit **3** porušit, dotknout se nešetrně, urazit **–ion** [ˌ-ˈeišən] **1** přestoupení, porušení; práv. přestupek **2** znesvěcení, zneuctění, zhanobení; znásilnění **3** zneužívání **4** zast. poškození, ublížení **–or** [-leitə] **1** rušitel **2** znesvětitel, hanobitel **3** násilník **4** narušitel hranic

viol|ence [ˈvaiələns] **1** násilí; násilnost **2** drsnost, hrubost **3** síla, prudkost **4** zuřivost, zběsilost, vášeň **5** porušení, znesvěcení **–ent** [-ənt] **1** násilný, -ický **2** prudký **3** silný, mocný, mohutný; výrazný barva **4** vášnivý, zuřivý nálada **5** unáhlený ♦ *lay* ~ hand on* dopustit se násilí na; *~ presumption* práv. silná pravděpodobnost

violet [ˈvaiəlit] s **1** bot. fialka **2** fialová barva ● a fialový

violin [ˌvaiəˈlin] housle **–ist** [ˈvaiəlinist] houslista

violon|cellist [ˌvaiələnˈčelist] čelista **–cello*** [ˌ-ˈčeləu] violoncello

viper [ˈvaipə] zool. zmije **–ous** [-rəs] **1** zmijí (*venom* jed) **2** přen. jedovatý

virago [viˈraːgəu] **1** dračice, čertice **2** mužatka

virgin [ˈvəːdžin] s **1** panna (*the V~* P. Maria) **2** panic ● a **1** panenský (*honey* med, *soil* půda) **2** přírodní, ryzí; neposkvrněný, nedotčený **–al** [-l] panenský **–ity** [vəːˈdžinəti] **1** panenství **2** panictví

Virgini|a [ˈvəːˈdžinjə] **1** Virginie stát v USA **2** virgínský (tabák) ♦ *~ creeper* divoké, psí víno **–an** [-ən] s Virgiňan ● a virginský

virgule [ˈvəːgjuːl] lomítko

viril|e [ˈvirail] **1** mužský **2** mužný **3** potentní **–ity** [-riləti] **1** mužný věk **2** mužná síla, mužství **3** mužnost

virtu [vəːˈtuː] **1** záliba v, zájem o umění, sběratelská cena **2** drobné umělecké předměty **3** umělecký vkus ♦ *article, piece of ~* umělecký předmět

virtual [ˈvəːčuəl] **1** skutečný **2** možný, myšlený, domnělý, virtuální **3** činný, efektivní (*value* hodnota) ♦ *~ reality* výpoč. tech. virtuální realita **–ly** [-i] vlastně, fakticky

virtue [ˈvəːtjuː] **1** ctnost **2** počestnost, slušnost **3** přednost **4** síla, účinnost, moc, působivost, schopnost **5** statečnost, chrabrost, mužnost **6** přednost, vysoká hodnota **7** účinek **8** právní moc ♦ *by / in ~ of* na základě čeho, pro, kvůli

virtuos|o [vəːtjuˈəuzəu], pl *-os* [-əuz] n. *-i* [-iː] **1** virtuos **2** milovník umění **–ity** [ˌvəːtjuˈosəti] virtuozita, dovednost, zběhlost

virtuous [ˈvəːčuəs] **1** ctnostný **2** chvályhodný **3** čestný, mravný, cudný, počestný **4** mocný, působivý **5** oprávněný, spravedlivý **6** kouzelný, magický

virul|ence [ˈviruləns] **1** biol. virulence **2** jedovatost; prudkost, krutost, zloba **–ent** [-ənt] **1** prudce jedovatý; zhoubný, prudký **2** zlý, zlostný, kousavý, ostrý **3** biol. virulentní

virus [ˈvaiərəs] **1** virus **2** přen. nákaza ♦ *~ disease* virová choroba, viróza

visa [ˈviːzə] s vízum ● v (*visa'd*)

udělit vstupní vízum

visage [ˈvizidž] **1** kniž. obličej, tvář **2** vzhled, vzezření **3** hovor. vizáž

vis-à-vis [ˈviːzəˈviː] s protějšek, vis-à-vis ● *prep* proti, vůči ● *adv* tváří v tvář, naproti (sobě)

viscera [ˈvisərə] pl vnitřnosti, útroby **–l** [-l] útrobní

viscid [ˈvisid] **1** vazký tekutina, lepkavý, mazlavý **2** slizký povrch **–ity** [-ˈsidəti] vazkost, viskóznost; lepkavost, mazlavost

viscos|e [ˈviskəus] viskóza **–ity** [-ˈkosəti] viskozita; vazkost

viscount [ˈvaikəunt] vikomt **–ess** [-is] vikomtesa

viscous [ˈviskəs] viskózní; vazký

vise [ˈvais] am. = **vice**[1] (5)

vis|ibility [ˌviziˈbiləti] viditelnost **–ible** [ˈvizəbl] a **1** viditelný **2** zřejmý **3** přítomen ♦ ~ *horizon* zdánlivý obzor ● s viditelný svět / předmět; fyz. viditelné záření

vision [ˈvižn] **1** vidění; zření; vize **2** přízrak, zjevení, vidina **3** zrak, pohled ♦ *field of* ~ zorné pole **–ary** [-əri] a **1** vizionářský **2** přízračný **3** imaginární ● s vizionář

visit [ˈvizit] v **1** navštívit, přijít / přijet na návštěvu / inspekci / kontrolu, být na návštěvě / inspekci / kontrole, vizitovat; zavítat do **2** am. hovor. popovídat si (*with* s), pokecat si (*with* s) **3** práv. prohlédnout, ohlédnout (*the scene of crime* místo zločinu) **4** navštěvovat milostí i trestem ● s návštěva (*to* u, v) ♦ *have a long* ~ *in* am. dlouho se zdržet kde; *pay* ~ a ~ navštívit, vykonat návštěvu **–ant** [-tənt] **1** stěhovavý pták **2** bás. návštěvník, host **–ation** [ˌ-ˈteišən] **1** návštěva, navštěvování (*of the sick* nemocných) **2** prohlídka, inspekce **3** círk. vizitace **4** pohroma, trest, rána; bibl. navštívení **5** nevhodně dlouhá návštěva **6** hostování ptactva **–or** [-tə] **1** návštěvník, návštěva, host **2** turista

3 inspektor **4** círk. vizitátor **–ing** [-tiŋ] a hostující ● s navštěvování ♦ *on* ~ *terms* v dobrých, blízkých stycích **–ing-card** brit. navštívenka, vizitka

visor [ˈvaizə] **1** hledí **2** štítek čepice **3** maska **4** stínítko v autu **5** hist. hledí

vista [ˈvistə] průhled, výhled (*of* na)

visual [ˈvižuəl] **1** zrakový, optický, vizuální **2** zorn|ý (*angle* úhel; *field* -é pole) **3** viditelný, názorný **4** oční ♦ ~ *range* viditelnost **–ization** [ˌ-aiˈzeišən] **1** představivost, představa, představování **2** chirurgické odkrytí **3** zviditelnění, vizuální znázornění **–ize** [-aiz] **1** představit si (zrakově) **2** stát se viditelným, zviditelnit **3** předvídat

vital [ˈvaitl] a **1** životní (*statistics* statistika), vitální **2** (životně) důležitý, podstatný **3** osudový, smrtelný (*wound* rána) **4** temperamentní, živý ● s pl životně důležité orgány **–ism** [-təlizəm] vitalismus **–ity** [-ˈtæləti] **1** životní síla, vitalita **2** životnost **–ize** [-təlaiz] oživit, posílit, živě zpodobnit

vitamin [ˈvitəmin] vitamín **–ize** [-aiz] obohatit vitamínem, vitaminizovat

vitiat|e [ˈvišieit] **1** po-, z-, kazit, po-, roz|rušit **2** zrušit, učinit neplatným **–ion** [ˌ-ˈeišən] **1** po-, z|kažení, porušení **2** zrušení

viticulture [ˈvitikalčə] vinařství

vitr|eous [ˈvitriəs] **1** skelný, sklovitý ♦ ~ *electricity* kladná elektřina; ~ *humour* / *body* sklivec **–ify** [-fai] ze-, skelnatět

vitriol [ˈvitriəl] chem. **1** skalice **2** dýmavá kyselina sírová, vitriol ♦ *oil of* ~ dýmavá kyselina sírová

vituperat|e [viˈtjuːpəreit] kárat, hanět, tupit, spílat **–ion** [-ˌtjuːpəˈreišən] **1** tupení, hanění **2** pohana, potupa **3** nadávka, urážka **–ive** [-ˈtjuːpərətiv] **1** spílající, nadávající **2** hrubý, urážlivý

Vitus [ˈvaitəs] Vít

vivac|ious [viˈveišəs] živý, veselý **–ity** [-ˈvæsəti] živost; síla, energie, jiskra

vivarium [vaiˈveəriəm] pl -a [-ə] vivárium

viv|id [ˈvivid] **1** živý **2** jasný, svěží; sytý barva; ostrý, pronikavý **–ify** [-fai] oživ|it, -ovat

vivi|parous [viˈvipərəs] rodící živá mláďata, viviparní **–sect** [ˌi-viˈsekt] provádět vivisekci **–section** [ˌi-viˈsekšən] vivisekce

vixen [ˈviksn] s **1** zool. liška samice **2** přen. ďáblice, dračice, furie **–ish** [-iš] a přen. hubatý, vzteklý

vizier [viˈziə] vezír ◆ *Grand V~* velkovezír

vocabulary [vəuˈkæbjuləri] slovník, slovní zásoba; slovníček

vocal [ˈvəukəl] **1** hlasový; výmluvný, výřečný **2** vokální (*music* hudba), zpěvní **3** hlasitý, hlučný **4** zvučící, mluvící ◆ *be ~* **1** znít (*with, by* čím) **2** hlásit se o slovo; *become* ~ dostat se k slovu; ~ *chords* hlasivky; ~ *organs* mluvidla **–ic** [-ˈkælik] samohláskový, vokalický **–ism** [-kəlizəm] hud. vokalizace; jaz. vokalismus **–ist** [-kəlist] zpěvák **–ize** [-kəlaiz] **1** fon., hud. vokalizovat **2** tvořit hlásku, tón **3** vydávat hlas, za-, zpívat

vocation [ˈvəukeišən] **1** povolání **2** vyzvání **3** nadání, talent **4** úloha, funkce **–al** [-šənl] týkající se povolání, odborn|ý (*education, training* -é školství, školení) ◆ ~ *disease* nemoc z povolání; ~ *guidance* poradna pro volbu povolání

vocative [ˈvokətiv] gram. vokativ

vocifer|ate [vəuˈsifəreit] hlučet, halasit, vy-, po|křikovat **–ation** [-ˌsifəˈreišən] po-, křik, hulákání, halas **–ous** [-ˈsifərəs] hlučný, halasný, křičící

vogue [ˈvəug] **1** móda **2** obliba, popularita ◆ *be in the* ~ být v módě; *lose** ~ vyjít z módy

voic|e [ˈvois] s **1** hlas **2** výraz, vyjádření; mínění **3** mluvčí **4** hlasovací právo **5** jaz. rod slovesný **6** fon. znělost ◆ *give** ~ *to* vyjádřit co; *have a* ~ *in* mít co / právo mluvit do; *with one* ~ jednomyslně ● v **1** vyjádřit, vyslovit (názor) **2** být mluvčím **3** hud. rozepsat hlasy **4** jaz. vyslovit zněle **–ed** [-t] fon. znělý **–eless** [-lis] **1** tichý, němý **2** nemající hlasovací právo **3** fon. neznělý **~–over** mluvený komentář filmu, televize **–print** záznam / otisk hlasu

void [ˈvoid] a **1** pustý, prázdný **2** uprázdněný, neobsazený **3** práv. neplatný **4** postrádající, bez (*of* čeho) **5** neužitečný ● s prázdný prostor, prázdno; prázdnota ● v **1** vyprázdnit; vyklidit **2** práv. zrušit **3** zbavit (se) (*of* čeho) **4** vyměšovat, vymočit se

volatil|e [ˈvolətail] **1** těkavý **2** vrtkavý; nestálý, přelétavý **3** prchavý, těžko postižitelný ◆ ~ *alkali* čpavek; ~ *oil* silice **–ity** [ˌi-ləˈtiləti] **1** těkavost **2** vrtkavost **–ize** [-ˈlætilaiz] **1** těkat, vypařovat se **2** učinit těkavým **3** přen. učinit pomíjivým

volcan|ic [volˈkænik] sopečný, vulkanický **–o** [volˈkeinəu] sopka

vole [ˈvəul] zool. hraboš

volition [vəuˈlišən] chtění, vůle, přání; výběr, volba **–al** [vəuˈlišənl] volní, úmyslný

volley [ˈvoli] s **1** salva; déšť střel **2** přen. příval slov **3** sport. volej úder do míče v letu ● v **1** vypálit salvu **2** sport. za-, hrát z voleje **3** přen. chrlit slova, vyrážet výkřiky ~ **ball** odbíjená, volejbal

volplane [ˈvolplein] let. v plachtit, klouzat; = *glide* ● s klouzání, plachtění

volt 1 [ˈvəult] elektr. volt **2** [ˈvolt] jezdectví voltáž; šerm výhyb **–age** [ˈvəultidž] elektr. napětí **–meter** [ˈvəultˌmiːtə] voltmetr

voltaic [volˈteiik] galvanický

volte-face [ˌvoltˈfaːs] obrat čelem vzad o 180 stupňů; přen. úplná změna názorů

volu|bility [ˌvoljuˈbiləti] **1** výřečnost **2** pohotovost, hbitost, obratnost jazyka; řeči **3** otáčivost **–ble** [-bl] **1** výřečný **2** pohotový, hbitý, obratný jazyk, řeč **3** otáčivý, otáčející se **4** bot. popínavý

volume [ˈvoljum] **1** svazek, díl; ročník; hist. svitek **2** obsah, objem, kapacita **3** velké množství **4** hud. síla, sytost, plnost zvuku **5** kotouč kouře ♦ speak* -s for a t. hovořit / vypovídat o čem / o mnohém

volumetric [ˌvoljuˈmetrik] odměrný, volumetrický

volumin|osity [vəˌljuːmiˈnosəti] **1** objemnost **2** mnohosvazkovost **–ous** [-ˈljuːminəs] **1** obsáhlý, objemný; mnohosvazkový; bohatý, bujný; nadělaný **2** tón plný, sytý

voluntary [ˈvoləntəri] a **1** dobrovolný **2** práv. úmyslný **3** anat. řízený vůlí **4** psych. volní (movements pohyby) **5** vydržovaný z dobrovolných příspěvků **6** filoz. voluntaristický ♦ ~ work (pracovní) brigáda ● s **1** dobrovolná práce / brigáda **2** dobrovolný příspěvek **3** hud. volná varhanní fantazie / improvizace, varhanní sólo **4** těl. volné cvičení **5** filoz. voluntarista

volunteer [ˌvolanˈtiə] s dobrovolník ● v dobrovolně / ochotně se přihlásit / udělat

voluptu|ary [vəˈlapʧuəri] rozkošník **–ous** [-əs] smyslný, chlípný

volute [vəˈljuːt] voluta; závitnice

vomit [ˈvomit] v **1** vy-, zvracet, vy-, dávit **2** přen. chrlit, soptit, vyvrhovat lávu ● s **1** zvracení, vrhnutí **2** zvratek **3** soptění lávy

voodoo [ˈwuːduː] s čaroděj(nice) ● v o-, čarovat u černochů v Africe

vorac|ious [vəˈreišəs] **1** žravý, hltavý **2** přen. nenasytný **–ity** [voˈræsəti] **1** žravost, hltavost **2** přen. nenasytnost

vort|ex [ˈvoːteks], pl -ices, -exes

[-isiːz] vír

votar|ess [ˈvəutəris] **1** jeptiška **2** ctitelka **–y** [-i] **1** mnich **2** uctívatel, ctitel **2** (horlivý) stoupenec, zastánce, průkopník

vote [ˈvəut] **1** (volební) hlas, **–y 2** volba, hlasování **3** výsledek voleb, počet hlasů při volbách **4** volební právo **5** vótum (of censure nedůvěry; of confidence důvěry) ♦ ~s cast odevzdané hlasy; put* to the ~ dát hlasovat o ● v **1** volit, hlasovat **2** schválit, odhlasovat **3** prohlásit, považovat za **4** hovor. navrhovat ~ down zamítnout (a proposal návrh) **–less** [-lis] bez volebního práva

voter [ˈvəutə] volič

votive [ˈvəutiv] děkovný; votivní; zaslíbený

votress [ˈvəutris] volička

vouch [ˈvauʧ] **1** zaručit se, ručit (for za) **2** odvolávat se na **3** potvrdit, dosvědčit **–er** [-ə] **1** stvrzenka, potvrzení **2** poukaz, bon **3** svědek, ručitel **–safe** [-ˈseif] ráčit (dát), udělit

vow [ˈvau] s (při)slib; přísaha; řádový slib; modlitba ● v **1** přislíbit; zaslíbit (o.s. se) **2** přísahat, zařeknout se

vowel [ˈvauəl] s jaz. samohláska ● a samohláskový

voyag|e [ˈvoidž] s plavba; let, cesta ● v plavit se **–er** [-ədžə] mořeplavec

voyeur [vwaˈjəː] med. voajér

vulcan|ite [valkənait] vulkanit **–ization** [-aiˈzeišən] vulkanizace **–ize** [-aiz] vulkanizovat

vulgar [ˈvalgə] **1** hanl. hrubý, sprostý, vulgární **2** prostý, všední, obyčejný; obecný **3** lidový; domácí (tongue jazyk) ♦ ~ fraction obyčejný zlomek; the ~ prostý lid **–ian** [-ˈgeəriən] zbohatlík **–ity** [-ˈgærəti] **1** sprostota, hrubost, vulgárnost **2** obyčejnost **–ism** [-gərizəm] **1** vulgarismus, vulgární výraz **2** vulgárnost **–ize**

[-gəraiz] vulgarizovat: zevšednit; popularizovat

vulnerable [ˈvalnərəbl] zranitelný

vulpine [ˈvalpain] **1** liščí **2** přen. lišácký

vultur|e [ˈvalčə] zool. sup **–ine** [ˈvalčurain] supí **–ous** [-ərəs] supovitý, dravý, žravý

vying v. vie

W

W, w [ˈdablju:] písmeno w

wabble = wobble

wacky [ˈwæki] a ztřeštěný, potrhlý, praštěný, ujetý, cáknutý, pošahaný

wad [ˈwod] s **1** chumáček vaty / papíru / koudele, ucpávka **2** chomáč, otýpka slámy, sena **3** am. slang. balík bankovek, tabáku apod. ● v (-dd-) u-, vy|cpat vatou / koudelí / plstí **–ding 1** vatování **2** vy-, u|cpávka **3** savý papír, krepový papír

waddle [ˈwodl] v kolébat se ● s kolébavá chůze

wad|e [ˈweid] v **1** pře-, brodit se **2** pohybovat se s obtíží **3** těžce se propracovat ♦ ~ through a book prokousat se knihou ● s hovor. přebrodění, brod **–er 1** brodivý pták **2** pl vysoké rybářské boty

wafer [ˈweifə] s **1** oplatka **2** náb. hostie **3** nálepka **4** tech. membrána, těsnící kotouček ● v zalepit

waffle [ˈwofl] s **1** oplatka, vafle **2** tlachání, klábosení ● v hovor. tlachat, kecat

waft [ˈwa:ft] v přivát, unášet vzduchem, vodou ● s **1** přivátí, závan voňavky **2** námoř. signalizační vlajka; signalizování

wag [ˈwæg] v (-gg-) **1** vrtět čím: třepetat (se), pokyvovat (one's head hlavou) **2** kolébat (se) **3** hovor. mlít hubou **4** batolit se **5** slang. chodit za školu, ulejvat se **6** o|vládat koho ♦ ~ one's finger at pohrozit prstem komu ● s **1** hovor. potřásání, pokynutí hlavou / rukou,

vrtění ocasem **2** čtverák, šprýmař **3** slang. ulejvák **–tail** zool. konipas

wage [ˈweidž] v vést válku ● s obyč. pl mzda, služné ♦ actual / real -s reálná mzda; nominal -s nominální mzda; piece -s úkolová mzda; living -s postačující mzda; ~ discrimination platová diskriminace; ~-drift stoupání mezd; ~ freeze zmrazení mezd; ~ labour námezdní práce; ~ labourer námezdní dělník **~-earner** [l-] osoba pracující za mzdu, výdělečně činná **~-packet** [l-] sáček s výplatou **–r** s sázka ♦ lay* a ~ vsadit se ● v vsadit (se), vsadit si (on a horse na koně) **~-scale** mzdová stupnice, mzdový tarif, mzdová úroveň

wagg|ery [ˈwægəri] čtveráctví **–ish** [ˈwægiš] čtverácký **–le** [ˈwægl] kývat se, viklat se, vrtět se, vrtět ocasem, kroutit boky

waggon = wagon

Wagnerian [waːgˈniəriən] a wagnerovský ● s wagnerián

wag(g)on [ˈwægn] s **1** nákladní vůz, vagón **2** am. hovor. dětský kočárek **3** dodávkový vůz **4** servírovací stolek ♦ hitch one's ~ to a star přepnout své síly; ~ tipper vyklápěč nákladních vozů; ~ works vagónka ● v dopravovat vozem **–er** povozník, vozka

waif [ˈweif] **1** práv. zboží odhozené zlodějem n. vyplavené mořem **2** nález **3** nalezenec; zaběhlé dobytče ♦ the -s and strays zanedbaná mládež; zatoulaná zvířata

wail [ˈweil] v **1** lkát, naříkat (for, over nad) **2** štkát, truchlit ● s kvílení, nářek, skučení větru ♦ Wailing Wall Zeď nářků v Jeruzalémě

wainscot [ˈweinskət] s stav. táflování, deštění, obkládání ● v táflovat, deštit, obkládat **–ing** materiál na deštění, táflovaní, obkládání

waist [ˈweist] **1** pás **2** živůtek **3** námoř. střední paluba **–band, –belt**

pás, opasek **–coat** [ˈweiskəut]
vesta **–line** linie postavy, tajle
wait [ˈweit] **1** čekat (for na) **2** posluhovat (on, upon komu), (at u stolu) být komu k ruce **–er** číšník **–ing 1** čekání **2** obsluha ♦ be in ~ být někomu k ruce, být na stráži **–ing-room** čekárna **–ress** [-ris] číšnice

waiv|e [ˈweiv] zříci se, upustit od; odmítnout, nedbat **–er** zřeknutí se práv

wake* [ˈweik] v **1** vzbudit, probudit (se) **2** bdít ● s **1** bdění, hlídka u mrtvého **2** probuzení **3** brázda za lodí **4** pouť, posvícení ♦ in the ~ of ve stopách koho, bezprostředně za **–ful 1** bdící, bezesný **2** bdělý **–n** probudit (se); upozornit na

wale, weal [ˈweil, ˈwiːl] šleh, pruh po ráně bičem

walk [ˈwoːk] v **1** kráčet, jít, procházet se, ~ a t. chodit po čem **2** vodit, odvést, doprovodit **3** učit koho chodit **4** dát se, pustit se (into do) **5** závodit v chůzi s **6** ~ into a p. slang. navést se do koho, osopit se na ♦ ~ a p. off his legs prohnat koho ~ **about** chodit sem tam, obcházet s čím ~ **by** jít mimo ~ **in** vejít ~ **off** odejít; odvést ~ **on** kráčet dále ~ **out** on a p. hovor. am. nechat koho v bryndě; ~ **out** with a p. chodit s kým ~ **up** vystoupit nahoru po schodech ● s **1** chůze, krok **2** procházka **3** cesta, dráha **4** promenáda, kolonáda **5** obchůzka ♦ ~ of life společenské postavení, vrstva; gent(lemen)s' ~ pánský záchod; go* for a ~ jít na procházku; go* at a ~ jít krokem: take* a ~ projít se **–er** chodec **–ing** chůze, putování; procházka; chování **–ing-papers** pl slang. modrý arch, vyhazov **~-out** stávka **–ing-stick** vycházková hůl **–ing-tour** pěší túra

walkie-talkie [ˌwoːkiˈtoːki] přenosná vysílačka a přijímačka

walk-through [ˈwoːkˌθruː] **1** div. čtená zkouška **2** rekapitulace týmová **3** podchod

wall [ˈwoːl] s **1** stěna, zeď **2** hradba, val **3** přehrada ♦ ~ newspaper nástěnné noviny; ~ socket nástěnná zásuvka; blank ~ stěna bez dveří, oken, nevymalovaná; give* a p. the ~ dát přednost komu při chůzi po chodníku; go* to the ~ get* the ~ špatně pořídit, dostat se do úzkých; run* one's head against the ~ přen. jít čelem proti zdi; ● v ohradit, obehnat zdí ~ **up** zazdít

wallet [ˈwolit] náprsní taška, peněženka

wallflower [ˈwoːlˌflauə] **1** čekanka dívka, s kterou nikdo netančí **2** bot. chejr vonný, trýzel

wallop [ˈwoləp] slang. zbít, ztlouci, spráskat

wallow [ˈwoləu] v **1** válet se v blátě **2** hovět si, libovat si **3** tonout v penězích, rozkoších ● s **1** válení **2** bahniště, v němž se vyvalují buvoli **3** přen. bahno

wallpaper [ˈwoːlˌpeipə] tapeta

walnut [ˈwoːlnʌt] bot. vlašský ořech

walrus [ˈwoːlrəs] zool. mrož

waltz [ˈwoːls] s valčík ● v tančit valčík

wan [ˈwon] bezbarvý; bledý; unavený

wand [ˈwond] **1** prut, hůlka kouzelníka **2** tyč na cvičení **3** taktovka

wander [ˈwondə] **1** putovat, bloudit, potulovat se; cestovat **2** odchýlit se (from od) **3** mluvit nesouvisle, blouznit **–er** [-rə] poutník **–ing** s **1** putování, cestování, potulka **2** bloudění **3** odchýlení (se) **4** pl blouznění ● a bludný, potulný; blouznivý

wane [ˈwein] v ubývat o měsíci, klesat; vadnout ● s úbytek, pokles ♦ be on the ~ ubývat, blížit se ke konci; pozbývat síly, významu, klesat, mizet

wangle [ˈwæŋgl] brit. slang. přikrášlit,

podat zkresleně, opentlit, zfalšovat, zmanipulovat

want [ˈwɔnt] s potřeba (of čeho); nedostatek, nouze ♦ have ~ of, be in ~ of potřebovat; for ~ of z nedostatku čeho ● v 1 potřebovat, mít nedostatek 2 chtít, přát si 3 nedostávat se, scházet, chybět ♦ ~ badly nutně potřebovat; he is -ed hledá se, pátrá se po něm **-ing** chybějící, nedostačující; vadný; nemající (in co) ♦ he is ~ in energy nedostává se mu energie ● adv, prep kromě, mimo, vyjma, bez

wanton [ˈwɔntən] a 1 svévolný, bezohledný, krutý 2 neukázněný, bujný, divoký 3 nemravný, smyslný, chlípný 4 lehkovážný ● s prostopášnice, děvka ● v 1 jednat svévolně, bezohledně 2 chovat se necudně 3 dovádět, laškovat 4 též ~ away promarnit

war [ˈwɔː] s válka ♦ be at ~ být ve válce; cold ~ studená válka; declare ~ on vyhlásit válku komu; make* / wage ~ vést válku, válčit; drift into ~ vmanévrovat do války; germ ~ bakteriologická válka; the Great W~ první světová válka; ~ crime válečný zločin; ~ criminal válečný zločinec; ~ frenzy válečné šílenství; ~ indemnity reparace; W~ Office ministerstvo války ● v (-rr-) válčit, bojovat (with, upon, against proti)

warbl|e [wɔːbl] v trylkovat, švitořit ● s švitoření, trylkování, tlukot slavíka **-er** zool. pěnice

war-cry [ˈwɔːkrai] bojové heslo, válečný pokřik

ward [ˈwɔːd] s 1 schovanec, svěřenec 2 ochrana, opatrování 3 vazba, vězení 4 nemocniční pokoj, sál 5 revír, volební okres, městská čtvrť 6 pl ozubí klíče ♦ court of ~s poručenský soud; keep* ~ over bdít nad ● v 1 umístit v nemocničním pokoji 2

krýt se v šermu 3 (~ off) odrazit ránu; odvrátit nebezpečí **-en 1** správce 2 am. správce věznice **-enship** [ˈwɔːdnʃip] dozor, poručnictví, představenství **-er** brit. dozorce vězeňský **-ress** [-ris] dozorkyně vězeňská **-robe** [ˈwɔːdrəub] garderoba, šatník **-room** důstojnická jídelna na válečné lodi **-ship 1** svěřenectví 2 ochrana, dozor, péče

ware [ˈweə] zboží (v urč. spojeních) **-house*** s [ˈweəhaus] skladiště ♦ binded ~ celní skladiště ● v [ˈweəhauz] dát do skladiště **-houseman*** skladník; brit. velkoobchodník

warfare [ˈwɔːfeə] válečnictví, válčení; boj

warhead [ˈwɔːˌhed] s hlavice s náloží rakety, výbušná hlavice

war|like [ˈwɔːlaik] bojovný, válečný **-lord** vojenský velitel s civilní pravomocí

warm [ˈwɔːm] a 1 teplý, přen. vřelý 2 vroucí, laskavý 3 horlivý 4 namáhavý, náročný 5 necudný, choulostivý ♦ grow* ~ rozehřát se; he'll get it ~ ten dostane co proto ● v (~ up) zahřát (se), rozehřát (se) ♦ ~ the heart of potěšit koho; get* a -ing dostat výprask **--blooded** [-ˈ] horkokrevný **-er** ohřívač **--hearted** [-ˈ] dobrosrdečný, soucitný **-th** [ˈwɔːmθ] 1 teplo, teplota 2 vřelost, vroucnost 3 ohnivost, prudkost 4 rozčílení

warmonger [ˈwɔːˌmʌŋgə] válečný štváč

warn [ˈwɔːn] 1 varovat (against před) 2 upozornit (of na, that že) 3 (~ away, off) varovat před, odstrašit **-ing 1** výstraha, varování 2 výpověď ze zaměstnání 3 poplach ♦ ~ device výstražné zařízení

warp [ˈwɔːp] s 1 textil. osnova 2 vlečné lano 3 zborcení prkna, zkroucení 4 deformace myšlení,

jednání, perverze 5 sedlina, nános
● *v* 1 z-, bortit (se), z-, kroutit (se)
2 odchýlit (se), 3 zavést, svést 4
křivě posuzovat 5 kolísat 6 sno-
vat, tkát 7 vléci loď

warrant [ˈworənt] *s* 1 právo, o-
právnění 2 záruka 3 zatykač 4
plná moc 5 legitimace, průkaz 6
výměr, obsílka, příkaz k výplatě
◆ ~ *to appear* soudní obsílka; ~
to apprehension / capture zaty-
kač; *search* ~ rozkaz k domovní
prohlídce ● *v* 1 oprávnit, zplno-
mocnit 2 za-, ručit 3 potvrdit 4
ubezpečit, uznat 5 ospravedlnit
–able ospravedlnitelný, oprávně-
ný, zákonný **–ee** [ˌworənˈtiː] zmoc-
něnec, zplnomocněnec **–er**, **–or**
[-ə, -oː] ručitel, garant **–y** záruka,
ručení, zmocnění

warren [ˈworən] 1 území zamořené
králíky, spousty králíků na něm 2
přen. změť domů, ulic; bludiště
místností a chodeb

warrior [ˈworiə] válečník, bojovník

warship [ˈwoːʃip] válečná loď

wart [ˈwoːt] bradavice **–y** brada-
vičný

wary [ˈweəri] opatrný, ostražitý

was [ˈwoz] *pt* od *be*

wash [ˈwoʃ] *v* 1 u-, mýt (se) 2 prát
(se) 3 omývat, opláchnout, na-
vlhčit 4 rýžovat zlato 5 vymlít ces-
ty, podemlít břehy 6 voda šplouchat
7 natřít řídkou barvou 8 pokovovat
9 plynout, plout ~ *away*, *off*, *out*
vymýt, vyprat, vyčistit, vy-, od-
|plavit; spláchnout ~ **down** smýt,
spláchnout ~ **out** vymýt; vypla-
vovat; vymlít vodou, přen. utahat,
vyčerpat koho ~ **over** přeprat,
přetékat ~ **up** umýt nádobí; vy-
plavit na břeh ● *s* 1 u-, mytí, praní
2 prádlo 3 pomyje 4 bahno 5
vodička kosmetická, líčidlo 6 tenký
nátěr barvou 7 dmutí vln 8 zapla-
vení, zavodnění **~~basin**, **–bowl**
umývadlo **–er** 1 pradlák, pradle-
na 2 pračka 3 promývačka 4
podložka pod matici **–erwoman***

[ˈ-ˌ] pradlena **~~house*** prádelna
–ing 1 praní, mytí 2 prádlo 3 plat
za vyprání 4 pl pomyje **–ing-ma-
chine** [ˈwoʃiŋməʃiːn] pračka
–ing-stand umývadlo **~~out**
slang. fiasko, krach **~~room** am.
toaleta, umývárna

wash-tub [ˈwoʃtab] necky

washy [ˈwoʃi] řídký, vodnatý, slabý
nápoj, barva

wasp [ˈwosp] zool. vosa **–ish** 1 vosí,
štíhlý v pase 2 popudlivý, bodavý,
jízlivy, agresívní

wast [ˈwost] 2. os. sg. pl od *be* byl jsi

wast|e [ˈweist] *v* 1 zpustošit, po-
plenit 2 vy-, plýtvat, pro-, marnit
3 rozptylovat se 4 ubývat, zmen-
šovat se 5 plynout bez užitku čas
◆ ~ *time* mrhat časem; *day -s*
den se chýlí ke konci ● *a* 1 ne-
obydlený, pustý, zpustošený, la-
dem ležící 2 přebytečný, odpa-
dový ◆ *lay** ~ zpustošit; *lie** ~
ležet ladem ● *s* 1 zpustošení 2
plýtvání, mrhání 3 pustina, poušť
4 zmenšování, úbytek 5 odpad;
zmetek 6 horn. hlušina, jalovina ◆
in mere ~ zcela marně; *run* to* ~
přijít nazmar **–er** 1 zmetek při
výrobě 2 pustošitel 3 marnotratník
4 slang. povaleč, budižkničemu,
zpustlík **–eful** 1 plýtvající (*of* čím)
2 nehospodárný, marnotratný
~~paper-basket [ˌweistˈpeipə-
ˈbaskit] koš na papír **~~sheet** ma-
kulatura **~~water** odpadová vo-
da, splašky

wastrel [ˈweistrəl] 1 odpad, zme-
tek 2 rozmařilec 3 bezprizorné
dítě

watch [ˈwoč] *s* 1 hodinky 2 námoř.
hlídka, stráž 3 hlídání, pozoro-
vání 4 dozor (*over* nad) ◆ *be up-
on the* ~ mít se na pozoru; *keep**
a ~ *of* dávat pozor na; *pass as a*
~ *in the night* přen. být brzy za-
pomenut; *relieve the* ~ vystřídat
stráž; *stand** ~ být na stráži; *set**
the ~ postavit hlídku ● *v* 1 po-
zorovat, dívat se na 2 hlídat (*over*

co, koho), stát na stráži **3** číhat (*for* na) **4** dávat (si) pozor; sledovat, přihlížet ♦ *~ your step* dejte pozor **~-case** pouzdro hodinek **~-dog** hlídací pes **–er** hlídač, pozorovatel **–ful** bdělý, ostražitý (*of* na) **~-glass** hodinkové sklo **~-house*** strážnice **–maker** [-] hodinář **–man*** noční hlídač **–word** heslo

water [ˈwoːtə] s **1** voda **2** vodní hladina **3** šťáva ovoce **4** moč **5** pl léčivé vody **6** průsvitnost diamantu **7** akvarel ♦ *by ~* po vodě ; *go* to ~* jít se utopit; *get* ~ into* n. *be in hot ~* dostat se do nesnází, být v nesnázích; *hold* ~* obstát tvrzení; *in smooth ~* snadno / hladce jdoucí; *make* ~* **1** močit **2** nabírat vodu o lodi; *keep* one's head above ~* držet se nad vodou finančně; *it brings ~ to one's mouth* nad tím se sliny sbíhají; *high (low) ~* vysoký (nízký) stav vody; *in low ~* přen. sklíčený, jsoucí na tom špatně finančně ● *v* **1** zalít vodou; namočit; kropit **2** napájet **3** zředit vodou **4** rozředit akcie, překapitalizovat **5** rozmočit se **6** nasáknout; vodnatět **7** oko vlhnout **8** loď nabírat vodu ♦ *that makes one's mouth ~* nad tím se sliny sbíhají; *-ed silk* moiré tkanina s leskem **~ down** rozředit **~-bottle** [-] **1** karafa **2** polní láhev **~-bed** vodní lůžko **~-cart** kropicí vůz **~-closet** [-] brit. WC **~-colour** [-] vodová barva **~-conduit** [-] vodovod **–course** vodní tok, řečiště **–cress** bot. řeřicha potoční **–ed** zavlažovaný, zavodňovaný **–fall** vodopád **–fowl** pl vodní ptactvo **~-gate** stavidlo **~-gauge** [-geidž] vodoznak **~-glass** vodní sklo **~-hen** zool. slípka vodní, samička tetřívka **–ing-can** kropicí konev **–ing-place 1** lázně **2** napajedlo zvířat **~-level** [-] **1** vodní hladina **2** vodováha **~-lily** [-] bot. leknín

~-line čára ponoru **–log** (*-gg-*) nasáknout vodou

water|mark [ˈwotaːk] vodotisk, průsvitka **~-melon** [-] bot. vodní meloun **~-mill** vodní mlýn **~-plane** hydroplán **~-power** [-] vodní energie **~-proof** a nepromokavý ● s nepromokavý plášť **~-rat** zool. ondatra **~-seal** sifon vodní uzávěr **–shed** vodní předěl **~-shoot** chrlič, okap **–spout** vodní smršť, průtrž mračen; výtoková trouba **~-supply** [ˈwoːtəsəˈplai] **1** vodovod **2** zásoba vody **–tight** neprostupný, vodotěsný **~-tower** [-] vodárenská věž **~-wheel** vodní kolo, vodní turbína **~-wave** vodová ondulace **~-way** splavný tok **–works 1** vodárna **2** fontána, kašna **–y 1** vodnatý, vlhký; uslzený **2** rozbředlý **3** přen. nijaký, nemastný neslaný, slabý **4** přinášející déšť, prosáklý vodou **5** vybledlý

watt [ˈwot] watt jednotka elektrické síly

wattle [ˈwotl] s **1** košatina **2** lalok krocana **3** bot. australská akácie ● *v* splétat z proutí

wave [ˈweiv] s **1** vlna **2** vlnění, vlnitost **3** pokynutí, mávnutí rukou ● *v* **1** vlnit (se), vlát **2** po-, kynout, mávat **3** (na)ondulovat **~ aside** odbýt mávnutím ruky **~ away** pokynout **~-guide** [-gaid] vlnovod **~-length** rad. délka vlny **–less** bez vln, nezvlněný **–let** [-lit] vlnka

waver [ˈweivə] **1** třepotat se, plápolat **2** kmitat se, chvět se **3** být nerozhodný, kolísat, za-, váhat **4** vrávorat

wavy [ˈweivi] vlnící se, zvlněný; kadeřavý

wax[1] [ˈwæks] s vosk ♦ *ear ~* ušní maz ● *v* na-, voskovat **~-cloth** voskové plátno **–en** voskový, jako vosk **~-paper** voskovaný papír **–wing** zool. brkoslav **–work** vosková figurína, práce z vosku

–y voskový, měkký jako vosk

wax² [ˈwæks] růst, dorůstat o měsíci; stávat se jakým

wax³ slang. záchvat hněvu **–y** slang. vzteklý

way [ˈwei] **1** cesta, vzdálenost **2** trať, dráha, směr **3** způsob, metoda; ráz **4** zvyk, mrav, chování **5** odvětví, obor **6** příležitost **7** zájem **8** názor **9** hovor. obchod, branže **10** ohled, zřetel ♦ *Milky ~* Mléčná dráha; *by ~ of* jako-(žto), prostřednictvím, přes; *by the ~* mimochodem; *any ~* jakkoliv; *every ~* každým způsobem; *no ~* nikterak; *this ~* takto, tudy; *which ~?* kudy?; *the other ~* **1** jinak **2** jinudy, jinou cestou; *be in the family ~* čekat rodinu; *be in a great ~ about a t.* být pro co velmi zneklidněn; *be / stand* in the ~* překážet, stát v cestě; *clear the ~* vyhnout se; *come* / fall* in one's ~* přijít do cesty, namanout se; *get* out of the ~* ustoupit z cesty, vyhnout se; *get* a p. out of the ~* zbavit se koho; *give* one's ~* vydat se na cestu, odejít; *in some ~s, in a ~* n. *in one ~* do jisté míry, jaksi; *it is not in my ~* to se mne netýká; *~ in* vchod; *~ out* východ; *~ through* průchod; *all ~s* všude; *all the ~ round* kolem dokola; *half -(s)* napolo **~-bill 1** seznam cestujících **2** nákladní list **–farer** [ˈweiˌfeərə] pocestný, poutník **–faring** [ˈweiˌfeəriŋ] *a* pocestný ● *s* cestování, putování **–laid** pt, pp od *waylay* **–lay*** vyčíhat si, zaskočit **–side** *s* okraj cesty ● *a* ležící u cesty **–ward** [ˈweiwəd] svéhlavý, umíněný; vrtošivý

we [ˈwiː] *pron* my

weak [ˈwiːk] **1** slabý **2** křehký **3** mdlý **4** chatrný **–en** oslabit (se), ze-, slábnout; roz-, ředit **~-kneed** bojácný **–ling** slaboch **–ly** slabý, churavý **–ness** slabost, chatrnost; slabůstka

weal¹ [ˈwiːl] v. *wale*

weal² [ˈwiːl] dobro, prospěch ♦ *the public ~* obecné dobro

wealth [ˈwelθ] bohatství, majetek, blahobyt, nadbytek **–y** bohatý, zámožný

wean [ˈwiːn] **1** odstavit dítě **2** odvyknout (*from* čemu)

weapon [ˈwepn] zbraň

wear¹* [ˈweə] **1** nosit, mít na sobě **2** obnosit (se), opotřebovat, otřít (se) **3** unavit, vyčerpat **4** trvat, obstát **5** dráždit, rozčilovat (*on* koho) **6** (*~ on*) vléci se čas ♦ *worn clothes* obnošené šaty; *~ to death* utrápit; *~ well* dlouho vydržet, vypadat mladě; *~ one's years well* vypadat dobře na svůj věk **~ away** zvolna plynout čas **~ off 1** odřít (se) **2** okoukat se, ztrácet účinek, přestat působit **~ on** vléci se, protahovat se **~ out** obnosit, opotřebovat (se); unavit (se), vyčerpat (se) ● *s* **1** nošení šatů **2** oděv **3** móda **4** opotřebování, obnošení **5** trvanlivost **6** *the ~* móda ♦ *~ and tear* opotřebování; *a stuff of good ~* dobrá látka; *everyday ~* všední oblek; *~ hardness* tech. odolnost proti opotřebování

wear² [ˈweə] námoř. obrátit, otočit loď jiným směrem

wear³ [ˈwiə] = *weir*

wear|iness [ˈwiərinis] únava **–isome** [ˈwiərisəm] únavný, unavený (*of* čím) ● *v* unavit (se), u-, nudit (se)

weasel [ˈwiːzl] zool. lasička

weather [ˈweðə] *s* počasí, povětrnost, povětří ● *v* **1** vystavit vlivu počasí **2** (z)větrat **3** vzít vítr z plachet ((*up*)*on* komu) **4** vzdorovat, čelit bouři **~ out** přestát, obstát **~-beaten** [ˈ-ˌ-] větrem ošlehaný **~-bound** zdržovaný nepříznivým počasím **~-cook 1** korouhvička **2** přen. nestálý člověk **~-forecast** předpověď počasí **~-glass** tlakoměr **~-moulding**

[ˈ-ˌ] okapní římsa nad oknem **–proof** otužilý, odolávající dešti n. větru **–station** [ˈ-ˌ] meteorologická stanice **~-vane** korouhvička **~-worn** zvětralý, omšelý

weav|e* [ˈwiːv] **1** tkát, u-, plést; pro-, ve|tkat **2** přen. osnovat, kout **–er** tkadlec

weazen [ˈwiːzn] = **wizened**

web [ˈweb] **1** tkanivo **2** pavučina **3** plovací blána **4** výztužné žebro **5** tech. rameno kliky; lamela, kotoučový papír **–bed 1** opatřený plovací blanou **2** se srostlými prsty **3** pokrytý pavučinami **–bing** konopný popruh **~-footed** [ˈwebfutid] mající plovací blánu

wed [ˈwed] (-dd-) oženit (se), provdat (se) **–ding** svatba **–dingring** snubní prsten

wedge [ˈwedʒ] s klín, klínový podpatek ● v zaklínovat, upevnit klínem, rozštěpit

wedlock [ˈwedlok] manželství ◆ *born in / under* ~ manželského původu; *born out of* ~ nemanželského původu

Wednesday [ˈwenzd(e)i] středa

wee [ˈwiː] nepatrný, maličký

weed [ˈwiːd] s **1** plevel **2** hovor. doutník, tabák **3** herka **4** hubený, vyzáblý člověk **5** slang. marihuana

weeds [ˈwiːdz] pl smutek oděv

week [ˈwiːk] týden ◆ *every* ~ týdně; *this day* ~ ode dneška za týden, dnes týden **–day** všední den **–end** víkend, sobota a neděle **–ly** a týdenní ● s týdeník

weeny [ˈwiːni] s **1** hovor. hot dog, párek v rohlíku **2** vulg. žert. penis

weep* [ˈwiːp] plakat (*at, over* nad), lkát, ronit slzy; vlhnout **–er 1** plačící žena, plačka **2** smuteční stuha / závoj **3** pl bílé manžety **–ing** pláč ◆ ~ *willow* zool. smuteční vrba

weft [ˈweft] **1** útěk **2** tkanina

weigh [ˈwei] v **1** (z)vážit **2** mít váhu, vliv **3** za-, ob-, tížit (*upon* koho), protiváhou zdvihnout (*anchor* kot-

vu) **4** cenit, srovnávat (*with* s), zvažovat ~ **down** převážit; zatížit, vyvážit; sklíčit ~ **out** rozvážit, odvážit **–ing-machine** váha **–t** s **1** váha, hmotnost, tíže **2** břemeno **3** závaží, sport. koule **4** statistická závažnost ● v **1** zvážit (se), potěžkat **2** srovnávat **3** zatížit **4** mít vliv na ◆ ~ *on axle* zatížení nápravy **–tless** beztížný **–tlessness** beztíž|e, -ný stav, -nost **–tshift** sport. lyž. přenášení váhy **–ty 1** těžký **2** závažný, důležitý **3** slavnostní

weir [ˈwiə] jez

weird [ˈwiəd] **1** příšerný, tajuplný **2** nadpřirozený **3** hovor. výstřední **–o** [-əu] am. slang. výstředník, cvok

welcome [ˈwelkəm] a vítán, vítaný ◆ *bid*** ~ přivítat; *make* *oneself* ~ *with a t.* posloužit si čím ● s přivítání ● v při-, vítat ◆ *you are* ~ zvl. am. není zač (děkovat), prosím

weld [ˈweld] v **1** svářet kovy **2** přen. zformovat (*into* v) ● s svar, svařovaný šev **–er** svářeč, svařovací stroj **–ing** svařování ◆ ~ *machine* svařovací stroj; *butt-*~ svařování na tupo; *fusion-*~ tavné svařování; *overtap* ~ svařování přeplátováním; *seam-*~ švové svařování; *spot* ~ bodové svařování

welfare [ˈwelfeə] blaho, zdar ◆ *child* ~ péče o dítě

well¹ [ˈwel] adv **1** dobře, správně **2** úplně, zcela **3** pěkně, slušně **4** nuže, dobrá, tedy **5** náležitě, právem ● pred a zdráv, zdravý ◆ *as* ~ také, rovněž; rovnou; *as* ~ *as* právě tak jako, jak...tak, i, a také; ~ *done* výborně; *do* * ~, *be* ~ *off* být zámožný; *I am quite* ~ je mi zcela dobře; *go* * *on* ~ dařit se dobře; ~ *near, nigh* skoro, málem; ~ *met* vítej

well² [ˈwel] s **1** pramen, zřídlo, studna **2** prohlubeň **3** podkopová šachta **4** světlík domu **5** prostor, kde je schodiště 6 nístěj vysoké pece 7 místo pro obhájce v soudní síni 8 pl brit. lázně, léčivá vřídla 9 přen. zdroj 10 oblast paměti ● v prýštit, tryskat

well-advised [ˌwelədˈvaizd] uvážený **~-appointed** [ˌweləˈpointid] dobře vybavený **~-balanced** [ˌ-ˈ-] vyrovnaný **~-being** [ˌ-ˈ-] zdraví, zdar **~-bred** dobře vychovaný **~-conducted** [ˌwelkənˈdaktid] 1 způsobný 2 dobře vedený **~-disposed** [ˌweldiˈspəuzd] přátelský, nakloněný (to, towards k) **~-done** dobře vařený, propečený **~-founded** [ˌ-ˈ-] odůvodněný **~-informed** [ˌwelinˈfo:md] dobře urostlý **~-off** [-ˈ-] zámožný **~-read** [-ˈ-] sčetlý **~-set** [-ˈ-] dobře informovaný **~-founded** [-ˈ-] uvážený **~-knit** [-ˈ-], **~-made** [-ˈ-] dobře urostlý **~-spoken** [ˌ-ˈ-] mluvící vybraně **~-timed** [ˌ-ˈ-] včasný, správně načasovaný **~-to-do** [-ˈ-] zámožný **~-turned** [-ˈ-] fráze vybroušený; dokonale provedený; dobře tvarovaný **~-worn** [-ˈ-] obnošený, opotřebovaný

Welsh [ˈwelš] a velšský ● s 1 velština 2 the ~ Velšané **–man*** Velšan

welsh [ˈwelš] nevyplatit výhry

welt [ˈwelt] s 1 okolek boty 2 okraj, obruba, lem, lemovka 3 šrám ● v 1 přidělat svršky k podrážce pomocí okolku 2 lemovat 3 zbít, zmlátit

welter [ˈweltə] v válet se ● s zmatek, změť **~-weight** sport. velterová váha

wen [ˈwen] 1 boule, vole 2 konglomerát městský

Wenceslas [ˈwensəsləs] Václav

wench [ˈwenč] s děvče, holka ● v holkařit

Wend [ˈwend] Lužický Srb **–ic**, **–ish** lužickosrbský

went [ˈwent] pt od go a zast. wend

wept [ˈwept] pt, pp od weep

were [ˈwə:] pt (2. os. sg, pl), subj (sg, pl)

od be

west [ˈwest] 1 západ 2 západní vítr **–erly** západní **–ern** a západní ● s hra / film z Divokého zapadu **–erner** [ˈwestənə] obyvatel Západu **–ernize** [-ənaiz] pozápadničit (se) **–ernmost** [ˈwestənməust] nejzápadnější **–ward(s)** [-wəd(z)] adv k západu

wet [ˈwet] a (-tt-) 1 vlhký, mokrý, deštivý 2 promoklý 3 protiprohibiční, hovor. holdující pití ● s 1 mokro, vlhkost, déšť 2 alkoholický nápoj 3 hovor. odpůrce americké prohibice ♦ be ~ behind the ears mít ještě mléko na bradě; ~ to the skin promoklý na kůži; ~ grinding broušení za mokra ● v (-tt-) 1 navlčit, namočit 2 pomočit (se) 3 zapít např. koupi 4 udělat čaj ♦ ~ one's whistle slang. dát si (jednu) do trumpety

wether [ˈweðə] skopec

wet-nurse [ˈwetnə:s] kojná

whack [ˈwæk] v z-, bít holí ● s plácnutí, rána ♦ make* one's ~ dopřát si **–y** a v. wacky

whale [ˈweil] zool. velryba ● a ~ of am. hovor. spousta čeho **–bone**, ~ **fin** velrybí kostice **~-calf*** velrybí mládě **~-oil** velrybí tuk **–r** 1 lovec velryb 2 velrybářská loď

wham [ˈwæm] s bušení, hlomoz, dunění, řinčení ● v silou a hlučně uhodit, uhodit, praštit, plácnout

wharf* [ˈwo:f] s vykládací nábřeží, molo, dok ● v 1 zakotvit u nábřeží 2 vykládat zboží na přístavní hráz **–age** [-idž] nábřežné **–inger** [ˈwo:findžə] nábřežný

what [ˈwot] 1 jaký, který 2 to, co 3 tolik, kolik 4 co? ♦ ~ about...? a co...? ~ for? proč?; ~ matter? vadí to?; ~ if což když / když; ~ next? co dále?; ~ of it? co na tom?; and ~ not hovor. a tak dále; ~ on earth? co u všech všudy?; ~'s up? co se děje?; ~ though co na tom, že **–ever** [-ˈ-], **–soever**

[ˌwotsəuˈevə] jakýkoliv, cokoliv
–not 1 etažér **2** já nevím kdo / co
ještě

wheat [ˈwiːt] bot. pšenice **–en** pšeničný

wheedle [ˈwiːdl] lichotit, obelstít, umluvit ♦ ~ *a t. out of a p.* vymámit co na kom

wheel [ˈwiːl] s **1** kolo; kruh hrnčířský **2** krouživý pohyb **3** volant auta, kormidlo ♦ ~ talířové kolo; *gear* ~ ozubené kolo; *worm* ~ šroubové kolo; ~ *and axle* kolo na hřídeli; *driving* ~ žentour; *the man* at the* ~ kormidelník, odpovědný činitel; *break* (up)on a* ~ hist. lámat v kole ● *v* **1** otáčet (se) **2** vést na vozíku **3** jet na kole **4** nasadit kola vozu **–barrow** [-bærəu] trakař, kolečko **––chair** kolečková židle **–er 1** kolář **2** kolař cyklista **3** příojní kůň **4** hrnčíř **–er-dealer** am. slang. politikář, čachrář **–ie** sport. stoj na jednom kole bicyklu **––horse** příojní kůň **–man*** cyklista **–wright** [ˈwiːlrait] kolář

wheeze [ˈwiːz] *v* sípat ● *s* **1** sípání **2** slang. otřepaná anekdota **–y** sípavý, dýchavičný

whelp [welp] s **1** mládě, štěně, kotě **2** fakan, klacek ● *v* rodit, vrhnout mláďata; přen. vymyslit plán

when [ˈwen] *adv* kdy? ♦ *conj* když, až ♦ *just* ~ právě když; *from* n. *since* ~? od které doby?, od kdy?; *till* ~? do které doby?, do kdy?

whence [ˈwens] odkud?; pročež, tudíž

when|ever [wenˈevə], **–soever** [ˌwensəuˈevə] kdykoli

where [ˈweə] kde?, kam?; kde, kam **–about(s)** *adv* [ˌweərəˈbauts] kde asi?, kam asi? ● *s* [ˈ-] pl *-s*, dočasné místo pobytu **–as** [-ˈ] kdežto, poněvadž **–by** [-ˈ] pomocí něhož, jímž, čímž **–ever** [weərˈevə] kdekoli, kamkoli **–fore** proč, na co; pročež **–on** [-ˈ] na čem(?), na co(?) **–soever** [ˌweə-

səuˈevə] kdekoli, kamkoli **–to** [-ˈ], **–unto** [ˌweərənˈtuː] k čemuž, načež **–upon** [ˌweərəˈpon] načež, na co, na který **–with** [-ˈ], **–withall** *adv* s kterým, s čím ● s potřebné peníze, prostředky

whet [ˈwet] *v* (*-tt-*) **1** na-, brousit, na-, ostřit **2** podráždit (*appetite* chuť) ● *s* **1** na-, broušení **2** podráždění, povzbuzení **3** aperitiv

whether [ˈweðə] *pron* který (z dvou) ● *conj* zda, zdali ♦ ~... *or* zda... či; ~ *or no* / *not* v každém případě, chtě nechtě

whetstone [ˈwetstəun] brus, brousek

whew [ˈhwuː] *interj* hvizd / hvízdavé zvolání jako výraz úlevy, obdivu apod. uf; jémine

whey [ˈwei] syrovátka

which [ˈwič] **1** kdo?, který?, co? **2** který, jenž, což **3** kterýžto ♦ ~ *of you* kdo z vás; ~ *way* kudy?; *that* ~ to, co **–ever** [-ˈ], **–soever** [ˌwičsəuˈevə] kterýkoli, kdokoli z určitého počtu

whiff [ˈwif] s **1** závan, náraz větru, voňavky **2** bafnutí **3** lehká veslice **4** krátký doutník ● *v* **1** bafat **2** foukat **3** páchnout, zavánět ~ a**side** odfouknout, odvát

whiffle [ˈwifl] **1** točit se, houpat se, měnit se o větru **2** dout, fučet **3** hvízdat, supět **4** am. být kam vítr tam plášť

whig [ˈwig] whig člen bývalé politické strany v Anglii; stoupenec americké revoluce

while [ˈwail] s chvíle, doba ♦ *a* ~ *after* o chvíli později; *a long* ~ *ago* hezky dávno; *for a* ~ na chvíli; *a* ~ *since* nedávno, před chvílí; *between -s* tu a tam, občas; *in a* ~ za chvíli; *it is not worth* ~ nestojí to za námahu, za řeč; *once in a* ~ občas ● *v* (~ *away*) krátit si čas ● *conj* = **whilst** [ˈwailst] zatímco, kdežto, mezitím, co

whim [ˈwim] rozmar, vrtoch, nápad

whimper [ˈwimpə] *v* kňučet, fňukat, kňourat ● *s* kňučení, fňukání

whimsical [ˈwimzikl] vrtošivý, náladový, podivínský **–ity** [ˌwimziˈkæləti] vrtošivost, rozmar(nost), podivínství

whine [ˈwain] *v* kňučet, vrnět ● *s* kňučení, vrnění

whinny [ˈwini] *v* kůň řehtat, ržát ● *s* ržání, zařehtání

whip [ˈwip] *v* (*pp-*) **1** z-, bičovat, bičem popohnat (*on*), šlehat bičem **2** nařezat, zbít **3** omotat šňůrou **4** svázat lano **5** šlehat vejce, smetanu **6** mrštit něčím; slang. hodit sebou, mrsknout sebou ♦ ~ *a top* mrskat káču ~ *up* **1** popohnat bičem **2** vybičovat, podnítit **3** spěšně sestavit, improvizovat ● *s* **1** bič, metla **2** šlehnutí **3** kočí **4** náhončí, přen. pracovník odpovědný za kázeň v anglické politické straně ♦ *issue a* ~ obeslat členy sněmovní strany **–cord** provázek na šňůry biče **–per 1** mrskač **2** omotávač **–per-snapper** [ˈ-ˌ-] **1** rozjívené dítě, klouček, skrček **2** nadutec, «nula» **–saw** *s* rozmítací pila ● *v* am. utrpět na trhu dvojí ztrátu za sebou

whippet [ˈwipit] **1** ohař druh psa **2** voj. lehký tank

whipping [ˈwipiŋ] **1** bičování, šlehání **2** bití, výprask **~-boy** fackovací panák **~-top** káča hračka

wir v. *whirr*

whirl [ˈwəːl] *v* **1** točit (se), otáčet (se), vířit, kroužit **2** mávat **3** chvátat, běžet ● *s* **1** otáčení, kroužení, vír **2** přeslen **3** obrtlík **4** vlk hračka **5** závitnice ulity **6** chvat, rychlý běh **–igig** [ˈwəːligig] **1** vlk hračka **2** kolotoč **3** vír událostí **–pool** vodní vír **–wind** vichřice, smršť; vzdušný vír

whirr [ˈwəː] *v* (*-rr-*) šustit, bzučet, frnčet ● *s* víření, frnčení, bzukot

whisk [ˈwisk] *s* **1** věchet, vějička **2** koště, oprašovač, kartáč **3** metla **4** plácačka na mouchy **5** mrskání ocasem ● *v* **1** šlehat metlou **2** smést, oprášit **3** mrskat ocasem, pohupovat **4** mrsknout sebou, bleskurychle dopravit **5** odskočit, odběhnout ~ *away* rychle smést n. odbýt, zahnat **–ers** [ˈwizkəz] kníry

whisk(e)y [ˈwiski] whisky

whisper [ˈwispə] *v* **1** šeptat (si) **2** šumět, syčet ● *s* šepot, přen. šumění **–er 1** šeptač, našeptávač **2** donášeč, udavač

whist [ˈwist] whist karetní hra

whistle [ˈwisl] za-, hvízdat, za-, pískat (si) ♦ *he may* ~ *for it* to si počká!; *go** ~ dělat si po svém ● *s* **1** hvízdnutí, písknutí **2** píšťala, píšťalka

whit[1] [ˈwit] **1** tečka, bod **2** špetka, trocha, hovor. (ani) zblo ♦ *a* ~ trochu; *no* ~, *not a* ~, *never a* ~ ani zbla, ani dost málo, vůbec ne, ani za mák

Whit[2] [ˈwit] svatodušní ♦ *W~ Sunday* neděle svatodušní; *W~ Monday* pondělí svatodušní

white [ˈwait] *a* **1** bílý **2** bledý **3** čistý, neposkvrněný; nevinný **4** am. počestný, slušný ♦ ~ *boy* mazlíček; ~ *cedar* bot. túje obecná, zerav; ~ *frost* jinovatka; ~ *lead* [led] běloba; ~ *lie* nevinná lež ● *s* **1** bělost, běloba **2** běloch **3** bílek **4** pl bělotok **5** oční bělmo ● *v* **1** též ~ *out* polygr. rozřádkovat sazbu **2** též ~ *out* být špatně vidět **–friar** [ˈ-ˌ-] karmelitán ~ *guard* bělogvardějec **W-hall** brit. vláda; přen. byrokracie **~-headed** bělovlasý; velmi oblíbený **~-fivered** [ˈwaitˌlivəd] zbabělý **–n** bílit, zbělit, z-, bělet **–ness 1** bělost **2** bledost **3** čistota, nevinnost **–smith** klempíř **–thorn** bot. hloh **–wash** *s* **1** vápenné mléko **2** omlouvání, krytí přehmatů apod. ● *v* o-, bílit; očistit; lakovat na bílo, omlouvat; krýt

whitey [ˈwaiti] slang. han. běloch, společnost bílých

whither [ˈwiðə] zast. kam?, kam
–soever [ˌwiðəsəuˈevə] kamkoli
–ward kam

whit|ing [ˈwaitiŋ] 1 plavená křída,
hlinka na bílení 2 zool. treska –ish
bělavý

whitsuntide [ˈwitsntaid] letnice

whittle [ˈwitl] v řezat, ořezávat; krájet, kudlat

whiz(z) [ˈwiz] v hvízdat, fičet,
svištět ♦ s 1 svištění, svist, fičení, hvízdání, hvizd, bzukot 2
slang. expert, machr

who [ˈhu:] 1 kdo, koho, komu 2
který, jenž, kteří ♦ he ~ ten, kdo

whoa [ˈwəu] = who

who|ever [hu:ˈevə] kdokoli, každý,
kdo –soever [ˌhu:səuˈevə] kdokoli

whole [ˈhəul] a 1 celý, úplný 2
zdravý, neporušený ♦ get off
with a ~ skin vyváznout se zdravou kůží; ~ and sound živ a zdráv
● s celek, celistvost ♦ on, upon,
the ~ vcelku, celkem ~-hearted
[ˌhəulˈha:tid] nadšený, horlivý;
vážný ~-length a v životní velikosti, celý, úplný ~-sale velkoobchod ♦ by, am. at ~ ve velkém; a
~ slaughter hromadná vražda
–some [ˈhəulsam] 1 zdravý 2 užitečný 3 spořádaný

wholly [ˈhəuli] zcela, úplně

whom [ˈhu:m] koho, komu, kterého, jehož –ever, –soever [ˌhu:m /
səu / -evə] kohokoli

whoop [ˈhu:p] s houkání, pokřik ● v
křičet, pokřikovat, výskat, halekat –ing-cough černý kašel

whop [ˈwop] (-pp-) slang. 1 napráskat, seřezat 2 plácnout sebou,
žuchnout –per 1 něco ohromného
2 nehorázná lež

whore [ˈho:] s děvka, kurva ● v dělat děvku –dom [ˈho:dəm] děvkaření

whorl [ˈwə:l] 1 závitnice 2 přeslen

whose [ˈhu:z] čí, koho, jehož –soever [ˌhu:zsəuˈevə] číkoli

why [ˈwai] adv proč? ● interj nu, tedy, nuže ● s (pl: whys) příčina, důvod

wick [ˈwik] 1 knot 2 med. tampón

wicked [ˈwikid] 1 zlý, bezbožný,
hříšný 2 špatný, zkažený 3 rozpustilý 4 nemravný, prostopášný
5 škodlivý 6 hrozný, strašný 7
vynikající

wicker [ˈwikə] s vrbové proutí ● a
proutěný ♦ ~ chair proutěná židle ~-work proutěné pletivo, košíkářské zboží

wicket [ˈwikit] 1 branka, vrátka v
plotě 2 kriket tyčková branka

wide [ˈwaid] a 1 široký, daleký, rozsáhlý, obšírný 2 svobodomyslný,
liberální 3 slang. mazaný ♦ far
and ~ daleko široko; the ~ world
širý svět; ~ open otevřený dokořán; be not ~ of the mark být
blízek pravdě; give* ~ berth vyhnout se na hony čemu ● adv široko, daleko, docela ● s rozloha,
šíře ~-awake [ˈwaidəweik] a
bdělý, ostražitý ● s nízký širák
–ly 1 velmi, hodně 2 široko daleko

widen [ˈwaidn] roz-, šířit (se)

widespread [ˈwaidspred] roztažený do šířky, rozšířený, rozprostřený
do šířky; všeobecný ♦ ~ response
široká odezva

wi(d)geon [ˈwidžn] zool. hvízdák euroasijský

widow [ˈwidəu] s vdova ♦ grass ~
slaměná vdova ● v ovdovět,
učinit vdovou –ed ovdovělý –er
[ˈwidəuə] vdovec ~-hood vdovství ~'s-bench vdovský podíl

width [ˈwidθ] 1 šířka, šíře 2 rozšířenost, rozsáhlost 3 svobodomyslnost ~ of span rozpětí

wield [ˈwi:ld] 1 ovládat, vládnout,
řídit 2 třímat, mávat čím

wiener [ˈwi:nə] s 1 hovor. párek uzenina 2 slang. penis

wife* [ˈwaif] žena, manželka

wig [ˈwig] s paruka ● v (-gg-) přísně
domluvit, vycinkat, vyčinit komu
–let příčesek ~-marker, ~-weav-

er vlásenkář

wigwam [ˈwigwæm] indiánská chatrč, vigvam

wild [ˈwaild] a 1 divoký, neobdělávaný 2 neupravený; nesoustředěný; zkusmý 3 bouřlivý, prudký 4 bujný 5 vzteklý (about po čem), zuřivý 6 vzrušený 7 nekontrolovaný (prices ceny), nezvládnutelný 8 smělý, odvážný ♦ ~ beast šelma; ~ man* divoch; a ~ goose chase ztřeštěné počínání; run* ~ zdivočet, třeštit; ~ looks vytřeštěný pohled, vzhled; ~ scheme dobrodružný plán; sow* one's ~ oats přen. vybouřit se v mládí; talk ~ mluvit do větru ● adv divoce ● s pustina, divočina –cat s zool. kočka divoká ● a nezodpovědný, nebezpečný, riskantní; podvodný; divoký stávka –erness [wildanis] divočina, pustina –fire [-faiə] 1 ničivý požár 2 řecký oheň 3 přen. bouře –ing pláně –ness divokost

wile [ˈwail] s lest, úskok, lákadlo ● v zlákat, nalákat

wilful [ˈwilful] 1 záměrný, úmyslný 2 svéhlavý, neústupný

will¹ [ˈwil] s 1 vůle 2 energie, úsilí 3 závěť, poslední vůle ♦ at ~ podle přání; with a ~ energicky; freedom of the ~ svoboda vůle; have one's ~ prosadit svou: good / ill ~ dobrá / zlá vůle ● v 1 prosazovat / vnutit svou vůli, přát si 2 rozhodnout podle své vůle 3 odkázat závětí

will² [wil, wəl, wl, l] pomocné sloveso; pt, cond. would jsem ochoten, s důrazem a v záporu (ne)chci, ve 3. os. neustále, pořád, znovu a znovu he would ask the same question again stále se tázal na totéž; will minulý čas se vyjádří na následujícím inf. podle všeho vysuzuji (this ~ be the post-office, this ~ have been that factory); doplňuje a stále běžněji nahrazuje shall ve fut. a kond.

willing [ˈwiliŋ] ochotný, povolný;

dobrovolný

will-o'-the-wisp [ˌwiləðəˈwisp] bludička

willow [ˈwiləu] 1 bot. vrba 2 kriketová pálka 3 textil. čechrací stroj ♦ wear* the ~ nosit smutek –y vrbami porostlý, jako vrba, ohebný, štíhlý

wilt¹ [ˈwilt] zast. 2. os. od will (thou ~ chceš)

wilt² [ˈwilt] (z)vadnout, chřadnout

wily [ˈwaili] prohnaný, lstivý

wimp [ˈwimp] slaboch, neschopný člověk

wimple [ˈwimpl] ženský čepec, čepec jeptišky

win* [ˈwin] v (-nn-) 1 získat, nabýt 2 získat na svou stranu (upon koho) 3 vyhrát, dobýt, zvítězit 4 zamlouvat se názor, mít vliv na ♦ ~ a victory dobýt vítězství; ~ a fortress dobýt pevnost; ~ a prize získat cenu; ~ clear / free vyprostit se; ~ fame získat pověst; ~ honour získat čest; ~ one's spurs dobýt si ostruh též přen.; ~ one's way prosadt se ~ over naklonit si ● s výhra, vítězství

wince [ˈwins] uskočit, ucuknout; mrknout, hnout brvou

wind¹ [ˈwind] s 1 vítr, proud vzduchu 2 dech 3 vůně, pach 4 dechový nástroj 5 tendence, směr 6 prázdná slova ♦ fair, contrary ~ příznivý, nepříznivý vítr; be in the ~ dít se; break* ~ pouštět větry, krkat; fetch one's ~ popadat dech; get* ~ of větřit co; have a t. in the ~ větřit něco; second ~ sport. druhý dech; take* the ~ out of one's sails vzít komu vítr z plachet ● v 1 zvětřit 2 udýchat koho, uhnat 3 nabrat dech, popřát oddych 4 vystavit účinku větru 5 zatroubit (a horn na roh)

wind²* [ˈwaind] 1 vinout (se) 2 zavinout, ovinout, zabalit (se) (in do) 3 (ob)točit (se), kroutit (se) 4 točit, natočit ♦ ~ a p. round one's finger otočit si koho kolem prstu ~ **off** odmotat, odvinout ~ **up 1** navíjet na rumpál, rozmotat **2** natahovat pero, hodinky **3** (z)likvidovat obchod **4** vzrušit, rozčílit **–er** [ˈwaində] **1** navíječ **2** naviják klíček k natahování hodin **4** točité schody **5** hráč na dechový nástroj

wind|bag [ˈwindbæg] mluvka **~-break** větrolam **~-cheater** [ˈ-ˌ] větrovka **~-egg** záprtek **–fall 1** padavka ovoce **2** štěstí spadlé do klína **~-gauge** [-geidž] anemometr

winding [ˈwaindiŋ] *a* točitý ♦ ~ *staircase* točité schodiště ● *s* **1** vinutí, otáčení **2** závit, závitnice **3** záhyb, oklika, zatáčka **~-sheet** rubáš

wind|instrument [ˈwindˌinstrumənt] dechový nástroj **–mill** [ˈwindmil] větrný mlýn

windlass [ˈwindləs] vratidlo, rumpál, naviják

window [ˈwindəu] **1** okno **2** výkladní skříň **~-blind** roleta **~-dresser** aranžér **~-frame** rám **–pane** okenní tabulka stahovacího okna **~-shutter** [ˈ-ˌ] okenice

wind|pipe [ˈwindpaip] průdušnice **~-row** pokosená řádka sena, obilí **–screen**, am. **–shield** čelní sklo auta **–screen wiper** stěrač **–surf** pěstovat windsurfing, plachtit ve větru na vodní ploše **–ward** návětrný

windy [ˈwindi] **1** vystavený větru, větrný, bouřlivý **2** plynatý **3** nadutý **4** prázdný, bezobsažný **5** rozvláčný

wine [ˈwain] **1** víno nápoj **2** pitka ♦ *burnt* ~ pálenka; ~ *cellar, tavern* vinárna; *sparkling* ~ šumivé víno **–bibber** [ˈ-ˌ] piják vína **–bottle** vinná láhev **–glass** vinná sklenka **–press** vinný lis

wing [ˈwiŋ] *s* **1** křídlo též budovy; v kopané **2** let. peruť **3** blatník auta **4** pl kulisy ♦ *W~ Commander* velitel letky; *clip one's -s* přistřihnout komu křídla; *come* on the -s of the*

wind přen. přijít na křídlech větru; *lend** ~ *to* dodat vzletu; *make** ~ letět; *take** ~ vzlétnout; *take* under one's -s* vzít pod ochranná křídla; *with -s* horlivě ● *v* **1** okřídlit **2** vznést se, letět přes, plachtit **3** postřelit, sestřelit **4** popohnat, zrychlit chůzi **~-case** krovka **–ed** okřídlený **~-footed** [ˈ-ˌ] křídlonohý **–let** křidélko **~-stroke** mávnutí křídlem

wink [ˈwiŋk] *s* **1** mrknutí, mžiknutí **2** pokyn, avízo **3** zdřímnutí **4** okamžik ♦ *give* a* ~ *to* mrknout na, pokynout; *tip a p. the* ~ slang. mrknout na; *I did not sleep a* ~ *all night* nezamhouřil jsem po celou noc oka; *forty -s* zdřímnutí ● *v* **1** mrknout (*at* na), za-, mrkat **2** mžikat, blikat **3** dát světelné znamení, signalizovat **–er** motor. blinkr

winner [ˈwinə] vítěz, výherce

winning [ˈwiniŋ] *a* **1** vítězný **2** půvabný, poutavý ● *s* **1** pl výhra, zisk **2** dobyté území

winnow [ˈwinəu] **1** čistit obilí od plev, prosívat, roz-, třídit **2** vymítit **3** roz-, foukat

winsome [ˈwinsəm] okouzlující, půvabný, přitažlivý

winter [ˈwintə] *s* zima ● *v* strávit zimu, přezimovat (*at, in* na, v) ● *a* zimní ♦ ~ *season* zimní období; ~ *solstice* zimní slunovrat; ~ *crop* ozim **–ize** [-raiz] připravit k přezimování

wintry [ˈwintri] **1** zimní **2** chladný **3** zestárlý

winy [ˈwaini] vínový, vinný

wip|e [ˈwaip] *v* (*out, away, off*) utírat, u-, se-, vy-, o|třít, očistit ♦ ~ *a p.'s eyes* přen. vytřít komu zrak; ~ *the floor with a p.* nandat to komu **–out 1** vytřít, vymazat **2** úplně zničit, vyhladit ● *s* **1** utírání, utření, vytření **2** trefná poznámka **3** slang. zničující rána **4** slang. kapesník **–out** am. slang. **1** pád **2** drtivá porážka, vyhlazení

–er stěrač

wire [ˈwaiə] s **1** drát **2** telegraf, telegram ♦ *by ~* telegraficky; *barbed ~* ostnatý drát; *pull the -s* tahat za drátky přen. o politických pletichách ● v **1** při-, z|pevnit drátem, zadrátovat **2** instalovat elektrické vedení **3** chytat do oka zvěř **4** telegrafovat **~-cutters** nůžky na drát **~-entanglement** [ˈwaiərinˌtænglmənt] voj. drátěná překážka **~-gauge** [-geidž] měrka na drát, drátoměr **–less** a bezdrátový ● s bezdrátová telegrafie n. stanice, rádio, rozhlas ● v poslat radiogram n. e-mail ♦ *~ message* radiogram n. e-mail; *~ operator* radiotelegrafista **~ netting** [ˈ-] drátěné pletivo **~-pulling** [ˈ-] politické pletichy **~-walker** [ˈ-] provazochodec **~-worm** zool. drátovec

wiry [ˈwaiəri] drátovitý; šlachovitý; houževnatý

wisdom [ˈwizdəm] moudrost, zdravý rozum

wise [ˈwaiz] a **1** moudrý, rozumný, vzdělaný, vyškolený **2** am. mazaný, drzý ♦ *I came away none the -r* nezmoudřel jsem z toho; *~ crack* moudrá průpovídka; *~ man** mudrc; *~ saw / saying* přísloví; *~ woman** **1** kouzelnice, věštkyně **2** porodní bába ● s the ~, pl moudří lidé **–acre** [ˈwaizeikə] mudrlant, vševěd

wish [ˈwiš] v přát si, chtít, žádat (*for* o co) ♦ *~ ill* nepřát; *~ well towards a p.* být komu nakloněn; *~ joy of* blahopřát k ● s přání, žádost, tužba; blahopřání **–full** [-fəl] toužící, přející si, chtivý, vytoužený ♦ *~ thinking* zbožné přání, planá naděje **~-wash** brynda; žvást

wishy-washy [ˈwišiˈwoši] řídký, vodnatý

wisp [ˈwisp] chomáč, hrst; vích, věchet

wistful [ˈwistfəl] **1** vážný, hloubavý **2** zamyšlený **3** toužebný **4** nostalgický

wit [ˈwit] s **1** vtip, důvtip, zdravý rozum **2** vtipný člověk, učenec **3** vtipný nápad ♦ *be at one's -s' end* být s rozumem u konce; *out of one's -s* vyvedený z míry, rozčilený; *crack a ~* udělat vtip; *recover one's -s* vzpamatovat se

witch [ˈwič] s **1** čarodějnice, kouzelnice **2** okouzlující žena ● v očarovat **–craft** [ˈwičkraːft] kouzelnictví **–ery** kouzlo, čarodějnictví **~-hunt** hovor. hon na čarodějnice, též polit.

with [ˈwið] prep, s při, u, k, na; přes, nehledě k ♦ *~ all my heart* z celého srdce; *~ all speed* bez odkladu; *~ care!* opatrně!; *~ that* poté, nato; *be ~ it* jít s dobou; *it rests ~ you* to záleží na vás; *write* ~ a pen* psát perem; *weep* ~ sorrow / joy* plakat zármutkem / radostí; *~ child* těhotná; *~ young* březí; *~ the colours* voj. v činné službě; *~ all his learning, he is...* přes svou učenost je... / při vší své učenosti...

withdraw* [wiðˈdroː] **1** odtáhnout stáhnout zpět, couvnout **2** vyjmout, odstranit, vzít z oběhu **3** odvolat **4** vzdálit se, odejít **5** vyzvednout peníze, vybrat vklad **–al** [-əl] **1** ústup, odstoupení (*from* od) **2** odvolání (*of* čeho) **3** vyzvednutí peněz **–n** nespolečenský, uzavřený

wither [ˈwiðə] **1** uvadat, způsobit vadnutí; (*~ up*) z-, vadnout, uschnout **2** poškodit **3** zpražit, usadit

withers [ˈwiðz] pl kohoutek koně

withheld [wiðˈheld] pt, pp od *withhold*

withhold* [wiðˈhəuld] **1** odepřít (*from* komu, před), odmítnout **2** zatajit (*from* komu)

within [wiˈðin] prep v, na, o, kromě, za, během ♦ *~ a few days* v několika dnech; *~ doors* za zavřenými dveřmi, uvnitř; ~ *reach* na dosah; ~ *the law* v mezích zákona; ~ *a stone's throw* co by kamenem dohodil ● *adv* uvnitř, doma; *is Mr Jones* ~? je pan Jones doma? ● *s* vnitřek ♦ *from* ~ z vnitřku

with-it [ˈwiðit] slang. moderní; angažovaný

without [wiˈðaut] *prep* **1** bez **2** vně mimo ♦ *things* ~ *us* věci mimo nás; ~ *doubt* nepochybně; ~ *end* nekonečný; *do** ~ obejít se bez ● *adv* venku, vně ♦ *from* ~ zvenčí

withstand* [wiðˈstænd] odolat; vydržet; bás. odporovat

withstood [wiðˈstud] *pt, pp* od *withstand*

wit|less [ˈwitlis] omezený, tupý, nejapný **–ling** vtipálek, prosťáček

witness [ˈwitnis] *s* **1** svědectví (*to, of* o, za) **2** svědek (*eye-*~ očitý svědek) ♦ *bear** ~ (do)svědčit; *call to* ~ volat za svědka; *give** ~ svědčit (*on behalf of* ve prospěch koho); *in* ~ *of* na důkaz čeho ● *v* do-, svědčit, být svědkem (*against* proti, *for* pro)

witticism [ˈwitisizem] vtip, vtipkování

wittiness [ˈwitinis] vtip, vtipnost, duchaplnost

wittingly [ˈwitiŋli] vědomě, úmyslně, schválně

witty [ˈwiti] vtipný, duchaplný

wizard [ˈwized] *s* čaroděj ● *a* kouzelný **–ry** čarodějnictví, kouzlo, magie

wizen, wizened, weazen [ˈwizn, ˈwiznd, ˈwiːzn] scvrklý, vysušený

wo, whoa [ˈwəu] *interj* ouha!, hou!, prr! volání na koně

woad [ˈwəud] borytová modř

wobble, wabble [ˈwobl] *v*' **1** viklat se, houpat se **2** vrávorat **3** kolísat v názorech **4** chvět se hlas ● *s* **1** viklání, houpání **2** vrávorání, potácení; chvění **3** kolísání, váhání

woe [ˈwəu] běda, žal, hoře ♦ ~ *is me* běda mně! **–ful** žalostný,

bědný, bídný

woke, –n [ˈwəuk-n] *pt, pp* od *wake*

wolf* [ˈwulf] zool. vlk ♦ *have / hold** *the* ~ *by the ears* být v choulostivé situaci; *keep the* ~ *from the door* odhánět bídu od dveří; ~ *in sheep's clothing* vlk v rouše beránčím ● *v* z-, hltat **~-dog** zool. vlčák **–ish** vlčí, hltavý ~**'s-milk** bot. pryšec **~-spider** zool. tarantule

woman* [ˈwumən] žena ♦ *a single* ~ svobodná žena; *kept* ~ vydržovaná žena, milenka; ~ *in childbed* šestinedělka; ~ *of the world* žena z vysoké společnosti; ~ *suffrage* volební právo žen **–hood** ženství, ženskost **–ish** zženštilý **–ize 1** zženštit **2** honit se za ženskými o mužích **–kind** ženské pohlaví, ženy **–like** ženský, zženštilý **–ly** ženský typicky

womb [ˈwuːm] lůno, děloha

women [ˈwimin] pl od *woman*

won [ˈwan] *pt, pp* od *win*

wonder [ˈwandə] *s* podivení, div, zázrak ♦ (*it is*) *no* ~ není divu; *what* ~ jaký div; *look all* ~ být nadobro udivený; *for a* ~ kupodivu; *do** / *work* *-s* přen. dělat divy ● *v* **1** divit se, žasnout **2** být překvapen, zvědav **3** chtít (rád) vědět (*I* ~... rád bych věděl..., *I* ~ *where he may be* kdepak asi je?) **–ful** nádherný, podivuhodný, úžasný **–ment** podivení, úžas **~-struck** užaslý, udivený (*at* čím)

won't [ˈwəunt] = *will not*

wont [ˈwoːnt] *a* zvyklý (*to* na) ♦ *he was* ~ *to say* říkával **–ed** navyklý

woo [ˈwuː] **1** dvořit se, ucházet se **2** vymámit **3** říkat si o **–er** [ˈwuːə] **1** nápadník **2** uchazeč

wood [ˈwud] **1** les **2** dřevo, dříví **3** dřevěné hudební nástroje (*the -s* pl hráči na dřevěné nástroje) **4** dřevěná rukojeť ♦ *out of the* ~ mimo nebezpečí **–bind, –bine** loubinec, divoké víno **~-carving** řezbářství **~-coal** dřevěné uhlí

–cock zool. sluka lesní **–craft** znalost lesa; řezbářství **–cut** dřevoryt **–cutter** [ˈ-ˌ-], **--engraver** [ˈwudinˌgreivə] dřevorytec **-ed** zalesněný **–en 1** dřevěný **2** neobratný, prkenný, toporný **–house*** dřevník **–land** zalesněná krajina, zálesí **–man* 1** zálesák **2** dřevorubec **–pecker** [ˈwudpekə] zool. datel **--pulp** buničina, celulóza **–ruff** [ˈwudraf] bot. mařinka vonná **--work** práce ze dřeva; tesařská / truhlářská práce **--working** industry dřevařský průmysl **--working** machine dřevoobráběcí stroj **–worm** zool. červotoč **-y 1** lesnatý, zalesněný **2** dřevnatý, dřevitý

woof¹ [ˈwu:f] útek, tkanina

woof² [ˈwuf, ˈwu:f] štěkot, štěkání **-er** s basový reproduktor

wool [ˈwul] **1** vlna, vlněná příze **2** vlněná látka **3** vlněný oděv **4** žen. čupřina vlasy ◆ against the ~ proti srsti; all ~ and a yard wide upřímný, poctivý; keep* your ~ on slang. jen nechte na hlavě; loose one's ~ slang. vyletět vzteky; much cry and little ~ mnoho povyku pro nic **--carding** [ˈ-ˌ-], **--combing** [ˈ-ˌ-] česání vlny **--gathering** [ˈ-ˌ-] a těkavý, roztržitý ● s těkavost, roztržitost **-len** [ˈwulin] vlněný **-ly** a vlnou vycpaný polštář, na němž sedí lord kancléř v Horní sněmovně; úřad lorda kancléře ◆ sit on the ~ zastávat úřad lorda kancléře

woozy [ˈwu:zi] a **1** odporný, nechutný; mdlý, zesláblý **2** obluzený; zmatený

wop [wap] s hanl. am. slang. Talián

Worcestershire sauce [ˈwu:stərˌšiərˈso:s] s worčestr omáčka

word [wə:d] s **1** slovo **2** vzkaz; poznámka, rozmluva (obyč. jako pl) **3** zpráva **4** heslo **5** slib **6** the W~ of God Písmo svaté ◆ by ~ of mouth ústně; coin -s razit slova; come* to -s prudce se pohádat;

command of -s výmluvnost; fail in ~ nedostát slovu; good ~ doporučení; have -s with přít se, hádat se s; have the last ~ mít poslední slovo; I give you my ~ for it dávám ti na to čestné slovo; keep* (break*) ~ dostát (nedostát) slovu; pass one's ~ slovem se zaručit; play upon -s hrát si se slovy; send* ~ vzkázat; take* a p. at his ~ vzít za slovo; upon my ~ na mou čest; ~ of command povel; ~ of honour čestné slovo; ~ for ~ doslovně; basic ~ stock základní slovní fond ● v vyjádřit slovy, stylizovat ~ processing [ˌ-ˈprasesiŋ] s vytváření / psaní textu pomocí počítače **--splitter** [ˈ-ˌ-] slovíčkář, puntičkář **-y 1** mnohomluvný, rozvláčný **2** slovní

wore [ˈwo:] pt od wear

work [ˈwə:k] s **1** práce, dílo; zaměstnání **2** tech. zpracovaný kus, výrobek, obrobek **3** účinek, působení **4** výroba **5** pohon **6** pl dílna, továrna, podnik **7** pl: public -s veřejné komunikace a stavby **8** pl voj. opevnění, zemní práce **9** ruční práce **10** těžba, dobývání ◆ at ~ v činnosti; be at ~ pracovat; in ~ v práci, v zaměstnání; a ~ of art umělecké dílo; a good stroke of ~ hezký kus práce; -s council závodní výbor; -s of a watch hodinkový stroj; -s service camp pracovní tábor; go* to ~ jít do práce; make* a short ~ of dlouho se nepárat s; out of ~ pl bez práce, nezaměstnaný; set* to ~ zapřáhnout do práce; stick* to ~ vytrvat při práci; throw* a spanner in(to) the -s provádět sabotáž, sabotovat ● v **1** pracovat, dělat **2** tech. zpracovávat, tvářit, obrábět (~ cold zpracovávat za studena) **3** uvést do chodu / pohybu, být v chodu **4** přinutit **5** běžet, otáčet se **6** působit (upon na), fungovat **7** vykonávat **8** dělat, být zaměstnán **9** pobouřit **10**

kvasit, dát kvasit **11** hníst, vypracovat (*dough* těsto), zformovat **12** razit si těžce cestu (*out, in through* z, do, přes) **13** osvědčit se **14** účinkovat **15** šít **16** vypočíst **17** spravovat, provozovat, obstarávat **18** pohánět, honit do práce; ovládat **19** způsobit (*a change* změnu) **20** obelstít, získat lstí **21** chvět se **22** hovor. získat, opatřit ♦ **~** *one's* way razit si cestu **~ of 1** zbavit se koho / čeho **2** vylít si zlost **3** vyřídit, zlikvidovat resty **4** vytisknout **~ on** pokračovat v práci **~ out 1** vypracovat, vypočítat **2** prací vyčerpat **3** vycházet o sumě **~ through** propracovat (se), pro-, razit si cestu **~ up 1** vybudovat, vypracovat, propracovat (se), zpracovat **2** smíchat **3** vyplašit, pobouřit **–ability** [ˌwəːkəˈbiləti] **1** zpracovatelnost **2** obrobitelnost **–able 1** zpracovatelný **2** proveditelný, uskutečnitelný **–aday** [ˈwəːkədei] praktický; běžný, všední **–aholic** [ˌwəːkəˈholik] horlivý pracovník **–day** všední den, pracovní den **–er** dělník, pracovník **–fare** systém podpory v nezaměstnanosti **–house* 1** chudobinec **2** am. káznice **~ load** pracovní zátěž **~-to-rule** práce přesně podle předpisů

working [ˈwəːkiŋ] *s* **1** činnost, zacházení, řízení **2** tech. zpracování, obrábění **3** pohyb, postup **4** kvašení **5** pohon, chod stroje **6** působení **7** manipulace telefonních hovorů ♦ *mechanical* **~** tech. tváření ● *a* pracovní (*capital, conditions, day* kapitál, podmínky, den) ♦ **~** *class* pracující třída; **~-***class movement* dělnické hnutí; **~** *expenses* režijní výlohy

work|man [ˈwəːkmən] dělník **–manlike** [-laik] dovedný, řemeslný, profesionální **–manship** řemeslná zručnost **–people** dělnictvo **–piece** [-piːs] tech. obrobek

–room dílna, pracovna **–shop 1** dílna, menší továrna **2** sekce **3** seminář, symposium **~-shy** [-šai] štítící se práce **~-table** [ˈl-ˌ] pracovní stolek, šicí stolek **–woman*** [ˈl-ˌ] dělnice

world [wəːld] **1** svět, země, vesmír **2** lidstvo **3** život **4** společnost **5** spousta ♦ *the other* n. *next* **~**, *the* **~** *to come* onen svět; *all over the* **~** po celém světě; *all the* **~** *knows* je všeobecně známo; *bring* a child into the* **~** přivést dítě na svět; *carry the* **~** *before one* mít rychlý a úplný úspěch; *know* / see* the* **~** mít / získat zkušenost; *live out of the* **~** žít osaměle; *how goes the* **~** *with you?* jak se ti daří?; *renounce the* **~** zříci se světa; *to the* **~***'s end* až na konec světa; *citizen of the* **~** světoobčan; *man* of the* **~** muž velkého světa; **~** *labour movement* světové dělnické hnutí; **~** *outlook* světový názor; *W~ Peace Council* Světová rada míru; **~** *rule* světovláda; *W~ War Two* druhá světová válka **~-liness 1** světskost **2** světáctví, požitkářství **–ling** světák **–ly 1** světový, pozemský **2** světácký, požitkářský **–ly-minded** [ˌl-ˈl] světácký **~-weary** [ˌl-ˈl] unavený životem, světobolný **–wide** celosvětový, světový

worm [wəːm] *s* **1** zool. červ **2** ubožák, bídák **3** tech. šnek, závit šroubu ● *v* **1** sbírat červy, lézt jako červ, kroutit se **2** vlichotit se, vetřít *se* (*into favour* do přízně) **3** vymámit (*secret out of* tajemství z) **4** zbavit se červů **5** chytat ryby na červa **6** vytlačit (*koho out of odkud*) **~-conveyor** [ˌwəːmkənˈveə] šnekový dopravník **~-eaten** [ˈl-ˌ] červivý, červotočivý, přen. zastaralý **~-fishing** [ˌl-ˈl] chytání ryb na červy **~-gear** šnekový převod **~-hole 1** červotočina **2** červivost ovoce **~-screw** šroubovák **~-shaft**

šnekový hřídel **~-wheel** šnekové kolečko **-y** červivý, červotočivý

worn [wo:n] *pp* od *wear* **~-down** [-ˈ] **1** obnošený, sešlý **2** vyčerpaný, unavený **~-out** [ˌ-ˈ] **1** opotřebovaný, obnošený **2** vyčerpaný **3** tech. ojetý, vyběhaný ložisko

worr|iment [ˈwarimənt] = *worry s* **-y** [ˈwari] *v* **1** trápit (se), otravovat **2** trhat, roz-, sápat o psu **3** znepokojovat se **4** plahočit se, vléci se **5** probojovat se (*through* čím) ♦ ~ *one's head* lámat si hlavu ● *s* **1** trápení, soužení; úzkost **2** sápání o psu

worse [wə:s] *a* horší ♦ *from bad to ~* čím dál tím hůře; *be the ~ for* mít újmu, být zkrácen, špatně pořídit při; *be none the ~ for* nemít újmy n. škody při ● *adv* hůře, špatněji ♦ *not the ~* nicméně; *the ~* tím hůře ● *s* něco horšího, někdo horší **-n** [ˈwə:sn] (z)horšit (se)

worship [ˈwə:šip] *s* uctívání, bohoslužba, pobožnost ♦ *Your W~* Vaše důstojnosti oslovení soudce ● *v* (-*pp*-) ctít, uctívat, klanět se; zbožňovat; konat pobožnost **-ful** ctihodný, důstojný **-per** [-ə] ctitel, zbožňovatel; věřící

worst [wə:st] *a* nejhorší ● *adv* nejhůře ♦ *be at the ~* být v koncích; *get* the ~ *of it* utrpět porážku, odnést to; *have the ~ of it* podlehnout, špatně pochodit; *make* the ~ *of* úplně zkazit; *put* to the ~ vehnat do úzkých, co nejvíce uškodit ● *s* největší zlo ♦ *at ~* v nejhorším případě ● *v* vyzrát na koho, porazit, přemoci koho

worsted [ˈwustid] česaná příze

worth [wə:θ] *s* **1** hodnota, cena **2** zásluha ♦ *a man of ~* zasloužilý člověk ● *a* cenný, stojící za (~ *reading* co stojí za čtení) ♦ *it is not ~ while* nestojí to za to **-y** [ˈwə:θi] *s* **1** důstojnost, vážnost **2** hodnota **3** schopnost, způsobilost **-less** *a* bezcenný, nehodný (*of* čeho), nemorální; neschopný **-while** stojící za to **-y** [ˈwə:θi] *a* **1** hoden (*of* čeho), hodnotný **2** ctihodný, důstojný **3** zasloužilý ● *s* hodnostář, zasloužilý člověk, **-whileness** [ˈwə:θwailnis] hodnota

would [ˈwud] *pt* od *will* **-be** pseudo-, rádoby, předstíraný, také...

wound¹ [ˈwu:nd] *s* rána, zranění ♦ *incised, punctured, contused, lacerated ~* řezná, bodná, podlitá, tržná rána ● *v* z-, ranit, poranit ♦ ~ *to death* smrtelně zranit; ~ *to the very quick* tít do živého **-less** nezraněný

wound² [ˈwaund] *pt, pp* od *wind*

wove, -n [ˈwəuvn] *pt, pp* od *weave*

wow [wau] hovor. *interj* vyjadřující úžas, překvapení, nadšení noné!, výborně!, skvělé!, to je úžasné! senzační! ● *v* ohromit, působit jako úplná senzace na, překvapit

wrack [ˈræk] mořské řasy vyvržené na břeh

wraith [ˈreiθ] **1** zjevení, duch **2** dvojník

wrangle [ˈræŋgl] *v* hádat se, přít se (*for* o) ● *s* hádka, spor, potyčka

wrap [ˈræp] *v* (-*pp*-) **1** ovinout, (za)balit (~ *in, up*) **2** zahalit (se) ♦ *-ped up* ponořen (*in* do studia) ● *s* **1** obal, obálka, (za)balení **2** přehoz, štóla, šála, deka **3** pl cenzura **-around 1** plášť, župan **2** am. přebal knihy **3** výpoč. tech. cyklické přetáčení; cyklické zpracování adres; zpětná kontrola přenosu dat **-page** [ˈræpidž] balení, obal, balicí materiál **-per 1** balič **2** obal, plášť **3** obálka **4** novinová páska **5** šála, župan **-ping** obal, obálka, balicí materiál ♦ ~ *paper* balicí papír

wrapt [ˈræp] = *wrapped*

wrath [ˈro:θ] hněv, pomsta **-ful** hněvivý; hrozivý

wreak [ˈri:k] uspokojit, ukojit, vylít si zlost *on, upon* na), vykonat (*a vengeance* pomstu, pomstít se), způsobit škodu

wreath [ˈriːθ] **1** věnec **2** kotouč dýmu **-e** [ˈriːð] **1** plést, vít **2** obejmout, ovinout **3** (o)věnčit **4** točit se, vinout se, proplétat

wreck [ˈrek] s **1** troska, vrak **2** ztroskotaná loď **3** srážka vlaků **4** zkáza, zničení ♦ go* to ~ ztroskotat; suffer ~ roztříštit se, ztroskotat ● v **1** rozbít (se), roztříštit (se), ničit **2** ztroskotat, způsobit ztroskotání, srážku vlaků **3** poškodit ztroskotáním **4** pátrat po vraku **-age** [ˈrekidž] trosky lodi, vrak **-er** vylupovač vraků; záchranná loď; am. havarijní vůz; člen demoliční skupiny; terorista **-ing** záchranný, havarijní ♦ ~ activities záškodnictví; ~ truck vyprošťovací vůz

wren [ˈren] zool. střízlík

wrench [ˈrenč] s **1** vy-, kroucení, točení **2** trhnutí, škubnutí **3** vymknutí, vypáčení **4** francouzský klíč, hasák ● v **1** trhnout, škubnout **2** vy-, kroutit, vymknout (si) **3** utrhnout **4** překroutit fakta

wrest [ˈrest] v **1** kroutit, točit **2** překroutit smysl **3** vypáčit, vytrhnout; vyvrat **4** vynutit souhlas (from z) ● s klíč k ladění harfy ap.

wrestle [ˈresl] v zápasit, bojovat (with, against s, proti) ● s zápas **-er** [ˈresle] zápasník

wretch [ˈreč] **1** ubožák, chudák **2** ničema **-ed** [ˈrečid] **1** ubohý, nešťastný **2** nedostatečný, špatný, mizerný

wrick, rick, crick [ˈrik, ˈkrik] v namoci si kříž, vykroutit si krk ● s namožení, podvrtnutí kotníku

wriggle [ˈrigl] **1** vrtět se, kroutit se o červu, svíjet se **2** vytáčet se (out of z čeho)

wright [ˈrait] pracovník, řemeslník, odborník

wring* [ˈriŋ] v **1** za-, kroutit, vy-, ždímat **2** lomit (one's hands rukama) **3** silně stisknout (a p.'s hand ruku) ♦ ~ a p's neck zakroutit komu krk; ~ dry vyždímat ~ off ukroutit ~ out vyždímat ● s stisknutí, zmáčknutí **-er** ždímač, -ka **-ing** ždímání, kroucení ♦ ~ of conscience výčitky svědomí; ~ machine ždímačka; ~ wet mokrý na ždímání

wrinkle¹ [ˈriŋkl] s **1** vráska **2** záhyb v látce ● v svraštit (se)

wrinkle² [ˈriŋkl] návrh, podnět, dobrá rada, tip

wrist [ˈrist] zápěstí **--band** manžeta **-let** [-lit] náramek, manžeta **--watch** [ˈristwoč] náramkové hodinky

writ [ˈrit] **1** písmo **2** Holy, Sacred, W~ Písmo svaté, bible **3** soudní příkaz, předvolání k soudu, obsílka

writ|e* [ˈrait] psát, napsat ♦ ~ a good hand psát čitelně ~ back odepsat ~ down **1** napsat **2** strhat kritikou ~ off **1** odepsat dluh **2** ekon. amortizovat **3** rychle napsat, načrtnout **4** rychle odepsat ~ out opsat na čisto; napsat v plném znění; vyčerpat látku ~ up **1** dopodrobna vypsat **2** dopsat, dokončit **3** popsat sešit **4** posoudit příznivě **5** vychválit v tisku **-er 1** pisatel, písař **2** spisovatel

writhe [ˈraið] **1** kroutit (se), svíjet se **2** trápit se (under, at, with čím) **3** vinout se **4** zkroutit

writing [ˈraitiŋ] **1** písmo, psaní **2** spis, dílo **3** stať **4** styl **5** listina, dokument **6** spisovatelství ♦ in ~ písemně; put* a t. in ~ napsat co **--desk** psací stůl **--paper** dopisní papír

written [ˈritn] pp od write

wrong [ˈroŋ] a **1** nesprávný, chybný, falešný **2** špatný **3** mylný, nepravdivý ♦ the ~ side nepravá strana, rub; ~ side out naruby; be ~ nemít pravdu, mýlit se; be in the ~ boy být v nepříjemné situaci; do*~ chybovat; go* ~ chybit ● adv chybně, nesprávně, špatně ● s **1** špatnost, nesprávnost, zlo **2** křivda, bezpráví

3 urážka ♦ *do** a *p.* ~ (u)křivdit komu; *be in the* ~ nemít pravdu; *put** a *p. in the* ~ svalit vinu na koho; *suffer* ~ utrpět křivdu ● *v* u-, křivdit komu **~-doer** [‚roŋˈduːə] provinilec, pachatel **~-doing** [‚-ˈ] křivda, provinění, přestupek **–ful** 1 nespravedlivý, mylný 2 škodlivý 3 bezprávný **~-headed** [-hedid] zarputilý, zatvrzelý

wrote [ˈrəut] *pt* od *write*

wrought [ˈroːt] *pt, pp* od *work* tepaný ♦ ~ *alloy, steel* tvářená slitina, ocel; ~ *iron* tepané železo

wrung [ˈraŋ] *pt, pp* od *wring*

wry [ˈrai] (*wryly* = *wrily*) křivý, zkřivený, zkroucený (*face* tvář, *mouth* ústa), zahořklý, ironický ♦ *make** ~ *faces* dělat obličeje **~-mouthed** [-məuðd] křivoústý **~-neck** krutihlav

wurst [wəːst] *s* uzenka, vuřt

Wyoming [waiˈoumiŋ] *s* Wyoming stát v USA

X

X, x [ˈeks] 1 písmeno X 2 římská číslice 10 3 blíže neurčená osoba, blíže neurčené místo, neurčitá veličina v matematické rovnici 4 v. *X-rated* 5 přeškrtnutí křížem

xenophobia [‚zenəˈfəubjə] xenofobie

xero|graphy [ziəˈrogrəfi] xerografie **–philous** [‚ziəˈrofiləs] bot. suchomilný **–type** [ˈziərtaip] xerotypie **–x** [ˈziəroks] *s* 1 xerografie 2 xerox, xerografick|ý stroj. -á kopie ● *v* xeroxovat

Xmas [ˈkrisməs] = *Christmas*

X-rated [ˈeks‚reitid] *a* 1 mající hodnocení X 2 zobrazující explicitní sexuální akty

X-ray [ˈeksrei] *s* (~ *photograph*) rentgenový snímek; *-s,* pl rentgen, -ové záření, paprsky ♦ ~ *examination* rentgenování; ~ *tube* rentgenová lampa ● *v* [-ˈrei] rentgenovat

xylophone [ˈzailəfəun] xylofon

Y

Y, y [ˈwai] písmeno y (*y-pipe* rozbočka, dvoják; *y-shaped* vidlicovitý)

yacht [ˈjot] *s* jachta ● *v* jezdit na jachtě

yak [ˈjæk] zool. jak

yam [ˈjæm] *s* bot. sladký brambor

Yank [ˈjæŋk] slang. = *Yankee*

yank [ˈjæŋk] am. hovor. *v* škubnout, cuknout, trhnout (*on* za co) ● *s* škubnutí

Yank|ee, –ey [ˈjæŋki] Yankee; hovor. Amerikán; ~ *Doodle* am. vlastenecká píseň **–ify** [-fai] poameričtit

yap [ˈjæp] *v* (*pp-*) 1 ňafat, štěkat 2 hovor. utrhnout se (*at* na), hubovat ● *s* 1 ňafání 2 přen. hovor. utrhování se, hubování

yard [ˈjaːd] *s* 1 yard (= 0,9144 m) 2 námořn. ráhno 3 dvůr, dvorek 4 ohrada, komplex budov, skladiště, skládka 5 žel. kolejiště, seřazovací nádraží; vozovna ● *v* 1 zahnat, zavřít (do ohrady) 2 uskladnit **–stick** yardové měřítko

yarn [ˈjaːn] *s* 1 příze; vlákno 2 hovor. vymyšlená historka, rozvláčné vyprávění ♦ *have a* ~ *to* popovídat si s ● *v* vykládat (si) (historky)

yarrow [ˈjærəu] bot. řebříček obecný

yaw [ˈjoː] *s* námoř. plourání, odchýlení lodi z kursu; vybočení, odchylka ● *v* plourat, vybočovat se stranou

yawn [ˈjoːn] *v* 1 zívat 2 zet 3 říkat a přitom zívat ● *s* 1 zívání, zívnutí 2 jícen, propast, otvor 3 nuda

ye 1 [ˈjiː, slabě ˈji] zast., bás. = *you* 2 [ði] 2 zast. forma psaní urč. členu *the*

yea [ˈjei] zast. lid. 1 ba, ano 2 ano, ba i; vskutku, zajisté ● hlas pro

year [ˈjə] rok ♦ ~ *after / by* ~ rok co rok; *all the* ~ *round* po celý rok; *from* ~ *to* ~ rok od roku; ~ *in* ~ *out* rok za rokem; *in* -s v letech stár; *in after* -s v příštích letech;

last ~ loni; *next* ~ napřesrok; *once a* ~ jednou za rok; *this* ~ letos **–book** ročenka, kalendář **–ling** [-liŋ] (jedno) roček zvíře **–long** celoroční **–ly** a, *adv* každoroční, -ně

yearn ['jə:n] toužit (*for, after a t.* po čem, *towards, to a p.* po kom) **–ing** a toužebný ● s touha, toužení

yeast ['ji:st] **1** kvasnice, droždí **2** kvas, kvásek **–y** [-i] **1** kvasnicový, přen. kvasící **2** kypivý, perlivý **3** bouřlivý, neklidný, vzrušený **4** jalový, prázdný, povrchní

yell ['jel] v ječet, vřískat, řvát ● s jek, -ot, vřískot, řev

yellow ['jeləu] a **1** žlutý, zažloutlý **2** senzační, bulvární (*journal, press* tisk) **3** žárlivý, podezíravý **4** hovor. zbabělý **5** žluťácký ● s **1** žluť; žloutek **2** zbabělost **3** pl the -s fam. žloutenka ● v **1** žloutnout, ožlutit **–ish** [-iš] žlutavý, nažloutlý **–y** (-i) žlutavý

yelp ['jelp] v štěkat, štěknout; křičet ● s za-, vy|štěknutí

yen ['jen] pl = sg jen japonská mince; slang. chuť, apetýt

yeoman* ['jaumən] **1** hist. zeman, svobodný sedlák **2** člen královské tělesné stráže ♦ Y~ of the (*Royal*) *Guard* člen královské tělesné stráže; ~('s) *service* pomoc v nouzi **–ry** [-ri] **1** zemanstvo **2** dobrovolnická selská jízda v britské armádě

yep ['jep] am. hovor. = *yes*

yes ['jes] **1** ano (*Yes, sir.* Prosím, k službám) **–man*** hovor. kýval

yesterday ['jestəd(e)i] včera

yet ['jet] adv **1** ještě, dosud **2** v otázce již, už **3** přece (jen) ● *conj* přesto (přece jen) ♦ *as* ~ do(po)-sud; *nor* ~ ani; *not* ~ ještě ne

yew ['ju:] bot. tis

yield ['ji:ld] v **1** dávat, nést, poskytovat výtěžek, úrodu **2** povolit, ustoupit, kapitulovat, poddat se, podlehnout ♦ ~ *consent* souhla-

sit; ~ *the point* uznat porážku; ~ *precedence to a p.* dát komu přednost; ~ *submission* podrobit se ● s výtěžek, výnos **–ing** povolný, poddajný; ohebný; výnosný

yippee ['jipi] interj. joj, jujda, hurá

yog|a []jəugə] jóga **–i** ['jəugi] jogín

yogurt ['jogə:t] jogurt

yo-heave-ho [,jəuhi:v'həu] interj hej rup!

yoke ['jauk] s **1** jho, jařmo **2** pl spřežení, pár (~ *of oxen* volů) **3** kotva magnetu **4** váhy na nošení věder **5** sedlo šatů ● v **1** zapřáhnout pode jho **2** spojit, připoutat **–fellow**, **–mate** druh, družka, partner, -ka, rnanžel, -ka

yokel ['jəukəl] venkovský balík, křupan

yolk ['jəulk] žloutek

yon ['jon] zast., bás **1** onen **2** = *yonder* onde

yore ['jo:] jen *of* ~ za dávných dob; *in days of* ~ za dávných dob

York ['jo:k] York město **–shire** [-šə] yorkské hrabství

you ['ju:, 'ju] vy; ty

you'd ['ju:d] = **1** *you had* **2** *you would*

young ['jaŋ] a **1** mladý **2** začínající ● s the ~ mladí, mládež; mláďata ♦ *be* ~ *in, at* být začátečníkem v, začínat co; *a* ~ *lady* slečna; *a* ~ *man** mladík, mládenec, mladý muž; ~ *ones* děti; mláďata; *with* ~ březí **–ish** [-iš] pomladší **–ster** [-stə] hovor.**1** mladík **2** děcko

your ['jo:, joə, juə, jə] váš; tvůj, svůj

you're ['juə] = *you are*

yours ['jo:z] váš; tvůj: *a book of* ~ jedna vaše kniha; hovor. *What's* ~? Co si dáte? k pití

yourself ['jo:'self] **1** (vy, ty) sám **2** se ♦ hovor. *be* ~ -te se, vzmuž, -te se; (*all*) *by* ~ (docela) sám; hovor. *how's* ~? jak válíš?

youth ['ju:θ] **1** mládí **2** pl -s ['ju:ðz] mladík, mládenec **3** mládež; ~ *hostel* (turistická) noclehárna pro mládež **–ful** [-ful] mladý, mladistvý, mladický **–fulness** [-fulnis] mladistvost, mladickost

you've [ju:v, juv, jəv] = *you have*

yowl [jaul] *v* křičet, ječet, vřískat, řvát ● *s* křik, ječení, vřískot, řev

yo-yo [ˈjouˌjou] *s* **1** jojo hračka **2** slang. pitomec **3** hovor. váhavec

Yugoslav [ˌjuːgəuˈslaːv] jugoslávský, Jugoslávec **–ia** [-slaːviə] Jugoslávie

yule [ˈjuːl] bás. vánoce **~~tide** vánoční doba / čas

yuppie [ˈjapi] *s* am. japi označení mladého, dobře placeného člověka

yum-yum [ˈjamˈjam] *interj* ňam ňam

Z

Z, z [ˈzed, am. ˈziː] písmeno z

zany [ˈzeini] **1** kašpar; hlupák, idiot **2** hist. šašek

zap [ˈzæp] am. slang. **1** odprásknout, zastřelit **2** zbít **3** napadnout slovy

Zealand [ˈziːland] Zéland **–er** Zélanďan

zeal [ˈziːl] **1** horlivost, úsilí **2** zápal, zanícení **–ous** [ˈzeləs] **1** horlivý **2** zanícený, nadšený

zealot [ˈzelat] zelota, fanatik **–ry** [-ri] zelotismus, fanatismus

zebra [ˈziːbrə] zool. zebra; ~ *crossing* zebra, zebrový přechod

zenith [ˈzeniθ] **1** nadhlavník, zenit **2** přen. vrchol

zephyr [ˈzefə] **1** zefýr, (západní) vítr, větřík **2** text. zefir

zero* [ˈziərəu] *s* nula na stupnici ♦ *fly* ~ *at* ~ letět ve výšce pod 300 m ● *v* obyč. jen ~ *in* zacílit (*on* na)

zest [ˈzest] *s* **1** koření; pův. jen pomerančová n. citrónová kůra **2** pří-, chuť, říz; vůně **3** nadšení, gusto; požitek, radost (*for* z) ● *v* dodat příchuť / kouzlo; zvýšit radost

Zeus [ˈzjuːs] Zeus

zigzag [ˈzigzæg] *s* klikatá čára, ozdoba, klikatina ● *a* klikatý ● *adv* cikcak, klikatě ● *v* (*-gg-*) klikatit

se; šněrovat si to

zilch [zilč] slang. *s* **1** nula, nic **2** nula, nikdo, nevýznamný člověk ● *a* nulový

zillion [ˈziljən] *s* hovor. obrovské množství, milióny, miliardy

zinc [ˈziŋk] *s* zinek ● *v* (též *-ck-*) po-, zinkovat

zinco* [ˈziŋkəu] *s, v* = *zincograph* **–graph** [-əugraːf] *s* zinkografie; zinkotypie obraz ● *v* zinkografovat; rozmnožovat zinkotypií **–graphy** [ziŋˈkogrəfi] zinkografie, zinkotypie proces

zinfandel [ˈzinfənˌdel] *s* zinfandl suché červené stolní víno z Kalifornie

zing [ziŋ] *s* svištění, svist ● *v* **1** svištět **2** přen. svištět rychle se pohybovat **–er** [ˈziŋər] *s* hovor. **1** něco mimořádného šlágr, eso, trhák, překvapení **2** trefa, trefná odpověď na poznámku **–y** [ˈziŋi] *a* hovor. **1** příjemně povzbudivý, povzbuzující, stimulující **2** svištivý **3** křiklavý, atraktivní

Zion [ˈzaiən] Sión **–ism** [-izəm] sionismus

zip [ˈzip] *s* **1** hvízdnutí, svist kulky **2** přen. švih **3** hovor. elán, říz, šmrnc ● *v* (*-pp-*) **1** zavřít na zip **2** hvízdat, svištět, hnát se, frčet **~-fastener, –per** [-ə] zip, zdrhovadlo **–y** [-i] *a* živý, plný elánu a energie, energický, vervní, svěží

zit [zit] *s* slang. pupínek, uher, beďar

zither [ˈziθə] citera

zodiac [ˈzəudiæk] zvěrokruh, zvířetník **–al** [zəuˈdaiəkl] zvířetníkový

zombie [ˈzambi] *s* **1** oživlá mrtvola, strašidlo **2** Zombi had, uctívaný jako bůh v kultech vudu v Západní Africe, na Haiti a na jihu USA **3** přen. chodící mrtvola, mouchy snězte si mě **4** velmi ostrý alkoholický nápoj z rumu, pálenky a ovocné šťávy, podávaný s ledem

zonal [ˈzəunl] pásmový

zone [ˈzəun] **1** pásmo, oblast, zóna **2** zast. pás (*maiden / virgin* ~ panenský pás, pás cudnosti) ♦ ~ *time* pásmový čas

zonk ['zaŋk] v hovor. omámit, omráčit, otupět, oblbnout drogami, léky, alkoholem **–ed** [zaŋkt] a omámený, otupělý, oblbený

zoo ['zu:] 1 hovor. zoo 2 the Z~ londýnské zoo **–logical** [,zəuə'lodžikl] zoologický ♦ ~ gardens zoologická zahrada **–logy** [zəu'olədži] zoologie

zoom ['zu:m] v 1 let. slang. udělat svíčku 2 bzučet, hučet, svištět ● s 1 let. slang. svíčka 2 přen. prudký vzestup cen 3 bzučení ♦ ~ lens fot. transfokátor

zoot ['zu:t] slang. výstřední, prudce elegantní

zounds ['zəundz] zast. pro-, klatě!

zuchini [zu'ki:ni] s bot. cukína

Česko-anglická
část

A

a and ♦ *a tak dále* and so forth / on; *a to* namely, i.e.; *a i* as well as; *nu a?* well?, and?; *ah, oh* rozmrzele well, eh

abdik|ace abdication **–ovat** abdicate

abeced|a alphabet, ABC ♦ *Morseova ~* Morse code **–ní** alphabetical

abiturient(ka) brit. (school-)leaver, brit. jen univerzitní graduate

abnormáln|í abnormal, irregular **–ost** abnormality, zrůdná abnormity, freak of nature, monster

abonent(ka) = *předplatitel(ka)*

Abrahám Abraham ♦ *potkat se s ~em* hit the big 50

absen|ce 1 absence **2** z práce absenteeism **neomluvená / opakovaná ~** unexcused absence / absence not accounted for; *zjistit -ci* call the roll **–tér** absentee **–térství** absenteeism

absolut|ismus 1 arbitrary rule, despotism **2** polit. teorie absolutism **–istický** absolutist **–ní** absolute, suverénní sovereign **–orium** approval (of activities), škol. listina leaving certificate *dát, udělit* komu *~* approve / endorse a p.'s activities

absolv|ent(ka) graduate, am. univerzitní alumnus, pl -mni, (*-ka* alumna, pl -mnae) **–ovat** go through, pass out, studia finish one's studies (am. graduate) at (in a subject); hovor. o prohlídce do* a place

absorbovat absorb

absten|ce abstention **–ovat** abstain (od from)

abstinen|ce temperance, total abstinence, teetotalism **–t(ka)** total abstainer, teetotaller, nondrinker **–tismus** temperature movement **–tní, –tský** temperance (e.g. hotel), ... of a teetotaller

abstra|hovat od čeho take* no account of a t. **–kce** abstraction

–ktní 1 abstract (*umění* art = abstractionism, *malíř* abstractionist) **2** neskutečný unreal **–ktnost** abstractness **–ktum** abstract (idea / notion)

absurdn|í absurd **–ost** absurdity

aby|ch, –s, –chom, –ste 1 za tím účelem so that, in order that, to the end that (... may, might) *aby nelest* (... should), nejčastěji inf s (in order, so as) to **2** co je možné, žádoucí, příkaz that (... should), často inf s to **3** obava *aby ne-* that (... might), lest (... should), for fear of -ing **4** účinek *ne tak(ový), aby* not so (such)... that (... should), zprav. inf s to, *příliš (než) aby* too... that (... should), zprav. inf s to, *dost, natolik, aby* enough... that (... should), zprav. inf s to **5** přání (po might apod.) [that]... will (would)... (I wish I knew him, neuskutečnitelné I wish I had known him) **6** citová částice *aby tak přišel* fancy him coming; *aby ho čert vzal* hang him, damn him; *aby ne* rather; *abych nevěděl* of course (or to be sure, you bet!) I know; *ne abys ...* mind you don't...; *jen aby ...* I wish (s min. tvary); *což aby ...* suppose; *aby tak ...* suppose (s min. tvary)

acet|át(ový) acetate **–on** acetone **–ylén(ový)** acetylene

ač(koli) though, although

ad acta co *uložit* shelve, file away, am. table a t.

Adam Adam ♦ *od -a* from the very beginning, ab initio; *v rouše -ově* in one's birthday suit, in nature's garb

adam nahý naked man*, nude

adapt|ace adaptation **–átor, –ér** adapter **–ovat** co na co adapt a t. to a t.

adept(ka) novice, tiro*

adhez|e adhesion **–ní** adhesive

ad hoc pro hac vice

adjektivum adjective

adjust|ace adjustment **–ovat** adjust, vybavit equip

adjutant adjutant, generála aide-de-camp, pl aides

administr|ace administration, vedení management, časopisu distribution office **–ativa** administration *(snížení -ativy* reduction of paperwork n. reduction of office personnel), úřady authorities, pl **–ativní** administrative **–ovat** úřadovat do*, look after the administrative work

admir|ál admiral **–alita** Admiralty, am. Navy Department

adop|ce adoption **–tivní** adoptive **–tovat** adopt

adres|a 1 address, bydliště (place of) residence, podniku place of business **2** projev address, psaný letter (of congratulation etc.) ♦ *obrátit se na nesprávnou -u* apply to the wrong person / wrong quarters, am. hovor. bark up the wrong tree; *změnit -u* přesídlit move, čeho redirect, readdress **–ant** sender, addresser **–ář** directory **–át(ka)** addressee, zásilky consignee, směnky drawee **–ka** direction / address tag, nálepka address label **–ní** address **–ný** being directed at, addressed to an individual **–ovací** addressing (e.g. machine) **–ovat** address, direct a t. to a p.

adverbium adverb

advok|acie legal profession **–át(ka) 1** brit. solicitor, am. attorney(-at-law, lawyer), obhájce brit. barrister **2** zastánce a skot. advocate; *dělat* komu *-áta* plead a p.'s cause; *mít -áta* retain a barrister **–átní** attorney's, legal ♦ *~ poradna* legal advice centre

aero|bus airbus **–drom** aerodrome **–dynamický** aerodynamic, tvarem streamlined **–linie** airline, am. airway **–plán** = *letadlo* **–taxi** airtaxi

afektovan|ost affectation **–ý** affected

aféra scandal, sensation

afri|cký African **A–ka** Africa

agen|da běžná routine; pořad agenda

pl, **–t(ka)** agent, politický emissary, policejní (under cover / police) agent, member of the secret police, brit. intelligence agent, cestující ~ (commercial) traveller ~ *provokatér* agent provocateur **–tura** agency

agi|lní efficient, busy, podnikavý enterprising **–tace** drive, campaign, propaganda, obcházením canvassing **–tační** campaigning (speech), canvassing (slogan) **–tátor(ka)** canvasser, propagandist, agitator **–tka** propaganda (or agit) speech, song, recital etc. **–tovat** burcovat agitate, obcházením canvass, při volbách electioneer

agónie agony, pangs of death

agrární agrarian

agregát aggregate

agres|e aggression **–ívní** aggressive **–or** aggressor, aggressor nation

agronom agriculturalist, agronomist **–ie** agriculture, agronomy, agronomics

aha aha, I see

ahoj hallo, při loučení cheerio, námoř. ahoy

ach ah, oh (dear)

achát agate

Achillova *pata* Achilles' heel

akademi|cký academic, university, učený scholarly, střízlivý unpathetic ♦ *-cká čtvrť* quarter of an hour's grace; *dosáhnout -cké hodnosti* get* (obtain) a degree, graduate; *~ malíř* artist; *~ občan* member of a university, academic; *~ styl* academese; **–e 1** academy, am. (krom voj. a uměl.) college, high school **2** večírek musical evening, musicale ♦ *~ věd* Academy of Sciences **–k** academician

akát (false) acacia

akce action, voj. výpad sortie, kampaň drive

akceptovat accept a t., smířit se s put* up with a t., acquiesce in a t.

akceschopnost fitness, capacity

for action

akci|e share; hromadně stock **–onář** shareholder am. stockholder **–ový** ...of shares, stock ♦ ~ *kapitál* (joint-)stock

akční ...of action (plan, unity, range of action), action (committee)

aklam|ace acclamation ♦ *hlasovat -ací* vote by show of hands, acclamation **–ovat** acclaim

aklimatiz|ace acclimatization **–o-vat** acclimatize

akorát lid. rovnou straight out, přesně bang on, v pořádku O.K.

akord 1 chord, soulad accord **2** práce piece-work

akredit|iv 1 letter of credit **2** diplomata credentials, pl **–ovat** accredit (*u* to)

akroba|cie acrobatism **–t(ka)** acrobat **–tický** acrobatic

akt 1 čin, jednání act **2** listina document, paper, deed **3** obraz nude **4** pohlavní coitus **–iv** get-together **–ivizace** activation **–ivizovat** activate **–ivita** activity, služba service **–ivní** active, ve službě serving **–ivum 1** asset **2** jaz. active (voice) **–ovka 1** briefcase, kufříková attaché case, bag **2** hra one-acter **–ualizovat** actualize, modernize **–ualita** topical event / news **–uální** ...of the day, topical, modern

akumul|ace accumulation, tech. storage **–ační** storage ~ *kamna* storage heater **–átor** storage battery **–ovat 1** (ac)cumulate **2** ekon. zisky make* profit

akusti|cký acoustic **–ka** acoustics, pl n. sg

akutní acute

akuzativ accusative

akva|bela aquabatics girl **–lung** aqualung / scuba

akv|arel watercolour **–árium** aquarium

akvizice acquisition, soliciting, canvassing

alarmovat, z– alarm, alert

Albánie Albania

ale conj. but ● interj odpovídá zdůraznění slovesa, popř. s opisným do ♦ *ne-jen. ..., ale i* not only ... but (even); *ale ale* now now, come come, there there; ~ *ano* of course; ~ *jděte* go on!; ~ *ne* you're wrong there, ňot (bloody) likely; ~ *přece* yet

alegori|cký allegoric(al) ♦ ~ *vůz* (parade) float; ~ *výjev* tableau **–e** allegory

alej avenue, mezi živými ploty lane, v parku alley

aleluja allelujah ♦ *do ~ = až až,* never-ending

alespoň = *aspoň*

alfa alpha **–betický** alphabetical

alg|ebra algebra **–ebraický** algebraic **–oritmus** algorithm

alchymi|e alchemy **–sta** alchemist

aliance alliance

alimenty alimony, sg

alk|alický alkali(ne) **–álie** alkali

alkohol alcohol, nápoje strong drinks pl, spirits, pl **–ický** alcoholic **–ička, –lik** drinker, dipso-(maniac) **–ismus** alcoholism, drink(ing)

almanach almanac, miscellany, pamětní memorial (book) volume

alm|ara lid. cupboard **–árka** cabinet

almužna alms, sg n. pl, mean reward

alotria mischief, sg

alou forward, get you gone

alpaka German silver

alpin|ista mountain-, rock-climber **–istika** mountain-, rock-climbing, mountaineering **–ka** rock-plant **–um** (Alpine) rockery

alt alto*, ženský contralto*

altán|ek arbour, větší summer--house, bás. bower

altern|ativa, –ativní alternative **–á-tor** alternator

alt|ist(k)a alto(-signer)* **–ový** alto

Alžír město Algiers, země Algeria

Alžběta Elizabeth

amatér amateur, dilettante **–ismus** amateurism **–ský** amateurish

–ství = *ismus*
amazonka Amazon
ambaláž packing
ambasáda embassy
ambic|e ambition **–iózní** ambitious
ambit(y) cloister
ambula|nce 1 ambulance (vůz též a car) **2** uzavřený vůz van **3** nemocniční oddělení out-patients' department, casualty ward, policlinic **–nční** ambulance **–ntní** non-resident, ambulant, o prodeji itinerant, pojízdný movable ♦ ~ *pacient* outpatient; ~ *prodavač* itinerant vendor, peddler, hawker; ~ *prodej* peddling **–torium** convalescent home
amen amen ♦ *je s ním* ~ he is past praying for, he is done for; *je všemu* ~ it is all up, over
Ameri|čan American **a~cký** *adj* American **A~ka** America ♦ *objevil jsi -ku* iron. what was your first clue, Sherlock? **a~kanizovat** Americanize
Amor Cupid
amorfní amorphous
amortiz|ace amortization **–ovat** amortize
ampér amp(ére) **–metr** ammeter
ampli|ón loudspeaker **–tuda** amplitude
ampul|e, –ka phial, injekční ampoule
amput|ace amputation **–ovat** amputate
amulet amulet
analfabet illiterate / unlettered (person) **–ismus** illiteracy
analgetikum analge|sic, -tic, anodyne
analog|ický analogical, čemu, s čím analogous with / to a t. **–ie** analogy **–on** analogue
anály annals, pl
ana|lýza analysis (pl -ses) **–lyzátor** analyser **–lyzovat** > **roz–** analyse, break* up **–lytický** analytic(al) **–lytik** analyst **–lytika** analytics, pl n. sg
anamnéza past history

ananas, –ový pine-apple
anarchi|cký anarchic(al) **–e** anarchy **–smus** anarchism **–sta** anarchist
anatom anatomist **–ický** anatomical **–ie** anatomy
anděl angel ♦ ~ *strážný* guardian angel **–íček** cherub ♦ *vidět -íčky* see stars **–skost** angelic nature **–ský** angelic ♦ *-ská nemoc* rickets, pl; *-ská trpělivost* the patience of Job
andulka budgerigar, budgie
aneb(o) or, jinak or else
anekdot|a joke, historka o někom anecdote, tale, story **–ický** jocular, anecdotal
anektovat annex
anemi|cký an(a)emic **–e** an(a)emia
anenský St. Ann(e)'s
aneroid aneroid (barometer)
anest|etický, –etikum anesthetic **–éz(i)e** anesthesia **–eziolog** anesthetist
anexe annexation
angaž|má engagement, (an actor's) contract **–ovanost** commitment, zvl. polit. involvement **–ovaný** engaged, committed (literature a-pod.) **–ovat** engage *-ovat se* commit, involve o.s.
angina 1 tonsil(l)itis, sore throat, quinsy **2** obecně med. angina
angli|cký English ♦ *-cky, po -cku* in English, in the English way; ~ *park* landscaped park, landscaped gardens, pl; *mizet po -cku* take* French leave **A–čan** Englishman* *-čané* pl národ the English **A–čanka** Englishwoman* **–čtina** English **–čtinář 1** English teacher **2** student student of English **A–e** England **–kán, –kánský** Anglican **–kánství** Anglicanism **–sta** English scholar, anglicist **–stika** English studies, anglistics
Anglosa|s, a–ský, a–ština Anglo-Saxon
angrešt goose|berry (hromadně **-berries,** pl)

ani 1 a také ne nor *(ani - ani - ani...* neither - nor - nor...)* **2** zesiluje zápor slovesa not even, not (or never) so much as ♦ *~ dost málo* not a bit; *~ jedno ~ druhé* betwixt and between; *~ jednou* not once, not a single time; *~ mě nenapadne* catch me (doing it); *nemohu ho ~ vidět* I cannot even bear the sight of him; *~ ryba ~ rak* neither fish, flesh nor fowl; *~ slyšet* not in the least; *nestojím ~ za mák o co* I don't care a fig for a t.; *~ takový ~ makový* wishy-washy; *~ trochu* u slovesa not a little, at all, am. any

anilín, –ový aniline

anim|ace animation **–ální** animal **–átor** cartoon-film maker **–ovat** animate **–ovaný** lively **–ozita** animosity, animus

aniž 1 = *ani* **2** bez toho že by without -ing

anketa public inquiry

ano 1 yes **2** souhlas s konstatováním kladným yes, záporným no **3** opakováním slovesa nebo jeho zastoupením *(nepřišla, on ~* she didn't come: he did) **4** *(ba) dokonce* just, yes, indeed...

anod|a, –ový anode

anomál|ie anomaly **–ní** anomalous

anonc|e advert **–ovat** advertise, announce

anonym anonymous writer / author, pomlouvačný poison pen **–ita** anonymity **–ní** anonymous, faceless *(dopis* poison-pen letter)

anorganický inorganic

anot|ace annotation **–ovat** annotate

ansámbl cast, ensemble

antagonis|mus antagonism **–tický** antagonistic

antedatovat antedate, predate

antén|a, –ní aerial

antibioti|cký, –kum antibiotic

anti|cký ancient, classical **–ka 1** antiquity **2** starožitnost antique **–kva** Roman type **–kvariát** second-hand bookshop (am. book-

store) **–kvární** second-hand **–kvář** second-hand bookseller, řidč. = *starožitník*

antifašis|ta, –tický antifascist, antiNazi

antilopa antelope

antimilitaristický antimilitarist(ic)

antipatie antipathy, aversion

antisemitismus anti-semitism

antologie anthology

ant|on lid. Black Maria **–oušek** fam. knacker

Antonín Anthony

antracit anthracite, glance coal

antropolog anthropologist **–ie** anthropology

anuit|a, –ní annuity

anulovat annul

anýz, –ový anise, koření aniseed

apač gangster, furrian, pařížský apache

apar|át 1 apparatus, foto- camera, telefon telephone, appliance, device **2** složité soustrojí machine(ry) ♦ *kdo je u -tu?* who's calling?; *zůstaňte u -tu* hold the line, please **–atura** apparatus

apart|má appartments, pl, v hotelu suite **–ní** fetching, chic

apati|cký apathetic, listless **–e** apathy

apel voj. roll call **–ační** (court etc.) of appeal **–ovat** *na* koho appeal to a p., plead to a p.

aperitiv aperitif

apetýt fam. appetite *(na* for)

aplau|dovat applaud **–s** applause, acclaim, cheers, pl

aplik|ace 1 application *(na* to) **2** látková ozdoba appliqué **–ovat** apply *(na* to)

apolitický non-political

aportovat retrieve

apostrof apostrophe **–a** apostrophe **–ovat** apostrophize

apoštol apostle **–ský** apostolic

apret|ace finish(ing) **–ovat** finish **–ura** finish, dressing

apríl fam. April *(prvního -a* All Fools' Day)* ♦ *poslat, vyvést* koho *-em* send a p. on a fool's errand, make* an April fool of a p. **–ový** April, přen. capricious ♦ ~ *žert* April-fool joke / prank

apriorní a priori, cut-and-dried

aprob|ace approval, učitelská (teaching) qualification, diploma of education **–ovat** approve, accept

á propos by the way, apropos

apsida apse

ar are

arabeska arabesque

Arab Arab **a–ský** Arabian ♦ -*ská guma* gum arabic **a–ština** Arabic

aranž|ér(ka) window-dresser (am. -decorator) **–érství** window--dressing **–ovat > z– 1** arrange, vymyslet devise **2** výklad dress, am. trim

arašíd, –ový peanut, groundnut, monkey-nut

arbitráž arbitration ♦ *provést ~* carry out arbitration -*ní řízení* arbitration proceedings

arci kniž. = *ovšem, sice*

arci– arci **–biskup** archbishop **–nepřítel** arch / prime enemy **–vévoda** archduke **–vévodkyně** archduchess

areál area

aréna arena

argot cant, argot, jargon, class slang

argument argument (*pro/proti* for / against) **–ace** reasoning, argumentation **–ovat** reason, argue

arch sheet, listina roll

archa ark (esp. Noah's Ark, the Ark of the Covenant)

archai|cký archaic **–smus** archaism

archeolog archaeologist **–ický** archaeological **–ie** archaeology

architekt architect ♦ *bytový ~* interior designer **–onický** architectonic, architectural **–ura 1** architecture **2** stavba edifice

arch|ív archives, pl, files, pl úřad record office **–iválie,** pl records, pl **–ivář** keeper of the records,

archivist **–ivní** archival

árie air

aristokra|cie aristocracy, nobility, vlastníci realit (landed) gentry **–t** aristocrat **–tický** aristocratic

aritmeti|cký arithmetical **–ka** arithmetic

arivista social climber, arriviste

arkáda arcade, podél budovy portico

armád|a army, troops pl, the forces, pl **–ní** (of the) army

armatura fixtures, pl, armature

Arnošt Ernest

arogan|ce arrogance **–tní** arrogant

aróma aroma, hovor. smack

aromati|cký aromatic, vzduch balmy **–zovat** aromatize

aršík small sheet, filat. miniature sheet

artérie artery

arterioskleróza arteriosclerosis

artikl article, item

artikul|ace articulation **–ovat** articulate

artilerie artillery

artist|a artiste **–ický** artistic

arzén arsenic

arzenál arsenal

arzenik (trioxide of) arsenic

as hud. A flat

asan|ace 1 urbanistická slum clearance **2** voj. decontamination **–ovat** improve the sanitary conditions of...

asfalt asphalt **–ér** asphalter **–ový** asphalt(-surfaced)

asi perhaps, hovor. a am. maybe, slovesem may*, přibližně (round) about, ... or so, ~ *ne–* slovesnou frází be not likely to (he is not likely to come, he is unlikely to come) ♦ ~ *ano* I suppose so; ~ *ne* probably not, I doubt it

Asi|at Asiatic **–e** Asia **–jec, a–jský** Asian

asist|ence assistance, doprovod attendance **–ent** assistant, vysokoškolský assistant lecturer (*odborný a.* senior lecturer) **–entka 1** scénáristy script girl **2** porodní midwife*

–entura lectureship **–ovat** be present at, stand* by, být svědkem witness (*čemu* a t.), assist a p. in a t.

aske|ta, **–tický** ascetic **–tismus**, **–ze** ascetism

asoci|ace association **–ační** (... of) association, associative **–ovat** associate

asparágus asparagus

aspekt aspect

aspik aspic

aspir|ace ctižádost ambition **–ant 1** candidate (*na, o* for) **2** vědecký postgraduate, research student

aspoň at least, at any rate ♦ ~ *v tomto případě* for (this) once, ~ *já ne* I don't, for once

astma asthma **–tický**, **–tik** asthmatic

astro|log astrologer **–logický** astrological **–logie astrology** **–naut** astronaut, space pilot **–nautický** astronautic **–nom** astronomer **–nomický** astronomic(al) **–nomie** astronomy

asymetri|cký asymmetrical **–e** asymmetry

ať 1 subjunktiv opsaný s let a inf (nepřímý rozkaz), shall s inf (hrozba), ve vedlejší větě rozkaz, přání should, shall s inf, naděje plné přání may s inf will s inf (a inverzní, pouhou inverzí ve formulích long live), v kletbách jen subjunktiv (the devil take it) **2** byť, i když even if **3** *ať - ať* whether - or (= *i - i*, both - and) **4** = * aťsi*

atak, **–ovat** attack

atašé attaché

atd. and so on, and so forth, etc.

ateis|mus atheism **–ta** atheist **–tický** atheistic

ateliér, **–ový** studio*

atentát attempt on a p.'s life, úspěšný assassination ♦ *spáchat ~ na* koho attempt a p.'s life, a zabít assassinate a p. **–ník** assassin(ator)

Atény Athens, sg

atlant|ický, **A–ik**, **–ský** Atlantic

atlas 1 kniha atlas **2** textil. satin **–ový** satin

atlet athlete **–ický** athletic **–ika** athletics, pl (*lehká ~* light and field a., *těžká ~* boxing, wrestling and weightlifting) **–ka** (woman*) athlete

atmosfér|a atmosphere **–ický** atmospheric

atom atom **–ický** atomic **–ismus** atomism **–ista** atomist **–istický** atomistic **–izace** atomization **–izovat** atomize **–ový** atomic (e.g. energy, fission, heat, icebreaker, mass, scientist, structure, submarine, theory, weapon, weight), atom(ic) (age, power, bomb = A-bomb), atomic / nuclear (war, warfare) ♦ *-ová fyzika* nuclear physics, ~ *pokus* nuclear test; ~ *reaktor* (atomic) pile, fission / fusion / nuclear reactor

atrak|ce 1 attraction **2** v programu feature **–tivní** attractive

atrapa dummy, display model

atribut attribute **–ivní** attributive

aťsi 1 = *ať* **2** vzdorně I don't care / mind, what do I care?, uklidňující never mind

audi|ence audience (*udělit* give*) **–ovizuální** audio-visual, aural and visual **–torium** auditorium

august clown

auk|ce auction ♦ *prodat, koupit v -ci* sell*, buy* brit. by / at auction

aula great hall

aureo|la aureola, -le

Austr|alan Australian, hovor. Digger **–álie** Australia **a–alský** Australian

aut out

autarkie autarky, autarchy

autentický genuine, authentic

aut|íčko toy-car, baby-car **–o** car, am. auto*

autobiografi|cký autobiographic(al) **–e** autobiography

autobus bus, dálkový (motor) coach **–ák** lid. busman*

autocenzura self censorship

autodrožka (motor) cab
autogen oxyacetylene welder
autogram autograph
auto|kar sight-seeing coach **–kempink** caravanning; místo caravan site **–klub** motoring club **–kolona** convoy (of lorries, trucks), am. motorcade **–kosmetika** car polishes, pl **–kritický** self-critical
autokra|cie autocracy **–t** autocrat
automat 1 napodobenina člověka automaton **2** stroj automatic / self propelled machine **3** zbraň automatic weapon, zast. tommy / sten gun **4** prodejní slot-machine, am. vending-machine, hud. juke-box **5** jídelna snack-bar, se samoobsluhou selfservice restaurant, am. cafeteria **–ický** automatic **–izace** automation **–izovat** automate, pomocí počítače computerize
automechanik motor mechanic
automobil motor-car, am. automobile **–ismus** motorism **–ista** motorist **–ka** fam. car factory, motor works **–ový** motor(-car), am. automobile, hovor. car, motoristický motoring
autonom|ie selfgovernment, autonomy, home-rule **–ní** autonomous
auto|opravna garage, car repair service **–park** fleet of cars **–portrét** self portrait
autor author, spisovatel též writer **–ita** authority (u with, over, v on) **–itář** authoritarian **–itativní** authoritative **–izace** authorization **–ka** authoress **–ský** author's ♦ -ské právo copyright; ~ honorář author's fee(s), stále plynoucí royalties, pl; ~ výtisk complimentary / author's copy **–ství** authorship
auto|salón car dealership, motor show **–servis** auto repair shop **–stop** hitch-hiking (cestovat -stopem hitch-hike) **–stráda** = dálnice **–taxi** = autodrožka
avantgarda uměl. avant-garde
avantýra affair (love, political)

averze aversion
aviatik aviator **–a** aviation
av|ízo advise, žel. arrival notice **–izovat** advise, notify
avšak however, důrazně still, = ale
azalka azalea
azbest asbestos
azbuka Cyrillic alphabet
azur, –ový azure
azyl asylum, i před policií (right of) sanctuary
až 1 až kam as far as, all the way (in) to, (up) to **2** až kde as far as, at **3** až do kdy till, until **4** až kolik as much / many as **5** dokonce quite **6** až když only when, not until, not before **7** po celou tu dobu až do tehdy, kdy ... till, until **8** tolik, že till **9** když v bud. when ♦ až běda too bad for words; až dosud as yet, hitherto; až na další till further notice; až příliš... only too..., až až spoustu enough and to spare
ážio premium
ažur|a open work **–ovat** do* open work

B

ba 1 dokonce even **2** lid. ano aye, kniž. even so ♦ ~ ne not at all, oh no **3** ~ ano, ovšem, věru lid. to be sure
baba 1 = bába **2** zbabělec old woman*, yellowbelly
bába 1 (old) hag, old witch, crone **2** v slepé bábě tag, 'he', 'it' **3** porodní v. babička ♦ dát komu -bu (ve hře) tag a p., dostat -bu be 'it'; slepá ~ blind-man's buff; svíčková ~ candlewomen*, pokrytec bigot
babi grandma, gramma, granny, nana
bab|í adj grandma's ♦ ~ léto (pavučina) gossamer, pozdní léto Indian summer **–ička 1** grandmother, hovor. granny **2** stařenka old woman* **3** porodní midwife* **–izna** jade, harridan **–ka 1** little old woman* **2** chroust maybug **3** šátek

na -ku kerchief ♦ *koupit / prodat za -ku* buy* / sell* dirt cheap (cf. that was a good bargain); *peněz jako -ek* bags of money

babočka vanessa, paví oko peacock (butterfly)

bábov|ička mud-pie, pud **–ka** molded angelfood / bunt cake

babrat se *v čem* fumble at a t.; výběravě pick (and choose*), amatérsky potter with a t., *s čím* (neodborně) fiddle with a t.

babský old-womanish, zbabělý cowardly ♦ *-ské pověry* popular superstitions; *-ské povídačky* old wives' tales

Babyló|n Babylon **–ňan, b–nský** Babylonian (e.g. tower)

bác bang, bump

bacil bacillus, pl -li, neodb. germ, am. bug

baculatý dumpy, plump, chubby

bačkora¹ carpet / bedroom slipper, house shoe ♦ *natáhnout -ry* kick the bucket

bačkora² = *baba 2*

bádat 1 do, carry out research **2** uvažovat search into, speculate (*-dání* research)

badatel(ka) research worker, fellow, scholar, student ♦ *polární ~* polar explorer

baf|at > za– 1 pes bark, bow-wow **2** *-nout (si)* z dýmky puff / pull at (a tobacco pipe)

baganče army-, hob-nail(ed) boot

bagatelizovat minimize, make* light of a t., play down, belittle

bagr steam-shovel, digger, excavator, na lodi dredge(r) **–ovat > vy–** excavate, z lodi dredge

bah|enní marsh, mud **–nisko** swamp, mire, bog, march, fen **–nitý** swampy, boggy, marshy **–no 1** mire, swamp, mud, přen. slough **2** hmota mud ♦ *samé -no* muddy, *jako -no* mud-like, *~ velkoměsta* the gutter / street

bachař prison guard

bachor reticulum, the second stomach

báchorka (cock-and-bull) story

bachratý paunchy, pot-bellied

baiss|a slump, fall ♦ *spekulovat na -su* trade in a bear market **–ista** bear

báj, báje pohanská myth, zvl. severská saga, lidová legend, folk tale ♦ *říše -jí* fairy land, wonderland **–čný** fabulous, mythical, legendary, krásný fabulous, glamorous, jolly, capital, smyšlený fabled, fictitious, hovor. smashing **–sloví** mythology

bájit > vy– fable, tell* stories, nadšeně rave, enthuse, go* into raptures (*o* over)

bajk|a 1 fable **2** smyšlenka fabrication, invention, tall story **–ář** fabulist

bájný 1 kouzelný glamorous **2** = báječný

bajonet bayonet

bakalář bachelor

bakelit, –ový bakelite

baklažán aubergine, bílý egg-plant

bakšiš baksheesh

bakteri|e bacterium (pl -ria) = *bacil* **–olog** bacteriologist **–ologický** bacteriological (*-cká válka* b., bacterial / germ warfare) **–ologie** bacteriology **–ový** bacterial

bál = *ples*

balad|a (mournful / tragic) ballad **–ický** balladic, tragic

balamutit > o– bamboozle, hoax, fool

balancovat balance, poise, equilibrate

balast přen. dead weight

baldachýn canopy

bale|t ballet, jednotlivce dance **–tka** ballet- / opera-dancer, ballerina **–tní** ballet, dancing ♦ *~ mistr* master of ballet, maitre de ballet

bal|icí wrapping, packing **–ič** packer **–íček** packet, zvl. am. package, poštovní postal packet ♦ *~ bankovek* sheaf (roll, am. wad) of notes (am. of bills): *~ cigaret* pack(et) of cigarettes **–ík**[1] parcel, packet, lisovaný bale **–ík**[2] nemotora yokel, bumpkin, clodhopper, am. hick, hayseed **–íkový** pošt. parcel **–írna** packing room

balisti|cký ballistic (e.g. missile, rocket) **–ka** ballistics, sg n. pl

balit > s– 1 roll (up), *své věci* pack up (pack it in / up) 2 koho pull in > **za–** pack (up), obalením wrap up, přen. enwrap

balkón balcony (div. brit. jen první dress circle ♦ *druhý* ~ upper circle)

balón balloon, = **–ek** rubber ball ♦ *pokusný* ~ ballon d'essai **–ový** balloon (e.g. barrage, sonde) ♦ *-ové hedvábí* parachute (or oil) silk *-ový plášť* silk, rayon rain- / shower-proof coat n. raincoat, waterproof, hovor. mac(k)

balšám (pepper)mint

Balt, b–ický, –ské *moře* Baltic

balvan boulder

balz|ám bal(sa)m **–amovat > na–** embalm **–ámový** balsamic

bambitka pistol

bambul|a simpleton **–e** knob, ball

bambus, –ový bamboo

báň dome, cupola, nebe celestial vault, poklop glass cover ♦ *točit se jako holub na báni* strut about

banální banal, trite, commonplace

banán banana **–ek** elekt. banana plug-(point), plug-contact **–ovník** banana tree **–ový** banana

baňatý ball-shaped, jako kupole dome-shaped

banda bunch, pack, nasty lot, lupičů gang, am. racket, kapela band

bandaska (milk-)pale

bandáž medical support, bandage, pás truss

bandita robber, highwayman*, bandit, velkoměstský gangster

bandžo banjo

bank the stakes, pl **–a** bank

baňka flask, destilační alembic

bank|éř banker **–éřský** banking **–éřství** banking **–et** banquet

–ovka (bank)note, am. bill (*-ky*, též paper money) **–ovní** bank(ing) **–ovnictví** banking **–rot** bankrupcy, failure, přen. breakdown **–rotář(ka)** bankrupt

báňský mining

bantamová *váha* bantam-weight

bar 1 night-club 2 nálevní pult bar 3 fyz. jednotka (milli)bar

barabizna hovel, tumble-down house*, špinavá squalid house*

bará|ček cottage **–čník** cottager **–k** country cottage, srub log cabin; činžák tenement (house*), block of flats

barbar barbarian **–skost** = *-ství* **–ský** 1 neřecký, neřímský barbarian 2 nevzdělaný, nevkusný barbaric 3 hrubý, krutý barbarous **–ství** barbarism, surovost barbarity

barel (metal) drum

baret beret, (student's) cap

barev|ný 1 zbarvený coloured, živě colourful, ostře bright (coloured), gay, namáčením dyed 2 výrobek, ne jednobarevný fancy 3 založený na barvě colour (*e.g.* television) ♦ *-né kovy* non-ferrous metals; *-né sklo* stained glass; *-ná tužka* coloured pencil, crayon

barchet fustian

bari|éra barrier **–káda** barricade **–kádník** barricade-fighter **–kádovat > za–** barricade, ~ *se* shut* o.s. in

bárka boat, zábavní na řece barge **–ř** boatman*

Barm|a Burma **b–ský** Burmese

barman bar-keeper, barman* **–ka** barwoman*

barok(o), –ní baroque

barometr barometer

baron baron, přen. magnate, king **–ka** baroness **–ství** baronage, panství barony

Bartoloměj Bartholomew

barv|a 1 colour, zbarvení hue, tinge, natěračská paint, polygr. ink, k postřiku wash 2 barvivo dye, biol. pigment 3 v tváři complexion 4 v kartách suit *(ctít* follow), vynesená lead **5** pl (prapor) colours, pl ♦ *hra barev* iridescence; *hrát všemi -ami* be iridescent; *měnit -u (blednout)* change colour, *(rudnout)* colour up, blush; *nepouštět -u* be dyed in the grain; *stálá -a* fast colour; *vidět co v růžových -ách* look at (things etc.) through rose-coloured glasses; *vyjít s -ou ven* make* a clean breast of it **–ící** dyeing, inking ♦ *-ící páska* inking ribbon **–ička** (attractive) colour, líčidlo rouge, paint, make-up **–ínek** periwinkle **–írna** dyeing shop, dye--works sg i pl **–íř** dyer **–ířský**, **–ířství** dyeing **–it 1** pouštět barvu lose* colour **2** dělat skvrny stain **3** > **na–** paint, barvířsky dye **4** > **o–** stain, dye **5** > **z(a)–** tinge, tincture, tint, silně, též názory colour, nevhodně discolour, poskvrnit stain **6** **–it se** change colour, turn, get* tinged **–itost** richness of colour **–itý** colourful, picturesque, rich (in colours) **–ivo** dye, přírodní pigment, chem. colouring matter **–oslepý** colour-blind **–otisk** colour print

baryton baritone **–ista** baritone (-singer)

bas bass **–a 1** hud. double bass **2** na láhve bin, case **3** slang. vězení clink, slammer, jug

báseň poem, lines, pl **–ně** pl hromadné verse, sg, poetry

basista 1 zpěvák bass (-singer) **2** hráč bass player

Bask, b–ický Basque

basketbal, –ový basket-ball

básn|ický poetic **–ictví** poetry, básně verse **–ička** short poem, rhyme **–ík** poet **–iřka** poet(ess) **–it 1** write poetry / verse **2** > **z–** compose / write* a t. in verse **3** vymýšlet si invent, blouznit rave **–ivý** imaginative

basový bass (e.g. *klíč* clef)

basta hovor. that's all now, that's an end of it, no more of it, full stop

bašt|a 1 bastion, přen. bulwark **2** násep rampart **3** fam. jídlo good grub, good nosh **4** slang., báječná věc the right / good stuff **–it** > **z–** fam. jíst tuck, hltavě guzzle, gobble; věřit tomu buy* a t. ♦ *dal mi to z–* he made me swallow it

bát se be afraid *(čeho* of -ing), fear (a t., to fall), zvl. am. be scared of a t., silně dread a t.; mít dopředu obavy apprehend, be apprehensive of, be frightened at the thought ♦ *nemáš se čeho ~* you are running no risk; *není se čeho ~* there is nothing to fear

bater|ie, –iový battery, cordless ♦ *koupelnová ~* set of teps **–ka** fam. hand torch, flash-lamp

batist batiste, cambric, lawn

batoh knapsack, rucksack

batol|e toddler, tot **–it se** toddle; jako kachna waddle

bavit > **po– 1** amuse, zajímavostí attract, interest **2** rozptylovat divert, pořádáním něčeho entertain **3** koho o čem tell* a p. about a t. **~ se 1** amuse o.s., have a good time **2** mezi sebou amuse one another, hovorem talk (o čem business, politics) **3** s čím amuse / divert / occupy o.s. with a t., be occupied with a t. **4** s kým talk to a p., have a nice / long talk / chat with a p., converse with a p. (o about) **5** *bavil jsem se = bavilo mě to* I was amused (by it) ♦ *jak se -víte?* how are you enjoying it?

bavln|a cotton **–ářský** cotton (growing / producing) **–ářství** cotton growing **–ěný** (made of) cotton ♦ *-ěné zboží* cottons, pl **–ík** cotton-plant, -shrub **–íkový** cotton (e.g. plantation) **–ka** cotton (thread / yarn) ♦ *jako z -ky* neat and trim; *mít koho jako v -ce* featherbed a p., pamper a p.

Bavorsk|o Bavaria **b–ý** Bavarian

bazar bazaar

báze base, pomyslná basis (pl -ses), důkladná groundwork, foundation

bazén 1 swimming / bathing pool **2** nádrž reservoir

bázeň 1 apprehension, tušící presentiment **2** posvátná awe **3** = strach (z -ně for, out of fear, před of)

bazilika basilica

bazírovat na čem bank on a t.

bázliv|ost timidity **-ý** timid, timorous, pusillanimous, faint-hearted, chicken-hearted

bažant pheasant **-í** pheasant's **-nice** pheasantry

baže lid. 'course, to be sure, am. sure

bažina moorland a v. bahnisko

bažit po čem hanker / crave after / for a t., usilovat aspire to a t., po nedovoleném covet a t.

bd|ělost wariness, vigilance, watchfulness, obezřelost circumspection **-ělý 1** wary, vigilant, watchful, obezřelý circumspect **2** bdící waking (být -ělý be awake / on the alert) **-ít 1** be awake / wakeful, ostražitý be on the alert, nejít spát be sit up **2** nad čím watch over a t., keep an eye on a t., see to a t., look after a t.

bečet > za- bleat, baa, = brečet

bečka cask

běda woe ♦ až ~ too bad for words

bedla parasol mushroom

bedliv|ost care, anxiety **-ý** careful, anxious, dbalý mindful / heedful of a t.

bedn|a case, chest **-ář** cooper, barrel-maker **-ění** boarding, z prken planking, z latí lathwork, v dolech timbering **-ička** (small) case, box **-it** > za- board, plank

běd|ný miserable, wretched, lamentable, desperate, deplorable **-ovat** lament (nad over)

bedra kniž. loins, pl, záda shoulders, pl ♦ vzít na svá ~ undertake, shoulde

Bedřich Frederick **-iška** Frederica

bedýnka = bednička

běh 1 run, závod (foot-)race, na dlouhé tratě (long-distance) run, na krátké sprint(ing) **2** oběh circulation, života way(s), dopravního prostředku journey **3** průběh course **4** období term **5** noha leg ♦ v -u čeho in the course of a t.; překážkový ~ hurdle race **-at** (be able to) run*, run* here and there, toulat se run* about, za kým run* after (e.g. girls), obtěžovat pester a p., importune a p. ♦ ~ jako čamrda run* like the wind; ~ uličkou run** the gauntlet **-em** in the course of, during (the time) **-na** whore, tart **-oun** runner

bek(ot) bleating = brek(ot)

běl whiteness

bela lid. old st. ♦ stojí za starou -lu isn't worth a damn

běl|ásek white (zelný cabbage w.) **-at se** > za- show* white, shine* **-avý** whitish, creamy **-et** > z- grow* white **-et se** = -at se

Bělehrad Belgrade

beletri|e fiction, belles lettres **-sta** writer (of belles lettres)

belgi|cký Belgian **B-e** Belgium

belha|t (se) limp, hobble (along) **-vý** limping

běl|ice white-fish, dace sg i pl **-idlo** bleaching ground, přípravek whitening **-it** > z- make* white whiten, chem. bleach, = bílit **-mo** the white of the eye **-oba** white paint **-ogvardějec** White Guard **-ohlavý** white-haired **-ohorský** of the (battle of the) White Mountain **-och** white (man*), slang. whitey, hanl. hon|ky, -kie, -key, pl -kies **-oskvoucí** dazzling white **-ost** white colour, whiteness **-ostný** white and fresh **-oška** white woman* **-oučký, -ounký** nice and white **-ouš** white (horse) **-ovlasý** white-haired **-ovousý** white-bearded

Benátky Venice

bene|fice benefit performance / night **-volence** favour, goodwill, shovívavost indulgence **-volentní**

benevolent, shovívavý indulgent

bengál hovor. rumpus, ruckus, rvačka bust-up

Bengálsko Bengal

benjamín(ek) the baby, the youngest

benz|en benzene **–ín** brit. petrol, am. gas(olene), čisticí benzine **–ínový** petrol, gas, benzine, srov. -ín ♦ -vá pumpa brit. petrol / filling station, am. gas station, samoobslužná brit self-service petrol / am. gas station

ber|an ram **–ánčí** lamb('s) ♦ mít ~ povahu be as gentle / mild as a lamb **–ánek 1** young ram, (young) lamb **2** kůže lambskin ♦ obětní ~ přen. scapegoat; tichý jako ~ as gentle as a lamb; učiněný ~ saint **–aní** ram's **–anice** fur cap, lambskin cap **–anidlo** ram, na piloty pile-driver **–anit > za–** ram

bérc|e middle leg, shin and calf **–ový** vřed: calf ulcer

berla staff, chromého crutch (o -lách on crutches), biskupská crozier

bernardýn St. Bernard (dog)

bern|í tax ♦ ~ systém taxation; ~ úřad (income-) tax, inland revenue office **–ý** adj worthwhile -á mince good money ♦ brát co za -nou minci take* a t. at its face value

beruška lid. **1** brouk lady-bird **2** miláček duck(ie)

běs demon, devil, **–nění** fury, rage

besed|a 1 talk, friendly meeting, chat **2** společnost party **3** Beseda (a folk dance) **4** osvětová ~ popular education organization **–o-vat > po–** have a friendly chat / talk

besídka 1 = beseda **2** = altánek **3** v časopise corner, column **4** school children's program (for parents)

běsnit be mad with rage, be in a passion, be furious (-nění fury, rage)

besti|ální bestial, beastly, zločin heinous **–álnost, –alita** bestiality **–e** beast, muž brute, žena bitch

Betlém Bethlehem; b. Nativity scene

beton concrete ♦ armovaný ~ reinforced concrete; je to na ~ it's as sure as eggs is eggs **–ář** concrete layer **–ka** concrete road, slang. = silnice **–ovat > vy–** concrete **–ový** (made of) concrete

bez¹ šeřík lilac, černý ~ European elder

bez² without ♦ ~ dechu out of breath, breathless; ~ důvodu without reason / any motive; ~ hlesu without a word of protest; ~ hnutí motionless; ~ konce endless, infinite; ~ ladu a skladu pell mell; ~ meškání promptly; ~ milosti mercilessly; ~ míry immensely; ~ obalu frankly; ~ ohledu na regardless of, irrespective of, disregarding; ~ okolků = ~ meškání, ~ ohledu; ~ počtu numberless, countless; ~ pomoci unassisted; ~ prodlení without delay; ~ překážky unhampered; ~ přestání unceasingly, uninterruptedly; ~ příčiny = ~ důvodu; ~ přípravy extemporaneous, off--hand, ~ rozdílu undiscriminatingly, ~ čeho = ~ ohledu na; být ~ sebe be beside o.s.; -e smyslů deprived of his / her senses; -e sporu doubtless, undoubtedly, no doubt, indubitably; ~ starosti in a carefree manner; ~ vědomí = ~ sebe, vědomí koho without a p.('s) knowing; ~ vlády motionless; -e všeho gladly, willingly, certainly

bez|atomový nuclear-free **–barvý** colourless, dull, monotonous **–bolestný** painless **–božný** impious **–brankový** goalless **–branný** defenceless **–celný** duty-free **–cenný** worthless, valueless **–citný** heartless, cold(-hearted), krutý cruel **–děčný** involuntary, unconscious; -ně = **–děky** unwittingly, involuntarily **–dětný** childless **–drátový** wireless **–duchý** brainless, spiritless, empty, silly **–důvodný** unreasonable, ungrounded, groundless

beze = *bez 2* **–ctný** dishonourable, disgraceful **–dný** bottomless, hluboký abysmal **–jmenný** nameless, anonymous **–lstný** artless, guileless, fair **–sný** sleepless ♦ ~ *spánek* dreamless sleep **–švý** seamless

bez|hlavost foolishness **–hlavý 1** headless **2** nepromyšlený thoughtless, hloupý foolish ♦ ~ *útěk* headlong flight **–hlučný** noiseless, chráněný proti hluku soundproof **–charakterní** unprincipled, spineless **–charakternost** weakness of personality **–konkurenční** cena very lowest, rock-bottom, soutěžní (dílo) unrivalled **–krevný** bloodless, lifeless **–křídlý** wingless **–listý** leafless **–mála 1** skoro nearly, almost **2** málem: he escaped narrowly being run over **–masý** fleshless, strava, jídlo meatless **–mezný** limitless, infinite **–mocný** powerless **–motorový** motorless ♦ *-vé letadlo* glider **–mračný** cloudless **–myšlenkovitý** thoughtless **–nadějný** hopeless, zoufalý desparate ♦ *v -ném stavu* past all hope **–oblačný** cloudless, clear **–obratlý** invertebrate **–obsažný** empty **–odkladný** urgent, pressing (*-ně* without delay) **–ohlednost** ruthlessness, nevychovanost rudeness **–ohledný** unscrupulous, ruthless, necitlivý inconsiderate, thoughtless, nevychovaný rude **–partijní** non-party **–pateřný** spineless, without character

bezpeč|í safe place ♦ *být v ~* be safe, be in safety; *mít co v ~* keep* a t. in safety **–nost 1** safety **2** pocit bezpečí nebo tajná služba security **–nostní** safety, security **–ný 1** mimo nebezpečí, spolehlivý safe **2** mimo soutěž, nevzbuzující obavy secure **3** jdoucí najisto, s jistou nadějí sure (*čím* of a t.) **4** plný důvěry, oprávněný confident, spolehlivý reliable **5** = *jistý* ♦ *vědět co -ně* know* a t. for sure

bez|plánovitost planless action **–plánovitý** haphazard, aimless, unplanned, nahodilý fortuitous, casual **–platný** free (of charge), gratis, unpaid-for **–počtu(krát)-(e)** times without number **–podmínečný** unconditional, unqualified **–podstatný 1** = *-důvodný* **2** = *- významný* **–pohlavní** sexless, asexual, neuter **–pochyby** no doubt, doubtless, indubitably **–poruchový** troublefree, fail-safe **–pracný** unearned **–prašný** dustfree **–práví 1** wrong (*-do*ing), harm, iniquity **2** *-právný stav* lawlessness, anarchy ♦ *činit komu ~ do* a p. harm / wrong, harm a p. **–právný** having no right(s); = *protiprávní*; *-ně* without authority, *-ně vstoupit kam* trespass on a place **–prizorný** homeless, deprived **–prostřední 1** immediate, direct **2** již hrozící imminent **–průkazný** establishing no proof, groundless **–předmětný** = *-důvodný* **–příkladný** unprecedented, unparalleled, unrivelled, matchless **–radný** helpless, puzzled, baffled, embarrassed, disconcerted, perplexed (*být ~* též be at a loss, in a quandary) **–starostný** carefree, easygoing, bezohledně reckless ♦ *být ~* take* things easy **–tak, –toho** anyway, anyhow **–tíže** weightlessness **–tížný** weightless **–trestný** unpunished, unpunishable, *-ně* with impunity ♦ *vyváznout -ně* get* off scotfree **–třídní** classless **–tvarý** shapeless, odbor. amorphous **–účelnost** uselessness **–účelný** useless, of no good / use **–účinný** ineffective **–úhonnost** integrity, probity

–úhonný blameless, irreproachable, pověst spotless, unstained, unimpeachable **–úročný** non-interest-bearing **–úspěšný** unsuccessful, fruitless, futile **–útěšný** cheerless, disconsolate, místo desolate, dismal **–uzdný** unbridled, loose **–vadný** faultless, blameless, unobjectionable, impeccable **–vědomí** unconsciousness, hovor. black(ing)-out ♦ být v ~ be unconscious; *upadnout do* ~ become* unconscious **–vědomý** unconscious, insensible **–věrec**, **–věrecký** agnostic **–věrectví** agnosticism **–větří** calm, v bouři lull **–vládí** anarchy **–vládnost** paralysis **–vládný** paralysed **–vlasý** hairless, bald(-headed) **–vodý** waterless, chem. anhydrous **–vousý** beardless, smooth-faced **–výhledný** inconclusive, hopeless **–výhradný** = -podmíněčný **–východný** precarious ♦ *-ná situace* impasse, deadlock **–výjimečný** unexceptional **–výsledný** inconsequential, vain **–významný** unimportant, insignificant, meaningless (it is of no account), malicherný trifling, nepatrný negligible **–zákonný** lawless **–zásadovost** lack of any principles **–zemek** landless person **–zubý** toothless **–životí**: *usilovat o čí* ~ have designs on a p.'s life

běž|ec runner, na krátké vzdálenosti sprinter **–enec**, **–enecký** refugee **–et 1** run*, rychle jít hurry, hasten, scoot, o překot rush, dash, klusem trot (podle směru away, up apod.), stroj run*, go*, work, určitou rychlostí travel; čas, lhůta run*, pass, go* by; postupovat proceed, take* one's course; táhnout se až k run*, go*, extend, reach, stretch to / as far as **2** za kým run* after a p., follow / pursue a p. **3** *běží o co* what is the matter (the point in question)? ♦ *-et horem pádem* run* hel-ter-skelter; *jak to leží a -í* one with another, všechno lock, stock, and barrel; *mráz mi -í po zádech* I shudder, it chills my spine; *-et naprázdno* run* idle; *nechat co -et* leave* a t. alone, let* a t. ride; *o to běží* that is the point, that is the chief thing; *-et komu na pomoc* rub* / hasten to a p.'s aid / assistence; *-et svou cestou* go* one's way, normálně run* one's course; *-et uličkou* run* the gauntlet; *-et o závod* (run* a) race **–ící** *pás* running belt, assembly belt **–ky** cross-country ski(s) **–ný** current, usual, customary, common, známý familiar ♦ *-né číslo* successive number; ~ *měsíc* instant; *-ná (denní) práce* routine (work); ~ *rok* the current year; ~ *účet* current account; *-né výdaje* out-of-pocket expenses; *-né zprávy* news of current events, up-to-date news

béžový beige

bianko in blank (v přívlastku blank)

biatlon biathlon

bibl|e the Bible, the Scripture **–ický** biblical, scriptual

bibl|iobus travelling library **–iofil** book-lover, bibliophile **–iograf** bibliographer **–iografický** bibliographic(al) **–iografie** bibliography **–iotéka** v. knihovna

bicí striking ♦ ~ *nástroje* percusion (instruments)

bicykl bicycle, hovor. bike

bič whip, přen. scourge ♦ *umět odříkávat jako když -em mrská* reel it off, have it at one's fingers' tips; *pleteš na sebe* ~ you are asking for trouble, you are digging your own grave **–ík** jezdecký horse-whip **–iště** whip-handle **–ovat** > **z–** whip, scourge, lash

bíd|a 1 penury, want, destitution, potřeba need **2** nesnáz, útrapy (má i pl) hardship, vicissitude, adversity **–ácký** vile, base, atrocious, abominable, despicabel (*kousek* knavish / shabby trick) **–áctví** vileness, baseness, = *-ácký kousek* **–ák** villain, scoundrel, rogue

bidlo pole, ve vodorovné poloze cross--bar

bídn|ík = *bídák*, zř. = *ubožák* **–ý 1** ubohý wretched, miserable, abject, poor, forlorn, pitiable **2** opovrženíhodný despicable ♦ *-ě skončit* come* to a bad end; *vypadat -ě* be in an awful / a wretched state; *žít -ě* lead* a poor / precarious existence

bidýlko 1 perch **2** slang. div. the gods, pl

biftek beefsteak

bigamie bigamy

bigotn|í bigoted **–ost** bigotry

bilan|ce, –covat, –ční balance (to b. accounts)

bílek white (of an egg)

biletář(ka) usher, attendant

bilion billion, am. trillion

bíl|it > o– 1 whiten, = **2 > na–** paint a t. white, hlinkou, vápnem whitewash **3 vy–** sluncem, chem. bleach, odbarvením blanch **4** fam. zabavit black out, suppress **5** vulg. rabovat loot, ransack **–kovina** albumem **–kovinný** albuminous **–ý 1** jasný clear, čistý clean, nový fresh, nevinný pure ♦ *černé na -ém* in black and white; *~ den* broad / full day(light); *-á káva* am. coffee with cream, brit. white coffee; *-lé krvinky* white corpuscles; *~ jako křída / lilie / mléko / sníh* white as chalk / lily / milk / snow; *-á polévka* thick soup; *B-á sobota* Easter Saturday; *-á tvář* pale-face; *~ týden* white (goods) sale; *-é víno* white wine, rýnské hock; *-á vrána* rare bird

bio|astronautika bioastronautics **–graf** = *kino* **–log, –ložka** biologist **–logický** biological (*e.g.* warfare) **–logie** biology, bioscience

biřic bailiff, constable, soudní bumbailiff, catchpole

biřmovat confirm

biskup 1 bishop **2** drůbeže parson's nose **–ský** episcopal **–ství 1** bishopric **2** sídlo bishop's residence

bít > udeřit, uhodit 1 strike* (*do, na, o co, v co* a t., a p. = deal a p. a blow), soustavně, mnoha údery beat* (*do, na, o, v* a t., a p., čím do čeho a t. against a t.) **2** koho **> z–,** také **na–** komu thrash, baste, pummel, belabour **3** mířit kam aim at a t. ♦ *hrom bije* it thunders, do čeho lightning strikes; *vědět, kolik bije* know* what is up; *~ křídly* flap / flutter one's wings; *~ do očí* be striking to the eye; *~ na poplach* raise / sound / beat* / give* the alarm; *srdce bije* heart beats / throbs / palpitates; *~ na jakou strunu* strike* a... note; *zvon bije* a bell strikes, vyzvání a bell peals / rings* **bít se** fight* (*s kým za co* [with] a p. for a t.), za cíl struggle / strive* (for a t.), *v souboji* duel ♦ *~ se v prsa* beat* one's breast

bit|evní battle **–í** trest thrashing, hiding **–ka** skirmish **–va** battle (u of)

bizam musk-rat

bizarní bizarre, queer

bizon bison

bižutérie costume jewellery

blábolit > za– babble, jako blázen gibber, chvástavě prate

blaho happiness, felicity, beatitude **–byt** affluence, wealth **–bytný** affluent, well-off, wealthy **–dárný** beneficial, healthy, salubrious, = *zdravý* ♦ *působit -ně na co* have a beneficial effect (up)on a t., be beneficial to a t. **–přání** good / best wishes, pl pronesené congratulation, obdivné felicitation **–přát** congratulate (*komu k čemu* a p. on a t.) ♦ *~ komu k narozeninám* wish a p. happy birthday, *k Novému roku* a happy New Year **–přát si** think* o.s. lucky / fortunate **–přejný** congratulatory, ...of congratulations **–řečit** komu praise / bless a p. **–sklonný** con-

descending, patronizing **–slave-
ný** blessed **–slavit** beatify **–vol-
ný** complacent, benign

bláhovost preposterousness, fool-
ishness

blahovůle a p.'s good graces, pl,
complacence, generosity

bláhový preposterous, imprudent,
foolish

blahý happy, radostný joyful, uspokoju-
jící gratifying, pleasant ♦ *-hé
paměti* of blessed memory; *-hé
vědomí* satisfaction, gratification

blam|áž feeling of frustration, veřej-
ná exposure **–ovat** make* a p.
ridiculous, make* a fool / muff of
a p. (*se*, též expose o.s.)

blána membrane, na končetině web,
povlak film ♦ *rozmnožovací ~*
stencil, *zánět mozkových blan*
meningitis

blank|et brit. form, am. blank **–vers**
blank verse, sg **–yt** azure **–ytný**
sky-blue, azure

blata fens, pl, moors, pl, moorland

blátivý muddy

blatník wing, mudguard

bláto mud, slizké slime ♦ *je ~* it is
muddy; *z -ta do louže* out of the
frying-pan into the fire

blatouch marsh marigold

blaze v. *blahý; je mi ~* I feel happy

bláz|en 1 lunatic, madman* or mad-
woman*, odbor. insane person, ho-
vor. nut, crazy fellow **2** šašek fool,
jester, buffoon ♦ *být (celý) ~ do
čeho* be crazy about a t.; *jsem z
toho ~* it drives me mad, nerozumím
tomu it beats me; *dělat si -na, -ny
z koho* make* a fool of a p.; *dělat
ze sebe -na* play the fool; *máš
mě za -na?* do you think me a
fool? **–inec** (lunatic) asylum, přen.
madhouse **–ínek** (poor) little fool
–nit 1 be mad, rave, be out of
one's mind, be off one's head **2**
jednat výstředně whoop it up **3** po
čem, za čím be crazy / rave for a t.,
za kým run* after a p. **4 > po–, z–**
koho drive* a p. mad / crazy, poplést

komu hlavu infatuate a p. **–nit (se)**
po kom, za kým **–nivý** foolish, in-
sane, mad, crazy, potrhlý crack-
-brained, veselý mad, merry
–novství 1 foolishness, insanity,
madness, folly **2** kousek (piece of)
folly **3** šaškovství buffoonery

blaž|enost = *blaho* **–ený 1** bless-
ed, radostný blithe, cheerful, light-
hearted **2** přinášející blaho blissful
–it > o– gratify

blb(ec) idiot, fool, hovor. fat-head,
nit **–eček** simpleton **–nout 1** hlou-
pě mluvit talk rot, blether, hloupě jed-
nat do* silly things **2 > z–** grow*
idiotic, go* mad, stářím dote **–ost
1** idiocy **2** nesmysl rubbish, trash,
bosh **3** slang. clanger **–ý 1** idiotic,
odb. imbecile **2** nepříjemný silly

bled|nout 1 > vy– fade, tratit se
grow* dim, lose* colour **2 > z–**
(grow*) pale **–ost** pallor, paleness
–ule snowflake **–ý 1** pale, nepro-
barvený pale of colour, chorobně pal-
lid, wan **2** chabý poor ♦ *na smrt -ý*
as pale as death

blech|a flea ♦ *hledat -y, nepatrné
závady* pick nits

blekotat > za– mutter, gibber

blesk 1 lightning, šipka blesku thun-
derbolt **2** záblesk flash, lesk shine,
oslňující brilliance, vynikající splen-
dour, ostrý lustre, třpyt sheen ♦ *-y
hněvu* thunders of wrath; *jako ~*
like a shot; *jako namydlený ~* like
greased lightning; *zasažený -em*
thunderstruck; *~ z čista jasna*
bolt from the blue **–nout** flash (it
flashed across my mind), temnotou
gleam **–ový** ...of lightning ♦ *-ová
rychlost* lightning speed; *~ start*
flying start; *-ové světlo* flash /
magnesium light; *~ telegram* ex-
press cable; *-ová válka* blitz-
krieg; *~ vlak* express train; *-ová
žárovka* flash-bulb; **–urychlý** as
quick as lightning (*-le* in a flash,
in less than no time)

bleší flea's, velmi malý microscopic
♦ *~ cirkus* flea circus; *~ štípnutí*

flea bite; ~ **trh** flea market

blik|ač flasher, blinker **–at > za– –nout 1** twinkle, wink, blink, plamen flicker **2** mžourat blink, mžikat wink (**na, po** at)

blít > vy– se throw* up, puke, am. slang. barf

blíz|ce v. **-ký –ko** adv near / close (hovor. -by), po ruce at hand ● **prep** near a t., těsně close to a t. ◆ **do** ... **je** ~ it is a short way to ...: **je to už** ~ (časově) it is imminent; **nechoď** ~ keep / stand clear off, keep your distance from a t.; **má k němu** ~ she lives quite near him, podobou she is much like him, možností styku she is closely / intimately connected with him; **je to** ~ **pravdě** it isn't far from the truth; **blíže se seznámit** become* closely / intimately acquainted with ● **s** close distance ◆ **z–ka i z daleka** from near and far; **pohled z -ka** close-up (view); **prohlížet si** apod. **z -ka** give a t. a closer examination, take* a closer look at a t. **–kost** nearness, proximity, přen. nearness, closeness, příbuzenství close relationship, affinity **–ký 1** volně near, těsně close (**k čemu** to), u čeho to a t., časově upon a t., další, příští next **2** časově bezprostřední impending, hrozivě imminent **3** důvěrně close, intimate, familiar ◆ **bližší adresa** full address; **být -ek, -ký čeho, čemu** be on the point of -ing, near one's ...; **v nejbližší době** shortly, presently; **bližší košile než kabát** nearest my coat, but nearer my skin; **nic bližšího** no further particulars, details; **v nejbližším okolí** nearby, in the immediate neighbourhood / vicinity; **bližší okolnosti** further details / particulars; **bližší pozorování** close investigation / inspection; **-ce příbuzný** closely related; **-ký / nejbližší příbuzný** one's next / nearest of kin, nearest relation;

nejbližší příležitost next occasion; **bližší údaje** further details / particulars; **B-ký východ** the Near East; **bližší vysvětlení** further explanation; **bližší zprávy** further information

blizna stigma

blizou|čký, –nký quite near, hovor. near as dammit

blíž(e) v. **blízko –it se > při–** approach, come* up / near, get,* čas draw* near, přibližností approximate, podobou resemble, bear* resemblance to ◆ ~ **se ke konci** draw* to a close, osoba near one's end

bližní neighbour, fellow man* / creature / being

blok 1 domů, žel. block, polit. bloc **2** útržkový scribbling block, paper pad **3** útržek coupon, účtenka brit. bill, am. check **–áda** blockade **–ovat > za–** block, zarazit nařízením freeze*, na pokladně mark **–ování** výpoč. tech. lock-out **–ový** block (e.g. condenser) ◆ **-ová četa** caretakers for a group of houses; ~ **systém studia** course-unit system

blond blond, fair-haired **–ýn** blond (man*) **–ýn(k)a** blonde, hovor. blondie

bloudit 1 wander, netečně ramble, bezstarostně saunter (about) **2** sejít z cesty stray, be / have gone astray **3** v nejistotě err **4** tápat grope, fumble (around, about)

bloumat hovor. roam (about), gape, nablízku loaf / hang* about

blouzn|ění delirium, raving, zanícené enthusiasm, projev -ění rapture, ravings, pl **–it 1** mluvit z cesty be delirious, rave about a t. **2** nadšením rave, be enthusiastic, enthuse, be enraptured / in ecstasy (**nad** over) **–ivý** delirious, raving, wandering, zanícený enthusiastic, fanatical

blud error, círk. heresy **–ař** heretic **–ička** will-o'-the-wisp, přen.

phantom **–iště** maze, labyrinth **–ný** wandering, v omylu erring, odchylující se aberrant ♦ ~ *balvan* erratic block (or boulder); *B~ Holanďan* Flying Dutchman; ~ *kruh* vicious circle; *-ná ledvina* wandering / floating kidney; *-ná ovce* lost sheep; ~ *rytíř* knight errant; *-né učení* false doctrine

bluf bluff

blůza blouse, uniformy tunic, am. pracovní work(ing) smock

blýskat (se) > za –nout (se) 1 blesk lighten (there was a flash of lightning) **2** čím flash a t., přen. se čím chlubivě show* off, make* a show of a t., parade, flaunt a t. **3** -nout se kde put* in an appearance **4** -nout se ukázat se demonstrate, show **–avý** shiny, okázale showy

blyšt|ět (se) shine* bright, glare, třpytit se glitter **–ivý** flashing

bob¹ saně bob-sleigh

bob² luštěnina bean **–ek 1** obv. *-ky*, pl trus droppings, pl **2** vavřín laurel, bay ♦ *mít z něčeho -ky* shit one's pants from fear; *sedět na -ku* squat; *sednout si na* ~ squat down **–eček** hovor. **1** ducky, duck, darling, drobeček tiny tot **2** protekční úřednice pussy, office bunny **–kový** *list* bay-leaf*

bobr beaver

bobtnat > na– swell* up

bobule berry

boční side, zvl. voj. flank ♦ ~ *loď* chrámová aisle

bod 1 point **2** bodnutí prick **3** skvrnka speck, mote, tečka dot ♦ ~ *mrazu* zero / freezing point (at, below, above zero); *mrtvý* ~ dead centre / point, deadlock, stoppage, am. tie-up (*na mrtvém* -ě at a deadlock, at a standstill); *nejvyšší* ~ the top; výpoč. tech. ~ *návratu* re-entry point; ~ *obžaloby* charge; ~ *obratu* turning point; *operný* ~ base; *rosný* ~ dew point; *sporný* ~ disputed / moot point, point of difference, the (matter at) issue;

styčný ~ point of concurrence / contact; ~ *tání* melting point; ~ *tuhnutí* point of solidification; ~ *varu* boiling point; *výchozí* ~ point of departure **–ák** bayonet **–at > –nout 1** pierce, ničivě stab (*do čeho* a t., *koho* a p.), s výpadem thrust* (*po kom* at a p.), pobízet goad / prod (on), jako koně spur **2** hmyz sting*, dráždit irritate, výsměšně gibe, taunt a p., scoff, sneer at a p. **3** ostrou věcí zranit prick **4** *-á mě* I feel a stinging pain **–avý** hmyz stinging

bodejť lid. to be sure, you bet

bod|láčí thistle(s,pl) **–lák** thistle, trn thorn **–lo** = *bodák* **–nout** v. *bodat* **–nout se** slang. zmýlit se slip (up), pull a bloomer, miscue; **–nutí** stab, thrust, sting (esp. bee-sting), gibe, srov. *bodat* **–ování** sport. scoring **–ový** ...of points ♦ *-ové sváření* spot- / stitch-welding

bodr|ost good humour, joviality, geniality **–ý** good-humoured, jovial, genial

bohabojný God-fearing, pious

boháč rich man*, wealthy person man* of property, pl the rich

bohaprázdný impious, godless

bohat|nout > z– grow* / get* rich (*z čeho* on a t.), *z koho* enrich o.s. from a p., at a person's expense **–ost** richness, wealth(iness), affluence, abundance, copiousness, luxuriance, exuberance, srov. *-ý* **–ství 1** wealth, majetek fortune, richness, pl **2** cennost treasure **3** množství plenty, abundance **4** = *bohatost* **–ý 1** rich (*čím, na co* in...), zámožný wealthy, a dál prosperující affluent, a dávající to najevo opulent **2** hojný abundant (*čím, na co* in...), velmi copious, objemem plentiful, a dále plynoucí a rostoucí profuse, s nádherou luxuriant, kypivě exuberant **3** událostmi eventful **–ýr** (legendary) hero **–ýrský** heroic, gallant

boh|ém bohemian **–éma** bohemia **–emista** student of Czech, bohemicist **–emistika** Czech studies **–émský** bohemian

boho|rovný pontifical, pyšně haughty **–slovec** student of theology **–sloví** divinity, theology **–služba** divine service *(konat b.* officiate at a d. s.)

bohu|dík(y) thank goodness, naštěstí fortunately, I am glad to say, luckily **–žel** unfortunately, I am sorry to say, regrettably

bohyně goddess

bochník (round-shaped) loaf* (of bread), cake (of cheese)

boj 1 struggle *(za, o* for) **2** svár discord, contention, rozpor variance **3** zápolení strife, stran, sil conflict, jednotlivců fight *(s, proti* with, against), zápas contest, utkání encounter, připravené, ozbrojené combat **4** vnitřní dispute ♦ *podstoupit ~* give* battle; *rozhodný ~* decisive battle; *smrtelný ~* death agony, agony of death; *tuhý ~* hard struggle, hot fight(ing); *~ na život a na smrt* fight* to the death

bojácn|ost, –ý = *bázlivost, -ý*

bóje buoy

boje|chtivost thirst for fighting, bellicosity **–chtivý** thirsty for a fight, eager to fight, bellicose **–schopnost** readiness for action **–schopný** fit for action, able to fight

bojiště battle|field / -ground

bojkot, –ovat boycott

bojler geyser, electric heater

boj|ovat 1 s kým, za co, o co struggle with a p. for a t. **2** bít se fight* *(s, proti* with, against, *proti čemu,* potírat co, a t.), zápasit contend (with a p.), v připraveném utkání combat a p.; svádět bitvu, také přen. battle, war; **–ující** belligerent ♦ *~ do posledního dechu* fight* to the last gasp; *~ se smrtí* be in the throes of death / in agony; *~ na svou pěst* fight* on one's own **–ovník** fighter, účastník utkání combatant **–ovnost** warlikeness, fight(ing

mood / spirit), za ideu militancy, bojechtivá pugnancy **–ovný** warlike, militant, fighting, combative, útočný aggressive **–ový** ...of action, fighting, combat **–ůvka** storm troop

bok 1 těla side, vyčnívající hip, pas waist, zvířete flank **2** strana tělesa, vozidla, svahu side ♦ *obracet se z -u na ~* toss / fling* o.s. about; *po čím -u* at a p.'s side, by the side of a p., alongside, beside, next to; *~ po -u* side by side; *stát s rukama v bocích* stand* with one's hands akimbo; *popadat se za -y (smíchem)* split* one's sides (with laughter); *pravý ~ (lodi)* starboard; *levý ~ (lodi)* port; *stát komu po -u* v tísni stand* by; *vlevo / vpravo v ~* left / right turn; *založit ruce v -(y)* put* one's hands akimbo; *zaskočit koho z -u* outflank a p. **–ovka 1** girdle **2** hovor. love affair

bol žal grief, bás., bolest dolour **–ák** boil, sore **–avý** aching, zjitřený sore ♦ *-avé místo* tender / sore spot; *zavadit o něco -avého* touch a (p.'s) sore spot, grate / jar upon a p.'s feelings **–ení** ache, břicha gripes, pl, stomach-ache, colic (srov. have a headache, a pain in the chest / back, a sore throat, toothache) **–est 1** = *bolák, bolení* **2** pain, stálá, tupá ache, prudká pang, jako křeč throe, svírává twinge, bodavá jabbing **3** otevřená rána wound **4** utrpení suffering, velké agony a v. bol ♦ *dělat komu ~* cause / give* a p. pain, make* a p. suffer, afflict a p.; *náhlá ~* burst of pain (žalu grief); *porodní -ti* throes, pl; *působit ~ =* *dělat ~* **–estín** whiner **–estivý** = *-estný* **–estné** smart-money **–estný 1** painful, jitřivě sore, palčivě bitter, smarting **2** žalostný grievous, mournful, doleful **3** jako projev bolesti pained, afflicted, worried **4** bolestně pociťovaný woeful **–et > za–** ail, (give*) pain, ache, co je způsobováno hurt*, pálit (zvl. oči) smart ♦ *něco* nebo *někde mě -i* I ache in (every limb = all my limbs ache), my head aches = I have a headache; *-i mě z toho hlava* it makes my head ache, it gives me a headache

bolševi|cký, **-k** bolshevik, -ist **-smus** bolshevism

boltec auricle

bomba 1 bomb **2** nádoba na plyn cylinder ♦ *~ vybuchla* a bomb has gone off; *zajištěný proti bombám* bomb-proof **-rďáky** pl, slang. boxer shorts, zást. bloomers, pl **-rdér 1** letec bombardier **2** letadlo bomber **-rdovací** bombing **-rdovat** bomb, ostřelováním sell, bombard **-rdování** bombardment, bomb-attack(s)

bombička bomblet, do sifonu sparklet

bombast bombast **-ický** bombastic, high-flown

bon voucher **-a fide** in good faith

bonb|ón boiled sweet, confection, sweetmeat, am. candy, fondán bonbon, karamel toffee, toffy **-oniéra** sweet-box, bonboniére

bon|ifikace compensation (*za* for) **-ita** value (of soil) **-tón** good breeding **-viván** bon vivant

bonz bonze, přen. předák chief, boss

bor pine wood

bór boron

bordel 1 vulg. brothel **2** nepořádek mess, pigsty **-ář**, **-árka** messy / untidy fellow, woman*

bordó claret

borec champion, fighter

borov|ice, **-ý** pine

boršč borsch(t)

bortit > **z-** warp, twist, put* a t. out of shape **~ se** warp, get* / become* / warped, spring*, vydout se camber

borův|čí (growth of) blueberries **-ka** blueberry

bořit > **z- 1** ruin, stržením demolish,

pull / break* down, řídící orgán overthrow* **2** > **za-** *co kam* sink*, bury ♦ *~ za sebou mosty* burn* bridges **~ se** > **z- 1** give* way, fall* ((in)to ruin), hroutit se collapse, rozpadat se dilapidate, break* **2** > **za-** sink*, bury o.s.

bos boss, chief, honcho, pl -s

bos|ky = *na* **-o** barefoot(ed) ♦ *chodit na -o* walk about with no stockings on; *obléci si co na -o* put* a t. on one's bare legs **-ý** barefooted

bota 1 brit. boot, am. (laced) shoe **2** chyba howler, bloomer, boner ♦ *jezdecké -ty* riding boots; *ví, kde ho ~ tlačí* he knows where his shoe pinches

botani|cký botanical (ale Botanic Gardens, pl) **-k** botanist **-ka** botany

botel boatel, boat hotel

botník shoe(-rack), shoe-chest

botulin food-poison (esp. sausage)

boubelatý chubby

bouda 1 booth, kramářská stall, ubohé stavení shack, shanty, kůlna shed, psí kennel, slang. budova hole **2** horská chalet

bouch|at > **za-**, **-nout 1** bang, go* bang, give* a bang, pound (one's fist), pummel **2** střílet pop, koho bump (-*nutí* bang) ♦ *~ dveřmi* slam / bang the door **-ání** (with a) bang / slam

boul|e bump(ed head), vyboulení vůbec bulge ♦ *narazit, udělat si -i* get* a bump, *na čele* bump on one's forehead **-it** slang. dívat se goggle **-it** > **vy-** *oči* bulge one's eyes

bouračka hovor. **1** vozidel (motoring) crash, car wreck, slang. smash **2** demolice razed building, demolition site

bourat > **z-** pull down, = *bořit*

bourec morušový silkworm

bouř|e storm, divoká tempest, s blesky a hromem thunderstorm, přen. outburst, uproar, rozhořčení resent-

box 644 brát

ment, squall, masové hnutí disorder, disturbance, riot ♦ *domáci -e* domestic scene; *sněhová -e* snowstorm, delší a silnější blizzard **–it 1** > **po–**, **vz–** rouse, k odporu stir (up), raise, incite, inflame **2** > **za–** storm, horlit harangue, kypět boil **–it se** > **vz–** protest, flare up, resent (*proti* a t.), proti moci revolt, rebel, mutiny, kypět be up **–ka** = *-e*, hovor., klobouk bowler (hat) **–livý** stormy, plavba, cesta rough, swelling, ohnivý enkindled, fiery, hot, hněvem enraged, nezkrocený wild, prudký violent, impetuous, neklidný restless

box 1 boxing **2** kůže box-calf **3** kóje, oddíl box **–er** (též pes) boxer **–erský**, **–ing** boxing **–ovat** box

bož|e good Lord, my goodness **–í** God's, the Lord's ♦ *celý ~ den* all the livelong day; *od -ho rána* from the break of the day; *celý ~ rok* all the year round; *~ dopuštění* visitation (*kde* of), all hell let loose; *B~ hod vánoční* Christmas Day; *velikonoční* Easter Sunday; *svatodušní* Whitsunday; *~ nadělení* **1** děti God's blessing **2** překvapení (an unpleasant) surprise; *~ služby* divine service; *~ soud* ordeal, *~ den* the Judgement Day **–ský** divine, jako bůh godlike, nádherný divine, heavenly ♦ *kápnout, říci -skou* talk / shoot* straight **–stvo** the deity, god

brad|a chin; = *-ka* **–atý** bearded **–avice** wart **–avka** nipple, teat ♦ *chuťová ~ papilla* **–ka** beard, kozí goatee

bradla parallel bars

brácha hovor. bud(dy)

brajgl hovor. shindy

brak shoddy, refuse **–ovat** > **vy–** ransack, rummage

brambor|or, **–orový** potato **–orářský**, **–orářství** potato-growing **–ořiště** potato field **–ůrky** smažené potato chips

brán|a gate, zvl. am. gateway, slav-

nostní archway, impozantní portal **–y** harrow, sg.

branec recruit

bránice midriff, diaphragm

bránit 1 defend (*se* o.s.) (*před*, *proti* against), koho bojem fight* for a p., postavením překážky shield **2** držet zpátky restrain **3** překážet obstruct (*v* a t.), v pohybu impede, hamper, encumber, činně překážet oppose, refuse consent, komu v čem prevent a p. from -ing, zákazem inhibit

brank|a gate, wicket (též v kriketu) sport. goal ♦ *dát -u* score **–ář** goalkeeper, v kriketu wicket keeper

brann|ost defensive power **–ý** armed, fighting ♦ *-á moc* armed forces; *-á povinnost* conscription; *-á výchova* paramilitary training

branže hovor. line, am. racket

brašn|a škol. satchel, voj. haversack **–ář** bagmaker, am. luggage-maker

brát > **vzít 1** take* (medicine), do ruky handle, *co komu* (donést) take* a t. to a p., odejmout take* a t. away from a p., take* a p.'s, omylem bag, povodeň wash away, chirurg amputate **2** *co na koho* take* up a t. to attack a p. **3** co kam put* (*na sebe [úkol]* undertake*) **4** koho odkud remove a p. from... **5** koho za co take* a p. by the... (popadnout seize, sevřít grasp, grip, get* a firm grip / hold on a t.) **6** plat pull down, get*, draw*, tiskovinu take* in, přijímat nebo pojímat jak take*, hledět nač jak regard (or look upon) a t. as..., jako by to bylo take* a t. for ... **7** chápat se čeho take* a t. in hand, take* / lay* hold of a t. **8** za co grip, press (the handle) **9** fam., předstihnout overtake* **10** hovor., napálit take* in, při koupi sell* a p. a pup, am. rip off / sting* a p. **11** přijímat accept (e.g. bribes), bez odporu take*, kupovat lease* (na dluh on trust, na splátky, buy on lease / lease to own) **12** si k jídlu have, help o.s. to a t., za chotě marry (za ženu též take* a p. as one's wife) ♦ celkem vzato on the whole; ~ si domů take* in; ~ si co do hlavy take* a t. into one's head, set* one's mind upon a t.; jak se to vezme it (all) depends; vzal bych na to jed I bet you; ~ konec (come* to an) end; ~ komu krev bleed* a p. (with leeches); ~ koho kolem krku take* a p. round the neck; ~ komu míru (na co) take* a p.'s measurements (for); ~ koho na mušku aim at a p., make* a / one's play for a p., přen. keep* a sharp eye on a p.; ~ nohy na ramena take* to one's heels, show a clean pair of heels, am. scamper, skidaddle; ječet jako by ho na nože / vidle bral scream as if one was going to eat him; ~ ohled na co consider, have regard for, pay* heed to, take* a t. into consideration; ~ podporu v nezaměstnanosti receive unemployment benefit, hovor. be on the dole; ~ co v pochybnost question a t., query a t., throw* doubt on a t., challenge a t.; ~ co z programu withdraw a t.; ~ koho na radu consult a p.; ~ roha beat* it, bolt, do* a bunk, get* the hell out of it; ~ rozum do hrsti use all one's wits; ~ na sebe assume, put* on, take* on (úkol undertake*); ~ koho za slovo take* a p. at his word; ~ koho do služeb take* a p. on, engage, am. hire; ~ si co k srdci take* a t. to heart; ~ si co na starost take* charge of a t.; ~ koho pod střechu put* up a p.; ~ za své come* to nothing, get* lost, perish; ~ k tanci take* out; ~ do učení apprentice; ~ v úvahu take* a t. into account provide for a t.; ~ na lehkou váhu make* light of a t.; ~ koho do vazby take* a p. up (or into custody), put* a p. under arrest, arrest a p.;

~ vážně be in earnest about a t., take* a t. seriously; ~ na vědomí take* cognizance / due note of a t.; ~ na vojnu enlist, enroll, draft, mocí impress, houfně levy; ~ si co za vzor, vzor z čeho take* a t. for a model, take* pattern by a t.; ~ do zaječích = nohy na ramena; ~ si co za záminku make* it / use a t. for a pretext: ~ všema čtyřma be grasping; ~ zavděk čím put* up with a t.; ~ co zkrátka make* short work of a t.; ~ zpět (slib apod.) withdraw*, take* back, retract, co za zlé nebo ve zlém take* a t. in bad part / amiss; ~ zřetel na co = ~ ohled; ~ si život take* one's life, do* away with o.s., lay* violent hands on o.s. brát > zabrat 1 nibble (at the bait), bite* 2 hovor. na koho take* fancy to a girl ♦ ryba bere a fish bites ~ se 1 kam ubírat se proceed, go* ♦ ~ se vpřed advance 2 > vzít se sňatkem get* married 3 kde: kde se tu bereš? how do you come to be here? kde se vzal tu se vzal suddenly came... 4 o co use all one's influence to get... / in favour of ..., zastávat se advocate, support, stand* up for ...

bratr brother (círk. apod. pl brethren) **–anec** cousin **–ský** brotherly, fraternal, jako bratr brotherlike **–ství 1** brotherhood **2** láska brotherly love / affection

bratřit se fraternize

brav sheep, goats and / or pigs

brav|o well done, bravo, na schůzi hear hear **–ura** brilliancy, hud. bravura **–urní** brilliant

brázd|a furrow, za lodí wake, přen. vráska též wrinkle **–it 1** furrow, moře cruise, plough **2 > roz–** co furrow up a t.

Brazílie Brazil

brblat > za– (raise) fuss, mutter, klevetit gossip

brčál periwinkle, am. myrtle

brdo tkal. harness, heddle, heald ♦

na jedno / stejné ~ be much of a muchness

brebentit > **za–** jabber, gabble, drmolit patter, nesmyslně gibber

brečet hovor. blub(ber), turn on the waterworks, open the flood-gates; potlačovaně whine, kňučivě whimper

brejle = *brýle*

brek(ot) blubber(ing)

breptat > **za–** jabber, gabble, zajíkavě falter, stutter

Bret|aň Brittany **b–onský** Breton

brigád|a 1 voj. brigade **2** pracovní working group / party, work-team **3** výpomoc temporary job, stopgap position, prázdninová holiday job **–ník 1** team-worker **2** temporary, holiday / voluntary worker, jako sekretářka temp, důchodce dug-out

briketa briquet(te)

briliant brilliant

Brit British subject, am. British|man, -woman **–ánie** Britain **b–ský** British

bríza warm sea-breeze

brizance shattering / disruptive power / force

brk quill

brkotat stumble

brlení railing, lattice-work, rybníka screen, trash rack

brloh den (hazardních hráčů gambling den, a spieler), jen zvířat lair, krčma (low) dive

brnění armour, harness

brnět > **za–** tingle ♦ *-ní mě noha* I have pins and needles in my leg

brnkat > **za–** strum / thrum, táhle twang

brod ford **–it** > **vy–** koně water horses **–it se 1** wade (in / through ...), těžko se pohybovat v čem flounder, be deep in ... **2** > **pře–** *přes co* ford a ., cross a t.

brojit *proti čemu* be up against a t., object hotly to a t., řečmi harangue against a t.

brok grain of shot (pl shot, sg)

brokát brocade

bróm bromine

bronz, –ový bronze

brosk|ev, –vový peach

brouk 1 beetle, velký chafer, hovor. a am. bug **2** rozmar bee (*mít brouka v hlavě* to have a ~ in one's bonnet) **–at** > **za–** croon, coo, houkat howl, mrzutě grumble

brous|ek whet-stone, na břitvy apod. hone **–it 1** > **na–** sharpen, o kámen whet, obtahováním hone **2** > **vy–** sklo cut* **3** tříbit refine, brush up, polish **4** kudy bloudit rove, jako šelma prowl about, po kom backbite* a p. ♦ ~ *za děvčaty* run* after girls, chase women; ~ *si vtip* sharpen one's wit, *na kom* chaff a p.; ~ *si na co zuby* set* one's heart upon a t.

brouzda|liště paddling pool **–t se** paddle, splash, dabble

brož brooch **–ovat** > **s–** stitch ♦ *-ované vydání* paper-back, -cover = **–ura** stitched book, brochure, aktuální pamphlet

brslen spindle-tree / -wood

bručet > **za–** hum, mumble, medvěd, mrzutě growl, basa, hrom murmur, nesrozumitelně mutter, včela, motor drone

brumlat > **za–** mumble, rumble, mutter

brunátný deep purple, russet

brunet dark-haired man* **–(k)a** brunette

brus 1 grind(ing)-stone, grinder **2** výbrus cut **–ič 1** grinder, skla cutter, (lens, mirror) polisher **2** jazykový purist **–írna** grinding / cutting plant / shop **–ka** grinding machine / bench

brusinka cowberry, klikva cranberry

Brusel Brussels

brusl|ař(ka) skater **–e** skate (*kolečková* roller s.) **–it** skate

brusný ...of grinding, polishing, cutting (esp. glass)

brut|alita = *-álnost* **–ální** brutal, cruel, inhuman **–álnost** brutality

brva (eye-)lash ♦ *ani -vou ne(po)
hnout* keep* a stiff upper lip, not
to turn a hair

bryčka dvoukolá gip, trap, čtyřkolá, zvl.
am. buggy, krytá fly

brýle (a pair of eye-)glasses, spec-
tacles, hovor. specs, ochranné gog-
gles ♦ *dívat se růžovými -mi*
see* through rose-coloured glass-
es / spectacles, look on the sun-
ny side of things; ~ *proti slunci*
sun glasses

brynda 1 wish-wash, slops, pl **2**
situace plight, pretty pickle, nice
mess, kettle of fish, am. jam **–t**
spill*, slop

brynza sheep-cheese

brzd|a brake *(záchranná* emer-
gency b.) **–it** > **za–** brake, apply
(or put* on) the brake, koho curb,
zpomalit slow down, retard **–ný**
braking *(dráha* distance)

brz|íčko very soon **–ký** early, před-
časný premature

brzlík thymus, jídlo sweetbread

brz|o, –y 1 zanedlouho soon, shortly,
promptly, presently, before long,
in no time **2** časně early ♦ *(při)jít
příliš* ~ be before (one's) time,
before (hand)

břečka slush, mash, v koželužství
liquor

břečťan ivy

břeh 1 (ocean)shore, řeky riverside,
hranice pevniny coast, písčitý nebo s
drobným kamením beach, bás. strand,
spadající do řeky bank **2** násep, stráň
bank, side ♦ *na -(u)* ashore
(come*, run* a.); *přirazit ke -u*
land; *uváznout na -u* get*
beached, mořském get* stranded;
vystoupit ze -ů overflow the
banks

břemeno burden, přen. též weight ♦
spadlo mi těžké ~ z beder it is a
weight off my mind

břevno beam

břez|en, –nový March

březí ... with young

březový birch (e.g. bark, water)

břídi|l bungler **–t z–** bungle

břidlic|e, –ový slate

břich|atý pot-bellied, paunchy **–o**
belly, abdomen, hovor. a uvnitř sto-
mach, am. hovor. guts, pl **–omluva**
ventriloquism **–omluvec** ventril-
oquist

břink clank **–at** > **za–** clank, tinkle,
na hud. nástroj strum (*na* a t.)

bříško 1 tum(my) **2** palce apod. ball

břišní abdominal

břit|ký sharp, keen, trenchant, boda-
vě poignant, ničivě scathing **–va**
razor

bříza birch

bubák bugbear, bogy (man*)

bub|en drum, odb. hud. tympanum, pl
též **-na** ♦ *přijít na* ~ come* under
the hammer **–eník** drummer
–ínek 1 tabor, vyšívací tambour **3** ušní ear-drum **4** revol-
veru cylinder **5** kamínka cylindrical
stove

bubla|nina fruit sponge-cake **–t** >
za– bubble, gurgle

bublina bubble, v tekutině, litině pock-
et (air p., gas p.)

bubn|ovat > **za–** (beat* the) drum
♦ ~ *prstem* tap (the table) **–ový**
drum (e.g. fire)

buclatý plump, chubby-faced

bůček side of pork, belly-pork,
streaky pork

bučet > **za–** moo, low, silně bellow,
brečet bawl, howl

Budapešť Budapest

buď either *(buď' - buď'* either - or)

bud|ík alarm-clock **–it** > **pro–, vz–
1** (a)waken, wake* up **2** rozhýbat
rouse, stir (up), oživit revive **3** vyvo-
lat (též hosta) call, přen. call forth, e-
voke, raise **4** elektricky apod. excite
5 důvěru, hrůzu, obavu inspire, způso-
bovat make* s inf. cause se jménem ♦
~ *dojem* create an impression; ~
důvěru inspire confidence; ~
hněv rouse anger, v kom make* a
p. angry; ~ *obavy* raise fears; ~ *v
kom nelibost* displease a p.; ~
podezření raise suspicion; ~

(veřejné) pohoršení cause a (public) outcry; ~ *pochybnost* cast* / throw* doubt(s) into a p.'s mind or on a t.; ~ *posměch* be a butt of ridicule; ~ *pozornost* attract / invite attention; ~ *zlou krev* make* / produce bad blood / ill feeling: ~ *zvědavost* arouse curiosity **–it se > pro–, vz– 1** awake*, přen. wake* **2** dát se do pohybu stir, ožít revive **–itel** revivalist, awakener

budiž all right (then), (pro mě za mě) for all I care, (staň se) be it so, nu dobrá (it's all very) well, why (then) **–kničemu** good-for-nothing, a ne'er-do-well, a no-good

budka box, holubí cote, hlemýždě shell, vozidla cab

budouc|í future, ... to come, ... to be ♦ ~ *matky* expectant mothers; ~ *učitelé* intending teachers **–ně** in (the) future, napříště in future, příště next time **–nost** future, the time to come

budova building, velkolepá edifice **–t > vy–, z–** build* (up), lay* down (a railway line), přen. erect, raise **–tel** builder, maker, tvůrce creator **–telský** creative

buď|si 1 nevadí never mind **2** = *budiž* **3** = *aťsi* **–to** = *buď*

bufet 1 pult refreshment bar, snackbar, buffet, am. lunch counter, sandwich shop, místnost refreshment room **2** nábytek sideboard, dresser

bůh god **–víco** ... apod. the Lord / heaven knows what ...

buchta 1 baked yeast dumpling **2** hovor., rána thump (in the back) **3** slang., žena skirt, brit. bird, am. chick **4** člověk sluggard, lay-about

buj|arý sprightly, buoyant **–et** grow* wild, a šířit se run* wild, spread*, be rank / rampant **–nost 1** rank / rampant growth **2** nevázanost high spirits, pl **–ný 1** rank, rampant **2** nevázaný highspirited **3** neukázněný unruly **4** plný života exuberant

bujón beef tea, broth

buk beech

buklé bouclé

Bukurešť Bucharest

bukvice beech nut, mast, bez pl

bula (Papal) bull

bula|č absentee **–čství** absenteeism **–t** slang., směnu horn. shirt a shift, skive off

buldok bulldog

buldozer bulldozer

Bulharsk|o Bulgaria **b–ý** Bulgarian

bulvár boulevard, avenue **–ní tisk** yellow press / papers, pl, the popular press, the tabloids, pl, gutter press

bumbrlíček hovor. greedyguts, sg, gutsy

bunda prošívaná anorak, sports / lumber jacket

bu|něčný cellular **–ničina** cellulose **–ňka** cell

bunkr bunker, zákop dug-out

buntovat (se) > s–, hovor. gang up, plot against, conspire against

bur|ácet > za– roll, din, roar, bouřit storm, řečnit harangue **–covat > vy–, z–** rouse, lomcováním shake* up a p.

burison, obv. **–ny,** pl puffed rice, sg

burský oříšek = *arašíd*

bur|za exchange **–zián** speculator

buržoa bourgeois, šosák Philistine **–zie** bourgeoisie **–zní** bourgeois

buřič rebel **–ský** rebellious **–ství** rebellious spirit

busola compass

bušit > za– pound, jako kladivem hammer

buvol buffalo

buzer|ant vulg. bugger; queer, poof **–ovat** slang. **1** bugger people about **2** koho bugger / order a p. (a)round / about

bůžek idol ♦ ~ *lásky* Cupid

bužírka plastic tubing, bez pl

býč|ek bullock **–í** bull (e.g. fight, ring), jako býk bullish

bydl|ení habitation **–et** live, trvale reside, v podnájmu lodge, am. room, na návštěvě stay **–iště** abode, (place of) residence, práv. habitation ♦ *trvalé ~* permanent address **–it =** **-et –o** živobytí livelihood ♦ *dobré ~* nice / soft / cushy job, easy circumstances; *pálí ho dobré ~* he is quarrelling with his bread and butter

bych: *pozdě -a honit* it is too late to shut the stable door when the mare horse is bolted

býk bull

býlí weed

bylin|a herb **–ář(ka)** herbalist **–ný** herbal

býložrav|ec herbivorous animal, herbivore, **-ci** pl herbivora **–ý** herbivorous

byró bureau

byro|kracie bureaucracy, hanl. red tape **–krat** bureaucrat, hanl. **-ti** officialdom **–kratický** bureaucratic, hanl. red-tape

bysta bust

byst|rost swiftness, sharpness, keenness **–rý 1** rychlý swift **2** sharp, keen (sight), sharp (ears), acute (hearing) **3** rozumem bright, keen, moudrý shrewd **–řina** torrent **–řit > z–** sharpen, make* keen(er)

byt brit. flat, am. apartment, podle kvality quarters, pl, v podnájmu brit. lodgings, pl, am. rooms, pl ♦ *letní ~* summer residence, resting place; *~ a strava* board and lodging; *výpověď -u* notice to quit, eviction order; *vzít koho na ~* accommodate a p.

byť *(i, třeba)* (even) though / if

být be *(není čeho* there is no ...*); je mi jak* I am / feel (well n. adj.)*, něco mi je (připadá) jaké* I find* it ... ♦ *co je ti?* what is the matter with you?; *je mi kolik (let)* I am ...; *co je nového?* what is the news?; *buď jak buď* come what may; *buď kdo buď* whoever it / that may be, no matter who it is; *~ bez sebe* be beside o.s.; *k čemu*

je to? what good is it?; *není to k ničemu* it is good for nothing; *být na (doslech, dosah atd.)* be within (earshot, reach etc.); *je na tobě* it is up to you, it is your business; *něco na tom je* there is something to it; *musí ~ po jeho* he must have his way; *je po něm* it is all over / up with him, it's curtains for him, he is done for; *~ s to* be in a position; *~ v čem (oblečen)* wear*; *~ odkud* rodem come* from ..., bytem be of...; *~ za co, vydávat se* pass for, fungovat stand* (for) a ...; *je to za mnou* a t. is over, I am through, I have come through (unscathed)

byt|elný solid **–í** existence, being **–ná** landlady

bytost 1 being, creature **2** podstata essence **–ný** essential

bytov|ka housing unit **–ý** housing (e.g. problem, unit = dwelling unit, accommodation) ♦ *-é družstvo* housing association / cooperative; *-é jádro* sanitary nucleus

býva|lý former, sometime, one-time **-t:** *-l ...* he used to be ...

Byzan|c Byzantium **b–tský** Byzantine

bzu|čák buzzer **–čet > za–** buzz, střela whizz **–kot** buzzing

C

cajk 1 stout cotton fabric **2** slang. nástroj(e) tool(s, pl)

cák|at > –nout splash *(na co a t.)*

capart dítě tiny tot

capat patter

car czar, tsar

cár rag ♦ *~ papíru* scrap of paper

car|evič czarevitch **–evna** czarina **–ismus** czarism **–ský** imperial **–ství** czardom, říše empire

Cařihrad dř. Constantinople, nyní Istanbul

cavyky fuss, fiddle-faddle

cec|ek, –ík teat, vulg. prs boob(ie), tit, knocker

ced|it > **pro-**, **pře-** 1 strain, percolate, trickle through 2 > **vy-** krev, slzy shed* blood, tears **-ítko**, **-ník** strainer, colander

cedr cedar

cedul|e, **-ka** hovor. ticket, slip, nálepka label, přívěsná tag, oznámení notice, poster

cech guild

cejch mark, stamp, punc hall-mark, brand **-ovat** nádobu gauge

cejn (carp)-bream

ceknout: *ani ne-* not to say* a syllable

cela cell

celebrovat officiate, celebrate (mass)

celek whole, úhrn total, jednotka unit ♦ *v -ku* of a piece = *celkem*

celer, **-ový** pěstovaný pro list celery, hlíznatý celeriac

celibát celibacy

celina virgin land

cel|istvost entirety, nedotčenost integrity, wholeness **-istvý** entire **-kem** altogether, = *~ vzato* by and large, on the whole **-kový** povšechný general, úhrnný total, paušální overall

cello cello

cel|ní customs **-nice** customshouse* **-ník** customs officer

celodenní all-day ♦ *~ zaměstnání* full-time job

celofán cellophane

celo|národní national, nation-wide **-plátěná** vazba cloth binding **-roční** ...all the year round **-státní** national, nation-wide **-večerní** *film* full-length / feature film

celul|oid, **-oidový** celluloid **-óza** cellulose

ce|lý whole, vzhledem k částem a u nepočitatelného all (the)...; časově all the... dokonale podobný just like, the very picture of...; časově all the... long ♦ *-lé číslo* integer; *(po) ~ rok* all the year round; *-m tělem* to the marrow

cembalo harpsichord

cement cement **-árna** cement works, sg i pl, cement factory

cen|a 1 požadovaná, placená price, hodnota nepopíratelná worth, uznávaná value, co se vynaložilo cost 2 soutěžní prize, jako uznání award ♦ *dostal -u* he has been awarded a prize; *~ za hotové* cash price; *za každou -u* at all costs, přen. at any rate; *mít jakou -u* be worth...; *pevná ~* fixed price; *soutěž o -y* prize competition; *udělit -u* award a prize; *za žádnou -u* at no / not at any price, přen. at no cost **-ík** price list **-ina**, **-iny** postal stationary **-it** > **o-** 1 odhadem estimate, úř. appraise 2 **-it (si)** appreciate, attach high value to, uvážlivě respect, a vysoce regard highly

cenit > **vy-** zuby show* one's teeth, a vrčet snarl

cen|ný valuable **-ovka** označení ceny price label, visačka price tag **-ový** price (e.g. index)

census census

cent 1 mince cent, am. slang. penny 2 váha metric centner, quintal 3 přen. weight **-imetr** centimetre

centr|ála central (brit. *telefonní ~* exchange), podniku head-office, organizace headquarters, pl **-alizace** centralization **-alizovat** centralize **-ální** central **-um** centre

cenz|or censor **-ura** censorship **-urovat** censor

cep flail **-ín** ice-axe

cesmína holly

cest|a 1 kudy třeba jít way 2 pro vozy i pěší road, vyježděná track, vyšlapaná path, příjezdová drive 3 prostředkující passage, channel, prostředek way, means, chem. process 4 podniknutá journey, okružní tour, po vodě n. vzduchem voyage, krátká n. zábavní trip, pěší walk (an hour's walk) ♦ *brát se -ou* go* one's way; *brát se -ou čeho* go* the way of a t.; *na -ě* on the way; *být na dobré -ě* be well under way, be progressing well, *být na dobré -ě k čemu* be well on the way; *po -ě* along the way; *(po) celou -u* all the way; *přímou -ou* right ahead; *jít svou -ou* go* one's (own) way; *na poloviční -ě* halfway; *připravit -u* pave the way; *razit si -u* make* one's way; *sejít z -y* go* astray; *stát v -ě* be in a p.'s way, přen. hamper (e.g. progress); *šťastnou -u* bon voyage, have a pleasant journey; *u -y* by the roadside: *ukázat komu -u* direct a p., put* a p. right, show* a p. the right way; *vyšlapaná ~* beaten track; *jít komu z -y* go* out of a p.'s way; *zpáteční ~* return journey, obecně way back **–ář** road-mender **–ička** narrow path **–mistr** chief road-mender **–opis** book of travel(s), travels, pl **–ovat** travel, okružně tour a t.; *~ s něčím* obch. travel (in) a t. **–ovatel** traveller **–ovné** travelling money **–ovní** travel(ling) ♦ *-ovní horečka* excitement before a journey; *-ovní kancelář* travel agency; *-ovní mapa* tourist map; *-ovní pas* passport; *-ovní příkaz* travel warrant, travelling order / instructions; *-ovní ruch* tourism, travel trade, holiday trade **–ující** traveller, z hlediska dopravy passenger ♦ *obchodní ~* commercial traveller

cetka trinket, frippery / finery, sg

cév(k)a vessel **–kovat** catheterize **–ní** vascular

cibul|e 1 bulb **2** kuchyňská onion **–ka** shallot, rostlin vůbec a vlasu (little) bulb **–ovitý** bulbous, tvarem onion-shaped, o kopuli onion-domed

cídi|č polisher **–t > vy–** polish, do lesku shine, kovy furbish

cif|erník dial **–erný** ...of figures / digits **–ra** figure, cipher, digit

cigaret|a, –ový cigarette

cih|elna brick-field, -yard **–la** brick, sýra cake **–lář** brick-maker ♦ *-lová podlaha* tiled floor, am. dirt floor

cícha duvet-cover

cikán(ka), –ský gipsy

cikcak zig-zag

cikorka chicory

cíl aim, v soutěži n. zápase goal, stanovený objective, target, terče target, mark, určení destination **–evědomý** purposeful, strong-willed, strong-minded, purposive, goal-seeking, resolute, tenacious **–ová** *páska* tape *(vběhnout do -ové pásky* breast the tape)

cimbál dulcimer, hodin gong

cimbuří battlement, castellated wall

cín tin, anglický pewter

cink|at, –nout n. **za–** tinkle, kov chink, sklo clink, harmonicky jingle **–ot** tinkle, tinkling

cíp(–ek) corner(-piece), end, výběžek tip **–atý** all / full of ends

circa (round) about, ... or so

církev church **–ní** church, ecclesiastic, týkající se duchovních clerical ♦ *~ sňatek* church wedding

cirkul|ace, –ační circulation **–árka** circular saw, hovor. buzz saw **–ovat** circulate ♦ *nechat* n. *dát co ~* circularize a t., send* a t. round

cirkus, –ový circus **–ačka, –ák** circus artist, circus performer

cis C sharp

císař emperor **–ovna** empress **–ský** imperial **–ství** empire

cistern|a (storage) tank **–ová** *loď*, **–ový** *vůz* tanker

cit 1 smyslů feeling, reagující sensibility **2** hodnotící feeling (for a t.), duševní pohnutí emotion, intelektuálně n. mravně podložený sentiment, mocný passion

citace quotation

citadela citadel

citát = **-ace**

citelný bolestně severe, sharp, patrný sensible, palpable, appreciable

cítit > po–, u– 1 feel*, zakoušet experience, a chápat perceive **2 > u–** hmatem feel*, čichem smell*; a tak zjistit scent, chutí taste ~ se jak feel* (well n. s adj.), čím feel* o. s. (morally the loser etc.) ♦ cítí se (ne)vinen he pleads (not) guilty; ~ se opuštěný feel lonely; už se ne-tí he can't handle / manage it

citliv|ka bot. sensitive plant, osoba touchy fellow, sissy **–ost** sensitiveness **–ý 1** sensitive, reagující sensible, přirozeně neodolný susceptible (na co to a t.) **2** film fast, křehký tender **3** touchy nedůtklivý

citoslovce interjection

citovat 1 > o– quote **2** duchy conjure / call up

citový emotional, citově bohatý sentimental, affective

citr|ón lemon **–onáda** lemonade **–ónový** lemon, barvou lemoncouloured **–us** citrus

civil|ista civilian **–izace** civilization **–izovat** > z– civilize **–ní 1** úřední civil, občanský civic, neobřadný informal **2** neuniformovaný civilian, mufti ♦ ~ obrana civil defence, am. air-raid precaution; -ně oddat marry (a couple) in a registry office; ~ proces civil action

cívka reel, velká n. am. spool, ve stroji bobbin, el. coil

ciz|ácký alien **–ák** alien, vetřelec intruder **–í 1** somebody else's, other people's, jinonárodní foreign **2** jiného druhu, sem nepatřící strange, neorganický, nesourodý foreign, zanesený zvenčí extraneous ♦ pod -ím jménem under an assumed name **–ina** foreign country or -ries, pl (do -iny, v -ině abroad, z -iny from abroad) **–inec** jiného jazyka, mravů foreigner, neznalý poměrů a neznámý stranger, úř. jiného občanství alien **–inecký** foreign(ers') (e.g. foreign legion, travel = tourism) **–inka** stranger, foreign woman*, srov. -inec **–ojazyčný** ... of / in a foreign language **–okrajný** foreign, exotický exotic, outlandish **–oložnice** adulteress **–oložník** adulterer **–oložn(ick)ý** adulter-

ous **–oložství** adultery **–opasit na čem** parasitize a t. **–opasník** parasite **–opasný** parasitic **–ovláda** occupant / foreign rule **–ozemec** foreigner **–ozemský** foreign

clo 1 poplatek duty, custom-duty **2** procedura the customs, pl ♦ beze cla duty-free, free of duty; podléhající clu dutiable

clon|a fot. diaphragm, přen. screen / shield **–it** > za– screen a tak chránit shield, zahalením veil

cloumat > za– tug, škubavě jerk, po délce strain (čím at a t.), kymácet shake

co 1 what **2** kolik how much (e.g. co to stojí? how much is it?, ale what does it cost?) **3** něco, nic (v záp., táz. a podmínkových větách) anything **4** vztažné to, co what, jinak that (lze vypustit, je-li předmětem) **5** = zatímco, pokud, tolik, kolik, od té doby co ♦ co nej- as...as possible; den co den every day; čím...tím... the... the...; co do... as to, as regards...; mám / nemám co dělat I am busy / unoccupied; co na tom? what about it? co se týče as for **–koli(v)** anything, uvádí vedl. větu whatever

cop braid, plait, dívčí pigtail, krátký mužský queue = cue

co|pak what(ever), I wonder what **–si** something

coul inch

coura slattern, slut **–t se** saunter, loiter, lag behind, unaveně traipse / trapse, těžce trudge along, zanedbávat povinnosti gat about

couv|at, –nout n. za– (step) back, z pozice withdraw*, a tím se vzdát give* in, yield, s odporem shrink* back (from a t.) uhýbavě flinch, backtrack, ustoupit retreat, z cesty make* way ♦ -nout ze slibu back out of promise, withdraw* a promise

což 1 no doubt, = buďsi **2** a to which **–e** what **–pak** = copak

cpát > **1** nacpat, vecpat stuff,

cram, jam in, squeeze in, plnit fill, nutit force (*komu co* a t. upon a p.) **2 > vycpat** co čím stuff a t. with... **~ se > nacpat se** čím stuff / cram o.s. with... **~ se > vecpat se** kam squeeze / force one's way to...

crčet trickle, drip, bublavě purl, spirl

ct|ěný v dopisech dear **–ihodný** venerable, círk. titul reverend **–ít** revere, reverence, jako svaté venerate, uctívat worship, s vážností honour, silněji adore ♦ ~ *barvu* follow suit **–ít > po–** koho čím do* a p. honour, favour a p. with a t. **–itel(ka)** admirer, idolizer, (*-itelé*, *-itelky* pl) one's following, sg i pl (*mít -le* command a following) **–ižádost** ambition, aspiration **–ižádostivý** ambitious **–nost** virtue **–nostný** virtuous

cuc|at suck, srkat sip **–átko** lollipop

cudn|ost chastity **–ý** chaste

cuchat > po– n. z(a)– (en)tangle, ruffle, huddle

cuk|at > –nout n. za– jerk, pluck, nervózně twitch, bolest throb

cukr sugar ♦ ~ *kostkový* lump sugar, ~ *krupice* granulated sugar, ~ *moučka* icing sugar **–árna** sweetshop, confectioner's, -ery, am. candy store **–ář** confectioner, am. candy maker **–átko** sugar-plum **–kandl** candy sugar **–ovar** sugar factory / mill **–ovat > po–** sugar a t., sprinkle a t. with sugar **–oví** sweets, pl, confectionary, am. candy (různé druhy candies, pl) **–ovka 1** řepa sugar beet **2** nemoc diabetes **–ový** sugar, polévaný sugar(coat)ed

cukřenka sugar basin

culit se > za– smirk, simper

cumel 1 dumlík dummy **2** košile shirt-tail (showing) ♦ *třást se na co jako dítě na ~* be like a dog with two tails

cup|at, –itat patter, scurry, trot, trip **–ovat** scrape, tear* a t. to pieces

Curych Zurich

cvak|at > –nout n. za– click ♦ *-al*

zuby his teeth chattered

cval gallop

cválat gallop, mírně canter

cvič|ení training, opakováním practice, fyzické n. úloha exercise, tvrdé drill **–iště** training / exercising ground **–it 1** těl. perform / do* gymnastics **2 > vy–** koho train a p., trenér coach a p. **3 > na–** co practise a t. **4 ~ se > vy–** train o. s. (*v čem* in a t.), opakováním practice a t. **–itel(ka)** trainer, trenér coach, tělovýchovný instructor **–ky** gymshoes, pl

cvik exercise, practice ♦ *mít ~ v čem* be practised in a t.; *vyjít z -u* get* off practice

cvikr hovor. pince-nez

cvilink drill

cvo(če)k hob-nail, hřebíček (wire) tack, ozdobný stud **–k** slang. blázen nut(-case), crackpot **–kařit** go* nuts **–khaus** slang. funny farm

cvrček cricket

cvrlikat > za– twitter

cykl|ický cyclic **–ist(k)a** (pedal) cyclist **–istický** cycling **–ón** cyclone **–ostyl, –ostylovat** stencil **–ostylovaný** mimeo (též ~ *text*) **–us** cycle

cylindr 1 válec cylinder **2** klobouk silk / top hat **3** lampy chimney

cyni|cký cynical **–k** cynic **–smus** cynicism

cypřiš cypress

cyrilice Cyrillic alphabet

cyst|a cyst **–oskop** cystoscope

Č

čabajka Csaba salami

čadit > za– smoke

čahoun lanky fellow

čaj 1 tea, brit. slang. char **2** společenský tea-party **–ník** tea-pot **–ovna** tea-shop **–ovník** tea plant

čalamáda (Hungarian) pickles, pl

čaloun|ík upholsterer **–ovat > vy–** upholster

čáp stork **–ě** storkling

čapka cap

čár|a line, krátký tah stroke ♦ *hra-
niční* ~ boundary line; *udělat ko-
mu* -u *přes rozpočet* put* a
spoke in a p.'s wheel; *poznámka
pod čarou* footnote; *vzdušná* ~
beeline (in a b.) **-ka** ve větě com-
ma *(udělat* -ku put* a c.); *vodo-
rovná* ~ marcon

čaroděj wizard, sorcerer **-ka** en-
chantress, = **-nice** witch, sorcer-
ess, babizna hag **-nictví** witch-
craft, wizardry **-ný** witching,
magic

čarov|at practise sorcery / witch-
craft **-ný** charming

čáry sorcery, sg, witchcraft, sg

čas 1 time **2** počasí weather **3** jaz.
tense ♦ *blýská se na* -y there are
sheet lightnings; *dát si na* ~ take*
one's time; *je na to dost* -u there
is no hurry about it; *letní* ~ sum-
mer time, am. day-light saving
time; *mít* ~ have time, be free; *na*
~ for a short time; *na věčné* -y for
ever; ~ *od* -u from time to time;
now and then; *poslední* ~ lately;
psí ~ beastly weather; *před* -em
some time ago; *přes* ~ overtime;
svého -u once; *v nepravý* ~ at the
wrong time; *v pravý* ~ in good
time, at the right time; *volný* ~
spare / free time, one's leisure;
není -u *nazbyt* there is no time to
spare; *za* ~ after some time; *za
našich* -ů in our time; *získat /
ztratit* ~ save* / lose* time **-em**
from time to time, every now and
then **-ně**, **-ný** early **-oměřič**
time-keeper **-opis** periodical, též
odborný journal, magazine **-opi-
secký** journalistic **-ovat 1** > **na-**
bombu apod. time **2** > **vy-** sloveso
conjugate **-ový 1** time, temporal,
týká se sledu chronological **2** aktuální
topical

část 1 part **2** aspekt věci side ♦ *ná-
hradní* ~ spare part; *po* -ech in
parts; *z větší* -i for the greater
part **-ečka** particle **-ečný** partial

-ice small part, element, = -eč-
ka, **-ka** amount (of money), sum

čast|o often, frequently **-okrát(e)**
many times, many a time **-ost**
frequency

častovat > **po-**, **vy-** treat a p. *(čím*
to a t.), regale a p., entertain a p.
(with a t.)

častý frequent; opakovaný repeated,
v těsném sledu thick

čedič, **-ový** basalt

Čech Czech **-y** Bohemia

čechrat > **roz-** ruffle, ve vlnkách rip-
ple, vlnu open, will(e)y

čejka lapwing

ček|ací *doba* waiting-time **-ající**
someone who is waiting (pl those
waiting) **-aná** huntsman's watch
-anka 1 chicory **2** o dívce v tanci
wall-flower **-árna** waiting room
♦ ~ *pro matky s dětmi* nursery
-at 1 neodcházet wait **2** očekávat, že
přijde expect **3** > **počkat** wait (for
a p., for an event, dinner for a p.)
4 > po-, se|čkat s čím delay a t. **5** >
počkat *komu na dluh* trust a p.
♦ *nechat na sebe* ~ be long in
coming; *nechat koho* ~ keep* a
p. waiting; *co (na) mně* -á what is
in store for me, what I am in for
-atel person on the waiting list

čel|ádka domestics, pl = *cháska*
-eď tribe, family **-edín** (farm)
servant, labourer, pacholek stable
boy, groom

čelenka headband, ozdobná dia-
dem, tiara

čelist jaw(-bone), kleští jaw

čel|it čemu face a t., odolávat resist a
t., confront a t. **-ní** front, průčelní
frontal **-ný** leading, prominent **-o**
front, hlavy forehead, přen. o hlavě
vůbec head ♦ *být v* -e *čeho* lead*
/ head a t.; *být stále v* -e keep* in
the forefront; -em *vzad* about
turn, face about

čenich snout, muzzle, nose **-at**
sniff, nose (about)

čep pin, otočný pivot, ucpávající plug,
sudu bung, výpustný tap

čepec bonnet, hood

čepel(ka) (razor) blade

čepice 1 cap **2** na pivě froth, head

čepovat 1 tap (beer is on tap), draw* (beer) **2** sud broach

čepýřit se > na–, roz– ruffle up, hovor. blow* up

čerň black, tiskařská printer's ink

čer|nat > z– 1 become* / grow* / turn black **2 –nat se** loom black **–nohorský** Montenegrine **–noch** black, negro **–noška** negress **–nošství** africké negritude **–ný 1** black **2** nezákonný illicit, illegal ♦ *-ná hodinka* hovor. cosy chat (in twilight); *Č-ná Hora* Montenegro; *~ chléb* black / rye bread; *~ kašel* whooping cough; *-ná káva* black coffee; *~ pasažér* stowaway; *-né pivo* stout, dark beer, porter; *-né uhlí* (pit-)coal; *-ná zvěř* wild boar; *-né na bílém* in black and white (i.e. committed to writing)

čerpa|dlo pump **–t > na–** draw*, informace gather

čerstvý fresh, chladivý cool ♦ *-vé maso* carcass-meat; *-vé mléko* liquid milk, fresh milk; *-vé vejce* near-laid egg, nesušené shell egg

čert devil (v kletbách též deuce) ♦ *k -u* to hell with; *-ovo kopýtko* cloven hoof; *po -tech jaký* damned ...; *u všech -ů / u -a* hang it (all); *aby se v tom ~ vyznal* I'll be dashed if I can make head or tail of it; *to by v tom byl ~* it'd be unbelievably bad luck; *~ mě mohl vzít* I almost jumped out of my skin; *být jako ~ na peníze* be a skinflint; *~ nám ho / to byl dlužen* (it was) good riddance to him / it; *který ~ ho sem nese?* what the devil brings him here?; *~ ho mohl vzít* he nearly went berserk **–ík** imp **–ovina** devilish trick, devilry **–ovský** devilish

červ 1 worm **2** larva grub, v hnilobě maggot

červ|ánky red sky **–en** June **–eň** red **–enat > z–** turn red **–enat se** > **za–** be red, člověk blush **–enavý** reddish **–enec** July **–ený** red, zdravě ruddy ♦ *-ené víno* claret

červiv|ět > z– become* wormy **–ý** worm-eaten, wormy

červnový June

červotoč death-watch (beetle), wood-worm

čeřit se > roz–, z– ripple, ruffle, stir

čes|áč picker, ovoce gatherer **–at 1 > pro–, u–** comb **2 > na–** pick, ovoce gather **3 –at se > u–** comb, do* one's hair

českobratrský ...of the (Czech) Unity of Brethren

Česká republika Czech Republic

Česk|oslovensko hist. Czechoslovakia **československý** Czechoslovak(ian) **č–ý** Czech, týkající se Čech Bohemian, ...of Bohemia (*česky* [in] Czech)

česnek, –ový garlic

čest 1 honour **2** sláva glory **3** credit, reputation ♦ *k jeho cti* in his praise; *prokázat komu ~* do* a p. (great) honour; *sloužit komu ke cti* do* a p. credit, be to a p.'s credit; *se ctí* honourably; *urážka na cti* slander, písmem libel; *věc cti* point of honour; *vzdát ~* pay* a p. homage, salute a p. **–nost** integrity **–ný** počestný honest, honorable, neplacený honorary ♦ *-né slovo* (on) one's word of honour

Češ|ka Czech woman* / girl / lady **č–tina** Czech (language)

četa troop, pochodující column, pracovní gang, speciální squad **–ř** sergeant

četba reading

četník gendarme, am. (state) trooper

četn|ost numerousness, častost frequency **–ý** numerous

či or

čí whose

čidlo 1 sense organ **2** tech. sensor **3** biol. receptor **–vý** sensory

číhat > po– (si) *na koho* spy upon a p., lie* in wait for a p., *na co* look out for a t., plíživě lurk

čich smell, jemný scent ♦ **mít na co ~** have a flair for a t. **-at > -nout (si)** k čemu smell* (at) a t., tušit scent a t., slyšitelně sniff (*k čemu* at a t.)

čili or

čil|ost agility, nimbleness, briskness **-ý** agile, čiperný nimble, činorodý active, rušný busy

čin act, odpovědný n. vynikající deed, pozoruhodný feat, odvážný exploit ♦ *při -u* in the (very) act, red-handed

Čí|na China **-ňan** Chinese

čin|it > u- 1 do* **2** kolik amount to... ♦ **~** *dotaz* make* an inquiry; ~ *komu dobře* do* a p. good **-it se** exert o.s. **-itel** factor, agent, odpovědná osoba functionary

činka dumbbell, vzpěračská bar-bell

čin|nost activity n. **-ties,** pl, osobní výkon performance, fungovací work(ing) ♦ *v -ti* in action / operation, at work **-ný** active **-ohra** play **-orodý** člověk man* of action **-ovník** functionary, official

čín|ský, -ština Chinese

činž|ák = *-ovní dům* **-e** (house) rent, am. rental **-ovní** rent(al) ♦ ~ *dům* tenement house*, moderní block of flats, court, am. block of apartments, apartment house*

čípek 1 uvula **2** lék. suppository

čiper|a smart fellow **-ný** smart, tělesně nimble

čirý limpid, pellucid, pouhý sheer

číseln|ík dial **-ý** číslo numeral, číslice numerical

čísi somebody's

čísl|ice figure, na určitém místě digit **-icový** digital **-o** number, numeral, velikost size, výtisk copy; = *-ice* **-ovat > o-** number, stránky page **-ovka** numeral

číst read* ♦ ~ *data na přístroji* read* an instrument; ~ *komu levity* give* / read* a p. a lesson; ~ *se* read*; *čte se to dobře* it reads well

čist|icí clean(s)ing ♦ ~ *prostředek* detergent; ~ *stanice* sewage (disposal) farm; ~ *vůz* streetsweeper **-ič** cleaner **-írna** (dry-)cleaning shop (am. establishment), dry-cleaner's **-it > o-, vy-** clean (up), zvl. am. cleanse, odstraněním jednotlivostí n. zjasnit clear, kartáčem brush, obuv polish, shine (up), jen **vy-** chem. purify, refine, čistkou purge, lék. > **pro-** purge **-ka** purge **-okrevný** thoroughbred **-opis** fair copy **-ota 1** cleanness, clearness, purity, srov. **-ý 2** čistotnost cleanliness **-otný** hygiene-minded **-ý 1** clean, ryzí pure, a průzračný clear **2** bez srážek net, bez přepisů fair, nepopsaný blank ♦ ~ *jako sklo* clean as a whistle, crystal-clear; ~ *štít* with no blot on one's (e)scutcheon; ~ *vzduch* přen. the coast is clear, all clear

číš|e cup **-nice** waitress, v motorestu carhop **-ník** waiter

čít|anka reader **-árna** reading-room **-at** představovat množství, částku amount to...

čit|atel numerator **-elný** legible

čížek aberdevine, sistin

člán|ek 1 article **2** řetězu link **3** elektr. cell **-kovat** articulate

člen 1 složka element, member **2** korespondent corresponding member **3** řetězu link, mat. term **4** jaz. article **-it > roz-** articulate, break* up **-ka** member **-ský** member (e.g. states), membership (e.g. card, fee) **-ství** membership **-stvo** members, pl

člov|ěčenstvo = *lidstvo* **-ěk** man* human being, expr. fellow, chap, am. guy, o komkoli one **-íček** little man* / fellow, whipper-snapper

člun boat **-ek** tkalcovský shuttle

čmára|nice, -nina, -t > na- scribble, scrawl, doodle

čmelák humble-bee, bumble-bee

čmoud, -it > za- reek

čmuch|al, -álek, -alka sneak, spy, brit. nosy Parker, šťouravý busy body **-at** v cizích věcech snoop, pátrat po provinilcích snoop / sneak around

čnělka bot. style

čnít protrude, jut out, trčet project, do výše tower

čočka 1 lentil **2** optická lens

čokl hovor. cur, pooch

čokolád|a, –ový chocolate

čouhat stick* out, show*

čpav|ek ammonia(c) **–ý** pungent, acrid, reeky

čpět reek, give* out a pungent / acrid smell

črta sketch

čtenář(ka) reader **–ský** reader's reading, book (klub b.-club) **–stvo** readers, pl, the reading public

čtení reading

čtrnáct fourteen ♦ ~ dní fortnight, am. two weeks **–ý** fourteenth

čtver|ák rascal, wag **–ec, –ečný** square **–nožec** quadruped

čtvrť 1 quarter **2** města district, ward, neúředně area, quarter ♦ tři -ě na... a quarter to (am. til); ~, tři -ě, pět -í roku three, nine, fifteen months **–eční, –ek** Thursday **–hodina** quarter (of an hour) **–ina, –ka** quarter, mat. fourth part **–ý** fourth ♦ za -é fourthly, in the fourth place

čtyř|dobý tech. four-stroke **–hra** double **–i** four ♦ mezi -ma očima face-to-face; po všech -ech on one's hands and knees, on all fours **–icátý** fortieth **–icet** forty **–ka** four **–motorový** fourengine-(d) **–násobný** fourfold, quadruple **–úhelník** quadrangle **–válec** four-cylinder (car) **–verší** tetrastich **–veslice** four

ču|čet fam. gape / dawdle (about) **–mák** nozzle **–mět** gape, goggle, gawk, gawp, se zadostiučiněním gloat, = -čet

čupřina hovor. lock (of hair)

čura|nky lid. pee(-pee), wee, whiz **–t > vy– se** hovor. (have a / go / take a) pee / wee / whiz

čůrák vulg. slang. cocksucker

čúrek trickle

čvachta|nice, –t se hovor. slush

D, Ď

ďábel fiend **–ský** fiendish, devilish, diabolical, infernal

dál(e) 1 = délka **2** further (on / afield), on se slovesem go* on -ing, i s podst. a příd. jm. continue (byl ~ učitelem = he continued to be a teacher) ♦ (Jen) dál, vstupte! come in, am. come; co ~ what next; a tak ~ and so on / forth; čím ~ tím více more and more, unceasingly

dalek: být čeho ~ be far from -ing **–o 1** a long way, far way off, v otázce a záporu far (away), odtud off, away **2** značně far (better) ♦ mít ~ do be far from; ~ od sebe far between; ~ široko far and wide **–ohled** telescope **–osáhlý** far-reaching **–ozraký** long-, far--sighted **–ý** distant, zvl. v čase far way / off ♦ -á cesta long way; skok ~ long jump; D-ý Východ Far East

dál|ka distance, dosah range ♦ na -ku at a distance **–kový** remote (řízení control), long-distance (plynovod gas conduit) ♦ -kové studium korespondenční postal tuition, correspondence school / courses, pl; vysokoškolské při zaměstnání part-time / external studies / courses; -kově studující extramural student; -kové topení district heating **–nice** brit. motorway, am. express highway, speedway, throughway, parkway **–nopis** přístroj teleprinter, zpráva telex

další further, v řadě next, navíc additional ♦ až na ~ until further notice

dám|a 1 lady **2** hra draughts, pl, am. checkers, pl **3** šach., karet. queen **–ský** ladies', lady's

Dán Dane

daň tax, z čeho assessment on a t., mimořádná levy, z výrobků excise, přen. toll ♦ *dědická ~* inheritance tax; *~ z majetku* property / wealth tax; *~ z obratu* turn-over tax; *~ z příjmu* income tax **-ový** tax, ...of taxation

Dánsk|o Denmark **d-ý** Danish

dar gift, jen hmotný present, oficiální presentation, donation ♦ *dát komu co -em* make* a present of a t. to a p., present a p. with a t.; *svatební, vánoční ~* wedding, Christmas present

dárce giver, oficiálně donor *(krve* blood-d.)

dareb|a 1 rogue, rascal, scamp **2** nezbeda naughty boy / girl **-ácký** roguish **-áctví** naughty, trick, mischief **-ák** = *-a* **-ný** bad, naughty, mischievous

dár|ek present a v. *dar* ♦ *poukázka na knižní ~* book token **-kový** balíček gift parcel

darovat present a t. to a p., a p. with a t., oficiálně donate

dařit se > **po-, vy-, z-** thrive*, ale o někom he is, feels, is doing (well...), někomu se daří co a p. succeeds / is successful (nedaří fails) in a t., in -ing (fails též to do...); dobře jít apod. prosper, be prosperous, flourish, dobře dopadat succeed, be / prove successful, turn out well

dáseň gum

dát > **dávat 1** give* a p. a t., a t. to a p. **2** co kam put* a t. ... **3** čemu co, opatřit co čím provide / furnish a t. with... **4** produkovat give* / bring* in, yield, produce, bear*, čistého net **5** způsobit cause (*~ mi moc práce* cause me much trouble) **6** co (u)dělat have / get* a t. done, komu co (u)dělat make* / let* a p. do a t., přimět get* a p. to do a t., příkazem order a p. to do a t. or order a t. to be done **7** *dejme tomu* admitted, *dejme tomu, že* suppose... **8** *tys tomu dal* you have

done it **9** na koho set* a great store by a p. ♦ *~ komu čas* allow a p. time; *já ti dám* you'll catch it from me; *~ co k dobrému* treat a p. to a t.; *~ komu hádanku* put* a riddle to a p.; *~ komu košem* refuse a p.; *~ milost* pardon; *~ komu na památku* give* a p. a t. as a keepsake; *~ naději* hold* up / raise hopes; *~ najevo* show*, indicate; *~ komu co do pera* prompt a p. to write about a t.; *~ komu pokoj* leave* a p. alone; *~ co do pořádku* put* a t. in order; *~ co na poštu* post, am. mail a t.; *~ koho pozdravovat* send* one's (best) regards to a p.; *~ pozor* look out, na co pay* attention to a t., opatrně take* care about a t.; *~ komu co k použití* place a t. at a p.'s disposal; *~ práci* zaměstnat employ, námahu give* a p. trouble; *~ co do prodeje* put* up a t. for sale; *~ přednost čemu před čím* prefer a t. to a t., *~ komu při vstupu* let* a p. go in first: *~ komu co / koho za příklad* set* a t. / p. as an example; *~ komu radu* advise a p.; *~ komu své slovo* pledge one's word; *~ na stůl* set* the table; *~ na stůl co* serve up a t.; *~ ze stolu* clear the table, take* a table away; *~ do tisku* send* to press; *~ co za úkol* set* a p. the task of...; *~ na vědomí* inform, notify a p.; *~ komu vinu* blame a p.; *~ komu výpověď* give* a p. notice (to quit); *~ život za co* lay* down one's life for a t. **~ se 1** je možno it is possible, it can be..., there is no s podst. jménem nebo -ing **2** > **dávat se** nebránit se offer / present no opposition (*nedat se* keep* one's ground) **3** zamířit kam make* for a place, set* out (on a journey), směrem bear* (to the) (left / right) **4** oddat se čemu: k čemu, na co take* to a t., adopt a profession **5** do čeho, začít co set* about a t. or -ing, take* up a t., do koho fall* foul of a p. ♦ *~ se na cestu* set* out / start (on a journey); *~ se jakou cestou* take* a... way; *dalo se do deště* it started / began to rain / raining; *~ se do hádky* get* into a quarrel; *vyvolat hádku* pick a quarrel; *~ se do křiku* set* up a cry; *~ se do pláče* burst* into tears; *~ se do práce* set* about work; *~ se do řeči* enter into conversation; *~ se do smíchu* burst* out laughing; *~ se na útěk* take* to flight; *~ se znovu do...* resume a t. *~ si* > *dávat si 1* na talíř help o.s. to a t. *2* poručit si have a t. ♦ *~ si na čas* take* one's time; *~ si pozor* take* care; *~ si pozor na řeč* / vulg. *hubu* watch one's tongue, mind one's words; *~ si práci s čím* take* pains / trouble over a t., spare no trouble to inf.; *~ si říci* be prevailed upon; *Dej si říci* Take it from me

data pl výpoč. tech. data **–báze** database; *zápis (vstup) dat* data entry; *zpracování dat* data processing

datel woodpecker

datl|e date **–ovník** date-palm

dat|ovat (se), –um date **–umovka** date-stamp

dav crowd, v pohybu throng, neuspořádaný mob

dávat 1 pořádat arrange, organize, give* (a ball, concert, a dinner party) **2** poskytovat give* (lectures, a lesson), příklad set* an example, nabízet offer **3** ~ se konat se be on, be shown, právě be showing (*dávalo se to dlouho* it had a long run)

dávit vomit, srov. *zvracet*

dávk|a 1 příděl ration, část portion, jídla helping **2** várka apod. batch **3** lék. apod. dose **4** poplatek rate **–ovač** dosing machine

dávn|o long ago, a long time ago **–ověk** antiquity **–ověký** ancient **–ý** bygone, long past ♦ *před -ými časy* time out of mind, in the

olden days, in times of old; *~ přítel* friend of old standing, hovor. crony

davový crowd, mob (e.g. scene), masový mass

db|alý careful (*na co* about), mindful of, attentive to **–át 1** na co see to it that..., bear* a t. in mind, udržovat to keep* a t., dohledem look after a t., attend to a t. **2** o co, o koho care about a t. (*nic nedbám* I don't care), pečovat take* care of a t.

dcera daughter

debakl break-down, flop

debat|a discussion, formální debate, bouřlivá argument, controversy **–ovat** discuss o čem a t., formálně debate a t., bouřlivě argue

debil hovor. simpleton **–ní** simple, feeble-minded

decentní unobtrusive

decentralizovat decentralize

děcko kid

decimetr decimetre

děd fam. **–a 1** grandfather **2** stařec old man* **3** předek ancestor **–eček** grandfather; grandpa, grand(d)ad

dědi|c heir (*čeho* to a t.), ideový inheritor **–cký** ... of inheritance ♦ *-cká daň* inheritence tax; *~ podíl* inheritance; *-cká smlouva* contract of inheritance; *-cké právo* right of succession **–ctví 1** inheritance **2** generační heritage, rodové patrimony **–čka** heiress **–čnost** heredity **–čný** hereditary

dedik|ace dedication **–ovat** dedicate, inscribe

dědin(k)a hamlet = *vesnice*

dědit > **po–, z–** inherit a t. from p., movitost, úřad succeed to a t. (*~ se* be transmitted / handed down, descend from generation to generation)

dědkovatět > **z–** grow* senile

deduk|ce deduction, inference **–ovat** deduce, infer **–tivní** deductive

de facto as a matter of fact

defekt defect, menší imperfection, flaw, motor. breakdown (*mít ~ break*down*) **–ní** defective, imperfect, faulty

defenzív|a, –ní defensive

defétismus defeatism

deficit deficit ♦ *mít ~* be in the red **–ní** losing

defil|é march (past) **–ovat** march past

defin|ice definition **–itivní** definitive, final **–ovat** define

deform|ace deformation **–ovat > z–** deform

defraud|ace embezzlement, defalcation, veřejných peněz peculation, zneužitím úřadu malversation **–ant** embezzler, defalcator, peculator **–ovat** embezzle, defalcate, peculate

degenerovat degenerate

degrad|ace degradation **–ovat** degrade, důstojníka reduce to the ranks

deh|et, –tovat > na–, –tový tar, dehtovaný tarred

dech breath, síla dechu wind ♦ *bez -u* out of breath, breathless; *zatajit ~* hold* one's breath **–nout** = *dýchnout* **–ový**: *-ová hudba* brass music (kapela b. band); *~ nástroj* wind instrument

děj action, zápletka plot, chem. process **–epis** history **–episec** historian **–episný** historiographical **–inný** týk. se dějin historical historicky závažný historic **–iny** history, sg (*~ umění* art history) **–iště** scene(ry) lit. setting **–ství** act

deka = *pokrývka*

dekagram ten grammes, pl

děkan círk. a am. (též Oxf., Camb.) univ. dean, brit. univ. president **–át** dean's office, deanery

deklamovat recite

deklarace declaration

deklinace 1 fyz. declination **2** jaz. declension

dekódovat decode, read*

dekolonizace decolonization

dekoltáž low neck(-line), decolletage, místo odhalující prsa cleavage

dekor|ace decoration, ornament(ation), div. scene(s, pl) **–ační** decorative, ornamental, div. scene **–ativní** decorative **–ovat** decorate

děkov|at > po– 1 thank a p. for a t. **2** za přání, na pozdrav return a p.'s... **3** být vděčen za co owe a p. a t., be indebted to a p. **4** s odmítáním decline a t. (with thanks) **5 –at se > po– 1** give* / render thanks (to a p.), odmítavě refuse with thanks **2** odstoupit resign an office, o panovníku abdicate **–ný** formálně (...of) thanksgiving

dekret letter, order, formálni decree, edict

děla|ný strojený affected, studied **–t 1** pracovat work (*na* at, *v oboru* in) (*mít co ~* be busy, *nemít co ~* be idle) **2** konat, jednat apod. do* **3** předstírat do* / act as if ..., pretend to, ze sebe act the... **4** s kým jak treat a p... **5** do čeho hovor. dabble in... **6** dohromady kolik amount to..., make* (up), run* at, come* up to **7** komu co do* a p. (harm, good, injury, no harm), cf. it would not hurt you **8** *co~?* what's to be done? (what am I to do?) ♦ *~ darebnosti* make* mischief; *~ dílo (své) divy, tanec* raise a hullabelloo, fret and fume; *~ dobrotu* behave o.s., neselhávat be in order (*ne–* be out of order); *~ kouzla* perform magic; *~ milosti* put* on airs and graces; *to nic nedělá* never mind; *~ obličeje* make* / pull faces: *~ vtipy* crack jokes **–t > u– 1** do*, vytvořit apod. make*, am. fix (up) **2** hrát play, act **3** co z čeho change a t. into another, něco menšího n. horšího reduce a t. to another **4** *dělej(te)* pospěš(te) si make* haste, make* it snappy ♦ *~ špatný dojem* cut* a poor figure; *~ obrázek* take* a picture; *u– zkoušku* pass an examination; ~ *zkoušku* v. *skládat* **–t se 1** stavět se feign / pretend to be... *(důležitým* put* on airs) **2** počasí *dělá se...* it is (growing cold, clearing up) **–t si** co z čeho n. z koho; ~ *blázny* make* a fool of a p., ~ *legraci* make* fun / game of a p., ~ *svědomí* scruple about a t., ~ *málo z toho* set* little store by a t.

dělba dividing (up), distribution ♦ ~ *práce* division of labour

déle longer

deleg|ace delegation, deputation **–át(ka)** delegate, deput **–átka** lístek delegation card **–ovat** delegate

dělenec dividend

dělení > **roz–** division, separation, partition, break-up, severance, split, distribution, allocation

delfín dolphin, porpoise

děli|cí dividing (e.g. line) **–t 1** stát apod. mezi divide **2 –t** > **roz–** divide **3 –t** > **od–**: separate, detach, part, násilně sever, souvztažně divorce **4** a podělit divide... between..., distribute... among... **–t se** > **od–** become* separated, separate **–t se** > **po–** s kým o co divide a t. with a p. (go* shares with a p.) **–t se** > **roz–** větvit se divide, branch (out), part, split*, go* asunder **–tel** divisor

delikt tort ♦ práv. *soukromoprávní* ~ private wrong

dělítko k rozlišení criterion; viz. také *rozdělovací znaménko*

délka length, zeměp., hvězda longitude, v čase též duration ♦ *po délce* lengthwise

děln|ice (female) worker, včela worker (bee) **–ický** workmen's, -man's, labour, working (e.g. class) **–ictvo** labour, sg i pl **–ík** (manual / factory) worker, working man*, workman*, brit. zemědělský dělník labourer, am. zemědělský dělník farm hand **–ý 1** kolektiv operative **2** výkonný efficient **3** energetic

dělo cannon, obecně gun **–střelba** artillery fire **–střelec** artilleryman* **–střelectvo** artillery

demagog demagogue **–ický** demagogic(al) **–ie** demagogy

demaskovat unmask, přen. reveal, expose

dementovat deny

demilitarizovat demilitarize

demise resignation

demistifikovat demystify

demižón demijohn

demobilizovat demobilize

demokra|cie democracy **–t** democrat **–tický** democratic **–tičnost** democratic character **–tizace** democratization

demol|ice demolition **–ovat** pull / break* down, přen. (> **z–**) play havoc in..., make* a mess of / in

démon demon

demonstr|ace demonstration **–ant** demonstrator **–ovat** demonstrate

demont|áž dismantling, disassembly, dismounting **–ovat** dismantle, disassemble, dismount, demount, strip down

demoralizovat demoralize

den day, doba světla day(light, -time, in the d.) ♦ ~ *co* ~ day in day out, day after day; *v těchto dnech* právě minulých lately; *ve dne v noci* day and night, round the clock; *všední* ~ working / week-day **–ík** diary, úř., účetní journal, noviny daily **–ně** every day, daily, za den a day **–ní** day, day's, ... of the day, každodaily, všední everyday ♦ ~ *pořádek* (daily) routine, schůze order of the day, agenda

denunci|ace information **–ant** informer

depeše despatch

depo|novat deposit **–zitář** depository, safe **–zitum** deposit

depr|ese depression **–imovat** depress

deput|ace deputation **–átník** allowanced labourer

děr|avý full of holes, holey, perforated, nádoba leaky, zub hollow

děs horror, dismay, consternation

des|atero decalogue **–ateronásobný** tenfold **–átník** corporal **–átý** tenth

deset ten ♦ *od -i k* pěti from bad to worse; *držet se všemi -i* hold* (a t.) tooth and nail **–iboj** decathlon **–ihalér̆** ten-heller piece **–ina** tenth **–inný** decimal

designovat designate

děsit > po–, vy– horrify, stun, terrify, vyplašit alarm **~ se > po–, vy–, z–** dread (*čím* a t.), be terrified / horrified by a t.

desít|iletí decade **–ka** ten, kop penalty kick

děsi|vý dreadful, horrible, appalling, alarming ♦ *-vá představa* nightmare

deska board, fošna plank, z velkovýroby sheet, hlazená table, pamětní tablet, plaque, masivní slab, náhrobní (tomb-)stone, knihy cover, gramofonová disc, record, rozvodná switchboard (v autě dashboard, fascia, panel)

deskriptivní descriptive (e.g. geometry)

děsný horrid, terrible, tremendous

despekt contempt, disdain

despot|a despot **–ický** despotic

destalinizace destalinization

destil|átor still **–ovat** distil, am. destill

destrukce destruction

dešifrovat decipher, hovor. break*

deš|ť, déšť rain ♦ ekol. *kyselý ~* acid rain **–tivý** rainy **–tník** umbrella **–ťovka** earth worm

detail detail, particular, obch. retail **–ní** detailed, obch. retail (trade)

detašovat detach, skvrnu remove

děťátko baby

detektiv detective **–ka** thriller, mystery story

detektor detector (*lži* lie-d.)

detoxikovat disintoxicate

děti|čky kids, pl **–na** childish person **–nský** childish, infantile **–nství** childishness **–nštět > z–** dote

děts|ký children's, child's, baby's, infantile, juvenile (e.g. delinquency, literature), čekaný u dítěte childish, jako dítě childlike ♦ *~ kočárek* perambulator, pram; *~ lékař* pediatrician; *~ pokoj* nursery; *-ká postýlka* cot, s mřížkami crib; *-ká sestra* (trained) nurse, nanny; *-ká výživa* baby food **–tví** childhood, rané infancy

devadesát ninety **–ý** ninetieth

devalvace devaluation

devatenáct nineteen **–ý** nineteenth

devátý ninth

děvče girl, služebná maid, milá girlfriend ♦ *~ pro všechno* maid-of-all-work

dev|ět nine **–ětina** ninth **–ětka** (number) nine

deviza foreign (bill of) exchange, cizí měna foreign / am. international currency

devíza device

děvka slut, whore, strumpet

devótní servile (*být ~ k* be toady to a p.)

dezerce desertion, od své strany defection

dezert pudding, dessert, am. sweet course

dezertér deserter

dezertovat desert (*od* from); od své strany defect

deziluze disillusion(ment)

dezinf|ekce, –ekční disinfection **–ikovat** disinfect

dezolátní delapidated

dezorganizovat disorganize

dezorient|ace disorientation, confusion **–ovat** misorient(ate)

dia|film film strip **–gnóza** diagnosis, pl -ses **–gram** diagram ♦ výpoč. tech. *vývojový ~* flowchart **–lektický** dialectic(al) a *nářeční* **–lektika** dialectics **–log** dialogue **–mant** diamond **–pás** film strip **–metrální** diametrically opposed

/ opposite **–pozitiv** slide, transparency **–skop** slide projector

dibl|ický impish **–ík** imp

dida|ktický didactic, instructive **–ktik** didactician, instructor

dieselelektrický diesel-electric

diet|a 1 diet **2** cestovní travelling expenses, pl **–ní** dietary

diferencovat differentiate

dík a word of thanks, **–y** thanks, pl: čemu thanks / owing to...

dikobraz porcupine

dikt|afon dictaphone **–át 1** dictation **2** polit. dictate, hist. diktat **–átor** dictator **–atura** dictatorship

díl part, podíl share, portion a v. část ♦ *náhradní* ~ spare part; *větším* -em for the most part **–ec** part, partie section, segment **–em** in part; ~ - ~... partly - partly...

dilema dilemma **–tický** dilemmatic, paradoxical, chicken-and-egg

dílenský (work)shop ♦ ~ *výbor* shop council / committee

diletant dilettante, hanl. dabbler, též jen začátečník tiro*

díl|na workshop, am. shop **–o** work, hud. též opus ♦ *umělecké* ~ work of art **–ovedoucí** foreman*, master

dioptrie diopter

diplom diploma **–acie** diplomacy ♦ ~ *dělových člunů* gunboat diplomacy **–ant** graduand **–at** diplomat **–atický** diplomatic **–atka** aktovka attaché case **–ová** *práce* extended essay, dissertation **–ovaný** with a diploma, qualified, authorized

dipól dipole

díra hole, zející mezera gap, v nádobě apod. leak, dutina, prohlubenina hollow, v silnici pot(hole) ♦ *udělat* -ru *do světa* set* the Thames on fire

direktiva directive, instruction

dirig|ent conductor **–ovat 1** conduct **2** kam direct **3** řídit control

dírk|a k nahlížení spy-hole, nosní nostril = *díra* ♦ *knoflíková* ~ buttonhole **–ovač** perforator **–ovat** perforate

discipl|ína 1 obor discipline, line, branch, sport. event **2** = *kázeň* **–inární** disciplinary **–inovat** discipline

disertace rigorózní dissertation, kandidátská thesis, pl -ses

disident dissident

disk sport. discus, tech. disc **–ař** discus-thrower **–otéka** record library, discothéque

diskreditovat discredit

diskrétní taktní tactful, mlčenlivý reticent

diskriminace discrimination, oddělování segregation ♦ ~ *starých lidí* ageism

disku|se discussion **–tér** debater **–tovat** discuss (o čem a t.)

diskvalifikovat disqualify

dislokace 1 lay-out, placing **2** med., geol. dislocation

dispečink (long-distance) control

dispens dispensation

dispo|novat 1 čím dispose of a t. **2** koho k čemu dispose a p. towards **–zice 1** disposal (k -ci at...) **2** náchylnost inclination, disposition **3** opatření, kroky measures, pl

distancovat sport. koho suspend ~ *se od* koho dissociate o.s. from a p.

distingovanost distinction of manner

distribu|ce distribution **–ovat** distribute

dít se > udát se happen, (come* to)* pass, come about, occur; *dění* events, pl ♦ *co se děje?* what is the matter, what is wrong, what is up?; *něco se děje* something is the matter; *nic se neděje* nothing is going on

dítě child*, nemluvně infant

div wonder, marvel, miracle, zarážející jev prodigy ♦ ~ *divoucí* wonder of wonders; *není -u, že...* no wonder that...

div|adelní theatre, jevištní stage, obecně dramatic, teatrální theatric-

(al), showy, melodramatic ♦ ~ *budova* theatre building; ~ *kukátko* opera glass(es); ~ *kus* play, drama; ~ *obecenstvo* playgoers, pl; ~ *plakát* (play)bill **–adlo** (living) theatre, též: budova playhouse*, jeviště stage, umění drama, představení play; podívaná sight, scene, show, spectacle, exhibice pageant ♦ *loutkové* ~ puppet show; *ochotnické* ~ amateur theatricals, pl **–ák** spectators, televizní viewer, náhodně přihlížející onlooker, by-stander

dívat se > po– 1 look (*na co* at a t.), na plochu shůry (on a t.), na co / koho jak, spatřovat v tom... look on.., regard... as...; a hledat look (out) (*po čem* for a t.), a sledovat follow (*za čím* a t.), watch a t., zběžně glance at a t., take* a glance at a t., vytrvale gaze at a t., upřeně stare at a t. **2** tvářit se have a... look, make* a... face ♦ ~ *se dobře* keep* one's eyes open, look sharp; ~ *se skrz prsty* look down on...; ~ *se komu na prsty* watch a p.('s every move), přen. look at a p.'s hand / card

dívčí girl's, girls'

diverz|ant diversionist **–e** diversion

dividenda dividend

divit se > po– wonder, be surprised (*čemu* at a t.)

divize division

dívka girl

divný peculiar, curious, prapodivný odd, pochybný queer

divo|čina wilderness **–ch** savage **–ká** (wild) game **–kost** wildness, savagery **–ký 1** wild **2** prudký violent, mad **3** drsný, zuřivý fierce, ferocious, furious, brutální savage, krutý barbarous ♦ *-ké kousky* extravagancies, pl, loose conduct, sg; *-ké manželství* living in sin; ~ *úprk / útěk* headless flight **–šský** savage **–šství** savagery

divý 1 šílený mad **2** = *divoký*

dlabat hollow (out), dlátem chisel; ~

do čeho poke into a t. ♦ hovor. ~ *na to* blow it off, to hell with it

dlaň palm (of the hand), open hand

dláto chisel

dlažba pavement

dláždění = *dlažba* v. *dláždit*

dlaždi|ce tile **–č** paviour

dláždit > vy– pave

dle kniž. = *podle*

dlít > pro– dwell*, linger

dloubnout nudge, jab, jostle

dlouh|án long-legs, sg i pl, long-shanks, sg i pl **–o** (for) a long time, v záp., podmínce a ot. (for) long **–odobý** long-term(ed) **–ohrající** long-playing, LP (~ *deska*, též long-player) **–oletý** old, ... of long standing, long-time **–ý** long, stavbou, vzrůstem tall, rozvláčný long (-drawn out), lengthy, nudný tedious ♦ *po delší době* after some time; *-á chvíle* boredom; *dělat* ~ *nos na koho* cock a snook / thumb one's nose at a p.; ~ *obličej* long face; *jak je rok* ~ all the year round; *do nejdelší smrti* as long as I live, nikdy never in my life

dloužit se > pro– grow* / get* / become* longer (and longer)

dlu|h debt ♦ *dělat -hy* run* into debt; *mít -hy* be in debt; *na* ~ on credit **–hopis** obligation, bond **–hovat**, **–žit** owe a p. a t., přen. be indebted / obliged to a p. for a t. **–žní...** of debt, debit **–žník** debtor **–žný...** in debt, částka owing, due

dmýchat blow*

dna gout

dne|s(ka) today, v přítomnosti nowadays (~ *večer* tonight) **–šek** today, this day, the day, our time **–šní** today's, soudobý modern, hovor. nezkušený born yesterday

dnít se > roze– dawn (též the day is breaking)

dno bottom, řeky bed ♦ *narazit na* ~ strike* bottom / ground, uvíznout run* aground

do 1 pohyb dovnitř, podstatné zasažení n. změna, překlad into (he went into the room, he ran into her, translated into Czech), s jednoduchými slovesy významu 'dát co kam' in, zařídit, aby bylo zahaleno n. obsaženo v čem in (put*, set*, stand*, place, insert) **2** pohyb k dosažení cíle to (ale arrive in, at, vydat se kam for) **3** časově to, up to, po celou dobu do kdy till, until, v rozmezí (with), je-li dáno bodem by (finish the work by Saturday) **4** výsledná míra, stupeň to (to a certain extent, drink to one's heart's content) **5** ale mírně zasáhnout, dosednout apod. je angl. 'kde?' poke him in the side, sit down in a cold spot ♦ *co do* as to; *-krát* apod. do (*týdne* apod.)... times a (week etc.); *od - do...* from - to...; *~ ciziny* abroad

doba era, period, age; období season, time, space (of time) ♦ *denní ~* time of day; *s duchem -by* abreast of the time / age; *od té -by co* (ever / never) since (the time [that]); *poslední -bou* lately

doběhnout < **dobíhat** run* out, kam run* to a lace; *-nout koho*, napálit hovor. take in, trick

dobír|at 1 v. *dobrat* **2** *~ si* koho have a p. on, am. josh a p., kid a p. **–ka** cash on delivery, C.O.D.

dobít 1 dorazit finish (off), give* a p. the finishing blow **2** skoncovat s něčím finish with a t. **3** baterii (re)charge

dobový contemporary ♦ *~ kostým* period costume

dobrá good, very well, all right, O.K. **–cký** good-natured **–k** good-natured man* / woman*, good / kind soul

dobro the good, blaho welfare, well-being, prospěch advantage ♦ *připsat k -ru* pass to a p.'s credit, credit a p. with a t. **–činnost** charity **–činný** charitable **–dinec** benefactor **–diní** act of kindness, charity, dobrá věc boon

dobrodru|h adventurer **–žný** ad-

venturous, venturesome, romanticky romantic **–žství** adventure, hazardní venture, romantické romance ♦ *milostné ~* (love) affair, amour

dobro|myslnost good / kind heart **–myslný** good-hearted, kind-hearted **–srdečnost** geniality **–srdečný** genial, kind-hearted **–ta 1** goodness, kindness, sweetness, gentleness **2** lahůdka dainty, titbit ♦ *dělat -tu* toe the line; *to nebude dělat -tu* that won't do any good **–tivý** benign, benignant, kind, gracious **–volník** volunteer **–volný** voluntary (*-ně -arily* = of one's own free will), bez vyzvání unbidden **–zdání** expert's opinion

dob|rý good (lepší better, nejlepší best na, pro, k for, kdo v čem at), příznivý fair = *-ře* well*, v pořádku all right, in order, *je mi -ře* I am / feel well ♦ *buď(te) tak ~ a ...* be so kind / good as to s inf.; *dát co k -rému* treat the company to a t.; *dělat komu -ře* do* a p. good: *(nej)lépe kdybych* I had better (best) inf. bez to; *krátce a -ře* in short; *příliš mnoho -rého* too much of a good thing; *obrat k -rému* good turn, *k lepšímu* change for the better; *po -rém* amicably, *~rovolně* of one's own accord; *-rého pomálu* enough is as good as a feast; *v nejlepším případě* at best; *rozejít se v -rém* part friends; *-ře mu tak* serves him right; *to je -ré* stačí it will do; *uznat za -ré* think a t. good; *-rá vůle* goodwill; *při nejlepší vůli* with the best intentions; *mít -ré vychování* be well-bred; *-ré zdání* discretion; *-ré znamení* good omen

dobýt < **dobývat 1** obtain, soustředěným úsilím gain, dík vrozeným kvalitám n. náhodě win*, postupně si vytvořit acquire **2** zmocnit se take*, capture, conquer, útokem (take* by) storm **3** z hloubi extract, kopáním dig* (up), páčením wrest / haul out, okopaniny lift, vytáhnout produce, neprávem odňaté, nesplacené recover, tajené elicit ♦ ~ *úspěch* score a success 4 ~ **se** < **dobývat se** kam force one's way (in)to, (try / attempt to) get* at / gain entrance to, odkud...get* out of / free o.s. from / escape a t.

dobyt|če head of cattle **–ek** cattle, pl, živý inventář (live-) stock **–kářství** stock-farming, cattle-breeding

do|bývat (se) v. *dobýt (se)* **–byvatel(ka)** conqueror

docela 1 zcela, úplně quite, se záporem ...at all **2** dokonce down-right, even **3** poměrně hodně rather **4** fairly **5** plně fully, thoroughly, completely **6** naprosto utterly, absolutely

docent senior lecturer, reader, am. associate professor **–ura** senior lectureship, readership

docílit < **docilovat** = *dosáhnout*

dočasný temporary, přechodný transient, pomíjivý transitory, passing

do|číst < **–čítat** finish (reading) < **–čítat** find*, read*

dočista completely v. *docela*

dočítat (se) v. *dočíst (se)*

dočkat se wait to see a p. come, a t. done, v životě live to see, věku live to be a v. *dožít se* ♦ *nemoci se ~ čeho* be impatient about a t.

doda|cí delivery ♦ ~ *list* bill of delivery, pošt. receipt **–t** < **dodávat 1** přidat add, připojit něco vedlejšího append, annex, komu co n. čeho increase a p.'s... **2** poslat jako dodávku deliver, send* in, komu co supply to a p. with a t. **3** odevzdat pass, hand over, transmit **4** opatřit supply / provide a t. for a p. ♦ ~ *si odvahy* pluck up courage; ~ *komu síly* strengthen a p. **–tečný** additional, supplementary, navíc extra, pozdější subsequent **–tek** addition, zákona amendment, smlouvy clause, knihy appendix, svazek supplement, doplněk complement **–vatel** supplier, ve velkém purvey-

or, jídel caterer **–vatelský** *závod* supplying factory / plant

dodávk|a zboží apod. supply, odeslaná n. samo odeslání apod. delivery, zvl. am. shipment (brit. po lodi) ♦ ~ *do bytu* home delivery service **–ový** *vůz* van

doděl|at < **–ávat 1** finish (off), bring* to an end, complete **2** přestat být pass away

dodnes up to now, up to the present day

dodrž|et < **–ovat** observe, adhere (to a t.), hold* / be constant to a t. (*ne-* break*)

dodýchat breathe one's last

dogma dogma, tenet **–tický**, **–tik** dogmatic **–tismus** dogmatism

dohad conjecture, guess **–ovat se 1** conjecture, speculate, guess **2** o co haggle about a t.

dohánět v. *dohnat, dohonit*

dohasnout < **dohasínat** go* out, die away

dohazovač middleman*, broker

do|hled 1 očima (range of) sight (e.g. *v-du* within sight) **2** = *dozor* **–hlédnout 1** až kam see* as far as... **2** na koho (go* and) look after a p. **–hledný**... within sight (*v -né době* before long, in the foreseeable future)

dohlížet = *dozírat*

dohnat < **dohánět 1** drive* **2** = *dohonit*

dohod|a agreement **–it** až kam throw* as far as... (*co by kamenem dohodil* within the stone's throw) **–nout** *co* n. **–nout se** *o čem* agree (up)on a t. with a p.

dohola bare, clean

dohonit < **dohánět** catch* up with a p., get* up to a p., overtake* a p., zameškané make* up for a t.

do|hořet < **–hořívat** burn* out; go* out

dohotovit finish, give* the finishing touch to a t.

dohovořit se = *dohodnout se*, jazykově make* o.s. understood

dohr|a div. afterpiece, i přen. epilogue **–át** < **–ávat** finish (playing), až do konce play one's part to the end

dohromady together, all in all, oba společně between them, všichni společně among them

docház|et 1 kam pravidelně visit a place, na nějaký podnik attend a t., dobrovolně frequent a t., vytrvale haunt a place **2** v. *dojít* **–ka** attendence

dochov|at < **–ávat** preserve, tradici hand down, pass on

dochviln|ost punctuality **–ý** punctual

dojačka milking pail

doják hovor. tear jerker; sob-stuff

dojatý moved, touched

dojedn|at < **–ávat** = *dohodnout*

dojem impression ♦ dělat na koho ~ impress a p. (greatly) **–ný** touching, moving, stirring

dojet < **dojíždět** jako *dojít*

dojetí emotion

dojezd sport. finish, the finishing stretch

dojič milker **–ka** dairy / milk maid

dojídat v. *dojíst*

dojíma|t v. *dojmout* **–vý** = *dojemný*

dojíst < **dojídat** finish (off / up) a t. (by eating it up)

dojit > **po–** milk

dojít < **docházet 1** kam get*, pro co go* and get* / fetch, ke komu call on a p., go* and see* a p., koho reach a p., na místo come* (in) **2** zastavit se stop, have run out (docházet be running down), spotřebovat se run* out, be short, v nádobě run* dry of a t., něco mi došlo nemám to I have run short of... **3** k čemu a t. occurs / comes to pass / takes place **4** na koho a p.'s turn came **5** čeho = být (-en, -t) např. obliby become* popular ♦ s tím daleko nedojdeš it's hardly any good; došlo to daleko things have come to a pretty pass; došel mu dech he is out of breath; ~ k

poznání (omylu) see* one's mistake; ~ sluchu be heard; ~ souhlasu meet* with consent; ~ víry be believed / credited

dojivost milk yield

dojíždět 1 do zaměstnání commute **2** jako *docházet*

dojmout < **dojímat** move

dojn|ice, –á kráva milk cow

dok dock

dokavad = *dokud*

do|kazatelný demonstrable **–kázat** < **–kazovat** prove, nezvratně demonstrate, doklady, svědky evidence

dokdy till when, how long

do|klad 1 document, paper, opravňující voucher **2** důkaz evidence, support, backing vesměs bez pl (srov. a piece of evidence) **3** citát passage, quotation **–kládat** v. *doložit*

dokola in a circle, round about, pohyb round, kde (all) (a)round

dokonal|ost perfection **–ý** perfect

dokon|at < **–ávat 1** end one's life pass away **2** = *dokončit* **–ce** even **–čit** < **–čovat** (bring* a t. to an) end or close, complete

dokořán wide open

doktor(ka) doctor **–át** (doctor's) degree, doctorate **–ský** doctor's doctoral

doktr|ína doctrine **–inář** doctrinaire

dokud as / so long as, ~ ne till, until, dříve než, k záporné větě hlavní before

dokument deed, (legal) instrument, = *doklad* **–ace** documentation **–arista** documentalist **–ární** documentary (e.g. film) **–ovat** prove by (documentary) evidence, přen. prove

dolar, –ový dollar, slang. buck, green

dole 1 down (below), vespod under(neath), v budově downstairs, po odstranění off **2** níž než ostatní below, pod čarou under, at the foot

dolehnout < **doléhat 1** snést se a-light, descend **2** zatížit opress, weigh heavily **3** být zanesen o zvuku **come* 4** těsně zapadat fit, fit / lie* close

dole|jšek = *spodek* **–jší, –ní** lower, bottom

dolet range (of flight) **–ět = dolétnout** < **dolétávat** come* (flying), get* as far (high) as...

doleva (to the) left, polit. leftward

dolévat v. *dolít*

dolézat fawn, thrust* o.s. (*ke komu, za kým* on a p.), curry favour with a p., brown-nose a p.

dol|ík pit, depression, ve tváři dimple **-ina** = *nížina*

dolít < **dolévat 1** add **2** nádobu fill / top up, add, replenish

dolní = *dolejší*

dolovat mine / dig* (*co* for a t.) > **vy–** extract a t.

dolož|it < **dokládat 1** přidat add **2** na důkaz support (by evidence) **–it se** < **dokládat se** svým slovem, ctí allege, protest **–ka** clause ♦ ~ *nejvyšších výhod* most-favoured-nation clause

dolů 1 down(wards), dospodu under-(neath), v budově downstairs, pryč off, down **2** na nižší úroveň below

dóm cathedral, minster

dom|a at home, inside, in(doors) ♦ *jsem tu jako* ~ I am quite at home here; *jsem tu* ~ I am no stranger here; *je všude* ~ he feels at home anywhere **–ácí** domestic, family, home(-made, -grown), house(-hold), indoor, private, rozený v místě native, tuzemský inland ♦ ~ *lékárna* medicine chest; ~ *pán* landlord, *hostitel* host; ~ *paní* landlady, *hostitelka* hostess; ~ *rozhlas* public address system; ~ *střevíc* slipper; ~ *učitel* tutor; ~ *válka* civil war; ~ *vězení* housearrest ● *s landlord / landlady* **–ácký** homely, familiar, unconstrained, útulný cozy, snug **–ácnost** household, její vedení house(keeping)

domáhat se *čeho* požadováním de-

mand, vznášením nároku claim a t.

dom|(eč)ek small / little house*, cottage, hlídače lodge, ulita shell **–kář** owner / occupier of a small house*, cottager

domluv|a 1 rada reproof **2** = *jednání, porada* **–it** < **domlouvat 1** finish (speaking) **2** komu persuade a p. **3** = *sjednat, smluvit* **–it se** < **domlouvat se** = *dohodnout* se, *dohovořit se*

domn|ělý assumed, presumed, supposed, reputed, conjectural, apparent **–ění, –ěnka** assumption, conjecture, supposition, presumption **–ívat se** assume, suppose, presume, conjecture, believe, consider

domoci se čeho achieve, attain, gain a t.

domorod|ec native: *-ci* původní obyvatelé aborigines, pl **–ý** indigenous

domov home, sociální též asylum ♦ ~ *důchodců* rest home / centre; *stesk po* -ě homesickness **–ina** native country, home **–ní** house (e.g. telephone), *od domu k domu* door-to-door (e.g. campaign) ♦ ~ *dveře* front door; ~ *klíč* latch key **–nice** porter('s wife), concierge **–ník** porter, caretaker, am. janitor **–ský** native, domiciliary ♦ *-ská obec* native domicile; *-ské právo* right of domicile

domů home

domyslit < **domýšlet** důsledně think* a t. to the end ~ **se** < **domýšlet se** čeho infer a t.

domýšliv|ost conceit, útočná arrogance **–ý** conceited, arrogant

donáš|eč udavač informer, denouncer, sneak **–et 1** inform against a p. **2** v. *donést* **–ka** delivery

donést < **donášet** carry a t. as far as ... (též odtud take*, sem bring*... apod.) ♦ ~ *dopis na poštu* post a letter; *jít pro něco a přinést* go* and fetch a t.

donu|cení compulsion, constraint, coercion **–covací** coercive, **–co-**

vat = *nutit* **–tit** v. *nutit*

doopravdy 1 vážně in earnest **2** = *o-pravdu*

dopad 1 fall, drop **2** účin impact, repercussion **3** odb. descent, fyz. incidence **–at 1** na nohu (have a) limp, hobble **2** v. **–nout** < **–(áv)at 1** strike* the ground, o hozeném pitch (the ground) **2** dosednout descend **3** koho při čem catch* a p. in a t., in the very act of -ing, **4** při činu redhanded, zastihnout overtake* **5** jak turn out, result / end in..., come* off, pochopit do / fare **–ový** fyz. ... of incidence

dopal grudge

dopálit < **dopalovat** irritate, exasperate, provoke, upset*, annoy *dopálený* vicious

dopíjet v. *dopit*

dopis letter, krátký note, line ♦ *doporučený* ~ registered letter; *schránka na -y* letter-box, brit. veřejná pillar-box **–ní** letter ♦ ~ *papír* writing / note paper **–nice** postcard **–ovat (si)** correspond, be in correspondence (*si s někým* have a pen-friend) **–ovatel** correspondent

dopít < **dopíjet** finish up, drink* up

dopl|atek surcharge, supplementary charge, pošt. postage due **–atit** < **–ácet** pay* off, na co be the worse for a t.

dopl|něk complement, supplement, knihy appendix, mat., jaz. complement **–nit** < **–ňovat** complete, complement, supplement, naplnit fill (up), dodat add **–ňovací** complementary / supplementary ♦ ~ *volby* by-elections

dopnout button up completely

dopodrobna in detail

dopoledn|e s morning, řidč. forenoon ● *adv.* in the morning

dopo|moci < **–máhat** *komu k čemu* help a p. get a t.

doporuč|ení recommendation, dopis letter of r., reference **–it** < **–ovat** recommend, pochvalně se vyjádřit commend, dopis have a letter registered (a r. letter)

doposavad = *dosud*

dopouštět (se) v. *dopustit (se)*

dopo|vědět < **–vídat 1** finish, conclude **2** připojit add

dopracov|at se < **–ávat se** *čeho* earn, attain

doprava[1] to the right

doprav|a[2] 1 transport(ation), na urč. úseku service, účetnicky carriage, využití dopr. prostředku conveyance, jakékoli přemístění transmission (of telegrams etc.), vypravení despatch **2** dopravní ruch traffic, těžký haulage ♦ *jednosměrná* ~ one-way traffic; *kyvadlová* ~ shuttle traffic; *obstarávat -u mezi* ply between... **–ce** transporter, carrier, těžkých silničních nákladů haulage agent, haul(i)er **–it** < **–ovat** transport, carry, convey, jakkoli přemísťovat transmit **–ní** transport, traffic v. *doprava* ♦ ~ *klec* container, crate; ~ *pás* = *dopravník;* ~ *pojištění* transport(ation); ~ *proud* traffic stream; ~ *předpisy silničního provozu* traffic regulations / rules, the Highway Code; ~ *strážník* traffic policeman*, policeman* on traffic duty; ~ *špička* peak traffic; ~ *tepna* arterial highway road **–ník** conveyer / -or (e.g. belt c.)

doprostřed (in)to the middle

doprošovat se koho beg a p.('s favour), supplicate a p.

doprovod 1 company, též hud. accompaniment, družina attendance, suite, retinue **2** vedení guidance, conduct, ochranné safeguard, escort, convoy, cover **–it** < **doprovázet 1** accompany, dělat komu společníka keep* a p. company, úslužně attend / wait on a p. **2** vést guide, conduct, a chránit escort, convoy, někoho někam see* a p. to a place **–ný** concomitant, accompanying (e.g. letter)

dopřá|t < **–vat** grant a p. a t. (*ne-*

grudge a p. a t.), jen málo čeho stint a t. ~ **si** < **-vat si** čeho enjoy a t., nemírně indulge in a t. ◆ *nemohu si ~* I cannot afford

dopředu forward; ahead

dopsat < **dopisovat 1** finish (writing) **2** = *napsat*

dopt|at se < **-ávat se** ask, inquire (of a p.) about a p.

dopu|stit < **dopouštět 1** allow, suffer, permit **-stit se** < **dopouštět se** čeho commit a t.; **-štění** misery, visitation, calamity

do|razit < **-rážet 1** úderem strike* / drive* / hammer home **2** dokončit finish off, make* an end to a t. **3** kam arrive (at, in...), reach a place, **-rážet** na koho attack / assail / assault a p., prosbami importune

dorost rising / up-and-coming generation

dorozum|ět se < **-ívat se** (try to) come* to an understanding with a p., jazykem make* o.s. understood by a p.; **-ění** understanding

dort cake (bez pl)

doruč|it < **-ovat** deliver a t. to a p., hand over, úř. serve **-itel** bearer **-ovatel** postman*

dorůst < **-at** grow* (up) (na, v to be a...), koho grow* a p.'s height, dosáhnout čeho reach a t., měsíc vax

dořešit solve completely

dosa|dit < **-zovat 1** v úřad install, introduce, appoint **2** zavést introduce, náhradou make* up for a t., co za co substitute a t. for a t. **3** rozdíl v penězích pay* the difference (of...) ◆ ~ **na trůn** enthrone

do|sah 1 reach **2** význam import **3** radius range **-sáhnout** < **-sahovat 1** čeho, na co reach (out) for a t., až kam (up or down) to a t., rozkládat se extend, stretch, míry amount to... **2** domoci se achieve, attain a t., získat gain uskutečnit effect

dosavad = *dosud* **-ní** (done, used etc.) hitherto / until now

dosazovat v. *dosadit*

dosažitelný attainable

dosed|nout, -(áv)at 1 sit* / squat down **2** přilehnout fit (in), fit on a t. **3** do úřadu accede (to an office)

dosk|očit, -ákat < **-akovat** get* (so far), reach (a place) jumping, jump as far as... **-očiště** sport., lyž. landing run **-ok** landing, jump-down

doslech 1 earshot (within / out of e.) **2** drb, klep hearsay **-nout se** < **doslýchat se**, dovědět se hear*, learn*

doslov epilogue, postscript **-a**, **-ně** word for word, jak míněno literally **-ný** verbatim, literal

doslýchat se v. *doslechnout se*

dospat se sleep* one's fill

dospě|lost adulthood, adult age, maturity, práv. majority **-lý** adj grown-up, adult, vyspělý mature, pokročilý advanced ● s adult, grown-up **-t** < **dospívat 1** grow* up, mature, práv. come* of age **2** kam = *dosáhnout* čeho ◆ ~ **k dohodě** reach an agreement; ~ **k přesvědčení** come* to / arrive at the conclusion; *dospívající mládež* adolescents, teenagers

dost enough, poměrně hodně a náhodně fairly, málem příliš rather, snesitelně tolerably, pretty ◆ *mít čeho ~* be sick / tired of a t., dostatek have enough of a t.; *až ~* only too (much, many...) **-ačit** < **-ačovat 1** be sufficient, be enough, suffice **2** dosáhnout až kam reach (up or down to, as far as...)

dost|at < **-ávat 1** get*, nabýt, utržit receive (a letter, a blow) **2** dobýt, obdržet obtain, zajistit si secure a t. **3** zakusit experience, feel* **4** napálit, ošidit take* in ◆ ~ **hlad** become* hungry; ~ **jméno** od... take* a name from...; ~ **milost** be pardoned, receive a pardon; ~ **místo** get* a job, v hledišti apod. get* a seat; ~ **náladu** get* into the (right) mood; ~ **nápad** have a brain-wave; ~ **odvahu** pluck up courage; ~ *roupy* get* up to mischief; ~ *strach* become* afraid; ~ *co pod střechu* bring* a t. home; ~ *vyznamenání* take* honours; ~ *žízeň* get* thirsty; *je k -ání* is available, can be had ~ **se** < **–ávat se 1** *kam* get* **2** *na co v řeči* come* to speak of a t. **3** *na koho*, vyzrát get* the better of a p. **4** někomu se dostalo čeho = *někdo dostal co a p.* came* in for a t., kladně n. záporné vyjádření a p. met with a t. **5** dostalo se na něho, přišla na něj řada his turn came*, zbylo pro něj he had... left ♦ ~ *se do dluhů* get* / run* / fall* into debt, contract debts; ~ *se do sebe* come* to close quarters / to blows, fall* out; ~ *se na dno* sink* to the bottom; ~ *se v čí držení* get* into a p.'s possession: ~ *se mezi lidi* zpráva get* / come* out, člověk get* out and about: ~ *se z místa* make* headway; ~ *se k moci* come* / get* into power; ~ *se do toho* do tempa get* going

dost|át < –ávat *v čem, čemu* be up / equal to a t.; slovu keep* (*nebreak**), honour (*svým závazkům* one's commitments)

dostávat v. *dostat* a *dostát* ~ **se** v. *dostat se*

dostat|ečný sufficient **–ek 1** sufficient number / quantity, enough **2** opak nouze competence

dostav|ba completion (of a construction) **–eníčko** tryst, místo schůzky rendezvous

dostav|it se < –ovat se turn up, appear, show* up, put* in an apperance, a hlásit se report one's presence

dosti = *dost*

dostih|nout < –ovat match a = *dohonit* **–y** (esp. horse-race)

do|stoupit < **–stupovat** rise*, climb, reach / get* as far as...

dostřel range (of shooting), shot (within / out of st.)

dostudovat 1 *ukončit studia* complete one's studies **2** *zanechat studia* give* up one's studies

dostup|ný procurable, accessible, k mání available, cena moderate, reasonable, srozumitelný comprehensible, vjemům open **–ovat** v. *dostoupit*

dosud till / up to this time (or the present time, now), hitherto

dosvědč|it < **–ovat** testify to a t., pravost attest, jako svědek witness, úředně certify, místopřísežně depose

doškolování vysokoškol. postgraduate courses, opakovací refresher courses

dosyta ...to one's fill, ...to one's heart's content

dotace appropriation, grant

dotáhnout < **dotahovat 1** draw* close, co kam pull a t. to / as far as... **2** utáhnout tighten up **3** k dokonalosti give* the finishing touches to a t. ♦ ~ *to až kam* work o.s. to..., rise* in the world; ~ *to daleko* get* to the top of the ladder

do|taz inquiry, question, pro odborníka query **–tázat se** < **–tazovat se** inquire (na a t., po after / for koho na co of a p. about a t.) **–tazník** questionnaire **–tazovat se 1** vyšetřovat examine, question **2** v. *dotázat se*

dotek touch, vzájemný, vodivý contact

dotěrn|ost intrusion, obtrusion **–ý** intrusive, difficult to shake off

dotírat na koho press (upon) a p., urge a p., importune, sužovat annoy, worry

dotisk přetisk reprint

do|tknout se < **–týkat se 1** čeho touch (upon) a t., náznakem allude to a t., hint at a t., zapůsobit na co affect **2** koho urážkou give* a p. umbrage, hurt a p.'s feelings

dotovat finance, give a grant, appropriate, vybavit endow, equip

dotud hitherto, till then / now

dotvr|dit < **–zovat** confirm, substantiate

do|tyčný said, mentioned, referred

to, příslušný in question, **–týkat se** a hraničit be contiguous with..., jinak v. *dotknout se*

doučovací *kroužek* tutorial

doufat hope (*v, na* for), očekávat expect, spoléhat se rely (on)

doupě lair

douš|ek draught **–ka** postscript

dout < **za–** blow* (*na* a t.)

doutn|at smoulder **–ík** cigar

dovádět frolic, romp, gambol (*-dění* též antics, pl)

dovážet v. *dovézt*

dovědět se < **dovídat se** learn*, get* / come* to hear* / know* of a t. that.... z různých stran gather

dovedn|ost skill, tvůrčí art, technická craft **–ý** skilful (*v čem* at), kvalifikovaný competent, hovor. handy

dovést 1 umět be good / clever at -ing, be able to inf. **2** ~ < **dovádět 1** koho sem bring*, tam take*, jít napřed lead* a p., chránit cestou guide a p., steer, přes nebezpečí pilot **2** play boisterously / energetically

dovézt < **dovážet** *kam*, sem bring*, tam take*, obch. import

dovídat se v. *dovědět se*

dovnitř in(wards), inside

dovodit < **dovozovat** deduce, původ derive, z předpokladů, náznaků infer, učinit závěr conclude

dovol|at se < **–ávat se 1** make* o.s. heard, catch* a p.'s ear **2** uváděním nároku appeal (*na, k* to) **–ená** leave, volno holiday (*jít na -enou* take* a h., go* on h.) ◆ *zdravotní* ~ sick leave **–enka** (leave-) pass **–enost** liberty **–it** < **–ovat** nezakázat allow, výslovně dovolit permit, nechat, strpět let*, *koho (aby odešel)* excuse a p.; *dovol(te)* I beg your pardon; *dovol(te), abych...* allow me to inf.; **–ení** permission **–it se** < **–ovat se** ask a p.'s permission / leave **–it si** < **–ovat si 1** dopřát si afford a t. n. inf. **2** venture, dare*, make* hold to inf. **3** oddávat se čemu indulge (in a t.,

in -ing), domýšlivě presume **–ovat 1** nechávat možnost admit / allow of a t., opravňovat warrant a t., nechávat přílišnou volnost (over)indulge a p. **2** v. *dovolit* **–ovat si 1** s někým take* liberties, be impertinent **2** v. *dovolit si*

dovoz supply, obch. import(ation) **–ce** importer **–né** freight, carriage

dovozovat v. *dovodit*

dovrš|it < **–ovat** consummate, cap, top, crown, na plný počet complete

dovtípit se take* the hint, zjistit ze situace find* out, guess, realize

dovzdělání further education

dóza box, soudkovitá barrel

dozadu back(wards), to the back

doze = *dávka*

dozírat *na co* watch over a t., *na koho* look after a p., s právem zakročit supervise

dozn|ání admission, avowal, confession = *přiznání* **–at** < **–ávat** = *přiznat*

dozn|ít < **–ívat** die away, fade

dozor supervision **–ce** supervisor, inspector, hlídač keeper, guardian **–čí** supervisory, muž duty-officer

dozovat dose

dozrá|t < **–vat** ripen, get* ripe

do|zvědět se < **–zvídat se** = *dovědět se*

dozvuky after-effects, pl, aftermath, sg

dožadovat se čeho entreat, beseech*, implore a t. of a p., = *domáhat se*

dožínky harvest-home

do|žít se < **–žívat se** čeho (live to) see* (věku to be eighty, to a great age), žádoucího konce see* a t. through, zakusit experience, meet* with a t., come* to (e.g. a bad end) **–životní** lifelong ◆ ~ *renta* life annuity

dračka hist. stripping of feathers (for down pillows etc.) ◆ *jít na -ku* sell* like hot cakes

dráha 1 course, vyjetá n. vyšlapaná

track, trail, stopa trace **2** spojnice
line **3** trať line, cestovní route, žel.
railway, am. též railroad **4** opisovaná
path, nebeského tělesa orbit, životní
career, závodní run, course, track
♦ *automobilová* ~ autodrome;
elektrická ~ electric tramway, am.
street-car line; *jízdní* ~ roadway;
lanová ~ funicular (railway); *ozu-
bená* ~ rack railway; *podzemní* ~
underground (railway), v Londýně
tube, am. subway; *širokoroz-
chodná* ~ wide-gauge railway; *vi-
sutá* ~ suspension railway; *zá-
vodní* ~ racing course

draho dear ♦ *to ti přijde* ~ it will
cost you dear **–cenný** costly,
precious, nedozírné ceny priceless
–kam precious stone, opracovaný
gem **–ta** high prices, pl, dearness
♦ *dělat –ty* be reluctant **–ušek**
sweet(ie), honey, dear, darling

drahý dear, těžce získaný costly, vysoko
ceněný expensive, přemrštěný exor-
bitant, vzácný scarce, cenný valu-
able ♦ ~ *kov* precious metal

drak 1 dragon **2** hračka kite **3** let.
towed glider, letadla airframe

drama drama **–tický** dramatic
–tičnost dramatic character **–tik**
dramatist, playwright **–turg** liter-
ary adviser; v div., rozhl. dramatic /
repertory adviser, film. script edi-
tor, dramaturgist

drancovat > **vy–** plunder, ransack,
válečně pillage, v opuštěném loot

dranžírovat hovor. parcel (out), por-
tion

dráp claw, ptačí pounce, talon, přen.
–y clutches, pl **–at** > **na– 1** scrawl
a t. **2** > **–nout** scratch **–at se** >
vy– kam climb on to a t.

drásat > **roz–** tear*, rend* (one's
heart), lacerate

dras|elný, –lík potassium **–lo** po-
tash

drastický drastic

drasťák thriller

drát¹ > **rozedrat** rend*, okraj fray,
peří strip, nošením wear*, ~ > **se–**

drat kůži z koho skin, flay a p. ~ **se**
> **prodrat se** scramble / squeeze
one's way

drát² wire, pletací needle **–ek** thin
wire ♦ *jít jako na –ku* work
smoothly **–ěnka 1** postelová spring
mattress **2** na drhnutí steel wool **3**
na nádobí scourer **4** hřebík wire nail
–ěný (made of) wire **–kovat** rub /
scour with steel wool **–ovat** < **s–**
tinker (up)

drav|čí rapacious, predatory **–ec**
beast / bird of prey **–ost** rapacity,
predatoriness, hawkishness **–ý** =
divoký, dravčí; hltavý ravenous;
prudký violent, impetuous

dražba auction, public sale

Drážďany Dresden

dráždi|t > **po–, roz– 1** irritate **2**
škádlit tease **3** podněcovat incite; ex-
cite, stir up, provoke, štvát bait
–vý irritable, excitable

dražé dragée

draž|ební auction **–it** > **vy–** auction
(off)

drážka groove

drbat > **po–** scratch ~ > **vy–**
scrape, = *vydrhnout* ~ > **z–** koho
pomlouvat sling* mud / dirt at a p.,
run* down a p. ~ **se** > **po–, za–**
scratch one's head

drčet > **za–** rattle (away)

drdol knot (of hair), bun, chignon

dres sports dress / clothes

drez|írovat –úra drill (koně dres-
sage)

drhnout 1 o co hitch, blokovat
scrape against / on a t., grab **2** ~
> **vy–** co rub (hard), pro očištění
scrub (out)

drkotat 1 -tal zuby his teeth chat-
tered **2** ~ **(se)** > **za–** jerk / jolt (a-
long)

drn turf, též skrojený sod

drncat (se) = *drkotat se*

drnčet > **za–** jar

drob|ek, –et 1 (bread) crumb **2**
trocha a bit, particle, speck, **–ty**
(vědomostí) smattering, sg **–it** >
roz– crumble, drtit crush, break*

(down) **–it se** > **roz–** crumble, moulder, disintegrate **–né** small change / cash **–nohled** microscope **–nohledný** microscopic **–nost 1** minuteness, diminutiveness **2** malá věc trifle, gimcrack **–ný** minute, diminutive, nedůležitý petty, malicherný trifling ♦ **-ná** buržoazie petty / petite bourgeoisie; obchod v -ném retail (trade); -né peníze small money, nazpět change; -né prádlo smalls, pl **–otina** děti kids, pl, brats, pl, little ones, pl **–ounký** wee, tiny **–y** offal, sg

drog|a drug **–erie** brit. chemist's, am. drugstore **–ista** chemist, am. druggist

drolit > **roz–** crush, rub to powder, odb. pulverize ~ **se** = drobit se

drozd thrush

droždí leaven, kuch. yeast

drožk|a cab, hackney carriage **–ář** cabman*, hackney driver

drsn|ost roughness, harshness, ruggedness **–ý** rough, harsh, zvrásněný apod. rugged

dršt'|ka vulg. ústa mug, gob, trap **–ky** tripe **–ková** polévka tripe soup

dr|t' crushed fruit, gravel etc., rostlinná pulp, kamenná rubble **–tič** crusher **–tit** > **(ro)z–** crush, shatter **–tivý** crushing, crippling

drůbež fowls, pl obch. poultry **–árna** poultry farm **–ář** poultry farmer **–nictví** poultry farming

drůbky giblets, pl

druh¹ kind, sort, biol. species (pl. -cies) ♦ všeho -u of all kinds

druh² companion, associate, comrade, práv. mate ♦ ~ -a one another

druh|ořadý inferior, second-rate / -class **–otný** secondary, odvozený derived **–ový** generic **–ý 1** second **2** příští next, following **3** ten ~ the other (druzí the others) **4** stejný jako another ♦ jeden -ého one another, each other; jeden po -ém, za -ým successively; -á

mocnina square; ~ možný alternative; -é pohlaví the opposite sex; po -é for the second time, příště next time; z -é ruky (at) second hand; za -é secondly

druž|ba 1 friendship **2** dopisující si penfriendship **3** svatební groomsman*, bridesman* **–ice** satellite (země earth s.) **–ička** bridesmaid, hlavní maid of honour **–ina 1** company, retinue, dvořanstvo train **2** pro děti youth centre **–it se** > **při–** accede, join **–it se** > **s–** associate **–ka** companion, práv. commonlaw wife* **–nost** companionability, conviviality **–ný** companionable, sociable **–stevní** cooperative **–stevnictví** cooperative system / movement **–stevník** member of a cooperative **–stvo** cooperative, sport. team, squad ♦ stavební ~ building association / society; spotřební ~ consumer cooperative; zemědělské ~ agricultural cooperative

drvoštěp wood-cutter, feller, am. lumberjack

drz|ost arrogance, impudence, impertinence, insolence ♦ mít tu ~ have the cheek / neck ~ **–ý** arrogant, impertinent, cheeky, impudent, insolent, saucy, audacious

drž|adlo handle, samostatné holder **–ák** na ručníky towel rail / roller **–átko** násadka pen-holder **–ava** polit. possession, přen. domain **–ba** possession, práv. tenure, holding **–et 1** hold* / keep* on, celistvý hold* together, nehybně stand* firm, s kým hold* with a p. **2** na koho set* a great store by a p. **3** chovat, vydržovat keep* ♦ ~ hubu keep* one's mouth shut, shut* up, control one's tongue; ~ komu kázání deliver a p. a sermon; ~ komu palec keep* one's fingers crossed: ~ koho v šachu hold* a p. at bay **–et** > **do–** slovo apod. keep* a t., stand* to a t., slavit keep*, zachovávat observe (nedo-

držet slovo break* one's word) **–et > po–** komu co hold* a t. to a p. **–et se 1** hold* out, persist, hold* one's own, stále keep* up, pevně hold* firm **2** čeho, být věren adhere to a t., keep* / stick* to a t. **–et se > po–** aby neupadl hold* fast **–et (se) > u–** houževnatě trvat persist, ovládat se control o.s., keep* up (*se koho, běžet s ním*, with a p.) **–grešle** skinflint, scrooge **–itel** holder, possessor

dřeň pith, kosti marrow, zubu pulp

dřep knees-bend, squatting posture ♦ *v -u* squatting **–ět** squat

dřev|ák clog, sabot **–ěný** wooden, chem. wood, ze stavebního dřeva timber, am. lumber ♦ *-né uhlí* charcoal **–itý** woody **–ník** wood-shed **–o** wood, stavební timber, am. lumber ♦ *spát jako ~* sleep* like a top **–oobráběcí** wood-working **–oprůmysl** wood(-working) industries, pl **–orubec** wood worker, woodcutter, am. lumberjack, lumberman

dřez sink, washing-up basin

dříč drudge, hack

dřímat doze, drowse

dř|ina toil, drudgery **–ít 1** rub **2** lopotit se toil, drudge, v učení grind*, **–ít < na–** co swat, get* up, grind* (up) **3 –ít > o–** rub, scrape, jemně chafe **4** vykořisťovat sweat **–ít > se–** rub / scrape off **–ít se** = *-ít 2*

dříV|(e) 1 kdysi once, formerly **2** ~ než before (jiné je ~, než) sooner than **3** napřed beforehand, in advance ♦ *nej-* first (of all), *co nej-* as soon as (one) can **–ější** former, časnější earlier, předešlý previous, prior, zaniklý late

dříví 1 stavební timber **2** na topení (fire-)wood, drobné sticks, pl ♦ *nosit ~ do lesa* carry coals to Newcastle

dub oak **–en**, **–nový** April **–ový** oak

dubovat dub

dud|ák (bag-)piper **–ek** hoopoe **–lík** am. pacifier, comforter **–y**

bagpipe(s, pl) ♦ *jako nebe a -y* as different as chalk and cheese

duh: *jít, sloužit k -u* agree with a p., do* a p. good

duh|a rainbow ♦ *pít jako ~* drink* like a fish **–ový** barevně iridescent, rainbow(like)

duch 1 k adj. ·duchovní· spirit **2** k adj. ·duševní· mind, rozum intellect, brain(s, pl) **3** osobnost spirit, genius, talent **4** strašidlo spirit, ghost ♦ *bez -a* spiritless, lifeless; *jít s -em doby* be abreast of the times; *-em nepřítomný* absent-minded; *-em přítomný* present in spirit **–aplnost** brilliance, esprit, ingenuity **–aplný** brilliant, ingenious **–apřítomnost** presence of mind **–apřítomný** (cool and) collected, calm

důchod income, renta rent, annuity, revenue ♦ *starobní ~* old-age pension **–ce** pensioner **–ové** *zabezpečení* old-age pension scheme n. security

duchov|enstvo clergy **–ní** adj **1** spiritual **2** kněžský clerical **3** círk. sacred (music etc.) ♦ *~ vědy* the humanities and social / moral sciences ● *s* cleric, churchman*, v kněžském řádu clergyman*

dukát ducat

důkaz proof, nezvratný demonstration, výpověď a materiál evidence, v diskusi argument ♦ *podat ~* give* evidence / proof

důkladn|ost efficiency, competence **–ý** thorough, proper, solid, efficient

důl pit, též přen. mine; doly mines (uhelný ~ coal-mine, colliery) **–ek** depression, v tváři dimple

důležit|ost importance, consequence, moment, weight **–ý** important ... of consequence, weighty, significant

dům building, obytný house*, domov home, domácnost house(hold) ♦ *obchodní ~* department store; *~ k pronajmutí* house* to let; *rodin-*

ný ~ one-family house*

dumat ponder, pore (over a t.), meditate, muse

důmysl ingenuity, cunning **–ný** ingenious

Dunaj Danube

dunět > **za–** rumble, roll, roar, boom

dup|at > **–nout**, **za–** stamp (one's foot / feet) **–at** > **u–** trample (underfoot) **–nout si** put* one's foot down **–ot** stamp(ing)

dur, **–ový** major (stupnice scale)

důraz emphasis, stress, accent(uation) **–ný** emphatic, stressed, accent(uat)ed

dus|ičnan nitrate **–ičný** nitric **–ík** nitrogen **–íkatý** nitrogenous **–it 1** **–it** > **u–**, **za–** stifle, suffocate, choke, smother **2** tlumit (**z–**) stifle, muffle, damp **3** **–it** > **po–**, kuch. stew **–it se** > **u–** stifle / suffocate / choke (**u–** be -ed to death) **–ivý** stifling, choking

důsled|ek consequence ♦ v *-ku čeho* in consequence of a t., owing to a t. **–nost** soustavnost consistent action **–ný** soustavný consistent, abiding by one's principles, perseverance

dusn|o close / sultry atmosphere, stuffy air **–ý** close, sultry, stuffy

dusot tramping, drobný clatter

důstoj|nický officer's **–nictvo** officers, pl **–ník** officer

důstojn|ost dignity **–ný** dignified, vážný grave, lofty

duš|e 1 soul **2** větve pith, marrow **3** měchýř bladder, pneumatiky (inner) tube ♦ *na mou -i* upon my soul, am. cross my heart; *z celé ~* frankly, sincerely; *ani živá ~* not a living soul **–evní** mental, odbor. psychological, psychic ♦ ~ *práce* brainwork; ~ *pracovník* brainworker **–ička** dear (little) soul ♦ *D-ky* All Souls (Day)

dušn|ost asthma **–ý** asthmatic

dušovat se > **za–** swear* solemnly

dutat *ani ne-* not to breathe a word

dutina cavity, hollow

důtk|a reprimand **–livý** earnest, emphatic **–y** pl cat(-o'nine-tails)

dutý 1 hollow, odb. concave **2** slang. bez peněz (stony) broke, skint ♦ *-á míra* measure of capacity

důvě|ra trust, confidence (*v co* in a t.), reliance, dependence (upon, on a t.), faith in a t. ♦ *hodný -y* trustworthy, reliable, dependable **–rnice –rník** confidant(e), confid(ential friend), zmocněnec trustee, odborářský shop steward **–rnost** intimacy, familiarity **–rný** intimate, familiar, confidential (*k, s* with...) **–ryhodnost** trust (worthiness) **–ryhodný** trustworthy **–řivost** trustfulness, credulity **–řivý** trustful, credulous **–řovat** *komu, v koho* trust (in) a p., confide / have confidence in a p. / t., rely / depend (up)on a p.

důvod reason (*k, pro* for), ground (s, pl, of / for a t.), argument, podnět motive **–ný** well-grounded, reasonable

důvtip adroitness, shrewdness, sagacity **–ný** adroit, shrewd, sagacious

duž(n)ina pulp, sudu stave

dva two ♦ ~ *kohouti na jednom smetišti* two cocks on the same roost / walk; ~ *kroky odtud* within spitting distance; *zabít dvě mouchy jednou ranou* kill two birds with one stone; *sloužit dvěma pánům* serve two masters; *sedět na dvou židlích* sit* on the fence **–cátý** twentieth **–cet** twenty **–cetkrát** twenty times **–krát** twice **–náct** twelve **–náctý** twelfth

dveře door sg ♦ *ve -řích* in the doorway; *hlavní* ~ front door; *otočné* ~ revolving door; *posuvné* ~ sliding door, *létací* ~ swinging door

dvířka (little) door, vrátka wicket

dvoj|aký double-dealing **–če** twin (**-čata** twins, twin brothers / sisters, souprava twin set) **–domek** pair of semidetached houses* **–hláska** diphthong **–í** ...of two kinds / sorts / types **–ice** couple **–itý** double, složený twofold **–ka** (number) two **–mo** in duplicate **–násob(ek)** double **–násobný** double **–ník** double, přízrak wraith **–smyslný** ambiguous **–stranný** bilateral **–veslice** pair, double scull(er)

dvor|ana (assembly) hall **–ec 1** zeměd. farmstead **2** sport. court **–ek** courtyard, am. backyard **–ní** court, týkající se prostory (court) yard ♦ ~ *dáma* lady / maid in waiting; ~ *dodavatel* purveyor to the court; ~ *ples* court / state ball **–nost** courtesy **–ný** courtly, urbane

dvoř|an courtier **–it se** court, woo a p., pay* attentions to a p., make* love to a p.

dvou|dobý tech. two-stroke **–hra** singles, pl **–kol(ov)ý** two-wheeled **–letka** two-year plan **–letý** two years', tak starý two-year old, opakovaný biennial **–lůžkový** *pokoj* double room **–motorový** twin-engine(d) **–poschoďový 1** three-storey(ed), three-storied **2** double-decked (~ *autobus* double-decker) **–proudový** dual (e.g. carriageway) **–řadový** oblek double--breasted **–sedadlový** two-seated (~ *vůz* two-seater) **–stopý** *magnetofon* twin-track recorder **–taktní** two-stroke

dvůr 1 court(yard), menší yard **2** panovnický, soudní court (ke dvoru to court, u dvora at court)

dýh|a, –ovat veneer

dých|ací breathing, respiratory ♦ ~ *přístroj* potápěčský aqualung **–atelný** breathable **–at** < **–nout** breathe, odb. respire, co nebo čím breathe, send* forth, emit a t. **–avičnost** short wind(edness) **–avičný** short of wind, short-winded, kůň broken-winded

dycht|it > za– po čem be eager for a t., crave (for) a t., yearn for a t. **–ivý** eager

dýka dagger

dým smoke, výparů fume, čpavý reek **–at > za–** smoke, puff **–ka** pipe

dým|nice smoke-box **–ovnice** smoke cartridge

dynam|ický dynamic **–ika, –ismus** dynamism **–it** dynamite **–o** dynamo*

dynasti|cký dynastic **–e** dynasty

dýně gourd, pumpkin

dýza jet (tube)

džbán brit. jug, am pitcher **–ek** mug, pot

džber tub, v. *kbelík*

džem jam

džempr jumper

džez jazz

džíp jeep

džiu–džitsu ju jitsu

džu|dista judoist, judoman* **–do** judo

džungle jungle

džus (fruit) juice

E

eben, –ový ebony

edi|ce edition **–ční...** of edition, editor's **–tor** editor

efekt effect, dojem impression **–ivní** effective, skutečný actual **–ivnost** effectiveness **–ní** effective, impressive, imposing, okázalý spectacular, showy, neodpovídající skutečnosti pretentious

efemérní ephemeral

Egejské *moře* Aegean Sea

egois– v. *sobec–*

Egypt Egypt **e–ský, Egypťan** Egyptian

echo 1 = *ozvěna* **2** slang. zpráva the gen, info, bez ph

eko|cida ecocide **–fyziologie** ecophysiology **–logie** ecology

ekonom economist **–ický 1** hospodářský economic **2** hospodárný economical **–ie** economy **–ika** economics

ekosféra ecosphere

ekumenický (o)ecumenical

ekvilibris|ta equilibrist **-tika** acrobatics

ekvipáž equipage, carriage and horses

ekvivalen|ce equivalence **-tní** equivalent

ekzém eczema

elaborát paper, report

elán ardour, zest, élan, vim

elastický elastic

eleg|án smart fellow, dolly-boy, fancy-pants, sg i pl **-ance** elegance, smartness **-antní** elegant, smart

elegie elegy

elekt|rárna power station / plant **-rický** electric(al), zařízený na -cký pohon power(-assisted), automatický electromatic **-rifikace** electrification **-rika 1** fyz. electrostatic machine **2** hovor. = *elektřina, elektrické světlo, tramvaj* **-rikář** electrician **-rizovat > z-** electrify **-rofonický** electric (e.g. guitar) **-romagnet** electro-magnet **-romechanik** electrician, electrical engineer **-romotor** electric motor **-ron** electron **-ronický** electronic **-ronika** electronics, thermionics **-ronka** valve, am. a odb. (vacuum-) tube **-ronkový** electron (e.g. lens, microscope) **-řina** electricity, všeob. power

elementární elementary, rudimentary

elév unsalaried employee on probation, improver

elip|sa 1 geom. ellipse **2** jaz. ellipsis, pl -ses **-tický** elliptic(al)

elita élite, choice, select few

elixír elixir (of life)

elp|é *deska, -íčko* slang. LP disc / record

email, -ový enamel

e-mail e-mail (electronic mail)

emancipace emancipation, žen women's rights, pl

embargo embargo*

embryo embryo

ementál gruyère, Emménthal / Swiss cheese

emigra|ce emigration **-nt** émigré

eminentní conspicuous, distinguished

emis|e emission ♦ ~ *bankovek* issue of banknotes; *-ní banka* bank of issue; *snížení -í* emission reduction

emo|ce emotion **-cionální, -tivní** emotional, emotive

empír Empire, Napoleonic

encyklopedie encyclopedia

endomorfismus endomorphism

energ|etický ... of power, fyz. energic, ... of energy, electricity **-etik** power engineer **-etika** power supply **-ický** energetic **-ie** energy, člověka též drive, efficiency, průmyslově vyráběná power

enzym enzyme

epický epic

epidemie epidemic

epigon follower

epigram epigram

epik epic poet **-a** epic verse

epilog epilogue

epištola epistle

epizoda episode

epoch|a epoch **-ální** epochmaking, world-shattering

epos epic

éra era

erár public treasury, stát state, am. administration

erb coat-of arms (pl coats-of arms)

ergonomika ergonomics

eroti|cký erotic **-k** eroticist

erotoman sex-maniac

eroze erosion

erupce eruption

esej essay **-ista** essayist

eskal|ace escalation **-átor** escalator

eskamot|áž jugglery, juggling **-ér** juggler, prestidigitator

eskontovat discount

eskymo choc-ice

eso ace

esperanto Esperanto

espreso espresso (bar)

esteti|cký aesthetic (cf. art education > **–ka** esthetics

estrád|a, –ní (variety) show ♦ *-ní podnikání* show-biz

etablovat se hovor. set* up

etamín, –ový étaminé

etapa stage

etažér shelf*

etáž (building) floor, level **–ové** *topení* central heating serving one flat

éter ether

eti|cký ethical **–ka** ethics

etymologie etymology

euthanasie euthanasia, mercy killing

evakuovat evacuate

evangeli|cký evangelic(al) **–um** gospel

eventu|alita contingency **–ální** contingent, v budoucnu prospective, možný potential; *-ně* as the case may be

evid|ence filing, record-keeping, survey, record, supervision **–ovat** record, keep* files of..., take* due note of a t.

evoluce evolution

Evrop|a Europe **–an, e–ský** European

ex hovor. při pití bottoms up

exaktní exact

excelence excellency

exek|uce execution, obstavení distrain(ment) **–vovat** distrain

exemplář výtisk copy, kus specimen

exhibice exhibition, kolekt. show

exil exile

exist|ence existence, living, livelihood **–ovat** exist

exkurze excursion

exlibris bookplate

exotický exotic

expanze expansion

exped|ice 1 expedition 2 odeslání despatch 3 výpravna distribution / parcels department **–ovat** de-spatch

exper|iment, –imentovat experiment **–t** expert **–tiza** expertise, expert opinion

exploze explosion

expon|át exhibit **–ovat** vystavit nebezpečí endanger, co čemu a fot. expose (a t. to ...) a v. *vystavit se, pro koho, v čem* interpose on behalf of a p. in a t.

expozi|ce 1 liter., hud. exposition 2 fot. exposure 3 = *výstava* **–metr** exposure meter

expres vlak express (train), dopis an express letter (brit. send* a t. by express delivery messenger, am. by special delivery)

expresionismus expressionism

extemporovat extemporize, ad-lib

extenze extension (lecture)

exteriér the outside, exterior

externí outside, external (e.g. worker, examiner)

extrakt extract

extrém, –ní extreme

F

fack|a hovor. slap / smack (in the face) **–ovací** *panák* whipping boy **–ovat > na–** slap / smack a p. (in the face)

fádní drab, monotonous

fagot bassoon

fachman expert, specialist

fakan brat

faksimile facsimile

fakt (matter of) fact **–ický** actual, real, factual (*-cky* as a matter of fact, really) **–or** factor **–ura, –urovat** invoice

fakulta faculty

falc slang. fold, drážka rabbet

fal|eš makebelieve, lež falsehood **–ešný** 1 nepravý false, sham, counterfeit, spurious 2 nevěrný faithless 3 nesprávný wrong, false 4 hud. off-tone, off-pitch ♦ ~ *hráč karet* sharper **–ický** phallic **–šo-**

vat > z- falsify, forge, counterfeit
-zum falsification
fan|atický fanatic(al) -atismus fanaticism -da hovor. fan, buff, filmový cinephile -dit komu buff, take* sides, back a p., root for a p., cheer a p.
fanfára flourish
fanoušek = *fanda*
fant|astický fantastic(al), fanciful -azie fancy, obrazotvornost imagination, hud. fantasia, psychická schopnost fantasy -óm phantom
far|a hovor. parsonage, rectory -ář parish priest, rector, vicar, jiné než episkopální církve minister
fárat > s- go* down (the pit)
farm|a farm -ář farmer
farn|í, -ost parish, úř. parochial
fasád|a front, fasade -nictví facelifting, front-repairing
fascinovat fascinate
fašis|mus fascism -ta, -tický fascist
fatální fatal
favorizovat favour
fax, -ovat fax
fáze phase ♦ plavání záběrová ~ propulsive phase
fazol(e) bean -ový *lusk* string bean
feder|ace federation -ální federal
fejeton feature (article), column, na evrop. pevnině feuilleton
fén v. *vysoušeč vlasů*
fen(k)a bitch, female
fenmetrák am. slang downer
fenomen phenomenon, pl -na, prodigy -ální phenomenal, prodigious
fenykl fennel
fermež varnish
festival, -ový festival
fešný dressy, natty, snappy
feťák head
feud|ál feudal lord -alismus feudalism -ální feudal
fial|a common wall-flower -ka violet -ový purple, mauve, violet
fiasko failure, flop, wash-out
fičet > za- whizz, sough

figur|a 1 figure 2 tělesná postava stature 3 postava hry character 4 v šachu man*, piece -ální figure -ka statuette
fík, -ový fig
filateli|e philately, stamp collecting -sta philatelist, stamp collector
filharmonie philharmonic (orchestra)
filiálka branch office, agency
film 1 pásek, jeho obsah film 2 představení pictures, pl, am. motion picture, movie, brit. cinema performance -ař film producer -ovat > z- film, shoot* -ový film, am. motion-picture
filologie philology
filozof philosopher -ický philosophical -ie philosophy
filtr filter, cigarety (filter-)tip -ovat > pro-, pře- filter
Fin Fin(n)
finále finale, sport. final(s, pl)
finan|ce situace finances, pl -covat finance -ční financial, ... of finance ♦ ~ / *berní úřad* revenue office
fingovat fake, feign, pretend
finiš finish(ing spurt) -ovat spurt
Finsk|o Finland f-ý Finnish
fintit se > vy- preen o.s.; tog o.s. out
firma 1 označení style, firm 2 štít sign, firm plate 3 zapsané jméno style, head(ing)
firn granular snow
fix|ní fixed -ovat fix, psych. fixate
flák hovor. 1 dollo, chunk 2 úder na dlaň smack -ač hovor. loafer, skiver, slacker -ačský, -áčství jolly loafing, slacking -at se loaf, hang* about, am. jack around
flám spree, booze-up, razzle-dazzle -ovat hovor. be (always) out on a spree, live it up
flanel, -ový flannel
flašinet barrel-organ
flétna flute
flinta (pop-) bun
flór látka mourning crape

floutek coxcomb

fluktu|ace zaměstnanců staff turnover **–ovat** fluctuate, v zaměstnání change jobs

fluór fluorine

fňukat > **za–** whimper, snivel

fofr hovor. rush, scramble, poprask mess, row

fólie foil

folklór folklore

fond fund, stock, solidní základy grounding

fonetika phonetics

fonotéka sound archives, pl

fontána fountain

form|a 1 form, shape **2** tvořidlo mo(u)ld, cast **–ace** formation **–alismus** formalism **–alita** formality ♦ *vyřídit celní -y* clear the customs formalities **–ální** formal **–át** size, format **–ovat** form, shape **–ulace** formulation **–ulář** form, am. blank **–ule** formula **–ulovat** formulate, word

fortel knack, know-how

fórum forum, přen. též platform

fosf|át phosphate **–or** phosphorus

fošna plank

fotbal soccer **–ový** míč football

foto|amatér amateur photographer **–buňka** photocell **–graf** photographer **–grafický** photographic **–grafie 1** obraz photograph a v. *momentka* **2** zhotovování snímků photography **–grafovat** > **vy–** photograph, take* a snap **–kopie** photostat, photocopy **–montáž** photomontage **–syntéza** photosynthesis

fouk|ací wind (e.g. instrument) ♦ ~ *harmonika* mouth organ **–at** > **–nout, za–** blow* **–at si** puff o.s. up

foyer lobby, (entrance) hall

frajer slang. masher, lady-killer, am. dude

frak evening-dress, hovor. žert. tails, penguin suit

frak|ce, –ční faction

Franc|ie France **–ouz** Frenchman*

–ouzka Frenchwoman* **f–ouzský, –ouzština** French

frank franc **–ofonní** francophone **–otyp** franking machine **–ovat** prepay*, frank

fran|ština French **–tišek** frankincense, bez pl; **F–** Francis **F–tiška** Frances **–tiškán** Franciscan

frašk|a farce **–ovitý** farcical

fráze phrase, otřepaná cliché, platitude, catchphrase

frazérství gobbledegook

frázovitý cliché-ridden, superficial

frekven|ce 1 frequency **2** = *doprava, ruch* **–ční** (... of) frequency

freska fresco

fréza milling cutter / machine

frivolní wanton, licentious

frkat > **za–** snort, motor apod. putt-putt

front|a 1 průčelí, voj., polit. front **2** řada domů row **3** čekajících brit. queue, am. line (*postavit se do -ty* queue / line up for a t.) **–ální** frontal

fuj ugh, yuck

fuk: *je mi to ~* I don't care (a hoot / damn), I couldn't care less

fundovat found

funět > **za–** snort, opovržlivě sniff

fun|govat function, act, work **–kce** function, úřad office, capacity **–kcionář** functionary, official

fůra 1 hovor., mnoho lots, heaps, pl **2** wag(g)on, množství na fůru wag(g)on / car load

furiantský swaggering

fúrie fury

fyzi|cký physical **–k** physicist **–ka** physics **–kální** physical **–ologie** physiology

G

galant|erní zboží sewing goods, pl **–ní** courteous, gallant, milostný amorous

galer|ie gallery (art g.) **–ka** toilet shelf*

galoše galosh, rubber shoe

garáž garage, přístřešek pro auto carport

gard|a gard, home guard, společnost lot, company **–ista** guardist **–ový** (... of the) guards

garsoniéra bed-sit(ter), obd. flatlet, studio flat

gastronom delicatessen shop / am. store

gauč bed-settee

gáza gauze

gáž|e salary **–ista** salaried worker

gen|erace, –erační generation **–erál** general **–eralizovat** generalize **–erálka 1** zkouška dress rehearsal **2** oprava overhaul **–erální** general **–erátor** generator

geniální ingenious, člověk též gifted (srov. a man of genius)

génius genius

geo|fyzika geophysics **–logie** geology **–metrie** geometry

Germán hist. Teuton **g–ský** hist. Teutonic, Germanic

gesto gesture **–r** director and coordinator

gigant giant **–ický** gigantic

glóbus globe

goblén tapestry

gól v. branka

golf golf

Golfský proud Gulf Stream

gondola gondola, let. car, vzducholodi nacelle

gordický uzel Gordian knot

goti|cký Gothic **–ka** Gothic (style)

graf graph **–ický** graphic **–ika** graphic art **–ikon** flow sheet

gram gramme

gramati|cký grammatical **–ka** grammar

gramo|fon gram(m)ophone, am. phonograph **–rádio** radio-gram-(ophone)

granát 1 kámen garnet **2** voj. (hand) grenade / shell

gratul|ace congratulation **–ovat > po–** congratulate (komu k čemu a p. on a t.)

grázl slang. rotter, criminal, bastard

gril grill **–ovací** mřížka griddle,

gridiron **–ovat** griddle, grill

grimasa grimace, wry face

grobián hovor. coarse fellow, lout

Grónsko Greenland

grotesk|a grotesque, film. (animated) cartoon **–ní** grotesque

grunt 1 hist. (farm) land **2** základ ground ♦ z -u entirely, thoroughly **–ovat** (spring) clean

grupa mat. group

Gruz|ie Georgia **–ínec, g–ínský** Georgian

guláš goulash

gum|a 1 rubber, žvýkací chewing gum **2** pneumatika rubber, brit. tyre, am. tire **3** k mazání india-rubber **–árenský** průmysl rubber industry **–ovat > vy–** rub out, erase **–ový** (india-) rubber

gusto hovor. taste

guvernér governor

gymnázium grammar school, am. high school

gymnast|a, –ka gymnast **–ika** gymnastics

gynekologie gyn(a)ecology

H

Haag the Hague

habaděj galore za slovem

habilitovat (se) habilitate

hábit (monk's) frock, habit

háč|ek hooklet, (fish)hook, háčkovací crochet-hook, závora hook bolt, hasp ♦ v tom je nějaký ~ there is a hitch (a snag, a bug) in it; v tom je ten ~ there's the rub **–kovat** crochet

had snake, náb. a kniž. serpent ♦ hřát -a na prsou cherish a snake in one's bosom

hádač future-teller, guesser

hád|ání disputation **–anka** riddle, puzzle, problem **–at 1** domnívat se conjecture **2** věštit divine, tell* fortunes, ~ komu z ruky read* a p.'s palm **–at > uhodnout** guess, solve a t. **–at se > po–** have a quarrel (s with), argue, squabble

–avý quarrelsome, cantankerous

hadice hose

hádka quarrel, argument, squabble, = *hádání*

hadr rag, tatter, scrap, na prach duster

háj grove ♦ *jdi do -e* go hang

hájit > **ob–** n. **u–** defend, střežit guard, chránit protect, hájit zvěř preserve

hajný gamekeeper, am. (forest)-ranger

hák hook, na tyči crook, závěsný peg, v boxu hook

hala hall, am. hallway, nádražní apod. vestibule, hotelová apod. lounge, v parlamentě a jinde lobby

halas uproar, hallaballoo

halda dump, heap, narovnaná pile

halena smock, dělnická blouse

haléř heller, obecně penny

halit > **za–** veil, envelope, swathe **~ se** > **za–** be wrapped up, hide*

halucin|ace hallucination **–ovat** hallucinate

haluz spray, twig

han|a blame, insult **–ba** shame (on you), disgrace ♦ *dělat komu -bu* be a disgrace to a p., disgrace a p., bring* shame upon a p. **–bit se** be / feel* ashamed (of, for...) **–ebnost** improbity, infamy, villainy **–ebný** shameful, dishonourable, infamous, disgraceful **–ět**, **–it** > **po–** n. **z–** find* fault with a p ..., blame / censure a p. **–livý** faultfinding, censorious

hangár hangar

hanobit koho defame, vilify, slander a p. **~** > **z–** co disgrace, dishonour

hantýrka jargon, lingo, zlodějská thieves' slang / cant

haraburdí lumber, rubbish, junk

harant brat, (little) nipper

harašit > **za–** rustle, crackle, rattle

harf|a harp **–eník**, **–enista** harpist

harmoni|cký harmonic, sladěný harmonious **–e** harmony **–ka** harmonica, foukací mouth-organ, tahací concertina, chromatická accor-

dion **–zovat** > **z–** harmonize

harpuna harpoon

hartusit > **za–** insist (loudly) on a t., p., clamour for a t., hubovat na koho berate a p., scold a p.

hasák pipe wrench

hasi|cí (fire-)extinguishing ♦ **~** *přístroj* fire-extinguisher **–č** fireman*, **–či**, **–čstvo** fire brigade **–t** > **u–** extinguish, put* out vodou (i žízeň) quench, vápno slake

hasnout > **u–** n. **z– 1** burn* low go* out, die away **2** > **vy–** burn out, become* extinct

hastroš scarecrow

hašteřit se > **po–** wrangle, quiggle with a p.

hatit > **z–** thwart, naděje frustrate

háv array, garb, robe

Havaj Hawaii

hav|árie 1 break-down, crash, pile-up **2** pojišť. accident, nám. average **–arijní** *jeřáb* wrecking crane, **~** *pojištění* general accident insurance; **~** *škoda* damage in use; **~** *vůz* breakdown lorry **–arovat** break* down, crash

havěť hmyz a zvěř vermin, drůbež fowls pl, děti kids, pl, little ones, pl

havíř miner, uhlokop coal-miner, collier **–ství** mining

havran crow, rook

hazardní hazardous, risky

háze|ná handball **–t 1** pohazovat throw* about, toss, klátit swing* **2** v. hodit **–t se(bou)** toss about, jolt, jerk ♦ *-zí to* vůz apod. the car / boat etc. is shimmying / vibrating; **~** *komu písek do očí* throw* dust into a p.'s eyes

hbit|ost nimbleness, swiftness, deftness **–ý** nimble, swift, deft

hebký soft, smooth, velvety, silky

hebrejský Hebrew

hedváb|í, **–ný** silk, umělé rayon ♦ **~** *papír* tissue(-paper)

hejl 1 bullfinch **2** na nose red nose **3** nezkušený greenhorn

hejno flock, hus gaggle, koroptví covey, ryb shoal

hejsek smart dresser

hekat > **za–** groan, moan

hektar hectare

hele(ď) look

helm|a, –ice helmet

hemžit se > **za–** teem, swarm

herda thump

here|c actor **–cký** actor's, dramatic **–ctví** dramatic art, povolání dramatic profession **–čka** actress

herka jade, crock, nag

heroin heroin, am. slang horse, smack

heřmán|ek, –kový c(h)amomile

heslo 1 strážní password **2** bojové slogan, battle-cry, vůdčí myšlenka motto; buzz-word **3** ve znaku device **4** slovníku entry

hezký handsome, pretty, laskavý nice, sweet, počasí fine ♦ **-ch pár** ... quite a few...; **-ká řádka** a good number (of...); **dělat se ~ na všechny strany** try to please everyone; **je to čím dál tím -zčí** iron. it's going from bad to worse

histori|cký historical, památný historic, dávný ancient **–e** history, příběh story **–k** historian (h. uměni art-h.) **–smus** historicism

hlad hunger, stálý starvation, hladomor famine ♦ **mít ~** be / feel* hungry; **týrat, zmírat -em** starve

hlad|ina surface, úroveň level **–it 1** > **po–** stroke **2** **u–** smooth (down), a leštit polish **3** milostně fondle, caress **–kost** smoothness **–ký 1** smooth, mužská tvář cleanshaven, kluzký slippery **2** bez vzoru plain ♦ **-ké vítězství** walk-over, push-over

hlado|mor famine **–morna** dungeon **–vět** starve, be hungry **–vka** hunger-strike **–vý** hungry (po for) ♦ **-vé mzdy** starvation wages; **~ rok** lean year; **~ žaludek** empty stomach

hlahol zvonů peals, pl **–it** > **za–** (re)sound

hlas 1 voice **2** volání, požadavky call **3** hud. part **4** volební vote ♦ **odevzdat**

~ give* one's vote; všemi -y with one voice, unanimously

hlásat proclaim, declare

hlasatel(ka) rozhlasový announcer, zpráv newscaster, sport. commentator

hlásit 1 > **o–** announce, zprávu report, formálně notify (komu co a p. a t.) **2 ~** > **při–** registr, záznamem book **~ se** > **při–** report, dostavit se come* in, o co apply for a t., žádat co claim a t.; na úřadě register, report (with...), report o.s. (ill etc.); zdvižením ruky hold* up lift one's hand

hlasit|ost loudness, reproduktoru volume **–ý** loud (-ě mluvit speak* in a loud voice)

hláska speech sound, hist. věž watchtower, žel., voj. watch-post

hlaso|vací voting **–vat** vote (o on, pro for) ♦ **dát o čem ~** put* a t. to vote **–vání** vote, tajné **~** secret ballot, poll

hlava 1 head, důvtip brains, pl **2 = kapitola** ♦ **bolí mě ~** my head aches, I've got a headache; **nevím, kde mi stojí ~** I don't know which way to turn / whether I'm coming or going; **~ mi jde kolem** my head is swimming / I feel* giddy; **lámat si -vu** rack / cudgel one's brain(s); **mít v -vě,** být chytrý be brainy, podnapilý have a drop too much; **otevřená ~** open head / mind; **od -vy k patě** from top to toe; **nemá to -vu ani patu** it makes no sense; **po -vě** head first, headlong: **přerůst komu přes -vu** outgrow* a p.; **pustit co z -vy** dismiss a t.; **vzít si co do -vy** take* a t. into one's head; **z -vy** by heart

hlav|eň barrel **–ice** sloupu capital, rakety warhead **–ička 1** (dear little) head **2** v kopané header **3** záhlaví head(ing), letter-head

hlávk|a head, **~ zelí** cabbage head **–ový salát** lettuce

hlavní chief, head, principal, main,

leading, v produkci staple; -ně chiefly, mainly, essentially, fundamentally, predominantly ♦ ~ *body (zpráv)* headlines; ~ *kniha* účet. edger; ~ *město* capital (city), metropolis; ~ *obor* studijní main subject, am. major *(studovat jako ~ obor* major in a t.); ~ *pošta* general (am. main) postoffice; ~ *silnice* major / main road; ~ *správa* head office, am. central; ~ *trať* main line, am. trunk line; ~ *třída* main street; ~ *úloha* leading role / part, film. feature *(s ... v ~ úloze* featured by ...)*

hled|áček range-finder **-at > vy-** look (out) for a t., seek* a t., zvl. v knize look up a t., usilovně search for a t.; **vy-** = najít find* out; **-aný** strojený affected, studied **-ět 1** snažit se seek* s inf., look to it that ... ind. **2** brát / mít zřetel na pay* (much) regard to a t.; dbát na co care about a t.; nehledě na ... regardless / irrespective of ... ♦ ~ *komu do tváře* face a p.; ~ *na někoho spatra* look down (one's nose) (up)on a p. **3** -ět si *čeho* attend to a t., see* to it that ... **-í** visor **-isko** point of view, standpoint, angle **-iště** auditorium

hlemýžd snail ♦ *-ím tempem* at a snail's pace

hlen phlegm, vyplivnutí sputum

hlesnout utter a sound / word

hlíd|ací watch(ing) ♦ ~ *pes* watchdog **-ač** watchman*, guard, keeper, závor / brány gatekeeper, dětí doma (baby-) sitter **-at > o-, po-** watch, guard, dohlížet look after a t. / p. **-ka 1** watch, guard, vstupu sentry, obcházející patrol, stávková picket **2** v novinách column

hlína earth, k zpracování clay

hlin|ěný earthen, uhnětený clay ♦ *-éné zboží* earthenware **-ík, -íkový** aluminium, am. aluminum **-ka 1** earth, clay **2** k nátěru limewash

hlíza bulb, tuber

hloda|t gnaw (at) a t., kousat nibble at a t.; sžírat corrode **-vec** rodent **-vý** gnawing, přen. corrosive

hloh (haw)thorn

hlomoz din, roar

hloub = *-ka* **-at** o *čem* ponder, brood over / on a t., meditate, ruminate (up)on a t. **-avý** meditative, contemplative **-it > vy-** hollow, aby vznikl ... sink* (a mine, a shaft) **-ka** depth, přen. profundity

hlouček knot (of people), group

hloup|nout > z- become* stupid **-ost** stupidity, dullness, density, fatuity, foolishness; -ý kousek folly, malichernost trifle, bezcennost trinket: *-ti!* nonsense! **-ý** stupid, dull, thick(-witted), dense, fatuous; foolish, daft, silly ♦ *to je -é,* tj. nepříjemné how silly / stupid; s lítostí I am so sorry (to hear that)

hlt gulp, lok draught *(čeho* at a t.) **-an** gullet, pharynx **-at** gobble, bolt, wolf (down), požírat glut, devour **-avost** greed(iness), voracity **-avý** greedy, voracious

hlub|ina depth(s), pl **-inný** *důl* deep mine, *-né uhlí* deep-mine(d) coal **-oký** deep, úklon n. tón low, důkladný profound ♦ ~ *odpor* repugnance; ~ *spánek* sound sleep; *-oké ticho* deep / profound silence; *-oká tma* pitch dark; *-oká úcta* high esteem; ~ *výstřih* low neck

hluč|et > za- make* a noise, roar **-ný** noisy, vociferous, uproarious

hluch|oněmý deaf mute, deaf and dumb **-ý** deaf *(jako poleno* stone-deaf)

hluk noise, mocný uproar

hlupák blockhead, thick(head), dolt

hlušina debris, deads, pl

hm well, h'm, hum

hmat touch **-at** feel*, touch, tápat grope **-atelný** tangible, hmotný material

hmátnout *po čem* seize a t.

hmot|a matter, substance, fyz.

mass, látka vůbec material, hovor. stuff **-ný** material, substantial ♦ **-ná** *částice* mass particle; *-né statky* material commodities; *-ná výroba* production of material commodities; *-né záření* particle radiation; *-ná zainteresovanost* inducement(s, pl), financial / material / economic incentives

hmoždíř mortar

hmoždit se toil with a t.

hmyz insect(s, pl) **-ožravec** insectivor|e, pl. -a **-ožravý** insectivorous

hnací driving (gear, belt etc.) ♦ ~ *hřídel* driving shaft; ~ *řemen* driving / transmission belt; ~ *síla* driving force, motive power; ~ *skříň* gear box

hnát¹ (thigh-)bone, noha shank

hnát² iter. **honit** drive*, pronásledovat pursue, chase, pohybem vpřed propel, fungováním actuate, přemístěním force ♦ ~ *koho k odpovědnosti* make* a p. answer for a t.; ~ *útokem* storm ~ **se** rush, race, blížit se draw* near, nač, proti čemu run* at a t., charge a p., za čím seek*, pursue a t.

hned at once, ve chvilce directly, bezprostředně nato immediately, skoro současně instantly; už as early as, bezodkladně the first thing (in the morning); těsně, rovnou right (at...), close (to...) *Hned!* coming!, be right there! ♦ *přijdu* ~ I shan't be long

hně|ď (the) brown (colour) **-douhelný** lignite, soft-coal **-dý** brown, oči hazel, žluto- fallow ♦ *-dá polévka* clear soup; *-dé uhlí* soft coal, lignite

hněv anger, wrath **-at > po-** make* a p. angry, anger, exasperate **-at se 1** be angry / hovor. cross (with a p. for a t.), nad čím, proč at a t. **2 > po-** quarrel **-ivý** angry, indignant, rozmrzele annoyed, exasperated

hnid|a nit, člověk a nobody ♦ *hledat* -y nitpick **-opišský** pedantic, hair-splitting

hnilob|a rot, decay **-ný** putrid

hnis pus, (purulent) matter **-at > z-** fester, supurate

hníst > u- knead, work ~ **se** worry (*proč* about a t.)

hnít > s- rot, decay

hnízd|it, -o nest

hnoj|iště dung-hill **-it > po-** manure, mrvou dung, chem. fertilize, side-dress **-ivo** fertilizer **-ůvka** dung-water

hnout iter. **zahýbat < hýbat** move, trochu stir ♦ *ani mně nehne* I'll be damned if I'll do it; *ne- ani prstem pro koho* not to lift a finger for a p.; *nemohu s tím* ~ I am stuck ~ **se < hýbat se** move, trochu stir, pospíšit si push along (*ani se ne-* not to budge an inch) ♦ *nebylo tam k hnutí* there was no(t) room to swing a cat

hnůj manure, dung, neřád muck, = *hnojiště*

hnus disgust **-í se** *mi to* = *-ím si to* I hold it in abomination, it makes me disgusted, it nauseates me, it sickens me **-ný** disgusting, nauseating, sickening, abominable, beastly, vile, foul

hnutí 1 motion, nepatrné stir, jednotlivé move **2** ideové movement, duševní emotion ♦ ~ *nezúčastněných zemí* Movement of Non-Aligned / Non-Committed countries

hobl|ík plane **-iny** (wood-) shavings, pl **-ovat > o-** plane

hoboj oboe, hautboy

hobra soft board

hod 1 vrh throw(ing the discus, grenade, hammer, javelin) **2** svátek feast, meal, wake(s, pl), jídlo repast, treat (Whitsunday, Christmas Day, Easter Sunday meal)

hodin|a 1 hour **2** vyučovací lesson (*kreslení* drawing l.), class; *jedna* -a, *dvě* -y, (kdy?) ... o'clock; ~ *cesty* (an hour's etc.) walk ♦ *chodit na* -y take* lessons; *kolik je* *hodin?* what time is it?, what is the time?, can you tell me the time?, *kolik máte hodin?* what time do you make it (by your watch)?; *-y návalu* rush hours; *policejní ~* closing time; *pracovní, prodejní, úřední -y* office hours, working hours, hours of business; *rozvrh hodin* time-table; *výpověď na -u* an hour's notice **-ář** watchmaker **-ářství** watchmaker's **-ka** less / no longer than an hour ♦ *černá ~* blindman's holiday **-ky** watch, sg **-ový 1** an hour's **2** stroj apod. clock ♦ *~ hotel* sleazy hotel; *-á mzda* time wages; *-á rychlost* speed / miles per hour **-y** clock, sg ♦ *jako ~* like clockwork, like a clock; *kontrolní ~* gauge; *píchací ~* time clock (or recorder); *sluneční ~* sundial

hodit < **házet** throw*, prudce sling*, rozhazovat cast*, nacílit, pitch, ledabyle toss; lehce, přen. cast*, mrštit fling*, hurl ♦ *~ dopis do schránky* drop a letter in the box; *~ korunou* losovat toss; *házet očkem* cock one's eye (*po kom* at a p.); *~ do starého železa* shelve, dump, junk *~* **se(bou)** < **házet se(bou)** throw* o.s., přičinit se *~ sebou* get* moving *~ se* být vhodný *k čemu, na co* be fit, fit in (with a t.), come* in handy / useful, be suitable (to, for a t.), be good (for a t.), jako doplněk match a t. ♦ *~ se do krámu* be just up a p.'s alley; *nehodící se škrtněte* delete if not applicable; *to se mi zrovna hodí* it suits me to a "T."; *to se mi zrovna moc nehodí* I can't do anything with that, it's no use to me; *to by se ti tak hodilo* catch me doing that

hodlat intend s inf. n. -ing

hodně plenty, a great deal of / a g. many; velice very, se slovesem (very) much

hodn|ost rank, akademická degree **-ostář** dignitary **-ota** value, worth; přednost virtue, věci merit; filat. denomination ♦ *užitná ~* value **-otit** > **z-** value, appraise, rate, evaluate, uznale appreciate, ocenit estimate, na zákl. srovnání rate **-otný** valuable **-ověrný** trustworthy, reliable **-ý** *čeho* worthy of a t.; zasluhující deserving; v chování good (*být ~*, též behave o.s.; *buď tak ~ a ...* be so kind as to do it etc., there's / that's a good man*, girl, woman*, etc.)

hodo|kvas, -vání banquet **-vat** banquet, feast

hoch boy, důvěrně lad

hoji|t (se) > **z(a)-** heal (up), cure **-t se** *na kom* indemnify o.s. at a p.'s expense **-vý** healing

hojn|ost plenty, abundance, všeho affluence, wealth **-ý** plentiful, abundant, profuse, copious, ample

hokej ice-hockey ♦ *pozemní ~* (bandy) hockey **-ista** icehockey-player **-ka** hockey-stick

hokynář grocer **-ství** grocery, grocers

Holan|ďan Dutchman* (*-ďané* the Dutch) (*Bludný ~* Flying D.) **-ďanka** Dutchwoman* **-dsko** Holland, the Netherlands, pl **h-dský, h-dština** Dutch

hold homage, tribute to a p. **-ovat** komu render / pay* / do* homage to a p., čemu indulge in a t.

hol|eň shin(-bone) **-icí** shaving (*přístroj* safety / electric razor, obch. (electric) shaver) **-ič** barber **-ičky:** *nechat koho na -kách* leave* a p. in the lurch **-ičství** barber's (shop) **-ínky** top / high boots **-írna** barber's **-it** > **o-** shave (*hladce oholen* clean shaven) **-it se** > **o-** shave ♦ *dát se o-* have a shave

holka lid. girl, hanl. wench

holohlavý bald (-headed)

holomek scoundrel

hol|oubek pigeon, bás. dove, miláček

darling, honey, sweet(ie), love **–ub** pigeon **–ubice** hen-pigeon, přen. dove **–ubičí** dove-like **–ubník** dove-cot, pigeon house*

holý bare, nezakrytý, nechráněný naked, lysý bald ♦ *s -lou hlavou* bareheaded, hatless; *~ nesmysl* pure / sheer nonsense; *s -ma rukama* neozbrojen barehanded, *s prázdnou* emptyhanded; *-lá výmluva* pure / mere excuse; *-lé živobytí* bare living; *~ život* bare skin

homole cone, cukru loaf*

homo|sexuál homo|sexual **–sexualita** homosexuality

hon 1 běh apod. rush, run, hurry **2** lov chase, aby se chytilo hunt, bez pronásledování shooting (e.g. hare-h) **3** pozemek strip, tract of land ♦ *vyhnout se komu na -y* give* a p. wide berth; *na -y vzdálen* miles off **–ba** pursuit, chase, = *hon* **–ebni** hunting **–ec** beater **–em** quickly, right away (*~!* hurry up! quick about it!) **–icí** pes hound **–ička** hunt, run, na člověka manhunt, chase, razzie raid **–it** hunt, bez pronásledování shoot*, shánět hunt (*co* for a t.) a v. *hnát* **–it se 1** run* about, za kým, run* after a p., za čím be in pursuit of a t. **2** slang. chvástat se swagger

honor|ace notables, pl **–ární** honorary **–ář** fee, autorský royalty, opakovaný royalties, pl **–ovat** remunerate, směnku (*ne-* dis)honour

honos|it se *čím* glory in a t., pride o.s. (up)on a t., mít to boast a t. **–ný** ostentatious, pretentious

hop: *nekřič ~, dokud nepřeskočíš* don't halloo till you are out of the wood **–sat** hop, hop (and skip), frisk, gambol

hor|a mountain, ve jménech hor mount ♦ *(chlap) jako ~* a mountain of a man; *křičet jako na -y* / *-ách* make* the welkin ring; *přes -y a doly* over hill and dale; *slibovat komu -y doly* promise a p. wonders **–ák,** **–al** mountaineer, high-

lander

horda horde

horeč|ka fever **–natý** feverish **–ný** hectic

horem along at the top, shora from above ♦ *~ pádem* head over heels, headlong

horizontální horizontal

hork|o heat, počasí hot weather **–okrevný** hot-blooded, hot-tempered **–ý** hot, palčivý burning, vroucí boiling, scalding ♦ *šitý -ou jehlou* slapdash

horli|t > za– *na koho* rail at a p., *proti čemu* harangue / declaim against a t., oppose a t. violently **–vost** zeal, ardour, eagerness **–vý** zealous, ardent, eager

hormon hormone **–ální** hormonal

horn|atina mountainous / hilly country **–atý** mountainous, hilly **–í** upper, navrchu top; důlní mining **–ický** mining, miners' **–ictví** mining (industry) **–ík** miner, uhelných dolů collier **–ina** rock, nerost mineral

horolezec mountain-climber, mountaineer **–ký,** **–tví** mountain climbing, mountaineering

horoucí burning, cit ardent

horovat *pro co* be enthusiastic about a t., rave about a t.

hors|ký mountain **–tvo** mountain chain / range

horš|í worse (*nej-* worst) ♦ *v nejhorším* if (the) worst comes to (the) worst; *změna k -ímu* a change for the worse **–it > z–** make* worse, worsen, impair **–it se 1 > z–** get* / grow* / become* worse, deteriorate, přitížit si aggravate **2 –it se** na koho be cross with a p.

hořák burner, plynového vařiče gas ring

hoř|čice, **–čicový,** **–čičný** mustard **–čík** magnesium

hoře sorrow, grief **–c** gentian

hořejš|ek top, upper end **–í** = *horní*

hořet burn*, be on fire, už hořet = chy-

tat catch* fire, přen. be urgent; *Hoří!* Fire! ve hře you're getting hot
hořk|nout > z– grow* / turn bitter **–ost** bitterness **–ý** bitter
hořlav|ina, –ý combustible, inflammable
hospit|ace attendance (at a lecture) by invitation, dozorčí návštěva class visit **–alizace** hospitalization **–ant** auditor
hospoda pub, zájezdní inn, am. saloon
hospod|árnost economy **–árný** economical **–ář** master, landlord, rolník farmer ♦ *dobrý ~* good manager, a good husbandman* **–ařit** manage, keep* (a) house, jako rolník farm, plánováním husband **–ářský** economic, selský farm(ing), zemědělský agricultural ♦ *-ké budovy* outbuildings **–ářství** economy, domácnosti housekeeping, selské farmstead, homestead
Hospodin the Lord
hospodyně housewife*, housekeeper
host guest, zákazník visitor, krátkodobý brit. caller, customer ♦ *stálý ~* regular guest / customer; *to jsou k nám -i* welcome **–eska** (air) hostess **–ina** banquet, feast **–inec** (lodging) inn, = *restaurace* **–inný** = *pohostinný* **–inský** *adj ~ pokoj* guest room, spare bedroom *-ká živnost* catering (trade) ● *s* publican, innkeeper, am. saloonkeeper, ubytovací landlord **–it > po–** entertain a p., čím treat a p. to a t., banquet / regale a p. **–itel** host **–itelka** hostess **–ovat** div. appear (as guest) on tour, v roli star ♦ *-ující umělec* guest artist, film. též guest star
hošík little boy, laddie
hotel hotel ♦ *~ na letišti* airtel **–iér** hotelier, hotel-keeper, proprietor of a hotel **–ový** hotel ♦ *~ dům* furnished block of (small) service flats **–nictví** hotel business / industry

hotov|it > vy– n. **z–** make* (sestavit make* out) **–it se > při–** get* ready **–ost** readiness, ochota willingness; peníze cash, ready money **–ý** finished, completed, připravený na něco ready for, kvalifikovaný fullfledged, dokonalý perfect, vyložený downright; *-o!* (all) right, O.K., ready ♦ *být ~* **1** ochoten be ready / willing **2** na mizině be on the rocks **3** zničen be done for **4** s něčím be done / through with a t.; *-é peníze* ready money, cash; *platit -ě, -ými* pay* (in)cash; *-é šaty* ready-made clothes
houba 1 fungus (pl -gi), mushroom **2** mycí sponge **3** na dřevě dry rot; ♦ *-by!* my eye! fiddlesticks! **–ř** mushroom-picker
houf croud, host, gang, hejno flight, děvčat, křepelek, laní bevy, dobytka, lidí drove, nahodilý shluk bunch
houk|at > za– n. **–nout** hoot, střelba boom, neurvale bawl at
houně (coarse) rug, přikrývka blanket
houp|ací rocking (e.g. horse, ~ *křeslo* rocking chair), swinging (*dveře* s. door) **–ačka** zavěšená swing, podepřená seesaw **–at > po–, za–, –nout** rock, v houpačce swing*, na kolenou dandle **–at se > po–** n. **za–** rock, swing*, kinklavě dangle, loď pitch
house gosling
housenka caterpillar
houser 1 gander **2** v zádech lumbago
houska (bread-)roll, železa ingot ♦ *strouhaná ~* breadcrumbs, pl
housl|ař violin-maker **–e** violin, hovor. fiddle **–ista** violinist, hovor. fiddler
hou|stnout > z– become* / turn thick, thicken **–ští, –ština** thicket, podrost undergrowth
houžev withy **–natost** tenacity, stubborness, persistence **–natý** tenacious, stubborn, persistent
hovad|ina hovor. bull, garbage, balls; cobblers, pl brit. **–o** (head of)

cattle, nadávka brute, beast

hovět čemu indulge in a t., give* o.s. up to a t., nízkému cater to a t., hanebně lander to a t. ~ **si** > **po–** lounge, loll, (take* a) rest, relax

hovězí ox, maso beef ♦ ~ **dobytek** cattle; ~ *maso* beef; ~ *pečeně* roastbeef

hov|ínko hovor. (též -ka) droppings, pl **–no** vulg. shit bez pl, crap

hovo|r talk, conversation, chat, telefonní call **–rna** lounge, telefonní call-office **–rnost** talkativeness, loquacity **–rný** talkative, loquacious, chatty **–rový** colloquial **–řit** > **po–** talk, converse, chat, o čem discuss a t.

hra 1 hraní, jeho způsob, div. play, předvedení dovednosti performance, herce acting **2** soustava pravidel game, rekreace a rozptýlení sport **3** riziko gambling, na burze speculation **4** div. kus play, work for the stage, drama, hud. musical piece ♦ *být ve hře* be at stake; *vysoká ~* high stakes; *zvonková ~* chimes, pl

hrabat rake, mamonit scrape up / together ~ **se** těžce plod, drudge, lézt scramble, v čem rummage, poke around in a t., tápavě fumble, v množství roll, wallow (in money), zkoumavě grub (in books)

hrabě count, britský earl

hrábě rake, sg

hraběnka countess

hrabiv|ost greed(iness), avarice, rapacity **–ý** greedy, avaricious, rapacious

hrábnout po čem grab / snatch at a t., do čeho plunge into a t.

hr|ací playing, hud. musical **–áč** player, hazardní gambler, hud. player, musician **–ačka** toy, (play)thing **–áčkářství** toy shop / am. store

hrad (fortified) castle, stronghold **–ba** barrier, zděná (stone) wall, opevnění bulwark, **–by** wall(s, pl) **–ební** fortification, wall ♦ ~ *příkop* moat **–iště** site **–it 1** = ohra-

dit **2 –it** > **u–** cover, defray, settle, reimburse (esp. an expense) ♦ ~ *škody* settle / make* good losses **3 –it** > **(vy)na–** compensate (co for a t.), make* good a t. **4 –it** > **pře–** n. za– dam (up) **5 –it** > za– obstruct, block (up)

hrách peas, pl, zmko pea

hrana edge **–tost** angularity, squareness, přen. clumsiness **–tý** square, přen. clumsy

hrani|ce 1 frontier, čára boundary, pohraničí border, mez limit, nejzazší margin, vymezení bounds, pl **2** zápalná stake, pohřební pyre ♦ *za ~, -mi* abroad **–čář** frontiersman* **–čit** s čím border (up)on a t., jako soused neighbour (up)on a t., stykem adjoin a t. **–ční** border, frontier, krajní extreme

hranol prism

hrany sg knell, bells tolling the knell at midday *(zvoní ~ the bell tolls the knell)*

hrát 1 play (co, v co, na co a t., at a game); hazardně gamble (in lottery), o co play for a t., předstírat act, pretend, simulate, feign ♦ ~ *falešnou / poctivou hru* play foul / fair; ~ *na čas* temporize; ~ s *odkrytými kartami* play an open hand **2** ~ > **za–** play (the piano, (on) an instrument), přen. *komu (vyhubovat)* tell* a p. off ♦ ~ *falešně* play out of tune; ~ *z listu* sight-read music, play at sight **3** ~ > **se–, za–** *úlohu* act / play (the part of...) ~ **se** na jevišti be on, za sebou run* (for several nights), odehrávat se take* place ~ **si** > **po–** s *něčím* play with a t., povrchně dabble in a t., neodborně tamper with a t., nervózně fiddle with a t., neodpovědně trifle with a t., k ukrácení chvíle toy with a t., v mysli dally with a t. ~ **si** > za– **1** na co have a game of..., play (at) at a t., na nástroj play to o.s. **2** na koho act / play the ..., na jakého sham / feign o.s. s adj.

hravý playful, sportive; *-vě* snadno

hands down, with one hand tied behind one's back

hráz dike, dam, nábřežní wharf*; přístavní jetty, kamenná mole, přistávací pier

hraz|da (horizontal cross-)bar ♦ *visutá ~ trapeze* **–ení** v hokeji barrer, paluby bulwarks pl, plot corral

hrb hump, hunch **–atý** hump / hunch-backed **–ol(ek)** protuberance, bulge, bump, puckers (between one's eyebrows) **–olatý** rugged, bumpy

hrčet > **za–** rattle, rumble

hrdelní guttural, hlas throaty ♦ ~ *trest* capital punishment

hrdin|a hero **–ka** heroine **–ský** heroic **–ství** heroism

hrdlička turtle-dove

hrdlo throat, láhve apod. neck, přen. head, life ♦ *křičet z plna -la* cry at the top of one's voice; *pod ztrátou -la* under pain of death **–řez** cut-throat, thug

hrd|ost pride (*na co* of, in) **–ý** proud (of, in), haughty, conceited

hrn|číř potter **–čířství** pottery **–ec** pot, válcovitý jar **–eček** mug, (coffee) cup

hrnout shove, lopatkou shovel ~ *se* jako příval rush, surge

hrob grave, úpravný tomb ♦ *až do -u* till death us do part; *u -u* at the graveside; *uložit koho do -u* commit a p. to the grave **–ař 1** sexton, grave-digger **2** přen. wrecker **–ka** vault, pod budovou crypt **–ník** = *hrobař* **1 –ový** sepulchral, deathly (*ticho* deathlike silence)

hroch hippo(potamus)

hrom thunder(-clap) ♦ ~ *do toho!* damn it (all); *jako ~ (do police)* like a bull in a china shop; *jako by do něho ~ bil / uhodil* thunderstruck; *kdyby ~ bil* come what may; ~ *do tebe* the devil take you, to hell with you

hromad|a pile, heap, dump, stack ♦ *být na -ě* be down; *valná ~* general meeting / assembly **–it** > **na–** (ac)cumulate, heap (up), vršit pile (up), pro strategické účely stockpile, pro sebe hoard **–it se** > **na–** accumulate, build* up, pile (up) **–ný** collective, ve velkém wholesale, masový mass (e.g. audience, communication), v cestovním ruchu packaged (e.g. tour), bez třídění bulk, společný community, common *(zjev* phenomenon)

Hromnice Candlemas

hromo|bití rolls of thunder, pl, thunderstorm, nadávek shower **–svod** (lightning-) conductor / rod **–vat** > **za–** thunder **–vý** thundering, thunderous ♦ *-á rána* thunderclap

hroší: *mít ~ kůži* be thick-skinned

hrot tip, point, ostří edge, přen., geom. apex (pl apices), v. *jehla* v gramofonu **–itý** pointed **–ovník** pointed drill

hroud|a clod, velký kus lump of earth ♦ ~ *sněhu* snowball **–ovitý** lumpy

hroutit se > **z–** break* down, collapse, kácet se tumble down

hrozba threat, menace

hroz|en cluster, bunch, včel swarm **–inka**, **–inkový** raisin, korintka currant

hrozi|t 1 > **po–** threaten a p. with ..., být proti někomu menace a p. with a t. **2** být brzy k očekávání be imminent / impending **3** > **za–** make* a threatening gesture at a p., prstem apod. shake (one's finger / fist) *(komu* at a p.) **4 –t se** > **z–** *čeho* be horrified at a t., fear / dread a t., a couvat před tím shrink* back from a t. **–vý** threatening, menacing, -vého vzezření truculent

hroznový grape (e.g. sugar, cure)

hrozný terrible, hrůzný horrible, appalling **–š** anaconda, boa, python

hrst handful ♦ *vzít rozum do -i* have one's wits about one; *rozhazovat plnými -mi* spend money like water **–ka** handful (of people)

hrtan larynx

hrub|ián tartar **–nout > z–** grow* / get* coarse **–ost** crudity jednotlivý projev uncivility, vulgarity **–ozrný** coarse-grained **–ý** nevypracovaný coarse, nezpracovaný crude, neobrobený rough, nezušlechtěný a z nezušlechtění plynoucí rude, bez odpočtů gross, přibližný rough ♦ -á *bilance* rough balance, work-sheet; -á *chyba* blunder, howler; -á *lež* flat / barefaced lie; -á *mouka* wholemeal flour; ~ *náčrtek* rough (sketch); -á *nedbalost* gross / flagrant negligence; -á *odpověď* impertinent answer; -á (*domácí*) *práce* rough (housework); -á *urážka* outrage; ~ *žert* coarse / blue joke

hru|ď chest **–dník** chest, odb. thorax

hruška pear, strom p.-tree, hruškovitý konec pommel

hrůz|a horror, posvátná awe ♦ *až ~* dreadfully awfully; *jaký -ou* seized by terror, horror- / awe--struck / stricken; *pouštět -u* spread* terror, na koho bully / intimidate a p. **–ný** gruesome, appalling, awesome **–ostrašný** horrific **–ovláda** (reign of) terror

hry|zat, hrýzt obecně bite* (one's lips, nails etc.) hlučně champ, ukusovat nibble a v. *hlodat;* **–ení** gripes, pl, svědomí pricks / twinges of consience

hřát > o– n. **za–** give* out warmth pocit koho gratify a p. *~ se > p–* n. **za–** (get*) warm, warm o.s. (at the fire), na slunci bask (in the sun)

hřbet back, páteř backbone, spine, cokoli se zvedá ridge

hřbitov cemetery, zvl. venkovský churchyard, městské -y necropolis

hřeb bodec spike, pin, peg, ozdobný stud, = -ík ♦ *zlatý ~* highlight

hřebec stallion, stud horse

hřeben 1 comb **2** kohoutí, vln, střechy crest, hory apod. ridge

hřebí|ček 1 tack **2** koření clove **–k**

nail ♦ *uhodit ~ na hlavičku* hit* the nail on the head, hit* the bull's eye; *pověsit na ~* give* up a t.; *zatlouct ~* drive in a nail

hřejivý warm(ing), gratifying

hřešit > z– (commit a) sin, offend, bibl. trespass, na co take* undue advantage of a t.

hřib mushroom, odb. (edible) boletus

hříbě foal, do čtyř let colt

hříčka (a mere) game, (just a) play (on words = pun), výstřednost vagary, freak, toy

hřídel shaft ♦ *vačkový ~* camshaft, *zalomený ~* crank(shaft)

hřích sin, offence, trespass

hřímat > za– boom, roar, = *hřmít*

hříš|ek peccadillo **–nice, –ník** sinner **–ný** sinful

hřiště playground, sports ground, playing field, (football) ground, (golf) course, links, pl, cricket pitch

hříva mane

hřm|ít > za– thunder **–ot, –otit** din, rumble **–otný 1** thunderous **2** postavou robust, stout, burly

huba zvířat muzzle, o ústech trap, mug ♦ *držet -bu* shut* up; *~ mu jede* his tongue runs nineteen to the dozen; *mít mlsnou -bu* have a sweet tooth; *sušit -bu* dine with Duke Humphrey; *dát si -bu na zámek* tie one's tongue; *pro -bu, na -bu* tit for tat; *~ mu ujela* his tongue ran away with him

huben|ost thinness, slimness **–ý** thin, lean, slim, nevydatný scanty, meagr

hubička polibek kiss, cukroví meringue, hmku pot-lip, spout

hubit > vy– n. **z(a)–** destroy, exterminate, extirpate

hubnout > z– grow* thin / slim / lean

hubovat grumble, swear*, koho tell* a p. off, revile a p., pull a p. up, reproach, bawl a p. out, wig a p., give* a p. a piece of one's mind

hučet > **za–** drone, živly roar, potlačeně murmur

hud|ba music **–ební** musical ♦ ~ *automat* music(al) box, juke-box; ~ *sluch* musical ear, ear for music; ~ *komedie* musical, operetta; ~ *věda* musicology **–ebník** musician **–ebnina** (piece of) music; *-ny* (sheet)music

hudlař bungler, muffler

huhlat mumble

hukot drone, roar, murmur

hulákat > **za–** bawl, kick up a row, be noisy

hůlka wand, = *hůl*

hulvát lout, pouliční hooligan **–ství** hooliganism, raunch

hum|anismus humanism **–anita** humanity **–ánní** humane, charitable

humbuk humbug, make-believe, eyewash

humna village backyards, pl

humor humour **–ista** humourist **–istický** humorous, comic

huňatý shaggy, hairy

hurá hurrah

hus|a goose*, žena hussy, silly goose*

husit|a Hussite **–ství** Hussitism

huspenina brawn, meat jelly

hust|ota density, thickness **–ý** dense, thick

hu|ť (smelting) works, pl **–tnictví** metallurgy **–tník** smelter, founder

hutn|ost consistence, compactness **–ý** consistent, compact

hvězd|a star **–árna** observatory **–ář** astronomer **–ářský** astronomical **–ice** starfish **–icovitý** star--shaped, stellar (vaulting) **–ička** polygr. asterisk, (little) star, film. starlet **–natý** starry **–ný** stellar, ozářený svitem hvězd starlit

hvízd|at > **za–**, **–nout** whistle, na nástroj pipe

hvozd 1 deep forest 2 sladovny maltkiln

hyacint hyacinth

hýbat (se) v. *hnout (se)*

hybný působící pohyb motive, schopný pohybu mobile, živý lively

hýčkat > **z–** spoil*, feather-bed, pet, cosset, (molly)coddle, dote (up) on a p.

hydr|ant hydrant **–aulický** hydraulic **–ocentrála** hydro-electric power station **–oplán** seaplane, hydro, pl -s

hyena hy(a)ena

hygien|a hygiene **–ický** hygienic **–ik** hygienist, sanitation officer

hymn|a anthem **–us** hymn

hynout > **z(a)–** perish, postupně decay

hypn|óza, **–otismus** hypnotism **–otický** hypnotic **–otizér** hypnotist **–otizovat** hypnotize

hypochondr hypochondriac, valetudinarian

hypot|eční hypothecary **–éka** mortgage **–etický** hypothetical **–éza** hypothesis (pl -ses)

hýřit be lavish with, revel, v pitkách carouse ♦ ~ *barvami* blaze with colour(s)

hysterie hysteria

hyzdit > **z(o)–** deface, disfigure, přen. be an eyesore to a t.

CH

chabý feeble, faint, slack, vědomosti scant(y)

chal|oupka little cottage, am. cabin **–upa** cottage **–upář**, **–upník** cottager, cott(i)er

chamraď = *havěť*

chamtiv|ec grasping fellow **–ost** graspingness **–ý** grasping

chao|s chaos **–tický** chaotic

chapadlo zoo., bot. tentacle

chápa|t 1 > **pochopit** comprehend, get* at (the meaning of...), take* in, grasp ♦ *nepochopit* (věc) miss the point 2 **–t** > **uchopit** grasp, seize, sevřít grip, popadnout clutch 3 **–t se** > **chopit se** čeho get* / lay* / take* hold of a t., take* up **–vý** *pohyb* gripping, orgán prehensile, tvor bright, quick-witted ♦ *těžko* ~ slow of understanding, slow-witted, dense

charakter 1 povaha character, poctivý strong personality **2** osoba man* of high principles **–istický** characteristic (*pro* of), distinctive **–istika** characterization, characteristics **–ní** ...of principle, high--principled **–nost** adherence to (high) principles

chas|a servants, pl, men, pl, band, = *cháska*, lot, set, pack **–ník** stripling, na statku farm boy

chata hut, log-house*, cottage, weekend-house*, turistická chalet

chátra rabble, riff raff **–t > z–** wear* out, waste away, o nějakém zařízení, stavbě fall* into disrepair, dilapidate, mravně become* debased

chatr|č shanty, hovel, am. též cabin **–ný** flimsy, mean, shabby, zdraví a-pod. poorly, podřadný inferior

chcát > vychcat se vulg. piss

chcíp|at > –nout vulg. peg out

checht|at se > za– howl with laughter, guffaw **–ot** howling laughter, guffaw, laugh

chemi|cký chemical ♦ *-cké čištění* dry cleaning; *-cká čistírna* dry-cleaner's; ~ *ochranný prostředek* pesticide **–e** chemistry **–k** chemist **–kálie** chemicals, pl

chemonukleární chemonuclear

chichtat se > za– giggle, snicker

chiméra chim(a)era

chinin quinine

chirurg surgeon **–ický** surgical **–ie** surgery

chlad cold, chill, mírný coolness ♦ *uchovávat v -u* keep* a t. cold (or in a cold place)

chládek 1 agreeble cold **2** hovor. vězení jug

chlad|icí cooling, refrigerating **–ič** cooler, refrigerator, motoru radiator **–írna** cold store, coldstorage room **–it > o–** n. **z–** cool down /

off, silně chill, ledem ice, strojem refrigerate **–it se > o–** cool o. s. = *chladnout* **–nička** refrigerator, hovor. fridge přenosná icebox, cooler, **–no** = *chlad* **–nokrevnost** cold blood **–nokrevný** cold--blooded; *-ně* in cold blood **–nout > o–, vy–** n. **z–** cool off / down, become* cold **–ný** cool, až roztřásá chilly (e.g. greeting)

chlácholit > u– console, soothe, appease, calm (down)

chlap expr. fellow, chap, slang. bloke, am. guy **–ec** boy, lid. lad **–ecký** boyish **–eček** little boy **–ík** jolly good fellow, excellent chap **–ský** man's

chlastat tipple, booze

chléb bread, bochník loaf* (of bread), přen. living, livelihood ♦ *černý* ~ brown bread; ~ *s máslem* bread and butter; péci ~ make* bread: *vydělávat si na (svůj)* ~ earn one's daily bread

chleb|árna slang. ústa trap **–íček** (daily etc.) bread, obložený open sandwich, canapé **–odárce** employer, master

chlév (cow-)shed, pl cow-house*

chlípn|ík lecher **–ost** lechery **–ý** lecherous

chlívek pig-sty, am. hog-pen

chlopeň flap, klopa lapel, anat. valve

chlór chlorine

chlouba boast, chvástání bragging

chloupek little hair (o ~ within a hair)

chlubit se > po– pride o.s. (up) on a t., boast of / about a t.

chlup hair, koberce pile, látky nap, vada fault ♦ *vidět v čem -py* find* fault with a t.; *na* ~ exactly **–atý** hairy ♦ ~ *jazyk* dainty palate

chmel hop(-plant), jeho šištice hops, pl (*sbírat* ~ pick hops) **–nice** hopgarten

chmu|rný gloomy, grim, sullen, dull, dismal **–řit se > za–** gloom, frown, scowl, lour, am. glower

chmýří soft hair, down

chňap|at > –nout snatch, snap (po at)

chobot 1 savců trunk, i hmyzu proboscis 2 výběžek arm, lalok lobe –nice octopus

chod 1 chůze gait 2 pohyb course, run, work(ing) 3 jídla course ♦ být v -u be working / operating, be under way; uvést co do -u set* a t. working –ba corridor, spojovací hall(way), passage, okružní gallery –bička vagónu corridor, am. aisle –ec walker, pedestrian –idlo sole –it 1 sem tam walk about, go* on foot, pace (a room), stroll (about) 2 s kým be friends with a p., za kým follow a p., o zamilovaných walk (out) with a p., court a p., make* love to a p. 3 v čem wear* a t. 4 kam, pravidelně se účastnit attend (a t.), go* to ..., za úplatu take* (lessons etc.) a v. jít ♦ umí v tom ~ he knows the ropes; ~ jako po jehlách / špendlíkách be on tenterhooks; nechoď mi na oči don't let me see you again; ~ ke komu na stravu board with a p.; ~ po výkladech go* window shopping; ~ za školu cut* classes –ník brit. pavement, am. sidewalk, u silnice foot-path

chochol tuft, ptačí, helmice crest

cholera cholera

chomout (horse)-collar, přen. harness, yoke

chopit se v. chápat se

chór choir

choro|ba disease, malady, orgánu affection –bný diseased, sick, invalid, vzhled sickly, souvisící s chorobou morbid –boplodný infectious –bomyslný insane

Chorvat Croat ch–ský Croatian –sko Croatia

chorý invalid, sick, diseased, duševně insane a = chorobný

choť spouse, nadneseně consort

choulit se > s– crouch, cower, shrink*, cuddle up, k sobě huddle together

choulostiv|ost delicacy –ý delicate, sensitive

choutka liking, whim, fad, nezřízená lust

chov breeding (am. raising) of cattle, rearing, keeping (e.g. bee-k.), farming (e.g. poultry-f.) –anec, –anka ward, charge –at 1 v úkrytu shelter 2 s náklonností entertain, s láskou cherish (e.g. idea, ideals, hope), s neláskou harbour (e.g. suspicion); ~ úctu feel* respect 3 pečovat o co care (for a t.), uložením keep* a t., dobytek breed*, am. raise 4 obsahovat contain, keep* 5 > po– v náručí nurse (bude ~ she is in family way) ~ at se > za– jak behave, charakterově conduct / acquit o.s.; -ání behaviour, deportment, demeanour, conduct (špatné mis-) –atel (dog-, pigeon-, etc.) fancier, breeder

chrám temple, křesťanský cathedral, středověký u kláštera minster

chrán|ěnec, –ěnka ward, protégé(e) –it protect, krytím shelter / shield (před from), předem zajišťovat safeguard, útočištěm harbour, snažit se uchovat (i zvěř) preserve, aby nepřišlo vniveč save –it se čeho, před čím guard o.s. against a t., be on the guard against a t.

chrápat > za– snore

chrap|lavý hoarse, husky –ot hoarse voice, hoarseness –tět speak in a hoarse / husky voice, sound hoarse –tivý hoarse, husky, raucous

chrastí trash, z lesa brushwood

chrastit > za– rustle, kovově clatter, rattle

chrčet > za– rattle

chrchlat hawk, a vyplivovat cough up

chrli|č spouter, stav. gargoyle –t > vy– spout, throw* up, soptit vomit, belch out / forth, disgorge, pour forth

chrobák dung-beetle

chrochtat > za– grunt

chróm, –ový chromium

chromovat > po– chromium-plate

chromý lame, bezvládný limp

chronický chronic

chroptět > za– rattle

chroust cock-chafer, may-bug

chroustat crunch

chrout se > za– do čeho burrow into a t., huddle up in a t.

chrpa cornflower, bluebottle

chrt greyhound

chrup set of teeth ♦ *umělý* ~ denture

chrupavka gristle, cartilage

chryzantéma chrysanthemum

chřadnout > z– waste / wither away, trápením pine (away)

chřest asparagus

chřest|it > za– rattle, kovově datter **–ýš** rattle-snake

chřipka influenza, hovor. flu

chřtán throat; **do** -u down a p.'s throat

cht|ěný contrived, artificial **–ít** want, wish *(chtěl bych* I would like)* (s inf. *aby on* him to s inf); co (věc, mít ji) want, will* have, wish for a t., co od koho, na kom, po kom ask a t. of a p., ask for a t.; mít v úmyslu be going to s inf, být ochoten will *(nechtít*, vzpírat se, refuse) ♦ *co čert nechtěl* as luck would have it; *chtě(j) nechtě(j)* willy nilly; ~ *mermomocí* insist (on a t., on -ing) **–ít se:** *někomu se chce > zachce a p.* feels like -ing a jako, chtěl bych ♦ *to by se mi (tak) chtělo* no ideal

chtiv|ost graspingness, avidity, greed, covetousness **–ý** greedy, covetous, chtějící dosáhnout desirous of a t., eager for a t.

chud|áček poor thing / soul **–ák** poor man* / fellow **–ičký** indigent, wretched **–ina** poor people, the poor, pl **–inka** = *chudáček* **–nout > z–** become* / grow* poor **–oba** poverty, indigence **–ý 1** poor, poverty-stricken, indigent, needy **2** nemající poor (*na* co

in), nepřiměřený scanty, inadequate

chuchvalec ball, bunch, lump, pra- chu fluff, sražený clot

chuligán tearaway, hooligan, row- dy

chum|áč 1 = chuchvalec **2** dýmu, vlny a- pod. flock, vlasů, travin tuft, slámy a- pod., plamene wisp, houští apod. cluster **–elenice** snow-storm, dlouhá blizzard, lidí dense crowd **–elit se** > **za–** mill, eddy; *-lí se* it is snowing heavily, there is a heavy snowstrom (outside)

chundelatý shaggy

churav|ět be ailing, be in bad health, na co, čím suffer from a t. **–ost** poor, ill, bad health **–ý** invalid, sick

chu|ť něčeho taste, charakteristická flavour, ostrá savour; požitek relish záliba fancy (*na co* for), silné chtění zest, appetite, až živočišné urge, am yen (for a t.); chuť k jídlu appetite ♦ *být komu po -ti* be to a p.'s liking být při -ti have appetite; *děla komu -ti* make* a p.'s mouth wa ter; *dostat, mít* ~ *na co* be inclined / bent / disposed to do a t., have a mind to s inf **–tnat 1** jak taste (s adj. *po čem* of), smack (*po* of) **2 > o–** taste, zálibně relish **3** : **za–** appeal to a p.'s palate, zprav a p. relishes a t., enjoys **–tnat s** > **po–** enjoy / relish a t. **–tny** palatable, toothsome, dainty, ho vor. tasty; pikantní savoury **–ťový** .. of taste, odb. gustatory

chůva (dry) nurse, nanny

chůze gait, pace, walk(ing), spor walk(ing race)

chvál|a praise, okázalá laud; rozvážné commendation ♦ ~ *bohu* thank God; *vzdát komu -u* bestow praise (up)on a p. **–it > po–** praise a. p., uvážlivě commend oslavovat glorify, vynášet extol(l) ♦ *nechval dne před večerem* don' hallo till you are out of the woo **–it si** be happy (to have...) speak* highly of a p. / t.

chval|itebný = *chvályhodný* **–ně**
známý renowned **–ozpěv** eulogy,
přen. build-up

chvályhodný praiseworthy

chvástat se brag (*čím* (of) a t.)

chv|at hurry **–átat 1** (be in a) hurry
2 na co urge a t. **3** s čím expedite a
t. **–atný** hurried, rapid, zběžný cur-
sory, desultory

chvět (se) > **za–** houpavě sway, o
něčem zavěšeném oscillate, v otřesech
vibrate, třást shake*, třepetat waver,
wag; (**~ se**) nedostatkem stability tot-
ter, silným citem tremble, chladem
shiver, hrůzou, odporem shudder **~
se** o koho be in fear for a p.

chví|le while, moment, instant,
určitá occasion, vhodná opportuni-
ty, the time ♦ *dlouhá* **~** boredom,
tedium; *mám dlouhou* **-li** I am
bored; *každou* **-li** any moment;
na **-li** (for) a moment; *za* **-li** before
long

chvilk|a a little / short while **–ový 1**
transient, passing, momentary,
vracející se intermittent **2** vrtošivý
capricious **3** vrtkavý fickle, incon-
stant

chvost bushy tail, brush

chyb|a mistake, závažná blunder, za-
viněná fault, omyl error; závada de-
fect, kaz flaw, sport. *osobní* **~** foul,
výpoč. tech. bug; vychytat **-y** debug ♦
~ *lávky* you're out!, not at all!; **-y**
tisku Errata, Corrigenda **–ět** be
missing / absent; někomu něco **-í** a
p. lacks / is short of a t., **~** do úpl-
nosti want ♦ *co ti* **-í?** what is
wrong with you?; *to nám (ještě)*
-ělo this is the limit **–ička** slip,
slabost foible **–it** < **–ovat** make* a
mistake, závažně blunder, sejít z ces-
ty go* astray, err **–it se** *čeho* miss
a t. **–ný** mistaken, mylný errone-
ous, nesprávný wrong, incorrect,
nedokonalý imperfect

chýlit (se) > **s–** incline, shrbeně
stoop, nechat viset droop; (**~ se**)
come* near to a t., ke konci draw*
to a close

chystat (se) > **na–, při–, s–, u–**
prepare, make* ready; arrange
for a t., **~ se** make* arrange-
ments; **~ se**, zamýšlet s inf, be going
to s inf, někam make* for (a place);
~ se = *být připravován* be in
preparation

chýše shanty, hut

chyt|it (po– / **s–chytat)** < **–at 1**
catch*, s násilím seize, kořist take*,
do tenat (en)snare, do pasti (en)trap,
do sítě net; popadnout lay* hold on a
t., take* hold of a t.; postihnout af-
fect, hit*, attack, infect; míč gath-
er; stihnout catch*, dohonit catch*
up with a p., overtake* a p.; přijí-
mačem pick up; uchvátit koho take*
(on) a p., catch* a p.'s fancy **2**
vznítit se catch* / take* fire ♦ **~** *ko-
ho za slovo* take* a p. on his
word **–it se** < **–at se 1** uváznout
get* caught, přilnutím cling* (to a t.)
2 čeho, za co catch* at a t., neřesti
take* to a t. **3** ujmout se take* (rostl.
take* root, strike*), nechat se zlákat
swallow the bait **4** mezi sebou, pohá-
dat se s kým fall* out with a p. ♦ *-it
se za hlavu* clasp one's head; *-it
se za nos* think* better of it; *-it se
toho (využít to)* fall* to it, not let*
it slip

chytr|ácký tricky, subtle, cunning,
foxy **–áctví** trickery, cunning **–ák**
clever / shrewd fellow, sly dog /
fox / old fish, am. coon **–ost** bril-
liance / -ncy, cunning, clever-
ness, brightness, smartness **–ý**
clever, slibně bright, dovede se prosa-
dit smart, plný vědomostí knowing,
důmyslný cunning, vynalézavý inge-
nious, vrozeně pronikavý shrewd ♦ *z
toho nejsem* **~** I can't make head
or tail of it

I

i *conj* and, as well as *i-i* both - and;
také also; dokonce, třebas even, *i
když* / *kdyby* even if ♦ *interj i
hleďme!* why, však well ♦ *i toto, i*

kdepak not at all, not in the least
ide|a idea **–ál** ideal **–alismus** idealism **–alista,** **–alistický** idealist **–ální** ideal, nezištný self sacrificing, pomyslný imaginary, visionary
identi|cký identical **–fikace** identification, obraz. taking fingerprints **–fikovat** identify **–ta** identity
ideolog ideologue **–ický** ideological **–ie** ideology
idiot moron, idiot, hovor. goon **–ský** moronic, idiotic
idyla idyll
igelitový *plášť* (plastic) mac(k)
ignor|ant ignorant person **–ovat** disregard, ignore, koho cut* a p. (dead), cold-shoulder a p.
ihned = *hned*
ilegální ilegal
iluminace illumination
ilustr|ace illustration **–ovat** illustrate
iluz|e illusion, pipe-dream **–orní** imaginary, illusory
imatrikulovat (se) matriculate
imit|ace imitation, counterfeit, han. fake **–ovat** imitate, osoby burlesque, take* off
imper|ativ imperative **–ialismus** imperialism **–ialista,** **–ialistický** imperialist
inform|ace information (bez pl), služba i. service (i. Inquiries) **–ační,** **–ativní** informative, (...of) information **–atika** informatics **–átor(ka)** informant, zaměstnanec information officer **–ovat** inform (*koho o a p. of*), veřejnou formou notify (a p. of), am. put* a p. wise, hovor. put a p. in the picture, instruovat brief a p. **–ovat se** inform o. s. (*o on, upon*), find* out about a t., make* sure about a t.
infrazvuk infrasound
iniciativ|a initiative **–ní** initiative, pushing, full of initiative, enterprising, podnětný stimulative **–nost** enterprise
injek|ce injection, hovor. shot, jab **–ční** *stříkačka* syringe, *jehla* hy-

podermic needle
inkaso collection **–vat** collect, cash in, take* in
inkoust ink
inkvizice inquisition
inovace innovation
inscen|ace staging, nastudování production **–ovat** stage
inseminace (artificial) insemination
insp|ekce inspection **–ektor** inspector **–icient** stage manager
inspir|ace inspiration **–átor** instigator **–ovat** inspire
instal|ace 1 installation **2** instalatérská fitting(s, pl) **–atér** plumber, plynovodu gas-fitter **–ovat** instal(l), zvl. elektřinu set* up, zavěst fit, am. fix, zařídit podnik establish
instance úř. postup competent authority
instinkt instinct, flair **–ivní** instinctive
institu|ce institution **–t** institute
instruk|ce instruction(s, pl), brief(ing) **–táž** briefing, politická teaching **–tivní** instructive **–tor** instructor, sport., voj. coach, domácí private tutor
instruovat instruct, brief, coach
intelektuál, **–ní,** **–ský** intellectual, (-ský) egg-head, highbrow
inteligen|ce 1 intelligence, hovor. brain **2** skupina lidí educated class, intelligentsia ♦ *umělá* ~ artificial intelligence; *zkouška* ~ intelligence test (*podrobit koho* -šce ~ give* a p. an I.Q. test) **–tní** intelligent
intenzívní intensive
interesantní interesting, am. hovor. cute
interiér inside, interior
internacionál|a international(e) **–ní** international
intern|ační *tábor* detention camp **–át** boarding-house*, hostel, hall of residence **–ovat** intern; **–ovaný** internee
interpunkce punctuation

interval interval

interven|ce intervention **–ovat** intervene, plead (*za* for), speak* for a p., intercede

intimní intimate ♦ ~ *přítel* bosom friend

intráda flourish

intrik|a intrigue; plot, scheme **–án** intriguer, plotter, schemer **–ovat** intrigue, plot, scheme

invalid|a invalid (zvl. i. soldier) **–ita** disability, invalidism **–ní** disabled, invalid (~ *důchod, zabezpečení* disability pension)

invaze invasion

invent|ář inventory, stock **–arizovat, –ovat > za–** inventory, take* stock of a t. **–ura** stocktaking ♦ *provádět -uru* take* stock (of a t.)

invest|ice, –iční investment ♦ *-iční výstavba* capital construction **–ovat** invest, put* money in; přen. put* (e.g. much energy in)

inzer|át advertisement, hovor. ad **–ce** advertising **–ovat** place an advertisement (in a paper, *co* for a t.)

inženýr(ka) engineer **–ství** engineering

ion ion **–izovat** ionize

Ir Irishman*

ironi|cký ironic(al) **–e** irony (*osudu* of fate) **–zovat** speak* ironically, treat a p. / t. with irony / ironically

Irsk|o Ireland, dnešní úř. Eire **i–ý** Irish

ischias sciatica

Island Iceland

It|al Italian **–álie** Italy **i–ský** Italian

izol|ace isolation, fyz., elektr. insulation **–átor** insulator **–ovat** isolate, odloučit detach, fyz., elektr. insulate **–ovat se** cut* o.s. off from the world, live in isolation (from the world)

izomér isomere

izotop isotope

Izrael Israel **i–ský** Israeli

J

já I ♦ *pro mne za mne* I don't mind; *vlastní* ~ one's ego

jabl|ko apple ♦ *rajské* ~ tomato; ~ *sváru* bone of contention; *kousnout do kyselého -ka* swallow a bitter pill **–oň** appletree

jad|erný nuclear **–rnost** pithiness, vigour, substantiality **–rný** pithy, hearty, robust, sloh racy

Jaderské *moře,* **Jadran** Adriatic (Sea)

jádro 1 kernel, drobné pip **2** síla vigour, pep, osobnosti mettle **3** tech., voj., stav. core, biol., fyz., geol., hvězd. nucleus, přen. gist, point, nub (of a story), core (of a subject), střed heart

jahod|a, –ový strawberry

jacht|a yacht

jak how (ale: *jak to vypadá?* what is it like?); *(tak)* jak as; jakmile as (soon as); *jak - tak* both - and; po slovese vnímání -ing (I saw him jumping out), pod. I remember him -ing; ve vedlejší větě = způsob, jak the way... (the way he looks at me); = *jestliže, když* ♦ *buď* ~ *buď* anyhow; ~ *kde* n. *kdy* as the case may be; *ponejprv* ~ ... first (that) ..., *posledně* ~... the last time...; ~ *se sluší a patří* duly; ~ *ty mně, tak já tobě* an eye for an eye, a tooth for a tooth, tit for tat **–koli(v)** however **–mile** as soon as **–o** like, ~ *se stává* as (it were), před vedlejší větou as; jakožto as, in the capacity of...; příkladně (such) as, jakož i as well as ♦ ~ *by* as if, as though; *podobný* ~ similar to... **–ost** quality **–ostní 1** qualitative **2** výborný first-rate, -class, -quality **–ož i** as well as **–ožto** as, ~ *se patří* thorough, -ly, hovor. businesslike **–si** somehow, tak nějak so to say, kind of, sort of, do jisté míry to a certain extent ♦ ~ *taksi* more or less

Jakub James

jak|ý 1 být what kind / sort of..., v jakém stavu how **2** s jiným slovesem what kind / sort of... ♦ ~ *div* no wonder; *-á pomoc* nothing doing; *-é řeči no* idle talk; ~ *strach* no fear **-ýkoli(v)** any, ... of any kind / sort, hovor. no matter what, whatever, při výběru whichever; *ať je* ~ whatever he may be like **-ýsi** some, a (certain) **-živ** always, v záp. never (in one's life), v. ot. ever, odjakživa since one's birth **-ž takž** so so, tolerably, passably

jalov|ice heifer **-ý** barren, sterile, nicotný idle

jáma hollow, pit, doupě hole ♦ ~ *lvová* lion's den

jamka little hollow, shallow depression

Jan John **-a** Joan, Jane

Janov Genoa

jantar, -ový amber

Japon|ec, -ka, j-ský Japanese **-sko** Japan

jarmark fair, nepořádek pretty mess

jar|ní spring *(úklid* cleaning) **-o** spring

jařmo yoke

jas brightness, bright shine

jasan 1 ash (-tree) **2** slang. I see, of course

jása|t > za- rejoice, vnitřně exult, vítězně triumph, v davu jubilate **-vý** merry, rozjařený hilarious, jasný bright

jasmín 1 jessamin(e) **2** český lid. mock-orange

jasn|ět > z- grow* bright / clear **-it se > vy-** clear up **-o 1** (broad) day-light, bright (sky), clear weather **2** clearness, clarity ♦ *je mezi námi* ~ we are clear about it; *mít v čem* ~ know* where one is with a t.; *zjednat* ~ make* things clear **-ý** clear, radostně serene, zvonivě ringing, zářivě n. křiklavě bright; zřejmý clear; vydávající mnoho světla, plný světla bright

jásot rejoicings, pl, triumphing, exultation, v davu jubilation *

jat|ka, -ky slaughter-house, abbatoir, přen. shambles, pl **-ečni** of the slaughter-house* / abbatoir

játr|a, -ový liver, sg

javor, -ový maple

jazyk 1 tongue, sídlo chuti palate **2** řeč language, osobitý idiom, bez ohledu na normu tongue, mluvená podoba jazyka speech ♦ *držet* ~ *za zuby* hold* one's tongue; *mít co na -u* have a t. on the tip of one's tongue; *mít co na srdci to na -u* wear* one's heart on one's sleeve; *zlí -ové* wicked tongues **-ověda** linguistics **-ovědný** linguistic **-ový 1** med. lingual **2** o výuce language (e.g. course)

jé oh

ječet > za- yell, shriek, screech, scream

ječ|men, -ný barley ♦ *-né zrno* barleycorn, na oku stye

jed poison, zvl. živočišný venom ♦ *vzít na co* ~ take* one's Bible oath (up)on a t.

jeden one, **jedny** (u pomnožných) a pair of..., one set of... *(šaty* one suit of clothes); samý all, nothing but; dosud neznámý a(n) ♦ ~ *-druhý* one - another; *být zajedno* be one (in mind); *do jednoho* to a man; *jedno k druhému* the one with the other; *jedno po druhém* one by one, one after another; *jedna dvě* in a moment; *ještě* ~ another, one more; *v jednom kuse* at a stretch; *po jednom* singly; *dávat do jednoho pytle* lump together, make* no distinction; *jedna radost* a pleasure; *táhnout za* ~ *provaz* pull together; *jednou ranou* at a blow; *být jedna ruka s kým* be hand in glove (with a p.); *jedním dechem* in a breath; *jedním slovem* in a word; *jedním vrzem* all at once; *na jedné straně - na druhé straně* on the one hand - on the other hand; ~ *jako druhý* (all) alike, all / both the same; ~ *za druhým* one

by one **–áct** eleven **–áctina**
eleventh (part) **–áctka** eleven (e.g.
football e.)
jedin|áček only child* **–ě** alone
solely, merely **–ec** individual **–eč-**
nost individuality, unique char-
acter **–ečný** unique, matchless,
singular **–krát** only once, the on-
ly time **–ý** only, sole ◆ *ani* ~ not a
single
jedle fir
jedl|ík eater, zdravě velký a hearty
eater **–ý** edible
jednací ... of the proceedings / a-
genda, of business ◆ ~ *číslo* file
number; ~ *pořádek* agenda; ~
řád rules of procedure, order of
the proceedings; ~ *řeč* official
language, konference working lan-
guage
jednak partly, in part
jedn|ání 1 action, chování behaviour,
conduct, zacházení treatment; schů-
ze proceeding(s, pl), agenda; řízení
business, se stranami dealings, pl **2**
dějství act **–at 1** též na scéně act (*za*
koho for a p.), chovat se behave,
conduct o.s., s kým treat a p. (špat-
ně ill-, mal-, mistreat) **2** odehrávat se
kde have one's scene set **3** = *vy-*
jednávat **4** *jedná se o, jde o co*
this is the question, projednává se it
is under discussion; *o co se jed-*
ná what is the matter **–at > po–** *o*
čem discuss a t., deal* with a t.
–at > s– n. **vy–** arrange a t.,
napevno fix, settle **–at > z–** *koho* k
práci engage, hire a p. **–atel** a-
gent, makléř broker
jednička (number) one ◆ *samé -ky*
full marks, am. straight A
jedno|aktovka one-acter **–buněč-**
ný unicellular **–duchost** simplic-
ity **–duchý** simple, pouze pro jedno
...single (e.g. bed, ticket = *a sin-*
gle) **–litý** compact **–lůžkový** *po-*
koj single room **–myslný** unani-
mous **–patrový** two-storeyed
–směrný one-way, single-line
–stranný one-side, o člověku one-

tracked, polit., odb. unilateral **–ta**
unity, sdružení union, dobrovolná as-
sociation **–tit > s–** unite **–tka** u-
nit, vyučovací period **–tlivec** indi-
vidual **–tlivost** separate / individ-
ual thing, point, v celku item, par-
ticular **–tlivý** single, v sledu suc-
cessive, oddělený separate, určitý
particular, individual **–tnost** uni-
formity **–tný** uniform, povahou n.
funkcí homogeneous, slaďěný ve
složkách consistent, sjednocený unit-
ed, unified ◆ *-né ceny* uniform
prices, *-né číslo* singular **–třídka**
one-room school **–tvárnost** mo-
notony **–tvárný** uniform, monot-
onous **–u** once, v budoucnu some-
time, am. someday; ~ - ~ now -
now ◆ *ještě* ~ once more; ~ *pro-*
vždy once for all / for always; ~
za čas once in a while **–veslice**
sculling boat, (single-) scull(er)
skiff **–značný** unambiguous
–ženství monogamy
jedovatý poisonous, venomous
jehl|a needle, u gramofonu též stylus,
bodec též pin, ozdobná pin, podpatek
stiletto* (-heel, s.-heeled shoes)
◆ *být jako na -ách* be on tenter-
hooks; *ucho -y* eye of a needle
–an pyramid **–ice** pin, list needle /
-leaf*, pletací drát knitting needle
-ičí (-leave)s, pl **–ičnatý** *strom*
needle-leaved tree (častěji conifer)
◆ *-tá koupel(ová sůl)* pine salt
–ový needle (e.g. ložisko roller)
jehně, –čí lamb
jehněda catkin
jeho his,...of his **–ž(to)** whose
jej|í her, ... of hers **–ich** their, ...of
theirs **–ichž(to)** whose **–íž(to)**
whose
jelen hart, stag ◆ *jsem z toho* ~ I
am flummoxed by it
jelikož inasmuch as, seeing / con-
sidering (the fact)
jelito black pudding, blood-
sausage, podlitina weal, wale
Jemen Yemen
jemn|ocitný delicate of feeling

–ost fineness, delicacy, refinement, nicety, softness **–ozrný** finegrain **–ý** fine, soft, thin, delicate, gentle, mild, airy, subtle; balmy, vybraný exquisite, choice, dainty

jen only, pouze merely, hovor. se slovesem just, ~ *a* ~ wholly; ~ ... *už* ... hardly / scarcely / no sooner ... than ...; v otázce se zájmem n. táz. příslovcem ever (where ever did you lose it?) ♦ ~ *aby ne-* ... see that you do not ...; ~ *co* / *jak, jak(mile)* ~ directly, as soon as; *přece* ~ after all, yet; ~ *tak* bez formalit informally, casually; ~ *tak (tak) že* ... hardly, scarcely, právě ještě barely **–om** only, barely, solely **–ž** = *který* **–že** yet, however

jeptiška nun

jeř|áb 1 pták, stroj crane, jednoduchý stroj derrick **2** strom mountain-ash, rowan(-tree) **–abina** rowan (-berry) **–ábník** crane-operator

jeseň autumn

jeskyn|ě, –ní cave *(člověk* caveman*, cave-dweller)*

jesl|e 1 žebřinové crib, žlabové manger **2** opatrovna (day) nursery, créche **–ičky** = *betlém*

jestli 1 = *zdali* **2 –že** if

jestřáb (gos)hawk, přen. polit. hawk **–í** hawkish

ješitn|ost vanity, conceit **–ý** vain, conceited

ještě s komparativem even, yet, still, stále ještě still, yet, dokonce even, aby to bylo úplné still (we have still a mile to go); s číslovkou (kolik) yet; s táz., neurč. a zápor. výrazy ...else (what, anything, where else), jinak too, as well (Paul will come, too); prozatím yet, thus far, doposud as yet, still, hitherto; což není tak dávno only; právě this very (~ *dnes* this very day) ♦ ~ *než* before; ~ *teď* even now / yet; ~ *že* it's a comfort to see... it's not as if... not (It's a comfort you are here = It's not as if you were not here)

ještěr lizard, pohádkový dragon, okřídlený wyvern, saurian **–ka 1** lizard **2** vozík dodgem

jet 1 angl. jako „jít" v. také *jezdit* **2** pravidelným dopravním prostředkem take*, am. ride* (a train, a bus), o takovém prostředku be bound (for a place) **3** vsedě obkročmo ride* (on horseback a horse, on a bicycle or toboggan) **4** a řídit / udávat cestu drive*, am. ride* (in one's car, in a cab, jednotlivým vozidle) jinak ride* (in a friend's car, on a bus, ale go* by train) **5** o vozidle, plavidle go*, travel, move, proceed **6** rychle n. hladce se pohybovat run*, slide*, do čeho get* into a t. **7** klidit se get* along **8** hovor. na koho, po kom have a grudge / spite against a p. **9** hovor. chutnat be according to one's palate / taste / liking ♦ ~ *na bruslích* skate; ~ *na lyžích* ski; ~ *na sáňkách* toboggan, *z kopce* samotíží coast; ~ *o závod* race

jetel clover, bílý shamrock

jev phenomen|on (pl -na) **–iště** stage, dějiště scene **–it > pro–** show* zřetelně manifest, okázale display, na důkaz něčeho evidence, city demonstrate, odhalit reveal **–it se** present o.s., show* up *(ne-* be in abeyance), appear (as...), become* evident

jez weir

jezd|ec rider, voj. cavalryman*; šach. = *kůň* **–ecký** riding, equestrian, voj. cavalry ♦ *-ecká socha* equestrian statue **–ectvo** cavalry **–it** pravidelně go*, patronize / frequent a place, am. habituate a place, vytrvale haunt a place; o dopravním prostředku run* (to...), ply (between...and...); v. *jet* **–kyně** horsewoman*

jezer|ní (... of the) lake **–o** lake, ve jménech, rozsáhlé sea (Caspian Sea)

jezev|čík dachshund **–ec** badger

Jezulátko Infant Jesus, Christ Child, soška bambino*

jež|atý prickly, bristly, spinous **–ek** hedgehog, účes crewcut **–ibaba** witch

Ježíš Jesus

ježíš(marja) good gracious, good Lord, am. gee, holy Christ **–ek** dar Christmas present / box; *Jezulátko* (v anglosaských zemích je Santa Claus)

ježit se > z– bristle, stand* on end

ježto since, inasmuch as

jho yoke

jícen gullet, ústí mouth, sopky crater, přen. chasm, abyss

Jidáš Judas

jíd|elna dining-room, -hall, restaurační lunchroom, café, nábytek dining suite **–elní** eating, restaurační dining (e.g. car = diner, hall) ♦ ~ *kout* recess; ~ *lístek* menu **–lo** food, pravidelné meal, kuch., jednotlivé dish, předepsané diet ♦ *chuť k –lu* appetite; ~ *a pití* meat and drink; ~ *v konzervě* ready-made dish; *vstát od –la* leave* the table

jih south (na -u in the south, na jižní hranici on the south) **–ovýchod** / **–ozápad** south-east / -west (**–ní** -ern)

jikra (též pl) spawn, fish egg; pl hard roe, sg

jíl clay

jilm elm(-tree)

jímka pit, box, na pitnou vodu reservoir, odpadová cesspool, dopravní container, crate

jin|ak otherwise ♦ *nemohu ~ než* I cannot but ... **–am** somewhere else, to a different place, elsewhere (*nikam ~* to no other place) **–de** elsewhere ♦ *někde ~* somewhere else

Jindřich Henry

jindy at some other time, po druhé another time, příště next time; dříve before, formerly ♦ *kdykoli ~* any other time; ~ *předtím* (at) any time before; *než kdy(koli) ~* than ever before

jíní = *jinovatka*

jino|ch young man* **–šský** adolescent

jinovatka hoarfrost

jin|udy by another way **–ý** other, také změněný, lepší different (*než* from); za táz., neurč. n. záp. zájm. else; *jiní ne* no(ne) others, *každý jiný* any other (man) ♦ *mezi -ým* among others; *něco -ého když* / *kdyby...*it's not as if.. .; *být v -ém stavu* be pregnant, be in the family way; ~ *svět* the other world

Jiří George

jiřička martin

jisk|ra spark ♦ ~ *naděje* shred of hope **–rný** sparkling **–řička** spark(let) **–řit (se) > za–** sparkle, proudem scintillate, výbušně coruscate, vydávat jiskry, zvl. elektr. spark **–řivý** ♦ = *-rný*

jíst > najíst se 1 eat*, o pravidelném jídle have / take* one's meal(s) **2 > sníst** eat* (up), polévku drink*

jist|ě certainly, bezpečně safely, věru surely; se slovesem be sure to s inf, s určitostí for sure, patrně must* s inf; no doubt, undoubtedly, I daresay, I am sure, to be sure ♦ *pomalu, ale ~* slowly, but surely **–ěže** no doubt, undoubtedly, am. sure **–ota** certainty, přesvědčení sureness, assurance, pevnost firmness, steadiness, nerozpačitost confidence, sebevědomá self confidence, klid self possession; bezpečnost safety, subjektivní pocit bezpečí security **–ý 1** zřejmý vzhl. k objektivním faktům certain, přesvědčený sure (of a t.), neselhávající unfailing **2** určitý, blíže neoznačený certain **3** nerozpačitý confident **4** bezpečný safe (*proti, před* from), subjektivně secure **5** zaručený, pravidelný regular (e.g. income) **6** spoléhající se, jistý assured ♦ *buďte jist* you may rest assured; *být si jist svou věcí* speak* with authority; *po jisté době* after a time; *do -té míry* to some measure / extent: *mířit -tě* take* a sure aim; *nebýt si jist životem* be

in danger of one's life
jíška browning, browned flour
jít, iter. **chodit 1** go*, sem, se mnou, s námi come*, zvolenou cestou pass (kudy a t.); pro co (go* and) fetch **2** kráčet walk **3** továrna apod. work, operate, stroj též go* **4** prodávat se sell* **5** sahat až kam extend, reach, stretch (to...), o ceně amount to **6** vést někam go*, lead*, dveře apod. open (into), okno do ulice face a t. **7** slušet suit, padnout fit (a p., to a t.); jít k tomu go* with a t., v souladu match a t. **8** na co go* (on a visit, to a concert), přinést to (go* and / to) fetch, sbírat, lovit go*-ing, na koho, obtěžovat annoy a p., útočit attack a p., o pocitu I feel* like -ing, hungry, sleepy etc. **9** o co jde what is the matter, what is at stake **10** za koho ve funkci stand*, v převlečení act (as... or the...) **11** za čím n. kým follow (za sebou follow, jdoucí za sebou successive, running) ♦ ale jdi! go on! really? jde mu to he is good at it; ~ do civilu go* into civvy street; ~ do ciziny go* abroad; ~ do háje go* hang; učení mu nejde do hlavy he is slow to learn; ~ do hloubky go* deep; ~ do kláštera žena take* the veil, muž take* orders; ~ do pense retire (on a pension); ~ do podrobnosti go* into detail; ~ k divadlu go* on the stage; ~ komu k duhu agree with a p.; hlava mi jde kolem I am giddy; ~ komu do krámu fit in with a p.'s plans; to půjde it'll go; jde na (kterou hodinu) it is getting on..., ~ mu na (jaký věk) he is reaching (fifty), is in his (fifties); to nejde it won't do / go; ~ k soudu go* to law; ~ k srdci move a p.'s heart; ~ k věci get* / go* / come* down to brass tacks; ~ ke zkoušce sit* (for) an exam(ination); ~ na dračku sell* like hot cakes; ~ jako na drátku work well; ~ čemu na kloub get* to the root of a t.; ~ na kořen čeho

strike* at a t.; jde mu to na mozek it is driving him silly; ~ na námluvy go* a-wooing; ~ napřed go* first, lead* the way; ~ komu na ruku smooth the way for a p.; ~ na stranu **1** stranou step aside **2** na stolici / moč go* to the loo, go* to ease / relieve one's bladder / o.s.; ~ na tloušťku be putting on weight; ~ na vojnu enlist, join the army; ~ komu naproti go* to meet a p.; ~ komu na nervy get* on a p.'s nerves; ~ na odbyt sell* well have a good sale; meet* with a ready sale; ~ komu na pomoc hasten to a p.'s rescue / aid / assistance; ~ na procházku go* for / take* a walk; to mi nejde na rozum it beats me; ~ z ruky do ruky change hands; ~ po svých go* about one's business; ~ po špičkách (walk on) tiptoe; ~ do toho go* at it (blind or the whole hog); ~ do živého go* to the quick: musím už ~ I must be off; jde mi o něco jiného you are missing my point; jde o to, že... the point is that...; jde mi o život my life is at stake; šlo ji to od ruky she was a dab hand at it; ~ po dobrém take* an easy / smooth course; ~ po stopě follow a track; ne- daleko pro odpověď be always ready with an answer; ~ s duchem času be / keep* abreast of the times, be up to date; ~ (rovnou) za nosem follow one's nose
Jitka Judith
jitrnice sausage
jit|ro morning **–řenka** morning star
jitřit > (ro)z- irritate, stir, rankle
jitřní (early) morning
jizba room, chamber
jízd|a 1 obkročmo n. vozidlem, kde si určujeme cíl ride, pravidelným spojem journey, am. ride, výlet excursion, outing, am. ride **2** jezdectvo cavalry, horse, pl **–árna** riding-school **–enka** ticket **–né** fare, cestovní vý-

daje travelling expenses, pl **–ní** mounted *j. policie* m. police ♦ ~ **dráha** carriage way, roadway, am. pavement; ~ **řád** railway time table, lodní (am. i železniční) schedule, kniha railway guide

jízliv|ost spitefulness, malice **–ý** malicious, spiteful

jizva soar

již 1 překvapivě brzy already (angl. často jen perfektní čas), mezitím už by now, by this / that time **2** již kdy as early as **3** sám, pouhý, i jen the very... **4** v otázce = v prošlé době yet (is she coming yet?); v záporu no longer, not ... any longer, víckrát ne never more / again **5** nadto (za zájmeny) else (nothing else) ♦ *je tomu ~ ...* it is... now; ~ *teď* even now; ~ *zase* once more, again ~ *již:* be on the point of -ing

již|an southerner **–ní** southern, South..., pohyb a jeho výsledek southerly, čelem k jihu southward

jmelí mistletoe

jmění property, fortune, práv. estate, kapitál assets, pl

jmen|iny name(s)day **–ný** nominal ♦ ~ *seznam* index / list of names

jméno name (-*em* by name of..., v zastoupení in the name of..., on behalf of...)

jmenov|at call (a p. / t.) **–at se** be called (am. named) (cf. his name is..., tell me your name) **–at** koho čím appoint, designate a p. as..., am. name a p. / t. **-at > po–** koho name, give* a name (*po kom* after, am. for) **–at > vy–** name, enumerate **–atel**, denominator (společný common d.) **–ec** namesake **–itý** explicit, specified; znějící na to nominal (e.g. value)

jmout se kniž. = *začít* n. *chopit se*

jód, –ový iodine

jogurt yoghurt

Josef Joseph

jsoucnost existence, podstata essen

jubile|jní, –um anniversary, vždy po 25 letech jubilee

judo judo

Jugosláv|ec Jugoslav **-ie** Jugoslavia, Y(o)ugoslav(ia)

juná|cký youthful, statný stalwart **–k** youth, hero; scout

junda lid. fun

junior, –ský junior

jurista jurist, lawyer

justiční... of justice (omyl miscarriage of j.)

K

k s k, pl k's ● *prep* to, směrem k toward(s) (*ke druhé* toward two), okolo, asi about, účel for (I had turkey for dinner), z podnětu at (at the request of), a podle on (on your advice), až k as far as, dolů down to ♦ *k čemu (je to)?* what's the idea? what for?; *ku příkladu* for example / instance; *k službám* at (a p.'s) service

kabaret cabaret

kabát jacket, plášť i kabát (great)coat, overcoat; přen. dress ♦ *bez -u* in one's shirt-sleeves **–ek** (light) jacket, coatee, výrazný blazer, pletený cardigan

kabel cable

kabel|a bag, satchel **–ka** (hand) bag

kabelo|gram, –vat cable

kabin|a cabin, vozidla cab, kosmické lodi capsule, tlumočnická n. volební booth, výtahu cage, koupaliště, noclehárny cubicle; promítací operator's room **–et** cabinet, studovna study

kabonit se > za– scowl, i počasí lour, am. glower

kabrňá|cký top-notch **–k** hovor. nice chap, ve výkonu dab-hand

kácet 1 > s– fell (trees), cut down, knock down, upset*, over-throw* **2 > vy–** clear ~ *se > s–* fall* down, tumble (down), collapse, stát nepevně totter, topple (over / down)

kacíř heretic **–ský** heretic(al) **–ství** heresy

kačer drake

káď tub, vat

kadeř lock, kudma curl **–avý** crisp, curly **–it** > **na–** curl **–nictví** hairdresser's **–ník** hairdresser

kádinka beaker

kádr staff, voj. cadre, kolektiv body (of experts), personnel **–ovat** screen **–ový** personnel (referent p. manager) ♦ ~ materiál personal file, background material; ~ posudek dossier (o, na on a p.)

kahan (miner's safety / Davy) lamp

Káhira Cairo

kachel tile

kachna 1 duck **2** zpráva hoax, canard

kajak kayak

kajíc|í repentant, penitent **–nice**, **–ník** penitent **–nost** penitence, repentance

kajuta cabin, s lůžkem berth

kakao, –vý cocoa

kaktus cactus

kal mud, usazený ooze, v proudu silt, sedlina sediment, dregs, pl, sludge

kalafuna rosin

kalamář inkpot, s podstavcem ink--stand, zapuštěný inkwell

kalamita calamity, disaster

kalendář, –ní calendar, denní zápisník diary, stolní desk diary; k četbě, almanac ♦ **-ní rok** calendar year

kalhot|a trouser-leg **–ky** knickers, bikini-briefs, briefs, pl spodní underpants, pl, panties pl **–y** trousers, am. pants, hovor. n. jezdecké breeches, pohodlné slacks, silné bavlněné jeans

kalibr calibre **–ovat** calibrate

kalich goblet, círk. chalice

kaliko calico*, am. plain calico*

kali|ště muddy pool **–t** > **z(a)–** trouble, vzduch, pohled, zrak dim, obscure; kovy harden, temper; z(a)kalený turbid, muddy, dim, obscure

kalkul|ace calculation **–ovat** calculate

kalný muddy, turbid, troubled, cloudy, dim, obscure

kalorie calorie

kaloun tape, galloon

kalup hovor. hurry ♦ **-em** in a hurry; být v **-u** be flurried

kaluž(ina) pool, puddle

kam where (...to) ♦ nevědět kudy ~ be at a loss in a tight corner

kamarád friend, mate, pal, buddy, v činnosti, ve hře companion, good fellow, old chap **–it se** s kým associate with a p., dohromady get* on together, pal about, muck in with a p. **–ka** jako kamarád **–ský** familiar, intimate **–ství** friendship, companionship

kamaše leggings, pl, kotníkové spat(terdashe)s, pl

Kambodža Cambodia

kamelot news(paper) vendor, paperboy

kámen stone, miner., geol. a am. rock, na šachovnici man*, med. stone, calculus ♦ spadl mi ~ ze srdce it is a weight off my heart; ~ úrazu stumbling block; ~ by se ustrnul it would melt a heart of stone; vřídelní ~ thermal stuff; základní ~ foundation stone; žlučový ~ gallstone

kamen|ec alum **–ět** turn to stone, become* fossilized / petrified, ovoce, pohled, srdce grow* stony **–í** stone, drobné pebbles, pl **–ický**, **–ictví** stone-cutting **–ík** stonemason / -cutter, stavební stonedresser **–ina** earthenware, pottery, tvrdá stoneware, hrubá brownware, nekovové nádoby crockery **–itý** stony **–ný 1** stone **2** tvrdý stony, as hard as nails ♦ **-ná doba** the Stone Age; ~ lom stone pit, quarry; **-ná sůl** mineral / rock salt; **-né uhlí** glance / blind / stone coal **–ouhelný** coal **–ovat** stone (> u- to death), pelt stones at a p.

kamera camera **–man** cameraman*

kamión brit. lorry, truck

kamkoli(v) anywhere, am. any place,

where...like / please, na začátku vedl. věty wherever

kamn|a (coal, wood) stove, electric / gas heater **-ář** stove fitter

kampak I wonder where

kampaň drive, zvl. tažení campaign; cukrovarská sugar-beet season

kamsi somewhere

kamufláž disguise, též voj. camouflage

kamzík chamois, sg i pl

Kanad|a Canada **k-ský** Canadian

kan|ál stoka sewer, odtok do ní drain (přen. gutter); tech., televizní, zeměp. channel (the [English] Channel), fyziol. canal, umělý dopravní, zavlažovací canal **-alizace** sewerage, drainage, regulace toku canalization **-alizovat** drain, canalize

kanár(ek) canary

kanc|elář office ♦ informační ~ inquiry office; tisková ~ press agency **-elářský** office **-léř** chancellor **-léřství** chance(lle)ry

kandelábr lamp-post

kandid|át candidate (čeho for a t.), v soutěži competitor, contestant, žadatel applicant, volební nominee, zkoušenec examinee, **-átka**, **-átní** listina list (of candidates) **-atura** candidature **-ovat** run*; stand* for..., contest a t., koho put* up a p. as candidate

kanec boar

kaňhat > **z-** muff, bungle, louse up

kaňka blot(ch)

kánoe canoe

kan|ón cannon, big gun **-onáda** bombardment

kanout > **s-** drop, stále drip, koulet se roll down

kanovník canon

kantor (school) master **-ka** schoolmistress, hovor. ma'am

kantýn|a canteen **-ská**, **-ský** c. keeper

kaolín kaolin, china clay

kapacita 1 capacity, objem volume **2** člověk authority

kapa|lina liquid **-lnět** > **z-** become* liquid **-t** drop, drip, soustavně trickle, drobně dribble **-t** > skápnout fall*, též hynout drop, svíčka gutter

kapátko dropper, pipette

kapel|a band **-ník** bandmaster, conductor

kapesn|é pocket money **-í** pocket, malý p.-size ♦ ~ hodinky pocketwatch **-ík** handkerchief, hovor. hanky

kapilára capillary (tube)

kapit|ál capital, prostředky resources, pl, assets, **-alismus** capitalism **-alista** capitalist **-alistický** capitalist(ic) **-álový** capital **-án** captain, menší lodi skipper, speciální lodi master **-ola** chapter **-ulace** capitulation **-ulant(ský)** defeatist **-ulovat** capitulate, surrender

kapka drop ♦ poslední ~ last straw; do poslední -ky to the last drop

kapl|an chaplain, curate **-e** chapel **-ička** village chapel, římskokatolická sacellum

kápnout < **kapat** let* fall a drop, spadnout drop, fall* ♦ -nout na co come* across a t., uhodnout guess right

kapota bonnet, hood

kapr carp

kapra|ď, **-dí**, **-dina** fern, bracken

kaprál corporal, rázný člověk martinet

kaps|a pocket ♦ ~ s patkou flappocket; strčit do -sy be more than a match for a p., co pocket a t. **-ář** pickpocket **-le** (percussion) cap(sule)

kapuc|e hood **-ín** Capuchin

kapusta cabbage, kadeřavá savoy ♦ růžičková ~ Brussels sprouts, pl

kára push-cart, auto car (staré v. kraksna)

karafa cruet, na víno carafe

karafiát carnation, clove-pink

karamela toffee, toffly, plochá lozenge

karanténa quarantine

kárat > **po-** censure, ostře scold,

vyčítavě reproach *(koho, za, pro, z a p.* with / for), důtkou reprimand

karavana caravan, přen. fleet, string (of cars)

káravý censuring, reproachful

karbanátek rissole, (fried) hamburger

karbaník gambler, card-player

karb|on(ový *papír)* carbon **–urátor** carburettor

kardinál cardinal

Karel Charles; ~ *Veliký* Charlemagne

karfiól, –ový cauliflower

kariér|a career ♦ *dělat -u* get* on in the world **–ista** careerist, climber, office-seeker, go-getter

karik|atura burlesque, přehnaná caricature, kresba cartoon **–aturista** caricaturist, kreslíř cartoonist **–ovat > z–** caricature, burlesque, kresbou cartoon

Karkulka *Červená* (Little) Red Riding Hood

kárný punitive, disciplinary, ...of correction

karnýr flounce

karosérie coachwork, body

karta card, pl (rozdané) hand ♦ *hádat z -ret* tell* (a p.'s fortunes by) the cards; *vsadit vše na jedinou -tu* bet it all on one card, put* all one's eggs in one basket

kartáč, –ek brush (clothes-, hair-, hat-, scrubbing b., toothb.) **–ovat > o–** n. **vy–** brush (up)

kartel trust, pool

kart|ón 1 cardboard **2** krabice carton, box **–otéka** card-index, file(s, pl)

kasárny barracks, pl

kasař safe-breaker, safe-cracker

kasat > pod– tuck up, **vy–** (též) draw* up, roll up

kasička money-box, piggy-bank

kasta caste

kaše 1 organická pulp, i neorg. mash, těstovitá dope, paste **2** pokrm gruel, propasírovaná purée, am. kukuřičná mush, pro děti a nemocné pap **3** zlá situace mess, (sorry) plight, predicament ♦ *bramborová ~* mashed potatoes, potato purée; *chodit okolo něčeho jako (kočka) okolo horké ~* beat* about the bush

kaš|el cough ♦ *černý ~* whooping cough **–lat > za– 1** (give* a) cough **2 vy– se** *na co / koho* not to care a bit for a t. / p., send* a p. to hell / to all blazes), opustit koho walk out on a p.

kašna (public) fountain

kašpárek Punch

kaštan chestnut **–ový** chestnut (coloured)

kat executioner, věšící hangman*, stínající headsman*

kát se > po– repent (z a t.)

katalog catalogue, místnost c. room, kartotéka index, třídní (class or attendance) register **–izovat** catalogue, make* a list of

katalyzátor catalyzer

katar catarrh

katastrof|a disastex, geol. n. rozuzlení catastrophe **–ální** disastrous

katedr|a (teacher's) desk, univerzitní chair, oddělení department, am. institute, sbor učitelů -ry, též (academic) staff, the teachers, pl, the dons, pl **–ála** cathedral

kategori|cký peremptory, bezvýjimečný unqualified **–e** category, class, v úřadě rank

katol|ický, –ík Catholic

kauce bail, security

kaučuk, –ový india-rubber

káva coffee (pít drink* / take* c., vařit make* c.)

kavalír cavalier, přen. the gentleman*, dvorný gallant

kavárna coffee lounge, am. cafeteria, hotelu coffeeroom, brit. s restaurací tearoom café, středoevrop. typu café, coffeehouse*

kaviár caviar(e)

Kavkaz Caucasus **k–ský** Caucasian

kávo|stroj espresso machine **–var**

coffee maker **–vina** ersatz coffee **–vý** coffee ♦ **–vá lžička** teaspoon; ~ **šálek** tea-cup

kaz flaw, blemish, imperfection, zubní ~ tooth decay

kazajka (tight-fitting) jacket

káz|ání sermon, preaching, napomenutí lecture ♦ dělat komu ~ give* a p. a lecture **–at** preach

kazatel preacher **–na** pulpit **–ský** preacher's, preaching

kázeň discipline, subordination (porušení **-zně** insubordination) **–ský** disciplinary

kazeta cassette, casket, filmu cartridge

kazit 1 > **po–** break*, put* a t. out of order 2 > **z–** spoil, hatit thwart, příjemné mar, stykem taint, mravně corrupt, deprave ~ **se** 1 > **po–** get* out of order 2 > **z** get* spoiled, get* worse, jakostně deteriorate, go* bad, turn bad

káznice penitentiary, house* of correction, brit. pro mladistvé Borstal (institution), am. workhouse*

každ|odenní everyday, daily **–oroční** annual, yearly **–ý** every, each, k. člověk everybody, every one; libovolně vybraný any, k. člověk anybody, anyone ♦ jeden ~ every single; po -é, když... every time (that)..., whenever...; v -dém případě in any case, by all accounts, at any rate

kbelík pail, velký tub, malý bucket

kdák|at > **za–**, **-ot** cackle

kde where ♦ ale **–pak!** rozhodně ne far from it, on the contrary; ~ se tu bereš what brings you here; ~ se vzal tu se vzal all of a sudden; ber ~ ber, vem ~ vem at all costs **–jaký** all kind(s) or sort(s) of... **–kdo** all, pl, all sorts of people **–koli(v)** anywhere, no matter where, am. any place, na začátku vedl. věty **–který** any, mnohý many a... **–pak** 1 where ever 2 = kde 2 **–si** somewhere **–žto** whereas, while

kdo who ♦ ~ tam who's that, stráž who goes there? **–koli(v)** anybody, anyone, no matter who, the next person **–pak** who ever **–si** somebody, someone **–ví** (co)... I don't know / the Lord knows...

kdy when, někdy, v podmiň., zápor. a táz. větě ever ♦ není ~ there is no time (to spare); jak ~ it (all) depends; mít ~ be free **–bych** if (min. tvary a were) **–koli(v)** at any time, no matter when ♦ než ~ jindy than ever before **–pak** 1 wonder when, důrazně when ever **–si** at one time, once **–ž** when, s bud. časem if (se záporem unless s klad. slovesem) ♦ i ~ (even) though, even if; jen ~ only when

ke v. k

kec hovor. rubbish, balls, nonsense **–at** hovor. žvanit prattle, nudně gab, povídat si chat

kedluben turnip-cabbage, kohlrabi

kejhat > **za–** gaggle, cackle

kejklíř mountebank, juggler

keks brit. biscuit, am. cracker

kel tusk

kelímek pot, lékárenský gallipot, tech. crucible

kerami|cký ceramic **–ka** ceramics, pottery, earthenware

keř shrub, bush

kéž if only, would (to) God (that) ..., would (that) ...

kiks hovor. slip-up, blunder, flop

kilo|(gram) kilogram(me) **–metr** kilometre

kino cinema, zvl. am. movies, pl, hovor. pictures, pl, flicks, pl, též picture-house* / -palace, am. cinema, moviehouse* **–film** cine-film **–operatér** operator

kiosk booth, kiosk

klacek stick, club, člověk lout, nezvedenec bounder, nevzdělanec cad

klad 1 opak protikladu thesis (pl **-ses**) 2 jaz., tvrzení affirmation 3 světlá stránka virtue, asset, positive quality

kláda beam, mučidlo stocks, pl

kladina balancing form n. beam

kladivo hammer (hod -vem throwing the hammer)

kladk|a pulley, trolejová trolley **–ostroj** block, tackle, hoist

kladný positive, affirmative ♦ -ná postava positive figure; v -ném případě in the affirmative; -ná stránka merit

klam delusion, fallacy, faleš deceit, deception **–at** > **o–** deceive **–ný** false, misleading, wrong, mistaken, logicky nesprávný fallacious, vzbuzující falešnou představu deceptive, deceitful, předstíraný feigned

klanět se > **po–** n. **u–klonit se** bow (down) to a p., jako světci venerate (a p.), pokorně pay* / do* / make* obeisance to a p.

klap|at > **–nout** clap, clack, chrastivě rattle, clatter, hovor., být v pořádku work well **–ka** víčko lid, koní blinker, am. blinder; uzavírací valve; telef. odbočka extension **–ot** clack(ing), rattle, clatter

klarinet clarinet

klas ear (of grain), bot. spike ♦ sbírat -y glean

klasi|cký classical, dokonalý classic **–fikace** classification **–fikovat** > **roz–** classify

klást > **položit 1** lay*, dávat někam put*, umístit place, situate, zvl. am. locate **2** rozprostírat spread* **3** tvrdit lay* down ♦ ~ si za cíl set* o.s. an aim / goal; ~ vysoké nároky na koho put* heavy demands on ..., tax a p. heavily; ~ meze čemu set* bounds to a t.; ~ naděje v co / do čeho lay* hopes in / on a t.; ~ odpor put* up (a) resistance; ~ otázku ask / put* a question; ~ podmínky lay* down conditions: ~ čemu překážky hinder / obstruct a t.; ~ přítrž čemu stem a t.; ~ váhu na co lay* weight / stress (up)on a t.; ~ život za co lay* down one's life for a t. **~ se** > **položit se 1** lie* down, i na bok

recline 2 ukládat se postupně come* down **3** bankrupt

klášter nunnery, convent, jen mužů monastery **–ní** monasterial

klatba anathema, prokletí ban

kláti|t ~ (se) sway, gangle **–vý** swaying

klauzu|le clause **–ra** seclusion, confinement

kláves|a key **–nice** keyboard

klavír piano* **–ista** pianist **–ní** piano

klec cage, dopravní crate

kle|čet kneel* **–kat si** > **–knout si** kneel* (down)

klempíř metalworker, tinsmith

klenba vault

klenot gem, k osobní ozdobě jewel **–ník** jeweller

klenout (se) > **vy–** vault, do oblouku arch, dovnitř cove

klep tale, **-y** pl scandal, talk, backbiting sg **-at** pomlouvat backbite*, talk scandal, tell* tales **–at** > **po–** tap, pat, tip, slap a t. **-at** > **za– 1** beat* (a carpet), knock out (a pipe), na stroji tap out **2** knock (at the door), opakovaně rap, jemně tap; bušit throb ♦ musím to za-at knock on wood **–at** > **–nout** rap (a p. over the knuckles) **-at se** > **za–** tremble, totter, zimou shiver

klepeto claw, pincer, stroje fang

klepna scandal-monger, tale-bearer, gossip

klerikální clerical

klérus clergy

kles|at > **–nout** sink*, v intenzitě, hodnotě fall* (down), prudce drop; hroutit se break* down, collapse, poklesávat sag; zmenšením objemu subside; svažovat se incline, dip ♦ ~ na mysli lose* heart **–avý** sinking, falling

klestit > **pro–** retrench, vršek truncate, větve lop (away), prune, les thin ♦ ~ komu cestu pave the way for a p.; ~ si cestu clear a path for o.s., elbow one's way

kleš|tě (a pair of) pincers, uchopovací

tongs, tvarovací pliers, pl děrovací punch pliers ♦ vzít koho do -ti close in on a p. -ťový voj. pincer (pohyb movement)

kletba curse

klíč 1 key, od domu / bytu latchkey **2** k řešení clue **3** tech., na šrouby wrench **4** hud. clef, key -ek bot. sprout, bud -it > vy- n. vz- sprout (up), bud, germinate

klička|a small crank, smyčka noose, oko loop; úskok snare, trick, slovní quibble -ovat dodge, s míčem dribble, slovy shuffle

klíč|ní kost clavicle, collar-bone -ový key (e.g. position) (román roman-à-clef)

klid 1 calm, peace, dočasný lull; málo vzruchu a pohybu quiet **2** odpočinek rest, repose **3** sebeovládání composure **4** tranquility, serenity ♦ duševní ~ peace of mind; veřejný ~ public peace; ~ zbraní ceasefire, cessation of hostilities

klidit se go* away, get* off

klidný calm, peaceful, nehybný, tichý still, poklidný restful, reposeful, hluboce klidný tranquil, nádherně, procítěně serene, vyrovnaný placid; pokojný quiet; ovládající se composed ♦ -ná mysl even mind / temper; -ná smrt easy death; -né svědomí clear conscience (on a t.)

klientela custom, patronage, clientéle

klih glue

klika 1 handle, k otáčení dokola crank **2** společnost clique, cabal, ring, gang, pressure group

klikatý zig-zag(ging), twisting, tortuous, sinuous

klima climate -tický climatic

klímat drowse, doze; vsedě nod

klín 1 člověka lap, knees, pl **2** lůno womb **3** nástroj wedge; látky gore, zpevňující gusset ♦ spadlo mu to do -na it was a windfall for him; neskládej ruce do -a don't be idle; vyrážet ~ -nem rob Peter to pay Paul

klini|cký clinical -ka clinic

klíno|pis, -pisný cuneiform -v(it)ý wedge-shaped ♦ -vá podrážka platform sole

klisna mare

klíště tick, přen. o člověku leech

klít > za- curse, nadávat swear*

klížit > při- n. s- gum, glue on ♦ oči se mi -ží my eyelids are heavy

kližka (knuckle) gristle

klobása sausage, bratwurst

klobou|ček tech. cap -čnice milliner -čník hatter -k hat

klokan kangaroo

klokotat > za- varem seethe*, bubble, slavík jugjug, warble

kloktat 1 > vy- se n. si gargle (one's throat) **2 > za-** čím míchat stir a t.

klonit > s- incline, ohnutím bend*, svěšením droop; úklonem bow ~ se > s- bow, hrbivě stoop, sestupovat descend; blížit se draw* near; svažovat se slope

klop|it > s- tilt, spustit drop, let* down, lower, cast* down (one's eyes) -it > vy- peníze fork out -y, pl lapels, pl

klopýt|at > za-, -nout trip, stumble (o, přes over), přen. slip up, blunder

kloub joint, prstu knuckle ♦ přijít čemu na ~ get* at the bottom of a t. -it > s- joint

kloudný decent, fit, suitable

klouz|ačka slide -at **1** glide, slide*, nedobrovolně n. obratně slip; sjíždět coast **2** být kluzký be slippery -at se slide* -avý gliding, sliding; = kluzký -nout have a slip

klov|at > -nout peck, strike* with the beak -at se peck one's way, get* through, skrz oděv show* through

klozet lavatory, privy

klub club

klubko 1 ball, clew **2** lidí cluster, schoulené huddle

klubov|ka (leather) armchair -na

clubroom

kluk = *hoch,* karet. jack, knave **–ovi-na** knavery **–ovský** boyish, darebácký knavish

klus trot **–ák** trotter **–at** trot

kluz|ák (hang) glider **–iště** skating rink **–ký** slippery, přen. obscene, blue

kmen 1 stem, stromu též trunk, bole, kláda log **2** lidí tribe, people, rod race **–ový 1** tribal, racial **2** základní basic **3** jaz. (... of the) stem

kmín caraway (koření c. seeds, pl) římský cum(m)in **–ka** kümmel

kmit|at (se) > **–nout (se)** swing*, oscillate, v letu flit, světlo glimmer, flash, plamen flicker ♦ *-lo mi hlavou* it flashed through my mind

kmotr godfather **–a** godmother

knedlík bread dumpling, boiled savoury pudding, ovocný (fruit) dumpling

kně|z priest, brit. anglikánský clergyman*, jiných protest. církví minister **–žský** priestly, clerical **–žstvo** clergy, priesthood

kničet > **za–** squeal

knih|a book; soupis register, účetní ledger **–árna** bindery **–ař** bookbinder **–ařský** book-binding **–kupec** bookseller **–kupectví** book-shop, am. bookstore **–omil** book-lover **–omol** book-worm **–ovna 1** sbírka library **2** skříň book-case **–ovní** book, zápis (...of) registration **–ovník** librarian **–tisk** letter-press **–tiskárna** printing office

knír moustache **–ek** moustachio

kníže prince **–cí** princely **–ctví** principality

knížka booklet, zápisník note-book, spořitelní, vkladní deposit book, pass book ♦ *mít co na -ce* have (a sum) in the bank

knižní book, učený, spisovný bookish ♦ *~ učenost* book learning

knoflík 1 button, ozdobný stud **2** ovládací knob (pl controls, pl) **–ový** but-

ton ♦ *-ová dírka* buttonhole; *manžetový ~* cuff link, am. cuff button

knokaut knockout **–ovat** knock out

knot wick, ohořelý snuff

kňourat > **za–** whimper, pule, mewl

kňučet > **za–** whine

kobalt, –ový cobalt (e.g. bomb)

kobere|c (i tech.) carpet **–ček** rug ♦ *zavolat někoho na ~* have a p. up(on) the carpet, carpet a p.

kobka cell

kobliba doughnut

kobyl|a 1 = *klisna* **2** hanl. hack **–ka 1** hmyz locust, luční grass-hopper **2** hud. bridge ♦ *sáhnout komu na -ku* take* a p. by the throat

koc|our 1 tom-cat **2** čmouha smudge ♦ *starý ~* old dog, smilný lecher **–ovina** hangover, thick head

koč|ár coach, přepychový equipage, cestovní passenger coach, (road) carriage **–árek** baby buggy; dětský, brit. perambulator, pram, am. babycoach / carriage **–í** driver, kočáru coachman*

koč|ičí cat('s), catlike, cattish ♦ *~ hlavy* cobble stones, pl **–ičina** caterwauling **–ička** pussy, vrby pussy willow, catkin **–ka 1** cat **2** kožišina fur collar ♦ *být pro -ku* be worth a damn

kočovn|ík nomad **–ý** nomadic, migratory, obchodník itinerant

kód code

Kodaň Copenhagen

kódovat encode

koeduka|ce, –ční coeducation, hovor. coed

koflík (mocha) cup

kohout 1 cock **2** výpustní tap, am. faucet **–ek 1** cockerel, pušky cock (*natáhnout ~* cock a gun) **2** výpusť = *kohout* **2 –it se** fret and fume

kochat se > **po–** delight in a t.

kóje booth, box, vrátného lodge, zvl. spací cubicle, berth

koj|enec suckling **–it** > **na–**

(breast)feed*, (wet-)nurse ♦ ~ *se nadĕji* cherish a hope **-ná** wet nurse

kokain cocaine

koket|a coquette **-ovat** coquet, flirt

kokos 1 coconut **2** vulg. hlava nut **-ový** coconut

kokrhat > **za-** crow

koks 1 coal, coke **2** coke, cocain

koktat > **za-** stammer, zajíkavě stutter, falter

kolabora|ce collaboration, -ism **-nt** collaborator, -ationist, za války quisling

koláč (tea-)cake (též přen. the national cake), brit. ovocný ve formě tart, am. cookie, nadívaný pie; něco rozpláclého cake **-ek** cookie, tartlet

kolář wheelwright

koláž collage

koléb|at > **za-** rock, na klíně dandle **-at se** > **za-** rock, v chůzi wobble, jako kachna waddle **-ka** cradle (hra cat's c.) ♦ *od -ky do hrobu* from the womb to the tomb

kolečko 1 wheel, ozubené cog (-wheel), valivé roller, caster / castor **2** k dopravování (wheel) barrow ♦ *ostrouhat -ka* come* off badly; *má o ~ víc* he has a screw loose; *-vé brusle* roller skates

koled|a carol **-ník** caroller, carolsinger **-ovat** carol ♦ ~ *si o něco* ask for trouble

koleg|a, -yně colleague **-ium** (advisory) board

kolej 1 track, hluboká lut **2** = *kolejnice* (pl track, line) **3** vysokoškolská college, brit. hall, hostel zvl. am. dorm(itory) ♦ *vedlejší* ~ side track / line; *odsunout na vedlejší* ~ side-track; *vyježděná* ~ the beaten track; *životní* ~ one's accustomed groove **-nice** rail, ozubená rack

kolek (revenue) stamp

kolek|ce sbírka collection, souprava set, assortment **-tiv** collective, team, group **-tivní** collective

(body)

kolem v okolí about, v kruhu around (o pohybu, brit. round); mimo past, by; přibližně about, am. around ♦ ~ *dokola* right round, about and about, round and around **-jdoucí** passer-by

kolen|ní, -o knee (*na -ou* on one's knees, *po -a* knee-deep), roury knee joint ♦ *lámat přes -o* force the issue

kolíček peg, k vložení plug ♦ ~ *na prádlo* clothes peg

kolidovat clash with a t.

kolík pin, štafetový baton

kolik how much / many, ~ - *tolik* as much / many - as much / many ♦ ~ *je mu?* how old is he?; *v* ~? at what time? **-átý** what **-rát** how many times, how often, několikrát several times, mnohokrát many times, many a time

Kolín *nad Rýnem* Cologne

kolísat (se) > **za-** sway, waver, dither, vacillate, dilly-dally, am. teter, hodnotou fluctuate

kolize collision, clash

kolkolem = *kolem dokola*

kolm|o upright **-ý** vertical

kolo 1 wheel **2** kotouč disc, svinutý coil **3** kruh circle, v němž je pohyb round **4** sport. oběhnutí lap, řecko-římský zápas bout, oběžná dráha orbit **5** velocipéd bicycle, pedal cycle, hovor. bike (*jet na -le* cycle, wheel) ♦ *být v jednom -le* be always on the move; *na celé* ~ outright; *jdi na* ~ go hang; *jsem pátě* ~ *u vozu* I feel* spare; *pamatovat na zadní -la* mind what is to come **-běh** circulation, course, střídání rotation **-běžka** scooter

kolon|a column **-áda** colonnade

koloni|ální colonial **-e** colony, settlement **-sta** colonist, settler **-zace** colonization **-zátor** colonizer **-zovat** colonize

kolos colossus (pl -ssi) **-ální** colossal

kolotoč merry-go-round, am.

carousel, přen. též whirligig
kolouch fawn
kolova|dla giant's stride **-t** circulate, go* round
kolo|vrátek 1 spinning-wheel **2** = flašinet **-vý** wheel; na kůlech pile ♦ ~ parník paddle boat / steamer; ~ tanec round dance
kolport|áž distribution **-ér** distributor, vendor
komando 1 popravčí n. útočné commando* **2** = rozkaz **-vat** koho order a p. about, boss a p.
komár mosquito*, am. též gnat ♦ dělat z -a velblouda make* a mountain out of a molehill
komb|ajn (combine) harvester **-i** estate car **-inace 1** combination **2** úvaha speculation, vymezená dedukce deduction **-inovaný 1** zařízení, nástroj combination **-inovat** > z- combine **-iné** sukňové slip, kalhotové combinations, pl **-inéza** overalls, pl, plátěná dungarees, pl
komedi|ant comedian, šprýmař droll, pokrytec dissembler **-antský** comedian's ♦ ~ vůz caravan **-e** comedy; legrace fun (bez pl) ♦ hrát -i pretend
Komenský Comenius
koment|ář commentary (k čemu on) **-átor** commentator **-ovat** comment on a t., rozhlas též commentate; opatřit poznámkami annotate
komerční commercial; = obchodní
kometa comet
komfort up-to-date facilities, pl, (exquisite) equipment, amenities, pl **-ní** well-equipped, luxury (e.g. flat)
komi|cký comic, směšný comical, funny **-k** comedian **-ka** comicality
kom|ín chimney, na střeše n. tovární stack, lodní funnel, skalní couloir **-iník** (chimney-)sweep
komis|ař commissioner, pověřený správou trustee; uniformovaný officer;

voj. apod. commissar **-ařství** policejní police station **-e** pomocný výbor committee, řídící n. rozhodující board; pověřená n. pověření commission (zboží v -i on c.) **-ionář** commission merchant
komitét committee
komol|it > z- mutilate, znetvořením corrupt, vzhled disfigure, jazyk garble, torture **-ý** truncated
komor|a chamber, vedlejší místnost closet, na nářadí lumber-room ♦ obchodní ~ chamber of commerce, am. board of trade; srdeční ~ ventricle; umrlčí ~ mortuary **-ná** chamber-maid **-ní** chamber (music, orchestra) ♦ ~ těsnopis parliamentary stenography **-ník** valet, butler, footman*
kompas compass
kompenzovat compensate, nahradit make* up for a t.
kompeten|ce jurisdiction, oprávněnost qualification **-tní** qualified, schopný competent
komplet set, oblek suit **-ní** full, complete, entire
komplex complex (méněcennosti inferiority c., viny guilt c.) **-ní** comprehensive, all-embracing
komplik|ace complication **-ovaný** complicated, complex, spletitý intricate **-ovat** > z- complicate
komplot plot, conspiracy
komponovat compose
kompo|st compost **-t** stewed fruit, fruit salad, compote
kompozice composition
kompresor compressor
kompromi|s compromise **-tovat** compromise, odhalit pravé úmysly expose
komun|a commune **-ální** municipal **-ikace** communication, cesta thoroughfare **-ikační** (... of) communication **-ismus** communism **-ista, -istický, -istka** communist
koňak cognac
konat > vy- do*, co lze ocenit render;

provést execute, carry out, něco delšího n. významným způsobem perform, povinnost discharge; podnikat make*, undertake*; pro veřejnost give* (a lecture), hold* (a meeting) ◆ ~ *návštěvu* pay* a visit; ~ *zkoušku* sit* for / go* in for / take* an examination ~ **se** take* place

koncentr|ační *tábor* concentration camp **–ovat** > **z–** concentrate

koncept (first / rough) draft, sketch ◆ *přivést koho z -u* puzzle, rattle a p. **–ní** *papír* rough paper

koncer|n syndicate, concern **–t** concert (*na -tě* at a c.); skladba concerto*

konces|e license, am. concession, slavnostní listina charter; = *ústupek* **–ionář** licensee, am. concessionaire

koncip|ient junior clerk **–ovat** > **na–, z–** draft

koncov|ka termination, ending **–ý** end, terminal

konč|etina limb, extremity **–ina** region, quarter, pl parts **–it** > **s–** n. **u–** end, bring* a t. to an end skoncováním put* an end to a t., o právní platnosti terminate; obvyklým závěrem conclude; uspokojivě finish, k úplnosti complete; nepokračovat v tom discontinue, formálně zastavit wind* up; *ukončený* complete(d), finished ◆ ~ *dobře* come* to a good end **–it se** > **s–** n. **u–** (come* to an) end

kondenz|átor condenser **–ovaný** condensed

kondice 1 lekce private lesson **2** tělesná physical condition ◆ *být v -ci* be up to the mark, be fit

kondol|ence (letter of) condolence **–ovat** express one's sympathy, condole with a p.

konduktér conductor, hovor. clippie; vlaku v. *průvodčí*

konec end, ukončení termination, ending, zakončení conclusion, závěr close; lhůty apod. expiry, expiration; špička extremity, cíp tip (e.g. finger tip, tip of the tongue), přední konec stavby apod. head, vzdálený konec bottom, top; *koncem čeho* towards the end / close of ..., *na* ~ in the end, finally ◆ *je tomu* ~ it is all over; *je s ním* ~ it is all up with him; *je v koncích* he is at an end; *druhý od konce* last but one; ~ *konců* after all; *nemá to konce* there is no end to it; *až do samého konce* to the very last; *udělat čemu* ~ put* an end to a t.; *od začátku do konce* from the first to the last

koneč|ek extremity, tip **–ně** at last, at length, nakonec eventually, finally, ultimately **–ný** final, rozhodný decisive, přesvědčivý conclusive; v to ústící eventual, poslední v řadě (vývoje) ultimate ◆ *-ná stanice* terminus (pl -ni), žel. a am. terminal; ~ *výrobek* end product

konejšit > **u–** soothe, comfort

konev can ◆ *lilo se jako z konve* it was pouring down (with rain)

konfek|ce clothing, obchod outfitter's, clothier's **–ční** *šaty* apod. readymade clothing

konfer|ence, –enční conference (*stolek* c. table), am. convention **–enciér** compére, M.C. (Master of Ceremonies), emcee, natočeného programu disc jockey **–enciérka** commére **–ovat 1** confer (together) **2** jako -enciér emcee a t.

konfident (police) informer

konfisk|ace confiscation, zabrání seizure, jako trest forfeiture **–ovat** > **z–** confiscate, zabrat seize; zabránit šíření suppress

konflikt conflict

konfront|ace confrontation, face-off **–ovat** confront

Kongo the Congo

kongres congress

kon|íček 1 little horse, pony **2** hra hobby-horse, záliba hobby **–ík 1** = *koníček 1* **2** kobylka grass-hopper **3** v šachu knight **–ipásek** wagtail **–írna** stable

konjunktura boom, prosperity

konkrétní concrete, factual, definite

konkur|ence competition **–enční 1** ...of competition **2** s čím lze soutěžit competitive **–ent** competitor **–ovat** compete (komu v čem with a p. for a t.) **–s 1** competition **2** úpadek failure, bankrupcy

koňmo on horseback

konop|í, –ný hemp

koňský horse, jako kůň hors(e)y ♦ -ká dávka dose fit for a horse; ~ handlíř horse-dealer; -ká nátura constitution of a horse; -ká noha club-foot; ~ ohon účes pony-tail

konsolid|ace consolidation **–ovat** > z– consolidate

konspekt, –ovat abstract

konstant|a, –ní constant, invariable

konstatovat state, tvrdit claim

konstelace constellation

konstituce 1 = ústava **2** tělesná physique

konstru|kce construction, stavba structure; pomocná frame, stage **–ktér** designer **–ktivní** constructive **–ovat** > z– construct

konsumerismus consumerism

kontakt, –ní contact

kontinent continent **–ální** continental

kontingent contingent, quota

konto account

kontrabas double-bass

kontrak|ce contraction **–t** contract

kontrapunkt counterpoint

kontrarevolu|ce counter-revolution **–ční** counter-revolutionary

kontrast contrast, na pozadí relief; tetevizní definition **–ovat** contrast

kontrašpionáž counter intelligence / -espionage

kontrol|a check(-up) (čeho on a t.), účtů audit; prohlídka examination, inspection; řízení control **–ní** check, řídicí control ♦ ~ bod checkpoint; ~ deska dashboard; ~ stanoviště check-point; ~ útr-

žek counterfoil; ~ žárovka pilot lamp **–ovat** > pře– n. z– check (up) on a t., účty audit; prohlídkou examine, inspect; řídit, ovládat control

kontroverze controversy

konvalinka lily-of-the-valley

konven|ce convention **–ční** conventional

konverz|ace conversation, talk **–e** conversion **–ovat** converse

konvice pot (tea-pot, coffee-pot), kettle

konzerv|a preserve, v plechu tin, am. i ve skle can **–ace** conservation, aby se nezkazilo preservation **–árenský** průmysl canning industry

konzervativní conservative

konzervatoř conservatoire, am. -tory

konzervovat conserve, aby se nezkazilo preserve, v plechu tin, am. i ve skle can, brit. ve skle bottle

konzola 1 opřená bracket, ve zdi console **2** tyčková rod

konzul consul **–át** consulate **–tace** consultation, na vysoké škole tutorial **–tovat** consult (koho n. u koho a p.)

konzum 1 spotřeba consumption **2** prodejna co-op, preferential shop **–ent** consumer **–ní** consumption, consumer (e.g. society, goods) **–ovat** > z– consume, use up

konžský Congolese

kooperace co-operation

koordinovat co-ordinate

kop kick (pokutový / trestný penalty k.)

kopa three-score ♦ veselá ~ wag

kop|aná soccer a v. fotbal, association football **–at** > **–nout 1** nástrojem dig*, motyčkou hoe (ale: brambory lift potatoes, studnu sink* a well, základy lay* foundations) **2** nohou kick (do čeho (at) a t.)

kop|covitý hilly **–ec** hill; hromada heap

kopí lance ♦ lámat ~ (s kým) o co,

za koho break* a lance (with a p.) for a t. / p.

kopie copy, fot. print, uměleckého díla replica

kopírovat > **o–** copy, fot. print; napodobit imitate, předvést herecky mimic, karikovat take* off

kopnout v. *kopat*

kopr dill **–etina** ox-eye daisy

kopřiv|a nettle **–ka** nettle-rash

kopule dome

kop|ýtko = *kopyto* ♦ *ukázat čertovo* ~ show* o.s. in one's true colours, reveal one's bad side; *vyhodit si z -ka* paint the town red **–yto** 1 hoof 2 obuvnické last ("Stick to your last"), napínák stretcher, shoe-tree ♦ *všechno na jedno* ~ all alike

korál coral **–ek** bead **–ový** coralline

kord 1 sword 2 text. cord ♦ *být s kým na -y* be at daggers drawn / at loggerheads

kordón cordon

Korea Corea

korec plošná míra (about) 0.7 acre

korečkové *rypadlo* bucket ladder dredger

korejský Corean

korek cork

korekt|ní proper, irreproachable, taktní tactful **–nost** tact(fulness), propriety **–or** polygr. proof reader **–ura** tisk. činnost proof reading, obtah proof(-sheet)

korespond|ence correspondence **–enční** lístek brit. postcard, am. postal (card) **–ent** correspondent **–ovat** correspond

korigovat correct, polygr. read* (a proof)

kormid|elník steerman*, helmsman*, veslice cox(swain) (*čtyřka s -kem* coxed four); hodnost mate, quartermaster **–lo** helm, část ponořená ruder **–lovat** steer

kormoutit se > **z–** grieve

kornout(ek) cornet (c. or cone of ice)

koroptev partridge, am. quail

korouhev standard, banner

korpulentní corpulent

korun|a crown, stromu top, head, bot. corolla **–ka** crown, šlechtická coronet **–ní** crown, ... of the Crown, panovnický ... royal ♦ ~ *svědek* brit. King's / Queen's evidence, am. state's evidence **–ovace**, **–ovační** coronation **–ovat** crown (a p. king), zakončit top

koru|mpovat corrupt **–pce**, **–pční** corruption

Korutany Carinthia

korýš crustacean

koryto 1 trough 2 řeky apod. bed

korzet foundation (garment), cors(el)et, roll-on

korzo promenade

kořalka brandy, gin

kořen root, kopce, nosu, prstu apod. base ♦ *mít -y v čem* have one's roots in a t.; *mít zdravý* ~ be health itself; *vyvrátit z -e* uproot **–áč** flowerpot **–ář(ka)** herbalist **–ěný** spicy, okořeněný seasoned **–í** spice, všechno použité seasoning; léčivé herb(s, pl) **–it** kde, odkud spring* from..., originate in..., be rooted in **it** > **o–** season, určitým kořením spice, aby bylo chutné flavour **–ný** 1 root, základní basic 2 jako koření spicy

kořist prey, lovce bag, výsledek honu quarry, rybáře catch; práv. spoil(s, pl), námoř. prize **–it** *z čeho* exploit a t., plunder **–nický** predatory **–nictví** exploitation **–ník** plenitel plunderer, vykořisťovatel exploiter **–ný** predatory

kořit se *komu* bow to a p., podlézavě cringe before a p., fawn upon a p.

kos blackbird

kos|a scythe **–atec** iris **–it** > **po–** n. **s–** cut*, obilí reap, trávu mow* (střelbou mow* / gun down)

kosmeti|cký cosmetic ♦ ~ *přípravek* cosmetic (-s, pl), make-up; ~ *salón* beauty parlour **–ka** 1 cosmetics 2 tváře face lift(ing) ♦

provést komu -ku give* a p. a face-lift

kosm|ický 1 cosmic **2** v astronautice space (loď craft / ship) ♦ *-ká laboratoř* orbiting laboratory; *~ prostor* outer space **–odrom** space center **–onaut(ka)** space man* / woman*, am. astronaut **–onautika** spacemanship, astronautics, **–opolita** cosmopolitan **–opolitismus** cosmopolitanism **–opolitní** cosmopolitan **–os 1** cosmos **2** v astronautice (outer) space

koso|čtverec rhomb(us), lozenge **–délník** rhomboid

kost 1 bone **2** rohovina horn ♦ *z masa a -í* of flesh and blood; *být ~ a kůže* be (nothing but) skin and bones; *zkřehlý na ~* chilled to the bone / marrow

kostel church; bohoslužba (the) service, worship **–ní** church (mouse*, tower etc.) **–ník** parish clerk i hrobník sexton

kost|ěný 1 bone **2** z rohoviny horn (e.g. brýle s -nou obroučkou horn-rimmed spectacles), ze slonoviny ivory **–ice** whale bone

kostk|a 1 cube **2** hrací die (pl dice) **3** dlažební paving block / stone; dět. building block **4** vzorek chequers ♦ *~ mýdla* cake / bar of soap; *v -ce* in a nutshell; *krájet na -ky* cube **–ovaný** chequered **–ový** *cukr* cube sugar

kost|livec skeleton **–natět > z– 1** grow* bony **2** nejít s dobou be out, grow* stiff / starchy **–natý** bony **–ní** bone ♦ *~ moučka* bonemeal **–nice** ossuary, charnelhouse* **–ra** frame, přen. též framework, skeleton

kostrbatý knobby, knotty, hrbolatý rugged, uneven, písmo cramped

kostým, –ový costume, dámský tailor-made / tailored suit / costume, separates, pl

kosý oblique, slanting ♦ *~ pohled* side glance

koš basket, s víkem hamper ♦ *hrudní ~* chest; *lodní ~* mast-head; *~ na odpadky* waste / litter basket; *~ na papír* waste-paper basket; *prádelní ~* clothes basket **–atý** spreading **–ík** hand-basket, lubový punnet, na jahody též pottle, psí muzzle **–íkář 1** basket-maker **2** sport. basket-baller **–íkářství** basket-making **–íková** basket-ball

košil|e pánská shirt, dámská chemise ♦ *noční -e* pánská night shirt, dámská night gown **–ka** dámská / dětská shimmy

košťál (cabbage) stalk

koště broom

kotě kitten

kotel kettle, velký cauldron, k výrobě páry, zásobník horké vody boiler; hud. kettle-drum; horský basin **–na** boiler-room

kotleta chop (of pork), cutlet (of veal); vlasy mutton-chop

kotl|ík kettle **–ina** hollow, basin

kotník na noze ankle, na ruce knuckle

kotouč disk, prstencově svinutý coil, filmu spool, věnčitě wreath (of smoke) ♦ *~ prachu* whirl of dust

kotrmelec somersault

kotv|a anchor (*spustit / zdvihnout -u* drop / weigh a.); elektr. armature **–it** be anchored, lie* at anchor

koudel tow, cupanina oakum

kouk|at (se) > –nout (se) look, hovor. peep, peer, am. peek **–at** vyčnívat stick* out, show* (*z očí mu -á vražda* his eyes cry murder); *-ej, -ni* look here, *-něme (se / ho)* look at him etc.

koukol cockle, bibl. tare

koul|ař shot-putter **–e** ball, geom. sphere, fyz. a zeměp. globe; v kartách diamond(s, pl); dělová ball, shot (sg i pl) (a. v. kulka); sport nářadí shot **–et (se)** roll **–ovat** snowball, pelt a p. with snowballs

koupa|cí bath(ing) ♦ *~ plášť* beach gown; *~ vana* bath, am. bath tub **–liště** swimming / bathing pool

–t > vy– bath (a child, an injured arm), zvíře water –t se > vy– (have a) bathe, ve vaně apod. take* / have a bath (am. a tub) –t > z– hovor. plough a p.

koupě purchase, zvl. výhodná bargain, hovor. a good buy –chtivý inclined / ready / willing to buy

koupel bath (am. tub), koupání vůbec bathing; = lázně –na bathroom

koupit < kupovat buy* (za co for), vůbec opatřit get*, lístky do book seats for... ♦ ~ draho / lacino buy* dear / cheap; ~ za hotové buy* for cash (for ready money); ~ zajíce v pytli buy* a pig in a poke

kouř smoke, z výparů fume; pára cloud of steam –it smoke, vykuřovat fume, páru steam –it se steam, smoke (a horse is steaming) –ový smoke (e.g. clona screen), jako kouř smoky

kous|at > –nout bite* (co, do čeho a t.) –at se > –nout se do čeho bite* one's (lips etc.), vzájemně bite* one another –avost biting, causticity –avý biting, chlad nipping, sžíravý caustic, mordant –ek bit, hud. a liter. piece, odlišný od ostatního patch, potravy scrap (of food); podvodný čin trick, vynikající skutek deed ♦ ~ po -sku bit by bit; husarský ~ tour de force; ~ papíru slip of paper –íček wee bit –nutí bite

kout¹ > u– forge, kladivy hammer, přen., osnovat devise, plan, scheme, tajně hatch

kout² corner, zákoutí též nook –ek 1 = kout 2 v časopise column

kouz|elnice witch, conjurer, čarodějka enchantress –elnický magical –elnictví magic (art), rukou sleight of hand, legerdemain, juggling –elník magician, obratný conjurer, rukou prestidigitator; okouzlující charmer –elný magic(al), okouzlující charming, žonglér juggler ♦ ~ proutek magic wand –lit > vy– conjure, call up –lo magic, osobní

spell, zaříkávání enchantment; půvab charm, senzační glamour; kouzelnický kousek conjuring trick

kov metal, mince coin –adlina anvil –ák hovor. metal worker –ání mounting, ochranné sheathing –aný wrought, metal-tipped, rodem trueborn, zběhlý well-versed (v in) –árna smithy, forge –ář (black-)smith –ářský smith's –at 1 = kout 2 –at > pod– koně shoe* –odělník metal-worker –ový metal, jako kov metallic –ral brit. fitted carpet, am. wall-to-wall carpet(ing)

koza 1 goat (samice she-goat, nannygoat) 2 podstavec trestle, krovu truss, mostu piling (proti ledu ice-breaker), k řezání dřeva saw jack, am. sawhorse 3 těl. back-horse 4 han. žena hussy ♦ chodí jako ~ na ledě he is tottering; je s ním řeč jako s -zou na ledě it's like talking to a brick wall; je mlsný jako ~ he has a sweet tooth; rozumí tomu jako ~ petrželi he has not the faintest notion of it

koza|cký, –k Cossack ♦ starý ~ old soldier

kozačky boots

koz|el 1 buck, kozy he-goat, billy-goat 2 pivo bockbier ♦ starý ~ goatish lecher; udělat -la zahradníkem set* the wolf to mind the sheep –elec = kotrmelec ♦ svázat koho do -lce hand a p. –í goat's ♦ ~ bradka goatee –inka kid –lík 1 vozu (driver's) box 2 bot. setwall, valerian –oroh Capricorn

kož|edělný tanning –eluh tanner –enka 1 leatherette 2 pl kalhoty lederhosen –ený leather, jako kůže leathery –ešina fur, surová pelt –ešník furrier –ich fur coat; srst hair fur –ka skin –ní (...of the) skin, odb. derm(at)ic, dermal

kra floe

krab crab

krabatý wrinkled, rugged

krabice box

kráčet march, v urč. směru step, dlouhými kroky stride*, po čem tread* (on) a t., vážnými pravidelnými kroky pace; = jít ♦ ~ za kým follow a p.

krádež theft, vloupáním burglary, drobná pilferage, v obchodě shop-lifting

kradm|o by stealth, covertly, furtively –ý furtive, záludně stealthy, skrytý covert, surreptitious

krachovat > z– (go*) bust, go* to the dogs, fail, podnikatel go* bankrupt / wrong, přen. come* a cropper

kraj 1 vnější ohraničení the outside, nejzazší limit, čára obvodu, oblast při ní periphery, města outskirts, pl, hranice bounds, pl, bok side (e.g. bedside, graveside) **2** průsečík ploch edge **3** okraj border, odlišný, např. volný margin **4** pokraj verge, vnitřku nádoby brim, srázu brink **5** určitá oblast area, vedle jiných region, správní jednotka též, zvl. am. county ♦ první z –e first at hand; ~ chodníku curb / kerb –áč (milk-)jar –an (fellow)-countryman*, téhož státu compatriot –anka one's (fellow) countrywoman*

krájet > na– cut* (up), na plátky slice, nadrobno mince, chop u stolu zvl. maso carve ~ > ukrojit cut* (off)

krají|c slice of bread –ček = krajíc ♦ mít slzy na -čku be close to tears, on the verge of tears u-kousnout velký ~ bite off more than one can chew

krajin|a kus venkova country, landscape, scenery, med. region –ář landscape painter –ný scenic –omalba landscape (painting)

krajk|a lace (work), bez pl –ový lace, jako krajka lacy

kraj|ní outer, outside, za nějž není radno jít extreme, vypětí utmost ♦ v -ním případě in the last resort –nice side strip –nost extreme, extremity ♦ hnát něco až do -nosti drive* / push things to extremes –ský regional

krákat > za– **1** caw, crow, havran též croak **2** koho pull a p.'s hair

Krakov Cracow

kraksna hovor. (old) crock, banger, jalopy

král king ♦ pro pána -e for God's sake, good gracious; Tři králové the Three Kings –evic prince

král|ičí rabbit –ičina con(e)y –ík rabbit ♦ pokusný, zkušební ~ přen. guinea-pig –íkárna rabbit-hutch

kralovat reign

královna queen, včela queen(-bee)

kralo|vrah, –vražda regicide

králov|ský royal, hodný krále kingly, pompa regal; nádherný princely, štědrý munificent ♦ -ská rodina the royal family, royalty; ~ plat princely pay –ství kingdom, přen. realm; hodnost royal dignity

krám 1 obchod shop, am. store **2** bezcenná věc poor stuff, trash, junk ♦ to je jako houska na-ě it is as one and one is two; to je -ů never mind

kramář hanl. trafficker (s čím in ...) –ství hanl. trafficking

krámek stánek stand, stall, obchůdek little shop

krápník, –ový stalactite

krás|a beauty, zvl. smyslová loveliness –ka beauty –no the beautiful –ný beautiful, zvl. pro smysly lovely; spanilý, příhodný a o počasí fair ♦ -ná literatura fiction literature, belles-lettres, pl

kraso|bruslení figure-skating –jízda circus-riding –pis calligraphy

krást > u– steal*, v drobném pilfer, záludně filch, pro sebe purloin ♦ kdo lže, ten krade show me a liar and I'll show you a thief; ~ jako straka be a regular thief ~ se někam steal*, sneak, slip

krášlit > o–, vy–, z– beautify, zdobit adorn, přikrašlovat embellish, nápadně (be)deck, před použitím garnish

krát times ♦ tento~ this time (a v. jednou, dvakrát)

kráter crater

kratičký very short

krát|it > z– 1 shorten, na škodu cur- tail, ponechat jen závažné abridge, slo- va, věty abbreviate **2** práva, svobodu derogate **3** oděv take* in **4** omezit rozhlasově, též zlomky reduce **–it se** get* shorter, shorten; paměť be- come* feeble **–it si** čas pass the time **–kodobý** short(-term) **–ko- zraký** near- / (též přen.) shortsight- ed **–ký** short, zabírající málo času brief ♦ ~ dech short wind; udělat s čím ~ konec make* away with a t., s kým give* a p. short shrift; -ce řečeno in short; -ké spojení short circuit

kratochv|íle pastime **–ilný** amus- ing

kráva cow

kravál row, din, shindy

kravata (neck-)tie

krav|ín cowshed **–ský** cow's

krb fire(place), ohniště hearth

krčit > po– 1 kolena bend* (one's knees) **2** nos turn up (one's nose) **3** rameny shrug (one's shoulders) nad kým over a p. ~ > s– bend*, svěsit droop ♦ ~ čelo wrinkle one's forehead, knit one's eye- brows ~ se > s– huddle (up), na bobku squat, servilně, nemohoucně cringe, hlavu a ramena, strachem, zimou, poklonkovat cower; aby se kryl n. připravil ke skoku crouch; couvat shrink* back (před from); ve vrás- kách wrinkle, pucker up, šaty crease

krčma tavern, ale-house*

kredenc sideboard, kuchyňská kitch- en-dresser, am. kitchen-cabinet

krejč|í tailor, dámský couturier **–ová** dressmaker, couturière **–ovský, –ovství** tailor's, dressmaker's

krém cream, na boty též polish **–ový** cream(y)

krema|ce cremation **–torium** cre- matorium

Kreml the Kremlin

kremrole hovor. cream puff / horn

kres|ba, –lení, –licí drawing **–lič** draughtsman* **–lit > na–** draw*, načrtnout sketch, outline, s vnitřní kompozicí design ♦ -lený film car- toon

Kréta Crete

krev blood ♦ dárce krve blood- donor; otrava krve blood-poi- soning; ~ mu stydla v žilách his blood froze cold in his veins; zbít koho do krve beat* a p. black and blue; dělat zlou ~ breed* ill / bad blood **–ní** blood

kreveta shrimp **–ety** scampi pl

kriminál jail **–ní** criminal, outlaw

krinolína crinoline

kristiánka christian(i)a, hovor. chris- tie

krit|érium standard, criterion **–ic- ký** critical **–ičnost** criticism **–ik** critic **–ika** criticism, recenze review **–izovat > z–** criticize, censure, find* fault with...

krize crisis (pl –ses), hospodářská de- pression, recession ♦ postižený -zí depressed

krk 1 neck **2** strávník boarder **3** z hle- diska funkcí throat ♦ jde o ~ it's a matter of life and death; bolení v -u sore throat; dal by za to ~ he would give his life for it; dát ko- mu nůž na ~ hold* a pistol to a p.'s head; leze mi to z -u it makes me sick; mít co na -u have a t. hanging round one's neck; mít co z -u have got rid of a t. ; mít čeho až po ~ be sick of / fed with a t.; šátek na ~ scarf, neckcloth **–avec** raven **–olomný** break- -neck **–ovička** neck, scrag, col- lar

krm|ení = krmivo **–ič(ka)** feeder, fattener **–it > na–** feed*, násilně fatten **–it se > na–** feed* **–ivo** píce fodder, zelené forage **–ník 1** vepř fatling **2** chlívek fattening-sty **–ný** feeding

krocan turkey(-cook)

kroj costume

krok step, velký stride, slyšitelný footstep, footfall, způsob chůze pace; nacvičený step, rázný march; míra step, pace; přen. počin step, zákrok measure ♦ *držet ~ s kým* keep* step with a p.; *~ za -em* step by step; *na každém -u* at every step; *podniknout -y* take* steps; *přidat do -u* quicken one's steps

krokodýl, –í crocodile (e.g. c. tears)

krom(ě) except, excepting, nadto besides, po záp. výrazech but

kronik|a chronicle **–ář** chronicler

kropenatý specked

krop|icí watering **–it > po–** (be)sprinkle, postřikem spray, vodou water

krot|it > u– n. **z–** tame, koně break* in, držet na uzdě curb **–it se** control o.s. **–itel** tamer **–ký** tame, mírný gentle, poddajný tractable **–nout > z–** become* tame

krouhat > na– slice, shred

kroupa 1 peeled / huddled grain of barley (pl peeled barley = groats) **2** pl meteor. hail, sg (*padají k-y* it is hailing)

kroutit > za– čím, **z–** co spirálovitě twirl, screw, silou twist, páčivě wring*, aby se uvolnilo wrench; válením roll (e.g. a cigarette); vrtět wag ♦ *~ očima* roll one's eyes *~ > na–* vlasy curl one's hair *~ se > za–* turn, twist, jako červ wriggle, vířivě spin* (round)

krouž|ek ringlet, geom., společnost circle **–it > vy–** turn (out), curve out **–it > za–** gyrate, circle, turn round, move about, vířivě whirl, ladně vířit pirouette **–kovat** ring (e.g. birds)

krov truss, břevna krovu rafters, pl; přen. střecha roof, domov home **–ka** wing-case, elythron, pl **-ra**

krt|čí, –ek mole **–ina** mole-hill

kručet > za– grunt ♦ *-čí mi v břiše* my stomach is rumbling

kruh 1 circle, okruh sphere, oblast orb, prstencový ring, kolem měsíce halo **2** pl, těl. (flying) rings, pl **3** dráha oběhu orbit ♦ *bludný ~* vicious

circle; *polární ~* polar circle **–ový** circular (*k. pila* c. saw) ♦ *~ objezd* roundabout, am. rotary; *-ové náměstí* circus

krumpáč pick(axe), mattock

krunýř armour(-plate), zvířat carapace

krůpěj drop, bead (např. potu)

krup|ice semolina **–obití** hailstorm

krušný hard, difficult

krůta turkey-hen

krut|ost cruelty, severety **–ý** cruel, těžce doléhající severe, zima též bitter, biting, sharp

kruž|idlo, –ítko (a pair of) compasses, pl **–nice** circle

krv|ácet bleed* **–ácení** med. hemorrhage **–avý** ...of blood, krvácející bleeding; rudý blood-red **–elačný** bloodthirsty **–inka** bloodcorpuscle

krycí *jméno* code-name, *~ heslo* pass-word

krychl|e cube **–ový** cubic

Krym the Crimea

kryobiologie cryobiology

krypt|a crypt **–ický** cryptic

krysa rat ♦ hubení krys deratizatton; *jed na -sy* rat poison, raticide **–ř** ratcatcher

krystal, –ový crystal (-ově *jasný* c. clear) ♦ *~ cukr* granulated sugar **–ický** crystallic **–(iz)ovat > vy–** crystallize

kryt cover(ing), obal case, plášť mantle, letadla fairing, motoru, čočky hood; úkryt shelter (*protiletecký* air-raid s.) ♦ *jít do -u* take* cover

krýt cover, proti nebezpečí, nevýhodě shelter (*před* from); zajišťovat secure, chránit protect, shield; hradit cover, podle závazku reimburse, zaplatit defray, požadavky meet*; skrývat, ukrývat conceal *~ se* **1** čím hide* behind a t., proti prohře hedge against a t. **2** s čím square, což lze zkontrolovat tally *~ > při–, za–* cover (up) a v. *skrývat, ukrývat*

krytina roofing, tašková tiles, pl

křeč bolestivá cramp, zachvacující

spasm, křivící convulsion

křeč|ek hamster, o člověku hoarder **–kovat** hoard

křečov|itý spasmodic, convulsive, cramped **–ý** spasmodic ♦ **-é žíly** varicose veins

křeh|kost fragility, delicacy **–ký** fragile, rozbitný breakable, lámavý frangible, tvrdý a nepružný brittle; choulostivý delicate, fyzicky frail, něžný n. chutný tender **–nout > z–** become* numb, stiffen, get* tender / brittle **–otinka** miss, prissy missy

křem|en flint, miner. quartz; oblázek pebble **–enný** quartz; -né hodiny q.(-crystal) clock **–ík** silicon

křen horse-radish

křepčit hop, skip

křepelka quail

křepký nimble, fleet, brisk, lively, spry

křesat > roz– strike* (a spark)

křeslo armchair; pl, v divadle brit. seat in the stalls

křes|t baptism, s pojmenováním christening **–ťan** Christian **–ťanský** Christian **–ťanství** Christianity **–ťanstvo** Christendom **–tní** baptismal ♦ ~ jméno Christian name, hovor. first / am. given name; ~ list baptism certificate, birth certificate

kři|čet > –knout n. **za–** shout, scream, shriek, screech; bolestí cry (for pain); vyvolávat cry (out), call out, zvyšovat hlas raise one's voice, řvát bawl, upozorňovat na sebe halloo; halasně volat vociferate

křída chalk

křidélko let. aileron

křídlo 1 wing **2** okna, dveří leaf* **3** klavír grand (piano*) **4** hráč left / right wing(er) **–vka** bugle(-horn)

křídový chalk, jako křída chalky ♦ ~ papír chalk coated paper

křik shout, scream, shriek, screech, cry (v. křičet); naléhání n. mnohohlasný clamour, hádka quarrel, výskot whoop(ing) **–lavý 1** vociferous,

clamorous, povykující blatant (také b. lie) **2** nápadný, barevně loud, okázale gaudy, flashy, vábící pozornost flagrant, zneklidňující glaring, strident **–loun** loudmouth*, bawler **–nout** v. křičet

křísit > vz– bring* round / to, resuscitate, bring* to life, revive, z mrtvých resurrect; obnovit renew

křišťál = krystal **–ový** crystalline

křiv|da wrong(doing), injury, injustice **–dit > u–** do* (komu a p.) injustice / wrong, wrong a p. **–ice** rickets, pl **–it > z–** distort, twist, bolestně contort; zahnout curve, revmaticky gnarl **–ka** curve **–olaký** tortuous, sinuous **–ý** crooked, v důsledku něčeho skrytého wry (face); nesprávný wrong, klamný false ♦ **-á přísaha** perjury; -é slovo wrongful word; -é svědectví false witness

kříž 1 cross (křesťanský též rood, crucifix) **2** záda back **3** -že, pl v kartách clubs, pl ♦ s tím je ~ it is no easy matter / affair; -em krážem crisscross; udělat nad čím ~ give* up a t. for lost, give* up all hope

křižá|cký crusading, crusaders' ♦ -cká výprava crusade **–k 1** crusader **2** pavouk cross / garden spider

kříž|ek 1 = kříž **2** polygr. dagger **3** hud. sharp ♦ dostat se do -žku come* to close quarters; přijít s -žkem po funuse miss the bus, be too late in the field **–em** crosswise, napříč across **–enec** cross (breed), bastard, biol. hybrid **–it > z– 1** cross, ruce fold (one's hands), protínat cross, intersect **2** mařit thwart **3** biol. cross(breed*) **–it se > z–** cross, intersect, v nesouladu clash; sem tam zig-zag **–kové** punčochy run-resistant stockings

křiž|ník cruiser **–ovat** moře cruise, proti větru tack **–ovat se** v dopravě cross **–ovat se > po–** cross o.s. **–ovat > u–** crucify, nail on the cross **–ovatka** crossroads, pl, kolejová crossing, am. intersection, styku tratí junction ♦ *mimoúrovňová* ~ highway grade separation

křížov|ka cross-word (puzzle) **–kář** cross-word buff **–ý** (... of the) cross, karet. ... of clubs ♦ *-á klenba* groined / cross vault; ~ *výslech* cross-examination, hovor. grilling; podrobit koho -vému výslechu crossexamine a p.

křoupat crunch

křov|í, **–isko** bush(es), pl, shrubs, pl, = *houština*

křt|iny christening party **–ít >** (p)o**–1** baptize, a pojmenovat christen **2** víno adulterate **–itel** baptist

křup|at **> –nout** crack(le)

kšeft deal, a good bit of business, obchodování biz

kštice lock (of hair)

kter|ak = *jak* ♦ *jak* ~ sometimes **–ý** what, výběr which; vztažné that (nebo se nepřekládá, stojí-li na začátku věty podmět), o osobách who(m), jinak a zejm. knižně po předložkách which ♦ *jak -ý* it depends **–ýkoli(v)** any, no matter which **–ýpak** I wonder what / which **–ýsi** a, one, some **–ýžto** which

ku v. *k*

Kub|a Cuba **–ánec**, **k–ánský** Cuban

kuckat **> za–** se choke

kučeravý = *kudrnatý*

kudla jack-knife*, slang. sticker, stabber ♦ ~ *do zad* stab in the back

kudr|linka curl, v písmu flourish, příkrasy embellishments, pl **–na** curl = **–náč** curly-headed fellow **–natý** curly-headed

kudy which way ♦ *vědět* ~ *na to, aby ...* have a knack for -ing

kuf|r bag, suitcase, silný trunk **–řík** small suitcase, valise, nepravoúhlých tvarů bag

kuchař cook, hotelový chef **–ka 1** cook **2** kniha cookery-book, am.

cookbook **–ský** cooking, culinary

kuchat **> vy–** draw*, pull, i přen. gut

kuchy|ně **1** kitchen, k mytí nádobí scullery, lodní galley **2** vaření cooking, dishes, pl, cuisine, přen. laboratory ♦ *studená* ~ cold meat **–ňka** kitchenette **–ňský** kitchen (*kout* = *-ňka*) ♦ *-ňská linka* kitchen unit; ~ *robot* mixer

kujný malleable

kuka|čka cuckoo **–dlo** peeper **–ň** brooding-cage / -basket **–t > za–** call / cry cuckoo

kukátko **1** opera-glass **2** ve dveřích peep-hole, spy-hole

kukla **1** hmyzu chrysalis **2** oděv cowl, maska mask, včelařská hood

kukuři|ce, **–čný** maize, am. (Indian sweet) corn ♦ *-čné vločky* corn flakes

kůl post, zahrocený stake, pilota pile; popravčí stake, opěrný prop

kula|ťoučký buxom **–tý** round, macatý plump

kule = *koule* **–čník** am. pool, billiards, pl

kulha|t hobble, chromý limp, váhavou chůzí halt **–vý** hobbling, limping, halting, chromý lame

kulič|ka **1** střelná bullet **2** pilulka pill, ball **3** korálek apod. bead **4** na hraní marble **–ové** *ložisko* ball bearing, *-ové pero* ball(-point) pen

kulis|a wing, též burzovní, stroje a přen. coulisse (*-sy*, též wings) **–ář** scene-shifter

kulit **> vy–** *oči* gloat (*na* / *nad* over / upon); jinak roll

kulka = *kulička 1*

kůlna shed

kuloár lobby

kulomet machine-gun **–ník** machine-gunner

kulov|itý ball-shaped, globular **–ý 1** ball, ball-shaped, geom. spherical **2** karet. ... of diamonds

kult worship, cult (e.g. personality c.) **–ivovaný** polished, cultured **–ura** culture, oproštění od primitivního civilization **–urní** cultural, ne primitivní civilized, osvětový educational

kůň 1 horse, těl. (vaulting-)horse (*na dél, na šíř* long, side horse) **2** šach. knight; na koni on horseback ♦ *být na koni* be up; *dřít jako ~* work like a beaver; *houpací ~* rocking horse

kuna marten

kuňkat > za– croak

kupa pile, hromada heap, naskládaná stack

kupčit traffic (*s čím* in a t.), bargain

kupé compartment

kupec 1 kdo kupuje buyer, shopper **2** majitel krámu shopkeeper, am. storekeeper, obchodník trader, dealer, merchant **3** obchodník potravinami grocer **–ký** mercantile, merchants'

kupit > na– pile, heap, accumulate

kuplíř(ka) procurer (procuress), bawd

kupní (... of) purchase

kupole dome

kupovat v. *koupit*

kupředu forward(s)

kupující = *kupec 1*

kůr choir

kúra cure, sledovaná treatment

kůra crust, slupka peel, ovoce, sýra n. stromu rind, stromu bark; slupka skin

kuráž mettle, pluck, spunk, vzdorná the guts, pl **–ný** plucky

kurevník vulg. randy bastard, pasák whoremonger, woman-chaser

kuriozita rarity, památka curio

kůrka crust (of bread)

kurník hen-house*, hřad roost

kurs 1 směr course, heading, direction **2** vyučovací course **3** směnárenský rate (of exchange), exchange, na burze quotation ♦ *být v -u* be thought much of

kurva vulg. whore, bitch, o muži bastard

kurýr courier

kurzíva italics, pl

kuřácký smoking **–k** smoker

kuřátko chick *-e*, *-ecí* chicken

kuří *oko* med. corn

kuřivo tobacco goods / wares, pl

kus bit, piece, nepravidelný lump, velký chunk; mnoho a fair bit, málo a little bit; půdy plot, piece (of land), provazu n. látky length; dobytka head, exemplář specimen; výkon piece / stroke of word; div. n. hud. piece ♦ *~ cesty* a long way / lap; *v jednom -e* all of a piece, in one, bez přestávky uninterruptedly; *~ po -e* piece by piece, piecemeal, singly **–ový** lump **–ý** fragmentary, nedokončený unfinished

kutálet (se) roll

kutat mine

kutil handyman*, do-it-yourself man* **–lský** do-it-yourself **–t** co fuss, neodborně dabble in a t.

kutna frock

kůzle kid

kůže skin, vydělaná hide, se srstí fell, koželužský výrobek leather ♦ *hroší ~* thick skin; husí ~ goose-flesh, goose-skin; *promoknout na kůži* get* drenched to the skin; *stáhnout z ~* flay; *nebýt ve své ~* not to be up to the mark; *na vlastní -ži* personally; *se zdravou -ží* with a whole skin; *vyletět z ~* lose one's patience

kužel cone, na předení distaff, těl. (Indian) club (*cvičit s -y* swing* the clubs) **–ka** skittle (pl, hra, též ninepins) **–ník** skittle alley **–ov-(it)ý** conical **–ový** conic

kůžička skin; na vepřové crackling

kvádr 1 kámen ashlar **2** těleso rectangular

kvákat > za– quack; žvanit blab

kvalifik|ace qualification **–ační** qualifying (e.g. *kolo* round) **–ovat (se)** qualify ♦ *-ovaný dělník / pracovník* skilled worker

kvalit|a quality **–ativní** qualitative **–ní** first-rate

kvant|ita quantity **–itativní** quantitative **–ový** quantal **–um** amount, fyz. quantum

kvap hurry **–em** in a hurry **–it** (be in a) hurry **–ný** hurried

kvart quarto* –a quart(e) –ál three months, den quarter day –et(o) quartet –ýr dig(ging)s, pl

kvas 1 kvásek leaven, kvasidlo, i přen. ferment **2** činnost general activity, bustle **3** hostina feast – icí fermentative –inka yeast-plant / fungus, pl -gi, pl, yeast, sg –it > z– ferment –it > za– kvasnicemi yeast, leaven –nice yeast, sg

kvašení fermentation

kvedla|čka twirling-stick –t > za– čím, roz– co twirl up a t.

kverulant chronic complainer, gripe

kvést 1 ovocný strom blossom, obecně bloom, flower, be in flower / blossom, (be all a) bloom **2** prospívat flourish, thrive*, zdravím be all health

kvestor finance officer (in a university), bursar

květ flower, kvetení též bloom; ovoc. stromu blossom; vína bouquet; přen. flower, výkvět též pick; v plném -u (all) in bloom / blossom / flower, in full bloom –ák cauliflower –en May ♦ první ~ May Day –ena flora –enství inflorescence –ina flower –ináč flower / plant pot / bowl –inář(ka) florist –inářství florist's –inový flower –natý flowery, florid –ní flower, obd. floral –ný: K-ná neděle Palm Sunday –ovaný flowered –ový = květní

kvi|čet > –knout, za– squeak, dlouze squeal

kvílet > za– wail

kvinta fifth, quint

kvít|ek floweret; nezvedenec naughty boy –í flowers, pl

kvitovat 1 příjem receipt, confirm / acknowledge receipt **2** vděčně acknowledge **3** vzít na vědomí take* cognizance of a t.

kviz quiz ♦ pořadatel -u questionmaster; účastník -u member of the panel

kvo|čna mother-hen, elektrická brooder, clucking-hen –kat > –knout n. za– cluck

kvóta quota

kvůli on account of, because of, owing to, v důsledku in consequence of, ve prospěch for the sake of

kybernétika cybernetics

kýč kitsch, chocolate-box art –ařský, –ový, –ovitý kitschy

kyčel hip, haunch

kydat throw* (dung), muck(out), po kom cast* / throw* shame upon a t. / p.

kých|at > –nout sneeze

kyj club, cudgel, bludgeon

kýl keel

kýla hernia, hovor. rupture

kymácet (se) > za– sway; -se teeter

kynout 1 komu, být v očekávání be in store for a p., vábit allure **2** po– beckon with one's finger / hand, motion, make* a sign **3** > na– n. vy– těsto rise*, tloustnout get* plump ♦ ~ na pozdrav nod (one's head), wave (one's hand) to a p.

kyp|ět > na– n. vz– boil (up), vzdouvat se swell, člověk go* over the top, šumivě effervesce, ~ zdravím be in the best of health, ~ zdravím be in the pink –ivý swelling, šumivě effervescent

Kypr Cyprus

kyp|rý loose, příjemně oblý buxom, plump and comely –řit > na– n. z– loosen, těsto raise

kys|at > z– turn (sour), sour –elina acid –elka acidulous water –elost sourness, acidity –elý sour, od přírody acid; tvář wry ♦ -elá okurka gherkin; -elé zelí sauerkraut –ličník oxide –lík oxygen –líkatý oxygenous

kyt hovor. putty

kýta leg, joint, zvěře haunch

kytara guitar

kyt|ice bunch (of flowers), bouquet –(ič)ka nosegay, = květin(k)a

kytovec cetacean

kyvadlo pendulum **–vý** pendulum, swinging; doprava shuttle (service etc.)

kýv|al yes-man* **–at** > **–nout** n. **za**swing*, mávat wave; hlavou nod (one's head)

kyz pyrite(s)

kýžený longed-for, hoped-for, žádoucí desirables

L

abil|ita unstableness **–ní** unstable

abor|atorní, –atoř laboratory, hovor. lab **–orovat** labour (under difficulties)

abu|ť swan **–těnka 1** na šatech swanskin **2** pudrovátko powder-puff: **–tí** swan's, swanlike

abužn|ický epicurean **–ík** gourmet, epicure

abyrint labyrinth

áce cheapness

aciný cheap, nenákladný inexpensive; na levném papíře pulp (**–ná** literatura pulp fiction, pl)

ačn|ět dychtit hanker (po after, for) **–ost** empty stomach, hunger, chtivost greed **–ý** žaludek empty, přen. chtivý greedy (čeho of)

ad harmony ♦ bez **-u** a skladu in a mess, pell-mell; ležet **-em** lie* fallow, idle **–icí** tuning **–ič** tuner **–ička** tuning fork **–it** be in tune, tune, harmonize **–it** > **na–** tune (up), koho dispose a p. favourably **–it** > **s–** harmonize **–it** > **vy–** stanici tune in (to a station), **–ný** graceful

áhev bottle, opletená flask; válcovitá jar ♦ dávat do lahví bottle; dětská ~ baby's bottle

ahod|a sweetness, deliciousness **–it** > **po–** n. **za–** komu be pleasant (to), please a p. **–it si** > **po–** take* pleasure (co in) **–ný** delightful, delicious, šťavnatý luscious, vyzrálý mellow

ahůdk|a delicacy, titbit **–ář(ství)** delicatessen

lahv|ička (small) bottle, voňavky flacon, smelling-bottle **–ový** bottled (e.g. beer), tvarem bottle-shaped

lai|cký lay **–k** layman*

lajdá|cký, –ctví slapdash **–k** slapdash person, sloven, lazybones, sg i pl

lak paint, jemný lacquer ♦ ~ na nehty nail-varnish; ~ na vlasy hair--spray

láka|dlo enticement, lure **–t** > **na–, při–, z–** vábit entice, zvl. zhoubně lure, nástrahou bait, decoy; přitahovat attract **–vý** (al)luring, attractive

lakmusový papír litmus-paper

lakom|ec miser, niggard **–ost, –ství** cheese-paring, penny--pinching, miserliness, stinginess, avarice **–ý** miserly, neštědrý stingy, vše odpírající niggardly, chtivý avaricious

lakonický laconic

lakot|a = lakomost **–it** be miserly (v. lakomý)

lak|ovat > **na–** paint, jemným lakem lacquer, přen. fib **–ový** painting **–ýrky** patent-leather shoes **–ýrník** painter

lal|ok lobe, pod bradou fold **–účček** (esp. ear) lobe

láma|ný broken (e.g. English) **–t** break*, světlo refract, jazyk murder, mučit rack (e.g. si hlavu one's brains) **–t** > ulomit break* (off) **–t** > **z–** n. zlomit break*, med. fracture, drtit crush ♦ ~ nad kým hůl give* a p. up for lost; ~ sazbu make* up the columns **–t se** > **z–, po–** break*, povolit break* up

lamentovat remonstrate (nad to)

lamp|a lamp; elektronka valve, odb. a am. tube ♦ pájecí ~ blow lamp **–ión** Chinese lantern

lamželezo a real Tarzan, Samson, athlete, kniž. a regular Hercules

lán expanse, tract (of land), pozemek field ♦ ~ světa a good bit of a way

laň hind

lan|ařit woo **–ko** string, wire **–o**

rope, silné hawser, kotevní a pod. ca-
ble **–oví** ropes, pl lodi rigging **–ov-
ka** funicular, cableway **–ový**
most suspension bridge

lapálie trifle

lap|at > **na–**, **–it**, **–nout** snatch (*po
at*), snap, chytit seize ♦ *-at po
dechu* gasp (for breath), catch*
one's breath

lapsus slip, poklesek lapse

larva larva pl -vae

lasička weasel

láska love (*k* of, for), náklonnost at-
tachment, příchylnost affection; zálí-
ba liking (*k* for), fondness (for); k
bližnímu charity; pletka amour ♦ *být
u koho v lásce* be in a p.'s favour;
mít v lásce co be fond of...

laska|t > **po–** fondle, hladit caress
–vost kindness, favour, amiabili-
ty, benevolence, benignity **–vý**
kind, projevující přízeň favourable, u-
pevňující přátelství amiable, dobrý
good, přívětivě sweet, kindly, be-
nign, zejm. k podřízenému gracious ♦
buď tak -v(ý) a... be so kind
(good) as (n. be kind enough) to s
inf

laso lasso

lastura conch, neodb. shell

laškov|at >**po–**, **za–** dally, toy, tri-
fle; dovádět wanton **–ný** playful, tri-
fling

lát komu scold a p.

lať lath, širší batten

látat > **za–** darn

laterna *magica* magic lantern

látéřit > **za–** thunder

latin|a 1 Latin **2** nadsázky tall story,
cock-and-bull story **–ka** Roman
characters, pl **–ský** Latin

laťka lath, při skoku bar

látka 1 matter, hovor. stuff, vzhledem k
výsledkům material, podstata něčeho
substance; hovoru (subject) mat-
ter, theme **2** textilie cloth **–ový** ma-
teriál subject, thematic, cloth (srov.
„látka")

laureát laureate

láva lava

lavi|ce bench, dlouhá školní form;
obžalovaného dock, porotců (jury) box
–čka seat

lavin|a avalanche **–ov(it)ý** ava-
lanchelike ♦ *šířit se -ě* snowball,
mushroom

lávka 1 footbridge **2** přístupová (ac-
cess) gangway, na lodi (též trest)
gang-plank

laxní loose, lax

lazar poor wretch **–et** military hos-
pital

lázeň bath, léčivé rekreační lázně, s pra-
meny pl spa, i mořské watering-place
–ský ...of / at a spa / health re-
sort

leb|eční cranial **–ka** skull; umrlčí hla-
va death's-head

lec|co many a thing, various things
–jak somehow **–jaký** various s pl
–kde at / in many various places
–kdo many a person / man, vari-
ous people, pl **–kdy** at times
–který many a...

leč 1 but **2** = kromě

léč|ba (medical) treatment, léky me-
dication **–ebna** medical institu-
tion, hospital, psychiatrická mental
home **–ebný** therapeutic(al), me-
dical, health, sick **–it** > **vy–** cure
(*koho na...* a p. for...); aby se zacelilo
heal, odstranilo remedy; určitým postu-
pem treat; být lékařem practise (as a
doctor) **–it se** > **vy–** cure o.s., léčit
se, též undergo* (medical) treat-
ment, v lázních take* waters, vyléčit
se recover, be restored to health
–ivo medicament **–ivý** curative,
medicinal, therapeutic

léčka snare

led ice ♦ *studený jako* ~ icy cold
as cold as ice

leda unless; vyjma except for..., a-
part from..., při nejlepším at best ♦
~ *to* that makes a difference **–by**
lost carelessness, negligence
–co... v. *lecco...* **–že** unless

ledek saltpetre

led|en January **–ňáček** kingfisher
–ní ice **–nička** refrigerator, hovor

fridge, přenosná icebox (srov. chladnička) **-nový** January **-oborec** ice-breaker **-ovcový** glacial **-ovec** horský glacier, v moři iceberg **-ový** (...of) ice, jako led icy, geol. glacial ◆ Ledové moře (Ant)- Arctic Ocean; -ová tříšť pack-, drift-ice

ledvin|a, -ový kidney

legální legal, legitimate, lawful

legend|a legend, křížovky clue **-ární** legendary

legie legion

legislativ|a legislature **-ní** legislative

legitim|ace 1 identity / identification card, opravňující permit, voucher card, k vstupu pass, k jízdě na urč. období season ticket **2** oprávnění title (k, na to) ◆ členská ~ membership card **-ovat se** prove one's identity, show* one's card etc.

legra|ce fun (bez pl) (dělat si -ci z koho make* fun of a p.) **-ční** funny, amusing

leh|at (si) v. lehnout si **-átko** reclining chair, lodní, zahradní deck-chair, ve vlaku couchette, divan couch

lehko|atletický light-athletic, track--and-field **-myslnost** frivolity **-myslný** frivolous, vrtkavý flighty, nedbající rizika reckness **-st** easiness, ease, facility **-vážn- =** -mysln- **-věrnost** credulity **-věrný** credulous, gullible

lehký 1 light, nepatrný slight, příjemně mírný mild, uklidňující gentle; pohyb smooth, easy; jemný soft, půvabný graceful, hbitý, pružný nimble **2** snadný, klidný, tichý, bezstarostný easy, skoro bezpracný facile, effortless ◆ -ká atletika track and field events; brát na -kou váhu make* light of a t. ~ oblek lounge suit; ~ průmysl light / secondary industries, pl; -ká váha sport. lightweight

lehnout (si) -at (si) lie* down, onemocnět be laid up, a jít si lehnout take* to one's bed, go* to bed, o obilí be

lodged; nelehnout si (zůstat vzhůru) sit* up ◆ jak si kdo ustele, tak si lehne as you make your bed so shall you lie upon it

lehounký very light, mild etc.

lecht|at > po- n. **za-** tickle **-ivý** ticklish

lejstro bumf (bez pl), (official) paper

lék vnitřně užívaný medicine, remedy (na, pro, proti for) **-árenský** pharmaceutical **-árna 1** dispensary, apothecary's, pharmaceutical chemist's, odb. drug-store, pharmacy **2** = -árnička medicine--chest (n. -box, -case), first-aid box **-árnický** apothecary's **-árník** brit. pharmaceutical chemist, am. a odb. brit. drugist, pharmacist **-ař** doctor, úředně physician and surgeon, kdokoli ve zdravotní službě medical man* ◆ odborný ~ specialist; praktický ~ general practicioner; zubní ~ dentist **-ařský** medical, týkající se léčiv n. léčivosti medicinal ◆ -ká péče medical care; am. medicare; ~ teploměr clinical thermometer; -ké vysvědčení certificate of health **-ařství** medicine ◆ soudní ~ medical jurisprudence

lekat (se) v. leknout (se)

lekce lesson ◆ uštědřit někomu -ci give* a p. the rough edge of one's tongue

leknín water-lily

lek|nout > -at 1 ryba die **2** polekat frighten, plašit scare, alarm, startle **-nout se > -at se** get* / be frightened / scared / alarmed, o otřesu be given a shock / scare / start, a zanechat záměru shrink* back

lektor 1 nakladatelství reader **2** na pevninské univerzitě lector

lem border, margin, fringe, hem **-ování** border, trimming, braiding **-ovat > o-** jako "lem"

len flax

leno|ch 1 lazy fellow, lazy-bones, sg i pl **2** opěradlo back (of a chair) **3** psací podložka (sheet of) lines, guid-

ing sheet **–chod** sloth **–šit** idle away one's time **–ška** easychair
lep 1 = *lepidlo* **2** na ptáky (bird-)lime ♦ *dostat koho na ~* catch* a p., get* a p. on the hook
lépe better
lep|enka, –enkový mill-board, paste-board, box-board, dehtová tar paper **–icí** adhesive, sticky ♦ *~ páska* sticky / adhesive tape **–ič** sticker, paster, plakátů poster **–idlo** paste, adhesive, gum (arabic) **–it** být lepkavý be sticky **–it** > **na–** stick* (on), gum, (jako) klihem glue (on) jakkoliv připevnit affix, po kraji attach, napřed natřít paste (on) ~ *plakáty* stick* / post bills **–it se** stávat se lepkavým be sticky **–it se** > **na–** stick* to a t., pevně utkvít cling* **–ivý, –kavý** sticky, adhesive
leporelo folding picture-book
lepší better **–it se** > **z–** (get*) better, improve, change for the better
lept etching **–at** > **roz–** corrode **–at** > **vy–** med. cauterize **–avý** corrosive
les wood, velký, nepěstěný, korunní a přen. forest ♦ *nosí dříví do –a* carry coals to Newcastle **–bička** slang. dyke, dike **–ík** coppice, copse, holt
lesk lustre, třpytný sheen, hladkého povrchu gloss, blýskavý glance, vyleštění polish; nádhera splendour, zářivý resplendence, třpytivý brilliance, prudký glare **–lý** lustrous, sheeny, glossy, polished (srov. "lesk"); jasný, blýskavý bright, třpytivě brilliant, prudce glaring, nádherně splendid, resplendent **–nout se** > **za–** shine*, zářit glare, žhnout glow, blýskavě flash, problesknout gleam, opakovaně glint, kosými paprsky glance, blyštět se glisten
les|mistr wood-reeve **–natý** woody, wooded **–ní...** of the woods, bot. wood, odb. a práv. forest ♦ *~ roh* French horn **–nictví** forestry, woodcrafts **–ník** forester

lest subterfuge, ruse, stratagem, artifice, podvodná trick, nástraha guile
lešení scaffold(ing), plošina stage
lešti|č polisher **–dlo** polish **–t** > **na–** n. **vy–** polish, jako sklo glaze, kov furbish, burnish (up), obecně shine, do konečně podoby finish
let 1 flight, část dálk. letu leg, hop **2** spěch haste
létací flying (e.g. bomb, fish, squad) ♦ *~ dveře* swing-door
let|áček leaflet **–adlo** aircraft, sg i pl, brit. aeroplane, am. airplane, hovor. plane = **–oun;** *-adlem pošta* by airmail **–adlový** air(craft) ♦ (*mateřská*) **–vá loď** (aircraft) carrier **–ák** leaflet, i brožurka pamphlet
léta|t v. *letět* **–vý** flying
let|ec airman*, flier, pilot pilot **–ecký** air (e.g. letter, force, traffic), letců airmen's, dopravovaný vzduchem airborne ♦ *-ká akrobacie* aerobatics; *~ den* air display / show; *~ motor* aero-engine **–ectví** aeronautics, aviation **–ectvo** air force **–enka** air ticket **–ět, létat** fly*; jako šipka dart, dlouhým letem shoot* ; běžet, jet run, rush, uhánět speed* (along), sweep*; prudce stoupat (ceny apod.) soar, rocket, hit* the roof **–iště** airport, plocha (air)field, polní landing strip, cvičné aviation ground, velké civilní aerodrome
let|ka 1 křídlo wing **2** let. flight, (air) squadron, echelon **–mý** passing, fleeting, načrtnutý sketchy, zběžný cursory ♦ *~ start* flying start
letní summer ♦ *~ byt* one's holidayhouse* / place
léto 1 summer **2** = *rok* **3** ve dřevě (annual) ring ♦ *kolik je mu let?* how old is he?; *léta letoucí* ages and ages; *-tá léta* (století) the -ties např. *padesátá ~* the fifties
leto|hrádek summer-house* **–kruh** annual ring **–pis** = *kronika* **–počet** era, epoch; údaj roku year **–s** this year (-s v létě this summer) **–šní** this year's

letoun brit. aeroplane, am. airplane, hovor. plane, dopravní linkový (air)liner

letovat > s-, za- solder (up)

letovisko summer resort

letuška (air)hostess

lev lion

levandule lavender

levi|ce left hand, polit. the left **–cový** left(-wing) **–čák** polit. left-winger, pinko

levity číst komu give* a p. a lecture

levn|ět, –it > z- grow* cheaper, cheapen **–ý** = laciný

lev|oboček bastard **–ý** left-hand, polit. left(ish), left-wing

lézt creep*, plazit se crawl, vzhůru climb, vůbec stoupat ascend (na, po a t.), na něco, co vyčnívá mount (a t.); zvolna, těžce creep* along; na koho s čím worry a p. about a t. ♦ ~ ke křížku come* crawling; lezou mu zuby he is cutting his teeth, he is teething

lež lie, lhaní telling lies ♦ nevinná ~, ~ z nouze white lie; usvědčit koho ze lži give* a p. the lie

lež|ák 1 pivo lager 2 zboží idle goods, pl dead stock jen sg **–atý** horizontal ♦ ~ límec turn-down collar; -até písmo sloping type, rukopisu cursive **–ení** camp, tábor (place of) encampment **–et** lie*, rest, recline, volně repose; nemocen be confined (to bed), be down; táborem be encamped; být umístěn lie*, be situated, být kde trvale lodge (in, on...) ♦ leží mi to v hlavě it is a weight on my mind; jak to stojí a leží stock and barrel; ležet ladem lie* fallow; ~ na prkně be done for; ~ v čích rukou be / lie* / rest with a p.; něco mi leží na srdci I have a t. at heart; ~ jako zabitý lie* prostrate; leží mi to v žaludku, přen. I am sick of it

lh|ář liar **–át > zalhat** lie, tell* lies / a lie; klamat deceive a p., předstírat pretend ♦ lže, jako když tiskne he lies like a dog / rug **–avý** mendacious

lhostejn|ost indifference, indolence, = nezájem **–ý** indifferent, indolent, unconcerned

lhůta time (allowed), konečný bod lhůty time-limit, term, deadline ♦ ~ na rozmyšlenou time to think things over

–li = jestli

líbánky honeymoon, sg

líbat > políbit kiss (... se, též kiss one another)

Libanon Lebanon **l–ský** Lebanese

liberál, –ní liberal

líbezn|ost sweetness **–ý** sweet

líbí|t se appeal to a p., zprav.: (něco) se mi líbí I like (the look / sound / feel of) a t., I have a liking for a t., líbí se mi tu I like it here; líbí se mi (něco, z čeho něco mám) I enjoy a t. – I like it well, well enough, better, best ♦ nechat si co ~ put* up with a t. **–vý** pejor. attractive

libo as you please **–vat si** take* / express pleasure (co in a t.) a oddávat se tomu indulge in a t. **–volný** arbitrary **–vůle** arbitrariness

libový lean

libra pound

libreto libretto*

libůstka fad, craze

líc right side, face, mince obverse

líc(e) kniž. = tvář

licence licence, am. concession, pro veřejné služby franchise

lícit > za- level (arms) (na at)

lícní facial, cheek

licoměrník atd. v. pokrytec

líč|ení 1 popis description 2 soudní trial, session **–ený** affected, pretended **–idlo** make-up, hovor. paint **–it > na-** paint, make* up **–it > vy-** v hlavních rysech characterize, give* / render an account of a t., represent a t. (as...); popsat describe **–it > po-** past set* a trap (na for)

lid people, pl etnologicky folk ♦ prostý ~ common people; soudce z -u jury man* **–é** people, lid. folk(s), pl, men pl (také zaměstnanci, podřízení) ♦

před lidmi openly, in public **-ičky** folks, pl, friends, pl **-natý** populous, (densely) populated **-ojed** man-eater, cannibal **-ovka** hovor. traditional music, folk band **-ový** popular (e.g. education, price), hovor. pop, hanl. folksy; veřejný public, vzniklý v lidu a v něm rozšířený national (e.g. dance, legend, costume, tradition), folk (e.g. art) **-ovýchova** adult education **-skost** humaneness, humanity (e.g. crimes against h.) **-ský** human, jak se na člověka sluší humane; přiměřený resonable, tolerable **-ství** = lidskost **-stvo** mankind, humanity **-umil** philanthropist **-umilný** philantropic, charitable **-uprázdný** depopulated, empty

liga league

líh spirit(s)

líh|eň brooder **-nout** > **vy-** bring* forth, sezením hatch **-nout se** come* out, be brought forth, be hatched

lihov|ar distillery **-ina** (spirituous) liquor, **-iny** spirits, pl **-ý** spirituous, alcoholic

lichoběžník trapezium, am. trapezoid

lichot|it > **po-, za-** flatter **-it se** > **v-, za-** *komu* ingratiate o.s. with a p., insinuate o.s. into a p.'s favour **-ivý** flattering **-ka** flattery **-ník** flatterer, adulator **-ný** = *lichotivý*

lichv|a usury **-ář** usurer **-ařit** practise usury **-ářský** usurious

lichý 1 odd **2** bezdůvodný groundless, unifounded, false, klamný hollow, lame (e.g. excuse)

liják heavy shower, downpour, torrential rain, rainstorm

likér, -ový liqueur

liknav|ost dilatoriness **-ý** dilatory, laggard

likvid|ace liquidation, clearance, zrušení winding up **-ovat** > **z-** liquidate, proplatit clear, zrušit liquidate, wind* up

lilie lily

límec collar

limonáda flavoured sodawater; přen. (sentimental) drivel, melodrama, sob-stuff

lineární linear

lingvist|a linguist **-ika** linguistics

lin|ie line (polit. party-line), obrys outline, rys feature ♦ *být v -ii* be in line, toe the line **-ka** line ♦ *čárkovaná ~* dashed line; *čerchovaná ~* dot-and-dashed line; *kuchyňská ~* kitchen unit; *montážní ~* assembly-line; *letová mezinárodní ~* interline; *telefonní ~* klapka extension; *vnitrostátní ~* domestic line **-kovat** > **na-** line

lino|leum linoleum **-ryt** lino-cut

linout se pour (out, in etc.)

líný lazy, pomalý sluggish ♦ *~ na psaní* pen-lazy; *~ na slovo* too lazy to speak; *~ jako veš* as lazy as a pig, bone-lazy

líp|a lime(tree), linden **-ový** linden

Lipsko Leipzig

lis press

Lisabon Lisbon

lísat se (*ke komu*) fawn (up)on a p., podlézavě brown-nose a p.

lísk|a 1 keř hazel, pletivo wattle, hurdle, k nošení tray **-ovka** hazel(-rod) **-ový** hazel ♦ *-é dřevo* hazel(-wood); *~ ořech* hazel-nut

lisovat > **s-, vy-** press, squeeze

list 1 leaf*, ploška listu blade, papíru sheet, úřední knihy folio **2** dopis letter, epištola epistle; tech. fólie foil **3** periodikum paper, periodical **4** listina paper, oznamující note, potvrzující certificate ♦ *hrát z -u* play at sight; *nepopsaný ~* blank; *úřední ~* official gazette; *vůdčí ~* driving licence

lístek 1 ticket, karta card, kontrolní check, ústřižek coupon **2** papírek leaf(let), slip (of paper) **3** místo dopisu note ♦ *hlasovací ~* ballot (-paper); *jídelní ~* menu; *koupit si ~ do...* buy a ticket to...; *zpáteční ~* return ticket

list|í leaves, pl foliage, leafage **–ina** document, paper, práv. instrument, uzavřená a odevzdaná deed; seznam list, doplňovaný roll **–inný** documentary lístkový card, ticket ♦ ~ *katalog* card index **–natý** leafy, kniž. foliate **–onoš** postman*, am. letter-carrier **–opad**, **–opadový** November **–ovat** > **za–** turn over the leaves (*v čem* of…), letmo skim, prohlížet peruse **–oví** foliage **–ovní** letter, am. mail ♦ ~ *tajemství* secrecy of correspondence; ~ *zásilka* light piece of mail **–ový** leaf (e.g. *pero* spring)

liš|ácký foxy, sly **–ák**, **–čí** fox

lišej rash **–ník** lichen

lišit > **roz–** distinguish; pečlivě a záměrně differentiate, a podle toho jednat různě discriminate ~ **se** differ (*od* from)

liška 1 fox **2** houba chanterelle

lišta ozdobná moulding, přečnívající nahoře ledge, spodní část plinth, obruba border, na spoji ploch fillet

lít shed*, rozlévat spill* ~ > **na–** pour (*a glass*), pour out wine, stáčením decant ~ > **pro–** shed* (blood / tears) ~ > **u–** cast*, kov, sklo found, do formy mould ~ **se** pour down; ♦ *lije (se)* it is pouring with rain; *lije jako z konve* it rains in sheets, *lije se z něho* he is dripping wet

liter|a letter, type (zprav. jen sg.) **–ární** literary **–át** man* of letters **–atura** literature **–ní** literal

litin|a cast iron, v ingotech pig-iron **–ový** cast-iron

líto *je mi* ~ *koho* I am sorry for a p., *čeho n. že* I am sorry for a t., that…, I regret a t., that…, kajícně I repent a t., něčeho utraceného I am / feel* sorry about a p. / t., o vyslechnuté zprávě I am sorry to hear; *bylo mu ~, že ji nezná* he wished he knew her

litografie lithography, obraz lithograph, lithoprint

lítost sorrow, silná, důvodná grief, pocity regret, repentance (*nad* of…),

soucitná pity, compassion **–ivý** sensitive, rozlítostněný sorrowful, neútěšně woeful

litovat 1 *lituji = je mi líto*, v. *líto*, sdělovat lítost be sorry to say (that), silněji commiserate, deplore, projevovat veřejně bewail, želet lament **2** *nelitovat čeho*, nešetřit not to spare

litr litre

Litva Lithuania

lítý ferocious, savage, truculent

lívanec pancake, flapjack

livrej livery

líz|at > **–nout** lick (*si čeho* have a lick of a t.)

lněný linen, bot. flaxen ♦ *-né semeno* linseed

lnout cling* to a p., adhere to a t.

loď 1 ship, odb. boat, velká zvl. zámořská a obchodní vessel; vůbec plavidlo craft, sg i pl **2** chrámová nave, postranní aisle, příčná transept ♦ *na loď / lodi* on board / aboard a ship; *válečná* ~ battle-ship **–ař** ship-owner, stavitel ship-builder **–ařství** stavba ship-building, podnikání shipping-company

lod|ěnice ship(-building) yard; válečná dockyard; k úschově člunů boat-house*, dock **–ice** boat, větší launch, odrážená tyčí punt, k veslování i pro plachtu skiff; k vykládání z velké lodi lighter; k dopravě po řece barge **–ička 1** v. *loďka* **2** voj. čepice forage-cap **3** *-ičky* slip-on / court shoes, pl **–ivod** pilot

lodní naval, ship's, shipping ♦ ~ *důstojník* ship's officer, titul mate; ~ *kuchyně* galley; ~ *makléř* ship-broker; ~ *náklad* shipload; ~ *prostor* tonnage, shipping space **–k** sailor, kniž. mariner, kvalifikovaný brit. kromě důstojníka seaman*

loďka boat, dinghy

loďstvo marine, fleet, voj. navy

lodyha stem, stalk

logaritm|ický logarithmic **–us** logarithm

logi|cký logical **–k** logician **–ka** logic

lojový tallow(y)

lok gulp, swig

lokaj, -ský footman*, servilní lackey, hanl. flunkey

lokál bar, místní hostinec local, am. saloon **–alizovat 1** umístit n. omezit localize **2** zjistit místo locate **–álka** vlak local (train); zpráva news spot, sg. (small) news item **–ální** local

lokat gulp (down)

loket elbow, míra ell ♦ *dvojí ~* different standards; *mít dobré lokty* be pushing; *strkat / štouchat loktem* elbow; *táhnout na dlouhé lokty* procrastinate a t.; *zač je toho ~* what's what

lokomotiva engine, hovor. loco*, zvl. am. locomotive

lom 1 fracture, světla refraction **2** kamene quarry, stone-pit

lomcovat > za– shake*

lom|enice gable **–ený** *oblouk* pointed arch; *-ená střecha* curb / mansard roof **–it** ohýbat bend*, světlo deflect; mat. divide **–it > za– rukama** wring* one's hands

Londýn London

lo|ni last year **–ňský** last year's

lopat|a shovel, vodního kola paddle, rypadla scoop ♦ *po -tě* in plain English **–ka 1** = *lopata* **2** sázecí trowel, ventilátoru vane, vesla, vrtule, šroubu blade **3** kost shoulder-blade **4** dět., kuch. scoop, hand shovel ♦ *položit na -ky* knock-out a p.

lopot|a toil, drudgery, **–it se** toil **–ný** toilsome, laborious

lopuch burdock, jeho bodlák bur

lord lord, -i duchovní, světští Lords Spiritual, Temporal **–ský** lord-like **–ství, –stvo** Lordship

los 1 lot **2** loterní lottery-ticket **3** zvíře elk, am. moose

lo|sovat > vy– draw* lots **–terie** lottery

lotos water-lily

lotr villain, scoundrel, blackguard, rogue **–ovský** villainous, roguish

louč chip of kindling wood

loučit se > roz– part (*s* with a p. /

t.), formálně take* leave of a p., part from a p., say* / bid* good-bye

loud|a(l) sluggard, slow-coach **–at se** saunter, stroll, lag behind, take* one's time, s prací dawdle **–avý** strolling, dawdling, sluggish

loudit > vy– wheedle (a t. out of a p.) ~ > **od–** entice away

louh lye

louka (green / grass / hay field, neohrazená zavlažovaná meadow

loup|áček butter-roll **–at > –nout 1** očima roll one's eyes **2** bolest nag, twinge **–at > o–** peel, ovoce též pare, z tenké slupky skin, vejce shell, obilí husk, mandle blanch **–at se > o–** peel off, come* off, strom apod. shed* the skin / bark (srov. „kůra")

loupež robbery **–it** commit robberies, rabovat loot **–nictví** robbery **–ník** robber, highwayman* **–ný** robbing (-*né přepadení* assault and robbery)

loup|it = *loupežit* **–nout** v. *loupat*

lousk|áček nut-cracker(s, pl) **–at > roz-nout** crack, hádanku solve **–at > –nout** prsty snap one's fingers; očima = *loupat;* **–at** studovat slog (away) at a t.

loutk|a 1 div. marionette, maňásek a přen. puppet; něčí nástroj stooge **2** panenka, přen. hejsek doll **–ář** marionetteer, puppeteer **–ářství** -eering k předešlému **–ový** marionette / puppet (theatre, show, film etc.), přen. puppet (e.g. government, state)

loutna lute

louže pool, kaluž puddle, nastříkaná spill, přen. pretty mess, plight

loužit > vy– steep a t. in lye

lov hunt(ing), hon chase, střílení shooting (*jít na ~* be / go* out hunting, shooting), ryb fishing; pro zábavu sport; úlovek bag, catch **–ec** hunter, odb. huntsman*; pro zábavu sportsman* **–ecký** hunting **–iště** hunting / shooting ground **–it** hunt (přen. after, for...), chase, shoot*, být na lovu be out hunting / shooting; ryby fish, do sítě net, na udici angle for a t., hook **–it** > **u–** kill, shoot*, catch*, zákazníka tout **–it** > **vy–** rybník fish out, vytahovat fish for a t., clear, empty

lože 1 kniž. = *postel* **2** geol. bed, seam; stroje carriage ♦ *smrtelné ~* death bed; *svatební ~* bridal bed; *upoutat na ~* confine to bed

lóže 1 div. box **2** vrátnice, zednářská lodge

ložisko 1 stroj. bearing; *valivé ~* antifriction bearing **2** kde se co ukládá deposit, vrstva stratum (pl -ta), seam, med. centre

ložn|í bed (e.g. linen, spread) **–ice** bedroom, nábytek b. suite

lpět cling* / hang* on(to) a t., houževnatě stick / fasten to a t., adhere to a t.

lstiv|ost craft, slyness, cunning **–ý** sly, cunning, crafty, s příjemnou tváří artful, nevybíravě tricky, mazaný foxy

lub thin board / layer of wood ♦ *mít co za -em* be up to a t., have a t. up one's sleeve

luc|erna lantern, pouliční street-lamp

lucifer Beelzebub, Lucifer

lučištník archer, ozbrojenec bowman*

luční meadow

Ludvík Lewis

lůj suet, vyškvařený tallow

luk (long)bow **–ostřelba** archery **–ostřelec** archer

lulka cutty-pipe

lumen light, genius

lump blackguard, skunk, knave **–árna** hanky-panky, dirty business, roguery

luna moon **–park** fun-fair

lunochod moon rover

lůno womb, přen. bosom

lup 1 loupení quest of booty, search of plunder **2** uloupené booty, loot **3** ve vlasech, pl dandruff, sg

lupa magnifying glass

lupen leaf* **–í** leaves, pl **–ka 1** pila fret-saw **2** překližka plywood

lupič robber, housebreaker, noční burglar, námořní pirate, potulný marauder, rover **–ství** robbery, housebreaking, burglary, piracy, marauding, rovery

lusk pod, odb. legume

lustr chandelier, křišťálový lustre

luštěnina leguminous plant, **–ny**, pl pulses, pl

luštit > **roz–** make* out, solve, break*

luxus, –ní luxury ♦ *~ vlak* saloon train; *~ vydání* de luxe edition ·

lůza, luza rabble, riff raff: mob

Lužice Lusatia

lůžko bed, držátko socket; ve vlaku n. na lodi berth

lv|í lion('s) ♦ *~ podíl* lion's share **–ice** lioness **–íče** lion cub

lýko bast

lynčovat > **z–** lynch

Lyon Lyons, sg

lyr|a lyre **–ický** lyric(al) **–ičnost** lyricism **–ik** lyric poet **–ika** lyrical poetry

lys|ina bald spot, pleš bald patch, zvířete blaze **–ý** holý bare

lýtko calf* (of the leg)

lyž|ař skier **–ařit** = *lyžovat* **–ařka** skier **–ařský** skiing, skier's, ski (e.g. jump) ♦ *-ká dráha* piste **–ařství** skiing **–e** ski, pl ski(s), tech. skid ♦ *vodní ~* aquaplane **–ovat** ski

lze it is possible

lži– pseudo-, false, sham

lž|íce spoon, množství spoonful; naběrací ladle, vyběrací scoop; obouvací shoe-horn ♦ *polévková ~* table spoon **–ička** (tea-)spoon, množství tea-spoonful

lživ|ost mendacity, falsity **–ý** mendacious, false

M

macecha step-mother

macek tom(-cat), tlusťoch fatty

maceška pansy

macešský step-motherly

máčet > **namočit, smočit** dip, tak napojit soak, nechat v tekutině ležet souse; hluboko, zvl. aby se tekutina proměnila steep; poléváním drench ~ > **rozmočit** infuse, aby se rozložilo macerate ~ se > **namočit se** dip

mačkat press ~ > **na–** co kam cram, stuff, vtěsnat jam ~ > **roz–** crush, mash ~ > **s–** do tvaru press, squeeze, jam ~ > **smáčknout, stiskávat** press (the button, a p.'s ha); svírat clutch; přiskřípnutím pinch, jam ~ > **v–** press (down) into... nástrojem ram, vrazit thrust* ~ > **vy–** vytvořit make*, shape, lisováním press; vyprázdnit squeeze (lemon or lemon juice); vymáhat squeeze, extort ~ > **po–, z–** zrnuchláním crumple, do záhybů crease ~ se > **na–** lidé kde bunch up, kam throng, crowd, i jednotlivec kam press one's way, push in (to a place), squeeze (into a tram) ~ se > **z–** snadno crease

Maďar Hungarian **–sko** Hungary **m–ský** Hungarian

mafi|e mafia **–án** mafioso

magi|cký magic (e.g. magic eye), magical **–e** magic

magistrát municipal authorities

magn|át tycoon, baron, mogul, magnate, lord **–et** magnet **–etismus** magnetism **–etizovat** > **z–** magnetize **–etka** magnetic needle **–etofon** tape-recorder **–etofonová** *páska* magnetic tape

magnézium magnesium

mahagon, –ový mahogany

máchat > **vy–** rinse ~ se > **z–** paddle, splash

machinace scheming, plotting

máchnout = *mávnout*

máj May ◆ *1. máj* the May Day

maják lighthouse*, menší na pevnině, na letišti beacon

majestát majesty; listina Imperial Charter **–ní** majestic, stately

majet|ek possession (vlastněné, též, -sions, pl) právo property, osobní be-

longings, pl, pozemkový (real) estate / property; ovlivňující společenské postavení fortune **–kový** property (e.g. rights) ◆ *-vé poměry* means, pl; *osvědčení o -kových poměrech* means (test) **–nice** jako *majetník* **–nický** proprietary **–nictví** proprietorship, ownership **–ník** vlastník owner, proprietor, a držitel possessor, a uživatel enjoyer **–nost** wealthiness **–ný** well-to-do, well--off, wealthy

majitel(ka) holder, keeper, = *majetnice, -ník* ◆ ~ *domu* houseowner, householder

majonéza mayonnaise

major major **–ita, –itní** majority **–izovat** impose one's will as being in majority

májový May

mák poppy, zmo, zrnka poppy-seed ◆ *nerozumí tomu ani za* ~ he cannot make head or tail of it

makaróny macaroni, sg

maketa dummy, maquette

makov|ec poppy-seed cake **–ice 1** poppy-head **2** vulg. hlava nut **–ý** poppy, poppy-seed ◆ *ani takové, ani -vé* neither hot nor cold

Malajsko Malaya

malárie malaria

malátn|ět > **z–** grow* torpid / languid **–ost** torpidity, torpor, languor **–ý** torpid, stuporous, languid, skleslý downcast, apatický listless

mal|ba painting, nátěr paint **–ebný** picturesque

málem nearly (He was nearly drowned = He was near drowning)

malér 1 smůla tough luck, mess, bummer, trouble **2** scéna fuss, scene

mal|íček na ruce little finger, na noze little toe ◆ *mít co v -ku* have a t. at one's finger-tips **–íčko** wee bit **–íčkost** trifle; = *malost* ◆ *a to není žádná* ~ and that's no small thing **–íčký** wee, nepatrný tiny, drobný minute, diminutive, ubohoučký paltry, measly **–ichernost** narrow-mindedness **–icherný** narrow-minded; věc petty, paltry, trifling **–ík** = *malíček*

malin|a, –ový raspberry

malink|o = *maličko* **–ý** puny, = *maličký*

malíř painter, umělecký též artist ♦ ~ *pokojů* (house painter and) decorator **–ka** paintress **–ský** painting, painters'; natěračský paint **–ství** painting, art ♦ ~ *pokojů* (house) painting and decoration

málo little*, s pl few ♦ *ani dost ~* not at all; *něčeho je* ~ a t. is scarce; *spokojit se s málem* put* up with the little one gets; *více méně* more or less; *záleží na tom* ~ it matters little **–co** hardly anything **–kde, –kdo...** hardly anywhere, hardly anybody... **–kdy** scarcely ever **–který** hardly any **–mluvnost** taciturnity **–mluvný** taciturn

maloměst|o small / provincial town **–ský** small-town(ish)

maloměšťá|ctvo petty bourgeoisie **–cký** middle-class **–k** petty bourgeois

malo|mocenství leprosy **–mocný** a leprous ● s leper **–myslnět > z–** lose* heart, despond **–myslnost** faint heart, lack of spirit, despondency **–myslný** faint-hearted, spiritless, despondent **–obchod** retail (business / trade) **–obchodní** retail **–obchodník** retail (-deal)er **–rolník** small peasant-proprietor **–st** smallness, littleness

malovat > na– paint (in water colours, with a brush) ♦ ~ *čerta na zeď* look for trouble, talk of the devil; *dát se* ~ sit* for a picture ~ > **vy–** paint, stěnu distemper, do* up, malíř pokojů decorate; přen., líčit depict ~ > **z–** koho beat* a p. black and blue ~ **se > na–** paint o.s., make* o.s. up

malovýrob|a small-scale production **–ce** small-scale producer

malta mortar

malý small, citově little, na výšku / dálku short (e.g. man*, step); společensky, mravně petty; bezmocně puny; nepatrný slight, a proto bezvýznamný trifling; těsný tight; menší nevelký minor, nevýznamný lesser, minimální minimum; malé dítě young child, nemluvně baby, pivo a half pint ♦ ~ *oznamovatel* classified advertisements pl; *za* ~ *peníz* cheap; *-lé pivo* a small beer, half pint of beer, přen. o člověku half pint; *při nejmenším* at least; *v -lém* small-scale; ~ *pohraniční styk* local border traffic; *ani v nejmenším* not in the least; *to je to nejmenší* that's the easiest thing to do

máma, maminka mother, mum(my)

mámi|t > vy– co na kom wheedle a t. out of a p., peníze, přiznání extract a t. out of a p. **–vý** delusive

mamon mammon **–it** money-grub

mamut, –í mammoth

maňásek puppet

manažer manager **–ský** managerial

mandarinka tangerine, rudá mandarin(e)

mandát mandate

mandel snopů shock (of sheaves) **–inka** *bramborová* Colorado beetle

mandl rolling press **–e** almond, krční tonsil **–ovat > z–** press

manekýnka model, mannequin

manévr, –ovat maneuver, steer

mangan manganese

manifest manifesto **–ace** demonstration **–ovat** demonstrate

mani|kúra, mani|kýra manicure **–pulace** handling, též podvodná manipulation **–pulovat** handle, též podvodně manipulate, spoliate

manko shortage, na váze short weight, v dodávce short delivery, i peněžní deficiency

mansarda attic, garret

manšestr courduroy

mantinel barrier, kulečníku cushion

manýr|a umělecká technique, postup mode **–ismus**, **–ovanost** mannerism

manžel husband (**-é** husband and wife, a married couple), práv. i žena spouse **–ka** wife* **–ský** matrimonial, opak nemanželský legitimate, lawful, spojený se sňatkem marriage (bed, contract, settlement, vow) ♦ *být z -kého lože* be of lawful wedlock; *-ká polovice* žena one's better half; *-ká poradna* marriage guidance bureau; *~ svazek* bond of matrimony; *-ké soužití* married life; *~ trojúhelník* eternal triangle **–ství** marriage, náb. a práv. matrimony, zákonitý svazek wedlock

manžeta cuff

map|a 1 map, navigační chart **2** složka portofolio, folder, psací podložka (writing) pad **–ovat > z–** map / plot / chart

maratón Marathon (race)

margarín margarine, hovor. marge

mariáš (a kind of) whist

Marie Mary

maringotka caravan, am. trailer

markantní marked, striking

markýz marquis

marmeláda jam, pomerančová marmalade

márnice mortuary, morgue, dead-house*

marn|it > pro– waste **–ivost** vanity **–ivý** vain **–ost** vanity, futility, opakované neuspokojení frustration **–otratník** spendthrift, prodigal, squanderer **–otratnost** prodigality, extravagance **–otratný** spendthrift, prodigal, extravagant, squanderous, wasteful **–ý** vain, idle, nevedoucí k cíli abortive, bez účinku ineffectual, futile

marod hovor. sick man* **–ér** hovor. malingerer

Maroko Morocco

maršál marshal

marxis|mus Marxism **–tický** Marxian, Marxist

máry bier ♦ *je na -rách* he has gone the way of all flesh **mařit > z–** frustrate, baffle, promyšlenou věc thwart, znechucením foil, zklamáním disappoint, práv. defeat, klást překážky hamper

masakr massacre, slaughter, butchery, shambles, sg **–ovat > z–** massacre, slaughter

mas|áž massage **–ér** masseur **–érka** masseuse **–írovat > na–** massage

masitý fleshy, jídlo meat

masiv massif **–ní** massive, solid, massy, a velký bulky

mask|a mask **–ovat** feign **–ovat > na–** mask, make* up **–ovat > za–** mask, disguise, camouflage **–ovat se** masquerade

más|lo butter ♦ *chléb s -lem* bread and butter; *jít (jako) po -le* go* very smoothly; *mít ~ na hlavě* be to blame **–vý** buttery

mas|ný meat (market), butcher's hall, scales) **–o** flesh, potrava (ne však ryba a drůbež) meat; dužnina pulp **–opust** Shrovetide, carnival **–ovka** sklenice screw-top(ped) jar **–vost** mass character **–ový¹ 1** barvou flesh-coloured **2** = *masitý, masný*

masový² mass (movement, hysteria, murder)

masožrav|ec carnivore, pl též carnivora **–ý** carnivorous

mast ointment, liniment, unguent

mást > po–, z– mistake* A for B, mix up A with B, působit zmatení confuse, confound, a nepořádek disorder, disarrange; vyvolat nesoulad jumble, proplést entangle, muddle up; vyvést z konceptu puzzle, mystify, bewilder, mařit snahy baffle, throw* out **mást se > po–** get* muddled / mixed up

mast|ičkář quack **–it > na– 1** grease **2** rychle psát scribble **–nota**

fat, grease **–ný** greasy, tukem fat, chem. fatty; jako mast unctuous

mašinérie machien, zvl. literární machinery

maškar|a mask **–áda** masquerade **–ní** fancy-dress (*ples* ball)

mašle bow, do vlasů (hair-)ribbon, tie

mat (check-)mate

máta mint (*peprná* pepper-m.)

matemati|cký mathematical **–k** mathematician **–ka** mathematics

materi|ál material, hovor. o látce, hmotě stuff **–alismus** materialism **–ista** materialist; = *drogista* **–alistický** materialist(ic) **–ální** material, konkrétní tangible, peněžní financial, pecuniary

mateřídouška thyme

mateř|ský motherly, maternal, týká se mateřství maternity, v urč. spojeních mother (country, tongue), mother's (milk) ♦ *-ská škola* kindergarten, nursery school; *-ské znaménko* birth-mark, mole **–ství** motherhood, maternity **–ština** mother tongue

matice 1 šroubu nut 2 mat. matrix, pl matrices

matka mother, včelí queen bee ♦ *bude –kou* she is with child, she is in the family way; *poradna pro matky s dětmi* post-natal clinic; *~ představená* Mother Superior; *stát se -kou* come* with child, become* a mother

matný dull, dim, chabý feeble

máto|ha shade, wrait, phantom, zeslablý člověk a shadow of his former self; *-hy,* pl dizziness **–živý, –žný** feeble, weak, dim, flagging

matrace mattress

matrice polygr. matrix, pl též -trices

matri|ční registry, formální pro-forma **–ka** register (of births and deaths) **–kář** registrar **–kový** = *matriční*

matrona matron, dowager, a stately dignified-looking woman*

matur|ant = *abiturient* **–ita** brit. GCE examination 'A' Level am.

slavnost graduation **–itní** (school-)-leaving **–ovat** get* / sit* (for) GCE 'A' Levels, am. be graduated (from a school)

máv|at > **za–, –nout** wave (*čím* a t., *na pozdrav* a greeting), okázale flourish, hrozivě brandish, stopař flag (*na vůz* a car)

maximální maximum, peak, ceiling

maz (sticky) smear ♦ *ušní ~* ear wax **–ací** lubricating **–adlo** lubricant **–ák** old hand **–al** scribbler, malíř dauber **–anec** crumpet, malý velikonoční hot cross bun **–ánek** pet **–ání** = *mast* **–anice, –anina** scrawl, scribble, malba daub **–anost** flyness **–aný** fly, foxy, diplomatický astute, opatrnický cag(e)y, intrikářsky artful **–at** > **na–** oil, grease, pro stálou kluzkost lubricate, mastí anoint; co čím spread* (butter on bread, bread with butter); hanl. malovat daub, vulg. opít (be)fuddle, tipsify ♦ *-at komu med kolem huby* butter a p. up **–at** > **po–** smear, coat, obřadně anoint, neuspořádaně (be)daub **–at** > **s–** wipe (off) **–at** > **u–** špinit soil, mazlavým (be)smear **–at** > **vy– 1** uvnitř něčím mastným grease **2** odstranit třením rub out / off, erase, zcela expunge **–at** > **za–** zakrýt daub over, smear a t. over; = *-at se* být mazlavý be smeary / slippery; s kým fondle a p., pamper a p.

mázdra film, blána membrane

mazl|avý greasy, kašovitě messy, lepkavý sticky **–íček** darling, pet **–it se** *spolu* cuddle, laskáním caress, neck, hýčkat pamper / fondle a p., cukrovat se bill and coo, sexuálně make* love to a p. **–ivý** pet, fondling, pampering; hlas caressing

mdl|oba faintness, swoon ♦ *upadnout do -ob* faint, swoon **–ý** faint, slabý feeble, chuťově insipid

mecenáš patron, podporovatel sponsor, hovor. angel **–ství** patronage, sponsorship

meč sword

mečet > **za–**, **meknout** bleat
meč|ík rostlina gladiolus, sword-lily
–**ovitý** sword-shaped
med honey ♦ *to není žádný ~* that
is no holiday, no easy job
měď copper
medail|e medal –**ón** medallion,
přívěšek locket
mě|ďák copper (coin) –**ďárna** cop-
per-works, sg i pl –**děnka** verdi-
gris –**děný** copper, jako měď cop-
pery, barvou copper-coloured,
chem. cupric, cuprous
medi|cína 1 hovor., lék medicine 2 =
lékařství –**čka**, –**k** medical stu-
dent, hovor. medic
medit|ace meditation, hloubání pon-
dering –**ovat** meditate (a t.), hlou-
bat ponder (over a t.)
médium medium
medov|ina mead –**ý** honeyed, jak
med honey, barvou honey-coloured,
chutí honey-sweet
medúza jelly-fish
medvěd bear –**í** bear's (*kůže* bear-
skin) –**ice** she-bear
medvíd|ě bear cub –**ek** hračka ted-
dy(-bear)
megatuna megaton(ne)
mech moss
měch leather (bag), k dýmání bel-
lows, pl
mechani|cký mechanical –**čnost**
mechanical character of a t. –**k**
mechanic, letadla engineer –**ka**
mechanics; = -*smus* mechanism,
machine(ry) –**zace** mechaniza-
tion –**začni...** of mechanization
–**zovat** mechanize, instrument;
–**zovaný** přen. press- / push-but-
ton (age, war)
mechový mossy
měchýř bladder
měk|čit > **z–** soften, obměkčit mollify,
zženštit effeminate –**kost** softness,
tenderness, flaccidity –**ký** soft,
poddajný tender, maso, svaly flaccid,
povahou tender-hearted ♦ *naladit
koho na -ko* put* a p. in a melting
mood; *-ká stupnice* gamut in mi-

nor; *vajíčko na -ko* soft-boiled
egg –**kýš** mollusc
meknout v. *mečet*
měknout > **z–** grow* soft(er), soft-
en
mekot bleating
měkou|čký, –**nký** nice and soft
mela scuffle, scrimmage, tussle,
shon bustle
melancholi|cký, –**e** melancholy –**k**
melancholic
melasa molasses
mělčina shallow (place), shoal,
písčina sandbank, pobřežní flats, pl
♦ *najet na -nu* run* aground
meliorace (a)melioration, půdy rec-
lamation (of soil)
mělk|ost superficiality, superficial-
ness –**ý** shallow, otřepaný trite,
banální commonplace, povrchní su-
perficial
melodi|cký melodious, odb. melod-
ic –**e** melody, jednotlivá strain(s, pl);
nápěv, popěvek tune –**ka** melodics;
libozvučnost melody
melodram play with musical ac-
companiment
melouch side line –**ář** moonlighter,
side-liner
meloun bot. melon
membrána membrane
mem|ento memento* –**oáry** = *pa-
měti* –**orandum** memorandum,
memo* –**oriál** memorial –**orovat**
> **na–** memorize, commit a t. to
memory
měna currency
měňavý changing, duhově iridescent
menažérie menagerie
méně v. *málo* –**cenný** inferior, sec-
ond-rate
měnit > **pro–**, **roz–** change ~ >
pro–, **pře–** change A into B, pod-
statně transform, v něco skvělého
transfigure; k jiné funkci convert A
into B ~ > **vy–** change; s kým, za co
exchange (things, with a p., A for
B) ~ > **z–** change (*v*, *na* into), v ně-
co nižšího reduction (*v* to); vnějškově
pozměnit alter, uzpůsobením modify;

postihnout affect ♦ ~ *majitele* change hands **měnit se > pro–**, **pře–**, **z–** change (*v, na* into), podstatně turn (into), postupně grow* (into) **měnit se** střídavě se proměňovat vary **–elný** mutable, střídavě variable

měn|ivý changing, snadno changeable, nestálý mutable; barevně = *měňavý* **–livý** variable **–ový** currency, peněžní monetary (unit, system)

menš|í v. *malý* **–ina** minority **–it se > z–** grow* less, lessen, postupně decrease; ubývat run* low, ubíráním be diminished, postupně mizet dwindle; klesat sink*, polevovat abate, ustupovat ve vlnách ebb (away)

ment|alita mental disposition, temper, outlook, mentality **–ální** mental

mentol menthol

mentor|ovat sermonize **–ský** moralizing, sermonizing

menu menu, jídla souhrnně dishes, pl

menuet minuet

menza students' canteen, refectory, v koleji students' hall

mermomocí *chtít* insist on -ing

meruňka apricot

měři|ce zast. 13 British gallons, plocha half acre **–cí** measuring **–cký** geometrical, geod. surveying **–ctví** geometry **–č** measurer, gauger, přístroj meter **–dlo** measuring instrument, gauge **–t** kolik measure **–t > od–** measure / mete out **–t > vy–** mark out > **z–** measure (off), všestranným proměřením take* measurements, přístroji gauge, hloubku sound, fathom; z přístrojů read*; koho pohledem look a p. up and down, give* a p. the once-over; kroky pace (the room), posuzovat judge, srovnávat match A with B ♦ *dvakrát měř, jednou řež* look before you leap; ~ *své síly s kým* measure o.s. with a p. **–t se** s kým match a p. (he is more than a match for me)

měřítko criterion, (standard) gauge; poměrové, stupnice scale (... *v -ku* on a... scale); *podle -ka...* by / on a ...scale / standard např. 1:50

mesiáš Messiah

měsí|c 1 na nebi moon **2** kalendářní month ♦ *jednou za uherský ~* once in a blue moon **–ček** bot. marigold **–ční 1** moon, moonlight **2** monthly **–čník** monthly **–čný** moonshine, ozářený moonlit

měst > za– sweep* **měst si** *to* expr. scurry; scud

měst|ečko market-town **–o** town, am. velké (a brit. důležité) město city, skot. a úř. borough, městská obec municipality ♦ *hlavní ~* capital (city), metropolis; *krajské ~* regional centre, brit. country town; *okresní ~* district town; *rodné ~* native town / city **–ský** town, city, municipal, urban ♦ ~ *člověk* townsman*, city man*; *-ská čtvrť* town / urban district; *-ská obec* town ship, corporation; *-ská rada* borough council, am. board of aldermen **–ys** market-town, am. township village

měšec purse, pouch

mešita mosque

mešk|at 1 otálet delay (*s a t.*) (*bez -ání* without delay); váhat, zdráhat se hesitate, be slow in -ing; tarry **2** kde dwell*, setrvávat kde abide*

měšť|áckost bourgeois outlook **–ácký** bourgeois **–áctví** = *–áckost* **–áctvo** bourgeoisie **–ák** bourgeois; obyvatel města townsman* **–an(ka)** burgher, wealthy citizen, hist. svobodný burgess **–anský** citizens('), civic **–anství** freedom of the city **–anstvo** townspeople, pl, the middle classes, pl

metafora metaphor

metalurgie metallurgy

metál hovor. gong

metař street-sweeper, lid. scavenger, am. street-cleaner

met|at 1 fling* **2** mrštit něčím hurl **–elice** snowstorm, blizzard

meteor meteor **–olog** meteorologist **–ologický** meteorologic(al) **–ologie** meteorology

metla 1 (birch) rod, přen. scourge **2** šlehač (egg-)whisk

metoda method

Metoděj Method

metod|ický methodic(al) **–ika** methodology, teaching method **–ologie** set / complex of methods and its study

metr 1 metre, měřítko measure, pásmo tape-measure **2** člověk task-master, stickler for accuracy **–ák** quintal **–ický** metric

metro metro*, am. subway

metrum metre

Metuzalém Methuselah ♦ *starý jako ~* old as the hills

mez 1 polní balk **2** hranice, kraj boundary, při pohledu zevnitř bounds, pl, confines, pl, o-, vymezení limit, dané možnosti compass, dosahem scope; ♦ *držet se v -ích čeho* keep* within the bounds of... ; *neznat -í* be boundless; *položit čemu -ze* set* bounds to a t.

mezanin = *mezipatro*

mezek mule

mezera gap, mezi řádky space; otvor interstice; prázdné místo blank, void, nedostatek want

mezi among, dva (a dva) between, v sourodém prostředí among, amongst, v nesourodém prostředí amid(st); v průběhu in the course of, during ♦ *~ čtyřma očima* in strict confidence; *~ lidmi* abroad; *~ námi* between us; *~ sebou navzájem* mutually, dělba between them; *jsme ~ sebou* we're amongst ourselves; *tančit ~ vejci* perform an egg-dance **–buněčný** intercellular **–článek**, **–člen** connecting link, interlink **–dobí** meantime, intervening time, interval **–hra** interlude, intermezzo* **–kontinentální** intercontinental **–městský** interurban; doprava a spoje brit. trunk, am. long-distance

–ministerský interdepartmental **–národní** international **–palubní** tweendecks, kde jsou pomocné stroje steerage **–patro** mezzanine, entresol **–planetární** interplanetary **–prostor** interspace **–přistání** stop-over, místo staging post **–státní** international, inter-state **–stěna** partition(-wall) **–tím** in the meantime, meanwhile **–vládí** interregnum **–vrstva** interlayer

mezní boundary, nejzazší možný marginal, final **–k** boundary-stone, boundary-mark, přen. turning point, pozoruhodná věc landmark

mhouřit > **při-**, **za-** oči wink the eyes, mrkavě wink an eye, the eyes (*a nechtít vidět* wink at a t.), ospale blink ♦ *ani oka neza-il* he didn't sleep a wink

micka puss(y), mog(gy)

míč(ek) ball **–ová** *hra* ball game

migréna migraine, megrim, neuralgic pains, pl

míh|at se > **mihnout se** bleskem flash, mžikavě twinkle, rákoska swish, nejasně swim*, blikat flicker, wink, blink, twinkle **–avý** flashing apod.

mihotat se shimmer, flicker, třpytivě glimmer

mícha spinal chord

mícha|čka (concrete) mixer **–nice** medley **–t** > **s–** mix (up), aby směs měla nové vlastnosti blend; = *mást* **–t** > **za–** 1 co stir, karty shuffle, čím twirl **2** zaplést apod. involve, entangle **–t se** > **v–**, **za–** do čeho meddle in with a t., interfere with a t.

míj|et v. *minout* **–ivý** passing, transient

mikádo 1 mikado*, jackstraws, **2** page-boy (haircut)

mikro|b microbe **–bus** minibus **–film** microfilm **–fon** microphone, hovor. mike **–miniaturizace** microminiaturization **–procesor** microprocessor **–skop** microscope **–skopický** microscopic **–tečka** microdot **–vlnný**

microwave
Mikuláš Nicholas
mil|á sweetheart **–áček** darling; o-blíbenec favourite, v oslovení též dear, dearest, dearie, duck, love, honey
míle mile
mil|enec lover **–enecký** lover's, amorous **–enka** mistress, beloved, žert. lady-love **–ený** beloved **–erád** with pleasure, gladly, readily
miliarda brit. a thousand million, zř. milliard, am. billion
milic|e militia **–ionář** militia man*
mili|metr millimetre **–ón** million **–onář** millionaire
miliskovat se pet, cuddle, hug and kiss
militar|ismus militarism **–ista** militarist
milkovat se toy, dally
milník milestone
milo|dar (charitable) gift **–srdenství** mercy **–srdný** merciful, dobročinný charitable **–st 1** grace **2** přízeň favour, výsada privilege **3** prominutí trestu pardon, respite, hrdelního reprieve ♦ brát na ~ grant a p. pardon; být komu (vydán) na ~ be at the mercy of a p., být v -sti u koho be in a p.'s good graces; cestou -sti by way of clemency; dostat ~ be pardoned / reprieved; přijmout na ~ take* into one's favour **–stivý** gracious **–stnice** mistress, paramour **–stný 1** love, amatory, od zamilovaného amorous (dopis love letter) **2** půvabný graceful ♦ -stná pletka amour; ~ poměr (love) affair; -stné pouto love-tie **–stpaní** madam **–vaný** (dearly) beloved **–vat** love, be in love, mít v oblibě like (to do), be fond of (doing), stát o to care (for a t., to do), dávat přednost prefer; vysoce si vážit cherish **–vat** > **po-** (se s kým) make* love to a p., have sex with a p.; -vání love-making **–vnice** n. **–vník 1**

div. principal / leading lady / man, darling of... **2** lover, admirer, adorer, z obliby amateur, rád milující fancier, ženy beau, flirtující philanderer
mílový krok big stride (forwards)
milý adj **1** dear, milovaný beloved **2** příjemný pleasant, agreeable, nice, roztomilý amiable, lovable, uspokojující gratifying **3** ochotný obliging, kind ● s dear one, milenec sweetheart, her young man*
mimi|cký mimic **–ka** mimicry
miminko baby (babe-in-arms), tiny tot
mimo 1 pohyb past, by (vždy to pass by ...), mimo cíl off (the mark), vně outside, ne v dosahu without, out of the reach of... **2** kromě except (for), zvl. po záporu but **3** vedle besides, in addition to, am. aside from ♦ ~ dům outdoors; ~ jiné among others; ~ očekávání contrary to expectation; ~ provoz out of work, pro poruchu out of order; ~ službu off duty, na odpočinku in retirement **–děk** involuntarily, instinctively, nevědomky unawares **–chodem** in (the) passing, incidentally, jsem pass by the way **–jdoucí** passer-by **–řádný** extraordinary, pozoruhodný remarkable, až zázračně prodigious, výjimečný exceptional, ... out of the way; pro nečekaný případ emergenc; mimo program apod. irregular, navíc extra; posluchač, žák external ~ **to** besides
mimoškolní out-of-school, extramural
mimo|to besides, moreover, in additon **–volný** involuntary
mimóza bot. mimosa, sensitive plant
mina mine
minc|e coin (hromadně bez pl) **–ovna** mint **–ovnictví** coinage
mínění opinion, názor view ♦ mít vysoké ~ o think* highly (or a lot, much) of; říci komu své ~ give* a

p. a piece of one's mind

miner|ál mineral **–álka** hovor. seltzer / mineral water **–álni** mineral **–alogie** mineralogy

mini|atura, –aturní miniature **–kalkulačka** minicomputer **–ponorka** minisub **–sukně** miniskirt

minim|álni, –um minimum ♦ existenční ~ subsistence level, living, wage **–ax** fire-extinguisher

minist|erský ministerial, am. departmental ♦ ~ *předseda* Prime Minister, premier, PM **–erstvo** ministry, am. (executive) department **–r** minister, v titulu často Secretary of State, am. cabinet member **–rant** acolyte, server **–rovat** officiate, minister

mínit 1 domnívat se believe, think*, suppose **2** mínit mean*, plánovat intend; vyslovit se express one's opinion, propose

minomet mine-thrower

minout < mijet 1 pass a t., go* by a t., projít těsně mimo clear a t. **2** doba pass, expire **3** nepovšimnout si pass over, overlook **4** přejít, přestat pass away, cease, zmizet disappear ~ **se < mijet se 1** setkávat se pass (by), cross **2** s čím miss (the mark) ♦ ~ *se s povoláním* mistake* one's vocation; ~ *se s rozumem* go* out of one's mind; ~ *se s účinkem* fall* flat, be lost

minuciózní minute, osoba též punctilious

minul|e last time, nedávno lately, recently **–ost** a p.'s past **–ý** past, přešlý bygone; předešlý last

minu|s minus **–ta** minute **–tka 1** jiff(y) **2** jídlo á la minute ♦ *počkat -u* wait a sec **–tový** minute

mír peace

míra 1 measure, zjištěná, též measurement, poměrná rate (of interest) **2** velikost size **3** bás. metre **4** měřidlo pásové tape(-measure), jakékoli měřidlo gauge **5** duševní stav humour, soulad accord **6** = měřice ♦ *brát komu -ru* take* a p.'s measurements; *být v dobré -ře* be in high spirits; *do jisté -ry* to certain extent; *do velké -ry* largely; *v hojné -ře* in a high degree; *koberec na -ru* fitted carpet; *(šitý) na -ru* (made) to measure; *nejvyšší měrou* in / to the highest degree; *rovnou měrou* equally; *tou měrou, že...* insomuch as...; *přivést na pravou -ru* put* a t. right, rectify a t.; *všeho s -rou* there is a limit to everything; *vyvedný z -ry (dobrý apod.)* exceedingly

mírn|it > u–, z– pacify, tišit allay, assuage, moderate, temper, bližším určením modify, odstraněním části břemene relieve, uvolněním napětí relax **–it se > z–** polevovat abate, v hněvu apod. remit one's anger, keep* calm, restrain o.s., control o.s., v jídle hold* back **–ost** mildness, meekness, peacefulness, softness, leniency, lenity, moderateness **–ý** mild; nevýbojný peaceable, pokorný meek, pokojný peaceful, vyrovnaný placid; shovívavý lenient; umírněný moderate, zdrženlivý temperate; přiměřený, nepřehnaný reasonable; mírumilovný pacific; příjemný soft, gentle ♦ *-ě řečeno* to put it mildly

mír|ový 1 peace (conference, offensive, rally, treaty) **2** (jako) v míru peace-time, pokojný peaceable, naplněný mírem peaceful (e.g. coexistence), směřující k dosažení míru pacific **–umilovnost** pacific disposition, peacefulness **–umilovný** pacific, nevýbojný peace-loving, peaceable, klidný, žijící, strávený v -u peaceful

mířit směřovat be directed (at, against...), vysoko aspire, aim (high), náznaky allude at / to a t., hint at a t. **~ > na–, za–** direct (take*) aim (na at), vzít na mušku level (at) **~ > za–** (one's steps) (za - kam start for..., to...), make* / head towards

mísa dish, velká a hlubší (pracovní) bowl, tech. pan, basin ♦ *záchodová ~*

lavatory pan
misantrop misanthrope
mis|e mission **–ionář** missionary
mísit > **pro–** mix, při patrných složkách
mingle, hnětením knead, work ~ >
s– mix (together), důkladně com-
mingle, v novou směs blend; = *mást*
~ **se** > **v–** *do* čeho interfere (with)
miska saucer
misogyn woman-hater
místenka (seat-) reservation ticket
mistička = *miska*
míst|ní local, tamější... of the place;
týk. se místa v řadě positional, aktuálně
místní topical ♦ ~ *jméno* place-
-name; ~ *organizace* local
(branch); ~ *rozhlas* public ad-
dress system; ~ *správa* local
government **–nost** room, prostora
space **–o** ● *s* 1 place, v postupu, na
dráze, na cestě point; umístění posi-
tion; malé, určité spot, v textu pas-
sage 2 zeměp. locality 3 volně k po-
hybu apod. room, vůle zvl. mech. a přen.
play (*k* for), uprázdněné place 4 po-
dle hodnosti rank, station, place, pro
zaměstnance vacancy, post, open-
ing; zaměstnání situation, systemizo-
vané position, (am. o podřadném místě)
place; obsazované jmenováním ap-
pointment, odpovědné, závažné (brit. i
učitelské) post, hovor. job 5 stavební
plot, parcela lot, situačně site 6 zadané
koupí lístku seat, k ležení berth ♦
bolavé ~ sore spot; *udělat* ~
make* room, ustoupit yield (*čemu*
to); *z* -*ta na* ~ from place to
place; ~ *narození* birth-place; ~
pobytu place of abode, trvalého
place of residence; *prázdné* ~
nepotištěné blank; ~ *k stání* stand-
ing room, ~ *určení* destination;
volné ~ *v úřadě* vacancy; ~ *vraž-*
dy scene of murder; *vyšší* -*ta* the
authorities; *zjistit* ~ *čeho* locate a
t. ● *prep* instead of **–održící**,
–održitel governor, viceregent
–okrál viceroy **–opis** topography
–opředseda vice-chairman*
mistr master, dílenský foreman*;

sport. champion, znalec expert, hud.
(i oslovení) maestro* **–ný** masterly
–ovat be a master / foreman*
napomínat boss **–ovský**... of a mas-
ter, jako mistr masterlike, hodný mistra
masterly **–ovství** mastery; sport.
championship **–yně** sport. cham-
pion sportswoman*
místy here and there, in places,
sporadically, v knize passim
míšenec half breed, růz. druhů hybrid
mišmaš mishmash, hotch-potch,
pell-mell
mít have, stále někde (chovat, udržovat)
keep*; držet, mít v držení, v moci hold*
(in possession); nějakou potíž run*
(e.g. a temperature); měřit, mít kolik let
be; obsahovat v sobě contain, zahrno-
vat comprise; koho za co **1** have a p.
as (one's assistant) **2** pokládat
take* a p. for..., consider a p.
(as)...; na sobě (údaj apod.) bear, (oblek,
tvář, vzhled) wear*, have a t. on, na co
prostředky have the wherewithal for
a t., be able to afford a t., slang. mít
na to be up to it, po čem have got a
t. out of the way, have had a t.; *už*
mám po zkoušce I have done my
exam; ztratit to have lost a t.; *před*
čím be just about to s inf; mít za to,
že I assume / suppose / think* ...;
má za to, že... he will have it that; mít
co / nic proti čemu object / not to ob-
ject to a t. s inf; náležité, žádoucí
should, ought to, očekávané be ex-
pected, shall, souzeno be to; co něk-
do poručil, co se dohodlo be to; byť za-
myšlen be meant / intended to; slib
/ hrozba mluvícího shall (it shall be y-
ours, you shall have it); cizí tvrzení
be said / rumoured to s inf ♦
nemít ani jedno ani druhé fall*
between two stools; ~ *bič nad*
sebou have a t. hanging over
one; ~ *bolení hlavy* / *zubů* have a
headache / toothache; ~ *buňky*
na / *pro co* have the brain for a t.;
~ *koho na bytě* give* a p. lodging;
~ *čich* / *nos na* / *pro co* have a
flair / nose for a t.; *komu máme*

děkovat za... to whom do we owe...; ~ *dlouhé vedení* be slow-witted; ~ *dluhy* be in debt; ~ *čeho dost* be sick of a t.; be fed up (to the teeth) with a t., be weary of a t.; ~ *čí důvěru* enjoy a p.'s confidence; ~ *hlad* be hungry; ~ *trochu v hlavě* be half seas over, have had a drop too much; ~ *hodinu* brát ji take* a lesson, dávat ji give* a lesson; ~ *horečku* run* a fever; ~ *hryzání (v břiše)* have a gnawing pain (in one's stomach); ~ *hryzení svědomí* have pangs of conscience; ~ *hubu na koho* be rude about / to a p.; ~ *co na krku* have a t. on one's back / hands; ~ *koho(co) z krku* have got rid of a p.; ~ *koho v lásce* cherish a p.; ~ *co za lubem* have a t. up one's sleeve; ~ *máslo na hlavě* have a t. on one's conscience; be to blame; ~ *mladé* be with young; *nemá do toho co mluvit* he has no say in it; ~ *co za následek* result in a t.; ~ *koho v nenávisti* bear* malice against a p.; ~ *oči všude* be all eyes; ~ *co na očích* keep* one's eyes upon a t.; ~ *co na paměti* bear* a t. in mind; ~ *parohy* be a cuckold; ~ *patent na rozum* know* all the answers; ~ *pojem* / *ponětí o čem* have an idea of a t.; ~ *poruchu* be out of order; ~ *potěšení, že...* have the pleasure of -ing, of a t.; ~ *práci s čím* be busy -ing; ~ *co na práci* be engaged in a t.; ~ *pravdu* be right; ~ *proč* have a reason for -ing; ~ *přednášku* give* / deliver a lecture; ~ *předpoklady pro co (aby...)* be qualified to inf; ~ *převahu nad* have the upper hand of; ~ *radost* be pleased (*z čeho* by a t.), be glad of a t.; ~ *řeč* deliver a speech; ~ *mnoho řečí* be fussy; ~ *řízení* have something to attend to, soudní have been taken to court; ~ *slovo* be on one's feet, have a

say in a t.; ~ *službu* be on duty; *z toho budu ~ smrt* that'll be the death of me; ~ *smutek* be in mourning; ~ *smysl* člověk *pro co* have a sense of... ; ~ *co na sebe* have what to put on; ~ *co na sobě* be wearing a t.; ~ *co za sebou* be through a t.; ~ *spadeno / svrchu na co* bear* a p. a grudge; ~ *(na)spěch* be in a hurry; *ne*~ *stání* be itching to go, be on tenterhooks, have ants in one's pants; ~ *co na starosti* have as a responsibility / worry; ~ *strach* be alarmed / scared / frightened by a t.; ~ *koho na stravu* board a p.; ~ *svoje léta* be past one's prime; ~ *svou (hlavu)* have one's own mind; ~ *široká záda* be pushing / pushy; ~ *škodu z čeho* be the loser by a t.; ~ *štěstí* be lucky; ~ *telefon* be on the phone; *máš tu / tam telefon* there's a call for you; ~ *úctu k* respect a p., have respect for a p.; ~ *účast na čem* participate in a t.; ~ *úspěch* be successful, succeed; *máš velké oči* you're seeing things; ~ *s kým vojnu* be at daggers drawn with a p.; ~ *volno* be free, have time off; ~ *po všem* be done for; ~ *na vůli* be free; ~ *na vybranou* have to choose, have a choice; ~ *komu co za zlé* hold* a t. against a p., blame a p. for a t.; ~ *co na zřeteli* keep* a t. in view; *nic z toho nemám* it is no good to me **mít > přimět** bring* / induce a p. to; aby cause / bring* / get* a p. to inf; povzbuzovat encourage, urge a p. to a t. **mít se** jak be (getting along), be (How are you?), have a... time, am. be having it s adj; enjoy oneself = be well off = have the time of it ♦ **měj se!** look after yourself!; ~ *se pod psa* live a dog's life; ~ *se prima* have a fine / good old time; *ten se má jako prase v žitě* he is in clover; *mít se ke komu* behave to(wards) a p.; k *čemu* **1** chystat se set* about a t., be going to **2** v poměru be to...; ~ *se k světu* be full of life, be alive and kicking; ~ *se na pozoru před čím* be on the guard against a t.

mítink meeting, rally, am., convention

míza sap, anat. lymph

miz|era wretch, shit **–érie** mess, misery, wretched conditions

miz|et > z– disappear, záhadně n. nepozorovaně vanish, hovor. ztratit se make* o.s. scarce; postupně fade away, do ztracena dwindle, a ztrácet vydatnost peter out **–ina**: *být na -ině* be on the rocks, *přijít na -inu* go* on the rocks, *přivést koho na -inu* reduce a. to poverty **–ivý** nepatrný negligible

mlá|dě young one, přen. nezkušený člověk, zelenáč greenhorn, sucker **–denec 1** youth, young man* **2** družba groomsman* **3** *starý ~* bachelor **–denecký** bachelor's **–denectví** bachelorhood **–dež** youth, young people, pl ♦ *-i nepřístupno* adults only

mládí youth ♦ *v ~* in one's youth; *od ~* from youth onwards

mlad|ický youthful, nerozvážný puerile **–ík** youth, young man* **–istvý** a svěží youthful, obvyklý u nedospělých juvenile (*provinilec* delinquent) ● *s* juvenile

mládnout > o– grow* / become* young (again)

mlad|ost 1 = *mládí* **2** youthfulness **–ý** young; bujný, svěží youthful; mladší (než kdo) (a p.'s) junior ♦ *-í a staří* young and old; *vypadat -ě na svůj věk* look young for one's age *not to look one's age*; *za -a* in one's young days

mlask|at > –nout click one's tongue, zvl. nevědomky smack

mlat k mlácení threshing- / barn-floor **–ec** thresher

mláti|čka threshing machine, thresher **–t** strike*, opakovaně beat*, bičem whip, mocně throb; sem

tam toss (*čím* a t.) **–t > po–**, *rozbreak** **–t > z–** koho, **na–** komu thrash, whack, drub, belabour a p.; koho čím strike* a p. with a t. **–t > vy–** thresh

mláto draff

mlází undergrowth

mlč|e(n)livost reticence, taciturnity, diskrétnost secrecy **–e(n)livý** reticent, taciturn, secretive **–et** be silent, stále keep* silent (*k čemu* on a t.) **–ky** in silence, se projevit tacitly, ~ *souhlasit* give* tacit consent

mléčn|atý milky, odb. lacteous **–ý** milk, mlékárenský dairy, chem. lactic, jako mléko milky ♦ ~ *bar* milk bar; *M-á dráha* Milky Way; ~ *zub* milk tooth

mlék|árenství dairying **–árna** dairy **–ař** dairy-man*, také roznášeč milkman*, hovor. milko(h) **–ařka** dairy-woman*, také roznášečka milk-woman* **–ařský** milkman's, mlékárenský dairy(ing) **–ařství** dairy (-farm)ing **–o** milk ♦ *odtučněné ~* skimmed milk; *plnotučné ~* full-cream milk; *plakat nad rozlitým -em* cry over spilt milk; *být krev a ~* be milk and roses

mlha mist, hustá, městská a přen. fog, ~ *s kouřem* smog, opar haze ♦ *je ~* it is foggy **–vost** fogginess **–vý** misty, foggy, hazy

mlhov|ina nebula, pl -lae **–itý** = *mlhavý* **–ý**... of mist

mlíčí milt, soft roe

mlít 1 grind*, ve mlýně též mill **2** mluvit rychle grind* away / along, rattle, nesrozumitelně gibber **3** přen. hubou, pantem wag one's tongue, jabber, chatter **4** pomlouvat scandalize ♦ ~ *páté přes deváté* talk nineteen to the dozen; ~ *z posledního* be down on one's uppers, be on one's beam's ends; *tichá voda břehy mele* still waters run deep; ~ *sebou* fidget, toss about

mlok salamander

mls|at have a sweet / dainty tooth,

tajně pilfer delicacies **–avý** toothsome **–ek** titbit, dainty **–nost** fastidiousness **–ný** sweettoothed, fastidious **–oun** sweet-tooth

mluv|a speech, způsob vyjadřování diction **–čí** spokesman*, kdo mluví speaker **–idla** speech organs, pl **–it** > **pro–** speak s *kým* ((monolog) to), (with (dialog)); *o čem* (of (stručně)) (about (podrobně)); hovořit, rozprávět talk, *o čem* discuss a t.; *do koho* press a p.; *do čeho* meddle with a t.; stýkat se s kým be on speaking terms with a p., be friends with a p. ♦ *-í se o tom, že...* there is a rumour that...; ~ o *něčem jiném* change the subject; *-i jako kniha* he talks like a book; ~ *do větru* waste one's words **–ka** windbag **–nice** grammar **–nický** grammatical

mlýn mill ♦ *to je voda na jeho* ~ it is grist to his mill; *větrný* ~ windmill; *větrné -y,* přen. castles in Spain

mlynář miller, **–ský** miller's **–ství** miller's trade

mlýn|ek mill, grinder **–ice** milling chamber ♦ *točit se jako v -ici* spin* like a top **–ský** mill

mlž lamellibranch

mlžný = *mlhavý*

mňau miaow

mnemotechnický mnemonic

mnich monk, pův. žebravých řádů friar

Mnichov Munich

mniš|ka zool. nun (moth), black arches, sg **–ský** monastic, jako mnich monkish

mnoh|aletý... of many years' standing **–dy** many times, frequently **–em** much **–o** much, ale před počitatelným pl many (e.g. children); samostatně mimo zápor a otázku a great deal, o počitatelném a great many **–okrát(e)** many times **–omluvný** talkative **–onárodní** multinational **–onásobný** multiple, tech., mat. multiplex **–oobročník** pluralist **–ostranný**

manysided, co do zájmů versatile; rozsáhlý extensive; dohoda multilateral **–otvárnost** multiformity **–otvárný, –otvarý** multiform **–oženství** polygamy **–ý** many

mňouk|at > **za–, –nout** mew, miaow

mnout > **za–** rub ~ > **roze–** rub to powder

množ|it > **roz–** multiply, rostliny propagate, zvířata breed* **–it se** > **roz–** multiply, grow*, increase in number, kopírovat copy, duplicate **–né** *číslo* plural **–ství** quantity, amount, várka, partie batch, zásilka lot; velký počet, řada number, hojnost plenty, abundance; spousta, dav n. jiné seskupení mass, multitude

mobil|izace, –izační mobilization **–izovat** > **z–** mobilize **–ní** mobile

moc s power, právo authority, její rozsah jurisdiction, powers, pl; zvl. nadlidská might; síla, násilí, platnost force (~*í* by force); vláda rule, control, power ♦ *být u* ~*i* be in power; *branná* ~ (military) forces; pl; *v či -i* within a p.'s power; *mít co v -i* have control of a t.; *právní* ~ force, operation; *z -i úřední* by authority ● adv velmi very, velmi mnoho very much / many, a lot, příliš n. skoro moc rather **–enský** (... of) power **–enství** chem. valency **–i** can*, není-li zábran may*; asi, možná, snad may*; ~ *za co* be to blame, be blamed for a t. ♦ *nemohu sloužit* I can't help you, I'm afraid I can't do it; *čím vám mohu posloužit ?* what can I do for you?; *na to můžeš vzít jed* you bet your life (it's true) **–krát(e)** = *mnohokrát* **–nář** monarch **–nářství** monarchy **–něnec** root **–nina** power **–nit** > **u–** raise to a given power **–nost 1** polit. power **2** vrstvy, sloje thickness **–ný** powerful, útočně forcible; prudký violent, silný intensive, těžce dopadající heavy; mohutný mighty, tloušťka stout; rozhodný authoritative

moč urine, neodb. water **–ál** swamp, fen **–it** > **vy– se** urinate, pass / make* water

móda fashion, zvl. uznávaná style, ,velká, vogue, bláznivá craze, fad, vrcholná the mode; **–dy** časopis fashion magazine ♦ *být v -dě* be a fashion, be in style / vogue, *nebýt v -dě* be out of style / fashion, be old-fashioned; *vyjít z -dy* get* / go* out of fashion

model model, vzor pattern ♦ *stát -em* pose as a model, sit* / stand* to a p. (for a model / portrait) **–ka** model **–ovat** > **vy–** model, formovat mould, shape

modern|ista modernist **–í** modern ♦ *~ galerie* modern art gallery **–izovat** modernize, bring* up to date, update, streamline **–ost** fashionableness

modifikovat modify

modist|ka milliner, modiste **–ství** millinery

modl|a idol, image **–ář** idolater, přen. bigot **–ářka** bigot **–ářský** idolatrous **–ářství** idolatry, přen. bigotry **–ení** prayers, pl **–it se** > **po–** pray (to a p.) **–itba** prayer; *-by* kniha prayer-book **–itebna** chapel, house* of prayer, židovská synagog **–itební** (... of) prayer

módní stylish, modish, odpovídající soudobé módě fashionable; týkající se módy fashion

modr|ák kopie blueprint; *-áky,* pl overalls, pl **–at** > **z–** get* / turn / grow* blue / livid **–avý** bluish **–o** the blue **–ooký** blue-eyed **–otisk** blue-and-white print textile **–ý** blue, jako modřina livid, blankytně azure ♦ *-é oko* podlité black eye

modř blue **–idlo** (laundry) blue **–ín** larch **–ina** bruise **–it** > **na–** *prádlo* blue

modul module **–ace** modulation **–ovat** modulate **–ový** modular

mohamedán, –nský Mohammedan

Mohuč Mayence, Mainz

mohutn|ět > **z–** grow* (in bulk), sílit intensify **–ost** bulk, bulkiness **–ý** bulky, důstojně stately, i tloušťkou portly, impozantní impressive

mohyla tumulus, pl -luses, -li, grave-mound, barrow

Mojžíš Moses

moka mocka (coffee)

mok|nout be out in the rain **–nout** > **pro–**, **z–** get* / become* wet / drenched / soaked na kůži through, to the skin **–ro:** *je mokro* it's wet, deštivo rainy **–řina** wet ground, wetland, = *močál* **–vat** be (dripping) wet, trickle, prosakovat soak / ooze through

mol 1 moth (*sežraný od -ů* moth-eaten) **2** fyz. mol **3** *opilý na ~* drunk as a fiddler / lord

moldánky Pan-pipe, syrinx ♦ *natahovat ~* turn on the waterworks

molekul|a molecule **–ární, –ový** molecular

moll hud. minor (e.g. key)

molo mole, pier

moment 1 = *chvíle, okamžik* **2** factor, fyz. moment **–ální** instantaneous **–ka** snap(shot)

monarch|a monarch **–ický** monarchic(al) **–ie** monarchy

mondénní... of fashion, fashionable, worldly

monitor, –ovat monitor **–ování** monitoring

mono|gamie monogamy **–grafie** monograph **–gram** initials, pl, monogram **–kl 1** eyeglass **2** rána pod okem black eye **–lit** monolith **–log** monologue **–pol** monopoly **–polizovat** > **z–** monopolize **–sexuální** monosexual **–skop** test-card **–teismus** monotheism **–tónní** monotonous

monstrance ostensory, monstrance

monstrum monster

mont|áž 1 činnost assembly, -blage, stroje též fixing-up, mounting, erection **2** provozovna assembly-plant **3** obrazová mounted picture

–ážní assembly, fitting, mounting **–ér** fitter, fixer **–érky** boiler suit, dungarees, pl **–ovat > na–, při–, za–** mount, fit (up) **–ovat > s–** assemble, fit together

monument|alita stateliness **–ální** stately, monumental

moped moped

mor plague, katastrofální epidemie pest-(ilence), (slepičí fowl pest), přen. zkáza bane, ruin

mor|alista moralist **–alizovat** moralize **–álka** morale, vůbec mravy morals, pl; mravní naučení moral, etika morality **–ální** moral

Morav|a Moravia **m–ský** Moravian

morče guinea-pig, cavy

morek marrow ◆ do -ku kosti to the marrow of one's bone

móresy hovor. manners, pl

morfium morphine, morphia

morous peevish / surly fellow

Morseova abeceda Morse code

moruše mulberry

moře sea; nad -m above sea-level; u ~ at the seaside, on the seashore; za -m overseas ◆ širé ~ high sea(s), open sea **–plavba** (sea)-voyage, umění sea navigation, sea-faring **–plavec** navigator, seafarer

moři|dlo mordant **–t > z–** consume, emaciate; trápit torment, mučit torture; obtěžovat molest, stálými útoky harass, protivně pester; dělat mrzutým annoy, vex, rozrušovat trouble, worry ◆ ~ hladem starve **–t > na–** impregnate, dřevo stain, máčením soak **–t se** s čím toil at a t., labour on a t., dřít se drudge, slave

mořský sea, o pobřeží seaside (lázně seaside resort), věd., odb. marine; námořní voj. naval; z hlediska správy maritime ◆ -ská houba sponge; -á míle nautical mil; -ská nemoc seasickness (mít -skou nemoc be seasick); -ská panna mermaid; -ské pobřeží seaside, seashore

mosaz, –ný brass

Moskva Moscow

moskyt zool. mosquito*

most bridge ◆ spálit za sebou všechny -y burn* one's bridges **–ní** bridge

mošna satchel žebrácká ~ beggar's bag ◆ jít s žebráckou mošnou lose it all, go under

mot|ák 1 navíjedlo reel **2** tajně poslaná zpráva kite, z vězení uncensured letter **–anice** tangle **–at > na–** wind* (on), na cívku reel (up) **–at > s–** roll up **–at > z(a)–** tangle up, entangle; splést mix up, confuse ◆ ~ komu hlavu turn a p.'s head **–at se > za–** reel ◆ hlava se mi -tá my head swims / whirls

motel motel

motiv 1 pohnutka motive **2** uměl. díla motif **–ace** motivation **–ovat** motivate

moto|cykl motor cycle **–cyklista** motor cyclist **–kára** go-kart **–kros** moto-cross

motor motor, výbušný engine, (spalovací ~ internal combustion engine) **–ický** motory **–ismus** motoring **–ista** motorist **–izace** motorization, tratě dieselization **–izovat** motorize, trať dieselize **–ový** motor (e.g. carriage, ship, boat launch), power(ed), žel. diesel ◆ rychlý ~ člun speed boat; -vé kolo popper, motor-assisted pedal cycle; -vá pila chain-saw

motouz thread, cord, silný twine

motyka hoe, s jedním koncem sekyrovitým mattock

motýl butterfly **–ek 1** tiny butterfly **2** vázanka bowtie **3** sport. butterfly stroke

mouč|ka flour, prášek powder (cukrová ~ powdered sugar) **–natý** mealy, floury, odb. farinaceous **–ník** desert, piece of pastry, poslední chod sweets, pl; v restauraci pudding; pečivo pastry **–ný** flour, farinaceous = -natý

moud|rost wisdom; rozvážné sebeovládání prudence, vědění knowledge ♦ *zub -ti* wisdom tooth*; *životní* ~ common sense **–rý** wise, hluboce sage, rozvážný a ovládající se prudent ♦ *nejsem z toho* ~ I am none the wiser **–řet** > **z–** grow* wise ♦ *pozdní zmoudření* hind-sight

moucha fly ♦ *-chy v hlavě* bee(s) in the bonnet; *zabít dvě -chy jednou ranou* kill two birds with one stone

mouka jemná flour, hrubá, zvl. jiná než pšeničná meal; = *moučka*

moula hovor. clumsy clot, hlupák dimwit, vulg. mug, trap

mour coal-dust **–ovatý** greyish ♦ *platit jako* ~ pay* through the nose

mouřenín Moor

movit|ost movable (asset) **–ý** well off, propertied, landed

mozaik|a mosaic **–ová** *dlažba* tasselated pavement

moz|eček odb. cerebellum; jídlo brains, pl **–ek** brain, hovor. mozková hmota, důvtip brains, pl ♦ *otřes -ku* concussion of the brain **–kový** cerebral

mozol horn(y skin), odb. callosity, callous; **–y** dřina toil **–it se** work hard, toil **–n(at)ý** callous, horny; klopotný toilsome

moždíř = *hmoždíř*

možn|á possibly, perhaps, maybe ♦ *co* ~ *nej-* as. . as posible; *dost* ~, *že...* it is quite possible (that)... **–ost** possibility, likelihood, feasibility, srov. **–ý**; příhodná situace chance; eventualita contingency, jedna ze dvou alternative; vyhlídka prospect; vývojová resource; vhodné zařízení facility; *-ti* rozsah uplatnění scope, sg ♦ *podle -ti* as far as possible, if possible; *nechávat* ~ *čeho* admit of a t., leave* room for a t. **–ý** possible, nejspíše likely, nanejvýš možný a proveditelný feasible; eventuální contingent, jeden ze dvou alternative; na co je naděje prospective; přijatelný acceptable

mráček cloudlet

mrač|it čelo, tvář knit one's brow **–it se** > **za– 1** obloha cloud over, become* cloudy, be clouded (*-í se* it is cloudy) **2** člověk frown (*na* at), kabonit se scowl; jevit se chmurným lower / lour **–no 1** heavy cloud **2** houf swarm ♦ *průtrž mračen* cloudburst **–ný 1** cloudy **2** ponurý frowning, scowling, chmurný gloomy mrak (dark) cloud, přen. gloom ♦ *zahalený v mracích* cloud-capped **–odrap** skyscraper

mrákot|ný swooning; = *temný* **–y** pl swoon, sg (*šly na něho -y* he was near fainting)

mramor, –ový marble

mrav custom, chování manners, pl, způsoby deportment

mraven|čení 1 pocit creeps, pl, creepy feeling **2** hemžení teeming **–čí** ant's (egg), ant (hill), chem. formic (acid) ♦ ~ *práce* exact / precise work ~ *píle* tirelessly working, constant industry **–čit se** teem **–ec** ant **–ečník** ant-eater **–iště** ant-hill

mrav|ní moral, též mravnostní ethical; ne materiální spiritual ♦ ~ *naučení; ~ zákon* moral law / code **–nost** morals, pl, morality **–nostní...** of morals / morality **–ný** moral, well-behaved **–okárce** moralist **–okárný** moralizing **–opočestnost** decency **–opočestný** decent

mráz frost; jinovatka hoarfrost ♦ *bod mrazu* freezing point; *je* ~ it is freezing

mraz|icí freezing ♦ ~ *skříň, mraznička* freezer **–ík** slight frost **–írna** cooling plant **–it** > **z–** (quick-)freeze*, ledem ice; silně ochladit cool (down) **–t** > **za– -í mě** I feel* chilly, I shiver with cold **–ivý** freezing, frosty, vyvolávající takový pocit chilly; ledově icy; bez citu, nadšení, vášně frigid **–ový** frost **–uvzdorný** frost-proof

mraže|ný: *-ná káva* ice(d)-coffee; *-né potraviny* frozen foods

mrhat čím squander; vydávat z podstaty waste

mrholit drizzle

mrcha 1 carcass, v rozkladu carrion **2** ubohý kůň hack, sorry jade **3** nadávka bastard, beast (of a dog), žena bitch

mrk|at > **za-**, **-nout** blink, mžikat twinkle, na znamení wink (na at)

mrkev carrot(s, pl)

mrknout v. mrkat

mr|ňavý weeny **-ně** tiny tot **-ňous** whipper-snapper

mrož walrus

mrsk|at > **-nout 1** houpavě swing*, šlehavě whisk, vrtět wag (čím a t.), škubavě jerk, kymácivě shake* **2** házet, pohazovat chuck, fling*, toss ♦ jako když bičem **-á 1** swiftly; quick **2** přednášet apod. rattle off a t. **-at** > **z-** koho, **na-** komu lash, bičem whip, (jako) metlou flog; potupně a přen. scourge **-at se** flog (o.s.), flagellate (o.s.) **-at se(bou)** > **-nout se(bou)** o pádu fall* flat; házet sebou toss about); škubavě jerk, kymácivě shake **-nout 1** čím kam hovor. chuck, dump **2** v. mrskat **-nout** sebou, pospíšit si buck up

mrš|ina carrion **-ka** hovor. little beast, o ženě cunning little bitch

mršt|it čím fling* a t. (na, po at) **-nost** nimbleness, briskness; glibness **-ný** nimble, svižný brisk; o jazyku glib

mrtv|ice (apoplectic) stroke, apoplexy, paralysis ♦ srdeční ~ heart failure **-ola** dead body, lidská též corpse ♦ ohledání **-ly** coroner's inquest; politická ~ non-person **-olný** corpse-like, cadaverous; jako smrt death-like **-ý** dead; připomínající mrtvého deathly; dusný close ♦ ~ bod v jednání deadlock; uváznout na **-vém** bodě come* to a deadlock

mručet > **za-** reptavě grumble, nespokojeně a nesrozumitelně mutter, murmur, medvěd growl

mrva 1 hnůj manure **2** hovor. snitch, nark

mrz|ácký crippled; ubohý measly, scurvy **-áček** crippled child* **-ačit** > **z-** maim, cripple, zohyzděním mangle; okleštit mutilate **-ák** cripple, ubožák wretch

mrzet > **za- 1** působit rozrušení mysli annoy, sužovat vex, trápit worry **2** tísnivě působit na lie* heavy (up)on a p., depress a p. **3** co koho **-í** na koho I am shocked by a p.'s... ~ **se** feel* sorry for a t., be / feel* annoyed / vexed at a t., na koho be cross / angry with a p., na co be shocked by a t.; nelibě nést resent a t. ♦ to tě bude ~ you'll pay dear for it

mrzk|ost baseness, meanness **-ý** base, mean

mrznout: -ne it freezes* ~ > **z-** freeze* (to death)

mrz|out mope, surly fellow **-utost 1** nevrlost ill humour, surliness **2** nepříjemnost trouble, výstup scene **-utý 1** člověk ill-humoured, nevlídný sulky, surly, mopy, protivný crabbed **2** nepříjemný unpleasant, (too) bad

mřenka loach, tiddler

mříž bars, pl,. kolem něčeho rail(ing)s, pl; přepážka grill(e), mřížová struktura lattice **-ka 1** set of small bars, síť net, jako překážka grill(e) **2** optická graticule, tech. šifrovací apod. screen **-oví** grating, na rostliny grating, lattice(-work), trellis(-work)

mst|a = pomsta **-ít** > **po-** koho avenge a p., co (vykonat spravedlnost) avenge a t., odplatit revenge a t. **-ít se** > **po-** revenge o.s. (upon a p. for a t.), take* / have one's revenge (za for) (komu, na kom (up)on a p.) **-ít se** > **vy-** have deplorable consequences **-itel** avenger **-ivost** revengefulness **-ivý** revengeful

mše mass ♦ sloužit mši say* a mass

mšice plant-louse*, odb. aphis, pl aphides; zelená greenfly, sg i pl

muč|ednický martyr's **–ednictví** martyrdom **–edník** martyr **–idlo** instrument of torture, přen. rack **–írna** torture chamber **–it** torture, v. *týrat*, jako napínáním rack, nedosažitelností něčeho tantalize; jako mučedníka martyr **–it se** be tortured, torture o.s. **–itel** torturer **–itelský** torturing **–ivý** torturing, excruciating

mudr|c wise man*, hluboce přemýšlivý sage **–lant** sapient, wiseacre **–lantství** sophistry, sapience **–o-vat** philosophize

muchlat > **po–**, **z–** crush, cruple, vlasy, šaty tousle

mucho|lapka fly-paper **–můrka** fly agaric

můj my, samostatně mine ◆ *kdyby bylo po mém* if I had my say in it; *podle mého (názoru)* to my way of thinking, *po mé chuti* to my liking

muk: *ani* ~ not a word

muk|at > **–nout** *ani ne–* not to say a syllable

mumie mummy

mumlat > **za–** mumble, mutter

mumraj mummery

muni|ce, **–ční** (... of) ammunition

můra 1 (noctuid) moth, owlet moth **2** přen. tíživá představa nightmare **3** nadávka ženě hussy

muří *noha* pentacle

mus|et, **–it** must*, have to; *ne-* need not; musím...? need / must I. . ?

můstek (small, little, narrow) bridge; tělocvičný springboard, beat board, lyžařský ski jump; přístavní pro čluny pier, pro lodi landing-stage

mušelín muslin

muš|í fly('s) ◆ ~ *váha* fly-weight **–inec** fly-spot **–ka 1** little fly **2** pušky bead **3** rybářská fly ◆ *mít koho na -ce* keep* a sharp eye on a p.; *svatojanská* ~ glow-worm; *vzít si koho na -ku* draw* a bead on a p.

muškát 1 réva, víno muscatel **2** lid. pelargónie geranium **–ový** muscat ◆ ~ *květ* mace; ~ *ořech* nutmeg

mušketýr musketeer

mušle (cockle-)shell, kniž. velká conch; nádoba, záchodová urinal

mut|ace 1 biol., genet. mutation **2** hlasu breaking of the voice **3** hovor. přemýšlení racking one's brain **–o-vat:** *mutuje* his voice is breaking

múza muse

muze|ální, **–jní**, **–um** museum

múzický art-loving, ... of art(s)

muzika lid. hudba music, kapela band; taneční zábava (local) dance, hop **–nt** lid. musician

muž 1 man* **2** manžel husband ◆ *jako jeden* ~ to a man; *slovo dělá -e* a man is as good as his word **–atka** virago*, amazon, tom-boy **–íček 1** little man*, mannikin 2 manžel hubby **3** skřítek sprite, goblin **–ík 1** short man* **2** ruský muzhik, moujik **–nost** masculinity, virility, masculineness **–ný** nemající rysy ženy masculine, male, ne chlapce n. dítěte manly, ne zženštilý mannish; statečný manful; jako zralý muž virile **–ský** male, jako muž manlike; určený mužům apod. men's; jaz. masculine **–ství** masculinity, virility **–stvo 1** voj. men, pl, company, posádka crew, voj. garrison **2** hráči team

my we ◆ *u nás (doma)* at our place, (na rozdíl od jiných zemí) in this country, v našem kolektivu with us

my|cí washing, wash(ing)-up (e.g. stand, sink) ◆ ~ *houba* sponge **–čka 1** washerwoman* **2** nádobí dishwasher **3** stroj na mytí washing machine, washer **–dlář** soap maker / boiler **–dlářství** soap-making / boiling **–dlina** soap-bubble; **–dliny** voda suds, pl, pěna lather, sg **–dlit** > **na–** soap (up), pěnou lather **–dlit** > **z–** koho, na-mu lash a p., give* a p. a good hiding

mýdlo soap **–vitý** soapy **–vý** soap

mýl|it > **z–** klamat deceive, šálit delude, mislead*, confuse, puzzle **–it se** > **z–** be mistaken, make* a mistake, be wrong, zvolit nesprávný ... mistake* (one's way, the tram), provést něco nevhodného make* a slip **–it si** > **z–** mistake* A for B **–ka** mistake; poklesek lapse; selhání slip, **–ný** wrong, mistaken, v příkrém rozporu s uznávaným n. předepsaným erroneous; klamný fallacious; scestný devious

myrta myrtle

mys cape, headland, promontory

mysl mind; nálada cheer, též odvážná spirit ♦ *dodat si -i* pluck up / take* courage; *klesat na -i* lose* heart: *mít co na -i* bear* a t. in mind: *pomatení -i* mental disorder; *být komu proti -i* be against the grain with a p. **–et, –it** > **po–** think* (of, about) **–et, –it** domnívat se think*, suppose, mít na mysli mean* a t. / p., have a... in mind ♦ *co si o něm -íš?* what do you make of him?; *co tím -íš?* what do you mean by that?; *to jsem si mohl ~* I could have seen that; *to si -ím* I should think so; *-ím, že ano* / *že ne* I think so / I don't think so, I think not **–itel** thinker

mysliv|ec huntsman*, sportovní sportsman* **–ecký** hunting ♦ *-ká latina* huntsman's yarns, line-shooting **–ectví, –ost** hunting, gamekeeping **–na** gamekeeper's lodge

myslivý thinking, reasoning

myst|érium mystery **–ický** mystic(al) **–ifikace** mystification, hoax **–ifikovat** mystify, hoax **–ik** mystic **–ika** mysticism

myš mouse* ♦ *chudý jako ~* as poor as a church mouse **–í** mouse, jako myš mousy **–ina** mousy smell **–ka** mousekin ♦ *tichý jako ~* quiet as a mouse

myšlenk|a thought (*-ky* zamyšlení thought, sg); představa, tušení, nápad idea, nevyhraněná notion; idea, námět

idea **–ový** intellectual

mýt > **o–** rinse **mýt (se)** > **u–** wash (a t. clean, have a wash), nádobí wash up ♦ *ruka ruku myje* one good turn deserves another

myt|ický mythical **–ologie** mythology

mýti|na clearing, glade **–t** clear:

mýto toll, duty

mýval zool. racoon

mzd|a wage (*s*, pl); odměna reward **–ový** wage ♦ *~ fond* wage(s) fund; *-vá kategorie* wage bracket; *-vý spor* wage dispute; *~ strop* wage freeze; *~ účetní* wages clerk

mžik twinkle, twinkling **–at** > **za–**, **–nout** twinkle **–nutí** twinkle

mž|ít drizzle **–itka**, **–ky** black spots (before one's eyes)

mžoura|t > **za–** blink (*na, po* at) **–vý** blinking

N

na prep (up)on, v určitých případech in (*směr* to, into), bodově at; v dosahu within, směr (leave*, sail), head) for; časově in (spring, autumn) ● *imper* here, take this! ♦ *čtvrt na...* quarter past (předešlá hodina); *je na tobě* it is up to you; *co (je) na tom* what about it; *je na tom (jak)* he is (-ly) off; *jít na (houby* etc.) go* (mushroom)ing (etc.); *vědět jak* / *kudy na to* know* the form

nabádat prompt, spur on, instigate, exhort, admonish

nabalzamovat v. *balzamovat*

nabarvit v. *barvit*

nabažit se (get* sick / tired of a t.

náběh počátek start, sklon inclination (*na* to)

naběhnout < **nabíhat** otéci swell

naběračka ladle, dipper

nabíd|ka offer, formálně podaná tender; protislužby, -hodnoty bid; návrh proposal; opak poptávky na trhu supply **–nout** < **nabízet** offer (a p. a

t., a t. to a p.), tender; cenu bid*;
navrhnout propose ♦ ~ *komu ruku*
(*sňatek*) propose to a p. **–nout
se** < **nabízet se** dobrovolně volunteer
nabíhat v. *naběhnout*
nabíjet v. *nabít*
nabíledni as clear as daylight
nabílit v. *bílit*
nabírat v. *nabrat*
nabít 1 komu v. *bít* **2** < **nabíjet** nábojem charge (např. battery)
nabízet v. *nabídnout*
nablízku near (by / at hand)
nabod|nout < **–ávat** stick* / thrust*
a t. (*na co* on a t.), (jako) na rožeň
spit, spear, na špendlík pin; a tak zvednout pick (up), na vidle fork
náboj 1 loading, el. též charge **2** kola
nave, hub **3** patrona cartridge
nábor campaign, zákazníků, nových
kupců, zájemců advertising, dobrovolníků recruiting campaign, počet přibraných intake ♦ ~ *pracovních sil*
labour recruitment
nabour|at < **–ávat** poškodit damage;
vůz = **–at se** wreck, have a fender-bender / wreck, smash one's
car
nábož|enský religious **–enství** religion **–nost** religiousness **–ný** religious (a srov. *zbožný*)
nabrat < **nabírat 1** do sebe take* in;
na sebe take* on, assume, na svá
bedra apod. i přen. take* on **2** tekutinu
dip, ladle, na vidle fork, na rohy gore
3 načerpat draw* (in), dech breathe
in; naplnit fill (up) **4** hovor. sehnat
come* by a t., odvahu pluck up
(courage), take* (courage), cestující take* up **5** do záhybů fold **6** na
váze take* / put* on flesh / weight;
♦ ~ *páru* get* up steam; ~
rychlost gain speed; ~ *sukni*
pleat a skirt ~ *k pláči* screw up
one's face, be on the verge of
tears
nabrousit v. *brousit*
nabručený moping, grumbling
nábřeží quay, průčelí budov water

front; nakládací wharf*; výstavné, zvl. u
řeky embankment
nabubřelý swollen, přen. bombastic, high-flown, nezkrotně turgid
nabý|t < **–vat 1** acquire, úměrně k úsilí
earn, přijít k čemu come* by a t., v
boji n. soutěži gain, a tak dojít cíle obtain (a doctor's degree); vzít na sebe
assume **2** zvětšit objem grow*, nafouknutím get* inflated, swell*,
blow* out ♦ ~ *formy* get* into
shape, take* form; ~ *jistoty o
čem* become* sure of a t.; ~ *moci / platnosti* come* into force /
operation, become* effective; ~
práv come* into one's right(s); ~
přesvědčení arrive at a conviction; ~ *půdy* gain ground; ~ *vědomí* come* round; ~ *vrchu* gain
/ get* the upper hand, prevail,
obtain; *zase* ~ recover
nábyt|ek furniture **–kový vůz** (furniture) removals van
nabýva|cí (... of) acquisition (*hodnota* value) **–t** v. *nabýt*
nabyvatel acquirer
naci|onále personal form **–onálie**
personal data, pl **–onalismus** nationalism **–onalista** nationalist
–onalistický nationalist(ic)
–smus nazism **–sta**, **–stický**
Nazi
nacpat v. *cpát*
nactiutrhání slander, písmem libel
nacvičit v. *cvičit*
nácvik practice, drill
načasovat v. *časovat*
načatý 1 unfinished, half-full, half-spent **2** opened (např. bottle)
načechr|at < **–ávat** zkypřit loosen,
natřesením shake* up, vlasy ruffle,
fluff out
načekat se > (have to) wait for a
long time
náčeln|ictví leadership, chieftainship **–ík** leader, head, boss,
chief, méně civilizované skupiny chieftain ♦ ~ *stanice* station master
načepovat v. *čepovat*
načepýřený puffed-out, rozdurděný

fretting and fuming

načer|nalý blackish, co do pleti swarthy **–nit** < **–ňovat** blacken

načerve|nalý reddish **–nit** < **–ňovat** redden, paint a t. red

načes|at 1 ovoce v. *česat* **2** < **–ávat** do* up (one's or a p.'s hair)

načež upon / after which, whereupon

načich|nout < **–ávat** catch* the smell (*čím* of), nakazit se get* tainted (with)

načínat v. *načít*

náčiní kuchyňské utensils, pl, implements, pl, jiné instruments, pl, tools, pl, requisites, pl, vybavení equipment

načisto naprosto absolutely, úplně thoroughly

načí|t < **–nat** start, soudek, tekutinu, téma tap, sud broach (i přen. a subject)

načmárat v. *čmárat*

načrt|at, –nout < **–ávat** sketch, outline, trace

náčrt|(ek) sketch, outline, koncept apod. draft, techn. draft, design, přesný blueprint, rozvržení layout **–ník** sketch book

načrtnout v. *načrtat*

nad, nade above, jde-li o krytí, převislost, ovládání over (např. weight); obec nad řekou on; přes míru above, beyond (e.g. expectation, imagination)

nadace endowment, zřizující instituci foundation

nadále henceforth, v budoucnu in the future, from now on, v dalším textu hereafter

nad|ání 1 talent, gift, genius, vrozené endowment **2** očekávání expectation (*mimo* ~ unexpectedly) **–aný** talented, gifted

nadarmo in vain ♦ *mluvit* ~ waste one's words

na|dat koho čím endow a p. with a t., invest a p. with a t., obdařit dower **–dat** < **–dávat** use bad language, swear*, call a p. names,

rail at a p.

nadát se = *nadít se*

nadávat v. *nadat*

nadávka swear-word, (term of) abuse

nádavkem on top of a t., into the bargain ♦ *dát co* ~ throw* in a t.

nad|běhnout < **–bíhat** komu outrun* a p., dohonit overtake* a p., catch* up with a p., come* up with a p. **–bíhat** komu přen. insinuate o.s. into a p.'s graces / favour

nadbyte|čný superfluous, redundant, množstvím excessive **–k 1** surplus, over-supply **2** hojnost abundance, plenty

nadčlověk superman*

nad|ehnat < **–hánět** drive*... near

nadehtovat v. *dehtovat*

nádech touch, barevný tinge

na|dechnout < **–dýchávat** breathe ~ (se) < take* in breath

naděj|e hope (*na* for, of -ing), nadějeplná víra trust; očekávání expectation, vyhlídka prospect, outlook (*na* of); pravděpodobnost chance, odds, pl ♦ *budit -i* raise hopes; *dělat komu -e* hold* out hopes for a p.; *dělat si -i na co* hope for a t.; *kojit se -í* cherish / entertain hopes; *vkládat do někoho -i* set* / place one's hopes on a p.; *vzbuzovat -e* promise well

nad|ejít < **–cházet 1** komu outgo* a p., dohonit jako *nadběhnout* **2** čas, událost come*

nadějný hopeful, promising

naděla|ný vykrmený pampered, o ženě plump, buxom **–t 1** make* a lot of..., způsobit cause (a t.) **2** fam. znečistit befoul, defile **3** s čím make* fuss of (over a t.) ze sebe think* much of o.s.

naděl|ení úroda windfall ♦ *to je (pěkné)* ~ (a pretty) mess **–it** < **–ovat** komu co make* a p. a present / gift of a t., udělit bestow a t. upon a p.

náden|ický labourer's, navvy's, přen. slavish **–ictví, –ičina** (day-)

labourer's work, dřina drudgery, slavish work **–ičit** work as a navvy / day labourer, dřít drudge, slave **–ík** lump-worker, day labourer, kopáč navvy, přen. najatý pracovník hireling

nad|epsat < **–pisovat** superscribe, opatřit záhlavím head, titulem entitle

nadhánět v. *nadehnat*

nadhazovat v. *nadhodit*

nádher|a splendour, pomp, magnificence; slang. o člověku honey **–ný** gorgeous, skvělý splendid; bohatě sumptuous; okázale showy, pompous; vznešeně magnificent

nad|hodit < **–hazovat 1** throw* up, zvednout lift **2** jako téma bring* up, raise (a question), naznačit suggest

nadhodnota surplus value, upvalue

nadcházet v. *nadejít*

nadchnout 1 fill a p. with enthusiasm, inspire **2** povzbudit encourage ~ **se** pro co be(come*) enthusiastic about a t.

nadiktovat v. *diktovat*

nadíl|et = *nadělovat* **–ka 1** distribution of presents / gifts **2** dárky present(s, pl); vánoční ~ Christmas box

nadí|t < **–vat** fill, stuff ~ **se** čeho, očekávat expect, dočkat se live to see ♦ *ani se nenadál a už...* before he could say Jack Robinson

nádivka stuffing, am. filling

nad|jet < **–jíždět** jako *nadejít* **–jezd** viaduct, am. overpass, nad ulicemi fly-over **–jížďka** short cut

nadledvinka suprarenal / adrenal gland

nadlehč|it < **–ovat** lift a t. a bit, ulehčit lighten, zmírnit relieve

nadlepš|it < **–ovat** better

nadlesní head forester

nadlidský superhuman

nadlouho (for) a long time, v záp. a otázce long

nad|měrný excessive, nad standard oversize, nemírný immoderate ♦ ~ *byt* underoccupied flat; *–ná rych-*

lost jízdy speeding **–míra** excess, hojnost (super-)abundance **–míru** exceedingly, beyond measure

nadmořský (*výška* elevation) above sea level

na|dmout < **–dýmat** inflate, puff (one's face), swell*, blow* out, bloat; koho plyny make* a p. flatulent **–dmutí** flatulence

nadnárodní supranational ♦ ~ *společnosti* multinational companies

nadnášet raise a v. *nadnést* ~ **se 1** (jako) ve vodě float, vlnivě undulate **2** vypínavě puff up

nad|nesený stilted **–nést** < **–nášet** uplift, sebevědomím elate

nadnorm|ální above-average **–ativní** excessive

nádob|a vessel, květinová apod. vase ♦ ~ *na odpadky* refuse / waste bin, am. waste / garbage can **–í** dishes, pl, kuch. náčiní utensils, pl, hovor. pots (and pans), pl, things, pl (tea things etc.); kamenina pottery, a porcelán crockery **–ka** bowl, dish

nadobro entirely, for good (and all), časově for ever

nadobyčej = *–ně* **–ný** uncommon, unusual

nadojit milk

nádor tumour, přen. ulcer, cancer

nadosmrti for the term of one's life-time

nadpis inscription, nad jiným textem superscription; titul title, záhlaví heading, dokumentu, článku, am. i jinak caption **–ovat** v. *nadepsat*

nadplán surplus plan

nadpočet surplus **–ný** superfluous

nadpoloviční more than a half ♦ ~ *většina* absolute / clear majority

nadporučík first lieutenant

nadpozemský unearthly

nadprodukce over-production

nadprůměrný extraordinary, above-average, přen. unusual

nadpřirozený supernatural

ňadra bosom, sg.

nadranc to smithereens, to bits

nadrápat v. *drápat*

nádraž|í, -ní (railway, am. railroad) station, nákladové goods station, am. depot, freight station

nadrobit crumble, přen. *komu co* bring* a t. (up on a., provést,spáchat mess / muddle (up) a t.

nádrž reservoir, basin, na vozidle n. letadle tank; teplovodní boiler

nadrž|et < -ovat store (up) (-ený o člověku unvented), přehrazením dam up, stem

nádržka = *nádrž*

nadržo|vat 1 v. *nadržet* **2** komu patronize a p., favour a p., shovívavostí indulge a p.; *-vání* patronization

nadřa|děnost superiority **-dit < -ďovat** co čemu place A before B or higher than B

nadřídit < -řizovat set* a p. over a p.

nadřít stud. slang *co* mug up ~ **se** drudge

nadřízen|ost superiority **-ý** superior

nad|sadit < -sazovat přehnat exaggerate **-sázka** exaggeration, slovy hyperbole

nadskočit < -skakovat skip, start up

nadsmysln|o the transcendental **-ý** transcendental

nadstátní supranational, superstate

nadstavba superstructure

nadstranický beyond / above party line(s)

nadstrážník constable

nadšen|ec enthusiast **-í** enthusiasm, překypující euphoria, horlivé ardour, snaživost zeal **-ý** enthusiastic, horlivý ardent, zealous

nadto moreover, furthermore, in addition, dokonce too, as well

naduřelý swollen

nadut|ec swell-head **-ý** conceited, swollen-headed, haughty

naduž|ít < -ívat abuse

nadvláda rule, sway, supremacy

nádvoří courtyard

nadvýroba overproduction

nadých|aný airy, puffy **-at, -nout, -ávat** v. *nadechnout* ♦ *-nout se čerstvého vzduchu* get* a breath / sniff of fresh air

nadým|ání flatulence **-at** v. *nadmout*

nadzvih|nout < -ovat lift, raise

nadzemský unearthly, heavenly, ethereal

nadzved- = *nadzvih-*

nadzvukový supersonic, ultrasonic, supersound

nadživotní above-lifesize

nafintit se dress up

nafouk|anost conceit **-aný** conceited, swollen-headed, stuck-up **-at** kam blow* / get* into..., na co blow* upon a t. **-lý** blown-out **-nout (se) < nafukovat (se)** blow* up, inflate, puff up, plyny v těle make* flatulent

nafta (rock-)oil, pohonná diesel oil

nafukova|cí blow-up, inflatable (boat, dinghy) **-t (se)** v. *nafouknout (se)*

naháč naked fellow, nude

naháně|č whip(per-in), zákazníků tou**-t 1** beat* up (game) **2** v. *nahnat*

nahatý stark-naked, přen. necudný risqué, blue

naházet co kam heap up, pile up

nahazovat v. *nahodit*

nahlas aloud, hlasitě loud(ly) (*mluv* speak up)

náhle suddenly, all of a sudden, přerušit abruptly

náhled = *názor*

na|hlédnout < -hlížet do čeho I look in(to a t.), tak prozkoumat examine, kvůli rozhodnutí inspect; hledaje radu consult (e.g. a dictionary) **2** připustit admit

nahlod|at < -ávat nibble, gnaw at a t., přen. corrode, wear* away ♦ *-ané zdraví* undermined health

nahluchlý hard of hearing, rather deaf

náhlý sudden, abrupt, ukvapený rash

nahmat|at < **–ávat** feel*, find*; hledat feel* for a t.

na|hnat (< **–hánět** drive*, komu strach scare, alarm, startle a p., postrašit frighten, zastrašit intimidate ♦ *mít nahnáno* be in a funk, have / get* the wind up

nahned without notice

nahnilý half rotten

na|hnout (se) < **–hýbat (se)** incline, ohnutím bend*, zrušením stability tip (up), až na bok cant ♦ *být nahnutý* tilt

náhoda chance, není-li záměr accident, náhodná shoda okolností hazard, práv. fortuity ♦ *~ tomu chtěla* as chance would have it

nahodil|ost fortuity, randomness **–ý** fortuitous, accidental, casual; nepromyšlený haphazard, namátkový random, jen příležitostný chance; eventuální contingent, incidental

nahodit < **nahazovat 1** řemen na kolo throw* up, stroj start **2** omítnout rough-cast*, štukem plaster **3** = *načrtnout ~ se* k čemu come* in the way of a t., happen to see / witness a t.

náhod|ný chance, odtrhnuvší se od celku stray; = *nahodilý* **–ou** by (a mere) chance, incidentally, často sloveso happen s inf. ♦ *šťastnou ~* by a lucky hit, through coincidence; *nešťastnou ~* by accident

náhon 1 mlýnský (mill)-race **2** tech. drive (four-wheel d.) **–čí** lov. beater; přen. whip(per-in); vhodných osob procurer

nahonem on the spur of the moment

náhorní upland ♦ *~ rovina* plateau

naho|ru, –ře up (there), high up, v domě upstairs; o relativní poloze above, overhead; vzhledem k svahu uphill, k proudu toku upstream, k okraji města uptown ♦ *~ dolů* up and down:

nahospodařit have saved (up)

nahot|a nakedness, nudity **–ina** nude

nahrab|at < **–ávat** rake up **–at si** < make* a pile

náhrada compensation, odškodnění recompense, redress, za vlastní přečin reparation, protihodnotou consideration; co může fungovat místo něčeho substitution (of B for A), replacement (of A by B), náhražka substitute, prozatímní makeshift ♦ *~ škody* damages, pl; *-dou za...* in return for...

nahra|dit < **–zovat** make* up for a t., compensate a p. for a t., odškodněním recompense (for a t. by -ing), svůj přečin repair; aby místo toho fungovalo substitute (B for A), replace (A with B); zaplněním mezery n. potřeby supply, vstoupením na místo displace **–ditelný** reparable, replaceable

náhradní jsoucí v záloze reserve, navíc spare; vynahrazující compensatory, na místě jiného substitute ♦ *~ součástky* spare parts **–k** substitute, deputy, alternate (member), div. záskok understudy, stand-in; nouzový emergency man*, stand-by

nahrá|t < **–vat** record, na pásek tape, míč pass ♦ *být nahraný* hovor. be done for **–vka** recording

nahrazovat v. *nahradit*, stát místo stand* for, replace, substitute

náhražk|a substitute, hanl. ersatz, imitující fake **–ový** imitation, synthetic

nahrb|ený stooping **–it se** < **–ovat se** stoop slightly

náhrdelník necklace

nahrn|out < **–ovat** push (up / together), roll (up), látku s řasením fold (up), shove (up / together) **~ se** kam throng / crowd in(to...), rush in(to...), tekuté pour in(to...)

náhrob|ek tombstone **–ní** tomb, grave ♦ *~ deska* tomb slab; *~ nápis* epitaph

nahromadit v. *hromadit*

nahř|át < **–ívat** warm (up) a bit

náhubek muzzle ♦ *dát komu ~* muzzle a p.

nahu|stit < **–šťovat** nacpat squeeze in(to...), hustilkou blow* up, inflate; slang., nadřít mug up / cram

nahý naked, with nothing on; vystavený pohledu exposed, jako akt nude, holý bare

nahýbat (se) v. *nahnout(se)*

nach purple, v tváři blush

nacházet v. *najít* ~ **se** be, be situated, be found; vyskytovat se occur, ocitat se find o.s.

nachla|dit se catch* / take* (a) cold / chill ♦ **–dil se, je -zený** he has a cold

nachomýtnout se turn up, come* a p.'s way

na|chýlit < **–chylovat** bow (down), hřbet stoop; slant, incline, zrušit stabilitu tip, na bok tilt **–chýlit se** < **–chylovat se** incline

náchyln|ost propensity, (pre)disposition, proneness, susceptibility, snadné podléhání liability **–ý** predisposed, prone, susceptible, liable

nachylovat v. *nachýlit*

nachystat v. *chystat*

nachytat catch*, koho take* in a p. ~ **se 1** přilnout get* stuck (*na* at) **2** nahromadit se get* collected **3** naletět swallow the bait, be taken in

naiv|ita artlessness, simplicity, ingenuousness, naivety **–ní** naive, artless, simple, ingenuous **–nost 1** = **–ita 2** naivní představa foolish notion

najednou 1 = *náhle* **2** naráz all at once, at a time

nájem hire, nemovitosti n. její části renting, dopravního prostředku charter, smluvně zajištěný lease; v. též *nájemné, pronájem* **–ce** hirer, renter, nemovitosti tenant, práv. lessee **–né** hire, z nemovitosti n. její části rent **–ní** hire / hiring, rent(ing) **–ník** bytu tenant, domu renter

najet < **najíždět** run* against, on (to) a t., collide with a t., na stojící strike* a t.

najevo: *dát co* ~ show* a t., hlasem voice a t.; *vyjít* ~ become* clear, come* to light

nájezd raid, na dálnici slip-road, do ciz sféry inroad **–ník** raider

najež|it (se) < **–ovat (se)** bristle (up)

najímat v. *najmout*

najisto for sure, with certainty

najít < **nacházet** find*, a tak zjisti potřebné find* out

najíždět v. *najet*

najmout < **najímat** (take* on) hire smluvně lease, nemovitost n. její čás rent, velký dopravní prostředek charter

nakapat 1 náhodou drip **2** lék administer a t.

nákaza infection, přímým stykem contagion; znečištění contamination taint

nakázat < **nakazovat** komu ce charge a p. with a t., v. *roz-, při- poručit*

nakazit < infect; znečistit contami nate

nakazovat v. *nakázat*

nakažliv|ost infectiousness **–ý** in fectious, přímým stykem contagious hovor. catching

náklad 1 load, v dopravě freight, al brit. žel. goods, pl, lodní pro danou cest cargo **2** polygr. printing, (press run, number of copies, edition finanční charge(s), pl), vydání ex pense(s), pl, úřední cost, pl ♦ *krý -y* cover expenses; *výrobní -* production costs

nakladač přisunující feeder, posunujíc náklad loader, do lodi stevedore

nakládačk|a okurka gherkin ♦ *do stat -u* get a whippin'/ spanking

náklaďák lorry, am. truck, vagó freighter

nakladatel publisher **–ský** pub lishing, -er's **–ství** publishin house* / firm, publisher(s, pl)

nakládat v. *naložit*

náklad|ní freight, cargo, loading ♦ ~ *auto* transport / moving truck van, brit. nízkostěnné lorry; ~ *nádra*

goods (am. freight) station; ~ vlak
goods (am. freight) train **–ný** expensive, drahocenný costly
naklánět (se) v. *naklonit (se)*
naklást < vajíčka lay* (např. eggs, a
trap)
naklepat 1 na stroji v. *klepat* **2** maso
apod. beat*, tenderize
naklonit (se) < **naklánět (se) 1** incline (one's ear to a t.), určitým směrem lean (to, towards), svažitě
slope, kose slant **2** získat koho win* a
p. (k for) ♦ *být komu -něn* favour
a p., be well-disposed towards a
p.
náklonnost 1 favour, goodwill (*k
někomu* towards a p.*), láska attachment, přístupná affection **2** =
sklon
nakojit v. *kojit*
nakoncipovat v. *koncipovat*
nakonec in the end, eventually
nakouknout < **nakukovat** peep
in(to a t.)
nakoupit < **nakupovat 1** buy*,
purchase, do zásoby lay* in a stock
of..., obchůzkou shop (*jít nakupovat*
go* shopping) skoupit buy* up
nakousnout start (biting / eating) a
t., bite* at a t.
nakrájet cut*, maso u stolu carve v.
krájet
nakrásně at best, konec konců after
all
nakrátko for a short time
nakrčit wrinkle, pucker, ruck(le) ~
se v zádech cower, shrink*
nákres drawing, tech. tracing, přesný
blueprint; v náčrtku draft, plot; uvědoměle rozvržený design; v obrysu outline
nakreslit v. *kreslit*
nakrmit (se) v. *krmit (se)*
nakroutit < **nakrucovat** curl, twirl,
šikmo stočit twist
nakřápnout crack
nakřivit < **–ovat** distort, věci v lince
crook, ohnutím bend* **–o** lopsided-
(ly), askew
nakuk|at < **–ávat** komu co trick a p.

into (believing) a t. **–ovat** v. *na-
kouknout*
nákup purchase, u kupce groceries,
pl; nakupování v drobném shopping
nakupit v. *kupit*
nákupní buying, purchasing, v drobném shopping (e.g. bag, basket)
nakupova|č buying agent **–t** v. *na-
koupit*
nakvap in a hurry, hurriedly
nakvašený in a rage, enraged, in a
temper, hot-tempered, up in
arms, ready to start a quarrel
nakydat co na koho throw* shame on
a p.'s head
nakynout v. *kynout*
nákyp souflé, v páře vařený pudding
nakypř|it < **–ovat** loosen
nakyslý acidulous, přen. acid
nálada mood, humour, frame of
mind, vein; nápadně projevovaná temper, (high or low) spirits, pl
naladit v. *ladit*
náladový capricious, moody
nalákat v. *lákat*
nalakovat v. *lakovat*
náledí icy ground, na cestě icy road
♦ *při* ~ with the winter ice; *je* ~
the roads are icy, ice-bound
naléha|t press a p., povzbudivě urge
a p.; na co insist (up)on a t. **–vost**
pressure, urgency **–vý** pressing,
urgent
nalepit v. *lepit*
nálepka (stick-on) label, sticker,
přen. tag
naleštit v. *leštit*
nálet air-raid, prudký blitz
nalét|at 1 kolik kilometrů (be able to)
fly* / travel / cover... (miles etc.) **2**
= *-ávat* let. k přistání approach to
land, na cíl run* in
naletět 1 = *narazit* **2** sednout na lep
get* caught, swallow the bait,
take* it hook, line and sinker
nalévat v. *nalít*
nálev|ka funnel **–na** tap-room **–ník**
infusorian (pl -ria)
nalevo kde?, kam? (on / to) the left,
left, leftwards

nález 1 discovery, zvl. cennosti find **2** nalezená věc find(ing) **3** zjištění finding, soudní -ings, pl, rozhodčí award ♦ lékařský ~ medical report

nalézat v. nacházet (se), v. najít, v. nalézt

nálezce finder

nalez|enec foundling **–inec** foundling hospital **–iště** finding-place

nálezné (finder's) reward

naléz|t < **–at** = najít

nálež|et = patřit **–itost** appropriateness, propriety, nezbytná věc requisite, požadavek requirement **–itý** appropriate, řádný proper; patřičný due, právem rightful, důkladný thorough

nalh|at < **–ávat** tell* a p. a number of lies, komu co talk a p. into (believing) a t.

nalíčit v. líčit

nalinkovat v. linkovat

nalít v. **nalévat** pour (out), serve out (komu serve a p.)

nalíznutý stewed, pickled, stinking, stinko

nalo|dit < **–ďovat** take* on board, cestující embark, zboží ship a t., load **–dit se** < **–ďovat se** embark, take* a boat **–ďovací** lístek embarkation / boarding card

nalokat se gulp, breathe in, inhale

nalomit crack a t.

nálož charge

naložit < **nakládat 1** load (up), dopravní prostředek freight, zatížit burden **2** ke konzervování preserve, pot, bottle, maso corn, do láku pickle **3** jak s kým treat a p., deal* with a p., s čím dispose of a t. **4** naladit koho, jak bring* a p. into a... mood

namáčet v. máčet

namačkat v. mačkat

námaha pains, sg or pl, effort, trouble, při používání exertion, přes míru strain ♦ s -hou with difficulty

namáhat se take* pains, take* the trouble, exert o.s.

namáhavý difficult, hard, napínající straining, únavný tiring, laborious

namále: něčeho je . . is scarce, blíží se to ke konci... is (drawing) near its end

namalovat v. malovat

namanout se komu happen to, be present / stand* (at a place etc.)

namasírovat v. masírovat

namaskovat v. maskovat

namastit v. mastit

namátkou at random, haphazard

namazat v. mazat ~ se hovor. have a few too many, get* drunk

naměřit deal* (out), přen. mete out

náměsíčn|ictví, –ost sleep-walking, somnambulism **–ík** sleepwalker, somnambulist **–ý** somnambulistic

náměst|ek deputy **–í** square, na evropské pevnině častěji place

námět suggestion, téma subject, theme

námezdn|í wage (-earning) **–ý** mercenary

namích|at připravit prepare (by mixing), mix, přimíchat admix; komu co dope a p. with a t. **–nout** koho hovor. work a p. up, make* a p.'s blood boil

namířit v. mířit ♦ mít -řeno kam make* for..., head for...

namísto v. místo

namítat v. namítnout

námitka objection (proti to), spíše lehkomyslná exception (to); argumentující plea

namít|nout < **–at** object (proti to), a tvrdit, že contest (that ...), sebevědomě challenge

namlátit v. mlátit

namlouvat v. namluvit ~ si představu (try to) persuade o.s. that..., ženu make* a pass at a p., walk out with a p.

namlsat koho pamper a p. ~ se na co have developed an appetite for a t.

namluvit < **namlouvat 1** co komu make* a p. believe a t., persuade a p. that... **2** koho komu help a p. win (a girl) **3** co na desku apod. record a t. ~ **si** koho win* a p. over, chat up

námluvy courting

namnoze more often than not, frequently

namoci strain, overtax (*se* o.s.)

namočit v. *máčet*

namodřit v. *modřit*

namok|nout < **–at** get* wet a prosáknout get* soaked

namontovat v. *montovat*

námořn|í marine, maritime, nautical, sea, lodní naval **–ický** sailor('s) **–ictví** seamanship **–ictvo** navy **–ík** sailor, seaman*, práv. a zastar. mariner

namotat v. *motat*

námraza icing

namrskat v. *mrskat*

namrz|nout < **–at** get* a touch of frost, get* slightly frozen

namydlit v. *mydlit*

nanášet v. *nanést*

Nanebevstoupení (The) Ascension

nanejvýš(e) at (the) most, časově at the longest

nanést < **nanášet 1** nahromadit pile (up) **2** ve vrstvách lay* on hustě thick apply a t. to...

naneštěstí unfortunately

nanic: *je mi* ~ I am / feel* sick at a t. **–ovatý** good-for-nothing

nános deposit

nanovo anew, afresh

naobědvat se v. *obědvat*

naočkovat v. *očkovat*

naondulovat v. *ondulovat*

naopak on the contrary; obráceně the other way round

naostřit v. *ostřit*

nápad idea, vrtošivý whim, promyšlený device ♦ *to je dobrý ~, to není špatný ~* not a bad idea (that sounds good); *ani ~!* I won't hear of it!; not not on your life!

napad|at kulhat (have) limp, hobble **–nout** < **–(áv)at 1** gall* upon a p., attack a p., v jízdě n. letu charge; opakovanými výpady assail, přepadnout assault, celou oblast invade, zájezdem n. vpádem raid **2** cestou práva contest **3** přijít do hlavy komu n. koho occur to a p., flash across a p.'s mind

nápadn|ík 1 suitor, wooer **2** uchazeč pretender **–ost** eccentricity, striking character

napadnout v. *napadat*

nápadný striking, conspicuous, eccentric

na|páječ feeder **–pajedlo** watering place **–pájet** v. *napojit*

napálit < **napalovat 1** udeřit bash, ostrou ranou swipe **2** vlasy curl **3** ošidit fool, dupe, bluff, beguile, take* in, swindle

napalm, –ový napalm

napalovat v. *napálit*

naparádit v. *parádit*

naparovat se put* on airs, chvástavě swagger, v chůzi strut (about)

napař|it < **–ovat 1** steam, polít vařícím scald **2** expr. let* a p. feel a t. **3** hovor. impress, overload (např. homework, punishment) **–ovací** *žehlička* steam iron

napást v. *pást*

napěchovat v. *pěchovat*

napětí tension, vypětí strain (on the nerves), nervové vzrušení thrill, očekávání anticipation

nápěv melody, air, tune

napíchnout < **napichovat** = *nabodnout*

napín|áček brit. drawing-pin, am. thumb-tack **–at** v. *napnout* **–avý** thrilling

nápis upozorňující notice, pevně zanesený inscription; firma sign; na desce apod. legend

napít se v. *pít*

napjatý 1 o věci tight, taut, též přen. tense, soustředěním intense **2** napřažený (out) stretched, extended

naplano futilely, fruitlessly

naplánovat v. *plánovat*

náplast (adhesive / sticking) plaster

naplat: *nic ~* (there's) nothing doing

naplav|enina alluvium **–it**, **–ovat** wash / float / drift ashore

naplivat *na co* spit* on a t.

náplň filling, náhradní re-fill, přen., obsah contents, pl

napl|nit < **–ňovat** fill, complete a v. *plnit* **–no** bez obalu plainly, rychlost fullspeed

napnout < **napínat 1** stretch (out), strain, utažením tighten (up), draw* a t. tight, pull a t. tight / taut **2** napřáhnout stretch, extend, vztyčit put* up, hold* up, uši prick up **3** vzrušit thrill ♦ ~ *nervy* thrill a p.'s nerves; ~ *plachty* hoist sail, a vyplout set* sail; ~ *všechny síly* strain every muscle / nerve; ~ *čí zvědavost* excite a p.'s curiosity

napočítat v. *počítat*

napodob|enina imitation, zřejmá sham, bezcenná fake, podvodná imposture **–it** = **–ovat –itel** imitator **–ivý** imitative

nápodobně (the) same to you

napodobovat imitate, vytvořit obdobu simulate

napohlavkovat v. *pohlavkovat*

napohled... to look at

nápoj drink, kniž. beverage

napojit < **napájet 1** give* a p. to drink, zvíře water **2** co čím soak a t. in a liquid, elektr. proudem charge **3** připojit attach (*na* to) ~ **se** < **napájet se** drink*, imbibe a t. ~ **se** < **napojovat se** na co join a t., affiliate o.s. with a t.

napolo(vic) half

napomáhat aid (*k* a t., *komu k čemu* a p. in a t.)

napo|menout < **–mínat** domluvami reprove, výtkou rebuke, warn, a radit admonish **–mínavý** (ad)monitory

nápomocný helpful, prostředkující uskutečnění instrumental (*při* in)

napo|nejprv, **–prvé** zprvu at first, on the (very) first occasion

nápor onset, impact, stress, větru, deště gust

napořád all of the time, hovor. run-

ning, at a stretch, in succession, vesměs without exception

naposled(y) last, vícekrát ne for the last time, v řadě in the last place, lastly

napouštět v. *napustit*

nápověď hint, náznakem suggestion, allusion, pro herce cue

nápově|da prompter ♦ *-dova budka* prompter's box

napo|vědět < **–vídat** prompt, naznačit suggest, poukazem hint at a t., nepřímo insinuate, nedokončit leave* unsaid

napráskat komu give* a p. a licking

naprasklý cracked

naprášit dust (*do, po, na* a t.)

náprava 1 rectification, remedy, cure, škod n. křivd reparation, redress, morální atonement **2** kola axle

naprav|it < **–ovat 1** set* / put* / make* right, uvést do pořádku rectify, remedy, škodu n. křivdu repair, redress; morálně atone (*co* for), koho reform **2** med. set* (a p.'s arm) **–it se** < **–ovat se** improve, o člověku mend / reform one's ways **–itelný** reparable

nápravný corrective, ... of correction, reformatory, k pracovní schopnosti rehabilitation ♦ *-né zařízení* reformatory prison, brit. penitentiary, correction facility

napravo to the right

napravovat v. *napravit*

naprázdno idly ♦ *běžet / jet* ~ run* idle

naprost|o absolutely, utterly, entirely **–ý** absolute, utter, entire, out-and-out; dokonalý thorough

naproti 1 vstříc to meet a p. **2** na protější straně opposite, vis-á-vis, přes cestu over the way **3** čemu facing, opposite ♦ *být, stát* ~ *čemu* face a t.; ~ *tomu* on the other hand

náprs|enka (shirt-) front, am. (shirt-) bosom **–ní** *taška* wallet, brit. notecase

náprstek thimble, jako množství thimbleful

napršet: *napršelo* it has been raining, the ground has got its share of rain

napřáhnout < **napřahovat** thrust* / stretch out, podat reach (out) ~ **se** < **napřahovat se** reach out (*po* for)

napřed before, vpředu in front, v čele, -lo forward, at the head, ve vzdálenosti před ostatními ahead; první first, s předstihem beforehand, do budoucna (well) in advance ♦ *jít* ~ go first / ahead; (o hodinách) be (five minutes) fast / ahead

napřesrok next year

napříč across, crosswise, příčně transversely

napřímit < **napřimovat** straighten, vzpřímit raise ~ **se** < **napřimovat se** straighten up, vstát rise*, vsedě sit* up, vzpřímený upright

napříště in (the) future, henceforward, příště next time

napřít direct ~ **se** < lean* full weight against a t.

napsat v. *psát*

napudrovat v. *pudrovat*

napuchlý swollen

napůl = *napolo*

napumpovat v. *pumpovat*

napustit < **napouštět 1** co kam let* in, nádrž fill **2** co čím imbue, impregnate, saturate

nárame|k bracelet, armlet **–eník** epaulet(te)

náramný tremendous, enormous

naráz at a blow / stroke a v. *najednou*

náraz úder stroke, otřesný shock, odb., fyz. concussion, explosion, blast, collision, při srážce clash, silný impact; pohybujícím se hit, větru gust, squall

narazit < **narážet 1** strike* (*do, na* a t., against a t.), hit* a t., run* up against a t., dunivě, též hlavou bump (one's head against a t.); a pohmoždit bruise; při pohybu run* on a t., collide with a t. **2** nasadit put*

(on), mount **3** náhodou se střetnout come* / run* across, setkat se meet* with, u koho meet* with a p.'s opposition **4** narážkou allude to a t., hint at a t.

náraz|ník buffer, auta bumper **–ový 1** emergency, shock **2** freelance / occasional work

naráž|et v. *narazit* **–ka** allusion, herecká cue, tag, catchword

narcis narcissus, kadeřavý jonquil, žlutý daffodil

narkoman drug addict, slang. junky, druggie

nark|otický, –otikum narcotic **–otizovat** narcotize **–óza** narcosis, pl -ses

náročný exacting, immodest, při výběru particular, hovor. choosey, fastidious; činnost demanding, severe (on a p.), time-consuming; honosný pretentious

národ nation

narodit se be born; *narození* birth

národ|ně osvobozenecký national-liberation ~ *socialistický* national-socialist **–ní** national, lidový popular, folk; první v národě people's ♦ ~ *stát* nation state; ~ *svátek* bank holiday; ~ *škola* junior / elementary school; **–nost** nationality **–nostní** (... of) nationality, -ities **–opis** ethnography

nárok oprávnění title (to), právo right, na uznání claim, nezaručený pretension (*na* to) ♦ ~ *na dovolenou* vacation pay, eligibility to holiday; **–y** exigencies, demands, nezřízené pretensions, pl

naroubovat v. *roubovat*

naroveň on a par, on an equal footing with a t.

narovnat (se) < **–ávat (se)** = *napřímit (se)*

narozeniny birthday

nároží corner

nárt instep, část obuvi vamp

naruby the wrong side out ♦ *všechno je* ~ (zmateně) at sixes and sevens, helter-skelter

náruč(í) arms, pl
nárůst accrual, práce backlog, růst build-up
narůst < **–at** grow* ♦ *měsíc -á the moon is waxing*
naruš|it < **–ovat** damage slightly, impair, erode, break*, effect
náruživ|ost indulgence, passion, craze, fancy for a t. **–ý** over-indulgent, vášnivý passionate
narychlo hurriedly, in a hurry
nárys outline, geom. front view
narýsovat v. *rýsovat*
nářadí implements, tools, pl, tělocvičné (gymnastic) apparatus
nařčení accusation, charge
nářeč|í dialect, idiom **–ní** dialectal
nářek lament(ation), complaint, moan(ing)
nářez uzenářský mixed cold meats; žert. výprask hiding
nařez|at 1 cut*, make* (by cutting) **2** komu give* a p. a hiding, thrash a p. **–at** < **–ávat** do čeho indent, incise
nařídit < **nařizovat 1** order; uložit charge (*komu co* a p. with a t.) **2** dát pokyn, směr direct **3** žádoucí funkci set* (e.g. a watch)
naříka|t < **za–** lament, complain, sténat moan, groan **–vý** plaintive
nařízení order, zákonné statute, regulation, brit. by(e)-law, am. ordinance, provision ♦ *sbírka zákonů a ~ statute-book*
naříznout < jako *nařezat 1*
nařizova|cí prescriptive **–t** v. *nařídit*
nařknout denounce / accuse a p. of a t., charge a p. with a t.
násada butt(-end), hadice nozzle, dýmky mouth-piece; = *držadlo*
nasadit < **nasazovat 1** put*, do žádoucí polohy, obléci apod. put on, pevně fix, vztyčením plant, přidělaním mount **2** tvář apod. assume, take* on **3** vynaložit spend*, dát v sázku stake, venture, risk **4** zapojit, aby se využilo engage, přikázáním pracoviště order (a p. a factory) **5** tech. set* ♦ *~ komu brouka do hlavy put* a bee in*

a p.'s bonnet; *~ čemu korunu top a t.; ~ komu nůž na hrdlo / krk put* a knife at a p.'s throat; ~ (všechny) páky strain every nerve; ~ komu parohy make* a cuckold of a p.; ~ komu pouta fetter a p.; ~ tón set* the tone ~ se* < **nasazovat se** někam settle, nezákonně squat
násadka pen-holder
nasáknout v. *sáknout*
nasá(va)t v. *sát*
na|sázet v. *sázet* **–sazovat** v. *nasadit*
nasbírat v. *sbírat*
nased|nout < **–at** get* in (on / to a train, am. board a train), k jízdě obkročmo mount (a horse, a bike) ♦ *-at!* hurry up (please)!* am. all aboard!
nasekat cut* (grass), chop (wood); komu = *nařezat*
násep[1] bank, opevnění rampart
násep[2] před stavením farmyard pavement
nashromáždit = *shromáždit*
naschvál out of spite, komu to spite a p., úmyslně on purpose, purposely, expressly
násil|í force, violence, vrcholně nespravedlivé outrage ♦ *nečinit si ~ not to restrain o.s.; veřejné ~* (assault and) battery; *zmocnit se -ím take* by force* **–nický** bullying **–ník** bully **–nost** violence **–ný 1** forcible, violent **2** nepřirozený, nucený strained, forced
nasít v. *sít*
na|skákat jump in(to a t.) one by one **–skakovat** v. *naskočit*
naskicovat v. *skicovat*
naskládat 1 pile (up), našetřit hoard **2** plisovat pleat
naskočit < **naskakovat 1** jump in(to a t.) **2** rozběhnout se start **3** vystat spring* (up)
náskok start
naskrz(e) = *veskrze*
na|skytnout se < **–skýtat se**, **–skytovat se** present / offer o.s.,

vyskytnout se be found, vzniknout arise*

nasládlý sweetish, přen. honeyed

násled|ek consequence, účinek effect ♦ *mít co za* ~ result in a t., nutně necessitate; *nést -ky* face the consequences **–kem** čeho owing to, due to ♦ ~ *toho* in consequence of, consequently **–nictví** succession **–ník** successor ♦ ~ *trůnu* successor to the throne, crown prince, brit. Prince of Wales **–ný 1** jako následek resulting **2** jdoucí za tím subsequent, ensuing, v časovém sledu successive, v těsném sledu consecutive **–ovat** follow (*za* a t. / p.), v pořadí succeed (a p., to a t.), být důsledkem ensue / follow (from a t.) ♦ *-ující za sebou* successive; *jak -uje* as follows **–ovník** follower, adherent, disciple

naslep|lý dim-sighted **–o** blindfold, blindly

nasli|nit < **–ňovat** wet (with saliva), lick a t.

naslouch|ací detection, monitoring (*služba*) system **–at** listen (to a p. / t.), komu = koho vyslechnout give* a p. ear; tajně overhear*, eavesdrop **–átko** hearing aid

nasnadě: *být* ~ lie* ready to hand, occur readily, be evident

nasnídat se v. *snídat*

násob|ek multiple **–ení** multiplication **–ilka** multiplication table, přen. the ABC (of...) **–it** > **vy-, z–** multiply

nasolit v. *solit*

násoska 1 siphon **2** hovor. real drinker

nasouk|at < **–ávat** wind* up

naspěch 1= *nakvap* **2** *mít* ~ be in a hurry

naspodu at the bottom

naspořit v. *spořit*

nasrat vulg. *kam* shit (on a t., into...), koho piss a p. off, nark a p.

nastálo as a permanency, permanently, for keeps / good

nastartov|at < **–ávat** start

nast|at < **–ávat** set* in, come* (on), break* **–ávající** future, ...to come, *podle plánu* that is to be, v. též budoucí, jeho / její nastávající his / her intended ♦ ~ *matka* expectant mother

nástav|ba super-structure **–ec; –ek** extension

nastav|ět build* (v. *stavět*) **–it** < **–ovat 1** prodloužit extend **2** překážku hold* up, napřáhnout hold* out **3** co před koho put* a t. before a p.; stroj, přístroj adjust, put* a t. into position, na čas time ♦ ~ *vlastní kůži* expose one's skin; *-ovat noci* burn* the midnight oil; ~ *komu nohu* trip a p. up; ~ *uši* prick up one's ears; ~ *život* stake one's life

nastehov|at < **–ávat** stitch (together)

nastěhov|at (se) < **–ávat (se)** move in

nástěn|ka bulletin board, propagační wall poster **–ný** wall, v umění též mural

nástin outline, sketch

na|stínit < **–stiňovat** outline, sketch

na|stlat < **–stýlat** pile (up), naházením litter (about)

nastol|it < **–ovat** enthrone, install, zavést introduce

na|stoupit < **–stupovat 1** zaměstnání enter (a job), studium / službu take* up, dostavit se make* one's appearance, práci take* up work, sign on **2** na čí místo succeed, na trůn the throne, na místo to a position, do podniku enter a job **3** začít start, begin* **4** nastoupit get* in(to a train = am. board a train), na autobus on a bus, na loď, let. embark (*na cestu* for...) **5** do útvaru line up, fall* into a line ♦ ~ *dráhu* take* a path; *životní* enter upon a... career; ~ *do letadla, na loď* come* / go* aboard; ~ (*na*) *pochod* set* out on a march; ~ *pořad práva* take* legal steps; ~ *do řady* fall* into line; ~ *trest* start one's sentence; ~ *na trůn* ascend the throne, accede to the throne; ~ *vládu* assume power; ~ *do zbraně* take* up arms

nástraha léčka snare, trap, přen. pitfall, am. stool, lovecká bait

nastraž|it < **–ovat** set* / lay* a t. as a snare / trap for... ; uši = *napnout*

nastr|čit < **–kovat 1**= nasadit, *nastavit, navléci* **2** podvodně pass off, foist (off) (*na koho* (up)on a p.), zločin frame a p. ♦ **-čený člověk** stooge, puppet

nástrčka extension (piece)

nástroj implement, zvl. jemný, přesný instrument, rukodělný tool

nastroj|it < **–ovat** co, upravit set*, adjust, nastražit set* / lay* (*léčku a* snare), podvodně set* up, frame (up); zařídit make*, set* about a t., arrange for a t.; tvář put* on; = *nastrčit* **~ se** < **–ovat se** get* (o.s.) decked / dressed up

nástropní ceiling

nastřádat v. *střádat*

nastříhat jako *nařezat*

nastříkat kde splash (a room), pokropit (be)sprinkle; rozptýlenou látkou spray

nastřílet 1 shoot* (many..., all the...) **2** branky net, score

nastudit se = *nachladit se*

nastudovat v. *studovat*

nástup 1 entrance (into...), taking up (of service), start **2** příchod coming **3** do řad lining up **4** nápor drive **5** po někom succession (to a p.) **–ce** successor (*čí to* a p.) **–iště** platform, přen. východisko springboard **–ní** starting, odjezdový ... of) departure, slavnostně uvádějící inaugural **–nický** succession **–nictví** succession

nastupovat v. *nastoupit*

nastydnout = *nachladit se*

nastýlat v. *nastlat*

nastylizovat v. *stylizovat*

nasun|out < **–ovat** = *navléci*

nasvačit se v. *svačit*

nasvědčovat čemu bear* witness to a t., náznakem suggest a t., indicate, testify to a t.

nasycen|ost satiety, chem. saturation **–ý 1** replete, hovor. full **2** chem. saturated

nasycovat v. *nasytit*

nasypat v. *sypat*

násypná *kamna* top-fed stove

nasy|tit < **–covat 1** dát jíst v. *sytit*, přen., ukojit appease, uspokojit satisfy **2** chem. saturate, impregnate, permeate **–tit se** < eat* one's fill, přen. *čeho* / *koho* be fed up with a t. / p.

náš our, samostatně ours

našept|at < **–ávat 1** = (*po*)*šeptat* **2** přen. vnuknout talk a p. into a t. **–ávač** insinuator, schemer, intriguer

našetřit v. *šetřit*

našinec one of us / ours, krajan fellow countryman*

naší|t < **–vat** sew * on

naškrabat 1 scrape **2** = *naškrábat*

naškrábat v. *škrábat*

naškrob|ený stiff a v. *škrobit* **–it** v. *škrobit*

na|šlapat (*kde, kam* dirty the floor) **–šlápnout** (< **–šlapávat, –šlapovat** put* down one's foot on a t., tread* on a t. (též pedál), motocykl start ♦ **-šlapovat na špičky** (walk on) tiptoe

našlehat komu v. *šlehat*

našňořit se expr. dress up, truss o.s. up

našňupnout hovor. expr. koho nettle, make* a p. go off the deep end, raise a p.'s gorge / choler, blow* up, flare up

našpul|it < **–ovat** pucker (up), pout, put* out (one's lips)

našroubov|at < **–ávat** screw on

naštěstí fortunately, luckily

naštípat v. *štípat*

naštvat v. *štvát* **~ se** v. *dopálit se*

našup hovor. in a jiff(y), in no time

nášup hovor. seconds (food), pl

nať (stalks and) leaves, pl, tops, pl

natáč|et v. *natočit* **–ka** (hair)-curler, roller

na|tahat < nanosit, navozit drag in, nashromáždit hoard, draw* out, extract **–táhnout** < **–tahovat 1** = *napnout, napřáhnout, nastavit;* krk crane (one's neck) forward **2** rozprostřít extend, spread* **3** pero, hodiny wind* (up) **4** prodloužit, také o čase draw* out, napínáním stretch out, lengthen, tech. elongate, čas. prolong, extend **5** někam, tj. vniknout get* in(to...), penetrate a t. **6** hov. napálit při placení make* a p. pay through the nose, fleece a p. ◆ ~ *kohoutek* cock a gun, finger the trigger **–táhnout se** < **–tahovat se 1** stretch (out), a sahat po reach out for a t. **2** hovor. upadnout fall* full length

natéci < **natékat 1** get* into, run* (*do* into a t.) **2** = *otéci*

nátělník vest, singlet, am. undershirt

nátěr paint, vrchní povlak coat(ing)

natěrač painter

natírat v. *natřít*

natisknout imprint; = *vytisknout* v. *tisknout*

natlačit = *nacpat*

nátlak pressure, přivedením do úzkých contraint ◆ *vykonávat* ~ exert pressure on a p.

natlou|ci 1 v. *tlouci* **2** < **–kat** co kam drive* a t. in(to...); roztlouci break*, crush, **–ci si** hovor. bruise o.s., contract wounds

nato subsequently, afterwards **–ž** the more so, po záp. the less so

natočit < **natáčet 1** navinout wind* (up), roll (up), nakroutit curl **2** pootočit turn (slightly) aside **3** upravit adjust **4** spustit start, klikou crank **5** záznam, film v. *točit* **6** tekutinu tap, naplnit fill

natolik (in) so far that, insofar, inasmuch

natrefit hovor. come* across a p. ~ **se** *při* čem come* to be present at a t.

natrh|at v. *trhat* **–nout** < **–ávat** rip, slit

natrousit drop here and there, scatter

natrvalo = *nastálo*

natřás|at v. *natřást* **–at se** strut about **–t** < **–at** shake*, aby spadlo shake* down, načechrat loosen

natřít < **natírat** paint (over), vrstvou coat, potřít apply a t. to (the surface of), vetřít rub in, rozestřít spread* ◆ ~ *to komu,* hovor. give* a p. a licking, lick a p.

natur|alismus naturalism **–alistický** naturalist(ic) **–alizovat** naturalize **–ální** natural, v naturáliích...in kind, spojený s funkcí tied

nauč|ení precept, zásada maxim, mravní moral **–ený** strojený affected **–it (se)** v. *učit (se)* **–ný** instructional, instructive ◆ ~ *slovník* encyclop(a)edia

nauk|a teaching, doctrine, theory, vědní odvětví (branch of) science **–ový** scientific

náušnice ear-ring

navádět v. *navést*

nával rush, záchvat fit

naval|it < **–ovat** roll on, na hromadu pile (up)

navař|it < make*, cook, přen. ~ **si** brew ~ < **–ovat** svářet weld on

navát drift

na|vázat < **–vazovat 1** připevnit tie up, fasten, link (*co na co* a t. to a t.) **2** pokračovat take* / pick up again, resume, jak follow (up) with a t. ◆ ~ *spojení, styk* resume contact(s), contact a p.

navážet v. *navozit*

na|vážit < **–važovat** weigh out

naveče|r at sunset **–řet se** v. *večeřet*

navenek on the outside, outwardly

naverbovat v. *verbovat*

náves (village) green

navě|sit < **–šovat** hang*, připojit attach (*co na co* a t. to a t.)

návěst signal, avízo advice

navést < **navádět 1** koho put* a p.

up to a t. **2** letadlo vector, na plochu talk down, na oběžnou dráhu put* a t. into orbit

navěšovat v. *navěsit*

návěští 1 oznámení notice, notification **2** signál signal **3** firma sign **4** plakát poster, bill

navézt = *navozit*

navíc in addition, k dovršení on top of it

navig|ace navigation, hovor. hráz tow-path **–ační** (... of) navigation **–átor** navigator

na|viják reel, vertikální válec capster, rumpál windlass **–vinout** < **–víjet**, **–vinovat** wind* (up), na cívku reel

navlas to a hair, precisely

navlé|ci, –knout < **–kat 1** put* on; nit do jehly thread a needle; klouzavě slip / slide* on, a tak zavěsit sling* on ♦ ~ *to*, hovor. frame it up **–ci se** < **–kat se** do čeho put* on a t., teple clothe (o.s.) warmly

navlh|čit < **–čovat** moisten, moisturize, wet slightly **–lý** damp **–nout** < get* damp

návnada bait, decoy

navna|dit < **–ďovat** bait, přen. entice (*na co* by a t.), inveigle

návod instruction, directions, pl (*k použití* for use)

navo|dit < **–zovat** evoke, bring* about

navo|nět < **–ňovat** scent, perfume

navoskovat v. *voskovat*

na|vozit < **–vážet** bring*, do zásoby store up, na hromadu heap up

navozovat v. *navodit*

navracet (se) = *vracet (se)*

návrat return, come-back, dovnitř prostoru re-entry (e.g. into the earth's atmosphere), znovunabytí recovery ♦ ~ *do předešlého stavu* restitution; *něčí ~ na scénu* come-back

navráti|lec home-comer, zvl. polit. returnee **–t (se)** = *vrátit (se)*

návrh proposal, zdvořile nadhozený suggestion, k odhlasování motion; velkorysého plánu project, něčeho sladě-

ného design ♦ ~ *zákona* bill **–ář** designer

navrh|nout < **–ovat** propose, bid*, zdvořile nadhodit suggest, předložit k úvaze put* forward, k odhlasování move; velkoryse nastínit project, vzor apod. design **–ovatel** proposer, mover, projector, designer (srov. *navrhnout*)

navrch on (the) top, zevně on the outside

navrstv|it (se), –ovat (se) pile up

navrt|at < **–ávat** sink* a hole in a t. (by boring)

návštěv|a 1 call (*u* on), delší, formální, zvl. am. visit (by a p. to a p., to a place) **2** pravidelná docházka attendance (*čeho* at, of) ♦ *jít / přijit na –u* go* / come* and see a p. **–ní** calling / visiting, (... of) reception **–nice, –ník** caller, visitor; zákazník customer, účastník schůze attender, pl **–níci** caller(s, pl), zvl. am. visitor(s, pl) (cinema- / picture- / theatre-)goer

navštív|enka brit. visiting card, am. calling card **–it** < **navštěvovat** call (on a p., at a place), déle, formálně, zvl. am. visit (a p., a place), pay* a p. a visit / call, hovor. see* a p.; za účelem porady consult a p., pravidelně kam frequent a place, a účastnit se attend a t. = go* to a place, bez ustání navštěvovat haunt; navštěvovaný much-frequented

návyk habit

navyk|nout < **–at** koho čemu, na co accustom a p. to a t., tak že to pravidelně dělá habituate a p. **–nout si** < **–at si** get* accustomed, accustom o.s. to a t., habituate o.s. to a t., get* used to (a t. / a p. / -ing)

navýsost highly, extremely

navzájem mutually

navzdor(y) = **1** *naschvál* **2** vzdor čemu

navždy for ever

nazbyt: *mít čeho ~* have enough..., *nemít ~* have no... to spare

nazda|r voj. hurrah, fam. hallo, cheerio **–řbůh** at random

nadzdvih|nout < **–ovat** lift (slightly)

název name, title, termín term

nazírat na co jak regard a t. as a t., look (up)on a t., sledovat observe

nazítří (on) the following day, the day after

nazmar: *přijít ~* go* to waste

naznač|it < **–ovat** indicate, (jakoby) značkou mark, vystihnout denote; jemně intimate, suggest, nepřímo zahrnovat imply a t., narážkou hint at a t.

naznak on one's back

náznak suggestion, implication, hint **–ový** barely sketched, ... in outline, outlined

názor 1 opinion (na on, about), view (on, about), i okamžitý idea, přesvědčení conviction, světový (world) outlook **2** pozorování observation (na základě vlastního **–u** out of o.) **3** pojetí conception ♦ *podle mého* **–u** in my opinion **–ný** objective, živý vivid, graphic, konkrétní practical ♦ *-né vyučování* object teaching **–ový** ... of opinion(s)

nazpaměť by heart, mechanicky by rote

nazp|átek, **–ět** back, zpětným pohybem backward(s), u sloves často re- ♦ *dát komu* ~ give* a p. change; *mít* ~ have (small) change; *vzít* ~ take* back, withdraw*, retract

na|zvat < **–zývat** give *... a name (or the name of...), name a p. / t. a tak tomu říkat call (*jak?* what do you call it?)

nazved|nout < **–at** = *nadzdvih|nout* < **–at**

názvosloví nomenclature, terminology

nazývat v. *nazvat* ~ *se* be called (častěji *nazývat se* its name is...)

naživu alive

nažrat se v. *žrát*

ne 1 odpověď no (*zda/ať ano či* ~ whether or no, whether or not) **2** částečný zápor not **3** přívěsné ,ne?' vyja-

dřují přívěsné otázky (tag questions), např. isn't it?; didn't you? apod., *že ne?* is it?, can he? apod. ♦ *ne abys...* hrozba mind you don't...; *no ne!* well I never!

neamerický un-American

neangažova|nost uncommitted-ness, non-alignment v polit. blocích **–ný** non-aligned

Neapol Naples, sg **–itán**, **n–ský** Neapolitan

nebe 1 the sky, obloha firmament, nebeské prostory heaven (*na -bi* in the sky) **2** *-sa*, pl, heavens, pl, baldachýn baldachin / -quin, nad oltářem ciborium ♦ *jako ~ a dudy* as different as chalk and cheese; *pane na -bi* Good gracious!; *pod širým -bem* in the open air, under the stars; *do ~ volající* flagrant, glaring **–ský** celestial, náb. též heavenly; jako obloha sky(-blue) **–tyčný** sky-high

nebezpeč|í danger; ohrožení peril, stav ohrožení jeopardy; nepředvídatelné hazard, risk (*na vlastní ~* at one's own risk) ♦ *vydávat se v ~* run* a risk, risk a t. **–ný** dangerous, perilous, hazardous, risky

neblahý inauspicious, fateful, škodlivý unpropitious, disastrous, unfortunate, ominous

nebo or

nebohý poor

nebojácný fearless, intrepid

nebo|li or, to put it differently, by another name **–ť** for

nebozez drill, ruční auger

nebož|ák poor wretch **–ka**, **–tík** the deceased, the dead man* / woman*, před označením osoby the late, círk. the (lately) departed

nebývalý uncommon, unusual, unprecedented

necelý less / fewer than..., incomplete

necesér dressing case

necit|elnost want of feeling, insensibility **–elný** unfeeling, callous, insensible **–livost** insensitive-

ness –livý insensitive

necky pl trough, na praní wash-tub, sg

něco something, v záp. a ot. nejde-li o určité anything ♦ *je ti ~?* is anything the matter with you?; *~ málo* a little, před pl a few; *~ za ~* tit for tat

nectnost bad quality, vice; zlozvyk foul habit

necud|nost shamelessness, v řeči obscenity **–ný** shameless, v řeči obscene; smyslný lascivious, prurient

nečas bad / foul weather

nečestný dishonourable, base

nečetný scanty, s pl few

něčí somebody's

nečin|nost inactivity, idleness **–ný** inactive, idle

nečist|ota impurity; špína dirt, filth, špinavost dirtiness, filthiness **–otný** uncleanly **–ý** unclean, špinavý dirty, zvl. hnilobně filthy; s přiměšeninami impure, kalný muddy; nikoli ušlechtilý base

nečitelný illegible

nedalek|o not far off (*od* not far from...) **–ý** near-by

nedávn|o not long ago, recently, of late, newly **–ý** late, recent

nedbal|ky undress, négligé **–ost** negligence, opominutí neglect **–ý** negligent, opomíjející povinnosti neglectful (*čeho* of); nedbající unmindful / heedless of...

neděle 1 Sunday **2** týdny = *weeks* ♦ *dvě ~* a fortnight, am. two weeks, pl

ne|dělitelný indivisible **–dílný** integral (*část* part)

nedemokratický undemocratic

nediplomatický maladroit

nediskrétn|í tactless, indiscreet **–ost** indiscretion

nedlouho a short time, some time, not long (before, after)

nedobr|ovolný involuntary **–ý** not good, rather bad

nedobytný 1 safe, impregnable **2** pohledávka uncollectible, irrecover-

able ♦ *~ dluh* bad debt

nedočkav|ost impatience, anxiety **–ý** impatient, anxious

nedodělávka backlog, arrears of...

nedohledný ...out of sight, bez mezí unbounded

nedochůdče miscarriage, poor cripple

nedokazatelný unprovable

nedokonal|ost imperfection **–ý** imperfect

nedomyšlený unconsidered, rash, hasty

nedopalek end, hovor. butt (end)

nedopatření oversight, inadvertency (*-m* inadvertently)

nedoplatek 1 žádalo se méně undercharge **2** platilo se méně arrears of (am. back) payment

nedorozumění misunderstanding

nedosažitelný unattainable

nedoslýchavý hard of hearing

nedospělý minor, un(der)developed

nedostat|ečný insufficient, počtem scanty, nepřiměřený inadequate, mezerovitý deficient **–ek 1** není-li něco (entire / complete) lack / absence (of...) **2** není-li potřebné want, postrádá-li se něco lack **3** je-li něčeho málo insufficiency, scantiness, scarcity, dearth, v zásobě shortage, ve vybavení deficiency **4** nedokonalost imperfection, závada defect, menší shortcoming **5** tíseň, zvl. fin. penury ♦ *z -ku čeho* for want of...; *něčeho je ~* is / are scarce / short

nedost|ávat se: *něčeho se -vá* a t. is short, *někomu se něčeho -vá* a p. is short / in want of a t. *-i na tom* more than that

nedostižný peerless, matchless, unrivalled, incomparable

nedostupný inaccessible, un-get--at-able

nedo|tčený intact **–tknutelný** inviolable

nedovolený illicit

nedozírný ...out of sight, ohromný

immense, boundless

neduh complaint, ailment, orgánu affection, vážný malady

nedůležitý unimportant, irrelevant

nedůrazný unemphatic, unstressed

nedůsledný inconsistent, logicky inconsequent(ial)

nedůtkliv|ost irritability, irritableness **–ý** touchy, irritable, pettish, fussy

nedůvě|ra distrust (k of), plná pochyb mistrust (k of), nejistota diffidence, misgivings, pl (as to...); vládě (vote of) censure, non-confidence **–řivý** distrustful, mistrustful

neduživý ailing, sickly

nedvojsmyslný unambiguous nefalšovaný genuine, pure, unalloyed, bez přetvářky candid; nezkažený unsophisticated

nefor|emný clumsy, shapeless **–mální** informal

negativ negative **–ní** negative, fot. též reversed

negr hanl. nigger

negramotný illiterate

nehasnoucí undying, never-ending

nehet nail ♦ ani za ~ not a shred

nehezký unseemly, morálně bad, chování unfair

nehledaný unstudied

nehmatatelný impalpable

nehmotný intangible, immaterial

nehnutě motionless

nehoda accident, mishap, smůla bad / ill luck

nehodný undeserving (čeho of)

nehorázný hrubý rude, bezohledný reckless, egregious, arrant (e.g. nonsense)

nehospodárný uneconomical, unthrifty, thriftless

nehostinný inhospitable

nehotový unfinished, uncompleted

nehumánn|í inhumane **–ost** inhumanity

nehybn|ost immobility, immovabil-ity **–ý** immobile, čím nelze hnout immovable, co se nemůže přimět k pohybu inert; bez hnutí motionless

nehynoucí imperishable, = *nehasnoucí*

nechápavý slow-witted, uncomprehending, dull, dense

nech|at < –ávat 1 let*(co komu a p. have a t.); let* a t. / p. do a t.; zanechat, opominout, zapomenout leave*, upustit od čeho drop a t. **2** vzdát se give* up, odejít retire (čeho from business) **3** přestat s tím stop -ing, leave off **4** dědictvím leave* a p. a t. **5** pustit let* go ♦ -me toho stop it; -chám to na vás I leave* it to you; ~ běžet stroj let* an engine tick over; ~ věci / všechno běžet let* things go (their own way); ~ koho čekat keep* a p. waiting; ~ na hlavě keep* one's hat on; ~ koho na holičkách leave* a p. in the lurch; ~ si co líbit put* up with a t.; ~ si co za nehty nick a t.; ~ koho na pokoji leave* a p. alone; ~ koho při čem keep* a p. in a t.; ~ se slyšet let* it be known; ~ koho na svobodě leave* a p. at large; ~ koho vědět = dát komu vědět let* a p. know; to se musí ~ there is no denying it; ~ se vidět stand* a treat; ~ to komu na vůli let* a p. have his choice **–at si < –ávat si** ponechat pro sebe keep* a t., pro budoucno reserve a t., podržet retain ♦ ~ si otevřená zadní vrátka leave* the backdoor open

nech|těný unintentional **–ťsi** never mind

nechu|ť dislike, distaste, aversion (k for, to, of) **–tný 1** jídlo insipid, unpalatable **2** odporný disgusting, nasty, nechvalný ignominious, discreditable

nějak 1 somehow, anyhow (rozdíl jako při ,něco'), tak či onak one way or another **2** poněkud rather **–ý** some, any (rozdíl jako při ,něco'), a(n)

nejapn|ost ineptitude **–ý** inept,

clumsy

nejas|nost obscurity **-ný** obscure, dark, indistinct, příliš obrysový vague

nejed|en many a(n) **-nota, -notnost** disunion, disunity, různorodost heterogeneity; názorová dissension **-notný** disunited, různorodý heterogeneous **-nou** not once, many a time

nejen(om) not only **-že** not only...

nejinak not otherwise, just like that

nejist|ota uncertainty, bez pocitu zabezpečenosti insecurity; pochyby misgiving(s, pl); nezabezpečenost unsafety **-ý** uncertain, insecure; unsafe

nejzazší outermost, extreme, zvl. přen. utmost

nekalý bad, base, wicked, mischievous, dirty, mean ♦ **-lá soutěž** unfair competition

nekázeň lack of discipline

někd|e somewhere, anywhere (rozdíl jako při ‚něco'); ~ **v(e)** about, ~ **u** (pobřeží, cesty, ulice) off **-ejší** one-time, former, sometime, late **-o** somebody, anybody (rozdíl jako při ‚něco'), z určitých lidí someone, anyone (rozdíl jako při ‚něco') **-y** sometimes, v některé době at some time, ever (rozdíl jako při ‚něco') ♦ teď ~ one of these days

neklamný infallible, unmistakable

neklid 1 pocit discomposure, úzkostný anxiety, otřesný disquiet(ude) **2** rozruch stir, trouble, stálý pohyb unrest **3** společenský = nepokoj **-ný** discomposed, unquiet, stirring, anxious, troubled, restless, cítí se nesvůj uneasy

několik several, a number of, a to málo a few **-anásobný** multiple **-erý** manifold **-rát(e)** several times

nekom|petentní unqualified, unauthorized **-promisní** uncompromising

nekonečn|o the infinite (do –a to infinity) **-ost** infinitude, endlessness **-ý** infinite, endless; schopný stále trvat unceasing, neverending; bez hranic boundless, interminable

nekon|krétní unrealistic **-trolovatelný** beyond control, uncontrollable **-venční** unconventional

nekov non-metal

nekritický uncritical

nekrolog obituary

nekrvavý bloodless

nekrytý uncovered; nezaplacený outstanding; nezastřešený roofless ♦ ~ šek dud cheque

nekřesťanský un-Christian; surový barbarous

ně|který one, some (sort / kind of) **-kudy** someway, anyway (rozdíl jako při ‚něco')

nekulturní uncivilized

nekuřák non-smoker

neladný disorderly, confused, disharmonious

nelákavý unpromising, uninviting, unattractive

nelaskavý unkind, inclement

nelegální illegal

nelegitimní illegitimate

nelen|it, -ovat lose* no time (in -ing), not to hesitate

ne-li if not

nelib|ost displeasure **-ozvuk** dissonance **-ý** unpleasant

nelíčený unfeigned, unaffected, ryzí genuine

nelidsk|ost inhumanity, barbarousness **-ý** inhuman, surový barbarous

nelítostný merciless, pitiless, odpudivý grim; soustředěný v úsilí relentless, unrelenting; neobměkčený ruthless

nelogický illogical

nelze it is impossible

nemačkavý crease-resistent / -ing, uncreasing

nemajetn|ost lack of means ♦ vysvědčení **-ti** means test **-ý** lacking means, indigent, penurious

ne|málo not a little, s pl not a few
–malý no small, rather / quite
big; značný not inconsiderable

nemanželský illegitimate

něm|čina German **N–ec** German
N–ecko Germany **–ecký** German

neméně no less, s pl no fewer (než
than), neměnný immutable, immo-
bile, unchangeable, nestřídavý in-
variable, constant

nemenší no less a(n)...

neměřitelný immeasurable

nemil|osrdný merciless, unmerci-
ful **–ost** disfavour, disgrace ♦ *na
milost a ~* at a p.'s discretion /
mercy, at a p.'s tender mercies
–ý unpleasant, disagreeable, an-
noying

nemírný immoderate, v požitcích in-
temperate

nemístný out-of place, impertinent

nemluv|ně baby in arms, infant
–nost taciturnity **–ný** taciturn,
uncommunicative

nemnoho not much, s pl not many

nemoc illness, stav ill health; jednot-
livá disease, zvl. přechodná sickness
–enské sickness benefit / al-
lowance **–enský** sickness,
health (*-ké pojištění* health insur-
ance) **–nice** hospital, i starobinec
infirmary **–niční** hospital **–nost**
morbidity, v práci sickness ab-
sence **–ný** a sick (*na* of), ale po be,
feel* apod. brit. ill (též be in ill
health); čím suffering from...; ob-
vyklý u *-ných* sickly; postižený chorobou
affected (organ), diseased (organ
or man) ♦ *hlásit se -ným* report
sick ● *s* patient ♦ *pokoj pro -né*
sick room

nemoderní out of date, antiquat-
ed, staromódní out of style, old-
-fashioned

nemohouc|í impotent, infirm **–nost**
impotence, -ncy, infirmity

němo|hra dumb show, pantomime
–ta dumbness (*zpitý do -ty* blind

drunk)

nemotorný gauche, awkward,
clumsy

nemoudrý unwise, imprudent

nemovit|ost real (proper)ty; *-ti,* pl
immovables, pl, reality (real) estate
–ý immovable, real

nemožn|ost, impossibility, imprac-
ticability **–ý** impossible, neprovedi-
telný impracticable

nemrav vice, zlozvyk bad / foul habit
–nost immorality, indecency; li-
centiousness **–ný** immoral, nesluš-
ný indecent, na nic se neohlížející li-
centious

němý dumb, neschopný promluvit inar-
ticulate; též ,nevyslovený' mute, nedo-
provázený slovy silent (embrace,
film) ♦ *v -mém úžasu* dumb-
founded; *-má tvář* dumb crea-
ture / animal

nemyslitelný unthinkable

nenadálý unexpected, náhlý sud-
den, náhle přerušující abrupt

nenáhlý gradual, slow, mírný gentle

nenahraditelný irreplaceable, co
nelze získat zpět irretrievable, unre-
coverable, co nelze odčinit irrepar-
able (*ztráta* loss)

nenákladný inexpensive

nenáležit|ost inappropriateness
–ý inappropriate

nenápadný inconspicuous

nenapodobitelný inimitable

nenapravitelný 1 co nelze opravit in-
corrigible **2** co nelze odčinit irrepara-
ble, irremediable

nenáročn|ost unpretentiousness,
modesty **–ý** unpretentious, skrom-
ný modest

nenásilný nonviolent, pacific, samo-
volný spontaneous

nenasytný insatiable, hltavý glutto-
nous

nenávi|dět hate (*k smrti* heartily),
být nevraživý bear* / have a grudge
(*k* against a p.) **–st** hate, v určitém
případě hatred (*k, vůči* of); zášť
spite, grudge **–stný** hateful

ne|navratitelný irretrievable, irrecoverable **–návratný** irrevocable, irreclaimable

nenormální abnormal

nenucen|ost free and easy ways, pl **–ý** unconstrained, free and easy, bez etikety informal, unceremonious

neobezřetný improvident, neuvážený thoughtless

neobhajitelný not defendable

neoblíbený not in favour (with a p.)

neoblomný steadfast, unflinching, unwavering, unshakable, firm

neobměkčitelný stiff-necked, implacable

neobratn|ost lack of skill **–ý** unskilful, nemotorný awkward

neob|sáhlý inextensive **–sažný** not comprehensive, meagre

neobvykl|ost unusual character, strangeness **–ý** strange, unusual

neobyčejný uncommon, extraordinary, exceptional

neo|bydlený uninhabited **–býva-telný** uninhabitable

neocenitelný invaluable, priceless

neočekávaný unexpected

neodborn|ík layman* **–ý** unprofessional, lay, špatný incompetent

neodbytný pertinacious, dogged, v prosbách importunate

neodčinitelný... not to be undone, inexpiable, řidč. unatonable

neod|dělitelný, –lučný inseparable

neodmyslitelný ...that cannot be thought of without something else, inseparable

neodolateln|ost irresistibility **–ý** irresistible

neodpovědn|ost irresponsibility **–ý** irresponsible

neodpustitelný unpardonable, společensky inexcusable, co si chceme pamatovat unforgivable

neodstranitelný irremovable

neodůvodněný unsubstantiated, groundless, ungrounded, unfounded, unjustified

neodvolatelný irrevocable, slib též irretractable

neodvratný irreversible, ani bojem ineluctable, unescapable, inevitable

neohebný inflexible, stiff, a pevný rigid

neohrabaný clumsy

neohrožený dauntless, undaunted

neochot|a unwillingness **–ný** unwilling, váhavý reluctant

neochvějný unwavering, pevný sta(u)nch, adamant

neokolonialismus neo-colonialism

neomalen|ost impertinence, ill breeding, společenská churlishness **–ý** impertinent, ill-bread, churlish

neomezen|ost absolute freedom, boundlessness **–ý** boundless, unbounded, unlimited, ničím nespoutaný unrestricted, absolute

neomluvitelný unforgivable; = *neodpustitelný*

neomyln|ost infallibility **–ý** infallible, bezpečný unfailing

neón, –ový neon (e.g. lamp, light, lighting, sign) ♦ osvětlený -em, -y neon(-lit)

neopatrn|ost carelessness, unwariness **–ý** careless, unwary

neopeřený unfledged, bez per featherless

neopodstatněný unjustified; = *neodůvodněný*

neoprávněný unqualified, unauthorized

neorganický inorganic

neosobní impersonal

neostýchavý forward, pert

neotesan|ec boor, lout **–ý** boorish, loutish, těžkopádný hulky, uncouth

neotřesitelný unshakable

neovladatelný uncontrollable

nepamě|ť time out of mind, time immemorial **–tný** immemorial

nepa|trný slight, imperceptible, inappreciable; bezvýznamný insignificant; pramalý petty, malicherný trifling **–třičný** unfit(ting), unseemly, unbecoming

nepěkný = *nehezký*

nepevný unstable, unsound, shaky, na spadnutí rickety

neplatn|ost invalidity, uselessness, nullity (of wedlock), ineffectiveness **-ý** invalid, práv. (null and) void, ineffective ♦ *učinit -ým* void, invalidate, vitiate

neplecha 1 mischief, bez pl 2 nešvar nuisance, bez pl

neplodn|ost sterility, infertility, barrenness **-ý** sterile, infertile, barren; co nenese plody unfruitful, co je zatím nepřineslo fruitless, neúspěšný ineffectual

nepoctiv|ec dishonest fellow / man* **-ost** dishonesty, v jednání n. ve hře unfairness, foulness, double dealing **-ý** dishonest, jednání n. hra unfair, foul, double-dealing, cheating

nepočestný 1 impure, žena unchaste, wanton 2 = *nečestný*

nepo|četný = *nečetný* **-čítaný** untold

nepodařený 1 unsuccessful, minuvší se cílem miscarried, abortive 2 nezvedený ill-bred

nepoddajn|ost intractability **-ý** intractable, unyielding, stubborn, obstinate

nepodobný dissimilar (*čemu* from), unlike a t. ♦ *pravdě* ~ improbable, unlikely; *víře* ~ unbelievable, incredible

nepodplatitelný incorruptible

nepodřízenost insubordination

nepodstatný insubstantial, immaterial, minor, secondary

nepohod|a bad weather **-lí** discomfort **-lný** uncomfortable, jsoucí nevhod inconvenient **-nout se** < *s někým* get* in bad with a p.

nepochop|ení lack of understanding **-itelný** incomprehensible

nepochybný indubitable, unquestioned, uznávaný undoubted; **-ně** doubtless, no doubt, undoubtedly, indubitably

nepokoj disturbance, commotion,

trouble; = *neklid* **-ný** troubled; = *neklidný*

nepokrytý uncovered; netajený open, unconcealed

nepolepšitelný incorrigible

nepoměr disparity, složek disproportion **-ný** disproportionate, příliš velký excessive; **-ně** much (too)

nepopíratelný undeniable, unquestionable, incontestable

nepopsa|ný blank **-telný** indescribable

neporazitelný unconquerable, invincible, undefeatable

neporovnatelný incomparable

neporušený intact, žádnou příměsí unadulterated, ryzí unalloyed

nepořád|ek disorder, hovor. mess, shambles; disarray, zmatek confusion **-nost** irregularity, disarrangement, nuisance **-ný** disorderly, irregular, slovenly, messy, untidy

nepořízená: s *-nou* empty-handed

neposedný fidgety, restless

neposkvrněný immaculate

neposlední primary, not least

neposlušn|ost disobedience **-ý** disobedient

nepostižitelný smysly imperceptible, slovy inexpressible

nepostradatelný indispensable

nepotřeb|a: *být k -bě* be (of) no use / good, be good for nothing **-ný** useless, unnecessary

nepoučitelný incorrigible

nepoužitelný unfit for use, pro daný účel inapplicable

nepovedený = *nepodařený*

nepovinný volitelný optional, dobrovolný voluntary

nepovolaný unauthorized ♦ *N-ným vstup zakázán* No Unauthorized Admittance, No Admittance Except on Business

nepoznání: *k* ~ (changed) beyond recognition

nepozorn|ost inattention **-ý** inattentive, distracted

nepoživatelný unfit (to drink or to

eat)

nepraktický impractical

nepravd|a falsehood, untruth **-épodobnost** improbability **-épodobný** improbable, unlikely **-ivost** falsity **-ivý** false, untrue

neprávem without right, unjustly

neprav|idelnost irregularity **-idelný** irregular **-ost** falseness; spuriousness; nectnost vice, zkaženost depravity **-ověrný** unorthodox **-ý** nenáležitý wrong; klamný false, imitující sham, counterfeit, jako by pocházel od jiného, odjinud spurious

neprodejný 1 unsalable, na trhu unmarketable **2** člověk incorruptible

neprodleně without delay

neprodyšný air-tight, impervious

neprokazatelný = *nedokazatelný*

neproměnlivý = *neměnný*

neprominutelný = *nedopustitelný*

nepromokavý waterproof ♦ ~ plášť mack(intosh), raincoat; *-á plachtovina* tarpaulin

nepromyšlený unpremeditated

neproniknutelný impenetrable, impervious

nepropusný impermeable, vůči vodě (water-)tight

neprospě|ch 1 nevýhoda disadvantage **2** újma detriment, škoda harm, injury **3** ve škole bad marks, pl **-šný** unprofitable

neproveditelný impracticable, unfeasible, inexecutable

nepro|zíravost improvidence **-zíravý** improvident, lacking forethought **-zřetelnost** inadvertence **-zřetelný** inadvertent, imprudent, rash

neprůbojný unenterprising

neprůhledn|ost opacity **-ý** opaque; = *nevyzpytatelný*

neprůkazný inconclusive, unconvincing

nepružný inelastic, přen. rigid

nepřátels|ký enemy, ne jako přítel unfriendly, jednající jako nepřítel hostile, inimical, vycházející od protivníka adversary (*komu* to a p.) **-tví** enmi-

ty, aktivní hostility, skryté animosity; odpor opposition

nepřeberný inexhaustible, copious, až překypuje profuse

nepředložený rash, temerarious, indiscreet, inconsiderate

nepředstavitelný unimaginable

nepředstižitelný unsurpassable

nepředvída|ný unforeseen **-telný** unpredictable, unforeseeable

nepřehledný not clearly mapped out; v. *komplikovaný*; v dopravě blind; bezmezný boundless

nepřechodný jaz. intransitive

nepřejíc|í envious **-nost** envy

nepře|konatelný, -možitelný insuperable, invincible

nepřenosný práv. non-transferable

nepřesn|ost inaccuracy **-ý** inaccurate, inexact; = *nedochvilný*; ne-příliš ohraničený loose

nepřetržitý uninterrupted, continuous, neustály incessant

nepříčetn|ost insanity, irresponsibility, hovor. craziness **-ý** insane, crazy, irresponsible

nepřidání non-addition

nepříhodný inconvenient, unseasonable, časově untimely, ill-timed

nepřijatelný unacceptable, implausible, objectionable

nepříjemn|ost incovenience, unpleasantness (bez pl); jednotlivá trouble, nuisance **-ý** unpleasant, disagreeable ♦ *mám ~ pocit* I have a nasty feeling; *vyvolat ~ pocit* make* a p. feel uncomfortable

nepřijetí non-acceptance, do kolektivu non-admission

nepříliš not very, none too

nepřiměřený inadequate (*čemu* to a t.), příliš velký excessive, nevhodný unfit, unsuitable; nenáležitý undue, k čemu inconsistent with a t.

nepřím|o indirectly **-ý** indirect, o-brácený reversed (relation), inverse (*poměr* ratio); z druhé ruky second--hand

nepřípustný inadmissible

nepřirovnatelný incomparable

nepřirozený unnatural, strojený affected, feigned

nepřístojný disorderly, loose

nepřístupný inaccessible, citově též unapproachable

nepřítel, –kyně enemy, kniž. foe

nepřítomn|ost absence **–ý** absent; duchem absent-minded **–ě** distractedly

nepřívětivý inaffable, unfriendly

nepříz|eň disfavour, nemilost disgrace, adversity **–nivý** unfavourable; nenakloněný ill-disposed; zlý adverse; jako zlé znamení ominous

nepřizpůsobivost inadaptability

nepůsobivý ineffectual, dojmem unimpressive

nerad unwillingly; se slovesem not to like, dislike -ing n. to s inf., váhavě be slow in -ing (*nerad bych...* I should hate to s inf.) **–ostný** cheerless, joyless

nereálný unrealistic

nerez stainless / rust-resistant steel

nerovno|měrný uneven **–právnost** inequality of rights, discrimination, oddělující segregation **–právný** not enjoying equal rights **–st** unevenness, nestejnost inequality, disparity

nerovný uneven, unequal

nerozbitný unbreakable

nerozborný indestructible, unshakable

neroz|dělitelný inseparable **–dílný** ... (all) alike, obecný universal

nerozezn|ání: *být k ~* be undistinguishable **–atelný** undistinguishable, indiscernible

nerozhodn|ost irresolution, indecision **–ý 1** irresolute, undecided **2** nezávažný immaterial, irrelevant **3** hra drawn (*-ná hra* tie, *~ stav* draw) ♦ *být ~* be in two minds, not to know one's own mind, o hře be a draw

nerozlučný inseparable

nerozluštitelný undecipherable

nerozpustný insoluble

nerozum 1 imprudence, preposterousness, foolishness **2** skutek folly **–ný** imprudent, preposterous, foolish, silly

nerozvážn|ost imprudence, indiscretion, precipitation **–ý** imprudent, thoughtless, indiscreet

nerušený undisturbed, untroubled

nerv nerve ♦ *jde mi to na -vy* it gets on / rides my nerves **–ák** hovor. nerveracking situation, film, hra cliff hanger, thriller **–ový** nervous **–óza** the nerves, pl, odb. neurosis **–ozita** nervousness **–ózní** nervy, highly strung, nervous, fidgety, trpící -ózou nervy **–stvo** nervous system

neřád 1 nuisance, beastly mess, odpadky rubbish **2** osoba n. zvíře beast, bastard **–ný** nasty, wretched **–stvo** wretchedness

neřest vice, depravity **–ný** depraved, lecherous, vicious

neřešitelný unsolvable

ne|říkající: *nic ~* non-commital **–řku-li** not to say

nesamostatný dependent, nepůvodní not original

nesčet|ně(krát) = *nesčísl|ně(krát)* times without number **–ný** numberless, innumerable, countless

nesdílný uncommunicative

neshod|a disagreement, rozpor variance; jen mezi lidmi dissension, difference (of opinion), spor dispute **–ný** different

neschopn|ost inability, pro subjektivní zábrany, nedostatky incapacity (for a t.), nedostatek předpokladů incapability **–ý** unable, incapable (of -ing), unqualified

ne|schůdný, –sjízdný impracticable, impassable

neskladný unstorable, pro velikost bulky

neskonalý infinite

neskromn|ost immodesty, presumption **–ý** immodest, presumptuous; nemírný unreasonable

(e.g. demand, claim)

neskrývaný unconcealed, open

neskutečn|ost unreality **–ý** unreal, imaginary

neslaný unsalted ♦ ~ *nemastný* wishy-washy

neslavný inglorious, hanebný infamous

neslučiteln|ost incompatibility **–ý** incompatible

neslušn|ost indecency, impropriety, rudeness **–ý** indecent, improper

ne|slýchaný unheard-of **–slyšitelný** inaudible

nesmazatelný ineffaceable

nesměl|ost diffidence, shyness **–ý** diffident, shy

nesmírn|ost immensity **–ý** immense, vast

nesmiřiteln|ost irreconcilability, implacability **–ý** irreconcilable, implacable

nesmlouvav|ost intransigence **–ý** intransigent, uncompromising

nesmrteln|ost immortality **–ý** immortal

nesmysl nonsense (bez pl), hovor. rubbish, bez pl, absurdity **–nost** nonsensicality, absurdity, senselessness **–ný** nonsensical, absurd, senseless

nesnadn|ost difficulty **–ý** uneasy, difficult, co připadá těžké arduous

nesnášenliv|ost intolerance, illiberality **–ý** intolerant, illiberal

nesnáz difficulty, trouble; tíseň distress (jen sg); **–ze**, též predicament, plight, námitky fuss, rozpaky embarrassment

nesnesitelný pro odpornost intolerable, pro tíži a nesnáz unbearable, pro dlouhé trvání unendurable, co třeba zavrhnout insufferable

nesobecký unselfish

nesoudržný incoherent

nesouhlas dissent (s from), disagreement, disapproval (s to) **–ný** dissentient, disapproving

nesoulad inconsonance, zvuků dissonance, vzájemný, nepříjemný (rozpor) discordance; celkový disharmony

nesouměrnost asymmetry **–ý** unsymmetric(al), asymmetric

nesouměřitelný incommensurable

nesourod|ost incongruity, heterogeneity **–ý** incongruous, heterogeneous

nesoustavn|ý unsystematic, patchy **–ost** unorganizedness

nesoustředěn|ost lack of concentration **–ý** unconcentrated

nesouvisl|ost incoherence, lack of method, discontinuity, desultoriness **–ý** incoherent, discontinuous, na přeskáčku desultory, a to podle potřeby discursive, digressive, rambling

nespav|ost sleeplessness, odb. insomnia **–ý** insomnious, sleepless

nespisovný non-literary

nesplnitelný unrealizable

nespočet countless numbers, pl

nespojitý disconnected

nespokojen|ec malcontent **–ost** discontent, dissatisfaction, displeasure **–ý** discontented, ne dost uspokojený dissatisfied, plný nelibosti displeased

nespolečenský unsociable

nespolehliv|ost unreliability, untrustworthiness **–ý** unreliable, untrustworthy

nesporný indisputable, undisputed

nesportovní unsportsmanlike

nespořádan|ost disorder **–ý** disorderly

nespoutaný unfettered, unchained, kniž. untrammelled, unrestrained, unbridled, uncurbed

nespravedl|ivost = *-nost* **–ivý** unjust, unfair **–nost** injustice, unfairness

nesprávn|ost incorrectness, proti předpisům irregularity **–ý** incorrect, wrong; foul, irregular **–ě** často mis- u sloves

nesrovna|lost discrepancy, inconsistency **–lý** inconsistent, discrepant; **–le** incomparably **–telný** incomparable

nesrozumiteln|ost unintelligibility, obscurity **–ý** unintelligible, obscure

nést 1 carry, sem bring*, tam take*, na sobě, břemeno, významně bear* **2** podpírat bear*, support, vztyčovat raise, bez vztyčování lift **3** plod bear*, vejce lay*, jakoby neochotně yield; vyplácet se pay **4** střílet bear*, o dosahu... have a range of... **5** kartu play ♦ ~ následky take* the consequences; ~ s sebou bring* along, nutně necessitate, v zápětí entail ~ se **1** postupovat proceed, sem come*, letět fly* **2** o držení těla carry o.s., bear* o.s., vykračovat si go* about strut

nestál|ost inconstancy, unsteadiness, instability; intermittence **–ý** inconstant, unsteady, unstable, vrtkavý fickle; přerušovaný intermittent

nestatečn|ost lack of courage **–ý** feeble, not courageous enough

nestejn|oměrný uneven **–ost** inequality **–ý** unequal

nestoudn|ost impudence, lip, insolence, cheek(iness) **–ý** impudent, shameless, troufalý brazen, insolent, hovor. cheeky

nestrann|ost impartiality, fairness **–ý** impartial, fair

nestravitelný indigestible

nestrojený unaffected, natural

nestřežený unguarded; v -ném okamžiku unawares

nestřídm|ost intemperance, overindulgence **–ý** intemperate, immoderate

nestvůr|a monster, freak **–nost** monstrosity **–ný** monstrous

nestydatý 1 shameless **2** = nestoudný

nesvár discord, dissension

nesvědomit|ost unscrupulousness **–ý** unscrupulous, unconscientious, negligent

nesvéprávný nezletilý minor, under-

age; pro duševní poruchu insane, irresponsible

nesvobod|a lack of freedom, bondage **–ný** unfree

nesvorn|ost discord, disagreement **–ý** discordant, disagreeing

nesvůj: být, cítit se ~ be / feel* out of humour / ill at ease / out of place

nesympatický disagreeable, not likable / appealing to a p., repulsive, arousing dislike; unattractive, uninviting

nešetrn|ost neglect, non-observance, inconsideration, wastefulness **–ý** wasteful, bezohledný inconsiderate

neškodný harmless, innocuous

nešlechetný base, low, vile, mean

nešťastn|ík unfortunate **–ý 1** plný pocitu neštěstí unhappy **2** ze zlé náhody unlucky, unfortunate, sužovaný miserable, wretched **3** katastrofální disastrous, žalostný lamentable ♦ -ná náhoda bad / ill luck, misfortune

neštěstí 1 pocit unhappiness **2** smůla bad / ill luck, misfortune, soužení misery, wretchedness **3** katastrofa disaster, pohroma calamity, nehoda accident

neštovice small-pox ♦ důlek od -ic pock-mark; plané ~ chicken-pox

nešvar abuse, nuisance

netajený unconcealed, open, frank

netaktn|í tactless **–ost** tactlessness

netečn|ost indifference, listlessness, callousness, unconcern, indolence **–ý** indifferent, znuděný listless, nereagující apathetic, v práci indolent, citově otrlý callous, nemající zájem unconcerned

neteř niece

netoliko = nejen

netopýr bat

netrpěliv|ost impatience **–ý** impatient

netřeba no need, needless

netušený unsuspected, never-thought-of

netvor monster

netýkavka 1 bot. touch-me-not **2** wet blanket, sour-puss

netypický untypical, unrepresentative

ne|úcta disrespect, flippancy, irreverence **–uctivý** disrespectful, flippant, irreverent

neúčast absence, non-participation (*při, na* in) **–ný** absent, nonparticipating

neučený unlearned, unlettered

neúčin|livý unhelpful **–nost** inefficacy, futility **–ný** ineffective, selhávající futile

neudržitelný unmaintainable, nemožný impossible

neuhasitelný inextinguishable, unquenchable

neuhlazený unrefined

neúhledný kniž. uncomely, nevzhledný unseemly

neukázněný undisciplined, disorderly, unruly

neukojitelný inappeasable

neumdlévající untiring

neumělý artless, primitive, unsophisticated

neúměrný disproportionate

neúmorný indefatigable

neúmyslný unintended, unintentional

neúnavný untiring, tireless, unwearying

neúnosný 1 nesnesitelný unbearable **2** neobhajitelný unjustifiable, protože bez užitku unremunerative **3** = neproveditelný

neúplatný incorruptible

neúpln|ost incompleteness, deficiency **–ý** incomplete, mající manko deficient

neuposlechnutí disobedience

neupotřebitelný = nepoužitelný

neúprosný inexorable

neupřímn|ost insincerity **–ý** insincere

neuralgie neuralgia

neurčit|elný indeterminable, undefinable **–ost** indefiniteness, indeterminateness **–ý** indefinite, undetermined, indeterminate ♦ ~ způsob infinitive

neúrod|a bad / poor crop **–nost** barrenness, infertility **–ný** barren, infertile, doba... of a bad crop

neuropsychický neuropsychic

neuróza = nervóza

neurovnaný confused, irregular

neurozený base-born, ... of humble birth

neurval|ost loutishness, rowdyism **–ý** loutish, vicious, rowdy(ish)

neuskutečnitelný unrealizable

neúspě|ch failure, na cestě vpřed set-back, porážka reverse, nevytvoření žádoucího miscarriage, kniž. abortion **–šný** unsuccessful, bez plodů abortive, fruitless

neuspokojivý unsatisfactory

neuspořádaný disarranged, confused

neustálen|ost instability **–ý** unstable, unsettled, fluctuating

neustálý incessant, unceasing, continuous, nepolevující unremitting; *-le* all the time (se slovesem pomocí keep* -ing)

neústavní unconstitutional

neústrojný inorganic

neústupn|ost unyieldingness, inflexibility **–ý** unyielding, inflexible

neutěšený disconsolate, cheerless, gloomy

neútěšný dismal

neutr|alita neutrality **–ální** neutral

neutuchající undying, persistent, incessant

neuvážlivý rash, precipitate, hasty, ill-advised, ill judged

neuvědomněl|ost unawareness, společenská unconsciousness **–ý** instinctive, intuitive, společensky unconscious

neuvěřitelný incredible, unbelievable, inconceivable

neuznalý unappreciative (*vůči* of),

insensible
neužitečný = *neprospěšný*
nevábný unalluring, unattractive, unprepossessing
nevadnoucí unfading, unwithering
nevalný poor, mediocre, slim, scanty, slender; kvalitně shabby
nevázan|ost dissoluteness, licence, libertinism **-ý 1** dissolute, loose, licentious, libertine **2** kniha unbound **3** řeč plain **4** nepodmíněný unconditioned
nevážn|ost = *neúcta* **-ý 1** veselý gay **2** podceňující depreciatory, až k zesměšnění belittling
nevčasný untimely, unseasonable
nevděčn|ík ungrateful man* **-ost** ingratitude **-ý** ungrateful, též úkol thankless
nevděk = *nevděčnost*
nevědecký unscientific, unscholarly
nevědom|ky unknowingly, unconsciously, unaweres **-ost** ignorance **-ý** ignorant, nevzdělaný illiterate, uneducated, unlettered
nevel|ice = *nepříliš* **-(i)ký** rather small, no great
nevěr|a 1 nedostatek víry unbelief **2** = **-nost** infidelity, unfaithfulness, faithlessness, disloyalty, falsehood **-ný** unfaithful, faithless, disloyal, false **-ohodný** untrustworthy, nespolehlivý unreliable, neodpovídající skutečnosti spurious
neveřejný closed, o sdělení apod. inside, private
nevěřící unbelieving, pohanský infidel, nedůvěřivý increduous ♦ ~ *Tomáš* doubting Thomas
neveselý cheerless, dismal
nevěst|a 1 bride **2** snacha daughter-in-law **3** děvče (marriageable) girl, snoubenka fiancée **-inec** brothel, house* of ill fame / repute **-ka** kniž. harlot, prostitute
nevhod at the wrong / an inconvenient time **-nost** inconvenience, unfitness, unsuitability, impropriety **-ný** inconvenient, unfitting,

unsuitable, časově untimely, inopportune, odsuzovaný zdravým úsudkem improper
nevíd|áno well, well, nevadí never mind **-aný** singular, unprecedented
neviditeln|ost invisibility **-ý** invisible
nevidomý blind, nevidoucí unseeing
nevi|na innocence **-ňátko** innocent (child*) **-nost 1** = *nevina* **2** panny chastity, purity, virginity **-nný 1** innocent (*čím* of), netrestatelný not guilty, blameless **2** čistý pure, chaste ♦ *uznat* -ným soudce acquit a p. **-ňoučký** lamblike
nevíra 1 disbelief (*k* / *vůči* in a t., of a t. / p.) **2** = *nevěra* ♦ *být k* -*ře* be incredible / unbelievable
nevítaný unwelcome, nežádoucí uncalled-for
nevkus bad taste **-ný** tasteless, ...in bad taste
nevlastní secondary, s příbuzenskými jmény step-, foster-
nevlídn|ost unkindliness zachmuřený sullen, počasí též harsh, unkindly, unfriendly
nevměšování non-interference, non-intervention
nevodi|č non-conductor **-vý** non-conducting
nevoj|ácký unsoldierly **-enský** nonmilitary
nevol|e indignation **-nictví** villeinage, serfdom **-ník** serf **-no:** *je mi ~* I am / feel* uncomfortable / ill at ease / uneasy, od žaludku I feel* sick, obecně... queer, out of sorts, indisposed, unwell **-nost** discomfort, uncomfortableness, indisposition, uneasiness
nevraži|t *na koho* bear* a p. a grudge **-vost** grudge, zloba malice, zášť spite **-vý** grudging, malicious, spiteful
nevrl|ost irritability, short temper, testiness **-ý** irritable, surly, illhumoured, testy, cross, huffish
nevšední uncommon

nevšímav|ost unconcern **–ý** unconcerned, aloof

nevtipný dull, slow

nevtíravý unobtrusive

nevůle ill will, malevolence; = *nevole*

nevybíravý 1 not fastidious, indiscriminate **2** bezohledný unscrupulous

nevýbojný non-aggressive, pacific

nevybraný unrefined, coarse, bezohledný unscrupulous, společensky nemožný uncouth

nevybroušený unrefined

nevyčerpatelný inexhaustible

nevýdělečný unprofitable

nevyhnutelný unavoidable, inevitable, inescapable

nevýhoda disadvantage, drawback ♦ *být v -dě před kým* have the disadvantage of a p.

nevyhovující inconvenient, incongenial

nevychovan|ost ill breeding **–ý** ill-bred, ill-mannered

nevyjádřitelný inexpressible

nevyjasněný hazy, vague; unexplained

nevýkonný inefficient

nevykořenitelný ineradicable

nevyléčitelný incurable

nevylíčitelný indescribable

nevymezitelný indefinable

nevýmluvný ineloquent

nevynalézavý unresourceful, uninventive

nevýnosný unprofitable, profitless, gainless, unproductive

nevyplacený unpaid, not handed over; pošt. postage-unpaid

nevypočitatelný incalculable

nevýrazný inexpressive

nevyrovna|ný unbalanced, unpoised, účet unsettled **–telný** unparalleled

ne|vyslovený unmentioned, tacit **–vyslovitelný** unpronounceable, v dané chvíli unmentionable = *nevyjádřitelný;* = **–výslovný** unspeakable

nevysoký not very high

nevyspalý sleepy

nevyspěl|ost immaturity **–ý** immature

nevystižitelný inexpressible, indefinable

nevysvětlitelný inexplicable, unaccountable

nevysychající ever-fresh, evergreen

nevytříbený unrefined

nevyvinutý undeveloped, nedokonale vyvinutý under-developed

nevyvratitelný undisprovable, irrefutable, incontrovertible

nevyzkoumatelný unexplorable

nevýzna|čný inconspicuous **–mný** insignificant, inconsequential, immaterial

nevyzpytatelný inscrutable, unfathomable

nevzdělan|ec uneducated person, illiterate, Philistine **–ost** lack of education, illiteracy, Philistinism **–ý** uneducated, illiterate, uncultured

nevzhledn|ost plainness **–ý** ungainly, plain, unseemly

nezábavný tedious, boring

nezadatelný inalienable, vested

nezadržitelný unarrestable; **–ně** without restraint

nezahalený open, unveiled, undisguised

nezachytitelný prchavý fleet

nezainteresovaný unconcerned

ne|zájem lack of interest, unconcern **–zajímavý** uninteresting, flat, banal, trite, dry (as dust), dull

nezákonn|ost unlawfulness, illegality, illegitimacy **–ý** unlawful, illegal, illicit, neuznávaný za platný illegitimate

nezakrytý = *nepokrytý*

nezáludný single-minded, straightforward

nezaměnitelný uninterchangeable

nezaměstnan|ost unemployment **–ý** unemployed, workless, jobless ♦ být ~ be out of work

nezámožný without a fortune

nezamýšlený unintended

nezapamatovatelný impossible to remember

nezapomenutelný unforgettable, never-to-be-forgotten

nezaručený unwarranted, nepotvrzený unconfirmed

nezasloužený undeserved, unmerited

nezastřený = *nepokrytý*

nezasvěcený uninitiated, lay

nezaujat|ost freedom from prejudice / bias **-ý** unprejudiced, unbias(s)ed, disinterested, open--minded

nezávadný unexceptionable, unobjectionable

nezávazný not binding, odpověď non-committal

nezávažný irrelevant, insignificant

nezaviněný accidental, fortuitous, casual

nezávisl|ost independence (*na* of) **-ý** independent (*na* of)

nezáživný arid, dull, dryasdust

nezbed|a a naughty boy, urchin **-nost** naughtiness, mischief **-ný** naughty, mischievous

nezbytn|ost necessity **-ý** inevitable, necessary, essential ♦ **-ě** *potřebovat* need a t. badly, be in bad need of a t.

nezdanitelný tax-free, exempt from taxation

nezdar failure, set-back

ne|zdárný reprobate **-zdařilý** = *nepodařený*

nezdoba = *nešvar, nezbednost*

nezdolný indomitable, invincible, překážka insurmountable, insuperable

nezdravý 1 nemající zdraví unhealthy, unwholesome **2** nepřispívající k zdraví unhealthy, am. unhealthful, naprosto unwholesome **3** bez zdravého jádra unsound

nezdrženlivý incontinent

nezdvoř|ák impolite person **-ilost** incivility, impoliteness, rudeness **-ilý** uncivil, impolite, rude

nezemský unearthly, unworldly

nezhojitelný unhealable

nezhoubný med. benign

nezišt|nost unselfishness, disinterestedness **-ný** unselfish, disinterested

nezjistitelný uncertainable, kdo / co je ~ unidentifiable

nezkalený untroubled, unclouded

nezkažený pure, unspoilt, ani trochu unimpaired, untainted

nezkro|cený untamed, uncurbed, unbridled **-tný** wild, intractable, ungovernable, neukázněný unruly

nezkušen|ost inexperience **-ý** inexperienced

nezletil|ec minor **-ost** minority, nonage **-ý** minor, under-age

nezlom(itel)ný unbreakable, robust; povahou sturdy, inflexible, firm

nezměnitelný unchangeable, unalterable

nezměrný immeasurable; = *nesmírný*

neznaboh atheist, godless person

neznal|ost ignorance (*čeho* of), unfamiliarity (with) **-ý** ignorant (*čeho* of), unacquainted (with), důvěrně unfamiliar (with)

neznám|o the unknown ♦ *výlet do -a* mystery tour / trip **-ý** unknown (*komu* to), ne důvěrně známý unfamiliar, v daném prostředí strange

neznatelný imperceptible

nezničitelný indestructible

nezodpověd|itelný unanswerable **-nost, -ný** = *neodpovědný*

nezpěvný unmelodious

nezpůsob bad habit **-ilost** inability, incompetence, lack of qualification **-ilý** unable, incompetent, unqualified **-nost** unmannerliness, ill breeding, rudeness **-ný** unmannerly

nezral|ost unripeness, nedozrálost immaturity **–ý** unripe, nedozrálý immature

nezraniteln|ost invulnerability **–ý** invulnerable

nezřetelný indistinct

nezřídka not unfrequently

nezřízený inordinate, irregular, erratic, dissolute

neztenčený undiminished

nezúčastněn|ost disinterest(edness) **–ý** disinterested; unaligned, non-committed

nezúročitelný non-interest-bearing, interest-free

nezužitkovatelný unutilizable

nezvaný unbidden, uninvited

nezvažitelný imponderable

nezvedený unruly

nezvěstný missing, unaccounted (-for)

nezvládnutelný ungovernable, uncontrollable, unmanageable

nezvrat|itelný irreversible **–ný** conclusive, irrevocable

nezvyk novel feeling, novelty **–lost** novelty, uncommonness **–lý** unaccustomed, unused (čemu to), unwonted; = *neobvyklý, neobyčejný*

než 1 po komp., po other, else a rather: than (*jiný ~* other than = different from), po lat. komp. na *–or*: to (superior to...) **2** po záporu = *kromě, tak vždy;* po záp. zájmenu but: nothing but..., nobody but..., except for... **3** čas *dříve* = before; (*mezitím* = by the time (that)); na začátku věty před následujícím *již / už* apod. je zpravidla no sooner + obrácený slovosled – than... (No sooner had we reached the hut, than it began to rain) **4** *než aby: raději předstíral, že...*, *než aby nás přijal* he pretended... rather than (to) receive us = instead of receiving us he pretended... **5** *než (a)by:* po příliš, tuze, moc: to s inf. (it's too hot to work) ♦ *nejiný... než*, no other... than...; *měl bys raději... než...* you had better

+ inf + instead of -ing

nežádoucí undesirable, uncalled--for, unadvisable

nežalovatelný 1 osoba not indictable **2** čím not actionable

neženatý single, unmarried

nežit boil, furuncle

neživ|otný inanimate **–ý** lifeless

nežli = *než*

něžn|ost tenderness, delicacy; projev -ti caress, slovy endearment, lichocením blandishment **–ý** tender, slender, delicate; laskající caressing ♦ *-né pohlaví* fair sex

nic nothing, po záporu anything; *o ~ -ější* no -er, v důsledku toho none the -er ♦ *není ti ~?* is anything the matter with you?; *~ nedbám* I do not care (if...); *to ~ nedělá = nevadí; nedá se ~ dělat* nothing doing; *být k ničemu* be good for nothing; *~ nenamítat* not to object; *ničehož ~* absolutely nothing; *na tom ~ nesejde* it doesn't matter, never mind; *o to ~* no fear; *~ naplat = nedá se nic dělat; pro ~ za ~* for no earthly reason; *skoro / téměř ~* hardly anything; *to ~ no harm done; ~ ve srovnání s...* nothing to compare with...; *~ více a ~ méně* neither more nor less; *za ~ na světě* not for worlds; *z ničehož ~* all of a sudden **–méně** nevertheless, notwithstanding, all the same, přece jen yet, still **–ota** nothingness **–otnost** worthlessness, futility, nullity **–otný** worthless, paltry, marný futile

ničem|a rascal, scamp, blackguard **–nost** dirty / nasty trick; frivolity, flimsiness **–ný 1** člověk scamp of a... **2** hodný ničemy rascally, knavish **3** hanebný contemptible

ničí nobody's, po záporu anybody's

niči|t > z– annihilate, wreck, dash, co rostlo, co se budovalo destroy; krásné, hodnotné, nevinné ruin; rozmetat, drtit demolish; srovnat se zemí raze (to the ground / out) **–tel** destroyer, annihilater **–vost** destructiveness **–vý** destructive, ruinous

ni|jak nohow, in no way **–jaký** no sort / kind of... **–kam**, **–kde** nowhere, po záporu anywhere **–kdo** nobody (z urč. osob no one), po záporu anybody (anyone) ♦ *do toho nikomu nic není* it is nobody's business **–kdy** never, po záporu ever, silněji not a single time, dosud never before ♦ *člověk ~ neví* one never knows, you never can tell; *už ~* (znova) never again, no more, (od té doby) no longer (po záp. ever, any)

nikl nickel

nikoli(v) no, far from it, not (*rozdíl jako při* ,*ne'*), not at all

nikotin nicotine

ni|kterak not at all, by no means, in no way **–kudy** (in) no way, po záporu (in) any way

nimra|t se dabble, dawdle **–vý** dabbling

nit yard, stočená a přen. thread ♦ *červená ~*, přen. theme; *viset na -i* hang* by a thread; *ztratit ~* lose the thread (of one's story)

nit|erný inward **–ro** interior, přen. inward nature / mind

niv|elizovat > z– level (out); rovnostářsky equalize **–ó** level

nízk|o low (down), pohyb down; v textu, níže below **–ý 1** low, nízko položený low-lying **2** mrzký base **3** nenáročný humble, sprostý vulgar (*nižší = horší* inferior)

Nizozem|í the Netherlands, pl **n–ský** v. *holandský*

níž|e s: *tlaková ~* low (pressure), depression ● *adv* comp. k *nízko* **–ina** lowlands, pl, low-country **–inný** lowland **–it** > s– lower **–it se** > s– **1** lower o.s.; stávat se nižším grow* lower, o hmotě apod. subside **2** svažovat se slope (down)

nižší v. *nízký*

no 1 ba indeed, certainly, of course **2** na zavolání, též povzbuzení, rozpaky, odpor well **3** konejšivě well well, come come, there there ♦ *~ ne!* well I never!

nobles|a refinement **–ní** refined

noc night ♦ (*po*) *celou ~* all night (long); *pozdě do -i* till late at night; *přes ~* overnight; *svatební ~* wedding night, *v -i* ne ve dne at night, v určitou noc in the night, = *za -i* by night, *ve dne v -i* (by) day and night; *hlídat v -i* keep* night watch; *pozdě v -i* late at night; *zůstat přes ~* stay the night **–leh** night quarters, pl poskytovaný night's lodging, bed, na více dní accommodation ♦ *poskytnout komu ~* take* in a p. for the night, put* up a p. **–lehárna** (common) lodging house*, am. lacinú doss / am. flop house*; dormitory, turistická hostel **–lehovat** = *nocovat* **1 –ležné** lodging fee **–ležník** lodger **–ovat 1** pass / spend* the night **2** být vzhůru stay (*v sedě* sit*) up

noční night-time, zvl. pravidelně za noc nightly, po celou noc overnight, night-long ♦ *~ košile* mužská night shirt, ženská, dětská night dress; *~ stolek* bedside table; *~ život* night life

Noe Noah

noh|a leg, od kotníku dolů a přen. foot* ♦ *dát si -y křížem* cross one's legs; *být na dobré noze* be on good terms; *plochá ~* fallen arches; *půda pod -ama* foothold, footing; *vzít -y na ramena* take* to one's heels; *rovnýma -ama* legs first; *co mu -y stačily* as far as his legs could carry him; jak rychle head over heels; *tahat koho za -u* pull a p.'s leg; *žít na velké noze* live high; *vzhůru -ama* topsy turvy, upside down **–atý** leggy, long-legged **–avice** (trouser-)leg **–sled** hanger-on, henchman*, hanl. running-dog

nom|enklatura nomenclature **–inovat** = *jmenovat*

nonšalan|ce hovor. nonchalance, casualness **–tní** hovor. nonchalant, casual, easygoing

Nor Norwegian **–sko** Norway **norský** Norwegian

nora burrow, lair

norm|a 1 norm, standard **2** předpis regulation **–ál** normal, mean **–alizace** normalization **–alizovat** normalize, standardize **–ální** normal **–ativní** prescriptive, directive **–ovač** norm setter **–ovat** set* the norm for a t ., prescribe, regulate

nos 1 nose **2** tušení hunch **3** důtka wigging ♦ *nejít komu pod ~* not to be to one's liking; *ohrnovat ~ nad čím* turn up one's nose at a t.; *přímo před -em* under one's very nose, in a p.'s face; *strkat ~ do čeho* poke one's nose into a t.; *vodit koho za ~* lead* a p. by the nose; *jít rovnou za -em* follow one's nose **–atý** nosy, big-nosed

nos|ič porter; v průvodu apod. bearer, v dokách stevedore **–it** carry (about), při sobě carry about / on one; na sobě wear*; srov. nést ♦ *~ dříví do lesa* carry coals to New Castle; *~ smutek* be in mourning; *~ na stůl* serve, bring* in **–itel** bearer **–ítka**, pl nosidlo sedan chair, lehátkové litter, nemocniční stretcher; máry bier, sg

nosní nasal; *~ dírka* nostril

nosn|ík stav. transom, truss, trám (cross-)beam **–ost** bearing, dopravního prostředku carrying capacity, v dopravě též maximum load, loading limit; lodi (v prostorových jednotkách) tonnage, burden **–ý** carrying, bearing podpěrný supporting ♦ *-á raketa* carrier rocket, *urychlovací* booster; *-á vlna* carrier wave

noso|rožec zool. rhino(ceros) **–vý** nasal

nota note, tón tone; nápěv tune; **–ty** tiskovina music, sg ♦ *hrát komu do -ty* suit a p.

nóta diplomatická note

notabene mind / mark you, what's more

not|ář 1 notary (public) **2** univerzitní registrar and secretary **–ářský** notarial **–ářství** notary's office **–es** diary, note-book

notný hmotně bulky, časově long, jadrný sound, důkladný hearty, značný considerable

notorický notorious, nezměnitelný confirmed

not|ovat > **za–** chant, tune (up); komu agree with a p. (*v* on) **–ový** music (e.g. paper) **–ýsek** v. *notes*

nouz|e 1 tíseň (di)stress, hovor. pinch (*v -i* at a pinch), exigency; mimořádný stav emergency **2** osobní indigence, peněžní penury **3** velký nedostatek need, want, dearth ♦ *je / není ~ o co* (goods) are (not) so few and far between; *být v -i* be destitute; *bída s -i* abject poverty; *z ~* of / from necessity; *z ~ ctnost* a blessing from a curse, something from nothing **–ový** emergency (e.g. stairs, landing field), dočasný provisional, temporary; volající o pomoc (... of) distress (e.g. call, signal) ♦ *-ové přistání* emergency / forced landing, na moři ditching; *~ východ* emergency exit, (fire) escape

nov|áček novice, tyro*; zelenáč greenhorn, voj. recruit, hovor. rookie **–átor** innovator **–ě** newly, nedávno lately, recently; znovu anew **–ela 1** novella, nouvelle, long short-story **2** zákona amendment **–elizovat** práv. amend **–ina** news, sg (bez pl) kníž. intelligence (bez pl), jednotlivá a piece of news / intelligence; **–iny** (news)paper, sg (vícero **–in** -ers), všechny v zemi press, sg ♦ *úřední -iny* gazette; *výstřižek z -in* newspaper cutting, am. clipping **–inář** journalist, newspaperman*, pressman* (**-ři**, pl the press, pl) **–inářský** journalists'; (news)paper (e.g. article) **–inář–**

ství journalism **–inka 1** něco nebývalého novelty **2** sdělení, zpráva = *-ina* **-inový** news(paper); = *-inářský* ♦ ~ *papír* newsprint

novo|dobý modern **–manžel** newly married man*; *-lé,* pl the (newly married) couple, young marrieds, pl, newly-weds, pl **–manželka** newly married woman* **–módní** new-fangled **–pečený** o člověku bumped-up **–roční** New Year's **–rozeně** new-born baby / child* **–rozený** new-born **–st** novelty, newness, freshness **–stavba** recently erected building, rozestavěná building under construction **–ta** innovation **–tář** novelty-hunter, gimmick-man* **–taření, –tářský** novelty-hunting **–tvar** med. new formation / growth **–věk** modern period / times, pl **–věký** modern

nový 1 new (*komu, pro koho* to a p.), čerstvý fresh; z nedávné doby recent, zcela nový latest; novodobý modern **2** opakovaný repeated, často to slovy s re- (re-introduction apod.) ♦ *zbrusu ~* brand-new; *co je -vého?* what's new? what is the news?; *-vé koření* allspice, pimento; *Nový rok* New Year's Day; *začít -vou stránku* start a fresh page, v životě turn a new leaf; *Nový svět* New World; *jevit se v -vém světle* show* in a new light; *dívat se jako tele na nová vrata* gaze stupidly

nozdra nostril

noží|k pen-knife* **–ř** cutler **–řský** cutler's **–řství** cutlery

nož|ka (little / slender) foot* **–ní** foot

nu = *no*

nucen|í nutkání pressure, sklon tendency, inclination (*k, na* to) **–ost** strojenost affectation, škrobená stiffness **–ý 1** nedobrovolný compulsory **2** vynucený nezbytností compelled, forced (*-é přistání* forced landing, *~ úsměv* forced smile), daný závazkem obliged **3** strojený affected, cramped, constrained škrobený stiff ♦ *-á práce* compulsory / forced / slave labour, trest *-é práce* hard labour, penal servitude (sentence to hard labour)

nud|a 1 tedium, slang. dullsville, z nezájmu boredom, otrávenost ennui **2** nudnost tediousness ♦ *z –y* out of boredom **–it** bore, a tak unavovat weary **–it se** be / feel* bored

nudle noodle, přen. strip, string

nudn|ost tediousness, wearisomeness **–ý** tedious, boring a unavující wearisome, hloupý a všední dull, jednotvárný humdrum; místo n. období uneventful ♦ ~ *člověk* a bore; *-á pasáž* longueur

nukleární nuclear ♦ ~ *fyzika* nuclear physics, nucleonics

nul|a 1 zero, nought, číslice též cipher; nic, též sport. nil, při čtení číslic 0 **2** o člověku a nobody ♦ *nad / pod -ou* above / below zero **–ový** zero

nůše pannier, basket

nut|it > do–, při– force, silně n. z pravomoci compel, (hrozbou) násilím coerce, omezováním constrain, pobízením urge; naléháním press (upon) a p. to inf; (při)mět koho k čemu get* a p. to do a t. **–it** < **v–** komu co force / press a t. upon a p. **–it > vy–** co z koho, na kom force a t. out of a p. **–kat** urge on / forth **–kavý** urgent **–nost** necessity, naléhavost cogency, závaznost obligation **–ný** necessary, **–ně** of necessity ♦ *-ná potřeba* urgent need, urgency

nuz|ný needy, destitute, penurious **–ota 1** penury, complete destitution **2** chudina the poor

nůž knife*, k předkrajování carving-knife*, hovor. carver; ozubený saw-knife*, rybí (fish-)slice, operační scalpel

nuž(e) well (then); = *no*

nůžky (a pair of) scissors, k zastřihování clippers, zahradnické pruning clippers, pl, střihačské shears, pl

nýbrž but

nylon nylon **–ky** nylons

nymfa nymph

nyn|ějšek the present (time, moment, day) ♦ *do -ka* též up to now, until now, so far, as yet, hitherto, *od -ka* též henceforward, henceforth, from this day on(ward), *pro ~* for the time being **–ější** present, this, existing; skutečný actual, současný present-day **–í** now, v současné době nowadays, at present, at the present time

nýt rivet **–ovačka** rivet gun, riveter **–ovat** > **na-**, **při-** rivet (up, on)

O

obezlička buck-passing ♦ *dělat -u* pass the buck

obe|znalý acquainted, familiar with a t. **–známit** < **–znamovat** koho s čím acquaint a p., make* a p. -ed / familiar with a t. **–známit se** < **–znamovat se** acquaint o.s., become* familiar with a t.

obezře|lost, **–tnost** circumspection **–lý**, **–tný** circumspect, cagey, guarded

oběž|ivo money in circulation **–ní** circular, ... of circulation **–nice** planet **–ník** circular **–ný** circulating, rotační rotation, týkající se oběhu... of circulation oběžné dráhy orbital ♦ *-ná dráha* orbit; *-né kolo* rotation wheel

ob|hájce defender, zastánce advocate; z povolání counsel, brit. solicitor, i pro vyšší soudy barrister **–hájit** v. *hájit* **–hajoba 1** defence **2** zástupci obžalovaného counsel **–hajovací...** of / for the defence (řeč statement for the d.) **–hajovat =** *hájit*

obhlíd|ka inspection, examination **–nout** < **obhlížet** inspect, survey, scrutinize, examine **–nout se** po čem (have a) look round (for

a t.)

obhospodařovat cover, control

obhroublý scurrilous, ribald, gross

obcházet v. *obejít*

obchod 1 business, mezinárodní a fin. commerce, vnitrostátní a mezinárodnědopravní trade **2** prodej sale, peddling, hawking, nedovolený traffic **3** prodejna brit. shop, am. store **4** transakce business, deal, obecně job **5** že je obrat the trade **–ní** (...of) business, commercial, ...of commerce, mercantile, (...of) trade ♦ *~ cestující* brit. (commercial) traveller, am. travelling salesman*; *~ čtvrť* shopping centre, business centre / quarter; *~ dohoda* trade agreement; *~ dům* **1** store, shopping centre, am. supermarket, department store **2** firma trading house*; *~ kniha* account book, record of business; *~ komora* Chamber of Commerce; *~ oprávnění* trading licence; *~ příručí* shop assistant, am. store salesman*; *~ rejstřík* companies' register; *~ společnost* (trading) company, am. corporation; *~ značka* trade mark; *~ zplnomocněnec* commercial representative **–nický** business-like, mercantile **–nictvo** tradespeople, pl **–ník** business man*, trader, řidč. merchant, merchandiser, v drobném retailer, dealer (*s* in), ve velkém wholesaler, wholesale dealer, majitel prodejny brit. shopkeeper, am. storekeeper ♦ *~ v malém* retail dealer **–ovat** do* business, s čím deal* in a t., uvádět na trh market a t., mít na skladě handle a t., am. carry a t.; směňováním trade in a t., nedovoleně traffic in a t. **–vedoucí** business manager, am. store manager

obchůzka walk, walk-about, služební round, beat, voj. patrol, hovor. run

obchv|at outflanking maneuver **–átit** outflank

obíhat 1 circulate **2** v. *oběhnout*

obilí grain; corn

obílit v. *bílit*

obiln|í (... of) grain / corn **-ina** cereal

obinadlo gauze roll / bandage

obírat v. *obrat¹* ~ **se** čím occupy o.s. with a t., myšlenkou entertain (a thought), zálibně toy with (an idea), se zájmem concern o.s. (with), pečlivě apply o.s. (to)

objas|nit < **-ňovat** make* a t. clear / plain, clear up, clarify, elucidate, komu co enlighten a p. on a t., vyložit expound a t.

objedn|ací order **-at** < **-ávat** order, přihláškou book; = *obeslat* **-avatel** buyer, customer **-ávka** order (*na* for), přihláškou booking

objekt object, nemovitý property **-iv** object-lens **-ivistický** objective, nezaujatý též detached **-ivnost** objectivity, impartiality

objem volume, schopnost pojmout capacity, velikost size, bulk **-ný** voluminous, a těžk(opádn)ý bulky

ob|jet < **-jíždět** jako *obejít*

objetí embrace

objev discovery; odhalení revelation, tajeného disclosure **-it** < **-ovat** discover; odhalit reveal, tajené disclose **-it se** < **-ovat se** appear, znenadání turn up, vyskytnout se crop up; časem se objevit develop; vzniknout arise*, come* into existence; = *projevit se* **-itel** discoverer **-itelský...** of a discoverer = **-ný** revealing, ... of discovery

ob|jezdit < **-jíždět 1** koně break* (in) **2** jako *'obejít'*

ob|jím|at v. *obejmout* **-at se 1** držet se v objetí embrace **2** *obejmout se* **-ka** holder, socket

ob|jíž|dět v. *obje(zdí)t* **-ďka** ride, round; v dopravě diversion, kruhová round-about, mimo obec by-pass, oklika detour

ob|kl|ad 1 application, compress **2** stav. facing, casing **-ádat** v. *obložit*

ob|klíčit < **-kličovat** encircle, surround, enclose

obklop|it < **-ovat** surround, úplným sevřením encompass

obkresl|it < **-ovat** copy, na průsvitném papíře trace

obkročmo astride (*na* of), vsedě a-straddle (*na* of) ♦ *sedět* ~ *na* straddle a t.

obl|áček little cloud, bás. cloudlet **-ačno** cloudy weather **-ačný** cloudy **-ak** (light or whitish) cloud; **-aka** = *nebe*

oblamovat v. *oblomit*

oblast region; vymezená area, rozsáhlá tract; svěřená district, svírající bounds, pl. působnosti sphere; území, právem držená o. territory, přen. domain **-ní** regional, district, area; krajský provincial

oblázek pebble, křemínek flint

oblaž|it < **-ovat** fill with joy, gladden, make* a p. happy, gratify, delight

oblb|it < **-ovat** drive* a p. silly, pull wool over a p.'s eyes, stupefy

oblé|ci < **-kat** put* on; koho (dát mu šaty) clothe, (dát ho do šatů) dress, obřadně invest, endue (*do* with) **-ci se** < **-kat se** clothe; do čeho = *obléci co;* do náležitého obleku dress (o.s.)

oblečení = *oblek*, obecně clothing, clothes, oděvy dress, co se nosí wear

obléhání siege

oblehnout < **obléhat** besiege, beleaguer

obl|ek dress, zvl. pánský suit **-ékárna** dressing-room **-ékání** dress(ing) **-ékat (se)** v. *obléci (se)* **-éknout (se)** = *obléci (se)*

ob|letět < **-létávat** fly* round (*mimo* by / past), kroužit circle round **-letovat** koho court

obleva thaw

obležení (state of) siege

obl|iba liking (*čeho* for), projevovaná favour, potěšení pleasure; módní vogue ♦ *být v -bě u koho* be in favour with a p.; *dosáhnout -by* find* favour (*u* with); *všeobecná*

~ popularity; *získat u koho -bu* gain a p.'s favour **–íbenec** favourite **–íbený** obecně popular, favourite, (much-)favoured **–íbit si** < **–ibovat si** take* a fancy / liking to a t., take* a pleasure in a p. / t., fall* for...

obličej face (*do –e* in / to one's face)

obloha = *nebe*

ob|lomit < **–lamovat** bend*, cvikem break* (in)

ob|loudit < **–luzovat** mystify, kouzlem charm; hoodwink a p. into a t., obelstít beguile

oblouk bow, stav. a o struktuře arch, ohyb curve; mostní span; fyz. a geom. arc **–ovitý** bow-shaped, arched **–ový 1** z el. oblouku arc **2** curved, = *-ovitý* **3** klenutý vaulted ♦ *-ové sváření* welding

ob|ložit < **–kládat 1** put* a t. round a p. / t. **2** přiložením apply a t. to a t., k celému povrchu face a t., zevnitř line a t., dřevem panel **3** kuch. přílohou dress, ozdobit garnish ♦ *-žený chlebíček* open sandwich, canapé

oblud|a monster **–ný** monstrous

obluzovat v. *obloudit*

oblý round, postavou rotund; zaoblený rounded

oblýsk|at < **–ávat** make* glossy / shiny; **–aný** glossy, shiny

obměkč|it, **–ovat** mollify, soften, pacify, placate, appease

obmě|na variation, pozměnění alteration, uzpůsobení modification **–nit** < **–ňovat** modify, pozměnit alter **–nit se** < **–ňovat se** alter

obmez|it < **–ovat** = *omezit*

obmykat v. *obemknout*

obnášet 1 amount to **2** v. *obnést*

obnaž|it < **–ovat** lay* bare, uncover, svlečením strip... bare / naked, a vystavit účinkům, zraku expose (a t. to a t.); zvl. přen. bare; zbavit přírodního krytu denude

ob|nést < **–nášet** carry a t. round (*kolem čeho* a t.)

obno|s amount, sum **–sit** wear* (but); **–šený** worn-out, shabby, na nit threadbare

obnov|a restoration, renewel, renovation **–it** < **–ovat** uvedením do původního stavu restore, renew, co zpustlo reclaim, čištěním, opravou, přestavbou renovate

obočí eyebrow (obě -s, pl) ♦ *svraštit* ~ knit the (eye)brows

oboha|tit < **–covat** enrich

obojaký double-dealing

obojek (dog) collar

obojetn|ost 1 dvojvýznamnost ambiguity **2** přetvařování hypocrisy, dissembling, opatrnictví non-committal attitude **–ý** ambiguous, hypocritical, dissembling, opatrnický non-committal

oboj|í both **–živelník** amphibian **–živelný** amphibious

obor branch, line, sphere, působnost province, field of activity, division, sector, department **–a** (game) preserve, deer park, enclosure

oboř|it se < **–ovat se** thunder (*na* at), be gruff with a t.

obou|smě\rný two-way **–stranný** bilateral; vzájemný mutual; použitelný po obou stranách reversible

obou|t < **–vat** put* on, koho shoe* **–t se** < **–vat se** put* on shoes / boots, přen. *do koho* give* a p. (a piece of) one's mind

obr giant, škaredý ogre

obrábě|cí working, shaping ♦ ~ *stroj* machine tool **–t** shape, work, machine

obrácen|ě conversely, hovor. the other way round **–ý** turned-up; co do platnosti converse, opačný inverse, rubový reverse; vzhůru nohama upside-down, topsy-turvy

obracet (se) v. *obrátit (se)*

obrana defence, soudní též plea

obránce defender, sport. back

obran|ný defensive, (... of) defence **–yschopnost** striking power

obrat[1] < **obírat** co clear a t. (*z čeho*

of); drůbež, pocestného pluck, člověka o peníze fleece / skin / pluck, ptáka, kost pick

obr|at² s **1** turn, zvrat reversal **2** obchodní turn-over **3** úsloví idiom, fráze phrase, turn of phrase, (*-tem* in no time, *-tem pošty* by return (od post) *-tem ruky* most dexterously) ♦ *bod -u* turning point; *daň z -u* turnover tax; *vzít ~ k lepšímu* take* a turn for the better **–atel** vertebra (pl -brae) **–átit** < **–acet 1** turn (up, down, round, over, about, back) **2** měnit v co turn a t. (*v* in), na víru convert (*na* to) ♦ *~ do sebe sklenici* toss back / off a glass; *~ jinam* deflect, *odvrátit* divert; *~ kroky* divert, turn one's step; *~ list* turn a new leaf, začít o jiném change the subject; *~ nohama vzhůru* turn upside down; *~ čí pozornost* draw* one's attention to a t.; *~ naruby* turn inside out; *~ na útěk* turn to flight; *~ co v niveč* turn a t. to nought; *~ co v žert* turn a t. to joke **–átit se** < **–acet se 1** jako *obrátit 1* **2** měnit se v co turn to a t. (*k lepšímu* change for the better) **3** ke komu turn to a p., na koho, proti komu turn on a p., against a p., ke komu, na koho o co apply to a p. (for a t.), s odvoláním referer to a p., oslovit někoho address a p. **4** změnit směr change course, turn **5** na víru be converted ♦ *karta se -tila* a person's fortune has changed, the wind has changed; *~ oči v sloup* glaze over, turn stark; *~ se na špatnou adresu* bark up the wrong tree; *~ se v niveč* turn to nothing; *~ se zády ke komu* turn one's back upon a p.; *žaludek se mi z toho obrací* it turns my stomach **–átka** turn(ing), kola, stroje revolution, hovor. rev ♦ *jít do -tek* rev **–atlovec** vertebrate **–atník** tropic **–atnost** dexterity, deftness, adroitness **–atný** dexterous, lehký a jistý v práci deft, skillful, schopný rychle reagovat

adroit **–atová** *daň* turn-over tax

obraz picture, malovaný též painting, živý tableau; obecně, cokoli odráží vnější svět image; vypodobnění likeness, portrait; postava, ozdoba v řeči figure, co se naskýtá zraku sight, oddíl hry scene ♦ *k svému -u* in one's own image; *skýtat smutný ~* present a sad picture; *~ zkázy* picture of ruin / destruction **–árna** picture / art gallery **–ec** figure

obrázek picture, ilustrace illustration; reprodukce, fot. kopie print ♦ *byla jako ~* she was an eyeful of a girl, a real dolly

ob|razit < **–rážet 1** reflect **2** pohmoždit si bruise (*palec, prst* u nohy stub one's toe) *~* < **z–** depict **–razivost** imagination **–razivý** imaginative

obrázkový pictorial, illustrated ♦ *-vá kniha* picture book

obrazn|ost 1 symbolic character, plnost ozdob figurativeness **2** = obrazivost **–ý** symbolic(al), figurative, metaphoric(al), *-ě řečeno* to put it metaphorically, figuratively speaking

obrazotvorn|ost = obrazivost **–ý** = obrazivý

obrazov|ka (television) screen, elektronka picture / receiver / cathoderay tube, CRT **–ý** pictorial; = obrázkový

obrážet v. obrazit *~ se* v čem reflect (up)on a t., světelným odrazem be reflected (in, (up)on)

obrna paralysis (pl -ses) ♦ *dětská ~* polio(myelitis), infantile paralysis

obrn|ěnec ironclad **–ěný** armour(ed), armourclad, též přen. ironclad **–it** < obrňovat armour, opevnit fortify **–it se** nerve o.s. (*na* for)

obrod|a revival, posílením regeneration; převod re-birth, renascence, v umění renaissance **–it** < obrozovat revive, regenerate; *obrození* = obroda **–ný**... of revival, reviving, (re-)vitalizing

obrostlý grown-over, overgrown

ob|roubit < **–rubovat** edge, ve větší šířce border, k ochraně rim

obroučka ring, širší band, ochranná rim, ozdobná fillet

obrousit < **obrušovat** grind* off, rub off, smooth down, wear* (out); přen. společensky polish, refine

obrov|itost gigantic size **–itý, –ský** gigantic, colossal, stupendous

obroz|enec revivalist **–enectví** Revivalist period **–ení** Revival, oživení renaissance **–enský** (... of) revival, revivalist **–ovat** v. obrodit

obrtlík otočná uzávěrka lever, otočný čep swivel

obrub|a border, začištění kraje edge, edging, založením hem, krajkou lacing; obroučka rim; chodníku kerb / curb(-stone) **–ovat** v. obroubit

obruč sudu hoop, kola tire

obrůst < **–at 1** co row* over a t. **2** čím get* covered with a t., přen. clothe in a t. ♦ ~ sádlem become* plump

obrušovat v. obrousit

obrys outline, contour ♦ v hrubých -ech in rough outline

obrý|t < **–vat** dig* round

obřad ceremony, předepsaný rite **–ný** ceremonial, dress, parádní, zvl. při stát. ceremoniích state **–nost** ceremoniousness, -mony **–ný 1** konání ceremonial **2** člověk ceremonious

obřez|at < **–ávat** trim (round), med. circumcise

ob|sadit < **–sazovat 1** occupy; převzít take*, vniknutím invade, zaměstnat, zadat, zabrat engage **2** vybavit personálem staff, zvl. loď posádkou man, roli, hru cast*; -sazeno full (up) inside, linka engaged, am. bus, zamluveno reserved ♦ plně ~ fill (to capacity)

obsah 1 co je uvnitř contents, pl, plošný area, objem volume **2** co se tam vejde content, capacity **3** o co jde subject, v povídce argument, plot, téma (subject-)matter ♦ stručný ~

summary

obsáh|lý rozsáhlý extensive; zahrnující mnohé comprehensive, široký broad, objemný voluminous **–nout 1** prsty span **2** přen. comprehend, zahrnout embrace, složky comprise, mít v sobě involve, embody ♦ být obsažen be contained (v in), mimo jiné be included (v in), v obsahu pojmu be involved (v in)

obsahovat contain, hold*, mimo jiné include

obsazovat v. obsadit

obsažný comprehensive, má závažnou podstatu substantial; být stručný compendious; = hutný, objemný

observatoř observatory

obsílka (writ of) summons, sg. pod trestem subpoena

obskakovat koho dance attendance (up)on a p., wait on a p.

ob|sloužit < **–sluhovat** attend, be in attendance, wait on a p., serve a p. **–sluha 1** attendance (up)on a p., service **2** personál staff, jednotlivec attendant, stroje tender(-s, pl) **–sluhovat** stroj, zvíře, rostliny tend, přístroj attend; údržbou service; řídit operate; v. obsloužit

obstarat < **–ávat 1** dohlédnout a zařídit see* to it that..., attend to a t. **2** provádět povinnou péči attend to a p., stroj, zvíře, rostliny tend; převzít do péče take* charge of **3** = commission agent, aktivizér canvasser

obstát < **–vat 1** hold* out, hold one's ground, am. go* through with a t. **2** obstát s kým get* along with a p. ♦ ~ ve zkoušce pass an exam, přen. stand* the test / proof

obstavit < **–ovat 1** attach, částku freeze*, a vzít k sobě impond **2** hlídkami picket

obstojný tolerable, passable

ob|stoupit < **–stupovat** jako "obklopit"

obsypat < **–ávat** strew round, pokrýt cover, něčím drobným besprinkle, obalit envelop

obšírný extensive, jdoucí do podrobností circumstantial, detailed hojný copious

obšít < –vat 1 pošít cover 2 = *obroubit*

obšlápnout *si to u koho* hovor. get* a p. on a p's side, win a p. over, secure a p's favour

obšťast|nit < –**ňovat** make* a p. happy; = *obdařit*

obtáčet v. *obtočit*

ob|tah pull, jeho provedení na papíře proof –**táhnout** < –**tahovat** 1 obrys trace 2 nabrousit hone, na řemeni strop 3 polygr. pull, take* off

obtančit dance round

ob|téci < –**kat** flow round

obtěž|kat < –**kávat** 1 způsobit těhotenství make* / render... pregnant, odb. impregnate 2 = *zatěžkat* –**ovat** trouble, bother, inconvenience; nevhodnými návrhy importune a p., a oslovit accost, am. solicit –**ovat se** kam trouble (to a place)

obtisk transfer –**nout** < –**ovat** copy, transfer

obtíž 1 co je nevhod inconvenience 2 = *nesnáz* –**it** = *zatížit* –**nost** burdensomeness = *nesnadnost* –**ný** difficult, burdensome, a překážející cumbersome, obtěžující troublesome, jsoucí nevhod inconvenient

obtloustlý corpulent, obese, hovor. tubby, large

ob|točit < –**táčet** wind* round, co čím entwine a t. with a t., obkroužit encircle; natočit twist (round one's finger)

obušek cudgel, club, policejní truncheon

obu|tí 1 auta tires, brit. tyres pl 2 hovor. = –**v** footwear –**vnický** shoemaker's, shoemaking (industry) –**vnictví** shoemaker's –**vník** shoemaker

ob|vaz dressing, bandage –**vázat** < –**vazovat** tie (up) a t. round a t.; ránu dress, bandage –**vazový** dressing

obvesel|it < –**ovat** cheer (up),

brighten (up), bavit entertain

obvinit v. *vinit*

obvod 1 geom. partimeter, kruhu, elipsy circumference 3 okraj, část při vnějšku periphery 4 stromu, pásu girth 5 městský outskirts, pl, oblast správy district, ve velkoměstě ward 5 výpoč. tech. integrovaný – chip –**ní** district

obvyklý podle způsobů a tradice customary, něčí návyk habitual; ne překvapující, již navyklý accustomed, podle běžných měřítek standard, podle nepsané dohody conventional

obyčej custom, pravidelný způsob practice, obecně přijímaný usage; zvyklost use (and wont), charakteristické chování guise –**ný** zcela všední common; průměrný (i podprůměrný) ordinary, normal, plain, usual, general, typický generic

obydl|í habitation, příbytek dwelling (-place), sídlo residence, kde se kdo stále zdržuje (place of) abode –**it** occupy, settle –**itelný** (in)habitable

obytný, obývací living (e.g. room), dwelling (e.g. house), housing (e.g. estate), residential ♦ -ná čtvrť residential area / quarter; -ná ložnice bed-sitting room (or sitter); -ná plocha floor space, floorage

obývat inhabit, occupy, live in a place

obyvatel inhabitant: kdo je v něčem occupier, vězení, blázince inmate, města, instituce resident, čehokoliv dweller –**ný** habitable, fit (to live in) –**stvo** inhabitants, pl, population

obzor horizon, sky-line, přen. scope, duševní outlook, purview

obzvlášt|ě especially, particularly –**ní** especial, zvláštní special, individuální particular

obžalo|ba accusation, charge, formální indictment; stíhání právní cestou prosecution –**vací**... of indictment / the prosecution –**vaný** ● s defendant, the accused –**vat** v.

žalovat

obžerství gluttony

obžínky harvest-home, sg

obživ|a living, livelihood, subsistence ♦ *shánět si -vu* earn / make* / get* one's living: *prostředek -vy* means of subsistence **–nout** < **–ovat** come* to, be resuscitated, be / get*revived, be restored (to life)

ocas tail, vulg. tool, prick

oceán ocean

ocejchovat v. *cejchovat*

ocel steel ♦ *plávková, litá* ~ cast steel; *tažená* ~ drawn steel; *ušlechtilá* ~ high quality steel **–árna** steel works, sg (am. steel mill) **–ář** steel-worker, výrobce steel-maker **–ářský** steel (-making) **–ářství** steel industry **–it** < **z–** steel **–orytina** steel engraving **–ový** steel

oce|nit v. *cenit* **–ňovat 1** vážit si appreciate **2** = *cenit*

ocet vinegar ♦ *má u mne rozlitý* ~ I have a bone to pick with him; *zůstat na* ~ be left) on the shelf, v tanci sit out a dance

ocitat se v. *octnout se*

oct|an acetate **–árna** vinegar factory

octnout se < **ocitat se** find* o.s., přijít do čeho get* o.s. (into trouble), fall* into (e.g. a p.'s hands)

octový vinegar, chem. acetic; jako ocet vinegary

ocukrov|at < **–ávat** sugar (all over), besprinkle with sugar

ocún bot. meadow-saffron

očalounit cover (all over) with upholstery, upholster

očarov|at < **–ávat** cast* a spell on a p., enchant, bewitch

očekávat 1 expect, spoléhat se, že bude look to a p. to do a t., a těšit se na to look forward to **2** o něčem, co někoho nemine await (*koho* a p.), hovor. be in store for a p. **3** živě si představovat envisage, tušit anticipate ♦ *to se dalo* ~ that was to be expected; *dlouho -vaný* long-awaited; *mít co k -vání* be in for a t.; *nad -vání* beyond expectation; *proti všemu -vání* contrary to all expectation

očenich|at < **–ávat** sniff at a t.

očern|it < **–ňovat 1** blacken **2** zlehčováním denigrate a p., defame, hovor. smear a p.

očes|at < **–ávat 1** strom strip (a tree of fruit) **2** ovoce pluck, pick

očich|at < **–ávat** = *očenichat*

očíslovat v. *číslovat*

očist|a purification, v politické straně purge, purgation, catharsis (*od* of) **–ec** purgatory **–it** v. *čistit* **–ný** purgative, násilně expugatory

oči|tý *svědek* eye-witness **–vidný** manifest, patent, obvious

očko 1 pupen bud **2** ryba rolled anchovy **3** karet. hra pontoon **4** v. *oko* ♦ *házet -kem po kom* ogle a p.; *po -ku* furtively **–vací, –vání** inoculation **–vat** inoculate, vaccinate

oční eye, ocular; fyz., med. optic

od(e) from, of; časově *od - do* from - to / till, místně from - to; původce by (novel by Dickens); následkem owing to, through (illness) s trp. rodem by ♦ *třetí* (apod.) ~ *konce* the third (etc.) from the end, the last but two, the second but last; ~ *té doby* since that time; ~ *hodiny* immediately, then and there (*výpověď*) at an hour's notice; ~ *devíti k pěti* at sixes and sevens; ~ *sebe* oddělit asunder

óda ode

odbarv|it < **–ovat** decolourize ♦ *-ená blondýnka* peroxide blonde **–ovač** decolourizer

odbav|it < **–ovat** clear, při odjezdu check out **–ovací** *plocha* letiště apron

od|běhnout < **–bíhat** run* away, v hovoru digress, wander

odběr taking(-in); před placením subscription (*čeho* to a t.), dodávaného zboží taking delivery, vyzvednutí col-

lection, spotřeba consumption **–a-
tel** customer, tiskoviny subscriber
(*čeho* to a t.) **–ní**... of accep-
tance; ...of subscription

odbíhat v. *odběhnout*

odbíje|ná volleyball **–nkář** volley-
ball player **–t** v. *odbít,* hodiny, zvon =
bít

odbírat 1 ze stroje take*, collect **2**
jako předplatitel take* a t. (in), sub-
scribe to ~ **se** v. *odebrat se*

odbít v. *bít*

odboč|it < **–ovat** turn (aside, *za roh*
a corner), od přímého směru deflect,
od nastoupené dráhy deviate, uchýlit se
(i v hovoru) digress **–ka 1** turning,
trati branch-, side-line **2** telefon ex-
tension **3** = *pobočka* **–ný** side;
pobočný branch

odboj revolt, ilegalita resistence
–ný rebellious, vzpurný recalci-
trant, insubordinate

odbor brit. **1** department, am. a brit.
soudní division **2** v odborářství
(trade-)union, am. též labor union,
brotherhood **–ář** trade-unionist,
union man* **–ářský** union **–ářství**
(trade-)unionism **–nický** expert
–nictví = *-nost* **–ník** professional
(man*), specialist, expert, adept
–nost expertness, expertise,
skill **–ný** technical, special(ist),
professional, expert **–ový** (trade-)
union

odbour|at < **–ávat 1** pull down **2**
odstranit remove, zrušit do* away
with **3** ceny reduce, cut*

odbý|t < **–vat 1** (si) co pass (through)
a t., trest serve; konat hold* (a
meeting), provést, předvést perform
2 koho turn a p. off, dismiss, re-
pulse, odkázat na později put* off, rel-
egate, v řeči cut* a p. short ♦
mám to odbyto I am through **–t
se –vat se 1** take* place **2** upírat si
deny o.s. things one could afford

odbyt market(ing), prodej sale; spotře-
ba consumption; = *-iště* ♦ *jít na ~*
find* a ready sale / market, sell*
well (*ne-* badly), go* off **–iště**

outlet, market **–ý** done-for, past,
nedbalý slipshod

odbývat (se) v. *odbýt (se)*

odcestovat jako *'odjet'*

odciz|it < **–ovat 1** abstract, misap-
propriate, myšlenku, dílo pirate, pla-
giarize **2** koho komu estrange a p.
from a p., a znepřátelit alienate **–it
se** < **–ovat se** get* estranged,
become* alienated

odčerp|at < **–ávat** draw* (*z on*),
stálým odváděním drain (*z a t.*)

odči|nit < **–ňovat** make* up for a t.,
po stížnosti redress a t. deductible

oddací (... of) marriage ♦ ~ *list*
marriage certificate

od|dálit < **–dalovat** move away,
take* away, remove, odloučit sepa-
rate; časově put* off: **–dálit se** <
–dalovat se draw* away

odd|anost attachment (*čemu, ko-
mu* to), obětavá devotion (to), věrná
loyalty, vědomá závazků allegiance;
trvalá affection (*komu* for a p.)
–aný attached, devoted (to), loy-
al; affectionate **–at** < **–ávat** mar-
ry (*koho s kým* a p. to a p.) **–at se**
< **–ávat se** komu, čemu devote o.s.,
commit o.s. give* o.s. up to a p. /
t.; ~ *náruživosti* indulge o.s. in a
t., be addicted to a t.

oddech breath(ing), breathing
space, leisure, repose, relax-
ation; klid rest; přestávka pause ♦
bez –u without a moment's rest
–nout < **–ovat** draw* / take*
breath (*zhluboka* a deep breath)
–nout si rest a little, s úlevou fetch
a sigh of relieve

odděl|at < **–ávat 1** take* away, re-
move, uvolnit unfasten **2** získat prací
work a t., work off (e.g. a debt) **3**
vulg. koho do* a p. in, brit. do* for a
p., unavit ho do* a p. up (-*laný*
done-in, done-for)

odděl|ení 1 činnost detachment,
separation, severance **2** organizač-
ní department, tech. compartment;
v obchodě counter, vzniklé vyčleněním
partition, v nemocnici, ve vězení ward

–ený separate **–it** < **–ovat** detach, něčím separate, mocí (též práva), násilně sever; uvolnit disengage, odloučit od celku segregate, izolovat seclude, divorce (*od* from) **–itelný** detachable, separable

oddenek rhizome

oddíl division, section, část portion, tisku, zákona paragraph; voj. detachment, policejní squad, v dopravním prostředku compartment

oddiskutov|at < **–ávat** explain away

oddych(–) v. *oddech(–)*

ode v. *od*

ode|brat < **–bírat 1** take* away **2** odnést, odvést withdraw*, odstranit remove **3** zmenšením detract, take* (away) from a t., v. též *odbírat* **–brat se** < **–bírat se** go * (*kam* to), depart (for); do ústraní withdraw*, retire

ode|číst < **–čítat 1** take* off / away (*od* from), početně subtract, a tak snížit deduct **2** z měřidla read*

odedávna long since, since long ago, hovor. from way back (v. *nepaměť*)

od|ehnat < **–hánět** drive* away, repel, repulse

odehrá|t se < **–vat se** take* place, udát se come* about, occur, be set / located

od|ejít < **–cházet** go* away / off; leave* (*od koho* a p., a place, *kam* for a place), depart (*kam* for); v souladu se zvyklostmi withdraw* (from...), natrvalo retire (from... to...), na protest walk out, a hlásit se check out ♦ ~ *do soukromí* retire

od|ejmout < **–nímat** take* off / away, z volného užívání, kniž. withdraw* (a t. from a p.'s disposal), práva, hodnost divest a p. of a t., majetek dispossess a p. of a t., zbavit někoho něčeho deprive (*komu co* a p. of a t.)

odemílat v. *odemlít*

od|emknout < **–mykat** unlock

ode|mlít < **–mílat** rattle off

odemykat v. *odemknout*

odepírat v. *odepřít*

odepisovat v. *odepsat*

ode|pnout < **–pínat** untie, z přezky unbuckle, zapnuté na knoflíky unbutton; uvolnit loosen, spojené disconnect **–pnout se** < **–pínat se** come* loose

ode|přít < **–pírat** deny (*komu co* a p. a t.), nedat withhold*, a nechat si keep* back (a t. from a p.) **–přít si** < **–pírat si** deny o.s. a t., abstain from a t.

od|epsat < **–(e)pisovat 1** v odpověď write* back, reply (*komu* to a p.), answer (a p.) **2** srážkou write* off

oděrka scratch, graze

oderv|at < **–ávat** tear* away, sever

ode|sílatel sender, zboží consigner; am. (brit. jen lodí n. let.) shipper, poštou am. mailer **–slat** < **–sílat** send* away / off, na různé strany send* out, někomu k rukám transmit; zboží consigner; am. (brit. jen lodí n. let.) ship (out); svěřit poště post, am. mail

ode|stlat < **–stýlat** make* (the bed), take* off (duvet-cover)

oděv dress; -y clothing, sg, clothes, pl, garments, pl **–ní** clothing **–nictví 1** konfekce outfitter's, clothes shop **2** průmysl (ready--made) clothing industry

odevšad from all sides

odevzd|ací... of surrender **–anost** resignation **–aný** resigned **–at** < **–ávat** give* over / away, předat osobně hand over, transmit; doručit deliver; a vzdát se dispozičních práv give* up, surrender, convey (a t. to a p.) **–at se** < **–ávat se** poddat se give* up, yield = *oddat se*

odezva response, v činech též repercussion

odfouk|nout < **–ávat**, odfukovat blow* away; těžce dýchat pant

odhad judg(e)ment, ceny významu estimation, estimate; hodnoty valuation, odborníka appraisal, a předběžný assessment **–ce** appraiser, assessor **–ní** (... of) estimation

-nout < **-ovat** judge, cenu, význam estimate; zhodnotit value, odborně appraise, předběžně assess, tarifně rate (*na* at), vypočítat calculate, zhruba cast* off

odhal|it < **-ovat** lay* bare (e.g. one's shoulders), výhodně ukázat show* up, k zhodnocení disclose (one's-heart), co uniká a je skryto reveal, sejmutím unveil; podstatu n. přítomnost detect, vystavením expose

odhánět v. *odehnat*

od|házet < **-hazovat** v. *odhodit*

od|hlásit < **-hlašovat** odvolat countermand, deregister, zrušit cancel ~ **se** check out

odhlasovat carry (a t. by vote), pass (a bill), accept a t. by vote

odhmyz|it < **-ovat** disinfest

od|hodit, **-házet** < **-hazovat** throw* away / aside

odhodl|anost resolve, decision, determination **-aný** resolved, determined **-at se** < **-ávat se** (take* a) resolve, determine

odhoukat sound (one's departure), hoot (the time)

odhrab|at < **-ávat** rake off / away

odhrn|out < **-ovat** draw* aside, hlínu apod. scrape away

odcházet v. *odejít*

odchlíplý loose

odchod departure, retirement, withdrawal; protestní walk-out, hromadný exodus, kontrolovaný check-out ♦ *být na -u* be about to leave

odchov|anec fosterling, pupil, význačné osoby disciple **-at** < **-ávat** = *vychovat*

od|chýlit < **-chylovat** turn away / aside, divert, deflect **-chýlit se** < **-chylovat se** depart, deviate; swerve **-chylka** deviation, departure, od průměru divergence, kolísající variation **-chylný** devious, nestejný disparate, nepodobný unlike, dissimilar, rozcházejí se divergent, nesouhlasný dissenting; odlišný different

odírat v. *odřít*

odiv: *stavět na* ~ hold* a t. / p. up for show, make* a parade of a t.

odí|t < **-vat** clothe*, kniž. attire, array (*do* in)

odívat v. *odít*

odjakživa always, since for ever

od|jet < **-jíždět** jako *'odejít'*, v sedle ride* away **-jezd**, **-jezdový** departure

odjinud from elsewhere

odjíždět v. *odjet*

odkapávat drip away

odkašl|at < **-ávat** clear one's throat

od|kaz 1 majetku bequest, settlement **2** odkázaný majetek legacy, bequest, přen., dědictví heritage **3** jinam reference **-kázat** < **-kazovat 1** závětí bequeathe, will **2** na co, kam refer (a p. to a p. for details) **3** poslat pryč send* away, příkře turn out ♦ *být -kázán na co / koho* be thrown upon a t. / p. (*sebe* one's own resources), *na koho* be on a p.'s hands, *ponechán sám sobě* be left to o.s.; ~ *koho do patřičných mezí* set* due bounds to a p.'s actions, keep* a p. within limits

odkl|ad delay, deferment, postponement, neprovedení suspension, abeyance, odročení adjournment, výkonu trestu / práva reprieve; mezidobí suspense; placení respite; **-dy** procrastination, sg ♦ *to nesnese -du* it brooks no delay **-ádat** v. *odložit* **-ádavý** dilatory **-adný** suspensory, dilatory (*účinek* effect)

odklánět v. *odklonit*

odkláp|ě|cí = *odklopný* **-t** v. *odklopit*

odklep|at, **-nout** < **-ávat** rap / knock / tap off

od|klidit < **-klízet** remove, take* away, ze stolu clear away (cf. clear the table), withdraw* **-klidit se** < **-klízet se** clear away **-klizovací** (... of) removal

odklon depletion, diversion, sehnutí dodge, magnetky declination **–it (se)** < **odklánět (se)** deflect, ohnutím bend* (aside / back); odvrátit avert, turn away, od směru divert přímého deviate

od|klopit < **–klápět** lift off, sejmout take* off **–klopný** removable

odkoj|enec weaning / weaned child* = *odchovanec* **–it** < **–ovat** wean

odkop|at, –nout < **–ávat 1** nohou kick off / aside **2** nástrojem dig* off **3** zapudit koho kick out, spurn, send* a p. to hell

odkouk|at, –nout < **–ávat** get* off, find* the answer by looking over a p.'s shoulder, crib, take* over a t. from a p.

od|koupit < **–kupovat** buy* a t. from a p., vše buy* up

od|krojit < **–krajovat** cut* / slice off

od|kroutit < **–krucovat** twist / wrench off / away

odkrý|t < **–vat 1** lay* open, uncover, odhalit disclose, a tak zjistit detect **2** zbavit pokrývky bare; sejmout take* off **3** = *objevit* ♦ *hrát s odkrytými kartami* play with one's cards on the table

odkud where... from **–koli** from anywhere **–pak** I wonder from where **–si** from somewhere, from a distance

odkupovat v. *odkoupit*

odkvé|st < **–tat** pass blossoming, become* overblown, lose* / shed* (the) flowers; *-kvetlý člověk* long past youth, past one's prime

odkysličit < **–ovat** de-oxidize

odkýv|at < **–ávat** nod assent, say* yes to a t., hlasovat vote on a t. without protest ♦ *všechno -á* he is a yesman*

odlakovač (nail-)varnish remover

odlamovat v. *odlomit*

odlehč|it < **–ovat** relieve a p. of a t., zvl. bolesti alleviate, nadlehčit ease (a bit), sejmout břemeno disburden (a p., přen. one's heart) of a t. **–ovací** (... of) relief ♦ ~ *člun* lighter; ~ *silnice* relief road, alternative route

odlehl|ost remoteness **–ý** remote, out-of the-way, outlying

odlep|it < **–ovat** unstick*, unglue **–it se** < **–ovat se 1** come* unstuck / loose **2** závodník break* free, letadlo apod. take* off

odlesk reflex, reflection

od|let (flight) departure, ptáků flight away **–letět** < **–letovat** fly* away, o cestě depart

odlévat v. *odlít*

odlé|zt < **–zat** creep* away / off

odležet co contract an illness from a t. **~ se** ((become*) mellow

odl|íčit < **–ičovat** take* off (the make-up)

odlid|nit < **–ňovat** depopulate

odliš|it < **–ovat** co (od čeho) čím single out / earmark a t. (from) (among...) by a t., differentiate; aby se odrážel set* off; obměnit vary **–it se** < **–ovat se** differentiate **–ovat se** = *lišit se* **–itelný** distinguishable **–nost** distinctness, diversity, unlikeness, dissimilarity, difference, variance (e.g. of opinion) **–ný** odlišitelný distinct, diverse, nepodobný dissimilar; jiný (much) unlike, different

od|lít < **–lévat** pour off; opatrně decant, odlitek cast* **–litek** cast, polygr. stereo* **–liv** ebb(-tide), low tide, přen. outflow **–livka** obsol. tumbler

od|lomit < **–lamovat** break* off, sever

odlouč|it < **odlučovat** separate, trvale divorce, silou sever; izolovat seclude; rozpojit disconnect, dissociate **–enost** separation, severance, segregation, seclusion, disconnection, dissociation, divorce

odloudit < **odluzovat** entice / lure away

odloup|nout < **–ávat, odlupovat** peel off

odložit < **odkládat 1** put* / set* / lay* off, stranou aside, svléci take off, zbraň lay* down **2** nehlásit se k waive **3** časově put* off, delay, na jindy postpone, neprovést suspend; odročit adjourn

odluč|itelný separable **-né** separation / dependency allowance **-ovat** v. odloučit

odlupovat v. odloupnout

odluzovat v. odloudit

odmě|na reward, za splnění podmínek award; honorář fee, plat remuneration, dobrovolná gratuity **-nit** < **-ňovat** reward, award, remunerate (srov. *-na*) **-nit se** < **-ňovat se** requite (*komu za co* a p. for a t.), repay* a p. (for) a t., čím with a t.

odmě|rka graduate(d glass) **-řený** člověk restrained **-řit** < **-řovat** measure off, přen. mate out

odmít|avý negative **-nout** < **-at** refuse, zavrhnout reject, nevyhovět deny, zdvořile decline, hrubě spurn; zapudit repulse, od sebe repudiate

odml|čet se pause, stop short **-ka** pause, stop

odmlouvat contradict, talk back at a p.

odmoc|nina root (*druhá* square r.) **-nit** < **-ňovat** extract the root

odmo|čit < **-čovat** steep; odstranit remove, plavením wash off, ponořením soak off

odmontov|at < **-ávat** dismount

odmot|at < **-ávat** unwind*, wind* off, z cívky unreel, reel off

odmrš|tit < **-ťovat** fling* away **2** nehodnotné spurn, ditch, milence give* up, zapudit repudiate

odmykat v. odemknout

od|myslit si < **-mýšlet si** think* apart from, disregard a t.

odnárod|nit < **-ňovat** denationalize

odnášet v. odnést

odnauč|it < **-ovat** teach* (*koho čemu* a p. not to do), unteach* (a p. a t.) **-it se** < unlearn* (*čemu* a t.), častěji give* up a t.

odnavyk|nout < **-at 1** break* a p. of a habit, wean a p. (away) from a t. **2** (*se, si*) disaccustom o.s., break away from a habit

odněkud from somewhere

od|nést < **-nášet 1** carry away / off, remove, take* (away *si* n. *s sebou*) bring* **2** utržit (*ránu*) be dealt (a blow) **3** odpykat pay* for a t.

odnikud from nowhere, po záporu from anywhere

odnímat v. odejmout

odnož (off)shoot

odol|at stand* up to a t., withstand* **-at** < **-ávat** resist **-nost** (power of) resistance **-ný** proti čemu resisting to a t., resistant

odpad 1 waste, souhrnně wastage **2** trash, scrap, discard **3** opuštění defection (from a party) **4** odtok outflow **5** odtokové zařízení drain, sink, water-shoot **-ky** rubbish, odhazované litter (*koš na ~* litter-bin), od jídla garbage; při výrobě waste, refuse, ještě k zužitkování scrap **-lictví** apostasy **-lík** apostate, hanl. recreant, protestující dissentient **-lý** fallen away, breakaway, z protestu dissenting **-ní 1** outlet **2** = *-ový* ♦ *~ vody* (*městské*) sewage **-nout** < **-at 1** fall* off **2** přívrženec fall* / drop away, opustit někoho forsake* a p. **3** odpadnout (z polit. důvodů) defect **4** nekonat se not to take* place, be dropped **-ový** waste, scrap

od|pálit < **-palovat** fire, set* / let* off, vypustit blast off (a rocket), *launch; míč return, strike, v tenisu lob **-palovací** launching ♦ *~ zařízení* (launching) pad, launcher

odpař|it (se) < **-ovat (se)** evaporate **-ovač** evaporator

odpásat (se) < ungird*

od|pich hut. tapping **-píchnout** < **-pichovat 1** hut. tap **2** sport. take* off **3** na hodinách clock in, punch (one's card) **-pichovadlo** dividers

odpínat v. *odepnout*

odpírat v. *odepřít*

odpis sleva reduction, amortizace depreciation

odpískat signal (by whistling)

odpisovat v. *odepsat*

odplácet v. *odplatit*

od|pláchnout < **–plachovat** wash away

odplat|a retaliation, trest retribution **–it** < **odplácet** pay* back, repay*, stejným retaliate

odplav|at < **–ávat** float away, drift away, plavec swim* away **–it** < **–o-vat** wash away, tak dopravit float away

odplevel|it < **–ovat** weed

odpliv|nout si < **–ovat si** spit* out

odplomb|ovat < **–ovávat** unseal

odplou|t (–vat (jako) loď sail, away, odcestovat sail off, nesen vodou float away; = *odplavat*

odpočatý (spell-)rested, jízdní zvíře spelled

odpočet 1 statement, podrobný specification **2** = *výpočet* **3** deduction, count-down (před startem rakety apod.)

odpoč|inek 1 (spell of) rest, uvolnění napětí relaxation, repose **2** penze retirement **–inout (si)** < **–ívat (si)** have / take* a rest, relax, repose

odpočít|at < **–ávat** count (off), až do nuly, např.: tři, dva, jedna, teď count down, v boxu count out; při vyplácení pay* out

odpoč|ívadlo 1 na schodech landing **2** při cestě rest **–ívárna** rest room, lounge **–ívat** (be at) rest a v. *odpočinout*

odpoj|it < **–ovat** disconnect, odloučit detach **–it se** < **–ovat se** break* away

odpoledne s afternoon ● adv in the afternoon

odpolitizovat depoliticize

odpo|moci < **–máhat** čemu relieve a t.

odpor 1 resistence, opposition (to), výslovný protest (against), nepřátelský antagonism, niterný aversion, hnusivý disgust, vrozený disinclination **2** elektr. resistance, magneticky reluctance ♦ *bez -u* nesporně indisputably; *hnutí -u* resistance (movement), *příslušník hnutí -u* resistant; *klást* ~ offer resistance; *narazit na* ~ meet* with opposition; *stavět se na* ~ put* up a resistance to a p., defy a p. **–ný** repulsive, otřesný shocking, offensive, hnusný disgusting, loathsome, nauseating, zločin heinous

odporoučet se take* one's leave

odporovat 1 resist, oppose, protest (srov. *odpor*) **2** nesrovnávat se s něčím contradict a t. (*si vzájemně* o.s., one another = *conflict*)

odporučit commend

odposlouchávat listen in to a t., tajně overhear*, skrytým mikrofonem bug, telefon tap; cizí rozhlas monitor

odpouštět v. *odpustit*

odpout|at < **–ávat** let* loose, unfasten, unfetter; oddělit detach, untie **–at se** < **–ávat se** free o.s., break* away, come* loose

odpo|věď answer (*na* to), úplná reply (to), reakce response, vykrucování retort ♦ *dát* ~ make* an answer, *komu* give* a p. an answer; *v* ~ *na* in reply to **–vědět** < **–vídat** answer a p. / t., úplně reply to a p. / t. **–vědnost** responsibility, liability **–vědný** responsible (*komu za co* to a p. for a t.), jinak žalovatelný liable ♦ ~ *redaktor* editor(-in--chief) **–vídat** *něčemu* podobnosti correspond to a t., být v souladu accord with a t., v jádře souhlasit conform to a t. ♦ ~ *svému účelu* answer the purpose (*ne-* fall* short); *tomu -dající* corresponding (-*m způsobem* conformably to)

odpozorov|at < **–ávat** get* off

odpracov|at < **–ávat** work (off)

odprásknout bump off

odprav|it < **–ovat** destroy, put* a p to death a v. *odstranit*

odprod|at < **–ávat** sell* off **–ej** (clearance) sale

odpro|sit < **–šovat** ask / beg a p.'s pardon

odprýsk|at < **–ávat** flake off

od|přáhnout < **–přahovat** unharness, voly unyoke

odpředu from the front

od|přisáhnout < **–přísahat 1** zříci se forswear* / abjure a t. **2** popřít deny a t. on oath **3** potvrdit v. přísahat

odpu|dit < **–zovat** repel **–divý** repellent, repugnant

odpůrce adversary, opponent, antagonist

od|pustit < **–pouštět** = prominout

odpuzovat v. odpudit

odpyk|at (si) < **–ávat (si)** trest serve (one's sentence), přen. pay* for a t.

odra|dit < **–zovat** discourage, přemlouváním dissuade (a p. from a t.)

odra|nec tatterdemalion **–ný** tattered, in tatters **–t** = odřít

odraz 1 odskokem apod. take-off, bounce, po srážce s něčím rebound(ing), po napětí n. stlačení recoil(ing); stejnou silou repercussion **2** světelný a přen. reflex(ion), opakovaný zvukový reverberation **–iště** take-off **–it** < **odrážet 1** knock / strike* off, útok, ránu parry, ward off, zahnat drive* back, voj. beat* off **2** od břehu put* off, push out **3** vytvořit odraz, reflex reflect **–it se** < **odrážet se 1** reflect, be reflected **2** na pozadí show* up, be set* off (na against) **3** odskokem take* off, po srážce s něčím rebound, po napětí n. stlačení recoil, stejnou silou repercuss **–ovat** v. odradit **–ový** reflexive ♦ -vá čára take-off line; ~ můstek springboard; -vé sklo reflex glass, reflector, při silnici cat's eye

odrážet se tišit se set* off ~ (se) v. odrazit (se)

odrh|nout < rub off = vydrhnout **–ovačka** worn-out song

odroč|it < **–ovat** adjourn, a rozejít se, am. recess

odrodi|lec renegade, turncoat **–lý** renegate **–t se** renounce one's nationality

odrostlý čemu grown out of a t.

odrůda variety, mutation

odrůst < **–at 1** dospět grow* up **2** čemu grow* out of a t.

odřenina scrath, při míjení graze

odřez|ávat v. odříznout **–ek** cutting

odří|ci < **–kávat** cancel, příkaz countermand, revoke **–ci se** < **–kávat se** čeho renounce, nehlásit se k disown **–kání 1** renunciation **2** sebezapírání selfdenial **–kat** < **–kávat** recite, monotónně drawl off, repeat, rattle off **–kavý** ascetic

odřít < **odírat 1** rub off, scuff (up), scrape (one's...) away / off / down, jen povrchně scratch (off), užíváním wear* (off / out); a zanítit chafe, způsobit puchýře gall; při míjení graze; koho (z kůže) n. kůži fleece, skin **2** všecko dopracovat do* all the work

od|říznout < **–řezávat** cut* off / away

odsá|t < **–vat** suck off, drain, odčerpat exhaust; stále -vat tap

odsedět trest serve (a sentence, one's term)

odsek|nout < **–ávat 1** cut* off / away **2** slovy answer / talk / shoot* back, snap at, round (on a p.), retort

odshora from above

od|skočit < **–skakovat 1** jump aside / away / off, s odrazem bounce (off), rebound, pružně jump away / off **2** (si) kam, ke komu nakrátko drop / look in

odsloužit se = odměnit se

od|soudit < **–suzovat** condemn, příkře se vyslovit o něčem / někom renounce, vyřčením rozsudku sentence, přen. o něčem neodvratném doom (e.g. to destruction)

odsouvat = odsunovat

odsouzenec convict

odspodu from below

odstartovat v. startovat

odst|át se nápoj lose* one's chill **–á-vat** stand* away / apart, be loose, vyčnívat stick* out, protrude **–avec** paragraph, hovor. para **–avit** < **–vavovat 1** set* / put* aside, jako méněcenné shelve (*být -vený* be on the shelf), odstrčit push off, odklidit clear away **2** mládě wean ♦ ~ *na vedlejší kolej* side--track **–avná, –avovací** plocha lay-by

odstěhovat (se) v. *stěhovat*

odstín shade, hue, tinge, naunce **–nit** < **odstiňovat** shade (off), tinge, grade

odstonat co contract an illness from a t., přen. pay* for a t.

od|stoupit < **–stupovat 1** step aside, withdraw*, give* up, retire dozadu step back **2** z úřadu resign (an office), panovník abdicate; přen., obětavě renounce **3** vzdát se give* up, abandon, práv na co surrender a t. to a p. **–stoupení** withdrawal, retirement, renouncement, od smlouvy repudiation

odstra|nit < **–ňovat** get* / put* a t. / p. out of the way, remove, do* away with a t., odpravit despatch

odstrašit < **–ovat** deter a p. from a t., frighten a p. off a t. **–ování** deterrence

odstr|čit < **–kovat** push off / aside / away / dozadu back, přezíravě slight; = *odrazit, odsunout*

odstroj|it < **–ovat** undress, strip, koně ungarness

odstře|dit < **–dovat 1** separate **2** rozložit mimo střed decentralize **–div-ka** centrifuge, separator; na prádlo spin-drier **–divost** centrifugal force **–divý** centrifugal

odstřel|it < **–ovat 1** = *zastřelit*, postupně pick off **2** skálu blast

odstři|hnout < **–hávat** clip off / away a jako *'odříznout'* **–žek** cutting, am. též clipping

odstup 1 distance, pravidelný interval **2** v chování aloofness, stand-off-ishness, distance (keep aloof, be

stand-offish) **–né** compensation (in money) **–ňovat** < **–ňovávat** grade, graduate, scale

odstupovat 1 = *odstávat* **2** v. *odstoupit*

odsud from here

odsudek condemnation

odsun transfer, s vyklizením evacuation, i dobrovolný displacement **–nout** < **–ovat 1** shift aside, do zadu back; = *odrazit, odstavit, od-strčit* **2** do jiného bydliště displace, do jiného oboru (působnosti) transfer, a tak vyklidit evacuate

odsuzovat v. *odsoudit*

odškod|né damages, pl, indemnity, compensation **–nit** < **–ňovat** indemnify a p., make* a p. amends (*za* for), compensate **–nit se** < **–ňovat se** recoup o. s.

odškrt|nout < **–ávat** tick / check off

odšroubov|at < **–ávat** screw off, unscrew

odštěp|ek chip, jako tříska splinter **–it** < **–ovat** split* / break* off **–it se** < **–ovat se** split* / break* off / away, přen. též secede

od|táhnout < **–tahovat 1** pull / draw* / drag away, ve vlaku tow away / aside / off, dozadu back **2** odejít apod withdraw*, march off

odtamtud from there

odtažitý abstract

odtelefonovat phone / ring* back

odtok outlet, odpad waste pipe, gully

odtrh|nout < **–ávat** tear* off, sever **–nout se** < **–ávat se** break * / come* off, loose

odtučňovací slimming (*kúra* cure)

odtud from here, kniž. hence

odúčtování clearing

odulý swollen

odumř|elý withered, zaniklý extinct **–ít** < **odumírat** wither away, vyhynout become* extinct, die out

odusit v. *dusit*

oduševnělý animated, inspired

odůvod|nit < **–ňovat** give* reason(s) for a t., justify a t.

odvádět v. *odvést*

odvaha boldness, courage, odvážný duch spirit, heart ♦ *dodat si -hy* pluck up courage

odvar concoction, z nálevu infusion, čaje brew-up

od|vázat < **–vazovat** untie; hovor. have a good time

odvážet v. *odvézt*

od|vážit se < **–važovat se** troufnout si venture, dare, riskovat risk, hazard **–vážlivec** bold fellow, silněji daredevil **–vážnost** = *odvaha* **–vážný** bold, audacious, podnikavý enterprising, nebojácný daring, foolhardy; riskantní risky, venturous a nejistý hazardous

odvděč|it se < **–ovat se** return a p.'s..., navzájem reciprocate

odvedenec conscript, recruit, am. vybraný draftee

odvěký secular, ... of long standing

od|vést < **–vádět 1** take* away, kdo jde napřed lead* away **2** jinam divert, tekutinu, plyn drain (away / off) **3** odevzdat turn over to a p., dodat deliver, zpět return **4** na vojnu enlist, conscript, enrol(l), dobrovolníka recruit, am. výběrem draft

odvet|a reprisal(s, pl), retalisation **–ný** retaliatory ♦ *~ zápas* return match

odvětví line, branch ♦ *nevýrobní ~* non-productive branches; *výrobní ~* production branches

od|vézt < **–vážet** get* / take* / carry away

od|vinout < **–víjet** unwind* / unreel

od|vléci < **–kat** drag away off, ve vlaku tow off

od|vod 1 povinný delivery, se ztrátou nároku surrender **2** voj. conscription, call-up. am. výběrem draft, *-dy vojsk* levy **–vodit** < **–vozovat** derive, logicky deduce, vysoudit infer

odvod|nit < **–ňovat** drain, chem. dehydrate

odvol|ací... of appeal **–ání** appeal **–at** < **–ávat 1** k návratu call back,

recall **2** dosud hlásané recant, vzít zpět retract, withdraw*, tvrzení disclaim, pod přísahou abjure **3** učinit neplatným invalidate, annul, prohlášením recall, take* back, revoke, repeal, rescind **4** zrušit cancel, novým příkazem countermand **–at se <** **–ávat se 1** appeal to a p. (*proti* from / against) **2** odkazem na něco refer to a t. **–ávka** reference

odvolit v. *volit*

odvoz transport, carrying away ♦ *~ na letiště* transfer to the airport

odvozenina derivation **–ovací** derivative **–ovat** v. *odvodit*

od|vrátit < **–vracet 1** avert, od urč. směru divert, tak odchýlit deflect, všeobecně turn off / away **2** zmařit foil, útok ward off ♦ *odvrácená strana* reverse side

odvrh|nout < **–ovat** cast* away / off / aside

odvyk|nout < **–at** v. *odnavyknout*

odyse|a Odyssey **O–us** Ulysses

odzadu from behind, from the back

odzátkov|at < **–ávat** uncork

odzbrojení disarmament

odzbroj|it < **–ovat** disarm **–ovací** (... of) disarmament

odznak 1 emblem, úřadu insignia, pl **2** k nošení na sobě badge

od|zvonit < **–zvánět 1** ring* out, hranou toll (for a p., a p.'s death), přen. učinit konec put* an end to a t. **2** telef. ring* off **3** přestat zvonit stop ringing (*už -nilo* the bell has stopped)

ofenzíva offensive

oferta tender

ofi|kat < **–kávat**, hovor. clip, trim, whittle

ofina fringe, hair-line

ofouknout < **ofukovat** blow* over

oháknout (se), slang. tog (o.s.) out

ohanbí private parts, pl, odbor. pudenda, pl

ohánět se 1 rukama swing* one's arms, gestikulovat gesticulate, těžkým brandish a t. **2** obratně ply

(*čím* a t.)

ohavný abominable, hideous, loathsome, vile, zločin heinous

ohazovat v. *ohodit*

ohbí bend **-ebný** flexible

oheň fire ♦ *hra s -něm* risky game; *oheň na střeše* fat in the fire; *páli jako ~* burn* like hell; *rozdělat ~* make* fire

ohl|as reception, (public) acceptance, reakce response, ozvěna echo **-ásit** v. *hlásit* **-ášky** (marriage) banns, pl **-ašovací** (... of) registration **-ašovna** registration office, příchodů a odchodů check-point; -post, hovorů (telephone and) telegraph office

ohlávka halter

ohled regard (*na* to), respect (for), consideration (for) ♦ *bez -u na* regardless / irrespective of; *brát ~ na* have regard / consideration for; *v tomto -u* in this respect

ohled|at < **-ávat** check (over), inspect (a place), koho examine

ohledně čeho as to, with regard / respect to a t.; v čí věci about a p.

ohl|édnout se < **-ížet se** look back

ohleduplný considerate, thoughtful

ohlí|dat v. *hlídat* **-žet se** v. *ohlédnout se*

ohl|oupit < **-upovat** stultify, make* a fool of a p.

ohluchnout < turn deaf **-šit** < **-šovat** deafen **-šivý** deafening

ohmat|aný much-handled, thumbed, soiled by handling **-at** < **-ávat** feel*, finger, handle, thumb, tápavě fumble about (for a t.)

ohni|sko 1 požáru centre of a fire **2** věd. focus, pl foci **-ště** fire(place) **-vý** fiery **-vzdorný** fire-proof

ohňostroj fireworks, pl

o|hnout (se) < **-hýbat (se)** bend*, přeložením fold: skloněním bow, sehnutím stoop; zkřivit curve, na konci crook

ohoblovat v. *hoblovat*

o|hodit < **-hazovat 1** put* / cast* a t. (*čím*) round a t., blátem splash, pokropit (be)sprinkle **2** (též ~ se) slang. log out, doll up

oholit (se) v. *holit (se)*

ohon tail, přen. train

ohra|da 1 enclosure, pro dobytek pen, fold, pracoviště, skladiště yard **2** ohrazení fence, z kůlů pale **-dit** < **-zovat** enclose, fence (in), zdí wall in / up **-dit se** < **-zovat se 1** fence o.s. in **2** vznést námitky: protest (*proti* against), object (to a t.), raise an objection, práv. demur

ohranič|it < **-ovat** limit, mark off, demarcate, vymezit define, omezit confine; = *ohradit*

ohrazovat (se) v. *ohradit (se)*

ohrn|out < **-ovat** turn up, svinutím roll up, založením tuck up ♦ *~ nos* snub (*nad kým* a p.), sniff at

ohrom|it < **-ovat** dismay, consternpřekvapit astound, amaze, a oněmě dumfound **-ný 1** veliký enormous huge, vast **2** udivující tremendous astounding, amazing, staggering

ohro|zit < **-žovat** endanger, jeo pardize, být hrozbou threaten, menace ♦ *stav -žení* distress, exposure (to danger)

ohryz|at < **-ávat** gnaw, pick **-ek 1** jablka core **2** na krku Adam's apple

ohř|át v. *hřát* **-ívač** heater, průtokov geyser **-ívat** = *hřát*

o|hyb bend, založený fold, smáčknut crease, skloněný bow, cokoli v křivc curve **-hýbací** bending, jaz. in flectional **-hýbat 1** jaz. inflect **2** *ohnout*

ohyzdný ugly, unsightly, odporr hideous

ochab|lý 1 chabý feeble **2** uvolněr slack, lax, limp, neaktivní iner **-nout** < **-ovat** fag, slacker grow* feeble / weak

ochechule 1 zool. sea cow **2** hovc nadávka hag, old bag

ochla|dit v. *chladit* **-dnout** v. *chlao nout* **-zovat** = *chladit*

ochočit < **–ovat** domesticate, krocením tame

ochomýtnout se come* and be gone (in a minute), drop in

ochot|a willingness, readiness, snaha vyhovět compliance, a pomoci accommodation, roztomilá complaisance, laskavost obligingness **–nický** amateurish, ... of amateurs ♦ -*ké divadlo* amateur theatricals **–nictví** amateurism **–ník** herec amateur actor **–ný** willing, ready, complaisant, compliant, accommodating, obliging srov. ochota; **–ně** with pleasure, gladly

ochoz gallery, stavební bridge

ochr|ana protection; pro případ napadení safeguard(ing); kvůli zachování preservation; sociální relief, tutelage ♦ pl ~ *památek* preservation of monuments; ~ *přírody* conservation of nature **–ánce** protector, patron ♦ ~ *přírody, životního prostředí* enironmentalist **–ánit** koho před čím save a p. from a t. **–anný** protective, safeguarding, k zabránění preventive ♦ -*né pouzdro* protective shield; -*ná přilba* crush-helmet; ~ *rám* guard; -*ná vazba* preventive custody; -*ná známka* obch. registered trade-mark **–aňovat** = *chránit*

ochraptět talk, sing* etc. o.s. hoarse, grow* / get* hoarse, o hlase husky

ochrnout be(come*) paralysed

ochrom|it <–ovat strike* a p. lame, též přen. paralyse

ochu|dit < **–zovat** 1 impoverish, pauperize, reduce a p. to poverty 2 koho o co deprive a p. of a t.

ochuravět fall* / be taken ill

ochu|tit < **–covat** flavour, savour, season

ochutn|at < **–ávat** taste, zvl. přen. have a taste of...

ochuzovat v. < *ochudit*

oj shaft(-bar)

ojedinělý 1 odlišný od jiných isolated **2** jednotlivý single **3** vyskytující se vzácně mezerami sporadic **4** osobitý individual

oje|t, –zdit < wear* (the tires), wear* out (a car) ♦ -*tý vůz* used car

ojnice piston rod, am. (connecting) rod

okamži|k moment, naléhavý: n. krátký instant; flash **–tý** instantaneous, bezodkladný immediate; -*tě* instantly, at once, pohotově promptly ♦ k -*tému použití* instant (e.g. coffee)

okap eaves, pl ♦ z *deště pod* ~ out of the frying pan into the fire **–ávat** drip **–ový** gutter (*roura* g. pipe, down pipe)

okartáčovat v. *kartáčovat*

okatý goggle-eyed, přen. striking, obvious

okázalý spectacular, showy, ostentatious, falešně pretentious

ok|enice shutter **–énko 1** little window **2** v přepážce wicket, s mřížkou grill(e), ve stěně k podávání (jídel) service hatch **3** nevyužitá mezera gap **–énkový** *obálka* window envelope **–enní** window (*rám* frame, *římsa* sill, *tabule* pane)

oklamat v. *klamat*

oklep carbon copy, flimsy **–at** < **–ávat 1** knock (all over, round about) **2** na stroji type a copy, polygr. pull off a proof **–at se** < **–ávat se** shake*

okles|tit < **–ťovat 1** okrouhat whittle **2** zbavit větví lop **3** omezit curtail, retrench

oklika roundabout (way), circuitous way, detour

okno window; v boku lodi port(hole); *křídlové* ~ casement-window; *otočné* ~ revolving window; *spouštěcí* ~ sash window

oko¹ eye (pl *oči*) ♦ *bít do očí* be striking (to the eye), be conspicuous; *do očí* in a p.'s face; *na* ~ just for show; *na očích* in sight; *mezi čtyřma očima* face to face; *jdi mi z očí* get out of my sight; *mít oči všude* be all eyes; *mít ko-*

ho na očích keep* an eye on a p.; *oči navrch hlavy* all agog; *jako pěst na oko* like a square peg in a round hole; *pouhým okem* with the naked eye; *sypat komu písek do očí* throw* dust into a p.'s eyes; *být komu trnem v oku* be a splinter in a p.'s eye; *jako by mu z oka vypadl* the spitting image of him; *v očích veřejnosti* in the public mind; *zavřít oči* 1 přehlédnout shut* an eye (*před* to) 2 spát sleep* a wink 3 zemřít close one's eyes (in death); *zmizet z očí* lose sight of a t., p.

oko² v pletení loop, smyčky loophole, sítě, síta, na punčoše mesh 2 puštěné ladder, am. run 3 léčka noose 4 mastné drop of fat 5 na kostce apod. pip ♦ *kuří* ~ corn; *paví* ~ peacock butterfly

okol|í environs, pl, sousedství neighbourhood, vicinity **–ík** bot. umbel **–kovat** 1 hang* about (am. around) 2 v. kolkovat **–ky** ceremony, ado, fuss ♦ *bez ~ků* without ceremony, without more ado; *dělat* ~ stand up(on) ceremony, **–ní** neighbouring, surrounding **–nost** circumstance, by, podél along **–ojdoucí** passer-by **–ostojící** bystander

okopaniny root-crops

okopírovat v. kopírovat

okor|at < –ávat become* / grow* crusty / stale

okořenit v. kořenit

okostice periosteum ♦ *zánět* ~ periostitis

okouk|at, –nout < –ávat / okukovat hovor. zvyknout si na to find* a t. trite, get* accustomed / used to

okoun zool. perch

okouzl|it < –ovat 1 charm, bewitch, jemné enchant, uchvátit fascinate **–ený** magical, charming

okov|at < –ávat 1 sheathe with metal (cf. metal-sheathed n. iron-tipped stick), zasadit do mount in; botu hobnail 2 podkovat koně shoe* a

horse

okr ochre

okrádat v. okrást

okraj = kraj

okr|ájet < –ajovat jako ořezat, ořezávat

okrajový border, end, marginal

okrasa embellishment, ornament **–ný** ornamental

okrá|st < –dat *koho o co* rob a p. of a t., zcela strip a p.

o|krášlit < –krašlovat embellish, beautify

okres district, zvl. městský division, am. township **–ní** district, venkovský provincial

okrouhlý round, circular

okrsek ward; = obvod

okru|h 1 circle, oběhu circuit 2 dosah radius, range (*v –hu* within [the range of]...), obhospodařovaný, zasažený coverage 3 soubor complex, group ♦ *čtenářský* ~ circulation, readership; el. *integrovaný* ~ grated circuit; el. *uzavřený* ~ closed circuit **–žní** roundabout, circular, circle ♦ ~ *cesta po čem* tour of...; ~ *jízda, plavba* cruise; ~ *trať* circle (line)

okřá|t < –vat brace o.s. (up), recover, revive

okřídlený winged ♦ *-né rčení* dictum, pl -ta, maxim

okřik|nout < –ovat speak* harshly to a p., call a p. to order

okt|an octane **–anové** číslo o. number **–áva** octave

okukovat zvědavě have a look (round)

okupace occupation **–ační** (... of) occupation **–ant** intruder, invader **–ovat** occupy

okurk|a cucumber ♦ *kyselá* ~ pickled gherkin **–ový** sezóna the silly season

okusit < okoušet = ochutnat

okusovat v. okousat

okvětí perigone, perianth

okysličit < –ovat oxidize, oxidate; prokysličit oxygenate o|lámat < –lamovat break* off; zbavit větví, listí lop, zbavit přečnívajícího crop

olej oil –natý oily –nička oil(ing) can –ný oil –omalba oil (painting) –ovat > na– oil, lubricate, grease –ovitý oily –ovka sardine in oil –ový oil; = -natý

olemovat v. lemovat

oliva olive

olízat < olizovat 1 lick a t. 2 slízat lick off a t.

oloupat v. loupat

oloupit < olupovat koho o co rob a p. of a t.

olov|ěný (...of) lead, plumbic, jako olovo leaden –natý plumbic, ...of lead –nice plumb-line, na konci šňůry plummet, lead –o lead

olš|e alder(-tree) –ina clump of alders

oltář hlavní altar, postranní shrine

olupovat v. oloupit

Olymp Olympus

olympiáda Olympiad, Olympic Games, pl

omáč|et v. omočit –ka sauce, z pečeně gravy, hustá dope, kupovaná relish; přen. embellishment –ník sauce-boat

omak|at –ávat = ohmat-

omalovat v. malovat

omámit < omamovat 1 stupefy drogou drug, dope, že omdlévá make* a p. faint / swoon 2 zmást daze, bewilder, milostně infatuate

omamný stupefying, dazing ♦ ~ prostředek drug, dope, narcotic

omast|ek fat, grease –it < grease, máslem butter

omaz|at < –ávat daub, smear

omdl|ít < –évat faint (away), swoon

omeleta omelet(te)

omeškat se linger, tarry, be late

ometat se bustle about

omez|it < –ovat limit a t. (na to), všetranně restrict (to), úzce circumscribe a t.; znemožnit rozběh confine a p. (to a t.); snížit, zmenšit reduce, cut* (down); tlumit check; vázat podmínkou qualify, bližším údajem modify; zkrátit na újmu curtail (a p.'s rights), ponechat jen to hlavní abridge, postradatelné (výdaje) retrench –it se < –ovat se na co confine o.s. to a t., odevzdaně resign o.s. to a t.; ve výdajích cut* down on one's expenses / needs; –ený duševně dull, ...of weak intellect, narrow(-minded) –enec narrow-minded person, ignoramus

omílat grind* (off) a t., harp on a t.

omilost|nit < –ňovat pardon

omít|ka plaster, jemná parget(int) –nout < –at plaster, parget

omla|dit < –zovat make* young, rejuvenate

omládnout become* young(er)

omlátit batter ♦ ~ komu co o hlavu let* a p. hear of a t.

omlazovat v. omladit

omlouvat (se) v. omluvit (se)

omluv|a apology, k zbavení se obvinění excuse (na -u čeho in excuse for a t.) –enka letter of apology, hovor. sorry-card –it < omlouvat koho z čeho excuse a p., a t., a p.'s t., a p. for a t. (zprostit návštěvy a p., a t.), přednést něčí omluvu apologize for a p. –it se < omlouvat se apologize, make* one's excuses, offer one's excuse –itelný excusable, justifiable –ný apologetic, ...of apology

omočit < omáčet steep, soak; navlhčit moisten

omot|at < –ávat co bind*, wrap, wind* a t. on / round a t., válením roll on

omr|áčit < –ačovat stun

omrzat v. omrznout

omrz|elý čím weary a t., apatický listless –et něco někoho -zí a p. grows* sick / tired / weary of a t. ♦ opakovat do -ení repeat a t. ad nauseam

omrz|lina chilblain –lý frost-bitten, chilblained –nout < –at freeze* all over

omšelý 1 moss-grown, mossy; starý hoary 2 otřepaný trite, trivial, common-place

omyl error, z nepochopení, nevystižení mistake, z nešikovnosti blunder; pochybení, vina fault; v telefonu wrong number; **–em** by mistake **–ný** fallible

omý|t < –vat wash, scour, rinse **–vač** skel screen washer

on he (him) **–a** she (her) **–o** it, **–i**, **–(y)** they **–ak** the other way

onanie masturbation

ondatra musk-rat, musquash

Ondřej Andrew

ondullace wave, trvalá perm(anent wave) **–ovat < na–** wave, curl, perm

on(eh)dy the other day / time

oněmět grow* / become* / be struck dumb / mute / speechless **–it < –ovat** strike* a p. dumb, zvl. v úžasu dum(b)found

onemocnět fall* / be taken ill, am. sick čím, na co of a t.; **–nění** disorder = nemoc

oněmovat v. oněmit

on|en that, pl those ♦ ~ svět the other world; za onoho času at that time; kdysi once (upon a time) **–udy** the other way

op|áčit return, retors **–ačný** opposite; vzájemně se vylučující contradictory, co nejvíce od sebe vzdálený contrary; převrácený reverse, zvl. hodnota, poměr inverse; **–ně** the other way round

opad|nout < –at 1 z povrchu fall* / drop off **2** listí be shed, omítka flake (off) **3** klesnout fall* off, drop, subside, postupně dwindle away

opájet v. opojit

opak opposite, úplný:, extrémní contrary; rub reverse

opakova|cí repeating (watch, pistol), revision (lesson) **–t** repeat, reiterate; jako ozvěna echo; **–vání** repetition, reiteration; ..., opakuji, ..., repeat, ...; Opakovat! Encore! (The singer was encored) **–t > z– 1** souhrnně recapitulate, zna-

losti revise **2** zkouškou rehearse **–t se** be repeated, mat. repeat, jednotvárně repeat o.s.; pravidelně se vracet recur

op|álit < opalovat sear, ožehnout singe, sluncem tam, brown, bronze (-lený sunburnt, sun-tanned) **~ se < opalovat se** get* sun-tanned; slunit se bask (in the sun), sunbathe **–alovačky** sun-bathing costume

opánek sandal

opanov|at < –ávat master, obsadit occupy **–at se < –ávat se** control o.s., (re)gain self-control, get* a grip on o.s.

opa|r 1 mlha haze **2** kožní herpes **–řit** scald ♦ jako -řený dum(b)-founded

opás|at < –ávat gird(le), co = se čím put* a t. round

opasek belt

opat abbot

opatr|nický overcautious, middle-of-the-road, steering the middle course, v závazcích non-committal, hovor. cagey; skoupý chary **–ník** middle-of-the-roader, fence-sitter **–nost** caution, pečlivá care, diligence **–ný** cautious, pečlivý careful, diligent; neukvapující se restrained, prozíravě precautious, promyšleně (well-)advised; "Opatrně" (Handle) With Care **–ovat** look after, jako pomocník, neodborně tend (to) a t. / p., pečovat care for... take* care of...; mít stále u sebe keep*, z pověření have... in charge ♦ ~ jako oko v hlavě it is the apple of one's eye **–ovnice** dětí (dry) nurse, v. též pečovatelka **–ovnictví** custodianship, trust-(eeship) **–ovník 1** protector, úředně pověřený committee, custodian, dočasný depositary **2** poručník guardian, pozůstalosti administrator, nesvéprávného conservator, úřední n. nezletilců curator

opatř|ení measure, arrangement, provision, z opatrnosti precaution

(*proti* against), kvůli ochraně safe-
guard, soudní action ♦ *učinit* ~
take* measures, steps; make*
provisions –*it* < –*ovat* 1 co pro-
vide a t. (*komu co* = *koho čím* a
p. with a t.), take* / draw* out,
obtain / get* a t. for a p. s
vynaložením péče procure (a p. with)
a t., zajistit secure, aby účinkovalo ef-
fect; get* at a t., sehnat lay* hands
upon a t. 2 co čím provide a t., vy-
bavit equip, furnish, aby bylo k dis-
pozici supply (*čím* with); kolkem,
razítkem, podpisem affix... to a t. 3 za-
jistit natrvalo co provide for a t.
opé|ci < –**kat** roast, grill, broil, v ten-
kých plátcích toast, celé velké zvíře bar-
becue
opelichat v. *pelichat*
opepř|it < –**ovat** pepper, přen. sea-
son
opera opera, budova opera-house*
opěra 1 rest 2 podpěra prop, = *opo-
ra*
opera|ce operation –**ční** (... of) op-
eration, operating ♦ ~ *sál* oper-
ating-room, univerz. o. theatre
opěradlo rest, vzadu back, pro ruce
(arm-)rest, arm
operat|ér operator –**ivní** opera-
tional, účinný operative
oper|eta musical comedy, light
opera, operetta –**ní** opera(tic)
opěrný supporting, ... of support,
zadržující retaining ♦ ~ *bod* point
of support
operovat 1 čím operate with a t.,
employ a t. 2 koho operate on a p.
opeřený fledged
opět = *zase* –(ov)**ný** repeated –**o-
vat** repeat, oplátkou return, naléhavě
iterate, znovu a znovu reiterate
opěvat sing*
opev|nění fortification –**nit** < –**ňo-
vat** fortify
opi|ce monkey, bezocasá. též s důrazem
na opičení ape; nadávka ženě hen, slut
♦ *mít* -*ci* opilost be drunk –**čák**
he-ape, šereda dog-ape –**čí** mon-
keyish, apish ♦ ~ *láska* dotage

–**čit se** *po* kom ape a p.
op|íjet (se) v. *opít (se)* –**ilec** drunk-
ard, hovor. drunk, drunken man*
–**ilost** drunkenness, intoxication
opilov|at < –**ávat** file (off)
opil|ství 1 drink(ing) 2 stav = *opilost*
–**ý** drunken (*být* ~ be drunk)
opírat (se) v. *opřít (se)*
opis 1 copy, duplicate, přepis tran-
script 2 jinými slovy circumlocution,
obvyklý periphrasis, pl –ses ♦ *po-
řídit* ~ take* / show* out a copy; *v
-e* in duplicate –**ný** periphrastic
–**ovat** v. *opsat*
opí|t < –**jet** make* drunk, intoxicate
–**t se** < –**jet se** get* drunk / in-
toxicated; -*jí se* he drinks
opium opium
oplácet v. *oplatit*
opláchnout < **oplachovat** rinse;
spláchnout wash off, scour
oplak|at < –**ávat** mourn for / over a
p., bewail / bemoan a p., lament,
weep*, grieve for a p.
oplatit < **oplácet** retaliate, pay*
back, splatit return
oplát|ka requital, return, retaliation
♦ *půjčka za* -*ku* tit for tat; *půjčit
si na věčnou* -*ku* borrow till St.
Tib's Eve
oplé|st < –**tat** 1 proutím wicker (a
wickered bottle = a flask) 2 = *o-
motat*
opl|etačka, –**étání** unpleasant-
ness, trouble
oplétat v. *oplést*
oploc|ení enclosure, am. (brit.
dřevěné) fence –**ovat** v. *oplotit*
oplod|nit < –**ňovat** 1 fertilize 2 tvo-
ra inseminate
oplo|tit < –**covat** enclose, am. (brit.
dřevěným plotem) fence, živým plotem
hedge, mříží rail in
oplývat čím be rich (*čím* in), abound
(*čím* in)
oplzlý lewd, v myšlení prurient, ve vy-
jadřování obscene
opodál at some distance, further
off
opodstat|nit < –**ňovat** found, give*

substance to a t. (*-něný* well-
-founded)

opoj|ení ecstasy, elation; = *opilost*
–it < **opájet** bring* up into ecsta-
sy, intoxicate **–ný** intoxicating

opo|menout < **–míjet 1** omit, z ne-
dbalosti neglect, forget*, neučinit to
fail (to s inf) **2** přezíravě cut*, opovržlivě
slight

opona 1 div. (drop-) curtain **2** vyvolání
curtain-call ♦ ~ *jde nahoru /
padá* the curtain rises / falls;
poslední ~ drop-scene; *železná* ~
fire-proof curtain, *Železná* ~ hist.
the Iron curtain

oponovat komu argue / reason with
a p., čemu object to a t.

opora 1 support, butress **2** jako ú-
točiště recourse **3** = *opěra*

oportunis|mus time-serving, opor-
tunism **–ta** time-server, oppor-
tunist **–tický** time-serving

opotřeb|it < **–ovat** wear* (out) **–it
se** < **–ovat se** get* worn

opouštět v. *opustit*

opo|vážit se < **–važovat se** dare*,
be so bold as to inf **–vážlivec**
daring fellow **–vážlivost** temeri-
ty, audacity, drzá cheek, affron-
tery, arrogance **–vážlivý** temer-
arious, audacious, drze cheeky,
arrogant

opovr|hnout < **–hovat** scorn, otevře-
ně disdain, ignorovat slight; = *pohr-
dat* **–žlivý** scornful, disdanful,
slighting

opo|zdilec latecomer **–zdilý** belat-
ed, late **–zdit** < **–žďovat** retard,
delay **–zdit se** < **–žďovat se** get*
/ be delayed, proti předpisu be over-
due; přijít pozdě be late, be behind
time, be / fall* behind, lag be-
hind; hodiny lose time (o *10 minut*
ten minutes)

opozi|ce opposition **–ční** opposi-
tion **–čník** opposer

opracov|at < **–ávat** rough-work,
work

oprášit < **oprašovat** dust, kartáčem
brush

opr|at rein **–átka** (hangman's) hal-
ter, noose, přen. rope

oprav|a correction, rectification,
repair, reparation, reform (srov. *o-
pravit*) **–ář** repairman*, zvl. am.
troubleshooter **–ářská** četa re-
pair squad

opravd|ový 1 true, ryzí genuine, ne-
líčený unaffected, myšlený doopravdy
earnest, nejen pro zábavu serious **2**
otevřený, upřímný frank, pravdomluvný
veracious **–u** in fact, indeed, re-
ally, actually

oprav|it < **–ovat 1** put* a t. right,
correct, formálně rectify **2** spravit re-
pair (*opravovat se* be under re-
pair), vyspravit mend; vylepšením
amend, zásadně reform **–na** repair
shop

opr|ávnění title, authorization **–áv-
nit** < **–avňovat** entitle, plnou mocí
authorize, úř. povolením license; u-
spokojivými důvody justify (a p. in do-
ing a t. / to do a t.); **–ávněný** jus-
tified, rightful

oprav|ný... of correction ♦ *-ná
zkouška* second examination **–o-
vat** v. *opravit*

opro|stit < **–šťovat** free (*od* of,
from), osvobodit deliver (of) ~ **se**
shed a t.

oproti in comparison with, com-
pared with

opru|dit < **–zovat** chafe

oprýskat be cracked

opříst < **opřádat** ·spin* round, tak
zahalit envelop a t. in (the tissue
of...)

opřít < **opírat** lean* (o against),
rest (in / on); podepřít support;
opřený leaning ~ **se** < **opírat se
1** lean* (o against), čím o co lean* /
rest one's... against...; *zakládat
se na čem* be based on a t. **2** pro-
ti čemu oppose a t.

opsat < **opisovat 1** copy, take* a
copy of a t., ozdobným písmem en-
gross **2** kružnici circumscribe **3** ne-
dovoleně plagiarize, hovor. crib **4**
vyjádřit opsaně express periphrasti-

cally / in a roundabout way
op|tat se v. *ptát se* ♦ *děkuji za -tání* it's nice of you to ask
opti|cký optical, visual **–k** optician **–ka** optics
optim|ální optimum **–ismus** optimism **–ista** optimist
opuch|lý swollen **–nout** swell* (up)
opulentní opulent, sumptuous
opu|stit < **opouštět** leave*; majetek přátele, svěřené desert, nechat osudu abandon; zavrhnout forsake* **–štěnost** desolation, bez prostředků destitution, při ponechání osudu abandonment **–štěný** desolate, zbavený prostředků destitute, lonesome
opyl|it < **–ovat** pollinate
oráč ploughman*
orámovat v. *rámovat*
oranž|áda orangeade **–ový** orange
orat < **z–** 1 brit. plough, am. plow 2 kazit bungle ♦ ~ s kým order a p. about
orazítkovat v. *razítkovat*
orba ploughing / plowing
ordin|ace 1 doba ordinování surgery office hours, pl 2 léku prescription 3 místnost surgery, zvl. am. consulting room, office **–ační** ...of attendance, consulting (e.g. hours) **–ovat** hold* surgery, have one's surgery / office hours; lék prescribe
orel zool. eagle
org|án 1 organ 2 úřad authority, body 3 polic. úředník inspector 4 hlasový ~ (compass of) voice **–anický** organic **–anismus** organism **–anizace** organization, body arrangement, celkové sestavení set--up, podnik establishment **–anizační** organizational **–anizátor** organizer **–anizovat** > **z–** arrange, organize **–ie** orgy
orchestr orchestra **–ální** orchestral
Orient the Orient, brit. též the East
orient|ace orientation, bearings, pl, **–ační**... of orientation, route-i-

dentification **–álec** Oriental **–alista** Orientalist **–alistika** Asian studies **–ální** Oriental **–ovat** orient(ate) **–ovat se** find* / take* one's bearings, opatrně feel* one's way, test the ground
origin|ál 1 original 2 člověk character **–alita** originality **–ální** original, pravý genuine
orkán hurricane
orlí eagle's; podobou aquiline (e.g. nose)
orloj calendar / astronomical clock, středověký (medieval) horologe
ornát chasuble, bohatý oděv vestment
orn|ice arable land **–ý** arable
orodovat intercede (za for), apelováním plead (u koho za with a p. for...)
oros|it (se) bedew
oroubovat v. *roubovat*
ortel verdict ♦ *vyřknout* ~ return a verdict
oř steed
ořech 1 nut 2 dřevo walnut 3 = **–šák** 4 uhlí nut coal ♦ *lískový* ~ hazel nut; *vlašský* ~ walnut, am. English walnut **–šák** walnut (-tree)
oře|zat < **–ávat** 1 cut* (off), po okraji trim, větve apod. lop, co přerostlo crop 2 ostřit sharpen (a pencil) **–ávátko** pencil sharpener
oříšek 1 = *ořech* 2 problém hard nut (to crack) ♦ *burský* ~ peanut **–kový** (wal)nut, hazel-nut, barvou hazel
ořízka edge(s, pl), horní top (edge)
osa 1 axis, pl axes 2 kola axle, pin, přen. hub 3 stroje arbor, spindle
osad|a settlement, zámořská colony; rekreační recreation / summer camp **–it** < **osazovat** 1 stroj, loď man, úřad staff 2 osídlenci settle, v zámoří colonize 3 vybavit plant (with shrubs, fish, people); set* a t. 4 zapustit sink* **–nický** colonial **–ník** settler, kolonista colonist
osamě|lost solitude, seclusion,

loneliness **–lý** solitary, osamocený lonely, neutěšený lonesome; v ústraní secluded, po odchodu retired **–t** remain solitary

osamo|cenost isolation **–statnit** < **–statňovat** make* independent **–tit** < **–covat** isolate

o|sazenstvo staff; crew, personnel **–sázet** < **–sazovat** set*, plant **–sazovat** v. *osadit*

osedl|at < **–ávat 1** saddle **2** si koho bring* a p. under one's thumb

osek|at < **–ávat** hew a t. (all) round, chop a t. off; lop, trim

osel donkey, zvl. odb. ass, hlupák (jack)ass

o|sení green corn **–sévat** v. *osít* **–sev(ní)** sowing

oschnout < **osychat** dry off / up, get* dry

osídl|ení settlement, městské neighbourhood **–it** < **–ovat** settle

osidlo snare

osídlovat v. *osídlit*

osika aspen(-tree) ♦ *třást se jako ~* tremble like an aspen leaf

osiře|lost orphanhood **–lý** orphan(ed), přen. forlorn **–t** be orphaned, lose* one's parents / father / mother

osít < **osévat** sow*

osivo seed for sowing

oslab|it < **–ovat** weaken, enfeeble

oslábnout v. *slábnout*

oslav|a celebration, na paměť commemoration, proklamující demonstration **–enec** honoured person **–it** v. *slavit* **–ný** intended / meant to celebrate, na paměť commemorative, slavnostní festivale **–ovat** = *slavit*

oslep|it < **–ovat** blind **–nout** v. *slepnout*

osl|nit < **–ňovat** dazzle **–nivý** dazzling

oslov|it < **–ovat** address, speak* to; **-ení** address

oslyšet turn a deaf ear to a t.

osm, –a eight

osmaž|it < **–ovat** fry

osmdesát eighty **–ý** eightieth

osměl|it < **–ovat** embolden, encourage **–it se** troufnout si venture (*k čemu* a t., to inf), take* the liberty of -ing, make* bold to inf

osm|ina eight **–iveslice** eight **–náct** eighteen **–náctý** eighteenth **–inásobný** eightfold, octuple **–ý** eighth

osnova 1 tkalcovská warp, přen. web, tissue **2** notová staff **3** uspořádání arrangement, učební curriculm, programme, syllabus **–t** > zplot, machinacemi engineer

osob|a person, individual, slovesného díla character ♦ *úřední ~* person in authority **–ovat si** claim, assume the right **–itý** individual **–ní** personal; pro cestující passenger; **–ně** in person (na dopise Private) ♦ *~ doklady* documents, identification / identity papers; *~ prádlo* underclothes, pl; *~ průkaz* identity card, proof of identity; *~ váha* weighing-machine; *~ vlak* viz výše a slow / stopping / local train; *~ vůz* auto private car; *~ výtah* passenger lift **–nost** personality; významný člověk personage

osoč|it < **–ovat** accuse, incriminate a p. of a t., impute a t. to a p.

osolit v. *solit*

osop|it se < **–ovat se** na koho fly* / snap / rail at a p.

ospal|ost somnolence, sleepiness **–ý** sleepy, drowsy

ospravedl|nit < **–ňovat 1** justify, vahou důvodů warrant, argumentace vandicate **2** zprostit viny exculpate, exonerate, clear

osprchovat v. *sprchovat*

ostat|ek 1 = *zbytek, zůstatek* **2** *-ky,* pl člověka remains, památné relics **–ní** se sg the rest of..., s pl the other...; *-ně* for that matter, otherwise, as to the rest, koneckonců after all; *-ní,* tj. o lidech, samostatně the rest, sg i pl, the others, pl

osten prickle, spine; přen. výčitky

prick / sting of conscience

ostentativní flaunting, ostentatious

ostnatý prickly, spiny ♦ ~ *drát* barbed wire (cf. a barbed-wire fence)

ostouzet > **zostudit** vilify, calumniate, malign, disparage

ostražit|ost vigilance, wariness, watchfulness **–ý** wary, watchful, bdělý vigilant

ostrost piquancy, salience, pungency

ostrouh|at < **–ávat 1** grate (off) **2** = *oškrabat*

ostrov island, ve jménech ostrovů a bás. isle **–an** islander **–ní** island, odb. a přen. insular

ostruha spur

ostrůvek 1 islet, v řece eyot **2** ve jménech holm(e) **3** ve vozovce refuge, island, am. safety zone

ostružina bot. blackberry

ostrý hrana n. ostří sharp, příjemně pronikavý keen, sbíhavý, přesně určující (sluch) acute, útočný cutting, palčivý smart, popichováním pungent, příjemné piquant; svah steep, zvuk piercing, shrill, palba live; vyčnívající salient

ostřelovat bombard

ostří edge

ostříhat v. *stříhat*

ostřílený seasoned

ostřit > **na–** sharpen, vytvořit ostří edge, špici point ~ > **z–** 1 sharpen (one's sight, pain) **2** zpřísnit strengthen

ostud|a shame; discredit, disgrace, outrage, dishonour, disrepute, scandal **–ný** shameful; discreditable, disgraceful, outrageous, dishonourable, disreputable, scandalous

ost|ych coyness, bashfulness, shyness **–ýchat se** be coy / bashful; váhat be awkward / uncomfortable about a t. **–ýchavý** upejpavý coy, stydlivý bashful, plachý shy, sheepish

osud fate, předurčení, životní destiny, úděl lot; náhodnost fortune (**-y** příhody fortunes, pl); co je souzeno doom **–í** (polling) urn **–nost** fatality **–ný** fateful, ničivé fatal **–ový**... of fate / fortune

osuš|it < **–ovat** dry (up), ťukáním dab, vysáním blot (up), setřením wipe off **–ka** bath sheet **–ovátko** blotter

osvěcovat v. *osvítit*

osvědč|ení listina certificate, testimonial **–ený** (well-)tried, tested; znalý věci competent **–it** < **–ovat** certify, testify **–it se** < **–ovat se** acquit o.s. (well), prove competent, o věci come* right

osvět|a culture, (popular) cultural activities, vzdělávání dospělých adult education **–ář** cultural worker **–lení** illumination, lighting **–lit** < **–lovat** illuminate, light* (up), slavnostně floodlight*, film light* (a light-shot film) **–lovací** těleso, **–lovadlo** light fixture, lighting appliance **–ový** cultural ♦ *-vá beseda, ~ dům* (social and) cultural club; *~ kurs* adult (education) course

osvěž|it < **–ovat** refresh **–it se** < **–ovat se** be / become* refreshed

osví|cenec enlightener, vzdělanec educated person **–cení** enlightenment **–censký**... of the Enlightenment **–cenství** Enlightenment, Age of Reason

osvit fot. exposure

osvítit < **osvěcovat** light(en), illuminate duchovně enlighten

osvobo|dit < **–zovat (set*)** free, uvolnit release; z nesvobody liberate, set* a p. at liberty / large, záchranou deliver; otroka n. ze zotročujícího stavu emancipate, a učinit plnoprávným občanem enfranchise; zprostit obvinění acquit, zprostit povinnosti exempt (a p. from a t.) **–ditel** liberator **–zenecký, –zenský**... of liberation

osvoj|it si < **–ovat si 1** adopt **2** na-

být acquire
osychat v. oschnout
osypky measles, pl
ošálit v. šálit
ošatit clothe v. obléci
ošatka wicker-basket
ošemetný fraudulant, tricky, deceitful, choulostivý awkward
ošetř|it < **–ovat** treat, docházkou attend a p. **–ovat** nurse (a p., a p's wound), co roste tend **–ovatel** orderly, i věci attendant **–ovatelka** (dry) nurse, nemocných (sick) nurse **–ovna** first-aid station, nemocniční surgery (and dispensary), voj. a na lodi sic bay, v koleji sick room
ošid|it v. šidit **–ný** deceptive
ošívat se fidget, wince
ošklíb|nout se < **–at se** make* a wry face / grimace or wry faces / grimaces, pull a long face, s úsměvem grin
oškliv|it si loathe, detest, abhor a t. ♦ on si něco -ví he feels nauseated / disgusted / sick at a t. **–ý** ugly, o ženách plain; am. homely až se obrací žaludek sickening, nauseating; odporný disgusting
oškrab|at < **–ávat** scrape (off), shave (off), loupáním pare; odstranit scrape away
oškubat v. škubat
ošlap|at < **–ávat 1** tread*, stamp (down), stálým šlapáním trample **2** boty, koberec, schody wear* out / down; **–aný** o obuvi down at heel
ošleh|at < **–ávat** lash, vítr sweep*; wear* a t. (off); **–aný** počasím, větrem weather-beaten, windswept
ošoup|at **–ávat** rub off / away, wear* a t. bare
oštěp spear, sport. javelin (hod **-em** throwing the javelin)
oštipovat pick
ošumělý shabby, paltry, scruffy, scrubby
otáč|ecí turning; revolving (chair, door, stage), na čepu swivel (chair) **–et** v. otočit **–et se =** točit se **–ivý =** otáčecí **–ka** turn(ing); obrátka

revolution, cycle, hovor. rev
otálet s čím procrastinate in a t., odkládat tarry, delay
otápět heat, v. topit
otava aftergrass, second hay harvest
otáz|at se v. tázat se **–ka** question; dotaz, problém query, sporný bod issue
otazník question mark, am. interrogation point
ot|covský fatherly, vzhledem k otci paternal **–covství** paternity **–čenáš** the Lord's Prayer **–čina** one's own / native country, bás. fatherland **–ec** father
oté|ci < **–kat** swell* up / out
otěhotnět become* pregnant, impregnated, begin parturition
o|tékat v. otéci **–teklina =** otok
otep bundle, dříví faggot, proutí bolt
otepl|it < **–ovat** warm (up) **–it se** < **–ovat se** grow* / get* warm(er)
otevř|enost frankness **–ený 1** open, bez střechy open-air (ale vozidlo open); veřejné vyznávaný professed **2** upřímný frank; neskrývaný overt ♦ **-ená** hlava bright head, open mind; s -eným hledím defiantly; mluvit -eně speak* out; -eně řečeno frankly (speaking); na -ené scéně during the performance; s -enými ústy gaping, open-mouthed **–ít < otvírat** open (apod. break* / tear* / wrench / prize / cut* open), zahájit též start, commence ♦ ~ dokořán open wide; ~ komu srdce unburden one's heart **–ít se < otevírat se** open
otěže reins
otírat v. otřít
otisk print, imprint, impression, přen. impress; přetisk reprint, kopie copy ♦ zvláštní ~ off-print; ~ prstů finger-print **–nout < –ovat** print; přetisknout reprint; s přesným obrysy imprint, impress
otlač|it < **–ovat** make* callous / sore (by pressing)
otlou|ci < **–kat** knock (off), batter
otoč|it < **otáčet 1 =** obtočit **2** v

točit **–ný** = *otáčecí*

otok swelling

otop 1 heating **2** palivo fuel **–ný** heating

otr|ava 1 poisoning, envenomization **2** nuda bore, tedium **3** protivná věc nuisance, shame **4** protivný člověk (dull) bore, drip **–ávený** přen. fed up; sick, tired / weary (*čím* of a t.) **–ávit < –avovat 1** poison, infekcí taint, mravně corrupt **2** nudit bore (stiff or to death), brown off **–ávit se < –avovat se 1** take* poison, neúmyslně be / get* poisoned **2** nudou get* bored **–avný 1** poisonous **2** protivný boring, annoying **–avovat** koho **1** annoy, pester a p. **2** v. *otrávit*

otrh|aný ragged **–at < –ávat** tear* off / away, poškodit tear*, na cáry tatter

otr|lost cynicism **–lý** cynical, callous **–nout:** *-nulo mu* he has forgotten about the pain / shame etc.

otro|cký slavish, servile; užívající otroků slave **–ctví** slavery **–čí** slave(s') (e.g. slave labour) **–čina** slavery, drudgery **–čit** slave, *komu* be a p.'s slave **–čit < z–** *koho* (en)slave a p. **–k** slave (*čí* to a p.) **–kář** slaver **–kářský** slave(r's) (e.g. slave ship = *slaver*) **–kyně** slave girl

otruby pigmeal, bran

otřás|t < –at shake*, úplně shatter, nárazem shock **–t se < –at se** shake*, quake, tremble

otřelý worn

otřep|aný trite, používáním hackneyed, prodiskutovaný thrashed-out **–at < –ávat** v diskusi thrash out **–at se < –ávat se** shake*, přen. perk up

otřes shock, commotion, fyz. tremor **–ný** shocking, powerful

otřít < otírat wipe, tahem přes něco mop, dřením rub **~ se < otírat se 1** o co rub (up) against a t. **2** ztratit povrch rub / wear* off, o koho nešetrně run* down a p. **4** k osušení wipe, mop o.s.

oťuk|at < –ávat tap (all over), přen. sound (out)

otup|ělý inert, callous **–ět < –ovat** become* listless / callous / insensible **–it < –ovat** blunt, dull, přen. make* / render dull / insensible; **–it se** lose* the edge

otuž|ilost hardiness **–ilý** hardy otuživší se hardened **–it < –ovat** harden (*se* become* hardened)

otvíra|cí opening (e.g. device, hours, time) **–č** opener (tin-o., am. can o., bottle-o., letter-o.) **–t (se)** v. *otevřít (se)*

otvor opening, aperture, vyústění orifice, vústění inlet; štěrbina slot; průduch vent

otyl|ost obesity **–ý** obese

ouvertura overture

ovace ovation

ovad|nout < –at lose* freshness

ovál, –ný oval

ovanout = *ofouknout*

ov|ázat < –azovat tie a t. round, obalem wrap (*čím* in)

ov|ce sheep* **–čácký** shepherd's ♦ *-ká hůl* shepherd's crook **–čák** shepherd **–čí** sheep's ♦ ~ *pastvina* sheep walk **–čín** sheep-fold / pen

ovdově|lý widowed **–t** lose* one's husband or wife, be left a widow(er)

ovečka lamb, svěřenec sheep*

ověnčit v. *věnčit*

ověř|it < –ovat verify, listinu attest, authenticate, učinit právoplatným legalize; *-ený zkušeností* (time-) tested, proved

oves oat obilí oats, pl

ově|sit < –šovat hang* a t. with...

ovesný oat(en)

ověšovat v. *ovesit*

ovin|out < –ovat, ovíjet twine, wreathe, swathe a t. round (with...), enfold, obemknout clasp, a sevřít twist, obejmout embrace

ovívat fan

ovlád|at control, have control of a t.; spravovat manage, govern; jazyk have mastery / command of..., naučit se have mastered; nástroj manage, ply, wield **–nout 1** gain control of; over a t., potlačením předešlého override* **2** převládnout become* prevalent, mocensky overrule, v zápase gain the upper hand of / over... **3** naučit se master **4** zkrotit curb, bridle

ovliv|nit < **–ňovat** influence, postihnout affect

ovoc|e fruit **–nář 1** pěstitel fruitgrower **2** prodavač fruiterer, ovoce a zeleniny greengrocer **–nářský** fruit (-growing) **–nářství 1** pěstění fruit growing **2** prodejna fruiterer's **–ný** fruit

ovroubit = obroubit

ovšem 1 indeed, it is true, to be sure, I daresay **2** sice though na konci věty **3** ano certainly, of course, to be sure, indeed -že není divu no wonder; = ovšem

ovzduší atmosphere

oxid|ace oxidation **–ovat** oxidize

ozářit < **ozařovat** irradiate, osvětlit illuminate; med. (X-)ray

ozbroj|enec armed man*, man*-at--arms **–it** < **–ovat** arm

ozdob|a decoration, ornament, pro úpravnost zvl. oděvu trim, zvl. jídla garnish, okázale deck (out), bedeck **–ný** decorative, ornamental, ornate, určený k používání fancy

ozdrav|ět < **–ovat** recover / regain / be restored to health **–it** < **–ovat** restore a p. to health, cure a p. **–ný** curative **–ovna** convalescent home

ozkusit fit a t., na sebe try on

ozla|tit < **–covat** gild* (over)

ozn|ačit < **–čovat 1** indicate, z výběru designate; podle druhu denominate, vytknout specify **2** ukázat na point at a t. **3** pojmenovat term, give* a t. a name; -čení pojmenování denotation, denomination **–ačkovat** < **–ačkovávat** mark **–ačovat 1** znamenat denote, express **2** v. označit **–ámení** announcement, napřed poslané advice note,

letter of advice **–ámit** < **–amovat** announce, make* a t. known, komu co inform a p. of a t., formálně notify a p. of a t., už předem advise a p. of a t.; zveřejnit publish, proclaim, ohlásit report, jako provinilce inform upon / against a p.; -mení (činnost) announcement, information, notification **–ámkovat** v. známkovat **–amovatel** announcer, reporter, informant ♦ malý ~ small ads, pl

ozob|at < **–ávat** peck (all over)

ozón ozone

ozřejm|it < **–ovat** make* a t. clear, elucidate

ozubený toothed, cogged ♦ -ná dráha rack railway; -né kolo cog (-wheel)

ozvat se < **ozývat se** make* o.s. heard, zvučně (re)sound, znít ring* ozvěnou echo, be re-echoed; odpovědět reply; proti čemu raise one's voice against a t.

ozvěna echo, mnohonásobná reverberation ♦ vracet se -nou echo, be re-echoed

ozvuč|it < **–ovat** film provide a sound-track

ozývat se v. ozvat se

ožebrač|it < **–ovat** beggar, impoverish

ožeh|avý ticklish, delicate **–nout** < **–ovat** singe, scorch

oželet get* over the loss of...; domnívat se, že je ztracen deem a p. lost

oženit (se) v. ženit (se)

ožírat v. ožrat

o|žít < **–žívat** revive, come* back to life **–živit** < **–živovat** bring* (back) / restore to life, bring* to / round, resuscitate, přen. give* life to a t., aby bylo živější enliven, (re)animate

ožra|la soak, dipsy, drunk(en sot), sot **–lství** drink, hard drinking **–t** < **ožírat 1** eat* off, browse (upon) a t., spásat graze, ohryzávat nibble at a t., fret a t. **2** opít make* a p. drunk **–t se** < get* drunk

P

p, p, pl p's ♦ *mít všech pět / sedm
p* be a paragon (of virtue)

pa bye-bye, ta-ta

paběrkovat glean

pacient(ka) patient

pacifikace pacification

packa paw ♦ *dej mi pac!* shake
(hands)!, give me a paw!

packa|l bungler **-t > z-** bungle,
muff

páči|dlo jack, lever, pry bar, zlodějské
jemmy / am. jimmy **-t > vy-** prize;
force / break*, am. pry (open), něco
svíraného wrest

páčka lever

pád 1 fall, drop, překocení tumble 2
jaz. case

pad|ací falling, drop ♦ *~ dveře*
trapdoor; *~ most* drawbridge **-ák**
1 parachute, hovor. chute 2 slang.
vyhazov sack **-at** 1 být svislý fall*,
hang* down, (jakoby) únavou droop;
prohýbat se sag 2 proud rush, fall*
-at > na-, napadnout fall* (there
has been a rainfall, a snowfall, a
fog) **-at > -nout** 1 fall*, zhroucením,
kácením tumble (down), vyčerpáním
drop 2 od čeho se upustilo be drop-
ped 3 vrhnout se rush, fall* (up) on
a p., doléhat tísnivě na overcome* a
p., postihnout koho affect a p., připa-
dat komu jako povinnost fall* (up)on a
p. 4 spadat pod fall* under, do kdy
fall* into, na kdy fall* on 5 náhodou
přijít na come* across a t. 6 hodina
strike* 7 mravně fall* 8 zemřít (v boji)
be killed (in action), die, fall*, být
obětován komu be sacrificed to a p.
♦ *horko k -nutí* hot enough to
make you drop; *-nout komu do
klína* be a windfall; *-nout za
kořist* fall* (a) prey (*komu* to a p.);
-nout do mdlob fall* in a swoon,
faint; *-nout čemu za obět* fall*
victim to a t.; *-nout komu do oka*
přen. catch* a p.'s eye; *rána -la* a
shot went off; *-dla ostrá slova*
there was an exchange of words;

-nout pod stůl go* by the board;
to -ne na můj účet / vrub I'll be to
blame; *-at na váhu* be of conse-
quence **-at > s-nout** 1 fall*,
come* down, kácet n. kutálet se tum-
ble (down) 2 sestoupit descend 3
vyčerpáním drop 4 snižovat se, klesat
fall*, drop ♦ *-ající hvězda* shoot-
ing star; *kámen mi s-l ze srdce* it
is a weight / load off my mind **-at
> u-nout** 1 drop, fall* 2 do čeho při-
jít fall* / lapse into a t. ♦ *u-nout
do dluhů* run* into debt; *u-nout
do spánku* sink* into sleep **-at >
v-nout** rush / fall* in **-at >
vy-nout** fall* out, postupně též drop
(off, out of) **-avka** 1 (mis-shapen)
faller 2 člověk sissy, weed

pádě|lat counterfeit, forge, fake,
příměsí adulterate, listinu apod. falsity
-atel counterfeiter, forger, falsifi-
er **-atelství** forgery **-ek** forgery,
counterfeit, fake, falsification

padesát fifty **-ník** 1 člověk a fifty-
-year old, quinquagenarian 2 min-
ce fifty-heller piece **-ý** fiftieth

pádit race, run*

pádlo(vat) paddle

pad|lý killed, death, spadnuvší n. mrav-
ně fallen ♦ *~ na hlavu* dotty
-nout 1 neúspěšně fall* through 2
oblek sit*, komu fit a p. 3 v. *padat*

pádný cogent, forcible, weighty,
momentous

padoucnice falling sickness, epi-
lepsy

padou|ch villain, knave **-šský** vil-
lainous, knavish

padrť fragments, pl, smithereens, pl

paginovat page, paginate

pahor|ek hillock, mound, knoll
-katina hilly country **-kovitý**
hilly

pahýl stump, zříceného wreck

pach smell, odb. odour, jemný scent

páchat > s- commit, těžká provinění
perpetrate

pachatel offender, čeho též perpe-
trator wrongdoer

páchnout čím smell* of a t., *jak*

smell* s adj; zapáchat smell* bad; -*noucí* evil-smelling

pacholek groom, přen. něčí a p.'s henchman*, nadávka wicked man*, nasty creature

pacht tenancy, holding, tenure (*dlouhodobý* on lease); smlouva lease; poplatek ground rent -*it se* labour, toil, strive* **–ovat** > z- rent **–ýř** tenant, lessee

pajdat hobble

páj|ečka soldering-iron **–et** solder **–ka** solder

pak then, poté afterwards, subsequently; s tázacím slovem **1** wonder...

páka 1 lever, ovládací tyč bar, control stick **2** pohnutka motive ◆ *zvedací* ~ heaver

pakatel trifle

pakáž hovor. (rubbishy) lot

paklíč skeleton key

pakostnice gout

pakovat > **vy–** koho bundle a p. out / away / off ~ > **za–** = *balit*~ *se* hovor. clear off / out, get* one gone, am. scream (Get you gone!)

pakt pact, slavnostní covenant **–ovat se** s kým = hovor. enter into friendly relations with a p.

palác palace **–ový** palatial ◆ *-vá revoluce* palace revolution

palačinka (baked) roly-poly (pudding), pancake

palba fire

palcát mace

pal|cový inch **–čák** mitten

palčivý smart, jako pepř hot, pálivý burning

palebný firing, ... of fire

pal|ec thumb, coul inch ◆ *držet komu* ~ wish a p. well, keep* ones' fingers crossed

pálenka brandy, hrubá, jalovcová gin

palet|a palette, pallet **–o** paletot

palice 1 bludgeon; k zatloukání maul, driver, ram(mer); dřevěná mallet; k dusání beetle **2** hlava pate **3** umíněnec pig-head(ed fellow)

palič incendiary

palič|ák pig-head(ed fellow), mule

–atý pig-headed, mulish **–ka** kuch. beater, hmoždíře postle, kladívko mallet, bubnu (drum-)stick; krajkářská bobbin **–kovat** make* bobbin-lace

paličs|ký incendiary **–tví** fire-raising, práv. arson

pálit 1 scorch, a vysoušet parch; o spalování burn* **2** bolest smart, make* a t. smart; vyvolávat nepříjemný pocit make* a p. uneasy **3** utíkat tear* along **4** chodit za kým run* after a p. (a girl), follow a p. ◆ *co tě nepálí, nehas* mind your own business; ~ *si prsty* burn* one's fingers ~ > **o–** scorch ~ > **s–** burn*, na povrchu scorch; žhář burn* down; o kremaci cremate, ve spalovně incinerate; mráz nip ◆ ~ *za sebou všechny mosty* burn* one' boats ~ > **u–** burn* to death ~ > **vy–** střílet fire (off) ~ *se* > **s–** burn* o.s. one's fingers

palivo fuel

pálivý burning, koření hot

pálka bat, raquet

palm|a palm **–áre** solicitor's fee

palouk lesní glade, pastvina pasture

palub|a deck ◆ *na -ě, -u* on board, aboard (*lodi* a ship); *přes -u* overboard **–ní** deck ◆ ~ *deska* dashboard, instrument board; ~ *kniha* log-book

památ|ka 1 memory (*na -ku* to the m.); upomínka commemoration, den commemoration day, předmět souvenir, remembrance (*na* of), keepsake **2** pozůstatek relic, stopa trace (*po* of), kulturní dědictví monument ◆ *na -ku* commemorative, (*dárek*) *na -ku* as / by way of a keepsake; *slavit čí -ku* commemorate a p.; *udržovat čí -ku* keep* a p.'s memory alive / green **–kář** conservationist **–kový** (... of) conservation ◆ *-vá péče* care of historical monuments; ~ *předmět* token **–ník 1** album, diary **2** pomník apod. monument, memorial, sborník memorial volume **–ný**

memorable
pam|atovat (si) co, **(se)** na co **1** remember a t., živě si vzpomínat recall a t., recollect a t.; podržet co v paměti retain (in one's memory), pro příště keep* a t. in mind, make* a note of a t. **2** sahat až do minulosti go* back to... **3** na koho čím remember a p. with a t., a zařídit potřebné provide for a p. **–atovat se > u–** recollect o.s. **–ěť 1** memory (též ~ počítače) **2** vzpomínka remembrance, recollection, tradovaná zvěst memory (vesměs na co of a p. / t.) ♦ na ~ čeho in / to the memory of...; po -ti by memory; mít co na -ti bear* a t. in mind; pokud má ~ sahá within my memory **–ětihodnost** memorability, turistická sight **–ětihodný** memorable **–ětlivý** čeho mindful / heedful of a t., uznale thoughtful **–ětní** memorial (tablet), commemorative (address), monumental (stone) ♦ ~ kniha visitors'book **–ětník** witness, personal observer, současník contemporary
pamflet lampoon, polemical pamphlet, squib **–ista** lampooner, pamphleteer
pamlsek delicacy, dainty
pampeliška dandelion
pán gentleman* nadřízený master, svrchovaný lord < **–ové**, šlechta the barons, pl. the nobility, sg n. pl) ♦ být svým vlastním -em be one's own master; dělat -a lord it, play the gentleman*; jaký ~ takový krám like master like man*; pan Mr, u cizinců M, Herr, Signor – pane! sir, pánové! gentlemen, pánové... obch. adresa Messrs... ., pan a paní -ovi Mr and Mrs Brown ♦ ~ vrchní (head)waiter
paňáca buffoon, clown
paná|ček figurka figure **–čkovat** beg, squat **–k 1** figura figure **2** elegán fop **3** kořalky shot, jigger, snifter, brit. tot **4** na poli shock **5** karta court card

pánbůh the Lord ♦ pánubohu do oken into the blue; s pánembohem good-bye; zaplať ~ thank goodness; jak ho ~ stvořil in one's birthday suit; pozdrav tě ~ hallo
pancéř armour(-plate) **–ovat** amour(-plate), iron **–ový** armoured ♦ -vá pěst bazooka; -vá skříň / pokladna armour-plated safe
pandán counterpart, pendant
Páně the Lord's (in the year of our Lord), God's (book, house, service)
pane(čku) I say, I tell you
panel panel(ling) **–ák** prefab **–ová diskuse** panel discussion
panen|ka 1 dívka girl, zast. maid **2** hračka doll **3** oka pupil **–ský** virgin(al), nezkušený maiden **–ství** virginity, maidenhead
pánev 1 pan, s držadlem saucepan **2** kotlina basin **3** anat. pelvis
pan|í lady, nadřízená mistress; majitelka owner; manželka wife*; před jménem Mrs, cizí tituly: Mme, Frau, Signora – paní! madam, pl ladies ♦ ~ domácí landlady; ~ domu lady of the house **–ic** (a male) virgin **–ický[1]** virginal, chaste **–ický[2] strach** panic fear
panik|a alarm, scare, panic **–ář** alarmist, scatre- (or panic-) monger
panna virgin = panenka ♦ krejčovská ~ (tailor's) dummy: stará ~ spinster, old maid
pano|ptikum waxworks, pl **–ráma** panorama **–ramatický** panoramic ♦ ~ film cinemascope
panoš page
panov|ačný imperious, domineering **–at 1** rule (a t., a place), o vladaři reign over a t. **2** převládat prevail, predominate, reign **3** čemu, tyčit se dominate a t. **–ání** rule, reign, dominion, sway, prevalence, (pre)dominance
pánovitý domineering
panovn|ice jako panovník **–ický**

sovereign **–ík** sovereign, monarch, vládce ruler, prince

pansk|á chamber-maid **–ý** (the) lord's; manorial, seignior(i)al

pánský (gentle)men's, obch. gents'

panstv|í 1 rule, domination, power, authority, panovníka sovereignty **2** území estate, v držení majitele demesne, manské manor, dědičné dominions, pl **–o 1** nobility **2** vrchnost his / her lordship; ladyship **3** honorace notables, pl

pantofel mule (slipper)

pantomima pantomime, dumb-show

papež pope **–ský** papal **–ství** papacy

papír paper; **-y** papers, o předešlém zaměstnání cards, pl ♦ *balicí ~* packing / wrapping paper; *cenné -y* securities; *dopisní ~* note paper; *hedvábný ~* tissue (paper); *kancelářský ~* bond paper; *konceptní ~* draft paper, common foolscap; *koš na ~* waste-paper basket; *křídový ~* coated paper; *novinový ~* newsprint; *pijavý* n. *savý ~* blotting paper, blotter; *s-tarý ~* waste paper **–na** paper mill **–nický** stationer's (... of) stationery **–nictví** stationer's **-ník** stationer **–ování** paper-work **–ový 1** paper **2** jako papír paper(y) **3** kniž. bookish **4** k použití a zahození disposable (e.g. handkerchief, am. diaper)

papouš|ek, –kovat parrot

paprika 1 plod Spanish / Hungarian red pepper, paprika, kapie (green / red) capsicum **2** koření red pepper, cayenne (pepper), maďarská paprika, přen. pepper **3** člověk geezer, old dog / gent, gaffer, po-divín, old duffer / buffer / fogey ♦ *plněná ~* stuffed peppers

paprs|ek 1 v pruhu beam; záblesk flash **2** tekutiny jet **3** kola spoke **–kovitý** radial

papuč(e) softie (shoe), babouche, papoosh

pár 1 couple, co je vždy ve dvou pair; spřežení yoke, kočár s dvojspřežím carriage and pair **2** několik málo a(n)... or two, a few, some, one or two

pára vapour, vodní steam, výpar, plynu, kouře ume ♦ *jako ~ nad hrncem* on one's last legs; *pod párou* under steam, opilý in a fuddled state *mít páru* energetic, have lots of energy

páračka dabbling

parád|a 1 oblékání finery, foppery, ozdoby trimming(s, pl), bezcenná trumpery **2** okázalost show, display, pageantry **3** slavnost gala, přehlídka parade, voj. též tattoo **4** slavnostní úbor gala dress, voj. full dress ♦ *být jen pro -u* be bogus / phoney / sham; *dělat-u* swell* it about, make* parade (*s čím* of a t.) **–it (se)** > **na–, vy–** dress up, vyzdobit čím trim **–ivý** dressy **–ní 1** showy, pretentious, hovor. chichi **2** ozdobný fancy, slavnostní festive, ceremonial, state **3** fešný dressy ♦ *~ kousek, exemplář* fine specimen, *výkon* tour de force **–nice** dressy girl **–ník** fancy- pants, sg i pl **–ovat** parade, show* off

paradox paradox **–ní** paradoxical

paraf|a initials, pl **–ovat** inital

parafín paraffin

paragraph 1 odstavec paragraph, oddíl section **2** značka section mark **3** zákona article (of law)

paralela parallel

paral|ýza paralysis **–yzovat** paralyse

parametr parameter

parapet (window) ledge

parašutista parachutist, am. -ter, sport. sky-diver

pár|at > **roz– 1** undo*, sešité unsew*, nastehování unpick, unstitch **2** trhnutím rip řezem slit*, útroby gut, disembowel **–at se** sew, v čem pick a t., s čím dally with a t., waste time over a t., am. monkey with a t. **–at se** > **roz–** get* undone, unsewn, unstitched **–átko**

toothpick
paraván screen
parazit parasite, člověk též sponge, cadger **–ní** parasitic(al)
parcel|a plot, přidělená, zvl. am. lot, allotment, stavební building plot / site **–ovat** ♦ **> roz–** parcel out, a přidělit allot
pardál zool. panther
pardon: hovor. (beg) pardon, quarter (give* a p. quarter) před činem excuse me
párek 1 = **pár 2** uzenka frankfurter, am. wienie ♦ ~ *v rohlíku* hot dog
parf|ém scent, spíš přen. perfume **–umerie** scent-shop
parírovat 1 parry **2** přen. toe the line ~ **> od–** : *koho* shake* off
park 1 park, gardens, pl **2** vozidel fleet, voj. park
párkař sausage man*
parket parquet, burzy floor, am. pit **–a, –ový** parquet
parko|vací parking ♦ ~ *prostor* parking-site **–vat > za–** park **–měr** parking meter **–viště** car-park, am. parking lot, při silnici lay-by; taxíků rank, am. stand ♦ *hlídač* ~ car-park attendant
parlament parliament, hovor. the House* **–ář, –ní** parliamentary
parn|í steam **–ík** steamship, steamer, steamboat, poštovní packet(-boat) **–ý** sultry, sweltering, close, slunce burning; namáhavý busy
parod|ie karikující parody, hovor. take-off, spoof **–ovat** karikovat parody, hovor. take* off, spoof
paroh antler ♦ *nasadit komu -y* cuckold a p. **–áč** stag, přen. cuckold
paro|plavba steam navigation **–vod** steam pipeline
part|a group, lot, gang, company **–aj(ní)** hovor. party; nájemník tenant **–ajník** hovor. partisan, party man* **–e** obituary notice **–er** brit. (kromě křesel) pit, am. parterre **–ie 1** část, oblast part, textu passage, úsek sec-

tion **2** krajinná scenery, parts, pl, stromů cluster **3** aukce, burza lot, drobná job(lot), (odd)lot oddment; nabízené zboží parcel **4** hra game **5** sňatek match **6** vyjížďka excursion, trip **–iový** job(-lot), hovor. jumble, junk **–itura** score **–ner** partner, hovor. pard, obch. correspondent, při schůzce date
partyzán(ský) guerilla, resistance fighter **–ština** hovor. cowboy activities
paruka wig, soudc. periwig
pařát talon, claw
pařeniště hotbed
pařez 1 stump, stub **2** člověk boor, dumpkin ♦ *hluchý jako* ~ stone-deaf; *stát jako* ~ be stockstill
pařit > s– 1 scald, aby se vyluhovalo draw* **2** hovor. celebrate, party ~ **se** swelter
pářit se vydávat páru steam ~ **(se) > s–** couple, mate, breed*
Paříž Paris
pas 1 waist, objem girth **2** propustka pass, cestovní passport **3** = **pás 4** ♦ *zbrojní* ~ licence to carry arms
pás 1 (*až po* ~) = *pas 1* **2** pruh strip, pásmo zone, opásávající band, obklíčující belt; track **3** opasek girdle, a dopravní belt ♦ *bezpečnostní* ~ safety-belt; *běžící* ~ running belt; *dopravní* ~ conveyer; *podvazkový* ~ suspender corset; *záchranný* ~ life belt
pasák 1 herdsman*, ovcí shepherd, am. dobytka cowboy **2** nevěstek pimp
pas|át trade-wind **–áž 1** way through, passage-way **2** průchod s obchody arcade **3** textu passage **–ažér** passenger
pásek 1 opasek belt **2** proužek tape, stužka ribbon; oddělený strip **3** člověk teddy-boy, zoot, beat(nik), novozélandský bodgie ♦ *magnetofonový* ~ magnetic / cassette tape; *utáhnout si* ~ tighten one's belt
paseka clearing; hovor. zkáza havoc, racket, row
pasív|ní passive **–um 1** liability,

debit **2** jaz. passive

pásk|a na převázání wrapper, proužek band a = *pásek 2* ♦ *cílová ~* the tape; *lepicí ~* adhesive / sticky / gummed tape; *~ do psacího stroje* typewriter ribbon **–ovský** yobbish, loutish

pásmo 1 tone **2** předeno hasp, hank, vlnové délky band, řetěz chain, míra tape; thread / train (*myšlenek of* thought) ♦ *dějové ~* stream of action, narrative; *rozhlasové ~* lehké light programme, broadcast commentary **–vý** zonal

pasový 1 waist **2** passport (e.g. control)

pásový belt, band a srov. pás ♦ *-vé vozidlo* caterpillar vehicle

past trap, jáma pitfall

pást 1 keep* (cattle) out at grass, mind / tend (cattle), pasture, graze **2** slídit po kom (be on the) watch for a p., spy on a p. *~ >* **na–** graze *~ se >* **na– 1** graze, pasture, be (out) at grass, feed* on grass **2** s potěšením regale o.s. with a t., feast one's eyes on a t.

past|a paste (*na zuby* tooth p.) **–el** pastel (drawing)

paster|(iz)ované *mléko* certified / accredited / attested milk **–izace** pasteurization

pastilka pastille

pastinák parsnip

pastor pastor, minister **–ek 1** step--son, foster-child* **2** kolečko pinion

past|va 1 pasture(-land), pasturage, grazing- / grass-land **2** potrava pasture, přen. feast, pohoštění treat ♦ *na -vě* (out) at grass **–vina** = *pastva 1* **–vinářství** cattle-breeding, am. -raising (and dairy-farming) **–ýř** jako pasák, přen. shepherd

pasus passage

paš|a pasha **–ák** fine fellow, marvelous chap, brick

pašerá|ctví smuggling **–k** smuggler

pašije Passion

paškál: *vzít koho na ~* put* a p. on the griddle, take* a p. to task

pašovat > *pro-,* **v–** smuggle a t. out / in

paštika pasty, pôté, v těstě pie

pata heel; úpatí foot* ♦ *jít komu v -ách* be at a p.'s heels; *od hlavy k -ě* from head to foot; *nemá to hlavu ani -u* I cannot make head or tail of it

patálie trouble (*s čím* over a t.), to-do

pátek Friday ♦ *Velký ~* Good Friday

patent patent **–ka** press button / stud **–ovat** patent

páter před jménem Father, kněz clergyman*, parson, divine

páteř spine, též přen. backbone

patetický impassioned, lofty

patina patina, měděnka verdigris, verd-antique

patisk reproduction

patka end, spodek foot*, chleba crust

patlat > *u–,* **za–** thumb, (be)soil *~ >* **z–** botch (up)

patnáct fifteen **–ý** fifteenth

patník guard stone, na rohu corner stone

patolízal toady, sycophant, am. boot-licker **–ský, –ství** fawning

patologie pathology

patos pathos

pátra|cí searching, sounding **–č** searcher **–t** (be on a) search for a t., zkoumat inquire into a t., investigate a t.; sondou sound, probe a t. **–vý** searching

patricij(ský) patrician

patrn|ost perceptibility ♦ *vést v -i* keep* a t. on record **–ý** perceptible, i hmatem palpable, neklamný, zjistitelný: unmistakable; **–ě** podle všeh apparently

patro 1 podlaží storey, floor brit. ground floor = am. first storey floor etc. **2** stodoly loft, v dolech level **3** v ústech palate, roof of the mouth

patrol|a, –ovat patrol (*po čem* a t.

patron 1 patron (saint) **2** ochránce, ručitel sponsor **3** podivín (rum) customer **–a 1** náboj cartridge **2** šablona stencil **–a(n)ce** sponsorship **–át** patronage, sponsorship ♦ *vzít si ~ nad čím* take* a t. under one's patronage **–átní** sponsored, ...of a patronage, patron, sponsor

patři|čný due, proper, pertinent **–t 1** náležet komu belong to a p. **2** kam, k čemu: mít tam místo pertain to a t., být s tím v souladu go* with a t., být jedním z ... be one of ..., be counted among ... být kde pravidelně be kept ..., have / find* one's place ♦ *to mu -í* serves him right **–t > po-** kniž. = *hledět* **–t se** be fit / proper ♦ *jak se -ří* duly, properly

pátý fifth ♦ *-té přes deváté* (at) sexes and sevens, higgledy-piggledy; *každé -té slovo* every other word

paušál lump sum **–ní** lump, (all-)inclusive, overall, přen. sweeping, indiscriminate

pauz|a pause, stop, přerušením break, hud. rest; předem připravená interval, recess **–ovat 1** pause, a odpočívat rest **2** kopírovat trace

páv peacock

Pavel Paul

páví, paví peacock('s) v. *oko*

pavián baboon

pavilón pavilion

pavlač (built-on) gallery, am. (back-)porch

pav|ouk 1 spider **2** hovor. starost bee in one's bonnet **3** člověk grouser **–učina** cobweb, spider's web

pazneht (cloven) hoof

pazour pounce, claw **–ek 1** claw **2** kámen flint (stone), rock flint

paž|ba butt(-end) **–dí:** *pod ~* under (one's) arm **–e** arm

páže page

pažení 1 přepážka partition **2** dřevěné obložení wainscot(ing)

pažit (green) sward, turf **–ka** chive

pec kuchyňská oven, při výrobě furnace

(*vysoká* blast f.), k sušení kiln (brick, lime k.)

pec|íčka pip **–ka** stone **–kovina** stone-fruit, drupe

péct > u– bake, pečeně roast, (jako) na rožni grill, ob. jen make*, přen. o slunci broil, scorch

péče care (o of), starostlivá solicitude, pozornost attention, stálá přítomnost attendance, snaha o úlevu (např. sociální) relief ♦ *děti vyžadující zvláštní ~* handicapped children; *chudinská ~* poor relief; *povinná ~* due dilligence

pečeně roast meat (*vepřová* apod.) roast pork etc.)

peče|ť seal, přen. imprint, impress **–tidlo** sealing-stick **–tit > za–, z–** seal (up) **–títko** = **–tidlo –tní** sealing (e.g. wax)

pečivo neslazené bread, cukrářské pastries, pl ♦ *prášek do -va* baking powder

peč|livý careful, painstaking starostlivě scrupulous, úzkostlivě solicitous, pedantsky particular (about a t.), prostě a čistě pracující neat **–ovat** o koho, o co care for a p. / t., look after a p. / t., za mzdu jako výpomoc tend a t. / p., za ubytování a stravu cater for / to a p. **–ovatelka** k dítěti baby-sitter **–ovatelský** nurturant ♦ *-ská služba* community care service (sg, pl)

pedagog schoolmaster, educationalist **–ický** pedagogical, educational **–ika** pedagogy, věda -gics

pedál pedal

pedant pedant **–ský** pedantic **–ství** pedantry

pedel porter, na pevnině beadle

pediatr pediatrician

pedikúra pedicure, chiropody

pěchota infantry, foot(-soldiers), pl, námořní marines, pl

pěchovat > na– cram ~ > **u–** beat* ram / stamp down

pek|áč (baking-)pan **–árna** bakery **–ař** baker **–ařství** baker's **–elný** infernal, hellish, ... of hell ♦ *-né* *vedro, -ně horký* as hot as blazes **–lo** hell ♦ *být v -le* tentam be damned; *z -la štěstí* the luck of the devil, damned good luck

pěkný pretty; slušně vypadající n. velký fair, úpravný tidy, a čistý neat; kulaťoučký nice and round; počasí fine, fair ♦ *-ně děkuji* thanks very much; *-né nadělení* a pretty kettle of fish; *-né pozdravení* kind / best regards; *-ně vítám* (you are most cordially) welcome; *-ně se vyspěte* have a good night's rest

pel pollen, přen. (fine)dust

pelargónie geranium

pelášit hovor. run* (at) full pelt, dash along

pelech den, postel the straw, přen. krčma dive; chudiny slum

pelerína cape, cloak, tippet

pelest bedside

pelichat > **o–** shed* one's feathers, moult

pelikán pelican

pelyněk wormwood

peň trunk, bole, stem

pěna foam; bezcenná, k ničemu, též na pivě froth, zvl. na moři sume, na kvasícím n. hnijícím scum (*sbírat -nu* scum); na pokožce lather

penál pen-case

penále penalty

pence penny (jako peněžní jednotka, pl pence)

pend|ant counterpart **–lovat** sway, dojíždět commute, odb. pendulate

penězokaz(ec) counterfeiter, (money) forger, coiner **–ectví** (money) forging, coining

peněž|enka purse **–itý** (... of) money, cash **–ní** monetary, v běžné práci pecuniary; = *peněžitý* ♦ *~ poukázka* money-order; *~ ústav* banking institution **–nictví** banking, finance **–ník** banker, financier

penicilín penicillin

pěni|t (se) foam, froth, spume, scum (srov. *pěna*) **–t** > **z–** foam **–vý** foamy, frothy, lathery (srov. *pěna*)

peníz 1 coin **2** částka amount **3** žeton counter, marker **–e,** pl money, sg (*o, pro, za ~* for m.) ♦ *být bez peněz* be hard up; *hotové ~* cash / ready money

pěnkava finch

pěnový froth, z mořské pěny meerschaum ♦ *-vá guma* foam rubber; *-vá koupel* bubble-bath*

pentl|e = stuha **–it** > **o–** ribbon, přikrašlovat embellish

penz|e 1 odpočivné pension, stravné též board(ing), starobní superannuation **2** odpočinek retirement ♦ *být na -i* be on the retired list, have retired; *dát do ~* pension off; *odejít do ~* retire **–ijní**... of pensions, pension(-insurance) **–ión** boarding-house*, na pevnině pension, rodinný private hotel **–ionát** boarding school **–ionovat** retire, předčasně pension off ♦ *věk pro -vání* retiring age **–ista** pensioner **–um** set task

pepi|cký rowdyish **–ík** rowdy, urchin

pepita black-and-white check

pep|rný peppery, hot, přen. spicy, seasoned; řeči, vtipy risqué, baudy **–ř** pepper **–řenka** pepper-pot **–řit** > **o–** pepper

pergamen parchment

periférie města outskirts, pl

period|a period **–ikum** periodical

perl|a pearl; věc toho tvaru bead **–eť** mother-of pearl, odb. pearl **–ička** pták guinea-fowl **–ík** sledge-hammer **–it se** > **za–** glitter, glisten, víno sparkle, effervesce **–ivý** sparkling, effervescent **–orodka** pearl-oyster **–ový** pearl, jako perla pearly ♦ *-vé písmo* pearl

permanen|ce continuous presence / attendance **–tka** hovor. permanent admission card, pass, seas

pernatý feathered, winged

perník gingerbread

perný těžký heavy, hard, těžce nabytý: hard-won

péro 1 ptačí feather, ozdoba plume **2** slang. dick, pecker
pero 1 ke psaní pen; násadka penholder, špička nib, am. (pen-)point **2** pružina spring, zapadající do drážky tongue ♦ plnicí ~ fountain pen; škrtem -ra with a stroke of the pen
perokresba pen-and-ink drawing
perón = nástupiště **-ka** platform ticket
pérov|at be springy ♦ dobře -aný well-sprung **-ý** feather, pen, spring, jako péro feathery; s pružinou spring
person|ál staff, personnel **-álie** personal data, pl **-alista** personnel manager **-ální** personal **-ifikace** personification **-ifikovat** personify
perspektiv|a perspective; vyhlídka prospect **-ní** perspective
peruť pinon, let. wing
perverzní perverted, kinky
perzián Persian-lamb
peřeje rapids, pl
peří feathers, hl. parádní plumage ♦ prachové ~ down; chlubit se cizím -ím dorn o. s. with borrowed plumes **-ina** continental quilt, duvet; lůžko s -nou i péřovou spodnicí feather-bed, přen. bed of roses **-inka** dětská swaddling clothes, pl
pes 1 dog, lovecký a přen. hound **2** člověk martinet **3** div. slang. bit (part) ♦ pod psa bloody awful; žít jako ~ s kočkou lead* a cat-and-dog life; ~ by po něm neštěkl no one would miss him; ani psa by ven nevyhnal one wouldn't turn a dog out (the weather's so bad)
pesimis|mus pessimism **-ta** pessimist
pěst fist ♦ ~ na oko an eyesore, a scream; na vlastní ~ on one's own bat, of one's own accord
pestík pistil
pěstit keep* a t., care for a t.; **-těný** well-kept **-el** grower, producer, raiser

pěstní (... of the) fist ♦ ~ právo club-law; ~ zápas boxing-match
pěst|oun foster-father **-ovat 1** ošetřovat tend **2** aktivně go* in for a t., pursue a t. **3** rostliny grow*, také přen. a odb. cultivate, plodiny am. raise, zvířata breed, am. raise, děti rear, am. raise, a vyrábět produce **4** podporovat něco u jiných foster a t., udržovat v chodu maintain, entertain
pest|robarevný manycoloured, diversified **-rost** diversity, nějak dosažená diversification **-rý** gay; rozmanitý varied vzorovaný fancy
pěš|ák voj. infantry man*; šach. = -ec pawn **-í** adj walking, foot, pro pěší pedestrian ● s pedestrian, walker, foot-passenger **-ina** (foot) path, pathway **-inka 1** byway **2** ve vlasech parting **-ky** on foot
pět five ♦ hospodařit od desíti k pěti go* from bad to worse; než bys ~ napočítal before you can say Jack Robinson; vypadá, jako by neuměl do -i počítat he looks as if butter would not melt in his mouth **-advacet** five-and-twenty (i.e. strokes in flogging) **-iboj** pentathlon **-icípí** five-pointed **-ikoruna** five-crown coin **-iletka** five-year plan **-ina** fifth
pětka (number) a "five", bottom marks, am. an "F", failing / hovor. flunking grade
Petr nebo Pavel Dick or Harry
petrklíč primrose
petrolej oil, brit. paraffin, k pálení kerosene
petržel parsley
pěvec songster, zpěvák singer **-ecký** singing **-kyně** (female) singer
pevn|ina (dry) land, ne ostrov continent, vzhledem k ostrovům mainland **-inský** continental **-ost 1** vlastnost resoluteness, resolution, consistency, constancy; stability, tenacity, srov. pevný **2** zásadovost backbone, spine **3** voj. fort, velká fortress, i přen. stronghold **-ostní** (... of) fortification **-ý 1** firm, statný,

silný v odporu stout, v jádru zdravý robust **2** odhodlaný steadfast, resolute, neoblomný unflinching **3** netekutý solid (e.g state, fuel), ne plynný consistent **4** neschopný volně se pohybovat fast, fixed, přen. zakořeněný ... ingrained **5** ustálený set(tled), a prosperující established, nepřetržitý steady, v náklonnosti constant **6** bez výchylek kolísání, pauz apod. steady stále platný, do odvolání standing **7** přen. jistý si cílem sure i houževnatý tenacious **8** voj. opevněný fortified ♦ *-ě hledět na co* look hard at a t., fix one's eyes on a t.; *-ě přesvědčen* firmly convinced; *-ě se rozhodnout* make* a point of a t.; *~ úmysl* set purpose; *-ě věřit* have a firm belief; *-ná víra* unshakable faith, *-ná vůle* strong will

pian|ino upright (piano*) **–ista** piano-player, pianist **–o** piano*

píc|e fodder, na pastvě pasture **–niny** fodder crops

píď span, přen. inch

pídit se po čem hunt / search for a t.

pietní 1 pious **2** reverent, jak se sluší dutiful

piha freckle **–tý** freckled

pích|ací *hodiny* time clock **–at** v. pichnout

pichlavý pointed, bristly, bodavý poignant, stinging; jízlivý sneering, sarcastic

pích|nout < **–at 1** prick (*do a t., koho do a p.'s t.*), čím do čeho run* a t. into a t.; hmyz sting*, komár, moucha bite* **2** popichovat taunt, chaff, carp, lease, sneer **3** zabít kill, vepře stick* **4** hovor. pomoci komu give* a p. a hand **5** slang. co na koho tell* a t. on a p., hovor. na píchačkách check (*příchod / odchod in / out*) ♦ *nemá do čeho -nout* he is idle; *-nout do vosího hnízda* bring* a hornet's nest about one's ears

pij|áctví (addiction to) drink **–ák** soak, drinker; papír blotting paper **–an** habitual drinker, drunkard

–avka leech

píka pike ♦ *začít od -ky* begin* from scratch

pikantní piquant, svérázný racy

pikle intrigue, plot, cabal

pikol|a piccolo **–ík** fam. prentice waiter, pagy, am. bell-hop, hotelový buttons, sg

pila 1 saw **2** závod sawmill **3** hud. nástroj (musical / singing) saw ♦ *chrápat, jako když řeže -lou* drive* the pigs home

Pilát Pilatus

píle diligence, industry, assiduity

piliny 1 od pily sawdust **2** od pilování filings, pl

pilíř pillar, mezi okny, mostu apod. pier; opěrný buttress

pilník file

pilný hard-working, vrozeně diligent, svědomitý assiduous, pracovitý studious, industrious; vyplněný prací busy; bezodkladný urgent, pressing

pilot pilot **–ovat** fly*, pilot

pilovat > **o–** file, přen. > **vy–** refine

pilulka pill

pingl hovor. bundle, duffle-bag

pinzeta (a pair of) tweezers, pl, odb. pincette

pionýr, –ka, –ský pioneer

píp|a spigot, tap **–ání** bleep

piplavý finicky, niggling

pirát pirate, rover **–ství** piracy

pisálek scribbler, námezdní hack

pisárna veřejná typing pool

písař writer, copyist, úřední clerk, hist. scribe **–ský** clerical

pisatel writer

pís|čina sandbank, bank of sand **–čitý** sandy **–ečný** sand **–ek** earth, sand, hrubý gravel; cukr castor sugar ♦ *jako -ku v moři* as the sands on the seashore; *sypat komu ~ do očí* pull the wool over a p.'s eyes

písem|ka written exam **–nictví** literature **–ný** written, ... in writing

píseň song, popěvek air

písk|at > **za– 1** whistle, (jako) na píštalu pipe, signál pip, jako myš squeak;

v divadle hiss, catcall **2** zápas refer-ee / umpire a match **–ot** whistling

pískov|ec sandstone **–iště** sands, pro děti sand-pit **–na** gravel-pit **–ý** sandy

písm|eno letter, polygr. type (bez pl), druh písma character **–o** writing, characters, pl, script; polygr. type, podle kresby face; rukopis hand(writing), umění psát penmanship

pís|nička ditty, = *píseň* **–ňový** song

píst piston

pistole pistol

piškot sponge-biscuit

píšťala whistle, hud. pipe, dlouhá flute

pištět > **za–** peep, squeak

pít > **na– se** drink*, have a drink, přen. vpíjet imbibe; dám si k pití take*, have ♦ ~ *jako duha* drink* like a fish ~ > **vy–** drink* (up), hovor. lay* in, put* away

pit|í drink **–ka** drinking bout **–ný** drinkable; drinking (e.g. water)

pitom|ec idiot, dunce, hlupák dolt **–ost** idiocy, slang. codswallop **–ý** silly, idiotic, am. dumb

pitva dissection, autopsy **–t** > **roz–** dissect

pitvorný quaint, grotesque

piv|ní beery, jinak v. *pivo* **–nice** beerhouse*, alehouse*, hanl. beerjoint **–o** beer, ležák lager (beer), slabší (am. ze svrchních kvasnic) ale ♦ *světlé ~ od čepu* light / bitter, *tmavé od čepu* dark / stout

pivoňka peony

pivot sport. pivot

pivovar brewery **–nictví** brewing

pižmo musk

plác|ačka flap(per) **–at** > **–nout 1** slap (*koho, na co, po čem* a p.'s...), mírně pat (a p.'s back); o tekutém, řídkém splash; křídly flap, clap; s mlasknutím smack; dlaní o dlaň clap; z hlíny apod. slap **2** žvanit chat, chvástavě prattle, vyzradit blab **–nout se(bou)** < **upadnout** flop, come* a cropper ♦ **–nout se**

přes kapsu untie one's purse-strings **–nout si** < strike* a bargain

placatý flat

plácnout (se, sebou, si) v. *plácat*

pláč crying, weeping, tears, pl

plačtivý tearful, weeping, bolestiplný doleful

plagiát plagiarism **–iátor** plagiarist **–ovat** plagiarize

plahočit se trudge / plod (along); = *pachtit se*

plachetn|í sailing **–ice** sail(ing) boat, velká yacht

pláchnout abscond, bunk, spolu s někým elope with a p.

plachost shyness

placht|a 1 canvas, proti počasí awning, na voze tarp(aulin) přen. mraků sheet **2** lodní sail (s *plnými -ami* at full sail) ♦ *vzít komu vítr z plachet* take* the wind out of a p.'s sails, am. wet blanket a p. **–ění** yachting **–it (se)** sail, na větroni glide **–oví** sail (-s, pl) i s lany rigging

plachý shy, ve společnosti self-conscious

plakat > **za–** cry, weep*, usedavě sob ♦ ~ *radostí* weep* for joy; ~ *na cizím hrobě* (cry on the wrong grave) complain to the wrong person, bark up the wrong tree

plakát poster, bill, placard **–ovat** bill, placard, advertise

plam|en flame, planutí blaze, prudký zážeh flare ♦ *v -enech* in flames; *být v jednom -ni* be (all) ablaze / aflame / afire **–eňák** flamingo* **–enný** inflammatory, planoucí flaming, blazing, žhnoucí glowing **–enomet** flame-thrower

plán plan; rozsáhlý project; cílový údaj kvanta quota, target; náčrt blueprint, lay-out ♦ ~ *města* town (am. city) plan; ~ *pracovních sil* manpower budget; ~ *ulic* street plan am. plat; *výrobní ~* manufacturing schedule; *mít co v -u* plan a t.

pláň plain, flat country

pláně crab-tree

planet|a planet **–árni** planetary **–ologie** planetology

planina plateau

plaňka wooden bar, narrow batten

planout > **za–** blaze, plápolavě flame, prudce flare, jiskřivě glitter, sparkle, coruscate, přen. o citu burn*, glow, neušlechtile be inflamed (*čím* with)

plánov|ací planning **–ač** planner **–at** > **na–** plan, design, lay* out, časové schedule (*na* for) **–atel** planner, specialista designer **–itý** planned

plantáž plantation **–ník** plantation owner

planý 1 jalový idle **2** neplodný: sterile, barren, unfruitful, marný fruitless **3** rostoucí divoce wild **4** bezdůvodný false (*poplach* alarm), nepodložený, vain (*naděje* hope), hollow, empty (*sliby* promises)

plápolat > **za–** flame, flicker, flutter

plastelína plasticine

plástev honeycomb

plast|ický plastic **–ičnost** plasticity **–ika** plastic art, dílo (ornamental) sculpture

plašit > **po–, s–, vy–** startle, frighten, scare; ptáky flush **~** > **za–** drive* / scare away, hlasem shoo, přen. dispel **~ se** > **po–, s–, vy–** get* frightened / scared; alarmed / shy (*pro* at); a vzpírat se balk (at a t.); vylekat se startle, be startled

plášť 1 cloak, svrchník (over)coat, topcoat, greatcoat, soudce gown **2** stroje, zařízení mantle, pneumatiky brit. tyre, am. tire **~** *do deště* mack(intosh), raincoat; *balonový* **~** silk / rayon raincoat; *koupací* **~** brit. bath-gown, am. bath-robe; *pracovní* **~** *mužský* overalls, pl. *ženský* overall ♦ *být kam vítr tam* **~** trim one's sails to the wind, temporize **–těnka** mantle, opera-cloak, též voj. cape **–tík** přen. cloak, guise

plat 1 pay, úřednický salary **2** platba payment ♦ **~** *za práci přesčas*

overtime pay(ment)

plát plate (of iron *železa*), sheet (of dough *těsta*), flitch (of bacon *slaniny*)

platan plane(-tree)

platba payment

plátce payer

platební... of payment(s)

platejs flounder

plát|ek 1 strip; odříznutý slice, slaniny n. šunky rasher **2** bot. *korunní* **~** petal **3** časopis rag **–ěnky 1** kalhoty ducks, pl **2** střevíce tennis shoes, pl **–ěný** linen, cloth, canvas

plati|č payer **–dlo** (legal) tender / means of payment

platina platinum

platit 1 být platný hold* (good), be valid, go* for a t., extend, trvat run* **2** jako správný hold* good, be / hold* true **3** mít jakou hodnotu be worth, have the value of... **4** *na, o, pro* (týkat se) concern a p., hodit se *na* apply to a p. **5** být určen komu be aimed / directed at a p. **6** být považován za pass / tell* for... (*u koho* with a p.), *za jednoho z...* be counted / reckoned among...: *platí!* O.K.? Are you game? *platí* (I am) agreed **–it** > **za–** pay* (*za co:* zboží, námahu, své činy for, někomu a p.), úplatou remunerate, recompense, někoho a p. (*za* for), zaměstnávat ho engage a p., (*na*) někoho keep*, maintain a p.; vyrovnat pay*, settle, square, foot (a bill); v restauraci *platit!, platím!* the bill, please! ♦ **~** *draho / draze* pay* dearly; **~** *hotově* pay* in cash / in ready money; **~** *od kusu* pay* by the job (task) piece; **~** *v naturáliich* pay* in kind; **~** *na splátky* pay* by instalments

plátno linen, obalové cloth, hrubé režné, malířské canvas; promítací screen ♦ *voskované* **~** wax / oil cloth

platn|ost validity, force, obecná acceptance, currency, operation ♦ *nabýt* **-ti** take* effect, come* into

efffect / **force –ý** valid, přijímaný accepted, current, ustálený established ♦ **být co** ~ be of any avail / advantage; **být** ~, mít platnost be in operation / force, být použitelný, po ruce be available; **co (je) –o** what use / good, what is the use / good of...

platonický Platonic

platový wage, ... of pay / salary

plav|at 1 vlastní silou a přen. swim* **2** být nesen float, unášen proudem drift, be drifted ♦ **nechat co** ~ drop a t.; ~ **proti proudu** swim* against the tide; **uměl v tom** ~ know* the ropes **–ba** navigation, mezi dvěma místy passage, přes určité místo crossing; zábavní cruise **–čík 1** na lodi (ship's) apprentice **2** na plovárně life guard **–ební** (... of) navigation, shipping, nautical **–ec** swimmer; podnikající plavbu po moři seafarer = **námořník –ecký 1** swimming **2** = **plavební –idlo** vessel, craft (sg i pl) **–it 1** float, svázané dřevo raft **2** zvířata water, swim* **–it se** sail, a řídit navigate, kam ship; pro zábavu cruise (the sea) **–ky** dámské bathing costume, pánské swimming / bathing trunks, pl **–kyně** swimmer **–ný** gliding

plav|ovláska blonde **–ý** fair, blond

plaz reptile

plaz|it > vypláznout jazyk put* thrust! shoot* / stick* out one's tongue ~ **se** crawl, ke komu před kým cringe to a p., fawn upon a p., toady to a p., ležet poníženě grovel, přen., čas drag **–ivý** crawling, dragging, rostlina creeping, trailing

plazma plasma

pláž beach, knižně strand

pleb|ejec, –ejský plebeian **–iscit** plebiscite

plec shoulder; -e záda back, sg **–ko** shoulder, hovězí, vepřové neck

plečka weeder

pléd plaid, tartan

plech (metal-)plate, sheet-metal; pečicí baking-sheet **–ovka** brit. tin,

am. can **–ový** (iron-)plate, tin, metal

plemen|ný 1 rasový: racial **2** k plemenění brood, breeding **–o** race, hospodářsky breed, stock

plen plunder, pillage, looting ♦ **vydat v** ~ leave* to a p.'s mercy

plena (sheet of) cloth, linen; = **plenka**

plenár|ka plenary session **–ní** plenary

plenit > po-, vy- plunder; válečně spoil, tlupami pillage, rabováním loot, nájezdy maraud; pustošit desolate

plenka napkin, am. diaper, přen. swaddling clothes, pl

plenta screen

plénum plenum, general assembly

ples ball, domácí dance, party **–at > za-** rejoice, frolic, v davech jubilate, vítězně triumph

plesk|nout < –at (give* a) pat / tap, dlaní spank

plesniv|ět > z- grow* / become* mouldy **–ina** mould, mildew, pach mustiness **–ý** mouldy, mildewy, zatuchlý musty

pleso tarn, mountain lake

plesový ball, dancing

plést co zmateně mluvit babble, nohama hardly move ~ > **po-** = **mást** ♦ ~ **komu hlavu** / **rozum** turn a p.'s head ~ > **s– 1** plait, v cop braid; kroucením twist, do věnce wreathe **2** = **mást**, motat ~ > **u– 1** make* (baskets, wreaths), plat (hats) **2** ženská ruční práce knit* ~ > **v–** co kam intertwine ~ **se 1** motat se reel one's way, do cesty get* into a p.'s way, do řeči butt / chip in **2** do čeho thrust* o.s. into a t., interfere with a t., neodborně meddle, tamper (with a t.) ~ **se > s–** make* a mistake, be mistaken, shoot* beside the mark

pleš baldhead **–atý** baldheaded

pleť complexion

plet|árna hosiery mill **–ařský** knitting **–enec** z vlasů braid, plait **–ení** knitting **–ený** vyplétaný wicker, plot apod. wattled ♦ -ná vesta cardigan; -né zboží knitwear **–icha** intrigue **–ichář** intriguer **–ichařit** intrigue **–ivo** network, drátěné wire-netting **–ka** (love-)affair, amour

pleťový complexion, barvou beige

pleva husk (-vy, též, chaff, sg), bot. glume

plevel weed, přen. scum, trash

plexisklo plexiglass

plíce lung ♦ od plic frankly, hlasitě at the top of one's voice

plicní lung, pulmonary

plichtit > **z–** tinker, mařit mess up

plisé pleating

plíseň mould, mildew, páchnoucí mustiness

plískanice sleet, am. flurry

plít 1 plevel weed **2** = plivat

pliv|átko spittoon, cuspidor **–nout** < **–at** spit*, přen. též belch forth, vomit

plíži|t se slink*, nepozorován sneak, pokradmu steal*, jako dravec za kým dodge a p.'s steps **–vý** slinking, sneaking, stealthy, lstivě furtive

pln|ění filling, výměnné re-fill **–icí** filling, pro náhradní náplň re-fill **–ičký** brimful **–it** smluvně perform, fulfil, platit pay* **–it** > **na–** fill up a t. with ..., cpaním stuff (one's pockets); do nádob put* (do in) **–it** > **s–**, **vy–** accomplish, discharge, přání meet*, satisfy, comply with, milostivě grant; plně vykonat a tak vyhovět fulfil; účel implement a t., answer / suit a purpose **–it se** > **na–** fill **–it se** > **s–**, **vy–** come * true

plno a lot, plenty (of...) **–krevný** full-blooded, thoroughbred **–letost** being of age, majority ♦ dosáhnout -ti come* of age, become* a major **–mocník** plenipotentiary, trustee **–právný** ... of full rights, fully-qualified **–st** fulness, richness, entirety **–štíhlý** half- -slim **–tučné** mléko full-fat milk **–vous** (full) beard

plný 1 full (of...), lidí crowded / hovor.

packed (with), na ploše covered (with...); hlas mellow, rich **2** ne dutý solid **3** naprostý entire, moc plenary, bezvýhradný unqualified **4** s číslovkou a good (ten...) **5** někde je -no a place is crowded, obsazeno a place is occupied, vyprodáno full (up), well attended ♦ z -na hrdla at the top of one's voice; -ná moc (full) powers, pl zmocnění authorization; -ná pravda plain truth; -ma rukama liberally, profusely; mít čeho -né zuby = be fed up with a t.; mít -né ruce práce be tied up with work

plod fruit, med. fetus **–ina** (agricultural) plant, product; **–iny** produce, sg, fruits, pl, hlavní -iny staples **–it** > **z–** produce; početím engender, o muži beget*, vůbec přivést na svět breed*, spawn, reproduce, pro společnost procreate; přen. generate **–nost** fertility, fruitfulness **–ný** fertile, fruitful

ploch|a surface, vymezená area; obsáhnutelný kus sheet, stretch (of water); plochá strana flat (of the hand) ♦ na šikmé ploše on the downward slope; třecí ~ point of friction **–ý** flat, přen. trite, banal, commonplace, povrchní superficial ♦ -chá dráha speedway; -ché kleště flat pliers, pl; -chá noha fallen arches, pl (be flat-footed)

plomba (lead) seal, uzavírající průchod stop; zubu stop, filling **–ovat** > **za–** seal (up), stop, fill

ploš|ina 1 platform **2** zeměp. plateau, table land, am. flat **–ka** facet a v. plocha **–ný** dvourozměrný planary, vymezená plocha areal, surface ♦ -ná míra square / surface measure

plot fence, železný railing, ohrada pen; živý hedge(-row)

plot|énka thin plate, tech. lamella; v páteři spondylus, pl -li, -ky hovor. slipped disc(s, pl) **–na 1** k vaření (cooking-)range **2** = deska

plouhat drag(gle) ~ **se** drag,

trudge (along), v mokru **draggle one's feet**

plout 1 o plavidle float, unášen proudem **drift, jet, go*, sail** (do for), o zboží **be afloat 2** bezmocně unášen **be adrift 3** plavný pohyb **swim*** a srov. plavat –ev fin

plouŽit (se) drag, crawl, trail one's legs, o čase **creep***

plov|ací swimming –ák float, bóje **buoy –árna** swimming-pool, swimming-baths, pl **-at** plavat

plst felt

pluh plough, am. plow ♦ snĕhový ~ snow-plough

pluk regiment **-ovní** regimental **-ovník** colonel

plundrovat v. plenit

plus plus

plutokrat plutocrat

plyn gas **-árna** gasworks **-nost** fluency **-ný 1** fluent **2** v plynném stavu gaseous **-ojem** gas holder **-omĕr** gas-meter **-out 1** téci flow **2** = plout **3** jako užitek inure to a p. **-out > u-** go* by, pass, run* away, čas elapse, slip past, lhůta expire **-out > vy-** z čeho follow / ensue from ...; vznikat arise* (from, out of), result ♦ z toho vy-ulo this led to... **-ovod** gas main, v domácnosti gas fittings, pl **-ový** gas **-ulost** fluency, continuance **-ulý** fluent, nepřetržitý continuous, při tĕsném sledu continual

plyš plush

plytký shallow, inane

plýtvat (s) čím waste a t. ~ > **pro-**, **vy-** co waste, squander, neznat míru lavish

plzeňské pilsner (beer)

plž slug

pneumati|cký pneumatic **-ka** brit. tyre, am. tire

pnout se = ovíjet se, tyčit se, klenout se

po 1 až po co up / down to, as far as **2** jak dlouho for, all... (am. a)long / (am. a)round **3** s řadovou číslovkou for the... time **4** po způsobu in..., in...

way / fashion, jazykem in (German) **5** po čem podélném along (ulice, chodba též up, down), po svažitém up, down **6** na různých místech about, all over **7** cíl pohybu at (throw at), za účelem získání for (look round for) **8** následnost after, hned po události (up)on **9** podle after, z čí strany on... 's side **10** šlapání. doléhání on **11** prostředkování through, by **12** podílnost: po domech from house to house, po kouskách bit by bit, po otýpkách in bundles, po dvou two (at) a time, by twos, každému... each, day by day, on Sundays ♦ po boku beside; po cestĕ on (the) way; po čtyřech on all fours, on hands and knees; po délce lengthways, lengthwise; po dobrém amicably; po hlavĕ head first; po každé each / every time; po Kristu after Christ (A.D.). po levici on one's left(-hand side); po lopatĕ in plain English; po pamĕti from memory; po proudu down stream; po případĕ as the case may be; po ruce at hand; po různu here and there; po slepu sight unseen; po sobĕ in succession; po stranách at the sides; zamilován po uši head over ears / heels in love; po vĕtru with the wind; vyvést se po kom take* after a p.; po zlém under pressure, forcibly; jít po žebrotĕ go* begging; po živnostensku professionally

pobádat = pobízet, povzbuzovat

pobavit (se) v. bavit (se)

pobesedovat (si) v. besedovat

pobíd|ka invitation, urge, podnĕt incentive **-nout < pobízet** invite, popohnat urge (on), podnítit incite

pobíhat run* about / am. around

pobíjet v. pobít

pobírat draw*, get*

pobí|t < -jet hřeby nail, plechem apod. cover **2** krvavĕ slaughter, massacre, butcher

pobízet 1 press **2** v. pobídnout

pobláz|nĕný crazy **-nit** v. bláznit

pobled|lý polish **–nout** grow* palish

poblouznit infatuate

poboč|ka branch (office), telefonní extension, třída parallel class **–ník** adjutant **–ný** side, branch, pomocný auxiliary, secondary, subsidiary

pobod|at < give* a p. several stabs **–nout** < **–ávat** koně spur on

pobouřit < **pobuřovat** agitate, irritate, otřesně shock; rozrušit upset*, disturb, perturb

pobožn|ost 1 vlastnost piousnes, devotion **2** výkon devotion(al exercise) **–ůstkář** bigot, hovor. God squaddy **–ůstkářství** bigotry **–ý** religious, (over-)pious

pobrat take* all, every...

pobřež|í coast, viděno z moře water-front, celého moře littoral, mořské sea coast, shore, kraj při něm seaside **–ní** coastal, shore, týkající se mořského **–í** maritime

pobřišnice peritoneum

pobuda lay-about, tramp, am. bum

pobuřovat v. pobouřit

po|byt stay, přechodný sojourn, trvalý residence ♦ místo -tu where-abouts, pl **–být** < **–pobývat** stay (for some time), trvale dwell*

pocestný traveller, kniž. wayfarer

po|cit sensation, feeling, uvědomění si sense **–cítit** v. cítit

poct|a honour **–ít** < **–ívat 1** ctít **2** koho čím bestow a t. (up)on a p. **3** milostivě confer a t. (up)on a p., honour / favour a p. with a t. **4** pohostit treat a p. to a t. **–ivec** honest man* **–ivost** honesty; zásadovost integrity, řádnost probity **–ivý** honest; ve službě faithful, dbalý zásad, pravidel fair; nic neskrývající aboveboard

pocuchat v. cuchat

pocukrovat v. cukrovat

počasí weather

počastovat v. častovat

počáte|ční initial, opening **–k** beginning, slavnostní obřadný commencement; start, outset; přední část head (of the procession) ♦ (hned)na -tku at the (very) beginning; pro ~ to start with; z -tku at first

počest: na ~ in honour of..., to honour... **–ný** honourable, a uznávaný respectable; pohlavně čistý haste

poč|et number, číslem vyjádřený figure; počítání reckoning; -ty škol. předmět arithmetic, sg, figures, pl ♦ v -tu kolika in the number of...; v plném -tu in full force / strength; ~ pravděpodobnosti probability calculus

počet|ní (... of) calculation, numerical, počtářský arithmetical **–nice** arithmetic book **–ný** numerous

počíhat (si) v. číhat

počínat si jak = chovat se, jednat v. počít

počí|t < **–nat 1** udělat do* **2** žena conceive **3** = začít

po|čítací computing, calculating **–čítač** computer **–čitadlo 1** abacus **2** měřič meter **–čítat 1** do* arithmetic sums, reckon **2** s čím take* a t. into account, take* account of a t., jako s možností allow for a t.; spoléhat se na count; reckon on a t. **3** soudit reckon, think*, hádat guess **4** řadit mezi number among, reckon with **–čítat > na–** count; k placení charge (a p. too much) **–čítat > s–** reckon, count up, run* up, figure (up) **–čítat > vy–** reckon, kniž. compute, propočty figure out, work out, též přen. calculate **–čítat se** mezi rank with / among

počit|ek sensation **–kový** sensational

počkat v. čekat; počkej I say, I tell you what, hrozivě I'll show you, nech mě to promyslet let me see

počmárat scrawl all over

počt|ář reckoner, arithmetician **–y** v. počet

pod(e) below, kniž. beneath, krytí, převislost, tlak, ovládání under; nehodný čeho beneath (any criticism) pod|ací (... of) posting, am. (... of) mailing **–ání 1** v dražbě bid **2** tradice tradition **3** = *žádost, stížnost, nabídka*

podarov|at < **–ávat** = *darovat;* koho = *obdarovat*

podař|ený successful, iron. excellent **–it se** v. *dařit se*

pod|at < **–ávat 1** give*, nápomocně lend* a p. (a hand), dvorně offer, napřáhnout reach out; ruku hold* out, k pozdravu, smíru shake* hands with a p. **2** předat pass / reach down, hand (over), k pošt. přepravě post, am. mail, register, u přepážky hand in, zavazadlo book, am. check **3** předložit, předvést present, perform, k jídlu, pití serve (a t. to a p.), výklad set* out, k úvaze submit (a t. to a p.) **4** v dražbě bid* **5** návrh k hlasování move, table / propose a motion ♦ ~ důkaz give* proof, furnish evidence; ~ *si někoho* scold so.; ~ *vyúčtování* render an account; ~ *žalobu* bring* / file / institute a (legal) action / (law)suit, lodge a complaint (*proti* against) **–atelna** filing room, mail room / branch

podbarv|it < **–ovat** tinge, ruměncem suffuse

podbírat se v. *podebrat se*

podbízet underbid*, undercut* `

podbradek zvířat wattle, člověka double chin

podce|nit < **–ňovat** underestimate, underrate **–ňující** depreciatory, disparaging

podd|ajný supple, přístupný facile vedení, radám amenable, tlaku pliable **–anství** sertitude, serfdom **–aný** komu subject to a p.; a subject, dříve a serf **–at se** < **–ávat se** give* in, yield to, submit to; vzdát se give* up

poddůstojník non-commissioned officer, N.C.O.

pod|ebrat se < **–bírat se** come* to a head, s otokem gather, hnisat fester

podědit v. *dědit*

poděkovat (se) v. *děkovat (se)*

podél along, na délku lengthwise

poděl|it < **–ovat** koho čím divide a t. between ...; uštědřit give* a p. (his share of ...) **–it se** v. *dělit se*

podélný, **–ně** lengthwise

podělovat v. *podělit*

podem|lít < **–ílat** work under, undermine

podepírat v. *podepřít*

podepisovat v. *podepsat*

pod|epřít < **–pírat** support, podloženim prop; aby spočinulo rest; přen. důvody apod. v. *podložit*

pod|epsat < **–pisovat** sign, put* one's signature to a t., přen. souhlasit subscribe to a t., endorse a t.

poděsit (se) v. *děsit (se)*

podestlat v. *stlát*

podešev bottom leather, sole (of the shoe)

podezdí|t < **–vat** underpin **–vka** underpinnig, proti počasí, vlnám breast-wall

podez|írat suspect a p. (of a t.), co suspect a t. **–íravost** suspicion **–íravý** suspicious **–řelý** suspicious, a podezíraný suspected (z of) **–ření** suspicion

podfuk hovor. con, cheat, rip-off

podhlavník bolster, under-pillow

podhoubí mycelium, přen. hot-bed (of...)

podhrab|at < **–ávat** work under, undermine, voj. sap

podchod brit. subway, am. underpass

podchy|tit < **–covat** catch* (up), zajistit secure

podíl share, účast part (*na* in); příděl portion, allotment, lot, poměrný quota, contingent; mat. quotient **–et se** na čem, o co share a t. (*s* with); mít účast participate, take* part in **–ník** shareholder, participant; společník partner

podít se: *kam se poděl...* where has... gone (to)?

pódium dais, platform

podiv: *ku -u* surprisingly / strangely enough

podív|aná spectacle, sight, hovor. show **–at se 1** kam na skok look into a place, drop / look in (at a place) **2** v. *dívat se*

podiv|ení wonder, surprise **–ín** eccentric, crank, oddity; figurka character **–ínský** eccentric, cranky **–ínství** eccentricity **–it se** v. *divit se* **–ný** peculiar, odd, strange, outlandish **–ovat se** = *divit se* **–uhodný** admirable pozoruhodný wonderful, remarkable

pod|jet < **–jíždět** run* under, *čím pod čím* pass a t. under a t. **–jezd** underpass

podkl|ad basis (pl bases); danost (pro úvahu) datum (pl **–ta**); pro budování a-pod. foundation; ložisko bed, silniční metal, ballast **–ádat** v. *podložit*

podkolenka knee sock / stocking

podkop sap, mine **–at** < **–ávat** sap, přen. undermine

podkov|a (horse) shoe **–at** < **–ávat** shoe* (a horse), boty (hob)nail

podkožní subcutaneous, hypodermic

podkrov|í attic, garret **–ní** garret

podkuřovat fumigate komu, lichotit toady a p., hovor. suck up to a p.

podlah|a floor **–ová** *krytina* floor(ing)

podlamovat v. *podlomit*

podlaží stor(e)y, am. story

podle 1 podél along(side) pohyb past, by **2** ve shodě s according to, in accordance with, conforming with, in compliance with ♦ ~ *mne, mého názoru* in my opinion; ~ *potřeby* as may be required; ~ *předpisu* as prescribed; ~ *toho* accordingly; ~ *všeho* by all appearances; ~ *zvyku* as was usual

podlec knave, cur, cad

pod|éhat be liable / subject to..., be under a p.'s control; služebně be a p.'s subordinate **–lehnout** < **–léhat** succumb, give* in to a t., ustoupit yield to a t.

podlep|it < **–ovat** stiffen, paste

podléz|at 1 komu brown-nose a p., fawn (up)on a p. **2** creep* under **–avý** fawning, servile

podlitina bruise, odb. contusion; blotch

pod|lomit < **–lamovat 1** nohy strike* a p. all of a heap **2** přen. = *podkopat*

podloubí arcade, archway

podloudn|ictví smuggling, contraband trade **–ík** smuggler **–ý** smuggling, underhand, clandestine, surreptitious

podlouhlý oblong

pod|ložit < **–kládat 1** put* A under B, rest B on A, měkkým pad; postavit na základ base, ground **2** podstrčit pass / palm off, foist **–ložka** bed, rest, base; měkká pad

podlý base, mean, vile

podmalov|at < **–ávat 1** oči make* up one's eyes, put* on mascara **2** hudbou accompany

podma|nit < **–ňovat** subdue, subjugate, bring* under one's domination, uchvátit capture, přen. captivate, enthral **–nivý** captivating, charming

podmáslí buttermilk

podmaz|at < **–ávat** přen. grease / oil a p.'s palm

podmět subject

podmílat v. *podemlít*

podmín|ečný conditional, qualified **–ěný** contingent (*čím* on), conditional (on); něčím podmíněný conditioned (e.g. reflex) **–it** < **podmiňovat** condition, qualify **–ka** condition, výslovně omezující qualification; v doložce clause; *-ky dohody* terms, stav věcí; conditions, circumstances, vymíněná opatření provisions, v listině stipulations, pl; *pod -nkou, za -nky,* (up)on (the) condition (that ...), with the proviso (that)

podmiňovat v. *podmínit*

podmořský submarine / underwater

podmračený scowling, lowering

podnájem subletting, sublease; byt

lodging(s, pl), hovor. brit. digs, pl, am. rooms, pl ♦ bydlet v -jmu live in lodgings, digs, hovor. am. room
–ník lodger, am. roomer

podnapilý tipsy

podneb|í climat **–ný** climatic

podněcovat v. podnítit

podnes (up) to / till this (very) day, se záp. as yet

podnět instigation, stimulation; nadhozený suggestion; co vyvolává reakci stimulus (pl -li); na čí ~ at a p.'s instance **–ný** stimulating, incentive, náznakově suggestive

podnik 1 co se dělá undertaking, přes rizika enterprise, venture **2** obchodní organizace establishment, business, práv. firm, concern, v. závod **–ání** enterprise **–atel** entrepreneur, investor, businessman*, smluvní contractor, filmový producer **–atelský** entrepreneurial **–avost** (spirit of) enterprise **–avý** enterprising, průbojně go-ahead **–nout** < **–at** undertake*, a tak rozběhnout launch; podstoupit wage

podnítit < **podněcovat 1** incite, zvl. k špatnému instigate; rozohnit incense, kindle, inflame, foment; vyvolat stir up **2** pobídnout urge (on), k aktivitě stimulate

podnos tray

podnožka footstool

podob|a 1 form, tvar shape, vzhled appearance, looks, pl; vypodobnění likeness **2** = podobnost **–at se** komu resemble a p., look like a p.; navzájem be alike **–enství** parable **–izna** portrait **–nost** resemblance, likeness, similarity (to a p.) **–ný** vnějškově resembling (čemu a t.), snadno zaměnitelný similar (to), zdánlivě stejný (much) like / alike, něco -ného something like that ♦ to je ti -né it's just like you; navlas -ní as like as two peas

podojit v. dojit

podom|ek porter, v ubytovacím podniku boots, sg i pl **–ní** house-to-house

♦ ~ obchodník traveller, pedlar

podo|tknout < **–týkat** remark, observe, make* it clear, point out

pod|pálit < **–palovat** kindle, set* a t. on fire, set* fire to a t., přen. inflame

podpalubí space below the weatherdeck

podpatek heel (of a shoe)

podpaží armpit ♦ v ~ under one's arm

podpěr|a buttress, support, zezadu backing, vzpružující stay, brace **–ný** supporting, bracing

pod|píchnout < **–pichovat** goad (on)

podpírat v. podepřít

podpis signature (na on, to), zvl. závazný subscription (to) **–ovat** v. podepsat

pod|platit < **–plácet** bribe, corrupt, hovor. buy* off / over

podplukovník lieutenant-colonel, let. wing-commander

podpor|a 1 support, backing, sympatizující countenance; na cestě vpřed furtherance, k vznešenému cíli advancement **2** k zmírnění relief, subvence subsidy, institucí subvention, finanční grant, allowance **–o-vat** support, back (up), countenance, further, advance, relieve, subsidize; návrh second (a motion); posilovat foster; proti útokům uphold* **–ovatel** sponsor, champion

podporučík second lieutenant

podpovrchový under-surface

podprsenk|a bra(ssiere); plavek halter ♦ bez -y braless, topless

podprůměrný substandard, velikosti undersize(d)

podpůrný promotive; subsidiary, auxiliary

podraz dirty mean trick **–ák** hovor. rotter

pod|razit < **–rážet 1** knock a t. under, komu nohy trip (up) a p.'s feet **2** obuv sole

podrážd|ěnost irritation **–it** v. dráž-

dit

podrbat v. *drbat*

podrob|it < **–ovat** subject, něčemu omezujícímu reduce (*čemu* to a t.); = *podmanit* ♦ ~ *zkoušce* put* a p. to the test **–it se** < **–ovat se** submit to a t. / p., smířen s nutností acqiesce in a t.; vyhovět comply with a t. ♦ ~ *se zkoušce* sit* (for) an examination

podrobn|ost detail, particular ♦ **-osti** nitty-gritty **–ý** detailed, minute; **–ně** in detail, fully

podrobovat v. *podrobit*

podrost undergrowth, scrub

područí bondage, thrall

podruh farm labourer

podruhé next time

podružn|ost subsidiary character / nature **–ý** subsidiary, secondary, incidental

podrž|et hold* a t. (for a p.) **–et** < **–ovat** ponechat si retain, keep* (back), pro budoucnost reserve

podřa|dit < **–dovat** subordinate (A to B) **–dnost** inferiority **–dný** inferior, second-rate; podřadný subordinate

pod|řeknout se < **–říkávat se** let* it out, spill* the beans, let* slip a t., blab

podřez|at < **–ávat** 1 cut* down (from below) 2 komu krk cut* / slit* a p.'s throat ♦ ~ *si větev* digging one's own hole

pod|řídit < **–řizovat** make* a p. subordinate (to a p.)

podříkávat se v. *podřeknout se*

podřimovat nap

podřízený subordinate, inferior (to a p.)

podřizovat v. *podřídit*

podsa|dit < **–zovat** line, kalhoty seat **–ditý** thick-set, stocky

podskupina subgroup

podstat|a substance, hlavní složka essence, co převažuje body; smysl tenor; *v* -*tě* essentially, in substance, in the main **–ný** substantial, essential, závažný material, ži-

votně vital, dobře patrný marked ♦ **-né** *jméno* substantive

podstav|ec base, sill, sloupu pedestal **–it** < **–ovat** place a t. under a t.

pod|stoupit < **–stupovat** undergo*, zápas wage

podstr|čit < **–kovat** 1 = *podložit* 2 pokradmu foist a t. (*komu* upon a p.)

podstrojovat v. make* special dishes (*komu* for a p.)

podstupovat v. *podstoupit*

podsvětí the Underworld, the nether world

podsvinče sucking pig, am. pig

podší|t < **–vat** line **–vka** lining

podškrt|nout < **–ávat** underline (též přen.), underscore

podtext hidden meaning, allusion

podtitul sub-title

podtlak underpressure

podtrh|nout < **–ávat** 1 = *podškrtnout* 2 trip (a p.'s leg)

podupat trample (underfoot)

poduška cushion; též pro razítka pad

pod|vázat < **–vazovat** tie under, a znehybnit tie (up); přen. tie up, zaražením restrain, vnitřními zábranami inhibit **–vazek** garter, závěsný suspender

podvečer early evening; = *předvečer*

podvědom|í the subconscious **–ý** subconscious

pod|vést < **–vádět** deceive, trick, cheat, swindle a p.: nevěrou be faithless (to a p.)

podvlékačky long pants, pl i krátké drawers

podvod 1 co je něčím jiným imposture, cheat, fraud, klam deceit 2 nepoctivé získání cheat, swindle 3 napálení hoax, trick **–ník** cheat, swindler, trickster, impostor, hovor. crook, ve hře sharper, vyděrač racketeer **–ný** fraudulent, klamný deceitful, tricky, underhand, deceptive, sham, bogus

podvojný dual

podvol|it se < **–ovat se** čemu submit to a t.

podvozek (under)carriage, bogie(-truck)

podvratný subversive

podvrh spurious document **–nout** < **–ovat** forge; podvržený spurious, fake

podvrtnout sprain (one's ankle)

podvýživa undernourishment

podzem|í underground **–ní** underground, žijící v **–í** subterranean ♦ ~ *dráha* underground railway, tube, am. subway, na evrop. pevnině metro*

podzim(ní) autumn, am. fall

poe|tický poetic **–zie** poetry

pogratulovat v. *gratulovat*

pogrom pogrom

pohádat se fall* out, v. *hádat se*

pohád|ka (fairy / folk) tale, children's story, bajka fable **–kář** fairy-tale writer **–kový** fabulous

pohan heathen, pagan

pohana discredit, disgrace

poháněč driver, whipper

pohánět v. *hanět*

pohánět = *hnát, honit*

pohanit v. *hanit*

pohans|ký heathen, pagan **–tví** heathenism, paganism **–tvo** heathendom, heathens, pl

pohár cup, beaker, goblet **–ek** (cartridge-paper) cup

pohas|nout < **–ínat** go* out, postupně dwindle

pohašteřit se v. *hašteřit se*

poházet co čím litter a place with...

pohazovat v. *pohodit*

pohladit v. *hladit*

pohlavár chief(tain), polit. boss

pohlavek box / blow on the ears / head ♦ *dát komu* ~ box a p.'s ears / head

pohlaví sex

pohlavkovat > **z–** koho, **na–** komu = *dát pohlavek*

pohlavní sexual ♦ ~ *choroba* venereal disease, V.D.; ~ *styk* sexual intercourse, sex; ~ *pud* reproductive instinct, hovor. sex drive

pohlcovat v. *pohltit*

pohled 1 look (*na* at), co tak obsáhneme sight (of), přesně zaměřený view (of) **2** hovor. = **–nice** ♦ *zběžný* ~ glance; *na první* ~ at first sight / glance

pohledávka claim, outstanding debt

pohl|edět v. *hledět* **–ednice** picture postcard, pro pozdravy greeting card **–édnout** = *pohledět* **–edný** sightly, neat **–ídat** v. *hlídat* **–hlížet** = *hledět*

pohltit < *pohlcovat* swallow up / down, eat up, hltavě devour

pohmožd|ěnina, **–it** bruise, contusion

po|hnat < **–hánět** před soud bring* a p. to justice

pohněvat (se) v. *hněvat (se)*; **-vaný** angry

pohnojit v. *hnojit*

pohn|out (se) move slightly, stir, = *hnout se* **–out 1** koho k čemu induce a p. to a t., make* a p. do a t., dojmout move **–utí** dojetí emotion, feeling **–utka** (driving) motive **–utlivý** moving, stirring **–utý** agitated, dojemý moved, stirred

pohoda 1 počasí fair weather **2** útulná coziness **3** nálada strain, dobrá good humour

pohodit < *pohazovat* **1** co čím scatter a t. with..., odpadky throw* away, cast* off, odvrhnout reject pohazovat sebou toss

pohodl|í comfort(s, pl), ease, convenience **–nět** > **z–** grow* / become* lax / self-indulgent **–nický** selfindulgent **–nictví** self-indulgence **–nost** comfortableness, ease, self indulgence **–ný 1** comfortable, easy, convenient **2** člověk indolent, lay, self indulgent

pohodný knacker

pohon drive **–ný** driving ♦ *-né hmoty / látky* fuel (and oil)

pohorš|ení scandal, bad blood **–it** < **–ovat** scandalize, horrify, shock **–it se** < **–ovat se 1** zhoršit se become* worse, deteriorate **2** být dotčen take* umbrage (*nad* at) **3** v. *horšit se* **–it si** be the worse for it **–livý** scandalous

pohořet fail (utterly), flop, come* to grief, have the worst of it

pohoří range of mountains / hills

pohosti|nnost hospitality **–nný** hospitable **–nská** *hra* guest-performance **–t** v. *hostit*

pohotov|ost 1 vlastnost readiness, preparedness, promptness **2** zvláštní stav emergency, voj. alert, polic. flying squad **–ostní** emergency (e.g. oddíly services) **–ý** ready, prepared, prompt; k použití available, zboží effective, spot; **–ě** readily, promptly

pohoupat (se) v. *houpat (se)*

pohov standing easy **–a** (a good rest, duševní (mental) ease, úleva relief **–ět si** v. *hovět si* **–ka** couch, sofa, settee

pohrab|áč poker **–ovat** = *hrabat*

pohranič|í border(-land) **–ní** border, boundary / frontier **–ník** frontier guard

pohrá|t si v. *hrát si* **–vat si** = *hrát si*

pohrd|ání contempt ♦ ~ *hodný* contemptible, despicable **–at** despise a t., hold* a t. / p. in contempt, show* contempt of a t. / p. **–avý, –livý** contemptuous; = *opovržlivý* **–nout** čím spurn, reject a t. / p.

pohroma calamity, disaster ♦ *bez -my* safe (and sound)

pohromadě gathered (together), pospolu together ♦ *mít všech pět ~* have all one's wits about one

pohroužit = *ponořit*

pohrozit v. *hrozit*

pohrudnice pleura ♦ *zánět ~* pleurisy

pohrůžka threat

pohř|bít < **–bívat** bury, přen. vzdát se abandon (hope etc.) **–eb 1** burial

2 obřad funeral ♦ ~ *žehem* cremation **–ebiště** burial-ground / place **–ební** burial, funeral, přen. chmurný mournful ♦ ~ *obřad* burial service, funeral ceremony; ~ *ústav* undertaker's, am. funeral parlor (*majitel -ního ústavu* undertaker, am. mortician); ~ *vůz* hearse

pohřeš|it find* a t. missing **–ovat** miss; **–ovaný** missing

pohublý meagre, emaciated

pohyb motion, movement, postup vpřed progression, záměrný přesun move, rozruch stir ♦ *bez -u* motionless; *uvést co do -u* set* a t. in motion **–livost** mobility **–livý** movable, snadno se pohybující mobile, pravidelně se pohybující moving (staircase = escalator) **–ovat** = *hýbat* **–ovat se 1** vpřed proceed, go* on, stroj též travel **2** chodit, jít walk, cvičně n. ze zdrav. důvodů take* exercise, do společnosti mix (*mezi* with) **3** pohyb na místě n. vzniklý pohonem = *hýbat se* **–ový** (... of) motion

pohýčkat v. *hýčkat*

pocházet 1 originate (*z* from), spring* from **2** být rodákem come* / žert. hail from... mít za předka come* of... , descend from... **3** být následkem čeho ensue / follow from... ♦ *-zející z...* native of...

pochlebovat komu pay* a p. lip service, adulate a p.

pochlubit se v. *chlubit se*

pochmurný gloomy, dismal, dreary, dull, zasmušilý saturnine

pochod march ♦ *dát se na ~* set* off on a march **–eň** torch **–it 1** jak come* off, fare **2** celou obec apod. call round (at places), have walked about **–ovat** march

pochop|ení understanding, citově sympathy **–it** v. *chápat* **–itelný** understandable, comprehensible

pochoutka delicacy

pochovat 1 = *pohřbít* **2** v. *chovat*

pochut|ina savoury herb and / or spice **–nat si** v. *chutnat si* **–návat si** = *chutnat si*

pochůzka errand, obchůzka round, beat

pochva sheath, med. vagina

pochv|ala approbation, honourable mention, hromadná acclamation, applause; = *chvála* **–álit** v. *chválit* **–alný...** of approbation, commendatory, laudatory **–alovat si** = *libovat si*

pochyb|a misgiving, doubt, **–y** suspense, sg ♦ *bez –y = nepochybně; být na -ách* have doubts, be in doubt (about); *nechat na -ách* leave* a p. in the dark **–ený** mistaken, wrong **–it** = *chybit* **–nost** = *-a* ♦ *brát co v ~* (call a t. in) question, query a t.; *nade vší ~* beyond a shadow of doubt, beyond question **–ný** doubtful, dubious, questionable **–ovačný** doubting **–ovat** > **za–** doubt (o about, of a t., a t.)

pochytit catch*, pick up, porozumět grasp, smysly apprehend, learn*

point|a, –ovat point

pojedn|ání essay, treatise (o of) **–at** v. *jednat* **–ávat** o čem = *jednat*

pojednou = *náhle*

poje|m concept, conception (v. též představa): slovem vyjádřený term **–tí** conception; přístup k věci approach (*čeho* to); postižení v celém rozsahu apprehension

pojídat = *jíst*

pojímat v. *pojmout*

pojíst take* a short meal / repast

poji|stit < **–šťovat 1** zajistit secure **2** pojišť. insure / underwrite* / cover a t. ♦ *dát se ~* take* (out) a policy **–stka 1** (insurance) policy **2** elektr. (safety) fuse (*~ praskla* has blown) **–stné** premium **–stný 1** safety (e.g. cock) **2** pojišť. (... of) insurance ♦ *-ná částka* insurance amount **–štěnec** policy-holder, the insured **–štění** insurance ♦ *nemocenské ~* health insurance

–šťovna insurance company / office

pojit = *spojovat*

pojít 1 die, drop hovor. peg out **2** z čeho come* of a t., arise from a t.

pojítko (connecting) link

pojíz|dný mobile, travelling ♦ *-á prodejna* mobile shop, shop on wheels **–ždět 1** wheel **2** odb. co run* on at a. **3** let. taxi

pojmenovat v. *jmenovat*

po|jmout < **–jímat 1** take* hold of a t., take* (in hand, by the arm) **2** do sebe take in, kolik hold, zahrnout include, comprehend, comprise (*do* in) **3** smysly take* in, apprehend, rozumem comprehend utvořit si pojem conceive ♦ *~ za muže* take* a p. in marriage, *~ za ženu* take* a p. to wife **–jmový** conceptual, notional

pokálet v. *kálet*

pokání repentance, odčinění atonement

pokárat v. *kárat*

pokazit v. *kazit*

pokaždé every / each time

pokdy: *mít ~* have time (to spare)

pokl|ad treasure, hoard **–ádat 1** = *klást* a v. *položit* **2** považovat consider (a p. reliable etc.), shledávat jakým find * a t. ..., omylem mistake* a p. for ...; koho za a podle toho s ním jednat treat... as... ♦ *~ si za čest* have the honour (to do, of ...); *~ za samozřejmé* take* a t. for granted **–adna 1** schránka strong box, safe **2** pro tržbu desk, automatická cash register **3** k zajišťování míst (k zábavě) box-office, (k dopravě) booking-office, am. ticket office **–adní 1** jako *pokladník* **2** adj cash **–adník 1** cashier **2** výdejce lístků ticket clerk, am. ticket agent **3** společnosti, organizace treasurer, teller

poklápět v. *poklopit*

pokleknout v. *kleknout*

poklep tap(ping), med. percussion **–at** v. *klepat*

pokles fall, drop, decline; sesednutí

sag **–ek** lapse **–lý** decaying, přen. sklíčený dejected, depressed, sunken **–nout** = *klesnout*

poklice lid, cover ♦ *držet pod pokličkou* underhand, on the sly

pokl|id = *klid, odpočinek* **–idit** < **–ízet** tend, look after **–idný** peaceful, placid, tranquil, serene

poklon|a courtesy, tribute pochvalná compliment **–it se** v. *klanět se* **–kovat** kowtow to a p. **–kovat** > **vy–** *koho* bow a p. to the door

poklop cover; dvířka manhole, trapdoor **–ec** fly, hovor. flies **–it** < **poklápět** overturn, upset*, cover

poklus trot

pokochat se v. *kochat se*

pokoj 1 klid peace, odpočinek rest **2** místnost room, pronajímaný bedroom **3** nábytek suite ♦ *dát komu* ~ give* a p. peace; *dej* ~ keep quiet; *dětský* ~ nursery; *hostinský* ~ guest room; *jednolůžkový / dvoulůžkový* ~ single / double room; *nechat koho na -i* leave* a person alone; *obývací* ~ sitting / living room **–ný** peaceful, nerušený n. nevzrušený quiet **–ská** chambermaid

pokolení generation ♦ *lidské* ~ human race, humanity

poko|ra humility **–rný** humble **–řit** < **–řovat 1** humiliate **2** = *podrobit, podmanit*

pokosit v. *kosit*

pokousat bite*

pokoušet 1 tempt, provoke **2** dopalovat chaff, škádlivě banter, tease < ~ **se** v. *pokusit se*

pokoutní obscure, illicit, underhand, backstreet

pokovování plating

pokožka skin, odb. epidermis

pokračovat 1 go* on (doing a t.): continue a t. -ing, get* on with a t. **2** v přerušeném resume take* up a v. *pokročit* **–el** successor, follower

pokrčit v. *krčit*

pokrevný blood, consanguineous

pokrm dish, jídlo food, kniž. o potravě fare

pokro|čilý advanced **–čit** < **pokračovat** advance, make* great headway / progress **–k 1** progress (bez pl.), zlepšení improvement **2** postoupení vpřed advance **–kový** progressive

pokropit v. *kropit*

pokroutit distort, twist

pokrýt v. *krýt*

pokrytec hypocrite **–ký** hypocritical **–tví** hypocrisy

pokrýv|ač slater, tiler, roofer **–at** = *krýt* **–ka** cover(ing); na posteli counterpane, coverlet, ložní blanket; cestovní rug

pokřik cry, cries, pl, alarm; hromadný clamour **–ovat** = *křičet*

pokřižovat v. *křižovat*

pokřtít v. *křtit*

pokud 1 časově = *dokud* **2** omezení as / so far as (I know) **3** jestliže provided (~ *ne–* unless) ♦ ~ *možná* ...as far as possible; ~ *se týče* as far as... is concerned, as regards / concerns; ~ *si vzpomínám* as far as I remember

pokulhávat lag behind i přen.

poku|s 1 attempt (o at) **2** k ověření test, k zjištění experiment **3** na zkoušku trial **–sit se** < **pokoušet se 1** attempt (o co a t., at a t.) **–sný** experimental, zkusmý tentative ♦ ~ *balónek* feeler; ~ *králík* přen. guinea-pig; *-ná stanice* research station **–šení** temptation **–šitel** tempter, svůdce seducer

pokut|a penalty, fine, propadnutím forfeit **–ovat** penalize, fine **–ový** *kop* penalty kick

pokyn 1 suggestion, hint **2** včasný advice **3** návod direction, instruction(s, pl) (*k* for)

pól pole

polahodit v. *lahodit*

Polák Pole

polámat (se) = *zlámat (se), (z)kazit (se)* v. *lámat, kazit*

polapit = *lapit*

Polár|ka 1 north-star, pole-star, Polaris **2** zmrzlina ice cream (*p-kový dort* ice-cream gateau, pl -eaux) **–ní** polar, arctic **–ník** arctic / antarctic explorer

polaskat v. *laskat*

polaškovat v. *laškovat*

pole 1 field **2** šach. square

poledn|e twelve o'clock, am., řidč. brit. noon, doba kolem p. midday **–í** midday **–ík** meridian

polehávat resort to bed at times, go* to bed during daytime

polehč|it < **–ovat** extenuate ♦ *-ující okolnost* extenuating / mitigating circumstance(s)

polehoučku softly, gently

polehtat v. *lehtat*

polekat (se) = *leknout (se)*

polemi|cký controversial, polemic(al) **–k** polemist **–ka** controversy, polemic **–zovat** argue

poleno log ♦ *hluchý jako ~* as deaf as a post

polep|it < **–ovat** paste (all over), smear i přen., label, tapetou paper

polepš|it < **–ovat** improve / better (*si* o.s.) **–ovna** reform school

poletovat flit(ter), třepetat se flutter

pol|eva glaze, na cukroví icing **–évat** v. *polít*

polev|it < **–ovat 1** remit, drop, ochabnout slacken, usadit se subside, drop **2** v přísnosti relent, v pozornosti, píli relax

polévk|a soup, masová se zeleninou broth, puree, vývar clear soup, *hustá ~* thick soup **–ková** lžíce soup spoon, množství tablespoon, **-ové** koření seasoning, **-ová** kostka stock / bouillon cube

polevovat v. *polevit*

po|libek kiss **–líbit** v. *líbat*

policajt cop(per), rozzer, fuzz

police 1 shelf* **2** pultová rack

polic|ejní, –ie police **–ista** policeman*

políček slap / smack (on the face)

políčit v. *líčit* past

políčkovat < **z–** slap / smack a p.

on the face

polidšt|it humanize **–ění** hominization, humanization

polichotit v. *lichotit*

poliklinika health centre, policlinic

po|lít < **–lévat 1** co čím pour / spill / shed* (water on table), co make* a t. moist **2** zalít water **3** polevou glaze, cukrovou ice

politi|cký political, chytrý politic **–k** politician, am. statesman* **–ka 1** politics **2** promyšlený postup policy

politov|áníhodný deplorable, lamentable, regrettable **–at** pity a p. **–ání** regret, sorrow

politura polish

polka 1 tanec polka **2** P~ Polish woman

po|lknout < **–lykat** gulp (down), am. down a t., bez žvýkání bolt, swallow

poln|í field **–ice** bugle **–osti** pl land under crop, sg

polo– half, semi– **–botka** shoe **–čas** half time **–denní** zaměstnání part-time (job / work)

poloha position, situation, umístění location

polohlasem under one's breath, in a low voice, undertone

polohový positional

polo|koule hemisphere **–letí** brit. six months, am. a fin. brit. half-year, am. semester, vyuč. term **–měr** radius, pl -dii **–ostrov** peninsula **–šero** twilight **–tovar** semi-finished article; pro hospodyně convenience / ready-to-cook food **–vice** v. *polovina* **–vičatý** half hearted, práce halfdone **–viční** half **–vina 1** half* (*čeho* half a loaf, half of us) **2** střed middle, v urč. spojeních mid (in mid-June, in the mid-18th century) **–vodič** semiconductor

polož|it 1 koho (*na lopatky*) knock out a p., v kopané lay* out, throw* a p. **2** co (zanechat toho) put* down, rezignovat lay* down **3** *být -žen* be situated / set, lie* **–ka** item

Polsk|o Poland **p-ý** Polish

polštář cushion ♦ *vzduchový ~* aircushion **–ování** na ochranu při nárazu crash pad **–ovat** > **vy–** upholster

polyglot (a good) linguist, polyglot

polykat v. *polknout*

polyvinyl(chlorid) PVC, polyvinyl(chloride)

pomačkat rumple, tousle

po|mahač help(er) **–máhat** v. *pomoci*

pomal|ost slowness **–u** slow(ly), mírně gently, rovnoměrně stead(il)y **–ý** slow, svah mild

po|mást v. *mást* **–matený** deranged, confused, wild

poma|zánka hmota butter, namazaná spread **–zat** soil, bedaub, spread*

poměr 1 ratio, rate, úměrný proportion **2** vztah relationship **3** styky terms pl, intimní intimacy **4** **–ry** conditions pl, situation

pomeranč orange

poměrný úměrný proportionate, vyvážený proportional, v závislosti na urč. podmínkách relative, ve srovnání comparative

pomez|í confines, pl, pohraničí borderland **–ní** boundary, border(line)

pomíj|et 1 = *opomíjet* **2** = *míjet* **–ivý** passing, transient

pomilovat v. *milovat*

pomlátit v. *mlátit*

pomlázka 1 dárek Easter present, koledování Easter carolling **2** tradiční (wicker) whip (used during Easter)

poml|čka dash, krátká hyphen **–ka** pause

poml|ouvačný slanderous, písemně libellous **–ouvat** > **–uvit** slander, písemně libel, am. slang. bad-mouth **–uva** a piece of slander, písemná libel, defamation, calumny; *-vy* slander, libel

pomněnka forget-me-not

pomník monument, memorial

pomoc 1 help, aid, assistence **2** podpora, odlehčení relief **–i** < *pomáhat*

help, lend* a p. a (helping) hand, be helpful to a p.; aid, v druhotné roli assist (*při* in), podporou relieve a p. **–i si** < **pomáhat si 1** shift for o.s. **2** vzájemně help one another ♦ *umět si ~* be resourceful; *nemohu si ~ a musím...* I can't help ...-ing **–í** by means of **–nice 1** v domácnosti (home) help **2** **–ník** helper, podřízený assistant **–ný** helping, auxiliary, subsidiary

pomoč|it (se) < **–ovat (se)** wet (one's bed)

pomodlit se v. *modlit se*

pomoří coast(al regions, pl), seaboard

pomp|a pomp **–ézní** pompous

pomst|a vengeance, odplata revenge **–ít (se)** v. *mstít (se)* **–ychtivý** revengeful

pomůcka help, přípravek, zařízení aid

pomuchlat v. *muchlat*

pomý|lit turn a p.'s head **–lený** misled, misguided

pomysl|it v. *myslit* **–ný** imaginary, abstract

po|myšlení: *ani ~* out of the question **–mýšlet** think* (*na* to do, of -ing), intend (-ing, to do), plan a t.

ponaučení warning, rada advice bez pl, životní zkušenost lesson

pondělí Monday

ponechat = *nechat, přenechat ~ si* = *podržet*

ponej|prv for the first time **–více** mostly

poněkud somewhat, slightly, a little, a bit, s adj též rather

ponenáhl|u = *pozvolna* **–ý** = *pozvolný*

ponětí: *ani ~ o čem* not the ghost of an idea

poněvadž since a v. *protože*

poníž|ený humble **–it** < **ponižovat** humble, humiliate

ponk (work)bench

ponocovat sit* up

pono|r brit. draught, am. draft **–rka** submarine **–rný** submersible ♦ *~ ohřívač* immersion heater; *-á*

řeka subterranean river **–řit (se)**
< **–řovat (se)** plunge, dive, zcela a
nadlouho immerse, hluboko submerge, částečně n. na čas dip **–řit se**
zahloubat se become* absorbed (*do
in*)

ponouk|nout < **–at** instigate a v. *nabádat*

ponožka sock

ponrava grub

ponton pontoon

ponurý dusky, gloomy, zádumčivý
glum

poobědvat v. *obědvat*

poo|hlédnout se < **–hlížet se** po
čem look round for a t.

popad|nout lay* hold of a t., seize,
grab **–nout** < **–at** sotva dech pant

popálit se, si prsty burn* one's fingers

popaměti blindfold

popel ashes, pl, z uhlí cinders pl, i s
odpadky dust **–ář** dustman*, hovor.
garbageman* **–avý** ashy **P–ec**
Ash Wednesday **–it se** have a
dust bath, přen. muck **P–ka**
Cinderella **–nice 1** pohřební urn **2**
na smetí brit. dust-bin, am. ash /
trash / garbage can **–ní(če)k**
ash-tray

popěvek tune, ditty

popichovat 1 ginger up, egg a p.
on, spur **2** dopalovat nettle, chaff

popílek fly-ash

popínavý creeping ♦ -vá rostlina
creeper

popírat contest, disclaim, v diskusi
dispute a v. *popřít*

popis description, account, characteristic **–ný** descriptive **–ovat**
v. *popsat*

poplácat pat (a p., a p.'s shoulders), tap

popla|ch alarm **–šit (se)** v. *plašit
(se)* **–šný** alarming, zařízení alarm
alarum ♦ ~ *titulek* alarmist heading; ~ *zvon* the alarm-bell

poplat|ek charge tax, impost předepsaná dávka duty, fee **–ník** ratepayer, daňový taxpayer **–ný** tributary,

assessable

poplenit v. *plenit*

poplést = *zmást*, v. *mást*

popohnat < **popohánět** urge /
spur, goad a p. on, speed* a p.
up

poposedávat be edging all the
time

popouzet v. *popudit*

popovídat si v. *povídat si*

poprask turmoil, disturbance, uproar, vřava tumult, commotion **–at**
< **–ávat** crack(le)

popr|ašek touch of snow, light
snow **–ášit** < **–ašovat** dust

poprat se v. *prát se*

poprav|a execution, na el. křesle electrocution **–iště** place of execution, lešení scaffold **–it** < **–ovat** execute, put* a p. to death, na el.
křesle electrocute

poprchávat drizzle

poprosit v. *prosit*

poprsí bust, bosom

popruh sling, strap

popřát si v. *přát si*

popředí foreground, (fore)front

popřít < **popírat** deny, že není negate, námitku claim

po|psat < **–pisovat 1** describe,
give* an account of a t. **2** koho
characterize a p. **3** opatřit textem inscribe ♦ *k nepopsání* beyond
description

popt|at se < **–ávat se** inquire (*na*
about) **–ávka** na trhu demand, call
(*po* for), dopis inquiry

popu|d impulse, urge **–dit** < **–zovat, popouzet** rally, inflame, provoke **–dit se** get* angry (*na koho
pro* with a p. for / about a t.)
–dlivý irritable

popukat crack all over ♦ ~ *se smíchy* split* one's sides

popul|ace 1 population **2** porodnost
birth-rate, natality **–arizace** popularization **–arizovat** < popularize **–arita** popularity **–ární** popular

po|pustit < **–pouštět 1** loose povolit

tlaku give* in, yield 2 šaty let* out

popuzovat v. *popudit*

pór 1 rostlina leek **2** průduch pore

porad|a 1 consultation **2** sezení session, meeting, conference **–ce** adviser ♦ ~ *pro volbu povolání* careers specialist **–enství** guidance, consultancy **–it (se)** v. *radit (se)* **–it si** s čím get* along / manage with a t. **–na** advice / guidance bureau ♦ ~ *pro matky a děti* / *kojence* post-natal / children's / baby clinic; ~ *pro těhotné* antenatal clinic **–ní** advisory, consultative

poran|ění injury **–it** injure, wound, hurt*

po|razit < **–rážet 1** upset, knock down, strom fell; přen. zvrátit overthrow* **2** dobytče slaughter, kill **3** zvítězit victory (*nad* over), defeat, hovor. beat* **–raženec** defeatist **–raženectví** defeatism **–rážka 1** dobytčete slaughter **2** overthrow **3** vítězstvím defeat

porce helping, přidělená portion

porcelán china, jemný porcelain

porcovat cut* up into portions

pornografi|cký pornographic, porno **–e** pornography, hovor. porn

porob|a bondage, thraldom **–it** < **–ovat** reduce to bondage, subjugate

porod childbirth, či delivery of (a son), slehnutí confinement **–it** (give* birth to... , be delivered of a p. a v. *rodit* **-ní** *asistentka* midwife*; ~ *bolesti* labour (pains) **–nice** maternity hospital **–nictví** obstetrics, midwifery **–nost** birth rate

porosit (be)dew

porost growth **–lý** overgrown

porot|a jury **–ce** juryman*, juror

poroučet (si) v. *poručit (si)* ~ **se 1** send* (*komu* give* a p.) one's best regards **2** padat go* down, v bezvědomí go* off

porouch|at < **–ávat** put* a t. out of order, break*, damage, otřesy

shatter **–at se** < **–ávat se** go* out of order

pórovitý porous

porovn|ání comparison **–at** < **–ávat** = *při-, s-, u-rovnat*

porozumě|ní = *pochopení* **–t** čemu = *pochopit* co v. *chápat*

portmonka purse

porto postage, am. mail charge

portrét portrait **–ovat** portray

Portugalsko Portugal **p–ý** Portuguese

poruč|enský guardian **–ík** lieutenant **–it** < **poroučet 1** order, velitelsky command, komu co (též) charge a p. with a t. **2** svěřit entrust, commit **–it si** < **poroučet si** take*, have **–nictví** tutelage **–ník** guardian

poru|cha disorder, derangement, provozní, tech. breakdown, znesnadňující provoz trouble **–šit** < **–šovat** break*, zákon, závazek infringe; překročení mezí encroach / trespass (up)on a t.; silou violate, troufale, otevřeně defy; nepříznivě se dotknout, oslabit impair

porůznu sporadically

porvat se v. *rvát se*

porybný keeper of the fishpond, fish warden

Porýní Rhineland

poř|ad programme, jednání the agenda **–ád** = *stále* **–adač** file **–ádat** < **s–** jídlo stow / put* away, tuck in (at food) **2** koho bring* a p. to order / account **–ádat** > **us– 1** srovnáním arrange, set* up, roztříděním (as)sort, průvod marshal **2** napravit put* a t. straight, set* a t. to rights **3** zařídit uskutečnění put* on, run* (e.g. a competion), arrange, hovor. throw* / give* (a party) **–ádat se** > **vy–** s kým settle accounts with a p. **–adatel** organizer **–ádek**, klidný běh věcí routine ♦ *po pořádku* one by one; *dát do pořádku* put* a t. in order; *být na denním pořádku* be order of the day; *hlasování podle pořád-*

ku roll call **–adí** sequence, succession, stanovené order, podle hodností rank precedence; vzhledem k střídání (proper) turn **–ádkový** disciplinary **–adník** bytový housing list, všeobecně waiting list **–ádný 1** orderly, tidy **2** důkladný fair, sound, good, square (meal) **–adový** serial

pořekadlo saying

pořezat se cut* o.s.

po|řídit jak do* (well / badly), get* / go* on **–řídit** < **–řizovat 1** získat acquire a v. *udělat, koupit, vystavět* **2** komu co v. *obstarat, opatřit* **3** aby mohlo sloužit provide, vystavit make* out **–řízení 1** získání acquisition **2** poslední vůle last will (*učinit* make* one's will, settle one's affairs) **–řizovací** *cena* purchase price, actual cost

po|sadit < **–sazovat** seat; kam účelně set*, put*, place ~ **se** seat o.s., sit* down (sit* to dinner, by a p.'s side), take* a seat, z lehu sit* up, jakkoli někde plant o.s.; (jako) pták perch, sletět alight (*na* on) **–sádka** garrison, lodi, letadla crew **–sádkové** *město* garrison town

po|sázet plant **–sazovat** v. *posadit*

posbírat v. *sbírat*

posed|lost obsession / possession by a spirit **–lý** obsessed / possessed (with, by), pobláznění crazy **–nout** obsess

posel messenger; posluha carrier, poslíček errand boy **–ství** message **–stvo** hist. delegation, deputation

posévat v. *posít*

poschodí floor (v. *patro*)

posila reinforcement, support

posílat v. *poslat*

po|sílit < **–silovat** strengthen, reinforce, zintenzivnit intensify; dodat životnosti invigorate, brace (up), refresh

posílka errand

posil|nit < **–ňovat** refresh **–ovat** v. *posílit*

po|sít < **–sévat** besprinkle, jako tečkami dot

posk|akovat (hop and) skip, gambol, frisk (about), prance about, am. cavort **–očit** make* a jump (up)

poskrovnu scantily (*něčeho je* ~ a t. is scanty)

poskvr|na stain, blemish, blot ♦ *bez* -*ny* immaculate **–nit** < **–ňovat** stain, blot, discolour, blemish

poskyt|nout < **–ovat** give*, provide, lend (*pomoc, službu* render a t. to a p.), afford, shovívavě n. spravedlivě grant, co se patří accord, ochotně n. štědře extend (e.g. hospitality) to a p., opatřit furnish, udělit co komu bestow a t. upon a p.

posl|anec deputy, sněmovny member (brit. M. of Parliament, M. P, am. M. of Congress = Congressman*), am. representative **–anecký** parliamentary **–ání** mission **–at** < **posílat** send*, vypravit a předat transmit, urychleně dispatch, zboží v nákladní dopravě consign (a t. to a p.); opatřit, dodat furnish (a p. with); koho do vězení, ústavu commit ♦ ~ *koho komu naproti* send* a p. to meet a p.; ~ *koho k čertu / k šípku / do háje* send* a p. to hell; ~ *koho na smrt* send* a p. to his death; ~ *koho na onen svět* dispatch a p.

posled|ek the end, the rest **–ně** v řadě lastly, in the last place, minule last time, last **–ní** last, nejnovější latest; čas. úsek past (twenty minutes) ♦ ~ *dobou* lately, of late, recently; *v* -*ních letech* of recent years; ~ *chvíle* last moment

poslech listening, příjem reception **–nout** < **poslouchat 1** listen (*co* to a t.), (*si*) *rádio* listen (in) to the radio **2** uposlechnout obey (*ne-* disobey) ♦ ~ *radu* take* / follow a p.'s advice

poslíček errand-boy, messenger (-boy), hotelový bellhop

poslouchat v. *poslechnout*

posloupnost succession
posloužit v. *sloužit* ~ **si** avail o.s. of a t., jídlem help o.s. to a t.
posluh|a 1 attendance, service, doma help 2 osoba attendant, carrier, porter **–ovačka** help, daily, charwoman* **–ovat** *komu = obsluhovat* koho
posluch|ač 1 listener, hearer 2 = *student* **–ačstvo** audience **–árna** lecture theatre, classroom
poslušn|ost obedience, poddanská allegiance **–ý** obedient
posm|ěch ridicule, mockery, opovržení scorn **–ěšek** grin, scoff, šklebivý sneer, jeer **–ěšný** derisive, mocking **–ěváček** mocker, scoffer **–ívat se** make* fun of a p. / t., ridicule, mock a p., scoff at a p. a v. *vysmívat se*
posmrtný obituary memorial, posthumous, post-mortem ♦ ~ *život* after-life*
posnídat v. *snídat*
posolit v. *solit*
po|soudit < **–suzovat** pass judgement on a t., judge (about) a t., appreciate, uvážit consider
posouvat = *posunovat, sunout* a v. *postrčit*
pospas: *vydat na* ~ deliver up to the tender mercies of..., expose a p. to a t.
pospí|chat 1 be in a hurry / haste 2 na co be anxious to have a t. (done) soon, hasten / hurry a t., na koho hurry up, urge a p. on 3 kam = **–šit (si)** < **–chat** hasten, make*, haste, chvatně hurry (up) ♦ *to ne-chá* plenty of time (still), no hurry
pospolit|ost community, solidarity, togetherness, sociability **–ý** sociál, družný sociable
posrat vulg. (cover with) shit, foul zkazit ~ **se** vulg. shit o.s., přen. strachem s průjmem get* the shits
postačit v. *stačit*
postarat se v. *starat se*
postava 1 stature, figure 2 slovesného díla character

postav|ení standing, position, společenské status, zastávané místo post **–it (se)** v. *stavět (se)*
postel bed, nábytek (též) bedstead manželská twin beds, palanda bunk bed
poste restante poste restante, "To Be Called For"
postesknout si v. *stýskat si*
postěžovat si v. *stěžovat si*
postih right of recovery recourse **–nout** < **–ovat 1** find*, dotknout se affect, hit*; zmocnit se get* hold of a t.; něčím nepříjemným afflict 2 zájmů concern, smysly catch* out ♦ *tělesně postižený* handicapped
postit se fast, abstain from
postižitelný apprehensible a v. *patrný*
postoj *těla* posture, poise; attitude (k towards)
po|stoupit < **–stupovat 1** get* on, advance, (make*) progress 2 co komu práv. cede, předložit submit, předat pass a t. to a p.
postrádat lack, be without, miss
postrach fright, v kolektivu scare, terror
postranní side, komunikace by-: tajný underhand ~ *budova* outbuilding, annexe; ~ *loď* (side-)aisle; ~ *účinek* side-effect; ~ *ulice* backstreet; ~ *úmysl* secondary aim; ~ *vchod* private entrance; ~ *východ* side exit
postrašit v. *strašit*
postr|čit < **–kovat** push (a bit) forward, give* a t. push ♦ *-kovat sem tam* push around; hodiny set* / put* on
postroj harness
postřeh perception, pozorování observation **–nout** < **–ovat** smysly vůbec perceive, zahlédnout catch* sight of a t., notice, zpozorovat observe
postřelit wound (by shot)
postř|ik spray, z letadla crop-dusting **–íkat** (be)sprinkle **–íkovač** sprink-

ler, spray(er) **–ikování** spraying
postřílet shoot* all (to death)
postup progress, advance(ment),
mocný march, v kariéře promotion;
jednotlivých operací process, vzhledem
k metodám procedure **–ný** gradual,
step by step, jdoucí za sebou successive, consecutive **–ovat 1** jak
act, proceed, take* steps / measures **2** v. postoupit
postýlka cot, am. crib
posud still, (up) till now, so far
posudek expert opinion, an expert's account / report, osobní reference, (kádrový ~) dossier, personal file; recenzní review
posun shift(ing), displacement;
–ek gesture **–out (se)** < **–ovat
(se)** shift, move on / forward,
slide*; **–ovat** vagóny shunt **–ovat**
shunter
posupný surly
posuvný sliding (e.g. door, scale)
posuzovat v. posoudit **–el** (author
of an) expert (statement on, account of...); critic, reviewer
posvačit v. svačit
posvátný sacred
posvě|tit < **–covat** hallow, na kněze
ordain, věnovat devote, dedicate
posvícení (village)-fair, annual hop,
přen. feast
posvítit (si) hold* up a light to see
a t. přen. ~ **si** na někoho show* up a
t. / p.
posyp|at < **–ávat** (be)sprinkle, bestrew*, dredge
pošeptat v. šeptat
pošetilý foolish, silly, preposterous
pošimrat v. šimrat
pošin- v. posun-
poškádlit v. škádlit
poškleb|ek sneer **–ovat se** sneer
(komu at)
poško|dit < **–zovat** damage, injure,
harm, koho discriminate against a
p.; oslabit impair, derogate from,
detract from
poškolák detainee
poškozovat v. poškodit

poškrabat (se) v. škrabat (se)
pošlap|at < **–ávat** trample (co on a
t.), tread* a t. underfoot
pošmourný dull, murky
pošpatnělý inferior, dubious
pošpinit v. špinit, přen. sully, blacken, disgrace
pošramotit damage, batter, knock
about ♦ ~ si reputaci blot one's
copybook, damage one's credit
pošta 1 zvl. brit. post, zvl. am. mail **2**
úřad post-office **3** dopisy letters pl
zvl. am. a zámořská mail ♦ dát na -tu
brit. post, am. mail; letecká ~
air-mail; obratem -ty by return (of
post)
pošťák = listonoš
poštěstilo se mi I succeeded in
-ing, I had the good luck to inf.
poštípat sting*, v. pokousat
pošt|mistr postmaster **–ovné**
postage **–ovní** postal, post-office ♦ ~ holub homing / carrier pigeon; ~ letadlo mailplane; ~
loď mailboat; ~ poplatky postal
charges; ~ poukázka post-office
moneyorder; ~ razítko postmark;
~ schránka letter-box, am. mail-box, na poště post-office box,
pouliční brit. též pillar-box; ~ úřad
post-office; ~ vak letter-bag,
mail-bag; ~ zásilka mail; ~ známka (postage) stamp
pošťuchovat rag, rib
poštvat v. štvát
pot perspiration, sweat
potácet se > za– lurch, stagger,
totter, reel
po|tah 1 team **2** povlak coat(ing),
zevně facing, čalounický upholstery
3 pouzdro case, casing **–táhnout**
< **–tahovat 1** (za) co tug (at / by) **2**
povlečí coat, kovem plate, čalounicky
upholster
potají in secret, secretly, lstivě furtively, stealthily, podvodně underhand
potáp|ěč diver, v batyskafu ocean explorer, hydronaut **–ět (se)** v. potopit (se) **–ka** zool. diver **–ník** zool.

diving-beetle

potázat se *s jakou* be well / ill advised

potěcha consolation, úleva relief

poten|ciální potential **–tát** potentate, celebrity, hanl. big shot

potěr fry

potěš|ení pleasure, delight ♦ *je mi -ním* I am pleased **–it (se)** v. *těšit (se)* **–itelný** pleasant, agreeble

potěžkat balance / weight a t.

potichu quietly

potírat v. *potřít*

pot|it (se) > z(a)– perspire **–ítko 1** dress-shield **2** slang. škol. seat of torture, the hot seat

potíž difficulty, trouble, zdravotní complaint

potkan sewer-rat

potk|at < –ávat 1 koho, co –ká a p. meets* with a t., náhodou come* across a t. **2** koho, co = ~ **se < –ávat se** s kým, s čím meet* a p., meet* with a t., nečekaně n. nepřátelsky encounter a p. / t.; přen., zažít meet* with a t., experience a t.

potlač|it < –ovat oppress, suppress, put* down, přen. stifle, stamp out

potlesk applause, (hand)clapp(ing) (cf. get* a big hand)

potlou|ci < –kat 1 knock about, batter, bang up, rozbít break*, shatter; pohmoždit bruise **2** co čím = *pobít* **–kat se** knock about, hang* round, range

potmě in the dark

potměšilý knowing, cunning, artful

potok brook, stream, brit. river, am. též branch, mimo Británií též creek

potom = *pak* ♦ *brzy* ~ presently; ~ *teprve* not till then **–ek** descendant **–stvo** offspring, issue

potop|a deluge, záplava flood **–it (se) < potápět (se)** sink*, go* down, dive

poťouchlý guileful

potrat miscarriage, abortion

potrav|a food, krmivo feed, píce fodder, živina aliment, nutriment,

nourishment **–ina** food(stuff) **–inářství** grocery

potrest|at v. *trestat*

potrhlý potty, nuts, cracked

potrkat v. *trknout*

potrpět si na co be particular about a t., make* a point of -ing

potrub|í ʹconduit, pipe-line, pipework **–ní** tubular

potrvat v. *trvat*

potřás(a)t v. *třást*

potřeba 1 need, necessity, požadavek requirement, tísnivá want **2** upotřebení use **3** potřebná věc requisite, **–y**, pl obch. equipment, sg ♦ *být k -ě* be of use; *kuchyňské -y* kitchen utensils, *psací -y* writing materials, pl **–a, –í**: *je mi ~ čeho* I need a t.: *je / není ~ čeho* there is (no) need for a t. **–ný** needful, nutný necessary, requisite, užitečný useful: žádaný needed **–ovat** need (badly / urgently) be in (bad) need of a t.; musit need*

potřeštěný crazy, foolish

potřísnit v. *třísnit*

potřít < potírat 1 rub a t. over with a t., nanést spread* **2** potlačit subdue, overthrow*, rozprášit rout

potud thus far, as far as it goes

potucha: *ani -chy po čem* not a trace of a t.

potul|ka wandering, roaming **–ný** wandering **–ovat se** wander, těkat roam, nečinně hang* about / around (a place)

potup|a dishonour, ignominy, disgrace **–it** v. *tupit* **–ný** dishonourable, hanebný ignominious, defamatory

potutelný surreptitious

potvor|a beast, monster, žena bitch, muž bastard, sod **–ný** monstrous; nadávka a bugger / sod of a...

potvr|dit < –zovat acknowledge, confirm, ratify, bear* out, corroborate, sustain, substantiate, validate **–zenka** receipt

po|tyčka skirmish, set-to, scrap, scuffle, hádka fracas, sg i pl, hovor.

punch-up **–týkat se** s čím fight a t., s kým with a p., s problémem grapple with a problem

pouč|it < **–ovat** make* a p. wise, instruct a p., enlighten / illuminate a p. on a t. **–ka** precept **–ný** illuminating, enlightening, informative, instructive

pouh|opouhý pure and simple, bare **–ý** mere, ryzí pure, čirý sheer

pou|kaz 1 odkaz reference (*na* to), náznak hint (*na* at) **2** převodem transfer **3** k výplatě remittance, warrant, k vydání zboží docket **–kázat** < **–kazovat 1** na co refer to a t., point out a t., hint at a t., suggest a t. **2** k výplatě remit, převodem transfer **–kázka** platební order (to pay), cheque (a v. *poštovní*)

pouliční street ♦ ~ *dráha* brit. tramway, am. street(car) line, railway; ~ *holka* street walker; ~ *prodavač* (street) vendor, brit. hawker

poulit očí goggle, pop one's eyes

poupě (flower-)bud

poustev|na hermitage **–ník** hermit

pouš|ť desert **–tět** (se) v. *pustit* (se)

pouštět 1 moult, shed* (*chlupy / vlasy* hair) **2** pero sp(l)utter **3** ne / ~ *barvu* keep* / lose* colour

pouť 1 slavnost carnival, (country) fair, v den světce wake(s sg) **2** pilgrimage, wandering

pout|ač eye-catcher **–at** hold* (*k* to) **–at** > **při–** tie, attach a t., omezit tie (down), limit, confine; upevnit fasten, hold* (*k* to) **–at** > **s–** fetter, chain, shackle, handcuff, dohromady bind* (up), vzájemně link **–at** > **u– 1** confine (to bed) **2** koho = čí pozornost engage, attract, náhle arrest a p.'s attention **–avý** attractive, engaging, engrossing, absorbing, arresting **–ko** tie, smyčka loop, boty tab

poutn|í pilgrimage, ... of the fair **–ice** , **–ík** pilgrim

pouto 1 tie, bond, connection **2** věznící fetter, vězeňské handcuff, shackle

pouťový (country-)fair, laciný tawdry

pouzdro case, box

pouze = *jen*

použ|ít < **–ívat** use, make* use of, put* a t. to use; dopravního prostředku take*, kde hledáte radu consult; vhodně vybrat employ, změnou funkce convert (*čeho k čemu* a t. to a t.), aplikovat apply a t. to a t.; co je k dispozici avail o.s. of a t., uchýlit se k tomu resort to a t. ♦ ~ *příležitosti* take*, avail o.s. of, seize an opportunity **–itelný** applicable, utilizable

povaha 1 character, nature **2** osoby disposition, hovor. make-up

poval|eč hanger-on, loafer, idler **–it** < **–ovat** knock down **–ovat se** lie* about, a zahálet idle, být rozházen po zemi be littered all over the place

povařit parboil, simmer, coddle

považ|ená: *být na -enou* be of great moment / consequence, be a grave matter **–livý** precarious, risky

považovat = *pokládat* ~ *si* = *vážit si*

povdě|čný = *vděčný* **–k:** s *-kem* = vděčně

povečeřet v. *večeřet*

povedený = *podařený*

po|vědět < **–vídat** = *říci*

povědom|í awareness, consciousness **–ý** faintly familiar, známý well-known to a p.

povel command

pověr|a superstition **–čivý** superstitious

pověř|enec commissioner **–it** < **–ovat** entrust a p. with a t., confide a t. to a p.; zmocnit commission, zastupováním delegate **–ovací...** of commission / delegation, credential ♦ ~ *listiny* credentials, pl

pověsit v. *věšet*

pověst 1 myth, tale, legend, **2** cokoliv se povídá rumour **3** fame, reputation

povést se v. *vést se*
pověstný famous (for a t.)
povět|rnost (windy) weather **–roň** meteor **–ří** the air
povíd|ačky, **–ání** (idle) talk, gossip **–at** talk; tell* a p. of a t.; relate a t. **–avý** talkative, loquacious, glib, voluble, chatty, garrulous **–ka** (short) story, narrative, tale **–kář** story-teller
povidla apple butter, plum / pear jam
povijan swathe, binder
povin|nost duty, uložená charge, závazek obligation; k placení n. podobnému úkonu liability **–ný** obligatory, compulsory; dluhovaný owing; zavázán obliged, bound ♦ *jsem -nen komu čím* I owe a p. a t.; *být -nen díkem* be indebted to a p. for a t.; *být -nen věrností* hold oath of allegiance: *-ná péče* reasonable care; *-né ručení* thirdparty (risks) cover; *-ná školní docházka...* of school(able) age; *věk -né školní docházky* schoolleaving age; *-ná vojenská služba* conscription, compulsory (military) service: ~ *výtisk* free copy
povl|ak 1 pillow case, slip cover, na nábytek loose cover, coat(ing) **2** vyložení zevně facing, čalounické upholstery, zevnitř lining **3** potah cover, na polštář pillow-case **4** blána film **–éci se** < **–ékat se** = *potáhnout se*
povlovný gentle, postupný gradual
povod|eň flood **–í** drainage / catchment area, řeky river basin
povol|ání 1 occupation, calling, vocation, pursuit; nezaměřené jen na osobní prospěch profession, založené na vycvičenosti trade **2** předvolání summons, voj. call-up ♦ *nemoc z ~* occupational disease **–aný** competent **–at** < **–ávat** call on a p. ke komu call a p. to a p., (*k sobě*) summon a p., have a p. up
povol|enka permit **–it** < **–ovat 1** permit; na dlouho license, jako ústupek concede a v. *poskytnout,*

přidělit **2** uvolnit loose(n), slacken, relax **3** tlaku, síle give* in, yield, náporu give* way (*čemu, před čím* to) **4** ochabnout relent **5** nedržet napjatý sag, prasknout give* (way), go* **–nost** acquiescence, compliance **–ný** acquiescent, compliant **–ovat** komu příliš humour a p., jinak v. *povolit*
povoz conveyance **–ník** carter
povrch surface, zevnějšek outside **–ní** superficial **–nost** superficiality **–ový** surface ♦ ~ *důl* open-cast mine / pit, am. strip-mine; *-vé uhlí* open-cast coal; *-vá úprava* surfacing
povst|alec insurgent, rebel mutineer **–ání** insurrection, (up)-rising **–at** < **–ávat 1** rise*, get* up raise o.s., přestat sedět stand* up **2** vzpourou rise*, be up in arms **3** vzniknout arise* (z from), vyplynout follow / ensue (z from), jako výsledek result (z from)
povšechný summary, general; **–ně** in general
povšimnout si = *všimnout si*
povyk clamour, (up)roar, fuss, hub-bub, to-do **–ovat** (make* a) fuss, clamour
povýš|en(eck)ý haughty **–it** < **povyšovat 1** raise, v postavení promote, i mimo pořadí advance **2** dosáhnout **–ení** be raised / promoted / advanced
povzbu|dit < **–zovat** encourage, stimulate, k činnosti liven up, a vzruchu stir up, k náladě cheer a p. up, skandováním cheer on **–divý** stimulating, encouraging
povzdech slight / brief sigh, sigh of relief **–nout** < give* a slight / brief sigh
povzn|esený elevated, pyšný haughty **–ést** < **–ášet** elevate, uplift, exalt, elate, advance **–ést se** < **–ášet se** rise*, advance
póza pose
pozad|í background **–u** backward(s); proti jiným behind (hand)

(*za* with), s povinností in arrears with
a t. ♦ *zůstávat* ~ lag behind, be
behindhand

pozast|avit < **–avovat** stop, hold*
up, veto, jako pochybené query **–avit
se** < **–avovat se** u čeho stop at a
t., nad čím demur at a t., take* ex-
ception at / to a t., object to a t.
–ávka stoppage, hold-up, objec-
tion, veto

pozbý|t < **–vat** lose* ♦ ~ *ceny*
lose* value; ~ *platnosti* cease (to
be valid), become* invalid; ~ *pů-
sobnosti / účinku* cease to have
effect, become* ineffective; ~
rozumu go* off one's head

pozdě late ♦ ~ *do noci* till / until
late at night; ~ *k ránu* in the small
hours **–jší** later, následující ensuing,
following, v řadě subsequent

pozdní late, opozdivší se belated

pozdrav 1 greeting, jeho forma salu-
tation, gesto salute **2** vzkaz regards
pl, přátelský love **–it** v. *zdravit* **–ný**
(... of) greeting / salutation **–ovat**
1 = *zdravit* **2** koho od koho remem-
ber a p. to a p., send* one's re-
gards (*po kom* through a p.)

pozdvi|hnout < **–hovat** lift up,
raise, pobouřit rouse **–žení** odboj
disturbance, rising

pozem|ek piece of land, menší plot,
parcela lot **–kový** land (*reforma* re-
form) **–ní** land, včetně řek surface
–ský earthly, terrestrial

poz|ér pouseur **–ice** position **–iční**
positional **–itiv(ní)** positive

pozítří (on) the day after tomorrow

pozl|acený gilt **–atit** < **–acovat**
gild* **–átko** gold-leaf*, přen. glitter

pozmě|nit < **–ňovat** alter, uzpůsobit
modify

poznač|it < **–ovat** note, jot down

poznamen|at < **–ávat 1** mimochodem
remark, jako výsledek pozorování ob-
serve **2** (si) co někam make* / take*
a note of a t., put* down a t., k re-
zervování book **3** koho znamením
brand, stigmatize

poznámk|a mimochodem remark, jako

výsledek pozorování observation; kri-
tická, objasňující comment, a napsaná
note, mark; *dělat si -ky* take*
(down) notes **–ový 1** opatřený -kami
annotated **2** pro -ky note / memo-
randum, brit. scribbling (e.g. pa-
per) ♦ ~ *sešit* notebook, book of
notes, sketchbook

pozn|ání knowledge, chápající un-
derstanding **–at** < **–ávat 1** rec-
ognize, co do totožnosti identify, zjistit
see*, find* out **2** seznámit se be-
come* familiar with, s osobou
meet* a p., get* acquainted with
a p. **3** dovědět se learn* **4** rozlišit
know* **–atek** piece of knowledge
/ information (-ky pl knowledge
sg) **–ávací** (... of) identification
(*značka* i. sign, auta number plate,
am. license plate)

po|znenáhlu = *pozvolna* **–znovu** =
znovu

pozor 1 pozornost attention, (*na* to)
soustředěná concentration (*na* up-
on) **2** dbání heed, care **3** postoj at-
tention (*stát v -u* stand* at a.) ♦
dávat ~ be attentive, pay* atten-
tion / heed to a t., dohlížet watch,
guard, look after, všímat si mark,
note; *mít se na -u před se /
keep* on guard against (n. on the
lookout for); ~ *na...!* beware of...!
~ *!* look out, am. watch out, opatrně
take* care, ~*! připravit* (se), ~
teď! Ready! Go! ~ *schod* mind
the step; ~ *na vlak* DangerTrain;
~ *zlý pes* Beware of the dog
–nost 1 attention (*na co* to a t.) **2**
dbání, dbalost heed, péče care (*vůči,
k* of) **3** laskavá consideration **4** pro-
jev přízně favour ♦ *obrátit čí* ~ *na
co* call / draw* / attract / direct a
p.'s attention to a t.; *věnovat če-
mu* ~ give* / pay* attention to a t.
–ný 1 attentive **2** dbalý heedful,
pečlivý careful **3** cautious **4** laskavý
considerate **–ovací** (... of) obser-
vation **–ovat** watch, observe,
pečlivě examine, scrutinize **–ovat**
> **z–** notice, a zapamatovat si note, u-

vědomit si be(come*) aware of a t. **–ovatel** observer **–ovatelna** observation post **–ovatelný** observable, patrný perceivable, perceptible, appreciable **–uhodný** remarkable, compelling, notable, noteworthy

pozoun trombone

pozpátku backwards, rear first / foremost

pozřít = *polknout*

pozůst|alost estate, inheritance **–atek** remainder, survival, procesu residue **–ávat** z čeho consist of n. in...

pozv|ání invitation, = **–ánka** invitation (card) **–at** v. *zvát*

pozved– = *pozdvih*

pozvoln|a 1 slowly, gently **2** postupně step by step, gradually, by degrees **–ý** slow, gentle; postupný gradual

po|žádat v. *žádat* **–žadavek** čeho se někdo domáhá demand, po čem se volá call (for), na co si někdo činí nárok claim (of for); předpoklad postulate; předložený formálně requisition, nezbytný requirement, naléhavý exigency **–žadovat** = *žádat*

požár fire, velký conflagration **–ník** fireman*, fire fighter (*-nici* fire brigade)

požehna|ný blessed hojný abundant, copious **–t** v. *žehnat*

požírat = *žrát*

požít 1 v. *žnout* **2** (par)take* of a t.

požit|ek 1 enjoyment, smyslový relish, poskytnutý treat **2** výtažek emoluments, pl ♦ *mít z čeho ~* enjoy a t. **–kář** pleasure-seeker **–kářský** sensualist, epicurean **–kářství** pleasure-seeking, epicureanism

pož|ivačný = *požitkářský* **–ívat** enjoy **–ívatiny** victuals, pl, comestibles, pl

pra– 1 příbuzenský great (např. greatgrandmother) **2** původní original, pravěký primeval, dávný ancient, společensky prvotní primitive **3** velmi very extremely, tremendously, ar-

ci- arch-

práce 1 work (pl -s jen o veřejných pracích), plně zaměstnávající labour, co zaneprázdňuje business **2** jednotlivé zaměstnávání se job, obtěžování se trouble, domácká chore **3** výtvor product, zvl. umělecká work ♦ *být bez ~* člověk be unemployed, out of work, jobless, stroj, podnik be / stand* idle; *dát si s čím -ci* take* the trouble (to do a t.); *do ~!* to work!; *domácí ~* homework (bez pl); *duševní / kancelářská / manuální ~* brain / office / manual work; *nucená ~* forced / compulsory labour, trest hard labour, penal servitude; *~ přes čas* (work) overtime; *vzít (si) co do ~* take* a t. in hand

prací 1 washing **2** co lze prát washable

pracka paw

prac|ný elaborate, studied, těžkopádný cumbersome, namáhavý laborious, painstaking, -ně získaný hardearned **–ovat 1** work (pilně hard, *na* at) **2** fungovat operate, function, work **–oviště** workplace **–ovitost** industry **–ovitý** industrious, hard-working, a pečlivý painstaking study, workroom **–ovní** work(ing), ... of work ♦ *~ brigáda* work team; *~ den* working day; *~ doba* working hours; *~ neschopnost* confirmed illness, disablement; *~ oblek* working clothes; *~ poměr* employment; *~ síla* manpower, staff; *zkrácená ~ doba* part time **–ovník** worker **–ující** working man (pl w. people), worker

práč fighter, rowdy

pračka 1 rvačka fight, hovor. punch-up, row, rumpus, tussle **2** stroj washing machine, washer

prádeln|a 1 podnik laundry (srov. *pradlenka*) **2** místnost apod. washhouse* **–í** laundry, washing; na prádlo clothes **–ík** chest-of-drawers, linen cupboard, vysoký tallboy

pradlen|a laundress, washerwoman*, am. washwoman* **–ka** launderette

prádlo 1 tkaniny clothes pl, osobní, stolní i ložní linen, stávkové hosiery, jemné dámské lingerie **2** spodní oděv underwear, underclothes **3** praní wash (e.g. be in the wash, send* to the wash), den wash(ing) day, co se pere clothes pl, wash(ing) laundry linen ♦ *praní špinavého prádla (na veřejnosti)* washing one's dirty laundry in public

práh 1 hlavního vchodu door-step, vyvýšení doorsill **2** dřevěný a zvl. přen. threshold **3** v řece rapid

Praha Prague

prahmota primitive matter

prahnout po čem pine for a t.

prach 1 dust, drsný, krupičkový grit **2** připravený powder **3** peří down **4** -y hovor. cash, dolly, dough, lolly, am. greens, pl ♦ *být v -u* be off and gone; *střelný ~* gunpowder; *utírat ~* dust (*kde* a place) **–atý** expr. zámožný in the green, stinking-rich, loaded with money

práchnivět > **z–** moulder (away), decay

prachov|ka duster **–ý 1** dusty, jemný powdery, jako peří downy **2** = *prachatý* ♦ *-vé peří* down; *~ sníh* powdery snow

prajazyk primive language, protolanguage

prak sling

prakti|cký practical, člověk též businesslike, obratný handy, hands-on; konající dobré služby serviceable, oblečení functional, sensible ♦ *~ lékař* general practitioner **–k** practician, ve svém oboru practitioner **–ka** practics, **–ky** pl machination, sg

prales (primeval / virgin) forest

pralin(k)a chocolate-coated fondant, rum drop

prám float, raft, scow, převozní ferry(boat)

pramen 1 well, tryskající spring, fountain; přen. source **2** vlasů, příze strand ♦ *z dobrých -ů* from reliable sources, on good authority **–it** rise*, spring*, prudce gush (forth), pocházet have one's source at..., in..., result, ensue, follow **–itý** spring (e.g. water)

pramice punt, vylodovací lighter

praní wash(ing) a v. *prádlo* ♦ *prášek / prostředek na ~* laundry detergent

pranic nothing at all

pranice scuffle

pranýř, –ovat pillory

pra|obyvatelé indigenous inhabitants, pl, aborigenes, pl **–otec** forefather

prapodivný queer, bizarre

prapor 1 banner, mobilizující colours, pl, vůbec vlajka flag **2** voj. oddíl battalion

prapříčina prime mover, fundamental reason

prase brit. pig, zvl. am. hog, nadávka swine **–čí** piggish ♦ *~ chlívek* pigsty, am. hog-pen; *~ očka* beady eyes

prásk crash **–ačka 1** *práskač(ka)* tattleer, tattle-tale **2** whip-snapping rod **–aný** fly **–at** v. *prásknout*

prask|lina crack, rift, fissure **–nout** < **–at** crack, puknout burst*, po délce split*, přen. dostat se na veřejnost come* / get* out

prásk|nout hovor. hit / punch so. < **–at** crack (one's whip), drtivě crash, udeřit bang ♦ *~ do bot* skidaddle, beat* it, get* the hell out of it; *~ sebou* fling* o.s. down a v. *říznout sebou*

prastarý time-honoured, venerable

prašan = hovor. *prachový sníh*

práš|ek powder, moučka flour; *kousek prachu* speck of dust; *~ do pečiva* baking-powder; *pudinkový ~* custard powder **–il** windbag, gasbag **–it 1** upalovat decamp **2** přepínat fib, gas, talk big **–it** > **vy–** dust **–it** > **za–** raise / stir up dust **–it se > za–** be dusty, o místě, kde se **–ší** a place is full of dust, a place is dusty

prašivka toadstool

práškový powdered ♦ ~ *cukr* confectioner's sugar

prašný dusty ♦ *Prašná brána* the Powder Tower, *P~ most* Powder Bridge

praštěný cracked, crazy, nuts, screwy, dotty **–it > za–** = *praskat -it = prásknout* ♦ *je to prašť jako uhoď* it is a s broad as it is long **–it se** čím do čeho, o co bang (one's...), bump / knock against a t.

prát do čeho beat* a t., šlehat lash a t. ~ **> vyprat** wast, opláchnutím rinse ~ **se > poprat se** fight* with a p. for a t.

pravd|a s truth ♦ *jen co je* ~ to be quite frank; *dát komu za -u* give* a p. the truth; *dostat za -u* be proved right; *holá* ~ plain truth; *mít -u* be right; *mluvit -u* speak* / tell* the truth; *na mou -u* truly; *není-li* ~ don't you think so; *plná* ~ the whole truth; *po -ě řečeno* to tell the truth; *v -ě* in truth, indeed ● *adv* 1 *to je sice* ~ true 2 *to je* ~ it is true 3 ~? truly? **–aže** of course **–ěpodobnost** probability, a (good) chance, likelihood **–ěpodobný** probable, likely; domnělý presumable **–ivý 1** true 2 historka apod. truthful 3 = **–omluvný** truthful, veracious

právě 1 (only) just 2 zdůrazňuje the very, vazba it is... who, that... 3 přesně v kolik at... sharp 4 naschvál out of spite, on purpose 5 stejně dobře (may) (just) as well ♦ ~ *ne* the more reason not to; ~ *tento* this particular / very

pravěk primeval times, pl of the earth **–ý** primeval

právem rightly, by right(s)

pravi|ce 1 right hand 2 polit. the right **–cový, –cácký** right, right-wing **–delnost** regularity, nor-

malcy **–delný** regular, obvyklý normal; opakovaný periodic(al), v téže podobě recurrent **–dlem** as a rule **–dlo** rule **–t** = *říci*

pravítko ruler, úhelník set-square, technické rule

práv|ní legal, ...of law, law, právnický juridical ♦ ~ *poradce* advokát solicitor; ~ *řád* body of law, legal order; ~ *stav* state of law; ~ *věda* jurisprudence; ~ *zástupce* barrister **–nický** juridical, juristic **–ník** lawyer, am. attorney (at law), vědecký jurist **–o 1** oprávnění right / title (*na to*), výsadní privilege 2 právní stav, zásady law 3 též **–a** pl, právní věda law, sg ♦ *autorské* ~ copyright; *být v -u* be in the right; *nastoupit pořad -a* take* legal measures, go* to law, prosecute; *plným -em* for just reasons; ~ *silnějšího* club law; *církevní* ~ ecclesiastic law; *občanské* ~ civil law; *precedenční* ~ (brit.) case-law; *správní* ~ administrative law; *stanné* ~ martial law; *teorie -a* jurisprudence; *volební* ~ franchise; *výhradní* ~ monopoly; ~ *na stávku* right to strike; ~ *veta* right of veto

pravo|moc power, authority, jurisdiction ♦ *udělit* ~ grant power; *vykonávat* ~ exercise powers **–pis** orthography, spelling **–pisný** orthographic(al) **–platnost** validity **–platný** valid, legal oprávněný legitimate, rightful **–slavný** Orthodox

pravý 1 nefalšovaný genuine, true (*rodem* true-born) 2 správný right, correct 3 na pravici, též úhel right, ležící right-hand 4 skoro se rovnající čemu little / nothing short of..., regular

praxe practice, svobodné povolání profession

prázdn|iny holiday(s pl) zvl. am. a brit. univ. a soudní vacation, školní long vacation, hovor. long **–o**: *mít* ~ be free, = **–ota** the void, emptiness, vacuum, blank **–ý** empty, uprázd-

něný vacant, zhola void; beze stop, o-
tisku, odrazu blank; časově free; nicotný
commoplace, trivial

pražec brit. sleeper, am. (cross-)tie

pražit > **u–** roast, mouku brown; slun-
ce scorch (srov. it is scorching
hot), o slunci též beat* down

prcek tiny tot

prd vulg. fart **–el** vulg. arse, am. ass
–ět > **–nout**, u / **vy–** se (blow* a)
fart

precedens precedent

precizní precise

predikát 1 přídomek title, style **2** =
přísudek

prefabrikovat prefab(ricate)

prehistorický prehistoric

prekérní delicate, awkward, pre-
carious

preludium prelude **–ovat** impro-
vise

prémie premium; k platu bonus, pod-
něcující bounty

premiér premier, P.M. **–a** first night
/ house*, filmu first run

preparát preparation

prérie prairie

prestiž prestige, name, reputation

prevence prevention **–tivní** pre-
ventative

prezence attendance **–ční** listina
list of persons present, roll (call);
~ služba voj. actual (military) ser-
vice **–tovat** present; = předložit,
podat

prezident president **–ský** presi-
dential

prchat 1 v. prchnout **2** vy– evapo-
rate **–avý** fleeting; éterický volatile
–livost choleric / violent temper,
am. short fuse **–livý** choleric, hot-
-headed, rash, short / quick-
-tempered, prudký violent **–nout** <
–at fly*, kvůli přečinu abscond;
útěkem run* away (před from), dát
se na útěk take* to flight; plynule, klou-
zavě fleet, glide away

prim first fiddle **–a** smashing, o jídle
slap-up, mezi mladistvými A1, am. A
No. 1 **–adona** prima donna, hovor.

i o muži show-off **–ář** senior con-
sultant, head physician **–át** pri-
macy; přen. pre-eminence **–átor**
chief magistrate, (Lord) Mayor
–itiv(ní) primitive

princ prince **–ezna** princess

princip principle

privilej = výsada **–govaný** privi-
leged

prkenný... of boards / deal, přen.
wooden, stiff **–no** board, širší
deal; **–na** jeviště boards; rýsovací,
vývěsní, žehlicí -no drawing, no-
tice, ironing board

pro for; z důvodu by reason of, vzhle-
dem a kvůli on account of, because
of, následkem a kvůli owing to; za-
přísahání for ...'s sake; cit, postoj vůči
to, for ♦ ~ mne za mne for aught
I care, I don't care; ~ jistotu to be
sure / on the safe side, for safe-
ty's sake; ~ kočku no good; ~ a
proti pro and con, for and a-
gainst, hlasy ayes and nays; ~
případ in case... should...

probádat < **–ávat** fathom a t., ex-
plore, research, get* to the bot-
tom of a t.

proběhnout < **–bíhat** run* / pass
through, slip; uplynout pass, jak go*
off; = uběhnout **–běhnout se** <
–bíhat se take* an airing

probíjet (se) v. probít (se) **–rat (se)**
v. probrat (se); ~ se v čem browse
in a t.

probít < **–bíjet** pierce, stab, run*
through, mnoha dírkami perforate
–bít se < **–bíjet se** fight one's
way (čím through) ♦ -bíjet se
(těžce) životem rough it

problém problem **–ematický**
questionable, speculative, prob-
lematic **–ematika** problems, pl,
the points at issue **–émový**
problem

problesknout z temna gleam opě-
tovně glint ♦ -nout hlavou flash
(through / across one's mind);
zprávy leak out

probodnout, –at < **–ávat** stab; =

probít

proboha údiv goodness gracious / God / heavens, zloba what on earth, netrpělivě for heaven's sake, Christ

probojov|at < **–ávat** win* through, fight* (a struggle) **~ se** win* through

probořit break* through

probouzet (se) = *budit (se)*

pro|brat < **–bírat** go* / get* through, a hodnotit examine, scrutinize, oddělit nevhodné sift (out); tak zředit clear; pojednat o tom deal* with a t., diskusí discuss **–brat se** < **–bírat se 1** vyjasnit se clear up **2** ze spánku rouse o.s. (from sleep)

probu|dit (se) v. *budit (se)* **–zení** waking (up), awakening, přen. též revival; náhlé shake-up

procedit v. *cedit*

procedur|a procedure **–ální** procedural

procento percentage, per cent

proces 1 lawsuit, action (at law), přelíčení legal proceedings, pl **2** chem. apod. process

procitat v. *procitnout*

procít|ění inwardness **–ěný** heartfelt, inward

pro|citnout < **–citat** = *probudit se*

proclí|t < **–vat** clear (goods) through customs

proč why, what for?, what... for?

proces|at < **–ávat** comb, přen. rake, voj. mop up

pročež and therefore

pročí|st < **–tat** read* a t. through, go* through a t.

prod|at < **–ávat** sell* **–avač** (shop) assistant, am. (store) salesman* **–avačka** shopgirl, (shop) assistant, am. salesgirl, saleswoman* **–ávající** seller **–ávat se** jak sell* **–ej** sale (*na* ~ for sale) ♦ *nabízet na* ~ offer for sale **–ejna** shop, am. store **–ejní** selling, (...of) sale(s) ♦ ~ *automat* vending machine **–ejný 1** salable, marketable, merchantable, cenný papír

negotiable **2** hanl. venal, mercenary

prodě|lat < **–ávat 1** go* through a t. **2** prožít live through a t., zakusit experience (srov. I have been through a t.), co se těžko snáší undergo*, suffer, bear* **3** absolvovat take part in a t. **4** utrpět ztrátu lose*, suffer a loss **–ek** loss

prodchnout imbue, animate

prodírat se squeeze one's way

prodlévat dwell*, z nerozhodnosti linger

prodl|oužit < **–užovat** lengthen, extend, nechat běžet prolong, obnovit platnost renew **–oužit se** < **–užovat se** v. *dloužit se*

prodraž|it se < **–ovat se** become* too expensive

prodřít se wear* out / through

produ|cent producer **–kce 1** = *výroba* **2** předvádění performance **–kční** = *výrobní* **–kovat** = *vyrábět* **–kt** product **–ktivní** productive

profes|ionál(ní) professional **–or(ka)** professor, na střední škole master, *-ka* mistress **–ura** professorship, (university) chair, am. tenure

profil profile tech. též side-face kádrový background ♦ *úzký* ~ bottleneck i přen.

profiltrovat v. *filtrovat*

profitovat čím profit by a t.

program programme, počítače program, jednotlivý film feature; polit. strany, společnosti též platform, tenets, pl, divadelní bill ♦ *být na -u* be on; *denní* ~ daily routine, konference apod. agenda **–átor** programmer **–ovat** program **–ový** programmatic, programme **–vé** *prohlášení* policy-statement; ~ *zájezd* package tour

pro|hánět v. *prohnat* **–hazovat** v. *prohodit*

prohl|ásit < **–ašovat** declare slavnostně avow, i klamně give* forth, přes námitky a pochyby protest; soudně pronounce ♦ ~ *koho doktorem* confer a doctor's degree upon a p.; ~ *rozsudek* bring* in a verdict

prohled|at < **–ávat** go* through a t., search (through) a t. (*kvůli* for), search a p.

prohléd|nout < **–at 1** začít vidět begin* to see, open one's eyes **2** see* through a p. / t. **–nout** < **prohlížet** examine, inspect; četbou peruse; si pro zábavu see* (e.g. sights), navštívit visit, celkové view

prohlí|dka examination, též lékařská check-up, perusal, visit (to a place), v. *prohlédnout si;* prohledání search ♦ ~ *pamětihodností* sightseeing (tour); *podrobit koho osobní -dce* frisk a p., search a p. **–žet** v. *prohlédnout*

pro|hloubit < **–hlubovat** make* deeper, přen. deepen; zesílit intensify

prohloupit make* a mistake

prohlub|eň hollow, menší depression, jáma, dolík pit **–ovat** v. *prohloubit*

pro|hnaný artful, astute **–hnat** < **–hánět 1** drive*...through a t. **2** koho walk a p. off his legs, make* a p. run, give* a p. a run, give* a p. a wet shirt **3** probodnutím run* a p. through (with a sword) ♦ ~ *komu kulku hlavou* blow* a p.'s brains out

prohnilý foul, rotten

pro|hnout < **–hýbat se** bend*, droop, uprostřed pod tíží sag, vzhůru obloukem arch

pro|hodit < **–hazovat 1** co čím aim cast* a t. through a t. **2** zaměnit exchange, hovor. swap, barter **3** remark casually

prohovořit discuss, talk over

prohra loss; co bylo prohrou ztraceno forfeit(ure)

prohr|ábnout < **–abávat** rake (the road), rake up (e.g. hay), poke (the fire), hledáním rake over, rummage

prohrá|t < **–vat** lose*, hazardně gamble away

prohřeš|ek offence, wrong-doing,

drobný peccadillo*, **–ky,** pl misbehaviour **–it se** < **–ovat se** sin, před zákony n. předpisy offend, trespass (*proti* (up)on)

prohýbat se v. *prohnout se*

procház|et (se) v. *projít (se)* **–ka** walk, stroll, lounge ♦ *jít na -ku* go* for a walk, take* / have a walk **–kový** walking

prochladnout get* cold to the marrow, get* ice-cold

projedn|at < **–ávat** take* up, discuss

projekt project **–ovat** project, v nákresu design

pro|jet < **–jíždět** jako *projít;* koně run* **–jet se** < **–jíždět se** take* / have a ride

projev 1 manifestation, okázalý show, display; citů demonstration **2** řečnický address, speech **3** umělecký expression (*svoboda -u* freedom of e-) ♦ ~ *důvěry* vote of confidence (*nedůvěry* of non-c) **–it 1** v. *jevit* **2** display, = *vyjádřit* **–it se** < **–ovat se 1** *vyjádřit se* **2** v. *jevit se*

projímadlo laxative / purgative (pill)

pro|jít < **–cházet 1** pass (*čím* a t., a place, through) **2** uplynout pass, elapse, expire **3** procestovat travel all over a place; prošlý overdue, outdated ♦ *ono ti to (jen tak) neprojde* you won't get away with it **–jít se** < **–cházet se** (take* a walk, hovor. stretch one's legs, stroll

projíž|dět (se) v. *projet (se)* **–ďka** ride, pleasure trip, k osvěžení outing, excursion

pro|kázat < **–kazovat 1** evidence co čím a t., by a t.), dokázat prove **2** názorně demonstrate, doložit document, práv. aver **3** co komu do* / render (a service), pay* (a p. honour) **–kázat se** < **–kazovat se** show* proof of one's identity, produce one's papers **–kazatelný** demonstrable

prokládat v. *proložit*

proklát = *probodnout*

proklatý cursed, damned

proklepat med. percuss

proklestit v. *klestit*

proklet|í curse **-ý** =*proklatý*

proklí|t < **-nat** execrate, curse, ban

proklouznout slip (through), při zkoušce scrape through

prokouknout 1 peep through **2** koho = *prohlédnout*

prokur|átor (public) prosecutor **-atura** prosecution **-ista** confidential clerk, proxy

proláklina depression

prolamovat v. *prolomit*

prolet|ariát proletariat **-ář(ka)** proletarian

pro|letět < **-létávat** fly* through / mimo past; v. též *proběhnout, propadnout*

prolévat v. *prolít*

proléz|t < **-at 1** crawl / creep* through a t. **2** u zkoušky scrape through

prolhaný = *lživý*

pro|lít < **-lévat** pour a t. through, krev shed* blood

prolnout penetrate, ooze through a t.

prolog prologue

pro|lomit < **-lamovat** break* (through) a t.

pro|ložit < **-kládat 1** inset* **2** polygr. lead, space (out) **3** vrstvy interleave, -d

proluka unused lot, vacant site

promáčet v. *promočit*

pro|mačkat < **-mačkávat 1** kuch. press (through a sieve) **2** med. knead **-máčknout se** fritter, squeeze one's way (through, (in)to)

promar|nit < **-ňovat** bez využití waste, hýřením squander, throw* away, rozhazováním lavish, čas fritter away

promaz|at < **-ávat 1** motor grease, odb. lubricate **2** hovor. peníze squan-

der

proměna transformation a srov. *změna;* div. scene-change

promenád|a promenade **-ní** *koncert* open-air concert

proměn|it v. *měnit* **-livý** variable, changeable, nestálý, vrtkavý erratic

proměňovat = *měnit*

promešk|at < **-ávat** let* slip a t., lose*, příležitost miss

promíjet v. *prominout*

promile per mille

prominent notable, VIP (very important person), big wig

pro|minout < **-míjet** excuse, condone, forgive*, nepotrestat pardon; trest, dluh remit, co se předpisuje exempt a p. from a t., co je povinen waive a t. ♦ *-miňte* beg your pardon; *prosím za -minutí* no offence meant

promísit v. *mísit*

promít|ač(ka) projector **-nout** < **-at** project, na plátno též screen

promlčet se *podle zákona* become* statute-barred; *-čení* (negative) prescription (e.g. prescription of war-crimes)

proml|ouvat = *mluvit* **-uva** utterance a srov. *projev* **-uvit** v. *mluvit*

promoce graduation ceremony

pro|močit < **-máčet** drench / soak / wet through **-moknout** < **-mok(áv)at** get* drenched / soaked / wet through ♦ *-klý na kůži* wet to the skin

promovat 1 take* a degree **2** koho confer a degree (up)on a p.

promrh|at < **-ávat** waste

pro|myslit < **-mýšlet** think* a t. over (a rozřešit out); rozvážit reflect upon a t., consider a t., deliberate a t.; *dobře -myšlený* well thought-out, well-considered

promý|t < **-vat** rinse

pro|nájem letting, lease, pro urč. cestu charter **-najmout** < **-najímat** let* (out) (*komu* to a p.), lease, rent a t. out to a p., celý dopravní prostředek charter: co k použití let* a t.

out on hire

pronásledov|at pursue, be in pursuit of; persecute; **–ání** pursuit, persecution **–atel** pursuer

pro|nést < **–nášet** přes co introduce, marně smuggle (through) **2** slovy utter, say*, řeč deliver

pronik|avý pervading, penetrating, piercing **–nout** < **–at** make* one's way / break* in(to a t.), get* in(to a t.), penetrate, všestranně permeate (co, do čeho a t., through a t.), work (one's way) through; otvorem leak (through), póry ooze (out), výpary, přen. o pověsti transpire, přen. postihnout význam apod. comprehend

propad|liště trapdoor **–lý** sunken (cheeks) **–nout** < **–(áv)at 1** fall* through, sink* (down) **2** selhat fail, be rejected, hovor. be ploughed, představení fall* flat **3** být proto ztracen, v důsledku nedodržení, za trest be forfeited **4** čemu become* an addict to a t. ♦ ~ hrdlem forfeit one's life; ~ se studem be deeply ashamed; ~ šílenství go* mad; ~ zkáze go* to rack and miss; ~ zoufalství fall* into despair; ~ u zkoušky, z dějepisu fail in an / an examination, in history / history; nechat někoho ~ fail a p.

propag|ace, –ační publicity, advertising, politická a jiná propaganda **–anda** propaganda, publicity campaign **–átor** propagator **–ovat** publicize, promote, build* up, spread*, disseminate, propagate, advertise, mezi voliči canvass

propast chasm, gorge, přen. gulf, gap, obrovská abyss ♦ překlenout ~ bridge a gap **–ný** abysmal

propást let* slip, miss

propašovat v. pašovat

propedeutický preparatory

pro|píchnout < **–pichovat** pierce, dírkami perforate, procvaknutím punch, jehlou prick (through), bodnou ranou stab (through)

propíjet v. propít

propisovat v. propsat

propí|t < **–jet** drink* away

proplácet v. proplatit

pro|pláchnout < **–plachovat** rinse (out), mocně průtokem scour, flush (out)

pro|platit < **–plácet** pay* out (a sum), uhradit discharge, směnku honour

proplé|st < **–tat** intertwine, interlace **–tat se** kudy thread* one's way

proplýtvat v. plýtvat

propočít|at < **–ávat** calculate

proporce proportion

propouštět v. propustit

propracov|at < **–ávat** work out, elaborate

pro|psat < **–pisovat** obtahováním trace, pomocí karbonu make* / take* a carbon copy of a t.

propůjč|it < **–ovat 1** = půjčit **2** udělit confer a t. (up)on a p., poskytnout grant a p. a t., a t. to a p. **–it se** < **–ovat se** k nízkosti stoop to a t., k spoluúčasti be party / accessory to a t.

propuk|nout < **–(áv)at** break* out, burst* (forth)

pro|pust sluice(-gate), floodgate **–pustit** < **propouštět 1** let* through, transmit, koho, aby prošel let* a p. pass **2** tím zbavit místa dismiss, zbavit úkolů discharge **3** vyjmout let* off, exempt, uvolnit set* free / at liberty **4** zbavit místa turn off, fire, sack, send* away **–pustka** pass, povolení permit

proradný perfidious

prorektor deputy vicechancellor

proro|cký prophetic **–ctví** prophesy **–k** prophet **–kovat** prophesy

prorůst < **–at** grow* through; prorostlý maso streaky

pro|řezat < **–říznout, –řezávat** cut* through; **–řezat** stromy prune

♦ *prořezávají se mu zuby* he is teething

prosa|dit < **–zovat** enforce, see* / put* a t. through, assert (zvl. one's rights) **–zovat** koho, co push a p. / t. **–dit se** < **–zovat se** assert o.s., win* / push o.s. through

pro|sáknout < **–sakovat** soak / ooze through; saturate

prosazovat (se) v. *prosadit (se)*

pros|ba request, entreaty, demand, vroucí prayer **–ebník** petitioner **–ebný** precatory, beseeching

prosévat v. *prosit*

prosinec December

prosit > **po–** (*koho za* / *o co*) ask a t. from a p., beg, úzkostně beseech*, implore a p. for a t.; za koho entreat for a p. ♦ *-sím* (*vás*), *víte* you see, *no ne!* well I never!, povídám vám mind you, I say, *-sím ano* yes (sir, madam), tu to máte here you are, jděte napřed you first, after you, nerozumím, tak to jistě nemyslíte (I) beg (your) pardon?, berte si help yourself, žádáme please, if you please; *smím ~?* May I have the pleasure (of this dance)? **~ se** = *doprošovat se*

pro|sít < **–sévat** sift (through), screen, promísit intermingle

pro|skočit jump (*skrz* through) < **–skakovat** pověsti leak out, transpire

proslav|ený celebrated **–it** < **–ovat** make* a p. famous **–it se** < **–ovat se** become* famous

pro|slechnout se < **–slýchat se** *-slechlo se...* there was a rumour

proslov (introductory) address, speech **–it** < **–ovat** make* / deliver a speech

proslulý notorious, famous, famed, čím notable for a t.

proslýchat se v. *proslechnout se*

prospat sleep* all (day long, the time...), sleep* through, sleep away **~ se** krátce have a short sleep, hovor. have a nap

prospěch 1 profit, blaho welfare,

prosperity 2 výsledek results, pl, školní, brit. standing, am. rating, grades, pl ♦ *mít ~ z čeho* profit by a t., benefit from / by a t.

prospekt prospectus, skládací folder

prosperovat = *prospívat*

pro|spěšný useful, beneficial, výhodný advantageous **–spět** < **–spívat 1** někomu do* a p. good, benefit a p., do* a p. a service **2** do* well, make* one's own way, prosper, get* along / on, progress (well)

prostěradlo (bed) sheet

prostinký very simple

prostírat se extend; v. *prostřít*

prostitu|ce prostitution **–tka** prostitute

prostná free callisthenics

prosto|duchý simple(-minded) **–pášný** profligate, dissolute, debauched

prostoj idle time

prostor space; = **–a** area, vůle room, (free) play; lodní tonnage; *meziplanetární ~* aerospace **–ný** spacious, roomy, a pohodlný commodious **–ový** cubic

prostořeký impertinent, hovor. pert, saucy

prostota simplicity

pro|stoupit < **–stupovat** co, čím pervade a t. with...

prostovlasý bare-headed

prostran|ný = *prostorný* **–ství** free space (on the ground), ground, pl

prostr|čit < **–kávat**, **–kovat** co čím put / poke / press a t. through a t.

prostrk|at < **–ávat** polygr. space

prostřed|ek 1 = *střed* **2** means (sg i pl), medium, pl -dia (*masové sdělovací -ky* mass media), zařízení expedient, device, nápravný remedy, chemický preparation **–í** životní environment, sociální též neighbourhood, setting, milieu, fyz. medium ♦ *ochrana životního ~*, *okolí* environmental protection **–kovat** > **z–** mediate (*mezi be-*

tween...) jednat negotiate, zasahovat intervene, spojení communicate **-ní 1** = *střední* **2** kvalitou middle, medium, nic zvláštního mediocre **-nictví** mediation, instrumentality, intermediary; **-ím** through the mediation of..., by means of... **-ník 1** intermediary, middleman*, go-between, ve sporu mediator **2** prst middle / long, second finger **-nost** mediocrity

prostř|elit, -ílet < **-elovat** shoot* through a t.

pro|střít < **-stírat** strew*, spread*, *ubrus* lay* (*na stůl* lay* / set* the table)

prostup|nost permeability **-ovat** v. *prostoupit*

prostý 1 simple, plain, modest **2** čeho free of / from..., devoid of...

pro|svítit < **-svěcovat** zrentgenovat X-ray **-svítat** show* / shine* through

prošedivělý grizzly

proší|t < **-vat** stitch, jako pokrývku quilt

prošoup|at < **-ávat** wear* out / through

prošpikov|at < **-ávat** hovor., též přen. interlard

pro|štípnout < **-štipovat** punch

prošustrovat hovor. blue, trifle away, waste ♦ ~ *prachy* blue one's money

pro|táhlý elongated, long, v čase drawn-out **-táhnout** < **-tahovat 1** pass / run* a t. through (*čím a* t.), tahem pull, usilovným drag a t. through, haul through **2** vyčistit clear **3** prodloužit draw* (out), extend, únavně protract, drag out **4** údy stretch (one's limbs) ♦ *protahuje průvan* there is a draught **-táhnout se** < **-tahovat se 1** pass / pull through **2** v čase draw* out, drag **3** údy stretch o.s.

protěǰš|ek opposite (side), counterpart, complement, set-off; kdo jinde dělá totéž a p.'s opposite number **-í** opposite

protek|ce patronage, v urč. případě pull, string-pulling, influence **-tor 1** protector **2** pneumatiky tread **-torát** protectorate

protest protest **-ant** Protestant **-ovat** remonstrate, protest, nechtít přijmout challenge, při odmlouvání talk back, směnku protest (a bill)

protetik prosthetician **-a** prosthetics, orthotics

protežovat favour a p., discriminate in a p.'s favour

proti 1 místně opposite, facing **2** pohyb, odpor against **3** ve srovnání s compared with **4** ochrana = *před* from, lék též for **5** poměr = *k* to **6** poloha n. cesta proti proudu up stream

proti- counter-, anti- **-atomový** *kryt* fall-out / nuclear shelter **-hodnota** (counter)value **-chůdný** conflicting, antagonistic **-klad** antithesis (pl -ses) **-kladný** antithetic(al), contradictory **-látka** anti-matter, antitoxin **-lehlý** opposite **-letecký** anti-air(craft), A.A., air-raid (*ochrana* precaution)

protínat (se) v. *protnout (se)*

proti|návrh counter-proposal **-nožci** antipodes **-právní** illegal, illegitimate, unlawful, illicit **-služba** reciprocal service ♦ *prokázat -u* reciprocate **-státní** treasonous ♦ ~ *spiknutí* treasonable sedition **-špionáž** counter-intelligence **-tankový** (anti-)tank **-útok** counter-attack, sport. break **-váha** counterbalance **-válečný** anti-war **-vit se** > z- resist a t., neposlouchat disobey, nesouhlasit oppose a p. / t. **-vník** antagonist, adversary, odpůrce oponent **-vný 1** contrary, counter, adverse **2** ve styku nasty, detestable, hovor. too bad, srov. it's a shame **-zákonný** = *protiprávní*

protk|at < **-ávat** interweave*

protla|čit < **-čovat** force / squeeze a t. through **-k** *rajský* tomato purée, kořeněný ketchup

protlou|ci (se) < –kat (se) = *probít (se)*

pro|tnout (se) < –tínat (se) cut* through / across, cross, intersect

proto that is why...; ~ *přece* = *nicméně* ♦ *dát komu co* ~ take* a p. to task; *dostat co* ~ get* one's just deserts

protokol 1 record, procés-verbal, schůze minutes, pl **2** diplomatický protocol **–ovat > za–** record, place a t. on record

protože because, since, as, vzhledem k tomu, že in view of -ing, considering, seeing that

protrh|at < –ávat 1 thin out **2** proděravět wear* down / through **3** clear up (weather) **–nout, –at (se) < –ávat (se)** break* through / open, tear* up, tear* open, po délce split up, prudce rip up, že se rozestupuje rend*

protřást thrash out

protřelý wordly-wise

protřep|at < –ávat shake*(up)

proťuk|at < –ávat tap / knock thoroughly

proud splývavý flow, přírodní, tryskající n. valící se stream, tech. a vývojově current, tendence trend, tenor, drift; vozovky lane **–it** run*, flow*, stream, sem a tam fluctuate **–nice** streamline **–ový** turbo jet, jet-turbine

prout|ek stick, kouzelný apod. wand; rákoska switch, am. též cane; větvička spray, twig **–ěný** wicker **–í** wickers, pl, vrbové osiers, pl

prouž|ek (narrow) strip **–kov(an)ý** striped

provádět v. *provést*

proval|it (se) < –ovat (se) burst* (through), přen. come* to light

prov|az rope, cord, = **–ázek** ♦ *táhnout za jeden* ~ pull together, *s kým* be hand in glove with a p. **–ázek** string

provázet = *doprovázet*

provaz|ník rope-maker **–olezec** rope-walker, rope dancer **–ový** *žebřík* rope ladder

provážet v. *provézt*

provdat (se) = *vdát (se)*

proveditelný practicable, feasible

prově|rka vetting, screening, kontrola check-up **–řit < –řovat** vet, screen, check (up)on

pro|vést < –vádět 1 čím lead* a p. through a place, jako průvodce guide, po čem show* a p. round **2** uskutečnit carry out, carry a t. into operation, perform, určitou technikou execute, zdoláním obtíží achieve, dosažením předsevzatého accomplish, dík schopnosti effect **3** dohodu implement, předpis apply, z pověření administer; provádět pursue, v praxi practise, soustavně, zvl. opakováním exercise

provětr|at (se) v. *větrat (se)* **–ávat** = *větrat*

pro|vézt < –vážet take* a t. through a v. *pašovat*

provinci|ální provincial **–e** province

provin|ění wrong, offence, trespass **–ilec** wrongdoer, offender, culprit, práv. delinquent **–ilý** guilty **–it se** offend against a t. / p., commit an offence, be guilty

proviz|e commission **–orium** makeshift, provisional, arrangement **–orní** makeshift, provisional, temporary

provlé|ci (se) < –kat (se) = *protáhnout (se)* **1**

provok|ace provocation **–atér** agent provocateur **–ativní** provocative **–ovat > vy–** provoke, hovor. work up

provol|ání proclamation **–at < –ávat** proclaim ♦ ~ *slávu komu* cheer a p.

provoz operation, working, business **–ní** operational, working ♦ ~ *inženýr* production engineer; ~ *linka* manufacturing line; ~ *místnost* function room; ~ *praxe* operational training **–ovat** operate, work, run*, vést keep*, odpovědně conduct, činnost carry on, go* in (sports), pursue (a hobby), praktikovat practise, exercise **–ovatel** operator **–ovna** place of business

provrt|at v. *vrtat* **–ávat** = *vrtat*

provždy for ever ♦ *jednou ~ once* (and) for all

próza prose

prozaický prosaic

prozírav|ost prudence, providence, foresight **–ý** prudent, provident, far-sighted

prozkoum|at v. *zkoumat* **–ávat** = *zkoumat*

prozpěvovat (si) lilt, sing* merrily, nábožně chant

prozra|dit < –zovat 1 reveal, give* a t. away, disclose, svěřené veřejně divulge, i nevědomky let* out, tell* **2** a zradit betray, hovor. break* / spill* (a piece of news) **–dit se < –zovat se** betray o.s., give* o.s. away, svou přítomnost reveal one's presence

prozřeteln|ost providence **–ý** provident

prožírat v. *prožrat*

prož|ít < –ívat 1 dobu pass, spend* **2** v mysli live over **3** zakusit experience **–itek** experience

pro|žrat < –žírat eat* (through), mol, rez fret, chem. corrode

prs breast **–a** hruď breast(s, pl), hrudník chest, kniž. bosom; plavecký styl breast stroke

prsk|at vzteky fret and fume **–avka** rocket, cracker, sparkler, squib **–nout < –at** sputter, splutter, při smažení sizzle

prsní breast, chest, odb. pectoral

prst na ruce kromě palců finger, na noze toe ♦ *dívat se na co skrz -y* have mistrust of a t.; *mít dlouhé -y* vliv pull the wires; *kupovat za pět -ů* buy at a five finger discount, be light-fingered; *dostat přes -y* get* a rap on the knuckles; *hledět komu na -y* watch a p.'s moves; *hnout -em* stir a finger; *luskat -y* crack one's fingers; *mít v čem -y*

have a finger in a t.; *strkat do čeho -y,* put* one's finger in a t.; *otisk -u, -ů* finger-print; *otočit si koho kolem -u* twist / wrap a p. round one's (little) finger; *pálit si -y* burn one's fingers; *-y pryč* hands off; *koneček -u* finger tip / end

prsť top-soil, humus, earth

prst|en ring (snubní, pečetní wedding, sealing r.) **–eník** ring-finger **–oklad** fingering

prš|et > za– sprchnout rain, hustě padat shower, a dopadat na pelt at a t. ♦ *-í jen se leje* it rains hard / heavily, žert. cats and dogs **–ka** shower

průbě|h course ♦ *v -hu, -hem čeho* in the course of **–žný** running, bez zastávky, přerušení through, non-stop

průbojn|ík punch, piercer **–ý** pushing ♦ *~ člověk* go-getter

průčel|í, –ní front

prudk|ost vehemence, intensity, violence **–ý** vehement, intense, projevující sílu violent, forceful; bez rozmyšlení headlong, nic / nikoho nešetřící severe; pronikavý acute, postihující fierce, bolestivý smart

průdu|ch vent, hole **–ška** bronchus, pl -chy ♦ *zánět -šek* bronchitis **–šnice** windpipe **–šný** pervious, permeable

pruh strip, pás band, kontrastující s okolím stripe, nepravidelný, barevný streak, světla beam

průhled vista, view through a t. **–ný** transparent, o šatech see-through, krystalově pellucid, jako pavučina diaphanous, přen. thin

pruhovaný striped, streaked

průchod passage / way through; otvor opening, aperture; oblasti transit **–ní** through, železniční vůz corridor car

průjem diarrhoea

průjezd 1 jako *průchod* **2** v domě entrance, gate, entry, carriage-way ♦ *~ zakázán* no entry (traffic); *-ní* *vízum* transit visa

průkaz 1 = *důkaz* **2** dokument certificate, členský card (*osobní* identity card), oprávnění k vstupu pass **–ka** = *legitimace* **–nost** conclusive evidence of a t. **–ný** conclusive

průklep carbon copy, *-ový papír* (hovor. *průklepák*) carbon paper *-ová páska* typewriter ribbon

průkopn|ický, –ík pioneer **–ictví** pioneer work

průliv channel

průlom breakthrough, breach

průměr average; kružnice diameter, válce, otvoru calibre **–ný** average, mean, nijak zvláštní middling, mediocre, obyčejný ordinary; **–ně** on the average

průmysl industry (souhrnně *-ries*, pl) zvl. domácí trade **–ník** industrialist **–ový** industrial

průnik penetration

průplav canal

průpověď maxim, saw

průprav|a, –ný = *příprava, -vný*

průřez cross-section

průse|čík point of intersection **–k** forest path, vista

průser 1 hovor. problem, trouble **2** slang. fuck-up, am. pisser, shitter (e.g. ain't that a pisser?, doesn't that suck?)

Prusko Prussia **p–ý** Prussian

průsmyk pass

průstřel perforation, bullet-hole

průsvitný translucent, = *průhledný*

prut rod, kovu bar, = *proutek* ♦ *rybářský* ~ fishing rod

průtah delay

průtok 1 flow **2** kanál canal

průtrž *mračen* cloud-burst

průvan draught (of air)

průvod 1 procession, parade **2** něčí doprovod followers, suite, retinue, = *doprovod* **–ce 1** guide (to a place) **2** společník companion, pověřený péčí attendant, «garde» chaperon(e) **3** kniha guide(-book) (*po čem* to) **–čí** conductor, autobusu hovor. clippie, brit. na železnici guard **–ka** dispatch note, let. a žel. way bill **–kyně** jako *-ce* **–ní** accompanying, souběžně concomitant, druhotný attendant, nutně provázející incidental ♦ ~ *list* letter of safe conduct, *námořní* ~ sea letter

průvoz, –ní transit

průzkum inquiry (*čeho* into a t.), investigation (of a t.), vědecký research, kraje n. všeho materiálu exploration; voj. reconnaisance ♦ ~ *mínění* opinion / Gallup poll **–ný** research...

průzračný limpid, pellucid

pruž|ina spring **–nost** elasticity, resilience, flexibility **–ný** elastic, resilient, flexible, pérující springy, přizpůsobivý pliant

prv|e = *dříve, předtím* **–ek** element **–enství** primacy, superiority **–ňáček** first-former **–ně** first, for the first time **–ní** first; dříve uvedený former ♦ ~ *housle* first violin; ~ *houslista* leader of the orchestra; ~ *kolo voleb* primaries, pl; ~ *květen, máj, -ního -tna, máje* May Day; ~ *místo* div. stalls, pl; ~ *obsazení* all-star cast; ~ *pomoc* first aid; *z* ~ *ruky* first hand; *v* ~ *řadě* before anything else; ~ *třída* first class, lodi cabin class, silnice A road; *z* ~ *vody* rough; ~ *vystoupení* début **–obytný** primitive **–ok** protozoon **–orozený** first-born **–ořadý** first-rate **–otina** firstfruit(s, pl) **–otní** primar pravěký, nevyvinutý primitave **–otřídní** first class / -rate **–ý** = *první* ♦ *po -é* for the first time; *za -é* in the first place, firstly

prý they / people say..., častěji opisem he is said to live here

pryč 1 away, off, aside **2** o čase past o věku gone ♦ *být celý* ~ *do koho* be nuts about a p.

pryskyřice resin

prýštit (se) > vy– spring* up / forth

pryž india-rubber

prznit > z– rape, ravish, přen. defile,

corrupt, vitiate

prádelna (spinning) mill

přad|eno skein **-lena** spinner

prá|ní wish, desire; = *blahopřání* **-t 1** komu wish a p. well, favour a p., patronize a p. **2** komu co wish p. the joy of a t., škodolibě have a malicious pleasure at / in a p.'s having a t., s nechutí grudge a p. a t. ◆ *počasí jim přeje* the weather is on their side **-t > po-** poskytnout grant (a p.) a t., všemožně humour a p. ◆ ~ *komu sluchu* give* a p. ear **-t si** wish (*abychom to měli* for a t.) silněji pray (*aby byl...* him to be...) **-t si > do-** enjoy a t. ◆ *co si přejete?* what do you wish?; *nepřej si mne* look out for me

přátel|it se associate, fraternize; s kým befriend a p. **-it se > s-** make* friends **-ský** srdečný friendly, amicable **-ství** friendship

pře cause, přelíčení action

přebal *knihy* (dust-)jacket **-it < -ovat** wrap up, v obch. dopravě repack

přebarv|it < -ovat re-paint

pře|běhnout < -bíhat k jiným desert a p. (and join the opposite party), desert... to join (*ke komu* a p.)

pře|bíjet v. *přebit* **-bírat** v. *přebrat*

přebí|t < -jet 1 overcharge **2** v kartách take*

přebor championship **-ník** champion

pře|brat < -bírat 1 take* too much, v pití have had one over the eight / a drop too much **2** prohlédnout examine, a nechat to horší pick over **3** odloudit entice away, pracovníka headhunt

přebrodit (se) v. *brodit (se)*

pře|být < -bývat be left over **-bytečný** superfluous, redundant, excessive **-bytek** surplus, excess, overflow, zůstatek balance **-bývat 1** kde dwell* **2** v. *přebýt*

přece yet, still, ...though, konec konců after all ◆ *kdyby ~ přišel* if he should come; *to ~ ne* don't say so; *tedy ~* here we are

přecedit v. *cedit*

přece|nit < -ňovat overvalue, overestimate, dát zboží nové ceny reprice

přecp|at < -ávat overcharge, surcharge, surfeit, prostor overstuff **-at se < -ávat se** overeat* (o.s.)

přečerp|at < -ávat 1 přemístit transfer **2** příliš vyčerpat overdraw*

přečin misdeed, wrongdoing

přečíst v. *číst*

přeči|stit < -šťovat refine

přečk|at < -ávat wait till a t. is over

přečnívat overlap, jutout

před 1 before, vůči (pro)následujícímu ahead of **2** před čelní stranou in front of **3** ještě před short of (its destination) **4** bránění, chránění from, against **5** projev úcty to **6** čas. before, počítáno k dnešku... ago;

před- čas. pre- **-ák** leader, dílny foreman*

před|at < -ávat hand / pass over, pass on, do vlastnictví make* over, transfer, dodat deliver, práv. convey; tak svěřit commit; sdělení transmit, render; k vyřízení refer a t. to a p. **-at se < -ávat se** overpay*

před|běhnout < -bíhat get* ahead of, outrun*, outdistance, outstrip ◆ ~ *ve frontě* jump the queue (am. the line) **-běžný** preliminary, preparatory, načrtnutý draft, *-běžně* in advance **-bíhat 1** anticipate, forestall **2** v. *předběhnout* **-bíhat se** run* a race with a p., hodiny be (ten minutes) fast, gain

předčasný premature, nedozrаvší precocious

předčít exceed, surpass, vynikat excel (a p. in a t.)

předčítat read* (aloud) komu to a p.

před|ehnat < -hánět = *předběhnout*

předehra prelude, opemí overture

před|ejít < -cházet 1 precede (*před, čemu* a p., a t.), anticipate **2** a zabránit prevent a p. a t., a oslabit forestall

před|ejmout < -jímat anticipate

předek 1 osoba ancestor **2** přední část front, fore part, nose

předěl line of division, dividing line

předěl|at < **–ávat** re-do*, remodel, reshape, re-make*, recast*, k jiné funkci convert

předem in advance, beforehand, in anticipation

před|epsat < **–pisovat** prescribe

přede|slat < **–sílat** anticipate, state beforehand

předešlý preceding, foregoing, previous, prior, former; -*šle* last time, předtím before

přede|včírem the day before yesterday **–vším** above all, first, to start with

před|hánět v. *předehnat*

před|hodit < **–hazovat 1** throw* a t., **2** = *vyčíst*

před|honit = *předehnat* **–cházet** v. *předejít* **–cházet si** koho get* round a p. **–chozí** = *předešlý* **–chůdce** predecessor

předimenzovat make* a t. too big

předjaří early spring

před|jet < **–jíždět 1** k domu drive* up **2** *předstihnout*

před|jímat v. *předejmout* **–jíždět** v. *předjet* **–kládat** v. *předložit*

předklon forward bend **–it (se)** bend* forward(s)

předkožka foreskin, prepuce

předkrm hors-d'oeuvre, starter, appetizer

předlažba re-paving, re-flagging

předloha model zákona bill

předloktí fore-arm

předloni the year before last

před|ložit < **–kládat** put* / bring* / set* forward / forth a t., něco sporného advance, k posouzení apod. submit a t. to a p., k hlasování brit. table; vytasit se s čím produce a t., ke kontrole a vydat surrender a t. **–ložka 1** koberec rug, koupelnová bath mat; u kamen fender **2** jaz. preposition

předměst|í suburb **–ský** suburban

předmět 1 object, článek pro širokou veřejnost article **2** pozornosti subject, v soustavě point **3** ve škole subject **4** jaz. object **–ný 1** objective **2** = *dotyčný*

předmluva preface, am. a knižně foreword

předmostí bridgehead

přednáš|et 1 give* a lecture (*o* on) na vysoké škole read * (*co, o* a t.) i recitovat recite **2** v. *přednést* **–ka** lecture, populární talk; průběžně na vysoké škole lecture-course

předně = *především, zaprvé* (v. *prvý*)

před|nes recital, provedení performance, execution **–nést** < **–nášet** recite, řeč deliver (a speech), komu ústně předložit address a p. with a t.; obecenstvu perform

předn|í 1 fore, front **2** vynikající (pre-)eminent, prominent, distinguished **–ost 1** priority, v soustavě precedence, pro větší oblibu preference **2** v jízdě right of way **3** vynikající stránka merit, virtue ♦ *dávat ~ čemu před čím* prefer A to B **–osta** chief head, master **–ostní** priority, preferential

předobraz prefiguration, vzor model, prototype

předpis 1 recipe, med. prescription **2** ustanovení regulation, ruling, nařízení order; výměr daně assessment **3** předloha model **–ovat** v. *předepsat*

předpjatý prestressed (*beton* concrete)

předpl|acení subscription **–atit** < **–ácet** co subscribe to a t., rezervovat book in advance **–atitel** subscriber **–atné** subscription

předpojatý v. *zaujatý*

předpokl|ad 1 assumption, presumption, v usuzování premise, pracovní domněnka hypothesis (pl -ses); tušené anticipation **2** nutná podmínka precondition, qualification, nezbytnost prerequisite **–ádat 1** assume, presume, presuppose, take* a t. for granted **2** vyžadovat require, call for a t.

předpokoj ante-room, ante-chamber

předposlední last but one, second to the last

předpotopní i přen. antediluvian, staromódní antiquated

předpo|věď prediction presage, forecast (e.g. weather f.), prognosis **–vědět** < **–vídat** foretell*, z dosažitelných údajů predict, vědecky presage, a tak umožnit přípravu forecast*

předpremiérové *představení* preview

předprodej 1 advance booking **2** prodejna advance-booking agency

předraž|it < **–ovat** over-price

předříkávat recite, dictate

předsádka end-paper, její volný list flyleaf*

předsed|a chairman*, president, am. chairperson ♦ *ministerský ~* Prime Minister; ~ *sněmovny* the Speaker **–at** čemu preside over a committee, při čem at, hovor. sit* in / be in the chair, chair a t. **–kyně** lady chairman*, pl, chairwoman* **–nický** presidential **–nictví** chair(manship) **–nictvo** presidium, board, vlády cabinet

předsevz|etí resolve, resolution **–ít si** resolve, set* o.s. the task of ...ing a t.

předsíň (entrance) hall, bytu též anteroom; med. vestibule

představ|a idea, notion **–ení 1** formalita introduction **2** před publikem performance, show, produkce v divadle, odb. house* **–enstvo** board (of directors) **–it** < **–ovat 1** put* / place a t. before a p., put* a t. forward **2** při seznamování introduce A to B **3** předvést present **–it si** < **–ovat si** imagine, figure (to o.s.), fancy, živě visualize, plně realize, v bud. podobě envisage **–itel(ka) 1** representative **2** herec impersonator **–ivost** imagination **–ivý** imaginative **–ovat 1** být ve svém souhrnu čím constitute, represent,

hereckou úlohou play, herec impersonate **2** v. *představit*

předstih motor advance(d) fire / sparking / ignition v -hu in advance **–nout** < **–ovat** catch* up with, overtake*, get* ahead of a v. *předčít, předběhnout*

předstírat pretend, simulate, feign, určitý stav klidu sham

předst|oupit < **–upovat** advance (s čím a t.), go* / come* / step / move forward

předstupeň first / lowest degree / stage

předsudek prejudice

předsun|out < **–ovat** push forward **–utý** forward, advanced

předtím beforehand, before

předtisk printed form

předtucha premonition, hovor. hunch

předurč|it < **–ovat** predetermine, osudové pre-destine

předvádět v. *předvést;* **–se** brit. show off, am. hotdog, hotshot

předvečer eve (v ~ on the eve of)

před|vést < **–vádět 1** koho mocí bring* a p. up (*před koho* before a p.) **2** co názorně demonstrate; před publikem perform, mimikou mimic / take* off (*koho a p.*), v módní přehlídce model **3** uvést do společnosti present, produce **4** ukázat show*, display, okázale parade

předvída|t foresee*, anticipate **–vost** forethought **–vý** foreseeing, foresighted

předvol|at < **–ávat** have / call a p. up, úř. summon, písem. serve a note on a p., polic. book, pod hrozbou pokuty subpoena

předznamen|at < **–ávat** mark; **–ání** hud. (key) signature

předzpěv introduction, introducing song, prelude

předzvěst foreshadowing, presage, portent, augury, omen

přefiltrovat v. *filtrovat*

přehá|nět (se) v. *přehnat (se)* **–ňka** (rain)shower

pře|házet < **–hazovat** turn up, stir, lopatou turn / dig* over, shovel up, turn upside down, jumble **–hazovat** v. -hodit n. -házet

přehlasovat outvote, vote down

přehl|ed 1 survey, view; knowledge of facts **2** souhrn summary, výpis statement, vyličení outline, literární, zpráv synopsis, digest **–édnout** < **–ížet 1** opominout omit, overlook, disregard, vědomě ignore, opovržlivě slight **2** udělat si přehled survey, celé vidět overlook, scan **3** revidovat revise **4** nechat defilovat muster **5** = prohlédnout **–édnout se** make* a mistake **–édnutí** omission, oversight **–edný** well-arranged, easy to take in, lucid; synoptical **–ídka** show, display, parade; voj. march-past, let. fly-past, review, tattoo, módní fashion show, display, programů programme preview

přehluš|it < **–ovat** deafen, drown (čím in)

přehm|at slip, větší blunder, odb. misprision, wrongdoing, misfeasance, miscarriage of justice, encroachment **–átnout se** make* a mistake

pře|hnaný exaggerated, přílišný excessive, přemrštěný exorbitant **–hnat** < **–hánět** exaggerate, overdo*; ve vyprávění talking, tell* tall stories **–hnat se** < **–hánět se** přes co dash / rush along / past

pře|hnout < **–hýbat** fold, lap, double (over)

pře|hodit < **–hazovat 1** throw* a t. over, turn, transpose, seno toss; přesunout shift, výhybku, přepínač switch, přemístěním transport, chybně misplace **2** rychle obléci fling* / throw* a t. on, slip on a t.; přes rameno shoulder a t.

přehodno|tit < **–covat** revalue, reappraise; -cení revaluation, reappraisal

pře|houpnout (se) vault (over) (přes a t.), get* over a t.

přehoz cover(let), postele counterpane, bedspread

přehrab– = prohrab–

přehra|da barrier, plot enclosure, údolní dam, velká, též voj. palebná barrage **–dit** < **–zovat** divide, partition, dam (up), zatarasit block

přehrá|t < **–vat** play out, ze záznamu play back **–vač** kazetový tape player **–vka** play-back, replay

pře|hrazovat v. přehradit **–hýbat** v. přehnout

pře|cházet 1 sem a tam walk up and down **2** v. přejít **–chod** passage; hranic pass, border-crossing, ulice crossing (pro pěší pedestrian c.), činnost crossing, ženy menopause **–chodný** transient, ...of transition, dočasný temporary

přechováva|č receiver, fence **–t** kradené receive, viníka harbour

přechytračit outsmart, outwit

přejemnělý over-refined, sophisticated

pře|jet < koho run* over a p., knock a p. down **–jet** < **–jíždět** jako přejít **–jezd 1** crossing; činnost též passage **2** nadjezd viaduct, silniční overpass, ulice nad úrovní fly-over

přející ungrudging, generous

pře|jídat se v. přejíst se **–jímat** v. přejmout

pře|jíst se < **–jídat se** overeat*, glut (o.s.)

pře|jít < **–cházet 1** pass (from... to...), get* / go* / pass / run* / chůzí walk across a t. **2** napříč cross (přes co a t.) **3** omylem nezastavit outreach **4** o změně pass (off), plynule merge, pass / fade away, povinnost na koho fall* to a p. **5** do opačného tábora go * over / to defect (to), join (the enemy), change sides **6** co čím (rukou pass one's hand over a t.) ♦ to ho přejde it will pass (soon) **–jíždět** v. přejet

pře|jmout < **–jímat** take* over a v. převzít

překap|at < **–ávat** distil; kávu percolate, drip, filter

překazit mart, thwart, stop, frustrate

překáž|et 1 be / stand* / get* in a p.'s way, prevent -ing or a p. from -ing; obstruct, jako přítěž encumber a p., incommode, inconvenience a p., hamper a p., rušivě interfere in a t. **2** zbraňovat restrain a p. (from -ing) **-ka 1** obstacle, hindrance, impediment, obstruction, encumbrance **2** sport. hurdle **-kový** běh hurdle race

překl|ad translation **-ádat** v. *přeložit* **-adatel** translator **-ádka** transfer, reloading **-adový**... of translation

překlápět v. *překlopit*

překlenout arch / vault over, přen. bridge (over)

překlep typing error

překližka plywood

překl|opit < **-ápět** turn over, overturn, tilt

překon|at < **-ávat** get* over a t., surmount, overcome*, zdolat overpower, vanquish, override*; break* through / down; časem (umožnit) ~ tide o.s. over with a t.

překontrolov|at < **-ávat** doublecheck

překot|it (se) topple over **-ný** rash, headlong, precipitous, breakneck

překračovat v. *překročit*

překrásný exquisite, lovely

pře|kročit < **-kračovat 1** cross, get* over **2** meze exceed, normu, plán overfulfill **3** neuposlechnutím break*, violate, infringe, disobey

pře|kroutit < **-krucovat** wrench, wrest, přen. distort, misrepresent

překrý(va)t 1 v. *pokrý(va)t* **2** superimpose **-vat se** časově coincide, a přesahovat overlap

překrv|it < **-ovat** rush blood (into...)

překřičet *koho* shout a p. down

překupník middleman*, kradeného receiver

překvap|ení surprise **-it** < **-ovat** surprise, silněji astonish, zarazit startle **-ivý** surprising, striking

překyp|ět < **-ovat** boil over, a přetéci bubble over; be exuberant, exuberate, gush out

pře|lámat < **-lamovat** v. *přelomit*

pře|let flight, passage **-létavý** migratory, přen. fleeting, flighty **-letět** < **-lét(áv)at 1** overfly*, cross, fly* over a t., fly* past / by **2** jen na povrchu skim (through) a t. **3** přes co prudce dash / flash across a t.

pře|lévat (se) v. *přelít (se)* **-lhat** = *obelhat*

přeležet se nemocný develop bedsores; látka crack, get* spoiled

přelíčení = *líčení*

přelistovat v. *listovat*

pře|lít < **-lévat 1** jinam pour over **2** přeplnit overfill, a tak vylít overspill* **-lít se** < **-lévat se** overflow **-liv 1** vlasů rinse **2** co se nevešlo overflow, obyvatelstva overspill

přelom break, obrat turn(ing point) **-it, přelámat** < **přelamovat** break* in two / asunder

přelouskat v. *louskat*

pře|ložit < **-kládat 1** jaz. translate, put* / kniž. render into **2** znovu položit re-set*, re-lay **3** dát jinam shift, transfer, náklad re-load, z lodi na loď transship **4** příliš naložit overload **5** přehnout fold(up) **-ložitelný** translatable

přelstít = *obelstit*

přelud phantasm

přemáh|ání self restraint **-at (se)** v. *přemoci (se)*

přemalov|at < **-ávat** repaint; přes předešlé paint over

přeměn|a conversion, k menšímu n. horšímu reduction, úprava modification **-it** v. *měnit*

přemet head-spring, somersault, let. looping the loop

přemílat v hovoru debate, be for ever harping on a t., v mysli turn over, chew over a t.

přemíra abundance, superfluity,

excess

pře|místit < –mísťovat displace, transfer, transpose

přemítat revolve a t., ruminate on a t., reflect (up)on a t.

pře|mluvit < –mlouvat 1 persuade, prevail (up)on a p, over a., jen -mluvit induce / get* a p. to do a t. **2** film. dub

pře|moci < –máhat overcome*, bojem vanquish, a tak získat conquer **–moci se < –máhat se** gain control / mastery of o.s.

přemos|tit < –ťovat bridge (over)

přemožitel conqueror

přemrštěn|ost eccentricity **–ý 1** eccentric, affected **2** nespoutaný, divoký extravagant **3** nadměrný exorbitant, vyděračský extortionate

přemýšl|et think* (o about) a v. přemítat **–ivý** thoughtful

přenášet 1 rozhlasem relay / broadcast, po drátě pipe / wire (in), infekce carry / transmit **2** v. přenést

přend|at < –ávat = přemístit, přeložit 3

přenech|at < –ávat 1 co part with a t., práv. abandon **2** komu co let* a p. have a t., leave* a t. to a p., entrust / commit a t. to a p

pře|nesený metaphorical, figurative **–nést < –nášet** transfer, bring* over, účet bring* forward, carry forward, udělit confer a t. (up)on a p. **–nést se** přes co < **–nášet se** get* over a t., pustit z hlavy dismiss a t.

přenocovat stay overnight, stay the night (with a p.)

přenos transfer, rozhlas, televize transmission, rozhlasový broadcast, program z terénu outside **2** (přímý live) broadcast **–ka** pick-up **–ný** portable, choroba contagious

přeočkovat re-inoculate

pře or|at < –ávat plough anew, re-plough, přen. reshape

přepad|at overhang*, tekutina overflow **–lý** sickly, wasted **–nout < –(áv)at 1** assault, hold* up **2** přes

co fall* over **–ový** oddíl hit squad, raiding party

přepás|at < –ávat gird*

přepaž|it < –ovat partition

přepážka bar(rier), partition, v úř. místnosti counter, position, s mřížkou grille

přepažovat v. přepažit

přepína|č switch **–t** v. přepnout

přepis transcription **–ovat (se)** v. přepsat (se)

přepjatý affected

přeplác|at overstuff; **–aný** gaudy

pře|platit < –plácet overpay* požadovanou cenu get* overcharged (co for a t.), koho v nabídce outbid*

přeplav|at < –ávat swim* across **–ba** crossing **–it < –ovat** = převézt **–it se < –ovat se**; = přepravit se

přepl|nit < –ňovat overfill, surcharge, zaplavit overcrowd

přeplou|t < –vat cross

pře|pnout < –pínat 1 příliš napnout (over)strain, úkolem overtax **2** jinak zapnout switch (over) (na to) **3** = přehnat **–pnout se < –pínat se** (over)strain / overtax o.s.

přepočí|st, –tat < –távat 1 re-count, count over, kontrolně check (up); tally **2** na jiný základ convert **–tat se < –távat se** miscalculate, be out in one's reckoning

přepoj|it < –ovat switch (over) (na to)

přepona hypotenuse

přepouštět v. přepustit

přepraco|vat se < overwork (o.s.); **–vání** overwork / overexertion

přeprav|a = doprava **–it < –ovat** přes vodu traverse; jinak = dopravit

pře|psat < –pisovat 1 rewrite*, na psacím stroji retype, z rukopisu type up **2** na jiného assign **3** do jiné soustavy transcribe **–psat se** make* a slip (of the pen), write a mistake

pře|pustit < –pouštět 1 tuk try, clarify **2** = přenechat, postoupit

přepych luxury **–ový** luxury, reprezentační state, v názvech výrobků deluxe, oddaný přepychu luxurious, parádní gala

pře|razit < **–rážet** break*, get* across a t.

přerod rebirth

přerovn|at < **–ávat** rearrange

přerůst < **–at** outgrow*

přeruš|it < **–ovat** interrupt, break*; něčí projev cut* a p. short; plynulou dodávku discontinue, cut* o práci stop, cestu stop off, telef. hovor cut off

přerv|at < **–ávat** sever

přeřa|dit < **–ďovat, –zovat** sled něčeho change the sequence of..., reclassify; zařadit jinam transfer

pře|řeknout se < **–řík(áv)at se** make* a slip (of the tongue)

přeřez|at v. řezat **–ávat** = řezat

přes 1 over, napříč across, cesta bokem by way of; via **2** na druhé straně on the other side of **3** přesah over, (over and) above **4** nepřihlížeje k in spite of ♦ ~ noc overnight; ~ palubu overboard; je mu ~ šedesát he is on the wrong side of sixty; prodej ~ ulici off sales, pl; ~ všechen... for all...

přesa|dit < **–zovat** shift, rostlinu transplant

pře|sáhnout < **–sahovat** exceed, go* / extend beyond, reach over (na to)

přesazovat v. přesadit

přesčas, –ový overtime, after hours ♦ -á hodina an hour's overtime

přesed|lat < **–lávat** change (sides), swing* (over) to **–nout (si)** < **–at (si)** change one's seat(s), v dopravě change (trains) (do for)

přesek|at, –nout < **–ávat** cut* (across)

přesídl|enec displaced person **–it** < **–ovat** relocate, jen koho displace

přesila superiority in numbers, numerical superiority

přesí(va)t = prosi(va)t

pře|skočit < **–skakovat** cross, jump over; skip a t.; take* (a

fence), clear (a ditch)

přeslabikovat v. slabikovat

přeslechnout < **1** neslyšet miss, not to catch* **2** zast., mimoděk zaslechnout overhear* ~ se hovor. miss the sense of what has been said

přesli|ce distaff ♦ vymřít po -ci die out (family name) **–čka** bot. horsetail

přesmyk|nout < **–ovat** shift, transpose

přesnídávka snack, brunch

přesn|ost accuracy, exactness, precision, meticulousness, čas. punctuality **–ý** accurate, exact, vyhraněný, zřetelný precise; pedantský meticulous; včasný, dochvilný punctual; o přístrojích precision ♦ -é hranice hard and fast lines

přesouvat = přesunovat

přesp|at < **–ávat** kde pass the night / nights at / in...

přespočetný surplus, excess

přespolní non-resident ♦ ~ běh, závod cross-country race

přespříliš too much

přestání: bez ~ nonstop, without break, unceasingly

přestárlý superannuated

přest|at < **–ávat** cease, stop, zvl. am. quit* (-ing); dál nepokračovat v činnosti discontinue, drop (conversation) ♦ to -ává všechno that's the limit / the last straw / the end

přestá|t < **–vat** co endure, vestoje pass / spend*... standing

přestav|ba rebuilding, reconstruction, restructuring **–ovat** rebuild*, restructure, reconstruct **–it** < **–ovat** reshuffle

přestávka 1 ustání v činnosti pause, zastavení stop, respite; na svačinu (brit.) teabreak, am. cofeebreak **2** interval **3** brit. škol. break; am. recess ♦ navrhuji -ku I'm calling a recess

přestavovat v. přestavět a přestavit

přestěhovat (se) v. stěhovat (se)

přesto = nicméně

pře|stoupit < **–stupovat 1** k jiným

change (for a t.) **2** = *porušit, překročit* **3** = *přesednout* **4** = *přesáhnout*

přestože for all that, in spite of (-ing)

přestroj|ení disguise **–it** < **–ovat 1** change (one's suit) **2** za co disguise (*za* as)

přestřel|it < **–ovat** overshoot* (the mark) **–ka** exchange of fire

přestup 1 passage, zvl. v dopravě change **2** změna příslušnosti conversion **–ek** transgression, offence **–ní**... of change, v dopravě interchange **--ný** *rok* leap year **–ovat** v. *přestoupit*

přesun shift(ing) **–out** < **–ovat** push over, displace

přesvědč|ení conviction **–it** < **–o-vat** convince (*koho o čem* a p. of); přemluvit win* a p. over, talk a p. round **–it se** < **–ovat se** make* sure, zjistit find* out **–ivý** convincing

přesyp (sand) dune

přesy|tit < **–covat** surfeit, sate, satiate, overfeed*

přeškol|it < **–ovat** retrain (*na* in)

přeškrtnout v. *škrtat*

pře|šlápnout < **–šlapovat 1** přes co overstep **2** shuffle, na místě mark time, netrpělivě drag one's heels

pře|táhnout < **–tahovat 1** draw* / pull a t. (*přes* over) **2** obtáhnout whet, na řemeni strop, na brusu hone **3** získat koho win* over, rope in **4** udeřit strike*, hit* **5** účet overdraw*, lhůtu exceed **6** = *přetřít* **–tahování** sport. tug-of-war

přeté|ci < **–kat** overflow

přetechnizovat overtechnologize

pře|těžovat v. *přetížit* **–tínat** v. *přetnout* **–tírat** v. *přetřít*

přetisk 1 overprint **2** další výtisk reprint **–nout** < **–ovat** jako *přetisk*

pře|tížit < **–těžovat** overload, overburden, prací overwork

přetlak excess pressure **–ová** *kabina* pressurized cabin

přetlumočit v. *tlumočit*

pře|tnout < **–tínat** cut* (across)

pře|točit < **–táčet** při utahování overtighten; film, pásku run* a t. back, záznam re-record

přetrénovanost staleness

přetrh|nout, –at < **–ávat, –ovat 1** break* **2** = *přeškrtnout* **–nout se 3** povolit, roztrhnout se break*, (go*) snap, go*

přetrpět endure, suffer

přetrumfnout (over)trump, přen. = *předstihnout*

přetrvat < **–ávat** kdo, co survive, outlast

přetř|ásat thrash a t. out, discuss, debate, *vzít na -es* take* a t. into debate, bring* a t. under discussion

pře|třít < **–tírat** rub (over), brush nátěrem paint over, re-paint

přetv|ářka dissimulation **–ařovat se** dissimulate, dissemble a v. *předstírat* **–ořit** < **–ářet** reshape, reform, remodel, soustavně reorganize; samu podstatu transform

převádět v. *převést*

převaha superiority, nade všemi supremacy, predominance, ascendency, závažnosti preponderance, častým výskytem prevalence

převal|it (se) < **–ovat (se)** topple, roll over, sem a tam toss about

převař|it < **–ovat** znovu boil up, příliš overboil

převaz re-bandage **–vázat** < **–va-zovat 1** bind* up / round **2** obvazem, bandage **3** znovu rebind*

převážet v. *převézt*

pře|vážit < **–važovat 1** znovu zvážit reweigh **2** mít větší váhu outweigh, a porušit rovnováhu outbalance **–váž-ný** převládající predominant, preponderant, major, decisive; -ně largely **–važovat** predominate, častostí prevail

pře|vést < **–vádět 1** lead* a p. over / across, get* over; across, take* over, sem n. tam právě bring* over, do jiné oblasti transfer, a držení assign a t. to a p., směnku endorse a t. to a p., pravomoc delegate 2 na menší n. horší reduce, na jiné hodnoty convert

pře|vézt < **–vážet 1** ferry, lodicí lighter **2** jako převést **3** hovor. napálit take* in

převislý overhanging

převlád|nout < **–at** dominate, prevail, obtain; *-ající* dominant, ruling

převl|éci < **–éknout (se), –ékat (se)** change **–ečník** overcoat, topcoat **–ek** disguise **–ékárna** changing-room

převod 1 mechanický transmission **2** přesun apod. transfer

převor prior **–kyně** prioress

převoz 1 doprava transport, conveyance **2** přívoz ferry **–ník** ferryman*

převr|ácený perverted **–acet** v. mysli turn a t. (over) in one's mind, ruminate **–at 1** upheaval **2** státní coup d'état, take-over **–átit** < **–acet** turn up(side down), turn inside out; pořádek apod. reverse, invert **–atný** revolutionary

převrh|nout (se) < **–ovat (se)** tip over / up, topple, upset*, overturn, plavidlo capsize

převtěl|it (se) < **–ovat (se)** transform, re-embody, re-incarnate

pře|výšit < **–vyšovat** = *přesáhnout, předstihnout*

převzít 1 = *přejmout* **2** úkol apod. take* on, assume, undertake*, take* over

přezdívka nickname

přezimovat winter, odb. hibernate

přezírat belittle, opovržlivě slight, v řeči disparage

přezka (shoe)buckle

přezkoum|at < **–ávat** check(up), review, a napravit revise, kontrolou inspect

pře|zkoušet < **–zkušovat** examine, test, pravost assay

přezou|t < **–vat** change (one's shoes)

přezrál|ost overripeness **–lý** overripe, duševně precocious, overmature

přezůvka overshoe, galosh

přeží|t < **–vat** survive, live out / through, see* out, koho outlive **–t se** < **–ívat se** become* antiquated / outdated

přežitek residue, survival, anachronism, am. hang-over

přežv|ýkavec ruminant **–ykovat** chew the cud

při 1 near, close to, hard by, ve funkčním styku at (be at hand, at table), instituce attached to **2** podél along **3** průvodní okolnosti with (with the daybreak, with the door shut), momentálně chápaná příležitost at (at sunrise, at this opportunity), bezprostředně navazující okolnosti on (on his arrival, on entering the room); prostředí by (by artificial light), při jídle n. pití over ◆ *být ~ sobě* be conscious; *mít ~ sobě* have on / about one, v majetku with one; *~ činu* in the (very) act; *~ dobré paměti* before a p. forgets; *~ jednom* all along; *~ nejlepším* at (the very) best; *~ nejmenším* at least

přibarv|it < **–ovat** tinge (slightly)

příběh story, episode, = *příhoda, událost*

přibí|jet v. *přibít* **–rat** v. *přibrat*

přibí|t < **–jet** fasten, fix, nail ◆ *~ na pranýř* pillory

při|blížit < **–bližovat** bring* / put* / draw* a t. near **–blížit se** v. *blížit se* **–bližovat se** = *blížit se*

příboj surf surge, vlny breakers, pl

příbor knife and fork, souprava nádobí set **–ník** sideboard

při|brat < **–bírat 1** take* (some) more..., další take* further... **2** na sebe assume, take* in / up **3** na pomoc, na poradu call upon... for assistance, volbou co-opt **4** přidat, zvětšit add, increase one's...; zvětšit se grow* large, na váze put* on weight / flesh

příbuz|enský... of a relative, between relatives, etc. ◆ *být v -kém vztahu k* be related to... **–enství**

přibý|t < **–vat 1** accede (*k* to), něčeho přibylo… increased, grew etc. **2** dojít, dojet kam arrive at / in…

příbytek abode, dwelling, residence

přibývat v. *přibýt*

příčel rung, sport. spoke

příčetný sane

přičichnout = *čichnout*

příčina cause

přiči|nění endeavour(s, pl) **–nit se** < **–ňovat se** take* pains, try hard, endeavour **–nlivý** sedulous, helpful

příčinnost causality

přičísnout sleek (a p.'s hair)

příčí|st < **–tat** add, attach, v domněnce, že je jeho attribute, a tak zařadit assign, protože je původcem credit a p. with a t., a to provinění charge a p. with a t. = a t. on a p. ◆ ~ *si následky* take* the consequences

příčit se go* against, defy, run* counter (to), be contrary to a t., go* against the grain with a p., sicken a p.

přičítat v. *přičíst*

příčka bar, cross-piece; = *přepážka*

přičle|nit < **–ňovat** affiliate

příčný traverse, cross ◆ *-ná loď* chrámová transept; *-né sáně* soustruhu, *-ník* cross-slide

pří|ď bow (pl), prow, její břevno stern

přid|at < **–ávat 1** add **2** za aplaus answer an encore **3** k platu raise / increase a p.'s pay / salary **–at se** < **–ávat se** k čemu join a t., jako stoupenec accede to a t. **–avač** (bricklayer's) mate **–ávat** na stavbě carry the hod

přídav|ek addition, k platu bonus, allowance, na koncertě encore **–né**

jméno adjective

příděl 1 allotment, assignment, portion, k určitému použití appropriation **2** při spravedlivé dělbě contingent, quota, na jednotlivce ration

přidě|lat < **–ávat** attach, fasten, fix, tie on

přidě|lit < **–ovat** appropriate, allot, assign, apportion, na pracoviště direct; k úkolu appoint

přídomek style, vedlejší pojmenování attribute

přidružit < **–ovat** associate; v. *připojit*

přidržet < **–ovat 1** hold* **2** koho k čemu keep* a p. at (his work) **–et se** < **–ovat se** hold*, cling* to a t., jako vzoru follow a p.

přifař|it < **–ovat** attach to, incorporate in the same parish

při|hánět v. *přihnat* **–házet se** v. *přihodit se* **–hazovat** v. *přihodit* **–hlásit** (se) v. *hlásit* (se) **–hláška** application (*o, k, do* for), sport. entry (for), rezervace booking (of); k evidenci registration **–hlašovat** (**se**) = *hlásit* (se)

při|hlédnout < **–hlížet 1** pohlédnout zblízka watch closely **2** brát v úvahu take* into consideration, allow for a t. **–hlížet** jako divák look on a t., watch a t.

při|hnat < **–hánět** drive* (*domů* in / home) **–hnat se** rush (in / home), bustle up

příhoda incident v. *událost;* něčí adventure

při|hodit < **–hazovat** throw* in, v dražbě bid* up **–hodit se** < **–házet se** come* about, come* to pass, happen, occur, *komu* postihnout ho befall* a p., happen to a p.

příhodný 1 timely, opportune, favourable, propitious, well-timed **2** k použití convenient **3** k ruce handy, serviceable a v. *vhodný, včasný*

přihrádka case, compartment, police shelf*, pigeon-hole, cell

přihrá|t < **–vat 1** pass (the ball), volejbal relay **2** hrát do ruky play into

a p.'s hand **–vka** sport. pass, passing, centre, ze vzduchu volley
přihrn|out < **–ovat** heap up. cover (up) **–out se** = *přihnat se*
přihroublý rudish
přihř|át < **–ívat** warm up (a bit)
přicházet v. *přijít*
přícho|d coming (*do, na* to) arrival (at, in), vstup entry kontrolovaný check-in **–zí** arrival, comer, newcomer
příchuť smack, flavour, taste
přichycovat (se) v. *přichytit (se)*
při|chýlit < **–chylovat** incline
příchyln|ost affection, attachment, věrná adherence **–ý** affectionate
přichy|lovat v. *přichýlit* **–stat (se)** v. *chystat (se)*
přichy|tit (se) < **–covat (se)** attach, čeho catch* at a t.
přijatelný acceptable, reasonable, plausible, v souladu se zálibou congenital; při výběru eligible
příjem 1 receipt, věcí receiving hostí, nemocných, rozhlasem reception **2** tržba takings, pl, receipts, pl **3** důchod income (*daň z -mu* income-tax) **–ce** recipient, tržby, výhry taker, zásilky consignee **–nost** pleasantness, životní amenity **–ný** pleasant, agreeable, gratifing, uklidňující comfortable; vystupováním winning
při|jet < **–jíždět** jako *přijít*
přijetí společenské, postoj reception v. *přijmout*
příjezd 1 v. *příchod* **2** cesta k domu drive **–ový**... of approach
přijím|ací reception (e.g. room, parlour, clerk) ♦ ~ *pohovor* / *zkouška* entrance interview / examination **–ač** receiver, (receiving) (wireless) set **–ačka 1** (cine) camera **2** hovor. přijímací zkouška **–at** receive a v. *přijmout*
při|jít < **–cházet** come* (*to, into*...), arrive (at, in), do situace, tempa, zvl. též mimovolně get* ((in)to, home etc.), podle plánu be due (*kdy* at...); útočně come* ((up)on a p., nečekaně

turn up (at a place). náhodou happen along, objevit se crop up; dostavit se appear (at a place); find* (out) na něco a t. s čím jako s novinkou introduce **2** poměrně připadnout be... for every...; být dodán, zprávy come* in; na co = *stát* cost* (a p. how much) **3** o co lose*, trestem, prohrou forfeit ♦ ~ (*příliš*) *brzy* be (too) early / before one's time; *přijdu hned* I shan't be long; ~ *čemu na chuť* come* to like a t.; *jak to přijde* how comes it, how come; *nemůže mu ~ na jméno* she calls him bad names; ~ *s křížkem po funuse* be too late in the field; *kdo dřív přijde, ten dřív mele* first come first served; ~ *do módy* become* the fashion; *přišlo mi na mysl* the idea occurred to me, crossed my mind; ~ *komu naproti* come* to meet a p.; ~ *ke komu na návštěvu* come* to / and see a p., pay* a p. a visit; ~ *komu na pomoc* come* to a p.'s assistance / rescue; ~ *pozdě* be late (*k, na* for); ~ *komu do cesty* come* into a p.'s way; ~ *do dluhů* sink* into debt; ~ *do dražby* come* under the hammer; ~ *do jiného stavu* become* pregnant; ~ *do rozpaků* be at a loss, become* uneasy; ~ *komu pod ruku* come* a p.'s way; ~ *na řadu* have one's turn, come* next; *přišla řeč na...* (st. / so.)...was mentioned; ~ *k sobě* come* round; ~ *na své* get* one's money's worth, have had one's fun; ~ *do styku s kým* get* to know a p., come into contact with a p.; ~ *na svět* come* into the world; *přijde na to* it depends; ~ *k úrazu* sustain injury; ~ *v úvahu* come* into consideration (*nepřicházet v úvahu* be out of the question) ~ *do varu* begin* to boil, come to a boil; ~ *včas* be in time; ~ *vhod* come* in handy / useful; ~ *zkrátka* come* off badly **–jít si** *na co* **–cházet si** *na co* earn, make*, pull down

přijíždět v. *přijet*

příjmení surname

při|jmout < **–jímat** receive, se souhlasem n. usmířeně accept; připustit admit (*za* for, *mezi* among); za vlastní adopt, přiznáním own; na sebe úkol, podobu assume; do služeb take* (on), engage ♦ ~ *mezi sebe* embrace; ~ *nabídku či / čeho* close with a p. / t.; ~ *na pořad jednání* put* a t. on the agenda; ~ *návrh zákona* pass a bill; ~ *usnesení* pass a resolution; ~ *koho za vlastního* adopt a p.; ~ *výzvu* take* up / accept challenge

příkaz order, povel command, svěřující úkol commission, kategorický charge

při|kázání commandment **–kázat** < **–kazovat** 1 = *rozkázat* 2 *přidělit*

příklad instance, reprezentativní example, získaný výběrem, sample ♦ *jít -em napřed* lead* the way; *ku -du, na ~* for instance / example

přikládat 1 = *připisovat*, cenu, hodnotu, důležitost attach 2 v. *přiložit*

příkladný exemplary, model

přiklánět (se) v. *přiklonit (se)*

přiklep|nout < **–ávat** v dražbě knock down

přiklížit v. *klížit*

přiklonit (se) < **–klánět (se)** = *přichýlit (se)*

přiklopit < **–ovat** put* a t. down (*na co* on), pokrýt cover up

příkop ditch, k odvodnění drain, obratný moat

příkoří wrong

při|kout < **–kovat** < **–kovávat** fasten with fetters, fetter, kováním... with iron

přikračovat v. *přikročit*

příkrasa embellishment

při|krášlit < **–krašlovat** embellish

příkrm garnish(ing); brambory, zelenina vegetables, pl

při|kročit < **–kračovat** 1 step up (*k* to) 2 dát se do proceed (to), take*

up a t.

příkr|ost harshness **–ý** 1 srázný steep 2 úsečný abrupt 3 drsně jednající harsh

přikrý|t < **–vat** cover (up) **–vka** spací blanket, srov. *pokrývka*

přikva|čit < **–pit** come hurriedly

při|kývnout < **–kyvovat** nod one's approval

přilákat v. *lákat*

přílba helmet, sport. (crash) helm(et)

při|léhat 1 fit* tightly / close 2 být hned vedle be contiguous (*k* with) **–léhavý** close-fitting; tailored; hodící se fitting, apposite ♦ ~ *oblek* tights, pl **–lehlý** contiguous, adjacent **–lehnout** < **–léhat** lie* down (*ke komu* alongside / beside a p.)

přilepit v. *lepit*

přilepš|it < **–ovat** improve a bit, better

přílet (flight) arrival

při|letět, **–létnout** < **–lét(áv)at** come* (flying), arrive

přiletov|at < **–ávat** solder (on)

přilévat v. *přilít*

přiléz|t < **–at** come* (crawling), crawl up / in; ke komu come* to a p. on all fours, podlézavě cringe (*k* to)

příležitost 1 vhodná chvíle opportunity (to do, of doing) 2 chvíle, kdy se něco děje occasion 3 nadějná chvíle chance, vhodný okamžik convenience 4 shoda okolností juncture **–ný** incidental, náhodný casual; occasional; speciální on / for a special occasion, special

příliš 1 v kladné větě (much) too, u slovesa too much, někdy i over- (např. over-simplify) 2 v záporné větě not... very, none too, u slovesa not... very much, none too much ♦ *až* ~ only too **–ný** undue, immoderate, excessive, over

při|lít < **–lévat** add, pour

příliv flood, flood tide, rising tide, high tide, přen. flow, influx ♦ *odliv* tide(s), ebb and flow

přilnavý clinging, lepivě sticking, adhesive

příloha 1 vlepená tip-in, přidaná supplement, vkládaná volně inset **2** k dopisu enclosure, spisu apod. annex, rider **3** = *příkrm* ♦ *v příloze* annexed to .. , enclosed in...

při|ložit < **–kládat 1** put* / place a t. to a t., aby se něčeho dosáhlo apply a t. (to) **2** připojit attach, do dálky enclose (*do* in), affix, na oheň put* (fuel on) **3** dodat add, put ♦ *~ ruce k dílu* set* to work, put* / set* one's shoulder to the wheel

příměr comparison

přiměřený adequate, reasonable; vhodný suitable, fitting, náležitý due

příměří truce, armistice

příměs admixture, kovu alloy; kazící kvalitu adulterant

přimět v. *mít (koho k čemu)*

přimhouřit v. *mhouřit*

přimích|at < **–ávat** admix, add

přímka straight line

při|mknout se < **–mykat se** = *tisknout se, připojit se*

přimlouvat se v. *přimluvit se*

přímluva intercession

při|mluvit se < **–mlouvat se** put* in a word (*za* for), intercede (for a p., *u koho* with a p., *na* a p.'s behalf)

přímo directly, direct to...; due (north etc.); bez obalu downright, flat, bez oklik forthright, outright; = *zpříma* **–čarý** rectilinear, straight-lined, přen. uncompromising

přimontovat v. *montovat*

přímořský seaside

přímý bez ohybu n. záhybu straight; bez odbočky direct; neprostředkovaný first-hand; bez oklik a vytáček straightforward, s plnou vahou downright; vzpřímený upright ♦ *-mou čarou* as the crow flies; *-má daň* direct tax; *~ náraz, -má srážka* head-on collision; *~ přenos* live broadcast; *~ úhel* straight / flat angle

přimykat se v. *přimknout se*

při|myslit < **–mýšlet** add a t. in one's mind, imagine a t.

přinálež|et = *náležet* **–itý** appropriate

při|nést < **–nášet** bring*, dojít pro fetch

přínos contribution, boon

přinutit v. *nutit*

přiostř|it se < **–ovat se** sharpen (a bit), become* (more) acute / intense

případ case, occasion, contingence; příběh happening ♦ *po -ě* if need be; *od -u k -u* from case to case; *v -ě, že v case...*; *v každém -ě* in any case, at all events; *v nejlepším / nejhorším -dě* at best / worst; *pro ~ čeho* for the event of a t.; *nepředvídaný ~* emergency

případ|nout < **–at 1** fall* (on Sunday) **2** údělem fall* to a p.('s share, lot), podle řádu devolve / fall* (up)on a p., jako podíl go* to a p. **3** úměrně come* (*na* to) **4** komu (na mysl) occur to a p. **5** na co hit* (up)on a t., devise a t. **6** komu, jakým look / seem to a p... **–at si** jakým feel*...

případný 1 vhodný pertinent, appropriate, fit, relevant, šťastně volený happy, felicitous, výraz apt **2** eventuální contingent, s čím se počítá prospective (*-ně* if need be)

při|pálit < **–palovat 1** singe, burn* a zbarvit scorch **2** kuřivo light* (up) (a p.'s... *o co* with) **–palovat** it is warming up

připamatovat = *připomenout*

připev|nit < **–ňovat** make* a t. secure, fasten (up), fix, přilepit affix

při|píchnout < **–pichovat** pin a t. down, pin up

připíjet v. *připít*

připín|áček = *napínáček* **–at** v. *připnout*

přípis (official) letter, communication, note

připisovat 1 komu co ascribe a t. to a p. **2** v. *připsat*

při|pít < **–jet 1** k jídlu drink* (*k* with) **2** na počest komu toast a p., drink* (to) a p. / t.

přípitek toast, health, proslov toast

připitomělý fuddled, hloupý half / dim-witted, fatuous

připlácet v. *připlatit*

příplatek extra, supplementary additional charge / fee, surcharge; odměna premium, bonus, rizikový danger money

při|platit < **–plácet** add, k čemu contribute to a t.; příplatek pay* extra

připlazit se come* crawling, slither up

připlést se do čeho, k čemu get* mixed (up) with a t., kam, kde turn up

připlou|t < **–vat** jako *přijít*

při|pnout < **–pínat** attach, fix, růz. postředky pin, buckle, button etc. vůz couple, hitch

připočí|st, –tat < **–távat** add, zahrnout include (k among, in)

přípoj connection, linka line

připoj|it < **–ovat** add, pomocně append, jako podružné annex; organizačně přidružit affiliate; k řečenému, napsanému subjoin, a tak učinit platným affix, set* (one's signature, seal, to...); elektr. zástrčkou, plug (into a battery etc.) **–it se** < **–ovat se** k čemu join a t., jednat podobně follow suit; ke komu join a p., k podniku join in a t.

přípojka 1 (road) junction **2** zvláštní linka line, connection

připojovat (se) v. *připojit (se)*

připo|menout < **–mínat 1** komu co remind a p. of a t., put* a t. in / to a p.'s mind, minulé recall a t. to a p., v podobě představy suggest; zmínkou mention a t. **–menout si** < **–mínat si** remind o.s. of a t., vzpomenout si recall a t.; oslavně commemorate a t. **–mínka** reminder, důrazná memento*; co vyvolává určitou představu suggestion; zmínka mention

připouštět (si) v. *připustit (si)*

připout|at v. *poutat* **–ávat** = *poutat*

připozdívá se it is getting / growing late

příprav|a preparation: úprava, nastavení adjustment; celková úprava pro účinek make-up; podniknuté kroky arrangements(s, pl); výroba production; jídla making; krejčovská lining and trimming ♦ *bez -y (mluvit)* off-hand, off the cuff, extempore **–ek** preparation ♦ *kosmetický ~* cosmetic; *léčivý ~* medicine

připrav|enost readiness, preparedness **–it** < **–ovat 1** get* / make* a t. ready, prepare (*na co* for a t.), opatřeními arrange for a t. pamětliv budoucího provide for a t. **2** koho o co deprive a p. of a t. **3** nalíčit make* up **4** jídlo make* **5** způsobit cause (a p. joy, sorrow) **–it se** < **–ovat se 1** get* / make* ready (*na, pro* for), prepare o.s. for a t. **2** o co lose* a t. ♦ *P-it se, pozor, teď!* Ready, steady, go!

příprav|ka prep school **–na** jídel servery **–ný** preparatory

připravovat (se) v. *připravit (se)*

při|psat < **–pisovat 1** add **2** věnovat dedicate **3** přisoudit set* a t. down to a p., ascribe a t. to a p., k dobru credit a p. with a t., špatně impute a t. to a p. a v. *přičíst*

při|pustit < **–pouštět** let* in, admit (*k, do* to), zdráhavě concede, uznat admit

přípustný admissible

při|razit < **–rážet 1** ke břehu push ashore **2** dveře apod. draw* a t. shut, push a t. to **3** cenu raise the price / charge **–rážka** surcharge, additional charge, zisková mark-up, premium

přírod|a nature; skutečnost life* ♦ *divadlo v -ě* open-air theatre **–ní** natural; konaný v přírodě outdoor ♦ *~ léčba* nature cure; *~ park* landscape park; *~ plyn* natural gas; *~ rezervace* nature reserve; *~ řízek* steak and gravy; *~ vědy* natural sciences **–nina** product of nature **–opis** natural science(s, pl), kniha science (text-)book, věd. natural history **–opisec** (natural) scientist **–opisný** natural historical **–ovědec** natural historian **–ovědný** = *přírodopisný*

přirovn|ání comparison, ve stylu simile **–at** < **–ávat** compare (*k* with / to)

přirozen|í genitals, pl, private parts **–ý** natural

příruč|í shop boy / assistant **–ka** handbook, manual **–ní** hand, vhodný do ruky handy, přenosný portable, jsoucí po ruce available, ready-for-use, o knize writing-desk, concise ♦ ~ *knihovna* reference library

přirůst < **–at** grow* on (*k* to), accrue

přírůstek addition, accession, do rodiny arrival; = *vzrůst*

přiřa|dit < **–ďovat** = *připojit*

při|říznout < **–řezávat** trim, sharpen

přiřknout award, soudně give* a p. the custody of (a child); přičíst attribute

přísada ingredient

přísah|a oath ♦ křivá ~ false oath, perjury; *složit* **-hu** take* an oath, one's oath; *vzít do* **-hy**, swear* in a p. **–at** > odpřisáhnout swear* (an oath) ♦ ~ *křivě* forswear*, perjure

přisá|t se < **–vat se** stick* (like a leech)

přised|at 1 v. *přisednout* **2** svědecky sit* on a t. **–ávat** v. *přisednout*

přísedící associate judge / justice, assessor

přised|nout < **–at, –ávat** take* one's seat (*k* beside a p., at a table); navíc nasednout get* in (to train)

přísežný... under oath, sworn ♦ **-ná** *výpověď,* **-né** *prohlášení* affidavit

při|schnout < **–sychat** dry up and get* stuck, stick* (*k, na* to)

přiskř|ípnout < **–ipovat** pinch, přen. koho turn on the heat, put* the heat / pressure on a p.

příslib promise

při|slíbit < **–slibovat** = *slíbit*

přislov|ce adverb **–ečný 1** k přísloví proverbial **2** k příslovce adverbial **–í** proverb

přisluhov|ač flunkey, brown-noser **–at** komu brown-nose / pander to a p.

přísluš|enství accessories, pl, facilities, pl, vybavení outfit, appurtenance(s), pl **–et** appertain, belong **–ník** member, státu national, am. citizen, brit. subject, strany (party) member, uniformovaný office, policajt policeman* **–nost** appurtenance, pertinence, relevance; kompetencí authorization, qualification; competence, domicile, státní appurtenance to a certain state **–ný 1** appurtenant, pertinent, logicky relevant; kompetencí authorized, schopný qualified **2** přímo tomu odpovídající respective **3** kam domiciled at / in

přísn|ost severity, strictness, austerity, stringency, rigidity, rigour **–ý** severe, strict, neoblomný stern, nic (si) nedopřávající austere, přinášející n. snášející tvrdost rigorous, nepřizpůsobitelný rigid

přisol|it < **–ovat** add (more) salt to a t., přen. aggravate a p.'s case

při|soudit –suzovat adjudge, adjudicate, jako odměnu, cenu award a v. *přičíst, připsat*

přispěch|at < **–ávat** komu na pomoc hurry to a p.'s assistance

při|spět < **–spívat** contribute ~ *na pomoc* give* / bring* a p. help / assistance, come* to a p.'s aid / rescue **–spěvatel** contributor, do novin correspondent

příspěvek contribution (*k, na* to), benefit, stálý peněžní allowance, spolkový apod. dues, pl

přispíšit si = *pospíšit si*

přispívat v. *přispět*

příst > **u–** spin*

přistá|t < **-vat** land (on ground, on water), let. též touch down (s havarii crash-land; měkce soft-land, tvrdě pancake) donutit k -ní ground; ~ hladce land smooth; místo k přistání landing site; nouzové -ní forced / emergency landing; ~ bez podvozku belly--landing, belly-flop

přístav port, přírodní harbour, ve jménech a přen. haven; zařízení obch. -u docks, pl

přistáva|cí landing (e.g. 1. strip = runway, 1. area) **-t** v. přistát

přístav|ba, -ek extension, budovy annex, hotelu dependence; jaz. apposition

přistav|ět < **-ovat** annex

přístaviště 1 port facilities, pl, wharf*, docks, pl **2** můstek landing stage

přistav|it < **-ovat** draw* a t. (near) (k to)

přístav|ní port, harbour (srov. přístav) ♦ ~ můstek landing stage

přistavovat v. přistavět a -vit

přistěhova|lec(ký) immigrant **-lectví** immigration **-t** < move / bring* in **-t se** (come* and) settle (down), do země immigrate

přístěnek recess, alcove

při|stoupit < **-stupovat 1** come* up to.... krokem step nearer; k approach a p. / t., step to a p., tackle a t., dát se do toho proceed to a t. **2** být svolný fall* in with a p. / t. **3** za člena accede, podpisem sign **4** adhere (to), se souhlasem agree (to) **5** do vozidla = přisednout

přístroj apparatus, instrument, device, zapojovaný appliance, fot. camera

přistroj|it < **-ovat 1** = ustrojit **2** = připravit

přístrojová deska instrument panel

přístřeší shelter

přistřih|nout < **-ovat** clip, trim, crop; dock (the tail), přen. omezit curtail

přístup 1 access, entrance, možnost vstupu admission, admittance **2** způsob účinného přiblížení approach (k to) **3** k úmluvě accession **-ný** accessible, get-at-able, open (to public etc.), snadno zpracovatelný easy; čemu amenable to a t.; čím lze disponovat available

přistupovat v. přistoupit

přísudek predicate

přísun supply, k zpracování feed

přisun|out < **-ovat** draw* / pull a t. up **-ovat** do stroje feed* a t. (into a machine); dodat supply

přisuzovat v. přisoudit

přisvědč|it < **-ovat** agree, assent, consent (to a t.), chime in

přisvoj|it si < **-ovat si** adopt, appropriate, majetek take* possession of a t.

přisychat v. přischnout

příšer|a spectre **-ný** ghastly

přiší|t < **-vat** sew* (on)

přiškvař|it < **-ovat 1** singe and thus fasten a t. to a t. **2** = připálit ~ **se** burn* on / stick to the bottom of the pan

přišpendlit v. špendlit

přišroubov|at < **-ávat** screw down (flat), screw a t. on / to a t.

příšt|ě next time **-í** following, next, nearest, budoucí future

příštipkářství patchwork

přít se dispute, argue, o co contest a t.

při|táhnout < **-tahovat 1** draw* / pull up, neviditelným působením attract **2** zvýšit úsilí buck up

přita|kat < **-kávat** = přisvědčit

přitažliv|ost (power of) attraction, zemská gravitation **-ý** attractive

přítel, -kyně friend

přítěž ballast, přen. deadweight, clog, encumbrance

přitěžovat v. přitížit

přitisk|nout < **-ovat 1** k čemu v. tisknout **2** více výtisků print more...

při|tížit < **-těžovat** aggravate ♦ nemocnému se -žilo the patient's condition has grown worse

přitlačit v. *tlačit*

přitlou|ci < **–kat** nail (down)

přítmí dusk

přítok 1 děj (in)-flow, přen. influx **2** toku tributary, feeder

přitom at the same time

přítomn|ost 1 koho / čeho kde presence, k úkonu attendance **2** doba present (time) **–ý** present (čemu, při at)

při|topit < **–tápět** heat a bit more, v kotli topení turn up the heating

přítrž učinit čemu stem, put* a stop / an end to a t.

přituh|nout < **–ovat** o hmotě become* tough(er), toughen a bit; přen. grow* (more and more) severe

přiťuk|nout si < **–ávat si** s kým clink glasses with a p.

přitulit v. *tulit*

přítulný snuggling, fawning, milující affectionate

přiuč|it < **–ovat 1** tutor a p. (in a t.), coach **2** = *naučit*

příušnice mumps

přivábit v. *vábit*

přivádět v. *přivést*

příval rush, bystřina torrent, spate, flush, deště downpour, přen. shower

při|vázat v. *vázat* **–vazovat** = *vázat*

přívažek makeweight ♦ **-kem**, přen. into the bargain

přivážet v. *přivézt*

přívěs trailer **–ek** pendant, locket, přens. appendage

přivě|sit < **–šovat** tag (on), hang* on, append

přívěs|ka tag **–ný** appended ♦ **~ vozík** trailer, *spací* caravan, *motocyklu* sidecar

při|vést < **–vádět** bring*, dojít pro fetch, vedením apod. convey, do stroje feed*, do tísně reduce ♦ **~ koho do dluhů** drive* a p. into debts; **~ koho do hrobu** send*(drive* a p. (in)to the grave; **~ koho do jiného stavu** get* a p. with child; **~ koho z míry** nonplus a p.; **~ koho na** mizinu reduce a p. to penury / beggary; **~ koho do neštěstí** bring* misfortune upon a p.; **~ co do pohybu** set* a t. in motion; **~ koho na (po)kraj čeho** bring* a p. on the brink of...; **~ koho do rozpaků** make* a p. ill at ease; **~ koho k rozumu** bring* a p. to his senses; **~ koho na svou stranu** win* / bring* a p. over; **~ koho do úzkých** get* a p. into a corner; **~ koho k zoufalství** drive* a p. to despair; **~ koho k životu** recall a p. to life, revive a p.

přivěšovat v. *přivěsit*

přívětivý affable, cheerful

při|vézt < **–vážet** deliver, drive*, let. fly*, lodí sail

přivin|out < **–ovat** hug, cuddle, press

přivírat v. *přivřít*

přivít|ání welcome **–at** v. *vítat*

přívlastek attribute

přivlast|nit si < **–ňovat si** = *přisvojit si*

přivlé|ct < **–knout, –kat** drag (up), haul (up)

přívod supply, a příslušné zařízení service pipe(s, pl) hlavní (vody) water mains, pl, el. svod mains, pl

přivo|dit < **–zovat** bring* about, cause; komu co inflict a t. upon a p.; **~ si** co contract a t.

přivol|at < **–ávat** call in, hail (a taxi)

přivol|it < **–ovat** = *svolit*

přivonět v. *vonět*

přívoz(ník) = *převoz(ník)*

přivozovat v. *přivodit*

přivrženec adherent, follower

při|vřít < **–vírat** half close a t., leave* (the door) ajar

přivst|at si < **–ávat si** get* up earlier than usual, přen., exp. steal* a march on a p.

přivyk|nout < **–at** = *zvyknout*

přizabít nearly kill **~ se** nearly get* killed

příze yarn

přízem|í brit. groundfloor; am. first floor; divadla brit. the stalls, am. parquet **–ní 1** u země ground **2** v přízemí groundfloor, am. first floor, o jednom podlaží one-storeyed **3** přen. uninspired

přízeň favour, goodwill

přízna|čný symptomatic, peculiar **–k** symptom, indication

přizn|ání 1 confession **2** k dani (tax) return **–at < –ávat 1** confess, prohlášením avow **2** poskytnout accord, grant, odměnou award **3** = *připustit* ♦ ~ *barvu* follow suit **–at se < –ávat se** confess, že je původcem own up (to a t.), před soudem plead guilty (*k* to), že je přívržencem profess a t. **–at si < –ávat si** admit, concede

příznivl|ec friend, sponsor, well-wisher, patron, supporter, backer **–ý** favourable

přizpůsob|it < –ovat adapt, accommodate, adjust, vzoru, pravidlu conform (*čemu* to a t.) **–it se < –ovat se** conform, assimilate **–ivý** adaptable, conformable

přízrak phantom, phantasm, spectre, wraith

přizv|at < –ávat ask a p. in, na pomoc ask a p.'s assistance

přízvu|čný accented, stressed **–k** accent, stress **–kovat** accent(uate)

přizvukovat komu = *přisvědčovat*

přiženit se marry into (a family)

přiživ|it se < –ovat se na čem take* advantage of a t. **–ovat se** na kom sponge on a p.

příživn|ictví sponging, parasitism **–ík** sponger, parasite

přiživovat se v. *přiživit se*

psát > napsat write*, na stroji type(write*), o skladateli compose; zaznamenat record, v kopané slang. shoot* ♦ ~ *pár řádků* drop / send* a few lines **~ se** pravopisně spell* **~ si 1** s kým be in correspondence with a p. **2** poznámky keep* a record of a t. **~ > sepsat** pen, draw* (up), word, couch, vystavit make* out **~ > zapsat** write* / put* down, do

knih enter, book; zachytit take* down

pseudonym pseudonym, spisovatele pen-name, assumed name

ps|í dog('s), bídný wretched ♦ ~ *bouda* kennel; *dělat ~ kusy* kick up a row; ~ *víno* Virginia creeper; ~ *zima* severe cold **–ina** legrace fun, laugh(s, pl), joke(s, pl) **–inec** kennel(s, pl) **–isko** cur

psotník infantile convulsions, pl

pstruh trout (sg i pl)

psychl|iatr psychiatrist **–olog** psychologist **–ologický** psychological **–ologie** psychology

pšenice wheat

pštros(í) ostrich

pt|actvo birds, pl **–áče** fledgling ♦ *ranní ~* early riser **–áček** little bird, o člověku (old) fox / bird **–ačí** bird's (*perspektiva* bird's-eye view) **–ák** bird

ptát se > o– n. zeptat se ask a p. a t., a p. (about) a t., inquire a t., after a t., po kom ask / inquire after / for a p.

publik|ovat publish **–um** public

puč putsch, coup **–ista** putschist

pučet > vy– spring*, bud, shoot, sprout

pud instinct

půda 1 prsť soil, zemina earth **2** povrch země ground **3** území soil, land, pozemky land(s, pl) **4** pozadí background **5** pod střechou loft ♦ *ztrácet -du pod nohama* lose* one's foothold

pudit impel, urge, drive*

pudl poodle

půdorys ground plan, am. plot

pudový instinctual

pud|r powder **–rovat > na–** powder **–rovátko** powder-puff **–řenka** powder-compact

puch stench

puchřet > z– rot, fall* to dust

puchýř (water-)blister

půjč|it < –ovat lend* a p. a t zálohově advance (a loan to a p.), advance a p. a sum, za poplatek hire, am. rent

–it si < –ovat si borrow (*koho* v. *paškál*) **–ka** loan ♦ ~ *za* oplátku a Roland for an Oliver, tit for tat **–ovna** lending office ♦ ~ *průmyslového zboží* industrial goods loan service **–ovní** lending

puk 1 na kalhotách crease **2** v hokeji puck

puk|lina crack **–nout < –at** burst*a v. *prasknout*

půl half* (a..., the..., ~ *třetího* two and a half) ♦ *na* ~ *cesty* halfway; ~ *druhého roku* eighteen months; *jít na* ~ go* Dutch / halves with a p.

pulec 1 zool. tadpole **2** little miss, young lady

půl|hodin(k)a half-hour **–it > rozhalve –ka** = *polovina* **–kruh** semicircle **–litr** half a litre, přibl. pint **–měsíc** crescent **–noc, noční** midnight

pulovr pullover

půlroční half-yearly, six months'

pulsar pulsar

pult counter, výčepní bar, pracovní desk

půltučný polygr. bold(-face)

pum|a 1 bomb **2** zvíře puma, coug(u)ar **–ový** bomb(ing)

pump|a pump, benzínová petrol station, hovor. pump, am. gas station, se samoobsluhou brit. self-service pump, filling / am. gas station **–ky** plusfours, pl **–nout** koho o co pump a p. for a t. **–ovat > na-** pump (up)

punc, –ovat hallmark

punč punch

punčoch|a stocking, let. drogue, sleeve, wind-sock ♦ *krepsilonové -y* stretch nylon stockings **–ochové** *kalhot(k)y* tights, pl. obch. pantie hose, sg i pl

punkce med. puncture

punt|ičkář hair-splitter **–ičkářský** punctilious, meticulous, hairsplitting **–ík** dot ♦ *na* ~ to a T

pupe|ční navel umbilical **–k** navel; břicho paunch

pupen(ec) bud **–ec,** pupínek pimple, odb. papula

puritán, –ský puritan

purpur(ový) purple, crimson

pus|a 1 ústa mouth* **2** polibek kiss, peck **–inka 1** = *pusa* **2** žena duck(ie) **3** cukroví meringue

působ|iště place / point of work **–it** work, operate, function, be operative / effective, act **–it > z-** make* (s inf. bez to), = *přivodit;* jako přímý podnět occasion, nutně necessitate, mít v zápětí entail, vyvolat raise, produce **–it > za–** na co, na koho affect a t. / p., přitažlivě appeal to a p.; ovlivnit influence a p.; dojmem impress a p. **–ivost** appeal, pádnost cogency, potency, forcefulness **–ivý** telling, pádný cogent; působící dojmem impressive, pro sílu, pronikavost forceful; získávající si sympatie apod. winning **–nost 1** activity, effect **2** oblast field, province, range

půst fast(ing)

pustina waste land, wilderness

pustit < pouštět 1 release one's hold / grip of a t., let* go / slip a t. / p. upustit drop **2** uvolnit release, let* loose, aby vyšlo let* out, aby vešlo let* in, propustit dismiss **3** uvést do chodu set* a t. going, otočením turn on **4** opustit abandon **5** barvu fade, lose* colour ♦ ~ *draka* fly* a kite; ~ *co z hlavy* put* a t. out of one's mind, banish a t.; ~ *koho z očí* lose* sight of a p.; *ne- k slovu* monopolize the conversation; ~ *na svobodu* set* a p. at liberty, set* free; ~ *čemu uzdu* unbridle, unleash; ~ *k vodě* přen. jilt, spurn, chuck (over) ~ *se < pouštět se* **1** čeho leave* / quit* hold of a t., = *pustit* něco **2** kam set* out **3** do čeho take* up, start, get* / go* to work on a t., enter upon a t., útočně attack a t. ♦ ~ *se cestou necestou* go* through thick and thin; ~ *se do diskuse* launch an argument:

~ *se s kým do vyjednávání* start negotiating / bargaining with a p.

pust|nout > z- become* desolate **-o** desolation **-ošit > z-** devastate, lay* a t. waste, zvl. přen. ravage **-ošivý** devastating **-ý** desolate, deserted, depopulated, empty, void neobdělávaný waste, pro neúrodnost desert, přen. zanedbaný neglected, wild

puška gun, rifle ♦ *strojní ~* machine gun, M.G. **-ř** gun-smith, rifle maker

půtka skirmish, brush, slovní altercation, squabble

putna tub, hod

putov|at wander, k svatému místu pilgrim(ize), go* on a pilgrimage, turisticky tour (a country) **-ní** travelling, mobile, soutěžní cena challenge

putyka (low) dive, beer joint, pub

putýnka (wooden) pail

půvab grace, charm, attraction **-ný** graceful, charming, attractive

původ origin, po předcích descent, extraction, parentage ♦ *brát, mít ~ v čem* originate in a t., spring* from a t., have origins in **-ce** originator, author **-ní** original, výchozí primary **-nost** originality

pýcha pride

pyj med. penis

pykat za něco suffer / smart / pay for a t., aby se odčinilo atone for a t.

pyl bot. pollen

pyramida pyramid

Pyrenej|e the Pyrenees **-ský** *poloostrov* the Iberian Peninsula

pyrotechni|cký pyrotechnical, voj. bomb-disposal **-k** pyrotechnist

pýřit se > za- blush

pysk lip

pyšn|it se be proud of, pride o.s. (up)on a t., take* pride / glory in a t., vytahovat se boast a t. **-ý 1** proud (*na* of) **2** okázalý showy, splendid

py|tel bag, podlouhlý a hrubý sack ♦ *jako ~ neštěstí* picture of de-

spair; *tma jako v -tli* pitch dark; *kupovat zajíce v -tli* buy* a pig in a poke **-tláctví** poaching **-tlák** poacher **-tlík 1** bag **2** váček pouch **-tlovina** sackcloth, sacking

pyžam|a, -o pyjamas pl **-ový** pyjama (jacket)

Q

quijotovský, **quijotský** quixotic

R

rabat discount

rabín rabbi **-ský** rabbinic(al)

rabovat > vy- loot, plunder, ransack

racek zool. (sea-)gull

racie raid (*na* on) = razie

racion|alismus rationalism **-alista** rationalist **-alizace** rationalization **-alizovat > z-** rationalize **-ální** rational

račí jako *rak* ♦ *~ chůze* crab's walk

ráčit 1 angl. v přistavené větě please (what, as, you please) **2** *račte* will / would you..., please? **3** (*ne*)*ráčíte* / (*ne*)*ráčíte?* don't you happen to inf **4** iron. deign, condescend to inf ♦ *co ráčíte?* what can I do for you?; *pit co hrdlo ráčí* drink* one's fill; *co srdce ráčí* everything one could want

rád 1 s jiným slovesem než *být, mít* like to inf, I like -ing (*rád čtu* I like to read = I am fond of reading o jídle (bez to) eat n. drink, *raději* like better to inf (than to inf) = prefer -ing (to -ing), *nejraději* like best to inf, *rád bych -l* I would like to inf, I feel* like -ing, *raději bych -l* I would rather / sooner / as soon inf, *nejraději bych* I would like best, *raději abych = měl bych* v. dále **2** ochotně willingly, readily, cheerfully, gladly (*Rád!* With pleasure!) **3** s imper. better / sooner inf bez to (e.g. better not go) **4** o potěšení I am glad / happy / delighted / pleased to inf, *rád bych* I am anxious / eager to inf **5** snadno like, will s inf, be apt to inf (ties will crease when uncared-for = ties are apt to crease), **být rád** be glad / happy / delighted / pleased, čemu be glad of a t. (*buď rád, že...* be thankful to inf = that...), **mít rád** like a t. (well), be fond of a t., druhého care for a p., silněji love a t., delight in a t., *mít raději* like a t. better than a t., prefer a t. to a t., *mít nejraději* like a t. best, *měl bych raději* I should prefer a t., s inf (*abych raději -l*) I had better / rather inf (*měl jsem raději tenkrát* I had better have -ed a- pod.), *nerad* záp. tvary sloves uvedených výše, nadto i dislike (*mít méně rád* dislike more), hate (hate more), citově loathe ♦ *rád nerad* willy nilly; *rádo se stalo* the pleasure is mine, don't mention it; *to rád slyším* that's good news; *to bych rád viděl* (to se mi nechce věřit) I should like to see

rada 1 dávaná advice, counsel (bez pl), nevnucující se suggestion, hint, podle předvídaného tip **2** shromáždění council **3** consultation **4** osoba councillor, councilman*, soudní counsel (sg i pl), správní executive, akciové polečnosti director ♦ *R. bezpečnosti* Security Council; *teď je dobrá ~ drahá* this is a pretty mess / pickle; *komu není -dy, tomu není pomoci* he won't take any advice; *podniková ~* employees' council; *poslechnout něčí -dy* take* / follow a p.'s advice; *správní ~* executive council, board of directors; *závodní ~* works council / committee

radar radar ♦ *zkoumat -em* scan

rádce counsellor

raději v. *rád*

radiátor radiator, k sálání radiant

radik|ál radical, hovor. ultra, am. all-outer **-alismus** radicalism **-ální** radical, průbojný forward, bezohledně drastic

rádio radio, wireless

radio|aktivita radioactivity **-aktivní** radioactive, hovor. hot ♦ *~ spad* fall-out **-amatér** radio amateur, ham **-aparát** wireless set **-gramofon** radiogram **-izotop** radioisotope **-logie** radiology **-lokace** radiolocation **-lokátor** radar operator **-technika** radio / wireless engineering

rádiov|ka beret **-ý 1** k *rádio* radio, wireless **2** k *rádium* radium ♦ *-á lampa* brit. radio valve, am. tube, odb. electronic (tube); *~ vysílač* transmitter

radit > **po-** advise (*komu v čem* a p. on a t.), přátelsky, autoritativně counsel a p., vzhledem k riziku warn (not to do = against -ing) ♦ *dejte / nechte si ~* take my advice **~ se** > **po-** s někým **1** consult a p. **2** v kolektivu deliberate, confer, consult together

rádium radium

rádius range, kruhu radius

radlice share

radn|í městský councillor, venkovský alderman* **-ice** town / am. city hall, municipality ♦ *je -o* it is advisable

rádoby- would-be, pseudo-

rad|ost joy, delight, pleasure ♦ *jedna ~* most delightful **-ostný** joyful, joyous, cheerfull ♦ *-ná událost v rodině* a happy birth **-ovánky** = *veselí* **-ovat se** > **za-** rejoice (a v. *mít radost*)

radši v. *rád*

rádža raja

rafin|ace refinement **-érie** (sugar) refinery **-ovaný 1** vytříbený refined **2** úskočný artful, cunning, crafty

ragbi|sta rugby-player **-y** (rugby) football, rugby, horse rugger

ragú ragout

ráhno yard **-ví** rigging

rachejtle 1 firework(s, pl) **2** nadávka old frump, hag

rachot rumble, rattle, clash, hromu roll, din **–ina** ramshackle affair, rumble-tumble **–it** > **za–** rumble, rattle, hrom roll, din

ráj paradise

raj|če tomato **–ka** bird of paradise **–ský 1** ... of paradise **2** k *rajče* tomato (*-ké jablíčko = rajče*)

rajtky riding breeches

rak crayfish, am. crawfish, mořský lobster, přen. crab, hvězd. Cancer ♦ *červený jako ~* as red as a lobster

raket|a 1 sport. racket / racquet **2** zápalná, rocket **–ový** rocket ♦ ~ *pohon* rocket propulsion, *na...* rocket-propelled / -powered; *-ová technika* rocketry; *-é vojsko* missile / rocket troops / units

rakev coffin (e.g. *zatlouct hřebík do rakve* drive a nail in one's c.), am. též casket

rákos reed(s, pl), španělský cane, bot. (bul)rush(es, pl) **–í** rushes, pl **–ka** cane, am. switch **–ový** cane, wickerwork

Rakousk|o Austria **r–ý** Austrian

rakovin|a cancer **–ný** cancerous

Rakuš|ák, –an Austrian

rám frame **–ař** (picture-)framer **–cový** skeleton, general **–ec 1** frame(-work) (*v -ci* within the framework of), obruba border **2** prostředí setting **3** možností scope

ram|enář double-dealer **–enatý** square-built **–enní** shoulder ♦ ~ *kost* humerus **–eno** shoulder; paže, stroje, vody arm, svícnu, vodního toku též branch, jeřábu jib, kružítka leg ♦ *dívat se na koho přes* ~ cold-shoulder a p.; *krčit -eny* shrug (one's shoulders); ~ *spravedlnosti* arm of the law **–ínko 1** little shoulder **2** maso shoulder **3** tech. arm, svítidla bracket **4** na šaty (cot-)hanger **5** prádla (shoulder-)strap (cf. a strapless dress)

rámov|at > **o–** n. **za–** frame (up), čím in a t. **–ý** frame

rampa ramp, platform; div. footlights, pl. hanl. gutter; kina stage; pobřežní wharf*; odpalovací launching site / pad

rampouch icicle

rámus racket, ruckus, row **–it** break* the peace, hovor. kick up a row

rá|na 1 úder stroke, otřesný shock, postihující blow, zásah hit, s tvrdým dopadem thump, pěstí punch, cuff, hromový clap **2** výstřel shot, discharge, pozdravný salute, ozývající se report **3** poranění wound, sečná cut, řezná gash, slash, bodná stab, thrust, jitřivá sore (zvl. open an old sore) ♦ *jednou -nou* with a blow, naráz at a blow; *přijit komu do -ny* come* a p.'s way; ~ *bičem* whip lash(ing); ~ *holí* stroke of the cane; ~ *pěstí* punch; ~ *do vody* waste of time; ~ *do zad* stab in the back; *zasadit komu -nu* deal* / strike* a p. a blow, psych. give* a p. a shock, zranit inflict a p. a wound

ranč ranch

randál regular bedlam, uproar, výtržnost shindy, slang. ructions, pl

rande hovor. appointment, zvl. am. date

ranec pack, bundle ♦ *tma jako v -ci* pitch dark

raník morning paper

ranit wound, přen. inflict a t. (up)on a p., a v. *poranit*

ranní morning ♦ *v časných hodinách -ch* in the small hours; ~ *ptáče dál doskáče* the early bird catches the worm; *ona je* ~ *ptáče* she is an early bird / riser

ráno morning, kdy in the m., *dnes* ~ this m., *včera* ~ yesterday m., *zítra* ~ tomorrow m., *časně* ~ in the m., *v neděli* ~ on Sunday m. ♦ *hned* ~ first thing in the morning

raný early, předčasně zrající precocious

rapidn|ě, –í very fast

rapír rapier

raport report, setniny (company) or-

ders, pl
rapsódie rhapsody
rar|ach imp, evil spirit **–ášek** dítě little rascal, hellion
rarita rarity
ras knacker, přen. sweater, brute
ras|a race **–ismus** raci(ali)sm **–ista**, **–istický** racist **–ový** racial (e.g. discrimination, africká apartheid)
rastr grid, televizní raster
rašelin|a turf, k topení peat **–iště** peat-bog
rašit > vy– bud, bás. burgeon
rašpl|e rasp; hanl. o ženě hag, old bag **–ovat** rasp
ratifik|ace ratification **–ovat** ratify
ratlík miniature dachshund
ratolest spray, sprig, twig, dítě offspring
ráz 1 povaha nature, celkový dojem impressions, celkový význam tenor **2** hud. tenor; taktu beat **–em** hned at once, náhle suddenly, all of a sudden; = *naráz*
raz|idlo die **–it 1** z kovu coin, přen. strike* **2** cestu make* / cut* a way through, thrust* one's way (*komu* the way for a p.) **–ie** policejní ~ bust, raid **–ítko** (rubber) stamp, práv. seal; otisk mark (*poštovní* ~ postmark) **–ítkovat > o–** rubber-stamp, mark
rázný energetic, go-ahead, peremptory, vigorous, čilý, svěží brisk, quick, smart
rázovitý typical, racy, o člověku odd, unusual
ráž(e) calibre ♦ *byl v -ži* he let himself go
ražba coinage, mince mint
rčení saying, idiom
rdít se > za– blush
rdousit > za– throttle, strangle
rea|gencie, –gens reagent **–govat** respond (*na* to), činností react (*na* to, (up)on) **–kce** response, reaction **–kcionář(ský), –kční** reactionary **–ktivace** reactivation **–ktivní** reactive **–ktor** pile, nuclear reactor, pokusný gleep

reálie, pl **realia**, pl, life and institutions
real|ismus realism **–ista** realist **–istický** realist **–ita 1** reality **2** pozemek real estate, realty **–itní** *kancelář* real estate agent's, am. realtor **–izace** realization **–izovat** realize
reálný real
rebarbora rhubarb
rebel rebel **–ie** rebellion
rébus picture-puzzle, rebus
recenz|e review, book-r. **–ent** reviewer **–ovat** review
recep|ce reception; v hotelu reception desk, lobby **–cionista** receptionist **–t** kuch. recipe, med. prescription **–tář** book of prescriptions **–tura** prescriptions, pl
recese practical jokes, pl
recidiv|a relapse **–ista** old lag, recidivist
recit|ace recitation, s hudbou recital **–átor** reciter **–ovat** recite
recyklace ekol. recycling ♦ ekol. ~ *tuhého odpadu* solid waste recycling
redak|ce 1 vydání edition, místnost editor's office, kolektiv the editors, pl, editorial staff board **2** nová úprava redaction **–ční** editorial **–tor** editor (*hlavní, vedoucí* e.-in-chief)
redigovat edit, prepare (for publication)
reduk|ce, –ční reduction ♦ ~ *dieta* slimming diet **–ovat** reduce
reelní fair (in one's dealings), reliable
reeskont rediscount
refer|át 1 account, hlášení report (*o* on) **2** oddělení, odbor department, office **–ent 1** referující reporter, řečník speaker **2** v čele odboru official in charge **–ovat** o čem review a t., zpravodajsky report a t., on a t., o oblasti cover a t.
reflektor searchlight, vozu headlamp, -light, div. floodlight, highlight

refle|ktovat na co claim a t., show* interest in a t. **–x** reflex **–xívní** reflexive

reform|a reform **–ace, –ační** reformation, **–ační** reformatory **–átor** reformer **–ismus** reformism **–ista** reformist **–ovat** > z– reform

refrén refrain, burden

refundovat reimbursc, refund

refýž safety island / zone, refuge

regál = police

regener|ace regeneration **–ovat** regenerate

region|alismus regional particularism **–alista** regional particularist **–ální** regional

registr|ace registration **–ační** (... of) registration **–atura** files, pl, filing deparment **–ovat** > za– register, záznamem place on record, do spisu apod. file, do seznamu osob enrol

regul|ace, –ační 1 regulation, k nastavení adjustment, do dráhy, řečiště canalization **2** cesta podél řeky towpath **–átor** regulator **–érní** regular **–ovat** > vy– n. z– regulate, adjust, canalize, srov. -ace

rehabilit|ace restoration to privileges / rights, reinstatement, rehabilitation **–ační** rehabilitative **–ovat** vindicate, reinstate, rehabilitate

rej whirl, taneční round

rejda roadstead, roads, pl, kotviště anchorage **–ř** ship-owner

rejdit gad / romp about

rejnok ray

rejstřík 1 index, register, list (of names), též trestní record **2** varhan register, stop

rekapitul|ace recap(itulation) **–ovat** recap(itulate)

reklam|a 1 souhr prostředků publicity, hovor. boost, plug, build-up, k náboru advertising, jednotlivá advertisement **2** firma sign ♦ masová ~ admass; dělat -u komu boost, build* up a p., čemu, am. sell* a t. **–ace** claim, complaint **–ační** claims, pl **–ní** advertising, public-

ity **–ovat** make* a complaint, chtít vrátit svému účelu reclaim

rekomando registered letter ♦ poslat (dopis) ~ have / get* (a letter) registered

rekonstru|kce 1 reconstruction **2** události re-enactment **–ovat** reconstruct, též zjistit původní stav; událost re-enact

rekonvalescen|ce convalescence **–t** convalescent

rekord, –ní record **–man** record holder / breaker

rekre|ace, –ační recreation, holiday ♦ poukaz na -aci holiday voucher **–ant** holiday-maker **–ovat se** have a recreation, z čeho recuperate from a t.

rekrut recruit **–ovat se** z... be drawn from...

rektor (vice-)chancellor, am. president, na pevnině rector **–át** chancellor's office

rekultivace reclamation, recultivation

rekv|írovat, –izice requisition **–izita** requisite; div. (stage-)properties, pl, hanl. props, pl **–izitář** propman*

rela|ce report, relation, vysílání transmission, broadcast(ing) **–tivní** relative

reliéf relievo*, relief

relikvie relic

rem|íza 1 nerozhodná hra, brit. draw, am. tie **2** = vozovna **–zovat** draw*

remorkér tug

rendlík (sauce)pan, s pokličkou stewpan

renesan|ce, –ční Renaissance

reneta brit. rennet, golding

renom|é prestige, reputation **–ovaný** prestigious, renowned

renov|ace repair (work), renovation **–ovat** repair, renovate

renta 1 annuity, irredeemable bond **2** apanáž allowance, settlement ♦ královská ~ brit.) Civil List **–bilní** profitable, paying

rentgen 1 X-ray apparatus **2** jednot-

ka roentgen **–olog** radiologist, X-ray specialist **–ovat > z–** X-ray - *ové paprsky* = X-rays
rentovat se pay* (off)
reorganiz|ace reorganization **–ovat** reorganize
reostat rheostat
repar|ace répáration(s, pl) **–át** resit, am. make-up
repertoár repertoire
repetice repeal
replika replica, práv. rejoinder
report|áž rozhlasová broadcast, transmission, talk rapportage, **–ér** reporter, rozhlasový (outside) commentator, rapporteur
represálie reprisals, pl
reprezent|ace representation, dignity **–ační** ceremonial, special, pro veřejné účely state, grant, výrazný exquisite **–ant** representative **–ativní 1** representative **2** co lze předvést presentable **–ovat** represent
repr|íza subsequent show / performance, v rozhlase repeat, filmu re-run **–izovat** re-run*, repeat
reproduk|ce 1 reproduction **2** dílo provedené tiskem print **–ovat** reproduce, copy ♦ *-ovaná hudba* record music, hovor. canned music **–tor** loudspeaker
reprografie reprography
reptat > za– grumble
republik|a republic **–ánský** republican
reputace repute, reputation
resort department, section
respekt respect, esteem **–ive** or... as the case may be; respectively klade se za výčet **–ovat** respect
rest arrears, pl, backlog
restaur|ace 1 restaurant, brit. café, tearoom, zájezdní road house*, samoobslužná self-service restaurant **2** renovation, restoration; re-establishment **–ování** restoration **–ační** *vůz* dining car **–ant** = **-ace 1 –atér** keeper of a restaurant, r.-keeper, restaurateur **2 –átor**

restorer, umělecký conservator **–ovat > z–** restore, uměleckou technikou conserve
restri|kce restriction, zpr. počtu zaměstnanců run-down **–ngovat** restrict
resum|é summary **–ovat** summarize, sum up
rešerše background research, exploration of facts, probing (into)
ret lip **–ný** labial
retranslační *stanice* relay station
retrospektiv|a retrospect **–ní** retrospective
retuš, –ovat > za– retouch, *-ovat,* přen. paper over the cracks, cover tip
réva vine, am. grapevine
revanš hovor. = *odveta, oplátka* **–ismus** revanchism **–ista, –istický** revanchist **–ovat se** komu za co return / repay* a p. a t., reciprocate
revers undertaking, declaration; úpis bond, obligation
revidovat > z– revise, účetně audit, kontrolou check
revír 1 honební shooting- / hunting-ground **2** důlní district **3** policejní constabulary's area, ward
reviz|e revision, účet. audit, check(ing of...), review, srov. *revidovat* **–or** účtů auditor, všeobecně inspector
revma|(tismus) rheumatism **–tický** rheumatic
revolt|a, –ovat revolt
revolu|ce revolution **–cionář, –ční** revolutionary revolver revolve, (hand-)gun
révov|í vines, pl **–ý** (... of) vine
revue 1 časopis review **2** varietní show (*lední ~* ice show), variety show
rez rust **–avět, –ivět** get* / grow* rusty **–avý, –ivý** rusty, od rzi rust-stained
rezeda reseda
rezerv|a reserva **–ace** přírodní i zajištění něčeho reservation, booking **–ista** reservist, reserve **–ní** reserve, spare ~ *nádrž* = **–oár**

reservoir, (storage) tank **–ovanost** reserve **–ovaný** reserved **–ovat (si)** reserve, záznamem book; vyčlenit pro budoucnost earmark
rezidence residence, seat
reziduum residue
rezign|ace resignation **–ovat** resign (na co, z čeho a t.)
rezolu|ce resolution **–tní** resolute
rezonlance resonance
rezon|ance resonance **–ovat 1** ozývat se resound **2** uvádět důvody reason, argue, hádavě dispute, wrangle
rež|ie 1 výroby n. provozu overhead(s), overhead charges / expenses, pl **2** hry, filmu production, am. a film. direction, státní monopol board **–ijní 1** overhead, cost **2** (... of) production, am. a film... . of direction ♦ ~ cena cost price **–im** régime **–írovat** produce, direct **–isér** brit. producer, am. a film. director
režný rye ♦ –ná nit pack-thread; -né plátno coarse cloth
rigol furrow, trench, silniční open drain, channel, gutter
rigorózní rigorous
ring (boxing) ring
risk|antní risky, hazardous **–ovat** risk a t., take* / run* the risk of a t., ne-ovat play sat'e
rival rival **–ita** rivalry
riziko risk, hazard, v podnikání (ad)venture
rmoutit > za– grieve, give* a p. pain ~ se > za– be troubled by a t.
rmut impurity; pivovar. mash
róba robe
robátko baby, infant
robot napodobenina člověka automaton, stroj robot **–a** corvée, statute labour, dřina drudgery, labour **–it** labour **–ník** dříč drudge
robusní robust
roč|enka year-book **–ní** yearly, annual, určitého roku year's **–ník** časopisu (a year's) volume, školní form, class, voj. class, vína vintage

rod 1 plemeno stock, v systému genus, kind, souhrn předků i potomků kin, v rodovém zřízení clan **2** rodina family, šlechtická house*, podle posloupnosti line(age) **3** společ. hodnota zrození birth, původ descent **4** pohlaví sex **5** jaz. gender, slovesný voice ♦ -em by birth / descent, odkud native of..., o provdané -né jméno maiden name **–ák** native (odkud of), = krajan **–ič** parent **–ička** woman* in childbed **–ičovský** parental, parents' ♦ -ké sdružení parent-teacher association **–ičovství** parenthood, jako schopnost parentcraft **–ilý** native, s tím narozený born **–ina** family **–inný** family, domácký home, domestic ♦ -né jméno first name (informal), surname; ~ přídavek family allowance; ~ příspěvek family bonus; -né svazky family ties **–iště** birthplace, native place / town etc. **–it > po–, z–** give* birth to a p. **–it** lie* in confinement, po-ila mu syna she had a son by him **–it > u–** yield crops, crop (heavily), bear* (fruit), půda yield, všeobecně produce **–it se > na–** be born (na-il se jí syn she had a son born) **–it se > u–** there was a rich crop of ... **–it se > z– 1 = na– 2** přen. arise*, originate, be born of a t. **–ný** native, vlastní one's own ♦ -né jméno ženy maiden name; ~ list certificate of birth; -ná řeč mother tongue, native tongue **–okmen** pedigree, family tree a v. rod **–ový 1** family, ancestral **2** jaz. of (the) gender
roh 1 výrůstek n. rohovina horn **2** kout / hrana corner, hrana edge **3** hud. horn, budge, corno (pl corni) **4** sport. corner (kop z -u c.-kick) **–atý** horny **–lík** croissant, am. crescent **–ovat** box **–ovina** horn **–ovka** cornea **–ovnický** boxing **–ovník** boxer **–ový** corner (e.g. house)
rohož(ka) mat
roj, –it se swarm

rok year ♦ ~ *co* ~ year in year out, every year; *Nový* ~ den New Year's Day; *přestupný* ~ leap year; *půl -u* six months; *tři čtvrti -u* nine months

rokenrol rock'n'roll

rokle gorge

rokoko rococo

rokovat > **po–** deliberate

rokový: *zpěvák* rock singer, rocker

roláda cukroví swiss roll; masová rolled meat

role 1 půda arable land **2** úloha part, role **3** svitek roll

roleta blind, am. shade, k uzávěru shutter

roln|ický farming, agricultural, peasant, rural **–ictví** farming, a-griculture **–ictvo** farmers, pl. peasantry **–ík** peasant, farmer

rolo shutter **–vat** letadlo taxi

rom|án novel, dobrodružný romance **–ánek** milostný love affair **–ano-pisec** novel-writer, novelist **–án-ský** romance, stav. Romanesque, v Anglii Norman **–antický** romantic **–antik** romanticist, snílek vision-ary **–antika** romance **–antismus** Romanticism, v literatuře romantic revival, období romantic period

ronit > **u–** shed* (tears)

rop|a (cride / rock) oil, am. petrole-um **–ovod** oil pipeline

ropucha toad

rorejs swift

ros|a dew **–ný** bod dew-point

rosol jelly **–ovitý** jellied, gelatinous

rostlin|a plant **–ný** vegetable, plant **–opis** botany **–stvo** vegetable k-ingdom, flora

rostlý 1 jak grown **2** připravený fit for a t.

rošt (fire) grate, na pečení masa grid-iron

rošťák lout, lay-about, yob(bo)

roště|ná, –nka pot roast, (entre-cote) sirloin

roští (thorny) shrubs, pl

rota company, troop, na pochodu col-umn

rota|ce rotation **–čka** rotary (press) **–ční** rotary

rotit se > **s–** riot, mob

rotmistr brit. regimental sergeant major, am. sergeant-major

rotunda rotunda

roub graft, kolík peg

roubík siry foll, do úst gag, sázecí dib-ble

roubovat > **na–** graft, přen. plant

rouh|ání blasphemy **–at se** blas-pheme **–avý** blasphemous

roucho vesture, přen. garb; kněžské vestment, mešní chasuble

rouno fleece

rour|a pipe, tube **–ovitý** tubular

rousat se = *plouhat se*

rouška pall, závoj veil, med. mask

rov|eň: *být na* ~ *čemu* be on a lev-el with a t. **–ina 1** geom. level, ge-om. a fyz., plocha plane **2** zeměp. plain, flat, nížina lowland **3** v soustavě level **–inný** geom. plane

rovn|at > **na– 1** k sobě stow, nakupit pile (up) **2** napřimovat straighten (up) **3** napravovat put* / set* right, rectify, do správné polohy right **–nat** > **s– 1** dát do pořádku put* in order **2** uspořádat arrange, podle druhů sort, a zařadit file **3** dát do roviny level, **–nat se** *zemí* raze to the ground, level to the ground **4** aby hladce probíhalo = **–at** > **u– 1** upravit adjust **2** spor settle, make* up, compose **3** zbavit hrbolků smooth (down), make* even **–at** > **vy– 1** do řady align, okázale display **2** = (s)-at **–at se** > **na– 1** kupit se pile (up) **2** přímit se straighten (up) **–at se** > **při–** compare **–at se** > **vy– 1** do plochy flatten, do řad right **2** s kým se vypořádávat come* to a settlement with a p. **3** dostižením come* / be up to a t. / p., stačit na match a t., be a match for a p. **–at se** být roven čemu, komu equal a t. / p., rovnováhou balance, v hodnosti rank with... **–něž...** as well, also, like-wise **–ice** equation **–ík** equator **–íkový** equatorial **–ítko** sign of equality **–oběžka, –oběžný** parallel (line) **–ocenný** equivalent ♦ *být -ným soupeřem* be a match (*komu* to a p.) **–odennost** equinox **–oměrný** even, equable; stejnoměrný uniform ♦ *-ně rozdělit, rozložit* share (out) equally, zvl. v čase stagger **–oprávnost** equal-(ity of) rights **–oprávný** having / with equal rights **–ost** equality **–ostář(ský)** egalitarian **–ostranný** equilateral **–ou** straight, hned right away; *-ou na* (*sever* apod.) due (north etc.) **–ováha** balance, equilibrium, poise **–ý 1** nezahnutý straight **2** vzpřímený upright **3** plynulý level **4** vodorovný level, tvořící rovinu plane, pozemní plain (e.g. on plain ground) **5** bez hrbolků even, o čísle full **6** stejný equal (*čemu* to, with a p.) ♦ *lidé jemu -í* his equals; *-ým dílem* equally, share and share alike; *není mu -no* he is peerless, matchless

rozanalyzovat v. *analyzovat*

rozbal|it < **–ovat** unwrap, unpack

rozběh start, běh run, těl. run up, první běh závodu heat ♦ *skok s -em* flying / running jump **–nout se** < **rozbíhat se 1** disperse, scatter **2** dát se do běhu begin* to run, start, uvolnit se run* loose, za čím run* after a t. **3** rozbíhat se na všechny strany spread*, nesouvisle straggle

rozbíhat se 1 čáry diverge **2** v. *rozběhnout se*

rozbíje|č, –cský fractionist **–čství** fractionism **–t** v. *rozbit*

rozbírat v. *rozebrat*

rozbí|t < **–jet** break*, otřesem shatter, ranou smash, dash, drtivě crush, med. fracture, přen.jednotu split* up ♦ *~ stan / tábor* pitch / put* up a tent, make a camp

rozblesk- = *rozbřesk-*

rozbor analysis (pl -ses)

roz|bořit (se) = *zbořit (se)* **–bourat** (break* / smash to pieces; v. též *strhnout*

rozbou|řit agitate, rozrušit disturb,

perturb, upset*; **–řený** stormy, tempestuous, turbulent, o moři rough, heavy **–řit se** start raging

rozbrázdit v. *brázdit*

rozbroj dissension

rozbrynd|at < **–ávat** spill* all over the place

rozbřed|lý slushy, přen. watery, sloh prolix **–nout** < become* slushy / watery

rozbřesk daybreak, dawn **–nout se** < **–ovat se** flash (up); den dawn; *-lo se mu* it dawned upon him

rozbujet se begin* to grow luxuriantly, grow* / be rampant / rank, spread* wide(ly)

rozbuška detonator

rozcestí parting / meeting of roads, crossroads

rozcitlivělý sentimental

rozcouraný straggling, rozvleklý lengthy, dragging, o čase wasted

rozcuch|at < **–ávat** ruffle, tousle **–aný** dishevelled, unkempt

rozvič|it < **–ovat** warm a p. up, get* a t. / p. into the swing (through exercise) **~ se** warm up **–ka** warming up

rozčarov|at < **–ávat** disenchant, disillusion

rozče|chrat, –pýřit, –řit v. *čechrat, čepýřit, čeřit*

roz|čilit < **–čilovat** agitate, upset*, excite, drive* a p. mad, fluster

roz|čilit se < **–čilovat se** get* excited, fly* into a rage, lose* one's temper

roz|článkovat, –členit, –čtvrtit v. *článkovat, členit, čtvrtit*

roz|dat < **–dávat 1** give* away / out **2** rozdělit distribute **3** karty, rány deal*

rozděl|at < **–ávat 1** undo* **2** rozmíchat mix, připravit make* (též *oheň* fire) **3** nedodělat leave* unfinished **–ění** division, distribution ♦ práv. *~majetku při úmrtí* devolution of property on death

rozděl|it (se) v. *dělit (se)* **–ovací** (...

of) division ♦ ~ *znaménko* mark of d. **–ovat** = *dělit* **–ovna** distribution centre, léků dispensary

rozdíl difference, odchylka divergence, jemný u podobného distinction; co schází deficiency, co zůstává margin, v urč. mezích variation (e.g. of temperature) ♦ *dělat* ~ make* a distinction, distinguish; *na* ~ *od* in contradistinction to; *bez -u* indiscriminately, without exception; *v tom je velký* ~ it makes* a great difference **–et** = *rozdělovat* **–nost** = *rozdíl* **–ný** different (*od* from), = *odlišný*

rozdírat v. *rozedřít*

rozdmych|at < **–ávat**, **–ovat** fan, blow* up, přen. též foment

rozdovádět send* a p. jumping / skipping, rozveselit exhilarate

roz|drásat, **–dráždit**, **–drobit**, **–drolit**, **–drtit** v. *drásat, dráždit, drobit, drolit, drtit*

rozdup|at < **–ávat** trample down, tread* / crush underfoot

rozdvoj|it < **–ovat** disunite, disjoin, separate, disconnect, znepřátelit set*... at variance **–it se** < **–ovat se** fork (out) ♦ *-ená osobnost* split personality

roz|ebrat < **–ebírat 1** dismantle, take* to pieces, demontovat strip down, tak zrušit knock down **2** rozdělit mezi sebou divide (between them) **3** provést rozbor analyze, v diskusi discuss **4** koho, promluvit mu do duše dissect a p. ♦ *být -rán* kniha be out of print (O.P.), be sold out

rozedma emphysema

rozední|t se < **–vat se** day is breaking, it is dawning, its getting light

rozedrat v. *drát*

roz|edřít < **–dírat** wear* (away), trháním tear* a v. *drát*

roz|ehnat < **–hánět** dispel, disperse, scatter, break* up

roz|ehnat se < **–hánět se 1** k běhu start (running) **2** rozmáchnout se swing* (*čím* a t.)

roze|hřát < **–hřívat 1** warm up **2** rozpustit melt **–hřát se** < **–hřívat se** též citově warm *up* (*pro koho* warm to a p.); roztavit se melt

rozechv|ění excitement, agitation

rozechv|ěný excited, (over)agitated **–ět** < **–ívat 1** make* a t. sway / vibrate **2** vzrušit excite, agitate, rouse, upset*, znervóznit flurry, dojmout move, v napětí thrill

roz|ejít se < **–cházet se 1** separate, part (*s kým* with a p.), na všechny strany disperse, scatter, spread* **2** zrušit součinnost break* (up) s kým with a p., split* (up) **3** odchýlit se diverge, v nesouhlasu divide (*v čem* upon a t.) **4** rozšířit se spread* **5** přestat se shodovat (come* to) differ

rozeklaný forked, v obrysu ragged, jagged, rugged

roz|említ < **–mílat** grind* (small), na prach powder **–emnout** rub (to powder)

rozený = *rodilý*, již tak narozený born, o ženě *-ná* (před jménem) maiden

roz|epnout < **–pínat 1** co je na knoflíky, na háčky, na špendlík, na přezku apod. unbutton, unhook, unbuckle, unpin etc. všeobecně undo* **2** křídla spread* wings **3** zvětšit objem expand **–epnout se** < **–pínat se 1** come* unfastened, unbuttoned etc. **2** do plochy spread* **3** objemově expand

rozepře dispute, hádka quarrel

roz|epsat < **–pisovat 1** podrobně specify, break* down **2** nezkráceně write* out / in full **3** podřídit přepisy transcribe, na víc kusů multiply **4** nedopsat leave* a t. unfinished, (only) half written

rozerv|aný unbalanced, chaotic, rent **–at** < **–ávat** rend* (to pieces)

rozeschlý cracked, a tekoucí leaky

roze|slat < **–sílat** send* away, co komu send* a t. to illl. . , odborně distribute

rozesmá|t < **–vat** koho make* a p. laughh, set* a p. laughing; **–t se**

burst* out laughing

rozespalý drowsy

rozestav|it < **–ovat** arrange around, židle set* out (chairs here and there) **–it se** < **–ovat se** post / station o.s., take* one's stations

roze|stlat < **–stýlat** make* the bed, strew*

roze|stoupit se < **–stupovat se** (break*) open, burst* open, stand* apart, a udělat cestu make* way, rozevřít se open, be rent, též přen. be split

roze|střít < **–stírat** spread* (out), strew*, přen. Unfold

rozestupovat se v. *rozestlat*

rozeštv|at < **–ávat** set*... at variance, set* (persons) against each other

rozetřít < **roztírat** rub a t. to powder, pulverize, po čem spread* / rub a t. on / over a t.

rozevlátý fluttering, slob flamboyant

roz|evřít < **–vírat** open, spread* (out), sevření unclench **–evřít se** < **–vírat se** open (wide)

rozezlený angry, cross, enraged, exasperated

rozezn|at < **–ávat** distinguish, hovor. tell* (A from B), dobře vidět discern, descry, správně určit determine **–atelný** distinguishable **–ávat se** be distinguished, differ

roze|znít, –zvučet < make* a t. ring

roze|žrat < **–žírat** eat* (away), chem. corrode

rozfouk|nout, –at, –ávat blow* away / out, oheň blow* up

rozhal|enka open-neck(ed) shirt **–it** < **–ovat** draw* apart, fold open, a tak odhalit lay* a t. bare / open

rozhánět v. *rozehnat*

rozháraný ruffled, unbalanced, disorderly

roz|házet 1 vyvést z míry get* a p.'s anger up, nettle a p., přátele split* A and B, set* A against B **2** srov. *rozhodit* **–hazovat** v. *rozhodit* a =

utrácet, hýřit

rozhlas wireless, (sound) radio, vysílání broadcast(ing); **-em** over the radio, on the air, on the wireless ♦ *místní* hl. *nádražní ~* annunciator; obs. *~ po drátě* cable piped radio

roz|hlásit < **–hlašovat** divulge, broadcast, announce publicly, proclaim

rozhlasový jako *rozhlas* ♦ *-vá hra* radio play; *-vá univerzita* open university; *~ vůz* radio car / van

rozhl|ed 1 view (*na, po* of), outlook, range / scope of vision; scope of knowledge **2** úsudek judgement **–edna** look-out tower **–édnout se** < **–ížet se 1** (take* a) look round / about **2** po čem, hledat to look for a t., prohlížet si to scan a t.

rozhněvat se = *rozlobit se*

rozhodčí 1 (... of) arbitration **2** arbitrator **3** sport. referee, umpire

roz|hodit, –házet < **–hazovat 1** scatter, při rozdílení deal* (out), na všechny strany throw* away, na složky throw* a t. **2** otevřít throw* a t. open, rukama throw* up one's arms, rozhazovat rukama gesticulate

rozhod|ně decidedly, definitely, no doubt, ano certainly, by all means ♦ *~ ne* un no account **–nost** determination, resolution, resolve **–nout** < **–ovat** decide, determine, soudně adjudicate, adjudge, decree, na pevno resolve, úředně rule **–nout se** < **–ovat se 1** make* up one's mind, decide, pevně resolve, dojit k závěru draw* a conclusion **2** vybrat si choose* (*pro* a t., *mezi* between) **–nutí** decision, soudní decree, (pre)determination, adjudication, pevné resolution, úř. ruling **–ný 1** přesvědčující conclusive, decisive **2** kategorický peremptory, znající svůj cíl determined, odhodlaný resolute, resolved **3** konečný final **4** pevný firm, pevně rozhodnutý decided **5** určitý definite ♦ -*ný bod* crucial point

rozhoj|nit < **–ňovat** amplify, augment, multiply

rozhorl|it < **–ovat** fire, inflame; ~ **se** become* inflamed

rozhořč|it < **–ovat** exasperate, otrávit annoy, pobouřit rouse to anger embitter; **–ený** též indignant, bitter **–ení** též indignation

rozhoř|et se < **–ívat se** begin* to burn (properly)

rozho|stit se < **–šťovat se** set* in, settle

rozhovor talk, conversation, zjišťující interview, dvou dialogue, vytříbený discourse

rozhoup|at < **–ávat** give* a t. a push, swing* ~ **se** get* swinging (properly), get* going on a t.

roz|hrábnout < **–hrabovat** rake up

rozhraní boundary(-line), časové turn(ing point)

rozhrn|out < **–ovat** push apart / aside

rozhřeš|ení absolution **–it** absolve a p. (of a t.)

roz|cházet se 1 neshodovat se differ, disagree, be at variance **2** v. *rozejít se* **–chod 1** separation, parting, s přerušením styku break, ukončením činnosti winding up **2** kol(eji) gauge **–chodit** boty break* in, bolest walk off, roznést na nohou carry about (on one's legs) **na –chodnou** farewell (e.g. a f. party, cf. a stirrup cup)

rozinka v. *hrozinka*

rozjař|it < **–ovat** fire, make* merry, exhilarate; *být -ený* be in high spirits, be elated

rozjas|nit (se) < **–ňovat (se)** clear up, vesele cheer up

roz|jet < **–jíždět 1** start, set* a t. in motion **2** přejet run* over, crush **–jet se** < **–jíždět se 1** start, get* going **2** na všechny strany drive* / ride* all over (the place), disperse **3** hovor. dát se do toho set* to **–jezd** start, letadla take-off **–jezdový** starting ♦ -*vá dráha* run-

way, na lodi flight deck

rozjímat contemplate, meditate

rozjitřit v. *jitřit*

rozjíždět (se) v. *rozjet (se)*

roz|kaz order, command, nejvyššího mandate, úč. writ ♦ *denní* ~ order of the day; *zatýkací* ~ warrant (for arrest) (*vydat* ~ draw* up a w.) **–kázat** < **–kazovat** order (him to bring it, it to be brought), velitelsky command **–kazovací** imperative

rozkl|ad 1 fyz., chem., mat. analysis (pl -ses), samo od sebe resolution, na nižší složky breakdown, zrušením spojů dissociation, decomposition, disintegration **2** hnilobný: a přen. decay **3** rozbor vad representation, protestní remonstrance **–ádací** folding ♦ ~ *křeslo* collapsible couch; ~ *stůl* pull-out table **–ádat** v. *rozložit* ~ *rukama* gesticulate **–ádat se 1** kde be situated, extend, unfold o.s., do šíře open out **2** hnilobně rot, go* bad, též přen. o úpadku decay **–adný** destructive, ... of decay

rozklasifikovat v. *klasifikovat*

rozklenout (se) span, arch

rozklep|at, –ávat knock a t. flat, flatten out **–nout** < **–ávat** rozbít break*

rozklov|nout, –at, –ávat peck a t. to bits, aby se otevřelo peck a t. open

rozkmotř|it < **–ovat** make* mischief, sow* discord between

rozkol split, rupture, division, círk. schism

rokolís|anec mugwump **–at** < **–ávat** shake*

rozkoš delight, vášnivá passion, plná chtíče lust **–nický** voluptuous, smyslný lascivious **–ný** delightful, delicious, jemný dainty, co nelze nemít rád lovely

rozkouskov|at < **–ávat** dismember, odb. dissect

rozkačovat se v. *rozkročit se*

rozkrá|st < **–ádat** pilfer

roz|kročit se < –kračovat se straddle –krok crotch, crutch

rozkřesat v. křesat

rozkři|čet < –kovat uvést do řečí bring* a p. into disrepute –knout: -klo se o něm there came a rumour about him –knout se < –kovat se 1 call / cry out, start bawling 2 na koho shout at a p.

rozkuch|at, –ávat dissect, stroj canibalize

rozkutálet se roll away

rozkv|ést < –état come* into blossom / flower –ět bloom, přen. též prime –etlý... in bloom / blosom

rozla|dění ill-humour, vůči někomu illfeeling, nechuť resentment –děný 1 ill-humoured 2 nástroj... out of tune –dit < –ďovat put* a t. out of tune, koho spoil a p.'s mood

roz|lámat < –lamovat break*

roz|lehlý extensive, prostorný spacious –lehnout se < –léhat se resound, ring*

rozlep|it < –ovat unstick*, otevřít open

roz|leptat v. leptat –leptávat = leptat

rozlet flight, přen. = rozmach

roz|letět se < –létat se, –letovat se 1 disperse, scatter, fly* away, prasknutím burst*, prudce se otevřít fly* open 2 dát se v let fly* off, start (flying), o zprávě spread*

roz|lézt se < –lézat se spread*, crawl away, to all parts

rozležet se 1 = uležet se 2 v mysli change one's mind

rozličný = rozmanitý

rozliš|it v. lišit a odlišit –ovat = lišit, odlišovat, rozeznávat

roz|lít < –lévat spill*, spread*, postupně diffuse, jednotlivě nalít pour out ♦ ~ si u koho ocet get* into a p.'s bad books –lít se < –lévat se spread* (po all over), ze břehů apod. overflow (z a t.), zaplavit inundate (po a t.)

rozlítit se fly* / get* into a rage

rozloha extent, area

roz|lomit < –lamovat break*

rozlosovat arrange / decide by casting lots

rozlouč|ená = rozchodná –it < rozlučovat disjoin, dissociate, oddělením separate, manželství divorce –it se v. loučit se

rozloup|nout < –ávat break*

rozlousknout v. louskat

roz|ložit < –kládat 1 spread*, lay* out 2 aby bylo vidět display 3 na jednotlivá stanoviště post, pace 4 array, rovnoměrně spread*, ubytovat billet (soldiers on a town etc.) 5 rozevřít (lay*) open, unfold, extend 6 o rozkladu analyse, break* (down), resolve, dissociate, decompose, disintegrate, scan, split* (up) srov. rozklad –ložit se < –kládat se 1 spread* out, pohodlně sit* / lie* down comfortably, táborem encamp 2 na kousky go* to pieces, o rozkladu decay, decompose –ložit si < –kládat si něco v hlavě think* a t. over

rozložitý strom wide-branched, člověk square-built

rozluč|ovat v. rozloučit –ka 1 separation, manželství divorce 2 farewell party

rozlupovat = rozloupávat

rozluštit v. luštit

rozmáčet v. rozmočit

rozmačk|at, –nout v. mačkat

roz|mach 1 swing, sway 2 rozkvět upsurge, boom, do šíře expansion –máchnout se swing* one's arm, sway

rozmanit|ost variety, diversity –ý various, varied, diversed

rozmar humour, vagary, = vrtoch –ný humorous, = vrtošivý

rozmařil|ec profligate –ost profligacy –ý profligate

rozmaz|at < –ávat 1 = rozetřít 2 až je nejasný blur 3 řečmi bring* out

rozmazl|it < –ovat pamper; rozmazlené dítě pampered child

rozměl|nit < –ňovat crush, mast,

pulverize

rozměnit v. *měnit*

rozmě|r dimension, proportion, (pl *-ry*) size, urč. míra measurement, bás. metre **-rný** bulky, capacious **-řit** < **-řovat** measure out

rozmet|at < **-ávat** sweep*, scatter to all parts, spread*, distribute, sazbu break* up, zrušit ji pi(e)

rozmezí 1 divide, = *rozhraní* **2** časové space (of time)

rozmílat v. *rozemlít*

rozmísit mix (thoroughly), hnětením knead (thoroughly)

rozmís|tit < **-ťovat** space out, locate, deploy

rozml|ouvat converse, talk, discourse on a t. **-uva** = *rozhovor* **-uvit** < **-ouvat** komu co talk a p. out of a t., dissuade a p. from a t.

rozmnož|it < **-ovat 1** v. *množit* **2** increase, augment, listinu duplicate, násobením multiply, strojem mimeograph **-ovací 1** biol. (... of) reproduction **2** tech. duplicating **-ovač** přístroj duplicator

roz|moci se < **-máhat se** gain ground, advance, spread* **-močit** < **-máčet** soak, soften by steeping, macerate

rozmontov|at < **-ávat** = *rozebrat*

rozmot|at < **-ávat** disentangle, unravel, untwist

rozmraz|it < **-ovat** de-ice, defrost, de-freeze* **-ovač** defroster

rozmrzávat v. *rozmrznout*

rozmrzel|ost annoyance, resentment **-ý** annoyed, vexed

rozmysl forethought, deliberation **-it (si)** < **rozmýšlet (si)** think* over a t., reflect upon a t. **-it se** < **rozmýšlet se 1** change one's mind, a nechat toho know* better **2** znovu uvažovat reconsider a t. **-ný** considered, discreet, deliberate, prudent, judicious

rozmyšlená: *čas, lhůta na -nou* time for reflection

rozmýšlet (si, se) v. *rozmyslit (si, se)*

roz|našeč distributor, roundsman* **-nášet** v. *roznést* **-náška** delivery, distribution

rozněcovat v. *roznítit*

roznemoci se < fall* / be taken ill

roz|nést < **-nášet** carry all over the place, rozkrást pilfer; distribute; rozšířit spread*, hovor. koho v pomluvách vilify a p.

roz|nítit < **-něcovat** make* blaze, inflame, fire, kindle

roznož|it < **-ovat** straddle, stand* astride **-ka** straddle vault

rozoh|nit < **-ňovat** fire

rozor|at < **-ávat** plough (away)

rozpačit|ost puzzlement, bewilderment, perplexity **-ý** puzzled, bewildered, perplexed

rozpad decompositon, i fyz. disintegration, fyz. decay, neudržováním disrepair, že se drobí dilapidation **-at se na...** go* (come*) / break* / fall* to pieces, fall* into desrepair **-nout se** < **-(áv)at se** come* apart, decompose, disintegrate, decay, dilapidate, srov. *rozpad;* a spadnout fall* down, tumble down / apart; rozštěpením split*, rozdrobením crumble

rozpak|ovat < **-ovávat** hovor. = *rozbalit* **-ovat se** = *být na rozpacích* **-y** = *rozpačitost* ♦ *bez -ů, bez váhání* without hesitation, *být v rozpacích* be at a loss, be puzzled, *nebýt v rozpacích a...* not to hesitate / scruple to inf: *přivést koho do -ů* embarrass, puzzle a p.

roz|pálit < **-palovat** heat (up), koho, též fluster; = *rozohnit, roznítit*

roz|párat, rozparcelovat v. *párat, parcelovat* **-parek** slit, slash

rozpaž|it < **-ovat** raise arms sideways

rozpěr|a spacer **-ný** stretching, spacing

rozpětí span, objemově compass, platové bracket, obch. margin, mark-up

rozpín|at (se) v. *rozepnout (se)* **-vý** expansive

rozpis breakdown, specification **-ovat** v. *rozepsat*

rozpitvat v. *pitvat*

rozplác|nout, -at, -ávat flatten (out) **-nout se** fall* flat

rozplak|at, -ávat make* a p. weep* **-at se** burst* into tears

rozplánov|at, -ávat plan in detail

roz|plynout se < -plývat se dissolve, melt (away), dwindle / pass away **-plývat se** nad čím rave about a t.

rozpoč|et budget ♦ *udělat komu čáru přes* ~ upset* a p.'s plans **-tový** budget(ary)

rozpoj|it < -ovat disconnect, disjoin, vagóny uncouple

rozpoložení disposition, frame of mind

rozpol|tit < -covat cleave*, split*, halve

rozpo|menout se < -mínat se recall, call to mind, recollect; be reminded (*na co* of a t.)

rozpor variance, clash, nesoulad discrepancy, inconsistency; vnitřní antagonism ♦ *v -u s něčím* at variance / out of keeping with a t.

rozpouštět v. *rozpustit*

rozpout|at < -ávat let* a t. loose, na řetězu unchain, jako smečku unleash, spustit launch (e.g. a campaign) **-at se < -ávat se** come* loose, začít start

rozpozn|at < -ávat = *rozeznat*

rozpracov|at < -ávat leave* a t. (only) half done, leave* a t. unfinished

rozpraskat v. *praskat*

roz|prášit < -prašovat disperse, spray, nepřítele rout **-prašovač** sprayer

rozpr|ava debate, neformální discussion, pojednání treatise, dissertation (on) **-ávět** debate, discuss (*o čem* a t.) **-ávka** chat, talk

rozprchnout se = *rozběhnout se, rozptýlit se*

rozprod|at < -ávat sell* out **-ej** clearance sale

rozpro|stírat se = *prostírat se* **-střít** = *prostřít*

rozproudit agitate, stir up, vyvolat arouse ~ **se** start (moving, flowing...)

rozpřádat v. *rozpříst*

roz|přáhnout < -přahovat spread* out

roz|příst < -přádat 1 dát se do enter into (conversation etc.) **2** rozplést unspin* **3** rozprostřít spread*, spin*

roz|ptyl dispersion, scatter **-ptýlit < -ptylovat 1** disperse, dispel, světlo diffuse, zábavou distract a v. *rozehnat* **2** = *rozehnat* **-ptýlit se < -ptylovat se** disperse, scatter, diffuse; zábavou divert, distract

rozpuk bud(ding), peen. v. *rozkvět* **-nout se** = *puknout*

roz|půlit < -pulovat = *půlit*

rozpustilý naughty, wanton

roz|pustit < -pouštět 1 dissolve, zrušit wind* up, armádu disband, spolek apod. bread* up **2** uvolnit loose(n), let* loose **-pustný** soluble, dissolvable

rozradost|nit < -ňovat cheer (up)

roz|razit < -rážet make* one's way (*co into* / through a t.), rozbít dash to pieces, smash, split*, = *rozprášit* **-razit se < -rážet se** break*

rozruch excitement, sensation, fuss, agitation, stir, hovor. flap

rozrůst < -at se grow* over, spread* (widely)

rozruš|it < -ovat break* up, disrupt, destroy, unsettle, agitate, upset*; koho perturb; stir

rozrůz|nit < -ňovat = *odlišit*

roz|ředit, -řešit v. *ředit, řešit*

roz|říznout, -řezat < -řezávat s-lit*, cut* open (*knihu* cut*)

rozsah extent, dosah range, compass, meze možností scope; objem, také zvukový volume

rozsáhlý extensive, bohatý ample

rozsáp|at < -ávat worry to death,

lacerate

rozsedlina gulf, cleft, fissure

rozsek|nout, -at < -ávat jako *rozříznout*

roz|sít < -sévat desseminate, s-catter, zasít SOW*

roz|soudit < -suzovat settle a quarrel between, arbitrate, pass judgment on..., jako rozhodčí umpire

rozskřípaný scratchy

rozstonat se = *roznemoci se*

roz|stříhnout, -stříhat < -stříhovat jako *rozříznout*

roz|stříknout < -stříkovat splash, sprinkle, jemně spray, dot

rozsu|dek judgment (at law), trestní sentence, výrok o vině verdict **-zovat** v. *rozsoudit*

roz|svítit < -svěcet, -svěcovat light (up), make* light, vypínačem turn; switch / put* on (the light); *bylo -ceno* the lights were on **-svítit se < -svěcovat se** light* up, come* / flash on

rozsyp|at < -ávat 1 scatter, nevědomky spill*; pytel apod. empty **2** co stálo = *rozbořit* **-at se < -ávat se 1** scatter, be spilt, be upset **2** zbořit se tumble down **3** disintegrate, decay

rozšafn|ost prudence **-ý** prudent, discreet

roz|šířit < -šiřovat 1 extend, expand, plošně broaden, takže má vzdálenější meze widen, tech. dilate **2** zvětšit enlarge, increase **3** rozptýlením diffuse, spread*, myšlenku put* about, propagate, utajené divulge **4** aby se každému dostalo jeho distribute, aby obíhalo circulate **-šířit se < -šiřovat se 1** expand atd. v. *rozšířit* **2** zvětšit se be enlarged, increase **3** rozptýlit se spread* a srov. *šířit se*

rozškatulkovat v.*škalulkovat*

rozšklebený grinning

rozškrt|nout < -ávat strike (a match)

rozšlap|at < -ávat trample down / underfoot

rozšroubov|at < -ávat unscrew

roz|štěp rift, slit, cleft; taneční the splits, pl ♦ ~ *patra* cleft palate **-štěpit, -štípnout** v. *štěpit* a *štípat*

roztáčet (se) v. *roztočit (se)*

roz|táhnout (se) < -tahovat (se) 1 = *rozšířit (se)*, tech. distend **2** stretch

roztápět v. *roztopit*

roz|tát, -tavit v. *tát, tavit*

roztažitelný (ex)tensible, expansible

rozté|ci se < -kat se flow away, pour out, disperse, přen. též be diffused **-kaný** distrait, absentminded

roztí(na)t = *rozse|knout, -kávat*

roztlou|ci < -kat = *rozbít*

roz|točit < -táčet 1 spin*, send* / set* a t. spinning / turning / flying / going **2** rozvinout unfold, unwind **3** spustit turn on, start, klikou crack **-točit < -táčet se 1** begin* to turn (round), get* into the pace **2** rozvinout se come* unfolded

roztok solution

roztomilý lovely, amiable, adorable, hovor. sweet, am. cute

roz|topit < -tápět heat up

roztoužený wistful, milostivě lovesick

roztrh|at (se), -nout (se) v. *trhat (se)*, *rvát > porvat se* ♦ *je na -ání* he is in demand on all sides; *pracuje do -ání (těla)* he works like a horse

roztrou|sit v. *trousit* ♦ *být -šený po...* straggle about...

roztrpč|it < -ovat vex silnější v. *rozhořčit*

roztržit|ost absence of mind, absentmindedness, preoccupation **-ý** absent-minded, preoccupied, těkavý wool-gathering, scatterbrained

roztržka rift, split, rupture

roz|třepit, -třídit, -třískat, -tříštit v. *třepit, třídit, třískat, tříštit*

rozum 1 reason, intellect; jednotlivec

intelligence, schopnost zobecňovat understanding, samostatně uvažovat brain(s, pl), head, praktický sense (*zdravý* ~ common s., good s.) **2** hovor. = *názor* **3** duševní zdraví sanity ♦ (*ne*)*být při -u* be out of / in one's right mind; *být s -em u konce* be at one's wit's end; *to dá* ~ it stands to reason; *dostat* ~ **1** věkem arrive at the age of discretion **2** po nerozumnosti become* sensible; *jde mu to na* ~ it affects his senses; *mít* ~ be sensible, have sense; *nech si své -y* keep your wisdom; *nejde mi to na* ~ it is beyond me; *člověku zůstává ~ stát* it beats one; *přivést koho k -u* bring a p. to his / her senses; *to je ale* ~ what a silly idea; *vzít* ~ *do hrsti* collect one's thoughts; **-a, -brada** wiseacre **-ář** brooder, rationalist **-ět 1** understand*, vyznat se v tom know* about a t. / how to do a t., být v tom zběhlý be well up / versed in a t., be conversant / acquainted with a t. **2** vyrozumívat z čeho understand* / gather from a t. **3** čemu jak regard a t. as... **4** čím co understand* / mean* a t. by a t., imply a t. in a t. (*tím se -í* this means, stands for... , is meant as ...) **-ět > po– 1** chápat understand*, protože je to jasné see*, protože poznal, naučil se know*; postihnout catch* **2** umět se vyrovnat take* (zvl. a joke) **-ět se** be understood by a t., jako zahrnuté be implied in... ♦ **-í se** (*samo sebou*) it stands to reason, it goes without saying; *to se -í* naturally, of course, no fear, rather **-ět si > po–** understand* one another, sám sobě understand* one's (own) self; s kým get* on well with a p. **-ný 1** reasonable, rational, intelligent, (v) jednání sensible, practical **2** zjevně správný plausible **3** příčetný sane **-ovat** reason **-ový** rational, intellectual

rozu|téci se, –tíkat se < –tíkávat

se run* away, scatter, disperse

rozuzlení dénouement, slang. pay-off

rozvádět (se) v. *rozvést (se)*

rozvaha 1 discretion, deliberation, premeditation **2** účetní balance

roz|válet < –valovat roll a t. flat **–valiny** ruin(s, pl), wreckage **–valovat se** lounge, slug (in bed), sprawl (about)

rozvař|it se < –ovat se boil to mush

rozváš|nit < –ňovat work up, enrage

roz|vázat < –vazovat undo*, unbind*, loosen, untie; zrušit break* off, úmluvu dissolve; uvolnit z tkanic unlace (a shoe) **–vázat se < –vazovat se** come* undone, unbound, untied, unchained, unlaced

rozvážet v. *rozvést*

roz|vážit < –važovat 1 na váze weigh out **2** zjišťovat závažnost look into a t., balance **3** = *uvážit, rozmyslit si* **–vážnost** deliberation **–vážný** deliberate a v. *rozmyslný, rozšafný* **–važovat 1** = *rozjímat, přemítat, uvažovat* **2** v. *rozvážit*

rozverný sprightly

rozvesel|it < –ovat = *rozjařit*

rozvě|sit < –šovat hang* (all round), put* up

roz|vést < –vádět 1 take* to all (parts of)... , rozmístit distribute **2** detailovat break* down, itemize, specify, rozpracovat elaborate **3** vyložit expand on a t. **4** rozvinout develop **5** odloučit separate, manžele divorce **–vést se < –vádět se** divorce (*s kým* a p.), get* / obtain a divorce (from a p.), *-vedená, -vedený* divorcee

rozvěšovat v. *rozvěsit*

rozvětvit (se) v. *větvit (se)*

roz|vinout < –víjet 1 (< **–vinovat**) unfold, break* out, svinuté unwind*, unroll, uncoil, zabalené unwrap, vlajku unfurl, rozprostřít spread* (out) **2** co do objemu expand **3** vyložit expound a t., expand on a t. **4** způsobit rozvoj develop, zahájit open, odvážně launch, pustit se do toho engage in a t. **–vinout se** < **–víjet se 1** (< **–vinovat se**) get* unfolded etc. **2** co do objemu expand **3** o rozvoji develop, be opened apod.; postupovat proceed, progress

rozvírat (se) v. *rozevřít (se)*

roz|vířit < **–viřovat** send* whirling, přen. stir up, rouse, rake up

rozvít = *rozvinout*

rozvláčný verbose, prolix, long-winded, diffuse

rozvod 1 divorce **2** páry apod. main **3** tech. vedením distribution, delivery

rozvod|í water-shed, am. divide **–ka** na pilu saw set, el. distributor **–nit (se)** < **–ňovat (se)** flood, ~ se overflow one's banks, po čem inundate a t.

rozvod|ný distributing ♦ *-ná deska* switchboard panel; *-ná síť* the grid **–ovost** divorce rate **–ový** práv. divorce

rozvoj advancement, progress, rozvinutí unfolding, objemový expansion; stav vývoje stage of development **–ové** *země* developing countries **–ový** developing, ... of advancement

roz|vrat split, disruption ♦ *~ manželství* irretrievable breakdown of marriage; *~ rodiny* a broken home **–vrátit** < **–vracet** cause a split, disrupt, znemožnit fungování upset*, disorganize **–vratnictví** subversive activities **–vratník** disruptive / subversive person **–vratný** disruptive, subversive, pobuřující seditious

rozvrh plan, scheme, časový timetable, am. schedule **–nout** < **–ovat** distribute, lay* / set* out, dispose, spread*, rovnoměrně stagger, v náčrtku draft, sketch, outline, podrobně map out, na koho / co allot, poměrně apportion a t. to a p.

rozvrstv|it < **–ovat** arrange in layers

rozvztekl|it < **–ovat** drive* a p. furious; = *rozzuřit*

rozzlob|it make* a p. angry **–it se** get* angry (*na koho* with a p., *pro co* about a t.)

rozzuř|it < **–ovat** send* a p. raving mad, infuriate, enrage, drive* a p. wild **–it se** get* into a fury

roz|žehnout < **–žíhat** = *rozsvítit*

rozžhavený glowing, red-hot, el. incandescent

rozžíhat v. *rozžehnout*

rozžvykovat v. *žvýkat*

rožeň spit, otočný turnspit

rtěnka lip-stick

rtuť mercury, quicksilver ♦ (*živý*) *jako ~* lively as a cricket **–ová** *lampa* mercury-arc lamp

rub wrong side, back, odb. reverse, přen. the seamy side ♦ *na* -(*y*) wrong side out, přen. topsy-turvy, upside down

rubáš shroud, widing sheet **–ka** Russian (worker's, labourer's, soldier's) blouse

rubat dig*, těžit mine

rubín ruby

rubl rouble

rubopis endorsement

rubrika sloupec column, záhlaví heading

ručení liability (*omezené* limited), záruka guarantee, -nty, zástavou security, svou osobou surety

ručička little hand, přístroje finger, zvl. hodin hand

ručit 1 (komu) za co warrant (a p. for) a t., stand* for a t., odpovídat za to answer for a t. **2** komu stand* a p. surety, při propouštění stand* bail for a p. **–el** guarantor, -ntee, surety

ruční hand, vyrobený ručně hand-made, tooled; o práci manual; *-ě by hand* ♦ *ženská ~ práce* needlework, *školní* handiwork **–ice** rifle **–ík** (hand) towel

ruda ore

rudnout > **vy–** lose* colour, fade **z–**

go* / turn red, blush

rudný (... of) ore

rud|oarmějec member of the Red Army, Red soldier **–och** redskin **–ý** (deep) red (Red Army, Red Sea)

ruch activity, bustle, s návalem lidí rush, dopravní, směnný traffic

ruin|a, –ovat > **z–** ruin, přen. též wreck

ruk|a horní končetina arm, její chápavá část hand (také v kopané), rukopis hand(writing); *k čím -ám* for the attention of a p.; *na -u* hotově in cash; *na -ou* v náručí in arms; *po ruce* at (am. on) hand, at one's disposal, *po levé / pravé ruce* on one's left / righ hand; *pod -ou* tajně underhand; *v číh -ou* in a p.'s (safe)keeping, majetku possession; *za -u* by the arm / hand ♦ *být jako bez -ou* be lost (without...); *-ou dáním* with a hand-shake; *dát komu co na -u* give* a p. to understand; *v dobrých -ou* well provided for; *na dosah -y* at arm's length; *z druhé -y* at second hand; *držet nad kým -u* hold* out one's hand over a p; *hádat komu z -y* read* a p.'s hand; *hrát komu do -y* play into a p.'s hand; *být jedna* ~ be as thick as thieves; *jít komu na -u* smooth the way for a p. *jít -u v ruce s čím* go hand in hand with a t.; *jít z -y do -y* change hands quickly; *~ -u myje* one good turn deserves another; *s otevřenýma -ama* with open arms; *obratem -y* in the turn of a hand; *mít plné ruce práce* have much on one's hands; *podat -u* give* / other / hold out one's hands, *si ruce k spolupráci* join hands, na pozdrav n. k smíru shake* hands; *vztáhnout -u* raise / lift one' hand (*proti* against); *požádat o čí -u* ask a p.'s hand; *moje pravá* ~ my right arm; *z první -y* at first hand; *ruce pryč!* hands off!; *složit ruce do klína* be

idle, thrust* one's hands in one's pockets; *-u na srdce* be frank; *mít šťastnou -u* be lucky; *vlastní - ou* in one's own hand; *do vlastních -ou* strictly private, (deliver) personally; *mít volnou -u* have free scope; *ruce vzhůru!* hands up! **–áv** sleeve **–avice** glove, palečnice mitt(en) ♦ *hodit -ci* throw* the gauntlet **–avičkář** glove-maker **–ávník** muff

ruko|jeť handle **–jmí** hostage **–pis(ný) 1** manuscript **2** osobní písmo hand(-writing), handwritten **–věť 1** kniha handbook, manual **2** = rukojeť

ruksak knapsack, rucksack

rum rum

rumě|lka vermillion **–nec** blush

rumpál windlass, winch, capstan

Rumun Rumanian **–sko** Rumania **r–ský** Rumanian

rup bang!

rus kitchen cockroach

Rus Russian

rusalka water nixie / nymph

Rusko Russia **r–ý** Russian

růst 1 growth **2** postava stature

růst > **vy–** n. **vz–** grow* (up), zvětšovat se increase, enlarge, dloužit se get* longer ♦ *nechat si* ~ (*vousy*) grow* (a beard)

rusý strawberry-blond(e)

rušit 1 činnost interfere with a t., disturb **2** koho trouble, interfere with a p.´s work ve výkonu obstruct a v. vyrušovat ~ > **po– 1** break * a t., infringe / encroach / trespass upon a t., vědomě defy (a law), silou violate **2** nepříznivě se dotýkat impair, poškodit injure **3** ryzost a hodnotu vitiate, debase, příměsí adulterate ~ > **pře–** v. přerušit ~ > **vy–** v. vyrušit ~ > **z–** cancel, annul, (make*) void, nullify, práv. render null and void, defeat, zaražením dosud probíhajícího discontinue, platného vacate, už ztrácejícího význam override*, set* a-side, právní normu, zvyklost, instituci abolish; odvolat revoke, withdraw*, prohlášením repeal; obchod, podnik wind* up; rušením vnitřních spojů liquidate, dissolve ~ se > z– v počtech cancel out –el trespasser, disturber

ruš|ivý disturbing; je tam -no the place is busy –ný 1 busy 2 hovor. děj. animated

rutin|a skill, mechanická všední práce routine –ér routinist –ovaný skilled

různ|ice = rozepře –it se = lišit se –opohlavní heterosexual –orodý heterogeneous –ost difference –ý 1 different 2 kontrastně odlišný diverse, výrazně odlišný distinct, a neslučitelný disparate 3 několik, s pl various, všelijaký miscellaneous, all kind(s) of...

růž|e rose ♦ mít na -ích ustláno have a bed of roses R-ena Rose –enec rosary –ice rosette –íčka sweet rose, dívka rose-bud –ový rosy, světle pink, jako růžové poupátko rose-bud (e.g. keř, růže r. bush, zahrada, sad, rozárium r. garden) ♦ -ové brýle rosetinted spectacles, rosecoloured glasses

rv|áč fighter, am. slugger, štváč bully –ačka (dog-)fight, fracas, punch-up, brawl –át tear*, rend*, páčivě wrest –át se > porvat se n. servat se fight*, brawl, scuffle

ryb|a fish (tak zprav. i pl) ♦ němý jako ~ as mute as a fish; jako ~ na suchu like a fish out of water; zdravý jako ~ as sound as a roach –ář fisherman*, chytající na udici angler –ařit fish, na udici angle –ářský fishing, angling –ářství fishery (průmysl -ries, pl) –í fish, jako u ryby fishy ♦ ~ tuk codliver / train / whale oil, blubber –ina 1 zápach fishy smell 2 čep dovetail

rybíz currant(s, pl) např. red / white / black currants

rybní|ček pool –k pond, velký, přírodní lake ♦ vypálit komu ~ cut* a p. out

rybolov fishing

rýč spade

ryčet > za– clamour

rydlo engraving tool, dlátko graving chisel

rýha groove, puklina crack, škrábnutí scratch

rychl|ík fast / express train –it zeleninu force –obruslení speed-skating –odoprava express (transport) service –odráha am. elevated railroad –oletadlo clipper –oopravna while-you-wait repairs –opalný quick-firing –ost 1 rate (of speed), pace, odb. rate of motion; speed, na dané dráze velocity, vzhledem k hmotě momentum, prodírání se prostředím (head)way 2 že je něco rychlé rapidity, quickness, promptitude, swiftness 3 záběr gear ♦ v -osti in a hurry, in haste –ostní (... of) speed ♦ ~ skříň gear-box –otavba high-speed s-melting –ovazač letter file –ozboží express goods –ožehlírna quick (clothes-)press service –ý fast, rapid, quick, v reakci prompt, swift, spěšný, urychlený speedy; -e! be quick!, hurry up!, look sharp!, make haste!

ryk uproar, clamour

rým rhyme

rýma cold (in one's head)

rýmovat (se) rhyme

Rýn the Rhine

ryngle greengage

ryp|adlo excavator –ák snout; = chobot

rýp|al faultfinder –nout < –at 1 dig*, scratch, scrape, zvíře rypákem root, burrow 2 vytahovat co dredge 3 loktem apod. poke, dig*, nudge, job, jab, jostle 4 expr. do koho find* faults with a p., škádlivě rib a p., hádavě nag a p. 5 –at do čeho = –at se v čem poke about in a t., neodborně tamper with a t.

rys 1 zvíře lynx 2 tah, škrt line, přen. feature, obličeje trait, obrys outline 3 výkres drawing 4 míra papíru ream 5 nárt instep

rýsova|cí drawing **–t > na–** draw*, v čárách delineate, v obrysech outline, se stálým přihlížením k celkovému záměru design **–t se** show* (in outline)

ryšavý red

rýt 1 rýčem dig* **2** rydlem engrave **3** = *rýpat* ~ **> vy– 1** ven dig* (up) **2** příkop apod. trench **3** sklo cut* ~ **> z–** dug*, turn~ **> za– 1** (jako) drapy scratch a t. **2** = *rýpat* ~ **se** v čem rake a t., pátravě rummage in a t., a srov. *rýpat se*

ryt|ec engraver **–ina** engraving

rytíř knight, ušlechtilý člověk gentleman* **–skost** chivalry **–ský** knightly, chivalrous **–ství 1** hodnost knighthood **2** = *-skost*

rytm|ický rhythmical **–us** rhythm, time

ryz|í pure, unalloyed, povahově sterling; pravý genuine **–ost 1** purity **2** obd. stupeň přimíšeniny alloy

ryzlink Riesling

rýžak scrubbing-brush

rýže rice

rýžovat zlato wash (for) gold; rake in (cash)

rzivý = *rezatý*

ržát > za– neigh

Ř

řad směnečný order (*na* ~ to (the) order); posečeného swath, voj. rank, row

řád 1 i mnišský order **2** stanovy rules, pl, regulations, pl **3** potrubí main ♦ *jízdní* ~; v. *letový* ~ air schedule

řada 1 series (sg i pl), sled succession, stoupavá progression, nějak pravidelná sequence **2** šik line, osob a věcí row, voj. file, na pochodu column, sestava array **3** hodnot v pořadí rank **4** jako na šňůrce string **5** souprava set, zařízení suit(e), několik a number of... **6** ~ *na někom* a p's turn; *-ou* (*v -ě*) in a line / row; *po -ě* in turn, *v -ě* in a row, in single file, přen. consecutively ♦ *celá* ~ great

numbers of..., *v jedné -ě s...* abreast with...; *v první -ě* primarily

řádek = *řádka*

řadit > se– uspořádat order, arrange, do řady line up, range, draw* up, do formace marshal; podle druhů sort, třídit classify a v. (*us*)*pořádat* ~ **> při–** co k čemu put* / place a t. to a t., k třídě class a t. with... ~ **> za– 1** class (*mezi* with), place, vložit do celku insert, kde původně nebylo interpolate, časově schedule (*na* for) **2** do kartotéky file, do seznamu register **3** motor., tj. rychlost shift gear ~ **se >** **se–** line up ~ **se > při–** k čemu range with..., jako vysoko rank with...

řádit 1 zuřit rage, raise hell **2** pustošivě play havoc (*v* with, among) **3** neukázněným chováním rampage, (rant and) rave, be raving mad

řádka písma, televizní line, sadby row, jinak v. *řada* ♦ *pěkná -ka čeho* a great many, quite a few; *pošli mi pár -dek* drop me a line; *číst mezi -ky* read* between the lines

řádný 1 povahou decent, upright **2** odpovídající požadovanému regular, a závazku due, přen. jak se sluší proper **3** bez výchylek ordinary **4** notný hearty

řadový ordinary ♦ *-ví vojáci* the rank and file

řádový... of a (holy) order

řapík leaf-stalk, odb. petiole

řasa 1 oka (eye-)lash **2** mořská seaweed, alga (pl -gae)

řasit > z– fold, nabráním gather

řebříček yarrow

Řecko Greece **ř–římský** sloh GraecoRoman style **ř–ý** Greek

řeč 1 schopnost mluvit speech **2** proslov speech, address **3** jazyk language, tongue, způsob mluvy way of speaking **4** hovor. talk, co říká jednotlivec what he (etc.) says **5** (*-i*) gossip, rumour, the talk (of the town) ♦ *bez -i* without a word (of protest); *ona je od -i* she has the gift of the gab; *o tom nemůže být*

~ it is out of the question; *s ním není žádná* ~ you can't get anywhere with him; *dát se* n. *pustit se do -i* enter into conversation with a p.; *nabýt -i* recover speech; *přijít do -í, -i* have one's name bandied about; *jasná* ~ plain language; *přijít na kousek -i* come* for a chat / a piece of gossip; *mateřská* ~ mother tongue; *mít* ~ make* / give* / deliver a speech; *podle -i* (jak mluví) judging by his way of speaking; *jak se o něm mluví* according to rumour; *dát si pozor na* ~ mind one's words; *skočit komu do -i* interrupt a p., butt in; *aby* ~ *nestála* to keep the ball rolling; *to nestojí za* ~ don't mention it; *vázaná* ~ verse; *-í jako vody* much cry (and no wool); *závěrečná* ~ closing statement **-ený 1** the... in question, the said... **2** tak zvaný called, going by the name of...

řečiště (river-)bed

řečn|ický oratorical, rhetorical ♦ *-ická tribuna* platform, volební hustings, pl **-ictví** (the art of) rhetoric; umění oratory, výmluvnost eloquence **-ík** speaker, profesionální orator (*davový* stump o., soapbox o.) **-it** speak* / make* / deliver a speech

řečtina Greek

řed|it > **roz–** n. **z–** dilute, water down, thin

ředitel(ka) manager, správního tělesa director, spolku apod. president, školy headmaster, am. střední školy (high-school) principal, redakce apod. general ♦ *divadelní* ~ umělecký stage manager, provozní, brit. director am. producer **-na** manager's (etc.) office, headmaster's study **-ský** managerial, directorial, manager's **-ství** (board of) management, jeho sídlo the headquarters, pl

ředkvička radish

řehol|e (monastic) rule **-ník** friar, monk

řeh|ot smích horse-laugh **-tačka** rattle **-tat** > **za–** **1** rattle, clap **2** kůň = *ržát* **-tat se** > **za–** guffaw

Řek Greek

řeka river ♦ *po / proti řece* downstream / upstream

řemen strap, k opásání (i kola) belt; k odtahování strop

řemesl|ník artisan, s živností tradesman*, odkázaný na malovýrobu craftsman*, rukodělný handicraftsman* **-n(ick)ý** ruční hand(-make) ♦ *-né provedení* workmanship **-o** (artisan's) trade, craft ♦ *umělecké* ~ art handicraft (*umělecká -a* arts and crafts)

řemínek strap, postroje thong

řep|a (sugar-)beet, krmná turnip ♦ *červená* ~ beet-root, am. beets, pl **-ař** beet-grower **-ařský** beet-growing **-ka** rape, semeno rapeseed **-kový** *olej* rape-seed oil **-ný** (sugar-)beet

řeřavý glowing, red-hot ♦ *-vé uhlí* (ky) embers

řeřicha nasturtium

řeš|eto riddle **-it** > **roz–** n. **vy– 1** (try to) solve, resolve, unravel, decipher, úlohu work, a v. *luštit* **2** **vy–** umělecky design

řetěz chain, přen. string, horský range *článek -u* link **-ový** chain ♦ *-vé kolo* chain wheel ~ *most* suspension / chain bridge; *-vá reakce* chain / knock-on effect

řev roar, lomoz din

řevni|t, -vý = *žárlit, nevražit, -ivý*

řez 1 cut, slash **2** průřez section, písma face **3** uříznutý kus fillet, slice **-ačka** cutter **-ák** zub incisor **-anka** chopped straw **-at** jak cut* (e.g. well) **-at** > **na–** cut* (flowers, wood), chop (wood, straw) **-at** > **o–** trim, crop, větve lop **-at** > **pře–** cut'* (across) a t., srov. *protínat* **-at** > **roz– 1** cut*, na kousky chop, štípáním chip, na delší n. nepravidelné kousky shred, pilou saw*; na kusy, též

trup, údy dismember **2** tak otevřít cut*
/ slit* open, rend* **–at** > **uříznout,
uřezat** cut* off, med. amputate
–at > **se–** koho, **na–** komu = bít **–at**
> **vy–** cut* **–avý** sharp, cutting,
biting, bitter **–ba** carving **–bář**
(wood-)carver **–nický, –nictví**
butcher's **–ničina** butchery **–ník**
butcher **–ný** cutting ♦ *-ná rána*
incised wound

řež(ba) carnage, přen. slaughter,
massacre

ří|ci < **–kat 1** say* (a t. (to a p.) in
English, [that], if / whether...), sdě-
lit tell* a p. a t., o čem of a t. (*bylo
mi řečeno* I was told), give* a p.
(one's opinion, address, name),
co jak put* a t. (in what way) **2** če-
mu, na co , o čem , soudit o čem say* to
a t. **3** doporučit, přikázat tell* a p. (*aby
to* inf), žádat ask a p. (to inf) **4** komu
jak call a p. (what name) **5** reagovat
answer; respond to a t. **6** co na ko-
ho prozradit tell* a t. on a p., let a t.
on a p., proti čemu object to a t. (by
pointing out that...); *říká, se, že...*
people say that (*o něm* he is said
to inf), the story / rumour goes
that.., *řekněme!* be it said! ♦
neřekla ani ň she didn't say a
word; *abych tak řekl* as it were;
ani bych neřekl I don't think so;
aby se neřeklo to keep good will,
to keep up appearances; *bez
říkání, bez požádání* unasked; *to
je co říci* that's something; *co to-
mu říkáte?* what do you think of
it?; *důvěrně řečeno* in strict con-
fidence; *hned jsem to říkal* I saw
it at once; *neříkej hop, dokud jsi
nepřeskočil* don't holloa till you
are out of the wood; *jak se říká*
as the saying goes; *krátce
řečeno* to put it shortly; *to se
snadno řekne* it is easier said
than done; *lépe řečeno* to put it
in a better way; *mezi námi ře-
čeno* between you and I; *říci své
mínění* speak* one's mind; *mírně
řečeno* to put it mildly; *neřku-li*

not to say, to say nothing of /
about; *než bys řekl švec* before
you could say Jack Robinson; *ří-
ci komu sbohem* bid* a p. good-
bye; *svrchu řečený* above-said;
tak řečený so-called; *tak říkajíc*
so to speak; *to bych řekl* I should
think so; *řečeno upřímě* to be
frank; *už jsem řekl* it was my last
word **–ci si** < **–kat si 1** pro sebe
say* to o.s. **2** komu (*o co*) ask a p.
(a t. = a t. of a p.), komu o co, abych
to měl ask a p. for a t. **3** potřebovat
call for a t. **4** mezi sebou tell* one
another, exchange views ♦ *ať si
-ká kdo chce co chce* I don't care
what people say; *dal bych si* ~ *na
co* I feel like having a t.; *nakonec
si dá* ~ he agreed in the end

říč|ka stream, am. creek **–ní** river,
odb. fluvial, sladkovodní fresh-water

říd|ící driving, steering, control (e.g.
centre), při postupu.. of manage-
ment, managerial, directive **–ící**
headmaster

řidič driver **–ský** driver's, driving

řídit 1 operate, work, keep* (a
shop), run* (a hotel) **2** aby dobře
procházelo obtížemi govern, cestou
předpisů rule, spravovat administer **3**
odpovídat za provedení conduct (a con-
cert), jako ředitel manage **4** ovládat
control a t., exercise control
pover a t. **5** v žádoucím směru vývoje
direct, správným zacházením handle,
manipulate; určovat směr pohybu dri-
ve*, mechanismem řízení steer, na dálku
guide (guided missiles), loď n.
letadlo navigate, let. fly*, odborným do-
provodem pilot ~ > **na–** nastavit stroj
set* (e.g. a watch) ~ **se** čím adhere
to a t., abide by a t., přizpůsobovat
své jednání conform to a t.

řiditelný dirigible, controllable,
navigable

řídítka handle-bars, pl

říd|ký thin, vzácný rare, infrequent,
uncommon, scarce, rozptýlený s-
poradic, sparse **–nout** > **z–** get* /
become* thin, docházet run* low

říj|e rut(ting season) **–en, –nový** October **–et** rut, zvuk bell

říka|čka, –nka nursery rhyme **–t 1** komu jak call a p. 2 = *mluvit* a v. *říci* **–t > od–** recite, slavnostně declaim, nedbale rattle off **–t si 1** jak style o.s., a být proto tak nazýván pass / go* under the name of... 2 o něco v. *říci si* 3 v duchu think* / say to o.s. 4 v čem = *číst*

Řím Rome **–an** Roman

římsa lodge, pod stropem, pod střechou cornice

římský Roman

řinčet > za– clatter, clash, řetěz clank, dunivě din

řinout se flow, rush, be shed

řípa = *řepa*

říš|e empire, přen. a úředně realm **–ský** imperial

řiť anus, hovor. rump, buttocks, pl

řítit se dash, rush ~ **se > z–** collapse, pádem crash, crack up, skácet se tumble

řivnáč ring-dove, wood-pigeon

říz vigour, vim

říza long robe

řízek 1 slice, masa cutlet, upravený steak, chop **2** vídeňský (wiener) schnitzel **3** řepné -ky beet cuttings

řízení 1 mechanismus steering, lodí steerage, auta drive **2** proces proceedings, pl, soudní trial, action (*trestní ~* criminal proceeding) **3** určováním hodnot apod. control (e.g. price c., birth c. = family planning), funkční operation, conduct, management, manipulation, direction, navigation, srov. *řídit*

říznout < řezat 1 co, do čeho cut* a t., zasáhnout hit* a t., udeřit bang, whack a c. **2** způsobit prudký smyslový vjem cut*, bite*, slash, slate, flay, cut up **3** nápoj mícháním lace ♦ *řezat zatáčku* cut* a corner; *dvakrát měř a jednou řež* look before you leap; *~ do živého* cut* to the quick ~ **se, po– se** < cut* o.s., one's finger ~, **seřezat, zřezat**

koho = *nařezat komu* ~ **se** chybit commit a blinder / howler ~ **sebou** come* a cropper, (stumble and) fall*

řízný vigorous, smart, trenchant

řvát > zařvat roar, bawl, brečet blubber

S

s čeho from, off; čím with, along with, rozloučení from, ve stálých spojeních často and (bread and butter), náplň of (bottles of wine) ♦ *být s to* be able to inf, be capable of -ing, be in a position to inf; *co s tím?* what about it? *co je s...* what is the matter with...; *s dovolením* your (kind) permission; *s chutí do toho* (let's) have a go

sabot|áž sabotage **–tér** saboteur **–ovat** sabotage

sací sucking, suction (e.g. pipe), = *savý* ♦ ~ *koš* strainer, ~ *láhev* feeding bottle, feeder, ~ *papír* absorbant paper, blotter

sáček bag

sad 1 orchard **2** (-y, pl) park public gardens, pl, park

sada set

sadař fruit-grower, fruit-farmer

sadis|mus sadism **–ta** sadist

sadit (se) = v. *zasadit (se)*

sádlo fat; vyškvařené vepřové lard

sadový 1 park **2** orchard

sádr|a, –ový plaster (of Paris), sádrovec gypsum

safír sapphire

sága saga

sáh six feet, pl, hloubkový fathom

sahat 1 reach, přen. též come* / go* (up / down) to..., rozkládat se extend **2** hodnotově range (from... to...) **3** v. *sáhnout*

sáhnout < sahat 1 na co touch a t., pohybem reach at a t., prsty finger a t. **2** reach, napřažením reach out, stretch out one's hand **3** pro co. po čem reach for a t., chápavě grasp a t., lapavě snatch at a t. **4** do čeho put* one's hand into, dive into **5** k čemu take* up, make* use of, have recourse to a t., resort to zákroky adopt (a measure) **6** na koho hrozivě raise / lift one's hand against a p.

sáhodlouhý very long, lengthy, vyprávění long-winded

sáknout (se) > **na–** n. **v–** soak (do into)

sako jacket, coat

sakr|a damn, hell's bells, dash, hell **–amentský** damned, deuced, confounded, bloody **–istie** sacristy, vestry **–ovat** > **za–** swear*, use bad language

sakump|ak, –rásk hovor. bag and baggage

sál hall, nemocniční ward, amfiteátr theatre ♦ přednáškový ~ (great lecture) hall, lecture theatre

salám salami, German sausage

salaš sheepherder's shack, chalet

salát 1 hlávkový lettuce **2** připravený salad

sálat emit heat, radiate, přen. glow, emit, issue

saldo balance

salón parlour, hotelu, lodi lounge, brit. soukromý drawing-room, rodinný sitting-room, výstavní salon, show, kosmetický beauty parlour **–ní** gala, odtržený od lidu arm-chair, am. parlor ♦ ~ oblek morning dress; ~ vůz saloon, auto (sedan) sedan

salto somersault

sal|utovat > **za–** salute **–va** volley, na pozdrav salvo *, salute

sám o samotě alone, single, a sklíčený lonely, bez zásahu. nápomoci jiné osoby by oneself, bez pomoci single-handed; zdůrazňuje I myself, you yourself etc.: jen, toliko nothing but, v plném smyslu itself (she was goddness itself), dobrovolně voluntarily ♦ být ~ sebou be one's own man*; samo o sobě by itself, samo od sebe of one's own (accord); samo sebou naturally, it goes without saying

sam|ec, –eček male **–ice, –ička** female

samet, –ový velvet

samo|činný automatic **–hláska** vowel **–hláskový** vocalic **–libost** complacence, smugness **–libý** complacent, smug **–mluva** soliloquy **–obsluha, –obslužný** self-service ♦ autobus / tramvaj se - hou pay-as-you-enter bus / tram; obchodní středisko se -hou supermarket **–pal** tommy / submachine gun, stengun **–rostlý** self-made **–spoušť**: self release **–správa** self-government, autonomy, ir. home rule **–správný** self governing, autonomous **–statnost** independence **–statný** independent; oddělený separate, i tak úplný self contained, zvlášť stojící isolated, stand-alone **–statně** hospodařící rolník self-employed farmer **–stříl** crossbow **–ta 1** singleness, solitude **2** opuštěné místo seclusion, pustina wilderness **3** stavení lonely house* ♦ být / zůstat o -tě be (left) alone, be left to one's own devices **–tář** solitary, lover of solitude, misanthrope, recluse **–tářský** solitary, život retired / secluded **–tinký** all alone **–tný** = sám, samý **–účelný** purposeless, being an end in itself **–uk** selftaught person, autodidact **–var** tea urn, samovar **–vazač** reaper-and-binder **–vazba** solitary confinement, v -bě incommunicado* **–vláda** autocracy, absolute rule **–vládce** autocrat **–vládný** autocratic **–volný** spontaneous **–zápalný** self-igniting **–zásobitel** self-sufficient farmer **–znak** logogram **–zřejmost** matter of course, něčeho self-evidence **–zřejmý** self-evident, matter-of-course, zjevný apparent, -mě as a matter of course, -mě! it goes without saying, naturally, of course, by all means. you bet ♦

je - mé take a t. for granted **–zvanec** pretendor, vetřelec intruder, uchvatitel usurper **–zvaný** self-appointed, wouldbe, self-styled

samý all, full of, tolik nothing but

saň dragon, žena = xantipa

sana|ce saving **–torium** sanatorium, vodoléčebné hydro*

sandál sandal

saně, pl brit. sledge, am. sled, kočárové sleigh, skluznice skids, pl, sport. = *sáňky*

sanice 1 čelist chop **2** jízda sled(ge) ride, skluznice skid tobogganing

sanit|a, –ka ambulance **–ní, sanitární** sanitary ♦ *-ní vůz* ambulance car / van; **–árně zařízení** hygienic amenities

sankc|e, –ionovat sanction

sáňk|ař sledger **–ovat** sled, toboggan, am. z kopce coast **–y** sled, sg. toboggan, sg; *jezdit na sáňkách* = *sáňkovat*

sanovat rescue

sápat (se na) *koho* worry a p., attack a p., ohrožovat threaten / harrass a p.

saponát detergent

sard|el(ka) sardelle, anchovy **–inka** sardine, pilchard ♦ *krabička (od) -inek* sardine tin

sardonický sardonic

sarka|smus sarcasm **–stický** sarcastic

Sas Saxon

sasanka anemone

Sask|o Saxony **s–ý** Saxon

sát > na– n. **v–** suck (up), vstřebávat absorb, take* up, (jako) houbou sponge up, dechem breathe in, inhale, přijímat dychtivě embrace

satan Satan **–ský** satanic

satelit satellite

satir|a satire **–ický** satiric(al) **–ik** satirist **–izovat** satirize

satisfakce satisfaction

saturace saturation

satyr satyr

sav|ec mammal (pl -ia) **–ý** suction ♦ *~ papír* blotter

saxofon saxophone, hovor. sax

saz|árna composing room **–ba 1** polygr. composition, type (matter) **2** výpočtová rate ♦ *daňová ~* taxation rate

saze speck of soot; pl soot, sg

saze|bník (rate) tariff, tariff of rates **–č** compositor, type-setter, typographer **–nice** seedling

sázet > posadit put*, place lay*, aby seděl(o) seat ♦ *-zená vejce* fried eggs ~ > **(v)sadit 1** do vězení commit a p. to, put* a p. in (prison) **2** úder deal* **3** o sázce (lay* a) wager, bet*, stake ♦ *~ na co své poslední* put* one's shirt (up) on a t. ~ > **(vy)sadit 1** o sazbě set* up, compose **2** na stůl put* down **3** o sadbě = ~ > **(za)sadit 1** plant **2** úder v. *(v)sadit pod sázet* ~ **se** > **(v)sadit se** s kým oč bet* a p. a sum ♦ *vsaďte se* you bet, *vsadil bych se* I bet you

sazka football pools, pl ♦ *kancelář -ky* betting shop, bookmaker's

sázk|a bet, wager, stake ♦ *dát v -u* jeopardize; *je příliš mnoho v -zce* the stakes are too high **–ový** betting

sbalit v. balit

sběh crowd, rout, protestující riot ♦ *~ okolností* coincidence **–nout** < **sbíhat** run* down a t. **–nout se** < **sbíhat se 1** gather; flock, crowd, mob, na protest riot **2** k bodu geom. converge (into a point)

sběr collection, surovin salvage **–ač** collector ♦ *~ míčků* ball-boy, golf caddie **–ačka 1** skimmer **2** = naběračka **–atel** collector **–atelský** collector's **–atelství** collecting **–ný** collecting ♦ *-né suroviny* salvage, sg scrap, sg *-ný tábor* reception camp; *-ná ulice* n. silnice by-pass

sběř pack, lůza rabble, riff-raff

sbíha|t v. sběhnout **–t se 1** dojednoho bodu converge (to...), meet* (a t...) **2** v. sběhnout se **–vý** convergent

sbíje|čka pneumatic drill **–t** v. sbít

sbír|at (se) v. *sebrat (se)* **–ka** collection, pouhé sestavení compilation; svod zákonů, článků digest

sbí|t < –jet hammer (together), hřeby nail together

sblížit < sbližovat bring* together / nearer to each other **~ se < sbližovat se 1** come* together **2** přátelsky become* friends; **-ení** understanding, polit. rapprochement

sbohem good-by(e), povzbudivě při trvalém rozchodu farewell

sbor 1 body **2** výbor committee, řídicí board **3** dipl. voj.. baletní corps, policejní constabulary, učitelský staff, náboženské obce congregation, zpěvácký chorus, v kostele choir; **-em** in unison, una voce, unanimously **–ist(k)a** chorus-singer *(-ka - girl)* **–mistr** (choir) conductor **–ník** miscellany, memorial volume, ze zasedáni proceedings / transactions, pl **–ovna** (staty) common room **–ový** choral

sbratř|it (se) < –ovat (se) fraternize

scel|it < –ovat látku mend invisibly, **~ (se) < –ovat (se)** consolidate, spojit combine, unite, med. heal (up) ♦ *-ování látek* invisible mending

scéna 1 scene, jeviště stage, the boards, pl krajina scenery **2** hádka scene ♦ *udělat n. ztropit komu -nu* make* a p. a scene

scenárista script-writer, screenwriter

scénář screenplay, script, scenario, technický continuity

scenérie scenery, pozadí setting

scénický scenic ♦ *-ká hudba* incidental music; *-ká úprava* dramatization

scest|í: *dostat se* n. *přijit na* ~ go* astray, *přivést koho na* ~ lead* a p. astray **–ný** devious, aberrant, straying

scestova|lý much-travelled **–t <** travel / traverse

scvrknout se < –(áv)at se 1 shrink*, suchem shrivel, do vrásek

get* wrinkled, a vadnout wither up / away **2** hovor. zmizet make* o.s. scarce **3** ztenčit se run* low

sčes|at < –ávat 1 comb back / down **2** ovoce v. *česat*

sčetlý well-read ♦ *málo* ~ poorlyread

sčít|ací adding **–ač 1** hlasů teller **2** stroj adding machine **–at** v. *sečíst* **–ání** addition; ~ *lidu* census

sděl|it < –ovat communicate, impart, convey, notify, let a p. know, make* a t. known **–it se < –ovat se** *s kým* share a t. with a p., sdělením tell* a p. of one's... **–ovací** (...of) communication **–ovat si** *(mezi sebou)* exchange (views on...)

sdíl|et (se) *s kým co, se s kým o co* share a t. with a p., citově sympatize with a p.'s... **–nost** communicativeness **–ný** communicative, unreserved, spíš hovorný expansive, effusive

sdírat v. *sedřít*

sdostatek enough (and to spare), habaděj galore

sdrátovat v. *drátovat*

sdrh|nout < –ovat kůži flay

sdruž|ení association, federation, union **–it (se) < –ovat (se)** associate, join, ve skupině group

se 1 = *s* **2** zvratně oneself (etc. se -self) **3** vzájemně one another, each other, mutually **4** obecný podmět one, you

sebe- 1 self- **2** s komparativem however... may be, be it ever so... (v angl. pozitiv), *ani sebe-* not (even) the... (v angl. superlativ)

sebe|důvěra (self-)confidence **–jistota** (self-)assurance **–jistý** (self-)assured **–kázeň** selfcontrol, self-restraint **–klam** (self-)delusion, self-deception **–kritický** self-critical **–kritika** self criticism **–láska** self-love, egotism **–obětování** self-sacrifice **–obrana** (self-)defence **–ovládání** selfcontrol / self-command / self-possession **–pozorování** introspection **–úcta** self-respect **–určení** self-determination **–vědomí** zdravé (self-)confidence, self-reliance, nezdravě conceited, self-importance **–vědomý** self-confident, -reliant, nezdravě conceited **–vláda** = -ovládání **–vrah**, **–vražda** suicide **–vražedný** suicidal **–vzdělání** self-education **–záchova** self-preservation **–zapření** self-denial **–zvýhodnění** self-dealing

sebra|nka set a v. sběř **–t** < sbírat **1** collect, gather, compile **2** zdvihnout pick (up), grab, pěnu apod. skim **3** aby bylo k dispozici rally (esp hopes), summon (one's courage), raise (a fund) **4** komu co odejmout take* a (p.'s) t. away from a p., deprivel rob a p. of a t. **5** koho zatknout arrest **6** koho vysílit pull down ♦ kdes to sebral? slyšel who told you this? **–t se** < sbírat **se 1** gather, collect, voj. rally **2** vzpamatovat se collect one's thoughts, pull o.s. together (seber se be yourself), come* round, z nemoci recover, pick up **3** na cestu set* out (už se musím sbírat I must be off) (seber se get going) **4** = podebrat se

secese uměl. Art Nouveau, secession, Vienna Secession, Jugendstil,

secí stroj (seed-)drill

seč = řež

sečí|st < **–tat** add (up), am. foot up, figure ♦ jeho dny jsou už sečteny his days are numbered

sečkat v. čekat

sečný cutting ♦ -ná rána cut

sečtělý = sčetlý

sed|ací sitting ♦ ~ lázeň am. spa bath **–ačkový** výtah chair-lift **–an** brit. saloon (car), sedan **–at** zpravidla: he used to sit **–at** (se, si) v. sednout (se, si) **–átko** (short) bench, seat **–avý** sedentary **–ění** session, meeting **–ět 1** sit*, be seat-

ed, (jako) pták perch, na vejcích sit* on eggs, hatch eggs; ve vězení do* time **2** na kom be on a p.'s back, na čem clutch a t., a nepustit jiné act the dog in the manger **3** oděv sit* / set*, fit, úder go* home, přen. o souladu agree with a p. **4** komu (modelem) sit* as a model ♦ ~ na bobku squat; nechat ~ leave* a p. in the lurch, děvče chuck a girl (over); zůstat ~ keep* / remain seated, při tanci sit out a dance, nevdat se be (left) on the shelf, ve škole not to be put up **–lák** peasant, farmer **–lář** saddler **–lat** > **o–** saddle (-baek) ♦ pomoci komu do -la give* a p. a leg up; vyhodit koho ze -la unseat a p.

sedm, **–a** seven **–desát** seventy **–desátý** seventieth **–ikráska** daisy **–ina** seventh **–náct** seventeen **–náctý** seventeenth **–ý** seventh

sed|nout (si) < **–at (si)** v. posadit (se) **–nout (se)** < **–at (se)** subside, sink*, v sedlinu deposit, settle (down)

sedrat v. drát

sedřít < **sdírat** rub off, wear*, skin, z kůže flay; = odřít

sehnat opatřit get*, find*, lay* / put* one's hand(s) (up)on a t., get* hold of a t., come* by a t., pick up (one's livelihood) ~ <

shánět 1 hnaním drive* off / away (dolů down), zapudit repel, dohromady bring* together **2** peníze scrape up / together, vybíráním raise, přen. posily rally

sehnout (se) < **shýbat (se)** bend* / bow down, stoop

sehr|aný s kým spolčený in collusion with a p., concerted **–át** v. hrát **–át** < **–ávat** harmonicky harmonize

sejf safe

sejít < **scházet 1** go* / come* / walk down, descend **2** z cesty go* astray, z mysli go* / get* out of... **3** sešlo z něčeho a t. was abandoned, given up, did not come of, came to nothing **4** zmizet disappear, vanish sníh apod. melt away **5** zhubnout be pulled down, zchátrat wear* out, deteriorate **6** zajít (jakou smrtí) go* off, pass away, na co die of (cf. die a natural death) ♦ *na tom (ne)sejde* it's (not) important ~ **se** < **scházet se 1** s kým meet* a p., názorově meet* (with) a p. on a t., see* a p., agree with a p. on a t. **2** shromáždit se meet*, gather, assemble, k poradě convene, všeobecně come* together **3** spojit se s kým join a p. ♦ *než se rok s rokem sešel* before the year was out

sejmout < **snímat 1** take* off (one's hat, cap), tahem pull off, dolů take* down, odstranit remove **2** otisk take*, tahem pull off, dolů take* down, odstranit remove **3** otisk take*, televizní obraz, film scall **4** karty cut*

sek cut, dlouhý gash **–áč 1** cutter, obilí reaper **2** hovor.. odborník am. sharp **3** pavouk harvester **4** frajer buck **–áček** chopper **–ačka** na trávu (lawn-)mower **–aná** pressed / minced meat **–at** jako *řezat* **–at** > **na– 1** jako *(na-)řezat* **2** obilí cut*, reap, trávu mow* **–at** > **o–, pře–, roz–, vy–** jako *řezat* **–at** > **vyseknout** *poklonu* make* a bow **–at se** s kým bandy words with a p.

sekce section, department, am. division

seker|a axe, s kladivovým koncem hatchet **–ník** hatchet-man*

sek|nout < **–at 1** jako *říznout* **2** šlehnout lash (*do* a t.), prackou cuff a t. **3** mávnout wave (*čím* a t.), wag (one's tail / tongue) **4** koho usadit dress a p. down, take* a p. down a peg, rebuff a p. **5** koho udeřit strike* / hit* a p. **6** (s) čím rozmrzele chuck up a t. **–nout (se)** < **posekat (se)** jako *říznout (se)* **–nout se** hov. zmýlit se commit / make a blunder, drop a brick **–nout** hov. ukrást = *štípnout* **–nout** > expr. slušet v. *slušet*

sekre|ce, –ční, –t secretion **–tariát** secretariat(e) **–tář(ka) 1** secretary **2** -tář nábytek eseritoire. brit. bureau

sekt sparkling / odb. effervescent wine, hovor. bubbly **–a** sect **–ář(ský)** sectarian **–ářství** sectarianism **–or** sector **–orový** nábytek unit-furniture, furniture in sections

sekund|a 1 = *vteřina* **2** hud. second **–ant** second **–ární** secondary **–ovat** komu second a p.

sekyra v. *sekera*

sekýrovat koho browbeat* a p., boss / order a p. about

selanka idyll

sel|átko, –e sucking-pig, piglet

selh|at < **–ávat** fail, break* down, zbraň misfire

sel|ka farmer's wife* **–ský** peasant, rustic **–ství** peasantry

sem here ♦ ~ *a / i tam* both ways; ~ *tam* časově occasionally, every now and then, every so often, místně al over the place / shop; *...~, ...tam* to je jedno...or no(t) / or no...

semafor semaphore, pouliční traffic light (s, pl)

semen|áč tree raised from seed, sapling **–ář** seedsman* **–ec** hempseed **–ík** bot. ovary **–iště 1** přen. nursery, seminary **–o** seed, živočišné sperm, semen

semestr semester (spíš am., brit. jsou kratší terms)

semhle (over) here

semifinále semifinal

seminá|rní seminar srov. *-ř* **–ř 1** seminar, discussion class **2** vysokoškolský ústav department, am. institute, na evr. pevnině seminar **3** círk. seminary

semiš(ový) chamois(-leather)

Semit|a, s–ský Semitic

semk|nout (se) < unite, a v. *sepnout, sevřít* ♦ *-nuté řady* serried ranks

semlít v. *mlít* ~ **se** < hovor. take*

place, happen
sen dream, přen., spánek sleep ♦ *ani ve snu mě nenapadlo, že...* I never dreamt of -ing / that...
senát senate; budova senate house*, sněmovny the Upper House, am. the Senate **-or** senator **-orský** senatorial **-orství** senatorship
senior senior, dipl. doyen
sen|ný hay *(rýma* fever) **-o** hay **-oseč** haymaking, hay harvest
sent|ence maxim **-iment** sentiment **-imentální** sentimental **-imentálnost** sentimentality
senz|ace sensation, sensational event **-acechtivost** sensationalism **-acechtivý** sensation-seeking, sensationalist **-ační 1** sensational **2** hovor. skvělý fantastic, smashing, fabulous, tremendous, am. crack(ing), top-notch
separ|ace 1 separation **2** = *samovazba* **-át** offprint, am. separate **-atismus** separatism **-átní** separate **-ovat** separate
sépie cuttle fish, sg i pl, barva sepia
sepisovat v. *sepsat*
sepnout < **spínat 1** tie (up), tie together, a podle prostředků pin / clamp / strap / clasp / hook together, že vzniká jednota bind* (up), zvl. přen. unite, a to pojítky, hmotnými i přen. link (together) **2** ~ *ruce* fold / drop one's hands, vzájemně clasp (one's) hands, prostrkáním prstů lace one's fingers, spínat ruce wring* one's hands
seprat se v. *prát se*
se|psat > **-pisovat** koncipovat draw* up, make* a list of..., plně vypsat write* out, vyhotovit make* out a v. *psát*
sepsout < *koho* slate a p.
serenáda serenade
seriál serial (story)
série series (sg i pl). set
seriózní 1 reliable, slušný respectable **2** povahově = *vážný*
serpentina twisting / sinuous

road, hovor. banky road
sérum serum (pl sera)
serv|at < **-ávat** tear* down **-at se** v. *rvát se*
serv|ilní obsequious, servile **-ilnost** obsequiousness, servility **-írka** waitress, v motorestu am. hovor. carhop **-írovací** *stolek* serving-trolley, s likérkou dumb-waiter **-írovat 1** serve a t. to a p., a p. with a t. **2** komu co vnucovat put* over a t. **-is 1** zákazníkům service **2** stolní dinner service
serž serge
seržán sergeant
seřa|diště marshalling area / yard **-dit** < **-ďovat, -zovat** v. *řadit* **-ďovací, -zovací** *nádraží* shunting / marshalling yard
seřezat 1 koho v. *říznout* **2** v. *seříznout*
se|řídit < **-řizovat** adjust, motor, auto, obrazovku tune, správně nastavit set* (a clock etc.) **-řiditelný** adjustable
se|říznout, -řezat < **-řezávat** cut* off, zkrátit curtail, cut* down, po kraji trim, vršky top; zešikma bevel
seřizovat v. *seřídit*
seřv|at < **-ávat** hovor. howl down, bawl the hell out of a p.
sesa|dit < **-zovat 1** sundat take* down, koho z vozu help a p. down **2** zbavit moci depose, remove **3** sestavit set* up, set* / put* together
sesbírat jako *sebrat*
sesed|nout, -at < **-(áv)at** alight, z koně get* off (a horse) **-nout se** < **-(áv)at se** dohromady draw* one's chairs together, k poradě get* / put* one's heads together
sesek|at, -ávat, -nout jako *seříznout*
seshora from above
se|schnout se < **-sychat se** dry up a v. *scvrknout se*
sesílat v. *seslat*
sesk|očit, -ákat < **-akovat** jump down / off, vault / swing* o.s. down, let. bale out **-ok** (low) jump-down, let. descent, jump

seskup|it (se) < **–ovat (se)** group, v sestavu configurate, hustě cluster

se|slat < **–sílat** bring* / send* down

sesmek|nout (se) < **–ovat (se)** s- lide* down, slip off,

se|smolit, –soukat v. *smolit, soukat*

sesou|t < **–vat** = *(z)bořit* **–t se** < s- lide* (down)

sestava 1 group, uspořádání arrange- ment **2** k úkonu team **3** náhodná úpra- va celku configuration

sestávat 1 = *skládat se z čeho* **2** = *záležet v čem*

sestav|it < **–ovat** set* up, get* / put* / set* together, v užitečný literární celek compile, rámcově frame, seznam make* up, předpis, lék dispense, stroj assemble, přen. vymyslit devise a v. *sestrojit*

sestehov|at < **–ávat** stitch togeth- er

sesterský sister, affiliated, jako ses- tra sisterly

se|stoupit < **–stupovat** step / go* / come* (down), descend, (jakoby) ze sedla dismount (from a horse)

sestra sister, nemocniční též nurse, nursing sister; k nemocnému sick nurse, k dětem (trained) nurse, nannie

sestroj|it < **–ovat** construct, geom. construe, vymyslit design

sestřelit < shoot* down

sestřenice cousin

sestřih 1 filmu cutting, editing **2** vlasů haircut, hairstyle **–nout** < **–hovat** cut* (down), film cut*, edit

sestup descent, úpadek fall, decline **–ný** downward, přen. declining, o řadě (čísel) degressive **–ovat** v. *se- stoupit*

sesun půdy landslip, landslide **–out** < **–ovat 1** push down / off, **2** = *sesout*

sesychat se v. *seschnout se*

sesy|pat < **–ávat** dolů pour down, dohromady mix (together) **–at se** > **–ávat se 1** fall* / tumble down, též přen. collapse, break* down **2**

na koho pounce upon a p., přen. hro- madně postihnout swamp a p.

sešikovat (se) v. *šikovat (se)*

sešin|out < **–ovat** = *sesunout*

sešit pad, notebook (cvičný exer- cisebook, poznámkový notebook), publikace number, issue, větší vol- ume, jednot. copy

seší|t < **–vat** sew* up / together **–vačka** stapler

se|škrtat, –šlapat v. *škrtnout, šla- pat*

sešl|ost shabbiness; zchátralost de- crepitude; expr. setkání, schůzka get- together **–ý** zchátralý decrepit, ošu- mělý shabby

se|šněrovat, –špendlit, –špulit v. *šněrovat, špendlit, špulit*

sešroubovat screw / bolt together

set v. *sada*

set|ba, –í sowing

setina hundredth (part)

setk|at se < **–ávat se** s čím, přen. meet* with a t., jinak v. *potkat*

setmít se < **stmívat se** go* / grow* dark; setmění nightfall

setn|ík captain **–ina** company

setrv|ačník flywheel **–ačnost** iner- tia, hmoty momentum **–ačný...** of inertia **–at** < **–ávat** remain, linger on, pevně a vytrvale persist (*při* in)

setřás|t < **–at** shake* off, dolů shake* down, dohromady shake* up, mix

setřít < **stírat 1** wipe off **2** koho crack, drub, wipe the floor with a p.

sever north ♦ *na ~ od* north of **–ák** north wind **–ka** pole-star **–ně** *od* v. *na sever od* **–ní** northern, North... northerly, northward (srov. jižní) ♦ *S~ moře (ledové)* Arctic Ocean **–ovýchod, severozápad** northeast, northwest **–ský** Scandi- navian, Nordic, hist. Norse

sevřít < **svírat 1** (jako) v ruce grip, clench (one's fist), a tak spojit clasp, nechtít pustit grasp, close on a t., škrtivě constrict, wring* (wringing cough / pain) **2** uzavřít close (one's eyelids), clamp (one's lips) **3** obejmout embrace, clasp, mazlivě hug (in one's arms), obklopit shut* in, encase, surround ~ **se** < **svírat se** close

sext|a sixth **–ant** sextant **–et** sextet(e)

sex sex **–uální** sexual **–uálnost** sexuality **–us** sex

sezn|am list, schedule, oprávněných, přítomných roll, register **–ámit** < **–amovat** acquaint a p. (with), make* a p. familiar with a t., (s nejnovějším post (up) a p. (s čím in a t.) **–ámit se** < **–amovat se** get* / become* acquainted with a t., (s kým, též make) a p.'s acquaintance, náhodou be thrown together with a p.

sezn|at, –ávat = poznat

sezob|at, –nout v. zobat

sezón|a season ♦ hlavní ~ high-season, mrtvá ~ off-season, špičková ~ peak season **–ní** seasonal

sezvat v. zvát

sežeh|nout < **–ovat** = ožehnout

se|žrat, –žvýkat v. žrát, žvýkat

sfárat v. fárat

sfér|a sphere **–ický** spherical

sfinga sphinx

sfouk|nout < **–ávat 1** pryč blow* off **2** zhasnout blow* out **3** hovor., práci make* an easy job of a t.

shá|nlivý accumulative **–nět 1** hunt / look / search for a t., postupně scrape a t. **2** v. sehnat **–ňka** demand (po for), s obíháním hunt(ing)

sházet, shazovat v. shodit

shled|aná: na -nou good-bye, see you later, kamarádsky so long **–at** < **–ávat 1** get* together, gather **2** find* **3** co na čem find* a t. (in a t.) **–at se** < **–ávat se** s čím find*, s kým = setkat se

shlédnout < **shlížet** look down (upon, on)

shluk cluster, accumulation **–nout se** < **–ovat se** cluster, accumulate

shn|ilý rotten, bad, foul, rozpadávající se decayed **–ít** v. hnít

shod|a concord, agreement, coincidence, conformity, consonance; soulad harmony (ve -ě s in h. with) ♦ v dobré -ě in good accord; ~ názorů agreement of views / opinion, obecná ~ consensus; ~ okolností coincidence, -ou okolností incidentally **–it, sházet** throw* off / down, shake* off, fling* / hurl down, kila work off, na hromadu dump, přen. zbavit moci overthrow* koho take* down, deflate **–it se** < **shazovat se** let o.s. down, blot one's copybook **–nout se 1** agree with a p. on a t., fall* in, pojednání concur **2** vyjít spolu get* on / along well **–ný** agreeing, coincident; -ně accordingly, -ně s in accordance with, conformably to **–ovat se** nebýt v rozporu agree, conform (to / with a t.), tally, square, accord with a t., odpovídat měřítku comport with a t.

shon = ruch, sháňka

shora 1 zmínka above **2** = seshora

shořet < be; get* burnt, přen. selhat fail

shovívav|ost patience, forebearance, indulgence **–ý** patient, forebearing, indulgent

shráb|nout, shrab|at < **–ovat** rake up, lopatou shovel up, pryč rake off, popadnout grab, do kapsy pocket, ve velkém mop up, scoop

shrb|ený hunched, stooping **–it (se)** < **–ovat (se)** = sehnout (se)

shrn|out < **–ovat 1** draw*, push down, pryč draw* off, dolů draw* down, na hromadu bring* together **2** v souhrn sum up, stručný summerize, digest

shrom|áždění gathering, meeting, assembly, am. convention, manifestační rally **–áždiště** meeting-place **–áždit (se)** < **–ažďovat (se)** gather, assemble, collect, v množství store (up), nezřízeně hoard up

shůry = *seshora*

shýb|at (se) v. *sehnout (se)* **–nout (se)** = *sehnout (se)*

scházet = *chybět*, ~ **(se)** v. *sejít (se)*

schéma diagram, chart

schemati|cký schematic, jen načrtnutý sketchy **–čnost** schematization **–smus 1** = *-čnost* **2** seznam list **3** year-book, annual

schlíplý flabby, droopy, limp, sklíčený downcast ♦ *sedět -le* be crestfallen, have one's tail between one's legs

schnout > **u–**, **vy–** get* / become* dry, dry up

schod 1 step, stair **2** *-y* jako žebřík step-ladder, (a pair of) steps, pl, jinak = *schodiště* ♦ *pohyblivé -y* escalator; *točité -y* winding / spiral staircase **–ek** deficit, manko deficiency **–iště** stairs, pl, flight of stairs, v budově, brit. staircase, am. stairway

schopn|ost ability, capability, faculty, capacity, power, k plnění svěřeného competence, osvědčená efficiency ♦ *výdělečná ~* profit-earning capacity **–ý** able to inf. capable of -ing, k plnění svěřeného competent, jak bylo ověřeno qualified, osvědčený efficient ♦ *~ soutěže* competitive

schoulit se v. *choulit se*

schov|anec, **–anka** ward, foster child* **–at** někam, dát put* *(stranou* aside), pro pozdější užití save a t. for a p. **–at (se)** < **–ávat (se)** hide* **–ávačka** hidey / cubby hole **–ávaná** hide-and-seek

schr|ánit < **–aňovat** = *shromáždit* **–ánka 1** receptacle, locker, box, casket **2** na dopisy, brit. soukromá letter box, veřejná pillar box, am. obojí mail box, otvor am. mail-drop, otvor ve dveřích slit ♦ *mrtvá ~* dead drop; *tělesná ~* earthly remains, pl; *vybrat -ku na dopisy* clear a mail box

schrupnout si = *zdřímnout si*

schůdný viable, passable

schůz|e meeting, poradní conference, pravidelná session ♦ *opustit -i* walk out; *svolat -i* call / summon / convene a meeting, am. call a meeting to order **–ka** appointment, date, engagement

schv|álit < **–alovat** approve, give* sanction to a t., připojit se k zastáncům uphold*, endorse; úředním potvrzením authorize, accredit, certify

schváln|ě on purpose, purposely uváženě deliberately, úmyslně intentionally, jen pro tu příležitost specially for (the) once **–ost** willful act **–ý** willful, vyzývavě defiant

schýlit (se) < v. *chýlit (se)* **schylovat (se)** = *chýlit (se)*

schystat v. *chystat*

schytat to hovor. buy* it

si v. *se*

Sibiř Siberia

sic(e) admittedly, no doubt, jinak or (else), it is true, ...though ♦ *a sice* namely

Sicílie Sicily

síd|elní resident ♦ *~ město* royal seat **–liště** habitation, housing estate / development, neighbourhood (unit) **–lit** be settled, reside **–lo** seat, quarters, pl, všeob. residence, bydliště domicile, podniku place of business

sifon 1 trap, seal- / dip-pipe **2** sodovka soda(-water) **3** **–ová** *láhev* siphon(-bottle)

sign|ál signal, fixní světelný n. rádiový beacon ♦ *dopravní ~* traffic light(s, pl), hovor. stop-go sign **–alizace** signalling **–ální** signal(ling) **–atář** signatary **–atura** (press) mark **–ovat** > **o–** sign, umělec mark

síla 1 power, výkonnost, odolnost, počet strength, projevovaná force, nahromaděná energy, tělesná odolnost stamina, sg, zvuku volume; skrytá potency, v podstatě věci virtue, účinnost efficacy, statnost, průbojnost vigour **2** pracovní jednotka hand **3** = *tlouška*

♦ *je / není v mých silách* is in / beyond my power; *koňská ~* horsepower (HP, hp); *kupní ~* purchasing power; *nabýt sil* recover strength; *napnout síly* strain every nerve; *pracovní síly* manpower, labour, staff: *spojenými silami* with joint forces; *vší / plnou silou* with all one's might, with a will, vigorously; *snažit se* n. *usilovat* try hard, do one's best / utmost; *~ vůle* power; *~ zvyku* force of habit

silá|cký athletic, rvavý rough **–k**, strong man*, athlete

siláž silage

sílit > ze– 1 stát se silným become* stronger, grow* stronger, strengthen 2 = *tloustnout* 3 = *posilovat*

siln|ice, –iční road (*mapa* r. map), highway, highroad, dálková main road, jednosměrná one-way road, vedlejší minor road, na náspu causeway, v silniční síti route **–oproudý** hightension **–ý** 1 strong, schopný obstát stout, působivý forceful, a to útočně forcible, průbojný vigorous; zdravě robust, duševně nervous; mající schopnost powerful, potent; intenzívní severe, heavy 2 tlustý thick, tukem fat

silo silo*

silokřivka line of force

silon (kind of) nylon **–ky** nylons, pl

silueta outline, silhouette, na obzoru skyline

silvestr New Year's Eve party, skot. Hogmanay

simul|ace simulation **–ant** malingerer **–ovat** malinger

síň 1 hall, parlour, am., vstupní hallway, přednášková n. koncertní auditorium, s údajem určeni... room 2 = *předsíň*

sin|alý pallid, livid, mrtvolně ghastly pale **–ý** azure (blue)

sípa|t > za– wheeze **–vý** wheezy

síra sulphur, "pekelná" brimstone **–n** sulphate

siréna siren, tovární, lodní hooter, v mlze fog-horn

sir|ka match(-stick) **–n(at)ý** sulphur(ic) **–ník** sulphid(e)

sirot|čí orphan's **–činec** orphanage **–ek** orphan

sírový sulphur(ic) ♦ *kyselina -ová* sulphuric acid

sirup syrup

sít > na–, za– sow*

sí|ť 1 net, vlečná drag (net), trawl, přen., systém system, network, elektr. grid, hlavní vedení the main(s, pl) 2 zavěšená hammock, houpací swing 3 sítě, přen., osidla toils, pl **–tí**, **–tína** rush(es, pl), bent(s, pl) **–ťka** net, gauze, rastr screen **–tnice** retina **–to** sieve, řešeto riddle; prohazovačka screen **–ťovka** string bag

situ|ace state of affairs, situation, position; v nákresu lay-out; momentální set-up, výjimečná emergency ♦ *prekérní ~* plight, pass, exigency **–ační** situation (*~ zpráva* s. report, *~ komedie* s. comedy) **–ovaný** 1 kde situated, na kterou stranu facing 2 dobře ~, zámožný well-to-do

sivý (bluish-)grey

sjedn|at v. *jednat* **–otit < –ocovat** unite, consolidate, unify, v jednotný celek integrate **–otit se > –ocovat se** become* united

sje|t < sjíždět 1 jako *sejít* (i s run* místo go*) 2 v sedle ride* down, po svahu slide* down, o blesku do čeho strike* a. t. 3 koho tick a p. off, dress down, drub, tear* a p. of an awful strip **–t se < sjíždět se** jako *sejít se* **–zd** 1 congress, am. convention, manifestační rally 2 lyž. downhill run / race 3 svah slope **–zdový** congress

sjí|zdný passable, practicable **–ždět (se)** v. *sjet se*

skácet (se) v. *kácet (se)*

skafandr diving suit, kosmický space suit

skáka|cí jumping ♦ *~ laťka* jumping bar; *~prkno* diving board, springboard **–dlo** = *švihadlo* **–t 1** = *poskakovat* **2** v *skočit*

skála rock, nad mořem cliff; lom quarry

skal|ice modrá / bílá / zelená blue / white / green vitriol **–isko** rock(s, pl), v moři reef **–ka** rockery **–natý** rocky **–ní 1** rock **2** přivrženec diehard, sturdy, hardline

skálopevný adamant

skalp scalp **–el** scalpel

skamarádit se = *spřátelit se*

skampolo tee-shirt

skandál 1 scandal, public outcry, ostuda shame, disgrace **2** výstup scene, row **–ní** scandalous, disgraceful

skandovat verše scan, kolektivně chant

skaut (boy-)scout **–ka** girl-scout

skeč sketch

skelný glass, jako sklo vitreous, glassy

skep|se scepticism **–tický** sceptical **–tik** sceptic

sketa poltroon, dastard

skic|a, –ovat > na– sketch

sklad 1 složení structure, constitution **2** zásoba store, stock, válečná stockpile, knih stack, všeob. supply **3** = *-iště*

sklád|ací 1 folding, collapsible, zasouvací telescopic **2** přeměnitelný convertible **3** určený k skládce unloading **–ačka** folder **–at** v. *složit* **–at > na–** 1 pile up, stack, a uložit stow away **2** plisovat pleat **–at se 1** z čeho be composed of..., consist of... **2** na co v. *složit se*

sklad|atel composer **–ba 1** composition **2** povaha složení structure, pattern **3** jaz. syntax **–ebný** (... of) composition, strucutral, jaz. syntactic **–iště** store-room / -house*, warehouse*, stock room, podniku. zvl. velkoobchodu depot, knih stack(room)

skládka tip(ping), dump

sklad|né storage, tipping charge **–ní** storage, = *skladovací* **–ník**

stores manager, warehouseman* **–ný** space-saving, storable **–ovací** warehousing **–ovat** stock, warehouse, store **–ový** jako *skladní*

sklánět se 1 mít svah incline, slant, slope **2** v. *sklonit (se)*

sklápě|cí tip-up **–t** v. *sklopit*

sklap|nout < **–ovat 1** go* jako závěr snap / click, clap (up) **2** podpatky click (one's heels) ♦ *sklaplo mu (to)* he met with failure; o něčem a t. didn't come off for him

sklá|rna glass works **–ř** glassblower / -maker **–řský** glass(-making) **–řství** glass-making, glass industry / manufacture

sklátit < fell ♦ ~ *koho* (do *hrobu*) cause a p.'s death

sklen|ář glazier **–ářství** glazier's **–ěný** glass, a v. *skelný* **–ice** glass, kompotová bottle, marmelády apod. jar, odlivka tumbler **–ička 1** s nožkou goblet **2** odlivka tumbler **–ík 1** skříň glass-case **2** zahradnický hothouse*, green-house* **–íkový** i přen. hot-house **–ka** = sklenička

sklenout < vault (over), v oblouk arch

sklep cellar ♦ *vinný* ~ wine-vault, *vinárna* wine-shop, bodega **–ení** (subterranean) vault **–mistr** (chief) butler **–ní** cellar, underground **–nice** waitress **–ník** waiter, soukromý butler

skleróza sclerosis

skles|lost depression **–lý** depressed, dejected **–nout** collapse

sklíč|enost dejection **–ený** dejected, downcast **–it** < *skličovat 1* depress, oppress, cast* down, deject **2** zachvátit afflict

sklíčko mikroskopu slide

skličovat v. *sklíčit*

skli|dit < *sklízet 1* clear (the table), clear away (the plates), odstranit remove **2** obilí reap, mow*, plody gather **3** dojít čeho meet* with a t. **–zeň** gathering, harvest, objem úrody crop(s, pl)

sklížit v. *klížit*

sklo glass, zboží glassware; *skla* brýle (eye-) glasses, pl ♦ *čistý jako ~* as pure as ice, crystal-clear, crystalline; *ochranné ~ auta* windscreen, am. windshield

sklon 1 inclination, slant, slope tech. brit gradient, am. grade **2** inclination (to), zálibou leaning (to, toward), náchylnost propensity, proclivity, neodolatelný bent / penchant to / for a t. **3** stálé směřování tendency, trend, drift **4** (-y) nadání bent, turn **–ek** close (ke -ku towards the c.) **–it** < **sklánět 1** incline, ohnout bend*, hlavu n. záda stoop, pod tíhou n. z úcty bow *(před* to) **–it se** < **sklánět se 1** incline, ohnutím bend*, lean*, stoop, bow **2** sestupovat go* down, descend, přen. blahosklonně condescend *(ke* to) **3** zrak cast* down **4** blížit se ke konci draw* to a close

skloňo|vat > **vy–** decline; *-vání* declension

sklopit < **sklápět 1** tilt, spustit dip, (let* a t.) drop **2** = *sehnout, stáhnout*

skloubit v. *kloubit*

sklouz|nout < **–(áv)at** glide / slide* / slip down

sklovitý glassy, vitreous a v. *skelný*

skluz 1 slippage **2** = *skluzavka* **3** účetní carry-over **–avka 1** slip(way) **2** zábavní slide, flash **–nice** running surface

skoba hook(ed nail)

skoč|it < **skákat 1** jump, ze země spring*, a to hravě skip, mocně bound, přes co vault a t. **2** na co, po čem jump at a t., pounce upon a t. **3** pospíšit si run*, hurry, pro co slip for a t., run* to fetch a t. **4** ~ *si* v tanci shake* a leg ♦ *~ na nohy* jump to one's feet; *neví, kam dřív ~* she is completely upset; *~ po hlavě* go* in headfirst; *~ z místa* take* a standing jump; *~ komu do řečí* butt in, interrupt a p.; *~ na špek* rise* to the bait

skočky lyže jumping skis, pl

skok 1 jump, spring, skip, bound, leap, srov. *skočit* **2** kousek cesty step; **–em** at a jump / bound, *-ky* by leaps and bounds ♦ *na ~* kde on a short visit (to a place); *zajít na ~* kam drop / look in (at), am. stop in; ~ *daleký* long jump; ~ *po hlavě* head dive, plunge; ~ *o tyči* pole jump / pole vault; ~ *do vody* dive; ~ *vysoký* high jump **–an 1** jumper **2** žába frog ♦ *-ský můstek* lyž. jumping ramp

skolit fell, lay* low

skomírat waste away

skon passing (away) **–ání** dying day, end **–at** < **–ávat** pass (away), expire, decease **–covat** < **–covávat** *s čím* have done with a t., make* / put* an end to a t., a tím přestat wind* up, přerušením styků break* with a p. / t. **–čit (se)** v. *končit (se)*

skonto discount

skop|ec wether, hvězd. Ram **–ová** roast mutton **–ové, –ový** mutton

skoro almost, nearly; next to (nothing, impossible), about, all but (killed), practically, as good as; před záporem hardly / scarcely (s kladem a any, any-, ever)

skoř|ápka shell **–epinové** *křeslo* laminated shell

skořice cinnamon

skosit v. *kosit*

Skot Scot(sman*)

skot horned cattle

skotači|t gambol, frisk (about) **–vý** frisky

skoták cowherd

Skotsko Scotland **s-ý** Scottish, Scots (ale Scotch broth, terrier, whisky)

skoupit < **skupovat** buy* out, zásoby buy* in, sklizeň buy* up (srov. bulkbuying / purchase)

skoup|ost s -ness k **–ý** (kromě ke grudging a close-fisted) grudging, stingy, close(-fisted), mean, niggardly, miserly ♦ *být ~ na co* (be)grudge a t.

skráň temple

skrápět v. *skropit*

skrbl|ický niggardly **–ík** niggard **–it** be stingy

skrč|ek scrub, runt, stunted fellow **–enec** corpse buried in crouching position **–it (se)** v. *krčit (se)*

skripta (mimeographed) lecture notes, pl

skromn|ost modesty **–ný** modest

skropit < **skrápět** wet, water a v. po*kropit*

skroutit < screw (up)

skrovný scanty, meagre, jídlo spare, frugal, přen. slight, slim (e.g. hope, chance)

skrupule scruple(s, ~) ♦ *dělat si ~* scruple about a t.

skrut|átor scrutineer **–inium** the count, scrutiny

skrý|š hiding-place, hide-out, věci cache **–t** < **–vat** hide* a v. *ukrýt se*

skryt: *ve -u* in hiding, in secret, secretly **–ý** hidden, latent, secret, covert; polit. crypto, někde v pozadí ulterior (esp. motives)

skrývat (se) v. *skrýt (se)*

skrz(e) through ♦ *~ naskrz* inside out, all through, na kůži to the skin

skře|hotat > **za–** croak **–k** shriek

skříň case, ozdobný nábytek cabinet, zvl. kredenc s policemi cupboard, šatník wardrobe ♦ *výkladní ~* shop window, am. show window; *~ na knihy* book-case; *~ s přihrádkami* (rack with) pigeon-holes **–ka** cabinet, box, chest, brit. casket, montážní kit, jedna z celé soupravy locker; let. *černá ~* black box

skříp|at > **za–** grate, scroop, kvikat squeak, vrzat creak, (na) struny scrape ♦ *~ zuby* gnash / grate / grind* one's teeth **–nout** < **1** = *zaskřípat* v. *skřípat* **2** přen. expr. put* a p. to the rack, teach a p. a lesson **3** expr. nebýt v souladu be out of tune **–ot** grating, scraping etc.

skřítek sprite, fairy, elf*, (hob)goblin, v. též trpaslík

skřivánek (sky)lark

skučet > **za–** howl, wail, pes whine

skuhrat > **za–** winge, whimper

skulina crevice, cranny

skulit se < **1** dolů roll down **2** do klubíčka huddle up

skup|enství aggregate, fyz. state (of aggregation) **–ina** group, vytříděná podle urč. rysu bracket, stromů, lidí cluster

skupovat v. *skoupit*

skut|ečnost reality, jednotlivá (positive) fact, nesporná matter of fact (*ta ~, že...* the fact that...) ♦ *holá ~* bare facts, naked truth; *ve -ti* in reality, in fact, really **–ečný** real, opravdový genuine, udavší se n. dějící se actual, jsoucí existing, ne jen podle jména virtual; hmotný substantial, material; *-ně* **1** = *ve skutečnosti* **2** really, actually, virtually **3** k zdůraznění indeed, sloveso zdůrazněno výslovností, plnovýznamové opisem s do **4** *Skutečně?* Indeed? nebo replikou jádra věty v otázce (I saw him yesterday. - Did you (really)? I've never been there. - Haven't you?) **–ek 1** deed, vynikající feat, dobrodružný exploit, s překonáním potíží achievement **2** jednotlivé konání act **–kový** factual

skútr (motor-)scooter ♦ *jet na -u* ride a scooter

skv|ělý resplendent, splendid, excellent, brilliant, exquisite, shining, supreme, am. banner **–ít se** > **za–** se shine*, glitter, be brilliant, přen. vynikat excel **–ost** jewel, gem **–ostný** precious a v. *skvělý*

skvrn|a stain, spot, dot, speck, od rezu tarnish **–itý** spotted, speckled **–ka** speckle

skýtat = *poskytovat*

skýva (*chleba*) slice (of bread), velká hunk (of bread)

slabik|a syllable **–ář** primer, spelling-book

slabina pod břichem groin, nad hýžděmi loin(s, pl), přen. weak point, soft spot, foible, underbelly, weak-

ness
slábnout > **ze–** grow* / become* / get* weak / faint / feeble, tratit se dwindle

slab|och weakling, wimp **–omyslnost** imbecility **–omyslný** imbecile **–ost** weakness, infirmity, impotence **–ošský** feeble, unmanly, effeminate **–ůstka** weakness, soft spot **–ý 1** weak, mdlý feeble, infirm, nemohoucí impotent **2** tenký thin, v poměru k délce slender, nevydatný, nepočetný scanty, nepatrný slight **3** nápoj weak, flat, řeč, sloh vapid ◆ ~ *duch* feeble mind; *-é pohlaví* weaker / fair sex; *-á stránka* feeble / faint light; *-á útěcha* cold comfort, *je mi -o* I feel weak

slad malt
sládek brewer
slad|it v. *ladit* **–it** > **o–** sweeten, put* sugar (*co* in a t.), take* sugar **–kost 1** sweetness **2** cukroví, sweet(s, pl), *-ti* am. candy **–ký** sweet ◆ *mluvit -ce* speak honeyed words (and phrases); *-ká voda* říční fresh water
sládnout > **ze–** grow* / become* / get* sweet, sweeten
sladovna malt-house*
slalom slalom
sláma straw ◆ *mlátit prázdnou -mu* flog a dead horse
slam|ák straw (hat) **–ěnka** immortelle **–ěný** straw ◆ *-ná vdova* grass widow, ~ *vdovec* grass widower **–ník** straw mattress
slaneč|ek pickled herring ◆ *mačkat se jako -ci* be packed like sardines
slanina bacon ◆ *bochník -ny* slab / flitch of bacon; *plátek -ny* rasher; *proužek -ny* slice of bacon, lardoon
slánka salt-cellar
sla|ný salt(y), solený salted ◆ *-ná voda* salt water; *moře* brine
slap rapid
slast delight, bliss **–ný** delighful,

blissful
slát|anina patchwork, wishwash, pap **–at** patch (together)
slatina bog, swamp
sláva 1 glory, pověst fame **2** oslava celebration **3** nádhera splendour, pompa pomp; ~! (~ *bohu*) thank goodness; prima. expr. Glory, alleluja!; ~ *ti* / *vám!* hurrah! ◆ *provolávat komu -u* cheer a p.
slavík nightingale
slav|ín pantheon **–it** > **o– 1** celebrate **2** zachovávat observe, keep*, have (one's birthday), commemorate (e.g. an anniversary) **–nost** celebration, s parádou gala, v přírodě fete; společnost party; s obřady ceremony; slavení festivities, pl **–nostní** festive, veřejné reprezentačni state, exkluzívní gala (e.g. performance); mimořádnost příležitosti solemn ◆ ~ *chvíle* solemn occasion; ~ *nálada* festive mood; ~ *recepce* gala dinner; ~ *řeč* official speech; ~ *sál* banqueting hall; ~ *uniforma* ceremonial uniform, full dress; ~ *výbor* organizing committee **–ný** famous, obecně oslavovaný celebrated, nadšeně přijímaný glorious; uznávaný renowned, reputable, význačný distinguished
slečna young woman* / lady (osloveni Madam), před jménem Miss (také jako oslovení v obchodě)
sled succession, řada sequence, string (e.g. of events)
sleď herring
sledovat 1 watch, stopováním trace, a snažit se dostihnout pursue (též cíl an aim) **2** jít za, následovat follow **3** mít za cíl have a t. for one's object **4** brát pečlivě v úvahu contemplate
slehnout < be confined, a porodit be delivered ~ **se** < **sléhat se** settle, go* down ◆ *země se slehla nad... ...a p. / t.* vanished into thin air
slech (dog's, hare's etc.) ear ◆ *neni po něm ani -u* nothing's been heard of him

slepec blind man* **–ký** ...of / for the blind ◆ ~ *tisk*, *-é písmo* braille *(tištěný*... brailled)

slepenec conglomerate

slepi|ce hen **–čí** hen, chicken, fowl *(s. mor* fowl pest)

slep|it < **–ovat** stick* / glue / paste together, slátat patch / piece together

slepnout > **o–** grow* / become* / náhle turn blind **–ota** blindness

slepovat v. *slepit*

slepý blind, nenabitý blank (náboj cartridge), dummy ◆ *-pá bába* blind man's buff; *jako ~ k houslim* by sheer chance; ~ *pasažér* zvl. na lodi stowaway; *-pé střevo* blind gut, caecum; closed street: *-pá ulička* blind alley ◆ *dostat se do -pé uličky*, be cornered **–š** slowworm

slet meeting, gathering, sokolský Sokol rally / festival **–ět** < **slétat** 1 fly* down 2 pádem fall* down **–ět se** < **slétat se** fly* together, gather, meet*

sletov|at < **–ávat** solder together

sleva deduction, z daně n. pokuty abatement, snížení vůbec reduction

slév|ač (iron-)founder **–árna** iron foundry **–at** kovy cast; v. *slít*

slev|enka discount card **–it** < **–ovat** deduct, make* a deduction, přen., prominout forgive* a p. a t., relieve a p. of a t.

slézat se v. *slézt (se)*

slezina 1 anat. spleen 2 get-together

Slezsko Silesia

sléz|t < **–at** climb down, descend, dismount, postupně sejít, též sníh come* off, vypadnout (vlasy) fall* out **–t se** < **–at se** tajně meet* in secret

slib promise, slavnostní vow ◆ *dostát -u* keep* a promise, *nedostát -u* break* one's promise; *vázán -em* under a vow

slíbit < **slibovat** (make* a) promise, slavnostně (take* a) vow

slib|ný promising, hopeful, příznivý fair **–ovat** v. *slíbit* **–ovat si** *(mnoho)* od čeho expect a t. of a t., hope well of a t.

sličný comely, fair

slída mica

slídi|l spy **–t** spy *(po čem, za čím* upon a., into a t.), po čem, hledat to search for a t., vtíravě pry into a t., meddle with a t. **–vý** spying, searching, prying

slimák slug

slin|a saliva, vytékající slaver, plinvutá spit(tle) ◆ *dělají se mu -y* it makes his mouth water **–táček** bib **–tat** slobber, slaver **–tavka**: *a kulhavka* foot and mouth disease

slisovat v. *lisovat*

slít > **slévat** 1 pryč pour off 2 zbavit tekutiny strain 3 dohromady pour together, též přen. fuse ~ **se** < **slévat se** fuse, become* fused

slitina alloy

slitovat se < have / take* mercy / pity *(nad kým* on a p.)

slíva greengage (plum)

slivky slops, pl

slivovice plum brandy

sliz slime

sliz|ký slimy, kluzký slippery

sliznice mucous membrane

slíz|nout, **–at** < **–ávat** hovor. come* in for a t., lick off / away ◆ *ty to -neš* you'll catch it

sloh style, naučitelný composition, am., autorský diction **–a** 1 file, portfolio 2 = *sloka* **–ový** ...of style, composition, stylistic, odpovídající soudobému stylu stylish ◆ ~ *úkol* essay, composition

sloj seam

sloka verse, strophe

slon elephant **–ovina** ivory **–ový** ivory

slosovat < redeem, v loterii draw* < **–elný** redeemable

slouč|enina compound **–it (se)** < **slučovat (se)** fuse, merge, chem. compound, mat. collect; v jednotu amalgamate

sloup post, tyč pole, stav. column ♦ *oči obrácené v ~* glazed eyes

sloup(áv)at v. *sloupnout*

sloup|ec column **–cová** *korektura* galley proof **–ek** column: nástupního ostrůvku bollard **–oví** colonnade

sloup|nout, –at < **–ávat** peel off

slouž|ící servant, menial, attendant, footman* **–it 1** be of service; attend / wait on a p. **2** k čemu serve (for, as) **3** jít k duhu agree with a p., do* a p. good **4** být zaměstnán serve, be engaged ♦ *~ za příklad* set* an example **–it** > *pokomu* serve a p., do* a p. a good turn ♦ *jen si poslužte* you are welcome (to...); *čím mohu ~?* what can I do for you?; *nelze dvěma pánům ~* no man can serve two masters *~ si* > *pohelp* o.s.

Slov|ácko Moravian Slovakia **–ák** Slovak **–van** Slav **–anský** Slav(ic), Slavonic

slovem in a word, briefly, in short

Slovensk|o Slovakia **s–ý** Slovak(ian)

slov|esnost 1 poetika poetry and rhetoric **2** beletrie belles lettres, pl, literature **–esný 1** literary **2** k 'sloveso' verbal **–eso** verb **–íčko** vocable, sebemenší (a single) word ♦ *hádat se o –ka* split* words **–ní** word, verbal, odb. lexical ♦ *~ hříčka* pun **–níček** vocabulary **–ník 1** dictionary **2** slovní zásoba vocabulary ♦ *naučný ~* encyclopedia **–níkář** lexicographer **–o 1** word **2** řeč speech **3** výrok saying ♦ *ani –a* not a word; *beze –a* without saying a word; *beze slov* no comment; *brát koho za ~* take* a p. at his word; *cizí ~ v jazyce* loan word; *čestné ~* word (of honour); *dostát v –u, dodržet ~* keep* one's word; *máš ~* it's your turn to speak; *~ od –va* word by word; *mít poslední ~* have the last say; *promluvit s kým moudré*

~ tell* a p. one's mind; *pustit koho k –vu* let* a p. speak; *úvodní ~* introductory word; *věřit komu na ~* confide in a p. blindly; *zrušit (dané) ~* break* one's promise / word; *ztratit za koho ~* intercede for a p. **–osled** wordorder **–utný** esteemed, renowned, ...of great repute

slož|ení constitution, composition, structure **–enina** compound **–enka** paying-in slip **–ený** compound, composite (a v. *složit*) **–it** < *skládat* **1** put* together, make* / set* up (a t. z of), montáží assemble, tvůrčím procesem compose, literárně pen, write*, do pevného spojení compound **2** a tak umožnit přemisťování pack (up) *(do čeho* in a t.), využitím prostoru stow **3** do úschovy deposit, lodge (*u* with) **4** stranou put* aside **5** dolů put* (down), k odpočinku repose, sejmout take* down / off **6** našetřit si save (up) **7** náklad unload, discharge **8** skolit bring* down fell, zápasníka throw*, vyřadit knock out **9** o platbě pay* in, hotově pay* down **10** přehnutím fold / double (up), zahrnutím lap, do vrásek wrinkle (up), plisováním pleat ♦ *skládat důvěru v koho* put* one's trust in a p.; *~ hold* pay* homage *(komu* to); *~ na hromadu* put* on a pile, heap up; *~ karty* throw* up one's cards; *~ maturitu* pass one's A-levels; *skládat naděje v co* set* hopes in a t.; *~ poklonu* pay* a p. a compliment; *~ přísahu* take* an oath; *~ ruce v klín* sit* back, fold one's arms; *~ slib* take* a vow; *~ účty* render accounts (*z* of); *~ zbraň* lay* down one's arms; *~ zkoušku* pass an examination; *skládat zkoušku* sit* (for) an examination **–it se** < **skládat se 1** spustit se let* o.s. down **2** příspěvky pool one's resources, na koho, co collect for a p. / t. **3** hovor. = *omdlít* **–itý** complex, compound, intricate, complicted **–ka 1** component (part), constituent, element, unit, factor, směsi ingredient **2** v organizaci action, sector, organ, body

sluč|itelný compatible (s with) **–ovat (se)** v. *sloučit (se)*

sluha (man-)servant, menial servant, k ruce footman*, osobní, pověřený garderobou, hotelový valet, pečující o sklep a nápoje butler; zřízenec attendant, uváděč usher, úř. doručovatel messenger

sluch (sense of) hearing, ear ♦ *hudební* ~ musical ear; *popřát komu -u* give* hearing / ear to a p.; *nepopřát komu -u* turn a deaf ear to a p.; *věřit svému -u* believe one's ears; *zbystřit* ~ prick up one's ears **–átko** earphone, receiver, na hlavu headphone (-*ka* headset) **–ový...** of hearing, auditory

sluka snipe

slun|ce 1 the sun **2** místo n. prostor ozářený -cem sunshine (*na -ci* in the sun, *pod -cem* under the sun) ♦ *brýle proti -ci* sunglasses; *horské* ~ quartz lamp; *východ* ~ sunrise am. sunup; *západ* ~ sunset, am. sundown **–éčko 1** nice old (Mr.) sun, teplo warm sun **2** brouk lady-bug **–eční** (... of the) sun, odb. solar ♦ ~ *hodiny* sundial; ~ *skvrna* sun spot; ~ *svit* sunshine **–ečnice** sunflower **–ečník** parasol, zahradní sunshade **–íčko** v. -éčko **–it se** bask in the sun, sun-bathe **–ný** sunny **–ovrat** solstice

slup|ka coat, skin, která se loupe peel, která se rozbíjí shell; tvrdá povrchová vrstva crust **–nout** < hovor. sink*, pack away, hladově wolf it down

sluš|et become*, komu suit a p. **–et se 1** komu na koho it becomes a p. well **2** *-í se* it is advisable / the (proper) thing (to do) ♦ *jak se -í a patří* as is fit and proper **–ivý** becoming, elegant, well-fitting **–nost** propriety, decency **–ný 1**

náležitý proper, podle nepsaných předpisů decorous **2** potěšující smysly i mysl seemly **3** zjevně dbalý na vše, co je náležité decent **4** přiměřený fair, reasonable **5** mající dobrou pověst reputable , respectable **6** milý, příjemný agreeable

slůvko = *slovíčko*

služ|ba 1 service **2** obsluha attendance, kdo má -bu man*-in-charge **3** zaměstnání employment (*v čích -bách* in a p.'s employ, voj. in... service), právě prováděné duty (*(ne)být ve -bě, (ne)mít -bu* be on / off duty, *-by* service trades, pl, service industries, pl, *k (vašim) -bám* (I am) (always) (at) your service ♦ *být v (činné) -bě* be on the active list, be in active service; *-by boží* divine service; *-by konající důstojník* duty officer; *státní* ~ Civil Service; *ubytovací* ~ accommodation agency **–ebna** office, agency **–ebná** maid (servant) general, u stolu parlour maid **–ební** (...of) service / duty ♦ *-ně vázán* duty-bound; ~ *cesta* business trip, official journey; ~ *průkaz* official (identity) card; ~ *předpis* (official) regulation; ~ *příjem* income; ~ *příplatek* allowance bonus; *složit* ~ *přísahu* pledge an oath allegiance; ~ *styk* contact on official lines; ~ *volno* time off (duty) **–ebnictvo** servants, pl, domestics, pl **–ebnost** práv. easement, otročení servitude **–ebný** menial, ancillary **–ka** maid, help **–né** pay, salary

slýchat v. *slyšet*

slyš|ení audience, hearing **–et >** u-hear* (o of, about), a plně si uvědomovat listen to a t. / p. **–et > vyslechnout** hear*, receive, (po)radit se consult (e.g. an expert) **–itelný** audible

slz|a tear(-drop) **–avý** tearful **–et >** za– tear, shed* tears **–otvorný** *plyn* tear-gas

smáčet v. *máčet*

smačkat, smáčknout v. *mačkat*

smalt(ovaný) enamel

smaragd emerald

smát se > za– se, laugh, bez zvuku smile, komu laugh at a p., na koho smile on a p. ♦ ~ se *hlasitě* laugh out loud; *není se čemu* ~ it is no laughing matter; ~ se *z plna hrdla* laugh one's head off; ~ se *na celé kolo* roar with laughter; ~ se *pro sebe* chuckle, laugh inwardly

smavý smiling, joyful, cheerful

smaz|at < –ávat učinit nezřetelným obliterate, odstranit z povrchu efface; co (vinu) čím atone for a t. with a t.

smaž|enec, –enka (kind of) omelet **–icí** frying **–it > u–** fry, přen. bake, roast ♦ *-ené hranolky* french fries, brit. chips; *-ený řízek* am. pork fritter, (wiener) schnitzel; ~ se ve vlastní šťávě stew in one's own juice

smečka pack, přen. též gang

smek|at > –nout take* off / raise / lift / doff one's hat / cap *(před kým* to a p.) **–at se > –nout se** slip down / off

směl|ost daring, daredevilry **–ý** daring, venturous, nebojácný fearless, nevážící se konvencemi free *(být tak* ~ *a...* take* the liberty to inf. make* so bold [as] to inf)

směn|a shift **–árna** exchange-office **–ečný** (... of) exchange **–it <** **směňovat** = *měnit, střídat* **–itelný** tradable, convertible, changeable **–ka** bill (of exchange), draft ♦ *vystavit na koho -ku* draw* on a p. **–ný** exchange ♦ ~ *obchod* exchange business, barter

směr 1 direction, cesta kudy way, jak course, pravidelně užívaný route **2** obecný tendency, hnutí movement, celkové zaměření drift, dočasné trend **3** proud trať, provozní proud line **–nice** directive, guideline, instruction **–ný** directive, guiding, stanovící cíl target **–odatný** authoritative, rozhodný conclusive, decisive **–ovat**

route **–ovka** traffic / direction indicator, železniční zásilky direction / route / label / tag

směřovat 1 be directed / pointed / aimed at..., čím kam point / aim a t. at..., tam se ubírat make* for..., proud, city be set; cesta lead* to..., okna, dveře open into..., stát čelem proti face a t., bear* (north, to the right, upon the city) **2** mít sklon tend **3** způsobovat to conduce to a t.

směs mixture, harmonická blend, účelová alloy **–ice** jumble, medley, přen. hotch-potch, chaos

smést < smetat sweep* down, dohromady sweep* up

směstn|at < –ávat cram, lidi též crowd **–at se < –ávat se** crowd

směšný laughable, ridiculous, ludicrous, droll, funny

směšovat = *mísit*

smět may*, nesmí cannot* (vzhledem k zákazu must* not, jako varování shall not)

smetá|ček (short-handled) brush **–k** broom, s třásněmi mop, mechanický carpet-sweeper

smet|ana cream **–anka** = *pampeliška* **–ánka** élite, cream of society **–anový** cream, cream (-coloured)

smet|at v. *smést* **–at < –ávat** hurl down **–í** sweepings, pl. vůbec odpadky rubbish, refuse, vynášené dust **–iště** dust heap, rubbish / scrap heap, tip

smích laughter, jednotlivé zasmání laugh (s pl laughs) ♦ *se -chem* with a laugh, laughingly

smíchat v. *míchat*

smilov|ání mercy **–at se < –ávat se** nad kým have / take* mercy on a p., be merciful

smilstvo fornication

smí|r conciliation, settlement, před úřadem composition ♦ *uzavřit* ~ make* one's peace **–rčí...** of conciliation **–rný** conciliatory, peaceful **–řit < smiřovat** bring* A and B together, settle, reconcile A with B, conciliate, uspokojit appease, zklidnit placate **–řit se** < **smiřovat se 1** become* reconciled, reconcile **2** jako s nezměnitelným put* up with a t., acquiesce in a t. **–řlivý** conciliatory

smir|ek, –kový emery, sand (e.g. cloth, paper)

smiřova|cí... of appeasement **–čky** (policy of) appeasement **–t (se)** v. *smiřit (se)*

smí|sit v. *mísit* **–šený** mixed

smlčet < keep* back, keep* a t. a secret

smlouva contract, mezistátní treaty, pact, listina deed **–t 1** bargain, haggle (over a t., for a t.) **2** v. *smluvit* **–t se** v. *smluvit se*

smlsnout co, ~ **si** na čem| kom take* it out on a t. / p.

smluv|it < **smlouvat** arrange (for) a t., úředně negotiate, smluvně contract, výslovně uvést stipulate **–it se** < **smlouvat se** tajně collude, odbojně conspire a v. *dohodnout se, smluvit* **–ní** contracting (*strana party*), contractual

smočit v. *máčet* ~ **si** v čem have had a hand in a t.

smoking dinner-jacket, am. tuxedo

smol|ař unlucky fellow, luckless chap, failure **–ařský** unlucky ill-starred **–it** > **se–, u–** botch up **–it se** s čím = *babrat se, piplat se* **–ný** pitch(y)

smontovat v. *montovat*

smotat v. *motat*

smrad stench, stink **–lavý** stinking, smelly

smrákat se = *stmívat se*

smrd|ět stink* **–utý** = *smradlavý*

smrk 1 spruce, (i jedle) fir **2** v nose snot (bez pl) **–at** > **vy– se** blow* one's nose

smrsknout (se), smrštit se < **smrskovat (se), smršťovat se** contract a v. *scvrknout se*

smršť whirlwind, tornado

smrt death ♦ *to bude má* ~ that

will be the death of me; *až do -i (nejdelší)* to one's dying day, for one's lifetime; *odsoudit k -i* condemn to death / die; *rozsudek -i* death sentence; *sejít násilnou -í* die a violent death; *trest -i* capital punishment, death penalty; *zápasit se -í* be in one's death agony **–elník** mortal **–elný** mortal, působící smrt, též deadly, fatal ♦ ~ *hřích* mortal sin; ~ *chropot* death-rattle; *na -ném loži* on one's death bed; ~ *úder* death-blow; *-ná úzkost* mortal fear; *-ně vážný* dead(ly) serious **–ící** pernicious, deadly **–onosný** deadly, fatal

smůla 1 pitch **2** neštěstí bad / ill luck, bummer, hard lines, pl ♦ *ta ~!* just my luck!

smut|eční mourning, pohřební funeral, obituary ♦ ~ *bohoslužba* funeral service; ~ *hostina* funeral wake; ~ *mše* mass for the dead; *-ně oděný* in mourning; ~ *oznámení* announcement of death, tištěné mourning-card, v tisku obituary (notice); ~ *pochod* funeral / dead march: ~ *řeč* funeral oration; ~ *šaty* mourning; ~ *vrba* weeping willow; ~ *vůz* hearse; ~ *závoj* weeper **–ek** sorrow, grief, sadness, low spirits, pl; nad úmrtím (a s tím spojené zvyklosti) mourning (v. též *smuteční šaty*) **–ný** sad, sorrowful, low-spirited, z opuštěnosti lonely; politování hodný lamentable ♦ *-ná nálada* the dumps, pl; ~ *osud* sad lot; *-ně proslulý* ill-famed (*čím* for a t.)

smyč|cový *nástroj* stringed instrument (*-ové, -je* strings, pl) **–ec** bow

smýčit > **vy– 1** kde hover around **2** dust **3** prohledávat rummage, ransack (a place)

smyčka loop, k uchopení n. držení sling, posuvná noose

smyk 1 skid(ding) **2** místo k spouštění shoot, chute ♦ *dostat* ~ skid

smýk|nout < –at *čím* drag, trail a t., cloumat push and pull **–nout se(bou)** < –at se(bou) slide*

smysl 1 sense 2 význam sense, import, interpretation, bearing, drift 3 pro něco sense of a t., taste for a t. 4 účel purpose, justification ♦ *beze -ů* out of one's senses; *dávat ~* make* sense; *při -ech* in one's right mind; *podle -u* according to sense; *v pravém -u slova* to all intents and purposes; *v tom -u, že...* to the effect that...; **–nost** sensuality **–ný** sensual, rozkošnický voluptuous **–ový** sensuous

smýšlení opinion, názory views, pl, outlook, stálé mentality

smyšlen|ka fiction, figment of one's imagination, fabrication, hoax **–ý** fictitious, invented, fabricated, made-up

smýšlet have... opinion of a t. / p. s kým jak be... disposed towards a p. ♦ *~ o kom vysoko* think* highly of a p.

smý|t < –vat wash away / off / down

snad perhaps, possibly, zvl. am. maybe, slovesem may*, be likely s inf **–nost** ease, facility **–ný** easy, facile, nezatěžující light

snaha endeavour, struggle, úzkostlivá anxiety, solicitude, effort

snacha daughter-in-law

snář dream-book

snášenliv|ost tolerance, toleration **–ý** tolerant

snášet (se) v. snést (se)

sňatek marriage (s to / with a p.)

snaž|it se < vyna– se do one's best, endeavour, try hard, take* pains, struggle, strive*, be eager / solicitous, hledět seek* to inf. **–ivost** diligence, assiduity **–ivý** diligent, assiduous, hard-working **–ný** pressing, urgent, earnest, insistent

snědek: *k -dku* to eat

snědý nut-brown, tanned, dark, sun-burnt

sněh|obílý snowy, snow-white **–ovka** snow / arctic boot **–ový** snow **–ulák** snow-man* **S–urka** Snowwhite

sněm assembly, congress **–ovat** be in session, deliberate **–ovna** parliament, the house* **–ovní** parliamentary

snesitelný bearable, tolerable, endurable, dost dobrý passable

snést < snášet 1 dohromady bring* (together), gather (together), collect 2 dolů bring* / take* down, vejce lay* 3 strpět bear*, pasivně suffer, necouvnout stand*, mentálně endure, pro klid tolerate ~ **se** < snášet se 1 dolů descend, alight, come* down, let* o.s. down, padákem parachute 2 s kým be on good terms with a p., vzájemně be getting on / along well together

sněť bot. blight, med. gangrene

sněž|enka snowdrop **–it** snow **–ný** snow(y) ♦ *~ člověk, muž* Abominable Snowman, yeti

snída|ně breakfast **–t** > **na–** se have one's breakfast

sníh 1 snow, sněžení snowfall 2 kuch. stiff froth, whisked whites ♦ *~ padá* it is snowing

snílek visionary, (day-)dreamer

sním|ač taking-off device, obrazu scanner **–ání** tel. scanning **–at** v. sejmout **–ek** picture, shot, amatérský snap(-shot), zvukový record(ing)

sníst v. jíst

snít dream*; *snění* day-dreams, pl, reverie

snítka twig

snivý dreamy

snížit < snižovat 1 bring* down, lower, cut* (down), reduce 2 spustit lower, let* down 3 scale down, degrade, impair 4 disparage, belittle 5 co detract from a t., derogate from a t. ♦ *~ trest* remit a sentence ~ **se** < snižovat se 1 blahosklonné condescend / stoop to a p. 2 klesnout go* down, fall*, shrink*, recede

snop sheaf*, stock

snoub|enec fiancé, betrothed **–enka** fiancée, betrothed **–it se** wed, unite, combine

snůška 1 load, harvest **2** náhodná sbírka haphazard collection, compilation

sob reindeer, sg i pl

sobec egoist **–ký** selfish, egoistic **–tví** selfishness, egoism, egotism

soběstačný self-sufficient, -supporting, -sustaining

sobota Saturday

soci|alismus socialism **–alista** socialist **–alistický** socialist (e.g. realism), -istic **–ální** social (e.g. s.worker = am. case-worker) **–olog** sociologist **–ologický** sociological **–ologie** sociology

sod|a soda **–ík** sodium *(-ková lampa* s. lamp, lighting) **–ovka** soda (water)

sodom|ie sodomy **–ita** sodomite, bugger

sofistika sophistry

socha statue, sculpture **–ř** sculptor **–řit** sculpture **–řský** sculptor's, sculpture **–řství** sculpture

sója soya

sojka jay

sok rival

sokl plinth, podstavec pedestal

sokol falcon

solid|arita solidarity, fellowship ♦ *stávka ze -ty* sympathy strike **–ární** solidary **–ní** reliable, fair, uznávaný respectable

sólista soloist

sol|it > **na-**, **o–** salt, tak konzervovat cure (in salt), v láku pickle **–ný** slat ♦ *kyselina -ná* muriatic acid

sólo(vý) solo

sonáta sonata

sond|a probe, řidč. sound, přen. feeler **–ovat** > **vy–** probe / sound into a t., přen. put* out feelers, probe, find* out a t.

sop|ečný volcanic **–ka** volcano

soprán soprano*

soptit be in eruption, hněvem be in a towering passion

sort|a sort, line **–iment** assortment ♦ *široký* ~ wide range / variety

sosák proboscis

sosna pine

soška statuette, figure

sotva barely, hardly, scarcely, with difficulty; *"Sotva"* Hardly, I doubt it **–(že)** no sooner... than..., before..., ...

sou|běžný parallel **–boj** duel, přen., boj combat **–bor 1** věcí set, collection **2** umělců ensemble, group, div. company, baletní corps de ballet, zpěvácký chorus **3** výpoč. tech. file **–borný** collected **–cit** pity, pochopení sympathy, compassion **–citný** sympathetic, compassionate **–časník** contemporary **–časnost** the present (times, pl) **–časný** dnešní the present, contemporary, o událostech contemporaneous, přesně simultaneous; *-ně* at the same time **–část** constituent (part), component, charakterizující směs ingredient, nezbytná part and parcel **–částka** part, component, přidaná accessory, zvl. náhradní (spare) part **–čet** sum, total, sum total **–čin** product **–činnost** cooperation

soud 1 řízení trial, na žalobu action (at law), zasedání session, posuzování judgment, rozsudek verdict **2** hodnotící estimation, opinion, logický inference **3** instituce court (of law), law-court, am., budova court-house*, vyšší a stálý tribunal ♦ *po mém -u* in my opinion; *pohnat koho k -u* sue a p. **–ce 1** judge, místní (policejní) magistrate, Justice of the Peace **2** = *rozhodčí* ♦ *být -cem* be / sit* on the bench, preside **–covat** umpire

soudek cask

soud|it administer justice, try a p. (a case), sit* / preside in court (over a p.), sit* in / pass judgment upon a p., přen. v. *roz-* n. *posuzovat* **-it > u-** judge (of a t., *podle, z* by, from), mít domněnku presume, z jednotlivostí gather, conclude, draw* / make* conclusions, deduce / infer *(z* from); *bylo mu souzeno* he was destined / fated **-it se** litigate **-ní** judicial ♦ ~ *lékař* forensic surgeon, ohledávající coroner; ~ *lékařství* forensic medicine; ~ *pitva* autopsy; ~ *síň* court room **-nictví** justice, judiciary **-ný** discerning, discriminating, judicious ♦ ~ *den* judgment day, Doomsday; *do ~ého dne* till Doomsday; *-ná stolice* tribunal

sou|dobý contemporaneous, simultaneous, synchronous **-druh** comrade, při úkolu companion, pomocník associate, kamarád mate **-družka** comrade **-družský** comradely **-družství** comradeship **-držnost** cohesion, consistency, společenská solidarity **-držný** cohesive **-hlas** agreement, assent, consent, schválení approval **-hlasit 1** agree (*s* to a t., with a p. on a t.), názorově assent to a t., svolit (give*) consent to a t., podporovat countenance a t. **2** být v souladu tally, agree with, conform with a t., plně coincide, fall* in, concur **-hláska** consonant **-hlasný** consonant, hodící se conformable **-hra** (action in) unison, teamwork, combination **-hrn 1** totality, entirety, complex **2** přehledný summary a v. *výtah* **-hrnný** comprehensive, total, general, summary **-hvězdí** constellation

souchotin|ář(ka) consumptive **-y** consumption

soukat > se- work down ~ **se** šplhem climb

sou|kmenovec fellow-countryman*, kinsman* **-kolí** wheelwork, gear

soukrom|í privacy (*v* ~ in private); o podnájmu lodgings, pl, brit. hovor. digs, pl ♦ *odejít do* ~ retire **-ník** private person **-oprávní** civil (-law) **-ý** private ♦ ~ *majetek* personal possessions, pl; *-mé právo* civil law; ~ *učitel* tutor, coach

soulad harmony, accord; conformity

soulož coitus, sexual intercourse, sex **-it** have (sexual) intercourse (*s* with), make* it **-nice** concubine **-ník** concubinary

sou|měrnost symmetry **-měrný** symmetrical **-měřitelný** commensurable **-mrak** nightfall, dusk, twilight, přen. decline **-náležitý** appurtenant, vhodný congruous **-ostroví** islands, pl, archipelago* **-osý** coaxial

soupeř rival, adversary **-it** vie / compete with a p., rival a p., emulate a p. **-ství** rivalry, emulation

sou|pis = *seznam* **-prava** set, oblečení suit, nábytku suite, tech. vybavení rig **-pravička** baby outfit, layette **-putník** fellow-traveller **-rodý** congenial (*s* to), congruous (*s* to), vnitřně homogeneous **-rozenci** brothers and / or sisters **-řadný** coordinated

soused neighbour **-it** neighbour (*s* on, upon), adjoin a t. **-ka** neighbour **-ní** neighbouring, adjoining, near-by, next-door **-ský** neighbourly **-ství** neighbourhood, vicinity **-stvo** neighbours, pl

soustav|a system, set **-nost** organizedness **-ný** systematic

sousto mouthful, chutné titbit, ukousnuté morsel

soustrast pociťovaná sympathy, projevená condolence ♦ *projevit* ~ condole with a p. for a t., offer one's condolences, sympathize with a p.

soustrastný sympathetic, ...off condolence

soustru|h (turning) lathe **-hovat, -žit > vy-** turn (out) **-žník** turner

soustře|dit (se) < **–ďovat (se)** concentrate, organizačně centralize, shromáždit mass **–dný** concentric

souš(e) dry land; ne ostrov mainland; po -ši by land, overland

soutěska defile

soutěž competition, závodění contest **–it** compete (with a p. for a t.)

soutok confluence

sou|viset cohere, be (těsně closely) connected (s with), bear* (upon) **–vislost** continuity, connexion, událostí chain of events, circumstances, pl, textu context **–vislý 1** nepřerušený continuous **2** s čím connected with a t. **3** svými složkami coherent **–vztažný** correlative **–znění** consonance **–zvuk** harmony

soužit pester, vex, worry, harass, distress, annoy

soužití common life, life together ♦ mírové ~ peaceful coexistence; občanské ~ civil conduct

sova owl

sov|ět(ský) hist. soviet (S. svaz the Soviet Union) **–choz** hist. state farm, sovkhoz

sp|ací sleeping (e.g. bag, car/riage) = sleeper, am. Pullman) **–áč** sleeper

spad fall-out

spád 1 terénu declivity, descent, slant **2** slov cadence, času lapse **3** tempo rapid succession, drift, prudký sweep (of events) **–y** tricks, pl

spad|at vjedno coincide, fall* within, pod co be included in a t., časově go* back to... **–ávat** v. padat **–nout** < **–at** připadnout někomu fall* (na koho to a p.), jako úkol devolve (upon a p.) ♦ mít -eno na koho be down on a p., pick on a p. **–nout se** lose* weight

spádný rapid

spagety spaghetti

spáchat v. páchat

spájet weld, také v. spojovat

spál|a scarlet fever **–enina** burn

(-mark) **–eniště** scene of a fire **–it (se)** v. pálit (se)

spal|ničky measles, sg **–ovací** (...of) combustion **–ovat** = pálit **–ovna** incinerator

spánek 1 sleep **2** skráň temple

spanil|ost grace(fulness), charm **–ý** graceful, charming, fair

spár claw, talon, přen. clutch

spára v. skulina

spařit a **spářit** v. pařit a pářit

spása salvation

spasit save, vyprostit deliver (od from), vykoupit redeem **–tel** saviour

spásný saving, salutary

spás|t < **–at** graze down

spát sleep*, be asleep, přen. o záležitosti be dormant ♦ ~ jako dub, dudek, dřevo sleep* like a top; jít ~ go* to bed

spatra 1 pohrdavě with aloofness **2** nepřipraveně extempore, on the spur of the moment, without notes ♦ dívat se ~ na koho look down (or superciliously) on a p.; mluvit ~ extemporize

spatř|it < **–ovat** set* eyes (up)on a t. / p., sight, perceive ♦ ~ světlo světa see* the light, come* into the world

spavý somnolent

speci|ál let. chartered flight **–alista** specialist **–alita** speciality, specialty **–alizace** specialization **–alizovat (se)** specialize (na in) **–ální** special **–fický** specific **–fikace** specification, výčet breakdown **–fikovat** specify

spečetit přen. = zapečetit, v. pečetit

speditér (freight) forwarder, forwarding agent

spěch haste, kvap hurry, rychlost v provádění speed, dispatch **–at** = pospíchat

spekul|ace speculation **–ant** speculator **–ovat** speculate

spěšn|ina express parcel **–ý** hasty, speedy, dopr. express, naléhavý urgent

spět kam make* / head for a place, přen. tend towards... ♦ ~ ke konci draw* to a close

spíchnout stitch together, narychlo baste (up), rig up

spik|lenec conspirator **–nout se** < conspire **–nutí** conspiracy

spílat komu abuse a p.

spína|č el. switch **–t** v. sepnout

spirál|a, –ný, –ový spiral

spis publication, listina document, paper; něčí -y writings, pl **–ovat** o autoru write*, jinak = sepisovat **–ovatel(ka)** writer, author **–ovný** literary

spíš(e) rather / sooner; nej- most likely

spíž(e, –ka), spižírna na maso larder, na suché potraviny pantry

splácet na splátky pay* in instalments; v. splatit

spl|áchnout < **splachovat** wash down, opláchnout rinse, flush, při drhnutí scour **–achovač** flush(ing system)

splask|nout (se) < **–ovat (se)** deflate

splašit 1 hovor. sehnat v. sehnat **2** ~ **(se)** v. plašit (se)

splašky z nádobí dish-water, v kanálech sewage

splatit < **splácet 1** pay* off, discharge (by instalments), protihodnotou pay* back, repay* **2** zcela zaplatit pay* up, tak zahladit redeem, vyrovnat acquit, satisfy a p., refund, směnku při předložení take* up

splátka ve lhůtách instalment, jedno splacení part payment; na -ky by instalments, koupě on the hirepurchase / lease-to-own system, am. on time

splatn|ost maturity **–ý** (re)payable, mature, due (for payment), již dříve overdue

splav weir **–nit** < **–ňovat** make* navigable **–ný** navigable

spl|ést (se) v. plést (se) **–eť** tangle

spl|état = plést **–etitý** confused, intricate, involved

splnit (se) v. plnit (se) **–elný** realizable

sploš|tit < **–ťovat** flatten (out)

splynout < **splývat** coalesce, merge (together), fuse, amalgamate, be integrated, při plování float

spoč|inout < **–ívat** rest

spočítat 1 = sečíst **2** v. počítat

spočívat 1 v čem consist in..., pevně be (firmly) rooted in... , be inherent in **2** v. spočinout

spod|ek 1 bottom, ground **2** karta am. jack, brit. knave **–em** by the lower path **–ina 1** lower layer **2** usazená sediment, odpad dregs, pl. **3** společenská scum of the earth, rabble **–ky** underpants, dlouhé muž. long johns, žen. drawers, pl, brit. obchodně pants, pl, plavečkové, brit. trunks, pl, obch. briefs, pl **–ní** lower, bottom, odb. n. = horší inferior, často under- ♦ ~ kalhotky pant(ie)s, pl; ~ prádlo underclothes, pl, underclothing, undergarments, pl, obch. underwear, dámské lingerie, hovor. undies, pl **–nička** underskirt, waist petticoat

spoj 1 connection, dopravní communication, line; tech. joint; pojítko attachment **2** užívaná cesta route, skrytá channel **–ař** voj. signalman* (-aři the Signals) **–enec** ally **–enecký** allied **–enectví** alliance, přátelské entente **–it** < **–ovat** put* together, combine, join, i telefonicky connect, volně a přitom pevně link (up), ve dvojice couple, k společnému úsilí associate; telefonicky put* a p. through (s to); vytvořit účelovou jednotu unite (the United States), svazkem tie, závazkem ally, při společném vedení federalize; ve -ení s in connection / conjunction with; -ený tj. společně prováděný joint, combined ♦ být -en a tak umožňovat průchod communicate to / with a p.; dostat -ení telefonické get* through; krátké -ení short circuit **–it se** < **–ovat se** unite, join forces, team up, gang, associate (with a p.); combine; vejít ve styk communicate, get* in touch with a p., contact a p. a v. *splynout* **–itost** = *souvislost* **–itý** connected, joint a v. *souvislý* **–ka 1** auta clutch; connecting piece, connection, vozů coupling **2** el. extension socket **3** koberec bridge **4** opt. condensor **5** sport. inside forward **6** voj. orderly **7** jaz. conjunction **–ovací** connecting, voj. liaison (esp. officer), umožňující průchod communication

spokoj|enost satisfaction, contentment **–ený** satisfied, a klidný content(ed), uspokojením zálib pleased, gratified **–it se** < **–ovat se 1** content o.s. with a t. **2** smířit se s tím, acquiesce in -ing, put* up with a t.

spolč|it se < **–ovat se** associate, keep* company with, tajně collude, spiklenecky conspire (*být -en s* be in league with)

společ|enský 1 social **2** družný sociable, o zvířatech gregarious ♦ *-ká hra* parlour game; *-ká místnost* lounge, na školách common room; *~ oblek* lounge suit; *-ké postavení* status; *-ké šaty* evening dress; *~ večer* social (evening / party), am. sociable **–enství** company, partnership, soužití association, obec community **–enstvo** guild, union, association **–nice, –ník** companion, k ruce attendant, k společnému jednání associate, a to trvalému partner **–nost 1** society, k úkonu n. prospěchu company, menší party, práv., uznávaná (brit. obec., am., obchodní) corporation **2** společné sepětí community ♦ *akciová ~* jointstock company; *dělat komu ~* keep* / bear* a p. company **–ný** common, joint, hromadně collective, sdílený shared; *-ně (dělat, mít)* ...between them etc. to share (*-ně obývat místnost* share a room); *mít -ně* have... in common, share a t.

spoléhat (se) v. *spolehnout (se)*

spoleh|livost reliability, dependability, credibility, zaměstnance faith, z pramene authenticity **–livý** reliable, zaměstnanec faithful, dependable, trusty, confident(ial), zpráva apod. credible, z pramene authentic; bezpečný safe, v dobrém stavu sound **–nout (se)** < **–at (se)** place reliance (up)on..., depend on a p., trust a p., place / repose confidence in a p.

spol|ek club, association, nájemce rybolovu, honitby syndicate; nezávislých států confederacy **–kový** club, federal

spolknout < swallow (up), lačně gulp (down), též přen. have to take* / buy*

spolu together, jít, jet apod. along with **–bližní** neighbour, fellow **–bojovník** fellow-fighter **–bydlící** roommate **–občan** fellow-citizen **–pachatel** accomplice **–práce** cooperation, collaboration **–pracovat** cooperate, collaborate **–pracovník** colleague, collaborator, co-worker, associate; přispěvatel contributor **–působit** cooperate **–účast** participation **–účinkovat** take* part in a t. **–vězeň** prisonmate **–vina** complicity **–viník** accomplice, na rozdíl od pachatele accessary **–vlastník** joint owner **–zavazadlo** registered luggage (*poslat jako ~* have a t. registered) **–žák** fellow-pupil, schoolmate, z též třídy classmate **–žití** = *soužití*

spolykat shovel down

spona 1 clasp, buckle, svorka clip **2** stav. tie **3** ozdobná brooch **4** jaz. copula

spontánní spontaneous

spor 1 contention, rozbroj dissension, slovy dispute, argument, v závažné věci controversy **2** neshoda disagreement, variance **3** na žalobu (law-) suit, action, přelíčení proceedings, pl, soudní případ cause

♦ *o tom není -u* that is beyond dispute; práv. *předložit ~ arbitráží* submit a dispute to arbitration
sporák (kitchen) stove
sporný controversial, ...at issue, nejisté debatable, contestable, týkající se sporu contentious, problematický questionable ♦ *~ bod, -ná otázka* (point at) issue, moot point / question; *-né strany* contending parties
sport sport, souhrnně častěji sports, pl **-ka** the pools, pl **-ovec** sportsman* **-ovkyně** sportswoman* **-ovní** sports, sporting, hodný -ovce sportsmanlike
sporý 1 shortish, thick-set, stocky **2** jako opak k 'hojný' scanty
spořáda|ný orderly **-t** < **1** make* short work of a t., jídlo demolish **2** = *uspořádat* v. *pořádat*
spoři|l saver **-t** > **na-** save up **-t** > **u-** save **-telna, -telní** savings bank ♦ *-ní* (vkladní) *knížka* savings / deposit book, bankbook, passbook **-vost** saving, economy **-vý** saving, economical, thrifty
spotřeb|a consumption, usage ♦ *předmět -y, -ní zboží* consumption goods **-ič** appliance **-itel** consumer **-telský** consumers ♦ *~ závod* consumer enterprise **-ní** (...of) consumption, consumers' **-ovat** < **-ovávat** consume, use up, pro sebe zabrat spend*, jen -ovat, run out of a t., use up a t.
spousta 1 mnoho plenty, a lot, a great / good deal of... sg. a great / good many (bez of)... pl, masses, pl, heaps, pl, abundance **2** = *spoušť 1*
spoušť 1 natropená havoc (*způsobit* play h.), (regular) shambles, sg. desolation, zkáza ruin **2** zařízení release **-těč** starter **-tět** v. *spustit*
spoutat v. *poutat*
sprásk|at < thrash, whip, flog **-nout** < *ruce, rukama* wring* one's hands
spratek brat, urchin

správ|a 1 oprava repair, mending **2** vedení management, control, executive, conduct, příslušné těleso board; jako výkon moci, am. i státní administration **3** všeobecné pověření charge (be in a p.'s c.), k údržbě n. péči custody, keeping **-ce** manager, supervisor, dosazený administrator, svěřenecký trustee, k ochraně zájmů protector, majetku custodian, hodpodářský steward, domu caretaker, concierge, porter am. janitor, koleje, internátu warden
spravedl|ivý fair, just, equitable, oprávněný rightful ♦ *být ke komu ~ do* a p.* justice **-nost** justice, fairness, equity
sprav|it < **-ovat 1** put* a t. right, repair, fix (up), vyspravit mend, podpatky patch (up), fušersky vet **2** zlepšit (make*) better, zdravotně restore
sprav|it se < **-ovat se** get* better, improve, tělesně recover
správ|ka repair, mending **-kárna** repair shop **-ní** administrative, ...of administration, managing / managers' ♦ *~ aparát / orgány / úřady* administration; *~ rada* board of directors **-ný 1** right, correct, náležitý due, podle předpisů regular **2** řádný, slušný proper, po právu just, vulg. lákavý saucy; *-ně* right, all right, good, k řečníkovu brit. hear, hear, am. that's right
spravovat 1 obhospodařovat manage, control, conduct, govern, administer, be in charge of..., vést run*, keep* **2** napravovat v. *spravit ~ se* čím v. *řídit se*, jinak v. *spravit se*
sprch|a shower(-bath*), proud douche, *-y* místnost v. *sprchárna* ♦ *dát komu studenou -u* throw* cold water on a p., přen. rain on a p.'s parade; *dostat -u* be flabbergasted **-árna** shower-room **-nout**: *-lo* we had a drop of rain **-ovat** > **o-** (se) shower, take* a shower
spropitné gratuity, hovor. tip ♦ *dát*

komu ~ tip a p.

spros|ťák vulgar person **–tota** vulgarity **–tý** vulgar, common, base, hanebný dirty, foul, brit. nasty; obyčejný ordinary, am. homely

sprovodit ze světa < put* out of the way, dispatch

sprška shower

spřádat = *příst*, přen. = *kout*

spřáhnout < **spřahat** couple, harness together, team (up) (~ *se s kým* take* up with a p.), get* thick with a p.)

spřátel|ený friendly, associated **–it** < **–ovat** make* (A and B) friends **–it se** < **–ovat se** make* friends with a p., mezi sebou become* friends

spřež = *sebranka* **–ení** team

spřízn|ěný kindred, allied, germane ◆ *být -ěn s* be akin to

spustit < **spouštět 1** nechat klesnout haul down (esp. the flag), lower, let* down, drop (the curtain, the anchor, kolmici a perpendicular), do hloubky sink*, smykem skid **2** aby spělo k cíli n. účinku launch, aby běželo, šlo set* off, set* a t. going, start a t., natočením turn on **3** vystřelit, přen. vychrlit let* off, fire off, sám od sebe go* off **4** na koho fall* (up)on a p. ◆ *ne- z očí* keep* one's eye on... ~ *ze zřetele* dismiss a t.; *nedbat* disregard; *ne-* bear* a t. in mind; *~ se* < **spouštět se 1** dolů lower o.s., sink*, come* / get* / go* / drop down, let* o.s. down, descend, (jako) pták alight, (jako) dravý pták swoop (down) (*na* on) **2** na cestu nepravosti go* astray, go* / run* off the rails, žena run wild, act immoral

sputnik sputnik

sr|áč vulg. shitter **–ačka** vulg. průjem the shits / runs **–anda** hovor. lark, laugh **–át** > **vysrat se** vulg. shit*, crap

sraz meeting, rally

sráz steep hill, precipice

srazit < **srážet 1** dolů a pryč knock /

thrust* down / off, am. down **2** dohromady knock / thrust* / push together, v šik bring* together **3** v hodnotě reduce, bring* down **4** odečíst knock / take* off, deduct, a odvést jinam withhold* **5** změněním hustoty condense, tekuté coagulate, uměle clot, tkaninu shrink ◆ ~ *si vaz* break* one's neck; ~ *paty* click one's heels ~ *se* < **srážet se 1** collide, come* into collision; s kým v rozepři fall* foul of a p. **2** co do objemu n. plochy set*, contract, tkanina apod. shrink* **3** vytvořit sraženinu condense, o tkanině coagulate, mléko turn (sour), v tvarech curdle

srázný headlong, precipitous, steep

sráž|et (se) v. *srazit (se)* **–ka 1** clash, collision, s rozbitím crash, úder smash, názorů conflict, clash (of opinions) **2** zmenšení, snížení reduction; *-ky*, vodní precipitation (zprav. rainfall, snowfall) ◆ *množství -ek* rate of catch

Srb Serbian **–sko** Serbia **s–ský** Serbian

srdce 1 i v kartách, salátu heart **2** zvonu tongue, clapper ◆ *brát si co k -ci* take* a t. to heart; *z celého* ~ with all one's heart; *z hloubi* ~ from the bottom of one's heart; *co máte na -ci?* what's on your mind?; *od* ~ heartily; *spadl mi kámen ze* ~ it is a great weight off my mind, a millstone has fallen from my neck **–lomný**, **–rvoucí** heart-breaking, heart-rending

srd|covitý, **–čitý** heart-shaped **–eční** heart, med. cardiac **–ečný** hearty, cordial **–natý** stouthearted, gallant

srkat sip

srn|a red-deer, doe, roe **–čí** ...of venison **–ec** roebuck

srocení *(lidu)* riot(ing)

srolovat v. *rolovat*

srotit se v. *rotit se*

sroubit v. *roubit*

srovn|at < **–ávat 1** co do podoby

compare, draw* a parallel / comparison, kontrolně check up on a t., postavením proti sobě confront 2 rozvaděné bring*...to terms 3 dát do pořádku, do roviny v. rovnat –atelný comparable –ávací comparative
srozum|ěná: dát / dostat na -nou give* / be given to understand –ět se < –ívat se tajně collude with a p.; být -ěn s čím be agreed to a t. –itelnost intelligibility –itelný understandable, intelligible, plain
srp sickle –ek měsíce crescent –en August
srst (animal) hair, coat, fur –ka = angrešt –natý hairy, shaggy
sršeň hornet
sršet sparkle, scintillate, coruscate, flash
srub log-cabin, voj. blockhouse*
srůst concretion ~ < –at grow* together, splynout coalesce, rána heal up, s prostředím become* familiar with a t.
sřetěz|it < –ovat concatenate
stabil|ita stableness, stability –izace stabilization –izovat stabilize –ní stable, nepřemístitelný stationary, fixed
stáčet v. stočit
stačit > do–, po–, vy– 1 be enough, be sufficient, suffice (komu for a p.) 2 jen 'stačit' někdo na úkol be able to cope with a t., be equal / up to a t., manage a t., mít v dostatečné míře have enough, s čím manage with a t., na koho be a match for a p., komu v tempu keep* up, pace / abreast with a p. 3 někdo někde be in one's depth ♦ na to nestačím it is above / over my head; to stačí it will do / serve
stadión stadium
stádo herd, ovcí n. koz flock, dobytek v pohybu drove
stafáž pageantry
stagn|ace stagnation –ovat stagnate
stáhnout < stahovat 1 dolů / dozadu

/ z povrchu / dohromady draw* / pull / bring* / take* down / back / off / together, tak obnažit strip (koho z čeho, co s koho a p. of a t.) 2 kapalinu draw* off, do nádob decant, do lahví bottle 3 otočením zmenšit funkci turn down 4 zmenšit rozměr contract, constrict, tighten, draw* close; knit (esp. one's [eye] brows) 5 shromáždit gather (together), výzvou k vrácení call in, nazpět withdraw* 6 odvolat call back, tvrzení take* back, retract ♦ ~ hrdlo squeeze one's throat; ~ hru (z jeviště) take* off a play; ~ návrh withdraw* a proposal; ~ plachty haul in / shorten sail; ~ roletu / záclonu draw* the blind / curtain; ~ vlajku haul down / strike* a flag ~ se < stahovat se 1 sevřít se, tighten o.s., contract 2 ustoupit retreat, fall* back, pull out, retire 3 shromáždit gather
stáj stable
stále all along, for ever, all the time, always, invariably, pořád ještě still a slovesem keep* -ing, bez přestávky continue to inf
staletý ancient, hundreds of years old, primeval
stálice fixed star
stál|obarevný colour-fast, ve vodě waterfast –ožárná kamna slow-burning stove –ý continued, steady, constant, perpetual, everlasting, continuous, durable, persisting, dobře zasazený stable, fixed, nepromenný invariable, o barvě fast ♦ -lé bydliště permanent address; domicile; ~ déšť continued rain; ~ host habitué, regular; -lá jakost unwarying quality; ~ v lásce constant in love; ve -lé oblibě ever-green; ~ sekretář (honorary) secretary; ~ výbor standing committee; -lá výstava permanent exhibition
stan tent, velký marquee ♦ hlavní ~ headquarters, pl
standar|d(ní) standard –ta banner,

standard

stán|ek stall, stand, kiosk **-í 1** standing, v chlévě stall **2** soudní hearing ♦ *nemít ~* be restless

stanice station, zastávka stop(ping-place) ♦ *benzínová, čerpací ~* brit. petrol pump, petrol / filling / service station, am. gas / filling / service station; *konečná ~* želez. n. autobusová last stop, terminus; *záchranná ~* ambulance

stanné *právo* martial law

stan|out = *po-, za-stavit se* **-ovat** camp (in tents) **-ovisko** position, standpoint **-oviště** post, stand, station ♦ *~ taxíků* taxi / cab rank (am. stand) **-ovit** determine, fix, set*, sdělením state, hodnotu assess, předem označit designate, určit appoint, jako předpis set* / lay* down, jako opatření provide, a to trvalé institute, výslovně stipulate **-ovy** articles, pl, zákonné statute(s, pl), odb. svazu rule book

starat se > po- 1 pečovat care (*o* for), take* care (of), dohledem look (after), obsluhou attend a p., jídly cater (for) **2** učinit vše pro zajištění see* about a t. / p., o to aby see* to it that... **3** všímat si care (*o* about), v obavách be anxious (about), trouble / worry about

stárnout > ze- grow* old

staro|bní old-age **-bylost** antiquity **-bylý** antique, starý ancient **-dávný** ancient, old-time, pristine **-módní** old-fashioned **-panenský** old-maidish **-panenství** spinsterhood **-slavný** venerable, time-honoured

starost 1 care (péče for), dbání about), dbalost care of..., zabývání se věcí preoccupation with, zájem concern about..., plná obav solicitude **2** nejistota worry; *to je má ~* it is my business / concern / problem; *dát komu co na ~* charge a p. with a t.; *dělat komu ~(i)* feel* / be uneasy; *mít co na ~(i)* be in charge of a t. **-a** (obce) chairman*

of the town, burgermeister, am. a brit. velkoměsta mayor **-livý** preoccupied, concerned, solicitous, worried, anxious, thoughtful

staro|světský old-worldly **-věk** antiquity **-věký** antique, ancient **-žitnictví** antique(s) shop, antiquarian's **-žitník** antiquarian, -ary **-žitnost 1** že je něco starožitné antiquity **2** jednotlivá antique, antická antiquity **-žitný** antique

starš|í 1 poměrně starý elderly, oldish **2** než jiný stejného jména brit. elder, též funkčně senior **-ina** dipl. sboru doyen

start start, let. take-off **-ér** motor. (self-)starter **-ovat > od- 1** začít závod start **2** účastnit se závodu run* **3** let. take* off **-ovní** starting (e.g. line, gun, čára též scratch)

sta|rý old, z dávných dob ancient, už použitý second-hand, am. used, vychlý stale ♦ *-rá kolena* old age; *~ mazák* an old hand; *~ mládenec* bachelor; *-rá panna* old maid, spinster; *~ přítel* old friend, crony; *~ svět* starověk ancient world, *S. svět* the Old World; *-ré účty* old scores; *-rá vojna* veteran; *S. zákon* the Old Testament; *-ré železo* scrap **-řec** old man* **-řecký** old man's, senile **-řena** old woman*

stáří 1 age **2** staroba (old) age

stař|ičký aged, sešlý decrepit, roztřesený tottery **-ík** old fellow, oldy

staska hovor. = *sazka*

stát¹ state, země country

stát² 1 stand*, zpříma stand* upright), při tanci stand* out, kde be (situated), am. též be located **2** zastavovat stop, nehýbat se už have stopped, stand* still, be at a standstill **3** nepracovat be idle, vozidlo be stationary **4** jak, někdo si jak be (e.g. well off) **5** kolik be (how much), o nákladném cost*, za co be worth a t. (or -ing), komu za to be worth a p.'s while, za nic ne- be no good / use, o člověku be out of sorts, not to be up to the mark **6**

koho kolik cost* a p. (how much), vynaložení take* a p. a t. **7** na čem trvat insist on a t., will have it that... **8** oč care / be anxious to inf. feel* like -ing, chtít to mít care for a t., could do with a t., ne- oč not to care about a t. **9** proti čemu n. před čím face a t. **10** při kom be with a p., stand* for a p., ve sporu take* up a p.'s quarrel, nápomocně stand* by a p., assist a p. **11** za koho = kým (např. za kmotru) stand* (a p. godfather) **12** za kým a podporovat ho back a p. a v. ~ při kom ♦ *stůj* halt, stop, voj. who goes there?; *nestůj* buck up; ~ *komu v cestě* be / stand* in a p.'s way; ~ *frontu, ve frontě (na co)* queue (up), am. line up (for a t.); ~ *v popředí* be at the head; *stojí zde psáno* it says / reads here; *aby řeč nestála* to keep the ball rolling; ~ *před soudem* be tried; ~ *v slově* keep* one's word; ~ *na čekané / číhané* lie* in wait; ~ *(jako) na jehlách* be on tenterhooks; ~ *na stanovisku* take* the view that ~ *na čí straně* side with a p.; ~ *stranou* keep* clear of a t.; ~ *na stráži* voj. stand* sentry, přen. be on the watch; *zůstat* ~ stop, stand* still, *rozum mi nad tím zůstává* ~ it is beyond me, it beats me; ~ *za to* be rewarding; ~ *za povšimnutí* be noticeable

stá|t se < **–vat se 1** čím be changed into, become*, turn into, grow* into, jakým get*, turn, grow* s adj., též (vždy:, nejde-li o nabytí vlastnosti) become* (it has b. fateful to him) **2** = *udát se*, v. *dít se* **3** přihodit se komu be done, happen to a p. **4** komu = s kým become* of a p. ♦ *jako by se stalo* leave it at that; *stala se mu křivda* he has been wronged; *rádo se stalo* don't mention it

stať essay, article, vědecká treatise, při zkoušce paper

statečn|ost bravery, courage **–ný** brave, stalwart, courageous

statek 1 (country) estate, brit. o najatém farm, dědičný, panský, brit. manor **2** = *majetek*

statický static

statisíce hundreds of thousands

statist|a extra, walk-on **–ický** statistic(al) **–ika** statistics, pl

stativ tripod

statkář landowner, landlord, farmer

státní state, public, national, vládní government ♦ ~ *banka* state / national bank; ~ *cena* State Price; ~ *dodávky* public supply; ~ *důchod* revenue; ~ *občanství* citizenship rights, pl nationality; ~ *papíry* brit. consols, am. government bonds: ~ *poklad* Treasury: ~ *pokladna* brit. Exchequer; ~ *převrat* coup d'état; ~ *příslušník* national; ~ *služba* civil service; ~ *svátek* brit. bank holiday, ~ *úředník* brit. civil servant, am. officeholder

státn|ictví statesmanship **–ík** statesman*, brit. politician

statný stalwart, sturdy, stout, robust, vigorous

státovka banknote

statut statute(s, pl)

stav 1 state, condition **2** početní number, velikost capacity **3** svobodný / ženatý condition **4** tkalcovský loom ♦ *být v -u = s to* v. s; *v jiném -u* těhotná in the family way; *v dobrém -u* udržovaný in good repair, in decent condition, in good order and condition; *duševní* ~ state of mind; *právní* ~ (state of) law; *ve špatném -u* neudržován in bad repair, in bad order / condition

stávat se v. *stát se*

stav|ba 1 činnost, způsob vystavění construction, erection, build **2** budova building, structure, vznosná edifice; ve -bě under construction **–bař** builder **–byvedoucí** site manager **–ební** building, přen. structural ♦ ~ *dělník* construction worker, kopáč navvy **–ebnice** brick-box **–ebnictví** building / construction industry **–ebník** prospective (house-)owner **–ení** building, domácnost house*, am. home **–eniště** (building) site **–ět > postavit 1** něco někam stand*, na určité místo place, dát to tam put* **2** uspořádaně arrange, do registratury file **3** koho před co confront a p. with a t. **4** koho proti čemu set* a p. against a t. ♦ ~ *na čaj* put* the kettle on; ~ *úkol* set* a task **–ět > vy–** n. **postavit** build* up, construct **–ět > vystavit** na odiv display, okázale show* off, put* a t. on show **–ět > zastavit** stop **–ět se** = *dělat, předstírat* **–ět se > postavit se 1** kam take* a stand, place o.s. **2** vzpřímit se raise o.s., stand* up, rise* **3** za co back, support a t. **4** k čemu handle a t., jak adopt an attitude towards a t. **5** proti čemu, komu oppose a t., make* a (strong) stand against a t., odhodlaně be up in arms against a t. ♦ ~ *se čemu do cesty* obstruct a t.; ~ *se komu na odpor* challenge, defy a p.; ~ *se na čí stranu* take* a p.'s side **–ět se > zastavit se** kde = *stavit se* **–idlo** sluice(-gate), též přen. floodgate **–it se < –ovat se** kde, u kohu drop / look / call in, pro koho call for a p., call at a place on a p. = at a p.'s **–itel** master-builder, podnikatel staveb building contractor, výrobce e.g. varhan organ-builder **–itelství** umění (the art of) architecture, živnost building (trade), odvětví techniky civil engineering

stávk|a strike, improvizovaná walk-out, v sedě sit-in, a na pracovišti sit-down / sit-in (strike), v dolech stay-down ♦ *jít do –ky* walk out **–okaz** strike-breaker, scab **–ovat** (be on) strike **–ový** strike

stavovský professional ♦ *-ká pýcha* pride of place

stáž short-term attachment **–ista** research worker under a short-

term contract, trainee

stéblo stalk, slámy straw

steh stitch

stehlík goldfinch

stehno thigh, drůbeže drumstick

stěhova|cí removal(s) (e.g. *vůz re-movals van = furniture van*) **–t > pře–** · (re)move, a organicky začlenit transplant **–t se > pře–** (re)move, houfně, kočovně migrate **–vý** migratory ♦ ~ *pták* bird of passage, migratory bird

stejno|kroj uniform **–měrný** even, uniform, unvarying **–rodý** homogeneous **–směrný** proud direct current, D.C. **–st** likeness, identity, equality

stej|ný 1 like (*jako* a t.), zcela identical, same (*jako* as), shodný conformable (*jako* to a t.), rovnající se equal (*jako* to a t.) **2** všude, jednotvárný uniform, plynulý even, stále stejný invariable, unvaried *-ně* in the same way, likewise, beztak anyhow, anyway, all the same; navzájem *být* ~ be / sound / smell* / feel* / look alike, be like each other ♦ *to je -né* it makes no difference / odds

stejšn station wagon, estate car

stěna 1 side, zdi, nádoby, dutiny wall, bok též flank, tělesa, skály face **2** dělicí partition **3** nástěnná (hall-)stand ♦ *bledý jako* ~ as white as a sheet; *házet hrách na -nu* speak* to a deaf ear

sténat > za– groan

stenotypistka shorthand typist

step(ní) steppe, am. prairie

stěrač windscreen / am. windshield wiper

stereo|fonní stereophonic **–sko-pický** stereoscopic **–typní** stereotype(d)

steril|izovat sterilize **–izovaný** sterilized **–ní** sterile, germ-free

sterý hundreds of...

stesk 1 touha languor **2** stížnost complaint ♦ ~ *po domově* homesickness

stěsn|at < **–ávat** squeeze together, lidi coop up / in

stevard steward **–ka** hostess

stezka path, lovecká, lyžařská trail

stěžej hinge **–ní** hinge, pivotal, fundamental

stěžeň mast

stěží with difficulty, = *sotva*

stěžovat si < **po–** na co, komu open one's heart to a p., complain of a t. to a p., odvoláním appeal (to a p. against a t.)

stíha|čka fighter (-aircraft / -plane), am. pursuit plane, obranná interceptor (plane) **–t 1** pursue **2** již těsně za follow (close at heel), dog a p.'s footsteps, špehovat shadow a p. **3** soudně prosecute, take* legal steps against a p.

stih|nout < **1** catch* (a t.), make it (on time) **do–** catch* up with a p. / t., dohonit overtake* **2** = *postihnout* **–omam** persecution mania

stín shade, určitého obrysu shadow

stíni|dlo (lamp)shade **–t** (cast* a) shadow, (na) co overshadow a t., elektr. screen **–t** > **za–** shade a t., stát v cestě screen (a t. from view) ♦ ~ *si oči* shade / screen one's eyes

stinný shady ♦ *-ná stránka* drawback, shortcoming

stipendi|sta scholar(ship-holder) **–um** scholarship, zvl. am. grant

stírat v. *setřít*

stisk pressing, grip, clasp, squeeze, ruky na pozdrav handshake **–nout** v. *tisknout*

stísn|ěný 1 narrow, cramped **2** duševně depressed, low-spirited, miserable, glum **–it** v. *tísnit*

stí|t < **–nat** behead, decapitate

stížnost complaint, u úřadu grievance, reklamace claim

stlač|it < **–ovat 1** press down, compress **2** snížit depress, deflate

stlát > **nastlat** strew* ~ > **podestlat** litter ~ > **ustlat** make* the bed ♦ *jak si usteleš, tak si lehneš* as you make your bed so you shall lie in it

stlou|ci < **–kat 1** = *sbít* **2** hovor. = *sehnat* **3** máslo churn

stmívat se v. *setmít se*

sto hundred ♦ *mít ~ chutí* have a great mind (to inf) *pracovat o ~ šest* hammer away at a t.

stočit < **stáčet 1** vinutím wind* (up), roll up, kroucením twist (around), do kruhu coil **2** do jiného směru turn (*stranou* aside), odchýlit deflect, výstřednou silou bias **3** tekutinu rack / draw* off, do jiné nádoby decant, do láhví bottle **4** odmotat wind* off, unwind* ~ **se** < **stáčet se 1** dohromady coil up, schoulit se huddle o.s. up, v teple snuggle **2** jiným, směrem turn (*k, na* to)

stodola barn

stoh stack, rick, přen, též pile

stoi|cký stoical **–k** stoic

stoj|an stand (hall-s., hat-s., music-s.) pro skok jumping-s. na přehození věcí horse (clothes h., towel h.), malířský easel, svítilny standard, stativ stand, tripod **–atý** stationary, tekutina standing, stagnant, ne ležatý stand-up **–ka 1** na rukou, hlavě handstand / headstand **2** výdřevy prop

stoka sewer, odbočná drain

stokoruna hundred-crown note

stol|ař(ství) = *truhlář(ství)* **–e(če)k** little table, pracovní desk ♦ *noční -ek* bedside table; *toaletní -ek* dressing table, dresser; *servírovací -ek* trolley: *zasouvací -ek* convertible table

stolet|í century **–ý** centenary, hundred-years old

stol|ice 1 stool (též potřeba; výkaly stools, pl) **2** univerzitní chair, círk. see **3** soudní court **–ička 1** footstool **2** zub back tooth*, molar, grinder **–ní** table, pracovně desk (e.g. telephone)

stonásob|ek, –ný hundredfold

stonat be ill (am. sick) (*na co, čím* of), be confined to bed, přen. toužit be sick (*po čem* for), pine (for)

stonek stalk, stem

stop 1 halt! stop! **2** zmražení (wage) freeze **3** = *autostop*

stop|a 1 náznak trace, zanechaná vestige, něčím vlečeným apod. track, pro lovce trail, pach scent, přen. k řešení clue **2** otisk footprint **3** míra foot* ♦ *falešná* ~ false scent; *jít po-ě* follow up the scent; *na -ě* on the scent; *najít -u čeho* trace / track a t., zase recover the scent / track; *sejít ze -y, na falešnou -u* put* off the track / scent; *v čích -ách* in a p.'s footsteps; *zahladit -y* cover up one's tracks; *ztratit -u* lose* the track **–ař** tracker, trailer, pes bloodhound, tracker; auto- hitch-hiker **–ka 1** (foot-)stalk, stem **2** světlo stop-light, auto brake-light **3** *-ky,* pl hodinky stopwatch **–nout** < clock, time, míč stop, auto thumb **–ovat** trace po zanechané čáře apod. track, lovecky trail, špehováním shadow, dog a p.'s (foot)steps, spy on a p. **–ový** *prvek* trace element

stoprocentní hundred percent

stoup|a stamp(-mill), pulp(ing)-mill, crusher **–ací** *potrubí,* **–ačka** uptake, drop, el. main; šplhací climbing iron **–avý** rising **–enec** adherent, follower, vřelý partisan **–nout** < **–at 1** rise*, creep* up; strmě soar, mount, prudce shoot* up, zoom, boom, rocket (up), sky-rocket, go* up, letadlo climb, k lepšímu, vyššímu advance, k vrcholu ascend (*na* a t.), po čem, na co mount a t. **2** = *šlápnout* **–nout si** < **–at si** rise*, raise o.s. (to one's feet)

sto|věžatý hundred-spired **–vka 1** hundred **2** = *stokoruna*

stožár 1 pole, standard **2** = *stěžeň, žerď*

strádat languish (in prison), suffer hardship, live in need; suffer (*čím* from)

strach fear (*před, z* of, *o* for), dread, fright, scare, alarm, *o koho* anxiety about a p. / t., fears for a p. / t.; *-y, ze -u* for fear (of) ♦ *do-*

stat ~ be frightened / scared; *mít* ~ *o co* = *strachovat se* z čeho be afraid of a t.; *nahnat komu strach(u)* give* a p. a fright / scare alarm **–ovat se** *o co* be anxious / uneasy / alarmed about a t., worry about a t.

straka 1 pták magpie **2** kráva piebald **3** zloděj prowler **–tina** motley **–tý** spotted, grošovaně dappled, černě piebald, místy shot, přen. o směsici motley

stran *čeho* as regards, as to, about

stran|a 1 side, bok flank **2** kam je co vystaveno exposure, aspect, směr direction **3** část, končina part **4** příbuzní people, přivrženci side sg i pl **5** smluvní polit. party **6** polygr. page ♦ *na další -ě* overleaf, *na jedné -ě..., -na druhé -ě... (pak, však)* on the one hand..., on the other (hand)..., *jít na -u* na záchod relieve o.s., *stavět se na něčí -u* side with a p.; *světové -y* cardinal points; *na všechny -y* thoroughly, in every direction; *z něčí -y* from the part of a p., for my part etc., příbuzenství on a p.'s side **–ický** party (e.g. line), zaujatý, stranící partial ♦ *být* ~ take* sides (*pro* for the part of) **–ík** party-man*, zanícený partisan **–it** komu side with a p. **–it se** koho stand* / hold* aloof from a p., shun a p.'s company

stránk|a 1 hledisko aspect, point, ohled respect (*po této -nce* in this respect) **2** v. *strana* ♦ *po všech -ách* to all intents and purposes; *z lepší -y* to advantage **–ovat** page, paginate

stranou 1 off, odděleně apart (from), bez styku aloof (from) **2** kam = *na stranu* aside, apart

stráň hillside, (mountain) side

strast woe, rigour; distress bez pl hardship, suffering **–iplný** distressful

straš|ák bog(e)y, na poli scarecrow přen. scare, nightmare **–idlený** ghostly, ghastly, eerie **–idlo**

ghost, spectre sloužící k zastrašování **scare –it > po–** frighten, terrify; = *lekat, zastrašit* **–it** *někde:* a place is haunted (by...), přen. a t. is a disgrace to a place ♦ *-í mu v hlavě* he has got bats in the / his belfry **–livý, –ný** fearful, fearsome, frightful, appalling, formidable a v. děsný, hrozný, hnusný, odporný a = *ohromný* **–pytel** coward

strat|ég strategist **–egický** strategic **–egie** strategy

strava fare, diet, meals, pl, na lodi tack, stravování board

strávit v. *trávit*

stravitelný digestible

strávník boarder

stravov|at 1 board a p., provide board for a p. **2** řidč. = *trávit ~ se* board *(u koho* with a p.), take* meals ♦ *společné -ání* enterprise catering

stráž 1 guard, voj. povinnost sentry duty **2** = *hlídka* ♦ *být na -i* be on one's guard / on the watch **–ce** guard, kdo se o něco stará keeper, ochránce custodian, v. též *hlídač* **–mistr** sergeant **–nice** guardroom, watch-house* **–ník** dř. co policeman*, police officer, též s úkoly pomoci soudu constable, brit. hovor. bobby **–ný** watch (e.g. fire), guard (e.g. -ship), guardian (esp. angel), tutelary (esp. genius, spirit)

str|čit < –kat 1 co, do čeho push a t., give* a t. / p. a push, prudce thrust* **2** poke one's nose in(to)..., co kam dát put* *(do kapsy* to pocket a t.) **3** investovat put* (peníze *do* into) ♦ *-kat hlavu do písku* bury one's head in the sand; *-čit koho do kapsy* be one too many for a p.

stref|it se *do čeho* = *trefit co* **–ovat se** *do = mířit na*

strh|aný nemocí, námahou worn out, strained, zvíře broken **–at** kriticky v. *trhat* **–nout < –ávat, –ovat 1** tear* / pull / drag / take* down / off, prudce snatch away, whip off **2** uchvátit seize, captivate, take*,

nadšením též ravish, na sebe seize, monopolize, usurp **3** porušit, rozbít break* down, stavbu pull down, demolish **4** s sebou take* along **5** koho k čemu prevail upon a p., od čeho dissuade a p., turn a p. away (from a t.) **6** námahou lame, až praskne burst* **7** provést s vypětím finish off **8** odečíst deduct **–nout se 1** námahou get* lame, prasknout burst **2** vzniknout arise*, burst* out **–ující** ravishing, devastating

stript|ýz strip-tease **–érka** stripper, exotic

strkat v. *strčit ~ se* jostle, hustle, push o.s. forward, v davu elbow one's way

strm|ět tower **–ý** sheer

strnad bunting

strnisko stubble(-field), na tváři (beard) stubble

strn|out get* stiff, stiffen **–ulý** stiff, rigid, numb ♦ *hledět -le* look glazed; *~ hrůzou* horror-stricken

strofa strophe, verse, stanza

strohý rigorous, stringent, úsečný blank, terse, odpírající si austere

stroj machine, přeměňující energii engine, složitý works, sg i pl ♦ *psací ~* typewriter, *psát na -i* type **–ařství** mechanical engineering **–ek** machine ♦ *holicí ~* safety razor **–enost** affectation **–ený** affected, pracně studied, jen na oko mock **–írenský** machine(-tool) *~ závod* engineering works **–írenství** machine(-tool) industries, pl. engineering industry **–írny** machine works, pl **–it** = *zamýšlet, kout* **–it > na–** v. *nastrojit* **–it > u– 1** dress, poskytovat oblečení clothe, koně harness **2** připravovat zvl. jídlo make* a t., komu feast a p. **–it > vy– 1** hostinu apod. arrange **2** = *vybavit, zařídit* **–it se** = *chystat se* **–it se > u–** dress (o.s.) **–ní** machine, mechanic(al) ♦ *~ puška* machine-gun **–ník** mechanic, engineer **–ovna** machine room, engine-room **–ový** machine (park stock), jako stroj machine-like, vyrobený na stroji machine-made ♦ ~ *jazyk* machine language **–vůdce** (engine)driver, am. engineer

strom|(ek) tree ♦ *vánoční -ek* Christmas tree **–ořadí** avenue **–oví** (cluster of) trees **–ový** tree, arboreal

strop ceiling

strouha ditch, gutter, odvádějící drain, náhon race

strouh|at > **na–, o–, u–** grate, škrábáním scrape **–anka** breading, bread-crumbs

strp|ení patience, forbearance; *S–!* Just a mo(ment) **–ět** v. *trpět*

stručn|ost briefness, brevity **–ý** brief, jadrný succinct, a hutný compendious, a jasný concise

struha = *strouha*

struhadlo grater

strůjce maker, author

struktur|a structure, jemná texture, set-up, jaz. *hloubková* ~ deep structure **–(ál)ní** structural

strun|a string, též přen. chord **–ný** stringed (esp. instrument)

strup scab

struska slag

stružka rill(et), trickle

strý|c, –ček 1 uncle **2** práce napřed advance piece of work ♦ *pro -čka Příhodu* for a rainy day, o penězích nest-egg

strž ravine, gully

stržit v. *tržit*

střádat > **na–** save (up)

střeč|ek gad-fly **–kovat** prance, bound

střed centre, oblast n. čára ve středu middle, průměr mean ♦ *umístit na* ~ centre; *ve -u* uprostřed mezi amid(st) **–a** Wednesday **–isko** centre *(zdravotní* clinic) **–ní** central, průměrný mean, zvl. kvalitativně medium (e.g. waves), middle (zprav. z trojice, m. age, m. class, M. East), co do vyspělosti v kvalitě intermediate ♦ *(zlatá)* ~ *cesta* golden mean, middle course *(dát se střední*

cestou steer the m.c.); ~ *rod* neuter; ~ *škola* secondary school **–ník** semicolon **–ověk** Middle Ages, pl **–ověký** medieval **–ozemní** mediterranean (S. *moře* the M.)

střeh: být *ve -u* be on the alert / on the look-out

střecha roof, klobouku brim

střel|a 1 shot, bez pl. odb. projectile, vržená missile, protiraketová antimissile řízená guided m., kulka bullet, granát shell **2** šipka dart **–ba** shooting, salvy volley, z děl. cannonade **–ec 1** shooter, voj. rifleman*, dobrý (a crack) shot, (a good) marksman*, na lovu sportsman* **2** ze zálohy sniper **3** šach. bishop **–it** < **střílet 1** (též > **vy–**) shoot*, fire *(do, na mezi* at) z čeho fire off, discharge, shoot*, a zasáhnout shoot*, hit* (též > **za–**) shoot* a p. (dead), kill **2** prudce běžet dart, flash, shoot* **3** dát, vlepit deal* (e.g. a blow) **4** komu, co, vpálit, prodat hovor. palm off **5** z koho rib a p., joke a p. ♦ ~ *branku* score **–ivo** ammunition **–ka** magnetic needle **–nice** shooting-range, na pouti s.-gallery **–ný** shooting ♦ ~ *prach* gunpowder; *-ná rána* gunshot, zranění gunshot wound

střemhlav(ý) headlong

střenka knife-handle, haft

střep potsherd, crock shard, přen. trash **–ina** splinter

střet|nout se < **–ávat se** encounter, come* to grips (with a p. over a t.), bojovně conflict

střeví|c shoe, dámský tie **–čky** pumps

střev|ní intestinal **–o** intestine, zvířecí a vulg. gut: *-a* vnitřnosti bowels, pl

střežit watch, jako stráž guard ~ *se něčeho* = *stříci se*

stříbr|ný, –o silver

stříd|a 1 chleba (soft) inside (of loaf) **2** směna shift, jednotlivce one's turn **–ačka** sport. spare man's bench **–at** aby bylo rozmanité diversify, variegate, vary **–at** > **vy– 1** zaměnit (inter)change **2** soustavně rotate o dvou alternate **3** při směně relieve **–at se** > **vy–** take* turns, do* a t. by turns, work by spells, pravidelně rotate, o dvou alternate, stále se proměňovat vary **–avý** občas přestávající intermittent, občas se objevující recurrent, nezi dvěma extrémy alternate, -ting (esp. current, A.C.); oboustranný reciprocal **–ání** change, taking turns, relief, alternation, ~ stráží the changing of the guard

střídka crumb (of bread)

střídmo|st temperance **–ý** umírněný temperate, skromný frugal

střih 1 cut, všeob. style **2** filmu editing **–ač** cutter, též filmu **–nout** < **–at** cut*, tailor, trim, crop (srov. řezat), clip, velkými nůžkami shear* (esp. sheep); též > **se–** film cut*, edit ♦ stříhat ušima prick (up) one's ears

střík|ací pistole squirt-gun **–ačka** med. syringe, squirt, zahradní (garden) hose, požární fire-engine **–aný** shot **–at** > **po–** v. postříkat **–nout** < **–at** sprinkle, spatter, cákat splash (na, po a t.), jemně spray*, ze stříkačky squirt, až tryská jet, až se line gush, do výše spout

stříl|et neustále fire away, z výfuku back-fire (z čeho, na co) stále namířeným play a t. on a t., bear* upon a t., z úkrytu snipe, jinak v. střelit **–et si** > **vystřelit si** z koho make* a fool of a p., dupe a p. **–na** loophole, embrasure

střízlík wren

střízliv|ět > **vy–** become* / grow* sober, přen. come* to one's senses **–ost** sobriety **–ý** sober

stříž 1 ovcí sheep-shearing **2** text cutting (of viscose) into sheets **3** těl. scissors, pl

stud shame, embarrassment

studánka fountain, zvl. přen. well

student(ka) grammar-school boy / girl, na vysoké škole undergraduate, student **–ský** students'

studený cold (e.g. war, front, wave), chilly, mrazivě frigid ♦ ~ jako led ice-cold, icy

studi|e 1 study, pojednání, též paper, essay **2** pl v. studium **–jní** (...of) research, ...of studies, educational **–o** studio

studit feel* cold, chill

studium study (také -dia, pl.), investigation, (často -die, pl) study, (years spent at) college, university study, studies, pl ♦ ~ při zaměstnání external study, sandwich course

studn|a, –ě well

studov|at 1 attend (a course of studies), take* / pursue a (university) course, kde be educated, o-bor read* (medicine, the law), read* for, study to be... **2** zkoumat study, investigate, go* into a t. **–at** > **na–** study, learn*, read*; **-ující = student –na** vysokoškolská reading room, soukromá study

stuha ribbon, páska band

stůl table, pracovní desk ♦ hodit pod ~ přen. dismiss, am. table; jídelní ~ dining table; kuchyňský ~ kitchen table; psací ~ writing desk / table; rozkládací ~ pull-out / leaf table

stulit se v. tulit se

stup|ačka foot-rest **–átko** footboard, step **–eň 1** = schod, stupínek, stadium **2** podle stupnice degree, v hodnosti grade, hodnost, podle sazby rate, přen. úroveň, level ♦ ~ po -pni by degrees, stage by stage; na stejném -pni to a par, on a level (s with); na nej-vyšší ~ to the higest degree; ve vysokém -pni at a high stage **–ínek** = pódium **–nice** scale, hud. gamut, kruhová n. u rádia dial **–ňovat** > **od–** shade (by degrees) **–ňovat** > **vy–** step up, boost, útok escalate, gradate, intensify, increase, enhance, heighten **–ňovat se** > **vy–** grow* by degrees, increase, escalate **–ňovitý** gradual

stužka tape a v. *stuha*

stvol (leafless) stem / stalk, odb. scape

stvořit v. *tvořit*; **-ření 1** činnost creation **2** tvor creature **–el** creator, maker

stvr|dit = *potvrdit* **–zenka** příjmu receipt, paying-in slip

stvůra monster, creature

stý hundredth ♦ *sté výročí* centenary

styčný contiguous, ...of contact, organizačně ...of contact, voj. liaison

styd|ět se > za– be bashful / coy / shy, za co be ashamed of a t., of o.s. **–livý:** bashful, coy, shy

stydnout > vy– get* / grow* cold / chilly

styk touch, contact, intercourse, s výměnou abstraktních hodnot commerce, bohatý výměnami traffic (vesměs bez pl), všedního života dealings, pl (zprav. *-y*) vztahy relations (e.g. diplomatic, cultural), slovní apod. communication, písemný correspondence, osobní spojení connection ♦ *být ve -u s* keep* / be in touch / contact with; *mít -y* mix with people; *navázat ~, vstoupit ve ~* get* into contact, come* in touch with a p., contact a p.; *přerušit s někým ~* break* with a p.

stýkat se 1 geom. be contiguous, border / abut on... **2** = *být ve styku (nestýkají se* they do not keep* company)

styl style **–izace 1** dekorativní conventionalization **2** textová wording **–izovat > na– 1** dekorativně conventionalize, stylize **2** slovně word, urč. formou couch, koncipovat draft, draw* up **–ový** stylish

stýskat se > zastesknout se: *někomu se -ká* a p. is / feels* lonely, po čem a p. misses a t. (*po domově* be / feel* homesick) *~ si >* **postesknout si** = *stěžovat si*

subjektivní subjective

subskri|bovat > < subscribe to a t.

–pce subscription

subtilní subtle, jemný nice, s vytříbeným vkusem sophisticated

subvenc|e vládní subsidy, kulturní grant, subvention **–ovat** subsidize

súčtovat v. *účtovat*

sud barrel, hogshead, puncheon, obrovský butt

sudič litigious fellow, grouch **–ka** Fate (*-ky* též. weird sisters)

sudý even

suges|ce suggestion **–tivní** suggestive

such|ar 1 brit. biscuit, am. cracker **2** člověk dryasdust person **–o** dry atmosphere, místo dry place (*uchovat v -u* keep* dry), drought ♦ weather is dry **–opár** půda barren / waste land, přen. aridity, nuda tedium, boredom **–ozemský** (over)land **–ý** dry vyprahlý arid, horkem torrid, list dead, sear or sere, nezáživný dryasdust

suita doprovod n. hud. suite

suk knag, knot

sukn|ě skirt, přen. o ženě petticoat ♦ *hladká ~* plain / straight skirt: *kalhotová ~* divided skirt **–ice** mužská kilt **–o** cloth, závěsové apod. drapery

sukovitý knaggy, knotted, pokroucený gnarled

sůl salt (*kamenná* rock-s., *kuchyňská* cooking s., *stolní* table s.) ♦ *~ v očích* pain in the neck

sultán sultan

suma sum, částka amount

sumec sheat-fish

sund|at < –ávat take* down / off

sunout (se) v. *posunovat(se)*

sup vulture

supět > za– pant, chrčivě snort, sípavě wheeze

surov|ec brute **–ina** raw material **–ost** barbarity, inhumanity, cruelty **–ý 1** barbarous, inhuman, cruel **2** nezpracovaný crude, ještě nepoužitelný raw, nepropracovaný coarse, nevytříbený unrefined

suspendovat >< demote, z funkce suspend

suš|ák na ručníky airer **–árna** drying-room; chmele oast-house* **–enka** brit. biscuit, am. cracker **–it** > **o–, u–, vy–** dry, v sušárně drykiln, horkem parch, odb. dehumidify, odpařením evaporate, dehydrate ♦ **~ seno** make* hay

suť broken stones, pl, rubble

sutana cassock

suterén basement

sutiny v. *rozvaliny*

suvenýr souvenir, osobní keepsake

suver|én sovereign **–enita** sovereignty **–énní** sovereign, přen. ovládání masterful

sužovat = *soužit, trápit*

svači|na letmá snack, v úřadě dopoledne mid-morning coffee / tea, elevenses, pl, odpolední afternoon tea **–t** > **na–** se have one's tea

sváď|ět tempt a v. *svést* **–ivý** enticing

svah slope, declivity

sval muscle

sval|it < **–ovat** roll / shift down / off, něco (vinu) na někoho attach a t. (blame) to a p. **–it se** < 1 v. *kácet se* 2 spadnout get* off

sval|natý sinewy, též **–ový** muscular

svar weld, welding seam

svár discord, contention, zvl. rodový feud **–livý** querulous, contentious, cantankerous, crossgrained

svářet v. *svařit*

svař|it < **–ovat** dohromady concoct, svářet weld **–ování** welding

svářit se contend, argue

svat|ba wedding **–ebčan** wedding-guest **–ební** wedding ♦ **~ hostina** wedding reception / breakfast

svát|eční festive, o volných dnech holiday, přen. občasný occasional **–ek** 1 holiday, spojený s oslavami feast, civilní festival 2 jmeniny name('s)-day; **-ky** festival, círk. feast, doba volna holidays, pl

svato|dušní Whit(sun) **–janský** večer St. John's Eve, midsum-

mer night; **-ská muška** = *světluška* **–krádež** sacrilege **–krádežný** sacrilegious **–st** sanctity, saintliness, holiness

svátost sacrament

svato|stánek tabernacle **–ušek** sanctimonious person **–uškovský** sanctimonious **–zář** halo, glory, aureole

svat|ý 1 holy, posvátný sacred, slavnostní solemn (e.g. duty) 2 (jako) u světce saintly a v. *posvátný* 3 před jménem světce St. ♦ **mluvit jako ~** talk one's tongue out of one's head; **-á pravda** gospel truth; *Všech* **-ých** All Saints; *S- hrob* Holy Sepulchre; *S- otec* Holy Father **–yně** holy of holies, útočiště sanctuary

svaz league, federation, union, mezinárodní někdy alliance, monopolistický association ♦ **odborový ~** trade-union, am. labor union

svázat < **svazovat** 1 bind* (up), připoutat tie (up), kniha v. *vázat*, jinak v. *balit* 2 vzájemně k sobě bind* / tie together

svaz|ek 1 bunch 2 co vzájemně poutá tie, bond 3 jednota union, smluvní covenant 4 knihy volume **–ovat** v. *svázat*

svážet (se) v. *svézt (se)*

svažovat se slope (down), na stranu tip, prudce fall* (steeply)

svěd|čit 1 witness, bear* witness, give* testimony, give* evidence 2 testify to a t., že that... 3 jít k duhu agree (komu with) **–ecký** testimonial ♦ **-ká výpověď** testimony of a witness **–ectví** testimony, witness, dosvědčení attestation, důkazy evidence **–ek** witness ♦ **být -kem** čeho witness a t.; **očitý ~** eye-witness; **lavice -ků** witnessbox, am. witness-stand

svěd|ět, **-it** > **za–** itch **–ivý** itching

svědom|í conscience ♦ **čisté ~** clear conscience; **s dobrým -ím** in good faith; **dělat si ~ z čeho** scruple about a t.; **mít co na ~**

have a t. on one's mind; *vzít si co na ~* reconcile a t. with one's conscience **–itost** conscientiousness, assiduity **–itý** conscientious, assiduous, scrupulous

své|hlavý self-willed, willful, obstinate, neposlušný wayward **–pomoc** self-help, vzájemná cooperation **–pomocný**, co-operative

svěr|ací *kazajka* strait jacket **–ák** vice, truhlářský press screw

svéráz specificity, individuality **–ný** specific, individual, distinctive, characteristic

svěřenec charge, schovanec ward

sveřepý tough, stubborn

svěř|it < **–ovat** entrust (a t. to a p. = a p. with a t.), charge a p. with a t., confide a t. to a p., formálním předáním consign, všeob. dát, uložit commit (e.g. one's thoughts to paper) **–it se** < **–ovat se** open one's heart *(komu* to a p.), komu s čím unbosom a t. to a p.

svě|sit < **–šovat** hang* (down), (let* a t.) droop, mdle flag, sklonit, spustit, lower, sejmout take* down, nechat houpat swing*

svést provést, dokázat manage (I cannot manage it), vypořádat se cope with a t. ♦ *s ním se nic nesvede* there is no doing with him ~ < **svádět 1** dolů lead* down(stairs) **2** jinam lead* (away), bring* (away), convey, tekutinu, drain **3** dohromady bring* together, lidi též throw* together, soustředit concentrate **4** z cesty *(~ na scestí)* lead* a p. astray, mislead*, misguide, mravně corrupt, ženu seduce **5** boj, zápas engage in a t. ♦ *~ koho na nepravou stopu* throw* a p. off the scent

svěšovat v. svěsit

svět world *(na -ě* in the w.); o širém kraji *do -a, ve -ě* abroad; *na / po celém -ě* all over the world ♦ *(celý) boží ~* the whole wide world; *být* n. *mít se k -u* be alive (and kicking); *udělat díru do -a*

set* the Thames on fire; *tak to na -ě chodí* that is the way of the world; *konec -a* časově end of the world, doomsday, místně world champion; *za nic na -ě, za živý ~* not for anything in the world, not for worlds; *onen ~* the other world, hovor. kingdom come; *přijít na ~* come* into the world; *spatřit světlo světa* see* the light / world; *~ se se mnou točí* my head is going round; *užívat -a* make* the best of life; *pro všechno na -ě* for all the world **–ácký** worldly **–adíl** continent **–ák** playboy, řidč. = *-oběžník*

světec saint

svět|élko v. bludička **–élkovat** > **za–** phosphoresce **–elný** luminous ♦ *~ oblouk* luminous arc; *-né obrazy* (projector) slides; *-ná reklama* illuminated advertising; *~ signál* light signal, na křižovatce traffic light, am. stop light

světi|ce a female saint **–t** = *slavit* **–t** > **po–** consecrate, hallow **–t** > **vy– 1** osobu ordain, admit a p. to holy orders, biskupa, consecrate **2** místo consecrate **3** věc bless

světl|ík skylight, šachta airshaft **–o** light: ozařující shine, osvětlení lighting, luminary ♦ *pouliční / signální -a* traffic (am. stop)light; *vyjít na ~* come* to light: *za -a* by daylight **–omet** search-light **–ost 1** luminosity, lucidity **2** průměr calibre, vrtání bore; podjezdu headroom, headway **–ovláska** blonde **–ovlasý** fair-haired, blond(e) **–uška** fire-fly, glow-worm, am. lightning-bug **–ý** light, ostře bright, vydávající -o luminous, vlasy a pleť fair, jako obloha clear, přen. vznešený illustrious ♦ *-é pivo* pale / light ale

světnice (sitting-)room

světo|běžník globe-trotter **–bol** spleen **–dějný** epoch-making **–občan(ský)** cosmopolitan **–vláda** world rule **–vládný** world-ruling **–vý** world('s), rozšířený world-

known ♦ ~ *názor* world outlook; -*vé strany* cardinal points **-známý** world-known / -famed / renowned

svet|r sweater, sport. jersey, brit. hovor. woolly **-řík** pullover

světský profane, secular, laický lay, starající se jen o pozemský wordly

svévol|e willfulness **-ný** highhanded, overbearing, willful, bezuzdně wanton, capricious

svézt < vzít s sebou take* along, give a p. a lift / ride), koho kam drive* a p. (to...) ~ < **svážet** dolů / pryč / dohromady bring* / carry down / off / together; ~ **se** < *s kým* go* along with a p., join a p., take* a lift, am. have / take* a ride ~ **se** < **svážet se 1** klouzavě dolů slip / slide* down **2** po kom, zjet ho slate a p. **3** = sesunout se

svěží fresh, keen, brisk, živý vivid, atmosféra crisp, bracing

sví|ce candle **-cen** candlestick **-čka 1** candle tenká a dlouhá taper **2** elektr. jednotka lumen, light-unit, motoru spark(ing)-plug ♦ *při* -čce by candle-light **-čková** *pečeně* roast sirloin with cream sauce

svíjet v. svinout ~ **se** writhe, wriggle, squirm

svin|čík pigsty, nepořádek a bloody mess **-ě** sow, nadávka swine, sg i pl

svin|out < **-ovat** n. **svíjet 1** plachtu, vlajku furl, plachtu shorten, take* in **2** = stočit

svins|ký 1 lewd, salacious **2** mizerný lousy **-tvo** filth, rot, trash

svíra|t úhel contain, include, jinak v. sevřít **-vý 1** chuťově astringent **2** zpevňující constringent

svislý perpendicular, srov. kolmý

svist whizz

sviš|ť marmot **-tět** < **za-** whizz, buzz along

svit shine, třpytivý shimmer

sví|tat dawn; -*tání* daybreak, dawn

svit|ek roll, papíru scroll **-kový** *film* roll-film

svítek Yorkshire pudding

svíti|lna lantern, lamp, vysoká lampstandard, baterka torch, pouliční lamp(-post) **-plyn** (coal) gas **-t** > **za- 1** light*, stále keep* the light on / burning, o světle be kept on, be alight **2** s žárem burn*, glow **3** vydávat zář. lesk shine*, give* / shed* light, v paprsku beam **4** na něco throw* light (up)on a t., light / illuminate a t. **-t** < **po-** komu hold* a light for a p. **-t (se)** > **za-** shine*, z temna gleam **-vý** luminous, shining, chem. procesem, phosphorescent

svitnout < = *rozbřesknout se*

svízel 1 obtíž trouble, difficulty **2** strast hardship **-ný** hard, troublesome, stringent

svižný limber, supple, lithe, mrštný agile, hbitý nimble

svlačec bindweed

svlaž|it < **-ovat** moisten, damp, water ♦ ~ *si hrdlo* wet one's whistle / lips

svlé|ci < **-kat** take* off, strip, divest o.s. of a t., komu co strip / divest a p. of a t., koho undress a p.; z obleku strip *(do půl těla* down to the waist, *do naha* naked); co ze sebe = **-ci se** < **-kat se** z čeho strip off; odložit šaty undress, z kůže had slough

svobod|a freedom, liberty, libovůle licence, výsada franchise ♦ *dát komu* -u be at liberty / at large, be free; ~ *jednání* free hand; ~ *pohybu* freedom of movement; ~ *slova* freedom of speech; ~ *tisku* freedom of the press; ~ *vyznání* freedom of religion; *pustit na* -u set* free, release, deliver; *trest na* -ě confinement **-árna 1** house* of flatlets / am. single apartments **2** garsoniéra bed-sitter, odb. studio flat **-ník** lance-corporal **-ný** free, independent, pracující na volné noze freelance, nevázaný manželstvím single, neomezující se v chování loose ♦ *za* -*na se jmenovala...* her maiden name was... **-omyslný** liberal(-minded)

svod 1 temptation **2** antény lead

svol|at < **–ávat** call (together), convoke, summon, zvl. am. convene, am. call (a meeting) to order

svol|it < **–ovat** k čemu consent to a t., smířen acquiesce in a t.; souhlasit agree to a t. **–ný** ready, willing

svor|ka 1 (paper) clip; staple, clamp **2** značka brackel, brace **–ník** kámen coping stone **–nost** concord, union, unanimity, accord **–ný** living in mutual concord, united, harmonious, jednomyslný unanimous

svrab scab(ies)

svra|sk- v. scvrk- **–štit** < **–šťovat** wrinkle, knit (one's brows)

svrb- v. svéd-

svrh|nout < **–ovat 1** bring* / throw* / fling* / hurl down / off **2** = svalit, sesadit

svr|chní upper, top ♦ ~ oděv outerwear; ~ tón overtone **–chník** top coat, overcoat, volný s páskem ulster **–chovanost** sovereignty, supremacy **–chovaný** sovereign, supreme, naprostý absolute **–chu 1** = seshora **2** ~ řečený, aforementioned ♦ dívat se ~ na koho look down on / down one's nose at a p. **–šek 1** top, víko lid, hřbet back **2** boty vamp, uppers, pl **3** karet. queen **4** -šky, pl effects, chattels, pl

svůd|ce tempter, kdo svedl seducer **–ný** tempting, seductive a v. lákavý, vábný

svůj 1 v angl. jiná přivlastňovací zájmena (= můj, tvůj atd.) **2** náležitý due (dostat ~ díl get* one's due) ♦ svého času at one point, once; být ~ be true to type, nebýt ~ not to be up to the mark; hleď si svého mind your own business; mysli si své keep* one's mind to o.s.; prosadit svou make* things go one's way; o své újmě / vůli of one's accord; svým způsobem in its own way / fashion

syčák rowdy, rough

sýček little owl, pesimista doommonger

syčet > **za–** hiss, při smažení sizzle, pára fizzle, ohňostroj, fizz, okřikovat hush

sýčkovat foretell* evil, howl

sychravý damp and cold, dank

syk|nout give* a short hiss **–ot** hiss, sizzle etc. v. syčet

sýkora koňadra great tit(mouse) am. chickadee, uhelníček coaltit

symbol symbol, znamení token, znak sign **–ický** symbolic **–ismus** symbolism **–izovat** symbolize, stand* for a t.

symetri|cký = souměrný **–e** = souměrnost

symfoni|cký symphonic **–e** symphony

sympati|cký likable, nice, pleasant, lákavý engaging, co člověku sedí congenial, sympathetic **–e** liking, inclination, affection (for, towards) **–zovat** s kým have a liking for a p.

sympos|ion, **–ium** symposium

syn son

synagoga synagogue

syn|kopa syncope **–onymum** synonym, přen. byword (pro of) **–tetický** synthetic **–téza** synthesis (pl -ses)

syp|at 1 shower, trousit spill*, plody yield, shed* **2** koho pryč chase a p. off **3** běžet pryč tear* (along) **–at se** pour, be shed, shůry fall* **–at** > **na–** co kam pour, rozhozem scatter drobně sprinkle ♦ ~ co jako z rukávu throw* off a t. **–at** > **po–** co čím sprinkle **–at se** > **roz–** go* to pieces **–átko** sprinkler, dredger

sýpka granary

sypký loose

sýr cheese ♦ tavený ~ melted cream cheese

syr|eček cake of cheese **–ovátka** whey

syrový raw; = sychravý

syrý damp, dank

sysel pouched marmot, am. gopher

sys|tém system **–tematický** systematic **–temizované** *místo* establishment post

syt|it < **na–** sat(iat)e, napojit saturate, všeob. fill, feed* **–it se** > **na–** feed* **–ost** satiety ♦ *do -ti* to one's heart's content **–ý 1** replete, barva deep, rich **2** mající čeho dost sick / tired / fed up with, weary of a t. **3** sytící substantial, solid

sžíra|t devour, přen. prey upon (a p.'s health), consume **–vý** corrosive, caustic, biting, rozhořčeně scathing

sží|t se < **–vat se 1** s čím get* familiarized with a t. **2** dohromady get* used to one another, s novým prostředím find* one's feet / legs, settle in

Š

šablon|a stencil, vůbec vzor pattern, model **–ovitý** stereotype(d)

šafrán autumn crocus, koření saffron

šach 1 shah **2** = **-y 3** hrozba králi check (~ *mat* checkmate) **–ista** chess-player **–ovaný** chequered **–ovat** check **–ovnice** chessboard

šachta shaft

šachy chess

šál 1 přehoz shawl **2** maso aitch-bone **–a** wrapper, teplá comforter, šátek scarf

Šalamoun Solomon

šálek cup

šálit > **o–** delude

šalvěj sage

šamot fire-clay **–ka** obkládačka tile

šampaňské champagne

šamp|on, –onovat shampoo **–us** brit. hovor. champers

šanon file

šarlat scarlet

šarlatán quack, charlatan, impostor

šarvátka brawl, squabble, fracas, scuffle, též voj. skirmish

šarže rank

šaš|ek fool, buffoon, jester, clown ♦ *dělat si -ky z koho* make* a fool of a p. **–kovský** tomfool, droll

šat vesture, array, guise

šátek 1 na krk scarf, pestrý bandan(n)a **2** kapesník handkerchief, hovor. hanky **3** na hlavu kerchief, bandana

šat|ečky, šatičky (baby's) frock **–it** > **o–** clothe, urč. způsobem dress **–na** cloakroom, herecká greenroom **–nář(ka)** cloakroom attendant **–ník 1** wardrobe **2** = **–stvo** clothing **–y** clothes, dámské dress, obyčejné ženské frock (v. také *oděv*, *oblek*)

šavle sabre

šeď grey

šedesát sixty **–ník** sexagenarian **–ý** sixtieth

šed|iny grey hair, sg **–ivět** > **ze–** grow* (náhle turn) grey **–(iv)ý** grey, *-ivý* o člověku grey-haired, hoary

šéf principal, head, hovor. boss **–kuchař** chef **–redaktor** editor-in-chief

šejdíř cheat, sharper, impostor

šek cheque, am. check **–ová** *knížka* cheque-book

šelest rustle, větru sough, též med. murmur **–it** rustle, murmur

šelm|a 1 beast of prey **2** čtverák wag **–ovský** waggish

šenkýř inn-keeper, tapster, publican

šep|ot whisper **–tanda** whisper(ed) propaganda **–tnout, zašeptat** < **–tat** whisper **–tem** in a whisper

šered|a a fright, a non-looker **–ný** ugly

šerm fencing **–íř** fencer **–ovat** fence **–ovat** > **za–** rukama wave, živě gesticulate

šero gloom, twilight **–svit** gloomily / poorly illuminate

šerpa sash

šerý gloomy, dim and distant, dusky, vzdálený remote, hoary

šeřík, lilac

šeřit se > ze– = *stmívat se* v. *setmět se*

šest six **–ina** sixth **–inedělí** childbirth recuperation (six weeks) **–inedělka** woman* in child-birth recuperation **–istěn** hexahedron **–iválec** six-cylinder car **–ka** six **–náct** sixteen **–náctý** sixteenth **–ý** sixth

šet|rnost economy, thrift **–rný 1** economical, thrifty, frugal, parsimonious **2** k někomu, ohleduplný considerate, regardful of a p. **–ření** zkoumání inquiry (*čeho* into a t.), investigation (of) **–řit 1** economize, be thrifty, save up (money), spare, omezovat stint, nedávat grudge **2** čeho, zachovávat to observe a t. **–řit > na–, u–** save (up), put* by **–řit > u–** aby nedoznal(o) úhony spare **–řit > vy–** úředně = *vyšetřovat*

šev seam, suture, spojení vůbec juncture

ševel(-) = *šelest(-)*

šibal wag, arch fellow **–ský** arch, waggish **–ství** waggish trick

šibeni|ce gallows **–ční** humor gallows humour **–čník** gallows-bird

ši|cí sewing **–čka** needlewoman*, stroj (wire-)stitcher, knihařská book-sewing machine

šid|it > o– 1 swindle, cheat *(koho o co* a p. of a t.) lehkověrného dupe **2** = *škádlit* **-it se > o–** be the loser, make* a bad bargain **–ítko =** *dudlík; náhražka*

šídlo 1 awl **2** hmyz damsel-fly

šifr|a cipher **–ovat < za–** encipher

šichta shift

šíje 1 neck **2** zeměp. isthmus

šik line, vojáci file, impozantní array

šikm|ooký squinting **–ý** oblique, sešikmený slant(ing), seříznutím bevel(led)

šikov|at < se– line / file (up), file (up), shromáždit (se) rally

šikovný v. *dovedný, obratný* hovor., vhodný fit, handy, serviceable, pěkný smart, cute

šíle|nec madman*, maniac, lunatic **–nství** madness, mania, rabidity, lunacy, vzrušení frenzy **–ný** mad, maniac, rabid, lunatic, vzrušený frantic, frenzied, hov. velký tremendous, terrible **–t** be mad, crazy for a t.

šilha|t > za– squint, po čem look sweet upon a t. **–vost** squint **–vý** squinting, squint-eyed

šilink shilling

šiml 1 grey (horse) **2** úřední vzor form letter ♦ *kancelářský, úřední ~* red tape

šimpanz chimpanzee

šimrat > po–, za– tickle, jemně tingle

šindel shingle **–ový** shingle(d)

šinout (se) = *posunovat (se)* ~ *si to* be coming along

šíp arrow **–ek** wild / dog rose, briar; plod (rose-)hip

šipka dart, bolt, polygr. arrow-head; do vody header, pike-dive; auta = *směrovka*

Šípková *Růženka* Sleeping Beauty

šir|ák broad-brimmed hat, sombrero* **–očina** broad axe **–okoúhlý** film wide-screen film, cinemascope, cinerama; ~ *objektiv* wide-angle lens **–oký** broad, wide, rozsáhlý extensive; rozvláčný lengthy; **–oko** obecně widely, **–oce** obšírně at length ♦ *širší než delší* wider / fatter than it is long; *-ké masy* broad masses; *-ké plátno* wide screen; ~ *rozhled* extensive view, přen. broad knowledge; ♦ *-ká veřejnost* general public **–oširý** wide, wide; vast **–ý** wide ♦ *pod -ým nebem* outdoors, open (air); *-é moře* the high seas, bás. the main

šíř|e breadth, width, rozpětí span **–it =** *rozšiřovat* **–it se 1** = *rozšiřovat se* **2** o něčem dilate / enlarge / expatiate upon a t. **3** elaborate (up)on a t., gloss over a p. **–ka** zeměpisná latitude a v. *šíře*

šiš|atý conical, křivý crooked **–ka 1** cone, vyválená roll, chleba long loaf **2** vulg. hlava nob, pate

šišla|t > za– lisp **–vý** lisping

šít sew*, do* needlework, šitím vytvořit make*, šít urč. stylem tailor, hrubě, např. drátem stitch ~ > **u– 1** make* (a dress) **2** expr. ~ *boudu* plot ~ s *kým šije to s ním* it causes him to / makes him fidget, it makes him restless ♦ *(u)šít něco horkou jehlou* make* slapdash work of a t., to be very slapdash with one's work; *jako ušitý na* fits like a glove

šití needlework, sewing

škádlit > po– tease, banter

škála gamut a v. *stupnice*

škared|it se look sour / gloomy, scowl **–ý** = *ošklivý*

škarohlíd pessimist **–ský** pessimistic **–ství** pessimism

škarpa 1 pevnostní (e)scarpe **2** = *příkop*

škatul|e 1 = *krabice* **2** vulg. o ženě frump, hag, dowdy **–ka** box (např. s léky pill-box) ♦ *jako ze -ky* as if he had just come out of the band-box, spick and span **–kovat > roz–** compartment(alize)

škeble shellfish, clam, mussel, lastura (sea)shell

škemrat > za– whimper (o for)

šklebit se < za– n. ušklíbnout se grin, grimace, přen. o zejícím yawn, gape

škobrt|at > –nout, za–at stagger

škod|a 1 damage (zprav. bez pl., loss, uplaňovaná claim, způsobená zásahem injury, ublížení harm (bez pl), újma detriment, prejudice *(na -u* to the ...) **2** -a *(je něčeho)* (it is) a pity, často I wish I were / had apod., it is a waste of..., it is wasting... ♦ *nebude na -u* it won't be a miss; *prodat se -ou* sell* at a loss **–it >** **u–** (do* a p.) harm, injure; be detrimental / prejudicial to a p.; *ne-ilo by mu* it might do him

good ♦ *všeho moc -í* grasp all, lose all **–livina** injurant **–livý** harmful, detrimental, injurious, nezdravý unhealthy, též duševně (ob)noxious, při požívání n. vdechování deleterious, na pověsti derogatory; který je na újmu detrimental, prejudicial *(čemu* to) **–ná** vermin **–olibost** malicous joy

škol|a school, vyučování též lessons, pl, přen. výchovný vliv training, vesnická budova schoolhouse*, učebnice school (e.g. of violin, piano) ♦ ~ *v přírodě* nature learning, outdoor schooling; *být po -e* be kept after school; *chodit do -y* attend (go* to) school; *chodit za -u* play truant (or hookey); *národní* ~ primary (or junior elementary school; *-oupovinný* of school age; *průmyslová* ~ technical school; *střední* ~ secondary school, am. high school; *vysoká* ~ university (and technical college), *vysoké -y* n. *školství* higher education **–ácký** school-boy(ish) **–ačka** school-girl **–ák** school-boy, scholar **–ení 1** vyškolenost skill **2** dobrovolné, demonstrační teach-in, politické indoctrination **–it > vy–** train, a tak kvalifikovat skill, polit. indoctrinate, všeob. school **–ka** nursery **–né** school-fee **–ní** school *(rada* board, *léta* days / time; inspector, bus, book, broadcasting, ship), schoolroom (esp. film), schoolboy (e.g. slang), scholastic **–ník** school-servant, caretaker **–ský** school, scholastic **–ství** education(al system) ♦ *ministerstvo* ~ Ministry of education

škopek wash-tub

škorpit se > po– squabble

škrab|ák scribbler **–anice** scribble **–at > na–** scribble **–at > o–** scrape a v. *loupat* **–at > po–** scratch **–at se** *někam* climb a place **–at se >** **po–** *někde* scratch one's...

škrabka scraper

škráb|nout, za–at < –at scratch,

čím po čem scrape a t. over a t. **-nutí** scratch

škraboška mask, přen. disguise

škraloup skin (on milk), tužší crust, přen. peccadillo*

škrob starch, knihařský size, přen. o člověku penny-pincher, tightwad **-it > na-** starch; **-ený** starchy, stiff, sloh stilted

škrt stroke (of pen); omezení cut, crossing-out ♦ **-em pera** by a scrape / scratch of the pen; **to byl ~ přes rozpočet** that thwarted our plans **-icí** klapka throttle (valve) **-it > u-** n. **za-** throttle, dusit choke, přen. suppress, zločinně v. rdousit **-it** lakotit pinch **-nout < -at 1** scrape a t. on a t., sirkou strike* a match, lehce shave a t. **2** zrušit cancel a v. dále ♦ **ani si ne-l** he didn't even get a look in **-nout, pře-, pře-at < -at** strike* (out), cross (out), v textu erase, obliterate, raze, polygr. delete, celé řádky rule / score out **-nout, vy-, vy-at < -at** cance, ze seznamu strike* off, score out

škubání: mít ~ have half a mind to inf

škubánek potato-pasta ball

škub|at > o- ptáka pluck (a bird) **-avý** jerky **-nout, za-at < -at 1** čím, sebou jerk, pluck at a t., cloumavě tug at a t., kroutivě wrench, prudce twitch (one's lips) **2 -at se(bou)** twitch, přen. odporem, bolestí wince **-nout sebou < -at sebou** trhnout sebou start

škůdce evil-doer, malefactor, přen. příčina zkázy bane, zeměd. pest

škudlit skimp, něčím stint a t. / p. in a t., pinch on a t.

škv|ár trash, rubbish **-ára** slag, dross **-arek** scrap (of meat) **-ařit (se) > u-** broil **-ařit > vy-** render down, try, přečistit refine, tak vytáhnout extract

škvíra chink, crevice

škvor earwig

škvrně tiny tot

škyt|nout, za-at < -at hiccup

šlágr (a smash) hit, pop, všeob. spell-binder ♦ **stále** (n. věčně) **živý ~** evergreen

šlahoun runner, am. cane

šlach|a tendon, sinew **-ovitý** sinewy, maso stringy, spare

šlamastika fix, tight corner, pretty mess, sorry plight

šlap|adlo 1 chodidlo sole celá noha toe **2** pohonu treadle, pedal **-at 1** jít pěšky foot it **2** co, po čem tread* a t., šlapadlem treadle, pedal **3** v. šláp-nout ♦ **~ si na jazyk** lisp; **~ si po štěstí** miss the chance; **~ si na rozum** be slow on the up-take; **~ vodu** tread* water **-at > sešláp-nout** step on a t. **-ka** punčochy sole; prostitutka street-walker

šlápnout < šlapat na co tread* (up)on a t., step on a t., set* / put* one's foot (down) on a t., ničivě trample (down) a t., on a t. ♦ **~ na plyn** step on the gas; **~ vedle** bark up the wrong tree

šlápota footprint, slyšitelná footfall / footstep

šle (a pair of) braces, am. suspend-ers

šleh 1 cut, lash **2** vtip witticism, crack **-ač** whisk, egg beater **-ačka 1** smetana whipped cream **2** nástroj whisk **-at > u-** bílky beat* up, whisk / whip eggs **-nout < -at** lash, whip (do a t.), metlou flog, give* a p. a flogging, i přen. s-courge, rákoskou cane, switch, jako blesk flash, prudce vrhat shoot*, dart, mrskat wag, prudce whisk **-at** koho > **na-** komu flog a p.

šlech|etnost noble-mindedness, magnanimity **-etný** noble(mind-ed), magnanimous **-ta** nobility, aristocracy, nižší gentry **-tic** gen-tleman*, nobleman*, aristocrat **-tický** noble, ...of noble birth, aristocratic **-tictví** nobility, peer-age **-tična** noblewoman*, wom-an* of noble family / birth, titled woman* **-tit** koho, co do* a p.

šlendrián práce, činnost sloppy / slipshod work

šlépěj = *šlápota, stopa*

šlichta mess, am. slang. glop

šmahem indiscriminately

šmajdat hovor. waddle

šmátrat < za–, hovor. expr. fumble (about), po zemi scrabble / scratch about

šmejd = *škvár* –**it** sneak about, bustle (about)

šmelin|a black market, black-market(eer)ing, profiteering –**ář** black-marketeer, profiteer –**ařit** black-market, profiteer –**ářství** = *šmelina*

šmír|a ham actors, pl. výkon ham acting, hamming –**ař** ham actor –**ařský** hammy

šmolk|a (washing-)blue –**ově** *modrý* ultramarine

šmouha smudge

šmudla žena slattern, muž sloven

šnek 1 zool. snail a v. *hlemýžď* **2** tech worm / perpetual screw

šněrov|ací lace-up (esp. shoes) –**ačka** (a pair of) stays, pl, ozdobná laced bodice –**adlo** lace (esp. shoe-lace), shoe-string –**at** > za– lace (up), také > se– fetter –**at** *cestu* zigzag

šňup|nout < –**at** take* (a pinch of) snuff –**avý** *tabák* snuff

šňůra line (e.g. clothes-line *na prádlo*), string, provaz cord, strand, elektr. flex, k vedení lead, a to smečky leash, ozdobná braid ♦ ~ *perel* string of pearls

šofér driver, soukromý chauffeur

šohaj swain –**ka** lass

šok shock

šortky shorts, briefs

šos (coat-)tail –**áctví** philistinism –**ák** philistine

šotek 1 = *skřítek* **2** dítě imp ♦ *tiskařský* ~ misprint

šoup|átko slide valve –**nout** < –**at** shove, s hlukem shuffle, sem tam scrape one's feet –**at se** o něco

stále scrape a t.

šour|at se shuffle / shamble (along), pracně trudge (along), drag o.s. on

šourek scrotum (pl –ta)

šoust|at vulg. fuck, frig, brit. shag –**nout, za–** *čím o co* rub a t. with a t., strike* a t. against a t.

šovinis|mus chauvinism, jingoism –**ta** chauvinist, jingo(ist)

špač|ek 1 starling **2** hra (tip)cat **3** kuřiva cigar(ette) end, stub, butt, tužky (pencil-)stump ♦ *tlouci -ky*, nod in sleep

špachtle spatula, spattle

špalek log, block, o člověku blockhead ♦ *(stát) jako* ~ like a pillar of salt; o knize tome

špalír 1 crowd lining streets **2** zahrad. espalier ♦ *stát -em* line the streets

Španěl Spaniard (-é the Spanish) –**sko** Spain **š–ský** Spanish

špatn|ě: *je mi* ~ I am / feel* unwell (*od žaludku*, brit. sick, am. sick at the stomach), I have a bilious attack, my stomach is upset ♦ *jít* ~ go* in the wrong direction, hodiny keep* wrong time; *mít se* ~ have a bad time of it; *zacházet s někým* ~ maltreat, ill-treat a p. –**ost** mravní wickedness –**ný** (worse, worst), nesprávný wrong, ubohý poor, falešný false, méněcenný inferior, zlý evil / ill, zkažený wicked, bědný wretched ♦ *vzít to za* ~ *konec* go* the wrong way about it; *mít -ou náladu* be in a bad mood; *-ná pověst* disrepute, ill fame; *-né svědomí* bad / guilty conscience

špeh spy –**ovat** koho spy on a p.

špejle skewer

špenát spinach

špendl|ík 1 pin **2** ovoce yellow plum ♦ *napínací* ~ safety pin –**íková** *hlavička* pin-head –**it** > se–, za– pin

šperk = *klenot*

špetka pinch ♦ *ani -ku* not a bit /

jot / whit

špi|ce 1 kola spoke **2** bodec spike **3** = *špička* **–cI 1** spitz, Pomeranian **2** donašeč informer, nark, detektiv sleuth **–čák 1** vidlí prong, také parohu tine **2** motyka pick **3** zub canine (tooth*), eyetooth* **–čatit > při–, za–** point, sharpen **–čatit se > za–** grow* pointed **–čatý** pointed, přen. kousavý mordant, caustic **–čka 1** hrot point, koneček tip, nohy, punčochy, obuvi toe (*na* / *po -čkách* on tiptoe), *jít po-čkách* tiptoe) **2** zakončení vůbec end (of one's nose etc.) **3** vrcholku, něčeho co stoupá peak, dopravní, odběru peak-hours, p., věže spire, významné místo head **4** významná osoba notable **5** úštěpek taunt, gibe, **6** kuřácká cigar(ette)holder **7** druh masa rump **8** opilost: *mít -čku* be half seas over, have had a drop too much, be tipsy **9** -čky u výhybky points, pl ♦ *dotknout se něčeho -čkou nohy* n. *boty* toe a t.: *vybíhat do -čky* taper **–čkovat** rally, chaff, taunt a p. **–čkový** vrcholný peak, top

špikovat > pro– lard, přen. interlard

špí|na 1 dirt, filth, grime, squalor, tekutá slops, pl hogwash **2** skrblík = *škrob* **–inavec 1** mean fellow / filthy person **3** skrblík = *škrob* **–inavost 1** dirtiness, filthiness, též hanebnost sordidness, hanebný kousek dirty trick **2** skrblictví hovor. tight-fistedness **–inavý 1** dirty, filthy, grimy, squalid, a neupravený slovenly, též hanebný sordid, mrzký mean, ušpiněný soiled, šmouhami smudgy **2** skrblivý tight(-fisted), miserly, niggardly **–indíra** = *šmudla* **–init > po–, u–, za–** (be)soil, (be)foul, šmouhami smudge, ohmatáním thumb, znehodnotit defile, na pověsti v. *pošpinit* **–inka** dirty speck, smudge

špión spy, intelligencer, am. slang. spook

špionáž(ní) espionage (*~ kamera* hidden camera, *~ skupina* spy-ring

špitál hovor. sick house, hospital

špitnout = *muknout*

špíže, špižírna pantry také na nádobí a stolní prádlo, larder

špláchat splash, dabble

šplh|at (se) climb (up. *na co* a t.), přísuny nohou shin (am. shinny) up (*na co* a t.), swarm up (a rope), těžkopádně clamber (up / over a t.) **–at** u koho brown nose a p., brit. truckle to a p. **–avec 1** climber **2** = **–oun** sycophant, brit. truckler, am. brown noser

šplouchat cákat splash, zvlněním tekutiny lap, *~ se v čem* splash

šponovky string trousers. pl. skin pants, pl

šprým joke, jest **–ař** joker, jester **–ovat > za–** joke, jest **–ovný** joking, jesting, waggish

špulit (se) > se– purse (up), pout (one's lips) out

špunt 1 dítě tiny tot **2** lid. = *zátka*

špýchar granary

šrám slash, též přen., jizva (emotional) scar

šramot crackle, rattle, rustle **–it > za–** rustle, crackle

šrot 1 groats, crushed grain **2** kov scrap metal, filings, turnings ♦ *dát do -u* scrap **–ovat > se–** scrap

šroub 1 vrut do dřeva wood / common screw, svorník do železa bolt, screw (-bolt), závit šroubu thread, worm **2** lodní screw, propeller ♦ *daňový ~* burden of taxation **–ek** natahovací winder **–ení** screw coupling **–ovací** screw / screw-on (e.g. cap), otáčecí revolving **–ovák** screw-driver **–ovat > vy–** screw up (též ceny prices) **–ovat > za–** screw (in), bolt; **–ovaný** strojený affected **–ovitý** screw-shaped **–ový** screw (e.g. press, valve)

štáb staff ♦ *hlavní ~* headquarters, pl

štaf|eta 1 relay **2** kolík baton (*předat -etu* pass on the b.) **–etový**

závod relay race

štafle stepladder

štamprle shot (of liquor), dram, jigger, brit. tot

štandlík = *štoudev*

šťára (police) raid (*kde* on a t.) **–t se** v něčem ferret in a t. a = *rýpat se*

šťast|livec fortunate, lucky devil **–ný 1** úspěšný lucky, fortunate **2** naplněný pocitem štěstí n. obšťastňující happy, radostný cheerful, blažený blissful **3** příznivý favourable, propitious **4** bez újmy safe, v pozdravech pleasant (a p. journey!) ♦ *-ná náhoda* stroke of luck, lucky chance; *má -nou ruku* he is a lucky fellow

šť|áva juice, míza sap, přírodní ovocná squash, z masa gravy, hovor. pohonná látka dope, elektřina juice **–avnatý** juicy, sappy, succulent

štěbetat > za– twitter, chirp, husa cackle, děti prattle

štědr|ost generosity, liberality, bounty **–ovečerní** Christmas-Eve **–ý** generous, liberal, bountiful, open-handed, hýřivě lavish, královsky munificent ♦ *Š-ý večer* Christmas Eve

štěk|avý barking **–na** nagger, shrew **–nout, za–at < –at** bark, velký pes bay, malý pes yelp, přen. hádavě nag **–ot** barking

štěně 1 pup(py), dravce cub, o člověku unlicked cub **2** soudek cask

štěnice bed-bug, am. chinch, přen. neodbytný člověk bur

štěp 1 graft **2** ovocný strom fruit-tree

štěp|ina chip **–it (se) > roz–** split*, trhem rend*, *atomické -ení* atomic fission **–nice** (apple) orchard **–ný 1** fissionable **2** ne planý fruit, garden **–ovat** graft

štepovat quilt

štěrbina slot, škvíra chink a v. *skulina*

štěrk gravel, jako podklad ballast **–ovna** gravel-pit

šterlink sterling

štěst|ěna fortune **–í 1** náhodné pořízení luck, chance, fortune, a to dobré good luck, (good) fortune **2** pocit happiness, cheer, felicity; *~ pro tebe, že ...* you are lucky s inf; *na ~* luckily, fortunately ♦ *mít ~* be lucky / in luck, have good luck; *mít z pekla ~* be damned lucky, have hellishly good luck; *mnoho ~* good luck to you; *nemít ~* have hard / bad luck; *přát komu ~* wish a p. all the best; *zkusit ~* try one's luck

štět|ec, –eček brush **–ina** bristle **–it se** fret and fume **–ka 1** jako, *-ec 2 = coura*

štíhl|et > ze– become* / grow* slim **–ý** slender, elegantně slim

štika pike, dravý člověk shark

štípa|cí *kleště*, **–čky** (a pair of) wire cutters, punch pliers, nippers **–t > na–, roz–** chop, cut* (up)

štiplavý pungent, acrid, bolest smart

štíp|nout < hovor. ukrást pinch, filch, nip **–nout < –at 1** rozštěpit split* **2** kousnout n. čpět bite*, působit bolest smart **3** prorazit punch (e.g. tickets), kleštěmi clip **4** sevřením v prstech pinch, žihadlem sting*

štír scorpion ♦ *být na -u s* be at loggerheads with, neumět to be bad at a t.

štít 1 shield, okrouhlý buckler, erbový coat-of-arms **2** tabule plate, s nápisem signboard **3** domu gable **4** horský peak ♦ *mít čistý ~* have no blot on one's escutcheon **–ek 1** tablet, nálepka label, přivěšený tag, tie-on label, destička plate, se jménem, klíč, dírky scutcheon, kontrolní, v úschovně apod. tally, odznak badge **2** stínítko shade, čepice peak

štít|it se čeho abominate a t., loathe, abhor a t., shrink* from a t., s inf hate to inf ♦ *-ící se práce* work-shy **–ivý** queasy, fastidious

štkát > zaštkat sob

štoček process-block

štola důlní gallery

štóla kněžská stole; pečivo loaf-

shaped cake, butter-cake
štoudev vat
šťouch|nout < **–at** thrust* (*do* a t.), pokradmu koho nudge a p.
šťourat se v. *šťárat (se)*
šťovík sorrel
štrachat se = *šourat se*
štrapá|ce hard use / wear, heavy duty; únava weariness **–ční** long-life, heavy-duty
štuk stucco* **–atér** modeller in stucco, stuccoer
štulec jog
šturmovština rush work
štv|áč zastrašující bully, agitator, goader, na schůzi heckler ♦ *válečný ~* warmonger **–anec** outlaw, out-cast **–anice** chase, na člověka manhunt **–át** > **poštvat 1** bait, sužovat worry **2** psa apod. na koho set* a dog on, at, against a p., hound at a p. **3** dopalovat heckle, badger, pester **–át** > **uštvat** worry / course (to death), chase down, hunt down, přen., vyčerpávat exhaust **–át** > **vyštvat 1** ven chase out, hunt out **2** koho k čemu incite / goad a p. to a t. or to inf **–avý** bullying, heckling, inflammatory
štych karet. trick a v. *zdvih*
Štýrsko Styria
šukat 1 vulg. fuck a p., fuck with **2** obs. busy o.s., bustle / fuss about (with cleaning)
šulit > **o–** diddle a p. out of a t.
šum murmur, noise **–ět** > **za–** murmur, hum, nápoj effervesce, fizz, sparkle **–ivý** effervescent, sparkling ♦ *~ prášek* sherbet powder
šunka uzená ham, kýta joint
šupina scale
šusťák plastic mack, am. slicker
šust|ět > **za–** rustle **–ot** rustle
šuškat (si) whisper
šváb cockroach, black-beetle
švabach black-letter, Gothic script
švadlen|a seamstress, krejčová dressmaker **–ka** midinette
švagr brother-in-law (pl brothers-

in-law) **–ová** sister-in-law
švanda fun, lark
švarný buxom (woman), smart / dashing (man)
švec shoemaker, cobbler ♦ *než bys řekl ~* before you could say Jack Robinson
Švéd Swede **–sko** sweden **š–ský** Swedish
švestka plum, malá damson, sušená prune ♦ *zbal si svých pět -tek a táhni* pack your goods and go
švih 1 = *šleh* **2** elegance style **–ácký** smart, spruce, dapper, swell **–adlo** skipping, am. jump(ing) rope **–ák** swell **–nout** > **–at** = *šlehnout*
švindl = *podvod*
švindlovat = *podvádět*
švitořit > **za–** chatter
Švýcar Swiss, sg i pl **–sko** Switzerland **š–ský** Swiss

T

tabák tobacco
tab|elární tabular **–leta** pill, tablet, v obalu capsule, pastilka lozenge **–lo** class-photograph
tábo|r camp **–rák** camp-fire **–rový** politik baby-kisser; *-rový řečník* soap-box orator **–řiště** camping ground, pronajímané c.-site **–řit** camp
tabu taboo
tabul|e table, deska board, silná slab, velká a tenká sheet (of glass etc.) okenní, (window-)pane; k psaní blackboard **–ka 1** tablet **2** diagram table, chart, nemocniční chart, s adresou, auta apod. plate **3** čokolády bar **4** psací z břidlice slate **–ový** potraviny choice, first-rate ♦ *-vé sklo* sheet glass
tác tray **–ek** k předkládání salver, podšálek saucer
tady = *zde*
ťafka snub ♦ *dát komu -ku* snub a p.
tágo cue, poolstick

tah 1 vlek traction **2** při psaní, malování stroke, ozdobný flourish **3** vzduchu, lodi draught, pull **4** losů draw **5** figurkou move **6** rys trait, feature **–ací** harmonika accordion **–ačka, –anice** tug-of-war, scramble, scuffle **–at** v. táhnout **–at > u–** šaty wear* out **–at > zatáhnout** za co pull a t. (koho za co a p.'s...) **–at > vytáhnout** co z koho (peníze, rozumy) pump a p.; ~ rozumy, pick a p.'s brain **–at se < o co** tug at a t., wrangle with a p. about a t.; s čím se namáhat toil with a t.

táh|lo pull, tech. rod, bar **–lý** protracted, zvuk drawn-out **–nout 1** pull, jemněji, soustavněji draw*, za co škubavě tug at a t. **2** los draw* **3** šach. move **4** pilně pracovat work hard, toil **5** protahovat v čase drag (out) **6** hovor., klidit se be off, scram **–nout se 1** extend, run, stretch away, spread*, v čase drag on **2** vláčné rope

tachometr speedometer

taj|emnice, –emník secretary **–emný** mysterious **–emství** mystery, co se záměrně tají secret, povaha utajení secrecy **–it > u–** co před kým **za–** co komu conceal, keep* a t. (secret) from a p.: (za)-it dech hold* one's breath **–nosnubný** cryptogamous **–nost** secrecy ♦ dělat s čím -ti hide* a t. from a p., hold* out on a p.; chovat v -ti be secretive **–nůstkář** secretive person **–nůstkářský** secretive **–ný 1** secret, úřední spis classified, covert **2** pokoutní underhand, clandestine (esp. marriage) **3** určený pro soukromé jednání privy ♦ ~ agent secret(-service) agent; -ná policie secret police; -ná porada secret discussion / meeting; přísně -né top secret; ~ přívrženec secret follower / adherent; -ně se vzít secretly marry, steal* a marriage; ~ (policista) secret policeman*, plain-clothes man*, slang. dick, P.I., dee **–uplný =** tajemný

tak so; ~ ...jako so... as; důrazněji, zvl. při kladu as... as; takhle like this, in this way; tak tedy thus, do té míry, as... as that (nevěděl jsem, že je tak bohatý I didn't know he was as rich as that), asi about; no tak, tak co well ♦ tak jak, jak tak as ..., tolik co as much as; jak... tak (i)... ...as well as...; tak či onak nějak one way or the other, a tak! to jsem nevěděl I see!; tak co? so what?; to je / máš tak it's like this; tak dalece so / thus far; dobře mu tak serves him right; buď tak hodný.... be so kind as to...; jakž takž with difficulty; to není jen tak it is no easy matter; jen tak tak it was a close shave, barely; tak to(mu) není it's not like that; nechat tak leave* it at that; tak jako tak anyhow; to tak (ještě) I never did; tak zvaný so-called **–é** too (srov. I can swim and so can John. She does not swim, nor do I or I don't either) **–ový** this / that kind of..., such... like this / that; s vlastním jménem a(n) ♦ jako ~ as such **–řka** practically

takt 1 time, druh rytmu measure, úsek bar **2** společenský tact ♦ v / do -tu, in tune (s with); udávat ~ beat* time; hrát v -tu keep* time; mít ~ be tactful

taktéž likewise, similarly

takt|ický tactical **–ika** tactic(s) **–ní** tactful **–nost** tact(fulness)

taktovka (conductor's) baton

tak|y = také **–zvaný** so-called **–že** so that

talár gown

talent talent **–ovaný** talented

talíř plate, míra plate(ful) of..., lyžařské hole disc ♦ hluboký ~ soup-plate; mělký ~ meat-plate **–ek** dessert plate, miska saucer

talisman talisman

tam there ♦ ten ~ off and gone; co ~ to ~ let the past bury its dead **–ější =** -ní **–hle** over there **–ní** ...of the place, local **–ten** the... over there **–též** in the same place **–tudy** that way

tan|covačka hop **–čírna** ballroom, dance-hall **–čit > za–** dance **–ec** dance **–eční** dancing ♦ ~ *hudba* dance music; ~ *kavárna* café dansant; ~ *síň* dance-hall, plais de danse **–ečnice**, **–ečník** dancer (*její -nik* her dance partner)

tání thaw(ing), melting

tank tank **–ista** merger of tank corps, řidič tank-driver **–ová loď** tanker **–ovat > na–** am. tank up, (re)fill, refuel

tanout > za– na mysli be in a p.'s mind

tápat > za– grope one's way, fumble about

tapeta (wall) paper **–ovat > vy–** paper (over)

tarasit > za– block (up), obstruct, barricade

tarif rate, dopravní tariff

tasemnice tapeworm

tasit > vy– draw*, unsheathe

tašk|a 1 bag, kuřiková attaché-case, přes rameno satchel, síťovka net-bag, náprsní wallet, aktovka briefcase, nošená při sobě case **2** krytina (roofing) tile **–ář** = *šprýmař, dareba* **–ařina** practical joke **–ářství** = *šprým, darebáctví* **–ová střecha** tiled roof

tát > roz– melt, zmrzlé v přírodě thaw, expr. člověk unbend*; tání thaw, ledu na jaře ice-out

táta dad(dy)

tatí|ček = *táta* **–k** old fellow / man* **–nek** = *táta*

tatrman goblin, troll

Tatry the Tatra, sg (pl -as)

tav|ba pece cast, melt **–it > roz–** melt (down), thaw out

tax|a fee, dávka rate **–ík** taxi(-cab) **–íkář** taxi-driver, cab-driver **–o–vat > o–** estimate

táza|cí interrogative **–t se > o– =** *ptát se*, při výslechu interrogate

tazatel questioner, inquirer

tázavý questioning

taž|ební listina list of winning numbers **–ení 1** fyz. traction **2** výprava campaign, expedition **–ný 1** kujný ductile, tech. zařízení traction **2** pták (a bird) of passage, migratory **3** zapřahané zvíře (a beast) of draught, draught

téct run*, plnule flow; trhlinou apod. leak, be leaky, o lodi apod. take* water ♦ *tekla mu krev z nosu* his nose was bleeding*

tečka point, dot, v interpunkci full stop, zvl. am period

te|ď now ♦ ~ *když...* now (that)... **–dy** then, consequently ♦ *proto -dy* that is why, *tak ~* thus, so **–hdejší** ...of the time **–hdy** at that time, then

těhot|enství pregnancy, gravidity **–ný** pregnant, gravid

techn|ický technical **–ik** technologist, engineer, technician, student polytechnic / technical university student ♦ *zubní ~* dental technician **–ika 1** technology **2** podrobný postup, metoda technique(s, pl) **–ologie** technology

těka|t > za– roam, wander, v myšlenkách woolgather **–vý** s -ing; k předešlému, chem. volatile, vrtkavý fickle

tekut|ina liquid, obd. i o plynu fluid **–ý** liquid, fluid

tele calf* **–cí** veal

telefon (tele)phone, *do -nu* into the t.) **–ický** telephone, -nic; *-icky* ...by (tele)phone **–ista** operator **–ní** (tele)phone, call (box, number, office, signal, station) ♦ ~ *automat* coin-box; ~ *hovorna* phone boxes, pl; ~ *seznam* telephone directory, am. t. book; ~ *ústředna* v. *ústředna* **–ovat > za–** komu phone, ring* up, call (*že...* to say..., *komu, aby...* to tell a p. s inf...)

telegraf telegraph, hovor. ticker **–ický** telegraphed, wire, cable; **–icky 1** by wire, by cable **2** in short, short and sweet **–ista** telegraphist, am. -pher, rádio- wireless operator, am. keyman* **–ní** telegraph, -gram **–ovat** > **za–** telegraph, wire, cable

tele|gram telegram, wire, zvl. zámořský cable **–komunikace** telecommunication **–metrie** telemetry **–rekordink** telerecording, na filmu video-tape recording

těles|ný physical, bodily, corporeal, med. somatic, smyslný carnal ♦ **-né cvičení** exercises; **-ná stráž** bodyguard **–o** body, organ, něco velkého bulk, umělecké ensemble, voj. corps, geom. solid (body) ♦ *cizí ~* foreign matter; *topné ~* radiator

televiz|e television, TV, hovor. telly (*být v -i* be on TV, on the air, go* on the air) ♦ *~ na společnou anténu* cable TV; *dávat v -i, vysílat -i* televise, broadcast, telecast, *sledovat -i, dívat se na -i* watch / view TV **–ní** television ♦ *~ divák* TV viewer; *~ film* telefilm; **–or** television set, TV set, telly

těl|ísko corpuscle **–natý** corpulent, stout **–o** body, přen. flesh ♦ *držet lidi od -la* be stand-offish; *-lem i duší, duší -lem* body and soul; *jako ~ bez duše* like a soulless body; *~ Páně* Body of Christ **–ocvična** gymnasium, gym, voj. drill-hall **–cvičný** gymnastic, hovor. gym **–cvik** gymnastics, gym, P.T. (= physical training) / am. P.E. (= physical education) **–vý** fleshy, barvou flesh-coloured **–výchova** physical training, P.T., am. physical education, P.E.

téma theme, subject, diskuse topic

tematický thematic

temeno crown, top of the head

téměř = *skoro*

temn|ět se > **za–** loom dark **–it** > **z–** darken, make* dark **–o** dark **–ota** darkness, i přen. obscurity **–ý** dark, i přen. gloomy, obscure, chmurně sombre, ponurý; bez (záb)lesku dusky

temper|ament temperament **–atura** = *teplota* **–ovat** barvu scumble; místnost warm up

tempo rate, pace, beat, při plavání stroke; *~!* hip, hip! (sport. povzbuzování)

Temže the Thames

ten the, that, samostatně the man, he apod. ♦ *ten který* respective; *tou měrou, jak* in proportion to, *že...* so (much) that...; *ten či onen* either, lhostejno který some... or other; ten pravý the right...

tenčit se > **z–** run* low

tenden|ce tendency, drift, trend **–ční** tendentious ♦ *-ně zaměřit* angle, slant

tenhle(ten) this... here, this...

tenis (lawn-)tennis **–ky** plimsolls, tennis shoes, am. sneakers **–ta** tennis-player

tenkrát at the time, then

tenký 1 thin **2** hlas, písklavý shrill, tichý low **3** štíhlý slim, postavou slender ♦ *má -ké uši* he has a good ear

tenor tenor

tenoučký hairlike, shoe-string (e.g. majority), jako blanka filmy, wafery

tento this, pl these ♦ *v těchto dnech* nyní at present; *nedávno* lately, recently; *právě ~* this particular / very **–(non)c 1** thingamajig, thingamabob, doohickey, watchamacallit **2** eufemismus poop, shit **–krát** this time; *jen ~* this once ♦ *pro ~* for (this) once

tentýž = *týž*

teor|etický theoretical; *-cky,* v. *v -ii* **–etik** theorist **–ie** theory ♦ *v -ii* in in theory, the abstract

tep beat, odb. pulse, rozechvělý palpitation; přen. pulsation ♦ *ohledat ~* feel* rate, the pulse **–at** beat*, kov též work (*-aný* wrought), hammer, srdce beat*, pulsate, bušit throb, rozechvěle palpitate; kritikou slate **–at** > **z–** slate, cut* up, flay, trounce

tep|elný heat, thermal ♦ *-ná elek-*

trárna thermal power plant / station **–láky** track-suit, sg **–lárna** district-heating plant, boiler plant / station **–lat** > **z–** get* warm, nápoj go* flat, lose carbonation **–líčko** nice and warm **–lo** warmth, vzniklé topením n. ve fyz. heat, počasí warm weather ♦ *být v -le* keep* warm; *je mi -lo* I am warm; *za -la* while (still) hot, přen. straight away **–lokrevný** warm-blooded **–loměr** thermometer **–lota** temperature, že je něco teplé warmness, warmth ♦ *mít -tu* run* / have* a temperature; *změřit -tu* take* a p.'s temperature **–louš** vulg. queer, am. fag, fairy, pansy, homo, poof **–lý 1** warm, značně ohřátý hot, o přírodních pramenech thermal, hot **2** hovor. gay a v. *teplouš*

tepna artery; ulice též main thoroughfare

teprve 1 only (if...), ~ *až* not... before... / till / until **2** tím spíše the more / less so

terasa terrace

tercie third

terč target, kotouč disc / disk, přen. mark ♦ ~ *posměchu* laughing-stock, butt

ter|én ground(s, pl), zpracovávaný field, voj. terrain **–énní** field (study, survey, work) ♦ ~ *závody* cross-country contest **–itoriální** territorial (e.g. waters) **–itorium** territory

těrka spatula, palette-knife*

term|ín 1 výraz term **2** konec lhůty term, day, date, konečný deadline **–inologie** terminology

termo|dynamika thermodynamics **–for** hot-water bottle **–nukleární** thermonuclear **–ska** thermos / vacuum flask, thermos **–stat** thermostat

teror the jack-boot, the terror **–ismus** terrorism **–izovat** terrorize, bully

terpentýn turpentine

Terst Triest(e)

tesák 1 nůž bowie knife* **2** zub fang, vyčnívající tusk

tes|ař carpenter **–ařství** carpentry **–at** > **vy–** hew*, bušit sekyrou hack, dlátem chisel

tesk|livost pining, wistfulness, ze samoty loneliness **–livý** pining, wistful, ze samoty lonely **–nit** > **za–** po čem pine for / after a t. **–nota** loneliness, depression, melancholy **–ný** lonely, depressed, melancholy ♦ *je mi -no* I feel lonely

těsn|ění packing, neprodyšné seal, tlumící padding **–it** > **u–** pack, seal (up), pad (srov. *-nění) je tu* **–o** it is close here, we are cramped here **–opis** shorthand, am. stenography **–opisec** short-hand writer, am. stenographer **–opisný** shorthand, stenographic **–ý** stahující tight, velmi zhuštěný close, přiléhávý tight(-fitting), přen. close (connection), narrow (n. majority); *-ě* s předl. close (*u* by, to), *-ě za* at a p.'s heels, hard on a p., in a p.'s wake

test test

těsto dough, tukové, nudlové paste, lité batter ♦ *kynuté* ~ leavened-dough, *lístkové* ~ flaky pastry **–viny** pastries, pl **–vitý** doughy, pasty

těš|it > **po–** please, give* a p. pleasure, make* a p. happy, silněji gladden, gratify, delight, cheer (up), hovor. buck up ♦ *-í mě* I am glad (*co* of a t.), při představování pleased / glad; delighted (to meet you, to make your acquaintance), how do you do; *to mě -í* I am glad to hear that **–it se 1** na koho / co look forward to a p. / t. **2** (s) čím divert o.s. with a t. **3** z koho / čeho feel* / take* delight in a p. / t., be pleased / glad / delighted / happy to have..., «mít z toho něco" enjoy a t. **4** čemu, používat to enjoy a t. **–it se** > **po– 1** ve společnosti make* a time of it 2 s kým / čím have pleasure of a p.'s company, derive pleasure from a t. **–it > u–** koho comfort a p., když něco ztratil console a p. (se o.s.)

teta 1 aunt **2** starší žena old woman*, brit., venkovská gammer

tetelit se > za– shiver, nervózně quiver

tětiva (bow-)string, geom. chord

teto|vat > vy– tattoo, **-vání** tattoo

tetřev wood-grouse, sg i pl ♦ *hluchý jako ~* as deaf as a post

texasky (blue) jeans, pl

text text, div. hry script, polygr. copy, ne ilustrace reading, hry book, stylizace wording ♦ *vlastní ~ dopisu* body (of a letter) **–ař** text-writer, reklamní adman* **–il** textiles, pl **–ilie** textile **–ový** textual

teze proposition, tenet, zásada principle, theorem; affirmation, statement; thesis, pl theses; jako výtah syllabus; *~ přednášky pro konferenci* abstract

též = *také*

těž|ba 1 production, output **2** těžení mining, extraction **–isko**, **–iště** centre of gravity **–it > vy–** extract **2** z čeho exploit a t. **3** co z půdy mine, provozovat těžbu work / exploit a mine **4** z čeho, plně využívat take* advantage of a t., profit by a t., cash in on a t. **–ítko** (paper-)weight **–ko** very unlikely *(Dokončíš to včas? – Těžko)* ♦ *je mi ~* I feel oppressed, *u srdce* I feel sick / heavy at heart; *–ko v. -ký* **–kopádný** cumbersome, cumbrous, heavy-going, clumsy, nástroj apod. unwieldy **–kost 1** heaviness **2** = *potíž, nesnáz* **–kotonážní** heavy-goods **–ký 1** představující břemeno heavy, v důsledku velké váhy též weighty, masivnosti ponderous **2** nesnadný = difficult, hard **3** vážný serious, grave (e.g. disease), nepříjemně silný severe, smart, oppressive, bitter, závažný hojností, výzbrojí heavy (e.g. crops, industries); *-ce*

= **–ko** heavily, heavy (lie* heavy on a p.), s nesnází with difficulty, hard- (ve složeninách), intenzívně hard; ♦ *-ká atletika* boxing, wrestling and weight-lifting; *-ká doba* hard times; *-ká hodina* one's last hour; *mít ~ jazyk* have heavy / slurred speech; *-ce nést* worry about a t.; *~ omyl* bad mistake; *-ké peníze* difficult money, too much money; *-ká rána*, přen. hard blow; *s -kým srdcem* unwillingly; *-ké starosti* great concern; *-ké strojírenství* heavy engineering; *-ká váha*, sport. heavy-weight; *~ vzduch* close / stuffy air; *~ zločin* heinous crime; *~ žalář* hard labour, penal servitude **–ní** mining ♦ *~ klec* cage; *~ věž* headgear tower (e.g. oil-well)

tchán father-in-law (pl fathers-in-law)

tchoř pole-cat, am. skunk

tchyně mother-in-law (pl mothers-in-law)

tíh|a = *tíže* ♦ *~ důkazů* burden of proof **–nout** gravitate (*k* towards), be attracted, směřovat make* (for), tend (towards)

tich|nout > u–, z– become* silent **–o** silence, lidí též hush, nehybně still(ness) **–ost:** *v -ti* secretly, on the sly a v. *potají* **–ošlápek** pussyfooter **–oučký** very silent **–ý** silent, still, hushed, hlas low, soft, gentle; mlčky učiněný tacit; vrozeně reticent; tiše still, low, soft, speak* low = speak* under one's breath *tiše! = ticho!* ♦ *~ blázen* 1 fisherman **2** harmless eccentric; *-á mše* low mass *T- oceán* Pacific (Ocean); *~ společník* silent partner

tik|at > za– tick **–ání** tick(ing)

tík|at > za– peep **–avý** peeping

tiket sazky lottery ticket

tílko singlet, sweat-shirt a v. *nátělník*

tinktura tincture (*jódová* t. of iodine)

tipovat komu (koho) tip a p. about a t.
tiráda tirade, přen. eulogy, -dy, pl ballyhoo
tiráž imprint page, ozdobná colophon, počet výtisků number of copies
tis yew(-tree)
tís|eň pressure, pociťovaná stress, duševní n. práv. distress; v možnostech, též finanční tightness, stringency, straits, pl, extremity, emergency (in an e.) ♦ v -ni ve výjimečné situaci at / am. in a pinch; *být v peněžní -ni* be hard up, be pressed / pushed for money, hovor. be in low water; *žít v -ni* live in reduced circumstances
tisíc thousand ♦ *mít ~ chutí* have great mind -í thousandth -iletí millennium, millenary -ina thousandth, -ovka thousand, bankovka thousand-crown note, dolarů grand
tisk 1 printing, proces tištění print, postup v tiskárně press (prepare for p., send to p.), vytištění impression, nátisk stamp, knihtisk, tisk z výšky letter-press; přen. noviny a novináři press **2** druh liter ♦ *chyba -u* misprint; *v-u* in the press -ací printing ♦ *~ písmena* block letters -árna **1** printing house **2** computer printer -ař printer, print technician -ařský printing, printer's (čerň p.'s ink) -ařství (art of) printing -nout > po- print -nout > při- press (k to), účelně apply a t. to a t., do náruče, k sobě hug a p; ~ se draw* close to a p. -nout > s- press, do menšího prostoru compress, squeeze, pevně sevřít clutch ♦ *~ komu ruku* shake* hands with a p., srdečně press (nadšeně wring*) a p'.s hand -nout > v- press / squeeze in, a zanechat stopy impress -nout > vy- print ♦ *lže jako když -ne* he lies like a dog / a rug / the devil; tištěné spoje printed circuit -opis (blank) form, am. blank -ovina printed matter / papers, pl -ovka hov. =

tisková konference, am. backgrounder -ov|ý printing, press (srov. *tisk*), -á *konference* press conference
tísn|it > s- v prostoru narrow, straiten, lidi coop up, voj. apod. press; duševně weigh heavily (on one's mind), deject, cast* down, depress, distress -it se crowd, throng -ivý oppressive, stringent
tiši|na lee, shelter, klid calm, lull -t > u-, z- calm (down), quiet (down), bolest allay, prudký cit assuage, (jakoby) odstraněním, ulevit alleviate, uspokojit appease, vzbouřené pacify, konejšit soothe, comfort, quell (one's hunger) ♦ *~ hlas* drop one's voice -t se > u-, z- calm (down), quiet (down), become* quiet, bouře i bolest die down, abate, subside
tít *do živého* cut* / strike* to the quick, strike* home
titěrn|osti trifles, minutiae -ý petty, measly
titul 1 název n. nárok title **2** obvyklé nazývání style, titulování k poctě honorific, gradus degree, přídomek attribute **3** v nadpisu heading, práv. záhlaví, am. obecně caption **4** nakladatelská jednotka title, item ♦ *z -u čeho* by virtue of a t., because of a t. -ek headline, caption, underline, film. též subtitle ♦ *plnit -ky novin* make* / hit* the headlines -kovat headline, caption, title -ní title (e.g. page, part, role) -ovat address a p. as..., -vání mode of address
tíž|e weight, přitažlivost a přen. = závažná / vážná věc gravity, severity, oppression ♦ *připsat co komu k -ži* debit a p. with a t.; *zemská ~* gravity -it lie* heavy on a t., be a weight (on a t. / p.), mysl oppress -ivý oppressive, burdensome, onerous
tk|adlec weaver -alcovský weaving -áň tissue -anice tape, šněrovací lace, string = -anička do bot

shoe-lace, shoe-string **–anina** fabric, jemná tissue; = *textilie* **–anivo** texture **–át** > utkat weave*, vytvořit fabricate

tk|livý sentimental, touching, moving ♦ *co se -ne* v. týkat se

tkvít = *spočívat v čem*

tlač|enice crush, press, throng, hustle ♦ *vyznat se v -ci* know* the ropes **–enka** collared pork (a pressed, gelatinous meat roll) **–it** = *tížit* **–it** > **na-**, **v-** *co kam* = cpát **–it** > **při-**, **s–** = tisknout **–it** > **vy-** lisem press, razit coin, v reliéfu emboss **–it 1** push **2** na koho / co press / urge a p. / t. **3** koho, svíráním působit bolest pinch, tíživě be a weight on a p.'s... **–it se** v davu press forward, throng, kam push / press one's way to... **–it se** > **při-** těsně cling* together **–it se** > **v–** force o.s. (*kam* into..., do společnosti upon a p.), aby si ho povšimli put* o.s. forward **–ítko** (push-)button

tlach, -y, pl: gossip, prattle, chatter

tlak pressure ♦ *pod -kem* under pressure; *udržovat kde stálý ~* pressurize; *~ vzduchu* atmospheric pressure **–oměr** (weather) glass, barometer, na kotli apod. pressure gauge **–ový** pressure ♦ *~ hrnec* pressure cooker

tlama muzzle, jaws, pl, huba gob

tlampač 1 = *amplión* **2** = *dohazovač*

tlapa paw

tleskat > **za-** clap (one's hands / approval), pochvalně applaud

tlít > **ze-** rot; zetlelý rotten

tlouct > **udeřit** n. **uhodit 1** = *bít, bušit, mlátit, šlehat, tepat;* srdce beat*, motor knock, na dveře knock at the door, jemně jako déšť patter; čím / oč n. do čeho strike / čím o / do a t. against a t., pěstí n. drtivě pound (*do* a t.), až se láme break*, na kaši mash, na prášek powder; a potlouci batter, pěstí box, cuff, punch **2**

zvuky bang, tupě slug, dunivě thump, hřmotně din **3** pták call, warble, slavík jug ♦ *~ na buben* beat* the drum; *~ kolem sebe* beat* about *~* > **po-** batter *~* > **u–**, **na–** co pound (e.g. spice, sugar) *~* > **z–** koho n. **na–** komu = *mlátit ~* > **za– 1** drive* (a nail in(to) a t.); pomocí hřebíků nail **2** lie, fib *~ se* **1** = *potloukat se* **2** *~ sebou* = zmítat se **3** být v nesouladu clash / jar (s with); uhodit se do čeho, o co bump one's... against a t.

tlou|stnout > **z–** get* thick / stout / fat, v. *tlustý,* o člověku též put* on flesh / weight **–štík** hovor. fatty **–šťka 1** thickness **2** = *tělnatost*

tlu|chuba windbag, braggart **–kot 1** srdce beat, throb(bing) **2** ptáka call, warble, slavíka jug-jug

tlumit > **u–**, **z–** silence, hush up, damp (down), dokonale muffle, zvuk deaden, přidušením stifle, přen. potlačit suppress, subdue, zvuk n. světlo subdue, tone down, barvu soften ♦ *~ světla vozu* dim / dip the lights; *tlumená světla* dimmed lights

tlumoč|it interpret, act as interpreter, vyřídit give* (*pozdravy,* one's regards), inform **–ník** interpreter

tlumok = *batoh, vak*

tlupa band, gang

tlus|ťoch = *tloušťík* **–tý 1** thick, silný stout, tučný, otylý fat, do kulata plump **2** podgy, objemem bulky, všeob. big

tma 1 = *temnota* **2** noční soumrak dusk ♦ *~ jako v pytli* pitch-dark **–vo-** dark-, deep- **–vomodrý** dark blue, navy blue **–vý** = *temný* ♦ *-vé brýle* sunglasses; *~ oblek* lounge suit; *-vé pivo* dark beer / ale, porter

tmel cement, kyt putty **–it** > **s–** cement

tmít se be (growing) dark

to it, that ♦ *a to* and that; *a je to* and that's that / all; *co ~?* what's that?; *co na tom?* what about it?;

čím / jak to, že... how comes it that...; *dejme tomu, že..* grant me that..., suppose...; *do toho* let's do it / go at it; *k čemu to?* what's the use (of it)?; *kdo ~?* who's that?; *už to mám* I have it, (I've) got it; *mám za to* I assume; *to ne* not that; *nemohu za to* I can't help it, I am not to blame; *být na tom jak* be (badly etc.) off; *je po tom* it's all over; *co je ti po tom* mind your own business; *jsem pro to* I am game; *nejsem proti tomu* I don't mind; *přes to, že...* in spite of the fact that...; *přijde na to* it depends; *to tak!* not an idea!; *je tomu tak* it is so; *co se toho týče* as to that; *vzhledem k tomu, že...* considering (that)...; *to jsem zvědav* well, I wonder

toalet|a 1 celková úprava zevnějšku toilet; oděv robe **2** úpravna toilet (-room), cloakroom, dámská též powder-room, záchod toilet, lavatory, convenience (gents, ladies), am. rest-room, v domě privy **3** stolek dressing table **–ářka** cloakroom attendant **–ní** toilet (e.g. paper)

tobolka bot. capsule; purse

toč|it > na– 1 film shoot*, záznam record **2** nápoj draw*, čepovat tap **–it > o–** turn a t. (round), ovijet wind* a t. round *(kolem čeho* round a t.) **–it > < s– 1** stranou turn aside **2** cigaretu roll **–it > vy–** na soustruhu turn (out); přen. disturb, anger, upset **–it > za–** čím turn a t. (round), kolem osy rotate, whirl, spin*, screw, přen. kým, ovládat ho control / manage a p. **–it se > o– 1** turn (round) a v. *obracet se*, kolem osy rotate, kroužit revolve, gyrate, vinout se wind* **2** hlava apod. swim* **3** čile se pohybovat bustle, kolem koho fawn on a p. **4** řeč kolem čeho turn on a t. **–it se > s–** turn aside, vítr veer **–it se > za–** jako **o–itý** winding, spiral **–ivý** (...of) rotation, rotating **–na 1** pól pole **2** žel. turn-table **3** div. revolving stage

tok 1 flow **2** řeka stream, river **3** = proud

tolerance 1 toleration **2** připustná odchylka tolerance

tolik so much, hovor. that much, s pl so many, *být* **–átý** have / the (e.g. fourth) place in a line **–o** merely, solely **–rát(e)** so many times, často very many times, often, frequently

Tomáš Thomas

tón tone, nálada note ♦ *celkový ~* tenor; *udávat ~* set* the tone

tonáž tonnage

tónina key

tonout sink* (in water), go* down, přen. be flooded with, be drowned in, be smothered in / with...

top|enář heating engineer, dělník heating mechanic **–ení** heating system, způsob heating **–eniště** fire-box **–ič** stoker, boilerman* **–inka** toast, fried bread bez pl **–írna** (district-heating) central boiler(-house*) **–it > u–** drown **–it se** = tonout, utopit se v. utonout, sebevražedně drown o.s. **–it > za–** heat, make* fire, vodou flood, přen. make* it hot *(komu* for a p.) **–ivo** fuel **–ný** heating

topol poplar

top|orný stiff **–ůrko** helve, haft, handle

torna knapsack, kit

torpédo torpedo **–borec** destroyer **–vat >< torpedo

torzo fragment, torso*

tot|alitní totalitarian **–ální** total, all-round

totiž that is to say, namely, zkratka *"viz."*

totož|nost identity **–ný** identical

touha longing, yearning ♦ *~ po domově* homesickness

toul|at se > za– wander (about), ramble, rove, range **–ka** wandering, ramble, roving

touš puck, disk / disc

touž|ebný longing, wistful **–it > za–**

long for a t. / to inf
továrn|a factory, plant **-í** factory **-ík** manufacturer
tovaryš journeyman*
toxi|koman (drug) addict, slang. junkie **-kománie** addiction
trad|ice tradition **-iční** traditional **-ovat** hand down
trafika tobacconist's **-nt** tobacconist
trag|éd tragedian **-édie** tragedy, **-ický** tragic **-ikomedie** tragicomedy
trakař dung- / hay-barrow
trakt 1 ústrojí tract **2** budovy wing **-át** tract **-or** tractor **-ovat** treat a t.
trám beam, joist **-ový** frame(-work)
tramp (young) hiker, camper
trampota trouble, difficulty, vicissitude, suffering, = nesnáz
tramvaj 1 systém tram(way), am. street-car tracks **2** vůz, vlak tram, vůz am. street-car, vlak am. cars, pl
trans trance ♦ v -u entranced
trans|akce transaction **-formátor** transformer **-fúze** transfusion **-mise** gear **-parent** transparency, s heslem banner, slogan **-plantovat** transplant **-port** transport **-portér 1** conveyer **2** vozidlo carrier **-portovat** transport
trapas hovor. sticky moment / time / situation
trápit > po- annoy, vex, worry, try ~ **se** worry (pro about)
trapný painful, choulostivý awkward, uncomfortable, embarrassing, delicate
trasa route
trast, trastový cartel, trust (company)
trať track, line, pro určitý směr route
tratit be the loser, lose* (by a t.) ~ **se** disappear, pozvolna dwindle, přen., hubnout lose* weight
tratoliště pool of blood, gore
traťový season (lístek ticket)
tráva grass
traverza girder
travič poisoner

traviny grasses, pl, herbage, sg
trávit 1 = otravovat **2** podporovat trávení promote digestion, give* a p. good appetite ~ > **s- 1** potravu digest **2** žít z něčeho live off a t., spotřebovávat consume, promarňovat waste **3** čas pass, spend*
travnatý grassy
tráv|ník lawn, grass plot, track of grass **-ově** zelený grass-green
trčet 1 stick* **2** vybíhat stick* out, jut out, protrude
tref|a hit, přen. piece of luck, úspěch spot-on, a feather on a p.'s cap, výhra prize **-it > 1** dojít cíle, zasáhnout cíl score a hit, go* home, hit* the mark (ne- miss the mark), co hit* a t. **2** uhodnout find* (out), guess right, dobře vybrat pick the right..., choose* right, vystihnout do* justice to a p. / t. **3** náhodou come* across, light* upon **-it >< najít cestu find* one's way to ♦ ~ do černého strike* home **-it se < -ovat se 1** do čeho = **-it** co (netrefit se be out / off the mark) **-ný 1** podobou like **2** = přiléhavý **-ovat (se)** strike* / shoot* at a t., = mířit na co
trém|a the jitters / jimjams / butterflies, pl, před vystoupením stagefright, před zkouškou exam fever / panic ♦ mít -mu have the butterflies **-ista** shy person
trend trend
trenér coach
trén|ink sport. (spell of) practice, training **-ovat > na-** practise, train, drill
trenýrky gym shorts, pl
trepka slipper
treska cod(-fish), skvrnitá haddock
tresť extract, essence
trest punishment, pokuta penalty, tělesný corporal punishment ♦ ~ smrti death penalty, capital punishment; za ~ by way of punishment, to punish a p. **-anec** convict **-at > po-** n. z- punish, tělesně chastise **-ní** penal, míněný jako trest

punitive ♦ ~ *oznámení* complaint *(podat* lodge a c.,); ~ *rejstřík* crime register; ~ *řízení* criminal proceedings, trial; ~ *soud* criminal court; ~ *zákon* criminal law **–nice** prison, am. penitentiary **–ný** punishable, criminal ♦ ~ *bod* mark, sport. penalty point; ~ *čin* criminal act / offense, crime; ~ *kop* sport. penalty kick **–uhodný** culpable, blameworthy

tretka trinket, gewgaw, bauble, gimcrack, bric-a-brac

tretry piked shoes, pl

trezor vault, strong room, schránka safe

trh market, výstavní fair ♦ *jít s čím na* ~ přen. show* off a t.

trh|ací tear-off, výbušný explosive **–an** riffraff; navvy, ragamuffin **–at** > **–nout** čím pull (at) a t., tug at a t., cloumavě jerk a t. **–at** > **na–** gather a v. dále *utrhnout* **–at** > **o–** strom pick, pluck **–at** > **po–** v. dále *roztrhat* **–at** > **pře–nout, pře–at** break*, snap, přen. break* off **–at** > **roz–nout, roz–at** tear* (up to pieces), po délce rip, ve vrstvách, vláknech split* (up), od sebe separate; na části break*, na složky nižšího řádu break* down; oděv nošením wear* out **–at** > **u–nout, u–at** break* / tear* off, plody / květy pick, pluck **–at** > **vy–nout, vy–at** tear* out, zub draw*, extract **–at** > **z–** koho slate, hammer, flay, cut* up **–at sebou** > **–nout se, roz–nout se** tear*, get* torn, break*, snap, šaty (roz-) tear*, nošením wear* out **–at se** > **u–nout se** come* off, též přen. break* / run* away **–avý** jerky, jako v křeči spasmodic, přen. o kritice destructive **–lina** crack, rift, rent, breach, fisure **–lý** hovor. crazy **–nout 1** vydělat pocket **2** komu *jednu* expr. dive* a p. one **3** čím v. *trhat*

trhovec (market-)stall-holder

tribun tribune **–a** platform, parlamentní tribune, sport stand; *volná -a*

am., rozhl., tel. call-in **–ál** tribunal

triedr binocular, field-glass

trik trick, dodge, gimmick

tričko am. T-shirt, undershirt, brit. vest v. též *trikot*

triko hovor., v. *tričko*

trikolóra tricolo(u)r

trikot leotard, dancing tights, wrestling tights **–ýn** stockinet(te)

trilogie trilogy

triumf triumph **–ální** triumphal **–ovat** triumph, hovor. bring* home

trivi|álni trivial, commonplace **–alita** triviality, platitude

trk|at > **–nout, po–at** koho butt, a odhodit toss, o větším zvířeti gore, přen. být nápadný strike* a p. at once

trmácet se plod, wear* along

tr|n thorn **–ní** thorn(s, pl), thornbush, brambles, pl ♦ *být jako na* ~ be on thorns, be on tenterhooks **–nitý** thorny **–ka** blackthorn, plod sloe **–nout** > **za–** o zubech be set on edge, přen. *strachem* go* in fear (o of) **–ož** cross bar, tie (of the table legs), footrest

trofej trophy

troch|a bit, a little, the little we have **–u** a bit / little, rather, a trifle, slightly, somewhat ♦ *ani* ~ not a bit

troj|barevný three-coloured **–í...** of three sorts **–ice** trio, náb. Trinity **–ka** three, ruská troika **–kolka** three-wheels, sg i pl dětské vozítko tricycle **–lístek** trefoil **–mo** in triplicate **–násob(ek, –ný)** treble **–rozměrný** three dimensional (3D) **–skok** triple jump **–úhelník** triangle, pravítko set-square

trolejbus trolley bus

tropický tropical

tropit > **na–** do*, **z–** kick up, make* (a noise, a scene, a fool of a p.)

tropy tropics, pl

tros|ečník shipwrecked person, survivor **–ka** wreck, **–ky** débris, lodi wreckage, derelict

trošk|a, –u v. *trocha, trochu*

troub|a 1 hud. bombardon, helicon, (bass) tuba **2** = *trubka, roura* **3** pečící oven **4** člověk butthead, blockhead, idiot, snadno naletí sucker ♦ *hlásná ~* megaphone **–it > za– 1** wind*, blow*, sound **2** vulg. čumět gape (*na* at)

troud tinder ♦ *suchý jako ~* dry as dust

trouf|alost nerve, drzá cheek, audacity, (self-)assurance **–alý** cheeky, audacious, (self-)assured **–at si** dare*, be / make* bold, have the cheek / face to inf. riskovat nezdar venture a t. **–nout si** < take* heart

trouchniv|ět > z– = *práchnivět, tlít* **–ý** rotting, rotten

trousit > roz– spill*, scatter, disperse *~ > u–* drop, slova throw* in *~ > vy–* lose* *~ se* come* one by one, o zprávě trickle through, transpire, leak out, spread*

trpasl|ičí dwarfish, pygmy **–ík** dwarf, etnol. též pygmy

trp|ělivost patience ♦ *přešla ho ~* he has lost all patience; *~ přináší růže* all things come to those who wait **–ělivý** patient **–ět** čím suffer from a t., těžce labour under a t., hovor. have a bad time **–ět > s–** komu co suffer a p.'s t., mlčky connive at a t., smiřovat se s tím put* up with a t. **–ět > u–** sustain, protože se na něm něco provádí undergo* a t., be subject(ed) to a t., přivodit si incur a t. **–itel** sufferer, martyr **–itelský** martyrlike

trpký acrid, astringent, nakysle tart, přen. bitter

trpný passive ♦ *~ rod* gram. passive voice

trs tuft

trub|ač bugler, trumpeter **–ice** pipe, tube **–ka 1** hud. bugle, trumpet **2** = *trubice* **3** o člověku butthead, jerk **–kový** tubular

trud 1 smutek grief **2** pupínek pimple **–it se** grieve **–nomyslný** melancholy **–ný** grievous **–ovitý** pimply

truhl|a chest **–ář** joiner, umělecký cabinet-maker **–ářství** joiner's trade **–ice** na ceniny coffer, strongbox, **–ík 1** box, k vysýpání scuttle **2** simpleton, nincompoop

truchli|t mourn, grieve, lament, deplore (*nad čím* a t.) **–vý** mournful, sorrowful, dismal

trumf trump(-card)

trumpeta v. *trouba, trubka*

trůn throne **–it** be enthroned, přen. tower above a t., dominate a t.

trup trunk, stroje body, letadla fuselage, lodi, hydroplánu hull

trus droppings, pl. hnůj dung, ordure

trval|ost permanence **–ý** lasting, enduring, permanent, pokračující continued, sustained ♦ *být kde na -o* to stay, hovor. for keeps, definitely; *-á ondulace* permanent wave; *dát si -ou* have one's hair permed

trvanliv|ost durability **–ý** durable, serviceable ♦ *-vá barva* durable paint; *být ~* wear* well

trvat > po– 1 last, a tak někomu zabírat čas take* time **2** pokračovat go* on, keep* on *~ > se– 1** continue, na místě stay **2** na tvrzení insist on a t., stick* to a t., adhere to a t., stand* by a t., abide* by a t., zastávat to advocate a t. ♦ *~ na svém* hold* one's own; *trval na tom, že...* he would have it that...; *~ na žalobě* uphold* a charge

trychtýř funnel, po granátu crater

tryl|ek, –kovat trill, quaver, ptačí warble

trysk gallop ♦ *jet -em* gallop **–a** jet, nozzle **–áč** jet **–at > vy–nout** jet (forth), spurt forth, shoot* up, gush (out / forth), well forth / up, nafta blow* out **–ový** jet, jetpropelled

trýzeň torment, úzkost anguish, agony

tryzna commemoration ceremony

trýzni|t torment, put* in agony, plague, harass **–vý** tormentous, agonizing

trž|ba receipts, pl, takings, pl. z prodejů sale(s pl) **–iště** market-place, velké emporium, mart **–it** > **z–, u–** take* in, přen. meet* with **–ní** market **–nice** market-hall **–ný** lacerated

třapec tassel

tříseň fringe

třaskav|ina, –ý explosive

třask|nout < **–at** explode, detonate, puška n. láhev pop

tř|aslavý trembling, tottery **–ást** > **za–** shake* (čím a t.) kým a vzbudit ho shake* up, v. chvět **–ást** > **se–** shake* down / off **–ást se 1** na co have an itch for a t. **2** o co / koho stand* in fear of a p. **3** před kým tremble before a p.

třeba 1 = třebas **2** je ~ it is necessary (komu for a p.) to inf., komu a p. is / stands* in bad need / want of a t., je-li ~ if necessary, není ~ there is no need to inf **–(s) 1** podle nutnosti if necessary **2** dokonce even **3** pro mne za mne if you like **4** možná, snad perhaps, maybe **5** například possibly, for instance, such as..., ...or other **6** budiž I don't mind if do **7** často **–že** ačkoli (al)though

třecí frictional ♦ ~ plocha points of friction, pl: ~ ručník terry cloth towel

třen|ice, –í friction (bez pl)

třep(et)at > **za–** flutter, plácavě flap, clap (one's wings), třepat, např. lahví shake* ~ **se** > **za–** flutter, jako plamének flicker

třepit se > **roz–** fray

třesavka shakes, pl, shivers, pl

třesk skla clink, plechu tang, polnic blare, také skal blast, pušky report, zbraní clash, clang(our), bitvy, tramvají din, dveří bang, hromu clap ♦ Velký ~ the Big Bang **–nout** explode, detonate, jako láhev pop, puška give* a report **–utý** bitter, biting, severe

třeš|eň cherry-tree **–ně** cherry

třeštit rave, be delirious ~ > **vy-** oči = poulit

třet|í third ♦ na ~ cubed **-ice:** do ~ third; do ~ všeho dobrého all good things come in threes **–ina** third (part)

tři three (Králové the Three Wise Men (from the East) = the Three Magi / Kings)

tříbit preen, primp, trim, probírkou sift (out), winnow, zjemňovat refine, zrak sharpen

tři|cátý thirtieth **–cet** thirty **–cetiletý** thirty years', věkem thirty-year-old **–cítka** thirty

tříčtvrteční ~ šaty cocktail dress, ~ takt three-four time

tříd|a 1 class, ročník form, am. grade (ale žáci vždy class) **2** učebna classroom **3** široká ulice place, zvl. výpadová road, am. avenue **4** turistická ~ economy / tourist class **–it** > **roz–, u–** sort (out), classify, class, grade, distribute **–ní** class (uvědomění consciousness) ♦ ~ kniha class register; ~ učitel form master, classteacher, am. class president **–nost** class character (of...)

třikrát three times, thrice

třináct thirteen **–ý** thirteenth

tříproudový three-lane

třísk|a chip, splinter, **–ky,** na podpal wood kindlings, pl **–nout** < **–at 1** čím = tlouci, mlátit **2** znechuceně čím chuck a t.

třísnit > **po–** stain, discolour, taint

tříš|ť scattering, ledu drift-ice, pack-ice **–tit** > **roz–** split*, scatter, shatter, přen., jednotu break*, mařit thwart, frustrate **–tit se** = rozptylovat se, o skle splinter

třít rub, a tak ohřát nebo odřít chafe ~ > **roze–, u–** rub, grind* to powder ♦ třená bábovka plain sponge cake; třené těsto Victoria sponge mix ~ **se** > **o–** o co rub against a t.

třpyt glitter **–it se** > **za–** glitter, jiskřit sparkle **–ivý, –ný** glittering, brilliant

třtin|a reed, rákos rush, souhrnně cane **–ový** cukr cane sugar

tu **1** here, v místnosti in here **2** tam there **3** časově now, at this point, pak then ♦ *byl ~* he was here; *~ máš* take that; *~ a tam = sem-tam, místy*

tuba tube

tuberkulóz|a tuberculosis, T.B. **–ní** tuberculous

tuc|et dozen **–tový** trivial, common, run-of-the-mill

tuč|ňák penguin **–nět > z–** get* / become* / grow* fat, fatten **–ný** **1** písmo, též bold print **2** fat

tud|íž consequently **–y** this way ♦ pl *~ na to!* there we are!

tuha graphite, do tužky lead, náhradní refill

tuhle **1** (over) here **2** onehdy the other day **–ten** hovor. = *tenhleten*

tuh|nout > u–, z– get* stiff, stiffen, fyz. solidify, srážením set*, congeal, o krvi (make* one's blood) curdle **–ý** stiff, rigid, solid, ne kyprý tough, přen. = *třeskutý*, boj tough, práce apod. hard, neústupný staunch

tuk oil, živočišný fat, rozpuštěný n. jako mazadlo grease ♦ *umělý ~* margarine

ťuk|nout, za–at < –at **1** rap, tap, drobně, déšť patter v. *klepat*, na stroji tick, na rameno apod. tap / pat (a p.'s shoulder) **2** *(si)* s kým clink glasses with a p.

tulá|cký vagrant, vagabond, wandering **–k** tramp, vagrant, vagabond, loafer, am. bum, hobo*

tuleň seal

tulipán tulip

tulit se > s–, při– snuggle / nestle (*ke* up to), k sobě nestle / cuddle / huddle together

ťululum dunderhead

tuna tonne, ton

tuňák tunny, kalifornský tuna

tůň pool

tunel tunnel

tupec saphead

tupírovat back-comb

tup|it > po– abuse (grossly), vituperate, disparage, vilify **–ost** **1**

bluntness, přen. apathy **2** hloupost dullness **–ý** blunt, přen. lhostejný apathetic, hloupý dull, dense

túra **1** tour, hike **2** hovor., námaha toil, hard work

turb|ína turbine **–očerpadlo** turbo-pump **–oventilátor** turbofan **–ovrtulový** turbo-prop(elled), prop-jet, propeller engine

Turecko Turkey **t–cký** Turkish **–k** Turk

turek **1** dýně, tykev pumpkin **2** turecká káva Turkish coffee

turist|a tourist, pěší hiker, traveller, sight-seer, rekreant tripper, holiday-maker, v noclehárně hosteller **–ický** tourist, touring **–ika** tourism

turn|aj tournament **–é** tour (*po* of) **–iket** turnstile **–us** střídání turntaking, jeden oběh round, várka batch

tuřín swede, am. yellow turnip

tuš **1** hovor., fanfára flourish **2** barva Indian ink, tuhá Chinese ink **3** v šermu touch ♦ *kresba –í* (Indian-)ink drawing

tušit > vy– suspect, anticipate, s obavami apprehend, dohadovat se surmise, conjecture, guess; tušení anticipation apprehension, neblahé foreboding

tutlat > u– hush (up)

tuze = *velice*

tuzem|ec native of the country, national **–sko** inland, this country **–ský** home, inland, am. domestic, rodem indigenous

tuzér tip

tužit > u– harden, přen. strengthen (*svazky s* ties with) *~ > z–* stiffen, škrobem apod. size *~ se* try hard, exert o.s.

tužk|a pencil ♦ *-ová baterie* battery stick; *-ová kresba* pencil drawing

tvar form, shape, figure, výrobku fashion

tvárn|ice škvárobetonová breeze-block **–ý** shapable, poddajný plastic

tvaroh curd(s, pl), v obchodě cottage cheese

tvář 1 líce cheek **2** obličej face, ve výrazných rysech visage, osobitá physiognomy ♦ **němá ~** zvíře dumb creature; *postavit se -í k* face a t. **–it se > za–** give* o.s. an air (of...), make* (n. put* on) a... face, v. *přetvařovat se ~ se důležitě* put* on airs **–nost** appearance, aspect, = *tvář*

tvor creature **–ba** production, tvoření creation, formation, vědecká činnost activity, literární dílo souborně one's writings, pl **–stvo** creation

tvoř|it > s– create, make* **–it > u–** form, make* up, shape, dohromady být čím constitute, launch, evolve **–it se > u–** form, (take*) shape **–it > vy–** produce, rekord set* up, design, compile; umělecky deliver, achieve **–ítko** form, mould, shaper **–ivost** creative talent, creativity **–ivý** creative

tvrd|it insist, claim, assert, affirm těžko dokazatelné allege, něco nutného, logicky predicate a t. of a t. n. that..., hájit názor vindicate, hlásat declare, houževnatě argue, maintain, s jistotou aver, přes odpor contend **–it > u–** reinforce **–nout > z–** get* / grow* hard, harden **–ohlavost** pigheadedness, mulishness **–ohlavý** pigheaded, mulish, wring-headed **–ost 1** hardness, necitelnost heartlessness asketická austerity **2** újma detriment **–ošíjný** stubborn, stiff-necked **–ý** hard, drsný harsh, necitelný heavy-handed, heartless, asketický austere ♦ **~ *klobouk*** bowler(hat), am. derby; **~ *kurs*** tough line; **~ *oříšek*** hard nut (to crack), headache; *-dé patro* hard palate; **~ *spánek*** heavy sleep; *-dá škola* school of hard knocks, bitter experience; *vajíčko na -o* hardboiled egg

tvrz fortified settlement, stronghold, citadel, hradisko castle

tvůj your, samostatné yours (archaicky thy, thine)

tvůr|ce creator, maker **–čí** creative, constructive

ty you (archaicky thou)

tyč bar, rod, pole, zpříma zasazená post, tělocvičná wand, štíhlá hůl staff ♦ **skok o -i** pole jump / vault, hovor. pole **–inka** stick (*na rty* lip stick), bot. stamen **–it se** rise* / raise o.s., mohutně tower **–ka** kolík stake, v. tyč(inka) **–kař** pole-vaulter **–kový** plot stake(d) fence

týden week ♦ *ode dneška za* ~ today week; *bílý ~* white sale **–ík** weekly (paper), film. newsreel **–ní** a week's, opakující se pravidelně weekly; *týdně* (...krát za týden) a week, *každý týden* every week, weekly

tyfus typhoid fever, typhus, skvrnitý spotted fever, ship-fever

tyjátr histrionics, show ♦ *dělat, spustit* ~ put* on a show

tykadlo antenna (pl -nae), též. přen. feeler

tykat (si) v angl. use a p.'s (*si* each other's) Christian name(s)

týkat se čeho have to do with a t., concern a t., *~ se i* čeho / koho involve a t. / p.; regard / respect a t. ♦ *co se týče / týká* as regards..., with regard / respect to..., concerning, about, as to

tykev gourd, (vegetable) marrow

tyl boddin(n)et, hedvábný tulle

týl back of the skull, nape, přen., zadní část rear

typ type, style, měřítko standard, model, vzor design, hovor. o člověku, figurka character **–ický** typical, characteristic (*pro* of), pro osobu tvůrce signature **–izace** standardization **–izovat** standardize **–ograf** typographer **–ová** *výstavba* standard housing

tyran tyrant, přen. bully **–ie** tyranny **–izovat** tyrannize (over a p.), přen. bully a p. **–ský** tyrannical **–ství** = *-ie*

týrat > z– ill-treat, maltreat, man-

handle, otázkami hack away at a p.
týt z čeho / koho sponge on a t. / p.,
exploit a t. / p., live on a t. / p.
týž the (very) same (*co that, jako
as*) ♦ *jeden a ~* the one and the
same, the identical

U

u *prep* at (*u nás doma* at our
house), at... x's (at my uncle's =
with my uncle, at the watchmak-
er's, at St. Paul's), blízko near,
close by, next (to), podél alongside
(the ship); opřen against, v účelové
blízkosti by, by the -side, po 'have
been' to (to him, to my aunt's);
název bitvy of, v názvech hostinců apod.
bez předl. ♦ *mít u sebe* have about
one, on one
uběhnout < **ubíhat** kolik cover (run-
ning), čas = *(u)plynout*
ubezpeč|it < **–ovat** = *ujistit*
ubíhat v. *uběhnout*
ubikace dormitory, voj. barracks, pl
ubírat v. *ubrat ~ se* proceed, pryč
go* one's way
ubí|t < **–jet** knock down, beat* to
death, finish (off), kill, do* away
with, masově slaughter, butcher,
čas kill, while away
ublížit < **ubližovat** injure a p.,
harm, hurt*, nezachovat se render a
p. a disservice, ukřivdit do* a p.
wrong / unjustice, wrong a p. ♦
~ na cti defame a p.; *těžké
ublížení na těle* grievous bodily
harm
úbočí hill-side
uboh|ost misery, wretchedness **–ý**
poor, miserable, wretched, de-
plorable, petty, one-horse, one-
eyed ♦ *vypadat -ze* cut* a sorry
figure
úbor attire, k urč. účelu dress (večerní
full / evening dress, pánský dress
suit, dámský toilet)
ubožák poor (old) fellow, (poor)
wretch
ubránit < maintain, save a p. (*čeho*

/ *před čím* from a t.) **~ se** < resist
(successfully) (*čemu* a t.), odolat
withstand* a t. ♦ *nemohu se ~
smíchu* I cannot help laughing
ubrat < **ubírat 1** take* (away) (*če-
mu* from a t.), tak zmenšit reduce,
přen. v očích jiných detract (from a
p.'s merit etc.) **2** na váze lose*
weight
ubrousit < **ubrušovat** grind* off,
stálým působením wear* (off)
ubrus (table) cloth
ubý|t < **–vat 1** něčeho ubylo... has
decreased, run* low, shrunk*,
pozvolna *-vá...* subsides, is wan-
ing, is on the wane, falls* off **2**
něco ubylo, tj. odpadlo... is gone, ko-
mu a p. has lost a t. ♦ *však tě
neubude* it is no skin off your
nose, it won't do you any harm
úbytek decrease, shrinkage, fall,
zbytečná ztráta wastage, tak vzniklý
rozdíl shortage; ekol. *~ vody* water
drawdown
ubytov|ací (... of) accommodation
–at < **–ávat** accommodate, hovor.
put* up, přechodně přidělit quarter,
voj. billet (a p. *u koho* on a p.),
poskytnout bydlení house, v podnájmu
lodge **-at se** < **-ávat se** take*
(up one's) lodging(s), find ac-
commodation, put* up (at a hotel
for the night) **-na** dormitory, hos-
tel
ubývat v. *ubýt*
ucel|it < **–ovat** round (off), finish ♦
-ené vzdělání comprehensive
education
ucítit v. *cítit*
ucourahý bedraggled, též přen.
sloppy
ucouvnout v. *couvnout*
ucp|at < **–ávat** stop (up), choke,
trhliny apod. ca(u)lk, vražením něčeho,
bung up, (jako) čepem plug up, přen.
zabránit průchodnosti block, dog, ob-
struct **-at se** < **-ávat se** be-
come* stopped / choked up, též v
dopravě get* jammed **–ávka** pad-
ding, filling

úcta respect, reverence (for), deference (*k* to), esteem

uct|ít < **-ívat** honour, pohoštěním entertain a p., treat a p. (*čím* to a t.), = *poctít* **-ívat** klanět se worship, bow, venerate, reverence, adore **-ivost** civility, dvorná courtesy **-ivý** civil ♦ *-ivé pozdravy* kind / best regards

úctyhodný respectable, honourable, venerable, pozoruhodný remarkable

ucuknout < start back, přen. boggle (*před* at), shrink* (*před* from), vzpouzet se jib / gib

učarov|at < **-ávat** *komu* bewitch / charm a p., cast* a spell upon a p.

účast 1 participation (*na* in), přítomnost attendance (at), podíl share (in), jímž se přispělo contribution (to), jako spolupachatel complicity **2** zájem interest (in), citová sympathy (with) **-ník** participant, smluvní party (*čeho* to a t.), činu accomplice, soutěže entrant, pravidelně platící subscriber (to) **-nit se** čeho take* part in a t., participate, mít podíl share in a t., činně be engaged, have a hand in a t., přidat se k jiným join (spolu s kým a p.) in a t. ♦ *~ se soutěže* enter a competition **-ný 1** participant **2** plný pochopení sympathetic

uče|bna classroom **-bní** instructional, teaching (e.g. t. aids) ♦ *~ plán* curriculum; *~ poměr* apprenticeship **-bnice** textbook, manual **-bný** = *-bní* **-dnice**, **-dník 1** = *učeň* **2** následovník adherent, follower, disciple, zanícený začátečník novice

účel object, end, purpose, cíl aim, goal ♦ *míjet se -em* miss one's aim; *za tím -em, aby* in order to inf / that..., with the view / aim of -ing, with a view to inf, *za tímto -em* to this purpose, for this end **-ný** purposeful, useful, efficient, serviceable, expedient, výhodný

advantageous, přiměřený reasonable **-ový** purpose-made

uč|elivý docile **-eň** apprentice, trainee **-enec** scholar, learned man*, man* of learning **-ení 1** výuka teaching, instruction, učně apprenticeship **2** nauka doctrine, teaching, creed, tenet(s, pl) **-enost** scholarship, learning, learned character, eruditon **-ený** scholariy, learned, sapient

účes hair-style, hair-do, mužský haircut, parádní coiffure

učesat (se) v. *česat (se)*

účet account, faktura invoice, hovor. bill, v restauraci, am. check; platební povinnost liability, charge ♦ *na ~* on credit; *vést ~* keep* an account; *žít na čí ~* sponge on a p. **-ní** *adj* (... of) accounting, book-keeping ● *s* clerk, accountant, book-keeper **-nictví** accounting, accountancy, book-keeping

učiliště educational establishment

účin(ek) effect, force, důsledek consequence, výsledek result, platnost force ♦ *minout se s -kem* fall* flat / short, fail

učin|ěný downright **-it** v. *činit*

účin|kovat 1 = *(za)působit* **2** předvádět se perform **-kující** pl those taking part, obsazení the cast **-livý** accommodating, obliging **-nost** operation, effect, působivost virtue vliv influence ♦ *nabýt -ti* become* operative come* / enter into operation / force **-ný** operative, effective, rozhodný effectual, schopný působit efficacious, při čem, práv. instrumental in a t.

uči|t 1 vyučovat teach*, instruct (a p. in a t.), school **2** být -telem be a teacher / tutor **-t** > **na-** teach* (*koho čemu* a p. a t. = a t. to a p., a p. to sing, but how to make tea) **-t se** learn*, soukromými hodinami take* lessons (*u* with), jako učeň be apprenticed (to a p.) **-t se** > **na-** learn* a t., acquire..., roli learn* one's part, study **-t se** > **vy-**

serve one's time / apprenticeship with a p. **–tel(ka)** teacher, school-teacher, muž schoolmaster, žena schoolmistress, specialista instructor, individuálně n. skupinově učící tutor, ke zkouškám coach **–telský** teaching, teachers' **–telství** teaching profession **–telstvo** teachers, pl **–vo** subject matter (of the curriculum)

uč|nice girl apprentice **–ňovská škola** vocational school **–ňovství** apprenticeship

účt|árna accounting / book-keeping department **–ovat** account, keep* records / books **–ovat > s–** place / put* a t. to account **–ovat > vy–, z–** (render an) account for a t. komu co book / count a t. to a p., vykázat give* an account / a statement; s kým clear / settle accounts with at p., reckon with a p. **–ovat > za–** komu co charge a p. for a t., debit a p. with…, na účet carry / place a t. to account, zápisem enter ♦ *-ovaná částka* amount of invoice

úd member, končetina limb, pohlavní genitals, pl penis

údaj datum, pl data, tvrzení allegation, statement, popis description, podrobný particulars, pl, přístroje reading **–ný** alieged

událost occurrence, event, nahodilá n. společenská happening, shodou okolností contingency

u|dat < –dávat 1 give* (one's name), sdělit state, prohlásit declare, místopřísežně depose **2** tvrdit allege **3** vy-, u- kazovat záznamem indacate **4** koho inform against a p., hlášením jména report a p., zákulisně denounce a p. **5** zbavit se čeho pass off a t., peníze utter **6** určit cenu, módu, tempo set* (a price, the fashion, the trend) **–nost** bravery **–ný** brave

udát se < udávat se v. *dít se*

udavač informer, sneak, policejní nark

udávit (se) < choke to death

úděl deal, lot

udělat v. *dělat, komu = učarovat* ~ **si** něco harm o.s., do* o.s. harm

udělit < –ovat n. **udílet 1** uštědřit deliver, z celku dispense **2** poskytnout grant, give* / pass, se souhlasem accord, obřadně administer **3** bestow a t. upon a p., jako poctu confer a t. upon a p., podle zásluhy award a p. a t. **4** fyz. předat impart (motion to a t.) ♦ ~ *důtku* reprimand a p; ~ *komu slovo* call upon a p. to take the floor; ~ *komu slyšení* give* / grant a p. audience; ~ komu trest inflict a punishment upon a p.

úder 1 = *rána* **2** drtivý smash, strategický (air) strike ♦ *-em osmé* at eight sharp **–ka** group of shock-workers, shock-troops **–nický** shock-workers' **–ník** shock-worker **–ný** striking (e.g. force)

udeřit 1 v. bít, tlouci (koho give* / strike* / deal* a p. a blow, tvrdě punch a p.) **2** na koho attack a p. **3** nastat set* in

úděsný horrid, appalling, shocking

udi|ce rod and line, háček (fish) hook ♦ *chytat na -ci* angle **–dlo** curb

udílet v. *udělit*

ud|írna smoking chamber **–it > vy–** smoke, cure (bacon)

údiv astonishment, wonder

udiv|it < –ovat astonish, amaze, take* a p. aback; *-ený* wondering, wide-eyed

údobí period, era, season, stage, přechodně (zvl. v počasí) spell

udobř|it < –ovat = *(u)smířit*

udolat < hunt down, přen. overwhelm, crush

údol|í valley, umělé a pusté v horách glen **–ní** *přehrada* dam, barrage

údržb|a maintenance, upkeep, opravy repairs, pl **–ář** maintenance / service man*, am. trouble shooter **–ářská** *četa* repair squad

udrž|et < –ovat hold* / keep* v řádném stavu maintain, uchovat conserve, preserve; (v dobrém stavu) keep* in good repair ♦ -ovat dobré styky s keep* on good terms with a p.; -ovat na nízké úrovni keep* down; -ovat úroveň keep* up with the general standard; -ovat na uzdě curb -et se < keep* (up) a v. ubránit se -itelný tenable -ovací (... of) maintenance, ... of upkeep

udřít (se) < overwork o.s., work (a p., o.s.) to death, udřený worn out, knocked-up

udup|at v dupat -ávat = dupat

udusit (se) v. dusit (se)

udých|at se < -ávat se lose* one's breath; -aný out of breath

u|hádnout, -hájit v. hádat, hájit

uhánět 1 sweep* along, tear* (along), dash, rush, dart 2 v. uhnat koho

uha|sínat 1 = hasnout 2 = zhášet -sít v. hasit -snout v. hasnout

uhel (a piece of) coal ♦ černý jako ~ as black as night, jet-black

úhel angle

uheln|atět < z- become* carbonized

úhelník square, angle-iron

uhelný coal ♦ ~ důl colliery; ~ průmysl coal-mining industry

uhladit v. hladit

uhlák coal-bin / -box, vysýpací coal-scuttle

uhlazen|ost smoothness, polish, refinement, elegance -ý smooth, polished, refined, elegant, gentle

úhledný neat, tidy(-looking), tvarem shapely

uhl|í coal ♦ černé / kamenné ~ black / bituminous / pit / hard coal: dřevěné ~ charcoal; hnědé ~ brown coal, lignite; řeřavé ~ embers, pl -ičitan carbonate -ičitý carbonic (kysličník ~ carbon dioxide) ♦ -tá voda carbonated water

uhlídat 1 = spatřit 2 v. hlídat

uhl|ík 1 prvek a elektr. carbon 2 a (small) piece of coal, spálený cin-

der -íř coalman* -okop coal-miner -okresba charcoal drawing

uhlový (... of) (char)coal ♦ ~ papír carbon paper

úhlo|měr protractor -příčka, -příčný diagonal -vý angular

uhnat, uhonit < uhánět 1 break* a p.'s wind, overdrive*, exhaust (se o.s.) 2 nutit k postupu urge 3 nemoc contract, catch*, nastuzení take* / catch* cold (z of)

uhníst v. hníst

u|hnízdit se < -hnízďovat se nest down

u|hnout < -hýbat 1 něčím, něco bend* aside, divert, defect a t. 2 = uhnout (se) ~ (se) < -hýbat (se) swerve, turn aside, (jako) vítr veer (away), odbočit deviate, depart, aby něco nezasáhlo dodge, přen. side-step a v. vyhnout se; uhněte make way / room, please

uhodit jako udeřit

úhona blemish

uhodnout v. hádat

úhor barrens, pl. fallow ♦ ležet -em lie* fallow

úhoř eel

úhoz hud. touch

úhrada uhrazení settlement, výdajů defrayment, reimbursement, poukazem remittance, ekvivalentem refund(ment), protihodnotou consideration, equivalent

uhra|dit v. hradit -zovat = hradit

uhran|čivý evil-eyed -out fix a p. with the evil eye, bewitch a p., overlook

úhrn aggregate, total, sum -ný aggregate, total

uhýbat (se) v. uhnout (se)

u|chazeč competitor, contender, candidate, office-seeker, žadatel applicant, o čí ruku suitor, wooer -cházet v. ujít -cházet se o co apply for a t., soutěžně compete / contend (with a p.) for a t., o zákazníky n. voliče canvass, neodbytně, am obcházením solicit a t., o dívku sue for a p., court a p, woo a p., o čí ruku propose to a p.; *ucházející* passing (fair)

uchlácholit v. *chlácholit*

ucho 1 ear **2** držadlo handle, jehly eye ♦ *až po uši* over / up to one's head (and ears); *mít za ušima* be sharp; *oslí uši* v knize dog's ears; *tenké uši* fine ears; *na vlastní uši* with one's own ears: *zapsat si za uši* note well; *zvoní mi v uších* my ears are ringing

uchopit v. *chápat se čeho*

uchov|at < **–ávat** keep*, nedotčeno preserve, save, na dlouho conserve **~ se** be preserved

uchránit protect, save = *ubránit* **~ se** před čím avoid a t.

u|chvátit < **–chvacovat 1** snatch, get* hold of; capture, usurp, přivlastněním si arrogate to o.s. **2** nadchnout fascinate, captivate, enrapture, ravish, transport, defight, carry along

úchvatný captivating, fascinating etc. v předešlé, delightful

u|chýlit se < **–chylovat se** deviate, depart a v. *uhnout se,* do ústraní retire, do úkrytu take* shelter, k čemu pomocné fall* back (up)on a t., (have) resort to a t., have / take* recourse to a t.

úchylk|a deviation, departure, deflectioll, devergence, variance **–ář** brit. deviant, am. deviate **–ářství** deviationism **–nost** abnormality **–ný** abnormal

uchylovat se v. *uchýlit se*

uchystat (se) v. *chystat (se)*

u|chytit se < **–chycovat se** take* / get* a footing / foothold, přen. find* one's feet

ujařm|it < **–ovat** subjugate, enslave

ujas|nit < **–ňovat** komu co make* a p. clear about a t., clarify a t. to a p., enlighten a p. about a t.; = *objasnit* **–nit si** < **–ňovat si** size up (the situation)

ujedn|at < **–ávat** arrange, settle,

fix, a v. *dohodnout, dojednat* ♦ *-áno!* that's a bargain, *-áno?* is it on?, deal?

ujet nějakou vzdálenost cover a distance (driving / riding / sailing) < **ujíždět** komu give* a p. a slip; *odjet* drive* / ride* / sail away / off

u|jistit < **–jišťovat** assure a p. **–jistit se** < **–jišťovat se** make* sure, be satisfied that...

ujít vzdálenost cover a distance (on foot, walking...) **~** < **ucházet** = *uniknout, uplynout* ♦ *něco ujde* a t. is fairly good, passable, tolerable, not bad, so-so, middling

ujíždět v. *ujet*

újma detriment, prejudice (*na* of) ♦ *dělat si -mu* deny o.s. a t., abstain from a t.; *na -mu čeho* to the detriment of.. ; *o své -mě* on one' own (free) will, at one's own risk

u|jmout < **–jímat** oděv take* in, v. *ubrat* **–jmout se** < **–jímat se 1** čeho take* up, assume, take* hold of a t., take* charge of a t., přen., zastat se stand* up for a t., koho take* care of a p. **2** rostlina take* up / root, očkování take*, novota take* / catch* hold ♦ *~ se slova* take* the floor; *~ se úřadu* enter upon one's office

ukájet v. *ukojit*

ukamenovat v. *kamenovat*

u|kápnout = *kápnout* **–kapávat** = *kapat*

úkaz phenomenon, pl *-na*

u|kázat < **–kazovat 1** show*, exhibit, display, vytažením produce, odhalením expose, přesvědčivě bring* a t. home, okázale parade, flaunt **2** na důkaz demonstrate **3** na co prstem, ručičkou apod. point out a t., měřidlo read*, register, označit indicate; *ukaž!* let me see ♦ *~ komu cestu* tell* / show* a p. the way, direct a p. to..., put* a p. on his / her way; *~ komu dveře* show* a p. the door; *~ komu záda* blow a

p. off, neglect a p.; *já ti ukážu* I'll teach you (a lesson), you'll catch it **–kázat se < –kazovat se 1** show* (o.s.), appear, turn up **2** jakým show* (courage / pluck) **3** okázale show* off, put* on a good show

ukaz(ov)atel 1 cesty road-sign, sign-post **2** přístroj(e) indicator **3** v knize register, průvodce guide, directory **4** poměrů na seznam index (poměrů pl indices), poměrů coefficient ◆ ~ směru = směrovka

ukáz|ka exhibit, příklad illustration, zboží sample, výňatek extract, filmu, preview, příštího programu trailer, přen. exemplář specimen ◆ *na -ku* on approval **–kový** specimen, trial **–něný** (well-)disciplined **–nit < –ňovat** discipline

ukazov|á(če)k forefinger, index-finger **–atel** = *ukazatel* **–átko** pointer

úklad intrigue, plot; scheme

ukládat komu o život attempt a p.'s life; jinak v. *uložit*

úkladný devious, dishonest ◆ *-ná vražda* premeditated murder, assassination

uklánět se = *klanět se*

úklid cleaning, clean-up, tidying-up ◆ *jarní ~* spring-cleaning

u|klidit < –klízet clean (up) (a place), tidy (up), do* (out) (a room), dát do pořádku put* a t. in order, drobným poklízením char, odklízením clear (the table, *věci ze stolu* clear away the things)

uklid|nit < –ňovat calm / quieten (down), comfort **–nit se < –ňovat se** calm / quiet (down), set* one's mind at rest, relax, compose o.s., recover / regain one's temper; **–ňující** soothing, med. sedative

uklíze|čka charwoman*, (woman*) cleaner **–t** v. *uklidit*

úklon(a) bow / nod

uklonit se v. *klanět se*

uklouz|nout < –ávat slip off, přen.

komu give* a p. the slip

ukoj|it < –ovat, ukájet still, appease, gratify, satisfy

úkol cokoli uloženého imposition, a přesně vymezeného (am. i škol.) assignment, cvičný task, k splnění plánu target, voj. též mission, příkaz charge, pověření commission: = (*školní*) *úloha* ◆ *pracovat v -u* do* piece work **–ový** piece / job

ukolébavka lullaby, cradle-song

úkon operation, act

u|končit (se), –konejšit v. *končit (se), konejšit*

úkor = *újma*

ukořis|tit < –ťovat capture, seize

úkosem hledět na koho look at a p. askance

u|kousnout, –kousat < –kusovat bite* (off)

ukout n. *ukovat* v. *kovat*

u|kracovat v. *ukrátit* **–krádat** = *krást* **–kradnout** = *ukrást*

Ukrajina the Ukraine

u|krajovat v. *ukrojit* **–krást** v. *krást* **–krátit** v. *krátit*

ukrojit < ukrajovat cut* (off), plátek slice (off)

ukrotit v. *krotit*

ukrutn|ost atrocity, brutality, = *krutost, surovost* **–ý** atrocious, brutal, = *krutý, surový*, přen. veliký tremendous

úkryt hiding place, hide-out, shelter, cover(ture) (*v -u* under cover), cenných věcí cache

ukrý|t < –vat conceal, i nezáměrně hide*, v. též *(u)tajit* **–t se < –vat se** hide*, conceal o.s., take* / find* shelter *(před* from), take* (a bush = to a bush)

ukřivdit v. *křivdit*

ukřižov|at < –ávat crucify

ukusovat v. *ukousnout*

ukvap|enost haste, hastiness **–ený** (over)hasty, hurried, rush **–it se < –ovat se** be (over)hasty in; about a t., ne- take* one's time over a t.

úl (bee-)hive

u|lámat, –lamovat v. *lámat* **–léhat**

v. *ulehnout*

ulehč|it < –ovat take* the load off a p., relieve (a p.'s misery, a p.), napětí unbend*, obecně make* a t. easy, ease at t., facilitate, alleviate, lighten –it si < –ovat si get* rid (*od čeho* of a t.)

u|lehnout (si) < –léhat (si) = *lehnout (si)*

ulejv|ák shirk(er), dodger, ve škole truant –at se v. *ulít se*

úlek shock, fright

ulek|aný scared, alarmed, apprehensive, bázlivý timid, timorous –nout se = *leknout se*

úleva relief, ústupkem concession, zmírněním alleviation

ulévat v. *ulít*

ulev|it < –ovat remit, dát průchod give* vent to a t. = *ulehčit*

ulež|et (se) (become*) mellow; *-elý* mellow, ripe

uli|ce street, menší lane, dopravně thoroughfare –čka alley, lane, ve vlaku, v davu apod. corridor, v hledišti gangway, am. aisle ♦ *slepá ~* blind alley, dead end, cul de sac, přen. deadlock, impasse

uličn|ický naughty, roguish –ictví roguish trick –ík rascal, rogue

úlisný fulsome, mealy-mouthed

u|lít < –lévat 1 oheň quench 2 odlít pour off, odlitek cast*, found (*jako ulitý* fitting like a glove) –lít se < **ulejvat se** z čeho shirk / shun / cut* a t.

ulita shell, conch

ulíz|at < –ávat n. ulizovat lick away, přen., vlasy sleek

úloha 1 exercise, slohová essay, composition, am. theme; šach., mat., hlavolam problem 2 div. part, role ♦ *uvádět koho v hlavní -ze* star a p., *vystupovat v čem v hlavní -ze* feature a t.

úlomek fragment, scrap

ulomit v. *lámat*

uloupit < komu co take* / rob a t. from a p., rob a p. of a t.

uloup|nout < ulupovat peel / pare

off –nout se < **ulupovat se** come* off peel (off)

úlovek bag, bez pl, ryb catch, zátah take

ulovit v. *lovit*

uložit < ukládat 1 umístit put* (*stranou* by, aside = set* aside), a tak chránit, např. vklad deposit, tech. mount, fit, pečlivým skládáním stow up 2 zařadit do ostatního insert (*do* in), do spisů file (away) 3 aby se zužitkovalo invest (*do* in), na úrok put* out 4 k odpočinku put* up (for the night) 5 svěřit commit a t. to a p.('s care) 6 jako povinnost set* / impose a t. (up)on a p., příkazem charge a p. with a t., vyměřením assess (a duty, a tax), a vymáhat levy ~ < **ukládat se** 1 lehnout si put* o.s. to rest / sleep, lie* down, lay* o.s. down 2 postupně settle, deposit ~ si < ukládat si jako povinnost take* upon o.s., undertake* a t.

ulp|ět < –ívat get* stuck / fixed, stick* (*na* to)

ultimátum ultimatum

ultrafialový ultra-violet

ulupovat (se) v. *uloupnout (se)*

umazat v. *mazat*

umdl|ít < –évat = *chabnout* ♦ *pracovat do -ení* work o.s. weary

umě|lec artist –lecký artistic, art, ...of art ♦ *-lecko-průmyslová škola* school of applied art; ~ *průmysl* applied / industrial art; ~ *předmět* object of art; *-ké řemeslo* art handicraft –lost artificiality –lý artificial, man-made, fake, synthetic ♦ *-lé hedvábí* rayon, artificial silk; *-lá hmota* plastic, synthetic; *-lé hnojivo* < (artificial) fertilizer; ~ *chrup* denture(s, pl); *-lá ledvina* kidney machine; ~ *tuk* margarine –ní art, arts, pl, řemeslné craft ♦ *kniha o ~* art book; *krásná ~* fine arts; *výtvarné ~* plastic arts and painting –novědný art-historical

úměrný proportional, přiměřený proportinate *(k čemu* to a t.)

umět can*, know* / understand* how to inf ◆ ~ *to* have the knack; *jak nejlépe umí* as best he can; *umí to s ním* she knows how to get round him; *neumíš to s ním* you are a failure with him; ~ *se přizpůsobit* know* the score

u|míněnost mulishness, obstinacy **–míněný** opinionated, mulish, obstinate, single-minded a v. *svéhlavý, paličatý* **–mínit si** < **–miňovat si** make* a point of a t. a v. *rozhodnout se*

umír|áček passing-bell **–at** v. *umřít*

umír|něný moderate, restrained, temperate **–nit** v. *mírnit* **–ňovat** = *mírnit*

umístit < **umisťovat** place, situate, locate, zasazením lodge, pevně fix

umlč|et < **–ovat** silence, vulg. shut* a p. up, pohledem apod. wither, srov. *tutlat*

umlít v. *mlít*

umlk|nout < **–at** become* / grow* silent, stop, pause

umlouvat (se) v. *umluvit (se)*

úmluva arrangement, engagement, vymiňující stipulation, schůzka apod. appointment, slavnostní compact, covenant, v. také *dohoda*

umluvit < **umlouvat** talk a p. down; co v. *dohodnout, ujednat;* koho k čemu, na co = *přemluvit* ~ **se** < *až* talk o.s. hoarse ~ **se** < **umlouvat se** = *dohodnout se, smluvit se*

umoc|nit v. *mocnit* **–ňovat** = *mocnit*, augment, amplify

úmor dluhu redemption, extinction, amortization ◆ *pracovat do -u* work till one drops **–ný** laborious, toilsome

umoř|it < **–ovat** redeem a mortize, koho torment a p. to death ◆ ~ *hladem* starve to death

umoudř|it se < **–ovat se** grow* wise

umož|nit < **–ňovat** make* / render

a t. possible, komu co enable a p. to inf; něco usnadnit facilitate a t.

umravněný moralized

umrl|čí dead man's ◆ ~ *komora* mortuary **–ec** dead man*

úmrt|í death **–ní** (... of) death, posmrtný obituary *(oznámení* o. notice) **–nost** death-rate, mortality

umrt|vit < **–ovat** med. anesthetize, cit mortify, deaden

umrz|nout < **–(áv)at** get* frozen stiff; část těla get* frost-bite

umřít < **umírat** die *(na co, čím, od čeho* of a t.) ◆ *být na umření* be on the point of dying; *ne- v posteli* die in one's shoes / boots

umučit torture to death

úmysl intention, meaning, nápad idea ◆ *zlý* ~ malice, malicious intention **–ný** intentional, účelný purposeful, deliberate, svévolný willful; *-ně* on purpose, purposely, advisedly, knowingly

umýt (se) v. *mýt (se)*

umyvadlo (wash-)basin, washbowl, nábytek wash-stand

umývák sink = *dřez*

umývárna washroom, nádobí scullery

unáhl|it se < **–ovat se** = *ukvapit se*

unášet carry away, ve vodě, větru drift, waft, jinak v. *unést* ◆ *nechat se* ~ *být -šen* be adrift

únava fatigue, tiredness, a znechucení weariness

unav|it < **–ovat** tire, weary, fatigue: *-ený* tired, fatigued, weary **–it se** < **–ovat se** get* / become* / grow* tired

únavný tiresome, tiring, wearisome, fatiguing, fádní drab, dreary

unavovat (se) v. *unavit (se)*

u|nést (be able to) carry, přen. = *snést* **–nést** < **–nášet 1** take* away, na sobě carry away, v proudu drift away **2** násilně kidnap, dívku abduct, carry off, letadlo hi(gh)-jack, přen. = *uchvátit* ◆ *dát se* ~ *čím* give* in to a t.

uni|e union **–forma** uniform, dress

–formita uniformity **–formovaný** uniformed, ...in uniform **–formovat** (dress a p. in) uniform

únik escape, outflow (of capital), leakage (of news), zvuku, televize fade-out, fading, vyhýbáním se avoidance, evasion, elusion, daňový dodging

unikát(ní) unique

unik|nout < **–at 1** escape, uprchnout flee*, před trestem abscond **2** čemu, před čím avoid, evade, elude a t. **3** zdanění dodge a tax ♦ *to mi -lo* I missed that; *-nout o vlásek* escape by a hair, have a narrow escape

únikov|ost escapism **–ý** escapist

univer|sita, –zita, –zitní university, am. college

univerzální universal, zařízení general-purpose, multi-purpose ♦ **~ klíč** master key, pass-key; **~ lék** panacea

únor February

únos kidnapping, dívky abduction **–ný** tolerable, acceptable, profitable, = *proveditelný, snesitelný*

unuděný bored, čím tired / sick of a t.

unylý languid, die-away

upad(áv)at v. *upadnout*

úpad|ek pokles decline, rozpad decay, failure, obch. též bankruptcy, grief, zhoršení deterioration, degeneration, po vysoké kvalitě decadence **–kový** decadent

upad|nout, –at v. *padat* **–nout** < **–(áv)at** fall* into a t., run* / lapse into a t., get* (o.s.) into a t. (e.g. disgrace); o úpadku decline, decay, deteriorate, degenerate, fall* off, be on the decline

úpal 1 scorching heat **2** = *úžeh*

u|pálit < **–palovat 1** burn* (off), koho burn* a p. to death / alive, živou tkáň scorch **2** uhánět tear* (out), skidaddle

upamatov|at < **–ávat** remind (koho na co a p. of a t.), na minulé bring* a t. to a p.'s mind **–at se** < **–ávat se** na co call a. t. to mind, recall / remeber a t.

úpatí foot, vršky pod horami foothill(s, pl)

upatlat v. *patlat*

upéci v. *péci*

upěchovat v. *pěchovat*

upejp|at se be shy **–avý** shy, coy

úpě|nlivý dismal, doleful, pathos-filled ♦ **-** *vě prosit* implore **–t** > **za–** groan, moan

upev|nit < **–ňovat 1** fix (jako) kolíčkem peg, (jako) hřeby nail down, připoutáním fasten, usadit settle, set* **2** dát pevný základ establish, reinforce, strengthen, sjednocením složek consolidate, učinit obranyschopným fortify **3** učinit pevným stiffen

upíchnout < koho na co pin a p. down to a t.

upínat (se) v. *upnout (se)*

upír vampire, přen. blood-sucker

upírat (se) v. *upřít (se)*

úpis credit paper, bond, potvrzení o dluhu note, dluhopis obligation

upisovat (se) v. *upsat (se)*

upjatý prim, stiff, starched, starchy

uplácet v. *uplatit*

upláchnout = *pláchnout*

uplakaný tearful, tear-stained

úplat|a consideration dílčí payment **–ek** bribe, aby mlčel hush-money

u|platit < **–plácet 1** dluh v. *splatit* **2** úplatkem bribe, corrupt, svědka suborn

úplatkář briber **–ství** bribery, svědků subornation

uplat|nit < **–ňovat** apply, put* a t. to use, plně make* the most of a t., mocí enforce, trváním na tom assert, předpis apod. invoke **–nit se** < **–ňovat se** assert o.s., win* through, vliv apod. make* o.s. felt / useful

úplatný venal, corruptible

úplavice dysentery

uplést v. *plést*

úplet knitwear

úpln|ěk full moon **–ý** entire, total, full, complete, naprostý absolute, důkladný thorough

uplouhat v. *plouhat*

uplyn|out v. *plynout*; *-ulý* = *minulý*

up|nout < *upínat* 1 = *při-, za|pnout* přen. *připoutat (naději na* set* one's hope on) **2** sevřít clasp, clamp, chuck **–nout (se)** < *upínat (se)* pohled(em) fix, mysl(í) též concentrate

upokoj|it (se) < *–ovat (se)* = *uklidnit (se)*

upo|menout < *–mínat* koho = *připomenout, upamatovat*, o co claim, demand a t., press for a t., neodbytně dun a p. **–menout se** < *–mínat se* = *připomenout si* **–mínka** též. obch. reminder, obch. request / demand for payment, dunning letter, suvenýr souvenir, keepsake

úporný tenacious, stubborn, persistent, pertinacious, intractable, choroba malign

uposlechnout = *poslechnout*

upotit se < sweat (all over); *upocený* sweaty, perspiring

upotřeb|it < *–ovat* = *po-, vy|užít* **–itelný** = *použitelný, užitečný*

upouštět v. *upustit*

upout|at v. *poutat* **–ávat** = *poutat*

upovídaný talkative

upozor|nit < *–ňovat* indicate, reveal show*; call / draw* / direct a p.'s attention (*na to, že...* to -ing, to the fact that...), bring* a t. to a p.'s attention, již předem advise a p. about a t., aby neutrpěl warn a p. against a t. / p.; *-nění* indication, revelation, advice, notice

upracova|ný overworked, workworn **–t se** < overwork o.s.

úprava 1 uspořádání arrangement, výzdoba butting **2** seřízením adjustment, sestavení set-up, rozložení layout, pro účin make-up **3** pozměnění modification, adaptation, improvement, předpisu amendment, improvement **4** zevnějšek from, frame, okrašlující dressing, trimming **5** nařízení regulation

uprav|it < *–ovat* arrange, lay* out, adjust, set* up, design, modify, adapt, amend, regulate (srov. *úprava);* zevnějšek v tvar form, shape, dress, make* up, trim, set* (a p.'s hair); *-ený* zevnějšek well-groomed **–it se** < *–ovat se* adjust o.s. have a brush-up, clear / get* / dress o.s. up

úpravný neat, tidy, trim

u|prázd|nit < *–prazdňovat* vacate, void, leave* a t. vacant / empty; *-něný* vacant ♦ *-něné místo* v úřadě vacancy

upražit v. *pražit*

uprch|lík fugitive, refugee, zběh deserter, vymanivši se z ovládání runaway **–nout** = *prchnout, uniknout*

úprk stampede; **–em** at full speed

uprosit wheedle a p., move a p.

uprostřed čeho in the middle / centre of, mezi odlišnými amid(st), in the midst of... ♦ ~ *cesty* halfway

upřes|nit < *–ňovat* make* (more) accurate

upříliš|ený, –něný exorbitant, exaggerated

upřímn|ost sincerity, frankness etc. s -ness k **–ý** sincere, frank (*-ě řečeno* frankly speaking), downright, outspoken, ryzí genuine

upříst v. *příst*

u|přít < *–pírat* 1 zrak set* one's eyes (up)on a t. / p., též pozornost fix, fasten (one's eyes (up)on...) **2** komu co deny a p. a t. **–přít se** < *–pírat se* na co fasten / fix / set* (up)on a t.

u|psat < *–pisovat* make* over, assign a t. to a p.. zavázat se subscripe to a t. **–psat se** < *–pisovat se* sign on (*na co* for a t.)

u|pustit < *–pouštět* 1 že upadne = *pustit* **2** od čeho give * up a t., nestarat se o to abandon a t., vzdát se práv k tomu waive a t., neučinit to refrain from a t.

uráčit se: *uráčilo se mu* he deigned to inf

uradit se = (po)radit se, do-, roz-
hodnout se

úraz injury, accident, těžký casualty

u|razit < **–rážet 1** knock / strike*
off **2** cestu cover, travel **3** urážkou
offend, affront, insult, písemně libel
–razit se < **–rážet se** pro co take*
offence at a t.

úrazov|ost personal accident rate
–ý personal-accident (e.g. insur-
ance)

uráž|et (se) v. urazit (se) **–ka** of-
fence, outrage, insult, affront,
písemná libel; pobuřující jev eyesore
♦ ~ soudu contempt of court
–livý 1 offensive, outrageous, li-
bellous **2** snadno se urážející easy to
take offence, difficult

urč|it < **–ovat** assign a t. to a p.,
set*, designate, determine, fix,
establish, blíže specify, z vyšší moci
destine, chorobu diagnose, a zařadit
characterize, vymezit define ♦
místo -ení place of destination
–itý definite, jasně vyslovený explic-
it, jistý certain, právě ten particular,
přesně udaný specific, stanovený
fixed, neklamný unfailing; sloveso fi-
nite; ♦ -itě! certainly, am. sure;
vím to -itě I know it for a fact / for
sure / for certain

urg|ence reminder **–ovat** koho press
(up)on a p., remind a p. (of a t.),
koho o co / co u koho press a t. with a
p., co push / urge a t.

urna urn, volební ballot-box; v. po-
pelnice

úročit > **z–** pay* interest on a t.
–elný interest-bearing

úroda crop(s), pl), výnos yield

urodit se v. rodit se

úrodn|ost fertility, míra výnosu yield
–ý fertile

úrok interest, bez pl ♦ připisovat -y
add interest **–ový** (...of) interest

uronit v. ronit

urostlý well set-up, well-devel-
oped, square-built

úrov|eň level, měřítko standard ♦
rozhovory na nejvyšší -vni top-

level / high-level / summit talks /
meetings

urovn|at v. rovnat **–ávat** = rovnat

urozený ...of noble birth, high-
born

urputný tough, tenacious, malig-
nant, dogged

urychl|it < **–ovat** speed* up, quick-
en, accelerate, expedite a v. uspí-
šit **–ovač** částice particle accel-
erator

úryvek fragment, úsek textu pas-
sage, extract

úřad office, jako zmocněný orgán au-
thority ♦ poštovní ~ post-office;
právní -y administration **–a** pen-
cil-pusher, clerk, bureaucrat
–ovat be in office, byrokratický red-
tape **–ovna** office, rooms, pl

úředn|í official, authorized, sworn
♦ ~ doklad indenture; ~ hantýrka
/ žargon officialese; ~ místa au-
thorities, pl; ~ osvědčení certifi-
cate; ~ příkaz warrant; ~ řízení
proceedings; pl; ~ sňatek civil
marriage; ~ šiml red tape **–ický**
clerical, přen. white-collar ♦ -ká
vláda caretaker government /
cabinet **–ictvo** clerical workers,
pl, pl officials, pl = officialdom, stát-
ní civil service, aparát bureaucracy
–ík official, nižší clerk, v uniformě of-
ficer, státní office-holder ♦ státní
~ civil servant, am. office-holder

uřeknout se < let* one's tongue
slip

uřez(áv)at v. uříznout

uřícený breathless, ...out of
breath, perspiring

uříznout, uřezat < **uřezávat** cut*
off, med. amputate

usa|dit < **–zovat 1** seat, usídlit settle
2 expr. koho řízně put* a p. down,
score off, take * a p. down a peg
(or two), ve sporu shut* a p. up **–dit
se** < **–zovat se** seat o.s., settle
(down), establish o.s., ke dnu set*
/ settle **–zenina** sediment, de-
posit

úseč segment **–ka** abscissa **–ný**

curt, succinct, laconic, terse

used|avý heart-breaking **–lík** resident **–lost** farmstead, homestead, manor, estate **–lý 1** settled, resident, domiciled **2** povahově settled, sedate **–nout < –at** = *sednout si, usadit se; -at,* srdce, dech break*

úsek section, sector, letu, závodu leg, cesty length, textu passage **–ový** *důvěrník* sectional steward, (shop) steward

usch|nout v. *schnout; -lý* dry

uschopnit < declare a p. fit for work

úschova safekeeping, custody, uložení deposit, na sklad storage

uschov|at < –ávat put* a t. in (a p.'s) custody, keep* back, retain, save, v záloze reserve, uložit deposit; = *ukrýt, uchovat*

úschovna depository, repository, cloakroom, zavazadel left-luggage room, am. check(ing) / baggage room

u|sídlit (se) < –sídlovat (se) = *usadit (se)*

úsilí striving, pains, sg, námaha exertion(s, pl), vyčerpávající strain ♦ vynaložit ~ take* pains

usilov|at attempt at a t., make* an effort(s, pl), struggle for a t., snažit se take* pains, endeavour, o vysoký cíl aspire (to a t.), ze všech sil do* one's (level) best, try hard **–ný** painstaking, pressing, earnest

u|sínat, –skakovat v. *usnout, uskočit*

úskalí rock(s, pl), sráz cliff, útes reef

usklad|nit < –ňovat store, do lodi stow away **–nění** storage

u|skočit < –skakovat jump aside, flinch, dodge

úsko|čný guileful, wily, artful **–k** guile, craft, trick

uskrov|nit se < –ňovat se make* the best of it, restrain o.s. (in a t.), economize on a t.

uskřípnout = *skřípnout*

uskuteč|nit < –ňovat realize, materialize, work out, přivodit bring* about, zavést put* a t. into practice, implement **–nit se < –ňovat se** come* into force / effect

úsloví locution, phrase, saying

úslu|ha favour, good offices, pl **–žný** obliging, accommodating, pleasing

uslyšet v. *slyšet*

u|smát se < –smívat se smile

usmažit v. *smažit*

usměr|nit < –ňovat direct, regulate, podle měřítka standardize, lidi bring* (people) into line, make* a p. toe the line, kasárnicky regimentate **–ňovač** el. rectifier

úsmě|šek scoff, sneer **–v** smile

usměvavý smiling

usm|ířit v. *smířit, odčinit* **–iřovat** = *smiřovat*

usmívat se v. *usmát se*

usmlouvat < kolik knock down, to s kým na kolik beat* / hanl. Jew a p. down to...

usmolit v. *smolit*

usmrcovat v. *usmrtit*

usmrkaný snivelling, runny-nosed, snotty

u|smrtit < –smrcovat kill, put* to death, neužitečně destroy

usmyslit si = *umínit si, rozhodnout se*

usnad|nit < –ňovat make* a t. easy, facilitate ♦ ~ *práci* save labour

us|nášet se v. *usnést se* **–nesení** soudní court ruling **–nést (se) < –nášet (se)** *co* = *se na čem* decide / resolve (up)on a t., adopt a resolution, hlasováním pass a resolution

usnout < usínat fall* a sleep, go* to sleep, doze off

usoudit v. *soudit*

usp|at < –ávat make* a p. sleep, bring* / send* a p. to sleep, zpěvem lull, med. anaesthetize, narcotize **–ávací** soporific ♦ ~ *prostředek / prášek* soporific, sleeping pill / tablet; ~ *nápoj* sleeping draught / potion

úspěch (a piece of) success, jednotlivý výkon achievement; dar osudu (good) fortune ♦ *dosáhnout -u* achieve success; *mít ~* be successful, succeed, a postoupit make* headway, s čím be a success with a t., hovor. carry the day; *nemít ~* fail, meet* with failure

uspěchaný hasty, hurried, rash, flurried, flustered

úspěšný successful, člověk též prosperous

usp|íšit < **–íšovat** hasten, hurry, rush, drive*, advance, expedite

uspokoj|it < **–ovat** satisfy, accommodate, gratify (a wish), content, ujištěním reassure, a uklidnit appease; splnit meet* **–ivý** satisfactory, satisfying

úspor|a saving, omezením cut **–nost** saving, economy **–ný** ...of economy, časově / pracovně time / laboursaving, o válečné výrobě a zařízeních utility, austerity

uspořád|at v. *pořádat* **–ávat** = *pořádat*

uspořit < save *(komu co* a p. a t.), naspořit save (up)

ústa mouth ♦ *dýchání z úst do úst* mouth-to-mouth resuscitation; *jíst plnými ústy* glut; *žít z ruky do úst* live from hand to mouth

ustáj|it < **–ovat** obd. shed, koně stable

ust|álit < **–alovat** stabilize, přen. peg, freeze*, zastavit arrest, chem. fix, pevně stanovit establish **–álit se** < **–alovat se** set*, settle (down), get* settled, become* established **–alovač** fixative, fixing bath **–ání**: *bez ~* incessantly, unceasingly

ustanov|ení provision, regulation, zákonné enactment, law **–it** < **–ovat** jmenovat appoint, zřídit institute, z jednotek constitute, = *stanovit*

ustaraný worried, (care-)worn

ust|at < **–ávat** = *přestat* **–át se** <

–ávat se settle

ústav institution, výzkumný n. vysokoškolský institute, podnik establishment, léčebný asylum, home ♦ *pohřební ~* undertake's **–a** constitution

ust|ávat (se) v. *ustat* a *ustát se* **–avičný** unceasing, incessant, continuous **–avit** < **–avovat** set* up, establish, institute, z jednotek constitute ♦ *-avující shromáždění* constituent assembly

ústav|ní institutional, k 'ústava' constitutional **–odárný** constitutive

úst|í mouth, orifice, trubice nozzle, řeky estuary **–it** > **v–**, **vy–** lead* into..., řeka empty into...

ustlat v. *stlát*

úst|ní mouth (e.g. water), oral (e.g. cavity, examination), verbal; *-ně sdělit* by word of mouth, orally ♦ *zkoušet koho -ně* give a student an oral exam

u|stoupit < **–stupovat 1** fall* / step back, budge, moře, přen. konjunktura recede, do ústraní retire, withdraw* **2** povolit yield, uvolnit cestu přesile give* ground, give* way, give* in, autoritě defer, voj retreat **3** od čeho give* up, forbear*, abandon a t.

ústraní seclusion, retirement ♦ *uchýlit se do ~* retire, *žít v ~* live in seclusion

ustrašený cowardly, yellow-bellied, alarmed, scared

ústrk slighting

ustrn|out < **–ovat 1** ve vývoji be arrested **2** úžasem be paralysed / consterned / horrified a v. *strnout* **–out se** < **–ovat se** nad kým = *slitovat se* **–ulý** stiff, rigid, ve vývoji arrested

ústroj|í organ, tech. mechanism, gear **–ný** organic

ustrojit (se) v. *strojit (se)*

ustrouhat v. *strouhat*

ústřed|í headoffice, headquarters, pl **–na** central office, telef. brit. exchange, am. central (office), = *-í* **–ní** central

ústřice oyster

ustřihnout v. *stříhat*

ústřižek coupon, kontrolní check, tally, lístek slip, cutting, am. clipping

ústup retreat, = *ustoupení* **–ek** concession, zdi recess ♦ *politika* *-ků* appeasement policy **–ný** yielding, compliant

ustupovat v. *ustoupit*

úsudek judgment, estimate, opinion, inteligence brains, pl

usušit v. *sušit*

usuzovat = *soudit* > **u–**

usvědč|it < **–ovat** convict a p., find* / prove a p. guilty ♦ ~ *koho* / *co ze lži* / *z nepravdy* give* a p. / t. the lie, belie a t.

úsvit daybreak, dawn

usychat = *schnout*

ušatý long-eared

ušetřit v. *šetřit*

ušít v. *šít*

úšklebek grin, grimace, wry face

ušklíb|nout se < **–at se** pull a wry face, grin

uškodit (si) v. *škodit (si)*

uškrtit v. *škrtit*

uškvařit (se) v. *škvařit (se)*

ušl|ápnout, –apat < **–apávat** trample to death **–ápnutý** downtrodden

ušlehat v. *šlehat*

ušlechtil|ost nobility (of mind) **–ý** noble(-minded), gentlemanly / ladylike, zvíře thoroughbred

ušlý 1 ztracený lost **2** chůzí fatigued, weary, exhausted

ušní ear, odb. auricular

ušpinit v. *špinit*

uštědř|it < **–ovat** deliver (esp. a blow), poskytnout grant, = *udělit*

uštěpačný scornful, mocking

úštěp|ek 1 chip **2** *-ky* sneer(s, pl)

ušt|ípnout < **–ipovat** nip / clip / pinch off

uštknout < bite*; *hadí uštknutí* snakebite

uštva|ný exhausted **–t** v. *štvát*

utáboř|it se < **–ovat se** pitch a camp

utaha|ný worn (out), all (done) in, exhausted **–t** run* down, brit. fag out, walk a p. off his feet, wear* a p. down, am. hovor. tucker out

u|táhnout (be able to) draw* / pull, ~ *si opasek* tighten one's belt **–tahovat** tighten (a knot, a screw), tauten (a rope), tkanici lace up **–tahovat si** z koho kid a p., banter a p.

utaj|it v. *tajit* **–ovat** = *tajit*

utápět (se) = *topit (se)*

utéci < *utíkat* run* away, flee*, = *u-niknout, uprchnout* ~ **se** < *utíkat* **se** k čemu take* / have recourse / resort to... (*před čím*) take* (refuge from...) kam to...

utečenec refugee a v. *uprchlík*

útěcha comfort, consolation, solace

útěk getaway, flight, run (*na -u* on the run), davový rout ♦ *dát se na* ~ take* to flight, *obrátit / zahnat na* ~ put* to flight, rout

utěrka wiper, duster, na nádobí (tea- / dish-)cloth

úterý Tuesday

útes cliff, reef

utěs|nit v. *těsnit* **–ňovat** = *těsnit*

utěš|ený delectable, pleasing **–it (se)** v. *těšit (se)* **–ovat (se)** = *těšit (se)*

utich|at = *tichnout* **–nout** v. *tichnout*

utíkat (se) v. *utéci (se)*

utínat v. *utít*

utírat v. *utřít*

útisk oppression

utiskovat oppress, grind

utiš|it (se) v. *tišit (se)* **–ovat** = *tišit*

utí|t < **–nat** cut* off ♦ *jako když utne* (it came) to a sudden stop

utk|at v. *tkát* **–at se** < **–ávat se** encounter, (*s kým* with a p.), v soutěži contest (*o co* for a t.) **–ání** encounter, střetnutí clash, zápas match, boj contest, fight, voj. engagement, action

utkv|ět < **–ívat** get* stuck, be-

come* fixed, zrakem fix (one's eyes on a t.)
utlačovat = *utiskovat*
útlak = *útisk*
útlocitný tender-hearted
utlou|ci < **-kat** = *ubít*
utlumit v. *tlumit*
útlý tender, slender, slim, delicate ♦ *od útlého mládí* from early childhood
útoč|iště refuge, retreat, možnost recourse, resort, veřejně chráněné sanctuary, polit. asylum ♦ *poslední* ~ the last resort, sheet anchor **-it** > **za-** na koho / co attack / charge a p. / t., assail, assault a p., slovy inveigh against a p. **-ník** attacker, assailant, práv. aggressor, intruder; sport. forward **-ný** aggressive, slovy invective
útok attack, charge, assault, onslaught, aggression, pokus o překonání attempt at a t. (také at a p.'s life) ♦ *vzít co -em* take* a t. by storm, storm a t.
uto|nout < be / get* drowned, drown, přen. get* bogged down **-penec** drowned man* / body
utopi|cký visionary, idealistic, Utopian **-e** mere vision, Utopia
utopit v. *topit* ~ *se* = *utonout*
utrácet squander, bye extravagant, lash out, throw* / fling* one's money about, dissipate a t., jinak v. *utratit*
útrapa hardship, suffering
utrápený careworn, harassed, harried
útrat|a score, expenses, pl, spending, poplatky charges, pl; *na čí -y* at a p.'s expense
u|tratit < **-trácet 1** spend*, promarnit waste **2** zvíře destroy
utrh|ač slanderer, calumniator **-ačný** slanderous, calumnious **-(áv)at** na cti slander, calumniate, defame, jinak v. *utrhnout;* **-ání** calumniation, defamation **-nout,** **-at** < **-(áv)at,** **-ovat** v. *trhat* = *ucuknout,* **-ovat si** = *uskromnit se*

-nout se < **-(áv)at se, -ovat se** break* loose, come* off *(od čeho a t.),* na koho fly* off the handle, snap at a p.
utrmácený dead beat
utrousit v. *trousit*
utrp|ení suffering, distress **-ět** v. *trpět*
útrpný (malicious and) ironical, compassionate
útržek fragment, shred, papíru slip, bez ceny scrap, po oddělení vlastní listiny counterfoil, am. hovor. stub
utržit v. *tržit*
útržkov|itý fragmentary **-ý** *kalendář* tear-off calendar
utřídit v. *třídit*
u|třít < **-tírat** wipe, do sucha dry (up)
utuhnout v. *tuhnout*
utuch|nout < **-at** die away, pass
útul|ek shelter, sociální home, v. *útočiště* **-ný** cozy, snug, homely
ututl|at v. *tutlat* **-ávat** = *tutlat*
utuž|it v. *tužit* **-ovat** = *tužit*
útvar formation, v pohybu column
utv|ářet = *tvořit* **-ořit** v. *tvořit*
utvr|dit < **-zovat** confirm, reassure a p. **-dit se** < **-zovat se** v čem have a t. confirmed, reassure o.s., zdokonalit se brush up (on) a t.
uváděč(ka) attendant, usher; lady usher
uvádět (se) v. *uvést (se)*
uvadnout v. *vadnout*
úvaha 1 thinking, cogitation, consideration, uvažování deliberation, reasoning, reflection, contemplation, meditation **2** výklad account (*o* of), sepsaná essay, paper (*o* on) ♦ *brát v -hu* take* a t. into account; consideration; *počítat s tím* make* / give* allowance for a t.; *po zralé úvaze* on second thoughts
uvál|covat v. *válcovat* **-et** v. *válet*
uval|it < **-ovat** impose a t. on a p., inflict a t. (up)on a p.
uvarovat se = *varovat (se)*
uvařit v. *vařit*
uvázat (se) v. *vázat (se)*

úvazek povinnosti load, duty
uváznout < get* stuck, stick*, run* aground = be grounded
uvazovat (se) = *vázat (se)*
u|vážená: dát na uváženou submit a t. for consideration **–vážit** < **–važovat** consider a t., look into a t., deliberate, contemplate a t., meditate upon a t., reflect upon a t. **–vážlivý** deliberate **–važovat 1** o čem reason about a t., speculate about / on a t., think* a t., am. study a t., vážit ze všech stran ponder (over / on) a t. **2** v. *uvážit*
uvedený the said, stated, mentioned, *výše* ~ the abovementioned
uvědom|ělost consciousness **–ělý** conscious, polit. mature **–ění** = –*ělost* **–it** < **–ovat** inform a p., let* a p. know, vzkázat send* a p. word, formálně notify a p. of a t. **–it si** < **–ovat si** realize, am. hovor. figure, a hodnotit appreciate, náhle (a)wake(n)* to a t. **–ovat si** být si vědom be aware of a t.
uvelebit se < **–ovat se** settle o.s. comfortably, take* a snug perch
úvěr credit **–ní, –ový** (... of) credit **–uschopný** creditworthy
uveřej|nit < **–ňovat** publicize, publish, put* out, zařazením do textu insert, pravidelně **–ňovat** carry a t.
uvěřit v. *věřit*
u|vést < **–vádět 1** dovnitř bring* / take* / show* a p. in / to (do), formálně usher (in), též přen. introduce, ukázat místo show'* a p. (do to), ukázat obecenstvu apod. bring* out, initiate, na jeviště put* on the stage, lead* in, film issue, star, v úřad introduce, obřadně install **2** připomenout mention, state, na obranu plead, citátem quote, adduce **3** do jakého stavu n. činnosti bring* / throw* (a t. into chaos), set* (in order, in motion) a v. *přivést* ♦ ~ do původního stavu restore, reinstate; ~ do oběhu put* / bring* a t. into circulation; ~ na (svou) obhajobu plead a t.; ~ co v platnost make*

a t. operative / effective; ~ co v pochybnost throw* doubt upon a t.; ~ koho v pokušení lead* a p. into temptation; ~ co do provozu put* a t. into operation; ~ co za příklad instance a t.; ~ na společného jmenovatele reduce to a common denominator, find* common ground between... ~ koho za svědka bring* in a p. as witness; ~ co na trh put* a t. on the market; ~ koho v úřad swear* a p. in(to his office); ~ ve vzájemný vztah bring into relation, relate; ~ ve zmatek throw* a t. into confusion; ~ co ve známost make* a t. known **–vést se** < **–vádět se** jak present o.s.
uvěznit imprison
uvidět (se) v. *vidět (se)*
uvít v. *vít*
uvíta|cí... of welcome **–t** v. *vítat*
uvíznout = *uváznout*
uvnitř inside, within, doma in(doors)
úvod introduction, = *předmluva* **–ní** opening, introductory, předběžný preliminary, jako předmluva prefatory **–ník** leading article, leader, editorial
uvol|nit < **–ňovat** disengage, release, give* off, liberate, aby nebylo napjaté slack(en), loosen, n. přetížené relieve, aby bylo průchodné unblock, do pohovu unbend*; -něné mravy apod. loose, lax **–nit se** < **–ňovat se** make* o.s. free, get* off, get* loose, disengage, relax
úvoz (hollowed-out) farm-track
uvozov|ací introductory **–at** = *uvádět*, jaz. introduce **–ka, –ky** quotation marks, pl. brit. též inverted commas, pl
uvrh|nout < **–ovat** throw* a. p. into a t.
uvyk- = *zvyk-*
uzáko|nit < **–ňovat** enact, legalize
uzam|knout (se) < **–ykat (se)** = *zam-*
uzávěr closure, těsnící seal, nasazovaný cap, vkládaný plug, ventil valve,

průtoku gate, pošt. seal bag, fot.
shutter = *závěr* **–ka** fastener;
contract; dosažený stav deadline,
účetní balancing, redakční close
uzav|írací closing (e.g. day, hours)
–írat zahrnovat comprise, include,
jinak v. *uzavřít* **–řenost** povahová re-
serve **–řený** povahově reserved
–řít < **–írat 1** close, shut*, nepro-
stupně seal off, zamezit pohyb con-
clude, přen. sjednat conclude **2** u-
soudit conclude, z náznaků infer, vy-
rozumět understand* (z from) ♦ ~
dohodu make* an agreement; ~
koupi make* a purchase; ~ *man-
želství* enter into marriage; ~ *mír*
make* (one's) peace; ~ *objed-
návku* book an order; ~ *pojistku*
take* out a policy; ~ *sázku* place
a bet; ~ *závazek* undertake* an
obligation / pledge **–řít se** < **–írat
se** shut* o.s. off, *v sebe* become*
reserved
uzda bridle, curb
uzdrav|it < **–ovat** restore a p. to
health, cure; *-ení* recovery **–it se**
< **–ovat se** recover
uzel knot, fyz., mat. node, tratí junc-
tion, ranec bundle
územ|í territory **–ní** territorial
uzem|nit < **–ňovat** earth, am.
ground; *-nění* earthing, ground-
ing
uzen|áč kipper(ed herring) **–ář**
pork-butcher **–ářství** pork-butch-
er's **–é** (*maso*) smoked meat **–ka**
(smoked) sausage
úzk|o *je mi* ~ I feel* anxious / un-
easy **–okolejka** narrow-gauge
railway **–oprsý** narrow / small-
minded, petty, mean, měšťácky
nadutý smug **–ost** anxiety, anguish
–ostlivý scrupulous, meticulous
–ostný nervous **–ý** narrow, tight,
close ♦ *být v -ých* in a (tight) box
/ corner, be in a fix / hole; *zahnat
koho od -ých* drive* / bring* a p.
into a corner / to bay, corner a p.;
~ *profil*, přen. bottleneck; *v užším
smyslu* in a strict sense; *užší vol-*

ba second ballot
uzlík small bundle
uzn|alost consideration; apprecia-
tion **–alý** considerate, apprecia-
tive **–at** < **–ávat 1** take* cog-
nizance of a t., acknowledge,
recognize, admit, proplacením n. pod-
pisem honour, schválit sanction **2**
připustit concede, allow, za své own;
-ávaný reputable, ...of high re-
pute ♦ *projevit komu -ání* pay*
tribute to a p.; ~ *koho vinným*
find* a p. (or bring* in a verdict of)
guilty
uzpůsob|it < **–ovat** adapt, modify
uzrá|t v. *zrát* **–vat** = *zrát*
uzřít v. *zřít*
úzus custom, usage
už = *již*
úžas amazement
užas|lý amazed, wonder-struck
–nout v. *žasnout*
úžasný amazing, astounding, as-
tonishing
úžeh sunstroke
úžina straits, pl
uží|t < **–vat 1** = *použít* **2** požívat en-
joy a t., med. take*; *užitý* umění ap-
plied
úžit (se) > **z–** narrow (down), staže-
ním contract, ~ **se** do špičky taper
(off)
užit|ečný useful, helpful, k dispozici
disposable **–ek** use, profit, bene-
fit **–kový** utility, commercial,
functional
užív|ací *soda* soda bicarbonate
–at v. *užít*
uživatel user
uživit sustain, keep* up, maintain ~
se earn one's living
úžlabina hollow
užovka grass-snake, odb. coluber
užuž: he was on the point of -ing =
just about to inf
užvan|ěný garrulous, hovor. prat-
tling **–it** prattle, talk one's head
off
užvýk|at, **–ávat**, **užvykovat** pryč
chew off

V

v, ve 1 v co; časově on (Wednesday), at (one o'clock), in January, in (the) summer, in (the right time), změna into, upnutí se in (believe, confide in a t.), do bud. for (hope for a t.), jakožto as (a revenge), by way of (reply) **2** v čem in, at s "have been" to, v průběhu (with)in, during, in the course of, prostředí dané dobou by (day, night) **3** v dosahu within **4** podroben procesu under (repair), podáván k vnímání on (the radio, TV) **5** co se týče čeho, about

váb|it < **při-, z-** v entice, decoy, attract v. *lákat* **-ivý** attractive winsome, inviting

Václav Wenceslas **-ské** *náměstí* W. Square / Place

váček pouch, purse, věd. sac

vad|a defect, flaw, měřitelná deficiency, znečištěním apod. taint, tělesná physical defect, *vrozená* ~ congenital defect, charakteru fault **-it** hamper (*v a t.*), = *překážet* ♦ *(to) nevadí* never mind, nothing to worry about **-it se** > **po-, z-** wrangle, brawl, o ženě nag **-ivý** nagging

vadnout > **u-, z-** fade, wither (away / up), wilt

vadný defective, bad, deficient, faulty, vicious; člověk, fyzicky disabled, též mentálně handicapped

vagón carriage, am. car, osobní coach, nákladní wag(g)on, truck (am. freight-car), v. *vůz*

váha 1 přístroj scale(s, pl), ballance, weighing-machine **2** hmotnost weight **3** závažnost weight(iness), cogency ♦ *brát co na lehkou -u* make* light of a t.; *být na -hách* waver, be in two minds; *klást -hu na co* lay* stress upon a t.; *přibírat na -ze* put* on weight; *specifická* ~ specific gravity **-t** > **za-** hesitate, dither, linger, be slow / reluctant in -ing / to inf, delay, put* off a t., kolísat waver, vacil-

late, wobble; *bez -hání* without hesitation **-vý** hesitating, slow, reluctant, odkládavý dilatory

vaj|ečný egg *(punč e.-nog)* **-íčko** biol. ovum, pl ova, jinak = *vejce*

vak bag, pouch, hold-all, am. valise

vakcína vaccine

val mound, line; = *příval (-em* apace, quickly)

vál pastry board, polní roller **-covat** > **u-, z-** roll, steam-roll(er) **-cov(it)ý** cylindrical **-covna** rolling-mill

valčík waltz

válčit (be at) war, wage a war ♦ *-čící stát* belligerent

vál|ec cylinder, silniční road-roller, psacího stroje roller, plat(t)en **-eček** roller, kuch. rolling-pin

válečn|ický war(like) **-ictví** warfare **-ík** warrior **-ný** war, war-time, práv. martial ♦ *-á loď* warship; *-é loďstvo* navy; *na -é noze* on the warpath; ~ *poškozenec* disabled soldier; *-á rada* war council; *ve -ém stavu* on a war footing; ~ *štváč* warmonger

vále|nda French bed **-nky** high felt boots **-t** roll > **u-, z-** roll, pomačkat crush, crumple, crease **-t se** roll, v něčem wallow, lenošivě lounge / loll about, být nastlán be littered

valch|a washboard **-ovat** rub, full

valit roll ~ **se** roll, řítit se rush

válk|a war, warfare ♦ ~ *nervů* war of nerves **-ychtivý** bellicose

valn|ík dray, platform (car) **-ý 1** shromáždění plenary, general **2** ne... not much, not very well

valuta value, cizí platidlo exchange, foreign currency

vana bath, am. (bath)-tub, tech. tank

vandrák = *tulák*

ván|ek breeze **-ice** snowstorm, blizzard, flurry

vanilka vanilla

Váno|ce Christmas *(o V.* at C.) **v-čka** C. cake **v-ční** *stromek* C.-tree

vanout > **za-** blow*, nést se waft,

přen. breathe

váp|enatý limy **–enec** limestone **–enný** lime, lime-like, limy **–ník** calcium **–no** lime

var boil (bring* to a boil, keep* at a b.) ◆ **bod** -u boiling point

varhan|ík organist **–y** organ, sg

vari|ace variation **–anta** variant **–eté** music-hall, variety show, am. vaudeville / burlesque theater

várka brew, přen. batch

varov|at warn *(před* against, not to inf), caution **–at se** *čeho* avoid a t. **–ný** warning

Varšava Warsaw

vař|ečka (wooden kitchen) spoon **–ící** boiling (hot) **–ič** cook(ing) stove, cooker ◆ *ponorný ~* immersion heater **–it > u–** cook, ve vodě boil, obecně make* / am. fix, cook (coffee, tea, soup), pivo brew **–it se** = *vřít*, a v. *vařit* (trpně)

váš your, samostatně yours

váš|eň passion **–nivý** passionate

vát = *vanout*

vat|a cotton-wool, absorbent cotton, přen. vycpávka padding **–ovat > vy–** wad, quilt, přen. pad

vavřín laurel, bay

váz zátylek nape, anat. ligament ◆ *zlomit si ~* break* one's neck

váza vase, bowl

váz|ání lyží binding **–anka** (neck-)tie **–aný 1** blocked, illiquid, controlled, frozen, chem. fixed **2** knihař bound

vazárna = *knihárna*

váz|at podmínit qualify, condition, limit, check, control, block, freeze* **–at > při–** = *(při)poutat, připevnit, přidělat* **–at > s– 1** knihu bind* (up) **2** do svazku bunch, bundle, do snopů sheave **–at > u–** bind*, = *(u)poutat* **–at > za–** tie / lace up, = *ovázat* **–at se > u–** v co, **za–** k čemu pledge / engage o.s., sign on, take* over, undertake* **–at se** attach to a t., vyjádřením commit o.s.

vaz|ba 1 knihy binding **2** bond(ing), link(age) **3** elektron. coupling (*zpětná ~* feedback) **4** structure **5** omezení pohybu confinement, custody, vězením imprisonment, policejní detention **6** jaz. construction, phrase **–ivo** ligament, tissue

vazelína petroleum jelly, chem. vaseline

váznout hitch, v řeči falter, pevně stick* to a t.; platební povinnost be due

váž|it weigh **–it > z–** weigh (up) **–it si** respect, esteem, estimate, appreciate, hold* a t. high, value; regard a t. highly **–ka** dragon-fly **–ky** letter-balance **–nost 1** váženost respect **2** že je vážný authority dignity, self-esteem, composure, severity, seriousness, gravity, earnestness ◆ *těšit se* -ti be highly thought of by a p., stand* in good repute with a p. **–ný** serious, grave, earnest; weighty ◆ *myslit to* -ně mean* it, be in earnest, s dívkou go* steady

vbrzku presently, within short, shortly

vcelku = *celkem*

v|cítit se > –ciťovat se put* o.s. in the place of...

včas in time, podle plánu on time ◆ *přijít ~* be in time (*k, na* for) **–ný** timely

včel|a (honey-)bee **–ař** bee-keeper **–ařství** bee-keeping **–í** bee **–ín** bee-house* **–stvo** colony of bees

včer|a yesterday ◆ *~ večer* yesterday evening, last night **–ejšek** yesterday **–ejší** yesterday's

včetně inclusive, čeho inclusive of a t.

v|členit < –leňovat embody, incorporate

vd|át < –ávat marry off, give* away **–át se < –ávat se** get* married, za koho marry a p.; *vdaná* married **–avky** = *svatba*

vděč|it komu za co be indebted / obliged to a p. for a t. **–nost** gratitude **–ný** grateful, thankful

vdech|nout < **–ovat** breathe in, inhale, take* a breath; inspire a t. in(to) a p. or a p. with a t.

vděk = *vděčnost*

vdolek brit. přibližně: trojúhelníkový malý scone, větší teplý mazaný muffin (am. English m.), am. biscuit

vdov|a widow **–ec** widower **–ství** widowhood

ve v. *v*

véba sheeting

věc thing, article, záležitost affair, business, matter, concern, soudní pře cause, k zdolání job ♦ *jít k -i* get* to the point, am. get* down to brass tacks; *to je ~ názoru* that's a matter of opinion; *to na -i nic nemění* it doesn't alter the case **–ný 1** matter-of-fact **2** hmotný material ♦ *-ná škoda* property damage

vecpat (se) v. *cpát (se)*

večer evening, zvl. strávený zábavou night, kdy in the evening, on a... night, pravidelně every evening ♦ *dnes ~* tonight; *Štědrý ~* Christmas Eve **–ní** evening, night ♦ *~ oblek, šaty* evening dress (bez pl); *~ služba* late duty; *~ studium* night classes, adult education classes, pl **–nice** evening star **–ník** evening paper

večeře dinner, hovor. supper **–t** > **na– se** have / take* one's dinner / supper, *co,* **na– se** *čeho* have a t. for d. / s.

večírek (evening) party, (social) evening

věčn|ost eternity, přen. ages, pl **–ý** (ever)lasting, eternal, timeless ♦ *~ hřích* unpardonable sin; *-á škoda* a thousand pities; *~ trest* eternal punishment

věd|a science; zvl. společenská scholar-ship (bez pl) **–átor** pundit, hanl. know-it-all **–ec** scientist, scholar, man* of science, = *učenec* **–ecko-výzkumný** research **–ecký** scientific, learned ♦ *~ pracovník* scientific worker, prac. zařazení research worker; *-eckofantastický román* science fiction (novel)

vedení 1 před jinými lead **2** péče guidance, něčí leadership **3** tekoucího conduit, duct, šňůra apod. lead, hlavní main(s, pl), okružní circuit, vrchní overhead line

vědě|ní knowledge **–t** know* (o of, about), z doslechu understand*, hear* from a p.; *ne-* ignore a t., be ignorant of a t., váhat wonder; *viš, víte* you see ♦ *víš co* I'll tell you what; *neví, co chce* he doesn't know his (own) mind; *člověk nikdy neví* you never can tell; *dát komu ~* let a p. know; *víš to jistě?* are you sure of it?; *pokud vím* as far as I know; *rád bych věděl* I wonder; *nechci nic ~* I don't want to know anything about it; *~ si rady* know* what to do; *~ určitě* be certain; *neví o sobě* he is unconscious; *to se ví* certainly, rather; *vím na čem jsem* I know which side my bread is buttered; *už vím odkud vítr fouká* I now know what is the back of it

vedle 1 next door, by the side, alongside **2** čeho beside, next to, kromě besides, navíc ještě in addition to **3** rána ~ a miss, těsně ~ a near miss ♦ *hned ~* right next to, close by; *~ toho...* besides that.., in addition..., moreover... **–jší** adjacent, next-door, adjoining, podřadný secondary, accessory, minor, navíc extra, postranní side ♦ *odsunout na ~ kolej* side-track, shunt; *to je ~* that's beside the point; *~ kolej* side track; *~ okolnosti* surrounding circumstances; *~ produkt* by-product; *~ příjmy (z vlastní činnosti)* perquisites, additional earnings; *~ silnice* minor road, slip-road; *~ výroba* side-line (in production)

věd|ní... of science **–om** *(si)* aware *(čeho* of) **–omí** consciousness ♦ *bez mého ~* without my knowing it; *brát na ~* take* (due) notice of

a t., note a t.; *dát komu co na ~*
notify a p. of a t.; *nebrat na ~* disregard; *nabýt ~* come* to o.s.;
pozbýt ~ swoon, faint **–omost(i)**
knowledge, bez pl, *základní -omosti* (thourough) grounding **–omý**
conscious (*čeho* of)

vedoucí 1 leading **2** osoba head,
chief, boss, obch. domu shop-walker, floor walker

vedro (oppressive) heat, humid /
sultry weather

vědro bucket, pail

veget|ace vegetation **–arián** vegetarian, vegan **–ovat** vegetate

vehementní vehement

věhlas renown, high repute

vehnat < **vhánět** drive* in(to a t.),
hustle a p. into a t.

vej|ce egg (nesušené shell-egg) ♦ *jako ~ -ci* as two peas in a pod
–čitý egg(-shaped)

vějíř fan **–ová** *klenba* fan vaulting

vejít < **vcházet** enter (*do* a t., přen.
into a t.), walk in(to...) *~ se* go*
to, get* into a t., a t. will hold...

vejtaha show-off, swank

věk age, období era **–ovitý** time-honoured, venerable

veka bread roll

velbloud camel ♦ *dělat z komára
-a* make* a mountain out of a
mole-hill **–í** *srst* camel's hair

vele|bit extol, glorify, eulogize
–bný osoba reverend, venerable,
sublime, grand **–dílo** masterpiece **–kněz** high priest, pontiff
–t command *–ní* command (*vrchní* supreme c.) **–tok** mighty
stream, big river **–trh** (trade) fair
–tucet gross **–vážený** esteemed
–zrada (high) treason ♦ *obžalovat z -dy* impeach a p. **–zrádce**
traitor **–zrádný** treasonable

veli|ce very, u slovesa (very) much ♦
potřebovat ~ need / want a t.
badly, be in bad need / want of a
t. **–čenstvo** Majesty **–čina** quantity, přen. člověk big wig / shot /
gun, worthy, magnifico* **–kánský**

huge **–kášství** megalomania
V–konoce Easter, sg **–kost** trojrozměr. size (*nadměrná* outsize), dvourozměr. area, věd. magnitude, abstr.
greatness ♦ *v životní -ti* life-size,
full-length **–(i)ký** large, big, great,
do výše tall, oděv loose, o ději a jednání
heavy (rain, smoker etc.); *větší*
poměrně velký major ♦ *~ byznys* big
business; *-ké dítě* over-grown
child; *-kým hlasem* in a mighty
voice; *-ká huba* big mouth; *~
kapitál* large capital, big money;
do -ké míry largely; *-ká móda* in
the vogue; *~ obrat* obch. quick returns; *V. pátek* Good Friday; *-ké
písmeno* capital (letter); *-ké pivo*
big glass, pint; *-ké prádlo* washing day, the big wash; *ve velkém*
wholesale, by / am. at wholesale,
ve -kém měřítku on a large scale;
-ká voda high water **–tel** master,
voj. commander, let. pilot-in-command, hovor. skipper ♦ *~ posádky*
garrison colonel; *vrchní ~* commander-in-chief **–telský 1** command **2** povahou imperious, peremptory **–telství** (*vrchní* chief)
command (Bomber / am. Tactical
C., Fighter / am. Strategic C., Transport / am. Military Air Transport
C.)

velko– large, giant, grand, large-scale, obch. a přen. wholesale
–dušný magnanimous, generous
–kapitál high finance, large capital interests, pl **–lepý** magnificent, grandiose **–město** big /
large town, am. city, ústřední metropolis, pl **-les –městský** metropolitan **–moravský** Great Moravian **–myslný** = *-dušný* **–obchod**
wholesale (trade), podnik department store, (shopping) centre, samoobslužný supermarket **–obchodní** wholesale **–obchodník**
wholesale merchant, wholesaler
–panský cavalier **–rysý** broad-minded, liberal, tolerant **–st** = *velikost* **–statek** (country) estate,

dědičný manor **–vévoda** Grand Duke **–výroba** large-scale production

vel|ký = veliký **–mi** = velice **–moc** (great / big) power **–mož** magnate **–ryba** whale **–vyslanec** ambassador **–vyslanecký** ambassadorial **–vyslanectví** embassy

vemeno udder

veml|ouvavý coaxing, cajoling **–uvit, –ouvat** coax a p. into -ing **–uvit se, –ouvat se** (do čí přízně) (try to) win* a p.'s favour, talk o.s. into a t. / -ing

ven out, outside

věn|coví garland(s, pl), festoons, pl **–čit > o–** crown, wreathe, festoon a t. **–ec** wreath, svazek bunch, svinutý coil

venek outside, exterior; na ~ outwardly

venerolog venerologist

ven|kov the country(side) (na ~ into the country, na -kově in the country) **–kovan(ka)** rustic, country man* / woman* **–kovní** outside, outdoor, outer **–kovský** country, rural, provincial **–ku** outside, mezi lidmi n. v cizině abroad (už je to ~ the cat is out of the bag), out of doors, in the open (air)

věno dowry, marriage portion **–vat** present, devote, dedicate, přen., složit pay*, vložit bestow (komu co a t. on a p.) **–vat se** devote / dedicate / give* o.s., give* o.s. up (čemu to a t.), pěstovat to pursue / follow a t., go* in for a t., chvílemi attend to a t., komu give* time to a p.

ventil (stop-)valve, vypouštěcí a přen. vent, outlet **–ace** ventilation **–átor** (exhaust) fan **–ovat** ventilate, přen. give* vent to a t., vent a t.

Venuše Venus

vepř pig, am. hog **–ová** roast pork **–ové** pork **–ovice 1** pigskin, am. hogskin **2** cihla adobe **–ový** pig('s), (... of) pork

v|epsat < **–pisovat** enter (a t. into...), do mezer fill in, insert (a t. in...), inscribe

veranda veranda, am. porch

vernisáž private view, opening

věr|nost faith(fulness), přísné zachování závazků, též reprodukce zvuku fidelity, služebná allegiance, fealty, loyalty **–ný** faithful, loyal, trusty **–ohodný** credible, plausible, trustworthy, reliable, authentic **–olomný** perfidious

verš verse, řádek line; **–e** poezie verse, sg **–ík** versicle **–ovat > z–** versify

věru = opravdu, skutečně

verva gusto, zest, vigour, energy, uměl. verve, abandon

verz|álky caps, pl **–atilka** retractable pencil **–e** version, reading

veřej door-post **–nost** public (na -i in p.), že je to **–né** publicity **–ný** public, neskrývaný open, overt, obecný general (pořádek public order) ♦ **-ná bezpečnost** dř. název pro policii police; **-né blaho** general welfare; **-ná činnost** public activities, pl; **-né mínění** (public) opinion; na **-ném místě** in public; ~ poslech re-diffusion; **-né přelíčení** open court; **-né služby** public service; **-né tajemství** open secret; **-né vlastnictví** public ownership

věř|ící believer, worshipper; pl congregation **–it > u–** believe, trust in a p. ♦ **-te mi** believe me; ~ komu na slovo take* a p.'s word

věřit o přesvědčení believe; = důvěřovat

věřitel = creditor

ves = vesnice

vesel|í merry-making, merriment, revel(s, pl) **–ice** merry-making, dance, hop **–it se** make* merry **–ohra** comedy **–ost** high-spiritedness, glee, jolliness, hilarity **–ý** merry, jovial, jolly, lively, cheerful, rozpustile gay, hilarious

věsit = svěšovat ~ (se) = věšet (se)

veskrze throughout, through and through

vesl|ař oarsman*, rower **–ařský** *závod* boat-race, regatta **–ařství** rowing **–o** oar ♦ *být u* -a be at bat, pull the wires **–ovat** row, pull (an oar)

ves|měs altogether, universally **–mír** universe, (outer) space **–mírný** cosmic, kosmonaut. space

vesni|ce village **–cký** village **–čan** villager **–čka** hamlet

vespod(u) underneath, at the bottom

vespolek = *navzájem*

vést, vodit 1 lead*, conduct, guide **2** manévrováním steer, pilot, udávat směr direct, pořádat marshal, přen., udržovat ve funkci keep* (e.g. books), provozovat run* (a hotel), velet lead*, command **3** cesta apod. lead*, take* one to…, stát tváří proti face (e.g. east, a church), look (to the south) **4** vodič conduct, convey **5** k čemu make* for a t., conduce (or be conducive) to a t., nutně necessitate a t., přispívat contribute to a t.; koho k čemu make* a p. do a t., induce a p. to a t. **6** zboží handle, am. carry ♦ *co tě vede!* you're out!; ~ *komu domácnost* keep* house for a p.; *co tě k tomu vede?* what makes you? ~ *jednání* conduct negotiations; ~ *kampaň* (wage / run* a) campaign; *to nikam nevede* it is neither here nor there; ~ *co v patrnosti* keep* a t. on record; ~ *proces proti komu* prosecute a p.; ~ *rozhovor* engage in a conversation; ~ *stále svou* stick to one's guns; ~ *koho za svědka* call a p. as a witness; ~ *účet* keep* account; ~ *válku* make* / wage war ~ *se s kým* go* hand in hand with a p. ~ **se:** *komu jak se vede* a p. is (getting on)… (well etc.), is (badly) off, *vede se mu lépe* he feels better, společensky he is better off ~ **se > po–** = *dařit se* ~ **si** jak con-

duct o.s.

vesta waistcoat, am. vest; pletená cardigan

vestavěný built-in

vestibul = *hala*

věst|it = *zvěstovat, věštit* **–ník** bulletin

veš louse* ♦ *líný jako* ~ as lazy as a pig

věš|ák rack, clothes / hat stand kolík apod. peg **–et > pověsit** hang* (up), = **–et > oběsit** hang* **–et > svěsit** bow one's head, droop **–et se** na koho throw* o.s. at a p. **–et se > oběsit se** hang* o.s.

veškerý all, every, jakýkoli any

věšt|ba = *proroctví, předpověď* **–ec** augur, fortune-teller, = *prorok* **–írna** oracle **–it** augur, foreshadow, forebode, portend, = *prorokovat, předpovídat* ♦ ~ *osud* tell* fortune(s) **–kyně** sibyl, fortune-teller

věta sentence, řečnicky period, v souvětí clause, hud. movement, mat., log. proposition, poučka theorem

veter|án veteran **–inář** veterinary, hovor. vet

veteš lumber, trash, junk **–nictví** second-hand's, second-hand shop **–ník** old-clothes man*, second-hand dealer

vět|ev branch, velká obrostlá bough **–évka** = *větvička*

vetchý decrepit, tottery, feeble, opotřebovaný worn-out, shabby

vetknout thrust / stick* in(to a t.)

větný (… of) sentence, sentential ♦ ~ *rozbor* sentence analysis, parsing

veto, –vat veto*

větr|ací airing **–ák** air-shaft **–at > pro–, vy–** air, give* a t. an airing ~ **se** take* an airing **–at > z–** disintegrate, potravina get* stale **–ník** weathercock; (*je*) **–no** it is windy **–ný** windy ♦ ~ *mlýn* windmill: *–ná smršť* whirlwind: ~ *vír* eddy of wind; *-né zámky* castles in the air **–oň** glider, sail-plane **–oplach**

happy-go-lucky fellow **–ovka** windbreaker, windjacket, anorak

vetřelec intruder, interloper, invader **–ký** intrusive

větřík breeze

vetřít < **vtírat** rub in(to a t.) ~ **se** < **vtírat se** intrude, obtrude o.s. on a p., ke komu, do přízně worm o.s. into a p.'s confidence, do známosti scrape acquaintance with a p.

větřit > **z(a)–** (get* the) scent / wind of, čenichat sniff

větš|í v. veliký **–ina** majority; -inou mostly, for the most part

větv|ička twig **–it se** > **roz–** branch (out), ramify **–oví** branches, pl

veverka squirrel

vevnitř = uvnitř

vévod|a duke **–it** čemu dominate a t. **–kyně** duchess **–ství** duchy, hodnost dukedom

věz|eň prisoner **–ení** prison, jail, pod zemí dungeon; trest imprisonment ♦ dát / vsadit koho do ~ imprison a p., put* a p. in prison **–eňský** prison (e.g. guard, reform, van) **–et** stick* ♦ v tom to -í that's (just) the point, there's the rub; za tím něco -í there's a catch there somewhere **–nice** prison, am. penitentiary **–nit** keep* / hold* a p. in prison, přen. prison

vézt, vozit 1 při jízdě obkročmo ride něco, někoho **2** vlastním řízením drive* něco, někoho **3** člunem row něco, někoho

věž tower, hradu keep; zužující se steeple, taková střecha spire, šach. castle, rook **–ák** tower block **–ička** turret **–ní** tower (e.g. clock) **–ový** dům = -ák

vhánět v. vehnat

vhazování fotbal throw-in, hokej bully

vhod být / přijit komu ~ be useful to a p. **–it** < **vhazovat** throw in, put in, insert, v hokeji bully off **–ný** fit(ted), suitable, suited, acceptable, proper, right, useful, convenient na místě jsoucí pertinent, apposite, časově timely ♦ -ná příležitost opportunity, chance

vch|ázet v. vejít **–od** entrance (do to), am. též entry (way) ♦ zakázný ~ no entry, no admittance, no admission

via via, by way of **–dukt** viaduct

vibrafon vibraphone

více 1 more (nej– most) **2** jistý počet a number of, some ♦ ~ než dost enough and to spare; ~ méně more or less **–krát** a number of times **–násobný** multiple, manifold **–účelový** multipurpose **–značný** ambiguous

víčko lid; oční (eye-)lid

vi|d jaz. aspect ♦ není po něm ani -du there is no trace of him **–ďte)** v angl. tag-questions (he is in, isn't he) **–da** hallo; well now you see (it)

vídat v. vidět

Vídeň Vienna

vid|ění 1 sight (znát od ~ know by s.) **2** = vidina **–eo** video **–eokazeta** videocassette **–eopásek** videotape **–eotelefon** videophone **–ět 1** see* **2** na čem co a t. shows..., I find it (attractive etc.) na co be able to find **3** do čeho know*, understand* a t., be familiar / acquainted with a t. **4** co v čem / kom regard a t. / p. as..., consider / think* a t. / p. a... ♦ co ne ~ in no time; je ~... is to be seen, zřejmé it is evident; koho to nevidím! look, who's here!; ~ si do huby know* what one is talking about; ~ komu do kapsy know* a p.'s financial situation; nevidí si (ani) na špičku nosu he cannot see beyond the end of his nose; z toho je ~ this shows...; ~ komu do žaludku see* through a t. / p. **–ět, vídat > u–** see* (a t. / p., s inf, s -ing) (koho, též = -ět se s kým) ♦ ani ~ tě nechci I don't even want to look at you; nemohu ho ani ~ I can't even bear the very sight of him; dělá, co jí na očích vidí he humours her; to svět neviděl well I never; uvidíš! hrozivě there's going to be trouble; *viz* co kde see...; ~ *komu záda* see* a p.'s back **–ět se > u– 1** v zrcadle see* one's picture **2** v představě imagine / see* o.s. **–ět se 1** octnout se find* o.s. **2** setkat se meet* (s *kým* a p., dojít k němu see* a p.) **3** v kom see* one's picture in a p., přen. obdivovat někoho be crazy about a p. ♦ *raději se ne-* better be dead; *dát / nechat se ~* **1** objevit se turn up, appear **2** okázale spread* o.s. **–ina** vision, illusion, delusion **–itelnost** visibility **–itelný** visible

vidl|e fork, sg **–ice** fork, telef. rest, cradle **–ička** (table) fork ♦ *snídaně / večeře na -ičku* morning / evening snack

vidno *je ~* it is evident, *z toho je ~* (hence) it follows

vidovat verify

vich|r strong wind **–řice** windstorm, gale, s bouří tempest

víkend weekend ♦ *strávit víkend* spend* the weekend, weekend (at..)

vikla|t > vy–, z– shake* a t. loose, též přen. shatter **–t se** be shaky / loose / wobbly **–vý** shaky, loose, wobbly

víko lid, cover, top

vila villa, summer residence

víla nymph, bás. fay, všeob. o pohádkových bytostech fairy

Vilém William

vil|ka bungalow **–ová** *čtvrť* garden city

vina blame / guilt (*na* for), a p.'s fault ♦ *dávat / klást komu co (za) vinu* blame a p. for a t., lay* blame upon a p.; *přiznat vinu,* soud. plead guilty; *zprostit koho viny* acquit a p.

vin|árna wine cellar / bar, bodega **–ař** vintner, obch. wine merchant

vínek: *dát komu co do -nku* endow a p. with a t.

vinen v. *vinný*

vin|ěta label, vína vignette, přívěsná tag **–ice** vineyard

viník, vinice culprit, offender, trespasser

vinit > ob– blame a p., put* a p. in the wrong, charge / tax a p. with a t., accuse a p. of a t.

vinný 1 k ,vina' guilty, *uznán -m* found / brought in guilty ♦ *je vinen čím* he is to blame for a t., he is responsible for a t.; *necítím se vinen* I plead not guilty **2** k ,víno' wine (*list, stone* etc.), révový vine, = *vinorodý* ♦ *-ná réva* vine (plant), am. grape-vine

víno 1 bot. (grape-)vine, plody grape(s, pl) **2** nápoj wine ♦ *na -ě* kuch. in wine sauce; *psí ~* Virginia creeper

vino|braní vintage **–hrad** = *vinice*

vinorodý viniferous

vin|out = na-, o-, s-, na-víjet, stáčet **~ se** wind*, meander, zigzag **–utí** winding

vír whirl, eddy, vod. též whirlpool

víra belief, faith, pro věrohodnost credit, credence ♦ *víře nepodobný* incredible; *přikládat čemu víru* give* a t. credit

vírník gyroplane

virtu|os virtuoso* **–ozita** virtuosity **–ózní** masterly

virus virus

víři|t > za– whirl, spin*, swirl **–vý** whirling ♦ *-vá pračka* spin washer

vis|ací suspension ♦ *~ zámek* padlock **–et** hang* (on, from), be suspended, oběšen be hanged, přen. ve vzduchu hover ♦ *ať -ím* I am hanged, I'll eat my hat; *~ očima na čem* stare at a t.; *~ komu na rtech* hang* on a p.'s lips; *~ ve vzduchu* **1** hang* in the air **2** hrozit be imminent; *zůstat ~* get* stuck **–utý** suspension (e.g. bridge) ♦ *-á hrazda* trapeze; *-té lůžko* hammock

viš|ně sour cherry **–ňovka** cherry-brandy

Vít Vitus (cf. St. Vitus' Cathedral)

víta|ný welcome **–t > při–, u–** welcome, přen. též salute, embrace; jít naproti meet* a p.; uvítání welcome, reception

vítěz winner, victor, conqueror, vanquisher, v soutěži prize-winner **–it > z–** win*, gain a victory, be Victorious *(nad* over), a tak dobýt conquer, get* the better of a t. / p. přesvědčivě ve volbách sweep* the board **–ný** winning, victorious **–osláva** triumph **–ství** victory, sport. též win*, při dobytí conquest, drtivé volební landslide (victory) ♦ *dobýt ~* obtain / gain a victory

vítr 1 wind, pop., ovzduší air **2** čichový vjem scent, tušení hunch ♦ *dostat, mít ~ (strach)* get* into / be in a funk, have / get* the wind up; *mluvit do větru* talk wild, speak* to the winds; *je kam ~ tam plášť* he is a trimmer; *nahnat komu ~* put* the wind up a p.; *odkud fouká* ~ what is at the back of it; *vzít komu ~ z plachet* take* the wind out of a p.'s sails; *vane nový ~* the general atmosphere has changed; *závan větru* gust of wind

vitrína glass case, výstavní show / display case

viz|e vision **–ionář** visionary **–ita** (doctor's) round **–itka** (visiting-, am. calling-)card **–um** visa ♦ *vstupní ~* entry visa; *průjezdní ~* transit visa

vjem percept

v|jet < **vjíždět** drive* / ride* in, přen. = *vrazit* **–jezd** jako vchod, vrata gate(way), carriageway, carriage entrance, cesta drive, am. driveway

vkl|ad 1 deposit **2** do hry stake, do podniku investment **–ádat (se)** v. *vložit (se)* **–adatel** depositor **–adní** deposit

vkl|ínit < **–iňovat** wedge in(to a t.); *~ (se) do sebe* telescope

vkloubit set*

vkročit = *vstoupit*

vkus taste ♦ *to není po mém –u* it isn't my cup of tea, it isn't quite

me **–ný** tasteful

vláč|et v. *vléci* **–et > z–** pole harrow

vláčný supple, tvárný plastic

vláda government, zvl. am. administration, brit. též cabinet; vládnutí rule, sway, ovládání control, command, v mezích restraint, suverénní mastery ♦ *bez –dy* motionless; *předseda -dy* Prime Minister, Premier

vladař ruler, prince, sovereign

vlád|ce, –kyně ruler *(nad čím* over a t.) a v. *vladař* **–ní** government(al) **–nout** govern / rule / sway / reign / dominate (over) a t. / p., disponovat dispose of a t., have a t. at one's disposal, ovládat, řídit control a t. **–ychtivý** greedy of rule

vláha moisture, humidity, dampness

vlahý tepid, mild

vlaj|ka flag, ensign, brit. Union Jack, am. Stars and Stripes **–konoš** flag-bearer **–kosláva** bunting

vlak train *(do* for), am. též cars, pl; *-em* by train ♦ *nákladní ~* brit. goods train, am. freight train; *nastoupit do -u* get* into a train, am. board a train; *osobní ~* passenger / ordinary / slow / stopping train; *vystoupit z -u* get* off / out of a train, leave* the train

vlákno fibre, žárovky filament

vlakvedoucí train gang boss

Vlám Fleming **–sko** Flanders **v–ský** Flemish

vlas hair (-y, pl hair, sg), látky nap, pile, rybářský line = *vlasec* ♦ *-y vstávají (hrůzou)* one's hair stands on end **–atý** hairy

vlás|ečnice capillary **–ek** (thin) hair ♦ *jen o ~* by a hair, a near thing **–enka, –nička** hairpin, hairpin bend

vlast one's native country **–enčík** jingoist **–enec** patriot **–enecký** patriotic **–ivěda** homeland study **–izrada** = *velezrada* **–ně** as a matter of fact, in fact, for that matter, podle výsledku in effect, de facto, actually, za táz. výrazem ever (am. just před ním) **-ní** (...of) one's own, v užším smyslu... proper (za slovem), příbuzensky natural, full, german za slovem (brother german = brother of full blood), charakteristický proper, peculiar (*čemu* to) ♦ ~ *jméno osoby* surname, jaz. proper name: *na* ~ *noze* on one's own; *dělat co na* ~ *pěst* do* a t. off one's own bat; ~ *životopis* autobiography **-nický** proprietary **-nictví** proprietorship, ownership, půdy tenure **-ník** proprietor, owner **-nit** own, be in possession of a t. **-noruční**... in one's own hand, autographed **-nost** quality, property, character, feature

vlaštov|ičník celandine **-ka** swallow

vlát > za– fly*, okázale flaunt, třepetavě flutter, flap, mávavě wave

vlažný lukewarm; dispassionate

vlč|ák Alsatian, am. German Shepherd **-í** wolf's, wolfish **-ice** shewolf*

vléci, vláčet drag (along), trail, haul, tow ~ *se* drag o.s. along, toil along, trudge, čas drag

vle|čka 1 train **2** přívěs trailer, dráhy siding **-čňák** trailer **-čný** towing ♦ *-čná lodice* tug **-k** činnost tow(ing), v závěsu tow(age), lyžař. ski-lift, ski-tow, lodi tugging (*ve -ku* in tow) **-klý** dragged / drawn-out, prolonged

vlep|it < –ovat paste in (to a t.) ♦ ~ *políček* smack a p.'s face

vlévat se = *ústit*

vlevo (to the) left, kde = *nalevo*

vléz|t, -at get* in(to a t.), creep / crawl in(to a t.)

vlh|čit > na– wet, moisten **-ko(st)** dampness, moisture, humidity **-ký** damp, moist, atmosfér. humid, deštivý rainy **-nout > z–** get* / become* / grow* damp

vlídný kindly, kind, affable, ...of sweet disposition, prostředí cozy

vlichotit se v. *lichotit se*

vlít < vlévat pour in(to a t.), instill / infuse a t. into a p.

vliv influence; *-em čeho* owing to a t. ♦ *mít* ~ have effect upon, influence a t.; *uplatnit* ~ make* one's influence felt **-ný** influential ♦ *-ní lidé* people of influence / consequence

vlk 1 wolf* **2** hračka (spinning-)top **3** výhon sucker **-odlak** werewolf*

vln|a 1 tekutiny wave, mohutná billow **2** textil. wool, pro sukno worsted ♦ *-ěné zboží* woollens, pl **-it > z–** wave, tech. undulate, zvrásnit corrugate **-it se > z(a)–** wave, billow, undulate, surge, roll **-itý** corrugated, grooved, fluted **-ka** ripple **-obití** surf **-olam** breakwater **-ovka** tilda, squiggle / wave sign (~)

vločka (oat-, snow-)flake

vloha gift, = *nadání*

vloni last year

vloup|at se < –ávat se break* in(to a place), burgle a t.; *-ání* housebreaking, burglary

vlož|it < vkládat 1 put* a t. in / to a t., insert a t. in(to) a t., introduce a t. into a t., do stroje feed* in a t. (to a machine), do kamery load (a camera), na váhu apod. throw* in, prokládáním interpose, interpolate, do obalu enclose a t. in... **2** co na co put* / place a t. on..., tíživé impose a t. (up)on **3** do úschovy deposit, do archivu file **4** dát vepsat enter a t. in (a book) **5** investovat invest a t. in... **-it se < vkládat se** do čeho interpose, intervene in a t. **-ka** enclosure, inset, inlay, tlumící pad, vyložení inter-lining, vyplňující filler, programová interlude ♦ ~ *do bot* arch supporter, instep raiser; *dámská* ~ sanitary towel / am. napkin

vmést < vmetat cast* / fling* a t. in(to a t.)

vměstn|at (se) < –ávat (se) squeeze in(to...)

vměšovat se do čeho interfere with

a t., všetečně meddle in a t.: -vání interference

vmetat v. *vmést*

v|míchat mix in(to...), add a t. **–mísit se** join a t.

vnad|a = *půvab* **–idlo** bait, decoy **–ný** = *půvabný*

vnášet v. *vnést*

vně = *venku,* čeho outside a t. **–jšek** outward, outside, exterior **–jší** outer, outward, outside, external, exterior ♦ *podle -jšího zdání* on the face of it

vnést < *vnášet* bring* in(to a t.), introduce

vnik|nout < **–at** penetrate, work one's way in(to...)

vním|at take* in, perceive **–avý** receptive

vnit|ro inside, polit. interior ♦ brit. *ministerstvo -ra* Ministry of the Interior, Home Office **–ropod-nikový** intradepartmental **–roze-mí,** **–ozemský** inland, interior **–řek** inside, interior, inward **–řní** inner, interior, inward, inside, internal, *nej-řnější* innermost **–řnosti** entrails, pl, inwards, pl

vniveč to nothing

vnořit se = *ponořit se*

vnu|čka granddaughter **–k** grandson

vnuk|nout < **–at** komu co inspire a p. with a t., náznakem suggest to a p. (that...)

vnu|tit < **–covat** co komu force / thrust* / urge a t. (up)on a p., enforce a t., koho do čeho v. *nutit*

vod|a water, k vyplach. též wash ♦ *borová ~* boric acid; *držet se nad -ou* keep* afloat; *honit -u* swell it about; *z jedné -y (načisto)* right out; *pustit koho k -ě* shelf a p.; *povrchová ~* surface water; *podzemní ~* ground water; *sladká ~* freshwater; *stav -y* water mark; *úbytek -y* water decline / drop; *vařit z -y* make* do (with what one has got); o výrobě conjure up things; *velká ~* high water,

flood(s, pl), inundation **–ácký** boating, watercraft **–ák** boating man* **–árna** waterworks, věž water tower

vodič elektr. conductor, zvířete leader, závodníka pacemaker

vod|ička kosmet. lotion = **–ík** hydrogen

vod|it koho kudy show* a p. round (a place), jinak v. *vést* **–ítko** guidance, k řešení clue **–ivý** conductive

vod|ka vodka **–natý** watery **–né** water rate **–ní** water, biol., sport. aquatic ♦ *~ cejch* water-mark; *~ dýmka* water-pipe / -bong; *~ hospodářství* management of water supplies; *~ sporty* aquatics; *~ stavitelství* hydraulic engineering; *~ tok* water-course **–ník** water sprite **–ojem** reservoir **–oléčba** water-cure **–opád** waterfall **–orovný** horizontal **–otěsný** watertight **–otrysk** jet, fountain **–ováha** (spirit-)level **–ovod** water supply, v místnosti water-tap **–ová** *barva* water colour **–stvo** waters, pl

voj army unit (*přední / zadní ~* the van / the rear) **–ácký** soldierly **–ák** soldier, brit. též (service)man*, am. G.I. ♦ *prostý ~* private **–enský** military, práv. martial, armádní army, forces, hovor. a žum. G.I. ♦ *-ská služba* active service; *~ soud* court martial **–evůdce** leader, general, commander **–ín** private **–na** hovor. (military) service ♦ *dát se / jít na -nu* enlist, join the army / colours / ranks **–sko** troops, pl, the forces, pl, společ. třída the military, pozemní army, námořní navy

vojtěška lucerne, am. alfalfa

volán flounce, frill, záclony apod. valance **–ek** frill

volant (driving / steering)wheel

volat po čem clamour for a t.

volat > **za–** (na) koho call to a p., telef. call / ring* koho ring* / phone (up) a p. ♦ *na účet -aného* reversed

charge ~ > **po–** call in a p., send*
for a p. ~ > **při–**, **před–** summon
~ > **vy–** call up ~ > **z–** exclaim,
shout, cry (*na* to a p.)

volba choice, option, preference,
alternative, organizovaná též -*by*, pl
election(s, pl), tajná ballot, hlasování
vote, voting, referendum, hovor.
the polls, pl

vol|ební election(eering), polling ◆
~ *akt* the poll; ~ *komise* brit. scru-
tineers, pl, am. political can-
vassers pl; ~ *listina* list of candi-
dates; ~ *místnost* polling station;
~ *právo* (všeobecné universal)
franchise, (right, to) vote, suf-
frage; *dát / poskytnout komu v.p.*
enfranchise a p.; ~ *urna* poll, bal-
lot box; ~ *výsledek* return **–enka**
ladies' privilege **–ič** voter, práv.
elector **–ičstvo** electorate, oblasti
constituency **–it** poll, hlasovat pro
vote for **–it** > **z–** elect / return a
p., telef. číslo dial, = *vybrat (si)*; -*ený*
úřad elective **–itel** elector **–itelný**
eligible, též škol. optional, am. elec-
tive **–ní** volitive, volitional

voln|o spare / free time, leisure
(time); ~! = *dále* come in!, am.
come!, o trati line clear ◆ *není mi*
~ I don't feel quite well; *dát komu*
~ give* a p. a holiday, a week off
etc.; *mít* ~ be free, na trati have the
line clear **–oběh**, **–oběžka** free-
wheel **–ost** freedom, latitude ◆
dát komu ~ set* a p. free **–ý** free,
nemá-li nic v cestě clear, přístupný
open, k dispozici available, nezatížený
unencumbered, unrestrained,
casual, neobhospodařovaný unra-
tioned, bez obvyklých pout loose, po-
volený slack (e.g. rope), lax (e.g. dis-
cipline), volitelný optional, faculta-
tive, navíc, rezervní spare, neobsazený
vacant, bezplatný free (of charge)
◆ *být* ~ be at large; ~ *čas* spare
/ leisure time, leisure; *vstup* ~ ad-
mission free; -*ná vstupenka* free
ticket; ~ *výtisk* complimentary
copy

volt volt **–áž** voltage

voňav|ka scent, perfume **–kář** per-
fumer **–kářství** perfumery **–ost**
fragrance, sweet scent **–ý** fra-
grant

von|ět > **za–** smell* sweet / good
–ný redolent, bot. sweet, všeob.
odorous, ostře aromatic

vor raft **–ař** raftsman*, rafter

vos|a wasp **–í** wasp's ◆ *píchnout
do -iho hnízda* stir up a nest of
hornets

vosk wax **–ovat** > **na–** wax ◆ -*ova-
né plátno* oil-cloth **–ový** wax(en),
jako vosk waxy

vous hair, kočičí apod. whisker; -*y*, pl
beard, sg. kníry moustache(s, pl) ◆
smát se pod -y laugh in one's
sleeve **–atý** bearded ◆ ~ *vtip*
chestnut, corny joke

voz|idlo vehicle **–ík** buggy, dvoukolý
cart, těžký truck; pro nemocné invalid
/ Bath chair **–it** v. vézt **–it se** po
kom bully a p., jinak v. vézt se **–ítko**
minicar, závodní (go-)kart **–ka** dri-
ver, kočáru coachman* **–ovka**
road, carriageway, roadway, am.
pavement **–ovna** (car, tram)
shed, depot, dock, am. (bus) barn
–ový park rolling stock

vpád invasion, inroad, incursion,
voj. foray (*do* of), přen. encroach-
ment (upon a sphere); = *nájezd*

vpad|(áv)at v. vpadnout **–lý** sunken
(cheeks etc.) **–nout** < **–(áv)at 1**
fall* in(to a t.), drop in(to a t.),
prohlubovat se sink*, tíhou sag **2** do
země invade a t., voj. foray, přen. do
cizí oblasti encroach upon a t. **3** za-
útočit attack a t. **4** připojit se join (in),
fall* in (with a p.) **5** přerušit inter-
rupt (a p.'s speech), nezdvořile
break* / butt in

v|pálit < **–palovat** komu znamení
brand, stigmatize a p.

vpašovat v. pašovat

vpich stab, injekční jab

vpíjet v. vpít

vpisovat v. vepsat

vpí|t < **–jet** absorb, co do čeho (one's

look in a p.) ~ **se** drench a t.

vplé|st < **–tat** interlace, intertwine a t. with a t. **–st se** < **–tat se** do enter a t.

vpouštět v. *vpustit*

vpravdě = *opravdu*

vprav|it < **–ovat** work / get* / force a t. in(to a t.) **–it se** < **–ovat** obeznámit se make* o.s. familiar with a t., familiarize o.s. with a t.

vpravo = *napravo*

vprostřed = *uprostřed*

vpřed forward(s), forth, pohybující se ahead, za cílem onward(s) **–u** in front, při úniku ahead

vpustit < **vpouštět** let* in, admit, show* a p. in

vrabec sparrow

vrah murderer, homicide

vrak wreck(age), derelict (ship)

vrána crow ♦ ~ k -ně sedá birds of a feather flock together

vraník black horse

vrás|ka wrinkle, crease **–nit** > **z–** wrinkle, crease, shrivel, pucker, crinkle **–nitý** wrinkled etc. geol. folded

vraštit > **s–** knit one's brows, pucker, jako krepový papír crinkle

vrat|a gate, plavební watergate, otvor vrat gateway **–idlo** capstan

vr|átit < **–acet** return, hand / give* / send* back, restore (a p.'s t.), na místo put* / bring* a t. back, replace a t., do pův. stavu restitute, placením repay*, refund **–átit se** < **–acet se** come* back, return, domů holub, dobytče, letadlo home, tam go* back, k načatému revert; znovu se udát recur, znovu se chopit resume (k a t.) ♦ ~ se stejnou cestou retrace one's steps; stále se vracející recurrent **–acet se** komu na mysl occur to a p.

vrátka wicket, v půli dveří hatch

vratký unsteady, unstable, rickety, = *vrtkavý*

vrátn|ice porter's lodge **–ý** porter, am. janitor, továrny gate-keeper, nádražní ticket collector, am. (gate)

ticket examiner / checker, gate-man*

vrávorat > **za–** motat n. *potácet se*

vr|azit < **–ážet 1** thrust* / drive* / stick* a t. in(to a t.), vnutit např. vadné zboží a tak napálit foist a t. (at / on a p.) **2** na koho, na co come* across a p. / t. **3** čím do čeho knock / bump / run* / strike* a t. against a t. **4** kam, vejít burst* / rush in(to...), prudce se dostat kam run* / fly* in(to...) **5** ránu deal* a p. a blow ♦ ~ do sebe srážka collide, nápoj gulp down, ~ se do sebe vklíněním telescope

vraž|da murder ♦ ~ z vilnosti sex murder **–dit** > **za–** murder, úkladně assassinate, hromadně slaughter, massacre, butcher **–edný** murderous, přen. killing, deadly, mortal, fatal

vrážet v. *vrazit*

vrb|a willow (smuteční weeping w.) **–ové** prouti osier, upletené wicker

vrčet > **za–** growl, snarl; kočka = *příst*, stroj whir

vrh cast, throw(ing), mláďat litter ♦ ~ koulí putting the shot **–ač** thrower, sport. putter **–nout** < **–at 1** cast* / throw*, level, hurl, fling* **2** mladé drop, litter ♦ ~ světlo na co throw* light upon a t. **–nout** zvracet throw* up, vomit **–nout se** < **–at se 1** rush, dash, throw* o.s., útočně pounce / swoop / fall* (up)on a t. / p., rush at a p. (po čem for a t.) **2** do čeho se pustit set* (up) on a t.

vrch 1 = kopec, hromada, stráň, svah **2** = vršek, vrchol **3** = povrch ♦ mít ~ nad kým be one too many for a p.; nabýt -u prevail, get* the upper hand (nad kým of a p.) **–ní** adj top, upper, vedený vrchem overhead, hlavní head, chief, supreme ♦ ~ kuchař chef; ~ sestra matron; ~ soud supreme court; ~ velitel commander-in-chief ● s head waiter **–ol** summit, peak, závratný pinnacle, geom.

apex, přen. height **–olek** summit, top, height, peak, dokonalosti acme, vyvrcholení climax **–olík** bot. cyme **–olit > vy–** reach one's height, krize come* to a head, culminate **–olný** top, peak v soustavě supreme **–ovatý** brimful **–ovina** highlands, pl

vrkat > za– coo

vrnět > za– pur(r)

vroub|ek notch, dent, indentation ♦ *má u mne ~* I have a bone to pick with him **–it > o– =** *obrubovat* **–kovat** notch, indent, mince mill

vroucí warm, ardent, affectionate, heart-felt; zř. = *vařící, vřelý*

vrozený inborn, innate, congenital

vrst|evnice contour line **–evník** contemporary **–va** layer, stratum, pl *-ta* **–vit se > na–** stratify

vrš|ek top, knoll, hillock **–it (se) > na–** pile (up)

vrt bore **–ačka** drilling / boring machine, drill **–ák 1** do ruky auger, menší gimlet **2** člověk silly fool **–at** do čeho dig* into a t. **–at > pro–, vy–** bore, drill; drive* (a tunnel), sink* (a well), perforate, pierce **–at se** v čem, dělat zbytečnou práci mess about with a t., neodborně tamper with a t., všetečně poke into a t., meddle with a t., nimravě dabble in a t., probírat se tím pick a t. **–ět** churn (*máslo* butter) **–ět se > za–** shake* (*hlavou* one's head *nad* over / at), wag (*ocasem* tail) **–ět se > za–** fidget **–kavý** fickle, capricious **–nout se <** stir, go* **–och** caprice, whim, crank, = *rozmar* **–ošivý** capricious, whimsical; cranky **–ule** propeller, hovor. prop **–ulník** helicopter, hovor. copter, chopper ♦ *-ové letiště* heliport

vrub 1 záznam score **2** = *vroubek* ♦ *na čí ~* to a p.'s debit **–opis** debit note, memo*

vrý|t < –vat sink*, engrave

vrz: *jedním -em* at a blow **–avý** creaky **–nout, za–at < –at** creak, crunch, squeak, na nástroj scrape ♦ *někde to vrže* there is friction somewhere

vřava din, hubbub, hullaballoo

vřed ulcer, kožní furuncle

vřelý 1 boiling (hot) **2** = *vroucí*

vřes brit. common heath, am. heather

vřeštět > za– shriek, yell, pták squawk

vřezávat v. *vříznout*

vřídlo gushing hot spring, lázeň. pump-room, well(-room)

vřísk|at > za–, –nout scream, yell, squeal

vřít be boiling, bubble over, přen. seethe

vříznout < vřezávat incise

vsa|dit < –zovat 1 put* in, embed, be in, fix, insert, plant, set* (in), do vězení put* in prison **2** sázka stake a t., bet* on a t., přen., riskovat risk ♦ *kdo nevsadí, nevyhraje* nothing ventured nothing gained **–dit se** v. *sázet se*

vsáknout se v. *sáknout se*

vsá|t > –vat suck / draw* in, imbibe, soak up

vsazovat v. vsadit

vsed|ě sitting ♦ *stávka ~* sit-down strike, sit-in strike **–nout < –(áv)at** mount (*na koně* a horse)

vskočit, vskákat < vskakovat jump in, komu do řeči interrupt a p.

vskutku = *opravdu, skutečně*

vsouvat v. vsunout

vstá|t < –vat get* up, rise*, do stoje stand* up

vstoje standing

vstoupit 1 enter (*do* a t., přen. into a t.), nápadně make* one's entrance, vkročit walk in, step, také do vozidla get* in, na loď, am. do vlaku board a t. **2** na co step / tread on a t., set* one's foot upon a t., bez dovolení trespass / encroach (up)on a t., komu do cesty get* / come into a p.'s way **3** stát se účastníkem join (*do* a t.), become* a member (of), prac. smlouvou sign on ◆ ~ v činnost enter into operation, begin* to function / operate; ~ komu do hlavy get* into a p.'s head; ~ do ilegality go* underground; ~ do kláštera žena take* the veil, muž take* a religious vow / order; ~ v platnost come* into force / effect, take* effect; ~ do čích služeb take* service with...: ~ do stávky come* out (on strike); ~ ve styk s kým get* in(to) touch with a p.

vstřeb|at < **–ávat** absorb, soak up
vstříc = naproti **–ný** plán counterplan
vstř|ik injection **–íknout** < **–ikovat** inject
vstup entrance, entry, dovolení vstoupit admission, admittance; výpoč. tech. input ◆ Cizím ~ zakázán! No Trespassing!; Nepovolaným ~ zakázán! No Entry!, No Admittance! Employees Only!; nedovolený ~ na cizí pozemek trespass **–enka** admission / entrance ticket / card, ticket ◆ koupit si -ky book seats **–né** entrance fee / money, fee, admission (fee), charge, sport. gate (-money) **–ní** (... of) entry, úvodní introductory **–ovat** v. vstoupit
vsun|out < **vsouvat** n. **–ovat** insert, interpolate, slip a t. in
vsuvka insertion, jaz. parenthesis, pl -ses
však however, ...though, důrazné vytčení ..., too
všanc: nechat / dát / vydat ~ jeopardize, komu leave* a t. at the mercy of a p.
vše|dnět > **ze–** become* trite / banal, komu pal (up)on a p. **–dní** everyday, obyčejný ordinary, trite, banal, commonplace, známý familiar ◆ ~ den weekday **–evropský** Pan-European **–hovšudy** all told **–chen** all **–(chno)** all, everything ◆ děvče pro -chno maid-of-all-work; přát vše(chno) dobré wish the best of luck; ~ jedno all one, all the same; nechtěj mít ~ grasp all, lose all; -ho moc škodí don't overdo it; podle -ho to all appearance; to přestává ~ that's the last straw; se vším všudy lock, stock and barrel; vším právem by rights; vší silou / mocí with all one's might **–licos** all sorts of things, pl **–lidový** general, all-nation, public-owned, the people's **–lijak** in all sort / manner / kind of ways **–lijaký** all sort / manner / kind of = rozličný, rozmanitý **–mocný** omnipotent **–mohoucí** almighty **–možně** in all manner of ways ◆ ~ se snažit try / do* one's best **–možný** all... possible, all... imaginable, every possible **–obecný** universal, general (e.g. hospital) wide (e.g. widely known) **–slovanský** Pan-Slavonic **–stranný** versatile, all-round, universal **–tečka** busybody, nosy (brit. parker) **–tečný** inquisitive **–uměl** jack-of-all-trades **–umělec** versatile / manysided artist **–věd** žert. know-it-all **–vědoucí** omniscient **–vládný** all-ruling **–žravý** omnivorous **–žravec** omnivorous creature
všimnout si < **všímat si** notice a t., take* notice of a t., pay* / give* heed to a p. / t., heed a p. / t., ne-, též disregard a t., leave* a t. unnoticed, pass a t. by ◆ bez povšimnutí unnoticed, without being noticed; zůstat bez p. escape notice
všímavý attentive, heedful, thoughtful
všiv|ák scamp, scoundrel **–ý** lousy, mean
vštípit < **vštěpovat** inculcate (co komu a t. upon a p.) ~ si < **vštěpovat si** record a t., = zapamatovat si
všud|e everywhere, all over the place, throughout (a place) **–ybyl** ubiquitous fellow **–ypřítomný**

omnipresent

v|táhnout < –tahovat pull / draw* in(to a t.)

vté|ci < –kat flow in(to...)

vtěl|it < –ovat embody, incarnate, incorporate (*do* in), přen. zapsat enter, record a viz *ztělesnit; -ený,* přen. incarnate (za slovem) **–it se < –ovat se** do čeho get* embodied / incarnate

vteřin|a second, jiff(y) **–ová ručička** the second hand

vtěsn|at (se) < –ávat (se) press / squeeze in a t.

vtip 1 důvtip wit(s, pl), brains, pl **2** žert joke, jest, extemporovaný gag, vtipná poznámka witticism ♦ *dělat -y* crack jokes, make* cracks, na koho poke fun at a p.; *v tom je ten ~* that's the point / fun of it **–álek** wit, joker, jester **–kovat > za–** crack jokes **–ný 1** bystrý witty **2** plný žertů jokeful ♦ *-ná hlava* a bright fellow

vtíra|t (se) v. vetřít (se) **–vý** intrusive, obtrusive

vtisk|nout < –ovat press in, impress, imprint, stamp (e.g. in memory)

vtlou|ci < –kat drive* a t. in(to...), hammer a t. in / home

vtok = ústí

vtom at that moment, there ♦ *když ~* when suddenly

vtrhnout < nepřítel break* in(to a place), invade (a place)

vůbec 1 při záp. at all, by no means, am. any **2** při kladu in general, on the whole, altogether, vlastně as a matter of fact, actually **3** v ot. a podm. at all

vůči towards, compared with, as against **–hledě** visibly, markedly a v. *patrně, zřejmě*

vůd|ce leader, chief, průvodce guide **–covství** leadership **–čí** leading, foremost ♦ *~ list* driving licence

vůl ox*, nadávka idiot, silly fool, dumb bastard

vůle 1 will **2** možnost uplatnění (free)

scope, pohybu (free) play, room **3** poslední ~ (last) will (and testament) ♦ *o své -li* of one's own (free) will; *po -li* freely, *proti -li* mimovolně involuntarily; *proti čí -li* against a p.'s will; *při nejlepší -li* with the best will; *mít co na -li* be free to chose; *zlá ~* ill will; *z vlastní ~* of one's own (free) will

vulgární vulgar, churlish

vulkanický volcanic

vůně smell, scent, odour, sweet smell, fragrance, perfume

vuřt sausage

vústit v. ústit

vůz wag(g)on, osobní, am. i vagón car, auto car, am. auto*, reprezentativní vozidlo coach, železn. carriage, závodní chariot, zavřený dopravní van ♦ *nákladní ~* lorry, am. truck, železn. v. *vagón; být páté kolo u vozu* be on the shelf; *pěšky jako za vozem* as broad as it is long, same difference; *pohřební ~* hearse; *přívěsný ~* trailer, os. auta caravan; *stěhovací ~* furniture van, brit. pantechnicon

vy you

vy|bagrovat, –bájit, –balancovat v. *bagrovat, bájit, balancovat*

vybal|it < –ovat unwrap, unpack

vybarv|it < –ovat colour, chem. dye, add the final touch of colour to a t. *~ se < –ovat se* get* one's proper coat, přen. show* one's true colours, po kom take* after a p.

výbava 1 equipment, outfit, kit, apparatus, tackle, gear **2** nevěsty trousseau

vybavenost facilities, pl ♦ *~ školami* school provision

výbav|ička baby outfit, layette **–né** outfit allowance

vybav|it < –ovat 1 provide / set* up a p., potřebným equip, furnish, supply, fit out / up, fix up, nevěstu věnem dower **2** expedovat handle, dispatch, zvl. celně clear *~ si* recall a t.

výběh free range, (fowl-)run, (sheep's) walk, tech. run-out

vyběh|at < obtain, získat jako běžec run* o.s. into **–at se** < **–ávat se** run* loose **–nout** < **vybíhat** run* out, překypět boil over

výběr choice, selection, draft, assortment, pick, flower, élite

vyběravý fastidious

výběr|či collector **–ový** selective, kvalitní choice

vybetonovat v. betonovat

výběžek projection, prominence, protuberance, území bulge, extremity, zemský promontory, headland, spur, skály, římsy ledge

vybí|dnout < **–zet** invite, ask, exhort, urge

vybíhat 1 project, run* / jut out, končit se čím terminate in a t., ve špičku apod. taper off **2** v. vyběhnout

vybíjet (se) v. vybít (se)

vybílit v. bílit

vybíra|t v. vybrat **–t si** pick and choose* **–vý** = vyběravý

vybí|t < **–jet 1** (~ se) discharge **2** vraždit massacre, slaughter, butcher

vybled|nout < **–(áv)at** fade (out), lose* colour

vyboč|it < **–ovat** step / turn aside, swerve, deviate / depart from, a překročit exceed (z a t.)

výboj 1 elektr. discharge **2** útok aggression, = nájezd, vpád **–ný** aggressive

vybombardovat < bomb out

výbor 1 výběr anthology, chrestomathy **2** orgán committee, commission ♦ dělnický ~ works council; národní ~ national committee; ústřední ~ central committee; závodní ~ jako dělnický ~ **–ný** excellent; -ně! bravo!, well done! řečníkovi hear hear, am. that's right

vy|bouchnout = vybuchnout **–boulit** oči v. boulit **–boulit se** < **–boulovat se** bulge (out), swell*

vybrakovat v. brakovat

vybra|ná: mít na -nou have a choice **–ný** choice, felicitous, representative, exquisite, elegant, dainty, sophisticated, získaný výběrem picked, select **–t** < **vybírat 1** z úschovy withdraw*, vyžádáním claim, daň levy, inkasovat collect **2** nabíráním scoop (out), empty **3** vyprázdněním empty, clear, collect (letters = clear a box) **4** o výběru pick (out), select **–t (si)** < **vybírat (si)** pick (out), choose*, single out, select, make* a selection, přen., vyrozumět make* a t. of... srov. volit **–t se** < **vybírat se** počasí clear

vybrept|at, –nout < blab, let* out, sneak, tell* tales out of school

vybrodit v. brodit

vybrou|sit v. brousit **–šený** refined, polished

vybřed|nout < **–at, –ávat** wade out (of a t.), přen. vyprostit se extract / extricate o.s. (out of a t.)

vybudovat v. budovat

výbuch explosion, blast, sopky eruption, citu outburst, události outbreak

vybuch|nout < **–ovat** explode, burst up, spustit go* off, sopka erupt, člověk go* over the top, burst* out / up **–nout, vybouchnout** hovor. selhat go* bust, flop

vyburcovat v. burcovat

výbuš|nina, –ný explosive

vyby|t < **–vat** = pře-, z|být, nevěstu = vybavit

vycedit v. cedit

vyce|nit zuby v. cenit **–nit** < **–ňovat** v dražbě bid* up

vycestovat leave* (a country) for abroad

vycídit v. cídit

vy|cítit < **–ciťovat** (come* to) feel*

vycli|t < **–vat 1** odhadem hodnoty appraise **2** = proclít, prohlásit

vycp|at v. cpát ♦ jdi se ~ go hang **–ávat** = cpát **–ávka** stuffing, přen. v. vata

vy|cucat, –cvičit (se) v. *cucat, cvičit (se)*

výcvik training schooling, practice, exercise, drill

vyčalounovat v. *čalounovat*

vyčas|it se < clear up **–ovat** v. *časovat*

vyčastovat v. *častovat*

vyčenich|at < **–ávat** scent (out), sniff / smell* out, a vypudit ferret out, am. smoke out

výčep bar, tap-room **–na** retail of beer

vyčerp|at < **–ávat** exhaust, finančně fun* through, spend*, přílišným vybíráním overdraw* (an account)

vyčesat v. *česat*

výčet enumeration, specification

vyčichlý stale

vyčinit < komu give* a p. a piece of one's mind, jaw a p.

vyčísl|it < **–ovat** express in numbers / digits

vyčí|st < **–tat 1** z čeho read* in books **2** výčitkou reproach (*komu co* a p. with a t., for a t.) **–tat si** vzájemně blame one another

vyčistit v. *čistit*

vyčíta|t v. *vyčíst* **–vý** reproachful

výčitka reproach (to a p.) ♦ **-ky svědomí** remorse, qualms, pl

vyčk|at v. *čekat* **–ávat** čeho wait for a t. (to come etc.), chtít získat čas temporize, bide one's time, jinak = *čekat*

výčnělek protrusion, = *výběžek*

vyčnívat jut out, project, zevnitř stick* out, protrude, = *vybíhat*

výdaj disbursement, expenditure, outlay, expense, cost **-e**, pl rovněž spending, sg

vydání 1 = *výdaj(e)* **2** nakladatelské publication, edition

vydařit se v. *dařit se* a *podařit se* *(po kom)*

vyd|at < **–ávat 1** give* off, vypustit emit, ze skrytu produce, uvolnit release, zvuk též give* out, utter, ze sebe (plody apod.) yield **2** vzdát give* up, nehájit surrender (též *dokument* a document), a předat give* / hand over, nebezpečí expose **3** předložit submit **4** vynaložit spend*, utratit též lay* out **5** zveřejnit issue, publish, zjištěná fakta return, vyhlásit give* out, pronounce **6** listinu vystavit make* out, směnku draw* on a p. ♦ **~ koho na milost a nemilost** leave* a p. at the mercy of a p.; **~ *příkaz* / *rozkaz*** give* / issue an order; **~ co v sázku** stake / wager a t.; **~ svědectví o čem** bear* (a p.) witness of a t., give* testimony **–at se** < **–ávat se** (*na cestu*) set* out / off, start (on a journey) ♦ **~ se v nebezpečí** run* risk; **~ se z peněz** run* out of cash **–atný** substantial, solid, square **–ávat** soustavně (ze sebe) send* forth, throw* out, diffuse, publikovat publish, edit, jinak v. **–at**, **–ávat (se)** za co pass (o.s.) (off) as a p. **~ se** za koho go* under the name of, za jakého = *stavět se jakým* **–avatel** editor, nakladatel publisher **–avatelský** publishing, editing, publisher's

vydědit < disinherit

vydech|nout < **–ovat** breathe out, expire, exhale

výdej issue, vázaného release **–na** jídel food counter

vyděl|at < **–ávat 1** earn, bring* in, make* / get* one's living **2** získat, čím, na čem (make* a) profit by / over a t. **3** kůži dress, tan **–ávat** kolik make*..., čistých net

výděle|čný gainful, lucrative, remunerative ♦ **-ně činný** gainfully employed **–k** earnings, pl = *zisk, mzda, plat*

vyděrač extortionist, blackmailer **–ství** extortion, blackmail, racket(eering)

vy|děsit, –dezinfikovat v. *děsit, dezinfikovat*

vydírat extort, blackmail, jinak v. *vydřít*

vydláždit v. *dláždit*

vydobý|t < **–vat** = *dobýt*

vydolovat v. *dolovat*

vydra otter

vydrancovat v. *drancovat*

vy|dražit, –dráždit, –drbat (se), –drhnout v. *dražit, dráždit, drbat (se), drhnout*

vydrž|et < hold* out, bear* up (against a t.), nevzdat se withstand*, endure, trvanlivostí wear* (well), jak dlouho last, počasí keep* fine, kde stay, v něj. stavu keep* s adj **–ovat** retain, ~ *si* keep*

vydřidu|ch bloodsucker **–šství** blood-sucking

vy|dřít < –dírat rub / press / squeeze / scrape out

vydumat < think* up

vydupat si < force (one's way)

vydutý hollow, fyz. concave

vydých|at < use / breathe up **–nout** = *vydechnout*

vyfárat < go* up (in the pit), leave* the pit, surface

vyfešákovat hovor. doll / glam / tart up

vyfintěný dressed up, togged out, am. dolled up

vyfouk|nout, –at < vyfukovat blow* out; *-nout* komu co pinch / sneak a p.'s t.

výfuk exhaust, slév. vent, přemísťovací pneumatic conveyor

vyfukovat v. *vyfouknout*

vy|gumovat, –hánět v. *gumovat, vyhnat*

vyhas|ínat = *hasnout* **–lý** extinct **–nout** v. *hasnout*

vy|házet < –hazovat jámu shovel out a v. *vyhodit* **–hazov** dát komu give* a p. the sack / kick fire a p., am. boot / bounce a p., *dostat ~* get* the sack / push / kick, am. boot / drop / gate **–hazovat 1** stavět se na zadní nohy prance, přen. kick over the traces **2** v plachtě apod. toss **3** karet. lead* ♦ *~ peníze oknem* throw* money down the drain

výheň furnace ♦ *je tu ~* it is baking hot here

výher|ce winner, ceny prize-winner

–ní drawing / lottery / prize ♦ *~ plán* lottery list; *~ vkladní knížka* premium-bond account book

vyhla|dit < –zovat 1 = *(u)hladit* **2** likvidovat efface, expunge, delete, annihilate, wipe out

vyhladově|lý starved (to death), famished **–t < 1** get* / become* hungry, be starved **2** koho starve (out) (to death)

vy|hlásit < –hlašovat proclaim (e.g. a state of war), promulgate, announce publicly, advertise, vyjádřit se pronounce, = *(o)hlásit, prohlásit* ♦ *~ soutěž* advertise a contest; *~ stávku* call a strike; *~ válku* declare war *(komu* on) **–hlášení** proclamation, promulgation **–hlášený** renowned, notorious **–hláška** public notice, decree, edict

vyhlaz|ení extermination, wipe-out **–ovací...** of attrition / extermination, internecine **–ovat** v. *vyhladit*

výhled = *vyhlídka*

vyhl|edat < 1 v. *hledat* **2** navštívit koho look up a p., drop / look in on a p. **–edávaný** (much-)sought-for, navštěvovaný much-frequented **–edávat** = *hledat* **–édnout < –ížet** look out, vykloněním lean* out, search **–édnout (si) < –ížet (si)** = *vybrat (si)* **–ídka 1** outlook / prospect(s, pl), rozhled view (of), naděje chance (of) **2** místo view / observation point, stavba gazebo **–ídkový** sightseeing *(vůz car)* **–ížet 1** = *vypadat* **2** v. *vyhlédnout*

vyhlod|at < –ávat eat* out

vyhloubit v. *hloubit*

vyhn|anec exile **–anství** exile **–at < vyhánět 1** drive* out / up / away, chase (out), expel, dobytek turn out **2** prohlášením za nežádoucího banish, exile, vystěhovat turn out, evict, oust, násilím eject **3** do výšky force up, rostlina shoot* up

vy|hnout < –hýbat bend* / curve a t. out(wards) **–hnout se < –hýbat se** čemu avoid, dodge a t., steer clear of a t., / p., flinch from a t., evade, elude, shun a t., shrink* from a t., určením cut* a t., shirk a t.; = *ustoupit, vyklonit se* ♦ ~ *se komu na sto honů* give* a p. a wide berth; *není vyhnutí* there is no avoiding a t., no getting away, no escape from a t.

výhoda advantage, benefit, příjemnost amenity, zařízení facility, boon, kladný rys asset, merit; ústupek concession, v utkání allowance, hovor. inside track

vy|hodit < **–hazovat 1** throw* out, eject **2** koho propustit sack, fire, throw*, kick out, z vysoké školy send* down **3** do výše throw* up, lehce toss (up), do povětří blow* up, blast **4** peníze waste, squander, make* money fly **5** kartu play, discard ♦ ~ *si z kopýtka* make* a night of it; ~ *kotvu* cast* anchor; ~ *koho ze sedla* throw* a p., put* a p.'s nose out of joint

výhodný advantageous, výnosný profitable

vyhojit (se) = *vyléčit (se)*

vyhol|it (se) < **–ovat (se)** shave a t. / p. clean; *-ený* clean-shaven

výhonek shoot, sprout

vyhořet < **1** burn out, = *vyhasnout* **2** člověk have one's house burnt down

vyho|stit < **–šťovat** expel, banish

vyhotov|it < **–ovat** make* out, draw*

vy|houpnout se < **–hupovat se** vault, swing* (up)

vyhov|ět < **–ovat** komu comply with a p., satisfy a p., úslužně accommodate, oblige a p., potěšit please a p., grant (a petition), meet* (a wish), cater to a p.('s desires); zkoušce pass **–ovat 1** komu be to a p.'s liking / taste, hodit se suit to a p. **2** být ve shodě conform to a t., agree with a t., odpovídat komu correspond / answer to a t., komu suit a p. ♦ ~ *účelu* answer a purpose **–ující** = *vhodný*

výhra winning, gain, cena prize

vyhrab|at < **–ávat** rake out, = *hloubit*, přen. odkudsi unearth, rummage out **–at se** z lože tuck out from a t., dostat se z čeho extricate o.s.

výhrada reservation, exception, proviso* ♦ *mít -dy proti* take* exceptions to

vyhra|dit (si) < **–zovat (si)** reserve a t., = *vymínit si*

výhradní exclusive, sole

vyhra|nit (se) < **–ňovat (se)** crystalize

vyhrá|t < **–vat** win*, prevail over a p., get* the upper hand, cenu draw*, be awarded, hladce walk off with a t., kolik take*; nad kým = *porazit, zvítězit* **–vat** komu play up a p.

vyhrazovat (si) v. *vyhradit (si)*

vyhrknout jerk / spurt out, blurt out

vyhrn|out < **–ovat** lift, pull up, látku tuck up (one's shirt-sleeves) **–out se** < **–ovat se** rush out

vyhro|tit < **–covat** point a t. **–tit se** < **–covat se** become* acute, come* to a head

vyhrožovat = *hrozit*

výhr|ůžka = *hrozba* **–užný** threatening, menacing

vyhř|át se < **–ívat se** na slunci bask

výhřevný heating, calorific

vyhřívat se v. *vyhřát se*

vyhub|it v. *hubit* **–lý** emaciated, gaunt **–ovat** v. *hubovat*

vyhupovat v. *vyhoupnout se*

vyhýba|t (se) v. *vyhnout (se)* **–vý** evasive, lstivě elusive, nechtějící se vázat non-committal

výhybk|a points, pl, am. switch **–ář** pointsman*, am. switchman*

vyhynout < die out; **–nulý** extinct

vycház|et v. *vyjít* **–ka** exursion, visit (to...), voj. liberty, = *procházka* **–kový** walking, oblek outdoor (pán. lounge suit)

vychladnout v. *chladnout*

vychlouba|t se čím vaunt a t.; talk

big / tall, beat* one's drum **–vý**
vaunting

východ 1 exit, way out, = *odchod*
2 slunce sunrise, am. sun-up **3** svět.
strana east **–isko** way out

vychodit < **1**= *absolvovat* **2** = *vy-
běhat, vyšlapat* ~ **se** wear* out

východní eastern, East, easterly,
srov. jižní; *-ně od* east of

výchova upbringing, teaching,
training, culture, vzdělání educa-
tion

vychov|at < **–ávat** bring* up, od ma-
lička rear, am. raise, breed*, vzdě-
láváním educate; *-aný* well-bred
–atel educator, tutor, school-
master, pedagog education(al)ist,
pedagogue **–atelka** schoolmis-
tress, governess, tutoress **–atel-
ský** educational, pedagogical

výchovn|é family allowance **–ý** ed-
ucational, pedagogical

výchozí starting, počáteční initial

vychrlit v. *chrlit*

vychrtlý = *vyhublý*

vychutn|at < **–ávat** enjoy to the fill,
relish

vychv|álit < **–alovat** build* up, ex-
tol, ve spise write up a p.

vy|chýlit (se) < **–chýlovat (se)** =
*vybočit, vyhnout, vyklonit (se),
uchýlit se*

výchylka 1 = *úchylka* **2** odchylka
variation

vychylovat (se) v. *vychýlit (se)*

vychytralý sly, foxy, astute

vy|jádřit < **–jadřovat** express, styli-
zovat put*, couch, word náznakem
imply, mít význam convey (a mean-
ing) **–jádřit se** < **–jadřovat se**
express o.s., give* one's opinion,
prohlásit declare, promluvit k čemu
give* voice to a t., = *vyslovit se*
–jadřovat znamenat express a t.,
be expressive of a t.

vyjas|nit < **–ňovat** clear (up), clari-
fy, = *objasnit* **–nit se** < **–ňovat se**
clear up, brighten

vyjedn|at v. *jednat* **–avač** negotia-
tor **–ávat** negotiate, have deal-

ings with a p., discuss a t., bar-
gain

vyjednotit v. *jednotit*

vyjeknout (give* a) yell

vy|jet < **–jíždět** go* / ride* / drive* /
push / pull out, leave* (a place) ♦
~ *z kolejí* be / get* derailed, jump
the track **–jet (si)** < **–jíždět (si)** na
koho snap a p.; *si* take* / go* for a
ride **–jetý**, **–ježděný** beaten
(*cesta* track)

výjev scene, spectacle, show

vyjev|ený jittery, flabbergasted,
dumbfounded, *být* ~ be / stand*
agape (zděšeně aghast) **–it** < **–ovat**
= *odhalit*

výjezd departure; vrata gate(way),
carriageway, příjezdová cesta drive,
am. driveway

vyjímat v. *vyjmout* ~ **se** jak show*
off

výjim|ečný exceptional, jedinečný
singular **–ka** exception

vy|jít < **–cházet 1** go* / walk out,
leave* (a place), step out, get*
out (of fashion, habit, practice,
use) **2** vzejít, vyplynout issue, pro-
ceed **3** do výšky go* up, ascend,
nebeské těleso, slunce rise* **4** o tisku
come* out, appear, be issued **5** v
počtech add (up) correctly, work
(out), finančně make* both ends
meet, na kolik come* to..., amount
to... (*komu ještě na co* a p. will
spare a t.) **6** školu = *vychodit* **7** do
čeho come / run into a t. **8** vystačit
s čím manage, get* along with a t.,
s kým jak get* along / on well with
a p., dispense with a t. ♦ ~ *naje-
vo* come* to light, come* out; ~
naplano / naprázdno not to
come off, come* to nothing;
nevyšlo jim to they came short of
their expectations; *rána vyšla* a
gun went off, a shot was fired; ~
komu vstříc = *vyhovět*; ~ *beze
zbytku* break* even; ~ *s barvou
(ven)* show* one's (true) colours,
come* clean; ~ *s kým* be on good
terms with a p.; ~ *z cviku / praxe*

be out of practice; ~ *z formy* lose* form; ~ *z konceptu* v řeči lose* track of what one was saying; ~ *z módy* go* / drop out of fashion; ~ *z oběhu* go* out of circulation; *ne~ ze strachu* be in constant fear **–jít si < –cházet si** go* out (*na* -ing), go* for / take* a walk, a trip etc. **–jíždět (si)** v. *vyjet (si)* **–jíždka** = *projížďka*

vyjma = *kromě*

vyjmenovat v. *jmenovat*

vy|jmout < –jímat 1 take* / get* out, remove **2** jako výjimku except, exempt, dispense (a p. from a t.)

vyjukaný fussy

vykácet v. *kácet*

vykartáčovat < 1 odstranit brush off, remove **2** v. *kartáčovat*

vykas|at v. *kasat* **–ávat** = *kasat*

vykašl|at < –ávat cough up, expectorate **–at se** *na* v. *kašlat*

výkaz statement, return, sheet

vy|kázat < –kazovat 1 koho order a p. out, show* a p. out, send* a p. about his business, z místa pobytu eject **2** komu co přidělit allot, assign **3** podat výkaz return **4** určitý rys show*, present **–kázat se < –kazovat se** čím produce (a document, an admission ticket)

výklad 1 account, interpretation, comment **2** zboží apod. display **3** skříň shop- (am. show-)window

vykládací *nábřeží* wharf; ~ *rampa* unloading ramp.; ~ *karty* fortune-telling cards

vykladač interpreter, commentator, karet fortune-teller; nákladů z lodi stevedore, unloader

vykládaný inlaid

vykládat v. *vyložit*

výkladní (... of) display ♦ ~ *skříň* = *výklad*

vy|klánět (se), –klápět (se) v. *vyklonit (se), vyklopit (se)*

výklenek recess, bay, alcove, pro sochu niche

vy|klenout (se), –klepat, –klestit, –klíčit v. *klenout (se), klepat,*

klestit, klíčit

vykl|idit < –ízet, –izovat clear, demontáží dismantle, evacuate, uprázdnit vacate

vykloktat si v. *kloktat*

vy|klonit < –klánět bend* out –klonit se < –klánět se lean* out

vy|klopit < –klápět turn out, tip (out), na hromadu dump, hovor. peníze cough up, plunk down; = *převrátit, převrhnout* (také se)

vykloubit se < get* dislocated

vyklouznout < get* off, slip out (of...)

vyklovat (se) v. *klovat (se)*

vyklu|bat peck out ~ **se:** -*bal se z něho* he turned out (to be)...

vykolejit se v. *vyjet z kolejí*

vykolíkovat stake out

výkon 1 fungování function, služeb service, činnost, též početní operation, práva enforcement **2** celk. objem output, práce stroje, učedníka, politika performance, attainment **3** provedení execution, performance, administration **4** silácký ~ feat of strength

vykon|at < –ávat execute, accomplish, achieve, perform, exert, podle předpisů administer **–ávat** exercise (*vliv* influence) **–avatel** executor, administrator

výkonn|ost efficiency **–ostní** *prémie* efficiency bonus **–ý 1** efficient **2** fungující executive (e.g. officer)

vykonstruovat v. *konstruovat*

výkop 1 excavation **2** sport. kick-off ♦ *provést ~* kick off

vykop|at < –ávat 1 = *vyhloubit* **2** co ze země dig* up, unearth, disinter, mrtvolu exhume **3** nohou v. *vykopnout* **–ávka** excavation, hovor. dig **–nout, –at < –ávat** nohou kick off, do výše kick up, ze dveří kick out, přen. toe a p.

vy|kopírovat, –korigovat, –kořenit v. *kopírovat, korigovat, vyrvat z kořenů*

vykořis|tit < –ťovat exploit, prací

sweat **–ťovatel** exploiter
vykos|tit < **–ťovat** bone
vykotlaný hollow
vykoupat (se) v. *koupat (se)*
vy|koupit < **–kupovat** buy* back, redeem, výkupným ransom; hromadně skoupit buy* up
vykouřit < smoke ~ < **vykuřovat** fumigate **–it se** < evaporate
vykouzlit v. *kouzlit*
výkovek forging
vykračovat si v. strut, kůň amble
vykrádat (se) v. *vykrást (se)*
vykrákat v. *krákat*
vykrá|st < **–dat 1** pilfer, zcela steal*, rob **2** prostory = *vyloupit* **–st se** < **–dat se** steal* out
vykrášlit v. *krášlit*, = *vyzdobit*
výkres drawing, plan, design
vykresl|it < **–ovat** depict, = *(na) kreslit, vylíčit*
vykrmit v. *krmit*
výkrmna fattening station
vykroč|it < **–ovat** step forward, na cestu step out, z mezí overstep / exceed the bounds
vykr|ojit, –ájet < **–ajovat** carve out, cut out, indent
výkrop sprinkling, k vysvěcení consecration
vykr|outit < **–ucovat** wrench / wrest a t. free / out of a t. **–outit se** < **–ucovat se** evade, shuffle, quibble, palter, waffle, equivocate
vykrvácet < bleed* to death
vykrystalizovat v. *krystalizovat*
vykřes|at < **–ávat** strike* (out), přen. strike* (hope) **–at se** < **–ávat se** z nemoci pull through / round
vykřičník exclamation mark, am. exclamation point, hovor. screamer
výkřik (out)cry, exclamation, shout, **-y** nesouhlasu clamour, sg
vykřik|nout < **–ovat** = *křičet, volat, vyrazit ze sebe*
vykuchat v. *kuchat*
vykukovat = *koukat, vyčnívat*
vykulit oči v. *kulit:* -lený goggling

výkup purchase
vykupitel redeemer
výkupn|é ransom **–í** (... of) purchase
vy|kupovat, –kuřovat v. *vykoupti, vykouřit*
vykutálený shifty, cagey, leery
vykvé|st < **–tat** v. *rozkvést*
výkvět the flower of..., choice, élite
vykynout v. *kynout*
výkyv swing, přen. též sway, vicissitudes, pl
vyla|dit < **–ďovat** dial, tune in (to a station)
vylákat < elicit, entice away, lure out
vy|lámat, –lamovat, –léčit (se) v. *vylomit, léčit (se)*
vylekat (se) = *leknout (se)* **–kaný:** startled, rattled
vylep|it < **–ovat 1** na stěny apod. post (up), tapetou paper **2** uvnitř line **3** do alba apod. mount **4** = *plakátovat*
vylep|šit < **–ovat** touch up
vylept|at v. *leptat* **–ávat** = *leptat*
vyleštit v. *leštit*
výlet jaunt, (pleasure) trip, za rekreací outing, excursion, s vlastním stravováním venku picnic
vylévat v. *lít a vylít*
výlevka sink, mísovitá bowl, konvice spout
vyléz|t < **–at 1** creep* / crawl out / up **2** do výše climb (up), na co climb / mount, ascend a t.
vylh|at < **–ávat** fabricate, invent, předstírat put* on
vylíčit v. *líčit*
vylid|nit < **–ňovat** depopulate
vy|líhnout (se), –lisovat v. *lihnout (se), lisovat*

výlisek pressing, pressed workpiece, moulding

vy|lít < **-lévat 1** pour (out), v. *lít* **2** splašky tip **3** neopatrně spill* **4** vyprázdnit empty ♦ ~ *dítě i s vaničkou* throw* / pour out the baby with the bathwater; ~ *vodu z člunu* bale out a boat; ~ *si vztek / zlost na kom* take* it out on a p.

vy|lízat < **-lizovat** lick (up); ~ *se z čeho* pull through a t.

vylo|dit < **-ďovat** disembark, unload, discharge **-dit se** < **-ďovat se** disembark, land **-ďovací** *plavidlo* landing craft / ship

výloha 1 výdaj outlay, cost, expense **2** = *výklad*

vy|lomit, **-lámat** < **-lamovat** break* out, wrest / wrench out / off

vylosovat v. *losovat*

vy|loučit < **-lučovat 1** exclude, cut* out / off, shut* out, place a t. out of bounds, kolektivním aktem blackball, součást něčeho eliminate, vyjmout except, a to ze své moci rule out, z kolektivu suspend, zbavit oprávnění disqualify, z práce lock out, z církve excommunicate, z vys. školy send* down, z členství expel, remove **2** biol. secrete; discharge; *-čeno!* impossible, out of the question

vylou|dit, **-pat** v. *loudit, loupat*

vy|loupit < **-lupovat** break*, burglarize / burgle a p.'s house, rob a p., pokladnu crack

vy|loužit, **-lovit** v. *loužit, lovit*

výlov (fish-pond) clearance, unstocking **-ek** the catch, na zátah draught

vylož|ený downright, utter, outandout, unqualified, = *hotový* **-it** < **vykládat 1** náklad unload, discharge, na břeh land, pomocí člunů lighter **2** zevnitř line, pokrýt inlay*, zevně face **3** k nahlédnutí lay* open / out, display, karty show* down (*komu* tell* a p.'s fortune by the card), = *vystavit* **4** význam inter-

pret, construe, formulovat state, vysvětlit expound, explicate, = *vysvětlit*, poznámkami comment on a t.

výložky facings

výlučný exclusive

vylučovat v. *vyloučit*, = *vyměšovat*

výluka z práce lock-out, žel. provozu stoppage, provozu vůbec closure

vylupovat v. *vyloupit, vyloupnout*, = *loupat*

vyluxovat v. *luxovat*

vyluzovat produce

vy|máčknout, **-mačkat** < **-mačkávat** squeeze / press out, též přen. wring* / crew out ♦ *tak se přece -máčkni* cough it up

vy|máhat, **-máchat**, **-malovat**, **-mámit** v. *vymoci, máchat, malovat, mámit*

vy|manit < **-maňovat** extricate, disentagle, disembarrass, vyprostit get* a p. out of..., free... from

výmaz erasure, elimination, deletion ♦ ~ *trestu* slang. the quashing of a sentence

výměn|a exchange, interchange, nahrazení replacement ♦ ~ *názorů* discussion; ~ *programů* line-up; *stálá* ~ give and take **-ek** pension in kind

vymě|nit < **-ňovat** exchange A for B n. pl, interchange s pl, hovor. za stejné swap (horses, newspapers), shift (one's clothes), zboží barter, proměnou hodnoty convert

výměnný *adj* exchange, trade ♦ ~ *obchod* barter

vyměňovat v. *vyměnit*

výměr 1 rozsah scope **2** definice definition **3** povinnosti assessment **-a** area, v akrech acreage

vyměř|it < **-ovat 1** geodeticky survey **2** vymezit define **3** povinnost assess, podíl allocate, mete out, trest inflict (*komu* on a p.) **4** změřit v. *měřit* **-it si** < **-ovat si** plánovitě plan, time

vy|mést < **-metat** sweep* (up), přen. prohledat rummage, search

vyměšovat secrete

vymetat v. *vymést*

vymez|it < –ovat demarcate, deliminate, tak určit define, určit dosah specify, circumscribe, qualify

vy|mínit si < –miňovat si stipulate, make* a t. a condition

výminka stipulation, v doložce (saving) clause

vymírat v. *vymřít*

vymizet < become* extinct

vy|mknout < –mykat = *vyprostit*, z kloubu sprain **–mknout se < –mykat se** wrench o.s. out (of a t.), se z rukou get* / slip out of hand / control

vy|mlátit, –mlouvat (se) v. *mlátit, vymluvit (se)*

výmluva excuse, evasion, am. alibi ♦ *poskytnout komu -vu* give* a p. an excuse

vy|mluvit < –mlouvat = *rozmluvit* **–mluvit se < –mlouvat se 1** z čeho ask to be excused from a t.; na co use a t. as an excuse **2 =** *vypovídat se*

výmluvn|ost eloquence **–ý** eloquent, fluent, voluble

vy|moci < –máhat co na kom exact a t. from a p., obtain, extort, předepsané levy, nazpět recover

vy|močit se, –modelovat v. *močit, modelovat*

výmol hollow, hole, wash-out

vymot|at < –ávat disentagle, extricate, unravel **–at se < –ávat se** extricate o.s., get* out (of...), worm (one's way) out

vymoženost achievement, zařízení (ingenious) contrivance

vymrš|tit < –ťovat fling* / shoot* out / up **–tit se < –ťovat se** bounce

vy|mřít < –mírat die out, = *vyhynout*

vymstít se < chyba be paid for dearly

vymycovat v. *vymýtit*

vymydlit 1 (soap and) wash (one's body etc.) perfectly clear **2** spotřebovat spend* (soap) in the wash

vymykat v. *vymknout* **~ se** be beyond a t. a v. *vymknout se*

výmysl fabrication, invention, důmyslný contrivance, device

vy|myslit < –mýšlet devise, make* up, podvodně fabricate, trump up, frame, invent, contrive; *-myšlený* fictitious, imaginary

vymý|t < –vat wash, = *vypláchnout*

vy|mýtit < –mycovat clear, do* away with a t., wipe out

vymývat v. *vymýt*

vynadat < komu tell* off, scold, bawl out, call a p. names

vynahra|dit = *nahradit* ♦ *~ si to na kom / čem* take* it out of a p. / t., **–zovat =** *hradit, nahrazovat*

vynajít = *vyhledat, vynalézt*

vy|nález invention, device **–nalézavý** inventive, resourceful **–nalezce** inventor **–nalézt < –nalézat** invent, vymyslit devise, contrive

vy|naložit < –nakládat expend, exert, soustavně *-nakládat* exercise ♦ *~ úsilí* exert. o.s., take* pains, do* / try one's utmost (hovor. one's level best) **–naložení** expedition, exertion ♦ *~ času / prostředků* expenditure of time / resources

vynasnažit se v. *snažit se*

vynášet = *vychvalovat, vyplácet se* a v. *vynést* **~ se =** *vychloubat se*

výňatek extract, except, abstract

vynd|at < –ávat take* out, produce

vynech|at < –ávat 1 leave* out, omit, z programu cut* out **2** selhat fail, break* down **3** vypustit drop, přeskočit skip, neúčastnit se miss **–ávka** caret, insertion mark / symbol

vy|nést, –nosit < –nášet 1 carry / take* / bring * out / up, vzhůru též lift společensky elevate **2** rozsudek bring* in, pass **3** užitek yield, return **4** kartu play, jako první lead*

vynik|ající excellent, eminent, prominent, outstanding, conspicuous, leading **–nout < –at** excel, nad surpass, be superior to; v čem, umět to be good at a t.

vynoř|it (se) < **–ovat (se)** emerge, come* out, na hladinu rise* to the surface, objevit se turn / pop up, shodou okolností turn / crop up, blow* in

výnos 1 dekret decree, edict, finding, order **2** výtěžek yield (z of), return(s, pl), income, státní revenue, z prodeje n. inkasa proceeds, pl, z představení take **–ný** yielding, gainful, productive, remunerative, neúměrně lucrative, prospěšný profitable

vynu|tit < **–covat** force a t. out of a p., compel (e.g. admiration), prosadit enforce a t., přen., činit nutným make* a t. necessary, call for a t.

vyobcov|at < **–ávat** excommunicate

vyobraz|it < **–ovat** picture, depict; -ení = ilustrace

vyorávač potato digger, beet lifter

vypáčit v. páčit

výpad sally, break-out, z obležení sortie, přen., slovní invective, tělocv. lunge

vypad|at vyhlížet look (like), appear, seem (to be), podle řeči / zvuku sound a t. ♦ jak to -á? what does it look like?; -á to na déšť it looks like rain; ~ k světu look decent, look one's own self **–nout**, **–at** < **–ávat 1** fall* / tumble out **2** dopadnout jak turn out, slip out **3** učinit výpad break* out, thrust*, lunge, voj. sally forth, make* a sortie / thrust, slovní inveigh **4** hovor. odejít clear out, check ♦ ~ z role forget one's part; ~ z taktu be off beat

vypakov|at < **–ávat** hovor. unpack, koho v. pakovat

vy|pálit < **–palovat 1** do čeho burn* out, do základů burn* down, brand, med. cauterize **2** střel. zbraň fire (off), launch **3** keramiku bake ♦ ~ komu rybník cut* a p. out

výpar fume, pach scent, nečistý effluvium, pl -ia

vyparádit (se) v. parádit (se)

vypař|it (se) < **–ovat (se)** evaporate

vypasený portly, stout

vypátrat < search out

vypeckov|at < **–ávat** stone

vy|pérovat, –peskovat, –pěstovat v. pérovat, peskovat, pěstovat

vypíchn|out, –at < **vypichovat 1** poke / jab out, přen. z pozice oust a p., cut* a p. out **2** sazenice prick out **3** zdůraznit pinpoint

vypilovat v. pilovat

vypína|č switch, odb. circuit breaker **–t (se)** v. vypnout (se) **–t se** pyšně be puffed up, give o.s. airs **–vý** bumptious, self important, overbearing

vypiplat v. piplat

výpis(ek) = výtah

vypískat < hiss off, give* a p. the bird

vy|pisovat, –pít v. vypsat, pít

vypjatý extreme

vypl|aceně free / prepaid, postage paid, post-free **–ácet (se)** v. vyplatit (se)

vypl|áchnout < **–achovat** rinse (out), scour

vyplašit (se) v. plašit (se)

výplata pay(ment), pay-off, příjem pay-packet, den pay-day, přen., výprask a good hiding

vypl|atit < **–ácet 1** pay* (up) **2** z podílu buy* a p. out **3** dopis frank **4** koho pay* a p. out, iron. výpraskem give a person a good beating **–atit se** < **–ácet se 1** pay*, be rewarding, be worth while **2** výkupným pay* / get* o.s. off, redeem o.s. ♦ to se ti nevyplatí that'll cost you dear, you'll pay dear for it

výplatní pay ♦ ~ listina / seznam pay-roll

vyplav|it < **–ovat** drift / float out, wash up

vypl|áznout 1 jazyk v. plazit **2** slang. peníze plonk / plunk / plop down, fork out **–azovat** = plazit (jazyk)

vyplenit v. plenit

vyplé|st < **-tat 1** = *vymotat* **2** proplést co čím, weave (*rákosem* wicker)

výplet weaving material (*rakety* racket strings, pl, *rákosový* wicker-work)

vy|plísnit, -plít v. *plísnit, plít*

vypliv|nout < **-ovat** spit* out, expectorate

výplň filler, v rámu apod. panel

vypl|nit < **-ňovat 1** fill in, complete **2** splnit v. *plnit* **-nit se** v. *plnit se*

výplod *fantazie* figment of the imagination

vyplou|t < **-vat** put* (out) to sea, někdo set* sail, take* ship (*do for*), z přístavu leave* port

vyplynout v. *plynout*

vyplýtvat v. *plýtvat*

vyplývat v. *plynout*

vy|pnout < **-pínat 1** prsa apod. thrust* forth / up, napnout stretch out, strain, screw up **2** odpojit cut* off, turn / switch off, spojku declutch, tak odpojit detach, release, unlink

výpočet calculation **-ní**... of computation, computational ♦ ~ *technika* computation technique, computer technology

vypočí|st n. **-tat** v. *počítat* **-tat** < **-távat** za sebou enumerate **-tavý** calculating

vypodob|nit < **-ňovat** take* a p.'s likeness

vypoklonkov|at < **-ávat** bow out

výpomoc aid, help, stopgap, makeshift, relief ♦ *pracovník na* ~ a temporary, zvl. písařka a temp

vypo|moci < **-máhat 1** aid, help, subsidize **2** za koho take* a p.'s place, vystřídat relieve a p. **-moci si** < **-máhat si** něčím make* shift, make* do with a t.

výpomocný auxiliary, dočasný temporary ♦ ~ *dělník* casual worker

vypořád|at < **-ávat** settle, = *vyrovnat;* ~ *si to s kým* get* even with a p. **-at se** < **-ávat se 1** s čím deal* with, handle a t., square up

to a t., tackle a t. **2** = *vyrovnat se*

vyposlechnout = *vyslechnout*

vypotit v. *potit* ~ *se* have a sweat (*z čeho* sweat out a t.)

vypouklý bulging, swelling, convex

výpověd 1 prohlášení statement, testimony, místopřísežná deposition **2** zrušení cancellation, calling in, withdrawal, právního poměru notice (*z bytu* to quit), warning **3** zavržená repudiation, denunciation ♦ *okamžitá* ~ a moment's notice

vypo|vědět < **-vídat 1** prohlásit, tvrdit, svědecky state in evidence **2** zrušit cancel, denounce, abrogate, repudiate, discontinue, smluvní poměr give* notice, z bytu quit **3** koho ze země expel, banish a p. **4** zavrhnout repudiate **5** selhat fail, break* down ♦ ~ *poslušnost* refuse to obey; ~ *válku* declare war (*komu* on a p.) **-vědět** vše tell* a p. all **-vězenec** outlaw, expellee **-vídat se** < tell* one's story, z čeho make* a clean breast of a t.

vypozorov|at < **-ávat** find* out, discover

vypracov|at < **-ávat** work up / out, draw* up (a plan), elaborate **-at se** < **-ávat se** work (one's way) up, get* on in the world

vyprah|lý parched, scorched, arid, přen. thirsty **-nout** v. *prahnout*

výprask thrashing, hiding, caning, flogging, porážka licking

vy|prášit, -prat v. *prášit, prát*

výprav|a 1 campaign, pro ideu crusade, hrdinsky objevná quest (*za* of), vědecká expedition **2** zájezd excursion, tour (*do* of) **3** výstroj get-up, make-up, lay-out, div. staging, stage, sets, pl, scenery **4** odesílání dispatch ♦ *ty jsi ale* ~! you're a fine one! **-čí** *vlaků* am. train dispatcher, brit. guard, inspector, foreman*

vypravěč narrator, raconteur

vyprávět = *vypravovat*

vyprav|it < **-ovat 1** lay* / fit out, make* / get* up **2** odeslat dispatch, get* / send* off **3** div. stage **–it se** < **–ovat se 1** fit o.s. out = *připravit se, vybavit se* **2** na cestu = *vydat se*

výpravný narrative, div. exquisitely staged

vyprav|ovat 1 relate, recite, recount, narrate, tell* (a story) (*o* of / about), give* an account of... **2** v. *vypravit* **–ovat se** v. *vypravit se*

vypr|ázdnit < **–azdňovat** empty, clear, evacuate, deplete, odvedením drain, zcela void ~ **se 1** o místě empty **2** evacuate (the bowels)

vyprch|at v. *prchat* **–ávat** = *prchat*

vyprod|at < **–ávat** sell* out / off, clear ♦ *je -áno* they are booked up, *-ané divadlo* apod. full house*, *kniha je -ána* the book is out of print

výprodej clearance (sale), sale

vypro|sit < **–šovat 1** si co obtain a t. (by requests) **2** žádat solicit, request ♦ *to si -šuji* I insist on your not telling that; *-šuji si brzkou odpověď* speedy reply will oblige

vypro|stit < **–šťovat** (set*) free, disengage, deliver; relieve a p. (*z* of a t.), z poddanství emancipate

vypro|šovat, –šťovat v. *vyprosit, vyprostit*

vypro|vodit < **–vázet** see* a p. (*kam* to..., home), vykázat show* a p. out

vyprovokovat v. *provokovat*

vypršet < expire, run* out, elapse

vyprýštit v. *prýštit*

vypř|áhnout < **–ahovat** unharness, přen. unbend*

vy|psat < **–pisovat 1** excerpt, extract **2** nezkráceně write* / na stroji type out / in full **3** spotřebovat psaním write* up **4** offer, advertise **5** vylíčit write up, describe **6** odhlásit deregister, strike* (one's name) off (a list)

vypt|at se < **–ávat se** inquire / ask (*na* after / about a t. / p.) **–ávat se** též gather information, koho

question, interrogate, examine

vypučet v. *pučet*

vypu|dit < **–zovat** drive* out, eject, expel, přen. zahnat dispel, dismiss, oust

vypůjč|it (si) < **–ovat (si)** = *půjčit si* < *-ovat si*

vypůjčka loan, slovo loan-word

vypuk|nout < **–ávat** break* out

vypumpov|at < **–ávat** pump out

vy|pustit < **–pouštět 1** let* out, release, záklopkou vent, nádobu empty, a snížit tlak uvnitř deflate **2** vynechat omit, polygr. delete **3** do vzduchu emit, set* off, launch, fly*, shoot*, let* / set* off loose **4** šaty let* out, lano pay* out / away, veer out ♦ ~ *co z hlavy* dismiss a t.; ~ *pokusný balónek* put* out a feeler

vypuzovat v. *vypudit*

výr eagle-owl

vý|razný expressive, příznačný marked, conspicuous, considerable, pronounced, characteristic

vyráž|et (se) v. *vyrazit (se)* **–ka** eruption, rash

vyregulovat v. *regulovat*

výrob|a production, manufacture, celkový její objem output, processing ♦ *hromadná* ~ mass-production **–ce** producer, maker, manufacturer **–ek** product, manufacture, typ. druh make, *-ky* souhrnně zemědělské plodiny produce, průmyslové products

vy|robit < **–rábět** produce / make* / manufacture, zvl. sériově turn out, v energetice generate

výrobní (... of) production, prospívající výrobě productive

výroč|í anniversary **–ní** annual

výrok statement, declaration, poroty decision, verdict, soudu sentence ♦ *právní* ~ statement of law

výrostek youngster, youth, teenager

vyrovn|aný (well-)balanced, stálý even, steady, duševně even(-minded), level(-headed), harmonicky harmonious **–at** < **–ávat 1** do řady v.

rovnat 2 do žád. polohy right, set* a t. right, balance, (make*) level, co čím set* a t. against a t., vahou equilibrate, counterpoise, aby korespondovalo (make*) square, též sport. equalize 3 placením settle (up), adjust, balance accounts, přen. even (the score) 4 neshodu compose 5 neutralizovat offset* **–at se < –ávat se 1** v. *rovnat se 2* v řadě dress 3 do rovnováhy balance, get* / square with, dohodou compose 4 s problémy take* care of (problems), smíří se se stavem make* the best of it 5 s věřiteli settle, na kolik compound (at...) **–ání** finanční settlement, composition **–ávací** compensatory, pro rovnováhu balancing, sport. equalizing (~ *bran*ka equalizer)

vyrozum|ět < –ívat 1 z čeho gather, learn*, conclude 2 koho o čem notify, advise a p. of a t.

vyrukovat < turn out (in strength / force), s názorem spring*

vy|rudnout, –růst v. *rudnout, růst*

vy|růstat = *růst*

výrůstek outgrowth

vyruš|it < –ovat 1 disturb, interrupt; **2** = obtěžovat **–it se < –ovat se** od práce inconvenience o.s.

vyrv|at < –ávat tear* up / off / out **–at se < –ávat se** break* loose from

vyrýt v. *rýt*

vyřa|dit < –ďovat set* aside, discard, lay* up, rule out, scrap, junk, koho disqualify, voj. z akce kill, letadlo ground, rozhodnutím o nepoužitelnosti condemn ♦ ~ *se z konkurence* price o.s. out of the market

výřečný = *výmluvný*

vyřešit v. *řešit*

výřez cut(-out), hole, opening, excision

vyřez|at < –ávat 1 řezbářsky carve 2 *vyříznout*

vyřídi|lka the gift of the gab **–t <**

vyřizovat 1 dispose of a t., attend / see* to a t., jednáním transact, dovedně handle 2 vzkaz give* / deliver a message 3 provést execute, effect, urovnat discharge, clear, settle, adjust 4 řadu dress 5 koho, likvidovat dispose of a p., do* away with a p., dispatch a p. ♦ ~ *komu čí pozdrav* give* a p. someone's regards, remember a p. to a p.; ~ *si to s kým* have it out with a p.; *vyřízená veličina* / -*ý člověk* a bygone, a has-been, back number

vy|říznout, –řezat < –řezávat cut* out, odb. excise

vyřizovat v. *vyřídit*

výsada privilege, listina charter

vy|sadit, –sázet < –sazovat 1 na břeh land, disembark, z vlaku detrain, z letadla deplane, z trest maroon, koho put / set* a p. down / off 2 rostl. apod. plant out, koho výš help a p. up, zdvihnout lift up 3 motor, stroj fail, o poruše break* down 4 koho z práce lay* off 5 polygr. a peníze na stůl v. *sázet*

výsadk|ář paratrooper, parachutist, pl *výsadkáři* paratroops **–ový** *adj* parachute

výsadní privilege(d), chartered

vy|sát < –sávat 1 suck (up) přen. koho sponge on a p., bleed* a p. dry, drain a p. of (his money) 2 vysavačem vacuum-clean, hovor. vacuum **–savač** (vacuum) cleaner, vacuumer, brit. hoover

vy|sázet, –sazovat v. *vysadit*

vysed|ávat lounge about, do noci sit* up **–ět <** vejce hatch **–nout < –ávat** z vozidla get* out

vysek|at < –ávat cut*, vymýtit clear, razidlem punch **–at se < –ávat se** fight* one's way out (z of) ♦ ~ *se z dluhů* clear o.s. of debts

výsev sowing, vysemenění se a med. o vyrážce dissemination

vyschnout v. *schnout*

vysídl|enec evacuee **–it < –ovat** evacuate

vysíla|cí transmitting, broadcasting **–č(ka)** transmitter **–t 1** bezdrátově transmit, send* over, broadcast, telev. též screen, telecast, na vlně operate on..., program bring* on the air, více stanicemi network **2** ze sebe emit, (jako), paprsky radiate **3** v. *vyslat*

vy|sílit < –silovat exhaust

vy|sít, –skákat, –skakovat, –skloňovat v. *sít, vyskočit, skloňovat*

výsk|nout, za–at < –at whoop

vy|skočit, –skákat < –skakovat jump out / up, padákem bale, zvl. am. bail out, na co mount (a bicycle), vypučet spring*, sprout

výskyt occurrence

vy|skytnout se < –skytovat / –skýtat se occur, turn up

vysla|nec ambassador, envoy, minister **–nectví** legation **–t <** vysílat send* out / forth, zvl. fyz. emit, přen. zástupce delegate

výsled|ek result, outcome, co se vykazuje return, utkání i přen. score, *-ky*, pl celkového úsilí record **–ný** resulting, resultant, consequent

výslech questioning, interrogation, examination ♦ *křížový ~* cross-examination; *podrobit -vému výslechu* cross-examine a p., put* a p. through a cross-examination

vy|slechnout < 1 give* / lend* ear to a p., listen to a p. tajně overhear*, eavesdrop on a p. **2** celé hear* out, vsedě sit* out **3** vyslyšet hear*, grant, fulfill **–slechnout < –slýchat** koho hear*, question, examine, cross-question, interrogate

vyslídit < hunt down, trace (up), find* out, vypudit ferret out

vyslouži|lec ex-serviceman*, veteran (soldier) **–lý** retired **–t <** have served one's time **–t si** earn, přen. come* in for (criticism etc.)

vyslov|it < –ovat pronounce, myšlenku voice, pronést utter, = *vyjádřit;*

-ený patrný pronounced, decided, definite = *vyložený, hotový* ♦ ~ *(ne)důvěru* vote (no-)confidence **–it se < –ovat se** express o.s., give* / voice one's opinion, závazně commit o.s. , hlasováním vote

výslovn|ost pronunciation, accent **–ý** express, specific, explicit

výsluní sun(light), přen. sunny side, vrchol the prime ♦ *na ~* in the sun

výsluž|ba pension, pro stáří superannuation, retirement **–ka** hamper

vysmát se komu have / get* the laugh of a p.

výsmě|ch, –šek = *posměch, -šek* **–šný** derisive

vysmívat se laugh / jeer at a p., zlehčovat flout a t., a odmítat flaunt, nepoddávat se mock, = *posmívat se*

vy|smrkat se, –smýčit v. *smrkat, smýčit*

vyso|čina highlands, uplands, pl **–ká** zvěř deer, pl **–ko** high (up), (up) on high, výše v textu above **–ko** high- (e.g. -frequency, -octane) **–koškolák** undergraduate, (university) student, am. collegeman* **–koškolský** university, am. collegiate ♦ *člověk s -kým vzděláním* a university-educated person; *-ká kolej* students' hostel, am. dormitory, brit. typu college; *-ké studium* undergraduate / university studies **–ký** high, při malém objemu tall, impozantní lofty; s plnou mocí high-ranking, top-ranking, upper, *nejvyšší* též uppermost, topmost, hodnost / organizace supreme, nejvyšší dovolený ceiling, prvořadý paramount ♦ *je nejvyšší čas* it is high time (we went apod.); ~ *dluh* high debt; *-ká frekvence* high frequency; *nejvyšší instance* final instance; *v nejvyšší míře* to the highest degree; *-ké moře* rough sea, high seas; *-ké napětí* high tension; *-ká pec* blast furnace; *-ká společnost* highlife; *-ké stáří* great age; *-ká škola* university (college); *vyšší škola* high school;

-ké vyznamenání great honour; ~ *zisk* great / high profit

vysondovat, vysoptit v. *sondovat, soptit*

výsost Highness **–ný** sovereign ♦ *-né vody* territorial waters

vysoudit, –soustruhovat, –soušet, –souvat v. *soudit, soustruhovat,* = *sušit,* v. *vysunout*

vysoušeč drying machine ♦ ~ *vlasů* hairdryer

výspa headland, promontory, *písečná* sand-bar, *přen. předsunutá stráž* out-post

vysp|at se < **1** get* a (good) sleep, have had a good long sleep **2** z *čeho* sleep* off **3** *na co* sleep* (up)on a t. **4** *s kým* lie* / sleep* with a p.: *-alý* refreshed by sleep **–ávat** sleep* away / late

vysp|ělý advanced, mature **–ět** < **–ívat** mature, grow* up

vysprav|it < **–ovat** mend, patch (up), do* up

vystačit v. *stačit*

vystát stand*, = *vydržet*

výstav|a exhibition, show, exposition **–ba** construction in progress, building (up)

vystavět v. *stavět*

výstaviště exhibition ground(s, pl)

vystav|it < **–ovat 1** expose, lay* open / out, display, exhibit, *na odiv* show* off **2** *vyhotovit* make* out, write* out, *vydat* issue, *směnku na koho* draw* on a p., *šek* draw* a cheque ♦ ~ *koho nebezpečí* endanger; ~ *se nebezpečí, riziku* run* the risk of -ing; ~ *koho posměchu* hold* a p. up to mockery; ~ *koho na pranýři* set* a p. in the pillory

výstavný imposing

vystavovat v. *vystavit* **–el** exhibitor

vystěhov|alec emigrant **–ectví** emigration **–at** < **–ávat** turn out, evict **–at se** < **–ávat se** move out (of...), move away, *ze země* emigrate

vystih|nout < **–ovat** comprehend

grasp, do* justice to a p. / t., give* a true picture of a t.

vystínovat v. *stínovat*

výstižný truthful, like realistic

vy|stlat < **–stýlat** bed a t. with...

vyston|at se < **–ávat se** = *uzdravit se*

vystopovat = *vyslídit*

vy|stoupit < **–stupovat 1** mount (a horse, stairs) **2** *ven* get* out (of...) / off, *z vozidla též* alight **3** *vyčníváním* stand* / come* out, *nejasně* loom **4** *na veřejnost* appear, make* one's appearance, *a předvést* perform (s *čím* a t.), *s návrhem* move for a t. **5** *proti komu* stand* up against a p., *z řady* stand* forth, *přen., z členství* withdraw*, take* one's name off a t. ♦ ~ *na břeh* step on shore; ~ *ze břehů* overflow one's banks; ~ *jako host* (appear as) guest; ~ *z lodi* disembark; ~ *ze školy* give* up school; ~ *na špičky* stand* on tiptoe

výstraha caution, warning

vystraš|it (se) < **–ovat (se)** = *leknout (se), strašit*

výstražný cautionary, *rest* signal

vystr|čit < **–kovat, –kávat** put* forth / up, stick* out, thrust* forth / up

výstroj equipment, outfit, tackle, rig, *voj. osobní* accoutrement(s, pl), *stroj* fittings; *nošená* kit, gear

vystrojit v. *strojit*

výstřed|n|í, –ík eccentric **–ost** eccentricity

výstřel shot, discharge, *zvuk* report **–ek** aberration, excess

vystř|elit v. *střelit* **–elit si** *z koho* v. *střílet si* **–elovat** *bolest* shoot*, *dart* **–ílet** fire away

vystřídat (se) v. *střídat (se)*

výstřih *šatů* neck(-line), décolletage, *filmu* cut-out

vystř|íhat v. *vystřihnout* **–íhat se** forbear*, eschew, avoid a t., beware of a t., keep* / steer clear of / away from a t. **–íhnout, –íhat** < **–íhávat, –ihovat** cut* out, clip

vystř|íkat < **–íkávat** spray, ránu stříkačkou syringe **–íknout** < **–íkovat** spurt forth, jet up

vystřízlivět v. *střízlivět*

výstřižek cutting, zvl. am. clipping

vystudovat = *absolvovat*

výstup 1 ven exit, departure, way out **2** vzhůru ascent, climb (na of) **3** div., přen, hádka scene **4** kyb. printout **–ek** projection **–ní** kontrola check-out

vystupňovat (se) v. *stupňovat*

vystupovat 1 chovat se bear* / conduct / deport / comport o.s. **2** v. *vystoupit*

vy|stydnout, **–stýlat** v. *stydnout*, *vystlat*

vy|sunout, **–sunovat**, **–souvat** přemístěním shift, ven, vzhůru slide* out / up

vysuš|it v. *sušit* **–ovač** vlasů hairdryer **–ovat** = *sušit*

vysvědčení certificate, attestation, brit. škol. report, o schopnosti testimonial, reference, o zaměstnanci character ♦ to je pro vás dobré ~ that does you credit; smutné ~ disgrace; ~ zachovalosti certificate of probity

vysvětit v. *světit*

vysvětl|it < **–ovat** explain, account for a t., explicate **–itelný** explicable, accountable, explainable **–ivka** (explanatory) note, comment, pod čarou footnote

vysv|ítat z čeho be evident from a t. = *vyplývat* **–itnout** < **–ítat** shine* up

vysvlé|ci (se) < **–kat (se)** = *svlé|ci (se)* < *-kat (se)*

vysvobo|dit < **–zovat 1** z ohrožení deliver, rescue a p. (z / od from / of) **2** = *osvobodit*

vysychat = *schnout*

vy|sypat < **–sýpat**, **–sypávat 1** shake*out, překlopením tip (out), prudce shoot*, do odpadků apod. empty **2** uvnitř posypat sprinkle inside, line **–sypat** < **–sypávat** ze sebe slova rap out

vý|še = *výška* ♦ být na -ši be at one's best (situace n. svého úkolu situation or one's work), be up / equal to the occasion / one's job; být na -ši doby be abreast of the times

vyšetř|it < **–ovat 1** uspořit save (up) **2** zjistit find* out, ascertain, obtain evidence, prozkoumat go* / get* into a t., inquire into a t., investigate a t., výslechem n. med. examine, soudně try **–ovací** vazba detention on remand **–ovanec** detainee **–ující** examiner

výšina 1 height **2** = vrch, vršek, vysočina

vyšin|out < **–ovat** duševně derange; divert **–out se** < **–ovat se** deviate; vzhůru rise*, raise o.s., swing* o.s. up, start up, z kolejí v. *vyjet*

vyší|t < **–vat** embroider **–vání** = *výšivka* embroidery

výška height, po vzestupu elevation, měřitelná úhlem altitude ♦ ve -šce up on high, aloft; mít nos ve -šce have one's nose in the air

vyškolit v. *školit*

výškový ...of height / altitude

vyškr|ábnout, **–abat** < **–ábávat** scrape / scratch out, odporně erase

vy|škrtat, **–nout**, **–škvařit** v. *škrtat*, *škvařit*

vyšlap|at < **–ávat 1** beat* (down), tread*, smooth (the path) **2** stretch (one's shoes) **3** kopec mount, climb (up) **4** na úřadech = *vyběhat* **–ovat si** (to) strut (about), fancy foot it

vyšňoř|it < **–ovat (se)** trim / dress up, deck out

vyšroubov|at < **–ávat 1** screw out / off / loose **2** do výše v. *šroubovat*

vyštvat < **1** drive* away / out, chase out **2** koho k čemu v. *štvát*

vyšvih|nout se < **–ovat se** swing* / vault (up), společensky swing* up come* / move up in the world

výt > **za–** howl / bay (at the moon)

vytáč|et 1 v tanci dance round, koho

dance a p. round 2 též ~ se v. *vytočit (se)* –ka quibble

výtah 1 výňatek abstract, extract, excerpt, abridg(e)ment, summary, digest, epitome, précis **2** zdviž lift, am. elevator, nákladní hoist

vy|táhlý lank(y), spindly **–táhnout** < **–tahovat 1** pull out, draw*, take* out, extract, utajené elicit, worm / screw out, tap a p. for information, produce, bring* forward **2** do výše pull up a srov. *zdvihnout* **3** roztáhnout stretch, widen **–tahovat se** show* off; put* on airs

vytasit v. *tasit* ~ **se** < s čím come* forward / out with a t.

výtažek extract

vyté|ci < **–kat** run* out, flow out, děrou leak (out)

výtečný pre-eminent, prominent, excellent, chuťově delicious

vy|tékat, –tepat, –tesat, –tetovat v. *vytéci, tepat, tesat, tetovat*

výtěžek = *výnos, zisk, výdělek, tržba*

vy|těžit 1 = *vydělat* **2** v. *těžit*

výtisk copy, print

vytisknout v. *tisknout*

výtka rebuke, reproof

vy|tknout < **–týkat** reprehend a t., hold* a t. against a p., reprove a p. for a t., blame a p. for a t., rebuke a p. for a t., poukázat na to point out a t.; ~ *si za cíl* make* it one's aim

vytlač|it < **–ovat** force / drive* out / up, eject, discharge a v. *vymáčknout* a srov. *(vy)tisknout*

výtlak displacement, draught, delivery, discharge

vytlou|ci < **–kat** knock / hammer a t. out (of one's head), přen. kolik z čeho make* (capital etc.) out of a t. ♦ *-kat klín klínem* rob Peter to pay Paul

vytmavit < bring* it home to a p.

vy|točit < **–táčet 1** ven, vzhůru turn a t. out / up, dovnitř turn in **2** uvolnit turn a t. loose, roll off (paper in the typewriter) **3** wrench, wrest (a t. out of) **4** vyprázdnit empty **–áčet se** = *vykroutit (se)*

výtok 1 flow, running-out, efflux, med. discharge **2** otvor = *ústí*

vy|topit < **–tápět 1** vodou drown / flood out **2** teplem heat (up)

vytoužený long-wished-for, long-desired

vytr|atit se < **–ácet se** slip out / away, 'po anglicku' take* French leave

vytrávit < become* hungry

vytrénovat v. *trénovat*

vytrest|at < **–ávat** teach* a p. (a lesson), = *(po, z-) trestat*

vytrh|nout, –at < **–ávat** tear* out / up, jerk out, whip out, z kontextu cull, = *vyrvat* ♦ *-at dlažbu* break* up the pavement; ~ *co z kontextu* take* a t. out of context; *-nout komu trn z paty*, turn up trumps

vytrousit v. *trousit* ~ **se** leak out

vytrpět < suffer a v. *snést*

vytrubovat flourish, přen. blazon (abroad)

vytrv|alý držící se své věci persevering, persistent, nepolevující relentless, unrelenting, unremitting, opakující se constant; sedulous, diligent **–at** < **–ávat 1** na místě = *setrvat* **2** keep* / go* / continue -ing, hold* on / out, hold* / stand* one's ground, při své věci persist, persevere in a t., endure, last

vytrysk|nout = *trysknout* **–ovat** = *tryskat*

vytržení ecstasy, exaltation

výtržn|ík rioter, rowdy, brit. rough **–ost** disturbance, sběhem lidí riot, na schůzi cat calls, pl

vytřeštit = *vypoulit*

vytříbit v. *tříbit*

vytř|ídit < **–iďovat** screen out, single out, earmark

vy|třít < **–tírat** wipe out, a nasát wipe / mop up ♦ ~ *kde prach* dust a place; ~ *komu zrak* brit. steal* a march on a p., steal a p.'s thunder

vyťuk|at < **–ávat** tap (out), dab off

vytušit v. tušit

výtvar|ník (graphic and / or plastic) artist, designer **-né** *umění* the plastic arts, art and sculpture **–ný** graphic and / or plastic, art-(istic)

vytvářet = *tvořit ~ se* v. *vytvořit se*

výtvor work, produce, umělecký creation

vytvořit v. *tvořit ~ se* < **vytvářet se** arise*, turn / work out

vy|týčit < **–tyčovat** lay* out, mark out, demarcate, trace (out), peg out

vyuč|ený skilled ♦ *dát komu / dostat za-enou* read* / get* a lesson **–it se** get* trained in a t. a v. *učit se;* **–ovací**... of instruction **–ovat** teach* a p. a t. = a t. to a p. **–ování** jednotl. hodina class, souhrnně classes / lessons, postup instruction, (school) teaching, tuition

vy|účtovat, –udit v. *účtovat, udit*

výuka = *vyučování* v. *vyučovat*

vyumělkovaný affected, forced, artificial, contrived

vyús|tit v. *ústit* **–ťovat** = *ústit*

vy|užit < **–užívat** take* advantage of a t., make* the best / most of a t., turn a t. to account / advantage, těžit exploit a t., harness; = *využitkovat* **–užitkovat** < **–užitkovávat** utilize

vyvádět 1 make* fuss, create, act, řádit carry on, cut* up rough **2** v. *vyvést*

vyval|it < **–ovat** roll out / up, oči v. *(vy)poulit; s -enýma očima* pop-eyed

vývar stock, bouillon, broth, consommé

vyvarovat se = *varovat se*

vyvař|it < **–ovat** extract (in the boil), prádlo boil; *-ovat* pro strávníky board (lodgers etc.), spend* (money, provisions) in preparing meals

vyvatovat v. *vatovat*

vyváznout < *z čeho* come* through a

t., go* / get* off free, *s čím* come* off / get* away with a t.

vývažek overweight, extra draught

vyváž|et v. *vyvézt* < **–it** < **–ovat** outweigh, balance, offset*

vyvěrat = *prýštit, tryskat*

vyvě|sit < **–šovat 1** hang* out, ze závěsu unhang*, unsling*, dveře unhinge, sluchátko disconnect **2** vlajku hang* up, fly, = *vylepit*

vývěs|ka notice, wall-poster **–ní** *štít* brit. shop-sign, am. signboard

vy|vést < **–vádět 1** bring* / take* / lead* a p. out **2** = *provést* ♦ *~ koho aprílem* make* an April fool of a p., send* a p. on a fool's errand; *~ koho z konceptu* put* a p. off balance, depress; *~ koho z omylu* set* a p. right **–vést se** = *(po) dařit se*

vy|věšovat, –větrat = *vyvěsit, větrat*

vy|vézt < **–vážet 1** carry / take* out, o vývozu export

vyvíjet (se) v. *vyvinout (se)*

vyvikl|at (se) < **–ávat (se)** become* wobbly

vy|vinout < **–vinovat, –víjet 1** unfold, = *rozvinout* **2** o vývoji develop, design **–vinout se, –víjet se** develop, turn out

vyvlast|nit < **–ňovat** expropriate, komu co dispossess a p. of a t.

vyvlé|ci < **–kat 1** vlečením drag out / up **2** slid / slide* a t. out, přen. = *vyměnit* **–ci se** < **–kat se** get* out of a t., get* loose, free o.s.

vývod 1 outlet, duct, el. ukončení terminal **2** log. deduction, corollary, argument, conclusion

vyvo|dit < **–zovat** make* out, deduce, obecné abstract, conclude, argue ♦ *~ důsledky* draw* conclusions / consequences, arrive at the conclusion that...

vývoj development, evolution **–ář** advance designer **–ka** developer **–ový** evolutionary, (... of) development

vyvol|ací cena starting price **–at** <

–ávat 1 call out, v dražbě sell* brit. by / am. at auction, v restauraci page a p., žáka call up(on) **2** přen. ducha, změnu, cit evoke, raise, podnícením provoke, přes odpor elicit, přivodit give* cause for a t., na mysl call up a t., call a t. to mind ♦ *byl pětkrát -án (před oponou)* he got five curtain calls

vyvolit (si) v. *volit* a = *vybrat (si)*

vývoz export, celkový exports, pl **–ce** exporter **–ní** export

vyvr|acet argumentací contradict a t., argue against a t., call a t. in question, challenge a t. **–átit** < **–acet 1** displace, eradicate, uproot, tear* up **2** nesprávnost disprove, refute, controvert (a p.'s opinion)

vyvraž|dit < **–ďovat** massacre, slaughter, butcher, liquidate

vyvrh|el one of the drags of society, scum, wretch, monster **–nout** < **–ovat 1** cast* / throw* up, discharge, disgorge, zvracením bring* up, vomit, belch forth, přen. ze společnosti exile, banish **2** kucháním draw*, clean out, gut ♦ *být vyvržen na břeh* be stranded / castaway

vyvrcholit v. *vrcholit*

vyvrtat v. *vrtat*

vývrtka corkscrew, let. spin

vyvrt|nout < sprain (one's ankle) **–ávat** = *vrtat*

vyvrženec outcast, outlaw

vyvř|elina eruptive rock **–ít** < **–ívat** erupt, belch forth

vyvst|at < **–ávat** come* out, arise* náhle turn up, nejasně loom (large) **–ávat** = *vyčnívat*

vy|výšenina elevation **–výšit** < **–vyšovat** elevate, uplift **–vyšovat se** put* o.s. forward

vyvztekat se get* it out of one's system, expr., děti cool of

vyzáblý gaunt, haggard, nemocí pinched, wasted, peaked, kost a kůže skinny, scraggy, srov. *vyhublý, hubený*

vyzařovat radiate, emanate

výzbroj 1 armament(s pl), munitions, pl **2** = *výstroj*

vyzbroj|it < **–ovat 1** arm **2** = *vystrojit*

výzdoba decoration, dressing, trim(mings, pl) ♦ *vlajková ~* bunting

vyzdob|it < **–ovat** decorate, trim, = *ozdobit; -bený* ornate

vyzdvihnout < **–ovat** = *vyzvednout*

vyzískat = *získat*

vyzkoumat < find* out, ascertain, disclose

vyzkoušet v. *zkoušet*

výzkum research, investigation, exploitation, inquiry (into a t.) **–ník** research worker **–ný** (...of) research, ...of investigation, experimental, let. reconnaissance (e.g. flight)

vyzkusit < try, = *okusit*

vyzlatit v. *zlatit*

vyznač|it < **–ovat** mark (out), distinguish, earmark, characterize

význačný distinguished, salient, prominent, conspicuous, marked, outstanding

vyznačovat v. *vyznačit ~ se* čím be noted for a t.

význam meaning, sense, zamýšlený purport, import, significance významnost importance, signification

vyznamen|ání distinction, decoration, pocta honour, ve škole honours, pl (take* h.) **–at** < **–ávat** distinguish (se o.s.), decorate, honour

významný meaningful, závažný significant, a uznávaný noted

vyzn|ání declaration (of love), creed, profession, nábož. denomination, religion, belief ♦ *bez ~* undenominational, *nevěřící* agnostic **–at** < **–ávat** profess, confess, make* a confession, = *přiznat* **–at se** < **–ávat se 1** z čeho = *vyznat se* **2** -at se, v čem be good at a t., be up in a t., be familiar with a t., know what's what (which is which), v tom know* better 3 -at se, kde know* one's way, get* about in... 4 -at se v kom make* a p. out –avač follower, devotee

vyzní|t < **–vat 1** čím end up in a t. close with a t., result in a t. **2** dojít die away, peter out **3** v jaký smysl purport, the tenor of... was... ♦ ~ naprázdno fall* flat

vyzou|t (se) < **–vat (se)** = zout se, přen. z čeho shirk a t.

vyzpěvovat (si) chant, intone

vyzpovídat (se) v. zpovídat (se)

vyzra|dit < **–zovat** = prozradit

vyzrát < **1** v. zrát **2** na koho get* the better / take* advantage of a p., podvodně dupe a p., take* in a p.

výzva call / appeal / invitation (k čemu for a t., ke komu to a p.), telef. brit. personal / am. person-to-person call; aby se ukázal challenge, dare, defiance (of a p.), provokační provocation, charge (of a p.), voj. levy

vyzvánět peal (out), chime, toll

vy|zvat < **–zývat** call (koho on / to a p., k čemu for a t.). appeal to a p., invite a p., challenge / defy a p., provoke / charge a p. (srov. výzva)

vyzvěd|ač spy **–ačství** spying, espionage **–ět** < find* out

vyzved|nout < **–(áv)at 1** elevate, uplift, hoist, heave*, boost, ze země unearth, exhume, všeob. = zvednout **2** z úschovy (with)draw* **3** zdůraznit stress, highlight, give* a t. prominence, mark out **–nout si** < **–(áv)at si** collect a t., zastavit se pro to call for a t., naložit take* up a t., take* delivery

výzv|ědný voj. reconnaissance **–ídat** na kom pump a p., ask a p. questions

vyzvonit < **1** vyzradit blab, všechno let* the cat out of the bag, spill* the beans **2** zcela dozvonit ring* out **3** dostat ven ring* a bell to get a t. out **4** oznámit příchod / odchod ring* a t. / out

vyzýva|t v. vyzvat **–vý** provocative, defiant

vy|žádat (si) < **–žadovat (si) 1** naléhavě solicit, claim, take* out, požadovat = žádat, hlučně clamour for a t., vymáhat exact **2** potřebovat call for a t., require, demand, necessitate a t., make* a t. essential, nutnou součást involve a t., spotřebovat, zabrat take*

vy|ždímat, –žehlit v. ždímat, žehlit

vyženit marry a t. (money, a fortune)

vyžilý depleted, worn out, used up

vyžírat koho sponge, leech on a p.; v. vyžrat

výživa nourishment, sustenance, support

vyživit v. živit

výživn|é alimony, maintenance **–ý** nourishing, nutritious

vyživova|cí alimentary **–t** = živit

vyžle tiny tot

vy|žrat < **–žírat** eat* out, kov corrode, erode, wear* away

vyžvanit = vyzvonit

vzácný rare, infrequent, scarce, uncommon, precious, costly

vzad back(wards) ♦ čelem ~ turn about **–u** at the back / rear

vzájemný mutual, reciprocal, při dvou bilateral, -ně, též one another, each other

vzápětí in no time, presently

vzbouř|enec rebel, mutineer, insurgent **–ení** = vzpoura **–it (se)** v. bouřit (se)

vzbudit (se) v. budit (se)

vzdál|enost distance **–ený** distant, far-away, far-out, far-off, odlehlý remote, od cíle wide (of the mark) ♦ -eně příbuzný remotely related, ~ příbuzný distant connection **–it** < vzdalovat remove, carry away, withdraw* **–it se** < **vzdalovat se** go* / move / fall* back / away from a t., recede, withdraw*, retire, zvl. s omluvou absent o.s.

vzdá|t < **–vat 1** vydat surrender **2** = *vzdát se* čeho ♦ ~ *dík* give* / render / tender / proffer thanks; ~ *hold* pay* / do* homage **–t se** < **–vat se 1** povolit give* in, yield, surrender (o.s.), resign (o.s.), práv. waive a t. = make* a waiver, a odejít withdraw* / retire, citu abandon o.s. **2** čeho relinquish, part with, give* up, surrender, resign, disclaim, forgo*, renounce, eschew, abdicate, citu abandon (*ne- se naděje* hope against hope)

vzdech sigh **–nout (si)** = *vzdychnout*

vzděl|anec(ký) intellectual **–ání** education, culture, accomplishments, pl **–anost** culture, education, civilization **–at** < **–ávat** cultivate, educate, civilize, **–aný** educated, sčetlý well-read, learned, cultured **–ávací** educational

vzdor defiance, the sulks, = *odpor;* čemu in defiance of, přes in spite of, despite **–ný** defiant, refractory, sulky **–ovat 1** sulk **2** čemu defy a t., set* a t. at defiance, bid* defiance to a t., odolávat resist / brave a t. **–ovitý** refractory

vzdou(va)t v. *vzedmout*

vzduch air ♦ ~ *je čistý* all clear, the coast is clear; *jít na* ~ take* exercise; *pohyb na (čerstvém) -u* exercise; *vyhodit do -u* blow* up **–oloď** airship, odbor. dirigible **–oplavba** aeronautics **–oplavec** aeronaut **–oprázdno** vacuum **–otěsný** airtight, hermetic **–ovka** air-gun **–ový** air, aerial, pneumatic

vzdušný airy, aerial, sky, doprava air(-borne) ♦ **-ná čára** bee-line (in a b. = as the crow flies); ~ *most* air-bridge / -lift; *-né zámky* castles in the air, castles in Spain, daydreams, pl

vzdych|nout (si) < **–at (si)** sigh, give* a (...) sigh

vzedmout, vzdout > **vzdouvat** swell* / blow* up, inflate, raise

vz|ejít < **–cházet** = *vyjít, vzniknout, ujmout se*

vzepnout (se) < **vzpínat (se)** rear (up), balk; = *vztyčit (se)*

vz|epřít < **–pírat** brace (up), břemeno lift **–epřít se** < **–pírat se** oppose, refuse a t., odepřením poddajnosti defy a p. / t., resist a t., set* o.s. against a t.

vzestup rise, advancement, enhancement, increase, = *výstup* **–ný** rising, upward, ascendant

vzezření, vzhled appearance, look(s, pl), features, pl, face, get-up, make-up, design; *vzhledem k* regarding, with regard / respect to, in consideration / view of, *vzhledem k tomu, že* considering that... **vzhledný** pretty-looking, trim

vzh|lédnout < **–hlížet** look / glance up

vzhůru up(wards), nespící awake, už na nohou up, vzrušený upset ♦ *je bradou* ~ he has turned up his toes; *dnem* ~ bottom upwards; ~ *a dolů* up and down; ~ *nohama* upside down

vzcházet v. *vzejít*

vzchop|it (se) < **–ovat se** pull o.s. together, brace o.s.

vzít (se, si) v. *brát (se, si)*

vzk|az message, word (bez pl) **–ázat** < **–azovat** give* / leave* a p. a message, send* a word, pro koho send* for a p. ♦ ~ *komu poručení / pozdravy* send* a p. one's (best) regards

vz|klíčit, –křiknout, –křísit, –kvést, –kypět v. *klíčit,* = *(vy)-křiknout,* v. *křistit, (roz)kvést, kypět*

vz|let flight (přen. flight of fancy), ascent, let. climb, start, take-off ♦ *prudký* ~ soar **–letět, –létnout** < **–lét(áv)at** fly* up, prudce soar, let. take* off, = *vystoupit* **–letný** fiery, buoyant, sloh květnatý flowery, high-flown, bombastic

vzlínat rise* (by absorption)

vzlyk|nout < **–at** sob

vzmach = *rozmach*

vz|moci se < **–máhat se** rise*, advance, strengthen, grow*, increase

vznáše|dlo hovercraft, sg i pl; hydrofoil; nad vodou hydroskimmer **–t (se)** v. *vznést (se)* **–t se** hover, jako v kapalině float, pták be on the wing, přen., už hrozit be imminent

vzněcovat (se) v. *vznítit (se)*

vz|nést < **–nášet** raise ♦ ~ *žalobu* bring* / make* a charge *(proti* against, *pro* of), bring* an action against a p. **–nést se** < **–nášet se** fly* (high) up take* the air, pták též take wing; prudce soar **–nešený** noble, grand, stately, majestic, nadzemský sublime

vznět incentive, motive, animation, spring, tvůrčí inspiration, tech. ignition **–livý** excitable, choleric, inflammable

vznik rise, inception, origin ♦ *dát čemu* ~ give* rise to a t., originate a t. **–nout** < **–at** arise* (*z* from), rise*, originate (in), have one's origin, come* into being / existence, be caused by a t., ensue / result / spring* up from...; *-kly mu výdaje* he incurred (further) expense

vz|nítit < **–něcovat** kindle inflame přen. fire, provoke **–nítit se** < **–něcovat se** take* / catch* fire, hovor. take*

vznosný lofty, elevated

vzor model, pattern, jako měřítko standard, sestavení obrazců apod. design, jaz. paradigm, k opisování, rozmnožení copy, podpisu n. listiny specimen; = *vzorek, vzorec* **–ec** obrazec figure, formule formula **–ek** sample, přírodniny specimen, = *vzor, vzorec* **–ník** pattern book **–ný** model, exemplary

vzpamatov|at < **–ávat** = *křísit* **–at se** < **–vávat se** recover (consciousness), z čeho get* over a t., recuperate from a t.

vzpěčovat se be reluctant / slow / uneasy about a t.

vzpěra strut, brace, stanchion **–č** (weight-)lifter

vzpínat (se) v. *vzepnout (se*

vzpír|at sport. lift; *-ání* weight-lifting ~ **(se)** v. *vzepřít (se)*

vzplanout blaze / flame / flare up, přen. = *vzkypět, vznítit se*

vzpom|enout < **–ínat** koho commemorate a p., formálně připomenout record a t. = **–enout si** < **–ínat si** na co remember / recall a t., recollect a t. **–ínka** memory (na of), remembrance (of), recollection, reminiscence, drobná souvenir; = *upomínka; -nky* sepsané memoirs, pl

vzpoura revolt, rebellion, voj. mutiny

vzpouzet se = *vzpírat se*

vzpru|ha spring, stimulus, pl -li, encouragement **–žit** < **–žovat** stimulate, encourage, posilnit brace (up), invigorate, oživit animate

vzpř|íčit < **–íčovat** put* across **–íčit se** < **–čovat se** get* jammed, get* stuck (*v* in) **–ímit** < **–imovat** erect, raise, hold* up **–ímit se** < **–imovat se** get* up, vsedě sit* up, povstat stand* up, rise*

vzpurný refractory, recalcitrant, insubordinate, restive, vzpírající se zákonu contumatious, vrchnosti rebellious

vzrostlý = *urostlý*

vzruch shock, cit. emotion; = *rozruch*

vzrůst *v* v. *růst* ● *s* = *růst* **–at** = *růst*

vzruš|it < **–ovat** agitate, discompose, stir, disturb, perturb, excite, upset*, thrill **–ující** exciting, thrilling

vz|tah relation(ship), příbuznosti affinity, zaměření bearing, zřetel respect, reference **–táhnout** ruku po / na reach at / for a t., lay* one's hand on a t.; přisoudit apply a t. to a t. / p. **–tahovačný** egocentric **–tahovat se** k / na refer to,

relate to, cover a t., bear* upon a
t., apply a t. to a t. **-tažný** relative

vztek rage, fury, passion ◆ *mít ~
na co / koho* be mad about a t.,
resent a t., be angry with a p.
(*pro* about) **-at se** rage, fret (and
fume), vyvádět carry on **-lina** ra-
bidness, obd. hydrophobia **-lý**
raging, furious, enraged; po / na
mad / crazy for / about / on a t.;
rabid (*~ pes* a rabid dog)

vztyč|it < **-ovat** raise, put* up,
erect, vlajku hoist, kolmici draw*

vzývat invoke

vždy(cky) always, every time, at all
times, at any time

vždyť well, to be sure, srov. *přece*

vží|t se < **-vat se** do čeho / koho put*
/ imagine o.s. in the position of...
do koho in a p.'s shoes

vžitý *adj* deep-rooted, ingrained

W

wolfram tungsten

worcester, -ská *omáčka* Worcest-
er sauce

X

xantipa shrew, vixen, Xanthippe

xerografie xerography

xylo|fon xylophone **-lit** xylolite,
woodcement

Y

yard yard

ypsilon = *y*

Z

z, ze *prep.* zvnitřku, ze skrytého, ze sevření
out of from , přen. o původu of (a girl
of good family), stálým využíváním on
(live on vegetables), čas. in ear-
ly..., at (v počát. úseku in) the begin-
ning of...; příčina, důvod out of,
from, for (e.g. for fear of, for the
reason that, owing to); podnět at;

díky čemu thanks to, z titulu by virtue
of

za 1 za čeho, časově in (the course of),
during, while, za vlády apod. under,
zř. upon (once upon a time) **2**
kde? za čím / kam? za co míst., kry-
tí behind, o větší vzdálenosti beyond,
při oddělení over, spec. at / to (e.g.
table) **3** za co, časově within, odměna,
dík, cena for, in return for, pokládání
for, as, uchopen by, v zastoupení, k pod-
poře on behalf of, prospěch, směna,
náhrada for; *za (prvé)* -ly, in the...
place **4** za čím, v pozadí at the back
of, pohledávka with a p., za unikajícím
cílem after, zisk for, hledání in search
of, na paměť čí in memoriam **5** mimo,
vně outside (za měst|o, -em out-
side the town) ◆ *jeden ~ druhým
/ (v řadě) ~ sebou* one after the
other, in succession, successive-
ly; *~ pomoci* with the help of;
-krát ~ sebou... times over;
máme to ~ sebou = je to ~ námi
it is behind us, we have gone
through it; *stojí to ~ to* it is worth
while, it is rewarding, s inf it is
worth -ing

zábava amusement, diversion,
recreation, entertainment, hovor.
talk

zabav|it < **-ovat 1** seize, confis-
cate, sequestrate, exekučně levy
on a t. (for a sum), levy a dis-
tress, distrain, vyžádat si k užívání
requisition **2** koho rozptýlit divert,
amuse, a zdržet keep a p.

zábavn|í pleasure, amusement **-ý**
amusing, enjoyable, light, pleas-
ant

zabed|nit < **-ňovat** board up;
-nělý, -něný dense, thick-headed

záběh trial run, stroje running-in

zaběhnout > **1** trať clock (10 secs.
for the 100 yds.), do* (100 yds. in
10 secs.), return (he returned 10
secs.) **2** < (~ si) kam run* / step in
(to a place), letmo (at a place) **3** (~
se) ztratit se lose* one's way ~ se <
zabíhat se stroj run* in

záběr catch, stroje engagement, mesh(ing), gear(ing), vesel stroke, při plavání pull, drive, thrust, snímek take, film. shot

zabezpeč|it < **–ovat** make* a t. / p. safe, secure, safeguard **–it se** < **–ovat se** provide (na against a t.)

zabiják killer, hit man* **–íjet (se)** v. zabít (se)

zabírat = zaujímat, ~ (se) v. zabrat (se)

zabí|t < **–jet** kill, slay*, úkladně assassinate, butcher, slaughter; zabití práv. homicide, manslaughter **–t se** < **–jet se** be killed, sebevražedně kill o.s.

záblesk flash, gleam, glint

zablesknout (se) = blesknout (se)

zabloudi|t < lose* one's way, go* astray / wrong; **–lý** stray, lost

zaboč|it < **–ovat** turn (off / aside), v běhu swerve

zabod|nout, –at < **–ávat** stick* / thrust* a t. (do in), stab a t., koho stab a p. (to death) **–nout se** < **–ávat se** get* stuck (do in)

zábor occupation, annexation, dobytí conquest (the Norman C.)

zabouch|nout < **–ávat** slam (dveře před nosem a door in a p.'s face)

zábradlí railing (s pl), banisters, pl, hand-rail, sloupkové balustrade

zábrana barrier, barricade, prevention, duševní inhibition, opatření precautions, pl

zabr|ánit < prevent / stop a t. / p. from -ing, předejít forestall a t., vyloučením možnosti preclude, překazit hinder **–aňovat** = bránit

za|brat < **–bírat 1** obsadit occupy, take* possession of, připojením annex **2** vyžádat si take* (much time), require **3** jen pro sebe monopolize, čas, pozornost apod. engross, i nevědomky absorb **4** textilii take* in, sew a dart in **5** stroj, tahoun start, (begin* to) pull, ryba v. brát, přen. take* the bait **6** ~ vesly take* to the oars **7** reagovat respond, answer **8** kamerou pan, shoot* **9** pokrýt cover

–brat se < **–bírat se** do čeho be(come*) absorbed / engaged in a t.

zabr|ousit hovor. kam wander / stroll to... **–ousit** < **–ušovat 1** smooth, grind* in **2** čím po čem run* a t. over a t.

zábrus grinding-in, kloub ground joint

zabřed|nout < **–at** get* stuck in a t. get* bogged down

zábřesk flash, úsvik daybreak

zábst < **za–** freeze* (srov. my fingers are freezing / numb with cold)

zabývat se čím engage / be engaged in a t., occupy o.s., be preoccupied with a t., concern o.s. in a t., provozovat pursue a t., go* in for a t.; zkoumat to go* / inquire into a t., v mysli, řeči dwell* (up)on a t., pojednávat deal* with a t. ♦ už se tím dál ne~ dismiss a t.

zacel|it < **–ovat** ránu heal (up) **–it se** < **–ovat se** skin over, become* grown over with skin

zacementov|at < **–ávat** seal up (with cement)

zaclánět 1 komu / co stand* in a p.'s light **2** v. zaclonit ♦ ~ v pohledu na co screen off (the view of) a t.

záclona (window) lace, curtain

zaclo|nit < **–ňovat, zaclánět** shade / screen a t. (před from), v. clonit

zácpa block(age), jam, med. constipation

zacp|at < **–ávat** block, stop (a gap), fill, jam ♦ ~ si ústa / uši clap one's hands to one's ears / hand over one's mouth; ~ komu ústa gag a p.

zač = za co ♦ nemáte / není ~ don't mention it, you are welcome

začarov|at < **–ávat** conjure / charm away; = očarovat

začát|eční = počáteční, pro ~ečníky elementary, primary ♦ ~ písmeno initial **–ečník** beginner, nov-

ice, newcomer **–ek** = *počátek*
začer|nit < **–ňovat** blacken
začl|stit < **–sťovat, –šťovat** clean off, kov ream, ostré hrany smoothen, obšít overcast*
začí|t < **–nat** begin*, commence, (make* a) start, take* a t. in hand, s inf begin* / start to inf (*dát se do -ing*) ♦ *znovu ~* resume, recommence, reopen
začle|nit, –ňovat incorporate, nedílně embody
zá|ď afterbody, lodi stern (*na ~, -di aft*) **–da** back, sg
zadání job, tryout
zadarmo = *zdarma*
zad|at < **–ávat 1** objednat order, přijmout nabídku accept a p.'s offer **2** rezervovat reserve, záznamem book **3** úkol set* a test **-at si** < **–ávat si** ustoupit od zásad compromise, lose* face, deklasovat se debase o.s., ponížit se demean o.s. ♦ *nic si s ním ne -á* he takes rank with him
zadek backside, bottom, buttocks, pl. rear, hind part, back
zaděl|at < **–ávat** mix dough (*na* for), zř. = *(u)zavřít*
zadem through the back door, round at the back
zadívat se na co fix one's eyes on a t.
zadluž|enost indebtedness **–it** < **–ovat** encumber / burden a p. / t. with debt **-it se** < **–ovat se** incur; contract debts, run* / get* into debt, *být ~ený* be in debt, in the red
zadní back, rear, hind, posterior, after ♦ *~ část* tail; *~ dveře* brit. escape hatch, am. rear stairway; *~ kapsa* hip / back pocket; *~ paluba* poop-deck; *~ projekce* rear projection; *~ stožár* mizzenmast; *~ světla auta* rear lights; *~ voj* rearguard
zadobře *být s kým* be on good / friendly terms / footing with a p.; *nebýt ~ s kým* be on bad terms / at odds with a p.
zadost učinit komu gratify, satisfy a

p., po právu do* a p. justice **–iuči- nění** satisfaction
zadovka breechloader
zadrh|nout < **–ovat** make* / tie (a knot), draw* (a noose) tight **–ovat** v řeči stutter, stammer, v chodu hitch
zadrž|et < **–ovat 1** hold* back, withhold*, keep* back, detain, zdvižením ruky apod. hold* up, v mezích contain **2** práv. detain (a suspect), arrest, věc attach, vinkulovat freeze*, pro dopravu embargo, cizího příslušníka intern ♦ *~ dech* hold* one's breath; *~ moč* retain urine; *~ čí postup v povolání* hold* a p. down / back
záducha asthma
zadumat se nad čím, do čeho become* engrossed / absorbed in a t.; *nad čím = zamyslet se*
zádumčivý pensive, contemplative, meditative, sad, gloomy
záduš|í church funds / land **–ní** *matrika* parish register; *~ mše* office for the dead
zadých|at se < **–ávat se** gasp for breath, pant
záhad|a mystery, puzzle **–ný** mysterious, enigmatic, puzzling, intriguing
za|hájit < **–hajovat** open, commence, inaugurate, obřadně initiate, launch a t., embark (up)on a t., a jít v čele head a t., v řadě jiných lead* (off) **–hajovací** opening, inaugural
za|hálčivý slothful, idle, loafing **–haleč** idler, loafer **–hálet** (be) idle, loaf (about) **–hálka** idleness, leisure, inactivity
zahanb|it < **–ovat** put* a p. to shame, shame a p., make* a p. ashamed, humble, humiliate
zahánět v. *zahnat*
za|házet < **–hazovat** cover up, zaplnit fill (in); v. *zahodit* **–hazovat se** v. *zahodit se*
zahla|dit < **–zovat** odstranit obliterate, blot out, efface, delete, ex-

punge

záhlaví head(ing), zvl. am. caption

zahlazovat v. *zahladit*

zahl|edět se = *zadívat se; -eděný do dálky* in a daydream **-édnout** < catch sight / a glimpse of a t., (e)spy

zahloub|at se < **-ávat se** become* absorbed in a t., plunge into a t.

zahl|tit < **-covat** choke (up), overload, přeplnit overfill

zahmyz|it < **-ovat** infest with insects

za|hnat < **-hánět** drive* (back, out, in), rozptýlením dispel ♦ ~ *dlouhou chvíli* while away (the) time; ~ *hlad* appease hunger; ~ *koho na útěk* put* a p. to flight; ~ *žízeň* quench thirst

zahníva|t rot, decay; *~jící* foul

zahnízdit se = *uhnízdit se*

za|hnout < **-hýbat 1** turn over, bend*, fold, crank, hook, sevřením clinch **2** za roh (take* a) corner, ~ za první roh take* the first turning (to the left), slang. upláchnout beat* it **-hnutý** bent, crooked

za|hodit, **-házet** < **-hazovat** throw* (out), discard, hovor. ditch, rozmrzele throw* up **-hodit se** < **-hazovat se** s kým throw* o.s. away, degrade / demean o.s., compromise one's reputation ♦ ~ *příležitost* throw* / chuck away an opportunity

záhodný desirable, advisable, expedient

záhon (flower-)bed

zahořet = *vzplanout*

zahořklý = *zatrpklý*

zahrab|at < **-ávat** skrýt hide*, dig* in; bury, waste, zničit mar

zahr|ada garden, ovocná orchard **-adit** v. *hradit* **-ádka** back garden, am. dooryard **-adní** garden, open-air **-adnictví** gardening **-adník** gardener

zahranič|í foreign countries, pl, the exterior, abroad ♦ *ministerstvo ~* brit. Ministry of Foreign and

Commonwealth Affairs, am. Department of State, State Department **-ní** foreign / external (e.g. policy, trade)

zahrávat = *hrát ~ si* s čím trifle / toy / fool with a t., ve fantazii dally with a t.

zahrn|out < **-ovat 1** pokrýt cover, vyplnit fill (up) **2** zabrat take* in, tuck (in), fold (in) **3** do sebe include, comprehend, embrace, involve, imply, implicate, entail, encompass, embody, incorporate

záhrobí the other world, the beyond

zahryz|nout se < **-ávat se** bite* in (to...), přen. tackle (a task)

Záhřeb Zagreb

zahřívat = *hřát*

záhuba destruction, zkáza ruin, wreck and ruin, zničení annihilation

zahubit v. *hubit*

záhubný = *zhoubný*

záhumenek (peasant's) private plot

zahu|stit < **-šťovat** thicken

záhy = *brzy, časně*

záhyb bend, curve, winding, meander, turn, textil. crease, fold, plisé pleat

zahynout v. *hynout*

zachá|zet 1 kam. v. *zajít* **2** hynout v. *zajít* **3** nějak s... deal* with, treat a t. / p., dovedně handle / manipulate a t., jak obratně wield (a tool), řídit manage, technicky work, operate a t. ♦ ~ *špatně s* ill-treat, maltreat a p. **-zka** detour, roundabout way

zachmuř|it < **-ovat** darken **-it se** v. *chmuřit se; -ený* gloomy

záchod am. restroom, toilet, am. hovor. john / head, am. i brit. lavatory, brit. water closet, brit. W.C., brit. hovor. lav / loo, am. na venkově outhouse*, táborový latrine **-ek** v. *toaleta*

zachov|alý well-preserved, proved, hmotně unimpaired, flawless, in good health **–at** < **–ávat** conserve, sterilize, save, preserve, keep*, a slavit observe **–at se** < komu gratify a p., jinak v. *chovat se* n. *uchovat se*

záchrana salvation, deliverance, saving, rescue ♦ *dávat -nu* stand by

za|chránce rescuer, saver, deliverer **–chránit** < **–chraňovat** též sport. save (*před* from), z nebezpečí rescue, vyproštěním deliver, a vrátit užitku recover, opuštěné reclaim ♦ *~ čest po porážce* bring* back the Ashes

záchranný rescue (e.g. party service), často lie (belt, boat, buoy, jacket, raft etc.), salvage ♦ *-ná brzda* emergency brake; *-né práce* rescue work / operations; *-ná stanice* ambulance, first-aid station

zachraňovat v. *zachránit*

zachtít se <: *zachtělo se mi čeho* / inf. I felt like a t. / -ing

zachuml|at (se) < **–ávat (se)** muffle (o.s.) up

zachutn|at < **–ávat** *-alo něco* / komu a p. began / came to like a t., a p. took a fancy to a t.

záchvat attack, seizure, fit, stroke, med. též paroxysm, s křečí spasm

zachv|átit < **–acovat** get* hold of a t., attack, strike*, affect, afflict, seize

záchvěv oscillation, vibration

zachy|tit < **–covat** catch*, upevnit fasten, zaznamenat put* / get* / take* down, record, signál pick up, take* (e.g. a portrait, in shorthand), a vystihnout render, vyjádřit express, v pohybu a pustit intercept, odposlechem tap, výpad parry **–tit se** < **–covat se** get* caught, take* (hold of) a t.

záchyt|ka 1 tech. catch, fastener **2** hovor. protialkoholní detention centre **–ný** catching, arresting, fastening, retaining ♦ *~ domov* remand home

zainteresov|anost interest, concern ♦ *hmotná ~* material incentive **–at** < **–vávat** koho na čem interest / involve a p. in a t.

zajatec captive, z moci práva prisoner (*válečný* of war = P.O.W.)

zajedno at one

zájem interest (*o* in), concern (for, in, about) ♦ *mít o co ~* take* interest / concern in a t.; *mít svůj vlastní ~* serve one's own interests **–ce** person / party interested

za|jet < **–jíždět 1** jako *zaběhnout* **2** koho = *přejet* **3** zastavit / stavit se cestou někde stop round, put* in (at a place), oklikou make* a detour **4** stroj = *zaběhnout* **5** *~ si* = *projet se*

zajetí captivity, činnost capture

zájezd conducted tour, package tour, excursion, trip, visit (*do* to) **–ní** *hostinec* (roadside) inn

zajíc hare, přen. o člověku greenhorn, bázlivec chicken

zajík|avý faltering **–nout se** < **–at se** falter

zajíma|t 1 v. *zajmout* **2** koho attract, be of interest / concern to a p., dotýkat se ho concern a p. **–t se** o co show* (great) interest in a t. **–vost** interest, attraction, matter / point of interest **–vý** interesting, ...of interest, appealing, attracting

zají|st < **–dat** co čím take* / have / eat* a t. after a t. **–st se** < **–dat se 1** do čeho eat* into a t. **2** přejedením ztratit chuť become* cloyed / annoyed with a t.

zajisté = *jistě*

zaji|stit < **–šťovat** ensure (a t. = assure a p. of a t.), pro bezpečnost secure, safeguard, provide a t. for a p., zařídit see* to it, arrange for a t., pro budoucí použití reserve, prosadit uznání assert; polic. attach a p., arrest **–stit se** < **–šťovat se** proti čemu make* sure / certain against a t., hedge (against the future)

–stit si < –šťovat si reserve, book; enlist (a p. in a cause), make* sure of a p.

za|jít < –cházet 1 go* in (to a place), za mez beyond a t. **2** zaniknout go* with the wind, die (*na co* of a t.), perish, postupně peter out **3** nebeské těleso set*, go* down ♦ *-cházet tak daleko, že...* go* so far as to... inf; *-cházet do podrobností* go* into particulars / details; *~ příliš daleko* overstep the mark **–jít si < –cházet si** oklikou make* a detour

zajíždět (si) v. *zajet (si)*

zájmeno pronoun

za|jmout < –jímat take* a p. prisoner, seize, capture

zájmový special-interest (*skupina* group), hobby (*kroužek* club)

zakaboněný scowling, sullen, gloomy

zákal 1 becoming cloudy **2** kal turbidity **3** med. cataract, šedý walleye

zákaz prohibition (of a t.), ban (on a t.) ♦ *~ vycházení* curfew

za|kázat < –kazovat forbid*, prohibit (a p. from -ing), soudně pod trestem enjoin (a p. from a t.), úředně interdict, zvl. pro obecnější odpor ban, z moci autority veto, odvolání příkazu countermand, dopravu embargo

zakázk|a order (*na -ku* to o.) **–ový** made-to-order, custom ♦ *-ové šaty* tailored clothes, clothes made to measure, custom clothes

zákazn|ictvo customers, pl = custom / patronage, sg. lékaře apod. clientèle, goodwill **–ík** customer (*-íci* v. *-ictvo*), client, stálý patron

zákeřný mean, insidious, treacherous, = *úkladný*

základ basis, pl -ses, foundation, ground (work, bez pl), elementární rudiments, pl, teoretický principle, **–y** domu foundations, pl, vědy fundamentals, elements, pl. výuky grounding, sg ♦ *na -ě čeho* on the basis / strength of a t.; *v -ě* basically, essentially

zakládat v. *založit* ♦ *-dající člen* founder / original member *~ se na čem* be based on a t., rest (up) on a t. *~ si na čem* be particular about a t., lay* / set* (a great) store by a t., am. take* stock in a t., pride o.s. on a t., take* pride in a t.

zakladatel founder

základn|a base (*odpalovací ~* missile base / site, *ponorková ~* submarine base), přen. basis, pl -ses, geom. base-line **–í** fundamental, basic, underlying, radical, essential, vital, cardinal, crucial, constituent; elementary, rudimentary, primary ♦ *~ rys* basic feature a = *~ tón; ~ škola* elementary school; *~ tón* keynote

zaklánět (se) v. zaklonit (se)

zaklesnout se < clinch

zakl|etí spell, enchantment **–ínadlo** magic formula **–ínat** exorcise **–ít** < v. *klít* **–ít** < **–ínat** = začarovat, prosbami adjure a p. **–ít se** < **–ínat se** čím swear* by a t.

záklon backward bend

za|klonit (se) < –klánět (se) bend* backward

záklopka pojistná safety-valve, víčko capsule

zakok|tat v. *koktat* **–tat se** < **–távat se** falter, stammer

zákon law, act, enactment, statute, bibl. testament ♦ *-em chráněný* registered, patented, výrobek proprietary; *návrh -a* bill (*přijmout* pass a b.); *~ hodnoty* law of value; *~ nadhodnoty* law of surplus value; *~ schválnosti* the law of unexpected (re)turns

zakonč|it < –ovat close, conclude, terminate a srov. *končit*

zákon|ík code **–itost** regularity **–itý** regular **–nost** lawfulness, legality, legitimacy **–ný** lawful, legal, legitimate, statutory ♦ *-ná doba* (po smrti) perpetuity period; *-ná domněnka* presumption of law; *-ná lhůta* time prescribed by law; *~ nárok* documents of title; *~ pořádek* law and order; *-ná vyživovací povinnost* legal responsibility to maintain one's dependents; *-né ustanovení* enactment **–odárce** legislator **–odárný** law-making, legislative ♦ *~ orgán* law-making body **–odárství** legislation, lawmaking

zákop trench, pro jednoho rifle-pit, fox-hole

zakop|at < **–ávat** bury, dig* a t. in (to...) **–nout** < **–ávat** trip up, stumble, společensky commit a faux pas

zakoře|nit (se) < **–ňovat (se)** take* / strike* root; **–něný** *adj* established, ingrained, deep-rooted, inveterate

zakotv|it < **–ovat** cast* anchor, v docích berth, přen. find* / feel* one's legs

zakoulet se < roll away

zakoupit < = *koupit* ~ **se** < **zakupovat se** kde settle (land, region)

za|kouřit < **–kuřovat** blacken, season (a pipe), naplnit kouřem fill with smoke **–kouřit si** < have a smoke

zakous|nout, -sat < **–ávat** bite*... to death **–out se** < **–ávat se** do čeho (take* a) bite in a t.

zakoušet v. *zakusit*

zákoutí nook, quiet / snug corner

zakrátko shortly, in a short time, before long, presently

zakr|nět < **–ňovat** get* dwarfed / stunted **–nělý** *adj* dwarf(ish), stunted, underdeveloped, undersized

zakroč|it < **–ovat** step in, intervene, interfere, interpose, act, intercede (for a p.), take* steps / measures against a p. / t.

zakroj|it < **–ovat** do slice into a t.

zákrok step, measure, intervention, intercession, diplom. approach (on a t.) ♦ *lékařský ~* medical treatment

zakr|oucený twisty, scrolled, curled up **–outit** v. *kroutit komu krk(em)* wring* a p.'s neck

zákrsek scrub

zakrsl|ík dwarf, pygmy **–ý** v. *zakrnělý*

zákrut bend, curve

zakrvácet < stain with blood ~ **se** < get* stained with blood, přen., značně suffer a heavy loss

zákryt lining-up, alignment

zakr|ýt (se) v. *krýt (se)* = *(za)halit (se)* **–ýt** < **–ývat** před pohledem hide* from view, cover up

zakřik|nout < **–ovat** koho shout a p. down, hush / silence a p., přen. *co* undo* a t.; **–nutý** *adj* timorous, sheepish

zaktivizovat v. *aktivizovat*

zakukl|it < **–ovat** disguise, mask; ~ **se** housenka become* a pupa, metamorphase

zakula|tit < **–covat** round (off), přen. = *zaokrouhlit*

zákulis|í backstage, behind the scenes **–ní** backstair(s), underhand

zakupovat = *kupovat* ~ **se** v. *zakoupit se*

zákusek a piece of sweet pastry

za|kusit < **–koušet** experience, go* through a t., suffer, endure

zakutálet se = *zakoulet se*

zákvas 1 seed, inoculum **2** nekvašené krmivo ensil(ag)ed fodder, silage

zaled|nit < **–ňovat** ice over, cover with ice

za|lehnout < **–léhat** overlie*, smother ♦ *uši mi -léhají* my ears are ringing

zalek|nout (se) = *leknout (se)*; *-nout koho* cow a p., odstrašit deter a p.

zalep|it < **–ovat** stick* / glue / paste up, gum up, též přen. seal (up)

zálepka letter card, aerogram airletter, aerogram(me)

zálesák backwoodsman*

zales|nit < **–ňovat** afforest

za|letět < **–lét(áv)at** fly* (away), letadlo fly* in

zálet|ník flirt, philanderer **–ný** flirtatious **–y** love-making, (illicit) amour (s, pl) ♦ *být na -ech* be out philandering

zaletovat < seal (up), solder up

zaléz|t < **–at** creep* / crawl (away / in), withdraw*, secure o.s., retreat into one's shell, ustrašeně cringe away **–t si** < **–at si** na koho bear* a p. a grudge

zálež|et 1 na čem / kom, záviset depend on a t. / p., spočívat rest / consist (*v* in) **2** *-i na čem* a t. matters, makes a difference, is of consequence ♦ *(ne-)-í mi na tom aby...* I do(n't) really care if; I am anxious to inf.; *dát / nechat si ~* lay* o.s. out **–itost** affair, business (bez pl), concern (bez pl), matter, am. i jinak proposition

záliba taste / preference (*v* for), liking (for), koníček hobby, vášnivá fancy ♦ *mít v čem -bu* take* a liking / fancy to / for a t., fancy a t.

zalíbit se < komu take* a p.'s fancy **~ si** < koho fall* for a p., become* fond of a p., take* to a p.

zálibný delighted, pleased, appreciative

zalid|nit < **–ňovat** people, populate

za|lít < **–lévat** water **–lít se** < **–lévat se** get* / become* flooded

záliv bay, gulf

za|lknout se < **–lykat se** choke, stifle

záloh|a 1 rezerva reserve **2** předem poskytnutá advance payment, advance(ment), charge, paid-on (sum), složená deposit; = *závdavek* ♦ *být v -ze* na pomoc stand* by **–ovat** advance

zalom|ení hřídele crank, sazby make-up **–ený** broken (e.g. line), tech.

cranked **–it 1** = *zahnout* **2** v. *lomit* rukama

za|ložit < **–kládat 1** co za co put* a t. behind a t., co stranou put* a t. a-side **2** do kartotéky file **3** na žádoucí místo fit a t. in (to a t.), na nespr. místo misplace, mislay* **4** zřídit establish, found, originate, give* rise to a t., institute **5** zahnutím tuck / lay* / turn in, fold (e.g. one's arms), double **6** koho zálohou advance ♦ *-ložení povahové* disposition

zálož|ka tuck(-in), fold, kalhot turn-up, am. cuff, v knize bookmark **–na** popular loan company **–ní** spare, reserve **–ník** reservist

záludný tricky, treacherous

zálusk a great mind (to do a t.)

zalykat se v. *zalknout se*

za|máčknout < **–mačkávat** press (down), a rozbít crush, cigaretu stub out

zamalov|at < **–ávat** paint over

zamanout se < komu occur to a p., get* into a p.'s mind **~ si** < take* a t. into one's head

záme|čník locksmith; strojní ~ fitter **–k 1** dveří lock **2** stavba château, menší manor(-house*), starý castle

záměn|a confusion, replacement, substitution, v chápání mistake ♦ *~ osob* mistaken identity **–nost** commutativity

zamě|nit < **–ňovat** confuse A with B, A and B, mistake* A for B, replace, commute, substitute **–nitelný** replaceable, commutable, zástupný fungible

záměr intention, plan, design, scheme, smysl purpose a v. *úmysl* **–ný** intentional, designed, purposeful, = *úmyslný*

zaměř|it < **–ovat 1** zjistit, kde jsme find* the bearings, locate **2** dát směr direct, aim (na at); *-ený na co* intent on a t. ♦ *se -ením na co* with a view to a t.

zaměstn|anec employee, práv. servant, ve mzdě wage-earner, *-nci*, pl staff, sg i pl, personnel **–ání** job, appointment, occupation, employment, závazek k službám engagement, = *povolání;* místo situation ♦ *bez* ~ out of work, unemployed, jobless, on the dole **–anost** employment rate, podniku activity **–at < –ávat 1** zavázat k službě engage, tak využít employ *(při, v* in, upon) **2** zabrat čas occupy *(čím* with) **–ávat (se)** čím occupy o.s. with a t., engage in a t. **–avatel** employer, master, principal, zvl. am. boss

zamešk|at < –ávat miss (a lesson), let* slip, = *opominout*

zametat = *mést*

zamez|it < –ovat prevent, stop, avert; hamper, hinder, obstruct

zamilov|aný ...in love *(do* with), enamoured *(of),* bláznivě infatuated, vlastní -ným amorous (couple), **–at se < –ávat se** fall* in love *(do* with), bláznivě fall* for a p. **–at si < –ávat si** co = *oblíbit si, zalíbit si*

záminka pretext, (dis-)guise, excuse

zamít|avý negative **–nout < –at** reject, refuse, throw* down, zavrhnout, zapudit repudiate, nechtít se zabývat dismiss, návrh throw out, kill (a bill), turn down, pro závadnost úředně condemn

za|mknout < –mykat lock, před kým lock a p. out

zaml|čet < –čovat keep* a t. secret, conceal, suppress **–klý** taciturn, silent

zaml|ouvat (se) komu appeal to a p.('s taste) **–uvit < –ouvat 1** přejít pass a t. **2** = *zadat (si* for o.s.)

zamlž|it < –ovat (cover with / conceal in) mist / cloud, fog; obscure, uměle (smoke-) screen; *-ený* hazy, dull, cloudy

zámoří overseas, sg

zamoř|it < –ovat infest, taint, též radioakt. contaminate, přen. stále se tam objevovat haunt

zámořský oversea(s), jedoucí do zá-

moří ocean-going

zámotek cocoon

zámožný well-off, well-to-do, wealthy

zamrač|ený cloudy, člověk frowning, scowling, moping **–it (se)** v. *mračit (se)*

zamrz|nout < –(áv)at freeze* over, uváznout v ledu ice up, get* icebound, též přen. get* frozen / stuck; *-lý* ice-bound, *ne-ající* přístav icefree port

zamřížov|at < –ávat provide / furnish with bars / grating / rail(ing)s

zamykat v. *zamknout*

za|myslit se < –mýšlet se do* a bit of hard thinking, be lost / absorbed in thought; *nad čím =* uvážit co **–mýšlet** think* (of -ing), plan, design, mean*, intend

zanášet v. *zanést* ~ *se* čím = *zabývat se*

zanedb|at < –ávat neglect, a neučinit omit, disregard

zanedlouho = *zakrátko*

zanech|at < –ávat 1 leave* **2** = *nechat, vzdát se*

zaneprázd|nit < –ňovat occupy a p.'s time

zaneřá|dit < –ďovat mess / foul up, defile, poházením litter

za|nést < –nášet 1 co kam take*, vítr blow* **2** záznamem enter, post, register **3** ucpat block, stop up, fill **4** vejce mislay* **5** koho čím overwhelm a p. with

zánět inflammation, infection

zanevřít < na koho come* to hate a p., lose* all love for a p.

zánik extinction, neodvratný doom, = *záhuba;* konec end

zanik|nout < –at become* extinct, be destroyed / dissolved / abolished etc., přestat účinkovat cease, become* inoperative, o nárocích expire, lapse; **–lý** extinct

zanítit < inflame, fire, kindle ~ **se <** med. get* inflamed

zánovní as good as new

zaob|lit < –ovat round

zaokrouhl|it < **–ovat** round off; **–ený** round

zaopatř|it < **–ovat 1** = *opatřit* **2** koho čím provide / make* provision for a p.; **–ení** provision, maintenance, obživa sustenance, živobytí board and lodging

zaost|alý backward, duševně též dull, hovor., bez vervy stale **–at** < **–ávat** be / fall* behind

zaostř|it < **–ovat** focus, zašpičatit, vyhrotit point, zvýšit ostrost sharpen; **ne-ený** out of the focus

západ 1 slunce sunset, am. sundown **2** svět. strana west **3** zámku turn (of the key) ◆ *Divoký Z.* the Wild West

zapad|(áv)at v. **–nout –lý 1** sunken, hollow **2** sněhem snow-bound **3** odlehlý remote **4** ztracený z dohledu out of sight

západka latch

západ|ní western, West, westwardly, westerly (a srov. *jižní*) ◆ *Z. Indie* the West Indies, pl **–nický** Western, occidentalist

zapad|nout < **–(áv)at 1** fall* in / to a t., take* to cover, penetrate a t. **2** sink*, go* down, přen. sink* (into oblivion), nebes. těleso set* **3** do sebe fit together, zabírat be in mesh, zářezy a přen. dovetail, do celku fit in(to a t.) **–nout, –at** < **–ávat** sněhem be / get* blocked by snow

zápach offensive odour, (bad / nasty) smell

zapáchat = *páchnout*

zápal ardour, fervour, flush, med = *zánět*, tech. ignition ◆ *~ plic* pneumonia

za|pálit < **–palovat** light* (up), start (a fire), co set* a t. on fire, set* fire to a t., tech. ignite, k topení, kouření light* (up), přen. inflame, fire **–pálit se** < **–palovat se** light* (up), chytit catch* fire, přen. zardít se blush

zápal|ka (safety) match **–ný** inflammable, combustible, zapalující incendiary, fire (esp. bomb)

zapalova|č lighter **–t (se)** v. *zapálit (se)*

zapamatov|at si < **–ávat si** commit a t. to memory, keep* a t. in mind, remember a t.

zápas contest, match, pěstní fight(ing), ř.-řím. wrestling, přen. usilování struggle (o for) **–it** contend, fight, wrestle, struggle **–ník** contender, fighter, wrestler, pěstní boxer, pugilist

zapaž|it < **–ovat** stretch arms backward

zápecnický ignorantský, přízemní philistine, úzce lokálních zájmů parochial

zápěstí wrist

zápětí v. *vzápětí*

za|píchnout < **–pichovat** = *zabodnout*

zapíjet v. *zapít*

zapína|cí *špendlík* safety-pin **–t** v. *zapnout*

zápis entry, record, registration, na vys. školu matriculation, zjednání minutes, pl **–né** enrolment / entrance fee, am. initiation fee **–ník** notebook, memorandum book

zapisovat (se) v. *zapsat* **–el** registration clerk, registrar

zapí|t < **–jet 1** co A čím B take* / have / drink* B after A, finish a t. off with a t. **2** stvrdit pitím drink* on a bargain etc.

záplata patch

zaplatit v. *platit*

záplava 1 flood, odb. zátopa inundation, deluge, spate **2** expr. velké množství deluge

zaplav|it < **–ovat** flood, deluge, inundate, přen. též glut

zaplé|st < **–tat 1** = *zamotat, vplést* co, do čeho, (vlasy) plait / braid **2** co do čeho a učinit částí involve a t. / p. in a t., implicate, become* involved / entangled in a t.

zápletka incident, complication, liter. plot (vedlejší subplot)

za|pnout < **–pínat 1** na knoflíky button (up) **2** uvést v činnost start, vypínačem switch on, otočením turn on **3**

= *zapojit*

zápočet inclusion, škol. credit *(čeho* for)

započít|at < **–ávat** include, komu k dobru credit a p. with a t., komu k tíži charge a p. for / with a t. **–atelná** *služba* contributing service

zapoj|it < **–ovat** funkčně gear a t. (do to), throw* a t. into gear, do řetězce link up (with), elektr. plug in, telef. connect, get* / put* a p. through (s to) **–it se** < **–ovat se** join in, involve o.s.

zápolit = *zápasit*

zapo|menout < **–mínat** forget* a t. / about a t., co kde leave* a t. ♦ *u-padnout v -menutí* fall* into oblivion, a nebýt uplatňován be in abeyance **–mnětlivý** forgetful

zápor negation **–ný** negative

zaposlouch|at se < **–ávat se** *(do čeho)* become* absorbed (in a t.)

zapoší|t < **–vat** sew* up, close up the stitches

zapotřebí: *něčeho je* ~ a t. is necessary, *mít čeho* ~ = *potřebovat co*

zapouštět v. *zapustit*

zapo|vědět < **–vídat** = *zakázat*

zapovíd|at se < **–ávat se** let* time slip by while gossiping

zapracov|at < **–vávat** give* the required training

zaprášit < dust

zaprav|it < **–ovat** settle (an invoice), defray, pay* for a t.

zápražka browning

zaprod|at < **–ávat** sell*

za|přáhnout < **–přah(ov)at** zvíře strojit harness (do in), put* to, koho set* a p. to work

zapřená: *na -nou* incog(nito)

zapřísáh|lý sworn, confirmed **–nout (se)** < **zapřísahat (se)** = *zakli(na)t (se)*

za|příst < **–přádat** hovor. enter into conversation (s with)

za|přít < **–pírat** deny, renounce, nehlásit se k tomu disown **–přít se** < **–pírat se 1** deny one's presence

2 ovládnout se control o.s., master o.s.

za|psat < **–pisovat** take* down, put* down; do soupisu enter, enroll, book down, register, inscribe, enlist ♦ *být dobře / špatně -psán u koho* be in a p.'s good / bad n. black book(s); ~ *odchod / příchod* check out / in **–psat se** < **–pisovat se** sign on, na vys. školu be matriculated, register, enter one's name, v hotelu book in, pro vstup n. členství be / get* enrolled (in a course)

zapu|dit < **–zovat** drive* away, repel, reject, od sebe repudiate

zapůjč|it < **–ovat** = *půjčit*

zápůjčka = *půjčka*

zapůsobit v. *působit*

za|pustit < **–pouštět** sink*, vložit insert ♦ ~ *kořeny* strike* root, become* (firmly) rooted

zapuzovat v. *zapudit*

za|razit < **–rážet 1** hold* up, arrest, bring* a t. to a halt / stop, stop, check, restrain, inhibit, bar, block, hinder, stem, otočením turn off, přerušit cut* short, interrupt, přivést z konceptu puzzle, embarrass, nonplus, s trhnutím startle, o-brátit k horšímu cut* back, vývoj throw* back **2** co kam drive* a t. home, drive / thrust* a t. into... **–razit se** < **–rážet se** = *zastavit se*; před čím wince: v řeči pause **–rážející** startling

zármutek grief, = *smutek*

zárode|čný germinal, embryonic **–k** germ, embryo, přen. bud

zarostlý bearded, hairy, v. *zarůst*

zároveň at the same time, at one, spolu s along with, abreast with; viz též *současně* pod současný

zarputilý = *neústupný, tvrdohlavý, umíněný, vzdorovitý*

zaruč|it < **–ovat** warrant, give* a guarantee, secure; srov. *ručit za co* **–it se** < **–ovat se** undertake* a t., warrant a t., kaucí give* security for..., u soudu give bail for...

záru|ční (...of) guarantee **–ka** guarantee, security, warranty; kauce caution money, zabezpečující zařízení safeguard

zarůst < **–at** grow* over, = *zacelit se*

zarý|t < **–vat** dig* in; do koho **–t** = *rýpat*

zarytý crabbed, hardened, dogged, pevný staunch; = *zatvrzelý*

zář(e) radiance, glow, glare, flare, shine

zářez incision, cut(t)ing, notch, score, indent

zařez|at, zaříznout < **–ávat** cut* (an animal's) throat, kill ♦ *seděl jako -zaný* he was sitting dumbfounded **–at se** < **–ávat se** do čeho cut in(to a t.)

září September

zaří|ct se < **zařík(áv)at se** swear* to o.s. (*že ne* not to inf), make* a vow

za|řídit < **–řizovat 1** arrange (for) a t., vhodně lay* on, adapt, accomodate a t. to a t. **2** vybavit zvl. nábytkem furnish **3** = *zřídit* **–řídit se** < **–řizovat se** *na co* = *připravit se*

zařík(áv)at exorcise **~ se** v. *zaříci se*

zařík(áv)adlo magic formula

zaří|t > **za–** shine*, glow, glare, flare, beam, tech. radiate ♦ *nemoc ze -ření* radiation sickness **–vka** fluorescent lamp / tube / strip light **–vkové** *osvětlení* fluorescent tubing / lighting **–vý** shining, resplendent, nádherný splendid

zařízení 1 činnost arrangement, steps, pl, pro budoucno provision(s), pl), zřízení establishment **2** vybavení equipment, strojové machinery, works, pl, apparatus, zpříjemňující facilities, pl, convenience, v. *výbava, výstroj* **3** zapojované appliance, telekomun. set, bytu n. domu furnishings, pl, fixní installation(s, pl), vtipně vymyšlené contrivance

zaříznout v. *zařezat*

zas v. *zase*

zásada 1 principle, společenská canon, formulovaná maxim, v pořadí záměrů policy (zprav. v sg), *-dy* též code sg **2** chem. base, alkali ♦ *ze -dy* on principle, as a matter of (general) principle

za|sadit, –sázet < **–sazovat** set*, locate, uštědřit komu ránu deal* / strike* / give* a p. a blow, rostl. v *sázet* **–sadit se** < **–sazovat se** o co see* a t. through

zásad|itý basic, alkaline **–ní...** of principle, základní fundamental, podstatný essential; *-ně* pro všechny případy, in principle **–ový** highprincipled, ...of principle

zásah hit (e.g. direct hit), přen., zákrok intervention, interference (*do* with), do cizího encroachment (upon), infringement (of)

za|sáhnout < **–sahovat 1** co hit*, strike*, affect **2** intervene in, interfere with, encroach upon, infringe a t., bojově take* action (against), přen. do hovoru chip in, plést se do meddle with

za|sázet, –sazovat (se) v. zasadit (se)

zase again, pro změnu for a change; = *znovu*

zased|ací sitting (e.g. order), council (*síň* hall) **–ání** meeting, conference, sitting, session **–at 1** be in session **2** = *sedat si* **–nout** < **–(áv)at 1** sit* down **2** čí místo occupy (a seat), take* up **3** = *sednout si* **–nout si** < *na koho* be at a p.'s heels all the time

zasévat = *sít*

za|sílat v. *poslat* **–sílatel** forwarding (am. shipping) agent, forwarder **–sílatelství** forwarding (business), forwarding agents

zásilka consignment, kus parcel, article, peněžní remittance

zasít v. *sít*

zaskakovat v. *zaskočit*

zaskl|ít < **–vat** glaze

za|skočit < **–skakovat 1** kam call /

drop in (at a place, *ke komu on a p.*), nip round (to a place) **2** koho překvapivě take* a p. by surprise, catch a p. unawares, outflank ze zálohy waylay*, přen., ošidit double-cross **3** za koho stand* in / deputize for a p., act as substitute for a p., take* a p.'s place, div. understudy **4** jídlo go* down the wrong way

záskok stand-by, jump-back, jump aside, div. understudy

za|slat < **–sílat** = *poslat*

zaslechnout < catch*, ze skrytu overhear*

zaslep|it < **–ovat** oslnit daze, dazzle, blind(fold); *-ený* přen. heedless, blind(folded), láskou infatuated

zasl|íbit < **–ibovat** vow ♦ *-íbená země* the Promised Land

zaslouži|lý merited (artist) **–t (si)** deserve, úměrně k příčinění earn, merit **–t se** gain recognition for a t.

zásluha deserts, pl, merit, worth, credit ♦ *-hou* thanks to

zasluhovat = *zasloužit*

záslužný deserving, creditable, meritorious, praiseworthy

zasmušilý gloomy, glum, sullen

zasněný lost in dreams, dreamy

zasněžit < snow up / under, cover with snow (cf. snow-covered)

zasnít se < get* lost in (day-) dreams / reverie

za|snoubit < **–snubovat** engage a p.; ~ se become* engaged

zásnubní engagement (esp. ring)

zásob|a reserve, supply, store(s, pl) stockpile (s,pl) tajná hoard **–árna** storehouse*, storeroom **–it** < **–ovat** provide, supply (persons with things, things to persons), život. potřebami purvey, potravinami provision, přísunem materiálu feed*, zvl. palivem fuel **–it se** < **–ovat se** make* provisions, take* in stock, get* in a supply of, stock up (with) **–itel** supplier, purveyor **–ní** spare, reserve, = **–ovací** (...of)

supply **–ník** storage, tech. magazine, bin, (storage) tank, všeob. container

zasou|t < overwhelm **–vat** v. *zasypat*

zasp|at < **–ávat** oversleep*, přen. miss / let* slip (an apportunity)

zastánce advocate, defender; stoupenec adherent, supporter

zastar|alý obsolete, antiquated, outmoded, out-of-date, o věci módy old-fashioned, už příliš zapůsobivši inveterate, neužívaný... out of use **–at** < **–ávat** become* / grow* obsolete (etc. v. *zastaralý*), go* out of use

zast|at < **–ávat 1** vypořádat se manage / cope with a t., be up to, be equal to a t. **2** nahradit v práci stand* in for a p., replace a p., supply a p. **–at se** < **–ávat se** advocate a t. / p., plead / stand* up for a p., champion a p.'s cause; *-ání* (moral) support, defense (of a cause)

zástava 1 pledge, složená security (*na* for), pawn, deposit, u soudu bail, ve hře fortfeit(s, pl), srov. záruka **2** korouhev standard

zastavárna pawnshop

zastávat 1 sloužit za serve (the purpose of) úřad hold* / serve an office, as... **3** názor advocate, uphold*, support, srov. take* the view that... **4** v. *zastat* ~ se v. *zastat se*

zastav|ět < **–ovat** build* up **–it** < **–ovat 1** aby ustalo stop, postupující(ho) check, vývoj halt, vozidlo bring* a t. to a stop / halt / standstill, též koně pull / draw* up, co dosud pokračovalo discontinue, postavením překážky stem, otočením turn off **2** potlačit suppress, úř. příkazem suspend, soudní řízení abate **3** uzavřít close down, shut* down **4** dát do zástavy pawn a t., na hypotéku mortgage ♦ *-ení palby* cease-fire, *-ení práce* stoppage of work **–it se** < **–ovat se** (come* to a) stop

/ halt, come* to a standstill, kde stop / look / drop in, call (at a place, *u koho* on a p.), pro koho call for a p.; na čas v práci / řeči pause

zastávka 1 stop (*bez -ky* non-stop) **2** místo stopping-place **3** trati stop, lodi call, též na pochodu halt; během cesty, am. stop-over

zástěna screen

zástěr|a apron **–ka** dětská pinafore, přen. cover-up, pretext; blatníku mud-flap, splash-guard

zastesknout se v. *stýskat se*

zastihnout v. *(po-, při-)stihnout*

za|stínit < **–stiňovat** eclipse, overshadow, throw* a t. into the shade, postavit (se) do cesty v. *stínit*

zastoup|ení 1 representation **2** z úředního pověření procuration, zplnomocněním proxy ♦ *v* ~ by deputy, by prosy, vice, on / am. in behalf of a p. / t. **–it** < **zastupovat 1** cestu block **2** koho v čem supply, substitute, step into a p.'s job, jako zástupce z pověření represent, stand* proxy for a p.

zastraš|it < **–ovat** intimidate, terrorize, browbeat*, bully **–ovací** *(prostředek)* deterrent

zastr|čit, –kat < **–kávat** n. **–kovat** put* (in), sheathe, dveře bolt / bar, založením (prádlo, nohy pod židli) tuck (under), kam nepatří mislay*; **-čený** = *zapadlý*, **3** ♦ ~ *do kapsy* pocket et a t., ~ *do (elektr.) zásuvky* plug in

zástrčka v zámku bolt, elektr. plug ♦ *zasunout -ku* shoot* the bolt

zastrk(áv)at, –kovat v. *zastrčit*

zastřel|it v. *střelit* **–ovat se** v. *zastřílet se*

zastřeš|it < **–ovat** roof

zástřih cut (hair-cut), trim(ming)

zastřihnout = *přistřihnout*

za|střílet se < **–střelovat se** find* the range (of a gun)

za|střít < **–stírat** cover up, veil, cloak, disguise, obscure, blot out, mysl blur, obliterate

zástup crowd, throng, host, multitude

zástupce representative, deputy, delegate, agent, v době nepřítomnosti substitute, supply, film. stand-in; právní counsel, a obhájce barrister, solicitor, legal adviser, am. attorney-at-law ♦ ~ *ředitele školy* senior / second master; ~ *velitele* second-in-command; ~ *zaměstnanců* shop steward

zastup|itelský representative ~ *úřad* representation abroad (embassy, legation) **–itelství** agency **–ovat** v. *zastoupit*

za|sunout < **–sunovat** n. **–souvat** = *-zastrčit* **–sunovací** retractable

zásuvka drawer, na peníze till, elekt. socket

zasvě|tit < **–covat** dedicate, nováčka initiate (*do* into), v utajené let* a p. into a secret, círk. consecrate, slavně zahájit inaugurate

zasv|ítit < viz *svítit* **–ítit** < **–ít(áv)at** blesknout flash

zasvitnout < gleam, flash up; = *zasvítit*

zásyp 1 powder **2** vozovky metal, (road) ballast **3** krmivo zvěři feed, food

zasyp|at < **–ávat 1** jámu fill (in), pokrýt bury a t. (*čím* under...) **2** přen. overwhelm a p. with **3** zásypem powder (up)

zašantroč|it < **–ovat 1** haggle away, sell* off **2** přen. sell* cheap **3** krýt stash away **4** promarnit waste

záševek overcast, klínový dart

zášijek nape (of the neck), back of the neck

zaší|t < **–vat** sew* up, co do čeho sew* a t. up in a t., spravit mend, darn, (koho) slang. do vězení lock up

záškodn|ický, –ík terrorist, saboteur; střílející ze zálohy sniper **–ictví** terrorism, sabotage

záškrt diptheria

zaškrt|nout, –at < **–ávat** tick off, mark (off)

zašl|ápnout, –apat < **–apávat** tread* upon a t., tread* down, crush

zašlý bygone, gone by, past, zaniklý extinct, barva faded, shabby

zašmodrch|at < –ávat knot

zašroubov|at < –ávat screw up / in

zášť hatred, spite, zloba rancour

zaštepov|at < –ávat quilt, zalátat darn

záštita sponsorship, patronage = *ochrana, útočiště*

zatáč|et (se) v. *zatočit (se)* turn-(ing), bend, curve

zátah round-up

za|táhnout, –tahat v. *tahat* **–táhnout < –tahovat 1** pull in(to a t.), a pokrýt cover (up), záclony draw* **2** vozy pull in **3** nazpět retract pull / draw* back **4** koho do čeho draw* / drag / tug a p. in(to a t.), involve / implicate a p. in a t. **5** utáhnout draw* tight, tighten, fasten **6** uzavřít close **–táhnout se < –tahovat se** become* overcast; *-taženo* overcast

zatajení concealment

zátaras road block

zatažitelný retractable

zatem|nit < –ňovat darken, dim, o-brazovku fade, též voj. black out; *-nění* též mysli black-out **–nit se < –ňovat se** become* obscure, get* blurred **–ňovací** blackout *(roleta* curtain)

zaté|ci < –kat leak in(to a t.)

zatěž|kat < –kávat load **–kávací** zkouška load(ing) test **–ovat** v. *zatížit*

zatím in the meantime, meanwhile, prozatím so far, for the moment / present / meantime, for the time being, do tehdy by then, by that time **–co** while, kdežto též whereas **–ní** = *prozatimní*

zatínat v. *zatnout*

zátiší refuge, seclusion, retire-ment, = *zákoutí*, malířské still life

za|tížit < –těžovat 1 weight, bur-den, encumber, saddle **2** poplat-kem charge (*co* against), dluhem debit

zátka stopper, plug, cork

za|tknout < –týkat 1 vetknout fix **2** koho arrest, take* a p. into cus-tody

zátkovat > za– stopper, cork, put* a stopper on a t.

zatlač|it < –ovat 1 push / drive* back, vypudit oust **2** stlačit press down komu oči close a p.'s eyes

zatlou|ci < –kat 1 hřebík v. *tlouci*, = zarazit, vrazit **2** uzavřít nail(down) **3** slang. = *zapírat*

zatm|ění eclipse **–it (se) < –ívat (se)** = *zatemnit (se)*

za|tnout < –tínat hew* in(to...), bury (one's claws into...), pěsti n. zuby clench / set* one's teeth

zato 1 na oplátku in return, naproti tomu on the other hand **2** leč yet

zátočina 1 vody bend / curve, s klid-nou vodou backwater **2** = *zatáčka, zákrut*

za|točit (se) v. *točit (se)* **–točit < –táčet** = *zabočit*

zátoka inlet, cove, creek

zátopa = *záplava*

za|topit < –tápět 1 ohněm make* fire, light* up (a boiler), přen. komu make* hot for a p. **2** tekutinou = *zaplavit*

zatra|cený cursed, confounded, damned, bloody, blessed, hell / deuce of a... **–tit < –covat** con-found, curse, reject, repudiate

zatrh|nout, –at < –ávat, –ovat = *zaškrtnout; -nout* komu co stop a p. -ing a t.

zatrpklý bitter, vůči čemu embittered against a t., spiteful

zatuchlý musty (room), vzduch stale

zatvr|dit se < –zovat se harden one's heart **–zelý** intractable, stubborn, obstinate, obdurate, bez citu unfeeling

za|tykač warrant of arrest **–týkat** v. *zatknout*

zátylek scruff (of the neck)

zauč|it < –ovat initiate, v čem intro-duce a p. to a t.

zau|jatý bias(s)ed, loaded, partial, pre-possessed (in favour of...), prejudiced, concerned (for...); plně zaměstnaný absorbed in, concerned with a t.; -*jetí* concern (for...) **–jmout** < **–jímat** take* (up), assume, stanovisko take*, adopt, místo fill (in), occupy, a využít engage, plně absorb, držbu assume / take* possession of..., přen. pozornost engage / absorb / captivate

zauzl|it < **–ovávat** knot, tie (into a knot), = *zamotat*

závada defect, trouble, proti předpisům irregularity, flaw, fault ♦ *být na -du* čemu be prejudicial to a t.

zavádět v. *zavést*

zavadit < o co brush against a t., přen., v řeči touch a t. (lightly) in passing

závadný defective, objectionable, irregular, offensive, imperfect

zával propadnutí se caving-in, sinking; přen. wreckage; osob squeeze

zaval|it < **–ovat** cave / sink* / fall* in(to) a t.; overwhelm, bury **–itý** plump, thickset

závan prudký gust, waft, i přen. whiff

zavánět smell* (of decay), be turning bad; čím, přen. smack of a t.

zavař|enina preserve, jam, marmalade **–it** < **–ovat** boil a t., konzervovat preserve, do sklenic bottle **–it se** < **–ovat se** ložisko kola seize **–it si** to make* things difficult for o.s.

zavát < blow* over

zavazadlo brit. luggage, am. baggage (obojí bez pl) **–vý** luggage (*vůz van*, am. baggage car)

za|vázat < **–vazovat 1** v. *vázat* **2** k povinnosti bind*, oblige, engage a p. ♦ *být zavázán komu za co* owe a p. a t. **–vázat se** < **–vazovat se** (make* / take* a) vow, give* / pledge one's word to do a t., undertake* to inf

závaz|ek obligation, engagement, pledge, undertaking, úmluvou bond, polit. commitment, incumbent duty, ručení liability **–ný**

obligatory, binding

závaž|í weight **–ný** weighty, conseqential, ...of consequence, relevant (*pro* to), momentous, pádný cogent

zavd|at < **–ávat** příčinu give* cause for, be responsible for; ~ *si s kým* have a drink with a p.

závdavek earnest(-money), advance pay

zavdě|čit se < **–čovat se** oblige a p. with / by -ing, gratify a p. ♦ *vzít čím -k* make do with, put* up with a t.

zavedený (well-)established

závěj snow-drift

závěr 1 ukončení close, finish, úsudek conclusion, z domněnek inference **2** tech. closure, fastening, v. též. *uzávěr* ♦ *dělat -y* draw* conclusions, conclude, infer **–ečný** closing, final **–ka** = *uzávěrka*

závěs 1 hangings, pl, činnost hanging, opona curtain, drapery, sg **2** suspender, dveří hinge **3** vlek tow **4** sport. hanging on to a p.

zavě|sit < **–šovat** hang* up, put* down, replace (the receiver), suspend, do závěsu hinge, odb. cradle **–sit se** < **–šovat se** do koho hang* on to a p., take* a p. under the arm

závěsný pendent, suspension

za|vést < **zavádět 1** pevně zasadit install, uložením lay* (fixtures), protažením run* **2** zřídit set* up, establish **3** do společnosti apod. introduce, koho kam bring* / take* a p. in(to a place), svést mislead* **4** s něčím začít launch, start, institute, zahájit intiate **–vést se** < **–vádět se** establish o.s.

zavěšovat (se) v. *zavěsit (se)*

závěť (last will and) testament, will, přen. testament ♦ *bez -ti* intestate

závět|rný leeward **–ří** lee (side)

za|vézt < koho kam take* a p. (by car) to... **–vézt** < **–vážet** jámu fill (up)

závidě|níhodný enviable **–t** envy a

p., a p. a t.

za|víjet = *zavinout* **–vilý** confirmed, inveterate

závin apple turn-over / roll, strudel

zavináč 1 collared herring, sushi **2** hovor. the at sign (@), esp. as used with internet addresses

zavi|nit < **–ňovat** be(come*) guilty of, cause, do*, spáchat commit

zavin|out < **–ovat** wrap (up), enfold, dítě swathe, swaddle

zaviňovat v. *zavinit*

zavíra|cí closing (e.g. hour, time) ♦ ~ *špendlík* safety pin **–t** v. *zavřít*

závis|et depend (up / on a t.), be dependent (up)on a t. (*ne*- be independent of) **–lost** dependence **–lý** dependent (*na* (up)on a t.), na podmínce contingent; v podřízenosti subordinate

závist envy **–ivý, –ný** envious

závit thread, ozdoba scroll **–nice** scroll **–ník** (screw) tap, screwcutter

závlačka split / cotter pin, lock

zavládnout < set* in, begin* to rule, (begin* to) prevail

zavlaž|it < **–ovat** water, irrigate **–ovací** irrigation

zavlé|ci < **–kat 1** odvléci drag off, koho deport **2** chorobu bring* (in)

závod 1 podnikání undertaking, enterprise, podnik establishment, výrobní (production) plant, velký concern, úřad institution **2** soutěžení contest, race, competition; **-y,** pl race(s, pl) **–iště** athletic, field, race course, dráha track **–it** (enter a) race with a p., contend, compete **–ní 1** works, factory **2** racing ♦ ~ *běh* racing; *hrát -ně* be in a team; ~ *inženýr* works manager; ~ *klub* firm / employees' club; ~ *spoření* save-as-you-earn; ~ *stráž* factory gate-keeper **–ník** contestant, competitor, racer, runner

zavod|nit < **–ňovat, –ňovací** = *zavlažit, -ovací*

závoj veil

zavola|ná: *přijít jako na -nou* come* at just the right time **–t** v. *volat*

závor|a bar, zástrčka bolt, přes silnici turnpike, místní toll-gate, trati gate **–ka** parenthesis, pl -ses, am. též curve ♦ *hranatá ~* square bracket, am. bracket

závra|ť giddiness, dizziness **–tný** giddy, dizzy, med. vertiginous

zavrh|nout < **–ovat** repudiate, reject, condemn, ač je na to nárok disclaim

za|vřít < **–vírat** close, shut*; provoz shut* down; (vzducho)těsně seal off, otočením turn off ♦ ~ *hubu* shut* one's gob, shut* up; ~ *okenice* draw the shutters; ~ *závory* žel. lower the gates **–vřít se** < **–vírat se** close, shut*, sám od sebe fall* to, close by o.s.

zazátkovat v. *zátkovat*

zazdí|t < **–vat** wall up

zazlívat komu co take* a t. amiss / ill of / from a p., komu bear* a p. malice, co take* offence at a t., *ne*-take* a t. in good part

záznam record(ing), televizní telerecording, videotaping, z počítače print-out; burz. quotation, přístroje reading, z jednání memorandum zadávající reservation, booking, položka entry; srov. *zápis*

zaznamen|at < **–ávat** pro paměť record, place a t. on record, zanést enter, do seznamu list; note down, cenu / kurs quote, v utkání score, rozhl. transcript

zázra|čný miraculous, marvellous **–k** miracle, prodigy, wonder

zázvor ginger

zažádat (si) apply (*u koho o co* to a p. for a t.)

zážeh ignition

zažehn|at < **–ávat** ward off; ďábla exorcise

za|žehnout < **–žíhat** = *zapálit*, přen. kindle, inspire

zažírat se v. *zažrat se*

zaží|t < **–vat** = *zakusit, prožít*

(s)trávit (-*vání* digestion)
zážitek experience
zažíva|cí digestive, ...of digestion **–t** v. zažít
za|žrat se < **–žírat se 1** eat* into a t., corrode a t. **2** = *zakousnout se* do čeho; **–žraný** pro věc dyed-in-the-wool
zbaběl|ec coward, hovor. yellow-belly, chicken **–ost** cowardice **–ý** cowardly
zbah|nělost muddiness, stagnancy **–nělý** turned to mud, přen. stagnant
zbankrotova|t, –ný bankrupt
zbarvení colouring, tint, zvuku timbre, odstín hue
zbav|it < **–ovat** deliver / rid* / relieve a p. of a t., břemene get* off a t., take* a t. off a p.'s hands, hodnosti divest, též svléci strip a p. of a t. **–it se** < **–ovat se** get* rid / quit of a t., get* clear of a t., shed* a t., přesunem apod. dispose of a t.
zběh deserter **–lost** proficiency **–lý** good at, competent at, proficient, versed, dovedný adept, zkušený experienced (in a t.), expert in / at a t., conversant with a t. **–nout** < *zbíhat* odkud desert (a place), defect, od názoru secede **–nout se** < = *udát se*
zběsilý frantic, frenzied, mad
zběžný perfunctory, průběžný cursory, desultory (e.g. visit), casual (e.g. remark, look), sketchy (e.g. outline) superficial (e.g. knowledge)
zbídačet < become* impoverished / desolate
zbíhat v. *zběhnout*
zbláznit se < go* mad / hovor. crazy (*do koho / čeho* over / about / on), fall* for, go* off one's head, go* crazy after
zblízka at close quarters, closely
zblo: *ani zbla* not a jot or tittle
zbloudit < lose* one's way, od houfu go * astray *(-ilý* stray)
zblýsknout < hovor. catch* sight of
zbohat|lík upstart, nouveau riche

–nout v. *bohatnout*
zbojník outlaw, bandit, forest robber; rebel
zboží goods, pl wares, pl, movitý majetek effects, pl, merchandise, sg, commodity, **–ties** pl, hovor. stuff, jednotl. kus / druh article
zbož|ňovat adore, worship, idolize, přen. delight in a t. **–ný** devout, pious ♦ *-né přání* wishful thinking
zbraň weapon, *-ně* arms pl ♦ *dvojsečná ~* two-edged weapon; *střelná ~* fire-arm **–ovat** komu keep* a p. from -ing, = *bránit*
zbrklý rash
zbroj armour, výzbroj arms, pl **–ař** arms dealer, armaments king **–ařský** armaments **–it** arm; *-ení* armament ♦ *závody ve -ení* arms race **–ní** armament, arms ♦ *~ pas* fire-arms licence **–nice** armo(u)ry, arsenal **–ovka** munition factory, am. armory
zbrotit < stain (with blood) a v. *polít*
zbrožovat v. *brožovat*
zbrusu nový brand(spanking)-new
zbůhdarma for nothing
zb|ylý left over, remaining **–ýt** < **–ývat** be left, remain (-*ývá* there is... left, *komu* a p. has... left) **–ýt se** < čeho get* rid of a t., dispose of a t. **-ytečný** unnecessary, nadbytečný superfluous redundant, nežádoucí uncalled-for, useless, jalový idle ♦ *být ~* be (of) no use / good **–ytek** remainder, rest, bezvýznamný remnant, odpad scrap, *-ytky*, obch. odd and ends, job lots *není* **–ytí** there is no other way out **–ytnět** < **–ytňovat** become* hypertrophied
zcela quite
zciz|it < **–ovat** alienate
zčásti in part, partly, partially
zda whether, if; *~ ...či...* whether... or...
zdaleka u záporu a superl. by far
zdáli at a distance, from afar
zdali = *zda* **–pak** I wonder if
zdání semblance, appearance ♦

dobré ~ expert opinion; *nemít ani* ~ have no idea of...; *podle všeho* ~ to all appearance

zda|nit < **–ňovat** tax a p., assess *(kolik)* on a p. / t. **–nitelný** taxable

zdánlivý apparent, seeming, illusory, falešně ostensible, make-believe

zdar prosperity; = *úspěch*

zdarma free, for nothing, lid. free and for nothing, free of charge, gratis

zdárný prosperous; = *úspěšný*

zdař|bůh God speed (you); (miner's) hello **–ilý** = *úspěšný* **–it se** v. *dařit se*

zdát se 1 look like n. s adj, appear, seem (to be)... **2** ve snu dream* *(o čem* about a t.), představovat si v duchu dream* of a t.

zdat|nost capability, ability, efficiency **–ný** capable, able; efficient

zde = *tu* ♦ *Zde!* Present! Here!

zdech|lina carcass **–nout** < perish

zdejší... of the / this place, local, sídlem resident

zděšení alarm, panic, awe

zd|ít build* in brick / stone **–ivo** masonry, cihlové brickwork

zdivočelý wild, savage

zdlou|havý lengthy, tedious, slow **–žit < zdlužovat** lengthen, v čase prolong, prostorově elongate

zdobení zvl. šatů trimming, všeob. decoration, ornamentation

zdobit v. o– / vy|zdobit

zdokonal|it < –ovat perfect, innovate, refine

zdola = *zezdola*

zdol|at < –ávat overcome*, get* a t. under control, zachvátit get* hold of, gain mastery over; mocí prevail over..., master..., porážkou vanquish, conquer, a překročit surmount (difficulties)

zdomác|nět < –ňovat become* domesticated **–nit < –ňovat** domesticate

zdráha|t se be reluctant / slow (in-ing), hesitate, z mravních důvodů scruple **–vý** reluctant, grudging, hesitating, half-hearted

zdráv well, in good health, all right **–as Maria** Hail Mary, Ave Maria

zdrav|í health ♦ *na (vaše)* ~ cheers, your health, *připít (komu) na~* drink* a toast (to a p.), drink* a p.'s health **–ice** salute, s přípitkem toast **–it > po–** greet, formálně salute, vítat hail **–otní** (...of) health ♦ ~ *procházka* constitutional (walk) **–otnický** health, medical, tech. sanitary **–otnictví** health (-service) institutions pl, medicine **–ý** healthy, sound, a silný robust; zdraví prospěšný healthful, healthy, a k tomu určený wholesome, podnebí, místo salubrious, dobrý k vývoji salutary ♦ ~ *(lidský) rozum* common sense; *mít* ~ *kořen* have healthy blood; ~ *spánek* sound sleep

zdraž|it < –ovat raise the price of a t.; *-ení* rise in price(s, pl)

zdrcující crushing, overwhelming

zdrhnout < –ovat 1 zip (one's pants); pull (a noose) **2** utéct make a quick exit, get* the hell out, fold up, gather; slang. **3** cop out **4** v. upláchnout **–ovadlo** v. zip

zdrobněl|ina, –ý diminutive

zdroj source, možností resource, pl, = *pramen* ♦ ekol. *přímé, nepřímé* -e point, non-point sources: *obnova* -ů resource recovery; *obnovitelné* -e renewable resources; *přírodní* -e natural resources

združstevnit change / convert into a cooperative, collectivize

zdrž|enlivost restraint, reserve, continence, abstention, abstinence, přehnaná abstemiousness **–enlivý** (self-)restrained, reserved, continent, abstemious, abstaining **–et < –ovat 1** delay, hold* back, detain, **2** uložením omezení restrain *(koho od čeho* a p. from...) **3** koho na místě keep* a p. (long) **–et se < –ovat se 1** kde delay, be delayed / detained, setrvat stay *(How long will you be staying?)* **2** čeho abstain, refrain from a t. ◆ ~ *se hlasování* abstain (from voting) **–ovat se** kde stay, dwell*, keep*, váhavě linger, zahálčivě hang* about (am. around) ◆ *kde se teď -uje?* do you know his whereabouts?

zdřímnout si < have / take* a nap, doze / nod (off)

zdup|at < **–ávat** trample / crush underfoot

zdůraz|nit < **–ňovat** stress, emphasize, accent(uate), poukázat na to point out

zduř|et < **–ovat** get* swollen

zdůvod|nění (for) reasons **–nit** < **–ňovat** give* reasons / a reason for a t., substantiate; motivate

zdvih 1 motoru stroke **2** karty trick

zdv|ihnout (se) < **–íhat (se)** = *zvednout (se)* **–iž** lift, am. elevator, nákladní hoist

zdvojnásobit < double

zdvořilý polite, courteous, srov. *uctivý*

zdymadlo lock

ze v. *z*

zebr|a zebra **–ový** přechod zebra crossing

ze|ď wall ◆ *chtít hlavou prorazit ~* run* one's head against a wall; *jít ode zdi ke zdi* be hit-or-miss **–dník** bricklayer, a kameník mason

zejména particularly, especially, above all, před výčtem namely

zel|eň green (colour), v přírodě verdure **–ená**: *mít* **-nou** have the green light **–enáč** sucker, kniž. greenhorn **–enat** < **ze–** turn green **–enat se** < **za–** be green, grow* / get* green **–enavý** greenish **–enina** vegetables, pl, hovor. greens, pl, veg, sg. **–ený** green ◆ *Z~ čtvrtek* Maundy Thursday; ~ *stůl* conference / round table, přen. *politika od -eného stolu* armchair politics **–í** cabbage ◆ *kyselé* ~ sauerkraut **–inář** green-

grocer, produce salesman

zem|ák = *brambor* **–an** yeoman*, squire **–(ě) 1** územní celek country, pozemek land, část státu province **2** povrch země the ground, podlaha floor **3** prsť soil, earth **4** the earth **5** zeměkoule globe **–ědělec** agrarian, farmer **–ědělský** agrarian, agricultural, farming **–ědělství** agriculture **–ěkoule** globe, sphere **–ěměřič** surveyor **–ěpis** geography **–ěpisec** geographer **–ěpisný** geographical **–ětřesení** earthquake **–ězrada** high treason **–ežluč** centaury **–ina** earth **–itý** earthy **–ní** earth

zemřít < *zmírat* = *umřít; -elý* the deceased, *-lí,* pl the dead

zemský 1 provincial, regional, pozemský earthly, zeměp. terrestrial, světský mundane

zepředu from the front, osoby en face ◆ *pohled* ~ frontal view

zeptat se v. *ptát se*

ze|sílit < **–silovat 1** = *posílit* **2** v. *sílit* **3** tech. amplify, otočením turn up **–silovač** amplifier

zesinat < turn pale

zeslab|it < **–ovat 1** weaken, enfeeble, jakkoli omezit reduce **2** tech. otočením turn down

zesnout pass (away), decease

zespod(a, u) from below

zešeřelý gloomy, přen. blurred

zešílet < go* mad

zet¹ výslovnost písmena «z», am. z [zi:]

zet² gape, yawn

zeť son-in-law

zevlovat gape *(na* at), hang* about

zevn|ě externally, outwardly **–ějšek** = *vnějšek,* vzhled face, appearance **–(ějš)í** = *vnější* **–itř** from within

zevrubný detailed, minute

zevšed|nit < **–ňovat** hackney, make* commonplace

zevšeobec|nět < **–ňovat** become* generalized **–nit** < **–ňovat** generalize

ze|zadu from behind **–zdola** = *ze-*

spod

zfilmovat 1 make* a t. into a film, put* a t. on the screen **2** pretend, act

z|hasit < **–hášet 1** v. *hasit* **2** otočením turn off, vypínačem switch off **–hasnout 1** = *zhasit* **2** v. *hasnou*

zhlédnout < *see**, notice, zvl. v průběhu watch a t., look on a t.

zhlížet se observe o.s., fancy (*v čem* a t.)

zhloubi, zhluboka deep, hlubokým tónem with a deep voice, in a deep tone

zhnusit disgust ~ **se** become* a p.'s aversion; *-ený čím* disgusted at / with a t.

zhodno|tit < **–covat 1** učinit hodnotným valorize, upvalue **2** v. *hodnotit*

zhola absolutely, utterly

zhorš|it < **–ovat** make* a t. worse, worsen, deteriorate **–ení** deterioration

zhostit se < acquit o.s. of a t., též zbavit se

zhotovitelný producible, fabricable

zhoub|a bane a v. *zkáza* **–ný** baneful, pernicious, destructive, katastrofální disastrous, choroba malignant, pernicious

zhruba roughly, approximately

zhrzený jilted (e.g. lover), spurned (e.g. affection)

zhudeb|nit < **–ňovat** set* / put* a t. to music

zhu|sta = *často* **–stit** < **–šťovat** thicken, condense

zhýralý debauched, abandoned, licentious

zchátralý shabby, budova... in disrepair, též člověk decrepit

zchoulostiv|ět < **–ovat** make* a p. (more) touchy / squeamish

zchudlost poverty, impoverishment

zchvácenost breakdown, collapse

zchytra on the sly **–lý** astute

zim|a 1 období winter **2** chladno cold

♦ *je mi* ~ I am cold / chilly **–ní** winter ♦ ~ *spánek* hibernation **–nice** ague **–ničný** aguish, feverish, hectic **–ník** winter coat, great-coat, **–ostráz** box

zin|ek, –kový zinc

zip (= *zdrhovadlo*) zip fastener, zip, am. zipper

zírat gaze / stare / peer (*na* at), chtivě eye a t.

zisk gain (postupně nabytý gains, pl), úměrný investicím return, pay-off, úměrný výkonu earnings, pl, všeob. prospěch benefit, výnos profit, po úhradě margin (of profit), nabytí čehokoli acquisition

získ|at < **–ávat 1** nabýt acquire, get*, dobýt gain, k uspokojení dostat obtain, win*, úměrně k úsilí earn **2** koho win* a p. round, obcházením canvas, pro věc enlist a p., sell* a p. an idea **3** na čem make* a gain / profit on a t., profit by a t. ♦ ~ *prospěch* reap the benefit; ~ *přehled o čem* get* a clear view of a t.; ~ *půdu* gain ground; ~ *uznání* gain credit; ~ *zpátky* regain, ~ *v soutěži* win* / come back

zi|skuchtivý greedy of gain **–štný** egoistic, selfish

zít|ra, –ř(ješ)ek tomorrow **–řejší** tomorrow's

zív|nout < **–vat** yawn

zjedn|at < **–ávat 1** koho v. *jednat* **2** zařídit, zajistit secure (e.g. an order, validity)

zjednoduš|it < **–ovat** simplify

zjem|nit < **–ňovat** refine

zjet < *koho* dress / crack / shoot* down a p., tick / brown a p. off

zjev phenomenon, pl -na, přen., postava figure; = **–ení** apparition, ghost, přelud phantasm; bibl. revelation **–it** < **–ovat** reveal, disclose **–it se** < **–ovat se** appear; kde pravidelně haunt (a place) **–ný** apparent, obvious, plausible, overt, patent, = *zřejmý*

zji|stit < **–šťovat 1** též uvědomit si find out, a konstatovat state, úsilím ascertain, dojít k pevnému závěru establish **2** měřidlem take*, místo, kde je take*, místo, kde je locate, všeobecně určit determine **3** úředně existenci acknowledge, totožnost identify **–stitelný** ascertainable

zjizvený scarred

zkameně|lina fossil **–lý** fossilized, petrified **–t** freeze (with fear, surprise, etc.) a v. *kamenět*

zkáz|a destruction, ruin, wreck (and ruin), mravní corruption **–onosný** destructive, ruinous, fatal

zkažený mravně corrupt(ed), depraved, demoralized, jinak v. *kazit (se)*

zklamat očekávání fall* short of expectation, be a failure, selhat fail, fall* down, jinak v. *klamat* **~ se** < be disappointed

zkomolen|ina, **–ost** mutilation

zkostnatělý stiff, hard

zkouma|t > pro– co inquire / go* / search into a t., investigate a t., examine a t., inspect a t., look into a t., objevitelsky explore a t., kriticky peruse a t., přísně scrutinize a t., bod za bodem scan a t., sondovat probe into a t. **–vý** searching, scrutinizing

zkouš|et > vy– 1 prozkoumat examine, otázkami question, catechize, pokusem (put* to) test, try, give* a t. a trial **2** na sobě, též **> o–, ozkusit** try on **–et > zkusit** v. *zkusit* **–ka 1** o kvalitě proof, ,ano - ne' trial, pokusem test, prohlídkou n. otázkami examination, hovor. exam, osvědčí-li se tryout, šatů fitting, po provinění probation **2** div. apod. rehearsal **3** útrapa tribulation, suffering ♦ *na -ku* on probation / trial; *obstát při -ce*, *složit -ku* pass an examination: *podrobit se -ce* sit* for / undergo* an examination; *~ vytrvalosti* endurance test

zkrat short circuit

zkrátka short, rychle quick, až úsečně curtly, ~ (řečeno) in short, put* it simply ♦ *~ a dobře* the long and

short of it is...; *držet koho ~* keep* a tight rein / hand on a p.

zkrat|ka 1 abbreviation **2** cesty short cut **–kový** abbreviatory, přen. telegraphic (style) **–ovat** short (-circuit)

zkresl|it < –ovat distort, falsify, z vlast. hlediska slant, angle, svým výkladem misrepresent

zkroušený contrite

zkr|outit < –ucovat 1 turn (eyes), distort, wrench **2** komolit mutilate; **–cení** twist, distortion, wrench, mutilation

zkrvavit = *zakrvácet*

zkřehlý frozen stiff, numb

zkumavka test-tube

zk|usit < –oušet 1 = *zakusit*, začít, pustit se do čeho **2** učinit pokus try, attempt ♦ *ať si to -sí* let him do his worst; *-sit štěstí* try one's hand / luck; *co už něco -silo* it has seen service; *~ to po dobrém* try and settle a t. amicably **–usmý** trial, tentative; **–mo** též experimentally, empirically **–ušební** trial (testing), experimental, (...of) probation, (...of) examination, examining ♦ *~ doba* trial period, odsouzeného probationary period; *~ kámen* touchstone; *~ komise* board of examiners; *~ letec* test pilot

zkušen|ost experience (bez pl) **–ý** experienced, kvalifikovaný skilled, odborně expert (*v* at / in)

zlat|íčko sweetie, (golden) dearie, duck(ie), love(y) **–it > po–, vy–** gild* **–nictví** goldsmith's (shop) **–ník** goldsmith **–o** gold **–okop** gold-digger **–onosný** gold-bearing, auriferous **–otepec** goldbeater **–ovlasý** golden-haired **–ý** gold přen. golden; milovaný dear, dear old ♦ *~ člověk* absolute darling; *~ hlas* voice of gold; *~ hřeb* programu highlight, um. díla purple patch: *-á mládež* gilded youth; *-é oči (které to uvidí)* blind man would be glad to see; *-á* *ořízka* gilt edge(s); *-á střední cesta* golden mean; *není všechno zlato co se třpytí* all that glitters is not gold

zlé evil, *mít komu co za ~* blame a p. for a t.; *nemyslit nic -ho* mean* no harm; *oplácet zlo dobrým* return good for evil; *nic ve zlé(m)* no offence a v. *zlo, zlý*

zleh|čit < **–čovat** detract from, belittle, minimize, derogate from a t., na pověsti discredit a p., defame a p. **–ka** softly, gently, lightly

zlepš|it < **–ovat** improve, better, napravit (a)mend, novinkou innovate, nadlepšit ameliorate **–it se** v. *lepšit se* **–ovací** *návrh* staff suggestion, innovation / rationalization proposal **–ovat se** = *lepšit se* **–ovatel** innovator, improver

zletil- = *plnolet-*

zleva from the left(-hand side)

zlev|nit < **–ňovat** 1 cheapen, reduce 2 cenově klesnout cheapen, fall* / go* down in price; *-něný* at a reduced price

zlíbit se <: *-ilo se mu* he pleased / designed to inf

zlid|ovělý popularized **–ovět** popularize, become* common property

zlo evil, wrong, ill, harm páchané mischief; = *-řád* **–ba** wrath, hatred, anger, malice **–bit** 1 koho make* a p. angry, annoy, vex, irritate, worry 2 darebnostmi be naughty **–bit se** 1 be angry / cross *(na koho proč* with a p. about a t.), bother / fuss about a t. 2 s čím / kým trouble with a t. ♦ *ať se na mě p. B. nezlobí...* pace Mr. B. **–bivý** tiresome, dítě naughty **–bný** wrathful **–čin** crime, outrage, offence ♦ *těžký ~* serious crime **–činec** criminal, crook, *těžký ~* felon **–činnost** criminality, delinquency **–činný** criminal, těžce felonious, protispolečenský nefarious **–děj** thief drobný pilferer, kapesní pick-pocket,

kdo se vloupá housebreaker **–dějský** thievish **–dějství** 1 thieving, krádež theft 2 = *-dějna* **–duch** evildoer, villain, film. heavy

zlom break(ing) ♦ *~ století* turn of the centuries **–ek** fragment, mat. fraction ♦ *~ sekundy* split second **–enina** fracture **–it (se)** v. *lámat (se)* **–kovitý** fragmentary **–kový** fractional ♦ *-vá čára* fraction line

zlo|myslnost malice, spite, malignity; skutek mischief(-making) **–myslný** malicious, spiteful, malignant, vicious **–řád** nuisance, vice, abuse **–řečit** komu curse a p. **–st** anger, passion, spite ♦ *být k -sti* be enough to make a saint swear; *mít ~ = zlobit se; komu na ~* to spite a p.; *vylít si ~ na kom* vent one's anger on a p. **–stný** 1 peevish, fractious, irascible, cranky, jedovatě snappish, irritable, pichlavě waspish, výbušně choleric, nedůtklivě pettish, testy 2 rozzlobený angry, enraged, impassioned **–syn** scoundrel, villain

zlotřilý depraved, roguish, villainous, infamous

zlo|věstný ominous; zhoubný baleful, a tajemný uncanny **–volný** malevolent, evil-minded **–zvyk** bad habit

zlý cruel, bad*, evil*, nepříznivý ill*, na koho cross with a p., grim ♦ *je mi zle* I feel unwell / ill; *po dobrém nebo po zlém* by hook or by crook; *při nejhorším* at (the) worst; *~ úmysl* evil intention, malice; *zlá vůle* spite

zmáčet < wet / drench through, soak, steep

zmáčknout = *stisknout*

zmáhat v. *zmoci*

zmalovat koho give* a p. a good going-over **~ se** make oneself up, put on makeup

zma|r ruin; = *zhouba, zkáza* **–řit** v. *mařit*

zmate|čný 1 (null and) void 2 =

zmatený, popletený –k confusion, muddle, disturbance, disorder, vyšinutí z normálu derangement, silné vzrušení perturbance **–ný** confused, muddled, deranged, fussy

změkčilý effeminate

změn|a change, menší alteration, textu amendment, úprava modification, obrat turn ♦ ~ **stran** sport. change-over; ~ **trestu na podmíněný** suspension of a sentence **–it (se)** v. měnit (se) **–itelný** alterable

zmenš|it < **–ovatel** lessen, reduce, contract, abate, postupně decrease, na nejmenší míru minimize **–šit se** v. menšit se **–ovat se** = menšit se

zmeškat < miss, lose*

změť tangle

zmetek výrobek reject, abortion, -tky, pl spoils, pl, spoiled work, spoilage, waste

zmije wiper

zmín|it se < **zmiňovat se** o čem mention a t., referent to a t., náznakem allude to a t., hint at a t. **–ka** o čem, čeho mention of a t., reference (to), náznakem allusion (to), hint (at)

zmírat v. zemřít

zmírnit 1 defuse **2** v. mírnit (se)

zmítat (se) toss about

zmize|lý gone, lost **–t** v. mizet

zmlk- v. umlk-

zmoc|i < **zmáhat** = zdolat, přemoci, unavit **–něnec** (authorized) representative, agent, attorney, státu commissioner, srov. zástupce **–nit** < **–ňovat** authorize, empower, commission, a vydat accredit, jako zástupce delegate (powers to) a p. **–nit se** < **–ňovat se** seize, get* possession of a t., cit master, uzurpovat monopolize

zmoudřet < grow* wise, acquire wisdom

zmožený worn out, done in, flagged out, exhausted

zmrzlina icecream, sherbet (druh -ny flavour of icecream)

zmučit < torture to death

zmuži|lost courage, heart **–lý** courageous **–t se** < take* (or pluck up) courage / heart

znač|it mít význam = znamenat **–it** < **o– 1** = značkovat **2** učinit patrným indicate, blíže a přesně specify, k funkci designate, vybrat a odlišit earmark, nadpisem inscribe, jakoby cejchovat stigmatize; označení = značka, znak **–it (si)** < **po–** = znamenat (si) **–ka** mark, character, symbol, mat. sign, chem. formula; zboží brand, výrobek make; připojená label, zavěšená tag ♦ dopravní ~ traffic sign, na vozovce road marking; korektorská ~ proof-reader's mark; ochranná ~ trade-mark; turistická ~ tourist sign / mark **–kovací** marking **–kovat** < **o–** mark, jakoby vpálením brand, vtiskem stamp, jinak trvale blaze, písmenem letter, znakem sign, jako přezkoušené check **–kový...** of marks, marking, o zboží branded **–ný** considerable, appreciable, slušně velký fair, sizable, noticeable, substantial

znak 1 sign, mark, třídy / kategorie, též odznak badge; symbol symbol, výsostný emblem, stylizovaný device, erb coat-of-arms, characteristic, feature **2** záda back; sport. backstroke

znal|ec connoisseur, expert, adept in a t., specialist, vyškolený student / scholar, zběhlý expert **–ecký** expert **–ost** knowledge, bez pl, insight, vědění o čem cognizance, obeznámenost acquaintance, familiarity (čeho with a t.), praktické -ti know-how, jen sg **–ý** čeho (well-) informed about a t., acquainted / familiar with a t., vědoucí to cognizant of a t. ♦ ~ **světa** wordly-wise

znám(á) v. známý

znam|enat (si) < **po–** note a t., make* a note of a t., letmo jot (down) **–enat 1** mít význam mean*, stand* for, signify, a tedy vyvolávat convey, import, a mít za nutnou součást involve, a hned vyvolávat entail **2** mít závažnost signify **.** carry weight) **3** mířit kam purport, k urč. výkladu denote ♦ *to -ná* that is to say..., *to nic ne -ená* it is of no importance **–enat > za– 1=** všimnout si **2** na burze quote, be quoted (at...) **–ení** sign, signal, předzvěst presage, dobré ~ happy omen, zlé ~ portent, na důkaz token; = *značka, znak* ♦ *dát komu* ~ sign(al) to a p.; *na* ~ *čeho* in signtoken of a t.; *výstražné* ~ danger signal; *zastávka na* ~ request stop; *zvláštní* ~ special mark **–enitý** excellent, distinguished, remarkable, noted, rare **–énko** mark, ...of note, mat. sign; ♦ *mateřské* ~ birth mark

znám|ka mark, sign, trace, příznak symptom, vytištěná (též pošt.), vyražená stamp, am. grade, kontrolní check, markovací counter, přivěšená tag; = *značka, znamení* ♦ *poštovní* ~ postage stamp; ~ *života* sign of life **–kovat > o–** mark, pošt. -kou stamp **–ost 1** familiarity of a t., general knowledge, notoriety, a uznávanost recognititon **2** známý acquaintance ♦ *uvést co ve* ~ make* a t. public / known, publish, advertise a t. **–ý** *adj* wellknown, dobře povědomý familiar *(komu* to p.), zvl. nechvalně notorious; = *znamenitý* ● *s* friend, acquaintance

znárod|nit < –ňovat nationalize ♦ *vyjmout ze -nění* de-nationalize **–ňovací** (...of) nationalization

znásil|nit < –ňovat violate, ženu rape, ravish

znát 1 know*, have a knowledge of, be acquainted / familiar with (*neznat*, též ignore a t., be ignorant of a t.) **2** = ~ *se s kým* ♦ *je na něm... ...is* unmistakable; *dal mi* ~ he gave me to understand /

feel...; *nedal na sobě* ~ he gave no sign of... ~ **se 1** sám sebe know* o.s. **2** s kým know* a p., meet*, have met, vzájemně know* each other **3** k čemu profess a t., ke komu acknowledge a p. *(neznat se ke komu* not / fail to acknowledge a p., cold-shoulder a p.)

znatelný = *patrný*

znavit = *unavit*

znázor|nit < –ňovat 1 represent a t. **2** názorně ukázat demonstrate, vylíčit depict, jako příklad illustrate

zneči|stit < –šťovat soil, proniknutím nečistot pollute, contaminate, tak zbavit přijatelnosti vitiate, poskvrnit defile, poházeným litter **–šťovatel** pollutant, polluter

znečištění pollution; ~ *ovzduší* air-pollution; *kontrola* ~ pollution control; *zdroj* ~ source of pollution

znehodno|tit < –covat devalue, depreciate, debase, poškozením impair, zhoršit deteriorate

znehyb|nět < –ňovat become* immobilized / paralyzed **–nit < –ňovat** immobilize, paralyze

znechu|tit < –covat disgust, make* a p. loathe a t. **–tit si < –covat si** co take* a dislike to a t., loathe a t.; **–cený** fed up, sick / tired *(čím* of a t.)

zneklid|nět get* / feel* uneasy, become* alarmed / disturbed **–nit < –ňovat** make* a p. feel uneasy, disquieten, alarm, disturb, unsettle, discompose, stálým dorážením harass

znelíbit se < komu arouse dislike in a p., fall* into a p.'s disfavour, lose* a p.'s favour

zněl|ka sonnet, rozhl. sign, theme / tune / song, signature *(závěrečná* ~ sign-off) **–ý** voiced, zvučný sonorous

znemož|nit < –ňovat make* / render a t. impossible, wreck a t. a v. mařit; *někomu něco* ~ make* a p. unable to do a t., disable a p.

from -ing, wreck a p.'s..., *koho* incapacitate a p. for / from a t., *společensky* discredit a p.

znemrav|nit < **–ňovat** make* a p. immoral, *zkazit* corrupt (the morals of) a p.

znenadání unexpectedly

znění wording, reading, tenor, version *a v.* znít

znepokoj|it < **–ovat** disquiet, alarm, put* a p. out, make* a p. (feel*) uneasy / uncomfortable

znepřátel|it < **–ovat** set* A against B, make* A and B enemies, cause enmity between A and B; ~ *si koho* fall* foul of a p., antagonize / cross a p. **–it se** < **–ovat se** fall* out

znepříjem|nit < **–ňovat** make* a t. unpleasant *(komu* to / for a p.)

znervóz|nět become* nervous, get* cold feet, get* jittery / the jitters **–nit** < **–ňovat** flurry, set* a p.'s nerves on edge, rattle

znesnad|nit < **–ňovat** make* a t. difficult *(komu* for a p.)

znesvářit se < *s kým* fall* out with a p.

znesvě|tit < **–covat** violate, desecrate, profane

zneškod|nit < **–ňovat** make* / render a t. harmless, neutralize, soften up, *voj.* dispose of a t.

znetvoř|it < **–ovat** deform, throw* a t. out of shape, distort

zneuctí|t < **–vat** dishonour, disgrace, violate; = *znásilnit*

zneuzn|at < **–ávat** fail to acknowledge / appreciate / recognize, *opominout* neglect

zneuží|t < **–vat** make* ill use of, abuse, misuse, *přen.* trespass (on a p.'s leisure), presume (on a p.'s good nature); *a použít nesprávně* misapply

zne|vážit < **–važovat** depreciate, disparage

zničující scathing, smashing, withering, damning: = *ničivý*

znít < **za–** sound, *zvučně* ring*, resound ~ *jak* sound, *podle textu* run*, read*;

znov|a, –u again, once more; *nanovo* afresh, anew, newly ♦ *nabýt* ~ recover **–uzrození** rebirth, revival

znudit = *unudit*

zob|ák bill, *i přen. o nose* beak **–at** < **se–, se–nout** peck / pick up **–nout** < **–at** *do čeho, i přen.* do jídla peck at a t.

zobec|nit < **–ňovat** generalize

zobraz|it < **–ovat** figure, depict, feature **–ovat** *představovat* present, stand* for

zocel|it < **–ovat** steel

zočit *kniž.* = *uvádět, spatřit*

zodpov|ědět < **–ídat** *co* = odpovědět *na co* **–vědn–** = odpovědn–

zohav|it < **–ovat** disfigure, mangle, mame, mutilate

zohyzdit *v. hyzdit*

zóna zone

zoo|log zoologist **–logický** zoological (*-ká zahrada* *též* zoo) **–logie** zoology **–technik** cattle-breeder

zorn|ice, –ička pupil (of the eye) **–ý** *úhel* visual angle, *přen.* angle, point of view

zosob|nit < **–ňovat** impersonate, personify, = *ztělesnit*

zostouzet *v. zostudit*

zostra sharply, *rychle* sharp

zostu|dit < **–zovat, zostouzet** defame, discredit, dishonour

zošklivi|t < **–ovat** = *znechutit*

zotav|ená recreation, holiday ♦ *jet na -nou* take* one's holiday **–it se** < **–ovat se** recover, recuperate, convalesce, *popadnout dech* take* (breath) **–ovna** holiday home, sanatorium, convalescent home, hotel

zoub|ek 1 little tooth **2** *mech.* jag, *záchytný* tab, *kola též* cog **–kovat** toothe, indent, *známku* perforate, *nepravidelně* jag

zoufa|lost, –lství despair **–lý** desperate, *bídný* wretched **–t (si)** despair *(nad, pro* of) ♦ *je to k zou-*

fání it is enough to drive one mad

zou|t < **vat** co take* off, koho take* off a p.'s shoes **–t se** < **–vat se** take* off (one's) shoes

zpaměti by heart, from memory, otrocky by rote

zpát|eční return (e.g. ticket), domů homeward, ...home, obrácený reverse, back (e.g. brake) **–ečnický** reactionary **–ečnictví** reactionary tendencies / views **–ky** = *nazpátek*

zpěčovat se demur, balk, jib (*čemu* at a t.), z vnitř. odporu scruple to inf, boggle at a t.; = *zdráhat se*

zpeněžit realize, sell*, turn into cash, convert into money

zpestřit diversify, make* varied, vary

zpět back (povel As you were); = *nazpátek* **–ný** regressive: = *zpáteční* ♦ **–ně datovat** backdate, antedate; ~ *náraz* kick-back; *-ná vazba* feedback

zpěv singing, song **–ácký** singing, singers' **–ačka** woman* singer = **–ák** singer, pouliční songster, kabaretní artise **–avý** = *-ný* 2 **–ník** song-book, kostelní hymn-book

zpev|nit < **–ňovat** reinforce, strengthen, stiffen, harden, aby nekolísalo stabilize

zpěv|ný singing, musical, melodious **–ohra** singspiel, opera

zpí|t < **–jet** make* a p. dead drunk; = *opit (se, v. opit* se)

zpívat > **za–** sing*, zvl. nábož. chant

zplakat grieve, cry ♦ ~ *nad výdělkem* be the loser, come* to grief

zplihnout < become* flabby / limp, a viset droop

zplnomoc|nit < **–ňovat** = *zmocnit*

zplodi|na waste product **–t** v. *plodit*

zploš|tit < **–ťovat** flatten (out)

zplynov|ač carburetter **–ání** pod zemí gasification

zpo|cený sweating, perspiring, all of a sweat **–tit (se)** v. *potit (se)*

zpod from under / beneath

zpodob|it < **–ovat** portray, = *zobra-*

zit

zpochyb|nit < **–ňovat** cast* doubt (up)on a t.

zpola half, halfway

zpolitizování politicization

zpomal|it < **–ovat** slow down, retard, reduce the speed, slacken (the pace) ♦ *-ený film* slow-motion picture

zpopel|nit < **–ňovat** cremate

zpov|ěď confession **–ědní**, **–ědnice** confessional, confession box / booth **–ědník** confessor **–ídat** > **vy–** confess a p., hear* a p.'s confession **–ídat se** > **vy–** confess (one's sins to a p.)

zpovzdálí from afar

zpoza from behind

zpozdi|lý preposterous **–t** < **zpožďovat** delay, retard, defer; *-žděný ve vývoji* belated, late, retarded, proti řádu / plánu overdue **–t se** < **zpožďovat se** be / get* delayed; get* / be behind (one's) time, be late; proti plánu, jízdnímu řádu be overdue, be behind schedule, hodiny be slow (e.g. be 3 minutes slow), have lost (3 minutes); lag behind; *-ždění* delay, mít... proti řádu / plánu be overdue, be delayed

zpracov|at < **–ávat** work (up), půdu cultivate, umělecky treat, knihu compile, provést execute, podrobně elaborate; v počítači process; přen. koho cultivate, prepare a p.; využít exploit, utilize **–atel** compiler, elaborator **–atelský** ...of industry (~ *průmysl* processing industry (-ries, pl) (zvl food processing industry)

zprava from the right(-hand side)

zprá|va report, pravidelně vykazující return, výčet, vylíčení account (o of), relation, krátká note, oznámení information (bez pl) vzkaz, poselství message, v rozhlase (news) bulletin, am. newscast ♦ *dostat od koho -vu* / *-vy* hear* from a p.; *důvodová ~* official motivation; *podat -vu o* report on a t., give* an account of a t.; *poslední -vy* latest news, ~ *v*

novinách stop-press (news)
zpravidla as a rule
zprav|it < **-ovat** inform a p. (*koho / o čem* of / about a t.), send* a p. a message, uvědomit notify a p. (of a t.), let* a p. know, aby se zařídil advise a p. (up)on a t., aby byl plně informován post a p. **-odaj** reporter, urč. oblasti cover boy, am. coverer, parl. rapporteur, stálý correspondent; časopis bulletin ♦ *být -jem pro urč. oblast* cover a t. **-odajský** reporter's, reporting, news ♦ *-ká služba* reporting service, news agency, *tajná -ká služba* intelligence service **-odajství** reporting, press / news service; zprávy souhrnně news summary sg
zpražit < koho take* a p. down a peg or two, vynadat mu tick a p. off
zproněvě|ra defalcation, embezzlement, peculation, misappropriation, malversation, někomu perfidy **-řit** < **-řovat** embezzle, defalcate, peculate, misappropriate **-řit se** < **-řovat se** betray (*věci* a cause); **-řilý** perfidious **-řitel** embezzler, defalcator, peculator
zpropadený confounded
zpro|stit < **-šťovat** trestu acquit, břemene exempt, absolve, tlaku relieve a p. of a t., prominutím excuse a p. (from) a t. ♦ *-štění obžaloby* acquittal, verdict of non-guilty
zprostředkova|t(el) v. *prostředkovat(el)* **-cí** *kancelář* labour exchange, employment agency / exchange
zprošťovat v. *zprostit*
zprudka = *prudce*
zprůmysl|nit < **-ňovat** industrialize
zprvu at first
zpředu = *zepředu*
zpřes|nit < **-ňovat** give* precision to a t., define a t. (more) precisely
zpříma straight, openly, vztyčeně upright, erect(ly), do očí fixedly, hard,

full; = *přímo*
zpupný arrogant, hovor. cocky, drze insolent, contemptuous
způsob way, manner, method, mode, fashion, postup process; jaz. mood: **-y**, pl chování behavior, mannerisms pl ♦ *na ~, po -u* after / in the fashion; *tímto -em* in this way; *na žádný ~* by no means, in no way **-ilost** qualification, competence, capability, capacity, k právnímu úkonu capacity to legal acts **-ilý** qualified, competent, fit, able, capable ♦ *~ letu* airworthy; *~ plavby* seaworthy; *být ~ se usnášet* forming a quorum **-it** v. *působit* **-ný** mannerly, well(-mannered), well-bred *být ~* behave o.s. **-ovat** = *působit*
zpustlý 1 člověk immoral, corrupted, demoralized **2** místo desolate
zpyt|avý searching **-ovat** search
zračit se be reflected / shown
zrada betrayal, treachery, polit. sell-out, vůči vládnoucím treason
zrádc|e traitor (*čeho* to) **-ovský** treacherous, treasonable
zra|dit < **-zovat 1** betray, go* back on a p., let* down a p., opustit forsake* **2** koho od čeho dissuade, discourage a p. from a t.
zrádný treacherous, traitorous, věrolomný perfidious, false, cokoli prozrazující tell-tale
zrak sight, vision **-ový** visual, optic, ocular
zralý ripe, mature, příjemně mellow ♦ *po -lé úvaze* on mature consideration
zrána in the morning
zra|nit < **-ňovat** = *poranit*: **-něný** adj voj. casualty **-nitelný** adj vulnerable
zrát > **u-**, **vy-** ripen, mature
zrazovat v. *zradit*
zrc|adlit se be mirrored **-adlo**, **-átko 1** mirror (*čeho* to a t.), (looking-)glass, film. reflector **2** polygr. type area / page **-adlovka** reflex camera **-adlový** (...of a)

mirror ♦ -vá síň hall of mirrors;
-vé sklo mirror glass

zrn|í grain(s pl) **–itý** granular, tak vyrobený granulated **–o** corn, grain; mince grade, content ♦ ječné ~ sty(e)

zrod birth ♦ ve stadiu -u nascent **–it (se)** v. rodit (se)

zrovna = právě, naschvál

zručný handy, skilful, adroit, dexterous, řemeslně workmanly

zrůd|a monstrosity, freak of nature **–ný** monstrous, deformed

zrychl|it < **–ovat** speed* up, accelerate

zrz|avý red-headed, **–ek** red-head, ginger, sandy

zřejmý evident, manifest, obvious, unmistakable, undeniable, neskrytý open, overt, patent; = patrný, zjevný; -mě plainly, obviously, on the face of it; je (docela) -mé it stands to reason

zřeknout se v. zříci se

zřetel 1 respect, regard (na to), uvážení consideration (of) 2 = ohled ♦ bez -e na irrespective of; brát ~ na co consider a t.; mít co na -i keep* a t. in view, bear* a t. in mind; nepustit co ze -e keep* one's watchful eye on a t.; pustit co ze -e leave* a t. out of account; se -em k / na considering, with / having respect / regard to a t., in view of a t., with an eye to a t.; se -em k tomu in this connection **–ný** 1 distinct, clear, explicit, zrakově lucid, perspicuous 2 = patrný, zřejmý

zřícenina ruin

zří|ci se < **–kat se** renounce repudiate, waive, disclaim, abandon, for(e)go*, give* up, forbear* a t., funkce abdicate, přísahou abjure; obejít se bez toho dispense with a t.

zřídit < **zřizovat** 1 set up, institute, establish, constitute, organize 2 něco uvést do nepořádku make* a mess / hash of a t., fušersky bungle a t. 3 přen. koho, zmlátit belabour a

p., beat a p. black and blue

zřídka(kdy) seldom, rarely, infrequently

zřídlo (mineral) spring, přen. source a v. zdroj

zřít > **u–** see*, behold* **–elnice** = zornice

zřízen|ec servant, assistant **–í** společenské system, řád establishment; zemské constitution

zřizovat v. zřídit

zté|ci < **–kat** storm, take* a t. by storm

zteč storm

ztěles|nit < **–ňovat** impersonate, embody

ztenč|it < **–ovat** 1 impair (a p.'s rights) 2 zmenšit reduce, lower, přen. attenuate

ztepilý tall, gaceful, štíhlý svelte

ztěž|ka with difficulty **–ovat** v. ztížit

zticha = tiše ♦ být ~ be / keep* silent

ztížit < **ztěžovat** aggravate, make* a t. difficult / hard

ztotož|nit < **–ňovat** identify **–nit se** < **–ňovat se** endorse (s názorem an opinion)

ztraceno: do -na taperingly, taperwise ♦ jít do -na fade out / away, tail away, lose* o.s., ubíhat do -na dwindle; vybíhat do -na taper (off)

ztrácet se 1 jít do ztracena v. ztraceno 2 v. ztratit se

ztrápený = utrápený

ztráta loss (na in), postupně vzniklá waste, bez pl, škoda též damage, propadnutím forfeiture, na lidech, voj. casualty ♦ ~ času waste of time; pod -tou on / under pain of; se -tou at a loss

ztr|atit < **–ácet** lose*, za trest, jako nutný důsledek forfeit (a right) ♦ ~ čas waste time; ~ hlavu lose* one's head; ~ mysl lose* heart, despond; ~ nervy get* in a state (kvůli about); ~ z očí lose* sight of a p. / t.; ~ odvahu lose* heart; ~ rovnováhu be thrown off one's balance; ~ *rozum* lose* one's senses; ~ *za koho slovo* put* in a word for a p.; ~ *na váze* lose* weight; ~ *vědomí* pass out, suffer a black-out ~ **se** < **ztrácet se** get* lost, sejít z cesty go* astray, přen. hovor., odejít make* off a v. *mizet* **–atné** compensation

ztrátový unprofitable, loss-making; idle (e.g. time)

ztrhat < 1 break* a horse's wind, ochromit founder, lame, až praskne burst*, přepnout strain **2** zničit break* / pull down, kriticky slate, slash a v. *trhat*

ztroskotat loď shipwreck, be shipwrecked, přen. split* (*na* on) jednání apod. break down, plán fall through

ztrpčit < embitter

ztřeštěný crazy, crack(-brain)ed

ztuha tight(ly), hard; = *ztěžka*

ztuchlý musty, fusty

ztuž|it < **–ovat** reinforce, vzpěrou brace, vnitřně stiffen, klížidlem size

zub tooth*, klíče, závitníku bit ♦ *bolí mě -y* I have (a) tooth ache; ~ *času* ravages of time; *dělat si -y na co* feel* like having a t.; *držet jazyk za -y* hold* one's tongue; *něco na* ~ something to eat; *-y nehty* tooth and nail; *zatnout -y* set* one's teeth **–ačka** cogwheel / rack-railway **–ař** dentist **–ařský** dental **–ařství** dentistry **–atý** toothed, s nerovnými zářezy jagged, dented **–it se** > **za–** grin **–ní** tooth, med. dental ♦ ~ *kartáček* toothbrush; ~ *lékař* n. *technik* v. *zubař*; ~ *pasta* toothpaste; ~ *prášek* tooth powder; ~ *středisko* dental clinic

zubožený miserable, bídný wretched

zúčast- v. *účast-*

zúmysl- v. *úmysl-*

zúplna v. *plně, zcela*

zurčet purl, bubble

zúročit(elný) = *úročit(elný)*

zúrod|nit < **–ňovat** fertilize, celin reclaim

zuři|t rage, be furious, be (getting) mad **–vost** rage, fury, ferocity, frenzy **–vý** raging (mad), ferocious, furious, frenzied, frantic; vášnivý passionate

zůst|at < **–ávat** stay, put* up, nejít s jinými remain, trvat continue, na kom rest with a p. / in a p.'s hands, při čem keep* / stick* to a t., *při tom –alo* this was settled / agreed ♦ ~ *u aparátu* hold* the line; *-al komu na krku* he is landed / saddled with a t.; ~ *na* / *přes noc* stay the night; ~ *bez povšimnutí* escape notice; ~ *za čím* fall* short of a t., ~ *za kým* v závodě fall* behind a p.; **–ávat 1** stay **2** pozadu lag behind; ~ *po škole* be kept after school; ~ *stát* = zastavit / zarazit se; ~ *vdovou* be left a widow; ~ *vzhůru* sit* up; ~ *naživu* survive, be spared **–atek** balance, remainder, nedoplatek, nedodělek arrears, pl **–ávat** kde reside, jinak v. *zůstat* **–avit** < **–avovat** leave* (dědictvím a p. a t. = bequeath a p. a t., nemovitost devise), nechat osudu abandon **–avitel** testator, nemovitosti devisor

zušlech|tit < **–ťovat** refine, cultivate

zužitkov|at < **–ávat** utilize, make* use of

zužovat (se) = *úžit (se)*

zvadlý faded apod. v. *vadnout*

zvát > **pozvat, sezvat** ask, invite; koho někam k pohoštění ask a p. out to (e.g. tea), a zaplatit útratu treat a p. (*na* to); předvolat summon ~ **se** = nazývat se, jmenovat se

zvěcnit < reify, materialize

zvečera early in the evening

zvěč|nělý, –nělá the deceased **–nit** < **–ňovat** perpetuate, immortalize

zvěd spy, scout

zved|ací lifting, hoisting, heaving **–ák** (lever-)jack, lifter, hoist **–at (se)** v. *zvednout (se)*

zvěd|avec curious fellow, přihlížející

bystander, dívající se na nedovolené peeping Tom **–avost** curiosity, inquisitiveness **–avý** curious, dotěrně inquisitive ♦ *jsem -avý*, jak apod. I wonder how etc. **–ět** < = *dovědět se; jít na -y* go* spying

zved|nout < **–at** prostě sebrat pick / take* up, lift, držet vzhůru hold* up, těžké, zvl. jeřábem heave*, povznést elevate, mechanicky hoist, vztyčit a přen. raise, sedadlo turn up ♦ *~ kotvu* weigh anchor **–nout se** < **–at se** rise*, náhle start up ♦ *musím se -at* I must be off / toddling (off)

zveleb|it < **–ovat** improve, promote

zvelič|it < **–ovat** exaggerate

zvenčí from without

zvěro|kruh zodiac **–lékař** veterinary (surgeon), vet **–lékařský** veterinary **–lékařství** veterinary science

zvěrstvo atrocity, bestiality

zvěř wild animals, pl, beasts, pl lovná zvěř game, sg; = *-ina*

zveřej|nit < **–ňovat** make* a t. public, bring* a t. into the open, give* a t. publicity, promulgate, ventilate, zrušením zákazu release a t.

zvěřin|a venison, game **–ec** menagerie

zvesela = *vesele*

zvěst tidings, pl, pověst rumour **–ovat** announce, bring*... tidings, hlásit report

zvětralý disintegrating, mouldering; vyvětralý stale

zvětš|it < **–ovat** prostorově n. hmotně, též fot. enlarge, hovor. blow* up, přidáním add to a t., rozsah extend, zvl. opticky magnify, zvýšit počet increase **–enina** fot. blow-up, nástěnná photo-mural; enlargement **–ovací** enlarging (apparatus), magnifying **–it se** < **–ovat se** get* large, grow* (large), increase

zvídavý inquisitive

zvíře animal, beast, brute **–ctvo** animals, pl **–na** animal kingdom, fauna

zvířit < zviřovat = *rozvířit*

zvlád|nout < **–at** = *ovládnout*

zvlášť, –tě in particular, particularly, speciálně specially, obzvláště especially, mimořádně exceedingly, záp. oddly **–ť** stranou apart, extra, separately; nadto besides **–tní 1** special, obzvláštní especial, typický specific, ne obecný particular **2** neobyčejný strange, singular, peculiar, scurious, srov. divný ♦ *~ let* chartered flight; *~ posel* express messenger; *~ výhody* preferential treatment **–tnost** special(i)ty, peculiarity

zvlč|et grow* wild, lose* any restraint **–ilost** wildness, rudeness; atrocity

zvol|na = *pomalu* **–nit** < **–ňovat** slacken, = *zpomalit*

zvon bell, poplašný tocsin, kryt cover **–ek** bot. harebell, bell-flower, skot. bluebell **–ice** belfry **–ík** bellringer **–it** < **za–** ring* (telef. *komu* ring* up a p. = give* a p. a ring), bez předmětu o člověku ring* the bell (*Zvoní. There is a bell.*); = vyzvánět ♦ *-í mi v uších* my ears are ringing / buzzing **–ivý** ringing, sonorous **–kový** *-vá hra* chime **–ov(it)ý** bell-shaped

zvr|ácený perverted, deviant, unnatural **–acet** > **vy–** se vomit, be sick, throw up

zvrás|nit < **–ňovat** wrinkle, odb. corrugate

zvr|at reversal, osudový revulsion, polit., soc. convulsion; osudové *-y* ups and downs (of fortune) **–átit** < **–acet 1** reverse, throw* down, overthrow*, práv. traverse **2** vyvrhnout throw* up, disgorge **–atný** tech. reversible, jaz. reflexive

zvrh|lý degenerate; = *zvrácený* **–nout (se)** < **–(áv)at (se)** = *převrhnout, překotit, převrátit (se)* **–nout se** < **–(áv)at se** v co degenerate into a t., po předchůdci apod. throw* back to a p., take* after a p.

zvr|tnout se <: -tlo se mu to he experienced a sudden reverse ♦ noha se mu -tla he sprained his foot

zvu|čet > za- ring*, rozléhavě resound –čný ringing, resounding, vocal –k sound, složka filmu soundtrack –kotechnik sound engineer –kotěsný soundproof –kovka sound box –kovod 1 (zevní ~) the external ear 2 tech. horn, voice-pipe –kový sound, sonic ♦ ~ film sound(track) film, am. sound motion picture; -vá rychlost sonic speed / velocity; ~ záznam recording, transcript

zvůle licence, panovníka despotism

zvýhod|nit < –ňovat koho discriminate in a p.'s favour, give* preferential treatment to a p., make* it advantageous for a p.

zvyk habit, practice, routine, use, custom, way, manner –lost usage, practice, custom –lý used, accustomed (čemu, na co to a t.) –nout < –at 1 get* / become* used (čemu, na co to a t.) 2 = navyknout –nout si < –at si = navyknout si

zvysoka from above, from on high

zvýšit < zvyšovat raise, increase, put* up, heighten, intensify, step up (effort, production), advance, enhance, sharpen, aggravate ~ se < zvyšovat se rise*, go* up, intensify, prudce shoot* / rocket up

zželelo se ~ mu jí he took pity on her

zženštilý effeminate

Ž

žába 1 frog 2 = žabec

žab|ec teenybopper, schoolgirl, bobbysoxer, teenager –í muž frogman* –ka 1 little frog 2 nůž pruning knife*, pruner 3 smyčce nut 4 prskavka cracker ♦ házet -ky (na vodě) play / make* ducks and drakes

žábry gills, pl

žací reaping, na trávu mowing ♦ ~ stroj reaper, harvester, na trávu mower

žactvo pupils, pl

žačka schoolgirl, pupil, soukr. učiliště trainee

žáda|nka application form –t > porequest a p. a t., ask a p. (for a t., a p.'s t.), prosit beg, pray, sue (for peace), podáním žádosti apply to a p. for a t., formálně petition; vyzvat invite; domáhat se demand, na základě nároku claim, vyžadovat require, potřebovat call for; –ný zboží... in demand ♦ ~ kolik za co charge... for a t.: ~ koho o ruku ask for a p.'s hand, propose to a p. –t si desire / wish for a t., cizí, nedovolené covet, nazpět reclaim a t. back

žadatel applicant, petitioner, na zákl. nároku claimant

žádný no, samostatně none, z obou neither; nikdo no one, v pl none

žadonit clamour (o for), implore a t.

žádost 1 request, application, invitation, demand, claim (srov. žádat) 2 písemná application, formulář a. form 3 přání desire, vášnivá touha passion, chtíč lust ♦ podat si ~ make* a request / an application lodge a claim; vyřídit ~ attend to / clear an application –ivý desirous (of) eager (for) solicitous, zvědavý anxious to know, cizího covetous

žádoucí desirable, doporučeníhodný advisable

žá|ha (pálení -hy) heartburn ♦ zchladit si na kom -hu take* it out on / of a p.

žák pupil, scholar, svého mistra disciple, = školák –ovský schoolboyish, pupil's ♦ ~ domov school hostel; -ovská knížka school child's record (book) –kyně = žačka

žaket morning-coat

žal woe, grief, affliction

žalář prison, jail ♦ doživotní ~ life

imprisonment; *těžký* ~ hard labour, penal servitude **–ník** jailor **–ovat** = *věznit*

žalm psalm

žalob|a 1 action, suit **2** v. *obžaloba* **–ce** accuser, u soudu civilní plaintiff, *(veřejný* public) prosecutor, dožadující se nároku claimant **–ní**... of action **–ník** informer, brit. sneak

žalost = *žal* **–ný** grievous, bědný lamentable, deplorable

žalova|ný the accused, defendant **–t (si)** = *stěžovat (si)* **–t > ob–** **1** koho accuse, před soudem též bring* (a) charge / charges against a p., sue a p. (z for), charge a p. (z with), bring* an action against a p., ve veř. zájmu prosecute a p., pro zneužití úřadu, přen. do očí impeach a p. **2** naříkat lament **3** žalobníček inform, brit. sneak* on a p., tell on a p. **–t > za–** take* a legal action against a p., go* to law **–telný** actionable, enforceable by action

žalozpěv dirge, elegy

žalující *(strana)* = *žalobce*

žalud acorn; karty clubs, pl **–eční** gastric ♦ ~ *kapky* stomachic, cordial drops **–ek** stomach, přen. trávení digestion *(špatný* ~ indigestion) ♦ *mám ho v -dku* he sticks in my gizzard

žaluzie Venetian blind, stolu apod. roll-up, shutter

žampión (common) mushroom

žánr genre

žár glow, heat, vnitřní ardour **–lit** be jealous *(na* of) **–livost** jealousy **–livý** jealous *(na* of) **–ovka** (electric) bulb

žasnout > u– be astonished

žatva harvest

žbluňk|nout < –at splash / hovor. splosh, plonk / plunk (down)

ždibec mezi prsty pinch, jídla scrap (of food)

ždíma|čka wringing machine, wringer **–t > vy–** wring* (*co z* a t. from), přen. též squeeze

žduch|nout < –at do koho nudge a p.

že 1 that **2** = *protože* **3**..., *že?* vyjadřující tag-questions (he is... isn't he?) **4** na zač. věty say (that)... mind..., you'll see..., imagine, fancy..., *že, už...* at last..., určitě I bet

žebr|ácký beggarly **–ačka** beggar (-woman*) **–ák** beggar, v kartách riddance **–at** beg **–avý** begging, mendicant

žebro rib, klenby groin **–vaný** ribbed, groined

žebro|nit pester *(u koho* a p.) by begging, solicit, beg persistently **–ta** beggary, práv. mendicancy

žebř|íček short ladder, steps, pl, přen. stupnice scale **–ík** ladder **–ina** bar (of a rack), jesle hay-rack **–iňák** rack wag(g)on

žeh: *pohřeb -em* cremation (burial)

žehli|cí *prkno* ironing board **–čka** (smoothing-)iron **–t < vy–** iron, jen tlakem press, přen. smooth out

žehnat > po– koho, komu bless a p. ~ **se** = *křižovat se*

žehrat na co grumble, complain about a t.

žel (bohu) = *bohužel*

žel|atina gelatine **–é** jelly

želet deplore, lament, vlast. jednání repent

želez|árna ironworks **–ář** ironmonger **–ářství** ironmonger's, am. hardware store **–itý** ferrous **–nice, –niční** railway, am. railroad **–ničář** railwayman*, am. railroader, prac. na žel. svršku platelayer **–ný** iron ♦ *-né plíce* iron lung; *-ná ruda* iron ore; *-ná zásoba* emergency ration / reserve, vojáka iron rations; *-né zboží* ironware, ironmongery; *-né zdraví* iron constitution **–o** iron; **–a** pl okovy fetters, pl, past trap ♦ *peněz jako želez* money to burn; *staré* ~ scrap (iron): *dát do starého -a* scrap, am. junk **–obeton** reinforced concrete

želízko iron, cutter, čepel blade; *-ka*, pl v. *železa* ♦ *mít dvě -ka v ohni* have more than one iron in the fire

želv|a, sladkovodní tortoise, mořská turtle **-í** *polévka* turtle-soup **-ovina** tortoiseshell

žeml|e roll (of bread) **-ovka** (apple) charlotte

žeň, žně harvest (bez pl), úroda crop, doba žní harvest time

žena woman* *(ženy* souhrnně womankind, womenfolk), ve statistice, vědě female; manželka wife* ♦ ~ v *domácnosti* housewife*; *vzít si koho za -nu* take* a p. to wife / in marriage = marry a p. **-tý** married

Ženeva Geneva

ženich bridegroom

ženi|jní engineering **-sta** engineer

žen|it > o- give* (a man) in marriage, marry a p. **-it se > o-** get* married, s kým marry a· p. **-ská** woman, hrubě hussy; *-ské* womenfolk, pl **-ský** female, feminine, women's, womanly, womanlike, womanish, ladies', jaz. feminine ♦ *-ské pohlaví* fair sex **-ství** feminity

ženuška wife, wifie, oslovení honey, sweetie, pet

žerď pole, vodorovná perch, praporu flagstaff

žert fun (bez pl), výsměšný jest, vtip joke ♦ *s ním nejsou žádné -y* you can't play around with him; *-y stranou* (all) joking aside; *tropit si -y z koho* make* fun / sport of a p., poke fun at a p. **-ík** practical joke **-ovat > za-** jest, joke **-ovný** funny, jocose, jocular, facetious

žesťové *nástroje* brass (instruments)

žezlo sceptre, mace

žh|ář incendiary, hovor. fire-bug **-ářství** incendiarism, arson **-avicí** heating ♦ *~ napětí* odbor. heater voltage **-avit** v. *rozžhavit* **-avý** (white / red-)hot, glowing, incandescent, přen., zaujatý fervent, crazy / mad about a t. / p. **-nout** glow

Žid Jew, zvl. am. Hebrew **-ovka** Jewess **ž-ovský** Jewish, Hebrew

židl|e chair **-ička** stool

žihadlo sting

žíha|ný striped **-t** anneal, calcine, pruhovat stripe

žíla 1 vein 2 rudy vein, lode 3 biče thong 4 býkovec horsewhip, cowhide ♦ *pustit komu žilou* bleed* a p.; *pustit žilou* let* blood

žiletka čepelka (razor) blade, přístroj safety-razor, shaver

žil|ka vein, též listu apod. nerve, fibre, v mramoru apod. streak **-natý** veiny, venous, šlachovitý sinewy

žín|ě horsehair **-ěnka** horsehair mattress, sport. mat **-ěný** horsehair **-ka**[1] face-cloth, wash-cloth, na nádobí dish-cloth

žínka[2] 1 lesní dryad, fairy 2 petite woman 3 = *vila*

žír browsing, potrava browse, výkrm fattening

žirafa giraffe

žíra|vina, -vý caustic, corrosive

žírný fecund, fertile, abundant, ample, na výkrm fattening

žít live (z on), jako zaměstnání by -ing, být naživu be alive, na rozdíl od jiných survive ♦ *ať žije...* long live...; *žij blaze* look after yourself; *~ jako kůl v plotě* live like a hermit; *~ nad poměry* live beyond one's income; *~ v ústraní* keep* to oneself; *~ na velké noze* live on / off the fat of the land; *~ na volné noze* be (a) freelance

žit|ný, -o rye

živ alive ♦ *být ~ = žít; za -a* in one's lifetime **-el** element **-elní** elemental **-elný** uncontrolled, unrestrained **-ina** nutriment **-it > vy-**nourish, feed*, i jinak než potravou sustain, maintain, v sobě chovat a rozněcovat nurse, cherish **-it se > ob-, u-** live, make* one's livelihood, earn one's living; *jíst co* feed* on a t. **-itel** bread-winner **-nost** trade, craft, business **-nostník** small business man*,

tradesman* **–obytí** living, liveli-
hood, subsistence

živoči|ch wildlife, animal **–šný** wild-
life, animal **–šstvo** animal king-
dom

živořit live a poor existence, eke
out (a living), scrape along (on a
t.), bídně keep* the wolf from the
door

život life, doba one's(life)time (*za -a*
in a p.'s l.); byti existence ♦ *holý*
~ bare livelihood; *uvést v* ~ call
into existence; *vzít si* ~ take
one's life, commit suicide
–aschopný vital, biol. viable **–ní...**
of life, životně důležitý vital ♦ ~
dráha career; ~ *podmínky* living
conditions; ~ *potřeby* necessi-
ties of life; ~ *prostor* living-
space; ~ *úroveň* standard of liv-
ing, living standard; ~ *velikost*
life-size (*v* ~ *velikosti* life-size(d)
as large as life, full length); ~ *zá-
jem* vested interest **–nost** (ser-
vice) life **–ný** lively, vigorous, en-
ergetic; jazyk animate **–opis** biog-
raphy, life* ♦ *vlastní* ~ autobiog-
raphy **–opisec** biographer
–opisný biographical **–ospráva**
regimen, way of living, diet

živ|ůtek bodice **–ý** live, žijící living,
plný pohybu animated (e.g. picture),
čilý agile, quick, působící živým doj-
mem vivid, působivý vivacious; život-
ně realistický lively; o místě busy, o
době rush, o dění brisk ♦ *v -vé
paměti* in living memory; ~ *plot*
(quickset) hedge (row); *za* ~ *svět*
for all the world; *-é záhlaví* run-
ning head(line)

žíz|eň thirst (*po* for) ♦ *mít* ~ be
thirsty (for a t.) **–nit** = *mít žízeň*
–nivý thirsty

žížala earth worm

žlab manger, koryto trough, channel,
údolí glen

žlábek groove, flute, spout

žláza gland

žlout|ek yolk **–enka** (yellow) jaun-
dice **–nout** > **ze–** (get* / turn) yel-
low

žluč gall, bile **–ník** gall-bladder
–ovitý bilious **–ový** gall (e.g. stone)

žluk|lý rancid **–nout** > **ze–** turn ran-
cid

žlu|ť yellow (colour) **–ťácký** anti-
worker (esp. trades union) **–tý** yel-
low

žm|olit cruble, crumple **–oulat**
munch (food), chew at (a cigar)

žn|ě v. *žeň* **–ec** harvester, reaper
–out > **po–** reap, trávu mow*, sklízet
harvest

žok bale

žold (soldier's) pay **–néř** merce-
nary, hireling

žonglér juggler **–ství** jugglery, jug-
gling

žoviální genial, jovial, convivial

žr|ádlo food, vulg. o jídle grub **–alok**
shark **–át** > **nažrat se** eat* **–át** >
sežrat eat* (up), hltavě devour,
nadměrně guzzle, glut; sžíravě cor-
rode **–át se** worry, fret **–avý** vo-
racious, příliš gluttonous, hovor.
gutsy **–out** glutton, greedy-guts

žranice brit. slang nosh-up

žuchnout < *(sebou)* thud

žula granite

žumpa cesspool

žup|a district, region, province, am.
státu county **–an 1** správce head of
a district administration **2** plášť
dressing-gown, am. (bath-)robe,
slumber(ing)-robe **–ánek** wrap-
per

žurn|ál 1 news program **2** = *denik*
–alista journalist, pressman*,
news(paper)man*

žvan|ec bite, morsel, dollop, tabáku
quid, chaw, chew **–it** prattle,
blether, gab, tattle; **–ění** též flan-
nel **–ivý** prattling, blethering,
blabbing

žvást baloney, claptrap, flannel,
waddle

žvatlat babble, chatter

žvýka|cí chewing (e.g. gum), med.
masticatory **–t** > **roz–**, **se–** chew
(up), med. masticate

SEZNAM NEPRAVIDELNÝCH TVARŮ

Na tento seznam se ve slovníku odkazuje hvězdičkou *. Není v něm uváděna změna -y [-i n. -ai] v -ies (kromě *guys*, jmen vlastních a citovaných slov, jako *Henrys, whys*), užívání koncovky 's u symbolů a zkratek (jako *70's, n's*) a změna zvuku [θ] ve spojení s plurálovým -s v [-ðz], která většinou nastupuje po dlouhé samohlásce nebo dvojhlásce (jako v *baths, mouths*). U slov na -o po souhlásce poukazuje hvězdička k tomu, že se plurálové -s výjimečně připojuje přímo, nikoli prostřednictvím -e- jako v *hero, heroes, potato, potatoes* (např. *ghetto*, ghettos*).

Pozn.: Pokud nejsou v seznamu výslovně uvedena, mají předponová slovesa tvary sloves bez předpony (např. *mistook, mistaken* jako *took, taken)*. Podobně náleží nepravidelné plurály i slovům složeným *(gentleman* jako *man)*. Uvádí-li se pro *past participle* dvojí tvar, platí vcelku, že se v platnosti přívlastkové užívá spíše nepravidelného a z dvou tvarů nepravidelných delšího. Údaje o výslovnosti, udané v seznamu u jednoho tvaru slovesa se týkají, není-li jinak uvedeno, i následujících tvarů téhož slovesa (např. *shone* [šon], *shone)*.

abide, abode / abided, abided (= *dwell)*

awake, awoke / awakened, awaked / awoken

bad, worse, worst

be (am, are, is), was (were), been

bear [bee], bore, borne (for-) ale born *(narozen)*

beat, beat, beaten

beef, beeves (am. beefs)

beget [-g-], begot, begotten

begin [-g-], began, begun

bend, bent, bent

bereave, bereft / bereaved, bereft / bereaved

beseech, besought [-so:t] / beseeched, besought / beseeched

bespeak, bespoke, bespoken (bespoke suit)

bestride, bestrode, bestridden

bet, bet(ted), bet(ted)

bid, bade [beid], bade / bidden

bid (v dražbě), bid, bid (under-)

bind, bound, bound (un-)

bite, bit, bitten

bleed, bled, bled

blow, blew, blown [-əun]

break [breik], broke, broken

breed, bred, bred

bring, brought [bro:t], brought

broad|cast [bro:dka:st], -cast, -cast

brother [braðə] (člen bratrstva), brethren

build [bild], built [bilt], built

burn, burnt / burned, burnt / burned

burst, burst, burst

buy [bai], bought [bo:t], bought (under-)

calf [ka:f], calves [ka:vz]

can, could [kud], -

cast, cast, cast

catch, caught, caught

chide, chid(ed), chid(den or -ed)

child, children

choose, chose, chosen [-zn]

cleave, cleaved / cleft / clove, stejně

cling, clung, clung

clothe, clothed, clothed (ale clad in...)

come [kam], came, come [kam] (be-, over-)

cost, cost, cost

creep, crept, crept

crow, crowed / crew, crowed

cut, cut, cut

dare, dared / durst

deal, dealt [delt], dealt

deer, deer (rein-)

die *(kostka)*, dice

dig, dug, dug

do [du:] (he does [daz]), did, done

[dan] (over-, un-)
draw, drew, drawn (over-, with-)
dream, dreamed / dreamt [dre-], dreamed / dreamt
drink, drank, drunk
drive, drove, driven [dri-] (out-)
dwell, dwelt / dwelled, dwelt / dwelled
eat, ate [eit], eaten [i:] (over-)
elf, elves
evil [-vl], worse, worst
fall, fell, fallen [fo:-] (be-)
far, further / farther, furthest / farthest
feed, fed, fed (over-)
feel, felt, felt
fight, fought [fo:t], fought
find, found, found
fish, fish(es)
flee, fled, fled
fly, flew, flown [-oun]
foot [fut], feet
forbid, forbad(e) [-beid], forbidden
forecast [fo:ka:st], forecast, forecast
forget [-g-], forgot, forgotten
forsake, forsook [-suk], forsaken
freeze, froze, frozen (un-)
get [g-], got, got (am. gotten)
gild [g-], gilded, gilded / gilt
gird [g-], girded / girt, girded / girt (be-)
give [giv], gave, given [givn]
go, went, gone [gon] (for-, fore-, out-)
good [gud], better, best
goose, geese [-s]
grind, ground, ground
grow, grew, grown [-oun] (out-, over-)
half [ha:f], halves [ha:vz]
hang, hung, hung (oběšením též hanged)
have [hæv], had, had
hear, heard [hə:d], heard
heave, heaved, heaved (zvl. námořn. též hove, hove)
hew, hewed, hewn / hewed
hide, hid, hidden (cf. to lie hid)
hit, hit, hit

hold, held, held (be-, up-, with-)
hoof, hoofs / hooves
house [-s], houses [-ziz]
hurt, hurt, hurt
ill, worse, worst
keep, kept, kept
kneel, knelt, knelt (am. též) kneeled, kneeled
knife, knives
knit / knitted (eyebrows), knit (sock), knitted / knit
know [-əu], knew, known [-əun]
lade, laded, laded / laden
lay, laid, laid (in-, mis-, under-)
lead, led, led
leaf, leaves
lean, leaned / leant [lent], leaned / leant
leap, leapt [lept] / zvl. am. leaped, leapt / zvl. am. leaped (over-)
learn [lə:n], learnt / learned, learnt / learned (un-)
leave, left, left
lend, lent, lent
let, let, let
lie, lay, lain (over-, under-)
life, lives
light, lit / lighted, lit / lighted
little (málo), less, least
loaf, loaves
lose [lu:z], lost, lost
louse, lice
madam [mæ-], (oslov.) ladies, v dopisech Mesdames
make, made, made (un-)
man, men
may, might, -
mean, meant [me-], meant
meet, met, met
melt, melted, melted (molten [moul-], melted ice)
mouse, mice
mow, mowed, mown / mowed (jen mown grass)
much, more, most [moust]
must, (zř.) must, -
need (musit), need, -
oaf, oaves (zr. oafs)
old (o členech rodiny, neprovádí-li se výslovně srovnání), elder, eldest

ought [o:t] -, -
ox, oxen
pay, paid, paid
penny, pence (ale mince pennies)
prove, proved, proved (am. proven)
put [put], put, put
quit, quitted (am. quit), stejně
read [ri:d], read [red], read [red] (mis-)
rend, rent, rent
rid, rid(ded), rid
ride, rode, ridden (over-)
ring, rang, rung
rise, rose risen [rizn] (a-, up-)
rive, rived, rived / riven [rivn]
run, ran, run (fore-, out-, over-)
saw, sawed, sawn / sawed
say (he says [sez]), said [sed], said (gain-)
scarf, scarfs / scarves
see, saw, seen (fore-, over-)
seek, sought [so:t], sought
sell, sold, sold (under-)
send, sent, sent
set, set, set (over-, up)
sew [səu], sewed, sewn [səun] / sewed
shake, shook [šuk], shaken
shall [šæl], should [šud] -
sheaf, sheaves
shear, sheared, shorn / sheared
shed, shed, shed
sheep, sheep
shelf, shelves
shine, shone [šon] / shined, shone / shined
shoe [šu:], shod [šod], shod
shoot, shot, shot
show, showed, shown [-əun] / showed (fore-)
shrink, shrank / shrunk, shrunk
shrive, shrove, shriven [šrivn]
shut, shut, shut
sing, sang, sung
sink, sank / sunk, sunk
sir, (oslov.) gentleman [-tlm-] (jen v obchod. dopisech i sirs)
sit, sat, sat
slay, slew, slain
sleep, slept, slept (over-)

slide, slid, slid
sling, slung, slung
slink, slunk, slunk
slit, slit, slit
smell, smelt / am. smelled, smelt / am. smelled
smite, smote, smitten
sow, sowed, sown [-əun] / sowed
speak, spoke, spoken
speed, sped / speeded, sped / speeded
spell, spelt / am. spelled, spelt / am. spelled (mis-)
spend, spent, spent
spill, spilt / am. spilled, spilt am. spilled
spin, spun, spun
spit, spat / am. spit, spat / am. spit
split, split, split
spoil, spoilt / spoiled, spoilt / spoiled
spread [spred], spread, spread
spring, sprang / am. sprung, sprung
stand, stood [stud], stood (under-, misunder-, with-)
steal, stole, stolen
stick, stuck, stuck (un-)
sting, stung, stung
stink, stank / stunk, stunk
strew, strewed, strewn / strewed (be-)
stride, strode, stridden
strike, struck, struck
string, strung, strung (un-)
strive, strove / strived, striven [strivn] / strived
swear [sweə], swore, sworn (for-)
sweep, swept, swept
swell, swelled, swollen [swəu-] (river) / swelled (head)
swim, swam [swæm], swum (out-)
swine, swine
swing, swung, swung
take, took [tuk], taken (be-, mis-, over-)
teach, taught, taught (un-)
tear [teə], tore, torn
tell, told, told (fore-)
thief, thieves
think, thought [θo:t], thought (be-)

thrive, throve / thrived, thrived / thriven

throw, threw, thrown [-əun] (over-)

thrust, thrust, thrust

tooth, teeth

tread [tred], trod, trodden / trod

turf, turfs / turves

wake, waked / woke, waked / woken

wear [weə], wore, worn [wo:n] (out)

weave, wove, woven (odb. wove)

(inter-)

wharf, wharfs (am. wharves)

wife, wives

will, would [wud], -

win, won [wan], won

wind, wound, wound (un-)

wolf [wu-], wolves

woman [wumən], women [wimin]

wring, wrung, wrung

write, wrote, written (under-)

SEZNAM ZKRATEK

AAF 1 Army Air Field **2** Army Air Forces **3** Auxiliary Air Force

AAR n. **aar** against all risks pojišť. *proti všem nebezpeč*

ac 1 account **2** alternating current

acft aircraft

AD lat. Anno Domini [ˈænəuˈdominai] *po Kr., n. l.,* zast. *léta Páně*

adc aide-de-camp

ad lib ad libitum

AFL American Federation of Labour

A/G air-to-ground

AIDS Acquired Immune Deficiency Syndrome *syndrom získaného selhání imunity u člověka*

ALGOL Algorithmic Language

am ante meridiem *ráno, dopoledne*

ASCII [ˈæski:] s poč. American Standard Code (for) Information Interchange *(americký standardní kód pro výměnu informací)* soubor alfanumerických znaků ve formě osmibitového kódu

BA Bachelor of Arts *bakalář svobodných umění*

BASIC Beginner's All purpose Symbolic + Instruction + Code *programovací jazyk, univerzální kód symbolických instrukcí pro začátečníky*

BBC British Broadcasting Corporation

BC before Christ *př. Kr., před n. l.*

B/L bill of lading

BLT bacon lettuce and tomato (sandwich)

Bros brothers *Bří*

BS 1 Bachelor of Science *bakalář přírodních věd* **2** am. slang. bullshit *volovina, kec*

BSc Bachelor of Science *bakalář přírodních věd*

BT Bachelor of Theology *bakalář teologie*

Bt Baronet

BTU British Trade Union

C 1 chem. C *uhlík* **2** římská číslice C 100 **3** Cape *mys* **4** centigrade C *stupňů Celsia*

c 1 lat. circa *cca, asi* **2** cent *cent* **3** centimetre *cm* **4** cubic **5** century **6** copyright **7** chapter

CA, C/A 1 current account **2** Chartered Accountant
CBS Columbia Broadcasting System
CAT (scanner) ['kæt'skænər] s med. skener tomografu [C(omputerized) A(xial) T(omography)]
CD compact disc, compact disk *cédéčko, kompaktní deska se zvukovou nahrávkou*
CD ROM poč. Read Only Memory *pouze pro čtení dat na kompaktní desce*
CDR, Cdr Commander
CENTO Central Treaty Organization
cf compare *srov.* (= *srovnej*)
CFI, cfi cost, freight, insurance
cg centigramme
CGS, cgs centimetre-gram-second (system)
Chap, chap 1 chaplain **2** chapter
Chas Charles
CIA Central Intelligence Agency
Ch J Chief Justice
CIF, cif cost, insurance, and freight
c/n, C/N credit note
Co 1 Company **2** county **3** Colorado
co, c/o care of *bytem u, zaměstnán u; na adresu koho*
COBOL, Cobol Comnmon Business Oriented Language
COD cash on delivery *na dobírku*
Col 1 Colonel **2** Colorado
COMECON Council for Mutual Economic Aid
cp compare *srov.*
cr 1 creditor **2** credit
cu 1 cubic **2** cumulative
Cwlth Commonwealth
cwt hundredweight
CZ 1 Czech Republic; hist. Czechoslovakia **2** Canal Zone
D Doctor
d pence, penny
DA 1 district attorney **2** DA, da, d/a days after acceptance
db decibel, -s
DCL Doctor of Civil Law
DD, D/D, D/d 1 days after date **2** days after delivery **3** Doctor of Divinity
Del Delaware
DF 1 damage free **2** dead freight **3** Dean of Faculty
dis discount
diss dissertation
dkg decagram
DM Doctor of Medicine
DN, D/N debit note
dol, doll dollar / dollars
DPh, DPhil Doctor of Philosophy
Dpt, dpt department
DSc Doctor of Science

DTh, DTheol Doctor of Theology

eg for example

EKG electrocardiogram

EdD Doctor of Education

ESA European Space Agency

Esq Esquire

etc et cetera, and so forth

EU European Union

EURATOM European Atomic Energy Commission

EUROMARKET European Common Market

F 1 Fahrenheit **2** Fellow

f 1 farad **2** farthing **3** fathom **4** feminine **5** following **6** foot / feet

FC 1 Federal Cabinet **2** Football Club **3** for cash

fco 1 delivered free **2** postage free **3** fair copy

fga free of general average

FIFA Football International Federation Association

FRG Federal Republic of Germany

ft foot, feet

GB Great Britain

Gent, gent, pl. gents, gentleman, gentlemen

GFR German Federal Republic

GFTU General Federation of Trade Unions

GI Government Issue am. hovor. voják americké armády

GMT, Gmt Greenwich Mean Time

GP General Practitioner

H, h. 1 harbour **2** hard **3** height **4** hour

HBM His n. Her Britannic Majesty

HCS Home Civil Service

He 1 helium **2** His Eminence **3** His n. Her Excellency

Hf 1 high frequency (krátké vlny) **2** Home Fleet **3** Home Forces

Hi-Fi, hi-fi, hifi high fidelity

hl hectolitre

HM His n. Her Majesty

HMS His n. Her Majesty's Ship válečná loď

HNC Higher National Certificate

HND Higher National Diploma

HO 1 Home Oflfice **2** Head Office

Hon 1 honourable **2** Honorary

hp horsepower

HQ Headquarters

HRH His n. Her Royal Highness

HW, hwy highway

hwt hundredweight

Hz hertz

ibid = ibidem [i¦baidem] *tamtéž*

Id(a) Idaho

id = idem [aidəm] *týž*

I'd = I would n. I had

ie = id est, that is

Ill Illinois

I'll = I will
I'm = I am
in inch, -es
Inc, inc incorporated
INTERPOL, Interpol International Criminal Police Commission
IOU = I owe you (dlužní úpis)
IQ intelligence quotient
IRA Irish Republican Army
IRC International Red Cross
it's = it is, it has
I've = I have
JP Justice of the Peace
Jr junior
kc kilocycle(s)
kW kilowatt(s)
lb pound(s)
LC, L/C letter of credit
LCD liquid crystal display *displej s kapalnými krystaly*
LD Doctor of Letters / literature
Ld limited
LED light emitting diode *světelná emisní dioda, elektroluminiscenční dioda, dioda emitující světlo*
let's = let us
lib liberation, liberal
loc cit = in the place cited
LP *elpíčko, dlouhohrající deska*
LSD lysergic acid diethylamide *LSD diethylamid kyseliny lysergové* prudký halucinogen
Ltd, ltd limited
MA master of Arts *mistr svobodných umění*
Mass Massachussetts
MB Bachelor of Medicine
MC Master of Ceremonies *ceremoniář; konferenciér*
MD Doctor of Medicine
Md Maryland
MEMO, memo *memorandum*
MIA missing in action postrádaný v akci *nezvěstný v boji*
Mich Michigan
Miss Mississippi
MIT Massachusetts Institute of Technology
Mont Montana
MP 1 military police **2** Member of Parliament
Mr Mister
Mrs Mistress
Mrsgr Monseigneur, Monsignor
M/S, m/s motor ship
MSc master of Science
MS(S) manuscript(s)
Mt Mount
N 1 Navy **2** north(ern) **3** November

NASA National Aeronautics and Space Administration
NATO North Atlantic Treaty Organization
NB nota bene *(všimněte si dobře)*
NC North Carolina
NDak North Dakota
Neb(r) Nebraska
Nev Nevada
NF, Newf, Nfld Newfoundland
N/F, nf, n/f no funds
NH New Hampshire
NJ New Jersey
NM n. **N Mex** New Mexico
Nº n. **NO,** pl. **Nos** number(s)
NSW New South Wales
NY New York
ob lat. obiit *zemřel*
OD hovor. overdose *předávkovat se drogami*
OK all right, okay
OM Order of Merit
OPEC Organization of Petroleum Exporting Countries
Or, Ore, Oreg Oregon
Oxon 1 Oxford(shire) **2** bishop of Oxford
oz ounce(s)
Pa Pennsylvania
PAYE pay as you earn *daň ze mzdy srážkou*
PC 1 personal computer **2** Privy Council, -lor *tajná rada, člen tajné rady*
  2 Police Constable *strážník*
pc 1 personal computer **2** per cent *procento*
pe physical education *tělesná výchova na základní a střední škole*
Ped D Doctor of Pedagogy
Penn Pensylvania
PG Parental Guidance *zkratka označující, že film je přístupný, ale doporučuje se doprovod rodičů*
PhD Doctor of Philosophy
plc public limited company *veřejná akciová společnost*
PM Postmaster
pm post meridiem *odpoledne, večer*
PMG Postmaster General
PN, P/N promissory note
PO 1 Post Office **2** Postal Order
POO Post Office Order
por payable on receipt
POW prisoner of war
pp (printed) pages
ppd postpaid, prepaid
PR public relations
P/R pay roll
Prof Professor
prox proximo, next month
PS Post Scriptum, postscript

PVC, pvc polyvinyl chloride
PW prisoner of war
QC Queen's Council *korunní, královská rada*
qt quart, -s
qu 1 quart **2** query
QV, qv lat. quod vide, which see *což viz*
R 1 restricted nikoliv obecně přístupný označení filmu nepřístupného mládeži do 17 let bez doprovodu dospělého **2** Réaumur **3** Regina **4** Rex
RA 1 Royal Acadenmy n. Academician **2** Royal Artillery
RAF Royal Air Force
rbl ruble
RC Roman Catholic
Re, re reference
ref 1 referee **2** reformation
rem fyz. Roentgen Equivalent in Man *rem, jednotka ionizujícího záření*
REM med. & psych. Rapid Eye Movement *REM rychlé pohyby očí během určitých fází spánku*
Rev(d) Reverend
rgt regiment
RH Royal Highness
RN Royal Navy
rpm, RPM revolutions per minute
RPP reply paid postcard
RV Revised Version bible
Rx Lat. **1** prescription *lékařský předpis* **2** solution *předpis, návod na řešení problému*
S 1 Saint **2** society **3** south
SA 1 South Africa **2** Salvation Army
SAE self-addressed envelope
Sc D Doctor of Science
sci-fi science fiction
SE stock exchange
SEATO South-East Asia Treaty Organization
Sec secretary
Sergt Sergeant
sh shilling(s) stará brit. měn. jednotka a mince (do r. 1971)
sq, sqr square
SS 1 Steamship **2** Secretary of State **3** Secret Service
St 1 Saint **2** Street
stg sterling
sub 1 subaltern **2** subscription **3** substitute **4** submarine **5** subway
SW 1 southwest, -ern **2** South Wales
TB 1 tuberculosis **2** torpedo boat
TBL through bill of lading
TELECOM telecommunications
TELEX teleprinter exchange / message
TESL Teaching English as a Second Language
Tex Texas
ThD Doctor of Theology
TMO telegraph money order

TNT trinitrotoluene (dynamite)
TP 1 toilet paper **2** teleprinter **3** telephone
THR Their Royal Highnesses
TS Top Secret
TV television
TWA Trans World Airlines
U-boat [ju:bəut] *ponorka*
UFO unidentified flying object(s)
UHF Ultra-High Frequency
UK United Kingdom
ult ultimate
ulto ultimo, last month
UN United Nations
UNESCO United Nations Educational, Scientific and Cultural Organization
UNICEF United Nation Children's Emergency Fund
Univ University
UNO United Nations Organization
UNRRA United Nations Relief and Rehabilitation Administration
UNSC United Nations Security Council
USA 1 United States of America **2** United States Army
USS United States Senate (n. ship, steamer)
USD United States dollars
Ut Utah
v 1 verb **2** verse **3** versus **4** volt, voltage **5** volume
Va Virginia
VC 1 Vice-chancellor **2** Victoria Cross *řád královny Viktorie*
Vis, Visc, Visct Viscount -ėss
vol volume *sv(azek), roč(ník)*
vs versus, see above
Vt Vermont
Wasp, WASP White Anglo-Saxon Protestant konzervativní bílí protestantští Američané ze středních a vyšších vrstev, kteří domněle reprezentují kulturní a náboženské tradice svých předků
WC 1 brit. water closed **2** West Central (District of London)
WCA Women's Christian Association
WCC World Council of Churches
WHO World Health Organization
WNW west-north-west
WSW west-southwest
WT wireless telegraphy, -phony
wt weight
WVa West Virginia
yd yard
YMCA Young Men's Christian Association
YWCA Young Women's Christian Association